Herbert Haller
Christian Kopetzki
Richard Novak
Stanley L. Paulson
Bernhard Raschauer
Georg Ress
Ewald Wiederin (Hrsg.)

Staat und Recht

Festschrift für
Günther Winkler

SpringerWienNewYork

Univ.-Prof. Dr. Herbert Haller
Wirtschaftsuniversität Wien, Österreich

Univ.-Doz. DDr. Christian Kopetzki
Institut für Staats- und Verwaltungsrecht
Universität Wien, Österreich

Univ.-Prof. Dr. Richard Novak
Institut für öffentliches Recht, Politikwissenschaft und Verwaltungslehre
Universität Graz, Österreich

Prof. Dr. Stanley L. Paulson
Washington University, St. Louis, Missouri, USA

Univ.-Prof. Dr. Bernhard Raschauer
Institut für Staats- und Verwaltungsrecht
Universität Wien, Österreich

Prof. DDr. Dr. h.c. mult. Georg Ress
Universität des Saarlandes, Saarbrücken, Bundesrepublik Deutschland

Univ.-Doz. Dr. Ewald Wiederin
Institut für Staats- und Verwaltungsrecht
Universität Wien, Österreich

Gedruckt mit Unterstützung von: Bundeskanzleramt, Bundesministerium für Wissenschaft und Verkehr, Land Niederösterreich, Land Steiermark, Land Wien, Erste Österreichische Spar-Casse Bank AG, Verband der österreichischen Landes-Hypothekenbanken, Bundesländer-Versicherung, Energie-Versorgung Niederösterreich, Österreichische Elektrizitätswirtschafts AG, Casino Austria AG, Prof.-Dr.-Hans-Werner-Osthoff-Stiftung in Verbindung mit dem Europa-Institut der Universität des Saarlandes

Satz: Reproduktionsfertige Vorlage der Herausgeber
Druck: Ferdinand Berger & Söhne Gesellschaft m.b.H., A-3580 Horn

Gedruckt auf säurefreiem, chlorfrei gebleichtem Papier – TCF

Mit 1 Frontispiz

ISBN 3-211-83024-3 Springer-Verlag Wien New York

Vorwort

Diese Festschrift ist einem Gelehrten gewidmet, der für die Wissenschaft in einzigartiger Weise bestimmend geworden ist. Früh als Schüler von WALTER ANTONIOLLI habilitiert und 1961 zum Ordinarius berufen, hat GÜNTHER WINKLER durch seine Arbeiten die Wissenschaft vom öffentlichen Recht entscheidend geprägt. Zu vielen Fragenkreisen werden seine einschlägigen Studien als grundlegende Orientierungen geschätzt. Wer GÜNTHER WINKLER kennt, weiß, in welch nachhaltiger Weise er mehreren Generationen von Wissenschaftern in Gespräch und Kritik Impulse für ihre eigene wissenschaftliche Entwicklung gegeben hat. Die Wissenschaft vom öffentlichen Recht – nicht nur in Österreich – verdankt ihm vor allem eine nachhaltige kritische Auseinandersetzung mit der formalen Rechtsbetrachtung, wie sie in der Wiener rechtstheoretischen Schule, namentlich von HANS KELSEN, gepflegt wurde. Schon in seiner Habilitationsschrift zum Bescheid (1956), in seiner Studie über „Die absolute Nichtigkeit von Verwaltungsakten" (1960) und in seiner Arbeit über „Die Wertbetrachtung im Recht und ihre Grenzen" (1969) hat er das Fehlen einer inhaltsbezogenen Rechtsbetrachtung moniert und den Mangel einer gegenstandsadäquaten Interpretationstheorie beklagt. Seine späteren Werke – „Theorie und Methode in der Rechtswissenschaft" (1989), „Rechtstheorie und Erkenntnislehre (1990), „Rechtswissenschaft und Rechtserfahrung" (1994) sowie „Zeit und Recht" (1995) – sind getragen von der *eigenen Standortbestimmung* zu Theorie und Methode vom positiven Recht, von der „Besinnung auf das Postulat der Konkordanz von erfahrbarem Gegenstand und empirisch-rationalem Rechtsdenken", womit für GÜNTHER WINKLER die kritische Überprüfung der erkenntnistheoretischen Voraussetzungen des Rechtsdenkens stets einhergeht. Auf diesem Wege ist der Denker über Verwaltungsrecht und Verfassungsrecht, dem wir grundlegende Studien zur Verwaltungsgerichtsbarkeit (1963), zur Wissenschaft vom Verwaltungsrecht (1979), zum Begriff der Rechtspersönlichkeit (1988) und zum Verfassungsrecht (1991) verdanken, zum Rechtsphilosophen – zum Denker über die Grundfragen des Rechts schlechthin – geworden. Es gehört zu seinen Eigenheiten und ist aus seiner Sicht gegenstandsadäquat, daß sich jede Rechtsfrage zu einer Frage nach den erkenntnistheoretischen Orientierungen verdichtet. Daß den Normativisten, die Recht nur als ein formal-logisch strukturiertes, bloß sollenhaftes Normengefüge denken, die Inhaltsbezogenheit und damit der zweckhafte Sinngehalt als Teil des Rechtsbegriffs verschlossen bleibt, und daß damit auch keine gegenstandsadäquate Interpretationstheorie entwickelbar ist – diese Erkenntnis gehört zu den vielleicht wichtigsten Anliegen von GÜNTHER WINKLER.

Der wissenschaftliche Nachwuchs hatte in GÜNTHER WINKLER einen stets aufgeschlossenen, anregenden, aber auch kritischen Gesprächspartner. Viele wissenschaftliche Karrieren haben ihren Anfang damit genommen, daß GÜNTHER WINKLER die Veröffentlichung der Habilitationsschrift in seiner „Reihe" ermöglicht hat. Bei diesen „Forschungen aus Staat und Recht" handelt es sich um eine im deutschsprachigen Raum singuläre Pionierleistung einer Einzelperson, entstanden aus Sorge und Verantwortungsbewußtsein um die Förderung des wissenschaftlichen Nachwuchses. Sie ist mittlerweile unter seiner Herausgeberschaft auf 120 Bände angewachsen und längst schon als ein Symbol für hohe Qualitätsstandards österreichischer rechtswissenschaftlicher Forschung international anerkannt.

Als Dekan der Wiener juristischen Fakultät und als Rektor der Universität in den konfliktreichen späten 60er und frühen 70er Jahren hat GÜNTHER WINKLER das Bild des für die akademische Selbstverwaltung aktiven politischen Wissenschafters geprägt. Diesem besonderen Engagement hat es die Wiener Fakultät zu danken, daß ihr „Baukommissär" ihr mit gewaltigem persönlichen Einsatz zu einem modernen Fakultätsgebäude verholfen hat; ein Monument, das ihm in den Annalen dieser Fakultät stets eine Sonderstellung sichern wird.

Früh schon erzielte GÜNTHER WINKLER wissenschaftliche Anerkennung über die Grenzen des Landes hinaus. Er hat ehrenvolle Rufe an die Universitäten Würzburg und Heidelberg erhalten. Die Vereinigung der Deutschen Staatsrechtslehrer hat 1981 mit seiner Wahl zum Vorsitzenden der Vereinigung eine Ehrung verbunden, wie sie in dieser den gesamten deutschsprachigen Raum repräsentierenden Vereinigung keinem anderen Österreicher zuteil wurde. Die verschiedenen Beiträge zum vorliegenden Band lassen die Vielfalt der internationalen wissenschaftlichen Kontakte WINKLERS erkennen.

Mit 1. Oktober 1997 wird GÜNTHER WINKLER, der in der Fakultät und Universität über Jahrzehnte bestimmenden Einfluß ausgeübt hat, seiner dienstrechtlichen Verpflichtungen zur akademischen Lehre, zu Prüfungen und zur Mitwirkung in der Selbstverwaltung der Universität Wien enthoben sein. Der vorliegende Band soll ein öffentliches Zeichen der freundschaftlichen Verbundenheit und Wertschätzung, aber auch ein Zeichen des Respekts vor seiner Persönlichkeit und seiner großartigen Leistungen im Dienst an der Wissenschaft sein.

Die Herausgeber

Inhaltsverzeichnis

Josef W. Aichlreiter

Gewaltentrennung und Änderung von Verwaltungsakten durch den Gesetzgeber

In den letzten Jahren hat die auch davor keineswegs unproduktive Gesetzgebung auf Bundes- wie auch auf Landesebene geradezu hypertrophe Aktivitäten entwickelt. Dafür mag die allgemeine gesellschaftliche Ambivalenz, die durch das Bestreben auf Abwehr als unerwünscht beurteilter Einflüsse von außen (Überfremdung auf verschiedenen Gebieten) als Initiator für die Auslösung von Abwehrreaktionen ebenso wie die der politischen Zielrichtung nach eigentlich gegenläufige Integration in größere Einheiten wie ein vereintes Europa gesehen werden. Aber nicht den Ursachen der Hyperaktivität des Gesetzgebers als Antwort auf bestimmte soziale Spannungszustände soll hier nachgespürt werden, sondern es geht um die rechtstechnische Bewältigung dieser Konstellation. Die rechtstechnischen und damit verbundenen rechtsdogmatischen Probleme, die im weiteren behandelt werden sollen, resultieren jedoch nicht allein aus dem Umstand der Regelungsfreudigkeit des Gesetzgebers, sondern aus der damit Hand in Hand gehenden Absicht, die Umsetzung auch möglichst effektiv zu gestalten, was oft auch noch unter dem Schlagwort firmiert, den Vollzug möglichst einfach zu gestalten. Dabei zeigt sich nur leider allzu oft, daß die Vereinfachung eine bloß vordergründige ist, in Wahrheit jedoch die Vollziehung nicht diffiziler Interpretationsprobleme enthoben, sondern ihr solche vielmehr noch zusätzlich aufgebürdet werden.

Der Gesetzgeber betritt, wenn er neue Regelungen erläßt, fast nie rechtliches Neuland, also Gebiete, die bisher noch nicht durch nähere Regelungen erfaßt waren. In der Regel entfaltet der Gesetzgeber seine Tätigkeit vielmehr in einem Bereich, der nicht allein durch (einfach)gesetzliche Vorschriften, sondern auch Normen der weiteren Stufen der Rechtskonkretisierung, also vor allem generelle und individuelle Akte der Verwaltung abgedeckt wird, die den betreffenden Themenkreis erfassen. Hier nun soll untersucht werden, welche Schranken der gesetzgeberischen Gestaltung bei der Verwirklichung seiner Absicht, die Rechtslage in einem bestimmten Materienbereich zu ändern, die Bundesverfassung mit dem Prinzip der Gewaltentrennung setzt. Auszugehen ist dabei von dem Grundsatz, daß der einfache Gesetzgeber – anders als der Verordnungsgeber – alles darf, was ihm nicht von verfassungswegen verboten ist[1], wohingegen die Verwaltung im Lichte des Legalitätsprinzips nur darf, wozu sie ausdrücklich ermächtigt ist. Dieses Verständnis spiegelt ein bestimmtes Bild der *Gewaltentrennung* als Ausdruck und verfassungsrechtliche Schranke der Konzentration staatlicher Macht mit dem Ziel, ihr Schranken zu setzen und sie in ihrer Ausübung zu hemmen[2], wieder. Die rechtliche Dimension des Prinzips der Gewaltentrennung, das alle Staatsfunktionen und -gewalten erfaßt, kann sich voraussetzungsgemäß nur auf die in Rechtsformen ausgeübte Staatsgewalt konzentrieren und dies wiederum bedeutet die Untersuchung des Stellenwerts dieses Prinzips bei der Handhabung der verschiedenen Rechtssatzformen, die die Bundesverfassung für ihre Konkretisierung auf den rangniedrigeren Stufen der Rechtserzeugung an die Hand gibt. Was also darf der Gesetzgeber, wenn er eine vorgefundene Rechtslage an seine geänderten Vorstellungen angepaßt sehen will? Wie weit darf er selbst als Bestandteile der Rechtsordnung vorhandene Akte der Vollziehung abändern?

I. Zum Inhalt des Gewaltentrennungsgrundsatzes

Wenn auch auf abstrakt-begrifflicher Ebene dem Grundsatz der Gewaltentrennung, wie er beispielsweise in letzter Zeit von KORINEK erläutert wurde, einhellige Gefolgschaft geleistet werden wird, so scheinen doch die Konsequenzen, die aus einem solcherart konzipierten Begriffsverständnis für das tagtägliche Geschäft der Rechtsetzung zu ziehen sind, keineswegs gleichermaßen unstrittig. So weisen ADAMOVICH/HUPPMANN[3] darauf hin, daß sowohl der VfGH als auch die herrschende Lehre bis vor kurzem davon ausgegangen seien, „daß das österreichische Verfassungsrecht lediglich eine organisatorische, nicht aber (auch) eine materielle Gewaltenteilung" gebiete, wobei die Aussage der Autoren vor dem Hintergrund der Abgrenzung der Staatsfunktionen Gerichtsbarkeit und Verwaltung steht. Nicht viel anderes läßt sich aber auch für das Verständnis der Gewaltenteilung zwischen Gesetzgebung und Vollziehung feststellen. Wird in diesem Zusammenhang WINKLER zitiert, so ist es aber doch gerade dessen

---

1 Dazu RINGHOFER, Genehmigungsbedürftige, insbesondere „verfassungsergänzende" Staatsverträge, in: FS Floretta, Arbeitsrecht und soziale Grundrechte (1983) 79 (94 ff).

2 Dazu aus letzter Zeit KORINEK, Von der Aktualität der Gewaltentrennungslehre, Journal für Rechtspolitik (1995) 151 (152 f) mwN.

3 ADAMOVICH/HUPPMANN, Die Judikatur des Verfassungsgerichtshofes 1975 – 1995, in: 75 Jahre Bundesverfassung, FS aus Anlaß des 75. Jahrestages der Beschlußfassung über das Bundes-Verfassungsgesetz, hrsg Österreichische Parlamentarische Gesellschaft, Red Günther Schefbeck (Wien 1995) 520.

Verdienst, dieses Verständnis der Trennung der Justiz von der Verwaltung als ein „formal-organisatorisches Prinzip" in Lehre und Rechtsprechung nach 1920 als Betrachtungsweise zu entlarven, die „ihre Erklärung nur in einer ungeprüften Tradition kelsenscher Ablehnung der Lehre von der Gewaltentrennung finden kann", die „eine echte ideologische Schlagseite hatte", die „die Bedeutung der Gerichtsbarkeit bewußt ignorierte"[4].

Unter dem hier gewählten Thema interessiert aber nicht die Trennung dieser beiden Staatsfunktionen voneinander, sondern vielmehr jene zwischen *Gesetzgebung* und *Verwaltung*. Auch dazu finden sich bei WINKLER einige Schlaglichter, die aber gemäß seiner eigenen kritischen Betrachtungsweise infolge ihres Abstraktionsgrades nicht geeignet sind, eine rechtsdogmatische Analyse zu ersetzen[5]. „So zeigt die Verfassung, daß der Gesetzgebung ihrem Wesen nach die Funktion generell-abstrakter Anordnungen im Rahmen der Kompetenzverteilung und in den Schranken der Grundrechte zukommen", was zwar an keiner Stelle der Verfassung definiert sei, sich aber im Gesetzesbegriff und den Kundmachungsbedingungen des B-VG zeige. Mitwirkungsrechte an der Vollziehung erschienen „in ihrer erschöpfenden Aufzählung nur als Ausnahmen für eine grundsätzlich zu einer anderen Funktion berufene Gewalt", wofür folgender Gedanke als Begründung angeführt wird: „Wäre die Gesetzgebung der Vollziehung schlechthin absolut übergeordnet, dann könnte sie doch jede Vollzugskompetenz nach Belieben und ad hoc an sich ziehen und bedürfte dazu weder einer verfassungsgesetzlichen Sonderermächtigung noch einer Gesamtänderung gemäß Art. 44 Abs. 2 B.-VG."[6]. Und WINKLER gelangt zu der als Hintergrund für die dogmatische Analyse ebenfalls entscheidenden Aussage: „Nur von der Annahme eines *Wesensgehaltes* der Staatsfunktionen her" erscheine die Trennungsanordnung im Art 94 B-VG sinnvoll[7]. „Aus einer Fülle von Verfassungsvorschriften, welche die drei Staatsfunktionen ihrem Wesen nach erfassen oder doch erkennbar voraussetzen, ergibt sich so das überverfassungsgesetzliche Verfassungsprinzip einer wesensgemäß bestimmten Gewaltentrennung des freiheitlichen Reststaates Österreich."[8] Die Konsequenzen eines solchen materiellen Verständnisses der Gewaltentrennung für die Rechtsdogmatik gilt es hier näher zu entfalten.

---

4 WINKLER, Das Österreichische Konzept der Gewaltentrennung in: Recht und Wirklichkeit, Der Staat 1967, 293 (296 f).

5 Bei WINKLER, Der Staat 1967, 298, findet sich die zutreffende Aussage, die nur leider viel zu wenig beherzigt wird: „Idealtypen haben zwar ihren Sinn, sie sind aber nicht geeignet, eine rechtsdogmatische Analyse zu ersetzen."

6 WINKLER, Der Staat 1967, 299.

7 WINKLER, Der Staat 1967, 301.

8 WINKLER, Der Staat 1967, 302.

Die Reduzierung des Prinzips der Gewaltentrennung auf formal-organisatorische Anforderungen würde sich in extremis[9] auch damit zufriedengeben müssen, wenn die Staatsfunktion, die einen bestimmten Akt gesetzt hat, in diesem Zusammenhang nur richtig bezeichnet wird, ohne daß aber aus der Zugehörigkeit eines Organs zu einer bestimmten Staatsfunktion, also beispielsweise des Landtages zur Gesetzgebung, eine Schranke dahingehend bestünde, *was* der Landtag zum Inhalt seiner Akte macht. Dem setzt eine formal-organisatorische Betrachtung in der österreichischen Tradition jedoch insoweit eine weitere Schranke, als den Organen der Gesetzgebung nur die ihnen durch die Bundesverfassung ausdrücklich zugewiesenen Rechtsquellentype an die Hand gegeben erachtet wird, also die Rechtssatzform des Gesetzes. Keine Schranke wäre aber aus einem solchen Verständnis dafür zu gewinnen, *welchen Inhalt* ein Gesetz haben darf.

Das eingangs beschriebene Interesse des Gesetzgebers, seine Regelungen möglichst rasch und ohne verzögernde Zwischenschritte durch konkretisierende Rechtssetzungsakte der Vollziehung als Verhaltensnormen für den einzelnen wirksam werden zu lassen, kann am leichtesten dadurch verwirklicht werden, daß das Gesetz selbst die vom Gesetzgeber in Verordnungs- oder Bescheidform vorgefundenen Rechtsinhalte verändert – für gerichtliche Entscheidungen wird diese Frage allenthalben aus Anlaß des Unterlaufens der Rechtsprechung der Gerichtshöfe des öffentlichen Rechts diskutiert, eine Konstellation, die sich von der hier zu diskutierenden grundlegend unterscheidet, da das Konterkarieren einer Rechtsprechungslinie eines, das ändern des normativen Inhalts einer Entscheidung jedoch ein anderes ist.[10] Inwieweit sind nun dem Gesetzgeber Schranken gesetzt oder anders gefragt, was darf er zu Verwaltungsakten anordnen, ohne das gewaltentrennende Prinzip zu verletzen?

---

9 Eine besonders formalistische Variante – die aber gerade der aktuellen Diskussion um die Beeinträchtigung von Politikerprivilegien im Zusammenhang mit der Überzahl von ‚Beamten' in den Gesetzgebungsorganen diametral entgegenstünde – dieser Betrachtungsweise könnte auch damit argumentieren, es genüge, wenn die Menschen, die eine bestimmte Organfunktion entfalten, nur jeweils die richtige Bezeichnung wählen, ohne daß aber ein Hindernis bestünde, alle Funktionen durch ein und denselben Menschen ausüben zu lassen (eine Sichtweise, die gerade dem Anliegen Montesquieus diametral zuwiderliefe). Vor diesem Hintergrund wären die *Inkompabilitätsbestimmungen* des B-VG, wie jene für die Mitgliedschaft im VfGH oder im VwGH, nicht Ausdruck und spezifische Unterstreichung der bereits aus dem Gewaltentrennungsprinzip erwachsenden Schranken der Ausübung verschiedener Staatsfunktionen durch ein und dieselbe Person, sondern vielmehr ausschließlich für die spezifische Organfunktion aufgestellte Beschränkungen, die sonst nicht bestünden. Die Betrachtungsweise in der Staatspraxis ist zu diesem Thema eher ambivalent, tauchen doch immer wieder Diskussionen zur Frage auf, inwieweit Richter (des Dienststandes) Mitglieder eines allgemeinen Vertretungskörpers sein sollen, was vor allem bei solchen Vertretungskörpern, deren Funktionsausübung sich in der Verwaltung erschöpft, wie dies für den Gemeinderat gilt, besonders bedenklich erscheinen mag.

10 Dazu Aichlreiter, Österreichisches Verordnungsrecht II, 1047 ff.

Allein schon die Übersichtlichkeit der Behandlung dieser Fragen läßt es angeraten erscheinen, daß sie nach den Rechtsquellentypen Verordnung und Bescheid[11] getrennt behandelt werden. Der – heute vielleicht nicht gerade politisch aktuellen, aber in noch bewegteren Zeiten keineswegs ausgeschlossenen – (Absicht zur) Änderung von Gerichtsurteilen durch Gesetz soll hier kein weiteres Augenmerk geschenkt werden. Vorausgeschickt sei zur Begrifflichkeit, daß unter einem Gesetz im weiteren nur einfache Gesetze verstanden werden. Zur Frage, ob und inwieweit bundesverfassungsgesetzliche Regelungen[12] durch den Grundsatz der Gewaltentrennung beschränkt werden, sei hier nur festgehalten, daß auch solche Regelungen nicht gegen Grundprinzipien der Bundesverfassung verstoßen dürfen, wobei jedoch die Schmerzschwelle, ab der der VfGH solches als gegeben erachtet im Bereich des Grundsatzes der Gewaltentrennung noch völlig unausgelotet ist. Offen ist daher auch, ob der VfGH eine Unterscheidung nach dem Wesenskern dieses Verfassungsprinzips und sonstigen Schutzbereichen vornehmen würde. Eine formal-organisatorische Betrachtungsweise müßte eine solche Unterscheidung von vornherein ablehnen. Eine materielle Sichtweise wird aber möglicherweise darum nicht herumkommen. Jedenfalls erscheint die Annahme verwehrt, im Wege einer bundesverfassungsgesetzlichen Regelung könne jedweder Inhalt erlassen werden, ohne mit dem Gewaltentrennungsprinzip in Kollision zu treten.

II. Abänderung von Verordnungen durch ein Gesetz

Kein Gegenstand der nachfolgenden Untersuchung ist das Verhältnis zwischen selbständigen Verordnungen und einfachen Gesetzen, liegt es doch im systembedingten Zusammenspiel dieser beiden Typen der generellen Normerzeugung, daß sie einander – in bestimmtem Umfang – auf gleicher Ebene und teilweise überlappenden Anwendungsbereichen gegenübertreten[13]. Im weiteren geht es ausschließlich um die Durchführungsverordnung als generelle Rechtssatztype der Verwaltung und deren Gestaltungsmöglichkeit durch einfaches Gesetz.

Die Regelung des Art 18 Abs 2 B-VG wird als Ausdruck des der österreichischen Verfassung zugrundeliegenden Konzepts der Überordnung

---

11 Auf die der Verwaltung eigentümliche Rechtsquellentype der Weisung sei im gegebenen Zusammenhang nicht weiter eingegangen.

12 Derartige Inhalte in landesverfassungsgesetzlichen Regelungen unterliegen denselben Beurteilungskriterien wie jene in einfachen Bundes- oder Landesgesetzen, da das B-VG der dem Bundesverfassungsrecht nachgeordneten Rechtserzeugung schlechthin und ohne Unterschied für die einzelnen Rechtsquellentypen das Gewaltentrennungsprinzip vorgibt.

13 Dazu näher Aichlreiter, Österreichisches Verordnungsrecht II, 897 ff, 1151 ff.

des Gesetzes über die Verordnung verstanden. Dieses Über- und Unterordnungsverhältnis[14] legt die Annahme nahe, der Gesetzgeber dürfe auch das regeln, was Inhalt von Verordnungen ist. Das ist auch – in dieser Allgemeinheit der Formulierung – insoweit zutreffend, als es dem Gesetzgeber offensteht, schlechterdings alles zum Inhalt seiner Regelungen zu machen, was auch Inhalt einer Verordnung sein kann, soweit die Bundesverfassung ihm nicht allein schon dadurch Schranken setzt, daß sie bestimmte Regelungsthemen, also Angelegenheiten im rechtlichen Sinne, seiner Kompetenz entzieht, wie dies für den Bereich, der gesetzesvertretenden Verordnungen vorbehalten ist, gilt[15]. Aber es geht hier nicht darum, ob Gesetz und Verordnung, die beide der Kategorie der Gesetze im materiellen Sinn angehören, weil es sich um generelle Rechtsquellentypen handelt, das Gleiche regeln dürfen, ob also der Gesetzgeber ein einer Verordnung inhaltsgleiches Gesetz erlassen darf[16], sondern vielmehr darum, ob der Gesetzgeber den Inhalt bestehender Verordnungen ändern darf.

Die Kompetenz, Verordnungen zu erlassen, wird dem Gesetzgeber einhellig abgesprochen[17]. Geht es aber um die Änderung von Verordnungen, also eine derogatorische Beziehung dahingehend, daß eine Anordnung in einem einfachen Gesetz den Anwendungsbereich einer Verordnung verändert, was regelmäßig nur aus der Perspektive der Beschneidung des zeitlichen Anwendungsbereiches durch Anordnung eines Außerkrafttretens von Verordnungsregelungen diskutiert wird, so wurde dem nicht mit gleicher Vehemenz entgegengetreten[18]. Anlaß für die nachfolgenden Überlegungen sind ausdrückliche Anordnungen in gesetzlichen Regelungen, durch die Verordnungen aufgehoben oder sonstwie abgeändert werden, nicht aber die als Herzog-Mantel-Theorie geläufige Vorstellung, wonach eine Verordnung durch den Wegfall der sie tragenden gesetzlichen Regelung allein schon wegen ihrer im Stufenbau nachrangigen Stellung und durch Art 18 B-VG normierten Abhängigkeit von einer entsprechenden

---

14 Zur Betrachtung aus der Perspektive der Stufenbaues der Rechtsordnung, deren Metaphorik jedoch auch die Gefahr einer verkürzten und die Komplexität der Beziehungen der verschiedenen Rechtsquellentypen zueinander unzulässig verkürzenden Betrachtungsweise nicht übersehen werden darf, Aichlreiter, Österreichisches Verordnungsrecht II, 962 ff.

15 Dazu näher Aichlreiter, Österreichisches Verordnungsrecht II, 902.

16 Dazu näher Aichlreiter, Österreichisches Verordnungsrecht II, 1154 f.

17 Mayer, Die Verordnung, 38; Werner, Kann der Nationalrat Verordnungen erlassen?, JBl 1951, 353; Ein Nachwort, JBl 1952, 553 ff; Walter, Österreichisches Bundesverfassungsrecht, System, 416; Walter/Mayer, Grundriß des österreichischen Bundesverfassungsrechts[8] RZ 595.

18 Siehe die Hinweise bei Aichlreiter, Österreichisches Verordnungsrecht II, 165 f; Walter/Mayer, Grundriß des österreichischen Bundesverfassungsrechts[8] RZ 595, sehen in älteren Entscheidungen des VfGH, worin er solches für zulässig erachtet, „schwierige theoretische Probleme ... (Stufenbau, Gewaltentrennung)“ aufgeworfen.

gesetzlichen Grundlage bei deren Wegfall ihrerseits ihre (zeitliche) Anwendbarkeit verliere[19]. Die Frage lautet vielmehr, ob es dem Gesetzgeber von verfassungswegen offensteht, *ausdrücklich Änderungen am Anwendungsbereich* von ihm vorgefundener *Verordnungen* vorzunehmen[20].

Eine auf das Ergebnis abgestellte Betrachtungsweise mag es einerlei finden, ob einer Verordnung durch eine ausdrückliche Anordnung des Gesetzgebers oder durch eine solche des Verordnungsgebers derogiert werde. Es mag daher aus rechtstheoretischer Sicht ohne Belang erscheinen, auf welchem Weg eine normative Anordnung ihrer Rechtswirkungen verlustig geht; aus rechtsdogmatischer Sicht kann Gleiches keineswegs behauptet werden. So liegt der Zuweisung bestimmter Kompetenzen durch die Bundesverfassung nicht zuletzt das Anliegen zugrunde, durch die Aufgliederung der Staatswillensbildung auf verschiedene Organe dem rechtsdogmatischen Konzept der Gewaltentrennung Rechnung zu tragen[21].

Es mag nun durchaus angehen in der Befugnis der Verwaltung, Verordnungen, also generelle Rechtsnormen und damit Erscheinungsformen des materiellen Gesetzesbegriffes handhaben zu dürfen, eine „Abweichung vom Prinzip einer reinen Gewaltentrennung"[22] zu erblicken. Allein ein solches Verständnis von einer Abweichung erlaubt es aber keineswegs, daraus die Schlußfolgerung zu ziehen, der Gesetzgeber dürfe daher in die generelle Rechtsetzung durch Verordnungen nach Belieben eingreifen. Denn das rechtsdogmatische Modell der österreichischen Bundesverfassung zur Gewaltentrennung ist eben dadurch gekennzeichnet, daß die generelle Rechtsetzung zum einen dem Gesetzgeber in der Form des Gesetzes und zum anderen der Verwaltung in der Form der Verordnung an die Hand gegeben ist. Wird nun in Lehre und Rechtsprechung einhellig dieses Nebeneinander der generellen Rechtsetzung dahingehend verstanden, daß der Gesetzgeber keine Verordnungen erlassen darf, also als Ergebnis eines Gesetzgebungsverfahrens keine Anordnung erlassen darf, die als Verordnung Teil der Rechtsordnung wird, so fehlt jeder Hinweis in der Bundesverfassung, wonach das *Außerkraftsetzen* von Verordnungen durch gesetzliche Anordnung anders zu beurteilen sein soll. Dies wurde bereits in größerem Zusammenhang an anderer Stelle näher behandelt[23].

---

19 Dazu kritisch näher Aichlreiter, Österreichisches Verordnungsrecht II, 1159 ff, wonach nur ein enger Anwendungsbereich für diese Modellvorstellung Systemkonformität für sich in Anspruch nehmen kann, so zB bei Zusammenhängen wie in VfSlg 13548/1993 (147), 13552/1993 (168).

20 Ungeachtet dieser eine gewisse Faktizität nahelegenden Ausdrucksweise, handelt es sich doch in jedem Falle um die Beurteilung des Verhältnisses normativer Anordnungen zueinander.

21 Werner, JBl 1951, 353 (355).

22 Walter, System, 412.

23 Aichlreiter, Österreichisches Verordnungsrecht II, 1165 ff.

Vor der Rechtsprechung des VfGH, die eine Zuständigkeit des Gesetzgebers zur Erlassung von Regelungen über die Geltung von Verordnungen verneint[24], da ihm schlechthin „die Zuständigkeit mangelt ..., hinsichtlich von Verordnungen irgendwelche normativen Akte zu setzen, dh. sie zu bekräftigen oder abzuändern"[25], sieht sich der Gesetzgeber aber zum Teil unberührt. Aus den eingangs genannten rechtspolitischen Gründen sieht er sich vielmehr dazu veranlaßt, doch selbst das Regime der Rechtsetzung (auch) auf Verordnungsebene in die Hand zu nehmen. Dabei fällt auf, daß solche Vorgangsweisen auf Bundesebene unüblich sind – dem Bundeskanzleramt-Verfassungsdienst wird dabei ein nicht unbedeutendes Verdienst zukommen –, wohingegen sich die Landesgesetzgebung über derartige kleinliche verfassungsrechtliche Beschränkungen – offenbar unbekümmert – hinwegsetzt. Als Beleg dafür seien die Übergangsbestimmungen zum Salzburger Raumordnungsgesetz 1992, LGBl 1992/98, ROG 1992,[26] angeführt, das am 1. 3. 1993 in Kraft getreten ist[27]. Der Gesetzgeber beschränkt sich gegenüber Flächenwidmungsplänen, die im Zeitpunkt des Inkrafttretens dieses Gesetzes bestehen, darauf, zum einen die Verpflichtung auszusprechen, sie an die neuen materiellrechtlichen Regelungen innerhalb eines bestimmten Zeitraums anzupassen[28] und ordnet andererseits deren Einordnung unter die jeweiligen Widmungskategorien an[29], wobei letzteres jedoch bereits dort zu verfassungsrechtlichen Bedenken führen würde, sofern aufgrund der Interpretation der neuen gesetzlichen Regelungen, auf die hin die Überleitung erfolgen soll, die Widmungsfestlegungen der bestehenden Flächenwidmungspläne eine Änderung erfahren würden[30]. Mag daher bei Flächen-

---

24 VfSlg 6055/1969.

25 VfSlg 4340/1962 (741).

26 IdF der Berichtigungskundmachung LGBl 1993/48; mit der Baurechts-Novelle 1994, LGBl 1995/13, die gemäß ihrem Art VI zu unterschiedlichen Zeitpunkten (jedenfalls aber rückwirkend, wie dies für das neuere Salzburger Bau- und Raumordnungsrecht kennzeichnend ist) in Kraft trat, brachte ua eine Änderung der Absatzbezeichnung in § 45, weshalb hier jeweils die ursprüngliche und in Parenthese die neue Bezeichnung angegeben wird.

27 § 46 Abs 1 ROG 1992.

28 § 45 Abs 15 Satz 1 (12 neu) ROG 1992 sieht dies „längstens bis zum 31. Dezember 1999" als Gebot gegenüber den zuständigen Gemeindeorganen (Gemeinderat der Stadt Salzburg und Gemeindevertretungen der Ortsgemeinden) vor.

29 § 45 Abs 7 (4 neu) ROG 1992 sieht dabei vor:

„Die gemäß § 17 Abs. 9 ROG 1968 oder gemäß § 17 Abs. 4 ROG 1977 kundgemachten Flächenwidmungspläne gelten mit der Maßgabe als Flächenwidmungspläne im Sinne dieses Gesetzes, daß a) hinsichtlich des Baulandes Gebiete gemäß ... ROG 1968 bzw. Gebiete gemäß ... ROG 1977 als Gebiete gemäß ... dieses Gesetzes ... zu gelten haben und b) hinsichtlich des Grünlandes ..."

30 Der Wortlaut dieses Gesetzes erscheint es fürs erste zu erlauben, die Bestimmung dahingehend in verfassungskonformer Weise zu „verstehen, daß mit ihr ausschließlich die

inhaltliche Kontinuität der die VO tragenden Gesetzeslage hervorgehoben werden soll. Sie wäre in diesem Sinne eine Interpretationsregel zu den neuen gesetzlichen Vorschriften.", AICHLREITER, Österreichisches Verordnungsrecht II, 1194, sofern – und dies ist eine notwendige Voraussetzung, um keine inhaltliche Änderung der verordnungsförmigen Festlegungen anzunehmen – diese jeweiligen Anordnungen zur widmungsrechtlichen Bedeutung der Festlegungen in einem bestehenden Flächenwidmungsplan dahingehend verstanden werden, daß für diese Verordnungen die nunmehrigen gesetzlichen Regelungen, also jene des ROG 1992, die der Gesetzgeber in der Übergangsbestimmung ausdrücklich zitiert, bezogen auf diese Flächenwidmungspläne jene Bedeutung haben, die ihren früheren gesetzlichen Grundlagen entspricht.

Nimmt man aber das Gesetz beim Wort – und woran sonst sollte man es, wie KOBZINA schon gefragt hat, nehmen? – so mag § 45 Abs 7 (4 neu) zwar keine Änderung des zeitlichen Anwendungsbereiches bringen, ob aber damit nicht eine solche des *materiellen Gehalts* von bestehenden Flächenwidmungsplänen verbunden ist, bleibt noch zu untersuchen.

Die Bedeutung dessen, was ein Flächenwidmungsplan an Widmungsfestlegungen enthält, wird in solchen Verordnungen regelmäßig dadurch zum Ausdruck gebracht, daß Grundflächen durch eine bestimmte Farb- und/oder Zeichengebung in einer bestimmten Widmungskategorie angelegt werden, wobei die Bedeutung dieser Einzeichnungen in einer Legende festgehalten wird. Diese Legende ihrerseits beschränkt sich durchwegs auf Aussagen darüber, daß zB die rote Farbe die Baulandwidmung zum Ausdruck bringt, während eine darauf eingetragene Buchstabenkombination, zB RW innerhalb der Nutzungsart Bauland die Widmung „reine Wohngebiete" bedeutet, was in sogenannten Planzeichenverordnungen, zB der Flächenwidmungspläne-Darstellungsverordnung Sbg LGBl 1993/126, festgelegt wird. Welche bauliche Nutzung innerhalb eines in bestimmter Weise gekennzeichneten Bereichs zulässig ist, wird jedoch im Flächenwidmungsplan selbst nicht explizit gemacht (vielleicht sind aber dem Erläuterungsbericht im Zusammenhalt mit dem räumlichen Entwicklungskonzept, orientiert man sich am Salzburger Raumordnungsrecht, Aussagen über planungspolitische Vorstellungen zu entnehmen). Der normative Teil des Flächenwidmungsplans läßt also aus sich allein nicht erkennen und damit auch nicht die Antwort auf die Frage, welche Bauten mit einer bestimmten Widmung vereinbar sind. Die Festlegungen im Flächenwidmungsplan erhalten daher durchwegs nur vor ihrem jeweiligen gesetzlichen Hintergrund eine erkennbare normative Bedeutung, also unter Zusammenschau mit jenen gesetzlichen Regelungen des Raumordnungsrechts, die beispielsweise festlegen, was auf Flächen, die als Bauland-Reine Wohngebiete ausgewiesen sind, baubehördlich bewilligt werden darf. Insofern sind daher Flächenwidmungspläne verweisende Regelungen.

Ändert sich nun der Inhalt der verwiesenen Norm, also die materielle Umschreibung dessen, was nach den raumordnungsgesetzlichen Bestimmungen innerhalb einer bestimmten Widmungskategorie zulässigerweise an baulichen Maßnahmen gesetzt werden darf, so hat die darauf verweisende Regelung auch einen jeweils anderen Inhalt. Flächenwidmungspläne werden jedoch nicht als dynamisch verweisende Normen verstanden, sondern ergibt sich vielmehr aus ihrem textlichen und planlichen Zusammenhang die Bedeutung einer statischen Verweisung, wonach also den einzelnen Widmungskategorien jene Bedeutung zukommt, die ihre gesetzliche Grundlage im Raumordnungsgesetz im Zeitpunkt der Erlassung des Flächenwidmungsplans zukommt.

Wenn daher nunmehr der Gesetzgeber in § 45 Abs 7 (4 neu) anordnet, daß „Gebiete gemäß" den Festlegungen nach früheren Gesetzeslagen nunmehr „als Gebiete gemäß § ... dieses Gesetzes zu gelten haben" so liegt es keineswegs fern, eine solche Anordnung dahingehend zu verstehen, daß die *Beurteilung* dessen, welche baulichen Maßnahmen innerhalb der „Gebiete" zulässig sind, nicht nach den früheren gesetzlichen Regelungen zu den einzelnen Widmungskategorien zu erfolgen hat, sondern nach den nunmehrigen. Soweit sich die früheren und die nunmehrigen Umschreibungen in den Raumwidmungsplänen die Konsequenz einer Änderung ihres Inhalts noch vermeidbar erscheinen, so ist dies beim zeitlichen Anwendungsbereich von Bebauungsplänen jedoch von vornherein ausgeschlossen.

Für die im Zeitpunkt seines Inkrafttretens (1. 3. 1993) bestehenden Bebauungspläne, die aufgrund früherer gesetzlicher Regelungen erlassen worden sind, enthält nämlich das Sbg ROG 1992 eine differenzierte Außerkafttretensregelung.[31] Auch eine noch so großzügige Handhabung der Konformitätsregel, also des Gebots, in Zweifelsfällen rangniedrigere Re-

---

ordnungsgesetzen völlig entsprechen, ist es müßig, die Frage nach einer Änderung des Inhalts der Festlegungen in bestehenden Flächenwidmungsplänen, die auf diesem Wege übergeleitet werden sollen, zu stellen, reduziert sich doch die Änderung bloß auf das Zitat. Anders hingegen, wenn die nähere Festlegung im Raumordnungsgesetz darüber, welche baulichen Maßnahmen innerhalb des Gebietes einer bestimmten Widmungskategorie zulässig sind, von der nunmehrigen abweicht, wie dies beispielsweise für „Gewerbegebiete" gilt (vgl § 12 Abs 1 Z 4 ROG 1977 im Verhältnis zu § 17 Abs 1 Z 6 ROG 1992).

Liest man daher die Übergangsregelungen des § 45 Abs 7 (4 neu) in dem Sinne, daß sie die Anordnung beinhalten, es sei nunmehr auf Flächen, die in einem beim Inkrafttreten der Übergangsbestimmung als Bauland-Gewerbegebiet ausgewiesenen Flächen nicht mehr die Setzung solcher baulicher Maßnahmen, die mit der Umschreibung des § 12 Abs 1 Z 4 ROG 1977 konform gehen, zulässig, sondern vielmehr nur jene im Sinne des § 17 Abs 1 Z 6 ROG 1992, so bedeutet dies, daß der Gesetzgeber damit die materiellen Anordnungen einer bestehenden Verordnung abgeändert hat, nämlich der Bedeutung der Widmungsfestlegung in bestehenden Flächenwidmungsplänen.

Dieses Ergebnis steht keineswegs im Widerspruch zum Erkenntnis des VfGH vom 22. 6. 1995, G 297/94, – ihm hat sich zuletzt auch der VwGH im Erkenntnis 28. 3. 1996, Zl 95/06/0134, angeschlossen – zu Übergangsbestimmungen des Tir ROG 1994, war doch Gegenstand dieser Entscheidung die Beurteilung der in Prüfung gezogenen Regelung im Lichte des Selbstverwaltungsrechts der Gemeinden und damit verbunden des Sachlichkeitsgebots, nicht aber der hier herangezogene Maßstab der Gewaltentrennung.

Nimmt man hingegen die Anordnung des § 45 Abs 15 (12 neu) hinzu und ernst, wonach im „im Zeitpunkt des Inkrafttretens diese Gesetzes bestehende Flächenwidmungspläne, die den Bestimmungen dieses Gesetzes – sei es auch nur hinsichtlich ihrer Widmungsbezeichnungen – nicht entsprechen, sind längstens bis zum 31. Dezember 1999 anzupassen", so erscheint es durchaus mit dem Wortlaut der Regelungen und der Absicht des Gesetzgebers vereinbar, ein verfassungskonformes Interpretationsergebnis zu erzielen.

Das aber bedeutet dann wiederum, daß Flächenwidmungspläne, die der Übergangsbestimmung des § 45 Abs 7 (4 neu) ROG 1992 unterliegen, weiterhin jene Planungsfestlegungen beinhalten, die ihnen vor dem Inkrafttreten des ROG 1992 zugekommen sind.

[31] § 45 Abs 16 (13 neu) Sbg ROG trifft dazu folgende Anordnung:

„Aufgrund der §§ 1 ff BGG erlassene oder aufgrund des § 27 Abs. 2 BGG weitergeltende Bebauungspläne, die im Zeitpunkt des Inkrafttretens dieses Gesetzes bestehen, behalten ihre Wirksamkeit nach den bisher geltenden Rechtsvorschriften. Sie werden für unbebaute Baupläne oder, soweit keine Bauplatzerklärungen bestehen, für selbständig bebaubare, aber unbebaute Flächen, die keine Baulücken darstellen, unwirksam, wenn nicht

a) bei Bestehen einer Bauplatzerklärung im Zeitpunkt des Inkrafttretens dieses Gesetzes innerhalb eines Jahres oder

b) ohne eine solche Bauplatzerklärung innerhalb von zwei Jahren

ab Inkrafttreten dieses Gesetzes ein Ansuchen auf Bewilligung einer Bauführung, die nicht ausschließlich in der Errichtung eines Nebengebäudes besteht, eingebracht wird."

Das Gesetz enthält des weiteren Regelungen über die Auswirkung einer Bausperre auf den Fristenlauf und der Versagung einer beantragten Baubewilligung.

gelungen so zu interpretieren, daß sie mit den ranghöheren nicht in Widerspruch treten[32], vermag sich nicht über den klaren Wortlaut hinwegsetzen, mit dem der Gesetzgeber Bestimmungen über die Beendigung des zeitlichen Anwendungsbereiches solcher Verordnungen trifft – welchen Inhalt sollte die gesetzliche Anordnung sonst haben? Daß diese Regelung noch dazu mit dem Legalitätsprinzip im Konflikt steht, weil für den Normunterworfenen kaum oder nur bei archivarischem Fleiß und akribischen – möglicherweise auch durch die fehlende Parteistellung rechtlich beschränkten Möglichkeiten zu – Nachforschungen ermittelbar ist, ob und in welchem Umfang ein bestimmter Bebauungsplan außer Kraft getreten ist, hat offenbar zuletzt auch den Gesetzgeber nachdenklich gestimmt und in jüngster Zeit zu einer Regelung geführt, die zumindest Klarheit im Zusammenhang mit dem daran anknüpfenden Außerkrafttreten von Bauplatzerklärungen schaffen will, also von Bescheiden, indem sie eine Verpflichtung zur Kenntlichmachung des ex lege erfolgten Außerkrafttretens statuiert[33]. Diese Regelung des Art I der Novelle steht im Zusammenhang mit ihrem Art II, der das Außerkrafttreten von Bauplatzerklärungen nach § 22 lit c BGG von einer solchen Kenntlichmachung abhängig macht. Dadurch soll vermieden werden, daß dem Einzelnen die Voraussetzungen gar nicht bekannt werden, die für seine Grundflächen das Außerkrafttreten einer erteilten Bauplatzerklärung ex lege bewirken.

Diese Bestimmungen der Novelle, die am 1. 3. 1996 (ebenfalls) rückwirkend (Art III, die Kundmachung erfolgte nämlich erst mit dem am 30. 5. 1996 herausgegebenen 9. Stück des Sbg LGBl) sind nicht unbedingt als besonders geglückt zu bezeichnen. Sie haben nämlich (innerhalb der Verwaltungsorgane) eine Diskussion darüber ausgelöst, ob die Regelung nicht möglicherweise dahingehend zu verstehen sei, daß Bebauungspläne ohne eine solche Kenntlichmachung gar nicht als außer Kraft getreten zu betrachten seien. Diese Annahme erscheint aber im Lichte des Gewaltentrennungsgrundsatzes von vornherein verwehrt: Damit würde nämlich dem Gesetz der Inhalt unterstellt, es habe den nach den bis zum 28. 2. 1996 in Kraft gestandenen gesetzlichen Regelungen außer Kraft getretenen (Teilen von) Bebauungsplänen wiederum Normativität verliehen, was mit anderen Worten bedeutete, der Gesetzgeber habe mit 1. 3. 1996 früher (nämlich zum 1. 3. 1994 oder 1. 3. 1995) außer Kraft getretene Verordnungen (in der Form von Bebauungsplänen) wiederum

32 Dazu Aichlreiter, Österreichisches Verordnungsrecht I, 281, 588 f mwH.

33 Mit Sbg LGBl 1996/47 wurde dem § 45 Abs 3 neu folgende Anordnung eingefügt: „Die Unwirksamkeit eines Bebauungsplanes oder von Teilen davon ist durch die Gemeindevertretung (in der Stadt Salzburg den Gemeinderat) festzustellen und im Bebauungsplan kenntlich zu machen.“

(neu) erlassen und zwar allein zu dem Behufe, daß die dazu berufenen Gemeindeorgane deren Außerkrafttreten „kenntlich zu machen" hätten, um sie neuerlich außer Kraft zu setzen. Daß aber der Gesetzgeber keine Verordnungen erlassen darf – was er nach dem zuletzt beschriebenen Verständnis aber tun hätte müssen – ist in Lehre und Rechtsprechung unbestritten.

Geht man hingegen, wie dies mit dem Wortlaut der Bestimmungen der Novelle 1996 ohne weiteres vereinbar ist, davon aus, daß diese Novelle nichts am bereits erfolgten Außerkrafttreten von (Teilen von) Bebauungsplänen[34] geändert hat, so enthebt dies aber nicht davon, die in der Novelle 1996 vorgesehene, aufgrund eines Willensaktes des sonst zur Erlassung von Bebauungsplänen berufenen Organs erfolgende Kennzeichnung des Außerkrafttretens als Erlassung einer Norm zu deuten. Wie sich aus dem Zusammenhalt der neuen Regelung über die Kennzeichnung der „Unwirksamkeit eines Bebauungsplanes oder von Teilen davon" in § 45 Abs 16 (13 neu) ROG 1992 und jener des Art II Abs 7 der Bebauungsgrundlagengesetz-Novelle 1992 durch die Novelle LGBl 1996/47 klar entnehmen läßt, „gilt" das Unwirksamwerden eines Bebauungsplanes aus Anlaß der Übergangsbestimmungen des ROG 1992 „erst dann als Erlöschensgrund gemäß § 22 lit c des Bebauungsgrundlagengesetzes, wenn es im Bebauungsplan kenntlich gemacht worden ist."[35] Zwar treten Verordnungen auch auf der Grundlage von Umstände außer Kraft oder in Kraft (zB infolge Erreichens eines bestimmten Zeitpunktes, der in der betreffenden Verordnung für diesen Zweck festgelegt ist), die selbst keine Normqualität besitzen, doch hätte derjenige, demgegenüber das Erlöschen der Eigenschaft einer Grundfläche als Bauplatz bescheidförmig ausgesprochen wird, bei der gegebenen Konstellation keine Rechts-

---

[34] Zum 1. 3. 1994 oder 1. 3. 1995.

[35] § 22 lit c BebauungsgrundlagenG idF LGBl 1995/13 (BGG) besagt:

„Die Eigenschaft einer Grundfläche als Bauplatz erlischt ... durch nachträgliches Eintreten eines im § 14 Abs. 1 lit. a oder b angeführten Tatbestandes; in diesem Falle hat die Baubehörde das Erlöschen mit Bescheid festzustellen."

Die hier relevante Anordnung des § 14 Abs 1 lit a besagt:

„Die Bauplatzerklärung ist zu versagen, wenn die Grundfläche vom Standpunkt des öffentlichen Interesses für die Bebauung ungeeignet erscheint. Dies ist der Fall, wenn ... die Bebauung der Grundfläche ... dem Bebauungsplan widersprechen würde oder für die Grundflächen kein Bebauungsplan der Grundstufe und soweit erforderlich auch der Aufbaustufe aufgestellt ist ...".

Bei der hier interessierenden Konstellation geht es also um den Erlöschenstatbestand, der dadurch verwirklicht wird, daß nachträglich – nämlich durch die Übergangsbestimmungen – ein Bebauungsplan nicht mehr aufgestellt ist.

Ob die Bestimmung des § 22 lit c BGG losgelöst vom Problemkreis des Übergangszeitraumes eine geeignete und verfassungskonforme Vollzugsgrundlage bietet, sei hier dahingestellt.

schutzmöglichkeit gegen eine verfehlte Kennzeichnung, die das Außerkrafttreten seiner Bauplatzerklärung ex lege bewirkt, sofern man dem Akt der Kennzeichnung nicht selbst Normativität zumißt. Die Deutung der Kennzeichnung als Gutachten oder bloße Wissenserklärung des Gemeinderates (der Gemeindevertretung) hätte nämlich zur Folge, daß der einzelne dem nicht entgegentreten könnte, da kein anderes Organ als jenes, das in der gesetzlichen Regelung über die Kennzeichnung der Unwirksamkeit eines Bebauungsplanes, also des § 45 Abs 3 Sbg ROG 1992, genannt ist, die tatbestandlichen Erfordernisse erfüllt, um eine solche Kennzeichnung mit den Rechtswirkungen nach § 22 lit c BebauungsgrundlagenG vorzunehmen, sodaß eine Art von Gegengutachten von vornherein ausscheidet. Bloße Wissenerklärungen unterliegen aber auch nicht der nachprüfenden Kontrolle der Gerichtshöfe des öffentlichen Rechts, sodaß eine im Widerspruch zu den Erzeugungsregeln erfolgte Kennzeichnung keiner Überprüfung und Beseitigung innerhalb des bundesverfassungsgesetzlich vorgegebenen Rechtsschutzsystems zugänglich wäre. Aus Gründen des Rechtsschutzsystems ist daher eine Deutung der Kennzeichnung als normativer Akt erforderlich[36]. Handelt es sich aber um einen normativen Akt und zwar einen solchen einer Verwaltungsbehörde, so ist die (normative) Kennzeichnung des Unwirksamwerdens eines Bebauungsplanes ebenso wie dieser selbst als Verordnung zu deuten[37].

Die zuletzt behandelte Kennzeichnung ändert aber nichts an der bereits ex lege eingetretenen Unwirksamkeit des Bebauungsplanes wegen Erfüllung der Voraussetzungen des § 45 Abs 16 (13 neu) ROG 1992. Die nunmehr vorgesehene Kennzeichnung soll nur gegenüber dem einzelnen Klarheit darüber schaffen, ob er noch mit dem aufrechten Bestand des Bebauungsplanes (und der darauf gestützten Bauplatzerklärung) rechnen kann oder nicht. Damit aber hat der Gesetzgeber selbst das Außerkrafttreten von Verordnungen, nämlich der Bebauungspläne, angeordnet. Er verändert damit den zeitlichen Anwendungsbereich dieser bestehenden Verordnungen, indem er sie unter den von ihm genannten Voraussetzungen zu bestimmten Zeitpunkten als unanwendbar erklärt, ohne daß es eines hinzutretenden Aktes der Verordnungsgebung, nämlich einer Aufhebung der bisherigen Bebauungsplanregelung, bedarf. Damit aber verstößt der Salzburger Landesgesetzgeber mit der Übergangsbestimmung des § 45 Abs 16 (13 neu) ROG 1992 gegen das verfassungsgesetzliche Gebot der Gewaltentrennung aus den zuvor genannten Gründen.[38]

36 Dazu näher Aichlreiter, Österreichisches Verordnungsrecht I, 45 ff.

37 Dazu Aichlreiter, Österreichisches Verordnungsrecht I, 97 f, 471 f.

38 Es handelt sich hier nicht um einen Fall der Unanwendbarkeit einer Verordnung durch Wegfall der tatbestandlichen Voraussetzungen; dagegen bestünden keine verfassungsrechtlichen Bedenken, Aichlreiter Österreichisches Verordnungsrecht II, 1199 ff.

III. Abänderung von Bescheiden durch ein Gesetz

Während die Frage, ob der Gesetzgeber eine Verordnung außer Kraft setzen darf, in Lehre und Schrifttum doch immerhin eine diskursive Behandlung erfahren hat, blieb die analoge Fragestellung zwischen Gesetz und Bescheid bisher weitgehend unbehandelt. Dabei gehört es zu den Stehsätzen des Verfahrensrechts und damit auch.der zu den Verwaltungsverfahrensgesetzen entwickelten Dogmatik, daß die (materielle) Rechtskraft oder Verbindlichkeit (Bindungswirkung) eines Bescheides durch die Änderung der Rechtslage berührt wird[39] oder daß die Verwaltungsbehörden die im Zeitpunkt der Erlassung ihres Bescheides in Kraft stehende Rechtslage anzuwenden haben[40]. Weitgehend unbeachtet blieb aber die Frage, ob der Gesetzgeber den Anwendungsbereich und dabei insbesondere dessen zeitliche Facette bei Bescheiden (die im Zeitpunkt der Erlassung seiner Regelung dem Rechtsbestand angehören) selbst verändern darf, also die Zulässigkeit der Veränderung des Anwendungsbereiches – ebenso wie in den zuvor besprochenen Fällen auf Verordnungsebene – ohne dazwischentreten eines verwaltungsbehördlichen Aktes ex lege. Auch diese Frage ist im Lichte des Grundsatzes der Gewaltentrennung zu prüfen.

Das Fehlen dahingehender expliziter Aussagen im Schrifttum mag auch die Ursache dafür sein, daß der VwGH in seiner Rechtsprechung diesem Gesichtspunkt keine nähere Aufmerksamkeit schenkt, wenn er mit einer solchen Regelungskonstellation in einem Beschwerdeverfahren befaßt wird. Auch hier fällt im übrigen auf, daß der Bundesgesetzgeber derartige Eingriffe in Bescheidinhalte zu meiden sucht, wie dies beispielsweise § 21 Abs 2 WRG in der Fassung der Novelle 1990, BGBl 1990/252, belegt. Der Gesetzgeber hat zwar die Möglichkeit eröffnet, Bescheide nachträglich (wiederum durch Bescheid) um die Festsetzung einer Bewilligungsdauer zu ergänzen, doch werden „Bescheide, die vor dem 1. Juli 1990 erlassen wurden, ... davon nicht berührt." Und eine ex-lege-Befristung hat die Novelle von vornherein vermieden[41], wobei die Tragweite der den Wasserrechtsbehörden eingeräumten Ermächtigung hier nicht weiter zu untersuchen ist[42].

---

39 zB Hellbling, Kommentar zu den Verwaltungsverfahrensgesetzen I, 422 mwH; Wielinger/Gruber, Einführung in das österreichische Verwaltungsverfahrensrecht[5] 100.

40 Dazu näher Aichlreiter, Zur maßgeblichen Rechtslage, ZfV 1995, 152.

41 Dazu unter Hinweis auf § 21 Abs 5 Rossmann, Wasserrecht[2], 55; Raschauer, Kommentar zum Wasserrecht (1993) 72, Abs 2 der Anm 6 zu § 21.

42 Da die zitierte Regelung des § 21 Abs 2 WRG „Bescheide, die vor dem 1. Juli 1990 erlassen wurden," für unberührt erklärt, könnte sich die Frage stellen, ob dies auch für solche Bescheide gelten soll, die in erster Instanz vor diesem Zeitpunkt erlassen wurden, wobei jedoch das – zulässige – Rechtsmittelverfahren über diesen Zeitpunkt hinaus anhängig

Als hingegen der Landesgesetzgeber das Salzburger Naturschutzgesetz 1977[43] beschloß, hatte er keine einschlägigen Skrupel. Mit § 49 Abs 3 legte er nämlich fest, daß die mit § 38 leg cit geschaffene Regelung über das Erlöschen der Rechtswirkungen einer naturschutzrechtlichen Bewilligung auch auf Bescheide anzuwenden sei, die vor dem Inkrafttreten dieses Gesetzes erlassen wurden.[44] Eine ausdrückliche Anordnung, wann das kritische Ereignis anzusetzen ist, das den Fristenlauf auslöst, nämlich der Zeitpunkt der Rechtskraft der aufgrund des Sbg NSchG 1957 erteilten Bewilligung oder jener des Inkrafttretens des Sbg NSchG 1977 (1. 7. 1978) hat das Gesetz nicht enthalten. Der VwGH hat die Vorschrift dahingehend verstanden, „daß die in § 38 Abs. 1 lit. c Salzburger Naturschutzgesetz 1977 genannte Frist in solchen Fällen, wenn die Rechtskraft des unter der Herrschaft des alten Rechtes erlassenen begünstigenden Verwaltungsaktes bereits vor dem Inkrafttreten des Salzburger Naturschutzgesetzes 1977 eingetreten war, erst mit dem Zeitpunkt des Inkrafttretens dieses Gesetzes zu laufen beginnt. Dies deshalb, weil erst mit diesem Zeitpunkt eine Bewilligung im Sinne des Salzburger Naturschutzgesetzes 1977 vorliegt, auf welche die Anwendung des § 38 dieses Gesetzes denkbar ist."

Die hier interessierende Frage, ob eine solche Befristung des zeitlichen Anwendungsbereiches eines Bescheides durch den Gesetzgeber[45] aus verfassungsrechtlicher Sicht zulässig ist, hat sich dem VwGH nicht aufgedrängt. Seine zuvor zitierte Formulierung könnte sogar dahingehend verstanden werden, daß der Gesetzgeber durch diese Übergangsbestim-

ist; für solche Fälle wird wohl der Grundsatz zu beachten sein, daß die Berufungsbehörde die im Zeitpunkt ihrer Bescheiderlassung maßgebliche Rechtslage anzuwenden hat, also den dann umfassend in Kraft stehenden § 21. Gem Art IV Abs 1 der Nov 1990 sind ihre Bestimmungen – mit Ausnahme des neuen § 31a, der am 1. 1. 1991 in Kraft trat – mit 1. 7. 1990 in Kraft getreten.

43 LGBl 1977/86.

44 § 49 Abs 3 Sbg NSchG 1977 lautet:

„(3) Bewilligungen, Genehmigungen, Ausnahmengewährungen u. dgl. aufgrund des Salzburger Naturschutzgesetzes 1957 gelten als Bewilligungen im Sinne dieses Gesetzes. Das Erlöschen einer Bewilligung u. dgl. richtet sich nach § 38 dieses Gesetzes, soferne nicht eine besondere Befristung mit ihr verbunden war; eine solche wird durch das Inkrafttreten dieses Gesetzes nicht berührt ..."

45 Anzumerken ist allerdings, daß der VwGH jedoch bei der Substituierung einer Frist, deren Festsetzung einem Bescheid nicht entnommen werden kann, keineswegs immer mit der gleichen Unbekümmertheit vorgeht. So hat er im Erk 27. 6. 1980, 2260/78, ungeachtet des Umstandes, daß das Gesetz für den vorübergehenden Entzug einer Lenkerberechtigung eine Maximalfrist festlegt, das Fehlen einer Fristsetzung im Bescheid keineswegs zum Anlaß genommen, um diese Lücke durch die gesetzliche Maximal-Frist zu kompensieren, sondern sprach vielmehr aus, weil „der betreffende Bescheid keine Entziehungsfrist enthielt, hatte dies naturgemäß zur Folge, daß auch keine Frist ablaufen konnte ...".

mung „mit dem Zeitpunkt des Inkrafttretens dieses Gesetzes ... eine Bewilligung im Sinne des Salzburger Naturschutzgesetzes 1977" erlassen habe, auf die § 38 leg cit anwendbar erscheint. Diese mögliche Sinnzumessung ist aber vom VwGH offenbar nicht wirklich intendiert gewesen, wäre es doch unter dieser Voraussetzung dem Gerichtshof mit an Sicherheit grenzender Wahrscheinlichkeit aufgefallen, daß dies bedeuten würde, daß der Gesetzgeber einen Bescheid erlassen habe. Der bloße Umstand, daß der Gesetzgeber den zeitlichen Anwendungsbereich eines Bescheides ohne Dazwischentreten eines weiteren Bescheidaktes, also ex lege, ausdrücklich verändert, indem er eine Befristung einführt, blieb als verfassungsrechtliches Problem unbeachtet.

Auch bei Bescheiden und bei diesen vielleicht sogar in einem noch höheren Maße, da sie auch unter dem verfassungsrechtlich relevanten Gesichtspunkt der *wohlerworbenen Rechte*[46] zu betrachten sind, ist es ebenso wie bei Verordnungen mit einem materiell verstandenen Gewaltentrennungsprinzip unvereinbar, ihren Anwendungsbereich unmittelbar durch Gesetz zu verändern. Dem Gesetzgeber kommt es aus den bereits zu gleichartigen Konstellationen auf der Ebene der Verordnungserlassung genannten Gründen nicht zu, die ihm an die Hand gegebene generelle Normsetzung dazu zu verwenden, den Inhalt individueller Verwaltungsakte, nämlich von Bescheiden, abzuändern. Wenn auch nicht der Form, so doch dem Inhalt nach, erläßt der Gesetzgeber mit derartigen Anordnungen einen individuellen Verwaltungsakt, der die Abänderung des Bescheides zum Gegenstand hat, also eines Aktes, wie er mit Maßen des AVG nur innerhalb enger Grenzen zulässig ist (§§ 68 ff AVG).

Einmal auf den Geschmack gekommen, hat der Salzburger Landesgesetzgeber von dieser Regelungstechnik auch im Zusammenhang mit den raumordnungs- und baurechtlichen Änderungen des Jahres 1992 Gebraucht gemacht. Zwar hat er angeordnet, daß „Ausnahmen gemäß § 19 Abs. 3 ROG 1977" in „ihrer Wirksamkeit ... durch dieses Gesetz nicht berührt" werden[47], doch hatte er bei Bauplatzerklärungen keine solchen

46 Zwar hat der VwGH bereit in seiner älteren Rechtsprechung den Schutz erworbener Rechte als gegeben erachtet, sofern das Gesetz nicht Gegenteiliges anordnet, VwSlg 8511 A/1973, doch erst mit VfSlg 11308/1987, 11310/1987, haben wohlerworbene Rechte einen signifikanten Stellenwert in der verfassungsgerichtlichen Judikatur erlangt, idS auch VfSlg 11665/1988, 13492/1993 ua, wobei der VfGH jedoch ein „Grundrecht ... wohlerworbener Rechte" mit VfSlg 10588/1985 als dem B-VG fremd erachtet hat, wovon er zumindest auf begrifflicher Ebene nicht abgewichen ist, entwickelt er diesen Schutz subjektiver Rechte doch unter dem Schirm des Gleichheitssatzes, der aber keineswegs schlechthin vor einer für die Betroffenen ungünstigeren Rechtslage schützt, zB VfSlg 13836/1994, 943 f; zur Schrankensetzung gegenüber überraschenden nachteiligen Änderungen der Gesetzeslage vgl VfSlg 13655/1993.

47 § 45 Abs 8 (5 neu) ROG 1992.

Hemmungen, sondern deren Erlöschen mit einer spezifischen Frist für den Übergangszeitraum verknüpft[48]. Diese Regelungskonstellation begegnet denselben verfassungsrechtlichen Bedenken wie die zuvor beschriebene des Sbg NaturschutzG 1977.

Zusammenfassung

Es mag vor dem Hintergrund einer bestimmten politischen Erwartungshaltung, die sich meist durch die von den politischen Entscheidungsträgern selbst in die Öffentlichkeit getragenen Zielvorgaben in dieser aufbaut, plausibel erscheinen, zur Demonstration der eigenen Entscheidungs- und Durchsetzungsfähigkeit das Heft an sich zu reißen und sich um kleinliche verfassungsrechtliche Beschränkungen, wie sie der Gewaltentrennungsgrundsatz allenthalber mit sich bringen mag, nicht zu kümmern. Vor diesem Hintergrund mag es daher auch plausibel erscheinen, daß der Gesetzgeber selbst den Inhalt von ihm vorgefundener Verwaltungsakte, gleichgültig ob auf genereller Ebene in der Form von Verordnungen oder auf individueller Ebene in der Form von Bescheiden, abändert, ohne den dafür von verfassungswegen vorgezeichneten Weg einzuhalten, der die Abänderung von Verwaltungsakten wiederum Akten der Verwaltungsbehörden vorbehält.

Diese regelungspolitische Intention ist aber meist gar nicht erfüllbar. Die Vereinfachung, die mit einer solchen uno actu Änderung der Rechtslage auch in den Vollzugsebenen erzielt werden soll, ist insbesondere bei so komplexen Zusammenhängen wie Planungsakten allzu oft nur eine vermeintliche, da der Gesetzgeber außerstande ist, von der Vielzahl der Konstellationen auch nur Kenntnis zu besitzen, geschweige denn dafür konsistente Lösungen anzubieten. So haben auch die besprochenen Über-

---

48 Gemäß § 22 lit b Bebauungsgrundlagengesetz idF Nov LGBl 1992/99 erlischt die Eigenschaft einer Grundfläche als Bauplatz

„durch Ablauf von zehn Jahren nach Eintritt der Rechtskraft der Bauplatzerklärung oder soweit eine über diesen Zeitpunkt hinaus wirksame Baubewilligung erteilt worden ist mit deren Erlöschen ..."

In der Übergangsregelung des Art II zur vorzitierten Novelle heißt es:

„(4) Für im Zeitpunkt des Inkrafttretens dieses Gesetzes bestehende Bauplatzerklärungen gilt § 22 lit. b des Bebauungsgrundlagengesetzes in der Fassung des Art I. mit der Maßgabe, daß deren Erlöschen frühestens mit Ablauf von drei Jahren nach Inkrafttreten dieses Gesetzes eintritt."

Da die B-VG Novelle 1992 gemäß ihrem Art II Abs 1 „gleichzeitig mit dem Salzburger Raumordnungsgesetz 1992 in Kraft" trat, war dies der 1. 3. 1993, sodaß Bauplatzerklärungen, auf die § 22 lit b der novellierten Regelungen tatbestandlich anwendbar erschienen ist, mit 1. 3. 1996 außer Kraft getreten sind. Dazu enthält übrigens die Novelle Sbg LGBl 1996/47 keine (abweichende) Anordnung.

gangsregelungen des Sbg ROG 1992 mehr Fragen aufgeworfen, die den Vollzug durch die Verwaltungsbehörden noch zusätzlich belasten und keineswegs vereinfachen.

Bei den zuvor behandelten Beispiele standen Abänderungen im zeitlichen Anwendungsbereich von Verordnungen oder Bescheiden durch den Gesetzgeber im Vordergrund. Es besteht aber aus der Sicht des Gewaltentrennungsgrundsatzes kein Unterschied, in welchen Aspekt des Anwendungsbereiches eines generellen oder individuellen Verwaltungsaktes der Gesetzgeber eingreift. Ein nicht bloß auf formal-organisatorische Aspekte der Trennung der drei Staatsgewalten, nämlich Gesetzgebung, Gerichtsbarkeit und Verwaltung, abzielendes Verständnis des Grundsatzes der Gewaltentrennung wird als materielles Verständnis jeden Eingriff in die von der anderen Staatsgewalt erlassenen und ihr als Rechtsquellentype vorbehaltenen Normen als Verletzung dieses Verfassungsprinzips erachten.

Zwar darf das Prinzip der Gewaltentrennung, wie der VfGH zutreffend ausführt, „nicht derart verstanden werden, daß das Bestreben des Gesetzgebers nur gemeinsam mit der zu erlassenden Durchführungsverordnung in Kraft treten zu lassen, erst durch umständliche Verfahren verwirklicht werden könnte“[49], doch darum geht es hier nicht, sondern allein um das in diesem Verfassungsgrundsatz liegende Prinzip, daß Akte der Verwaltung und damit (auch) Verordnungen und Bescheide ausschließlich durch Akte der Verwaltung, also wiederum durch Verordnung oder Bescheid, erlassen oder (in ihrem Anwendungsbereich) abgeändert werden dürfen und nicht mit einem Gesetz.

[49] VfSlg 11632/1988 (144).

Peter Badura

Verbände in der Parteiendemokratie

I. „Gruppengesellschaft" und „Verbändestaat"

Bei der Tagung der Deutschen Staatsrechtslehrer zu Würzburg vom 6. bis 9. Oktober 1965 referierten GERHARD LEIBHOLZ und GÜNTHER WINKLER über „Staat und Verbände"[1]. LEIBHOLZ wandte sich gegen zwei überkommene Grundvorstellungen, die eine zeitgemäße Einordnung der Parteien und der Verbände in die parlamentarische Demokratie behindern können. Die abstrakte Gegenüberstellung von Staat und Gesellschaft als Matrix staatsrechtlicher Begriffsbildung wird verworfen. Konstituiere derselbe Personenverband legitimerweise die pluralistische Gesellschaft wie die im Politischen verhaftete staatliche Ordnung, so könne von einer dualistischen Aufspaltung von Staats- und Gesellschaftsordnung in dem uns früher geläufigen Sinne nicht mehr gesprochen werden. LEIBHOLZ trat – zweitens – Auffassungen entgegen, die dem Einfluß der organisierten Interessen auf die politische und staatliche Willensbildung abwehrend gegenüberstanden. Die „pluralistische" Gesellschaftsordnung, für die charakteristisch sei, daß weitgehend ein consensus omnium nicht bestehe, könne – weil von öffentlicher Bedeutung – heute von sich aus in Anspruch nehmen, verfassungsrechtlich legitim, dh zugleich ein Bestandteil der Verfassung im materiellen Sinn zu sein. Die gleichermaßen in der „pluralistischen" Gesellschaftsordnung wurzelnden Parteien werden, als am Gemeinwohl ausgerichtete (oder auszurichtende) Gruppierungen scharf von den partikularen Interessen verschriebenen Verbänden unterschieden. Der Gesetzgeber sei sogar verpflichtet, den Parteien zu helfen, ihre verfassungsnotwendigen Aufgaben zu erfüllen. Die Demokratie müsse ein Parteienstaat sein, um nicht zum Verbändestaat zu denaturieren – so müßte die Hauptthese von LEIBHOLZ wohl zugespitzt lauten. In der Aussprache wurde dem entgegengehalten, daß die Parteienstaatsdoktrin kaum mehr vom Staat rede, dafür aber die politischen Parteien jetzt an die Stelle des Staates setze und den Verbänden an Stelle der „Gesellschaft" konfrontiere[2].

---

1 VVDStRL Heft 24 (1966) 5 und 34. – Dazu die Berichte von P. DAGTOGLOU, AöR 90 (1965) 481; W. HENKE, JZ 1965, 775; E. KÜCHENHOFF, NJW 1966, 193; W. RUDOLF, DÖV 1965, 806.

2 H. EHMKE, VVDStRL aaO, 94 ff, 96 f.

Dieser Vorwurf operiert allerdings nur mit einer äußerlich vielleicht naheliegenden Begriffsschablone, ohne sich mit dem verfassungspolitischen Ziel des angegriffenen Gedankens auseinanderzusetzen.

GÜNTHER WINKLER hatte bei seinen Überlegungen die deutlich an korporative Staatsideen erinnernde Praxis in Österreich vor Augen, aus der in kritischer Absicht ein realistischer Ausweg gesucht wurde[3]. Die Verbände sind nicht nur stärker in den Staat eingegliedert, auch in der Form öffentlich-rechtlicher Organisationen („Kammern", Beiräte etc), sondern auch wechselweise mit den Parteien verflochten[4]. Der Gefahr des „totalen Verbändestaates" müsse gesteuert werden, auch zum Schutz der grundrechtlichen Freiheit des einzelnen gegenüber den intermediären Gewalten. Es biete sich die Lösung an, die Verbände in einem mit der Verfassung zu harmonisierenden Aufbau verfassungsrechtlich und gesetzlich auszubauen, in die Gesamtordnung – differenziert – einzubinden und zu begrenzen, und zwar hinsichtlich der Organisation, der Aufgaben und der Beteiligung an der Staatswillensbildung. Es sei zu bedenken, „daß die Gestalt unserer Demokratie doch wert ist, erhalten zu werden, ohne daß man die Verbände aus dem staatlichen Gefüge zu verbannen braucht". In Deutschland wie in Österreich gehe es also um das Problem der Einbindung der Verbände in die öffentliche Ordnung, der Festlegung der Verbände auf ihre legitimen Interessen und deren Beschränkung.

Das Grundgesetz scheint die Auffassung zu bestätigen, die Parteien der institutionell geordneten Staatlichkeit (Art 21 GG), Verbände dagegen der Welt freier grundrechtlicher Betätigung (Art 9 GG) zuweist. „Da es die Vereinigungen als Bestandteil der Gesellschaft betrachtet, kümmert sich das Grundgesetz um ihre Freiheit vom Staat, nicht um ihre Einordnung in den Staat"[5]. Die einfachen Konturen dieses Staats- und Gesellschaftsbildes sind jedoch von vornherein nur als Ausgangspunkt der Betrachtung gemeint. Für die politischen Parteien liegt das auf der Hand. Sie wirken bei der politischen Willensbildung des Volkes mit (Art 21 Abs 1 Satz 1 GG), sind und bleiben aber „frei gebildete, im gesellschaftlich-politischen Bereich wurzelnde Gruppen", Vereinigungen des Privatrechts, neben denen die einzelnen sowie Verbände und andere Gruppen auf den Prozeß der Meinungs- und Willensbildung einwirken. Anders indes als sonstige Gruppen sind die Parteien für die demokratische Ordnung unerläßlich. „Sie sind vornehmlich dazu berufen, die Bürger freiwillig zu politischen Handlungseinheiten mit dem Ziel der Beteiligung an der Willensbildung

---

3 G. WINKLER, VVDStRL aaO, 60 f, 118 f.

4 S dazu 20 Jahre später H. SCHÄFFER, Parteienstaatlichkeit – Krisensymptome des demokratischen Verfassungsstaats? VVDStRL 44 (1986) 46/70 ff, 81.

5 D. GRIMM, Verbände, HVerfR, 2. Aufl (1994) § 15, Rn 1.

in den Staatsorganen organisatorisch zusammenzuschließen und ihnen so einen wirksamen Einfluß auf das staatliche Geschehen zu ermöglichen"[6]. Die Parteien sind somit Faktoren jenes Vermittlungsvorganges, der die für die Demokratie kennzeichnende parlamentarische Repräsentation verwirklicht. Repräsentation als Erklärungs- und Rechtfertigungsprinzip für die Volksvertretung in der parlamentarischen Demokratie bedeutet gegenüber den realen Machtgruppen und Interessen des politischen Prozesses ein unterscheidendes Kriterium der Bildung des Staatswillens. In diesem Sinn können Machtgruppen und Interessen nicht „repräsentiert", dh als für die Bildung des Staatswillens maßgeblich angesehen werden[7]. Das Prinzip und die Institutionen der parlamentarischen Repräsentation unterscheiden Parteien und Verbände, verwandeln aber auch die Willensbildung und das Handeln der Parteien, sobald und soweit es in die Sphäre der staatlichen Willensbildung und Entscheidung eintritt.

Die Formulierung des Bundesverfassungsgerichts, mit der die Parteien als „im gesellschaftlich-politischen Bereich wurzelnde" Vereinigungen bezeichnet werden, weist auf eine nicht weiter aufgelöste Komplexität hin. Der „gesellschaftliche" Bereich ist nicht eine diffuse Menge von Einzelpersonen, sondern ein vielfältiges Geflecht von sozialen Beziehungen und Prozessen, aus denen die organisierten Interessen und die Massenmedien als besonders wirksam herausgehoben werden, und er ist insofern ein „gesellschaftlich-politischer" Bereich, als die organisierten Gruppen und Kräfte in Bezug auf die Bestimmung des Gemeinwohls um Macht und Einfluß konkurrieren. Die Demokratie ist ihrer Struktur nach eine „Gruppengesellschaft"[8], der demokratische Staat deswegen aber noch kein „Verbändestaat".

II. Politische Repräsentation und Interessenvertretung

1. Die Interessen im politischen Prozeß

Die Organisation und Geltendmachung (wirtschaftlicher, sozialer, kultureller, etc) Interessen ist ein legitimes Element des politischen Prozesses. In dieser Hinsicht läßt sich eine Trennwand zwischen Parteien und Verbänden nicht aufrichten. Bei aller Anerkennung der verfassungsnotwendigen Funktion der Parteien kann man nicht grundsätzlich sagen,

---

[6] BVerfGE 20, 56/101; 85, 264/284 f.

[7] J. H. Kaiser, Die Repräsentation organisierter Interessen, 2. Aufl (1978); E.-W. Böckenförde, Demokratische Willensbildung und Repräsentation, HStR, Bd II (1987) § 30; P. Badura, Staatsrecht, 2. Aufl (1996) E 11.

[8] U. Scheuner, Politische Repräsentation und Interessenvertretung, DÖV 1965, 577.

die Parteien gehörten zum „staatlichen" Bereich, die Verbände dagegen nicht[9], Bestandteil des „politischen Systems" als eines übergreifenden Beziehungs- und Kraftfeldes sind sie ohnehin[10]. Beispielsweise läßt sich das freie Mandat des Abgeordneten nicht isoliert von der Parteibindung, aber auch nicht isoliert von der Interessenvertretung deuten[11]. Die Interessenbeziehung eines Abgeordneten wird nicht selten sogar ein spezifischer Umstand seiner Parteibindung sein.

Diese Feststellungen und Bewertungen werden allerdings nicht das letzte Wort des Staatsrechts sein können. Denn wie immer sich in der Person eines Abgeordneten und in den Meinungs- und Willensbildungsprozessen einer Partei Parteiräson, Verbandsinteressen und Karrierebedingungen faktisch vermengen mögen, stellen doch Verfassung und Gesetz Ziele und Anforderungen an staatliche Entscheidungen auf, die allein mit Machtkompromissen und Interessenausgleich nicht erfüllt werden können. Die Auslieferung des Gemeinwohls allein an die demokratischen Verfahren der politischen Meinungs- und Willensbildung bleibt die gebotene Anstrengung schuldig. Die materiellen Anforderungen des Verfassungsrechts an das staatliche Handeln, wie sie vor allem den Grundrechten und dem Rechtsstaatsprinzip entnommen werden können, sind explizite Kriterien des Gemeinwohls. Doch ist der große Spielraum politischer Gestaltung, den die Verfassung der Regierung und der Gesetzgebung beläßt, nicht eine Zone des bloßen Machtkalküls und der Interessendurchsetzung. Staatliche Entscheidungen können von vornherein nicht der Opportunität des Tages und der Interessenpolitik überlassen sein, auch soweit materielle normative Bindungen fehlen. Die Garantien einer am Interesse der Allgemeinheit ausgerichteten Entscheidung sind hier die institutionelle Ordnung der öffentlichen Gewalt, in der in der parlamentarischen Demokratie die politischen Parteien ein tragendes Element sind. Wenn Struktur und Wirksamkeit der Parteien nicht nur fallweise, sondern wesentlich in Abhängigkeit von organisierten Interessen geraten, denaturiert die Parteiendemokratie zum Verbändestaat. Die wirtschaftssteuernde und soziale Ausgleichskompetenz des Staates in der „Gruppengesellschaft" schließt notwendig die Teilnahme der Verbände an der politischen Willensbildung, nicht aber auch ihre Teilnahme an dem Prozeß der verfassungsrechtlich organisierten, staatlichen Entscheidungsfindung ein[12].

---

9 H. Ehmke, Diskussionsbeitrag, VVDStRL 24 (1966) 96.

10 D. Grimm, aaO (FN 5) Rn 2.

11 U. Scheuner, aaO (FN 8) 577 f.

12 E.-W. Böckenförde, Die politische Funktion wirtschaftlich-sozialer Verbände und Interessenträger in der sozialstaatlichen Demokratie, Staat 15 (1976) 457/461.

2. Staat und politisches System

Ein Weg, den Verbänden – im Unterschied zu den Parteien – den ihnen zukommenden Ort zuzuweisen, scheint in der Weise gangbar, daß sie in ihrer Eigenschaft als Interessenorganisationen zu Bestandteilen des politischen Systems erklärt werden, das mit dem Staat nicht mehr identisch sei, sondern ihn umfasse[13]. Ganz ähnlich ist die These, daß die verfassungsrechtlich organisierte (staatliche) politische Entscheidungsgewalt nicht mehr die gesamte politische Entscheidungsgewalt umfasse, die im politischen Handlungs- und Entscheidungssystem vorhanden sei, und daß Faktoren jener (nicht-staatlichen) politischen Entscheidungsgewalt die Koalitionen als Träger der Tarifautonomie und die großen Unternehmensverbände als Träger der Investitionsfreiheit seien[14]. Auf den ersten Blick wäre damit eine neuartiger Fußpunkt dafür gefunden, politische Parteien strikt von Verbänden zu unterscheiden, da sie anders als Verbände auf die unmittelbare politische Willensentscheidung im Parlament und auf die Übernahme von Regierungsverantwortung gerichtet sind und sich in allgemeinen Wahlen dem Urteil der Wähler stellen[15]. Ob das unterscheidende Kriterium (siehe auch § 2 PartG) allerdings einer systemtheoretisch ausgedrückten Begründung bedarf, wird man bezweifeln dürfen.

Im Unterschied zu dem Ausdruck „System“, der gänzlich abstrakt auf ein Ensemble sozialer Beziehungen gemünzt ist, ähnlich wie der ähnlich abstrakte Begriff der „Gesellschaft“, hat das Wort „Staat“ eine konkrete Bedeutung. Es bezieht sich auf die allgemeine Form rechtlich geordneter, gebietsbezogener politischer Herrschaft als Versuch, dem Zusammenleben der Menschen eine dauerhafte, gerechte und friedliche Ordnung zu geben. Mit dem Staatsbegriff, nicht dagegen mit dem Begriff des politischen Systems – hinter dem sich eine Spielart des Utilitarismus verbirgt – kann überhaupt das im Verfassungsstaat intendierte und institutionell zu garantierende Gemeinwohl vom bloßen Interesse unterschieden werden. Der Utilitarismus, die moderne Form des Sozialeudämonismus[16], orientiert die Staatszwecke an einem aktiv verstandenen Prinzip der individuellen Freiheit, der Interessenbefriedigung und der Rechtszuweisung. Praktisch werden damit – je nach ihrem Lebensgesetz – die Parteien und die organisierten Interessen zu den Herren des durch die staatlichen Institu-

---

13 H. Grimm, aaO (FN 5) Rn 2.

14 E.-W. Böckenförde, aaO (FN 12) 463 ff.

15 J. H. Kaiser, Verbände, HStR, Bd II (1987) § 34, Rn 3; D. Grimm, aaO (FN 5) Rn 15.

16 W. Windelband, Lehrbuch der Geschichte der Philosophie, 6. Aufl (1912) Nachdruck als 18. Aufl (1993) 429 f; W. Kymlicka, Contemporary Political Philosophy (1990) 9 ff; J. Rohls, Geschichte der Ethik (1991) 346 ff; J. M. Kelly, A short history of Western Legal Theory (1992) 287 ff.

tionen zu einem erheblichen Teil nur noch kanalisierten politischen Prozesses. Das Staatsbild der staatsphilosophischen Tradition hält diesen Ideen und Entwicklungen nur mit Mühe stand; denn ihr zentraler Gedanke, daß Gestaltung und Gewaltausübung des Staates am Gemeinwohl auszurichten sind, bedeutet die Abweisung aller Auffassungen, die Rechtfertigung, Aufgaben und Grenzen des Staates allein aus den gegebenen Interessen des einzelnen und der Gruppen zu begründen suchen[17].

Die historisch-konkrete Realität, die mit der Formel bezeichnet wird, daß das politische System – der angenommene Ort der Verbände – mit dem Staat „nicht mehr identisch" sei, ist die moderne Demokratie und die durch sie getragene und vorangetriebene sozial- und leistungsstaatliche Determination der Politik[18]. Die dem Staat abverlangte umfassende Sozialverantwortung und Sozialgestaltungsfunktion kann mit Legitimität und praktischer Wirksamkeit ohne Beteiligung der Verbände nicht wahrgenommen werden. Das Bild der egalitären Bürgergesellschaft als Basis und Gegenüber der staatlichen öffentlichen Gewalt kann den politischen Prozeß der Demokratie nicht erklären. Die Arbeitsweise und der Erfolg der parlamentarischen Demokratie als einer institutionellen Ordnung beruht auf den politischen Parteien, die Verwirklichung der Staatsaufgaben dagegen ist auch auf die organisierten Interessen angewiesen. Insofern müssen die Verbände auch als ein Faktor der staatlichen Wirksamkeit angesehen werden. Muß die Formel also lauten: „Parteiendemokratie *und* Verbändestaat"?

3. Parteien und Verbände

Die These vom Verbändestaat erhält eine etwas andere Facette, wenn nicht die Eroberung des Staates durch die Parteien und Verbände untersucht, sondern der Staat in eine Rolle auf einem Nebenkriegsschauplatz verdrängt wird. Wenn der Blickwinkel auf eine Art realistische Bestandsaufnahme verengt wird, erscheint es plausibel, die politischen Kraftzentren des heutigen Interventions-, Leistungs- und Massenverwaltungsstaates weniger in den Parteien zu finden als in der Industrie, in gut organisierten Interessenverbänden und in den Massenmedien. Interventions- und Verbändestaat einerseits, Parteienstaat andererseits sind, so heißt es,

---

17 P. Badura, Gedanken zur Grundfrage der Staatsphilosophie, in: FS Martin Kriele (1996). – Zu der grundsätzlichen Frage der Verbindung normativen und explikativen Denkens in einer kritischen Rechtstheorie vgl G. Winkler, Theorie und Methode in der Rechtswissenschaft (1989) 233 ff.

18 E.-W. Böckenförde, aaO (FN 12) 459 f; R. Rhinow, Parteienstaatlichkeit – Krisensymptome des demokratischen Verfassungsstaats? VVDStRL 44 (1986) 83/102.

zwei Seiten derselben Medaille[19]. Die in dieser Beschreibung zusammengefaßten Beobachtungen sind nicht als solche zu bezweifeln. Daß sie unvollständig sind, wenn sie den Staat der Parteiendemokratie erfassen wollen, liegt an dem einbegriffenen Urteil über die „politischen Kraftzentren". Dabei ist sicher mitgedacht, daß „Industrie", Interessenverbände und Medien in unterschiedlicher Weise auf verschiedenartige politische Vorgänge und Entscheidungen einwirken und daß auch andere Faktoren je nach dem betroffenen Segment des politschen Prozesses zur Geltung kommen. Doch schon wenn diese mitgedachten Umstände ausgesprochen werden, verliert das Urteil an Eindeutigkeit. Der weitaus wesentlichere Punkt ist, daß die Situationsbeschreibung politische Kräfte dingfest macht, aber die eigentlich interessante Frage der Vermittlung in den Hintergrund schiebt. Es bleibt dunkel, in welcher Weise und nach welchen Regeln die mehr oder weniger starken, aber in den meisten Fällen verschieden gerichteten oder auch diffusen „Interessen" – die wahren, die vermeintlichen und die artikulierten Interessen – sich in den institutionell geordneten Vorgang und die Ergebnisse der politischen und staatlichen Willensbildung verwandeln. Die vermißte Frage nach der Vermittlung ist die Kernfrage der parlamentarischen Demokratie und ihres Staatsrechts. Die dafür maßgeblichen Blickrichtungen werden in der Regel unter den Überschriften „Legitimität", „Integration" und „Repräsentation" gekennzeichnet. Auch die „politischen Kraftzentren" der parteienstaatlichen Demokratie sind ohne diese Wegweiser nicht richtig zu erfassen. Es ist leicht zu sehen, daß damit wieder – und nicht überraschend – die Parteien in den Vordergrund treten.

„Parlamentarische Repräsentation ist heute parteienvermittelte Repräsentation". Heute – dh in der pluralistischen Demokratie mit allgemeinem Wahlrecht. „Die wichtigste Funktion von politischen Parteien besteht in der Vermittlung von Volk und Staat. ... Diese Aufgaben erfüllen sie nicht allein, sondern mit vielen anderen Vermittlungskräften, aber sie sind die einzigen, die den Vermittlungsschritt über die Schwelle des Staates hinwegtun und Bevölkerungsüberzeugungen und -interessen unmittelbar in staatlichen Organen zur Geltung bringen und in staatliches Handeln umsetzen"[20]. Dem Grundgedanken der LEIBHOLZ'schen Parteienstaatsdoktrin ist – so scheint es – schwer auszuweichen: Auch in der heutigen Situation haben die Parteien gegenüber den Verbänden noch die verfassungsrechtlich gebotene Pflicht und Aufgabe, ihrerseits politisch

---

19 M. STOLLEIS, Parteienstaatlichkeit – Krisensymptome des demokratischen Verfassungsstaats? VVDStR 44 (1986) 7/13, 20 f.

20 D. GRIMM, Krisensymptome parlamentarischer Repräsentation, in: P. M. Huber/W. Mößle/M. Stock (Hrsg), Zur Lage der parlamentarischen Demokratie (1995) 3/9 f.

integrierend zu wirken und durch die Erfüllung dieser Aufgabe immer wieder von neuem dem Überhandnehmen des Verbandseinflusses Schranken zu setzen. Ihre Legitimität, so zu verfahren, leiten die Parteien auch heute noch daher, daß sie politisch verfaßtes Volk sind, dh primär Organisationen, die im politischen Raum den Staat konstituieren und keine Verbände, die – idealistisch gesehen – im gesellschaftlichen Raum beheimatet sind[21]. Was an dieser gewissermaßen gradlinig durchgezogenen Parteienstaatsdoktrin weniger einleuchtet, sind die manichäisch anmutende Kontrastierung von Parteien (Staat) und Verbänden (Gesellschaft), die These vom Parteienstaat als einer Erscheinungsform der plebiszitären Demokratie (Parteien als „Sprachrohr" des Volkes) und die Geringschätzung der Frage nach den Grenzen und Mängeln des Parteienstaates[22]. Die Angriffsflächen der Lehre und die Mängel der politischen Praxis ermuntern zur Verbesserung, rechtfertigen aber nicht, die Parteiendemokratie zugunsten anderer Staatsbilder oder Konstruktionen zu verwerfen oder – zB verbändestaatlich oder plebiszitär – zu verwässern.

Eine spezielle, aber symptomatische Frage, an der sich die begrenzte Reichweite des Verbandseinflusses erweist, ist die Rolle der Verbände in der Gesetzgebung[23]. Ein verfassungsrechtlicher Anspruch von Verbänden, bei Gesetzgebungsvorhaben beteiligt zu werden, die ihre Interessen oder ihre satzungsmäßigen Aufgaben berühren, besteht nicht, das Gesetz kann jedoch ein Beteiligungsrecht einräumen[24]. So sind nach der Vorschrift des § 94 BBG die Spitzenorganisationen der zuständigen Gewerkschaften bei der Vorbereitung allgemeiner Regelungen der beamtenrechtlichen Verhältnisse zu beteiligen[25]. Die Heranziehung von Verbänden im Rahmen öffentlicher Anhörungen von Bundestags-Ausschüssen ist eine häufig geübte Praxis. Nach einem Beschluß des Bundestages vom 21. September 1972 findet eine Anhörung von Verbandsvertretern nur statt, wenn diese sich in eine beim Deutschen Bundestag geführte Liste als Vertreter ihrer Interessengruppen haben eintragen lassen. Die Zahl der registrierten Verbände hat beständig zugenommen und belief sich nach der zuletzt erfolgten Bekanntmachung auf 1538 Verbände und Organisatio-

---

21 G. Leibholz, aaO (FN 1) 29.

22 Siehe W. Graf Vitzthum, Probleme der Parteiendemokratie, in: P. M. Huber/W. Mößle/M.Stock, aaO (FN 21) 71, bes 82 ff.

23 Davon zu trennen sind die selbständigen Regelungsbefugnisse der Koalitionen und der Betriebsparteien im kollektiven Arbeitsrecht. Diese Befugnisse sozialer Selbstverwaltung dispensieren nicht vom Vorbehalt des Gesetzes und bleiben dem Vorrang des Gesetzes unterworfen, unbeschadet der grundrechtlich garantierten Autonomie (Art 9 Abs 3 GG).

24 M. Brenner, Interessenverbände und öffentliche Anhörungen, ZG 8 (1993) 35.

25 OVG NW DVBl 1994, 124 und NJW 1994, 1673.

nen[26]. Der sonstige, sicher oft wirksamere Verbandseinfluß, dessen Vielgestaltigkeit weit über den Lobbyismus hinaus, oft beschrieben worden ist, bleibt dabei nicht außer acht. Nachdem die Parteien die verschiedenen Interessen bereits in sich ausgleichen und auf diese Weise nur noch die Artikulation hochgeneralisierter politischer Präferenzen ermöglichen – anders gesagt: Interessen nicht einfach transportieren –, sucht die Verfolgung spezieller Interessen notgedrungen zusätzliche Kommunikationswege[27].

III. Pluralistische oder korporative Demokratie?

Die politischen Parteien trifft die Last und Verantwortung, im Rahmen der staatlichen Institutionenordnung die Legitimität der öffentlichen Gewalt durch den politischen Prozeß der Integration und Repräsentation zu gewährleisten. Den Parteien kommt von Verfassungs wegen die Aufgabe und der Auftrag zu, an der politischen Willensbildung mitzuwirken, „eine Funktion, die – zielend auf die Teilnahme an Parlamentswahlen auf der Ebene des Bundes oder eines Landes – das Wesentliche der Parteien ausmacht und ihre verfassungsrechtliche Sonderstellung gegenüber sonstigen politischen Vereinigungen erklärt". Dieser Auftrag der Parteien weist auf die enge Beziehung hin, in der Art 21 Abs 1 Satz 1 GG zu Art 20 Abs 2 GG steht[28]. Die Vermittlungsaufgabe der Parteien in der parlamentarischen Demokratie und ihrer Gruppengesellschaft hat angesichts der umfassenden Sozialgestaltungsfunktion des Staates ein umso größeres Gewicht. Die Wahrnehmung der sozialstaatlichen Aufgabe bedarf der Garantien der parlamentarischen Demokratie, dh des Staates und damit der Parteiendemokratie. Der Versuch, die sozialen Leistungs- und Ausgleichsaufgaben des Staates aus den notwendigen Staatsaufgaben herauszunehmen und dem Staat die Last der Gewährleistung der Erfüllung dieser Ziele abzunehmen, kann in einem demokratisch verfaßten Staatswesen nicht gelingen. „Keine noch so konsistente Theorie der Begrenzung der Staatsaufgaben vermag gegen diese elementare egalitäre Konsequenz der politischen Demokratie etwas auszurichten oder gar einen Damm zu bauen"[29].

Diese Lebenslinie des demokratischen Sozialstaates setzt der Entstaatlichung oder Autonomisierung der Gestaltungs- und Verteilungsaufga-

---

26 Bundesanzeiger 1995, Nr 161, vom 26. August 1995.

27 D. Grimm, aaO (FN 5) Rn 5.

28 BVerfGE 91, 262/267 – „Nationale Liste"; 91, 276/284 – „Freiheitliche Deutsche Arbeiterpartei".

29 E.-W. Böckenförde, aaO (FN 12) 470.

ben Grenzen. Damit sind zugleich die Schranken eines verbändestaatlichen Einflusses bezeichnet. Der verbändestaatliche Einfluß ist begrenzt und er unterscheidet sich, wie gesagt, von der parteiendemokratischen Teilhabe an der politischen und staatlichen Willensbildung. Er ist aber nicht von vornherein anrüchig; vielmehr ist er in dem ihm eigenen Feld ein verfassungsrechtlich vorausgesetztes Element selbst der staatlichen Willensbildung. Denn die sachgerechte Erfüllung der staatlichen Gestaltungs- und Verteilungsaufgaben ist ohne Existenz und Wirksamkeit der organisierten Interessen nicht erreichbar. Das gilt entsprechend, soweit diese Aufgaben auf die Europäische Union übergegangen sind (Art 193 ff EGV). Ohne eine Mitwirkung privatrechtlich organisierter Verbände oder öffentlich-rechtlicher Organisationen wirtschaftlicher, sozialer und kultureller Selbstverwaltung kann der weitläufige Konsens- und Konfliktlösungsbedarf des demokratischen Sozialstaates nicht befriedigt werden. Doch kann dieser Bereich der „Kooperation", möge er sich auch verfassungsrechtlich nicht hinreichend einfangen lassen[30], nicht seinen eigenen Gesetzlichkeiten überlassen werden. Er kann überhaupt nur wirksam und legitim sein, wenn und weil er in die parteiendemokratischen Institutionen eingebettet ist. Es ist bemerkt worden, daß das österreichische Beispiel zeige, daß die Lösung politischer Probleme im Konflikt- oder Konsenswege nicht davon abhängig sei, ob man sie primär den Parteien oder den Verbänden überantworte. Diese Annahme, die zu überprüfen wäre, ist aber sogleich mit der sie relativierenden Beurteilung verbunden worden: „Der Verbändestaat erweitert die Konfliktlösungsmöglichkeiten, kann aber den Parteienstaat nicht ersetzen"[31]. Um ein Entweder-Oder kann es sich ohnehin nicht handeln. Für Deutschland ist darauf hingewiesen worden, daß sich durch die Beteiligung von Wirtschaftsverbänden an der wirtschaftspolitischen Willensbildung der Regierung eine über den geltenden Verfassungsrahmen hinausgehende zusätzliche Möglichkeit eines „zweiten Weges demokratischer Legitimation" solcher Planungsentscheidungen eröffne, die nicht dem Gesetz vorbehalten seien[32]. Das wenig ermutigende Beispiel der konzertierten Aktion (§ 3 Stabilitätsgesetz) führt die schwache Tragfähigkeit der Einrichtung derartiger „wirtschaftspolitischer Vertragsplanung" vor Augen.

Die pluralistische Demokratie kann durch die wachsame und nachhaltige Wirksamkeit der Parteiendemokratie daran gehindert werden, in eine korporative[33] Demokratie umzuschlagen. Die verbändestaatliche

30 D. Grimm, aaO (FN 5) Rn 7 ff, 21 ff.

31 F. Schäffer, aaO (FN 4) 73, 81.

32 H. P. Ipsen, Diskussionsbeitrag, VVDStRL 24 (1966) 104 f.

33 Zur „organischen" Lehre" Spanns vgl P. Badura, Die Methoden der neueren Allgemeinen Staatslehre (1959) 179 f.

„Versäulung" der Gesellschaft und die starre Verteidigung sozialer oder kultureller „Besitzstände" bergen die Gefahr einer den sozialen Rechtsstaat und die Offenheit des demokratischen politischen Prozesses beeinträchtigenden Sklerose. Fehlentwicklungen dieser Art könnten durch die Schaffung eines „Bundeswirtschaftsrates" oder „Wirtschafts- und Sozialrates" mit quasi-parlamentarischen Entscheidungsrechten in Regierung oder Gesetzgebung begünstigt werden. Ein derartiges Verfassungsorgan, das beratend oder beschließend (sei es auch nur im Rahmen eines Rechts zur Gesetzesinitiative) an der Wirtschafts- und Sozialgesetzgebung oder an der gesamten Gesetzgebungstätigkeit einschließlich des Haushaltsgesetzes beteiligt wäre, würde zu den Grundsätzen der parlamentarischen Gesetzgebung in einen mehr oder weniger spürbaren Widerspruch treten. Es könnte jedenfalls nicht ohne eine Verfassungsänderung errichtet werden.

Selbst organisatorische Gebilde wie die Paritätische Kommission für Preis- und Lohnfragen und die Wirtschafts- und Sozialpartnerschaft in Österreich[34] lassen sich nicht in den Raum staatsrechtlicher Unerheblichkeit verweisen. Der Einwand eines „Nebenparlaments" ohne Legitimation durch Wahlen, das die Schwächung der repräsentativen Demokratie zur Folge haben könne, ist zu Recht auch gegen das Projekt eines „Ökologischen Rates" ins Feld geführt worden, durch den diejenigen Argumente, Tatsachen und Meinungen, die den Schutz der Umwelt betreffen, bereits in den Arbeiten zur Vorbereitung von Gesetzgebungsverfahren bzw im Gesetzgebungsverfahren selbst institutionell stärker berücksichtigt werden sollen[35]. Dieses Projekt belegt augenfällig, daß politische Parteien mit Hilfe einer institutionellen Interessenvertretung im Staatsaufbau ihre eigene Mitwirkungsposition zu stärken suchen.

Die recht verstandene pluralistische Demokratie weist die Verbände somit ihrem verfassungsrechtlichen und verfassungspolitischen Bauplan nach der Sphäre grundrechtlicher Freiheit zu. Die Vereinigungsfreiheit ist eine Rechtszuweisung, weitergehend aber auch eine objektive Gewährleistung, deren Gegenstand ein konstituierendes Prinzip der demokratischen und rechtsstaatlichen Ordnung des Grundgesetzes ist: das Prinzip freier sozialer Gruppenbildung. Dieses Prinzip wendet sich gegen eine nicht verhältnismäßige und sachwidrige Einbindung der Interessenartikulation und -wahrnehmung in öffentlich-rechtliche Zwangsorganisationen[36]. Es drückt aber auch eine Grundentscheidung über die Grenzen einer Einfü-

34 L. K. Adamovich/B.-Chr. Funk, Österreichisches Verfassungsrecht, 3. Aufl (1985) 109 ff.

35 Bericht der Gemeinsamen Verfassungskommission, BTag Drucks 12/6000, 96.

36 BVerfGE 38, 281/303 – Arbeitnehmerkammern.

gung der organisierten Interessen in die institutionelle Ordnung der politischen und staatlichen Willensbildung aus. „Das soziale System des durch das Grundgesetz verfaßten Gemeinwesens soll weder in ständisch-korporativen Ordnungen, wie sie namentlich das Kennzeichen älterer Sozialordnungen waren, Gestalt gewinnen, noch in der planmäßigen Formung und Organisation durch den Staat nach den Maßstäben eines von der herrschenden Gruppe diktierten Wertsystems, wie sie den totalitären Staat der Gegenwart kennzeichnet“[37]. Die vormaligen ständisch-korporativen Ordnungen und der totalitäre Staat neuerer Zeit sind nicht die einzigen Gestaltungen, die den freien politischen Prozeß der Meinungs- und Willensbildung und damit die parlamentarische Demokratie beeinträchtigen oder denaturieren können.

37 BVerfGE 50, 290/353 – Unternehmerische Mitbestimmung.

Walter Barfuß

Die wasserrechtliche Beurteilung sogenannter „Indirekteinleiter"

Oder: Was eine gegenstandsadäquate Rechtsbetrachtung leisten sollte

GÜNTHER WINKLER, welcher seit bald vierzig Jahren auch mein juristisches Denken sehr stark geprägt hat, betonte – insbesondere auch schon in seinen Lehrveranstaltungen ab 1958 in Wien – immer wieder den Wert und die Notwendigkeit des konkreten, gegenstandsbezogenen Rechtsdenkens.

Ich habe dieses Anliegen seit jeher als Aufforderung verstanden, das positive Recht nicht bloß aus dem Blickwinkel formaler Strukturen und Zusammenhänge zu sehen, sondern es auch unter dem Aspekt seines Regelungszwecks, seiner Teleologie, zu begreifen – und anzuwenden. „Positivismus" – als formale Rechtsanalyse – und inhaltsbezogene, am Gegenstand und Zweck des Rechts ausgerichtete Rechtsbetrachtung sind daher für mich und meine (sowohl praktischen als auch wissenschaftlichen) Rechtstätigkeiten nie unüberwindbare, per se kontradiktorische Gegensätze gewesen. Im Gegenteil: Beides ist notwendig und muß ausgewogen miteinander verbunden werden. In Rechtsordnungen wie zB auch der österreichischen kann niemand Jurist sein, ohne gleichzeitig auch „Positivist" zu sein. Aber auch keiner könnte – umgekehrt – Jurist sein, wenn er am reinen Wortlaut „kleben" bleiben, den jeweiligen Sinn und Zweck einer Norm negieren und sich nicht als ermächtigt ansehen wollte, das Recht im Rahmen der positiv gesetzten Grenzen und Inhalte in seiner Anwendung teleologisch zu gestalten, der Rechtsordnung entnehmbare Wertungen in die Rechtsbetrachtung und Rechtsanwendung einfließen zu lassen und das Recht gegebenenfalls – innerhalb des vorgegebenen Rahmens und unter „Deklaration" – auch fortzubilden.

Von diesem Rechtsverständnis ausgehend, möchte ich – zu Ehren (und hoffentlich auch zur Freude) meines Freundes und Lehrers GÜNTHER WINKLER – formale und inhaltliche Rechtsprobleme rund um ein konkretes, für die Praxis bedeutsames – und überdies kürzlich vom VwGH vor den VfGH gebrachtes – wasserrechtliches Problem skizzieren. Dies vor allem in der Absicht zu zeigen, daß sich auch der Gesetzgeber, die

Legisten und die verantwortlichen Politiker von einer gegenstandsadäquaten Rechtsbetrachtung nicht als dispensiert erachten sollten. Wer Recht setzt – in welcher Form und auf welcher Rechtsstufe immer –, der sollte ein *gegenstandsadäquates* Recht schaffen, nicht ein bloß formalen Strukturen entsprechendes, aber dem Gegenstand – dem betreffenden Lebenssachverhalt – inhaltlich nicht entsprechendes. Eine sozusagen „äußere Grenze" zieht in diesem Zusammenhang die Judikatur des VfGH, welche den Gleichheitsgrundsatz als allgemeines Sachlichkeitsgebot sieht, was im Grunde nichts anderes bedeutet, als daß dem Gesetzgeber zwar ein großer rechtspolitischer Spielraum zur Verfügung steht, er aber mangelnde Gegenstandsadäquanz seiner Regelungen schon aus verfassungsrechtlichen Gründen nicht unbeschränkt und in jeglicher Intensität „pflegen" darf. Käme der Gesetzgeber tatsächlich seiner Aufgabe nach, auf Grund erarbeiteter klarer Einsichten in die Lebenssachverhalte möglichst klare und von möglichst eindeutigen System- und Wertentscheidungen getragene Regelungen zu schaffen, dann wäre eine teleologische, sach- und regelungsgerechte Rechtsanwendung viel selbstverständlicher (und leichter) als dann, wenn schon der Gesetzgeber – aus welchen Gründen immer – unklare, verwaschene, von ebenso unklaren und ebenso verwaschenen Wertentscheidungen getragene Regelungen schafft. Dann wird nämlich entweder primitiv – und gelegentlich sogar absurd – der reine Wortlaut exekutiert, oder aber die Vollziehung und letzten Endes die Höchstgerichte sind gezwungen, *ihre* inhaltlichen Rechtsvorstellungen „unterzubringen", nicht selten mit der Behauptung, dies sei der objektive Inhalt des Gesetzes. Oder aber der VfGH sieht sich gezwungen, Rechtsvorschriften aufzuheben.

Kurz: Eine gegenstandsbezogene Rechtsbetrachtung – schon beim Schaffen der Gesetze – könnte sehr leistungsfähig sein, würde sie nur (wenigstens einigermaßen) konsequent betrieben.

I.

Eines der zentralen Ziele des WRG ist die Reinhaltung und der Schutz der Gewässer. Folgerichtig sind zahlreiche Maßnahmen im Zusammenhang mit Gewässern bewilligungspflichtig. So insbesondere auch „die Einbringung von Stoffen in festem, flüssigem oder gasförmigem Zustand in Gewässer (Einbringungen) mit den dafür erforderlichen Anlagen".[1] Zu diesen Stoffen gehören auch Abwässer.[2]

---

[1] § 32 Abs 2 lit a WRG.

[2] B. Raschauer, Kommentar zum Wasserrecht (Wien 1993) 173.

Daraus ergibt sich unmittelbar, daß für Kanalisationsanlagen, deren Aufgabe es naturgemäß ist, Abwässer zu sammeln, allenfalls zu reinigen (Kläranlage) und in ein Gewässer – den sogenannten „Vorfluter“ – einzuleiten, eine wasserrechtliche Bewilligung notwendig ist.[3] Die bewilligten Kanalisationsanlagen selbst sind keine Gewässer im Sinne des WRG.[4]

Damit erhebt sich jedoch die Frage, wie das Einbringen von Abwässern in eine Kanalisationsanlage, von der aus die Abwässer in der Folge in den Vorfluter eingebracht werden, wasserrechtlich zu beurteilen ist. Dabei ist zu unterscheiden:

- Handelt es sich um eine *nicht bewilligte* Kanalisationsanlage, dann ist – mit der Praxis – richtig von einer grundsätzlichen (von Art und Umfang des Einbringens abhängigen) wasserrechtlichen Bewilligungspflicht auszugehen.[5] Es wird, rechtlich gesehen, (wenn auch über eine Kanalisationsanlage) in ein Gewässer *direkt* eingeleitet.
- Handelt es sich jedoch um das Einbringen in eine *bewilligte* Kanalisationsanlage, dann herrscht die Vorstellung, daß die Abwässer in das eigentliche Gewässer bloß *indirekt* eingeleitet werden. Die (bewilligte) Kanalisationsanlage selbst wird nicht als Gewässer, wohl aber als sozusagen wasserrechtlich bewilligter „Sonderbereich“ mit dem (bewilligten) Zweck der Abwassereinbringung in ein Gewässer angesehen. Für den sogenannten „Indirekteinleiter“, welcher die Abwässer in die bewilligte Kanalisationsanlage (bloß „indirekt“ in ein Gewässer) einleitet, gelten besondere wasserrechtliche Regelungen; er leitet direkt bloß in den behördlich erfaßten und wasserrechtlich bewilligten Sonderbereich „bewilligte Kanalisationsanlage“ ein.

Die rechtlichen Probleme im Zusammenhang mit dem Einbringen von Abwässern in nicht bewilligte Kanalisationanlagen sind nicht Gegenstand dieser Arbeit. Die rechtlichen Regelungen für „Indirekteinleiter“, also für Einleiter in eine bewilligte Kanalisationsanlage (bloß „indirekt“ in das betreffende Gewässer), jedoch sollen näher untersucht werden; sie sind nämlich unbefriedigend, sowohl rechtlich als auch faktisch. „Gegenstandsadäquanz“ hat hier nicht Pate gestanden.

3 Dritter Abschnitt des WRG.

4 So offenbar auch B. Raschauer, FN 2 und zB VwSlg 6.816 A/1965 sowie VwSlg 13.200 A/1990; vgl auch § 33 b Abs 1 WRG.

5 So offensichtlich VwGH 10. 1. 1980, Zl 2949/79.

II.

1. Bis zur WRG-Nov 1959[6] waren Einbringungen in bewilligte Kanalisationsanlagen praktisch allein von der Zustimmung des Kanalisationsbetreibers abhängig. Meist handelte es ich bei den betreffenden Kanalisationsanlagen um Gemeindekanäle, und für Kanäle galten landesrechtliche und gemeinderechtliche (insbesondere bauordnungsrechtliche) Regelungen. Die Kanalisationsanlagen selbst und ihre Einbringungen in den Vorfluter bedurften allerdings schon damals, wie bereits erwähnt, einer wasserrechtlichen Bewilligung. Für die Einhaltung der wasserrechtlichen Bestimmungen, insbesondere auch dafür, daß die bewilligten Abwassermengen nicht überschritten und die vorgeschriebene Beschaffenheit der Abwässer eingehalten wird, war der Kanalisationsbetreiber verantwortlich.

Die Möglichkeit oder gar Wahrscheinlichkeit der Verweigerung bzw der Rücknahme der Zustimmung zur Indirekteinleitung (also: zur Einleitung in die Kanalisationsanlage) durch den Kanalisationsbetreiber war freilich vielfach eine bloß theoretische: Die Landes- bzw Gemeindevorschriften sahen nämlich meist Anschluß- und Kontrahierungszwang vor. Dazu kam noch, daß das Abwassergüteproblem damals noch nicht als so gravierend angesehen wurde bzw es möglicherweise auch tatsächlich noch nicht derart wesentlich war, wie das heute der Fall ist.

2. Im Zuge der tatsächlichen Entwicklung hatten sich jedoch in steigendem Maße Probleme ergeben. Daher sah sich der Gesetzgeber 1959 veranlaßt, die „Indirekteinleitung“ *wasserrechtlich* zu regeln; freilich schon damals recht halbherzig, was nicht bloß auf die bundesverfassungsrechtliche Kompetenzsituation zurückzuführen ist.[7] Der Gesetzgeber promulgierte nämlich zwar formell eine *wasserrechtliche* Regelung, änderte die vorherige Rechtslage aber in Wahrheit nicht wirklich, zumindest aber nicht klar und deutlich im Sinne einer erkennbaren gesetzgeberischen Entscheidung.

Der neue § 32 Abs 4 WRG lautete damals:[8]

> „Wer Einbringungen in eine bewilligte Kanalisationsanlage mit Zustimmung ihres Eigentümers vornimmt, bedarf für den Anschluß in der Regel keiner wasserrechtlichen Bewilligung. Das Kanalisationsunternehmen bleibt dafür verantwortlich, daß seine wasserrechtliche Bewilligung zur Einbringung in den Vorfluter weder überschritten noch die Wirksamkeit vorhandener Reinigungsanlagen beeinträchtigt wird.“

---

6 BGBl 1959/215.

7 Vgl zur verfassungsrechtlichen Kompetenzsituation VfSlg 4387/1963.

8 BGBl 1959/215.

Zwar war also jetzt *wasserrechtlich* festgeschrieben, daß die Einleitung in eine bewilligte Kanalisationsanlage der Zustimmung des Kanaleigentümers bedarf; weiters, daß der Indirekteinleiter im Falle einer solchen Zustimmung „für den Anschluß in der Regel keiner wasserrechtlichen Bewilligung" bedarf. Aber schon die nach dem ersten Satz des § 32 Abs 4 WRG fürs erste naheliegende Schlußfolgerung, daß man – umgekehrt – beim Fehlen der Zustimmung (soweit sie also mangels Entgegenstehens insbesondere landesrechtlicher Vorschriften verweigert werden kann) einer wasserrechtlichen Bewilligung bedarf und gegebenenfalls auf eine solche auch einen Rechtsanspruch habe, hat sich der VwGH – mE mit Recht – entgegengestellt: Das Einleiten in eine wasserrechtlich bewilligte Kanalisationsanlage im Sinne des § 31 Abs 4 WRG gegen den Willen des Anlageneigentümers sei nicht bewilligungsfähig.[9]

Auch enthielt der damals neu geschaffene § 32 Abs 4 WRG keine deutliche Erklärung dahin, daß der Kanalanlagenbetreiber auf Grund des WRG befugt sei, die Zustimmung der Einleitung unter gewissen Voraussetzungen zu verweigern; etwa, weil er andernfalls seine eigenen wasserrechtlichen Auflagen nicht erfüllen kann. Zwar heißt es in den Erl[10], die Gemeinde trage die alleinige Verantwortung „für die Einleitung der gesammelten Abwässer in den Vorfluter", und „damit" erscheine die Gemeinde grundsätzlich befugt, „Einbringungen, die sie nicht mehr verantworten könnte oder die vorhandenen Reinigungsanlagen beeinträchtigen würden, nur unter entsprechenden Bedingungen zu gestatten oder – gegebenenfalls – überhaupt zu verweigern." Diese Schlußfolgerung (arg „damit") ist jedoch, wenn man vom Gesetzesinhalt ausgeht, etwas gewagt.[11]

Jedenfalls, und nicht überraschend: Die – an sich grundvernünftige, jedoch vage – Darlegung bei P. Grabmayr/H. Rossmann[12] zeigt deutlich, daß die Praxis auch *nach* der WRG-Nov 1959 vom Gesetz weitgehend im Stich gelassen war und sich mit *Pragmatismus* zu helfen hatte. Wörtlich heißt es dort:

„‚In der Regel' ist der Anschluß an eine bewilligte Kanalisationsanlage Sache des öffentlichen oder privaten Kanalisationsunternehmers. Wasserrechtlich relevant ist er nur unter besonderen Verhältnissen, insbesondere wenn der Eigentümer des Kanalisationsunternehmens die Zustimmung zur Einbringung verweigert; er kann verschiedene Gründe haben,

---

9 VwSlg 6816 A/1965.

10 RV 594 BlgNR 8. GP 29.

11 F. Krzizek, Kommentar zum WRG (Wien 1962) 157 hält die in den Erl dargelegte Möglichkeit, den Anschluß zu verweigern, angesichts bestehender Landesgesetze für fraglich. Eine wasserrechtliche Regelung dieser Fragen wäre tatsächlich vernünftig und wohl auch komptenzrechtlich möglich gewesen; sie hätte zur Rechtsklarheit beigetragen.

12 Das Österreichische Wasserrecht² (Wien 1978) 207 f.

von denen die Überschreitung der wasserrechtlichen Bewilligung, die zu befürchtende Unwirksamkeit vorhandener Reinigungsanlagen sowie die Sorge einer Schädigung des Kanalnetzes überhaupt besonders genannt seien.
Es ist übrigens denkbar, daß schon die wasserrechtliche Bewilligung dem Kanalisationsunternehmen einschränkende Bedingungen hinsichtlich des Anschlusses bestimmter Einbringungen auferlegt.
Ob im Einzelfall die Lösung durch Erweiterung der wasserrechtlichen Bewilligung des Kanalisationsunternehmens, durch gesonderte wasserrechtliche Bewilligung für den Einbringer – eventuell unter (zwangsweiser) Einräumung eines Mitbenutzungsrechtes – oder durch anderweitige Abwasserbeseitigung gefunden werden muß, ist eine Frage der jeweils gegebenen Verhältnisse."

III.

Interessen des Gewässerschutzes und der Rechtssicherheit veranlaßten den Gesetzgeber 1990 dazu, „die Bewilligungspflicht für Indirekteinleiter klarer" zu regeln.[13] Erreicht hat der Gesetzgeber dieses Ziel allerdings nur recht beschränkt: Mit Beschluß vom 14. 11. 1994, Zl A 3/96, hat der VwGH beim VfGH den Antrag gestellt, zumindest wesentliche Teile des § 32 Abs 4 WRG idF BGBl 1990/252 wegen Verletzung des Gleichheitssatzes (iS eines allgemeinen Sachlichkeitsgebots) als verfassungswidrig aufzuheben.[14]

§ 32 Abs 4 WRG besagt seit der Novelle 1990:

„(4) Wer Einbringungen in eine bewilligte Kanalisation vornimmt (Indirekteinleiter), bedarf bei Zustimmung des Kanalisationsunternehmens dann keiner wasserrechtlichen Bewilligung, wenn auf die einzuleitenden Abwässer und Stoffe bei der Bewilligung der Kanalisationsanlage Bedacht genommen wurde und eine Beeinträchtigung der Wirksamkeit der Reinigungsanlage, bauliche Schäden oder Beeinträchtigungen der Funktionsfähigkeit der Kanalisationsanlage oder zusätzliche Gefahren für das Wartungs- und Betriebspersonal nicht zu besorgen sind. Das Kanalisationsunternehmen bleibt dafür verantwortlich, daß seine wasserrechtliche Bewilligung zur Einbringung in den Vorfluter weder überschritten noch die Wirksamkeit vorhandener Reinigungsanlagen beeinträchtigt wird. Der Landeshauptmann kann durch Verordnung für bestimmte Stoffe Grenzwerte festlegen, bei deren Einhaltung eine Bewilligung für Indirekteinleiter nicht erforderlich ist, sofern anläßlich der Bewilligung der Kanalisationsanlage nicht andere Regelungen getroffen wurden. Hinsichtlich der bei der Überwachung zu beachtenden Verfahren und Methoden, Referenzanalyseverfahren sowie sonstiger für die Aussagekraft von Überwachungsergebnissen maßgeblichen Gesichtspunkte gelten die vom Bundesminister für Land- und Forstwirtschaft gemäß § 33b Abs 5 verordneten Regelungen."

§ 32 Abs 6 WRG ordnet an, daß (auch) auf Bewilligungen, die für Indirekteinleitungen auf Grund Abs 4 erteilt werden, „die für Wasserbenutzungen (Wasserbenutzungsanlagen) geltenden Bestimmungen" des WRG sinngemäß anzuwenden sind.

---

13 ErlRV 1152 BlgNR 17. GP 28.

14 Dazu unter V.

Ergänzend dazu finden sich in § 33b WRG Rechtsvorschriften für jene Bewilligungsverfahren, die Abwassereinleitungen zum Gegenstand haben. Diese Bestimmungen gelten auch für Bewilligungsverfahren im Hinblick auf Abwassereinleitungen in bewilligte Kanalisationsanlagen; sie bilden jedoch keinen selbständigen Bewilligungstatbestand, sondern sie determinieren inhaltlich ein aus einem anderen Rechtsgrund allenfalls erforderliches Bewilligungsverfahren, das die Bewilligung von Abwassereinleitungen (ua) in bewilligte Kanalisationen zum Gegenstand hat.[15]

IV.

1. Es ist interessant zu sehen, welche Deutung Literatur und Praxis dem 1990 neu gefaßten § 32 Abs 4 WRG geben. Dazu einige Beispiele:

F. Oberleitner[16] geht zunächst – in der Darstellung sachlich nicht ganz befriedigend, weil dazu geeignet, von vornherein Regel und Ausnahme vertauscht zu begreifen – davon aus, daß für Indirekteinleiter schon vor der Novelle 1990 (grundsätzlich?) eine Bewilligungspflicht vorgesehen gewesen sei, und meint, diese sei durch die WRG-Nov 1990 noch verschärft worden. Es habe sich gezeigt, daß vergleichbare Abwasserproduzenten unterschiedlichen Anforderungen unterlagen, je nachdem, ob sie in Gewässer einleiteten oder als „Regelfall" bewilligungsfrei in eine öffentliche Kanalisation. Das sei auch für die Wirtschaft inakzeptabel gewesen, weil über die unterschiedliche Kostenbelastung erhebliche Wettbewerbsverzerrungen bewirkt worden seien. Die WRG-Nov 1990 habe daher die Bewilligungspflicht für Indirekteinleiter wesentlich erweitert.

Der Kern dieser Auffassung – wie immer man die Argumentation im einzelnen bewerten mag – ist ganz offensichtlich, Bewilligungspflicht liege auch dann vor, wenn im Hinblick auf die Abwässer (Stoffe), die zwar bei der Auslegung der Kanalisation berücksichtigt wurden, unter dem Gesichtspunkt „kanalgefährlicher Stoffe" dennoch eine Beeinträchtigung der Kanalisation, eine Beeinträchtigung der Kläranlage oder eine Gefährdung des Kanalpersonals zu besorgen sei. Über die entsprechende *Interpretation* und *Bewertung* solcher „kanalgefährlicher" Stoffe in den betreffenden Abwässern wird die Bewilligungspflicht für Indirekteinleiter in einem äußerst weiten Umfang und exzessiv „disponibel" zu einer allgemeinen und grundsätzlichen gemacht. Die entsprechende Beurteilung,

---

15 So auch B. Raschauer (FN 2) 186.

16 Indirekteinleiter, Wasserrechtliches Bewilligungsverfahren, Möglichkeiten und Grenzen der Einflußnahme, in: Kroiss (Hrsg), Wiener Mitteilungen, Wasser-, Abwasser-Gewässer, Bd 98, Auswirkungen der Wasserrechtsgesetznovelle 1990, Abschnitt E.

welche nach OBERLEITNER offensichtlich „auf fachlicher Ebene" zu erfolgen hat, ist der eigentliche Angelpunkt: Teilweise seien diese „kanalgefährlichen" Stoffe ident mit „gefährlichen Abwasserinhaltsstoffen" im Sinne des § 33a Z 2 WRG, teilweise müsse man hilfsweise die bestehenden Kanalgrenzwerteverordnungen heranziehen. Im übrigen müsse man sich aber mit Richtlinien helfen.

Ziel dieser Stimme aus der ministeriellen Praxis ist die „Ausweitung der Bewilligungspflicht für Indirekteinleiter" als „ein wertvolles wasserwirtschaftliches Steuerungsinstrument". OBERLEITNER gibt freilich zu, daß es mangels Kenntnis der kanalgefährlichen Stoffe nicht leicht abzuschätzen sein wird, ob eine konkrete Abwassereinleitung in eine bewilligte Kanalisation bewilligungspflichtig ist. Er meint aber schließlich, Auswege böten sich dahin an, „daß nur mehr solche Abwässer produziert und abgeleitet werden, die jedenfalls als ‚Regelfall' gelten können und vermutlich keine ‚kanalgefährliche(n)' Stoffe enthalten". Freilich: Das ist wohl wesentlich leichter gesagt als getan.

H. ROSSMANN[17] nennt die Kriterien, unter denen Indirekteinleitungen weiterhin bewilligungsfrei bleiben, und meint ebenso zurückhaltend wie lapidar, diese Kriterien entsprächen dem in § 32 Abs 4 WRG alter Fassung angeführten „Regelfall", wie er durch die Judikatur des VwGH präzisiert worden sei.

Interessant ist in diesem Zusammenhang auch der Durchführungserlaß des Bundesminsteriums für Land- und Forstwirtschaft zum WRG idF der Novelle 1990 vom 3. 4. 1991, Zl 16.453/03-IB/91. Dort wird formuliert, daß nach neuer Rechtslage die Bewilligungspflicht auch für sogenannte „Regelfälle" vorgesehen sei, wenn „kanalgefährliche" Stoffe abgeleitet würden. Nicht nur diese, sondern eine Reihe weiterer Formulierungen dieses Erlasses zeigen deutlich die Absicht, die Sache so darzustellen, als seien Indirekteinleitungen nunmehr grundsätzlich bewilligungspflichtig.

B. RASCHAUER[18] setzt den Schwerpunkt – dem Sinn und dem Wortlaut des Gesetzes näher stehend – anders: Er spricht davon, daß eine Einbringung in eine bewilligte Kanalisationsanlage bewilligungspflichtig sein *kann*.

2. Wie immer man den Inhalt der Neufassung des § 32 Abs 4 WRG durch die Novelle 1990 betrachtet, so zeigt sich jedenfalls, daß man – je nach Interessenlage – die konkrete Grenze zwischen Bewilligungspflicht und Nichtbewilligungspflicht extrem unterschiedlich sehen kann. Mit

---

17 Das österreichische Wasserrechtsgesetz^2 (Wien 1993) 119 ff.

18 FN 2, 173.

Recht verweist auch F. OBERLEITNER[19] darauf, daß mit dieser Neuregelung für alle Beteiligten sehr große Probleme verbunden sind.

Die Ursache für diese Situation liegt auf der Hand: Weder hat sich der Gesetzgeber dazu entschlossen, die Verantwortung für die Indirekteinleitung dem *Kanalbetreiber* allein aufzuerlegen, noch hat er sich umgekehrt dazu entschlossen, eine generelle und grundsätzliche wasserrechtliche Bewilligungspflicht für *Indirekteinleiter* (mit klaren und eindeutigen Ausnahmen) anzuordnen. Beide sollen vielmehr – in irgendeiner, wenig nachvollziehbaren Weise – geteilte Verantwortung tragen, ohne daß der Gesetzgeber auch nur einigermaßen klare Vorgaben für die notwendigen Grenzziehungen gegeben hätte.

Die Probleme ließen nicht auf sich warten.

V.

1. Eine Stadtgemeinde hatte unter erheblicher finanzieller Beteiligung eines Unternehmens und unter Zugrundelegung der von diesem Unternehmen ausgearbeiteten Projektunterlagen eine zentrale biologische Kläranlage (ZBK) errichtet und betreibt diese. Die vollbiologisch gereinigten Abwässer werden sodann in den Vorfluter eingeleitet. Die Anlage ist wasserrechtlich bewilligt. Dem Bescheid ist zu entnehmen, daß die ZBK so ausgelegt und konzipiert ist, daß sie auch die betreffenden industriellen Abwässer des erwähnten Unternehmens aufnehmen kann. All das findet sich in den erwähnten Bescheiden und Bescheidunterlagen. (Daß es sich dabei um ein Verfahren handelte, in dem das erwähnte Unternehmen – der Indirekteinleiter – keine Parteistellung hatte, tut hier weiter nichts zur Sache.) Die betreffende Stadtgemeinde hatte der Einleitung der Abwässer des erwähnten Unternehmens – auf Grund der angedeuteten Sachlage: naturgemäß – zugestimmt. Das Unternehmen betreibt eine innerbetriebliche Vorbehandlung der Abwässer, und auch von Sachverständigenseite wurde festgestellt, daß eine Beeinträchtigung der Wirksamkeit der Kläranlage, bauliche Schäden, eine Beeinträchtigung der gesamten Anlage oder eine sonstige zusätzliche Gefahr nicht zu besorgen sei. Dennoch erging an den Indirekteinleiter der wasserrechtliche Auftrag, die Einleitung der Abwässer einzustellen; es seien zwar keine Beeinträchtigungen im Sinne des § 32 Abs 4 WRG festzustellen, es seien aber solche „zu besorgen“, zumal die eingeleiteten Abwässer nicht den Werten der Allgemeinen AbwasseremissionsV[20] entsprächen. Im Instanzenzug wurde

19 FN 16, 4.

20 BGBl 1991/179 idF BGBl 1993/537; jetzt: BGBl 1996/186.

der Bescheid dahin geändert, daß bis zu einem bestimmten Datum um die wasserrechtliche Bewilligung für die Einleitung der betrieblichen Abwässer in die Kläranlage anzusuchen oder die Einleitung einzustellen sei.

Gestützt wurde dieser Bescheid – im gegebenen Zusammenhang nicht ganz schlüssig – auch darauf, daß die Erfordernisse des § 32 Abs 4 WRG bloß wegen innerbetrieblicher Vorbehandlung der Abwässer erfüllt werden können und weil unter Heranziehung der Allgemeinen AbwasseremissionsV bzw branchenspezifischer AbwasseremissionsV[21] die Einleitung nicht zulässig sei. (Dabei wurde nicht beachtet, daß diese Vorschriften auf § 33b WRG beruhen und bloß auf bewilligungpflichtige Einleitungen anwendbar sind. Die Bewilligungspflicht kann aber nicht – zumindest nicht ohne weiteres – dadurch „konstruiert" werden, daß man für bewilligungspflichtige Fälle geltende Verordnungen heranzieht und aus ihnen abzuleiten sucht, es könne gar kein bewilligungsfreier Einleitungsfall im Sinne des § 32 Abs 4 WRG vorliegen.)

Man sieht also: Durch ein – recht beliebiges – Einsetzen verschiedener Beurteilungsparameter hinsichtlich der jeweiligen Emissionen kann man entweder zur Bewilligungspflicht oder zur Nichtbewilligungspflicht kommen, je nachdem, wie man es gerade sehen möchte.

2. Die Antwort ließ nicht lange auf sich warten. Der VwGH stellte den Antrag[22], der VfGH möge zumindest wesentliche Teile des § 32 Abs 4 WRG idF BGBl 1990/252 als verfassungswidrig aufheben, weil das verfassungsrechtliche Sachlichkeitsgebot verletzt sei. Der Indirekteinleiter könne nicht vorhersehen, ob für seinen Fall Bewilligungspflicht gelte oder nicht. Es entziehe sich auch seiner Kenntnis, ob irgendwelche Gefahren für die Wirksamkeit der Reinigungsanlage, die Funktionsfähigkeit der Anlage oder für das Wartungs- und Betriebspersonal „zu besorgen" seien. Eine solche Frage werde erst in einem verwaltungsstrafrechtlichen Verfahren oder im Zuge eines wasserpolizeilichen Auftrags geklärt. Überdies habe der Indirekteinleiter in der Regel im wasserrechtlichen Bewilligungsverfahren für die Kanalisationsanlage nicht Parteistellung genossen. Weder das Wasserbuch noch die Auskunftsverpflichtung der Wasserrechtsbehörde noch die AuskunftspflichtG der Länder könnten daran etwas ändern. Auch ein Feststellungsbescheid komme nicht in Frage. Und dies alles in der Situation eines gegebenenfalls sogar dekretierten Einleitungszwangs. Ergänzend führt der VwGH dazu wörtlich aus:

„Das mit einer wasserrechtlichen Bewilligung ausgestattete Kanalisationsunternehmen muß allein verläßlich beurteilen können, ob auf die gewünschten Einleitungen bei der Bewilligung seiner Anlage Bedacht genommen wurde, ob seine Anlage diese Einleitungen im

---

[21] Siehe Index 1996.

[22] 25. 1. 1996, Zl A 3/96.

Sinne der nunmehrigen Regelung aushält und ob sie künftige, zusätzliche Anschlüsse anderer aushalten wird. Wenn das Kanalisationsunternehmen nach erfolgter Zustimmung die Einleitungen gegen Entgelt übernimmt, dann besteht nach Ansicht des Verwaltungsgerichtshofes kein sachlicher Grund dafür, das Risiko einer allenfalls entstehenden Konsenswidrigkeit oder Funktionsuntauglichkeit seiner Anlage dem sowohl zahlenden als auch über verläßliche Beurteilungskriterien nicht verfügenden Indirekteinleiter mitaufzubürden.“

3. Im Gesetzprüfungsverfahren[23] replizierte die Bundesregierung im wesentlichen:

- Der Indirekteinleiter verfüge („bei einer Durchschnittsbetrachtung“) sehr wohl über die notwendigen Kenntnisse bzw sei verpflichtet, sich entsprechend zu informieren.
- Der Indirekteinleiter könne das Wasserbuch einsehen und Auskünfte einholen.
- Der Kanalisationsunternehmer habe „ein massives wirtschaftliches Interesse“ an der Klärung der Frage, ob „kanalgefährliche“ Stoffe eingebracht werden.
- Die „Kanalgefährlichkeit“ ergebe sich aus der Allgemeinen AbwasseremissionsV und aus zahlreichen branchenspezifischen AbwasseremissionsV.
- Der Indirekteinleiter könne Rechtsauskünfte einholen und (entgegen der strengen Judikatur des VwGH) auch einen Feststellungsbescheid begehren.
- Es bestehe ein öffentliches Interesse an der Gewässerreinhaltung, und es sei das BVG vom 27. 11. 1984 über den umfassenden Umweltschutz und die dazu ergangene Rechtsprechung des VfGH[24] zu beachten.
- Jedenfalls gehe der Aufhebungsantrag des VwGH zu weit. Ein (völliges) Beseitigen der Bewilligungspflicht für Indirekteinleiter stünde im Gegensatz zur Erfüllung gemeinschaftsrechtlicher Verpflichtungen[25]: Es sei das Festsetzen von Emissionsnormen für die Ableitung von Stoffen in eine Kanalisation vorgeschrieben, und die Grenzwerte müßten an jener Stelle eingehalten werden, an der das Abwasser den Industriebetrieb verläßt (bei Indirekteinleitern sei das gleichbedeutend mit der Übergabestelle des Abwassers an die öffentliche Kanalisation); nur in Ausnahmefällen könne zugelassen werden, daß die Grenzwerte nicht bei Verlassen des Industriebetriebes, sondern erst nach Passieren einer externen Abwasserreinigungsanlage angewendet werden. Die externe Abwasserreinigungsanlage müsse dann aber auch speziell

[23] G 85/96; vgl auch schon G 51/95.

[24] ZB VfSlg 10.791/1986, 11.990/1989, 12.009/1989, 12.944/1991, 13.102/1992.

[25] Richtlinien 76/464 EWG, 84/156 EWG, 83/513 EWG, 84/491 EWG, 86/280 EWG.

geeignet sein, was für die üblichen kommunalen Abwasserreinigungsanlagen nicht zutreffe. Jedenfalls entspreche es „internationalen Standards im Bereich des Umweltschutzes und dem Stand der Abwasserreinigungstechnik ..., bei Indirekteinleitungen konkrete Emissionsgrenzwerte für gefährliche Stoffe festzulegen und diese einer wasserrechtlichen Bewilligungspflicht zu unterwerfen".

4. Man sieht also: Unter „advokatorischem" Einsatz aller denkbaren Argumente wird versucht, ein gesetzliches System zu Fall zu bringen bzw – umgekehrt – aufrecht zu erhalten, dessen Mangel an Gegenstandsadäquanz und praktische Unbrauchbarkeit auf der Hand liegen dürften: Wie immer man sich zu Informationsmöglichkeiten, Auskunftsrechten, Feststellungsbescheiden usw stellen mag, so führt doch kein Weg daran vorbei, daß es letzten Endes entscheidend eine „auf fachlicher Ebene" zu beurteilende Sachverständigenfrage ist, die beantwortet sein muß, wenn man wissen möchte, ob im Einzelfall Bewilligungspflicht gegeben ist oder nicht. Bedenkt man – neben der Schwierigkeit dieser Fachfrage – die verworrene Rechtslage und die erklärte Absicht der Vollziehung, weitestgehend von einer Bewilligungspflicht auszugehen, und berücksichtigt man weiter den entscheidenden Einfluß des oder der Amtssachverständigen im Verfahren, dann kann nicht verkannt werden, daß in einer nicht völlig unerheblichen Anzahl von Fällen nicht die – verworrene – Rechtslage maßgebend ist, sondern daß es auf wenig überblickbare „Faktizitäten" und „Gegebenheiten" verschiedenster Art ankommt.

VI.

Wie müßte – bei sachlicher, gegenstandsadäquater Betrachtungsweise – eine gesetzliche Regelung aussehen?

1. Es erschiene zunächst einmal konsequent, Kanalisationsanlagen den Gewässern *grundsätzlich* gleichzustellen.

2. „Bagatellfälle" von Indirekteinleitungen wären – ähnlich wie „Bagatellfälle" von Direkteinleitungen – bewilligungsfrei zu stellen. Dies hätte für Indirekteinleitungen auf Grund einer geeigneten gesetzlichen Grundlage durch KanalgrenzwerteV zu geschehen, die von den Landeshauptmännern erlassen werden sollten. (Sollte es für die Landeshauptleute faktisch-politische Probleme geben – rechtliche Probleme dürften kaum anzunehmen sein –, dann sollte das WRG den Bundesminister für Land- und Forstwirtschaft verpflichten, eine allgemeine KanalgrenzwerteV zu erlassen). Auf diese Art und Weise sollten die Grenzwerte und die Modalitäten der Einleitung verbindlich festgelegt werden, die eine Abwassereinleitung als bewilligungsfrei erscheinen lassen.

3. Werden die Grenzwerte bzw Modalitäten der Einleitung, wie sie in den KanalgrenzwerteV festgelegt sind, nicht eingehalten, dann könnte für diesen Fall darauf abgestellt werden, ob, wie das derzeit in § 32 Abs 4 WRG festgelegt ist, „auf die einzuleitenden Abwässer und Stoffe bei der Bewilligung der Kanalisationsanlage Bedacht genommen wurde und[26] eine Beeinträchtigung der Wirksamkeit der Reinigungsanlage, bauliche Schäden oder Beeinträchtigungen der Funktionsfähigkeit der Kanalisationsanlage oder zusätzliche Gefahren für das Wartungs- und Betriebspersonal nicht zu besorgen sind". Ist das der Fall, dann wäre unter diesen engen, fest umschriebenen Voraussetzungen eine (spezielle und eingeschränkte) wasserrechtliche Bewilligung für die Einleitung auch dann zu erteilen, wenn die Vorgaben der KanalgrenzwerteV nicht eingehalten werden. Alternativ könnte man – vielleicht noch zweckmäßiger – an einen entsprechenden, die rechtserheblichen Tatsachen feststellenden Bescheid denken, auf Grund dessen ex lege die Bewilligung als erteilt gilt. Allgemeine AbwasseremissionsV und branchenspezifische AbwasseremissionsV wären *hier* jedenfalls nicht anzuwenden. Denn: Wenn bei der wasserrechtlichen Bewilligung der Kanalisationsanlage auf die betreffenden Abwässer und Stoffe Bedacht genommen worden ist und eine Beeinträchtigung nicht zu besorgen ist, was also (ua) für die Bewilligung der Kanalisationsanlage Voraussetzung gewesen sein muß, dann kann nicht auf dem Umweg über die erwähnten Verordnungen im nachhinein die Unzulässigkeit der Einleitung konstruiert werden. (Gegebenenfalls müßte vielmehr konsequenterweise im nachhinein die Bewilligung der Kanalisationsanlage geändert werden, wenn sich die tatsächlichen Verhältnisse geändert haben sollten.) Eine solche Vorgangsweise stünde auch im Einklang mit den oben erwähnten Richtlinien, zumal, wie bereits erwähnt, zugelassen werden darf, daß die vorgesehenen Grenzwerte nicht bei Verlassen des Betriebes, sondern erst nach Passieren einer externen Abwasserreinigungsanlage angewendet werden; die Allgemeine AbwasseremissionsV und branchenspezifische AbwasseremissionsV müßten – soweit notwendig – entsprechend adaptiert werden.

Jedenfalls müßte verhindert werden, daß Kanalisationsanlagen unter Verwirklichung der „Bedachtnahme- und Nichtgefährdungsregelung" des § 32 Abs 4 WRG bewilligt werden und sich Industrieunternehmungen mit in der Regel hohen finanziellen Leistungen an derartigen Investitionen beteiligen, dann aber erfahren, daß durch die „Hintertür" auf dem Umweg über die Allgemeine AbwasseremissionsV oder über branchenspezifische AbwasseremissionsV – oder gar über „Richtlinien" oder bloße „fachliche Beurteilungen" – erst recht wieder die volle Bewilligungspflicht

26 Wohl gemeint: „und daher eine ...".

für die Einleitung von Abwässern in die genehmigte Kanalisationsanlage konstruiert wird und weitere Auflagen gemacht werden, die schon deshalb nicht verständlich sein können, weil die Kanalisationsanlage doch gerade unter Anwendung der „Bedachtnahme- und Nichtgefährdungsregelung" des § 32 Abs 4 WRG bewilligt worden ist. Mit anderen Worten: Man kann nicht mit Hilfe für Bewilligungsfälle geltender Verordnungen, die man einfach auch auf nicht bewilligungspflichtige Fälle „analog" (?) anwendet, wortreich „nachweisen", daß auch diese – an sich nicht bewilligungspflichtigen – Fälle in Wahrheit bewilligungspflichtig seien.

Sollte man aber für Indirekteinleitungen grundsätzlich eine ganz „normale", volle wasserrechtliche Bewilligungspflicht wollen, dann müßte man konsequenterweise die bestehende, derzeit mehr und mehr als bloßen „Anschein" behandelte Bewilligungsfreiheit, nämlich den Kern des § 32 Abs 4 WRG, beseitigen und damit für jeden Fall eines Überschreitens verordnungsmäßig festgelegter Bagatellgrenzen von vornherein eine volle wasserrechtliche Bewilligungspflicht für Indirekteinleitungen anordnen.

Klaus Berchtold

Aus der Entstehungsgeschichte der Tiroler Landesordnung von 1921

I. Der Hintergrund

Der verfassunggebende Tiroler Landtag war tief enttäuscht über die Art und Weise, in der die Bundesverfassung zustande gekommen war. Er war es gewesen, der am 27. September 1919 in einer Entschließung festgestellt hatte, „daß die Staatsverfassung der Republik Österreich (Republik der deutschen Alpenlande) nur auf föderativer Grundlage und darum nicht ohne Zustimmung der Länder und deren hiefür erforderliche Einigung auf das Verfassungsstatut aufgerichtet werden kann ..."[1]. Der Landtag hatte damit die Beteiligung der Länder an der Ausarbeitung der Bundesverfassung gefordert. Diese Forderung war bei den anderen Ländern nicht nur auf fruchtbaren Boden gefallen, der Verfassungsausschuß der Tiroler Landtages legte vielmehr auch einen eigenen Entwurf einer Bundesverfassung vor[2].

Auf der 7. Länderkonferenz am 12. und 13. Oktober 1919 hatte auch Staatskanzler Renner anerkannt, Staatsregierung und Landesregierungen hätten sich über die Vorgangsweise bei der Schaffung der Bundesverfassung zu einigen. Er betonte zwar, daß es allein Aufgabe der konstituierenden Nationalversammlung sei, die Bundesverfassung zu beschließen, das hindere aber nicht, die Länder zu Wort kommen zu lassen. Er stellte in Aussicht, die Länder in das parlamentarische Verfahren der konstituierenden Nationalversammlung einzubinden.

Der eigentliche Gegensatz aber, ob nämlich die konstituierende Nationalversammlung allein die Bundesverfassung zu beschließen habe, wie dies der Staatskanzler meinte, oder auch die Landtage ihr zuzustimmen hätten, was die Zielsetzung Tirols war, wurde nur oberflächlich zugedeckt. Der Staatskanzler äußerte dazu: „Aber de facto wird gar keine Schwierig-

---

1 Sten Berichte des verfassunggebenden Tiroler Landtages, 18. Sitzung am 27. September 1919, 412 ff.

2 Dabei handelte es sich um den von Senatspräsident Stefan Falser erarbeiteten Entwurf. Text bei: Felix Ermacora, Die Entstehung der Bundesverfassung 1920. Die Sammlung der Entwürfe zur Staats- bzw Bundesverfassung, Österreichische Schriftenreihe für Rechts- und Politikwissenschaft Bd 9/IV (Wien 1990) 503 ff.

keit aus dem Rechtsvorbehalt der Länder entstehen, da die Verfassung durch die gegenwärtige Mehrheit, die mehr als zwei Drittel der Nationalversammlung ausmacht, beschlossen wird, und diese Mehrheit auch zugleich die Mehrheit in jedem einzelnen Land ist"[3].

Die Bemühungen des Tiroler Landtages, die auch von anderen Ländern unterstützt wurden, schlugen letztlich fehl. Zwar wurden Verfassungsfragen auf den Länderkonferenzen in Salzburg und Linz in der ersten Jahreshälfte 1920 besprochen, es zeigte sich aber, daß die verfassungspolitischen Gegensätze zwischen den politischen Parteien jene zwischen Zentralgewalt und Ländern überlagerten. Der Bruch der Koalition führte schließlich im Sommer 1920 dazu, daß sich die Verfassungsarbeit in den Verfassungs(unter)ausschuß der konstituierenden Nationalversammlung verlagerte. Von einem „vertragsmäßigen" Zustandekommen der Bundesverfassung durch übereinstimmende Beschlüsse der konstituierenden Nationalversammlung und der Landtage war nicht mehr die Rede.

Daran änderte auch nichts, daß anläßlich der Beschlußfassung über die Bundesverfassung am 1. Oktober 1920 der Tiroler Abgeordnete Ämilian Schöpfer in der konstituierenden Nationalversammlung eine Erklärung abgab, in der es unter anderem hieß: „Wir behalten darum dem Tiroler Landtag die endgültige Stellungnahme zu dem in Beratung stehenden Verfassungsgesetz und damit auch die Prüfung vor, ob und inwieweit dadurch bestehende Rechte des Landes Tirol berührt werden"[4].

Als – nachdem die Bundesverfassung am 10. November 1920 in Kraft getreten war – von den Landtagen die Mitglieder des Bundesrates zu wählen waren, ergab sich im Tiroler Landtag die Frage, ob diese Wahl vorgenommen und damit die Bundesverfassung „anerkannt" werden solle, obwohl ihr der Landtag nicht durch ausdrücklichen Beschluß beigetreten war. Am 25. November 1920, dem Tag der Wahl der Mitglieder des Bundesrates, lag dem Tiroler Landtag ein Antrag der Abg. Dr. Schumacher, Dr. Schmidt und Genossen „betreffend Stellungnahme zur neuen Bundesverfassung" vor, der folgenden Wortlaut hatte:

---

[3] Felix Ermacora, Materialien zur österreichischen Bundesverfassung. Die Länderkonferenzen 1919/20 und die Verfassungsfrage. Österreichische Schriftenreihe für Rechts- und Politikwissenschaft Bd 9/I (Wien 1989) 70.

In der Koalitionsvereinbarung vom 17. Oktober 1919 hieß es hinsichtlich der Vorgangsweise: „Der Entwurf der neuen Verfassung ist möglichst schnell auszuarbeiten. Vor seiner Vorlegung an die Nationalversammlung wird die Regierung zunächst mit den beiden Parteien, dann mit den Landesregierungen Fühlung nehmen. In der Nationalversammlung wird bei der Vorberatung des Entwurfes ein Subkomitee des Verfassungsausschusses Vertreter der Länder als Experten zuziehen". Das geschah tatsächlich nicht.

[4] Sten Prot der 101. Sitzung der konstituierenden Nationalversammlung am 30. September 1920, 3438.

„Der hohe Landtag wolle beschließen: Der verfassunggebende Landtag, der in seinem Beschlusse vom 27. September 1919 dem Lande Tirol ausdrücklich das Recht der endgültigen Entscheidung über die Annahme der Bundesverfassung gewahrt und demgemäß auch verlangt hat, daß der Entwurf der Bundesverfassung eine angemessene Zeit vor der Einbringung in der Nationalversammlung dem Tiroler Landesrate zur Stellungnahme mitgeteilt werde, erblickt in dem vollständigen Übergehen dieser Forderungen durch die Staatsregierung eine Verletzung der dem Lande kraft seines nach dem Umsturze wieder erlangten freien Selbstbestimmungsrechtes und dem Landtage auf Grund der geltenden Landesordnung zustehenden Rechte. Nur unter ausdrücklicher Wahrung dieser Rechte nimmt er die Wahl in den Bundesrat und die weiteren Schritte vor, die ihm in Durchführung des Bundesverfassungsgesetzes vom 1. Oktober 1920 obliegen"[5].

Dieser Antrag wurde mit den Stimmen der Christlichsozialen und der Großdeutschen gegen jene der Sozialdemokraten angenommen. Mit diesem Vorbehalt ging nun der verfassunggebende Landtag daran, eine neue Tiroler Landesordnung auszuarbeiten.

Die neue Landesordnung wurde nicht als Regierungsvorlage eingebracht, sondern im Verfassungsausschuß[6] des Landtages ausgearbeitet. Obwohl betont wurde, die Landesordnung sei noch unbedingt im „heurigen Jahr" (1920) zu beschließen[7], kam es dazu nicht. Zwar konnte der Verfassungsausschuß seine Arbeiten noch vor Weihnachten 1920 abschließen[8], die Beschlußfassung im Landtag aber verzögerte sich. Erst ab dem

5 Sten Berichte des verfassunggebenden Tiroler Landtages, 52. Sitzung am 25. November 1920, 1374.

6 Nach dem Ausscheiden der Südtiroler Vertrauensmänner aus dem Landtag – es handelte sich um 13 Mitglieder der Volkspartei, 5 Mitglieder der Sozialdemokratischen Partei und 3 Mitglieder der Großdeutschen Volkspartei – am 15. Dezember 1920, verblieben von den Südtiroler Vertrauensmännern nur mehr 3 Abgeordnete der Volkspartei als Vertreter des Bezirkes Lienz im Landtag. Es waren dies die Abgeordneten Josef Schraffl, damals Landeshauptmann, Aemilian Schoepfer und Franz Henggi.

Wegen der Verkleinerung des Landtages waren auch die Ausschüsse neu zu bestellen. Ebenfalls am 15. Dezember 1920 wurde der Verfassungsausschuß neu gebildet. Er bestand aus 8 Mitgliedern, und zwar den 5 Mitgliedern der Volkspartei Dr. Karl Pusch, Dr. Wendelin Haidegger, Dr. Richard Steidle, Dr. Aemilian Schoepfer und Josef Schraffl; den zwei sozialdemokratischen Mitgliedern Martin Rapoldi und Dr. Franz Gruener sowie einem Großdeutschen, dem Bürgermeister von Innsbruck, Wilhelm Greil. Bis auf Schoepfer, Rapoldi und Wilhelm Greil gehörten die Mitglieder des Verfassungsausschusses gleichzeitig auch der Landesregierung an.

7 Sten Berichte des verfassunggebenden Tiroler Landtages, 56. Sitzung am 10. Dezember 1920, 1473.

8 Über die Vorgangsweise erklärte der Berichterstatter in der Sitzung am 15. Februar 1921: „Der Verfassungsausschuß unsres Landtages, dem naturgemäß die Ausarbeitung einer solchen Vorlage zustand, hat sich dieser Aufgabe in sehr dankenswertem Eifer und mit großer Ausdauer gewidmet, und es sind nahezu ein Dutzend Sitzungen gehalten worden, um die Vorlage, wie sie nun dem hohen Hause unterbreitet worden ist, auszuarbeiten. Man ist dabei in folgender Weise vorgegangen: Man hat sich schon vor Ausarbeitung der Vorlage über die allgemeinen Grundsätze, die in der auszuarbeitenden Vorlage zum Ausdruck kommen sollen, zu einigen gesucht. Daher wurde auch schon im Verfassungsausschusses in dem Sinne eine Generaldebatte abgeführt, daß ein Gedankenaustausch über die leitenden Gedanken unsrer künftigen Landesordnung in Szene gesetzt wurde. Erst als sich dadurch die verschiedenen Ansichten geklärt und, soweit es bei der Verschiedenheit

15. Februar wurde der „Antrag des Verfassungsausschusses, betreffend die Landesordnung von Tirol“[9] im Landtag beraten. Die Beratungen nahmen acht Sitzungen in Anspruch, waren daher sehr eingehend und wurden mit der dritten Lesung am 8. März 1921 abgeschlossen[10].

II. Hauptfragen bei der Ausarbeitung der Tiroler Landesordnung

1. Die Selbständigkeit des Landes

Nach dem Willen der (christlichsozialen) Volkspartei sollte die Landesordnung den Gedanken der Selbständigkeit des Landes Tirol deutlich zum Ausdruck bringen. Dabei stießen die Gegensätze, die schon in der Vergangenheit immer wieder zwischen den Parteien festzustellen waren, neuerlich aufeinander. Der Berichterstatter umschrieben diesen Gegensatz mit den Worten: „Die Auffassung der Mehrheit des Verfassungsausschusses und der Mehrheit des hohen Hauses geht nämlich dahin, daß im Bundesstaate Österreich die Länder das Primäre und der Staat erst das Sekundäre sei, und zwar aus dem einen Grund, weil die Länder durch die Auflösung der pragmatischen Sanktion selbständig geworden sind und eine Willenserklärung, ein staatsrechtlicher Akt dieser Länder notwendig ist, um sie neuerdings zu einem Ganzen zusammenzufügen. Dem gegenüber geht die Auffassung der Minderheit, namentlich der sozialdemokratischen Partei dahin, daß der Staat das Primäre und die Länder das Sekundäre seien“[11].

Dieser Gedanke sollte nach Auffassung des Verfassungsausschusses im § 1 durch folgende zwei Absätze zum Ausdruck gebracht werden:

„1. Tirol ist ein selbständiges Land, das nach dem Frieden von St. Germain en Laye vom 10. September 1919 einen Teil des Bundesstaates Österreich bildet.
2. Der Landtag ist der Träger aller staatlichen Hoheitsrechte, die er nicht anderen gesetzgebenden Körperschaften übertragen hat oder übertragen wird“.

des Standpunktes möglich war, sich genähert hatten, ging man an die Ausarbeitung der Vorlage, die nun vom Ausschusse neuerdings einer weiterläufigen Beratung unterzogen wurde. So ist in 9 oder 10 Sitzungen des Verfassungsausschusses die vorliegende Beilage 140 entstanden“.

Der Bericht trägt das Datum vom 15. Dezember 1920.

9 140 dBlg.

10 Sten Berichte des verfassunggebenden Tiroler Landtages, 70. – 77. Sitzung am 15., 16., 17., 18., 22., 23., 24. und 25. Februar 1921, 1868 ff sowie Sten Berichte des verfassunggebenden Tiroler Landtages, 84. Sitzung am 8. März 1921, 2197 ff. Die folgende Darstellung beruht auf den parlamentarischen Verhandlungen. Bei Zitaten wird nur auf die Seitenzahl der Sten Berichte hingewiesen.

11 1868.

Die Bundesverfassung und auch der Staatsvertrag von St. Germain seien, so erläuterte der Berichterstatter, ohne Zustimmung des Landtags zustandegekommen, man habe auch nachträglich nicht zugestimmt und werde wohl auch künftig nicht zustimmen. § 1 Abs 1 solle zum Ausdruck bringen, „daß wir als Realpolitiker den gegebenen Verhältnissen Rechnung tragen müssen, ohne dabei irgendeines unsrer angestammten hochheiligen Rechte ausdrücklich preiszugeben, daß wir uns also nur dem fügen, was wir nicht ändern können, unsern Standpunkt dabei aber nicht verlassen" und, „daß man uns in diesen Bundesstaat hineingeschoben hat"[12].

Von sozialdemokratischer Seite wurde dagegen die erforderliche Einheit des Staates betont, der Partikularismus als Erbübel des Deutschtums angeprangert und bezweifelt, „ob der Landeshauptmann selbständige Verfügungen treffen kann und im eigenen Wirkungsbereich nicht von den Verfügungen des Bundesministers abhängig ist", also ob man von einer Selbständigkeit der Länder überhaupt sprechen könne[13]. Man solle doch dem § 1 eine Fassung geben, die den tatsächlichen Verhältnissen entspreche, die keineswegs eine Selbständigkeit der Länder erkennen lasse. Sie waren aber bereit, den § 1 Abs 1 – ohne Hinweis auf den Staatsvertrag von St. Germain – in der Mehrheitsfassung anzunehmen.

Es war der großdeutsche Abg STRAFFNER, der auf Art 15 Abs 1 B-VG hinwies, der eine gewisse Selbständigkeit der Länder verbürge, ebenfalls einen Hinweis auf den Staatsvertrag von St. Germain ablehnte, den der Landtag ja niemals anerkannt habe, und der folgende Fassung des Abs 1 vorschlug: „Tirol ist ein selbständiges Bundesland der demokratischen Republik Österreich"[14]. Gerade deshalb, meinte der Abg STEIDLE, sei ein Hinweis auf den Staatsvertrag von St. Germain erforderlich, „weil wir eben gezwungen worden sind, uns diesem Friedensdiktat zu beugen, weil wir gezwungenerweise diesem Bundesstaate Österreich angegliedert wurden, müssen wir betonten und kenntlich machen, daß es nicht unsrer freien Willensentschließung entsprungen ist, daß wir ein Gliedstaat der demokratischen Republik Österreich sind, sondern nur auf Grund des Friedensvertrages"[15].

Nachdem die Sozialdemokraten sich dem Antrag STRAFFNER angeschlossen hatten, ging es um die Frage, wie der Hinweis auf den Staats-

---

12 1869.
Der sozialdemokratischer Minderheitsantrag verlangte dagegen folgende Fassung:
„Der Landtag ist der Träger aller staatlichen Hoheitsrechte, die ihm durch die geltenden oder zu erlassenden Bundesgesetze übertragen werden".

13 1873.

14 1877.

15 1877.

vertrag von St. Germain zu verstehen sei. Dabei war man sich in der Sache – der Ablehnung dieses Staatsvertrags – einig. Wie noch so oft mußte die Sitzung unterbrochen werden: der Verfassungsausschuß sollte eine neue Fassung des § 1 vorschlagen.

Im Verfassungsausschuß kam man zu einem Kompromiß. Am folgenden Tag, dem 16. Februar, wurde folgende Fassung des § 1 angenommen:

„1. Tirol ist ein selbständiges Land, das jetzt einen Teil der demokratischen Republik Österreich bildet.
2. Es übt als selbständiges Land alle Hoheitsrechte aus, die nicht ausdrücklich der Gewalt des Bundesstaates übertragen sind oder übertragen werden."

Diese Fassung, die auf einen Antrag des Abg STRAFFNER zurückging, enthalte im zweiten Teil des Abs 1 und in Abs 2 lediglich eine „geschichtliche Feststellung des heutigen Zustandes", erläuterte der Berichterstatter. Es sei absichtlich unterlassen worden, darauf hinzuweisen, wie es gekommen sei – nämlich durch den Staatsvertrag von St. Germain –, daß Tirol zu Österreich gehört und ob dies mit dessen Zustimmung geschah. Der von der Volkspartei eingenommene Rechtsstandpunkt, daß man nämlich den bestehenden Zustand zwar hinnahm, aber nicht anerkannte, kam im Text der Verfassungsurkunde nicht mehr deutlich – in einem Zwischenruf meinte GREIL: „Wir geben hiedurch den Historikern ein Rätsel auf „ – zum Ausdruck. Im Verfassungsausschuß wurde vielmehr beschlossen, dies in einer Entschließung zum Ausdruck zu bringen, die gleichzeitig mit der Landesordnung verabschiedet werden sollte. Mit der Ausarbeitung dieser Entschließung wurden Landesrat Dr. STEIDLE und Senatspräsident FALSER betraut.

Diese am 8. März – gegen die Stimmen der Sozialdemokraten – angenommene Entschließung lautete:

„Durch den im Herbst 1918 erfolgten Zusammenbruch der österreichisch-ungarischen Monarchie und die dadurch erfolgte Auflösung des Reiches in einzelne Staaten sowie durch den uns aufgezwungenen Diktatfrieden von St. Germain en Laye vom 19. September 1919 ist die in der pragmatischen Sanktion erklärte Zusammengehörigkeit der unter dem Hause Habsburg-Lothringen vereinigten Länder zerstört, die Einheit des Landes Tirol mit Verletzung des Selbstbestimmungsrechtes des Volkes zerrissen und unser Land in den staatsrechtlichen Verband der Republik Österreich gezwungen worden.
Dadurch ist die gewählte Vertretung des Tiroler Volkes um ihr unveräußerliches Recht gebracht worden, selbst und souverän über seine politische Zukunft und über seine staatsrechtliche Stellung zu den Nachbarländern zu entscheiden.
Unter dem Druck dieser Tatsachen, die zu ändern der Tiroler Landtag nicht imstande ist, weil brutale Macht das Recht des Landes auf Selbstbestimmung derzeit nicht zur Geltung kommen läßt, gibt er dem Lande die soeben beschlossene Landesordnung, um innerhalb der Bundesverfassung der Republik Österreich seine Rechte als selbständiges Land nach Kräften zu wahren und zu schützen"[16].

---

16 Ein Antrag des Abg GREIL, im letzten Absatz nach den Worten „gibt er" die Wendung einzuschalten: „ohne auf das oben ausgeführte unveräußerliche Recht zu verzichten", wurde nicht angenommen.

Damit glaubte der Landtag, seinen Rechtsstandpunkt hinreichend deutlich gemacht zu haben.

2. Der Landtag

Zentrale Frage war, ob der Landeshauptmann gleichzeitig auch Präsident des Landtages und seine Stellvertreter auch zweiter und dritter Landtagspräsident sein sollten. Die bürgerlichen Parteien waren für eine solche Ämtervereinigung, die Sozialdemokraten lehnten dies ab. Der Verfassungsausschuß hatte einen Kompromiß vorgeschlagen: Aus der Mitte der Landtagsabgeordneten sollte der Landeshauptmann gewählt werden, der zugleich Vorsitzender der Landesregierung als auch Landtagspräsident sein sollte. Seine beiden Stellvertreter im Landtagspräsidium sollten aber nicht gleichzeitig auch Mitglieder der Landesregierung sein. Für die Vereinigung der beiden Ämter wurde angeführt, damit würden Kosten für ein eigenes Büro des Landtagspräsidiums erspart und Konflikte zwischen Landeshauptmann und Landtagspräsident vermieden. Es wurde auch geltend gemacht, durch eine solche Verbindung der Ämter sei der Landeshauptmann mit dem Landtag verbunden und könne sich nicht zu einem „Statthalter nach dem alten Regime auswachsen“[17].

Für eine Trennung der beiden Ämter führten die Sozialdemokraten ins Treffen, in den anderen Länder sei eine solche Trennung vorgenommen worden, zudem seien die Mitglieder der Landesregierung dem Land-

---

Der Beschlußfassung des Landtages lag als Alternative ein weiterer Entwurf einer Entschließung vor, der nicht angenommen wurde, der aber vom juristischen Standpunkt aus genauer ist und daher im folgenden wiedergegeben werden soll:

„Mit der Erklärung vom 12. Dezember 1720 haben die vier Stände Tirols aus freiem Willen für sich selbst und alle ihre Nachkommen zugesagt, die von Kaiser Karl VI. in der Deklaration vom 19. April 1713 verkündete österreichische Sukzessionsregel unter dem Vorbehalte ihrer Landesfreiheiten anzunehmen, für gültig zu halten und im Notfalle gegen jedermann zu verfechten und zu verteidigen.

Durch den uns aufgezwungenen Diktatfrieden von St. Germain en Laye vom 10. September 1919 ist die in der pragmatischen Sanktion erklärte Zusammengehörigkeit der unter dem Hause Habsburg-Lothringen vereinigten Länder zerstört, die Einheit des Landes Tirol mit Verletzung des Selbstbestimmungsrechtes des Volkes zerrissen und unser Land in den staatsrechtlichen Verband der Republik Österreich gezwungen worden.

Dadurch ist die gewählte Vertretung des Tiroler Volkes um ihr unveräußerliches Recht gebracht worden, nach dem vom letzten Landesfürsten Kaiser Karl erklärten Verzichte auf die Ausübung der Regierungsgewalt selbst und souverän über seine politische Zukunft und über seine staatsrechtliche Stellung zu den Nachbarstaaten zu entscheiden.

Unter dem Drucke dieser Tatsachen, die zu ändern der Tiroler Landtag nicht imstande ist, weil brutale Macht das Recht des Landes auf Selbstbestimmung derzeit nicht zur Geltung kommen läßt, gibt er dem Lande die soeben beschlossene Landesordnung, um innerhalb der Bundesverfassung der Republik Österreich seine Rechte als selbständiges Land nach Kräften zu wahren und zu schützen“.

17 1920.

tag verantwortlich, dazu aber passe nicht, daß sie die Verhandlungen im Landtag leiten.

In einer Abstimmung über die prinzipielle Frage wurde die Trennung der Ämter des Landeshauptmannes und des Landtagspräsidenten abgelehnt. Eine abschließende Regelung sollte im Zusammenhang mit der Regelung der Bestellung der Landesregierung gefunden werden.

Dabei sah sich der Verfassungsausschuß der Schwierigkeit gegenüber, daß einerseits der Landeshauptmann gleichzeitig auch Landtagspräsident sein sollte, andererseits aber Art 101 Abs 2 B-VG vorsah, Mitglieder der Landesregierung – also auch der Landeshauptmann – müßten nicht dem Landtag angehören, ein nicht dem Landtag angehörender Landeshauptmann konnte aber nicht dessen Präsident sein. Man entschloß sich zu folgender Regelung (§ 12 Abs 5): Der Vorsitz im Landtag sollte dem Landeshauptmann und seinen zwei Stellvertretern nur dann zustehen, wenn sie dem Landtag angehören. Sollte das nicht der Fall sein, sollte das Landtagspräsidium aus der Mitte des Landtages mit einfacher Mehrheit gewählt werden.

Hinsichtlich der Beschlußfassung über die Geschäftsordnung des Landtages sah der Vorschlag des Verfassungsausschusses einen „einfachen Beschluß" vor, für Änderungen aber eine Mehrheit von zwei Dritteln. Zur Begründung wurde lediglich angeführt, die Schaffung einer Geschäftsordnung solle erleichtert, ihre Änderung aber erschwert werden. Diese Regelung wurde von den Sozialdemokraten als inkonsequent bezeichnet. In beiden Fällen sollte die gleiche Mehrheit erforderlich sein. Sie schlug vor, in beiden Fällen eine Mehrheit von zwei Dritteln vorzusehen.

Die Beratungen wurden unterbrochen und der Verfassungsausschuß aufgefordert, einen neuen Vorschlag zu erstatten. Die Sozialdemokraten setzten sich durch. Die Geschäftsordnung sollte durch „Beschluß" des Landtages – also nicht in Form eines dem Einspruchsrecht der Bundesregierung unterliegenden Landesgesetzes – zustande kommen und geändert werden können, aber nur bei Anwesenheit von 30 Mitgliedern des Landtages und mit einer Mehrheit von zwei Dritteln der abgegebenen Stimmen.

Bei Ausführungsgesetzen der Länder (Art 12 B-VG) war es das Ziel des Verfassungsausschusses sicherzustellen, daß sie zeitgerecht erlassen werden, um zu verhindern, daß ein Übergang der Zuständigkeit zu ihrer Erlassung an den Bund eintritt. Durch die Festlegung von Fristen und Ausnahmen von der Geschäftsordnung des Landtages, um das Verfahren zu beschleunigen, sollte dieses Ziel erreicht werden. Die vom Verfassungsausschuß vorgeschlagene Regelung lautete:

„Wenn zu einem Bundesgesetze innerhalb der in diesem Gesetze bestimmten Frist von der Landesgesetzgebung ein Ausführungsgesetz beschlossen werden soll, so hat die Landesregierung den Entwurf des Ausführungsgesetzes spätestens zehn Wochen vor Ablauf dieser Frist in den Landtag einzubringen. Diese Regierungsvorlage ist vor allen anderen Beratungsgegenständen in Verhandlung zu nehmen. Die Verhandlung ist spätestens 4 Wochen vor Ablauf der Frist ohne Rücksicht auf entgegenstehende Bestimmungen der Geschäftsordnung zu schließen; am nächsten Sitzungstage ist die Abstimmung durchzuführen ohne Zulassung der Wiedereröffnung der Verhandlung; die Abstimmung erstreckt sich auf den ursprünglichen Gesetzesvorschlag und auf etwaige vor Schluß der Beratung geschäftsordnungsmäßig anmeldete Abänderungsanträge".

Die Sozialdemokraten sahen darin ein Mißtrauen gegenüber dem Landtag. Auch die tagungsfreie Zeit könne zu einem Problem werden. Die Fristen wurden als zu kurz bezeichnet und die Streichung dieser Bestimmung verlangt.

Eine besondere Frage ergab sich beim letzten Halbsatzes dieser Bestimmung, „die Abstimmung erstreckt sich auf den ursprünglichen Gesetzesvorschlag und auf etwaige vor Schluß der Beratung geschäftsordnungsmäßig angemeldete Abänderungsanträge". Die Sozialdemokraten sahen darin eine Regelung, wonach über Änderungen, die der Ausschuß vorgenommen hatte, nicht abzustimmen sei, sondern nur über die Regierungsvorlage. Andere verstanden die Regelung so, daß bei einer abstimmungsreifen (von Ausschuß überarbeiteten) Vorlage über diese abzustimmen sei, liege aber eine noch nicht abstimmungsreife Vorlage vor, so sei über die Regierungsvorlage und über die in der Plenarberatung eingebrachten Abänderungsanträge abzustimmen. Wieder andere betrachteten eine solche Regelung als überflüssig und wollten nur eine Frist zur Vorlage der Regierungsvorlage aufgenommen sehen. Dem wurde entgegengehalten, daß es darum gehe, daß das Ausführungsgesetz zeitgerecht beschlossen werde und dafür sei ein heilsamer Zwang wünschenswert. Es wurde auch vorgeschlagen (Antrag Schoepfer), die Worte „ursprünglichen" durch die Wendung „den Gegenstand der Verhandlungen bildenden" zu ersetzen, um die Ausschußarbeiten einbeziehen zu können.

In einer satzweisen Abstimmung wurde die Bestimmung schließlich angenommen und zwar in der Fassung des Antrages Schoepfer.

Zu einer Auseinandersetzung kam es auch bei der Regelung der Immunität. Eine außerberufliche Immunität sah der Ausschußantrag nur für die Dauer der Tagung vor, was in Hinblick auf die Rückverweisung des Art 96 B-VG auf Art 57 B-VG gegen das B-VG verstoßen hätte. Das wurde denn auch – wenn auch aus anderen Gründen – kritisiert: „Gerade für die Zeit außerhalb des Landtages hat der Abgeordnete diesen Schutz der Immunität besonders notwendig, denn während der Tagung selbst ist er durch Sitzungen und Ausschußberatungen derart in Anspruch genommen, daß er gar nicht in die Lage kommt, durch eine zu wenig überlegte Äußerung in der Öffentlichkeit eine strafbare Handlung zu begehen" meinte der Abg Peer[18]. Er wies auch darauf hin, daß über die Auslieferung nichts festgelegt werde und schlug vor, ein Auslieferungsantrag solle nach Ablauf von 14 Tagen als bewilligt gelten, wenn sie nicht ausdrücklich verweigert werde. In der tagungsfreien Zeit sollte die Landesregierung die Auslieferung verweigern können.

Die Sozialdemokraten sprachen sich sowohl gegen eine Immunität während der tagungsfreien Zeit aus als auch gegen eine Entscheidung über die Auslieferung durch die Landesregierung. „Man kann ganz unmöglich sagen: der Abgeordnete ist immun, solange ihn die Regierung immun sein läßt"[19], so die durchaus verständliche Begründung. Auch die Großdeutschen waren gegen die Anträge Peers, jedenfalls aber gegen die Einbeziehung der Landesregierung als entscheidendes Organ.

Da absehbar war, daß eine Einigung nicht zu erzielen sein werde, verlangte der Berichterstatter selbst, die Frage an den Verfassungsausschuß zurückzuverweisen. Dieser legte der nächsten Landtagssitzung eine überarbeitete Fassung vor. Es wurde vorgeschlagen, die Immunität auch auf die tagungsfreie Zeit zu erstrecken. Für dringende Entscheidungen (etwa während der tagungsfreien Zeit) wurde die Einsetzung eines permanenten Immunitätsausschuß angeregt, der Gedanke, der Landesregierung die Entscheidung zu überlassen, aber fallen gelassen. Die vorgeschlagene Automatik, nämlich Auslieferung, wenn sie nicht innerhalb von 14 Tagen verweigert wird, nahm der Verfassungsausschuß nicht auf.

Hatten die Sozialdemokraten in vorhergehenden Sitzung sich noch gegen eine Immunität in der tagungsfreien Zeit ausgesprochen, so sprachen sie sich nun dafür aus, waren aber gegen einen permanenten Immunitätsausschuß, denn Entscheidungen in Immunitätsfällen könnten unmöglich dem Landtag abgenommen werden. Die Großdeutschen dagegen traten für die Bildung eines solchen Ausschusses ein. Bemerkenswert ist, daß ein Christlichsozialer zum „Schutz der Minderheit gegen einen Mißbrauch der Immunität" – wie er sagte – für die Wahl dieses Ausschusses nach dem Verhältniswahlrecht eintrat. Das sollte den Sozialdemokraten die Zustimmung erleichtern, denn dadurch war ihnen jedenfalls eine Vertretung in diesem Ausschuß gesichert. Dennoch wollten die Sozialdemokraten die Immunität lieber auf die Zeit der Landtagstagungen beschränkt sehen, als Entscheidungen in diesen Angelegenheiten einem Ausschuß zu übertragen. Es wurde auch mit Art 96 B-VG argumentiert, da Art 57 B-VG einen solchen permanenten Immunitätsausschuß nicht vorsehe.

18 1932.

19 1933 f.

Die Sozialdemokratie drang nicht durch. Die Bestimmung wurde in der Fassung des Ausschusses mit der Ergänzung über die Wahl des permanenten Immunitätsausschusses nach dem Verhältniswahlrecht angenommen.

3. Fragen der Verwaltung

Von Bedeutung sollte insbesondere der § 7 werden. Es ging dabei um die Ausübung der Verwaltung. Der Ausschußantrag ordnete sie dem Landeshauptmann und der Landesregierung zu, die Sozialdemokratie dagegen gewählten Volksbeauftragten[20]. Ihren Antrag begründeten die Sozialdemokraten damit, daß die „Regierung eine einheitliche Körperschaft und als Ganzes dem Landtage verantwortlich sein muß"[21]. Deshalb dürfe nicht zwischen dem Landeshauptmann und der Landesregierung als zwei verschiedene Gewalten unterschieden werden. Als Alternative sahen sie die folgende Fassung an: „Die Verwaltung wird durch die Landesregierung ausgeübt".

Der Berichterstatter des Verfassungsausschusses meinte, ein Unterschied in den Auffassung bestehe nicht. Wenn beabsichtigt sei zu vermeiden, „daß sich nämlich neben der vom Volk gewählten und voraussichtlich hauptsächlich aus Volksbeauftragten bestehenden Landesregierung noch eine andere Landesregierung, fast identisch mit der früheren Statthalterei" bestehe, sei das auch das Ziel des Ausschußantrages. In der Debatte wurde zwar auch die mittelbare Bundesverwaltung erwähnt, die nur dem Landeshauptmann zustehe, und der Landesamtsdirektor wies auch darauf hin, daß im Absatz 2 im Gegensatz zu anderen Ländern nicht von der Verwaltung „des Landes" gesprochen werde. Das Protokoll vermittelt den Eindruck einer erheblichen Verwirrung. Offensichtlich wurde von einigen der Begriff „Verwaltung" in dieser Bestimmung gleichzeitig als Landesverwaltung und als mittelbare Bundesverwaltung verstanden. Die Sozialdemokraten jedenfalls beantragten nunmehr eine Berichtigung ihres Antrages. Es sollte von der „Vollziehung des Landes" gesprochen werden.

---

20 Die Ausschußfassung dieser Bestimmung lautete:

„1. Die dem Lande Tirol zustehende Gesetzgebung obliegt dem Landtage.

2. Die Verwaltung wird durch den Landeshauptmann und die Landesregierung ausgeübt".

Die Sozialdemokratie verlangte folgende Fassung:

„Die Gesetzgebung des Landes wird vom Landtag ausgeübt. Mit der Leitung und Vollziehung sind Volksbeauftragte betraut, die vom Landtag gewählt werden; diese bilden die Landesregierung".

21 1896.

Man entschloß sich, die Bestimmung an den Verfassungsausschuß zurückzuverweisen. Es spricht einiges dafür, daß man bestrebt war, das sogenannte „Doppelgeleise der Verwaltung“ zu beseitigen. Als der Berichterstatter nämlich die neue Fassung vorlegte, bedauerte er den geringen Einfluß der Volksbeauftragten. Jenen, die verantwortlich seien, müsse auch der gebührende Einfluß auf die Verwaltung gegeben werden. Deshalb solle es heißen: „Die Verwaltung wird durch die Landesregierung ausgeübt“. Er fügte hinzu: „Für den Augenblick ist diese Bestimmung allerdings undurchführbar. Denn eine ganze Reihe von Agenden ist durch die Bundesakte (gemeint das B-VG) ohnedies schon dem Landeshauptmanne übertragen, eine beinahe noch größere Reihe von Agenden aber, die erst nach dem Ausbau unserer Verfassung und nach dem Erscheinen noch fehlender Gesetze später der Landesregierung zufallen sollen, ist heute durch das Übergangsgesetz dem Landeshauptmann und der alten Statthalterei ... zugeteilt, sodaß sich die Funktion der Landesregierung und der Landesräte heute in bescheidenen Grenzen zu bewegen hat. ... Durch die neue Fassung wird der heutige Zustand, demzufolge durch das Übergangsgesetz die Verwaltung dem Landeshauptmann und dem ganzen Beamtenapparate mit Ausschaltung der Landesräte zugewiesen ist, indirekt verurteilt“.

Diese Ausführungen deuten in die Richtung, daß dem Tiroler Landtag eine Regelung vorschwebte, nach der das „Doppelgeleise der Verwaltung“ dadurch gelöst werden sollte, daß nicht nur die Landesverwaltung, sondern auch die mittelbare Bundesverwaltung der Landesregierung anvertraut wird. Daß dies auch das Ende der bevorrechteten Stellung des Landeshauptmannes bedeutet hätte, kam nicht zur Sprache. Es wurde schließlich die Ausschußfassung, die auch sozialdemokratischen Vorstellung entsprach, beschlossen.

Nach der Ansicht des Verfassungsausschusses sollte die Landesregierung aus dem Landeshauptmann, seinen beiden Stellvertretern und vier Landesräten bestehen. Die Wahl der Mitglieder der Landesregierung sollte nach dem Verhältniswahlrecht erfolgen. Ferner war vorgesehen, daß ein Mitglied des National- oder Bundesrates nicht gleichzeitig Mitglied der Landesregierung sein konnte. Mit dieser Unvereinbarkeitsregelung sollte Ämterkumulierung verhindert und die Anwesenheit der Regierungsmitglieder in Tirol sichergestellt werden. Dabei war man sich des Nachteils bewußt, damit engere Verbindungen mit den Zentralstellen in Wien zu beeinträchtigen.

Die Sozialdemokratie sprach sich für eine kleinere Landesregierung aus, die nur aus fünf Mitgliedern bestehen sollte. Das sei eine Forderung der Sparsamkeit, wobei auch hinzugefügt wurde, in dem kleinen Österreich bestünden überhaupt zu viele Staatsorgane in Bund und Ländern. Die Unvereinbarkeitsregelung sei aus moralischen Überlegungen unannehmbar. Es sei nicht einsichtig, daß die Parteien bevormundet würden, denn: „Jede Partei wird doch soviel Geschmack haben, daß sie einem ihrer Parteigenossen nicht mehr Mandate gibt, als er auszuüben vermag“[22]. Die Bestimmung solle gestrichen werden.

Es wurde auch darauf aufmerksam gemacht, daß gerade die Mitglieder der Landesregierung am besten imstande seien, die Interessen des Landes im Bundesrat zu vertreten. Hinsichtlich des Bundesrates – nicht allerdings was den Nationalrat betreffe – sollte deshalb eine Unvereinbarkeit nicht vorgesehen werden. Aber auch die Unvereinbarkeit von Landesregierungsmitglied und Bundesratsmitglied wurde wegen der Gefahr der zu erwartenden häufigen Abwesenheit des Landesregierungsmitgliedes befürwortet. Das Beispiel anderer Länder, die etwa den Landeshauptmann in den Bundesrat entsendet hätten, könne nicht überzeugen, da die geographische Lage Tirols einen höheren Zeitaufwand für die Reisen nach Wien erfordere als bei den meisten anderen Ländern. Bemerkenswert ist, daß der sozialdemokratische Landeshauptmann-Stellvertreter GRUENER dem mit dem Argument entgegentrat, der Bundesrat sei als eine Versammlung aller Landeshauptmänner, Stellvertreter und Landesräte gedacht, es sei deshalb nicht zu verantworten, eine Regelung zu treffen, die das unmöglich mache. Demgegenüber verlangte der Christlichsoziale STEIDLE eine radikale Unvereinbarkeitsregelung: keinerlei Kumulierung von Mandaten. Solche Kumulierungen hätten das Mißfallen weiter Wählerschichten erregt.

Bei der Abstimmung wurde die Verringerung der Zahl der Mitglieder der Landesregierung ebenso abgelehnt wie die Unvereinbarkeitsbestimmung.

Für ein Mißtrauensvotum gegen die Landesregierung sollte nach der ursprünglichen Fassung die „Zustimmung der Mehrheit sämtlicher gewählten Landtagsabgeordneten“ erforderlich sein. Sinn dieser Regelung war es sicherzustellen, daß ein Mißtrauensvotum unabhängig von der Zahl der anwesenden Mitglieder immer einer Mehrheit bedurfte, die nach der Gesamtzahl der Abgeordneten – es waren 40 – zu berechnen war. Damit sollte verhindert werden, daß im Falle des Mindestanwesenheitsquorums schon 11 Abgeordnete in der Lage wären, ein Mißtrauensvotum zu beschließen. Gegen die Formulierung wurde eingewandt, es gebe keine nichtgewählten Abgeordneten. Andererseits wurde dem Antrag, es bedürfe der Zustimmung der Mehrheit, nicht ganz verständlich

22 1966.

entgegengehalten, man könne nicht verlangen, daß die Regierung das Vertrauen des Landtages genießen soll, aber nach der Verhältniswahl zu wählen sei. Die zentrale Frage aber blieb zu vermeiden, daß bei dem erforderlichen Anwesenheitsquorum von 21 Abgeordneten eine Mehrheit von 11 Abgeordneten bereits genügt, um die Regierung zu stürzen. Man einigte sich schließlich darauf, in der Landesordnung ausdrücklich festzulegen, daß für ein Mißtrauensvotum die Zustimmung von 21 Abgeordneten erforderlich sei, womit erreicht war, was ursprünglich angestrebt worden war.

Die Tiroler Landesordnung wurde schließlich am 8. März 1921 in dritter Lesung mit der gemäß Art 99 Abs 2 B-VG erforderlichen Mehrheit angenommen.

III. Der Einspruch der Bundesregierung

1. „Die Diktatur des Ministerialrates Froehlich“[23]

Die Bundesregierung erhob gegen die vom Tiroler Landtag beschlossene Landesordnung am 8. April 1921 Einspruch nach Art 98 B-VG. Es wurden verschiedene Gründe geltend gemacht:

Im § 1 Abs 2 sollten etwa die Worte „der Gewalt des Bundesstaates“ durch die Wendung „dem Bund“ ersetzt werden. Es wurde kritisiert, daß im § 2 vom „Frieden von St. Germain“ die Rede war, weil dies der Auffassung widersprach, daß die Republik Österreich niemals mit der Entente im Kriege gestanden hatte. § 2 Abs 2, der zu einer Änderung des Landesgrenze die Zustimmung des Landtages durch Landesgesetz vorsah, wurde deshalb als bedenklich erachtet, weil der bundesverfassungsgesetzliche Vorbehalt der Grenzänderung durch Friedensverträge (Art 3 Abs 2 B-VG) nicht berücksichtigt war.

Harter Kern des Einspruches aber waren folgende zwei Fragen. § 7 Abs 2, besagte, die Verwaltung werde durch die Landesregierung ausgeübt. Diese Bestimmung konnte nach ihrem Wortlaut auch auf die mittelbare Bundesverwaltung bezogen werden und war in dieser Hinsicht bundes-verfassungsgesetzwidrig. Die Bundesregierung verlangte daher eine Klarstellung, daß sich diese Aussage nur auf die Landesverwaltung beziehe. Gleichartiges galt für § 35 Abs 2, 2. Satz, der bestimmte, daß die vom Landtag zu beschließende Geschäftsordnung der Landesregierung auch die Grundsätze für die Verteilung der Geschäfte des Landesregierungsamtes (Amtes der Landesregierung) unter die Mitglieder der Lan-

---

[23] So Rapoldi, 2434.

desregierung aufzustellen habe. Das bedeutete ebenfalls, daß Angelegenheiten der mittelbaren Bundesverwaltung nicht dem Landeshauptmann allein vorbehalten worden wären. Die Bundesregierung verlangte daher, daß sich die Bestimmung nur auf die Aufteilung der der Landesregierung zustehenden Geschäfte beziehen solle. Dieselben Bedenken sprachen auch gegen die Regelung, wonach der Landesamtsdirektor für seine Amtsführung der Landesregierung verantwortlich sein sollte. Denn das konnte ebenfalls so verstanden werden, als wäre auch die mittelbare Bundesverwaltung erfaßt. Der Bund verlangte daher eine Einschränkung auf die Amtsführung in Angelegenheiten der Landesverwaltung.

Die zweite bedeutungsvolle Frage war, daß die Bundesregierung im § 40, der sich mit dem Landesvoranschlag befaßte, eine Regelung erblickte, wonach das Land durch einen einfachen Beschluß, also ohne ein Landesgesetz zu erlassen, Einnahmen des Landes regeln und die Bevölkerung besteuern könne. Es wurde daher vorgeschlagen, die Bestimmung mit einer entsprechenden Klarstellung zu ergänzen.

Vom Bund wurde ferner eine ganze Reihe anderer Änderungen verlangt, die von weniger Gewicht waren. So etwa, daß auch die Auflösung des Landtages durch den Bundespräsidenten im Text der Landesordnung berücksichtigt werde, keine Unterscheidung zwischen „Landessteuern" und „Landesabgaben" gemacht werde oder das erhöhte Präsenzquorum bei Beharrungsbeschlüssen des Landtages (Art 98 Abs 2 BVG) auch landesverfassungsgesetzlich zu verankern sei.

Insgesamt hatte die Bundesregierung an 16 Bestimmungen der Landesordnung mehr oder weniger begründete Kritik geübt. Die Mehrheit des Verfassungsausschusses war bereit, sich den Wünschen des Bundes zu fügen. Die beabsichtigten Änderungen wurden der Bundesregierung auch mitgeteilt, die am 4. Mai der Tiroler Landesregierung folgendes Telegramm sandte[24]:

„In Beantwortung des Telegramms der Landesregierung vom 2. Mai teilt Bundeskanzleramt mit, daß die Bundesregierung unter der Voraussetzung, daß alle in diesem Telegramm mitgeteilten Änderungen durchgeführt werden und daß zur Kenntnis genommen wird, daß an strenger Trennung des selbständigen Wirkungsbereiches des Landes von dem nur dem Landeshauptmann, nicht aber auch der Landesregierung zustehenden Wirkungsbereich der mittelbaren Bundesverwaltung festzuhalten ist, endlich, daß die nach § 33 den Mitgliedern der Landesregierung durch Landtagsbeschluß zuzusprechenden Gebührenerhöhungen aus Landesmitteln getragen werden, den mit Zuschrift des Bundeskanzleramtes vom 8. April, Zl 22/28 erhobenen Einspruch zurückzieht, auch wird empfohlen, in § 2 statt ‚Frieden von St. Germain' zu sagen ‚Staatsvertrag von St. Germain' und im Titel des Gesetzesbeschlusses statt ‚Landesordnung' zu setzen ‚Landesverfassung'".

---

24 2432 f.

2. Die „Rebellion" im Tiroler Landtag

In der Sitzung des Tiroler Landtages an diesem 4. Mai wurden die vom Verfassungsausschuß vorgeschlagenen und vom Bundeskanzleramt angenommenen Änderungen beraten[25].

Es ist bemerkenswert, daß nun die Sozialdemokratie die Nachgiebigkeit der Landtagsmehrheit anprangerte, von einem Kniefall vor der Bürokratie sprach und damit gerade das in Anspruch nahm, was sie seinerzeit bekämpft hatte: die Selbständigkeit des Landes, die Autonomie der Beschlüsse des Landtages[26]. Das sei der tiefste Kniefall, die Diktatur des Ministerialrates Froehlich. „Er hat keine rote oder schwarze Armee hinter sich und dennoch kapituliert die Vertretung von Tirol, dieses alten Rebellenlandes, bedingungslos vor diesem bureaukratischen Diktator". Da könne die Sozialdemokratie nicht mitmachen.

Es zeigte sich deutlich, daß die Sozialdemokraten eine Zuweisung von Angelegenheiten der mittelbaren Bundesverwaltung auch an die anderen Landesregierungsmitglieder anstrebten. Das war auch in ihrem Interesse gelegen, weil nur auf diese Weise die ihrer Partei zugehörigen Mitglieder der Landesregierung maßgebliche politische Macht erlangen konnten, indem sie in die politische Führung der mittelbaren Bundesverwaltung eingebunden würden.

Die Sozialdemokratie verlangte, die Änderungen abzulehnen und den beschlossenen Text beizubehalten. Dem wurde entgegengehalten, daß man sich an die Bundesverfassung halten müsse. Es blieb auch nicht aus, daß die Sozialdemokraten „als die Vertreter eines sehr weitgehenden Föderalismus und als Bekämpfer des Zentralismus, und zwar gerade in einer Fra-

---

25 Sten Berichte des verfassunggebenden Tiroler Landtages, 92. Sitzung am 4. Mai 1921, 3430 ff.

26 Rapoldi stellte den Standpunkt der Mehrheit, der zum Teil auch mit dem eigenen überstimmte wie folgt dar: „Wenn schon eine Landesregierung da ist, dann soll sie auch regieren und nicht bloß als Staffage dienen. Daher sind Sie einmütig mit uns zu der Überzeugung gekommen, daß es vor allem andern notwendig ist, die Bureaukratie der Landesregierung unterzuordnen. Sie haben sich dann einmütig mit uns sagen müssen, daß es dem Landeshauptmanne, wenn ihm im übertragenen Wirkungskreise alles untergeordnet sein soll, unmöglich ist, wirklich die Aufsicht zu führen, und daß er in diesem Falle nichts andres sein kann als eine reine Unterschriftenmaschine. Sie haben daher auch den Grundsatz aufgenommen, daß man die Landesregierung, also die Korporation, als Statthalterei betrachte und daß die Landesregierungsmitglieder unter sich selbst die Aufgaben des Landeshauptmannes teilen sollen, sodaß jeder Einzelne wirklich in der Lage ist, über das ihm zugewiesene Gebiet auch die Aufsicht zu führen. ... Nun hat die Bureaukratie, die Sie besiegen wollten, den Krieg erklärt. ... Dieser Protest ist nach Wien gegangen und siehe da, es erweist sich, daß der christlichsozialen Regierung die Beschlüsse des Landtages Luft sind, daß der Wille der Volksvertretung von Tirol Nebensache, daß aber, was unsre Bureaukraten vom alten Regime wünschen und haben wollen, für die Regierung Befehl ist. Wenn wir in dieser Weise auf der ganzen Linie kapitulieren dann können wir ruhig zusammenpacken".

ge, in der sie vom Anfange an den schärfsten zentralistischen Standpunkt vertreten haben" bezeichnet wurden[27].

Da man sich nicht einigen konnte, kam es zu einer Unterbrechung der Sitzung. Der Verfassungsausschuß trat neuerlich zusammen und beschloß mehrheitlich, die Abänderungsanträge noch einmal vorzulegen, obwohl bereits zweifelhaft war, ob für sie die erforderliche Mehrheit zu erhalten wäre. Über die Abänderungsanträge sollte en bloc abgestimmt werden.

Als der Landtag am späten Nachmittag des 4. Mai 1921 wieder zusammentrat, zeigte sich bald, daß es um die Grundsatzfrage ging, ob den Abänderungsanträgen zugestimmt werden soll oder nicht. Der sozialdemokratische Landeshauptmann-Stellvertreter Dr. GRUENER verlangte sofort eine namentliche Abstimmung darüber, „ob die Abänderungsvorschläge zu dem vorliegenden Gesetze überhaupt von einer Zweidrittelmehrheit des Landtages angenommen werden"[28]. Der Landtag sah sich vor die Frage gestellt, entweder einen Beharrungsbeschluß zu fassen und das Risiko einer Anfechtung beim Verfassungsgerichtshof in Kauf zu nehmen oder die Vorschläge der Bundesregierung anzunehmen. Nach einem Geschäftsordnungsgeplänkel – die Sozialdemokraten wollten keine Weiterführung der Debatte und man stritt darüber, ob sie schon abgeschlossen sei – beschloß der Landtag die Debatte weiterzuführen. In der folgenden Debatte zeigte sich, daß nur ein Teil der Volkspartei für eine Abänderung war. Schon bald wurde der Antrag auf Schluß der Debatte angenommen. Es wurde nun in namentlicher Abstimmung en bloc über die Abänderungsvorschläge abgestimmt

Sie erhielten nicht die erforderliche Mehrheit und wurden abgelehnt.

Nunmehr stand die Frage nach einem Beharrungsbeschluß im Raum. Ein entsprechender Antrag lag vor. Es kam aber zu einer eigenartigen Wendung. Der christlichsoziale Abg PEER wies nicht ohne Bauernschläue darauf hin, daß mit einem Beharrungsbeschluß die Landesordnung zwar kundgemacht werden könnte. „Ein gefährlicher Zustand beginnt aber in dem Augenblick, in dem eine Klage vor dem Verfassungsgerichtshof Erfolg haben sollte. In diesem Moment fällt die von uns beschlossene Landesordnung sofort unter den Tisch und wir haben dann überhaupt keine legal konstituierte Landesregierung und auch keine Bestimmungen, um die Landesregierung entsprechend konstituieren zu können. Dieser Gefahr weichen wir aber dadurch aus, daß wir uns entschließen, in den eigentlichen strittigen Punkten auf dem seinerzeitigen Standpunkte zu bleiben, in diesen allerdings die alte Stilisierung aufrecht zu erhalten, in den

27 2435.

28 2440.

anderen, nebensächlichen Punkten aber uns nachgiebig zu zeigen und den Wünschen der Regierung Rechnung zu tragen"[29]. Dieser Vorschlag bedeutete, daß, im Gegensatz zu einem Beharrungsbeschluß, einerseits der Landtag nur in den wesentlichen Punkten auf seinem Standpunkt blieb, andererseits aber neuerlich das Einspruchsverfahren der Bundesregierung einzuleiten wäre, da Änderungen des Gesetzesbeschlusses vorgenommen würden. Die Zielsetzung war offenbar, der Bundesregierung Gelegenheit zu geben, ihren Einspruch zu überdenken und dem befürchteten Risiko einer Anfechtung vor dem Verfassungsgerichtshof auszuweichen. Im Falle eines Einspruches konnte aber immer noch ein Beharrungsbeschluß gefaßt werden.

Obwohl wenige Minuten zuvor beschlossen worden war, sich mit dem Einspruch und dem auf diesem beruhenden Anträgen des Verfassungsausschusses nicht zu beschäftigen, stellte Peer nun den Antrag in die Detailberatungen dieser Vorschläge einzugehen. Dieser Antrag wurde angenommen, ein Beharrungsbeschluß abgelehnt.

Diese Beratungen fanden in der Sitzung am 6. Mai statt. Es wurde neuerlich die gesamte Landesordnung durchberaten. Die von der Bundesregierung gewünschten Änderungen im § 1 Abs 2 und § 2 wurden angenommen. Es spießte sich aber bei § 7. Während der Berichterstatter die von der Bundesregierung gewünschte Änderung, nämlich die Einschränkung der Bestimmung auf die Landesverwaltung vertrat, beantragte der Abg. Peer die ursprüngliche Fassung neu zu beschließen. Nach einer längeren Debatte wurde die ursprüngliche Fassung angenommen („Die Verwaltung wird durch die Landesregierung ausgeübt"), die Alternative („Die dem Land zustehende Verwaltung ...") aber abgelehnt. Dasselbe geschah auch bei § 31, § 35 und § 36, wo es ebenfalls um eine Einschränkung der Bestimmung auf die Landesverwaltung ging. Auch die von der Bundesregierung gewünschte Ergänzung des § 40 Abs 3 wurde abgelehnt. In der sofort darauf durchgeführten dritten Lesung wurde die Landesordnung einstimmig zum zweitenmal beschlossen.

Die Landesordnung war nun neuerlich dem Einspruchsverfahren der Bundesregierung zu unterziehen. In den wesentlichen Punkten hatte sich der Landtag nicht dem Einspruch der Bundesregierung gefügt. Wie würde die Bundesregierung reagieren? Der Tiroler Landtag jedenfalls hatte sich widerborstig gezeigt.

Daß die neue Tiroler Landesordnung mangels eines Beharrungsbeschlusses nicht in Kraft treten konnte, hatte eine weitere Auswirkung: Auf Grund des § 2 des Gesetzes vom 14. April 1919, „wirksam für das Land Tirol, mit Ausnahme des geschlossenen italienischen Siedlungsge-

[29] 2449.

bietes, über die Einberufung des verfassungsgebenden Landtages" war dieser im Jahre 1919 für zwei Jahre gewählt worden. Deshalb waren für den 22. Mai 1921 Neuwahlen zum Landtag vorgesehen. Da die neue Tiroler Landesordnung bis dahin nunmehr nicht zustande kommen konnte, fehlte eine verfassungsrechtliche Grundlage für die Konstituierung des neugewählten Landtages und die Wahl einer neuen Landesregierung. Das erwähnte Gesetz vom 14. April 1919 galt nur für den verfassunggebenden Landtag, war also nicht mehr anwendbar. Im übrigen galt damals in Tirol noch die alte Landesordnung von 1861 (§ 31 ÜG 1920), die aber hinsichtlich der Konstituierung des neugewählten Landtages und der Wahl der Landesregierung ebenfalls nicht mehr anwendbar war. Es mußte daher in dieser Hinsicht eine Zwischenlösung getroffen werden. Ohne weitere Debatte beschloß deshalb der Landtag noch am 6. Mai 1921 das Gesetz, „mit dem einstweilige Bestimmungen über die Konstituierung des am 22. Mai 1921 zu wählenden Landtages getroffen werden"[30]

IV. Das Ende der Auseinandersetzungen über die Tiroler Landesordnung

1. Der neuerliche Einspruch der Bundesregierung

Schon in der zweiten Sitzung des neugewählten Landtages mußte der Landeshauptmann mitteilen, daß die Bundesregierung neuerlich gegen die vom verfassunggebenden Landtag beschlossene Landesordnung Einspruch erhoben hatte. Er wurde zur Beratung dem Verfassungs- und Rechtsausschuß zugewiesen.

Die Einspruchsgründe der Bundesregierung, die mit Note vom 24. Mai 1921 mitgeteilt worden waren, stimmten mit jenen vom 8. April überein. Er richtete sich gegen die §§ 2 Abs 2, 7 Abs 2 im Zusammenhang mit § 34 bis § 36 sowie gegen die §§ 3 Abs 2 und 40 Abs 3. Im Mittelpunkt des Einspruches stand wieder die mangelnde Unterscheidung zwischen Landesverwaltung und mittelbarer Bundesverwaltung. Durch § 7 Abs 2 im Zusammenhang mit § 34 und § 36 würden die Bestimmung der Art 101 Abs 1, 102 Abs 1 und 106, zweiter Satz, B-VG verletzt, da die ganz allgemein gehaltene Bestimmung des § 7 Abs 2 des Gesetzesbeschlusses, daß die Verwaltung durch die Landesregierung ausgeübt wird, und des § 35 Abs 2, daß die – noch dazu durch bloßen Beschluß des Landtages zustande kommende – Geschäftsordnung der Landesregierung für die Verteilung der Geschäfte unter die Mitglieder der Landesregierung

---

30 LBGl Nr 68, kundgemacht am 1. Juni 1921.

die Grundsätze festzulegen habe, die bundesverfassungsgesetzliche Trennung zwischen mittelbarer Bundesverwaltung und Landesverwaltung nicht beachte. Es bestand die Befürchtung, in Tirol könnten Angelegenheiten der mittelbaren Bundesverwaltung dem Landeshauptmann aus den Händen genommen und anderen Mitgliedern der Landesregierung zugeordnet werden.

Gegen den § 36 der Landesordnung wandte die Bundesregierung ein, der Landesamtsdirektor werde für seine gesamte Amtsführung – also auch jener in Angelegenheiten der mittelbaren Bundesverwaltung – der Landesregierung verantwortlich gemacht. Das genüge nicht der nach der Bundesverfassung erforderlichen strengen Scheidung zwischen den Angelegenheiten der Landesverwaltung und der mittelbaren Bundesverwaltung. In den Angelegenheiten der mittelbaren Bundesverwaltung werde dadurch zudem dem Landesamtsdirektor eine andere Stellung eingeräumt als die eines bloßen Hilfsorgans des Landeshauptmanns. Offensichtlich war die Bundesregierung der Auffassung, als solches Hilfsorgan könne der Landesamtsdirektor nur dem Landeshauptmann, nicht aber der Landesregierung verantwortlich sein.

Der § 32 Abs 2 der Landesordnung sah für die Beschlußfassung über eine staatsrechtliche Anklage von Mitgliedern der Landesregierung vor dem Verfassungsgerichtshof ein Anwesenheitsquorum von 21 Abgeordneten und damit von mehr als der Hälfte der Abgeordneten vor. Nach Art 105 Abs 3 B-VG bedurfte es dagegen nur der Anwesenheit der Hälfte des Mitglieder des Landtages für einen solchen Beschluß. Die Bundesregierung zeigte diesen Widerspruch auf.

Schließlich sprach sich die Bundesregierung auch gegen jene Bestimmung aus, wonach es für Zuschläge zu den direkten Bundessteuern nur eines Beschlusses des Landtages, nicht aber eines formellen Landesgesetze bedurfte. Der Bundesregierung werde dadurch die Möglichkeit genommen, Einspruch nach Art 98 B-VG zu erheben und ihre finanzpolitischen Interessen zu wahren.

2. Der Beharrungsbeschluß vom 8. November 1921

Erst am 8. November 1921 kam der „Bericht des Verfassungs- und Rechtsausschusses über den Einspruch der Bundesregierung gegen die in der Sitzung vom 6. Mai 1921 beschlossene Tiroler Landesordnung“[31] im Landtag zur Verhandlung[32]. Nun waren alle Parteien entschlossen, nicht

---

[31] 3 BlgTL vom 14. Oktober 1921.

[32] Sten Berichte des Tiroler Landtages, I. Periode, 1. Tagung, 5. Sitzung am 8. November 1921, 118 ff.

nachzugeben. Man stellte sich auf den Standpunkt, der Einspruch der Bundesregierung sei unbegründet. Sowohl der Berichterstatter als auch der Bericht des Ausschusses selbst betonten, daß es „selbstverständlich" sei, daß die Landesordnung nur die Landesverwaltung regle, nicht aber Angelegenheiten der mittelbaren Bundesverwaltung. Steuerzuschläge durch bloßen Beschluß des Landtages begründete der Bericht damit, daß das Finanz-Verfassungsgesetz in Beratung stehe und zu erwarten sei, „daß in irgend einer schärfer umschriebenen Form Vorsorge getroffen werden wird, daß die Finanzpolitik der Länder (Abgaben und Anlehen) nicht störend in die Finanzwirtschaft des Bundes eingreifen kann". Die weitere Begründung, daß, setze der Bund Schranken, „die mit § 40 nicht vereinbart werden können, so wird das Land zu beurteilen haben, ob es dies anerkennt oder die Sache vor den Verfassungsgerichtshof bringen will", ist nicht ganz verständlich.

Ähnlich unverständlich war auch die Begründung dafür, daß für staatsrechtliche Anklagen die einmal beschlossene Regelung beibehalten werden solle. Der Berichterstatter führte dazu aus: „Der Verfassungsausschuß hält auch diese Bemängelung der Bundesregierung für gegenstandslos, weil der Landtag erst bei 21 anwesenden Mitgliedern beschlußfähig ist und ein Beschluß auf Anklage von nur der Hälfte der Abgeordneten, also 20, unmöglich wäre, weil in einem solchen Fall das Haus überhaupt nicht beschlußfähig wäre." Auf den Widerspruch zur Bundesverfassung wird gar nicht eingegangen.

Zu einer Debatte im Plenum kam es nicht. Nur der sozialdemokratische Landeshauptmann-Stellvertreter GRUENER wies in einem kurzen Beitrag darauf hin, die Landesregierung sei nur ihrem Namen nach eine Regierung, die Geschäfte würden aber vom Landeshauptmann geführt, womit seine Befürchtungen eingetroffen seien. Ein solcher Zustand könne nicht von Dauer sein.

Einstimmig faßte darauf der Landtag einen Beharrungsbeschluß. Damit war die Auseinandersetzung um die Tiroler Landesordnung beendet, denn die Bundesregierung verzichtete darauf, sie vor dem Verfassungsgerichtshof anzufechten. Die neue Tiroler Landesordnung trat rückwirkend mit 7. Juni 1921 in Kraft.

Walter Berka

Das Planungsermessen bei der Trassierung von Bundesstraßen

I. Einleitung

Wissenschaftlich kann man den Umgang mit dem Rechtsstoff nennen, wenn es der Rechtsdogmatik gelingt, im Besonderen das Allgemeine sichtbar zu machen. Dies zeichnet den Rechtswissenschaftler GÜNTHER WINKLER aus, der immer wieder von der Behandlung konkreter Rechtsfragen ausgehend zu grundsätzlichen rechtsdogmatischen und rechtstheoretischen Fragen vorgestoßen ist. So nahm auch die 1970 erschienene Schrift mit dem Titel „Gesetzgebung und Verwaltung im Wirtschaftsrecht" ihren Ausgang von einem konkreten Rechtsfall: Es ging um die umstrittene Rechtmäßigkeit der Trassenführung der Südautobahn, wobei die Entscheidung des zuständigen Bundesministers für die Wechseltrasse (bei gleichzeitiger Ablehnung der sogenannten Burgenlandvariante) von der Burgenländischen Landesregierung mit dem Argument bekämpft worden war, daß diese Entscheidung durch das BundesstraßenG nicht ausreichend determiniert gewesen sei.

In der Auseinandersetzung mit dieser Behauptung entwickelte WINKLER die These vom differenzierten Legalitätsprinzip. Er widerlegte die damals herrschende Lehre von einer umfassenden Bindung der Privatwirtschaftsverwaltung an Art 18 B-VG, ohne freilich zu übersehen, daß das dieser Verfassungsbestimmung zugrunde liegende Prinzip der Gesetzesbindung in differenzierter Form auch für das privatrechtliche Handeln des Staates Geltung beansprucht[1]. Ein Vierteljahrhundert nach dem Erscheinen dieser Schrift ist zu konstatieren, daß die Staatsrechtslehre und die Rechtsprechung der Höchstgerichte dieser Lehre weitgehend gefolgt sind[2]. Vor allem die Entwicklung des Planungsrechts wurde durch die These vom differenzierten Legalitätsprinzip maßgeblich beeinflußt.

Der gleichzeitig vertretenen Auffassung, daß die Verordnungsform für die Planung von Straßen schlechterdings inadäquat wäre[3], ist der Gesetz-

---

1 G. WINKLER, Gesetzgebung und Verwaltung im Wirtschaftsrecht (Wien 1970) 36 ff, 60 ff.

2 Vgl zum jüngsten Diskussionsstand mit weiteren Nachweisen K. KORINEK/M. HOLOUBEK, Grundlagen staatlicher Privatwirtschaftsverwaltung (Graz 1993) 59 ff.

3 WINKLER (FN 1) 28.

geber für den Bereich des Bundesstraßenrechts allerdings nicht gefolgt. Das BundesstraßenG 1971 (BStG) hat vielmehr gerade die Rechtsform der VO für die Trassierung, dh die Festlegung der Straßenachse neu zu errichtender Bundesstraßen und für die Umlegung bestehender Bundesstraßen, vorgeschrieben[4]. Wie die Erfahrung gezeigt hat, ist durch die Wahl dieser Rechtsform jener Spielraum, den „eine fachlich einwandfreie, von unbekannten oder variablen Faktoren abhängige Entscheidung erfordert“[5], nicht ausgeschlossen worden.

Trotzdem hatte die Verrechtlichung der Straßenplanung in der Form der TrassenVO nach § 4 BStG ihre Folgen. Sie warf zum einen die Frage nach der Reichweite der gerichtlichen Kontrolle von Straßenplanungen auf. Seitdem der VfGH in VfSlg 9823/1983 abweichend von seiner Vorjudikatur[6] den Weg zur Anfechtung von TrassenVO durch Individualantrag eröffnet hat, kommt dieser Kontrolle eine gesteigerte Bedeutung zu. Nicht wenige umstrittene Straßenbauprojekte (zB Autobahnumfahrung Villach, Pyhrn-Autobahn, Ennsnahe Trasse der B 146) haben den Gerichtshof beschäftigt. Durch die Verfassungsbestimmung des § 24 Abs 5 UmweltverträglichkeitsprüfungsG (UVP-G) wurde der Kreis der zur Einleitung eines Verordnungsprüfungsverfahrens Berechtigten nunmehr erheblich erweitert.

Ob die Überprüfung der TrassenVO durch den VfGH ausreichende Rechtsschutzmöglichkeiten für die von Bundesstraßen betroffenen Nachbarn bietet, wird zum anderen freilich bestritten, und zwar sowohl im Hinblick auf die Kontrolldichte wie im Hinblick auf den Ausschluß der Parteistellung, die nur durch ein bescheidförmig abzuschließendes Verwaltungsverfahren gewährleistet wäre[7]. Diese Bedenken münden in dem Vorwurf, daß die durch § 4 iVm §§ 7, 7a BStG geschaffene rechtliche Situation verfassungswidrig wäre.

Eine neue Lage ist schließlich mit dem Inkrafttreten des UVP-G geschaffen worden, das für größere Bundesstraßenprojekte eine dem Erlaß der TrassenVO vorangehende Umweltverträglichkeitsprüfung fordert (§ 24 UVP-G)[8]; bei der kleinräumigen Umlegung von Bundesstraßen ist

[4] Die Verordnungsform ist ferner für die planerische Erfassung bestehender Bundesstraßen (§ 1 Abs 1) und für die Auflassung von Straßenteilen für den Durchzugsverkehr (§ 4 Abs 2) vorgesehen.

[5] Winkler, ebenda, 28.

[6] Vgl VfSlg 8059/1977; dazu kritisch L. Hintze, Zur Frage der Zulässigkeit von Individualanträgen gegen Trassenverordnungen gemäß § 4 Bundesstraßengesetz, ZfV 1982, 217.

[7] Vgl L. Hintze, Der Bau von Bundesstraßen und das Rechtsschutzdefizit der Betroffenen, ZfV 1991, 11; M. Hecht, Die Rechtsstellung der Nachbarn öffentlicher Straßen (Wien 1995) passim.

[8] Eine Umweltverträglichkeitsprüfung war nach der Stammfassung des UVP-G durchzuführen für (a) die Festlegung und Umlegung der Trassen von Autobahnen und Schnell-

jedenfalls eine Bürgerbeteiligung im Rahmen der nach § 4 BStG vorgeschriebenen Anhörung durchzuführen[9]. Gleichzeitig wurden UVP-pflichtige Trassenplanungen im Hinblick auf eine wirksame Umweltvorsorge wesentlich verschärften materiellen Standards unterworfen (§ 24 Abs 2 iVm § 17 UVP-G). Auch diese Neuregelungen haben nicht nur verfassungsrechtliche Bedenken aufgeworfen, sondern die Frage entstehen lassen, ob damit nicht das „Ende vieler Bundesstraßenprojekte" gekommen ist[10]. Durch die Novelle zum UVP-G BGBl 1996/773 wurde der durch die Stammfassung des Gesetzes geschaffene umwelt- und nachbarschutzrechtliche Standard wieder „relativiert", dh erheblich zurückgenommen, und die Pflicht zur Durchführung von Umweltverträglichkeitsprüfungen bei Bundesstraßenprojekten nicht unwesentlich eingeschränkt[11].

II. Der Rechtsschutz der von der Trassenfestlegung Betroffenen

1. Anders als das Straßenrecht mancher Bundesländer[12] kennt das BStG kein straßenrechtliches Baubewilligungsverfahren, in dem die be-

---

straßen, ausgenommen zusätzliche Anschlußstellen, sowie (b) die Festlegung und Umlegung der Trassen von Bundesstraßen B ausgenommen Umlegungen, bei denen die Verschiebung der Straßenachse weniger als 50 m beträgt. Durch die UVP-G-Novelle BGBl 1996/773 wurde die Pflicht zur Durchführung einer Umweltverträglichkeitsprüfung bei Bundesstraßen erheblich eingeschränkt: Abgesehen von dem ersten vorstehend angeführten Fall entfällt diese Pflicht nunmehr bei (b) der Festlegung und Umlegung der Trassen von Bundesstraßen B mit einer durchgehenden Länge von weniger als 5 km, außer es handelt sich um (c) eine Trasse mit einer durchgehenden Länge von weniger als 5 km, wenn (aa) bestehende Schutzgebiete beeinträchtigt werden können oder (bb) eine zusätzliche Verkehrsbelastung von mehr als 20 % gegenüber dem Bestand zu erwarten ist, oder (cc) eine Seehöhe von 1200 m überschritten wird. Durch die Verpflichtung zur Durchführung einer Umweltverträglichkeitsprüfung auch bei kleineren Straßenprojekten, wenn diese ein Schutzgebiet beeinträchtigen, wird den durch die Vogelschutz-RL und die Fauna-Flora-Habitat-RL vorgegebenen europarechtlichen Anforderungen allerdings nur teilweise entsprochen; vgl dazu A. Fisahn, Internationale Anforderungen an den deutschen Naturschutz, ZUR 1996, 3 (6).

9 Zu weiteren Verfahren nach dem UVP-G, die bei Begleitmaßnahmen (zB Rodungen) erforderlich sein können, vgl B. Raschauer, Der Anwendungsbereich des Umweltverträglichkeitsprüfungsgesetzes (UVP-G), RdU 1994, 10 (11 ff).

10 Vgl in diesem Sinn W. Bergthaler/W. Trautwein/J. Wimmer, UVP: Das Ende vieler Bundesstraßenprojekte? ecolex 1995, 450; dagegen C. Baumgartner, UVP: Bundesstraßenprojekte einmal anders, ecolex 1995, 680.

11 Von einer „Relativierung" des Nachbarschutzes sprechen die EB zum Initiativantrag 311/A, 20. GP, die ansonsten die der Novelle zugrundeliegenden Regelungsabsichten etwas im Unklaren lassen, wenn sie von einer „Präzisierung" und „klareren Fassung" der „in der Praxis schwer vollziehbar(en) und ergänzungsbedürftig(en)" Bestimmungen des UVP-G sprechen.

12 Vgl zB § 6 des Nö LStrG.

troffenen Nachbarn ihre Einwendungen im Hinblick auf den Schutz ihrer Gesundheit und die Vermeidung von Emissionen geltend machen können[13]. Das hat man stets als Nachteil und rechtsstaatliches Manko empfunden[14]. Der VfGH hat die aufgeworfenen verfassungsrechtlichen Bedenken freilich zurückgewiesen: Vom Standpunkt des Gleichheitssatzes aus betrachtet verschlage es nichts, wenn der Bundesgesetzgeber im Rahmen seiner Kompetenz kein besonderes Straßenbaubewilligungsverfahren vorsehe. Darüber hinaus seien Parteienrechte im Verordnungserlassungsverfahren verfassungsrechtlich nicht geboten[15]. Im Lichte der jüngeren Judikatur zum Gebot effektiven Rechtsschutzes sind diese Feststellungen indessen alles andere als selbstverständlich[16].

Mit der Festlegung (Umlegung) einer Bundesstraßentrasse und der daraus folgenden Ermächtigung zur Errichtung der Straße sind erhebliche Eingriffe in die Rechtssphäre der Anrainer verbunden. Nach der Bestimmung des Straßenverlaufs besteht für die von der künftigen Straßenachse betroffenen Grundstücksteile eine grundsätzliche Bausperre (§ 15 BStG). Die TrassenVO ist die Grundlage für die Enteignung der benötigten Grundflächen oder die Einräumung anderer Zwangsrechte (§§ 17 ff BStG)[17]. Während des Baues der Straße muß der Eigentümer die davon ausgehenden Einwirkungen dulden und hat bei einer Beeinträchtigung der ortsüblichen Nutzung nur einen eingeschränkten Schadenersatzanspruch (§ 24 Abs 5 BStG)[18]. Mit dem Bestand der Bundesstraße sind schließlich eine Reihe von Anrainerpflichten verbunden (§§ 24 ff BStG)[19].

---

13 Vgl zum Landesstraßenrecht zB VwGH 20. 3. 1990, 85/05/0153, ZfVB 1991/2/692; VwGH 31. 5. 1994, 94/05/0006, ZfVB 1995/4/1455; VfSlg 11.627/1988; zur Frage der Parteistellung nach den verschiedenen LStrG vgl mit weiteren Nachweisen M. Brunner, Die Enteignungs- und Entschädigungsbestimmungen von Eisenbahnenteignungsgesetz, Bundesstraßengesetz und Landesstraßengesetzen: Ein Überblick und Vergleich, ÖJZ 1993, 681 (682); zum Nachbarbegriff des BStG vgl Hecht (FN 7) 47 f.

14 Vgl B. Raschauer, Umweltschutzrecht^2 (Wien/Köln/Graz 1988) 195, 199; Hintze (FN 7) 14; P. Pernthaler, Raumordnung und Verfassung Bd 2 (Wien 1978) 383 FN 124; die Einführung eines straßenrechtlichen Bewilligungsverfahrens für Bundesstraßen hat bereits der Rechnungshof in seinem Tätigkeitsbericht 1972 (203 ff) angeregt.

15 Vgl VfSlg 11.645/1988, 12.949/1991 ua.

16 Vgl zum Gebot effektiven Rechtsschutzes VfSlg 11.196/1986, 12.683/1991, 13.003, 13.223, 13.305/1992, 13.699/1994 ua; T. Öhlinger, Verfassungsrecht^2 (Wien 1995) 52 f; zuletzt zusammenfassend R. Thienel, Massenverfahren – typische Probleme und mögliche Lösungen, ZfV 1996, 1 (4 ff).

17 Vgl K. Korinek/D. Pauger/P. Rummel, Handbuch des Enteignungsrechts (Wien/New York 1994) 121 ff.

18 Zur umstrittenen Verfassungsmäßigkeit dieser Bestimmung vgl VfSlg 9663/1983.

19 Fraglich ist, ob diese Eigentumsbeschränkungen ganz generell auf verfassungswidrige materielle Enteignungen hinauslaufen, wie dies Hecht (FN 7) 49 ff anzunehmen scheint. Jedenfalls verfehlt ist die ebenda (51) getroffene Feststellung, daß entschädigungslose Eigentumsbeschränkungen verfassungsrechtlich unzulässig sind; vgl demgegenüber

In den betreffenden Verfahren hat der Belastete freilich in der Regel Parteistellung, wobei auch Einwendungen gegen die Trassenführung möglich sind, soweit die TrassenVO im entsprechenden Verfahren angewendet wird.

Im Hinblick auf die von der geplanten Straße ausgehenden Emissionen gebietet § 7a BStG zwar die Herabsetzung der den Nachbarn drohenden Beeinträchtigungen im Rahmen des wirtschaftlich Vertretbaren; die Bestimmung schließt aber subjektive Rechte der Nachbarn ausdrücklich aus (§ 7a Abs 1 letzter Satz BStG). In Ermangelung einer materiellen Berechtigung haben die von der Straße Betroffenen somit keinen Anspruch auf eine bescheidförmige Erledigung mit entsprechender Parteistellung, sodaß das rechtsstaatliche Gebot zur Gewährung effektiven Rechtsschutzes ins Leere zu stoßen scheint.

2. Die Verfassungsmäßigkeit dieser Regelung, die den unter Umständen erheblich betroffenen Nachbarn von Bundesstraßen jede effektive Möglichkeit zur Wahrung ihrer Interessen abschneidet[20], ist in mehrfacher Hinsicht zweifelhaft. Nach der heute herrschenden Auffassung können vor allem die Grundrechte eine Pflicht des Gesetzgebers nach sich ziehen, bestimmte durchsetzbare Rechtspositionen einzuräumen[21]. Zumindest jene Emissionen technischer Großanlagen, welche die Gesundheit von Menschen beeinträchtigen können, möglicherweise aber auch sonstige Beeinträchtigungen des menschlichen Wohlbefindens, berühren aber neben dem Eigentum jedenfalls das in Art 8 EMRK gewährleistete Recht auf Achtung des Privatlebens. In Verbindung mit dem in Art 13 EMRK garantierten Recht auf eine wirksame Beschwerde ist daher der Staat verpflichtet, dem in diesem Achtungsanspruch Betroffenen wirksame Rechtsschutzmöglichkeiten zur Verfügung zu stellen[22]. Dies setzt je-

zB K. Korinek, in: Korinek/Pauger/Rummel (FN 17) 37 ff, der den durchwegs herrschenden Meinungsstand dahingehend zusammenfaßt, daß nur enteignungsgleiche Eigentumsbeschränkungen eine Entschädigungspflicht auslösen und der die Kriterien für die nötige Abgrenzung zwischen entschädigungslos zu duldenden und entschädigungspflichtigen Eigentumsbeschränkungen diskutiert.

20 Auch zivilrechtliche Abwehransprüche scheiden weitgehend aus; vgl zB OGH SZ 55/55; OGH EvBl 152/1982; Raschauer (FN 14) 186 f; M. Hecht, Nachbarrechtlicher Untersagungsanspruch und Immissionen von Straßen, ÖJZ 1993, 289.

21 Vgl Thienel (FN 16) 6; B. Davy, Gefahrenabwehr im Anlagenrecht (Wien/New York 1990) 234 ff, 641 ff; zur Ableitung verfassungsrechtlich gebotener Parteistellungen aus dem verfassungsrechtlichen Staatsziel Umweltschutz vgl H. Stolzlechner, Gleichheitssatz, Rechtsstaatsprinzip, Umweltschutz-BVG und Parteistellung von Nachbarn im technischen Anlagenrecht, in: FS Walter (Wien 1991) 665.

22 Zur Relevanz von Umweltbeeinträchtigungen unter dem Aspekt des Art 8 EMRK vgl EGMR 21. 2. 1990, Nr 172, Powell and Rayner, ÖJZ 1990, 418; EGMR 9. 12. 1994, Nr 303, Ostra, EuGRZ 1995, 530; dazu auch A. Kley-Struller, Der Schutz der Umwelt durch die Europäische Menschenrechtskonvention, EuGRZ 1995, 507; zur Bedeu-

denfalls voraus, daß der Anspruch, um den es geht, als subjektives Recht anerkannt wird. Freilich wird nicht jede Berührung der in Art 8 EMRK geschützten Sphäre die staatliche Pflicht aktivieren, Abwehransprüche zu gewähren. Wie bei jeder grundrechtlichen Schutzpflicht ist ein rechtspolitischer Gestaltungsspielraum anzuerkennen, der sich einer abstrakten Umschreibung entzieht[23]. Wenn allerdings § 7a BStG *jeden* subjektiven Rechtsanspruch im Zusammenhang mit den von Bundesstraßen ausgehenden Beeinträchtigungen ausschließt, dürfte dieser Ermessensspielraum jedenfalls überschritten sein.

Dieses Ergebnis und die vorläufige Annahme einer Verfassungswidrigkeit des § 7a Abs 1 letzter Satz BStG sind freilich mit der durch das UVP-G veränderten Rechtslage zu konfrontieren. Nach dem im Verfahren zur Festsetzung einer UVP-pflichtigen Bundesstraßentrasse (teilweise) anzuwendenden § 17 UVP-G sind – über die im BStG bereits enthaltenen Umweltstandards hinausgehend – Emissionen nach dem Stand der Technik zu begrenzen und Immissionen „jedenfalls" zu vermeiden, die das Leben und die Gesundheit von Menschen gefährden oder die zu einer unzumutbaren Belästigung der Nachbarn führen. Damit wurde zum einen ein neu definierter, im Verfahren zur Erlassung einer TrassenVO zwingend zu beachtender objektiver Schutzstandard in das Bundesstraßenrecht eingeführt (§ 24 Abs 2 Z 4 UVP-G). Darauf wird noch zurückzukommen sein[24]. Wie der fehlende Verweis auf § 19 UVP-G erkennen läßt, sollte eine Parteistellung der Nachbarn damit allerdings nicht begründet werden[25]; eine solche hätte nach der Stammfassung des UVP-G allenfalls nur in den weiteren für die Errichtung einer Bundesstraße notwendigen Genehmigungsverfahren (etwa nach dem Naturschutz- oder Forstrecht) aus dem Zusammenhang von § 24 Abs 2 Z 5 (alt) mit § 19

---

tung des Art 13 EMRK vgl mit weiteren Nachweisen S. Bernegger, Das Recht auf eine wirksame Beschwerde – Art. 13 EMRK, in: R. Machacek/W. P. Pahr/G. Stadler, 40 Jahre EMRK. Grund- und Menschenrechte in Österreich Bd 2 (Kehl/Straßburg/Arlington 1992) 733; M. Holoubek, Das Recht auf eine wirksame Beschwerde bei einer nationalen Instanz, JBl 1992, 137.

23 Vgl allgemein zum staatlichen Ermessen bei der Ausfüllung grundrechtlicher Schutzpflichten zB EGMR 21. 6. 1988, Nr 139, Plattform „Ärzte für das Leben", EuGRZ 1989, 522; VfSlg 12.501/1990; zu dem Anspruch auf Schutz vor Umweltgefahren A. Grof, Einschreitepflichten der Behörde bei Verletzung des Grundrechts auf körperliche Integrität durch Dritte, ÖJZ 1984, 589; M. Holoubek, Grundrechtliche Gewährleistungspflichten (Wien/New York 1997) 284 ff.

24 Vgl unten IV.

25 Anders Hecht (FN 7) 99, der den vor allem im Hinblick auf den Begriff der Genehmigung mißlungenen Wortlaut des UVP-G abweichend von den Intentionen des Gesetzgebers dahingehend versteht, daß eine Parteistellung der Nachbarn im Verfahren zu Erlassung der § 4-VO angeordnet worden wäre, was freilich ein „legistisches Versehen" und folgenlos sein soll.

Abs 1 UVP-G folgen können[26]. Trotzdem ist § 17 UVP-G die Grundlage für subjektive Rechte der Nachbarn von Bundesstraßen, da der Gesetzgeber mit dem Immissionsvermeidungsgebot individuelle Interessen schützen wollte und daher – nicht zuletzt auch im Lichte der aus Art 8 EMRK abzuleitenden Schutzpflicht – materielle Berechtigungen geschaffen hat. Damit stellt sich die Frage, ob die Festlegung von Bundesstraßentrassen in einem Verordnungsverfahren bei gleichzeitigem Verzicht auf ein bescheidförmiges Straßenbaubewilligungsverfahren jenem Gebot effektiven Rechtsschutzes ausreichend Rechnung trägt, das dem Rechtsstaatsprinzip entsprechend immer dann zum Tragen kommt, wenn die Rechtsordnung eine individuelle Rechtsposition verbürgt.

3. TrassenVO nach § 4 BStG haben, wie auch andere in Verordnungsform ergehende raumbezogene Planungen, Maßnahmencharakter. Sie entfalten ihre Rechtswirkungen in einem räumlich bestimmten Gebiet und gegenüber bestimmten Personen. Anders als die vom Grundsatz der Gleichheit und Gleichbehandlung geprägte generelle Norm betrifft der Plan die Rechtsunterworfenen individuell und behandelt sie verschie-

---

26 Auf diese Genehmigungsverfahren wird im folgenden nicht näher eingegangen. Die durch das UVP-G geschaffene Rechtslage war insoweit äußerst unklar und möglicherweise auch verfassungswidrig. Wie Bergthaler/Trautwein/Wimmer (FN 10) 452 f aufgezeigt haben, hätten die nach dem WRG, ForstG oder nach dem Naturschutzrecht zuständigen Behörden in den von ihnen durchzuführenden Genehmigungsverfahren materiell neben den jeweiligen Fachgesetzen auch die Entscheidungskriterien des § 17 Abs 2 und 4 UVP-G mit anzuwenden und den dort normierten Schutzstandard durch Vorschreibungen iSd § 17 Abs 3 UVP-G sicherzustellen gehabt. Parteistellung wäre demgemäß auch in diesen Verfahren allen in § 19 UVP-G genannten Personen einzuräumen gewesen, das sind neben den in den Fachgesetzen vorgesehenen Parteien die „UVP-Nachbarn" sowie der Umweltanwalt, die Bürgerinitiativen und die Gemeinden nach § 19 Abs 3 UVP-G. Wegen der damit verbundenen Zuständigkeitskonkurrenz nahmen die genannten Autoren einen Verstoß gegen Art 18 und Art 83 B-VG und das daraus abgeleitete Gebot an, daß Behördenzuständigkeiten präzise und eindeutig festzulegen sind (ähnliche Bedenken bei Hecht [FN 7] 97). Baumgartner (FN 10) 681 f versuchte diese Konsequenz durch eine „verfassungskonforme Interpretation" zu vermeiden: § 17 UVP-G sei nach seiner gesamten Konzeption auf die Entscheidung in einem konzentrierten Verfahren zugeschnitten; die zusätzlichen Genehmigungskriterien des § 17 seien von den Genehmigungsbehörden in den nachfolgenden sektoralen Genehmigungsverfahren nur in den Grenzen ihres jeweiligen Wirkungsbereiches anzuwenden. Diese Interpretation nahm freilich dem in § 24 Abs 2 Z 5 UVP-G (alt) enthaltenen Verweis praktisch seine Bedeutung, sodaß es äußerst zweifelhaft ist, ob hier noch von einer verfassungskonformen Interpretation gesprochen werden kann. Die UVP-G-Novelle BGBl 1996/773 versucht diesen Bedenken Rechnung zu tragen; ob dies vollständig gelungen ist, muß hier offen bleiben. Soweit § 24 Abs 9 UVP-G durch die Schaffung ergänzender materieller Genehmigungskriterien und die Regelung der Parteistellung auch landesrechtliche Materien wie den Naturschutz erfaßt, bestehen aber auch weiterhin kompetenzrechtliche Bedenken: Art 10 Abs 1 Z 9 B-VG (Umweltverträglichkeitsprüfung bei verordnungsmäßiger Trassenfestlegung) ist darauf nicht anzuwenden; die Bedarfskompetenz des Art 11 Abs 1 Z 7 B-VG ist nach ihrem gesamten Zusammenhang auf ein konzentriertes Genehmigungsverfahren bezogen und ermächtigt daher nicht zur Regelung der selbständigen Verfahren nach Landesrecht.

den[27]. Gleichzeitig zielt er aber auch über die individuell gestalteten Verhältnisse hinaus und steht in dem größeren Zusammenhang der zu verwirklichenden räumlichen Ordnung, was dann am deutlichsten wird, wenn der einzelne Plan in eine Planungshierarchie eingebunden ist. Im System der Bundesstraßenplanung ist das der Zusammenhang zwischen dem gesetzlich umschriebenen Trassenverlauf in den Verzeichnissen zum BStG und der diese Streckenführung konkretisierenden TrassenVO. Wie die in den 70er Jahren geführte Diskussion um die Rechtsnatur der Raumordnungspläne gezeigt hat, darf der Gesetzgeber – trotz des Maßnahmencharakters vieler Pläne – dafür die Verordnungsform wählen[28]. Der neue Kompetenztatbestand des Art 10 Abs 1 Z 9 B-VG – („... für welche die Verwaltungsvorschriften eine Trassenfestlegung durch Verordnung vorsehen ...") – bestätigt diesen Befund. Der im übrigen diese Diskussion dominierende Aspekt des Art 18 Abs 2 B-VG wurde durch die Theorie von der finalen Programmierung bewältigt, der durch die WINKLER'sche Lehre vom differenzierten Legalitätsprinzip der Boden bereitet wurde[29]. Insoweit fügt sich auch das Bundesstraßenplanungsrecht in die grundsätzlichen Strukturen des österreichischen Planungsrechts ein. Unter dem Aspekt des Rechtsschutzes bleibt freilich die Frage, ob die Planung in Verordnungsform nicht zwingend in einen individuellen Verwaltungsakt münden muß, wie dies etwa im Straßenplanungsrecht jener Bundesländer der Fall ist, in denen eine TrassenVO Grundlage des Straßenbaubewilligungsverfahrens ist.

Ausgehend vom verfassungsrechtlich vorgegebenen Rechtsschutzsystem (Art 129a, 130, 144 B-VG) muß jeder Akt, der die Rechtssphäre individuell bestimmter Personen betrifft und erhebliche Rechtsfolgen für eine Person hat, letztlich beim VwGH oder VfGH anfechtbar sein[30]. Der Ent-

---

27 Vgl zur Planungsverordnung als „Maßnahme" PERNTHALER (FN 14) 381 ff; zum „Vollzugscharakter" der § 4-VO auf der Grundlage der Unterscheidung zwischen Vollziehung und Rechtsetzung HECHT (FN 7) 70 ff.

28 Zu dem gesetzgeberischen Gestaltungsspielraum in dieser Hinsicht vgl zB J. W. AICHLREITER, Österreichisches Verordnungsrecht Bd 1 (Wien/New York 1988) 144 ff; anders nunmehr HECHT (FN 7) 82 ff, der ein Wahlrecht des Gesetzgebers verneint.

29 Vgl die mit VfSlg 8280 und 8330/1978 einsetzende Judikatur des VfGH, zuletzt vor allem VfGH 2. 3. 1995, G 289/94, RdU 1995, 131. Zur Theorie von der finalen Determinierung von Raumordnungsplänen vgl L. FRÖHLER/P. OBERNDORFER, Österreichisches Raumordnungsrecht Bd 1 (Linz 1975) 30 ff; E. WOLNY, Rechtskontrolle von Planungen in Österreich, in: J. Azizi/S. Griller (Hrsg), Rechtsstaat und Planung (Wien/New York 1982) 27; M. POTACS, Rechtliche Probleme der Plankontrolle in Österreich, in: G. Ress (Hrsg), Entwicklungstendenzen im Verwaltungsverfahrensrecht und in der Verwaltungsgerichtsbarkeit (Wien/New York 1990) 209 (223 ff); W. BERKA, Flächenwidmungspläne auf dem Prüfstand, JBl 1996, 69; kritisch zum Konzept einer finalen Determinierung B. RASCHAUER, „Finale Programmierung" und Raumordnung, ZfV 1980, 93 (96 f); AICHLREITER (FN 28) 1023.

30 So THIENEL (FN 16) 5 mit Hinweis auf VfSlg 13.699/1994.

fall einer bescheidmäßigen Konkretisierung einer die Rechtssphäre des Einzelnen betreffenden Planung in Verordnungsform kann daher nur dann verfassungsmäßig sein, wenn die Effektivität des Rechtsschutzes nicht vermindert wird. TrassenVO nach § 4 BStG sind seit VfSlg 9823/1983 im Wege eines Individualantrags anfechtbar. Wie Art 139 B-VG erkennen läßt, rechnet die Verfassung mit unmittelbar wirksamen VO, denen durch den 1975 vorgenommenen Ausbau des Rechtsschutzsystems Rechnung getragen wurde. Mit dem Individualantrag nach Art 139 B-VG wird daher ein zumindest im Prinzip taugliches und wirksames Verfahren eröffnet, das dem Einzelnen die Überprüfung der Rechtmäßigkeit von TrassenVO erlaubt[31]. Dies setzt freilich voraus, daß sich der Kreis der Antragslegitimierten mit den in ihren subjektiven Rechten Betroffenen deckt. In den bisher vom VfGH entschiedenen Fällen wurden die Individualanträge jeweils von den Eigentümern von Grundstücken eingebracht, die im Straßenbaugebiet nach § 15 BStG lagen und daher von der Bausperre betroffen waren; in dem für sie geltenden Bauverbot erkannte der Gerichtshof auch den die Antragslegitimation begründenden Eingriff in die Rechtssphäre[32]. Ob andere durch die Planung und den Bau von Bundesstraßen im Sinne des § 7a BStG betroffene Nachbarn ebenfalls zur Stellung eines Individualantrags legitimiert sind, hat der Gerichtshof, soweit ersichtlich, bisher nicht zu entscheiden gehabt. Für die UVP-pflichtigen Trassenplanungen kommt es darauf auch nicht mehr an, da – wie dargelegt – § 17 UVP-G jedem Nachbarn einen (durch § 17 Abs 2a UVP-G nunmehr allerdings „relativierten") Anspruch auf Vermeidung gesundheitsgefährdender oder unzumutbarer Immissionen einräumt; Nachbarn im Sinne dieser Bestimmung sind aber alle Personen, die sich im räumlichen Einwirkungsbereich der Bundesstraße nicht bloß vorübergehend aufhalten oder denen in diesem Bereich geschützte dingliche Rechte zukommen[33]. Sie sind daher auch zur Stellung eines Individualantrags legitimiert[34].

Das aus dem Rechtsstaatsprinzip abgeleitete Gebot der Gewährleistung effektiven Rechtsschutzes hat allerdings auch noch eine andere Seite. Als Partei hat der Einzelne die Möglichkeit, in einem rechtlich geordneten Verfahren und in einer verfahrensmäßig gesicherten Position an der Erzeugung der ihn betreffenden individuellen Normen mitzuwirken. Die

---

31 Zur Problematik der fehlenden Anlaßfallwirkung vgl aber HECHT (FN 7) 63.

32 Vgl VfSlg 9823/1983 und die unter III. zitierte Folgejudikatur.

33 Vgl zum Begriff der „UVP-Nachbarn" B. RASCHAUER, Kommentar zum UVP-G (Wien/New York 1995) § 19 RZ 7.

34 Ob sie rechtzeitig Einwendungen nach § 19 Abs 1 UVP-G erhoben haben oder nicht, ist dabei irrelevant, da davon nur die Erlangung der Parteistellung im konzentrierten Genehmigungsverfahren abhängt, das aber bei Bundesstraßen nicht zum Tragen kommt.

Möglichkeit einer nachträglichen gerichtlichen Kontrolle einer TrassenVO ändert nichts daran, daß das Verordnungsverfahren diesen rechtsstaatlichen Standard nicht erfüllt. Daran würde sich aber auch wenig ändern, wenn die Festlegungen der TrassenVO noch in einem darauf folgenden Bescheid „konkretisiert" werden würden. Denn es liegt in der Natur des raumbezogenen Plans, daß seine Rechtswirkungen bereits durch die Planungsverordnung tatbestandsmäßig konkretisiert werden, die jeden darauf aufbauenden Bescheid weitgehend präjudizieren. Die unabdingbaren Mitwirkungs- und Gestaltungsrechte des Einzelnen, die ein Parteiengehör im rechtsstaatlich geordneten Verfahren vermittelt, müssen daher insoweit bereits im Verordnungsverfahren gesichert sein[35].

Vor allem in Hinblick auf die besondere Komplexität von Planungsverfahren mit einer Vielzahl von Betroffenen hat dabei der Gesetzgeber einen gewissen Gestaltungsspielraum. Ob das neue Verfahren der Umweltverträglichkeitsprüfung von Bundesstraßen diesem Standard entspricht, soll hier nicht abschließend entschieden werden. Das UVP-G hat zumindest Vorsorge dafür getroffen, daß die umweltrelevanten Entscheidungsfaktoren in einem aufwendigen Verfahren erarbeitet und öffentlich erörtert werden. Damit wurden die bislang im wesentlichen nur durch verwaltungsinterne Richtlinien geregelten Ermittlungsverfahren bei der Planung von Bundesstraßen transparent gemacht und für die Partizipation der Betroffenen geöffnet. Dies darf freilich nicht darüber hinweg täuschen, daß in der Umweltverträglichkeitsprüfung bei Trassenplanungen in dem durch § 24 UVP-G abgesteckten Rahmen dem Anliegen einer Partizipation der Allgemeinheit und der organisierten Interessen wesentlich mehr Raum gegeben wird als der Durchsetzung individueller Rechtspositionen.

4. Anders ist die Situation bei jenen Trassenfestlegungen, für die nach § 24 Abs 1 UVP-G keine Umweltverträglichkeitsprüfung durchzuführen ist. Wie schon erwähnt, wurde der Kreis der von der UVP-Pflicht befreiten Straßenbauprojekte beträchtlich erweitert, weil nunmehr (von Ausnahmen abgesehen) Trassenplanungen von weniger als 5 km durchgehender Länge (zB Ortsumfahrungen) ausgenommen sind. Auch derartige Straßenplanungen können Interessen der Nachbarn massiv beeinträchtigen, ohne daß ihnen eine materielle Berechtigung iSd § 17 Abs 2 UVP-G zuerkannt wird. Insoweit bestehen hier nicht nur die bereits oben[36] angeführten grundrechtlichen Bedenken. Auch aus der Perspektive des Gleichheitssatzes ist es schwer nachvollziehbar, daß der Schutz der Nachbarn vor gesundheitsbedrohenden Immissionen oder unzumutbaren Belästigungen auf großräumigere Planungsprojekte beschränkt ist und die

35 Vgl zutreffend PERNTHALER (FN 14) 382 ff.

36 Vgl oben bei FN 22.

unter Umständen nicht weniger beeinträchtigenden kürzeren Straßenplanungen durch die jüngste Novelle zum UVP-G ausgenommen wurden.

III. Der Planungsspielraum bei der Trassenfestsetzung: die Judikatur des VfGH

1. In der durch verschiedene Novellen mehrfach geänderten Fassung determiniert das BStG die Trassenplanung durch eine Reihe von Kriterien, die das Gesetz in einer wenig geglückten Systematik miteinander verknüpft. Gesetzlicher Ausgangspunkt der Planung ist die Aufnahme eines Straßenzuges in eines der Verzeichnisse des BStG, das den geplanten Straßenverlauf durch Fixpunkte in groben Zügen festlegt. Die eigentliche Trasse ist nach § 4 Abs 1 BStG unter Bedachtnahme auf die Bestimmungen der §§ 7 und 7a, die Wirtschaftlichkeit des Bauvorhabens, den Denkmalschutz und die Umweltverträglichkeit nach den Erfordernissen des Verkehrs und darüber hinaus der funktionellen Bedeutung des Straßenzuges sowie unter Bedachtnahme auf die Ergebnisse der Anhörung durch die TrassenVO festzulegen. § 7 BStG nennt gewisse straßenfunktionelle Erfordernisse, denen Bundesstraßen entsprechen müssen (gefahrenlose Benützbarkeit, Sicherheit, Leichtigkeit und Flüssigkeit des Verkehrs; aber auch systematisch verfehlt nochmals die Umweltverträglichkeit). § 7a BStG gebietet, daß die Beeinträchtigungen der Nachbarn durch den zu erwartenden Verkehr so weit herabgesetzt werden, als dies durch einen in Hinblick auf den erzielbaren Zweck wirtschaftlich vertretbaren Aufwand erreicht werden kann, sofern nicht die Beeinträchtigung wegen der Art der Nutzung des der Bundesstraße benachbarten Geländes zumutbar ist.

Die ungewichtete Aneinanderreihung von teilweise konfligierenden Entscheidungskriterien und das Fehlen von Maßstäben für die Auflösung der zwangsläufigen Zielkonflikte hat zu der Annahme Anlaß gegeben, daß damit dem Verordnungsgeber ein „praktisch unbegrenzter Ermessensspielraum" eingeräumt worden wäre. TrassenVO wären „in Wahrheit" der nachprüfenden Kontrolle durch den VfGH entzogen[37]. Ein Überblick über die Judikatur des VfGH in den letzten 10 Jahren zeigt ein etwas differenzierteres Bild.

2. In verfahrensmäßiger Hinsicht gebietet § 4 Abs 3 und 5 BStG die Durchführung eines Anhörungsverfahrens, dessen ordnungsgemäße Ab-

37 So Hintze (FN 7) 12; Raschauer (FN 14) 191 f, der auf der Grundlage dieser Annahme auch von der Verfassungswidrigkeit der Rechtslage ausgeht: § 4-VO könnten praktisch nie gesetzwidrig sein, da im Rahmen der gesetzlichen Kriterien jede Dezision in unwiderlegbarer Weise gerechtfertigt wäre.

wicklung Rechtmäßigkeitsvoraussetzung der TrassenVO ist. Neben der Anhörung der berührten Länder und Gemeinden ist in diesem Zusammenhang die öffentliche Auflegung der Planungsunterlagen vorgeschrieben; innerhalb der Auflagefrist kann jedermann zum geplanten Straßenverlauf eine schriftliche Stellungnahme abgeben, die gesammelt dem Bundesminister zu übermitteln sind.

Die Gesetzmäßigkeit dieses Anhörungsverfahrens unterliegt der Kontrolle durch den VfGH[38]. In diesem Zusammenhang hat der Gerichtshof etwa die Identität zwischen der verordneten Trasse und dem aufgelegten Projekt geprüft, wobei gewisse Änderungen im Detail toleriert wurden, die zwangsläufig Folge der Anhörung sind[39]. Der VfGH dürfte ferner davon ausgehen, daß eine sachliche und nachvollziehbare Auseinandersetzung mit den eingelangten Stellungnahmen vor Erlassung der TrassenVO rechtlich geboten ist[40]. Gesetzlich nicht geforderte Verfahrensschritte im Bereich der vorbereitenden Planungen, wie zB Variantenänderungen vor Durchführung des Auflageverfahrens oder die Einholung weiterer Sachverständigengutachten nach Abwicklung dieses Verfahrens, haben dagegen keinen Einfluß auf die Gesetzmäßigkeit des Verordnungserlassungsverfahrens[41]. Angesichts des rechtlich nur äußerst dürftig strukturierten Anhörungsverfahrens nach § 4 BStG ist es daher nicht erstaunlich, wenn der Gerichtshof in den bisher entschiedenen Fällen keinen Zweifel an der „gehörigen Durchführung“ des vorgeschriebenen Verfahrens hatte.

3. Die Erarbeitung ausreichender Entscheidungsgrundlagen ist nicht nur eine sachliche Voraussetzung rationaler Planungsentscheidungen, sondern im Licht des Art 18 B-VG auch eine zentrale Rechtmäßigkeitsvoraussetzung final determinierter Planungen im Rechtsstaat. Wie die Judikatur zum Raumordnungsrecht zeigt, gilt dieses Gebot auch dann, wenn das entsprechende Planungsrecht das Verfahren zur Gewinnung dieser Planungsgrundlagen nicht oder nur ansatzweise ausformt[42]. Welche Gegebenheiten zu erheben sind, richtet sich dabei nach den gesetzlichen Kriterien, dh nach den vorgegebenen Planungszielen.

Bei der Bundesstraßenplanung werden die Planungsziele im wesentlichen durch das „magische Dreieck“[43] von Verkehrserfordernissen, Wirt-

---

[38] Vgl zB VfSlg 10.581/1985, 11.755/1988, 13.481/1993.

[39] Vgl VfSlg 13.481/1993.

[40] Vgl VfSlg 13.191/1992.

[41] Vgl VfSlg 9823/1983.

[42] Vgl mit weiteren Nachweisen Berka (FN 29) 77; in VfSlg 9823/1983 hat der VfGH freilich eine unabhängig von der konkreten Gesetzeslage bestehende Pflicht zur Erarbeitung von *bestimmten* Entscheidungsgrundlagen verneint.

[43] So Raschauer (FN 14) 191.

schaftlichkeit des Bauvorhabens und Umweltverträglichkeit bestimmt. Für die Erarbeitung der entsprechenden Planungsunterlagen sind in der Praxis die einschlägigen Dienstanweisungen (§ 7 Abs 2 BStG) von großer Bedeutung, die dem Einzelnen freilich keinen Rechtsanspruch vermitteln. Für den VfGH stellt sich die Aufgabe zu beurteilen, ob die erarbeiteten Planungsunterlagen aussagekräftig genug sind, um die Planungsentscheidung zu tragen.

Im Hinblick auf die geforderte Wirtschaftlichkeitsprüfung geht der Gerichtshof dabei zutreffend davon aus, daß die der Verordnungserlassung vorausgehende Planung den Charakter eines generellen Projekts habe, so daß genauere Berechnungen dem Detailprojekt überlassen bleiben können[44]. Auf der Grundlage dieses großzügigen Ansatzes wurden in einzelnen Erkenntnissen auch noch äußerst globale Wirtschaftlichkeitserwägungen toleriert. So begnügte sich der VfGH in VfSlg 12.084/1989 mit einer Abschätzung der prognostizierten Gesamtkosten eines Autobahnprojekts, die der Bundesminister „in seine – zwar nicht eingehenden, aber nach Lage des Falles doch immerhin ausreichenden – Wirtschaftlichkeitsüberlegungen miteinbezogen“ hat[45]; in VfSlg 12.149/1989 wurde dieselbe Vorgangsweise sodann als „gerade noch“ ausreichend beurteilt, um den gesetzlichen Anforderungen nach Bewertung und Abwägung der maßgeblichen Entscheidungskriterien zu entsprechen.

Eine wesentliche Verschärfung der Anforderungen an die Prüfung der Wirtschaftlichkeit erfolgte mit VfSlg 12.949/1991. In diesem Erkenntnis forderte der VfGH eine „detaillierte Gesamtkostenprognose“, die einen „entsprechend detaillierten und nach Maßgabe des Bauvorhabens und seiner einzelnen darin zu errichtenden Bauwerke aufgeschlüsselten Kostenrahmen“ umfaßt. Außerdem hielt der VfGH nunmehr, anders als in den zuvor zitierten Entscheidungen, eindeutig fest, daß im Rahmen der vom § 4 Abs 1 BStG geforderten Wirtschaftlichkeitsprüfung auch ein Variantenvergleich vorzunehmen ist, bei dem versucht wird, den Kosten der einzelnen Trassenvarianten den jeweiligen Nutzen gegenüber zu stellen. Ein solcher Variantenvergleich muß sich freilich nicht auf alle möglichen Trassenvarianten beziehen; sprechen gewichtige sachliche Gründe bereits von vornherein gegen eine bestimmte Streckenführung, kann sie aus den weiteren Überlegungen der Behörde ausgeschieden werden, ohne daß dies eine Gesetzwidrigkeit des Planungsverfahrens begründet[46]. Die mit dem Fehlen ausreichender Entscheidungsgrundlagen begründete Aufhebung der TrassenVO betreffend die A2-Südautobahn (Anschlußstelle

44 Vgl VfSlg 13.481/1993.

45 Kritisch zu diesem Erkenntnis Hintze (FN 7) 13 f.

46 VfSlg 13.579/1993.

Gailtal) war zugleich auch der erste Fall, in dem ein gegen eine verordnete Bundesstraßentrasse gerichteter Individualantrag erfolgreich war[47].

Auch im Hinblick auf die Prüfung der Umweltverträglichkeit nach § 4 Abs 1 BStG hat sich der Gerichtshof in früheren Erkenntnissen mit eher dürftigen Erhebungen und globalen Abschätzungen begnügt[48]. Eine gewisse Präzisierung brachte die Entscheidung VfSlg 12.846/1991, in der ein Umweltbericht für ausreichend erachtet wurde, der „eine Bestandsaufnahme der Umweltsituation, eine Prognose der Auswirkungen der beabsichtigten Trassenführungen auf diese Umweltsituation und Maßnahmen (enthielt), mit welchen die negativen Auswirkungen verringert werden können". Ein bestimmtes Verfahren für die Prüfung der Umweltverträglichkeit wurde freilich nicht gefordert. Auch in diesem Punkt stellte VfSlg 12.949/1991 den Durchbruch zu einer strengeren Prüfungspraxis dar; fehlende Aussagen zu den zu erwartenden Schadstoffimmissionen waren in diesem Verfahren ein weiterer Grund für die Aufhebung der angefochtenen VO. Darüber hinaus machte der Gerichtshof in dieser Entscheidung klar, daß die Prüfung der Umweltverträglichkeit auch eine argumentative Auseinandersetzung mit den in Zuge des Anhörungsverfahrens aus der Sicht des Umweltschutzes erhobenen Bedenken erfordert.

Die durch eine Bundesstraße zu erfüllenden verkehrsfunktionellen Erfordernisse werden teilweise bereits durch die Aufnahme eines Straßenzuges in die Verzeichnisse zum BStG gesetzlich festgelegt. In diesem Umfang kann die verkehrspolitische Frage nach dem Nutzen einer neuen Bundesstraße im Verordnungsprüfungsverfahren nicht mehr aufgeworfen werden[49]. Innerhalb des gesetzlich vorgegebenen Planungsspielraums ist freilich auch die funktionelle Bedeutung einer neuen Trasse gehörig zu erheben, wobei dafür unter Umständen detaillierte Verkehrsprognosen erforderlich sein können. So hat der VfGH im Verfahren V 357/94 („Kreuzbergltunnel") eine der Verkehrsentlastung dienende, parallel zu einer Autobahnumfahrung verlaufende Trasse deshalb als gesetzwidrig aufgehoben, weil nicht ausreichend geprüft wurde, wie sich die Errichtung der Autobahnumfahrung auf die innerstädtische Verkehrssituation auswirken würde, und auch nicht geklärt wurde, ob die umstrittene Kreuzbergltrasse vornehmlich den innerstädtischen Verkehr entlasten oder vor allem Verkehr von der Autobahn abziehen würde. Angesichts des Fehlens dieser Untersuchungen sei eine rational nachprüfbare Abwägung mit anderen vom Bundesminister bei der Planungsentscheidung zu beachtenden Kri-

---

47 Zu VfSlg 11.627/1988 vgl noch unten bei FN 59.

48 Vgl zB VfSlg 11.755/1988.

49 Vgl zB VfSlg 12.149/1989, 12.846/1991.

terien daher nicht möglich gewesen[50]. Was an dieser Entscheidung auffällt sind die verhältnismäßig detaillierten Anforderungen an die Entscheidungsgrundlagen und die Genauigkeit, mit der der Gerichtshof die von der verordnenden Behörde vorgelegten und letztlich als nicht ausreichend erachteten Unterlagen geprüft hat.

4. Liegen ausreichend aussagekräftige Entscheidungsgrundlagen vor, fällt die eigentliche Planungsentscheidung in den Bereich des vom VfGH nur begrenzt nachprüfbaren „Planungsermessens". Dogmatisch betrachtet handelt es sich bei diesem Planungsermessen um eine Abwägungsentscheidung, wobei die Behörde nach einer zur ständigen Rechtsprechung gewordenen Formel „anhand der angeführten gesetzlichen Abwägungskriterien für einen bestimmten Straßenverlauf eine wohlabgewogene Entscheidung nach Maßgabe des konkreten, festgestellten Sachverhalts zu treffen (hat), die auch auf einer Auseinandersetzung mit den im Zuge der Anhörung vorgetragenen Argumenten beruht"[51]. Nach Ansicht des VfGH ist gegen die Einräumung eines solchen planerischen Gestaltungsspielraums auch unter dem Aspekt des Legalitätsprinzips von Verfassungs wegen nichts einzuwenden[52].

Um dieses „Planungsermessen" näher zu charakterisieren, zieht der VfGH Parallelen zur allgemeinen Struktur planerischer Verwaltungsentscheidungen: Gerade für das Planungsrecht sei es nämlich ganz allgemein kennzeichnend, daß die einzelnen Abwägungskriterien, die aufgrund gehöriger Sacherhebungen von der Verwaltung in ihr planerisches Kalkül miteinzubeziehen sind, zu einander widersprechenden Ergebnissen führen können. Die Abwägungskriterien seien daher auch nicht „schlechthin feststehende tatbestandliche Voraussetzungen" für die Festlegung einer bestimmten Straßentrasse; weder zu erwartende Umweltbeeinträchtigungen eines bestimmten Umfangs oder zu errechnende Investitionskosten für die Straße ab einer bestimmten Höhe würden daher die Trassenführung rechtswidrig machen[53]. Mit dieser Gegenüberstellung von gesetzlichen Abwägungskriterien und „tatbestandlichen Voraussetzungen" nimmt der Gerichtshof der Sache nach die aus dem Raumordnungsrecht geläufige Unterscheidung zwischen final und konditional determinierten Verwaltungsentscheidungen auf. Sie ist auch der Grund für die Respektierung eines Abwägungsspielraums der Verwaltungsbehörde, der der nachprüfenden Kontrolle durch den VfGH entzogen ist.

---

50 VfGH 28. 2. 1996, V 357/94.

51 So zB VfSlg 12.846/1991 ua.

52 VfSlg 13.191/1992.

53 VfSlg 13.191/1992.

Dabei scheint sich der VfGH freilich zunächst in einen gewissen Widerspruch zu verwickeln: Während er einerseits davon ausgeht, daß der Gesetzgeber darauf verzichtet hat, eine bestimmte „Rang- oder Reihenfolge" der gesetzlichen Entscheidungskriterien festzulegen[54], läßt ihn der Wortlaut des Gesetzes dann doch wieder auf eine unterschiedliche Gewichtung schließen. Denn der Verordnungsgeber habe von den Erfordernissen des Verkehrs und der funktionellen Bedeutung des Straßenzuges „auszugehen"; sie seien daher die „maßgeblichen Planungsdeterminanten", während die übrigen Kriterien (zB Umweltverträglichkeit) nur weitere Entscheidungsfaktoren wären, hinsichtlich derer die „bloße Bedachtnahme" angeordnet ist[55]. Was der VfGH auf diese Weise zutreffend erfaßt, ist der sachlogische Ablauf eines Straßenplanungsprozesses, der in der Tat von den (gesetzlich determinierten) Verkehrsbedürfnissen „auszugehen" hat, die durch eine Straße befriedigt werden sollen. Trotzdem kommt auch den übrigen Entscheidungskriterien keine nachrangige Bedeutung zu, wie das die Formulierung von der „bloßen Bedachtnahme" zu suggerieren scheint. Denn auch die funktionellen Verkehrserfordernisse werden in der Planungsentscheidung in den Abwägungsprozeß eingestellt, so daß unter Umständen eine unter diesem Aspekt suboptimale Lösung gewählt werden muß, wenn den übrigen Anliegen nach Lage der Dinge ein entsprechendes Gewicht zukommt[56]. Dies entspricht im übrigen auch der Logik einer Abwägungsentscheidung, in der keinem Belang ein unbedingter Vorrang zukommen kann, weil in diesem Falle eine Abwägung mit konkurrierenden Gesichtspunkten gerade ausgeschlossen und der bevorzugte Belang auf eine unbedingte Durchsetzung angelegt wäre.

Insoweit ist es dann auch konsequent, wenn der VfGH die eigentliche Abwägungsentscheidung keiner inhaltlichen Kontrolle unterwirft. Stützt der Bundesminister seine Entscheidung auf „hinreichende Sachverhaltserhebungen" und stellt er in seine Abwägung alle relevanten Entscheidungskriterien ein, ist der Gebrauch des Planungsermessens dann nicht rechtswidrig, wenn die Entscheidung „aufgrund der Unterlagen nachvollziehbar ist"[57]. Vor allem habe der VfGH nach seinem Selbstverständnis nicht zu prüfen, ob eine andere Trasse den gesetzlichen Kriterien besser entspricht als die verordnete Trasse – eine Formulierung, die sich in ganz ähnlicher Form auch in der Judikatur zum Planungsermessen in der

[54] So zB VfSlg 13.481/1993.

[55] So VfSlg 13.191/1992; noch undifferenziert dagegen zB VfSlg 12.084/1989.

[56] Zur Frage, ob eine Pflicht zur Erlassung einer TrassenVO für die in die Verzeichnisse zum BStG aufgenommenen Straßenzüge besteht, vgl die unterschiedlichen Auffassungen bei Raschauer (FN 14) 189, der eine solche Verpflichtung verneint, und Hecht (FN 7) 88, der sie bejaht.

[57] So zB VfSlg 13.579/1993.

Raumordnung findet[58]. Angesichts dieser auf eine Vertretbarkeitsprüfung zurückgenommenen Kontrolle der TrassenVO ist es nicht erstaunlich, daß in der bisherigen Praxis noch keine einzige verordnete Bundesstraßentrasse wegen eines fehlerhaften Gebrauchs des Planungsermessens aufgehoben wurde. Ein tatsächlicher Abwägungsfehler wurde bislang nur in einem Fall aus dem Landesstraßenrecht greifbar. In diesem Fall war eine Trasse auf der Grundlage einer Kostenschätzung verordnet worden, die sich im verfassungsgerichtlichen Verfahren – nachdem der Gerichtshof aufwendige Sachverhaltsermittlungen veranlaßt hatte – als unrichtig erwiesen hatte, was klarerweise die Aufhebung der VO zur Folge haben mußte[59].

5. Im Ergebnis beschränkt sich daher die gerichtliche Kontrolle von TrassenVO im wesentlichen auf die Prüfung der Vollständigkeit und der Aussagekraft der Entscheidungsgrundlagen und die Einhaltung des gehörigen Verfahrens. In die eigentliche Planungsentscheidung greift der VfGH nicht ein. Damit unterscheidet sich die Judikatur zum Straßenplanungsrecht doch in gewisser Weise von der gerichtlichen Kontrolle der Raumordnungspläne, bei denen der Gerichtshof in Einzelfällen immer wieder Abwägungsergebnisse selbst korrigiert, obwohl auch hier der Sache nach ein weiter Spielraum des Planungsermessens anerkannt ist. Dafür kann es unterschiedliche Gründe geben. Ein Grund wird jedenfalls der Umstand sein, daß die Grundsätze einer sachgerechten Raumplanung angesichts der stärkeren Verrechtlichung des Raumplanungsrechts in den Gesetzen sehr viel deutlicher ihren Ausdruck gefunden haben als im Straßenrecht. Damit werden der gerichtlichen Praxis auch normative Maßstäbe an die Hand gegeben, die, wie zB der Grundsatz der Bestandskraft der Planung oder die Pflicht zur Vermeidung gegenseitiger Beeinträchtigungen, auch eine stärker in den inhaltlichen Bereich des Planungsermessens ausgreifende Kontrolle stützen und legitimieren können. Deutlich wird dies in Entscheidungen, in denen sich der VfGH ganz klar für den Vorrang eines bestimmten Raumordnungsziels ausspricht oder der Sache nach eine Präferenzentscheidung zwischen kollidierenden Planungszielen trifft[60].

Andererseits ist die verfassungsgerichtliche Kontrolle von TrassenVO auch nicht – wie gelegentlich vermutet wurde[61] – gänzlich folgenlos. Der Ansatzpunkt für eine Verdichtung der Prüfungspraxis ist die Beurteilung der Vollständigkeit und Aussagekraft der Entscheidungsgrundlagen. So-

---

58 VfSlg 13.191/1992; zum Planungsermessen im Raumordnungsrecht vgl mit weiteren Nachweisen Berka (FN 29) 76.

59 Vgl VfSlg 11.627/1988.

60 Vgl dazu mit weiteren Nachweisen Berka (FN 29) 78 ff.

61 Vgl oben bei FN 37.

weit sich der VfGH damit begnügt, die Nachvollziehbarkeit der Erhebungen etwa auf der Grundlage der „vorliegenden Gutachten“[62] zu beurteilen, stellt er die planende Verwaltung von einer nachprüfenden Kontrolle weitgehend frei. Jüngere Entscheidungen scheinen insoweit strengere Maßstäbe anzulegen, wie dies vielleicht am deutlichsten die Entscheidung V 357/94 zeigt[63]. Denn wenn auch hier der Gerichtshof die eigentliche Abwägungsentscheidung nicht geprüft hat, waren es letztlich wohl Zweifel an der sachlichen Richtigkeit der Entscheidung selbst, die den Gerichtshof veranlaßt haben, bestimmte straßenfunktionelle Erhebungen einzufordern, deren Fehlen die verordnete Trasse mit einer Rechtswidrigkeit belastet haben.

IV. Planungsermessen und Umweltverträglichkeitsprüfung

Wie bereits erwähnt, statuiert das UVP-G ein neues Verfahren und neue materielle Standards für die Trassierung von Bundesstraßen, soweit vor der Erlassung der TrassenVO eine Umweltverträglichkeitsprüfung durchzuführen ist (§ 24 UVP-G). Bei der Erlassung der Verordnung sind nach der neuen Rechtslage nunmehr auch die Bestimmungen des § 17 Abs 2-5 UVP-G anzuwenden, welche die Entscheidungskriterien der §§ 4, 7 und 7a BStG, vor allem die Grundsätze der Umweltverträglichkeit und des Nachbarschutzes, wesentlich konkretisiert und ergänzt haben. Die wesentlichsten Neuerungen sind:

- Ein unbedingtes Gebot zur Vermeidung von Schadstoffemissionen nach dem Stand der Technik, entsprechend dem Vorsorgeprinzip (§ 17 Abs 2 Z 1 UVP-G);
- ein allgemeines Immissions-Minimierungsgebot sowie ein schutzbezogenes Immissionsvermeidungsgebot, dh die Pflicht zur Vermeidung von Immissionen, welche das Leben oder die Gesundheit von Menschen, das Eigentum oder sonstige dingliche Rechte der Nachbarn gefährden oder die eine erhebliche Belastung der Umwelt durch nachhaltige Einwirkungen oder unzumutbare Belästigungen der Nachbarn zur Folge haben (§ 17 Abs 2 Z 2 UVP-G);
- die Maßgeblichkeit einer Gesamtbewertung des Vorhabens und seiner Auswirkungen einschließlich der Wechselwirkungen, Kumulierungen und Verlagerungen, so daß künftig etwa auch die Zusatzbelastung von nicht von der TrassenVO erfaßten Straßenzügen zu beurteilen sind; ergeben sich aus dieser Perspektive schwerwiegende, nicht ver-

[62] So zB VfSlg 13.191/1992.

[63] Vgl dazu oben bei FN 50.

meidbare Umweltbelastungen, darf die TrassenVO nicht erlassen werden (§ 17 Abs 4 UVP-G);
– schließlich die Pflicht zur Durchführung eines Umweltverträglichkeitsprüfungsverfahrens nach Maßgabe der sinngemäß anzuwendenden §§ 1, 2, 3 Abs 6, 4, 5 Abs 4-6, 6, 7 Abs 1 und 8-14 UVP-G.

Auf die zahlreichen und schwierigen Rechtsfragen, welche die Anwendung dieser das bisherige Bundesstraßenrecht überlagernden Bestimmungen aufwerfen wird, soll hier nicht näher eingegangen werden. Vor allem die Reichweite des den Nachbarn von Bundesstraßen nunmehr zuerkannten Rechtsanspruchs auf Schutz vor unzumutbaren Lärmbelastungen wird wohl zum neuralgischen Angelpunkt künftiger Bundesstraßenprojekte werden[64]. Die jüngste Novelle zum UVP-G hat sich freilich um eine gewisse „Entschärfung" bemüht, weil nach dem neu geschaffenen § 17 Abs 2a UVP-G eine unzumutbare Belästigung der Nachbarn dann ex lege ausgeschlossen wird, wenn bei einem Straßenbauvorhaben im Einzelfall „durch die Verwirklichung des Vorhabens ein wesentlich größerer Kreis von Nachbarn bestehender Verkehrsanlagen dauerhaft entlastet als Nachbarn des Vorhabens belastet werden". Auch die rechtspolitische Sinnhaftigkeit und verfassungsrechtliche Tragbarkeit dieser Neuregelung sollen hier nicht näher diskutiert werden. Was hier aber abschließend noch erörtert werden soll, sind die Konsequenzen der neuen Rechtslage für das Planungsermessen und seine verfassungsgerichtliche Kontrolle.

Die Pflicht zur Durchführung einer Umweltverträglichkeitsprüfung, vor deren Abschluß die TrassenVO nicht erlassen werden darf (§ 24 Abs 7 UVP-G), erhöht die verfahrensmäßigen Anforderungen an die Bundesstraßenplanung. Ihre ordnungsgemäße Durchführung ist, wie die bisherige Anhörung nach dem BStG, eine Rechtmäßigkeitsbedingung der Planung, die der vollen Kontrolle durch den VfGH unterliegt. Anders als die bisherige Beurteilung der Umweltverträglichkeit, für die nach der zutreffenden Ansicht des VfGH kein bestimmtes Verfahren vorgeschrieben war[65], sind nunmehr präzise vorgeschriebene und aufwendige Verfahrensschritte einzuhalten. Das kann den Planungsprozeß mit einem erheblichen Verfahrensrisiko belasten, vor allem wenn man die Umweltverträglichkeitsprüfung mit dem bisherigen, nur ganz gering strukturierten Anhörungsverfahren vergleicht. Hinzu kommt, daß auch die inhaltlichen Anforderungen an die Prüfung der Umweltverträglichkeit näher determiniert sind. Eine rechtmäßige Planung wird daher vor allem den umfassenden Charakter der durch das UVP-G vorgeschriebenen Gesamtbeur-

---

64 Vgl dazu die Kontroverse zwischen Bergthaler/Trautwein/Wimmer (FN 10) 450 und Baumgartner (FN 10) 680.

65 Vgl oben bei FN 48.

teilung, das Gebot zur Einbeziehung von Wechselwirkungen und mittelbaren Auswirkungen des Vorhabens und die Pflicht zum umfassenden Variantenvergleich[66], der auch die Null-Variante umschließen kann, zu beachten haben.

Freilich ändert die nunmehrige Pflicht zur Durchführung einer detaillierten und umfassenden Umweltverträglichkeitsprüfung unter Beteiligung der Öffentlichkeit für sich genommen noch nichts am Wesen der eigentlichen Planungsentscheidung. Sie wird aber durch die Geltung der zusätzlichen Genehmigungsvoraussetzungen des § 17 UVP-G entscheidend tangiert. Führt beispielsweise die Errichtung einer neuen Bundesstraße zu einer erheblichen Belastung der Umwelt, worunter jedenfalls bleibende Schädigungen des Bodens, des Pflanzen- oder Tierbestands fallen, oder zu einer unzumutbaren Belästigung von Nachbarn, die nicht durch die Regelung des § 17 Abs 2a UVP-G gedeckt ist, darf die TrassenVO bei sonstiger Rechtswidrigkeit nicht erlassen werden. Wie immer diese neuen Schutzstandards künftig auszulegen sein werden, fest steht jedenfalls, daß damit die bisherige Abwägungsentscheidung durch konditional formulierte Gebote bzw Verbote überlagert wird. Sie sind, um mit den Worten des VfGH zu sprechen[67], „schlechthin feststehende tatbestandliche Voraussetzungen" für die Festlegung einer Bundesstraßentrasse, welche unabhängig von den sonstigen Entscheidungskriterien nach dem BStG die Unzulässigkeit einer bestimmten Trasse zur Folge haben können. Damit schrumpft zugleich das dem Bundesminister bislang eingeräumte Planungsermessen, das sich nur insoweit entfalten kann, als nicht schon aus einem der in § 17 UVP-G angeführten Tatbestände die Unzulässigkeit des Projekts folgt.

Für den VfGH stellen die Tatbestände des § 17 UVP-G inhaltliche Beurteilungsmaßstäbe dar, die in vollem Umfang seiner Kontrolle im Verordnungsprüfungsverfahren unterliegen. Die Gewichtigkeit und Schwierigkeit der auf den Gerichtshof insoweit zukommenden Fragen wird man nicht unterschätzen dürfen.

V. Schlußbemerkung

In seiner eingangs zitierten Studien hat Günther Winkler die Aufgabe der planenden Verwaltung zur lebensnahen Gestaltung der konkreten Lebensverhältnisse unterstrichen, die einen entsprechenden Planungs-

---

66 Der sich freilich nur auf die vom Projektwerber geprüften Varianten beziehen muß; vgl dazu kritisch Raschauer (FN 33) § 1 RZ 10.

67 Vgl oben bei FN 53.

spielraum bedinge[68]. Im Hinblick auf die Planung von Bundesstraßen hat das UVP-G diesen Spielraum eingeschränkt und zugleich der Rechtsprechung eine nicht unbeträchtliche Mitverantwortung zugewiesen, auch wenn sich diese in der Form einer nur nachprüfenden Verordnungskontrolle ausdrückt.

An sich ist die Überlagerung planerischer Abwägungsspielräume durch einzelne konditionale Gebote oder Verbote nichts Ungewöhnliches. Auch im Raumordnungsrecht finden sich einzelne Tatbestände, die auf eine unbedingte, durch andere Planungsziele nicht relativierbare Beachtung angelegt sind, wie zB das Verbot der Ausweisung von Bauland für Flächen, die aufgrund unterschiedlicher Gegebenheiten für eine Bebauung nicht geeignet sind. Während solchen Tatbeständen im Recht der Raumordnung allerdings eine nur periphere Tragweite zukommt, wurde das Bundesstraßenplanungsrecht durch die neuen Umwelt- und Nachbarschutzstandards des UVP-G ganz wesentlich verändert. Aus einer rechtspolitischen Perspektive betrachtet drückt sich darin eine neue Gewichtung der Staatsaufgaben Umweltschutz und Verkehrsplanung durch den Gesetzgeber aus, die in ihren Auswirkungen noch gar nicht vollständig abgeschätzt werden kann. Diese neue Gewichtung wird auch die planende Verwaltung respektieren müssen, selbst wenn der Preis dafür eine Einschränkung ihrer Gestaltungsfreiheit ist, die ihr das Straßenplanungsrecht bisher gab. An dieser prinzipiellen Einschätzung ändert auch der Umstand nichts, daß der Gesetzgeber sich schon verhältnismäßig bald veranlaßt sah, diesen mutigen Schritt zum Teil zurückzunehmen und den Verkehrs- und Wirtschaftsbedürfnissen wieder mehr Raum zu geben, wie das durch die Novelle zum UVP-G geschehen ist.

68 Vgl Winkler (FN 1) 28, 64 f.

Peter Bernard

Das Höchstgericht oder: Was ist ein negativer Kompetenzkonflikt?

I. Der Ausgangspunkt

„Welches ist das oberste Gericht in Österreich?". Studenten der Rechtswissenschaften – zumindest in Zeiten, in denen ich mein Studium absolviert habe – kannten diese bei Universitätsprüfungen gestellte Frage. Damals hieß es, es sei eine Fangfrage. Die Antwort sei, es gebe nicht ein oberstes Gericht, sondern deren drei: (in der Reihenfolge, in der sie im B-VG genannt bzw geregelt sind) den Obersten Gerichtshof, den Verwaltungsgerichtshof und den Verfassungsgerichtshof. Als „Auszeichnungskandidat" auf Ausnahmen von der Gleichrangigkeit dieser Gerichte befragt, hatte man über die Kompetenz des Verfassungsgerichtshofes nach Art 138 Abs 1 B-VG zu berichten, die die Befugnis des Verfassungsgerichtshofes einschließt, Akte der beiden anderen Höchstgerichte zu prüfen und gegebenenfalls aufzuheben. Die genannte Verfassungsbestimmung betreffe den Verfassungsgerichtshof als Kompetenzgericht, also bei Entscheidungen in (verfassungsrechtlichen) Kompetenzkonflikten.

Nach der damals aktuellen Rechtsprechung des Verfassungsgerichtshofes konnte ein Kompetenzkonflikt, „auch wenn dieser Begriff im denkbar weitesten Sinn genommen wird, jedenfalls nur dann entstehen, wenn die *Kompetenz*, wenn die *Zuständigkeit* zwischen zwei Behörden bestritten ist"[1]. Speziell zum negativen Kompetenzkonflikt wurde gesagt, daß ein solcher vorliegt, wenn zwei Behörden in derselben Sache ihre Zuständigkeit ablehnen[2]. Nach späteren Entscheidungen des Verfassungsgerichtshofes ist es für das Vorliegen eines negativen Kompetenzkonfliktes erforderlich, daß eine der beiden Behörden zu Unrecht ihre Zuständigkeit ablehnt, wobei die Zurückweisung wegen Unzulässigkeit des Rechtsweges einer Unzuständigkeitsentscheidung gleichzuhalten ist[3]. Zurückweisungen aus anderen Gründen lösen keinen negativen Kompetenzkonflikt aus[4].

1 VfSlg 1351/1930.

2 VfSlg 1432/1932.

3 VfSlg 4554/1963.

4 Wie etwa die Zurückweisung einer Säumnisbeschwerde mangels Parteistellung lt VfSlg 3490/1959.

Eine Absonderlichkeit dieser Rechtsprechung fällt sofort auf: Der Verfassungsgerichtshof definiert den negativen Kompetenzkonflikt ua damit, daß in derselben Sache zwei Behörden ihre Zuständigkeit ablehnen, wobei eine dies zu Unrecht tut. Eigenartig ist dies insofern, als ein Element der Prozeßvoraussetzungen – ob nämlich ein negativer Kompetenzkonflikt vorliegt – durch den Ausgang des Verfahrens, nämlich die Aufhebung des die Zuständigkeit zu Unrecht ablehnenden Aktes, bestimmt wird. Das hat zur Folge, daß ein Antrag auf Entscheidung eines negativen Kompetenzkonfliktes entweder zurückzuweisen ist, weil gar kein solcher Kompetenzkonflikt vorliegt, oder ihm ist stattzugeben. Dies wird in den Entscheidungen des Verfassungsgerichtshofes in derartigen Fällen auch dadurch deutlich, daß vor der Bejahung des Vorliegens eines negativen Kompetenzkonfliktes, also unter dem Gesichtspunkt der Zulässigkeit des Antrages, auf die Ausführungen „in der Sache" verwiesen wird. Eine negative Sachentscheidung über einen derartigen Antrag scheidet unter diesem Gesichtspunkt aus.

In rechtspolitischer Hinsicht war schon damals kritisch zu vermerken, daß der Verfassungsgerichtshof auch dann, wenn er in einen Kompetenzkonflikt selbst involviert ist, darüber zu befinden hat und damit sozusagen Richter in eigener Sache ist. In Zeiten der Monarchie, nach der Einrichtung des Verwaltungsgerichtshofes, hat man dem auch insofern Rechnung getragen, als für die Entscheidung in Kompetenzkonflikten zwischen dem – an sich als Kompetenzgericht fungierenden – Reichsgericht[5] und dem Verwaltungsgerichtshof ein eigener aus Mitgliedern dieser beiden Gerichte unter dem Vorsitz des Präsidenten des Obersten Gerichtshofes zusammengesetzter Senat geschaffen wurde[6].

Soweit mein Wissens- und Erfahrungsstand bis vor kurzem.

II. Die jüngste Rechtsprechung des Verfassungsgerichtshofes zu Art 138 Abs 1 lit b B-VG

Eine Reihe von Entscheidungen des Verfassungsgerichtshofes in Verfahren, denen die Annahme zugrundelag, es handle sich um negative Kompetenzkonflikte zwischen dem Verwaltungsgerichtshof und dem Verfassungsgerichtshof, haben dies gefestigte Bild zerstört.

---

5 § 2 StGG über die Einrichtung eines Reichsgerichtes, RGBl Nr 143/1867; § 1 des Gesetzes vom 22. Oktober 1875 über die Entscheidung von Competenzconflicten zwischen dem Verwaltungsgerichtshofe und den ordentlichen Gerichten, sowie zwischen dem Verwaltungsgerichtshofe und dem Reichsgerichte, RGBl Nr 37.

6 § 2 des in Fußnote 5) zitierten Gesetzes aus 1875.

Es handelt sich dabei um folgende Fälle:

1. Der Verfassungsgerichtshof lehnte die Behandlung einer Beschwerde gemäß Art 144 Abs 2 B-VG ab, der Verwaltungsgerichtshof wies die gemäß Art 144 Abs 3 B-VG abgetretene Beschwerde wegen Unzuständigkeit infolge ausschließlicher Zuständigkeit des Verfassungsgerichtshofes (Art 133 Z 1 B-VG) zurück (Erkenntnisse des Verfassungsgerichtshofes vom 14. Dezember 1994, K I-1/94, vom 30. Juni 1995, K I-6/95 ua, sowie vom 29. Februar 1996, K I-8/94).

Diese drei Fälle unterscheiden sich insofern in erheblicher Weise voneinander: im ersten (eine Landesabgaben-Angelegenheit betreffenden) Fall wurde die Unzuständigkeit des Verwaltungsgerichtshofes infolge ausschließlicher Zuständigkeit des Verfassungsgerichtshofes aus der Formulierung der Beschwerdepunkte (§ 28 Abs 1 Z 4 VwGG) in der an den Verwaltungsgerichtshof gerichteten Beschwerde abgeleitet; als Recht, in dem der Beschwerdeführer in seiner über Auftrag des Verwaltungsgerichtshofes ergänzten Beschwerde verletzt zu sein behauptete, waren ausschließlich verfassungsgesetzlich gewährleistete Rechte genannt worden. Im zweiten Fall erfolgte die Zurückweisung durch den Verwaltungsgerichtshof im Hinblick auf den Inhalt der angefochtenen „Feststellungsbescheide" des Bundesministers für Inneres betreffend Unwirksamkeit von Zivildiensterklärungen gemäß § 5a des Zivildienstgesetzes; nach Auffassung des Verwaltungsgerichtshofes erfolgte mit der Feststellung, eine Zivildiensterklärung sei rechtsunwirksam geblieben, ausschließlich ein Abspruch über ein verfassungsgesetzlich gewährleistetes Recht. Im dritten Fall erfolgte die Zurückweisung durch den Verwaltungsgerichtshof ebenfalls wegen des Inhaltes des angefochtenen Bescheides eines unabhängigen Verwaltungssenates betreffend Abweisung einer gegen eine Festnahme gerichteten Maßnahmenbeschwerde nach Art 129a Abs 1 Z 2 B-VG in Verbindung mit § 67c AVG, in welcher ausschließlich die Verletzung verfassungsgesetzlich gewährleisteter Rechte geltend gemacht worden war.

2. Der Verwaltungsgerichtshof wies eine auf Art 132 B-VG gestützte Säumnisbeschwerde, die gegen die Untätigkeit des als Kultusminister zuständigen Bundesministers über einen Antrag auf Anerkennung einer Religionsgesellschaft gerichtet war, mit der Begründung zurück, daß die Anerkennung einer Religionsgesellschaft nach dem Anerkennungsgesetz RGBl Nr 68/1874 durch Verordnung zu erfolgen habe. Der Verfassungsgerichtshof wies eine an ihn gerichtete Säumnisbeschwerde zurück, da er zur Entscheidung über Säumnisbeschwerden nicht zuständig sei. Zu dieser Konstellation erging das Erkenntnis vom 4. Oktober 1995, K I-9/94.

3. Der Verwaltungsgerichtshof hat über eine weitere Säumnisbeschwerde gegen den Kultusminister in Form eines Erkenntnisses entschieden,

daß das von den Antragstellern an den Bundesminister gerichtete Begehren ein unzulässiger Feststellungsantrag sei, und hat diesen Antrag zurückgewiesen. Der Verfassungsgerichtshof hat eine diesbezügliche Säumnisbeschwerde ebenfalls zurückgewiesen. Zu dieser Konstellation erging das Erkenntnis vom 4. Dezember 1995, K I-11/94.

In all diesen Fällen bejahte der Verfassungsgerichshof das Vorliegen eines negativen Kompetenzkonfliktes. In all diesen Fällen hob er die Entscheidung des Verwaltungsgerichtshofes auf.

III. Die Kritik

Die Probleme, die im Zusammenhang mit diesen Entscheidungen des Verfassungsgerichtshofes aufwerfbar sind, sind nach Quantität und Qualität geeignet, eine eigene Festschrift zu füllen. Es soll daraus nur erörtert werden, was ein negativer Kompetenzkonflikt eigentlich ist, m.a.W. ob der Verfassungsgerichtshof zu Recht vom Vorliegen aller Prozeßvoraussetzungen ausgegangen ist und Sachentscheidungen gefällt hat. Ob er bejahendenfalls die richtige Sachentscheidung gefällt hat, also die rechtswidrige Zurückweisung aufgehoben hat, soll hier außer Betracht bleiben.

Zum ersten fällt auf, daß der Verfassungsgerichtshof seine Rechtsprechung zum Begriff des negativen Kompetenzkonfliktes insofern modifiziert hat, als er plötzlich nicht mehr[7] von einander widersprechenden Zuständigkeitsentscheidungen ausgeht, sondern nur mehr von einander gegenüberstehenden Verweigerungen von Sachentscheidungen spricht. In allen oben skizzierten Fällen liegt nämlich nur jeweils eine Verneinung der Zuständigkeit vor. Bei der jeweils anderen Entscheidung handelt es sich dreimal um die Ablehnung der Behandlung von Beschwerden durch den Verfassungsgerichtshof, einmal um die Zurückweisung einer Säumnisbeschwerde wegen Fehlens der Prozeßvoraussetzung eines Bescheidanspruches gegenüber der Verwaltungsbehörde durch den Verwaltungsgerichtshof und einmal um die Fällung einer Sachentscheidung über eine Säumnisbeschwerde mit dem Inhalt der Zurückweisung des an die Verwaltungsbehörde gerichteten Antrages.

Zweitens ist vorauszuschicken, daß eine einen negativen Kompetenzkonflikt mitauslösende Entscheidung nach der Auffassung des Verfassungsgerichtshofes auch dann vorliegen kann, wenn das zurückweisende Gericht von vornherein („an sich") zur Entscheidung über ein derartiges Anbringen nicht zuständig sein kann, wie es etwa der Verfassungsge-

---

[7] Wie zuletzt noch im Erkenntnis vom 21. Juni 1995, K I-7/94, betreffend einen negativen Kompetenzkonflikt zwischen OGH und Verwaltungsgerichtshof.

richtshof in Ansehung von Säumnisbeschwerden ist. Niemand käme auf die Idee, daß eine solche Zuständigkeit gegeben wäre, weder eine Partei noch gar ein Gericht. Daß eine Partei auf die Idee gekommen ist, eine von vornherein aussichtslose – weil unzulässige – Beschwerde zu erheben, um einen negativen Kompetenzkonflikt zu provozieren, mag eine geniale Idee ihres Rechtsvertreters oder eine vom Verfassungsgerichtshof selbst suggerierte Vorgangsweise sein[8]. Dem derart entstandenen „Kompetenzkonflikt" fehlt aber von vornherein jegliches Element eines Konfliktes über die Kompetenz. Es ging vielmehr von vornherein und ausschließlich um die Installierung eines Vehikels, um zur Überprüfung von Entscheidungen des Verwaltungsgerichtshofes zu gelangen.

1. Zu den Fällen der Ablehnung:

Die Ablehnung der Behandlung einer Beschwerde, wie sie dem Verfassungsgerichtshof und in eingeschränktem Maße auch dem Verwaltungsgerichtshof erlaubt ist, ist zwar die Verweigerung einer Sachentscheidung, sie ist darüber hinaus die Verweigerung einer Entscheidung schlechthin. Mit der Ablehnung wird über das Vorliegen der Prozeßvoraussetzungen nichts ausgesagt, weder über die Rechtzeitigkeit der Beschwerde noch über die Beschwerdelegitimation noch über das Vorliegen eines bekämpfbaren Verwaltungsaktes noch über die Erschöpfung des Instanzenzuges. Die Ablehnung der Behandlung einer Beschwerde an den Verfassungsgerichtshof enthält vielmehr nur die konkrete Aussage, daß nach seiner Meinung der Verwaltungsgerichtshof zur Entscheidung über die Beschwerde „an sich zuständig" ist[9].

Das hat wohl zur Konsequenz, daß der Verfassungsgerichtshof bereit ist, das Vorliegen eines negativen Kompetenzkonfliktes nicht nur zu bejahen, wenn er die Behandlung einer an ihn gerichteten Beschwerde ablehnt, sondern auch wenn ein anderer Gerichtshof dies tut. Dabei kommt zunächst eine Ablehnung der Behandlung einer Beschwerde durch den Verwaltungsgerichtshof im Rahmen seiner diesbezüglichen Ermächtigung nach Art 131 Abs 3 B-VG in Verbindung mit § 33a VwGG in Betracht. Darüber hinaus gilt dies aber offensichtlich auch für die Nichtannahme außerordentlicher Revisionen durch den Obersten Gerichtshof gemäß § 502 Abs 1 und § 508a ZPO.

Man denke: Der Verfassungsgerichtshof lehnt die Behandlung einer Beschwerde nach Art 144 Abs 2 B-VG ab, der Verwaltungsgerichtshof

[8] Zumindest in den das Zivildienstgesetz betreffenden Fällen hat der Verfassungsgerichtshof in seinen Abtretungsbeschlüssen auf die Möglichkeit der Geltendmachung eines negativen Kompetenzkonfliktes hingewiesen.

[9] Sowie daß die in der Verfassungsgerichtshofbeschwerde aufgeworfenen Fragen keine verfassungsrechtliche Relevanz im Sinne des Art 144 Abs 2 B-VG haben.

die parallel erhobene oder an ihn abgetretene Beschwerde ebenfalls. Wenn nun der Verfassungsgerichtshof von der Partei[10] mit einem Antrag auf Entscheidung eines negativen Kompetenzkonfliktes angegangen wird, kann es durchaus dazu kommen, daß der Verfassungsgerichtshof der Meinung ist, der Verwaltungsgerichtshof hätte nicht ablehnen dürfen, weil die vom Verwaltungsgerichtshof zu lösende Rechtsfrage eine solche von grundsätzlicher Bedeutung ist. Mutatis mutandis könnte dies auch dem Obersten Gerichtshof zustoßen, wobei die Zurückweisung einer in einer bürgerlichen Rechtssache an den Verfassungsgerichtshof erhobenen Beschwerde sogar eine echte Unzuständigkeitsentscheidung wäre.

Dem Argument, diese Überlegungen wären weit hergeholt, kann erwidert werden, daß der Schritt von der jetzigen Rechtsprechung dahin nicht weiter wäre als von der ursprünglichen Rechtsprechung zur jetzigen. Denkunmöglich wäre eine derartige Rechtsprechungsentwicklung nicht, insbesondere wenn man bedenkt, daß der Verfassungsgerichtshof bereits ausdrücklich Beschwerdeführer zur Geltendmachung negativer Kompetenzkonflikte zwischen ihm und dem Verwaltungsgerichtshof angeregt hat.

Unrichtig ist jedenfalls die Aussage des Verfassungsgerichtshofes im Erkenntnis betreffend die Zivildiensterklärungen, ein Ablehnungsbeschluß des Verfassungsgerichtshofes habe „für den Beschwerdeführer dieselbe Wirkung wie die wegen (angenommener) Unzuständigkeit erfolgte Verweigerung der Sachentscheidung“. Bei der Zurückweisung einer Beschwerde – auch wegen Unzuständigkeit (§ 19 Abs 2 Z 3 VfGG) – kommt nämlich eine Abtretung nicht in Frage. Sie kann vielmehr nur dann verfügt werden, wenn die Behandlung der Beschwerde abgelehnt wurde oder wenn der Verfassungsgerichtshof „findet ..., daß durch den angefochtenen Bescheid der Verwaltungsbehörde ein Recht im Sinne des Abs. 1 nicht verletzt wurde“, also im Falle einer negativen Sachentscheidung.

2. Aber nicht nur die Ablehnung der Behandlung einer Beschwerde wird vom Verfassungsgerichtshof als ein einen negativen Kompetenzkonflikt konstituierendes Element angesehen: Auch Zurückweisungen von Beschwerden aus anderen Gründen als dem der Unzuständigkeit durch andere Gerichtshöfe können auf diesem Weg überprüft werden.

Dies zeigen die Fälle betreffend Anerkennung von Religionsgesellschaften. Die im erstgenannten Fall durch den Verwaltungsgerichtshof ausgesprochene Zurückweisung erfolgte keineswegs wegen Unzuständigkeit zur Entscheidung über Säumnisbeschwerden, sondern weil nach Auffassung des Verwaltungsgerichtshofes der zu setzende Verwaltungsakt nicht als

10 Vor allem dem Beschuldigten im vorangegangenen Verwaltungsstrafverfahren.

Bescheid zu qualifizieren sei. Die Meinungsverschiedenheit zwischen den beiden betroffenen Gerichtshöfen ergab sich nicht etwa über die Kompetenz, sondern über die Auslegung einer Verwaltungsvorschrift.

Denkt man das weiter, kommt man unschwer dazu, daß der Verfassungsgerichtshof die Beurteilung der Rechtzeitigkeit einer Beschwerde, der Beschwerdelegitimation oder der entschiedenen Sache durch den Verwaltungsgerichtshof überprüft; dabei gehen die beiden letzteren Entscheidungen jedenfalls wiederum weit in die Auslegung des materiellen Rechtes hinein. Es gehört auch hier nicht viel Phantasie dazu[11], in solchen Fällen eine offenkundig verspätete Beschwerde an den Verfassungsgerichtshof zu erheben und nach deren Zurückweisung oder Ablehnung einen negativen Kompetenzkonflikt geltend zu machen, wobei die Überprüfung der Rechtmäßigkeit der Entscheidung des Verwaltungsgerichtshofes im Rahmen der Beurteilung des Vorliegens der Prozeßvoraussetzungen erfolgt.

Selbst wenn die nach Auffassung des Verfassungsgerichtshofes gegebene Rechtswidrigkeit der Entscheidung des Verwaltungsgerichtshofes nicht dazu geführt hat, daß der Partei aus der Sicht des Verfassungsgerichtshofes zu Unrecht eine Sachentscheidung verweigert worden wäre, kann es zur Annahme eines negativen Kompetenzkonfliktes und der Aufhebung des Zurückweisungsbeschlusses des Verwaltungsgerichtshofes kommen. Dies zeigt das Beispiel desjenigen Falles[12], in dem im Ergebnis der Verwaltungsgerichtshof in Bindung an den aufhebenden Beschluß des Verfassungsgerichtshofes anstelle der Zurückweisung der Beschwerde das Beschwerdeverfahren einzustellen hatte![13].

3. Den vorläufig letzten Schritt in die Richtung seiner Etablierung als wahres Höchstgericht ging der Verfassungsgerichtshof, indem er eine Sachentscheidung des Verwaltungsgerichtshofes über eine an ihn gerichtete Säumnisbeschwerde in eine Verweigerung der Sachentscheidung umdeutete. Auf diese Weise kam er zur vollen Überprüfbarkeit des Erkenntnisses des Verwaltungsgerichtshofes und gab dem Verwaltungsgerichtshof durch Aufhebung seiner Entscheidung vor, wie die Sachentscheidung im zweiten Rechtsgang jedenfalls nicht lauten darf. Die Zurückweisung des an die säumige Verwaltungsbehörde gerichteten Antrages durch den Verwaltungsgerichtshof ist nämlich eine Sachentscheidung über die Säumnisbeschwerde und keine Verweigerung einer solchen (und schon gar keine Unzuständigkeitsentscheidung). Von einem Kompetenzkonflikt ist

11 Vor allem für Rechtsanwälte.

12 Des oben unter I./1. erstgenannten Falles.

13 Beschluß vom 31. 3. 1995, Zl 95/17/0030. Vgl auch die betreffenden Ausführungen unter IV.

auch hier weit und breit keine Spur. Es liegt freilich wiederum eine unterschiedliche rechtliche Wertung des Sachverhaltes vor. Der Verfassungsgerichtshof meint, daß er – wäre er der zur Entscheidung über Säumnisbeschwerden einzig zuständige Verwaltungsgerichtshof – die Sache würde anders erledigt haben. Er knüpft in einer dem Interesse der Parteien extrem entgegenkommenden Weise daran, daß der Verwaltungsgerichtshof dem materiellen Anliegen (eine Sachentscheidung mit einem bestimmten Inhalt zu fällen) nicht Rechnung getragen hat, die Fiktion, daß er damit seine Zuständigkeit verneint bzw eine Sachentscheidung schlechthin verweigert habe.

Wenn der Verfassungsgerichtshof die Bejahung des Vorliegens eines negativen Kompetenzkonfliktes mit der Floskel verbindet, „auch bei einer solchen Fallkonstellation" liege ein solcher Kompetenzkonflikt vor, erweckt dies den Eindruck einer Leerformel. „Eine solche Fallkonstellation" sagt angesichts der Vielfalt der nach dem Geschilderten in Betracht zu ziehenden Fallkonstellationen gar nichts aus und läuft im Ergebnis darauf hinaus, daß ein negativer Kompetenzkonflikt in Wahrheit dann vorliegt, wenn dies vom Verfassungsgerichtshof gewollt wird.

IV. Rechtspolitische Überlegungen

Es muß freilich anerkannt werden, daß die nach der hier vertretenen Auffassung unzutreffende Rechtsprechung des Verfassungsgerichtshofes im großen und ganzen aus der Warte des Rechtsschutzsuchenden zu begrüßen ist. Es war ja in der Tat unerfreulich, daß ein Bescheidadressat keine Sachentscheidung über seine Bekämpfung des Bescheides – zumindest von seiten eines der beiden Gerichtshöfe – erhielt, ohne daß ihm ein Fehler in der Formulierung seiner Beschwerden unterlaufen wäre. Es war umso unerfreulicher, als es sich bei den vorliegenden Sachverhalten keineswegs um Bagatellsachen handelte, wie etwa Verwaltungsstrafsachen, in denen nur eine geringe Geldstrafe verhängt wurde[14]. Davon kann bei einer Entscheidung über die Wirksamkeit einer Zivildiensterklärung und damit über die Befreiung von der Wehrpflicht, über die Rechtmäßigkeit einer Festnahme oder über die Anerkennung einer Religionsgesellschaft nicht gesprochen werden. In diesen Fällen kann man mit dem Ergebnis der Rechtsprechung des Verfassungsgerichtshofes durchaus leben. Es ist auch verständlich, wenn diese Rechtsprechung aus der Sicht der Rechtsanwälte begrüßt wird[15].

---

14 Wobei dort freilich wenigstens eine gerichtsähnliche Einrichtung – ein unabhängiger Verwaltungssenat – entschieden haben muß.

15 ARNOLD, Entscheidungsbesprechung 6142 in AnwBl 1996/3, 193.

Das Gesagte gilt aber dort nicht, wo keinerlei Verbesserung des Rechtsschutzes bewirkt wird. Ob eine trotz eines ergangenen Verbesserungsauftrages fehlerhaft formulierte Beschwerde zurückgewiesen oder ob diesfalls das Beschwerdeverfahren eingestellt wird, bringt dem Beschwerdeführer überhaupt nichts. Die Annahme eines negativen Kompetenzkonfliktes, der einerseits durch die Ablehnung der Behandlung einer Beschwerde, andererseits aber durch die Zurückweisung der Beschwerde statt der Einstellung des Beschwerdeverfahrens begründet wurde, mit der Konsequenz der Aufhebung des zurückweisenden Beschlusses, trägt den leichten Geruch des Besserwissens und des Ausdruckes einer Überlegenheit des eigenen Gerichtes gegenüber anderen Gerichten.

In diesem Zusammenhang fällt auch auf, daß der Verfassungsgerichtshof – was den Umgang mit mit Mängeln behafteten Beschwerden anlangt – durchaus nicht außerhalb des sprichwörtlichen Glashauses sitzt und geneigt ist, an sich und an andere Gerichte zweierlei Maß anzulegen. Unter dem Aspekt des § 15 Abs 2 VfGG sieht er mangelhaft formulierte Beschwerden als mit nicht verbesserbaren Mängeln behaftet an und weist sie zurück[16].

Wenn der Verfassungsgerichtshof schließlich in seiner Entscheidung betreffend die Zivildiensterklärungen meint, es könne dem Verfassungsgesetzgeber nicht zugesonnen werden, „eine Verfassungslücke in Kauf genommen zu haben", welche es im Einzelfall ermögliche, daß kein Rechtsschutz gewährt wird, vermag dies im gegebenen Zusammenhang nicht zu überzeugen. Der Verfassungsgesetzgeber hat es im Gegenteil zum Nachteil der Qualität des Rechtsschutzsystems in Kauf genommen, daß Rechtsprechungsdivergenzen zwischen den drei herkömmlicherweise als Höchstgerichte bezeichneten Gerichten entstehen und mangels Änderung der Rechtsprechung durch zumindest eines dieser Gerichte auch bestehen bleiben. Er hat damit auch solcherart begründete Rechtsschutzdefizite in Kauf genommen und keine Instanz geschaffen, vor der Rechtsprechungsdivergenzen ausgetragen werden können. Wenn diese Problematik ganz allgemein ungelöst blieb, so kann es dem Verfassungsgesetzgeber in bezug auf den Teilaspekt einer Judikaturdivergenz in Ansehung von Zuständigkeitsnormen durchaus zugesonnen werden, die in Rede stehende Verfassungslücke in Kauf genommen zu haben.

Um Divergenzen – und nicht um Kompetenzkonflikte – geht es in den vorliegenden Fällen. In den meisten Fällen handelt es sich um unter-

16 Etwa bei Beantragung der Feststellung einer durch den angefochtenen Bescheid bewirkten Verletzung eines verfassungsgesetzlich gewährleisteten Rechtes statt dessen Aufhebung (Beschluß vom 27. November 1990, B 1039/90) oder bei Beantragung der Aufhebung einer bei Erlassung des angefochtenen Bescheides angewendeten Gesetzesstelle verbunden mit einem Abtretungsantrag (Beschluß vom 30. November 1992, B 1737/92).

schiedliche Beurteilungen der Zuständigkeit der Gerichtshöfe des öffentlichen Rechts im Lichte des Art 133 Z 1 B-VG, wonach der Verwaltungsgerichtshof „in Angelegenheiten, die zur Zuständigkeit des Verfassungsgerichtshofes gehören." unzuständig ist. So vertrat der Verwaltungsgerichtshof die Auffassung, eine solche Angelegenheit läge vor, wenn in einer Beschwerde ausschließlich vom Verfassungsgerichtshof im Sinne des Art 144 Abs 1 B-VG wahrzunehmende Rechtsverletzungen behauptet werden. Dem Verfasser klingt noch von der Universität und seiner anschließenden Dienstzeit im Präsidium des Verfassungsgerichtshofes in den Ohren, daß die Zuständigkeit des Verfassungsgerichtshofes durch die Behauptung des Beschwerdeführers einer qualifizierten Rechtsverletzung im Sinne des Art 144 Abs 1 B-VG begründet wird[17]. So war auch die langjährige Rechtsprechung des Verfassungsgerichtshofes[18], so war es auch immer Praxis des Verwaltungsgerichtshofes: Die Abgrenzung der Zuständigkeit der Gerichtshöfe des öffentlichen Rechts zur Entscheidung über Bescheidbeschwerden erfolgt in der Hauptsache durch die Behauptung der Rechtsverletzung gemäß § 82 Abs 2 erster Satz VfGG und § 28 Abs 1 Z 4 VwGG. Wird in einer Verfassungsgerichtshofbeschwerde nur die Verletzung einfachgesetzlich gewährleisteter Rechte behauptet oder in einer Verwaltungsgerichtshofbeschwerde nur die Verletzung verfassungsgesetzlich gewährleisteter Rechte, so führte dies immer zur Unzuständigkeit des jeweils angerufenen Gerichtes.

Plötzlich stellt es aber einen Formmangel dar, wenn in einer Verwaltungsgerichtshofbeschwerde nur Rechtsverletzungen im Sinne des Art 144 Abs 1 B-VG geltend gemacht werden. Zur Verbesserung dieses Formmangels ist der Beschwerdeführer gemäß § 34 Abs 2 VwGG aufzufordern. Dieser Mangel ist nicht verbessert, wenn der Beschwerdeführer von seiner beanstandeten Behauptung nicht abgeht. Der Verfassungsgerichtshof sieht es freilich seinerseits als nicht verbesserbaren Inhaltsmangel an, wenn in an ihn gerichteten Beschwerden derartige Behauptungsmängel vorkommen.

V. Schlußbemerkung

Dies mußte ich mir von der Seele schreiben. Daß ich es in der WINKLER-Festschrift mache, ist nicht nur durch die zeitliche Nähe von Bekanntwerden der besprochenen Judikatur und Ablieferungstermin des

---

17 Vor allem aus dem Munde des Universitätslehrers und Gerichtspräsidenten WALTER ANTONIOLLI.

18 So etwa VfSlg 3490/1959.

Beitragsmanuskriptes bedingt. Es findet auch seine Rechtfertigung in dem Umstand, daß sich der Jubilar maßgeblich zur Gerichtsbarkeit des öffentlichen Rechts literarisch geäußert hat[19]. Es ist auch insofern hier nicht fehl am Platz, weil es sich der Jubilar – hat ihm etwas nicht gepaßt – dazu auch geäußert hat, wobei er stets einen ausgewogenen Mittelweg zwischen keinerlei Konfliktscheu verratender Direktheit und maßhaltendem Abwägen von für und wider an den Tag gelegt hat. Ich hoffe, auch mir ist dies halbwegs gelungen.

Gelingen möge auch der Versuch, dem Beispiel des Jubilars folgend Juristisches gereimt abzuschließen[20] – wobei mir PALMSTRÖM beistehen möge.

BERNARD – auch schon in den Jahren –
ward an seinem Arbeitstische
in passabler Geistesfrische
von der Erkenntnis überfahren:
Die Frage nach dem Höchstgericht
war so unberechtigt nicht.
Es kann sich – mußte er erkennen –
auch eines dazu selbst ernennen!

(abgeschlossen im August 1996)

---

19 Die Entscheidungsbefugnis des österreichischen Verwaltungsgerichtshofes im Lichte der Gewaltentrennung, in: Staatsbürger und Staatsgewalt (Karlsruhe 1963) Bd 1, 279 ff; Der gerichtliche Rechtsschutz des Einzelnen gegenüber der vollziehenden Gewalt in Österreich, in: Gerichtsschutz gegen die Exekutive (Köln ua 1969) Bd 2, 836 ff.

20 Zeit und Recht (Wien/New York 1995).

Johannes Bric

Die Rechtsstellung internationaler Vereine

I. Einleitung

Vereine können über den Bereich eines Staates hinaus international tätig sein. Ihrem internationalen Zweck gemäß können sie den staatlichen Bereich in räumlicher und (oder) in persönlicher Hinsicht (Staatsangehörigkeit der Mitglieder) überschreiten. Eine internationale Tätigkeit von Vereinen wirft zunächst die Frage nach den möglichen Formen und nach den innerstaatlichen und völkerrechtlichen Rechtsgrundlagen ihrer *organisatorischen Institutionalisierung* auf. Vereine sind verbandlich organisierte juristische Personen. Sie haben (privatrechtliche) Rechtspersönlichkeit. Für internationale Vereine stellt sich daher insbesondere die Frage nach den rechtlichen Voraussetzungen und Regeln für den Erwerb ihrer Rechtspersönlichkeit. Daran schließt unter Bedachtnahme auf die nicht nur als Staatsbürgerrecht, sondern auch als Menschenrecht gewährleistete *Vereinsfreiheit* die Frage nach den Voraussetzungen und Grenzen der *staatlichen Aufsicht über die Gründung und die Tätigkeit* internationaler Vereine an. Dabei ist zwischen der allgemeinen Staatsaufsicht über Vereine und dem sonstigen „Fremdenrecht" internationaler Vereine zu unterscheiden. Die folgende Studie dient einer grundsätzlichen Orientierung zu diesen Fragen.

II. Die Rechtspersönlichkeit internationaler Vereine

1. Internationales Privatrecht

Nach § 12 des österreichischen IPRG[1] sind die Rechts- und Handlungsfähigkeit einer Person nach deren Personalstatut zu beurteilen. Für *juristische* Personen bedeutet „Rechts- und Handlungsfähigkeit" nicht nur die Fragen der Entstehung und des Untergangs ihrer „äußeren" Rechtsfähigkeit, sondern auch sämtliche Fragen ihrer „inneren" Organisation[2]. Das Personalstatut einer juristischen Person ist gemäß § 10

[1] BGBl 304/1978.

[2] Vgl Schwimann, Grundriß des internationalen Privatrechts (1982) 81 ff (83 f); *derselbe*, Internationales Privatrecht (1993) 43; Schwind, Internationales Privatrecht (1990) 104 f.

IPRG das Recht des Staates, in dem der Rechtsträger „den tatsächlichen Sitz seiner Hauptverwaltung" hat. Dieser Vorschrift liegt die im Verweisungsrecht des kontinentaleuropäischen Raumes herrschende Sitztheorie zugrunde, im Unterschied zu der für den angelsächsischen Raum kennzeichnenden Gründungstheorie[3]. Es kommt danach nicht auf das Recht der (formellen) Gründung an, sondern auf die tatsächliche Nahebeziehung zu einem Staat. In diesem Sinn wird nicht auf den satzungsmäßigen Sitz, sondern auf den tatsächlichen Sitz der Hauptverwaltung abgestellt.

Das internationale Privatrecht verweist für die Rechts- und Handlungsfähigkeit der juristischen Person auf das jeweils anwendbare innerstaatliche Recht. Ein Verein erlangt demgemäß durch die Unterwerfung unter die Vorschriften des Rechts eines Staates Rechtspersönlichkeit. Die Grundlage für die Rechtsfähigkeit von Vereinen in Österreich ist § 26 ABGB. Danach werden die „erlaubten Gesellschaften" im Außenverhältnis den natürlichen Personen grundsätzlich gleichgestellt. „Unerlaubt" und damit rechtsunfähig sind jene Gesellschaften, die nach den „politischen Gesetzen insbesondere verboten" werden oder die „offenbar der Sicherheit, öffentlichen Ordnung oder den guten Sitten widerstreiten". Zu den politischen Gesetzen im Sinn dieser Bestimmung zählt vor allem das VereinsG[4]. Dem VereinsG sind alle Vereine im Sinn des allgemeinen verfassungsrechtlichen Vereinsbegriffs unterworfen, die aufgrund ihres Zwecks nicht durch besondere Assoziationsgesetze, wie insbesondere für wirtschaftliche Vereine, erfaßt sind. Der Regelungszweck des VereinsG ist im wesentlichen eine polizeiliche Ordnungsaufsicht im öffentlichen Interesse. Das öffentliche Vereinsrecht überlagert als „politisches Recht" das private Vereinsrecht. Es bildet dafür einen zwingenden Rahmen. In diesem Sinn unterliegen bereits die privatautonomen Akte der Vereinsgründung (Anzeigepflicht und behördliche Untersagungsmöglichkeit), aber auch die nachfolgenden Vereinstätigkeiten der vereinspolizeilichen Kontrolle.

Trotz langdauernder internationaler Bemühungen um die Schaffung einer *völkerrechtlichen Grundlage* für die Rechtspersönlichkeit internationaler Vereine gibt es bis heute keine völkerrechtliche Vereinbarung, nach der die Rechtspersönlichkeit internationaler Vereine für die Staaten allgemein verbindlich geregelt und unmittelbar, dh ohne Vermittlung durch staatliches Recht anerkannt wäre[5]. Daher können internationale

---

[3] Siehe dazu eingehend Grossfeld, Internationales Unternehmensrecht (1986) 20 ff.

[4] VereinsG 1951, Wv des VereinsG 1867, BGBl 233/1951 idF 257/1993.

[5] Das Rechtsstatut internationaler ideeller Vereine hat die Praxis und Lehre seit Beginn dieses Jahrhunderts bis heute beschäftigt. Zu den Initiativen zur Schaffung eines interna-

Vereine nur durch die Unterwerfung unter das nationale Recht eines Staates Rechtspersönlichkeit *als Verein im Hoheitsbereich dieses Staates* erlangen. Diese Vereine sind dem staatlichen Recht sowohl in ihrer Gründung und in ihrem Bestand, als auch in ihrer Tätigkeit unterworfen. Sie sind von der „Anerkennung" im innerstaatlichen Bereich abhängig[6]. Internationale ideelle Vereine können zwar unter bestimmten Voraussetzungen einen Konsultativstatus (Beraterstatuts) oder Beobachterstatus bei internationalen staatlichen Organisationen, wie zB UN, UNESCO, EuR und EG, erlangen. Sie werden auf diese Weise zu qualifizierten internationalen Vereinen[7]. Wenngleich diese Vereine erheblichen Anteil an der Erfüllung (materiell) international-öffentlicher Aufgaben haben, begründet ein solcher Status aber weder ihre Völkerrechtssubjektivität noch ihre Rechtspersönlichkeit.

Für die Institutionalisierung internationaler Vereine sind daher grundsätzlich folgende Möglichkeiten zu unterscheiden: Der „Verein" als Ganzes ist ein bloß faktisches Gebilde; oder der Verein besteht aus mehreren Zweigvereinen in verschiedenen Ländern mit Rechtspersönlichkeit nach dem jeweiligen nationalen Recht, die in einem vertragsmäßigen oder faktischen Dachverband ohne Rechtspersönlichkeit verbunden sind. Ein nationaler Verein kann schließlich als organisatorisch übergeordneter, „unechter" Dachverband mehrerer in anderen Ländern bestehender selbständiger Vereine fungieren[8]. Der internationale Charakter eines Vereines

---

tionalen Statuts für internationale Vereine durch die Union des Associations Internationales (Congrès Mondial des Associations Internationales), das Institut de Droit International und die Internationale Handelskammer siehe SCHRAG, Internationale Idealvereine (1936) 194, 202 ff und v. HECKE, Rechtspersönlichkeit für internationale Idealvereine?, FS Seidl-Hohenveldern (1988) 629 (629).

6 Aus diesem Grund haben sich zahlreiche internationale (verbandsähnliche) Vereinigungen – zur Wahrung ihres „mondialen" Charakters – keiner nationalen Rechtsordnung unterworfen. Vgl bereits die grundsätzliche Unterscheidung von BERNATZIK zwischen den Begriffen „Gemeinwesen" und „juristische Person", bezogen auf internationale Verbände. Danach kann ein internationaler Verband in mehreren Staaten als juristische Person anerkannt sein. Er bildet eine Mehrheit von Personen und dennoch ein einziges Gemeinwesen mit einem gemeinsamen Zweck und einer einheitlichen Willensorganisation; dies selbst dann, wenn es in verschiedenen Staaten als Person nicht anerkannt oder sogar verboten wäre. (Kritische Studien über den Begriff der juristischen Person und über die juristische Persönlichkeit der Behörden insbesondere, AÖR 1890, 169; Neuauflage 1996, 60).

7 Zum völkerrechtlichen Begriff der internationalen nicht-staatlichen Organisation (INGO) siehe NEUHOLD/HUMMER/SCHREUER, Österreichisches Handbuch des Völkerrechts I[2] (1991) 211 f; 212 f zur Bedeutung und historischen Entwicklung der INGOs sowie zu den hervorragenden Beispielen *Amnesty International*, *Greenpeace* und *Internationales Olympisches Komitee;* siehe aber auch 214 ff zu internationalen Kirchen und Religionsgemeinschaften, Arbeitgeber- und Arbeitnehmerorganisationen und Parteienverbänden. Vgl auch SEIDL-HOHENVELDERN, Völkerrecht[8] (1994) 205.

8 Siehe dazu bereits die zahlreichen Beispiele bei SCHRAG, Internationale Idealvereine, 42 ff; HECKE, Rechtspersönlichkeit, 631 ff. Die Umweltschutzorganisation *Greenpeace* be-

kann sich aber auch aus einer nicht auf diese Weise institutionalisierten bloßen Tätigkeit (auch) im Ausland oder aus einer Mitgliedschaft (auch, nur oder überwiegend) von Ausländern ergeben. All diese Sachverhalte bereiten verschiedene innerstaatliche und völkerrechtliche Ordnungsprobleme.

2. Das Europäische Übereinkommen über die Anerkennung der Rechtspersönlichkeit internationaler nichtstaatlicher Organisationen

Im Jahr 1986 wurde im Rahmen des Europarates das *Europäische Übereinkommen über die Anerkennung der Rechtspersönlichkeit internationaler nichtstaatlicher Organisationen* getroffen, dem im Jahr 1992 auch Österreich beigetreten ist[9]. Dieses Übereinkommen ist nach Art I auf Vereine, Stiftungen und andere private Einrichtungen („NGOs") unter den Voraussetzungen anzuwenden, daß sie einen nicht auf Gewinn gerichteten Zweck von internationalem Nutzen verfolgen (lit a), daß sie durch eine Rechtshandlung errichtet worden sind, die auf dem innerstaatlichen Recht einer Vertragspartei beruht (lit b), daß sie eine Tätigkeit ausüben, die sich in mindestens zwei Staaten auswirkt (lit c) und daß sie ihren satzungsmäßigen Sitz im Hoheitsgebiet einer Vertragspartei und ihren Verwaltungssitz im Hoheitsgebiet dieser oder einer anderen Vertragspartei haben. Nach Art II werden die Rechtspersönlichkeit und die Rechtsfähigkeit einer NGO, wie sie in der Vertragspartei erworben wurden, in der sie ihren satzungsmäßigen Sitz hat, in den anderen Vertragsstaaten von Rechts wegen anerkannt.

In der Präambel werden allgemein die Ziele des Übereinkommens erklärt und der internationale ideelle Zweck der begünstigten Organisationen spezifiziert: „... In der Erwägung, daß es das Ziel des Europarates ist, eine engere Verbindung zwischen seinen Mitgliedern herbeizuführen, um insbesondere die Ideale und Grundsätze, die ihr gemeinsames Erbe sind,

---

steht zB aus nationalen Zweigvereinen in 24 Staaten, die in einem internationalen Dachverband mit Sitz in Amsterdam zusammengefaßt sind. Der Dachverband hat als Organe einen (internationalen) Aufsichtsrat, einen (internationalen) Vorstand und eine (internationale) Geschäftsführung. Dem Aufsichtsrat gehören Delegierte der nationalen Zweigvereine an. Die Ressorts der Organe sind Kampagnen, Kommunikation, Organisationsentwicklung und Verwaltung. Das *Institut des Droit International* etwa hat im Unterschied dazu die Rechtsform einer Stiftung nach Schweizerischem Recht. Die *Mèdecins sans Frontières,* die *Fèdèration Internationale des Echecs* und die *Union Cycliste Internationale* haben sich keinem nationalen Recht unterworfen.

9 BGBl 404/1992. Das Übereinkommen wurde am 24. 4. 1986 von Österreich gemeinsam mit Belgien, Griechenland, der Schweiz, Großbritannien und Portugal unter dem Vorbehalt der Ratifikation unterzeichnet. Das Übereinkommen ist am 1. Jänner 1991 in Kraft getreten, vier Staaten hatten es bis zum Zeitpunkt der Ratifikation Österreichs bereits ratifiziert.

zu wahren und zu fördern; In der Erkenntnis, daß internationale nichtstaatliche Organisationen für die Völkergemeinschaft wertvolle Arbeit leisten, insbesondere auf dem Gebiet der Wissenschaft, Kultur, Wohltätigkeit, Philantropie, Gesundheit und Bildung, und daß sie zur Verwirklichung der Ziele und Grundsätze der Satzung der Vereinten Nationen und der Satzung des Europarates beitragen; In dem Wunsch, in ihren gegenseitigen Beziehungen Regeln aufzustellen, welche die Voraussetzungen für die Anerkennung der Rechtspersönlichkeit dieser Organisationen festlegen, um ihre Tätigkeit auf europäischer Ebene zu erleichtern …".

Näher wird in den Materialien dazu ausgeführt: „Die Anzahl internationaler nichtstaatlicher Organisationen (NGOs) hat seit 1945 sprunghaft zugenommen. Dem internationalen Charakter ihrer Ziele entsprechend betreiben diese Organisationen ihre Aktivitäten, im Unterschied zu Vereinen und sonstigen auf einen Staat beschränkten Institutionen, in mehreren Ländern. In der Frage, ob sich die Rechtspersönlichkeit einer internationalen nichtstaatlichen Organisation, die sie in jenem Staat genießt, nach dessen Recht sie sich konstituiert hat, auf andere Staaten, in denen sie tätig ist, erstreckt, besteht eine gewisse Rechtsunsicherheit, unter welchen Voraussetzungen solche Organisationen auch in anderen Staaten als dem ihrer Gründung Träger von Rechten und Pflichten sein können. Auf Grund dieser Rechtsunsicherheit können solchen Organisationen daher bei der Durchführung ihrer ‚transnationalen' Aktivitäten erhebliche Schwierigkeiten erwachsen."[10]

Durch dieses Übereinkommen ist eine völkerrechtlich verbindliche Vereinbarung über die innerstaatliche Anerkennung der Rechtspersönlichkeit für internationale juristische Personen des Privatrechts getroffen worden. Vor allem sind (ideelle) Vereine als Personenmehrheiten erfaßt, aber auch sonstige (insbesondere vorwiegend vermögensmäßig ausgestaltete) privatrechtliche Institutionen mit entsprechender Zweckbestimmung[11].

---

10 EB zur RV, 348 BlgNR XVIII. GP, 8. Die „Rechtsunsicherheit" im Sinn dieser Ausführungen bezieht sich nicht nur auf die Frage des Status im Ausland errichteter Vereine nach dem internationalen Privatrecht, sondern auch darauf, ob ihre Rechtspersönlichkeit im Inland an die Einhaltung öffentlich-rechtlicher Ordnungsvorschriften (Vereinsaufsicht) gebunden ist.

11 Das Übereinkommen geht von einem den Mitgliedstaaten gemeinsamen, allgemeinen Begriff des Vereines aus (vgl EB zur RV, 8). Während darüber hinaus die Stiftung ausdrücklich erwähnt wird, sind Fonds und Anstalten nicht erfaßt. Der Ausdruck „andere private Institutionen" soll (vgl EB zur RV, 9) nur jene Institutionen miteinschließen, die in manchen Staaten einem Sonderassoziationsrecht unterworfen sind, aber grundsätzlich ähnliche Strukturen und Ziele wie Vereine haben (zB Gewerkschaften, religiöse Vereine, Versicherungsgesellschaften auf Gegenseitigkeit). – Die Abgrenzung des Vereines mit dem für ihn kennzeichnenden gemeinsamen Wirken mehrerer Personen (Mitgliedschaft) von anstaltlichen Einrichtungen kann freilich schwierig sein.

Der Zweck dieser Organisationen muß „von internationalem Nutzen“ sein. Die Aufzählung bestimmter typisch ideeller Tätigkeiten in der Präambel ist nur beispielhaft. Ihre enge Fassung deutet aber darauf hin, daß nicht jede nicht gewinngerichtete internationale Tätigkeit genügt. Der „internationale Nutzen“ ist nicht bloß die Komplementärgröße zur Ausrichtung auf Gewinn. Fraglich ist demnach insbesondere, ob internationale Parteienverbände, Verbände zur Verfolgung *partikulärer* beruflicher Interessen und religiöse Vereinigungen generell ausgeschlossen sind oder ob es auf den Wert ihrer Tätigkeit im Einzelfall ankommt. Die Satzungen der Vereinten Nationen und des Europarates bieten einen Orientierungsmaßstab. Kriminelle und gesetzwidrige Organisationen sind selbstredend nicht geschützt. Im Hinblick auf das Kriterium der Gewinnabsicht stellen sich ähnlich schwierige Abgrenzungsfragen wie im österreichischen Vereinsrecht für die Bestimmung des nicht „auf Gewinn berechneten“ Vereines im Sinn des VereinsG[12].

Für die Rechtspersönlichkeit wird im Übereinkommen am Erfordernis der Unterwerfung unter das Recht eines Staates grundsätzlich festgehalten. Bemerkenswert ist dabei aber die eingeräumte *Freiheit der Wahl des satzungsmäßigen Sitzes*, unabhängig vom tatsächlichen Sitz. Dadurch soll der Wunsch der NGO, einem bestimmten Rechtssystem zu unterstehen, respektiert und ein Bruch in der Kontinuität der Rechtspersönlichkeit infolge Sitzverlegung in einen anderen Staat (zB der neugewählte Präsident oder Generalsekretär hat seinen Wohnsitz in einem anderen Staat) vermieden werden[13].

Das Übereinkommen räumt nach seinem erkennbaren Zweck der NGO ein *subjektives Recht* auf Anerkennung ein, wenn sie die materiellen Voraussetzungen dafür erfüllt. Die Rechtspersönlichkeit der NGO wird darüber hinaus im Sitzstaat unmittelbar ex contractu anerkannt. Das Übereinkommen ist innerstaatlich unmittelbar anwendbar[14]. Ein beson-

---

12 Siehe dazu die Untersuchungen von Aicher und Korinek, in: Korinek/Krejci (Hrsg), Der Verein als Unternehmer (1988). Für *wirtschaftliche* Vereinigungen ist im Europarecht mit der Europäischen Wirtschaftlichen Interessenvereinigung (EVIV) die erste echte supranationale Gesellschaftsform geschaffen worden (VO NR 2137/1985, ABlEG NR L 199, 31. 1. 1984, 1). Sie dient schon definitionsgemäß der *grenzüberschreitenden* wirtschaftlichen Kooperation ihrer Mitglieder. Die Gründung einer EWIV ist gleichwohl an die Unterwerfung unter die innerstaatlichen Ausführungsvorschriften des Sitzstaates gebunden (Registrierung). Nach Art 12 der EWIV-VO ist als Sitz (innerhalb der Gemeinschaft) der Ort der Hauptverwaltung zu bestimmen oder der Ort, an dem eines der Mitglieder seine Hauptverwaltung hat (bzw eine natürliche Person ihre Haupttätigkeit ausübt), sofern die Vereinigung dort tatsächlich eine Tätigkeit ausübt. Die Art 13 f regeln die Sitzverlegung innerhalb der Gemeinschaft.

13 Vgl EB zur RV, 9.

14 Vgl EB zur RV, 8. Das Übereinkommen ist gesetzesändernd und gesetzesergänzend, nicht aber verfassungsändernd oder verfassungsergänzend. Es bedurfte daher der Geneh-

deres innerstaatliches Verfahren zur (konstitutiven) Anerkennung ist nicht vorgesehen und auch nicht zulässig. Art 3 Abs 1 regelt in diesem Sinn für die Vornahme von Rechtsakten und Rechtshandlungen den (bloßen) Nachweis des Erwerbs der Rechtspersönlichkeit durch behördliche Urkunden[15]. Dabei wird auf die verschiedenen Gründungssysteme der Vertragsstaaten für juristische Personen Bedacht genommen wird (freie Vereinsbildung, Genehmigungs- oder Registrierungssystem)[16]. Abs 2 sieht jedoch zur Erleichterung des Nachweises fakultativ eine innerstaatlich generell-abstrakt verbindliche „Bekanntmachung" der Rechtspersönlichkeit vor. Der Nachweis durch ausländische Urkunden bezieht sich nach dem Text der Bestimmung nur auf den Erwerb der Rechtspersönlichkeit. Das Vorliegen der sonstigen materiellen Anerkennungsvoraussetzungen muß daher von jeder Behörde des anerkennenden Staates inzidenter geprüft werden. Für eine allgemein verbindliche Feststellung des Vorliegens der sonstigen Anerkennungsvoraussetzungen durch eine österreichische Behörde fehlt es an einer gesetzlichen Grundlage[17]. Auf der anderen Seite ist der anerkennende Staat an eine allfällige Feststellung des Vorliegens

---

migung des NR nach Art 50 Abs 1 B-VG. Darüber hinaus wurde die Zustimmung des BR erteilt, weil „die Anerkennung bestimmter internationaler Organisationen ... auch den selbständigen Wirkungsbereich der Länder berühren kann" (EB zur RV, 8; AB 408 BlgNR XVIII. GP.) Eine nähere Begründung dafür ist den Materialien nicht zu entnehmen. Die Frage der Rechtspersönlichkeit ist grundsätzlich der Bundessache „Zivilrechtswesen" nach Art 10 Abs 1 Z 6 B-VG zugeordnet. Die bundesgesetzliche Bindung der Rechtspersönlichkeit der Vereine an ihre Gesetzmäßigkeit auch nach dem Landesrecht (vgl die dynamischen Verweise im § 26 ABGB und im § 6 VereinsG) begründet keine Landeszuständigkeit in der Frage der Rechtspersönlichkeit. Selbst Art 15 Abs 9 B-VG kann sich nur auf einzelne Rechte und Pflichten von Vereinen, nicht aber auf ihre Rechtspersönlichkeit beziehen. Daher verbleibt nur die Landeszuständigkeit nach Art 10 Abs 1 Z 13 für Stiftungen, die nach ihren Zwecken nicht über den Interessenbereich eines Landes hinausgehen oder die schon bisher von den Ländern autonom verwaltet wurden.

15 Die Kontrolle durch den anderen Staat als den Staat des satzungsmäßigen Sitzes beschränkt sich darauf, ob die entsprechenden Beweismittel vorgelegt wurden. Der andere Staat muß (darf) nicht kontrollieren, ob die Rechtspersönlichkeit nach den Vorschriften des Sitzstaates *rechtmäßig* erworben wurde (vgl EB zur RV, 10). Die Echtheit der Beweismittel ist zu prüfen.

16 Österreich hat gem Art 3 Abs 1 des Übereinkommens bei Hinterlegung seiner Ratifikationsurkunde dem Generalsekretär des ER *Mitteilung* gemacht, daß das BMI [als oberste Behörde in Vereinsangelegenheiten] die für die Ausstellung der behördlichen Bestandsbestätigung zuständige innerstaatliche Behörde ist (EB zur RV, 10). Diese Mitteilung ist die Erfüllung einer ausdrücklichen Vertragspflicht. Daher bedurfte es keiner eigenen innerstaatlichen Zuständigkeitsvorschrift. (Für den „Normalfall" einer behördlichen Bestandsbescheinigung nach § 9 VereinsG wäre der Sicherheitsdirektor zuständig. Die Bescheinigung nach § 9 ist kein Bescheid, sondern bloß eine Bescheinigung über die vom vereins*polizeilichen* Standpunkt aus gegebene Existenz des Vereines, die – im Unterschied zu dem nach dem Übereinkommen vorgesehenen bindenden Nachweis – widerlegbar ist.)

17 Art 3 Abs 3 des Übereinkommens ermöglicht, aber begründet nicht die Zuständigkeit einer innerstaatlichen Behörde.

der Anerkennungsvoraussetzungen durch den Staat der Gründung nicht gebunden.

Gegenstand der Anerkennung ist die Rechtspersönlichkeit und Rechtsfähigkeit der Organisationen „als solche". Rechtspersönlichkeit und Rechtsfähigkeit werden nach dem Recht des Gründungsstaates bestimmt. Die Anerkennung hindert nicht zu Beschränkungen der *Ausübung* einzelner Rechte, die sich aus der Rechtsfähigkeit nach dem Recht des anerkennenden Staates ergeben. „Einschränkungen, Beschränkungen oder besondere Verfahren" zur Ausübung dieser Rechte sind „im wesentlichen öffentlichen Interesse" zulässig (Art 2 Abs 2). Die anerkannten NGOs sind der allgemeinen Rechtsordnung des anerkennenden Staates unterworfen. In den Materialien wird als Beispiel auf grundverkehrsrechtliche Vorschriften hingewiesen[18].

Darüber hinaus legt Art 4 lit a) in Anlehnung an die grundrechtlichen Einschränkungstatbestände der Art 8 bis 11 EMRK *Grenzen für die Anwendbarkeit* des Abkommens fest. Es wird darauf abgestellt, ob die NGO nach ihren statutarischen oder tatsächlichen Zwecken oder Tätigkeiten bestimmten öffentlichen Interessen im Sinn der Art 8 bis 11 EMRK „zuwiderhandelt". Auf das für Grundrechtseingriffe nach den Art 8 bis 11 EMRK festgelegte Kriterium der Verhältnismäßigkeit („Notwendigkeit in einer demokratischen Gesellschaft") wird nicht ausdrücklich Bezug genommen. Dennoch ist auch hier eine Abwägung nach Art der grundrechtlichen Verhältnismäßigkeitsprüfung impliziert. Die genannten Einschränkungstatbestände kommen in ihrer Allgemeinheit einem Generalvorbehalt zugunsten des öffentlichen Interesses nahe. Ohne Abwägung käme es zu einer weitgehenden Einschränkbarkeit des Anwendungsbereichs des Abkommens, was im Hinblick auf die Anlehnung an die EMRK offenkundig nicht der Sinn dieser Vorschrift ist[19]. Die Tatbestände in lit b) derselben Bestimmung (Gefährdung der Beziehungen zu einem anderen Staat oder die Wahrung des Weltfriedens und der internationalen Sicherheit) nehmen besonders auf den internationalen Charakter der NGOs Bezug und haben zT überstaatliche Bedeutung. Sie ergeben sich bereits aus der Begriffsbestimmung der NGO als Organisation „von internationalem Nutzen" nach Art I.

---

18 EB zur RV, 9 f.

19 Die Art 8 bis 11 EMRK stammen aus dem Bereich des Menschenrechtsschutzes. Da es hier um die Anerkennung der (privatrechtlichen) Rechtspersönlichkeit geht, wäre auch die Bezugnahme auf die im internationalen Privatrecht übliche „ordre public"-Klausel nahegelegen. Die Bezugnahme auf die EMRK erklärt sich daraus, daß die Erlangung der Rechtspersönlichkeit mit der *menschenrechtlich* gewährleisteten Freiheit der Vereinsbildung eng verknüpt ist. Dabei ist aber zu beachten, daß das Übereinkommen eine über die Garantie der Freiheit der Vereinsbildung hinausgehende Erleichterung internationaler Vereinstätigkeit bedeutet.

Die Anerkennung eines im Ausland gebildeten Vereines im Sinn des Übereinkommens durch Österreich erübrigt nach dem erklärten Zweck des Übereinkommens seine nochmalige Bildung nach dem *österreichischen Privatrecht und Verwaltungsrecht* selbst dann, wenn der Verein seinen tatsächlichen Sitz in Österreich hat und in Österreich dauerhaft tätig ist (vgl die Anerkennungsvoraussetzungen nach Art I) und daher dem VereinsG unterworfen wäre. Regelungszweck des Übereinkommens ist zwar nur die Anerkennung der *Rechtspersönlichkeit* des Vereines. Die Anerkennung der Rechtspersönlichkeit ist aber an das öffentliche Interesse gebunden. Der Verein muß für die Anerkennung öffentliche Interessen sogar auf qualifizierte Weise fördern. Wenn diese Voraussetzung gegeben ist, ist der Verein ipso iure anerkannt. Insoweit ist durch das Übereinkommen der Anwendungsbereich des VereinsG eingeschränkt worden. Dabei stellt sich die Frage, ob der anerkannte Verein auch sonst von der staatlichen Aufsicht über *bestehende* Vereine ausgenommen ist. Im VereinsG wird auf die Vereine im Sinn des Übereinkommens nicht besonders Bezug genommen. Aus dem Prinzip der ipso iure Anerkennung ergibt sich jedenfalls, daß die anerkannten Vereine nicht vereinsbehördlich aufgelöst werden dürfen. Sie unterliegen auch in dieser Hinsicht der Rechtsordnung des anderen Staates.

Aus dem Übereinkommen ergeben sich dennoch keine zwingenden Anhaltspunkte dafür, daß die *Tätigkeit* der anerkannten Vereine keiner besonderen innerstaatlichen Vereinsaufsicht unterworfen werden darf. Art 2 Abs 2 erlaubt sogar ausdrücklich „Einschränkungen, Beschränkungen oder besondere Verfahren" der Ausübung der Rechte aus der Rechtspersönlichkeit, wenn sie im „wesentlichen öffentlichen Interesse" liegen. Durch das Übereinkommen wäre die Unterwerfung der anerkannten Vereine unter eine besondere innerstaatliche Ordnungsaufsicht im Interesse der Rechtssicherheit, wie zB durch förmliche *Feststellung* des Vorliegens bzw Nicht (mehr)-Vorliegens der Anerkennungsvoraussetzungen oder durch Publizitätsvorschriften (Anzeige vertretungsbefugter Organe; Anzeige von Statutenänderungen), nicht grundsätzlich ausgeschlossen, wenn die materiellen Garantien des Übereinkommens gewahrt sind. Im Hinblick auf die Unbestimmtheit der Tatbestände nach Art 4 lit a) wäre eine (materiell-rechtliche) innerstaatliche Umsetzung (Konkretisierung) sogar verfassungsrechtlich geboten[20].

---

20 Vgl ähnlich zur Pflicht des Gesetzgebers zur Konkretierung der grundrechtlichen Gesetzesvorbehalte Raschauer, Sind die Gesetzesvorbehalte für die Vollziehung unmittelbar anwendbares Recht?, ZfV 1988, 30; Wiederin, Nationalsozialistische Wiederbetätigung, Wahlrecht und Grenzen verfassungskonformer Auslegung, EuGRZ 1987, 137.

III. Die staatliche Aufsicht über internationale Vereine

1. Anwendbarkeit des VereinsG auf internationale Vereine – Inländischer Sitz und selbständige verbandliche Organisation

Im österreichischen VereinsG ist die öffentlich-rechtliche (polizeiliche) Aufsicht über die sogenannten „ideellen" Vereine geregelt. Nach § 1 VereinsG sind „Vereine" nach Maßgabe der Bestimmungen dieses Gesetzes gestattet. Das VereinsG und die verfassungsgesetzlichen Garantien der Vereinsfreiheit setzen die privatrechtliche Institution des Vereines voraus. Der Aufsicht nach dem VereinsG sind (nur) jene Personenvereinigungen unterworfen, die die wesentlichen Merkmale des (allgemeinen) Vereinsbegriffs aufweisen[21]. Auf der anderen Seite ist die Bildung eines Vereines an die Unterwerfung unter die Ordnungsvorschriften des VereinsG gebunden. Die Unterlassung der Anzeige der Bildung eines Vereines ist strafbar (§ 29 Abs 1 lit a und b). Im Hinblick auf internationale Personenvereinigungen in Österreich sind aus den wesentlichen Merkmalen des Vereinsbegriffs vor allem der Sitz, die verbandliche Organisationsstruktur einschließlich der organisatorischen und funktionellen Selbständigkeit sowie die Anlage auf eine dauerhafte Tätigkeit zu prüfen.

Die Bedeutung des Sitzes als örtlicher Bestimmungsgrund des Vereines wurde von der Lehre bislang nicht besonders hervorgehoben; sie ist aber evident. Der Sitz als Element des Vereinsbegriffs ergibt sich aus der Rechtspersönlichkeit des Vereines. Der Verein muß eine Geschlossenheit im Sinn einer ständigen Verwaltungsführung an einem bestimmten Ort aufweisen. Dementsprechend ist die Angabe des Sitzes in den Statuten gesetzlich zwingend vorgeschrieben (§ 4 Abs 2 lit b). Darüber hinaus verlangt § 12 die Bekanntgabe der Mitglieder des Leitungsorgans und ihrer Wohnanschrift. Diese Vorschriften sollen aus öffentlich-rechtlicher Sicht die Vereinsaufsicht im Sinn einer örtlichen Zuordnung der Vereine (auch im Hinblick auf die Behördenzuständigkeiten) ermöglichen, mittelbar bieten sie aber auch die Voraussetzungen für die Information des Rechtsverkehrs durch behördliche Auskünfte.

Der Sitz des Vereines muß im Inland liegen. Das gilt nicht nur für den satzungsmäßigen (formalen) Sitz, sondern auch für den tatsächlichen Sitz. Nach dem Erk des VfGH VfSlg 12.109/1989 geht die Rechtspersönlichkeit eines nach österreichischem Recht gegründeten Vereines mit satzungsmäßigem Sitz in Österreich ex lege unter, wenn er seinen tatsächli-

---

21 Zum Vereinsbegriff siehe die Analyse in Bric, Vereinsfreiheit. Eine rechtsdogmatische Untersuchung von Grundfragen des Vereinsrechts (1997; im Druck) und die dort angegebene Literatur.

chen Sitz ins Ausland verlegt[22]. Dieses Erk entspricht im Grundsatz der gesellschaftsrechtlichen Rspr und Lehre. Ein Beschluß auf Sitzverlegung ins Ausland wird danach für nichtig gehalten oder als Auflösungsbeschluß gedeutet, der zur Liquidation führt[23]. Die Verlegung des Sitzes einer Gesellschaft ins Ausland bewirkt nach hM nur dann nicht den Untergang der Gesellschaft, wenn der Fortbestand nach dem Recht *beider* Staaten vorgesehen ist[24]. Der VfGH begründet sein Erk rein formal mit der Unzuständigkeit inländischer Vereinsbehörden. Aus ihm wird der inländische Vereinssitz aber auch als wesentliches Element des Vereinsbegriffs deutlich sichtbar.

Der Verein ist eine juristische Person. Er muß die wesentlichen Merkmale einer verbandlichen Organisationsstruktur aufweisen. Das bedeutet auch, daß er auf eine (relative) Dauer angelegt sein muß. Für den Verein ist die fortgesetzte (dauerhafte) organisierte Tätigkeit zur Erreichung eines bestimmten Zwecks begriffswesentlich. Wenn daher ein internationaler Verein in Österreich nur vorübergehend tätig ist, etwa durch Abhaltung eines Kongresses, ist er dem VereinsG schon mangels Dauerhaftigkeit nicht unterworfen. Selbst dann, wenn er eine dauernde Niederlassung in Österreich hat, ist diese nur dann ein Verein in Österreich, wenn sie durch eine qualifizierte, statutarisch festgelegte rechtliche Organisation als *juristische Person* institutionalisiert ist[25]. Dafür muß nicht nur eine zur (vollen) rechtlichen Verselbständigung geeignete Organisation, sondern auch ein entsprechender Wille der Vereinsgründer vorliegen.

International tätige Vereine gehen häufig auf verschiedene Weise organisatorische und funktionelle Verbindungen ein: durch Einrichtung eines Dachverbandes, durch Bildung eines nationalen Hauptvereines mit Zweigvereinen in anderen Ländern oder durch vertragsmäßigen oder faktischen Vereinbarungen zwischen mehreren nationalen Vereinen. Diese gegenseitige Verbindung und Abhängigkeit ergibt sich aus dem auf internationales Wirken und internationale Zusammenarbeit gerichteten Zweck

---

22 Nach dem VfGH braucht der Verein nicht behördlich aufgelöst werden. Im Interesse der Rechtssicherheit ist mE auch bei Wegfall eines wesentlichen Merkmals des Vereinsbegriffs eine (ausnahmsweise bloß feststellend wirkende) behördliche Auflösung geboten.

23 Nachweise bei Kastner/Doralt/Nowotny, Grundriß des österreichischen Gesellschaftsrechts[5] (1990) 190 f (AG), 351 (GmbH).

24 Schwimann, Grundriß 82 Anm 9 mwN.

25 Im Gesellschaftsrecht zeigt sich die gleiche Problematik in der Abgrenzung der Tochtergesellschaft von der bloßen Zweigniederlassung ausländischer Kapitalgesellschaften. Die Tochtergesellschaft ist eine selbständige juristische Person. Die Zweigniederlassung ist in die Gesellschaft der Hauptgesellschaft organisatorisch eingegliedert. Nur in Einzelfragen wird die Zweigniederlassung durch gesetzliche Vorschriften wie eine selbständige juristische Person behandelt (Sie ist zB selbständig konkursfähig). In der Praxis wird idR eine Tochtergesellschaft gegründet (Kastner et al, Gesellschaftsrecht, 214, 367).

dieser Vereine. Der Verein ist als juristische Person grundsätzlich auf rechtliche Selbständigkeit angelegt. Diese rechtliche Selbständigkeit steht in einem Widerspruch zur vollen Abhängigkeit von äußeren rechtlichen Bindungen in der Organkreation und Aufgabenerfüllung. Für internationale Vereine stellt sich daher in besonderer Weise die grundsätzliche Frage nach den Grenzen zulässiger Selbstbindung der juristischen Person[26].

Die Frage nach der Selbständigkeit der Vereine betrifft zunächst den (privatrechtlichen) Vereinsbegriff und die Privatautonomie in Form der Verbandsautonomie. Sie berührt aus der Sicht (verallgemeinerter) privater Interessen den Mitgliederschutz (Mitbestimmung; „negative" Vereinsfreiheit) und den Schutz des Rechtsverkehrs. Die Selbständigkeit der Vereine ist aber auch im öffentlichen Recht insofern erheblich, als im Fall einer Abhängigkeit die Zurechenbarkeit des Handelns zum „Verein" in Frage gestellt ist. Bei internationalen Vereinen kommt hinzu, daß die Abhängigkeit über das Hoheitsgebiet eines Staates hinausreicht, für den Staat aber nur der abhängige Verein greifbar ist.

„Zweigvereine" unterliegen nach § 10 VereinsG wie Hauptvereine der Vereinsaufsicht. Zweigvereine stehen zwar in einem gewissen, in ihren Statuten festgelegten organisatorischen und funktionellen Abhänigkeitsverhältnis zum Hauptverein. Sie sind dennoch nicht nur (rechtlich unselbständige) organisatorische Untergliederungen des Hauptvereines, sondern selbständige juristische Personen. Der VfGH definiert in diesem Sinn im Erk VfSlg 881/1927 den Zweigverein als eine Ortsgruppe oder sonstige Untergliederung des Hauptvereines, die ihre Organe selbst bestellt, [funktionell] eine selbständige Versammlungstätigkeit ausübt und eine gewisse selbständige vermögenrechtliche Tätigkeit entfaltet. § 10 ist auch auf inländische „Zweigvereine" ausländischer „Hauptvereine" anwendbar. Der Zweigverein ist eine selbständige juristische Person in Österreich. Aus der Zweigvereinseigenschaft folgt aber auch, daß der Bestand des Zweigvereines in Österreich an den Bestand des ausländischen Vereines gebunden ist. Mit der Auflösung des Hauptvereines fällt die Bedingung des rechtlichen Bestands des Zweigvereines weg[27].

---

26 Grundsätzlich dazu Bydlinski, System und Prinzipien des Privatrechts (1995) 470. Zum wirtschaftlichen Konzern statt vieler Krejci, Gutachten 10 ÖJT, Bd I 1. Teil, Kap 3, 229 ff, 280 ff. Zu den Grenzen satzungsgemäßer Selbstbindung im Genossenschaftsverbund OGH 20. 4. 1991, 6 Ob 6/91; 24. 11. 1994, 6 Ob 31/92; Frotz, Ende des Genossenschaftsverbundes? ecolex 1991, 849 ff und Keinert, Genossenschaftsverbund und Genossenschaftsautonomie, ÖJZ 1992, 284 ff; vgl auch die Überlegungen zur Privatautonomie von Winkler, Rechtsfragen der Haltung von Liquiditätsreserven und Mindestreserven im sektoralen Verbund der Raiffeisenbanken, JBl 1993, 137, insb 163 f.

27 Vgl VfSlg 2117/1951, 1610/1948, 2100/1951 und 2656/1954 für Haupt- und Zweigvereine innerhalb Österreichs.

Ein nach den gesetzlichen Vorschriften eines anderen Staates errichteter Verein ist als ausländischer Verein auch in Österreich rechts- und handlungsfähig. Er kann in Österreich nicht nur faktisch tätig sein, sondern auch wirksam privatrechtliche und öffentlich-rechtliche Rechtsakte und Rechtshandlungen setzen. Nach der wegweisenden Entscheidung des OGH 12. 4. 1967, 6 Ob 83/67 richtet sich die Rechtspersönlichkeit ausländischer juristischer Personen nach dem *Personalstatut* des internationalen Verweisungsrechts. Die ausländische juristische Person bedarf keiner besonderen gesetzlichen Anerkennung nach inländischem *Sachrecht*, wie insbesondere nach § 26 ABGB. Der Anerkennung der Rechtspersönlichkeit ex lege sind nach internationalem Privatrecht nur durch den Vorbehalt des ordre public (schwerwiegende Verletzung öffentlicher Interessen) Schranken gesetzt. Die bloße Verschiedenartigkeit juristischer Personen nach unterschiedlichem staatlichen Recht schadet dabei nicht; in ihr zeigt sich sogar die Sinnhaftigkeit der Anwendung des fremden Rechts[28].

Ein ausländischer Verein kann in Österreich auch eine Niederlassung einrichten. Wenn er in Österreich jedoch nicht nur als ausländischer Verein tätig ist, sondern einen dauerhaften verbandlich organisierten (selbständigen) Zweigverein mit Sitz in Österreich gründet, der auch sämtliche sonstige Merkmale des Vereinsbegriffs aufweist, ist dieser dem VereinsG unterworfen. Auf der anderen Seite hat er unter diesen Voraussetzungen auch einen Rechtsanspruch auf Bildung als Verein in Österreich.

§ 10 VereinsG nimmt nicht nur auf die Bildung von Zweigvereinen, sondern auch auf „die Bildung von *Verbänden* mehrerer [Haupt]Vereine" Bezug. „Verband" im Sinn dieser Vorschrift bedeutet eine verbandlich organisierte juristische Person, die Vereine als Mitglieder hat. Vom VereinsG umfaßt sind nicht nur Verbände mehrerer in Österreich bestehender Vereine, sondern auch in Österreich ansässige Verbände (nur) ausländischer Vereine oder ausländischer und inländischer Vereine. Ein internationaler Verband nationaler Vereine ist daher unter den Voraussetzungen dem VereinsG unterworfen, daß er *in Österreich* mit einer *verbandlichen Organisation* gebildet wird. Wenn der Wille der Gründer nicht auf die Errichtung einer juristischen Person gerichtet ist, ist der Verband

---

28 Fessler/Keller, Österreichisches Vereinsrecht[7] (1990) 71, halten es für die Rechtsfähigkeit ausländischer Vereine in Österreich für erheblich, ob nach den Statuten des Vereines eine „Tätigkeit im Ausland vorgesehen" ist. Das Abstellen auf den statutenmäßigen Wirkungskreis entspricht der aus dem englischen Rechtsbereich stammenden ultra vires-Lehre. Diese ist in Österreich nach der hM aus Verkehrsschutzüberlegungen nicht anerkannt. Für den Bereich des *öffentlichen* Rechts könnte sie damit begründet werden, daß eine Überschreitung des statutenmäßigen Wirkungskreises nach dem Recht des Staates der Gründung im öffentlichen Publizitäts- und Ordnungsinteresse verboten ist (vgl § 24 VereinsG) und daher auch den öffentlichen Interessen des anderen Staates widerspricht.

trotz verbandsähnlicher (Innen)Strukturen von der Vereinsaufsicht als nicht (voll) rechtsfähige Personenvereinigung zu respektieren[29].

2. Räumliche Reichweite der Vereinsaufsicht

Trotz der territorialen Grenzen der Vereinsaufsicht dürfen Vereine über die Staatsgrenzen hinweg tätig werden. Die Tätigkeit von Vereinen im Ausland ist öffentlich-rechtlich nicht grundsätzlich verboten. Sie ist sogar durch die Vereinsfreiheit geschützt. Ein inländischer Verein darf auch gemeinsam mit anderen ausländischen Vereinen einen internationalen Verband bilden[30]. Dabei sind aber die Ordnungsvorschriften des VereinsG zu beachten. Nach § 4 Abs 2 lit c) muß in den behördlich angezeigten Statuten der Vereinszweck „klar und umfassend umschrieben" werden. Darüber hinaus müssen nach lit d) die vorgesehenen Vereinstätigkeiten angegeben werden. Das internationale Wirken des Vereines muß sich daher aus den Statuten ergeben. Sonst könnte der Verein gegebenenfalls wegen Überschreitung seines statutenmäßigen Wirkungskreises nach § 24 VereinsG behördlich aufgelöst werden. Im Sinn der Vereinsfreiheit genügt es aber, wenn die angegebenen Vereinszwecke eine Tätigkeit im Ausland nahelegen (Auslegung in dubio pro libertate)[31]. Die Vereinstätigkeiten müssen auch bei Tätigkeiten im Ausland nicht *ausdrücklich* örtlich bestimmt werden.

Im Anschluß daran stellt sich die Frage, ob und inwieweit die Vereinsaufsicht sich auch auf die *(zweckverfolgende) Tätigkeit von inländischen Vereinen im Ausland* erstreckt. Die Vereinsaufsicht erstreckt sich, ungeachtet der Zuordnung der Vereine zu bestimmten örtlich und sachlich zuständigen innerstaatlichen Behörden, grundsätzlich auf das gesamte Staatsgebiet. Die Ausübung staatlicher Hoheitsgewalt ist andererseits aber auch auf das Staatsgebiet beschränkt. Das Territorialitätsprinzip im in-

[29] Auf die zivilrechtlichen und gesellschaftsrechtlichen Probleme der Einordnung des nicht (voll) rechtsfähigen Vereines (Verbandes) im (geschlossenen) System der Gesellschaftsformen sei hier nur hingewiesen. In der internationalen zivilrechtlichen Judikatur sind internationale Verbände ohne innerstaatliche Rechtspersönlichkeit, die nach ihrer organisatorischen Struktur und ihrem äußeren Auftreten wie rechtsfähige Verbände handelten, als teilrechtsfähige Verbände behandelt worden (Passive Parteifähigkeit nach der lex fori; vgl dazu v. HECKE, Internationale Idealvereine, 630 ff mwN). Ihnen kommt wie allen (Außen)Gesellschaften auch das Namensrecht zu.

[30] Das wurde bereits durch das RG für zulässig erachtet (Hye 385/1886). Zu *historischen Verboten* einer internationalen Tätigkeit von Vereinen und von Verbindungen bestimmter (politischer) Vereine siehe HUGELMANN, Studien zum österreichischen Vereins- und Versammlungsrechte (1879) 103 ff („Die räumliche Ausehnung der Vereine und die Vereinsverbindungen").

[31] Vgl zu den Gründsätzen der öffentlich-rechtlichen Auslegung der Vereinsstatuten nach der Rspr des VfGH FESSLER/KELLER, Vereinsrecht, 30.

ternationalen Verwaltungsrecht bedeutet dennoch nicht, daß für inländische Staatsangehörige oder juristische Personen im Ausland verwirklichte Sachverhalte in jedem Fall irrelevant sind[32]. Das inländische Verwaltungsrecht (zB Fremdenrecht, Steuerrecht) knüpft in vielen Fällen an im Ausland verwirklichte Sachverhalte an. Ähnliches gilt für das internationale Strafrecht, daß dem öffentlichen Recht zuzuzählen ist.

Aus dem oben genannten Erk VfSlg 12.109/1989 geht indirekt hervor, daß die inländischen Vereinsbehörden jedenfalls für Vereine mit Sitz im Ausland unzuständig sind. Die nötige Inlandsbeziehung ist nicht gegeben. Wenn hingegen ein im Inland bestehender Verein im Ausland tätig ist, dann könnte diese Tätigkeit dem inländischen Verein zugerechnet werden. Konkret stellt sich die Frage, ob und unter welchen Voraussetzungen die Vereinsbehörde wegen nach ausländischem Recht gesetzwidriger Handlungen Aufsichtsmaßnahmen, wie zB eine behördliche Vereinauflösung, setzen darf (muß). Können die durch das VereinsG geschützten öffentlichen Interessen uU auch durch Handlungen im Ausland verletzt werden?

Die Vereinsaufsicht ist eine polizeiliche Ordnungsaufsicht im öffentlichen Interesse. Vereine dürfen nach dem VereinsG nicht gesetzwidrig, strafgesetzwidrig oder in Anmaßung staatlicher Autorität handeln. Wenn und soweit sich daher die (auch) für Vereine relevanten österreichischen Gesetze auf im Ausland gesetzte Sachverhalte beziehen, sind diese für die Vereinsaufsicht erheblich. Das Strafrecht ist besonders hervorzuheben. In den §§ 64 und 65 des StGB sind Straftaten nach dem österreichischen StGB aufgezählt, die, wenn sie im Ausland gesetzt wurden, in Österreich ohne bzw mit Rücksicht darauf bestraft werden, ob sie nach den Gesetzen des (ausländischen) Tatorts mit Strafe bedroht sind. Kennzeichnend für diese Straftaten ist im wesentlichen ihre Schwere, ihr politischer Gehalt oder ihre besondere Erheblichkeit für das öffentliche Interesse Österreichs. Derartige Straftaten sind für die Vereinsaufsicht dann relevant, wenn sie durch Mitglieder von Vereinsorganen oder Repräsentanten eines Vereines in einer dem Verein zurechenbaren Weise gesetzt worden sind.

3. Vereinsmitgliedschaft und Vereinsfreiheit von Ausländern

Vereine als Personengesamtheiten können nicht nur durch ihren Zweck, sondern auch durch den staatsbürgerschaftsrechtlichen Status ihrer Mitglieder internationalen Charakter haben. Daraus ergeben sich die Fragen, ob ausländische Staatsbürger in Österreich Vereine bilden dürfen und ob sie dabei den Inländern gleichgestellt sind oder besonderen Be-

---

32 Siehe umfassend zum Territorialitätsprinzip im internationalen Verwaltungsrecht und zu seiner positivrechtlichen Auflösung Vogel, Der räumliche Anwendungsbereich der Verwaltungsnorm (1965) 11 ff.

schränkungen unterliegen. Für die Klärung dieser Fragen ist zunächst der persönliche Schutzbereich der *verfassungsgesetzlich gewährleisteten Vereinsfreiheit* zu untersuchen.

Die Vereinsfreiheit bedeutet Freiheit der Vereinsbildung, der Vereinsmitgliedschaft, der Vereinstätigkeit (einschließlich der organisatorischen Autonomie) und des Bestands von Vereinen[33]. Sie kommt zwar nicht nur dem Einzelnen, sondern auch dem Verein zu. Sie ist aber als Freiheit der Vereinsbildung und der Vereinsmitgliedschaft primär als ein *Individualrecht* des Einzelnen zu verstehen; eine kollektive Vereinsfreiheit des Vereines selbst besteht nur auf Grund und im Rahmen der inviduellen Vereinsfreiheit[34].

Die Vereinsfreiheit ist in Österreich in mehreren Rechtsquellen verfassungsgesetzlich garantiert. Die Vereinsfreiheit nach Art 12 StGG 1867 und nach Pkt 3 des Beschlusses der Provisorischen Nationalversammlung aus 1918, StGBl 3, ist ein Staatsbürgerrecht. Die „freedom of association" nach Art 11 EMRK aus dem Jahr 1958 (1964 in den Verfassungsrang gehoben) ist ein Menschenrecht. Auf Grund und im Rahmen des Art 11 EMRK genießen daher auch Ausländer Vereinsfreiheit in Österreich.

Für Inländer ist das Günstigkeitsprinzip nach Art 60 EMRK zu beachten, soweit die erstgenannten Garantien über Art 11 EMRK hinausgehen. Nach der (problematischen) Judikatur des VfGH zum formalen Gesetzesvorbehalt des Art 12 StGG bedeutet jede Verletzung einfachgesetzlicher Vorschriften durch behördliche Akte, die unmittelbar in die Vereinsfreiheit der Staatsbürger eingreifen, eine Grundrechtsverletzung, die (nur) vor dem VfGH geltend gemacht werden kann (Verfassungsunmittelbarkeit des Vereins- und Versammlungsrechts)[35]. Für Ausländer bleibt im Hinblick auf den materiellen Eingriffsvorbehalt des Art 11 EMRK jedenfalls Raum für eine Zuständigkeit des VwGH. Art 12 StGG und Pkt 3 StGBl 3/1918 gehen aber auch insoweit über Art 11 EMRK hinaus, als der Gesetzgeber auf dieser verfassungsrechtlichen Grundlage nur mehr die Vereinsfreiheit achtende „Ordnungsvorschriften", nicht aber materielle Beschränkungen des Vereinsrechts erlassen darf[36]. (Dazu

33 Zum Begriff der Vereinsfreiheit siehe Ermacora, Handbuch der Grundfreiheiten und der Menschenrechte (1963) 284 (285 ff); Tichy, Die Vereinsfreiheit in Österreich, EuGRZ 1984, 57 (60 f); eingehend Bric, Vereinsfreiheit, mwN aus Lehre und Rspr.

34 Grundlegend dazu Pernthaler, Die verfassungsrechtlichen Schranken der Selbstverwaltung in Österrecht, Gutachten 3. ÖJT (1967) Bd I 3. Teil, 101 ff.

35 Dazu für die Versammlungsfreiheit kritisch Winkler, Grundfragen und aktuelle Probleme der Versammlungsfreiheit, in: Studien zum Verfassungsrecht (1991) 185 (193 ff); speziell zur Vereinsfreiheit Bric, Vereinsfreiheit.

36 VfSlg 254/1923 und 4885/1964; aus der Lit insb Merkl, Der Entwurf eines Vereinsgesetzes und die verfassungsmäßige Vereinsfreiheit, JBl 1932, 509; Raschauer, Entscheidungsbesprechung ÖZW 1978, 87 (89).

kommen die hier nicht zu vertiefenden – strittigen – Fragen eines unterschiedlichen Schutzbereiches des 12 StGG und des Art 11 EMRK im Hinblick auf den Begriff des Vereines bzw der „association" und auf die wirtschaftliche Vereinigungsfreiheit.)

Nach Art 16 EMRK darf keine der Bestimmungen der Artikel 10, 11 und 14 EMRK so ausgelegt werden, daß sie den Mitgliedstaaten zur EMRK verbietet, die *politische Tätigkeit von Ausländern* Beschränkungen zu unterwerfen. Dies bezieht sich auch auf die politische Betätigung von Ausländern in Vereinen. Art 16 ist eine gegenüber den allgemeinen Einschränkungsgründen nach Art 11 Abs 2 spezielle, inhaltlich nicht determinierte Ermächtigung zur Beschränkung der politischen Betätigung von Ausländern. Politische Tätigkeiten von Vereinen mit Ausländern als Mitglieder dürfen daher einfachgesetzlich über die Einschränkungsgründe nach Art 11 Abs 2 hinaus beschränkt werden. Auf ähnliche Weise hat sich Österreich für *Flüchtlinge* im besonderen bereits nach Art 15 der Konvention über die Rechtsstellung der Flüchtlinge, BGBl 55/1955, verpflichtet, den Flüchtlingen, die sich erlaubterweise im Staatsgebiet aufhalten, „die vorteilhafteste Behandlung [nur] bezüglich der *unpolitischen* und nicht auf Gewinn berechneten Vereine und Gewerkschaften zu gewähren, die unter den gleichen Umständen den Staatsangehörigen eines fremden Landes gewährt wird."[37]

Die Vereinsfreiheit von Ausländern ist trotz Art 16 EMRK grundsätzlich nach Art 11 EMRK verfassungsgesetzlich geschützt. Gemäß einem materiellen Verständnis des Gesetzesvorbehaltes als Ermächtigung zum Grundrechtseingriff und nicht (bloß) zur Ausgestaltung des Grundrechts muß nicht die „Ausübung", sondern die staatliche Beschränkung des Grundrechts ausdrücklich gesetzlich vorgesehen und gerechtfertigt sein. Darüber hinaus bietet Art 16 EMRK keine unmittelbare Grundlage für Grundrechtseingriffe auf Vollzugsebene. Mangels ausdrücklicher (einfachgesetzlicher oder verfassungsgesetzlicher) Verbote für politische Vereine von Ausländern einschließlich Flüchtlingen genießen diese daher den Schutz der Vereinsfreiheit[38]. Im Unterschied dazu sieht das (auch

[37] Hervorhebung durch den Verfasser.

[38] Nach Fessler/Keller, Vereinsrecht, 39 f, habe sich der Zweck von Ausländervereinen und Flüchtlingsvereinen „ausdrücklich auf karitative, gesellschaftliche, sportliche und sonstige nicht politische Zwecke zu beschränken". Sie berufen sich dafür auf Art 15 Flüchtlingskonvention und auf Erlässe des BMI aus den Jahren 1952, 1955 und 1957. Art 15 „gewährleiste" den Flüchtlingen nur die Bildung unpolitischer Vereine. Fessler/Keller mißverstehen zunächst die Minimalgarantie des Art 15 als eine maximal erlaubte Garantie durch die Staaten; dann wird auf die EMRK vergessen; weiters werden im Widerspruch zu Art 18 B-VG und zu Art 11 EMRK behördliche Erlässe als ausreichende Grundlage für Grundrechtseingriffe angesehen; schließlich würde ein Postulat eines „aus-

auf öffentliche *Vereins*versammlungen anwendbare) VersammlungsG besondere Einschränkungen der Versammlungsfreiheit für Ausländer vor. Nach § 8 VersammlungsG dürfen Ausländer „weder als Veranstalter noch als Ordner oder Leiter einer Versammlung zur Verhandlung öffentlicher Angelegenheiten auftreten". Die schlichte Teilnahme von Ausländern an derartigen Versammlungen ist nicht verboten.

Vor der Bildung und nach rechtskräftiger Auflösung von Vereinen kommt demnach den österreichischen Staatsbürgern und Ausländern als individuelle Grundrechtssubjekte ein *differenzierter* Grundrechtsschutz zu. Wenn und soweit aber dem bestehenden Verein (auch) als *kollektivem* Rechtsträger Grundrechtsfähigkeit zukommt (Bestandsschutz, Tätigkeitsschutz, organisatorische Autonomie), genügt für die Anwendbarkeit der Staatsbürgerrechte auf diesen Verein konsequenterweise schon die Mitgliedschaft eines einzigen österreichischen Staatsbürgers (Vorrang der individuellen Vereinsfreiheit). Wenn der Verein ausschließlich ausländische Mitglieder hat, ist er hingegen trotz inländischen Sitzes – was die Grundrechtssubjektivität anlangt – ein „ausländischer" Verein. Der bloße Sitz im Inland reicht für die Anwendbarkeit der Vereinsfreiheit als Staatsbürgerschaftsrecht nicht.

Die Vereinsfreiheit bedeutet nicht nur Freiheit der Vereinsbildung, sondern auch einen grundsätzlichen Schutz der Tätigkeit und der Funktionsfähigkeit von Vereinen. Ein generelles Tätigkeitsverbot oder Eingriffe in die organisatorische Autonomie müssen verfassungsgesetzlich gerechtfertigt sein. Die Vereinsfreiheit als *Menschen*recht garantiert daher für Ausländer nicht nur die Bildung von Vereinen in Österreich, sondern auch die (bloße) Betätigungsfreiheit von im Ausland errichteten Vereinen im Inland. Die Betätigungsfreiheit umfaßt nicht nur faktische Tätigkeiten, sondern auch die rechtsgeschäftliche Handlungsfähigkeit. Die im Kapitalgesellschaftsrecht bis zum EU-GesRÄG 1996[39] vorgesehenen Bewilligungserfordernisse für die Zulassung ausländischer Kapitalgesellschaften zum österreichischen Rechtsverkehr (§§ 254 AktG, 107 ff GmbHG) waren in diesem Sinn – die Anwendbarkeit des Art 11 EMRK auch auf wirtschaftliche Vereinigungen vorausgesetzt – mit der Garantie der freien, dh auch grenzüberschreitenden Vereinstätigkeit, einschließlich der Errichtung von Zweigniederlassungen, nicht vereinbar[40].

drücklichen" Ausschlusses politischer Tätigkeiten in den Statuten dem Prinzip gesetzeskonformer Interpretation pro libertate widersprechen.

39 BGBl 304/1996.

40 Vgl Raschauer, Wirtschaftliche Vereinigungsfreiheit, ÖZW 1992, 11 ff (15 f); allerdings ohne nähere Differenzierung zwischen Freiheit der Vereinsbildung und Betätigungsschutz; die Zweigniederlassungen werden offenbar als selbständige Vereinigungen gesehen, denen die Freiheit der Vereins*bildung* zukommt. – Die grundsätzliche Zulassung

IV. Das BG über die Einräumung von Privilegien an nichtstaatliche internationale Organisationen

Im Jahr 1992 hat der Nationalrat das *Bundesgesetz über die Einräumung von Privilegien an nichstaatliche internationale Organisationen* [41] erlassen. Durch dieses Gesetz wird nichtstaatlichen internationalen Organisationen unter bestimmten Voraussetzungen die Möglichkeit zur Erlangung einer (gegenüber sonstigen privaten Organisationen) privilegierten Rechtsstellung in Österreich eingeräumt. Anlaß für das Zustandekommen dieses BG war die Bedeutung Österreichs (Wiens) als Sitzstaat derartiger Organisationen[42]. Das BG steht in einem zeitlichen und sachlichen Zusammenhang mit dem Europäischen Übereinkommen über die Anerkennung der Rechtspersönlichkeit von NGOs. Es geht aber über die Anerkennung der Rechtspersönlichkeit hinaus. Auf der anderen Seite stellt es in den Anerkennungsvoraussetzungen nicht nur auf den internationalen Nutzen für die Staatengemeinschaft (im gesamten), sondern auch auf das „außenpolitische Interesse Österreichs" ab. Der verstärkte Österreichbezug zeigt sich auch in den übrigen Anerkennungsvoraussetzungen. Das BG bezieht sich auf Vereine als *Personen*verbände (arg: die Organisation muß nach § 2 Z 2 aus „physischen ... oder aus juristischen Personen ... bestehen"); sonstige juristische Personen werden im Unterschied zum Europäischen Übereinkommen nicht erwähnt[43]. Die sachliche Rechtfertigung dafür kann darin gesehen werden, daß Vereine begrifflich auf ein „gemeinsames Wirken" ihrer Mitglieder zur Erreichung eines gemeinschaftlichen Zwecks gerichtet sind, während bei den sonstigen juristischen Personen (bloß) finanzielle oder sachliche Mittel im Vordergrund stehen.

---

zum Rechtsverkehr ist für den Grundrechtsschutz der Vereinsbildung gleichzuhalten. Die Ausübung bestimmter Tätigkeiten darf jedoch an staatliche Bewilligungen (zB Gewerbeberechtigung) gebunden werden.

41 BGBl 174/1992.

42 „Mit der wachsenden Bedeutung von Wien als Sitzstaat zwischenstaatlicher internationaler Organisationen äußern ... nichtstaatliche internationale Organisationen – vor allem solche mit Konsultativstatus bei den in Wien angesiedelten staatlichen internationalen Organisationen – in zunehmendem Maße den Wunsch, nach Österreich zu übersiedeln, wobei allerdings die Verlegung des Sitzes von der in Österreich eingeräumten Rechtsstellung abhängig gemacht wird." (Bericht des Außenpolitischen Ausschusses, 407 BlgNR XVIII. GP 1). Seit Inkrafttreten dieses Gesetzes wurden mehrere internationale Vereine als Organisationen im Sinn dieses BG anerkannt, als erster das „Institut für Chinesische Kultur – Liaison Office zur Internationalen Atomenergie Organisation (IAEA) – Taipei Wirtschafts- und Kulturbüro" (Bescheid vom 29. Juni 1992, Zl 3204/67-I.A-GL/92).

43 Auf eine Beschränkung des Anwendungsbereichs auf Vereine deutet im systematischen Zusammenhang auch § 4, wonach (nur) das VereinsG, nicht auch etwa das Bundesstiftungs- und Fondsgesetz auf die anerkannte Organisation unanwendbar ist.

Nach Art I § 1 dieses BG kann nichtstaatlichen internationalen Organisationen, welche die im § 2 genannten Voraussetzungen erfüllen, nach Maßgabe der Bedeutung ihres satzungsmäßigen Aufgabenkreises durch Bescheid des Bundesministers für auswärtige Angelegenheiten die Rechtsstellung einer Organisation im Sinne dieses Bundesgesetzes eingeräumt werden. Nach § 2 Abs 1 muß die Organisation auf Grund der österreichischen Rechtsordnung oder der Rechtsordnung eines von Österreich anerkannten Staates gebildet sein (Z 1), aus physischen Personen, die verschiedener Staatsangehörigkeit sind, oder aus juristischen Personen, die nach dem Recht verschiedener Staaten errichtet worden sind, bestehen (Z 2) und in einem Naheverhältnis zu einer internationalen Organisation im Sinn von § 1 Abs 7 des BG BGBl 677/1977 über die Einräumung von Privilegien und Immunitäten an internationale Organisationen stehen (Z 3). Diese ist insbesondere dann gegeben, wenn die Organisation Konsultativstatus bei einer derartigen internationalen Organisation genießt oder wenn die Tätigkeit der Organisation in unmittelbarem Zusammenhang mit einer satzungsgemäßen Tätigkeit einer solchen internationalen Organisation steht. Darüber hinaus muß nach § 2 Abs 2 die Tätigkeit der Organisation zu einem bedeutenden Teil in Österreich erfolgen (Z 1), mit den Vorschriften der österreichischen Rechtsordnung in Einklang stehen (Z 2) und im außenpolitischen Interesse der Republik Österreich gelegen sein (Z 3).

Die Wendung „kann" im § 1 deutet auf ein behördliches Ermessen. Der Gesetzgeber hätte im Hinblick auf die nach § 1 iVm § 2 Abs 1 und 2 ohnehin gegebenen materiellen Determinanten auch zwingend „ist [unter den genannten Voraussetzungen] einzuräumen" sagen können. Dazu kommt, daß im selben Gesetz – in offensichtlich bewußter Unterscheidung – für die Zuerkennung weiterer einzelner Privilegien an mehreren Stellen von „hat ... zuzuerkennen" (§ 6) oder „ist ... zu gewähren" (§ 7) die Rede ist und § 9 (Aberkennung der Rechtsstellung) von „ist ... abzuerkennen" spricht[44]. Dieses Ermessen erklärt sich aus dem staatspolitischen Charakter der Materie. Die Vollziehung der Anerkennung ist (ausschließlich) einem obersten Staatsorgan zugewiesen. Ermessen bedeutet nach richtigem Verständnis aber auch hier nicht die Möglichkeit „mehrerer rechtlich gleichwertiger Lösungen", sondern abwägungsgebundene Rechtsanwendung[45]. Abwägungskriterien ergeben sich im Hinblick auf

---

44 Vergleichbar dazu hat der Vereinsgesetzgeber im Jahr 1987 die „Kann"-Regelung im § 6 VereinsG bewußt durch eine zwingende „Hat"-Regelung ersetzt, während die „Kann"-Vorschrift nach § 24 mit gutem Grund belassen wurde.

45 Allgemein Winkler, Wertbetrachtung im Recht und ihre Grenzen (1969); *derselbe*, Die Wissenschaft vom Verwaltungsrecht, in: Theorie und Methode in der Rechtswissenschaft (1989) 1 (13 ff zum konkret dogmatischen und abstrakt dogmatischen Rechtsden-

die relativ hohe Unbestimmtheit der Formulierung „nach Maßgabe der Bedeutung ihres satzungsmäßigen Aufgabenkreises" (§ 1) vor allem aus dem unbestimmten Gesetzesbegriff des „außenpolitisches Interesses der Republik Österreich" und aus dem *Maß* der funktionellen Nahebeziehung zu den genannten internationalen Organisationen nach § 2. Obwohl Nahebeziehung und außenpolitisches Interesse nach dem Gesetz zwingend gegeben sein müssen („muß"), sind sie (auch) für die nachfolgende Abwägung maßgeblich. Andere Kriterien sind aus dem Gesetz nämlich nicht erkennbar. Aus der offensichtlichen dogmatische Unsicherheit des Gesetzgebers darf man nicht voreilig die Konsequenz einer Ermächtigung zu ungebundener (willkürlicher) Entscheidung ziehen. Wenn die Voraussetzungen für eine positive Entscheidung gegeben sind, besteht ein subjektives Recht auf Anerkennung.

Nach § 3 erhält die Organisation durch den Bescheid der Anerkennung Rechtspersönlichkeit, sofern sie diese nicht bereits auf Grund anderer Rechtsvorschriften erlangt hat. Durch diese Vorschrift wird klargestellt, daß die Organisation zur Erlangung der Rechtspersönlichkeit nicht (zunächst) als Verein nach dem VereinsG mit dem Sitz in Österreich gebildet werden muß. Die Organisation könnte aber auch bereits zuvor aufgrund des VereinsG oder auch aufgrund des Europäischen Übereinkommens über die Anerkennung der Rechtspersönlichkeit internationaler nichtstaatlicher Organisationen Rechtspersönlichkeit in Österreich erlangt haben.

Auf Organisationen im Sinn dieses BG findet das *VereinsG „für die Dauer ihrer Rechtsstellung keine Anwendung"* (§ 4). Mit dem Zeitpunkt der Anerkennung untersteht die Organisation nicht (mehr) der Vereinsaufsicht, sondern ausschließlich dem BMA. Nach § 5 kann die Organisation, ohne finanziellen Kontrollen und Vorschriften unterworfen zu sein, unbehindert Zahlungsmittel, Guthaben, Kapitalien, Wertpapiere und Gold erwerben und darüber verfügen, insbesondere nach Österreich einführen oder ausführen. Der BMF hat gemäß §§ 6 und 7 einer anerkannten Organisation auf Antrag nach Anhörung des BMA unter bestimmten Voraussetzungen die Gemeinnützigkeit im Sinn der BAO zuzuerkennen. Danach schadet es insbesondere nicht, wenn die Förderung der gemeinnützigen Zwecke nicht überwiegend im Inland erfolgt. Nach § 7 haben die zuständigen Zollämter überdies auf Antrag die Eingangs- oder Ausgangsabgabenfreiheit für Gegenstände zu gewähren, die von der Organisation für ihre satzungsmäßige Tätigkeit benötigt werden. Aus-

---

ken); *derselbe*, Entwicklungstendenzen der österreichischen Verwaltungsgerichtsbarkeit, Vortragsbericht JBl 1957, 56 ff; jüngst RASCHAUER, „Ermessen" als abwägungsgebundene Rechtsanwendung, in: FS Winkler (1997) mwN.

ländische Bedienstete der Organisation können durch eine Verordnung gemäß § 1 Abs 2 AuslBG vom Geltungsbereich des Ausländerbeschäftigungsgesetzes ausgenommen werden (§ 8).

Die grundsätzliche Anerkennung als Organisation im Sinn dieses BG und die einzelnen eingeräumten Privilegien sind nach § 9 dann wieder *abzuerkennen*, wenn die Voraussetzungen für die Zuerkennung nicht mehr gegeben sind oder die eingeräumten Rechte mißbräuchlich ausgeübt werden. Zuständig für den contrarius actus sind die für die Einräumung zuständigen Behörden.

Eine regelmäßige „begleitende" Aufsicht über die Tätigkeit der anerkannten Organisationen ist – wie im VereinsG – nicht vorgesehen. Das Gesetz verlangt im Unterschied zum VereinsG[46] nicht einmal die Anzeige der gewählten (aktuellen) Vereinsorgane oder die Anzeige von Statutenänderungen. Das ist im Hinblick auf die Befugnis nach § 9 unzweckmäßig. Der BMA sollte zumindest über die vertretungsbefugten Organe (als Ansprechpartner und allfällige Bescheidadressaten) und über Satzungänderungen (Wegfall der Anerkennungsvoraussetzungen?) informiert werden. Dabei wäre – im Unterschied zum VereinsG – eine behördliche Untersagungsmöglichkeit nicht erforderlich[47]. Wenn sich für den BMA im Rahmen seiner schlichten Beobachtung der Tätigkeit der Organisation oder aufgrund einer behördlichen oder privaten Anzeige (Mitteilung) hinreichende Verdachtsgründe für das Vorliegen eines Tatbestands nach § 9 ergeben, hat er von Amts wegen ein Ermittlungsverfahren einzuleiten.

V. Zum sonstigen Fremdenrecht internationaler Vereine

Ein in Österreich gebildeter Verein mit internationalen Aufgaben ist – mit Bedachtnahme auf die oben herausgearbeiteten institutionellen Besonderheiten – in seiner Tätigkeit den sonstigen österreichischen Vereinen grundsätzlich gleichgestellt. Er ist den für jedermann, dh auch für ju-

[46] §§ 10 und 12 VereinsG.

[47] Das PrivilegienG sieht auch keine Möglichkeit der Information für den *Rechtsverkehr* vor. Das kann nicht nur den Interessen Dritter und der Rechtssicherheit, sondern mittelbar auch dem Interesse der Organisation selbst zuwiderlaufen. Im VereinsG ist die Publizität der Vereine für Dritte durch das Recht, in die Statuten Einsicht zu nehmen und durch eine behördliche Auskunftspflicht über die vertretungsbefugten Organe gewährleistet (§ 12 Abs 2 und 3). Denkbar wäre es, den ursprünglich nach dem VereinsG gebildeten privilegierten Organisationen dennoch (weiter) die Möglichkeit einzuräumen, *freiwillig* der Vereinsbehörde die Anzeigen zu erstatten. De lege lata steht einer solchen Auslegung der klare Wortlaut des § 4 PrivilegienG entgegen. Aus dem Grundrecht der Vereinsfreiheit besteht unmittelbar kein derartiger positiver Anspruch auf Publizität.

ristische Personen geltenden allgemeinen Gesetzen unterworfen. Für ausländische Vereine, die in Österreich tätig sind, sind hingegen ähnlich der Stellung von Fremden in Österreich besondere gesetzliche Beschränkungen beachtlich. Daraus sind die Regelungen betreffend die Wirtschaftstätigkeit und jene über den Gründstückerwerb von Vereinen hervorzuheben.

Für ausländische Kapitalgesellschaften waren nach der früheren Rechtslage öffentlich-rechtliche *Bewilligungserfordernisse* für die Zulassung zum inländischen Rechtsverkehr und für die Registrierung von Zweigniederlassungen vorgesehen (§ 254 AktG; § 107 ff GmbHG). Durch das EU-GesRÄG wurden die entsprechenden Vorschriften im Sinn der europarechtlichen Niederlassungsfreiheit (Art 58 EGV) geändert[48]. Seither genügt die (bloße) Anmeldung von inländischen Zweigniederlassungen zum Firmenbuch. Ausländische Gesellschaften, deren Personalstatut nicht das Recht eines Mitgliedstaats der Europäischen Union oder des EWR ist, müssen für den gesamten Geschäftsbetrieb der Zweigniederlassung zumindest eine vertretungsbefugte Person zu bestellen, die ihren gewöhnlichen Aufenthalt im Inland hat. Europäische Gesellschaften steht es frei, einen solchen ständigen Vertreter zu bestellen.

Für die „ideellen" Vereine nach dem VereinsG gibt es derartige Beschränkungen grundsätzlich nicht. Ihre Zulassung zum inländischen Rechtsverkehr ist weder an eine besondere Bewilligung noch an eine Registrierungspflicht von Zweigniederlassungen gebunden. Die ideellen Vereine nach dem VereinsG sind nicht primär auf die Führung eines Wirtschaftsbetriebes gerichtet. Die Vermögensfähigkeit als ein Aspekt der Rechtsfähigkeit ist aber auch für Vereine wesentlich. Vereine besitzen als Mittel zur Verwirklichung ihres ideellen Zwecks regelmäßig Vermögen. Nach Lehre und Judikatur dürfen Vereine darüber hinaus innerhalb gewisser Grenzen wirtschaftlich tätig sein. Dabei steht es ihnen auch offen, ihren Wirtschaftsbetrieb in einer Kapitalgesellschaft auszugliedern[49]. Vereine sind zwar keine Formkaufleute. Wenn sie aber im Rahmen zulässiger Wirtschaftstätigkeit ein Handelsgewerbe betreiben, sind sie als sonstige juristische Person zum Firmenbuch anzumelden (§ 33 HGB; § 2 Z 13 FBG) und im Geschäftsverkehr den für Kaufleute geltenden Regeln unterworfen. Für ausländische Rechtsträger sieht § 13 HGB die Eintragung inländischer Zweigniederlassungen zwingend vor.

---

48 Die Regelungen waren auch im Hinblick auf die Vereinsfreiheit nach der EMRK und zT auch wegen mangelnder Bestimmtheit verfassungsrechtlich bedenklich (dazu RASCHAUER, Wirtschaftliche Vereinigungsfreiheit, ÖZW 1992, 11 ff [15 f]).

49 Zu den Rechtsfragen der Wirtschaftstätigkeit von Vereinen siehe umfassend KORINEK/KREJCI (Hrsg), Der Verein als Unternehmer (1988).

Vereinstätigkeiten können unter bestimmten Voraussetzungen auch in den Anwendungsberich der GewO fallen (siehe § 1 GewO, insbesondere die Sonderrgelung nach Abs 6 für Vereine). Nach § 9 GewO müssen juristische Personen, die ein Gewerbe ausüben, einen gewerberechtlichen Geschäftsfüher oder Pächter bestellt haben. § 39 Abs 2 sieht ua – besonders im Hinblick auf ausländische juristische Personen – vor, daß der Geschäftsführer einer juristischen Person seinen *Wohnsitz im Inland* haben und in der Lage sein muß, sich im Betrieb entsprechend zu betätigen. Wenn für die Ausübung des Gewerbes ein Befähigungsnachweis vorgeschrieben ist, muß der Geschäftsführer überdies dem Vertretungsorgan der juristischen Person angehören oder ein mindestens zur Hälfte der wöchentlichen Normalarbeitszeit beschäftigter, in Österreich voll sozialversicherungspflichtiger Arbeitnehmer sein.

Als Ausdruck der europarechtlichen Freiheit des Dienstleistungsverkehrs sind in den §§ 373a ff GewO Sonderregelungen für die Ausübung von Gewerben durch Staatsangehörige von EWR-Mitgliedstaaten in Österreich getroffen worden. § 373g Abs 1 regelt die grenzüberschreitende Erbringung gewerblicher Arbeiten durch Staatsangehörige einer EWR-Vertragspartei in Österreich. Nach Abs 2 gelten diese Regelungen auch für Gesellschaften im Sinn von Art 34 EWR-Abkommen, die nach den Rechtsvorschriften einer Vertragspartei gegründet wurden und ihren satzungsgemäßen Sitz, ihre Hauptverwaltung oder ihre Hauptniederlassung in einem Mitgliedsstaat haben. (Wenn die genannten Gesellschaften lediglich ihren satzungsgemäßen Sitz in einem EWR-Vertragsstaat haben, muß ihre Tätigkeit in tatsächlicher und dauerhafter Verbindung mit der Wirtschaft eines EWR-Vertragsstaates stehen.)[50]

Für das öffentliche Interesse von besonderer Erheblichkeit ist auch der Grunderwerb durch Ausländer. In den GrundverkehrsG der Länder ist neben dem Grunderwerb durch natürliche Personen, die die österreichische Staatsbürgerschaft nicht besitzen, auch der Grunderwerb durch ausländische juristische Personen (und Personengesellschaften) reglementiert. In der Definition der Ausländereigenschaft der juristischen Personen stellen sämtliche LG nicht nur auf deren Sitz ab (Sitz- oder Inkorporationstheorie), sondern – um einer Umgehung des Grundverkehrsrechts entgegenzuwirken – auch darauf, ob eine im Inland gegründete juristische Person von Ausländern kontrolliert (beherrscht) wird (sog Kontrolltheo-

50 Bemerkenswert ist dabei, daß auch die nach österreichischen Recht *nicht rechtsfähigen* Gesellschaften bürgerlichen Rechts, die nach dem Recht des Herkunftslandes Träger einer Gewerbebefugnis sein können, als Gesellschaft gewerberechtsfähig sind (näher THIENEL, Gewerbeumfang und Gewerbeausübung – Ausgewählte Änderungen durch die GewRNov 1992, in: Korinek [Hrsg] Gewerberecht [1995] 87 [180 ff]).

rie)[51]. Der Tatbestand der „juristischen Personen und Personengesellschaften, die ihren Sitz im Ausland haben" bezieht sich auch auf Vereine. Unter den Tatbestand der „Gesellschaften unter ausländischen Kontrolle" werden nur juristische Personen mit kapitalistischer Organisationsform (vermögensmäßig ausgestaltete Mitgliedschaft), nicht aber Vereine und Sparkassen subsumiert. Die Umgehung der Schutzzwecke des Grundverkehrsrechts ist aber auch bei Vereinen möglich. Daher wird für Vereine in sachlich differenzierter Weise auf die ausländische Beherrschung abgestellt[52]. Der VfGH hat in seiner Rspr zum Grundverkehrsrecht im übrigen klargestellt, daß ein (inländischer) „Wohnsitz" im Sinn der Rechtsordnung nur durch natürliche, nicht aber juristische Personen begründet werden kann[53].

Abgesehen von den im Art 10 Abs 6 Z 6 B-VG verfassungsgesetzlich ausdrücklich vorgesehenen Beschränkungen des Grunderwerbs sind nach der Rspr des VfGH juristische Personen mit Sitz im Inland trotz ausländischer Beherrschung sonstigen inländischen juristischen Personen grundsätzlich gleichgestellt. Insoweit die verfassungsgesetzlich gewährleisteten Staatsbürgerrechte ihrem Wesen nach auf juristische Personen anwendbar sind (zB Gleichheitssatz) sind sie auch dann auf juristische Personen mit Sitz im Inland anwendbar, wenn sie unter ausländischer Beherrschung stehen. Der tatsächliche Sitz der juristischen Person schafft einen ausreichenden Inlandsbezug[54]. Dabei ist aber zu bedenken, daß die Staatsbürgerrechte primär dem einzelnen Staatsbürger eingeräumt sind. Wenn daher eine juristische Person „völlig in ausländischer Hand ist" (zB alle Vereinsmitglieder sind Ausländer), kommen ihr die Staatsbürgerrechte nicht mehr zu. Das gilt nicht nur für die „zweckoffene" Vereinsfreiheit, sondern auch für die darüber hinaus gewährleisteten „zweckbezogenen" Staatsbürgerrechte.

---

51 Siehe dazu SCHNEIDER, Handbuch Österreichisches Grundverkehrsrecht (1996) 278 ff (280 ff) mwN.

52 Siehe zB § 7 lit d) Sbg GVG 1986, LGBl 73/1986 idF 43/1992, wonach „Vereine, deren ordentliche und stimmberechtigte Mitglieder überwiegend Ausländer sind" als Ausländer im Sinne dieses Gesetzes gelten. Manche GVG stellen auf das Überwiegen ausländischer „Mitglieder" oder ausländischer „ordentlicher und stimmberechtigter Mitglieder" ab, nach anderen genügt es schon, daß die Hälfte der Mitglieder Ausländer sind. Im Unterschied zu den Regelungen für Kapitalgesellschaften kommt es nicht (auch) auf die Ausländereigenschaft der geschäftsführenden Organe an.

53 VfSlg 13262 /1992.

54 Siehe insb VfSlg 5513/1967, 7230/1973, 13405/1993; aA VfSlg 10993/1986. Im *Völkerrecht* stellt sich die analoge Frage des Vorranges der Sitz- oder Kontrolltheorie für die Voraussetzungen des diplomatischen Schutzes der Tochterunternehmen von transnationalen wirtschaftlichen Unternehmen (TNCs). Die internationale Judikatur ist uneinheitlich.

Martin Bullinger

Die Allgemeinkommunikation

Vom Werden einer rechtlichen Kategorie

I. Zwischen Massen- und Individualkommunikation

Der künftige Staatsvertrag zwischen den Ländern der Bundesrepublik Deutschland über *Mediendienste* [1] soll für das Angebot und die Nutzung von *„an die Allgemeinheit gerichteten"* Mediendiensten in Text, Ton oder Bild gelten, die unter Benutzung elektromagnetischer Schwingungen verbreitet werden. Dazu gehören etwa die Abrufdienste für Filme. Ausgenommen ist, was als „Rundfunk" dem Rundfunkstaatsvertrag [2] unterfällt. Diese für eine unbestimmte Allgemeinheit bestimmte, aber nicht-rundfunkmäßige Kommmunikation soll ohne behördliche Erlaubnis und ohne vorherige Anzeige durch jedermann für jedermann betrieben werden dürfen. Die rechtlichen Rahmenbedingungen sind weitgehend dem Presserecht nachgebildet [3].

Damit wird im Ergebnis die rechtliche Kategorie der *Allgemeinkommunikation* gesetzlich anerkannt. Sie bezeichnet auf dem Gebiet der „elektronischen Medien" den Bereich zwischen der *Massenkommunikation* in Form des Rundfunks und der *Individualkommunikation* nach Art des Fernsprechens. Diese Zwischenkategorie war bereits vor längerer Zeit wissenschaftlich analysiert [4], aber nicht allgemein akzeptiert worden, obwohl sie im Bildschirmtext-Staatsvertrag der Länder von 1983 für den Abruf von Texten und Festbildern bereits eine eigene, presseähnliche Regelung erfahren hatte [5]. Der neue Staatsvertrag über Mediendienste müßte den

---

1 Entwurf in der Fassung vom 2. 8. 1996, koordiniert mit dem Entwurf eines Bundesgesetzes über Teledienste (Stand vom 8. 8. 1996).

2 In der Neufassung vom August 1996, die noch der Ratifizierung in Gesetzesform durch die vertragschließenden Länder bedarf.

3 Einzelne Bestimmungen sind allerdings in Anlehnung an Rundfunkgesetze formuliert, zB die Vorschrift, daß für Angebote „die verfassungsmäßige Ordnung" gilt.

4 Bullinger, Kommunikationsfreiheit im Strukturwandel der Telekommunikation (Baden-Baden 1980) 30 ff, insb 42 f.

5 Staatsvertrag über den Bildschirmtext v 18. 3. 1983, abgedruckt etwa in Bad Württ GBl, 700. S insb Art 1 (Begriffsbestimmung), Art 2 (freie Beteiligung am Btx), Art 5 (der presserechtlichen Impressumspflicht nachgebildete Anbieterkennzeichnung), Art 6 (Sorgfaltspflicht), Art 7 (Gegendarstellung), Art 8 III (Kennzeichnungs- und Trennungspflicht

Anlaß dazu bilden, von der „Zweiteilung“ zur „Dreiteilung“ der Kommunikation überzugehen, jedenfalls auf dem Gebiet der Telekommunikation. Aber auch für die Presse drängt sich auf, zwischen Massenkommunikation und Allgemeinkommunikation zu unterscheiden[6].

Der Zwischenbereich der *Allgemeinkommunikation* zwischen der elektromagnetischen Massenkommunikation (dem Rundfunk) und der elektromagnetischen Individualkommunikation (zB dem Fernsprechen) läßt sich schwer positiv nach festen begrifflichen Merkmalen bestimmen. Zunächst kommt es darauf an, die typischen Besonderheiten herauszuarbeiten. Terminologisch wird vielfach von *Multimediadiensten* gesprochen[7].

Den Kern der multimedialen *Allgemeinkommunikation* bilden die automatischen Abrufdienste für Texte, Tonstücke, Fest- und Bewegtbilder. Sie gehören nicht zur eigentlichen Individualkommunikation. Denn sie werden nicht zwischen bestimmten Personen ausgetauscht. Sie stehen vielmehr jedermann, also einer unbestimmten Allgemeinheit, jederzeit zur Verfügung. Die einzelne Information wird aber nicht, wie beim Rundfunk, in der Weise übermittelt, daß Millionen oder doch hunderttausende gleichzeitig vor dem Bildschirm versammelt und gemeinsam angesprochen und infolgedessen als „Masse“ beeinflußt werden. Vielmehr holt jeder Einzelne individuell zu einem von ihm gewählten Zeitpunkt die gewünschte einzelne Information, wie zB einen bestimmten Film, automatisch aus einem externen Datenspeicher über eine Telekommunikationsleitung auf den häuslichen Fernseh- oder Computerbildschirm, so wie er in der Buchhandlung ein Buch erwirbt oder in der Videothek eine Videokassette entleiht. Diese individuelle Beschaffungsweise einer für jedermann gespeicherten Einzelinformation rückt die Allgemeinkommunikation von der Massenkommunikation in Gestalt des traditionellen „Rundfunks“ ab und in die Nähe der Individualkommunikation, ohne sie voll zu erreichen.

II. Sonderstruktur rundfunkmäßiger Massenkommunikation

Gewiß wäre es möglich, jede elektromagnetisch übertragene Kommunikation außerhalb der reinen Individualkommunikation „Rundfunk“ zu

für Angebotsseiten mit einem ausschl wirtschaftlichen Werbezwecken dienenden Inhalt). Dazu die Kommentierung in Ring/Hartstein, Bildschirmtext heute (München 1983) 44 ff. Zur Abgrenzung zum Rundfunk s auch Florian, in: Rechtsprobleme des Btx (München 1986) 17, 22.

6 S unten III 1.

7 Dazu näher Bullinger/Mestmäcker, Multimediadienste – Struktur und staatliche Aufgaben nach deutschem und europäischem Recht (Baden-Baden 1997).

nennen. Diese extreme Dehnung des Rundfunkbegriffs wird von manchen für richtig gehalten, vor allem von Rundfunkveranstaltern selbst. Sie wollen verständlicherweise ihren Tätigkeitsbereich des „Rundfunks" dadurch erhalten und ausbauen, daß neue Dienste einbezogen werden[8].

Mit dieser begrifflichen „Annexion" würde aber die historische Sonderrolle der Massenkommunikation in Form des Rundfunks auf neuartige Dienste übertragen, die nicht der Massenkommunikation zuzurechnen sind, sondern grundlegend andere Strukturen aufweisen. Die Annexion wird nur wenig dadurch abgemildert, daß versichert wird, im erweiterten Geltungsbereich könne man die für den herkömmlichen Rundfunk geltenden Regeln abschwächen[9].

Das besondere Rechtsregime des „Rundfunks", dh des Hörfunks wie des Fernsehens, hängt damit zusammen, daß er durch ein vielfältiges *Gesamtprogramm* die Hörer oder Seher gesamthaft in seinen Bann zu ziehen sucht, statt nur einzelne Filme, Musikstücke oder Texte zur Auswahl zu stellen. Ein traditioneller Rundfunkveranstalter zieht, gleichsam als noble Variante des Rattenfängers von Hameln, sein Publikum ganzheitlich hinaus in eine von ihm gesamthaft gestaltete zum Teil virtuelle Welt der Politik, Kultur und Unterhaltung, während der Veranstalter eines modernen Abrufdienstes gewissermaßen Flöten, Noten, Bücher und Schallplatten zum Selbstgestalten oder individuellen Erleben anbietet. Beim Musikalien- und Buchhändler achtet die politische Gemeinschaft (der Staat) nur darauf, daß nicht einzelne der zum Kauf gestellten Schriften einen jugendgefährdenden Charakter tragen, unter Strafe gestellt oder sonst unzulässig sind. Da der Rundfunkveranstalter aber die Menschen zu Millionen oder doch hunderttausenden mittels eines gesamthaften Programms in seinen Bann zu ziehen sucht, ist Rundfunk vor allem in Europa als insgesamt und nicht nur in einzelnen Sendungen gefährlich eingestuft und in mancherlei Varianten von Anfang an unter eine staatliche Gesamtkontrolle gestellt worden. In Deutschland führt der Weg vom mittelbaren Staatsrundfunk der Weimarer Zeit über das Monopol öffentlich-rechtlicher Rundfunkanstalten zum „dualen System". Danach ist auch privater Rundfunk zugelassen, doch nur, sofern er durch Gesetz vorgesehen, durch staatliche Aufsichtsgremien genehmigt und darauf kontrolliert

8 Vgl etwa Pieper/Wiechmann, ZUM 1995, 82, 89 ff; Kresse/Heinze, AfP 1995, 574, 576, 577 f; ähnlich auch Eberle, ZUM 1995, 249, 254 ff. Dabei werden allerdings die neuen Dienste meist nicht als exklusiver Wirkungsbereich der Rundfunkveranstalter angesehen.

9 Neben den in der vorhergehenden Fußnote genannten Autoren etwa Hoffmann-Riem, RuF 1995, 125, 136 und AfP 1996, 9, 15; Gersdorf, Der verfassungsrechtliche Rundfunkbegriff im Lichte der Digitalisierung der Telekommunikation (Berlin 1995) 149 ff. S auch VG Saarland v 31. 3. 1995, AZ 1 K 2 97/92 (Bildschirmtexttafeln in Kaufhäusern).

wird, daß zumindest insgesamt das Meinungsspektrum ausgewogen dargestellt wird.[10]

Dieses von staatlicher *Ausgewogenheitspflege*[11] geprägte Rechtsregime des traditionellen, in ganz besonderer Weise massenkommunikativen Rundfunks würde mehr oder weniger auch auf die neuartigen Kommunikationsdienste wie vor allem die Abrufdienste übertragen, wenn man sie als „Rundfunk" einordnen wollte. Man ist sich aber weithin darüber einig, daß die für den „Rundfunk" geltenden Regeln wie etwa die staatliche Ausgewogenheitspflege durch behördliche Genehmigung und Aufsicht auf die neuen, individualisierten Kommunikationsdienste ganz oder teilweise nicht passen[12]. Der neue Staatsvertrag der Länder der Bundesrepublik über Mediendienste löst sich für die neuen Dienste so gut wie ganz vom rundfunkrechtlichen Instrumentarium und geht weitgehend zu einem presserechtlichen Instrumentarium staatlicher Rahmenregelung über. Was „Rundfunk" ist, soll gerade nicht unter den Staatsvertrag über Mediendienste, sondern unter den Rundfunkstaatsvertrag fallen. So ist einfachgesetzlich „Rundfunk" nur noch ein Teil der für eine Allgemeinheit bestimmten Telekommunikation. Die dadurch entstehende Lücke zwischen massenkommunikativem Rundfunk und Individualkommunikation zu identifizieren und zu analysieren, muß ein rechtswissenschaftliches Anliegen sein. Der Begriff der nicht-rundfunkmäßigen „Allgemeinkommunikation" bietet sich als terminologische Kennzeichnung an.

Die einfachgesetzliche Anerkennung einer Zone nicht-rundfunkmäßiger Allgemeinkommunikation hat zwar nicht unmittelbar zur Folge, daß auch der *verfassungsrechtliche* Rundfunkbegriff, wie ihn in der Bundesrepublik Deutschland Art 5 Abs 1 Satz 2 GG verwendet, in derselben Weise einen Bereich individualisierter Allgemeinkommunikation ausspart. Es ist aber kaum anzunehmen, daß das Bundesverfassungsgericht bei der unerläßlichen Fortschreibung seiner Rundfunkrechtsprechung die Einigung der für den Rundfunk zuständigen Länder unberücksichtigt lassen wird. Auch sein Anliegen müßte darin bestehen, den „Rundfunk" auf seinem eigentlichen Wirkungsfeld in seiner rechtlichen Sonderrolle zu er-

10 Zur geschichtlichen Entwicklung Bausch (Hrsg), Rundfunk in Deutschland, Bd 1-4 (München 1980). Zum herrschenden verfassungsrechtlichen Rundfunkverständnis insb BVerfGE 57, 295, 318 ff (FRAG-Urteil); 73, 118, 152 ff (Niedersachsen-Urteil); 83, 238, 295 ff (NRW-Urteil). Überblick über die konkretisierenden landesmediengesetzlichen Regelungen bei Fehling, Die Konkurrentenklage bei der Zulassung privater Rundfunkveranstalter (Berlin 1994) 39 ff.

11 Bullinger/Mestmäcker (FN 7), insb 26 f, 42 ff.

12 Dies wird auch von Verfechtern eines weiten Rundfunkbegriffs in der Regel eingeräumt; vgl etwa das Beratungsergebnis der Arbeitsgruppe „Rundfunkbegriff" der Rundfunkreferenten der Bundesländer v 17. 7. 1995 (Medien Dialog 8/1995) sowie die oben in FN 8 und 9 Genannten.

halten und nicht durch die „Annexion“ strukturfremder neuer Kommunikationsformen insgesamt in Frage zu stellen[13].

Ohnehin ist die Sonderrolle des Rundfunks durch eine *innere Entwicklung* in Frage gestellt, die seinen gesamthaften Einfluß auf den Menschen zurückdrängt und möglicherweise eines Tages ganz verschwinden läßt. Die wachsende Zahl von öffentlich-rechtlichen wie privaten Rundfunkprogrammen verringert den Einfluß des einzelnen Programms vor allem bei dem Teil des Publikums, der gezielt hin- und herschaltet, um eine jeweils passende Sendung herauszupicken. Spartenprogramme sprechen nur noch einzelne Teilinteressen an. Filmkanäle, die ohne gesamthafte Programmgestaltung Filme aneinanderreihen und gegen Einzelentgelt empfangbar machen (pay per view) oder mehrere Filme in raschem Wechsel umlaufen lassen und dem individuellen Zugriff öffnen (Zugriffsdienste)[14], lassen den Rundfunk in die Nähe der individualisierten Abrufdienste geraten. Um den Rundfunk in seinem Kern zu erhalten, wird man eher darüber nachdenken müssen, seine immer mehr strukturfremden Randbereiche in die „Allgemeinkommunikation“ abzustoßen, als auch die vollends strukturfremden Abrufdienste in den „Rundfunk“ hineinzuziehen und damit die Eigenart des Rundfunks als Grundlage seiner rechtlichen Sonderstellung zusätzlich in Frage zu stellen.

III. Strukturelle Eigenart nichtrundfunkmäßiger Allgemeinkommunikation

Die „Allgemeinkommunikation“ darf nicht allein negativ als Sammelbecken für alles verstanden werden, was weder zur Massenkommunikation Rundfunk noch zur elektromagnetischen Individualkommunikation nach Art des Fernsprechens gehört. Positiv zeichnet sich die Allgemeinkommunikation dadurch aus, daß sie Elemente der Massenkommunikation mit Elementen der Individualkommunikation zu einer Kommunikationsform verbindet, die einzelne Informationen wie Texte und Filme für jedermann verfügbar macht, aber nicht für ein gesamthaft „gefesseltes“ Massenpublikum, sondern individuell für jeden einzelnen Interessenten, typischerweise zu einem von diesem gewählten Zeitpunkt und nach seiner Wahl. Entweder wird hier, wie zB bei Abrufdiensten, Mas-

---

13 Bullinger/Mestmäcker (FN 7) 42 ff. Nach dem NRW-Urteil (BVerfGE 83, 238, 302 f) will das Bundesverfassungsgericht neue Dienste nur dann dem Rundfunk zurechnen, wenn sie *funktionell* an die Stelle des klassischen Rundfunks treten.

14 Zu den einzelnen Angebotsformen Bullinger/Mestmäcker (FN 7) 21 f; s auch bereits Bullinger, Kommunikationsfreiheit (FN 4), 30 ff.

senkommunikation *individualisiert* oder aber Individualkommunikation durch Speichern und Automatisieren „verallgemeinert“[15].

1. Allgemeinkommunikation im Bereich der Presse

Die Verbindung von Elementen der Massenkommunikation mit solchen der Individualkommunikation ist aus dem Bereich der Kommunikation in verkörperter Form, dh der Presse im weitesten Sinne, der Sache nach wohl bekannt, wenn auch medienrechtlich nur teilweise beachtet und kaum als eigene Kategorie der Allgemeinkommunikation erkannt:

a) Wenn in der presserechtlichen Literatur und Rechtsprechung von der elementaren Bedeutung der Massenkommunikation durch „Presse“ für die freie Bildung der öffentlichen Meinung die Rede ist, einem essentiellen Funktionselement der offenen Demokratie, so ist meist, dem Lebenssprachgebrauch folgend, die periodische Publikumspresse gemeint, dh Zeitungen und Publikumszeitschriften. Diese suchen in einer dem laufenden Gesamtprogramm des Rundfunks vergleichbaren Weise durch das regelmäßige Erscheinen einer redaktionell gestalteten, spartenübergreifenden Ausgabe jeweils, wenn auch zeitlich etwas gestreckt, ein Massenpublikum an sich zu ziehen und gesamthaft zu beeinflussen.

Wegen dieser besonderen „Macht“ über die demokratisch relevante Bildung der öffentlichen Meinung wird die periodische Presse besonderen Konzentrationsbeschränkungen unterworfen[16]. Übermäßige Meinungsmacht in einer Hand soll dadurch verhindert werden. Da aber Herausgeber und Redaktion periodischer Presseerzeugnisse gezwungen sind, auf die Leser Rücksicht zu nehmen, die mit ihrer individuell freien Kauf- oder Abonnementsentscheidung auf die Finanzierbarkeit oder Wirtschaftlichkeit der Publikation einwirken, ist die Marktmacht des Anbieters typischerweise gedämpft[17]. Deshalb kann man darauf verzichten, wie beim Rundfunk eine staatliche Kontrolle über die Ausgewogenheit des Inhalts auszuüben. Die Pressefreiheit erlaubt selbst bei der Massenpresse keine behördlichen Genehmigungs- oder Anzeigeerfordernisse. Staatliche Einwirkung beschränkt sich im wesentlichen darauf, den Zugang für Anbieter so weit wie möglich *offenzuhalten* (staatliche Offenheitspflege) und ein Mindestmaß an journalistischer Sorgfalt vorzuschreiben. Die Verantwortlichkeit für den Inhalt wird dadurch besonders gesichert, daß ein

[15] Näher BULLINGER/MESTMÄCKER (FN 7) 21 ff.

[16] So durch § 23 I 7 des Gesetzes gegen Wettbewerbsbeschränkungen idF der Bekanntmachung v 20. 2. 1990 (BGBl I 235); dazu LÖFFLER/RICKER, Handbuch des Presserechts, 3. Aufl (München 1994) 17. Abschnitt (543 ff).

[17] Vgl dazu KÜBLER, Medienverflechtung (Frankfurt aM 1982) 70 f.

verantwortlicher Redakteur bestellt und benannt werden muß und eine Pflicht zur Gegendarstellung besteht.

b) Der Bereich der eigentlichen Massenkommunikation wird bereits verlassen, wenn Bücher verlegt und durch Buchhandlungen oder Bibliotheken dem Leser zur Kenntnis gebracht werden. Ein einzelnes Buch steht neben vielen anderen lange Zeit für jedermann zum Kauf oder zur Ausleihe zur Verfügung. Jeder Käufer oder Leser entscheidet zu einem von ihm bestimmten Zeitpunkt darüber, ob er ein bestimmtes Buch erwerben oder entleihen will, ohne dabei in eine „Masse" eingebettet zu sein, vom „run" auf einen Bestseller einmal abgesehen. Es geht also um „Allgemeinkommunikation" und nicht um eigentliche Massenkommunikation. Um den Zugang von Verlegern, Autoren und Inhalten zum Büchermarkt offenzuhalten, bedarf es nicht wie bei Zeitungen oder Publikumszeitschriften besonderer wettbewerbsrechtlicher Vorkehrungen, auch deshalb nicht, weil Buchverlage sich auch faktisch in größerer Zahl jeweils neu bilden oder ausscheiden. Das allgemeine Wettbewerbsrecht genügt. Zur Sicherung der Verantwortlichkeit reicht ein normales Impressum. Für den Jugendschutz und Urheberschutz greifen die allgemeinen Vorschriften.

Bücher begründen, anders als Zeitungen und Publikumszeitschriften, als einzelne Informationsstücke im allgemeinen keine dauernde Bindung der Leser an Verlag und Autor. „Stückweise" erwerbende und aufnehmende Leser bedürfen auch typischerweise keines staatlichen Schutzes gegen einseitige Meinungsmacht eines Verlages oder Autors. Selbst große Verleger kommen so in den Genuß der vollen, primär individualrechtlich zu verstehenden Pressefreiheit, die eng mit der individuellen Meinungsfreiheit verbunden ist.

c) Einen weiteren Schritt in Richtung auf die Individualkommunikation bedeutet es, wenn *Flugblätter* verteilt werden. Zwar werden auch hier verkörperte Mitteilungen für *jedermann* bestimmt und soll eine möglichst große Zahl von Personen erreicht und überzeugt werden. Die Flugblattverteilung weist so gewisse Merkmale der Massenkommunikation auf. Flugblätter werden aber vom Hersteller und seinen Helfern im Regelfall persönlich ausgehändigt. Die Nähe zum persönlichen Gespräch ist so unverkennbar.

Infolgedessen tendiert das deutsche Bundesverfassungsgericht seit einiger Zeit dahin, das Verteilen von Flugblättern und andere „nichtinstitutionelle" Pressetätigkeit nicht mehr der medialen Pressefreiheit, sondern der individuellen Meinungsäußerungsfreiheit zuzuordnen[18]. In der

---

18 Grundlegend BVerfGE 85, 1, 12 f (kritische Bayer-Aktionäre), bestätigt durch BVerfGE 86, 122, 128; zusammenfassend HESELHAUS, NVwZ 1992, 710. Kritisch dazu LÖFFLER/BULLINGER, Presserecht, 4. Aufl (1997) § 1 Rn 38.

Trias der Kommunikationskategorien ausgedrückt, handelt es sich um eine *Allgemeinkommunikation* mit besonders ausgeprägter Nähe zur Individualkommunikation.

2. Allgemeinkommunikation im Bereich der „elektronischen Medien"

Im Bereich der „elektronischen Medien" konnte sich Allgemeinkommunikation nicht ebenso frei entwickeln und entfalten wie im Bereich der Presse. Denn zunächst war im wesentlichen neben der Individualkommunikation nur massenkommunikativer „Rundfunk" zugelassen. Dessen strenge staatliche Kontrolle hielt die rasche elektromagnetische Verbreitung von Gedanken an jedermann in gehörigen Schranken. Sie wurde im 20. Jahrhundert ebenso als besonders gefährlich eingestuft wie die Verbreitung von Druckwerken im 15. bis 19. Jahrhundert.

a) Drahtloser Amateurfunk hätte die Möglichkeit geboten, im Wege flugblattähnlicher Allgemeinkommunikation Mitteilungen an jedermann zu richten. Er blieb aber aus Sorge vor der Verbreitung revolutionärer oder sonst gefährlicher Ideen verboten oder auf absolut Harmloses beschränkt; außerdem erhielten nur wenige die erforderliche behördliche Genehmigung[19].

Auch leitungsgebundene flugblattähnliche Allgemeinkommunikation konnte sich nicht frei entwickeln, solange die Leitungsdienste kraft des staatlichen Fernmeldemonopols exklusiv von der Deutschen Bundespost betrieben und in Schranken gehalten wurden. Erst nach der Freigabe aller Telekommunikationsdienste mit Ausnahme des Telefonierens konnte sich im Internet solche Allgemeinkommunikation ungehindert ausbreiten. Millionen von Heimcomputern sind im Internet über Telefon- und Datenleitungen verbunden. Jedermann kann so weltweit mit jedermann in Kontakt treten, seine Informationen anbieten und fremde Informationen einholen. Er ist dabei nicht auf den persönlichen Gedankenaustausch mit bestimmten Partnern beschränkt. Die „schwarzen Bretter" von Diskussionsgruppen stehen vielfach jedem offen. Diese flugblattähnliche Verbreitung von Mitteilungen für jedermann muß parallel zu den pressemäßigen Flugblättern als der Individualkommunikation besonders nahestehend eingestuft werden und ist durch die individuelle Meinungsäußerungsfreiheit geschützt[20].

---

19 Bundesgesetz über den Amateurfunk v 14. 3. 1949 (BGBl III 90 22 – 1), insb § 7 I, II sowie § 8 I der Durchführungsverordnung v 13. 3. 1967 (BGBl III 90 22 – 1 – 1); dazu Bullinger/Mestmäcker (FN 7) 42 f, 148 f. Zum Amateurfunk näher Ronellenfitsch, VerwArch 81 (1990) 113 ff.

20 Dazu oben 1 c.

b) Der pressemäßigen Allgemeinkommunikation in Gestalt des Verlages und Vertriebs von Büchern entspricht es bei den „elektronischen Medien", wenn Texte und stehende Bilder in elektronischen Speichern etwa von Bibliotheken, Verlagen, Versandhäusern oder Reiseveranstaltern zum automatischen Abruf durch jedermann bereitgestellt werden. Solche Abrufdienste wurden in Deutschland 1983 von der Deutschen Bundespost als „Bildschirmtextdienst" (Btx) in einem nationalen Rahmen eingeführt und von den Ländern im Btx-Staatsvertrag gebilligt. Sie konnten von jedermann für jedermann ohne Erlaubnis oder Anmeldung betrieben oder genutzt werden. Im Gegensatz zum französischen Minitel blieb die Beteiligung allerdings für Jahre gering. Dies änderte sich erst in den neunziger Jahren, als sich im Internet oder im Zusammenhang damit Abrufdienste aller Art ausbreiteten.

Der Staatsvertrag über Mediendienste, der möglicherweise noch 1996 zustande kommt, wird nunmehr auch den Abruf von Filmen und anderen Bewegtbildern in die erlaubnis- und anzeigefreie nichtrundfunkmäßige Allgemeinkommunikation einbeziehen. Diese Abrufdienste werden funktionell an die Stelle des Vertriebs von Videokassetten und Videoplatten in Videotheken treten, der nach dem weiten deutschen Pressebegriff zur Presse gehört, da verkörperte Gedanken weitergeleitet werden[21].

3. Eigenart elektromagnetischer Allgemeinkommunikation

a) Soweit die rasch wachsende Artenvielfalt der elektromagnetischen Allgemeinkommunikation bereits heute Aussagen erlaubt, unterscheidet sich diese vom Rundfunk typischerweise in einigen wesentlichen Elementen:

- Einmal geht es nicht um eine das Publikum gesamthaft fesselnde Darbietung eines redaktionell gestalteten, zeitlich ablaufenden Gesamtprogramms, sondern um die stückweise Übermittlung von einzelnen Informationen, zB eines einzelnen Films oder Textes, für die bei wirtschaftlichem Vertrieb auch stückweise ein Entgelt entrichtet werden muß (*stückweiser Vertrieb einzelner Informationen*).
- Zum anderen handelt es sich nicht notwendig um einen professionell organisierten und tätigen Anbieter, der für seine Aussagen Glaubwürdigkeit und Autorität erstrebt und erwartet, sondern um eine *Jedermannskommunikation*, bei der jedermann als Anbieter und Abnehmer tätig werden kann, beispielsweise im Internet. Darin liegt gerade auch die Bedeutung der elektromagnetischen Allgemeinkommunikation für die Meinungsbildung in der offenen Demokratie. Infolgedessen

21 Zur Erstreckung des Pressebegriffs auf Videoplatten uä etwa § 7 I des Landespressegesetzes Baden-Württemberg; vgl dazu auch LÖFFLER/BULLINGER (FN 18) § 1 Rn 68 ff.

muß das Hauptanliegen staatlicher Gesetzgebung darin bestehen, die Offenheit der Allgemeinkommunikation für jedermann zu wahren (*staatliche Offenheitspflege*).

– Schließlich ist Allgemeinkommunikation typischerweise darauf angelegt, den einzelnen *Empfänger* einer Information aktiv entscheidend am Informationsvorgang mitwirken zu lassen. Er wählt zu einem ihm genehmen Zeitpunkt die von ihm gewünschte einzelne Information aus und stellt sich so sein eigenes „Informationsmenu" zusammen (*Individualisierung auf der Empfängerseite*).

b) Weit mehr als pressemäßige Allgemeinkommunikation weist elektromagnetische Allgemeinkommunikation aber *fließende Übergänge* zur (rundfunkmäßigen) Massenkommunikation und zur reinen Individualkommunikation auf.

Abrufdienste können zB die Möglichkeit geben, sich (wie im Internet) ein laufendes Rundfunkprogramm zuspielen zu lassen. Dieser Vorgang wird dann dem Rundfunk zuzurechnen sein. Auf der anderen Seite geht derjenige, der bei einer Bank zuerst allgemeine Informationen, dann aber seinen Kontostand abruft, von der Allgemeinkommunikation zur Individualkommunikation über.

Diese fließenden Übergänge bereiten der Gesetzgebung mancherlei Schwierigkeiten, zumal dann, wenn die Zuständigkeit für die Gesetzgebung je nach der Zuordnung anders zu beurteilen ist. In der Bundesrepublik haben sich deshalb Bund und Länder entschlossen, die telekommunikativen „Mediendienste" zwischen Rundfunk und Individualkommunikation in gegenseitiger Abstimmung zu regeln[22].

IV. Individualisierte Allgemeinkommunikation als aktivierendes Gegengewicht gegen passivierende Massenkommunikation

Manche bedauern, daß mit der raschen Ausdehnung elektromagnetischer Allgemeinkommunikation im Verein mit der Vervielfachung der Rundfunkprogramme die Bevölkerung sich nicht mehr einträchtig Tag für Tag vor einem von wenigen nationalen Fernsehprogrammen versammelt und in Staat und Gesellschaft integrieren läßt. Menschen, die für sich allein etwa im Internet ihre Informationen aufsuchen, seien einer kaum zuträglichen Vereinsamung ausgesetzt.

22 Im künftigen Länderstaatsvertrag über Mediendienste, koordiniert mit einem Bundesgesetz über Teledienste (s oben FN 1). Zur Kompetenzverteilung eingehend Bullinger/Mestmäcker (FN 7) 135 ff; zur Notwendigkeit einer koordinierten Regelung durch Bund und Länder unter gegenseitiger Rücksichtnahme aaO, 138 ff.

Gerade ein solches Auf-sich-selbst-gestellt-sein bedeutet aber einen entscheidenden Gewinn für den Menschen, die Gesellschaft und das staatliche Gemeinwesen. Denn die Forschungen der Medienpsychologin HERTHA STURM haben ergeben, daß übermäßiges Betrachten laufender Bewegtbildprogramme selbst guter Qualität (sog „Vielsehen") den Menschen in eine intellektuelle Passivität hineinführt, die bis zum Verlust der Fähigkeit führen kann, selbständig zu lesen und Gelesenes zu verarbeiten[23]. Vielsehen wiederum beruht nach diesen Forschungen vor allem darauf, daß Bewegtbildsendungen einen physiologischen Erregungszustand hervorrufen, der das Abschalten verhindert, sofern nicht hinreichende persönliche Motive für dieses Sich-lösen bestehen. Solche Abschaltmotive sind nicht erforderlich, wenn jede Sendung einzeln eingeschaltet und bezahlt (pay per view) oder aus einem Informationsspeicher individuell abgerufen werden muß; denn eine neue Einzelsendung kommt erst auf den Bildschirm, wenn erneut eine positive Auswahlentscheidung getroffen ist. Allgemeinkommunikation trägt also zusammen mit der Entwicklung von ihr nahestehenden individualisierten Rundfunkdiensten wegen der Stückelung des Angebots dazu bei, dem persönlichkeitsgefährdenden Vielsehen entgegenzuwirken.

Soweit Allgemeinkommunikation Informationssuchende veranlaßt, Texte weltweit aufzuspüren, zu lesen und zu verarbeiten, trägt sie zusätzlich dazu bei, die Lesefähigkeit und damit eine wesentliche Voraussetzung politischer und kultureller Aktivstellung des Bürgers in einer offenen demokratischen Ordnung und Gesellschaft zu erhalten. Zwar kann das „Fernlesen" auf dem Bildschirm nicht voll die parallele Allgemeinkommunikation auf dem Gebiet der Presse, dh das Lesen von Büchern und anderen Druckwerken ersetzen. Wer aber durch elektromagnetische Allgemeinkommunikation etwa im Internet Textinformationen aufsucht und verarbeitet, statt in seiner Freizeit allein Fernsehprogramme zu betrachten, erhält sich die Fähigkeit, auch Bücher zu lesen und zu verarbeiten. Auch deshalb wird der Umgang mit Internet und der dort möglichen Allgemeinkommunikation weltweit immer mehr zum wichtigen Gegenstand der Erziehung und Ausbildung. Es geht darum, Massenkommunikation, Allgemeinkommunikation und Individualkommunikation in ein persönlichkeitsförderndes und gemeinverträgliches Miteinander zu bringen.

Aufgabe der Rechtswissenschaft wird es sein, die bisher einseitige Orientierung am Rundfunk aufzugeben, den Blick für die neue Dreiteilung der Kommunikation zu öffnen und damit auch der Gesetzgebung Wege zu weisen.

---

23 STURM, in: Grewe-Partsch, Mensch und Medien (München 1987) 33, 35 ff. S auch VON DER LAHR, Media Perspektiven 1996, 2 ff; SCHULZ, ZUM 1996, 487, 492 f.

Joachim Burmeister

Das Verhältnis von Staat und Kirche unter dem Grundgesetz

I. Anlaß und Gegenstand der Ausführungen

Es ist inzwischen ein Gemeinplatz, dessen Feststellung fast zu einem Ritual geworden ist: Die Kruzifix-Entscheidung des Bundesverfassungsgerichts[1] hat in der Bundesrepublik Deutschland eine bislang hinsichtlich Form und Inhalt einmalige Diskussion heraufbeschworen, deren Folgewirkungen noch auf lange Sicht spürbar sein werden. Selten haben sich die großen Kirchen in so heftiger Art und Weise mit der Äußerung einer der drei staatlichen Gewalten auseinandergesetzt, selten hat sich eine so überwältigende Mehrheit in der Bevölkerung (gefühlsgeleitet, nicht immer juristisch begründet) gegen ein Urteil des Bundesverfassungsgerichts gewendet.[2]

Doch die aus dem Verhältnis von Staat und Kirche erwachsenden Probleme, die in dieser Entscheidung zutage getreten sind, sind zu vielschichtig, um die publizistischen Reaktionen als „tagespolitische Aufgeregtheiten" abzutun, die sich im Laufe der Zeit von selbst glätten. Vielmehr erscheint es geboten, das umstrittene Urteil aus seinem aktuellen Zusammenhang zu lösen und es in das Regelungs- und Ordnungsgefüge des Staatskirchenrechts einzubeziehen – einer Materie, die in den letzten Jahren gleichsam zum Terrain sektierischer Spezialisten geworden und weithin aus den Augen auch der juristisch vorgeprägten und -gebildeten Öffentlichkeit entschwunden ist. Hierbei handelt es sich um eine altehrwürdige Rechtsmaterie, die – ursprünglich sogar schlechthin Existenzfrage des modernen Staates – nach einer wechselhaften Entwicklung an den Rand des öffentlichen Rechts gedrängt wurde.

Es ist aus historischen Gründen evident, daß die „großen" Religionsgemeinschaften des Abendlandes, deren geistiges und physisches „Dasein" auch im modernen Staat nicht ohne weiteres eliminiert werden kann,

1 BVerfGE 93, 1 ff.

2 Zur Kruzifix-Entscheidung vgl aus dem jüngsten Schrifttum insbes D. MERTEN, in: FS K. Stern (1997) 987 ff; A. v. CAMPENHAUSEN, in: AöR 121 (1996) 448 ff; M. HECKEL, in: DVBl 1996, 446 ff; P. BADURA, in: BayVBl 1996, 33 ff, 71 ff; ST. MUCKEL, in: Kirche und Recht 1996, 65 ff.

keineswegs wie irgendein beliebiger Verein behandelt werden möchten oder können. Sie erheischen besondere Berücksichtigung durch den Staat und sein primäres Gestaltungsinstrument, das öffentliche Recht. Dies ist nicht ohne Grund: Geistige Wurzeln, Organisationsprinzipien und aktuelle Werte der großen Kirchen weisen weit über die Ursprünge der Staatlichkeit, der modernen allemal, in die Geschichte der Menschheit zurück. Der moderne Staat des Abendlandes hat die Kirche und den christlichen Glauben als Datum vorgefunden, er war gezwungen, sich mit beidem auseinandersetzen, sei es auch nur um der strikten Abgrenzung willen.

Drei typisierte Regelungsmodelle für die Erfassung des Verhältnisses von Staat und Kirche, die in wechselseitiger Vermischung oder aber in klarer Eindeutigkeit verwirklicht werden können und auch verwirklicht wurden, kristallisieren sich insofern als denkbare Erscheinungsformen heraus[3].

1. Die historisch frühe, symbiotische Verbindung von Staat und Kirche.
2. Der erst seit der Neuzeit verwirklichte Grundsatz der Trennung von Staat und Kirche, wobei sich im idealtypischen Fall das Verhältnis des Staates zu den Religionsgesellschaften genauso darstellt wie das Verhältnis des Staates zu anderen in seinem Machtbereich bestehenden Vereinen.
3. Die Scheidung der staatlichen und kirchlichen Bereiche unter Aufrechterhaltung des öffentlich-rechtlichen Status der Kirche und der kirchlichen Autonomie.

Die staatskirchenrechtliche Realität in Deutschland hat zumindest die beiden letztgenannten Ordnungsideen in den verschiedenen Phasen ihrer Entwicklung durchlaufen. So nimmt es auch nicht wunder, daß das „moderne“ Staatskirchenrecht eine eigentümliche Tektonik aufweist, in deren Schichten sich die Relikte vergangener Ordnungsmodelle finden lassen, welche nicht allein mit dem Hinweis auf „ein Prinzip der Neutralität“ oder der „Trennung von Staat und Kirche“ hinweg zu diskutieren sind.

Laizistische Wünschbarkeiten sind Themen der Verfassungspolitik. Wo das geltende Verfassungsrecht Berührungspunkte von Staat und Kirche konstituiert, muß eine gewisse, das Grundsätzliche des Trennungsdogmas insgesamt nicht in Frage stellende Permeabilität beider Einheiten erkannt und verfassungsrechtlich verarbeitet werden. Der Staat des Grundgesetzes lebt auch von der Sozialmächtigkeit der in ihm wirkenden Verbände, mit denen er sich zur gemeinsamen Erfüllung öffentlicher Aufgaben zusammenfindet.

---

3 A. v. Campenhausen, Staatskirchenrecht, 2. Aufl (1983) 2.

Die durch die Kruzifix-Entscheidung des Bundesverfassungsgerichts angerührte Konfliktlage mag unter den Bedingungen des modernen westlichen Verfassungsstaates überraschen. Die Religion ist heute unter den Bedingungen des ideologischen Pluralismus zweifelsohne nicht mehr das einende Fundament des Staates. Spätestens die in der Reformation angelegte und in den großen Glaubenskriegen zur Eruption gelangte Teilung des einen christlichen Glaubens zwangen den Staat, Distanz zur Religion zu gewinnen. Um seiner inneren Einheit willen mußte er der Rolle einer Partei entsagen und sich mit dem Status des neutralen Beobachters und Schlichters begnügen. Der Staat fühlte sich nicht mehr in der Verantwortung für die Heilswahrheit, seine Aufgaben waren jedenfalls in der politischen und staatsrechtlichen Theorie durch ihren immanenten Bezug geprägt und zugleich begrenzt. Die Entwicklung und Durchsetzung transzendentaler Heilslehren wurden in den gesellschaftlichen Bereich verwiesen und damit notwendigerweise pluralisiert. Doch ist dieses Nebeneinander von Immanenz und Transzendenz so trennscharf nicht aufrecht zu erhalten. In Grund und Grenze der realen Vermischung zweier heute grundverschiedener Kategorien liegt das Regelungsthema und zugleich der sensible Konfliktstoff des Staatskirchenrechts.

Die enorme Geschichtsbedingtheit staatskirchenrechtlicher Strukturen legitimiert, fordert an sich gleichsam als einen ersten Schritt der Problemanalyse eine Rückbesinnung auf die historischen Wurzeln und den Werdegang des Verhältnisses von Staat und Kirche im Abendland, ohne deren Kenntnis verschiedene Punkte, die den Gegenstand des nunmehr wiederentbrannten Konflikts bilden, schwer erklärlich sind.

II. Historischer Abriß des Verhältnisses von Staat und Kirche[4]

Zur Zeit der vorchristlichen Antike Europas lebte der Mensch in einer theopolitischen Einheitswelt, in der Staat und Religion in einer unauflösbaren Legimitationseinheit miteinander verwoben waren.

Erst die Ideen des Christentums bewirkten eine Scheidung des Gläubigen vom Staatsbürger. Nur nach der Etablierung dieser Dichotomie konnte das Verhältnis von Staat und Kirche zu einem Problem werden, da allein die Auflösung der Symbiose von staatsbürgerlicher Verantwortung und transzendentem Gottesbezug des Gemeinwesens die zwei Pole

---

[4] Hierzu vor allem die Darstellungen bei A. v. Campenhausen, Staatskirchenrecht, 2. Aufl (1983) 3 ff und A. Hollerbach, Grundlagen des Staatskirchenrechts, in: J. Isensee/P. Kirchof, HdbStR VI (1989) § 138 Rn 6 ff.

entstehen ließ, zwischen denen sich in den folgenden Jahrhunderten immer wieder eine machtvolle Spannung aufladen sollte. Zwar vereinte der römische Kaiser THEODOSIUS beide Mächte schon bald wieder in einer Hand: Das Christentum wurde im Jahre 380 n Chr als römische Staatsreligion etabliert und gelangte auf diese Weise zu einer rechtlichen Alleinherrschaft, deren Schattenseite die Minderung des Rechtsstatus anderer Glaubensbekenntnisse war. Indes handelte es sich bei dieser „Wiedervereinigung" von Staat und Kirche nicht um die Renaissance der antiken „identitären" Einheit. Versinnbildlicht in den beiden Machtträgern Kaiser und Papst, die jeweils für sich regnum / imperium bzw das sacerdotium personal faßbar machten, traten Staat und Religion als zwei inkommensurable Größen nebeneinander, ohne wieder symbiotisch zu verschmelzen.

Das Mittelalter war geprägt von einem enormen Einfluß weltlicher Staatsorganisation auf die Kirchen, die ihrerseits eine Kompensation in der Einräumung politischer Herrschaftsrechte fanden. Die Vermischung von weltlichen und geistigen Aufgaben sollte ein Kennzeichen der gesamten mittelalterlichen Ordnung bleiben. Die wachsende Macht der sich seit dem 13. Jahrhundert bildenden Territorialstaaten und das große Schisma,[5] welches die Kirche innerlich spaltete, trugen dann jeweils das ihre zum Niedergang der päpstlichen Macht bei. In Deutschland hatte der Zerfall der kirchlichen Macht zur Folge, daß die Fürsten der allmählich heranwachsenden Territorialstaaten und die entsprechenden Städte die Verwaltung der Kirche in die Hand nahmen und sich umfassende Rechte insbesondere bei der Bestimmung über die Einkünfte und bei der Stellenbesetzung im kirchlichen Bereich sicherten.

Die Reformation in Deutschland entzweite in der Folge den *einen* christlichen Glauben und hinterließ bis auf den heutigen Tag sichtbare Spuren in der politischen Geographie des Landes. Dieses Ereignis ist auf Reichsebene Geburtsstunde des modernen Staates, der mit seinem Gewaltmonopol, mit straffer Behörden- und Beamtenorganisation und mit effizienter Finanz- und Militärverfassung seine Wurzel in der staatsrechtlichen Ausweglosigkeit findet, im Streit der beiden christlichen Glaubensrichtungen Partei ergreifen zu müssen.

Die große Revolution in Frankreich, die das Gesicht Europas so nachhaltig veränderte, atmete den Geist der Aufklärung. Der mit ihr geborene Staat verstand sich als säkulares, nicht religiös-kirchlich legitimationsbedürftiges Gemeinwesen. Aber schon hier wird in der Rückschau deutlich, daß mit der Eleminierung der Kirche aus dem staatsorganisato-

5 Das große abendländische Schisma ist die Zeit von 1378 bis zum Konzil von Konstanz 1417, in der sich jeweils zwei, dann sogar drei Päpste gegegenüberstanden.

rischen Gefüge des Gemeinwesens nicht zugleich auch der missionarische Eifer weicht. Lediglich eine Auswechselung der Inhalte wurde durch die Theorie der Aufklärung vorgegeben; absolut-radikaler Geltungsanspruch und zum Teil zweifelhafte Methoden blieben durchweg erhalten.

In Deutschland manifestierten sich diese geistigen Strömungen im Reichsdeputationshauptschluß von 1803, der reichsweit eine große Säkularisationswelle einleitete: ihre Konsequenz war die Auslöschung geistiger Territorien mit politischer Herrschaftsgewalt und auch die Reichskirche hörte praktisch zu existieren auf. Die Kirche wurde ihrer staatsrechtlich organisierten Macht weitgehend entkleidet und damit auf sich selbst, ihren transzendentalen Heilsauftrag reduziert. Mit der Weimarer Reichsverfassung zog dann der *Zentral*staat die Federführung über die seit Jahrhunderten schwerpunktmäßig auf territorialer Ebene abgelaufene Entwicklung des Staatskirchenrechts an sich. Die hier verfassungsrechtlich niedergelegten staatskirchenrechtlichen Bestimmungen gelten heute noch gemäß Art 140 GG weitgehend fort, sie erweisen sich als eine wichtige Säule des aktuellen Staatskirchenrechts neben dem in Art 4 GG verbürgten Grundrecht auf Religions- und Gewissensfreiheit.

Zentrale Vorschrift dieses Normkomplexes ist Art 137 Abs 1 WRV.

Art 137 WRV

(1) Es besteht keine Staatskirche.

...

Die verfassungsrechtliche Absage an eine Staatskirche manifestierte den endgültigen Vollzug einer organisatorischen Trennung von Staat und Kirche, die indes im Kontext der übrigen staatskirchenrechtlichen Bestimmungen der Weimarer Verfassung nur als Grundmuster erscheint, mit dem die vielfachen wechselseitigen Verbindungen beider Institutionen auf verschiedenen Ebenen außerhalb des „organisatorischen Kerns“ des Staatsgefüges nicht hinwegdiskutiert werden können.

Die Verfassung betont die Neutralität des Staates in religiös-weltanschaulicher Hinsicht (Art 135, 141 WRV) und seine Distanz zu den Kirchen, die gemeinsam mit allen anderen Religions- und Weltanschauungsgemeinschaften als „Religionsgesellschaften“ rechtlich auf eine Ebene gestellt werden sollten. Sie alle konnten wie die großen Kirchen unter bestimmten Bedingungen den Status einer öffentlich-rechtlichen Körperschaft erwerben. In „umgekehrter Richtung“ schenkte die Weimarer Reichsverfassung den Kirchen, vor allen Dingen der evangelischen, Freiheit von staatlicher Ingerenz.

Im nationalsozialistischen Regime folgte der zunächst stellenweise positiven, in Nuancen einer diktatorischen Ordnungsmacht gegenüber aufgeschlossenen Haltung der Kirchen schon bald weitestgehende Ernüchterung: die Verpflichtungen des Staates aus dem Reichskonkordat (Gewährleistung des freien Bekenntnisses, Religionsunterricht etc) wurden nicht wirklich erfüllt, auch wenn der Vertrag formal in Kraft blieb. Das Konkordat mutierte so vom staatsrechtlichen Gestaltungsfaktor zu einer letzten Schutz- und Trutzburg der Kirchen, in die sich ihre Vertreter vor den immer intensiveren Zugriffen des den Menschen ganzheitlich vereinnahmenden Weltanschauungsstaates zurückzuziehen suchten. Im Prinzip galt bald ein faktisches Verbot der Doppelmitgliedschaft in kirchlichen Verbänden und in einer der mehr und mehr raumgreifenden nationalsozialistischen Zwangsorganisationen, viele kirchliche Verbände kamen allein durch ihre Selbstauflösung staatsseitigen Zwangsmaßnahmen zuvor. Ziel der neuen Machthaber war die Entkonfessionalisierung des öffentlichen Lebens durch Verdrängung der Kirchen auch aus dem Binnenraum der Gesellschaft, um auf diese Weise Platz für die umfassende und ganzheitliche Vereinnahmung der Menschen durch den Staat zu schaffen. Mit dem NS-Regime brach auch seine staatskirchenrechtliche Ordnung zusammen. Die Väter des Grundgesetzes konnten und wollten hier nicht an Vergangenem anknüpfen. Eine Rückbesinnung auf die Weimarer Verfassungsordnung erschien somit naheliegend.

Neben einer Grundlegung der allgemeinen Glaubens- und Bekenntnisfreiheit inkorporierte das Grundgesetz einen großen Teil der Weimarer Kirchenverfassung per Verweisungsnorm und erhob es somit zu vollgültigem und gleichberechtigtem Verfassungsrecht der Bundesrepublik Deutschland. Neben der auf die Weimarer Reichsverfassung verweisenden Vorschrift des Art 140 GG tritt daher die Gewährleistung der Religions- und Gewissensfreiheit in Art 4 GG. Diese beiden Normkomplexe sind grundsätzlich in einer Zusammenschau zu sehen, nur redaktionelle Überlegungen des parlamentarischen Rates verhinderten ihre auch „räumliche Annäherung".

Dieser Gang durch die ältere und jüngere Geschichte des deutschen Staatskirchenrecht hat schon manches von dem vorweggenommen, was im folgenden noch einmal im Zusammenhang darzulegen ist.

III. Die vier Eckpfeiler des aktuellen Staatskirchenrechts auf Bundesebene

Das mit dem Grundgesetz errichtete Koordinatensystem, in das sich heute das Verhältnis von Staat und Kirche einfügt, weist vier Fixpunkte auf. Dabei handelt es sich zum einen natürlich um die Konstituierung der individuellen Glaubensfreiheit im Rahmen des Grundrechtskatalogs

(Art 4 GG) sowie drei zentrale Vorschriften der Weimarer Reichsverfassung, auf die Art 140 GG (wie bereits gesehen) verweist:

1. Art 137 Abs 1, der die Absage an die Etablierung einer Staatskirche enthält;
2. Art 137 Abs 3 S. 1 WRV, der das kirchliche Selbstbestimmungsrecht verfassungsrechtlich absichert;
3. die Verfestigung des Körperschaftsstatus der Kirchen in Art 137 S 4 WRV.

1. Das Grundrecht der Glaubensfreiheit (Art 4 GG)

Art 4 des Grundgesetzes statuiert:

Art 4 GG

(1) Die Freiheit des Glaubens, des Gewissens und die Freiheit des religiösen und weltanschaulichen Bekenntnisses sind unverletzlich.
(2) Die ungestörte Religionsausübung wird gewährleistet.
(3) ...

Das Bundesverfassungsgericht hat in diesem Zusammenhang entschieden, daß es sich bei den beiden ersten hier relevanten Absätzen des Art 4 GG um ein *einheitliches Grundrecht* handelt, so daß die Gewährleistung einer ungestörten Religionsausübung durch Abs 2 neben der in Abs 1 statuierten Glaubens-, Bekenntnis- und Gewissensfreiheit nur deklaratorischen Charakter hat[6], da jede Weltanschauung – sei sie Religion im überkommenen Sinne oder religionsfremde oder gar -feindliche Weltanschauung – nur dann wirksam geschützt sein könne, wenn der Schutz nicht allein das forum internum, sondern auch das forum externum umfasse.

Die Abschichtung von Glaubens-, Bekenntnis- und Gewissensfreiheit gelingt nur unter großen Schwierigkeiten[7], doch kann diese Diskussion auch angesichts der einheitlichen Schutzintensität in allen drei Bereichen keine praktischen Auswirkungen haben.[8] Die Glaubensfreiheit[9] schützt die Freiheit, einen Glauben zu haben oder dies abzulehnen. Unter diesem Aspekt wird das Verbot staatlicher Einflußnahme auf die Bildung von Glaubensüberzeugungen ebenso statuiert wie das Verbot staatlichen Glaubenszwangs auch mittelbarer oder tatsächlicher Art. Positiv gewen-

---

6 BVerfGE 24, 236 (245 f).

7 BVerfGE 32, 98 (106).

8 Nicht nur der Einfachheit halber wird im folgenden allein von der Glaubensfreiheit die Rede sein: Dort wo das Verhältnis von Staat und Kirche in Frage steht, kommt die „Religion" ins Spiel. Diese aber ist ganz unzweifelhaft unter den Begriff der Glaubensfreiheit zu subsumieren.

9 A. v. Campenhausen, Religionsfreiheit, in: J. Isensee/P. Kirchhof, HdbStR VI (1989) § 136 Rn 41 ff.

det bedeutet dies die Freiheit der Glaubenswahl oder -abwahl mit ensprechender „Vorwirkung" des Schutzes in den Stadien, in denen eine konkrete, glaubensgeleitete Entscheidung vorbereitet wird. Aber nicht allein kultische Handlungen, sondern auch *„andere Äußerungen des weltanschaulichen Lebens"*[10] und insgesamt das *„Recht des einzelnen, sein gesamtes Verhalten an den Lehren seines Glaubens auszurichten und seiner inneren Glaubensüberzeugung gemäß zu handeln"*[11] wird durch den Schutzgehalt des Art 4 GG gegenüber staatlicher Ingerenz abgeschirmt.

Die ursprünglich vom Bundesverfassungsgericht vorgenommene sachliche Beschränkung all dieser Freiheiten auf diejenigen Betätigungen des Glaubens, *„die sich bei den heutigen Kulturvölkern auf dem Boden gewisser übereinstimmender sittlicher Grundanschauungen im Laufe der geschichtlichen Entwicklung herausgebildet hat"*[12] („Abendlandvorbehalt") wurde im weiteren Verlaufe der Rechtsprechung wieder aufgegeben[13]. Das Bundesverfassungsgericht ist hierbei der Frage, *welche* Handlungen im Einzelfall glaubensgeleitet sind, dem in den Kirchen, Religions- und Weltanschauungsgemeinschaften lebendigen Selbstverständnis gefolgt und hat ihnen dabei ausdrücklich eine wichtige Rolle bei der Bestimmung des Schutzbereichs dieses Grundrechts eingeräumt[14]. Das Selbstverständnis des Grundrechtsträgers bestimmt damit die Intensität des Grundrechtsschutzes, dem zu Schützenden wird Interpretationshoheit eingeräumt.

Eine – freilich nicht besonders schwer erfüllbare – Voraussetzung, die das Bundesverfassungsgericht hier aufstellt ist die, daß der Beschwerdeführer *plausibel* verständlich macht, daß sein in Frage stehendes Handeln glaubensgeleitet oder -verpflichtet ist[15]. Eine bloße Behauptung genügt insofern nicht. Diese Vorgehensweise ist trotz des Grobfilters der „Plausibilität" keineswegs unproblematisch: Dort wo das Selbstverständnis Maß und Grenze des Grundrechtsschutzes wird, droht der Schutzbereich seinen normativen Charakter als verfassungsrechtliches Maß der allgemeinen und gleichen Freiheit einzubüßen[16]. Wo der Staat seine Interpretationshoheit an denjenigen delegiert, der der Nutznießer des staatlichen Schutzes ist, besteht die Gefahr der Grundrechtsüberdehnung in eigener Sache. Um seine innere Souveränität zu wahren, muß der Staat seinen Aktionsradius im Rahmen des ihm verfassungsrechtlich zugestandenen

10 BVerfGE 24, 236 (246).

11 BVerfGE 32, 98 (106).

12 BVerfGE 12, 1 (4).

13 BVerfGE 41, 29 (50).

14 BVerfGE 24, 236 (247 f).

15 BVerfGE 34, 165 (195); 47, 327 (385); 50, 256 (262).

16 J. Isensee, Das Grundrecht als Abwehrrecht und staatliche Schutzpflicht, in: ders/P. Kirchhof, HdbStR V (1992) § 111 Rn 57.

selbst definieren. Dies gebietet seine Gemeinwohlverpflichtung, die ihn in die Rolle des Vermittlers und Letztentscheidenen bei konfligierenden Freiheitsinteressen verweist. Ob und wie der einzelne in den so definierten Grenzen seine Freiheit nutzt, bleibt hingegen *ihm selbst* überlassen.

Natürlich kann der Staat seine Definitionshoheit nicht dazu mißbrauchen, Vorgegebenes einseitig abzuändern, indem etwa schlicht behauptet wird, diese oder jene seit Jahrhunderten praktizierte Handlung sei nicht glaubensgeleitet. Hier mag daher das im Laufe der Geschichte gewachsene und vom Verfassungsgeber sub specie Glaubensfreiheit vorgefundene und im Wortlaut der Verfassung rezipierte Selbstverständnis der Kirchen einen ersten Interpretationsansatz liefern. Doch muß *der Staat* den Interpretationsvorgang selbst durchführen und offenlegen und kann sich dabei nicht damit begnügen, auf das vorgetragene Selbstverständnis des Grundrechtsträgers zu verweisen. Dieser Vorgang erfordert Fingerspitzengefühl, da der Staat sich hierbei stets auf dem schmalen Grat zwischen abstrakter Umschreibung des Schutzgutes und verbotener Evaluierung bewegt[17].

Wie angedeutet, läßt sich die Glaubensfreiheit nicht allein positiv als Recht zur freien Glaubensausübung wenden; wie den meisten Grundrechten wohnt auch diesem eine negative Komponente inne: Die Freiheit *vom* Glauben. Hierbei handelt es sich indes nicht um einen Rechtstitel, vermittels dessen die positive religiöse Betätigung anderer unterbunden werden kann.

Das Grundrecht der Glaubensfreiheit ist vorbehaltlos, aber nicht schrankenlos gewährleistet[18]. Konflikte zwischen verschiedenen Berechtigten können daher nur nach dem stets Anwendung findenden Grundsatz praktischer Konkordanz gelöst werden[19]: Der Freiheitskonflikt ist in einem möglichst allseitig freiheitsschonend wirkenden Kompromiß aufzulösen. Jede Seite muß hierbei an Freiheit nur das hergeben, was für den schonenden Ausgleich unbedingt notwendig ist.

Aber auch in dem Charakter als objektives Sinnprinzip für die Gesamtrechtsordnung – eine Eigenschaft, die jedem Grundrecht zukommt

17 Daß selbst renommierte Staatsrechtler dieses „Fingerspitzengefühl" bei der Frage nach einer eher „subjektivistisch" oder „objektivistisch" zu definierenden Religionsfreiheit vermissen lassen, zeigt die Diskussion zwischen SCHLAICH und ISENSEE in: Essener Gespräche zum Thema Staat und Kirche, Bd 20 (1986), Der Islam in der Bundesrepublik Deutschland, 183 ff, 186 f.

18 Hierzu insgesamt K. OBERMAYER, Die Schranken des Grundrechts der Religionsfreiheit, in: ZevKR 1982, 253 ff.

19 BVerfGE 41, 29 (50); zum Prinzip praktischer Konkordanz allgemein: KONRAD HESSE, Grundzüge des Verfassungsrechts der Bundesrepublik Deutschland, 20. Aufl (1995) § 10 Rn 317 ff.

– wird die verfassungsrechtliche Substanz von Art 4 GG offenbar: Er ermöglicht auch das Wirken im Sinne *öffentlicher* Freiheit, das religiös motivierte Handeln das Grundrechtsträgers. Das Grundrecht kommt in ganz spezifischer Weise den Kirchen- und Religionsgemeinschaften sowie deren Organisationstrabanten zugute. Sie *alle* sind Träger des Grundrechts. Dabei darf der Staat hier nicht ohne weiteres von sich aus zwischen den verschiedenen Religionsgemeinschaften differenzieren: Das neutrale, die Glaubensfreiheit aller seiner Bürger gewährleistende Gemeinwesen kann seinem Anspruch der Nichtidentifikation nur genügen, wenn es alle relevanten, in seinem Machtbereich vorhandenen Glaubensgemeinschaften gleichbehandelt (Grundsatz der Parität).

Neben die Ableitung des Paritätsgrundsatzes für die Religionsgemeinschaften aus dem Freiheitsrecht des Art 4 GG treten die Vorschriften der Art 3 Abs 3 und Art 33 Abs 3 GG. Während erstgenannte Vorschrift den einzelnen vor Diskriminierungen aufgrund seines religiösen Bekenntnisses oder auch Nichtbekenntnisses schützt, sichert Art 33 Abs 3 GG den gleichmäßigen Genuß staatsbürgerlicher Rechte ebenso wie den gleichmäßigen Zugang zu öffentlichen Ämtern unabhängig von einem religiösen Bekenntnis[20]; also auch hier – wenn man so will –: Parität. Der staatskirchenrechtliche Grundsatz der Parität ist kein Zwang zu schematischer Indifferenz. Er findet ebenso wie der allgemeine Gleichheitssatz seine Grenze dort, wo sich sachgerechte Gründe für eine Ungleichbehandlung finden lassen.

2. Das Verbot der Staatskirche (Art 137 Abs 1 WRV)

Schon oben wurde der zweite Fixpunkt der staatskirchenrechtlichen Verfassungsordnung angesprochen: Art 137 Abs 1 WRV.

Art 137 WRV

(1) Es besteht keine Staatskirche.

...

Das hier niedergelegte Verbot der Staatskirche verdeutlicht die „Scheidung in der Wurzel" zwischen säkularem Staat und Kirche bzw Religionsgemeinschaften. Auch aus der Absage an eine Staatskirche läßt sich das Gebot strikter Parität ableiten. Der verfassungsrechtliche Kern dieser Vorschrift liegt jedoch darin, daß sie jede institutionelle Verbindung von Staat und Kirche *im Kernbereich der Staatsfunktionen* verbietet.

---

20 Zum Verhältnis von Art 4 Abs 1 und 2 GG und Art 3 Abs 3 GG einerseits zu Art 33 Abs 2 und 3 GG andererseits vgl Ralf Röger, Die Religionsfreiheit des Richters im Konflikt mit der staatlichen Neutralitätspflicht, DRiZ 1995, 471, 473.

Die bereits angesprochene staatliche Unfähigkeit der andauernden Identifikation mit einer einzigen Glaubensrichtung ist der Nährboden für die religiöse Neutralität des Staates und die Verweisung dieser Fragen in den Bereich der grundrechtsgeschützten Gesellschaft. Zu dem Zeitpunkt ihres ursprünglichen Inkrafttretens versetzte die Vorschrift – wie bereits erwähnt – dem 1919 noch in Rudimenten existierenden staatlichen Kirchenregiment und dem Summepiskopat (dies war die Stellung des Landesherrn als Haupt der Landeskirche) den letzten Stoß.

Die Norm huldigt keiner puristischen, laizistischen Trennung von Staat und Kirche. Sie muß in dem gesamten Kontext gelesen werden, in den sie eingebettet ist. Gerade der Staat, der von Voraussetzungen lebt, die er selbst nicht garantieren kann, bedarf bei der Erfüllung seiner Aufgaben und der Sicherung seiner staatsethischen Grundlagen der Mitarbeit aller gesellschaftlich relevanten Kräfte. Zu diesen zählen in allererster Reihe auch die Kirchen, was durch deren besondere Stellung innerhalb der verfassungsrechtlichen Ordnung verdeutlicht wird.

3. Das kirchliche Selbstbestimmungsrecht (Art 137 Abs 3 S. 1 WRV)

In engem Zusammenhang mit dem institutionellen Aspekt des Grundrechts auf Glaubensfreiheit aus Art 4 GG steht die Fixierung des kirchlichen Selbstbestimmungsrechts (Art 137 Abs 3 S 1 WRV).

Art 137 WRV

...

(3) Jede Religionsgesellschaft ordnet und verwaltet ihre Angelegenheiten selbständig innerhalb der Schranken des für alle geltenden Gesetzes. Sie verleiht ihre Ämter ohne Mitwirkung des Staates oder der bürgerlichen Gemeinde.

...

Dabei hat das Verhältnis von Art 137 Abs 3 WRV zu Art 4 Abs 1 und 2 GG schon früh Wissenschaft und Rechtsprechung beschäftigt. In diesem Zusammenhang kann heute als gesichert gelten, daß es sich bei der Garantie freier Ordnung und Verwaltung der eigenen Angelegenheiten um eine notwendige, gegenüber den grundrechtlichen Freiheiten aus Art 4 Abs 1 und 2 GG indes rechtlich selbständige Gewährleistung handelt. Die genannten Grundrechtsnormen verbürgen nach allgemeiner Ansicht zwar auch die Freiheit der Vereinigung zu Religionsgesellschaften. Art 137 Abs 3 WRV gibt seinerseits der Freiheit des religiösen Lebens und Wirkens in und durch Kirchen und Religionsgemeinschaften die zur Wahrnehmung dieser Aufgaben unerläßliche Freiheit der Bestimmung über Organisation, Normsetzung und Verwaltung hinzu[21].

---

21 BVerfGE 42, 312 (332); 53, 366 (401).

In ihrer Grundfunktion erkennt die Norm damit die Kirchen als auch organisatorisch eigenständige Subjekte an, die innere Struktur und Fähigkeit zur inhaltlichen Gestaltung nicht vom Staat herleiten, sondern als ursprüngliche Größen innehaben. Kirchengewalt ist damit nicht relative, sondern unabgeleitete, originäre Rechtsmacht[22]. Dennoch muß der Staat seine letztendliche Verantwortung für das Gemeinwohl über den der Vorschrift beigegebenen Schrankenvorbehalt wahrnehmen, ohne dabei unverhältnismäßig in den Eigenbereich der Kirchen einzugreifen. Ziel jeder Regelung muß dabei eine sinnvolle und grundrechtsschonende Koexistenz von Staat und Kirche sein. Dabei kann ein staatliches Gesetz keine Schranken für *rein interne* kirchliche Angelegenheiten errichten[23].

Wo dieser (zugegebenermaßen) schmale Bereich verlassen wird, ist der dem Selbstverwaltungsrecht beigegebene Gesetzesvorbehalt das Medium zur Verwirklichung der staatlichen Gemeinwohlverpflichtung. Dabei darf die von der Verfassung getroffene Wertentscheidung zugunsten der grundsätzlichen kirchlichen Selbständigkeit nicht als *quantité negliable* hintanstehen, die Grundsätze des Verhältnismäßigkeitsprinzips entfalten hier ihre typische Schutzwirkung.

4. Institutionalisierung der Kirchen als Körperschaften des öffentlichen Rechts (Art 137 Abs 5 WRV)

Vierter Eckpfeiler der rechtlichen Ordnung im Verhältnis von Staat und Kirche ist die Institutionalisierung der Kirchen als Körperschaften des öffentlichen Rechts durch Art 137 Abs 5 WRV[24].

Art 137 WRV

...

(5) Die Religionsgesellschaften bleiben Körperschaften des öffentlichen Rechtes, soweit sie solche bisher waren. Anderen Religionsgesellschaften sind auf ihren Antrag gleiche Rechte zu gewähren, wenn sie durch die Verfassung und die Zahl ihrer Mitglieder die Gewähr der Dauer bieten. Schließen sich mehrere derartige öffentlich-rechtliche Körperschaften zu einem Verbande zusammen, so ist auch dieser Verband eine öffentlich-rechtliche Körperschaft.

...

Durch diese Vorschrift werden die Kirchen in ein weltlich-rechtliches Kleid gehüllt. Obwohl sie als Körperschaften des öffentlichen Rechts eine Organisationsform der mittelbaren Staatsverwaltung annehmen, sind sie der organisierten Staatlichkeit nicht eingegliedert. Mit der Körperschaftsstellung wird einzig die Bedeutsamkeit der Kirchen und Religions-

22 BVerfGE 18, 385 (386).

23 BVerfGE 18, 385 (386).

24 Hierzu allgemein: G. Schmidt-Eichstaedt, Die Körperschaftsqualität der Kirchen, in: Der Staat Bd 21 (1982) 423 ff.

gemeinschaften für die staatliche Gesamtordnung anerkannt und ihre Rolle im Bereich des „Öffentlichen", nicht des „Staatlichen" fixiert. Freilich ist dieser Status keine *conditio sine qua non* für das Wirken der Kirche, doch leistet der Staat unter diesem Titel Rechts- und Finanzhilfe zugunsten der Religionskörperschaften, damit diese ihre eigenständige und öffentliche Freiheit optimal entfalten können. Das Bundesverfassungsgericht formuliert insoweit: *„Dieser Status soll die Eigenständigkeit und Unabhängigkeit der Kirche vom Staat sowie ihre originäre Kirchengewalt bekräftigen"*.

Die Verleihung des Körperschaftsstatus erfolgt somit seitens des Staates primär nicht aus eigennützigen Motiven im Sinne einer strengen Indienstnahme. Der Status hat vielmehr eine freiheitsdienende Funktion zugunsten der Kirchen, indem diese hinter dem Schutzschild der öffentlich-rechtlichen Organisation ihre Freiheit optimal organisieren können[25]. Indem festgestellt wird, daß der Körperschaftsstatus die Kirchen nicht in den Rang der mittelbaren Staatsverwaltung erhebt, ist zugleich gesagt, daß die Kirchen auch keiner Staatsaufsicht unterliegen. Sie nehmen damit eine Zwitterstellung ein: auf der einen Seite sind sie öffentlich-rechtlich organisiert, auf der anderen Seite sind sie im Gegensatz zu der ganz überwiegenden Mehrheit der anderen öffentlich-rechtlichen Rechtssubjekte grundrechtsfähig[26] und nur in dem ganz engen Teilbereich des Kirchensteuerrechts ihrerseits grundrechtsverpflichtet.

Die wichtigste praktische Folge aus dem Körperschaftstatus liegt dann auch im Bereich des Kirchensteuerrechts. Nach Art 137 Abs 6 WRV sind *nur* diejenigen Religionsgesellschaften, die Körperschaften des öffentlichen Rechts sind, berechtigt, mit Hilfe der bürgerlichen Steuerlisten nach Maßgabe landesrechtlicher Bestimmungen Steuern zu erheben. Dieses Steuererhebungsrecht ist eine staatliche verliehene hoheitliche Befugnis, die ihre Grenze in der Kirchenzugehörigkeit findet: Die Religionsgemeinschaft darf nur eine ihr angehörige Person, bei glaubensverschiedenen Ehen also nur den ihr angehörigen Ehegatten besteuern; in dieser Konstellation darf als Besteuerungsmaßstab auch nur das Einkommen ebendieses Ehegatten berücksichtigt werden.

Auch für das Recht der Kirchen, in staatlicherseits eingerichteten pluralistischen Gremien (zB dem Rundfunkrat eines öffentlich-rechtlichen Fernsehsenders; siehe § 15 Abs 3 des *Gesetzes über den Westdeutschen Rundfunk*) neben anderen gesellschaftlichen Interessengruppen die Inter-

25 Zu den Vorteilen und den Voraussetzungen der Verleihung des Körperschaftsstatus an Religionsgemeinschaften vgl Stefan Muckel, Muslimische Gemeinschaften als Körperschaften des öffentlichen Rechts, DÖV 1995, 311 f.

26 BVerfGE 19, 1 (5).

essen des jeweiligen Glaubens zu vertreten, ist der Körperschaftsstatus Anknüpfungspunkt. Institutionelle Voraussetzung dieses Status ist, daß die entsprechende Religionsgemeinschaft die Gewähr ihrer inneren Verfestigung bietet, was zuvörderst an Mitgliederzahl und interner Verfassung zu messen ist. Allerdings dürfen die Voraussetzungen für den Übergang zum öffentlich-rechtlichen Status nicht derart ausgestaltet sein, daß ihre Erfüllung in unzumutbarer Weise erschwert werden[27].

5. Bestandsaufnahme: Verbindendes und Trennendes

Insgesamt kann damit nach dieser Sichtung der einschlägigen Bestimmungen festgestellt werden, daß die Formel, die Bereiche von Staat und Kirche seien nach dem Grundgesetz streng voneinander zu trennen, einerseits nicht falsch ist, andererseits doch auch zu kurz greift[28]. Nicht zuletzt aufgrund seiner Verwurzelung in der wechselhaften Geschichte Deutschlands stellt sich das geltende Staatskirchenrecht als eine komplexe und differenzierte Materie dar. Derartige Regelungsgebäude entziehen sich zumeist formelhafter Charakterisierung.

Die Formel von der Trennung von Staat und Kirche findet unter dem Grundgesetz ihre Berechtigung sicherlich mit Blick auf den staatsorganisatorischen Bereich im engeren Sinne, den vor allem die Absage an eine Staatskirche und damit auch an eine Staatsreligion prägt, womit zugleich der Grundsatz der strikten Parität etabliert ist. Dabei unterstützt das Grundrecht auf Glaubensfreiheit als Abwehrrecht sicherlich eher das Trennende denn das Gemeinsame von Staat und Kirche. Vermittels dieser Grundentscheidung wird der einzelne grundsätzlich gegen staatliche Bevormundung in Glaubensfragen abgeschirmt, wird die Kirche und ihr spezifisch kirchenamtliches Gedankengut von dem Kernbereich der Staatsfunktionen distanziert. Doch tun sich auch und gerade im gesellschaftlichen Raum viele Felder der Kooperation zwischen Staat und Kirchen auf[29], bei deren Gestaltung die Kirche von den positiven Aspekten der Glaubensfreiheit beflügelt wird. In diesen Bereichen ist das Gemeinwesen bei der sozialstaatlich eingeforderten tagtäglichen Gestaltung des bürgerschaftlichen Zusammenlebens auf die Mithilfe der Kirchen angewiesen und gewährt ihnen, ihre zentrale Funktion für die Gesellschaft

---

27 BVerfGE 19, 129 (134 f).

28 Eine Beobachtung, die im innerstaatlichen Bereich übrigens auch auf das Prinzip der Gewaltenteilung zutrifft: Auch die Gewalten*teilung* entpuppt sich bei näherer Betrachtung als ein sensibles System gegenseitiger Gewaltbeschränkung und vor allem *-verzahnung*.

29 T. Maunz, Die Kooperation von Staat und Kirche, in: BayVBl 1988, 231 ff.

anerkennend, im Gegenzug einen freiheitssichernden Rechtsstatus und finanzielle Zuwendungen.

Die gemeinsame Aufgabenerfüllung im sozialstaatlich geprägten Aktionsradius des Grundgesetzes führt das grundsätzlich Getrennte in vielen Punkten außerhalb des organsiatorischen Kerns der Staatlichkeit wieder zusammen. So öffnet der Staat seine Verwaltungseinrichtungen (Schule, Krankenhaus, Gefängnis) der Anstaltsseelsorge. Dieser Einrichtung liegt der Gedanke von der staatlichen Verpflichtung zugrunde, die Ausübung von Grundrechten auch innerhalb öffentlicher Anstalten möglich zu machen. Den Kirchen wird daher hier im Interesse der einzelnen Grundrechtsträger im staatlichen Binnenbereich ein Raum zur Entfaltung geboten, ohne daß sich der Staat mit dem in diesem Rahmen dargebotenen identifizieren muß. Ähnliches kann von der Militärseelsorge gesagt werden, die die Bundesrepublik Deutschland in dem Bestreben, die freie religiöse Betätigung und die Ausübung der Seelsorge in der Bundeswehr zu gewährleisten, in dem Bewußtsein der gemeinsamen Verantwortung für diese Aufgabe mit den beiden großen Kirchen vertraglich institutionalisiert hat. Zur gemeinsamen Aufgabenerfüllung finden Staat und Kirche sich auch im Bereich des durch Art 7 Abs 3 GG gewährleisteten Religionsunterrichts an allen öffentlichen Schulen zusammen. Religionsunterricht gehört zur Ordnung der öffentlichen Schule. Als ordentliches Lehrfach erscheint er gleichberechtigt neben den anderen ordentlichen Fächern im Stundenplan. Hierbei trägt der Staat die sachlichen und persönlichen Kosten für die Erteilung des Religionsunterrichts. Der Staat ist „Unternehmer des Religionsunterrichts", der auf diese Weise eine staatliche Aufgabe bleibt, die aber von den Kirchen wahrgenommen wird: ein klassischer Fall staatlich-kirchlicher Kooperation.

Gemeinsame Angelegenheiten von Staat und Kirche sind auch die theologischen Fakultäten an staatlichen Universitäten. Sie bilden heute einen Teil der positiven Religionspflege des Staates als staatliche Einrichtung zur Förderung und Pflege eines christlich geprägten Kulturbereichs. Die Besonderheit der theologischen Fakultäten liegt darin, daß sie als staatliche Einrichtungen zugleich der Erfüllung kirchlicher Aufgaben dienen, nämlich der Ausbildung der Diener des geistlichen Amtes. Zugleich sind sie ein Ausdruck staatlicher Kulturverantwortung. Diese Aufzählung gemeinsamer Angelegenheiten von Staat und Kirche unter dem Grundgesetz kann noch fortgeführt werden, verwiesen sei auf das Friedhofswesen, und vielfältige soziale diakonische oder caritative Bereiche (Krankenhaus, Kindergarten, Alten- und Pflegeheime etc). Schon an diesen wenigen Bespielen wird die Komplexität des grundgesetzlichen Verhältnisses von Staat und Kirche und damit auch die Unmöglichkeit deutlich, hier vorschnell mit einfachen Dogmen und verkürzenden Prinzipien zu operieren.

IV. Stationen der bundesverfassungsgerichtlichen Rechtsprechung[30]

Ein weiterer Zeuge für diesen Umstand sind die verschiedenen Urteile des Bundesverfassungsgerichts im Bereich des Staatskirchenrechts und der Glaubensfreiheit, die die oben referierten Vorschriften des Grundgesetzes interpretierten und handhabbar machten. Oftmals wurden hier anhand von unscheinbar anmutenden Ausgangssachverhalten wichtige Aussagen getroffen und dabei ganz zentrale Weichenstellungen für das heutige Staatskirchenrecht vorgenommen.

Schon früh deduzierte das Bundesverfassungsgericht beispielsweise aus den oben genannten Normen des Grundgesetzes, daß dem Staat aufgrund seiner Eigenschaft als *„Heimstatt aller Bürger ohne Ansehen der Person weltanschaulich-religiöse Neutralität"* auferlegt sei[31].

An erster Stelle der großen staatskirchenrechtlichen Entscheidungen stand aber das sog *Konkordatsurteil*, im Rahmen dessen das Gericht über die fortgeltende Wirkung des noch zur Zeit der nationalsozialistischen Herrschaft geschlossene Vertragswerk judizierte[32]. Anlaß zu der Auseinandersetzung war die Frage, ob die nunmehr im Kultusbereich zuständigen Länder dem Bund gegenüber verpflichtet sind, die Schulbestimmungen des Reichskonkordats bei ihrer Gesetzgebung zu beachten. Das Gericht hat eine solche Bindung abgelehnt, obwohl es nach wie vor von der Gültigkeit des Vertrages auch nach 1945 ausgeht.

Auch sind frühe Urteile zu Bedeutung und Umfang des Art 4 GG zu verzeichnen[33]. Mit einem Beschluß zu der Frage, ob mit dem Erlaß einer innerkirchlichen Maßnahme öffentliche Gewalt ausgeübt wird, die mit

30 Hierzu va A. Hollerbach, Das Staatskirchenrecht in der Rechtsprechung des Bundesverfassungsgerichts, in: AöR Bd 92 (1967) 99 ff. und AöR Bd 106 (1981) 218 ff.

31 BVerfGE 19, 206 (216); 24, 236 (246); 33, 23 (28).

32 BVerfGE 6, 309.

33 BVerfGE 12, 1 (Leitsätze: „[1] Das Grundrecht der Glaubensfreiheit erlaubt auszusprechen und auch zu verschweigen, daß und was man glaubt oder nicht glaubt. [2] Die Glaubensfreiheit umfaßt auch die Werbung für den eigenen wie die Abwerbung von einem fremden Glauben. [3] Wer einem anderen für die Lösung von seinem Glauben unter Ausnutzung besonderer Gewaltverhältnisse Genußmittel verspricht, genießt hierfür nicht den Schutz der Glaubensfreiheit") und BVerfGE 17, 402 (Leitsatz: „Zur Auswirkung des Grundrechts der Glaubensfreiheit auf den Begriff der schweren Eheverfehlung") (Konvertierung zu einem anderen Bekenntnis *kann* eine schwere Eheverfehlung sein).

der Verfassungsbeschwerde im Sinne von § 90 BVerfGG angreifbar ist[34] – ein vom Gericht abgelehntes Ergebnis –, setzte dann eine ganze Serie von staatskirchenrechtlich relevanten Entscheidungen ein.

Drei Urteile befaßten sich im folgenden mit Paritäts- und Körperschaftsproblemen[35]. Im Anschluß erging eine Anzahl von Judikaten zum Kirchensteuerrecht[36]. Gegenstand dieser Verfahren waren zB die Besteuerung konfessionsverschiedener Ehen[37], gewohnheitsrechtliche Besteuerungsgrundlagen in einigen Bundesländern[38] oder die Qualifizierung von Steuerbescheiden kirchlicher Steuerämter als Akte der öffentlichen Gewalt im Sinne von § 90 BVerfGG[39].

Einen wichtigen Beitrag zu der – freilich umstrittenen – Dogmatik des Art 4 GG leistete der „Lumpensammlerfall“[40], in dem das Bundesverfassungsgericht zur Bestimmung der sachlichen Reichweite dieses Freiheitsrechts erstmals das Selbstverständnis der Grundrechtsträger zu einem tragenden Kriterium erhob und damit auch zB Sammlungen für kirchliche und religiöse Zwecke in den Schutzbereich integrieren mußte.

Auch der „Gesundbeterfall“[41] gehört in die Serie grundlegender Entscheidungen zu Art 4 GG. Das Gericht hatte sich hier mit der Konstellation zu befassen, daß ein Ehegatte, der aus glaubensgeleiteten Gründen eine lebensrettende Bluttransfusion bei seinem Partner unterlassen hatte, wegen unterlassener Hilfeleistung bestraft werden durfte. Das Gericht interpretierte den von Art 4 gewährleisteten Freiheitsraum sehr weither-

34 BVerfGE 18, 385. Diese Frage ist zu unterscheiden von der rechtlichen Kategorisierung der Steuerbescheide kirchlicher Steuerämter als Akte der öffentlichen Gewalt im Sinne von § 90 BVerfGG durch BVerfGE 19, 288.

35 BVerfGE 18, 392 (Leitsatz: „Die in Art. 12 § 2 prAGBGB eingeräumte Beurkundungsbefugnis stellt kein subjektiv öffentliches Recht, insbesondere kein Eigentum im Sinne von Art. 14 Abs. 1 GG dar.“); 19, 1 (Leitsatz: „Art. 3 Abs. 1 GG gebietet, den § 8 Abs. 1 Nr. 4 PrGKG dahin auszulegen, daß die Neuapostolische Kirche des Landes Nordrhein-Westfalen als Körperschaft des öffentlichen Rechts Gebührenfreiheit genießt.“); 19, 129 (Leitsätze: „[1] ... [2] Religionsgesellschaften und andere juristische Personen, deren Zweck die Pflege oder Förderung eines religiösen Bekenntnisses oder die Verkündung des Glaubens ihrer Mitglieder ist, können Träger des Grundrechts aus Art. 4 GG sein. [3] Art. 4 Abs. 2 GG verbietet die Besteuerung gewerblicher oder beruflicher Unternehmertätigkeit auch dann nicht, wenn diese mit der Religionsausübung in Verbindung steht. [4] Es ist mit dem Grundgesetz vereinbar, die Befreiung von der Umsatzsteuer nach § 2 Abs. 3 UStG auf Religionsgesellschaften zu beschränken, die Körperschaften des öffentlichen Rechts sind.“).

36 BVerfGE 19, 206; ebd, 226; ebd, 242; ebd, 248; ebd, 253; ebd, 268; ebd, 282; 20, 40.

37 BVerfGE 19, 226 und 268.

38 BVerfGE 19, 253.

39 BVerfGE 19, 288 (bejahend).

40 BVerfGE 24, 236.

41 BVerfGE 32, 98.

zig und kam bei der Frage nach den Schranken dieser Freiheit zu dem Ergebnis, daß dort, wo der konkrete Konflikt zwischen der Rechtsordnung und dem Glaubensgebot eintritt, die Kriminalstrafe oftmals unter keinem Aspekt (Vergeltung, Prävention, Resozialisierung) als adäquate Sanktion erscheint[42]. Auch die Erzwingung des Zeugeneides (ohne Anrufung Gottes) vor Gericht wurde für mit der Glaubensfreiheit unvereinbar erachtet[43].

In einiger Nähe zu dem so berühmt gewordenen Kruzifixbeschluß aus dem Jahre 1995 steht der Beschluß zu dem „Kreuz im Gerichtssaal"[44]. Hier wurde anerkannt, daß sich ein Prozeßbeteiligter unter bestimmten Umständen weigern kann, in einem Gerichtssaal zu verhandeln, der mit einem Kreuz ausgestattet ist. Obwohl hier von den Betrachtern des Kreuzes kein irgendwie geartetes aktives Verhalten eingefordert wird, muß – so das Gericht – anerkannt werden, daß durch den unausweichlichen Anwesenheitszwang in einem Raum mit als identifikationstauglich empfundenen Symbolen eine Beeinträchtigung der Glaubensfreiheit entstehen kann. Art 4 Abs 1 GG wird hier in ganz extensiver Weise ausgelegt, was gerade den Schutzbereich der negativen Religionsfreiheit enorm erweiterte. Das Gericht stellte diese Erweiterung indes unter den (später ignorierten) Vorbehalt, daß die „Inanspruchnahme dieses Schutzes nicht mit den Rechten einer Bevölkerungsmehrheit zur Ausübung ihrer Glaubensfreiheit kollidiert."[45].

Das Verhältnis der Institution Kirche zum Staat wurde auch in dem „Bremer Pastoren-Fall"[46] auf den Prüfstand gestellt. Hier beurteilte das Gericht eine kirchengesetzliche Regelung, nach der Pfarrer und Beamte der Bremischen Evangelischen Kirche für die Dauer einer Abgeordnetentätigkeit als beurlaubt galten. Das Gericht hielt dies aufgrund des in Art 140 GG iVm Art 137 Abs 3 WRV niedergelegten kirchlichen Selbstbestimmungsrechts für verfassungsmäßig.

Hinzuweisen ist abschließend noch auf den Komplex des Schulrechts, der (neben dem Kirchensteuerrecht) auch nach dem eben angesprochenen Konkordatsurteil wie kaum eine andere Materie die Aufmerksamkeit des Bundesverfassungsgerichts in Anspruch genommen hat. In verschiedenen Bundesländern war Streit um die Etablierung von weltanschaulich (zumeist kirchlich geprägten) Schulen bzw um deren Abschaffung entbrannt: Ein Bundesland hatte die „christliche" Gemeinschaftsschule ein-

[42] BVerfGE 32, 98 (109).
[43] BVerfGE 33, 23.
[44] BVerfGE 35, 366.
[45] BVerfGE 35, 366 (376).
[46] BVerfGE 42, 312.

geführt[47], ein anderes die „gemeinsame Schule", in der die Schüler „nach den Grundsätzen der christlichen Bekenntnisse" erzogen werden sollten[48], in einem anderen Bundesland war „die Gemeinschaftsschule" etabliert worden, während die Bekenntnisschule hingegen nur noch als Ausnahme gelten sollte[49]. Es war abzusehen gewesen, daß sich die in ihrem Glauben oder Nichtglauben durch die jeweilige Regelschule Betroffenen gegen diese Regelungen zur Wehr setzen würden. Ausgangspunkt der Überlegungen war hier der, daß es die pluralistische Realität unmöglich macht, *allen* Eltern eine Schule anzubieten, die ihrer jeweiligen Weltanschauung entspricht[50]; Eltern konnten somit aufgrund der allgemeinen Schulpflicht gezwungen sein, ihre Kinder in eine nicht nach ihren eigenen Überzeugungen ausgerichteten Schulform zu schicken.

Das Bundesverfassungsgericht erkennt hier in Interpretation des Art 7 Abs 5 GG, daß Bekenntnisschulen grundsätzlich zulässig sind. Diese dürfen aber nicht zu stark in das durch Art 6 GG geschützte elterliche Erziehungsrecht eingreifen, welches grundsätzlich auch die Wahl einer bestimmten Schulform umfaßt. Hingegen bietet die Verfassungsordnung hinreichend Anhalt dafür, daß auch das Eindringen religiöser Bezüge in die schulische (Pflicht-) Erziehung gewollt ist. Hier rücken wieder die verschiedenen, das gesamte Staatskirchenrecht prägenden Interessen von Gestaltungsrechten der Kirchen einerseits und Freiheitsrechten der Bürger andererseits in den Mittelpunkt des Konflikts.

Die Gemeinschaftsschule als „Schule des Ausgleichs", als Kooperationsfeld des neutralen Staates und der bekennenden Kirche wird in dem ersten Urteil des Bundesverfassungsgerichts zu diesem Themenkomplex auf den Punkt gebracht[51]: *„Die Schule darf keine missionarische Schule sein und keine Verbindlichkeit christlicher Glaubensinhalte beanspruchen. ... Das Erziehungsziel einer solchen Schule darf – außerhalb des Religionsunterrichts, zu dessen Besuch niemand gezwungen sein kann – nicht christlich konfessionell fixiert sein. Die Bejahung des Christentums in den profanen Fächern bezieht sich in erster Linie auf die Anerkennung des prägenden Kultur- und Bildungsfaktors, wie er sich in der abendländischen Geschichte herausgebildet hat, ...* . [Die] *Konfrontation mit einem Weltbild, in dem die prägende Kraft des christlichen Denkens bejaht wird, führt jedenfalls solange nicht zu einer Diskriminierung der dem Christentum nicht verbundenen Minderheiten und ihrer Weltanschauung, als es hierbei nicht um den Abso-*

47 So Baden-Württemberg im Verfahren BVerfGE 41, 29.

48 So Bayern in dem Verfahren BVerfGE 41, 65.

49 So in Nordrhein-Westfalen in dem Verfahren BVerfGE 41, 88.

50 BVerfGE 6, 309 (340).

51 BVerfGE 41, 29 (51 f).

lutheitsanspruch von Glaubenswahrheiten, sondern um das Bestreben nach Verwirklichung der autonomen Persönlichkeit im weltanschaulich-religiösen Bereich gemäß der Grundentscheidung des Art. 4 GG geht.“

Auf dieser Grundlage hat das Gericht[52] den Ländern auch die Möglichkeit gelassen, in den Gemeinschaftsschulen dem freiwilligen und überkonfessionellen sog Schulgebet Raum zu geben. Der betunwillige Schüler kann seine negative Bekenntnisfreiheit nicht gegen die betwilligen Schüler ausspielen, es muß ihm aber Raum zum Ausweichen geboten werden, ohne daß er dabei in die Außenseiterrolle gedrängt wird.

Treffender als in dem oben zitierten Schulurteil kann das Verhältnis von staatlicher Neutralität und kirchlichem Wirkungsanspruch sowie die stets spannungsgeladene Vereinigung beider Größen in *einem* Gemeinwesen nicht charakterisiert werden: Die Anerkennung des Überkommenen und seiner geistigen Wurzeln als Grundlage des aktuell Gegebenen muß neben die Toleranz gegenüber demjenigen treten, der diese Wurzeln ignoriert oder sie für sich in ihrem moralisch-geistigen Gehalt nicht akzeptieren kann.

V. Fazit und Ausblick

Die Verfassungsregelungen und die sie interpretierenden Urteile zeigen ebenso wie die oben vorgestellten rechtlich vorgegebenen oder tolerierten vielfältigen Verflechtungen, daß Staat und Kirchen nach der grundgesetzlichen Ordnung zwar einerseits organisatorisch getrennt sein müssen, ihre Fürsorge für den gleichen Menschen, der Staatsbürger und (zumeist) Gläubiger in einer Person ist, diese beiden Größen indes in vielen Bereichen öffentlicher Aufgabenerfüllung wieder zusammenführt. Die Verfassung hat dies akzeptiert, erkannt und verarbeitet.

Die Kirchen und Religionsgemeinschaften sind aus dem öffentlichen Leben der Bundesrepublik nicht hinwegzudenken. Zwar verlangt das Grundgesetz die Trennung von Staat und Kirche in der Wurzel und verbietet damit die organisatorische Einbindung der Religionsgemeinschaften in den Kern des Staatsgefüges. Doch dürfte es angesichts der oben beschriebenen Entwicklung und auch angesichts der vielfachen Berührungspunkte des kirchlichen Heilsauftrags mit der sozialstaatlich vorgegebenen Gemeinwohlverpflichtung in dem vom Grundgesetz vorgegebenen Rahmen wohl unmöglich sein, eine strikte Trennung von Staat und Kirche *in allen Bereichen* des Öffentlichen herbeizuführen. Die Präambel zeigt, daß die Ideen des Christentums zu einem guten Teil in der grund-

52 BVerfGE 52, 223.

gesetzlichen Werteordnung aufgegangen sind; sie vollständig zu eliminieren hieße, eine grundlegend andere Verfassung zu errichten. Auch der religiös-neutrale Staat kann sein Herkommen nicht verleugnen und die historisch vermittelten und kulturell verwurzelten Grundwerte abstreifen, ohne sich moralisch-sittlich zu entkernen. Diese „außerstaatlich" entwikkelten Werte bilden das geistige Fundament des Gemeinwesens. Ihre Existenz ist seine elementare Seinsvoraussetzung, und doch muß das Gemeinwesen stets in dem Bewußtsein leben, diese seine Voraussetzungen zumindest unter den Bedingungen des freiheitlichen Verfassungsstaates nicht selbst erzwingen zu können. Hier setzt die Verantwortung der Gesellschaft und der gesellschaftlich relevanten Größen ein, zu denen nicht zuletzt die großen Kirchen zählen.

Das Verhältnis von Staat und Kirche, wenngleich bei oberflächlicher Betrachtung „ausgereizt" erscheinend, gewinnt damit, obschon sicher nicht mehr Existenzfrage des Staates schlechthin, immer wieder aufs neue praktische Relevanz und juristische Brisanz. Wer hier verändern will, hat sich jahrhundertealter Tradition sowie langsam gewachsenen Strukturen entgegenzustemmen. Der radikal-laizistische Reformer verlangt vom Staat *nicht nur*, einen erheblichen Teil seiner geistigen Herkunft zu verschleiern und sich dabei von der Kraft zu distanzieren, von der er über die Jahrhunderte hinweg einen guten Teil seiner sittlichen Grundlagen empfangen hat. Vielmehr riskiert der Reformer auch die Entwicklung eines moralischen Vakuums, dessen Entstehen die Kirchen heute keineswegs vermittels staatlicher Macht, sondern im Rahmen staatlich geförderter und institutionalisierter Freiheitsausübung eigenständig (mit-)verhindern.

Ein Diktum des Bundesverfassungsgerichts, ein derart umstrittenes und in der juristischen Argumentation so zweifelhaftes wie die *Kruzifixentscheidung* allemal, dürfte allerdings wohl schwerlich geeignet sein, ein so altehrwürdiges Rechtsgebiet, das in den großen Kirchen ein gesellschaftlich höchst relevantes Phänomen als reale Grundlage vorfindet, in einem Maße nachhaltig zu erschüttern, daß hier ernsthafte Folgen für das Gemeinwesen zu besorgen wären. Dafür sind christliche Werte, zu denen im übrigen auch der der Toleranz gehört, zu stark im Bewußtsein der breiten Bevölkerung verankert, auch wenn sie heute vielfach gar nicht mehr unter dem Etikett des „Christlichen" in Erscheinung treten. Sie bieten dem Gemeinwesen aber nach wie vor zumindest teilweise und neben anderen geistigen Strömungen eine machtvolle geistig-sittliche Grundlage, von der alle Staatsbürger – ob sie wollen oder nicht – letztendlich profitieren.

Agostino Carrino

Europa und das Recht*

Kritische Anmerkungen zu Carl Schmitts „Die Lage der europäischen Rechtswissenschaft"

I.

In seinem jüngsten und unter seinen Schriften zum öffentlichen Recht und zur Staatslehre vielleicht bedeutsamsten Werk[1] hat GÜNTHER WINKLER einige Betrachtungen einem Aufsatz des umstrittenen, aber immer mehr gelesenen CARL SCHMITT gewidmet[2], der den Titel trägt: *Die Lage der europäischen Rechtswissenschaft*[3].

Diese in den düsteren Jahren des Zweiten Weltkriegs entstandene Schrift gehört in der Tat zu den Arbeiten, die für ein Verständnis der Entwicklung des komplexen und gequälten Denkens von SCHMITT am wichtigsten sind. Und zwar gleichermaßen im Hinblick auf SCHMITTS Staats- und Rechtslehre wie bezüglich seiner Haltung zum NS-Regime. Was die politische Philosophie SCHMITTS betrifft, so erweist sich in dieser Schrift die juristische Struktur des SCHMITTschen Denkens in ihrer ganzen Fülle und Tragweite, wird sozusagen die tragende Rolle des *ius* im Aufbau des

---

* Übersetzung aus dem Italienischen: CLAUDIUS MESSNER.

1 G. WINKLER, Zeit und Recht. Kritische Anmerkungen zur Zeitgebundenheit des Rechts und des Rechtsdenkens, Springer Verlag (Wien/New York 1995).

2 G. WINKLER (FN 1) 202 f. „Carl Schmitts geflügeltes Wort vom ‚motorisierten Gesetzgeber' – schreibt WINKLER – hat heute mehr denn je Gültigkeit. Die Gemeinschaftsordnung muß anscheinend ständig verändert werden. Nur das Neue scheint wertvoll und selbst das Neue muß veränderbar bleiben. Die Gesetzgebung auf Probe ist Mode geworden. Auf diese Weise entsteht rein praktisch eine Art von *Sunset-Effekt*, durch welchen die Dynamik permanenter Gesetzgebung vor der Statik von Geltung und Verbindlichkeit zum vorwaltenden Prinzip wird. Das Gesetz wird zu einem flexiblen gesellschaftspolitischen Instrument des Alltags degradiert und in den Dienst einer experimentierfreudigen Tagespolitik gestellt. Die rechtsstaatliche und freiheitsverbürgende Dauerhaftigkeit von Gesetzen, die Sicherheit und Berechenbarkeit gewährleisten soll, wird dadurch zunichte gemacht. Diese Tendenz wird auf der Verordnungsebene noch verstärkt".

3 C. SCHMITT, Die Lage der europäischen Rechtswissenschaft, (1950), in: ders, Verfassungsrechtliche Aufsätze aus den Jahren 1924-1954. Materialen zu einer Verfassungslehre, Duncker & Humblot (Berlin 1958) 386-429. Erst veröffentlichte in Hungarische Sprache in *Gazdasági Jog*, Jg 1944, Heft 5, 257-270, mit dem Titel Az Europai Jogtudomány Mai Helyzete (Übersetzung von Prof. Kuncz Ödön).

SCHMITTschen Werkes sichtbar, das weniger dogmatisch ist als vielmehr aufmerksam und begründet auf konkrete Situationen (was ihm den Vorwurf des ‚Okkasionalismus'[4] einbringt). Allzu lange, damals schon und heute noch mehr,[5] den Politikwissenschaftlern, der politischen Ideengeschichte und der Staatsphilosophie überlassen, scheint SCHMITT in diesem Aufsatz seine authentisch juristische Berufung zu verraten, auf die er viele Jahre später wieder zurückkommen wird, wenn er mit Stolz ausruft: ich bin ein Jurist![6] *En juriste* also ist die Arbeit über die europäische Rechtswissenschaft zu lesen, und gleichwohl in dem Bewußtsein, daß SCHMITT immer ein *großer* Jurist war, nicht ein (schierer) Techniker, eingeengt auf die Dürftigkeit von Paragraphen, sondern offen für die Aussicht auf die Kultur und Zivilisation des Rechts; jedoch auch in dem Be-

---

[4] Vgl K. LÖWITH (HUGO FIALA), Der okkasionelle Dezisionismus von Carl Schmitt, in: *Revue internationale de la théorie du droit / Internationale Zeitschrift für Theorie des Rechts,* Bd. 9, (1935), S. 101 ff. „Man wird kein nennenswertes Wort über Kultur und Geschichte sprechen können, ohne sich der eigenen kulturellen und geschichtlichen Situation bewußt zu sein": C. SCHMITT, Das Zeitalter der Neutralisierungen und Entpolitisierungen (1929), in: ders, Positionen und Begriffe im Kampf mit Weimar-Genf-Versailles 1923-1939 (1940), Duncker & Humblot (Berlin 1988) 121. Diese Haltung teilt SCHMITT mutatis mutandis nicht allein mit HEGEL, sondern auch mit MAX WEBER – umstandslose ‚okkasionalistische' Deutungen verbieten sich schon deshalb. SCHMITTS enge Bezugnahme auf die konkret gegebene Situation hat den Versuch einer abschließenden Beantwortung der Frage der Periodisierung des SCHMITTschen Denkens, der (inneren) intellektuellen Zerlegungen seines Denkens, immer schon problematisch gemacht, wie sich am Problem der Legitimität leicht zeigen läßt, SCHMITTS ureigenstem Thema. SCHMITTS Legitimitätslehre artikuliert sich, wie HASSO HOFMANN in seiner Monographie gezeigt hat, in mehreren Phasen, deren SCHMITT sich zwar bewußt ist, die zu erklären er aber ausdrücklich ablehnt, gerade weil sie (geistiges) Resultat einer konkreten (historischen) Situation sind; so hat C. GUSY, Legitimität im demokratischen Pluralismus, Steiner (Stuttgart 1987) 47, bemerkt: „Die Legitimitätslehre Carl Schmitts wird überwiegend in mehreren Phasen begriffen. Tatsächlich verzichtet der Autor selbst darauf, Zusammenhänge aufzuzeigen oder vermeintliche Widersprüche zu klären. Der Grund dafür mag darin liegen, daß er seine staatsrechtlich-politischen Begriffe primär auf die jeweilige konkrete Situation staatlicher Existenz bezieht".

Vgl auch HASSO HOFMANN, Legitimität gegen Legalität. Der Weg der politischen Philosophie Carl Schmitts, 3. Aufl, Duncker & Humblot (Berlin 1995) 167: „Im Bewußtsein der absoluten Kontingenz unseres Daseins wird dessen Faktizität in ihrer je einmaligen und unwiederholbaren Besonderheit erfahren. Deshalb spielt der Begriff des Konkreten im Werke Schmitts – und zwar längst vor seiner Wendung zum ‚konkreten Ordnungsdenken' in den Jahren 1933 und 1934 – eine so außerordentlich große Rolle. Das Wort ‚konkret' erscheint in zahllosen Verbindungen und so häufig wie sonst kein zweites. Nichts mehr schien ihm allgemein begreiflich, sondern alles und jedes nur noch aus der konkreten Situation existenziell verständlich".

[5] Vgl kritisch zu dieser Beschränkung G. MASCHKE, Carl Schmitt in den Händen der Nicht-Juristen. Zur neueren Literatur, in: *Der Staat* 34 (1995) 104-129.

[6] „Ich fühle mich hundertprozentig als Jurist und nichts anderes. Und ich will auch nichts anderes sein. Ich bin Jurist und bleibe es und sterbe als Jurist, und alles Unglück des Juristen ist darin einbeschlossen": in: F. Lanchester (a cura di), Un giurista davanti a se stesso. Intervista a Carl Schmitt, in: *Quaderni costituzionali* III, 1 (1983) 34.

wußtsein des zweiten Elements, das SCHMITT schon während der Weimarer Republik charakterisiert: jener Ambivalenz, die Erich Schwinge in seiner Schrift über den Methodenstreit im öffentlichen Recht veranlaßt hat, in SCHMITT „die Sphinx"[7] der modernen deutschen Rechtswissenschaft zu sehen.

II.

Aufmerksamkeit verdient zunächst die Rolle, die der Rechtswissenschaft in SCHMITTs historischer Perspektive und im Hinblick auf das Phänomen des Rechts als solchem zukommt: in welchem Verhältnis steht die „Rechtswissenschaft" zum „Recht"? ENRICO ALLORIO, in den Fünfziger Jahren Leser dieser Schrift, meinte darin die These einer Produktion des Rechts durch die Wissenschaft wenigstens dem Wunsch nach auffinden zu können und wies sie von seinem formalistischen und dogmatisch-systematischen Standpunkt aus zurück.[8] Behauptet aber SCHMITT wirklich, die „Rechtswissenschaft" erzeuge Recht? Oder vielmehr: kann für SCHMITT das Recht wirklich erzeugt werden? Erhellend ist in diesem Zusammenhang SCHMITTs Idee der „Rezeption", die nicht auf das bekanntere Phänomen der Rezeption des römischen Rechts begrenzt ist, sondern auf die gesamte Geschichte der europäischen Völker ausgedehnt und als eine Erscheinung mit sehr tiefen Wurzeln verstanden wird:

> „Wir dürfen, ohne uns einer Übertreibung schuldig zu machen, sogar den Satz wagen, daß die ganze Rechtsgeschichte und Rechtsentwicklung der europäischen Völker seit tausend Jahren eine Geschichte von gegenseitigen Rezeptionen ist, wobei wir unter ‚Rezeption' nicht eine gedanken- und phantasielose Übernahme, sondern einen wechselseitigen, oft mit starken Widerständen verbundenen Vorgang der Inkorporation, der Anpassung und Fortbildung verstehen, der auch auf das rezipierte Recht zurückzuwirken vermag, und dessen Bewertung im Einzelfalle eine Frage für sich darstellt".[9]

Hinzufügen könnte man die Feststellung, daß SCHMITT in dieser Arbeit die Auffassung durchblicken läßt (wenn auch ohne Argumentation und Demonstration), daß Recht und Rechtswissenschaft (fast) zu identifizieren sind, sodaß also eines (logisch) nicht das Produkt des anderen sein kann. Die Rezeption des römischen Rechts erscheint ihm als ein eminent

---

7 „Carl Schmitt ist die Sphinx unter den modernen Staatsrechtslehrn, er entzieht sich von vornherein jeder exakten Einordnung": ERICH SCHWINGE, Der Methodenstreit in der heutigen Rechtswissenschaft, Ludwig Röhrscheid Verlag (Bonn 1930) 19.

8 E. ALLORIO, Scienza giuridica europea, in: ders, La vita e la scienza del diritto in Italia e in Europa e altri studi, Giuffrè (Milano 1957) 65: „Dasselbe scheint mir für die Rechtswissenschaft gelten zu müssen. Weder ‚schafft' sie das Recht oder ist seine Quelle noch wäre es wünschenswert, daß sie es ist oder wird, wie Schmitt offenbar hoffen möchte".

9 SCHMITT (FN 2) 391.

kulturelles Phänomen, wo die verschiedenen europäischen Völker untereinander die Zugehörigkeit zu einem einzigen Stamm, eine gemeinsame Wurzel, ihren Aufenthalt auf demselben Boden (an-)erkennen:

„Durch die Arbeit der Juristen aller europäischen Völker ist das römische Recht zu einem gemeinsamen Vokabularium, zur Sprache rechtswissenschaftlicher Gemeinschaft, zu einem anerkannten Modell juristischer Gedankenarbeit und dadurch zu einem geistigen und gedanklichen Common Law geworden, ohne das nicht einmal theoretisch eine Verständigung unter den Juristen der verschiedenen Nationen möglich wäre".[10]

Die wechselseitige Anerkennung der europäischen Völker im Recht gewinnt in diesem Aufsatz besondere Wertigkeit: wenn nämlich der Staat für SCHMITT ein historisch determiniertes Gebilde[11] und folglich dazu bestimmt ist, überwunden zu werden, dann ist das Recht die der europäischen Kultur eigentümliche Form, in der das entwurzelte und seiner selbst entfremdete europäische Bewußtsein beim fortschreitenden und bevorstehenden Verlust des Staates (der immerhin Europas Antwort auf den Zerfall der mittelalterlichen christlichen Einheit und die nachfolgenden religiösen [Bürger-] Kriege war) versuchen kann, den Keim der Möglichkeit eines Neuanfangs wiederzufinden. So kann dieser Aufsatz (den ich parallel zu ERNST JÜNGERS etwa gleichzeitig entstandenem Aufsatz über den Frieden[12] lesen würde), mag er sich auch nicht auf der Höhe des nachfolgenden *Nomos der Erde* befinden, zweifellos einen SCHMITT zeigen, der sich aus dem Sumpf des Pessimismus herauszieht und versucht, den Blick über die Ruinen des ihn umgebenden Europa hinaus zu lenken.

Die Schrift hat in der Tat eine ‚katholische' Dimension in dem Sinn, daß sie zur Hoffnung hin öffnet und geöffnet ist, die gerade durch die Kraft eines Rechts genährt wird, das jeder Verflachung auf den Staat hin, geschweige denn einer Gleichsetzung (von der Art KELSENS) mit diesem, entzogen ist. Es ist hier nicht möglich, auf das Problem der Beziehungen SCHMITTS zum Naturrecht und zum Rechtspositivismus einzugehen; letzterer wird von ihm aber gerade unter dem Aspekt des Legalismus, das heißt zuletzt: des Etatismus kritisiert. Einer der schwersten Irrtümer, von

10 SCHMITT (FN 2) 396

11 Vgl C. SCHMITT, Staat als ein konkreter, an eine geschichtliche Epoche gebundener Begriff (1941), in: ders, Verfassungsrechtliche Aufsätze aus den Jahren 1924-1954. Materialien zu einer Verfassungslehre, Duncker & Humblot (Berlin 1958) 375-385.

12 Vgl E. JÜNGER, Der Friede (entworfen in 1941), (1945), in: ders, Sämtliche Werke, Band 7, Klett-Cotta (Stuttgart 1980) 193 f. Wenn wir von ERNST JÜNGER und seinem Einfluß auf SCHMITT sprechen, so erinnern übrigens die letzten Zeilen von dessen Aufsatz – „Besinnen wir uns wieder auf unsere Leidensgeschichte, denn unsere Kraft wurzelt in unserm Leidvertrauen" (FN 2, 426) – an JÜNGERS schöne Arbeit über den Schmerz von 1934 und zugleich an das Verhältnis des Arbeiters zum Schmerz, dh jener Figur, die den in die titanische Moderne geworfenen Menschen darstellt, deren ganze Last er auf sich nimmt – die der Schmerz ist; vgl dazu A. CARRINO, L'Operaio di Jünger tra tecnica e dolore, in: *Democrazia e diritto* XXXIII, 1 (1993) 169-182.

denen die oberflächlichen SCHMITT-Interpretationen noch immer befallen sind, ist gerade die Vorstellung, er sei ein Bewunderer der Staats-Form gewesen; das Gegenteil ist richtig: der Staat ist für ihn eine ‚schöne Krankheit', schön, weil diese Hervorbringung der europäischen Kultur dem Bürgerkrieg auf großartige Weise ein Ende gemacht hat, weil er sich als ‚sterblicher Gott' zu setzen und also eine eigene teleologische Struktur zu begründen wußte; aber auch eine Krankheit, weil der moderne Staat, und gerade als moderner Staat, notwendig der modernen Welt und ihrem Schicksal unterworfen ist, wenn er einer rein instrumentellen, kalkulierenden ‚Rationalität'[13] sich anzugleichen sucht. Und schließlich auch, weil der Staat Produkt eines Denkens ist, das selbst aus einem Riß, einer Spaltung, einem ungelösten Dualismus entstanden ist: dem Dualismus von Denken und Sein, Subjekt und Objekt. Der Staat ist für SCHMITT die Antwort auf den Bürgerkrieg und zugleich liegt er – mit BACON, DESCARTES und der relationalen und antitheologischen Philosophie[14] – der modernen Revolution zu Grunde.

III.

Es bedürfte einer genauen Untersuchung des philosophischen Fundaments des SCHMITTschen Denkens, um seine Opposition gegen das Zentrum des modernen Denkens selbst, das in der cartesianischen Methode liegt, zu erfassen. Das ist an dieser Stelle nicht zu leisten; hingewiesen sei aber auf einen Aufsatz HUGO BALLS über SCHMITT, in dem es gerade heißt, mit DESCARTES beginne „die Erschütterung des alten ontologischen Denkens",[15] jenes ontologischen Denkens, das nach SCHMITT für das Verständnis der Welt absolut zentral ist. SCHMITT ist ein Realist, ein Mensch, für den die Dinge eine eigene ursprüngliche Widerständigkeit besitzen. Und doch ist in der modernen Welt diese unantastbare Härte in Stücke zerbrochen, das unteilbare Atom geteilt worden. Dies ist der Widerspruch der Welt und folglich des Denkens von SCHMITT, der kein großer Intellektueller wäre, wenn er nicht in seiner Wissenschaft den Wi-

13 „Der moderne Staat ist historisch aus einer politischen Sachtechnik entstanden": so CARL SCHMITT, Die Diktatur. Von den Anfängen des modernen Souveränitätsgedanken bis zum proletarischen Klassenkampf (1921), Duncker & Humblot (Berlin 1994) 12.

14 Vgl zum Thema A. CARRINO, Stato e rivoluzione nell'età del nichilismo (1987), in: ders (Hrsg), Il diritto nella società moderna, Napoli: Edizioni Scientifiche Italiane (1995) 241-266.

15 H. BALL, Carl Schmitts Politische Theologie, in: *Hochland*, 21. Jg, April 1924-September 1924, 261-286, jetzt in: Jacob Taubes (Hrsg), Der Fürst dieser Welt. Carl Schmitt und die Folgen, Ferdinand Schöningh-Wilhelm Fink Verlag (München/Paderborn/Wien/Zürich 1983) 103.

derspruch der äußeren Realität, der Geschichte, reproduzierte. SCHMITTS Dezisionismus (der in diesem Sinn niemals abnimmt) ist sein Realismus, denn es ist gerade die Realität, die phänomenologisch über das Subjekt entscheidet[16] und gegen es, indem sie es zertrümmert und überwindet und so die Tragik und das Unglück des modernen Bewußtseins und des philosophischen Denkens seit KANT erzeugt.

Die Realität ist demnach vergänglich für den modernen Menschen, der sich zum totalisierenden Bewußtsein erhoben hat; aber dieselbe Realität ist es auch, aus der, mit HEIDEGGER, Rettung wächst. In dieser Realität steht, ja! mit dieser Wirklichkeit gleichzusetzen ist das Recht, das zwar auch (von SCHMITT selbst) als ‚konkrete Ordnung' bestimmt worden ist, das aber einfach *ius* ist, später der *Nomos*, Recht im Unterschied zum positivistischen Gesetz. Das Recht ist für SCHMITT kein bloßes Sollen, sondern Sein, und in der Tat steht hier, anders als bei KELSEN, das Sein nicht dem Sollen gegenüber, sondern dem Nicht-Sein.[17] Das Sein, das SCHMITT denkt, ist offenbar kein empirisches, kontingentes, sondern ein Sein im geschichtlichen, ich würde geradezu sagen VICOschen Sinn; so sehr, daß das Recht, von dem SCHMITT in diesem Aufsatz spricht, das in seiner Ausarbeitung durch die Rechtswissenschaft lebendige römische Recht ist, von jener nicht ‚erzeugt', aber von ihr gedacht und mitgewußt. Im Hinblick darauf verdient die Hervorhebung des Wertes und der Bedeutung von SAVIGNYS Werk Beachtung; das Werk des Gründers der historischen Schule, heißt es bei SCHMITT, ist „eine existentielle Besinnung der Rechtswissenschaft auf sich selbst, (...) ein großer Aufruf zur Rechtswissenschaft als der Hüterin des nicht nur gesetzen Rechts".[18] Man versteht, daß die Rechtswissenschaft nur dadurch zu einer der Kunst vergleichbaren Dimension emporsteigt: wie Europa zuletzt das Ganze seiner Kathedralen, seiner Kirchen und Paläste, seiner Gemälde und seiner Musik ist, so ist Europa auch die Weisheit seines Rechts.

Zu diesem gehört aber auch das positive Recht, das auf Realisierung drängt und sich nicht mit einem blutleeren Dasein in der reinen Abstraktion der Norm begnügt.[19] Aus dieser Arbeit geht nicht hervor, daß

16 „Ich habe eine Methode, die mir eigentümlich ist: die Phänomene an mich herankommen zu lassen, abzuwarten und sozusagen vom Stoff her zu denken, nicht von vorgefaßten Kriterien. Das können Sie phänomenologisch nennen, aber ich lasse mich nicht gerne auf solche methodologischen Vorfragen ein": so CARL SCHMITT in einem Gespräch mit JOACHIM SCHICKEL: s JOACHIM SCHICKEL, Gespräche mit Carl Schmitt, Merve Verlag (Berlin 1993) 11.

17 Vgl H. HOFMANN (FN 4) 21.

18 C. SCHMITT (FN 2) 411.

19 „Das Recht" – so hat GÜNTHER WINKLER, Studien zum Verfassungsrecht, Springer-Verlag (Wien/New York 1991) 445, bemerkt – „besteht nicht bloß aus generell-abstrakten Regelungen ohne einen realen Seinsbezug, es besteht auch aus seiner Verwirklichung".

SCHMITT *kein* ‚Naturrechtler' ist;[20] er stellt Naturrecht und ‚positives' Recht einander nicht gegenüber: in der Positivität, die die Geschichtlichkeit des Rechts ist, ist auch das positive, sanktionierte und in gewissem Maß auch geschriebene Recht eingeschlossen. SAVIGNY auf der einen, HEGEL auf der andern Seite. Die Existentialität des Rechts ist gewiß ‚Positivität' im Sinne seiner ‚Gegebenheit':

„Einen durchaus existentiellen Sinn hatte vor allem Savignys Lehre von den Quellen des Rechts, durch die er dem Wort und dem Bild von der Quelle eine neue, starke Bedeutung gegeben hat. Man versteht Savigny selbst und seine spezifischen Begriffe von ‚Historisch' wie von ‚Positiv' nur, wenn man sein Wort und sein Bild von der Quelle in einer für den Existenzkampf der Rechtswissenschaft wesentlichen Besonderheit ernst nimmt. Das Recht als konkrete Ordnung läßt sich nicht von seiner Geschichte loslösen. Das wahre Recht wird nicht gesetz, sondern entsteht in einer absichtlosen Entwicklung. Was wahres Recht ist, bestimmt sich demnach heute in der konkreten geschichtlichen Existenzform des Juristentums, in welchem das Wachstum zum Bewußtein kommt. Der rechtswissenschaftliche Begriff des Positiven ist bei Savigny an eine von Juristen gehütete, besondere Art von Rechtsquelle gebunden, in der das Recht in spezifischer Weise seinen Ursprung als etwas Gegebenes, nicht Gesetzes hat".[21]

Nichts also kann positiver sein als dieses Recht, dessen Wächter die Juristen sind, das weit entfernt ist von dem akritischen oder auch kritischen Positivismus, von jenem, der das Recht reduziert auf das Produkt beliebiger Willkür, und von diesem, der glaubt, eine rein wissenschaftliche Sicht könne die Einheit und Kohärenz des vom Gesetzgeber gesetzten Rechts herstellen. Aber SCHMITT sieht in diesem Rechtspositivismus und in diesem ‚positiven Recht' etwas tieferes: er erkennt ihren Willen zur Macht und erkennt sie als Ausdruck der Epoche des Kalküls: der Rechtspositivismus kennt nur „entweder Ursachen oder hypothetisch gesetze Grundnormen. Er will das Gegenteil eines absichtlosen Rechts; und seine letze Absicht ist Beherrschung und Berechenbarkeit"[22]. Vorhersehen um zu regulieren ist das Motto des Positivismus, während eine existentielle Anschauung des Rechts und der Welt das Recht als Frucht an einem Baum betrachtet, als Ziel einer Entwicklung, die keinen anderen Zweck hat als das Sein selbst. Von daher der paradigmatische Wert einer dem Rechtspositivismus entgegengesetzten Positivität des Rechts und auch der emblematische Charakter, den in diesem Zusammenhang die Auseinandersetzung zwischen SAVIGNY und HEGEL für SCHMITT besitzt: „So

20 Bemerkenswert ist in diesem Richtung die katholische Kritik an SCHMITT von FRIEDRICH AUGUST von der HEYDTE, Heil aus der Gefangenschaft? Carl Schmitt und die Lage der europäischen Rechtswissenschaft, in: *Hochland*, Bd 43, (1950/51) 288 ff: „Carl Schmitt (...) übersieht, daß (...) in der letzen zwanzig Jahre" eine neue Rechtswissenschaft wiedererstanden ist, die „scheut sich nicht, von Gott und von gottgegebenen Naturrecht zu sprechen. *Hier* sucht sie die eigentliche Quelle des Rechts und nicht, wie CARL SCHMITT, in einer säkularisierten menschlichen Wissenschaft" (294).

21 C. SCHMITT (FN 2) 411.

22 C. SCHMITT (FN 2) 411.

unfruchtbar diese aufgrund ihrer polemischen Aufladung gewesen sein mag, so bezeugt sie in seinen Augen doch das Wagnis eines solchen Dialogs ein letztes Mal vor dem Aufsprung des Rechtspositivismus und vor der Krise des Staates als Rechtssubjekt, die sich in ihm manifestiert. Der Abbruch dieses Dialoges ist, neben anderen historischen Faktoren, einer der Gründe für die juristische Bewußtlosigkeit, die den ‚motorisierten Gesetzgeber' des 20. Jahrhunderts charakterisiert, für den Dekret, Anordnung und Verwaltungsblatt faktisch an die Stelle der Rechtsnorm getreten sind ohne daß er es aber auch verstanden hätte, daraus rechtliche und politische Konsequenzen zu ziehen".[23]

IV.

Wenn all das aber richtig ist (die vorliegenden Anmerkungen sind gänzlich vorläufig und erheben nur den Anspruch von Arbeitshypothesen), wie ist dann der Umstand zu erklären, daß SCHMITT für einige Jahre dem nazistischen Regime verbunden war und sich geradezu als dessen ‚offizieller' Interpret dargestellt hat? Gewiß sehen viele im Nazismus eine Art Reaktion auf die moderne Welt und ein anti-modernes Phänomen; wenn diese Interpretation aber, wie ich glaube, falsch ist und der Nazismus gerade als eine (sei's auch widersprüchliche) Entfesselung titanischer Kräfte und folglich als wesentlich modern zu betrachten ist: wie ist das mit SCHMITTS Staats- und Rechtsphilosophie als einer Kritik der Moderne in Einklang zu bringen?

Ein Beleg für die These vom Titanismus und Technizismus des Nazismus findet sich insbesondere bei dem weithin unbekannten FRITZ NONNENBRUCH, dem nazistischen Theoretiker der Ökonomie; bei NONNENBRUCH besteht zwischen Nazismus und Technik nicht nur kein Gegensatz, vielmehr ist das neue, von HITLER instaurierte System für ihn nichts anderes als „der unendliche Willen zur Technik".[24] Während das ‚Großkapital' bei ihm als staatenlos erscheint und als ‚jüdisch' gebrandmarkt wird, wird gleichzeitig der Kapitalismus als der eigentliche Feind des technischen Fortschritts angesehen, zu dessen Schildträger sich der Nazismus gemacht hat.[25] Wenn dem so ist, findet auch das Bemühen

---

23 So J.-F. KERVÉGAN, Hegel, Carl Schmitt. Le politique entre spéculation et positivité, PUF (Paris 1992) 142.

24 F. NONNENBRUCH, Die dynamische Wirtschaft, 2. Aufl, Zentralverlag der NSDAP (München 1936) 154. Vgl auch *ders,* Politik, Technik und Geist, Hoheneichen Verlag (München 1939).

25 Zu NONNENBRUCH vgl E. WAIBL, Ökonomie und Ethik. Die Kapitalismusdebatte in der Philosophie der Neuzeit, Fromann-Holzboog (Stuttgart/Bad Cannstatt 1988-89) Bd 2, 156-171.

der Apologeten HEIDEGGERS, des anderen großen ‚Dezisionisten' dieser Zeit, Nazismus und Technik gleichzusetzen, um aus HEIDEGGER einen (wenn auch indirekten) Kritiker des Nazismus zu machen,[26] auf diesem Weg eine Bestätigung. Die Verherrlichung des Titanismus wendet sich mit anderen Worten gegen alle, die die Moderne wegen ihres Willens zur Technik, also zur Herrschaft, kritisiert haben.

Es ist demnach ‚nach Buchstaben und Geist' nicht ausgeschlossen, zwischen SCHMITT und dem Nazismus eine Inkompatibilität zu sehen, die in dem Aufsatz über die europäische Rechtswissenschaft um so offenkundiger ist als der Nationalsozialismus auch ein unversöhnlicher Feind des römischen Rechts war. In der Satzung der NSDAP (Punkt 19) war der Kampf gegen den korrumpierenden Geist des römischen Rechts geradezu zum Dogma des nazistischen Programms erhoben worden: „Wir fordern Ersatz für das der materialistischen Weltordnung dienende römische Recht durch ein deutsches Gemeinrecht".[27] Behauptet wurde dies insbesondere im Hinblick auf das Eigentum, in Wahrheit aber war das römische Recht als solches immer schon Gegenstand der Kritik konservativer deutscher Kreise.[28]

---

26 Siehe etwa S. VIETTA, Heideggers Kritik am Nationalsozialismus und an der Technik, Niemeyer (Tübingen 1989), für den HEIDEGGER nicht nur nicht als ein Anhänger des Nationalsozialismus (umso weniger seiner rassistischen und antisemitischen Ideologie) betrachtet werden kann, sondern, im Gegenteil, zu seinen Kritikern gezählt werden muß. HEIDEGGER, so VIETTA, hatte „die Ideologie sowohl wie die Praxis des nationalsozialistischen Regimes mit aller Klarheit durchschaut als eine Erscheinungsform des Nihilismus, der ‚Seinsverlassenheit'" (10). So wird der Nationalsozialismus selbst zum Gegenstand der radikalen Technikkritik HEIDEGGERS im Ausgang von seiner „Abkehr vom Subjektivismus der Neuzeit" (69), einer Entfernung, die insbesondere durch die Lektüre NIETZSCHES, aber auch durch eine NIETZSCHE-Interpretation bestimmt ist, die in diesem nicht den Überwinder, sondern die Radikalisierung des Nihilismus sieht (67). HEIDEGGERS NIETZSCHE-Interpretation, von VIETTA in die zweite Hälfte der Dreißiger Jahre gelegt, wendet sich gegen die ‚nazistischen' Lesarten und stellt nach VIETTAS Ansicht aufgrund der Universitätsvorlesungen, die nach dem Krieg publiziert werden, im totalitären Nazi-System einen „politischen Akt" (51) ersten Ranges dar: „Mit Nietzsche erkennt Heidegger den Nihilismus des realen Nationalsozialismus" (50), der hinter den „Ideen" und „Werten" nur die höchste Steigerung des Willens zur Macht ist (48 f). Auf der Grundlage einiger Texte betrachtet VIETTA 1938 als das Jahr der entscheidenden Wende: von nun an verflechten Technikkritik und Kritik am Nazismus sich zu einer ‚Enthüllung' der Entfremdung des Menschen in der Moderne und des Projekts der technischen Unterwerfung und Ausbeutung der Welt, deren größter Exponent der Nazismus ist.

27 Vgl P. E. PIELER, Das römische Recht im nationalsozialistischen Staat, in: U. Davy ua (Hrsg), Nationalsozialismus und Recht. Rechtssetzung und Rechtswissenschaft in Österreich unter der Herrschaft des Nationalsozialismus, Orac (Wien 1990) 427 ff.

28 Wenn wir im Umkreis der unter dem Namen „Konservative Revolution" bekannten Bewegung bleiben, der gewöhnlich auch OSWALD SPENGLER zugerechnet wird, mag es hier genügen, auf dessen Schriften hinzuweisen, um zu zeigen, daß das „seelenlose" römische Recht als ein echtes Phänomen der Korruption der ursprünglichen ‚germanischen Freiheit' betrachtet wird: „Das römische Recht hat uns verdorben. Es kann in gefährlicher

Nun zeigt aber eine auch nur oberflächliche Lektüre ganz klar, daß SCHMITT sich nicht gegen das römische Recht und auch nicht gegen die romanistische Rechtswissenschaft wendet; allenfalls verallgemeinert er das Phänomen der Rezeption. Dennoch finden sich hier Anzeichen einer Ablehnung. Diese Feststellung ist umso wichtiger als man nicht verschweigen darf, daß SCHMITTS Verhältnis gerade zur romanistischen Rechtswissenschaft in den Jahren von 1933 bis 1936 ganz anders ist. Die beiden folgenden Zitate, das erste aus den *Drei Arten des rechtswissenschaftlichen Denkens* von 1934, das zweite aus der Arbeit über die *Aufgabe und Notwendigkeit des deutschen Rechtsstandes*[29] von 1936 sollten hinreichen, um den Abstand, der die beiden Positionen trennt, zu verdeutlichen:

„Das germanische Denken des Mittelalters (...) war durch und durch konkretes Ordnungsdenken, doch hat die Rezeption des römischen Rechts in Deutschland diese Denkart seit dem 15. Jahrhundert bei den deutschen Juristen verdrängt und einen abstrakten Normativismus gefördert"[30].

Mit der Überwindung der „Herrschaft des römischen Rezeptionsrechts", schreibt SCHMITT in der zweiten Schrift, muß auch „die ständische Organisation des deutschen Rechtswahrertums" verschwinden:

„Das eine ist nicht denkbar ohne das andere. Hier muß mit dem Mantel wirklich auch der Herzog fallen. Wenn wir gegen das römische Rezeptionsrecht kämpfen, so ist das nicht nur ein Kampf gegen den Inhalt bestimmter Rechtssätze, über deren Zweckmäßigkeiten man vielleicht streiten kann, es ist in der Hauptsache ein Kampf um den Aufbau eines einheitlichen deutschen Rechtswahrertums, das nach seiner Organisation und Struktur alle Bedingungen erfüllt, die notwendig sind, um ein deutsches Gemeinrecht zu schaffen und zu wahren"[31].

Der Abgrund, der zwischen dem SCHMITT der Jahre '34 und '36 und dem des Jahres 1943 liegt, ist unübersehbar. Es kann hier nicht unsere Aufgabe sein, den Gründen nachzuforschen, die SCHMITTS Konversion zum Nationalsozialismus bewirkt haben, die „so unnatürlich" war, daß sie „bei anderen Intellektuellen der Zeit nicht zu beobachten"[32] ist. Eines

Weise den Neigungen des deutschen Michel entgegen, zu träumen, zu schlendern, sich alles Tatsächliche gefallen zu lassen": O. SPENGLER, Politische Schriften, Beck (München 1933) 241 f (dazu A. CARRINO, Stato e diritto in Spengler, in: Diritto e cultura, VI [1996] 1, 107 ff). Etwas ideologisch mehr markiert in HELMUT NICOLAI, Die rassengesetzliche Rechtslehre. Grundzüge einer nationalsozialistischen Rechtsphilosophie, Verlag Frz Ehr Nachf (München 1932) 6 ff. Selbstverständlich, es war die deutsche Germanistik die, seit der Mitte des 19. Jahrhunderts, hatte das Dogma gegründet, daß «die Rezeption des römischen Rechts ein nationales Unglück gewesen» war: vgl P. PIELER (FN 25) 430.

29 C. SCHMITT, Aufgabe und Notwendigkeit des deutschen Rechtsstandes, in: *Deutsches Recht*, 6 (1936) 181-185.

30 C. SCHMITT, Über die drei Arten des rechtswissenschaftlichen Denkens (1934), Duncker & Humblot (Berlin 1993) 9.

31 C. SCHMITT (FN 29) 181 f.

32 So F. LANCHESTER, Carl Schmitt: un giurista scomodo, in: ders, Momenti e figure nel diritto costituzionale in Italia e Germania, Giuffrè (Milano 1994) 234. LANCHESTER

ist gewiß: SCHMITT ist in diesen Jahren ein hervorragender Exponent und authentischer Vertreter des Nazismus oder bemüht sich wenigstens, es zu sein,[33] und so wird er auch von ausländischen Juristen, zB Franzosen und Italienern[34], verstanden. Ist aber der Nazi SCHMITT notwendiges Ergebnis der Entwicklung des Akademikers der Zwanziger Jahre? Ich halte das so wenig für möglich wie ich an dem Bruch des späteren SCHMITT mit dem Nazi zweifele[35]. Sicherlich wird es eine gewisse Verbindung zwischen den ‚drei SCHMITT' geben, eine Grundlage, auf der die Haltungen des Gelehrten in allen drei Phasen zu erklären sind. Und zwar auch dann, wenn man eher ein Band zwischen SCHMITT und dem ‚Führer' als zur ‚Partei', eher mit dem ‚Körper' und den ‚Funktionen' des Führers als mit der nazistischen Ideologie behaupten und dies an dem für SCHMITTS Denken charakteristischen Bestreben nach Einheit festmachen wollte, das ihn dazu führte, HITLER nach der Nacht der langen Messer (das Massaker an Röhm und der SA) zu verteidigen und jedenfalls im ‚Führer' den Hüter des Rechts und Exponenten der überparteilichen Staatlichkeit zu sehen[36].

---

führt zur Erklärung der Konversion einerseits eine „voluptas potestatis", Angst andererseits an.

33 Und mit ihm seine erstklassigen Schüler wie ERNST FORSTHOFF, der 1933 eine Arbeit über den ‚totalen Staat' publiziert, die absolut auf der Linie der Vorgaben des neuen Regimes liegt.

34 Vgl etwa F. PERROUX, Des mythes hitleriens à l'Europe allemande, Librairie Générale de Droit & de Jurisprudence (Paris 1940) passim, oder A. VOLPICELLI, Prefazione a Carl Schmitt, Principii politici del nazionalsocialismo. Scritti scelti e tradotti da D. Cantimori, Sansoni (Firenze 1935), der SCHMITT als „einen der offiziellen Theoretiker des Nationalsozialismus" (V) bezeichnet.

35 Daß es sich um einen echten Bruch in der Entwicklung von SCHMITTS Denken handelt zeigt sich, obschon äußerlich, daran, daß in der zweiten Auflage (1935) des *Begriffs des Politischen* die im Anhang hinzugefügte Literatur keine für den ‚jungen' SCHMITT relevanten Arbeiten aufführt und nicht einmal den Aufsatz über den römischen Katholizismus von 1924 (eine Art Selbstzensur *à la* Lukács?).

36 Wobei man sich vergegenwärtigen muß, daß für SCHMITT Souveränität von Anfang an niemals über dem Recht steht, sondern es verkörpert: „Der absolute Herrscher ist über alle Relativitäten des Zeitlichen erhaben, er kommt als Mensch überhaupt nicht mehr in Betracht, er hat keine Launen und Ergötzungen mehr, er ist eben ganz ‚Gesetz' geworden; er steht nicht über dem Recht, so wenig wie über der Grammatik": C. SCHMITT, Der Wert des Staates und die Bedeutung des Einzelnen, J. C. B. Mohr (Paul Siebeck) (Tübingen 1914) 95. Und gleich darauf (96): „Die Würde, die er verlangt und die ihm zugeschrieben wird, gilt nur seinem Amte, nicht dem sterblichen Menschen. Durch die Art Gottähnlichkeit, die der absolute Monarch als ‚lebendiges Gesetz' erhält, wird er sofort dem Recht unterworfen, wie der Gott der Theologie, dessen allmächtiger Wille nichts Böses und nichts Unvernünftiges wollen kann". Diese Funktion der absoluten Souveränität für das Recht ist es, die SCHMITT später seine ‚preußische Wende' gestattet, sodaß man in dieser Perspektive den aus Anlaß des Röhm-Massakers verfaßten Artikel über HITLER als Hüter des Rechts in einem weniger negativen Sinn als allgemein üblich deuten könnte; der Aufsatz Der Führer schützt das Recht (1934) ist jetzt nachzulesen in C. SCHMITT, Positionen und Begriffe im Kampf mit Weimar-Genf-Versailles. 1923-1939, Duncker & Humblot (Berlin 1988) 199-203.

In der Tat betont der nazistische SCHMITT, im Gefolge einer gewissen Mode der HEGEL-Renaissance jener Jahre[37], Elemente eines hegelianischen Preußentums oder eines preußischen HEGELianismus, die mit einer katholischen Sicht sicherlich unvereinbar sind; es mag hier genügen auf eine Stelle über HEGEL in der Arbeit über die drei Typen rechtswissenschaftlichen Denkens zu verweisen, wo SCHMITT schreibt, bei HEGEL werde „das konkrete Ordnungsdenken mit einer unmittelbaren Kraft, wie man es nach der staats- und rechtstheoretischen Entwicklung des 17. und 18. Jahrhunderts kaum mehr hätte erwarten können, vor dem Zusammenbruch der folgenden Generationen noch einmal lebendig"; HEGELS Staat, der SCHMITT eher als ein Reich erscheint denn als bloßer moderner Staat, „ist nicht die bürgerliche Ruhe, Sicherheit und Ordnung eines berechenbaren und erzwingbaren Gesetzesfunktionalismus. Er ist weder bloß souveräne Dezision, noch eine ‚Norm der Normen' (...) Er ist die konkrete Ordnung der Ordnungen, die Institution der Institutionen".[38] In den Jahren der Nazi-Diktatur, nach der ‚Entscheidung' zur Gefolgschaft für das neue Regime, vollzieht sich also in SCHMITTS Denken eine sehr starke Wendung, in der die Elemente des Bruchs zu überwiegen scheinen.

V.

In SCHMITTS Denken des Rechts gibt es jedoch eine verborgene Kontinuität, eine gewissermaßen unterirdische Verbindung, die gewöhnlich keine Beachtung findet. Ich möchte in diesem Zusammenhang von der dauernden Präsenz der Idee der Überlegenheit der geistigen Welt[39] einerseits und der geistigen Natur des Rechts andererseits sprechen: das Recht ist für SCHMITT kein Faktum und ist es nie gewesen. Man täuscht sich, wenn man die ‚konkrete' Dimension des Rechts für eine Art materialistischen Empirismus hält; die Konkretheit ist hier immer die der hi-

---

37 Vgl dazu die bedeutsame Schrift von R. TREVES, La filosofia di Hegel e le nuove concezioni del diritto e dello Stato, Principato (Messina 1935).

38 C. SCHMITT (FN 26) 38f.

39 Gerade diese Idee ist zur Erklärung von SCHMITTS ‚Kompromiß' mit dem Nazismus angeführt worden. Der Kern der Offenheit SCHMITTS für den Nationalsozialismus, so P. NOACK, Carl Schmitt. Eine Biographie, Propyläen (Berlin-Frankfurt 1993) 211 f, sei darin zu erkennen, „daß sich der Vertreter einer geistigen Welt denen weit überlegen fühlte, denen er sich zur Verfügung stellte. Seine Äußerung: ‚Ich fühlte mich Hitler geistig unendlich überlegen' wurde bereits zitiert. Dazu aber kam seine hegelianische Herkunft. Dieser Mann, der von den Menschen nur das schlimmste annahm, glaubte dennoch, daß die Welt des Geistes sich eines Tages allen anderen Welten überlegen zeigen werde".

storischen Existenz eines Volkes und seines Rechts, nicht Ergebnis einer materialistischen (das ‚Blut') oder voluntaristischen Determinierung.

Wenn es in der Jugendschrift über den Staat heißt, das Recht sei eine abstrakte Idee, unabhängig von und unerheblich für die Fakten,[40] dann soll damit nichts anderes gesagt sein als das, was – mit dem Pathos und der Rhetorik, die sich den neuen, tragischen Erfahrungen verdanken – auch in der Arbeit über die europäische Rechtswissenschaft ausgesprochen ist: „auch im Terror der Vernichtigungsmittel, die eine moderne Naturwissenschaft jedem Machthaber an die Hand gibt, wird eine restlos auf sich selbst zurückgeworfene Rechtswissenschaft die geheimnisvolle Krypta zu finden wissen, in der die Keime ihres Geistes vor jedem Verfolger geschützt sind".[41] Das Recht ist nicht das positive Recht und die Rechtswissenschaft ist nicht mit der frenetischen Aktivität des ‚motorisierten Gesetzgebers' zu identifizieren; vielmehr haben beide ihre Wurzeln in einer positiven, aber unsichtbaren Wirklichkeit, in einer Form, die sich dem Herrschaftswillen der modernen Menschheit beständig entzieht. Hier wird, gegen die Diffamierung des Wunsches „nach einem geschützten Individualbereich als liberalistisches, typisch bürgerliches Sekuritätsbedürfnis, als ein die Staatsgewalt schwächendes Mißtrauen", ein Minimum an Rechtsstaatlichkeit als etwas wertvolles wieder entdeckt:[42]

---

40 C. Schmitt, Der Wert des Staates und die Bedeutung des Einzelnen (FN 36) 37 f: „Das Recht ist abstrakte Gedanke, der nicht aus Tatsachen abgeleitet und nicht auf Tatsachen einwirken kann".

41 C. Schmitt (FN 2) 426. Dieser Abschnitt fehlt in der ungarischen Fassung von 1944, der einzigen veröffentlichten Originalfassung. Es besteht kein Zweifel, daß der Jüngersche Tonfall dieser Zeilen das zu verstehen geben möchte, was man in der Tat versteht: hinter dem „Verfolger" verbirgt sich Hitler. Das hieße, Schmitt eine ... in der offenen Kritik am Nationalsozialismus zuschreiben, die ihm in Wahrheit nur teilweise zukommt. Denn während B. Ruthers (Carl Schmitt im Dritten Reich, Bech [München 1990] 99 ff), der ebenfalls wie wir den deutschen Text von 1950 anhand des früheren ungarischen kontrolliert hat, dazu neigt negativ zu betonen, was im Text von 1944 fehlt, glauben wir, daß der Schmittsche Diskurs im Kern unverändert bleibt: in der an verschiedenen europäischen Universitäten gehaltenen Vorlesung gibt es Bezugnahmen auf das antike „arische" Recht, die 1950 verschwunden sind (im wesentlichen handelt es sich jedoch um einen Hinweis auf eine wissenschaftliche Arbeit von Leist, Altarisches ius [1888]), während der um einiges erweiterte Text umgekehrt um Akzentsetzungen, Anspielungen und hervorgehobene Stellen vermehrt ist, die in der ungarischen Version fehlen und mehr besagen wollen als zu verstehen nötig ist. Dessenungeachtet aber kann die neue Substanz des Schmittschen Denkens ebenso leicht feststellbar sein wie die Verteidigung des römischen Rechts und der römischen Rechtswissenschaft sowohl in dem Text von 1944 als auch in dem von 1950 unberührt bleibt. Ich möchte an dieser Stelle meinem Kollegen, Prof. Dr. Gábor Hamza, Universität Budapest, danken, der die Geduld hatte mit seinen perfekten Kenntnissen des Italienischen und des Deutschen mir beim Vergleich der beiden Texte zur Seite zu stehen.

42 So Michael Stolleis, Carl Schmitt, in: Martin J. Sattler (Hrsg), Staat und Recht. Die deutsche Staatslehre im 19. und 20. Jahrhundert, List Verlag (München 1972) 145.

„Wir können uns die wechselnden Machthaber und Regime nicht nach unserem Geschmack aussuchen, aber wir wahren in der wechselnden Situation die Grundlage eines rationalen Mensch-Seins, das der Prinzipien nicht entbehren kann. Zu diesen Prinzipien gehört auch eine im Kampf nicht entfallende, auf gegenseitiger Achtung beruhende Anerkennung der Person; Sinn für Logik und Folgerichtigkeit der Begriffe und Institutionen; Sinn für Reziprozität und für das Minimum eines geordneten Verfahrens, einen due process of law, ohne den es kein Recht gibt. Darin, daß wir diesen unzerstörbaren Kern allen Rechts gegenüber allen zersetzenden Setzungen wahren, liegt die Würde, die in unsere Hand gegeben ist, heute in Europa mehr als zu irgendeiner anderen Zeit und in irgendeinem anderen Teil der Erde“[43].

Der Aufsatz stellt demnach eine ‚Rückkehr' SCHMITTS zu seiner vornazistischen Phase dar oder vielleicht gar ein Vorspiel zu dem Überdenken jener Anfänge, das bald auch die Nachkriegserfahrungen („die Weisheit der Zelle“) von SCHMITT verlangen werden. Und er stellt sicherlich auch eine Desavouierung, aber wohlgemerkt keine Verleugnung dar: Eine Zurückweisung dessen, was er getan hat, aber eine Anerkennung der Verantwortlichkeit für das, was er getan hat. Nur die Narren oder die Schwachen können (vorgeben) die eigene Vergangenheit (zu) verleugnen – was nach HEIDEGGER nur eine Selbstverleugnung wäre; SCHMITT nutzt die eigenen Irrtümer um die moderne Welt und die Möglichkeit einer Rettung des Menschen neu und tiefer zu denken.

Dabei entdeckt er sich selbst als Jurist neu, nicht mehr ‚Theoretiker des Politischen'; findet bei der Wiederentdeckung der juristischen Strukturen seines Denkens natürlich auch wieder zurück zu der philosophischen Dimension des Rechtsdenkens, die gerade dem deutschen kulturellen Bewußtsein eigen ist. Ich bin mir nicht sicher, ob hier besser von einer christlichen und augustinischen[44] oder HEGELianischen Sichtweise zu sprechen ist oder von einer existentialistischen *sui generis*; hier und für jetzt enthalte ich mich eines Urteils über die spezifisch ‚philosophische' Dimension des SCHMITTschen Denkens. Ein Kenner wie HUGO BALL vermag allerdings in der „Tendenz zum Absoluten“ einen Aspekt seiner Persönlichkeit zu sehen, der in gewisser Hinsicht der Schlüssel zur Erklärung vieler noch im Schatten liegender Aspekte sein kann: eine Tendenz, die ist „jedoch keineswegs auf Abstrakta gerichtet, (...) sonder konkret eingestellt. (...) Wie nur irgendein Kantianer geht Schmitt von apriorischen Begriffen, eben von seiner Rechtsideologie aus. Nur begnügt er sich nicht, diese seine Begriffe um ihrer selbst willen zu definieren und miteinander in Beziehung zu setzen. Sein Verfahren ist anders. Er sucht seine Rechtsbegriffe im gegebenen Staate und ferner in der Tradition

---

43 CARL SCHMITT (FN 2) 422 f.

44 Auf SCHMITTS „Augustinianismus“ baut die Einleitung zur französischen Übersetzung der Verfassungslehre SCHMITTS auf: O. BEAUD, Carl Schmitt ou le juriste engagé, Préface à C. Schmitt, Théorie de la Constitution, PUF (Paris 1993) 5-113.

nach ihren letzten Zusammenhängen, nach ihrer Vergesellschaftung mit allen anderen höheren Kategorien (Philosophie, Kunst, Theologie) progressiv zu ermitteln".[45]

Diese Stelle ist relevant für jeden Betrachter der deutschen Erkenntnistheorie der ersten beiden Dezennien dieses Jahrhunderts: einerseits beginnt SCHMITT als KANTianer oder sogar Neukantianer, freilich in einer schon (durch den Badischen Neukantianismus und besonders durch LASK[46] eröffneten) ontologisch orientierten Perspektive. Es handelt sich mit anderen Worten um eine neuplatonische Sicht, die in katholischer Lesart offenbar augustinianisch werden muß (dies BEAUDs neuere Deutung), in meinen Augen jedoch neuplatonisch auch bleiben kann, wenn der katholische Aspekt verschwindet (wie in den Jahren des Nazismus). Jedenfalls kommt man in dieser Perspektive, wenn sie korrekt ist, nicht umhin, die Doppelnatur aller Erscheinung als geschichtlich und vergänglich und zugleich ewig zu erkennen. Nicht zufällig begreift SCHMITT, obschon zu einer Definition des (Wesens-) Begriffs des Politischen neigend, später wohl die Historizität des Staates.[47] Darüber ist hier kurz zu sprechen.

SCHMITT erkennt zugleich die Historizität des Staates und seine entscheidende Bedeutung für die Geschichte des modernen Okzidents. Wenn es wahr ist, daß SCHMITT – im Gegensatz zu dem, was gewöhnlich über ihn geschrieben wird, und auch zu ihm nahestehenden Autoren wie COSTAMAGNA[48] – kein ‚Étatist' ist, dann gilt auch, daß der Staat für ihn ein werthaftes Phänomen ist, sodaß er all jene Erscheinungen, die eine Ero-

---

45 H. BALL (FN 15) 101.

46 Zu ihm s A. CARRINO, Law and Social Theory in Emil Lask, in: Rechtsnorm und Rechtswirklichkeit, FS Werner Krawietz, Duncker & Humblot (Berlin 1993) 209-231. SCHMITT erwähnt LASK in der Schrift über politische Theologie von 1922 im Zusammenhang mit dem Begriff der Form in Beziehung zur Staatslehre KELSENS zwar ohne Wertung, aber so, daß eine Würdigung der Rolle LASKS in der notwendigerweise noch subjektiven Erkenntnistheorie deutlich wird.

47 SCHMITT verwendet die (vom herrschenden Rechtsformalismus auf den Index gesetzte) historisch-kritische Methode auf originelle Weise, um die geltenden Institutionen diachronisch zu untersuchen (und zu relativieren). In diesem Sinn partizipiert SCHMITT zweifellos an dem komplexen Ereignis des deutschen Historizismus, löst sich aber in eigentümlicher Weise von ihm: F. LANCHESTER, Carl Schmitt e la storia costituzionale, in: ders, Momenti e figure, FN 30, 245.

48 CARLO COSTAMAGNA war hingegen wirklich ein ‚Étatist' in dem Sinn, daß der Staat für ihn „das ausgezeichnete konkrete Datum des Lebens" war (Dottrina del fascismo, 1940, Neuauflage in drei Bänden, Edizioni di Ar [Padua 1990] Bd 1, 36), sodaß die Staatslehre innerhalb der Moralwissenschaften eine „oberste Position" einnimmt, sofern sie Wissenschaft vom bonum commune in einer bestimmten politischen Gesellschaft ist; also ist die „Ära des vollendet Politischen" nicht, wie bei SCHMITT, die Epoche des totalitären Staates, sondern die Ära der Staatlichkeit, dh der konkret-lebendigen Einheit eines Volkes.

sion der Souveränität des Staates selbst bewirkten, verwerfen mußte.[49] Dennoch bleibt SCHMITT vor allem ein luzider und kalter Analytiker des historischen Geschehens; in der Tat erkennt er in der allmählich Erosion der Souveränität zwei miteinander verbundene Erscheinungen, die Vergesellschaftung des Staates auf der einen, die Verstaatlichung (Verrechtlichung) der Gesellschaft auf der anderen Seite (Aspekte, deren Untersuchung einer seiner wichtigsten Schüler, ERNST FORSTHOFF[50], fortführen wird). Das Resultat ist gewiß eine Stellungnahme, aber auch und vor allem die Erkenntnis eines Problems. NIGRO hat dazu bemerkt: „Schmitt kommt das Verdienst zu, in weit vorausgreifender und wahrhaft genialer Weise diesen Verschmelzungsprozeß von Staat und Gesellschaft in der doppelten Form von Verstaatlichung der Gesellschaft und Vergesellschaftung des Staates erfaßt zu haben; sind die Symptome der Konfusion und Impotenz des heutigen Staates einmal als vorhanden und verbreitet erkannt, und zwar gerade als Folgen des Pluralismus und seiner immer ausgreifenderen Entwicklung, so ist der Pluralismus nicht mehr als Antithese und Element der Korruption des Verwaltungsstaates anzusehen, sondern als seine dialektische Korrektur".[51] Anders gesagt: SCHMITTS Diskurs scheint einer Würdigung jenseits seiner beschlossenen Stellungnahme fähig und wert zu sein; SCHMITT zeigt, daß nur eine kalte Analyse die Ausarbeitung eines auf eine Weltanschauung gegründeten Wertediskurses erlaubt. Diese ist aus einer wissenschaftlichen Analyse nicht abzuleiten. Soll sie aber historisch begründet sein, wird sie von einer nüchternen Diagnose des ‚Zustands der Welt' nicht absehen können.

Von hier aus wird sichtbar, daß SCHMITT tief in der Schuld eines anderen ‚Giganten' des zeitgenössischen Denkens, MAX WEBERS, steht. Man versteht SCHMITT nicht ohne Bezugnahme auf WEBERS Soziologie von Staat und Recht, dessen größter Schüler er in der Tat ist.[52] Ich möchte an dieser Stelle die These wagen, daß die Beziehung zwischen SCHMITT und WEBER vor allem in der Zurückweisung der Verabsolutierung eines einzigen Faktors oder eines einzigen Lebensbereichs zu sehen ist. Damit

---

49 Vgl T. VESTING, Erosionen staatlicher Herrschaft. Zum Begriff des Politischen bei Carl Schmitt, in: *AöR* 1 (1992) 29 ff.

50 Zu diesem vgl zuletzt und für das Verhältnis insbesondere zu Schmitt, D. VAN LAAK, Gespräche in der Sicherheit des Schweigens. Carl Schmitt in der politischen Geistesgeschichte der frühen Bundesrepublik, Akademie (Berlin 1993) 240-246.

51 M. NIGRO, Carl Schmitt e lo stato amministrativo, in: *Riv trim dir e proc civ* (1986) 793.

52 Zu den Beziehungen zwischen SCHMITT und WEBER vgl G. L. ULMEN, Politischer Mehrwert. Eine Studie über Max Weber und Carl Schmitt, VCH Acta Humaniora (Weinheim 1991); C. COLLIOT-THÉLÈNE, Carl Schmitt contre Max Weber: rationalité juridique et rationalité économique, in: C.-M. Herrera (sous la dir), Le droit, le politique. Autour de Max Weber, Hans Kelsen, Carl Schmitt, L'Harmattan (Paris 1995) 205-227.

würde kühn einer allzu einfachen Vereinnahmung SCHMITTS auf der Seite derer, für die ‚alles Politik' ist und – *politique d'abord* – die Politik maurassianisch zuerst kommt, widersprochen; es ist wirklich nicht schwer, bei SCHMITT Anhaltspunkte für eine solche Deutung zu finden, aber auch die gegenteilige These muß kein Husarenstück sein, wie die hier betrachtete Arbeit SCHMITTS zeigt.

VI.

Die Lektüre dieser Schrift über die Lage der europäischen Rechtswissenschaft erweist sich schließlich als entscheidend für einen ersten Zugang zum Denken SCHMITTS, gerade weil es sich um ein Scharnier zwischen verschiedenen Phasen handelt. Und es ist eine Schrift, die SCHMITTS Faszination bekräftigt, von der schon in den Dreißiger Jahren DELIO CANTIMORI[53] sprach. Diese Faszination ist jedoch nichts anderes als die Anziehungskraft, die eine an Ereignissen wie an Persönlichkeiten ersten Ranges reiche Zeit auf uns alle ausübt. Dem Werk SCHMITTS kommt Bedeutung und hohe theoretische Bedeutsamkeit zu, weil es im Gegensatz zu anderen Werken steht und seine Ideen anderen widerstreiten. SCHMITT interessiert uns, weil wir ihn auf der Grundlage einer Epoche studieren können, deren intellektuelle Lebendigkeit und deren kulturelles Gewicht wir angesichts der Armut unserer eigenen bewundern. Solange SCHMITT isoliert betrachtet wird, klingt seine Stimme rauh, seine Schriften scheinen schwer lesbar zu sein und das Ergebnis manchmal fade. Jemand hat berichtet, SCHMITT habe, als er einmal in Spanien war, sich bei seinen Gastgebern für den Wunsch, nach Deutschland zurückzukehren, mit den Worten entschuldigt, er habe ein Bedürfnis nach seinen Feinden. Und in der Tat verklingt seine Stimme ohne die der anderen Personen in diesem Stück: von SAVIGNY und HEGEL zu LABAND (für die früheren), dann KELSEN, RADBRUCH, HELLER, SMEND, TRIEPEL, KIRCHHEIMER und andere.

So gesehen sind die Jahre, in denen er sich mit dem Nazi-Regime eingelassen hat, ebenso katastrophal wie notwendig. Es war sein Verhängnis, diese Rolle zu spielen. Daß sie im kongenial war, ist offensichtlich ein offenes und hier nicht zu lösendes Problem; ich meine allerdings, daß man an der ‚Kongenialität' zwischen ihm und den Nazis begründete Zweifel haben kann.

---

53 Vgl jetzt: D. CANTIMORI, Politica e storia contemporanea. Scritti 1927-1942, Einaudi (Torino 1991) 197 ff, 237 ff.

Der „Fall Carl Schmitt“ bleibt also noch unabgeschlossen,[54] und der deutsche Jurist, diese große Metapher des 20. Jahrhunderts, harrt noch der Aufklärung (der andere ist Hans Kelsen). Das aber wird nicht möglich sein, wenn man daraus ein Kapitel der politischen Ideengeschichte macht; darin wird Schmitt immer nur der ‚böse‘ sein. Man muß ihn stattdessen wieder in seine Welt hineinstellen, in die Welt des Rechts, denn nur in ihr kann man ihn verstehen. Das Recht war der Beruf Schmitts, der wesentlich ein großer Verfassungs- und Staatsrechtslehrer in der besten deutschen Tradition war. Im Recht begegnet die Politik, in der Theologie des Rechts die politische. Was sodann die Wirkungen und die tiefen und engen Beziehungen zwischen Recht, Politik und Theologie (aber auch Kunst und Literatur) sein mögen, insbesondere was Schmitt anlangt: dies *sine ira et studio* festzustellen, ist die wissenschaftliche Aufgabe.

[54] Trotz des gewichtigen (immerhin 936 Seiten!) Werks von Carlo Galli, Genealogia della politica. Carl Schmitt e la crisi del pensiero politco moderno, Il Mulino (Bologna 1996) und auch des Buches von A. Koenen, Der Fall Carl Schmitt. Sein Aufstieg zum Kronjuristen des Dritten Reiches, Wiss Buchgesellschaft (Darmstadt 1995) (979 Seiten).

Karl Doehring

Die Allgemeine Staatslehre aus der Sicht des Völkerrechts

I. Prolegomena

In besonderem Maße und mit großem Scharfsinn hat sich GÜNTHER WINKLER immer bemüht, die Grundlagen staatlicher Rechtsordnung zu untersuchen[1]. Die nachfolgenden Ausführungen mögen seine Überlegung aus der Sicht des Völkerrechts ergänzen.

Die Lehre vom Staat, von seiner Begrifflichkeit, von der Verbindlichkeit seiner Rechtsordnung und von seiner Forderung, sich dieser Gebietshoheit und Personalhoheit zu unterwerfen, ist überwiegend aus der Sicht des Verfassungsrechts entwickelt worden. Dabei konnte niemand den Geltungsgrund einer Verfassung „begründen", sondern, soweit das versucht wurde, handelte es sich um ein Postulat; auch eine „Grundnorm" kann nicht wiederum „begründet" werden, sondern verweist auf sich selbst zurück. Das gilt auch für alle Basisprinzipien, die mit dem Staatsbegriff verbunden wurden. In der Demokratie soll die Mehrheit entscheiden; sie ist aber selbst als Rechtsgebot ein Postulat, denn wo liegt der zwingende Grund dafür, daß die Mehrheit „recht" hat? Wird die Demokratie mit dem Gleichheitssatz begründet, kann wieder gefragt werden, warum denn Gleichheit ein zwingendes Gebot sei. Viele dumme Staatsbürger können wenige kluge Staatsbürger überstimmen, und viele böse Staatsbürger können wenige gute Staatsbürger ebenfalls überstimmen. Umgekehrt gilt natürlich das Gleiche. Den gleichen Gedankengang kann man zum Prinzip der Gewaltenteilung entwickeln. Warum denn soll Macht durch sie abgebaut oder gebändigt werden? Oder warum hat man oftmals nach Volksführern gerufen? Hatte nun HOBBES recht, oder ROUSSEAU? Warum soll – nach SMEND – der Staat auf einem täglichen Plebiszit beruhen? Hat man nichts von der Unvernunft der Massen vernommen? Woher nimmt der contract social seine Verbindlichkeit, und war-

---

[1] G. WINKLER, Zeit und Recht (1995), behandelt auf Seite 242 ff die Zeitlichkeit der Verfassung, wobei bemerkt wird: „Das zwischenstaatliche Recht und das Völkerrecht werden in dieser Darstellung wegen der Schwerpunktsetzung der Thematik im staatlichen Recht an den Rand verwiesen". So bietet sich eine Ergänzung an.

um will man ein in seiner Macht unbegrenztes Verfassungsgericht, obwohl man Könige nicht mehr mag?

All diese Fragen können beantwortet werden, nur kann niemand behaupten, seine Antwort sei aus „Rechtsgründen“ zwingend; sie ist bestenfalls ein Ausdruck politischer Weisheit, doch auch wiederum jedem Irrtum unterworfen.

Eine Allgemeine Staatslehre aus der Sicht des Verfassungsrechts kann ihre Konturen nur einer bestimmten Verfassung entnehmen, die ihre Basisprinzipien selbst formuliert; sie beginnt mit sich selbst und vor ihr liegt nichts, denn auch die historische Erfahrung belehrt zwar, aber begründet kein Recht und kein verbindliches Sollen. Die Gründe, warum eine Verfassung diese oder jene Rechtsprinzipien enthält, uU bis zur Unabänderbarkeit verteidigt, sind empirisch feststellbar, aber sie sind nicht die Folge einer unwiderlegbaren Schlußfolgerung. Das Wollen bestimmt das Sollen, und es bleibt nur festzustellen, welches Wollen gesetzlich sich durchsetzt. Wenn der Marxismus von der Gesetzmäßigkeit der Staatsentwicklung ausging, war das letztlich ein Wunsch und, wie sich auch gezeigt hat, keine Notwendigkeit, der nicht ausgewichen werden kann. Wenn die liberale Demokratie von der Gleichheit der Menschen, ihrer Gleichberechtigung, ausgeht, ist das ebenfalls ein Wunsch, dem ebenfalls, historisch gesehen, durchaus nicht immer gefolgt wurde. Selbst wenn man postulieren würde, die Befriedung einer Gemeinschaft sei ein absolutes Rechtsgebot, müßte man gleichzeitig die Frage beantworten, um welchen Preis ein solcher Friede erhalten bleiben soll. Viele Arten von rechtlicher Befriedung sind zerbrochen, wenn eine bestimmte Art der Friedensherstellung abgelehnt wurde. Niemand ist gehindert, eine Rechtsordnung als gerecht oder auch ungerecht zu beurteilen, aber er kann von seinem Nebenmenschen aus Rechtsgründen nicht fordern, daß dieser an die gleichen Werte glaubt. Jede Rechtsordnung nimmt auf diesem Gebiet ihren Ausgang von einer Wertentscheidung, die sich der ratio entzieht und von der man bestenfalls Schlußfolgerungen herleiten kann, deren Akzeptanz aber wiederum auf einem Werturteil beruht.

Diese Betrachtung beruht nicht auf nihilistischer Wertrelativität. Sie nimmt dem Menschen und Staatsbürger nicht die Freiheit, sich für eine Idee der Gerechtigkeit einzusetzen, aber der Erfolg kann nicht garantiert werden. Es wäre zu bedauern, wenn nicht eine Rechtsidee die Grundlage staatlicher Rechtsordnung bilden würde, aber der juristische Gottesbeweis kann nicht angetreten werden; er höbe auch die Freiheit auf. Die Freiheit ist aber selbst auch kein Rechtsgebot, sondern beruht auf einem mehr oder weniger ausgeprägten Wunsch der Menschen. So kann keine Allgemeine Staatslehre aus der Sicht des Verfassungsrechts erarbeitet werden, die für alle Staaten gültig, das hieße, nicht multikulturell sondern homogen wäre.

Diese Gedankengänge sind der Ausgangspunkt für eine allgemeine Staatslehre aus der Sicht des Völkerrechts, einer Lehre vom Staat, die sich bemühen muß, für alle Staaten gleichermaßen zu gelten. Ob man das will, beruht wiederum auf einem Postulat, nämlich der Entscheidung dafür, daß man versuchen sollte, ein Zusammenleben der Staaten in einer gemeinsamen Rechtsordnung zu ermöglichen. Aber auch das ist nur ein Wunsch und kein Gebot. Doch sind die Staaten auch frei, diesem Wunsch zu folgen und sich für seine Verwirklichung einzusetzen. Die Leugner des Völkerrechts haben offenbar angenommen, daß diese staatliche Zusammenarbeit nicht gelingen könne, weil es keine Weltverfassung gibt. Die Empirie hat aber gezeigt, daß das Ziel nicht utopisch ist, sondern zumindest partiell erreicht werden kann. Das ist aber nur der Fall, wenn eine völkerrechtliche Lehre vom Staat Grundprinzipien in Kauf nimmt, die Rücksicht nehmen auf die unterschiedlichen Verfassungssysteme.

II. Zum Staatsbegriff

Das Völkerrecht hat den Staat auf der Grundlage der Dreielementenlehre definiert[2]. Man mußte das nicht, aber man hat es getan, weil nur sie eine für alle Staaten, bei allen Unterschieden, gemeinsame Sicht bieten kann, die der internationalen Rechtsordnung genügt. Alle Erwägungen über das „Wesen“ des Staates[3] wie sie von der allgemeinen Staatslehre und der Verfassungslehre angestellt wurden, sind im Völkerrecht gleichgültig. Die Staatslehre des Völkerrechts folgt aber auch nicht Fakten, sondern erklärt Fakten aus gutem Grunde für rechtserheblich. Die Staatsdefinition auf der Grundlage der Dreielementenlehre ist nicht primitiv, nicht grob, sondern gewinnt Subtilität durch Interpretation dieser drei Elemente.

Die Staatsdefinition des Völkerrechts nähert sich dem Staatsbegriff von außen, nicht, wie die überkommene allgemeine Staatslehre, von innen aus der Sicht der Verfassung des Staates. Dieser Unterschied ist fundamental, denn die Grundlage des völkerrechtlichen Staatsbegriffs besteht in der Abgrenzung der Staatsgewalt zu anderen Staatsgewalten. Die im-

---

2 V. Epping, in: K. Ipsen, Völkerrecht, 3. Aufl (1990) Kap 5, Rn 2 ff, eingehend mit Hinweisen auf G. Jellinek, Allgemeine Staatslehre, 3. Aufl (1914) 396 ff.

3 Vgl R. Smend, Verfassung und Verfassungsrecht (1928), in: Staatsrechtliche Abhandlungen, 2. Aufl (1968) 184 über die Lehre von G. Jellinek: „Vom Wesen und Substanz weiß diese Lehre nichts“.

mer wieder gegebenen Hinweise, die Zeit des „Nationalstaats“ sei vorbei[4], finden in den völkerrechtlichen Beziehungen – bisher – keine Berechtigung. Die Übernahme vertraglicher Verpflichtungen, auch solcher, die eine Einschränkung der staatlichen Hoheitsmacht zum Gegenstand haben, änderte bisher nichts an dem Grundsatz der Souveränität der Staaten, auch wenn das immer wieder behauptet wird[5]. Einbrüche in diese Souveränität in substanzieller Art sind nur auf dem Gebiet der Supranationalität festzustellen, die sich zwar bisher auf das Gebiet der Europäischen Wirtschaftsgemeinschaft beschränkt, dem einzigen Anwendungsfall, die aber doch einen Schritt zur Aufspaltung der staatlichen Souveränität bedeutet[6]. In allen anderen Beziehungen bleibt es dabei, daß das Wesen der Souveränität in der Befehlsunabhängigkeit von anderen Rechtssubjekten besteht. Nur eine Ordnungsunabhängigkeit, wie sie auch lange Zeit angenommen wurde[7], ist nicht mehr vorhanden, seit die Staaten anerkannt haben, daß ihre Rechtsbeziehungen zT auf zwingenden Normen des Völkerrechts beruhen. Diese Entwicklung des Völkerrechts findet aber auch in der Interpretation der Staatselemente Ausdruck. Der Vorwurf gegenüber der völkerrechtlichen Staatsdefinition, sie könne das Wesen des Staates nicht erklären, denn dieses liege nicht zuletzt in geistig-soziologischen Merkmalen[8], geht fehl. Selbstverständlich beruht auch die völkerrechtliche Lehre, die Dreielementenlehre, auf Rechtsideen, deren Grundlage in völkerrechtlich-soziologischen Bedürfnissen der Staatengemeinschaft zu finden ist.

Das Staatsgebiet ist der Raum, in dem die ausschließliche, unter Umständen durch Verträge eingeschränkte aber prinzipiell erhaltene Staatshoheit besteht. In einem solchen Gebiet fremde Hoheitsakte zu erlassen oder durchzusetzen, bedeutet völkerrechtlich rechtswidrige Intervention[9].

---

4 G. Nicolaysen, Der Nationalstaat klassischer Prägung hat sich überlebt, in: FS U. Everling (1995) Bd II, 945 ff; s auch E. Forsthoff, Der Staat der Industriegesellschaft, (1971) 158 zum heutigen Staat: „Von Souveränität im Sinne der höchsten und fortdauernden Gewalt zu sprechen, wäre absurd“.

5 H. G. Schermers, Diskussionsbeitrag in: G. Ress (Hrsg), Souveränitätsverständnis in den Europäischen Gemeinschaften (1980) 92, „... and therefore such a thing as souvereignty is impossible“.

6 H. P. Ipsen, Europäisches Gemeinschaftsrecht (1972) 56: „Mit der Übertragung gibt der Staat seinen Anspruch auf Ausschließlichkeit eigener Hoheitsentfaltung in seinem Gebiet auf“.

7 E. Kaufmann, Das Wesen des Völkerrechts und die clausula rebus sic stantibus (1911) 153: „Für das Völkerrecht stellt sich der siegreiche Krieg ... als letzte Norm heraus, die darüber entscheidet, welcher der Staaten das Recht hat“.

8 P. Pernthaler, Allgemeine Staatslehre und Verfassungslehre (1986) 28 f, referiert über die Auffassungen vom Staat als soziologische Einheit und als Integrationsordnung.

9 W. K. Geck, Hoheitsakte auf fremdem Staatsgebiet, WB d Völkerrecht, Bd 1 (1960) 795 ff.

Nomaden können keinen Staat bilden, auch wenn es ein „ständiges Plebiszit"[10] in ihrer Bevölkerung gibt, oder auch dann, wenn man den Nomadenstamm als „Wirkungseinheit"[11] versteht. Ein Staat im völkerrechtlichen Sinne ist nicht nur berechtigt, sein Gebiet abzugrenzen, sondern dazu verpflichtet. Ein Staatsgebiet im Sinne des Völkerrechts besteht auch regelmäßig nur insoweit als der Staat in der Lage ist, es effektiv zu beherrschen, was auf der Forderung beruht, völkerrechtliche Verpflichtungen durchzusetzen[12]. Das Staatsvolk des Völkerrechts besteht aus dem Kreis der Staatsangehörigen, abgegrenzt durch nationale Vorschriften. Alle Versuche, einen Volksbegriff nach der Wohnbevölkerung zu bestimmen, wie das in neuerer Zeit etwa im Hinblick auf die Forderungen nach Kommunalwahlrecht von Ausländern propagiert wird[13], sind völkerrechtlich zwecklos. Wenn im internationalen Privatrecht auf den Wohnsitz Rücksicht genommen wird, ist das nur eine Methode, die für das nationale Kollisionsrecht Bedeutung hat; für das Völkerrecht ist sie bedeutungslos. Kein Staat könnte einen Nichtstaatsangehörigen, auch wenn man ihn zur Wohnbevölkerung zählt, gegenüber anderen Staaten schützen, denn die sog nationality-rule, Voraussetzung diplomatischen Schutzes[14], besteht bis heute unangefochten. Das hat seinen guten Grund, denn die Prätension, Fremde in die Ausübung der staatlichen Hoheitsmacht einzugliedern, muß dann als Intervention in die Personalhoheit des Heimatstaates des Fremden angesehen werden, wenn es sich nicht ausschließlich um das Verhalten im eigenen Staatsgebiet handelt. Das Völkerrecht setzt voraus, daß jeder Mensch einem Staat als dessen Staatsangehöriger zugehört. Staatenlose nehmen einen Sonderstatus ein, den es zu vermeiden gilt[15], da weder eine Verantwortung für sie übernommen wird, noch für sie im Ausland Schutz gewährt werden kann. Das Völkerrecht hat auch die Inhaberschaft mehrfacher Staatsangehörigkeit als einen Zustand betrachtet, der vermieden werden sollte[16], weil auch in diesem Falle die eindeutige Zugehörigkeit zu einem Staat zweifelhaft wird. Treue zum Staat und Schutz durch den Staat bilden den harten Kern des Staatsangehörig-

10 Im Sinne R. Smends (FN 3).

11 Dazu H. Heller, Staatslehre (1934, 4. Aufl 1970) (Hrsg G. Niemeyer).

12 K. Doehring, Effectiveness, EPIL, Instalment 7 (1984) 71 ff.

13 Im Verfahren vor dem BVerfG (BVerfGE 83, 37 ff). Führte die Landesregierung von Schleswig-Holstein aus, sie befürworte das Ausländerwahlrecht bei Kommunalwahlen. Das Demokratieprinzip lasse nicht zu, daß zwischen Staatsvolk und Untertanenverband auf Dauer unterschieden werde (42). Der Volksbegriff der Verfassung sei „offen" (44).

14 W. K. Geck, Diplomatic Protection, EPIL, Instalment 10 (1987) 59 ff.

15 Übereinkommen über die Rechtsstellung der Staatenlosen v 28. 9. 1954, UNTS, Bd 360, 130.

16 BVerfGE 37, 217 (254 ff); G. Epping (FN 2) Kap Rn 19 ff.

keitsrechts. So bildet das Staatsvolk eines Staates eine Gemeinschaft, die das Schicksal ihres Staates zu tragen hat. Diese Schicksalsgemeinschaft ist bis heute durch nichts eingeschränkt. Folgen eines verlorenen Krieges hat das Staatsvolk auch dann zu tragen, wenn seine Regierung völkerrechtswidrig gehandelt hat. Das hat nichts mit einer sog Kollektivschuld zu tun, aber die Haftung bleibt eine ungeteilte Last für alle Staatsbürger.

Ein Staat im Sinne des Völkerrechts besteht nur, wenn er von einer Regierung gelenkt wird, die effektiv ihre Rechtsordnung durchsetzen kann. Diese Effektivität besteht nicht um ihrer selbst willen, sondern wird gefordert, weil nur dann eine ausreichende Sicherheit besteht, daß der Staat seine völkerrechtlichen Pflichten erfüllen kann, dh Verträge erfüllen und Delikte verhindern kann[17]. Darüber hinaus würde ein Staat seine Staatsqualität im Sinne des Völkerrechts verlieren, wenn er offen bekennt, daß für ihn auch zwingende Regeln des Völkerrechts nicht gelten und er sie ggf mißachten werde; die Anerkennung als Staat könnte entzogen werden, wenn ein Unterschied zu einer Mörderbande nicht mehr besteht[18]. Obwohl vielfach diese Vorschriften zur Einhaltung zwingenden Völkerrechts von Staaten nicht eingehalten wurden und werden, gibt es doch wohl keinen Staat, der das Recht zu einem solchen Verhalten für sich in Anspruch nimmt, bzw nicht doch noch einen Rechtfertigungsgrund sucht, wenn ihm eine Mißachtung des völkerrechtlichen ius cogens vorgeworfen wird.

Für den völkerrechtlichen Staatsbegriff ist die jeweilige Regierungsform eines Staates so lange irrelevant als die soeben beschriebenen Merkmale erfüllt sind. Ist das der Fall, mag ein Staat sich als Monarchie, als gewaltenteilende Demokratie und auch als Diktatur darstellen. Die Feststellung etwa, ein Staat sei nur vorhanden, wenn der Grundsatz der inneren Gewaltenteilung beachtet sei[19], ist für das Völkerrecht ebenso gegenstandslos wie die Frage nach der auf dem Volkswillen beruhenden Legitimation der Staatsgewalt. Alle Erwägungen darüber, ob nicht zu fordern sei, daß der Staat der Anerkennung seiner Bürger bedürfe, damit eine Rechtsordnung „legitim" sei, spielen im Völkerrecht keine Rolle, soweit nicht völkerrechtlich der Grundsatz des Selbstbestimmungsrechts berührt

---

17 K. Doehring, Allgemeine Staatslehre (1991) Rn 83 f.

18 Ch. Tomuschat, Gewalt und Gewaltverbot als Bestimmungsfaktoren der Weltordnung, Europa Archiv, Bd 36 (1981) 332.

19 Französische Erklärung der Menschen- und Bürgerrechte v 26. 8. 1789, Art 16: „Eine jede Gesellschaft, in der weder die Gewährleistung von Rechten zugesichert noch die Trennung der Gewalten festgelegt ist, hat keine Verfassung" (Übersetzung bei Mayer-Tasch, Die Verfassungen Europas, 2. Aufl [1975] 212); I. Kant, Rechtslehre, Teil II, Erster Abschnitt über das Staatsrecht, § 45: „Ein jeder Staat enthält drei Gewalten in sich" (Sämtliche Werke, Großherzog Wilhelm Ernst Ausgabe [Leipzig 1922] Bd 5, 433).

ist[20]. Wäre es anders, müßte zahlreichen Staaten der Welt die Staatsqualität aberkannt werden. Das „Wesen" des Staates in der Akzeptanz seiner Rechtsordnung durch die Gewaltunterworfenen zu sehen, ist dem Völkerrecht fremd, bzw widerspricht seiner Staatsdefinition. Man mag das bedauern, aber bisher hat die Völkerrechtsgemeinschaft Respektierung der inneren Angelegenheiten des Staates gefordert, und zu diesen gehört auch die gewollte und auch ungewollte Gestaltung der Regierungsform. Immerhin sind Einschränkungen dieser inneren Angelegenheiten in der Völkerrechtsentwicklung der neueren Zeit zu bemerken[21]. Darauf ist zurückzukommen.

III. Die Demokratie

Soweit nicht völkerrechtliche Verträge bestehen, an die die Staaten sich gebunden haben, ist die Partizipation der Staatsbürger an der Staatswillensbildung für das Völkerrecht keine Rechtsfrage. Wenn der Pakt der Vereinten Nationen über bürgerliche und politische Rechte diese Forderung enthält[22], bedeutet das eine vertragliche lex specialis, die ein Obligatorium begründet, aber kein Element des völkerrechtlichen Staatsbegriffs bildet. Selbst im Rahmen der völkerrechtlich errichteten Supranationalität, also der Europäischen Wirtschaftsgemeinschaft, besteht keine demokratische Legitimation der Organe der Gemeinschaft, und es wird ausdrücklich betont, daß das Völkerrecht sie auch nicht fordere[23].

Die Demokratie – wie immer man sie definieren mag – beruht in ihren Rudimenten auf dem Grundsatz, daß der zum Volkswillen gebündelte Wille der Staatsbürger als suprema potestas zu betrachten sei, auch wenn er verdünnt und nur mittelbar zum Ausdruck kommt. Dieser rudimentäre Grundsatz spielt im Völkerrecht nur eine Rolle, wenn es um die Ausübung des Selbstbestimmungsrechts einer Volksgruppe geht[24]. Das Selbstbestimmungsrecht eines Volkes oder einer Minderheit in einem Staatsvolk setzt voraus, daß die Mehrheit eines solchen Trägers des Selbst-

---

20 K. Doehring, Das Selbstbestimmungsrecht der Völker, in: B. Simma (Hrsg), Charta der Vereinten Nationen, Kommentar 1991, 27, Rn 46.

21 Auch das zeigt sich in der Anerkennung eines Selbstbestimmungsrechts der Völker (vgl K. Doehring, FN 20, Rn 50 f).

22 Art 25 des Internationalen Paktes über bürgerliche und politische Rechte v 19. 12. 1966, BGBl 1973 II, 1534.

23 A. Randelzhofer, Zum behaupteten Demokratiedefizit der Europäischen Gemeinschaften, in: B. Hommelhoff/P. Kirchhof (Hrsg), Der Staatenverbund der Europäischen Union (1994) 38 ff.

24 K. Doehring (FN 20) Rn 50 f.

bestimmungsrechts ihren Willen durchsetzen darf. Hier nun ist der einzige Ansatz, den der Begriff der Demokratie im Völkerrecht aufzuweisen hat.

Dabei soll nicht verkannt werden, daß eine neuere Tendenz sich zeigt, die Staaten der Welt auf demokratische Grundsätze auch völkerrechtlich zu verpflichten, was letztlich damit zusammenhängt, daß im Völkerrecht mehr und mehr die rechtliche Position des Individuums zu beachten ist. Doch die Feststellung, daß ein Staat im Sinne des Völkerrechts nur besteht, wenn er zumindest eine rudimentäre Demokratie zu seiner Rechtsordnung macht, kann bis heute nicht getroffen werden.

Eine gewisse völkerrechtliche „Demokratie" allerdings besteht in den Beziehungen der Staaten untereinander. So ist die Entstehung von völkerrechtlichem Gewohnheitsrecht nur dann anzunehmen, wenn eine Mehrheit der Staaten die Verbindlichkeit eines Rechtssatzes bekundet, sei es auch nur durch ihre Praxis[25]. Die organisierte Staatengemeinschaft kennt demokratische Grundsätze in ihren Statuten, zB der UN-Charta. Doch sind Mehrheitsentscheidungen oftmals nicht bindend, wie die Resolutionen der Generalversammlung der Vereinten Nationen, oder sie beruhen nicht auf der Gleichheit der Abstimmenden, wie das für die Resolutionen der Sicherheitsrats der Vereinten Nationen gilt.

Während die Demokratie der Verfassungsordnungen gemeinhin von der Gleichheit der Staatsbürger ausgeht, gilt ein solcher Grundsatz im Völkerrecht nicht, auch wenn dort mit starker Betonung von der Gleichheit der Staaten gesprochen wird. One man – one vote hat Bedeutung für die staatliche Gemeinschaft; im Völkerrecht gilt nicht der Satz one state – one vote. Schon bei der Entstehung des völkerrechtlichen Gewohnheitsrechts zeigt sich, daß nicht allein die Mehrheit der Staaten und so die quasi-Unanimiät zu beachten ist, sondern auch die Position der Staaten in der Staatengemeinschaft[26]. So kann sich ein Gewohnheitsrechtssatz dann bilden, wenn nur relativ wenige aber in ihrem internationalen Gewicht bedeutsame Staaten einen Rechtssatz begründen wollen. Dabei ist der ständige Widerspruch anderer Staaten gegen die Bildung solcher Rechtssätze durchaus beachtlich, auch wenn er sie auf Dauer nicht verhindern kann[27].

---

25 B. Simma, in: Österreichisches Handbuch des Völkerrechts, Bd 1, 2. Aufl (1991) zum Völkergewohnheitsrecht, Rn 209 f.

26 B. Simma (FN 25) Rn 213.

27 B. Simma(FN 25) Rn 215.

IV. Gewaltenteilung

Das System der Teilung der Staatsgewalten im Rahmen des Verfassungsrechts ist, zumindest für die westliche Staatenwelt, zu einem Heiligtum geworden. Theoretisch hat dieser Grundsatz auch in kommunistischen Staaten verfassungsrechtlichen Ausdruck gefunden[28], eingeschränkt allerdings durch die auch verfassungsrechtlich garantierte Vorherrschaft der einen Partei im Sinne des Systems von Basis und Überbau. Nahezu alle Verfassungen, wie sie im Zuge der Emanzipierung vorher abhängiger Staaten sei es in Afrika oder im europäischen Ostblock neuerdings erarbeitet wurden, betonen den Grundsatz der Gewaltenteilung[29]. Man könnte daher daran denken, diesen Grundsatz als ein general principle of law recognized by civilized nations gem des Statuts des Internationalen Gerichtshofs zu qualifizieren und also auch als völkerrechtliches Prinzip zu betrachten. Das wäre aber nicht vertretbar.

Der Staat wird nach außen grundsätzlich nur mit einer Stimme gehört, gleichgültig wie im Inneren des Staates und also gem der spezifischen Verfassung die Kompetenzen auch verteilt sind. Kein Staat kann sich, nach Maßgabe der Wiener Vertragskonvention, der Einhaltung seiner Pflichten dadurch entziehen, daß er einwendet, bei Eingehung der Verpflichtungen sei seine innere Rechtsordnung, insbes. seine Verfassung, nicht korrekt gehandhabt worden[30]. Ob ein Staat durch seine Regierung mit Außenwirkung gehandelt hat, durch die Gesetzgebung seines Parlaments die Außenwirkung rechtlich hergestellt hat, oder auch durch seine Gerichtsbarkeit Rechtsbeziehungen zu anderen Staaten berührt, ist für das Völkerrecht gleichgültig; der Staat haftet für alle seine Staatsorgane, gleichgültig ob solche unterschiedlich bestehen, oder ob es sich um einen Staat handelt, dessen Verfassung keine Gewaltenteilung kennt. Auch hier zeigt sich wiederum, daß das Staatsvolk eine Schicksalsgemeinschaft bildet, die für jedes rechtliche Verhalten ihrer Organe einzustehen hat.

Die Irrelevanz jeder staatlichen Gewaltenteilung für das Völkerrecht zeigt sich auch daran, daß jedes Handeln von Staatsorganen, das gem dem innerstaatlichen Recht als ultra vires zu qualifizieren wäre, dem Staat dennoch zuzurechnen ist, es sei denn es liege eine solche Evidenz der Inkompetenz vor, die für jeden völkerrechtlichen Partner und zuverlässig

---

28 Auch dort sind drei Staatsgewalten erwähnt, vgl Verf der DDR vom 7. 10. 1974, Art 47-80.

29 ZB Verfassungsentwurf der Provinz Qwa-ZuluNatal, Provincial Gazette, 7. 2. 1996, Chapter on Fundamental Principles, Art 1 (2) zur separation of powers.

30 Art 27 des Wiener Übereinkommens über das Recht der Verträge v 23. 5. 1969, BGBl 1985 II, 926.

erkennbar ist[31]. Das wird äußerst selten der Fall sein. Bedenkt man, daß gerade in einem System der Gewaltenteilung auch für die Belange des Verfassungsrechts oftmals erst durch ein Verfassungsgericht nachträglich entschieden wird, ob die innerstaatlichen Kompetenzen eingehalten wurden, wird diese völkerrechtlich grobe Zuweisung aller Staatsäußerungen zur Verantwortlichkeiten der Staaten verständlich. Ergeht ein Gesetz, das nicht auf dem Volkswillen beruht, obwohl die Verfassung Demokratie verspricht, und widerspricht das Gesetz dem Völkerrecht, haftet der Staat. Er haftet ebenso für eine Regierung, die amtiert, ohne legal dazu berufen zu sein, und er haftet für eine Gerichtsbarkeit, die trotz Verfassungsverbürgung nicht von unabhängigen Richtern ausgeübt wird.

Verliert ein Staat seine verfassungsmäßige Legalität, etwa die Gewaltenteilung, durch Revolution, nimmt das Völkerrecht für die Belange der internationalen Rechtsbeziehung nur insoweit davon Kenntnis als gefragt wird, ob die illegalen neuen Machthaber eine effektive Regierung gebildet haben[32]. Probleme des Widerstandsrechts contra legem, wie sie die allgemeine Staatslehre für das Verfassungsrecht vertiefte und versucht hat, Lösungen zu finden, kennt das Völkerrecht nur in engen Grenzen. Aufständischen darf nicht von anderer Seite geholfen werden, während der noch effektiven Regierung auf Hilfsersuchen Unterstützung gewährt werden darf, innere Unruhen zu bändigen[33]. Würde eine Regierung völkerrechtserheblich nach außen tätig, obwohl ihre eigene Verfassung das untersagt hat, würde sie an ihren Äußerungen festgehalten werden können.

Auf dieser Grundlage, wonach völkerrechtlich der Staat für alle seine Aktivitäten haftbar gemacht werden kann, ohne daß das Prinzip der Gewaltenteilung hierbei irgendeine Rolle spielt, beruht auch die Feststellung des Völkerrechts, daß die Art der Reaktion der Staaten auf von ihnen zu vertretendes Unrecht ihnen freigestellt ist. Ein völkerrechtswidriges Gesetz muß nicht annuliert werden, wenn es nicht angewandt wird; ein völkerrechtswidriges Gerichtsurteil muß nicht aufgehoben werden, wenn es nicht vollstreckt wird, oder in Strafsachen durch Begnadigung seine Wirkung verliert; eine völkerrechtswidrige Regierungsmaßnahmen muß nicht widerrufen werden, wenn sie nicht vollzogen wird. Immer ist

---

31 W. K. Geck, Die völkerrechtliche Wirkung verfassungswidriger Verträge (1963) 385 ff.

32 G. Dahm, Völkerrecht, Bd 1 (1958) 86, zur Frage der Kontinuität des Staates bei Revolution aus der Sicht des Völkerrechts; W. Fiedler, Staatenkontinuität und Verfassungsrechtsprechung (1970) 39.

33 Anders die Resolution des Institut de droit international in Wiesbaden 1975 (Annuaire, Vol 56, 544 ff); vgl dagegen die Darstellung der hL im Völkerrecht bei K. Doehring, Intervention im Bürgerkrieg, in: FS W. Grewe (Im Dienste Deutschlands und des Rechts, 1981) 445 ff.

es nur der endgültige Effekt, der vom Völkerrecht beachtet wird. Daher sind auch alle subtilen Erwägungen rechtsphilosophischer Natur, wie sie die allgemeine Staatslehre anstellt, für das Völkerrecht bedeutungslos, etwa die Frage, ob die Aufhebung eines Gesetzes ex nunc oder ex tunc wirkt, ob Kompetenzdelegationen zulässig sind, ob der Grundsatz der res iudicata die andere Staatsorgane bindet. Das Völkerrecht fragt nur, ob ein völkerrechtliches Unrecht aufrechterhalten wird, oder der völkerrechtsgemäße Zustand wiederhergestellt wurde[34].

In der organisierten Staatengemeinschaft, dh im Rahmen der Statuten Internationaler Organisationen, spielt diese Gewaltenteilung ebenfalls nur eine begrenzte Rolle. Im Rahmen der Charta der Vereinten Nationen besteht keine einer Verfassung vergleichbaren Gewaltenteilung, denn der Sicherheitsrat ist regelmäßig nicht an die Resolutionen der Generalversammlung gebunden, und eine obligatorische Gerichtsbarkeit besteht nicht. Selbst im System der Supranationalität, das schon eher mit einer Verfassung vergleichbar ist, kann von der klassischen Gewaltenteilung keine Rede sein. Der Ministerrat der EG wird als Legislative und als Exekutive tätig, während das Parlament über keine Gesetzgebungsbefugnisse verfügt, vielmehr nur gewisse Einwirkungen durch Normablehnung vornehmen kann[35].

V. Rule of Law

Die westlichen Demokratien verbinden mit ihrem Staatsbegriff die Forderung nach Einhaltung der Rechtsstaatlichkeit. Wie immer man diesen Begriff definiert, dh ob man ihn formell oder auch materiell auffaßt, sicherlich beinhaltet er die Forderung nach einem government of law and not of men, diejenige der Berechenbarkeit des Rechts, der Rechtssicherheit und des gerichtlichen Rechtsschutzes. Das gilt für den deutschen Rechtsstaat, die rule of law des common law, die due-process clause des Rechts der USA und den état de droit des französischen Rechts. Die Folgerungen, die das Völkerrecht an die Ausgestaltung der Rechtsstaatlichkeiten der Welt stellt, und die es an sich selbst stellt, sind anderer Art. Die Normen des Völkerrechts entbehren nicht der Berechenbarkeit des Rechts und entsprechen auch der Forderung nach einem governement of law. Das ergibt sich aus der Rechtsquellenlehre, wie das Statut des internationalen Gerichtshofs sie determiniert. Auch wenn viele Unbestimmtheiten bei der Feststellung von Rechtsnormen bestehen mögen, sind doch

[34] F. Berber, Lehrbuch des Völkerrechts, Bd III, 1977, 25 ff.

[35] EGV, Art 189b (5) u (6).

Gewohnheitsrecht, Verträge und allgemeine Rechtsgrundsätze prinzipiell geeignet, die Voraussehbarkeit des geltenden Rechts zu sichern. Anders steht es mit dem sog Richterrecht. Richterliche Rechtsfortbildung, wie sie manche Verfassungen zulassen[36], bestehen im Völkerrecht hinsichtlich internationaler Gerichte nicht, denn deren Entscheidungen wirken stets nur inter partes[37] und haben nicht, wie bei der Verfassungsgerichtsbarkeit eines Staates, eine Wirkung erga omnes. Daher kennt auch das Völkerrecht kein Prinzip des judge made law oder der stare decisis. Die nationale Gerichtsbarkeit hat dann aber insoweit Einfluß auf die Rechtsfortbildung als sie an der Staatenpraxis zur Bildung von völkerrechtlichem Gewohnheitsrecht teilnimmt[38]. Dabei ist es aber wiederum völkerrechtlich irrelevant, ob diese Praxis auf der Tätigkeit unabhängiger Gerichte beruht, was für das innerstaatliche Recht zumindest in formellem Sinne sogar von kommunistischen Staaten verbal gefordert wurde. Selbst die Europäische Menschenrechtskonvention begnügt sich damit, in ihrem Art 13 für den Schutz ihrer Rechte das Bestehen einer nationalen Instanz zu fordern[39].

Das völkerrechtliche Gewohnheitsrecht verlangt von den Staaten zB im Fremdenrecht einen Schutz gegen Willkür der Exekutive. Es fordert nicht, daß dieser Schutz durch unabhängige Gerichte ausgeübt wird. Besteht kein Schutz zumindest durch Beschwerdemöglichkeit, kann das völkerrechtliche Delikt der Rechtsverweigerung in Betracht kommen[40]. Insbesondere eine präventive Verwaltungsgerichtsbarkeit mit der Möglichkeit einer Anfechtungsklage gegenüber hoheitlichem Handeln wird vom Völkerrecht nicht gefordert, sondern es genügt der Grundsatz, daß nach vorhergegangener Schädigung durch nationale Staatsorgane Schadensersatz gefordert werden kann (dulde und liquidiere)[41].

Betrachtet man die Mitwirkung der einzelnen Staaten an der Rechtserzeugung des Völkerrechts, sei es an der Bildung von Gewohnheitsrecht, der Begründung von Verträgen, der Abstimmung in Internationalen Or-

---

36 P. Kirchhof, Der Auftrag des Grundgesetzes an die rechtsprechende Gewalt, in: Richterliche Rechtsfortbildung, FS der Juristischen Fakultät zum 600 Jahr-Fest der Universität Heidelberg (1986) 11 ff.

37 Statut des IGH, Art 59.

38 K. Doehring, Die Rechtsprechung als Rechtsquelle des Völkerrechts (FS der Juristischen Fakultät, FN 36) 541 ff.

39 Frowein/Peukert, Europäische Menschenrechtskonvention, Kommentar 1985, 299, Rn 3.

40 S. Verosta, Denial of Justice, EPIL, Instalment 10 (1987) 96 ff.

41 K. Doehring, Fordert das allgemeine Völkerrecht Gerichtsschutz gegen die Exekutive? in: Max Planck-Institut für ausländisches öffentliches Recht und Völkerrecht (Hrsg), Gerichtsschutz gegen die Exekutive, Bd 3 (1971) 227 ff.

ganisationen, ergibt sich, daß es für das Völkerrecht gleichgültig ist, ob diese Mitwirkung durch ein government of law erfolgt ist.

Ähnliche Betrachtungen gelten auch für die Grundrechte im Verfassungsrecht und die Menschenrechte im Völkerrecht. Die innerstaatlichen Grundrechte haben zwar an der Bildung der völkerrechtlichen Menschenrechte im Sinne von allgemeinen Rechtsprinzipien mitgewirkt, aber das Völkerrecht hat doch diese Menschenrechte autonom entwickelt und geschützt. Das Völkerrecht fordert nicht, daß jede Verfassung der Welt über Grundrechte verfügt, was auch sinnlos wäre, denn das ungeschriebene Verfassungsrecht Großbritanniens kennt keine kodifizierten Grundrechte und muß dennoch als ein dem Völkerrecht genügender Staat angesehen werden.

VI. Schlußbetrachtung

Mit diesen Hinweisen sollte dargelegt werden, daß der Staat von außen betrachtet und also im Sinne einer generalisierenden allgemeinen Staatslehre aus internationaler Sicht sich deshalb anders darstellt als im internen Verfassungsrecht, weil das Völkerrecht auf die nationalen Verfassungsrechte keine Rücksicht nehmen kann.

Die tiefgründigen Erwägungen, ob im Sinne etwa von HANS KELSEN die Betrachtung des Normgefüges für die Charakterisierung eines Staates ausreicht[42], ob und inwieweit Sein und Sollen trennbar sind, oder aber eine gegenseitige Abhängigkeit besteht, ob der Staat eine rechtlich organisierte Wirkungseinheit darstellt, ob eine Identifikation der Gemeinschaft mit dem Staat zu fordern ist, ob eine Integration im Sinne des täglichen Plebiszits stattfindet, ob der Staat eine geistige Wirklichkeit bietet, sind für das Völkerrecht als Rechtsordnung ohne Bedeutung. Das Gleiche gilt für die Frage, ob der Staat als eine juristische Person zu betrachten ist. Während darüber im common law andere Auffassungen herrschen als im kontinental-europäischen Recht[43], verlöre das Völkerrecht seine bisher unabdingbare Grundlage, wenn es den Staat nicht als Rechtsperson qualifizieren würde.

Der frühere Generalsekretär der Vereinten Nationen, BOUTROS BOUTROS-GHALI hat richtig und nachdrücklich daraufhingewiesen, daß bei

42 H. KELSEN, Allgemeine Staatslehre (1925), s insbes 16: „Ist erkannt, ... daß der Staat seinem Wesen nach ein System von Normen oder der Ausdruck für die Einheit eines solchen Systems ist, dann ist damit die Erkenntnis, daß der Staat als Ordnung nur die Rechtsordnung oder der Ausdruck ihrer Einheit sein kann, schon erreicht".

43 Zur Frage des Staates als Juristische Person vgl ua R. M. MACIVER, The modern State (1926) 452: „It is ... absurd to think of a society of persons as a person".

aller Anerkennung eines Zieles der Universalität der Staatengemeinschaft die Konstruktion des Nationalstaates nicht aufgegeben werden sollte[44]. Wenn man dieser Forderung folgt, muß den Staaten weiterhin unbenommen bleiben, ihre Regierungsform selbst zu bestimmen. Das war auch der Ausgangspunkt bei der Entstehung des Begriffs des Selbstbestimmungsrechtes der Völker und Nationen. Das bedeutet, daß es eine wahrhaft allgemeine Staatslehre, eine solche, dir für alle Staaten der Welt gilt, nur aus der Sicht des Völkerrechts geben kann. Dabei bleibt es jeder spezifischen Verfassungslehre unbenommen, ihre Subtilitäten in politologischem oder soziologischem Sinne zu erläutern, nur ist das dann keine allgemeine Staatsbetrachtung, sondern eine Verfassungslehre. Nur die Rechtsvergleichung kann dann auch für die Staatslehre des Völkerrechts aufschlußreich werden. Es ist sicherlich davon auszugehen, daß übereinstimmende Rechtsregeln, wenn sie sich in den nationalen Verfassungen finden lassen, auch den völkerrechtlichen Staatsbegriff beeinflussen können.

44 Dazu der Generalsekretär der VN, Boutros-Ghali, in seiner Ansprache in Bonn am 11. 1. 1993, United Nations, Press Release SG/SM/1396.

Ralf Dreier

Gustav Radbruch, Hans Kelsen, Carl Schmitt

I.

Was verbindet GUSTAV RADBRUCH, HANS KELSEN und CARL SCHMITT? Jedenfalls dies: Sie waren herausragende deutschsprachige Juristen im 20. Jahrhundert, und ihr wissenschaftliches Werk überschneidet sich im Bereich der Rechts- und Staatsphilosophie[1]. RADBRUCH war Strafrechtler, Rechtsphilosoph und Rechtspolitiker, KELSEN und SCHMITT waren Staats- und Völkerrechtler sowie Rechts- und Staatstheoretiker. Im übrigen gibt es zwischen RADBRUCH und KELSEN einerseits und SCHMITT andererseits mehr Trennendes als Verbindendes. RADBRUCH und KELSEN waren, in verschiedenen Ausprägungen, Neukantianer[2]; SCHMITT stand anfangs dem Neukantianismus nahe, wandte sich dann aber, in verschiedenen Phasen, dem Dezisionismus und dem konkreten Ordnungsdenken zu. RADBRUCH und KELSEN waren Anhänger und Verfechter der parlamentarischen Demokratie; SCHMITT war Repräsentant eines autoritären Rechts- und Staatsdenkens. RADBRUCH und KELSEN verloren 1933 ihre Professuren; SCHMITT wurde, jedenfalls für einige Jahre, zum „Kronjuristen" des Dritten Reichs.

GUSTAV RADBRUCH[3], 1878 in Lübeck geboren, studierte in München, Leipzig und Berlin und habilitierte sich 1903 in Heidelberg. Von 1903

---

1 STANLEY L. PAULSON, mit dem ich während seiner Göttinger Gastprofessur 1994/95 gemeinsame Seminare über SCHMITT und KELSEN durchgeführt und ein anschließendes Seminar über RADBRUCH vorbereitet habe, danke ich für vielfältige Anregungen und Hinweise. Nicht zuletzt verdanke ich ihm die Wiederaufnahme und Vertiefung meiner Kontakte zum Jubilar dieser Festschrift.

2 Daß RADBRUCH vom südwestdeutschen Neukantianismus geprägt war, steht außer Streit. Zur Frage, ob und inwieweit KELSEN als „Kantianer" angesehen werden kann, vgl ST. L. PAULSON, Läßt sich die Reine Rechtslehre transzendental begründen?, in: Rechtstheorie 21 (1990) 155-179; s a *ders*, Vorwort zum Neudruck der 1. Auflage der Reinen Rechtslehre (Aalen 1985) III: „Die erste Auflage der ‚Reinen Rechtslehre' (1934) spiegelt einen Höhepunkt des neukantianischen Einflusses auf Kelsen wider und erlaubt dem Leser vielleicht noch heute den besten Zugang zu Kelsens Werk überhaupt". Vgl auch W. PAULY, Grundnormkonzeption und Kantianismus bei Hans Kelsen, Rechtsphilosophische Hefte Nr 6 (1996) 99-115.

3 Zu ihm: A. KAUFMANN, Gustav Radbruch. Rechtsdenker, Philosoph, Sozialdemokrat (München/Zürich 1987); *ders*, Gustav Radbruch – Leben und Werk, in: Gustav-Radbruch-Gesamtausgabe, Bd 1 (Heidelberg 1987) 7-88; G. SPENDEL, Gustav Radbruch. Le-

bis 1914 war er Privatdozent und außerordentlicher Professor in Heidelberg, von 1914 bis 1919, unterbrochen durch seine Teilnahme am 1. Weltkrieg, außerordentlicher Professor in Königsberg und von 1919 bis 1926, unterbrochen durch seine politische Tätigkeit, ordentlicher Professor in Kiel. 1919 der SPD beigetreten, war er von 1920 bis 1924 Mitglied des Deutschen Reichstags und während dieser Zeit zweimal Reichsjustizminister (1921/22 im Kabinett Wirth und 1923 im Kabinett Stresemann). 1926 nahm er einen Ruf nach Heidelberg an und widmete sich fortan ganz der Wissenschaft. 1933 wegen politischer Unzuverlässigkeit entlassen, blieb er in Deutschland, konnte jedoch 1935/36 einen einjährigen Studienaufenthalt am University College in Oxford wahrnehmen. 1945 kehrte er auf seinen Heidelberger Lehrstuhl zurück. 1949 starb er im Alter von 71 Jahren[4].

Hans Kelsen[5], 1881 in Prag geboren, studierte in Wien, war nach seiner Promotion (1906) zweimal zu Studienzwecken in Heidelberg (1908-1910) und habilitierte sich 1911 in Wien. Jüdischer Abstammung, unterlag der Beginn seiner wissenschaftlichen Laufbahn mancherlei Hemmnissen. Zunächst Adjunkt und Dozent an der Exportakademie des öster-

bensbild eines Juristen (Hamburg 1967); *ders*, Jurist in einer Zeitwende. Gustav Radbruch zum 100. Geburtstag (Heidelberg 1979); E. Wolf, Gustav Radbruch, in: ders, Große Rechtsdenker der deutschen Geistesgeschichte, 4. Aufl (Tübingen 1963) 713-765.

4 Als Werke Radbruchs seien genannt: Der Handlungsbegriff in seiner Bedeutung für das Strafrechtssystem (1904); Einführung in die Rechtswissenschaft (1910); Grundzüge der Rechtsphilosophie (1914); Kulturlehre des Sozialismus (1922); Entwurf eines Allgemeinen Strafgesetzbuchs (1922); Rechtsphilosophie (3., neu bearbeitete und erweiterte Aufl der „Grundzüge", 1932); Paul Johann Feuerbach (1934); Elegantiae Juris Criminalis (1938); Gestalten und Gedanken (1944); Der Geist des englischen Rechts (1946); Vorschule der Rechtsphilosophie (Vorlesungsnachschrift, 1947); Der Mensch im Recht (Aufsatzsammlung, 1957). Seit 1987 erscheint eine auf 20 Bände berechnete, von Arthur Kaufmann herausgegebene Gesamtausgabe seiner Werke (im folgenden zit als RGA). Als noch immer vollständigste Radbruch-Bibliographie vgl H. Otte, Gustav Radbruchs Kieler Jahre 1919-1926 (Frankfurt/Bern 1982) 267-333.

5 Zu ihm: R. A. Métall, Hans Kelsen. Leben und Werk (Wien 1967); R. Walter, Hans Kelsen – Ein Leben im Dienst der Wissenschaft (Wien 1985) (mit einer umfassenden Kelsen-Bibliographie). Generell sei auf die verdienstvolle Schriftenreihe des Hans Kelsen-Instituts verwiesen, in deren Rahmen die zuletzt genannte Schrift (als Bd 10) erschienen ist. Vgl ergänzend R. Walther, Der gegenwärtige Stand der Reinen Rechtslehre, in: Rechtstheorie 1 (1970) 69-95. Als Werke des Jubilars zu Kelsen: G. Winkler, Rechtstheorie und Erkenntnislehre. Kritische Anmerkungen zum Dilemma von Sein und Sollen in der Reinen Rechtslehre aus geisteswissenschaftlicher und erkenntnistheoretischer Sicht (Wien/New York 1990); *ders*, Rechtswissenschaft und Rechtserfahrung. Methoden- und erkenntniskritische Gedanken über Hans Kelsens Lehre und das Verwaltungsrecht (Wien/New York 1994). – Als neuere Werkinterpretationen vgl ergänzend: H. Dreier, Rechtslehre, Staatssoziologie und Demokratietheorie bei Hans Kelsen (Baden-Baden 1986); M. Pawlik, Die Reine Rechtslehre und die Rechtstheorie H. L. A. Harts (Berlin 1993); D. Heidemann, Die Norm als Tatsache. Zur Normentheorie Hans Kelsen (Baden-Baden 1997, im Druck).

reichischen Handelsministeriums, wurde er 1917 zum außerordentlichen und 1919 zum ordentlichen Professor an der Universität Wien ernannt. Während des 1. Weltkriegs war er aus gesundheitlichen Gründen im Stabsdienst tätig. Nach dem Krieg wurde er als Berater von Staatskanzler KARL RENNER zum „Geburtshelfer" des österreichischen Bundes-Verfassungsgesetzes von 1920. Von 1921 bis 1930 war er, neben seinem Lehramt, Richter am österreichischen Verfassungsgerichtshof. 1930 übernahm er eine Professur in Köln, die er 1933 aus politischen und rassischen Gründen verlor. Er verließ Deutschland und lehrte bis 1940 in Genf sowie von 1936 bis 1938 zusätzlich in Prag. 1940 emigrierte er in die USA, wo er zunächst als Stipendiat an der Harvard Law School Aufnahme fand. Von 1942 bis 1945 wirkte er als Gastdozent und seit 1945 als Professor für Politische Wissenschaften in Berkeley. Dort starb er 1973 im Alter von 91 Jahren[6].

CARL SCHMITT[7], 1888 in Plettenberg im Sauerland geboren, studierte in Berlin, München und Straßburg, wo er sich 1916, neben seinem in der Etappe abgeleisteten Kriegsdienst, habilitierte. Von 1919 bis 1921 war er Dozent an der Handelshochschule in München. 1921 erhielt er einen Lehrstuhl in Greifswald, wechselte aber schon im selben Jahr nach Bonn, wo er von 1921 bis 1928 lehrte. Von 1928 bis 1933 war er Professor an der Handelshochschule in Berlin, im Sommersemester 1933 in

6 Als Werke KELSENS seien genannt: Die Staatslehre des Dante Alighieri (1905); Hauptprobleme der Staatsrechtslehre. Entwickelt aus der Lehre vom Rechtssatz (1911); Das Problem der Souveränität und die Theorie des Völkerrechts (1920); Vom Wesen und Wert der Demokratie (1920); Sozialismus und Staat (1920); Der soziologische und der juristische Staatsbegriff (1922); Allgemeine Staatslehre (1925); Die philosophischen Grundlagen der Naturrechtslehre und der Rechtspositivismus (1928); Reine Rechtslehre (1934); General Theory of Law and State (1945); Vergeltung und Kausalität (1941/46); Reine Rechtslehre, 2., neu bearbeitete und erweiterte Aufl des Werks von 1934 (1960); Aufsätze zur Ideologiekritik (1964). Posthum sind erschienen: Allgemeine Theorie der Normen (1979), und: Die Illusion der Gerechtigkeit. Eine kritische Untersuchung der Sozialphilosophie Platons (1985). KELSEN-Bibliographien enthalten die oben in FN 5 genannten Schriften von MÉTALL und WALTHER; zum kaum noch übersehbaren Sekundärschrifttum vgl die Literaturverzeichnisse in den Monographien von H. DREIER und M. PAWLIK.

7 Zu ihm: J. W. BENDERSKY, Carl Schmitt. Theorist for the Reich, Princeton University Press 1983; B. RÜTHERS, Carl Schmitt im Dritten Reich, 2. Aufl (München 1990); P. NOACK, Carl Schmitt. Eine Biographie (Berlin/Frankfurt/M. 1993); A. KOENEN, Der Fall Carl Schmitt. Sein Aufstieg zum „Kronjuristen des Dritten Reichs" (Darmstadt 1995). – Als neuere Werkinterpretationen: H. MEIER, Die Lehre Carl Schmitts. Vier Kapitel zur Unterscheidung Politischer Theologie und Politischer Philosophie (Stuttgart/Weimar 1994); G. MEUTER, Der Katechon. Zu Carl Schmitts fundamentalischer Kritik der Zeit (Berlin 1994); A. GOEBEL/D. VAN LAAK/I. VILLINGER (Hrsg), Metamorphosen des Politischen (Berlin 1995); F. BALKE, Der Staat nach seinem Ende. Die Versuchung Carl Schmitts (München 1996): s a die Sammelrezension von B. RÜTHERS, Altes und Neues von und über Carl Schmitt, NJW 1996, 896-904. Aus juristischer Sicht noch immer grundlegend: H. HOFMANN, Legitimität gegen Legalität. Der Weg der politischen Philosophie Carl Schmitts (Neuwied/Berlin 1969).

Köln und vom Wintersemester 1933/34 bis 1945 an der Universität Berlin. Dem politischen Katholizismus nahestehend, war er in den frühen dreißiger Jahren Berater von Papen und Schleicher. Am 1. Mai 1933 trat er der NSDAP bei. Er wurde Leiter der Reichsgruppe Hochschullehrer im Nationalsozialistischen Deutschen Juristen- bzw Rechtswahrer-Bund und Herausgeber der Deutschen Juristen-Zeitung. 1936 des Opportunismus verdächtigt und von einem Parteiausschlußverfahren bedroht, verlor er diese Ämter, behielt aber seinen Lehrstuhl, von dem aus er in den späten dreißiger und frühen vierziger Jahren HITLERS Eroberungspolitik völkerrechtlich untermauerte. Nach 1945 erhielt er kein Universitätsamt mehr. Er zog sich nach Plettenberg zurück, von wo aus er, nach einigen Jahren der Isolierung, auf vielfältige Weise weiterhin wirkte[8]. Er starb 1985 im Alter von 96 Jahren[9].

Alle drei üben noch heute einen beträchtlichen Einfluß aus, RADBRUCH auf eine eher stille, aber beharrliche Weise. Schon vor der noch unabgeschlossenen RADBRUCH-Gesamtausgabe war eine elfbändige japanische Ausgabe seiner Werke erschienen. Sein Aufsatz „Gesetzliches Unrecht und übergesetzliches Recht"[10] wurde von den deutschen Gerichten bei der Aufarbeitung des NS- und später des SED-Unrechts rezipiert und dürfte der praktisch einflußreichste rechtsphilosophische Aufsatz dieses Jahrhunderts sein. Der nachhaltige Einfluß KELSENS auf die internationale Rechtstheorie steht außer Zweifel. Das Schrifttum zu CARL SCHMITT (auch das internationale) ist in den letzten Jahren geradezu explodiert. Er wirkt in zunehmendem Maße auch außerhalb der Rechtswissenschaft, besonders in den politischen Wissenschaften.

---

8 Dazu DIRK VON LAAK, Gespräche in der Sicherheit des Schweigens. Carl Schmitt in der politischen Geistesgeschichte der frühen Bundesrepublik (Berlin 1993). Nicht unerwähnt sollte bleiben, daß Schmitt die Mitgliedschaft in der 1949 neugegründeten Vereinigung der Deutschen Staatslehrer verweigert wurde (vgl NOACK, aaO 272 f).

9 Als Werke SCHMITTS seien genannt: Gesetz und Urteil (1912); Der Wert des Staates und die Bedeutung des Einzelnen (1914); Politische Romantik (1919); Die Diktatur (1921); Politische Theologie (1922); Die geistesgeschichtliche Lage des heutigen Parlamentarismus (1923); Der Begriff des Politischen (1927/32); Verfassungslehre (1928); Der Hüter der Verfassung (1931); Legalität und Legitimität (1932); Staat, Bewegung, Volk (1933); Über die drei Arten des rechtswissenschaftlichen Denkens (1934); Der Leviathan in der Staatslehre des Thomas Hobbes (1938); Völkerrechtliche Großraumordnung mit Interventionsverbot raumfremder Mächte (1939); Positionen und Begriffe im Kampf um Weimar – Genf – Versaille 1923-1939 (1940); Der Nomos der Erde im Völkerrecht des Jus Publicum Europaeum (1950); Theorie des Partisanen (1963); Politische Theologie II (1970); Staat, Großraum, Nomos. Arbeiten aus den Jahren 1916-1969, hrsg v G. Maschke (1995). Als SCHMITT-Bibliographien und Zusammenstellungen des Sekundärschrifttums s A. KOENEN (oben FN 7) 850-946; P. THOMISSEN, in: FS C. Schmitt (Berlin 1959) 273-330; vgl ergänzend *ders*, Schmittiana. Beiträge zu Leben und Werk Carl Schmitts, Bd I-V (Berlin 1988 ff).

10 SJZ 1946, 105-108 = RGA 3, 83-93.

II.

Wie haben sich RADBRUCH, KELSEN und SCHMITT wechselseitig wahrgenommen und miteinander auseinandergesetzt?[11] KELSEN und SCHMITT waren Fachgenossen. Der sieben Jahre jüngere SCHMITT hat sich von Anfang an, beginnend mit seiner Schrift „Gesetz und Urteil" (1912), die ein Jahr nach KELSENS „Hauptproblemen" erschien, mit KELSEN auseinandergesetzt. Während es zunächst „zahlreiche Übereinstimmungen und Parallelitäten im Werk KELSENS und des jungen SCHMITT" gab[12], wurde KELSEN für SCHMITT in den 20er Jahren zum Hauptantipoden[13]. Das gilt sowohl, wie schon eingangs bemerkt, für ihre politischen und staatstheoretischen Grundpositionen als auch für die berühmte Debatte über den „Hüter der Verfassung", in der SCHMITT für den Reichspräsidenten und KELSEN für ein Verfassungsgericht optierte[14]. Persönlich sind sie sich jedenfalls auf den Jahrestagungen der 1922 gegründeten Vereinigung der Deutschen Staatsrechtslehrer begegnet, in der beide auch referiert haben (SCHMITT 1923 in Jena über die Diktatur des Reichspräsidenten nach Art 48 der Reichsverfassung und KELSEN 1928 in Wien über Wesen und Entwicklung der Staatsgerichtsbarkeit). Zum Bruch kam es 1933. KELSEN, der im akademischen Jahr 1932/33 Dekan der Kölner juristischen Fakultät war, hatte an der Berufung SCHMITTS nach Köln mitgewirkt und ihn brieflich willkommen geheißen. Als seine Entlassung anstand, wandte sich die Fakultät mit einer Eingabe zugunsten KELSENS an das Ministerium, die von allen Fakultätsmitgliedern unterzeichnet wurde – außer von SCHMITT. SCHMITT, der vor 1933 jüdische Freunde und Förderer gehabt hatte, wandelte sich zu einem zunehmend radikalen Antisemiten. Einen Tiefpunkt in seinem Verhältnis nicht nur zu KELSEN, sondern zu seinen jüdischen Kollegen überhaupt, stellte die von ihm im Oktober 1936 organisierte Tagung über das „Judentum in der Rechtswissenschaft" dar[15].

---

11 Dieser Frage im einzelnen nachzugehen würde den hiesigen Rahmen sprengen. Ich beschränke mich auf einige Hinweise, die keinerlei Anspruch auf Vollständigkeit erheben.

12 H. HOFMANN, aaO (oben FN 7) 32 ff (44, 47).

13 Markantes Dokument der Absetzung von KELSEN ist SCHMITTS „Politische Theologie. Vier Kapitel zur Lehre von der Souveränität" (1922, 3. Aufl Berlin 1979) (unveränderter Abdruck der 2. Ausg 1934); vgl dort insbes 27 ff, 54 ff. S a C. SCHMITT, Verfassungslehre (1928), 3. Aufl Berlin 1957 (unveränderter Neudruck der Erstausgabe) 8 f.

14 Vgl dazu zB H. WENDENBURG, Die Debatte um die Verfassungsgerichtsbarkeit und der Methodenstreit der Staatsrechtslehre in der Weimarer Republik (Göttingen 1984) 43 ff; ST. L. PAULSON, Richterliche Gesetzesprüfung. Ein Aspekt der Auseinandersetzung zwischen Schmitt und Kelsen über den „Hüter der Verfassung", in: A. Carrino/G. Winkler (Hrsg), Rechtserfahrung und Reine Rechtslehre (Wien/New York 1995) 41-58.

15 Vgl C. SCHMITT, Die deutsche Rechtswissenschaft im Kampf gegen das Judentum. Schlußwort auf der Tagung der Reichsgruppe Hochschullehrer des NSRB vom 3. und 4.

Daß SCHMITT auch nach 1945 kritisch auf KELSEN fixiert blieb, zeigt folgende Passage aus einem Rundfunkinterview aus dem Jahr 1972: „Mit dem Ermächtigungsgesetz vom 24. März 1933 begann für mich als positiven Juristen eine völlig neue Situation. Ich möchte gerne wissen, was Kelsen in meiner Lage getan hätte, der ja ein überzeugter Positivist ist. Ich weiß es: Er hat immer betont, seit dem Augenblick, in dem dieser Würfel gefallen ist, gebe es für einen positivistischen wissenschaftlichen Juristen keine Frage mehr. Natürlich hätte man gehen können. Aber daß das, was damals geschah, Recht war im Sinne dessen, womit der Jurist sich wissenschaftlich zu beschäftigen hat (wie der Mathematiker mit den Zahlen), darüber sei gar nicht zu diskutieren; sonst gäbe es überhaupt keine Rechtswissenschaft. Kelsen hat auch immer denen, die ihn fragten: ‚Wenn nun die Demokratie mit den Mitteln der Demokratie bedroht ist, soll man sich da nicht mit Gewalt wehren?', erwidert: ‚Das ist Ihre Sache. Das ist keine juristische Frage mehr, die ein wissenschaftlicher Jurist beantworten kann'"[16]. „Natürlich hätte man gehen können" – das ist, nebenbei bemerkt, eine im Zusammenhang mit KELSEN, der gehen *mußte*, bemerkenswert instinktlose Äußerung (um einen von SCHMITT gegen KELSEN erhobenen Vorwurf gegen ihn selbst zu wenden[17]).

Relativ unproblematisch war das Verhältnis zwischen KELSEN und RADBRUCH. Persönlich haben sie sich offenbar nie kennengelernt. Jedenfalls konnte sich der alte KELSEN auf eine Anfrage von RENÉ MARCIC an eine Begegnung mit RADBRUCH nicht erinnern[18]. Gelegenheit dazu wäre zumindest während seiner zweimaligen Studien in Heidelberg zwischen 1908 und 1910 gewesen, während derer er aber keine Vorlesungen gehört und nur das Seminar von GEORG JELLINEK besucht hat. In der Sache

---

Oktober 1936, DJZ 1936, Sp 1193-1199. Der Verlauf der Tagung ist (unvollständig) in selbständigen Einzelheften dokumentiert. S dazu H. GÖPPINGER, Juristen jüdischer Abstammung im „Dritten Reich", 2. Aufl (München 1990) 153 ff.

16 Zitiert nach NOACK, aaO (oben FN 7) 169.

17 C. SCHMITT, Glossarium. Aufzeichnungen der Jahre 1947-1951, hrsg v E. Fhr. v. Medem (Berlin 1991) 59 (Notiz v 11. 12. 47): „Der Gegensatz von Sein und Sollen ist doch schon Diktatur; intellektuelle Instinktlosigkeit Kelsens. Du kannst nicht, aber du sollst. Deshalb ist seine demokratische Weltanschauung einfach postiche". Vgl ergänzend: 11. 9. 47: „Erschrak vor der beziehungslosen Anmaßung, mit der Kelsen meine Lehre vom neutralen Hüter der Verfassung kritisiert und als unwissenschaftlich zu diffamieren versucht hat" (39); 11. 6. 48: „Kelsen's Raisonnement, um zu beweisen, daß Deutschland ein völkerrechtliches Nichts, aber wirklich nichts als Nichts ist und daß nur durch die Alliierten ex nihilo ein völlig neues Deutschland geschaffen werden könnte, das nichts, aber auch nichts mit dem früheren zu tun hat – der Anblick dieses eifrigen Veranstalters von juristischen Vernichtungsmitteln erinnert mich an die kleinen Gehilfen in den Höllen des Hieronymus Bosch. Da wir aber noch ganz andere Vernichter, Ausrotter, Ausradierer und Zertreter erlebt und überlebt haben, wollen wir ihn sich selbst überlassen" (162).

18 R. MARCIC, Gustav Radbruch und Hans Kelsen, in: Gedächtnisschrift für Gustav Radbruch, hrsg v A. Kaufmann (Göttingen 1968) 82-92 (82).

nimmt RADBRUCH in seinen „Grundzügen" wie in seiner „Rechtsphilosophie" mehrfach auf KELSEN Bezug[19], wie auch KELSEN schon in seinen „Hauptproblemen" die Habilitationsschrift von RADBRUCH zitiert[20]. Verhältnismäßig knapp, aber deutlich kritisch hat sich RADBRUCH in zwei Rezensionen zu KELSEN geäußert und ihm, mit Bezug auf HERMANN HELLER, einen „soziologie- und wertfremden Labandismus" und „logistischen Rechtspositivismus" vorgeworfen[21]. Umgekehrt hat sich KELSEN, im Rahmen seiner Abhandlung „Die Rechtswissenschaft als Norm- oder als Kulturwissenschaft" (1916) kritisch mit RADBRUCHS „Grundzügen" auseinandergesetzt[22]. Kernpunkt der Kritik ist RADBRUCHS Versuch, in Anknüpfung an HEINRICH RICKERT und EMIL LASK an die Stelle des Dualismus von Seins- und Sollenswissenschaften den Trialismus von Natur-, Kultur- und Wertwissenschaften zu setzen. Das ist eine interessante Kontroverse innerhalb der verschiedenen Richtungen des Neukantianismus, die hier auf sich beruhen mag. Nur am Rande sei noch bemerkt, daß KELSEN und RADBRUCH gemeinsam „Mitwirkende" bei der Herausgabe der in Wien (seit 1929) erschienenen Zeitschrift für soziales Recht waren[23].

Was das Verhältnis zwischen RADBRUCH und SCHMITT betrifft, so scheint es auch zwischen ihnen keinen persönlichen Kontakt gegeben zu haben[24]. Wechselseitige wissenschaftliche Bezugnahmen gibt es eine ganze Reihe[25]. Doch hat eine eingehende wissenschaftliche Auseinandersetzung zwischen ihnen, soweit ich sehe, nicht stattgefunden. Eine kurze

19 Die Belege, einschließlich der für Neuauflagen bestimmten Notizen Radbruchs in den „durchgeschossenen" Exemplaren jener Werke, sind leicht aufzufinden über das Personenregister (Stichwort KELSEN) in RGA 2, 619.

20 Vgl Hauptprobleme 115, 117, 140, 153 f. Diesen wie auch den in FN 21 gegebenen Hinweis verdanke ich STANLEY L. PAULSON.

21 RGA 1, 519 f und 549 f.

22 Die genannte Abhandlung ist wieder abgedruckt in: Die Wiener rechtstheoretische Schule. Schriften von Hans Kelsen, Adolf Merkl, Alfred Verdroß, hrsg v H. Klecatsky/R. Marcic/H. Schambeck, Bd 1 (Wien ua 1968) 37-94 (zu RADBRUCH s dort 80-93); s a schon KELSEN, Eine Grundlegung der Rechtssoziologie, in: Archiv für Sozialwissenschaft und Sozialpolitik, 39 (1915) 839-876 (840 f FN 2). Kritische Anmerkungen zu RADBRUCH finden sich auch in: H. KELSEN, Was ist juristischer Positivismus, JZ 1965, 465-469 (467, 468).

23 Vgl RGA 16, 365.

24 In einem Brief an seine Frau v 25. 10. 1932 teilt RADBRUCH mit, daß er SCHMITT bei der Verkündung des Urteils des Staatsgerichtshofs in Sachen Preußen gegen das Deutsche Reich „gesehen" habe (RGA 18, 103). S a RGA 18, 106.

25 Vgl zB C. SCHMITT, Gesetz und Urteil, Berlin 1912, 8 f; *ders*, Nationalsozialismus und Rechtsstaat, JW 1934, 713-718 (714); *ders*, Nachbemerkung zum Neudruck von „Legalität und Legitimität", in: Verfassungsrechtliche Aufsätze, 2. Aufl (Berlin 1973) 263-350 (346). Für die zahlreichen Bezugnahmen Radbruchs auf Schmitt verweise ich auf die in den Personenregistern von RGA 2 und 3 zum Namen CARL SCHMITT gegebenen Hinweise.

bewertende Stellungnahme RADBRUCHS zu SCHMITT findet sich in einer Sammelrezension aus dem Jahr 1947, die insgesamt sieben Schriften gilt, darunter einer Schrift von KARL SCHULTES mit dem Titel „Der Niedergang des staatsrechtlichen Denkens im Faschismus. Die Lehren des Herrn Prof. Carl Schmitt, Kronjurist der Gegenrevolution" (Weimar 1947). Die Stellungnahme besteht aus einem Absatz von nur zwei Sätzen: „Ein trauriges Kapitel in der Geschichte der Staats- und Rechtstheorie, die situationsbedingten Wandlungen Carl Schmitts, macht *Schultes* zum Gegenstand einer für die Reinigung des politischen Denkens sehr notwendigen Arbeit. Das Heine-Wort ‚Kein Talent, doch ein Charakter' könnte hier umgekehrt Anwendung finden"[26].

Diese Bewertung war offenbar der Auslöser für eine Reihe von Äußerungen SCHMITTS über RADBRUCH in seinem Glossarium der Jahre 1947-1951, von denen hier drei kommentarlos wiedergegeben seien. 17. 6. 48: „An Dr. Wilhelm Schmitz, der mir K. Schultes Schrift geschickt und auch auf die rühmende Besprechung dieser Schrift durch G. Radbruch ... aufmerksam gemacht hatte: auch solche Giftmücken wie Schultes haben ihren Sinn oder wenigstens ihre Funktion. Bei Radbruch kommt vieles zusammen, nicht zuletzt ein in verschütteten Kellerlöchern seines Gemüts immer noch rumorender anti-römischer Affekt. Ein spät-sozialdemokratisch, d.h. hilflos gewordener Holsteiner muß die unbefangene Freiheit eines Menschen katholischer Rasse für undurchsichtig, d.h. ihm nicht zugänglich halten und sie zu machiavellistischer Scheußlichkeit mythisieren. Ich finde das rührend". 12. 7. 49: „Radbruch und Jaspers waren nach 1945 die geisteswissenschaftlichen pin-ups des befreiten Deutschlands; sie waren sehr stolz auf ihren success. Heute empfinden sie es empört als Renazifierung Deutschlands, daß sie langweilig geworden sind und abgehängt werden. Ehe sie damit einverstanden sind, als pin-up abgehängt zu werden, sollen lieber noch einige Deutsche aufgehängt werden. Zu jeder Denunziation entschlossen erklären sie, daß sie bis zum Äußersten kämpfen werden. Das werden sie auch tun. Ihre Pension werden sie heute so wenig wie 1933 verlieren. Also auf in den Kampf für Redefreiheit und Menschenrechte". 8. 8. 50: „Homo homini Radbruch. We don't kill them, we drive them to suicide. Das ist die Formel für den Ritualmord des streng humanitären Ritus. Man tötet nicht; man treibt den anderen zum Selbstmord, tout doucement"[27].

In einer für die Veröffentlichung bestimmten Nachbemerkung zum Neudruck seiner Schrift „Legalität und Legitimität" (1932) in seinen

---

26 SJZ 1948, Sp. 223 f = RGA 3, 117-120 (119).

27 Glossarium 166, 256, 308; vgl ergänzend die Notizen v 23. 4. 48 (136 f), 20. 6. 48 (168) und 1. 9. 48 (195). – Zur Bewertung des Glossariums vgl NOACK, aaO 260 ff.

„Verfassungsrechtlichen Aufsätzen" (1958) urteilt SCHMITT über RADBRUCH nüchterner. Jene Schrift, schreibt SCHMITT, sei ein „verzweifelter Versuch" gewesen, „das Präsidialsystem, die letzte Chance der Weimarer Verfassung, vor einer Jurisprudenz zu retten, die es ablehnte, zwischen Feind und Freund zu unterscheiden. ... Warum mußte dieser Notschrei wirkungslos verhallen? ... Der damals herrschende juristische Positivismus beruhte auf dem Glauben an die Allmacht des Gesetzgebers und auf dem plausiblen Schluß, daß, wenn schon der Gesetzgeber allmächtig sei, die Allmacht des verfassungsändernden Gesetzgebers noch viel allmächtiger sein müsse. Diese durchaus herrschende Lehre war sich ihrer eigenen geschichtlichen und theoretischen Voraussetzungen nicht mehr bewußt. ... Die allgemeine Wertneutralisierung gehörte zur allgemeinen Funktionalisierung und machte aus der Demokratie die Weltanschauung eines grundsätzlichen Relativismus. Rechtsphilosophisch fand das seinen Ausdruck in dem führenden Lehrbuch der Rechtsphilosophie von Gustav Radbruch, dessen 3. Auflage in eben diesem Jahre 1932 verkündete: ‚Wer Recht durchzusetzen vermag, beweist damit, daß er Recht zu setzen berufen ist ... Wir verachten den Pfarrer, der gegen seine Überzeugung predigt, aber wir verehren den Richter, der sich durch sein widerstrebendes Rechtsgefühl nicht in seiner Gesetzestreue beirren läßt' ... Das also war die maßgebende Rechtslehre, die ein führender Jurist, der unter der Weimarer Verfassung Reichsjustizminister gewesen war, mit aller Autorität vertrat"[28].

SCHMITT macht sich hier indirekt RADBRUCHS bekannte These zu eigen, der juristische Positivismus habe die deutschen Juristen im Dritten Reich wehrlos gemacht. In dieselbe Richtung zielt seine Äußerung zu KELSEN in dem zitierten Rundfunkinterview. In der Tat hat KELSEN nie einen Zweifel daran gelassen, daß für ihn das Recht des Dritten Reichs geltendes Recht im Sinne des positivistischen Rechtsbegriffs war, was freilich gemäß seiner Konzeption noch nichts darüber aussagt, ob man dem rechtlich geltenden Recht aus moralischen Gründen Gehorsam schulde. In dem genannten Interview fährt SCHMITT fort: „Nun bin ich selber kein Positivist im Sinne dessen, was KELSEN unter Wissenschaftlichkeit versteht; aber andererseits gibt es auch kein anderes als das positive Recht"[29]. War er also in einem anderen Sinne als KELSEN Positivist? Und stimmt es überhaupt, daß RADBRUCH 1932 Rechtspositivist war? Ich nehme diese Fragen zum Anlaß, um aus der Fülle der Gesichtspunkte, unter denen man die Positionen RADBRUCHS, KELSENS und SCHMITTS vergleichen könnte, den des Rechtspositivismus herauszugreifen. Daß dazu im hiesi-

28 AaO 345, 346.

29 NOACK, aaO 169.

gen Rahmen nur einige Anmerkungen möglich sind, versteht sich von selbst[30]. Auf RADBRUCHS Wehrlosigkeitsthese komme ich zurück.

III.

War RADBRUCH 1932 Rechtspositivist? Das hängt davon ab, was man unter Rechtspositivismus versteht. Versteht man darunter, wie es dem heute überwiegenden Wortgebrauch entspricht, die Gesamtheit der Auffassungen, deren gemeinsamer Kern die These ist, daß kein notwendiger Zusammenhang zwischen Recht und Moral bzw zwischen positivem Recht und Gerechtigkeit besteht[31], so war RADBRUCH zu keinem Zeitpunkt Rechtspositivist. Zwar hat er seine Rechtsphilosophie nach 1945 in einem wichtigen Punkt modifiziert. Doch sind die Hauptelemente seiner Theorie in allen Phasen seines Schaffens die gleichen geblieben, und sie sind nicht positivistisch im Sinne der Trennungsthese[32].

Ich referiere diese Elemente zunächst kurz am Leitfaden seiner Rechtsphilosophie von 1932[33]: Recht ist die Wirklichkeit, die den Sinn hat, der Rechtsidee zu dienen. Die Rechtsidee bestimmt sich durch die Trias von Gerechtigkeit, Zweckmäßigkeit und Rechtssicherheit. Die Gerechtigkeit beruht auf dem Gedanken der Gleichheit und ist als solche formal. Die Zweckmäßigkeit, oder besser: die Zweckhaftigkeit des Rechts verweist

---

30 Vgl zum Folgenden ergänzend H. R. OTTEN, Der Sinn der Einheit im Recht. Grundpositionen Carl Schmitts, Gustav Radbruchs und Hans Kelsens, in: H. Göbel et al (Hrsg), Metamorphosen des Politischen (oben FN 7) 25-51. OTTENS Aufsatz bezieht sich vor allem auf die Frühschriften der Genannten, insbes auf KELSENS „Hauptprobleme" (1911), RADBRUCHS „Grundzüge" (1914) und SCHMITTS „Wert des Staates" (1919), während im Mittelpunkt der folgenden Überlegungen die späteren Schriften von RADBRUCH, KELSEN und SCHMITT stehen. Daß dabei das Hauptgewicht auf SCHMITT liegt, erklärt sich daraus, daß ich mich mit RADBRUCH und KELSEN bereits mehrfach auseinandergesetzt habe. Ich benutze diese Gelegenheit aber auch, um frühere Äußerungen zur Frage einer „Kehre" RADBRUCHS in seiner Rechtsgeltungslehre vor und nach 1933 klarzustellen.

31 Zu den verschiedenen Spielarten des Rechtspositivismus vgl W. OTT, Der Rechtspositivismus, 2. Aufl (Berlin 1992); s a R. ALEXY, Begriff und Geltung des Rechts (Freiburg/München 1992) 15 ff.

32 Die Kontinuität betont mit Recht A. KAUFMANN, vgl zB seine Einleitung zur RGA (1, 81 ff); differenzierend (wie im folgenden Text) ST. L. PAULSON, Radbruch on Unjust Laws: Competing Earlier und Later Views?, in: Oxford Journal of Legal Studies 15 (1995) pp 489-500.

33 Vgl zum folgenden Rechtsphilosophie (1932), §§ 4 und 10 = RGA 2, 255 ff und 108 ff, sowie die entsprechenden Abschnitte in den Grundzügen, RGA 2, 46 ff und 152 ff. – Nimmt man RADBRUCHS Lehren vom Rechtsbegriff und von der Rechtsgeltungslehre als eine Einheit, interpretiert man also seinen Rechtsbegriff als Begriff des geltenden Rechts, so läßt sich, wie nur am Rande und als These geäußert sei, jedenfalls ein Teil der Einwände, die KELSEN in seiner oben FN 21 genannten Abhandlung an RADBRUCHS „Grundzügen" geübt hat, entkräften.

auf geschichtlich-gesellschaftlich bedingte Zweckideen und ist in diesem Sinne relativ. Daher gebührt im Zweifel der Rechtssicherheit der Vorrang. Für die Rechtsgeltung bedeutet dies: Eine nur juristische Geltungslehre, sofern sie die Geltung von Gesetzen durch die Tatsache ihrer verfassungsgemäßen Gesetztheit definiert, greift zu kurz. Auch nur soziologische Geltungstheorien, seien es Macht- oder Anerkennungstheorien, bleiben unbefriedigend. Angemessen gelöst werden kann das Problem der Rechtsgeltung nur auf der Ebene einer philosophischen, dh rechtsethischen Geltungslehre. Diese hat vom Wertrelativismus auszugehen. Daher gilt: „Vermag niemand festzustellen, was gerecht ist, so muß jemand festsetzen, was rechtens sein soll"[34]. Es folgt, in mehreren Varianten, eine Grundnormformulierung, die hier wörtlich wiedergegeben sei: „‚Herr ist, der uns Ruhe schafft' (Goethe ...) – das ist die ‚Grundnorm', auf der die Geltung alles positiven Rechts beruht. Man hat sie in die Worte gefaßt: ‚Wenn in einer Gemeinschaft ein höchster Gewalthaber vorhanden ist, soll, was er anordnet, befolgt werden' oder kürzer mit Röm. 13, 1: ‚Ein jeder sei untertan der Obrigkeit, die Gewalt über ihn hat'"[35]. Das bedeute keinen Rückfall in die soziologische Geltungslehre, denn: „Das Recht gilt nicht, *weil* es sich wirksam durchzusetzen vermag, sondern es gilt, *wenn* es sich wirksam durchzusetzen vermag, *weil* es nur dann Rechtssicherheit zu gewähren vermag[36]. Allerdings lasse sich die restlose Geltung positiver Gesetze gegenüber dem Bürger auf diese Weise nicht begründen. Es könne „Schandgesetze" geben, denen gegenüber das individuelle Gewissen mit Recht den Gehorsam verweigere[37]. Für den Richter aber sei es Berufspflicht, den Geltungswillen des Gesetzes unbedingt zur Geltung zu bringen.

Nur in diesem letzten Punkt hat Radbruch, veranlaßt durch das gesetzliche Unrecht im Dritten Reich, seine Rechtsgeltungslehre nach 1945 geändert[38]. Die Änderung besteht darin, daß der Begriff des Schandgesetzes präzisiert und die Verbindlichkeit derartiger Gesetze auch für den Richter verneint wird. Dies drückt die berühmte „Radbruchsche Formel" aus: „Der Konflikt zwischen der Gerechtigkeit und der Rechtssicherheit dürfte dahin zu lösen sein, daß das positive, durch Satzung und Macht

---

34 RGA 2, 313.

35 RGA 2, 313 f. Ganz ähnlich Kant, Metaphysik der Sitten (1797), Rechtslehre § 49, Allgemeine Anmerkung A: „... und das ist die Bedeutung des Satzes ‚Alle Obrigkeit ist von Gott', welcher nicht einen Geschichtsgrund der bürgerlichen Verfassung, sondern eine Idee, als praktisches Vernunftprinzip aussagt: der jetzt bestehenden gesetzgebenden Gewalt gehorchen zu sollen, ihr Ursprung mag sein, welcher er wolle".

36 RGA 2, 324.

37 RGA 2. 315.

38 Vgl insbes G. Radbruch, Gesetzliches Unrecht und übergesetzliche Recht (oben FN 10).

gesicherte Recht auch dann den Vorrang hat, wenn es inhaltlich ungerecht und unzweckmäßig ist, es sei denn, daß der Widerspruch des positiven Gesetzes zur Gerechtigkeit ein so unerträgliches Maß erreicht, daß das Gesetz als ‚unrichtiges Recht' der Gerechtigkeit zu weichen hat. Eine schärfere Grenze läßt sich nicht ziehen zwischen den Fällen gesetzlichen Unrechts und den trotz unrichtigen Inhalts dennoch geltenden Gesetzen; eine andere Grenzziehung aber kann in aller Schärfe vorgenommen werden: wo Gerechtigkeit nicht einmal erstrebt, wo die Gleichheit, die den Kern der Gerechtigkeit ausmacht, bei der Setzung positiven Rechts bewußt verleugnet wurde, da ist das Gesetz nicht etwa nur ‚unrichtiges Recht', vielmehr entbehrt es überhaupt der Rechtsnatur"[39]. Auch seinen Wertrelativmus hat RADBRUCH entsprechend modifiziert. Nur gewollte Skepsis, heißt es nun, könne einem Kernbestand rechtsethischer Grundsätze, wie sie die Arbeit der Jahrhunderte besonders in den Erklärungen der Menschen- und Bürgerrechten gesammelt habe, die Anerkennung versagen[40].

Das ist eine praktisch weitreichende Änderung seiner vorherigen Position; sie ergibt sich aber theoretisch aus einer systemimmanenten Modifikation seiner Grundkonzeption. War RADBRUCH im Sinne der positivistischen Trennungsthese schon vor 1933 kein Positivist, weil er das Recht durch seinen Bezug zur Rechtsidee definiert und seine Geltung auf eine rechtsethische Grundnorm stützt, so war er es nach 1945 um so weniger, weil er nunmehr nicht nur für den Bürger, sondern auch für den Richter extrem ungerechten Gesetzen den Rechtscharakter bzw die Rechtsgeltung aberkennt. Er selbst hat freilich, jedenfalls mittelbar, seine frühere Position im Rückblick als positivistisch bezeichnet[41]. Dem liegt ein Begriff des Rechtspositivismus zugrunde, wonach jede Auffassung positi-

[39] RGA 3, 89. Wie das Zitat belegt, handelt es sich in Wahrheit um zwei Formeln, eine Unerträglichkeits- und eine Verleugnungsformel. In die Praxis der deutschen Gerichte hat vor allem die Unerträglichkeitsformel Eingang gefunden, was auch naheliegt, da sich ein Gerechtigkeitsbeugungsvorsatz im Zweifel schwer nachweisen läßt; vgl BVerfGE 23, 98 und zB B. SCHUMACHER, Rezeption und Kritik der Radbruchschen Formel (Diss Göttingen 1985) und neuerdings F. SALIGER, Radbruchsche Formel und Rechtsstaat (Heidelberg 1995).

[40] Fünf Minuten Rechtsphilosophie (1946), in: RGA 3, 78 f (79); s a RGA 3, 99 (Gesetz und Recht), 109 (Die Erneuerung des Rechts), 146 f (Vorschule § 8). Dort heißt es: „Zwingt uns die Frage nach den höchsten Gütern ... zu relativistischer Resignation, so ergeben sich aus der Lehre vom allgemeinen Wesen der Pflicht ... absolute Forderungen an das Recht". Denn dieses habe die Möglichkeit sittlicher Pflichterfüllung zu gewährleisten, und darin bestehe das Wesen und der Kern der Menschenrechte. Vgl auch schon RADRUCHS Aufsatz „Der Relativismus in der Rechtsphilosophie" aus dem Jahr 1934, RGA 3, 17-22.

[41] Im Kontext seiner Äußerungen zur Wehrlosigkeitsthese; s dazu die Hinweise unten FN 74.

vistisch ist, die eine unbedingte Gehorsamspflicht, jedenfalls eine solche des Richters, gegenüber dem positiven Recht bejaht. RADBRUCHS Position vor 1933 war in diesem Sinne ein rechtsethisch begründeter, an den Richter adressierter Gesetzespositivismus.

Im Unterschied zu RADBRUCH war KELSEN, auch und gerade im Sinne der positivistischen Trennungsthese, Rechtspositivist *par excellence.* Seine Reine Rechtslehre ist, neben und vor der analytischen Rechtstheorie HERBERT HARTS[42], die Hauptgestalt des juristischen Positivismus im 20. Jahrhundert. Ich lasse die mit seiner Theorie verbundenen Periodisierungsprobleme hier beiseite[43] und beziehe mich vor allem auf die Zweitauflage seiner „Reinen Rechtslehre" von 1960. Darin definiert KELSEN das Recht als eine normative Zwangsordnung menschlichen Verhaltens[44], dh als eine zwangsbewehrte Normenordnung, deren Charakter als objektiv gesollt auf einer vorausgesetzten Grundnorm beruht, derzufolge man, um nur eine ihrer vielen, auf das staatliche Recht bezogenen Varianten zu zitieren, „einer tatsächlich gesetzten, im großen und ganzen wirksamen Verfassung und den gemäß dieser Verfassung tatsächlich gesetzten, im großen und ganzen wirksamen Normen entsprechen soll"[45]. An der daraus folgenden Konsequenz, daß jeder beliebige Inhalt Recht sein könne, hat sich KELSEN, wie gesagt, auch nach 1933 nicht beirren lassen[46].

Vergleicht man die Positionen RADBRUCHS und KELSENS, so bietet sich als Vergleichsgesichtspunkt das Problem der Rechtsgeltung an.

Beide stützen die Geltung des positiven Rechts auf eine Grundnorm, dh auf eine im Ableitungszusammenhang oberste Norm eines Rechtssystems, und auch die Formulierungen der Grundnorm stimmen bis 1933 im Kern überein. Die Differenz besteht darin, daß RADBRUCHS Grundnorm einen rechtsethischen und KELSENS Grundnorm einen analytischen Status hat, wobei es in diesem Zusamenhang relativ gleichgültig ist, ob man KELSENS Grundnorm als eine nur methodologische, als eine transzendentallogische oder als eine fiktive Voraussetzung der Rechtserkennt-

42 Vgl H. L. A. HART, The Concept of Law (Oxford 1961); *ders*, Der Positivismus und die Trennung von Recht und Moral, in: ders, Recht und Moral (Göttingen 1971) 14-57. Zum Verhältnis von KELSEN und HART neuerdings die oben FN 7 genannte Monographie von M PAWLIK.

43 Vgl dazu D. HEIDEMANN, aaO (oben FN 7); ST. L. PAULSON, Hans Kelsen's Earliest Legal Theory: Critical Constructivism, in: Modern Law Review 59 (1996) pp 797-812.

44 Reine Rechtslehre, 2. Aufl (Wien 1960) (im folgenden zitiert als RR^2) 45 ff.

45 AaO 219.

46 Vgl RR^2 201: „Daher kann jeder beliebige Inhalt Recht sein"; s a ebd 224. Vgl auch Reine Rechtslehre, 1. Aufl (1934, Neudruck Aalen 1985) 24 (im folgenden zitiert als RR^1): „Keiner gesellschaftlichen Wirklichkeit kann wegen ihrer inhaltlichen Gestaltung die Vereinbarkeit mit (der) Rechtskategorie bestritten werden". Zum Verhältnis des positiven Rechts zur Gerechtigkeit s a RR^2 50 f.

nis qualifiziert[47]. In jedem Falle handelt es sich um eine analytische Qualifikation in dem Sinne, daß die Annahme einer Grundnorm notwendig oder doch sinnvoll ist, wenn man das positive Recht, das sich in empirischer Sicht als eine faktische Machtordnung darstellt, als objektiv gesollt begreifen will. Für RADBRUCH dagegen geht es um die Geltung des Rechts im Sinne seiner moralischen Verbindlichkeit. RADBRUCHS Grundnorm ist für seine Geltungslehre nach 1945 die Klausel hinzuzufügen, daß extrem ungerechte Gesetze kein geltendes Recht sind. In KELSENS Grundnorm eine solche Klausel einzufügen würde bedeuten, ihren Status zu ändern, nämlich sie aus einer analytischen in eine ethisch-normative zu verwandeln, was gegen KELSENS Intention wäre[48].

SCHMITT war am Problem der Grundnorm nicht eigentlich interessiert[49]. Das Problem der Rechtsgeltung stellte sich für ihn in den zwanziger Jahren in Gestalt der Alternative, daß eine Norm entweder kraft inhaltlicher Richtigkeit oder kraft autoritativer Entscheidung gilt[50]. Ausgehend von der These, daß jede juristische Entscheidung konstitutive Elemente enthält und sich die damit verbundenen Probleme exemplarisch im Ausnahmezustand stellen, optierte er in jenen Jahren für den Dezisionismus[51]. Als klassischen Vertreter dieses Denktypus benennt er THOMAS

47 Zur Qualifikation der KELSENschen Grundnorm vgl zB R. WALTHER, Der gegenwärtige Stand der Reinen Rechtslehre (oben FN 5); ST. L. PAULSON, Läßt sich die Reine Rechtslehre transzendental begründen? (oben FN 2); R. DREIER, Sein und Sollen. Bemerkungen zur Reinen Rechtslehre Kelsen, JZ 1972, 329-335 = *ders*, Recht – Moral – Ideologie (Frankfurt/M 1981) Kap 7. Zum Problem der KELSENschen Erkenntnistheorie s a G. WINKLER, Zeit und Recht (Wien/New York 1995) 517 ff; *ders*, Rechtstheorie und Erkenntnislehre (Wien/New York 1990) 30 ff, 153 ff.

48 Bedient man sich, wie ROBERT ALEXY und ich dies getan haben, zur Präzisierung der Radbruchschen Grundnorm Formulierungen, die Kelsens Grundnormtheorie entstammen, so muß gegenüber naheliegenden Mißverständnissen betont werden, daß dies im Rahmen der Radbruchschen und nicht der KELSENschen Konzeption verstanden sein will; vgl R. ALEXY, Begriff und Geltung des Rechts (Freiburg/München 1992) 194 ff, 199 ff; R. DREIER, Der Begriff des Rechts, NJW 1985, 890-896 (=*ders*, Recht – Staat – Vernunft, [Frankfurt/M 1991] Kap 4). Im übrigen soll die Frage, ob RADBRUCH oder KELSEN der Vorzug zu geben ist, an dieser Stelle nicht weiter erörtert werden. Zum Problem s noch R. DREIER, Recht und Moral, in: ders, Recht – Moral – Ideologie (Frankfurt/M 1981) Kap 6.

49 Das zeigt seine in diesem Punkt oberflächliche Auseinandersetzung mit KELSEN; vgl bes. Politische Theologie (oben FN 12) 28 f; Verfassungslehre, 8 f. An beiden Stellen identifiziert SCHMITT KELSENS Grundnorm mit der Verfassung. Er könnte sich dafür auf KELSEN, Allgemeinen Staatslehre (1925) 84, beziehen, doch führt KELSEN dort wenig später seinen spezifischen Begriff der Grundnorm ein; vgl aaO 99, 104, 126, 249, 250. – Die folgenden Bemerkungen zu SCHMITT beschränken sich hauptsächlich auf seine Schriften der zwanziger und dreißiger Jahre. Zur Periodisierung des Schmittschen Werks vgl H. HOFMANN, Legitimität gegen Legalität (oben FN 7) 22.

50 Vgl Verfassungslehre 9 (im unmittelbaren Anschluß an die Auseinandersetzung mit KELSEN).

51 Vgl insbes C. SCHMITT, Politische Theologie, 44: „Es gibt vielleicht zwei Typen juristischer Wissenschaftlichkeit, die man danach bestimmen kann, wie weit ein wissen-

HOBBES, dessen Formel „auctoritas, non veritas facit legem" jene Alternative in der Tat am klarsten formuliert. Unter dem Aspekt des Positivismusproblems fragt sich dann, ob durch eine rechtsetzende Entscheidung jeder beliebige Inhalt Recht werden kann. Dazu sagt SCHMITT, wiederum mit Bezug auf HOBBES: „Bei Hobbes wird die logische Struktur des Dezisionismus am besten deutlich, weil der reine Dezisionismus eine *Unordnung* voraussetzt, die nur dadurch in Ordnung gebracht wird, *daß* (nicht: wie) entschieden wird"[52]. Also jedenfalls unter der Voraussetzung einer konkreten Unordnung, so scheint es, kann jeder beliebige Inhalt Recht werden. Es liegt nahe zu folgern, daß SCHMITT in seiner dezisionistischen Phase Rechtspositivist war, weil und soweit er HOBBESianer war. Nun war HOBBES kein Positivist im Sinne der Trennungsthese, wohl aber in einem staatsethischen Sinne; die Pflicht zum unbedingten Gehorsam gegenüber dem staatlichen Gesetz, unabhängig von seinem Inhalt, beruht nach ihm, von der Ausnahme des Widerstandsrechts abgesehen[53], nicht auf dem Faktum einer Dezision, sondern auf dem Staatsvertrag und dem Prinzip „Schutz gegen Gehorsam". Dieses Prinzip spielt auch bei SCHMITT eine zentrale Rolle. Doch begründet er die Geltung des Rechts nicht durch

---

schaftliches Bewußtsein von der normativen Eigenheit der juristischen Entscheidung besteht oder nicht. Der klassische Vertreter des (wenn ich dies Wort bilden darf) dezisionistischen Typs ist Hobbes". – Nur am Rande sei in diesem Zusammenhang auf die methodologische Dimension von SCHMITTS Positivismuskritik hingewiesen. Sie bezieht sich weniger auf die richterliche Entscheidung (deren konstitutiver Charakter weder von Radbruch noch von KELSEN geleugnet wird) als vielmehr auf die Methode der Rechtsdogmatik. SCHMITTS Kritik richtet sich insoweit gegen KELSENS Reinheitspostulat wie auch gegen LABANDS These, „alle historischen, politischen und philosophischen Betrachtungen" seien für die Dogmatik eines konkreten Rechtsstoffs ohne Belang (P. LABAND, Das Staatsrecht des Deutschen Reichs, 2. Aufl [Freiburg/Br 1888] XI). Sie verläuft insofern in denselben Bahnen wie RADBRUCHS Kritik an KELSENS „soziologie- und wertfremdem Labandismus" (s o bei FN 20). Demgegenüber plädiert Schmitt für eine „Soziologie juristischer Begriffe", womit, wie er am Beispiel des Souveränitätsbegriffs zeigt, historisch-politische Analysen gemeint sind, die bis zu metaphysischen und theologischen Fragen vordringen sollen (Politische Theologie 55 ff). Methodologisch dieselbe Funktion hatte SCHMITTS konkretes Ordnungsdenken der dreißiger Jahre; s dazu noch unten bei FN 73.

52 Über die drei Arten des rechtswissenschaftlichen Denkens (Hamburg 1934) 28. Diese Schrift gehört bereits SCHMITTS „institutioneller" Phase an; da in ihr aber die drei Denkarten zunächst idealtypisch vorgestellt werden, kann das angeführte Zitat zur Interpretation von SCHMITTS Position in seiner dezisionistischen Phase herangezogen werden. – Oft mißverstanden worden ist SCHMITTS Formulierung: „Die Entscheidung ist, normativ betrachtet, aus einem Nichts geboren" (Politische Theologie 42). Was mit der Einschränkung „normativ betrachtet" gemeint ist, wird deutlich, wenn man den vorangehenden und den folgenden Satz hinzunimmt: „Von dem Inhalt der zugrundeliegenden Norm aus betrachtet, ist jenes konstitutive, spezifische Entscheidungsmoment etwas Neues und Fremdes. ... Die rechtliche Kraft der Dezision ist etwas anderes als das Resultat der Begründung". Vgl G. MEUTER, Der Katechon, 127 ff („Entscheidung aus dem Nichts?").

53 Zum Problem des Widerstandsrechts bei HOBBES vgl zB P. C. MAYER-TASCH, Thomas Hobbes und das Widerstandsrecht (Tübingen 1965).

eine wie immer geartete Vertragskonstruktion, und ob er der Auffassung war, daß jeder beliebige Inhalt Recht sein könne, ist zumindest zweifelhaft.

Zur Geltung der Verfassung heißt es: „Die Verfassung gilt kraft des existierenden Willens desjenigen, der sie gibt“ [54]. Genauer: „Jedes Gesetz als normative Regelung, auch das Verfassungsgesetz, bedarf zu seiner Gültigkeit im letzten Grunde einer ihm vorhergehenden politischen *Entscheidung*, die von einer politischen Macht oder Autorität getroffen wird. Jede existierende politische Einheit hat ihren Wert oder ihre ‚Existenzberechtigung‘ nicht in der Richtigkeit oder Brauchbarkeit von Normen, sondern in ihrer Existenz. Was als *politische* Größe existiert, ist, juristisch betrachtet, wert daß es existiert“ [55]. Der letzte Satz ist der Kernsatz des Arguments. Er formuliert, der Sache nach, SCHMITTS Grundnorm. Seine strukturelle Verwandtschaft mit RADBRUCHS Satz „Wer Recht durchzusetzen vermag, beweist damit, daß er Recht zu setzen befugt ist“ [56] liegt auf der Hand. Doch sind auch die Unterschiede deutlich. SCHMITTS Interesse gilt nicht der staatsethischen (und erst recht nicht der normlogischen) Begründung der Rechtsgeltung, sondern der politischen Einheit, die das Subjekt der verfassungsgebenden Gewalt ist. Diese Einheit ist, nach dem Wegfall der dynastischen Legitimität, das Volk oder die Nation (als politisch geeintes Volk) [57]. Beide Begriffe sind bei SCHMITT wertbesetzt. Der Begriff der Nation wird geradezu zu einem Mythos stilisiert und gegen den Mythos des Klassenkampfes ausgespielt, dem gegenüber er der „stärkere“ sei [58]. Daher gilt: „Das Volk, die Nation, bleibt der Urgrund alles politischen Geschehens, die Quelle aller Kraft, die sich in immer neuen Formen äußert, immer neue Formen und Organisationen aus sich herausstellt, selber jedoch niemals ihre politische Existenz einer endgültigen Formierung unterordnet“ [59].

---

54 Verfassungslehre 22. Auf die Schwierigkeiten, die in SCHMITTS Konzeption Verfassungsverträge aufwerfen, sei hier nur hingewiesen; vgl dazu Verfassungslehre 61 ff, bes 69: „Beruht eine Verfassung auf Vereinbarung oder Vertrag, so ist Rechtsgrund ihrer Gültigkeit der politische Wille der Bundesgenossen und die darauf beruhende Existenz des Bundes ... Der Rechtsgrund eines Verfassungsvertrages ist nicht etwa der allgemeine Satz: pacta sunt servanda“.

55 AaO. Daß der Begriff der politischen Größe auf Schmitts Begriff des Politischen verweist, liegt auf der Hand; s dazu Der Begriff des Politischen. Text von 1932 mit einem Vorwort und drei Corollarien, unveränderter Nachdruck der 1963 erschienen Auflage (Berlin 1979).

56 Rechtsphilosophie (1932), RGA 2, 313.

57 Vgl Verfassungslehre 75 ff.

58 Vgl Die geistesgeschichtliche Lage des Parlamentarismus, 5. Aufl (Berlin 1979) 88. S a Der Begriff des Politischen, 37 ff, 54 ff; Verfassungslehre 233/34.

59 Verfassungslehre 79. – Zur Legitimität der Verfassung s aaO § 9. „Eine Verfassung ist legitim ..., wenn die Macht und Autorität der verfassungsgebenden Gewalt, auf deren

Es ist diese Rückbindung der verfassungsgebenden Dezision an den werthaft besetzten Begriff des Volkes oder der Nation, die Zweifel daran weckt, ob SCHMITT in der hier interessierenden Phase Rechtspositivist im Sinne der These war, daß jeder beliebige Inhalt rechtlich geltendes Recht sein könne. Gewiß kann sich das Volk oder eine von ihm ermächtigte Instanz auch für eine Diktatur entscheiden; aber diese hat nach SCHMITT die Aufgabe, sich entweder, als kommissarische, selbst überflüssig zu machen, oder, als souveräne, eine Verfassung zu schaffen, die ihrerseits wiederum an den Willen des Volkes (und nicht einer „Klasse“) rückgebunden ist[60].

Im Blick auf Parlamentsgesetze, aber mit mittelbarer Bedeutung auch für die Verfassung heißt es in SCHMITTS Schrift „Legalität und Legitimität“ (1932), die noch in seine dezisionistische Phase fällt: „Wenn der Gesetzesbegriff jeder inhaltlichen Beziehung zu Vernunft und Gerechtigkeit beraubt ... wird, kann jede Anordnung beliebiger Art ... legal und rechtmäßig durch Parlamentsbeschluß ... vorgenommen werden ... Eine voraussetzungslose Gleichsetzung des Rechts mit dem Ergebnis irgendeines formalen Verfahrens wäre nur voraussetzungslose, also blinde Unterwerfung unter die reine ... Dezision der mit der Gesetzgebung betrauten Stellen ... Man kann das ‚Positivismus‘ nennen, wie man jede Art von Dezisionismus kritiklos als Positivismus bezeichnen kann; nur täuscht dieses Wort heute nicht mehr darüber hinweg, daß jener voraussetzungslose Formalismus ein rein politisch motivierter Unterwerfungsanspruch mit rein politisch motivierter Verneinung jeden Widerstandsrechts ist“[61]. Diese Sätze wollen vor dem Hintergrund von SCHMITTS Parlamentarismuskritik und der damaligen Krise der Weimarer Republik verstanden sein. Ihre politische wie ihre rechts- und staatstheoretische Pointe wird am Schluß der Schrift deutlich, wo SCHMITT die „grundlegende Alternative“ formuliert: „Anerkennung der substanzhaften Inhalte und Kräfte des deutschen

Entscheidung sie beruht, anerkannt ist“ (ebd 87). Ihre Geltung beruht aber nicht auf der Anerkennung, sondern auf der verfassungsgebenden Entscheidung, deren Subjekt (im Falle der Demokratie: das Volk oder die Nation) seinen Sinn und seine Existenzberechtigung in sich hat.

60 Vgl C. SCHMITT, Die Diktatur. Von den Anfängen des modernen Souveränitätsgedankens bis zum proletarischen Klassenkampf, 2. Aufl (Berlin 1928). S dort VIII ff die Bemerkungen zum Verhältnis von Rechtsnormen und Rechtsverwirklichungsnormen, das Schmitt seit seiner Dissertation (Gesetz und Urteil, 1912) immer wieder beschäftigt hat. Rechtsphilosophisch liege das „Wesen der Diktatur“ in der „Möglichkeit einer Trennung von Normen des Rechts und Normen der Rechtsverwirklichung“, und die „Rechtfertigung der Diktatur“ bestehe darin, „daß sie das Recht zwar ignoriert, aber nur, um es zu verwirklichen“. Zur Interpretation s zB H. HOFMANN, Legitimität gegen Legalität, 56 ff.

61 Verfassungsrechtliche Aufsätze, 278 f; vgl die Nachbemerkung ebd 338. S a Verfassungslehre § 13 (Der rechtsstaatliche Gesetzesbegriff). Zum Widerstandsrecht bei C. SCHMITT: MEUTER, aaO 235 ff.

Volkes *oder* Beibehaltung und Weiterführung der funktionalistischen Wertneutralität mit der Fiktion gleicher Chance für unterschiedslos alle Inhalte, Ziele und Strömungen"[62]. Die Entscheidung konnte für SCHMITT nicht zweifelhaft sein. Sie fällt gegen das Parlament als ordentlichen Gesetzgeber aus, und es ist nur scheinbar überraschend, daß sie dem zweiten Hauptteil der Weimarer Verfassung („Grundrechte und Grundpflichten der Deutschen") gilt, also, in SCHMITTs Terminologie, der Verfassung *ratione materiae.* Denn dieser Teil ist für SCHMITT der „Versuch einer substanzhaften Ordnung", der es verdiene, „von Selbstwidersprüchen und Kompromißmängeln befreit und nach seiner inneren Folgerichtigkeit entwickelt zu werden"[63]. In den Dienst dieser Ordnung, so wäre zu ergänzen, hat sich der Reichspräsident als außerordentlicher Gesetzgeber *ratione necessitatis* zu stellen, gestützt auf eine plebiszitäre Legitimität, also auf das Volk als außerordentlichen Gesetzgeber *ratione supremitatis.*

„Legalität und Legitimität" ist ein typisches Beispiel für den oft betonten „situativen" Charakter von SCHMITTs Schriften, und es ist ein Gemeinplatz der SCHMITT-Interpretation, daß sein Werk vieldeutig ist[64]. Hier ist nicht der Ort, diesen Vieldeutigkeiten im einzelnen nachzugehen. Festzuhalten bleibt, daß es gute Gründe dafür gibt, die Frage, ob SCHMITT in seiner dezisionistischen Phase Rechtspositivist war, zu verneinen.

Fragt man, wie SCHMITT vom Dezisionismus zum konkreten Ordnungsdenken gelangt ist, so findet man einen interessanten Aufschluß in der vom November 1933 datierten Vorbemerkung zur 1934 erschienen Neuausgabe seiner „Politischen Theologie". Das Studium der Institutionentheorie MAURICE HAURIOUS, sagt SCHMITT dort, habe ihn dazu gebracht, daß er nunmehr nicht nur zwei, sondern drei Arten des juristischen Denkens unterscheide, den normativistischen, den dezisionistischen und den institutionellen Typus, und er fährt fort: „Während der reine Normativist in unpersönlichen Regeln denkt und der Dezisionist das gute Recht der richtig erkannten Situation in einer persönlichen Entscheidung durchsetzt, entfaltet sich das institutionelle Rechtsdenken in überpersönlichen Einrichtungen und Gestaltungen. Und während der Normativist in seiner Entartung das Recht zum bloßem Funktionsmodus einer staatlichen Bürokratie macht und der Dezisionist immer in der Gefahr steht, durch die Punktualisierung des Augenblicks das in jeder gro-

---

62 Verfassungsrechtliche Aufsätze 344.

63 AaO 344 f.

64 Vgl dazu (mit zahlreichen Nachweisen) G. MEUTER, Der Katechon (oben FN 7) 11 ff: „Über die Unverständlichkeit Carl Schmitts"; s a H. HOFMANN, aaO 7 f. – Zum vielerörterten Verhältnis von SCHMITT, HEIDEGGER und JÜNGER noch immer grundlegend: CHR. Graf von KROCKOW, Die Entscheidung. Eine Untersuchung über Ernst Jünger, Carl Schmitt, Martin Heidegger (Stuttgart 1958).

ßen politischen Bewegung enthaltene ruhende Sein zu verfehlen, führt ein isoliert institutionelles Denken in den Pluralismus eines souveränitätslosen, feudal-ständischen Wachstums"[65]. Das „gute Recht der richtig erkannten Situation", „das in jeder großen politischen Bewegung enthaltene ruhende Sein"[66] – es sind Formulierungen wie diese, aus denen sich das Interpretationsgebirge erklärt, das sich inzwischen über SCHMITTS Schriften türmt. Offenbar hatten die politischen Entscheidungen, die sich in der „legalen Revolution" und der „nationalen Erhebung" des Jahres 1933 manifestierten, aus der Sicht SCHMITTS die damalige Situation richtig erkannt und das „ruhende Sein" des deutschen Volkes getroffen. Seine Entscheidung für das Dritte Reich war dann konsequent, und die Frage, welche Rolle Machtstreben, Karrierismus, Opportunismus und intellektuelle Neugier dabei gespielt haben, bleibt psychologisch interessant und moralisch kritisierbar, wird aber rechts- und staatstheoretisch zweitrangig.

SCHMITTS Schrift „Über die drei Arten des rechtswissenschaftlichen Denkens" (1934) fügt dem Gesagten nur wenig Neues hinzu. Die drei schon erwähnten Denkarten werden, ziemlich vage, auf den ihnen zugrunde liegenden Rechtsbegriff zurückgeführt, nämlich darauf, ob das Recht „entweder als eine *Regel*, oder als eine *Entscheidung*, oder als eine konkrete *Ordnung und Gestaltung*" aufgefaßt wird[67]. Obwohl SCHMITT von Anfang an keinen Zweifel daran läßt, daß er nunmehr, also 1934, für das konkrete Ordnungsdenken plädiert, erläutert er diese Unterscheidung zunächst gleichsam idealtypisch und anhand historischer Beispiele. Als markante Repräsentanten der drei Denkarten werden benannt: für den Dezisionismus wiederum HOBBES, für den Normativismus KANT und für das konkrete Ordnungsdenken HEGEL. Der juristische Positivismus des 19. und des beginnenden 20. Jahrhunderts (LABAND, BERGBOHM, GEORG JELLINEK, KELSEN [dessen Name allerdings in der Schrift von 1934 nicht mehr auftaucht]) sei keine originäre, sondern eine abgeleitete Denkart, die auf einer Kombination von Dezisionismus und Normativismus beruhe.

Aus rechtsphilosophischer Sicht könnte man sagen, SCHMITT habe 1933 gegen HOBBES und für HEGEL optiert[68]. Dem stehen freilich Inter-

65 C. SCHMITT, Politische Theologie 8.

66 Zu dieser Wendung vgl zB G. MEUTER aaO 137 ff.

67 Über die drei Arten des rechtswissenschaftlichen Denkens (Hamburg 1934) 7. – Die vormals „institutioneller Typus" genannte Denkart wird nun, weil das Wort Institution für „uns Deutsche ... alle Nachteile und wenig von den Vorteilen eines Fremdwortes" habe (aaO 57), in „konkretes Ordnungs- und Gestaltungsdenken" umbenannt – eine Doppelformel, die im Element der Gestaltung einen gewissen Bezug zum Dezisionismus wahrt, aber im Verlauf der Schrift zunehmend zugunsten der Wendung „konkretes Ordnungsdenken" zurücktritt.

68 In der genannten Schrift heißt es (54), alle Strömungen und Richtungen des deutschen Widerstandes gegen den Normativismus hätten „ihre systematische Zusammenfas-

pretationen entgegen, die als geheime „Mitte" des SCHMITTschen Werks eine katholisch-reichstheologische Konzeption ausmachen[69]. In der Tat steht seine lebenslange Faszination durch die großen Repräsentanten der römisch-katholischen Gegenaufklärung (DE MAISTRE, BONALD, DONOSO CORTES), denen er schon in seiner „Politischen Theologie" ein eigenes Kapitel gewidmet hatte[70], außer Zweifel, und in der „blutigen Entscheidungsschlacht", die nach DONOSO CORTES, in den Worten SCHMITTS, „zwischen dem Katholizismus und dem atheistischen Sozialismus entbrannt ist"[71], gibt es keine ernsthafte Alternative. Aber SCHMITT als Verteidiger eines „ghibellinischen" Reichs, das als „Aufhalter" (Katechon) des Anti-Christen dient[72] – dieser Interpretationsstrang mag hier auf sich beruhen. Jedenfalls war SCHMITT in den dreißiger Jahren kein Rechtspositivist. Daß das konkrete Ordnungsdenken methodologisch die Funktion hatte, in die Grundbegriffe und Generalklauseln des positiven Rechts Gehalte der nationalsozialistischen Weltanschauung einzuschleusen, ist oft genug erörtert worden und braucht hier nicht noch einmal dargestellt zu werden[73].

---

sung, ihre ‚Summa', in Hegels Rechts- und Staatsphilosophie" gefunden; in ihr werde „das konkrete Ordnungsdenken mit einer unmittelbaren Kraft, wie man es nach der rechts- und staatstheoretischen Entwicklung des 17. und 18. Jahrhunderts kaum mehr hätte erwarten können, noch einmal lebendig". S a H. HOFMANN, Legitimität gegen Legalität, 54 FN 75: „Keinen anderen Autor hat Schmitt in seinen Frühschriften so oft und so ausführlich zitiert wie Hegel". Vgl die Nachbemerkung zum Neudruck seiner Abhandlung „Die Lage der europäischen Rechtswissenschaft" (1943/44), in: Verfassungsrechtliche Aufsätze (1958) 386-429 (428): „Das große Thema des tieferen Verständnisses von Savigny und Hegel hätte ich nur im Rahmen einer eingehenden ... Arbeit behandeln können. Daß ich eine solche Arbeit nicht vorlegen kann, gehört zu den großen Versäumnissen meines Lebens". – Nebenbei: Wenn SCHMITT in der letztgenannten Schrift „Savigny als Paradigma" der Rechtswissenschaft und diese als „letztes Asyl des Rechtsbewußtseins" proklamiert, so sind dies interessante Thesen, deren Pointe im Fall SCHMITTS freilich darin besteht, daß er wie kein anderer das Versagen der deutschen Rechtswissenschaft im Dritten Reich repräsentiert.

69 In diese Richtung zielen, mit unterschiedlichen Akzenten, die Interpretationen von G. MEUTER, Der Katechon (s bes 286 ff), und A. KOENEN, Der Fall Carl Schmitt (s bes 559 ff); s a H. MEIER, Die Lehre Carl Schmitts (oben FN 7), der durchgehend die theologische Dimension im Werk Schmitts betont (s bes 109 ff).

70 AaO 67 ff.

71 Ebd 75.

72 Vgl (mit gewagten historischen Konstruktionen) A. KOENEN, Der Fall Carl Schmitt, 559 ff („Guelfen" gegen „Gibhellinen"); kritisch dazu B. RÜTHERS, NJW 1996, 902 ff.

73 Vgl dazu zB B. RÜTHERS, Die unbegrenzte Auslegung. Zum Wandel der Privatrechtsordnung im Nationalsozialismus, 3. Aufl (Heidelberg 1988); *ders,* Wir denken die Rechtsbegriffe um ... Weltanschauung als Auslegungsprinzip (erweiterte Neuausg von „Institutionelles Rechtsdenken im Wandel der Verfassungsepochen", 1970, Zürich 1987); O. BEHRENDS, Von der Freirechtsschule zum konkreten Ordnungsdenken, in: R. Dreier/W. Sellert (Hrsg), Recht und Justiz im „Dritten Reich" (Frankfurt/M 1989) 34-80. – Vor allem daraus erklärt sich RADBRUCHS Äußerung in einem Brief an ERIK WOLF v 26. 4. 1938: „Ich wurde mir zu meinem Erstaunen bewußt, wie sehr ich noch im positivistischen Zeitalter wurzele, obgleich meine ‚freirechtliche Tendenz' gerade auf Loslösung von ihm ge-

IV.

Hat der juristische Positivismus die deutschen Juristen im Dritten Reich wehrlos gemacht? Diese These RADBRUCHS[74] ist umstritten und wird heute überwiegend abgelehnt[75]. STANLEY L. PAULSON hat sie in zwei Thesen aufgespalten: eine Kausal- und eine Entlastungsthese[76]. Die Kausalthese besagt, daß ein ursächlicher Zusammenhang zwischen der nationalsozialistischen Machtergreifung und dem Positivismus bestehe. Die Entlastungsthese besagt, daß die deutschen Juristen wegen ihres Verhaltens im Dritten Reich exkulpiert seien, weil sie meinten, den damaligen Gesetzen unbedingten Gehorsam schuldig zu sein. Beide Thesen weist PAULSON zurück, und in der Tat lassen sich gegen sie gute Gründe anführen. Die Hauptgründe sind: Der juristische Positivismus sei schon in der Weimarer Republik nicht mehr herrschende Lehre gewesen (was freilich noch einer genaueren Überprüfung bedürfte) und habe vollends im Dritten Reich keine entscheidende Rolle gespielt; im Gegenteil: Die Rechtslehre des Nationalsozialismus (soweit man von einer solchen überhaupt sprechen kann[77]) sei naturrechtlich geprägt gewesen und habe dazu angeleitet, die geltenden Gesetze im Sinne der nationalsozialistischen Weltanschauung auszulegen. Der letzte Punkt steht, wie gerade das Beispiel SCHMITT zeigt, außer Streit, und was die Kausalthese betrifft, so wäre es tatsächlich abwegig zu meinen, der Rechtspositivismus sei ursächlich für HITLERS „Machtergreifung" gewesen.

Trotzdem verdient RADBRUCHS These eine sorgfältige Interpretation. Sie enthält Aspekte, die bei aller berechtigten Kritik nicht unter den Tisch fallen sollten. Zu ihnen gehört, daß Windscheids und Labands Jurist „als solcher", den historische, politische und moralische Fragen nichts angehen, Gefahr läuft, zum Schmalspurjuristen zu werden und sich, nach einem Wort BERTOLT BRECHTS, jenem „Geschlecht erfinderischer Zwerge"

richtet war. Und jetzt will mir der Positivismus sogar als ein Ideal wieder erscheinen, das uns bitter nottut"; RGA 18, 153 f.

74 Vgl zB RGA 3, 78, 80, 88, 226.

75 Vgl R. ROTTLEUTHNER, Rechtspositivismus und Nationalsozialismus, in: Demokratie und Recht (1987) 373-394 (374 ff, 383 ff); M. WALTHER, Hat der juristische Positivismus die deutschen Juristen im „Dritten Reich" wehrlos gemacht?, in: R. Dreier/W. Sellert (Hrsg), Recht und Justiz im „Dritten Reich" (Frankfurt/M 1989) 323-354; K. FÜSSER, Rechtspositivismus und „gesetzliches Unrecht", ARSP 78 (1992) 301-331. S a W. HEUN, Der staatsrechtliche Positivismus in der Weimarer Republik, in: Der Staat 28 (1989) 377-403.

76 ST. L. PAULSON, Lon L. Fuller, Gustav Radbruch and the „Positivist" Theses, in: Law and Philosophy 13 (1994) pp 313-359; s a den oben FN 31 genannten Aufsatz von PAULSON.

77 Dazu zB K. ANDERBRÜGGE, Völkisches Rechtsdenken. Zur Rechtslehre in der Zeit des Nationalsozialismus (Berlin 1978).

einzureihen, „die für alles gemietet werden können“[78]. Auch sollte heute deutlich sein, daß sich die Willfährigkeit der deutschen Juristen gegenüber dem Recht des Dritten Reichs, wie OKKO BEHRENDS sagt, aus einer Kombination von „blindem“ Gesetzesgehorsam und nationalsozialistischer „Freirechtelei“ erklärt[79]. Außer Streit stehen sollte weiter, daß sich diese Kombination in Deutschland einer spezifischen Affinität des Rechtspositivismus zur Tradition des obrigkeitsstaatlichen Denkens verdankt[80] und nur deshalb das Schlagwort „Gesetz ist Gesetz“ hier eine so unselige Wirkung entfalten konnte[81]. Und nicht zuletzt sollte sich Einigkeit darüber erzielen lassen, daß RADBRUCH mit jener These auch ein Stück persönlicher Vergangenheitsbewältigung geleistet hat. Denn niemand hat beschwörender als er am Ende der Weimarer Republik die unbedingte Gehorsamspflicht des Richters gegenüber dem positiven Gesetz betont.

Die berühmte Passage aus seiner „Rechtsphilosophie“ von 1932 sei an dieser Stelle noch einmal zitiert: „Für den Richter aber ist es Berufspflicht, den Geltungswillen des Gesetzes zu Geltung zu bringen, das eigene Rechtsgefühl dem autoritativen Rechtsbefehl zu opfern, nur zu fragen, was Rechtens ist, und niemals, ob es auch gerecht sei. Man möchte freilich fragen, ob diese Richterpflicht selbst, dieses sacrificium intellectus, die Blankohingabe der eigenen Persönlichkeit an eine Rechtsordnung, deren künftige Wandlungen man nicht einmal ahnen kann, sittlich möglich sei. Aber wie ungerecht immer das Recht sich seinem Inhalt nach gestalten möge – es hat sich gezeigt, daß es *einen* Zweck stets, schon durch sein Dasein, erfüllt, den der Rechtssicherheit. Der Richter, indem er sich dem Gesetz ohne Rücksicht auf seine Gerechtigkeit dienstbar macht, wird also trotzdem nicht bloß zufälligen Zwecken der Willkür dienstbar. Auch wenn er, weil das Gesetz es so will, aufhört, Diener der Gerechtigkeit zu sein, bleibt er noch immer Diener der Rechtsicherheit. Wir verachten den Pfarrer, der gegen seine Überzeugung predigt, aber wir verehren den Richter, der sich durch sein widerstrebendes Gerechtigkeitsgefühl nicht in seiner Gesetzestreue beirren läßt“[82]. Daß eine Theorie wie diese die Widerstandsbereitschaft deutscher Juristen, soweit sie überhaupt bestand, nicht gerade bestärkt hat, liegt auf der Hand, und daß ihr Autor, RAD-

---

78 B. BRECHT, Leben des Galilei, Szene 14.

79 O. BEHRENDS, aaO 36 FN 6.

80 Vgl zB K. SONTHEIMER, Antidemokratisches Denken in der Weimarer Republik (München 1962).

81 Vor diesem Hintergrund will CARLO SCHMIDS (nicht CARL SCHMITTS) Forderung aus dem Jahre 1945 verstanden sein: „Man muß die deutsche Jugend zum Ungehorsam erziehen“; mitgeteilt von E. NOELLE-NEUMANN, in: dies, Werden wir alle Proletarier? Wertewandel in unserer Gesellschaft (Zürich 1978) 10.

82 Ebd 315 f.

BRUCH, nach 1945 das Bedürfnis hatte, sie zu modifizieren, ist verständlich. Daß er damit exakt die Bedürfnisse der Rechtspraxis traf, spricht für sein Gespür als Jurist.

V.

Warum ist SCHMITT neben RADBRUCH und KELSEN hier ein so herausgehobener Platz eingeräumt worden? GERHARD LEIBHOLZ, der wie KELSEN im Dritten Reich emigrieren mußte[83], hat gesprächsweise gelegentlich geäußert, SCHMITT habe sich seinerzeit moralisch so heillos disqualifiziert, daß es sich eigentlich verbieten sollte, ihn auch nur noch zu zitieren[84]. Das ist eine moralisch verständliche, aber wissenschaftlich unbegründete Forderung. SCHMITT war ein zu bedeutender Jurist, als daß er aus moralischen Gründen totgeschwiegen werden könnte und sollte, und der „unbestreitbare geistige Rang des Schmittschen Werkes“[85] rechtfertigt es, ihn RADBRUCH und KELSEN an die Seite zu stellen.

Alle drei üben, wie eingangs bemerkt, noch heute einen beachtlichen Einfluß aus – RADBRUCH vor allem bei der Aufarbeitung des gesetzlichen Unrechts totalitärer Diktaturen und als Autor der noch immer wichtigsten deutschsprachigen Rechtsphilosophie des 20. Jahrhunderts, KELSEN als einer der führenden analytischen Rechtstheoretiker dieses Jahrhunderts, dessen Reiner Rechtslehre die Jurisprudenz unverlierbare Einsichten in die Struktur juristischer Grundbegriffe verdankt, SCHMITT als einer der Begründer der Politikwissenschaft sowie als Verfassungstheoretiker und Staatsrechtler, der auf vielfältige Weise (zB bei Herausbildung des Konzepts der streitbaren Demokratie, der Kritik der Wertordnungsrechtsprechung des Bundesverfassungsgerichts und der Diskussion des demokratietheoretischen Homogenitätsgebots), auf die Interpretation des Grundgesetzes für die Bundesrepublik Deutschland eingewirkt hat und noch immer einwirkt. Dieser Wirkungsgeschichte näher nachzugehen, wäre ein Thema für sich, ebenso wie ein detaillierter Theorienvergleich. Daß nach meiner Auffassung RADBRUCH und KELSEN der Vorzug zu geben ist, und hinsichtlich des Problems der Rechtsgeltung dem späten RADBRUCH der Vorzug vor KELSEN, sollte deutlich geworden sein und sei abschließend noch einmal betont.

83 Zu ihm: M. WIEGANDT, Norm und Wirklichkeit. Gerhard Leibholz (1901-1982) – Leben, Werk und Richteramt (Baden-Baden 1995).

84 Vgl zu dieser in persönlichen Gesprächen geäußerten Meinung: G. LEIBHOLZ, Die Haltung Carl Schmitts, in: FAZ v 24. 7. 1973 9 (von MEUTER, aaO 131 irrtümlich als GUSTAV LEIBHOLZ zitiert; die richtige Namensangabe findet sich im Verzeichnis der Sekundärliteratur ebd 521).

85 H. HOFMANN, Legitimität gegen Legalität 8.

Wilfried Fiedler

Der Zeitfaktor im Recht der Staatensukzession

I. Die Fragestellung

„Die Zeit ist durch den Tag und durch das Jahr ein wesentlicher Faktor des Völkerrechts. Sie prägt die Geltung und die Verbindlichkeit des generell abstrakten Völkerrechts. Die Zeit prägt aber auch das individuell-konkrete Völkerrecht." Mit diesen wenigen Feststellungen führt GÜNTHER WINKLER in eine zentrale Dimension des geltenden Völkerrechts ein,[1] die aber, wie er wenig später schreibt, in monographischen Studien zum Völkerrecht allgemein nicht dargestellt wird.[2] Dies mag darin begründet sein, daß der Umgang mit wechselnden Fakten und politischen Situationen zu einer permanenten Suche nach rechtlichen Haltepunkten und Fixierungen zwingt und die Zeit-Dimension dadurch jene übermächtige Selbstverständlichkeit gewinnt, die den Gedanken an ihre Existenz eher vertreibt. Denn jede Veränderung in der Zeit bedroht auf unausgesprochene Weise die mühsam und gedankenreich errichteten Rechtskonstruktionen, die Sicherheit und Verläßlichkeit zu gewähren scheinen.

Antworten des Rechts auf „zeitliche" Gefährdungen zeigen sich einerseits in der Herausbildung von bestimmten Instituten und Denkfiguren, die sich speziell mit dem Einwirken der Zeit befassen, wie der Rückwirkung, Verjährung, Ersitzung oder der „clausula rebus sic stantibus".[3] Andererseits kann die Hinnahme des Wechsels als Vorgegebenheit jeder rechtlichen Konstruktion erscheinen. Sie muß damit von vornherein „zeitunabhängig" gestaltet werden, um Bestand zu haben und Rechte sichern zu können. Ausdruck der Hinnahme des permanenten Wechsels ist in ganz besonderer Weise das Recht der Staatensukzession. Dieses macht schon mit der Thematisierung der „Nachfolge" die Überwindung der Endlichkeit aller Rechtsverhältnisse zu ihrem Gegenstand. Auf keinem anderen Gebiet kommt die in der Veränderung liegende Lebendigkeit des Völkerrechts auf ähnlich intensive Weise zum Ausdruck, auf keinem anderen

1 GÜNTHER WINKLER, Zeit und Recht (1995) 550.

2 Ebd 551.

3 Vgl die Beispiele bei G. WINKLER, aaO (FN 1) 551. Einzeluntersuchungen, in denen die Zeit punktuell thematisiert wird, widerlegen den allgemeinen Eindruck nicht, vgl etwa die Diskussion um das Problem des „critical date" in Territorialstreitigkeiten bei Y. Z. BLUM, Historic Titles in International Law (1965) 208 ff mwN.

Gebiet nimmt der Kampf um das Fortbestehen einzelner Rechtsverhältnisse dramatischere Formen an, wenn es darum geht, über das Ende von Völkerrechtssubjekten hinaus die Dauerhaftigkeit identischer Rechtspositionen zu sichern. Revolutionen und Staatsstreiche, kriegerische Konflikte und ähnliche Ereignisse gefährden den äußeren Bestand der Staaten, führen zu ihrem Zerfall oder zur Abspaltung selbst größerer Gebietsteile, schaffen neue Staaten oder überlassen diese längeren Schwebezuständen, in denen sich das Effektivitätsprinzip nur begrenzt durchsetzen kann.

Daß es dabei meist um die Positionen von Schuldnern und Gläubigern des betreffenden Staates geht,[4] weniger um seine historisch-politische Ausstrahlung, wird nicht immer bewußt. Der schon bei Hugo Grotius erwähnte Satz Heraklits, niemand könne zweimal in denselben Fluß steigen,[5] verbirgt das wahre Ausmaß rechtlicher Unklarheiten im einzelnen Nachfolgefall hinter einer allgemeinen Aussage über den Wandel aller Dinge. Mehr auf den Unterschied zwischen Form und Inhalt weist bereits ein ebenfalls bei Hugo Grotius zitierter Satz von Seneca, worin Grotius eine „Verbesserung" der Formulierung Heraklits sieht: „Der Name des Flusses bleibt, aber das Wasser fließt ab."[6] Doch auch der Hinweis auf ähnliche Gedanken des Aristoteles macht stärker auf das Alter der Rechtsprobleme, weniger aber auf deren Lösungen aufmerksam. Daß es an einer „Lösung" der auftretenden Probleme nach wie vor weitgehend fehlt, wird durch die nur geringe Anzahl völkergewohnheitsrechtlicher Regeln im Recht der Staatensukzession dokumentiert.

Die Staatenpraxis ging meist recht pragmatisch vor und entwickelte nur zurückhaltend rechtliche Leitlinien. Selbst in scheinbar eindeutigen Fällen, die für eine rechtliche Faustregel wie geschaffen schienen, versagte die Staatenpraxis die Gefolgschaft. So etwa bei der naheliegenden Annahme, aus dem Ende eines Staatswesens folge auch der Untergang der von ihm abhängigen Rechtsverhältnisse.[7] Grundannahmen von der kooperativen Rechtsnatur der Völkerrechtsgemeinschaft und der Ausbau der Lehre vom völkerrechtlichen Vertrauensschutz sorgten für Ausdifferenzierungen, die eine „automatische" Anwendung jener Faustregel unmöglich machten.[8]

4 Vgl statt anderer A. Reinisch/G. Hafner, Staatensukzession und Schuldenübernahme beim „Zerfall" der Sowjetunion (1995), passim, mit zutr Gewichtung.

5 Hugo Grotius, De iure belli ac pacis libri tres (1625), neuer deutscher Text und Einleitung von W. Schätzel (1950) 224 (im 9. Kap „Wann die Staatsgewalt und wann das Eigentum aufhört").

6 Ebd.

7 Vgl statt anderer A. W. Heffter, Das Europäische Völkerrecht der Gegenwart auf den bisherigen Grundlagen, 8. Ausg, bearb von F. H. Geffcken (1888) 60.

8 Gelegentlich wurden auch die Grundlinien der Wiener Konvention über die Staatennachfolge in Verträge vom 23.8.1978, ILM, Vol 17 (1978) 1488 ff, herangezogen:

Versuche, dem Einfluß der Zeit im Völkerrecht zu entgehen, sind immer wieder unternommen worden, letztlich jedoch mit wenig Erfolg. Staatstheoretische Ansätze unterschiedlichster Art versuchten, Einfluß auch auf das Völkerrecht zu nehmen.[9] Aber auch organologische wie normativistische Theorien schufen letztlich wenig Klarheit. „Staaten entstehen, wachsen, altern und vergehen, wie der einzelne Mensch" hieß es in dem bereits zitierten Völkerrechtslehrbuch von AUGUST WILHELM HEFFTER,[10] kennzeichnend für die später auch im 20. Jahrhundert unternommene Flucht in „humanitäre" Deutungen des Staates als dem maßgeblichen Völkerrechtssubjekt. Nur begrenzte Eindeutigkeit vermittelte selbst die strikte Trennung von politisch-sozialer und rechtlicher Existenz des Staates durch normativistische Theorien.[11] Der Versuch, das Recht der Staatensukzession aus der Vielfalt der Staatstheorien in den Jahren 1978 und 1983 durch den Abschluß universeller Konventionen herauszuführen,[12] mißlang, nicht zuletzt durch die rechtliche Fixierung des Blikkes auf die inzwischen historische Periode der Dekolonisierung. Im Ergebnis führte dieser Versuch einer möglichst „zeitgerechten" zu einer letztlich „unzeitgemäßen" Rechtsetzung,[13] die für die Lösung der seit den neunziger Jahren des 20. Jahrhunderts unvermutet auftauchenden Fälle der Auflösung von Sowjetunion und Jugoslawien nur wenig Hilfe bot.

„More specifically, the Vienna Convention reflects the customary trend to continue treaty rights and obligations", P. R. WILLIAMS, Denv J Intl L Pol'y, Vol 23 (1994) 1 ff, 8.

9 Für die ältere Dogmatik nach wie vor aufschlußreich H. HERZ, Die Identität des Staates (Diss Köln 1931) 33 ff; *ders,* Beiträge zum Problem der Identität des Staates, ZÖR, Bd XV (1935) 241 ff.

10 AaO (FN 7) 60.

11 Vgl W. FIEDLER, Das Kontinuitätsproblem im Völkerrecht (1978) 39, 74 ff.

12 Wiener Konvention über die Staatennachfolge in Verträge vom 23. 8. 1978, aaO (FN 8); Wiener Konvention über die Staatennachfolge in Staatsvermögen, -archive und -schulden vom 8. 4. 1983, ILM, Vol 22 (1983) 306 ff.

13 Vgl D. F. VAGTS, State Succession: The Codifiers' View, VirgJIL, Vol 33 (1993) 280 ff. Zur Leistungsfähigkeit der Konventionen in der neueren Staatenpraxis TH. SCHWEISFURTH, Das Recht der Staatensukzession. Die Staatenpraxis der Nachfolge in völkerrechtliche Verträge, Staatsvermögen, Staatsschulden und Archive in den Teilungsfällen Sowjetunion, Tschechoslowakei und Jugoslawien, BDGV, Bd 35 (1996) 191 ff; zur bisherigen Kritik W. FIEDLER, Die Konventionen zum Recht der Staatensukzession. Ein Beitrag der ILC zur Entwicklung eines „modern international law"?, GYIL, Vol 24 (1981) 37 ff; I. SEIDL-HOHENVELDERN, Das Wiener Übereinkommen über Staatennachfolge in Vermögen, Archive und Schulden von Staaten, AJPIL/ÖZöRV, Bd 34 (1983) 173 ff, 175 ff; A. REINISCH/ G. HAFNER, aaO (FN 4) 43 ff. Davon zu unterscheiden ist die rechtliche Nichterfassung mancher Sukzessionskonstellationen, wie im Falle Deutschlands, vgl ST. OETER, German Unification and State Succession, ZaöRV, Bd 51 (1991) 349 ff, 356 f; vgl auch die Kritik von S. T. KORMAN, The 1978 Vienna Convention on Succession of States in Respect of Treaties: An Inadequate Response to the Issue of State Succession, Suffolk Transnat. Law Review, Vol 16 (1992) 174 ff.

Dieser Beitrag zum Thema „Zeit und Völkerrecht“ wird noch überboten durch den Umgang mit dem Zeitfaktor in den beiden Konventionen selbst. Erwähnt sei lediglich der dort definierte „Zeitpunkt der Staatensukzession“ (date of the succession of States).[14] Denn gerade diese rechtstechnisch notwendige Festlegung auf einen möglichst exakten Nachfolge-Termin beleuchtet wie durch ein Brennglas ein Dilemma des Zeitfaktors im Recht der Staatensukzession: Oft Jahrzehnte andauernde Entwicklungen müssen in technisch-unhistorischer Weise terminiert werden, um den Beginn einer rechtlichen wie staatlichen Neuentwicklung markieren zu können. Auf diese Weise wird nicht zuletzt Rechtsklarheit in einer oft chaotisch anmutenden politisch-faktischen Situation gewonnen. Es war daher verständlich, daß die von der Europäischen Gemeinschaft eingesetzte *Badinter*-Kommission ua damit betraut wurde, den „Zeitpunkt der Staatensukzession“ für die einzelnen Nachfolge-Staaten des ehemaligen Jugoslawien zu ermitteln.[15]

Es wäre jedoch einseitig, dem Recht der Staatensukzession nur die Bewältigung der äußeren Veränderungen in der Staatenwelt zuzuordnen. In gleicher Weise dient es der Ermittlung des Fortbestandes einzelner Völkerrechtssubjekte und Rechtsverhältnisse. Es ist daher gleichermaßen Ausdruck und Gestalter von Veränderungen wie von Stetigkeit und Bestand. Das Recht der Staatensukzession schafft zwar stets neue rechtliche Zuordnungen, gleichzeitig gibt es aber Auskunft über den unveränderten Fortbestand von Staaten, Rechten und Pflichten, schafft rechtlichen Halt in umstrittenen Situationen, zwingt zu Abgrenzungen und Gegenpositionen, läßt nach den maßgeblichen rechtlichen Kriterien in einer sich wandelnden Völkerrechtsgemeinschaft fragen.

Die folgende Abhandlung soll nicht der Suche nach neuen „Lösungen“ auf dem Gebiet der Staatensukzession dienen, nicht der Behandlung bekannter oder neuer Fallgruppen. Sie hat lediglich die Darstellung des Zeitfaktors im Recht der Staatensukzession, seine Instrumentalisierung in ganz unterschiedlichem Gewande vor dem Hintergrund der Staatenpraxis der letzten Jahre zum Gegenstand.

---

14 In Art 2 beider Konventionen wird definiert: „‚date of the succession of States‘ means the date upon which the successor State replaced the predecessor State in the responsibility for the international relations of the territory to which the succession of States relates“.

15 Ihr gehörten neben dem Präsidenten des französischen Conseil Constitutionnel (Robert Badinter) auch die Präsidenten der (Bundes)Verfassungsgerichte Deutschlands, Italiens und Spaniens sowie der Präsident des belgischen „Cours d'Arbitrage“ an. Einzelheiten bei A. Pellet, Note sur la Commission d'Arbitrage de la Conférence Européenne pour la paix en Yougoslavie, AFDI, Vol 37 (1991) 329 ff, 330 f.

II. Die Begrenzung der Zeit: die völkerrechtliche Anerkennung

Schon die frühere Theorie der Staatensukzession mußte davon ausgehen, daß in einem konkreten Sukzessionsfall Vorstellungen sowohl der betroffenen Staaten bzw Staatsteile als auch dritter Staaten und internationaler Organisationen maßgeblich werden konnten. Insofern wurde die Reaktion der Staatengemeinschaft auf ein regionales Sukzessionsproblem von entscheidender Bedeutung. Aus der Sicht des Zeitfaktors bedeutete die völkerrechtliche Anerkennung als Staat die Verfestigung historischer Entwicklungsprozesse im Rahmen einer vorgegebenen rechtlichen Funktion. Durch die völkerrechtliche Anerkennung wird ein in Gang befindlicher historisch-politischer Prozeß, dessen Fortentwicklung im einzelnen nur schwer überblickt werden kann, angehalten und in etablierte rechtliche Formen gegossen. Die zeitliche Entwicklung erfährt auf diese Weise einen Einschnitt, und die Existenz eines Neustaates wird für die übrige Staatenwelt manifestiert. Dabei kommt es nicht darauf an, ob die völkerrechtliche Anerkennung einer der unterschiedlichen Theorien der Anerkennung folgt, etwa der „konstitutionellen" oder der „deklaratorischen".[16] Maßgeblich ist vielmehr, daß eine bestimmte faktisch-politische Entwicklung umschlägt in eine endgültige Annahme des Bestehens eines Neustaates bzw des Fortbestandes eines Altstaates mit verändertem territorialem Umfang.

Die völkerrechtliche Anerkennung als Staat erfüllt diese Funktion zwar in erster Linie im Falle einer Sezession oder Dismembration, nicht hingegen bei einer einvernehmlichen Gebietsabtretung.[17] Denn im Falle etwa einer Zession verschafft der Zessionsvertrag den notwendigen rechtlichen Rahmen. Bei den umstrittenen historisch-politischen Entwicklungen, die zu einer mehrdeutigen Lage führen, schafft die völkerrechtliche Anerkennung Klarheit über die rechtliche Situation, und insofern besitzt die völkerrechtliche Anerkennung eine Klarstellungsfunktion.[18] Da die völkerrechtliche Anerkennung kein Gesamtakt der Völkerrechtsgemeinschaft ist, sondern in unterschiedlicher Dichte aus politischen Erwägun-

16 Näher K. Ipsen, Völkerrecht, 3. Aufl (1990) § 22 Rn 27.

17 Ebensowenig im Falle einverständlicher Dismembration, wie im Falle der Tschechoslowakei, vgl die ausführliche Darstellung von M. Hošková, Die Selbstauflösung der CSFR, ZaöRV, Bd 53 (1993) 689 ff; unklar die Unterscheidung zwischen „reconnaissance" und „acceptation" im Verhältnis zum Vertragsrecht bei H. Ruiz Fabri, Genèse et disparition de l'État à l'époque contemporaine, AFDI, Vol 38 (1992) 154 ff, 173. Zu den verschiedenen Kategorien der Staatensukzession vgl statt anderer U. Fastenrath, Das Recht der Staatensukzession, BDGV, Bd 35 (1996) 9 ff, 14.

18 Vgl W. Fiedler, aaO (FN 11) 71 f.

gen vorgenommen werden kann,[19] stellt die Neuentstehung eines Staates keinen zeitlich eindeutig fixierbaren Vorgang dar, sondern wiederum einen eigenen Prozeß, der durch die völkerrechtliche Anerkennung entscheidend abgekürzt wird. Insofern ist die völkerrechtliche Anerkennung ein Element auch der Zeit-Diskussion. Die völkerrechtliche Anerkennung ermöglicht eine neue rechtliche Zuordnung des betreffenden Staatsterritoriums zur Staatengemeinschaft.

Deutlich geworden ist in der bisherigen Diskussion bereits die bekannte Einschätzung rein innerstaatlicher Elemente der Staatensukzession. Es war bisher schon selbstverständlich, daß es nicht ausreicht, daß der betreffende (Alt)Staat bestimmte rechtliche Konsequenzen favorisiert, sondern daß objektiv eine entsprechende Reaktion der Staatenwelt hinzutreten mußte. Auch die abstrakte Berücksichtigung des Selbstbestimmungsrechts der Völker kann für sich allein keine eindeutige Lösung hervorbringen. Hinzutreten mußte auch nach früherer Vorstellung die rechtliche Anerkennung des neuen tatsächlichen Zustandes durch die Staatenwelt. Dieses Element ist durch die Veränderungen nach 1990 in besonderer Weise betont worden. Schon bisher war bekannt, daß ein „Nachfolgestaat" nicht lediglich über die traditionellen Elemente der Staatlichkeit verfügen mußte, um zum Nachfolger eines anderen Staates auf einem Teilgebiet werden zu können. Erst die besondere Funktion des Instituts der völkerrechtlichen Anerkennung konnte Klarheit über das rechtliche Vorliegen eines Neustaates schaffen. Diese funktionale Betrachtungsweise überdeckte in der Staatenpraxis schon in der Vergangenheit die theoretisch-materielle Diskussion über den Staatscharakter eines neuen Völkerrechtssubjektes.

Vor allem in der Frage des Zerfalls Jugoslawiens ist das Institut der Anerkennung als Staat in den Vordergrund getreten und hat zusätzliche Faktoren entwickelt.[20] Stärker als in der Vergangenheit kommt es nunmehr nicht nur auf die Anerkennung durch andere souveräne Staaten an, sondern die Staatenpraxis hat eine intensive Mitwirkung internationaler Organisationen zu verzeichnen. Es handelte sich dabei insbesondere um die Rolle der Europäischen Staaten in der Europäischen Gemeinschaft während des Gesamtvorgangs der rechtlichen Klärung eines Sukzessionsfalles.[21] Auch im Rahmen der Vereinten Nationen wurde der politische

---

19 Vgl J. Charpentier, Les déclarations des Douze sur la reconnaissance des nouveaux États, RGDIP, Vol 96 (1992) 343 ff, 347 ff.

20 Einzelheiten bei W. Hummer, Probleme der Staatennachfolge am Beispiel Jugoslawien, RSDIE/SZIER, Vol 3 (1993) 425 ff, 432 ff, 437 ff; M. Weller, The International Response to the Dissolution of the Socialist Federal Republic of Yugoslavia, AJIL, Vol 86 (1992) 569 ff.

21 Zur politischen Motivation innerhalb der EG vgl L. Lak, The Involvement of the European Community in the Yugoslav Crisis During 1991, Yearbook of European Stu-

Prozeß der völkerrechtlich wirksamen Anerkennung in besonderer Weise verdichtet und dadurch der Sukzessionsprozeß in bestimmte Richtungen gelenkt.[22] In bezug auf die inhaltliche Ausgestaltung des Anerkennungsprozesses ist seit dem Zerfall der Sowjetunion eine Materialisierung des rechtlichen Vorgangs der staatlichen Anerkennung hinzugetreten, die auf den Fall Jugoslawiens übergegriffen hat. Sie kommt überaus deutlich in der Erklärung zu den „Guidelines on the Recognition of New States in Eastern Europe and in the Soviet Union" zum Ausdruck, die am 16. Dezember 1991 von der Europäischen Gemeinschaft in Brüssel angenommen wurde.[23] Daraus ergab sich eine bemerkenswerte Übereinstimmung mit späteren und an anderer Stelle geforderten materiellen Elementen, die auch im Rahmen der Vereinten Nationen als Voraussetzung für eine staatliche Anerkennung festgelegt wurden. So beschloß die Internationale Konferenz über das frühere Jugoslawien im August 1992 ein „Statement of principles", das vergleichbare Forderungen aufstellte.[24] Sie tauchen in verschiedenen Formulierungen der Entscheidungen des UN-Sicherheitsrates wieder auf, die in anderem Zusammenhang später gefaßt wurden. Zu den im Zusammenhang mit der „Declaration on Yugoslavia" formulierten Forderungen zählt nicht nur der Respekt für die Bestimmungen der Charta der Vereinten Nationen und der Schlußakte von Helsinki sowie der Charta von Paris, sondern ausdrücklich der Hinweis auf „the rule of law, democracy and human rights".[25] In auffallender Weise wurden Garantien für die Rechte der ethnischen Gruppen und Minderheiten verlangt, ebenso wurde die Unverletzlichkeit der Grenzen beschworen. Hinzu traten weitere Forderungen vergleichbarer Art, die hier in ihren Einzelheiten nicht aufzulisten sind. Sie machen vor allem deutlich, daß die völkerrechtliche Anerkennung als Staat in der neueren Staatenpraxis von materiellen Elementen stärker durchsetzt worden ist und eine nur formale Sicht zurückgedrängt wurde.

III. „Date of the succession of States": Der Fall Jugoslawien

Während die völkerrechtliche Anerkennung als Staat in allgemeiner Weise selbst einen politisch bestimmten Prozeß unterschiedlicher Dauer

dies, Vol 5 (1992) 175 ff; J. F. WEISS, Succession of states in respect of treaties concluded by the European Communities, Sociaal Economische Wetgeving 1994, 661 ff.

22 Zu den Aktivitäten der Vereinten Nationen, insbes. des UN-Sicherheitsrats vgl die Nachweise ILM, Vol 31 (1992) 1427 ff; D. PETROVIC/L. CONDORELLI, L'ONU et la Crise Yougoslave, AFDI, Vol 38 (1992) 32 ff.

23 ILM, Vol 31 (1992) 1486 f. Im folgenden zit. als „guidelines".

24 ILM, Vol 31 (1992) 1533 ff.

25 ILM, Vol 31 (1992) 1485 ff, 1487.

bildet, wird dessen zeitliche Struktur in dem Maße näher bestimmt, in dem internationalen Organisationen die völkerrechtliche Anerkennung bündeln und ihre universelle Durchsetzung fordern. Nicht mehr der einzelne Staat selbst befindet in voller politischer Unabhängigkeit über den einzelnen Akt der völkerrechtlichen Anerkennung, sondern internationale Organisationen bereiten den Zeitpunkt der Anerkennung vor, und den einzelnen Mitgliedstaaten bleibt auf diese Weise nur noch ein geringer politischer Spielraum. Die völkerrechtliche Anerkennung wird zwar nach wie vor von den einzelnen Staaten ausgesprochen, jedoch gesteuert durch die jeweilige internationale Organisation.[26] Den internationalen Organisationen ist auf diese Weise eine gesteigerte Koordinierungsaufgabe zugewachsen. Sie haben die früher „maßgeblichen" oder „wichtigsten" Staaten der Völkerrechtsgemeinschaft bei der Anerkennung auf fast institutionalisierte Weise abgelöst.

Die Koordinierungsfunktion internationaler Organisationen kann in diesen Fällen bis zur Festlegung des maßgeblichen Zeitpunkts der Staatensukzession reichen, eines Zeitpunkts, der in den erwähnten Konventionen von 1978 und 1983 in Art 2 angesprochen wird.[27] Ein anschauliches Beispiel für diesen Vorgang bildet die Anerkennung der Nachfolgestaaten Ex-Jugoslawiens durch die Europäische Gemeinschaft. Denn die Europäische Gemeinschaft hatte bereits im August 1991 eine Friedenskonferenz über Jugoslawien vorgesehen, und im Rahmen dieser Aktivitäten kam es zu der erwähnten „Conference on Yugoslavia Arbitration Commission" (*Badinter*-Kommission).[28] Diese bestand aus den Vorsitzenden höchster Gerichte der Mitgliedstaaten der Europäischen Gemeinschaft unter dem Vorsitz des Präsidenten des französischen „Conseil constitutionnel" *(Badinter)* mit Sitz in Paris. Die Einrichtung dieser Schiedskommission verdient eine besondere Hervorhebung wegen ihrer begleitenden juristischen Aktivität im Jugoslawien-Konflikt. Sie beeinflußte in bisher nicht vergleichbarer Weise die Entscheidungsvorgänge der Friedenskonferenz über Jugoslawien durch entsprechende „opinions" zu Fragen der Staatensukzession in Jugoslawien. Dabei ging die Kommission von einer bloßen Beratungsfunktion aus, was ihre bedeutsame völkerrechtlich-dogmatische Funktion aber kaum verdecken kann.[29]

Am 20. April 1993 wurde der *Badinter*-Kommission die Frage vorgelegt: „On what date(s) did State succession occur for the various States

---

[26] Näher J. Charpentier, insbes. zur „reconnaissance concertée", aaO (FN 19) 345 f.

[27] S o FN 14.

[28] Näher M. Ragazzi, ILM 31 (1992) 1488 ff.

[29] Zu ihrer kritischen Bewertung vgl A. Pellet, aaO (FN 15); *ders,* AFDI, Vol 38 (1992) 220 ff; *ders,* AFDI, Vol 39 (1993) 287 ff; Th. Schweisfurth, aaO (FN 13) 77 ff, 85 ff, 161 f; W. Hummer, aaO (FN 20) 441 ff.

that have emerged from the Socialist Federal Republic of Yugoslavia?"[30] In bemerkenswerter Weise ging die Kommission in ihrer Antwort davon aus, daß die Auflösung Jugoslawiens in einem „Prozeß der Desintegration" erfolgt sei, der „lasted some time", nämlich vom 29. November 1991 bis zum 4. Juli 1992. Dies waren die Daten, die durch die Abgabe der Opinions Nr 1 und Nr 8 bestimmt waren. Es waren dies wiederum nicht nur die Daten, die den Auflösungsprozeß Jugoslawiens umschlossen, sondern zugleich die Zeitpunkte, die ihrerseits die Aktivität der *Badinter*-Kommission mit den ersten acht „opinions" umschrieben. Was die einzelnen Nachfolgestaaten Jugoslawiens anbelangt, so ging die Kommission davon aus, daß die Umstände des Einzelfalles für jeden Nachfolgestaat gesondert beurteilt werden mußten. Auf diese Weise gelangte die Kommission für die einzelnen Nachfolgestaaten Jugoslawiens zu ganz unterschiedlichen Zeitpunkten der Staatensukzession. Für Kroatien und Slowenien wurde der 8. Oktober 1991, für Mazedonien der 17. November 1991, für Bosnien und Herzegowina der 6. März 1992 und für den aus Serbien und Montenegro bestehenden Rest-Staat Jugoslawien der 27. April 1992 als „date of the succession of States" festgelegt.[31] Auf diese Weise wurden für jeden einzelnen Staat, der als Nachfolgestaat in Betracht kam, Einzelbegründungen für den Zeitpunkt der Nachfolge geliefert. Dabei tritt eine beachtenswerte zeitliche Diskrepanz zwischen der innerstaatlichen Entscheidung für eine Loslösung von dem Altstaat und dem Zeitpunkt der völkerrechtlichen Anerkennung und der hierfür maßgeblichen Umstände zutage. Für Kroatien und Slowenien ging die Kommission davon aus, daß diese Staaten ihre Unabhängigkeit zwar bereits am 25. Juni 1991 erklärt hatten, daß jedoch erst der 8. Oktober 1991 maßgeblich sein durfte, weil die beiden Republiken zu diesem Zeitpunkt endgültig („definitively") ihre Bindungen mit den Organen des Altstaates abgebrochen hatten und „sovereign States in international law" geworden seien. Dabei ging die Kommission davon aus, daß die Unabhängigkeitserklärung vom 25. Juni 1991 selbst den Zeitpunkt vom 8. Oktober 1991 festgelegt hatte. Auf näher nicht erklärte Weise respektierte die Kommission diesen Zeitpunkt.[32]

Im Falle Mazedoniens war es wiederum nicht der Unabhängigkeits-Anspruch vom 25. Januar 1991, der maßgeblich wurde, sondern das Inkrafttreten der Verfassung am 17. November 1991, dem ein Referendum vom 8. September vorangegangen war. Das Datum des Inkrafttretens der Verfassung sei der Zeitpunkt gewesen, an dem Mazedonien ein souverä-

30 ILM, Vol 32 (1993) 1587.

31 ILM, Vol 32 (1993) 1588.

32 Ebd.

ner Staat geworden sei, der keine institutionelle Verbindung mit dem früheren Jugoslawien mehr besessen habe. Im Falle Bosnien-Herzegowina war es wiederum nicht das Datum des Inkrafttretens der Verfassung, sondern die Veröffentlichung des Ergebnisses eines am 6. März 1992 abgehaltenen Referendums, das mehrheitlich den Willen zur Gründung eines eigenständigen Staates zum Ziel gehabt hatte. Schwierigkeiten besonderer Art bereitete die Bestimmung des Sukzessions-Zeitpunkts der „Federal Republic of Yugoslavia", denn dieser „Nachfolge"-Staat betrachtete sich als identisch mit dem früheren Alt-Staat Jugoslawien, ging also von einer staatlichen Identität aus. Gleichwohl bestimmte die Kommission den 27. April 1992 als den maßgeblichen Sukzessions-Zeitpunkt mit der Begründung, daß dies der Zeitpunkt gewesen sei, an dem Montenegro und Serbien die neue Verfassung angenommen hätten.[33] Aufschlußreich ist ein weiterer Hinweis, der die Schwierigkeiten der Kommission in bezug auf die zeitliche Einordnung des Nachfolgeprozesses deutlich macht. Es sei dies zudem der Zeitpunkt gewesen, an dem die wichtigen internationalen Organe davon ausgegangen seien, daß der Prozeß der Auflösung Jugoslawiens abgeschlossen sei. Die Kommission ging offensichtlich selbst davon aus, daß der unterschiedliche Zeitpunkt der Sukzession für die einzelnen Nachfolgestaaten im Einzelfalle auch Probleme bereiten könnte. Dennoch hielt man sich an die Vorgabe der Konventionen von 1978 und 1983, die von einer Bestimmung des Zeitpunkts der Staatensukzession in Art 2 ausgegangen waren.

Die Stellungnahme der *Badinter*-Kommission zur Frage des Zeitpunkts der Staatensukzession macht deutlich, daß der Vorgang der Staatensukzession im Falle einer umstrittenen Abfolge der Ereignisse selbst in unterschiedlich wichtige Perioden zerfällt, die in ihrer Gesamtheit den Vorgang der Staatensukzession erst ausmachen. Hinzu kommt, daß in den Äußerungen der *Badinter*-Kommission deutlich wird, welch unterschiedlichen Stellenwert die innerstaatliche Unabhängigkeitserklärung gewinnen kann. Der Gegensatz zwischen rechtlicher Selbsteinschätzung durch den betroffenen Nachfolgestaat und der Auffassung der Staatengemeinschaft im Hinblick auf die völkerrechtliche Anerkennung der neuen politischen Situation gehört zwar zu den bekannten Kennzeichen der rechtlichen Diskussion. Im Falle Jugoslawiens tritt jedoch der Versuch hinzu, den Zeitpunkt der Staatensukzession möglichst auf den Tag genau festzulegen und auf diese Weise den historisch-politischen Vorgang mosaikartig zu strukturieren. Dabei kann hier außer Acht bleiben, daß keine der von der *Badinter*-Kommission vorgelegten Begründungen für die Festlegung des jeweiligen Zeitpunktes der Staatensukzession restlos überzeugen kann.

[33] Ebd.

Die Unterschiedlichkeit der Kriterien – von der Unabhängigkeitserklärung über das Ergebnis eines Referendums bis zum Inkrafttreten einer Verfassung – hinterläßt mehr Fragen als Antworten. Als bemerkenswert ist an dieser Stelle lediglich hervorzuheben, daß der längere historisch-politische Prozeß der Staatsauflösung durch einzelne, Exaktheit vorgebende Daten der Staatsneuentstehung durchsetzt ist und insofern die Zeit in unterschiedlichem Ausmaße zu einem entscheidenden Faktor wird.

Daß auf diese Weise durchaus auch skurrile Umstände eintreten können, wird durch den Bezugsrahmen der Untersuchungen der *Badinter*-Kommission deutlich. Denn die Heranziehung des Art 2 der Konventionen von 1978 und 1983 mißachtet den Zeitfaktor dadurch in gravierender Weise, daß es sich bei den erwähnten Konventionen um den Versuch einer völkerrechtlichen Rechtsetzung handelt, der nicht bis zum Inkrafttreten der jeweiligen Konventionen geführt hat.[34] Insofern wird ein völkerrechtliches Regelwerk herangezogen, dem die Qualität der völkerrechtlichen „Geltung“ von vornherein fehlt. Die *Badinter*-Kommission entzieht sich dieser Kritik dadurch, daß sie nicht auf die Konventionen selbst abstellt, sondern darauf, daß diese Konventionen ihrerseits von den Prinzipien des internationalen Rechts „inspiriert“ gewesen seien.[35] Nicht erklärbar ist gleichwohl, warum völkerrechtliche Konventionen, die nicht in Kraft getreten sind, in Artikel, Absatz und Formulierung rechtlich wirksam werden können, und sei es auch nur als Maßstab für weitere rechtliche Beurteilungen. Die Dankbarkeit dafür, daß in einem rechtlich unwegsamen Gebiet immerhin unwirksame Konventionen bestehen, scheint schwerer zu wiegen als elementare rechtliche Grundannahmen, die vom notwendigen Inkrafttreten eines rechtlichen Regelwerkes ausgehen.[36]

In welch starkem Maße in einem Prozeß der Unwägbarkeiten und politischen Veränderungen die Festlegung von Daten den Anschein von Rechtssicherheit vermitteln können, ließe sich am Beispiel der Sowjetunion verdeutlichen. Auch hier scheint ein bestimmter Zeitpunkt den Untergang der ehemaligen Sowjetunion mit der Neuentstehung von Nachfolgestaaten zu markieren.[37] Die Diskussion um die Einstufung

---

34 Ein künftiges Inkrafttreten wird in der Literatur nicht mehr angenommen.

35 Selbst wenn die Kodifikation die Staatenpraxis „does not accurately reflect“, P. R. Williams, aaO (FN 8) 8; vgl Opinion Nr 1, ILM, Vol 31 (1992) 1495.

36 Zur Bedeutung der Kodifikationen von 1978 und 1983 etwa O. Schachter, State Succession: The Once and the Future Law, VirgJIL, Vol 33 (1993) 253 ff, 257; D. F. Vagts, ebd 275 ff, 294 f; R. Mullerson, New Developments in the Former USSR and Yugoslavia, ebd 299 ff. Ausführlich Th. Schweisfurth, aaO (FN 13) 191 ff.

37 Zur Fixierung des 21. Dez. 1991 als Datum des Untergangs der Sowjetunion Th. Schweisfurth, Vom Einheitsstaat (UdSSR) zum Staatenbund (GUS), ZaöRV, Bd 52 (1992) 541 ff, 636 ff.

Rußlands als Nachfolgestaat der Sowjetunion zeigt mit hinlänglicher Deutlichkeit, auf welch schwankendem Boden „zeitgerechte" Wertungen einer Theorie der Staatensukzession stehen.[38]

IV. Schwebezustände: Auf der Suche nach dem Kontinuum

Die punktuelle Festlegung des Beginns der rechtlichen Existenz eines Staates im völkerrechtlichen Sinne steht im Gegensatz zu anderen Erscheinungsweisen der Staatenpraxis, die sich auf längere Übergangsperioden ausrichtet. Schon die Einbeziehung von Rest-Jugoslawien in den Kreis der „Nachfolge"-Staaten Jugoslawiens stellt eine mehr der Theorie denn der Praxis nahestehende Position dar. Denn die Tatsache, daß sich Rest-Jugoslawien als identisch mit dem früheren Jugoslawien, wenn auch mit geringerer territorialer Ausdehnung, fühlt, macht auf das Fortbestehen von Konflikten aufmerksam.[39] Die Frage, ob ein Staat als identischer Rechtsträger fortbesteht, oder mit Rechten und Pflichten untergegangen ist, betrifft zentrale Bereiche der zwischenstaatlichen Beziehungen.[40] Von dieser Entscheidung hängen Vertragspflichten einschließlich der erwähnten Gläubiger- und Schuldnerpositionen entscheidend ab. Zwar läßt sich in der Theorie der Nachweis führen, daß Rechtsbeziehungen auch einen Staatsuntergang überleben können, wenn nur die Nachfolgestaaten in die bestehenden rechtlichen Beziehungen eintreten,[41] doch ist damit lediglich ein Ideal-Zustand anvisiert, der in der Staatenpraxis nicht immer erreicht wird. Sowohl im Fall des ehemaligen Jugoslawiens als auch in bezug auf die Sowjetunion wurde die Frage streitig, ob ein Rechtszustand der fortbestehenden Identität des Staates – notfalls mit verringertem Territorium –, oder aber ein Neustaatscharakter mit allen zum Teil ungeklärten Folgen für den Bestand einzelner Rechtsverhältnisse vorlag.[42] Unklare Schwebezustände können zwar durch die verstärkte Aktivität internationaler Organisationen erheblich verkürzt werden, doch schließt dies nicht aus, daß ein Sukzessionsfall über längere Zeit in der Schwebe bleibt.

---

38 Vgl etwa die Diskussion um den „Fortsetzer"-Staat, statt anderer TH. SCHWEISFURTH, aaO (FN 13) 111 ff.

39 Vgl statt anderer W. HUMMER, aaO (FN 20) 431 ff.

40 Vgl zB J. A. FROWEIN, Die Identität der Bundesrepublik Deutschland als Völkerrechtssubjekt, in: J. ISENSEE/P. KIRCHHOF, Handbuch des Staatsrechts, Bd VIII (1995) § 196 ff, bes Rn 5 f. Zur allgemeinen Problematik vgl K. MAREK, Identitiy and Continuity of States in Public International Law, 2. Aufl (1968) 5 f.

41 Vgl J. CRAWFORD, The Creation of States in International Law (1979) 401 f; W. FIEDLER, aaO (FN 11) 29.

42 Eindringlich zur praktischen Bedeutung des Problems P. R. WILLIAMS, aaO (FN 8) passim.

Rest-Jugoslawien kann etwa die Rechtsbehauptung, mit dem früheren Jugoslawien identisch zu sein, über längere Zeit aufrechterhalten, wenn es in eine entsprechende Konfrontation mit der Staatenmehrheit eintritt. Schon die Position der Organe der Vereinten Nationen war in diesem Punkte uneinheitlich.[43] Zwar konnte bald geklärt werden, daß auch in bezug auf Rest-Jugoslawien von einem Neustaat auszugehen war, doch war damit nur ein Teil der Fragen beantwortet, die mit der Mitgliedschaft des Altstaates in einer internationalen Organisation zu tun haben. Unterschiedliche Positionen einzelner Organe der Vereinten Nationen in dieser Frage zeigen an, wie hartnäckig entsprechende Differenzen in der Praxis zum Ausdruck kommen können. Nicht zu einer Klarstellung im Wege der völkerrechtlichen Anerkennung mit der massiven Hilfe internationaler Organisationen kommt es, wenn die betroffene internationale Organisation etwa selbst einen Mittelweg geht, wie im Falle der Zugehörigkeit Rußlands zum Sicherheitsrat der Vereinten Nationen,[44] oder wenn bestehende Konflikte auch durch den Einsatz einer weltumspannenden internationalen Organisation nicht aus der Welt geschafft werden können. Die Staatenpraxis läßt es trotz mancher Tendenz zu punktuellen Festlegungen zu, daß die Existenz eines Staates über Jahrzehnte hinweg umstritten bleibt, ohne daß sich das Effektivitätsprinzip zugunsten einer Teilung oder Vereinigung endgültig durchsetzen kann. In derartigen Fällen kommt es zu Schwebezeiten, in denen ein modus vivendi gefunden werden muß bzw eine Überbrückung des umstrittenen Zeitraumes mit der ausdrücklichen Einbeziehung etwa auch von de facto-Regimes[45] in das Rechtsleben der Staaten.

Schwebezustände über einen längereren Zeitraum wurden etwa im Falle Deutschlands hingenommen, als die Sezession der DDR letztlich am Fortbestand der Vier-Mächte-Verantwortung scheiterte und mit der Verwirklichung des Selbstbestimmungsrechtes im Jahre 1990 abgebrochen wurde.[46] Die Offenheit der deutschen Frage verhinderte über meh-

---

43 Vgl etwa M. P. Scharf, Musical Chairs: The Dissolution of States and Membership in the United Nations, Cornell Int LJ, Vol 28 (1995) 29 ff; K. J. Partsch, Belgrads leerer Stuhl im Glaspalast, VN 1992, 181 ff.

44 Vgl statt anderer M. P. Scharf, aaO (FN 43) 43 ff.

45 Vgl nur J. A. Frowein, Das de facto-Regime im Völkerrecht (1968); K. Ipsen, aaO (FN 16) Rn 13.

46 Nachweise bei W. Fiedler, Die Kontinuität des deutschen Staatswesens im Jahre 1990, AVR, Bd 31 (1993) 333 ff, 340; zutreffend stellt J. A. Frowein fest: „The responsibility which the Four Powers had carried for Germany as a whole (...) was a sort of framework which held the parts of Germany together", Germany reunited, ZaöRV, Bd 51 (1991) 333 ff, 347 f. Auch hier zeigte sich, wie in bezug auf das Völkergewohnheitsrecht, daß „der Augenblick weniger zählt als das Kontinuierliche", R. Bernhardt, Ungeschriebenes Völkerrecht, ZaöRV, Bd 36 (1976) 50 ff, 68.

rere Jahrzehnte hinweg die Endgültigkeit des erreichten Zwischenzustandes und blockierte die Wirkungen des Effektivitätsprinzipes. Im Falle geteilter Staaten stellt sich die dogmatische Frage nach dem entscheidenden Kontinuum der Staatsexistenz, die im konkreten Fall durch den Zeitablauf bedroht ist. Welche Elemente der Kontinuitätswahrung zugunsten eines Staates letztlich durchschlagen, hängt auf der einen Seite von der völkerrechtlichen Akzeptanz eines die Existenz des Staates sichernden Elementes ab, auf der anderen Seite von der Einwirkung des bestehenden Altstaates auf die internationale Praxis durch entschiedenes Vorgehen im internationalen Rechtsverkehr.

Aus der Sicht des Zeit-Faktors ist in diesen und ähnlichen Fällen lediglich von Bedeutung, daß längere Schwebezeiten durchaus zu den möglichen Varianten der Staatenpraxis zählen können, daß Endgültigkeit im Sinne eines verfestigten Zustandes überhaupt verhindert werden und so das Effektivitätsprinzip als maßgebliches Kriterium des Völkerrechts nicht eingreifen kann. Die Staatenpraxis ist durch die Wiedervereinigung Deutschlands mitgeformt, und eine künftige Lehre von der Staatensukzession kann diesen praktischen Fall nicht umgehen. Sofern dieses Problem auf dem Wege über eine – stets beliebte – sui generis-Lösung ausgegrenzt werden sollte, stellt sich gleichwohl die Frage, wie mit anderen Fällen geteilter Staaten verfahren werden soll. Die Suche nach dem wirksamen Kontinuum fügt sich notwendig in aktuelle Tendenzen des Völkerrechts ein, wie in bezug auf das Selbstbestimmungsrecht der Völker. Dieses legt das Schwergewicht auf das Fortbestehen und den entsprechenden Willen eines betroffenen Volkes. Bei der Überwindung der Teilung Deutschlands konnte dieses Kriterium zur Wirksamkeit gelangen, wenn auch mit erheblicher zeitlicher Verzögerung und unter Nutzung einer günstigen internationalen Konstellation.[47] Der Zeitfaktor kann in derartigen Fällen wirksam beeinflußt werden durch die dogmatische Unterstreichung des Prinzips „ex injuria ius non oritur“.[48] Mißt man ihm einen hohen Stellenwert bei, so verhindert er im Grenzfall auch über längere Zeit hinweg eine rechtliche Verfestigung der faktischen Situation. Eine weitere Weichenstellung kann durch gewohnheitsrechtlich akzeptierte Rechtssätze erfolgen, wie etwa durch die Unwirksamkeit des Eintritts der Staatensukzession während einer occupatio bellica.[49]

47 Näher W. Fiedler, aaO (FN 46) 340 ff. Zur Anwendung der Regelungen über die Staatensukzession im Falle Deutschlands vgl St. Oeter, aaO (FN 13); U. Fastenrath, Die Regelungen über die Staatennachfolge bei der Vereinigung der beiden deutschen Staaten, Verf u Recht in Übersee, Vol 25 (1992) 67 ff; *ders*, Der deutsche Einigungsvertrag im Lichte des Rechts der Staatennachfolge, AJPIL/ÖZöRV, Bd 44 (1992) 1 ff.

48 Vgl K. Marek, aaO (FN 40) 367 f.

49 Näher ebd 73 ff.

Damit ist jedoch der Blick auf die Elemente jener die Endgültigkeit der Rechtssituation verhindernden Faktoren gerichtet, auf der anderen Seite von der Einwirkung des bestehenden Alt-Staates auf die internationale Praxis, die es im einzelnen zu ergründen gälte. Unter dem Gesichtspunkt der Zeit ist darauf hier jedoch nicht näher einzugehen. Hinzuweisen ist lediglich auf fortbestehende dogmatische Grundprobleme, die von der Völkerrechts-Dogmatik bei der Suche nach einem Kontinuum gelöst werden müssen.

Denn die Tendenzen des jeweils geltenden Völkerrechts bestimmen notwendig auch Art und Reichweite des die rechtliche Staatsexistenz sichernden Kontinuums in Zeiten der Existenzkrise. Auch in dieser Hinsicht muß sich die Dogmatik der Staatensukzession den „Zeitströmungen" der eigenen Disziplin öffnen. Daß aus diesem Grunde organisatorische und territoriale Faktoren allein die Einheit des Staates über längere Zeit nicht erhalten können, liegt auf der Hand. Im Zeitalter der – jedenfalls proklamierten[50] – Beachtung der Menschenrechte[51] wird es notwendig auf den humanitären Faktor des Staatslebens verstärkt ankommen, ebenso auf das instrumentelle Netzwerk des Einflusses internationaler Organisationen einschließlich der Gesamtheit der internationalen Konstellationen, die die Dauer des „Schwebezustands" mit beeinflussen. So war eine spürbare „Internationalisierung" der deutschen Frage[52] unter dem Etikett der Vier-Mächte-Verantwortung der Garant der erwähnten fortdauernden „Offenheit" des Deutschland-Problems bis zum Jahre 1990. Die Dogmatik der Staatensukzession trägt in der Beachtung neuer Strömungen des Völkerrechts, etwa in der Frage der Menschenrechte, den Keim einer „zeitgerechten" Fortentwicklung in sich, wenn auch mit gelegentlich verzögerten Erkenntnis-Sprüngen.[53]

V. Die Effektivität der Zeit im Völkerrecht

Die Einwirkung der Zeit auf völkerrechtliche Konstellationen vollzieht sich selten im Rahmen eines bloßen Zeitablaufs ohne das Hinzutreten

---

50 Zur Menschenrechtsförderung durch die Vereinten Nationen kritisch B. Simma, Human Rights, in: Ch. Tomuschat, The United Nations at Age Fifty, 1995 263 ff.

51 Vgl statt anderer L. Henkin, Human Rights, in: R. Bernhardt (ed) Encyclopedia of Public International Law, Vol 2 (1995) 886 ff; Th. Meron, Human Rights and Humanitarian Norms as Customary Law, 1989; R. Wolfrum, The Progressive Development of Human Rights: A Critical Appraisal of Recent UN Efforts, in: FS Partsch (1989) 67 ff; O. Kimminich, Die Menschenrechte in der Friedensregelung nach dem Zweiten Weltkrieg (1990) 61 ff.

52 Vgl W. Fiedler, aaO (FN 46) 351 f.

53 Vgl W. Fiedler, Staatensukzession und Menschenrechte, FS Kriele (1997) i Dr.

weiterer Elemente. Völkerrechtliche Verträge können den Zeitpunkt Ihres Inkrafttretens selbst bestimmen und den Umfang der notwendig hinzutretenden Rechtsakte minimieren. Der Ablauf von Fristen bedarf in aller Regel keiner weiteren faktischen Zugaben, und die vereinbarte Zeitspanne orientiert sich am Zeitmaß selbst. Meist jedoch geht es um eine spezifische Verbindung von faktischer Veränderung „in der Zeit" und ihrer rechtlichen Beurteilung. Häufig richtet sich fast das gesamte Bemühen der Staatenpraxis gegen eine gewohnheitsrechtliche Verfestigung von Veränderungen, und auf diesem Felde liefert vor allem der Protest das wichtigste Hilfsmittel.[54]

Im Recht der Staatensukzession finden sich unterschiedliche Wege, um der Einwirkung der Zeit und dem Effektivitätsprinzip Hemmnisse in den Weg zu legen.

a) Eine offene Ausschaltung des Effektivitätsprinzips wird durch die bewußte und ausdrückliche Heranziehung des Instruments der *Fiktion* erreicht. Diesen Weg beschritt etwa CANSACCHI bei seiner Unterscheidung zwischen Identität und Kontinuität des Staates.[55] Auf diese Weise wird der faktisch geprägte Zeitabschnitt durch eine gedachte Periode ersetzt. Es liegt auf der Hand, daß dieses Instrument mit der Staatenpraxis kollidiert, die eine maßgebliche Quelle des Völkerrechts darstellt. Insofern ist auch das allgemein der Rechtswissenschaft zugängliche[56] Instrument der Fiktion im Recht der Staatensukzession für das geltende Völkerrecht nur begrenzt geeignet.[57]

b) Davon zu unterscheiden ist die nach dem Zweiten Weltkrieg eingeschlagene Praxis der *„wiedererrichteten Staaten"*. Sie negiert nicht den zeitweiligen Untergang des betreffenden Staates in dem betroffenen historischen Kontext, knüpft jedoch an einen früheren Zeitpunkt der staatlichen Existenz an. Auf diese Weise wird die Zeitspanne des Untergangs überbrückt und kann die Rechtsträgerschaft für Zukunft und Vergangenheit mit der Annahme staatlicher Kontinuität gesichert werden.[58] In die-

---

[54] Vgl W. KARL, Protest, in: R. Bernardt (ed), Encyclopedia of Public International Law, Vol 9 (1986) 320 ff.

[55] Vgl G. CANSACCHI, Identité et continuité des sujets internationaux, RdC, Vol 130 (1970) II, 1 ff.

[56] Vgl G. WINKLER, aaO (FN 1) 318 ff, 319, 322.

[57] Anders wohl M. HUBER, Die Staatensuccession (1898) 5. Zur Schwierigkeit der Abgrenzung im konkreten Fall der Baltischen Staaten M. KOSKENNIEMI/M. LEHTO, La succession d'États dans l'Ex-URSS, en ce qui concerne particulièrement les relations avec la Finlande, AFDI, Vol 38 (1992) 179 ff, 197 f.

[58] Diese Problematik betrifft neben den Fällen Äthiopiens, Österreichs und der Tschechoslowakei auch die Problematik der Baltischen Staaten.

sen Fällen von der Kategorie der „scheintoten Staaten" zu sprechen,[59] erklärt sich ausschließlich aus einer ex post-Sicht, die die jeweils aktuelle Situation rechtlich überbrückt.

Der erwähnte völkergewohnheitsrechtliche Satz über den Nichteintritt der Staatensukzession während einer kriegerischen Besetzung gibt Antwort auch auf staatliche Sonderlagen. Im Falle Österreichs wurde er fortentwickelt, insbesondere von VERDROSS, der ganz im Sinne einer später verbreiteten Doktrin davon ausging, daß der „Anschluß" Österreichs an das Deutsche Reich bereits als Beginn einer occupatio bellica zu bewerten sei und entsprechende Wirkungen in bezug auf die Staatensukzession zeitigen müsse („occupatio-quasi-bellica").[60] Die Interpretation dieses historischen Ereignisses im Sinne einer kriegerischen Besetzung erscheint mehr als gewagt und war im Rückblick nichts anderes als ein juristischer Notbehelf.[61] Gleichwohl stand es der Völkerrechts-Gemeinschaft frei, den Wiedereintritt möglicherweise bereits untergegangener Staaten im Sinne eines ununterbrochenen Fortbestandes zu interpretieren und die neue Staatenpraxis entsprechend auszurichten. Der großzügige Umgang mit staatlichen „Schwebezuständen" in anderem Zusammenhang legt dies auch im Falle der wiedererrichteten Staaten nahe. Erst bei der rückwirkend fiktiven Ersetzung der Staatenpraxis während des Zustands der Eingliederung durch eine erdachte Realität setzen ernsthafte Bedenken ein.[62]

c) Fälle der *Wiederanknüpfung* an frühere Abschnitte der Staatlichkeit zeigen sich im Grunde auch in dem breiten Bereich der Dekolonisierung. Hier lebt nicht selten eine unterdrückte Staatlichkeit wieder auf, auch wenn sich die Annahme einer ununterbrochenen staatlichen Identität im Rechtssinne kaum vertreten läßt. Politische, historische oder ideelle Wiederanknüpfungen werden dadurch freilich nicht ausgeschlossen.

d) Der Versuch, gegen die Wirkungen des Zeitablaufes die *Revolution* als scheinbar krassestes Mittel einzusetzen, mußte letztlich scheitern. GÜNTHER WINKLER erinnert treffend daran, daß „sogar *Revolutionen* ... sich zumeist unter gleichzeitigem Fortbestand wichtiger Verfassungsinstitute und tragender rechtlicher Institutionen (vollziehen)".[63] Er befindet sich dabei in Übereinstimmung mit anderen Autoren, wie etwa GEORG JELLINEK, der schon in seiner „Allgemeinen Staatslehre" davon ausging, daß „selbst im offenen Kampf der höchsten politischen Mächte ... es sich

59 Vgl I. SEIDL-HOHENVELDERN, Österr Handbuch des Völkerrechts, Bd 1, 2. Aufl (1991) Rn 781.

60 A. VERDROSS, Die völkerrechtliche Identität von Staaten, FS Klang (1950) 18 ff, 20.

61 Vgl auch K. MAREK, aaO (FN 40) 366 ff.

62 Vgl auch W. FIEDLER, aaO (FN 11) 105 ff.

63 AaO (FN 1) 554.

nur um zeitweilige Beschränkung oder Suspendierung einzelner Teile, nie um gänzliche Aufhebung der Rechtsordnung handeln (kann)".[64] Selbst die Normativisten mußten in diesem Punkte von ihrer gewohnten logizistischen Brillanz abrücken und den Fortbestand des Staates trotz Revolution konzedieren. Die Argumentation mit dem Völkerrecht gegen verfassungsrechtliche Auswirkungen der Revolution konnte aus ihrer Sicht ebensowenig überzeugen wie die von KELSEN angenommene „Metamorphose des Faktischen zum Normativen".[65]

e) Erweist sich die Revolution trotz aller Mystifizierungsversuche als rechtlich meist nur stumpfe Waffe gegen die effektiven Einwirkungen der Zeit, so bietet das Mittel der *Suspendierung* die Möglichkeit einer zugleich offenen wie „weichen" Unterbrechung von Verfahrensabläufen. Gerade auf dem Gebiete des gewohnheitsrechtlich eher dicht herausgebildeten Völkervertragsrechtes bot die von den Vertragspartnern vereinbarte Suspendierung im Falle Deutschlands 1990 ein Beispiel für praktizierte *Vorzeitigkeit.* Im Zusammenhang mit dem Zwei-Plus-Vier-Vertrag suspendierten die Vier Mächte ihre Rechte aus „den vierseitigen Vereinbarungen, Beschlüsse(n) und Praktiken und die Tätigkeit aller entsprechenden Einrichtungen der Vier Mächte ab dem Zeitpunkt der Vereinigung Deutschlands".[66] Die in Art 72 der Wiener Vertragsrechtskonvention behandelte Suspendierung bezog sich dabei auf die Vier-Mächte-Rechte, nicht auf den Zwei-Plus-Vier-Vertrag selbst. Auf diese Weise wurde das Inkrafttreten des Vertrages vom 12. September 1990 trotz der noch nicht abgeschlossenen Ratifizierungsverfahren materiell vor dem 3. Oktober 1990, dem Zeitpunkt der Wiedervereinigung, ermöglicht. In diesem Sinne bedeutete die Suspendierungserklärung vom 1. Oktober 1990[67] einen völkerrechtlich zulässigen Eingriff in einen völkerrechtlich vorgesehenen Verfahrensablauf. Zugleich wurde auf diese Weise durch Vorzeitigkeit Rechtzeitigkeit erreicht.

f) Das wohl wirksamste Mittel gegen die Einwirkung der Zeit fließt aus der allgemeinen dogmatischen Konstruktion der *Völkerrechtspersönlichkeit,* mit der die Figur der *Staatspersönlichkeit* korrespondiert. Sie verleiht dem Staat die Resistenz einer juristischen Person und schirmt ihn

---

64 Allgemeine Staatslehre, 3. Aufl (1929, Nachdruck 1976) 477.

65 HANS KELSEN, Das Problem der Souveränität und die Theorie des Völkerrechts (1928) 241.

66 Erklärung zur Aussetzung der Wirksamkeit der Vier-Mächte-Rechte und -Verantwortlickeiten vom 1. 10. 1990 in New York, Veröff des deutschen Wortlauts am 2. 10. 1990 (BGBl II, 1331), abgedruckt bei K. STERN/B. SCHMIDT-BLEIBTREU (Hrsg), Verträge und Rechtsakte zur Deutschen Einheit, Bd 3 (1991) 91.

67 Vgl dazu J. HACKER, Die Interpretation der Drei- und Vier-Mächte-Beschlüsse über Deutschland von 1944/45 durch die UdSSR und DDR, in: Das Potsdamer Abkommen, III. Teil: Rückblick nach 50 Jahren (1996) 135 ff, 153.

gegen faktische Veränderungen weitgehend ab. Eine Zukunftssicherung allenfalls begrenzter Art vermittelt die Staatenpraxis durch die Möglichkeit der *Garantie*[68]. Der historische Versuch, Staat und Verfassung durch *Ewigkeits*-Klauseln rechtlich unsterblich zu machen, mußte in der Staatenpraxis scheitern und die Frage nach dem Ende der Ewigkeit immer wieder aufwerfen.

VI. Zeitbewußtsein im Recht der Staatensukzession

Bereits die erwähnten Beispiele machen deutlich, daß der Zeitfaktor im Recht der Staatensukzession eine zentrale Rolle spielt. Dieser Befund ist an sich nicht neu. Aufschlußreich sind jedoch die Wege, die das geltende Völkerrecht beschreitet, um der Wirkung der Zeit entweder Kraft zu verleihen oder diese mit (fast) allen Mitteln zu verhindern. Dabei gleicht der Kampf gegen die Einwirkung der Zeit auf allen Ebenen gelegentlich einem argumentativen Spiel zur Erreichung politisch gewünschter Ergebnisse. Auch dieser Befund leidet nicht unter spezifischer Originalität. Diese ließe sich allenfalls durch die Behauptung von systematischer Gesetzmäßigkeit des Zeitfaktors im Recht der Staatensukzession erzielen. Doch gerade diese Möglichkeit scheidet angesichts der Vielfalt und Gegenläufigkeit der einzelnen Elemente dieses Rechtsbereiches aus. Lediglich in eng begrenztem Umfange erscheinen Systematisierungsversuche punktuell möglich zu sein. Um diese Bereiche sinnvoll nutzen zu können und auch dem geltenden Völkerrecht gerecht zu werden, bedarf es einer dogmatischen wissenschaftlichen Grundvoraussetzung: der Entwicklung eines offenen, unverschleierten *Zeitbewußtseins* im Recht der Staatensukzession. Denn nur auf diese Weise lassen sich Ziele, Ausgestaltung und Gefährdungen rationaler rechtlicher Argumentation einschätzen. Zugleich manifestiert sich auf diese Weise die Begrenztheit scheinbar unangreifbarer Rechtspositionen. Sie bedürfen der beständigen Verteidigung und Fortschreibung, um wirksam werden und bleiben zu können. Zeitbewußtsein dient auf diese Weise zugleich der Stärkung des Rechts.

---

68 Vgl allgemein G. Ress, Guarantee, Encyclopedia of Public International Law, Vol 2 (1995) 626 ff; bzgl der Grenzen Deutschlands, *ders,* Die abschließende Regelung in bezug auf Deutschland: Garantiefunktion der Vier Mächte?, in: FS Bernhardt (1995) 825 ff, 838 ff; zu neueren Fällen der Sicherheits-Garantie H. Ruiz Fabri, aaO (FN 17) 174 ff.

Peter Fischer

Die Unionsbürgerschaft: Ein neues Konzept im Völker- und Europarecht

I. Allgemeines

Mit dem Inkrafttreten der Beitrittsvertrages von Korfu vom 24. Juni 1994[1] ist die Republik Österreich seit dem 1. Jänner 1995 Mitglied der Europäischen Union (in der Folge: EU), die wiederum bekanntlich durch den Maastrichter Unionsvertrag (in der Folge: EU-Vertrag) vom 7. Februar 1992 (in Kraft: 1. November 1993) geschaffen wurde[2]. Diese EU-Mitgliedschaft hat nachhaltige Konsequenzen für die österreichische Rechtsordnung. Vor allem bedeutete der EU-Beitritt, wie praktisch alle österreichischen Verfassungsrechtler, Völker- und Europarechtler[3] in erfreulicher Übereinstimmung bekundeten, eine Gesamtänderung der österreichischen Bundesverfassung und war demgemäß einer Volksabstim-

1 BGBl 1995/45.

2 Zur EU allgemein vgl Peter Fischer/Heribert Franz Köck, Europarecht, 3. Aufl (Wien 1997) 256 ff mit weiteren Literaturhinweisen (in der Folge: Fischer/Köck, Europarecht [1997]); ausdrücklich wird durch Art A des EU-Vertrags die Europäische Union gegründet. Text in op cit, 685 ff.

3 Dazu vgl Theo Öhlinger, Verfassungsrechtliche Aspekte eines Beitritts Österreichs zu den Europäischen Gemeinschaften (Wien 1988); *ders*, Unmittelbare Geltung und Vorrang des Gemeinschaftsrechts und die Auswirkungen auf das verfassungsrechtliche Rechtsschutzsystem, in: Stefan Griller/Karl Korinek/Michael Potacs (Hrsg), Grundfragen und aktuelle Probleme des öffentlichen Rechts, FS Heinz Peter Rill zum 60. Geburtstag (Wien 1995) 359 ff; *ders*, Ein Verfassungsstaat an der Schwelle zur Europäischen Union, in: FS Ulrich Everling (Baden-Baden 1995) 1017 ff; Peter Fischer, Rechtsstrukturen der Europäischen Gemeinschaft. Auswirkungen auf die Rechtsordnungen ihrer Mitglieder, in: Economy. Das Fachmagazin 4 (Juni 1989) 66 ff; Heribert Franz Köck/Sigmar Stadlmeier, EG-Beitritt und Volksabstimmung, in: Oswin Martinek (Hrsg), Arbeit, Recht und Gesellschaft, FS Walter Schwarz (Wien 1991) 731 ff; Harald Stolzlechner, Die Auswirkungen einer Mitgliedschaft Österreichs in der Europäischen Union auf die österreichische Verfassungsordnung, in: Waldemar Hummer (Hrsg), Die Europäische Union und Österreich (Wien 1994) 163 ff; Barbara Müller, Verfassungsrechtliche Aspekte eines EU-Beitritts, in: ecolex 1994, 287 ff; Stefan Griller, Verfassungsfragen einer EU-Mitgliedschaft (Wien 1995); Christoph Thun-Hohenstein, Das Verhältnis zwischen österreichischem Recht und dem Recht der Europäischen Union (Wien 1995) 57 ff; Ignaz Seidl-Hohenveldern, Constitutional Problems involved in Austria's Accession to the EU, in: CMLR (1995) 727 ff; Kathrin Hornbanger, Österreich und die Europäische Union (EU), in: Fischer/Köck, Europarecht (1997) 105 ff mit weiteren Literaturhinweisen.

mung unterworfen worden, bei der am 12. Juni 1994 nicht weniger als 66,58 % der von der österreichischen Bevölkerung abgegebenen Stimmen bei einer Beteiligung von 88 % der Stimmberechtigten für einen Beitritt Österreichs zur EU votierten.

Die wichtigsten juristischen Konsequenzen dieses EU-Beitritts sind der Übergang bestimmter Rechtsetzungs- bzw Rechtsprechungskompetenzen an die Gemeinschaftsorgane Europäischer Rat und Europäische Kommission bzw den Gerichtshof der Europäischen Gemeinschaften (in der Folge: EuGH), sowie die Übernahme[4] des gesamten Rechtsbestandes der Gemeinschaften *(acquis communautaire)* in die österreichische nationale Rechtsordnung. Zu diesem Rechtsbestand gehört vor allem das vom EuGH immer wieder betonte Prinzip des Vorrangs des Gemeinschaftsrechts[5].

Mit diese Fragen hatte sich die österreichische Lehre des Völker- und Europarechts sowie des Verfassungsrechts schon weitgehend beschäftigt[6].

Bislang relativ wenig Beachtung fand hingegen in der österreichischen Literatur[7] eine Einrichtung, die ebenfalls mit dem EU-Beitrittsvertrag vom neuen Mitglied „Republik Österreich" übernommen worden war, nämlich die Unionsbürgerschaft. Wenngleich, wie zu zeigen sein wird, dieses Konzept in der Geschichte der Europäischen Gemeinschaften bis in die Sechzigerjahre zurückverfolgt werden kann, so wurde es als solches rechtlich erst 1992 im EU-Vertrag verankert und ist daher auch im Unionsrecht[8] ein *Novum.* Im Rahmen der gegenwärtig tagenden Regierungskonferenz 1996 über die Revision des EU-Vertrages[9] wird auch dieser

---

4 Die „Übernahme" des Gemeinschaftsrechts in die österreichische Rechtsordnung ist dabei nicht so zu verstehen, daß es zu ihrem Bestandteil wird. Es gilt vielmehr gewissermaßen „neben" dem österreichischen Recht, wie etwa das Bundesrecht in Österreich „neben" dem Landesrecht in einem Bundesland gilt. In diesem Sinne Theo Öhlinger, Verfassungsrechtliche Aspekte der Übernahme von Gemeinschaftsrecht und Unionsrecht in die österreichische Rechtsordnung. Referat, gehalten am XXI. Österreichischen Völkerrechtstag am 8. Juni 1996 auf Schloß-Hofen/Lochau bei Bregenz.

5 Vgl den bereits klassischen Fall Costa v ENEL; Rs 6/64, Slg 1964, 1251 ff. Hier sagte der Gerichtshof: „... Der Vorrang des Gemeinschaftsrechts wird auch durch Artikel 189 bestätigt; ihm zufolge ist die Verordnung ‚verbindlich' und ‚gilt unmittelbar in jedem Mitgliedstaat'. Diese Bestimmung, die durch nichts eingeschränkt wird, wäre ohne Bedeutung, wenn die Mitgliedstaaten sie durch Gesetzgebungsakte, die den gemeinschaftsrechtlichen Normen vorgingen, einseitig ihrer Wirksamkeit berauben könnten ...". Ibid 1265.

6 Vgl die Literaturangaben oben in FN 3.

7 Vgl aber W. Obwexer, Das Recht der Unionsbürger auf diplomatischen und konsularischen Schutz, in: ecolex 1996, 323 ff.

8 Zum Unionsrecht zählt das Gemeinschaftsrecht und das durch den Unionsvertrag neu hinzugekommene Recht („Unionsrecht im engeren Sinn"), das sich qualitativ grundlegend vom ersteren unterscheidet. Fischer/Köck, Europarecht (1997) 39 ff.

9 Diese Regierungskonferenz ist nach Art N Abs 2 des Vertrages ausdrücklich vorgesehen, da nach Ansicht seiner Schöpfer das „Werk von Maastricht" nur eine „neue", aber

Einrichtung gebührendes Augenmerk geschenkt (werden müssen), da die geplante Reform primär den Interessen der Bürger zu dienen hat, will man nicht ihren Erfolg in Frage stellen. Der Bericht der Reflexionsgruppe[10] hat dies ganz klar ausgesprochen: der Bürger muß in den Mittelpunkt des europäischen Aufbauwerkes gestellt werden, denn es gilt „Europa letztendlich zu einer Sache der Bürger zu machen". Daher wurde auch von einer Mehrheit der in der Gruppe vertretenen Staaten sogar der Ausbau dieser Unionsbürgerschaft befürwortet, da sie hier einen wesentlichen Faktor für die Akzeptanz des künftigen revidierten Vertrages durch die europäische Öffentlichkeit sieht[11]. Somit wird, wie die bereits vorliegenden Stellungnahmen und Berichte erkennen lassen, diesem durch den EU-Vertrag eingeführten Institut auf der laufenden Regierungskonferenz und daher auch in der zukünftigen Gestaltung der EU eine wichtige Rolle zukommen.

Es ist daher legitim, dem neuen Konzept der Unionsbürgerschaft im Rahmen dieser Festschrift nähere Aufmerksamkeit zu schenken.

Solches erscheint dem Verfasser dieser Zeilen auch schon deshalb geboten, weil ihm noch eine von verehrten Jubilar im WS 1961/62 abgehaltene „Pflichtübung aus Verwaltungsrecht" in Erinnerung ist. In dieser Übung sind vornehmlich Fragen des (österreichischen) Staatsbürgerschaftsrechts *in extenso* behandelt und diskutiert worden; damit wurde

---

keine endgültige Phase der europäischen Integration darstellt. Diese Regierungskonferenz wurde vertragsgemäß vom Europäischen Rat am 29. März 1996 in Turin eröffnet und tagt seither praktisch permanent.

Zu ihrer Vorbereitung wurde am 3. Juni 1995 anläßlich des 40. Jahrestages der Messina-Konferenz die aus Vertretern der Außenminister der Mitgliedstaaten sowie des Präsidenten der Kommission zusammengesetzte *Reflexionsgruppe* eingesetzt, die am 5. Dezember 1995 ihren Bericht fertigstellte und ihn dem Europäischen Rat am 15./16. Dezember 1995 in Madrid vorlegte. Dazu vgl Regierungskonferenz 1996 (RK '96) Bericht der Reflexionsgruppe und weitere Informationstexte. Generalsekretariat des Rates der Europäischen Union. Brüssel, Dezember 1995 (in der Folge: Bericht Reflexionsgruppe).

Beachtenswert ist in diesem Zusammenhang, daß völkerrechtliche Verträge zur Gründung internationaler Organsationen zwar in der Regel Revisionklauseln enthalten, aber keineswegs bereits die „Themen" ihrer Revison vorgeben. Der EU-Vertrag enthält hingegen ausdrückliche Hinweise auf die „Gemeinsame Außen- und Sicherheitspolitik" und die „Zusammenarbeit in den Bereichen Justiz und Inneres", die nach Ansicht der Schöpfer des Vertragswerkes offensichtlich einer Revision bedürfen. Vgl Art B, Spiegelstrich 5 des EU-Vertrags.

10 Bericht Reflexionsgruppe, Punkt 29. Vgl die vorhergehende Fußnote.

11 Bericht Reflexionsgruppe, Punkt 41. Die jüngsten Umfrageergebnisse zur Kenntnis der Unionsbürger über ihre Rechte und Einflußmöglichkeiten in Hinblick auf die Entscheidungen in der Europäischen Union zeigen ein hohes Informationsdefizit, das allerdings nicht in allen Mitgliedstaaten gleich ist. So glauben durchschnittlich 26 % von ca 380 Millionen Unionsbürger, eine Einflußmöglichkeit zu besitzen, wobei an der Spitze Portugal, Irland und Spanien stehen (61-38 %). In Frankreich und Finnland sehen nur 15 % der Staatsbürger eine solche Einflußmöglichkeit. Über Österreich liegen keine Werte vor. Vgl „Citizens ‚remote' from their Union", in: The European, 18.-24. Juli 1996, 1.

dieser Bereich, der im wesentlichen das Band des Menschen zu einem, dh „seinem" Staat zum Gegenstand hat, dem damaligen Studenten und Pflichtübungsteilnehmer durch den verehrten Jubilar erstmals so richtig zu Bewußtsein gebracht.

Das Recht der Staatsangehörigkeit bzw Staatsbürgerschaft hat den Verfasser auch später stets begleitet, ist es doch eine der Nahtstellen zwischen dem nationalen Recht und dem Völkerrecht. Denn der Einzelne ist ja grundsätzlich der Sphäre des traditionellen Völkerrechtes entzogen. Er ist mediatisiert, sieht man von Ausnahmen im Bereich des Menschenrechts- und Investitionsschutzes[12] ab. Er genießt aber dann gewisse Begünstigungen und Vorteile in der Völkerrechtsordnung, wenn er einem Staat, der ja das wichtigste Rechtssubjekt in dieser Rechtsordnung darstellt, zuzuordnen ist. Die Zuordnung erfolgt durch Normen über den Erwerb (bzw Verlust) der Staatsbürgerschaft, die nach klassischem Völkerrecht dem innerstaatlichen Recht überlassen bleibt.

Daran hat auch bislang das Europarecht nichts geändert, wie noch später näher ausgeführt werden wird[13]. Es hat aber diesem Rechtsbereich durch die Unionsbürgerschaft eine neue Facette hinzugefügt, deren wesentliches Ziel es ist, zwischen den Staatsbürgern der EU-Mitgliedstaaten und der Union als solcher ein durch Rechte, Pflichten und politische Partizipationsmöglichkeiten charakterisiertes Bindungsverhältnis zu begründen. Diese neu eingeführte Unionsbürgerschaft besitzt auch ein gewisses integrationspolitisches Potential, das die Identifizierung des Bürgers mit der Union steigern und eine europäische politische Meinung fördern und schließlich möglicherweise die Bildung eines europäischen Bewußtseins bewirken soll.

In den meisten Mitgliedstaaten hat offensichtlich der Begriff der Bürgerschaft doch das Gefühl der Zugehörigkeit zur Union verstärkt[14]. Andererseits dient die damit begründete Verbindung dazu, der Union eine Legitimationsquelle zu verschaffen, der sie sicherlich bedarf[15].

In Anbetracht der gegenwärtigen und auch zukünftigen Bedeutung dieser neuen Institution soll nun die Unionsbürgerschaft nach folgenden Gesichtspunkten beleuchtet werden: nach einer terminologischen und historischen Klarstellung wird in persönlicher, materiell- und formellrechtlicher Hinsicht der Gegenstand analysiert und abschließend eine zu-

---

[12] Dazu im weiteren vgl P. FISCHER/H. F. KÖCK, Allgemeines Völkerrecht, 4. Aufl (Wien 1994) 170 ff.

[13] Vgl Abschnitt IV unten 249 ff.

[14] Bericht Reflexionsgruppe, Punkt 40. Vgl aber auch die Hinweise in FN 11 oben.

[15] Vgl Dazu auch das Arbeitsdokument „Die Unionsbürgerschaft". Europäisches Parlament (Hrsg), Generaldirektion Wissenschaft. Reihe Rechtsfragen W-5 (Juni 1995) 13 ff.

sammenfassende Wertung mit einem Blick in die zukünftige Entwicklung gegeben.

II. Terminologische Fragen

1. Staatsangehörigkeit versus Staatsbürgerschaft

Vielfach werden beide Begriffe undifferenziert verwendet. Werden sie jedoch differenziert gebraucht, so sind im wesentlichen zwei Auffassungen feststellbar: Die Staatslehre geht naturgemäß von einem innerstaatlichen Gesichtspunkt aus und betrachtet die Staatsangehörigkeit *(nationality)* als eine Minimalebene, auf der sich die Autorität und Verantwortung eines souveränen Staates in Hinblick auf eine Einzelperson verwirklicht[16], während die Staatsbürgerschaft *(citizenship)* ein politisches Konzept dahingehend ist, daß hier der Einzelne Träger von Rechten, insbesondere der politischen Mitsprache, und Pflichten wird. Der „politische Bürger", wie er vor allem in der französischen Verfassungsgeschichte zu finden ist, ist nach dieser Auffassung damit vom „bloßen" Staatsangehörigen zu unterscheiden[17]. Diese Unterscheidung zwischen „Bürgern" und „Untertanen" hat vor allem in der Vergangenheit seine Berechtigung gehabt, doch ist sie für die gegenständliche Problematik heute im Völker- und Europarecht wenig brauchbar.

Geeigneter erscheint hier die von der Völkerrechtswissenschaft getroffene Unterscheidung zu sein, dergemäß beide Begriffe insoweit ein und dasselbe bedeuten, nämlich die Verbindung zwischen einer Einzelperson und einem Staat bzw politischem Verband, wobei es aber dann darauf ankommt, von welcher Seite her ein solches „Band" gesehen wird. Ist es die innerstaatliche, so wird von der Staats*bürgerschaft*, ist es die völkerrechtlich-internationale, so wird von der Staats*angehörigkeit* gesprochen[18]. Beide Begriffsinhalte sind in der Regel in ihren Wirkungen deckungsgleich, doch kann ausnahmsweise das Fehlen einer Staatsbürgerschaft sehr wohl noch Wirkungen in Drittländern erzeugen und *vice versa.* Die über einzelne Dissidenten verhängte Aberkennung der sowjetischen Staatsbürgerschaft in den siebziger Jahren hat zB nicht bewirkt, daß diese Personen

---

16 Vgl jüngst ULRICH K. PREUSS, „Problems of a Concept of European Citizenship", 1 *European Law Journal* (November 1995) 268.

17 Vgl dazu auch die Studie Europäisches Parlament. Generaldirektion Wissenschaft (Hrsg), Die Unionsbürgerschaft. Möglichkeiten, Empfehlungen und Anregungen zum Schutz und Erweiterung der Unionsbürgerschaft in Hinblick auf die Regierungskonferenz von 1996 zur Revision des Maastrichter Vertrages (Luxemburg 1995) 3 ff.

18 So auch jüngst CARLOS CLOSA, Citizenship of the Union and Nationality of Member States, in: 32 *Common Market Law Review* (1995) 492 f; allgemein P. FISCHER und H. F. KÖCK, Allgemeines Völkerrecht, 4. Aufl (Eisenstadt-Wien 1994) 97.

in Drittstaaten, zB in den USA, als Staatenlose behandelt wurden. Andererseits hat der vom Internationalen Gerichtshof (IG) 1955 entschiedene, wenn auch sehr umstrittene Fall *Nottebohm*[19] gezeigt, daß trotz Vorliegen einer durch Verleihung erworbenen Staatsbürgerschaft diese keine Auswirkungen im völkerrechtlichen Bereich dahingehend hat, daß der Heimatstaat berechtigt wäre, das diplomatische Schutzrecht gegenüber einem Drittland auszuüben. Im völkerrechtlichen Sinn war somit nach Ansicht des IG gar keine Staatsangehörigkeit *(nationality)*[20] gegeben, sodaß das Fürstentum Liechtenstein das diplomatische Schutzrecht gegenüber Guatemala nicht ausüben konnte.

Staatsangehörigkeit und Staatsbürgerschaft sind aber, wie gesagt, in der Regel grundsätzlich deckungsgleich. Da der erstgenannte Begriff daher die äußere, und letzterer die innere Seite ein und desselben Tatbestandes darstellt, ist dieser Rechtsbereich, wie eingangs erwähnt, an der Nahtstelle zwischen Völkerrecht und innerstaatlichem Recht angesiedelt. Das gilt nun in gleicher Weise auch für das Europarecht.

2. Unionsbürgerschaft versus Gemeinschaftsbürgerschaft

Aus diesen Überlegungen ergibt sich, daß es derzeit keine Unions*angehörigkeit (Union nationality)*[21], wohl aber eine Unions*bürgerschaft (Union citizenship)* geben kann. Denn auf völkerrechtlicher Ebene kann derzeit die Union nicht für ihre Bürger handeln, da dieses Recht (noch) den Mitgliedstaaten vorbehalten ist. Das heißt naturgemäß nicht, daß ein solches Recht nicht auf die Union in Zukunft übertragen werden könnte. Denn der EU-Vertrag enthält bereits eine diesbezügliche Regelung zugunsten des Schutzes der Unionsbürger, die über jene durch das traditionelle Völkerrecht hinausgeht, aber nicht als Recht der *Union*, sondern als solches der *Mitgliedstaaten* konzipiert ist. Das wird noch später näher erörtert werden[22].

Andererseits gibt es, wie zu zeigen sein wird, im Innenverhältnis zwischen den Gemeinschaften (als Grundlage der Union)[23] jene Elemente,

---

19 ICJ-Reports (1955) 4 ff.

20 Der Internationale Gerichtshof hat in dieser *causa* Staatsangehörigkeit *(nationality)* wie folgt definiert: „A legal bond having its basis in a social fact of attachment, a genuine connection of existence, interests and sentiments". Ibid, 23. Allgemein vgl ALEXANDER MAKAROV, „Nottebohm-Fall", in: Karl Strupp/Hans-Jürgen Schlochauer (Hrsg), Wörterbuch des Völkerrechts, Bd II (Berlin 1961) 635 ff.

21 So auch bereits HANS PETER IPSEN, Europäisches Gemeinschaftsrecht (Tübingen 1972) 9/123, 251, der im Zusammenhang mit dem Konzept des „Marktbürgers" (dazu vgl unten Abschnitt III) feststellt: *„Es gibt keine Gemeinschaftsangehörigkeit"*.

22 Dazu unten 262 ff.

23 Art A Abs 3 EU-Vertrag.

die auch die Staatsbürgerschaft ausmachen, nämlich die Rechte und Pflichten der Gemeinschaften gegenüber Einzelpersonen und *vice versa*. Staatsangehörige der EU-Mitgliedstaaten treten durch Normen des EU-Rechts[24] in Rechtsbeziehungen mit den Gemeinschaften und uU. auch mit der Union. Zwar besitzen weder die Union noch die Gemeinschaften Staatsqualität, doch sind hier analoge Strukturen im Verhältnis zu den Bürgern der Mitgliedstaaten deutlich erkennbar, sodaß nun zu Recht von einer „Unions*bürgerschaft*" gesprochen wird.

Dagegen wird nun eingewendet, daß, da ja die Union eine „völkerrechtlich nicht rechtsfähige Veranstaltung"[25] sei, es eine Beziehung zwischen Einzelpersonen und dieser ja gar nicht geben kann, sodaß in Wahrheit die Unionsbürgerschaft eine „Gemeinschaftsbürgerschaft" darstelle, denn nur mit den Gemeinschaften sind solche – auch rechtlich durchsetzbare – Rechtsbeziehungen geschaffen worden.

Dazu ist zunächst zu sagen, daß die Behauptung des Fehlens einer Völkerrechtssubjektivität der Union eine *petitio principii* ist. Wenngleich auf diese Frage hier nicht näher eingegangen werden kann, so muß bemerkt werden, daß sehr wohl eine Reihe von Bestimmungen der EU-Vertrages deutlich erkennen lassen, daß die Gründerstaaten der EU dieser Organisation Rechte und Pflichten übertragen haben; daher ist nach der Interpretationsmethode der *implied powers* zu schließen, daß die Union insoweit auch völkerrechtliche Rechtspersönlichkeit besitzt[26]. Diese Rechtspersönlichkeit auf völkerrechtlicher Ebene ist aber bislang umstritten, unscharf und rudimentär geblieben und umfaßt zum gegenwärtigen Zeitpunkt sicherlich noch nicht die sehr wichtige Vertragsschließungsbefugnis mit Drittstaaten.

Unscharf und rudimentär ist auch zugegebenermaßen die Beziehung zwischen der Union und den Bürgern geblieben, was aber nicht heißen soll, daß eine solche überhaupt fehlt. Nach Art F Abs 2 EU-Vertrag sind beispielsweise von ihr die Grundrechte zu achten und nach Art K. 1 EU-Vertrag soll von der *Union* (und nicht von der EG) insbesondere die Freizügigkeit verwirklicht werden. Daraus ist ersichtlich, daß auch Bestimmungen *außerhalb* der Gemeinschaftssäule wesentliche Rechte der Bürger betreffen und somit eine Reduktion der Unionsbürgerschaft auf die

24 Zum Begriff des Unionsrechts im weiteren und engeren Sinn vgl FISCHER/KÖCK, Europarecht (1997) 40 ff.

25 So HANS KRÜCK, Die Entwicklung der Grundfreiheiten des Gemeinschaftsrechts in der Rechtsprechung des Gerichtshofs: Vorstufe einer Unionsbürgerschaft, in: Forschungsinstitut für Europarecht (Hrsg), Europa der Bürger (Graz 1994) 133 ff, 137.

26 Vgl insbesondere die Art A Abs 1 und 3, B, F, J. 3, J. 4, J. 5, K. 3 und O. So auch schon GEORG RESS, Die Europäische Union, in: Juristische Schulung (1992) 989 ff.

Gemeinschaftsbürgerschaft dem Wesen der neuen Unionsbürgerschaft nicht gerecht wird. Sie ist ein „Mehr“.

Die lediglich auf die Gemeinschaften konzentrierte Betrachtungsweise[27] verkennt im weiteren die dem EU-Vertrag inhärente Dynamik, die die Gemeinschaften und die Union in der gegenwärtigen Gestalt nicht als Selbstzweck, sondern im Sinne der funktionalistischen Theorie als Mittel zum Zweck, nämlich die „Grundlagen für einen immer engeren Zusammenschluß der europäischen Völker zu schaffen“, begreift[28]. Insoweit muß daher sowohl die Union als solche als auch das Konzept der Unionsbürgerschaft funktionell betrachtet werden[29].

Wenn nun, was auf mancherlei Verwunderung stieß[30], die Regelung über die Unionsbürgerschaft im EU-Vertrag nicht in den neuen, durch Buchstaben bezeichneten Vorschriften[31] vorgenommen, sondern in der Gemeinschaftssäule angesiedelt wurde[32], so liegt hier kein systematischer Fehler vor. Denn mit dieser Plazierung an prominenter Stelle des Vertragswerkes[33] sollte nicht nur die Bedeutung der Unionsbürgerschaft im System des EU-Vertrages unterstrichen, sondern auch die Justiziabilität dieser Rechte des Unionsbürgers gewährleistet werden. In Anbetracht der Rechtskontrolle-Beschränkungsklausel des Art L EU-Vertrag wäre eine Regelung der Unionsbürgerschaft an anderer Stelle im Unionsvertrag der obligatorischen Gerichtsbarkeit des EuGH praktisch entzogen worden und hätte für die Stellung des Bürgers einen Rückschritt bedeutet[34]. Da nur im Rahmen der Gemeinschaften die Mitgliedstaaten durch den EuGH

27 So etwa KRÜCK, op cit, 136; OBWEXER, op cit, 323.

28 Präambel, erster Satz, EWG-Vertrag 1957; unverändert vom EU-Vertrag 1992 übernommen. Darüberhinaus wird dieses dynamische Element durch den 11. Abs der Präambel EU-Vertrag noch dahingehend unterstrichen, daß hier von der Entschlossenheit, „den Prozeß der Schaffung einer immer *engeren Union der Völker Europas* ... weiterzuführen“, gesprochen wird (Hvhbg vom Autor).

29 So auch HANS GEORG FISCHER, Die Unionsbürgerschaft, in: Georg Ress/Torsten Stein (Hrsg), Vorträge, Reden und Berichte aus dem Europa-Institut (Saarbrücken 1992) 10.

30 Vgl HANS CLAUDIUS TASCHNER, Droit de vote et d'éligibilité pour les citoyens de L'Union européenne, in: Revue du Marché Unique Européen 1/1994, 13.

31 Die mit Buchstaben bezeichneten Vorschriften des EU-Vertrags umfassen neben den allgemeinen und den Schlußbestimmungen (A-F, sowie L-S) vor allem die Bestimmungen über die „zweite“ und „dritte“ Säule (gemeinsame Außen- und Sicherheitspolitik“ sowie „Zusammenarbeit in den Bereichen Justiz- und Inneres“), die nicht „vergemeinschaftet“, dh, nicht der Jurisdiktion des EuGH unterworfen sind. Sie werden auch als intergouvernemental, da sie den klassischen völkerrechtlichen Spielregeln unterliegen, bezeichnet. Sie stehen der „Gemeinschaftssäule“, die supranational ausgelegt ist, gegenüber.

32 Art 8-8e EG-Vertrag.

33 Im System des EG-Vertrags wird die Unionsbürgerschaft bereits in Titel II nach den in Titel I enthaltenen Grundsätzen (Art 1-7c) geregelt.

34 Richtig KRÜCK, op cit, 136; OBWEXER, op cit 323 f.

zur Einhaltung der dem Unionsbürger zustehenden Rechte verhalten werden können und der Einzelne sich nur im Bereich dieser Säule vor nationalen Gerichten und Verwaltungsbehörden auf sie berufen kann, erfolgte die Regelung dieser Materie in diesem Bereich. Daraus darf aber aus den genannten Gründen nicht abgeleitet werden, es handelt sich hier um eine reine „Gemeinschaftsbürgerschaft" ohne Bezug auf die Union.

Unter einer funktionellen Betrachtungsweise kann trotz weitgehender diesbezüglicher Regelung im Bereich der *Gemeinschafts*säule daher korrekt von einer *Unions*bürgerschaft gesprochen werden, auf deren Inhalt nach Betrachtung der Meilensteine ihrer Entwicklung in der Folge eingegangen werden wird.

III. Von der Marktbürgerschaft zur Unionsbürgerschaft

Die Schaffung einer Unionsbürgerschaft im EU-Vertrag wird allgemein als eine der bedeutensten Abschnitte auf dem Wege zur europäischen Integration bezeichnet[35]. Die einschlägigen Art 8 bis 8e des EG-Vertrages, die im nächsten Abschnitt behandelt werden, sind aber keineswegs das Ergebnis einer spontanen Entscheidung der Schöpfer des Maastrichter Unionsvertrages, sondern können bis in die Sechzigerjahre zurückverfolgt werden. So hat A. C. EVANS nachgewiesen[36], daß wenige Jahre nach Gründung der EWG und noch während der Übergangszeit die Kommission die Grundsätze der Gleichbehandlung und der Freizügigkeit über die wirtschaftliche Komponente hinaus gesehen und bereits 1961 von *„le premier aspect d'une citoyenneté européenne"* im Zusammenhang mit der Problematik von Gastarbeitern aus anderen EWG-Ländern gesprochen hat. Die Wurzeln dieser Auffassung sind sicherlich in den Gedanken der „Architekten Europas" JEAN MONNET oder ROBERT SCHUMAN zu finden, gemäß welchen durch „bloße Zusammenarbeit zwischen Staaten Europa nicht gebaut werden könnte"[37]. Die europäische Integration müsse auch dem „gewöhnlichen Menschen" nahe gebracht werden[38].

Die ersten konkreten Maßnahmen in Richtung eines „Europäischen Bürgers" begannen in der politischen Realität auf dem Pariser Gipfeltref-

35 Vgl den Kommissionsbericht. Commission of the European Communities Report on the Citizenship of the Union. Brussels 21 December 1993 COM(93) 702 Final, 1a.

36 A. C. EVANS, „European Citizenship: A Novel Concept in EEC Law", 32 *AJCL* (1984) 683, Anm 29.

37 Dazu im weiteren FISCHER/KÖCK, Europarecht (1997) 74 ff.

38 Dazu vgl auch MALCOLM ANDERSEN/MONICA DEN BOER/GARY MILLER, „European Citizenship and Cooperation in Justice and Home Affairs", in: Andrew Duff/John Pinder/Roy Pryce (eds), *Maastricht and Beyond. Building the European Union* (London 1994) 106.

fen der Staats- und Regierungschefs am 9./10. Dezember 1974, nachdem aber die Wissenschaft und Lehre des Europarechts bereits vorher schon den Begriff des *Marktbürgers* geprägt hatte[39]. Auf diesem Treffen wurden *ad-hoc*-Arbeitsgruppen mit der Aufgabe betraut, die Voraussetzungen und Inhalte „besonderer Rechte", die über die bereits im EWG-Vertrag 1957 enthaltenen wirtschaftlich-orientierten Konzepte hinausgingen, zu untersuchen. Zu diesen „special rights"[40] zählen politische Rechte, wie das Kommunalwahlrecht, das Aufenthaltsrecht für Nichterwerbstätige und ein Paßrecht im Rahmen einer noch zu schaffenden Paßunion[41], wodurch Kontrollen an den (Binnen)Grenzen überflüssig werden sollten. Nach einem auf diesen Grundlagen erstellten Bericht der Kommission"[42] legte der belgische Premierminister Leo Tindemans am 29. Dezember 1975 seinen legendären Bericht über die Europäische Union vor, der ein Kapitel über das „Europa der Bürger" enthielt, in dem vor allem die Gewährleistung und Durchsetzung der Grundrechte auch durch Individualklagen vor dem EuGH, ein verbesserter Verbraucherschutz, gegenseitige Anerkennung der Studienabschlüsse, Förderung der Studenten- und Dozentenmobilität, etc gefordert wurde; damit sollte die geplante Politische Union möglichst nahe den Bürgern der Mitgliedstaaten konzipiert werden[43]. Wenngleich dieses Papier unmittelbar keine spektakulären Ergebnisse zeitigte[44], so wurden damit dennoch die Weichen für

---

39 Vgl insbes Eberhard Grabitz, Europäisches Bürgerrecht zwischen Marktbürgerschaft und Staatsbürgerschaft (Köln 1970); Hans Peter Ipsen, Europäisches Gemeinschaftsrecht (Tübingen 1972) 250 ff, 8/4-7, 187, definiert den „Marktbürger ... als den einzelnen (Individuum, Unternehmen) als Bürger eines Staates, der Mitgliedstaat ist, und dem er weiterhin angehört und dem Recht des (gemeinsamen) Marktes untersteht, soweit er an ihm teilnimmt". Vgl auch ibid, 9/132 ff.

40 A. C. Evans, „European Citizenship: A Novel Concept in EEC Law", 32 *AJCL* (1984) 681; Carlos Closa, „The concept of citizenship in the Treaty on European Union" (1992) 29 *CMLR* 1144.

41 Vgl Das Kommuniqué der Regierungschefs und Außenminister sowie des Präsidenten der Kommission. Bull EG 12/1974; 8 ff. Näheres zur Entwicklung der Unionsbürgerschaft vgl im weiteren Stephan Hobe, „Die Unionsbürgerschaft nach dem Vertrag von Maastricht", in: Der Staat (1993) 245 ff; Christine Sauerwald, Die Unionsbürgerschaft und das Staatsangehörigkeitsrecht in den Mitgliedstaaten der Europäischen Union (Frankfurt 1996) 45 ff.

42 Europa für die Bürger. Bericht an den Rat vom 3. Juli 1997. EG-Bull, Beilage 7/75, 26 ff.

43 Die Europäische Union. Bericht von Leo Tindemans an den Europäischen Rat. EG-Bull, Beilage 1/76, 29 ff; dazu vgl allgemein Peter Fischer, Die Zukunft der Westeuropäischen Integration. Zum Tindemans-Papier, in: Wiener Blätter zur Friedensforschung (1976) 16 ff.

44 Vgl Aber die Gemeinsame Grundrechtserklärung vom 5. April 1977, ABl 1977, Nr C 103, 1 f, sowie die ersten Direktwahlen zum Europäischen Parlament 1979, die allerdings bis heute trotz des Art 138 Abs 3 EG-Vertrag auf unterschiedlichen nationalen Wahlgesetzen beruhen.Dazu vgl auch unten Abschnitt IV 2. b) bb).

die weitere Entwicklung gestellt. Die Paßunion wurde bereits einige Jahre später verwirklicht. Die Einführung des Europa-Passes erfolgte durch die Entschließung der im Rat vereinigten Vertreter der Regierungen der Mitgliedstaaten[45] vom 23. Juni 1981[46], der spätestens von den Mitgliedstaaten ab 1. Jänner 1985 auszustellen war. Nach Inkrafttreten des EU-Vertrages wurde die an erster Stelle auf dem Umschlag des Passes stehende Bezeichnung „Europäische Gemeinschaften" durch „Europäische Union" ersetzt, sodaß auch damit ein Naheverhältnis zur Union als solcher zum Ausdruck gebracht werden soll. In Österreich wird der Europa-Paß, so lautend auf die Europäische Union, ab dem 1. Jänner 1996 ausgestellt[47].

Weitere „Meilensteine" in der Entwicklung der Idee einer Unionsbürgerschaft waren der vom Europäischen Rat von Fontainebleau am 25./26. Juni 1984 eingesetzte sog „Adonnino-Ausschuß", der unter dem Titel „Europa der Bürger" Vorschläge für Maßnahmen ausarbeiten sollte, „durch die die Identität der Gemeinschaft gegenüber den europäischen Bürgern und der Welt gestärkt und gefördert wird und durch die sie an Prestige gewinnt"[48]. Diese im Ausschuß erarbeiteten Vorschläge umfaßten vor allem das von der wirtschaftlichen Tätigkeit unabhängige Freizügigkeits- und Aufenthaltsrecht, sowie die Abschaffung der Personenkontrollen an den Binnengrenzen. Der Adonnino-Bericht gab Anlaß für eine Reihe von Bürgerinitiativen, die – neben dem genannten Europa-Paß – zur Annahme einer „Europa-Flagge" und einer „Europa-Hymne" führten. Weitere Faktoren für die Entwicklung der Idee der Unionsbürgerschaft waren natürlich auch das durch die Einheitliche Europäische Akte 1986 vorgesehene Binnenmarktkonzept, die 1989 erfolgte Annahme der Sozialcharta zur Verbesserung der Bedingungen der Arbeiter und vor allem die extensive Auslegung der Freizügigkeits- und Niederlassungsrechte durch den EuGH[49].

---

45 Zu dieser Institution vgl Fischer/Köck, Europarecht (1997) 354 f.

46 ABl 1981, Nr C 241, 1 ff; ergänzt durch ABl 1982, Nr C 179. 1 ff; ABl 1986, Nr C 185, 1 ff und ABl 1995, Nr C 200, 1 ff.

47 Zu den Rechtsgrundlagen im Paßgesetz vgl BGBl 1992/839; 1995/507 und 861.

48 EG-Bull, Beilage 7/1985, 5.

49 Darauf wird insbes von Ulrich Everling, „Auf dem Weg zu einem europäischen Bürger. Aspekte aus rechtswissenschaftlicher Sicht", (Rudolf Hrbek, ed) Bürger und Europa (Baden-Baden 1993) 51, verwiesen; vgl auch Siegfried Magiera, Ansätze für ein Europa der Bürger in der Rechtsordnung der Europäischen Gemeinschaft, in: ders, Europa der Bürger in einer Gemeinschaft ohne Binnengrenzen (Baden-Baden 1990) 13 ff; Jan Wouters, European Citizenship and the Case-Law of the Court of Justice of the European Communities on the Free Movement of Persons, in: Epaminondas A. Marias (ed), European Citizenship (Maastricht 1994) 25-62; A. C. Evans, „European Citizenship: A Novel Concept in EEC Law", 32 AJCL (1984) 688.

Auf der Ebene der Sekundärrechtsetzung wurden die Rechte der europäischen Bürger in zweifacher Weise erweitert: zum einen erließ der Rat am 28. Juni 1990 drei Richtlinien betreffend das Aufenthaltsrecht der aus dem Erwerbsleben ausgeschiedenen Arbeitnehmer, der Studenten und das (allgemeine) Aufenthaltsrecht[50], womit auch wirtschaftlich nicht tätige Personen erstmals in den Genuß der Freizügigkeits- und Aufenthaltsrechte gelangten. Zum anderen legte die Kommission dem Rat am 24. Juni 1988 den Vorschlag für eine Richtlinie über das Kommunalwahlrecht vor[51], die dann als „Richtlinie über die Einzelheiten der Ausübung des aktiven und passiven Wahlrechtes bei den Kommunalwahlen für Unionsbürger mit Wohnsitz in einem Mitgliedstaat, dessen Staatsangehörigkeit sie nicht besitzen", erlassen wurde[52]. Damit wurde der erste Schritt auch zur Begründung auch *politischer* Rechte für Angehörige anderer Mitgliedstaaten gesetzt.

Ein sehr weitgehender Vorschlag wurde auf der Regierungskonferenz über die Politische Union am 21. Februar 1991 von der Spanischen Delegation vorgelegt, der einen speziellen Rahmen für die allgemeinen Aspekte der Unionsbürgerschaft als „eine der drei Säulen der künftigen Union und der Grundlage der demokratischen Legitimität"[53] postulierte und inhaltlich mit geschriebenen Grundrechtsgarantien ausfüllen wollte. Das Konzept der Unionsbürgerschaft sollte dabei den Weg für die Einführung der Grund- und Freiheitsrechte in das Gemeinschaftsrecht ebnen. In dieser Form wurde der Vorschlag jedoch nicht angenommen, doch konnte das neue Konzept der Unionsbürgerschaft im Unionsvertrag an wichtiger Stelle verankert werden. Was die Menschenrechte betrifft, so reflektiert der bereits erwähnte Art F Abs 2 EU-Vertrag als Relikt das seinerzeitige spanische Bemühen, das mit der fragwürdigen Begründung in seiner ursprünglichen Form eines Grundrechtskatalogs abgelehnt wurde, daß ja ohnehin die EU-Mitglieder Vertragsstaaten der Europäischen Menschenrechtskonvention seien und überdies der EuGH die Menschenrechte als allgemeinen Rechtsgrundsätze behandle und anwende[54]. Der Schutz sei daher hinreichend gegeben. Heute wird die damalige Trennung der Menschenrechte von der Unionsbürgerschaft vielfach bedauert.

---

50 RL 90/365, ABl 1990, L 180, 28 f; RL 90/366, ABl 1990 L 180, 30 f (nunmehr RL 96/93, ABl 1993 L 317, 59 f) sowie RL 90/364, ABl 1990 L 180, 26. Dazu vgl Fischer/Köck, Europarecht (1997) 523 f.

51 ABl 1988, Nr C 246/3.

52 ABl 1994 Nr C 241 vom 29. August 1994. Dazu im weiteren unten 260 ff.

53 Text des spanischen Vorschlags in: Epaminondas A. Marias (ed), European Citizenship (Maastricht 1994) Annex II, 141 ff.

54 Vgl auch David O'Keeffe and Patrick M. Twomey, Legal Issues of the Maastricht Treaty (London 1994) 111.

So hat 1996 das Europäische Parlament wieder diesen Gedanken aufgegriffen und, worauf noch zurückgekommen wird, einen Katalog für „Maastricht II“ gefordert[55].

Nichtsdestoweniger hatte sich schon inhaltlich vor Maastricht ein europäisches Bürgerrecht abzuzeichnen begonnen; es entstand durch schrittweise Anreicherung der ursprünglich rein ökonomisch ausgerichteten Freizügigkeits- und Aufenthaltsrechte und entwickelte sich auf politischen Bereichen weiter, wobei die Sekundärgesetzgebung und vor allem die Judikatur des EuGH hiezu als Instrumente fungierten.

IV. Die Inhalte der Unionsbürgerschaft

Die folgende Analyse der Inhalte der Unionsbürgerschaft wird systematisch nach persönlichen, materiell- und formellrechtlichen Gesichtspunkten vorgenommen. Sie untersucht so zunächst den durch diese neue Institution erfaßten Personenkreis *(ratione personae),* sodann den materiellen *(ratione materiae)* und den verfahrensrechtlichen *(ratione formae)* Aspekt.

1. Ratione personae

a) Der Verweis auf das innerstaatliche Recht

Die Frage, *wer* Unionsbürger ist, wird durch den EU-Vertrag selbst nicht beantwortet: Art 8 Abs 1, der die Unionsbürgerschaft einführt, sagt lediglich lakonisch: „Unionsbürger ist, wer die Staatsangehörigkeit eines Mitgliedstaates besitzt“. Mit dieser Regelung wird auf das innerstaatliche Recht der Mitgliedstaaten verwiesen, das allein über die Zugehörigkeit einer Person zu einem bestimmten Staat und damit zur Union bestimmt. Denn nur die Staaten sind die Träger der Gemeinschaften und damit der Union; diesen sind die Völker „zugeordnet“[56]. Dieser Grundsatz wird im weiteren noch durch eine Erklärung unterstrichen, die der Schlußakte zum EU-Vertrag beigefügt ist, dergemäß die Frage, welchem Mitgliedstaat eine Person angehört, allein durch Bezug auf das innerstaatliche Recht des betreffenden Mitgliedstaates geregelt wird[57].

---

55 Vgl den letzten Abschnitt V.

56 Vgl Ulrich Everling, Auf dem Weg zu einem europäischen Bürger? Aspekte aus rechtswissenschaftlicher Sicht, in: Everling/Hrbek/Monar/Neunreither/Nienhaus/Steffani/Woyke (Hrsg), Bürger und Europa (Bonn 1994) 52.

57 Ebenso der Beschluß des Europäischen Rates von Edinburgh im Dezember 1992 zu Dänemark. ABl Nr C 348/1 vom 31. 12. 1992.

Dies entspricht auch der herkömmlichen Rechtslage nach Völkerrecht, wonach die Regelung der Staatsbürgerschaft grundsätzlich in die ausschließliche Zuständigkeit der nationalen Rechtsordnungen fällt. Ausdrücklich wurde dies bereits im Gutachten des Ständigen Internationalen Gerichtshofs in der Rechtssache *Staatsangehörigkeitsdekrete in Tunis und Marokko* 1923 ausgesprochen[58], wobei allerdings gesagt werden muß, daß dieses „souveräne" Recht auch vertraglich eingeschränkt werden könnte[59]. In der Gemeinschaftsrechtsordnung nach Maastricht wäre dies durch Sekundärgesetzgebung, also etwa im Richtlinienwege, denkbar. Bislang sind aber solche Versuche, das Recht des Erwerbs bzw des Verlustes der Staatsbürgerschaft, die wiederum die Voraussetzung für die Unionsbürgerschaft ist, zu vereinheitlichen[60], gescheitert, da die Mitgliedstaaten diesen Rechtsbereich als einen unmittelbar ihre Souveränität betreffenden ansehen und derzeit nicht gewillt sind, ihn in die Gemeinschaftskompetenz überzuleiten. Die Uneinheitlichkeit der Bedingungen über den Erwerb der nationalen Staatsbürgerschaft in den EU-Mitgliedstaaten könnte aber dann problematisch werden, wenn die Diskrepanzen den Zuzug von Angehörigen von Drittländern in einen EU-Mitgliedstaat besonders fördern, was zu einem *passport dumping* führen könnte. Daher wird vielfach eine Vereinheitlichung dieser Bedingungen gefordert[61].

Rechtsfolge des Erwerbs der Staatsbürgerschaft eines der EU-Mitgliedstaaten ist die Anerkennung durch die anderen, und zwar unabhängig vom Bestehen eines *genuine link,* wie es etwa der Internationale Gerichtshof im Falle *Nottebohm* verlangt hatte[62]. Das hatte der EuGH ausdrücklich 1990 im Fall *Micheletti v Delegación de Gobierno en Cantabria*[63] ausgesprochen, gemäß welchem Spanien die Niederlassung des Klägers auf seinem Territorium nicht deshalb verweigern konnte, weil dessen primä-

---

58 PCIJ, Series B, No 4 (1923) 24.

59 Vgl Art 1 des Haager Abkommens vom 12. April 1930 über bestimmte Fragen betreffend widersprechende Staatsbürgerschaftsregelungen: „It is for each State to determine under its own law who are its nationals. This law shall be recognised by other States in so far as it is consistent with international conventions ... with regard to nationality". 179 LNTS 89.

60 Vgl Die Entschließung des Europäischen Parlaments vom 21. November 1991. ABl Nr C 326/205 vom 11. Jänner 1992.

61 So vehement von Epaminondas A. Marias, From Market Citizen to Union Citizen, in : Epaminondas A. Marias (Hrsg), European Citizenship, 17, der sogar die Schaffung einer echten „föderalen" Unionsbürgerschaft fordert.

62 ICJ Reports 1955, 4. Nach diesem – nicht unbestrittenen – Urteil gehört die Frage des Erwerbs der Staatsbürgerschaft zwar in die „domestic jurisdiction of the States", doch entfaltet sie bei Fehlen eines echten Naheverhältnissés zwischen einer physischen Person und einem Staat keine internationalen Wirkungen. Dazu vgl auch oben Abschnitt II 1.

63 Rs C-369/90, Slg 1990 I-4239.

re Staatsbürgerschaft die argentinische war und seine italienische daher nicht anerkannt wurde.

b) Marktbürgerschaft und Unionsbürgerschaft

In der europarechtlichen Lehre wird manchmal der Begriff des „Bürgers" mit dem der Einzelperson im Sinne der physischen *und* der juristischen Person gleichgesetzt[64]. Die Unionsbürgerschaft hat ihre Wurzeln in der bereits erwähnten Marktbürgerschaft. In *persönlicher* Hinsicht umfaßt sie Individuen wie auch Unternehmen, also physische *und* juristische Personen[65], wobei letztere vorwiegend am Wirtschaftsleben teilhaben[66]. Der Marktbürger war zunächst ein ausschließlich wirtschaftliches Konzept, das die besonderen Rechte und Pflichten einer physischen oder juristischen Person im Gemeinsamen Markt, dessen Recht er untersteht, treffend zum Ausdruck bringt. Diese Rechte und Pflichten werden nicht mehr allein vom Recht des Mitgliedstaates, in der dieser Marktbürger tätig ist, sondern von der Gemeinschaftsrechtsordnung bestimmt, deren Normen uU mit jenen in der Rechtsordnung des Tätigkeitsstaates in Widerspruch stehen können. In diesem Falle müssen letztere weichen und der Einzelne – sowohl eine physische als auch eine juristische – Person kann sich auf eine Norm des Gemeinschaftsrechts berufen. Dies hat der EuGH schon sehr früh in seiner Judikatur klargestellt[67]. Dieses rechtliche Band zwischen Gemeinschaft und Einzelpersonen wurde in der Folge selbst auch auf Angehörige von Nichtmitgliedstaaten ausgedehnt, soferne sie eben am Gemeinsamen Markt (heute Binnenmarkt) teilnahmen und damit zu Marktbürgern wurden[68]. Durch die Judikatur der EuGH wurde den Marktbürgern auch einzelne Grundrechte, die über die rein wirtschaftlichen Aspekte hinausgingen[69], zuerkannt.

---

64 So undifferenziert etwa ULRICH EVERLING, Die Stellung des Bürgers in der Europäischen Gemeinschaft, 4 Zeitschrift für Rechtsvergleichung (1992) 242, der unter dem Bürgerbegriff sowohl natürliche als auch juristische Personen subsumiert.

65 HANS PETER IPSEN, Europäisches Gemeinschaftsrecht (1972) 187.

66 Das wird auch durch einen Blick auf die gewaltige Judikatur des EuGH deutlich. Die überwiegende Mehrzahl von Fällen befaßt sich mit juristischen Personen.

67 Vgl vor allem *Van Gend en Loos v Nederlandse Administratie der Belastingen*, Rs 26/62 Slg 1963, 1 ff.

68 Vgl die Fälle *Imperial Chemical Industries* Ltd *v Kommission*. Rs 48, 49, 50-59/69. Slg 1972, 619 ff. und *Ålström Osakeyhtiö v Kommission*. Rs 89, 104, 114, 116-117. Slg 1988, 5193 ff.

69 Vgl den bereits 1969 entschiedenen Fall *Stauder v Sozialamt der Stadt Ulm*, Rs 29/69, Slg 1969, 419 ff, in dem, soweit ersichtlich, erstmals die Menschenrechte als allgemeine Grundsätze des Gemeinschaftsrechts anerkannt und dem Kläger das Recht auf Achtung seiner Privatsphäre zuerkannt wurde; keinen wirtschaftlichen Bezug haben im weiteren auch die das Dienstverhältnis von EG-Beamten betreffenden Fälle, in denen ebenfalls

Von diesem Konzept der Marktbürgerschaft ist aber jenes der Unionsbürgerschaft zu unterscheiden. Wie im ersteren kann der Bürger zwar als ein eigenständig oder in Lohnabhängigkeit handelndes Wirtschafts- und Dienstleistungssubjekt fungieren[70]. Darüber hinaus ist aber auch seine Dimension als Teilhaber an politischen Organisationsformen bzw als Sozialbürger zu beachten. Die letztgenannten Funktionen können aber nicht von juristischen Personen, wie sie die Marktbürgerschaft primär vor Augen hat, ausgefüllt werden. Mit dem Maastrichter Unionsvertrag ist somit eine grundlegende Änderung *ratione personae* dahingehend eingetreten, als sich das neue Konzept des „Bürgers" mehr auf das Individuum konzentriert und damit wieder zu seinen historischen Wurzeln zurückkehrt, die es bei der Begründung des Konzepts der „Marktbürgerschaft" verlassen hat. Denn die Marktbürgerschaft kann ja nur als Analogie zum Verhältnis Staatsbürger-Staat bzw innerstaatliches Recht angesehen werden[71]. *Bürger*rechte stehen nicht künstlichen juristischen Gebilden, sondern Menschen zu. Insoweit war (und ist) der Marktbürger in der Gestalt des multinationalen, auf dem europäischen Markt tätigen Unternehmens ebenfalls nur ein künstliches juristisches Gebilde. Es hat aber den Weg für den Beginn einer echten Bürgerschaft, die nun im Entstehen begriffen ist, geebnet. Heute steht somit *ratione personae* der Mensch – und nicht so sehr das wirtschaftlich tätige Unternehmen – und seine Stellung in der Europäischen Union im Mittelpunkt der Rechtsentwicklung.

Mit der Ausdehnung auf *alle* physischen Personen, die die Staatsangehörigkeit eines Mitgliedstaates der EU besitzen, rückt die *Unions*bürgerschaft daher bereits insoweit in die Nähe einer *Staats*bürgerschaft, als sie schon Ansätze von politischen Befugnissen beinhaltet, wie im folgenden Abschnitt zu zeigen sein wird. Gegenüber der traditionellen Marktbürgerschaft bedeutet dies eine neue Dimension, die mit dem Konzept des „Europa der Bürger" charakterisiert werden kann. Sie schließt die Marktbürgerschaft nur mehr dann ein, wenn sich eben die betreffende Einzelperson grenzüberschreitend wirtschaftlich betätigt, was bei der

---

bestimmte Grundrechte anerkannt wurden. Vgl *Maurissen v Rechnungshof,* Rs C-193, 194/87, Slg 1990 I, 95 ff (Recht auf Teilnahme an Arbeitnehmervereinigungen); *Prais v Kommission,* Rs 130/75, Slg 1976, 1589 ff (Verbot der Diskriminierung aus religiösen Gründen); *Oyowe und Traore v Kommission,* Rs C-100/88, Slg 1989, 4285 f (Freiheit der Meinungsäußerung); im Zusammenhang mit der Durchsuchung von Geschäftsräumlichkeiten durch Kommissionsorgans wurde das Recht auf Achtung der Privatsphäre auch im Falle *National Panasonic (UK) Ltd v Kommission,* Rs 136/79, Slg 1080, 2033 ff ebenfalls anerkannt, jedoch hier nicht als anwendbar erachtet.

70 Vgl Winfried Steffani, Bürger und Gemeinwesen: Was macht Bürgersein heute aus?, in: Everling/Hrbek/Monar/Neunreither/Nienhaus/Steffani/Woyke (Hrsg), Bürger und Europa (Bonn 1994) 10.

71 Vgl Fischer/Köck, Europarecht (1997) 326 ff.

überwiegenden Mehrzahl der Angehörigen der EU-Mitgliedstaaten ja gar nicht der Fall ist. Jeder Unionsbürger ist aber potentieller Markbürger, aber nicht umgekehrt, da auch Drittlandsangehörige im europäischen Binnenmarkt mit Rechten und Pflichten ausgestattet und insoweit eben Markbürger sind.

Seit dem Maastrichter Unionsvertrag ist somit der Bürgerbegriff differenziert zu betrachten. Es kann daher zusammenfassend zur Frage des Trägers der europäischen Bürgerschaft folgendes gesagt werden: Die Marktbürgerschaft ist primär wirtschaftlich ausgerichtet und umfaßt auch juristische Personen und Angehörige von Drittstaaten, die im Binnenmarkt tätig sind[72]; sie erstreckt sich nicht auf die Ausübung von politischen Befugnissen. Die Unionsbürgerschaft stellt hingegen den Menschen in den Mittelpunkt. *Ratione personae* sind daher Unionsbürgerschaft und Marktbürgerschaft nicht deckungsgleich. Dieses Ergebnis wird im übrigen auch durch die neuen Bestimmungen des EG-Vertrags bestätigt, die ebenfalls zwischen Bürgern und (anderen) physischen und juristischen Personen unterscheiden[73], worauf im folgenden Abschnitt noch zurückzukommen sein wird.

2. Ratione materiae

Wie erwähnt, wird zwar die Unionsbürgerschaft an prominenter Stelle in den EU-Vertrag durch die Art 8-8e EG-Vertrag eingeführt, doch stellen diese Bestimmungen keineswegs eine einheitliche, konsolidierte rechtliche Regelung dar, sondern die Inhalte der Unionsbürgerschaft finden sich verstreut auch in anderen Teilen des Vertragswerkes. Wenn man, wie W. Kaufmann-Bühler[74], schon von einem „Rechtskatalog" in diesem Zusammenhang spricht, so darf dieser nur als eine demonstrative Aufzählung von Rechten (und Pflichten) verstanden werden, die durch weitere Vorschriften des Vertrages ergänzt werden. Art 8 Abs 2 EG-Vertrag macht dies auch deutlich, da hier von Unionsbürgern, die „die in diesem Vertrag (und nicht nur in den Art 8 ff EG-Vertrag) vorgesehenen Rechte und Pflichten [haben]", die Rede ist. Diese Streulage der einschlägigen Bestimmungen über die Unionsbürgerschaft ist zweifellos einer der systematischen Mängel im Unionsvertrag, der, wie andere auch, im Wege der

72 So wurden etwa EFTA-Angehörige vom EuGH als dem EWG-Wettbewerbsrecht mit der Begründung unterworfen erachtet, daß auch außerhalb des EWG-Raumes getroffene wettbewerbsverzerrende Vereinbarungen sich auf den Gemeinsamen Markt ausgewirkt hatten und die Freihandelsabkommen auf diese Weise umzusetzen seien. Vgl Verbundene Rs 89/104, 114, 116, 117 und 125 bis 129/85, Slg 1988, 5193 ff.

73 So etwa Art 138d und 138e. Dazu vgl auch unten 266 ff.

74 Zweiter Teil. Die Unionsbürgerschaft, in: C. O. Lenz (Hrsg), EG-Vertrag. Kommentar (1994) 43, 45.

vollständigen Zusammenfassung der Rechte und Pflichten der Unionsbürger in einem geschlossenen Vertragsteil durch die derzeitige Regierungskonferenz 1996 behoben werden sollte und auch könnte[75]. Nur dann wird man von einem echten Rechtskatalog sprechen können.

Die Bürgerrechte nach dem EU-Vertrag lassen sich in europarechtliche und völkerrechtliche[76] gliedern. Dabei sind die europarechtlichen jene, die – vergleichbar mit Staatsbürgerrechten – innerhalb der Gemeinschafts(Unions)Rechtsordnung zum Tragen kommen. Zu diesen zählen die Freizügigkeits- und Aufenthaltsrechte, die Wahl- und Petionsrechte, sowie die weiteren, aus dem EU-Vertrag entspringenden Rechte. Völkerrechtliche Bürgerrechte sind hingegen solche, die sich gegenüber Drittstaaten auswirken. Zu diesen gehören die diplomatischen und konsularischen Schutzrechte. In beiden Fällen geht es um den neuen Bürgerbegriff, der das Individuum, und nicht die juristische Person, umfaßt. Denn bereits Art B des EU-Vertrags normiert als einen der Unionsziele die Stärkung des Schutzes der Rechte und Interessen der *Angehörigen*[77] der Mitgliedstaaten durch die Einführung einer Unionsbürgerschaft. Dabei sind als „Angehörige"[78] Individuen, also physische Personen, Menschen zu verstehen. In der Folge soll nun auf die Inhalte dieser nun so ausgestalteten Unionsbürgerschaft eingegangen werden.

a) Die Freizügigkeits- und Aufenthaltsrechte

aa) Ihre Stellung im Gemeinschaftsrecht

Wichtigstes und zentrales Recht der Unionsbürger ist herrschender Auffassung nach das Recht, sich im Hoheitgebiet der Mitgliedstaaten frei zu bewegen und aufzuhalten[79]. Es ist Ausfluß des allgemeinen Diskrimi-

---

75 In diese Richtung zielt auch ein Vorschlag des Europäischen Parlaments. Vgl den Resolutionsentwurf vom 5. März 1996. Berichterstatter Mrs. Raymonde Dury und Mrs Hanja Maij-Weggen. PE 216.237/fin/A, 8 f; darin wird die Zusammenfassung der Rechte und Pflichen der Unionsbürger in der Neufassung des Vertrages im Ersten Kapitel gefordert.

76 Hier soll nicht auf die umstrittene Frage nach der Rechtsnatur des Gemeinschaftsrechts – Völkerrecht oder autonome Rechtsordnung – eingegangen werden, die an anderer Stelle eingehenst erörtert worden war. Dazu vgl Peter Fischer, Is the European Community an International Organization?, in: Konrad Ginther *et al* (Hrsg), Völkerrecht zwischen normativem Anspruch und politischer Realität, FS Karl Zemanek (Berlin 1994) 187 ff.

77 Hervorhebung hinzugefügt.

78 In der englischen Fassung wird hier von *nationals* gesprochen. Art B, 3. Spiegelstrich EU-Vertrag.

79 Art 8a EG-Vertrag Hans Ulrich Jessurun d'Oliveira, European Citizenship: Its Meaning, Its Potential, in: Joerg Monar *et al*, The Maastricht Treaty on European Union (Brüssel 1993) 88, spricht hier von „core and origin of the European citizenship"; ähnlich

nierungsverbots nach Art 6 EG-Vertrag[80] und umfaßt auch jene Personen, die sich nicht schon auf Grund ihrer wirtschaftlichen Tätigkeit im Genuß dieser Rechte, wie sie Art 48 und 52 EG-Vertrag vorsehen, befinden. Mit diesem in Art 8a EG-Vertrag verankertem Recht wird jener Personenkreis, dessen Rechtstellung bislang durch Richtlinienrecht bestimmt worden war[81], auf der Stufe des Primärrechts geregelt. Das bedeutet, daß die überwiegende Mehrzahl der Staatsangehörigen der EU-Mitgliedstaaten, die ja nicht, wie oben erwähnt[82], grenzüberschreitend wirtschaftlich aktiv sind, auf Verfassungsebene Rechte eingeräumt erhielten, die als echte Bürgerrechte[83] bezeichnet werden können. Die Freizügigkeits- und Aufenthaltsrechte stehen nun rechtlich auf einer Ebene mit den im EWG-Gründungsvertrag von Anbeginn an verankerten wirtschaftlichen Rechten der Arbeitnehmerfreizügigkeit[84], der Niederlassungs- und der Dienstleistungsfreiheit[85]. Allerdings gelten diese Rechte nicht absolut, sondern vorbehaltlich der im Vertrag selbst und im Sekundärrecht enthaltenen Beschränkungen[86]. Diese erstrecken sich vor allem auf den *ordre public* sowie die Verpflichtung des Unionsbürgers zur Verfügung über entsprechende Existenzmittel zur Vermeidung von finanziellen Belastungen des Sozialsystems des Aufenthaltsstaates[87].

auch Ulrich Everling, Auf dem Weg zu einem europäischen Bürger? Aspekte aus rechtswissenschaftlicher Sicht, in: Everling/Hrbek/Monar/Neunreither/Nienhaus/Steffani/Woyke (Hrsg), Bürger und Europa (Bonn 1994) 52; Peter Oliver, Electoral Rights under Article 8B of the Treaty of Rome, in: 33 CMLR (1996) 474; David O'Keeffe/Patrick M Twomey, Legal Issues of the Maastricht Treaty (London 1994) 93.

80 Vgl Den Fall *Europäisches Parlament v Rat der Europäischen Gemeinschaften.* Rs C-295/90. Entscheidung vom 7. Juli 1992. Slg 1992, I-4193 ff. Der EuGH folgte hier der Auffassung der Kommission und des Parlaments in Hinblick auf die Rechtsgrundlage für das Studenten-Aufenthaltsrecht. Vgl die folgende Anmerkung.

81 Vgl die Studenten-, Pensionisten- und Allgemeine Aufenthaltsrichtlinie. (RL 93/96/EWG; ABl 93 L 317, 59; RL 90/365 EWG und RL 90/364 EWG; ABl 90 L 180 26 ff).

82 Vgl oben Abschnitt IV 1. b) (Marktbürgerschaft und Unionsbürgerschaft).

83 Die Frage, ob durch die Bestimmungen über die Unionsbürgerschaft im Maastrichter Unionsvertrag neues Recht geschaffen oder bisher geltendes nur kodifiziert wurde, ist umstritten. Zur letztgenannten Ansicht neigen etwa David O'Keeffe/Patrick M Twomey, Legal Issues of the Maastricht Treaty (London 1994) 94. Andererseits meint d'Oliviera, ein sonst eher zurückhaltender Autor, in: European Citizenship, op cit, 89, zum gegenständlichen Art 8a EG-Vertrag plakativ: „... the economically irrelevant people have been promoted to the status of persons".

84 Art 48 EG-Vertrag.

85 Art 52 ff und 59 ff EG-Vertrag.

86 Art 8a Abs 1 EG-Vertrag.

87 Vgl die Art 48 Abs 3 sowie 56 Abs 1 EG-Vertrag angeführten Gründe. Zum Sekundärrecht vgl die in Anmerkung 78 oben enthaltenen RL sowie die Richtlinie (64/221/EWG) zur Koordinierung der Sondervorschriften für die Einreise und den Aufenthalt von Ausländern, soweit sie aus Gründen der öffentlichen Ordnung, Sicherheit oder Gesundheit gerechtfertigt sind. ABl Nr 56 vom 4. 4. 1964, 850.

Eingeschränkt wird das Recht auf Freizügigkeit *de facto* aber auch durch die Personenkontrollen an den Binnengrenzen, deren schrittweisen Abbau sich das am 14. Juni 1984 zwischen den BENELUX-Staaten, Deutschland und Frankreich im luxemburgischen Moselort Schengen abgeschlossene Abkommen zum Ziel gesetzt hatte[88]. Wenngleich als erste Maßnahmen einfache Sichtkontrollen der die Grenze passierenden Fahrzeuge eingeführt werden konnten, so zeigte sich sehr bald die Notwendigkeit zur Ergreifung von Ausgleichsmaßnahmen vor allem an den Außengrenzen, um die organisierte Kriminalität und die illegale Einwanderung in ein „grenzenloses Europa" wirksam bekämpfen zu können. Die Regelung dieser sowohl im Völker- als auch im Europarecht völlig neuen Rechtsmaterie[89] erfolgte dann durch das Schengener Durchführungsübereinkommen vom 19. Juni 1990, als dessen Kernstück Art 2 Abs 1 anzusehen ist: „Die Binnengrenzen dürfen an jeder Stelle ohne Personenkontrolle überschritten werden"[90]. Die Verwirklichung dieses ehrgeizigen, auch technisch schwierigen Ziels und damit der vollen Freizügigkeit wird allerdings noch einige Zeit in Anspruch nehmen.

Was die *Durchsetzung* der Freizügigkeitsrechte nach dem EG-Vertrag betrifft, so ist dazu folgendes zu sagen: Analog den Bestimmungen des Art 48 Abs 1 und 2 EG-Vertrag über die Arbeitnehmerfreizügigkeit sind die Freizügigkeits- und Aufenthaltsrechte der Unionsbürger nach Art 8a EG-Vertrag hinreichend determiniert und bedürfen keiner Ausführung durch den nationalen Gesetzgeber. Sie erfüllen somit die Voraussetzungen für die Direktwirkung, sodaß sich der Einzelne vor nationalen Gerichten und Verwaltungsbehörden auf sie berufen kann[91].

---

88 Dazu vgl eingehend KLAUS-PETER NANZ, Das Schengener Übereinkommen: Personenfreizügigkeit in integrationspolitischer Perspektive, in: 17 integration 2/94, Beilage zur EUROPÄISCHEN ZEITUNG 4/1994, 92 ff; J. SCHUTTE, Schengen: Its Meaning for the Free Movement of Persons in Europe, 28 Common Market Law Review (1991) 549 ff.

89 Daher waren sehr lange Verhandlungen notwendig. NANZ, op cit, 93.

90 Das Durchführungsübereinkommen ist am 26. 3. 1995 in Kraft getreten. Die wichtigste darin verankerte *technische* Ausgleichsmaßnahme ist das Schengener Informationssystem (SIS) in Straßburg. Dazu im weiteren NANZ, op cit, 104 ff. Dem Schengener Übereinkommen ist Italien (1990), Spanien und Portugal (1991), Griechenland (1992) und Österreich (1995) beigetreten. Großbritannien sieht Grenzkontrollen weiterhin als das geeignetste Mittel zur Bekämpfung von Terroristen an, während die skandinavischen EU-Mitglieder die Bindungen zu Norwegen als ein Hindernis für die Teilnahme am „Schengenland" betrachten. Dänemark ist allerdings Beobachter. Dazu auch CHRISTINE SAUERWALD, Die Unionsbürgerschaft und das Staatsangehörigkeitsrecht in den Mitgliedstaaten der Europäischen Union (Frankfurt 1996) 58.

91 Vgl dazu das Urteil des EuGH im Falle *Van Duyn v Home Office,* Rs 41/74, Slg 1974, 1337 ff, in dem Art 48 EG-Vertrag (Arbeitnehmerfreizügigkeit) trotz der Einschränkungen des Abs 3 (öffentliche Ordnung, Sicherheit, Gesundheit) als direkt wirksam erachtet, also dem Einzelnen ein subjektives Recht aus dieser Bestimmung zuerkannt wurde (RZ 7 des Urteils). Gleiches gilt für Art 8a EG-Vertrag. So auch ULRICH EVERLING, Auf

Es stellt sich nun die Frage, ob diese in Art 8a EG-Vertrag verankerten Freizügigkeits- und Aufenthaltsrechte auch gegen jenen Staat geltend gemacht werden können, dessen Staatsbürger der betreffende Unionsbürger ist. Mit anderen Worten: gelten diese Rechte nur in Hinblick auf die Freizügigkeit bzw des Aufenthalts in *anderen* EU-Mitgliedstaaten[92] oder in diesen *sowie* im eigenen Heimatstaat?

bb) Die causa Habsburg 1996

Für das neue Unionsmitglied „Republik Österreich" ist diese Frage erstmals juristisch und vor allem politisch relevant geworden, als FELIX HABSBURG-LOTHRINGEN und Dr. CARL-LUDWIG HABSBURG-LOTHRINGEN, Söhne des letzten österreichischen Kaisers KARL I., am 24. Jänner bzw 25. März 1996 jeweils einen Antrag auf Ausstellung eines österreichischen Reisepasses stellten, der auch zur Einreise in das österreichische Bundesgebiet berechtigt. Beide Antragsteller besitzen die österreichische Staatsbürgerschaft und haben ihren Wohnsitz in Brüssel, Belgien. Da sie vor dem Untergang der Österreichisch-Ungarischen Monarchie und damit zu einem Zeitpunkt geboren wurden, zu dem das Haus Habsburg-Lothringen in Österreich noch die Herrscherrechte ausgeübt hat, fand auf sie nach der österreichischen Rechtslage das Habsburger-Gesetz vom 3. April 1919[93] Anwendung. Dieses Gesetz sieht ua die Landesverweisung aller Mitglieder des Hauses Habsburg-Lothringen vor, soweit sie nicht auf ihre Thronansprüche und ihre Mitgliedschaft zum genannten Hause verzichten.

dem Weg zu einem europäischen Bürger? Aspekte aus rechtswissenschaftlicher Sicht, in: Everling/Hrbek/Monar/Neunreither/Nienhaus/Steffani/Woyke (Hrsg), Bürger und Europa (Bonn 1994) 54. Anderer Meinung hingegen W. KAUFMANN-BÜHLER, Art. 8a EG-Vertrag, in: C. O. Lenz (Hrsg), EG-Vertrag Kommentar (1994) 46 (RZ 1), mit dem Hinweis auf die obgenannten Beschränkungen; allgemein zur Frage der Direktwirkung von Gemeinschaftsrecht vgl PETER FISCHER, Sind Richtlinien noch das, wofür sie bestimmt waren? Zur Weiterentwicklung des Rechtsschutzes der Unionsbürger, in: Economy 4 (1992) 66 ff.

92 So GEORGE A. BERMANN/ROGER J. GOEBEL/WILLIAM J. DAVEY/ELEANOR M. FOX, 1995 Supplement to Cases and Materials on European Community Law (including European Union Materials), (St. Paul 1995) 7, die unter „European citizenship" die Rechte „to move and reside freely within the territory of the *other* Member States" verstehen (Hervorhebung hinzugefügt). Das entspricht nicht dem Wortlaut des Art 8a EG-Vertrag, dessen englischer Text nur von „territory of the Member States" spricht.

93 StGBl. 1919/209. Das in seinem vollen Titel lautende „Gesetz betreffend die Landesverweisung und die Übernahme des Vermögens des Hauses Habsburg-Lothringen" bestimmt in seinem hier relevanten § 2:

„Im Interesse der Sicherheit der Republik werden der ehemalige Träger der Krone und die sonstigen Mitglieder des Hauses Habsburg-Lothringen, diese, soweit sie nicht auf ihre Mitgliedschaft zu diesem Hause und auf alle aus ihr gefolgerten Herrschaftsansprüche ausdrücklich verzichten und sich als getreue Staatsbürger der Republik bekannt haben, des Landes verwiesen".

Das Habsburger-Gesetz gilt nach Art 149 Abs 1 B-VG als Verfassungsgesetz.

Die beiden Habsburger haben im Gegensatz zu ihrem Bruder OTTO eine Verzichtserklärung im Sinne dieses Gesetzes nicht abgegeben. Aus diesem Grunde gab es für sie nach der nationalen und wohl auch nach der bisherigen europarechtlichen Rechtslage kein Recht zur Einreise nach und Aufenthalt in Österreich.

Diese Rechtslage hat sich nun mit dem österreichischen EU-Beitritt einerseits und der Schaffung der Unionsbürgerschaft mit den primärrechtlichen Freizügigkeits- und Aufenthaltsrechten andererseits geändert.

Durch die genannten Paßanträge haben die beiden Habsburger zu erkennen gegeben, daß sie sich auf diese Rechte aus der Unionsbürgerschaft berufen. Dabei wird nun die bereits oben angeschnittene Frage aufgeworfen, ob diese Rechte, nämlich auf Einreise von Belgien nach Österreich und Aufenthalt dortselbst, auch gegenüber dem eigenen Staat, also der Republik Österreich, geltend gemacht werden können.

Diese Frage zielt auf ein Problem, das in Theorie und Paxis des Europarechts herkömmlich als Inländerdiskriminierung *(reverse discrimination)* bezeichnet wird. Es geht dabei um die Schlechterstellung des eigenen Staatsbürgers gegenüber dem EU-Ausländer, der sich auf Gemeinschaftsrecht stützen kann, was ersterem versagt bleibt. Zwar widerspricht ein solches Ergebnis der Idee einer einheitlichen Unionsbürgerschaft, doch ist nach der derzeitigen Rechtslage dabei (noch) zwischen zulässiger und unzulässiger Diskriminierung der eigenen Staatsbürger zu unterscheiden. Zulässig ist nach der bisherigen Judikatur des EuGH eine Inländerdiskriminierung dann, wenn rein interne Sachverhalte vorliegen[94]. Hier wird auf die nationalen Instrumente zur ihrer Beseitigung verwiesen. Besteht hingegen ein Gemeinschaftsbezug, dh ist beispielsweise das Verhalten eines EU-Bürgers im Bereich der Europäischen Union grenzüberschreitend und/oder sind Gemeinschaftsinteressen betroffen, so findet das Gemeinschaftsrecht auch gegenüber dem eigenen Staat Anwendung[95]. So

94 Die Doktrin der zulässigen Inländerdiskriminierung fand Anwendung ua in *Regina v Saunders,* Rs 175/78. Slg 1979, 1129 ff; *Moser v Land Baden-Württemberg,* Rs 180/83, Slg 1984, 2539 ff; *Morson v Die Niederlande,* Verbundene Rs 35 & 36/82, Slg 1982, 3723 ff; *Bekaert v Französische Republik,* Rs 204/87, Slg 1988, 2029 ff. und *Morais,* Rs C-60/91, Slg 1992, I-2085 ff; vgl aber die Kritik bei D. PICKUP, Reverse Discrimination and Free Movement of Workers, in: 23 Common Market Law Review 135(1986) 156: „The just and common sense principle must be that the nationals of *all* Member States are entitled to the same treatment by any Member State". Der EuGH blieb davon unbeeindruckt. Vgl die Entscheidung im Fall *Steen v Deutsche Bundespost II,* Rs C-132/93, Slg 1994 I-2715 ff.

95 So der EuGH in den Fällen *Knoors v Staatssecretaris van Economische Zaken.* Rs 115/78, Slg 1979, 399 ff und allgemein verbundene Rechtssachen 154-155/87, *Wolf und*

erfüllt dabei die Einreise einer Person von einem EU-Mitgliedstaat in einen anderen den Tatbestand „Gemeinschaftsbezug“[96], sodaß sich der Einzelne auch gegen seinen eigenen Staat auf eine Norm des Gemeinschaftsrechts, die ihm gegenüber durch seinen Staat verletzt wird, berufen kann. Steht dieser gemeinschaftsrechtlichen Norm eine innerstaatliche, selbst verfassungsrechtliche Norm entgegen, so muß letztere weichen. EU-Recht bricht bekanntlich entgegenstehendes mitgliedstaatliches Recht[97].

Gestützt vor allem[98] auf diese Überlegungen haben nun Dr. CARL-LUDWIG und FELIX HABSBURG-LOTHRINGEN ihre Rechte gegenüber der österreichischen Bundesregierung erfolgreich geltend gemacht. Nach dem Ministerratsbeschluß vom 26. März 1996[99] wurden die beantragten Pässe ausgestellt und damit die jahrzehntelange Landesverweisung der Habsburger beendet.

Dieses gemeinschaftsrechtskonforme Verhalten Österreichs hatte Präzedenzwirkung: In ähnlicher Weise beriefen sich wenig später die betroffenen Mitglieder des Königlichen Hauses Savoyen gegenüber der Republik Italien auf ihre Rechte aus der Unionsbürgerschaft. Mitte Mai 1996 wurde auch diese langjährige Verbannung durch den italienischen Staatspräsidenten aufgehoben. In beiden Fällen hatten es die EU-Mitgliedstaaten vorgezogen, durch innerstaatliche Akte die Rechte aus der

Dorchain, Slg 1988, 3897 ff. Dazu auch SIOFRA O'LEARY, The Relationship between Community Citizenship and Protection of Fundamental Rights in Community Law, in: 32 Common Market Law Review (1995) 528 f.

96 Das ergibt sich *e contrario* aus dem EuGH-Urteil im Fall *Moser v Land Baden-Württemberg,* Rs 180/83, Slg 1984, 2539 ff, RZ 16; im Fall *Knoors* (vgl vorhergehende Anmerkung, RZ 18-20) erachtete der Gerichtshof die Tatsache entscheidend, daß der Kläger die Freiheiten nach dem EG-Vertrag in Anspruch genommen hatte, was im Fall *Moser* nicht gegeben war. Aber auch bei Vorliegen von rein internen Sachverhalten würde heute die Inländerdiskriminierung dem Gegenstand und Zweck der Unionsbürgerschaft widersprechen.

97 Der Grundsatz des absoluten Vorrangs des Gemeinschaftsrechts ist ein wesentlicher Bestandteil der Gemeinschaftsordnung. Vgl die beiden klassischen Fälle *Costa v ENEL,* Rs 6/64, Slg 1964, 585 ff sowie *Simmenthal II,* Rs 106/77, Slg 1978, 629 ff; in diesem Sinne auch *The Queen v Secretary of State for Transport ex parte Factortame Ltd,* Rs C-213/89, Slg 1990, I-2433 ff; *Firma Foto-Frost v Hauptzollamt Lübeck-Ost,* Rs 314/85, Slg 4199 ff. Dazu allgemein FISCHER/KÖCK, Europarecht (1995) 322 ff.

98 Zu den weiteren Rechtsgrundlagen vgl das (bisher unveröffentlichte) Gutachten von HERIBERT FRANZ KÖCK/PETER FISCHER, Die gemeinschaftsrechtlich gewährleisteten Freizügigkeits- und Aufenthaltsrechte und ihr Verhältnis zum Habsburger-Gesetz. Eine Untersuchung der materiell-rechtlichen Aspekte (Wien 1996).

99 Darin wird allerdings nicht auf das Gemeinschaftsrecht Bezug genommen, sondern die Paßanträge wurden als „Verzichtserklärungen“ im Sinne des Habsburger-Gesetzes gewertet. Damit wurde die Entscheidung der Rechtsfrage bewußt offengelassen und eine „österreichische Lösung“ gefunden. Vgl die Erklärung des Klubobmannes Univ.-Prof. Dr. ANDREAS KHOL vom 26. 3. 1996. Austria Presse Center. Ministerrat/Habsburg/Khol, 1.

Unionsbürgerschaft anzuerkennen, um offensichtlich ein Verfahren vor dem EuGH zu vermeiden[100].

b) Die Wahlrechte der Unionsbürger

Kernstück der *politischen* Rechte sind die aktiven und passiven Wahlrechte der Unionsbürger außerhalb ihres Heimatstaates, die sich nun auf zwei Ebenen entfalten: auf jener der Wahlen zum Europäischen Parlament (sog Europawahlen) und auf jener der Kommunalwahlen in den Mitgliedstaaten. Die Wahlen zum Europäischen Parlament (EP) werden seit 1979 als direkte Wahlen abgehalten[101] und finden alle fünf Jahre statt. Die neuen Bestimmungen des Art 8b EG-Vertrag gewähren dem Unionsbürger die Ausübung der genannten aktiven und passiven Wahlrechte in einem Mitgliedstaat der Union, dem sie nicht angehören, soferne sie ihren Wohnsitz dort begründet haben.

aa) Das Kommunalwahlrecht

Art 8b Abs 1 EG-Vertrag gewährt dem ausländischen Unionsbürger das aktive und passive Wahlrecht auf kommunaler Ebene zu gleichen Bedingungen wie den Staatsbürgern des Wohnsitzstaates. Die Wahrnehmung solcher staatsbürgerlicher Rechte auf kommunaler Ebene durch EU-Ausländer erforderte Verfassungsänderungen in manchen Staaten, wie in Deutschland und Frankreich, während es in anderen EU-Mitgliedstaaten, wie Dänemark, Irland und Großbritannien interessanterweise keine diesbezüglichen verfassungsrechtlichen Schwierigkeiten gab[102].

---

100 Gleiches gilt offensichtlich auch für Großbritannien im Falle *Gerry Adams*, dem Führer der Sinn Fein-Bewegung, gegen den im Oktober 1994 ein Einreiseverbot durch den britischen Innenminister verhängt worden war. Adams bekämpfte diese *exclusion order* vor dem Queen's Bench Divisional Court ua unter Berufung auf Art 8a EG-Vertrag. Das Gericht beschloß, diese Frage dem EuGH nach Art 177 EG-Vertrag vorzulegen. Dieser Vorlagebeschluß an den EuGH wurde aber vom Gericht im April 1995 zurückgezogen, nachdem das Einreiseverbot vom Innenministerium aufgehoben worden war. Der Fall *Adams* wäre der erste gewesen, in dem der EuGH über die Freizügigkeits- und Aufenthaltsrechte aus der Unionsbürgerschaft bzw über die damit verbundene Frage der Inländerdiskriminierung zu entscheiden gehabt hätte. Dazu Brian Wilkinson, Towards European Citizenship? Nationality, Discrimination and Free Movement of Workers in the European Union, in:European Public Law 1 (September 1995) 423 f.

101 Vgl Art 138 EG-Vertrag sowie die Ratsentscheidung 76/787. ABl 1976, Nr L 278/1 ff idF ABl 1995, Nr L 1/1 ff. Zu den Wahlen zum EP allgemein vgl Fischer/Köck, Europarecht (1997) 369 f.

102 Dazu eingehend vgl Peter Oliver, Electoral Rights under Article 8B of the Treaty of Rome, in: Common Market Law Review 33, 476 ff; W. Kaufmann-Bühler, Art. 8b EG-Vertrag, in: C. O. Lenz (Hrsg), EG-Vertrag. Kommentar (1994) 50 ff; Manfred Degen, Die Unionsbürgerschaft nach dem Vertrag über die europäische Union unter besonderer Berücksichtigung des Wahlrechts, in: Die öffentliche Verwaltung (1993) 749,

In Ausführung des Art 8b Abs 1 EG-Vertrag wurde am 19. Dezember 1994 die Richtlinie 94/80/EG angenommen, die die Einzelheiten über das Kommunalwahlrecht der Unionsbürger festlegte[103].

Für das neue EU-Mitglied Österreich stellte sich dabei die Frage, ob auch EU-Ausländer, die ihren Wohnsitz in Wien begründet haben, an den Wiener Gemeinderatswahlen am 13. Oktober 1996 teilnehmen konnten. In Anbetracht des Umstandes, daß Wien nicht nur Gemeinde, sondern gleichzeitig auch Bundesland ist, erfolgte eine Regelung analog jener in Deutschland bezüglich der freien und Hansestadt Hamburg und des Landes Berlin. Ausländische EU-Bürger haben in den genannten Städten nur das Recht zur Teilnahme an den Wahlen in deren Bezirken, sodaß sie in Wien auch nur zur Teilnahme an den Bezirksvertreterwahlen berechtigt wurden[104].

Der Ausschluß der ausländischen Unionsbürger von den Wiener Gemeinderatswahlen ist bedauerlich, da der Wiener Gemeinderat primär kommunale Aufgaben wahrnimmt. Er reduziert die schwer erkämpften politischen Unionsbürgerrechte im Bereich der kommunalen Verwaltung und schafft in Österreich, je nach Wohnsitz, zwei Klassen von ausländischen Unionsbürgern: solche, die, wie etwa in Graz, Linz oder Innsbruck, die Vertreter bei Gebietskörperschaften mit allen ihren Kompetenzen mitbestimmen können, und solche, deren Rechte, wie in Wien, auf die Mitbestimmung von Vertretern der kompetenzarmen Bezirke reduziert sind. Dies entspricht gewiß nicht dem Ziel und Zweck eines Kommunalwahlrechts im Rahmen der Unionsbürgerschaft[105].

bb) Die Wahlen zum Europäischen Parlament

Gemäß Art 8b Abs 2 EG-Vertrag hat jeder Unionsbürger mit Wohnsitz in einem Mitgliedstaat, dessen Staatsangehörigkeit er nicht besitzt,

---

der die Wahlrechte als „spürbare Verbesserung der Rechtsstellung der Bürger" ansieht. Ibid 752.

103 Richtlinie 94/80/EG des Rates über die Einzelheiten der Ausübung des aktiven und passiven Wahlrechts bei den Kommunalwahlen für Unionsbürger mit Wohnsitz in einem Mitgliedstaat, dessen Staatsangehörigkeit sie nicht besitzen. ABl Nr L 368 vom 19. 12. 1994, 38 ff. In Hinblick auf die im Herbst 1996 in Finnland und Österreich (13. Oktober) stattfindenden Kommunalwahlen erging am 11. Jänner 1996 ein Änderungsvorschlag der Kommission zur Aufnahme der entsprechenden lokalen Gebietskörperschaften in den Anhang der genannten RL KOM(95) 499 endg. Veröffentlicht in ABl Nr C 74 vom 14. März 1996, 11 ff.

104 Anhang RL 94/80/EG sowie Änderung. Vgl vorhergehende Anmerkung. Die Umsetzung der RL erfolgte durch das Gesetz über die Gemeindewahlordnung der Stadt Wien (Wiener Gemeindewahlordnung 1996-GWO 1996) und Änderung der Wiener Stadtverfassung. Wiener LGBl 1996/16. Vgl § 16 Abs 2 GWO.

105 Vgl im Zusammenhang mit Hamburg und Berlin Karl Sieveking, Europäisches Gemeinschaftsrecht und Stadtstaaten, in: Die öffentliche Verwaltung (1993) 449 ff.

das aktive und passive Wahlrecht zum Europäischen Parlament zu denselben Bedingungen wie die Angehörigen des Mitgliedstaates. Wenngleich es noch kein einheitliches Wahlverfahren, wie es Art 138 Abs 3 EG-Vertrag vorsieht, beschlossen werden konnte, so erging in Ausführung der eingangs genannten Bestimmung die Richtlinie 93/109/EG des Rates, die die Einzelheiten, etwa Vermeidung von Doppelwahlen, regelte und noch rechtzeitig zu den Europawahlen im Juni 1994 wirksam werden konnte[106].

Mit dieser neuen Regelung kann ein Unionsbürger den Vertreter eines anderen Mitgliedstaates im EP mitbestimmen oder auch selbst zu einem solchen gewählt werden. Er wird also insoweit zum Staatsvolk seines Wohnsitzstaates gerechnet, wodurch die Aussage, das EP vertrete nicht ein, sondern viele Völker, etwas abgeschwächt wird.[107]

c) Diplomatische und konsularische Schutzrechte

Während es sich bei den bisher untersuchten Bürgerrechten um europarechtliche, also im Innenverhältnis Bürger-Gemeinschaften bzw Union wirkende, handelt, geht es hier nun um völkerrechtliche Tatbestände, die sich auf das Verhältnis nach außen hin, nämlich zu Drittstaaten, beziehen.

Nach dem neuen Art 8c EG-Vertrag genießt der Unionsbürger den diplomatischen und konsularischen Schutz eines jeden Mitgliedstaates der Union in Drittstaaten, soferne sein Heimatstaat dortselbst nicht vertreten ist. Diese Regelung ist in dieser Form im Völkerrecht ein *novum.* Zwar gibt es bisher schon Ausnahmen von der *nationality of claims*-Regel, gemäß welcher nur der Heimatstaat Ansprüche seiner Staatsangehörigen gegenüber Drittländern geltend machen konnte. Diese Ausnahmen beziehen sich insbesondere auf außergewöhnliche Umstände, wie Abbruch der diplomatischen Beziehungen, die es dem Heimatstaat nicht erlauben, selbst sein Schutzrecht geltend zu machen, sodaß ein anderer Staat im Einvernehmen mit dem Drittstaat die Interessen des Heimatstaates einer Person als Schutzmacht zu wahren hatte[108]. Solche Ausnahmen sind auch durch die Wiener Diplomatenkonvention 1961[109] und die Wiener Kon-

---

106 RL 93/109/EG des Rates vom 6. Dezember 1993. ABl Nr L 329/34 vom 30. Dezember 1993.

107 So Ulrich Everling, Auf dem Weg zu einem europäischen Bürger? Aspekte aus rechtswissenschaftlicher Sicht, in: Everling/Hrbek/Monar/Neunreither/Nienhaus/Steffani/Woyke (Hrsg), Bürger und Europa (Bonn 1994) 61.

108 Österreich war beispielsweise zeitweilig Schutzmacht einzelner sozialistischer Staaten, wie Ungarn, gegenüber Israel, nachdem die diplomatischen Beziehungen nach 1967 zwischen den beiden Staaten abgebrochen wurden.

109 Art 46. BGBl 1966/66.

sularkonvention[110] im Einvernehmen mit dem jeweiligen Empfangsstaat zulässig.

Die neue Regelung des Art 8c EG-Vertrag besteht aber einerseits darin, daß das Schutzrecht ständig, also nicht nur für Kriegs- oder Krisenfälle, vorgesehen ist, und es sich andererseits vor allem nicht auf jeweils bilaterale Beziehungen beschränkt, sondern erstmalig multilateral auf alle 15 Mitgliedstaaten der Union ausgedehnt wird. Damit soll nicht zuletzt auch die Identität der Union auf internationaler Ebene betont werden, wenngleich sie selbst rechtlich nicht tätig werden kann, sondern für sie ihre Mitgliedstaaten in europäischer Solidarität im Interesse ihrer Bürger international handeln[111].

Festzuhalten ist, daß es sich hier im Gegensatz zu den bisher analysierten Bürgerrechten nicht um ein Recht des Bürgers, sondern um ein solches der Mitgliedstaaten der Union handelt[112]. Besteht allerdings nach *innerstaatlichem* Recht ein subjektives Recht des Staatsbürgers auf diplomatische oder konsularische Vertretung gegenüber einem Drittstaat, dann kann man, wie etwa nach der deutschen Rechtslage[113], von einem echten Bürgerrecht sprechen, das über jenes nach herkömmlichen Völkerrecht und Unionsrecht hinausgeht. Da die Unionsbürger den Schutz jedes Mitgliedstaates in einem Drittland unter denselben Bedingungen wie Staatsangehörige dieses Staates genießen[114], wird in einem solchen Fall dieses Recht auf alle Staatsbürger der anderen Mitgliedstaaten ausgedehnt, was uU zu einem *protection shopping* dann führen könnte, wenn es sich bei der Schutzmacht um einen politisch und wirtschaftlich einflußreichen EU-Mitgliedstaat handelt.

Daß das Schutzrecht nicht von den Gemeinschaften (und noch weniger von der Union), sondern von den Mitgliedstaaten zugunsten ihrer Bürger ausgeübt wird, zeigt deutlich die traditionell-völkerrechtliche Struktur dieser Institution, was auch in der oben erörterten Terminologie[115] zum Ausdruck kommt. Art 8c EG-Vertrag spricht richtigerweise von Staatsangehörigen *(nationals)* und bezeichnet damit die völkerrecht-

---

110 Art 8. BGBl 1969/318.

111 Vgl Art B 2. und 3. Spiegelstrich EU-Vertrag.

112 Richtig W. Kaufmann-Bühler, Art. 8c EG-Vertrag, in: C. O. Lenz (Hrsg), EG-Vertrag Kommentar, (1994) 54 (RZ 3); unklar Walter Obwexer, Das Recht des Unionsbürgers auf diplomatischen und konsularischen Schutz, in: ecolex 1996, 324, 325, der einerseits das „Recht auf diplomatischen Schutz" zu den Bürgerrechten zählt (324), andererseits vom „Schutzrecht des Heimatstaates" spricht (325).

113 Ein solches Individualrecht besteht „nach der deutschen Verfassungstradition". Kaufmann-Bühler, op cit, RZ 3.

114 Art 8c, 1.Satz EG-Vertrag.

115 Vgl oben Abschnitt II 1. und 2.

lich-internationale Seite des Bandes zwischen einem Menschen und einer politischen Einheit, insbes. einem Staat. Intern wird hier andererseits von Unionsbürgern *(citizens)* gesprochen[116], zu deren Gunsten sich die Mitgliedstaaten vertraglich mit diesen Schutzrechten ausgestattet haben.

Die völkerrechtliche Struktur dieser neuen Institution kommt im weiteren auch dadurch zum Ausdruck, daß die Mitgliedstaaten die Ausführungsbestimmungen zu Art 8c zu „vereinbaren" haben[117], was dann durch den am 19. Dezember 1995 ergangenen Beschluß der im Rat vereinigten Vertreter der Regierungen der Mitgliedstaaten „über den Schutz der Bürger der Europäischen Union durch die diplomatischen und konsularischen Vertretungen" auch erfolgt[118] ist.

Diese gemeinsame Schutzregelung gilt allerdings nicht für *alle* Unbilden, die ein Unionsbürger in bzw durch einen fremden Staat erleiden kann, sondern ihre Tatbestände sind auf einige typische konsularische Aufgaben beschränkt und umfassen[119] die Hilfe bei Todesfällen, schweren Unfällen oder schwerer Erkrankung, bei Festnahme oder Haft, für Opfer von Gewaltverbrechen und für Unionsbürger in Not sowie ihrer Rückführung. Diese Aufzählung wird durch die Klausel ergänzt, nach der es den diplomatischen und konsularischen Vertretungen freisteht, „auch in anderen Fällen Hilfe zu gewähren"[120]. Die Aufzählung der Tatbestände macht deutlich, daß Schutzobjekt nicht eine juristische Person, sondern allein eine physische sein kann. Die Unionsbürgerschaft ist daher nach der derzeitigen Rechtslage den Menschen vorbehalten[121].

Dieser Ausführungsbeschluß (Schutzbeschluß 1995) deckt sich allerdings nicht ganz mit den in Art 8c EG-Vertrag vorgesehenen Schutzrechten zugunsten der EU-Bürger. Er geht einerseits weiter, andererseits bleibt er hinter diesen zurück. Denn Art 8c gewährt Schutzrechte an EU-Ausländer nur dann, wenn der Heimatstaat im Drittstaat nicht vertreten ist. Der Schutzbeschluß 1995 kommt jedoch bereits dann zum Tragen, wenn die ständige Vertretung oder der zuständige Honorarkonsul „nicht erreichbar sind"[122]. Andererseits beschränkt sich der Schutz des EU-Aus-

116 Dazu vgl auch oben Abschnitt II 1. und 2.

117 Art 8c Zweiter Satz EG-Vertrag.

118 Beschluss 95/553/EG. ABl Nr L 314/73 vom 28. Dezember 1995.

119 Art 5 Abs 1 des Beschlusses 95/553/EG.

120 Art 5 Abs 2 des Beschlusses 95/553/EG.

121 So auch Jörg Monar/Roland Bieber, Arbeitsdokument. Die Unionsbürgerschaft. Europäisches Parlament, GD Wissenschaft (Luxemburg 1995) 77; unrichtig daher Obwexer, in: ecolex 1996, 326, und Kaufmann-Bühler, Art. 8c, in Lenz (Hrsg), EG-Vertrag. Kommentar (1994) RZ 4, die auch die juristische Person unter den Begriff der Staatsangehörigen der Mitgliedstaaten subsumieren und damit das Konzept der Unionbürgerschaft auf diese erstrecken. Dazu vgl auch oben Abschnitt IV 1. b).

122 Art 1 des Beschlusses 95/553/EG.

länders auf den konsularischen Schutz, der aber für den in Not geratenen Unionsbürger in den obgenannten Fällen von entscheidender Bedeutung ist, da rasche Hilfe erwartet werden kann. Damit hat sich seine Stellung im Drittland, zB als Tourist, erheblich verbessert[123].

Die Ausübung des Schutzrechtes zugunsten von Angehörigen aus anderen EU-Mitgliedstaaten kann aber nur mit Zustimmung der Drittstaaten erfolgen. Aus diesen Gründen wird der Schutzbeschluß mit diesen zu verhandeln, und es werden darüber Abkommen zu schließen sein.

d) Sonstige materielle Rechte der Unionsbürger

Neben diesen materiellen Rechten, wie sie spezifisch durch Art 8 ff EG-Vertrag eingeführt wurden und auch erweitert werden können[124], stehen den Unionsbürgern auch weitere „in diesem Vertrag vorgesehene Rechte"[125] zu, auf die im Rahmen dieser Untersuchung allerdings nicht näher eingegangen werden kann. Sie finden sich im Unionsvertrag an vielen Stellen verstreut und werden daher manchmal auch als *scattered rights* bezeichnet[126].

3. Ratione formae

a) Herkömmlicher Rechtsschutz

Die Europäische Gemeinschaft ist eine Rechtsgemeinschaft. In formeller Hinsicht stehen daher Markt- wie Unionsbürgern eine Vielzahl von Rechtsschutzmechanismen zur Verfügung, die durchaus mit solchen in einem innerstaatlichen System vergleichbar sind. Was Österreich betrifft,

---

123 In äußersten Notfällen auch ohne, sonst aber mit Zustimmung des Heimatstaates können darüber hinaus auch finanzielle Vorleistungen oder Hilfen gewährt werden (Art 6 Schutzbeschluß).

124 Vgl die Evolutivklausel des Art 8e EG-Vertrag in Hinblick auf die Fortentwicklung der Unionsbürgerschaft.

125 Art 8 Abs 2 EG-Vertrag.

126 Hans Ulrich Jessurun d'Oliviera, European Citizenship: Its Meaning, Its Potential, in: Monar *et al* (Hrsg), The Maastricht Treaty (Brüssel 1993) 88 ff. Dazu zählen die Grund- und Freiheitsrechte nach Art F Abs 2 EU-Vertrag, die allerdings nicht in Form eines Katalogs und auch nicht in die Gemeinschaftssäule aufgenommen worden waren, sowie die wirtschaftlichen und sozialen Rechte. Dazu vgl Art 48 ff, 52 ff, 59 ff, 73 ff, 119 etc EG-Vertrag. Dazu auch Ulrich Everling, Die Stellung des Bürgers in der Europäischen Gemeinschaft, in: ZfRV 4 (1992) 248 ff; Tung-Laï Margue, L'Europe des citoyens: des droits économiques à la citoyenneté européenne, in: Revue du Marché Unique Européen 3/1995, 27 ff; Siofra O'Leary, The Relationship between Community Citizenship and the Protection of Fundamental Rights in Community Law, in: 32 Common Market Law Review (1995) 519 ff; auf die formellen Rechte wird jedoch im Abschnitt 3. *Ratione formae* in der Folge eingegangen.

so hat der verehrte Jubilar im übrigen dieser Frage schon vor langer Zeit in einer grundlegenden Arbeit sein Augenmerk geschenkt[127].

Das in der Praxis für den einzelnen wichtigste Rechtsschutzmittel ist dabei das Vorabentscheidungsverfahren nach Art 177 EG-Vertrag, demgemäß nationale Gerichte Fragen im Zusammenhang mit der Anwendung und Auslegung von Gemeinschaftsrecht, die in einem anhängigen Verfahren vor ihnen auftreten, dem EuGH zur Entscheidung vorlegen können bzw müssen, wenn sie die letzte Instanz sind. Die Mehrzahl der Urteile des EuGH ergehen im Vorabentscheidungsverfahren, das auch den Anlaß für grundlegende Aussagen des Gerichtshofs, wie über den Vorrang des Gemeinschaftsrechts, Direktwirkung von primärem Gemeinschaftsrecht und von nicht umgesetzten Richtlinien, Grundrechtsschutz[128], etc bot; die nationalen Verfahren wurden dabei in der Regel von Einzelpersonen eingeleitet, die damit indirekt Zugang zum EuGH erlangen[129]. Direkten Zugang zum EuGH hat der Einzelne dann, wenn er durch einen Gemeinschaftsakt unmittelbar und individell betroffen ist[130].

Im Zusammenhang mit der Schaffung der Unionsbürgerschaft wurden diese Rechte des Einzelnen vor dem EuGH durch politische Rechte erweitert. Sie umfassen das Petitionsrecht und das Recht, sich an den ebenfalls neu geschaffenen Ombudsmann zu wenden.

b) Politische Schutz- und Kontrollrechte

aa) Das Petitionsrecht

Gemäß Art 8d EG-Vertrag besitzt jeder Unionsbürger das Petitionsrecht beim Europäischen Parlament (EP) nach Art 138a, der wiederum diesem sowie jeder natürlichen oder juristischen Person mit Wohnsitz in einem Mitgliedstaat in Angelegenheiten, die in die Zuständigkeit der Gemeinschaft fallen und den Petenten unmittelbar betreffen, das Recht zuerkennt, eine Petition an das EP zu richten.

---

127 Günther Winkler, Der gerichtliche Rechtsschutz des Einzelnen gegenüber der vollziehenden Gewalt in Österreich, in: 52 Beiträge zum öffentlichen Recht und Völkerrecht (1969) 835 ff.

128 Vgl die bereits erwähnten Fälle *Costa v ENEL,* Rs 6/64, Slg 1964, 585 ff; *Van Duyn v Home Office,* Rs 41/74, Slg 1974, 137 ff; sowie *Defrenne v SABENA,* Rs 43/75, Slg 1976, 455 ff; *Marshall v Southhampton,* Rs 152/84, Slg 1986, 723 ff; *The Queen v Secretary of State (Factortame Ltd),* Rs C-213/89, Slg 1990 I-2433 ff; *Stauder v Stadt Ulm,* Rs 29/69, Slg 1969, 419 ff.

129 Das nationale Gericht ist dann an die Vorabentscheidung gebunden und setzt das Verfahren fort.

130 Art 173 Abs 2 EG-Vertrag. Dazu *Confédération nationale des producteurs de fruits et légumes v Rat,* Rs 16,17/62, Slg 1962, 471 ff; *Alfred Töpfer und Getreideimportgesellschaft v Kommission,* Rs 106-107/63, Slg 1965, 405 ff; *Metro-SB-Großmärkte GmbH& Co V. Kommision,* Rs 26/76, Slg 1977, 1875 ff; *IBM v Kommission,* Rs 60/81, Slg 1981, 2639 ff.

Diese beiden Bestimmungen sind aus folgenden Gründen beachtenswert. Zum einen wird eine bestehende umfangreiche Petitionspraxis[131], die bislang rechtlich lediglich auf der Geschäftsordnung des EP[132] begründet war, auf eine vertragliche, dh primärrechtliche Grundlage gehoben. Zum anderen steht das Petitionsrecht nicht nur Unionsbürgern, sondern auch anderen Personen offen. Damit macht Art 138d EG-Vertrag klar, daß die Unionsbürgerschaft nicht nur von der Marktbürgerschaft zu unterscheiden, sondern auch auf physische Personen beschränkt ist[133].

Die Zahl der Petitionen ist im Steigen begriffen. So wurden allein zwischen dem 1. Jänner und 31. März 1996 beim EP 233 Petitionen eingebracht[134].

bb) Das Beschwerderecht

Nach Art 8d EG-Vertrag kann sich der gleiche Personenkreis wie jener nach Art 138d, an den durch Art 138e EG-Vertrag geschaffenen Bürgerbeauftragten (Ombudsman) wenden. Er wird vom Parlament ernannt und ist befugt, Beschwerden über Mißstände bei der Tätigkeit der Organe oder Institutionen der Gemeinschaft[135] entgegenzunehmen. Im Gegensatz zum Petitionsrecht ist das individuelle Betroffensein des Beschwerdeführers nicht Voraussetzung für die Zulässigkeit der Beschwerde, denn die *ratio* dieser neuen Institution ist die Schaffung einer zusätzlichen Kontrolle der Tätigkeit der Gemeinschaftsorgane mit Ausnahme des EuGH bzw des Gerichts Erster Instanz in Ausübung ihrer Rechtsprechungsbefugnisse[136]. Die Kontrolle des Ombudsmans erstreckt sich auf die Tätigkeit der Organe im Rahmen der Gemeinschaftssäule und auf jene in der dritten Säule[137]. Daher ist im Bereich der gemeinsamen Außen- und Sicherheitspolitik (GASP) eine solche Kontrolle nicht möglich.

---

131 Zwischen 1983 und 1993 ist die Zahl der Petitionen von ca 100/Jahr auf ca 1000/Jahr gestiegen. Bericht der Kommission über die Unionsbürgerschaft, KOM (93) 702 endg 21. Dezember 1993, 7; dazu auch Epaminondas A. Marias, Le droit de pétition devant le Parlement européen, in: Epaminondas A. Marias (Hrsg), European Citizenship (Maastricht 1994) 81 ff; detaillierte Zahlen finden sich auf 97.

132 Art 128-130 GO des EP; nach dem EU-Beitritt Österreichs, Finnlands und Schwedens und den Änderungen der Gemeinschaftsverträge mußte eine 1995 neue GO des EP beschlossen werden. Vgl ABl 1995, Nr L 293/1 ff vom 7. Dezember 1995. Das Petitionsrecht ist in Kapitel XIX (Regel 156-158) geregelt.

133 Zu dieser Frage vgl oben Abschnitt IV 1. b).

134 EP Sitzungsbericht. 11. März 1996. ABl 1996, Nr C 96/5 f vom 1. April 1996.

135 Soferne diese Angelegenheit nicht ohnenhin Gegnstand eines rechtlichen Verfahrens ist. Art 138e Abs 1 zweiter Unterabsatz EU-Vertrag.

136 Dies Ausnahme findet sich in Art 138e Abs 1 letzter Halbsatz.

137 Art K 8 Abs 1 EU-Vertrag; Art 138e EG-Vertrag. Vgl oben FN 31.

Die Ernennung des Bürgerbeauftragten erfolgt nach jeder Wahl des EP und ist näher in der neuen Geschäftsordnung geregelt[138]. Als erster europäischer Bürgerbeaufter wurde vom EP am 12. Juli 1995 der Finne Jacob Magnus Söderman gewählt[139].

Mit den beiden Einrichtungen – Petitions- und Beschwerderecht – soll die Transparenz und Bürgernähe, wie sie Art A Abs 2 des EU-Vertrags vorsieht, weiter unterstrichen werden.

V. Wertung und Ausblick

Die Einführung der Unionsbürgerschaft durch den Maastrichter Unionsvertrag ist zwar die logische Fortsetzung einer sich seit den Sechzigerjahren abzeichnenden Entwicklung, die den Einzelnen durch Einräumung von wirtschaftlichen und politischen Rechten[140] in den Integrationsprozeß der Völker Europas einbindet. Diese Rechte sind auch vor den Gerichten in Luxemburg durchsetzbar. Konzeptuell ist die Unionsbürgerschaft aber insofern ein *Novum,* als sie, wie gezeigt werden konnte, den Menschen in den Mittelpunkt zu stellen versucht und ihm zu jenen Rechten, die er als Staatsbürger eines EU-Mitgliedstaates genießt, weitere als „europäischer Bürger" hinzufügt. Die Unionsbürgerschaft ist nicht nur die Summe der bisher dem Einzelnen durch das Gemeinschaftsrecht eingeräumten Rechte, sondern darüberhinaus eine eigenständige, im Ausbau begriffene Institution, die der Staatsbürgerschaft zugewachsen ist und sie uU auch beschränken kann[141]. Diese Additionalität oder auch „doppelte Loyalität" schließt Konflikte nicht aus, die aber, wie die *causa Habsburg* gezeigt hat, europäisch gelöst werden können.

Es ist klar, daß die hier untersuchten Inhalte der Unionsbürgerschaft keineswegs als abschließend anzusehen sind. Diese Bürgerrechte sind vielmehr als der Beginn einer Weiterentwicklung, wie sie Art 8e EG-Vertrag[142] vor Augen hat, zu betrachten. In systematischer Hinsicht sollten

138 Auf der Grundlage des Art 138e Abs 2EG-Vertrag; vgl aber auch Art 20d Abs 2 EGKS-Vertrag und Art 107d Abs 2 EAG-Vertrag. Art 159-161 der GO des EP befassen sich mit dem Ombudsman.

139 Agence Europe. 13. Juli 1995, 6; im weiteren vgl auch den Beschluß 94/262/EGKS, EG/Euratom des EP vom 9. März 1995 über die Regelungen und allgemeinen Bedingungen für die Ausübung der Aufgaben des Bürgerbeauftragten, ABl 1994, Nr L 113, 15 ff, sowie Zeitschrift für Europarecht (ZER), August 1995, 114 ff.

140 Sowie Auferlegung von Pflichten.

141 Vgl Keefe/Twomey, Legal Issues, 109.

142 Nach dieser Bestimmung kann der Rat auf Grundlage von periodischen Berichten der Kommission über die Unionsbürgerschaft, die „der Fortentwicklung der Union Rech-

dabei die einzelnen Rechte geschlossen in Form eines echten Katalogs, der auch die Menschenrechte mitumfaßt, konsolidiert und somit die derzeitige Streulage im revidierten EU-Vertrag („Maastricht II") beseitigt werden[143]. Ein Beitritt der Union bzw der Gemeinschaft zur Europäischen Menschenrechtskonvention 1950 wäre trotz der vom EuGH aufgezeigten Schwierigkeiten[144] ein weiterer Schritt zur Verbesserung der vagen Vorschriften des Art F Abs 2 EU-Vertrages.

Was die Rechtsschutzmechanismen des Einzelnen vor dem EuGH betrifft, so könnte eine Verbesserung des Vorabentscheidungsverfahrens nach Art 177 EG-Vertrag dadurch erfolgen, daß diesem ein direktes Klagerecht bei Verweigerung der Vorlage durch das erkennende nationale Gericht vor dem EuGH eingeräumt werden könnte. Ebenso könnte das Einzelpersonen zustehende Anfechtungsrecht von Rechtsakten nach Art 173 Abs 2 EG-Vertrag auf das Niveau der „privilegierten Klageberechtigten" nach Abs 1 dieser Bestimmung angehoben werden[145].

Da „Maastricht II" letztlich auch von der Zustimmung der Staatsbürger der EU-Mitgliedstaaten – direkt oder indirekt[146] – abhängig sein wird, erscheint die Erweiterung der Inhalte der Unionsbürgerschaft nicht nur zweckmäßig, sondern auch notwendig zu sein. Es ist zu hoffen, daß die Arbeit der derzeit tagenden Regierungskonferenz 1996 zur Revision des EU-Vertrags in dieser zentralen Frage der Unionsbürgerschaft von Erfolg gekrönt sein wird.

---

nung" tragen, „Bestimmungen erlassen, die er den Mitgliedstaaten zur Annahme gemäß ihren verfassungsrechtlichen Vorschriften empfiehlt". Art 8e Abs 2 EG-Vertrag.

143 Diese Forderung wird auch vom EP gestellt. Vgl den Bericht Raymonde Dury/Hanja Maij-Weggen vom 5. 3. 1996. PE 216.237/fin/A, 8 ff.

144 Vgl Gutachten 2/94 des Gerichtshofs 28. März 1996. „Beitritt der Gemeinschaft zur Konvention zum Schutze der Menschenrechte und Grundfreiheiten".

145 Vgl auch Jörg Monar/Roland Bieber, Arbeitsdokument. Die Unionsbürgerschaft. Europäisches Parlament, GD Wissenschaft (Luxemburg 1995) 92; diesen Vorschlägen kann bedenkenlos beigepflichtet werden.

146 In manchen EU-Staaten wird wahrscheinlich eine Volksabstimmung notwendig werden; in jedem Fall muß der neue Vertrag von den nationalen Parlamenten genehmigt werden.

Christoph Grabenwarter

Die demokratische Legitimation weisungsfreier Kollegialbehörden in der staatlichen Verwaltung

Zur Zulässigkeit der Entsendung von Organwaltern durch nicht demokratisch legitimierte Einrichtungen

I. Einleitung

Das österreichische Verwaltungsrecht wird überwiegend von monokratischen Organen vollzogen. Sie sind weisungsgebunden und stehen in einem Verantwortungszusammenhang mit den ihnen vorgesetzten Organen. Abweichend davon bestehen nicht wenige Behörden, welche die Verwaltung im Kollegium, frei von Weisungen und unter Mitwirkung von Laienfunktionären führen. Eine häufige Besonderheit dieser Behörden ist es, daß wenigstens ein Teil der Mitglieder, im Regelfall die Laienmitglieder, nicht auf die im Art 20 B-VG genannte Art und Weise bestellt wird. Die Zulässigkeit abweichender Bestellungsformen wird teils ohne weitere Einschränkung bejaht, teils jedoch bestritten.

Im folgenden soll in drei Stufen nach der verfassungsrechtlichen Zulässigkeit abweichender Bestellungsformen gefragt werden. Die Untersuchung beginnt mit den Anforderungen des Art 20 Abs 1 B-VG, welcher eine allgemeine Regelung über Eigenschaften und Bestellungsarten von Verwaltungsorganen enthält. Danach wird die Fragestellung auf die Anforderungen des allgemeinen demokratischen Grundprinzips für die Führung der Verwaltung, genauer auf die erforderliche demokratische Legitimation des Verwaltungshandelns gerichtet, um Schlüsse für die Zulässigkeit verschiedener Bestellungsformen zu gewinnen. Den Abschluß bildet eine verfassungsrechtliche Analyse in Bezug auf drei wesentliche Arten von Kollegialorganen. Für diese Organe wird gezeigt, inwieweit es zulässig ist, daß einzelne Mitglieder weder gewählt noch ernannt, sondern in diese entsendet werden.

Auf eine Einschränkung der Thematik, welche bereits im Titel zum Ausdruck kommt, ist hinzuweisen. Nur die Besorgung von Verwaltungsaufgaben durch Kollegialorgane in der unmittelbaren *staatlichen* Verwaltung wird in den Blick genommen. Der Bereich der Selbstverwaltung, für den sich viele Sonderfragen stellen, bleibt ausgeklammert.

II. Zur Auslegung des Art 20 Abs 1 B-VG

Nach Art 20 Abs 1 B-VG führen unter der Leitung der obersten Organe nach den Bestimmungen der Gesetze auf Zeit gewählte oder ernannte berufsmäßige Organe die Verwaltung. Kollegialorgane „führen" die Verwaltung im Sinne des Art 20 Abs 1 B-VG, jedenfalls insoweit, als sie zur Entscheidung von Verwaltungsangelegenheiten mit Bescheid berufen werden[1].

Im Zusammenhang mit Kollegialorganen erhebt sich im Lichte dieser Vorschrift die Frage, inwieweit es verfassungsrechtlich zulässig ist, daß einzelne Mitglieder von Kollegialbehörden weder ernannt noch gewählt werden, im besonderen inwieweit solche Mitglieder – die Zulässigkeit ihrer Mitgliedschaft vorausgesetzt – von Verbänden, Gebietskörperschaften oder von Selbstverwaltungskörpern „entsendet" werden dürfen.

1. Der Meinungsstand

Das Schrifttum ist einerseits von einem breiten Meinungsspektrum gekennzeichnet. Andererseits ist bemerkenswert, daß über die Ablehnung abweichender Standpunkte hinaus bisher zumeist nur ein geringer Begründungsaufwand getrieben wurde. Restriktive Ansichten sehen in Art 20 Abs 1 B-VG eine abschließende Regelung. Sie gehen aus von einer ausnahmslosen Alternative zwischen Wahl oder Ernennung[2].

Ein anderer Teil der Lehre entnimmt dem Verfassungsrecht ein Regel-Ausnahme-Verhältnis zugunsten der beiden Kreationsformen. Von einigen werden Ausnahmen zugestanden, soweit im Jahr 1920 andere Formen der Organkreation bestanden haben[3]. Zum Teil wird angenommen, daß die Organisation der Staatsverwaltung durch die genannten Organwalter geprägt sei und Ausnahmen sachlicher Rechtfertigung bedürften[4]. Ferner wird auch nur in den ernannten berufsmäßigen Organwaltern die Regel und in gewählten oder entsendeten Organen die Ausnahme gese-

---

1 Zu den Grenzen dessen, was im übrigen unter „Führung" der Verwaltung zu verstehen ist, vgl K. Korinek, Wirtschaftliche Selbstverwaltung (1970) 181 ff; H. P. Rill, Verfassungskonzept und Sozialpartnerschaft in, G. Ress (Hrsg), Rechtsfragen der Sozialpartnerschaft (1987) 33 (43 ff); weitergehend R. Thienel, Öffentlicher Dienst und Kompetenzverteilung (1990) 226 f FN 372.

2 R. Walter/H. Mayer, Grundriß des österreichischen Bundesverfassungsrechts (⁸1996) RZ 553; H. Mayer, Das österreichische Bundes-Verfassungsrecht (1994) 116; G. Kucsko-Stadlmayer, Das Disziplinarrecht der Beamten (1985) 389 insb FN 28.

3 W. Antoniolli/F. Koja, Allgemeines Verwaltungsrecht (³1996) 353 f.

4 H. P. Rill, Sozialversicherungsrecht und Krankenanstaltenrecht, ZAS 1978, 163, 210 (212); *ders*, Grenzen der Ausgliederung behördlicher Aufgaben aus der unmittelbaren Staatsverwaltung, ÖBA 1996, 748 (752 f).

hen, die nur auf Grund einer ausdrücklichen verfassungsgesetzlichen Regelung zulässig sei[5].

Von den genannten Positionen hebt sich schließlich jene des VfGH scheinbar deutlich ab, wonach Art 20 B-VG nur Teilaspekte der Verwaltungsorganisation regle und dieser nur auf typische Teilbereiche der Verwaltung beschränkt sei. Insbesondere die Entsendung von Mitgliedern einer Kollegialbehörde wird allgemein als zulässig erachtet[6].

2. Abschließende Aufzählung der Bestellungsformen?

Für die Beantwortung der eingangs gestellten Frage ist entscheidend, ob die Aufzählung abschließend ist, mit anderen Worten ob das „oder" im Art 20 Abs 1 B-VG als „entweder – oder" zu lesen ist, oder aber ob die Regelung nur zwei von mehreren Fällen umfaßt.

a) Der Wortlaut

Der *Wortlaut* gibt keinen Hinweis in eine der beiden Richtungen. Das Wort „oder" könnte sowohl für eine exemplarische Aufzählung stehen, als auch als Beschränkung im Sinne eines „entweder – oder" verstanden werden[7]. Eine Beschränkung auf die beiden Formen der Organkreation ist dem Wortlaut jedenfalls nicht zwingend abzulesen.

b) Die Entstehungsgeschichte

Die *Entstehungsgeschichte* des B-VG, im besonderen jene des Art 20 Abs 1 B-VG, liefert einige Anhaltspunkte zum näheren Verständnis der Regelung. Zunächst ist bemerkenswert, daß Art 20 Abs 1 B-VG offenbar politisch wenig umstritten war. Er hat erst relativ spät in einer der heutigen Form ähnlichen Fassung in den Verfassungstext Eingang gefunden.

Der Renner-Mayr-Entwurf enthielt zwar eine ausführlichere Regelung über die Kreation der Verwaltungsorgane[8]. Er sah Volksbeauftragte (Bundespräsident, Mitglieder der Bundesregierung) und angestellte Bedienstete vor. Volksbeauftragte sollten auf jederzeitigen Widerruf von den Volksvertretungen bestellt werden und diesen unmittelbar verantwortlich sein (Art 14, 16). Die angestellten Bediensteten sollten von den Volksbe-

---

5 Thienel, Dienst (FN 1) 226.

6 ZB VfSlg 8136/1977, 13016/1992.

7 So auch Rill, ZAS 1978, 212.

8 F. Ermacora, Quellen zum österreichischen Verfassungsrecht (1920) (1967) 195 f.

auftragten oder in deren Auftrag ernannt werden, an deren Weisungen gebunden und diesen verantwortlich sein (Art 15)[9].

Der „Linzer Entwurf", welcher den Beratungen der Konstituierenden Nationalversammlung zugrundegelegt worden war, enthielt keine entsprechenden Regelungen[10]. Im Zuge der Ausschußberatungen wurde die Staatskanzlei ersucht, einen Vorschlag über Bestimmungen betreffend Beamte und Volksbeauftragte zu unterbreiten. Diese legte entsprechende Entwürfe der Art 14b und 14c vor, welche vom Unterausschuß weitgehend übernommen wurden. Sie entsprachen bereits im wesentlichen den später Verfassung gewordenen Art 19 und 20 B-VG. In Art 14b (Art 19 B-VG) wurde eine ausdrücklich als „taxativ" bezeichnete Aufzählung der Volksbeauftragten (nach 1929: die obersten Organe) aufgenommen. Im Art 14c (Art 20) war zunächst in der Fassung des Entwurfs vom 26. 8. 1920 vorgesehen, daß „teils" auf Zeit gewählte Organe, „teils" ernannte berufsmäßige Organe die Bundes- und die Landesverwaltung „ausüben". Im Entwurf vom 23. 9. 1920 heißt es, daß die auf Zeit gewählten Organe *oder* die ernannten berufsmäßigen die Bundes- *oder* die Landesverwaltung „führen". Diese Fassung entsprach der Stammfassung des B-VG. – Eine Erklärung für die Umformulierung läßt sich den Materialien nicht entnehmen[11]. Anders als im Renner-Mayr-Entwurf[12] wurde aber der

9 Man kann diesem Entwurf und insbesondere dessen Erläuterungen eine klare Vorstellung eines auf die demokratisch legitimierte Volksvertretung rückführbaren Verantwortungszusammenhanges entnehmen (zutreffend Thienel, Dienst [FN 2] 223 f). In den Erläuterungen wurde eine Aufzählung der Funktionäre mit dem Zweck vorgenommen, die Grundeinrichtungen der Demokratie deutlich herauszuarbeiten. Allerdings darf die Bedeutung des Entwurfs für die Beratungen der Konstituierenden Nationalversammlung nicht überschätzt werden. Zum einen haben die Beratungen in der Konstituierenden Nationalversammlung den Renner-Mayr-Entwurf allgemein und explizit nicht ihren Beratungen zugrundegelegt. Zum anderen bestehen erhebliche Abweichungen vom Demokratiekonzept Merkls und Kelsens im Verlaufe der Verhandlungen, wie die Einführung der gewählten Organe, die Aufgabe der Unterscheidung in Hilfskräfte und Staatsbedienstete sowie die wenigstens zeitweilige Aufnahme einer ausdrücklichen Regelung der Teilnahme von Selbstverwaltungskörpern und Berufsorganisationen zeigen. Es kann daher nicht davon gesprochen werde, daß das „Demokratiekonzept" des Renner-Mayr-Entwurfs ohne Modifikation in das B-VG Eingang gefunden hat (davon geht wohl – siehe unten bei FN 22 – auch Merkl selbst aus; anders dagegen Thienel, Dienst [FN 2] 224 f).

10 Es ist dies der Entwurf, welcher der Linzer Konferenz vorgelegt wurde; vgl R. Walter, Die Entstehung des Bundes-Verfassungsgesetzes 1920 in der Konstituierenden Nationalversammlung (1984) 12 f FN 5; anders F. Ermacora, Die Entstehung der Bundesverfassung 1920 (1990) 672, der davon ausgeht, daß die Ergebnisse der Linzer Konferenz den Beratungen zugrundelagen. Er bezeichnet die Ergebnisse als „Linzer Entwurf" bzw als „Evidenzexemplar" (Privatentwurf Mayr mit Ersichtlichmachung der Ergebnisse der Linzer Länderkonferenz [aaO 630, 634]). Weder diese Ergebnisse noch der den Linzer Beratungen zugrundeliegende Entwurf enthielten jedoch dem Art 20 B-VG entsprechende Regelungen über die Bestellungsmodi von Verwaltungsorganen.

11 Vgl Walter, Entstehung (FN 10) 76.

12 Art 14 und 15.

Dualismus zwischen den jederzeit abberufbaren, von den Volksvertretungen bestellten Volksbeauftragten und den grundsätzlich auf Lebenszeit ernannten Staatsbediensteten aufgehoben und um die von den Volksbeauftragten verschiedenen „auf Zeit gewählten Organe" ergänzt.

In diesem Zusammenhang ist schließlich hervorzuheben, daß in der Fassung vom 26. 8. 1920 ein neuer Art 14a Abs 2 enthalten war. Dieser bestimmte, daß wirtschaftliche Selbstverwaltungskörper und Berufsorganisationen zur Teilnahme an der Verwaltung in wirtschaftlichen und sozialen Angelegenheiten heranzuziehen sind. Die Bestimmung fand sich auch noch im Art 18 Abs 2 idF des Antrags des Verfassungsausschusses der Konstituierenden Nationalversammlung[13]. Die Regelung fand keinen Eingang in das B-VG, jedoch aus Gründen, welche nicht die Frage der – als gegeben angenommenen – Zulässigkeit der Heranziehung der Selbstverwaltungskörper zur Teilnahme an der Verwaltung betrafen[14].

Welche Schlüsse lassen sich aus dieser historischen Abfolge von Fassungen des Verfassungsartikels in seiner Entstehung ziehen? Durch die letzten Entwürfe ziehen sich der Dualismus von Berufsbeamten und gewählten Organen, die Weisungsbindung und die Verantwortlichkeit gegenüber den vorgesetzten Organen, letztlich gegenüber den obersten Organen. Auch unter Berücksichtigung der zeitweise ausdrücklichen Verankerung der Selbstverwaltung in den Entwurfstexten ist außer Streit zu stellen, daß das B-VG von einer durch die genannten Organtypen und Organisationsgrundsätze getragenen Vorstellung von der Verwaltungsführung *geprägt* ist[15]. Die weisungsgebundene Verwaltung durch ernannte Berufsorgane (und durch gewählte Organe) sollte den *Regelfall* bilden[16].

Der Nachweis, daß Art 20 Abs 1 B-VG eine abschließende Aufzählung der zulässigen Organtypen der Verwaltung enthält, läßt sich indes nicht erbringen. Zunächst stützt die Entstehungsgeschichte nicht das Verständnis des Wortes „oder" zwischen den beiden Organarten als ein Bindewort zwischen den beiden Alternativen im Sinne eines „entweder – oder". Die erste Entwurfsfassung enthielt noch die Formulierung „teils – teils", die mit einem restriktiven Verständnis nicht ohne weiteres in Ein-

---

13 991 BlgKNV.

14 Der Vorschlag fand deshalb keine Mehrheit, weil die Christlich-Sozialen in der Regelung der Teilnahme im Art 18 Abs 2 B-VG idF des Antrags eine bloße Deklaration sahen und deshalb gegen ein Aufnahme in die Verfassung waren, da sie negative Konsequenzen im Hinblick auf die Zuständigkeit nach Art 18 Abs 1 (Organisation der Gütererzeugung und Güterverteilung) befürchteten (vgl dazu Ermacora, Quellen [FN 8] 427 f; und Rill, ZAS 1978, 212 mwN).

15 Rill, ZAS 1978, 212; ähnlich, wenngleich weitergehend Thienel, Dienst (FN 1) 226.

16 Vgl K. Ringhofer, Die österreichische Bundesverfassung (1977) 86 („gewisse Typisierung").

klang zu bringen ist. Für eine Beschränkung durch die Änderung besteht kein Hinweis.

c) Historisch-systematische Überlegungen

Neben der Entstehungsgeschichte des B-VG 1920 sprechen weitere historisch-systematische Überlegungen gegen ein restriktives Verständnis der Aufzählung. Ein solcher Hinweis liegt in der Beschränkung des Wortlauts auf ernannte *berufsmäßige* Organe. Bei Annahme einer abschließenden Aufzählung würde Art 20 B-VG die Verwaltungsführung durch andere ernannte, nicht hauptberufliche Organe verfassungsrechtlich ausschließen[17]. Bei isolierter Betrachtung des Art 20 Abs 1 B-VG scheint dies zwar vertretbar. Eine historische Betrachtung erbringt jedoch den gegenteiligen Befund.

Die Annahme einer grundsätzlichen Beschränkung der Verwaltungsführung auf Berufsbeamte wird zunächst durch die Literatur zur Gesetzeslage vor und nach Inkrafttreten des B-VG, aber auch zur Verfassungsrechtslage in der Frühzeit des B-VG in Frage gestellt. So beschreibt ULBRICH im Jahr 1904 die „Beteiligung des Laienelements an der unmittelbaren Staatsverwaltung“:

„Nach Art der Berufsstellung und der Dienstverhältnisse der Beamten unterscheidet man *Berufsbeamte*, insofern ihre Beamtenstellung einen Lebensberuf behufs Begründung einer dauernden wirtschaftlichen Existenz bildet, und *Ehrenbeamte*, bei denen bloß die Ehre, dem Gemeinwesen zu dienen, nicht aber die wirtschaftliche Versorgung durch diese Dienste in Betracht kommt.“[18]

In HERRNRITTS Grundlehren des Verwaltungsrechts aus dem Jahr 1921 lesen wir:

„Wir finden nicht beamtete Personen bald als *Mitglieder kollegialischer Staatsbehörden* unmittelbar mitentscheidend, bald einzeln oder in Kollegien vereinigt in bloß *beratender* Stellung oder anderweitiger besonderer Funktion. Die in dieser Art zur Teilnahme an der staatlichen Verwaltung berufenen Laien erhalten dadurch den Charakter von Amtspersonen, sie sind *Ehrenbeamte*.

Die Mitwirkung von außerhalb des Amtsorganismus stehenden Personen bei der Staatsverwaltung, insbesondere in der Form von aus *Beamten* und *Laien gemischten* Kollegialbehörden bildet eine wertvolle Errungenschaft der modernen Verwaltung; sie bringt der staatlichen Behörde die Bedürfnisse der verwalteten Kreise durch Personen aus ihrer Mitte selbst zur Kenntnis, stellt ihr die Lebenserfahrungen derselben zur Verfügung, und der

---

17 So konsequent THIENEL, Dienst (FN 2) 226; anders ANTONIOLLI/KOJA, Verwaltungsrecht (FN 3) 352 f; und wohl auch MAYER, Bundes-Verfassungsrecht (FN 2) 116. Auf die früher umstrittene Frage der Zulässigkeit von Vertragsbediensteten braucht hier nicht eingegangen zu werden (vgl dazu ANTONIOLLI/KOJA, Verwaltungsrecht [FN 3] 353 mwN).

18 J. ULBRICH, Lehrbuch des österreichischen Verwaltungsrechts (1904) 30 f, 26 f (Hervorhebungen im Original).

in die Staatsverwaltung dadurch eindringende frische Zug wird diese vor einer mechanischen Behandlungen der Angelegenheiten der Bevölkerung bewahren." [19]

Merkl, der in seinen verwaltungsrechtlichen Arbeiten aus den zwanziger Jahren die Bedeutung des Berufsbeamtentums für die demokratische Staatsorganisation hervorhebt[20], sieht im Jahr 1918 in Vertretern von Arbeitnehmern und Arbeitgebern in einer gemischten Kommission Laienelement, Ehrenamt und parteiisches Interessententum im Gegensatz zu neutralem Berufsbeamtentum verwirklicht. Die Vertreter der Arbeitgeber und Arbeitnehmer bezeichnet er aber als „typische Verwaltungsfunktionäre", ihre Berufung als „eine der typischesten Erscheinungen des Modernisierungsprozesses im heutigen Staatsleben"[21].

Wenngleich aus allen diesen Beschreibungen und Einschätzungen der Rechtslage in der Monarchie nicht ohne weiteres auf den Willen des Verfassungsgesetzgebers geschlossen werden darf, so fehlt doch jeder Anhaltspunkt für einen Ausschluß der im Jahr 1920 vorhandenen Laienfunktionäre. Angesichts dessen überrascht es wenig, daß Merkl über zehn Jahre nach Inkrafttreten des B-VG auf die begrenzte Aussagekraft des Art 20 B-VG für die Frage der Staastorganisation hinweist, wenn er meint:

„Die Organisationsprobleme des Staatsdienstes sind im Bundes-Verfassungsgesetz nur aufgerollt, nicht gelöst. Wenn Art. 20 BVG. einleitend sagt: ‚Unter der Leitung der obersten Organe des Bundes und der Länder führen nach den Bestimmungen der Gesetze auf Zeit gewählte oder ernannte berufsmäßige Organe die Verwaltung' so ist der organisationsrechtlichen Ausführungsgesetzgebung die Wahl zwischen gegensätzlichen Organisationssystemen, insbesondere zwischen dem Wahlbeamten und Laienfunktionär, der zugleich Parteimann ist, einerseits und dem ernannten Berufsbeamten andererseits, freigestellt. Nur im engen Rahmen nimmt die Verfassung diese Wahlfreiheit, in dem sie für einzelne, im ganzen spärliche, aber führende Staatsämter zwingend das Laienbeamtensystem vorschreibt und sie damit tatsächlich fast ausschließlich dem Parteipolitiker vorbehält. Das gilt namentlich für die Ämter des Bundespräsidenten und die Mitglieder der Bundes- und Landesregierungen. Diese Verfassungsrechtslage bedeutet für den Berufsbeamten, daß ihm, entgegen weitergehenden Bestrebungen nach sogenannter Demokratisierung der Verwaltung, der Weg zu Verwaltungsämtern aller Grade in sämtlichen Verwaltungszweigen von Verfassungs wegen nicht weniger als dem Parteimann offensteht, und daß die Konkurrenz zwischen diesen beiden Typen der Organschaft – ohne irgendeine verfassungsmäßige Vorgabe für den einen oder anderen Organisationstypus – im Wege der einfachen Gesetzgebung auszutragen ist."[22]

---

19 R. Herrnritt, Grundlehren des Verwaltungsrechtes (1921) 184 f (Hervorhebungen im Original).

20 ZB A. Merkl, Demokratie und Verwaltung (1923) 36 ff; gerade aus Merkls Eintreten für das Berufsbeamtentum kann geschlossen werden, daß es sich gegen (gewählte und entsendete) Laienfunktionäre wandte, die damals als übliche Art von Verwaltungsorganen bestanden haben mußten.

21 A. Merkl, Die Stellung der Beschwerdekommissionen im Behördensysteme, ZÖR 1918 (III), 656 f, 667; zu den Beschwerdekommissionen nach der V RGBl 1817/122.

22 A. Merkl, Entwicklung und Reform des Beamtenrechts, VVDStRL 7 (1932), 55 (64); rechtspolitisch erwägt Merkl die Einrichtung einer mit möglichster Unabhängigkeit

Die Annahme, daß der Verfassungsgesetzgeber nach dem B-VG in der Fassung des Jahres 1920, deutlicher noch nach der B-VG-Nov 1929, spätestens aber nach der B-VG-Nov 1975, vom verfassungskonformen Fortbestehen von Organen ausging, die nicht berufsmäßige Organwalter enthielten, läßt sich im einzelnen begründen.

Im Art 131 Z 3 B-VG idF 1920 wurden Angelegenheiten von der Zuständigkeit des VwGH ausgenommen, über die eine Kollegialbehörde zu entscheiden hat, der in erster oder höherer Instanz wenigstens ein Richter angehört. Ihre Verankerung im Art 20 B-VG verbunden mit der ausdrücklichen Anordnung der Ausnahme von der Weisungsbindung erfolgte durch die B-VG-Novelle 1975.

Eine Anerkennung anderer als der in Art 20 genannten Bestellungsformen erfolgte zunächst mit der Rezeption der Kollegialbehörden mit richterlichem Einschlag durch das B-VG in seiner Stammfassung[23]. Angesichts der einfachgesetzlichen Rechtslage zum Zeitpunkt des Inkrafttretens des B-VG kann nicht davon ausgegangen werden, daß der Verfassungsgesetzgeber neben dem richterlichen Mitglied ausschließlich weisungsgebundene Berufsbeamte als Mitglieder der Kollegialbehörden vor Augen hatte. Die entsprechenden Verordnungen und Gesetze sahen Interessenvertreter als Mitglieder vor, die erkennbar keine Beamteneigenschaft aufwiesen[24]. Überdies ist hervorzuheben, daß die Vorgängerbestimmung zu Art 131 Z 3 B-VG, der § 3 lit b des Gesetzes RGBl 1876/36, Entscheidungen von Instanzen, die aus *Verwaltungsbeamten* und Richtern zusammengesetzt waren, von der Zuständigkeit des VwGH ausgenommen hatte, jene Regelung des B-VG hingegen keine Bezugnahme auf Verwaltungsbeamte, sondern bloß das Erfordernis wenigstens eines Richters enthielt. Schließlich ist darauf zu verweisen, daß auch die Organe von Selbstverwaltungskörpern im eigenen Wirkungsbereich nicht im Weisungs- und Verantwortungszusammenhang der obersten Organe standen, und zwar seit Beginn der Geltung und auch außerhalb der ausdrücklichen Ausnahme des Art 118 Abs 4 B-VG zugunsten der territorialen Selbstverwaltung.

---

ausgestatteten Beförderungskommission, deren Vorschläge für die Besetzung von Dienstposten zwingend zu beachten wären (aaO 87).

23 So zB VfSlg 8136/1977.

24 ZB ein Landwirt als landwirtschaftlicher Fachmann, ein Vertreter städtischer oder industrieller Interessen (§ 14 Abs 1 Z 3 Grundverkehrsgesetz, StGBl 1919/583) oder Vertreter der Arbeitgeber und Arbeitnehmer (§ 6 Z 4 und 5 der Kaiserlichen Verordnung betreffend die Regelung von Lohn- und Arbeitsverhältnissen in den militätischen Zwekken dienenden Betrieben), für weitere Beispiele P. Pernthaler, Die Kollegialbehörden mit richterlichem Einschlag (1976) 18 f.

3. Zwischenergebnis

Als Zwischenergebnis kann festgehalten werden, daß die Festlegung auf ernannte Berufsbeamte und auf gewählte Organe im Art 20 Abs 1 B-VG ein die Verfassung prägendes Prinzip der Verwaltungsorganisation bildet. Diese Festlegung insbesondere auf das Berufsbeamtentum ist jedoch keineswegs lückenlos. Das B-VG enthielt bereits in seiner Stammfassung explizite Ausnahmen und ließ andere Abweichungen von den typischen Bestellungsformen des Art 20 Abs 1 B-VG implizit zu[25]. In welchen Grenzen eine Ernennung oder gar eine anderweitige Bestellung von nicht berufsmäßigen Organen zulässig ist, läßt sich auf Grundlage des Art 20 B-VG allein nicht abschließend beantworten.

III. Die demokratische Legitimation der Verwaltungsführung als Gebot der Bundesverfassung

Auf der Grundlage der Einsicht, daß Art 20 Abs 1 B-VG als organisationsrechtliche Vorschrift keine abschließende Aufzählung zulässiger Organkreation enthält, ist die Frage zu stellen, inwieweit sich aus anderen verfassungsrechtlichen Anforderungen Grenzen für die Zulässigkeit anderer Formen der Berufung von Organen ergeben.

1. Das systematische Umfeld des Art 20 B-VG

Die Bestellungsvorschrift des Art 20 Abs 1 B-VG weist in der Systematik des Verfassungsrechts vielfache Berührungspunkte mit anderen verfassungsrechtlichen Vorgaben auf. Vom Konkreten zum Allgemeinen aufsteigend seien die wichtigsten von ihnen in Erinnerung gerufen. Art 65 Abs 2 lit a B-VG weist die Befugnis zur Ernennung der Bundesbeamten und der sonstigen Bundesfunktionäre dem Bundespräsidenten zu. Art 20 ordnet die Weisungsbindung und die Verantwortlichkeit gegenüber den vorgesetzten Organen an. Die obersten Organe unterliegen der Ministerverantwortlichkeit. Der Bundespräsident wird durch das Bundesvolk gewählt, die Mitglieder der Bundesregierung vom Bundespräsidenten ernannt. Versagt der vom Bundesvolk gewählte Nationalrat einem Bundesminister oder der Bundesregierung das Vertrauen, so sind er oder sie vom Bundespräsidenten des Amtes zu entheben. Auf einer anderen Ebene verfügt Art 18 B-VG für das Handeln der Verwaltung das Legalitätsprinzip. Unabhängige Gerichte sind zur Kontrolle der Einhaltung der Ge-

---

25 Wie hier insbesondere RINGHOFER, Bundesverfassung (FN 16) 86; und RILL, ÖBA 1996, 752.

setzmäßigkeit berufen. Und schließlich enthält Art 1 B-VG die allgemeine, aber nicht inhaltsleere Anordnung, daß das Recht der demokratischen Republik Österreich vom Volk ausgeht.

Diese vielschichtigen Verfassungsinhalte können hier nicht im einzelnen miteinander in Bezug gesetzt werden. Das Grundkonzept, das diesen Bestimmungen zugrunde liegt, ist das des demokratischen Rechtsstaats[26]. Vor seinem Hintergrund ist die Frage nach zulässigen Bestellungsformen gemäß Art 20 B-VG und jenseits seiner normativen Reichweite zu beantworten. Alle genannten Vorschriften weisen einen gemeinsamen Bezugspunkt auf, nämlich die Rückführung der Verwaltungstätigkeit auf den Willen des Souveräns, das Volk. Das verfassungsrechtliche Gebot der Rückführung der Verwaltungstätigkeit auf das Volk findet seine Grundlage im Art 1 B-VG, wonach das Recht vom Volk ausgeht.

Der Zusammenhang zwischen Art 20 Abs 1 B-VG und demokratischem Prinzip wird auch in Rechtsprechung und Lehre vielfach betont. Zutreffend wird der Zweck der Regelung der Organwalterbestellung in der demokratischen Legitimation der Verwaltungsorgane gesehen[27]. Wahl und Ernennung der Verwaltungsorgane tragen dem demokratischen Prinzip Rechnung[28]. In das Negative gewendet, wird ohne nähere Begründung in anderen Bestellungsformen mangelnde demokratische Legitimation bis hin zur Verletzung des demokratischen Prinzips erblickt[29].

Wenn es nun aber zutrifft, daß Art 20 Abs 1 B-VG keine abschließende Regelung oder gar nur „bewußt auf typische Teilbereiche beschränkt"[30] ist, muß nach weiteren Schranken des demokratischen Prinzips, das für die Ausübung aller Staatsgewalt grundsätzlich flächendeckend Geltung beansprucht, gefragt werden.

2. Das demokratische Prinzip als Kriterium

Für das demokratische Prinzip der Bundesverfassung bestimmt Art 1 B-VG programmatisch, daß das Recht der demokratischen Republik Österreich vom Volk ausgeht. Zwar wird übereinstimmend betont, daß aus Art 1 B-VG allein der Inhalt des Grundprinzips nicht erschlossen werden könne. Dieser sei vielmehr erst aus der gesamten Bundesverfassung zu erschließen. Wiewohl von Beginn der Geltung des B-VG an be-

---

26 ZB T. Öhlinger, Verfassungsrecht (³1997) 150; Thienel, Dienst (FN 1) 222 f.

27 Thienel, Dienst (FN 1) 222.

28 ZB VfSlg 10306/1984; vgl auch VfSlg 8644/1979.

29 Walter/Mayer, Bundesverfassungsrecht (FN 2) RZ 554; Kucsko-Stadlmayer, Disziplinarrecht (FN 2) 391 FN 34.

30 VfSlg 8136/1977.

tont wurde, daß Art 1 B-VG keinen oder nur einen unmaßgeblichen selbständigen „relevanten Inhalt" habe[31], wäre es gleichwohl verfehlt, anzunehmen, daß Art 1 B-VG keinerlei eigenen Inhalt aufwiese. Vielmehr lassen sich aus ihm Grundelemente der Demokratie erschließen[32]. Er bildet gleichsam den Fluchtpunkt, auf den alle Elemente des demokratischen Prinzips zurückgeführt werden können. In ihm sind zwei wesentliche verfassungsrechtliche Vorgaben für die demokratische Legitimation des Staatshandelns enthalten: Die Rückführbarkeit des Staatshandelns auf das „Volk" und das „Recht" als Gegenstand dessen, was vom Volk ausgeht.

Für die Zwecke der Fragestellung der demokratischen Legitimation im Rahmen kollegial besorgter Verwaltung genügt es, – stark vereinfacht – darauf hinzuweisen, daß der Ausgangspunkt grundsätzlich das ganze Volk ist, dh die Gesamtheit aller österreichischen Staatsbürger[33] in ihrer terrritorialen Gliederung.

Hinsichtlich des Gegenstandes der Legitimation ist vom Begriff „Recht" zunächst die *Rechtssetzung* umfaßt[34]. Die Legitimation ist auf das Ergebnis des Rechtssetzungsprozesses bezogen. Für dieses sind inhaltliche und personelle Komponenten maßgeblich, maW die Einflußnahme sowohl auf den *Inhalt* der Rechtsakte als auch (vor allem im System der repräsentativen Demokratie) auf die *Kreation* der Organe. Sodann ist das Gebot der demokratischen Legitimation nicht nur auf die Gesetzgebung beschränkt, sondern erstreckt sich auf die Tätigkeit der Vollziehung und auf ihre Organe[35]. Auf die demokratische Legitimation der Verwaltung bezogen, ist das Kriterium der Zulässigkeit anderer Bestellungsformen nach den organisatorischen Grundsätzen in Verbindung mit dem demokratischen Prinzip der Bundesverfassung sohin nicht bloß die des Verwaltungsorgans, sondern die Legitimation des Handelns der Verwaltung insgesamt, und zwar soweit es rechtserheblich ist. Dies schließt grundsätzlich eine Beschränkung auf hoheitliches Verwaltungshandeln in Form von Verwaltungsakten ein. Wann die Legitimation hinreichend ist, muß unter Berücksichtigung des Bestellungsmodus' des Organs und der Siche-

---

31 H. Kelsen/G. Froehlich/A. Merkl, Die Bundesverfassung vom 1. Oktober 1920 (1922) 65; für weitere Nachweise vgl H. Klecatsky, Geht das Recht der Republik Österreich vom Volk aus?, JBl 1976, 512 ff.

32 G. Winkler, Studien zum Verfassungsrecht (1991) 59.

33 M. Welan, Art 1 B-VG, FS Adamovich (1992) 721 (729); Öhlinger, Verfassungsrecht (FN 26) 146; speziell zum Bestellungsmodus von Verwaltungsorganen Kucsko-Stadlmayer, Disziplinarrecht (FN 2) 389; zum „Volk" als Element des Demokratiebegriffs aus historischer und theoretischer Sicht allgemein G. Sartori, Demokratietheorie (1992) 29 ff.

34 Kelsen/Froehlich/Merkl, Bundesverfassung (FN 31) 65 f.

35 ZB VfSlg 10306/1984.

rungen des Einflusses der obersten Organe auf seine Tätigkeit an Hand der Wertungen des Verfassungsgesetzgebers bestimmt werden[36].

3. Die Unterscheidung in inhaltliche und in personelle Legitimation

Die Bedeutung dieses Gebots des Art 1 B-VG für die Frage der Bestellungsform von Verwaltungsorganen ist näher zu erläutern[37]. Sie liegt in der demokratischen Legitimation des Verwaltungshandelns. Diese Legitimation wird auf zwei Arten hergestellt, durch inhaltliche Bindung des Verwaltungshandelns (inhaltliche Legitimation) und durch Rückbindung der Organkreation an das Volk oder an von ihm legitimierte Vertretungskörper (personelle Legitimation)[38]. Beide Zwecke werden im Schrifttum hervorgehoben[39], häufig allerdings nur, um Aussagen über die Unzulässigkeit anderer als der im Art 20 Abs 1 B-VG ausdrücklich genannten Formen der Kreation von Verwaltungsorganen zu gewinnen[40]. Ein Zusammenhang zwischen beiden Komponenten demokratischer Legitimation wird ebensowenig hergestellt, wie die Legitimation insgesamt als selbständige verfassungsrechtliche Schranke begriffen wird. Wie sind die beiden Seiten der demokratischen Legitimation im B-VG ausgestaltet und in welchem Verhältnis stehen sie zueinander?

a) Die inhaltliche Legitimation nach dem B-VG

Die inhaltliche Legitimation der Verwaltung wird primär durch das Gesetz vermittelt. Sie steht im österreichischen Schrifttum im Mittelpunkt von Überlegungen zur demokratischen Legitimation der Verwaltung[41]. Das allgemeine Legalitätsprinzip des Art 18 B-VG stellt die Bin-

---

36 Allgemein G. Winkler, Wertbetrachtung im Recht und ihre Grenzen (1969) 39 ff; speziell zu Art 20 B-VG Rill, ZAS 1978, 212 f; Thienel, Dienst (FN 1) 222.

37 Um einem Mißverständnis zu begegnen, sei festgehalten, daß im folgenden nicht einfachgesetzliches Organisationsrecht am demokratischen Grundprinzip schlechthin gemessen wird, sondern an einzelnen seiner Ausprägungen im „einfachen" Verfassungsrecht.

38 Zu dieser Unterscheidung für die deutsche Staatsrechtslehre E.-W. Böckenförde, Demokratie als Verfassungsprinzip, HStR I (^{2}1995), § 22 Nr 16 ff; eingehend E. T. Emde, Die demokratische Legitimation der funktionalen Selbstverwaltung (1991) 42 ff; und M. Jestaedt, Demokratieprinzip und Kondominialverwaltung (1993) 265 ff.

39 B. Raschauer, Grenzen der Wahlfreiheit zwischen den Handlungsformen der Verwaltung im Wirtschaftsrecht, ÖZW 1977, 1 (6 ff), der einerseits die (auch) unter dem Gesichtspunkt der personellen Legitimation maßgebliche Wahrung des Einflusses der obersten Organe betont und von ihr die durch die Gesetzgebungsorgane vermittelte inhaltliche Legitimation unterscheidet.

40 Walter/Mayer, Bundesverfassungsrecht (FN 2) RZ 554 („keine demokratische Legitimation" iSd B-VG); Mayer, Bundes-Verfassungsrecht 116 („steht ... mit der Letztverantwortung der obersten Organe ... nicht im Einklang").

41 Vgl K. Wenger/G. Winkler, Die Freiheit der Wissenschaft und ihrer Lehre (1974) 186; Raschauer, ÖZW 1977, 7 f.

dung der Tätigkeit der Verwaltung an den Willen des Volkes her. Der durch Volkswahl legitimierte Nationalrat beschließt den Inhalt von Gesetzen, welche die Grundlage und die Schranke für das Handeln der Verwaltung bilden[42].

Ferner wird die inhaltliche Legitimation dadurch erhöht, daß die Verwaltung nach Art 20 B-VG wenigstens dem Grundsatz nach unter der Leitung der obersten Organe unter dem Grundsatz der Weisungsbindung und in der damit verknüpften Verantwortlichkeit für die amtliche Tätigkeit geführt wird. Beide rechtlichen Instrumente, Weisungsbindung und (disziplinarrechtliche) Verantwortlichkeit, haben den Zweck, die Tätigkeit der nachgeordneten Organe inhaltlich an den Willen der obersten Organe zu binden, die dem durch Volkswahl kreierten Nationalrat[43] gegenüber insbesondere dafür verantwortlich sind, daß der durch die Volksvertretung beschlossene Inhalt von Gesetzen in der Vollziehung umgesetzt wird. Sie bilden die Ergänzung der Bindung der Vollziehung an das Gesetz im Art 18 B-VG.

Das B-VG läßt unterschiedliche Ausprägungen der inhaltlichen Legitimation der Verwaltungstätigkeit zu. Ermächtigungen zur Erlassung verfassungsunmittelbarer Verordnungen (zB Art 18 Abs 3 bis 5 B-VG) oder die Freistellung bestimmter Organe von Weisungen (zB Art 20 Abs 2 B-VG) bedeuten solche verfassungsrechtlich ausdrücklich zugelassenen Ausnahmen vom Regelmodell *inhaltlicher* demokratischer Legitimation.

b) Die personelle demokratische Legitimation nach dem B-VG

Die andere Seite bildet die personelle Komponente der demokratischen Legitimation. Sie besteht in der Berufung von Verwaltungsorganen durch das Volk oder wenigstens durch Organe, die ihrerseits unmittelbar oder mittelbar durch Volkswahl legitimiert sind. Worauf es daher ankommt, ist ein Zusammenhang zwischen Volk und Verwaltungsorgan, der durch einen oder mehrere Bestellungsakte hergestellt wird („Legitimationskette“[44]). Auch hier bestehen Differenzierungen auf Grundlage des B-VG. Die Wahl auf Zeit begründet eine vergleichsweise stärkere personelle demokratische Legitimation. Bei der Ernennung ist die demokratische Legitimation zwar auch gegeben, aber schwächer ausgeprägt. Sie ist durch ein (wenngleich demokratisch legitimiertes) Organ mediati-

---

42 Zur demokratischen Komponente des Legalitätsprinzips ÖHLINGER, Verfassungsrecht (FN 26) 150; THIENEL, Dienst (FN 1) 222 f.

43 Im Bereich der Landesvollziehung gegenüber den Landtagen.

44 Zum Begriff der Legitimationskette EMDE, Selbstverwaltung (FN 38) 42 f; BÖCKENFÖRDE, HStR I (FN 38) § 22 Nr 16.

siert. Der Ernennung kann die Bestellung durch Vertrag unter Gesichtspunkten personeller demokratischer Legitimation gleichzuhalten sein[45]. Funktionsdauer und Abberufungsmöglichkeiten (auch im Rahmen des Disziplinarrechts) machen die Vielfalt und Unterschiede im Ausmaß demokratischer Legitimation aus.

An dieser Stelle zeigt sich, daß zwischen den Bestellungsformen, die im Art 20 Abs 1 B-VG genannt sind, und dem Ausmaß an durch sie vermittelter demokratischer Legitimation kein zwingender Zusammenhang besteht. Unter dem Gesichtspunkt personeller Legitimation kommt es entscheidend darauf an, wie auf die Bestellung und die Abberufung einer Person, die Recht setzt, Einfluß genommen werden kann. Maßgeblich sind das Bestellungsorgan, die Bestellungsdauer und die Widerrufsmöglichkeit. Im Einzelfall kann zB in einer Wahl auf Lebenszeit ohne Möglichkeit einer Abwahl eine viel geringere Legitimation liegen als in einer Entsendung auf kurze Zeit mit der Möglichkeit jederzeitiger Abberufung. Die im Art 20 Abs 1 B-VG genannten Kriterien liegen daher gleichsam quer zur Frage demokratischer Legitimation und vermögen eine solche nur dann herzustellen, wenn die übrigen Bestimmungsgründe hiefür ausreichende Garantien bieten.

c) Zusammenwirken von personeller und inhaltlicher Legitimation

Wendet man sich nun der Unterscheidung des Art 20 B-VG zu, zeigen sich für die dort angeführten Kreationsformen Unterschiede sowohl im Hinblick auf die materielle als auch im Hinblick auf die personelle Legitimation. Ernannte Organe iS des Art 20 B-VG sind zwingend „berufsmäßige" Organe, die andere Gruppe muß ohne weitere Qualifikation bloß auf Zeit gewählt sein. Jene, die Berufsbeamten, genießen größere Unabhängigkeit als diese. Dies zeigt die Verbindung zwischen personeller und inhaltlicher Komponente der demokratischen Legitimation, auf die Kelsen, Merkl und später auch Antoniolli hingewiesen haben: Ernannte Verwaltungsorgane, die weitergehend frei von direkten politischen Einflüssen agieren können („autokratische" Verwaltung), weisen im allgemeinen größere Gesetzestreue auf, als eine unmittelbar gewählte „politisierte" Verwaltung[46]. Anders gewendet: Weil ernannte Berufsbeamte inhaltlich stärker an das Gesetz gebunden sind, macht es nichts aus, wenn

45 Anders wohl Mayer, der die Kreationsformen der Wahl und des Vertrags unter demokratische Legitimationsformen zusammenfaßt und der autokratischen Form der Ernennung gegenüberstellt (Bundes-Verfassungsrecht [FN 2] 116).

46 H. Kelsen, Vom Wesen und Wert der Demokratie (1920) 23 ff; A. J. Merkl, Allgemeines Verwaltungsrecht (1927) 338 f; W. Antoniolli, Allgemeines Verwaltungsrecht (1954) 162.

sie auf personeller Ebene im Vergleich zu gewählten Organen schwächer legitimiert sind[47].

Diese heute unbestrittene Einsicht bildet einen wesentlichen Schlüssel für die Beantwortung der Frage der Zulässigkeit alternativer Kreationsformen für Kollegialorgane der Verwaltung. Eine auf den Kreationsmodus beschränkte Betrachtungsweise unter Berufung auf den ersten Satz des Art 20 B-VG vernachlässigt insbesondere die inhaltliche Seite der demokratischen Legitimation und griffe zu kurz. Umgekehrt ist auch nicht allein die über das Gesetz vermittelte inhaltliche Legitimation maßgeblich. Sowohl die demokratische „Legitimationskette" bei der Organbestellung als auch die Sicherung der Umsetzung des Willens des demokratischen Gesetzgebers sind Ausdruck des Grundsatzes im Art 1 B-VG, daß das Recht vom Volk „ausgeht".

Durch das Zusammenwirken von personeller und inhaltlicher Legitimation erhält die demokratische Legitimation insgesamt eine je nach Staatsgewalt und innerhalb der Verwaltung je nach Vollzugsbereich und zuständigem Organ unterschiedliche Ausprägung. Das „Recht" beschreitet auf dem Weg vom Volk, der Quelle der Staatsgewalt, zum Bürger, dem Adressaten der Staatsgewalt, je unterschiedliche Pfade.

Doch nicht nur die „Zusammensetzung" der Legitimation aus verschiedenen Komponenten ist unterschiedlich. Das Ausmaß der Legitimation ist ebenso jeweils ein anderes – auch innerhalb der Verwaltung. Das B-VG schreibt kein einheitliches Legitimationsmaß schematisch und abstrakt vor. Um dieses Maß zu bestimmen, reicht ein Rekurs auf das allgemeine demokratische Prinzip daher nicht aus.

4. Das Organisationsrecht als Bestimmungsgrund des gebotenen Ausmaßes demokratischer Legitimation

Das Gebot demokratischer Legitimation des Verwaltungshandelns ist ebensowenig wie das ihm zugrundeliegende Prinzip selbst ein die übrigen Verfassungsprinzipien überspielender Grundsatz. Das Recht geht nur nach Maßgabe des nach Gewalten und nach Gebietskörperschaften gegliederten Rechtsstaates vom Volk aus. Das demokratische Prinzip entfaltet sich im Rahmen und nach Maßgabe der staatlichen Funktionsordnung. Die Gewaltenteilung in ihrer konkreten Ausgestaltung durch das B-VG bestimmt, auf welche Weise und in welchem Ausmaß eine unmittelbare

47 Zur Wechselwirkung von inhaltlicher und personeller Legitimation Böckenförde, HStR I (FN 38) § 22 Rnr 22; Jestaedt, Demokratieprinzip (FN 38) 281 ff.

oder mittelbare Rückbindung der Ausübung der jeweiligen Staatsgewalt an den Willen des Volkes stattfindet[48].

Wie eben am Beispiel der Verwaltung gezeigt wurde, sind die Bedingungen der Verwirklichung demokratischer Legitimation abhängig von den Organisationsvorschriften des B-VG. Diese bestimmen maßgeblich, inwieweit legitimierende Elemente verfassungsrechtlich zulässig und geboten sind. Auf die Staatsfunktionen bezogen läßt sich festhalten, daß die verfassungsrechtlich vorgegebenen Aufgaben, Handlungsformen und Verfahren zur Bestellung von Organen die Ausprägung der demokratischen Legitimation bestimmen. Für jede durch ein bestimmtes Organisationsrecht konstituierte Staatsfunktion legt die Verfassung solcherart die Anforderungen an die demokratische Legitimation fest.

Nun scheint diese Argumentation in einen Zirkel zu münden: Wie soll ein vom Organisationsrecht bestimmtes demokratisches Prinzip zur Klärung der Frage zulässiger organisationsrechtlicher Bestellungsformen bestimmter Organe beitragen? Die Antwort auf die Frage läßt sich an Hand des B-VG geben. Die Regelungen des B-VG über die Organisation der Bundes-, Landes- und Gemeindeverwaltung enthalten nur Grundsätze und sind vielfach lückenhaft. Zur Bestimmung der Zulässigkeit bestimmter Bestellungsformen und anderer organisationsrechtlicher Elemente kommt den Anforderungen des demokratischen Prinzips Maßgeblichkeit zu[49]. So läßt Art 20 Abs 1 B-VG nach dem oben gewonnenen Ergebnis die Frage nach der Zulässigkeit von ernannten ehrenamtlichen Funktionären oder von entsendeten Mitgliedern offen. Ferner ermächtigt Art 20 Abs 2 B-VG zwar im Einzelfall zur Weisungsfreistellung; die Regelung selbst enthält aber keine Aussage darüber, in welchem Ausmaß die weisungsgebundene Verwaltung gegenüber der weisungsfreien Verwaltung zurücktreten darf[50]. Schließlich ist die Organkreation in der nichtterritorialen Selbstverwaltung nach der Rechtsprechung des VfGH im B-VG überhaupt nicht ausdrücklich geregelt, sondern erfährt ihre Grenzen aus dem demokratischen Prinzip[51].

---

48 Vgl G. WINKLER, Das österreichische Konzept der Gewaltenteilung in Recht und Wirklichkeit, Der Staat 6 (1967) 293 ff; für das Bonner GG JESTAEDT, Demokratieprinzip (FN 38) 365; K. WAECHTER, Geminderte demokratische Legitimation staatlicher Institutionen im parlamentarischen Regierungssystem (1994) 65.

49 Ein Beispiel für eine solche Vorgangsweise liefert die Begründung des VfGH für die Unzulässigkeit der Direktwahl der Bürgermeister nach alter Rechtslage unter Hinweis auf das demokratische Baugesetz „als repräsentativ-demokratisches Grundprinzip mit ausnahmehaft vom Verfassungsgesetzgeber ausdrücklich vorgesehenen direkt-demokratischen Elementen" (VfSlg 13500/1993).

50 Der VfGH erwähnt als Schranke die Leitungsbefugnisse der obersten Organe, welche gleichfalls als Element demokratischer Legitimation begriffen werden können (11500/1987).

51 VfSlg 8136/1977, 10306/1984.

5. Folgerungen für die Zulässigkeit anderer Bestellungsformen

An diesem Punkt gilt es, die Antwort auf die Frage zulässiger Kreationsformen für Kollegialorgane fortzusetzen, die mangels abschließender Aufzählung aus Art 20 B-VG allein nicht gewonnen werden konnte. Die Untersuchung unter dem Blickwinkel der demokratischen Legitimation hat ergeben, daß die Bestellungsform nur einen, wenn auch wesentlichen Gesichtspunkt unter mehreren verfassungsrechtlich relevanten bildet. Die inhaltliche Legitimation über das Legalitätsprinzip ist in gleicher Weise zu berücksichtigen wie die Einbindung in den Weisungs- und Verantwortungszusammenhang der Verwaltung.

a) Weisungsgebundene Verwaltung als Regelfall

Unter der Prämisse, daß die Verwaltungsführung im Rahmen der weisungsgebundenen Verwaltung durch berufsmäßige Organe, gegebenenfalls auch durch auf Zeit gewählte Organe, unter der Leitung der obersten Organe das Leitbild der Verwaltungsorganisation bildet, dient dieses unter dem Gesichtspunkt der demokratischen Legitimation als Vergleichsebene. In ihm kommt ein bestimmtes „Normalmaß" der Legitimation zum Ausdruck. Dieses beinhaltet im Bestellungsakt eine nur mittelbare, relativ geringe personelle demokratische Legitimation, bietet aber auf inhaltlichem Wege, nämlich durch die organisatorische Einbindung und ihre Stellung in der staatlichen Verwaltung Gewähr dafür, daß dem Anspruch des Legalitätsprinzips, und damit des „im Gesetze geformten Volkswillens"[52], möglichst Rechnung getragen wird. Das Gegenstück bilden gewählte Organe, die nur auf Zeit gewählt sind und die typischerweise in einem Bereich geringerer Gesetzesbindung tätig sind. Beiden Arten der „Verwaltungsführung" kommt im Hinblick auf Art 20 iVm Art 1 B-VG hinreichende demokratische Legitimation zu.

Bereits diese Gegenüberstellung zeigt aber unter dem Gesichtspunkt des demokratischen Prinzips erhebliche Unterschiede. Diese bestehen auch innerhalb der beiden Bereiche der Bestellungsformen. Verschiedene dienstrechtliche Stellungen bzw unterschiedlich lange Wahlperioden sind gleichfalls von Einfluß auf die demokratische Legitimation der Organe und ihrer Entscheidungen. Verwiesen sei auf das „differenzierte Legalitätsprinzip"[53], auf die verfassungrechtliche Zulässigkeit von Materien, in denen der Wille des Volks weniger präzise zum Ausdruck kommt als in

52 Merkl, Verwaltungsrecht (FN 46) 339; ähnlich Ringhofer, Bundesverfassung (FN 16) 89.

53 Vgl dazu G. Winkler, Gesetzgebung und Verwaltung im Wirtschaftsrecht (1970) 32 ff.

anderen, der Beitrag des Gesetzes zur inhaltlichen demokratischen Legitimation mithin geringer ist[54].

b) Vergleichbares Legitimationsmaß und Ausnahmen

Dem „Normalmaß" weisungsgebundener Verwaltung, das auf unterschiedliche Weise erreicht werden kann, müssen Entscheidungen, die von anderen Organen getroffen werden, grundsätzlich entsprechen. Ausnahmen oder Modifikationen bedürfen einer verfassungsrechtlichen Begründung. Dies ist etwa für die Frage der Weisungsfreistellung unbestritten. Sie bewirkt eine Beschränkung des Einflusses der den Gesetzgebungsorganen gegenüber verantwortlichen obersten Organe. Verfügt der Verfassungsgesetzgeber die Weisungsfreiheit, ist die Frage verfassungsrechtlich „erledigt". Im Hinblick auf die offenere Regelung über die Organbestellung sind die Erfordernisse in diesem Bereich zwar weniger eindeutig, aber im Prinzip gleichartig. Im Ergebnis wird die Zurücknahme des personellen Einflusses demokratisch legitimierter Organe auf die Verwaltungsführung durch inhaltlich-legitimatorische Momente kompensiert. Geschieht dies aber nicht, so bedarf eine solche Rechtslage einer eigenen verfassungsrechtlichen Begründung[55].

c) Zwei Sonderfragen personeller demokratischer Legitimation von Kollegialorganen

Vor der Untersuchung einzelner weisungsfreier Kollegialorgane und der Zulässigkeit der Berufung ihrer Mitglieder ist noch auf zwei Sonderfragen einzugehen. Die eine betrifft unter dem Blickwinkel der demokratischen Legitimation die Gegenüberstellung der vorschlagsgebundenen Ernennung und der Entsendung von Organen. Die andere Frage berührt das Problem, inwieweit es hinreichend ist, wenn bloß die Mehrheit der Mitglieder hinreichend demokratisch legitimiert ist.

aa) Vorschlagsbindung bei der Ernennung und Entsendung im Vergleich

In Organisationsvorschriften für Kollegialbehörden begegnet man häufig folgenden zwei Bestellungsformen: der Entsendung und der Er-

---

54 In diese Richtung auch T. Öhlinger/M. Matzka, Demokratie und Verwaltung als verfassungsrechltiches Problem, ÖZPW 1975, 445 (449 ff). Beispielhaft sei auf das Planungsrecht verwiesen, dessen bloß „finale Programierung" das Verwaltungshandeln weniger determiniert (vgl zum Planungsrecht beispielsweise P. Oberndorfer, Plan und Planung, in: F. Ermacora et al [Hrsg], Allgemeines Verwaltungsrecht [1979] 229 ff).

55 In diese Richtung, wenngleich mit unterschiedlicher Begründung Rill, Sozialpartnerschaft (FN 1) 45, der diese an Hand einer Abwägung zwischen der durch Art 20 B-VG gebotenen Staatlichkeit einerseits und sachlicher Berücksichtigung entgegenstehender Gesichtspunkte (Interessen von Verbänden, Sachverstand) vornimmt.

nennung auf Grund eines Vorschlags. Auf der Grundlage eines abschließenden Verständnisses des Art 20 B-VG für sich genommen ist die Entsendung stets unzulässig, die Ernennung hingegen zulässig, unter der Voraussetzung, daß das ernannte ein berufsmäßiges Organ ist.

Unter dem Blickwinkel der demokratischen Legitimation sind die Unterschiede zwischen Entsendung und Ernennung auf Grund eines Vorschlags oder sonstiger Mitwirkungsbefugnisse hingegen weniger bedeutsam. Entscheidend ist in diesem Zusammenhang, in welchem Ausmaß das ernennende Organ an den Vorschlag gebunden ist. Ist es an einen bestimmten Vorschlag gebunden, hat es einem Dreiervorschlag in der vorgegebenen Reihenfolge zu folgen, kann es aus einem solchen frei auswählen, hat es ein Ablehnungsrecht oder muß es die mitwirkende Stelle bloß anhören? Von der Beantwortung dieser Frage hängt das Ausmaß personeller Legitimation entscheidend ab. In jenen Fällen, in denen das ernennende Organ in Wahrheit keine Auswahl trifft, sondern dem Vorschlag einer nicht demokratisch legitimierten Einrichtung folgen muß (und sei es, daß er drei Namen enthält), ist die personelle Legitimation des ernannten Mitglieds gegenüber der eines entsendeten Mitglieds nicht wesentlich höher. Das formelle Ernennungsrecht wird diesfalls zum *nudum ius*[56]. Diese Einsicht ist deshalb von Bedeutung, weil sie Wertungen des B-VG in Erinnerung ruft, die jener Ansicht entgegenstehen, die unter dem Eindruck des Art 20 B-VG ernannte Organe, und sei es über bindenden Vorschlag, grundsätzlich für verfassungskonform hält, entsendete im allgemeinen hingegen nicht. Auch hier gilt im übrigen, daß es nicht auf die Art der Bestellung ankommt, sondern darauf, wer an ihr mitwirkt, dh in diesem Fall den Vorschlag erstattet.

Die „demokratische" Qualität des entsendenden oder vorschlagenden Organs kann grundsätzlich nicht von der Rückführung der Legitimation an das *Volk* entbinden, es sei denn, der Verfassungsgesetzgeber läßt eine entsprechende Wertung erkennen. Mitgliedern von Behörden, die über Vorschlag eines allgemeinen Vertretungskörpers (zB eines Landtages[57]) bestellt werden, ist eine den Grundfällen des Art 20 B-VG gleichwertige Legitimation zuzugestehen. Wesentlich geringer ist dagegen die Legitimation eines Vereines[58]. Läßt die Verfassung erkennen, daß Selbstverwaltungskörper in einem bestimmten Sinn „ein Mittel demokratischer Verwaltung"[59] bilden, so ist ihre Mitwirkung an der Organkreation unter

56 In diesem Sinne Rill, Sozialpartnerschaft (FN 1) 45 („Staffage"); Jestaedt, Demokratieprinzip (FN 38) 383 ff.

57 Art 81a Abs 3 lit a letzter Satz B-VG.

58 ZB § 7 Abs 2 AusschreibungsG (Gewerkschaft des öffentlichen Dienstes).

59 Merkl, Verwaltungsrecht (FN 46) 337.

legitimatorischen Gesichtspunkten nicht von vornherein ausgeschlossen. Hinzuweisen ist aber darauf, daß hier der Demokratiebegriff als Bezeichnung einer Herrschaftsform, nicht aber als Erfordernis der Rückführung der Rechtssetzung auf das Volk verwendet wird.

bb) Demokratische Legitimation aller oder einzelner Mitglieder?

Eine wesentliche Voraussetzung für die Beurteilung der demokratischen Legitimation von Kollegialorganen ist Klarheit darüber, ob sich die Anforderungen an die personelle Legitimation auf alle Mitglieder erstrekken müssen oder ob es hinreicht, wenn bloß die Mehrheit der einem Kollegialorgan angehörenden Organwalter mit entsprechender Legitimation ausgestattet ist. Bezieht man die demokratische Legitimation auf die Setzung von Rechtsakten, mithin auf den Erlaß von Verwaltungsakten, wird deutlich, daß selbst beim Erfordernis einfacher Mehrheit in der Abstimmung in einem Kollegialorgan bei knappen Mehrheitsverhältnissen bereits ein einziges nicht entsprechend legitimiertes Organ als Zünglein an der Waage den Ausschlag geben kann. Die demokratische Legitimation des Verwaltungsakts wäre diesfalls nicht höher, als wenn dieses eine Mitglied monokratisch entschieden hätte. Im Sinne der Rechtsprechung des VfGH zur Sachlichkeit der Zusammensetzung von Kollegialorganen[60] müssen daher grundsätzlich alle Mitglieder eine entsprechende Legitimation aufweisen oder anders gewendet, die personelle Legitimation eines Kollegialorgans wird am schwächsten Glied der Kette gemessen.

Gleichwertig wäre eine Regelung, welche zwar „minder legitimierte" Mitglieder zuläßt, gleichwohl aber jedenfalls eine Mehrheit der „ordentlich" legitimierten Mitglieder in der Abstimmung über eine Entscheidung fordert. Hat diese am Einfluß auf den Verwaltungsakt anknüpfende Ansicht unter bestimmten Voraussetzungen die Unschädlichkeit der Mitgliedschaft unterschiedlich legitimierter Personen zur Konsequenz, so schadet es auch nicht, wenn von vorneherein Personen mit bloß beratender Stimme entsendet werden. Sie mindern die Legitimation des Verwaltungsakts nicht. Zu einem anderen Ergebnis gelangte man dagegen, wenn man auf Grund eines abschließenden Verständnisses von Art 20 B-VG die Mitwirkung entsendeter beratender Mitglieder zur „Führung der Verwaltung" rechnete und demgemäß für verfassungswidrig hielte.

60 VfGH 29. 11. 1995, G 1249/95-8 ua; das dort formulierte Erfordernis doppelter Mehrheit verstellt allerdings den Blick auf die Konsequenz; wenn stets eine Mehrheit einer Teilmenge des Ganzen erforderlich ist, verliert die Mehrheit des Plenums rechtlich jede Bedeutung, solange nicht die „blockweise Abstimmung" zwingend vorgeschrieben ist (vgl dazu C. Grabenwarter, Zur Sachlichkeit der Zusammensetzung von Habilitationskommissionen, JAP 1995/96, 168 [172 f]; umfassend Jestaedt, Demokratieprinzip [FN 38] 377 f).

6. Verfassungsrechtliche Modifikationen der demokratischen Legitimation für weisungsfreie Kollegialbehörden

Bereits in der Untersuchung zu Art 20 B-VG haben wir gesehen, daß das B-VG von einer auf Weisungszusammenhang, Verantwortlichkeit und Ernennung gegründeten Verwaltungsorganisation geprägt ist. Nun gilt es, vom allgemeinen Grundsatz abweichende Vorgaben des B-VG für die demokratische Legitimation weisungsfreier kollegialer Verwaltungsführung im einzelnen zu untersuchen.

a) Die demokratische Legitimation von weisungsfreien Kollegialbehörden im allgemeinen

Bevor auf die Frage nach der Zulässigkeit bestimmter Bestellungsformen für Mitglieder von Kollegialbehörden eingegangen wird, ist die Legitimation ihrer Tätigkeit allgemein in den Blick zu nehmen. Kollegialbehörden mit nichtbeamteten Mitgliedern begegnen auf verschiedenen Ebenen sehr unterschiedlicher Bewertung. So bezeichnet MERKL das Kollegialsystem als „Form demokratischer Verwaltung, da es der Idee der Einherrschaft die Idee der Mehrherrschaft gegenüberstellt und durch die Mehrzahl der Mitglieder dem Willensausdruck und der Willenseinigung verschiedener im Volkswillen wurzelnder Bestrebungen Raum gibt“[61]. PERNTHALER sieht gar das Demokratieprinzip von bestimmten Kollegialbehörden mitgeprägt, weil in ihnen Interessen- und Bürgervertreter in rechtlich geordneter Weise mit Richtern und Verwaltungsbeamten zu einer Organisation verbunden werden[62]. WINKLER beurteilt das Entscheidungsrecht „gemischter Kommissionen“ als verfassungswidrig[63]. WALTER/MAYER sehen in der Teilnahme von Interessenvertretern in Kollegialorganen gar die Einführung „ständestaatlicher Strukturen“[64].

Wendet man sich von diesen Einschätzungen der verfassungsrechtlichen Frage zu, so sind Entscheidungen von weisungsfreien Kollegialbehörden jenen der weisungsgebundenen Verwaltung gegenüber zu stellen. Hiebei lassen sich einige allgemeine Aussagen treffen.

Hinsichtlich der *inhaltlichen* Legitimation bestehen Gemeinsamkeiten und Unterschiede. Was die gesetzlichen Vorgaben betrifft, gilt das Legalitätsprinzip im allgemeinen für die Verwaltung unabhängig davon, ob weisungsfreie oder monokratische Organe entscheiden. Ein wesentliches Instrument ist den obersten Organen iS des Art 20 B-VG jedoch genom-

61 MERKL, Verwaltungsrecht (FN 46) 337.

62 PERNTHALER, Kollegialbehörden (FN 24) 37.

63 G. WINKLER, Staat und Verbände, VVDStRL 24 (1966), 34 (47).

64 WALTER/MAYER, Bundesverfassungsrecht (FN 2) RZ 152.

men: Sie können kraft ausdrücklicher verfassungsrechtlicher Anordnung nicht durch Weisungen auf den Inhalt der Entscheidungen von weisungsfreien Kollegialorganen Einfluß nehmen. Insoweit muß eine geminderte demokratische Legitimation auf dieser Ebene eingeräumt werden, die verfassungsrechtlich zugelassen wurde. Soweit Mitglieder keine berufsmäßigen Organe sind, unterliegen sie auch keiner disziplinarrechtlichen Verantwortung.

Die *personelle* Legitimation der Entscheidungen weisungsfreier Kollegialbehörden ist unterschiedlich, je nachdem, wie der Gesetzgeber das Bestellungsverfahren geregelt hat. Soweit der Gesetzgeber die Wahl aller Mitglieder vorgesehen hat, kann darin ein Ausgleich der geringeren Einflußmöglichkeiten auf den Entscheidungsinhalt mangels Weisungsbefugnissen gesehen werden. Aber auch eine (bloße) Ernennung weisungsfreier Mitglieder von Kollegialorganen durch demokratisch legitimierte oberste Organe oder diesen nachgeordnete Organe ist vom B-VG als ausreichend demokratisch legitimiert anerkannt, sieht es im Art 20 Abs 1 B-VG doch beide Bestellungsformen als gleichwertig an und enthält es eine allgemeine Ausnahme für eine bestimmte Organisationsform im Abs 2. Entscheidend für den Grad demokratischer Legitimation sind jedoch nicht die vordergründigen Arten der Bestellung, sondern die Qualität des Bestellenden, die Dauer der Bestellung und die Abberufungsmöglichkeiten.

Ob ein von der Ernennung oder Wahl abweichendes Bestellungsverfahren im Verein mit der materiell-inhaltlichen Legitimation ein verfassungskonformes Ergebnis erbringt, ist im Einzelfall an Hand der konkreten verfassungsrechtlichen Grundlage näher zu untersuchen. Die Tatsache, daß es in der Zeit vor 1920 Kollegialbehörden gab, welche wenigstens teilweise in Durchbrechung einer demokratischen Legitimationskette besetzt wurden, bildet ein Indiz, erbringt für sich aber noch keinen Nachweis, daß der Verfassungsgesetzgeber eine allgemeine Durchbrechung des Grundsatzes demokratischer Legitimation rezipiert hat. Hiefür bedarf es vielmehr konkreter Anhaltspunkte im B-VG, und zwar sowohl hinsichtlich einzelner Organe oder wenigstens Organtypen als auch hinsichtlich der Art der Bestellung. Inwieweit abweichende Bestellungsformen eine verfassungskonforme personelle demokratische Legitimation vermitteln, sei an Hand von drei nach ihrer Bedeutung ausgewählten Arten von Kollegialorganen geprüft, den Kollegialbehörden mit richterlichem Einschlag, den kollegialen Organen der Finanzverwaltung und den Kollegien der Landesschulräte[65].

---

[65] Die Unabhängigen Verwaltungssenate werfen keine Probleme unter dem Blickwinkel demokratischer Legitimation auf. Sie setzen sich aus ernannten berufsmäßigen Mitgliedern zusammen, deren Bestellung in Grundzügen ausdrücklich verfassungsrechtlich geregelt ist (Art 129b Abs 1 B-VG).

IV. Die Legitimation ausgewählter Kollegialbehörden

1. Kollegialbehörden mit richterlichem Einschlag

Einen Sonderfall staatlicher Verwaltung, der außerhalb des Weisungs- und Verantwortungszusammenhanges des Art 20 Abs 1 B-VG liegt, bilden Kollegialbehörden mit richterlichem Einschlag. Sie unterscheiden sich von allen übrigen Formen von Kollegialorganen darin, daß der Verfassungsgesetzgeber im Art 20 Abs 2 iVm Art 133 Z 4 B-VG eine ausdrückliche und allgemeine Ausnahme vom Art 20 Abs 1 B-VG geschaffen und die verwaltungsgerichtliche Kontrolle für diese Organe grundsätzlich ausgeschlossen hat.

a) Verfassungsrecht und gesetzliches Organisationsrecht im Jahr 1920

Zur Beantwortung der Frage nach der Verfassungsmäßigkeit von Entsendungen in diese Behörden ist zunächst das oben zu Art 20 Abs 1 B-VG Gesagte in Erinnerung zu rufen. Ihm liegt die Vorstellung einer demokratischen Staatsorganisation zugrunde, die über Weisungs- und Verantwortungszusammenhang dem Willen der Volksvertretungen zum Durchbruch verhelfen soll[66]. Dieses am Berufsbeamtentum ausgerichtete Konzept war und ist jedoch keineswegs lückenlos[67].

Die Ausgangslage des Jahres 1920 war folgende. Die vorrepublikanische Rechtslage wies Kollegialbehörden auf, denen Personen angehörten, die als Interessenvertreter unter Mitwirkung von Einrichtungen bestellt wurden, welche außerhalb einer zum Volk führenden Legitimationskette standen. So lesen wir in Ulbrichs Lehrbuch des Verwaltungsrechts:

> „Man nennt öfter auch Selbstverwaltung die Beteiligung des Laienelementes an der unmittelbaren Staatsverwaltung, indem die Besorgung gewisser Arten von Staatsgeschäften, z.B. die Bemessung der Personaleinkommensteuer, die Schulverwaltung, Ehrenbeamten übertragen ist, deren Dienstverband im Vergleiche zu dem der Berufsbeamten abgeschwächt ist und deren Ämter nur zum Teile durch Ernennung seitens des Monarchen, der Minister oder Staatsbehörden, in vielen Fällen aber durch Ernennung seitens der Körperschaftsorgane oder durch Wahlakte bestimmter Interessentenkreise begründet werden."[68]

Daß es sich hiebei nicht um systemwidrige Einzelerscheinungen handelte, sondern um eine im Zug der Zeit liegende Form der Behördenorganisation, mag eine Bemerkung Merkls aus dem Jahr 1918 verdeutlichen:

> „Diese Berufung von Interessenten (gerade in ihrer Eigenschaft als Interessenten) zu öffentlichen Funktionen ist eine der typischesten Erscheinungen des Modernisierungsprozes-

66 Kelsen/Froehlich/Merkl, Bundesverfassung (FN 31) 88.

67 Vgl Ringhofer, Bundesverfassung (FN 16) 86; W. Mantl, Partizipation in der Verwaltung, in: F. Ermacora et al (Hrsg), Allgemeines Verwaltungsrecht (1979) 485 (495 f) mwN; und oben II. 2.

68 Ulbrich, Verwaltungsrecht (FN 18) 26 f.

ses im heutigen Staatsleben. Dieser Einschlag von Selbstverwaltung in die Staatsverwaltung trägt in sie, die für eine ältere Vorstellungswelt notwendig ‚über den Parteien' stand – freilich um in Wirklichkeit nur zu oft deren Gefangene zu sein – ein Element der Parteilichkeit, das bewußt in Kauf genommen, wenn nicht gar beabsichtigt wird."[69]

Ein Blick auf die Rechtslage zu Beginn und im Laufe der zwanziger Jahre verbunden mit der Verfassungsentwicklung unter dem B-VG weist darauf hin, daß mit dem Inkrafttreten des B-VG nicht das Ende von Kollegialbehörden mit „Interessentenvertretern" eingeläutet werden sollte. Es bestand bereits eine Reihe von Behörden, die nicht nur Verwaltungsagenden in Unabhängigkeit von der Ministerialverwaltung besorgten[70]. Ihnen war schon vor 1920 auch die Mitgliedschaft eines Richters, die Mitgliedschaft von ehrenamtlichen Vertretern bestimmter Einrichtungen[71] und die Unanfechtbarkeit ihrer Entscheidungen vor dem Verwaltungsgerichtshof gemeinsam[72]. Keine Einheitlichkeit bestand in Bezug auf den Bestellungsmodus. Man trifft sowohl die Bestellung von Interessenvertretern nach Anhörung der entsprechenden Organisationen und Einrichtungen an[73] als auch die unmittelbare Entsendung[74].

Mit dieser Feststellung ist für die Ermittlung des Willens des Verfassungsgesetzgebers in diesem Punkt jedoch noch wenig gewonnen. Erforderlich ist vielmehr auch der Nachweis, daß diese Formen geminderter demokratischer Legitimation in das Verfassungsrecht rezipiert wurden. Für keine der damals bestehenden Kollegialbehörden geschah dies im Jahr 1920 ausdrücklich. Einzig der Behördentyp der Kollegialbehörde mit richterlichem Einschlag fand im B-VG Verankerung und zwar im Rahmen der Gründe der Unzuständigkeit des VwGH. Das ÜG 1920 leitete bestimmte Behörden in das Behördensystem nach dem B-VG über (§ 8), darunter auch solche mit richterlichem Einschlag[75]. Daraus mag man ein Argument dafür gewinnen, daß Art 20 B-VG keine abschließende Regelung enthält. Ob allerdings daraus, insbesondere aus Art 131 Z 3 B-VG, bereits eine Anerkennung modifizierter demokratischer Legitimation im Hinblick auf die Bestellungsform folgt, ist zu diesem Zeitpunkt nicht ausgemacht.

---

69 Merkl, ZÖR 1918 (III), 657 FN 2.

70 Beispielhaft Merkl, ZÖR 1918 (III), 681.

71 Pernthaler, Kollegialbehörden (FN 24) 19, spricht von der „bürgerschaftlichen Komponente".

72 ZB § 14 iVm § 11 Grundverkehrsgesetz, StGBl 1919/583; allgemein § 3 lit b des Gesetzes RGBl 1876/36.

73 § 6 der Verordnung RGBl 1917/122 iVm der Verordnung RGBl 1917/123.

74 § 14 Abs 1 Z 5 Grundverkehrsgesetz, StGBl 1919/583 (Bestellung durch landwirtschaftliche Hauptkörperschaft); § 3 lit b des Gesetzes RGBl 1876/36.

75 Vgl zB die Agrarbehörden und in diesem Zusammenhang § 10 des Gesetzes RGBl 1883/92.

b) Die Verfassungsentwicklung bis zum Jahr 1929

Die Hinweise auf eine verfassungsrechtliche Anerkennung anderer Bestellungsformen verdichten sich jedoch durch die Verfassungsgesetzgebung im Laufe der zwanziger Jahre. In dieser Zeit wurden einige Kollegialbehörden mit richterlichem Einschlag mit entsendeten Organwaltern geschaffen[76]. Parallel dazu und eng damit verknüpft erbringt sodann die weitere Verfassungsentwicklung erhebliche Hinweise auf eine verfassungsrechtliche Rezeption dieser Bestellungsform im Rahmen der richterlichen Kollegialbehörden. So wurde beispielsweise im Jahr 1924 die Behördenorganisation nach dem Invalidenentschädigungsgesetz neu geregelt[77]. Die Schiedskommission der Invalidenentschädigungskommissionen bestand gem § 46 Abs 1 leg cit aus einem Richter als Vorsitzendem und zwei vom Ressortminister bestellten Beisitzern. Einer der beiden Beisitzer war auf Vorschlag des Landeshauptmanns zu bestellen. Der Vorschlag war „auf Grund der Anträge der in Betracht kommenden Organisationen der Invaliden und Kriegerwitwen zu erstatten" (Abs 2). Am selben Tag erging ein Bundes*verfassungs*gesetz über die Zuständigkeit des Verwaltungsgerichtshofes zur Überprüfung von Entscheidungen der genannten Schiedskommissionen[78], welches ein Amtsbeschwerderecht des Bundesministers für soziale Verwaltung begründete. Im Jahr 1929 griff der Verfassungsgesetzgeber diese Regelungstechnik auf, wie sie auch im Abgabenverfahren bereits eingeführt war, und fügte eine entsprechende allgemeine Ermächtigung an den einfachen Gesetzgeber im Art 129 Abs 4 B-VG zur Eröffnung eines „Amtsbeschwerderechts" ein. Art I BVG BGBl 1924/257 konnte durch § 23 Abs 1 ÜG 1929 in den Gesetzesrang gesenkt werden.

Diese Neuerung ist vor allem deshalb von Bedeutung, weil sie gleichsam eine Kompensation der Beschränkung der inhaltlichen und personellen Legitimation der Verwaltungsführung durch eine bestimmte Form erhöhter inhaltlicher Legitimation bewirkt. Die Zusammensetzung, die Bestellungsform und die Weisungsfreiheit verringern den Einfluß der obersten Organe auf den Inhalt der Entscheidungen erheblich. Die Möglichkeit, den VwGH anzurufen, bedeutet dagegen eine Stärkung der Sicherung der Rechtmäßigkeit der Verwaltungsentscheidung, mithin eine Stärkung der inhaltlichen Legitimation. Das Amtsbeschwerderecht erfuhr in der Folge eine Ausweitung und ist heute im Rahmen der Ermächtigung an den Gesetzgeber im Art 131 Abs 1 B-VG verfassungsrechtlich verankert.

---

76 Vgl L. Adamovich/G. Froehlich, Die österreichischen Verfassungsgesetze des Bundes und der Länder (1925) 46 f.

77 BGBl 1924/256.

78 Art I BGBl 1924/257.

Erheblich ist in diesem Zusammenhang ferner, daß die B-VG-Novelle 1929 zwei weitere Änderungen gebracht hat, die für die Frage nach der gebotenen demokratischen Legitimation wesentlich sind. Für die Kollegialbehörden mit richterlichem Einschlag wurde zum einen im Rahmen des Unzuständigkeitstatbestandes des Art 130 Z 3 B-VG (heute Art 133 Z 4) für den VwGH die Voraussetzung eingefügt, daß die nichtrichterlichen Mitglieder der Kollegialbehörde an keine Weisungen gebunden sein dürfen. Spätestens mit diesem Zeitpunkt muß daher davon ausgegangen werden, daß der Verfassungsgesetzgeber eine Minderung der inhaltlichen Legitimation richterlicher Kollegialbehörden in Kauf genommen hat[79].

Zum anderen ist hervorzuheben, daß das dem B-VG 1920 in seiner Stammfassung zugrundegelegene Konzept einer parlamentarischen Demokratie im Jahr 1929 erheblich modifiziert wurde. Insbesondere die Stellung der Gesetzgebungsorgane wurde gegenüber der Vollziehung geschwächt. Gleichzeitig ist hervorzuheben, daß die Novelle 1929 von einer berufsständischen Tendenz getragen war, die sogar in die Verankerung eines Ständerates mündete. Zwar traten die Regelungen über den Ständerat nicht in Kraft und hat auch die Verfassungsentwicklung in den dreißiger Jahren für die Auslegung des geltenden Verfassungsrechts in diesem Punkt keine Bedeutung. Zu bedenken ist jedoch, daß Aussagen zur strenger parlamentarisch-demokratischen Verfassungsrechtslage des Jahres 1920 nicht unbesehen auf die Zeit nach 1929 übernommen werden dürfen.

c) Die B-VG-Novelle 1975

Den Schlußpunkt der in diesem Zusammenhang erheblichen Verfassungsentwicklung bildet die B-VG-Novelle 1975. Sie brachte die Einfügung der ausdrücklichen Ausnahme von der Weisungsbindung im Art 20 Abs 2 B-VG vor dem Hintergrund einer Vielzahl bestehender Kollegialbehörden, deren Mitglieder durch freie Ernennung, vorschlagsgebundene Ernennung oder durch Entsendung bestellt wurden. Der gleichzeitig eingefügte Art 12 Abs 2 B-VG brachte die verfassungsrechtliche Verankerung der Agrarbehörden, mit der organisationsrechtlichen Vorgabe, daß dem Art 133 Z 4 B-VG zu entsprechen ist und Sachverständige in den Behörden vertreten sein müssen.

d) Schlußfolgerung

Vor dem Hintergrund dieser über die Jahrzehnte verteilten Schritte des Verfassungsgesetzgebers läßt sich eine Antwort auf die Frage nach der

---

79 Eine ähnliche Bewertung der B-VG-Novelle 1929 liegt dem Erk VfSlg 13016/1992 zugrunde.

Verfassungskonformität von entsendeten Mitgliedern geben. Hiebei ist zunächst zu berücksichtigen, daß ein zentraler Bestandteil der inhaltlichen Legitimation, nämlich die Weisungsbindung, vom Verfassungsgesetzgeber ausdrücklich ausgeschlossen wurde. In diesem Bereich ist die Abweichung vom üblichen Maß des Art 20 Abs 1 B-VG zweifelsfrei zulässig. Dagegen kann eine Kompensation durch erhöhte inhaltliche Legitimation darin gesehen werden, daß für richterliche Kollegialbehörden strengere Verfahrensregeln gelten. So gelten für deren Verfahren abweichend vom AVG nach der Rspr des VfGH strengere Verfahrensgrundsätze, weil die Organisationsgarantien des Art 20 Abs 2 B-VG verbunden mit der (grundsätzlichen) Unanfechtbarkeit der Bescheide den Behörden ein Maß an Unabhängigkeit sichern, wie es sonst nur Gerichten zukommt[80]. Der Wert dieser Garantien darf insgesamt jedoch nicht überschätzt werden[81]. Zwar ist mindestens ein Richter in allen Behörden nach Art 133 Z 4 B-VG zwingend vertreten. Im Unterschied zur Gerichtsbarkeit weisen aber die übrigen Mitglieder regelmäßig nur eine zeitlich begrenzte Bestellungsdauer auf, Laienmitglieder unterliegen keinem Disziplinarrecht und schließlich sind die Entscheidungen regelmäßig nicht einmal der begrenzten Kontrolle des VwGH zugänglich. Eine zusätzliche Modifikation liegt schließlich in der vielfach vorgesehenen Mitgliedschaft von entsendeten oder vorschlagsgebunden ernannten Mitgliedern.

Entscheidendes Gewicht liegt daher auf der Frage, inwieweit die Entsendung von Mitgliedern verfassungsrechtlich zu begründen ist. Wenngleich eine allgemeine verfassungsrechtliche Freizeichnung der Entsendung von Mitgliedern durch Interessenvertretungen der Verfassung auch im Rahmen des Art 20 Abs 2 und des Art 133 Z 4 B-VG nicht entnommen werden kann, muß doch als unbestritten gelten, daß bei bestimmten Arten von Behörden ohne Zweifel die Entsendung verfassungsrechtlich sanktioniert wurde. Dazu gehören im Hinblick auf eindeutige historische Vorbilder jedenfalls die Grundverkehrsbehörden und Schiedskommissionen nach der Art des oben geschilderten Beispiels. Im übrigen ist darauf zu verweisen, daß der Verfassungsgesetzgeber mit der Anerkennung des Laienelements, welches den meisten Behörden nach Art 133 Z 4 B-VG im Rahmen der staatlichen Verwaltung immanent ist, und mit der Weisungsfreistellung allgemein eine wesentliche Absenkung der inhaltlichen Legitimation bei diesen Behörden verfassungsrechtlich zugelassen und das Hauptgewicht auf eine andere Ebene der inhaltlichen Legitimation verlagert hat. Mit der Entscheidung für dieses Organisationsmodell schafft der Verfassungsgesetzgeber ein deutlich abweichendes

80 StRspr beginnend mit VfSlg 4664/1964, 4728/1964.

81 Sinngemäß zur deutschen Rechtslage Jestaedt, Demokratieprinzip (FN 38) 418 ff.

Legitimationsmaß für all jene Behörden, die diesem entsprechen. Für die Rechtfertigung geminderter personeller Legitimation bedarf es diesfalls nicht jener gewichtigen Gründe, die im Hinblick auf die Kompensation auf das Maß des weisungsgebundenen Berufsbeamten erforderlich wären.

In diesem Rahmen muß der Gesetzgeber vor allem auf der inhaltlichen Ebene bei gleichzeitiger Zulassung entsendeter Mitglieder durch strengere materiell-rechtliche Vorgaben, durch Einräumung eines Beschwerdezugs an den VwGH, ferner durch die Eröffnung der Möglichkeit der Amtsbeschwerde nach Art Art 131 Abs 2 B-VG, allfällige legitimatorische Defizite aus der Entsendung einzelner Mitglieder ausgleichen. Durch eine Verkürzung der Amtsdauer der Mitglieder und schließlich auch durch eine Erhöhung der Anzahl der Richter im Kollegialorgan können legitimatorische Defizite ebenfalls ausgeglichen werden. Inwieweit der Gesetzgeber das tun muß, hängt jeweils vom konkreten Fall ab, von der entsendenden Stelle, den anzuwendenden Rechtsgrundlagen, der Amtsdauer und den Möglichkeiten der Abberufung eines Organwalters.

2. Senate im Abgaben- und Finanzstrafverfahren

Im Abgabenverfahren und im Finanzstrafverfahren sind Senate zur Entscheidung berufen, deren Mitglieder einerseits weisungsfrei gestellt sind und andererseits jedenfalls teilweise unter Mitwirkung gesetzlicher Interessenvertretungen berufen werden.

Die Stellung der genannten Kollegialorgane und ihre Bestellung weisen zwei Besonderheiten im Vergleich mit den bisher genannten Behörden auf. Einmal sind die jeweiligen Senate nicht selbst Behörde sondern Organe der jeweiligen Finanz- oder Zollämter bzw der jeweiligen Finanzlandesdirektionen[82]. Sodann ist der Bestellungsmodus für die entsendeten Mitglieder zweistufig. Gem § 263 Abs 1 BAO sind für den Bereich jedes Bundeslandes zunächst *Berufungskommissionen* zu bilden. Jede Kommission besteht aus zwei Gruppen von Mitgliedern. Die erste Gruppe setzt sich aus den von den gesetzlichen Berufsvertretungen entsendeten, im jeweiligen Bundesland wohnhaften Mitgliedern zusammen. Das Bundesministerium für Finanzen setzt die Zahl der von den einzelnen Berufsvertretungen zu entsendenden Mitglieder unter Berücksichtigung der Bedeutung der Berufsgruppen für die Steuerleistung im Bundesland fest. Die Mitglieder der zweiten Gruppe werden in erforderlicher Zahl vom Bundesminster für Finanzen ernannt, wobei das Gesetz keine bestimmte

82 Vgl G. Stoll, BAO-Kommentar (1994) 2636 f.

Qualifikation vorschreibt[83]. Die §§ 264 ff BAO enthalten weitere Voraussetzungen für die Entsendung bzw Ernennung, wie ein Mindestalter, ferner Ausschluß- und Ablehnungsgründe für bestimmte Personengruppen. § 267 BAO bestimmt, daß die Kommissionsmitglieder auf die Dauer von sechs Jahren „bestellt" werden. Die entsendeten Mitglieder behalten ihr Mandat, auch wenn während der Amtsdauer die zur Entsendung berechtigten Berufsvertretungen in der zur Zeit der Entsendung bestehenden Zusammensetzung nicht mehr bestehen (§ 268 BAO).

Die Bildung der *Senate* folgt in einem zweiten Schritt wenigstens teilweise unter Rückgriff auf die Berufungskommissionen, wobei für alle Arten von Senaten die Gruppe der entsendeten Mitglieder von Bedeutung ist.

a) Berufungssenate im Abgabenverfahren

Die Berufungssenate nach der BAO entscheiden als Organe der Abgabenbehörde zweiter Instanz (Finanzlandesdirektion) über Berufungen nach § 260 Abs 2 BAO. Sie werden vom Präsidenten der Finanzlandesdirektion gebildet. Dieser weist den Senaten die Mitglieder und Stellvertreter in der erforderlichen Anzahl zu.

Der Berufungssenat besteht gem § 270 Abs 3 BAO aus fünf Mitgliedern. Vorsitzender ist der Präsident der Finanzlandesdirektion oder ein von ihm bestimmter Finanzbeamter. Von den Beisitzern gehören einer der zweiten Gruppe der ernannten Mitglieder und drei der Gruppe der entsendeten Mitgliedern der Berufungskommission an. Für die entsendeten Mitglieder wird näher bestimmt, daß je ein Mitglied von einer gesetzlichen Berufsvertretung selbständiger Berufe und von einer gesetzlichen Berufsvertretung unselbständiger Berufe entsendet sein *muß*. Das dritte Mitglied soll von der gesetzlichen Berufsvertretung des Berufungswerbers entsendet sein. Die Verfassungsbestimmung des § 271 Abs 1 BAO schreibt vor, daß alle Mitglieder der Berufungssenate in Ausübung ihres Amtes an keine Weisungen gebunden sind. § 271 Abs 2 BAO verfügt, daß die entsendeten Mitglieder der Berufungssenate beim Eintritt in ihre Tätigkeit ein wörtlich festgelegtes Gelöbnis zu leisten haben.

In der Frage der demokratischen Legitimation der Berufungsentscheidung der Senate sind Defizite gegenüber den Regelfällen des Art 20 Abs 1 B-VG in Bezug auf die Bestellung der Mitglieder und in Bezug auf die Weisungsfreiheit festzustellen. Die Weisungsfreiheit ist verfassungsrechtlich abgesichert und daher unproblematisch. Die Bestellung der Mitglie-

---

[83] In der Regel werden aktive rechtskundige Beamte der betreffenden Finanzlandesdirektion ernannt (vgl STOLL, BAO-Kommentar [FN 82] 2655).

der entspricht hinsichtlich der zweiten Gruppe dem Art 20 B-VG, soweit Berufsbeamte herangezogen werden. Die Mitglieder der ersten Gruppe werden hingegen ausdrücklich „entsendet", allerdings bloß in die Kommissionen. Eine Ingerenz durch Organe innerhalb des Legitimationszusammenhanges des Art 20 B-VG findet durch die Entscheidung über die Ablehnung einer Entsendung und durch die Bildung der Senate statt[84]. Beide Befugnisse sind sehr begrenzt. Die Bildung der Senate erlaubt es bei willkürfreier Vollziehung kaum, auf die Zusammensetzung jenseits der Vorgaben des § 270 Abs 3 BAO Einfluß zu nehmen. Insbesondere die Heranziehung von Personen, die nicht entsendet wurden, kommt nicht Betracht.

Im Lichte der allgemeinen Ausführungen ist daher für zwei der Mitglieder eines Berufungssenates eine geminderte personelle Legitimation festzustellen, die auf die demokratische Legitimation der Entscheidungen der Senate insgesamt durchschlägt. Sie bedarf daher einer verfassungsrechtlichen Begründung.

Eine Gleichstellung dieser Organe mit den Behörden nach Art 133 Z 4 B-VG scheidet aus. Sie sind nicht selbst Behörde, sondern in ganz spezifischer Weise in die Finanzverwaltung eingegliedert. Sie verfügen über kein richterliches Mitglied und sind auch aus diesem Grund von diesen wesensverschieden[85]. Sie haben sich aber auch historisch gesondert entwickelt.

In Betracht käme die Vorstellung, daß der Verfassungsgesetzgeber die Mitwirkung von Interessenvertretern rezipiert hat. Ein Blick auf die Rechtslage des Jahres 1920 weist allerdings eine von der BAO abweichende Organisation der Finanzbehörden in diesem Bereich auf. Zwar waren bereits im PersonalsteuerG 1896[86] wesentliche Grundgedanken der heutigen Behördenorganisation verwirklicht, wie das Kollegialsystem, die Mitgliedschaft von Laien und die Berücksichtigung der Steuerleistung bei der Zusammensetzung. § 181 leg cit sah sogar die Wahl der Mitglieder der Schätzungskommissionen in drei Wahlkörpern vor. Diese wurden jedoch in strenger Reihung der Jahressteuerleistung aus der Gesamtheit der steuerpflichtigen Steuerträger gebildet. Für die Berufungskom-

---

84 In der Anordnung des § 267 Abs 1 BAO, daß die Mitglieder auf sechs Jahre „bestellt" werden, ist keine Ernennung auch der entsendeten Mitglieder durch den Präsidenten der Finanzlandesdirektion vorausgesetzt (so aber STOLL, BAO-Kommentar [FN 82] 2637, 2653, 2655). Die Mitgliedschaft wird unmittelbar durch die Entsendung begründet. Darauf weist nicht nur die Bezeichnung „entsendetes Mitglied" (statt zur Ernennung „vorgeschlagenes" Mitglied) hin, sondern auch die Regelung des § 267 Abs 4 BAO, wo vom „durch Entsendung erlangten Mandat" die Rede ist; vgl demgegenüber die Formulierung im § 67 Abs 2 FinStrG (wie hier wohl R. WALTER, Österreichisches Bundesverfassungsrecht [1972] 505; und VfSlg 5368/1966: „unmittelbar zu entsenden").

85 STOLL, BAO-Kommentar (FN 82) 2672.

86 RGBl 1896/110.

missionen sah § 182 die Wahl der Hälfte der Mitglieder durch die Landtage „unter möglichster Berücksichtigung der verschiedenen Arten der Einkommen" vor. Gegen Entscheidungen der Berufungssenate wurde dem Präsidenten der Finanzlandesbehörde die Beschwerdemöglichkeit an den VwGH eröffnet (§ 225 – "Präsidentenbeschwerde").

Die Personalsteuernovelle des Jahres 1920[87] brachte für die Schätzungskommissionen die Änderung, daß hinkünftig die Gemeindevertretungen bzw die Landtage zu wählen hatten. Die Wahl der Laienmitglieder hatte daher bei Inkrafttreten des B-VG durch die allgemeinen Vertretungskörper zu erfolgen. Eine Rezeption des heutigen Bestellungsverfahrens muß zu diesem Zeitpunkt daher ausgeschlossen werden.

Erst mit der Personalsteuernovelle 1924 (BGBl 1924/72) wurden Mitwirkungsrechte von Berufsvertretungen bei der Bestellung von Mitgliedern der Kommissionen und das heutige System der Bildung von Senaten eingeführt. Die Mitglieder der ersten Gruppe waren vom Landtag aus der Mitte der Einkommenssteuerpflichtigen eines Landes zu wählen. Die zweite Gruppe setzte sich aus den von den – im Gesetz aufgezählten – Berufsvertretungen des Landes entsendeten Mitgliedern zusammen. Die Mitglieder der dritten Gruppe wurden vom Bundesminister für Finanzen ernannt, wobei nur die Hälfte von diesen dem Stand der aktiven Bundesbeamten angehören durfte.

Kann man aus dieser Rechtslage allein noch nichts über eine Rezeption durch den Verfassungsgesetzgeber sagen, so erwächst aus der Entstehungsgeschichte der B-VG-Novelle 1929 ein erheblicher Anhaltspunkt, welcher eine solche Annahme zu begründen vermag. Bei der Einführung der Ermächtigung des Art 129 Abs 4 B-VG zur Eröffnung des Rechtswegs an den VwGH im Rahmen der „objektiven Verwaltungsgerichtsbarkeit" wird ausdrücklich auf die Präsidentenbeschwerde des § 225 Personalsteuergesetz gegen Entscheidungen der Berufungssenate Bezug genommen[88].

Noch deutlicher ist aber der Hinweis in der Verfassungsbestimmung des § 271 Abs 1 BAO in seiner bis zum Jahr 1993 geltenden Stammfassung[89]. Dieser lautete:

> „Die entsendeten Mitglieder sind in Ausübung ihres Amtes an keine Weisungen gebunden."

Wenngleich die Anordnung nicht eine bestimmte Art von Entsendung für zulässig erklärt, muß aus ihr doch geschlossen werden, daß die nur wenige Paragraphen davor und gleichzeitig festgelegte Form der ausdrücklich in der Verfassungsbestimmung erwähnten Entsendung in dieser Form

87 StGBl 1920/372.
88 AB 405 BlgNR 3. GP 6; vgl dazu auch oben IV. 1. c).
89 BGBl 1961/194.

als verfassungsrechtlich unproblematisch anzusehen ist[90]. Es kann keinem Zweifel unterliegen, daß der Verfassungsgesetzgeber dann, wenn er ohne weiteres eine Ausnahme von der Weisungsbindung zunächst nur für die *entsendeten* Mitglieder verfügt, auch von der Verfassungskonformität ihrer Bestellung ausgeht. Die Modifikation der personellen demokratischen Legitimation zugunsten der Mitwirkung von Vertretern beruflicher Vertretungen in Berufungssenaten nach der BAO ist in der gegenwärtigen Form sohin ohne weitere Bedingungen verfassungskonform.

b) Spruch- und Berufungssenate im Finanzstrafrecht

Die Organisation der Spruch- und Berufungssenate nach dem FinStrG weist manche Parallele mit jener der Berufungssenate der BAO auf. Die Unterschiede sind aber groß genug, um eine gesonderte Erörterung zu rechtfertigen.

Beide Arten der Senate nach dem FinStrG sind nach dem Muster der Kollegialbehörden mit richterlichem Einschlag organisiert. Sie sind jedoch mangels Behördeneigenschaft selbst keine solchen[91]. Die Spruchsenate bestehen aus drei, die Berufungssenate aus vier Mitgliedern. Den Vorsitz führt jeweils ein Richter des Dienststandes, die weiteren Mitglieder sind ein Beamter des höheren Finanzdienstes und ein bzw zwei „Laienbeisitzer". Die Personen, die als Senatsmitglieder herangezogen werden können, sind vom Bundespräsidenten auf Vorschlag der Bundesregierung zu bestellen (§ 67 Abs 1 FinStrG). Jene Personen, die solcherart zur Bestellung als Laienbeisitzer vorgeschlagen werden, sind den Listen der von den Berufsvertretungen in die Berufungskommissionen nach der BAO entsendeten Mitglieder und Stellvertreter („erste Gruppe") zu entnehmen (Abs 2). Die Bestellung erfolgt für sechs Jahre mit der Möglichkeit der Wiederbestellung (Abs 3). Die Senate werden jeweils für ein Jahr im voraus von der Finanzlandesdirektion gebildet, wobei mindestens je ein Senat mit einem Laienbeisitzer über Entsendung einer Berufsvertretung selbständiger Berufe und unselbständiger Berufe vorzusehen ist (§ 68).

In der Frage einer verfassungsrechtlichen Grundlage für die Modifikation der Legitimation aus personeller Sicht können die Überlegungen zu den Berufungssenaten nach der BAO auf die Finanzstrafbehörden übertragen werden. Auf ihre Vorläufer, die nach den §§ 256 und 260 Personalsteuergesetz wesentlich gleich organisiert waren, wurde ebenfalls im Rahmen der B-VG-Novelle 1929, und zwar noch deutlicher, Bezug genommen. Bei der Einfügung des Art 11 Abs 5 B-VG, welcher die Ein-

---

90 Anders WALTER/MAYER, Bundesverfassungsrecht (FN 2) RZ 704.

91 C. RITZ, Bundesabgabenordnung (1994) 586; widersprüchlich STOLL, BAO-Kommentar (FN 82) 2637, 2672.

führung unabhängiger Verwaltungsstrafsenate vorsah, wurden in den Erläuterungen zur Regierungsvorlage ausdrücklich die Strafbehörden nach dem „Personaleinkommensteuergesetz" zum Vorbild genommen[92]. Bei der späten Verwirklichung des Programms unabhängiger Verwaltungsstrafbehörden im Jahr 1988 wurden sodann die „Finanzstrafsachen des Bundes" im Art 129a Abs 1 Z 1 B-VG von der Zuständigkeit der UVS ausgenommen, weil eine dem Art 6 EMRK entsprechende Behördenstruktur nach dem FinStrG bereits bestanden hatte.

Im Vergleich zu den Berufungssenaten weisen die Senate nach dem FinStrG in zweierlei Hinsicht eine größere demokratische Legitimation auf. In inhaltlicher Hinsicht ist die Mitgliedschaft des Richters von Bedeutung, soweit sie ein strengeres Verfahrensregime nach sich zieht, wofür im übrigen auch das Verfahrensrecht des FinStrG Sorge trägt. In personeller Hinsicht ist auf das mehrstufige Ernennungsverfahren unter Einbeziehung der obersten Organe zu verweisen. Die Senate nach dem FinStrG gehen – ungeachtet einer gewissen Bindung hinsichtlich der Laienbeisitzer – hinsichtlich ihrer personellen Legitimation daher über den Standard mancher anderer Behörden nach Art 133 Z 4 B-VG, mit denen sie im übrigen aus Legitimationsgesichtspunkten vergleichbar sind, deutlich hinaus. Es kann daher trotz unterschiedlicher geschichtlicher Entwicklung das zu diesen Behörden Gesagte auf die Finanzstrafbehörden im wesentlichen umgelegt werden.

Schließlich liegt in der in das einfachgesetzliche Organisationsrecht der Finanzstrafbehörden eingebetteten Verfassungsbestimmung, mit der die Weisungsfreiheit der Mitglieder der Senate verfügt wird, eine dem § 271 Abs 1 BAO vergleichbare Absicherung, mag auch mangels „entsendeter" Mitglieder eine Bezugnahme auf diese fehlen.

Angesichts dieser drei verfassungsrechtlichen Ansatzpunkte ist der Schluß zwingend, daß die Bindung der Bundesregierung an den Kreis der von den Berufsvertretungen entsendeten Mitglieder der Berufungskommissionen eine verfassungsrechtlich zulässige Modifikation der personellen demokratischen Legitimation der Entscheidungen der Senate nach den §§ 65 ff FinStrG bildet.

3. Die Kollegien der Landesschulräte

Die Kollegien der Landesschulräte nehmen in der Behördenorganisation der staatlichen Verwaltung eine Sonderstellung ein[93]. Bei oberfläch-

[92] 382 BlgNR 3. GP 19.

[93] Dazu insbesondere J. Hengstschläger, Schulrecht, in: H. Schambeck (Hrsg), Parlamentarismus und öffentliches Recht in Österreich (1993) 1045 (1069 f). Für die Bezirksschulräte gelten die folgenden Ausführungen sinngemäß.

licher Betrachtung gewinnt man ein recht buntes Bild über die Arten der Bestellung ihrer Mitglieder. Zum Teil wird in der Literatur davon ausgegangen, daß diese gewählt werden[94], zum Teil wird vertreten, daß sie durch Entsendung bestellt werden[95]. Tatsächlich stellt das Bundes-Schulaufsichtsgesetz die Regelung der Art und Dauer der Bestellung der Mitglieder mit beschließender Stimme den Landes-Ausführungsgesetzen anheim. Diese sehen wiederum teils die „Nominierung" durch die im Landtag vertretenen Parteien[96], teils ihre Ernennung bzw Bestellung durch die Landesregierung vor[97]. Angesichts dieser Vielfalt erscheint ein Blick auf die Verfassungsrechtslage geboten.

Art 81a Abs 3 lit a (iVm Abs 4) B-VG sieht als weisungsfreie Schulbehörden des Bundes die „Kollegien" der Landesschulräte und der Bezirksschulräte vor. Über die Bestellung wird bestimmt, daß die stimmberechtigten Mitglieder der Kollegien der Landessschulräte „nach dem Stärkeverhältnis der Parteien im Landtag" zu bestellen sind. Die Bestellung aller oder eines Teils der Mitglieder durch den Landtag wird ausdrücklich für zulässig erklärt. In den Erl zur RV werden die Motive für die Regelung offengelegt. Dort heißt es[98]:

> „Das Kollegium soll die politischen Verhältnisse im Lande beziehungsweise im Bezirk widerspiegeln und für die wichtigsten Angelegenheiten den politischen Willensträger der Behörde darstellen, wie dies bei den Bundesministerien der Bundesminister, bei den Ämtern der Landesregierung die Landesregierung ist."

Zur Regelung über den Bestellungsmodus heißt es:

> „Der letzte Satz des Artikels 81a Abs. 3 lit. a soll den Ländern lediglich ermöglichen, auch die Entsendung von Mitgliedern durch den Landtag vorzusehen. Dies ist deshalb notwendig, weil nach den Bestimmungen des Bundes-Verfassungsgesetzes in der Fassung von 1929 die Landtage lediglich zu Gesetzgebungsakten berufen sind, die Entsendung von Mitgliedern in Kollegien jedoch ein Akt der Vollziehung ist."

Aus diesen Zitaten wird zum einen die Sonderstellung der Kollegien deutlich. Zum anderen wird ein klares Bild vom Konzept demokratischer Legitimation in der Schulverwaltung und von seinen Besonderheiten gegenüber Verwaltungsbehörden im allgemeinen gezeichnet. Im Gegensatz zu einer üblichen Verwaltungsbehörde sind die Kollegien „politische" Organe. Die politischen Kräfte im Landtag eines Bundeslandes sollen sich möglichst ungefiltert durch entsprechende Zusammensetzung im Kollegialorgan entfalten können. Die inhaltliche Legitimation tritt in den Hintergrund zugunsten der personellen Legitimation. Wenngleich der Text

94 Antoniolli/Koja, Verwaltungsrecht (FN 3) 352.

95 Antoniolli/Koja, Verwaltungsrecht (FN 3) 354; Thienel, Dienst (FN 1) 226.

96 § 2 Abs 1 NÖ SchAufs-AusführungsG.

97 § 65 Abs 2 Wr SchulG; § 2 Abs 1 Sbg SchAufs-AusführungsG.

98 730 BlgNR 9. GP 10.

der Verfassung – im Gegensatz zu den Erläuterungen – auf den Begriff der „Entsendung" verzichtet, so ist das verfassungsrechtlich zugelassene Verfahren der Bestellung jedenfalls ein solches, in dem die Ingerenz der obersten Organe zugunsten des Gesetzgebungsorgans Landtag zurückgenommen wird. Aus dem Blickwinkel demokratischer Legitimation liegt darin kein Defizit, sondern im Gegenteil eine stärkere Rückbindung an den allgemeinen Vertretungskörper des jeweiligen Bundeslandes. Mit einer Einschränkung freilich: Die Kollegien sind Schulbehörden des Bundes, die auch funktionell Bundesverwaltung besorgen. Daß für diesen Vollzugsbereich aber die politischen Verhältnisse im Landtag maßgeblich sind, liegt in der Besonderheit der Kompetenzverteilung auf dem Gebiet des Schulwesens und seiner Behördenorganisation. Beides wird vom Verfassunggeber – auch unter dem Gesichtspunkt demokratischer Legitimation – in Kauf genommen[99].

Auf zwei Gesichtspunkte von allgemeinerer Bedeutung ist in diesem Zusammenhang hinzuweisen. *Erstens*: Auch hier zeigt sich, daß die Art der Bestellungsform für sich genommen noch kein verläßlicher Indikator für das Ausmaß personeller demokratischer Legitimation ist. Die Entsendung durch ein Gesetzgebungsorgan als allgemeiner Vertretungskörper einer Gebietskörperschaft kann unter diesem Gesichtspunkt einer Ernennung überlegen sein.

Zweitens: Der Verfassungsgesetzgeber hielt die Ermächtigung zur „Entsendung" nicht im Hinblick auf Art 20 Abs 1 B-VG für erforderlich, sondern um die Setzung von Akten der Vollziehung durch die Landtage abzusichern. Art 81 a Abs 3 lit a letzter Satz B-VG weist darauf hin, daß der Bestellungsmodus der Entsendung an sich nicht für problematisch angesehen wurde. Dieser Umstand spricht daher gleichfalls gegen eine abschließende Aufzählung zulässiger Bestellungsformen im Art 20 Abs 1 B-VG.

Festzuhalten bleibt, daß die Zusammensetzung der Kollegien der Landes- und Bezirksschulräte und die Bestellung ihrer Mitglieder, sei es durch Entsendung, durch Wahl oder durch Ernennung über gebundenen Vorschlag, sowohl unter dem Gesichtspunkt des Art 20 Abs 1 B-VG als auch im Hinblick auf ihre demokratische Legitimation verfassungskonform sind.

99 Für die Entsendung von Mitgliedern mit beratender Stimme durch Kirchen und Religionsgesellschaften sowie durch gesetzliche Interessenvertretungen (§ 8 Abs 2 lit b Z 1 und B-SchAufsG) kann dem Art 81a Abs 3 lit a B-VG keine Ausnahme entnommen werden. Der letzte Satz der Bestimmung ist beschränkt auf die Entsendung durch Landtage und hat überdies einen anderen Zweck (AB 730 BlgNR 9. GP 10); dies ist nach der hier vertretenen Ansicht jedoch nicht erheblich (vgl oben III. 5. c) bb)).

V. Schluß

Art 20 Abs 1 B-VG bildet weder eine abschließende Regelung noch eine Blankoermächtigung für die Bestellung von Verwaltungsorganen. In ihm ist bloß ein typisches Leitbild formuliert, welches an der organisationsrechtlich konkretisierten demokratischen Legitimation des Verwaltungshandelns ausgerichtet ist. Die Bestellungsform an sich ist jedoch kein Kriterium der demokratischen Legitimation. Bloß zufällig treffen Ernennung und Wahl mit einem bestimmten Maß an demokratischer Legitimation zusammen. Eine Wahl auf Lebenszeit kann unter dem Gesichtspunkt personeller demokratischer Legitimation wesentlich geringeren Wert haben, als eine Entsendung die monatlich zu erneuern ist. Entscheidend ist aber vor allem auch, *wer* zur Organbestellung (auf welche Weise immer) zuständig ist. Es gilt daher, sich von der Vorstellung eines zwingenden Zusammenhanges zwischen Kreationsform und Ausmaß der demokratischen Legitimation zu lösen.

Die vorangegangene Untersuchung erfaßte nur einen, wenn auch einen wesentlichen Ausschnitt aus der Verwaltungsorganisation. Für Kollegialbehörden, welche historisch typischerweise die Mitwirkung von entsendeten Laienfunktionären vorsahen, konnte gezeigt werden, daß diese Form der Organkreation sowohl mit dem Organisationsplan der Bundesverfassung als auch mit ihrem Demokratiekonzept vereinbar ist. Die Untersuchung in Bezug auf konkrete Behörden diente nicht bloß der beispielhaften Veranschaulichung. Sie war notwendig, um im Einzelfall zu erweisen, daß das Handeln bestimmter Organe ausreichend demokratisch legitimiert ist.

Die vorstehend abgehandelte Themenstellung wurde nicht nur wegen ihrer Bedeutung für die Staatsorganisation gewählt. Sie zeigt auch, „daß eine dogmatische Sicht, daß ein systematisch angelegtes, teleologisches Verfassungsrechtsdenken nicht nur dem wesentlichen geltenden Sinnzusammenhang, sondern auch dem Werden und der Veränderung verbindlich gewordener Verfassungsinhalte nachspüren und ihre geschichtlichen Wurzeln aus der jeweils gegenwärtigen Perspektive von Geltung, Verbindlichkeit und Wirksamkeit ermitteln muß.“ Denn: „Darin zeigt sich, daß die Gesamtvorstellung von einer Verfassung aus dem Werden ihrer Geltung, ihrer Verbindlichkeit und Wirksamkeit als Dauer und Überzeitlichkeit auch einem zeitgeschichtlichen Staats- und Verfassungsverständnis dient.“ [100]

---

100 G. Winkler, Zeit und Recht (1995) 285.

Herbert Haller

Vorschläge zur Renovierung des Allgemeinen Verwaltungsverfahrensgesetzes*

I. Reform

Dieser Tage – im März 1997 – hat die Österreichische Gesellschaft für Gesetzgebungslehre eine Tagung über „Fortschritte und Entwicklungsmöglichkeiten der Verwaltungsverfahrenskodifikation" abgehalten und in einem Bericht zu dieser Tagung bemerkt SCHÄFFER im „Staatsbürger" der Salzburger Nachrichten[1], daß die Verwaltungsverfahrensgesetze auf manche moderne Probleme keine zureichenden Antworten mehr geben: „Weil der Rechtsschutz an formalisierte Akttypen anknüpft, läuft er gegenüber formfreien Verwaltungsaktivitäten zumeist leer." Dazu ließe sich Unterstützendes aber auch Kritisches ausführen[2]. Wohl vorwiegend Zustimmung wird SCHÄFFER hingegen mit seinem Hinweis finden, daß die Unbekämpfbarkeit rechtswidrig begünstigender Verwaltungsakte unbefriedigend ist. Fürwahr, vor allem im Einparteienverfahren liegt hier

* Am Sonntag vor meinem montäglichen ersten Dienstantritt als Assistent erreichte mich relativ früh am Morgen ein Anruf des künftigen Chefs mit der Frage, ob ich hic et nunc an der Bearbeitung einer interessanten AVG-Frage mitwirken wolle. Es ging – nach dem Werk „Der Bescheid. Ein Beitrag zur Lehre vom Verwaltungsakt" (1956) nicht verwunderlich – um ein an eine Weltfirma adressiertes behördliches Schriftstück, dessen Inhalt in einer heiklen Frage zwischen normativer Abweisung und Ankündigung dieses Unheils schwankte. Abgesehen von der inhaltlichen Problematik, die auch zu behandeln war, sollten nach der dogmatischen Analyse die praktischen Vorgangsweisen aufgezeigt werden, die alle Eventualitäten berücksichtigten. Diese ersten Lehrstunden mit GÜNTHER WINKLER sind mir wie viele andere in dankbarer Erinnerung. Ihm ging es immer – voll Engagement – um die Grundlagen und die Folgen. Diese mitbedenkend konnte er Lösungen dogmatisch einwandfrei entwickeln. Unbefriedigende Lösungen hob er stets auch deutlich als das hervor, was sie waren: Keine Gesamtlösung sub specie dargelegter Werthaltungen. Mein Dank gilt ihm als Lehrer der Rechte und darüber hinaus als Vorbild redlichster menschlicher Gesinnung.

1 Impulse für ein zeitgemäßes Verwaltungsverfahren, 22. März 1997, 22.

2 Hier sei lediglich auf Punkt 4. der folgenden Renovierungsvorschläge verwiesen, in dem mehr Klarheit über Verfahrensanordnungen und verfahrensrechtliche Bescheide postuliert wird. Zu SCHÄFFERS Bemerkung, „Besonderes Augenmerk war daher der Frage zu schenken, ob ... durch die Regularisierung nicht formalisierten Verwaltungshandelns die Bürgerfreundlichkeit des Verfahrens erhöht und die Verfahren insgesamt vereinfacht werden können" sei gebeten, die Spielräume bei der Verfahrensführung nicht weiter einzuschränken. Zu viele Regelungen sind des Rechtsstaates Tod.

ein gefährliches Einfallstor des Unrechts. Damit sind wir zentral beim Anliegen: Ist eine Reform, ein größerer Umbau des AVG nötig? Hiezu erwähnt SCHÄFFER noch die Gliederung des Verfahrens in Stufen und die mögliche Vorschaltung eines Vorverfahrens, weiters die Problematik der Gestaltung von Massenverfahren.

In weiten Bereichen und über lange Zeiten bleiben sich leider die Probleme gleich. Das weist hin auf den mangelnden Eifer oder den mangelnden Willen des Gesetzgebers[3].

Schon vor zehn Jahren hat GRÖTZ in ihrer Diplomarbeit die wichtigsten Reformvorschläge zum AVG nach dem Stand des Jahres 1987 zusammengefaßt und ergänzt. Sie hat damals folgende sieben Reformvorschläge angeboten[4]:

1. Anwendungsbereich

„Problemdarstellung:

Art II EGVG sieht eine ‚Enumeration der zur Anwendung berufenen Behörden mit sachlichen Ausnahmen' vor. In Art II Abs 2 EGVG werden die wichtigsten der zur Anwendung der Verwaltungsverfahrensgesetze berufenen Behörden genannt (‚unmittelbarer Anwendungsbereich'). Der Katalog des Art II Abs 2 EGVG wurde im Laufe der Zeit oftmalig und bedeutsam erweitert. Weiters sehen noch eine Reihe von bundes- und landesgesetzlichen Vorschriften iS des Art II Abs 3 EGVG die Anwendung der Verwaltungsverfahrensgesetze für weitere Behörden vor (‚mittelbarer Anwendungsbereich').

Das ‚Bestreben, den Kreis der Anwendung der Gesetze immer mehr auszudehnen', hat zu einer im höchsten Maße bedenklichen Rechtszersplitterung geführt. Der Wunsch nach einer auch der Rechtsklarheit und Rechtssicherheit gerecht werdenden Rechtstechnik wird laut.

3 Zu den erwünschten Qualitäten des Gesetzgebers sei UHLANDS Gedicht „An die Volksvertreter" Beleg (Um Freiheit und Menschenwürde. Ein Lebensbuch deutscher Dichtung. Zur Zehnjahrfeier der österreichischen Republik der arbeitenden Jugend Wiens gewidmet vom Wiener Fortbildungsschulrat [1928] 36): Schaffet fort am guten Werke mit Besonnenheit und Stärke! Laßt euch nicht das Lob betören! Laßt euch nicht den Tadel stören! Tadeln euch die Überweisen, die um eigne Sonnen kreisen: haltet fester nur am Echten, Alterprobten, einfach Rechten! Höhnen euch die herzlos Kalten, die Erglühn für Torheit halten: brennet heißer nur und treuer von des edlen Eifers Feuer! Schmähn euch jene, die zum Guten lautern Antrieb nie vermuten: zeigt in desto schönrer Klarheit reinen Sinn für Recht und Wahrheit! Was ihr Treues uns erwiesen, sei von uns mit Dank gepriesen! Was ihr ferner werdet bauen, sei erwartet mit Vertrauen!

4 GRÖTZ, Reformvorschläge zum Allgemeinen Verwaltungsverfahrensgesetz, Diplomarbeit am Institut für Verfassungs- und Verwaltungsrecht der Wirtschaftsuniversität Wien (1987). Die folgenden Zitate stammen aus der zusammenfassenden Schlußbemerkung (159).

Reformvorschläge:
1. Umwandlung subsidiär geltender Regelungen des AVG in zwingend geltende Regelungen
2. Einbeziehung von Bereichen, in denen das AVG bereits mittelbar Anwendung findet, in den unmittelbaren Anwendungsbereich
3. Einführung einer Generalklausel."

2. Mitwirkung

„Problemdarstellung:

Die Pflicht der Behörde, amtswegig die materielle Wahrheit zu ermitteln, ist eine der grundlegenden Regelungen des österreichischen Verwaltungsverfahrens. Dabei tritt die Frage auf, inwieweit das Verhalten der Parteien im Ermittlungsverfahren für die Beurteilung der Frage, ob die Behörde ihre Pflicht zur Wahrheitsfindung erfüllt hat, maßgeblich ist.

Bislang ist im AVG keine ausdrückliche gesetzliche Regelung, in der eine allgemeine Mitwirkungspflicht der Parteien normiert wird, enthalten.

Reformvorschläge:

Eine Verpflichtung zur stärkeren Kooperation seitens der Behörde wurde im AVG (§ 13a AVG – Manuduktionspflicht) bereits verankert. Diesem Entgegenkommen der Behörde sollte eine verstärkte Mitwirkungspflicht der Parteien entsprechen. Nicht zuletzt könnte der Staatsbürger durch die Mitwirkung im Verfahren seinen Beitrag zur Effizienz der Verwaltung leisten. Der Gesetzgeber sollte die Anregung einer stärkeren Betonung der Mitwirkungspfllicht der Parteien im AVG durch die Gestaltung einer ausdrücklich normierten Rechtspflicht aufgreifen."

3. Übergangene Partei

Hier postuliert GRÖTZ verschiedene, zum Teil ins materielle Recht hineinreichende Regelungen. Sie fordert die klare Regelung der Parteistellung, verfahrensrechtliche Instrumente der Parteisuche und die Berücksichtigung der übergangenen Partei auch nach Rechtskraft – etwa durch Schadenersatzregelungen.

Festzuhalten ist jedenfalls, daß das Thema auch im AVG Behandlung erfahren sollte, wobei nicht nur die Rechtsposition der bei der Bescheiderlassung übergangenen Partei, sondern auch die der schon im Verfahren übergangenen Partei einiger Überlegungen und Regelungen bedürfte.

4. Massenverfahren

Die Autorin argumentiert bei den Massenverfahren zurückhaltend, verweist jedoch auf die vielversprechende Lösung „Bürgerbeteiligungsverfahren“ und betont die zunehmend stärkere Forderung nach einer in das Verfahren integrierten „Umweltverträglichkeitsprüfung“, bei der auch Alternativmöglichkeiten erzwungen werden können.

5. Berufungsvorentscheidung

„Problemdarstellung:

Die starke Belastung der Verwaltungsbehörden führt vielfach dazu, daß Ermittlungsverfahren sehr oberflächlich durchgeführt werden. Er bleibt der Partei überlassen, sich dagegen zu wehren, indem sie gegen den erstinstanzlichen Bescheid Berufung erhebt. Gemäß den Bestimmungen im AVG kann die erstinstanzliche Behörde den von ihr erlassenen Bescheid nicht korrigieren. Durch das Institut der Zurückverweisung kann die Berufungsbehörde – wenn der vorliegende Sachverhalt so mangelhaft ist, daß die Durchführung oder Wiederholung einer mündlichen Verhandlung unvermeidbar erscheint – den angefochtenen Bescheid aufheben und die Angelegenheit zur neuerlichen Verhandlung und Erlassung eines neuen Bescheides an die Behörde erster Instanz verweisen (§ 66 Abs 2 AVG). Dadurch wird die Berufungsbehörde entlastet. Sind jedoch die Mängel oder Fehler erst nach eingehender Prüfung ersichtlich, wird die Behörde 2. Instanz durch die Zurückverweisung nicht bzw nicht wesentlich entlastet.

Reformvorschläge:
1. Erweiterung der Anwendungsfälle des abgekürzten Verfahrens (§ 57 Abs 1 AVG)
2. Einführung eines mit der Berufungsvorentscheidung vergleichbaren Rechtsmittels ins AVG.“

6. Mandatsbescheid

„Problemdarstellung:

Mandatsbescheide sind Bescheide, die gem § 57 Abs 1 AVG im abgekürzten Verfahren, dem sogenannten Mandatsverfahren (Erlassung eines Bescheides ohne Durchführung eines Ermittlungsverfahrens), erlassen werden. Gegen solche Bescheide kann die Vorstellung – das ordentliche Rechtsmittel, das sich an dieselbe Instanz, die den Bescheid erlassen hat, richtet – erhoben werden.

Die geltenden gesetzlichen Bestimmungen sind:
1. Ausdrücklich in § 57 Abs 1 AVG vorgesehene Voraussetzungen für die Erlassung eines Mandatsbescheides
2. Verwaltungsvorschriften, die die Erlassung von Bescheiden des § 57 vorsehen
3. Verwaltungsvorschriften, die die Erlassung von Bescheiden in Anlehnung an die Bestimmungen des § 57 AVG vorsehen.

Reformvorschläge:
1. Ausweitung des § 57 Abs 1 AVG um weitere Fälle, die die ausdrückliche Anwendung des Mandatsverfahrens vorsehen. Dies gilt insbesondere für ‚formalisierte Massenentscheidungen'.
2. Aufnahme einer Regelung in § 57 AVG, die die Beamten ermächtigt, bei offenkundiger Sachlage mittels Mandatsbescheides zu entscheiden."

7. Vorstellung

„Problemdarstellung:

Wenn sich die Partei durch einen letztinstanzlichen Bescheid eines Gemeindeorgans in Angelegenheiten des eigenen Wirkungsbereiches in ihren Rechten verletzt glaubt, kann sie innerhalb von zwei Wochen nach seiner Erlassung ‚dagegen Vorstellung bei der Aufsichtsbehörde erheben'. Die Vorstellung ist eine neuartige Erscheinung im österreichischen Gemeinderecht (B-VGN 1962). Bei der Schaffung der Vorstellung hat der Bundesgesetzgeber die Möglichkeit, die Vorstellung im Wege der Bedarfsgesetzgebung nach Art 11 Abs 2 B-VG verfahrensrechtlich einheitlich zu regeln, leider nicht verwirklicht. Für die Vorstellung gelten daher nicht unwesentlich unterschiedlichen Verfahrensvorschriften.

Reformvorschläge:

In weiten Teilen ist das Vorstellungsverfahren allerdings bereits einheitlich geregelt. Es erscheint daher sinnvoll, die bislang unterschiedlichen Bestimmungen, die sich durch keine sachlichen Kriterien erklären lassen, einheitlich zu regeln und eine Bestimmung über das Vorstellungsverfahren ins AVG aufzunehmen.

Er wäre denkbar, die Regelung im Anschluß an das Berufungsverfahren in Anlehnung an § 63 AVG zu treffen."

Mit diesen sieben Vorschlägen ist die Autorin und sind ihre Vorläufer und Mitstreiter zum Teil erfolgreich gewesen – die Berufungsvorentscheidung zB hat sich nach gesetzgeberischen Pannen doch als außerordentlich brauchbar erwiesen[5]. Andere Vorschläge sind zwar auf Gesetzgebungsebene realisiert – so eher provisorisch das Bürgerbeteiligungsverfahren – harren aber der befriedigenden Umsetzung auf Verwaltungsebene[6]. Bei einigen Anliegen – so der Aufnahme des Vorstellungsverfahrens ins AVG – zeichnet sich kein Silberstreif am Horizont ab.

II. Renovierung[7]

Diese größeren und großen Reformvorschläge werden hier nicht weiter verfolgt. Es sollen jedoch kleine Verbesserungsmöglichkeiten – Renovierung nicht Reform – aufgezeigt werden, die ebenfalls wert sind, daß sich der Verfassungsdienst und in der Folge der Gesetzgeber ihrer unterwinde. Durch die Vielzahl der AVG-Verfahren wäre jede Verbesserung eine Hilfe für viele Parteien und auch für die Organwalter der Behörden. Nicht zuletzt spricht nicht nur der Rechtsstaat – auch die mit Verwaltungsökonomie nur unzureichend angedeutete finanzielle Lage zwingt zur Fehlervermeidung; in aller Regel sind vermiedene Fehler billiger als Sanierungsversuche! Der Vorschlag geht – abgesehen von den folgenden Einzelhinweisen – dahin, endlich die Literatur und Judikatur auf Problempunkte zu untersuchen und mit legistischem Geschick und unter Beachtung der trefflichen Legistischen Richtlinien des Bundeskanzleramt-Verfassungsdienstes die erforderlichen Verbesserungen vorzuschlagen. Das AVG ist kein allzu politisch heißer Boden – es müßte doch gelingen, das Parlament zum Handeln zu veranlassen.

---

5 Vgl zur Situation WALTER/THIENEL, Die Verwaltungsverfahrensnovellen 1995 (1995) 26 bzw WALTER/MAYER, Grundriß des österreichischen Verwaltungsverfahrensrechts[6] (1995) RZ 534/1. Die Autoren werden freilich der neuen Einrichtung durch die Darstellung vornehmlich der Probleme nicht gerecht; in weiten Bereichen ermöglicht die Berufungsvorentscheidung kostensparend Korrekturen in Richtung erhöhter Rechtsstaatlichkeit. Zum Gedanken der Verfahrensökonomie vgl die Diplomarbeit von BERGER, Verfahrensökonomie im Verfahren erster Instanz nach AVG und BAO, Heft 8 der Sozialwissenschaftlichen Schriftenreihe des Institutes für politische Grundlagenforschung (1986).

6 Vgl das Umweltverträglichkeitsprüfungsgesetz – UVP-G BGBl 697/1993, dessen Regelungen zur Bürgerbeteiligung – §§ 30 ff – nach ersten Berichten bei der Umsetzung Schwierigkeiten bereiten.

In Sachen Vollzugsprobleme vgl auch die als Forschungsbericht des Ludwig Boltzmann Instituts zur Analyse wirtschaftspolitischer Aktivitäten publizierte Diplomarbeit von STOLL, Fehler im Verwaltungsverfahren. Analyse der Judikatur des Verwaltungsgerichtshofes (1995).

7 „Liebe Seele, trachte nicht nach dem ewigen Leben, sondern schöpfe das Mögliche aus." PINDAR, Dritte Pythische Ode (Motto von Camus, Der Mythos von Sysiphos. Ein Versuch über das Absurde [1958] 9).

Zu den folgenden sieben Punkten seien also für eine Renovierung des AVG Vorschläge unterbreitet:

1. Anträge an die unzuständige Behörde

Nach § 6 AVG hat die Behörde ihre Zuständigkeit von Amts wegen wahrzunehmen; langen bei ihr Anbringen ein, zu deren Behandlung sie nicht zuständig ist, so hat sie diese ohne unnötigen Aufschub an die zuständige Behörde weiterzuleiten oder den Einschreiter an diese zu weisen.

Die Judikatur hat diesen Text längst modifiziert und mehrere Voraussetzungen fixiert, bei deren Vorliegen nicht formlos weiterzuweisen oder weiterzuleiten, sondern mit Zurückweisungsbescheid zu entscheiden ist. So beispielsweise, wenn die Partei die Zuständigkeit der angerufenen Behörde nicht nur implizit geltend macht oder, wenn keine Behörde für den Antrag zuständig ist[8].

Hier läge es nahe, die durchaus sinnvolle Judikatur auch dem „bloßen" Gesetzesleser zugänglich zu machen. Ihm könnten auch die Wege geboten werden, wie er einen Zuständigkeitskonflikt geltend macht, denn § 5 AVG ist denn doch allzu knapp angelegt. Damit soll freilich nicht jedes Lehrbuch im Gesetz Aufnahme finden, doch manch knapper Hinweis trüge schon wertvoll zur Orientierung bei.

2. Anbringen und Erledigung

„Anbringen, die an eine Frist gebunden sind oder durch die der Lauf einer Frist bestimmt wird, sind schriftlich einzubringen." So lautet es in § 13 Abs 2 AVG.

Ganz klar, daß die Frist zur Mängelbehebung schon begrifflich nach ihrem Ablauf nicht mehr verlängert werden kann. Würde das behördliche Schreiben mit der Zubilligung einer Verlängerung erst nach Fristablauf zugestellt werden, ja, dann ließe sich an eine rechtswidrig begünstigende Verfahrensanordnung denken. Aber darf die Behörde das Schreiben noch expedieren, wenn sie annehmen muß, daß es zu spät kommt? Nach § 13 Abs 2 AVG erscheint es noch klar, daß ein Fristverlängerungsansuchen nicht mündlich oder telephonisch eingebracht werden darf, weil es an die Frist des Ablaufs der gewährten Frist gebunden ist. Erst die Erledigung kann dann zweifelsfrei – § 18 Abs 1 AVG – mündlich oder telephonisch erfolgen. Sollte das wirklich die Praxis sein? Nein, sie ist es

8 Vgl Walter/Mayer, Grundriß (FN 5) RZ 83.

ganz und gar nicht. Hier überwiegen Zweckmäßigkeit, Einfachheit und Kostenersparnis. Aber: § 13 Abs 2 AVG sollte man auf diese Erfordernisse umstellen.

Mit legistischem Geschick ließe sich auch der allzulange § 18 Abs 3 AVG strukturieren (Verständlichkeitskonzepte!) und damit lesbarer gestalten. Dabei wäre zu überlegen, ob nicht die Regelungen des § 18 Abs 4 AVG denen des Abs 3 vorgehen sollten und, daß zwischen Abs 2 und dem künftigen Abs 3 die unmittelbare Evidenz herzustellen wäre, daß Abs 2 den Innenbereich zwischen Genehmigendem und Erledigung, Abs 3 hingegen die Anforderungen an die nach außen tretende Erledigung normiert. Wäre Abs 3 allein den Regelungen zur Ausfertigung gewidmet, könnte Abs 4 dann die Fälle regeln, in denen an Stelle der Ausfertigung die Mitteilung des Inhalts der Erledigung tritt. Ob gleichwohl Ausfertigungen mit welcher Wirkung – vgl § 62 Abs 2 und § 63 Abs 5 AVG – verlangt werden können, wäre klar zu machen. Wenn abschließend in § 18 Abs 5 AVG normiert wird, daß für Bescheide der III. Teil, für Ladungsbescheide überdies § 19 gilt, sei auf das hilfreiche Wörtchen „auch" verwiesen, das vor „der III. Teil" abgeht.

3. Vollmacht

„Formgebrechen schriftlicher Anbringen ermächtigen die Behörde nicht zur Zurückweisung. Die Behörde hat vielmehr dem Einschreiter die Behebung der Formgebrechen mit der Wirkung aufzutragen, daß das Anbringen nach fruchtlosem Ablauf einer gleichzeitig zu bestimmenden angemessenen Frist zurückgewiesen wird".

Diesem Wortlaut- aus § 13 Abs 3 AVG – widerspricht die Judikatur beim Einschreiten einer juristischen Person als Bevollmächtigter. Es wird hier ein verbesserungsfähiges Formgebrechen gesehen, wobei aber der Verbesserungsantrag nicht an den Einschreiter, sondern an den Vertretenen zu richten ist[9].

Schwierigkeiten ergeben sich in der Praxis auch, wenn Zweifel an dem Vollmachtsverhältnis bestehen, auf das sich zB ein Anwalt beruft. Klärt dieser die Sache nicht auf, kann eine Zurückweisung des Anbringens des von ihm vielleicht nicht Vertretenen wohl nicht in Frage kommen, auch wenn die Behörde gedankenlos eine Mängelbehebung an ihn

---

[9] Hauer/Leukauf, Handbuch des österreichischen Verwaltungsverfahrens[5] (1996) E 11 und 24 zu § 13 Abs 3 AVG. Die Judikatur überzeugt nicht für den Fall, daß der nur angeblich Vertretene bei mangelnder Mängelbehebung ohne sein Zutun zu einem Zurückweisungsbescheid ohne Antrag käme. Vgl dazu auch den Text unten zur vorgeblichen Anwaltsvollmacht.

oder den – behauptet – Vertretenen übermittelt hat. Wenn eine Kontaktaufnahme mit dem angeblichen Vollmachtgeber nicht ohne weiteres möglich ist oder ohne Ergebnis bleibt, dann bleibt nur die Ablage.

Die Zahl der Rechtsbeistände im Verfahren zu begrenzen, wird manchem Organwalter bei indirekter Bürgerbeteiligung (siebzig Rechtsbeistände eines schnell angekauften Nachbarn) nicht erspart bleiben und auch zur vorläufigen Zulassung von Vertretern ließe sich wie bei den drei vorgenannten Konstellationen eine kurze Ergänzung hilfreich und sinnvoll ins AVG einfügen.

4. Verfahrensanordnungen und verfahrensrechtliche Bescheide

„Gegen die Verweigerung der Akteneinsicht ist kein Rechtsmittel zulässig". Diese Regelung des § 17 Abs 4 AVG erstaunt aufs erste den rechtsstaatlich gestimmten Gesetzesleser. Das Lesen der Gesetzesbücher hilft dem einfachen Manne nicht weiter. Liest er weiter im AVG, dann muß er erkennen, daß – so § 19 Abs 4 – auch gegen die Ladung oder Vorführung kein Rechtsmittel zulässig ist.

Erst die Lektüre von § 63 Abs 2 AVG führt zur Verfahrensanordnung. Offen bleibt freilich erstens, was alles eine Verfahrensanordnung ist und zweitens ob „kein Rechtsmittel" mit „kein abgesondertes Rechtsmittel" gleichzusetzen ist. Es fehlt schließlich der verfahrensrechtliche Bescheid ... auch ihn implizite im AVG finden zu müssen, gleicht einem Suchrätsel.

Bei der Verweigerung der Akteneinsicht während des Verfahrens gibt es kein abgesondertes Rechtsmittel. Die Berufung gegen den abschließenden Bescheid mit der Verletzung des Rechts auf Akteneinsicht zu begründen und anzubieten, nach Gewährung weitere inhaltliche Begründungen nachzutragen, müßte freilich ausreichen. Nach Abschluß des Verfahrens muß über die Verweigerung der Akteneinsicht mit verfahrensrechtlichem Bescheid abgesprochen werden; dieser ist im normalen Rechtsmittelweg bekämpfbar. Nur, das liest man nicht im Gesetz! Bei der Ladung ist die einfache Ladung und der Ladungsbescheid jedem Lehrbuch zu entnehmen. Der auch mündlich oder telephonisch möglichen einfachen Ladung als Verfahresanordnung steht der zwingend schriftliche und unmittelbar bei den Höchstgerichten anfechtbare Ladungsbescheid gegenüber. Die Vorführung, ja wie bekämpft man sie? Bei Rechtswidrigkeit führt der Weg mit Erfolg zu den unabhängigen Verwaltungssenaten.

Man sollte dem Bürger Klarheit über sein Recht geben: Deutliche Einführung der Begriffe Verfahrensanordnung und verfahrensrechtlicher Bescheid, Zuweisung der einzelnen Entscheidungen zu diesen Typen, Klarheit für die Anfechtung wären geboten[10].

5. Tonbandprotokolle

„Wird kein Einwand erhoben" – so § 14 Abs 5 AVG – „so kann sich die Behörde für die Abfassung der Niederschrift eines Schallträgers bedienen oder die Niederschrift in Kurzschrift aufnehmen."

Es mag verständlich sein, daß die Parteien für die Verwendung von Kurzschrift bei der Niederschrift ihre Zustimmung geben müssen. Die Kontrolle des wirklich Niedergeschriebenen ist ihnen bei mangelnden Stenographiekenntnissen entglitten und sie könnten auch bei einer Verlesung nicht sicher sein, daß der verlesene dem protokollierten Text entspricht. Das wiederum könnte zu Versäumnissen bei Einwendungen gegen die Protokollierung führen, die später beweismäßig kaum belegt werden können.

Unverständlich und hinderlich jedoch ist die Möglichkeit des Widerspruchs gegen Tonbandprotokollierung. Hier kann bei der Protokollierung und bei Wiedergabe nach § 44 Abs 3 AVG nochmals kontrolliert und es können Einwendungen erhoben werden. Diese freilich wären als Möglichkeit im AVG gesondert zu nennen, denn sie werden vielfach von Parteien mit den Einwendungen gegen die Übertragung verwechselt. Dies insbesondere dann, wenn der Verhandlungsleiter auf die Zustellung der Vollschrift und die möglichen Einwendungen gegen die Übertragung besonders hinweist. Daß die Aufnahme frühestens einen Monat nach Ablauf der Einspruchsfrist gelöscht werden darf – so § 14 Abs 5 letzter Satz AVG – zeugt von der Knappheit der Tonbänder und dem Glauben an schnelle Erledigungen. Klüger wäre, zumindest auf die rechtskräftige Entscheidung über den Einspruch abzustellen.

6. Wiedereinsetzung

„Gegen diese Rechtsprechung zur Wiederaufnahme des Verfahrens bestehen Bedenken". Der klaren Aussage bei MANNLICHER/QUELL[11] folgen geradezu klassische Darlegungen, die zeigen, daß der Wechsel der Rechtslage – durch die Bewilligung der Wiederaufnahme tritt nach der Judikatur der rechtskräftige Bescheid außer Kraft – wenig sinnvoll ist und nur zu Schwierigkeiten führt. MANNLICHER/QUELL führen sodann aus: „Die

---

10 Siehe die nicht taxative und auch nicht unbestrittene, jedoch umfassendste Zusammenstellung von Verfahrensanordnungen und verfahrensrechtlichen Bescheiden bei MANNLICHER/QUELL, Das Verwaltungsverfahren[8] (1975) I/1, 295.

11 Das Verwaltungsverfahren (FN 10) 401.

bedenklichen Folgen aus der bisherigen Rechtsprechung können dann vermieden werden, wenn die Auffassung vertreten wird, daß der die Bewilligung oder Verfügung der Wiederaufnahme des Verfahrens aussprechende Bescheid ein verfahrensrechtlicher Bescheid ist, der in die Rechtskraft des das frühere Verfahren abschließenden Bescheides nur insoweit eingreift, als er die Durchführung eines neuerlichen Verfahrens in der schon rechtskräftig entschiedenen Sache ermöglicht, der aber im übrigen diesen Bescheid so lange in Wirksamkeit beläßt, bis der das wiederaufgenommene Verfahren abschließende Bescheid erlassen wird."

Auch der abschließende Hinweis, daß der Gesetzgeber im Dienstrechtsverfahren und in der Bundesabgabenordnung dieser Judikatur bereits entgegengetreten ist, zeigt, daß es relativ sinnlos ist, die zumeist kurze Frist zwischen Wiederaufnahme und Entscheidung im wiederaufgenommenen Verfahren mit einer neuen Rechtslage auszustatten. Es sollte also der Gesetzgeber seine ursprünglich von der Judikatur richtig verstandenen Intentionen wiederum durchsetzen.

7. Entscheidungspflicht

Das Verlangen auf Übergang der Zuständigkeit zur Entscheidung nach § 73 Abs 2 AVG „ist abzuweisen, wenn die Verzögerung nicht ausschließlich auf ein Verschulden der Behörde zurückzuführen ist".

Wie steht's nun in dem Fall, daß die Partei wirklich ein Verschulden trifft; sie hat die Verzögerung von einer Woche – etwa wegen Mängeln ihres Antrages – zu verantworten? Entschuldigt hier die schöne Fiktion, daß bei rechtzeitiger Mängelbehebung das Anbringen als ursprünglich richtig eingebracht gilt, auch für die Geltendmachung der Entscheidungspflicht?[12].

Das wird von der Lehre angenommen, doch steht hiezu die folgende von Hauer/Leukauf[13] kritisch betrachtete Judikatur in einem Spannungsverhältnis: „Ein nicht ordnungsgemäß belegtes Anbringen (Fehlen von Unterlagen) bedeutet nach der Rechtsprechung auch dann den Ausschluß eines Verschuldens der Behörde, wenn kein Verbesserungsauftrag nach § 13 Abs 3 AVG erlassen worden ist (E 61 und 62); hier wäre eine differenzierte Betrachtung uE im Interesse des Rechtsschutzes wünschenswert, etwa daß bei nicht ohne weiteres erkennbaren Mängeln bei Fehlen

---

12 Walter/Mayer, Grundriß (FN 5) RZ 161, vgl auch RZ 646; „Der VwGH nimmt fälschlicherweise an, daß Formgebrechen schriftlicher Anbringen das alleinige Verschulden der Behörde auch dann ausschließen, wenn sie keinen Verbesserungsauftrag gem § 13 Abs 3 AVG erteilt hat (VwGH 2. 7. 1992, Zl 92/04/0063; 26. 4. 1994, Zl 94/05/0066; vgl aber auch VwSlgNF 12.349 A)."

13 Handbuch (FN 9) 688.

eines Verbesserungsauftrages von einem Verschulden der Partei keine Rede sein kann."

Abgesehen von diesem Sonderfall: Eine Verzögerung von zwei Wochen nimmt der Partei auf ewig die Möglichkeiten des § 73 AVG? Hier wäre wohl eine klare Regelung nötig, daß von der Partei verschuldete Verzögerungen in dem dieser Verzögerung zuzuschreibendem Ausmaß die Sechsmonatsfrist erstrecken. Zuletzt: Auch die Judikatur, daß ein nicht unmittelbar bei der sachlich in Betracht kommenden Oberbehörde eingebrachter Antrag nicht wirksam ist, ist unzutreffend und niemandem dienlich. Hier sollte der Gesetzgeber längst der Regelung des § 6 Abs 2 AVG zum Durchbruch verholfen haben.[14]

Mit diesen sieben Vorschlägen sei nochmals die legistische Überarbeitung des AVG angeregt. Ziel sollte sein, das Gesetz verständlicher und sinnvoller zu gestalten. Wenn man nach der Lektüre des Gesetzes mehr Probleme unschwer lösen könnte als bisher und nicht Handbücher schon für einfache Fälle benötigen würde – ja, dann wäre dem Rechtsstaat massiv gedient. Er wird nicht nur durch Spezialisten vollzogen und hat nicht nur Betroffene, die sich an juristischen Spezialstudien erfreuen. „Recht ist ein sinn- und zweckhaftes Kulturgut besonderer Art."[15] Es bedarf steter Pflege.

---

[14] Die Aufforderung, Literatur und Judikatur zu legistischen Verbesserungen endlich systematisch zu nutzen, erstreckt sich natürlich nicht allein auf das AVG. Viele andere Gesetze sind verbesserungsbedürftig, anpassungsbedürftig. Dazu nur ein kleiner Hinweis zum Zustellgesetz: Endlich wird der Vorschlag, an Mieter, Miteigentümer und Wohnungseigentümer, die durch diese ihre Eigenschaft im Verfahren eines Dritten Partei sind, zu Handen der Hausverwaltung gültig zuzustellen, aufgegriffen. Mit der Hausverwaltung ist bereits ein System der Kommunikation aufgebaut, das auf diesem Wege von der Behörde genützt werden kann. Unzählige Mühen, Mängel und deren Folgen können so vermieden werden. Die Realisierung ist – leider nur teilweise und nicht im Zustellgesetz, aber immerhin im legistisch immer innovativ betreuten Betriebsanlagenrecht eingeleitet: Wenn es sich bei dem Eigentümer des Betriebsgrundstücks und bzw oder bei den Eigentümern der an dieses Grundstück unmittelbar angrenzenden Grundstücke um Wohnungseigentümer im Sinne des WEG 1975 handelt, so sind die im bestimmte verfahrensrelevante Angaben dem Verwalter (§ 17 WEG 1975) nachweislich schriftlich mit dem Auftrag zur Kenntnis zu bringen, diese Angaben den Wohnungseigentümern unverzüglich durch Anschlag im Hause bekanntzugeben. (Vgl Pkt 16. der RV einer Gewerberechtsnovelle 1997, 575 BlgNR XX. GP).

[15] Winkler, Zeit und Recht (1995) VIII.

Rudolf Hoke

Die Souveränitätslehre des Benedict Carpzov*

I.

Der Name des BENEDICT CARPZOV ist dem gebildeten Juristen bekannt. Mit ihm assoziiert man die Geschichte des Strafrechts. Wird BENEDICT CARPZOV doch zu Recht als der Begründer einer eigenständigen deutschen Strafrechtswissenschaft, der Wissenschaft des gemeinen deutschen Strafrechts, angesehen[1]. Einige wissen auch, daß BENEDICT CARPZOV (1595-1666), Sohn eines gleichnamigen Juristen und Universitätsprofessors in Wittenberg, hoher sächsischer Richter, insbesondere Beisitzer am Leipziger Schöffenstuhl, und Professor der Leipziger Juristenfakultät, Verfasser des ersten vollständigen Systems des protestantischen Kirchenrechts ist[2]. In der für die Juristen jener Zeit des Usus modernus typischen Weise verband BENEDICT CARPZOV praktische juristische Tätigkeit mit theoretischer Arbeit eben auf mehreren Rechtsgebieten gleichzeitig[3]. Er wird aus der Perspektive der Gegenwart deshalb geradezu als der „praktisch wie wissenschaftlich vielleicht einflußreichste deutsche Jurist überhaupt" apostrophiert[4].

Wenig bekannt ist jedoch, daß CARPZOV auch auf dem Gebiet des Staatsrechts wissenschaftlich gearbeitet hat[5]. Allenfalls wird diesbezüglich

---

* Diese zu Ehren von GÜNTHER WINKLER verfaßte Abhandlung diente inzwischen als Grundlage für einen Vortrag, den der Verfasser zum selben Thema unter Ankündigung der Publikation in der vorliegenden Festschrift am 23. 1. 1997 an der Juristischen Fakultät der Universität Erlangen-Nürnberg gehalten hat.

1 Vgl G. KLEINHEYER/J. SCHRÖDER (Hrsg), Deutsche und europäische Juristen aus neun Jahrhunderten (Heidelberg [4]1996) 87 f; R. HOKE, Österreichische und Deutsche Rechtsgeschichte (Wien/Köln/Weimar [2]1996) 425. Zu B. CARPZOV s im übrigen R. STINTZING, Geschichte der deutschen Rechtswissenschaft, 2. Abt, hrsg v E. Landsberg (München/Leipzig 1884) 55-100, sowie E. DÖHRING, Geschichte der deutschen Rechtspflege seit 1500 (Berlin 1953) 384 und passim.

2 Vgl KLEINHEYER/SCHRÖDER (FN 1) 91.

3 Vgl HOKE (FN 1) 140.

4 KLEINHEYER/SCHRÖDER (FN 1) 87.

5 Zu den Ausnahmen gehören bis zu einem gewissen Grade D. WILLOWEIT, Rechtsgrundlagen der Territorialgewalt (Köln/Wien 1975), der die in die Territorialstaatslehre und das Territorialstaatsrecht einschlägigen Äußerungen CARPZOVS registriert; CHR. LINK, Herrschaftsordnung und bürgerliche Freiheit (Wien/Köln/Graz 1979), der gelegentlich die staatsrechtliche, vor allem staatskirchenrechtliche Relevanz CARPZOVS erwähnt; M.

dem aus seiner Feder stammenden System des Staatsrechts des Heiligen Römischen Reiches deutscher Nation bescheinigt, daß auch diese Arbeit des Verfassers von seiner „großen systematisierenden Kraft" zeuge[6]. Der Schrift werden im übrigen zahlreiche Unrichtigkeiten vorgeworfen[7]. Es ist allerdings auch nicht CARPZOVS Darstellung des positiven Reichsstaatsrechts, die seine Bedeutung in der Reichspublizistik ausmacht. Die Bedeutung von CARPZOV als Reichspublizist liegt vielmehr auf dem Gebiet der Staatstheorie und ist in der von ihm vertretenen Souveränitätslehre begründet. Diese Lehre, die als ein früher deutscher Ansatz zur Theorie eines materiell determinierten Rechtsstaats gewertet werden kann[8], wurde damals auch von anderen Staatstheoretikern vertreten. CARPZOVS Anteil an der Lehre aber ist heute unter Juristen weithin unbekannt. So erwähnt Stolleis in seiner Geschichte des öffentlichen Rechts in Deutschland CARPZOV im Zusammenhang mit der Lehre überhaupt nicht[9]. Ich bin auf die Bedeutung, die CARPZOV in dieser Hinsicht hat, bereits verschiedentlich, aber immer eher am Rande eingegangen[10].

CARPZOV als Staatstheoretiker eigens zu würdigen, hatte ich schon lange vor. Ich wüßte keinen besseren Anlaß zur Ausführung des Vorha-

HECKEL, Staat und Kirche nach den Lehren der evangelischen Juristen Deutschlands in der ersten Hälfte des 17. Jahrhunderts (zuletzt: München 1968), der CARPZOV unter staatskirchenrechtlichem Aspekt berücksichtigt; und auch H. DUCHHARDT, Protestantisches Kaisertum und altes Reich (Wiesbaden 1977) sowie H. DE WALL, Die Staatslehre Johann Friedrich Horns (Aalen 1992), die ihn jeweils im Rahmen ihres Themas streifen. Dagegen erwähnt M. STOLLEIS, Geschichte des öffentlichen Rechts in Deutschland, 1. Bd. Reichspublizistik und Policeywissenschaft 1600-1800 (München 1988) nur in zwei Fußnoten je eine einschlägige Publikation CARPZOVS.

Für die weithin bestehende Unkenntnis der staatsrechtswissenschaftlichen Arbeiten CARPZOVS ist es bezeichnend, daß ein „Benedikt Carpzow-Symposium" vom Oktober 1996 an der Universität Leipzig unter den in seinem mir vorliegenden Programm angeführten 13 Referaten keines hatte, das speziell dem Beitrag CARPZOVS zur Staatsrechtswissenschaft gewidmet gewesen wäre.

6 KLEINHEYER/SCHRÖDER (FN 1) 88.

7 Vgl ebda. Negative Beurteilung erfuhr die Schrift zum Teil seit dem Beginn des 18. Jahrhunderts; s B. G. STRUVE, Bibliotheca Iuris Selecta (Jena 1703) 362; J. F. JUGLER, Beyträge zur juristischen Biographie, 1. Bd (Leipzig 1773) 280 (286). Der Hauptvorwurf, der gegen sie erhoben wurde, war jedoch unbegründet; s dazu unten bei FN 27 f. Bei einem anderen Teil der Reichspublizistik des 18. Jahrhunderts fand die Schrift dagegen günstige Aufnahme; s J. ST. PÜTTER, Litteratur des Teutschen Staatsrechts, 1. Theil (Göttingen 1776) 220 f.

8 Zu den Anfängen des Rechtsstaatsgedankens in der deutschen Staatsrechtslehre allgemein s CHR. LINK, Anfänge des Rechtsstaatsgedankens in der deutschen Staatsrechtslehre des 16. bis 18. Jahrhunderts, in: R. Schnur (Hrsg), Die Rolle der Juristen bei der Entstehung des modernen Staates (Berlin 1986) 775.

9 FN 5. Eine Erwähnung CARPZOVS wäre ebda, 180 Anm 307, am Platz.

10 S insbes R. HOKE, Die Reichsstaatsrechtslehre des Johannes Limnaeus. Ein Beitrag zur Geschichte der deutschen Staatsrechtswissenschaft im 17. Jahrhundert (Aalen 1968) 31 f, 88 f, 160-163.

bens, als dies zu Ehren meines langjährigen Wiener Fakultätskollegen und Freundes GÜNTHER WINKLER zu tun, der gegenüber dem von leerem Gesetzespositivismus bestimmten formalen Rechtsstaatsbegriff für eine materielle Rechtsstaatsidee eintritt.

II.

CARPZOVS Interesse für Staatstheorie und Staatsrecht zeigt bereits seine erste rechtswisssenschaftliche Publikation. Mit seinem Bruder CONRAD[11] hatte er 1616 die Juristenfakultät in Jena bezogen. Dort verfaßten die Brüder unter dem Einfluß des als Begründer der deutschen Publizistik geltenden Rechtsprofessors DOMINICUS ARUMAEUS[12] gemeinsam eine Abhandlung über die Regalien, die sie 1618 in Wittenberg als ihre Inauguraldisputation verwendeten und die ARUMAEUS in den in Jena 1621 erschienenen dritten Band seiner Discursus academici de jure publico als Diskurs 15 aufnahm. Die Schrift enthält[13] Gedanken, die CARPZOV später in seiner Souveränitätslehre ausgestaltete.

Diese Souveränitätslehre findet sich in zwei größeren reichspublizistischen Abhandlungen CARPZOVS: Als weitere Frucht seiner Jenaer Ausbildung im Staatsrecht veröffentlichte er bald sein mit Blickrichtung auf die Wahlkapitulation des Römischen Kaisers der Neuzeit geschriebenes, eingangs bereits erwähntes System des Reichstaatsrechts mit dem Titel De capitulatione Caesarea sive de lege regia Germanorum. Das Werk erschien 1623 selbständig in Erfurt und gleichzeitig in Jena im vierten Band der Discursus academici de jure publico des ARUMAEUS als Diskurs 43. In der zweiten Auflage dieses Systems des Staatsrechts des Heiligen Römischen Reiches deutscher Nation, die CARPZOV unter dem Titel Commentarius in legem regiam Germanorum sive capitulationem Imperatoriam juridico-historico-politicus 1640 in Leipzig herausbrachte, hat er seine Souveränitätslehre noch weiter ausgebaut. Um neue Gedanken bereicherte CARPZOV die von ihm und manchen seiner Zeitgenossen vertretene Souveränitätslehre schließlich in seiner Discussio historico-juridica voti Septemviralis. Die Abhandlung erschien 1666 in Leipzig in CARPZOVS Volumen disputationum historico-politico-juridicarum[14, 15].

---

11 Zu diesem s JUGLER (FN 7) 274-279; R. STINTZING, Geschichte der deutschen Rechtswissenschaft, 1. Abt (München/Leipzig 1880) 724.

12 Zu diesem s R. HOKE, Arumaeus, in: A. Erler/E. Kaufmann/D. Werkmüller (Hrsg), Handwörterbuch zur Deutschen Rechtsgeschichte (HRG), 1. Bd (Berlin 1971) 237-239; *ders* (FN 10) 27-38, 80-83.

13 In Kapitel IV De his quibus Regalia competant.

14 Sie findet sich dort auf den Seiten 81-134.

III.

Bei seiner Arbeit im Staatsrecht befolgte CARPZOV als Schüler des ARUMAEUS die von diesem propagierte neue Methode. CARPZOV gehört damit jener Generation von Reichspublizisten an, die mit ihren Arbeiten eine Emanzipation der deutschen Staatsrechtswissenschaft von der Zivilistik, wie ich diesen Vorgang der Verselbständigung der Wissenschaft des ius publicum einmal genannt habe[16], bewirkten. Gegenüber der traditionellen Jurisprudenz in Deutschland, die staatsrechtliche Fragen des Heiligen Römischen Reiches der Neuzeit, wenn sie sich überhaupt mit ihnen beschäftigte, in erster Linie aufgrund des im Corpus Iuris Civilis enthaltenen Rechtsstoffes behandelte, hatte ARUMAEUS die wissenschaftliche Arbeit im Reichsstaatsrecht auf die Dokumente der deutschen Verfassungsgeschichte, insbesondere die Goldene Bulle von 1356 und die Wahlkapitulationen der Erwählten Römischen Kaiser, verwiesen[17].

CARPZOV legt schon in seiner publizistischen Erstlingsschrift[18] ein programmatisches Bekenntnis zu der neuen Methode ab. Die Autoritäten, an die er sich dabei anschließt, sind dieselben, auf die sich die ganze ARUMAEUS-Schule beruft[19]. Auch bei CARPZOV finden sich im ersten Drittel des 17. Jahrhunderts in diesem Zusammenhang daher Formulierungen eines neuen Wisenschaftsprogramms für die Publizistik, wie sie erst etwas später für die Zivilistik des Usus modernus pandectarum typisch waren. Da übernimmt CARPZOV die Forderung des Historikers FRIEDRICH HORTLEDER aus dessen von ARUMAEUS veröffentlichten Abhandlung über die Bedeutung der Wahlkapitulation für die Reichsverfas-

---

15 Die Discussio bezieht sich auf jenen Ausspruch anläßlich der Kaiserwahl von 1519, mit dem der Kurfürst von Mainz, ALBRECHT VON BRANDENBURG, laut der Überlieferung in den Historiographien des JOHANN SLEIDANUS (Commentarii de statu religionis et reipublicae Carolo V Caesare, zuerst Straßburg 1555, Frankfurt 1610, 19) und des GEORG SABINUS (De electione et coronatione Caroli V Caesaris historia, bei M. Goldast, Politica imperialia, Frankfurt 1614, Pars I, 128) den französischen König mit der Begründung, daß dieser, wie sich in Frankreich zeige, nach der Alleinherrschaft strebe, als Kandidaten ablehnte. Er trat mit der Forderung, daß im Reich an der Aristokratie festzuhalten sei, vielmehr für die Wahl des späteren KARL V. ein. Der Titel der Abhandlung CARPZOVS lautet vollständiger Discussio historico-juridica voti Septemviralis gravissimi, quod ... in comitiis electoralibus pro Carolo Austriaco ... contra Franciscum Regem Galliarum dixit Albertus cardinalis archiepiscopus Moguntinus.

16 R. HOKE, Die Emanzipation der deutschen Staatsrechtswissenschaft von der Zivilistik im 17. Jahrhundert, in: Der Staat 15 (1976) 211.

17 Vgl ebda, 222 f.

18 De Regalibus, bei ARUMAEUS, Discursus academici de jure publico III (Jena 1621) Disc 15, 640. S oben II.

19 So auch der in der Reichspublizistik des 17. Jahrhunderts besonders prominente Johannes Limnaeus; vgl HOKE (FN 10) 43 f; *ders*, Johannes Limnaeus, in: M. Stolleis (Hrsg), Staatsdenker in der frühen Neuzeit (München ³1995) 100 (102 f).

sung[20], daß die Gewalt des Kaisers nicht „ex Jure latino Legibusque Romanis, sed ex fundamentalibus sanctionibus imperii hodierni“ zu beurteilen sei. Da finden sich bei CARPZOV weiters die Worte aus jener gegen den Kaiser gerichteten und für die Reichsstände eintretenden politischen Streitschrift des Jahres 1611, der von zwei hohen Funktionären deutscher Regierungen, SEBASTIAN FABER und LUDWIG MÜLLER, anonym verfaßten Donauwörthischen Information[21], daß das Staatsrecht des deutschen Reiches nicht aus dem römischen Recht und den Werken der Konsiliatoren zu schöpfen sei, sondern vielmehr aus der Reichsüberlieferung, der Goldenen Bulle, den Kapitulationen, den Reichsabschieden und sonstigen Reichsgesetzen[22,23].

Im Titel seines Systems des Reichsstaatsrechts setzte CARPZOV zwar die kaiserliche Wahlkapitulation mit der lex regia des antiken Rom in Beziehung[24]. Damit sollte jedoch alles andere als eine inhaltliche Gleichsetzung der lex regia Romanorum mit der kaiserlichen Wahlkapitulation zum Ausdruck gebracht werden. Der Titel ist vielmehr als Reaktion auf eine These der zur ARUMAEUS-Schule oppositionellen Richtung in der damaligen Reichspublizistik[25] zu verstehen. Deren Hauptprotagonist THEODOR (DIETRICH) REINKINGK hatte die Meinung verteten, aus der Translatio Imperii (von den Römern auf die Deutschen) folge, daß die lex regia Romanorum, mit der das römische Volk einst die absolute Machtvollkommenheit auf den Princeps übertragen hatte, für das neuzeitliche Heilige Römische Reich deutscher Nation weiterhin Geltung habe[26]. CARPZOV dagegen betont in seinem System des Reichststaatsrechts mehrfach, daß die lex regia der Deutschen eben die kaiserliche Wahlkapitulation sei. Diese sei von der lex regia der Römer grundverschieden. Deshalb gehe es nicht an, die Stellung des Kaisers der Neuzeit nach der lex regia Romanorum zu bestimmen. Die Verfassung des Heili-

---

20 ARUMAEUS, Discursus academici de jure publico I (Jena 1615) Disc 26. Zur Datierung des I. Bandes der Discursus des ARUMAEUS s HOKE (FN 10) 33 Anm 92.

21 Siehe HOKE (FN 10) 43 f mit Anm 23.

22 Wie FN 18 so auch B. CARPZOV, De capitulatione Caesarea sive de lege regia Germanorum, bei ARUMAEUS, Discursus academici de jure publico IV (Jena 1623) Disc 43, c. 1, thes 25.

23 Ebenso CARPZOV, Commentarius in legem regiam Germanorum sive capitulationem Imperatoriam juridico-historico-politicus (Leipzig 1640) c. 1, 27.

24 S oben II.

25 Zu diesem Gegensatz s R. HOKE, Reichspublizistik, in: HRG, IV. Bd (Berlin 1990) 720 (723 f).

26 Tractatus de regimine seculari et ecclesiastico, 1. Aufl (Gießen 1619). Zur Lehre Reinkingks vgl CHR. LINK, DIETRICH REINKINGK, in: M. Stolleis (Hrsg), Staatsdenker in der frühen Neuzeit (München ³1995) 78 (84); HOKE (FN 10) 155 f; *ders,* REINKINGK, in: HRG, IV. Bd (Berlin 1990) 840.

gen Römischen Reiches deutscher Nation sei vielmehr eine völlig andere als die Roms[27]. Der im 18. Jahrhundert von G. STRUVE und J. F. JUGLER gegen CARPZOV erhobene Vorwurf, daß er in seinem Buch römische lex regia und kaiserliche Wahlkapitulation und damit deutsches Staatsrecht und römisches Recht zusammengeworfen habe[28], trifft deshalb gerade CARPZOV nicht[29].

CARPZOV beschränkte sich freilich keineswegs auf programmatische Postulate im Sinne der neuen Methodik der Reichspublizistik. Sowohl in seiner Abhandlung über die Regalien als auch in seinen späteren staatsrechtlichen Arbeiten zieht er vielmehr bei seiner Auseinandersetzung mit dem ius publicum Imperii die spezifisch deutschen und reichsverfassungsrechtlichen Quellen in großem Umfang heran. Diese Quellen dienen ihm dabei nicht nur zur Darstelllung des positiven Reichsverfassungsrechts, sondern auch als Beweismaterial für den Realitätsbezug der von ihm vertretenen Souveränitätslehre.

IV.

1. CARPZOV hing der Theorie der realen und der personalen Majestät an. Diese Theorie war ein Ergebnis der Einwirkung der Souveränitätslehre BODINS mit ihrer synonymen Verwendung der Termini Souveränität und Majestät auf die Politik- und Staatsrechtswissenschaft in Deutschland[30]. In der politik- und staatsrechtswissenschaftlichen Diskussion stand damals nicht nur die von BODIN im letzten Viertel des 16. Jahrhunderts vertretene Theorie der Herrschersouveränität, einer Souveränität, die BODIN in der Praxis nur als Fürstensouveränität dauerhaft verwirklicht sieht[31], sondern auch die Staatssouveränitätstheorie, die zu Anfang des 17. Jahrhunderts JOHANNES ALTHUSIUS entwickelt hatte[32]. Den Gegensatz zwischen diesen Souveränitätslehren suchte die Lehre der realen und der personalen Majestät zu entschärfen, indem sie beide Theorien auf eine eigenartige Weise miteinander verknüpfte. Gegenüber den beiden monistischen Souveränitätslehren, derjenigen BODINS, die allein im Herrscher

27 FN 22, c. 1, thes 18, thes 24, thes 25.

28 S oben FN 7. Den Vorwurf übernimmt andeutungsweise auch noch STOLLEIS (FN 5) 147.

29 Der Vorwurf wurde bereits von STINTZING-LANDSBERG (FN 1) 82, zurückgewiesen.

30 Siehe R. HOKE, Bodins Einfluß auf die Anfänge der Dogmatik des deutschen Reichsstaatsrechts, in: H. Denzer (Hrsg), Jean Bodin. Verh d internat Bodin-Tagung München (= Münchener Studien z Politik, Bd 18) (München 1973) 315.

31 Zu dieser vgl HOKE (FN 10) 54-64, 152-155.

32 Zu ihm vgl ebda, 65-77.

und derjenigen des ALTHUSIUS, die allein im staatlich organisierten Volk das Subjekt der Souveränität erblickt, ist die Lehre der realen und der personalen Majestät scheinbar eine dualistische. Sie wurde deshalb manchmal auch als Lehre von der doppelten Souveränität bezeichnet[33]. Eine solche Bezeichnung wird dem Inhalt der Theorie jedoch nicht gerecht. Denn ihrem Inhalt nach ist die Souveränitätslehre der realen und der personalen Majestät nichts anderes als eine Variante der Staatssouveränitätslehre des ALTHUSIUS, von der sie sich auch ableitet[34]. Auch für sie ist Subjekt der Souveränität einzig und allein das staatlich organisierte Volk und übt der Herrscher im Staat nur als Mandatar der staatlichen Gemeinschaft die dieser eigene höchste Gewalt aus. Die Verknüpfung der Lehren der Herrscher- und der Staatssouveränität, welche die Souveränitätslehre der realen und der personalen Majestät vornimmt, ist lediglich eine terminologische. Sie bezeichnet sowohl die staatliche Gemeinschaft als auch den Herrscher im Staat als Subjekt von Majestät. Im ersten Fall, bei dem allein es sich auch für sie um Souveränität im eigentlichen Sinn handelt, spricht sie von realer Majestät, im zweiten Fall von personaler Majestät. Mit dieser zweifachen Verwendung des Terminus der Majestät nahm die Lehre der realen und der personalen Majestät jene Unterscheidung vorweg, die von der Staatssouveränität die Organsouveränität abhebt[35].

CARPZOV übernahm die Souveränitätslehre der realen und der personalen Majestät unter Berufung[36] vor allem auf HERMANN KIRCHNER, bei dem sich die Theorie unter Verwendung der Termini majestas realis und majestas personalis 1608 zum ersten Mal findet[37]. CARPZOV beruft sich aber auch[38] auf BARTOLOMÄUS KECKERMANN[39]. Damit stützt er sich indirekt ebenfalls auf den von KECKERMANN in diesem Zusammenhang zitierten JOHANNES ALTHUSIUS[40,41], den er[42] zur Unterstützung der von

33 So etwa schon von CHRISTIAN THOMASIUS; vgl R. HOKE, Die Staatslehre des jungen Thomasius, in: G. Frotz/W. Ogris (Hrsg), FS Heinrich Demelius z 80. Geburtstag (Wien 1973) 111.

34 Vgl R. HOKE, Althusius und die Souveränitätstheorie der realen und der personalen Majestät, in: K. W. Dahm/W. Krawietz/D. Wyduckel (Hrsg), Politische Theorie des Althusius (Berlin 1988) 235 (247-251).

35 Vgl HOKE (FN 10) 77 f; *ders,* Johannes Limnaeus (FN 19) 104 f; *ders* (FN 34) 244 f.

36 FN 22, c. 1, thes 25; FN 23, c. 13, sect 1, thes 9, 11; Discussio, bei FN 14, dogma 4, nr 13, nr 16.

37 H. KIRCHNER, Respublica (Marburg 1608) disp 2, thes 3. KIRCHNER, von Hause aus Jurist, war Professor der Geschichte und der Redekunst in Marburg; vgl HOKE (FN 10) 78.

38 FN 22, c.1, thes 25.

39 Systema disciplinae politicae, hrsg v Georg Pauli (Hanau 1608) lib 1, c. 6, 137.

40 Politica methodice digesta, 1. Aufl (Herborn 1603) c. 6.

41 Vgl HOKE (FN 34) 249.

ihm vertretenen Theorie ebenso wie[43] den Reichspublizisten JOHANNES LIMNAEUS[44] auch unmittelbar heranzieht.

2. Für CARPZOV wie für die anderen Vertreter der Lehre von der realen und der personalen Majestät, die sich in dieser Hinsicht in Übereinstimmung sowohl mit BODIN als auch mit ALTHUSIUS[45] befanden, ist die höchste irdische Gewalt ein Wesensmerkmal des Staates[46]. ALTHUSIUS folgend, ist er mit den anderen Theoretikern der realen und der personalen Majestät der Meinung, daß diese Gewalt dem Staat, unabhängig vom jeweiligen Herrscher, stets anhaftet. Sie ist für ihn die reale Majestät[47]. Da diese Gewalt, so schreibt CARPZOV, kein bloßes Gedankengebilde ist, muß sie auf ein Subjekt, dh auf Menschen bezogen werden[48]. Mit diesem Postulat CARPZOVS und seiner im Sinne der Theorie der realen und der personalen Majestät vorgenommenen Bestimmung des Subjekts der höchsten irdischen Gewalt erweist sich bei CARPZOV besonders deutlich, daß jene frühen Vertreter einer Staatssouveränitätslehre die Souveränität keineswegs einem Staatsabstraktum[49] zuschreiben wollten. Der Sinn ihrer Lehre war vielmehr, wie ihn HELLER allgemein als den historischen und systematischen Sinn der Lehre von der Staatssouveränität richtig erkannt hat, kein anderer als der einer Antithese gegen die „autokratische Fürstensouveränität"[50]. Mit seinem Postulat wendet sich CARPZOV, geradezu visionär, gegen einen subjektlosen Souveränitätsbegriff, wie ihn die spätere Entwicklung seit dem 19. Jahrhundert hervorbringen sollte und den HELLER, vor allem unter Kritik an Kelsen, als die mit der „Entpersönlichung und Entleerung des Rechtsstaatsgedankens" einhergehende „Degeneration des Souveränitätsbegriffes"[51] diagnostiziert.

CARPZOV bezeichnet als das Subjekt der realen Majestät die staatliche Gemeinschaft, und darunter versteht er ausdrücklich die Gesamtheit der Bürger und Optimaten des Staates[52]. Mit anderen Theoretikern[53] erblickt

---

42 FN 23, c. 13, sect 1, thes 12; auch schon FN 22, c. 1, thes 8.

43 Discussio, bei FN 13, dogma 4, nr 18.

44 Mit dessen Dissertatio apologetica de statu Imperii Romano Germanici (Ansbach 1643) sect 8, nr 11.

45 Vgl HOKE (FN 10) 55, 68.

46 FN 22, c.1, thes 25.

47 Ebda.

48 Discussio, bei FN 14, dogma 4, nr 8: nec enim Majestas, sive realis sive personalis, quia potestas est, non ens rationis, absque subjectis et hominibus considerari debet.

49 Vgl H. HELLER, Die Souveränität (Berlin/Leipzig 1927) 73.

50 Vgl ebda.

51 HELLER, FN 49, 17, 20; vgl auch LINK (FN 5) 75.

52 Discussio, bei FN 14, dogma 4, nr 7s: majestas totius Reipublicae ... in ipso Imperii corpore et penes cives ac Proceres Reipublicae universos, ei quasi inhaerens.

53 Vgl HOKE (FN 10) 94 f.

Carpzov, auf einer Organismentheorie fußend, im Staat ein corpus mysticum, und diesem Staats*körper* als dem Subjekt der realen Majestät rechnet er selbstverständlich auch die jeweilige Herrscherpersönlichkeit zu. Er sagt es im Hinblick auf das Heilige Römische Reich deutscher Nation aber auch ausdrücklich, daß die Reichsstände zusammen einen aus Haupt und Gliedern bestehenden Körper bilden, von dem die Person des Kaisers nicht ausgeschlossen werden darf (qua corpus ut caput et membra constituunt integrum, a quo Imperatoris persona ... excludi haud debet)[54]. Eine auf Otto von Gierke[55] zurückgehende generelle Einschätzung der Staatstheorie des 17. Jahrhunderts, wie sie sich auch in der Allgemeinen Staatslehre von Georg Jellinek[56] findet, daß jene Staatstheorie nämlich als Subjekt der höchsten irdischen Gewalt die im Gegensatz zu der ihr äußerlich gegenüberstehenden Herrscherpersönlichkeit konstruierte Personifizierung des Volkes angesehen habe, nicht aber den Staat im Rechtssinn, der den Herrscher zum inneren Bestandteil hat, folglich damals zwar eine Volkssouveränitäts-, nicht aber eine Staatssouveränitätstheorie vertreten worden sei, ist damit, was Carpzov anlangt, widerlegt. Ich konnte diesen an die Adresse der älteren deutschen Publizistik gerichteten Vorwurf bereits auch hinsichtlich des Althusius[57], des Limnaeus[58] und des Thomasius[59] zurückweisen[60].

Die staatliche Gemeinschaft als das Subjekt der realen Majestät sieht Carpzov im ständischen Staat seiner Zeit durch die Stände repräsentiert. Diese sind es, in deren Aktionen sich die Staatssouveränität manifestiert. Sie setzen den Herrscher ein und definieren dessen Gewalt[61]. Im Heiligen Römischen Reich haben diese Funktion die Reichsstände[62]. Die Reichsstände ihrerseits werden dabei aber meist durch die Kurfürsten repräsentiert. Die Kurfürsten repräsentieren das Reich[63]. Sie handeln bei der Wahl des Kaisers, so sagt es Carpzov, im Namen der übrigen Reichsfürsten

54 Discussio, bei FN 14, dogma 7, nr 29.

55 Johannes Althusius und die Entwicklung der naturrechtlichen Staatstheorien, 5. Ausg (Aalen 1958) passim; *ders,* Das deutsche Genossenschaftsrecht, 4. Bd (Nachdr Graz 1954) 313.

56 3. Aufl (6. Neudr Darmstadt 1959) 459. Gierke folgen auch L. Waldecker, Allgemeine Staatslehre (Berlin 1927) 401, und U. Häfelin, Die Rechtspersönlichkeit des Staates, 1. Teil (Tübingen 1959) 28 f.

57 Hoke (FN 10) 66 f.

58 Ebda, 94 ff.

59 Hoke (FN 33) 121.

60 Vgl auch Link (FN 5) 76.

61 FN 23, c. 14, sect 5, nr 9s.

62 FN 22, c. 1, thes 23, c. 13, thes 15.

63 FN 22, c. 1, thes 19.

und des ganzen Volkes[64]. Wenn sie dem Kaiser eine Wahlkapitulation auferlegen, stellen sie damit unter Beweis, daß sie und das ganze Reich die reale Majestät haben[65].

Die reale Majestät als die der ganzen staatlichen Gemeinschaft eigene höchste irdische Gewalt ist der Gewalt des Herrschers übergeordnet. Die Existenz einer solchen realen Majestät ergibt sich nach CARPZOV aus dem Regelungsgehalt der Grundgesetze eines Staates, dh im Heiligen Römischen Reich deutscher Nation aus demjenigen der kaiserlichen Wahlkapitulation. Denn die Regelung der Gewalt des Herrschers, wie sie durch die Grundgesetze erfolgt, ist für ihn nur denkbar unter der Voraussetzung, daß die staatliche Gemeinschaft über eine der Gewalt des Herrschers übergeordnete Gewalt verfügt, kraft welcher sie diese Regelung vornimmt. In den Grundgesetzen, im Heiligen Römischen Reich deutscher Nation in der kaiserlichen Wahlkapitulation, kommt nach CARPZOV die reale Majestät zum Ausdruck[66].

Bei seinem Bestreben, den souveränen Staatswillen in Gestalt der Grundgesetze zu objektivieren, unterlaufen CARPZOV in seinem System des Reichsstaatsrechts allerdings mißverständliche Formulierungen. Da wird einmal der Eindruck erweckt, der Autor sehe das Kausalverhältnis zwischen der Souveränität der staatlichen Gemeinschaft und den Grundgesetzen geradezu umgekehrt (nämlich die Wahlkapitulation als Fundament der realen Majestät)[67]. Da scheint es zum anderen, als identifiziere er die Souveränität der staatlichen Gemeinschaft völlig mit den Grundgesetzen[68] und nähme damit, entgegen seiner eigenen Forderung nach Subjektbezogenheit des Souveränitätsbegriffes[69], nun selbst dessen Entpersönlichung vor. Als er das Thema später wieder aufgreift, stellt er jedoch klar, daß nicht die reale Majestät auf den Grundgesetzen beruht. Diese ihrerseits unterliegen vielmehr der realen Majestät und können aus Staatsräson oder wegen Erfordernissen der jeweiligen Zeit verändert werden[70].

CARPZOV begnügte sich nicht mit der theoretischen Begründung der realen Majestät. Nach der neuen publizistischen Methodik seines Lehrers

---

64 FN 22, c. 1, thes 27.

65 Discussio, bei FN 14, dogma 5, nr 1, dogma 4, nr 5s.

66 FN 22, c. 1, thes 25; FN 23, c. 13, sect 1, thes 12; Discussio, bei FN 14, dogma 4, nr 5s, nr 11. An der letztgenannten Stelle: probatio ... Majestatis realis innititur Capitulationi.

67 FN 22, c. 1, thes 26; FN 23, c. 1, sect 16, thes 1. Vgl auch ebda., c. 13, sect 1, thes 12, wo jedoch gleich anschließend der consensus communis als konstitutiv für das ganze Staatswesen herausgestellt wird.

68 FN 23, c. 13, sect 1, thes 12, thes 14.

69 S oben bei FN 48.

70 Discussio, bei FN 14, nr11.

ARUMAEUS suchte er seine theoretischen Ergebnisse auch auf das positive Reichsverfassungsrecht zu stützen. Nach der Manier der Zeit[71] huldigt er dabei allerdings einem überspitzten, auf den Gesetzeswortlaut fixierten Positivismus: Die in den Reichsgesetzen anzutreffende Paarformel „Kaiser und Reich" mit ihrer Erwähnung des Reiches neben der des Kaisers wertet er als ausreichenden Hinweis auf das Bestehen einer realen Majestät der staatlichen Gemeinschaft neben der personalen Majestät des Herrschers[72].

3. Der Herrscher erlangt seine Gewalt, so ist bei CARPZOV zu lesen, gleichgültig ob die Staatsverfassung monarchisch, aristokratisch oder demokratisch ist, von der realen Majestät[73]. Wie die anderen Vertreter seiner Souveränitätslehre bezeichnet er die Herrschergewalt ebenfalls als Majestät, nämlich als personale Majestät. Mit dieser Terminologie stellt er sich wie die anderen Theoretiker der realen und der personalen Majestät in Gegensatz zu dem die Termini Souveränität und Majestät synonym verwendenden BODIN. Bei Verwendung der Terminologie BODINS hätte CARPZOV nur die staatliche Gemeinschaft, der allein nach seiner Lehre die höchste irdische Gewalt eigen ist, als Subjekt der Majestät bezeichnen dürfen. Dagegen hätte er dem Herrscher, dessen Gewalt sich nach seiner Lehre von der Souveränität der staatlichen Gemeinschaft ableitet, die Majestät absprechen müssen. Dieser im terminologischen Bereich bestehende Gegensatz der Theorie der realen und der personalen Majestät zu der Souveränitätslehre BODINS wird von CARPZOV allerdings nicht in dem gleichen Maße reflektiert wie von LIMNAEUS[74]. Zwar diskutiert er die verschiedenen Bedeutungen des Terminus der Majestät. Dabei geht es ihm aber auch, in der ersten Auflage seines Systems des Reichssstaatsrechts sogar vorrangig, darum, Majestät im Sinne höchster Gewalt von der Bezeichnung äußeren Glanzes als Majestät und vom Majestätstitel zu unterscheiden[75]. Nichtsdestoweniger grenzt, wenn auch wieder nicht mit

71 Vgl HOKE (FN 16) 228.

72 FN 23, c. 1, sect 14, thes 13, c. 13, sect 1, thes 10; Discussio, bei FN 14, dogma 4, nr 12.

73 Discussio, bei FN 14, dogma 4, nr 20: satis demonstrat, Imperantes in statu aliquo sive monarchico, aristocratico, sive democratico majestatem ac potestatem suam non nisi a jure majestatico reali nancisci.

74 Dieser macht klar, daß im Unterschied zum Souveränitäts- und Majestätsbegriff Bodins sein Majestätsbegriff ein weiterer ist, den es in verschiedenen Abstufungen gibt, eben als reale und personale Majestät. Vgl HOKE (FN 10) 98f.

75 FN 22, c. 13, sect 1, thes 1-4; FN 23, c. 13, sect 1, thes 15-32. CARPZOV mag hier seinen Lehrer ARUMAEUS, wenn er ihn auch nicht nennt, im Visier gehabt haben, der, obwohl implizit selbst Vertreter einer Staatssouveränitätslehre, teils im Banne des Bodinschen Begriffs der Fürstensouveränität, teils aber unter dem Eindruck des Majestätstitels, die Bezeichnung eines Subjekts von Majestät dem monarchischen Herrscher vorbehält; vgl HOKE (FN 10) 82.

der Stringenz eines LIMNAEUS, CARPZOV in seinem System des Reichsstaatsrechts, in der zweiten Auflage auch im richtigen systematischen Zusammenhang, nämlich bei der Diskussion der verschiedenen Bedeutungen des Terminus der Majestät, sowie in seiner Discussio historico-juridica voti Septemviralis, die Staatssouveränität von der Organsouveränität ab[76]: Subjekt der realen Majestät ist der Staat, Subjekt der personalen Majestät der Herrscher. Die personale Majestät wird von der realen Majestät in ihrem Umfang bestimmt, ist dauernd auf sie angewiesen und hängt von ihr ab, ist ihr untergeordnet und verpflichtet[77].

Was eine solche Auffassung der Herrschergewalt für die Praxis bedeutete, sagt CARPZOV mit aller Deutlichkeit: Durch die in den Grundgesetzen zum Ausdruck kommende reale Majestät ist die Majestät des Herrschers „temperiert", sodaß sie keine absolute, höchste und unbegrenzte ist[78]. Voraussetzung ist allerdings, daß die Grundgesetze des Staates tatsächlich eine Beschränkung der Herrschergewalt vornehmen, daß es sich um ein regnum conditionatum oder pactionatum[79], in dem die Herrschaft ex pactis et sub certis legibus angetreten wird[80], um einen, so verstehe ich CARPZOV, wenn auch freilich nicht im Sinne des 19. Jahrhunderts, aber doch immerhin Verfassungs- oder konstitutionellen Staat handelt. Etwas anderes ist es, wenn dem Herrscher die (personale) Majestät unbegrenzt übertragen wird, er somit absolute Gewalt hat. Nur die Verfassung eines solchen Staates mit absolutistischer Herrschaft kann nach CARPZOV als eine rein monarchische gelten[81]. Das Heilige Römische Reich, um dessen Verfassung es CARPZOV in seinen staatsrechtlichen Arbeiten primär geht, ist jedoch von der ersteren Art. Es ist für CARPZOV daher auch keine reine Monarchie[82].

Die von der realen Majestät in den Grundgesetzen vorgenommene Bemessung der personalen Majestät entscheidet nach CARPZOV über den status, di Staatsform und Art der Verfassung des Staates. Wenn die personale Majestät nicht unbegrenzt einem einzigen Individuum eingeräumt

76 FN 22, c. 1, thes 24s; FN 23, c. 13, sect 1, thes 8-14; Discussio, bei FN 14, dogma 4, nr 15-20.

77 Z.B. am letztgenannten Ort, nr 20: Ad hanc majestatem Imperii realem, quemadmodum Majestas imperantis personalis perpetuo respicit, ita et vicissim ab ea dependet: unde majestati ipsius Regni Majestas regnantis tamquam superiori obnoxia est, eique obstringitur ... .

78 FN 23, c. 13, sect 1, thes 14: atque ita ex majestati reali seu legibus fundamentalibus temperatur quandoque majestas imperantis, quo minus sit absoluta, summa atque infinita.

79 FN 23, c. 14, sect 5, Titel u. thes 6, sect 6, thes 1.

80 FN 22, c. 14, thes 5.

81 FN 23, c. 13, sect 6, thes 31s, c. 14, sect 1, thes 24; FN 22, c. 14, thes 4.

82 FN 22, c. 13, thes 14; Discussio, bei FN 14, dogma 6.

ist, dann sind Staatsform und Verfassung polyarchisch. Dabei wieder kann es sich um einen einfachen oder einen gemischten status handeln[83]. Mit der letzteren These bekennt sich CARPZOV zur Lehre vom status mixtus, die er[84] unter Berufung auf KECKERMANN[85], CHRISTOPH BESOLD[86] und später auch auf LIMNAEUS[87] auf das Heilige Römische Reich bezieht. Ich bin auf seine einschlägigen Ausführungen[88] bereits an anderer Stelle[89] eingegangen und begnüge mich, da sie für unser Thema nur am Rande interessieren, hier mit einer Zusammenfassung: Im Heiligen Römischen Reich ist die personale Majestät dem Kaiser und der Gesamtheit der Reichsstände übertragen. Die Gesamtheit der Reichsstände ist somit nach CARPZOVS Lehre wie nach der anderer Theoretiker der realen und der personalen Majestät in zweierlei Hinsicht Subjekt von Majestät: einmal in Repräsentation des gesamten Reiches Subjekt der Staatssouveränität (majestas realis), zum anderen, da durch die Grundgesetze des Reiches dessen Hoheitsrechte nicht nur dem Kaiser, sondern zum Teil auch der auf dem Reichstag versammelten Gesamtheit der Reichsstände eingeräumt sind, ebenfalls Subjekt der Organsouveränität (majestas personalis). Der Kaiser hat nach CARPZOVS Sicht der Reichsverfassung im Vergleich mit den einzelnen Reichsständen aber den größeren Anteil an der personalen Majestät. Das Reich ist daher auch keine reine Aristokratie. Seine Verfassung ist vielmehr aus dem monarchischen und dem aristokratischen Element gemischt, tendiert infolge des Übergewichts des Kaisers aber mehr zur Monarchie als zur Aristokratie[90].

4. Die rechtliche Gebundenheit des Herrschers im Verfassungsstaat seiner Zeit macht CARPZOV insbesondere deutlich, als er sich mit der Frage auseinandersetzt, inwieweit dem Erwählten Römischen Kaiser eine legibus solutio zukommt[91]. Dabei geht er davon aus, und das war seit langem ein Topos der Staatstheorie, daß von einer legibus solutio principis nur hinsichtlich der vis coactiva legum, nicht aber hinsichtlich deren vis

---

83 FN 22, c. 13, thes 10, thes 18; Discussio, bei FN 14, dogma 7, nr 44.

84 FN 22, c. 13, thes 23; FN 23, c. 13, sect 9, thes 10.

85 Vgl FN 39; zu KECKERMANN s HOKE (FN 10) 159.

86 Politicorum libri duo (Frankfurt aM 1618); zu BESOLD s HOKE (FN 10) 91, 160.

87 Zu dessen Lehre vom status mixtus s HOKE (FN 10) 169-174.

88 FN 13, 641; FN 22, c. 1, c. 13: An hodiernus Imperii nostri status sit monarchicus, aristocraticus, vel mixtus?; FN 23, c. 13, sect 8, sect 9; Discussio, bei FN 14, dogma 5, dogma 7.

89 HOKE (FN 10) 160 (161-163).

90 CARPZOV (FN 23, c. 13, sect 9, thes 11; Discussio, bei FN 14, dogma 7, nr 45-52) steht in diesem Punkt bewußt im Gegensatz zu LIMNAEUS, nach dessen Ansicht in der Reichsverfassung das aristokratische Element stärker in Erscheinung tritt; vgl HOKE (FN 10) 173.

91 FN 22 und FN 23, jeweils c. 12.

directiva die Rede sein kann[92], daß es, um eine modernere Formulierung zu gebrauchen[93], um die „Befehlsunabhängigkeit" des Herrschers geht, nicht aber um dessen „Ordnungsunabhängigkeit": Auch höchste Gewalt, so sagt es CARPZOV, nachdem er dies klargestellt hat, ist der Vernunft und den Tugendregeln unterworfen[94]. Der Diskussion der Frage schickt CARPZOV einen weiteren Topos der Staatstheorie voraus. Er betont, daß jeder Herrscher zweifellos an das Naturrecht und an das ius gentium gebunden ist[95]. Unter letzterem versteht er, wie sich aus seiner Berufung[96] auf BODIN ergibt, diejenigen positiven Normen, die Ausdruck eines universellen Rechtsbewußtseins sind und sich daher übereinstimmend in den Rechtsordnungen aller zivilisierten Staaten finden. So zwingen sowohl Naturrecht als auch ius gentium den Herrscher ua zur Vertragseinhaltung, es sei denn, daß das öffentliche Wohl eine iusta causa für den Vertragsrücktritt liefert[97]. Im Hinblick auf göttliches Recht, Naturrecht und ius gentium hat der Herrscher keine Majestät und gilt er nicht als Herrscher, sondern als Mensch[98].

Aus der von CARPZOV vertretenen Souveränitätslehre mit ihrer Bindung der personalen Majestät an die reale Majestät ergab sich schlüssig, daß der Herrscher an die vom Subjekt der realen Majestät herrührenden Grundgesetze, die gerade die Definition der Herrschergewalt durch die staatliche Gemeinschaft bezwecken, gebunden ist. CARPZOV zog diese Konsequenz aus seiner Souveränitätslehre an anderer Stelle auch expressis verbis[99]. Auffälligerweise rekurriert er im Zusammenhang mit der Erörterung der legibus solutio des Herrschers, was die Grundgesetze des Staates angeht, aber nicht auf seine Souveränitätstheorie. Er begründet die Bindung des Herrschers an die Grundgesetze vielmehr naturrechtlich oder führt sie gar auf göttliches Recht zurück, indem er den Komplex der Grundgesetze als Herrschaftsvertrag deutet, den das Subjekt der realen Majestät mit dem Herrscher geschlossen und auf den der Herrscher sogar

---

92 FN 22, c. 12, thes 7; deutlicher: FN 23, c. 13, sect 2, nr 14. Zu dieser von THOMAS VON AQUIN ausgehenden Lehre vgl DE WALL (FN 5) 175.

93 Im Anschluß an LINK (FN 5) 91, mit Begriffen, wie sie H. JAHRREISS, Die Souveränität der Staaten. Ein Wort – mehrere Begriffe – viele Mißverständnisse, in: H. H. Hofmann (Hrsg), Die Entstehung des modernen souveränen Staates (Köln/Berlin 1967) 35 (38), verwendet.

94 FN 23, c. 13, sect 2, nr 14.

95 FN 22, c. 12, thes 3; FN 23, c. 12, sect 1, nr 29, sect 2, nr 1s.

96 FN 22, l.c.

97 FN 22, c. 12, thes 6; FN 23, c. 12, sect 1, nr 35. CARPZOV sieht hier, was FN 22, l.c., anlangt, zeitlich noch vor LIMNAEUS (s dazu LINK [FN 5] 91 f), nämlich 1623, die Naturrechtsbindung durch das Gemeinwohl relativiert.

98 FN 22, c. 12, thes 3; FN 23, c. 12, sect 1, nr 30.

99 FN 23, c. 13, sect 1, nr 13.

einen Eid abgelegt hat[100]. Indem er sich, ganz im Unterschied etwa zu LIMNAEUS[101], der Möglichkeit begibt, die Bindung des Herrschers an die Grundgesetze systemimmanent aus der Theorie der realen und der personalen Majestät abzuleiten, geht er methodisch keinen anderen Weg als BODIN mit seiner zur CARPZOVschen Souveränitätslehre inhaltlich konträren Lehre von der Fürstensouveränität, der die angesichts der französischen Verfassungswirklichkeit seiner Zeit auch von ihm zugegebene Bindung des Fürsten an die Grundgesetze, wenn auch nicht ausdrücklich, so doch implizit, mittels deren Deutung als Bestandteile eines Herrschaftsvertrages begründet[102]. Nichtsdestoweniger zieht auch CARPZOV aus der Theorie der realen und der personalen Majestät, allerdings wieder an anderer Stelle[103], die weitere, rechtsstaatlichem Denken entsprechende Folgerung: Den Grundgesetzen widersprechende Anordnungen des Herrschers muß dessen Kanzler nicht ausführen. Überhaupt, meint CARPZOV, kann die personale Majestät des Herrschers, der sich gegen die reale Majestät erhebt, ungestraft verletzt werden[104]. So haben im Heiligen Römischen Reich deutscher Nation, wenn der Erwählte Römische Kaiser seiner Wahlkapitulation zuwiderhandelt, diesem gegenüber die Reichsstände in ihrer Gesamtheit ein Widerstandsrecht und können ihn zur Rechenschaft ziehen[105]. Es kann auch ein Verfahren zur Absetzung des Kaisers durchgeführt werden, wofür nach CARPZOVs Rechtsauffassung das Kurfürstenkollegium unter dem Vorsitz des Pfalzgrafen bei Rhein zuständig ist[106].

Wenn CARPZOV bei der theoretischen Begründung der Bindung des Herrschers an die Grundgesetze an systematischer Stringenz auch nicht den in der Staatstheorie seiner Zeit von LIMNAEUS gesetzten Standard erreicht, tut er sich doch umgekehrt hervor, als er die Bindung des Herrschers an die positiven Gesetze, die nicht die Verfassung des Staates zum Gegenstand haben und die in der Terminologie der zeitgenössischen Rechtswissenschaft als die leges (mere) civiles positivae bezeichnet wurden, begründet. Hier vermag er das Argument der naturrechtlichen Vertragsbindung durchaus schlüssig innerhalb seines staatstheoretischen Systems einzusetzen.

---

100 FN 22, c. 12, thes 7; FN 23, c. 12, sect 1, nr 36, sect 2, nr 3ss; vgl auch FN 22, c. 14, thes 5; FN 23, c. 14, sect 5, nr 10.

101 Vgl HOKE (FN 10) 134-136.

102 Zu BODIN vgl HOKE (FN 10) 57.

103 FN 22, c. 1, thes 25; FN 23, c. 1, sect 14, nr 16.

104 FN 22, ibid.; FN 23, ibid., nr 17.

105 FN 22, c. 14, thes 6.

106 Ibid, thes 7; FN 23, c. 14, sect 6, nr 24. CARPZOV teilt hinsichtlich des Präsidiums bei einem Absetzungsverfahren des Kurfürstenkollegiums gegen den Kaiser die Meinung ua von ARUMAEUS, steht aber im Gegensatz zu LIMNAEUS, demzufolge dem Kurfürstenkollegium auch bei einem Verfahren zur Absetzung des Kaisers der Kurfürst von Mainz präsidiert.

Der Princeps der Antike sei an die leges mere civiles, die nur Formvorschriften des Zivilrechts enthielten, als der Gesetzgeber, der seine vis coactiva gegen sich selbst nicht einsetzen[107] und zur Befolgung seiner Gesetze sich selbst nicht zwingen kann, nicht gebunden gewesen. Diese legibus solutio sei niemals aufgehoben worden und gelte, was jene alten bürgerlichen Gesetze anlangt, daher auch im Heiligen Römischen Reich deutscher Nation für den Erwählten Römischen Kaiser[108]. Völlig anders beurteilt CARPZOV die Frage der legibus solutio aber hinsichtlich der neuen leges civiles, wie es die Reichsgesetze im Heiligen Römischen Reich deutscher Nation sind. Gesetzgeber im Heiligen Römischen Reich ist nicht der Kaiser allein, weil er nicht allein Subjekt der personalen Majestät ist, zu deren Majestätsrechten die Gesetzgebung gehört[109], sondern mit ihm als Teilhaber an der personalen Majestät die Gesamtheit der auf dem Reichstag versammelten Reichsstände[110]. Die auf den Reichstagen beschlossenen und in den Reichsabschieden publizierten Reichsgesetze klassifiziert CARPZOV daher auch, ganz der Linie der reichsständisch gesinnten Reichspublizistik folgend[111], als zwischen dem Kaiser und den Reichsständen geschlossene Verträge[112]. An die Reichsgesetze ist der Kaiser nach CARPZOV somit aus zweierlei Gründen gebunden: Zum einen ist er ihnen unterworfen, weil er nicht der alleinige Gesetzgeber ist[113], zum anderen ist er zur Einhaltung der von ihm mit den Reichsständen vertraglich vereinbarten Reichsgesetze naturrechtlich verpflichtet[114]. Hinsichtlich der Reichsgesetze gilt die legibus solutio nach CARPZOV nur für das Subjekt der personalen Majestät als den Reichsgesetzgeber, und das sind der Kaiser und die Gesamtheit der Reichsstände zusammen[115].

V.

1. Die von CARPZOV vertretene Souveränitätslehre der realen und der personalen Majestät war auf das Heilige Römische Reich deutscher Na-

107 Vgl oben bei FN 102.

108 FN 22, c. 12, thes 8; FN 23, c. 12, sect 2, nr 8-10. Zu dieser legibus solutio des Souveräns s. allgemein LINK (FN 5) 107.

109 Vgl FN 23, c. 13, sect 2, nr 16-18.

110 FN 22, c. 12, thes 9, c. 1, thes 23, c. 13, thes 13; FN 23, c. 1, sect 11, nr 7-10, c. 12, sect 2, nr 16-18; Discussio, bei FN 14, dogma 5, nr 12.

111 Vgl zB zu LIMNAEUS HOKE (FN 10) 173.

112 FN 22, c. 12, thes 10; FN 23, c. 12, sect 2, nr 19, c. 13, sect 6, nr 27; Discussio, bei FN 14, dogma 6, nr 20, dogma 7, nr 15.

113 FN 22, c. 12, thes 9; FN 23, c. 12, sect 2, nr 13s.

114 FN 22, c. 12, thes 10; FN 23, c. 12, sect 2, nr 19.

115 FN 22, c. 12, thes 9.

tion bezogen. Dessen Territorien hatten in der Theorie keinen Platz. Die Reichsstände, die in ihrer Gesamtheit sowohl Subjekt der realen Majestät als auch Teilhaber an der personalen Majestät waren, verfügten außerdem als einzelne in ihren Territorien über superioritas, landesfürstliche Obrigkeit[116] oder, wie man es bald nennen sollte, Landeshoheit[117]. Nach CARPZOV war die Herrschaftsgewalt der Reichsstände in ihren Territorien keine Souveränität. Es handelte sich dabei, wie er es formuliert, nicht um echte Majestät, sondern um eine Kopie von Majestät[118], wie ich es übersetzen möchte, um einen bloßen Reflex der Reichsgewalt, wie WILLOWEIT[119] sagt. Die Reichsstände in ihrer Eigenschaft als Landesherren haben keine Souveränität, das ist die herrschende Lehre in der ersten Hälfte des 17. Jahrhunderts[120], weil sie das Reich und den Kaiser als ihren superior anerkennen[121].

Das Heilige Römische Reich endete zu Beginn des 19. Jahrhunderts. Es waren die Territorien des Reiches, in denen sich der Souveränitätsgedanke letztlich durchsetzte[122]. Dies mag, obwohl die konstitutionelle Doktrin des 19. Jahrhunderts in zahlreichen Positionen an die auf das Reich bezogene alte deutsche Verfassungstheorie anknüpfen konnte[123], einer der Gründe dafür sein, daß die frühen autochthonen deutschen Ansätze rechtsstaatlicher Theorie ideengeschichtlich und im allgemeinen Bewußtsein in den Schatten zeitlich paralleler oder späterer französischer und angloamerikanischer Theorien gerieten, die spektakulärer in die Verfassungswirklichkeit umgesetzt wurden[124].

2. Die Souveränitätslehre CARPZOVS mit ihren rechtsstaatlichen Ansätzen hatte freilich noch nicht aufklärerisch-vernunftrechtliche Beweggründe. Sie war vielmehr, und darin unterscheidet sie sich nicht von der

---

116 FN 23, c. 1, sect 12, thes 2s; ähnlich c. 13, sect 6, thes 40s: dupliciter consideranda est potestas Statuum Imperii ... vel conjunctim in totius Imperii administratione ... vel disjunctim in administratione suarum provinciarum, quam recentiores vocant superioritatem, sive jus territorii Principum, vel jus Superius, die Landesfürstliche oder Landes Obrigkeit.

117 Zur Entwicklung des Herrschaftsbegriffs im Territorialstaat s WILLOWEIT (FN 5) 121-184. Zum Terminus Landeshoheit insbes ebda, 170.

118 FN 23, c. 1, sect 12, thes 7: hoc jus ... non nisi Majestatis imaginem quandam, neutiquam autem veram Majestatem implicatam habet; sect 13, thes 3: sequitur ... saltem quasi Majestatem vel potius imaginem Majestatis, Statibus Imperii in suis territoriis competere.

119 FN 5, 140.

120 Vgl ebda, 142.

121 FN 23, c. 1, sect 13, thes 20, c. 13, sect 6, thes 41s.

122 Vgl WILLOWEIT (FN 5) 139.

123 Vgl LINK (FN 5) 178.

124 Ebda.

staatsrechtlichen Literatur aller Zeiten[125], maßgeblich durch ein politisches Ziel motiviert: Es ging jenen Theoretikern der realen und der personalen Majestät, die Protestanten waren, darum, die Stellung ihrer protestantischen Landesherren in deren Eigenschaft als Reichsstände in der Reichsverfassung gegenüber dem katholischen Kaiser aufzuwerten und zu festigen. Dies konnte zu Brüchen bei der wisssenschaftlichen Deduktion führen. CARPZOV, der den Landesherren in ihren Territorien keine echte Souveränität zuerkennt, hält sie unter konfessionellem Aspekt in einem Punkt, allerdings in Übereinstimmung mit der tatsächlichen allgemeinen Entwicklung, sogar für absolute Monarchen: Nach seiner Lehre haben gegen einen an keine Grundgesetze gebundenen, absoluten Monarchen dessen Untertanen kein Widerstandsrecht[126]. Eines der Mittel, durch das sie sich seiner absoluten Herrschergewalt, wenn sie sich ihr nicht beugen wollen, entziehen können, ist nach CARPZOV die Flucht, und als Beleg aus dem positiven Verfassungsrecht zieht er dafür den die Regelung des Augsburger Religionsfriedens von 1555 vorbereitenden Passauer Vertrag von 1552 mit seinem den Untertanen der Reichsstände aus konfessionellen Gründen eingeräumten ius emigrationis heran[127]. CARPZOVS die katholische Seite herabsetzende Argumentation, mit der er für die staatsrechtliche Möglichkeit der Wahl eines Protestanten zum Römischen Kaiser eintrat[128], zeigt schließlich, daß ihm im Interesse protestantischer konfessionspolitischer Ziele sogar orthodox-lutherisches Eiferertum nicht fremd war.

125 Vgl etwa im Hinblick auf REINKINGK LINK (FN 26) 79.

126 FN 22, c. 14, thes 3; FN 23, c. 14, sect 1 (im Druck fälschlich als 2 bezeichnet), sect 2, sect 4, pr.

127 FN 23, c. 14, sect 2, thes 11.

128 Vgl R. HOKE, Die Konfession des Kaisers. Eine Frage zum Staatskirchenrecht des Heiligen Römischen Reiches deutscher Nation, in: Österr Archiv f Kirchenrecht 24 (1973) 281 (297).

Richard Holzhammer

Lückenschließung durch Typenvergleich am Beispiel des Rechtsschutzverzichts

I.

Findet sich für einen konkreten Sachverhalt (Fall) kein abstrakter gesetzlicher Tatbestand, unter den jener, allenfalls mithilfe einer extensiven Auslegung, subsumiert werden kann, so kommt ihm keine rechtliche Bedeutung zu, es sei denn, der Gesetzgeber hätte ihn (mit)geregelt, wenn er ihn bedacht hätte. Dann besteht ein teleologisches Bedürfnis, den nichtgeregelten Sachverhalt mit einer adäquaten Rechtsfolge auszustatten. Herauszufiltern, ob der Gesetzgeber sich solcherart versehen oder aber die Nichtregelung des Falls eingeplant hat, bezeichnen wir als Rechtslückenermittlung. Ein negatives Resultat erweist, daß die zunächst vermutete Lücke nur eine scheinbare, mithin die Rechtsordnung im untersuchten Bereich geschlossen ist. Anderseits ist das Ausfüllen echter Lücken rechtsschöpferische Pflicht des Rechtsanwenders, der zwar nur für den individuellen Einzelfall tätig wird, aber die Basis legt für ein lückenschließendes Richterrecht, das – wie die praktische Erfahrung allenthalben zeigt – ohne besondere Garantie längeren Bestand zu haben pflegt als das rechtspolitischen Unwägbarkeiten unterworfene Gesetzesrecht.

Die Methode der Rechtslückenermittlung kommt nicht ohne Typenvergleich aus. Zunächst ist der vorliegende Fall, den wir am besten Anlaßfall nennen, seiner individuellen Merkmale zu entkleiden, so daß er sich uns schließlich als Falltypus präsentiert. Dann erst können wir ihn dem Falltypus oder den Falltypen gegenüberstellen, die zweifelsfrei der Norm unterliegen. Denn die Merkmale der Falltypen, die miteinander verglichen werden sollen, müssen auf derselben Abstraktionsebene siedeln. Es handelt sich durchweg um generelle Merkmale, die bisweilen abgestuft von den normativen Begriffsmerkmalen analysiert und formuliert werden. Zwischen den Begriffs- und Typenmerkmalen einen qualitativen Strich zu ziehen halte ich für verfehlt: Es mag schon sein, daß etliche Normen, nicht zuletzt prozeßrechtlicher Art, durch Gattungsbegriffe ihren Anwendungsumfang derart fixieren, daß für eine weitere Typenbildung kein Raum bleibt und sogleich die Subsumtion eingreifen muß.

Anderseits schafft die Interpretation, meist durch wertausfüllungsbedürftige Begriffe genötigt, neben dem Ausgangstypus, den der Gesetzgeber bei seiner Begriffswahl im Sinn hatte, eine Reihe von Varianten, die gleichermaßen in den Anwendungsbereich der Norm fallen. Hier wird ein ursprünglicher Rechtsbegriff mehrfach geschichtet und jede einzelne Begriffsschicht mithilfe zusätzlicher Merkmale gekennzeichnet. Die besonderen Schichtmerkmale entsprechen den Typusmerkmalen. Sie konkretisieren die Rechtsnorm, um deren Anwendung in der Realität vorzubereiten und zu erleichtern. Auf diese Weise erfährt die Rechtsnorm zugleich eine erhebliche Präzisierung: Die normativen Begriffsmerkmale werden durch die im Weg der Schichtung gewonnenen Typusmerkmale angereichert, so daß diese einen wesentlichen Bestandteil der Norm bilden. Für den Typenvergleich sei festgehalten, daß die „Konkretisierung" zwar einen ungemein wichtigen Schritt zur Rechtsvergleichung ausmacht, sich aber ausschließlich auf dem Boden der generellen Normen abspielt. Daher verschlägt es auch nichts, wenn wir den in Frage stehenden Falltypus unmittelbar mit einem gesetzlichen Ausgangstypus ins Gespräch bringen, bei dem sich Typusmerkmale und ursprüngliche normative Begriffsmerkmale decken, weil sich mangels denkbarer Varianten eine schichtende Konkretisierung erübrigt.

Stehen die geregelten und nichtgeregelten Falltypen, die miteinander verglichen werden sollen, fest, so ermittelt der Rechtsanwender in einem zweiten Schritt, welche Merkmale übereinstimmen und welche sich voneinander unterscheiden. Das zentrale Problem stellt sich erst, sobald die Merkmalsunterschiede auf der Hand liegen. Wir pflegen zu sagen, beim gesetzlichen Falltypus sei jedes einzelne Merkmal gleich wichtige Voraussetzung für die Rechtsfolge. Wie kann es sein, daß der fragliche Falltypus trotz eines oder gar mehrerer abweichender Merkmale dieselbe Rechtsfolge für sich arrogieren kann? Offenbar gibt es unter den Merkmalen auf gleicher Qualitätsstufe ungewichtige Unterschiede, die es erlauben, ein Merkmal des geregelten Falls durch ein anderes des nichtgeregelten Falls zu ersetzen, ohne daß dies einen Einfluß auf die Rechtsfolge hat. Die juristische Hermeneutik begegnet diesem Phänomen mit dem lapidaren Postulat, daß „wesentlich gleiche" Fälle gleichbehandelt und „wesentlich ungleiche" Fälle ungleichbehandelt werden müssen, und weist den Rechtsanwender an, zu diesem Zweck einen abwägenden, mithin wertenden Vergleich vorzunehmen. Die Frage der Gleichbehandlung oder – besser – der Gleichbewertung müsse sich an den Grundsätzen orientieren, die den Gesetzgeber seinerzeit zur Regelung des Ausgangstypus bewogen haben, und sei zu bejahen, wenn jene auch auf die Umstände des fraglichen Falltypus zutreffen. Wo der Gesetzgeber einen solchen Ausgriff nicht wünscht, bediene er sich des Analogieverbots. Im übrigen fordere er geradezu den Ähnlichkeitsschluß (§ 7 Satz 1 ABGB), weil er sich seines Unvermögens, alle regelungsbedürftigen Falltypen zu erfassen, wohl bewußt sei: Die Gleichbehandlung wesentlich gleicher Fälle sei ein Gebot der Gerechtigkeit!

Die bis zu diesem Punkt angestellten Überlegungen der Methodenlehre können wir ohne besondere Vorbehalte teilen. Ihre praktische Verwirklichung stößt aber auf ungeahnte Schwierigkeiten. Sie spießt sich gleich bei der Frage, nach welchen Leitmotiven der Rechtsanwender einen Merkmalsunterschied als erheblich oder als unerheblich werten soll. Der oben angedeutete Verweis auf den historischen Gesetzgeber fruchtet nichts, wenn dessen Beweggründe nicht erkennbar, nicht erklärbar, widersprüchlich oder – gar nicht so selten in unserer schnellebigen Zeit! – veraltet sind (jene Normen ganz beiseite gelassen, die von gewichtigen Parlamentariern als Vertretern handfester Standesinteressen an allen Begutachtungen vorbei in die ultimativen Ausschußsitzungen gemogelt werden und in den Erläuternden Bemerkungen nicht den geringsten Niederschlag finden). Hier behilft man sich mit der pathetischen Formel, der Rechtsanwender sei Repräsentant der Rechtsgemeinschaft und müsse als solcher ihre „mehrheitlich konsensfähigen Wertvorstellungen“ erfragen; keineswegs dürfe er nach seinem höchstpersönlichen Rechtsempfinden urteilen. Das halte ich für eine Sonntagsrede, mit der man ohne viel Hoffnung auf Erfolg vor einer subjektiven Betrachtungsweise wie vor einer bösen Krankheit warnen möchte.

Zu jener Zeit, da Staat und/oder Kirche homogene Wertmaßstäbe sichtbar vorgegeben hatten, mag der „hypothetische Wertungswille des gegenwärtigen Gesetzgebers“ noch erkundbar gewesen sein. Die sogenannte Wertungsjurisprudenz hat ihre Positionen als Surrogat erst entwickelt, als der „Einheits“staat – vom kurzen Gastspiel des Faschismus abgesehen – im Niedergang begriffen war. Der gesellschaftliche Pluralismus, der sich uns heute in einer unüberschaubaren Vielfalt darbietet und jederzeit durch spektakuläre Aktionen selbst kleiner Interessengruppen mithilfe der Medien angereichert werden kann, erlaubt es gar nicht, solch tragende Schienen herauszufiltern. Wohl ist es durchweg legitim, mit den in der Rechtsordnung verankerten Prinzipien, etwa mit dem Gleichheitsgrundsatz und dem Vertrauensgrundsatz, zu argumentieren. Doch beschleicht uns schon ein gewisses Unbehagen, wenn zu deren Entkräftung gegenteilige Prinzipien, etwa der „Sachlichkeitsgrundsatz“, ins Spiel gebracht werden. Damit ist, wie vielfache Erfahrung zeigt, eristischer Dialektik Tür und Tor geöffnet. Noch verwirrender wird es, wenn die Rechtsgelehrten, losgelöst von positivrechtlichen Haltegriffen, überhaupt mit kollidierenden Schlagworten – Rechtsangemessenheit gegen Rechtssicherheit, Ökonomie gegen Ökologie, Zugang zum Recht gegen Prozeßbeschleunigung – jonglieren wie die Harlekine mit ihren bunten Bällen. Nicht von ungefähr bedeutet das lateinische ius/iuris zwar „Recht“ und „Gerechtigkeit“, aber auch „Suppe“.

Im Ernst kann niemand von den mitten im Rechtsleben stehenden Rechtsanwendern verlangen, sich an einer derartigen Spiegelfechterei zu beteiligen. Man muß nicht viel von Psychologie verstehen, um zu erkennen, daß es sich bei der „objektiven“ Entscheidung um eine unerfüllbare Forderung handelt. Die Höchstrichter werden in ihr Amt berufen aufgrund ihrer fundierten juristischen Kenntnisse und ihrer umfassenden Erfahrung in der Rechtsfindung. Sie bringen in diese Tätigkeit ihre persönlichen Wertvorstellungen ein, mögen sie konservativ, progressiv oder differenziert sein, und müssen diese immer wieder in den Senatsverhandlungen zur Diskussion stellen. Sich denkend vom eigenen Wertgefüge zu distanzieren und irgendwo in der sozialen Atmosphäre nach wegweisenden Säulen zu suchen, halte ich für unmöglich. Denn über seinen Schatten kann niemand springen! Vielmehr vollzieht sich notwendig zwischen den Senatsmitgliedern ein argumentativer Prozeß, dessen Ergebnis – meist durch die Überzeugungskraft eines dominierenden Mitglieds (etwa des Referenten) gesteuert – in der Entscheidung seinen Niederschlag findet. Aber so wie in den unteren Instanzen sich der Grundsatz der freien Beweiswürdigung bei der Sachverhaltsfeststellung (§ 272 ZPO) und der freien Betragsschätzung im Rahmen der rechtlichen Beurteilung (§ 273 ZPO) etabliert und bestens bewährt hat, sollte doch der *Grundsatz der freien Rechtswürdigung* – das ehrbare „iura novit curia“ in seinem eigentlichen Sinn – gerade in der höchsten Instanz unangetastet und insbesondere von illusionären Vorgaben unbeeinflußt bleiben. Daß ohnehin nur die punktuelle Auseinandersetzung zwischen Lehre und Judikatur die richterrechtliche Rechtsfortbildung steuert, ist eine pragmatische Einsicht.

Mein Anliegen ist es nicht, die Rechtslückenermittlung zu entzaubern, sondern von unnützem Ballast zu befreien. Haben wir einmal die Vorstellung aus dem Weg geräumt, daß es über dem Rechtsanwender noch eine imaginäre Instanz, eine Art Über-Ich, gibt, dessen Maßstäbe wie Fixsterne am Firmament funkeln, so können wir unseren Blick ungestört auf die eigentliche Technik des Typenvergleichs richten. Es geht hier nämlich nicht um die Suche nach irgendwelchen rechtsethischen Vorstellungen der Rechtsgemeinschaft, sondern ausschließlich um die Frage, wie weit das Prinzip der Vergleichsbasis reicht, deren analoge Anwendbarkeit geprüft wird, und von welchem als vorrangig bewerteten Gesichtspunkt aus die Reichweite dieses Prinzips gemessen wird. Wenn sich uns etwa eine Norm als Ausnahmeregelung darstellt, können wir nicht von vornherein mit einem lückenverneinenden Umkehrschluß vorgehen, sondern müssen stets kontrollieren, ob dem „Ausnahmetypus", den die Vergleichsbasis eindeutig meint, Varianten zur Seite gestellt werden können, deren Typusmerkmale trotz ihrer Abweichungen eine Gleichbehandlung erfordern, weil sie dem „Ausnahmeprinzip" (!) unterliegen. Der Satz „Ausnahmen verbieten eine Analogie" ist also grundlegend falsch. Gerade hier zeigt sich augenfällig, daß das typenvergleichende Denken experimenteller Art ist. Es wird nicht bloß der „Ausgangstypus", mithin auch in der Form des „Ausnahmetypus", mit dem fraglichen Fall verglichen, sondern nach weiteren „Leittypen" im Normbereich gesucht, die als Vergleichsbasis dienen können. So hält sich der Rechtsanwender stets neuen Erfahrungen offen, welche weit über Logik und System hinausgreifend, die normativen Begriffe durch fortgesetzte Aufnahme origineller Merkmale gestalten helfen.

Normativer Typenvergleich impliziert normative Typenbildung und damit die Generalisierung einer Norm, indem unterschiedliche Fälle durch Ausklammern der unterscheidenden Merkmale als unerheblich gleichbewertet werden. Auf diese Weise erwachsen aus speziellen Rechtssätzen generelle Rechtsgrundsätze, die unsere Rechtsordnung inhaltlich bereichern. Eine gewisse Relativierung nehmen wir bewußt in Kauf: Bei der Lückenermittlung sucht der Rechtsanwender einen Gesichtspunkt, einen topos, von dem aus er den Bereich des Normprinzips am besten abzugrenzen vermag. Das kann etwa bei einem verfahrensrechtlichen Problem der „Gesichtspunkt der Prozeßwirtschaftlichkeit" oder bei einem bestandrechtlichen Problem der „Gesichtspunkt des Mieterschutzes" sein. Welchen topos er wählt, das bleibt wiederum seinem persönlichen Rechtsempfinden überlassen. Nicht selten wird er zunächst mehrere mögliche Gesichtspunkte ausprobieren und sich dann für jenen entscheiden, der ihm die stichhaltigsten Argumente zur Lösung liefert. Seine juristische Erfahrung wird ihm dabei helfen, den Ausschlag wird aber seine juristische Begabung geben. Davon wird auch abhängen, ob seine Entscheidung vereinzelt bleiben oder ein Schritt zum lückenfüllenden, rechtsfortbildenden Richterrecht sein wird.

II.

Der Anlaßfall ist rasch erzählt: Ein Reicher streckt seiner armen Schwester eine ansehnliche Summe auf drei Jahre vor und schreibt ihr: „Wenn die Frist um ist, brauchst Du dir keine Sorgen zu machen. Ich verspreche Dir, Dich nicht zu klagen." Und sie antwortet: „Ich bin schon für die Kinder froh, daß wir es nicht zu einem Prozeß zwischen uns kommen lassen wollen." Plötzlich schlägt die Bruderliebe in Haß um, und der Reiche sucht seiner Schwester zu schaden, wo er nur kann. Als diese nach Fristablauf nicht das ganze Darlehen zurückzuzahlen vermag, klagt er sie unerbittlich auf den Rest. Sie legt dem Richter das brüderliche Schreiben vor.

Indem wir aus dem Anlaßfall alles Individuelle entfernen, schälen wir den Falltypus heraus: die Vereinbarung zwischen Gläubiger und Schuldner, einander aus einem bestimmten Rechtsverhältnis nicht zu klagen. Dafür gibt es auch einen lateinischen Namen: das pactum de non petendo. Unsere Rechtsordnung hat es nicht geregelt. Wenn wir einen Schritt weitergehen und die Vereinbarung (das pactum) aus dem Anlaßfall eliminieren, gelangen wir zu einer Typusvariante: zum einseitigen Prozeßverzicht vor Prozeßbeginn, vom anderen Teil entweder vertraglich angenommen oder bloß empfangen. (Auf der Gläubigerseite handelt es sich um einen einseitigen Klageverzicht vor Klagerhebung). Schließlich bringen wir beide Falltypen auf einen gemeinsamen Nenner: Es geht um den ungeregelten allgemeinen Rechtsschutzverzicht.

Halten wir uns zunächst Altbekanntes vor Augen: Wer ein materielles Recht für sich in Anspruch nimmt, kann es auch gerichtlich schützen lassen. Mithin schließt die Sachbefugnis (das ist die Macht, über sein Recht zu verfügen) die Prozeßführungsbefugnis in sich. Und wer sich seines materiellen Rechts – meist zum Vorteil seines Schuldners – begibt (§ 1444 ABGB), der begibt sich selbsttätig seines Rechtsschutzes. Weil aber auf jedes materielle Recht verzichtet werden kann, soweit es nicht seinem Zweck oder dem Gesetz nach unverzichtbar ist, wird grundsätzlich auch der Rechtsschutz vom Verzicht erfaßt. Und umgekehrt: Wer ausnahmsweise auf sein materielles Recht nicht verzichten kann (zB auf das Recht, die Urheberschaft des Werkschöpfers zu wahren, § 19 UrhG), der kann auch nicht auf den bezüglichen Rechtsschutz verzichten. Insoweit teilt der Rechtsschutz immer das Schicksal des materiellen Rechts.

Nunmehr machen wir uns mit dem Gedanken vertraut, daß sich die Prozeßführungsbefugnis unter gewissen Umständen von der Sachbefugnis lösen kann. § 234 ZPO sieht dies bei der Veräußerung eines streitverfangenen Rechts in der Weise vor, daß der Rechtsschutz nicht vom Rechtsträger, sondern von einer anderen Person im eigenen Namen als Prozeßpartei wahrgenommen wird (gesetzliche Prozeßstandschaft). Der Rechtsträger kann aber auch von sich aus die Prozeßführungsbefugnis von der Sachbefugnis trennen, mal um sie einer anderen Person zu übertragen (was nur unter besonderen Voraussetzungen möglich ist), mal um sich ihrer überhaupt zu begeben. Das bedeutet einen Rechtsschutzverzicht ohne Rechtsverzicht. § 237/4 ZPO sieht dies namentlich bei der Klagezurücknahme unter „Verzicht auf den Klaganspruch" vor, was einmütig als Verzicht auf die Prozeßführungsbefugnis und nicht als Verzicht auf das materielle Recht (nach § 1444 ABGB) verstanden wird.

Die Vorstellung eines rechtsschutzentkleideten Rechts ist unserer Privatrechtsordnung nicht fremd. Alle Fälle einer Schuld ohne Haftung gehören hierher. Die Judikatur versteht den Satz „Gerichtlich kann der Preis nicht gefordert werden" (§ 1271 Satz 2 ABGB) freilich dahin, daß die Unklagbarkeit zwar unverzichtbar, aber nicht von Amts wegen wahrzunehmen sei, sondern stets vom Beklagten in Form einer Sacheinrede eingewendet werden müsse, widrigens dieser einem Zahlungsurteil unterliege. Sie betrachtet den Rechtsschutz nicht als eine eigenständige prozessuale Kategorie, sondern als Bestandteil des materiellen Rechts, was im Einwendungsfall zu einer Klagabweisung führt, die das Nichtbestehen des materiellen Anspruchs feststellt, mithin weit über das Ziel hinausschießt. Abgesehen davon, daß hier die Prozeßführungsbefugnis entgegen einhelliger Lehre nicht als Prozeßvoraussetzung gesehen wird, besteht wohl Einverständnis darin, daß über die gesetzlich geregelten Fälle hinaus die Vertragspartner, soweit die Privatautonomie reicht, jederzeit einen Haftungsausschluß vereinbaren können. Dann kann eben, um bei der gesetzlichen Wortwahl zu bleiben, das Geschuldete gerichtlich nicht gefordert werden.

Dieses Ergebnis steht im Widerspruch zur Meinung Faschings und Matschers, ein Rechtsschutzverzicht sei unzulässig: Einerseits räume Art 6/1 Satz 1 MRK dem einzelnen ein unverzichtbares, verfassungsrechtlich geschütztes Grundrecht auf Rechtsschutz durch und gegen den Staat ein, anderseits würde es entgegen dem Grundcharakter des Rechts als solchem in die Hand des einzelnen gelegt, der Rechtsnorm ihre Erzwingbarkeit zu nehmen. Dementsprechend sei auch jeder Rechtsschutzverzichtsvertrag (pactum de non petendo) unzulässig und prozessual unwirksam. Bei allem gebührenden Respekt vor den beiden geschätzten Kollegen: Sie sind einer Begriffsvermischung zum Opfer gefallen. Art 6/1 Satz 1 MRK betrifft allein den Justizgewährungsanspruch, das Recht auf rechtliches Gehör. Der Rechtsschutzverzicht, von dem hier die Rede ist, betrifft hingegen nicht den Verzicht auf die Rechtspflege an sich, sondern bloß den Verzicht auf eine meritorische Entscheidung. Das sind zwei verschiedene Ebenen! Wenn der Gläubiger auf Rechtsschutz verzichtet und dennoch eine Leistungsklage erhebt, so wird seinem Justizgewährungsanspruch (Rechtspflegeanspruch) dadurch Genüge getan, daß seine Klage vom geschäftsordnungsgemäß berufenen Richter entsprechend den Prozeßvorschriften bis hin zur Entscheidung behandelt wird mit der Maßgabe, daß diese Entscheidung keine Sachentscheidung, sondern eine Prozeßentscheidung ist, die auf Zurückweisung der Klage lautet (in Deutschland geschieht dies sogar in Urteilsform!).

Dieser wesentliche Unterschied springt uns insbesondere beim vollstreckbaren Notariatsakt und bei der vollstreckbaren Ausgleichsbürgschaft in die Augen. In beiden Fällen verzichtet der Schuldner auf Rechtsschutz durch Sachentscheidung, wodurch sich der Gläubiger einen ganzen Zivilprozeß von der Klage bis zum Urteil erspart. Da Schuldner nicht Personen zweiter Klasse sind, muß auch für sie Art 6/1 Satz 1 MRK gelten. Nach Fasching und Matscher müßten §§ 3 NotO, 156a KO verfassungswidrig sein, weil man auf den Zivilprozeß nicht verzichten könne, die Schuldner hätten vielmehr einen unverzichtbaren Anspruch auf eine meritorische Behandlung, selbst wenn diese nur auf ein stattgebendes Versäumungsurteil hinausliefe.

In Wahrheit handelt es sich auch auf der Schuldnerseite nur um einen Verzicht auf die Prozeßführungsbefugnis in dem Sinn, daß sich der Schuldner seines potentiellen Klagabweisungsanspruchs begibt. Das wird, soweit ich sehe, von niemandem angezweifelt. Das von Fasching und Matscher bekämpfte pactum de non petendo enthält auch nichts anderes als einen beiderseitigen Verzicht auf die Entscheidung in der Sache selbst: Der mögliche Gläubiger verzichtet auf seinen Urteilsanspruch, der mögliche Schuldner auf seinen Urteilsgegenanspruch. Mit dem Justizgewährungsanspruch nach Art 6/1 Satz 1 MRK und dem Recht auf den gesetzlichen Richter hat dies überhaupt nichts zu tun, sie bleiben unangetastet. Es sind halt zwei paar Schuhe. Immerhin trägt diese exkursive Auseinandersetzung zur Begriffsbildung bei: Rechtsschutzverzicht ist nicht gleich (unzulässiger) Justizgewährungsverzicht, sondern bloß Sachentscheidungsverzicht (Urteilsverzicht). Nur um dessen Zulässigkeit geht es hier.

Werfen wir nun einen Blick auf den § 7 ABGB, der in seiner Komposition ganz auf die Lückenschließung ausgerichtet ist. Daraus entnehmen wir, daß die Rechtsfindung per analogiam nur dann unterbleibt, wenn der Gesetzgeber eine bestimmte Rechtsfolge einem bestimmten Sachverhalt bewußt versagt hat. Mithin kann der Rechtsanwender, der einen nichtgeregelten Fall behandelt, nicht einfach zwischen Analogieschluß und Umkehrschluß wählen, wie das bisweilen bequemlichkeitshalber vertreten wird, er muß vielmehr prüfen, ob sich der Gesetzgeber ausdrücklich gegen das Einbeziehen des fraglichen Falltypus in die gesetzliche Regelung ausgesprochen hat. Mag sein, daß sich eine solche Barriere unter gewissen Umständen auch konkludent aus dem Gesetzeszweck ableiten läßt. Keineswegs können wir aber nur deshalb, weil der Gesetzgeber eine

Rechtsfolge auf den zugeordneten Tatbestand beschränken wollte, schon vom Fehlen einer Lücke sprechen. Vielmehr ist auch bei einer taxativen Aufzählung der Ähnlichkeitsschluß geboten, wenn „alle motivierenden Merkmale und das Prinzip der Norm" auf den fraglichen Falltypus passen. Das hat die Rechtsprechung wiederholt hervorgehoben. Mit anderen Worten: § 7 Satz 1 ABGB enthält ein *grundsätzliches Analogiegebot,* das nur einem ausdrücklichen oder klar erschließbaren Nein des Gesetzgebers weicht. Selbst dann, wenn jegliche Vergleichsbasis fehlt, ist nicht der Umkehrschluß angezeigt, sondern der Weg zu den natürlichen Rechtsgrundsätzen zu beschreiten (§ 7 Satz 2 ABGB). Aber so weit brauchen wir hier nicht zu gehen.

Der Gesetzgeber hat sich gegen den Urteilsverzicht nur vereinzelt in ganz besonderen materiellen und prozessualen Rechtslagen ausgesprochen: § 1371 ABGB erklärt den vertraglichen Vorausverzicht auf die Pfandrechtsklage für ungültig. § 598/1 ZPO erklärt den Verzicht auf die Schiedsurteilsaufhebungsklage (§ 595 ZPO) für unwirksam, mit der Gegenausnahme, daß Unternehmer wohl auf die Wiederaufnahmegründe des § 595/1 Z 7 ZPO verzichten können. Wenn die ganze Privatrechtsordnung mit einem Urteilsverzichtsverbot belegt wäre, würden diese Spezialregelungen keinen Sinn ergeben. Im Gegenteil: Aus ihnen müssen wir folgerichtig ableiten, daß die Inhaber verzichtbarer Rechte sich grundsätzlich auch des bezüglichen Rechtsschutzes allein begeben können.

Auf der Suche nach gesetzlich geregelten Falltypen machen wir zunächst bei dem bereits erwähnten § 237/4 ZPO Halt: Eine Klage, bei deren Zurücknahme auf den geltend gemachten Anspruch verzichtet wurde, kann nicht neuerlich angebracht werden. Der Gesetzgeber läßt hier den Prozeß ohne Sachentscheidung enden und – ganz konsequent – auch nicht mehr erneuern, so daß eine nochmalige Klage in derselben Sache nicht etwa wegen eines materiellrechtlichen Verzichts (nach § 1444 ABGB) mit Urteil als unbegründet abgewiesen, sondern wegen eines prozeßrechtlichen Verzichts mit Beschluß als unzulässig zurückgewiesen werden muß. Der Klageverzicht nach § 237/4 ZPO ist also reiner Urteilsverzicht, der nichts darüber aussagt, ob der Kläger mit seiner Erklärung, auf den Urteilsanspruch zu verzichten, sich zugleich seines materiellen Rechts begeben hat. Das kann sein, muß aber nicht sein. Sicherheitshalber läßt ergänzendes Richterrecht den Prozeß nicht einfach mit der Klagezurücknahme, sondern erst mit einem deklarativen Beschluß hierüber enden, der sogar der Anfechtung unterliegt. Das kommt einem Klagezurückweisungsbeschluß ziemlich nahe.

Der gesetzliche Ausgangstypus des § 237 ZPO ist dadurch geprägt, daß die Klagezurücknahme als eine Prozeßhandlung dem Gericht gegenüber mündlich oder schriftsätzlich erklärt, ein Schriftsatz dem Beklagten zugestellt werden muß. Diese schmale Vergleichsbasis erweitern wir durch eine Variante: das außergerichtliche Klagezurücknahmeversprechen. Ließen wir es beim Ausgangstypus bewenden, so würde ein solches Versprechen prozessual bedeutungslos sein, obwohl es wegen seiner Zielrichtung zweifelsfrei eine Prozeßhandlung und kein materielles Rechtsgeschäft darstellt. Überhaupt: Der Kläger könnte dem Beklagten in den Wandelgängen des Gerichts treuherzig alle möglichen Prozeßschritte zusagen, ohne irgend etwas befürchten zu müssen, wenn er das Zugesagte im Verhandlungssaal nicht einhält. In solchen Fällen gewährt die deutsche Judikatur dem Beklagten eine exceptio doli, die zur Prozeßabweisung führt, und entspricht damit dem Vertrauensgrundsatz. Diesen Umweg brauchen wir nicht zu machen. Das Normprinzip des § 237 ZPO besteht doch darin, daß der Kläger einerseits das Recht hat, die Klage zurückzunehmen und zugleich auf seinen Urteilsanspruch zu verzichten, anderseits diese seine Prozeßhandlung nicht mehr widerrufen kann, weil dem Beklagten daraus das Recht der Streitablehnung erwächst. Daß seine Erklärung dem Gericht zugehen muß, versteht sich von selbst. Auf welche Weise dies geschieht, ist einerlei. Daß sich der Kläger unmittelbar dem Gericht mündlich oder schriftsätzlich erklärt, ist die Regel. Ebensogut kann er sich aber auch dem Beklagten erklären, dem es dann obliegt, diese Erklärung im Prozeß einredeweise geltend zu machen. Gesteht der Kläger den Sachverhalt zu, so ist die Klage zurückgenommen. Bestreitet er hingegen, dem Beklagten die Klagezurücknahme unter Urteilsverzicht versprochen zu haben, so muß das Gericht die Wahrheit erforschen, wobei den Beklagten nach den allgemeinen Regeln die objektive Beweislast trifft (rechtsvernichtende Tatsache). Gelingt der Beweis, so hat dies dasselbe prozessuale Gewicht wie eine direkte Erklärung des Klägers an das Gericht. Zudem spielt hier noch der Aspekt des fehlenden Rechtsschutzinteresses herein: Wer auf Rechtsschutz verzichtet hat, dem geht eine Prozeßvoraussetzung ab. Das zu prüfen und mit einer Klagezurückweisung zu bekräftigen ist inquisitorische Aufgabe des Gerichts. Bei dem zusätzlichen Leittypus des gerichtlich erwiesenen Klagezurücknahmeversprechens verbleiben wir aber im speziellen Normbereich des § 237 ZPO, wo wir das Auslangen mit dem richterrechtlichen Deklarativbeschluß finden, der im Ergebnis dasselbe bewirkt: eine Streitablehnung.

Nachdem wir die Vergleichsbasis interpretativ um das Klagezurücknahmeversprechen erweitert haben, können wir einen Vergleich mit dem fraglichen Falltypus anstellen. Während die Auslegung die Normbegriffe erweitert, indem sie neue Elemente einfügt, setzt die Lückenschließung unterscheidende Tatbestandsmerkmale geradezu voraus, um sie dann in ihrer Wertung als unerheblich beiseite zu schieben. In der Tat hebt sich unser fraglicher Falltypus vom geregelten nur darin ab, daß der Gläubiger seinen Verzicht auf den Urteilsanspruch *vor* der Klagerhebung erklärt. Abgesehen davon handelt es sich bei dem Versprechen, nicht zu klagen, und dem Versprechen, die Klage zurückzunehmen, in gleicher Weise um pacta de non petendo, mit dem Schuldner außerhalb des Prozesses abgemacht. Zwischen beiden besteht also nur ein zeitlicher Unterschied. Das erste Versprechen ist umfassender: Es schließt, falls es doch zu einem Prozeß kommen sollte, das zweite Versprechen mit ein. Sonach können wir in das vorprozessuale pactum eine antizipierte (aufschiebend bedingte) Klagezurücknahme unter Urteilsverzicht hineinlesen. Dahin gelangen wir mithilfe eines Schlusses vom Kleineren aufs Größere: Wenn das Gesetz einem Gläubiger, der die Klage unter Urteilsverzicht zurücknimmt, den Prozeß für immer abschneidet, so muß das umso mehr für den gewichtigeren Fall gelten, daß der Gläubiger vorweg, ohne Klage zu erheben, einen Urteilsverzicht erklärt. Er wird dann mit der Rechtsfolge des § 237/4 ZPO belegt: Seine dennoch erhobene Klage wird wie eine neuerliche Klage nach Klagezurücknahme unter Urteilsverzicht behandelt, nämlich eben wegen dieses Rechtsschutzverzichts mit Beschluß als unzulässig zurückgewiesen.

Endstation unserer Untersuchung ist der Exekutionsverzicht (§ 40 iVm § 36/1 Z 3 EO). Seine Voraussetzungen sind großzügig geregelt: Der (betreibende) Gläubiger kann ihn während des Exekutionsverfahrens erklären, was zu dessen Einstellung führt, aber auch vorweg, was eine Zwangsvollstreckung von allem Anfang an einer Unzulässigerklärung aussetzt (Exekutionseinleitungsverzicht). Er kann ihn direkt dem Gericht erklären, was als Einstellungsantrag gewertet wird, aber auch gegenüber dem Verpflichteten, der dann das Exekutionsgericht um Einstellung ersuchen muß (Impugnationsgesuch). Eine bestimmte Erklärungsform ist nicht vorgeschrieben. Doch erwirkt der Verpflichtete eine unverzügliche Einstellung nur dann, wenn er die Verzichtserklärung „durch unbedenkliche Urkunden" dartun kann; sonst bedarf es noch der Einvernehmung des betreibenden Gläubigers, zur Klärung streitiger Tatsachen sogar des Rechtswegs (Impugnationsklage).

Dieser Fülle gesetzlich gedeckter Erklärungsmöglichkeiten ist eines gemeinsam: Der Exekutionsverzicht bedeutet einen massiven Rechtsschutzverzicht. Er macht den durch Exekutionstitel verbrieften Anspruch unerzwingbar, mit anderen Worten: er nimmt der Judikatschuld die Haftung. Und er ist unwiderruflich, weil er als Prozeßhandlung dem Verpflichteten einen Einstellungsanspruch verschafft.

Der Exekutionseinleitungsverzicht setzt keinen Exekutionstitel voraus („Vorzeitigkeit einer Prozeßhandlung schadet nicht"), er muß sich nur auf einen bestimmten materiellen Anspruch beziehen und kann schon zu einer Zeit (aufschiebend bedingt) erklärt werden, da nicht einmal das Klageverfahren angelaufen ist. Wer nach Abschluß eines außergerichtlichen Vergleichs vereinbarungswidrig ein Versäumungsurteil erwirkt („erschleicht") und vollstrecken läßt, unterliegt in dem vom Verpflichteten angestrengten Impugnationsprozeß, weil ein solcher Vergleich einen Exekutionsverzicht enthält: Das ist ständige oberstgerichtliche Rechtsprechung und wird von der Lehre durchweg gebilligt. Nun stellt das pactum de non petendo auch nichts anderes vor als einen außergerichtlichen Vergleich, der sich inhaltlich auf einen Prozeßführungsverzicht beschränkt. Wer hier abredewidrig einen Zahlungsbefehl oder ein Versäumungs(Anerkenntnis)urteil erwirkt, muß mit der Exekution scheitern, weil der Urteilsverzicht einen Exekutionsverzicht in sich schließt. Mithin kann dem getäuschten Schuldner nichts Schlimmeres passieren, als daß er mit einem Exekutionstitel konfrontiert wird, den er mit der Impugnationsklage entkräften kann.

Diese Überlegungen bewegen sich noch im Interpretationsbereich, sie sollen die Reichweite der Vergleichsbasis durch Aufspüren möglicher gesetzlicher Falltypen abstecken. Halten wir fest: Die gegenständliche Lükkenschließung findet schon mit der analogen Anwendung des § 237/4 ZPO ihr Auslangen. Den Exekutionsverzicht beziehen wir hier nur ein, um eine Probe aufs Exempel zu machen. Stellen wir ihn als Vergleichsbasis dem fraglichen Falltypus gegenüber, so gewichten sich die unterscheidenden Merkmale anders. Was Zeitpunkt und Form anlangt, gibt der liberale Exekutionsverzicht das Maß: Er kann jederzeit formfrei dem Gericht oder dem Verpflichteten erklärt werden. Wir sehen keinen vernünftigen Grund, dasselbe nicht auch für den Urteilsverzicht gelten zu lassen. Eine Beweislosigkeit steht dem nicht entgegen, sie belastet wie immer, wenn ein Recht trotz seiner gewissen Entstehung geleugnet wird, ohnehin den, der leugnet. So zeigt uns der Exekutionsverzicht namentlich am Beispiel des erschlichenen Versäumungsurteils, daß man den Rechtsschutz nicht nur im Lauf der Rechtsverwirklichung, sondern auch schon vorher ohne weiteres aufgeben kann.

Vom Inhalt der Erklärung her könnten freilich gewisse Zweifel aufkommen: Der Exekutionsverzicht beschränkt sich auf die Zwangsvollstreckung, der Urteilsverzicht bezieht sie nur mit ein, ist also umfassender und bedürfte vielleicht deshalb besonderer gesetzlicher Vorkehrungen. Die bisweilen leichthin geäußerte Behauptung „Wer auf die Exekution verzichten kann, der kann auch auf das Urteil verzichten" wollen wir nicht unbegründet im Raum stehen lassen. Praktisch besehen, ist der Exekutionsverzicht, gleich ob er für sich erklärt oder von einem Urteilsverzicht miterfaßt wird, jener Teil des Rechtsschutzverzichts, der die Gläubigerrechte real beschneidet. Wer also auf das Urteil verzichtet, hat letztlich die Exekution im Visier. Und wenn der Reiche seiner Schwester schreibt: „ich will dich nicht klagen", dann meint er damit: „ich will gegen dich nicht Exekution führen". Insoweit stellt sich uns das Urteil dar als Mittel zum Zweck. Und wer den Zweck nicht (mehr) anstrebt, der braucht auch das Mittel nicht. Wir haben bereits in den einleitenden Bemerkungen darauf hingewiesen, daß die Reichweite eines prozessualen Normprinzips am besten vom Gesichtspunkt der Prozeßwirtschaftlichkeit aus beurteilt wird. Steht einmal fest, daß der Rechtsträger von der Verwirklichung seines Rechts abstehen kann, dann muß dies auf eine Weise geschehen, die Zeit, Mühe und Kosten sparen hilft. Wem nichts daran liegt, den anderen Teil in die Pflicht zu nehmen, soll dies möglichst bald und verbindlich äußern können, ohne vorher die Rechtspflegeorgane in Anspruch nehmen zu müssen. Das als vorprozessuale Handlung unwiderrufliche pactum de non petendo entspricht voll und ganz diesem Prinzip.

Gerhart Holzinger

Zu den Auswirkungen der österreichischen EU-Mitgliedschaft auf das Rechtsschutzsystem der Bundesverfassung*

I. Vorbemerkung

Mit dem Inkrafttreten des Vertrages über den Beitritt Österreichs zur Europäischen Union am 1. Jänner 1995 hat die österreichische Bundesverfassung eine gravierende Änderung erfahren.[1] Auf das Wesentliche zusammengefaßt ergibt sich diese Veränderung aus dem Umstand, daß mit der Mitgliedschaft in der EU die Übernahme eines ganz spezifischen Systems der Rechtsetzung und der Rechtskontrolle verbunden ist, das den supranationalen Charakter der Europäischen Gemeinschaften ausmacht. Die wesensbestimmenden Elemente dieses Rechtssystems sind die unmittelbare Geltung des Gemeinschaftsrechts, seine uU unmittelbare Anwendbarkeit, der Vorrang des Gemeinschaftsrechts vor dem staatlichen Recht und das besondere Rechtsprechungsorgan, der Gerichtshof der Europäischen Gemeinschaften, dem ein Monopol bei der Entscheidung über die Gültigkeit und die Auslegung des Gemeinschaftsrechts zukommt.

Aus der Sicht der österreichischen Bundesverfassung hat die Übernahme dieses Rechtssystems zu einer grundlegenden Änderung der Staatswillensbildung geführt. Sie hat das demokratische, das bundesstaatliche und das rechtsstaatliche Grundprinzip der Bundesverfassung nachhaltig berührt und war daher als Gesamtänderung der Bundesverfassung zu qualifizieren.

Neben dem in der österreichichen Bundesverfassung vorgesehenen System der Rechtsetzung[2] ist es dabei vor allem das verfassungsrechtliche

* Ebenso auch G. HOLZINGER, Die Auswirkungen der österreichischen EU-Mitgliedschaft auf das österreichische Verfassungsrecht, JRP 1996, 160, 179.

1 Vgl dazu allgemein G. HOLZINGER, Gravierende verfassungsrechtliche Änderungen im Zusammenhang mit einem österreichischen EG-Beitritt, JBl 1993, 2.

2 Vgl dazu allgemein G. HOLZINGER, Die bevorstehende Öffnung Österreichs in den Europäischen Wirtschaftsraum und die Europäischen Gemeinschaften – Rechtsetzung unter besonderer Bedachtnahme auf den demokratischen und den rechtsstaatlichen Aspekt, Gutachten 12. ÖJT 1994 I/1 (1993).

Rechtsschutzsystem,[3] das von den Auswirkungen der österreichischen EU-Mitgliedschaft besonders intensiv betroffen wird.

Maßgeblich dafür ist, daß die Gemeinschaftsrechtsordnung einerseits und die staatlichen Rechtsordnungen andererseits auf dem Territorium der Mitgliedstaaten gewissermaßen miteinander „konkurrieren",[4] woraus die Möglichkeit resultiert, daß es zwischen diesen beiden Rechtsordnungen zu einem Konflikt kommt, ebenso wie der Umstand, daß diese beiden Rechtsordnungen eng miteinander verschränkt sind.[5] Beide Phänomene gehen auf die unmittelbare Geltung der Gemeinschaftsrechtsordnung in den Mitgliedstaaten, aber auch darauf zurück, daß die Aufgabe, das Gemeinschaftsrecht auszuführen und zu vollziehen, grundsätzlich den mitgliedstaatlichen Organen übertragen ist.

Die Möglichkeit des Konfliktes zwischen der Gemeinschaftsrechtsordnung und den mitgliedstaatlichen Rechtsordnungen wirft im Zusammenhang[6] mit dem Rechtsschutzsystem der österreichischen Bundesverfassung eine Reihe spezifischer Fragen auf. Dabei ist zwischen dem Rechtsschutz gegenüber dem Gemeinschaftsrecht und jenem gegenüber staatlichem Recht in gemeinschaftsrechtlichem Zusammenhang – nur das ist hier von Interesse – zu unterscheiden. In beiden Fällen ist dabei weiters zwischen dem Rechtsschutz in Bezug auf generelle Rechtsakte und jenem gegen individuelle Rechtsakte zu differenzieren. Im Rahmen einer Systematisierung der aufgeworfenen Probleme ist weiters auch der jeweilige Prüfungsmaßstab von Bedeutung: Für das Gemeinschaftsrecht ergibt sich daraus vor allem die Frage nach der Zulässigkeit der Prüfung am Maßstab des staatlichen Rechts, im besonderen des staatlichen Verfassungsrechts. Dagegen kann die Frage der Prüfung von Akten des Gemeinschaftsrechts am Maßstab höherrangigen Gemeinschaftsrechts im Rahmen einer am staatlichen Rechtsschutzsystem orientierten Erörterung,

---

3 Vor allem geht es dabei um das Sechste Hauptstück des B-VG, das unter dem Titel „Garantien der Verfassung und Verwaltung" die unabhängigen Verwaltungssenate in den Ländern, den Verwaltungsgerichtshof und den Verfassungsgerichtshof regelt.

4 T. Öhlinger, Unmittelbare Geltung und Vorrang des Gemeinschaftsrechts und die Auswirkungen auf das verfassungsrechtliche Rechtsschutzsystem, in: FS Rill (1995) 359, 368.

5 Vgl Öhlinger (FN 4) 368, der in diesem Zusammenhang auch VerfGE 29, 198, 210 zitiert:

„Gemeinschaftsrecht und nationales Recht der Mitgliedstaaten sind zwar zwei verschiedene Rechtsordnungen ... Die beiden Rechtsordnungen stehen jedoch nicht unverbunden nebeneinander, greifen vielmehr auf mannigfache Weise ineinander".

6 Im wesentlichen geht es dabei um generelle staatliche Rechtsvorschriften, vor allem also um Gesetze und Verordnungen, die in Ausführung gemeinschaftsrechtlicher Regelungen, im besonderen von Richtlinien, ergangen sind, und um individuelle staatliche Rechtsakte, die auf Grund solcher staatlicher Rechtsvorschriften oder auf Grund unmittelbar anwendbarer gemeinschaftsrechtlicher Regelungen ergangen sind.

wie sie hier angestellt wird, außer Betracht bleiben. Für das staatliche Recht in gemeinschaftsrechtlichem Zusammenhang stellt sich dagegen sowohl das Problem der Prüfung am Maßstab des Gemeinschaftsrechts als auch an jenem des höherrangigen staatlichen Rechts.

II. Zur Frage der Zulässigkeit der Prüfung von Gemeinschaftsrecht durch staatliche Organe

Aus dem Vorrang des Gemeinschaftsrechts vor dem Recht der Mitgliedstaaten und aus dem Monopol des EuGH auf die Entscheidung über die Gültigkeit und die Auslegung des Gemeinschaftsrechtes folgt zwingend, daß das Gemeinschaftsrecht grundsätzlich nicht am Maßstab mitgliedstaatlichen Rechts geprüft werden darf. Somit erweist sich eine Zuständigkeit staatlicher Organe zur Prüfung von Gemeinschaftsrecht, u zw sowohl von generellen als auch von individuellen Rechtsakten, auf seine Verfassungsmäßigkeit oder auf seine sonstige Rechtmäßigkeit, im Sinne der Übereinstimmung mit höherrangigem staatlichen Recht, aus gemeinschaftsrechtlicher Sicht als unzulässig. Insoferne wäre es aber von vornherein ausgeschlossen, die bundesverfassungsgesetzlichen Regelungen über die Prüfungsbefugnisse des Verwaltungs- und des Verfassungsgerichtshofes gemäß Art 130, 139, 140 und 144 B-VG – ungeachtet ihres Wortlautes, der auf ganz bestimmte Typen von Rechtsakten und Rechtsvorschriften staatlicher Provenienz abstellt, nämlich vor allem auf Bescheide, Verordnungen und Gesetze – im Sinne einer solchen Prüfungsbefugnis – erweiternd – zu interpretieren.

Einschränkend ist dabei jedoch auf folgendes hinzuweisen: Für den Beitrittsvertrag ebenso wie für künftige Änderungen der Gemeinschaftsverträge würde eine Prüfungsbefugnis des Verfassungsgerichtshofes insoferne bestehen, als es sich dabei um Staatsverträge im Sinne des Art 140a B-VG handelt. Im Hinblick auf das BeitrittsBVG,[7] dessen wesentlicher Inhalt gerade darin besteht, den Abschluß des Beitrittsvertrages in verfassungsrechtlich einwandfreier Weise zu ermöglichen, dürfte es dabei um eine bloß theoretische Frage gehen. Darüberhinaus ist hiezu aber auch noch folgendes zu bemerken: Wegen der Ausnahmeregelung des Art II BeitrittsBVG ist weiters fraglich, ob Art 140a B-VG, der die Anwendbarkeit der rangkoordinierenden Regelung des Art 50 B-VG voraussetzt, auf den Beitrittsvertrag überhaupt Anwendung findet.[8] Verneinendenfalls ist

7 Bundesverfassungsgesetz über den Beitritt Österreichs zur Europäischen Union, BGBl Nr 744/1994.

8 Bejahend dazu S. Griller, Verfassungsfragen der österreichischen EU-Mitgliedschaft, ZfRV 1995, 91 u 93 f.

er aber der Prüfung durch den Verfassungsgerichtshof von vornherein entzogen, was im Falle seiner Rechtswidrigkeit aus der Sicht der innerstaatlichen Rechtsordnung uU die absolute Nichtigkeit zur Konsequenz hätte! Für künftige Änderungen der Gemeinschaftsverträge könnte diese Kompetenz des Verfasungsgerichtshofes dagegen auch praktisch bedeutsam sein. Dabei würde zwischen dem EuGH und dem Verfassungsgerichtshof ein rechtlich nicht auflösbares Konkurrenzverhältnis bestehen. Dies insoferne, als der EuGH sein gemeinschaftsrechtlich geregeltes Monopol zur Entscheidung über die Gültigkeit und die Auslegung des Gemeinschaftsrechts, wozu auch die Gemeinschaftsverträge zählen, in Anspruch nehmen könnte, der Verfassungsgerichtshof aber seine Zuständigkeit zur Prüfung der Rechtmäßigkeit der von Österreich abgeschlossenen Staatsverträge.

Sekundäres Gemeinschaftsrecht könnte dagegen keinesfalls einen Gegenstand der Prüfung durch staatliche Organe am Maßstab des staatlichen Rechts bilden. Dies gilt sowohl für die verfassungsgerichtliche Normenkontrolle als auch für die Prüfungsbefugnis des Verwaltungsgerichtshofes gemäß Art 130 B-VG oder für die Sonderverwaltungsgerichtsbarkeit des Verfassungsgerichtshofes gemäß Art 144 B-VG. Gemeinschaftsrechtlich ergibt sich dies – wie schon ausgeführt – auf Grund des Vorranges des Gemeinschaftsrechtes vor staatlichem Recht einschließlich des Verfassungsrechtes. Vom Standpunkt des staatlichen Verfassungsrechtes aus gesehen ist dabei vor allem bedeutsam, daß Rechtsakte des sekundären Gemeinschaftsrechts keine tauglichen Prüfungsgegenstände in den erwähnten verwaltungs- und verfassungsgerichtlichen Verfahren bilden: Sie sind weder „Gesetze“, noch „Verordnungen“, noch „Bescheide“ im Sinne der zitierten bundesverfassungsgesetzlichen Bestimmungen.

Zur Klarstellung ist dabei noch auf folgendes hinzuweisen: Rechtsakte des sekundären Gemeinschaftsrechts könnten allenfalls wegen erheblicher Befugnisüberschreitung der Gemeinschaftsorgane – als krasse ultra vires-Akte – außerhalb des durch das BeitrittsBVG ermöglichten und mit dem Abschluß des Beitrittsvertrages vollzogenen Kompetenzverzichts liegen.[9] Dies hätte uU die absolute Nichtigkeit dieser Rechtsakte zur Konsequenz, die österreichischerseits von jedem dafür in Betracht kommenden Staatsorgan wahrzunehmen wäre. Das könnten je nach der Lage des Falles auch der Verwaltungs- oder der Verfassungsgerichtshof sein. An der mangelnden Prüfungskompetenz des Verwaltungs- und des Verfassungsgerichtshofes hinsichtlich solcher Akte würde dies freilich nichts ändern. Auch die Gerichtshöfe des öffentlichen Rechts hätten nämlich

[9] Vgl dazu näher G. Holzinger, Die Auswirkungen der österreichischen EU-Mitgliedschaft auf das österreichische Verfassungsrecht, JRP 1996, 166 f.

von der Nichtigkeit solcher Akte auszugehen und allfällige Prüfungsanträge daher als unzulässig zurückzuweisen.

III. Zur Frage der Prüfung staatlichen Rechts in gemeinschaftsrechtlichem Zusammenhang

1. Allgemeines

Der Vorrang des Gemeinschaftsrechts hat zur Konsequenz, daß auch staatliche Rechtsakte, soweit sie durch Gemeinschaftsrecht vorherbestimmt sind, der Prüfung am Maßstab höherrangigen staatlichen Rechts entzogen sind.[10] In diesem Umfang nehmen also solche staatliche Rechtsvorschriften gleichsam an der Vorrangwirkung des Gemeinschaftsrechtes teil.[11] Das gilt im besonderen für Gesetze und für Verordnungen, die in Ausführung gemeinschaftsrechtlicher Vorschriften – dafür kommen vor allem Richtlinien in Betracht – erlassen werden. Gleiches trifft aber etwa auch für Bescheide österreichischer Verwaltungsbehörden zu, insoweit sie sich auf solche Ausführungsvorschriften oder unmittelbar auf generelle gemeinschaftsrechtliche Vorschriften – vor allem also auf (Gemeinschafts)-Verordnungen – stützen. Bloß insoweit als das Gemeinschaftsrecht dem zuständigen staatlichen Organ – auf welcher Rechtsstufe auch immer – einen Spielraum läßt, unterliegt dieses Organ „einer doppelten Bindung",[12] nämlich sowohl an das auszuführende oder zu vollziehende Gemeinschaftsrecht als auch an das höherrangige staatliche Recht. Eine Rechtmäßigkeitsprüfung durch staatliche Organe ist dabei schon gemeinschaftsrechtlich nur im Hinblick auf letzteres zulässig.

2. Die Prüfung der Rechtmäßigkeit genereller staatlicher Rechtsvorschriften am Maßstab höherrangigen staatlichen Rechts

In diesem Zusammenhang ist der österreichische Gesetzgeber, wenn er etwa eine gemeinschaftsrechtliche Richtlinie ausführt, grundsätzlich auch an das staatliche Verfassungsrecht gebunden. Dies gilt freilich nur insoweit, als ihm die Richtlinie Spielraum zur verfassungskonformen Ausführung einräumt. In diesem Umfang unterliegt der staatliche Gesetzgeber auch weiterhin der Prüfung durch den Verfassungsgerichtshof gemäß Art 140 B-VG. Soweit dagegen die von der Richtlinie gebotene Ausfüh-

---

10 Vgl Öhlinger (FN 4) 370.

11 Vgl S. Griller, Grundrechtsschutz in der EU und in Österreich, 12. ÖJT II/1 (1995) 56.

12 Vgl Öhlinger (FN 4) 370.

rung durch mitgliedstaatliches Recht österreichischem Verfassungsrecht entgegensteht, ist dieses im Hinblick auf den Vorrang des Gemeinschaftsrechts vom ausführenden österreichischen Gesetzgeber unbeachtet zu lassen. Diesbezüglich unterliegt er daher auch nicht der verfassungsgerichtlichen Normenkontrolle.

Dabei kann sich nun im Einzelfall die folgende, mitunter schwer zu beantwortende Auslegungsfrage stellen: Darf der von einer gemeinschaftsrechtlichen Vorschrift (sei es nun eine Richtlinie oder allenfalls auch eine [Gemeinschafts]Verordnung) eingeräumte Spielraum durch die ausführende staatliche Rechtvorschrift näher vorherbestimmt werden oder muß dieser Spielraum als eine gemeinschaftsrechtliche Ermächtigung an die Vollziehung verstanden werden, die in concreto dem Gemeinschaftsrecht gemäß anzuwenden ist und daher durch staatliches Recht nicht vorweg eingeengt werden darf.[13] Diese Frage ist aus der Sicht des österreichischen Verfassungsrechtes vor allem deshalb bedeutsam, weil dem Gemeinschaftsrecht das vergleichsweise sehr strenge Determinierungsgebot, wie es aus Art 18 B-VG für (staatliche) Gesetze abgeleitet wird, fremd ist.[14]

Auch in dem Umfang, in dem das Gemeinschaftsrecht entweder dem staatlichen Recht bestimmte Angelegenheiten von vornherein zur Regelung überläßt, oder die Mitgliedstaaten ausdrücklich zur Erlassung ergänzender Regelungen beruft, unterliegen staatliche Regelungen der Bindung an höherrangiges staatliches Recht, im wesentlichen also an das Verfassungsrecht, und insoweit auch der verfassungsgerichtlichen Normenkontrolle. Ersteres wird etwa für die Regelung der Zuständigkeit der staatlichen Organe zur Ausführung oder zur Anwendung von Gemeinschaftsrecht oder für das dabei anzuwendende Verfahren zutreffen[15], zweiteres ist nicht selten in (Gemeinschafts)Verordnungen vorgesehen.

Soweit dagegen die staatliche Rechtsetzung durch gemeinschaftsrechtliche Regelungen gebunden ist, stellt sich die Frage der Übereinstimmung der Ausführungsvorschrift mit höherrangigem staatlichen Recht, insbe-

---

13 Vgl Öhlinger (FN 4) 371, unter Hinweis auf H.-W. Rengeling, Grundrechtsschutz in der Europäischen Gemeinschaft – Bestandsaufnahme und Analyse der Rechtsprechung des Europäischen Gerichtshofes zum Schutz der Grundrechte als allgemeine Rechtsgrundsätze (1993) 190:

„Im Ergebnis dürfte es richtig sein, für das nationale Durchführungsrecht nur insoweit staatliche Grundrechte heranzuziehen, als das Gemeinschaftsrecht, also die Richtlinie – auch in der Interpretation durch gemeinschaftsrechtliche Grundrechte – den Mitgliedstaaten eine Gestaltungsfreiheit beläßt. Soweit dagegen nationales Recht zur Umsetzung der Richtlinie zwingend durch eben diese Richtlinie vorherbestimmt ist, können nationale Grundrechte nicht herangezogen werden.“

14 Vgl dazu etwa F. Schwind, Legalitätsprinzip durch die EU gelockert, Die Presse 22. Jänner 1996, 10.

15 Vgl Holzinger (FN 2) 114.

sondere die Verfassungskonformität von Gesetzen, von vornherein nicht: Die Richtlinie verdrängt diesfalls, insoweit sie an der Vorrangwirkung des Gemeinschaftsrecht teilhat, den Maßstab des Verfassungsrechts.[16]

Insgesamt schränkt also der Vorrang des Gemeinschaftsrechts die Normenkontrollbefugnis des Verfassungsgerichtshofes gemäß Art 139 und 140 B-VG in gemeinschaftsrechtlichem Zusammenhang der Sache nach erheblich ein!

3. Die Prüfung der Rechtmäßigkeit genereller staatlicher Rechtsvorschriften am Maßstab des Gemeinschaftsrechts

Das Gemeinschaftsrecht kommt als Maßstab im verfassungsgerichtlichen Normenprüfungsverfahren gemäß Art 139 oder 140 B-VG grundsätzlich nicht in Betracht.[17] Dies deshalb, weil die Gemeinschaftsrechtswidrigkeit einer Verordnung oder eines Gesetzes nicht unter den Begriff der „Gesetzwidrigkeit" im Sinne des Art 139 B-VG oder unter den der „Verfassungswidrigkeit" im Sinne des Art 140 B-VG subsumiert werden kann.[18]

Dafür spricht zum einen der Umstand, daß es der erklärte Wille des Bundesverfassungsgesetzgebers war, den Beitrittsvertrag ebenso wie das von ihm rezipierte primäre und sekundäre Gemeinschaftsrecht eben nicht mit den innerstaatlichen Rechtsquellentypen (Verfassungsgesetz, einfaches Gesetz, Verordnung) rangmäßig zu koordinieren,[19] während das verfassungsgerichtliche Normenkontrollverfahren – weder der Wortlaut noch die Systematik der einschlägigen Regelungen lassen daran einen Zweifel – eindeutig an diesen Typen orientiert ist.[20]

In diesem Zusammenhang ist von Bedeutung, daß im Zuge der Vorbereitung des österreichischen EU-Beitrittes die Schaffung einer derartigen Normenkontrollbefugnis des Verfassungsgerichtshofes durchaus er-

---

16 Vgl Öhlinger (FN 4) 372.

17 Vgl Öhlinger (FN 4) 373.

18 Anders dagegen R. Walter, Wie EU-Recht zum Durchbruch kommen kann, Die Presse 8. Jänner 1996, 7. Er deutet den Begriff der „Gesetzwidrigkeit" gemäß Art 139 B-VG und den der Verfassungswidrigkeit gemäß Art 140 B-VG derart, daß damit „nicht nur ein Verstoß gegen ‚Gesetze' und ‚Verfassungsgesetze' im formellen Sinn gemeint [ist], sondern jeder Verstoß gegen jene Regeln, die Erzeugung und Inhalt von Verordnungen und Gesetzen determinieren." Die Anfechtung bzw die amtswegige Prüfung von gemeinschaftsrechtswidrigen Gesetzen und Verordnungen kommt aber auch für Walter dann nicht in Betracht, wenn diese mit unmittelbar anwendbarem Gemeinschaftsrecht kollidieren. Dann seien sie als nicht in Kraft stehende Vorschriften der Anfechtung oder Prüfung entzogen.

19 Vgl va 1546 BlgNR 18. GP, 4 f.

20 Vgl T. Öhlinger, Der völkerrechtliche Vertrag im staatlichen Recht (1973) 218 ff.

wogen wurde. Der Gedanke wurde aber letzlich verworfen. Maßgeblich dafür war vor allem die Überlegung, „diese Aufgabe der Bereinigung der innerstaatlichen Rechtsordnung dem – parlamentarischen – Gesetzgeber bzw – im Rahmen der Verordnungsgebung – der von diesem ermächtigten Verwaltung vorzubehalten“[21] und eben nicht dem Verfassungsgerichtshof zu übertragen! Auch wenn einzuräumen ist, daß im Rahmen der abstrakten Normenkontrolle sowie in jenen Fällen, in denen staatliche generelle Rechtsvorschriften gemeinschaftsrechtlichen Regelungen zuwiderlaufen, die nicht unmittelbar anwendbar sind, die Normenkontrollbefugnis eines staatlichen Verfassungsgerichtes gemeinschaftsrechtlich uU zulässig wäre, ändert dies nichts daran, daß den Art 139 und 140 B-VG ein solcher Sinn nicht zu unterstellen ist. Auf einen einfachen Nenner gebracht bedeutet das: Die einzige Änderung, die sich in diesem Zusammenhang aus der EU-Mitgliedschaft ergibt, besteht in der Verpflichtung jedes staatlichen Organes, eine entscheidungserhebliche staatliche Rechtsvorschrift, die unmittelbar anwendbarem Gemeinschaftsrecht widerspricht, unangewendet zu lassen. Eine darüberhinausgehende Normenkontrollbefugnis des Verfassungsgerichtshofes ist vom Verfassungsgesetzgeber nicht vorgesehen worden!

Daran ändert auch das Gemeinschaftsrecht – grundsätzlich[22] – nichts. Es gibt keinen Anlaß, die einschlägigen bundesverfassungsgesetzlichen Regelungen erweiternd in dem Sinne auszulegen, daß das verfassungsgerichtliche Normenkontrollverfahren nunmehr auch die Frage der Gemeinschaftsrechtskonformität staatlicher Gesetze und Verordnungen beträfe. Dies ergibt sich weder aus dem Vorrang des Gemeinschaftsrechts vor staatlichem Recht, noch aus dem an die Mitgliedstaaten gerichteten gemeinschaftsrechtlichen Gebot, in gemeinschaftsrechtlich relevanten Fällen den gleichen Rechtsschutz zu gewähren wie in ausschließlich von innerstaatlichem Recht geregelten Fällen,[23] noch aus der aus dem Gemeinschaftsrecht abgeleiteten Verpflichtung, gemeinschaftsrechtswidriges staatliches Recht aus Gründen der Rechtssicherheit ggf formell anzupassen.[24]

---

21 Holzinger (FN 2) 186.

22 Öhlinger (FN 4) 374 f, wird jedoch Recht zu geben sein, wenn er im Rahmen einer, den Begriff der Gesetzmäßigkeit im Sinne des Art 129 B-VG punktuell erweiternden Interpretation zum Ergebnis kommt, daß – ausnahmsweise – für eine in Ausführung von Gemeinschaftsrecht ergangene staatliche Verordnung, die die Voraussetzungen für einen Individualantrag auf Normenkontrolle erfüllt, die Normenprüfungsfungskompetenz des Verfassungsgerichtshofes am Maßstab des Gemeinschaftsrechts aus gemeinschaftsrechtlicher Sicht geboten sein könnte.

23 Vgl EuGH, Rs 33/76, Rewe, Slg 1976, 1989,1998; G. C. Rodriguez-Iglesias, Der Gerichtshof der Europäischen Gemeinschaften als Verfassungsgericht, EuR 225, 236 ff.

24 Vgl etwa EuGH, Rs C-307/89, Kommission/Frankreich, Slg 1991, 2903, 2914; EuGH, Rs C-235/91, Kommission/Irland, Slg 1992, 5917, 5931; EuGH, Rs C-101/91,

Keiner dieser drei Grundsätze gebietet nämlich den Mitgliedstaaten ein bestimmtes System der verfassungsgerichtlichen Normenkontrolle und daher auch nicht jenes gemäß Art 139 und 140 B-VG: Den beiden erstgenannten ist – jedenfalls grundsätzlich[25] – entsprochen, wenn im Einzelfall eine staatliche Rechtsvorschrift, die unmittelbar anwendbarem Gemeinschaftsrecht zuwiderläuft, unangewendet bleibt,[26] dem letzteren dann, wenn die zuständige normsetzende Autorität die bereinigende Regelung erläßt.

Von den oben erwähnten Ausnahmefällen der abstrakten Normenkontrolle sowie staatlicher Rechtsvorschriften, die gemeinschaftsrechtlichen Regelungen zuwiderlaufen, die nicht unmittelbar anwendbar sind, einmal abgesehen, gibt es sogar ein gewichtiges gemeinschaftsrechtliches Argument, das gegen die Maßstabfunktion des Gemeinschaftsrechts im verfassungsgerichtlichen Normenkontrollverfahren gemäß Art 139 oder 140 B-VG spricht: Im Hinblick auf den (Anwendungs)Vorrang des Gemeinschaftsrechts ist jedes im konkreten Fall zur Entscheidung zuständige staatliche Organ selbständig zur inzidenten Prüfung der Frage berufen, ob das entscheidungserhebliche staatliche Recht gemeinschaftsrechtskonform ist. Insoweit die Beurteilung dieser Frage vom Inhalt der maßgeblichen gemeinschaftsrechtlichen Vorschrift und somit von dessen Auslegung abhängt, wird damit der EuGH im Vorabentscheidungsverfahren gemäß Art 177 EGV zu befassen sein. In Verbindung mit dem gemeinschaftsrechtlichen Rechtswahrungsmonopol des EuGH schließt der (Anwendungs)Vorrang des Gemeinschaftsrechts also auch ein bloß innerstaatliches Verwerfungsmonopol eines staatlichen Gerichts für staatliche Verordnungen und Gesetze wegen Gemeinschaftsrechtswidrigkeit aus.

Es wird also auch der Verfassungsgerichtshof selbst, wenn er in einem bei ihm anhängigen Verfahren, etwa nach Art 144 B-VG, eine gemeinschaftsrechtswidrige staatliche Rechtsvorschrift, sei es ein Gesetz oder eine Verordnung, anzuwenden hätte, diese Frage inzident – ggf im Sinne der Nichtanwendung der staatlichen Regelung – zu entscheiden haben und nicht etwa ein Normenprüfungsverfahren einleiten dürfen.

Die Zuständigkeit letztlich aller staatlichen Gerichte und Verwaltungsbehörden, die Vereinbarkeit genereller staatlicher Rechtsvorschriften mit dem Gemeinschaftsrecht inzidenter zu prüfen, ist eine der wichtigsten

---

Kommission/Italien, Slg 1993, 191, 206; Lorenz, Die Übertragung von Hoheitsrechten auf die Europäischen Gemeinschaften (1990) 320 ff.

25 Vgl die in FN 22 behandelte Ausnahme.

26 Dem ist aber auch ohne eine verfassungsgerichtliche Normenkontrolle gemäß Art 139 und 140 B-VG entsprochen, wenn nur das jeweils zur Entscheidung berufene staatliche Organ diesem Postulat entspricht. Die rechtlichen Voraussetzungen dafür sind nach österreichischem Recht durchwegs gegeben.

Auswirkungen, die sich aus der EU-Mitgliedschaft für das staatliche Rechtsschutzsystem ergeben.[27] Dabei kommt der Frage der Auslegung der maßgeblichen gemeinschaftsrechtlichen Regelungen entscheidende Bedeutung zu. Soweit es sich um eine klärungsbedürftige Frage handelt, haben die Gerichte und wohl auch die unabhängigen Verwaltungssenate in den Ländern sowie andere, von Verfassungs wegen unabhängige Verwaltungsbehörden[28] – nicht aber sonstige Verwaltungsbehörden! – die Möglichkeit, damit im Vorabentscheidungsverfahren den EuGH zu befassen. Wenn nun ein Gericht oder eine Verwaltungsbehörde der Verpflichtung, eine im Einzelfall dem maßgeblichen Gemeinschaftsrecht allenfalls widersprechende staatliche Rechtsvorschrift unangewendet zu lassen, nicht nachkommt, dann kann diese Entscheidung im Instanzenzug, soweit ein solcher in Betracht kommt, angefochten werden. Damit kann die Frage der Übereinstimmung des angewendeten staatlichen Gesetzes bzw der Verordnung mit dem Gemeinschaftsrecht in der höheren Instanz, bis hin zum letztlich entscheidenden Gericht, neu aufgeworfen werden. Im besonderen gilt dies für den Verwaltungsgerichtshof und uU auch für den Verfassungsgerichtshof.[29] Ein letztinstanzlich entscheidendes Gericht ist dabei verpflichtet, eine Zweifelsfrage[30] über den Sinn des in Betracht kommenden Gemeinschaftsrechts dem EuGH vorzulegen.[31] Auf diesem Weg kann also grundsätzlich jede Frage der Vereinbarkeit von staatlichem Recht mit dem Gemeinschaftsrecht an den EuGH herangetragen werden.

27 Vgl dazu und zum folgenden Öhlinger (FN 4) 367.

28 Vgl dazu VfGH 11. 12. 1995 B 2300/95.

29 Dies ist kein Widerspruch zur oben vertretenen Auffassung, derzufolge die Frage der Gemeinschaftsrechtskonformität staatlicher Gesetze und Verordnungen – grundsätzlich – keinen Gegenstand des Normenkontrollverfahrens gemäß Art 139 und 140 B-VG bildet. Auch unter Zugrundelegung dieser Auffassung sind nämlich Fälle denkbar, in denen die Frage der Anwendbarkeit der Regelung im Hinblick auf ihre behauptete Gemeinschaftsrechtswidrigkeit im Rahmen der dem Verfassungsgerichtshof von Verfassungs wegen übertragenen Prüfungsbefugnisse eine Rolle spielt.

30 Dagegen besteht diese Verpflichtung nach der Rechtsprechung des EuGH (6. 10. 1982, CILFIT, Rs 283/81, Slg 1982, 3415 ff) insbesondere dann nicht, wenn „die richtige Anwendung des Gemeinschaftsrechts derart offenkundig ist, daß für einen vernünftigen Zweifel keinerlei Raum bleibt" („acte clair"-Doktrin"); vgl dazu erneut VfGH 11. 12. 1995 B 2300/95.

31 Vgl dazu nochmals VfGH 11. 12. 1995 B 2300/95:

„Würde ein innerstaatliches Organ entgegen der Anordnung in Art. 177 Abs. 3 EGV eine vorlagepflichtige Frage der Interpretation des Gemeinschaftsrechtes dem EuGH nicht zur Vorabentscheidung vorlegen, so verletzte dieses staatliche Organ die gesetzliche Zuständigkeitsordnung, zu der eben auch Art. 177 EGV zählt, und entzöge den Parteien des bei ihm anhängigen Verfahrens insofern den gesetzlichen Richter, als eine dem EuGH zur Entscheidung vorbehaltene Frage nicht durch diesen gelöst werden könnte.

Einen solchen Fehler hätte der Verfassungsgerichtshof aufzugreifen, da dadurch die gesetzlich begründete Zuständigkeitsverteilung verletzt würde, was nach der verfassungsgerichtlichen Judikatur eine Verletzung des Art. 83 Abs. 2 B-VG bewirkte."

Eine Voraussetzung wird dabei freilich sein, daß der von der behaupteten Gemeinschaftswidrigkeit betroffenen Person im Verfahren vor dem jeweiligen staatlichen Gericht oder vor der Verwaltungsbehörde Parteistellung zukommt. Andernfalls hätte nämlich das Gericht bzw die Verwaltungsbehörde das Begehren aus prozessualen Gründen zurückzuweisen. Auf die mit der Sachfrage zusammenhängende Problematik der Gemeinschaftsrechtskonformität der zugrundeliegenden staatlichen Rechtsvorschrift wäre dann a priori gar nicht einzugehen. Der Grundsatz des effektiven Vollzugs von Gemeinschaftsrecht gebietet nun, daß in staatlichen Verfahren, die dem Vollzug von Gemeinschaftsrecht dienen, keine Unterschiede zu Verfahren gemacht werden, in denen über gleichartige Rechtsstreitigkeiten ausschließlich staatlicher Provenienz entschieden wird. Im Hinblick darauf werden die staatlichen Rechtsvorschriften betreffend die Parteienrechte – in gemeinschaftsrechtskonformer Auslegung[32] – erforderlichenfalls entsprechend extensiv zu interpretieren sein.

4. Der Rechtsschutz gegen individuelle staatliche Rechtsakte

Wie soeben erwähnt verlangt das Gemeinschaftsrecht, daß gegen Akte staatlicher Gerichte oder Verwaltungsbehörden, die auf der Grundlage von Gemeinschaftsrecht ergehen, seitens der Mitgliedstaaten in gleicher Weise Rechtsschutz zu gewähren ist, wie in entsprechenden Fällen ohne Gemeinschaftsrechtsbezug. Daher muß sich – grundsätzlich – jede Person, insoweit sie in einem Verfahren gegen einen staatlichen Rechtsakt dessen Rechtswidrigkeit geltend machen kann, auch auf einen Verstoß gegen unmittelbar anwendbares Gemeinschaftsrecht berufen können. Dies gilt für Berufungen gegen verwaltungsbehördliche Bescheide ebenso wie für Berufungen, Revisionen und Rekurse gegen zivilgerichtliche Urteile und Beschlüsse und für Berufungen und Nichtigkeitsbeschwerden gegen strafgerichtliche Urteile und Beschlüsse.[33] In all diesen Fällen haben dann – im Rahmen ihrer jeweiligen Zuständigkeit und in dem jeweils vorgeschriebenen Verfahren – nicht nur erstinstanzliche Gerichte und Verwaltungsbehörden, sondern selbstverständlich auch Rechtsmittelgerichte und -behörden – und letztlich auch die Höchstgerichte – das unmittelbar anwendbare Gemeinschaftsrecht anzuwenden und ihm gegebenenfalls inzidenter den Vorrang vor entgegenstehendem staatlichen Recht einzuräumen.

---

32 Grundsätzlich zur Bedeutung der gemeinschaftsrechtskonformen Auslegung staatlicher Rechtsvorschriften – wenngleich in gänzlich anderem Kontext – vgl VfGH 12. 12. 1995 V 136/94.

33 Vgl Walter (FN 18) 7.

Was nun individuelle Rechtsakte der Verwaltungsbehörden betrifft, so ist auf folgendes hinzuweisen: Im Hinblick auf das oben erwähnte gemeinschaftsrechtliche Gebot in Verbindung mit[34] der Überlegung, daß der Begriff der „Gesetzwidrigkeit" im Sinne des Art 129 B-VG – der die Aufgaben der Verwaltungsgerichtsbarkeit in allgemeiner Weise regelt – weiter reicht als der gleichlautende, auf das Gesetz im formellen Sinn abstellende Begriff gemäß Art 139 B-VG, sowie im Hinblick auf den Begriff der „Rechtswidrigkeit" des Art 130 B-VG wird davon auszugehen sein, daß die Prüfung von Bescheiden am Maßstab des ihnen zugrundeliegenden unmittelbar anwendbaren Gemeinschaftsrechts in die Zuständigkeit der unabhängigen Verwaltungssenate in den Ländern bzw des Verwaltungsgerichtshofes fällt.[35]

Dabei ist auf ein besonderes Problem der österreichischen Verwaltungsrechtspflege aufmerksam zu machen: Da Verwaltungsbehörden nicht gemäß Art 177 EGV vorlageberechtigt sind, würde im Rahmen der Verwaltungsrechtspflege die Befassung des EuGH im Vorabentscheidungsverfahren – wenn man von den unabhängigen Verwaltungssenaten und sonstigen von Verfassungs wegen unabhängigen Verwaltungsbehörden absieht – allein durch den Verwaltungsgerichtshof in Betracht kommen. Dies könnte die Neigung, den Verwaltungsgerichtshof anzurufen, weiter intensivieren und damit dessen ohnedies schon gegebene Überlastung weiter erhöhen. Auch aus dieser Überlegung heraus erscheint daher die Schaffung einer dezentralisierten Verwaltungsgerichtsbarkeit (mit umfassender Zuständigkeit) dringend geboten.

Weiters ist gegen einen Bescheid einer österreichischen Verwaltungsbehörde, der (ganz oder teilweise) auf Grund von Gemeinschaftsrecht ergangen ist, auch eine Beschwerde gemäß Art 144 B-VG an den Verfassungsgerichtshof zulässig. Prüfungsmaßstab ist in diesem Fall jedoch aus-

---

34 Es geht also nicht allein darum, daß die bundesverfassungsgesetzlichen Regelungen betreffend den Verwaltungsgerichtshof – anders als jene für den Verfassungsgerichtshof – von ihrem Wortlaut her die Annahme einer Prüfungsbefugnis (individueller Verwaltungsakte) am Maßstab des Gemeinschaftsrechts erlauben, sondern daß eine solche Prüfungsbefugnis auch gemeinschaftsrechtlich geboten erscheint. Würde das geltende österreichische Verfassungsrecht eine solche Deutung nicht erlauben, so wäre im Zuge der Vorbereitung des östrreichischen EU-Beitrittes eine ausdrückliche Regelung dieser Art zu schaffen gewesen (vgl die diesbezüglichen Überlegungen bei Holzinger [FN 2] 141, 184).

35 Für den Verwaltungsgerichtshof vgl dazu insbesondere C. Jabloner, Anwendungsvorrang des Gemeinschaftsrechts und Verwaltungsgerichtsbarkeit, ÖJZ 1995, 922 f, der dessen Zuständigkeit auch „wegen des untrennbaren Zusammenhanges mit den Grundlagen des hoheitlichen Verwaltungshandelns und der unmittelbaren und vorrangigen Wirksamkeit des Gemeinschaftsrechts" bejaht. Dieser Deutung steht auch der im Art 130 Abs 2 B-VG – somit gleichfalls im Zusammenhang mit der Verwaltungsgerichtsbarkeit – verwendete Begriff der „Gesetzgebung" nicht entgegen!

schließlich die Verletzung verfassungsgesetzlich gewährleisteter Rechte, somit österreichisches Verfassungsrecht.[36,37] Dabei ist auf das folgende Problem aufmerksam zu machen, das freilich wegen des vor allem durch die Judikatur des EuGH entwickelten Systems des Grundrechtsschutzes im Rahmen des Gemeinschaftsrechts in seiner praktischen Bedeutung nicht überschätzt werden sollte: Insoweit der Bescheid einer österreichischen Verwaltungsbehörde (auch) gemeinschaftsrechtlich determiniert ist, würde das Gemeinschaftsrecht wegen seines (Anwendungs)Vorranges allenfalls entgegenstehendes Verfassungsrecht, hier also „grundrechtliche" Regelungen, „verdrängen". In diesem Umfang würde an die Stelle des Grundrechtsschutzes durch den Verfassungsgerichtshof jener durch den EuGH treten, der freilich – va weil er anders als der durch Art 144 B-VG geregelte Rechtsschutz keine unmittelbare Anfechtungsmöglichkeit des Einzelnen gegen einen grundrechtseinschränkenden Verwaltungsakt einer staatlichen Behörde garantiert, der in (allenfalls teilweiser) Vollziehung gemeinschaftsrechtlicher Regelungen ergangen ist – keinen wirklich gleichwertigen Rechtsschutzstandard vermittelt! Insoweit aber das Gemeinschaftsrecht der vollziehenden österreichischen Behörde einen Spielraum läßt, greift wiederum der oben bereits erwähnte „Grundsatz doppelter Bedingtheit":[38] Neben die Bindung an das Gemeinschaftsrecht tritt auch die an das Verfassungsrecht, das für die jeweilige österreichische Behörde „gewissermaßen ermessensbeschränkend"[39] wirkt.

Wenn in einer Beschwerde nach Art 144 B-VG als Rechtsverletzung die Anwendung eines verfassungswidrigen Gesetzes oder einer gesetzeswidrigen Verordnung geltend gemacht wird, dann bildet in allfälligen Vorüberlegungen oder in einem aus diesem Anlaß eingeleiteten Normenprüfungsverfahren wiederum nur das österreichische Verfassungsrecht und das österreichische Gesetzesrecht, nicht aber das Gemeinschaftsrecht, den

---

36 Vgl Holzinger (FN 2) 140; Öhlinger (FN 4) 377 f; anders freilich Walter (FN 18) 7, der den Begriff der Verletzung in einem „verfassungsgesetzlich gewährleisteten Recht" gemäß Art 144 B-VG erweiternd im Sinne der „Verletzung eines subjektiven Rechts des Gemeinschaftsrechts" deutet, „das die Qualität eines ‚Grundrechts' hat."

37 Die Sonderverwaltungsgerichtsbarkeit des Verfassungsgerichtshofes ist eine Besonderheit des österreichischen Verfassungsrechts. Es spricht nichts dafür anzunehmen, daß das gemeinschaftsrechtliche Gebot, gegen Akte staatlicher Behörden, die auf Grundlage von Gemeinschaftsrecht ergehen, in gleicher Weise Rechtsschutz zu gewähren, wie in Fällen ohne Gemeinschaftsrechtsbezug, die entsprechende Ausweitung dieser Sonderverwaltungsgerichtsbarkeit erfordert. Vielmehr entspricht die ohnedies bestehende Prüfungsbefugnis des Verwaltungsgerichtshofes jedenfalls dem europäischen Standard und ist daher dem erwähnten Erfordernis österreichischerseits ausreichend Rechnung getragen.

38 Öhlinger (FN 4) 378.

39 W. D. Grussmann, Auswirkungen eines EG-Beitrittes auf die österreichische Verfassungsgerichtsbarkeit, ZfV 1990, 427, 440.

Prüfungsmaßstab. Dieser ist freilich insoweit nicht anzuwenden, als der Bescheid durch Gemeinschaftsrecht vorherbestimmt ist.[40]

IV. Schlußbemerkung

Die österreichische Bundesverfassung hat durch den EU-Beitritt unseres Landes eine tiefgreifende Veränderung erfahren. Im besonderen gilt dies für das verfassungsrechtliche Rechtsschutzsystem und hier vor allem für die Normenkontrolle des Verfassungsgerichtshofes. Wenn vorstehend ua davon die Rede war, daß diese Befugnis in gemeinschaftsrechtlichem Zusammenhang wegen des Vorranges des Gemeinschaftsrechts eine erhebliche Einschränkung erfahren hat, so sollte damit aber keineswegs zum Ausdruck kommen, daß gemeinschaftsrechtliche Fragen für diesen Gerichtshof insgesamt nicht von Bedeutung wären. Das Gegenteil ist nämlich der Fall: Obgleich die österreichische EU-Mitgliedschaft erst kurze Zeit währt, hat der Verfassungsgerichtshof schon eine Reihe von Entscheidungen gefällt, die sich als erste Meilensteine auf dem Weg der verfassungsrechtlichen Durchringung des komplexen Verhältnisses zwischen dem Gemeinschaftsrecht und der österreichischen Rechts- und Verfassungsordnung erweisen könnten. Gemeinsam ist diesen Entscheidungen, daß vertraute Denkfiguren der österreichischen Rechtsordnung eine Erweiterung durch europarechtliche Aspekte erfahren.[41,42] Damit wird dem Umstand Rechnung getragen, daß der Beitritt Österreichs zur EU nicht allein eine Änderung des Systems der österreichischen Bundesverfassung und insbesondere ihrer Grundprinzipien bedeutete. Vielmehr wurde damit geradezu die Geltung einer zweiten Verfassung und einer

40 Öhlinger (FN 4) 378.

41 Neben den beiden bereits erwähnten Entscheidungen VfGH 11. 12. 1995 B 2300/95(Unterlassung der gemäß Art 177 Abs 3 EGV gebotenen Vorlage einer klärungsbedürftigen gemeinschaftsrechtlichen Frage als Verletzung im Recht auf den gesetzlichen Richter) und 12. 12. 1995 V 136/94 (Grundsatz der im Zweifel gemeinschaftsrechtskonformen – hier: richtlinienkonformen – Auslegung mitgliedstaatlicher Rechtsvorschriften) ist hier auch VfGH 12. 6. 1996 B 2477/95 zu erwähnen. Die zuletzt genannte Entscheidung betrifft die Aufhebung eines Bescheides des Tiroler Landesvergabeamtes wegen Verletzung im Recht auf den gesetzlichen Richter. Dabei verknüpft der Verfassungsgerichtshof das gemeinschaftsrechtliche Institut der uU unmittelbaren Anwendbarkeit von Bestimmungen einer EG-Richtlinie mit der Judikaturlinie, wonach das verfassungsgesetzlich gewährleistete Recht auf den gesetzlichen Richter ua dann verletzt wird, wenn eine an sich zuständige, aber nicht dem Gesetz – hier der durch eine unmittelbar anwendbare Richtlinienbestimmung ergänzte, landesgesetzliche Regelung – entsprechend zusammengesetzte Kollegialbehörde entschieden hat.

42 Vgl dazu M. Potacs, Richtlinienkonforme Auslegung durch den VfGH, RdW 1996, 153 f.

zweiten Rechtsordnung in Österreich begründet.[43] Dabei ist hinzuzufügen – und dies macht einen Gutteil der Schwierigkeiten aus, die für die Beurteilung verfassungsrechtlicher Fragen nach dem Wirksamwerden des österreichischen EU-Beitrittes zu konstatieren sind, – daß das Verhältnis zwischen diesen beiden „Rechtskreisen" zwar grundsätzlich klargestellt sein mag, im Detail jedoch eine Vielzahl von Zweifelsfragen bestehen. Sie zu beantworten wird noch vieler Anstrengungen bedürfen, die mitunter zu vielleicht überraschenden Ergebnissen führen könnten!

43 Vgl B. C. Funk, 12. ÖJT I/2, 96.

Josef Isensee

Vom Ethos des Interpreten

Das subjektive Element der Normauslegung und seine Einbindung in den Verfassungsstaat

I. Erkenntnisakt und/oder Willensakt?

Der nachdenkliche Student der Jurisprudenz, der bei der Bearbeitung von Rechtsfällen, angesichts der verwirrenden Meinungsstreitigkeiten, erstmals die Unsicherheit juridischer Erkenntnis und die Not juridischer Entscheidung erfährt, wendet sich der Methodenlehre zu in der Hoffnung, daß sie ihm das Rüstzeug der Rationalität mit der Gewähr der richtigen Lösung geben werde. Die Hoffnung trügt. Die Methodenlehre bietet nicht das Rüstzeug, sondern sie klassifiziert es nur. Die Gebrauchsanweisung enthält sie nicht. Wenn sie ihrer Intention nach einmal für die Rechtsanwendung das werden könnte, was die Grammatik für den Sprachgebrauch bedeutet, so ist sie von diesem Ziel noch meilenweit entfernt. Die juristische Logik, die sie reflektiert, erweist sich als formal, wertfrei, ergebnisoffen. Die Sicherheit, die der Student sucht, findet er hier nicht. Im Gegenteil: die Unsicherheit gewinnt eine neue Dimension. Der Vielzahl widersprüchlicher Rechtspositionen korrespondiert nun die Vielzahl der Methoden, mit denen sich die Positionen begründen lassen. Die Frage, welche Methode für die Lösung des konkreten Interpretationsproblems zu wählen sei, wird von der Methodenlehre nicht beantwortet. Es gibt keine Methode der Methodenwahl. Die Frage führt zurück in die Rechtsdogmatik, damit in den Bereich der inhaltlichen Ungewißheit und des Entscheidungsbedarfs, von dem sie ausgegangen ist.

In der ersten Enttäuschung, die seine naiven Erwartungen an die Rechtsdogmatik und die Methodenlehre erleiden, mag der Student zu Resignation neigen und, von einem Extrem ins andere fallend, argwöhnen, die Interpretation sei nichts anderes mehr als eine Dezision. Nun wird er empfänglich für die Erkenntniskritik der Reinen Rechtslehre und geneigt, HANS KELSEN beizupflichten, wenn dieser die „übliche Theorie der Interpretation“ verwirft, daß das Gesetz stets nur eine richtige Entscheidung im Einzelfall liefern könne. Die traditionelle Jurisprudenz stelle den Vorgang dieser Interpretation so dar, als ob es sich nur um einen intellektuellen Akt des Klärens oder Verstehens handele, als ob das rechtsanwendende Organ nur seinen Verstand, nicht aber seinen Willen in Bewegung zu setzen hätte und als ob durch eine reine Verstandestätigkeit unter den vorhandenen Möglichkeiten eine dem positiven Recht entsprechende, im Sinne des positiven Rechts richtige Auswahl getroffen werden könnte. Nach KELSEN gibt es von einem allein auf das positive Recht gerichteten Standpunkt aus kein Kriterium, aufgrund dessen die eine der im Rahmen des anzuwendenden Rechts gegebene Möglichkeit der anderen vorgezogen und keine Methode, nach der von mehreren sprachlichen Bedeutungen einer Norm nur die eine als „richtig" ausgezeichnet werden könne. „Alle bisher entwickelten Interpretationsmethoden führen stets nur zu einem möglichen, niemals zu einem einzig richtigen Resultat."[1] KELSEN stellt so von der Warte seiner Rechtstheorie aus die Gesetzesdeterminiertheit der rechtswissenschaftlichen wie der praktischen Interpretation in weitem Umfang in Frage.[2]

Die Desillusionierung, daß juristische Rationalität allein noch nicht richtige Interpretation gewährleistet, ist ein notwendiges Bildungserlebnis in der Biographie des Juristen. Doch auf dieser Stufe kann der Adept des Rechts nicht stehenbleiben. Auf der nächsten Stufe setzt die Kritik auch an der Erkenntniskritik ein, wie sie GÜNTHER WINKLER repräsentiert.[3] Mit ihr wird die Einsicht rehabilitiert, daß materiale Rechtsnor-

1 HANS KELSEN, Reine Rechtslehre (^{2}1960) 249, 250. Wie KELSEN insbesondere ADOLF JULIUS MERKL, Zum Interpretationsproblem (1916), in: ders, Gesammelte Schriften, hrsg von Dorothea Mayer-Maly/Herbert Schambeck/Wolf-Dietrich Grussmann, Bd I/1 (1993) 63 (65 ff, 71 ff, 82 f).

2 Die zugespitzte Kritik KELSENS wird durch den Kontext entschärft. KELSEN räumt dem Interpreten nicht unbegrenzte Möglichkeiten der Dezision ein. Vielmehr geht er von relativer Unbestimmtheit des Rechtsaktes der niedrigeren Normstufe gegenüber dem der höheren aus, damit aber auch von relativer Bindung. Die Norm höherer Stufe bestimme nicht nur das Verfahren, in dem die niedere Norm gesetzt werde, sondern eventuell auch den Inhalt der zu setzenden Norm. Diese Bestimmung sei aber niemals eine vollständige, so daß der Rechtsanwendung bald ein größerer, bald ein geringerer Spielraum freien Ermessens verbleibe (FN 1, 346 f). Die höhere Norm gibt nach KELSEN der niederen einen verbindlichen „Rahmen" vor, der mehrere Möglichkeiten der richtigen Entscheidung offenläßt (FN 1, 349). Der Rahmen als solcher ist Gegenstand amtlicher („authentischer") wie auch rechtswissenschaftlicher Interpretation. Doch KELSEN wehrt sich dagegen, daß eine Interpretation, die von einem subjektiv-politischen Standpunkt aus erwünschter ist als eine andere, logisch ebenso mögliche Interpretation, als die von einem objektiv wissenschaftlichen Standpunkt allein richtige proklamiert wird (FN 1, 353; entsprechend ADOLF JULIUS MERKL, etwa in: Das Recht im Lichte seiner Anwendung [1916/1917/1919], in: ders, Gesammelte Schriften, hrsg von Dorothea Mayer-Maly/Herbert Schambeck/Wolf-Dietrich Grussmann, Bd I/1 [1993] 85 [102 ff]). Er grenzt damit Jurisprudenz ab von Politik, Rechtserkenntnis von Rechtserzeugung und Rechtsfortbildung. Darstellung und kritische Analyse: GÜNTHER WINKLER, Rechtstheorie und Erkenntnislehre (1990) 207 ff.

3 Exemplarisch GÜNTHER WINKLER, Wertbetrachtung im Recht und ihre Grenzen (1969), in: ders, Theorie und Methode in der Rechtswissenschaft (1989) 178 (205 ff).

men fähig sind, ihre Anwendung inhaltlich zu determinieren, und daß Wertungen durch Wertentscheidungen vorherbestimmt sein können.[4] Damit stellt sich die Interpretation – „d.h. Sinnverständnis von Recht" – nicht nur dar als freier Willensakt, sondern auch als gebundener Erkenntnisakt.[5] Die intellektuellen Faktoren bringen sich gegenüber den voluntativen wieder zur Geltung.

Das Zusammenspiel der Faktoren ergibt vorerst kein klares Bild. Es changiert zwischen Intellektualismus und Voluntarismus. Dort erscheint Interpretation als Erschließung des in der Norm vorhandenen Gehalts, hier als schöpferische Leistung des Interpreten. Dort leitet er sein Ergebnis aus der Norm ab, hier weist er es ihr zu.

II. Leitidee der einen „richtigen" Interpretation

In der Rechtswissenschaft dominiert von jeher der Intellektualismus. Dessen Prämisse wird von seinem Kritiker Hans Kelsen präzis formuliert: „daß das Gesetz, auf den konkreten Fall angewendet, stets nur *eine* richtige Entscheidung liefern könne und daß die positivrechtliche ‚Richtigkeit' dieser Entscheidung im Gesetz selbst begründet sei."[6] In der Tat folgen die rechtswissenschaftlichen Bemühungen der Idee der „Richtigkeit". Richtig aber ist der Idee nach nicht eine Vielzahl möglicher Lösungen, sondern nur eine einzige, es sei denn, daß die Rechtsnorm sich planmäßig mehreren Lösungen offenhält und ihren Adressaten Ermessen einräumt.[7]

Die Idee der Richtigkeit ist die ratio essendi der Rechtswissenschaft. Sie geht darauf aus, die Bedeutung der vorgegebenen Normen mit den Mitteln der Rationalität zu erschließen, und zwar nicht irgendeine, beliebige Bedeutung, sondern die der Norm zukommende, eben die „richtige". Auf dieses Ziel richten sich die Anstrengungen der Dogmatik, den Rechtsstoff tiefer zu durchdringen, seinen Sinn genauer zu erschließen, die kontingente Regelung einzugliedern in das System des Rechts. Um die Richtigkeit der Interpretation bewegt sich der Streit der Meinungen. An ihr entzündet sich die wissenschaftliche Kritik. Entsprechendes gilt für den Kampf ums Recht im praktischen Leben. Die tätige Interpretation der Staatsorgane gewinnt Akzeptanz aus dem Mühen um Richtigkeit und aus dem Grundvertrauen in ihre tendenzielle Richtigkeit. Die

4 Vgl Winklers Kelsen-Kritik (FN 3) 201 ff (202).

5 Vgl Winkler (FN 3) 202; *ders* (FN 2) 198 ff.

6 Kelsen (FN 1) 349.

7 Zur Bestimmtheit der Normen als Regel und zu Ausnahmen echter Unbestimmtheit: Winkler (FN 3) 213 ff.

Jurisprudenz baut darauf, daß Interpretation, wenn auch nicht zur Gänze, so doch in einem erheblichen Maße, Sache des Erkennens ist und insoweit mit den Mitteln juridischer Rationalität eingelöst werden kann. Sie zerstörte ihre eigene Legitimationsgrundlage, wenn sie sich von ihrer Zielvorgabe abkehrte, sich mit Willkür oder Zufall abfände, einem l'art pour l'art des Scharfsinns oder der Gleichgültigkeit des „anything goes" anheimfiele, wenn sie sich als aleatorische Spielerei verstände oder als lediglich „symbolisch-zeremonielle Arbeit"[8], wenn sie die Erkennbarkeit eines objektiven Normsinns leugnete und den Agnostizismus des Rechts propagierte.

Freilich ist die Richtigkeit eine regulative Idee, die durchwegs nicht rein, nicht vollständig, nicht endgültig verwirklicht werden kann. In der Regel ist nur Annäherung möglich. Das aber ist kein Argument gegen die regulative Idee als solche.[9] Im Gegenteil: die Rechtswissenschaft wird geradezu inspiriert, im Wettstreit der Interpretationen nach möglichst großer Annäherung zu streben – gleichsam aus NATHANS Ringparabel für sich die Lehre zu ziehen. Die Idee der Richtigkeit ist für die juridische Interpretation unentbehrlich wie die Idee der Gerechtigkeit. Sie ist nicht erreichbar, ebensowenig wie die Gestirne für die Navigation. Aber beide bieten Orientierung.

Die Richtigkeit ist nicht identisch mit materialer Gerechtigkeit. Sie bezieht sich auf das positive Recht, bei dem die Frage der Vereinbarkeit mit der Gerechtigkeit gerade offen ist. Der Positivismus klammert die Frage denn auch aus und bestimmt die Richtigkeit im Rahmen des positiven Rechts.[10] Dieses erweist sich als soziales System, das, um Komplexität zu reduzieren, von systemexternen Sinnfragen entlastet und so Praktikabilität und Rechtssicherheit herstellt.[11] Naives Naturrechtsdenken glaubt, die richtigen Ergebnisse unmittelbar aus dem primum principium der Gerechtigkeit deduzieren zu können.[12] Dagegen respektiert die

8 Formel von NIKLAS LUHMANN, Legitimation durch Verfahren (^{2}1975) 36. Kritik: JOSEF ESSER, Vorverständnis und Methodenwahl in der Rechtsfindung (1970) 205.

9 Anders aber KELSEN, der die rechtswissenschaftliche Interpretation auffordert, „auf das sorgfältigste" die „Fiktion" der einen, „richtigen" Deutung zu vermeiden, weil das „Ideal" immer nur annäherungsweise realisierbar sei (FN 1, 353).

10 „Dem Recht entspricht eine positivistische Wissenschaft" (WINKLER [FN 3, 258]). Freilich intendiert WINKLER einen kritischen Positivismus, der die soziale Wirklichkeit in die Rechtsfindung einbezieht und die einander bedingenden sachlogischen und teleologischen Abhängigkeiten von Sollens- und Seinsaussagen aufnimmt (FN 3, 251 ff).

11 Noch weiter geht LUHMANN, der das Ziel der Richtigkeit dem Ziel der Funktionseffizienz opfert, denn ein System, das die Entscheidbarkeit aller aufgeworfenen Probleme garantieren müsse, könne nicht zugleich die Richtigkeit der Entscheidung garantieren (FN 8, 21).

12 Kritik an einschlägigen Tendenzen der Nachkriegsjahrzehnte WINKLER (FN 3, 195 f).

heute herrschende Rechtstheorie grundsätzlich die Eigenständigkeit und den Eigenwert des positiven Rechts, aber sie statuiert Vorbehalte. Die immanenten Wertungen des Gesetzes müssen sich am transzendenten Wert der Gerechtigkeit messen lassen. Die Idee der Richtigkeit wird rückgebunden an die der Gerechtigkeit.[13] Die Unterscheidungen zwischen positivistischen und naturrechtlichen Positionen werden ihrerseits relativiert in dem Maße, in dem Postulate der materialen Gerechtigkeit in das Verfassungsgesetz und in innerstaatlich anwendbare Menschenrechtskonventionen eingehen, also ihrerseits positives Recht werden über Menschenwürde-, Freiheits- und Gleichheitsgarantien.

III. Normative Innensicht: Gesetzesdeterminiertheit der Interpretation

Der Verfassungsstaat will die Herrschaft des Gesetzes aufrichten, nicht aber die der Menschen.[14] Das Gesetz ist ihm Garant der rechtlichen Ordnung und Instrument der politischen Gestaltung. Es bildet Grenze, Grundlage und Medium des staatlichen Handelns. Von seiner Form her und seinem Anspruch auf allgemeine Geltung schützt es vor der Willkür des Herrschenden und sichert die Rechtsgleichheit der Bürger. Im Gesetz versachlicht und objektiviert sich der staatliche Wille. Er wird transparent und berechenbar.

Die verfassungsstaatlichen Erwartungen an das Gesetz können sich nur erfüllen, wenn das Gesetz für alle seine Adressaten den identischen Sinn ergibt und dieser ihnen zugänglich ist, wenn das Gesetz die Auslegung steuern kann. Der verfassungsstaatlichen Idee nach stellt Interpretation nur fest, was vorab in der Norm enthalten ist. Sie wird also dominiert durch ihren Gegenstand. In dem Glauben an die Steuerungsfähigkeit des Gesetzes lebt der Intellektualismus der Aufklärung weiter, aus dem der Verfassungsstaat hervorgegangen ist. Herrschaft des Gesetzes bedeutet also auch: das Gesetz beherrscht und leitet den Interpreten.

Die Gesetzesdeterminiertheit der Interpretation ist die Prämisse des Gewaltenteilungsprinzips, das anknüpft an den Unterschied von politi-

---

13 Die Vorbehalte gegenüber dem positiven Recht fallen in den Lehren vom „richtigen Recht“ (die sich primär auf den Inhalt des positiven Rechts, nur sekundär auf seine Auslegung beziehen) unterschiedlich eng oder weit aus. Exemplarisch: Esser (FN 8) 139 ff, 211 ff; Karl Engisch, Auf der Suche nach der Gerechtigkeit (1971) 186 ff; Martin Kriele, Theorie der Rechtsgewinnung (^{2}1976) 167 ff, 182 ff.

14 Der Topos geht zurück auf Aristoteles, Politik, 1287 a, 1292 a. – Dazu Friedrich August von Hayek, Die Verfassung der Freiheit (1971) 195 ff.

scher Gesetzgebung und gebundener Gesetzesanwendung.[15] Diese Unterscheidung gibt der Gewaltenteilung sogar eine eigene Dimension; sie ergänzt das Dreier-Schema MONTESQUIEUS durch die Dichotomie von politischer Führung, die Parlament wie Regierung zukommt, und fachlicher Ausführung, die Aufgabe der Verwaltung und der Gerichtsbarkeit ist. Dort besteht politische Gestaltungsfreiheit, hier Verwiesenheit auf das Gesetz als Grundlage und Maßstab. Das politische Führungsamt bedarf des politischen Vertrauens, das durch Wahl auf Zeit vermittelt wird. Das Amt des beamteten oder richterlichen Gesetzesanwenders gründet auf fachlicher Eignungsauslese und ist dienstrechtlich abgesichert gegen die Schwankungen der politischen Konjunktur. Der Preis der beruflichen Sicherheit ist die politische Askese des Amtes.[16]

Anwendung des Gesetzes ist allerdings nicht dasselbe wie seine Auslegung. Sie bedeutet Realisierung des Gesetzes mit dem Anspruch auf rechtliche Verbindlichkeit und der Intention praktischer Wirksamkeit. Auslegung ist deskriptive Rechtserkenntnis, Anwendung präskriptive Rechtserzeugung.[17] Sie enthält notwendig ein Handeln, aber das Handeln bezieht sich auf das Gesetz und zwar auf das in einer bestimmten Weise ausgelegte Gesetz. Anwendung realisiert ausdrücklich oder konkludent ein bestimmtes Verständnis des Gesetzes: tätige Interpretation. Diese aber muß durch das Gesetz gesteuert werden, damit die Unterscheidung zwischen Legislative einerseits und Exekutive wie Judikative andererseits greifen und das Gesetz in der Funktionsteilungsorganisation die Einheit der Staatsgewalt herstellen und sichern kann.

Auf dieser Prämisse gründet das demokratische Prinzip, nach dem alle Staatsgewalt vom Volke ausgehen und von ihm jedwedes staatliche Han-

---

15 Diese Unterscheidung schließt nicht aus, daß innerhalb der Normenhierarchie ein Akt der Rechtsetzung auch – hinsichtlich der übergeordneten Normen – Rechtsanwendung ist (dazu: ADOLF JULIUS MERKL, Das doppelte Rechtsantlitz [1918], in: ders, Gesammelte Schriften, hrsg von Dorothea Mayer-Maly/Herbert Schambeck/Wolf-Dietrich Grussmann, Bd I/1 [1993] 227 ff; bes 232 ff). – Zur Interpretation des Rechts als Voraussetzung seiner Konkretisierung: WINKLER (FN 2) 217.

16 Zur dienstrechtlichen Gewaltenteilung JOSEF ISENSEE, Gemeinwohl und Staatsaufgaben im Verfassungsstaat, in: ders/Paul Kirchhof (Hrsg), Handbuch des Staatsrechts der Bundesrepublik Deutschland (HStR), Bd III (²1996) § 57 Rn 101 ff (Nachw). Zu den Bedeutungsfacetten des „Politischen“: JOSEF ISENSEE, Verfassungsrecht als „politisches Recht“, in: HStR Bd VII (1992) § 162 Rn 5 ff.

Die Unterscheidung zwischen Rechtsanwendung und Rechtsetzung gewinnt heute auch Bedeutung für die Reichweite der Kompetenzen der Europäischen Union gegenüber den Mitgliedstaaten. Die europäischen Organe sind zwar ermächtigt zu einer Rechtsfortbildung innerhalb der Verträge, nicht aber zu einer deren Grenzen sprengenden, vom geltenden Vertragsrecht nicht gedeckten Rechtsetzung (BVerfGE 89, 155 [209 f]).

17 Gegenüberstellung: MATTHIAS JESTAEDT, Rezension von Adolf Julius Merkls „Gesammelte Schriften“, in: Der Staat 34 (1995) 622 (624).

deln legitimiert sein muß.[18] Die demokratische Legitimation, die das Volk der parlamentarischen Vertretung zuführt, wird von dieser in den Bahnen der Gewaltenteilung weitergeleitet zu Regierung, Verwaltung, Rechtsprechung. Parlament und Regierung beziehen personelle Legitimation aus Wahlen. Die Bestellung der Verwaltungsbediensteten und der Richter knüpft ein Band zum parlamentarischen Regierungssystem; doch der Effekt an personeller Legitimation ist relativ gering. Verwaltung und Gerichtsbarkeit bedürfen, um das erforderliche Legitimationsniveau zu erreichen, der sachlichen Fundierung. Diese ergibt sich aus dem Gesetz als der Grundlage ihres Handelns.[19] Die Verwaltung bezieht darüber hinaus materielle Legitimation aus den Weisungen der Regierung, die ihrerseits dem Parlament verantwortlich ist. Dagegen ist die unabhängige Gerichtsbarkeit ganz verwiesen auf das Gesetz. Dieses führt ihr Legitimation zu dadurch, daß es sie in der Sache bindet und programmiert. Ihre sachliche Unabhängigkeit schützt die Judikative vor Ingerenzen der Exekutive und heteronomen Vorgaben der Gesetzesinterpretation. Sie interpretiert autonom. Aber die Interpretation leitet sich ab aus dem Gesetz, weil sie nur so in der Entscheidungseinheit des Staates bleibt. Die Demokratie duldet, soweit es sich um die Ausübung von Staatsgewalt handelt, nicht Selbstherrlichkeit des Interpreten, ebensowenig Eigenmacht des Staatsbediensteten und Mitbestimmungsprätentionen staatsexterner Gruppen.[20]

Prekäre Legitimationsanforderungen richten sich an das Verfassungsgericht, dem das letzte Wort im Streit um das richtige Verständnis der Verfassung zukommt. Es hat sein Verständnis nach den Regeln richterlicher Kunst zu entwickeln und politische Dezision, auch den bloßen Anschein einer solchen zu meiden, obwohl der Streitstoff politisch verführerisch ist und die juridische Hermeneutik, die sich aus dem einfachen Recht entwickelt hat, nicht unbesehen auf die höchste und inhaltsärmste Norm der staatlichen Ordnung und auf die Interpretationsinstanz, die keine andere über sich weiß, übertragbar ist.[21]

---

18 Zum Erfordernis demokratischer Legitimation und ihren personellen wie materiellen Faktoren: Ernst-Wolfgang Böckenförde, Demokratie als Verfassungsprinzip, in: HStR Bd I ([2]1995) § 22 Rn 21 ff; Matthias Jestaedt, Demokratie und Kondominialverwaltung (1993) 265 ff.

19 Zum Gesetz als Medium demokratischer Legitimation: Christian Starck, Die Bindung des Richters an Gesetz und Verfassung, in: VVDStRL 34 (1976) 43 (46 ff); Böckenförde (FN 18) § 22 Rn 21; Jestaedt (FN 18) 272 f, 336 (Nachw).

20 Die Demokratie der Gesetzgebung würde daher beeinträchtigt, wenn auch der Vollzug „demokratisiert" würde. Richtungweisend Hans Kelsen, Vom Wesen und Wert der Demokratie ([2]1929) (Nachdruck 1963) 69 ff; Adolf Julius Merkl, Demokratie und Verwaltung (1923) 14 f, 77 ff, bes 78, 79, 92 uö. Aus der Judikatur BVerfGE 93, 37 (66 ff) – Mitbestimmungsgesetz Schleswig-Holstein.

21 Zum Gerichtscharakter der Verfassungsgerichtsbarkeit und ihrer Bindung an das Verfassungsgesetz: Karl Korinek, Die Verfassungsgerichtsbarkeit im Gefüge der Staats-

Die Gesetzesdeterminiertheit der Interpretation ist eine Bedingung dafür, daß die Verfassung des demokratischen Rechtsstaates realisiert werden kann. Doch darum ist sie kein Bestandteil des Verfassungsrechts. Sie bildet vielmehr eine Verfassungsvoraussetzung, die vom Inhalt der Verfassung zu unterscheiden ist.[22] Das Verfassungsgesetz kann die Voraussetzung nicht garantieren dadurch, daß es seine eigene Interpretation zum Thema von rechtlichen Regelungen macht. Das vermag auch das einfache Gesetz nicht für sich selbst zu leisten. Daß MÜNCHHAUSEN sich am eigenen Zopf aus dem Sumpf zieht, ist eine Lügengeschichte MÜNCHHAUSENS. Ein ausdrückliches Gesetzesgebot für den Rechtsanwender, die Gesetze, ihrem Inhalt und Zweck gemäß, korrekt und sachgerecht anzuwenden, wäre überflüssig, weil es nur sagte, was sich aus dem Charakter des Gesetzes ohnehin ergibt; es ließe aber offen, was im Einzelfall Inhalt und Zweck sind, was Korrektheit und Sachgerechtigkeit erheischen. Daß die Rechtsanwendung gleichmäßig und willkürfrei zu erfolgen hat, ergibt sich freilich aus einer positiven Vorschrift, dem Verfassungssatz, daß alle Menschen vor dem Gesetz gleich sind (Art 3 Abs 1 GG). Der Imperativ ist allerdings in sich bereits das Resultat einer Interpretation, seine konkrete Anwendung erfordert weitere Interpretation. Die Aufgabe des Interpreten vergrößert sich, weil die Interpretationsregel ihrerseits der Interpretation bedarf. Die hermeneutische Unsicherheit wächst um eine Dimension.[23] Die Vision eines progressus in infinitum liegt nahe.

Da Verfassung und Gesetze die Voraussetzung ihrer Wirksamkeit nicht gewährleisten können, sind sie angewiesen auf die Leistungen ihrer Interpreten. Sie hängen ab von den Personen und Institutionen, die sie lenken wollen. Hier gerät das normative Denken in einen Zirkel.

---

funktionen, in: VVDStRL 39 (1981) 7 (17 ff, 22 ff); KLAUS SCHLAICH, Die Verfassungsgerichtsbarkeit im Gefüge der Staatsfunktionen, ebd, 99 (106, 126 ff). – Zu den spezifischen Schwierigkeiten der Verfassungsrechtsprechung aufgrund der Eigenart des Verfassungsrechts: ISENSEE (FN 16) § 162 Rn 29 ff, 68 ff, 102 ff.

22 Zur Kategorie der Verfassungsvoraussetzung: HERBERT KRÜGER, Verfassungsvoraussetzungen und Verfassungserwartungen, in: FS Ulrich Scheuner (1973) 285 (286 f); JOSEF ISENSEE, Grundrechtsvoraussetzungen und Verfassungserwartungen an die Grundrechtsausübung, in: HStR Bd V (1992) § 115 Rn 7 ff (speziell Geltungsvoraussetzungen: Rn 16, 102 ff).

23 Die Reichsabgabenordnung statuierte für die Auslegung der Steuergesetze die wirtschaftliche Betrachtungsweise (§ 4 RAO 1919; später § 1 Abs 1 und 2 StAnpG 1934). Sie erzeugte nur neue Auslegungsprobleme mit der Frage, was diese Betrachtungsweise denn inhaltlich besage und praktisch bewirke (dazu mit Nachw: JOSEF ISENSEE, Die typisierende Verwaltung [1976] 81 ff; KLAUS TIPKE, Die Steuerrechtsordnung, 3. Bd [1993] 1283 ff). Aus gutem Grund wurde die Vorschrift mit der Reform der Abgabenordnung 1977 fallengelassen.

IV. Empirische Außensicht: Interpretationsabhängigkeit des Gesetzes

Das Verhältnis des Gesetzes zur Interpretation kehrt sich um, wenn man es nicht rechtsdogmatisch betrachtet, sondern rechtssoziologisch, nicht aus der normativen Innensicht des Akteurs, sondern aus der empirischen Außensicht des unbeteiligten Beobachters. Nun erscheint nicht die Interpretation als Funktion des Gesetzes, sondern das Gesetz als Funktion seiner Auslegung.

Das Gesetz erhebt den normativen Geltungsanspruch. Doch seine Adressaten entscheiden darüber, ob und wie der Anspruch eingelöst wird, ob und wie es zu realer Wirksamkeit gelangt. Wirksam aber wird nicht das Gesetz, wie es aus sich heraus gilt, sondern, wie es sich seinen Adressaten darstellt und wie diese es ihrerseits darstellen. In den Bahnen KANTS wird die transzendente Auffassung des Gesetzes abgelöst durch die transzendentale. Nicht das Gesetz an sich ist ein Faktor des sozialen Lebens, sondern die Interpretation des Gesetzes: das Gesetz, wie es die Personen, an die es sich richtet, wahrnehmen, verstehen, anwenden und vermitteln. Sein Inhalt wird also konstituiert durch das Erkennen, Wollen und Handeln derer, die es angeht. In dieser Sicht nimmt die Subjektivität des Interpreten die Stelle ein, die bei normativer Betrachtung der Objektivität des Gesetzes zukommt.

Der Interpret sieht es durch seine Brille. Diese hat ihren jeweiligen Schliff und ihre jeweilige Tönung. Die Rechtstheorie weist auf, daß die Rechtsfindung wesentlich abhängt vom Vorverständnis des Interpreten,[24] seiner Vorprägung durch „unsere Vorstellungs-, Denk- und Sprachwelt", seinem Vorwissen und seiner hypothetischen Vorbeurteilung von Norm und Lebenssachverhalt, ohne die Norm und Fall nicht verknüpft und nicht für den Subsumtionsvorgang aufbereitet werden können.[25]

Die Berechenbarkeit der Interpretation hängt nicht ab vom Text des Gesetzes, sondern vom Rechtsbewußtsein des Interpreten. Sie ist gesichert, wenn das Rechtsbewußtsein eindeutig, gefestigt, einheitlich und unumstritten ist. Das aber ist keine Frage der verbalen Bestimmtheit des Gesetzes. Auch eine unbestimmte Norm, etwa eine Generalklausel des Zivilrechts oder eine Grundrechtsgewährleistung, kann, jedenfalls im the-

---

24 Dazu ESSER (FN 8) 8 ff, 14 ff, 40 ff, 113 ff, passim. Vor ihm zur Hermeneutik allgemein HANS-GEORG GADAMER, Wahrheit und Methode (^{2}1960) 252 ff, 314, passim. Der Philosoph GADAMER knüpft seinerseits an den Theologen RUDOLF BULTMANN an, daß für jedes Verstehen des biblischen Textes der vorgängige Bezug des Interpreten zur Sache, die durch den Text vermittelt werde, vorausgesetzt werde: das Vorverständnis eben (Glauben und Verstehen, 2. Bd [1933] 231).

25 ESSER (FN 8) 9 f.

matischen Kernbereich, Konsens finden. In der Regel ist Interpretation offen und ungewiß. Auch wenn der Gesetzestext an sich dicht und bestimmt formuliert ist, besteht keine Garantie dafür, daß die Reproduktion des Inhalts bei allen Auslegern gleich ausfällt. Denn Interpretation ist nur bei wenigen, technischen Normen wie Besoldungs- und Steuertabellen ein beliebig von jedermann wiederholbarer, formallogischer, kognitiver Akt des Verstandes. Im wesentlichen Akt der praktischen Vernunft, hängt sie ab von der Person des individuellen Interpreten. Doch braucht Vernunft nicht in Subjektivität stecken zu bleiben. Sie ist intersubjektiver Verständigung fähig und darauf angelegt, gemeinsames Rechtsbewußtsein zu begründen und zu teilen.

Die Interpretationsabhängigkeit des Gesetzes ergibt sich schon daraus, daß es seiner Form nach ein Sprachwerk ist und nur im Medium des Wortes existieren kann. Doch der Gesetzestext *ist* nicht der Regelungsgehalt, er repräsentiert ihn nur. Diese Erkenntnis war bereits für THOMAS HOBBES nicht mehr neu: „Bei geschriebenen Gesetzen unterscheidet man gewöhnlich zwischen dem Buchstaben und dem Sinn des Gesetzes, und versteht man unter dem Buchstaben alles, was den bloßen Wörtern entnommen werden kann, so ist dies eine gute Unterscheidung. Denn beinahe alle Wörter sind an sich oder im bildlichen Gebrauch von schwankender Bedeutung, und es lassen sich mit ihnen viele Auffassungen beweisen. Aber es gibt nur einen Sinn des Gesetzes.“[26]

Der Interpret übersetzt den Sinn aus der Gesetzessprache in die eigene Sprache, die seinen spezifischen Intentionen entspricht und seinem jeweiligen Adressaten angepaßt ist, der Jurist in seine Fachsprache. Aber auch diese hat unterschiedlichen Duktus, wenn es sich um einen Verwaltungsakt handelt, ein gerichtliches Urteil, ein Plädoyer, ein Gutachten, eine rechtsdogmatische Abhandlung. Das Gesetz wird nur verstanden und verwirklicht, wenn es das Sprachkleid wechselt. Der Gesetzestext ist unverrückbar, starr, allgemein. Dagegen kann der Interpret sein Wort wählen, wie es Sache und soziales Umfeld erheischen. Das Medium des Rechts wird beweglich, geschmeidig, differenzierbar, entwicklungs- und wandlungsfähig. Die Realisierung des Rechts hängt damit ab vom Sprachvermögen und von der Sprachdisziplin des Interpreten. Die Sprache wiederum ist Ausdruck und Vehikel des intersubjektiven Rechtsbewußtseins. Im Medium der Sprache erweist sich das Recht nicht als „von

26 THOMAS HOBBES, Leviathan (1651) II/26 (dt Ausg hrsg von Iring Fetscher [1966] 215).

Zur Wortgebundenheit des Gesetzes: GERD ROELLECKE, Die Bindung des Richters an Gesetz und Verfassung, in: VVDStRL 34 (1976) 7 (17 ff); OTTO DEPENHEUER, Der Wortlaut als Grenze (1988) 4 ff, 53 ff; JOSEF ISENSEE, Staat im Wort, in: Verfassungsrecht im Wandel, FS für den Carl Heymanns Verlag (1995) 571 (577 ff).

oben" kommender Befehl, sondern als Sache, über die sich die Beteiligten, Amtsträger wie Bürger, Praktiker wie Theoretiker, verständigen. Interpretation ist nicht passives Betroffensein, sondern aktive Apperzeption und Mitwirkung an der Kommunikation in Staat und Gesellschaft.

Der Gesetzgeber verläßt sich darauf, daß Rechtspraxis und Rechtslehre sein Werk auffangen und verarbeiten, daß sie fähig sind, dunkle Stellen zu beleuchten, unbestimmte Vorschriften zu präzisieren, Lücken zu füllen, Unfertiges zu Ende zu denken. Sie sind auch für diese Aufgaben gerüstet und verfügen über die Mittel dazu: Entscheidungsmuster, Vorräte an Argumenten und Präjudizien, dogmatische Begriffsraster, handwerkliche Technik und „herrschende Lehre". Interpretation geht durchwegs „konservativ"[27] vor dadurch, daß sie das neue Gesetz, mag es auch dazu bestimmt sein, den status quo zu verändern, rückbindet an das (immer nur punktuell veränderbare) Ganze der Rechtsordnung und es, soweit möglich, einfügt in das System des geltenden Rechts und nur, soweit erforderlich, dieses System umbaut. Der Gesetzgeber kann die Interpretation nicht regulieren. Er kann sie auch nicht unterbinden, wie weiland JUSTINIAN und FRIEDRICH DER GROSSE es versuchten.[28] Sie folgt ihrer eigenen Gesetzlichkeit, die jenseits von Autokratie und Demokratie gründet. Erkenntnis, auch Rechtserkenntnis, läßt sich nicht befehligen.

Ist das Gesetz verkündet und in Kraft getreten, so löst es sich von den (häufig diffusen und widersprüchlichen) Intentionen seiner politischen Urheber, gewinnt Eigenleben und wird, wie es in der Rechtstheorie heißt, „klüger als der Gesetzgeber".[29] Den Zuwachs an Klugheit aber verdankt es seinen Interpreten. Diese nehmen das Gesetz auf, machen es sich zu eigen, verwandeln es sich an und bringen es in eine sprachliche Fassung, die den Bedürfnissen der praktischen Anwendung und der theoretischen

---

27 „Konservativ" im Sinne von ODO MARQUARD, Abschied vom Prinzipiellen (1981) 16 ff. Der bonus des Hergebrachten wird auch begründet von MARTIN KRIELE, Die vermutete Vernünftigkeit unseres Rechts (1967), in: ders, Recht – Vernunft – Wirklichkeit, (1990) 471 ff.

28 Zum justinianischen Verbot der Digestenkommentierung und seinen drei Ausnahmen (1. der wörtlichen Übersetzung des lateinischen Textes ins Griechische für die pars Orientis des Reichs, 2. der Erstellung von Inhaltsangaben [„Indices"], 3. der ergänzenden Zusammenstellung gesetzlicher Vorschriften zum selben Gegenstand [„Paratitla"]) vgl ADOLF BERGER, The Emperor Justinians's Ban upon Commentaries to the Digest (1948) 124 ff; LEOPOLD WENGER, Die Quellen des römischen Rechts (1953) 578 f, 681 f; H. J. SCHELTEMA, Das Kommentarverbot Justinians, in: Tijdschrift voor Rechtsgeschiedenis 45 (1977) 307 ff. Weit Nachw: ROLF KUYPERS, Justinians Verbot der Digestenkommentierung, Diss Bonn (1986).

29 Vgl etwa GUSTAV RADBRUCH, Rechtsphilosophie (^{6}1963) 209 ff (211); HEINRICH HENKEL, Das Problem der Rechtsgeltung, in: Gedächtnisschrift für René Marcic (1974) 63 (70 ff).

Erkenntnis entspricht und die Voraussetzungen schafft, auf die Fragen, die ihm gestellt werden, zu antworten.

Das Gesetzesrecht gewinnt dabei an Rationalität. Die Rationalität, die im freiheitlichen Gemeinwesen die Grundlage seiner Akzeptanz bedeutet,[30] ist ihm nicht schon deshalb eigen, weil es auf den demokratischen Gesetzgeber zurückgeht. Der Ursprung weist es als Ausdruck des allgemeinen Willens aus, nicht notwendig als Ausdruck allgemeiner Vernunft. Diese wird ihm denn auch nicht durch die parteipolitische Genese vermittelt und nicht immer in die parlamentarische Wiege gelegt. Das parlamentarische Verfahren bietet rationale Bedingungen für die Gesetzesgeltung; es garantiert aber nicht vernünftige Resultate. Das einzelne Gesetz zieht nicht selten berechtigte Kritik auf sich, weil es unklar, widersprüchlich, formelkompromißlerisch ausfällt. Doch wie unvollkommen es im Rohzustand, in dem es verkündet wird, auch sei – in der interpretatorischen Aufbereitung vermag es, Rationalität zu gewinnen,[31] und zwar juridische Rationalität, die ausgeht auf Verallgemeinerungsfähigkeit und Gleichbehandlung, auf Konsequenz und Lückenlosigkeit, auf Rechtssicherheit und Kontinuität, auf Sachlichkeit und Praktikabilität, Selektion des Relevanten vom Irrelevanten.

Interpretation erweist sich als schöpferischer Vorgang der Vergegenwärtigung und der Entfaltung des Gesetzessinnes. Naive Vorstellungen, der Richter sei nur der Mund des Gesetzes, sein bloßer Transformator oder Subsumtions-Computer, sind längst erloschen.[32] Die Rechtsfortbildung, die sich in den Bahnen des bestehenden Rechts bewegt, wird heute auch von strengen Legalisten als legitime Aufgabe des Richters anerkannt.[33] Gesetzestreue des Interpreten bedeutet „mehr als Texttreue und ‚Nachvollzug' von Geboten, nämlich die Anerkennung aller in dem dogmatisierten und systematisierten Entscheidungsprogramm der Gesetze einbezogenen Prinzipien und Richtigkeitskriterien, welche den Richter noch bei offener Fortbildung als einen Vollzieher des Gesetzeswillens im Sinne der Vollendung von Unvollendetem erscheinen läßt."[34]

Das Gesetz kann nur angewendet werden, wenn es für den Lebenssachverhalt interpretatorisch aufbereitet, wenn Normverständnis und Lebenssachverhalt einander paßfähig gemacht worden sind. Das Bild der

---

30 Dazu Kriele (FN 13) 182 ff.

31 Vgl Esser (FN 8) 81.

32 Zur naiven Gesetzesgläubigkeit des Frühkonstitutionalismus Starck (FN 19) 44 ff (Nachw).

33 Vgl Karl August Bettermann, Die rechtsprechende Gewalt, in: HStR Bd III (^{2}1996) § 73 Rn 28; Günther Barbey, Der Status des Richters, ebd, § 74 Rn 32 ff.

34 Zitat: Esser (FN 8) 80. Ähnlich zur juristischen Hermeneutik Gadamer (FN 24) 311.

Norm gewinnt mit der Konkretisierung an Konturenschärfe, an Anschaulichkeit, an Substanz. Konkretisierung reichert die Norm an. Der Interpret erbringt eine Zugabe. Die Interpretation enthält darin ein Willenselement, das gleichwohl nicht pauschal mit politischer Gestaltung identifiziert werden kann.[35]

Die Unsicherheit, die dem Gesetz eigen ist angesichts der unterschiedlichen Möglichkeiten der Interpretation, weckt das Bedürfnis nach einem festen Halt, der seinerseits nicht der Interpretation bedarf. Die herrschende Lehre glaubt, sie habe ihn gefunden in der Maxime, daß der Wortlaut des Gesetzes sein Interpretationspotential begrenze. Doch der Wortlaut an sich ergibt nichts, wenn er nicht seinerseits interpretiert wird. So gerät die Grenze der Interpretation auch zu ihrem Gegenstande.[36] Das Gesetz ist ganz und vorbehaltlos auf Auslegung angewiesen.

V. Juridische Kultur – Juristenstaat

Wie Recht eine Ordnung sozialen Verhaltens, so ist auch seine Auslegung ein sozialer Vorgang, der intersubjektiven Regeln folgt. Seine Teilnehmer suchen mit ihren Beiträgen auf die Rechtsvorstellungen anderer einzuwirken und streben nach Akzeptanz. Rechtsauslegung vollzieht sich im Diskurs der Praxis und der Rechtswissenschaft, im kontradiktorischen Rollenspiel des gerichtlichen Prozesses und in der kollegialen Beratung eines Spruchkörpers.

Jedermann steht es frei, seine Rechtsmeinung zu äußern und sich am offenen Rechtsgespräch der Gesellschaft zu beteiligen.[37] Die Juristen besitzen kein Interpretationsmonopol. Gleichwohl kommt ihnen wesentlicher Einfluß zu. Dieser wächst in dem Maße, in dem der offene Diskurs in staatlich geregelte Verfahren übergeht und zu verbindlichen Entscheidungen führt. Die gerichtliche Entscheidung, Gesetzesanwendung par excellence, ist ihrem Anspruch nach juridische Entscheidung. Sie bezieht die Akzeptanz wesentlich über ihre juridische Rationalität. Das Rationalitätsniveau wird nicht abgesenkt, wenn nach der Gerichtsverfassung Laienrichter, gleichberechtigt den Berufsrichtern, an der Entscheidung mitwirken. Denn die Begründung, damit die Ableitung des Urteils aus dem Gesetz, soll gerade nicht „laienhaft" ausfallen. Der Rechtsstaat erweist

---

35 Die klassische Studie: Karl Engisch, Die Idee der Konkretisierung in Recht und Rechtswissenschaft unserer Zeit (1968).

36 Nachw Depenheuer (FN 26) 4 Anm 10 und 11; eingehende Kritik aaO, 9 ff.

37 Vgl Peter Häberle, Die offene Gesellschaft der Verfassungsinterpreten, in: JZ 1975, 297 ff; *ders*, Verfassungsinterpretation als öffentlicher Prozeß – ein Pluralismuskonzept (1978), in: ders, Verfassung als öffentlicher Prozeß (1978) 121 (122 ff).

sich zu einem guten Teil als Juristenstaat. Er bedarf einer juridischen Kultur, wie die Demokratie der politischen bedarf. Zur juridischen Kultur gehören praktische wie theoretische Faktoren, intellektuelle und mentale, technische und ethische. Sie ergeben einen funktionsdifferenzierten, modernen Berufsstand, der aus gemeinsamer Ausbildung hervorgeht.

Was juridische Kultur für den Rechtsstaat bedeutet, erfährt die Bundesrepublik Deutschland in der inneren Wiedervereinigung mit der vormaligen DDR, die geprägt ist durch den totalitären Sozialismus, der in Idee wie Realität die Herrschaft einer Partei aufrichtete und die Herrschaft des Gesetzes verwarf. Das Gesetz fungierte als Instrument der Parteiführung, die sich seiner nach politischer Opportunität bediente, ohne sich ihm zu unterwerfen.[38] Sie löste es ab vom Ethos des Gemeinwohls und handhabte es planmäßig nach sozialistischer Parteilichkeit.[39] Der sozialistische Zentralismus ließ keine Gewaltenteilung aufkommen. Der Juristenstand war, von Randbereichen abgesehen, entbehrlich und wurde liquidiert. Als der Rechtsstaat des Grundgesetzes 1990 in Kraft gesetzt wurde, fehlte ihm die Infrastruktur vor Ort.

Der sozialistische Staat bestätigte auf seine Weise die Feststellung GADAMERS, daß es für die Möglichkeit einer juristischen Hermeneutik wesentlich ist, daß das Gesetz alle Glieder der Rechtsgemeinschaft in gleicher Weise binde. Wo das nicht der Fall sei, wo etwa, wie im Absolutismus, der Wille des absoluten Herrschers über dem Gesetz stehe, könne es keine Hermeneutik geben. „Die Aufgabe des Verstehens und Auslegens besteht eben nur dort, wo etwas so gesetzt ist, daß es als das Gesetzte unaufhebbar und verbindlich ist."[40] Der Verfassungsstaat erfüllt diese Voraussetzungen, weil er sein Handeln auf die Idee des Gemeinwohls ausrichtet, seinen Amtsträgern Parteilichkeit verwehrt und seine Organe an das Recht bindet, das sie schaffen. Die institutionelle Voraussetzung ist die Gewaltenteilung, wie JOHN LOCKE bereits erkannt hat: Bei der Schwäche der menschlichen Natur bedeute es eine zu große Versuchung, wenn die-

---

38 Zur sozialistischen Rechtsstaatskonzeption: GEORG BRUNNER, Das Staatsrecht der Deutschen Demokratischen Republik, in: HStR Bd I (^{2}1995) § 10 Rn 77 ff; *ders*, Von der sozialistischen Gesetzlichkeit zum sozialistischen Rechtsstaat, oJ (1989) 5 ff. Retrospektive eines DDR-Juristen: UWE JENS HEUER, Rechtsverständnis in der DDR, in: ders (Hrsg), Die Rechtsordnung der DDR (1995) 25 ff.

39 Repräsentativ für die Maxime sozialistischer Parteilichkeit: ERNST BLOCH, Parteilichkeit in Wissenschaft und Welt (1951), in: ders, Gesamtausgabe, Bd 10 (1977) 330 ff, 377 ff; HILDE BENJAMIN, Die dialektische Einheit von Gesetzlichkeit und Parteilichkeit durchsetzen, in: Neue Justiz 1958, 368. Material: PETER RÖMER (Hrsg), Der Kampf um das Grundgesetz (1977) 133 ff, 224 ff, passim. Dazu ERNST-WOLFGANG BÖCKENFÖRDE, Die Rechtsauffassung im kommunistischen Staat (1967) 65 ff, 76, 80 f; BRUNNER (FN 38) § 10 Rn 30 ff.

40 GADAMER (FN 24) 312.

selben Personen, die die Macht hätten, Gesetze zu geben, auch die Macht in der Hand hätten, sie zu vollstrecken, wobei sie sich selbst von dem Gehorsam gegen die Gesetze, die sie erließen, dispensierten und das Gesetz in seiner Gestaltung wie auch in der Vollstreckung auf ihren persönlichen Vorteil ausrichten könnten. „In wohlgeordneten Staatswesen, in denen nach Gebühr für das Wohl aller gesorgt wird, ist deshalb die Gewalt der Legislative in die Hände mehrerer Personen gelegt, welche nach ordnungsgemäßer Versammlung selbst oder mit anderen gemeinsam die Macht haben, Gesetze zu geben, sobald dies aber geschehen ist, wieder auseinandergehen und selbst jenen Gesetzen unterworfen sind, die sie geschaffen haben. Dies übt einen neuen und starken Druck auf sie aus, dafür Sorge zu tragen, daß die Gesetze dem öffentlichen Wohle entsprechen.“[41]

VI. Aufstand der Interpreten

Das Legitimationskonzept des Verfassungsstaates, sein Handeln auszurichten auf das Wohl der Allgemeinheit, Distanz zu halten zu den Konflikten der Gesellschaft und seine allgemeinen Gesetze sachlich, unparteiisch und gleich anzuwenden, stößt auf die Fundamentalkritik des Marxismus: es sei bürgerliche Lebenslüge, weil es die Wirklichkeit des Klassenkampfes ignoriere, „Rechtsstaat an sich, behängt mit der Robe interessenfreier Objektivität“, „Modell für die Ideologie der bürgerlichen Scheinobjektivität selbst und nicht zuletzt für die Unreflektiertheit dieser Ideologie.“[42] Der Marxismus kennt kein allgemeines Rechtsbewußtsein, sondern nur das widersprüchliche Klassenbewußtsein, solange der Klassengegensatz dauert und die paradiesische Endzeit der Geschichte noch nicht angebrochen ist. Damit stellt er die moralische Prämisse des Rechtsstaats in Frage.[43] Dem Rechtsanwender legt er nahe, dem irrealen Leitbild des Gemeinwohls zu entsagen und, was ohnehin unvermeidlich sei, absichtlich und planvoll zu tun: das Recht parteilich zu handhaben. Die marxistische Entlarvungsideologie führt zur Selbstermächtigung des Gesetzesinterpreten.

Selbstherrlichkeit des Rechtsanwenders kann sich allerdings etablieren auch ohne marxistische Argumentationshilfe, die im übrigen seit 1989 noch nicht einmal mehr bei Linksintellektuellen verfängt. Es genügen

---

41 John Locke, The Second Treatise of Government (1689) XII, 143 (dt Ausgabe, Über die Regierung, hrsg von Cornelius Mayer-Tasch [1996] 116).

42 Bloch (FN 39) 331 f.

43 Zur verfassungsstaatlichen Bedeutung des Gemeinwohls Isensee (FN 16) § 57 Rn 41 ff.

erkenntniskritische Hinweise auf die Unsicherheit aller Rechtserkenntnis und rechtstheoretische Zweifel an der Direktivkraft des Gesetzes, daß der Richter für sich gesetzesindeterminierte Entscheidungsmacht reklamieren, sich als Sozialgestalter begreifen und zu der Aufgabe des „social engineering" bekennen kann.[44] Dabei mag sich dieser positivrechtlich rückversichern, indem er sich auf die Sozialstaatsklausel des Grundgesetzes stützt (die freilich in ihrer hochgradigen Abstraktheit keinen hinlänglich bestimmten Maßstab abgibt) und die Ermächtigung zu „social engineering" aus der Verfassung ableitet.

Die Emanzipation auch vom Verfassungsgesetz liegt in bestimmten, einseitigen Rollenzuweisungen an das Bundesverfassungsgericht: daß es vorrangig die Aufgabe habe, dem sozial Schwächeren zu helfen,[45] der Opposition beizustehen, Minderheiten zu schützen. Hier werden einzelne Ziele der Verfassung aus dem Zusammenhang gelöst und einzelne Funktionen der Verfassungsgerichtsbarkeit verabsolutiert, verfassungsimmanente Zwecke in verfassungstranszendente Ermächtigungen verwandelt, damit der Weg bereitet für Parteilichkeit und Eigenmacht. In Wahrheit besteht die Aufgabe des Bundesverfassungsgerichts darin, die Verfassung anzuwenden. Diese aber läßt alle Seiten zu ihrem Recht kommen, Schwache wie Starke, Opposition wie Regierung, Minderheit wie Mehrheit.[46]

Wenn die Besetzung der Richterstellen wie auch der Dienstposten der Verwaltung von Verfassungs wegen allein nach fachlichen Eignungskriterien und Leistungserwartungen erfolgen darf und außerfachliche Gesichtspunkte verpönt sind, etwa Partei- und Konfessionszugehörigkeit, Geschlecht und soziale Herkunft, so wird damit nicht nur das fachliche Niveau der Rechtsanwendung geschützt, sondern auch deren ethische Integrität: daß sie sich ausschließlich am Wohl der Allgemeinheit, wie es das Gesetz vorgibt, ausrichtet, nicht aber an partikularen Interessen. Die Ämterpatronage aber strebt an, daß der künftige Amtsinhaber seine Amtsmacht, damit auch die amtliche Interpretation des Gesetzes, zu Nutz und Frommen seines Patrons ausübt.

Sublimer und tiefer greifen feministische Erwartungen an die Frauenpatronage, wie sie über legale oder präterlegale Quotenregelungen praktiziert wird: daß sich spezifisch weibliches Rechtsverständnis gegenüber dem bisher allein männlich bestimmten zur Geltung bringe. In seiner fundamentalistischen Variante propagiert der Feminismus die Spaltung des Rechtsbewußtseins nach dem Geschlecht, ähnlich wie der Mar-

44 Zur Rolle des Richters als Sozialgestalter: Rudolf Wassermann, Justiz im sozialen Rechtsstaat (1974) 22 f und 23 ff (dort, 26, auch die Bezugnahme auf Roscoe Pounds Begriff des „social engineering" und, 31, die Wendung vom „Jurist[en] als Sozialgestalter").

45 Vgl die kritische Auseinandersetzung Roelleckes (FN 26, 14 ff) mit Ridder.

46 Josef Isensee, Bundesverfassungsgericht – quo vadis?, in: JZ 1996, 1085 (1095).

xismus die nach der Klassenzugehörigkeit, aber schärfer noch als dieser, weil der biologische Unterschied schicksalhaft vorgegeben und unaufhebbar ist. Die Spaltungsideologie tritt dem menschenrechtlichen Ethos des Verfassungsstaates entgegen von der Einheit des Menschengeschlechtes und der Gleichheit aller, die Menschenantlitz tragen, ungeachtet der Differenzierung in Frau und Mann. Auf dieser Prämisse gründet die Allgemeinheit des Gesetzes: daß es für alle Menschen gleich gilt, daß es keinen Unterschied machen darf, ob ein Mann oder eine Frau es anwendet, daß der Zugang zu amtlicher Interpretationsmacht über das Recht allein nach fachlichen Voraussetzungen zu bestimmen ist, nicht aber nach dem Geschlecht.

VII. Pluralismus und Vorverständnis

Heute regt sich die Tendenz, die Verfassungsgerichtsbarkeit aus dem Prinzip des Pluralismus zu deuten und zu rechtfertigen.[47] Gründe dafür liefert die Praxis der Richterwahlen, bei der die Beteiligten sich auf bestimmte Verteilungsschlüssel und Präferenzen verständigt haben: vornehmlich Parteizugehörigkeit oder -nähe, aber auch Konfession, Geschlecht und andere fachfremde Kriterien. Freilich sind Proporzschemata, balancierende Arrangements und Paketlösungen nicht von vornherein zu verpönen. Sie erleichtern die parlamentarische Mehrheitsfindung; angesichts des Zweidrittelquorums sind sie kaum zu vermeiden.[48] Fragwürdig ist es aber, Proporz und Quote legitimatorisch zu überhöhen, Unterschiede der parteipolitischen Präferenz, der weltanschaulichen Richtung, der sozialen Herkunft und des Geschlechts zum pluralistischen Legitimitätsmodell zu stilisieren. Das Bundesverfassungsgericht legitimiert sich nicht danach, wie es seine internen Schwierigkeiten löst, sondern nach der Qualität seiner Entscheidungen. Es ist keine Schiedsstelle parteipolitischer Rivalitäten und kein Vermittler für Konkordanzformeln bei weltanschaulichen Differenzen, sondern Gericht.[49] Als solches entscheidet es bei Streit und Zweifel über die richtige Auslegung des (Verfassungs-) Rechts im Namen des Volkes. Das Volk aber ist die staatsrechtliche Einheit freier und gleicher Bürger, nicht ein Konsortium von Parteien, Grup-

47 „Warum soll das pluralistische Prinzip, das für unsere Demokratie ein tragendes ist, eigentlich vor der Richterbank haltmachen?" (Bundesverfassungsgerichtspräsidentin JUTTA LIMBACH, Die Schmerzgrenze bei der „Richterkritik", in: ZRP 1996, 414 [416]).

48 Zur Proporzpraxis bei Verfassungsrichterwahl: WILHELM KARL GECK, Wahl und Amtsrecht der Verfassungsrichter (1986) 31 ff; HELMUTH SCHULZE-FIELITZ, Der informale Verfassungsstaat (1984) 30 ff.

49 Dezidiert für den Gerichtscharakter: KORINEK (FN 21) 15 ff; SCHLAICH (FN 21) 126 ff.

pen und Geschlechtern. Es urteilt auch nicht nach Wertungen und Maßstäben, in denen die Gesellschaft sich legitim unterscheidet, sondern nach solchen, in denen sie von Verfassungs wegen einig ist.

Das Bundesverfassungsgericht gründet nicht auf der Pluralität seiner Richter, sondern auf deren Homogenität. Die Homogenität aber ergibt sich aus der Befähigung zum Richteramt als Wählbarkeitsvoraussetzung und korrespondierenden Erwartungen an juridische Kompetenz und Urteilskraft, an richterliches Handwerk und richterliches Ethos.[50]

Die juridische Homogenität schließt nicht aus, daß das Vorverständnis der einzelnen Richter divergiert infolge ihrer subjektiven, nicht berufsbezogenen Prägungen, Erfahrungen, Neigungen. Die Divergenzen können fruchtbar werden und den Vorgang der Rechtsfindung bereichern und vertiefen.[51] Doch bestimmen sie nur die Ausgangslage. Ziel der Rechtsfindung ist das objektiv richtige Ergebnis. Der Weg dahin ist der juridische Diskurs, der die rechtserheblichen von den unerheblichen Momenten scheidet, der die Argumente hervorruft, nach objektiven Kriterien sammelt, sichtet und wägt. Das Vorverständnis hat sich im Diskurs auf seine Rationalität hin zu erweisen, aber auch auf seine ethische Konsistenz. Seine individuellen und subjektiven Komponenten werden ausgefällt. Der Rechtfindungsprozeß hat den ethischen Anforderungen zu genügen,

- daß das Verstehen des Rechts, auch wenn es vom Rechtsanwender abhängt, „doch – sollen die normativen Elemente der ‚vorhandenen' Rechtsordnung nicht verfälscht werden – nicht von seiner Individualität abhängen darf, sondern von seinem Auftrag für ‚Recht und Gerechtigkeit'";
- daß „dieses Verständnis des Rechtsanwenders nicht sein rein subjektives sein darf, d.h. nicht allein sein eigenes Verständnis sein kann, sondern dem seiner hier angesprochenen Umwelt insoweit entsprechen muß, als es ihr die Entscheidung des objektiven Rechts überzeugend oder akzeptabel machen muß."[52]

Es liegt am einzelnen Richter, ob er diese Erfordernisse begreift und ihnen genügt. Hier wirken nicht nur ethische Impulse, sondern auch die Sachgesetzlichkeit der Arbeit und die Gruppendynamik des Richterkollegiums, das kraft seiner Kontinuität, seines Einigungsdrucks und Erfolgszwangs den Neuling integriert und Extravaganzen absorbiert. Der Richter bedarf freilich der inneren Unabhängigkeit, die der äußeren, die ihm das Gerichtsverfassungs- und das Dienstrecht gewährleisten, erst In-

---

50 Dazu Isensee (FN 46) 1091, 1093.

51 Dazu Limbach (FN 47) 416.

52 Esser (FN 8) 15.

halt und Sinn gibt.[53] In dem Maße, in dem er zu innerer Unabhängigkeit findet, erledigen sich fachfremde Erwartungen und Zumutungen, die etwa die politischen Betreiber der Richterkandidatur gehegt haben, von selbst.

Die Akzeptanz der Urteile hängt aber auch von der Außenwahrnehmung ab. Die Medien neigen heute dazu, die Entscheidungen einzelnen Richtern zuzurechnen, zu personalisieren und zu re-subjektivieren. Damit delegitimieren sie den Anspruch des Gerichts auf institutionalisierte Allgemeinheit und juridische Objektivität.

VIII. Auctoritas, non veritas – Ausblenden des Richtigkeitsproblems

Der Verfassungsstaat muß die objektive Verbindlichkeit des allgemeinen Gesetzes in Einklang bringen mit der subjektiven Freiheit der einzelnen Bürger. Zur grundrechtlich gewährleisteten Freiheit der Meinung und der Wissenschaft gehört, daß jene sich ihre Auffassungen über die Auslegung des Gesetzes bilden (auch über die Auslegung der Grundrechte selbst). Was richtig ist, steht nicht ein für allemal fest. Die Frage der Richtigkeit ist diskutabel. Sie bleibt es auch, wenn das Gericht den Streit um die richtige Interpretation entscheidet. Die Entscheidung verlangt von der unterlegenen Partei nur Rechtsgehorsam, nicht innere Zustimmung. Sie muß ihr folgen, aber sie darf sie als falsch, schädlich und töricht kritisieren. Der Verfassungsstaat erzwingt nur äußeres Verhalten, nicht aber Gesinnung, in der Sprache KANTS: Legalität, nicht Moralität.[54] Die Entscheidung stützt ihre Rechtsverbindlichkeit nicht auf ihre Richtigkeit, weil sie den weiteren Diskurs über die Richtigkeit um der Freiheit willen nicht abschneidet; sie stützt sie auf die Kompetenz der entscheidenden Stelle, die ausweist, daß sie über die in der Demokratie erforderliche Legitimation verfügt.

Vom demokratischen Konzept der Legitimation aus Kompetenz führt ein roter Faden zu dem Konzept von THOMAS HOBBES: auctoritas, non veritas facit legem. HOBBES stellt Wahrheit und Richtigkeit nicht in Abrede. Da sie aber Grund des Streites sind, können sie nicht zur Grundlage der Friedenseinheit des Staates gemacht werden. Diese wird hergestellt

---

53 Vgl BARBEY (FN 33) § 74 Rn 30 ff.

54 IMMANUEL KANT, Metaphysik der Sitten. Metaphysische Anfangsgründe der Tugendlehre (1797) A 25 (in: ders, Werke, hrsg von Wilhelm Weischedel, Bd IV [²1956] 501 [523]). – Vgl auch CARL GOTTLIEB SVAREZ, Vorträge über Recht und Staat (1796 – 1798), hrsg von Hermann Conrad/Gerd Kleinheyer (1960) 7 f.

als Entscheidungseinheit durch den Spruch der staatlichen auctoritas.[55] Die Frage nach der Wahrheit wird ersetzt durch die Frage nach der Kompetenz: quis iudicabit? Die Entscheidungseinheit des Verfassungsstaates ist freilich um vieles komplizierter als jene des absolutistischen Staates, der HOBBES vor Augen stand. Die Entscheidungskompetenzen differenzieren sich aus nach Maßgabe der Gewaltenteilung, die Entscheidungsmaßstäbe nach der Hierarchie der Rechtsnormen. Doch so viele Appellations- und Kontrollmöglichkeiten sich auch auftun, solange die endgültige Entscheidung auch hinausgeschoben werden kann Instanz für Instanz: unausweichlich ist, daß eine von ihnen das letzte Wort spricht. Mit ihm macht sich die auctoritas geltend, der Rekurs auf die veritas hört auf, die Pflicht zum Rechtsgehorsam setzt ein.[56]

Jedoch erledigt sich das Richtigkeitsproblem im Verfassungsstaat nicht ohne Rest. Bei krasser, evidenter Unrichtigkeit erlangt eine Entscheidung keine Rechtsverbindlichkeit. Das Problem eines Widerstandsrechts ist auch im Verfassungsstaat latent gegeben, obwohl er durch sein differenziertes Kontrollsystem und durch die Positivierung materialer Gerechtigkeitsgehalte die Möglichkeit eines Widerstandsrechts praktisch minimiert.[57]

Das normative Konzept, das die Rechtsverbindlichkeit der Entscheidung ablöst von deren Richtigkeit, findet soziologische Unterstützung aus der Systemtheorie, NIKLAS LUHMANNS „Legitimation durch Verfahren“: Ein soziales System, das die Entscheidbarkeit aller aufgeworfenen Probleme garantieren müsse, könne nicht zugleich die Richtigkeit der Entscheidung garantieren. Funktionale Spezifikation in der einen Richtung schließe die in der anderen aus.[58] Materiale Wahrheit und Gerechtigkeit, unstabile Wertvorstellungen, belasteten nicht das Entscheidungsverfahren, das legitimiert werde durch die Verfahrensregeln, die Technik des Juristen und seine „symbolisch-zeremonielle Arbeit“[59] mit rechtsdogmatischen Begriffen. Das Verfahren suche nicht nach vorgegebener Wahrheit, sondern es erzeuge sie selbst in der Entscheidung: seine eigene for-

---

55 Die Lehre HOBBES' von Gesetzgebung und -auslegung: Leviathan, II/26 (FN 26, 203 ff): *ders*, De Cive (1647) Cap 14 (Vom Menschen, Vom Bürger, Meiner-Ausg [1959] 217 ff).

56 Dazu JOSEF ISENSEE, Staat und Verfassung, in: HStR Bd I (^{2}1995) § 13 Rn 65 ff.

57 Als der Kruzifix-Beschluß des Bundesverfassungsgerichts 1995 (BVerfGE 93, 1) heftigen Widerspruch der Öffentlichkeit auslöste und das Widerstandsrecht ins Gespräch gebracht wurde, hielt DIETER GRIMM, einer der fünf Richter, die das Urteil trugen, den hobbesianischen Anspruch der auctoritas dagegen (Unter dem Gesetz – Warum ein Richterspruch Respekt genießt, in: FAZ v 18. 8. 1995/Nr 191, 29). – Dazu allgemein ISENSEE (FN 46) 1087.

58 LUHMANN (FN 8) 21.

59 LUHMANN (FN 8) 36.

melle Wahrheit. Diese werde von den Beteiligten „gelernt", indem sie diese, willkommen oder unwillkommen, als Tatsache behandelten und ihre Erwartungen auf sie einstellten, nicht aber – lernunwillig – im irrationalen Protest gegen sie weiterlebten.[60] LUHMANN blickt nur auf die Entscheidung als das Produkt des Verfahrens, nicht aber auf das Gesetz, auf das sich die Entscheidung normativ stützt, überhaupt vernachlässigt er die normative Komponente.[61] Er blendet aber auch die Frage der Akzeptanz aus. Ihm erscheint das Recht als selbstgenügsames System, das mit seiner Umwelt nicht kommuniziert.

Doch ohne deren grundsätzliches Vertrauen kann es unter den Bedingungen der freiheitlichen Demokratie seinen Rechtsschutzauftrag nicht wirksam erfüllen. Das Vertrauen aber hängt nicht allein ab von der Funktionseffizienz des Systems, sondern vornehmlich von der rechtlichen Qualität der Entscheidung. Sie wird nicht substituiert durch das Verfahren, in dem sie zustande kommt, und nicht durch die rechtliche Kompetenz der entscheidenden Stelle. Deren verfassungsrechtliche Legitimation aus dem demokratischen Prinzip garantiert noch nicht die reale Legitimität in der Gesellschaft.[62]

Als Grund der Akzeptanz kehrt das Richtigkeitsprinzip zurück, nachdem es als rechtliches Thema verabschiedet worden ist. Richtigkeit sub specie der Akzeptanz ist wesentlich eine Frage der Außenwahrnehmung. KANT, der auf striktem Rechtsgehorsam des Bürgers besteht und ein Widerstandsrecht schlechthin verwirft, aber zugleich dem „Geist der Freiheit" Heimatrecht im Gemeinwesen zuspricht, verlangt, der nicht-widerspenstige Untertan müsse annehmen können, sein Oberherr *wolle* ihm nicht Unrecht tun.[63] Damit setzt KANT sich von HOBBES ab, der meint, der Staat *könne* dem Bürger nicht Unrecht tun, er möge über ihn verfügen, was es auch sei.[64]

Hier scheidet sich der Weg des Verfassungsstaates. Dem „Geist der Freiheit" verpflichtet, stützt er sich vorbehaltlos auf das Recht. Wenn er um des Rechtsfriedens, aber auch um der Freiheit willen die Verbindlichkeit der Entscheidung nicht von deren aktueller Richtigkeit abhängig macht, verpflichtet er doch alle seine Rechtsanwendungsorgane auf die Idee der Richtigkeit, um die sie nach bestem Wissen und Gewissen sich

---

60 LUHMANN (FN 8) 33 ff, 55 ff.

61 Kritik: ESSER (FN 8) 25 f, 202 ff.

62 Auch besonders aufwendige Verfahren der Richterbestellung (etwa Wahl durch das Parlament oder das Volk) könnten Legitimitätskriterien der Entscheidungsqualität nicht ersetzen. Vgl ROELLECKE (FN 26) 30 f.

63 IMMANUEL KANT, Über den Gemeinspruch (1793) A 264, in: ders, Werke (FN 54) Bd VI (1964) 124 (161).

64 HOBBES, De cive, cap. 7 § 14 (FN 55, 155).

mühen und in deren Licht sie ihre Entscheidungen nach außen darstellen müssen.

IX. Aporie der Interpretation

Die Suche nach sicherem Grund für die Gesetzesinterpretation, mithin für die Erfüllung einer Verfassungsvoraussetzung des demokratischen Rechtsstaats, gerät in eine Aporie. Der Idee nach soll diese im Gesetz liegen, also im Objekt der Interpretation. Doch die Realität zeigt den bestimmenden Einfluß des Subjekts, das die Interpretation erbringt. Damit erhebt sich die Frage, ob Gesetzesauslegung nicht Sache der Subjektivität ist, anheimgegeben der Willkür, ob das verfassungsstaatliche Prinzip der Herrschaft des Gesetzes letztlich nur die Herrschaft der Interpreten begründet und verdeckt. Doch die Suche nach der Antwort darf hier nicht enden. Eine Aporie ist für die Rechtswissenschaft nur Durchgangsstation, nicht Daueraufenthalt, nicht Zielort. Wenn sie hier und da dazu neigt, sich der Aporetik zu überlassen, so wird sie aus dieser Ermüdung geweckt durch GÜNTHER WINKLER, der die Aporetik brandmarkt als Ausweichen vor einer als notwendig erkannten Fragestellung, „Methode der Methodenlosigkeit", „weglosen Weg zur wissenschaftlichen Einsicht", „uneingestandene Kapitulation einer wissenschaftlichen Zielsetzung vor den Schwierigkeiten kritischer Unterscheidung."[65]

Der Gefahr subjektivierender Interpretation wirkt die Rechtsdogmatik entgegen, welche die Interpretation durch rationale Regeln objektiviert, den Einzelfall zum Allgemeinen hin transzendiert und die kontingente Norm in Beziehung setzt zum Rechtssystem und zur Rechtstradition. Doch wissenschaftliche Erkenntnis gelangt nie an ein endgültiges Ziel. Der Konsens von heute kann morgen zerbrechen. Die Kontroverse von gestern kann heute gegenstandslos geworden sein. Die Dogmatik ist sich der Unabschließbarkeit ihres Erkennens bewußt und hat sich im Zustand theoretischer Unsicherheit eingerichtet. Sie kann es sich leisten, weil sie im Gegensatz zum Rechtsanwender der Praxis nicht unter Zeitdruck steht und nicht entscheiden muß. Die Praxis aber hat ihre Wege zur Entsubjektivierung der Rechtsanwendung gefunden, rationale in Wechselwirkung mit der Dogmatik, traditionale durch Fortschreibung von Präjudizien.[66] Lehre und Praxis wirken nicht nur auf Festlegung und Verstetigung des Normverständnisses hin. Sie sorgen auch für Bewegung

65 WINKLER (FN 3) 182.

66 Daß Präjudizien mit präsumtiver Verbindlichkeit auch die Anordnung des kontinentalen Gesetzesrechts leiten, weist MARTIN KRIELE nach (FN 13, 243 ff; *ders* [FN 27] 471 ff).

und Unruhe, heilsame, aber auch heillose, wenn das Bundesverfassungsgericht kraft seiner Grundrechtsauslegung das in fachgerichtlicher Praxis gewachsene Zivil- und Strafrecht durch unbegrenzte Einzelfallabwägungen, für die keine objektiven Maßstäbe bereitstehen, atomisiert und der Dezision im Einzelfall ausliefert.[67]

Wieweit das kognitive Instrumentarium auch entwickelt und die Möglichkeit der Rechtserkenntnis ausgeweitet werden mag, das Willenselement wird als wesentlicher und unvermeidbarer Rest überdauern. Damit aber bleibt der subjektive Faktor der Interpretation. Doch Wille bedeutet nicht notwendig Willkür. Rechtsanwendung bedeutet Macht. Macht aber bedarf der Bindung. Da das zu interpretierende Gesetz (wie auch Dogmatik und Präjudizien, die es mediatisieren) nur die Erkenntnis des Interpreten steuert, muß seine Handlungsfreiheit anderweitig eingebunden werden. Die Bande sind nicht sach-, sondern personfundiert: in Berufspflichten des Interpreten.

X. Berufspflichten des Interpreten: Dienstrecht und Amtsethos

Die Rechtswissenschaft zeigt wenig Sinn für dieses Thema. Sie konzentriert sich auf den intelligiblen Inhalt des Gesetzes. Dagegen beschäftigt sich die Soziologie mit dem Entscheidungsverhalten der Richter. Sie versucht, die integrativen Momente ihres Wirkens zu erklären, mit Anpassungsstrategien, Sprachkonventionen, internalisierten Rollenerwartungen, „verinnerlichtem Über-Ich."[68] Doch die Soziologie füllt die Lücke nicht aus, weil sie das Eigentliche ausspart: die Dimension des Sollens.

Das Entscheidungsverhalten des staatlichen Norminterpreten ist Gegenstand des Amts- und Dienstrechts. Das Richterrecht hält sich hier freilich zurück (nur teilweise gerechtfertigt durch die Unabhängigkeit des Richters),[69] während das Beamtenrecht eine Reihe einschlägiger Vorschriften enthält, welche ausschließliche Orientierung am Gemeinwohl und Verfassungstreue, uneigennützige und unparteiische Amtsführung,

---

67 Wolfgang Zöllner, Regelungsspielräume im Schuldvertragsrecht, in: AcP 196 (1996) 1 ff; Peter Lerche, Grundrechtswirkungen im Privatrecht, Einheit der Rechtsordnung und materielle Verfassung, in: FS Walter Odersky (1996) 215 (223 ff); Isensee (FN 46) 1089 f.

68 Darstellung und Analyse: Starck (FN 19) 51 ff.

69 Zu den Pflichten des Richters, die vor allem seine innere Unabhängigkeit sichern sollen: Barbey (FN 33) § 74 Rn 74 ff. Speziell zum Amtsrecht der Bundesverfassungsrichter: Geck (FN 48) 61 ff. – Fundierte Kritik an der übertriebenen Distanzierung des Richterrechts vom Beamtenrecht: Karl August Bettermann, Der Richter als Staatsdiener (1967), in: ders, Staatsrecht – Verfahrensrecht – Zivilrecht (1988) 119 ff.

Distanz zur Sache und zu den Parteien fordern und die Vorkehrungen treffen, daß auch im Vorfeld des amtlichen Handelns das Vertrauen der Bürger in die rechtliche Integrität des Staatshandelns nicht gefährdet wird.[70] Doch das Beamtenrecht läßt auch die Grenze möglicher rechtlicher Regulierung erkennen. Es bedient sich hochfliegender, weitgefaßter, unbestimmter Formeln: Dienst „dem ganzen Volk", Bedacht auf das „Wohl der Allgemeinheit", „volle Hingabe" an den Beruf, „gerechte" Erfüllung der Aufgaben, Amtsführung „nach bestem Gewissen". Beim Wort genommen, beziehen sich diese Pflichten auch auf die Gesinnung des Beamten. Rechtlich faßbar ist aber nur äußeres Verhalten. Nur dieses kann im Fall der Pflichtenverletzung geahndet werden. Die gesetzlichen Pflichtentatbestände bedürfen daher der pragmatischen Reduktion.

Dennoch ist der überschießende Wortlaut nicht sinnlos. Er zeigt das Ethos des Amtes an. Das Ethos aber erfaßt innere Einstellung *und* äußeres Verhalten. Es appelliert an das Gewissen des Amtsträgers. Das Ethos bildet die Grundlage der Rechtspflichten, und es umschließt sie, die nur das ethische Minimum bilden. Die Grenze zwischen den auch-rechtlichen und den nur-ethischen Pflichten ist im Einzelfall schwer zu bestimmen. Die Verwaltung bräche aber zusammen, wenn die Bediensteten ihre Tätigkeit auf die Erfüllung ihrer Rechtspflichten reduzierten und zu einem „Dienst nach Vorschrift" übergingen.[71]

Das Amts- und Dienstrecht der Richter enthält zwar nur wenige ausformulierte Pflichten, aber es verpflichtet, den Richtereid zu leisten und zu schwören, das Richteramt getreu der Verfassung und getreu dem Gesetz auszuüben, „nach bestem Wissen und Gewissen ohne Ansehen der Person zu urteilen und nur der Wahrheit und Gerechtigkeit zu dienen" (§ 38 Abs 1 DRiG). Die Eidesformel enthält keine erzwingbaren Rechtspflichten, aber sie beschreibt den moralischen Anspruch des Berufs. Mit seinem Schwur verspricht der Richter, sich diesem Anspruch vorbehaltlos zu stellen und ihn nach besten Kräften zu erfüllen.[72] Über alle definierten Rechtspflichten hinaus akzeptiert er das Ethos des Amtes.

Der rechtliche Aspekt dieser Pflichten wird für die Gesetzesinterpretation kaum praktisch relevant, weil sich diese (nicht ihre Publikation und tätige Umsetzung) im forum internum des einzelnen Interpreten vollzieht oder doch hinter den verschlossenen Türen des Kollegiums und

70 Vgl §§ 52-71 BBG, §§ 35-43 BRRG.

71 Das Paradoxon einer solchen Lähmung durch Legalität beschreibt ROBERT MUSIL in seinem Roman „Der Mann ohne Eigenschaften" am Fall von „Passiver Resistenz" kaiserlich königlicher Telegraphenbeamter (Ausgabe 1970, 448). – Zur rechtlichen Beurteilung JOSEF ISENSEE, Dienst nach Vorschrift als vorschriftswidriger Dienst, in: JZ 1971, 73 ff.

72 Vgl BARBEY (FN 33) § 74 Rn 74.

unter dem rechtlichen Schirm des Beratungsgeheimnisses. Es geht also letztlich um die dem Richteramt gemäße Gesinnung. Heteronome rechtliche Pflichten dringen zu ihr nicht durch. Sie kann nur autonom gesteuert werden durch Ethos. Die Auslegung des Gesetzes fordert das Amtsethos des Interpreten und damit die Anstrengung seines Gewissens, die Aufgabe der Institution, der er angehört, zu erfüllen.[73]

XI. Hermeneutische Ethik – Rekurs auf Klassiker

Das Ethos des Interpreten ist kein spezifisches Erfordernis der Rechtsanwendung. Es gilt, wie GADAMER dartut, allgemein für die geisteswissenschaftliche Hermeneutik und verbindet die Tätigkeit des Juristen mit der des Theologen, des Philologen und des Historikers.[74] Sie alle verstehen ihre Texte, indem sie diese vergegenwärtigen, also anwenden. Applikation aber ist „das wirkliche Verständnis des Allgemeinen selbst, das der gegebene Text für uns ist."[75] Das Wissen, das die geisteswissenschaftliche Hermeneutik verlangt, unterscheidet sich von dem theoretischen, wie es die Mathematik repräsentiert, weil geisteswissenschaftliches Verstehen immer auch Geschehen ist und Bezug hat auf das Handeln des Interpreten. Sie verlangt technisches Wissen, das er erlernen muß, darüber hinaus aber sittliches Wissen, das er vorab besitzen und das er betätigen muß, indem er mit sich zu Rate geht.[76] Applikation des Wortes vollzieht sich in Bindung an das Wort. GADAMER hebt als das Gemeinsame aller Formen der Hermeneutik heraus, „daß sich in der Auslegung der zu verstehende Sinn erst konkretisiert und vollendet, daß aber gleichwohl dieses auslegende Tun sich vollständig an den Sinn des Textes gebunden hält. Weder der Jurist noch der Theologe sieht in der Aufgabe der Applikation eine Freiheit gegenüber dem Text."[77]

Der Jurist setzt beim Gesetzestext voraus, daß er das richtige Recht, der Theologe beim biblischen Text, daß er die Wahrheit des Glaubens verkörpert. Hier leitet ein christliches, dort ein rechtsstaatliches Vorverständnis.

Die Theologie ist sich von jeher der ethischen Implikationen ihres Schriftverständnisses bewußt, wenn sie sich dem Anspruch der Wahrheit

---

73 Zum „Gewissen" des Parlamentariers: ERK VOLKMAR HEYEN, Über Gewissen und Vertrauen des Abgeordneten, in: Der Staat 25 (1986) 35 (49).

74 GADAMER (FN 24) 307 ff.

75 Grundlegend GADAMER (FN 24) 290 ff (Zitat: 323).

76 So auf der Grundlage der aristotelischen Philosophie GADAMER (FN 24) 290 ff, besonders 304 ff.

77 GADAMER (FN 24) 315.

stellt, bei der Erschließung historischer Texte mit ihren dunklen Stellen, die sie aufweisen, und den widersprüchlichen Deutungen, die sie auslösen, angesichts der Gefahr von Phantasmen, Schwarmgeisterei, Zitierwillkür, Instrumentalisierung für beliebige geistliche und weltliche Zwekke.[78] AUGUSTINUS deckt die Implikationen auf, nennt die Determinanten, welche die Auslegung leiten, wenn ihre kognitiven Möglichkeiten ausgeschöpft sind und bringt sie auf den Begriff:

- *magister interior:* Verstehen von innen heraus, nicht bloß äußerliche Entgegennahme exegetischer Lehren;
- *regula fidei:* Vorverständnis aus dem Ganzen der Glaubenswahrheit;
- *humilitas fidei:* Verzicht auf Hochmut, Unterwerfung unter die Wahrheit, Dienst für ihre Erkenntnis,
- *purgatio mentis:* Abkehr von den Ablenkungen der Sinneswelt, Askese, Versenkung in die Sache;
- *caritas:* Liebe zur Wahrheit, die sich im Verstehen der Schrift enthüllt, so daß nicht nur gilt: „crede, ut intelligas", sondern auch: „ama, ut videas".[79]

In den Prinzipien des großen Kirchenvaters findet sich verallgemeinerungsfähiges Gedankengut eines hermeneutischen Ethos. Als solche sind sie für die juridische Interpretation belangvoll.[80]

Der Gründer der modernen Staatsphilosophie, THOMAS HOBBES, wendet sich unmittelbar den kognitiven wie den ethischen Momenten der Gesetzesanwendung zu. Prämisse ist für HOBBES die objektive Vernünftigkeit des Gesetzes, die nicht der Vernunft irgendeines Privaten entspricht, auch nicht der eines untergeordneten Richters, sondern der des staatlichen Gesetzgebers; Gesetzgeber aber ist nicht der, welcher das Gesetz zuerst in Kraft gesetzt hat, sondern der, durch den es heute in Geltung steht, also nicht der historische Urheber, sondern der gegenwärtige Garant der Wirksamkeit. Das Wesen des Gesetzes liegt nicht im Buchstaben, sondern in dem Sinn, der sich aus dem Willen des Gesetzgebers ergibt. Die Auslegung hängt ab von der souveränen Autorität. Der Interpret bedarf der Ernennung durch den Souverän. Diesem schuldet er Treue; ohne eine solche Rückbindung könnte die Verschlagenheit des Interpreten dem Gesetz einen Sinn verleihen, der dem Willen des Souve-

78 Zu letzterem macht CHARLES DICKENS eine durch und durch untheologische Bemerkung: „Zweifelt wohl jemand an der Wahrheit des alten Sprüchleins, daß der Teufel, der doch ein echter und gerechter Laie ist, die heilige Schrift für seine Absichten benutzt? Wenn man sich die Mühe gibt, umherzublicken, so findet man jeden Tag weit mehr Bestätigungen dieser Tatsache, als die Dampfkanone in einer Minute Kugeln auswerfen kann" (Martin Chuzzlewit, 1843-1844, Kap 9).

79 ERNST DASSMANN, Augustinus (1993) 39 ff, bes 47 ff (Nachw). Aufschlußreich auch *ders,* Frühchristliche Prophetenexegese (1996).

80 „Übersetzungs"-Versuch: ISENSEE (FN 46) 1093.

räns entgegengesetzt wäre: der Interpret würde seinerseits zum Gesetzgeber. HOBBES nennt die Kriterien, die den guten Gesetzesinterpreten ausmachen:

- richtiges Verständnis des Gesetzes der Natur, das vom Vermögen der eigenen Vernunft abhängt, nicht vom Lesen der Schriften anderer (entfernte, profane Analogie zum „magister interior"),
- Geringschätzung überflüssiger Reichtümer und Privilegien (also ein Spurenelement von augustinischer Askese der „humilitas fidei"),
- Fähigkeit, sich in seinem Urteil von aller Furcht, allem Zorn und Haß, aller Liebe und allem Mitleid freizumachen („purgatio mentis" des Richters),
- geduldiges, aufmerksames Zuhören.[81]

Was HOBBES im Kontext des absolutistischen Staates vom Rechtsanwender verlangt, kann, mutatis mutandis, auf den Verfassungsstaat übertragen werden.

XII. Maximen des Interpretationsethos im Verfassungsstaat

Das Resümee für das Ethos, das den subjektiven Faktor des Gesetzesinterpreten in das System des demokratischen Rechtsstaats, den Verfassungsstaat also, einbindet,[82] läßt sich in wenige Grundregeln fassen: Ethos des Dienens, des Gemeinwohls, der Objektivität, der Rechts- und Verfassungstreue. Die Maximen beziehen sich auf das Ethos des Amtes, vornehmlich auf das des Richters als des unabhängigen, staatlichen Rechtsanwenders; sie können aber auf hierarchische Rechtsanwendung der Exekutive entsprechend übertragen werden. Für die rechtswissenschaftliche Normauslegung, die sich nicht innerhalb eines staatlichen Handlungs- und Entscheidungsprozesses vollzieht, gilt das Ethos der Wissenschaft. Gleichwohl darf sie, weil sie auf Anwendung ausgeht, die möglichen mittelbaren Wirkungen für die Rechtspraxis nicht ignorieren. So kann das Ethos des Amtes wenigstens mittelbar auch für sie beachtlich werden.[83]

1. Ethos des Dienens

Das Gesetz ist dem Interpreten als Gegenstand vorgegeben. Er hat den rechtlichen Sinn zu erschließen, den es enthält, nicht aber von sich

81 HOBBES (FN 26) II, 26, 203 ff (207, 209, 216).

82 Allgemein zum Staatsethos im Verfassungsstaat: GÜNTHER WINKLER, Verfassungsrecht und Verfassungsrechtsdenken (1991), in: ders, Studien zum Verfassungsrecht (1991) 1 (89 ff).

83 Hinweise zum Ethos des Staatsrechtslehrers: MICHAEL STOLLEIS, Staatsrechtslehre und Politik (1996) 23 ff.

aus einen Sinn zu unterlegen, der ihm selber gut dünkt.[84] Interpretation ist Dienst am Gesetz und fordert vom Interpreten Selbstbescheidung, eine juridische humilitas fidei: Unterwerfung unter den „beherrschenden Anspruch des Textes".[85] Die Herrschaft des Gesetzes ist nur möglich, wenn seine Anwender sich ihm unterordnen, und die Freiheit der Bürger ist nur möglich, wenn die Amtsträger, welche die Grenzen der Freiheit verbindlich interpretieren, unfrei sind, voll eingebunden in das Gesetz.[86]

Er darf nicht selbstherrlich mit dem Gesetz umgehen wie im heutigen Regietheater der Regisseur mit dem klassischen Drama, der es benutzt und zur Unkenntlichkeit verfremdet, um sich selbst zu inszenieren und seinem Profilierungsbedürfnis zu genügen. Gesetzesinterpretation bedarf der Werktreue. Diese verlangt vom Rechtsgelehrten eine gewisse Abstinenz von selbstzweckhafter Originalität. Die humilitas fordert vom Richter Verzicht auf politischen Amtsehrgeiz und auf übergesetzlich moralischen Impetus zur Weltverbesserung.

Wenn der Beobachter des Rechtslebens feststellt, daß die Rechtsanwendung Entwicklung und Wandel bewirkt, so darf der Akteur nicht darauf ausgehen, das geltende Recht auszugestalten und zu verändern. Seine Tätigkeit ist Dienst am Gesetz, freilich Dienst, der den Gedanken des Gesetzes aufnimmt, umsetzt, weiterdenkt.

2. Ethos des Gemeinwohls

Im Gesetz verkörpert sich der Wille der Allgemeinheit. In ihrem Dienst steht der Interpret, und zwar in doppelter Hinsicht: seine Aufgabe ist es, den Willen der Allgemeinheit zu vergegenwärtigen, und sein Amt leitet sich aus diesem Willen ab. Die Macht zu verbindlicher Entscheidung ist treuhänderischer Auftrag. Dieses Amtsverständnis bewegt sich in der republikanischen Tradition, die seit ARISTOTELES zur ethischen Identität Europas gehört: daß die Staatsgewalt, dem Inhaber nur verliehen, nicht zu seinem eigenen Vorteil oder dem seiner Partei, Klasse, Klientel ausgeübt werden darf, sondern ausschließlich zum Wohl der Bürger

---

84 Dazu, mit GOETHES Xenion „Im Auslegen seid frisch und munter, / legt Ihr's nicht aus, so legt was unter!": WINKLER (FN 3) 211.

85 Nach GADAMER sind die juristische und die theologische Hermeneutik das „wahre Vorbild" dafür, daß Hermeneutik nicht „Herrschaftswissen" ist, sondern sich selbst dem „beherrschenden Anspruch des Textes" unterordnet. „Auslegung des gesetzlichen Willens, Auslegung der göttlichen Verheißung zu sein, das sind offenkundig nicht Herrschafts-, sondern Dienstformen. Im Dienste dessen, was gelten soll, sind sie Auslegungen, die Applikation einschließen" (FN 24, 295).

86 Zum Amtsethos: WILHELMS HENNIS, Amtsgedanke und Demokratiebegriff, in: FS Rudolf Smend (1962) 51 ff; WINKLER (FN 82) 91 f; ISENSEE (FN 16) § 57 Rn 64 ff. Zum Ethos des Richters: BETTERMANN (FN 69) 139.

in ihrer Gesamtheit;[87] res publica res populi.[88] Dieses Ethos ist besonders gefährdet in der modernen Demokratie. „Das Staatsamt verpflichtet auch und gerade den parteipolitisch Gebundenen zur treuhänderischen Wahrnehmung seiner Aufgaben und verbietet jede parteipolitische Inbesitznahme und parteipolitische Besitzherrschaft unter Mißbrauch der Handlungsmöglichkeiten des Staatsamtes."[89]

Was das Gemeinwohl erheischt, wird in der Demokratie bestimmt und vermittelt durch das Gesetz. Eben deshalb darf der Interpret das Gemeinwohl nicht selber, am Gesetz vorbei, festlegen, etwa durch Präferenz einzelner öffentlicher Belange (etwa dem Schutz des „Schwächeren") und selektiven Umgang mit den Wertungen des Gesetzes.

3. Ethos der Objektivität

Der Richter darf sich nicht von persönlicher Voreingenommenheit für oder wider die Parteien, die um das Recht streiten, bestimmen lassen, sondern allein durch die Sache des Gesetzes, vor dem alle Menschen gleich sind. Die Pflicht zur Sachlichkeit hat sich auch zu bewähren, wenn der Rechtsstreit sich zu politischer Brisanz entzündet hat, wie es leicht bei Fragen der Verfassungsauslegung geschieht, jedoch nicht nur bei diesen. Hier hat der Richter unverführbar und uneinschüchterbar allein den Wertungen des Gesetzes zu folgen. „Politische Justiz" ist Perversion von Justiz.

Erweis ihrer ethischen Integrität ist die Verallgemeinerungsfähigkeit der Entscheidung. Der Richter muß sich prüfen, ob er die Rechtswohltat, die er der „sympathischen" Seite zudenkt, unter gleichen Voraussetzungen auch der „unsympathischen" zuerkennen würde, und ob der Rechtsnachteil, der dieser droht, entsprechend jener zukäme.

Der Richter hat Distanz zu halten zu den Parteien, die um das Recht streiten. Dazu reicht es nicht, daß er die gesetzlich bestimmten Befangenheits- und Unvereinbarkeitstatbestände meidet. Er muß seine innere Unabhängigkeit erhalten: die ausschließliche Ausrichtung auf die Sache des Gesetzes. Für Verfassungsrichter bedeutet das: Distanz gegenüber den politischen Kräften, vor allem zu den Parteien. Es ist nobile officium, daß ein Verfassungsrichter für die Dauer seiner Amtszeit die Parteimitgliedschaft ruhen läßt, nicht an Parteiveranstaltungen mitwirkt, nicht in politischen Zirkeln agiert.

Objektivität der Entscheidung verlangt eine purgatio mentis: die Überprüfung des Vorverständnisses auf parteilichen Affekt und sachwid-

87 Aristoteles, Politik, 1278 b – 1281 a. – Dazu Winkler (FN 82) 89, 92. – Zur Tradition des Gemeinwohlethos: Isensee (FN 16) § 57 Rn 7 ff, 13 ff.

88 M. Tullius Cicero, De re publica, I, 25.

89 Winkler (FN 82) 91 f.

rige Momente, die Bereitschaft, individuelle Neigungen und subjektive Bedürfnisse hintanzusetzen der Erkenntnis des Rechts und der Verwirklichung des Gesetzes.

4. Treue zu Rechtsidee und Verfassung

Auch der Verfassungsstaat hat seine regula fidei. Der Rechtsanwender muß die Rechtsordnung akzeptieren, mit ihr die Verfassung, die ihr zugrunde liegt, und sich leiten lassen vom Willen zur Rechtsidee und vom Willen zur Verfassung.[90] Die Macht, die in der Rechtsanwendung liegt, ist nur legitim als gebundene Macht. Da das Recht nur begrenzte Direktivkraft hat, bedarf es der Grundloyalität des Rechtsanwenders zu der Ordnung, die ihm die Grundlage und den Maßstab des Handelns gibt. Das erklärt, daß eine Verfassung, die auf Selbstbehauptung ausgeht, von ihren Amtswaltern nicht nur äußeren Rechtsgehorsam fordert, sondern Treue: Identifikation mit ihren Grundwerten (der „freiheitlich demokratischen Grundordnung").[91] Der Verfassungsstaat, der um der Freiheit willen von seinen Bürgern nur Legalität fordert, besteht, um dieser Freiheit willen, seinen Amtsträgern gegenüber auch auf Moralität, weil so die vom Gesetz nur begrenzt steuerbare Ausübung von Staatsgewalt hinlänglich eingebunden und das Grundvertrauen des Bürgers in die Integrität des Systems hergestellt werden kann. Wenn dieser die Grundübereinstimmung des Richters mit der Gesamtordnung des Rechts erwarten kann, ist ihm zuzumuten, daß er sich – ungeachtet aller verbleibenden Unsicherheit der Rechtsfindung – dessen Spruch unterwirft, und von ihm zu hoffen, daß er diesen letztlich auch akzeptiert.

---

90 Formel: Konrad Hesse, Grundzüge des Verfassungsrechts der Bundesrepublik Deutschland ([20]1995) Rn 44.

91 Dazu BVerfGE 39, 334 (346 ff).

Joseph H. Kaiser

Das Recht im Cyberspace

Eine spontane Ordnung noch ohne Hierarchie

Die Erstreckung unseres Daseins in *Zeit* und *Raum*, sie zu begreifen als individuelle und als historische Dimensionen und ihren unabweisbaren Perspektiven und Ansprüchen gerecht zu werden: das ist eine Aufgabe des *Rechts*; gewiß nicht allein des Rechts, aber unter den dem Menschen und den menschlichen Gemeinschaften dazu verfügbaren Einsichten und Bindungen wie *Religion* und Philosophie rangiert das Recht, in engen Bezügen zu beiden, als Ordnungsmacht: mit dem Rang der Kompetenz und der Verantwortung, *Ordnung* herzustellen und zu gewährleisten, individuell und kollektiv. Das Recht ist dabei stärker bezogen auf Zeit und Raum seiner Geltung als Religion und Philosophie.

GÜNTHER WINKLER hat mit seinem großen Werk *„Zeit und Recht"*, Forschungen aus Staat und Recht 100, 1995, über die eine der beiden Dimensionen dazu angeregt, über die andere Dimension, den *Raum*, ein paar Überlegungen anzustellen: bescheiden nicht nur in den gegebenen Grenzen des Umfangs eines solchen Beitrags, sondern auch in dem Bewußtsein eines sich in seinen Dimensionen stürmisch erschließenden neuen Raums im *Cyberspace*.

I. Der „virtuelle Raum"

Das Phänomen ist bekannt. Zu seiner Vergegenwärtigung bedarf es nur weniger Worte.

„Cyberspace" ist ursprünglich Science-fiction und wurde für künstliche, vom Computer erzeugte kybernetische Welten von William Gibson geprägt. Heute ist „Cyberspace" als ein Begriff in Gebrauch, der internationale Datennetze wie „Internet", „Compu-Serve", „America Online" und andere umfaßt; weitere vergleichbare Dienste drängen auf den Markt, darunter *„Datex M"* – *„T-Online"* der Deutschen Telekom.

So bildet sich ein neuer Raum. Seine Natur ist nicht territorial, sondern kommunikativ. Seine Infrastruktur ist die Elektronik. Sie leistet in Gestalt sich technisch noch weiterentwickelnder Mikroelektronik die

Konstituierung dieses virtuellen Raums, fortschreitend digital, dh es werden die „analogen“ Signale (zB der gesprochenen Sprache) zu einer Folge von Null und Eins codiert und im Endgerät in die Ausgangssignale zurückverwandelt (mit einer bis dahin unbekannten Übertragungsqualität, gern als „technischer Quantensprung“ bezeichnet). Beliebte Umschreibungen wie „digitale Superhighways“ oder „Daten-Infobahnen“ reflektieren nur unvollkommen die Natur dieses durch die Vernetzung von Computersystemen sich zunehmend ausdehnenden „virtuellen Raumes“. Die Abwesenheit des territorialen Elements in diesem Raum spricht sich in Vergleichen mit dem Ozean aus: das „Surfen“ im Internet, dem am meisten verbreiteten Datennetz, ist „eine neue und beliebte ‚Sportart‘“: es findet in dem „WorldWideWeb“ (das dem Internet zugerechnet wird) gute Voraussetzungen. Das Internet „kennt keine Zensur, keine Zentralisierung und keine „Kontrolle“[1].

Die Chancen des Cyberspace sind in Europa lange Zeit mit Zurückhaltung beurteilt worden[2]. In Wirtschaft und Wissenschaft ist die Bewegung im Cyberspace kommunikativer Alltag[3]. Der Markt boomt. Ein Unternehmen, das sich nicht an der Cyberspace-Euphorie orientierte, ging in Konkurs[4]. Die Multimedia-Märkte mit einer Vielfalt neuer Informations-, Unterhaltungs- und Bildungsangeboten, außerdem mit dem viel genannten Teleshopping und Telebanking, sind Wachstumsmärkte wie keine anderen. Junge amerikanische Unternehmen, die den Märkten

---

1 Jürgen Becker in: J. Becker (Hrsg), Rechtsprobleme internationaler Datennetze (1996) 8.

2 Das Büro für Technikfolgenabschätzung beim Deutschen Bundestag (TAB), das von dem Institut für Technikfolgenabschätzung und Systemanalyse des Forschungszentrums Karlsruhe (ITAS) betrieben wird, hat im Mai 1995 dem Bundestag einen Arbeitsbericht vorgelegt, der in die sorgfältig dokumentierte Studie von U. Riehm/B. Wingert, Multimedia, Mythen, Chancen und Herausforderungen, Bollmann Verlag (1995) VI, 3, 92 für den privaten Anwendungsbereich eingegangen ist.

Th. Hoeren, Das Internet für Juristen – eine Einführung, NJW 1995, 3295. Die Auffassung, die Nutzung des Internet kommerziell durch Unternehmen für Marketingzwecke verstoße „gegen den Geist des Internet“ (3298), verdient keine Zustimmung.

Die unter dem Eindruck der Entwicklung in USA auch in Deutschland geweckte „Online-Euphorie“ sollte auch durch eine empirische Pilotstudie des Instituts für qualitative Markt- und Wirkungsanalysen in Köln gedämpft werden (FAZ vom 20. 3. 1996).

Internet und die anderen Dienste würden hiernach in den nächsten fünf Jahren in Deutschland keine Karriere als Massenmedium machen; dem Medium fehle der Alltagsbezug. – Selten ist eine Prognose durch die tatsächliche Entwicklung so rasch widerlegt worden.

3 An den bayerischen Universitäten gehen im Durchschnitt pro Tag 100.000 neue Beiträge ein (U. Sieber, Strafrechtliche Verantwortlichkeit für den Datenverkehr in internationalen Computernetzen, JZ 1996, 432, Anm 30.

4 Der Online-Dienst Europe Online (Burda) war in diesem Markt als allgemeiner Informationsdienst nicht richtig positioniert (FAZ vom 6. 8. 1996).

technisch und kommerziell Richtungen gewiesen haben, sind mit spektakulären Erfolgen an der Börse belohnt worden[5]. Der größte Marktanteil wird dem Geschäftsverkehr zufallen. Es werden aber auch schon über Internet erreichte Fahndungserfolge gemeldet. Die Möglichkeiten des Cyberspace werden aber auch von einer schnell wachsenden Zahl Einzelner genutzt; Internet-Cafes erfreuen sich zunehmender Beliebtheit, Vereine versprechen Zugang zu den neuen kommunikativen Welten. Wir sind dabei in Europa aber noch ziemlich weit entfernt von dem, was möglich ist, und von dem, was in USA schon geschieht.

II. Regelungsansätze kommerzieller und staatlicher Provenienz

Der Cyberspace ist ein Fascinosum, wie es in der Wirtschaft gegenwärtig ein zweites nicht gibt.

Es gibt kein Cyberspace-Recht, denn es gibt keine Instanz, die die Befugnis hätte, für das „künstliche Universum" Recht zu setzen und durchzusetzen. Vom Internet heißt es deshalb: „Es gehört niemandem", es hat keinen Betreiber. Es gibt keine „Internet Inc., die verantwortlich für all das wäre, was im Internet geschieht"[6].

Ebenso evident ist ein elementarer Bedarf an Regeln. Wie die Technik und wie eine Fachsprache so haben sich in USA „Cybermanners" herausgebildet. Das amerikanische ComputerEthics Institute hat einigen der Regeln sehr allgemeine Formulierungen gegeben, zB: „not use a computer to harm other people" und „use a computer in ways that show consideration and respect".

Konkreter sind die Handlungsdirektiven für E-Mail, zB: „Nachrichten sollten sich auf das Notwendigste beschränken". Die Benimmregeln für das „WorldWideWeb" sind weniger detailliert; „dazu ist das WWW zu jung"[7].

In Deutschland sind konkrete Regeln in die Verträge mit privaten E-Mail-Systemen eingegangen. Es wird auf ein „Policy Document" des Fidonet verwiesen, das auf zirka 50 Seiten konkrete Handlungsanweisungen enthält. Für die Zielsetzung solcher Regeln ist kennzeichnend, daß ua jedes Excessively Annoying Behavior untersagt ist. Der Netzbetrieb

[5] Diese Daten behalten ihre Aussagekraft, auch wenn sich nach Übersteigerungen in den jüngsten Kursen leicht gedämpfte Erwartungen aussprechen.

[6] Mathias Schwarz, Urheberrecht im Internet, in: J. Becker (Hrsg), FN 1, 12.

[7] Th. Hoeren, Internationale Netze und das Wettbewerbsrecht, in: J. Becker (Hrsg), FN 1, 35.

soll nicht durch übermäßige Inanspruchnahme belastet werden, und untersagt ist auch, was „einen Mißbrauch ... darstellen würde“[8].

Th. Hoeren hat es unternommen, diese Art „Netiquette“ zu analysieren. Durchgängig ist untersagt, was den Netzbetrieb, etwa durch übermäßige Inanspruchnahme, stören könnte. Rechtscharakter hat das Verbot unaufgeforderter Werbung[9]. „Diese Regeln“ haben sich „unter den Nutzern formlos gebildet“ und werden „von den Mailboxbetreibern zur Voraussetzung der Zulassung gemacht“[10].

Außer der umfangreichen amerikanischen Rechtsprechung ist eine deutsche Entscheidung zur Frage der Haftung für Äußerungen im Online-Bereich von Interesse: Das LG Stuttgart hat sich über die Sorgfaltspflicht eines Mailboxbetreibers ausgesprochen: sie sei der Verantwortlichkeit eines Zeitungsverlegers für den Anzeigenteil vergleichbar: eine zeitaufwendige und im Einzelfall schwierige rechtliche Überprüfungspflicht würde die Sorgfaltsanforderungen überspannen[11].

1. Aus dieser (notwendig sehr unvollständigen) Übersicht mag sich für die Natur der „Cybermanners“ ergeben: Ihr *Inhalt* ist nicht durchweg bestimmt durch ein vorgegebenes Apriori geltenden Rechts, sondern durch die praktischen Bedürfnisse das Cyberspace. Sie sind auf das *optimale Funktionieren* des im Ursprung chaotischen, weltumspannenden, einer zentralen Autorität entbehrenden Systems ausgerichtet. Die Regeln sind flexibel und passen sich mühelos den Besonderheiten des Internet, der E-Mail etc an. Die *Durchsetzung* entbehrt nicht jeder Möglichkeit der Sanktion, auch soweit sie nicht Vertragscharakter haben oder dafür, wie in Deutschland, *Urheberrecht, Wettbewerbsrecht*, und Analogien aus verwandten Rechtsgebieten, wie dem *Presserecht*,zur Verfügung stehen.

In USA sind Regelverletzungen auch durch *Selbsthilfe* geahndet worden. „Gravierende Verstöße führen oftmals zu öffentlichen Beschimpfungen (Flames) oder zu Unmengen von Protest-E-Mail“[12]. Gern angeführt wird der Fall, daß auf den Mißbrauch des Netzes durch unangemessene Werbung (wozu die geringen Kosten verführen) der Anschluß des „Delinquenten“ durch massenhafte Protestsendungen für eine Weile außer Funktion gesetzt wurde.

---

8 AaO 39.

9 Die deutsche Rechtsprechung zu Telefax und Btx ist hier einschlägig; vgl aaO 41 ff mit Anm 36. Die hier ebenfalls referierte amerikanische Rechtsprechung bietet zusätzliche Einsichten. Sie hat eine „Verwilderung der Wettbewerbssitten“ (aaO 54) nicht hindern können.

10 N. P. Flechsig, Rechtsprobleme internationaler Datennetze im Lichte des Persönlichkeits- und Äußerungsrechts, in: J. Becker (Hrsg), FN 1, 61.

11 Entscheidung das LG Stuttgart vom 17. 11. 1987; vgl Flechsig, aaO 76 f.

12 N. P. Flechsig, aaO 62.

Der informelle Charakter der Benimmregeln kommt in den verschiedenen Bezeichnungen (auch „Netiquette") zum Ausdruck, deren allmähliche Verfestigung spricht sich jedoch auch schon in Begriffen wie „Cyberrights" und „Netlaw", auch in einer umfangreichen juristischen Literatur[13] und in der Rechtsprechung amerikanischer Gerichte[14] aus. Es agieren aber nach wie vor in rascher Veränderung befindliche private Streitschlichtungsgremien.

2. In dieser reich dokumentierten Entwicklung wird die *Geburt des neuen Raumes*[15], des Cyberspace, offenbar. Er ist nicht eine Schöpfung das Rechts. Der Vorgang ist vielmehr gekennzeichnet durch eine langwährende Abwesenheit des Staates und der internationalen Träger öffentlicher Gewalt. Sie sind auch heute angesichts der technischen Möglichkeiten des Einzelnen im Cyberspace darauf beschränkt, Rahmenbedingungen zu setzen, eine gewisse Aufsicht zu führen, Rechtsuchenden auch die zuständigen Institutionen zu öffnen: insgesamt Maßnahmen, die noch wenig greifen.

Vor diesem Hintergrund überwiegend noch willkommener Distanz der öffentlichen Gewalten haben sich Ordnung schaffende Regeln primär aus dem Cyberspace und seinen Teilsystemen entwickelt, weil solcher Regeln die Nutzer dringend bedürfen.

Es gibt eine berühmte Denkfigur, die darin eine Bestätigung findet, der wir auch aus solcher empirischen Wahrnehmung die Überzeugungskraft und den intellektuellen Rang der *Evidenz* zuschreiben können. Friedrich A. von Hayek hat sie klassisch formuliert: „The Results of Human Action but not of Human Design"[16]. So umschrieb F. A. von Hayek „Ordnungen, die sich selbst bilden, wenn die Elemente gewissen Regelmäßigkeiten gehorchen, die aber von diesen Regelmäßigkeiten des Einzelverhaltens verschieden sind". Er fand die Entdeckung „solcher spontan sich bildender Ordnungen" als „das Ergebnis menschlichen Handelns, aber nicht menschliche Absicht" schon bei den sozialwissenschaft-

---

13 AaO, mit Anm 32.

14 AaO 73 ff., wo auch ein britischer Fall berichtet wird. Vgl zum Ganzen auch Th. Hoeren und T. Thum, Internet und IPR – Kollisionsrechtliche Anknüpfungen in internationalen Datennetzen, demnächst in: ÖSGRUM 1996.

15 Carl Schmitt hat in seinem „Gespräch über den Neuen Raum" bemerkt: „Es öffnen sich heute, dank der modernen Technik, auf unserem Planeten selbst genug neue Räume, ohne daß wir gleich in den Kosmos hineinstoßen müßten" (in der von Günter Maschke besorgten Ausgabe „Staat, Großraum, Nomos" [Berlin 1995] 568). Über die vorausgehenden Veröffentlichungen dieses Gesprächs unterrichtet der Herausgeber 571.

16 Ein Aufsatz unter diesem Titel ist wiederholt publiziert; Nachweise in F. A. von Hayek, Rechtsordnung und Handelnsordnung, in: Zur Einheit der Rechts- und Staatswissenschaften, Ringvorlesung der Rechts- und Staatswissenschaftlichen Fakultät Freiburg (Karlsruhe 1967) 197, Anm4.

lichen Denkern des 18. Jahrhunderts[17]. Als Unterscheidungsmerkmal hob VON HAYEK in der Ringvorlesung hervor, daß spontane Ordnungen zweckunabhängig, Anordnungen und Organisationen jedoch durch konkrete Zwecke bestimmt seien[18]. Der *Cyberspace ist eine spontane Ordnung dieser Art.* Man wird dabei jedoch nicht, anders als VON HAYEK, die Abwesenheit von Zwecken als entscheidendes Merkmal hervorheben müssen. Das die Ordnung im Cyberspace konstituierende Handeln der Einzelnen wird man auch über die Ausrichtung des Einzelhandelns hinaus als durch einen höheren Zweck: die Funktion des Systems, bestimmt ansehen können. VON HAYEK hat schon in der Ringvorlesung darauf hingewiesen, daß die *Kybernetik* „unter dem Namen selbstregulierender oder sich selbst-organisierender Systeme etwas ähnliches geschaffen" habe: etwas das einer spontanen Ordnung ähnlich sei[19].

Das Gedankengut VON HAYEKS ist auch heute in Freiburg lebendig und ist eine Grundlage für den *unermüdlichen Kampf gegen das Vordringen der staatlichen Regulierungen*[20].

3. Mit „Medienwelt und ihrer Verrechtlichung" hat die Neue Zürcher Zeitung schweizerische Publikationen vorgestellt[21] und damit eine allgemeine westeuropäische Tendenz ausgesprochen. Daraus folgt im Schrifttum nicht notwendig ein Plädoyer für staatliche Regelungen[22]. Das Recht des Cyberspace werde nicht hierarchisch organisiert sein, sondern „als loser Verbund von Regeln und Konventionen wachsen ... in dem eine freiwillige Schiedsgerichtsbarkeit Streitfälle schlichtet. Was dies genau heißen könnte, ist schwierig zu sagen"[23].

---

17 AaO mit dem Hinweis auf die erste Skizze der Unterscheidung zwischen spontanen Ordnungen und Anordnungen oder Organisationen in Ordo XIV (1963).

18 AaO 198. Ich habe in einer dieser Ringvorlesungen „Ökonomische Ordnungspostulate und juristische Normierung" aaO 49 ff in Anknüpfung an FRANZ BÖHM unter Hervorhebung der Funktion der Entscheidung ausdrücklich eine Gegenposition zu F. A. VON HAYEK formuliert. Das war der Ausgangspunkt gelegentlichen freundschaftlichen Austausches.

19 AaO 198. F. A. VON HAYEK hat sich nicht zu der von FRANZ BÖHM und WALTER EUCKEN begründeten Freiburger Schule im engeren Sinn gerechnet, sondern bezeichnete sich stets als „Altliberalen".

20 M. E. STREIT, Freiburger Beiträge zur Ordnungsökonomik (1995); Verein der Freiburger Wirtschaftswissenschaftler, Ordnungspolitische Aspekte der europäischen Integration (Baden-Baden 1996).

21 NZZ vom 10. 04. 1996.

22 F. C. MAYER gelangt in einer gut dokumentierten Studie „Recht und Cyberspace", NJW 1996, 1782, zu der Überlegung, den Cyberspace in Anbetracht seiner besonderen Natur „als eigenständigen, neuartigen Rechtsraum zu begreifen". Für das industrielle Zeitalter sei der Nationalstaat das adäquate Modell gewesen, er sei „mitnichten aber für das informationelle Zeitalter geeignet", und er bezieht sich dazu auch auf amerikanische Literatur (aaO 1790 mit Anm 98).

23 Davon ausgehend fordert Verf „die rechtliche Autonomie im Cyberspace ...", im Rahmen derer sich Regeln eigenständig ausbilden und die durch schiedgerichtliche Streit-

Es gibt im Cyberspace Rechtsprobleme ohne Zahl, zu deren Lösung gegenwärtig wenig mehr als der Rückgriff auf staatliche Regelungen bleibt, die Europäische Kommission jedoch ein breit angelegtes Rechtsetzungsverfahren eingeleitet hat. Dennoch fragt der Richter am Bundespatentgericht MARTIN VOGEL: „Sprengt die neue Technik den Rechtsrahmen?"[24]. Er sieht eine Lösung aber ua in der „Anpassungsfähigkeit bestehender Normen"; es sei beispielsweise „mit verhältnismäßig wenigen Änderungen des Urheberrechtsgesetzes auszukommen"[25]. C. D. MÜLLER-HENGSTENBERG prüft die Anwendbarkeit von Urheberrecht und Vertragsrecht sowie datenschutzrechtliche Aspekte und resümiert, die neuen technologischen Entwicklungen würden „die im wesentlichen national geprägten Rechtssysteme in ihrer ordnenden und rechtschaffenden Wirkung für die Gesellschaft in Frage stellen" und hält „dringend eine schnelle Internationalisierung für notwendig[26].

Wozu nationales Recht gegenwärtig immer noch imstande ist, wird von R. KREILE und J. BECKER am Beispiel des Urheberrechts in einer dieses Problemfeld weitgehend erfassenden minutiösen Studie belegt[27]. An Beispielen wird hier anschaulich dargelegt, daß eine dogmatische Einordnung in das geltende Urheberrecht möglich ist. Ein Lizenzierungsmodell wird vorgestellt, das europaweit beispielhaft ist.

4. Das Multimediarecht der Realität globaler Kommunikationsmärkte anzupassen ist eine Aufgabe, der die nationalen Gesetzgeber nur in wenigen Rechtsgebieten gewachsen sind.

Es gibt Regelungsutopisten, die heftig an den Toren zum Cyberspace rütteln und zB die Rundfunkzuständigkeit der Länder für einen Passepartout halten. Sie sollten einer strengen Zugangskontrolle unterworfen werden, auch aus Gründen des Cyberspace-Umweltschutzes, um uns vor dem Regelungsschutt zu bewahren, der aus Normen anfallen würde,die den in das nationale Recht hereinbrechenden Innovationen nicht gewachsen und in der Praxis nicht anwendbar oder nicht durchsetzbar wären.

Die deutschen *Länder* haben unter Inanspruchnahme ihrer Zuständigkeit für Rundfunk einen Staatsvertrag entworfen, aber Multimedia ist

---

schlichtungsmechanismen zu ergänzen wären. Als Alternative käme eine Internationalisierung mit Hilfe internationaler Konventionen in Betracht (1790, 1791).

24 Multimedia und weltweite Vernetzung, Blick durch die Wirtschaft vom 3. 4. 1996 ff.

25 Blick durch die Wirtschaft vom 12. 4. 1996.

26 Nationale und internationale Rechtsprobleme im Internet, NJW vom 10. Juli 1996, 1777, 1782.

27 Multimedia und die Praxis der Lizenzierung von Urheberrechten, demnächst in GRUR-Int 96.

kein Rundfunk[28]. K. BIEDENKOPF sprach sich in einer sachkundigen Eröffnung der Medienmesse in Leipzig gegen das Staatsvertragsprojekt aus[29]. Die Länder gaben mit dem Projekt ein Beispiel bürokratischer Regelungswut; sie blieben beim Gewohnten, wollten über den Zugang bestimmen, sich Eingriffsrechte vorbehalten und gaben ein Beispiel einer ideologisch motivierten Vergreisung unserer Spätkultur. Von JUVENAL fällt einem ein: „Difficile est saturam non scribere" (Saturae 1,30).

Ein noch wenig konkretes Projekt eines *Bundesgesetzes* tritt den Ansprüchen der Länder entgegen, bestimmt freien Zutritt zu den Netzen und will maximale Deregulierung. Die Bundesregierung versucht damit, als erste Regierung eines der G-7 Länder Rahmenbedingungen für die Nutzung liberalisierter Märkte zu schaffen. Man hat offensichtlich Mühe, dem Neuen kompatible Konzepte zu entwickeln. Für das Störpotential unbedarfter politischer und gesetzgeberischer Eingriffe müssen die Netze unzugänglich bleiben.

Die Europäische Kommission hat mit detaillierten Fragen an die interessierten Gruppen ein angemessen breit angelegtes Regelungsprojekt begonnen und darüber am 19. Juli 1995 das Grünbuch „Urheberrecht und verwandte Schutzrechte in der Informationsgesellschaft" vorgelegt[30]. Dem ging voraus der Bericht einer unter dem Vorsitz von Kommissar Bangemann geleiteten Gruppe an den Europäischen Rat; darin wird hervorgehoben, daß der „Schutz der geistigen Eigentumsrechte den neuen Herausforderungen der Globalisierung und Multimedia gerecht werden muß". Von der Generaldirektion XIII der Kommission ist im Juli 1995 ein Rahmenrichtlinienentwurf für die *Lizenzierung* von Telekommunikations-Dienstleistungen vorgelegt worden. Dem ist mit Recht entgegengehalten worden, „die neuen Dienste sollten sich zunächst unreglementiert und frei entfalten können"; die Marktentwicklung dürfe nicht durch zu große regulatorisehe Aufgaben behindert werden[31]. Es ist die Aufgabe der EU-Organe, die nationalen Rechte den Grundsätzen des Gemeinsamen Marktes entsprechend zu harmonisieren; die hier intendierten Lizenzierungsverfahren, Auflagen etc gehen jedoch darüber hinaus. Man wünschte sich auch hier, den Puls der *Praxis* etwas stärker zu spüren, und sei es auf Kosten einer nicht selten überbordenden Rück-

28 M. BULLINGER und E.-J. MESTMÄCKER haben das in einem Gutachten für den Bundesbildungsminister klargestellt. Vgl auch M. BULLINGER, Der Rundfunkbegriff in der Differenzierung kommunikativer Dienste, AfP 1996, 1 ff.

29 Leipziger Volkszeitung vom 14. 5. 1996.

30 KOM (95) 382 endg. Darüber unterrichtet S. VON LEWINSKI, Das europäische Grünbuch über das Urheberrecht und neue Technologien, GRUR Int 1995, 831.

31 N. P. FLECHSIG, aaO 81 f.

koppelung auf (der empirischen Erprobung mitunter nicht hinreichend ausgesetzte) Grundsätze[32].

5. Der *Weltgeist* sprach, soweit nicht in der Sprache der Philosophie HEGELS, in den Sprachen der jeweiligen Weltmächte; Residuen und überholte Ansprüche gibt es davon noch in den Sprachen der UN und in Europa.

Es sind keine Machtallüren, die das Amerikanische zur Sprache im Cyberspace gemacht haben, obwohl das Internet aus dem US-militärisch-industriellen Komplex hervorgegangen ist. Priorität haben Präzision, Treffsicherheit und möglichst weitgehende Verständlichkeit einer Sprache. Zugeständnisse an nationale Rechtssprachen auf Kosten der Rationalität können nicht erwartet werden.

Ein Mißtrauen gegen Fremdes in Europa, „insbesondere wenn sich dieses in einer anderen Sprache als der eigenen darstellt",[33] mag in der EU, außer dem Nationalismus insbesondere den kleinen Mitgliedstaaten, zu der extrem kostspieligen Sprachenpraxis beigetragen haben. Im Cyberspace ist dergleichen unbekannt. Die Begriffsbildung wird beherrscht durch das, was sie zu leisten hat; sie muß den technischen Funktionen optimal entsprechen und ist durchweg instrumentaeisiert. Zahllose aus dem Amerikanischen gewonnene Abkürzungen sind die Konsequenz; sie sind nicht nur nützlich, sondern auch weitgehend beliebt.

Gegen die Amerikanismen bäumt sich Frankreich auf mit dem Elan einer auf sein Potential reduzierten Weltmacht und angetrieben auch durch einen anscheinend unüberwindlichen Antiamerikanismus in Teilen seiner politischen Klasse. Die Neigung französischer Politik zum Einsatz rechtlicher Instrumente äußerte sich zur Abwehr sprachlicher Überfremdung in dem ominösen Sprachgesetz von 1994, auch nach Aufhebung einiger Artikel durch den Verfassungsrat[34]. Das Gesetz hat Auswir-

---

32 Die in den Strategien von Unternehmen gelegentlich zutage tretende Ratlosigkeit – jüngst in Deutschland und in Frankreich zB in der Auseinandersetzung um Decoder für Pay-TV – mag Mitglieder der Kommission gemeinwohlorientiert zu Ratschlägen oder auch maßvollem Druck veranlassen. Das offensichtliche Risiko unternehmerischer Mißerfolge kann durch Politik und Gesetze jedoch nur in Maßen minimiert werden.

Das braucht die Kommission natürlich nicht zu hindern, auf die Einführung des *vollständigen Wettbewerbs* auf den Telekommunikationsmärkten zu drängen. Darauf ist die Richtlinie 96/19/EG zur Änderung der Richtlinie 90/388/EWG vom 13. März 1996 ausgerichtet.

33 HANS-JOACHIM GLAESNER, Der Weg nach Maastricht, EuR 1995, 22.

34 Zu dessen Argumenten zählt der Hinweis, eine Sprache sei etwas Lebendiges, das sich fortentwickele und neue Begriffe aus regionalen oder anderen Sprachen aufnehme. Jeder könne als ein Recht der Meinungsfreiheit die geeignetsten Begriffe für den Ausdruck seiner Gedanken wählen.

kungen namentlich für Handel und Werbung; Verstöße sind auch schon mit einer milden Strafe geahndet[35] worden.

Die deutsche Sprache verdankt ihren größeren Reichtum an Ausdrucksmöglichkeiten auch ihrer Offenheit gegenüber anderen[36].

III. Widerstände gegen die Freiheiten beschränkende Regelungen und gegen jede Art von Paternalismus

1. Die Bekämpfung der Kriminalität im Cyberspace – deren Erscheinungsformen darzustellen außerhalb der Grenzen dieses Essay läge – stößt natürlich auf Schwierigkeiten, die sich aus dem grenzüberschreitenden Charakter der Netze ergeben[37]: global auch auf Verfall oder Abwesenheit von bereichsbezogenen, staatlich gewährleisteten konkreten Ordnungen mit der Folge von dementsprechend partiell unverkennbarem Chaos; sie stößt außerdem auf Widerstände nicht zuletzt mentaler Art.

Sie nähren sich vor allem aus einem sich rasch ausbreitenden Lebensgefühl, das gekennzeichnet ist durch *Individualismus* und die Abkehr von manchen überlieferten, disziplinierenden sittlichen und rechtlichen Normen. Ein Ausgangspunkt ist die Individualisierung der Mediennutzung im nichtkommerziellen Bereich, die übereinstimmend für sämtliche Medien festgestellt wird[38]. Es scheint, daß wir erneut in eine Epoche der Subjektivität eintreten, in der das Profil des Individuums jedoch stark verflacht ist[39]. Die Feststellung der Individualisierung kommt nicht um-

---

35 Die Charta des Europarats für Regional- und Minderheitensprachen von 1992 ist von Frankreich noch nicht einmal unterzeichnet worden (FAZ vom 9. Juli 1996).

Der französische Sprachnationalismus richtete sich auch schon gegen das Deutsche: Für ein internationales Manöver im Oktober 1995 in Ungarn, bei dem die Bundeswehr das größte Kontingent stellte, war ein Informationsblatt auch auf deutsch vorgesehen. Die Franzosen zwangen durch förmlichen Protest die Manöverleitung, die deutsche Ausgabe einzustellen (FAZ vom 3. 11. 1995).

Ein französischer Linguist, Claude Hagège, am College de France, hat dagegen für Deutsch und Französisch, nächst dem Englischen, als die führenden Sprachen des Kontinents plädiert (NZZ vom 9. 8. 1996).

Der in der französischen Sprachpolitik gelegentlich zutage tretende nationalistische Ernst, der das Ridicul zu streifen sich nicht fürchtet, hat im Cyberspace wenig Chancen.

36 Goethe hat in Gedichten die Ausdrucksmöglichkeiten auch des Englischen und Französischen getestet: „A Song over the Unconfidence toward Myself" und „Le Véritable ami", Neue Gesamtausgabe (Stuttgart oJ) 853, 855.

37 Zum Ganzen vgl U. Sieber, Strafrechtliche Verantwortlichkeit für den Datenverkehr in internationalen Computernetzen, Neue Herausforderungen des Internet, JZ vom 3. 5. 1996, 429.

38 Statt anderer D. Stolte, Vom Markt zur Marke, ZDF-Jahrbuch 95 (Mainz 1996) 50.

39 Auch in den ehemals sozialistischen Staaten, Rußland eingeschlossen, finden individualistische Gesellschaftsmodelle weit mehr Anhänger als egalitäre Leitbilder.

hin, die während geraumer Zeit unüberhörbaren Klagen über das Abgleiten eines auf die Person bezogenen Ethos und dadurch bestimmter Strukturen in Vermassung und „Massengesellschaft" und die kompensatorischen Effekte verschiedener Tendenzen in Betracht zu ziehen.

2. Deutschland im Abstieg[40]. Das ist auch der Abstieg einiger seiner überkommenen *Eliten* in ungebührlichen Eigennutz und Mediokrität. Es ist an der Zeit, Roß und Reiter zu nennen und einigen Windungen gewohnter Parcours die Diskretion zu entziehen, damit jedenfalls einen Anfang zu machen. Das maßstabgebende Gewicht der Führungen von Instituten wie der Deutschen Bank, von Unternehmen wie Daimler Benz und Volkswagen und deren politischen und gewerkschaftlichen Verflechtungen verpflichtet die verantwortlichen Persönlichkeiten, *Vorbild zu sein*[41], ähnlich wie in der Politik[42]. Die Legitimationen der öffentlichen Institutionen changieren nach Sachgebieten und Intensität; vielfach nehmen sie ab, auch als Folge einer durch Selbstzufriedenheit und mangelnde Dynamik geprägten „Unternehmenskultur". Legitimationssubstanz wird von ihren Trägern auch verschwendet: durch Machtgebrauch zum eigenen Nutzen und auch, wenn sie ungerechtfertigten Bereicherungen anderer Vorschub leisten oder sie zulassen. Die massive Erhöhung von Vorstandsbezügen in USA und in Deutschland, während Konjunktur und Strukturkrisen Lohndämpfung fordern lassen, hat in der ausländischen Presse Kritik gefunden. Der bequeme „golden handshake" paßt kaum in unser System (JOACHIM ZAHN). Skandalös ist die Verschaffung hoher Gewinne für französische und britische Bananenhändler durch die EU-Bananen-Verordnung auf Kosten der Verbraucher. Eliten verspielen ihren Rang und damit sektoral allmählich auch ihre Funktion. Zu den Folgen zählt ein allgemeiner Verlust an Orientierung.

3. Den Herausforderungen der neuen Techniken hat in Europa die Rechtsetzung bisher nicht zu entsprechen vermocht. Einige deutsche Gesetzgeber verstehen sich auf Inhalte wie die Pornographie, die von einigen Diensten angeboten werden, mit Kindern sogar, kriminell! Interesse und Erregung sind verständlich, in Deutschland zumal; „nirgendwo in Europa wird die Pornographie" nach dem kompetenten Zeugnis von ALICE SCHWARZER „heute in dem Ausmaß problematisiert wie in ... dem

---

40 Die ökonomischen Reflexe finden sich täglich in der deutschen und ausländischen Presse. Den wirtschaftlichen und den anderen als wirtschaftlichen Ursachen in angemessener Ausführlichkeit nachzugehen ist hier nicht der Platz.

41 Über einschlägige Ethik-Vorstellungen gibt es eine immer wieder aktualisierte Literatur für jedes intellektuelle Niveau und eine Anzahl den offensichtlich großen Bedarf deckender (auch kostenträchtiger) Seminare.

42 H. H. VON ARNIM, Die Partei, der Abgeordnete und das Geld (1996).

deutschsprachigen Raum“[43]. Gegen Kinderpornographie und Rechtsradikalismus sind deutsche Staatsanwaltschaften, insbesondere in München, eingeschritten. Die deutsche Niederlassung von CompuServe verbot daraufhin den Zugang zu über 200 Internet-News-Groups, die darauf für vier Millionen Nutzer nicht mehr zugänglich waren. „Weltweit brach daraufhin ein Sturm der Entrüstung über die erstmalige weltweite Zensur im Internet aus“[44]. Die Sperrung wurde bald wieder aufgehoben. Nach deutschem Recht zieht ein Service-Provider, wie hier CompuServe, sich den Vorwurf der Unterlassung „geeigneter Kontrollmaßnahmen“ zu. „Dies ist offensichtlich, wenn Kontrollen (wie die Sperrung bestimmter Newsgroups als Ganzes) erst nach einem Mißbrauch ... möglich sind“[45]. Die großen Unterschiede in den Lebensstilen, Wertauffassungen und darauf gegründeter Rechte weltweit sind offensichtlich. Der Gesetzgeber sollte sich hüten, nicht durchsetzbare Regelungen zu erlassen[46]. Das gebietet auch der Respekt vor dem Recht.

IV. Zeit und Recht

Die Beschleunigung der Abläufe im Cyberspace verdeutlicht die Relevanz der Zeit als juristischer Kategorie in Bezug auf die Kategorie des Raums. *Die Zeit frißt den Raum,* dieses uns vertraute Element der Staatslehre, und gleichzeitig, in der virtuellen Cyberwelt, erfüllt sich mit unüberbietbarer Anschaulichkeit das an PARSIFAL gerichtete Wort: „zum Raum wird hier die Zeit“[47].

Vorgänge dieser Dimension tragen bei zur Aktualität und zu der Überlegenheit einer so großen Studie, wie GÜNTHER WINKLER sie zu unternehmen den Mut und die Kraft hatte[48].

---

43 was sie sich und ihrer Zeitschrift „Emma“ mit Recht als Verdienst anrechnet (NZZ vom 7. 5. 1996). Zum Jugendschutz vgl auch J. H. KAISER/M. CLAASSENS, Im Dilemma von Schutz und Freiheit, in „der neue Vertrieb“, 11/1980.

44 R. KREILE und J. BECKER, aaO Anm 32, mit Nachweisen.

45 U. SIEBER, aaO 499, unter Bezugnahme ua auf JESCHECK/WEIGEND, Strafrecht, Allgemeiner Teil, 5. Aufl (1996) § 58 II, 2.

46 M. LÖWISCH nennt Beispiele für gesetzliche Verbote, die nicht durchsetzbar sind: § 6 Abs 2 Ladenschlußgesetz, gegen den Tankstellen mit dem reichhaltigen Angebot von Waren allgemeinen Bedarfverstoßen „ohne daß dagegen in irgendeiner Form eingeschritten würde“, sowie § 5 Ladenschlußgesetz, gegen den Kioske mit dem Verkauf anderer Waren als Zeitungen und Zeitschriften verstoßen (Schutz der Selbstbestimmung durch Fremdbestimmung, Zur verfassungsrechtlichen Ambivalenz des Arbeitnehmerschutzes, ZFA 1996, 302 f).

47 Auf diesen Satz im Ersten Aufzug des Bühnenweihfestspiels von RICHARD WAGNER hat mich ERNST BLOCH vor vielen Jahren hingewiesen.

48 Geisterseher unter uns! GERD ROELLECKE sieht ein Gespenst und teilt es uns mit in den Wendungen des Kommunistischen Manifests, die man kennt: „Ein Gespenst geht um in Europa: Internet ...“ (NJW 1996, 1801).

Der Cyberspace, trotz des Unrats, von dem er nicht frei ist, korrespondiert der postmodernen Ästhetisierung der Lebenswelt: identitätsrelativierend, aber gewiß auch zu identitätsstiftender Kraft fähig, darin der Kunst nicht unähnlich. Die Entwicklung wird gefördert von der sich wieder ausbreitenden Technikeuphorie und von dem sich im Umgang mit den Fortschritten der Technik ausprägenden individuellen Autonomiebewußtsein.

Werte wandeln sich, *Tugenden* haben, so ist zu hoffen, Bestand.

Die computergenerierten virtuellen Architekturen und die unzähligen Vorgänge täglich darin sind aber alles andere als ephemere Kreationen, die man Gespenst nennen könnte.

Gespenstisch ist die Anmeldung zu einem „Termin beim Jüngsten Gericht". So versteht ROELLECKE seine Besprechung des Buches „Zeit und Recht" von GÜNTHER WINKLER in FAZ vom 31. 5. 1996. Er findet für das Werk auch Lob, wird ihm aber mit seiner überzogenen Kritik nicht gerecht.

Zu Recht überprüft WINKLER die universalen Geltungsansprüche des Rechts; das Internet lehrt, daß dazu Anlaß besteht.

Es ist nicht zuletzt die literarische Tradition Wiens, aus der sich die Passagen sympathischer Ironie und Selbstironie erklären, die das umfangreiche Werk aufweist. Wer das Schlußgedicht mit positivistischem Ernst meint ins Lächerliche ziehen zu sollen, kennt nicht jenes der Jurisprudenz allgemein nicht ganz fremde Ambiente. Und ein homo ludens hat Platz auch in der Jurisprudenz.

Hans H. Klein

Goethe in Karlsruhe

I. 1775

Am 28. August 1771, seinem 22. Geburtstag, hatte Goethe, nur wenige Wochen nach seiner Promotion zum Lizentiaten beider Rechte in Straßburg, seine Zulassung zur Anwaltschaft in seiner Vaterstadt Frankfurt beantragt und drei Tage darauf auch erhalten. Zwar nannte er gegenüber seinem Straßburger Mentor und Freund, dem Aktuar Salzmann[1], Frankfurt ein „leidig Loch", eine „Spelunke". Aber er widmete sich doch, von seinem Vater, dem Kaiserlichen Rat, tatkräftig unterstützt, seiner Anwaltstätigkeit in den folgenden Jahren – bis zu seinem Aufbruch nach Weimar – mit dem ihm eigenen, auch später in den Diensten seines Herzogs zu beobachtenden Pflichtbewußtsein. 28 Prozesse hat Goethe in jenen Jahren geführt. Dennoch war der dichterische Ertrag dieser Zeit erstaunlich genug. Der „Götz von Berlichingen mit der eisernen Hand" und – eine Frucht des Aufenthalts in Wetzlar, eigentlich dazu gedacht, die praktischen Rechtskenntnisse beim Reichskammergericht zu erweitern – „Die Leiden des jungen Werthers" machten Goethe zu einer Berühmtheit.

Die Jahreswende 1774/75 brachte für Goethe zwei schicksalhafte Begegnungen.

1. Carl August

Am 11. Dezember 1774 traf Goethe erstmals den künftigen Herzog von Sachsen-Weimar-Eisenach, Carl August[2], der zusammen mit seinem jüngeren Bruder Constantin[3] auf der Durchreise nach Paris in Frankfurt weilte. An seinem 18. Geburtstag sollte Carl August das Erbe seines früh-

---

1 Johann Daniel Salzmann (1722-1812) war Aktuarius beim Pupillenkollegium, also Sekretär beim Vormundschaftsgericht; s JOHANN WOLFGANG VON GOETHE, Dichtung und Wahrheit (im folgenden: DuW) 9. Buch in: Goethes Werke (Hamburger Ausgabe) 9. Bd, 10. Aufl (1982) (die Bandzahl wird nachfolgend mit römischen Ziffern bezeichnet) 366 ff.

2 1757-1828, seit 1775 Herzog, seit 1815 Großherzog von Sachsen-Weimar-Eisenach; vgl EFFI BIEDRZYNSKI, Goethes Weimar, 2. Aufl (1993) 339 ff.

3 Friedrich Ferdinand Constantin (1758-1793); vgl Goethes Weimar (FN 2) 349 f.

verstorbenen Vaters[4] antreten, dessen Witwe, die Herzogin Anna Amalia[5], für den minderjährigen und einigermaßen ungebärdigen Sohn einstweilen die Regentschaft führte. Mit der Erlaubnis, die obligate Kavaliersreise zu unternehmen, verfolgte Anna Amalia unter anderem die Absicht, ihren Sohn noch vor dessen Amtsantritt zu verloben. Die Auserwählte war die Prinzessin Louise Auguste von Hessen-Darmstadt[6], deren Schwester Amalie[7] – die spätere Schwiegermutter Europas[8] – mit dem badischen Erbprinzen Carl Ludwig[9] verheiratet war. Louise mußte dem Weimarer Hof als eine gute Verbindung erscheinen, nicht nur wegen der Einheirat ihrer Schwester in das angesehene – und soeben (1771) durch die Vereinigung der Markgrafschaften Baden-Baden und Baden-Durlach beträchtlich bereicherte – badische Fürstenhaus. Weit mehr fiel ins Gewicht, daß eine weitere Schwester Louisens, Friederike[10], die Gemahlin des preußischen Kronprinzen und späteren Königs Friedrich Wilhelm II.[11] und eine andere, Wilhelmine[12], die des russischen Großfürsten Paul[13], des Sohnes der großen Katharina[14], war, der 1796 (da war Wilhelmine allerdings schon 20 Jahre tot) seiner Mutter auf dem Zarenthron folgte.

Die Reise nach Paris ward also angetreten. Sie sollte über Karlsruhe führen, zum Zwecke der Brautschau, denn Louise weilte nach dem kurz zuvor erfolgten Tod ihrer Mutter[15] – „femina sexu, ingenio vir" hatte

4 Ernst August II. Constantin (1737-1758), Herzog seit 1748.

5 Anna Amalia (1739-1807) war eine geborene Prinzessin von Braunschweig-Wolfenbüttel, also eine Angehörige des Welfenhauses; vgl Goethes Weimar (FN 2) 335 ff.

6 1757-1830; vgl Goethes Weimar (FN 2) 350 ff.

7 1754-1832.

8 Die Tochter Caroline Friederike Wilhelmine (1776-1841) heiratete Maximilian Joseph von Pfalz-Zweibrücken, seit 1806 als Maximilian I. König von Bayern; Luise Marie Auguste (1779-1826) führte als Gattin von Zar Alexander I. den Namen Elisabeth Alexiewna; Friederike Wilhelmine (1781-1820) ehelichte König Gustav Adolf IV. von Schweden; Marie (1782-1808) wurde 1802 die Gattin des Herzogs Friedrich Wilhelm von Braunschweig-Wolfenbüttel, und Wilhelmine (1788-1836) die von Ludwig II. Großherzog von Hessen.

9 Carl Ludwig (1755-1801) verstarb vor seinem Vater, dem Markgrafen und ersten Großherzog Carl Friedrich. Dessen Nachfolger wurde Carl Ludwigs Sohn Karl (1786-1818), der 1806 Napoleons Adoptivtochter Stephanie Beauharnais heiratete.

10 1751-1805.

11 1744-1797; seit 1786 Nachfolger Friedrichs des Großen.

12 1755-1776.

13 1754-1801; Zar von 1796-1801.

14 Katharina II. (1729-1796), geborene Sophie Auguste Friederike Prinzessin von Anhalt-Zerbst, Zarin von 1762-1796; seit 1745 verheiratet mit Peter III., 1762 (Januar bis Juli) Zar von Rußland, folgte sie ihrem Gatten auf dem Zarenthron.

15 Landgräfin Caroline von Hessen-Darmstadt (1721-1774) war eine Tochter des Pfalzgrafen Christian III. von Zweibrücken-Birkenfeld; ihr Gatte war der Landgraf Ludwig IX. von Hessen-Darmstadt (1719-1790).

Friedrich der Große voll Hochachtung auf ihrem Grab einmeißeln lassen – bei ihrer Schwester und Tante am markgräflichen Hofe, denn auch die Markgräfin Caroline Louise, die Gemahlin des Markgrafen Carl Friedrich[16], war eine darmstädtische Prinzessin[17].

Das Zusammentreffen Goethes mit Carl August hat der preußische Offizier aD Carl Ludwig von Knebel[18] arrangiert, der seit dem Sommer 1774 als Erzieher des Prinzen Constantin tätig war und die beiden jungen Herren auf ihrer Reise begleitete. Man war voneinander so angetan, daß der Herzog Goethe einlud, ihm nach Mainz, der nächsten Station seiner Reise, zu folgen und dort einige Tage gemeinsam zu verweilen.

Auch die Mainzer Tage (13. bis 15. Dezember 1774) vergingen auf allseits erquickliche Weise. Ein möglicher Gegenstand von Meinungsverschiedenheiten wurde ausgeräumt: Goethe hatte ein Jahr zuvor eine Satire über Christoph Martin Wieland[19] geschrieben, der am Weimarer Hofe lebte und einer von Carl Augusts Erziehern war: „Götter, Helden und Wieland". Es war ein Bubenstück, veranlaßt durch die Kritik, die Wieland an der Darstellung des Helden Herakles in Euripides' frühem Stück „Alkestis" geübt hatte, ein Wagnis in jener Zeit der Griechenbegeisterung, das auch Goethes – wenig sachverständigen – Ärger ausgelöst hatte. Wieland hatte sich auf ebenso anständige wie wirksame Weise gerächt: In der von ihm herausgegebenen, in kurzer Zeit zu bedeutendem Ansehen gelangten literarischen Zeitschrift „Teutscher Merkur" widmete er Goethes Schmähschrift eine Besprechung, in der er sie als ein Meisterstück der Persiflage lobte. Carl August brachte Wieland – durchaus zu Recht – große Verehrung entgegen, Goethe war daher gut beraten, die Kontroverse zu entschärfen, was ihm, da man beiderseits die Sache von ihrer heiteren Seite nahm und des väterlichen Wohlwollens des Opfers gewiß sein durfte, auch schnell gelang.

Jedenfalls haben die Mainzer Tage die Bande wechselseitiger Zuneigung gefestigt, und Goethe mag erste Pläne in Bezug auf Weimar gemacht haben. Nicht zur Freude des Vaters[20]! „Nach seinen reichsbürgerlichen Gesinnungen hatte er sich jederzeit von den Großen entfernt ge-

---

16 Vgl die folgende Fußnote.

17 1723-1783, heiratete 1751 den Markgrafen von Baden-Durlach Carl Friedrich (1728-1811), in dessen Regierungszeit nicht nur die Vereinigung der beiden badischen Markgrafschaften (1771), sondern auch die Erhebung Badens zunächst zum Kurfürstentum (1803) und sodann zum Großherzogtum (1806) erfolgte. Die Markgräfin war eine überaus kunstsinnige Fürstin; ihre Gemäldesammlung bildet den Grundbestand der Karlsruher Kunsthalle; vgl Jan Lauts, Karoline Luise von Baden (1980).

18 1744-1834; später ein enger Freund und Briefpartner Goethes; vgl Goethes Weimar (FN 2) 243 ff.

19 1733-1813; vgl Goethes Weimar (FN 2) 475 ff.

20 Johann Caspar Goethe (1710-1782), Jurist, Kaiserlicher Rat in Frankfurt am Main.

halten", schreibt der Sohn[21], „ja es gehörten die Höfe unter die Gegenstände, worüber er zu scherzen pflegte". Procul a Jove, procul a fulmine, pflegte der Alte zu sagen. Der Kaiserliche Rat fürchtete, die hohen Herrschaften trieben bloß ihr Spiel mit dem Sohn, den er eben halbwegs in bürgerlichen Verhältnissen etabliert wähnte, und er fürchtete wohl auch dessen Verführbarkeit durch leichtfüßige Abenteuer, während er seinen dichterischen Ruhm, jedenfalls aber zielbewußte Arbeit – „des Lebens ernstes Führen" –, bei ihm zu befördern wünschte.

Aber Johann Wolfgang ließ den Kontakt nicht mehr abreißen. Zahlreiche Briefe an Knebel während der folgenden Monate legen Zeugnis ab von seinem Bemühen, bei seinen neuen Gönnern nicht in Vergessenheit zu geraten. Dabei war es wohl kaum nur das Bestreben, dem ungeliebten Anwaltsberuf zu entkommen, was Goethe bewog, eine ganz unverhofft sichtbar gewordene neue Option sich offenzuhalten. Die Energie, mit der er sich zehn Jahre seinen Weimarer Amtsgeschäften widmete, läßt im Rückblick darauf schließen, wie sehr ihm an einem „tätigen Leben" gelegen war, an „unmittelbar nützlichem" Tun.

2. Lili

Zu Beginn des Monats Januar führte ein Freund Goethe in „einem angesehnen reformierten Handelshause"[22] ein, dem Bankhaus Schönemann am großen Kornmarkt. Es fand ein kleines Konzert statt, in dessen Rahmen auch die damals 16-jährige Tochter des Hauses auf dem Flügel „mit bedeutender Fertigkeit und Anmut spielte"[23]: Goethes erste Begegnung mit Lili[24]. Sie muß ein zauberhaftes Mädchen gewesen sein: von großem Liebreiz, eine „reine, kindhafte Natur", eine fest gegründete übrigens auch, die sich in den Stürmen der Revolution, sie war in Straßburg verheiratet, auf das tapferste bewährte, „eine Frau von großem Mut und Charakterfestigkeit"[25]. Goethe befand im Rückblick, er sei seinem eigentlichen Glück nie so nahe gewesen wie in der Zeit seiner Liebe zu Lili. In seinem Verhältnis zu ihr sei jenes Dämonische besonders wirksam gewesen, „das jede Leidenschaft zu begleiten pflegt und das in der Liebe sein eigentliches Element findet ... Es gab meinem ganzen Leben

---

21 DuW, 15. Buch in: Goethes Werke X, 8. Aufl, (1982) 53 f.

22 DuW 16. Buch, ebenda, 86.

23 Ebenda.

24 Anna Elisabeth (genannt: Lili) Schönemann (1758-1817) heiratete 1778 den Bankier Bernhard Friedrich von Türckheim (1752-1831), der später für kurze Zeit (1809/10) Finanzminister in Baden war. Vgl Ernst Beutler, Lili. Wiederholte Spiegelungen, in: ders, Essays um Goethe (1995) 194 ff.

25 Nicolas Boyle, Goethe I (1995) 234.

eine andere Richtung, und ich sage nicht zuviel, wenn ich behaupte, daß meine Herkunft nach Weimar und mein jetziges Hiersein davon eine unmittelbare Folge war"[26].

Goethes Verhältnis zu Lili war von den widersprüchlichsten Gefühlen beherrscht:

„Bin ichs noch, den du bei so viel Lichtern
an dem Spieltisch hältst?
Oft so unerträglichen Gesichtern
gegenüberstellst?"

Aber:

„Reizender ist mir des Frühlings Blüte
nun nicht auf der Flur;
wo du, Engel, bist,
ist Lieb und Güte,
wo du bist, Natur"[27].

Kurz nach Ostern, am 19. oder 20. April 1775, wurde Verlobung gefeiert. Zwar wuchsen bald die Bedenken[28], aber die Faszination hielt an. Goethe sah sich in Lilis Menagerie als den Bären, der

„in einem Filetschurz gefangen,
an einem Seidenfaden ihr zu Füßen"

lag[29]. Da erreichte ihn zur rechten Zeit eine Einladung der Grafen Christian und Friedrich Leopold Stolberg[30], typischer Gestalten der Geniezeit, die sich zusammen mit dem späteren preußischen Minister Christian August Graf Haugwitz[31] auf einer Reise in die Schweiz befanden, sie auf dieser Reise zu begleiten. Goethe kam es darauf an, „einen Versuch zu machen, ob ich Lili entbehren könne"[32]. Er entschloß sich „daher schnell, und es ward bald gepackt. Mit einiger Andeutung, aber ohne Abschied, trennt' ich mich von Lili; sie war mir so ins Herz gewachsen, daß ich mich gar nicht von ihr zu entfernen glaubte"[33]. Die Reisenden statteten sich mit „Werthers Uniform" aus, einem „blauen Rock mit gelber Weste

26 Johann Peter Eckermann, Gespräche mit Goethe (1960) 510 f; vgl auch Goethes Brief an Lili vom 14. Dezember 1807, Goethes Briefe (Hamburger Ausgabe), 3. Bd (die Bandzahl wird nachfolgend mit römischen Ziffern bezeichnet) 58 f.

27 An Belinden, Goethes Werke I, 13. Aufl (1982) 96 f.

28 DuW 17. Buch, Goethes Werke X, 110 f.

29 Lilis Park, Goethes Werke I, 98 ff.

30 Christian Graf zu Stolberg (1748-1821); Friedrich Leopold Graf zu Stolberg (1750-1819); beide betätigten sich als Dichter und Übersetzer, beide waren Mitglieder des Göttinger Hainbundes und dänische Beamte.

31 1752-1832, seit 1792 Kabinettsminister unter Friedrich Wilhelm II., erneut seit 1806 unter Friedrich Wilhelm III.

32 DuW 18. Buch, Goethes Werke X, 127.

33 Ebenda.

und Hose; runde graue Hüte haben wir dazu"[34]. Am Sonntag, dem 14. Mai 1775, wurde aufgebrochen und drei Tage später erreichte man, nach Zwischenaufenthalten in Darmstadt, Mannheim und Heidelberg, wo das berühmte Faß besichtigt wurde, Karlsruhe, die badische Residenz.

3. In Karlsruhe

Der Statistiker Friedrich Leopold Brunn, der 1783 und 1784 eine Hauslehrerstelle in Karlsruhe bekleidete, schätzte die Zahl der Einwohner damals auf etwa 9.000, „eine Summe, die mir bey der großen Fruchtbarkeit der Ehen, denn Familien von sechs, sieben und acht Kindern sind hier nichts Seltnes – und bey der nicht unbeträchtlichen Anzahl der ... Ausländer nicht zu hoch erscheint". Bei etwa 650 Häusern kamen also, wie er angibt, 13 Personen auf ein Haus. Karlsruhe war wohl schon damals eine Beamtenstadt; denn: „Einen beträchtlichen Theil der Einwohner machen die in fürstlichen Diensten stehenden Personen aus, wohin ich auch das Militair rechne ...". In Gesellschaft werde, vermerkte Brunn mit Vergnügen, regelmäßig deutsch gesprochen, französisch nur ausnahmsweise. Und Karlsruhe hielt er für eine „von den wenigen Residenzen ..., wo die Reinheit der Sitten nicht auffallend befleckt ist und die Einwohner nicht Gefahr laufen, von den schlechten Sitten des Hofes angesteckt zu werden ..."[35]. Von dem regierenden Markgrafen und seiner – zur Zeit der Abfassung der Briefe schon verstorbenen – Gemahlin sprach Brunn mit größter Hochachtung. Man war wohlanständig, arbeitsam, dem Geiste der Aufklärung verpflichtet und dem exaltierten Betragen der jungen Dichtergeneration durchaus nicht gewogen. Goethe hat schonend, aber deutlich formuliert[36]: „Jenes ungebildete, damals mitunter genial genannte Betragen ward in Karlsruhe, auf einem anständigen, gleichsam heiligen Boden, einigermaßen beschwichtigt ...". So verzichteten die Reisenden etwa darauf, die Gesellschaft – wie zuvor in Darmstadt und später in Zürich geschehen[37] – durch Nacktbaden zu provozieren.

Die Prinzen aus Weimar befanden sich indessen bereits auf der Rückreise. Nachdem Goethe sich von ihnen in Mainz getrennt hatte, war, dem Hauptzweck der Reise gemäß, Karlsruhe berührt worden. Am 18. Dezember 1774 schrieb Carl August an seine Mutter[38]: „Gestern abend

34 Christian Stolberg an seine Schwester Katharina am 17. Mai 1775, in: Flodoard von Biedermann/Wolfgang Herwig, Goethes Gespräche in vier Bänden, 3. Aufl (1965 ff), (zit: Goethes Gespräche I usw) I, 140.

35 Friedrich Leopold Brunn, Briefe über Karlsruhe, 1791, neu herausgegeben von Gerhard Römer (1988) 32 ff.

36 DuW 18. Buch, Goethes Werke X, 131.

37 DuW 18. und 19. Buch, Goethes Werke X, 129, 152 f.

38 Zit nach Jan Lauts (FN 17) 317.

habe ich die Bekanntschaft mit Prinzessin Louise erneuert. Sie ist gewachsen und schöner geworden. In den wenigen Minuten, während derer ich den Vorzug hatte, sie zu sehen, ist sie mir als eine Prinzessin von Geist und Charakter erschienen."

Wieweit der Brief des Herzogs wirkliche Gefühle wiedergibt, mag dahinstehen. Er hatte sich innerlich den Wünschen seiner Mutter wohl gefügt, die Verhandlungen über den Ehevertrag waren vorangeschritten – so suchte er vernünftigerweise das Beste aus der Situation zu machen. Die künftigen Brautleute scheinen sich auch selbst schnell einig geworden zu sein: schon am 19. Dezember ersuchte Carl August seine Mutter formell um deren Einwilligung zur Verlobung. Louise scheint unter der dominierenden Gegenwart ihrer Tante, der Frau Markgräfin, gelitten zu haben – „die, mit allem Respekt zu sagen, auch ein bißchen schwer zu verdauen ist", schreibt Carl August –, der Herzog andererseits gedachte durch baldige Heirat der Aufsicht seiner gestrengen Mutter ein weiteres Stück zu entkommen. Seine künftige Frau sah er nun schon etwas nüchterner[39]: „Ich habe meine Louise gefunden, wie ich sie wünschen konnte. Sie ist nicht schön, doch wenn man sie liebt und sie fühlen läßt, daß man sie liebt, ist sie unendlich angenehm." Beim Konditionalis ist es wohl geraume Zeit verblieben, und so hatte es auch mit der Annehmlichkeit noch gute Weile, was irgendwie verständlich ist, denn Louise war, wie Friedenthal[40] bemerkt, „langaufgeschossen, hager, gefühlvoll und unsinnlich bis zur völligen Kälte".

Im Kreise der markgräflichen Familie wurde am 28. Januar 1775 die vorerst noch nicht offiziell bekannt gegebene Verlobung gefeiert. Danach endlich ging's nach Paris. Der Herzog „fand hier", wie es in der Allgemeinen Deutschen Biographie[41] vieldeutig heißt, „vielfach anregenden Umgang und belehrende Eindrücke". Neben allfälligen offiziellen Besuchen und den obligaten Bildungserlebnissen ergab sich für Carl August nämlich auch die Gelegenheit zu einer anderen Art von Erweiterung seines Erfahrungshorizonts. Er machte die Bekanntschaft einer jungen Dame mit Namen Jeanette Brossard, die ihn mit nachhaltigem Erfolg in die Schule genommen zu haben scheint, denn es wird berichtet, Carl August habe ihr ein Jahresgehalt von 500 Francs ausgesetzt, um dessen Erhöhung sie in späteren Jahren mitunter mahnend eingekommen ist[42]. Der Weimarer Staat übernahm diesen Posten dann auch in seinen Etat. Solchermaßen gereift, traf Carl August am 21. Mai 1775 wieder in Karlsruhe ein, stark erkältet übrigens.

39 Ebenda.

40 Richard Friedenthal, Goethe, Sein Leben und seine Zeit (1978) 211.

41 15. Bd (1882) 340.

42 Heinrich Düntzer, Goethe und Carl August (1888) 13.

Über Goethes Tun und Lassen während der zurückliegenden Tage ist wenig zu ermitteln. Klopstock hat er hier nicht angetroffen, insoweit trog ihn seine Erinnerung, als er seinen Lebensbericht niederschrieb[43]. Die Stolberge scheinen ihn bei Hofe eingeführt, die regierenden Herrschaften ihn einigermaßen beeindruckt zu haben[44]. Markgraf Carl Friedrich, „wegen seiner vortrefflichen Regierungszwecke unter den deutschen Regenten hoch verehrt, unterhielt sich gern von staatswirtlichen Angelegenheiten. Die Frau Markgräfin, in Künsten und mancherlei Kenntnissen tätig und bewandert, wollte auch mit anmutigen Reden eine gewisse Teilnahme beweisen ...". Die spürbare Distanz gegenüber der hohen Frau beruhte – jedenfalls auch – auf einem weiteren Irrtum Goethes: Er legte ihr nämlich eine schlechte Papierfabrikation zur Last, die in der von ihr 1774 erworbenen Ettlinger Papiermühle zur Zeit von Goethes Besuch aber wohl noch nicht angelaufen war, und überdies bezichtigte er sie einer Begünstigung des Nachdruckers Karl Friedrich Macklot[45], eines Karlsruher Verlegers. Goethe, der wahrlich Grund hatte, sich über die Raubdrucke seiner Werke zu grämen, die bis weit ins 19. Jahrhundert hinein desto häufiger wurden, je mehr seine Berühmtheit wuchs, verwechselt hier den wackeren Macklot mit einem anderen in Karlsruhe ansässigen Verleger, Christian Gottlieb Schmieder, der in der Tat 1778 bis 1780 „Göthens Schriften" in vier Bänden unbefugt herausgegeben hat[46].

Wichtiger waren für Goethe die Kontakte zu Herzog Carl August und seiner Braut. Seine „Gespräche mit beiden hohen Personen waren die gemütlichsten, und sie schlossen sich, bei der Abschiedsaudienz, wiederholt mit der Versicherung: es würde ihnen beiderseits angenehm sein, mich bald in Weimar zu sehen"[47]. Über die künftige Herzogin äußerte sich Goethe mit einigem Überschwang[48]: „Louise ist ein Engel", – das Wort geht ihm leicht von der Zunge – „der blinckende Stern konnte mich nicht abhalten, einige Blumen aufzuheben, die ihr vom Busen fielen und die ich in der Brieftasche bewahre". Später war das Verhältnis beider nicht immer ungetrübt. Die steife Louise verübelte Goethe das heftig-derbe Treiben, das für sein Zusammensein mit dem Herzog während der ersten Weimarer Jahre kennzeichnend war. Ihr Stilgefühl war verletzt, auch durch die martialische Sprache im Götz-Stil, die man sich vorübergehend angewöhnte. Sie setzte durch, daß Goethe, solange er

43 DuW 18. Buch, Goethes Werke X, 130 f.

44 Ebenda, 130.

45 S. Siegfried Unseld, Goethe und seine Verleger (1991) 70 f.

46 Vgl Erich Trunz in: Goethes Werke X, 616; sowie Lauts (FN 17) 321.

47 DuW 18. Buch, Goethes Werke X, 130 f.

48 Goethes Briefe I, 183: Brief an Johanna Katharina Sybilla Fahlmer (1744-1821), seit 1778 die zweite Frau von Goethes Schwager Johann Georg Schlosser (s FN 71).

nicht geadelt war, nicht an der herzoglichen Tafel speisen durfte. Für ihn und seinesgleichen wurde separat, an der sog. Marschallstafel, gedeckt. Bei alledem mag sie übersehen haben, daß sich Goethe, um auf den jungen Herzog Einfluß zu gewinnen, bis zu einem gewissen Grade auf dessen ungestüme Art und seine unreifen Eigentümlichkeiten einlassen mußte. Auch dürfte sie kaum gewußt haben, daß er während langer Jahre, in denen ihre Ehe eine solche kaum genannt zu werden verdiente, mäßigend und behutsam zur Geduld mahnend auf ihren Gemahl eingewirkt hat, bis dann endlich die Geburt eines Erbprinzen die ehelichen Beziehungen und Louises Stellung am Hofe festigte. Goethe begegnete ihr wohl mit Mitleid, aber auch mit Respekt. Mit dem Stück „Lila", das 1777 in Weimar aufgeführt wurde, versuchte er sich als Eheberater. Unsterblich wurden die Verse:

„Feiger Gedanken, bängliches Schwanken,
weibisches Klagen, ängstliches Zagen,
wendet kein Elend, macht dich nicht frei.
Allen Gewalten zum Trutz sich erhalten,
nimmer sich beugen, kräftig sich zeigen,
rufet die Arme der Götter herbei."

Aber solch männlichem Rat war Louises zarter Sinn nicht zugänglich.

Als die nunmehrige Großherzogin am 14. Februar 1830 starb, reagierte Goethe nach Eckermanns Zeugnis[49] auf eine merkwürdige Art, die gleichwohl seine Erschütterung beweist. Er sprach von Menschen, die sehr alt geworden waren, vor allem von der berühmten Ninon de Lenclos, die bis in ihr 90. Lebensjahr jung geblieben sei. Danach wandte sich das Gespräch literarischen Fragen zu – Goethe mied sichtbar das eigentliche Thema des Tages. Erst tags darauf offenbarte er seine Trauer, keine Spur war mehr von der „etwas gewaltsamen Aufgeregtheit", die Eckermann zunächst aufgefallen war. Er stellt Betrachtungen an über den Tod, der „immer als etwas Unglaubliches und Unerwartetes eintritt. Er ist gewissermaßen eine Unmöglichkeit, die plötzlich zur Wirklichkeit wird. Und dieser Übergang aus einer uns bekannten Existenz in eine andere, von der wir auch gar nichts wissen, ist etwas so Gewaltsames, daß es für die Zurückbleibenden nicht ohne die tiefste Erschütterung abgeht."

4. Ausklang

Am 23. Mai 1775 hat Goethe Karlsruhe verlassen. Sein Weg führte ihn über Straßburg und Emmendingen, wo er seine Schwester[50] besuchte, die einer dauerhaften Verbindung mit Lili nachdrücklich widerraten

49 Eckermann (FN 26) 507 ff. (Eintragungen vom 14. und 15. Februar 1830).
50 S FN 67.

haben soll, in die Schweiz. Auf dem Zürichsee schrieb er, die Alpen vor Augen:

> „Auf der Welle blinken/tausend schwebende Sterne,
> liebe Nebel trinken/rings die türmende Ferne,
> Morgenwind umflügelt/die beschattete Bucht,
> und im See bespiegelt/sich die reifende Frucht[51]."

Am Gotthard ist er, Italien vor Augen, wieder umgekehrt:

> „Wenn ich, liebe Lili, dich nicht liebte,
> welche Wonne gäb' mir dieser Blick!
> Und doch, wenn ich, Lili, dich nicht liebte,
> wär', was wär' mein Glück?"[52]

Der „Hauptzweck" der Reise war verfehlt[53]. Am 22. Juli war Goethe wieder in Frankfurt, der Bär erneut zu Lilis Füßen.

Am 3. Oktober 1775 fand die Hochzeit Carl Augusts mit Louise in Karlsruhe statt. Über die Gefühle der Braut gibt ein an ihren russischen Schwager gerichteter Brief vom Tage danach Auskunft: „Erlauben Sie, gnädiger Herr, daß ich Ihnen Mitteilung mache von meiner Vermählung mit dem Herzog von Sachsen-Weimar. Sie hätten Mitleid mit mir gehabt, wenn Sie mich an dem Tage gesehen hätten; ich war im heftigsten Zustande. Und ich danke Gott, daß es vorüber ist"[54].

Aber alles fing erst an. Am 22. September war Carl August schon auf der Hinfahrt in Frankfurt aufgetaucht, hatte Goethe neuerlich aufgefordert, nach Weimar zu kommen, und dieser war entschlossen, dem Ruf zu folgen[55]. Auf der Rückreise machte das herzogliche Paar wiederum in Frankfurt Station, traf Goethe, dem man ebenso wie seiner Braut immer wieder zur Trennung riet, in der „unseligsten aller Lagen"[56], und lud ihn, wie der Vater einem Bekannten schrieb, „in aller Form nach Weimar" ein. Die Entscheidung war gefallen. Ein Kavalier, der in Karlsruhe zurückgeblieben war, sollte Goethe abholen und nach Weimar begleiten[57]. Seine Ankunft verzögerte sich, schon schienen sich des Herrn Rat Befürchtungen zu bewahrheiten, der noch immer glaubte, sein Sohn solle nur an der Nase herumgeführt werden. „Er machte über das Außenbleiben des Wagens die bedenklichsten Glossen"[58]. Schließlich verlor auch

---

51 Goethes Werke I, 102.

52 Goethes Werke I, 103.

53 An Johanna Fahlmer am 5. Juni 1775, Goethes Briefe I, 184.

54 Zit nach Friedenthal (FN 40) 212 f.

55 An Johann Heinrich Merck (1741-1791) am 7. Oktober 1775, Goethes Briefe I, 196.

56 DuW 19. Buch, Goethes Werke X, 167.

57 Johann August Alexander von Kalb auf Kalbsrieth (1747-1814), damals Kammerrat, später Kammerpräsident in Weimar s Goethes Weimar (FN 2) 222 f.

58 DuW 20. Buch, Goethes Werke X, 181.

der Sohn die Geduld. Mehr oder weniger verzweifelt brach er, dem Drängen des Vaters folgend, zu einer Reise nach Italien auf. In Heidelberg jedoch weckte ihn am Morgen des 3. November das Horn des Postillons und „bewegt“ bestieg er nach einer „heftigen Szene“ den Wagen, „leidenschaftlich und begeistert die Worte Egmonts“ ausrufend: „Kind, Kind! nicht weiter! Wie von unsichtbaren Geistern gepeitscht, gehen die Sonnenpferde der Zeit mit unsers Schicksals leichtem Wagen durch, und uns bleibt nichts als, mutig gefaßt, die Zügel festzuhalten und bald rechts, bald links, vom Steine hier, vom Sturze da, die Räder abzulenken. Wohin es geht, wer weiß es? Erinnert er sich doch kaum, woher er kam“[59].

Vier Tage später, zu früher Morgenstunde, traf Goethe in Weimar ein. Nicht nur Karlsruhe lag hinter ihm.

II. 1779

Am 6. September 1779 hatte Goethe, soeben dreißig Jahre alt geworden, seine Ernennung zum Geheimrat erhalten[60]. Wenig später rüsteten er, der Herzog und der Oberforstmeister Otto von Wedel[61] zu einer Reise in die Schweiz[62]. Am 11. September war man aufgebrochen, berührte unter anderem Kassel[63], Frankfurt, wo man in Goethes Elternhaus Quartier nahm[64], Heidelberg, wo Goethe den gesprengten Turm des Schlosses zeichnete[65], Speyer, Straßburg und erreichte am 27. des Monats Emmendingen. „Auf diesem Wege rekapitulir ich mein ganz vorig Leben sehe alle alte bekannte wieder ...“, schrieb Goethe am 24. September „Gegen Speyer über am Rhein“ an Charlotte von Stein[66]. Bei den „alten Bekann-

59 Egmont, 2. Aufzug, Egmonts Wohnung; s DuW 20. Buch, Goethes Werke X, 187.

60 Robert Steiger, Goethes Leben von Tag zu Tag, Bd II: 1776-1788 (1983) 213.

61 Otto Joachim Moritz von Wedel (1751-1794), seit 1776 Kammerherr und Oberforstmeister in Weimar; vgl Goethes Weimar (FN 2) 471.

62 In ihrer Begleitung befanden sich: Goethes Diener Philipp Seidel (1755-1820; s Goethes Weimar [FN 2] 411 ff), der Kammerdiener Wagner sowie ein Reitknecht namens Blochberg; vgl Steiger (FN 60) 214.

63 Über seine Begegnung mit dem Dichter schrieb Johann Georg Adam Forster (1754-1794) am 10. Oktober 1779 an Friedrich Heinrich Jacobi (1743-1819; 1807-1813 Präsident der Münchener Akademie der Wissenschaften): „Sie kennen ihn, und wissen, was es für ein Gefühl sein kann, ihn kaum eine Stunde lang zu sehen, nur ein paar Minuten lang allein zu sprechen und als ein Meteor wieder zu verlieren. Sagen läßt sich das nicht.“ (Goethes Gespräche I, 269).

64 Über den Besuch berichtete Goethes Mutter der Herzogin Anna Amalia in zwei Briefen vom 24. September und 8. Oktober 1779; s Goethes Gespräche I, 273, 274.

65 Steiger (FN 60) 217.

66 Goethes Briefe I, 270. Charlotte Ernestine Albertine Freifrau von Stein (1742-1827); vgl Goethes Weimar (FN 2) 423 ff.; Johann Klauss, Charlotte von Stein. Die Frau in Goethes Nähe (1995).

ten" handelte es sich vor allem um drei Frauen, denen in zurückliegenden Jahren eine wesentliche Rolle in seinem Leben zugefallen war, deren eine freilich, die Schwester Cornelia[67], nicht mehr unter den Lebenden weilte. Am 25. September trennte sich Goethe für kurze Zeit von seinen Reisegefährten, um einen Abstecher nach Seesenheim zu machen. Er „fand daselbst eine Famielie wie ich sie vor acht Jahren verlassen hatte beysammen", deren zweite Tochter Friederike Brion ihn „ehemals geliebt schöner als ichs verdiente"[68]. Der Besuch, heikel wie er war, verlief in guter Atmosphäre dank des Taktes, mit dem die Brions ihn aufnahmen, dank der Freundschaft auch, die Friederike dem früh Geliebten bewahrte. Sie „betrug sich allerliebst mit so viel herzlicher Freundschafft" und unternahm es nicht, auch nur durch „die leiseste Berührung irgend ein altes Gefühl in meiner Seele zu wecken"; beglückt konnte Goethe am nächsten Tag von Seesenheim scheiden, so „dass ich nun auch wieder mit Zufriedenheit an das Eckgen der Welt hindencken, und in Friede mit den Geistern dieser ausgesöhnten in mir leben kan"[69].

Am 26., einem Sonntag, traf man in Straßburg wieder zusammen. Goethe „ging zu Lili und fand den schönen Grasaffen mit einer Puppe von sieben Wochen"[70], Lilis Tochter Elisabeth von Türckheim. Auch bei dieser Begegnung kam keine Trübung auf. Tags darauf erreichte man Emmendingen. Die Kargheit seines Berichts über das Zusammentreffen mit seinem Schwager Schlosser[71] in dem erwähnten Brief an Frau von Stein läßt den tiefen Kummer spüren, den Goethe wohl lebenslang[72] über den Verlust der Schwester empfunden hat: „Hier bin ich nun nah am Grabe meiner Schwester, ihr haushalt ist mir, wie eine Tafel worauf eine geliebte Gestalt stand die nun weggelöscht ist"[73]. Am 30. September begab sich die Reisegesellschaft nach Basel. Zwei Monate etwa wird die Schweiz bereist, am 11. Dezember vom Rheinfall bei Schaffhausen kom-

---

67 Cornelia Friederike Christiane Goethe (1750-1777), seit 1773 verheiratet mit Johann Georg Schlosser; vgl Sigrid Damm, Cornelia Goethe (1988).

68 Goethe an Frau von Stein am 28. September 1779, Goethes Briefe I, 272.

69 Ebenda.

70 Ebenda.

71 Johann Georg Schlosser (1739-1799) heiratete Cornelia Goethe 1773, stand in badischen Landesdiensten und wirkte zuletzt als Syndikus in der Freien Reichsstadt Frankfurt.

72 Ein Zeugnis dafür ist der Brief, den Goethe nach dem Tod von Cornelias erster Tochter Marie Anna Luise (1774-1811) am 20. Oktober 1811 an deren hinterbliebenen Gatten Georg Heinrich Ludwig Nicolovius (1767-1839) richtete. Denn das Bild, das er sich da von der soeben Verstorbenen macht, ähnelte viel mehr dem ihrer schwermütigen Mutter als der lebenslustigen „Lulu"; Goethes Briefe III, 168. S a Ernst Beutler (FN 24), Cornelias Tochter, 137 ff.

73 Wie FN 68.

mend, Stuttgart erreicht. Hier ist Goethe zum ersten Mal Schiller begegnet; denn es traf sich, daß während des einwöchigen Aufenthaltes in der württembergischen Residenz das Jahresfest der Hohen Karlsschule stattfand, dem Goethe beiwohnte – er stand zur Linken des Herzogs Carl Eugen, wie Carl August zu seiner Rechten – und bei dem Schiller mit drei Preisen (für praktische Medizin, Arzneimittellehre und Chirurgie) ausgezeichnet wurde[74].

Nach dem Besuch in Stuttgart ließ sich der bei der Karlsruher Verwandtschaft Carl Augusts nicht länger vermeiden. Von Samstag, dem 18., bis Dienstag, dem 21. Dezember, verweilte man in der markgräflichen Hauptstadt – es scheint, als habe man wenig Vergnügen aneinander gehabt! Am 20. Dezember schrieb Goethe an Charlotte von Stein: „Der Markgraf gefällig und unterhaltend, die Markgräfin gefällig und gesprächig, der Erbprinz[75] in seinen Augbrauen retranchiert aber gutwillig, die Erbprinzeß[76] sehr passiv am Gängelbande der Frau Schwiegermama. Der zweite Prinz[77] artig und möchte gern, der jüngste[78] ganz ins Fleisch gebacken ... findet man den Herzog wohl aussehend, doch hat sich bisher noch keine Herzlichkeit zwischen den hohen Herren spüren lassen"[79]. Einen Tag später wurde erleichtert Abschied genomen. Denn: „Die Langeweile hat sich von Stund zu Stund verstärckt ... Gott im Himmel was ist Weimar für ein Paradies!"[80]. Und mißmutig noch einmal im Rückblick auf die jüngst vergangenen Wochen: „Seitdem wir uns an den Höfen herumtreiben und in der sogenannten grosen Welt hin und her fahren ist kein Seegen für die Correspondenz ... So ziehen wir an den Höfen herum, frieren und langeweilen, essen schlecht und trincken noch schlechter"[81]. Endlich, am 14. Januar 1789, war man wieder in Weimar. „Anordnung und Leitung unserer geselligen Irrfahrt ließen wenig Produktivität aufkommen", zog Goethe später Bilanz[82].

74 Dies wird so überliefert von Friedrich Wilhelm David von Hoven (1760-1838), der wie Schiller zu dieser Zeit die Karlsschule besuchte und mit ihm befreundet war. Hoven wurde später (1803) Professor der Medizin in Würzburg. S Goethes Gespräche I, 289.

75 Wie FN 9.

76 Amalie geb Prinzessin von Hessen-Darmstadt, Schwägerin Carl-Augusts (s FN 7).

77 Friedrich (1756-1817).

78 Ludwig Wilhelm August (1763-1830), dritter Sohn Carl Friedrichs, folgte seinem Neffen Karl als Großherzog Ludwig I.

79 Zitat nach STEIGER (FN 60) 265.

80 Goethe an Frau von Stein am 22. Dezember 1779, zit nach STEIGER, ebenda.

81 Goethe an Frau von Stein am 1. und 3. Januar 1780, Goethes Briefe I, 290, 291.

82 Tag- und Jahreshefte in: Goethes sämmtliche Werke in 40 Bänden, 27. Band, 1840, 1 ff (6).

III. 1815

1. Aufbruch

Goethes dritter Besuch in Karlsruhe fand im Oktober 1815 statt, im Rahmen seiner zweiten Reise an Rhein, Main und Neckar[83]. Es war eine bewegte Zeit. Am 1. März war Napoleon von Elba zurückgekehrt, am 16. Juni schlug er Blücher bei Ligny, am gleichen Tag siegte Wellington bei Quatre-Bas über Marschall Ney. Zwei Tage später kündigte sich mit Napoleons Niederlage bei Belle-Alliance (Waterloo) das Ende an. Am 7. Juli zogen die Verbündeten zum zweiten Mal in Paris ein.

Angesichts der Wirren der Zeit empfand Goethe es als nötig, sich „aus der wirklichen Welt, die sich selbst offenbar und im Stillen bedrohte, in eine ideelle zu flüchten, an welcher vergnüglichen Teil zu nehmen meiner Lust, Fähigkeit und Willen überlassen war“[84]. Zur Schaffens- kam die Reiselust. Der 65-jährige Dichter, der im zurückliegenden Winter ebenso wie Christiane, seine Frau, viel krank gewesen war[85], bestieg am 24. Mai früh am Morgen[86] seine Reisekalesche, die im Goethehaus am Weimarer Frauenplan noch heute zu sehen ist. Goethe hat sie in einem am 25. Juli 1814 in Eisenach entstandenen Gedicht besungen, dessen erste Strophe lautet:

> „Art'ges Häuschen hab' ich klein,
> und, darin verstecket,

83 Die erste Reise in diese Goethe von Jugend an vertraute Gegend war ein Jahr zuvor, von Juli bis Oktober 1814, erfolgt.

84 Tag- und Jahreshefte (FN 82) 304.

85 Am 15. April 1815 schrieb Johanna Schopenhauer (1766-1838), die Mutter Arthur Schopenhauers, die in Weimar seit 1806 einen auch von Goethe häufig besuchten literarischen Salon führte (s Goethes Weimar [FN 2] 393 ff), an den Literaturhistoriker Johann Georg Keil (1781-1857), der bis 1814 an der Bibliothek in Weimar gewirkt hatte: „Goethe ist fast den ganzen Winter recht ordentlich krank gewesen, mancher häuslicher Verdruß, Schreck über die fürchterlichen Zufälle seiner Frau ... Flußfieber und Katarrh, der ihn Tag und Nacht mit Husten plagte ...“ (Goethes Gespräche II, 1000). S allerdings auch Johann Diederich Gries (1775-1842; Jurist in Jena, später in Hamburg) am gleichen Tag an Gottlieb Hufeland (1760-1817; Professor der Rechte in Jena, Landshut, Würzburg und Halle): „Goethe hat sich seit langer Zeit keinen Winter so wohl befunden als den vergangenen ... Nur in den letzten vier Wochen litt er an einem heftigen Katarrh ...“ (ebenda). Zu Goethes Krankengeschichte s Manfred Wenzel, Goethe und die Medizin (1992).

86 „Des Morgens fünf Uhr fuhren wir von Weimar ab“, schreibt Carl Wilhelm Stadelmann in seinem Tagebuch, das er vom 25. Mai bis zum 4. Juni 1815 führte (Goethes Gespräche II, 1009). In seinem Essay „Stadelmann und die Stadelmann-Gesellschaft“ (FN 24, 615 ff) beantwortet Beutler die Frage: „Wer war Stadelmann?“ so: „Goethes Diener war er! Geboren in unbekanntem Jahre (sein Geburtsdatum ist der 21. Januar 1782), regierte er von 1814 bis 1824, ward am 11. Juli dieses Jahres, wir wissen nicht weshalb, vom Geheimen Rat entlassen und ist gestorben an einem Dachbalken des Armenhauses zu Jena am 27. Dezember 1844“. S a Goethes Weimar (FN 2) 420 f.

bin ich vor der Sonne Schein
gar bequem bedecket[87]."

Auf dem Kutschbock saßen Goethes Majordomus Carl Stadelmann und der Kutscher Johann Georg Barth. Nach Übernachtungen in Eisenach, Fulda und Frankfurt wurde Wiesbaden, wo Goethe zu kuren beabsichtigte, am 27. Mai um 2 Uhr erreicht; im „Bären" nahm man Logis[88]. Hier verweilte Goethe, mit einer kurzen, noch zu erwähnenden Unterbrechung, bis zum 11. August.

2. Tätigkeit

Goethe war um diese Zeit mit vielerlei Projekten beschäftigt. Eine neue Werkausgabe war in Vorbereitung, die Redaktion der Italienischen Reise in Arbeit; sie erschien 1816 und 1817 unter dem Titel: „Aus meinem Leben. Zweiter Abteilung Erster und Zweiter Teil"[89]. Vor allem aber war es der „Divan", um den Goethes Gedanken kreisten. Viele der in dieses Werk eingegangenen Gedichte sind auf dieser Reise an den Rhein entstanden. Immer wieder verzeichnet Goethes Tagebuch in diesen Wochen: „Dictirt, Gebadet", oft auch: „Corrigirt". Des Abends las Goethe oft denen, die bei ihm waren, aus dem schon Geschaffenen vor. Sulpiz Boisserée[90] vermerkt am 3. August in seinem Tagebuch[91]: „Aneignung des Orientalismus ... Timur, Dschingis-Khan Naturkräften ähnlich in einem Menschen erscheinend. Freiheit der Form, abgerissen, einzeln ... Er liest mir eine sinnreiche Introduktion ... Hafis, der Korankundige wurde zum Eigen-Namen des Dichters; Goethes Gedicht an ihn vergleicht sich mit ihm, weil er sich die Bibel angeeignet, wie das göttliche Angesicht sich auf das Tuch abgedruckt." „Beiname" ist das Gedicht überschrieben, das Boisserée hier erwähnt, das erste im Buch Hafis, dessen letzte Strophe lautet:

„Hafis, drum, so will mir scheinen,
möcht' ich dir nicht gerne weichen:
denn wenn wir wie and're meinen,
werden wir den andern gleichen.
Und so gleich' ich dir vollkommen,
der ich uns're heil'gen Bücher
herrlich Bild an mich genommen,

87 Abgedruckt bei Beutler (FN 24), Die Boisserée-Gespräche von 1815 und die Entstehung des Gingo-Biloba-Gedichtes, 389 ff (390 f); ebenso bei Wilhelm E. Oeftering/Georg Richter, Mit Goethe am Oberrhein (1988) 265 f.

88 Tagebuch Stadelmanns (Goethes Gespräche II, 1013).

89 Die Erste Abteilung war „Dichtung und Wahrheit".

90 Zu ihm sogleich.

91 Goethes Gespräche II, 1030 f.

wie auf jenes Tuch der Tücher
sich des Herren Bildnis drückte,
mich in stiller Brust erquickte,
trotz Verneinung, Hind'rung, Raubens,
mit dem heitern Bild des Glaubens."

Zu alledem trat, nicht unvorbereitet, aber ungeplant, während des Wiesbadener Aufenthalts ein neues Geschäft. Schon Jahre zuvor hatte es Bemühungen gegeben, Goethes Interesse an der christlichen Kunst des Mittelalters zu wecken oder doch, denkt man an seine frühe Begeisterung für das Straßburger Münster und Erwin von Steinbach, seinen Erbauer, neu zu beleben. Friedrich Schlegel[92] hatte bei seinem Besuch in Weimar im Mai 1808 einen ersten Vorstoß gemacht. Weiteres Drängen war von Goethe selbst ermutigt worden, als er in seinen 1809 erschienenen „Wahlverwandtschaften" den Architekten „ein größeres Portefeuille" herbeibringen ließ, das Zeichnungen alter Gemälde enthielt, deren „altertümlichen Charakter" die Beschauenden „einnehmend" fanden[93]. Der in französischen Diensten stehende Diplomat Karl Friedrich Graf von Reinhard (1768-1837), zu dieser Zeit Gesandter Napoleons bei König Jérôme in Kassel, hatte sodann Sulpiz Boisserée[94] an Goethe empfohlen[95]. Dieser trat mit Goethe zunächst in briefliche Verbindung[96], wobei er auf ein freundliches, aber zurückhaltendes Echo stieß[97]. Als Boisserée Goethe am 3. Mai 1811 in Weimar besuchte, empfing dieser ihn „recht steif und kalt"[98]. Aber das Eis ward bald gebrochen[99], und ungeachtet seiner Skepsis gegenüber den Romantikern[100] ließ Goethe sich dafür gewinnen, die Bemühungen um die Erhaltung mittelalterlicher Kunstwerke zu unterstützen. In „Dichtung und Wahrheit" fanden Sulpiz und seine Bestrebungen lobende Erwähnung[101], und die zwar sachlich-nüchterne, aber auch

92 Karl Wilhelm Friedrich Schlegel (1772-1829).

93 Goethes Werke VI, 367.

94 Johann Sulpiz Melchior Dominikus Boisserée (1783-1854), Kunstsammler und Schriftsteller, trug mit seinem Bruder Melchior Hermann Joseph Georg (1786-1851) eine ansehnliche Sammlung mittelalterlicher deutscher und niederländischer Gemälde zusammen, die zunächst (1810-1819) in Heidelberg ihren Ort fand (wo Goethe sie 1814 und 1815 besichtigte) und später in den Besitz des bayerischen Staates überging, wo sie den Grundstock der alten Pinakothek bildet. Vgl Eduard Firmentz-Richartz, Die Brüder Boisserée, 1. Bd, Sulpiz und Melchior Boisserée als Kunstsammler (1916).

95 Firmentz-Richartz (FN 94) 120.

96 Ebenda, 122 ff.

97 Vgl Goethes Briefe an Reinhard vom 14. Mai und 22. Juli 1810 (Goethes Briefe III, 125 ff, 131 ff).

98 Firmentz-Richartz (FN 94) 128.

99 Ebenda, 133.

100 Sie beruhte auf Gegenseitigkeit; s Firmentz-Richartz (FN 94) 183.

101 Goethes Werke IX, 388 – Boisserées Dankschreiben vom 20. Dezember 1812 auszugsweise bei Firmentz-Richartz (FN 94) 184 ff.

überaus respektvolle Würdigung, die „das ehrwürdige Münstergebäude" von Straßburg dort erfuhr[102], durfte Boisserée als Erfolg seiner Bemühungen werten.

Im Herbst 1814 dann weilte Goethe bei Gelegenheit seiner ersten Rheinreise bei den Brüdern Boisserée in Heidelberg. Zu Sulpiz gewann er in dieser Zeit ein gutes und vertrauensvolles persönliches Verhältnis[103]. Eingehend studierte er die längst berühmt gewordene Sammlung der beiden Brüder[104], die damals etwa 200 Bilder umfaßte, einschließlich „des Kölner Doms und anderer alter Baulichkeiten nach Rissen und Planen"[105]. Während seines Aufenthalts in Wiesbaden im Sommer 1815 erreichte ihn dann eine Einladung des Reichsfreiherrn vom Stein, am 24. Juli meldete er sich bei ihm in Nassau an, und die beiden Herren beschlossen „aus dem Stegreife"[106], gemeinsam nach Köln zu reisen. Dort, schrieb Goethe an seinen Sohn, habe man ihn „enthusiastisch, ja fanatisch aufgenommen"; „ich bin aufgeregt worden über Erhaltung und Ordnen der Kunstschätze am Rhein mein Gutachten abzugeben. Das will ich denn auch wohl tun ..."[107].

Goethe hatte Sulpiz Boisserée mehrfach aufgefordert, ihn in Wiesbaden aufzusuchen. Er kam am 2. August – Goethe war soeben von seiner improvisierten Reise nach Köln zurückgekommen. Während der nächsten Wochen blieben beide zusammen. Goethe war in diesen ebenso gelösten und schöpferischen Tagen der tägliche Umgang mit Boisserée angenehm; er „schätzte die weitverzweigten und doch stets gegenwärtigen Einzel- und Fachkenntnisse und den praktischen Scharfblick, den klaren gesunden Verstand seines ‚jungen Freundes'"[108]. Unter dessen Drängen arbeitete Goethe an der in Aussicht genommenen Denkschrift, die – ohne den zunächst ins Auge gefaßten Umfang zu erhalten – im folgenden Jahr fertiggestellt und im ersten Heft von Goethes Zeitschrift „Über Kunst und Alterthum in den Rhein- und Maingegenden" veröffentlicht

102 Goethes Werke IX, 382 ff.

103 Vgl seine Äußerung zu Eckermann am 21. Februar 1830 (FN26) 284.

104 Vgl Goethes Briefe an seine Frau Johanna Christiane Sophie von Goethe geb Vulpius (1765-1816; vgl Goethes Weimar [FN 2] 123 ff) vom 28. September, 1. und 10. Oktober 1814 (Goethes Briefe III, 274, 276, 279). S a S. Boisserées Bericht über Goethes Besuch und seine Eindrücke: Brief an Dr. Schmitz vom 24. Oktober 1814, Goethes Gespräche III, 957; weitere Zeugnisse bei Firmentz-Richartz (FN 94) 200 ff. – Vgl ferner Herbert von Einem in: Goethes Werke XII, 613 ff.

105 Tag- und Jahreshefte (FN 82) 303.

106 Brief an August von Goethe (Goethes Sohn Julius August Walther, 1789-1830; vgl Goethes Weimar [FN 2] 143 ff) vom 1. August 1815 (Goethes Briefe III, 313 f).

107 Ebenda. S a die Berichte von Ernst Moritz Arndt (1769-1860) über sein Zusammentreffen mit Goethe in Köln, Goethes Gespräche II, 1019 ff.

108 Firmentz-Richartz (FN 94) 220.

worden ist[109]. Goethe war nicht mit ganzem Herzen bei dieser Sache. Er hielt die Begeisterung für die Kunstschätze des Mittelalters für eine Modeerscheinung und fürchtete zudem einen Mißbrauch seiner Äußerungen zu propagandistischen Zwecken[110].

3. Karlsruhe

Seinen 66. Geburtstag feierte Goethe bei den Willemers auf der Gerbermühle[111]. Die beschwingten Wochen in der Nähe Mariannes[112] endeten, als Goethe sich in Sulpiz Boisserées Begleitung am 18. September über Darmstadt nach Heidelberg begab, wo indessen am 23. September die Willemers „unerwartet"[113] auftauchten und drei Tage blieben.

„Ist es möglich! Stern der Sterne,
drück' ich wieder dich ans Herz!
Ach, was ist die Nacht der Ferne
für ein Abgrund, für ein Schmerz!"[114]

Unvergeßlich war dieser September 1815 für alle, die an ihm teilgehabt, urteilt Ernst Beutler[115]. Unsterblich sind die poetischen Schöpfungen dieser Zeit, die im wesentlichen das Buch Suleika des Westöstlichen Divan bilden, ein Wechselgesang des Dichters mit der Frau, die „durch

---

109 Goethes sämmtliche Werke (FN 82) 26. Bd (1840) 246 ff.

110 Vgl Goethes Briefe an Karl Friedrich Zelter (1758-1832, Goethes vertrauter Freund; vgl Goethes Weimar [FN 2] 491) vom 26. März 1816, Goethes Briefe III, 347 f; Firmentz-Richartz (FN 94) 229 ff, 238, 244. Ein höchst verdrießliches Urteil über diese Publikation Goethes fällte Dorothea Schlegel geb Mendelssohn, geschiedene Veit (1763-1839; seit 1804 verheiratet mit Friedrich Schlegel [FN 92]), in einem Brief an ihre Söhne aus erster Ehe Jonas und Philipp Veit: „Schwerlich werden Boisserées sehr zufrieden sein mit diesem platten affektierten Gewäsch", heißt es da, und der Grund ihres Verdrusses wird sichtbar, wenn sie fortfährt: „Friedrich sein Verdienst um die neue Würdigung unserer ältesten Kunstdenkmale hat der alte kindische Mann dadurch zu schmälern gesucht, daß er ihn in diesem ganzen Werke gar nicht genannt ... Das Ganze ist Lug und Trug!" (Regine Otto/Paul-Gerhard Wenzlaff [Hrsg], Goethe in vertraulichen Briefen seiner Zeitgenossen, zusammengestellt von Wilhelm Bode, 3 Bände (1979) 2. Bd, 653 f).

111 Dazu etwa S. Boisserées Tagebucheintrag vom 28. August 1815, Goethes Gespräche II, 1063 ff.

112 Maria Anna Katharina Theresia (gen Marianne) von Willemer, geb Jung (1784-1816), vermutlich ein „Wiener Kind" „unsicherster Herkunft; der Vater ist nicht bekannt, das Geburtsdatum ebensowenig" (Friedenthal [FN 40] 598), die große Kaiserin mag die Namenspatin gewesen sein (s E. Beutler [FN 24] 394, 408), war seit 1814 verheiratet mit dem Bankier, Geheimen Rat in Frankfurt a Main und Schriftsteller Johann Jakob von Willemer (1760-1838). Über diesen: Walter Weisbecker, Goethe zwischen Frankfurt und Weimar (1991) 69 ff.

113 S. Boisserée, Tagebucheintragung am 23. September 1815, Goethes Gespräche II, 1069.

114 Wiederfinden, Goethes Werke II, 83.

115 (FN 24) 420.

ihn, nur unter dem schöpferischen Anhauch seiner Liebe“[116], zu einer großen Dichterin geworden ist. „Staunend steht man vor diesem Wunder“, schreibt Beutler. „Wie entzündbar muß dieses Herz gewesen sein und wie groß diese Seele, daß die Ekstase dieser Liebe alle Fähigkeiten so ins Außerordentliche steigern konnte“[117].

Für Goethe bedeutete diese Begegnung eine „temporäre Verjüngung“ – so sagte er mehr als ein Jahrzehnt später zu Eckermann[118]. Am 30. September 1815 aber, wenige Tage nach dem Abschied von Marianne, dem kein Wiedersehen folgen sollte, schrieb er die Verse:

„Nur dies Herz, es ist von Dauer,
schwillt in jugendlichstem Flor;
unter Schnee und Nebelschauer
rast ein Ätna dir hervor.“[119]

Nach diesem Erleben war die Reise nach Karlsruhe, zu der Goethe am 3. Oktober früh um sechs Uhr in Begleitung Sulpiz Boisserées und seiner Diener von Heidelberg aufbrach, eine Rückkehr zur Nüchternheit, ein Ausweg aus dem „Brustweh, das sich fast in Herzweh verwandelt hätte“, „nachdem uns ... die Freunde verlassen hatten“[120]. Ziemlich genau vierzig Jahre waren vergangen, seit Goethe zum ersten Mal in Karlsruhe gewesen war und bald darauf die schicksalhafte Reise nach Weimar angetreten hatte. Von vielerlei Dingen war auf dieser etwa siebenstündigen Fahrt von Heidelberg nach Karlsruhe die Rede, wie Boisserée uns überliefert: von Architektur, von Willemer (dem Gatten), der „kleinen Frau“, von Erinnerungen an Lili Schönemann, die er (vergeblich) in Karlsruhe wiederzusehen hoffte, von Jung-Stilling[121], den er antraf, von dem soeben entstandenen Gedicht „Wiederfinden“[122], von Spinoza und seiner Philosophie.

---

116 Beutler, ebenda.

117 Ebenda; s a Bodo Morawe in: Goethes Briefe III, 634 ff.

118 Eckermann (FN 26) 479.

119 Goethes Werke II, 74.

120 Brief an Rosine Städel vom 27. September 1815, Goethes Briefe III, 321. Anna Rosine Magdalene (genannt Rosette) Städel geb von Willemer (1782-1845), zwei Jahre älter als ihre Stiefmutter Marianne, war die Empfängerin mancher dieser von Goethe zugedachter Botschaft. Sie hatte 1799 Johann Martin Städel geheiratet, war jedoch schon drei Jahre später verwitwet und lebte seither wieder im Hause ihres Vaters.

121 Johann Heinrich Jung, genannt Jung-Stilling (1740-1817), Kohlenbrenner, Schneidergeselle, 1770/71 Student der Medizin in Straßburg (vgl Goethe, DuW, 9. Buch), Arzt, Professor der Nationalökonomie; seit 1806 wirkte Jung in Karlsruhe als Augenarzt, aber auch als inoffizielles Oberhaupt einer „Gemeinde von Gottesfreunden“ (Oeftering/Richter [FN 87] 252).

122 S FN 114.

In der badischen Residenz angelangt, wurde Quartier genommen[123] und zu Mittag gegessen. Der noch am Nachmittag unternommene Besuch bei Jung-Stilling in dessen Wohnung in der Waldstraße 10 verlief enttäuschend. Man verabschiedete sich bald und schied entfremdet[124]. An Knebel schrieb Goethe am 21. Oktober 1815, Jung sei leider in seinem Glauben an die Vorsehung zur Mumie geworden[125].

Was Goethe veranlaßt haben mag, den Abstecher nach Karlsruhe zu machen, ist nicht eindeutig festzustellen. Eine gewisse nostalgische Stimmung mag dazu beigetragen haben, so die auf unterschiedliche Weise enttäuschte Erwartung, mit Lili von Türckheim und Jung-Stilling gemeinsame Jugenderinnerungen aufzufrischen. Im Vordergrund aber dürfte das Interesse gestanden haben, das Goethe an Friedrich Weinbrenner nahm, seit 1800 Baudirektor und Leiter des staatlichen Bauwesens in Baden[126] und an Johann Peter Hebel[127], dessen Alemannische Gedichte er in der Jenaischen Allgemeinen Literaturzeitung vom 13. Februar 1805 mit großem Wohlwollen besprochen hatte[128].

So wurden denn noch am Tage der Ankunft die von Weinbrenner errichtete Evangelische und die gleichfalls von ihm geplante Katholische Stadtkirche in Augenschein genommen[129]. Des Abends besuchte man das in den Jahren 1807/08 wiederum von Weinbrenner erbaute Theater, das an eben jener Stelle stand, an der sich heute das Bundesverfassungs-

123 Vermutlich im „König von England", Ecke Ritter- und Kaiserstraße, wo heute das Kaufhaus Hertie steht. Eine an diesem angebrachte Tafel erinnert an Goethes Aufenthalt.

124 S. Boisserée, Tagebucheintrag vom 3. Oktober 1815, Goethes Gespräche II, 1107.

125 Goethes Briefe III, 326.

126 Weinbrenner (1766-1826) hat das architektonische Bild der Stadt Karlsruhe nachhaltig geprägt. Mit seinem klassizistischen Stil hat er jedoch über die badische Residenz hinaus gewirkt.

127 Hebel (1766-1826), Theologe und Altphilologe, 1808 Direktor des Karlsruher Gymnasiums, 1819 Prälat der evangelischen Landeskirche. Über Hebel hat Goethe geschrieben: „Wünschen wir sodann dem Oberrhein Glück, daß er des seltenen Vorzugs genießt, in Herrn Hebel einen Provinzialdichter zu besitzen, der von dem eigentlichen Sinne seiner Landesart durchdrungen, von der höchsten Stufe der Kultur seine Umgebungen überschauend, das Gewebe seiner Talente gleichsam wie ein Netz auswirft, um die Eigenheiten seiner Lands- und Zeitgenossen aufzufischen und die Menge ihr selbst zur Belustigung und Belehrung vorzuweisen"; zit nach CURT HOHOFF, Johann Wolfgang von Goethe. Dichtung und Leben (1989) 487.

128 Goethes Werke XII, 261 ff.

129 Das Altarbild in der Evangelischen Stadtkirche stammte von einem Weimarer Künstler, dem Hofmaler Ferdinand Karl Christian Jagemann (1780-1820); er war der Bruder von Henriette Caroline Friederike Jagemann (1777-1848), späterer Frau von Heygendorf, der hochbegabten Schauspielerin des Weimarer Theaters und – seit 1802 – Maitresse des Herzogs Carl August. Zu den beiden Jagemanns und ihrem Vater Christian Joseph (1735-1804) s Goethes Weimar (FN 2) 207 ff.

gericht der Bundesrepublik Deutschland befindet[130]. Nach Weinbrenners Zeugnis[131] haben Goethe „die hiesigen Gebäude, besonders aber der Bau des Theaters, sehr gefallen“. So verwundert es nicht, daß Goethe Weinbrenner am 5. Oktober in dessen Atelier aufsuchte und sich von ihm seine „Plane der Stadt Karlsruhe“[132] erläutern ließ.

Tags zuvor hatte sich Goethe vorzüglich seinen naturwissenschaftlichen Liebhabereien gewidmet. Unter der kundigen Führung des Botanikers Carl Christian Gmelin[133], von Hebel als „Chrüterma vo Badewiler“ apostrophiert[134], wurden das Naturalienkabinett und der botanische Garten besichtigt[135]. Fossilien von Pflanzen und Tieren, die man bei Grabungen am Schienerberg, bei Öhningen und Stein am Rhein gelegen, entdeckt hatte, Gesteinsproben aus Italien fesselten die Aufmerksamkeit des Besuchers. In seinem Tagebuch notierte er: „Hofrat Gmelin. Botanischer Garten: Mittag Table d'hote. Gmelin Cabinet: Mineralogie und Geologie; Muscheln; Vögel; Versteinerungen: Oeningen, Bolca. Zu Gmelin. Hebel.“ Die letzte Bemerkung zielt auf den Abend, den man im Hause Gmelin verbrachte. Goethe ließ sich – nach Boisserées Zeugnis[136] – von Gmelins Tochter bezaubern: „hübsches Mädchen ..., klarfrisches Auge und Gesicht, etwas langer Hals, schlank ..., braun“. Auch Hebel war anwesend, der von einem anderen Gast, der Gattin des in badischen Diensten stehenden Oberforstrats Laurop, „einer Niedersächsin, zum Hersagen seiner Gedichte genötigt (wurde). Der arme Mann muß endlich nachgeben und übersetzt jeden Vers ins Hochdeutsch. Goethe grimmig darüber – man sollt' dem Dichter doch die Ehre antun, seine Sprache zu lernen“. So schildert uns Sulpiz Boisserée die Szene[137]. Als Goethe in sein Gasthaus zurückkehrte, brachte ihm die Museums-Gesellschaft ein Ständchen.

Am nächsten Tage, Donnerstag, dem 5. Oktober, war das Besuchsprogramm besonders dicht. „Schreckliche Hetze“, berichtet Boisserée[138].

130 Der Theaterbau Weinbrenners wurde 1847 Opfer eines Brandes, bei dem 63 Menschen ums Leben kamen, und danach von Heinrich Hübsch (1795-1863), dem Schüler und Nachfolger Weinbrenners, wieder aufgebaut, freilich in abgewandelter Form. Das Theater Hübschs wiederum wurde 1944 bei einem Fliegerangriff zerstört. Vgl Karl Stiefel, Baden 1648 bis 1952, 2. Aufl (1979) Bd II, 1912 f.

131 Brief an den Dichter Friedrich von Matthissen (1761-1831), Goethes Gespräche II, 1110.

132 S. Boisserée, Tagebucheintrag vom 5. Oktober 1815, Goethes Gespräche II, 1108.

133 1762-1837, Geheimer Hofrat.

134 Hebels Werke, 1. Teil: Alemannische Gedichte (hrsg von Adolf Sütterlin, 1911) 107: An den Geheimrat von Ittner. Badenweiler war Gmelins Geburtsort.

135 S. Boisserée, Tagebucheintrag vom 4. Oktober 1815, Goethes Gespräche II, 1107.

136 Ebenda.

137 Ebenda.

138 Tagebucheintrag vom 5. Oktober 1815, Goethes Gespräche II, 1108.

Im Anschluß an die Visite bei Weinbrenner sprach Goethe im Hochbergschen Palais am Rondellplatz vor, ebenfalls ein Weinbrennerbau[139], wo er mit den Markgrafen Leopold und Wilhelm zusammentraf, den Söhnen aus der zweiten, morganatischen Ehe, die Markgraf Carl Friedrich 1787 mit Louise Caroline Freifrau Geyer von Geyersberg geschlossen hatte, die am 12. Mai 1796 vom Kaiser zur Reichsgräfin von Hochberg erhoben wurde[140]. Die Schwester der beiden, Amalie, war ebenfalls anwesend[141]. Goethe bewunderte die Dekkengemälde sowie vier große, von dem Hofmaler Kuntz[142] stammende Landschaftsbilder mit Ansichten des Bodensees.

Von dem darauf folgenden Besuch im Museum ist ein lebhafter Bericht des damals am Landgericht in Karlsruhe tätigen Juristen Freiherrn von Biedenfeld[143] überliefert worden. Da einige Gerichtstermine ausgefallen waren, begab er sich ins Museum, setzte sich in die Rotunde und begann zu lesen. Plötzlich hörte er Weinbrenner sagen: „Da sitzt auch einer, der ein neuer Goethe werden will." Biedenfeld erzählt: „Ich blickte vom Buch auf und fuhr erschrocken empor: vor mir stand der Unverkennbare, Goethe in der vollen Majestät seiner göttlichen Kraft und Gesundheit, mit der Jupiterwürde auf seinem schönen Anlitz, mit der Magie seines mächtigen Auges und des Herrscherblickes." In Goethes Begleitung befanden sich Boisserée, Weinbrenner, Hebel und der Physiker Böckmann[144]. Es entspann sich ein launiges Gespräch über die Schriftstelle-

139 Das Gebäude wurde im 2. Weltkrieg zerstört, später in äußerlich ähnlicher Form wieder aufgebaut und ist heute Sitz einer Genossenschaftsbank.

140 Leopold (1790-1852) folgte seinem Halbbruder Ludwig, Carl Friedrichs Sohn aus erster Ehe (s o FN 9), im Jahr 1830 als Großherzog, nachdem im Jahre 1817 ein Hausgesetz die Erbfolge für die Hochbergsche Linie freigemacht hatte. Leopold heiratete übrigens im Jahre 1819 Sophie, die Tochter des Königs Gustav IV. von Schweden, dessen Ehefrau Friederike eine der Töchter seines Vaters aus erster Ehe war. Aus dieser Ehe ging der spätere Großherzog Friedrich I. (1826-1907) hervor, der Schwiegersohn Kaiser Wilhelms I. Markgraf Wilhelm August Friedrich (1792-1859) war Offizier. Vgl zur Hochbergschen Thronfolge und dem damit im Zusammenhang stehenden badisch-bayerischen Konflikt um die Pfalz Ernst Rudolf Huber, Deutsche Verfassungsgeschichte seit 1789, 1. Bd, 2. Aufl (1975) 232 ff. S a Stiefel (FN 130) Bd I, 494 f. Hingegen scheint Goethe den dritten der Brüder Hochberg, Maximilian Friedrich Johann (1796-1882), nicht angetroffen zu haben.

141 Amalie Christine Caroline (1795-1869) heiratete später den Fürsten Karl Egon II. von Fürstenberg.

142 Karl Kuntz (1770-1839), später Galeriedirektor in Mannheim.

143 Ferdinand Ludwig Karl Freiherr von Biedenfeld (1788-1862), Aus meiner Pilgertasche (hier zit nach Goethes Gesprächen II, 1114 ff.). Ferdinands Bruder, Oberst Ernst Gustav Benjamin von Biedenfeld (1793-1849), war 1849 am badischen Aufstand beteiligt und wurde von den preußischen Interventionstruppen standrechtlich erschossen; vgl Huber (FN 140) 2. Bd, 2. Aufl (1975) 872 ff, 876 ff.

144 Karl Wilhelm Böckmann (1773-1821).

rei, zu der sich Biedenfeld eigentlich berufen fühlte. Hebel war es, der weiterdrängte: zum Besuch im Naturalienkabinett. Dabei traf man mit dem Maler Kuntz, dem Kupferstecher Haldenwang[145] und einer weiteren interessanten Figur der Karlsruher Szene, dem Hofmaler Feodor Iwanow[146], einem Kalmücken, zusammen. Er war der Markgräfin Amalie[147] einst vom Zaren als Leibeigener geschenkt worden, „hier natürlich", so Biedenfeld, „der Freiheit und seinem Hange gemäß der Erziehung zum Zeichner und Maler genossen". Er trank gerne einen über den Durst und befand sich auch bei dieser Gelegenheit in einem „solchen Zustand". Biedenfeld: „Goethe, obgleich selbst nichts weniger als ein Feind von einem Glas edlen Weines, schien nicht sehr angenehm berührt durch dieses Zusammentreffen und erwiderte die überherzliche Begrüssung mit zugemessen majestätischer Höflichkeit." Iwanow wurde jedoch glücklicherweise alsbald von einem Hoflakaien zum Großherzog gerufen, versprach freilich, so schnell als möglich ins Naturalienkabinett nachzukommen: „‚Ausgestopft müßte er sich dort gut ausnehmen', bemerkte Goethe lächelnd zu Gmelin."

Dieser übernahm erneut die Führung, „heute wie erleuchtet und durchwärmt von den Strahlen dieser Sonne Deutschlands in seiner Nähe, von der herrlichsten Laune, übersprudelnd von drolligen Einfällen, guten und schlechten Witzen, wissenschaftlichen und läppischen Bemerkungen ...". Weinbrenner fühlte sich unbehaglich, nur „so in Gesellschaft hinter ihm (Goethe) herzulaufen, (das) erscheine ihm fast wie hofschranzig und langweilig." Gmelin zeigte Goethe eine Muschel und „entwickelte lateinisch ihre Ähnlichkeit mit menschlichen Teilen ... Goethe hörte ihn behaglich an, lächelte wie Jupiter, wenn Frau Venus ihn streichelt ... Hebel schmunzelte ..." und Weinbrenner, der das Lateinische nicht verstand, bemerkte ungnädig: „Was fällt denn den zwei Hansnarren ein, daß sie plötzlich lateinisch und nicht deutsch reden?", worauf Hebel lakonisch erwiderte: „Deutsch würde sich's nicht gut ausnehmen."

Des Nachmittags wollte Hofrat Böckmann einige Experimente im physikalischen Kabinett vorführen, aber sowohl der Erzähler, der dienstlich verhindert war, als auch Weinbrenner schlugen Goethes freundliche Einladung, daran teilzunehmen, aus, letzterer „entschuldigte sich mürrisch: er bedaure, dieses Glück nicht genießen zu können, indem er nach dem Verluste des ganzen Vormittags nun nachmittags einige Bauten besuchen müsse ..." Ob es zu dem Besuch in Böckmanns Labor gekommen

145 Christian Haldenwang (1770-1831).

146 1765-1832. Iwanow war ein begabter Portraitist, der etwa Bildnisse von Hebel, Weinbrenner sowie der Gräfin Hochberg und ihrer Kinder geschaffen hat.

147 S FN 76.

ist, steht nicht fest. Jedenfalls wurde noch einmal das Theater aufgesucht, um es auch bei Tageslicht zu sehen. Man warf einen Blick in die Hofbibliothek. Dann wurde zu Mittag gegessen und unverzüglich die Rückreise nach Heidelberg angetreten. Eine Einladung Jung-Stillings, bei ihm zu speisen, erreichte die Abreisenden zu spät. „Gespeist. Abgefahren halb zwei. Gute Unterhaltung. Gegen acht angelangt." So lautet Goethes Tagebucheintragung[148].

4. Heimkehr

Am nächsten Tage schon packt Goethe eine tiefe Unruhe. Er erklärt Boisserée, er wolle sein Testament machen[149], und entschließt sich zur sofortigen Abreise. Vorher schreibt er noch einen Brief an Carl August, der sich zu dieser Zeit in Mannheim bei Frau von Heygendorf[150] aufhält, berichtet ihm in gedrängter Kürze von seinem Besuch in Karlsruhe und entschuldigt seinen schnellen Aufbruch mit den notwenigen Arbeiten an der Denkschrift über die altdeutsche Kunst[151]. Auch an Willemer schreibt er und an dessen Tochter Rosette Städel[152].

Tags darauf wird die Heimreise angetreten. Sulpiz Boisserée begleitet Goethe bis Würzburg, das am 8. Oktober erreicht wurde. Auf der Weiterfahrt ereilte ihn die Weltgeschichte in der Gestalt „donischer Kosaken", die „auf den weiten Stoppelflächen ... verschüchterte Hasen" hetzten und Goethes Fortkommen „retardierten". Danach legte sich auch noch der Wagen um, und Goethe mußte zu Fuß nach Meiningen gehen, wo er im Gasthof „Hirsch" übernachtete[153]. Nach einer weiteren Übernachtung in Gotha erreichte Goethe am 11. Oktober am frühen Nachmittag Weimar.

Wieder lag ein Abschnitt seines Lebens hinter ihm, der ihn zugleich in den Tiefen seines Gemüts erschüttert und zu äußerster Leistung getrieben hatte. Wieder hatte er, der besitzergreifende Bindung scheute, wie 1771 von Seesenheim, 1772 von Wetzlar und 1786 von Weimar sich seiner seelischen Bedrängnis durch eine Flucht entzogen. „Alles hat seine Zeit": das Bibelwort[154], mit dem Goethe seine „Noten und Abhandlungen zu besserem Verständnis des Westöstlichen Divans" einleitete, war das Motto, dem er sich zeit seines Lebens unterwarf.

148 Über das Gespräch auf der Rückfahrt berichtet Boisserée (wie FN 138); s a Beutler (FN 24) 391.

149 Tagebucheintrag S. Boisserée am 6. Oktober 1815, Goethes Gespräche II, 1118.

150 S o FN 129.

151 Der Brief ist abgedruckt bei Oeftering/Richter (FN 87) 267.

152 Goethes Briefe III, 322 f.

153 An Rosine Städel am 10. Oktober 1815, Goethes Briefe III, 323 ff.

154 Prediger Salomo Kapitel 3, Vers 1.

Michael Kloepfer

Kodifikation und Fortschritt im Umweltrecht

Thesen zur Kodifikation des Umweltrechts als Mittel zu dessen ökologischer Fortentwicklung

Das Vorhaben der deutschen Umweltrechtskodifikation[1] geht voran. Nachdem der sog Professoren-Entwurf für ein Umweltgesetzbuch Allgemeiner Teil[2] und Besonderer Teil[3] abgeschlossen ist, nähert sich die Arbeit der Unabhängigen Sachverständigenkommission zum Umweltgesetzbuch bald der Zielgeraden. An die allgemeine kodifikatorischen Projekte knüpfen nicht nur Zielvorgaben zB der Rechtsharmonisierung, Rechtsbereinigung, der verbesserten Rechtsübersichtlichkeit sowie der gesteigerten Rechtskontinuität (s u C 11) an, sondern zunehmend auch die Erwartung der ökologischen Fortentwicklung des Umweltrechts. Kann eine Umweltrechtskodifikation dieser Erwartung gerecht werden? Diese Frage soll im folgenden – freilich eher thesenartig – beantwortet werden.

I. Begriffliche Vorbemerkungen

Um der skizzierten Fragestellung gerecht zu werden, bedarf es zunächst einer hinreichenden begrifflichen Präzisierung, was unter einer Kodifikation und was unter einer ökologischen Fortentwicklung des Rechts zu verstehen ist.

1. Unter den Begriff der *Kodifikation* werden typischerweise folgende *Kodifikationstypen* gefaßt:

---

1 Siehe dazu zuletzt den Übersichtsartikel von M. Kloepfer, DÖV 1995, 745 ff, mwN; die Argumente pro und contra einer Umweltrechtskodifikation fassen zusammen R. Breuer/E. Rehbinder, UPR 1995, 361 ff, 365 ff.

2 M. Kloepfer/E. Rehbinder/E. Schmidt-Assmann/P. Kunig, Umweltgesetzbuch-Allgemeiner Teil, UBA-Berichte 7/1990, 2. Aufl (Berlin 1995); Übersichtsaufsatz: M. Kloepfer, DVBl 1991, 339 ff.

3 H. Jarass/M. Kloepfer/P. Kunig/H. J. Papier/F. J. Peine/E. Rehbinder/J. Salzwedel/E. Schmidt-Assmann, Umweltgestzbuch-Besonderer Teil (UGB-BT), UBA-Berichte 4/1994 (Berlin 1994); Übersichtsaufsätze: M. Kloepfer, DVBl 1994, 305 ff; E. Rehbinder, NuR 1994, 313 ff.

a) deskribierende Kodifikation – Fassung in geschriebenes Recht – (zB Verwaltungsverfahrensgesetz, Umsetzung von Völkergewohnheitsrecht in Völkerrechtsverträgen[4])
b) kompilatorische Kodifikation – Sammlung der Rechtsnormen eines Rechtsgebiets – (zB die Kodifikation des französischen Rechts[5])
c) systematische Kodifikation – Sammlung und Rechtsgestaltung nach vorgefundenen systemleitenden Prinzipien – (zB die klassischen deutschen Kodifikationen wie etwa BGB, StGB, etc)
d) kreative Kodifikation – Gestaltung eines Rechtsgebiets nach selbstgeschaffenen systemleitenden Prinzipien – (zB die Reichsabgabenordnung von 1919[6]).

Dabei handelt es sich freilich nur um Typisierungen, nicht jedoch um hermetisch abgeschlossene Kodifikationsformen. Vielmehr überschneiden sich die jeweiligen Kodifikationstypen häufig. So können etwa einerseits auch die deskribierende Kodifikation nicht ganz kreativer Lückenfüllungen und Präzisierungen entraten und umgekehrt wird auch die kreative Kodifikation jedenfalls teilweise auf gewachsene Rechtsüberzeugungen zurückgreifen. Angesichts dieser Typenvermischung ist es auch denkbar, in diesen Typisierungen Kodifikationsstufen eines fortlaufenden Kodifikationsprozesses im Sinne einer zunehmenden Kodifikationsperfektionierung zu sehen. Der typische Kodifikationsprozeß beginnt mit einer Sammlung und Systematisierung des vorgefundenen Rechtsstoffes und endet dann schließlich häufig mit kreativen Lösungen.

2. Als rechtliche Fortentwicklung ist eine Bewegung zum „besseren" Recht hin, dh ein *Rechtsfortschritt* zu verstehen. So leicht ein solcher Satz formuliert ist, so schwer erscheint indes seine konkrete Ausfüllung. Denn welches Recht „besser" ist, hängt in so hohem Maße von politischen Bewertungen ab, daß klare und unumstrittene Entscheidungen über den „Fortschritt" eher die Ausnahme darstellen werden. Im übrigen entspräche es einer wenig differenzierten Deutung der Rechtsgeschichte, in ihr eine grundsätzlich richtungskonstante, nur von einzelnen Regressionen unterbrochene Entwicklung zu dauerndem Rechtsfortschritt zu sehen.

Trotz dieser vorsichtigen Fundamentalskepsis bleibt aber im Hinblick auf die unter I 1 entwickelten Kodifikationstypen bzw -stufen festzustellen: Die für jede Fortentwicklung notwendige Dynamik ist bei der kreativen Kodifikation am größten, aber auch noch bei der systematisieren-

---

[4] Siehe dazu A. VERDROSS/B. SIMMA, Universelles Völkerrecht, 3. Aufl (Berlin 1984) 336; Beispiele sind etwa das Wiener Übereinkommen über diplomatische Beziehungen sowie das Wiener Übereinkommen über das Recht der Verträge.

[5] Zur Kodifikation des französischen Umweltrechts C. VIGOUROUX, DÖV 1995, 754 ff.

[6] Siehe zu diesem Werk E. BECKERS zB; H. W. KRUSE, Steuerrecht I. Allgemeiner Teil, 3. Aufl (München 1973) § 2 II, III, 11 ff.

den Kodifikation vorhanden und bei den deskribierenden und kompilatorischen Kodifikationen am geringsten.

3. Eine *ökologische Fortentwicklung* des Rechts liegt vor, wenn das Recht die Umwelt besser schützt, dh insbesondere zu geringeren Umweltbelastungen (zB durch Immissionsvorschriften), schonenderem Ressourcenverbrauch (zB durch Abfall- und Stoffströmerecht) und insgesamt zu einem besseren Schutz des ökologischen Gesamtsystems führt. Ökologischer Fortschritt kann dabei – punktuell – auch die Rückkehr zu früheren (zB wirtschaftlichen) Verhältnissen bedeuten, dh insoweit ökologisch (positiver) „Rückschritt" sein (zB beim „Rückbau" von Straßen, Zurückdrängung von Einwegverpackungen). Auch hier wird freilich die Schwierigkeit auftreten, den „besseren" Umweltschutz sicher und unbestreitbar bestimmen zu können, zumal das Phänomen „Umweltschutz kontra Umweltschutz"[7] (zB Kernkraftwerk kontra Verbrennungskraftwerk) geläufig ist.

Von einer Ökologisierung der Rechtsordnung[8] kann gesprochen werden, wenn diese Ordnung auch maßgeblich nach dem systemleitenden Aspekt der Umweltsicherung und -schonung gestaltet wird. Eine effektive Ökologisierung der *gesamten* Rechtsordnung ist durch eine Umweltrechtskodifikation, dh durch ein Gesetzbuch des (spezifischen) Umweltrechts nicht zu erreichen. Immerhin könnte das Umweltrecht – etwa nach dem Vorbild des Art 130r Abs 2 Satz 3 EGV – „Querschnittsklauseln" aufnehmen, die weit in andere Rechtsgebiete einwirken könnten. Indessen wäre eine Betrachtung der gesamten Rechtsordnung als „Umweltrecht" eher kontraproduktiv, weil sie leicht zu einer Nivellierung spezifischer Umweltschutzanforderungen führen könnte.

II. Kodifikation und ökologische Fortentwicklung

4. Die klassische (vor allem in der Aufklärung entstandene) deutsche oder weiter: kontinentaleuropäische Vorstellung der Kodifikation ist maßgeblich vom Fortschrittsgedanken geprägt. Indessen ist dieser Fortschrittsgläubigkeit der Kodifikationsidee nicht ohne Vorsicht zu begegnen. Eine Kodifikation des Umweltrechts sichert jedenfalls nicht automatisch eine ökologische Fortentwicklung des Rechts, weil die Kodifikation als solche an sich ein wertneutrales normatives Instrument ist. Außerdem ist zu bedenken, daß die „Fortschrittsbilanz" einer gesetzlichen

7 Siehe dazu M. Kloepfer, Umweltrecht (München 1989) § 1 Rn 4.

8 Zu einem Teilaspekt dieses Problems M. Kloepfer, Zur Rechtsumbildung durch Umweltschutz (Heidelberg 1990).

Maßnahme in einzelnen Politikbereichen durchaus unterschiedlich ausfallen kann (zB Förderung von Bio-Technik unter Hinnahme von Umweltrisiken).

5. Soll also eine Umweltrechtskodifikation umweltpolitischen Fortschritt bewirken, reicht die Benutzung der „Form" der Kodifikation allein nicht aus. Eine ökologische Fortentwicklung durch eine Umweltrechtskodifikation setzt vielmehr einen entsprechenden Willen zu einer solchen Fortentwicklung voraus. Dieser war und ist – jedenfalls überwiegend – in den früheren und bestehenden Gremien zur Erarbeitung eines Umweltgesetzbuchs vorhanden. Der Professoren-Entwurf zum UGB hat sich ausdrücklich zu einem ökologischen Rückschrittsverbot bekannt.[9]

6. Die Umweltrechtskodifikation ist nun zwar kein ökologisches Wunderelixier, aber immerhin ein taugliches Mittel zur gesamthaften ökologischen Fortentwicklung des Rechts. Dies schließt punktuelle Fortentwicklungen während der Kodifikationsarbeiten, aber auch nach Inkrafttreten der Kodifikation durch Einzelgesetze nicht aus. Auch die klassischen Kodifikationen wie zB BGB, StGB, StPO, etc haben vielfältige Änderungen nicht verhindert, wohl aber systemzerstörerische Gesetzesveränderungen. Die Kodifikation darf also nicht als Innovationsblockade verstanden oder gar instrumentalisiert werden.

III. Kodifikationsziele und ökologische Fortentwicklung

7. Die meisten der traditionellen Ziele der Umweltrechtskodifikation sind mit der Leitvorstellung der ökologischen Fortentwicklung nicht nur vereinbar, sondern befördern diese jedenfalls von der Tendenz her. Dabei muß freilich zwischen dem Kodifikationsgedanken als solchem und Einzelheiten vorgeschlagener Kodifikationsentwürfe unterschieden werden. Selbst wenn solche Einzelvorschläge kritikwürdig sein müssen, bleibt der Gedanke richtig, daß die meisten allgemeinen Kodifikationsziele ökologischen Fortschritt befördern können.

8. Die Kodifikation des Umweltrechts ist die „geborene" Rechtsform zur Verwirklichung einer modernen übergreifenden, gesamthaften Umweltpolitik. Die darin angelegte Überwindung vereinzelnder medialer oder kausaler (dh auf spezifische Umweltmedien bzw auf bestimmte Umweltbelastungen zielende) Regelungen kann zur erheblichen ökologischen Fortentwicklung des Umweltrechts führen. Die aus europarechtli-

---

[9] Siehe etwa M. Kloepfer/E. Rehbinder/E. Schmidt-Assmann/P. Kunig (FN 2) 14; H. Jarass/M. Kloepfer/P. Kunig/H. J. Papier/F. J. Peine/E. Rehbinder/J. Salzwedel/E. Schmidt-Assmann (FN 3) 5.

chen Vorgaben hervorgegangenen übergreifenden Teilregelungen (UVPG, UIG, UAG) und die hieraus resultierenden Folgeänderungen im Besonderen Umweltrecht zeigen zwar, daß medienübergreifende Regelungen auch durch Einzelgesetze möglich sind, indessen ist die Kodifikation die funktionsadäquate Rechtsform für eine die Umwelt gesamthaft erfassende Regelung.

9. Das Kodifikationsziel des einheitlichen geistig-politischen und ökologischen Regelungsfundaments kann die gerade für das deutsche Umweltrecht typischen zeitbedingten Regelungsunterschiede der einzelnen Umweltrechtsteile – zB Prägungen im Kaiserreich, in der Weimarer Republik, NS-Zeit, im Wiederaufbau nach 1949 und in der Zeit nach 1990 – überwinden. Dabei wird es in der Regel zu einer Anpassung der älteren Teile des Umweltrechts an seine neueren Teile (zB Anpassung des älteren Atomrechts an das neuere Immissionsschutzrecht) kommen, dh zu einer inneren Modernisierung des Umweltrechts durch zusammenfassende Systematisierung (Trend zur gebundenen Genehmigung).

10. Die gängigen, um nicht zu sagen: klassischen Kodifikationsziele der Rechtsbereinigung, der Rechtsharmonisierung und der Rechtsübersichtlichkeit[10] ermöglichen durch die Beseitigung von Widersprüchen und überflüssigen Regelungen einen Abbau des Vollzugsdefizits und eine wesentliche Verstärkung der Akzeptanz von Umweltrecht. Damit sollte eine Verbesserung des tatsächlichen Umweltniveaus verbunden werden. Freilich bedeuten die formalen Kriterien der Rechtsbereinigung, -harmonisierung und -übersichtlichkeit als solche zwar eine rechtliche, nicht aber zwingend eine ökologische Fortentwicklung des Rechts.

11. Das Kodifikationsziel der erhöhten Rechtskontinuität[11] bedeutet (jedenfalls argumentative) Erschwerungen für punktuelle Rechtsänderungen mit ständigem Richtungswechsel. Das kann dann im Ergebnis zwar auch einmal die Erschwerung ökologischer Verbesserungen durch Einzelaktionen bedeuten, wird sich aber in Zeiten einer „ökologischen Gegenreform" eher gegen ökologische Einzelverschlechterungen des Rechts richten. Ein Mindestmaß an Rechtskontinuität ist eine wesentliche Erfolgsvoraussetzung für den mit Langzeitproblemen konfrontierten Umweltschutz und damit auch für das Umweltrecht. Die kontinuitätsstärkende Kraft von Kodifikationen wird sich dabei regelmäßig nicht als Sperre für Gesetzesänderungen, sondern eher als Einpassungsgebot für angestrebte Gesetzesänderungen in vorhandene Rechtsstrukturen und dh früher getroffene Entscheidungen entfalten.

---

10 Dazu zuletzt M. Kloepfer, DÖV 1995, 745 (748 f).

11 Hierzu M. Kloepfer, DÖV 1995, 745 (749); auf Risiken einer Versteinerung durch Kodifikation weist E. Rehbinder, NuR 1994, 313 (314) hin.

12. Zur Sicherstellung der ökologischen Fortentwicklung durch eine Umweltrechtskodifikation empfiehlt es sich, die ökologische Fortentwicklung als eigenes Kodifikationsziel (unter anderen) zu begreifen und – jedenfalls in der Begründung – zu formulieren, wie dies etwa der Professoren-Entwurf eines UGB in vorsichtiger Form getan hat.[12] Die Forderung des europäischen Gemeinschaftsrechts nach einer Umweltpolitik mit „hohem Schutzniveau" (Art 130r Abs 2 S 1 EGV) ist damit zwar nicht identisch, geht aber prinzipiell in eine ähnliche Richtung.

IV. Realisierungsvoraussetzungen für eine ökologische Fortentwicklung durch Kodifikation

13. Das Ziel einer ökologischen Fortentwicklung durch Umweltrechtskodifikation kann nur erreicht werden, wenn hierfür adäquate insbesondere politische und ökonomische Realisierungsvoraussetzungen bestehen. Dabei zeigt die Umweltrechtsgeschichte, daß Umweltrechtsveränderungen häufig auf Veränderungen des Umweltbewußtseins zurückzuführen sind und daß ökonomisch günstige Zeiten regelmäßig den ökologischen Fortschritt begünstigen.[13]

14. Übergeordnetes EG-Recht und nationales Verfassungsrecht sind bei einer Kodifikation zwar zwingend zu beachten, hindern aber eine – diese Vorgaben beachtende – Umweltrechtskodifikation nicht.

Gewiß kann das EG-Recht sich einmal als Hindernis für den ökologischen Fortschritt im deutschen Umweltrecht erweisen. Als generelles Urteil taugt dies freilich angesichts wichtiger umweltpolitischer Innovationen aus Brüssel schon lange nicht mehr. Veränderte EG-rechtliche Vorgaben können sich für Umweltrechtskodifikationen der Mitgliedstaaten zwar als erschwerend erweisen, machen diese aber keineswegs unmöglich. Bestrebungen für eine (kompilatorische) Kodifikation des EG-Umweltrechts werden entsprechende Projekte mitgliedstaatlicher Umweltrechtskodifikationen eher befördern, vielleicht auch als Richtungsvorgaben wirken.

Mit der Einfügung der neuen medienübergreifenden Staatszielbestimmung Umweltschutz im Grundgesetz (Art 20a GG)[14] wird die Verfassung der Umweltrechtskodifikation ebenfalls eher förderlich sein. Sowohl der Professoren-Entwurf wie der Sachverständigen-Entwurf gehen

12 Siehe FN 9.

13 Vgl dazu M. Kloepfer, Zur Geschichte des deutschen Umweltrechts (Berlin 1994) passim, etwa 145 f.

14 Dazu M. Kloepfer, DVBl 1996, 73 ff.

im Interesse ihrer politischen Realisierbarkeit von der derzeitigen Verteilung der Gesetzgebungskompetenzen zwischen Bund und Ländern aus, verzichten also auf Verfassungsänderungen. Dies ist um so mehr gerechtfertigt, als die vorgefundene Kompetenzlage eine bundesgesetzliche Umweltrechtskodifikation[15] gestattet, wenn die naturschutz- bzw gewässerschutzrechtlichen Teile der Kodifikation die verfassungsrechtlichen Grenzen insbesondere des Art 75 GG gewahrt werden.

15. Bei einer Kodifikationsvorbereitung im staatlichen Auftrag – wie beim Professoren-Entwurf und dem Sachverständigen-Entwurf – sind inhaltlich hinreichend offene vertragliche Grundlagen zwischen Auftragnehmern und Staat eine wesentliche Realisierungsvoraussetzung für eine ökologische Fortentwicklung des Rechts.

Bei den bisherigen Projekten waren diese Vorgaben auch relativ offen.[16]

Durch die Auswahl der Personen für die Kodifikationsvorbereitung in entsprechende Kommissionen kann die entsprechende inhaltliche Fortentwicklung des Umweltrechts erheblich beeinflußt werden. Gewisse Kriterien politischer, interessenbezogener und wissenschaftlicher Ausgewogenheit kann eine prozedurale Sicherung im Sinne einer strukturellen Unvoreingenommenheit sein. Die Versammlung einschlägiger Spezialisten für einzelne Umweltrechtsgebiete in solchen Kommissionen kann bisweilen eher bewahrend wirken, weil sie diese Spezialgebiete häufig geprägt haben, sie also gewissermaßen „repräsentieren". Ein gewisser Ausgleich kann dadurch erfolgen, daß die Spezialisten in der Kommissionsarbeit außerhalb ihrer Spezialgebiete eingesetzt werden.

16. Die Arbeitsweise einer Umweltgesetzbuch-Kommission mit der Notwendigkeit gemeinschaftlicher, dh mehrheitsfähiger Lösungen[17] hindert in der Regel ökologische Fortentwicklungen nicht, wohl aber regelmäßig krasse und hektische Änderungen gegenüber dem geltenden Recht. In eher inhomogenen Kommissionen kann – insbesondere bei Zeitdruck – das Risiko bestehen, häufig Minimalkonsense durch Nicht-Veränderung geltenden Rechts zu erreichen. Überläßt man die Erarbeitung von Gesetzesvorschlägen nicht Kommissionen, sondern Einzelpersonen, kann das zwar die Innovationsintensität steigern, dürfte aber umgekehrt die politische Realisierungsmöglichkeit des Entwurfs häufig senken.

---

15 M. Kloepfer/E. Rehbinder/E. Schmidt-Assmann/P. Kunig (FN 2) 9 ff.

16 Zu den vereinzelten vertraglichen Begrenzungen beim Entwurf für das UGB-BT siehe H. Jarass/M. Kloepfer/P. Kunig/H. J. Papier/F. J. Peine/E. Rehbinder/J. Salzwedel/E. Schmidt-Assmann (FN 3) 6; problematisch war insbesondere der Ausschluß des (damals noch neuen) Gentechnikrechts, für die SK-UGB wurde diese Begrenzung nicht übernommen.

17 Zur Arbeitsweise der Professoren-Arbeitsgruppe M. Kloepfer, DVBl 1994, 305 (307).

17. Entscheidende Erfolgsvoraussetzung für das Projekt einer Umweltrechtskodifikation ist dessen grundsätzliche politische Akzeptanz in Staat und Gesellschaft, dh insbesondere auch bei den großen Parteien sowie bei den maßgeblichen Wirtschafts- und Umweltverbänden. Ein solcher umfassender Grundkonsens ist nur dann zu erreichen, wenn eine Umweltrechtskodifikation eine behutsame Fortentwicklung anstrebt. In einer moderat konservativen Gesellschaft mit beträchtlichen progressiven Werte-Inseln ist die Grundtendenz einer kontinuitätsschonenden Regelungsmodernisierung eine wesentliche Erfolgsvoraussetzung für Kodifikationsprojekte. Will eine Umweltrechtskodifikation ihre Realisierungschance wahren, darf sie einerseits nicht einem ökologischen Radikalismus verfallen (zB durch eher abwürgende Regelungen für die Bio-Technik), andererseits aber erst recht nicht Dienerin einer „ökologischen Gegenreform“ werden (zB durch essentielle Kontrollabsenkungen im Atomrecht oder durch Umweltschutzverkürzungen im Anlagenzulassungsrecht). Um im Hinblick auf den letzten Punkt nicht mißverstanden zu werden: die derzeit viel diskutierte Verkürzung von Genehmigungsverfahren[18] ist grundsätzlich vernünftig, wenn damit keine substantielle Umweltschutzverkürzung verbunden ist. Die konzeptionelle Gestaltung eines – den Umweltschutz nicht vernachlässigenden – kompakteren und vereinfachten Genehmigungsverfahrens läßt sich jedenfalls in einem Umweltgesetzbuch viel überzeugender bewerkstelligen als in einem punktuellen Maßnahmegesetz, weil in einem Umweltgesetzbuch der Beschleunigungsgedanke notwendigerweise mit anderen allgemeinen Gestaltungsprinzipien auszugleichen ist. Im übrigen kann eine Umweltrechtskodifikation nicht nur durch eine moderate inhaltliche Grundtendenz, sondern ua auch durch Ziel- und Grundsatzbestimmungen die in einer pluralistischen Demokratie notwendige normative Akzeptanzsicherung oder doch Akzeptanzförderung gewährleisten.[19]

18. Der behutsame Fortschritt – ökologischer Fortschritt, nicht ökologische Umwälzung – war die erklärte Regelungsphilosophie und letztlich das Erfolgsrezept des Professoren-Entwurfs eines Umweltgesetzbuchs, der freilich an vielen Stellen von der Grundlage des vorgefundenen Rechts her wesentliche punktuelle Neuerungen sowohl im Allgemeinen wie im Besonderen Teil vorgeschlagen hat.

Als Neuerungen seien etwa aus dem Allgemeinen Teil erwähnt:

---

[18] M. Bullinger, Beschleunigte Genehmigungs- und Planungsverfahren für eilbedürftige Vorhaben, in: W. Blümel/R. Pitschas (Hrsg), Reform des Verwaltungsverfahrensrechts (Berlin 1994) 127; W. Erbguth, Umweltrecht im Gegenwind, ZUR 1995, 57; R. Steinberg, Das neue Planungsvereinfachungsgesetz, NJW 1994, 488.

[19] H. Jarass/M. Kloepfer/P. Kunig/H. J. Papier/F. J. Peine/E. Rehbinder/J. Salzwedel/E. Schmidt-Assmann (FN 3) 5.

- ökologische Grundprinzipien
- Umweltbewilligung
- Umweltleitplanung
- Vorrang flexibler, marktkonformer Instrumente
- Normierung der technischen Regelwerte
- Normierung der Umweltinformationen
- Ausbau des innerbetrieblichen Umweltschutzes.

Aus den zahlreichen Neuerungen im Besonderen Teil seien etwa genannt:

- im Naturschutzrecht: Sicherung eines prozentualen Teils der Ländergebiete für Vorrangflächen, Fortfall der Landwirtschaftsklauseln, Verstärkung des Biotopschutzes, umfassendere Verbandsklagemöglichkeiten etc
- im Gewässerschutzrecht: informale Bewirtschaftungskonzepte etc
- Bodenschutzrecht: Abbau der Bodenversiegelungen, Regelung verschiedener Bodenwerte etc
- Immissionsschutzrecht: Ausbau des verkehrsbezogenen Immissionsschutzes, Sommersmog-Verhinderung etc
- im Atomrecht: Einführung der gebundenen Erlaubnis, Beseitigung der Bundesauftragsverwaltung etc
- im Stoffrecht: Reduzierung der stofflichen Gesamtbelastung, Umweltbelastungsanalysen, Schutz vulnerabler Gruppen etc
- im Abfallrecht: Vorrang der stofflichen vor der thermischen Verwertung, Abfallabgabe, Kontrollverbesserung grenzüberschreitender Abfallverbringung etc.

Insgesamt zeigt dies, wie stark der Professoren-Entwurf trotz seines Ausgangspunktes der Sammlung, Harmonisierung und Bereinigung des geltenden Recht auch durch eine Fülle inhaltlicher Neuerungen der ökologischen Fortentwicklung des Umweltrechts dient. Der Professoren-Entwurf hat somit nicht nur den Beweis der grundsätzlichen Machbarkeit einer Umweltrechtskodifikation erbracht, sondern mit seinem Kurs des behutsamen Fortschritts auch einen weit über die Parteien und Interessenverbände reichenden, grundsätzlichen Konsens zugunsten einer solchen Kodifikation gesichert. Folgerichtig verfolgt die deutsche Bundesregierung das Kodifikationsprojekt verstärkt weiter.

19. Auch der – im Jahre 1997 fertigzustellende – Entwurf der SK-UGB steht gleichfalls unter der Erfolgsvoraussetzung des behutsamen ökologischen Fortschritts. Dies gilt insbesondere auch im Verhältnis zwischen dem (früheren) Professoren-Entwurf und dem (späteren) Entwurf der Sachverständigen. In einem längerfristigen Kodifikationsprojekt sollte der Schritt von einem Entwurf zu einem nächsten ein (weiterer) be-

hutsamer Fortschritt sein. Es wäre deshalb optimal, wenn mit dem Sachverständigen-Entwurf gegenüber dem Professoren-Entwurf eine neue Kodifikationsstufe (s A 1) erreicht würde.

Dabei wird der neue Entwurf ua Vorstellungen des alten Entwurfs nicht nur übernehmen, sondern häufig modifizieren, aber auch teilweise mit ganz neuen Vorstellungen ergänzen. Hierbei zeichnet sich ab, daß der Sachverständigen-Entwurf viele Innovationen des Professoren-Entwurfs übernehmen (und weiterentwickeln) wird. Regelmäßig unabweisbare Änderungsnotwendigkeiten gegenüber dem Professoren-Entwurf haben sich für den Entwurf der SK-UGB zunächst insbesondere dort ergeben, wo seit Erarbeitung des Professoren-Entwurfs (an dem seit Ende der 80er Jahre gearbeitet wurde) neue Umweltgesetze auf deutscher bzw EG-rechtlicher Ebene in Kraft getreten sind (zB KW-AbfG, UIG, UAG). Über diese Anpassungsänderungen hinaus werden sich Veränderungen zwischen beiden Entwürfen vor allem aus Erwägungen der Füllung von Lücken im Professoren-Entwurf (zB bezüglich des Gentechnikrechts[20]), aber auch aus sachlicher Kritik an einzelnen Regelungen des Professoren-Entwurfs, dh aus dem Wunsch nach inhaltlicher Abweichung, ergeben.

Typischerweise werden auf diese Weise folgende Vorgehensweisen des Sachverständigen-Entwurfs mit dem Professoren-Entwurf zu registrieren sein:[21]

a) unveränderte Übernahme im Sachverständigen-Entwurf (verbreitet)
b) veränderte Übernahme im Sachverständigen-Entwurf (wohl am häufigsten, die Regelungen dürften hier regelmäßig am ausgereiftesten sein)
c) perfektionierende Neuerung im Sachverständigen-Entwurf (innovationsfreudige Variante von b; zB Perfektionierung durch das Kapitel Regelsetzung im Professoren-Entwurf durch Schaffung einer – neuen – Umweltkommission)
d) substituierende Neuerung im Sachverständigen-Entwurf (Vorhabengenehmigung im Sachverständigen-Entwurf statt Umweltbewilligung im Professoren-Entwurf)
e) lückenfüllende Neuerung im Sachverständigen-Entwurf (zB im Umweltproduktrecht etc).

Zwar wird der Sachverständigen-Entwurf nicht alle ökologischen Fortentwicklungen des Professoren-Entwurfs übernehmen, wahrscheinlich aber – jedenfalls im Kern – die meisten. Da der Sachverständigen-Ent-

---

20 Siehe FN 16.

21 Diese Vorgehensweise bei zwei Entwürfen läßt sich entsprechend auch auf Gesetzesänderungen, dh auf das Verhältnis zwischen alten und neuen Gesetzen und damit letztlich auch – eingeschränkt – auf das Verhältnis zwischen den UGB-Entwürfen und dem geltenden Umweltrecht übertragen.

wurf diese Neuerungen des Professoren-Entwurfs häufig fortentwickelt und außerdem viele zusätzliche Innovationen (zB im Zulassungsrecht, im Recht verfahrensbezogenen Umweltschutzes) entwickeln wird, kann die Prognose gewagt werden, daß der Sachverständigen-Entwurf insgesamt – gemessen am Professoren-Entwurf – einen weiteren ökologischen Fortschritt im Kodifikationsprozeß erreichen wird (oder jedenfalls erreichen könnte). Es steht zu hoffen, daß dieser Trend zu weiterem ökologischen Fortschritt im Umweltrecht in den noch ausstehenden Kodifikationsphasen des Referenten-Entwurfs über den Regierungsentwurf bis hin zur parlamentarischen Phase anhalten wird und dabei in den einzelnen Teilen noch jeweils erhöhte Kodifikationsstufen (s o A 1) erreicht werden können.

V. Schluß

20. Insgesamt ist die Umweltrechtskodifikation gewiß keine Garantie für eine ökologische Fortentwicklung, bietet hierfür aber eine – relativ große – Chance. Wer diese Kodifikation be- oder gar verhindern wollte, schlüge diese Chance aus. Deutschland muß und wird in der Zukunft zunehmend (auch) ein Umweltstaat[22] sein. Art 20a GG hat ua dies jetzt zum Verfassungsauftrag gemacht. In einem demokratisch und bundesstaatlich, rechts- und sozialstaatlich strukturierten Umweltstaat wird das Umweltgesetzbuch die entscheidende normative Verwirklichung des Umweltstaatgedankens darstellen können.

---

22 Dazu zusammenfassend M. Kloepfer (Hrsg), Umweltstaat als Zukunft (Bonn 1994).

Viktor Knapp

Über die Rechtsfähigkeit

Variation auf ein altes Thema

I. Begriff der Rechtsfähigkeit

1. Der Begriff der Rechtsfähigkeit ist seinem Ursprung nach privatrechtlich. Seinem Wesen nach ist er allgemein. Er existiert, manchmal unter dem Namen Kompetenz, Befugnis, Berechtigung und vielleicht auch unter anderen, auch im öffentlichen Recht. Und er hat tiefgehende rechtsphilosophische Gründe und weitgehende rechtsphilosophische Zusammenhänge. Über die wird hier die Rede sein.

2. Der Begriff der Rechtsfähigkeit ist mehrdeutig. Intuitiv (und in der Regel auch in der Literatur) wird er als die Fähigkeit Rechte (und natürlich auch Pflichten) zu haben, also Träger von Rechten und Pflichten zu sein. In diesem Sinn bezieht er sich auf subjektive Rechte.

Er bezieht sich allerdings gleichzeitig auf das objektive Recht. Um subjektive Rechte haben zu können, muß man vorerst Subjekt des Rechts sein. Im objektiven Sinn ist also die Rechtsfähigkeit der Rechtssubjektivität, bzw der Rechtspersönlichkeit, gleich.

In dieser zweiten Bedeutung ist der Begriff der Rechtsfähigkeit weniger klar. Wer ist eigentlich Subjekt des Rechts? Man kann sagen, daß es derjenige ist, dem das Recht (das objektive, das Gesetz) Rechte gewährt und Pflichten auferlegt, oder, genauer ausgedrückt, an den das Recht seine Gebote, Verbote und Erlaubnisse adressiert, also der Adressat, bzw der Rezipient der Rechtsnorm.

3. Die beiden Seiten der Rechtsfähigkeit hängen eng zusammen, doch sind sie nicht gleich. Niemand kann zwar im subjektiven Sinn rechtsfähig werden, ohne Rechtssubjekt zu sein, umgekehrt kann man aber von der Tatsache, daß jemand Rechtssubjekt ist, ohne weiteres nicht ableiten, daß er auch im subjektiven Sinn rechtsfähig ist. Die Rechtssubjektivität ist also eine Voraussetzung, doch aber kein zureichender Grund der Rechtsfähigkeit.

Außerdem bezieht sich die Rechtssubjektivität auf das Recht als Ganzes: man ist Subjekt des Rechts oder man ist es nicht. Dagegen bezieht sich die Rechtsfähigkeit im subjektiven Sinn auf bestimmte Rechte. So zB nach dem heutigen Recht ist jeder rechtsfähig im Bereich des Zivilrechts, nicht jeder ist aber rechtsfähig im Handelsrecht, noch im Arbeitsrecht, nicht jeder kann die Ehe schließen, nicht jeder ist wahlberechtigt usw.

4. Die Rechtsfähigkeit in beiden obenangeführten Bedeutungen, die wir fernerhin einfach als Rechstfähigkeit bezeichnen werden, ist eine Eigenschaft des Subjekts. In der logischen Sprache bedeutet das, daß die Rechtsfähigkeit ein einstelliges Prädikat ist. Als solches ist sie in der Prädikatenlogik, die für unsere Erwägungen eine nicht vernachlässigbare Rolle spielt, dann interessant, wenn sie als Prädikat quantifiziert wird. Die einfachste und gleichzeitig die für unsere Zwecke wichtigste Quantifizierung erfolgt vermittels des All-quantors (jedes x als Element einer nichtleeren Klasse hat die Eigenschaft F) oder des Existential-Quantors (in einer bestimmten Klasse gibt es mindestens ein x, das die Eigenschaft F hat).

Was die Rechtsfähigkeit betrifft, stellt sich die Frage der Quantifizierung in erster Reihe als Frage, ob alle Elemente einer bestimmten Klasse (Menschen, juristische Personen) oder nur einige Elemente derselben Rechtssubjekte sind, und, zweitens, ob alle Rechtssubjekte (physische, bzw juristische Personen) oder nur einige rechtsfähig im subjektiven Sinn sind.

5. Heute wird in der ganzen zivilisierten Welt die Rechtsfähigkeit (im Sinn der Rechtssubjektivität) als ein Grundrecht des Menschen, bzw des Bürgers (siehe weiter) betrachtet. So heißt insbesondere im Art 16 des Internationalen Pakts über Bürger- und politische Rechte vom 19. Dezember 1966, der verkündet, daß jedem das Recht auf allgemeine Anerkennung seiner Rechtspersönlichkeit garantiert wird.

Diese völkerrechtliche Bestimmung hat ein historisches Präzedens im § 16 des österreichischen ABGB gehabt, wonach jeder Mensch angeborene, schon durch die Vernunft einleuchtende Rechte hat und ist daher als eine Person zu betrachten.

II. Die Rechtsphilosophische Frage

1. Wo kommt die Rechtsfähigkeit her?

Die rechtsphilosophische Frage, zu der uns § 16 ABGB geführt hat, lautet, wo kommt die Rechtssubjektivität, bzw die Rechtsfähigkeit (die wir beide fernerhin nur als Rechtsfähigkeit bezeichnen werden) her. Ist sie wirklich angeboren, ist das eine Eigenschaft, die „mit uns geboren ist", oder ist das eine Eigenschaft, die der Mensch vom Recht erworben hat, die das Recht selbst als eine Eigenschaft des Subjekts geschaffen hat? Diese Frage hängt dann mit der ersten und allgemeinsten rechtsphilosophischen Frage zusammen, nämlich der, ob das Recht selbst „mit uns geboren ist" oder ob es die menschliche Gesellschaft erzeugt hat.

2. Zwei verschiedene Auffassungen

Seit dem Entstehen der juristischen Personen im kontinentalen Europa hat sich die Frage nach dem Ursprung der Rechtsfähigkeit weiter kompliziert. Es stellt sich nämlich die Frage, ob es eine allgemeine Rechtsfähigkeit als eine gemeinsame Eigenschaft von physischen und juristischen Personen gibt, oder ob es zwei voneinander verschiedene Begriffe der Rechtsfähigkeit gibt, dh ob die Rechtsfähigkeit der juristischen Person andere Wurzel als die der physischen Person hat.

Die Rechtsfähigkeit der juristischen Personen hat, wie wir sehen werden, viele, vernünftige und unvernünftige, Probleme hervorgerufen. Die Frage der Rechtsfähigkeit des Menschen, also der physischen Person, ist allerdings auch nicht sehr einfach. Das Recht hat nämlich den Menschen durch physische Person ersetzt und nur ausnahmsweise ist im Recht der Mensch geblieben. So hat insbesondere die berühmte Bestimmung des zit § 16 ABGB den Menschen als Menschen behalten und ihn zur Person erhoben. Die Rechtslehre glaubte dann lange (insbesondere im 19. Jahrhundert), daß die Rechtsfähigkeit der *Person* eine natürliche Eigenschaft des *Menschen* ist, daß der Mensch durch die Geburt selbst rechtsfähig wird. Eine Folge dieses Glaubens, oder vielmehr Aberglaubens, war die Überzeugung, daß nur der Mensch als Einzelner Subjekt des Rechts, bzw rechtsfähig, sein kann.

Dieser Glaube, obzwar nicht ganz unerschüttterlich (siehe die weiter erwähnte Ansicht von Josef Unger), überwog dermaßen, daß der ziemlich nebelhafte und, sozusagen, systemwidrige § 26 ABGB einen Riß in die damalige Auffassung der Rechtsfähigkeit bedeutete, so daß die zeitgenössische Rechtswissenschaft gezwungen war, einen theoretischen Ausweg zu suchen. Dieses theoretische Streben, das in der zweiten Hälfte des 19. Jahrhunderts kulminierte, war für das Thema dieses Beitrags so instruktiv, daß wir unsere weiteren Erwägungen mit der Problematik der Rechtsfähigkeit der juristischen Person beginnen.

III. Juristische Personen

1. Das Entstehen des Problems

Es wird vermutet, daß die erste juristische Person in England, also in einem Land, das diesen Begriff bis heute nicht kennt und in dessen Sprache er eigentlich unübersetzbar ist, entstanden ist. Es war die berühmte, durch eine königliche Entscheidung im Jahre 1600 gegründete East India Company.[1]

In England hat das damals niemanden erregt. Am europäischen Kontinent hat das übrigens damals auch niemanden erregt. Am Anfang 17. Jahrhunderts gab es keine Rechtswissenschaft, die sich erregen könnte, und das Problem der Rechtsfähigkeit im heutigen Sinn existierte damals auch nicht.

Nach zweihundert Jahren am Anfang 19. Jahrhunderts, war die Situation am europäischen Kontinent, insbesondere in Frankreich und in Österreich, ganz anders. Man hat im Recht und über das Recht zu philosophieren begonnen. Die Idee der Menschen- und Bürgerrechte, die zwar alte Wurzeln hat, doch in dieser Form damals erst vor kurzem entstanden ist, faszinierte das Rechtsdenken der Aufklärungsepoche und auch der Begriff der Rechtsfähigkeit im modernen Sinn ist damals geboren. (Er ist auf beiden Rändern des damaligen rechtsphilosophischen Spektrums, dem naturrechtlichen von ZEILLER und dem historischen von SAVIGNY, geboren).

In dieser geistigen Atmosphäre ist plötzlich die „moralische Person", also ein von dem Menschen verschiedenes Rechtssubjekt, im § 26 ABGB, in seltsamer Nachbarschaft mit dem § 16 ABGB, entstanden. Neben dem philosophisch begründeten Begriff des natürlichen Rechtssubjekts hat das ABGB ein philosophisch ganz unbegründetes künstliches Rechtssubjekt geschaffen. In diesem Zusammenhang ist es nicht uninteressant, die wenig überzeugende Erklärung und Begründung der moralischen Personen im ZEILLERS Kommentar zu lesen, wo es sogar heißt, daß „erlaubte Gesellschaften", „teils angeborene, teils erwerbliche Rechte" haben.[2] Diese Behauptung ist sogar widerspruchsvoll: vom naturrechtlichen Gesichtspunkt aus kann doch bei einer juristischen Person von angeborenen Rechten keine Rede sein.

Für unser Thema hat aber die moralische, dh die juristische Person neue Aspekte der Rechtsfähigkeit hervorgebracht, die verallgemeinert werden können und die auch für die Lösung der rechtsphilosophischen Problematik derselben interessant sind. Deswegen werden wir uns mit der Frage der Rechtsfähigkeit von juristischen Personen etwas näher befassen.

2. Die geheimnisvolle Vogelscheuche

2.1. Zum Unterschied von der erwähnten East India Company, die, wie gesagt, vor zweihundert Jahren als eine praktische Gegebenheit ohne

1 Siehe A. TUNC, Le droit anglais des societes anonymes (Paris 1971) 6.
2 F. ZEILLER, Commentar über das ABGB (Wien/Trieste 1811) Bd I, 150.

jede Aufregung akzeptiert wurde, rief § 26 ABGB in der Jurisprudenz des 19. Jahrhunderts eine nie dagewesene Empörung hervor. Die damalige österreichische und deutsche, aber auch die tschechische, polnische, ungarische usw. Rechtswissenschaft haben bisher an zwei Dogmen unerschütterlich geglaubt, nämlich daran, daß jedes Recht (im subjektiven Sinn) immer ein Subjekt haben muß, und, zweitens, daß das Rechtssubjekt immer und ausschließlich der Mensch als physische Person sein kann. Dieses zweite Dogma hing mit der schon erwähnten Vorstellung der natürlichen Rechtsfähigkeit des Menschen zusammen. Wenn man diese zwei Glaubensartikel verbindet, bekommt man einen dritten, nämlich den, daß das Subjekt eines jeden Rechts ein Mensch, also eine physische Person, ist, oder moderner ausgedrückt, daß jedes subjektive Recht immer, per definitionem, zu einer physischen Person, die sein Subjekt ist, beiderseitig zugereiht ist.[3]

Da hat sich aber die Wirklichkeit gegen die Idee erhoben. Die damalige Rechtswissenschaft versuchte allerdings, statt die Idee der Wirklichkeit, die Wirklichkeit der Idee anzupassen und das Entstehen der juristischen Person als eines vom Menschen (vom Einzelnen) verschiedenen Rechtssubjekts einfach zu ignorieren. Diese Tendenz führte dann zur Vorstellung, daß der Gesetzgeber statt des Rechtssubjekts aus Fleisch und Blut eine Vogelscheuche vorgeschoben hat, die weder Rechte noch Pflichten haben kann.[4]

2.2. Die „Vogelscheuchentheorie“ hat aber natürlich das Problem der Rechtssubjektivität der juristischen Personen nicht lösen können. (Es war übrigens keine wirkliche Theorie, sondern vielmehr ein Ironisieren des Gesetzgebers, der gegen die Theorie verstoßen hat.) Unzählige neue Theorien sind dann auf diesem Grund entstanden und versuchten, das Geheimnis der juristischen Person zu enträtseln. Der Glaube an die ausschließliche Rechtssubjektivität des Menschen (der physischen Person) war aber so tief, daß die Rechtslehre der zweiten Hälfte des 19. Jahrhunderts bei der Suche nach der Erklärung der Rechtsstellung der juristischen Personen einen ganz absurden Weg angetreten hat.

Im obenerwähnten Dilemma, daß jedes Recht ein Subjekt hat und daß das Subjekt nur eine physische Person sein kann, hat die damalige Rechtswissenschaft den ersten, unanfechtbaren Teil des Dilemmas geopfert und den zweiten, nicht bewiesenen, behalten. In anderen Worten bedeutet das, daß sie die nicht bewiesene naturrechtliche Maxime, daß nur

---

3 E. Zitelmann, Begriff und Wesen der sog. juristischen Personen (Leipzig 1873) 27 ff, 62 ff.

4 Dieser Ausdruck stammt vom deutschen Pandektisten Alois v. Brinz (Lehrbuch der Pandekten [Erlangen 1857] Bd I, XI, Abt II. Siehe auch Zitelmann, l.c., 27).

der Mensch Rechtssubjekt sein kann, behielt und die Lösung durch den Verzicht auf die ganz zweifellose Tatsache zu finden versuchte, daß jedes subjektive Recht notwendigerweise ein Subjekt hat.

Die Falschheit dieses Gedankenganges kann leicht bewiesen werden. Die angeführte Argumentation beruht nämlich auf folgendem, hier unwesentlich vereinfachtem, Syllogismus:

I. Das Subjekt des Rechts ist immer ein Mensch (eine physische Person),
II. es gibt de lege lata Rechte, die einem vom Menschen (von der physischen Person) verschiedenen Subjekt zugerechnet werden.

Schlußfolgerung: Ein solches (dh das in der unteren Prämisse angeführte) Subjekt ist kein Rechtssubjekt.

Es ist klar auf den ersten Blick, daß diese Schlußfolgerung widerspruchsvoll ist. Es ist eine klare contradictio in adiecto: ein Subjekt des Rechts, das kein Rechtssubjekt ist. Dieser Trugschluß beruht auf einem trivialen logischen Fehler, der petitio principii heißt. Die untere Prämisse ist nämlich nicht bewiesen, im Syllogismus wird sie aber als wahr behandelt.

Trotz seiner offensichtlichen Falschheit hat aber die damalige Rechtswissenschaft aus diesem Trugschluß weiter gefolgert, daß, da die juristischen Personen kein Rechtssubjekt werden können, ihre Rechte (und natürlich auch Pflichten) subjektlos sind.

So ist also die Theorie der subjektlosen Rechte entstanden, die damals in der Rechtstheorie einen großen Einfluß hatte und zu deren Protagonisten ein Jurist solchen Kalibers, wie Bernhard Windscheid wurde.

Die widerspruchsvolle Theorie der subjektlosen Rechte führte dann zu den Theorien des fiktiven Subjekts, insbesondere zu den Zweckvermögenstheorien, bzw den Zweckpersönlichkeitstheorien, welche die Subjektlosigkeit durch Fiktion zu ersetzen versuchten. Auf der anderen Seite sind als Reaktion gegen die Subjektlosigkeit die, von dem damaligen naturwissenschaftlichen Denken beeinflußten, realen (personifizierenden, antropomorphen) Auffassungen entstanden, welche den juristischen Personen menschliche Eigenschaften, einschließlich des Willens, zugemutet haben.[5]

2.3. Eine eigenartige Stelle in der Diskussion über das Wesen der juristischen Person hat der seine Zeitgenossen stets schockierende Rudolf v. Jhering eingenommen, der die Auffassung der subjektlosen Rechte zwar verwarf, dachte aber eine nicht weniger kuriose Theorie der juristischen Personen aus.[6] Da er selbst auch darüber überzeugt war, daß es nur Men-

5 Lehrbuch des Pandektenrechts (Düsseldorf 1870) Bd I, § 49, 57.
6 R. v Jhering, Geist des Römischen Rechts (Leipzig 1865) Bd III 1., 209 ff, 330 ff.

schen (physische Personen) sind, die Subjekte des Rechts werden können, versuchte er die Rechtssubjektivität der juristischen Personen als Rechtssubjektivität von Menschen aufzufassen, nämlich der Destinatäre der den juristischen Personen gehörenden Rechte, dh der Mitglieder der Korporationen bzw der Stifftungsinteressenten, also deren, die den Genuß dieser Rechte haben. Dadurch hat er, willig oder unwillig (eher aber unwillig), die Rechtssubjektivität und die Rechtsfähigkeit voneinander getrennt.

Diese Theorie war geistreich, aber völlig unhaltbar. In der Theorie rief sie große Aufmerksamkeit hervor, ist aber ohne Einfluß geblieben.

2.4. Neben der erwähnten (und anderen) rechtsphilosophischen, bzw rechtstheoretischen Auffassungen der juristischen Personen existierte freilich auch damals eine pragmatische Konzeption derselben, welche sich, ohne zu theoretisieren, damit begnügte, daß das Gesetz auch von physischen Personen verschiedene Subjekte als Rechtsubjekte zugelassen hat. Für diese pragmatische Affassung der juristischen Person stellte sich also nicht die Frage des Wesens der juristischen Person, sondern die Frage, welche von dem Menschen verschiedene Subjekte als juristische Personen zu betrachten sind und zu welchen Rechten und Pflichten sie fähig sind.

Es ist interessant, daß die Bestimmung des § 26 ABGB selbst eigentlich pragmatisch aufgefaßt wurde und in dem hochphilosophischen Bau des ABGB einen pragmatischen Fremdkörper bildet.

2.5. Die Bemühungen der Rechtswissenschaft, das Wesen der juristischen Person zu erklären, sind also gescheitert. Die pragmatische Auffassung hat auf eine theoretische Erklärung der juristischen Person verzichtet und die rechtsphilosophischen Überlegungen haben sie nicht gefunden. Das Geheimnis der Vogelscheuche ist also bis heute unaufgeklärt geblieben. Es stellt sich also die Frage, ob es überhaupt erklärbar ist.

Die Erfahrungen von jetzt schon beinahe zweihundert Jahren bezeugen, daß es kaum einen vernünftigen Sinn hat, über das Wesen der juristischen Person zu philosophieren und in den Begriffsinhalt derselben etwas hineinlegen zu wollen was in ihm nicht enthalten ist. Seit langem ist es auch klar, daß es unsinnig wäre, die Existenz der juristischen Person als Rechtssubjekts zu verneinen, wenn sich jeder in jedem Augenblick überzeugen kann, daß sie ein Rechtssubjekt ist.

Verzichtet man also auf die aussichtslose Suche nach dem abstrakten Wesen der juristischen Person,[7] gelangt man zu der oberwähnten pragmatischen Auffassung, wonach die juristische Person einfach als eine Schöpfung des Gesetzes, also des objektiven Rechts erklärt werden kann.

---

7 Vgl zB in der französischen Literatur die soziologische Auffassung der juristischen Person von P. Pescatore (Introduction à la science du droit [Luxembourg 1960] 248 ff).

Für diese Auffassung der Rechtspersönlichkeit, bzw Rechtsfähigkeit der juristischen Person, und für die theoretische Auffassung der Rechtsfähigkeit im allgemeinen, ist auch die Tatsache von Belang, daß die Rechtsfähigkeit der juristischen Person per definitionem beschränkt ist. Es gibt Rechte (und Pflichten), welche die juristische Person nicht nur ihrem Wesen sondern auch dem Gesetze nach nie haben kann. (Vgl insbesondere die ultra vires Beschränkungen). Von einer natürlichen Rechtsfähigkeit der juristische Person kann also keine Rede sein. Die juristische Person bezeugt, daß es nicht die Natur selbst, sondern daß es vielmehr das Gesetz ist, das den Umfang ihrer Rechtsfähigkeit bestimmt. Die juristische Person ist also ein ideeller, von dem Gesetz geschaffener „Zurechnungspunkt", der von demselben Gesetz mit einer mehr oder weniger beschränkten Rechtsfähigkeit ausgestattet ist.

Das objektive Recht, das Gesetz, wählt also ein außerrechtliches Subjekt und macht es zum Rechtssubjekt. Es ist dabei praktisch durch Kausalität und Vernüftigkeit beschränkt. In der Praxis wird die Rechtsfähigkeit, also die Rechtspersönlichkeit, in der Regel einigen von dem Gesetz bestimmten Gemeinschaften von Menschen, bzw bestimmten Organisationen von Menschen, und einem zweckbezogenen Vermögen zugeschrieben. Man kann sich dabei auch an den endlosen Streit über das rechtliche Wesen des ruhenden Nachlasses erinnern und man kann sich letzten Endes auch die Frage stellen, was, abgesehen von der Vernünftigkeit, das Gesetz daran hindert, die Rechtsfähigkeit auch einem anderen Subjekt zuzueignen. Unlängst verlief vor einem Prager Gericht ein Prozeß, in dem die Prager Kathedrale als Grundbuchseigentümer von sich selbst aufgetreten ist.

IV. Physische Personen

1. Nachdem wir über juristische Personen gesprochen haben, werden wir uns jetzt ähnlicherweise mit der Rechtsfähigkeit physischer Personen befassen. Die Frage lautet, ob der Ursprung der Rechtsfähigkeit derselben vom Ursprung der Rechtsfähigkeit der juristischen Personen verschieden ist.

Es ist wahr, daß heute die Rechtsfähigkeit des Menschen (der physischen Person) in der Regel als ein Grundrecht betrachtet wird. Darüber war schon oben die Rede. Manchmal ist sie sogar als ein natürliches Grundrecht betrachtet. Es ist jedoch nicht klar, ob sie für ein Menschen- oder ein Bürgerrecht gehalten wird. Der obenerwähnte Pakt über Bürger- und politische Rechte spricht zwar in seinem Titel ausdrücklich von

Bürgerrechten, in seinem Preambel spricht er aber über „unveräußerliche Rechte aller Mitglieder der menschlichen Familie" und über die „*natürliche* Würde des menschlichen Wesens", von der die unveräußerlichen Rechte abgeleitet werden. Dieses theoretische Durcheinander ist ein Zeugnis der Unklarheit des Begriffs der Grundrechte und auch ein Zeugnis dessen, was überhaupt nicht bezeugt werden muß, nämlich der Tatsache, daß wenn etwas im Gesetz (im Pakt) verkündet wird, bedeutet es nicht immer, daß es auch in Wirklichkeit so ist.

Mit der Tatsache, daß heute in jeder zivilisierten Gesellschaft anerkannt wird, daß die Rechtsfähigkeit ein Grundecht ist, endet also die Beweisführung nicht. Sie beginnt vielmehr.

2. Die Frage des Ursprungs der Rechtsfähigkeit kann nicht deduktiv, dh a priori, sondern nur iduktiv, bzw historisch geprüft und gelöst werden. Es stellt sich also die Frage, ob es diesbezüglich immer so war, wie es heute ist. Denn, wäre die Rechtsfähigkeit des Menschen wirklich eine natürliche Eigenschaft desselben, so würde sie vom Menschen (von der menschlichen Gesellschaft) nicht geändert noch ausgeschlossen werden können.

In diesem Zusammenhang kann an einen Gedanken von JOSEF UNGER erinnert werden, wonach „mit der Existenz der natürlichen einzelnen Person ihre Rechtsfähigkeit noch nicht von sich selbst gegeben ist". „Hierzu bedarf es", setzt dann UNGER diesen Gedanken fort, „einer objektiven Norm, welche der natürlichen Individualität juristische Persönlichkeit, dh Rechtsfähigkeit, zugesteht. *Person* im technischen juristischen Sinn heißt der Mensch, der Träger von Rechten ist".[8]

Ungeachtet der großen wissenschaftlichen Autorität von JOSEF UNGER ist aber seine zit Auffassung der Rechtsfähigkeit in seiner Zeit nicht zu herrschender Meinung geworden. Es überwog die rein naturrechtliche Auffassung des Gesetzes selbst, des § 16 ABGB, welche, wie oben gesagt, so viel Probleme anläßlich der juristischen Person hervorrief. Diese Auffassung ist bis heute die gesetzliche Auffassung des ABGB geblieben. die noch im 20. Jahrhundert von ARMIN EHRENZWEIG, der selbst kein Naturrechtler war, so interpretiert wurde, daß die Rechtsfähigkeit eine natürliche Eigenschaft des Menschen ist, der von der Natur selbst mit angeborenen Rechte ausgestattet und andere Rechte zu erwerben fähig ist.[9]

Dieser naturrechtlichen Auffassung nach wird also der Mensch mit einigen Rechten (Urrechten) schon geboren und gleichzeitig hat er eine angeborene Fähigkeit andere Rechte zu erwerben. Diese im Grunde genommen kantianische Auffassung der Rechtsfähigkeit, aber gleichermes-

8 J. UNGER, System des öst allg Privatrechts (Leipzig 1868) Bd I, 252.

9 A. EHRENZWEIG, System des öst allg Privatrechts (Wien 1925) Bd I, 142.

sen die ihr entgegengesetzte historische Auffassung von Josef Unger, bezeugen aber, daß die Frage der Herkunft der Rechtsfähigkeit keine isolierte Frage ist, sie hängt vielmehr mit der allgemeinen rechtsphilosphischen Frage wo kommen die (vermutlich natürlichen) Grundprinzipien des Rechts und letzten Endes wo kommt das Recht selbst her, zusammen.

V. Antinomien der Urrechte

1. Richten wir also unsere Aufmerksamkeit auf die angeborenen Urrechte der Freiheit und der Gleichheit.

Die Freiheit impliziert die Rechtsfähigkeit und umgekehrt auch die Rechtsfähigkeit in ihrer naturrechtlichen Auffassung setzt die Freiheit voraus. Die natürliche Rechtsfähigkeit wird als eine Äußerung der natürlichen Freiheit des Menschen betrachtet. Es stellt sich allerdings die Frage, ob der Mensch als solcher wirklich frei ist, ob ihn die Natur als ein a principio freies Wesen geschaffen hat.

Bejahendenfalls würde man fragen müssen, seit wann ist es so. Man wird sich nämlich erinnern, daß in der, eigentlich nicht so sehr entfernten Vergangenheit, derselben Natur nach nur einige Menschen frei waren und viel mehrere Menschen (Sklaven Leibeigene) unfrei und völlig oder teilweise rechtsunfähig waren. Noch in der zweiten Hälfte des 19. Jahrhunderts existierte die Sklaverei in den Vereinigten Staaten und die Leibeigenschaft in Rußland. In Österreich wurde die Sklaverei und die Leibeigenschaft etwas früher, doch aber erst im Jahre 1811, und in Frankreich im Jahre 1789 durch das Gesetz verboten.

Man wird sich auch an das aristotelische dikaion oikonomikon, das „Halbrecht" für Sklaven und für Kinder, an die römischrechtliche Regel servus nullum caput habet und an die capitis deminutio, deren Spur im § 573 ABGB bis heute andauert, erinnern. (Wie kann man sich übrigens rechtsphilosophisch erklären, das dasselbe ABGB im § 16 angeborene Rechte und im § 574 eine ganz klare capitis deminutio verkündete, die bis 1867 galt.)

Außerdem wohnt dem Begriff der Freiheit ein immanenter Widerspuch inne, und zwar ein mehrfacher. Danach dem Prinzip der Gleichheit jeder dieselbe Freiheit genießt, impliziert die Freiheit ihre eigene Beschränkung, die in der Pflicht neminem laedere, also letzten Endes, in der Pflicht, die Freiheit eines anderen nicht zu beschränken, besteht. Desgleichen wird die Freiheit des Einzelnen zugunsten der Gesellschaft (der Allgemeinheit) und schließlich auch durch die Kausalität beschränkt. Dem Begriff der Freiheit wohnt also die Unfreiheit per definitionem inne.

Ebensowenig natürlich wie die Freiheit ist die Gleichheit. „Warum soll der Mensch die Gleichheit erstreben, da die ganze Natur sie verleugnet?" fragt RUDOLF V. JHERING, der als enfant terrible der damaligen deutschen Jurisprudenz galt, und setzt die Frage fort: „Und welchen Wert hat die Freiheit unabhängig von jeder inhaltlichen Bestimmung derselben. Gleichheit kann ja auch Gleichheit des Elends sein".[10] Das enfant terrible der französischen Aufklärung, VOLTAIRE, schreibt in seinem Philosophischen Wörterbuch, daß die Menschen miteindander gleich wären, wenn sie keine Bedürfnisse hätten. Da sie aber natürlich Bedürfnisse haben, ist es auf unseren armen Erdkugel schon so, daß sie ungleich sind.[11]

Ähnliches gilt auch für Gerechtigkeit. Jeder Begriff derselben, seit ARISTOTELES bis H. L. A. HART oder JOHN RAWLS, impliziert so oder so, aber immer, den Begriff der Gleichheit und die ihm immanenten Widersprüche. Nehmen wir die berühmte Definition der Gerechtigkeit von HART, wonach die Gerechtigkeit in der Maxime „treat like cases alike and different cases differently" besteht.[12] Nach dieser Regel wird man als gerecht betrachten müssen, einem Dieb den Arm abhauen zu lassen, falls das Abhauen des Arms eine allgemeine Strafe auf den Diebstahl ist, die auf jeden Diebstahl gleichermessen angewendet wird.

2. Im Zusammenhang mit dem Ursprung der Rechtsfähigkeit und des Rechts selbst wird man auch andere Fragen stellen können. So insbesondere die Frage, ob es in der menschlichen Gesellschaft immer ein Recht gab. (Die Rechtsfähigkeit setzt doch ein Recht voraus). Oder gab es ein goldenes Zeitalter, das sine lege fidem rectumque colebat, wie sich das Ovidius, oder eine Urgesellschaft ohne Staat und Recht, wie sich das ähnlicherweise Friedrich Engels vorgestellt haben? Und gab es in einem solchen Fall eine natürliche Rechtsfähigkeit, wenn es kein Recht gab?

Man kann schließlich fragen, ob § 16 AGBG konstitutiv oder deklaratorisch gemeint wurde. An die Antwort kann kaum gezweifelt werden: die Bestimmung von § 16 ABGB wurde als eine Offenbarung einer natürlichen, von der Gesellschaft völlig unabhängigen Wahrheit gemeint.[13] Dann galt aber dieselbe Wahrheit auch zB im römischen Recht, wo allerdings de lege lata auch die Regel „quod principi placuit, legis habet vigorem" galt.[14] Dann hat aber § 16 ABGB nicht nur diese Regel, sondern die ganze vorherige Weltgeschichte Lügen bestraft.

10 R. v JHERING, Zweck im Recht (Leipzig 1893) Bd I, 369.

11 Dictionnaire philosophique, Schlagwort Egalité.

12 H. L. A. HART, The Concept of Law (Oxford 1961) ch VIII. 1., 155.

13 F. ZEILLER (FN 2) 129 ff.

14 Ulp D. 1, 4, 1.

3. Wir kommen schließlich zu der allgemeinsten Frage, des Ursprungs des Rechts. Der Mensch wird als zoon politikon geboren. Es gibt keinen ROBINSON mehr und, falls es doch einen gäbe, würde es für die nachfolgenden Erwägungen keine Bedeutung haben.

Um überleben zu können, muß der Mensch seine Bedürfnisse in der Gesellschaft befriedigen. Die Bedürfnisse und die dadurch motivierten Interessen der Menschen konkurrieren aber. In der Gesellschaft gibt es also eine sehr hohe Entropie der menschlichen Bedürfnisse und Interessen. Zu ihrer Herabsetzung haben immer in der Gesellschaft regulierende Systeme existiert. Als ein solches, die soziale Entropie herabsetzendes System, ist in der Gesellschaft auch das Recht entstanden.[15] Es ist also kein Recht, „das mit uns geboren", sondern ein Recht, das „durch uns geboren"[16] ist. Es ist also kein Recht, das den Menschen die Natur unabhängig von ihnen beschert hat, sondern ein Recht, das sich die Menschen mit historischer Notwendigkeit für sich selbst geschaffen haben. In diesem Sinn ist es also natürlich. Es ist aber eine ganz andere Natürlichkeit, als die, welche das Naturrecht in seinem üblichen Sinn voraussetzt.

VI. Die vom Recht geschaffene Rechtsfähigkeit

Die Schlußfolgerung kann sehr kurz sein. Alles wichtige ist schon gesagt worden. Die obenangeführten Erörterungen bestätigen, daß die Rechtsfähigkeit eine vom Recht selbst geschaffene Eigenschaft des Subjekts ist. Das Recht kann diese Eigenschaft verschiedenen Subjekten zuordnen und sie auf diese Weise rechtsfähig machen.

Die Subjekte derselben können verschieden sein und sind verschieden, die Rechtsfähigkeit als eine abstrakte rechtliche Eigenschaft ist aber gleich und gleich ist auch ihre Quelle, nämlich das Recht.

Die Menschen werden als Menschen geboren. Unabhängig von der Gesellschaft, in der sie geboren sind, sind sie groß oder klein, stark oder schwach, weiß oder schwarz, klug oder dumm, kraft ihrer Geburt selbst werden sie aber nicht rechtsfähig. Rechtsfähig werden sie im Augenblick ihrer Geburt deswegen, weil ihnen das Gesetz zu diesem Augenblick die Rechtsfähigkeit als eine gesellschaftliche Eigenschaft verleiht.

Dies ist eine Folge des allgemeinen Verhältnisses zwischen den Begriffen „Mensch" und „Bürger". Durch die Geburt wird man Mensch,

---

15 Diesen Gedanken hat der Verfasser dieses Beitrags näher in seinem Buch Teorie prava (Theorie des Rechts), das im Jahre 1995 in Prag bei C. H. BECK erschienen ist, erörtert.

16 Siehe H. KLENNER, Vom Recht der Natur zur Natur des Rechts (Berlin [Ost] 1984).

zum Bürger wird dann der Mensch kraft der Staatsgewalt, also kraft des Rechts.[17]

Der Weg der *juristischen Personen* zur Rechtsfähigkeit ist scheinbar einfacher. Sie werden nicht geboren. Sie werden direkt vom Recht zu Rechtssubjekten, dh zu rechtsfähigen Subjekten, geschaffen.

In Wirklichkeit ist aber das Entstehen der Rechtsfähigkeit ohne Rücksicht auf ihr Subjekt gleich. Um es mit den schon oben zitierten Worten von Josef Unger zu äußern „Hierzu bedarf es einer gesetzlichen Bestimmung, einer objektiven Norm", welche dem Subjekt die Rechtsfähigkeit zugesteht.

17 Siehe FN 13.

Gerhard Knechtel

Die Rechtlichkeit des Raumes, dargestellt am Beispiel der österreichischen Katastralvermessung

Wer GÜNTHER WINKLER und sein Werk kennt, der vermag zu ermessen, welche Faszination die KANTschen Kritiken und ihre Bedeutung für die Rechtswissenschaft auf ihn ausgeübt haben. Seine Studien zur Zeitbezogenheit des Rechts und des Rechtsdenkens[1] sind bloß *ein* Ergebnis jahrelanger Nachdenklichkeit, die ihn konsequent zu einer kritischen Auseinandersetzung mit der zweiten reinen Form sinnlicher Anschauung, dem Raum, und mit dieser zum Verhältnis von Recht und Raum führen mußten.

Seit Menschengedenken ist der Raum als Lebensraum unverzichtbare Bedingung für menschliche Entfaltung. Wie Jäger und Sammler ihre Reviere, so mußten später agrarische Gemeinschaften ihre Ackerflächen gegen Eindringlinge abgrenzen und verteidigen. Nach dem Übergang von einer „aneignenden" zu einer „produzierenden" Gesellschaft wurden die Anbauflächen zunächst gemeinschaftlich bewirtschaftet. Erst mit dem Aufkommen von Privateigentum an Grund und Boden erlangte die Abgrenzung und Kenntlichmachung der Besitzungen zentrale Bedeutung. Es ist daher nicht verwunderlich, daß uns die ersten Zeugnisse einer Landvermessung aus den Hochkulturen des Zweistromlandes bekannt sind. Später machten in Ägypten die jährlichen Nilüberschwemmungen eine Aufzeichnung der Besitzgrenzen erforderlich.

Zusätzliche Bedeutung gewann der Raum mit der Ausprägung von Feudalsystemen. Dort war Grundbesitz *der* Anknüpfungspunkt für verschiedenste Rechtsbeziehungen zwischen Lehnsherr und Lehnsnehmer, allen voran die Verpflichtung zur Leistung von Abgaben sowie Kriegs- und Waffendiensten. Auch Gerichtsstand und Wahlrecht wurden schon damals nach räumlicher Zugehörigkeit bestimmt. Daran hat selbst die Entwicklung zu neuzeitlichen Territorialstaaten wenig geändert.

Noch bis ins späte 19. Jahrhundert bezogen die Staaten einen Großteil ihrer Einnahmen aus der Besteuerung von Grundeigentum. Ungenügende Aufzeichnungen der Besitzgrößen waren nicht selten Quelle ungerechter

---

[1] G. WINKLER, Zeit und Recht (Wien 1995), Forschungen aus Staat und Recht, Band 100.

steuerlicher Belastung der vorwiegend ländlichen Bevölkerung. Aus diesem Grund wurden bald Forderungen laut, die Bodenbesteuerung auf eine exakte, dem tatsächlichen Ertrag der genutzten Flächen entsprechende Grundlage zu stellen. Dazu bedurfte es zunächst einer genauen Vermessung aller Liegenschaften sowie anschließend einer ertragsbezogenen Bewertung der Kulturflächen. Hierin blieb der im Jahr 1718 begonnene Kataster des Herzogtums Mailand lange Zeit unerreicht. Seine Konzeption und technische Präzision fanden vielerorts Anerkennung und Bewunderung. Auch das österreichische Katasterwesen hat sich den Mailänder Kataster zum Vorbild genommen, dessen Spuren noch heute sichtbar sind.

I. Rechtsgrundlagen der österreichischen Landvermessung

Die gesetzliche Grundlage für die österreichische Landvermessung findet sich in Art 10 Abs 1 Z 10 B-VG („Vermessungswesen"). Auf diese Kompetenzbestimmung gründet das Vermessungsgesetz 1968[2] seine Geltung und Verbindlichkeit. Nähere Konkretisierung erhält das Gesetz durch die Vermessungsverordnung 1994,[3] die Vermessungsgebührenverordnung 1994[4] sowie die Verordnung über die Sprengel der Vermessungsämter[5]. Daneben enthalten beispielsweise das ABGB,[6] das Staatsgrenzgesetz,[7] das Liegenschaftsteilungsgesetz,[8] das Forstgesetz 1975,[9] das Bodenschätzungsgesetz 1970[10] und das Flurverfassungs-Grundsatzgesetz 1951[11] vermessungsrechtliche Vorschriften.

---

2 Bundesgesetz vom 3. Juli 1968 über die Landesvermessung und den Grenzkataster (Vermessungsgesetz – VermG) BGBl 306, zuletzt geändert durch BGBl 480/1980.

3 Verordnung des Bundesministers für wirtschaftliche Angelegenheiten über Vermessungen und Pläne (Vermessungsverordnung 1994 – VermV) BGBl 562/1994.

4 Verordnung des Bundesministers für wirtschaftliche Angelegenheiten über Vermessungsgebühren (Vermessungsgebührenverordnung 1994) BGBl 753/1994.

5 Verordnung des Bundesministers für Bauten und Technik vom 2. Dezember 1986 über die Sprengel der Vermessungsämter sowie die technische Ausstattung und den Umfang der Grundstückdatenbank, BGBl 670, zuletzt geändert durch BGBl 754/1994.

6 Allgemeines bürgerliches Gesetzbuch, JGS 946/1811, zuletzt geändert durch BGBl 25/1995.

7 Bundesgesetz vom 30. November 1973 zur Durchführung zwischenstaatlicher Vereinbarungen über die Vermessung und Vermarkung der Staatsgrenze und zur Regelung bestimmter Angelegenheiten der Staatsgrenze (Staatsgrenzgesetz) BGBl 9/1974.

8 Bundesgesetz vom 19. Dezember 1929 über grundstückliche Teilung, Ab- und Zuschreibungen (Liegenschaftsteilungsgesetz – LiegTeilG) BGBl 3/1930, zuletzt geändert durch BGBl 343/1989.

9 Bundesgesetz vom 3. Juli 1975, mit dem das Forstwesen geregelt wird (Forstgesetz 1975) BGBl 440/1975, zuletzt geändert durch BGBl 419/1996.

10 Bundesgesetz vom 9. Juli 1970 über die Schätzung des landwirtschaftlichen Kulturbodens (Bodenschätzungsgesetz 1970) BGBl 233/1970.

„Zweck der Landesvermessung ist es“, so die Erläuternden Bemerkungen zum Vermessungsgesetz, „die Verhältnisse an Grund und Boden im gesamten Bundesgebiet, deren Kenntnisse für zahlreiche staatliche und private Anliegen erforderlich ist, in Plänen, Karten und Büchern dazustellen.“[12] Vornehmliche Zielsetzung bei der Erlassung[13] des Vermessungsgesetzes 1968 war die Neuordnung der Landvermessung und die Schaffung eines sog „Grenzkatasters“ zum „verbindlichen Nachweis der Grenzen der Grundstücke“[14]. Nach dem bis zum 1. Jänner 1969 in Österreich ausschließlich bestehenden „Grundsteuerkataster“ nahmen nur die Grundstücksnummern am öffentlichen Glauben des Grundbuches teil, während die Mappe gemäß § 3 des Allgemeinen Grundbuchsanlegungsgesetzes[15] lediglich „zur Veranschaulichung der Lage der Liegenschaft“ bestimmt war.[16] Durch § 49 VermG wurden nunmehr statt der Naturgrenzen eines Grundstücks dessen „Papiergrenzen“ für verbindlich erklärt und so der Schutz des guten Glaubens nach dem Grundbuchsrecht erweitert.[17]

II. Von Stadtplänen zum Stabilen Kataster

Die europäischen Kulturnationen bemühten sich schon früh, den Grundbesitz räumlich zu erfassen, zu reglementieren und durch gesetzliche Maßnahmen zu schützen. Wegen der vielen Unklarheiten über Besitz- und Lastenverteilung, die die Eintreibung einer allgemeinen Bodensteuer erheblich erschwerten, lag die genaue Erfassung der Größe der Güter im ureigensten Interesse der Landesherren. So ließ etwa WILHELM DER EROBERER im Jahr 1086 in seinem Herrschaftsgebiet einen umfassenden Grundkataster, eine *descriptio totius Angliae*, besser bekannt als das Buch von Winchester oder das Domesday Book, anlegen.[18] Erst diese

11 Flurverfassungs-Grundsatzgesetz 1951, BGBl 103/1951 (Wv), zuletzt geändert durch BGBl 903/1993.

12 508 BlgStenProtNR, XI. GP, 12.

13 Zur Einführung des Vermessungsgesetzes vgl etwa P. ANGST, Das neue Vermessungsgesetz, ÖJZ 1969, 337 sowie J. WEGAN, Die Auswirkungen des Vermessungsgesetzes auf das Zivilrecht und die Vertragspraxis, NZ 1971, 65 und 82. Siehe dazu jüngst B. GUTKNECHT, Grundstücksvereinigung gemäß § 52 Z 3 Vermessungsgesetz und Eigentumsrechte, NZ 1996, 129.

14 § 8 Z 1 VermG.

15 BGBl 2/1930.

16 508 BlgStenProtNR, XI. GP, 13.

17 Zur Teleologie des § 49 VermG siehe insbesondere 508 BlgStenProtNR, XI. GP, 24 f, aber auch R. DITTRICH – F. HRBEK – W. KALUZA (Hrsg), Das österreichische Vermessungsrecht[2] (Wien 1985) VermG § 49.

18 Vgl K. KLUXEN, Geschichte Englands: von den Anfängen bis zur Gegenwart[4] (Stuttgart 1991) 40 f.

distriktsweise „Inventarisierung" des Landes südlich des Tyne ermöglichte die Ausbildung einer strengen lehnsrechtlichen Hierarchie nach normannischem Muster.

1. Stadtpläne

Das Bedürfnis, Größe und Grenzen von Grundstücken möglichst exakt zu bestimmen, graphisch festzuhalten und damit nicht zuletzt für Streitfälle eindeutig festzulegen, dürfte vor allem in den Städten seit langer Zeit vorhanden gewesen sein.[19] Das galt für freie Städte und herrschaftliche Orte gleichermaßen.

Der erste mit einem Maßstab versehene Stadtplan von Wien, der sogenannte Albertinische Plan, wurde im Jahr 1438 verfaßt und geht vermutlich auf die Schule JOHANNES' VON GMUNDEN (1383-1442) zurück.[20] Der Plan enthält den Verlauf der Stadtmauer und die Lage der Kirchen in schiefer Ansicht. Daneben sind die Burg, die Universität, ein Donauarm, der Wienfluß und der Ottakringerbach zu erkennen. Der ungefähre Maßstab, ein Schrittmaßstab, beträgt 1:5280.

Große Bekanntheit hat der Stadtplan des Nürnberger Kartographen AUGUSTIN HIRSCHVOGEL erlangt. Dieser 1547 verfaßte Rundplan Wiens stellt die Innere Stadt mit ihren Straßen, Gassen und Plätzen im Grundriß dar. Die an der Peripherie gelegenen Befestigungsanlagen sind in Perspektive gezeichnet. Die Aufnahme des bestehenden Umfangs der Stadt war anläßlich des Umbaus und der Verstärkung der Festungswerke nach der ersten Türkenbelagerung Wiens erforderlich geworden. Auf Befehl FERDINANDS I. führte HIRSCHVOGEL gemeinsam mit dem Steinmetzmeister BONIFATIUS WOHLMUET und dem Steinmetz BENEDIKT KÖLBL mit selbstgebauten Instrumenten die Vermessung durch. Während HIRSCHVOGEL seinen im Maßstab 1:1080 verfertigten Plan im August 1547 König FERDINAND vorlegte, arbeitete WOHLMUET an einem eigenen Stadtplan in größerem Maßstab (1:792). Dieser enthält nicht nur die einzelnen Haus- und Hofparzellen mit den Namen der Eigentümer; auch die außerhalb der Stadtmauer liegenden Teile der Vorstädte sind perspektivisch eingezeichnet.[21]

Nach der erfolgreich abgewehrten zweiten Türkenbelagerung schuf der kaiserliche Hauptmann und Ingenieur DANIEL SUTTINGER im Jahr

---

19 Vgl „Der Statt Zurych gestalt und gelaegenheit", NZZ 29. Mai 1996, 31.

20 Siehe dazu und zur Geschichte der Wiener Stadtpläne ausführlich H. ROHRER, Die Geschichte des Österreichischen Karten- und Vermessungswesens (Typoskript, Wien 1957) 3 ff.

21 Vgl ROHRER (FN 20) 5 f.

1684 einen Plan von Wien. Der sechsfärbig ausgeführte, handgezeichnete Plan zeigt die Zerstörungen der Stadt, wie sie sich im Sommer 1683 präsentierten, und enthält detaillierte Angaben über die Besitzverhältnisse der Liegenschaften.

Im Jahr 1706 wurde auf Befehl JOSEFS I. von LEANDER CONTE ANGUISSOLA und JOHANN JAKOB (GIAN GIACOMO) MARINONI unter Beiziehung des Hofarchitekten LUKAS HILDEBRANDT und des Stadtunteringenieurs ARNOLD WERNER STEIN ein Plan der Stadt Wien und ihrer Vorstädte verfaßt. Unter Zugrundelegung von SUTTINGERS Aufnahme der Inneren Stadt[22] und eigener Vermessungen der Vorstädte bis zu den Linien, dem heutigen Gürtel, gaben sie eine geometrisch exakt vermessene („Insulae, et Rami Danubij, omnia deniq; et singula geometricè diamesa, et accuratè delineata fuerunt"), im Maßstab von 1:6300 verfaßte, authentische („nihil inventum, aut veritati superadditum") Karte heraus.

Der Plan der Inneren Stadt aus dem Jahr 1684 wurde im Jahr 1710 durch ARNOLD STEINHAUSEN aktualisiert. Durch die rege Bautätigkeit in der ersten Hälfte des 18. Jahrhunderts mußte die 1706 in Kupfer gestochene, vierteilige *Accuratissima Viennae Austriae Ichnographica Delineatio* in den Jahren 1734, 1736 und 1737 „neu accurat corrigiert" werden.[23]

2. Herrschaftspläne

Nicht nur in den Städten bestand Interesse an genauen Plänen. Aus Gründen der Rechtssicherheit wurden in vielen Grundherrschaften eigene Herrschaftspläne[24] angefertigt. Neben ihrer Bedeutung für die Bemessung von Zehent und Robot erwiesen sie sich besonders bei Grenzstreitigkeiten als nützlich. Mit der Zeit wurde schließlich die vorsorgliche Aufnahme strittiger Gebiete üblich. Grenzen sollten dokumentiert werden und die aufgenommenen Pläne in späterer Zeit zum Beweis ihres richtigen Verlaufes dienen. Wegen der besonderen rechtlichen Bedeutung solcher Plandokumente als Beweismittel sind viele sorgfältig verwahrt worden und so bis heute erhalten geblieben.

Bekannte „fahrende" Planverfasser und Ausführende solcher Vermessungsarbeiten waren etwa CLEMENS BEUTTLER (1623-1682), GEORG MAT-

---

22 Man darf davon ausgehen, daß sie auf ein Holzmodell („ex ligneo Archetypo") DANIEL SUTTINGERS zurückgriffen; vgl F. SLEZAK, Johann Jakob Marinoni (1676-1755), Der Donauraum. Zeitschrift für Donauraumforschung 1976, 195 (197).

23 Siehe SLEZAK (FN 22) 201.

24 Da im 18. Jahrhundert die Grundsteuer auf der Basis von Grundsteuerlisten und Grundsteuerfassionen eingehoben wurde, kam es vielerorts, obwohl dies nicht ausdrücklich verfügt war, zur Anfertigung von Herrschaftsplänen. Zur Anlage von Grundsteuerlisten und Grundsteuerfassionen siehe das Patent vom 9. Oktober 1748.

thäus Vischer (1628-1696)[25] und Johann Jakob Marinoni (1676-1755). Letzterer wurde am 9. Feber 1676 in Udine geboren und begann im Jahr 1696 in Wien das Studium der Philosophie, das er nach zwei Jahren abschloß. Von seinem Lehrer Anguissola empfohlen, bewarb er sich im Jahr 1703 um die Verleihung des Titels „Hofmathematiker", welchen er „in Ansehung seiner Wissenschaft" im Jahr 1705 erhielt.[26] Neben der Kartierung Wiens führte Marinoni eine große Anzahl von Mappierungen durch, die durch Bauvorhaben oder Grenzstreitigkeiten veranlaßt waren.[27] So beauftragte ihn im April 1709 Freiherr von Selb mit der Abmessung seines Grundes in der „Laimgrube an der Grenze gegen die Windmühle", um einen bereits Jahre andauernden Streit um einen Fahrweg, den der Voreigentümer im Jahr 1650 zwecks besserer Zufahrt zu seinem Ziegelofen erworben hatte, beizulegen.[28] Weitere Kartierungen erfolgten an der ungarischen Grenze und in umstrittenen Herrschaftsbereichen an der March. Im Jahr 1723 führte Marinoni eine Grenzmappierung bei Petronell, im Jahr 1725 Detailaufnahmen von Laxenburg und vom Mühlweg zwischen dem Neugebäude und Schwechat durch. Ein Jahr später nahm er die Vermessungen für die Trassierung der Straße über den Semmering vor.[29] Bis ins hohe Alter führte Marinoni schwierige Naturaufnahmen selbst durch. Aus dem Jahr 1745 existiert eine „Mappa über den zwischen Lobl. Closter Schotten und auch Lobl. Statt Magistrat von Wienn strittig grundt in der Joseph Statt" aus seiner Hand.

III. Kataster

Die ältesten erhaltenen Aufzeichnungen über die Größe und Beschaffenheit von Liegenschaften stammen aus dem Babylon des dritten vorchristlichen Jahrtausends. Felderpläne belegen die Ermittlung von Flächeninhalten mittels geometrischer Verfahren.[30] In ägyptische Parzellenkarten wurden die genaue Lage, die Grenzen, die Güte sowie die Zuge-

25 Neben seinen bekannten Topographien und Karten Oberösterreichs, Niederösterreichs und der Steiermark nahm Vischer etwa die Grenze zwischen der Steiermark und Salzburg bei Mandling (1677), die Landgerichts- und Wildbannbezirke des Stiftes Kremsmünster (1678), den Grenzverlauf am Semmering (1680) oder Skizzen zur Wildbanngrenze zwischen den Herrschaften Pernstein und Seisenburg (1696) auf. Zum Wirken Vischers allgemein A. L. Schuller (Hrsg), Georg Matthäus Vischer, Topographia Ducatus Stiriae 1681, Bde I-II (Graz 1975) Nachwort, insb 9 ff.

26 Zum Leben und Werk Marinonis siehe den Beitrag von Slezak (FN 22) 195 ff.

27 Vgl Slezak (FN 22) 198.

28 „Mappa über den Selbischen Garten, und umliegende Ohrten" im Maßstab 1:864.

29 Vgl Slezak (FN 22) 200.

30 Siehe H. Rohrer, Geschichte des Vermessungswesens (Typoskript, Wien 1939) 1.

hörigkeit eines jeden Grundstückes exakt festgehalten, um so den Besitzstand auch nach den periodischen Nilüberschwemungen rekonstruieren zu können. Um das Jahr 1700 v Chr soll in Ägypten, so berichtet HERODOT, bereits ein Kataster eingerichtet gewesen sein.[31]

Das Wort „Kataster" selbst leitet sich aus dem neulateinischen „catastrum" ab, das seinerseits aus dem mittellateinischen „capitastrum" entstanden ist und sinngemäß „Kopfsteuerverzeichnis" oder „Kopfsteuerliste" bedeutet.[32] Als „catastico" begegnet uns der Begriff, welcher wiederum auf das griechische „catastichon" („Notizbuch", „Liste") zurückgeht, erstmals im Jahr 1185 in Venedig.[33]

Der älteste europäische Grundsteuerkataster dürfte in Mailand bestanden haben. Er geht auf eine nach dem Frieden von Konstanz (1183) angeordnete Schätzung sämtlicher Mailänder Güter zurück, konnte wegen des heftigen Widerstands der Bevölkerung jedoch erst im Jahr 1249 in Kraft gesetzt werden. Aus diesem Grund war der Grundsteuerkataster bei seiner Einführung bereits wieder veraltet. Darüber hinaus wurde er von den Regierenden gern als Rechtfertigung für weitere Steuererhöhungen herangezogen, weswegen ihm der Volksmund den Namen „Buch der Schmerzen" beilegte.[34] Trotz offenkundiger Schwächen des bestehenden Steuersystems wurde die Anlegung eines neuen, verbesserten Katasters erst nach der Besitznahme der Lombardei durch Kaiser KARL V. im Jahr 1515 begonnen. Im Jahr 1546 wurde eine Schätzungsbehörde ernannt, drei Jahre später verfaßte der Bergamasker BERGAMINO eine Instruktion für die Flächenvermessung.[35] In die Vermessungsgeschichte sollte jedoch erst der Nachfolger dieses Katasters, der im Jahr 1718 begonnene sog „Mailänder Kataster", eingehen.

1. Der Mailänder Kataster

Nach dem Aussterben der spanischen Linie der Habsburger im Jahr 1700 kam es zu heftigen Auseinandersetzungen um das Erbe KARLS II. Trotz militärischer Erfolge ging Spanien dem Hause Habsburg verloren. Gleichzeitig erreichte die „Monarchia Austriaca" jedoch durch die Erwer-

---

31 So ROHRER (FN 30) 2; vgl HERODOT, Historien, Bd I[6] (Zürich 1995) Buch II, RZ 109.

32 Vgl F. DIEZ, Etymologisches Wörterbuch der romanischen Sprachen[5] (Bonn 1887) 93; Meyers Lexikon Bd VII[7] (Leipzig 1927) 1121.

33 Siehe W. MEYER-LÜBKE, Romanisch Etymologisches Wörterbuch[3] (Heidelberg 1935) 169 (RN 1762a).

34 K. LEGO, Geschichte des Österreichischen Grundkatasters (Wien oJ) 2, FN 2.

35 Vgl LEGO (FN 34) 2, FN 2.

bung der sog Spanischen Nebenlande, zu denen Luxemburg, Belgien, Neapel, Sizilien und Mailand zählten, ihre größte Ausdehnung.[36]

Im Frühjahr des Jahres 1701 hatte Prinz EUGEN VON SAVOYEN, Oberbefehlshaber der für Italien bestimmten Armee, die Alpen überquert und die überraschten Franzosen bei Cremona geschlagen. Der siegreiche Heerführer wurde am 16. April des Jahres 1707 durch JOSEPH I. in das Amt des Gouverneurs von Mailand eingeführt. Die Lage des Mailänder Staatsschatzes, der kaum für die Kosten der stationierten österreichischen Truppen aufkommen konnte, machte bald die Vorschreibung von Kontributionen erforderlich.[37] Um sozialen Unruhen in dem besetzten Herzogtum vorzubeugen, die aufgrund der ungleichen Besteuerung von Grund und Boden vorprogrammiert schienen, drängte der Prinz auf eine rasche Reform des Steuersystems. Die Neuregelung der Grundbesteuerung verzögerte sich jedoch zunächst durch außenpolitische Ereignisse und konnte schließlich erst nach dem Frieden von Passarowitz (1718) in Angriff genommen werden.

a) Die Giunta Miro

Am 7. September 1718 wurde durch ein kaiserliches Patent die sog „Giunta di nuovo Centesimo milanese" eingesetzt, welcher die Einführung eines neuen, auf gerechte Grundlagen aufbauenden Steuersystems oblag. Ihr Präsident, der Neapolitaner Graf VINCENZO DE MIRO, wurde mit unumschränkten Vollmachten ausgestattet, die ihn in die Lage setzten, Erlässe im Namen des Kaisers herauszugeben.[38] Auch die anderen Kommissionsmitglieder waren, um jeden Verdacht der Parteilichkeit hintanzuhalten, aus anderen italienischen Staaten gewählt worden.[39]

Als erster Schritt erging im Jahr 1719[40] an alle Besitzer von unbeweglichen Gütern die Aufforderung, eine genaue Fassion über ihren Besitz an Grundstücken und Gebäuden und alle damit verbundenen Lasten, Einkünften, Untertänigkeits- und Hoheitsrechten vorzulegen. Dies sollte die spätere Neufestsetzung der Grundsteuer erleichtern.

Der kaiserliche Hofmathematiker MARINONI war schon zu Beginn der Arbeiten an dem neuen Kataster bemüht, die Giunta davon zu über-

36 Vgl beispielsweise den kurzen Überblick bei E. J. GÖRLICH – F. ROMANIK, Geschichte Österreichs² (Wien 1976) 252 ff.

37 Für jeden Tag hatten die Mailänder den Besatzern 22.000 Lire zu zahlen; vgl N. C. MORANDINI, Il Censimento Milanese, Bd I (Mailand 1832) 33.

38 Vgl auch J. LINDEN, Die Grundsteuerverfassung in den deutschen und italienischen Provinzen der österreichischen Monarchie, mit vorzüglicher Berücksichtigung des stabilen Katasters (Wien 1840) § 456.

39 Zur Geschichte des Mailänder Katasters siehe LEGO (FN 34) 1 ff.

40 Patent vom 14. April 1719.

zeugen, daß nur eine gemeindeweise zusammenhängende Darstellung der Grundstücke in Plänen geeignet sei, exakte Teilflächen zu bestimmen und so den tatsächlichen Reinertrag zu ermitteln.[41] Deshalb schlug er vor, daß erstens alle Geometer nach der gleichen Methode arbeiten, zweitens für die Arbeiten das „Meßtischverfahren" und drittens für die Vermessung ein einheitliches Längenmaß verwendet werden sollten. Letzteres war besonders wichtig, da in jeder Provinz, zuweilen auch in einzelnen Städten, eigene Längenmaße in Verwendung standen. MARINONI empfahl der Kommission die Verwendung des mailändischen Trabucco, der heute einer Länge von etwa 2,61093 Metern entsprechen würde. Weiters sorgte er sich um technische Details zu Mappierung, Darstellung, Legende und Flächenermittlung.

Da der Kommission die Meßtischmethode noch unbekannt und sie von ihrem praktischen Nutzen nicht überzeugt war, ordnete sie zunächst Vergleichsaufnahmen in ebenem, sumpfigem und gebirgigem Gelände an. Die dabei ermittelten Ergebnisse sollten dann mit der bisherigen, sogenannten Squadro-Methode verglichen werden.[42]

MARINONI, glühender Verfechter der Meßtischmethode, machte sich selbst ans Werk und vermaß die 400 ha große Gemeinde Melegnano in nur acht Tagen, obwohl er in den ersten zwei Tagen durch herumstehende Zuseher stark behindert wurde.[43] Der erfahrene Mailänder Geometer ANDREOLI brauchte für die gleiche Fläche, unterstützt von einem Adjunkten und drei Feldmessern, 14 Tage, wobei er allerdings Straßen, Wege und innere Unterteilungen in der Stadt auslassen mußte. Auch bei der der Vermessung folgenden Kanzleiarbeit erwies sich die Meßtischmethode als überlegen.[44] Dazu kam, daß die auf dem Feld hergestellten Meßtischpläne auch für die Besitzgrenzenfeststellung viel authentischer waren als die oft erst im Winter nach der Naturaufnahme aus Squadromessungen hergestellten Mappen.[45]

So darf es kaum verwundern, daß nach dem erfolgreichen Ausgang des Experiments KARL VI. die Meßtischmethode für die Vermessung des

41 Die letzte Aufnahme des Mailänder Gebiets hatte in den Jahren 1549 bis 1551 stattgefunden und umfaßte lediglich eine Flächenmessung ohne Plandarstellung. Nicht nur weil sie veraltet war, konnte sie kaum als Grundlage einer gerechten Ermittlung der Grundsteuer dienen; vgl T. SOFONEA, Johann Jakob Marinoni (1676-1755) – Sein Leben und Schaffen – 300 Jahre nach seiner Geburt, Österreichische Zeitschrift für Vermessungswesen und Photogrammetrie 1977, 97 (100).

42 Vgl MORANDINI (FN 37) 25 ff.

43 Die Versuchsaufnahmen begannen am 17. April 1720.

44 Vgl E. HOFSTÄTTER, Beiträge zur Geschichte der Österreichischen Landesaufnahmen, Teil 1 (Wien 1989) 27 sowie LEGO (FN 34) 10.

45 So auch LEGO (FN 34) 10.

Herzogtums Mailand schließlich für verbindlich erklärte.[46] Am 10. Oktober 1720 erschien eine von MARINONI abgeänderte Vermessungsinstruktion,[47] in der sich neben technischen Anweisungen strenge Vorschriften für das Vermessungspersonal finden:

„Diese (d.s. die Geometer, die Kommissäre und andere zugeteilte Personen) werden ihre Arbeiten beginnen und ununterbrochen an allen Tagen, außer an den Festtagen, von Sonnenaufgang bis Sonnenuntergang arbeiten, damit schlechtes Wetter den Arbeitsfortgang nicht schädige, wie es bei Regen, Schnee oder anderen Ereignissen der Fall sein könnte. Die Zuwiderhandelnden gehen ihres Lohnes verlustig und unterliegen nach dem Gutdünken der Grundsteuerkommission noch anderen Strafen."[48]

Die Androhung strenger Strafen dürfte ihren Zweck nicht verfehlt haben. Die Arbeiten gingen zügig voran, und bereits im Jahr 1723 konnte die Katastralvermessung beendet werden.[49] Insgesamt waren 2387 Gemeinden oder 19220 Quadratkilometer, davon 12600 km² steuerpflichtige Fläche, vermessen worden.[50] Die Ergebnisse der Vermessung wurden in Mappen im Maßstab 1:2000 sowie in Übersichtskarten im Maßstab von 1:8000 festgehalten. So konnte im Jahr 1729 eine topographische Karte des mailändischen Staates fertiggestellt werden, die aus 16 Blättern im Maßstab 1:72000 bestand.

b) Die Giunta Neri

Die Arbeiten am Kataster waren 1731 so weit gediehen, daß an einen baldigen Abschluß gedacht werden konnte. Doch noch vor der endgültigen Fertigstellung brach der polnische Erbfolgekrieg aus. Französische und spanische Truppen besetzten die Lombardei und die bereits fertigen Mappen mußten nach Mantua überstellt werden. Der darauffolgende Tod KARLS VI. im Jahr 1740 und der schlesische Krieg verzögerten die Wiederaufnahme der Arbeiten bis zum Jahr 1749. Eine neue Giunta mit POMPEO NERI als Präsident wurde eingesetzt,[51] und es mußten zehn weitere Jahre vergehen, bis der Kataster den geänderten Verhältnissen angepaßt werden konnte und die Gesamtsumme der Steuern für den Staat sowie die Quoten für jede Provinz ermittelt waren.[52] Am 1. Jänner 1760,

46 Am 27. August 1720 von der Giunta im Namen KARLS IV. unterzeichneter Erlaß.

47 Ordini Stabiliti dalla Cesarea Real Giunta del nuova Censimento per la Misura Generale dello Stato di Milano a' 10. Ottobre 1720.

48 Sinngemäße Übertragung aus dem Italienischen durch LEGO (FN 34) 11.

49 Zur „Storia del Censimento nuovo" MORANDINI (FN 37) 33 ff.

50 Die Zahlen sind LEGO (FN 34) 11, entnommen.

51 Siehe MORANDINI (FN 37) 37 f.

52 Diese betrug 64.226.090 Scudi, 3 Lira, 6 Ottavi di lira, davon entfielen auf die Stadt und Provinz Mailand 34.009.717, auf Triviglio 309.213, auf die Stadt und Provinz Pavia 5.254.272, auf die Stadt und Provinz Cremona 11.398.150, auf Goncino 266.109, auf

also 42 Jahre nach der Einsetzung der ersten „Giunta di nuovo Censimento milanese", konnte der Kataster schließlich in Kraft treten.

Seine Konzeption als Parzellenreinertragskataster hatte für viele europäische Staaten Vorbildwirkung,[53] und zwar nicht nur wegen der gerechten Steueraufteilung. Anerkennung[54] und Nachahmung fand der Mailänder Kataster vor allem wegen der bis dahin unerreichten technischen Präzision, die ohne Triangulierung, sondern nur mit Hilfe einer auf einer gemeindeweise gemessenen, magnetisch orientierten Basis erzielt wurde.

c) Exkurs: Die Ermittlung des Flächeninhalts und die Schätzung des Ertrags

Mit der exakten Aufnahme von Grundstücksgrenzen in der Natur und der anschließenden Übertragung auf Papier hat zwar die Landesaufnahme ihren Abschluß gefunden. Zwecks Vorschreibung der Grundsteuer bedarf es jedoch noch eines entscheidenden Schrittes, der Ermittlung des Flächeninhaltes der vermessenen Grundstück. Bis zur ersten Hälfte des 18. Jahrhunderts standen dafür im wesentlichen drei Methoden in Verwendung:[55] Nach der ersten werden die Flächen in einfache geometrische Figuren (Dreiecke, Parallelogramme oder Trapeze) zerlegt und dabei gekrümmte Linien durch gerade ersetzt. Der Inhalt der so erhaltenen Teilflächen kann durch einfache Berechnungen ermittelt und die Gesamtfläche durch Addition der Teilflächen gebildet werden. Beim zweiten Verfahren wird die gesamte Mappe mit einem feinen Gitternetz überzogen. Zur Ermittlung des gewünschten Flächeninhaltes werden die in einem Grundstück gelegenen ganzen Quadrate abgezählt und die verbleibende Restfläche geschätzt. Die dritte Methode geht auf Galilei zurück. Dabei wird zunächst ein Mappenblatt auf starkes Papier aufgeklebt oder übertragen. Sodann wird das zu bestimmende Teilstück ausgeschnitten und sein Gewicht durch Wägen ermittelt. Der Flächeninhalt ergibt sich unschwer durch Vergleichen mit dem Gewicht bekannter Flächen. Die-

Fontanella 138.193, auf Pizzighettono 228.591, auf Castel-Leone 349.235, auf die Stadt und Provinz Lodi 9.318.334, auf die Stadt und Provinz Como 1.278.659, auf das Gebiet von Como 556.026, auf das Thal Intelvi 62.326 und auf die Stadt und Provinz Casal Maggiore 1.057.270 Scudi; die Zahlen finden sich bei Linden (FN 38) § 462.

53 Frankreich, Lombardo-Venetien, die Illyrischen Provinzen, Bayern, Parma, Piacenza, Toskana, der Kirchenstaat, Carrara, Massa, Ägypten und nicht zuletzt Österreich (Belgien, die Niederlande, Luxemburg) nahmen sich den Mailänder Kataster zum Vorbild bei ihren Bestrebungen, eine gerechte Besteuerung von Grund und Boden zu erreichen. Auch das Rheinland, Westfalen sowie die Schweizer Kantone Waadt und Genf nahmen Anleihen beim Mailänder Katastersystem, wie Lego (FN 34) 13, ausführt.

54 Adam Smith lobte den Mailänder Kataster als eines der exaktesten und mit größter Sorgfalt geschaffenen Werke dieser Art (zit nach Lego [FN 34] 12 f).

55 Dazu anschaulich Lego (FN 34) 11 f.

ser Methode bediente sich der Astronom HALLEY (1656-1742) zur Bestimmung der Fläche Englands und seiner Grafschaften. MARINONI machte sich bei seinen Flächenberechnungen in Mailand die Weiterentwicklung der Gewichtsmethode zunutze. Mittels zweier rotierender Walzen erhielt er Bleifolie gleicher Dicke, die er zur Ermittlung des Flächeninhalts kleinerer Teil- und Restflächen verwendete. Den Inhalt großer Flächen bestimmte der Hofmathematiker in einem ersten Arbeitsschritt durch geometrische Berechnung.

Nachdem der Flächeninhalt sämtlicher Ertragsflächen so festgestellt worden war, konnte die Schätzung des Reinertrages der Grundstücke vorgenommen werden. Dazu wurden die Grundflächen gemeindeweise in drei Bonitätsklassen eingeteilt. Für jede Kulturgattung und Klasse ermittelte man zunächst den Rohertrag. Nach Abzug der Kulturkosten blieb der Reinertrag übrig, der die Basis für die Steuerbemessung bildete.

2. Der Josephinische Kataster

Während um die Mitte des 18. Jahrhunderts im Herzogtum Mailand die Landesaufnahme und die Grund- und Gebäudeertragschätzungen bereits weit gediehen und eine Umstellung des Steuersystems auf Grundlage eines Parzellenreinertragskatasters absehbar war, konnten sich in anderen Teilen des Kaisertums Österreich die Bemühungen, Ungerechtigkeiten bei der Grundbesteuerung zu mildern, bloß auf Reformen der bestehenden Systeme beschränken. Wiederholt kam es so im Laufe der Jahre zu Änderungen bei der Regelung und der Erfassung von Besitzverhältnissen.

Unter ähnlichen Vorzeichen wie in Mailand erachtete MARIA THERESIA eine Reform des Steuerwesens für notwendig. Die schlesischen Kriege hatten den Finanzbedarf des Staates drastisch erhöht, und die Stände wälzten nicht selten die Steuerlast auf die untertänigen Bauern ab. Mit Patent vom 5. September 1747 ließ die Kaiserin eine geplante Steuerrektifikation durch ein Verbot der Einziehung von Rustikalgütern absichern. Jeder vor 1732 bestehende Rustikalgrund hatte als solcher zu verbleiben.[56] Am 26. Juli 1748 kündigte MARIA THERESIA schließlich eine Steuerrektifikation an, die eine getrennte Steuerpflicht der Grundherren und der Untertanen vorsah.

JOSEPH II. setzte die von seiner Mutter begonnenen Reformen fort. Sein Ziel war es, Grund und Boden ohne Unterschied der Eigenschaft der Besitzers ausschließlich nach seiner wahren Fruchtbarkeit und seinem

56 Zur Einteilung in Dominikal- und Rustikalgüter siehe G. KANDUTSCH, Die Grundbuchsentwicklung in Österreich (Graz, Univ Diss 1995) 24 ff.

wirklichen Ertrag zu besteuern.[57] In der Vorrede zur Josephinischen Grundsteuer-Regulierung vom 20. April 1785 heißt es in diesem Zusammenhang:

„Da der bestehende Steuerfuß nicht nach Gleichheit, und Billigkeit, weder zwischen den deutschen erbländischen Provinzen unter sich, noch zwischen den einzelnen Besitzern bestimmt ist, auch die Grundsätze, auf denen er beruht, unsicher, und der Aemsigkeit nachteilig sind: so haben Se. Maiestät als Vater, und Verwalter der von der Vorsicht anvertrauten Länder auf Mittel gedacht, die Grundlage zu einem solchen Steuerfusse zu legen, nach welchem, ohne Erhöhung des gegenwärtigen Beitrags, der zur Bedeckung der Staatserfordernisse noch unentbehrlich ist, iede Provinz, iede Gemeinde, und ieder einzelne Eigenthümer nach Verhältnis des Grundes, den er besitzt, seinen Antheil vollkommen gleich beitrage, die Aemsigkeit auf dem Lande aber von aller Last befreit bleibe.“

Kernstück der Josephinischen Fassion war die Aufzeichnung und Ausmessung aller fruchtbringenden Gründe und Realitäten (§ 1) sowie das eigene Bekenntnis (Fassion) der Grundbesitzer (Fatenten) betreffend den Ertrag der Grundstücke. Die Vermessung und der Kataster konnten zwar noch zu Lebzeiten des Kaisers abgeschlossen werden,[58] zu einer Heranziehung der gewonnenen Ergebnisse kam es jedoch nicht. Schließlich sah sich Leopold II. wegen starker Widerstände der Grundherren genötigt, die Josephinische Steuerregulierung wieder aufzuheben.[59]

Trotz seiner kurzen Geltung konnte der Josephinischen Kataster[60] besondere historische Bedeutung erlangen. Erstmals wurden sämtliche Grundstücke im Reich aufgenommen sowie der Verlauf der Gemeindegrenzen offiziell festgestellt und vermarkt. Noch heute sind zahlreiche der großen, mit eingemeißelten Jahreszahlen versehenen Josephinischen Gemeindegrenzsteine erhalten. Auch gehen viele Ried-, Feld- und Flurnamen auf den Josephinischen Kataster zurück, und zwar deshalb, weil vor Beginn der Vermessung die Benennung in Platz, Hauptfeld oder Flur erfolgen sollte:

„Da es möglich ist, daß ein Platz dermal keinen Namen habe: so ist mit der Einstimmung der Gemeinde demselben ein willkürlicher Name zu geben, unter welchem er aufgeschrieben werden könne.“[61]

Die für die verschiedenen Kulturgattungen in Verwendung stehenden Grundmaße wie „Joch, Viertel, Tagwerk, Metzen, Strich, Schäffel, Korez,

57 Prinzipiell wurden Dominikalgüter im Verhältnis 1:2 geringer besteuert als Rustikalgüter; vgl H. Conrad, Deutsche Rechtsgeschichte, Bd II: Neuzeit bis 1806 (Karlsruhe 1966) 221.

58 Binnen vier Jahren hatte man etwa 207.000 Quadratkilometer Land vermessen können, vgl Hofstätter (FN 44) 37.

59 Patent vom 20. April 1790.

60 Er war nur von 1. November 1789 bis 1. Mai 1790 verbindlich.

61 § 15 der „Belehrung für die Ortsobrigkeiten, Jurisdizenten, oder ihre Stellvertreter, und Beamten, wie auch für die Gemeinden, wie sich dieselben bei dem bevorstehenden Geschäfte der Ausschreibung, Ausmessung, und Fatierung der Gründe zu benehmen haben.“

Pflug, Campi, und dergleichen" durften in den Fassionsformularen zwar verwendet werden, der „durch die Ausmessung sich zeigende Flächeninhalt muß[te jedoch] in Joche zu 1584 Quadratklaftern reduziert werden" (§ 23 der Belehrung). Die „unbequeme" Zahl 1584 wurde durch Hofdekret vom 13. Mai 1785 auf die „gerade von 1600 Quadratklaftern" abgeändert.

Die Gattungen des nutzbaren Grundes waren: Äcker, Trisch- und Rottäcker, Teiche, Wiesen, Gärten, Hutweiden, Gestrippe, Weingärten und Waldungen. Ausgenommen von der Fassion waren „Steinfelsen, ganz unfruchtbare Gebirge, Moräste, welche nicht zur Weide, oder auf andere landwirtschaftliche Art benutzt werden können, Strassen- Fuhr- und Holzwege, Wasserrisse, und dergleichen Grundteile, die gar nichts tragen" (§ 26 der Belehrung).

Die Katastralvermessung wurde von Joseph II. mit der ihm eigenen Sorgfalt und Gründlichkeit des „Vaters und Verwalters der von der Vorsicht anvertrauten Länder" dekretiert und überwacht. So reichen die Instruktionen bis zu den „zur Ausmessung nothwendigen Werkszeugen": eine hölzerne Wienerklafter, eine Meßkette, oder Meßstrick, oder Leinel, zwei Pflöcke zur Spannung des Meßstricks, oder Strickpflöcke, sechs oder acht gerade Stangen, zehn hölzerne Nägel, und Papier, Tinte, Bleistifte und Lineal.[62]

3. Der Franziszeische Kataster

„In Erwägung der Mißverhältnisse, welche bey der Umlegung der Grundsteuer nach dem bestehenden Maßstabe der Vertheilung für ganze Provinzen, Kreise, Districte und Gemeinden, wie für einzelne Contribuenten hervorgehen" ordnete Kaiser Franz I. am 23. Dezember 1817 an, ein „festes System der Grundsteuer in Ausführung zu bringen."[63] Die „Ausmittlung des reinen Grund- und Häuserertrages" sollte dabei im Wege der ökonomischen Vermessung, Mappierung und Schätzung (§ 7 des Patentes) erfolgen, die Vermessung selbst durch „eigene, wissenschaftliche gebildete, und practisch geübte Feldmesser aus dem Militär- und Civil-Stande" vorgenommen werden (§ 8).

Der auf die für die deutschen und italienischen Provinzen gleichermaßen angeordnete Landesaufnahme[64] zurückgehende sogenannte Franziszeische Kataster hat fachtechnisch, steuerlich, wirtschaftlich aber auch

62 § 6 der „Belehrung, wie die Ausmessung der Gründe von den Gemeinden praktisch zu vollziehen sei."

63 „Einführung eines neuen Grundsteuer-Systems", PGS 162/1817.

64 Vgl die Vorrede zum Patent vom 23. Dezember 1817 sowie dessen § 24.

kulturtechnisch eine derartige Bedeutung erlangt, daß seine Auswirkungen bis in die Gegenwart reichen.

Nach der Außerkraftsetzung des Josephinischen Katasters im Jahre 1790 trat das davor bestehende Theresianische Steuersystem wieder in Geltung. Zwar hatte die Situation der Bauern durch verschiedenste Modifikationen verbessert werden können, eine endgültige Entlastung der bäuerlichen Bevölkerung versprach jedoch nur eine Neuregelung der Grundsteuer. In Vorbereitung einer solchen wurde die vereinigte Hofkanzlei angewiesen, ein allgemeines, gleichförmiges und stabiles Katastersystem vorzubereiten.[65] Da die Hofkanzlei jedoch mit sonstigen Geschäften über die Maßen in Anspruch genommen war, wurde im Jahr 1810 eine eigene Grundsteuer-Regulierungs-Hofkommission eingerichtet.[66] Uneinigkeit herrschte lange Zeit über die Frage, ob der Mappierung von Grund und Boden eine allgemeine ökonomische Vermessung der gesamten Monarchie mit Triangulierung vorausgehen, oder ob nach dem Vorbild des Mailänder Katasters bloß eine kleinräumige gemeindeweise Vermessung mit lokalen Basislinien vorgenommen werden sollte. Der Kaiser favorisierte von Anfang an das Mailänder System und konnte erst nach Versuchsaufnahmen[67] durch die Grundsteuer-Regulierungs-Hofkommission von der Notwendigkeit einer trigonometrischen Triangulierung überzeugt werden.[68]

a) Die trigonometrische Triangulierung

Ursprünglich war geplant gewesen, die vom Generalquartiermeisterstab im Jahr 1806 begonnene Militär-Triangulierung erster und zweiter Ordnung durch Einschaltung weiterer trigonometrischer Punkte der Katastralvermessung nutzbar zu machen. Die Ergebnisse der militärischen Landesaufnahme erwiesen sich jedoch als zu ungenau und daher für eine darauf aufbauende Detailvermessung unbrauchbar. Schließlich entschied man sich, lediglich von den Grundlinien und den direkt abgeleiteten Dreiecksseiten der Militärtriangulierung auszugehen.[69] Um zu große Verzerrungen zu vermeiden, wurden länderweise eigene Koordinatensysteme gebildet. Als Koordinatenursprung dienten etwa der Turm von St. Stephan, der Gusterberg bei Kremsmünster, der Schöckl bei Graz, der Krim-

65 Kabinettsbefehle vom 2. August und 28. Oktober 1806.

66 Kabinettschreiben vom 21. August 1810.

67 Zunächst wurde eine Quadratmeile zwischen Brunn am Gebirge und Mödling vermessen; vgl Lego (FN 34) 26 sowie Hofstätter (FN 44) 72.

68 Zu den langwierigen Vorarbeiten für die Einführung des Franziszeischen Katasters ausführlich Lego (FN 34) 25 ff.

69 Vgl Lego (FN 34) 30.

berg bei Laibach, der südliche Turm der Pfarrkirche von Innsbruck und der östliche Turm der Sternwarte auf dem Gellérthegy bei Budapest.

b) Die Detailvermessung

Nach der trigonometrischen Triangulierung, bei welcher pro Quadratmeile nach Möglichkeit drei trigonometrische Punkte zu bestimmen waren, wurde die Detailvermessung in Angriff genommen. Gemeindeweise wurden mittels des Meßtisches Katastralmappen angefertigt, meist im „ganzen Katastralmaß" von 1:2880.

Bevor die Detailaufnahmen in Angriff genommen werden konnten, hatte eine Kommission, bestehend aus einem Geometer, einem politischen Kommissär, dem Gemeindevorsteher, zwei mit dem Grenzverlauf vertrauten Gemeindemitgliedern und Vertretern der angrenzenden Gemeinde, die Gemeindegrenze zu begehen.[70] Dabei wurde eine „vorläufige Grenzbeschreibung" angefertigt, welcher die Skizze des Geometers beigefügt wurde. Im Zweifelsfall war sie gegenüber der späteren, nach den aus der Mappe entnommenen Längen- und Winkelangaben hergestellten „definitiven Grenzbeschreibung" verbindlich.

Nach Abschluß der Naturaufnahme, der Übertragung des Meßergebnisses und der parzellenweisen Berechnung der Fläche erfolgte die Katastralschätzung.

c) Die Katastralschätzung

Zur Ermittlung des „jährlichen gewöhnlichen reinen Geldertrags" für die der Grundsteuer unterworfenen Objekte wurde auf Grundlage des Patents vom 23. Dezember 1817 im Jahr 1825 eine Schätzungs-Instruktion in Kraft gesetzt. Nach der Einteilung aller Grundstücke entsprechend ihrer Hauptkulturgattung erfolgte eine Abstufung in Klassen je nach Lage und Beschaffenheit der Liegenschaft. Für jede Klasse erfolgte dann die Ermittlung des Naturalrohertrags nach gemeinde- und kulturspezifischen Kriterien. Von dem „in natura ausgemittelten und im Gelde veranschlagten Rohertrag" wurden die Kulturkosten (Aufwand an Naturalien, Arbeit und Geld) abgezogen.[71] Der Franziszeische Kataster war somit wie sein Mailänder Vorbild ein Grundstücksreinertragskataster.

70 Vgl Linden (FN 38) § 323.

71 Interessante Einblicke in die praktische Durchführung der Einschätzung von Grundstücken gewährt das von E. Puffer bearbeitete Heft „Der Franziszeische oder Stabile Kataster", Materialien zur Geschichte Buchers 2 (Typoskript, Linz 1990). Anhand der Einschätzungs- und Reklamationsprotokolle, die in den Jahren 1845 bis 1852 in der damals zum Budweiser Kreis gehörigen Gemeinde Buchers aufgenommen wurden, werden nicht nur die Zusammensetzung und die Aufgaben der Schätzungskommissionen deutlich; man

Der Schätzung wurden die niedrigsten, zwischen den Jahren 1774 und 1824 erzielten Preise für landwirtschaftliche Produkte zugrundegelegt. Nach den Erhebungen der Grundsteuer-Regulierungs-Hofkommission wurde dafür das Jahr 1824 zum sog „Normaljahr" und damit zur Grundlage der für den stabilen Kataster zu bildenden Preise bestimmt.[72]

d) Behörden

Für die Durchführung der Vermessung wurde am 28. März 1818 eine Katastral-Vermessungs-Instruktion herausgegeben und in der Folge mehrfach verbessert[73]. Die Leitung hatte zunächst die Grundsteuer-Regulierungs-Hofkommission. Ihr nachgeordnet waren die Grundsteuer-Provinzial-Kommissionen, die Steuer-Regulierungs-Kreis-Kommissionen und die trigonometrische Triangulierungs-Direktion.[74] Im Jahr 1827 wurden die Grundsteuer-Regulierungs-Hofkommission und die Provinzial- und Kreiskommissionen aufgelöst und ihre Befugnisse der vereinigten Hofkanzlei sowie den Länderstellen übertragen. Die technischen Aufgaben übernahmen von nun an die Vermessungs-Centraldirektion, welcher in den Ländern selbständige Mappierungs-Direktoren unterstellt waren. Im Jahr 1848 gingen die Agenden des Grundsteuerkatasters an das Finanzministerium über.[75]

e) Reklamation

Nach Abschluß der Vermessung und Schätzung wurden die Ergebnisse „zur Kenntnis der Interessenten gebracht, um die von ihnen dagegen vorkommenden Einwendungen und Beschwerden zu hören, zu untersuchen, sofern sie gegründet sind auszugleichen, und zur definitiven Entscheidung zu bringen."[76] Nähere Bestimmungen über das Reklamationsverfahren traf das Hofdekret vom 4. November 1829. Antragsberechtigt waren die „Steuerbezirksobrigkeiten", der Gemeindeausschuß und die einzelnen Grundbesitzer.[77]

---

erhält darüber hinaus eine gute Übersicht über die landwirtschaftlichen Verhältnisse um die Mitte des 19. Jahrhunderts und die vielfältigen Faktoren, die bei der Katastralschätzung Berücksichtigung zu finden hatten.

72 Zur den Vorschriften betreffend die Schätzung siehe ausführlich LINDEN (FN 38) § 359 ff.

73 Die erste umgearbeitete Auflage erschien im Jahr 1820, eine zweite folgte am 28. Feber 1824. Letztere stand bis zum Abschluß der Vermessung in Verwendung.

74 Zu den gesetzlichen Aufgaben der eingerichteten Behörden vgl LINDEN (FN 38) § 303 ff.

75 Vgl beispielsweise ROHRER (FN 30) 56 f.

76 LINDEN (FN 38) § 445.

77 Zum Verfahren näher LINDEN (FN 38) §§ 445 bis 454.

f) Evidenzhaltung

Zur Evidenzhaltung des stabilen Katasters ergingen in Ausführung der §§ 18, 19 und 21 des Patentes vom 23. Dezember 1817 am 26. März 1833 detaillierte „Anleitungen". Sämtliche Besitz- und Objektsänderungen sollten durch eigens bestellte „Evidenzhaltungsgeometer" nachgetragen werden. Auch Vermessungs- und Berechnungsfehler waren durch diese zu berichtigen. Änderungen der Kulturflächen wurden hingegen überhaupt nicht berücksichtigt.

IV. Fortführung des Katasters

Die eigentliche Katastralvermessung wurde in der Steiermark im Jahr 1825, in Niederösterreich und in Kärnten im Jahr 1828, in Oberösterreich im Jahr 1830, im Burgenland im Jahr 1858 und in Tirol und Vorarlberg im Jahr 1861 abgeschlossen. Damit war die Grundlage für einen geregelten Grundstücksverkehr und eine gerechte Grundsteuer geschaffen.

Die Fortführung der Katasteraufnahme oblag einigen wenigen Beamten der Provinzialarchive. Diese konnten die erforderliche flächendeckende Berichtigung und Ergänzung der Mappen jedoch nicht bewerkstelligen. Um einen der Natur entsprechenden Stand wiederherzustellen, wurde in den Jahren 1867 bis 1869 in den österreichischen Ländern mit Ausnahme Tirols eine sog Reambulierung („Wiederbegehung") vorgenommen. Bei dieser Gelegenheit wurde zugleich das bestehende Triangulierungsnetz verfeinert und weiter „stabilisiert".

Im Jahr 1869 wurden mit dem Gesetz vom 24. Mai über die Regelung der Grundsteuer[78] neue Vorschriften über die Bewertung der Grundstükke[79] erlassen. Erstmals war auch die amtswegige Vermessung von Veränderungen in der Natur und die entsprechende Berichtigung der Mappen vorgesehen:

„Das den Bezirks-Schätzungscommissionen zugewiesene Vermessungspersonale hat die Aufgabe, die seit der letzten Vermessung eingetretenen Cultur- und Objektsänderungen, insoweit letztere bei der Evidenzhaltung nicht zur Anmeldung gelangt sind, an Ort und Stelle zu untersuchen und in den vorhandenen Katastralmappen zu berichtigen."[80]

Am 23. Mai 1883 wurde angeordnet, die auf Grund des Gesetzes vom 24. Mai 1869 und der nachfolgenden Gesetze vom 6. April 1879[81]

---

78 RGBl 88/1869.

79 Vgl Abschnitt III des Gesetzes „Grundertrags-Abschätzung", §§ 15 ff.

80 § 35 des Gesetzes vom 24. Mai 1869.

81 RGBl 54/1879.

und 28. März 1880[82] hergestellten Operate „in genauer Evidenz der vorfallenden Veränderungen zu erhalten“[83]. Dazu sollten sämtliche Veränderungen im Umfang der Steuergemeinde (§ 3), in der Person des Besitzers (§ 4), der dauernden (§ 5) oder zeitweiligen Objektsänderung (§ 6) und der dauernden Kulturänderung (§ 7) nachgetragen werden. Außerdem waren Schreib- und Rechenfehler (§§ 8 und 9) sowie Fehler in der Darstellung auf der Mappe (§ 10) zu berichtigen.

Besondere Bedeutung kam § 11 des Gesetzes zu, wonach der Grundsteuerkataster und die Eisenbahnbücher, die Bergbücher sowie die „auf Grund der Operate der Grundsteuerregelung angelegten neuen Grundbücher[84] (Landtafeln)“ in „steter Übereinstimmung“ zu erhalten waren. Änderungen mußten auf der Mappe und im Grundbuch parallel vorgenommen werden; dadurch konnten Veränderungen in der Natur rasch im Grundbuch berücksichtigt und so abweichende Eintragungen vermieden werden.

Im Jahr 1896 wurde die Revision des Grundkatasters verfügt.[85] Eine solche war durch vorangegangene Kulturänderungen und Zusammenlegungen von Grundstücken (Commassationen) erforderlich geworden. Gleichzeitig traten umfangreiche verfahrensrechtliche Änderungen in Kraft.

Die Umstellung der Besteuerungsgrundlage von Katasterreinertrag und Bonität auf Einheitswerte[86] hat auch die Neuregelung der vermessungsrechtlichen Vorschriften mit sich gebracht. In das Vermessungsgesetz 1968 fand nicht nur die technische Entwicklung auf dem Gebiet der Landvermessung Eingang. Durch die Verbindlicherklärung der in den Mappen dargestellten sog Papiergrenzen wurde zugleich der grundbücherliche Vertrauensschutz entscheidend verbessert. Die gänzliche Umstellung des alten Grundsteuerkatasters auf den neuen Grenzkataster wird jedoch noch einige Zeit in Anspruch nehmen.

---

82 RGBl 34/1880.

83 § 1 des Gesetzes vom 23. Mai 1883 über die Evidenzhaltung des Grundsteuerkatasters, RGBl 83.

84 Eingerichtet durch das Allgemeine Grundbuchsgesetz vom 25. Juli 1871, RGBl 95. Zur Geschichte des Grundbuchs und seiner Vorläufer siehe die anschauliche Darstellung von Kandutsch (FN 56).

85 Gesetz vom 12. Juli 1896 betreffend die Revision des Grundkatasters, RGBl 121.

86 Bundesgesetz vom 13. Juli 1955 über die Bewertung von Vermögenschaften (Bewertungsgesetz 1955 – BewG 1955) BGBl 148/1955, zuletzt geändert durch BGBl 201/1996.

Christian Kopetzki

Rechtsfragen der Drittmittelforschung an Universitätskliniken

I. Einleitung

Die Durchführung wissenschaftlicher Arbeiten im Auftrag Dritter an Universitätsinstituten wirft eine Vielzahl dienst-, universitäts- und haushaltsrechtlicher Rechtsfragen auf, die bereits wiederholt Gegenstand literarischer Auseinandersetzung waren[1] und die hier nicht neuerlich aufgegriffen werden sollen. Im Fall der „Drittmittelforschung" an Universitätskliniken entstehen jedoch zusätzliche Probleme, die ihre Wurzeln in der eigentümlichen Verzahnung universitärer und krankenanstaltlicher Strukturen und Aufgaben haben: Universitätskliniken sind nach der Konzeption des UOG[2] sowohl Universitätsinstitute als auch „Teil" einer öffentlichen Krankenanstalt, wobei die Rechtsträger der universitären Einrichtungen einerseits und der Krankenanstalt andererseits nicht identisch sind. Dementsprechend muß auch die Zurechnung der universitären bzw der krankenanstaltlichen Funktionen zu jeweils verschiedenen Rechtsträgern erfolgen. Bei Forschungsarbeiten im Auftrag Dritter kommt hinzu, daß diese sowohl vom Universitätsinstitut bzw von der Universitätsklinik kraft eigener Rechtspersönlichkeit als auch von einzelnen Universitätslehrern im eigenen Namen und auf eigene Rechnung erfolgen kann. Eine der in diesem Zusammenhang – auch und gerade bei der Auftragsforschung – typischerweise auftretenden Fragen geht nun dahin, inwieweit Sach- und Personalmittel des Bundes bzw der Krankenanstalt auch für diese Zwecke in Anspruch genommen werden dürfen und ob für diese Nutzung von Ressourcen des anderen Rechtsträgers eine Refundierungspflicht besteht.

---

1 Vgl zB J. Hengstschläger, Haushalts- und kontrollrechtliche Probleme der universitären Drittmittelforschung, in: J. Hengstschläger/E. Eypeltauer (Hrsg), Rechtsfragen der Drittmittelforschung (Wien 1989) 1; E. Eypeltauer, Arbeitsrechtliche Probleme im Zusammenhang mit der Drittmittelforschung von Instituten, ibid 93; E. Langeder, Drittmittelforschung, Wissenschaftsfreiheit und dienstrechtliche Forschungsverpflichtung, in: R. Strasser (Hrsg), Grundfragen der Universitätsorganisation IV (Wien 1990) 130.

2 Den folgenden Ausführungen liegt die Rechtslage nach dem UOG 1975 (§§ 54 ff) zugrunde. Das UOG 1993 enthält in §§ 61 ff weitgehend parallele Regelungen.

II. Zur Funktion der Universitätskliniken

Für die Erörterung des Themas ist es zweckmäßig, sich zunächst die historisch gewachsene Doppelfunktion und die unterschiedlichen Aufgabenbereiche der Universitätskliniken vor Augen zu führen[3]:

a) Universitätskliniken haben nach den Bestimmungen des UOG 1975 bzw 1993 eine *Doppelgestalt* als Universitätsinstitut einerseits und Teil einer Krankenanstalt andererseits. Sie sind „zugleich Teile der Krankenanstalt und der Universitäts-Organisation“[4]. Nach der Legaldefinition des § 54 Abs 1 UOG (§ 62 Abs 1 UOG 1993) handelt es sich um „jene Institute der Medizinischen Fakultäten, in denen im Rahmen einer Krankenanstalt auch ärztliche Leistungen unmittelbar am Menschen erbracht werden“.

Diese Janusköpfigkeit der Kliniken kommt auch in ihren unterschiedlichen Aufgabenbereichen zum Ausdruck: Gem § 54 Abs 1, 3 und § 54a Abs 1 UOG (§ 61 Abs 2, § 63 Abs 2 UOG 1993) obliegen ihnen neben den genuin universitären Aufgaben der wissenschaftlichen *Lehre und Forschung* auch die *im Rahmen der Krankenanstalt* zu erbringenden *ärztlichen Leistungen.* Darüber hinaus können ihnen *sonstige Aufgaben im Rahmen des Gesundheitswesens* übertragen werden.

Daraus wird folgende grundlegende Aufgabentrias der Universitätskliniken ersichtlich:

1) Aufgaben der wissenschaftlichen Lehre und Forschung;
2) Erbringung ärztlicher Leistungen im Rahmen der Krankenanstalt;
3) sonstige übertragene Aufgaben im Rahmen des Gesundheitswesens.

Die skizzierte Dreiteilung der Aufgabenbereiche spiegelt sich auch in anderen rechtlichen Zusammenhängen wider: So hat etwa der Klinikvorstand neben seinen Lehr- und Forschungsaufgaben auch die Ausübung der ärztlichen Tätigkeit sicherzustellen (§ 54 Abs 5 Z 3 UOG; § 65 Abs 2 UOG 1993); ist die Klinik in klinische Abteilungen gegliedert, so kommt die Verantwortung für die zu erfüllenden ärztlichen Aufgaben dem Leiter der klinischen Abteilung zu (§ 54b Abs 3 UOG; § 65 Abs 3 UOG 1993). Dem korrespondiert die krankenanstaltenrechtlichen Regelung des § 7a Abs 1 KAG, wonach in Abteilungen von Krankenanstalten, die als Universitätskliniken gegliedert sind, die Verantwortung für die zu erfüllenden ärztlichen Aufgaben nicht dem Abteilungsleiter nach § 7 Abs 4 KAG, sondern dem Leiter der Klinischen Abteilung nach dem UOG zukommt.

---

3 Vgl dazu schon den Erlaß vom 11. Juli 1872, Z 10.355, MVBl Nr 61 (abgedruckt bei L. Beck/C. Kelle, Die österreichischen Universitätsgesetze [Wien 1906] 290 [391]).

4 § 54a Abs 1 UOG 1975; ähnlich § 62 Abs 1 UOG 1993 („zugleich Teile einer Krankenanstalt und der Universität“). Dazu nun auch W. Barfuss/P. Steiner, Zu den Dienstpflichten von Klinikvorständen, RdM 1996, 12.

Schließlich findet die Trias universitärer Aufgaben / Aufgaben des öffentlichen Gesundheitswesens / ärztliche Aufgaben im Rahmen der Krankenanstalt auch auf der Ebene des *Dienstrechts* ihren Niederschlag. Die an der Universitätsklinik verwendeten und in einem Dienstverhältnis zum Bund stehenden Ärzte sind zwar hinsichtlich ihrer organisations- und dienstrechtlichen Stellung reine Universitätsorgane und somit *organisatorisch* dem Bund zugeordnet. Ihr *funktioneller* Aufgabenbereich ist aber sowohl ein universitärer als auch ein krankenanstaltlicher: Nach § 155 Abs 6 BDG haben Hochschullehrer, die an der Universität als Ärzte verwendet werden, neben ihren universitären Aufgaben (Forschung, Lehre, Prüfung, Verwaltung: § 155 Abs 1 BDG) „außerdem an der Erfüllung der Aufgaben mitzuwirken, die den Universitätseinrichtungen im Rahmen des öffentlichen Gesundheitswesens und der Krankenbehandlung obliegen und im § 54 UOG genannt sind".

b) Diese Übersicht macht deutlich, daß man es bei den Universitätskliniken mit einer eigentümlichen Form *mittelbarer Verwaltung* zu tun hat, bei der Organe des Rechtsträgers Bund neben den universitären Aufgaben bzw den „sonst" übertragenen Aufgaben des Gesundheitswesens zusätzlich auch Aufgaben eines *anderen* Rechtsträgers wahrnehmen, nämlich die Erbringung ärztlicher Leistungen im Rahmen der Krankenanstalt eines vom Bund unterschiedenen Anstaltsträgers. Ein solches Auseinanderfallen von Organ- und Verbandskompetenzen ist auch in anderen Fällen mittelbarer Verwaltung anzutreffen; eine Besonderheit liegt hier jedoch darin, daß der Rechtsträger der Krankenanstalt nicht notwendigerweise eine Gebietskörperschaft sein muß und Bundesorgane in eigener Organkompetenz bzw Dienstverpflichtung daher gegebenenfalls Aufgaben eines privatrechtlich organisierten Rechtsträgers besorgen.

Aus den unterschiedlichen Aufgabenbereichen der Klinik ergeben sich auch Konsequenzen für die *Zurechnung* der jeweiligen Aufgabenbesorgung zum einen oder anderen Rechtsträger, was namentlich für die Fragen der Haftung[5], der Kostentragung[6] oder der Zuständigkeit zur Erteilung fachlicher Weisungen[7] von Bedeutung sein kann: Soweit es sich um univer-

5 Für Schäden im Rahmen der Krankenbehandlung haftet nach hA der Rechtsträger der Krankenanstalt nach bürgerlichem Recht. Für Schäden im Rahmen universitärer Lehre und Forschung haftet der Bund nach AHG. Vgl auch BARFUSS/STEINER, RdM 1996, 15.

6 Kosten der Krankenbehandlung sind vom Anstaltsträger zu tragen. Der Bund hat diesem nach § 55 KAG nur den klinischen Mehraufwand für die universitäre Lehre und Forschung zu ersetzen.

7 Dienstliche Weisungen gegenüber Universitätslehrern fallen ebenso wie die Wahrnehmung die Dienstaufsicht in die Kompetenz der zuständigen Universitäts- bzw Bundesorgane (unklar BARFUSS/STEINER, RdM 1996, 14). Bei fachlichen Weisungen kommt es hingegen – da hiefür nicht der organisatorische, sondern der funktionelle Zusammen-

sitäre Aufgaben ieS (Forschung, Lehre) oder um übertragene Aufgaben des Gesundheitswesens handelt, ist deren Wahrnehmung der Universität bzw dem Bund zuzurechnen[8]. Soweit – und nur soweit – es sich um ärztliche Aufgaben im Rahmen der Krankenanstalt handelt, ist deren Wahrnehmung dem jeweiligen Anstaltsträger zuzurechnen[9]. In diesem Sinn normiert nun auch § 54 Abs 7 UOG (§ 63 Abs 3 UOG 1993) ausdrücklich, daß die Tätigkeit von Bundesbediensteten als leitende Funktionäre in Abteilungen und sonstigen Organisationseinheiten von Krankenanstalten nicht dem Bund zuzurechnen ist[10].

Aus *verfassungsrechtlicher* Sicht ist die Unterscheidung der klinischen Aufgabenbereiche schließlich auch für die Bestimmung des Schutzbereiches des Grundrechts der Wissenschaftsfreiheit gem Art 17 StGG von Bedeutung[11]. Wissenschaftliche Lehre und Forschung stehen unter einem besonderen verfassungsrechtlichen Schutz, der für die übrigen Funk-

---

hang maßgeblich ist (vgl K. Lengheimer, Die Gehorsamspflicht der Verwaltungsorgane, [Wien 1975] 33) – auf die funktionelle Zuordnung an; es muß also geklärt werden, ob der Gegenstand der Weisung in den universitären oder krankenanstaltlichen Funktionsbereich fällt. Im ersteren Fall ist die Möglichkeit zur Weisungserteilung gegenüber Habilitierten freilich schon wegen der verfassungsrechtlich garantierten Lehr- und Forschungsfreiheit auf administrative Belange eingeschränkt. Im zweiten Fall kommt eine fachliche Weisungsbefugnis des Anstaltsträgers durchaus in Betracht, wenngleich beschränkt auf jene (ärztlichen) Aufgaben der Krankenbehandlung, welche die Klinik als Einrichtung der Krankenanstalt erbringt. Vgl auch 1125 BlgNR 18. GP 64. Zur grundsätzlichen und hier nicht neuerlich erörterten Problematik der ärztlichen Weisungsbindung vgl zuletzt und mwN Ch. Kopetzki, Unterbringungsrecht I (Wien/New York 1995) 208 f; W. Mazal, Zur Zusammenarbeit unter Ärzten bzw zwischen Ärzten und Nichtärzten in Krankenanstalten, in Th. Tomandl (Hrsg), Sozialrechtliche Probleme bei der Ausübung von Heilberufen (Wien 1996) 29 (33 ff).

8 Hinsichtlich Lehre und Forschung (einschließlich der Auftragsforschung der Klinik: § 3 Abs 4 lit c UOG) liegt die Aufgabenerfüllung im *autonomen* Wirkungsbereich der Universität, nicht hingegen die Wahrnehmung der ärztlichen Aufgaben im Rahmen der Krankenanstalt bzw des Gesundheitswesens (vgl nunmehr § 61 Abs 3 UOG 1993).

9 Schon aus dem Wortlaut des § 54 Abs 3 UOG läßt sich ableiten, daß die Klinik ausschließlich die „ärztlichen Leistungen im Rahmen der Krankenanstalt" – das ist die *Krankenbehandlung* (vgl gleich unten im Text) – funktionell als Teil der Krankenanstalt erbringt (arg „im Rahmen der Krankenanstalt"). Alle anderen Leistungen (Lehre, Forschung, Gesundheitswesen) sind demnach nicht der Krankenanstalt bzw ihrem Träger zuzurechnen. In diesem Sinn nun auch die Erläuterungen zum UOG 1993: „Die Aufgaben im Rahmen der Krankenversorgung werden funktionell für den Rechtsträger der Krankenanstalt erbracht, sie sind keine Universitätsaufgaben im engeren Sinn. Die Erfüllung dieser Aufgaben ... ist daher insoweit funktionell wie bisher dem Rechtsträger der Krankenanstalt zuzurechnen" (1125 BlgNR 18. GP 64).

10 IdF BGBl 1988/745. Vgl dazu auch VfGH 1. 12. 1995, G 80/94 = RdM 1996/1.

11 Dazu zB K. Wenger/G. Winkler, Die Freiheit der Wissenschaft und ihrer Lehre (Wien 1974) 70 ff; G. Winkler, Die Rechtspersönlichkeit der Universitäten (Wien/New York 1988) insb 367 f; R. Rebhahn, Weisungen im Universitätsbereich (Wien 1982) 24; G. Wielinger, Die Freiheit der Wissenschaft in Österreich, EuGRZ 1982, 289; F. Koja, Wissenschaftsfreiheit und Universität (1976); Langeder, Drittmittelforschung 152 ff.

tionen der Universitätsklinik nicht besteht: Soweit die wissenschaftliche Forschung bzw Lehre reicht, ist diese vor staatlichen Eingriffen verfassungsrechtlich geschützt. Unzulässig sind daher etwa staatliche Einflußnahmen auf die Wahl des Forschungsgegenstandes und das Meritum der Forschungstätigkeit im Wege der Weisungserteilung[12]. Dabei ist insb zu beachten, daß der Begriff der Forschung nicht nur die Grundlagenforschung, sondern auch die angewandte Forschung erfaßt. Eine an sich wissenschaftliche Tätigkeit verliert ihren Charakter als solche nicht, wenn sie im Auftrag Dritter erfolgt bzw ihr Ergebnis zu wirtschaftlichen Zwekken ausgewertet wird[13]. Auch der Schutzbereich der Wissenschaftsfreiheit beschränkt sich folglich nicht auf die „Amtsforschung"; unter dem Schutz des Art 17 StGG stehen vielmehr auch die universitäre Auftragsforschung sowie die „ad personam" Forschungstätigkeit, die einzelne Universitätslehrer im eigenen Namen durchführen[14].

c) Unklarheiten ergeben sich mitunter bei der *inhaltlichen* Abgrenzung der einzelnen Funktionsbereiche. Für den vorliegenden Zusammenhang interessiert allerdings weniger die Differenzierung innerhalb der einzelnen universitären Funktionsbereiche[15], als die Grenzziehung zwischen dem *universitären* Forschungsbereich (einschließlich der Drittmittelforschung) und dem *krankenanstaltlichen* Aufgabenspektrum der Klinik, namentlich bei der Zuordnung von konkreten Auftragsarbeiten[16].

Entscheidend ist dabei, was man unter den „im Rahmen der Krankenanstalt zu erbringenden ärztlichen Leistungen" (§ 54 Abs 1 und 3 UOG) versteht. Denn nur insoweit nimmt die Universitätsklinik eine dem Krankenanstaltsträger obliegende Aufgabe wahr. Die Wendung „ärztliche Leistungen" führt zunächst zu keiner tauglichen Abgrenzung, da im Sinne des § 1 Abs 2 ÄrzteG durchaus auch lehrende und forschende Tä-

---

12 Vgl neben WENGER/WINKLER, Freiheit der Wissenschaft, insb auch REBHAHN, Weisungen im Universitätsbereich 22 ff.

13 G. WINKLER, Die Rechtmäßigkeitskontrolle staatlichen Handelns durch den Rechnungshof, in: K. Korinek (Hrsg), Die Kontrolle wirtschaftlicher Unternehmungen durch den Rechnungshof (Wien 1987) 346 ff. Vgl in diesem Sinn (aus steuerrechtlicher Sicht) nun auch VwGH 22. 3. 1995, 92/16/0052, RdW 1996, 189.

14 Zu dieser Doppelfunktion des Grundrechts auch LANGEDER, Drittmittelforschung 152 ff. Eine andere Frage ist jene nach der Verfassungskonformität einer Ausscheidung der Drittmittelforschung aus dem Amt des Hochschullehrers, dazu LANGEDER ibid 158 ff.

15 Lehre/Forschung/Verwaltung/sonstige Aufgaben des Gesundheitswesens. Diese Unterscheidung ist vor allem für die Zuordnung zum autonomen Wirkungsbereich (Lehre und Forschung) von Bedeutung.

16 So etwa bei der Durchführung klinischer Prüfungen (§§ 28 ff AMG) oder bei arbeitsmedizinischen Eignungsuntersuchungen (vgl zB §§ 49 ff ArbeitnehmerInnenschutzG [ASchG], BGBl 1994/450 idF BGBl 1995/457; §§ 30, 31, 33 StrahlenschutzG, sowie die – gem § 119 ASchG als Bundesgesetz weitergeltenden – Druckluft- und Taucherarbeiten-VO BGBl 1973/501 idF BGBl 1994/450).

tigkeiten als „ärztliche" qualifiziert werden können[17]. Bei diesem Verständnis wären auch Lehre und Forschung einschließlich der Auftragsforschung dem krankenanstaltlichen Funktionsbereich zuzuordnen, was mit der Systematik des UOG offenkundig nicht vereinbar ist[18]. Eine Präzisierung ergibt sich erst aus dem Zusammenhang zwischen § 54 Abs 3 UOG und § 155 Abs 6 BDG, welcher die Universitätsärzte neben Lehre und Forschung zusätzlich auch zur Wahrnehmung der „in § 54 UOG genannten" Aufgaben der „*Krankenbehandlung*" verpflichtet. Diese Verweisung legt den Schluß nahe, daß die Funktionsbereiche der „Krankenbehandlung" (§ 155 Abs 6 BDG) und der „im Rahmen der Krankenanstalt zu erbringenden ärztlichen Leistungen" (§ 54 Abs 3 UOG) trotz ihrer abweichenden sprachlichen Umschreibung deckungsgleich sind. Dies wird auch durch die Erläuterungen zum UOG bestätigt, wo die Funktion der „im Rahmen der Krankenanstalt zu erbringenden ärztlichen Leistungen" mit den Worten „Pflege und Behandlung kranker Menschen" charakterisiert wird[19]. Mit den „im Rahmen der Krankenanstalt zu erbringenden ärztlichen Leistungen" ist daher die Behandlung kranker Menschen gemeint[20].

Diesem krankenanstaltlichen Bereich der Krankenbehandlung steht (unter anderem) der universitäre Aufgabenbereich „Forschung" gegenüber. Sei-

---

17 So zB VwGH 19. 12. 1996, 96/11/0121 (zu § 75 Abs 6 iVm § 1 Abs 2 ÄrzteG).

18 Käme es für die Zuordnung zum Krankenanstaltenbereich lediglich auf die Qualifikation als „ärztliche Leistung" (iSd der Begriffsbestimmung des ärztlichen Berufes iSd § 1 ÄrzteG) oder auf den äußeren Ort ihrer Erbringung (Krankenanstalt) an, dann ließen sich die in § 54 Abs 3 UOG und § 155 Abs 6 BDG erwähnten und unmißverständlich gegeneinander abgegrenzten Funktionsbereiche (Forschung bzw Lehre / Gesundheitswesen / ärztliche Leistung im Rahmen der Krankenanstalt) überhaupt nicht mehr voneinander unterscheiden: Sobald sie nur von Ärzten aufgrund medizinisch-wissenschaftlicher Erkenntnisse durchgeführt wird, wäre dann nämlich auch die Lehr- und Forschungstätigkeit „unmittelbar am Menschen oder mittelbar für den Menschen" (§ 1 Abs 1 ÄrzteG) eine „ärztliche Tätigkeit", und sämtliche der im UOG und im BDG differenzierten drei Funktionen würden in einer einzigen Funktion – nämlich der „ärztlichen Tätigkeit im Rahmen der Krankenanstalt" – aufgehen. Da das UOG und das BDG aber ausdrücklich zwischen diesen drei Funktionen unterscheidet, muß ihnen ein anderes – engeres – Verständnis des krankenanstaltlichen Funktionsbereiches zugrundeliegen, welches weniger umfaßt, als den Gesamtbereich der „ärztlichen Tätigkeit" im Sinne des ÄrzteG.

19 504 StProtNR 17. GP 8. Im Ergebnis nun auch die Erläuterungen zu § 61 UOG 1993, 1125 BlgNR 18. GP 64, wo die „Aufgaben im Rahmen einer öffentlichen Krankenanstalt" (§ 61 Abs 2 UOG 1993) als „Aufgaben im Rahmen der Krankenversorgung" umschrieben werden. Ebenso Barfuss/Steiner, RdM 1996, 16.

20 Daraus folgt für den hier interessierenden Bereich der Auftragsforschung an Universitätskliniken etwa, daß die Durchführung klinischer Prüfungen gem §§ 28 ff AMG oder die arbeitsmedizinischen Eignungsuntersuchungen gem §§ 49 ff ASchG, §§ 30, 31, 33 StrahlenschutzG oder gem der Druckluft- und Taucherarbeiten-VO nicht dem krankenanstaltlichen Bereich zuzurechnen sind, weil diese Tätigkeiten entweder überhaupt nicht (Eignungsuntersuchungen) oder nicht primär und notwendigerweise (klinische Prüfungen) der Krankenbehandlung dienen. In welcher Rechtsform diese Auftragsarbeiten an der Klinik durchgeführt werden, ist für diese Feststellung zunächst nicht erheblich.

ne Ausdehnung ergibt sich aus dem Begriffsverständnis der *medizinisch-wissenschaftlichen Forschung:* Diese dient der Gewinnung wissenschaftlicher Aussagen im Wege der Erkenntnis, also nach sachlichen, objektiven und nachprüfbaren Gesichtspunkten[21]. Wie erwähnt beschränkt sich der Forschungsbegriff (sowohl im grundrechtlichen als auch im universitätsrechtlichen Sinn) nicht auf die Grundlagenforschung, sondern schließt auch angewandte Forschung sowie die Auftragsforschung ein.

III. Auftragsforschung und Ressourcennutzung

Nach diesen allgemeinen Überlegungen zur Abgrenzung universitärer bzw krankenanstaltlicher Funktionsbereiche ist nun auf die bisher vernachlässigte Frage zurückzukommen, in welchen rechtlichen *Erscheinungsformen* universitäre Forschung an Kliniken stattfinden kann. Denn neben den „Pflichtaufgaben" der Universitätsklinik gem § 54 Abs 3 und § 54a Abs 1 UOG (Verwaltung, Lehre/Forschung, ärztliche Leistungen im Rahmen der Krankenanstalt und sonstige Aufgaben des Gesundheitswesens), deren Wahrnehmung gleichzeitig eine Dienstpflicht der Universitätslehrer gem § 155 Abs 1 und 6 BDG darstellt, können von bzw in Universitätskliniken fakultativ auch Arbeiten im Auftrag Dritter durchgeführt werden, sei es von der Klinik als teilrechtsfähiger Universitätseinrichtung gem § 2 Abs 2 lit b und d UOG iVm § 15 FOG, sei es in Gestalt der „ad personam"-Forschungsaufträge einzelner Universitätslehrer. In diesem Zusammenhang ist auch an die Möglichkeit zu denken, daß der Anstaltsträger selbst Aufträge Dritter entgegennimmt und sich zu deren Durchführung auf Universitätspersonal bzw- einrichtungen stützen möchte. Im Mittelpunkt soll dabei die in der Praxis umstrittene Frage stehen, ob und inwieweit zur Durchführung derartiger Arbeiten Sach- und Personalressourcen der Klinik und/oder der Krankenanstalt in Anspruch genommen werden dürfen.

1. Dienstliche Forschung

a) Allgemeines

Die Forschungstätigkeit der Universitätslehrer ist als Teil der Dienstpflichten grundsätzlich eine amtliche; sie ist daher idR weder Gegenstand von Aufträgen Dritter noch wird sie gesondert vergütet. Dennoch wäre es unzutreffend, diesen Bereich aus der vorliegenden Betrachtung

21 Zum Begriff der wissenschaftlichen Forschung vgl Wenger/Winkler, Freiheit der Wissenschaft 70 ff; Rebhahn, Weisungen 24; Wielinger, EuGRZ 1982, 289 mwN.

gänzlich auszuscheiden, weil der dienstliche Charakter der Forschung eine Vereinbarung mit Dritten und eine Honorierung von dritter Seite nicht schlechthin ausschließt[22]. Anerkannte Beispiele für drittmittelfinanzierte (und nichtsdestoweniger dienstliche) Forschungsarbeiten sind zB die Erstellung und Publikation facheinschlägiger Bücher und Lehrbehelfe in Erfüllung eines Verlagsvertrages oder wohl auch die (honorierte) Vortragstätigkeit auf facheinschlägigen Kongressen[23]. An Instituten und Kliniken jener medizinischen Sonderfächer, deren Kernbereich typischerweise eine Begutachtungstätigkeit für Dritte einschließt[24], wird man darüber hinaus auch solche Begutachtungen unbeschadet einer Beauftragung und Honorierung von dritter Seite als dienstlich einstufen können, zumal derartige Funktionen dann ja auch Teil der von der Klinik sicherzustellenden postpromotionellen Ausbildung[25] sind.

b) Ressourcennutzung

Soweit der hier angesprochene Bereich der dienstlichen Forschung der Universitätslehrer reicht, ist die Nutzung von *universitären* Ressourcen nach Maßgabe der klinikinternen Ressourcenzuordnung (§ 54 Abs 5 Z 3 UOG) ohne weiteres zu bejahen, da dies ein zentrales Element der universitären Aufgaben der Klinik darstellt (§§ 1, 54 Abs 5 UOG). Nach § 155 Abs 1 BDG zählt diese Forschungstätigkeit auch ausdrücklich zu den Dienstpflichten der Hochschullehrer.

Ebensowenig zweifelhaft ist, daß für die Zwecke der dienstlichen Lehre und Forschung an Universitätskliniken auch Sachmittel und Personal der *Krankenanstalt* herangezogen werden dürfen. Diese Zugriffsmöglichkeit auf die Anstaltsressourcen gehört zum Wesen der Universitätsklinik und folgt unter anderem aus § 54 Abs 5 UOG, wonach die Medizinischen Fakultäten ihre Lehr- und Forschungsaufgaben im Klinischen Bereich auch *„im Zusammenwirken mit öffentlichen Krankenanstalten"* erfüllen. Auch § 55 Z 2 KAG setzt diese Ressourcennutzung als zulässig voraus, indem er dem Bund den Ersatz der Mehrkosten auferlegt, die sich beim Betrieb der „zugleich dem Unterricht an medizinischen Fakultäten" dienenden Krankenanstalten „aus den Bedürfnissen des Unterrichts" (ein-

---

22 Durch die Honorierung von dritter Seite wird die Tätigkeit des Hochschullehrers daher nicht „automatisch" zu einer privaten: mwN LANGEDER, Drittmittelforschung 132.

23 Vgl E. LANGEDER/R. STRASSER, Kommentar zu § 155 BDG Anm 6, in: F. Ermacora/E. Langeder/R. Strasser, Österreichisches Hochschulrecht³, Loseblattausgabe, Wien 1986 ff; LANGEDER, Drittmittelforschung 132 FN 10.

24 ZB gerichtsmedizinische Institute oder Kliniken für Arbeitsmedizin. Als Indiz kann die Ärzteausbildungsordnung herangezogen werden.

25 Vgl § 54b Abs 3 UOG, wonach der Leiter der klinischen Abteilung Vorsorge für die postpromotionelle Ausbildung, Weiterbildung und Fortbildung der Ärzte zu treffen hat.

schließlich der universitären Forschung[26]) ergeben (sog klinischer Mehraufwand). Nähere Bestimmungen über Art und Umfang des „Zusammenwirkens“ zwischen Universität und Krankenanstalt könnten in der zwischen dem Bundeminister für Wissenschaft und Forschung (jetzt: Bundesminister für Wissenschaft und Verkehr) und dem Anstaltsträger zwingend abzuschließenden Vereinbarung gem § 54 Abs 4 und 5 UOG getroffen werden[27]. Allerdings dürfen diese Vereinbarungen keinen Inhalt haben, der die Inanspruchnahme von Anstaltsmitteln für dienstliche Lehre und Forschungszwecke überhaupt verbietet oder an Bedingungen knüpft, die der Wahrnehmung der universitären Lehr- und Forschungsaufgaben hinderlich sind: Der Rechtsträger der Krankenanstalt ist zwar nicht verpflichtet, mit dem Bund überhaupt eine Vereinbarung über die Einrichtung von Universitätskliniken in „seiner“ Krankenanstalt abzuschließen. Tut er dies aber, so ist er an die universitätsrechtlich vorgegebenen Wesensmerkmale der Universitätsklinik gebunden, zu deren Charakteristika es eben gehört, daß die Klinik ihre Lehr- und Forschungsaufgaben „im Rahmen der Krankenanstalt“ – und das heißt unter anderem auch: unter Nutzung der Anstaltsressourcen für universitäre Zwecke – erfüllt. Freilich ist dieser Nutzungsanspruch nicht unbeschränkt; Grenzen ergeben sich – abgesehen von der Höhe der der Klinik insgesamt zur Verfügung stehenden Mittel – insb aus der gebotenen Rücksichtnahme auf die Bedürfnisse der Patientenversorgung[28].

c) Kostenersatz

Bei der dienstlichen Forschung der Universitätslehrer scheidet ein Kostenersatz gegenüber dem *Bund* von vornherein aus, weil und insofern die beanspruchten Mittel ohnehin zur Erfüllung der der Klinik bzw den an ihr tätigen Universitätslehrern obliegenden Forschungsaufgaben verwendet wurden.

Jene Mehrkosten, die dem *Anstaltsträger* durch die im Rahmen der Universitätsklinik durchgeführten dienstlichen Forschungsvorhaben entstehen, sind ebenso wie die Kosten der universitäre Lehre Teil des „klinischen Mehraufwands“ gem § 55 Z 2 KAG, da der dort verwendete Begriff des „Unterrichts“ auch die universitäre Forschung einschließt[29]. Für

26 VfSlg 12766.

27 Zur Rechtsnatur dieser Vereinbarungen vgl F. Ermacora, UOG[5] (Wien 1994) § 54 Anm 11. Nach § 61 Abs 4 UOG 1993 ist der Abschluß einer solchen Vereinbarung nur mehr fakultativ vorgesehen („kann ... treffen“),

28 Nach § 54 Abs 5 Z 3 UOG kommt dem Klinikvorstand auch die „Vorsorge für die Sicherstellung der Ausübung der ärztlichen Tätigkeit“ zu.

29 Jedenfalls die Grundlagenforschung und jene Forschung, die über die in Zentralkrankenanstalten nötige und übliche hinausgeht: VfSlg 12766.

den Kostenersatz gegenüber dem Anstaltsträger gelten daher die vom Bund aufgrund seiner Kompetenz nach § 2 F-VG erlassenen[30] Grundsätze des § 55 KAG. Von der durch § 56 KAG eröffneten Möglichkeit, nähere Vorschriften über die Kostenersätze des Bundes im Verordnungsweg zu erlassen, wurde bisher nicht Gebrauch gemacht. Im Konfliktfall ist der Refundierungsanspruch vom (staatlichen oder privaten) Anstaltsträger gegenüber dem Bund beim VfGH mittels Klage gem Art 137 B-VG geltend zu machen, weil hiefür weder ein gerichtlicher[31] noch ein verwaltungsbehördlicher Rechtsweg offensteht.

2. Ad personam Forschung im Auftrag Dritter

Neben der Mitwirkung an der dienstlichen Forschung und der Auftragsforschung der Klinik können einzelne Universitätslehrer auch persönlich mit Forschungsaufträgen betraut werden. Typischer – wenngleich nicht einziger – Fall ist der Auftrag zur Erstellung eines wissenschaftlichen Gutachtens. Wegen der differenzierenden gesetzlichen Bestimmungen ist dabei zwischen gerichtlichen und außergerichtlichen Auftraggebern zu unterscheiden:

a) Außergerichtliche Gutachten

aa) Allgemeines

Sieht man einmal von speziellen Voraussetzungen ab, die nach einzelnen Materiengesetzen für bestimmte Gutachtensaufträge erforderlich sind[32], so ist die Zulässigkeit der Gutachtenserstattung zunächst nach dienstrechtlichen Bestimmungen zu beurteilen.

Auszugehen ist von § 159 BDG, wonach die Hochschullehrer jährlich im nachhinein dem Bundesminister für Wissenschaft und Forschung (jetzt: Wissenschaft und Verkehr) die Zahl der von ihnen in ihrem Fachgebiet erstatteten außergerichtlichen wissenschaftlichen Gutachten zu melden haben, zu deren Erstellung Personal bzw Sachmittel der Universitätseinrichtung erforderlich waren. Die Meldung hat auch den Arbeitsaufwand sowie Angaben über das Ausmaß der Inanspruchnahme des Personals und der Sachmittel zu enthalten. Damit ist außer Streit gestellt,

30 Vgl zB VfSlg 12766; VfGH 9. 3. 1995, K II-1/94 = RdM 1995/16; 9. 3. 1995, G 188/94 = RdM 1995/17.

31 Keine bürgerliche Rechtssache gem § 1 JN. Auch eine gerichtliche Sonderkompetenz besteht nicht.

32 So ist etwa für arbeitsmedizinische Eignungsuntersuchungen eine bescheidmäßige Ermächtigung der hiefür geeigneten Ärzte vorgesehen; vgl § 56 ASchG, § 35 StrahlenschutzG; § 49 Druckluft- und Taucherarbeiten-VO.

daß diese Form der „ad personam"-Auftragsforschung dienstrechtlich jedenfalls zulässig ist. Daran ändert auch die – unabhängig davon bestehende – Möglichkeit der Auftragsforschung der Klinik nach § 15 FOG nichts[33]. Eine Genehmigungspflicht, wie sie § 57 BDG unter bestimmten Voraussetzungen für die übrigen Beamten vorsieht, besteht nicht[34], ebensowenig ein Untersagungsrecht des Wissenschaftsministers[35]; als Ordnungsvorschrift verlangt § 159 BDG lediglich eine nachträgliche Meldung.

Der Anwendungsbereich des § 159 BDG erstreckt sich auf die *„Erstattung außergerichtlicher wissenschaftlicher Gutachten"*. Unter einem „Gutachten" sind dabei ganz allgemein die aufgrund eines Befundes (Tatsachenfeststellung) und anhand besonderer Sachkunde gezogenen tatsächlichen Schlußfolgerungen zu verstehen[36]. „Außergerichtlich" ist ein Gutachten dann, wenn es für ein verwaltungsbehördliches Verfahren oder überhaupt außerhalb eines behördlichen Verfahrens abgegeben wird[37]. Ob für den Begriff des „wissenschaftlichen" Gutachtens ein spezifischer wissenschaftlicher Aufwand nötig ist, oder ob hierunter neben Forschungsaufträgen[38] und Expertengutachten auch Begutachtungstätigkeiten mit Routinecharakter fallen, könnte fraglich sein[39], wird aber im zweiten Sinn zu beantworten sein: Denn abgesehen von der Relativität dieser Unterscheidung[40] wäre sonst bei einer praxisorientierten Disziplin wie der Medizin die angewandte persönliche Forschungstätigkeit im Auftrag Dritter tendenziell überhaupt unzulässig. Dagegen spricht aber schon der Begriff des „Gutachtens", der eher auf eine Routinetätigkeit als auf eine Tätigkeit in der Grundlagenforschung hinweist[41]. Im übrigen zeigt auch der systematisch nahestehende § 15 Abs 2 FOG, daß „laufende gleichartige

---

33 Langeder/Strasser, Hochschulrecht (3. Lfg), § 159 BDG Anm 10.

34 § 57 BDG ist auf Universitätsprofessoren und Universitätsassistenten nicht anzuwenden (§ 160 Abs 1 Z 8, § 173 Abs Z 6, § 187 Abs 1 Z 5 und Abs 2 Z 5 BDG).

35 Langeder/Strasser, Hochschulrecht (6. Lfg), § 159 BDG Anm 14.

36 MwN Langeder/Strasser, Hochschulrecht (3. Lfg), § 159 Anm 10.

37 G. Kucsko-Stadlmayer, Das Disziplinarrecht der Beamten[2] (Wien/New York 1996) 265.

38 Zum – auch Forschungsaufträge einschließenden – Gutachtensbegriff des § 159 BDG Langeder, Drittmittelforschung 134.

39 Vgl Langeder/Strasser, Hochschulrecht (3. Lfg), § 159 BDG Anm 9. Restriktiver in der 6. Lfg (Anm 12), wo für „wissenschaftliche Gutachten" (im Gegensatz zu Routineaufträgen) ein Mindestmaß an innovatorischem Charakter gefordert wird.

40 Was heute zur Grundlagenforschung zählt, kann mit dem Fortschritt der medizinischen Wissenschaft und der Weiterentwicklung praktischer Anwendungsmöglichkeiten bald zur Standardroutine werden.

41 Langeder, Drittmittelforschung 134.

Arbeiten" den wissenschaftlichen Charakter des Forschungsvorhabens für sich genommen noch nicht ausschließen[42].

Ob es sich bei den „wissenschaftlichen Gutachten" iSd § 159 BDG um Nebenbeschäftigungen iSd § 56 BDG handelt, oder ob dienstliche Forschung vorliegt, läßt sich nicht allgemein beantworten. Mit LANGEDER/STRASSER ist jedenfalls festzuhalten, daß eine pauschale Gleichsetzung von fremdinitiierter und honorierter Forschung mit der „privaten" (= außerdienstlichen) Forschung des Universitätslehrers mit dem Grundrecht der Wissenschaftsfreiheit nicht vereinbar wäre[43]. Da § 159 BDG diese „automatische" Zuordnung der persönlichen Auftragsforschung zu den (außerdienstlichen) Nebenbeschäftigungen auch gar nicht explizit anordnet[44], kann diese nur nach einer einzelfallbezogenen Beurteilung vorgenommen werden[45]. Dabei wird es auf den Bezug zwischen dem Gutachtensgegestand einerseits und dem dienstlichen Funktions- und Pflichtenbereich des Arztes andererseits ankommen müssen. Eine Zuordnung zum dienstlichen Bereich wird etwa bei Begutachtungen zu bejahen sein, die zum Ausbildungskatalog des jeweiligen ärztlichen Sonderfaches gehören und deren Vermittlung daher unter die Ausbildungsverpflichtung der Klinik (bzw der für die postpromotionelle Ausbildung verantwortlichen Ärzte) fällt.

Mit dem Wirksamwerden des UOG 1993 erhält die ad personam-Auftragsforschung der Universitätslehrer künftig auch eine (zu § 159 BDG hinzutretende) universitätsrechtliche Verankerung: Nach § 20 Abs 6 UOG 1993 dürfen die in einem der Universität zugeordneten Dienstverhältnis zum Bund stehenden Universitätslehrer auch im eigenen Namen und auf eigene Rechnung übernommene Forschungs- und Entwicklungsaufträge

42 § 15 Abs 2 FOG ordnet auch „laufende gleichartige Arbeiten" erkennbar dem Überbegriff der „wissenschaftlichen Arbeiten" zu. AM jedoch LANGEDER/STRASSER, Hochschulrecht (1. Lfg), § 15 FOG Anm 25.

43 Näher LANGEDER/STRASSER, Hochschulrecht (3. Lfg), § 159 Anm 10. Vgl auch LANGEDER/STRASSER, Hochschulrecht (3. Lfg), § 56 BDG Anm 2, wonach der außerdienstliche Charakter von Gutachten nicht ohne weiteres angenommen werden darf. Nach R. STRASSER, Die Rechtsstellung des ordentlichen Universitätsprofessors, in: Strasser (Hrsg), Grundfragen der Universitätsorganisation II (Wien 1986) 69 (86), ist der ad personam-Gutachtensauftrag immer zugleich Erfüllung der dienstrechtlichen Forschungsverpflichtung, wenn der Gegenstand des Gutachtens im Rahmen des Faches des Professors liegt und wissenschaftliche Bearbeitung vorliegt (dasselbe muß für alle Habilitierten gelten). Anders freilich LANGEDER, Drittmittelforschung 160 f, der die ad personam-Auftragsforschung generell als nichtamtlich einstuft (insb 148).

44 AM aber LANGEDER, Drittmittelforschung 148, der von einer stillschweigend vorausgesetzten Qualifikation der honorierten Auftragsforschung als Nebenbeschäftigung ausgeht. Anders § 155 Abs 4 BDG, der die Institutsauftragsforschung bzw die Mitwirkung daran aus dem Kreis der dienstlichen Sphäre ausnimmt.

45 Vgl zu dieser Unterscheidung allgemein LANGEDER/STRASSER, Hochschulrecht (6. Lfg), § 37 BDG Anm 5-6.

Dritter durchführen, wenn sie (Z 1) zur Benützung der Einrichtungen der Universität für wissenschaftliche Arbeiten berechtigt sind, (Z 2) der reguläre Lehr- und Forschungsbetrieb dadurch nicht beeinträchtigt wird, (Z 3) der Universität die im Zusammenhang mit de Durchführung einer solchen Tätigkeit entstehenden Personal- und Sachkosten in voller Höhe ersetzt werden, und wenn (Z 4) der Institutsvorstand vor Annahme des Auftrages informiert wurde und dieser die Durchführung des Auftrages nicht mangels der Voraussetzungen gem Z 1 und 2 untersagt hat.

bb) Zulässigkeit der Ressourcennutzung

Daß auch bei der Erstellung „privater" außergerichtlicher wissenschaftlicher Gutachten iSd § 159 BDG die Nutzung *universitärer* Einrichtungen bzw des Universitätspersonals zulässig ist[46], ergibt sich schlüssig aus § 159 BDG, sofern dieses Ressourcennutzung nur „erforderlich" ist und sich im Rahmen der verfügbaren institutsinternen Ressourcenzuteilung hält. Nichts anders gilt für § 20 Abs 6 UOG 1993, der – bezogen auf den etwas anders formulierten Anwendungsbereich der „Forschungs- und Entwicklungsaufträge"[47] – die Inanspruchnahme von Personal und Sachmittel der Universität unter den oben skizzierten Voraussetzungen (keine Beeinträchtigung des Lehr- und Forschungsbetriebes) zuläßt[48].

Für die Nutzung von *Anstaltspersonal* und *Anstaltsmitteln* des Krankenanstaltenträgers folgt aus § 159 BDG ebensowenig wie aus § 20 Abs 6 UOG 1993. Eine im Ergebnis gleichartige Erlaubnis ergibt sich aber aus § 46 Abs 3 KAG: Dieser sieht eine Refundierungspflicht gegenüber dem Rechtsträger der Krankenanstalt vor, wenn „anläßlich wissenschaftlicher Arbeiten im Auftrag Dritter Anstaltspersonal oder Anstaltseinrichtungen in Anspruch genommen werden". Damit ist zugleich klargestellt, daß die – die Refundierungspflicht auslösende – Inanspruchnahme von Sachmitteln oder Personal des Anstaltsträgers jedenfalls zulässig ist[49].

cc) Kostenersatz

a) Regelungen über den Kostenersatz für die Inanspruchnahme *universitärer* Ressourcen für außerdienstliche Gutachten[50] sieht § 159 BDG entgegen anderslautenden Vorschlägen im Begutachtungsverfahren nicht

46 MwN LANGEDER/STRASSER, Hochschulrecht (6. Lfg), § 159 BDG Anm 2.

47 Daß darunter weiterhin auch „private Gutachten" fallen sollen, ist nach der Vorgeschichte nicht zweifelhaft: vgl G. BAST, UOG 1993 (Wien 1994) § 20 UOG Anm 14.

48 Dazu 1125 BlgNR 18. GP 51; BAST, UOG 1993, § 20 Anm 14.

49 Es ist daher nicht richtig, von einer „ungerechtfertigten Vermögensverschiebung" zu sprechen (so aber BARFUSS/STEINER, RdM 1996, 16).

50 Bei einer Zuordnung zur dienstlichen Forschung scheidet eine Ersatzpflicht wie erwähnt aus.

vor. Nach überwiegender Auffassung sollen für die Refundierungspflicht vielmehr weiterhin die in den Rechtsbestand der zweiten Republik übergeleiteten Bestimmungen der VO über die Nebentätigkeit der Hochschullehrer vom 18. 4. 1939, dRGBl I 797 (HLNtVO 1939), maßgeblich sein[51]. Dagegen ist freilich einzuwenden, daß durch Art XII Abs 1 Z 1 der BDG-Nov BGBl 1988/148 allen vor dem 27. 4. 1945 erlassenen Vorschriften mit Wirkung vom 30. 9. 1988 derogiert wurde, soweit sie das „Dienstrecht" der Hochschullehrer regeln. Dies trifft grundsätzlich auch auf die HLNtVO zu[52]. Die herrschende Auffassung, wonach die Ersatzpflichtregelungen der HLNtVO 1939 nicht dienstrechtlichen, sondern organisationsrechtlichen Charakter hätten und daher insoweit von einer Derogation durch Art XII Abs 1 Z 1 BGBl 1988/148 ausgenommen seien, kann sich zwar auf die Erläuterungen berufen[53]; im kundgemachten Gesetzestext findet sie aber keine Stütze. Denn zweifellos ist die Frage, ob und inwieweit beamtete Universitätslehrer unter Inanspruchnahme universitärer Mittel persönliche Forschungs- und Gutachtensaufträge übernehmen dürfen, ebenso eine Angelegenheit des „Dienstrechts" wie die Regelung einer allfälligen, sich aus dieser Inanspruchnahme ergebenden Refundierungspflicht[54]. Es sprechen daher gute Gründe dafür, daß die HLNtVO 1939 entgegen der herrschenden Lehre insgesamt nicht mehr dem Rechtsbestand angehört und folglich nach geltendem Recht (bis zum Wirksamwerden des UOG 1993) auch keine Bestimmungen über die Refundierung gegenüber dem Bund mehr bestehen.

Nach der Neuregelung des § 20 Abs 6 UOG 1993 sind die im Zusammenhang mit der persönlichen Durchführung von Forschungsaufträgen

---

51 MwN Langeder/Strasser, Hochschulrecht (6. Lfg), § 159 BDG Anm 3; Bast, UOG 1993, § 20 Anm 14. In diese Richtung auch die Erläuterungen 320 BlgNR 17 GP 28 f.

52 Zu ihrer Aufhebung durch BGBl 1988/148 vgl Langeder/Strasser, Hochschulrecht (6. Lfg), § 159 Anm 3.

53 320 BlgNR 17 GP 28 f.

54 Gegenstand des „Dienstrechts" (im kompetenzrechtlichen Sinn) sind die Rechte und Pflichten der Dienstnehmer einschließlich der Besoldung von Leistungen, die im Rahmen des Dienstverhältnisses erbracht werden (vgl R. Thienel, Öffentlicher Dienst und Kompetenzverteilung [Wien 1990] 22, 51). Kostenersatzregelungen sind aber nicht nur dann dienstrechtlicher Natur, wenn es um den Kostenersatz für Leistungen des Dienstnehmers seitens des Dienstgeber, sondern auch dann, wenn es – wie hier – um den spiegelbildlichen Fall einer Ersatzpflicht des Dienstnehmers gegenüber dem Dienstgeber für die Inanspruchnahme dessen Mittel für außerdienstliche Zwecke geht. In beiden Fällen handelt es sich um Entgeltzahlungen im internen Verhältnis zwischen Dienstnehmer und Dienstgeber. Vgl nun auch VfGH 1. 12. 1995, G 80/94 = RdM 1996/1, wonach Regelungen über die Gestattung von Honorarvereinbarungen zwischen Klinikvorständen und Sonderklassepatienten (§ 46 Abs 1, 2 KAG) dienstrechtlicher Natur sind. Dies muß in gleicher Weise für Regelungen zutreffen, die die Erlaubnis einer Gutachtenserstellung für Dritte an die Bedingung eines Kostenersatzes für die Inanspruchnahme von Bundesmitteln knüpft.

Dritter entstehenden Personal- und Sachkosten der *Universität* allerdings in voller Höhe zu ersetzen. Die zu entrichtenden Kostenersätze sind iSd § 17 Abs 5 BHG zweckgebunden für die Aufgaben der Universität zu verwenden (§ 20 Abs 7 UOG 1993).

b) Für den Kostenersatz gegenüber dem *Anstaltsträger* ist der durch die KAG-Nov BGBl 1993/801 neugefaßte § 46 Abs 3 KAG maßgeblich[55]: „Werden anläßlich wissenschaftlicher Arbeiten im Auftrag Dritter Anstaltspersonal oder Anstaltseinrichtungen in Anspruch genommen, kann der Rechtsträger der Anstalt oder im Fall einer derartigen Kostentragung im Rahmen der Kostenersätze für den klinischen Mehraufwand (§ 55) der Bund als Rechtsträger der medizinischen Fakultät eine Vergütung beanspruchen. Die Grundsätze für die Ermittlung dieser Vergütung sind vom Bundesminister für Wissenschaft und Forschung (jetzt: Bundesminister für Wissenschaft und Verkehr) durch Verordnung festzulegen. Die Rechtsträger der in Betracht kommenden Krankenanstalten sind vor der Festsetzung dieser Grundsätze zu hören".

Für den Anwendungsbereich der Kostenersatzregelung des § 46 Abs 3 KAG kommt es nicht darauf an, von welcher Kategorie von Universitätslehrern die Anstaltsressourcen in Anspruch genommen werden. Ebensowenig differenziert § 46 Abs 3 KAG danach, ob es sich um die ad-personam-Forschung (gerichtliche oder außergerichtliche Gutachten) oder um die Auftragsforschung der Universitätseinrichtung nach § 15 FOG handelt. § 46 Abs 3 KAG gilt somit sowohl für die Vorstände von Universitätskliniken, die Leiter einer Klinischen Abteilung als auch für sonstige Universitätslehrer, sofern sie anläßlich wissenschaftlicher Arbeiten im Auftrag Dritter Anstaltspersonal oder Anstaltseinrichtungen in Anspruch nehmen. Wegen der notwendigen systematischen Abgrenzung zwischen § 46 Abs 3 und § 55 KAG ist freilich wieder einschränkend anzufügen, daß § 46 Abs 3 KAG nur jene Forschungstätigkeiten erfaßt, die *nicht dienstlichen* Charakter haben; bei letzteren ist der dem Anstaltsträger entstehende Mehraufwand nicht nach § 46 Abs 3 KAG, sondern im Rahmen des klinischen Mehraufwands nach § 55 KAG auszugleichen.

Anspruchsberechtigt ist nach § 46 Abs 3 KAG – sieht man einmal von jenen Kosten ab, die dem klinischen Mehraufwand zuzuordnen sind – der jeweilige Anstaltsträger[56]. Über die Geltendmachung dieses Ersatz-

---

55 Den anderslautenden Regelungen der HLNtVO wurde spätestens durch § 46 Abs 3 KAG derogiert.

56 Selbstverständlich setzt der Ersatzanspruch die tatsächliche Inanspruchnahme von Anstaltspersonal und/oder Anstaltseinrichtungen voraus. Ein Ersatzanspruch des Anstaltsträgers kann nur dann und insoweit bestehen, als es sich bei den beanspruchten Ressourcen im konkreten Fall auch um Einrichtungen bzw Personal des Anstaltsträgers handelt. Wird

anspruchs trifft das Gesetz keine nähere Aussage. Soweit es um Ersatzansprüche wegen Kosten geht, die anläßlich der ad personam-Auftragsforschung einzelner Universitätslehrer entstanden sind, kommt daher nur der ordentliche Rechtsweg in Betracht[57]. Handelt es sich allerdings um Forschungsarbeiten, die zur dienstlichen Sphäre des Universitätslehrers gehören, so fallen die dabei entstehenden Kosten unter jenen Mehraufwand, der den Anstaltsträgern aus der allgemeinen universitären Forschungsaufgabe erwächst und sind daher unter dem Titel des klinischen Mehraufwands nach Art 137 B-VG beim VfGH geltend zu machen.

Hinsichtlich der Höhe des Kostenersatzes sieht § 46 Abs 3 KAG die Festlegung von Berechnungsgrundsätzen durch Verordnung vor. Eine solche VO wurde bislang allerdings nicht erlassen. Sofern es nicht gelingt, über die Modalitäten bzw den Umfang der Refundierung eine (vertragliche) Vereinbarung mit dem Anstaltsträger abzuschließen, stellen sich im Konfliktfall vergleichbar schwierige Bewertungsfragen wie bei der Ermittlung des klinischen Mehraufwandes[58]. Dabei wird insb zu beachten sein, daß die zu refundierenden Kosten nicht ohne weiteres mit jenen Kosten gleichgesetzt werden dürfen, die vom Krankenhaus für bestimmte Einzelleistungen gegenüber den Patienten bzw den Versicherungsträgern in Rechnung gestellt werden. Denn in diesen Kosten werden in der Regel auch mehr oder weniger große Kostenanteile für Leistungen enthalten sein, die ohnehin vom Bund bzw der Klinik bereitgestellt bzw finanziert werden (zB die Kosten für ärztliche Leistungen von Ärzten des Bundes).

b) Gerichtliche Gutachten

aa) Allgemeines

Aufgrund ihrer spezifischen Fachkenntnisse werden Ärzte der Universitätskliniken vielfach auch als Gutachter im gerichtlichen Verfahren bestellt[59]. Die Zulässigkeit einer solchen gerichtlichen Sachverständigentä-

etwa eigenes Bundespersonal der Universitätsklinik („Bundes-Ärzte") in Anspruch genommen, so entsteht gegenüber dem Anstaltsträger keine Ersatzpflicht gem § 46 Abs 3 KAG. Das gleiche gilt aufgrund der ausdrücklichen Regelung des § 46 Abs 3 KAG dann, wenn zwar Einrichtungen des Anstaltsträgers in Anspruch genommen werden, sich diese Inanspruchnahme aber in jenem Rahmen hält, für die der Bund ohne bereits einen Kostenersatz im Wege des klinischen Mehraufwandes leistet. Diesfalls ist dem Bund Ersatz zu leisten.

57 Vgl Barfuss/Steiner, RdM 1996, 16. Eine Geltendmachung nach Art 137 B-VG scheidet schon deshalb aus, weil die ad personam Forschung nicht dem Rechtsträger Bund zuzurechnen ist. Auch ein öffentlichrechtlicher Rechtsweg ist nicht ersichtlich.

58 Vgl hiezu zuletzt nur VfSlg 12766.

59 Zur Erstattung von Sachverständigengutachten für Gerichte durch Beamte vgl G. Kucsko-Stadlmayer, Disziplinarrecht 264. Die gerichtliche Abgabe von Gutachten durch öffentliche Beamte ist zB in den §§ 351 ff ZPO und §§ 116 ff StPO ausdrücklich vorgesehen (vgl zB § 353 Abs 3 ZPO). Ob neben dem einzelnen Universitätslehrer auch die

tigkeit wird im Beamtendienstrecht seit jeher stillschweigend vorausgesetzt[60]. Dabei wird es sich – weil für den Bund erbracht – um eine Nebentätigkeit iSd § 37 BDG handeln[61], sofern dem Gutachten nicht dienstlicher Charakter zuzusprechen ist. Die Bestimmung des § 159 BDG betreffend Meldepflicht findet keine Anwendung, weil diese nur außergerichtliche Gutachten erfaßt[62]. Der Gebührenanspruch des gerichtlichen Sachverständigen richtet sich nach dem GebAG.

bb) Zulässigkeit der Ressourcennutzung

Während an der Zulässigkeit der Erstattung gerichtlicher Gutachten durch Universitätslehrer kein Zweifel besteht, ist fraglich, ob hiefür auch dann sachliche bzw personelle Ressourcen des Bundes bzw des Anstaltsträgers in Anspruch genommen werden dürfen, wenn die Begutachtung nicht in Erfüllung der Dienstpflichten erfolgt[63].

a) Soweit es sich bei den beanspruchten sachlichen oder personellen Ressourcen um Einrichtungen oder Personal des *Krankenanstaltenträgers* handelt, folgt die Zulässigkeit der Inanspruchnahme auch hier wieder unmittelbar aus § 46 Abs 3 KAG, da die dort angesprochenen „wissenschaftlichen Arbeiten im Auftrag Dritter" weder nach der Person des Auftraggebers[64] noch nach Art und Umfang der wissenschaftlichen Arbeit[65]

Universitätseinrichtung (Institut bzw Klinik; Fakultät etc) als solche zur Abgabe eines Gutachtens bestellt werden kann, richtet sich nach den jeweils maßgeblichen Verfahrensbestimmungen.

60 Vgl schon die allgemeine Bestimmung des (für Hochschullehrer nicht geltenden) § 57 BDG, wonach nur außergerichtliche Gutachten genehmigungspflichtig sind. Ein Umkehrschluß ergibt, daß gerichtliche Gutachten ohne Genehmigung zulässig sind (vgl schon die Durchführungsbestimmungen zum BDG, abgedruckt bei LANGEDER/STRASSER, Hochschulrecht (3. Lfg), nach § 57 BDG. Für Universitätslehrer ergibt sich die Zulässigkeit gerichtlicher Gutachten aus § 159 BDG, der ebenfalls nur die außergerichtlichen Gutachten regelt und diese auch ohne vorherige Genehmigung zuläßt (bloße eingeschränkte Meldepflicht bei Inanspruchnahme von Ressourcen). Umso mehr ist daher im Wege eines Größenschlusses von der Zulässigkeit gerichtlicher Gutachtenserstattung durch Universitätslehrer auszugehen, zumal diese nicht für Dritte, sondern für den Bund erfolgt, und die Universitätslehrer in diesem Punkt vor dem Hintergrund der privilegierenden Regel des § 159 BDG nicht schlechter gestellt sein können als die übrigen Beamten. Dazu kommt, daß die gerichtliche Abgabe von Gutachten durch öffentliche Beamte zB in den §§ 351 ff ZPO und §§ 116 ff StPO ausdrücklich vorgesehen ist (zB § 353 Abs 3 ZPO).

61 Als solche wäre sie außerhalb der Dienstzeit zu erbringen: LANGEDER/STRASSER, Hochschulrecht (6. Lfg), § 37 BDG Anm 4.

62 LANGEDER/STRASSER, Hochschulrecht (6. Lfg), § 159 BDG Anm 11.

63 Bei Gutachten im Rahmen des dienstlichen Aufgabenbereiches (zB bei Amtsärzten) ist die Möglichkeit der Inanspruchnahme staatlicher Ressourcen ohne weiteres zu bejahen.

64 „Dritter" iSd § 46 Abs 3 KAG ist jeder vom Krankenanstaltenträger bzw der Universitätseinrichtung unterscheidbarer Auftraggeber, daher auch ein Gericht.

65 Erfaßt sind neben wissenschaftlichen Gutachten und sonstigen wissenschaftlichen Auftragsarbeiten etwa auch Untersuchungen mit Routinecharakter.

unterscheiden. Auch ein gerichtliches Sachverständigengutachten fällt daher unter § 46 Abs 3 KAG und eröffnet grundsätzlich die Möglichkeiten des Zugriffs auf Anstaltsressourcen[66], der nur durch die Kostenersatzregelung des § 46 Abs 3 und durch die gebotene Rücksichtnahme auf die sonstigen Anstaltszwecke begrenzt ist.

b) Unklar ist hingegen die Zulässigkeit der Inanspruchnahme von Ressourcen der *Universität*: Denn anders als bei außergerichtlichen Gutachten läßt sich diese hier nicht aus dem Text des § 159 BDG begründen. Langeder/Strasser leiten daraus ab, daß für die Erstellung gerichtlicher Gutachten mangels Anwendbarkeit des § 159 BDG weder Personal noch Sachmittel der Universitätseinrichtung in Anspruch genommen werden dürfen[67]. Dies läuft im Ergebnis auf einen Umkehrschluß aus § 159 BDG hinaus.

Diese Auffassung vermag nicht zu überzeugen: Sie impliziert nämlich, daß § 159 BDG – beschränkt auf außergerichtliche Gutachten – als ausdrückliche und ausnahmsweise Erlaubnis zur Inanspruchnahme der Universitätsressourcen in Durchbrechung eines gegenteiligen Grundsatzes zu deuten und demzufolge außerhalb des Anwendungsbereiches des § 159 BDG eine Inanspruchnahme e contrario unzulässig ist. Näher betrachtet regelt § 159 BDG aber gar nicht die Zulässigkeit der Ressourcenverwendung für außergerichtliche Gutachten, sondern lediglich die Meldepflicht für solche Gutachten. Die Zulässigkeit der Ressourcenverwendung zu diesem Zweck wird vielmehr stillschweigend voraussetzt. Mit § 159 BDG wäre daher ebensogut die Auffassung vereinbar, daß bei gerichtlichen Gutachten bloß die Meldepflicht entfällt, nichtsdestoweniger aber ebenfalls universitäre Ressourcen in Anspruch genommen werden dürfen.

Für letztere Auslegung spricht zunächst einmal der historische Befund, daß die universitäre Ressourcenverwendung für Zwecke staatlich beauftragter Gutachten von Universitätslehrern seit jeher als zulässig angesehen wurde und weitaus weniger Bedenken begegnete als die Nutzung für private Auftraggeber. Vor diesem Hintergrund bedürfte die Auffassung, der Gesetzgeber hätte dies mit § 159 BDG schlechthin verbieten wollen, deutlicher Anhaltspunkte im Text oder seiner Entstehungsgeschichte.

In dieselbe Richtung geht die Neufassung des § 46 Abs 3 KAG, der eine Refundierungspflicht gegenüber dem Bund für den Fall vorsieht, daß für die anläßlich wissenschaftlicher Arbeiten im Auftrag Dritter (einschließlich gerichtlicher Gutachten) inanspruchgenommenen Mittel der

66 Auf die Person des Gutachters kommt es nicht an: § 46 Abs 3 KAG regelt ganz allgemein die Inanspruchnahme von Personal oder Sachmittel anläßlich wissenenschaftlicher Arbeiten im Auftrag Dritter, unabhängig davon, wer als Auftragnehmer fungiert.

67 Langeder/Strasser, Hochschulrecht (6. Lfg), § 159 BDG Anm 11.

Krankenanstalt ohnehin bereits ein Kostenersatz des Bundes im Rahmen des klinischen Mehraufwandes geleistet wird. Wenn es aber aufgrund dieser Bestimmung zulässig ist, für die Erstellung gerichtlicher Gutachten auf die vom Bund im Wege des klinischen Mehraufwandes rückfinanzierten Ressourcen der Krankenanstalt zuzugreifen, dann muß dies in gleicher Weise für die Nutzung von „unmittelbaren" Bundesmitteln zutreffen. Denn unter wirtschaftlichen Aspekten sind beide Varianten gleichwertig, weil es sich hier wie dort letztlich um die Inanspruchnahme von Mitteln des Bundes handelt.

Und schließlich wäre es auch aus teleologischen Gründen nicht recht einzusehen, daß universitäre Ressourcen zwar (wenn auch mit Kostenersatz) für private Auftraggeber genützt werden dürfen, während bei der Erstellung gerichtlicher – dh also: vom Bund selbst in Auftrag gegebener – Gutachten jede Inanspruchnahme der Mittel der Universität (auch nicht gegen Kostenersatz) verboten sein sollte. Eine solche Auslegung wäre auch unter dem Gesichtspunkt der wechselseitigen Hilfeleistungspflicht (Art 22 B-VG) nicht plausibel.

Im Ergebnis sprechen somit die besseren Gründe für die Auffassung, daß die Nutzung universitärer Ressourcen für die Erstellung gerichtlicher Gutachten aufgrund eines Größenschlusses aus § 159 BDG zulässig ist.

Das UOG 1993 bringt für die vorliegende Frage insofern eine Klarstellung, als die durch § 20 Abs 6 eröffnete Möglichkeit, die Einrichtungen der Universität (gegen vollen Kostenersatz) für „ad personam"-Forschungsaufträge der Universitätslehrer zu benützen, lege non distinguente auch auf die Erstattung gerichtlicher Gutachten anwendbar ist.

cc) Kostenersatz

Für die Frage des Kostenersatzes für die Nutzung von Anstaltsmitteln gilt – nicht anders als bei außergerichtlichen Gutachten – § 46 Abs 3 KAG. Für die Inanspruchnahme von universitären Ressourcen kommt wieder eine Anwendung der HLNtVO 1939 in Betracht, sofern man deren Weitergeltung bejaht. Eine dem § 159 BDG entsprechende Meldepflicht besteht allerdings nicht. Nach dem UOG 1993 gilt künftig jedoch auch hier die Ersatzverpflichtung des § 20 Abs 6 Z 3.

3. Auftragsforschung der Klinik

a) Allgemeines

Gem § 2 Abs 2 lit b UOG iVm § 15 FOG können neben der Universität und der Fakultät auch Institute – somit auch Universitätskliniken –

kraft *eigener Rechtspersönlichkeit* die Durchführung wissenschaftlicher Arbeiten im Auftrag Dritter übernehmen (sog „Institutsauftragsforschung")[68]. Durch § 2 Abs 2 lit d idF BGBl 1996/655 wurde dies um die Möglichkeit der „Durchführung von Untersuchungen und Befundungen im Auftrag Dritter" erweitert, wenn diese der wissenschaftlichen Forschung dienen. Nach § 155 Abs 4 BDG zählt die Mitwirkung der Hochschullehrer an der Durchführung wissenschaftlicher Arbeiten im Auftrag Dritter gem § 15 Abs 1 bis 3 FOG nicht zu den Dienstpflichten, sondern ist eine Nebentätigkeit gem § 37 BDG.

Mit *„wissenschaftlichen Arbeiten"* im Sinne der genannten Bestimmungen ist nicht nur die Grundlagenforschung, sondern auch die angewandte Forschung gemeint. Auch hier gilt wieder, daß eine Tätigkeit ihren wissenschaftlichen Charakter nicht durch ihre Anwendungsorientierung und ihre Auswertung zu wirtschaftlichen Zwecken verliert. Ebensowenig schließt der routinemäßige Charakter bestimmter Tätigkeiten eo ipso ihre Einbeziehung in die Auftragsforschung der Klinik aus. Ein strikter Gegensatz zwischen den (in § 15 FOG erwähnten) „wissenschaftlichen Arbeiten" mit primär innovatorischem Charakter und bloßen „Routinetätigkeiten" wie etwa Gutachtenserstellungen nach standardisierten wissenschaftlichen Methoden läßt sich dem Gesetz nicht unterstellen. Denn zum einen fallen gem § 15 Abs 2 FOG sehr wohl auch – wenngleich ohne das Attribut „wissenschaftlich" – „laufende gleichartige Arbeiten" in den Anwendungsbereich des § 15 FOG, worunter typischerweise etwa routinemäßige Untersuchungen verstanden werden können[69]. Und zum anderen sieht § 2 Abs 2 lit d UOG die Durchführung von „Untersuchungen und Befundungen" kraft eigener Rechtspersönlichkeit im Rahmen der universitären Auftragsforschung nun sogar ausdrücklich vor; der einschränkenden Wendung, daß derartige Tätigkeiten der „wissenschaftlichen Forschung dienen" müssen[70], kommt im Bereich der Medizin geringe praktische Bedeutung zu, da Routineuntersuchungen etwa durch ihre statistischen und epidemiologischen Aspekte idR zugleich auch Forschungszwecken dienen werden. Im Ergebnis muß man den Begriff der „wissenschaftlichen Arbeit" im Kontext des § 2 Abs 1 UOG bzw § 15 FOG daher in einem weiten, auch ärztliche Begutachtungen einbeziehenden Sinn verstehen, zumal ja strenggenommen jede ärztliche Tätigkeit wegen § 1 Abs 2 ÄrzteG eine Anwendungsform der medizinischen Wis-

---

68 Vgl künftig auch § 3 Abs 1 Z 3 iVm § 4 UOG 1993.

69 Vgl Langeder/Strasser, Hochschulrecht (1. Lfg), § 15 FOG Anm 25.

70 Dadurch sollte eine Ausweitung auf Bereiche verhindert werden, die mit den wissenschaftlichen Aufgaben der teilrechtsfähigen Einrichtung in keinem Zusammenhang stehen: AB 377 BlgNR 20. GP 2.

senschaft darstellt[71]. Anders gewendet: Ebenso wie der Gutachtensbegriff des 159 BDG neben einer routineartigen Begutachtungstätigkeit auch „echte" Forschungsaufträge umfaßt, sind unter „wissenschaftlichen Arbeiten" iSd § 15 FOG auch Begutachtungen bzw Untersuchungen zu verstehen, denen der innovatorische Charakter weitgehend fehlt. Daran ändert auch die künftige Rechtslage nichts, da sich das UOG 1993 hinsichtlich der Teilrechtsfähigkeit und der Institutsauftragsforschung im wesentlichen am bisherigen Rechtszustand orientiert[72].

b) Zulässigkeit der Ressourcennutzung

Da bei der Auftragsforschung der Klinik die Universitätseinrichtung selbst als Auftragnehmer auftritt, ist auch die Zulässigkeit der Nutzung *universitärer*[73] Sach- und Personalmittel für die Zwecke der Auftragsforschung grundsätzlich als selbstverständlich mitzudenken[74]. Die Verbindung staatlicher Ressourcen mit Drittmitteln zu Forschungszwecken ist gerade das kennzeichnende Merkmal der „Drittmittelforschung"[75]. Was die Heranziehung von Ressourcen des *Anstaltsträgers* betrifft, so ergibt sich deren Zulässigkeit – ebenso wie bei der ad personam Auftragsforschung – aus der Regelung der Kostenersatzpflicht in § 46 Abs 3 KAG.

c) Kostenersatz

Für Kosten, die dem *Bund* durch die Nutzung von Personal oder Sachmitteln anläßlich der Durchführung wissenschaftlicher Arbeiten nach § 15 FOG entstehen, besteht bis zum Wirksamwerden des UOG 1993 keine Refundierungspflicht. Der entgegenstehenden Bestimmung des § 93

---

71 Gem § 1 Abs 2 ÄrzteG umfaßt die Ausübung des ärztlichen Berufes jede auf medizinisch-wissenschaftlichen Erkenntnissen beruhende Tätigkeit, die unmittelbar oder mittelbar für den Menschen ausgeführt wird.

72 Vgl 1125 BlgNR 18. GP 45. Insb darf aus der Gegenüberstellung von „wissenschaftlichen Arbeiten" und „staatlich autorisierten Prüf- und Gutachtertätigkeiten" in § 3 Abs 1 Z 3 und 4 UOG 1993 nicht der voreilige Schluß gezogen werden, daß routinemäßige Gutachtenstätigkeiten mittels standardisierter Methoden eo ipso aus dem Begriff der „wissenschaftlichen Arbeiten" herausfallen. Sofern sie nur zumindest mittelbar für die Foschung von Nutzen sind, gehören solche Tätigkeiten auch künftig zum Bereich der „wissenschaftlichen Arbeiten", selbst wenn sie nicht primär darauf ausgerichtet sind, neue wissenschaftliche Erkenntnisse hervorzubringen. Zu dieser „extensiven Interpretation" vgl 1125 BlgNR 18. GP 45; zweifelnd Bast, UOG 1993, § 3 Anm 6.

73 Dies können sowohl Sach- und Personalmittel des *Bundes* als auch solche der *Klinik* als Privatrechtsträger sein.

74 Zu Einzelfragen dieses Nutzungsanspruchs, insb hinsichtlich der Inanspruchnahme von Personal, vgl mwN Langeder, Drittmittelforschung 136 ff; Langeder/Strasser, Hochschulrecht (1. Lfg), § 15 FOG.

75 Vgl Langeder, Drittmittelforschung 131.

Abs 6 UOG 1975 wurde durch § 15 Abs 5 FOG idF BGBl 1987/655 derogiert[76]. Aus § 15 Abs 5 FOG ergibt sich jedoch auch keine Ablieferungspflicht, da diese Bestimmung von der dort vorgesehenen Zweckbindung iSd § 17 Abs 5 BHG jene Einnahmen erkennbar ausnimmt, die in die eigene Rechtspersönlichkeit der Universitätseinrichtung fallen[77]. Auch der in § 15 Abs 2 FOG geregelte Kostenersatz betrifft ausschließlich die Beziehung zwischen der rechtsfähigen Universitätseinrichtung und dem Auftraggeber, nicht hingegen die Beziehung zwischen der Einrichtung und dem Bund. Das von der Einrichtung vereinnahmte Entgelt ist auch insoweit nicht an den Bund abzuführen, als es auf eigentlich dem Bund entstehende Kosten zurückzuführen ist[78]. Mit Wirksamwerden des UOG 1993 tritt in diesem Punkt allerdings insofern eine Änderung ein, als die Universitätseinrichtung gem § 4 Abs 3 zum Ersatz der bei Durchführung von Forschungsaufträgen durch die Nutzung von Personal, Räumen, Geräten und Dienstleistungen der Universität als Bundeseinrichtung entstehenden Kosten verpflichtet wird[79].

Die Refundierungspflicht der Klinik gegenüber dem *Anstaltsträger* richtet sich auch hier nach § 45 Abs 3 KAG[80]: Wie bereits erwähnt, erfaßt diese Bestimmungen neben der ad personam-Auftragsforschung auch jene wissenschaftlichen Auftragsarbeiten, die von der Universitätseinrichtung (Universitätsklinik) im Rahmen ihrer Rechtsfähigkeit nach § 2 Abs 2 UOG bzw § 15 FOG erbracht werden[81]. Denkbar wäre aber auch, daß die dem Anstaltsträger anläßlich eines Forschungsauftrages entstehenden Kosten direkt vom Auftraggeber ersetzt werden; zu diesem Zweck könnte der Auftraggeber zusätzlich zu seinem Vertrag mit der Universitätseinrichtung gem § 15 FOG auch selbständige vertragliche Beziehungen zum

76 HENGSTSCHLÄGER, Haushalts- und kontrollrechtliche Probleme 43; LANGEDER/STRASSER, Hochschulrecht (1. Lfg), § 15 FOG Anm 15, 19, 36 mwN.

77 HENGSTSCHLÄGER, Haushalts- und kontrollrechtliche Probleme 43 ff.

78 MwN HENGSTSCHLÄGER, Haushalts- und kontrollrechtliche Probleme 41 ff; LANGEDER/STRASSER, Hochschulrecht (1. Lfg), § 15 FOG Anm 19.

79 Der Kostenersatz ist an den Rektor abzuführen. Diese Geldmittel sind iSd § 17 Abs 5 BHG zweckgebunden für die Erfüllung der Aufgaben der Universität zu verwenden. Nähere Regelungen hat die Satzung zu treffen.

80 Für Einzelheiten daher oben im Text. Fraglich ist jedoch, ob die Rechtsbeziehungen zum Anstaltsträger auch im Fall der Klinikauftragsforschung rein privatrechtlicher Natur sind und ob hiefür der ordentliche Rechtsweg offensteht. Nach hA haftet zwar das Institut im Rahmen seiner Auftragsforschung gegenüber Dritten nach bürgerlichem Recht (vgl E. LANGEDER, Die Rechtspersönlichkeit der Universitäten, in: R. Strasser (Hrsg), Grundfragen der Universitätsorganisation IV [Wien 1990] 54 [109]). Es sprechen jedoch gute Gründe dafür, daß auch die Auftragsforschung ihren Charakter als (wengleich autonome) Bundesfunktion behält und daher ein amtshaftungsrechtlicher Durchgriff auf den Bund möglich wäre (näher LANGEDER, Rechtspersönlichkeit 110).

81 Ausdrücklich RV 1080 BlgNR 18. GP 23.

Anstaltsträger eingehen, die eine entsprechende Kostenrefundierung vorsehen. In diesem Fall entfällt mangels auftragsbedingter Mehrkosten eine Vergütungspflicht der Klinik nach § 46 Abs 3 KAG.

4. Sonstige Aufgaben des Gesundheitswesens

Gem § 54 Abs 3 UOG können Universitätskliniken und Klinischen Instituten auch sonstige Aufgaben im Rahmen des Gesundheitswesens übertragen werden, sofern anläßlich der Übertragung auch der Kostenersatz geregelt wird. Als Beispiele werden etwa die Führung der Vergiftungsinformationszentrale oder das Programm zur Früherfassung angeborener Stoffwechselanomalien genannt[82]. Nach § 155 Abs 6 BDG haben Hochschullehrer, die an der Universität als Ärzte verwendet werden, an der Erfüllung dieser (der Universitätseinrichtung übertragenen) Aufgaben im Rahmen des öffentlichen Gesundheitswesen mitzuwirken. Eine derartige Mitwirkung durch ärztliches Bundespersonal ist daher nicht nur zulässig, sie zählt auch zur Dienstpflicht des Universitätslehrers. Da diese Aufgaben gem § 54 Abs 3 UOG zu den Pflichtaufgaben der Universitätseinrichtung gehören, kann auch die Inanspruchnahme von Sachmitteln der Universität in diesem Zusammenhang nicht zweifelhaft sein.

Unklar ist hingegen, ob zur Erfüllung der übertragenen Aufgaben des Gesundheitswesens auch Personal und Sachmittel des Anstaltsträgers genutzt werden dürfen[83]. Dies wäre zweckmäßigerweise in der Vereinbarung zwischen Bund und Anstaltsträger gem § 54 Abs 4 UOG zu regeln.

5. Mitwirkung an Auftragsarbeiten des Anstaltsträgers

Neben der Universitätsklinik oder dem einzelnen Universitätslehrer kann grundsätzlich auch der Rechtsträger der Krankenanstalt Aufträge zu wissenschaftlichen Arbeiten oder Gutachten übernehmen[84]. In diesem Fall stellt sich die korrespondierende Frage, ob der Anstaltsträger zur Erfüllung dieser Aufgaben auf personelle und sachliche Mittel der Universitätseinrichtung zurückgreifen kann, indem er zB einzelne Ärzte mit der Vornahme von Untersuchungen oder Forschungsarbeiten betraut.

---

82 Ermacora, UOG § 54 Anm 8.

83 Da § 54 Abs 2 UOG zwischen den „wissenschaftlichen Aufgaben der Lehre und Forschung" und den „Aufgaben im Rahmen des Gesundheitswesens" unterscheidet, gehören die Aufgaben des Gesundheitswesens nicht zu jenen Aufgaben der Klinik, für die § 54 Abs 5 UOG das „Zusammenwirken mit öffentlichen Krankenanstalten" vorsieht.

84 Ebenso wie die Universitätsklinik kann zB auch der Anstaltsträger einen Vertrag über die Durchführung klinischer Arzneimittelprüfungen abschließen; weiters können ihm bestimmte Untersuchungs- und Befundungsaufgaben übertragen werden (vgl zB § 35 StrahlenschutzG).

Geht man wieder von der Aufgabentrias der Universitätsklinik gem § 54 Abs 1 und 3 UOG aus (Lehre und Forschung/ärztliche Leistungen im Rahmen der Krankenanstalt/sonstige Aufgaben des Gesundheitswesens), so wurde deutlich, daß krankenanstaltliche Aufgaben nur dann zugleich in den Aufgabenbereich der Universitätsklinik fallen, wenn es sich um „im Rahmen der Krankenanstalt zu erbringenden ärztlichen Leistungen" handelt. Auch auf dienstrechtlicher Ebene sind die an der Universität verwendeten Bundesärzte nur insoweit zur Erfüllung krankenanstaltlicher Aufgaben verpflichtet, als diese die Krankenbehandlung betreffen (§ 155 Abs 6 BDG). Die Mitwirkung an Forschungsaufträgen oder nicht der Krankenversorgung dienenden Untersuchungen im Rahmen eines Auftrages des Anstaltsträgers gehört hingegen nicht zu jenen Aufgaben, welche die Klinik bzw die an ihr tätigen Universitätslehrer für den Anstaltsträger wahrzunehmen haben. Daraus folgt, daß sich der Rechtsträger der Krankenanstalt zur Durchführung dieser Tätigkeiten gar nicht ohne weiteres der Universitätsressourcen bedienen kann. Leistungen, die nicht die „Krankenbehandlung" betreffen, darf der Anstaltsträger zwar erbringen; die Klinikärzte des Bundes stehen ihm hiefür aber nicht im Rahmen ihrer Dienstpflichten zur Verfügung.

Im Ergebnis bedeutet dies, daß es zur Durchführung derartiger Arbeiten im Rahmen des Krankenhauses entweder eigener „Anstaltsärzte" (des Anstaltsträgers) oder zumindest entsprechender Vereinbarungen mit anderen Ärzten (zB der Klinik) bedürfte. In dieser Konstellation würde der einzelne Universitätslehrer (gem § 159 BDG) oder die Klinik als solche (gem § 15 FOG iVm § 2 Abs 2 UOG) als Auftragnehmer gegenüber dem Anstaltsträger auftreten. Insofern besteht dieselbe rechtliche Situation wie gegenüber dritten Auftragnehmern, mit dem Unterschied, daß der Anstaltsträger keinen Kostenersatz für die Nutzung von Ressourcen beanspruchen kann, die zur Erfüllung einer ihm selbst obliegenden Aufgabe verwendet wurden.

Karl Korinek

Der Zeitfaktor im Raumordnungsrecht

I.

Günther Winkler, der sich Zeit seines wissenschaftlichen Lebens um eine gegenstandsadäquate Rechtswissenschaft bemüht hat, hat uns in seiner großen Monographie „Zeit und Recht"[1] nachdrücklich vor Augen geführt, was einst selbstverständlich schien, in jüngerer Zeit aber vor allem in der Theorie oft und oft vernachlässigt, ja geradezu verdrängt wurde, nämlich daß alles Recht in der Zeit gilt und wirkt. Die Rechtserzeugung spielt sich in allen Stufen in der Zeit ab, der Sinn rechtlicher Anordnungen ist durch die Zeit mitbestimmt (und kann sich demgemäß „mit der Zeit" auch ändern), die Entsprechung von Recht und höherrangigem Recht ist in der Zeit zu beurteilen und kann sich mit der Zeit ändern usw.

In der Einleitung seines Buches hat Winkler „gegenstandsgebunden denkende Juristen" aufgefordert, in eine konstruktive Auseinandersetzung mit seinen Ausführungen einzutreten.[2] An diese Aufforderung anknüpfend soll in dieser kleinen Studie eine Grundfrage des österreichischen Raumordnungsrechts untersucht werden, nämlich das Problem der Zeitbezogenheit von Raumplänen,[3] das sich insbesondere im Falle der beabsichtigten Abänderung von Flächenwidmungsplänen stellt: der Zeitgerechtigkeit von Planänderungen kommt – wie in der Folge darzulegen sein wird – besondere Bedeutung zu, weshalb die Rechtsordnung verschiedene Vorkehrungen dafür trifft, daß Änderungen „zur Zeit" erfolgen und überdies Einrichtungen zur Verfügung hält, die Zeitgerechtigkeit der Planänderung zu kontrollieren.

---

1 G. Winkler, Zeit und Recht, Kritische Anmerkungen zur Zeitgebundenheit des Rechts und des Rechtsdenkens, Bd 100 der Forschungen aus Staat und Recht (Wien/New York 1995).

2 Zeit und Recht, X.

3 Auf die Zeitbezogenheit jeder Planung hat schon Ch. Brünner, Politische Planung im parlamentarischen Regierungssystem (Wien 1978), hingewiesen und vor allem auf die Relevanz der Abschätzung des Planverwirklichungszeitraumes aufmerksam gemacht (122). Vgl dazu H. P. Rill/H. Schäffer, Die Rechtsnormen für die Planungskoordinierung seitens der öffentlichen Hand auf dem Gebiete der Raumordnung (Wien 1975) 24.

In der folgenden Untersuchung soll zunächst das zu lösende reale Problem entwickelt (II) und sodann dargestellt werden, wie das positive Recht dieses Problem löst (III). Darauf aufbauend können wir versuchen, die Struktur der Regelungen theoretisch zu erfassen, wobei uns die Ergebnisse der WINKLERschen Untersuchung zu Zeit und Recht als Deutungsschema dienen können (IV). Schließlich soll auf Grundlage der Kenntnis des Gegenstands und der realen Bedingungen der entsprechenden Rechtsvorschriften in kritischer Analyse der einschlägigen verfassungsgerichtlichen Rechtsprechung überprüft werden, inwieweit die Regelungen einer effektiven Kontrolle hinsichtlich ihrer Zeitgerechtigkeit unterliegen[4] (V). Der Autor meint, daß er auf diese Weise den methodischen Anliegen GÜNTHER WINKLERS mit einer kleinen Studie zu einem praktisch äußerst wichtigen Rechtsproblem zu entsprechen vermag.

II.

Zurecht hat WINKLER darauf hingewiesen, daß das Postulat der Zeitgerechtigkeit allen staatlichen Handelns dem Recht „als ein verbindliches Element unausgesprochen inhärent“[5] ist. „Alles Staatshandeln soll zeitgerecht gesetzt werden“[6].

In unserem Zusammenhang geht es um die Frage, wann die Abänderung eines geltenden Flächenwidmungsplans zeitgerecht ist. Zu Ihrer Beantwortung muß man sich zweier, im Prinzip gegenläufiger Teloi des Raumordnungsrechts bewußt sein[7]:

Einerseits besteht in der Raumplanung wie im Prinzip bei jeder Art von staatlicher Planung wesensmäßig immer die (ökonomische) Notwendigkeit, den Plan an geänderte Verhältnisse anzupassen:[8] Die räumlichen Entwicklungsmöglichkeiten können sich ändern, neue Planungsabsichten können auftauchen, Erwartungen können sich zerschlagen. In diesem

---

4 Es wird sich dabei zeigen, daß die vom Autor diese Beitrags vor 25 Jahren angestellte Vermutung (vgl K. KORINEK, Verfassungsrechtliche Aspekte der Raumplanung, [Linz 1971] 39 f), daß eine solche Überprüfung kaum effektiv werden würde, auf einer gründlichen Fehleinschätzung der Entwicklung der verfassungsgerichtlichen Judikatur beruhte.

5 Zeit und Recht, zB für die Sinngehalte der Verfassung: 179.

6 Ebenda, 161.

7 Vgl dazu schon KORINEK (FN 4) 35 ff; weiters L. FRÖHLER/P. OBERNDORFER, Österreichisches Raumordnungsrecht II (Linz 1986) 121 ff sowie jüngst insb W. BERKA, Flächenwidmungspläne auf dem Prüfstand, JBl 1996, 69, hic: 74 ff.

8 Vgl schon H. P. IPSEN, Fragestellungen zu einem Recht der Wirtschaftsplanung, in: J. H. Kaiser (Hrsg), Planung I (Baden-Baden 1965) 35, insb 60 f.

Sinn steht jeder Plan unter dem Vorbehalt seiner Änderung angesichts einer geänderten Wirklichkeit, falscher Prognosen, besserer Einsichten oder veränderter politischer Absichten.[9] Planung ist insofern notwendigerweise instabil.

Andererseits soll jeder Planung eine bestimmte zeitliche Bestandskraft zukommen. Denn der Zweck der Planung ist es nicht zuletzt, Orientierungsgröße für menschliches Verhalten zu sein. Der Raumplan soll jedermann in seinen Dispositionen zu den im Plan intentierten Zielen hinführen. Dazu bedarf es eines gewissen Maßes an Vertrauen auf den Bestand des Planes. So hat der VfGH zutreffend darauf hingewiesen, daß mit der verbindlichen Festlegung von Widmungen auch jenes Maß an Rechtssicherheit eintreten soll, das es dem Rechtsunterworfenen ermöglichen soll, im Vertrauen auf die Rechtslage seine individuellen Planungsabsichten zu gestalten und mit der Rechtslage zu koordinieren.[10] Die Orientierung am Plan wird den Wirtschaftssubjekten eben nur möglich sein, wenn eine gewisse Sicherheit besteht, daß der Plan eingehalten und nicht vorzeitig geändert wird.[11]

Nach der Konzeption der österreichischen Bundesverfassung ist es Sache des Gesetzgebers, die Entscheidung zwischen derartig divergierenden öffentlichen Interessen zu treffen.[12] Er hat abzuwägen, wie weit er mit seinen Regelungen dem Postulat möglichst hoher Bestandskraft entspricht und dementsprechend die Abänderbarkeit beschränkt oder wie weit er umgekehrt eine Anpassung an geänderte reale oder rechtliche Umstände ermöglicht und damit die Funktion des Plans als feste Orientierungsgröße einschränkt. Aufgabe des Verfassungsgerichtshofes ist es, die gesetzlichen Regelungen bei der Kontrolle der Zeitgerechtigkeit von Planänderungen auf die konkreten Sachverhalte anzuwenden.[13]

---

9 Fröhler/Oberndorfer (FN 7) 121.

10 VfSlg 11374/1987 (unter Hinweis auf Fröhler/Oberndorfer [FN 7] 122).

11 In diesem Sinn hat M. Oldiges, Grundlagen eines Plangewährleistungsrechts (Bad Homburg 1970) 106 f sowie 199 ff, dargelegt, daß raumordnende Pläne „grundsätzlich auf Konstanz angewiesen" seien.

12 Vgl etwa K. Korinek/M. Holoubek, Grundlagen der Privatwirtschaftsverwaltung (Graz 1993) 144 ff.

Freilich hat der VfGH (VfSlg 3094/1956) mit Argumenten des Vertrauensschutzes schon zu einer Zeit, da ausdrückliche Regelungen im Gesetz noch weitgehend fehlten, eine erschwerte Abänderbarkeit von Flächenwidmungsplänen angenommen, da durch die Planänderung „erworbene Rechte schwerstens berührt" würden: vgl dazu P. Jann/P. Oberndorfer, Die Normenkontrolle des Verfassungsgerichtshofes im Bereich der Raumplanung (Linz 1995) 111.

13 Dazu unten Pkt V dieser Studie.

III.

Die österreichischen Raumordnungsgesetze[14] haben diese Regelungsaufgabe in einer im Prinzip ähnlichen Weise[15] gelöst:

Die Raumordnungsgesetze lassen eine Abänderung von Flächenwidmungsplänen nur zu, wenn dafür bestimmte, in den Gesetzen selbst näher ausgeformte Gründe vorliegen.[16] Die Gesetze unterscheiden in der Regel zwischen einer Pflicht zur Abänderung eines Flächenwidmungsplans und einer entsprechenden Ermächtigung.[17] Eine Pflicht wird vor allem für den Fall begründet, daß die Planung der Gemeinde an eine geänderte Rechtslage oder eine abgeänderte überörtliche Planung anzupassen ist.[18] Davon abgesehen wird eine Umwidmung nur zugelassen, wenn dafür „wichtige Gründe" vorliegen. Einzelne Gesetze versuchen, diese wichtigen Gründe näher zu bestimmen, wenn sie hiefür etwa eine (wesentliche) Änderung der Planungsgrundlagen oder Planungsvoraussetzungen fordern. Die zulässige Änderung eines Plans setzt daher jedenfalls voraus, daß ein sachlicher, die Umwidmung rechtfertigender Grund vorliegt, der sich in der Zeitspanne seit der letzten Planänderung ergeben haben muß. Nur dann, wenn sich die in den Gesetzen angeführten Umstände in der Zeit gewandelt haben, kommt eine Änderung des Plans in

14 Burgenländisches Raumplanungsgesetz (RPG), LGBl 18/1969 idF LGBl 12/1994
(Ktn) Gemeindeplanungsgesetz 1995 – K-GplG 1995, LGBl 23
NÖ Raumordnungsgesetz 1976 (NÖ ROG 1976), LGBl 8000-0 idF LGBl 8000-11
OÖ Raumordnungsgesetz 1994 – (OÖ ROG 1994), LGBl 114/1993 idF LGBl 93/1995
Salzburger Raumordnungsgesetz 1992 – ROG 1992, LGBl 98/1992 idF LGBl 1/1996
Steiermärkisches Raumordnungsgesetz 1974 (ROG); LGBl 127/1974 idF LGBl 59/1995
Tiroler Raumordnungsgesetz 1994 (ROG), LGBl 81/1993 idF LGBl 4/1996
(Vbg) Raumplanungsgesetz (RPG), LBGl 15/1973 idF LGBl 27/1993
Wr Bauordnung, LGBl 11/1930 idF LGBl 21/1996.
Spätere Novellen konnten nicht mehr berücksichtigt werden.

15 Eine Analyse der im Detail durchaus verschiedenen, voneinander abweichenden rechtlichen Regelungen kann für Zwecke dieser Arbeit – naturgemäß hingegen nicht für die konkrete Beurteilung der Erlassung bzw Überprüfung eines geänderten Flächenwidmungsplans in einem Land – unterbleiben.

16 § 19 Bgld RPG; § 15 Ktn GplG; § 22 NÖ ROG; § 36 OÖ ROG; § 23 Sbg ROG 1992; § 30 Stmk ROG; § 36 Tir ROG; § 21 Vbg. RPG; § 1 Wr. BauO.

17 Zu all dem näher P. PERNTHALER, Raumordnung und Verfassung III (Wien 1990) 479 sowie jüngst insb BERKA (FN 7) 75.

18 ZB § 19/1 Bgld RPG; § 15/2 Ktn GplG; § 36/1 OÖ ROG; § 23/1 Satz 2 Sbg ROG; § 30/3 Stmk ROG; § 36/1 Tir ROG.

Nach § 22/1 NÖ ROG und § 21/1 Vlbg RPG ist auch in diesen Fällen bloß eine Ermächtigung zur Abänderbarkeit eingeräumt, die aber wohl eine Rechtspflicht begründet (dazu später bei FN 31).

Betracht.[19] In einigen Bundesländern ist überdies vorgesehen, daß in bestimmten Zeitabständen[20] ein Revisionsverfahren zur Planänderung einzuleiten ist; in einigen Ländern gibt es für bestimmte Widmungen zeitlich fixierte Bestandsgarantien.[21]

IV.

Alle diese Regelungen dienen dem Ziel, näher zu bestimmen, wann die Änderung eines Flächenwidmungsplanes „zeitgerecht" ist. Um sie in ihrer Struktur, in ihrer rechtlichen Dimension und in ihrer Konsequenz zu deuten, ist es sinnvoll, von zwei Unterscheidungen auszugehen, die uns in GÜNTHER WINKLERS Schrift begegnen: Zum einen ist an die wichtige Differenzierung anzuknüpfen, die die Zeitlichkeit der Erzeugungsformen des Rechts von der Zeitlichkeit seiner Sinngehalte auseinanderzuhalten postuliert[22]. Zum anderen ist daran zu erinnern, daß man die Geltung der Erzeugungsform – verstanden als die rechtliche Existenz einer Rechtsvorschrift in der Zeit – von der Verbindlichkeit der Sinngehalte – verstanden als unmittelbare Anwendbarkeit einer Rechtsvorschrift auf seine Adressaten in der Zeit – auseinanderzuhalten hat.[23]

Die Besonderheit, die uns in den beschriebenen Regelungen des Raumordnungsrechts entgegentritt, ist die, daß die Raumordnungsgesetze den Zeitfaktor als Element der Ermächtigung zur Erlassung von Rechtsnormen (in concreto: der verordnungsmäßigen Änderung von Flächenwidmungsplänen) ins Spiel bringen. Zur Zeitlichkeit der Geltung der Erzeugungsformen des Rechts[24] und Zeitlichkeit der Verbindlichkeit seiner Sinngehalte[25] tritt als Spezifikum des Raumordnungsrechts die Zeitlichkeit der Ermächtigung zur Erzeugung hinzu. Diese stellt sich bei näherem Besehen freilich als spezifische Erscheinungsform des Sinngehalts der Regelung dar. Es ist Inhalt der beschriebenen Regelungen, ihren Ad-

19 Die Judikatur hat herausgearbeitet, daß es auch andere Gründe gibt, die eine Planänderung rechtfertigen. Insbesondere ist es zulässig, Pläne zu ändern, um das Manko ihrer Rechtswidrigkeit zu beseitigen (vgl etwa VfSlg 11374/1987, 12555/1990). Dahinter steht die Überlegung, daß die Rechtsordnung das Vertrauen auf rechtswidrige Rechtsvorschriften eben nicht schützt (vgl JANN/OBERNDORFER [FN 7] 115 f).

20 § 18 Ktn GplG (nach Zusammentreten eines neugewählten Gemeinderates), § 35 OÖ ROG 1994 (alle zehn Jahre), § 30 Abs 2 Stmk ROG (alle fünf Jahre), § 22 Vlbg RPG (alle fünf Jahre).

21 § 17 Ktn GplG; § 23/1 Satz 3 Sbg ROG.

22 Zeit und Recht, 191.

23 Zeit und Recht, 209 ff, 214.

24 Zeit und Recht, 190 ff.

25 Zeit und Recht, 214, 229.

ressaten, den Verordnungsgeber der Flächenwidmungspläne, zu ermächtigen, tätig zu werden, wenn bestimmte Voraussetzungen gegeben sind. Diese Voraussetzungen hängen ihrerseits wieder von Zeitfaktoren ab – denn die Zeit ist eben ein essentielles Merkmal des Sinngehalts rechtlicher Regelungen schlechthin.[26]

Es verhält sich somit der Verordnungsgeber rechtmäßig, wenn er bei Zutreffen der Voraussetzungen ein Verfahren zur Änderung eines Flächenwidmungsplans einleitet (das seinerseits wieder einen in der Zeit ablaufenden Prozeß des Werdens von Geltung und Verbindlichkeit darstellt[27]). Rechtswidrig verhält sich demgegenüber der Verordnungsgeber sowohl dann, wenn er trotz Vorliegens der Voraussetzungen die Änderung nicht vornimmt, als auch dann, wenn er die Änderung in Angriff nimmt, ohne daß die Voraussetzungen gegeben wären. Derart rechtswidriges Verhalten führt im System des österreichischen Verfassungsrechts[28] freilich nicht zur Nichtigkeit, sondern zur Vernichtbarkeit des Ergebnisses des Verfahrens, des actus als Ergebnis des agere des Verordnungsgebers.[29] Die Geltung der Erzeugungsform Flächenwidmungsplan ist nicht davon abhängig, ob die zeitliche Ermächtigungsvoraussetzung eingehalten wurde, wohl aber hängt die Dauerhaftigkeit der Verbindlichkeit des Sinngehalts des Plans davon ab. Denn die Einhaltung dieser Voraussetzung ist Rechtmäßigkeitsvoraussetzung für den Plan und daher vom Verfassungsgerichtshof im Rahmen seiner Verordnungsprüfungskompetenz zu prüfen.

V.

Die Kontrolle der Zeitgerechtigkeit der Änderung von Flächenwidmungsplänen ist somit Sache des Verfassungsgerichtshofes.

Obwohl sowohl das rechtswidrige Tätigwerden wie auch das rechtswidrige Untätigbleiben verpönt ist, gestaltet das geltende Verfassungsrecht die Sanktion in diesem Fall viel schwieriger als in jenem. Denn das Untätigbleiben bei der Schaffung genereller Normen ist zwar – entgegen einer oft referierten, aber nur selten reflektierten Phrase – vom VfGH nicht unerzwingbar, aber doch nicht in allen Konstellationen.[30] Die nicht

26 Vgl etwa – im Zusammenhang mit der Zeitgebundenheit der verfassungsrechtlich ermächtigten Staatsakte – Zeit und Recht, 161.

27 Diesen Prozeß hat Winkler am Beispiel des Werdens eines Gesetzes trefflich geschildert: Zeit und Recht 209 ff.

28 Vgl insb Art 139 und 140 B-VG.

29 Zeit und Recht, 192 unter Hinweis auf Adolf Merkl.

30 Während das Untätigbleiben des Gesetzgebers bloß dann, wenn es ein gänzliches Untätigbleiben ist, sanktionslos bleibt (vgl VfGH vom 5. 3. 1996, B 2674/94; aus der Literatur siehe zum Problem etwa P. Oberndorfer, Die Verfassungsrechtsprechung im

zeitgerechte Anpassung von generellen Rechtsnormen kann aber zur Invalidation der früher bestehenden Regelung führen.[31] Diese Konsequenz ist in unserem Zusammenhang besonders bedeutsam: Denn wenn die Voraussetzungen für die Änderung eines Flächenwidmungsplans gegeben sind, aber kein Änderungsverfahren eingeleitet wird, so könnte eine bisher verordnete Flächenwidmung rechtswidrig werden.

Diese Konsequenz ist evident, wenn jene Voraussetzungen vorliegen, die das zuständige Gemeindeorgan zur Planänderung verpflichten; es kann aber auch im Falle der bloßen Ermächtigung zur Planänderung Konstellationen geben, in denen die Änderungen der Voraussetzungen so gewichtig sind, daß der Gemeinderat gehalten ist, von seiner Ermächtigung in einer bestimmten Richtung, nämlich der Vornahme der Änderung, Gebrauch zu machen. Denn da auch die Ausübung von Planungsermessen stets im Sinne des Gesetzes zu erfolgen hat, kann auch hier wie bei jeder Ermächtigung zu Ermessensentscheidungen die Konstellation so sein, daß eine den Sinn des Gesetzes beachtende Ausübung des Ermessens der Behörde keine Wahlmöglichkeit zwischen verschiedenen rechtmäßigen Entscheidungen mehr offen läßt. Freilich wird eine solche Konstellation nur in Ausnahmefällen auftreten.[32]

Häufiger ist freilich der Fall, in dem eine Änderung vorgenommen wurde, aber das Vorliegen der Voraussetzungen für diese Änderungen (der wichtige Grund, die Änderung der Planungsgrundlagen oä.) unterschiedlich gesehen wird, also die Rechtmäßigkeit der Änderung strittig ist. Die in solchen Fällen entscheidende Frage ist die nach der Zeitgerechtigkeit: Ist der Zeitpunkt schon gekommen, der es dem Gemeindeorgan erlaubt, von der Ermächtigung zur Planänderung Gebrauch zu machen? Diese Frage hat im Streitfall letztlich der Verfassungsgerichtshof in Anwendung der hiefür in den Landesraumordnungsgesetzen normierten Ermächtigungsregelungen[33] zu beantworten.

Rahmen der staatlichen Funktionen, EuGRZ 1988, 193, hic 196; M. Holoubek, Rundfunkfreiheit und Rundfunkmonopol [1990] 197), kann das Untätigbleiben des Verordnungsgebers in besonderen Konstellationen zur Verfassungswidrigkeit der gesetzlichen Ermächtigung führen (vgl aus der Judikatur etwa VfSlg 11632/1988; VfGH 3. 10. 1994, G 98/94, und 13. 6. 1996, G 1395/95 ua; auf die damit im Zusammenhang stehenden Probleme ist in diesem Kontext nicht näher einzugehen).

31 Vgl etwa VfSlg 5854/1968, 8871/1980, 11.048/1986. Aus der Literatur vgl insb. R. Walter, Derogation oder Invalidation? in: Hundert Jahre Verfassungsgerichtsbarkeit, Fünfzig Jahre Verfassungsgerichtshof in Österreich (Wien 1968) 209.

32 Bei Änderung von übergeordneten Normen (Gesetzen, verbindlichen Fachplanungen des Bundes oder der Länder oder der Änderung von überörtlichen Entwicklungskonzepten in einer den Plan rechtswidrig machenden Weise) wird das Gemeindeorgan wohl zur Planänderung verpflichtet sein, auch wenn dies – wie in NÖ und in Vlbg – im Raumordnungsgesetz nicht explizit angeordnet ist (vgl FN 18).

33 Vgl oben FN 16 und 17.

Jann und Oberndorfer haben die reiche verfassungsgerichtliche Judikatur zu diesem Fragenkomplex aufgearbeitet;[34] auf diese Untersuchung kann daher verwiesen werden.

Stets geht es bei der Beurteilung der Frage der Zulässigkeit der Planänderung zum Zeitpunkt ihrer Vornahme – und damit der Frage ihrer Rechtmäßigkeit – um eine Interpretation der in den einzelnen Gesetzen enthaltenen Ermächtigungsnormen, die nicht ohne Abwägung zwischen dem Postulat der Rechtssicherheit und dem Vertrauen auf die Bestandskraft der Pläne auf der einen und der notwendigen Flexibilität im Interesse der bestmöglichen Wahrnehmung der Aufgaben des Gemeinwohls auf der anderen Seite gelöst werden kann.[35]

Im Laufe der Jahre wurde der Aspekt des Bestandsschutzes zunehmend stärker betont; der Kontrollmaßstab wurde immer strikter.[36] Die Judikatur der jüngsten Zeit, die diesen Aspekt stark in den Vordergrund rückt, führt dazu, daß die Gestaltungsmöglichkeiten der Gemeindeorgane weitgehend reduziert wurden,[37] was mitunter zu Kritik an einzelnen Entscheidungen geführt hat. Solche Kritik mag in Einzelfällen auch berechtigt sein. Der Grundsatz aber kann nicht strittig sein: Es ist Sache des Verfassungsgerichshofes, bei der Beurteilung der Zeitgerechtigkeit der Änderung von Flächenwidmungsplänen in Anwendung der zur Abänderung ermächtigenden (oder verpflichtenden) Vorschriften der einschlägigen Landesgesetze eine die eingangs dargestellten Teleologien berücksichtigende Abwägungsentscheidung zu treffen, da anders die entsprechenden Ermächtigungsnormen nicht gegenstandsadäquat verstanden werden können. Eine solche Entscheidung kann nur auf Grundlage

[34] Jann/Oberndorfer (FN 12) 111 ff. Auf folgende, seit dieser Darstellung ergangene Entscheidungen sei insbesondere noch hingewiesen: VfSlg 13502/1993, 13503/ 1993, 13572/1993, 13727/1994, 13779/1994 13835/1994; VfGH 2. 5. 1995, V 144, 145/94; 14. 6. 1995, V 21/95, 5. 3. 1996, V 165/95, 21. 6. 1996, V 36, 37/96 und 26. 6. 1996, V 38/96.

[35] Der VfGH hat schon in VfSlg 3297/1957 betont, daß es sich hier um eine Abwägungsentscheidung handelt. Vgl auch Pernthaler (FN 17) 480.

[36] So zutreffend Berka (FN 7) 78 f.

[37] Paradigmatisch sei auf die Entscheidungen des VfGH vom 5. 3. 1996, V 166/95 (betr den Flächenwidmungsplan Gresten) und vom 21. 6. 1996, V 36, 37/96 (betr den Flächenwidmungsplan Ybbsitz) hingewiesen. In jenem Fall wird zugestanden, daß unter bestimmten Umständen auch die Vorsorge für einen bestimmten Betrieb die Änderung des Flächenwidmungsplans rechtfertigen kann (Hinweis auch auf VfGH vom 1. 7. 1994, V 152/93), doch wird die bloße Notwendigkeit, Vorsorge für eine ökonomisch als wichtig erachtete Betriebserweiterung zu treffen, nicht als ausreichender Grund zur Planänderung im Sinne des § 22 Abs 1 NÖ ROG qualifiziert. Im Fall Ybbsitz wird der – im Prinzip schon früher entwickelte – Gedanke verstärkt, daß neue Entwicklungen und Tatsachen erst dann, wenn sie neue Ziele allgemeiner Art anzustreben rechtfertigen einen Änderungsgrund abgeben, aber nicht schon dann, wenn sie „bloß punktuell neue Zielsetzungen rechtfertigen“.

sowohl ausreichender Klarlegung der Elemente des relevanten Sachverhalts als auch in Kenntnis der Funktionen und Wirkungen des Flächenwidmungsplans in der Zeit getroffen werden. Nach Ansicht des Autors zeigt diese Einsicht in die Struktur des in diesen Fällen geforderten Entscheidungsvorgangs die Richtigkeit der methodischen Grundposition GÜNTHER WINKLERS und dokumentiert sie auch an diesem Beispiel.

Werner Krawietz

Vernunft versus Rationalität des Rechts?
Zur Theoriebildung in der Rechtswissenschaft

In der alltäglichen Rechtspraxis und in der zugehörigen Theorie des Rechts stellt sich immer häufiger die Frage, wie es – angesichts der fehlenden Transparenz der sozialen Lebensverhältnisse, die eine Orientierung im rechtlichen Alltag erschwert – um die Rationalität des rechtlichen Handelns und Entscheidens bzw der wissenschaftlichen Erkenntnis des Rechts bestellt ist. Man kann und muß gelegentlich den Eindruck gewinnen, daß die Grenzen rationaler Orientierung längst erreicht, wenn nicht gar überschritten sind. Dies wirft die weitere Frage auf, unter welchen Prämissen und innerhalb welcher Grenzen eine Rationalität im Recht und in der Rechtswissenschaft überhaupt möglich ist. Gibt es *a priori* gültige, für alle erkennbare ‚vernünftige' Prinzipien, Strukturen und Prozeduren? Trifft es zu, daß sie die Beachtung dieser allem Recht *vor*-gegebenen Ordnung richtigen Verhaltens zur *rechtlichen* Pflicht machen und deshalb unbedingt zu befolgen sind? Oder haben wir es nicht längst mit staatlich organisierten Rechtssystemen zu tun, die sich kraft ihrer normativen Autonomie und ihrer auf eigene politisch-rechtliche Entscheidungen gestützten Positivität, hier verstanden als sozietale *und* staatliche Ordnung menschlichen Erlebens und Handelns, nicht nur gegenüber der Religion, sondern auch gegenüber Vernunft und Moral evolutionär verselbständigt haben und infolgedessen heute eine eigenständige *normativ-institutionelle Rationalität* besitzen?

Im folgenden wird nicht nur von den Voraussetzungen, sondern vor allem von den *Grenzen rationaler Orientierung im Recht* die Rede sein. Es geht dabei – global gesehen – um die praktische Orientierung *allen* menschlichen Erlebens und Handelns, sei diese bloß faktischer oder normativer Art. Was den Gegenstandsbereich dieser rechtspraktischen Beziehungen angeht, so handelt es sich nicht nur um die in der sozialen Wirklichkeit des Rechts bereits realisierten, sondern auch um die bislang nicht verwirklichten Chancen und Möglichkeiten einer rechtlichen Verhaltensorientierung. Dies ist eine Ordnungsproblematik von gewaltigen Ausmaßen. Sie umfaßt, weltweit gesehen, die rationale Orientierung von und für gegenwärtig ca 4,2 Milliarden Menschen, genauer: für die zwischen ihnen ablaufenden wirklichen oder doch praktisch möglichen Interaktionen, die sämtlich regelungsbedürftig erscheinen, der Menge nach also ein Vielfaches dieser Zahl. Informations- und kommunikationstheoretisch betrachtet, handelt es sich um eine den gesamten Erdball umspannende, mit den Mitteln sozialer Institutionen- und Systembildung auf Dauer gestellte, genuin *normative Rechtskommunikation*, die sich im Erleben und Handeln der hieran beteiligten Menschen vollzieht.

Ich widme diesen Beitrag meinem verehrten Kollegen GÜNTHER WINKLER, der – wie kaum ein anderer Autor – durch seine Studien zum modernen Verfassungs- und Verwaltungsrecht das institutionelle Rechtsdenken in Rechtsdogmatik und Rechtstheorie nachhaltig vorangebracht hat.[1] Durch seine Untersuchungen zur Methode und Theorie der Rechtswissenschaft, seine erkenntnistheoretischen und erkenntniskritischen Analysen der vermeintlichen *Einheit von Rechtspraxis und Rechtstheorie* hat er – auch hier ein unbestechlicher Kritiker der zeitgenössischen allgemeinen Rechtslehren – gezeigt, daß das Dilemma der Reinen Rechtslehren alter und neuer Provenienz weitgehend selbstverschuldet ist, weil es ihnen nicht gelungen ist, die Korrelation von Sein und Sollen, die im modernen Recht zum Ausdruck gelangt, hinreichend pragmatisch und realistisch zu deuten und zu verstehen.[2] Vielleicht am deutlichsten und jedenfalls am nachhaltigsten haben bislang die von ihm seit vielen Jahrzehnten gepflegten internationalen Kontakte gewirkt, die sich nicht von ungefähr in den von ihm betreuten „Forschungen aus Recht und Staat" niedergeschlagen haben. Da ich selbst vor langen Jahren dank der wohlwollenden Förderung durch GÜNTHER WINKLER Autor in dieser Reihe wurde, nehme ich die Gelegenheit gern wahr, dem hochverehrten Jubilar – und mir will dieses Wort so wenig von der zung, weil es eigentlich zu ihm nicht recht paßt! – mit diesem Beitrag meine jahrzehntelange Verbundenheit zu bekunden und ihm meinen Dank abzustatten.

I.

1. Offensichtlich wird heute in der alltäglichen Lebens- und Rechtspraxis wie in der wissenschaftlich angeleiteten und unterstützten Be-

[1] Vgl GÜNTHER WINKLER, Studien zum Verfassungsrecht. Das institutionelle Rechtsdenken in Rechtstheorie und Rechtsdogmatik (Wien 1991) VII f, 432 ff, 437 f, der stets – ganz im kantischen Sinne – einem „gegenstandsgebundenen Rechtsdenken" das Wort geredet hat, aber mit Grund zwischen Recht und Staat unterscheidet. Infolgedessen ist der Staat für ihn als eine „rechtlich geregelte Gesamt-Institution" verstehbar, aber „mehr als nur eine organisatorisch-funktionelle Einheit". Eher am Verwaltungsrecht orientiert: *ders*, Theorie und Methode in der Rechtswissenschaft (Wien 1989) 15 f, 28 f, 33 ff, 55 f, 256 f.

[2] *Ders*, Rechtstheorie und Erkenntnislehre (Wien 1980) XIV f, 140 f, 175 ff, 194 ff.

wältigung derselben – sei es expressis verbis oder zumindest implizit – durchgängig der Anspruch erhoben, daß *alle* zwischenmenschlichen Orientierungen nach Möglichkeit *rational* zu erfolgen haben. Dies gilt auch für das menschliche Erleben und Handeln im Bereich des Rechts, das alle sozialen Verhaltensbereiche zu erfassen und zu regulieren vermag.

a) Wenn es um die *Rationalität des Rechts* geht, so macht es jedoch einen Unterschied, *wer* eigentlich diejenigen sind, die sich rational orientieren oder doch zumindest rational orientieren sollen. Sind wir *alle* gemeint, hier verstanden als Menschen, Bürger oder sonstige Rechtsgenossen, die in einer für sie jeweils verbindlichen *Rechtsgemeinschaft* leben und die das jeweils geltende und zu befolgende Recht rational – und das heißt immer auch: kritisch – reflektieren? Handelt es sich um die in der bürokratisch aufgebauten *Staatsorganisation* Tätigen, die auf allen Stufen und Ebenen der arbeitsteilig ausdifferenzierten, hierarchisch geschichteten Rechtsordnung – angeleitet und gesteuert durch die Regeln des Rechts – operieren? Oder geht es hier eher um die *Wissenschaften* oder die Wissenschaftler im Sinne derjenigen Disziplinen, die es mit den Normen und dem sozialen Handeln zu tun haben? Und hat dies zu geschehen unter Einschluß der *Philosophie*, insbesondere der *praktischen Philosophie*, die allesamt einer rationalen bzw vernünftigen Orientierung – vielleicht sogar einer ganz *neuen* Orientierung – bedürfen?

b) Wir sehen uns gegenwärtig umringt von *technischen Imperativen* des Umweltschutzes, der Raumordnung und Landesplanung, des Gewässer- und Bodenschutzes uam. Wir werden massenhaft konfrontiert mit ‚vernünftigen' Forderungen, die uns immer neue Verantwortlichkeiten auferlegen wollen und sollen. Man könnte hier das Spektrum wirklich oder vermeintlich ‚vernünftiger' Forderungen nach rechtlicher Anerkennung, die im Rahmen einer rationalen Orientierung erhoben werden, geradezu beliebig erweitern. Ich nenne hier nur die – an sich vernünftigen – Forderungen nach einer umweltverträglichen Verwertung der vielfältigen Formen des Mülls, der Aufarbeitung nicht abbaufähiger Kunststoffe und der Entsorgung der radioaktiven Abfälle, giftigen Abgase und Chemikalien. Es geht letzten Endes um den – inzwischen gleichfalls bedrohten – Grundstock unserer Gesamtökologie, um die maritimen und terrestrischen Biotope und Ökosysteme, aber auch um die noch offenen Rechtsprobleme im *Grenzbereich* von Recht und Medizin, Recht und Biologie sowie um die Erlaubtheit von Eingriffen und den Schutz von Forschungsvorhaben, wie zum Beispiel auf dem Gebiet der Gentechnologie und Gentherapie. Hier werden gegenwärtig sogar Forderungen nach einer europaeinheitlichen Richtlinie für Biotech-Patente erhoben, die nicht nur den Erfindern, sondern auch der pharmazeutischen Industrie zugut kommen sollen.

c) Es gibt andererseits in fast allen Lebensbereichen längst so etwas wie eine fortschreitende *Rationalisierung und Verwissenschaftlichung der gesamten alltäglichen Lebenspraxis.* Die Antwort auf die Frage nach den Möglichkeiten und Grenzen dieser Entwicklung kann somit nur lauten, daß es bei einer Analyse derjenigen *Anforderungen, die an eine rationale Orientierung* zu stellen sind, stets um beides geht, nämlich (i) um die alltägliche Lebenspraxis *und* (ii) um die wissenschaftlich-theoretische Aufklärung und Bewältigung derselben, letztere auch hier verstanden unter Einschluß der Philosophie. Ich gehe deshalb im folgenden aus von einem *Primat der Praxis,* den alle ‚vernünftige' Aufklärung zu beachten hat. Hieran werde ich einige Fragen nach dem *Rationalitätspotential von Wissenschaft und Philosophie* anschließen.

2. Nach einer in der zeitgenössischen Jurisprudenz verbreiteten, aber nicht zum Mainstream der modernen Rechtstheorie und Rechtsphilosophie gehörenden Forschungsrichtung werden die Ausdrücke „Vernunft" und „Rationalität" nicht selten synonym verwendet.[3] Ich möchte demgegenüber von vornherein für das Recht und die mit ihm befaßte Grundlagenforschung zwischen Vernunft und Rationalität differenzieren. Ich folge dabei Georg Henrik von Wright, der in seinem 1988 in deutscher Sprache erschienenen Buch „Wissenschaft und Vernunft" unterscheidet zwischen (i) *Urteilen über Vernünftigkeit* und (ii) *Urteilen über Rationalität.* Erstere sind nach von Wrights Auffassung „wertorientiert", weil es in ihnen „um die richtige Lebensweise" geht, nämlich „um das, was für den Menschen als gut oder schlecht erachtet wird". Demgegenüber sind *Urteile über Rationalität,* ähnlich wie bei Max Weber, in erster Linie „zweckorientiert".[4] Die durch von Wright weiterentwickelte Vorstellung einer Zweckrationalität der Normen und des Handelns, die sich vor allem für die Neukonzeption einer Normen – und Handlungs*theorie* eignet, ist zugleich richtungweisend für die Weiterentwicklung der modernen Rechtstheorie. (Wird ausgeführt.)

---

3 So ausdrücklich: Robert Alexy, Idee und Struktur eines vernünftigen Rechtssystems, in: ders/Ralf Dreier/Ulfried Neumann (Hrsg), Rechts- und Sozialphilosophie in Deutschland heute (Stuttgart 1991) 30-44, 30 f. Seine mE zu eindimensionale Option für die Idee der Vernunft, Vernunftprinzipien und Vernunftregeln unterschätzt die praktischen und theoretischen Möglichkeiten einer eigenständigen *juristischen Rationalität,* die in den auf Erfahrung und Beobachtung gestützten, mit den Normen *und* dem Handeln befaßten sozialen *Handlungswissenschaften* unter Einschluß der Rechtswissenschaft längst praktiziert wird und fest etabliert ist.

4 Ich folge insoweit Georg Henrik von Wright, Wissenschaft und Vernunft (Münster 1988) 29 f, der in der zeitgenössischen „Rationalitätsdiskussion" mit Grund „eines der Hauptthemen in Philosophie, Soziologie und Kulturanthropologie" erblickt.

Ich konzentriere mich im folgenden auf eine Untersuchung der normativen Rationalität derjenigen Orientierungen, die das geltende Recht dem menschlichen Handeln verleiht. Wer sich so verhält, wie das jeweils geltende Recht es vorschreibt, handelt nicht bloß rechtmäßig, sondern auch formal rational im Sinne der durch von WRIGHT in seinen jüngsten Werken näher charakterisierten *Normen- und Handlungsrationalität.*

Ich werde deshalb in *drei Schritten* vorgehen:

(i) Zunächst werde ich den *Begriff des Rechts* charakterisieren, so wie dieses sich für die *Rechtswissenschaft*, insbesondere für die sie fundierende *Theorie und Philosophie des Rechts* darstellt. Ich werde dabei auch der Frage nachgehen, ob der konventionelle Rechtsbegriff, wie heutzutage immer wieder behauptet wird, einer Erweiterung durch eine *a priori* gültige und für jedermann erkennbare Universalmoral oder doch zumindest durch eine Form von Vernunftmoral bedarf.

(ii) In einem zweiten Schritt werde ich einige miteinander konkurrierende Rationalitäts*konzepte* und divergierende Rationalitäts*standards* erörtern, die heute in der zeitgenössischen Theorie und Philosophie des Rechts vertreten werden.

(iii) Abschließend und drittens werde ich – wenn auch nur kurz – auf einige Anstöße zur *Steigerung der Rationalität des Rechts* und *des Rechtsdenkens* eingehen, die sich aus der jüngsten Entwicklung einer sprachanalytischen Theorie und Philosophie des Rechts ergeben, aber auch aus der modernen Institutionen- und Systemtheorie. Eine derartige Steigerung ist freilich nur zu erwarten, wenn die bisherige *Konzeption einer Einheitswissenschaft* preisgegeben wird und mit ihr das insoweit korrespondierende *Postulat*, daß es in den Wissenschaften nur *einen* Rationalitätsstandard geben kann bzw geben sollte.

Die Frage nach den praktischen und theoretischen *Möglichkeiten einer rationalen Orientierung* und diejenige nach den *Grenzen der Rationalität im Recht* wird durchgängig in allen Phasen der Erörterung behandelt, vor allem im Rahmen der hier zu leistenden Vernunftkritik.

II.

1. Es kann hier – schon aus Raumgründen – nicht darum gehen, die normativ-institutionelle Rationalität des Rechts eingehend und im Detail zu untersuchen und darzustellen, so wie sie sich heute auf den diversen *Abstraktions- und Reflexionsniveaus des modernen Rechtsdenkens* und den höchst unterschiedlichen *Levels der praktischen und theoretischen juristischen Argumentation* in den diversen sozialen Systemen der modernen Gesellschaft darstellt.

a) Was den *Level 1* angeht, nämlich die verschiedenen Formen rationalen Operierens und rechtlichen Handelns, wie sie im rechtlichen Alltag *und* im modernen kontinentaleuropäischen Verfassungs- und Rechtsstaat sowie seiner gewaltenteilig aufgebauten und organisierten Rechts- und Entscheidungs*praxis* – zumindest in den kontinentaleuropäischen Rechtssystemen – heute üblich sind, so muß hier auf das Zitieren von Rechtsvorschriften und die zeitraubende Erörterung von Rechtsfällen verzichtet werden. Die Eigenständigkeit und Eigentümlichkeit des bei aller Rechtsanwendung, insbesondere bei der richterlichen Rechts*gewinnung* und Entscheidung im Einzelfalle erreichbaren Rationalitäts*niveaus*, ist jedem Juristen geläufig.

b) Auch auf dem *Level 2* der praktischen (dogmatischen) Rechts*wissenschaft*, wie sie in den staatlich organisierten Rechtssystemen – im Hinblick auf die etablierte Rechtspraxis und das jeweils geltende Recht – im Rahmen der an letzteres gebundenen *Dogmatik des Privatrechts, Strafrechts und Öffentlichen Rechts* gewöhnlich betrieben wird, erscheint heute eine gewisse *Rationalität des juristischen Argumentierens, Handelns und Entscheidens* sowie seiner normativen *Richtigkeitsgewähr* durchaus gesichert. Sie tritt vor allem in Erscheinung bei der Wahrnehmung der *Standardaufgaben der dogmatischen Rechtswissenschaft*. Da letztere bestrebt ist, alles geltende Recht tunlichst in einem umfassenden System von Begriffen, Normsätzen und Normpropositionen darzustellen, kann das hier erreichte (oder doch zumindest erreichbare) Rationalitätsniveau an bestimmten typischen Operationen und deren Ergebnissen abgelesen werden. Ich denke hier vor allem (i) an die Identifikation der Normen des geltenden Rechts (‚Rechtsquellen'), (ii) ihre Auslegung und Interpretation bis hin zur Vorbereitung der Rechtsanwendung und Rechtsgewinnung im Einzelfalle sowie (iii) die juristische Begriffs- und Systembildung.

c) Was demgegenüber den *Level 3* der juristischen Methodik bzw der juristischen Methoden*lehre* angeht, die seit jeher – verstanden als *hermeneutica iuris* – vollauf in den Diensten der praktischen Jurisprudenz steht, so ist diese bis auf den heutigen Tag leider weit davon entfernt, das Rationalitäts*potential* auch nur annähernd auszuschöpfen, das heute, wie in allen normativen Disziplinen, auch einer Methodologie der Rechts*wissenschaft* zur Verfügung steht. Diejenigen, die einem bloß *hermeneutischen* Umgang mit den Texten des jeweils geltenden Rechts, der bei der Rechtsgewinnung im Einzelfalle zu beachten ist, eine gewisse *Zirkularität* attestieren und hiervon auf die *Irrationalität* eines derartigen Vorgehens schließen wollen, sollten jedoch bedenken, daß *nicht* jeder Zirkel *vitiös* sein muß. Nicht von ungefähr hat Josef Esser, der in seinem vielbeachteten Werk „Vorverständnis und Methodenwahl in der Rechtsfindung" im Deutschland der Nachkriegszeit als einer der ersten die *Zirkularität allen rechtspraktischen Argumentierens, Wertens und Entscheidens* entdeckte und monographisch untersuchte, darauf aufmerksam gemacht, daß trotz dieser Zirkularität – wenn schon nicht eine Rationalitäts*garantie*! – zumindest eine Rationalitäts*gewähr* des juristischen Handelns und Entscheidens praktisch möglich ist, letztere hier verstanden als rechtliche „Richtigkeitsgewähr“.[5]

2. Einmal abgesehen davon, daß die Eigenart der Normen und Regeln des Rechts seit jeher umstritten ist, kennt schon die tradierte Jurisprudenz eine weitergehende, durch unterschiedliche Erkenntnisinteressen bestimmte und geprägte, genuin *fachwissenschaftliche Arbeitsteilung bei der Erkenntnis des Rechts* und demzufolge auch ein entsprechendes Rationalitäts*gefälle* zwischen den hieran beteiligten, im einzelnen höchst unterschiedlich organisierten sozialen Systemen, die gewöhnlich im Wege der Selbstorganisation von Wissenschaft (und eher selten als staatliche Veranstaltung!) entstehen.

a) Im Gegensatz zu der sehr weitgehend an den umgangs- und rechtssprachlichen Konventionen orientierten, nur *partiell verwissenschaftlichten Rechtspraxis* wird innerhalb der Jurisprudenz bis in die jüngste Gegenwart hinein üblicherweise, wie dargelegt, unterschieden zwischen (i) der praktischen (dogmatischen) Rechtswissenschaft, (ii) der ihr zugehörigen Juristischen Methodenlehre und (iii) der diese beiden Teildisziplinen fundierenden Allgemeinen Rechtslehre (*Level 4*), die sich im Wege der funktionalen Differenzierung und Selbstorganisation in verschiedenartige Sozialsysteme aufgliedern, aber arbeitsteilig zusammenwirken. Auf diese Weise wurde die Rechtswissenschaft bislang in die Lage versetzt, auf diesen *unterschiedlichen*, aber rechtstheoretisch nicht hinreichend fundierten *Reflexionsniveaus* fortlaufend eine einheitliche begriffliche und systematische, aber auch methodische Kontrolle im Umgang mit dem geltenden Recht zu gewährleisten. Diese *Einheit von Theorie und Praxis*, die auch die juristische Rationalität im Umgang mit dem geltenden Recht maßgebend prägte, ist jedoch seit der Mitte dieses Jahrhunderts zunehmend in Frage gestellt worden.

b) Eine tiefgreifende *Wende im Rechtsdenken*, die in der Folge zur Preisgabe des überkommenen Konzepts der Einheit von Theorie und Praxis – und damit eines einheitlichen Konzepts der juristischen Rationalität! – führte, fand europaweit in den 50er Jahren des 20. Jhdts statt, dh zur selben Zeit, in der die Begründung der Juristischen Logik und einer Normenlogik im Recht in ein neues Stadium trat. Sie blieb anfänglich

---

[5] Josef Esser, Vorverständnis und Methodenwahl in der Rechtsfindung. Rationalitätsgarantien in der richterlichen Entscheidungspraxis (Frankfurt aM 1970) 3, 8 f.

von der Rechtspraxis und der praktischen (dogmatischen) Rechtswissenschaft weitgehend unbemerkt, da sie sich nur ganz allmählich vollzog und sich zunächst bloß auf die Theorie und Philosophie des Rechts zu beschränken schien.[6] Zwar war (i) eine *allgemeine* Rechtslehre (im Verhältnis zu allen *besonderen*, an den einzelnen Rechtsgebieten orientierten, genuin dogmatischen Lehren) und (ii) die Unterscheidung zwischen der bloßen Rechts*lehre* bzw einer Rechts*theorie*, die das Recht wissenschaftlich zu identifizieren, zu begründen und zu erkennen suchte, schon sehr viel früher im Verlaufe des 19. Jhdts entstanden. Jedoch vermochte die Vorstellung, daß die Theoriebildung, insbesondere diejenige der *Rechtstheorie*, eine höchst eigenständige wissenschaftliche Tätigkeit (Arbeit, Reflexion oä) ist, die ihre eigene Rationalität besitzt und sich auf die Deutung *und* Erklärung des rechtlichen Erlebens und Handelns richtet, sich erst sehr viel später zu etablieren, nämlich vor allem seit Ende der 60er Jahre unseres Jahrhunderts und verstärkt in den 70er Jahren. Sie hat sich seither in fast allen Rechtssystemen durchgesetzt.

3. Angesichts der Ausdifferenzierung der Problemstellungen, die sich in den letzten Jahrzehnten im modernen Rechtsdenken auf dem *Level 4*, dh im Bereich der Allgemeinen Rechts*lehre* bzw der Rechts*theorie* vollzog, geht es heute vor allem darum, ob der Jurist – hier nicht in erster Linie verstanden als Rechtspraktiker, sondern als Rechtswissenschaftler! – stets und ständig unter der Bedingung *strikter Rechtsbindung* zu operieren hat, wie dies auf *Level 1* bis *3* naturgemäß der Fall ist. Es handelt sich somit darum, ob die Rechtstheorie (bzw der mit ihr befaßte Rechtstheoretiker) selbst einen norm*expressiven* (norm*vor*schreibenden) Standpunkt einnehmen muß. Im Hinblick auf das Erfordernis einer *Neukonzeption der Rechtstheorie* stellt sich vor allem die Frage, ob nicht – mit der Distanznahme, die eine *Fremd- und Selbstbeobachtung* sowie die kritische Reflexion auf die Prämissen und Präsuppositionen aller Rechtshandhabung erlaubt – eine weitere *Verwissenschaftlichung des Rechtsdenkens* praktisch möglich und erforderlich ist in dem Sinne, daß beim Aufbau der Rechtstheorie, gleichsam *komplementär*, von vornherein auch ein norm*deskriptiver* (norm*be*schreibender) Standpunkt und Denkansatz in die Theorie des Rechts integriert wird, der die normpräskriptive (norm*vor*schreibende) Betrachtungsweise des Rechts ergänzt. Dies könnte – konsequent durchgeführt – auch Rückwirkungen auf die Levels 1 bis 3 des

---

6 Eingehend hierzu: WERNER KRAWIETZ, Ulrich Klugs Theorie und Philosophie des Rechts im Umriß. In: Ulrich Klug (1913 – 1993) zum Gedächtnis. Reden anläßlich der Akademischen Trauerfeier am 8. 12. 1994, hrsg vom Verein zur Förderung der Rechtswissenschaft (Köln 1995) 11-28, 21 ff, 25 f. Eine insoweit pointiert kritische Auffassung im Hinblick auf KELSEN und KLUG vertritt demgegenüber: WINKLER, Rechtstheorie und Erkenntnislehre (FN 2) XI f.

Rechtsdenkens zeitigen. Nur so erscheint es jedenfalls möglich, auch das Verhältnis der Rechtstheorie zur Philosophie bzw zur Theorie und Soziologie des Rechts zu klären. Auch müssen hieraus die erforderlichen Konsequenzen für den *Aufbau einer Normen- und Handlungstheorie des Rechts* gezogen werden.

a) Ein demgegenüber eigentümlich verengtes, aus der hier verfolgten Problemsicht wenig progressiv erscheinendes Theoriekonzept verfolgen Alexy und Dreier. Sie erblicken – ganz im Sinne des längst obsolet gewordenen Theoriekonzepts der *allgemeinen* Rechtslehre, die von ihnen noch immer als *Prinzipienlehre* konzipiert und betrieben wird – in der Rechtsdogmatik nach wie vor das „juristische Forschungsinteresse par excellence". Infolgedessen wollen sie auch die Rechtstheorie bestimmen als eine „allgemeine *juristische* Theorie des Rechts und der Rechtswissenschaft", die ihr Forschungsinteresse „durch ihren Dogmatikbezug definiert".[7] Es muß auffallen, daß eine derartige ‚Theorie' des Rechts – was ihr natürlich unbenommen bleibt, wenn sie durchaus mit der konventionellen Rechtsdogmatik konkurrieren möchte! – ihr *opus proprium* in der Rechtsdogmatik und deren weiterer ‚vernünftiger' Theoretisierung erblickt. Ob sie überhaupt in der Lage wäre, die konventionelle Rechtsdogmatik durch ihr Vernunftraisonnement wirklich zu ersetzen – die Autoren sprechen etwas behutsamer von „Optimierung" und von „Optimierungsgeboten"! –, steht freilich auf einem ganz anderen Blatt. Auch will sie, was ihr Verhältnis zur Philosophie und Soziologie des Rechts angeht, diese für die rechtswissenschaftliche Grundlagenforschung unerläßlichen Fachgebiete als „außerjuristische Disziplinen" aus der Theorie des Rechts weitgehend ausgrenzen, sofern sie „nicht von und für Juristen, sondern von und für Philosophen bzw. von und für Soziologen gelehrt und betrieben werden".[8] Der Grund für die Aufrichtung derartiger Zunftschranken des Rechtsdenkens ist ihrer Auffassung nach darin zu erblikken, daß Philosophen und Soziologen *in puncto* Normentheorie, insbesondere Rechtstheorie, nur ein „im objektiven Sinne philosophisches bzw. soziologisches Forschungsinteresse" verfolgen.

b) Nach der von mir hier vertretenen Konzeption geht es in der *Normentheorie*, vor allem in der *Theorie des Rechts* hingegen gerade *nicht* um

---

7 Hierzu: Robert Alexy/Ralf Dreier, The Concept of Jurisprudence, in: Ratio Iuris 3 (1990) 1-13, 2 f, 6 f, 8 ff; Ralf Dreier, Recht – Staat – Vernunft. Studien zur Rechtstheorie (Frankfurt aM 1991) 213 ff, 216 f, 218.

8 So vor allem: Dreier, Recht – Staat – Vernunft 218 f. Vgl ferner: Alexy/Dreier, The Concept of Jurisprudence 3 ff, 9 f. Eine demgegenüber differenzierende Betrachtungsweise im Rahmen des von mir verfolgten *Multi-Level-Approach* in: Werner Krawietz, Recht ohne Staat? Spielregeln des Rechts und Rechtssystem in normen- und systemtheoretischer Perspektive. In: Rechtstheorie 24 (1993) 81-133, 104 ff, 111 f.

eine in den Diensten dogmatischer Rechtswissenschaft stehende, durch deren spezifische Erkenntnisinteressen verengte *rechtsdogmatische Theorie.*[9] Eine derartige Theoriebildung, wie sie ALEXY und DREIER offensichtlich anstreben, mag – wenn überhaupt – auf Level 1 bis 3 der praktischen juristischen Argumentation eine relative Berechtigung (aber *nicht* unbedingt auch rechts*normative* Relevanz!) besitzen, eignet sich aber kaum für den Aufbau einer wirklich *allgemeinen* Rechtstheorie, wie sie heute auf der Grundlage der Rechtsvergleichung und einer vergleichenden Allgemeinen Rechtslehre/Rechtstheorie *(Comparative Jurisprudence)* zu entwickeln ist.[10] Es geht mir deshalb um den Aufbau einer von allen normativ-inhaltlichen rechtsdogmatischen Bindungen zumindest vorübergehend entlasteten Normen- und Rechtstheorie. Sie hat mit der tradierten *Allgemeinen* Rechtslehre, die sich allzu lange als bloße Prinzipienlehre verstand, nur wenig gemein. Sie ist aber durchaus in der Lage, ganz im Sinne des hier verfolgten *Multi-Level-Approach* eine *inhaltliche* Rechtsbetrachtung zu pflegen *und* zugleich mit den der Rechtswissenschaft benachbarten Disziplinen, wie beispielsweise der Soziologie und der Philosophie des Rechts, zusammenzuarbeiten. Ich konzentriere mich im folgenden zunächst auf die Theorie *und* Philosophie des Rechts, die beim Aufbau der Rechtstheorie seit jeher einander zuarbeiten. Ich lasse hier zunächst dahingestellt, auf welcher Stufe des von mir hier verfolgten *Multi-Level-Approach* bzw in welcher Reihenfolge (auf Level 5 oder Level 6?) die Rechtssoziologie und die Rechtsphilosophie in die Kooperation mit der Rechtstheorie einzuführen sind. Es dürfte naheliegen, zunächst einmal Level 1 bis 4 in der Theorie und Systembildung soziologisch-theoretisch zu durchleuchten *(Level 5),* um erst dann die auf *jedem* Reflexionsniveau anfallenden philosophischen Probleme *(Level 6)* zu behandeln. Ich weiß aber und gehe hier davon aus, daß die derzeit praktizierte Reihenfolge in der Integration von Forschungsinteressen genau umgekehrt erfolgt. Dies hat – nebenbei bemerkt – schon bislang zu einer wenig fruchtbaren Moralisierung des Rechtsdenkens geführt. (Wird ausgeführt.)

III.

1. Was zunächst den Begriff des Rechts angeht, so wie er heute in Rechtstheorie und Rechtsphilosophie verwendet wird, so bereiten Versu-

---

[9] Hierzu: WERNER KRAWIETZ, Recht als Regelsystem (Wiesbaden 1984) 97 f, 162 f, 195.

[10] Zu dieser neuen Forschungsrichtung einer vergleichenden Rechtstheorie neuerdings: RAUL NARITS, Interpretation of Law in the Estonian Legal System. In: Juridica International 1996, 11-15, 11 f.

che einer rationalen Orientierung deswegen Schwierigkeiten, weil mindestens *drei* höchst unterschiedliche *Konzeptionen* vertreten werden, die miteinander konkurrieren. Sie werden nicht eben selten miteinander verquickt und jedenfalls nicht hinreichend unterschieden. Es geht (i) um eine *naturrechtliche,* (ii) um eine *vernunftrechtliche* und (iii) um eine ausschließlich an der *Positivität allen Rechts* orientierte Version des Rechtsbegriffs. Auch wird dabei gewöhnlich nicht hinreichend differenziert zwischen Recht und Moral bzw Recht und Vernunft.

a) Letzteres hängt hauptsächlich damit zusammen, daß die *Positivität* allen Rechts – auch innerhalb der Rechts*wissenschaft,* die es beim Stande der heutigen Grundlagenforschung eigentlich besser wissen müßte oder doch könnte! – bisweilen auch heute noch einem *reduktionistischen* Verständnis zum Opfer fällt. Sie wird nämlich gedeutet im Sinne eines längst überholten *juristischen Positivismus,* der zumindest latent, dh weitgehend unerkannt, noch immer weit verbreitet ist. Für den juristischen Positivismus, hier verstanden im genuin kontinentaleuropäischen Sinne eines Gesetzes- und Rechtspositivismus, ging es naturgemäß darum, sich gegenüber dem Naturrecht bzw dem Vernunft(natur)recht abzugrenzen, so daß es eine gewisse Plausibilität besaß, das ‚positive' Recht als bloßen Normsatz, reine Wortnorm oder als *black-letter-law,* dessen normative Bedeutung und rechtlicher Sinn zu ermitteln war, auf analytisch-begrifflichem Wege von seinen politisch-kulturellen, geschichtlichen und gesellschaftlichen Voraussetzungen zu separieren.

b) Diese Ausgangssituation ist seit geraumer Zeit entfallen. Ich reagiere hierauf, indem ich – dem von mir hier dargelegten *Multi-Level-Approach* folgend – die diversen Problemaspekte analytisch und begrifflich auseinanderzuhalten und zunächst jeweils für sich getrennt zu behandeln versuche. Es geht hier im Hinblick auf Level 1 bis 3, normen- und rechtstheoretisch betrachtet, um die für jede *normative* Disziplin, insbesondere für die Rechts*wissenschaft* höchst prekäre Problematik der *Möglichkeit praktischer und theoretischer Erkenntnis von Recht.* Dabei handelt es sich hauptsächlich um die Frage, ob und inwieweit es überhaupt möglich ist, *richtiges* Recht zu erkennen, dh Rechtsnormen und ihre Anwendung *inhaltlich* – ohne willentliche/wertende Stellungnahmen! – *rein kognitiv* zu begründen.

2. Was die rationale Erkenntnis der Geltung und Verbindlichkeit des Rechts bzw der inhaltlichen Richtigkeit von Normen und Handeln in Recht und Moral angeht, so wird heute die praktische Möglichkeit, Normen und Werte rein *kognitiv* – dh *ohne volitive und evaluative praktische Stellungnahmen*! – zu begründen, in Wissenschaft und Philosophie mit äußerster Skepsis behandelt.

a) Folgt man hingegen dem diskurstheoretischen Forschungs- und Erkenntnisprogramm von JÜRGEN HABERMAS, so ist ein Kognitivismus, dh die Möglichkeit wissenschaftlicher Erkenntnis mit Bezug auf normative, insbesondere moralische Kriterien, jedenfalls dann und insoweit denkbar, wenn es um die Frage geht, „was *gleichermaßen gut für alle* ist". HABERMAS plädiert insoweit *für* eine vernünftige *Universalmoral*, an der auch das Recht gemessen werden soll.[11] Es muß auffallen, daß dieses Erkenntnisprogramm nicht von ungefähr eine gewisse Nähe zur tradierten Natur- und Vernunftrechtsproblematik aufweist, wie weiter unten darzulegen ist. Dies gilt auch für die Erörterung der Voraussetzungen und Folgen des Gleichheitsgebots, die soeben angesprochen wurden.

b) Welche praktischen und theoretischen Möglichkeiten rationaler Orientierung Wissenschaften und Philosophie überhaupt in normativer Hinsicht besitzen, um zur Klärung dieser Fragen beizutragen, hängt ganz offensichtlich davon ab, (i) was wir unter Recht, (ii) was wir unter Rechtswissenschaft verstehen und (iii) wie wir das Verhältnis der Rechtswissenschaft zur Rechtspraxis sowie zu den übrigen Disziplinen bestimmen, insbesondere zu den sozialen Handlungswissenschaften und der Philosophie, vor allem der Moral bzw der Ethik. Dementsprechend variieren auch die Möglichkeiten, mit Mitteln wissenschaftlicher Erkenntnis zur normativen Verantwortungszurechnung und einer rationalen Normenbegründung beizutragen, sofern dies überhaupt – *ohne* Bezugnahme auf systembedingte und systemabhängige, *politisch-rechtliche Stellungnahmen* – auf rein kognitivem Wege möglich sein sollte. Ich kann aus räumlichen Gründen hier nur auf den Rechtsbegriff eingehen. Ich tue auch dies aber nur exemplarisch, um die *Grenzen* aufzuzeigen, die der *Rationalität des Rechts* gezogen sind.

3. Um plausibel zu machen, was unter Recht im Sinne von *Naturrecht* zu verstehen ist, das gleichsam naturwüchsig, dh ohne ein willentliches Zutun des Menschen zustande kommt oder doch zumindest als *von Natur geltend* gedacht wird, möchte ich ein *Beispiel* anführen. Ich entnehme es der „Philosophie du Droit" des französischen Rechtsphilosophen Mi-

---

11 JÜRGEN HABERMAS, Grenzen des vernunftrechtlichen Normativismus – Interview mit T. Hviid Nielsen, in: ders, Die nachholende Revolution. Kleine Politische Schriften VII (Frankfurt aM 1990) 114-145, 118, 120. Jedoch unterscheidet HABERMAS neuerdings zwischen (1) *moralischen* Fragen, die ‚uns alle' angehen und Normen betreffen, die „nicht über soziale Räume und Zeiten variieren", und (2) *ethisch-politischen* Fragestellungen ‚je unseres' politischen Gemeinwesens in dem Sinne, daß nur erstere die *Menschheit* bzw eine – unterstellte – *Republik von Weltbürgern* angehen. Dies führt zu einer strikten Begrenzung zwischen Vernunftrecht/Universalmoral einerseits und dem Recht bzw der Rechtsethik andererseits. Eingehend hierzu: WERNER KRAWIETZ, Anerkennung als Geltungsgrund des Rechts in modernen Rechtssystemen. In: Recht und Ideologie. Festschrift für Hermann Klenner (Freiburg/Berlin 1996) 104-146, 114 ff, 119.

chel Villey aus dem Jahre 1984, der seinerseits auf die Rechtsgeschichte rekurriert.

a) In Frankreich wurde im 16. Jahrhundert einem Hahn, der – den Gesetzen Gottes und der Natur zuwider – ein Ei gelegt hatte, was nach dem Gesetz der Natur doch den Hühnern vorbehalten ist, der Prozeß gemacht.[12] Der Hahn wurde zum Tode verurteilt, weil er durch das Legen des Eis in vermeintlich erkennbarer Weise nicht nur gegen den Willen und das vernünftige Gebot seines Schöpfers (lex divina), sondern auch gegen das von Gott verfügte „Gesetz der Natur" (lex naturae) verstoßen und damit als Hahn seiner eigenen Vernunftnatur zuwider gehandelt hatte. Von derartigen Prozessen, die uns aus der Rechts*geschichte* sattsam bekannt sind, aber heute nicht mehr nachahmenswert erscheinen, sind wir in unserem aufgeklärten Zeitalter nicht allzu weit entfernt, wenn wir demnächst mit den Befürwortern einer *ökologischen Wende* im Recht von den Eigenrechten der Natur und denjenigen nicht menschlicher, insbesondere tierischer Lebewesen ausgehen sollten, was ich nicht hoffe, sondern für abwegig hielte. Vom Standpunkt wissenschaftlicher Rationalität besteht jedenfalls keinerlei Notwendigkeit, bloß ‚vernünftigen' Konstruktionen von Recht, die reine ‚Kopfgeburten' darstellen und nur *in mente* existieren, den Charakter von Recht im Sinne wirklicher Positivität zu attribuieren.

b) Das klassische Beispiel für ein – freilich *religiös* fundiertes – *Naturrecht,* das sich mit einem Vernunftsrechtsdenken verbindet, um dem nachgeordneten *positiven Recht* unübersteigbare Grenzen und Schranken zu ziehen, ist in den Naturrechtsvorstellungen der *Katholischen Kirche* enthalten. Von letzterem ist die Rede, wenn Pius XI. in der Enzyklika „Mit brennender Sorge" aus dem Jahre 1937 den Begriff des Rechts näher bestimmt.[13] Hier formuliert der Papst mit Verbindlichkeitsanspruch für die von ihm repräsentierte Glaubensgemeinschaft, insbesondere für die Katholische Kirche im Deutschen Reich: „Wir denken hier besonders an das sogen. Naturrecht, das vom Finger des Schöpfers selbst in die Tafeln des Menschenherzens geschrieben wurde (*Röm.* 2, 14 f.) und von der gesunden, durch Sünde und Leidenschaft nicht verblendeten Vernunft von diesen Tafeln abgelesen werden kann." Das Katholische Naturrecht fungiert somit als *höherrangiger Maßstab* gegenüber allem bloß positiven Recht: „An den Geboten dieses Naturrechts kann jedes positive Recht,

12 Michel Villey, Philosophie du Droit, Bd II: Les Moyens du Droit, 2. Aufl (Paris 1984) 183 f.

13 Zitiert nach dem Rundschreiben von Pius XI. „Über die Lage der katholischen Kirche im deutschen Reich" vom 14. März 1937, betr die „Anerkennung des Naturrechts", hrsg vom Erzbischöflichen Ordinariat (München o J) 15 f.

von welchem Gesetzgeber es auch kommen mag, auf seinen sittlichen Gehalt, somit auf seine sittliche Befehlsmacht und Gewissensverpflichtung nachgeprüft werden."

c) Ich könnte hier auch den Philosophen HANS JONAS zitieren. Er unternimmt in seinem im Jahre 1979 veröffentlichten, vielzitierten Werk „Das Prinzip der Verantwortung" den Versuch, auch der gesamten außermenschlichen Natur – wenn schon nicht positive, so doch wenigstens moralische – Rechte zuzuschreiben, indem er die Frage aufwirft, ob „der Zustand der außermenschlichen Natur, die Biosphäre als ganzes und in ihren Teilen, die jetzt unserer Macht unterworfen ist", so etwas wie „einen moralischen Anspruch an uns hat – nicht nur um unsretwillen, sondern auch um ihrer selbst willen und aus eigenem Recht".[14] Die Natur selbst hat danach sowohl Ansprüche als auch Rechte. In rechtstheoretischer wie in rechts- und moralphilosophischer Hinsicht erscheint diese Argumentation als ein höchst fragwürdiges Unterfangen.

4. Ich komme damit zu dem *Begriff des Rechts*, der heute im Bereich der *Risikoforschung*, der *Evaluation von rechtlichen Risiken* und des *Risk Management* verwendet wird.

a) Seit der ökologischen Wende wird auch im deutschen Rechtsdenken zunehmend die *Forderung nach einem ökologisch orientierten Rechtsbegriff* erhoben. Da nach kontinentaleuropäischer, insbesondere nach deutscher Rechtsauffassung subjektive Rechte nur *auf Grund und nach Maßgabe des objektiven Rechts*, dh im Wege staatlicher Gesetzgebung und Regelung, eingeräumt werden können, fragt es sich, welchen *Rechts*charakter denn die sogen *Eigenrechte der Natur*, insbesondere diejenigen nicht menschlicher Lebewesen besitzen? Wäre ihre Anerkennung als Recht, so muß man sich in der Tat fragen, nicht ein *Rückfall des Rechtsdenkens*, der – wie HASSO HOFMANN bei Gelegenheit formuliert hat – auf eine *„Remythisierung der Natur"*[15] hinausliefe? Gleichwohl wird immer wieder von engagierten Ökologen und Umweltschützern gefragt, ob denn wirklich *nur* die *Menschen* Rechte haben können. Immer wieder wird *postuliert*, daß auch Tiere, wie beispielsweise die Robben, Fische und Vögel, *eigene* Rechte haben oder doch zumindest haben sollten. Ich kann aus räumlichen Gründen hier nicht auf den sogen. *Robbenfall* eingehen, den das *Verwaltungsgericht* Hamburg durch Beschluß vom 22. September 1988

---

14 HANS JONAS, Das Prinzip Verantwortung. Versuch einer Ethik für die technologische Zivilisation (Frankfurt aM 1979) 24 ff, 27 ff. Kritisch hierzu: WERNER KRAWIETZ, Prinzipien öffentlicher Moral versus Recht? In: Gerd Roellecke (Hrsg), Öffentliche Moral (Heidelberg 1991) 21-68, 44 ff, 47.

15 HASSO HOFMANN, Natur und Naturschutz im Spiegel des Verfassungsrechts, in: Juristen-Zeitung 43 (1988) 265-278, 277 f.

rechtskräftig entschieden hat.[16] Danach kennt das deutsche Recht *kein* Eigenrecht tierischer Lebewesen.

b) Es dürfte hier nützlich und erhellend sein, rechtsvergleichend auch einen Blick auf *andere* Rechtssysteme zu werfen, die gleichfalls mit diesem basalen *Strukturproblem normativer Kommunikation*, insbesondere der Rechtskommunikation, zu tun haben. Es ist deswegen ein normatives Strukturproblem, weil die Einräumung von Rechten an die belebte oder unbelebte Natur (bzw an Teile derselben) die Frage aufwerfen würde, ob und wie mit ihr als *Partner zwischenmenschlicher Kommunikation* überhaupt interagiert werden kann. Wer die Natur oder Teile von ihr zu Rechtsträgern machen will, muß die Frage beantworten, ob und wie *mit* der Natur – und *nicht* bloß *über* sie! – kommuniziert werden soll. Dies gilt vor allem für die normative Kommunikation im Bereich des Rechts. Auch hier geht es um die *Grenzen rationaler Orientierung im Recht.* Das *Common Law* und das *US-amerikanische* Rechtsdenken gehen gleichfalls von der *Rechtlosigkeit der natürlichen Umwelt* des Menschen („rightlessness of the natural environment") aus. *Standardfall* für diese Rechtsauffassung ist die Entscheidung des *US Supreme Court* vom 19. April 1972 in Sachen *Sierra Club versus Morton.*[17] In diesem berühmt gewordenen Rechtsfall handelte es sich um die Landschaft des kalifornischen *Mineral King Valley*, die in ein Skigebiet verwandelt werden sollte. Umweltschützer und Bürgerinitiativen warfen daher die Frage auf, ob *nicht* auch *Flüsse*, *Täler* und *Bäume*, die dieser Umwandlung zum Opfer fallen sollten, ‚eigene Rechte' besitzen könnten und deshalb nicht gefällt werden dürfen. Weltweit Beachtung fand dieses Urteil – trotz seiner *Ablehnung von Eigenrechten der Natur* – zumindest bei Umweltschützern und Grünen durch ein abweichendes *Sondervotum* (*dissenting vote*) des Richters *Douglas*, der einen der Gründe für die fortschreitende *Zerstörung der Natur* in der fehlenden *Rechtssubjektivität* von Tälern, Flüssen, Seen und Bäumen erblickte. Würde man diese, so seine Auffassung, bejahen, könnte man derartige Bestände auch besser schützen. Offensichtlich ist hier eine Grenze rationaler Rechtsorientierung erreicht, die kommunikativ kaum überschreitbar sein dürfte.

c) Das *Zentral*problem, um das es hier bis auf den heutigen Tag geht, ist die Frage, ob „the rightlessness of the natural environment can and should change". Wenn man allerdings den Tälern, Bergen und Flüssen *Rechte* einräumen wollte, müßten sie dann nicht auch *Pflichten* haben und wegen Verletzung dieser Verpflichtungen zur Verantwortung gezogen werden können? Ist also, um ein *Beispiel* zu nennen, der Rhein *selbst*

16 Abgedruckt in: Neue Zeitschrift für Verwaltungsrecht 7 (1988) 1058-1061, 1058 f.

17 *Supreme Court Reporter*, Bd 92 A, 1361 ff.

verantwortlich, wenn er über die Ufer tritt? Oder sind die Berge verantwortlich, aus denen er kommt und in denen es zuvor geregnet hatte oder Schmelzwasser vermehrt auftrat? Oder ist der *hydrologische Zyklus* verantwortlich, dh die Natur selbst? Spätestens hier wird deutlich, daß alle einschlägigen Vorstellungen mancher Juristen, Umweltschützer, Moral- und Rechtsphilosophen an einer praktischen und theoretischen Notwendigkeit scheitern, weil wir – anders als mit unseren Mitmenschen – mit der Natur und den Tieren *nicht* unmittelbar kommunizieren können, sondern *nur* miteinander *über* sie! Auf diese informationellen Gegebenheiten, kommunikativen Voraussetzungen und *Grenzen rationaler Orientierung* muß auch der Aufbau von Rechtsordnungen Rücksicht nehmen.

5. Spätestens damit kommen wir an den Punkt, wo sich die Frage stellt, ob die Annahme von legal rights for natural objects überhaupt mit der *Positivität des Rechts* vereinbar ist, letztere hier verstanden im Sinne einer Theorie sozialer Systeme, der Institutionentheorie des Rechts und einer normativen Kommunikations- und Handlungstheorie. Würde es sich bei der Anerkennung von legal rights for natural objects nicht um einen *Rückfall* auf ein längst überwundenes *Niveau der Evolution des Rechts* handeln, nämlich um den Rückfall auf ein *Natur*recht bzw auf ein *Vernunftnatur*recht? Fielen wir damit nicht zurück auf Vorlaufentwicklungen der Positivität allen Rechts, die nach heute vorherrschender Auffassung gar nicht als Recht angesehen werden können und dürfen – weder im objektiven noch im subjektiven Sinne? Es erscheint nach allem auch nicht angebracht, unter Berufung auf einen *ökologischen* Begriff des Rechts bloß *moralische* Postulate oder vielleicht sogar *vernünftige* Forderungen als geltendes Recht auszugeben, die durch *politisch-rechtliche Entscheidungen* des demokratischen Gesetzgebers *nicht* gedeckt sind. Denn dies liefe *praktisch* darauf hinaus, die *institutionalisierten Lebensformen politisch-rechtlichen Entscheidens*, nach denen sich alle Produktion und Reproduktion von Recht richtet oder doch zumindest zu richten hat, zu ignorieren oder gar bewußt zu unterlaufen.

Im *Ergebnis* erscheint es daher höchst problematisch, die Postulate eines Naturrechts bzw Vernunftrechts schönfärberisch mit dem Wort und Begriff *Recht* zu drapieren. Die Verwendung dieses Ausdrucks darf nicht darüber hinwegtäuschen, daß es hier um eine unzulässige *Äquivokation* geht, denn beim Natur*recht* und Vernunft*recht* handelt es sich *nicht* um *Recht*, letzteres hier verstanden im Sinne der *Positivität allen Rechts.* Es geht bestenfalls um rechtspolitische Forderungen moralischer oder ethischer Provenienz. Hier kann nur eine analytisch saubere begriffliche Trennung und rationale Orientierung Klarheit schaffen.

Entsprechendes gilt für das *Verhältnis von Recht und wissenschaftlicher Vernunft.* Wie im *Verhältnis von Recht und Moral,* ist auch im Verhältnis von Recht und Vernunft eine klare analytisch-begriffliche Trennung vonnöten, die der sozietalen Komplexität ihres Gegenstandes gerecht zu werden sucht. Es erscheint mir daher gänzlich verfehlt, von einem Vernunftrecht zu sprechen, wenn es darum geht, bloß moralisierende, vielleicht sogar ‚vernünftige', aber durch *demokratische politisch-rechtliche Entscheidungen nicht gedeckte normative Forderungen* als geltendes Recht auszugeben. Bei allen derartigen Postulaten, die als Vernunftwahrheiten camoufliert werden, aber eben deswegen rechtlich gänzlich unverbindlich sind, handelt es sich um bloß moralische, bestenfalls ihrer Intention nach rechtspolitische Appelle. Sie können und dürfen *nicht* als per se *geltendes Recht* ausgegeben werden mit der Begründung, daß sie – weil in Einklang mit etwaigen Geboten einer abstrakten oder gar apriorischen Vernunft stehend – eben deswegen als vermeintlich wahre, inhaltlich richtige Erkenntnis auch von Rechts wegen Geltung und Verbindlichkeit besitzen. Dies liefe hinaus auf eine Umgehung oder Ausschaltung der hierfür vorgesehenen, institutionell auf Dauer bereitgestellten Verfahren und Wege politisch-rechtlichen Entscheidens. *Auctoritas non veritas facit legem!*

IV.

1. Wir haben es nach allem – und damit komme ich zum *zweiten Hauptteil* meiner Überlegungen – bei der rationalen *Orientierung im Recht und in der Rechtswissenschaft* ganz offensichtlich mit verschiedenen Vernunftrechts*theorien* älterer und neuer Prägung zu tun, ganz zu schweigen von den auch international heute wieder virulenten Bemühungen, das überkommene Naturrechts- bzw Vernunftrechtsdenken weiterzuführen und fortzuentwickeln. Diese auf ihre Weise durchaus *rationalen Aktivitäten und Orientierungen* stehen in einem gewissen Kontrast zu dem Mainstream des modernen Rechtsdenkens, das vor allem praktische Zwekke verfolgt, um den am Rechtsleben Beteiligten Orientierungshilfe zu leisten, normative Ratschläge zu vermitteln und Anleitungen zur juristischen Konfliktentscheidung zu geben. Die Jurisprudenz umfaßt aber auch eine Reihe anderer, genuin wissenschaftlicher Disziplinen, die – wie beispielsweise die Rechtstheorie und Rechtssoziologie, aber auch die Rechtsphilosophie – innerhalb der Rechtswissenschaft in erster Linie und vor allem theoretische Erkenntnisinteressen verfolgen.

2. Begreift man die Rechtsordnung insgesamt als ein normativ-institutionelles, auf vielfältigen sozialen Systembildungen aufbauendes Ordnungssystem, das in der staatlichen Organisation des Rechts, in Gesetz-

gebung, Verordnungsgebung und sonstigen Entscheidungsverfahren sich gleichsam selbst objektiviert, dann gewinnt die Rechtswissenschaft – jedenfalls als praktische, auf Vorbereitung und Kontrolle der laufenden Rechtserzeugung und Rechtsanwendung bedachte Disziplin – den Charakter einer Fachwissenschaft, welche auch die institutionellen *und* systemischen Einwirkungen auf das Handeln aller Einzelnen klärt und lehrt.

a) Dies wirft die Frage auf, welches Verhältnis besteht zwischen (i) der juridisch-institutionellen Rationalität aller Rechtspraxis unter Einschluß der dogmatischen Rechtswissenschaft und (ii) der Rationalität der übrigen mit dem Recht befaßten Wissenschaften. Folgen sie alle ein und derselben Vernunft? Oder haben sie jeweils ihre eigene, durch die spezifisch fachwissenschaftlichen Voraussetzungen bedingte Rationalität?

b) Handelt es sich infolgedessen bei den verschiedenen Disziplinen, die sich heute mit den Normen *und* dem Handeln befassen, um unterschiedliche Rationalitäten? Muß vielleicht unterschieden werden zwischen der juridisch-institutionellen Rationalität der Alltagspraxis des Rechts und der Rationalität bzw den Rationalitäten der mit ihr befaßten Wissenschaften? Muß infolgedessen mit verschiedenen *Arten oder Typen wissenschaftlicher Rationalität* gerechnet werden oder lassen diese sich zumindest auf ein einheitliches Prinzip zurückführen? Ich werde darauf im dritten Hauptteil zurückkommen.

3. Die juridisch-institutionelle Rationalität der alltäglichen Rechts*praxis* wird bisweilen an demselben Rationalitäts*standard* gemessen, der in der Rechts*theorie* die wissenschaftliche Einstellung zum Recht bestimmt, mit der Folge, daß erstere gar nicht in ihrer normativ-institutionellen Eigenart erfaßt wird. Die juridisch-institutionelle Alltagspraxis des Rechts, die heutzutage doch weitgehend verwissenschaftlicht ist, erscheint dann ihren kritischen akademischen Betrachtern nicht selten als gleichsam ‚schlechte Wissenschaft' oder gar als ein irrationaler Umgang mit dem geltenden Recht.

a) Im Lichte der Vernunft, mit der manche Theoretiker und Philosophen das Recht betrachten, soll es in der Praxis um den – freilich nicht gelingen wollenden! – Versuch gehen, die Rechtspraxis dem Rationalitätsstandard dieser Wissenschaften bzw demjenigen einer vorgefaßten, bloß vernünftigen und/oder moralischen, rein philosophischen Theorie des Rechts zu unterwerfen und anzupassen. Dabei wird die spezifisch *institutionelle Rationalitätsdifferenz* ignoriert, die nun einmal zwischen aller Rechtspraxis und den Wissenschaften (oder genauer: zwischen Nicht-Wissenschaft und Wissenschaften!) besteht. Es geht nicht an, dem Recht, hier verstanden im Sinne seiner geschichtlich-gesellschaftlich bedingten Positivität und Selektivität, mit wohlmeinender List einen gleichsam ‚unhintergehbaren' Vernunftbezug zu präsupponieren, um gegenüber der Positivität allen Rechts, dh seiner normativ-institutionellen und systemischen Rationalität, einen universal verwendbaren kritischen Maßstab in die Hand zu bekommen. Die Rationalität des alltäglichen Rechtshandelns und Entscheidens – und dies ist meine Zentralthese! – deckt sich nun einmal *nicht* mit der Rationalität der Erkenntnis in Wissenschaft und Philosophie.

b) Es gibt in der konventionellen *allgemeinen Rechts- und Prinzipienlehre* gleichwohl eine Reihe von Autoren, die nicht müde werden, einer neuen „Natur- oder Vernunftrechtsrenaissance"[18] das Wort zu reden. Im Gegensatz zu Ralf Dreier, der mit Blick auf das stets prekäre Verhältnis von Recht und Staat auch heute noch „auf die Tradition der Vernunftrechtstheorie"[19] zurückgreifen möchte, erscheint es mir – aus einer Reihe von Gründen, die weiter unten zu erörtern sind – nicht angebracht, ihm insoweit in rechtstheoretischer Hinsicht zu folgen. Das von Verfassungs und Rechts wegen bereits geltende, geschichtlich und gesellschaftlich bedingte und bestimmte Recht ist *nicht* etwas, was *ad libitum* einer moralisch-ethischen oder vernünftigen Disposition durch die Theorie und Philosophie unterworfen werden könnte und dürfte. Es kann *nicht* Aufgabe der Rechts*praxis* oder gar der Rechts*theorie* sein, das geltende Recht moralisch oder ethisch zu rechtfertigen oder gar zu legitimieren.

V.

1. Abschließend ist im *dritten*, im Umriß schon skizzierten *Hauptteil* wenigstens kurz auf die Möglichkeiten einer Rationalitätssteigerung des Rechts bzw des Rechtsdenkens einzugehen. Ich beschränke mich auch hier auf den Gegenstandsbereich der Theorie und Philosophie des Rechts und begnüge mich mit einigen knappen Andeutungen. Im englischsprachigen Bereich propagieren zahlreiche Rechtstheoretiker, Philosophen und Soziologen auch heute noch die Idee einer *Einheitswissenschaft für die natürliche und soziale Welt* unter Einschluß derjenigen des Rechts. Sie halten infolgedessen an der hiermit korrespondierenden Forderung fest, daß es in den Wissenschaften wie in der Philosophie nur *einen* Rationalitätsstandard geben könne und solle, der nicht nur für Recht, Moral und Ethik, sondern auch für die Rechts- und Gesellschafts*theorie* maßgebend sei. Demgegenüber gibt es im kontinentaleuropäischen Bereich für die

18 Ralf Dreier, Neues Naturrecht oder Rechtspositivismus. In: Rechtstheorie 18 (1987) 368-385, 372.

19 Dreier, ebd, 370 f.

mit dem geltenden Recht befaßte Grundlagenforschung gegenwärtig keine gemeinsame Ausgangsbasis mehr. Hier sind die mit dem Recht wie auch immer befaßten Wissenschaften längst in divergierende theoretische und philosophische Positionen auseinandergefallen. Infolgedessen und wegen ihrer fortschreitenden fachsprachlichen Spezialisierung haben diese Disziplinen nun Schwierigkeiten, miteinander zu reden, geschweige denn, sich in der Theoriebildung auf ein *Rationalitätskonzept* oder eine einheitliche *Rahmentheorie des Rechts und der Gesellschaft* zu verständigen. Von daher erscheint es auch schwierig – wenn nicht gar unmöglich –, das derzeit bestehende Rationalitäts*potential* der mit dem Recht befaßten Disziplinen abzuschätzen. Es erscheint heute nicht hinreichend bekannt geschweige denn ausgeschöpft.

2. Was die Möglichkeiten vernünftiger und/oder rationaler Erkenntnis des Rechts angeht, die gegenwärtig in der Rechtspraxis, in Wissenschaft und Philosophie verfolgt werden, so ist Ausgangspunkt der hier angestellten Überlegungen das Erfordernis, alles menschliche, an den Vorschriften des geltenden Rechts orientierte Handeln unter Einschluß des juristischen Entscheidungsverhaltens hauptsächlich kritisch reflexiv zu deuten, dh *Rationalität als Reflexivität* anzusehen. Sie bemächtigt sich des normativen Sinns von Recht, wie dies auf Level 1 bis 4 durchaus üblich ist, gewöhnlich bloß hermeneutisch, hier verstanden im Sinne der tradierten geisteswissenschaftlichen Hermeneutik, die auch im Recht Verwendung findet.

a) Eine sozialadäquate Konzeption der modernen Rechtstheorie und Rechtsphilosophie kann sich aber nicht damit begnügen, die normativen Prämissen des jeweils geltenden Rechts bloß kritisch-hermeneutisch im obigen Sinne zu reflektieren.

b) Es geht heute vor allem darum, das Verhältnis von Normen und Handeln unter Ausschöpfung aller wissenschaftlichen Möglichkeiten (i) rational zu verstehen und (ii) rational zu erklären, wobei vor allem an die Möglichkeiten moderner Sprachanalyse und Sprachphilosophie im Recht zu denken ist. Wir können – und hier folge ich GEORG HENRIK VON WRIGHT – ein durch Normen gesteuertes Handeln zureichend nur dann *verstehen*, wenn wir auch in der Lage sind, es zu *erklären*.[20] Damit werden unsere Überlegungen über die *Rationalität menschlicher Orientierungen*,

---

[20] Hierzu neuerdings: GEORG HENRIK VON WRIGHT, Normen, Werte und Handlungen (Frankfurt aM 1994); *ders*, Erkenntnis als Lebensform (Wien/Köln 1995). Vgl ferner: WERNER KRAWIETZ, Sprachphilosophie in der Jurisprudenz, in: Marcelo Dascal/Dietfried Gerhardus/Kuno Lorenz/Georg Meggle (Hrsg), Sprachphilosophie. Ein internationales Handbuch zeitgenössischer Forschung (Berlin/New York 1996) 2. Halbband, 1470-1490, 1482 ff, 1488. Vgl ferner: WERNER KRAWIETZ/MICHAEL WELKER (Hrsg), Kritik der Theorie sozialer Systeme (Frankfurt a M 1992) 18 f, 26 f, 33 f.

vor allem im Bereich des Rechts, auf zwei weitere Arten oder Typen von Rationalität verwiesen, nämlich auf *Rationalität als Verstehbarkeit* und auf *Rationalität als Erklärbarkeit*.

c) Ob mit den an diesen Rationalitätsanforderungen orientierten *Typen interpretativer Theorien des Rechts* das Rationalitätspotential der modernen Rechtswissenschaft und Philosophie bereits ausgeschöpft ist, kann hier nicht näher untersucht werden. Jedoch dürfte hinreichend deutlich geworden sein, daß eine institutionen- und systemtheoretische Deutung und Rekonstruktion einen ganz spezifischen Zugang und neue Wege zur Erfassung der Systemrationalität derartiger normativer Institutionen, Strukturen und Prozesse eröffnet.

3. Im folgenden wird ausgegangen von der jedem Juristen geläufigen Erfahrungstatsache, daß die Rationalität des alltäglichen rechtlichen Handelns und Entscheidens, so wie sie sich auch im Selbstverständnis der praktisch Handelnden und der zugehörigen juristischen Entscheidungspraxis widerspiegelt, sich nicht unbedingt deckt mit der Rationalität der Wissenschaft, die dieses – ihr vorgegebene, aber der Erfahrung und Beobachtung zugängliche! – rechtliche Handeln und Entscheiden mit wissenschaftlichen Mitteln zu deuten *und* zu erklären sucht. Dies wird spätestens deutlich, wenn man vom Standpunkt der Erfahrung – und mit letzterer meine ich hier eine immer schon geschichtlich-gesellschaftlich geprägte, dh auch normativ-institutionell bestimmte, aber selbstverständlich nicht ausweglos determinierte rechts*inhaltliche* Erfahrung! – unterscheidet zwischen (i) den Rationalitätskriterien der praktisch Handelnden und Entscheidenden und (ii) denjenigen des wissenschaftlichen Beobachtens, Deutens und Erklärens. Dies hat auch Konsequenzen für die Bestimmung einer normativen, insbesondere der rechtlichen Rationalität. Um die hier anstehenden Probleme zu bewältigen, müssen wir bei der Erörterung nicht bloß formaler, sondern inhaltlicher Fragen rechtlicher Rationalität (Zweckrationalität, Wertrationalität) im juristischen Handeln und Entscheiden über die in den heutigen juristischen Argumentationstheorien vertretene, bloß analytische Hermeneutik und den noch immer verbreiteten juristischen Positivismus weit hinausgehen. Es kommt mehr denn je darauf an, daß wir uns mit den diversen *Formen einer interpretativen Rechts- und Gesellschaftstheorie* auseinandersetzen, wie sie gegenwärtig im Bereich einer diskurstheoretischen Theorie von Recht und Moral (Habermas, Dreier, Alexy) und einer schon nachpositivistischen Institutionen- und Systemtheorie des Rechts (Schelsky, Luhmann, Krawietz) vertreten werden.[21] Ich beschränke und konzentriere

21 Werner Krawietz, Ansätze zu einem Neuen Institutionalismus in der modernen Rechtstheorie der Gegenwart, in: Juristen-Zeitung 40 (1985) 706-714; *ders*, Paradigms,

mich im folgenden auf eine Gegenüberstellung und den – freilich bloß kursorischen – Vergleich der rationalen Diskursethik von HABERMAS mit der normativen Institutionentheorie von SCHELSKY, weil beide Ansätze, institutionen- und systemtheoretisch betrachtet – zu höchst unterschiedlichen, aber deswegen besonders aufschlußreichen Konzeptionen einer Rationalität im Recht führen.

a) Das Rationalitätskonzept von JÜRGEN HABERMAS wird in kritischer Auseinandersetzung mit MAX WEBERS Theorie der Rationalisierung von Recht und Gesellschaft und seinem Begriff der Handlungsrationalität entwickelt. Im Vordergrund steht dabei der Begriff der kommunikativen Rationalität. Während HABERMAS den Aktionsbereich juridisch-institutioneller Rationalität, beispielsweise gerichtliche Verhandlungen und Entscheidungen nach Maßgabe des jeweils geltenden Rechts, früher durchaus zutreffend als jedenfalls partiell „strategisches Handeln" konzipierte, deutet er ihn heute – weniger zutreffend, weil allzu reduktionistisch! – nach dem „Modell der moralischen Argumentation" als rationalen praktischen Diskurs.

aa) Nach seiner Auffassung verlangen „alle Argumentationen, ob sie sich nun auf Fragen des Rechts und der Moral oder auf wissenschaftliche Hypothesen oder Kunstwerke beziehen, *dieselbe* grundlegende Organisationsform der kooperativen Wahrheitssuche". HABERMAS verficht somit den Gedanken einer „Einheit der Rationalität", die durch den rationalen Diskurs garantiert und gesichert werden kann und soll.[22] Seine Position deckt sich im Ergebnis mit der Argumentationstheorie von ALEXY, aus der er entnimmt, „daß juristische Argumentationen in allen ihren institutionellen Ausprägungen als Sonderfall des praktischen Diskurses begriffen werden müssen".

bb) Der rationale Diskurs, um dessen formale und vernünftige Bedingungen es beiden Autoren geht, ist freilich *nicht* der in der Rechtspraxis tatsächlich geführte, durch die soziale Wirklichkeit allen Rechts bestimmte und geprägte, in der Tat wirksame *praktische juristische Diskurs*. Es ist ein *idealisierter* Diskurs, dessen vernünftige Bedingungen bloß *in mente*

Positions and Prospects of Rationality – The Changing Foundation of Law in Institutional and Systems Theory. In: Anders Bråtholm et al (eds), Samfunn, Rett, Rettferdighet. Festskrift til Torstein Eckhoffs 70-Årsdag (Oslo 1986) 452-465, 456 f, 458 f.

22 JÜRGEN HABERMAS, Theorie des kommunikativen Handelns, Band 1: Handlungsrationalität und gesellschaftliche Rationalisierung (Frankfurt aM 1981) 35 ff, 44 f, 61 f; *ders*, Diskursethik – Notizen zu einem Begründungsprogramm, in: ders, Moralbewußtsein und kommunikatives Handeln (Frankfurt aM 1983) 53-125. Vgl ferner ROBERT ALEXY, Theorie der juristischen Argumentation (Frankfurt aM 1983) 221 ff; *ders*, Probleme der Diskurstheorie, in: Zeitschrift für philosophische Forschung 43 (1989) 81-93; *ders*, Zur Kritik des Rechtspositivismus, in: Ralf Dreier (Hrsg), Rechtspositivismus und Wertbezug des Rechts (Stuttgart 1990) 9-26, 25 f.

expliziert und der Rechtswirklichkeit praktischer juristischer Diskurse als kritischer Maßstab präsupponiert werden. Damit reduziert HABERMAS die *Theorie der praktischen juristischen Argumentation*, die doch an der fortlaufenden Befolgung von Rechtsnormen und an der wirklichen systemischen Produktion und Reproduktion des jeweils geltenden Rechts orientiert sein müßte, auf einen vergleichsweise unbedeutenden Teilaspekt, nämlich auf eine moralisch-vernünftige Theorie des rationalen Diskurses.

cc) In dem Maße, in dem der juristische Diskurs fälschlich als bloßer „Sonderfall" des allgemeinen praktischen Diskurses letzterem subsumiert wird und damit unter *nicht* mehr genuin *rechtliche Prämissen* gerät, kann in der beide übergreifenden Diskurs*theorie* die „Einheit der Rationalität" zumindest als prozedurale „Einheit der Argumentation" propagiert werden. Dies bedeutet zugleich, daß sich diese diskurstheoretische Rationalität nur in der Orientierung an bloß *idealiter* existenten, rein *prozedural* bestimmten, sehr abstrakten, bloß vernünftigen Prinzipien und Regeln erschöpft. In eben dieser Funktion kann der Diskurs jedoch kritisch gegen die normativen Regulierungsansprüche der geschichtlich-gesellschaftlich etablierten, „herrschenden" Institutionen gerichtet werden, die – der allgemeinen, praktischen Vernunft zuwider – einer Emanzipation aller Einzelnen vermeintlich entgegenstehen. HABERMAS ignoriert dabei die spezifische Rationalitäts*differenz*, die zwischen der normativ-institutionellen, genuin rechtlichen Handlungs- und Entscheidungs*praxis* und den Wissenschaften unter Einschluß der Philosophie nun einmal besteht. Er versucht statt dessen diese Differenz aufzuheben in seiner „Theorie der Rationalität", indem er – im Gegensatz zu aller geschichtlich-gesellschaftlichen Erfahrung von der Wirklichkeit des Rechts und seiner praktischen Befolgung – in seiner vernünftigen Theorie der Moral und des Rechts ein rein *diskurstheoretisches Einheitskonzept* verficht.

b) In diametralem Gegensatz zur vorstehenden Auffassung steht das Rationalitätskonzept von HELMUT SCHELSKY. In seinen Analysen der „juridischen Rationalität" gelangt er zu der Einsicht, daß die Rationalität des Rechts und diejenige der Rechtswissenschaft „nicht auf ein homogenes Rationalitätsprinzip abzuziehen" ist.[23] Vom Standpunkt seiner Institutionentheorie des Rechts und der Gesellschaft unterscheidet er deshalb zwischen einer „juridisch-institutionellen Rationalität" einerseits und einer „wissenschaftlich-philosophischen Rationalität" andererseits. Während die Rationalität der „juridisch-institutionellen Praxis des Rechts" in

---

23 Grundlegend hierzu: HELMUT SCHELSKY, Die juridische Rationalität, in: ders, Die Soziologen und das Recht (Opladen 1980) 34-76, 41 ff, 53 f.

Gesetzgebung, Regierung, Verwaltung und Rechtsprechung „entsteht", dh sich „in einem institutionellen, nach Regeln arbeitsteilig organisierten Prozeß" ereignet, der „nicht auf ein Denkprodukt" zielt, sondern ein normativ „‚richtiges Verhalten' bei anderen im sozialen Zusammenhang bewirken" will, verfolgt die „philosophisch-denkerische Rationalität" stets „nur ein rein kognitives Ziel".

aa) Es gibt somit für SCHELSKY keine „rationale Einheit oder Identität der Wissenschaft des Rechts mit der juridisch-institutionellen Praxis des Rechts als Gesetzgebung oder Justiz". Eine derartige Einheitsvorstellung bezeichnet er sehr treffend als eine „Illusion", die auf einer interessenbedingten „Selbsttäuschung der Rechtswissenschaftler und der von ihnen ausgebildeten praktischen Juristen" beruht.

bb) SCHELSKY befindet sich mit dieser „institutionell-juridischen Rationalitätsauffassung" in Gegensatz zu Juristen und Philosophen, die wie HABERMAS ein *Einheitskonzept kommunikativer Rationalität*, letztere verstanden als diskurstheoretisch begründete „Einheit der Argumentation" verfolgen. Angesichts der von SCHELSKY diagnostizierten Eigenständigkeit aller juridisch-institutionellen Rationalität, an deren gesetzter „Vernunft" sich auch die Rechtswissenschaft zu orientieren hat, ist für ihn die im „vernünftigen Diskurs" zum Ausdruck gelangende Rationalität nicht mehr als eine „philosophisch-denkerische Rationalität, vor allem der Geisteswissenschaften, an die sich zu ketten für die normativen Handlungswissenschaften fatal wäre".

cc) Indem SCHELSKY von der „Unterscheidung", „Trennung", ja dem möglichen „Gegensatz" der juridisch-institutionellen Rationalität gegenüber der wissenschaftlich-philosophischen Rationalität ausgeht und erstere als „Form institutioneller Rationalität" begreift, vermag er zugleich das zwischen beiden bestehende „Rationalitätsgefälle" zu bestimmen. Die in den *normativ* institutionalisierten Verfahren gewonnenen „Bestimmungen des sozialen Handlungsfortgangs" sind nach seiner Auffassung „von höherer Rationalität als das subjektive Allgemeine". Ihre Rationalität sichert die „Stabilität der Institutionen", „in denen sich erst die philosophische Wahrheitssuche, die Meinungs- und Diskussionsfreiheit, die Formulierung der Selbst- und der Gruppenidentität als Person oder als Interessengruppe vollziehen kann". In der Tat muß eine im obigen Sinne diskurstheoretisch begründete Auffassung von der ‚Vernünftigkeit' oder, wie wir jetzt besser und genauer formulieren können, von der *juridisch-institutionellen Rationalität des Rechts und der Rechtswissenschaft* sich fragen lassen, ob es sich bei den von ihr propagierten Vernunftansprüchen nicht um von außen an das Recht herangetragene oder, wie SCHELSKY formuliert, um „geistig-wissenschaftliche Fremdbestimmungen" des Rechtssystems[24] und der ihm immanenten, institutionell geprägten Systemrationalität handelt.

c) Angesichts des von ihm diagnostizierten Unterschieds zwischen *juridisch-institutioneller* und *philosophischer* Rationalität, der auch das Verhältnis der Rechtspraxis zu den mit dem Recht befaßten Wissenschaften, allen voran zur Rechtswissenschaft, bestimmt und prägt, ist bei der näheren Bestimmung des möglichen Spielraums und des Rationalitäts*potentials*, das den Wissenschaften wie der Philosophie unter den Bedingungen der Positivität allen Rechts verbleibt, zu beachten, daß die im staatlich organisierten Rechtssystem „vorgegebene institutionelle Rationalitätsmöglichkeit" – was moderne Vernunftrechtstheorien und Diskursethiken allzu gern ignorieren! – auch auf der „argumentativen und semantischen Verständigungsebene" den jeweils vorhandenen „Umkreis subjektiver Rationalitätsmöglichkeiten" für Wissenschaft und Philosophie „bemißt".[25] An dieser Rationalitäts*differenz* können weder eine formale noch eine materiale, dh eine an dem rechtlichen Inhalt der Normen orientierte wissenschaftliche Analyse vorbeigehen. Für beide gilt, was KAARLO TUORI in seiner Kritik an der Theorie der Diskursethik ausführt, wenn er bemerkt, daß beispielsweise der „durch das geltende Recht eingeschränkte Richtigkeitsanspruch, den die Gerichtsentscheidungen erheben", nicht zu einem „moralischen Richtigkeitsanspruch verstümmelt werden" darf, der an einen zu „engen Gerechtigkeitsbegriff" anschließt.

In der Tat setzt eine rationale Rekonstruktion des Rechtsprechungsverfahrens wie auch der Rechtsdogmatik, die im staatlich organisierten Rechtssystem der modernen Gesellschaft, institutionen- und systemtheoretisch betrachtet, ja immer schon *normativ-institutionell geprägt und systemisch bestimmt* sind, wie TUORI von seinem Standpunkt aus resumiert, „anstatt der Theorie der Diskursethik eine allgemeine (rekonstruktive) Theorie der praktischen Diskurse"[26] voraus – aber nur, wenn es denn um *wirkliche* praktische Diskurse geht, wie sie im Recht allenthalben geführt werden!

Fazit und Ausblick

Der praktische *juristische Diskurs*, wo immer und wie immer er geführt wird, ist – hier verstanden als *öffentliches*, nach den Prinzipien und Regeln des jeweils geltenden Rechts wirklich ablaufendes *Verfahren* – je-

24 SCHELSKY, Die juridische Rationalität 46 f, 53.

25 SCHELSKY, ebd, 47.

26 KAARLO TUORI, Legitimität des modernen Rechts, in: RECHTSTHEORIE 20 (1989) 221-261, 240 f, 242.

denfalls *keine* Prozedur, die ihrer normativen Funktion nach der moralischen oder ethischen Überzeugungs- und Urteilsbildung dient, auch wenn letztere tatsächlich, dh sekundär hieran anknüpfen mögen. Er darf auch nicht verwechselt werden mit den kognitiven wissenschaftlichen Verfahren, in denen es im Rahmen einer wie auch immer beschaffenen *scientific community* um die kooperative Wahrheitssuche geht. Infolgedessen kann eine Antwort auf die Frage, wem gegenüber und wofür jemand *von Rechts wegen* verantwortlich ist [27], nicht unter Umgehung der hierfür bereitstehenden, institutionell auf Dauer gestellten, politisch-rechtlichen Entscheidungsverfahren gefunden werden. Auch geht es nicht an, die mit Mitteln des Rechts etablierten, konditionierten und kontrollierten *praktischen* juristischen Entscheidungsverfahren durch gänzlich unabhängig davon gewonnene, in *nicht* institutionalisierten Prozeduren durch bloß ‚vernünftiges' Denken erarbeitete Erkenntnisse einer ‚Universalmoral' ersetzen zu wollen. Die Berufung auf eine derartige Universalmoral bzw eine vernünftige Diskursethik scheitert schon daran, daß die bloße Bezugnahme auf allgemeine, notwendig abstrakt bleibende Regeln und Prinzipien der Vernunft – ohne politisch-rechtlich verbindliche Entscheidungen! – keine ausreichende Grundlage für die Zuschreibung rechtlicher Verantwortlichkeit bieten kann. Über den Bestand und das Ausmaß rechtlicher Verantwortlichkeit kann *verbindlich* nur von *Fall zu Fall* und nur unter Bezugnahme auf ein – jeweils schon vorausgesetztes bzw vorauszusetzendes, geschichtlich-gesellschaftlich bedingtes, bestimmtes und geprägtes – Rechtssystem entschieden werden.

27 Werner Krawietz, Theorie der Verantwortung – neu oder alt? Zur normativen Verantwortungsattribution mit Mitteln des Rechts, in: Kurt Bayertz (Hrsg), Verantwortung. Prinzip oder Problem (Darmstadt 1995).

Hartmut Krüger

Günther Winklers Beitrag zum Universitätsrecht

GÜNTHER WINKLERS Forschungsinteressen beziehen sich auf das Allgemeine und Besondere Verwaltungsrecht, auf das Verfassungsrecht, auf die Rechtsphilosophie, die Rechtstheorie sowie auf die Juristische Methodenlehre. Auch mit dem Universitätsrecht hat sich WINKLER in grundlegenden Studien auseinandergesetzt, wobei diese Arbeiten durch legistische Vorhaben des Österreichischen Gesetzgebers, durch eine bürokratische Überregulierung des Universitätswesens sowie durch das Unverständnis vieler Angehöriger der Korporation „Universität" für ein wissenschaftsadäquates Handeln und Verhalten veranlaßt worden sind. GÜNTHER WINKLERS Sorge galt und gilt der Erhaltung der Universität als Stätte von Forschung, Lehre und Studium, orientiert am Grundrecht der Wissenschaftsfreiheit. Da meine freundschaftlichen und wissenschaftlichen Beziehungen zu GÜNTHER WINKLER auf einem Internationalen Symposion zur Rechtsvergleichung im Wissenschaftsrecht[1] begründet wurden, erscheint es mir als angebracht, WINKLERS universitätsrechtliche Studien in ihrer Eigenart zu skizzieren und in ihrer Bedeutung zu würdigen.

I.

Neben einer Fülle von kürzeren Beiträgen zum Universitätsrecht hat WINKLER umfangreiche Monographien und Abhandlungen zu diesem Rechtsgebiet vorgelegt. Zu nennen sind insbesondere das zusammen mit KARL WENGER verfaßte Gutachten „Die Freiheit der Wissenschaft und ihrer Lehre. Eine verfassungsrechtliche Analyse der Bedeutung des Art. 17

---

1 Vom 20. bis zum 23. September 1989 veranstalteten die Herausgeber der Zeitschrift WissR in Bonn-Bad Godesberg das erste rechtsvergleichende Symposion im Wissenschaftsrecht unter dem Thema „Fundamental Problems of Research and University Organization under Aspects of Comparative Law in the EC Member States and other Countries". Ich erstattete den Landesbericht für die Bundesrepublik Deutschland, GÜNTHER WINKLER leitete zeitweise die Diskussion und trug durch seine sachkundigen und engagierten Redebeiträge maßgeblich zum Erfolg des Symposions bei. Die Referate und Diskussionen dieses Symposions sind in einem Tagungsband dokumentiert. Der wissenschaftliche Ertrag des Symposions ist von mir im Beiheft 9 der Zeitschrift unter dem Titel „Rechtsvergleichung im Wissenschaftsrecht", Tübingen 1992, aufgearbeitet worden.

StGG für die Hochschulorganisation"[2] aus dem Jahre 1974, die Monographie aus dem Jahre 1988 über „Die Rechtspersönlichkeit der Universitäten. Rechtshistorische, rechtsdogmatische und rechtstheoretische Untersuchungen zur wissenschaftlichen Selbstverwaltung"[3] sowie die Abhandlung „Die Autonomie der Universität. Eine Problemanalyse am Beispiel Österreichs"[4] aus dem Jahre 1991. Da in den vorstehend genannten Arbeiten auch Gedanken aus seinen übrigen universitätsrechtlichen Schriften verarbeitet worden sind, kann die Essenz der wissenschaftlichen Bemühungen WINKLERS um das Universitätsrecht aus einer Betrachtung und Würdigung seiner drei großen Studien bestimmt werden.

II.

Für die wissenschaftliche Befassung mit grundsätzlichen Fragen des Universitätsrechts ist WINKLER aus mehreren Gründen legitimiert. Zunächst und geradezu selbstverständlich ist auf seine herausragende Qualifikation als führender Staats- und Verwaltungsrechtslehrer hinzuweisen. Weiter hat er bis zum heutigen Tage in einem Zeitraum von fast fünfzig Jahren im Grunde alle für einen Wissenschaftler in Frage kommenden universitären Dienststellungen und Funktionen bekleidet. WINKLER war von 1949 bis 1952 studentische Hilfskraft, im Anschluß daran wiss Assistent (1952 bis 1959). Mit der Habilitation im Jahr 1955 führte sein wissenschaftlicher Weg vom Dozenten über den Extraordinarius (1959) zum Ordinarius (1961). Seine universitäre Verwaltungspraxis erstreckte sich vom sachkundigen Berater der Rektoren der Universität Wien auf dem Gebiet des Universitätsrechts – in einer Zeitspanne von fast vierzig Jahren – über die langjährige Mitgliedschaft in der Gebäudekommission der Universität, über die Funktion eines Baukommissars seiner Fakultät während langer zwanzig Jahre, über verschiedene Funktionen des Österreichischen Auslandsstudentendienstes (1974 bis 1984), über den Institutsvorstand während eines Zeitraums von fünfzehn Jahren, zum Dekan der Juristischen Fakultät (1965), zum Rektor der Universität Wien und zum Vorsitzenden der Österreichischen Rektorenkonferenz (1972). In allen diesen Dienststellungen und Funktionen hatte WINKLER reichlich Gelegenheit, das Universitätsrecht und die universitäre Verwaltung entweder als Entscheidungsverantwortlicher oder als Ratgeber aus eigener

2 Das Gutachten liegt nur als vervielfältigtes Manuskript vor.

3 Forschungen aus Staat und Recht, Bd 80 (Wien/New York 1988) XIV, 415 Seiten.

4 Die Autonomie der Universität. Eine Problemanalyse am Beispiel Österreichs, in: GÜNTHER WINKLER, Studien zum Verfassungsrecht, Forschungen aus Staat und Recht, Bd 95 (Wien/New York 1991) 377-402.

Erfahrung und Anschauung kennenzulernen und als habilitierter Verwaltungsjurist gewissermaßen auch noch „zünftig", das heißt als wissenschaftlicher Fachmann zu erforschen und zu praktizieren.[5]

Als dritten Umstand, der neben WINKLERS vielfältiger akademischer Berufsausbildung über die wissenschaftliche Pflege seiner Fachgebiete hinaus von Bedeutung ist, nennt WINKLER seine Rolle als unmittelbar betroffener „Zeitzeuge". Sein universitätsrechtliches opus magnum „Die Rechtspersönlichkeit der Universitäten" ist von seinem Erfahrungswissen über die Entwicklung des Universitätsrechts und seiner Praxis in den letzten 40 Jahren getragen, verstärkt durch das Wissen um die historischen Grundlagen und um die Erneuerung von Rechtsgebieten der Organisation, des Universitätshaushalts und der Studienordnungen. WINKLERS aktive Mitwirkung in vielen Reformgremien, vor allem im „Rat für Hochschulfragen in Raach", in einer Reformkommission für das juristische Studium vor 1972 sowie in einem letztlich fruchtlosen Kampf um eine sachgerechte Reform der Universitätsorganisation als Rektor und Vorsitzender der Österreichischen Rektorenkonferenz, gab seinem konkreten Erfahrungswissen um die universitäre Selbstverwaltung nicht nur eine reale historische Dimension, sondern öffnete auch seine Sicht auf die Universität über die positivrechtliche und über die rechtspolitische Perspektive hinaus, zum Grundsätzlichen und Überzeitlichen der wesensgemäßen Bestimmung der Universität, als Stätte der Pflege einer freien wissenschaftlichen Lehre und Forschung.[6]

III.

Als erste umfangreiche universitätsrechtliche Studie WINKLERS ist sein zusammen mit seinem Wiener Fakultätskollegen KARL WENGER verfaßtes Gutachten „Die Freiheit der Wissenschaft und ihrer Lehre. Eine verfassungsrechtliche Analyse der Bedeutung des Art. 17 StGG für die Hochschulorganisation" aus dem Jahre 1974 zu nennen, das nur als vervielfältigtes Manuskript vorliegt. Mit diesem Rechtsgutachten sollte versucht werden, das Gesetzgebungsverfahren für das „Bundesgesetz über die Organisation der Universitäten (Universitäts-Organisationsgesetz – UOG)"[7]

5 Vgl GÜNTHER WINKLER, Die Rechtspersönlichkeit der Universitäten. Rechtshistorische, rechtsdogmatische und rechtstheoretische Untersuchungen zur wissenschaftlichen Selbstverwaltung, Forschungen aus Staat und Recht, Bd 80 (Wien/New York 1988) VIII (Vorwort).

6 Vgl GÜNTHER WINKLER, Rechtspersönlichkeit (FN 5) VIII und IX.

7 Gemäß § 116 Abs 1 UOG trat das Gesetz am 1. Oktober 1975 in Kraft. In Abgrenzung von der derzeit geltenden – novellierten – Fassung des UOG wird die im BGBl Nr 79/1975 verkündete Fassung allgemein als UOG 1975 bezeichnet.

in dem Sinne zu beeinflussen, daß ein verfassungskonformer und wissenschaftsadäquater Regelungsgehalt des beabsichtigten Gesetzes gewährleistet ist. In seinem „Hochschulerkenntnis" vom 3. Oktober 1977[8] hat der Verfassungsgerichtshof die von WENGER/WINKLER als verfassungswidrig herausgearbeiteten Norminhalte des UOG für verfassungsmäßig erklärt. Bis zum Inkrafttreten des UOG basierte die Organisation der österreichischen wissenschaftlichen Hochschulen auf den Prinzipien der Hochschulgesetzgebung Thun-Hohensteins.[9] Den Bruch mit dieser Tradition hat ERMACORA[10] so gekennzeichnet: „Das UOG hat, wie bisher keine andere Vorschrift auf dem Gebiete des Hochschulrechtes, in Österreich gesellschaftspolitische Zielsetzungen verwirklicht, die nicht ohne weiteres als Allgemeingut bezeichnet werden konnten. Es verwandelt die auf die Habilitierten abgestellte Hochschulautonomie in die Autonomie der an den Hochschulen tätigen Gruppen und begründet damit die ‚Gruppenuniversität'. Andererseits hat das UOG eine seit 1850 nicht dagewesene enge Verknüpfung der Verwaltung an der Hochschule mit der Ministerialverwaltung des Bundes begründet. Unter dieser politischen Zielsetzung, die vor allem in den Entwurfsbegründungen zur Regierungsvorlage zum Ausdruck kommt, ist der Gesetzestext auch tatsächlich zu verstehen".

Die erläuternden Bemerkungen der Regierungsvorlage zum UOG,[11] die dem Nationalrat am 10. Oktober 1973 vorgelegt wurde, geben Aufschluß über die gesellschaftspolitischen Vorstellungen, von denen sich der Gesetzgeber hat leiten lassen. Ausgangspunkt der Hochschulreform war die These, die Zielvorstellungen der Hochschulpolitik müßten verbunden sein mit den Zielvorstellungen der gesellschaftlichen Entwicklung, Hochschulpolitik sei zu verstehen als ein essentieller Teil der Gesellschaftspolitik.[12] In der demokratischen modernen Gesellschaft mit ihren Zielsetzungen seien die Hochschulen unter größere soziale Verpflichtungen und Verantwortungen als je zuvor gestellt, nämlich als sozial verantwortliche, demokratische, leistungsfähige Institutionen der Offenheit und der Weiterentwicklung der Wissenschaften und Forschung zu dienen; sie müßten aber auch für die wissenschaftliche Berufsvor-, Aus- und Weiterbildung optimal bereitstehen.[13]

---

8 VfGH, Slg Nr 8136, 71 ff.

9 Vgl dazu die umfassende Darstellung von RICHARD MEISTER, Entwicklungen und Reformen des österreichischen Studienwesens, in: Sitzungsberichte der Österreichischen Akademie der Wissenschaften, phil.-hist Kl, Bd 239 (Wien 1963) Teil 1: Abhandlung (275 Seiten), Teil 2: Dokumente (281 Seiten).

10 FELIX ERMACORA, Universitäts-Organisationsgesetz (Wien 1977) Vorwort (VI).

11 888 der Beilagen zu den Stenographischen Protokollen des Nationalrates, XIII. Gesetzgebungsperiode, 49 ff.

12 AaO (FN 11) 53.

13 AaO (FN 11) 53.

Aus diesem Vorverständnis wurde gefolgert, daß die Hochschulen nach neuen Leitbildern organisiert werden müßten. Die demokratische Gesellschaft bedürfe demokratischer Bildungseinrichtungen und der Mitwirkung aller am Wissenschaftsprozeß beteiligten Hochschulangehörigen. Die Hochschulstruktur müsse die Transparenz der Willensbildungs- und Entscheidungsprozesse gewährleisten. Die sozial-verantwortliche Hochschule müsse mit der gesellschaftspolitischen Entwicklung in Einklang stehen und deren Wegbereiter sein.[14] Die Selbstverwaltung auf dem Gebiet des Hochschulwesens entspreche dem demokratischen Prinzip der Bundesverfassung. Diese Selbstverwaltung sei ein Zeichen des partiellen demokratischen Elements, das neben dem demokratischen Element des Volksganzen zum Ausdruck komme. Der Gesetzgeber habe daher zweifelsfrei auch aus dem Motiv des (partiell) demokratischen Prinzips Selbstverwaltung akademische Organe mit der Möglichkeit demokratischer Willensbildung innerhalb derselben eingerichtet.[15] Bezüglich der Mitwirkung der Studenten in der Wissenschaftsverwaltung rechtfertige das Interesse des Studenten an einem Ausgleich und Gegengewicht zu der sozialen Abhängigkeit, in der er sich zur Universität als Vermittlerin seiner Berufs- und Lebenschancen befinde, grundsätzlich eine Mitsprache bei der Erfüllung der Universität gestellten Aufgaben.[16] Ebensowenig widerspreche jedenfalls dem Grundsatz nach eine Mitbeteiligung des nichtwissenschaftlichen Personals an der Selbstverwaltung der Universität der Verfassungsgarantie einer freien Wissenschaft. Die Tatsache, daß diese Hochschulangehörigen regelmäßig keine durch Art 17 Abs 1 StGG geschützte Tätigkeit ausübten, gebe keinen hinreichenden Grund, sie von der Beteiligung und Mitwirkung an der Verwaltung generell auszuschließen. Der Gruppe des nichtwissenschaftlichen Personals gehörten Fachkräfte an, deren praktisches Wissen gerade auf organisatorischem Gebiet für die Universität nutzbar gemacht werden könne. In diesem Zusammenhang sei zu berücksichtigen, daß die wissenschaftliche Tätigkeit in den Hochschulen in zunehmendem Maße der Unterstützung von Nichtwissenschaftlern bedürfe, die für die Ausführung der Forschungsarbeiten und Lehrveranstaltungen technische oder verwaltungsmäßige Voraussetzungen schüfen und auch entsprechende Verantwortung trügen.[17]

Ziel des UOG 1975 sollte es sein, „alle an der Hochschule und im Wissenschaftsprozeß Tätigen dem demokratischen Prinzip gemäß“[18] an

---

14 Ebd.

15 AaO (FN 11) 83.

16 AaO (FN 11) 85.

17 Ebd.

18 AaO (FN 11) 89.

der Hochschulselbstverwaltung zu beteiligen. Dabei ging der Regierungsentwurf davon aus, daß alle an der Hochschule vertretenen Gruppen auch „im Kernbereich der Forschung und Lehre der habilitierten Mitglieder“ mitbestimmen könnten.[19] Denn qualitative Unterschiede würden zwar eine gewisse Differenzierung erforderlich machen, stellten aber keinen Ausschließungsgrund für eine im Wissenschaftsprozeß tätige Gruppe dar.[20] Ferner sei Mitbestimmung an den Hochschulen auch deshalb notwendig, weil sich die Stellung des Hochschullehrers gewandelt habe. Seinerzeit ein weitestgehend nur sich selbst repräsentierender Gelehrter, sei er zum wissenschaftlich höchstqualifizierten Organ der Gesellschaft geworden, der in zunehmenden Umfang organisatorische und administrative Aufgaben in ihrem Namen zu besorgen, Entscheidungen über Personal und Material zu treffen habe.[21] Seine Funktion im Bereich der Bildung, der wissenschaftlichen Berufsvor- und Berufsausbildung sei angesichts der zentralen Bedeutung des Bildungsfaktors, angesichts der Universitäten und Hochschulen als Ausbildungsstätte auf höchstqualifizierender Ebene ungleichartig bedeutender als je zuvor, und dies in steigendem Maße. Ihm sei damit eine gesellschaftliche Aufgabe übertragen, an deren Bewältigung seine Mitwirkung unerläßlich, aber keineswegs ausreichend sei, weil wissenschaftliche Qualifikation an sich noch nicht gleichbedeutend sei mit gesellschaftlicher Legitimation. Motiv und Effekt dieser Mitbestimmung sei danach die zur verantwortlichen Bewältigung der immer stärker ins Gewicht fallenden Gesellschaftsaufgaben im Bereich der Organisation der Wissenschaft unerläßliche Verbreiterung der sie tragenden Basis.[22]

Die vorstehenden Zitate aus den Erläuterungen zur Regierungsvorlage des UOG 1975 lassen gesellschaftspolitische Leitbilder erkennen, von denen sich die damals allein von der SPÖ gestellte Regierung bei der Universitätsorganisationsreform hat bestimmen lassen. Leitvorstellung der Hochschulreform war die Annahme, es gebe gruppenspezifische Interessen innerhalb der Hochschule, die – bis auf die Belange der Ordinarien – bisher gar nicht oder nur völlig unzureichend berücksichtigt worden seien. Die Organisation der Universitäten nach dem Modell der „Gruppenuniversität“ soll dazu dienen, Gruppenkonflikte innerhalb der Universität zu lösen.[23] Die Universitäten werden als politische Systeme verstanden, die „demokratisiert“ werden müssen. Die pflichtgemäße Erfüllung

19 AaO (FN 11) 89.

20 Ebd.

21 AaO (FN 11) 82.

22 AaO (FN 11) 82.

23 AaO (FN 11) 78.

von Amtsaufgaben wird als nicht hinreichend legitimierte „Machtausübung" angesehen, Mitbestimmung aller an der Universität vertretenen Gruppen legitimiere erst die Tätigkeit der Professoren „gesellschaftlich".[24] Das Denken in politischen Kategorien (Macht, Herrschaft) kommt auch in der Absicht zum Ausdruck, der „Macht" der „Privilegierten" (der Professoren) die „Gegenmacht" der „Abhängigen" gegenüberzustellen.[25]

Ideologische Zielvorstellungen konnten vor allem deshalb in den Gesetzestext Eingang finden, weil die Mehrheitsfraktion mit der Regierung davon ausging, daß die in Art 17 Abs 1 StGG normierte Wissenschaftsfreiheit keine verfassungsrechtlich verbindlichen Maßstäbe für die Ausgestaltung der Hochschulautonomie enthalte.[26]

GÜNTHER WINKLER hat auch in diesem ideologisch vernebelten hochschulpolitischen Umfeld mit der ihm eigenen Nüchternheit und Präzision die verfassungsrechtlichen Maßstäbe aufgezeigt, die jeder Hochschulgesetzgeber beachten muß. Er skizziert die einhellige österreichische Lehre,[27] die Art 17 Abs 1 StGG nicht nur als reines Individualrecht qualifiziert, sondern diesem Grundrecht auch unmittelbare verfassungsrechtlich determinierte Leitlinien für die wissenschaftsrelevante Organisation der Universitäten entnimmt. Weiter haben WENGER/WINKLER betont, das Grundrecht der Freiheit der Wissenschaft und ihrer Lehre könne im Rahmen staatlicher Organisation nur durch institutionelle Absicherungen gegen den Staat und gegen gesellschaftliche Kräfte ungefährdet bleiben.[28] Die ausschließlich individualrechtliche Sicht des Art 17 Abs 1 StGG, die von Politikern im Laufe des Gesetzgebungsvorhabens behauptet wurde,[29] wird von WENGER/WINKLER durch den Nachweis der institutionellen Bedeutung des Grundrechts der Wissenschaftsfreiheit ergänzt.[30] Der insti-

24 AaO (FN 11) 82.

25 AaO (FN 11) 85 (rechte Spalte oben).

26 Vgl zB die Ausführungen aaO (FN 11) 83: Art 17 Abs 1 StGG sei nur individuelles Abwehrrecht („status negativus"). Es seien nur rechtspolitische Überlegungen des Gesetzgebers, bestimmte Angelegenheiten den Universitäten und Hochschulen in Selbstverwaltung zu übertragen als einer der Formen und Möglichkeiten einer heteronome Bindungen vermeidenden Wissenschaftsverwaltung. Insoweit der einfache Gesetzgeber bei der Regelung der Hochschulselbstverwaltung (und insoweit er den Hochschulen Selbstverwaltung zugestehe) gewisse historisch bedingte, aber auch gegenwarts- und zukunftsbezogene, sachgerechte Strukturprinzipien beachte, so tue er dies aus sachlich gerechtfertigten (oder zu rechtfertigenden) Überlegungen, „aber keinesfalls, weil es verfassungsrechtlich geboten wäre" (Sperrung im Original).

27 AaO (FN 11) 124-134.

28 AaO (FN 11) 124 ff; bis zur Mitte des 19. Jahrhunderts hätte man hier in Österreich die Katholische Kirche nennen müssen. Heute versuchen Verbände (zB Gewerkschaften) und politische Parteien auf die Hochschulen Einfluß zu nehmen.

29 Vgl etwa WOLF FRÜHAUF, Verfassung und Hochschulorganisation, ÖHZ 1973 (Heft 14) Beilage, 1 ff.

30 AaO (FN 11) 124 ff.

tutionelle Aspekt des Art 17 StGG wurde von Politikern bereits in der Zeit vor und nach dem Inkrafttreten dieser Norm zutreffend erkannt. So betonte der spätere Präsident des Reichsgerichts, JOSEF UNGER, in einem Votum für den Unterrichtsrat vom 29. Dezember 1865: „Die Universität bleibt zwar in dem Sinne Staatsanstalt, daß sie eine vom Staate dotierte und getragene, von ihm beschützte und beaufsichtigte Lehranstalt ist: ihre wichtigsten und eigenen Interessen aber hat sie in autonomer Weise selbst zu besorgen. Die Universität darf somit weder einen kirchlichen noch einen staatlichen, sie muß vielmehr einen wissenschaftlichen Charakter haben.“[31]

Auf der gleichen Linie liegen die Ausführungen des Abgeordneten EDUARD HERBST, der am 5. Juni 1862 im Haus der Abgeordneten des Rechtsrates ausführte: „Es [das Wesen der Universitäten] besteht darin, daß das wesentliche, das wahrhaft belebende Prinzip des Universitätswesens sich in einem Begriffe konzentriert, das ist die akademische Freiheit, der akademischen Freiheit in ihrer verschiedenen Ausstrahlung als Lernfreiheit für Schüler,[32] als Lehrfreiheit für die Dozenten, Selbständigkeit, Autonomie, Selbstverwaltung für die Korporation als Ganzes: daß dem so sei, das hat man, glaube ich, in Österreich gefühlt, wie dem Fortschritt Bahn gebrochen wurde.

Eine der ersten Anforderungen im Jahre 1848 war die, die man mit den freilich nicht jedem ganz klar gewordenen Worten ‚Lehr- und Lernfreiheit‘ aussprach, und wir müssen anerkennen, daß das im Jahre 1848 geschaffene Unterrichtsministerium sofort das Seinige tat, um diesen Begriffen an den österreichischen Universitäten lebendige Geltung zu verschaffen. Die Einführung der Selbstverwaltung der Fakultäten und die Einführung der Lehr- und Lernfreiheit ist es besonders, was das letztbestandene Ministerium für Kultus und Unterricht nicht zu seinen Verdiensten zählen kann;[33] denn sie waren schon vorhanden, wie dieses im Jahre 1849 ins Leben trat.

Ich muß aber auch gern einräumen, daß die ersten Schritte des Ministeriums für Cultus und Unterricht in rühmlicher Weise sich auf dieser Bahn bewegten. Die Studienordnung aus den Jahren 1849 und 1850, sowie die provisorischen Gesetze über die Organisation der akademischen Behörden gaben dem, wenn auch nur in den allgemeinsten Umrissen ausgesprochenen Gedanken erst die rechte, die richtige Form ...“.[34]

---

31 JOSEF UNGER, Zur Reform der Wiener Universität (Wien 1869) 19.

32 Aus dem Zusammenhang ergibt sich, daß Studenten gemeint sind.

33 Gemeint ist das Ministerium Thun-Hohenstein.

34 St Prot des Reichsrates, 2995; das Zitat findet sich auch in KARL WENGER/GÜNTHER WINKLER, Die Freiheit der Wissenschaft und ihre Lehre (Wien 1974) 65 f.

Auf der Basis ihrer zutreffenden Auslegung des Art 17 Abs 1 StGG entwickeln WENGER/WINKLER die Schlußfolgerungen, die aus diesem Grundrecht für die Universitätsorganisation zu ziehen sind. Die beiden Autoren gelangen auf Grund ihrer Untersuchungen zu dem Ergebnis, die wissenschaftsrelevante Verwaltung sei ausschließlich von Universitätsprofessoren und Dozenten, mithin von Habilitierten, wahrzunehmen.[35] Auch WENGER/WINKLER sind der Ansicht, daß vom Standpunkt des Art 17 Abs 1 StGG die Teilhabe unhabilitierter Bediensteter der Universität, sofern sie Grundrechtsträger sind, nicht ausgeschlossen sei.[36] In Verbindung mit dem allgemeinen Gleichheitssatz[37] gelangen WENGER/WINKLER zu folgendem Ergebnis: „Wenn nach dem Organisationsgesetz die habilitierten Hochschullehrer die Verantwortung für die wissenschaftliche Lehr- und Forschungstätigkeit an den Hochschulen zu tragen haben, dann darf aus Gründen des Gleichheitssatzes in Verbindung mit der Wissenschaftsfreiheit, unabhängig von den beamtenrechtlichen Vorschriften, als Hochschullehrer im organisationsrechtlichen Sinn nur ein akademischer Forscher und Lehrer verstanden werden, der auf Grund der Habilitation oder eines sonstigen Qualifikationsnachweises mit der selbständigen Vertretung eines wissenschaftlichen Faches in Forschung und Lehre betreut ist."[38] Nur diesen Hochschullehrern „im materiellen Sinn"[39] dürfe nach der Bundesverfassung die „entscheidungsförmige Mitwirkung an der unmittelbaren Wissenschaftsverwaltung" eingeräumt werden.[40] In diesem grundrechtsrelevanten Bereich dürften auch die Universitätsassistenten nicht entscheidungsförmig mitwirken.[41]

Für das nichtwissenschaftliche Personal haben WENGER/WINKLER zutreffend betont, dieser Personalkategorie fehle das Erfordernis der fachlichen Qualifikation zur Beteiligung an der wissenschaftsnahen Verwaltung.[42] Da außer Art 17 Abs 1 StGG keine Legitimationsbasis für eine Beteiligung an der weisungsfreien Verwaltung wissenschaftsnaher Agenden ersichtlich ist, kann das nichtwissenschaftliche Personal in diesem Bereich nicht entscheidungsförmig mitwirken. Eine Beteiligung der Studenten an der weisungsfreien Besorgung der wissenschaftsnahen Verwal-

---

35 AaO (FN 11) 183.

36 AaO (FN 11) 99.

37 AaO (FN 11) 103.

38 Ebd.

39 Die Definition von WENGER/WINKLER entspricht dem vom deutschen Bundesverfassungsgericht entwickelten „materiellen Hochschullehrerbegriff" (vgl BVerfGE 35, 126 f).

40 AaO (FN 11) 183.

41 AaO (FN 11) 184; vgl demgegenüber FRIEDRICH KOJA, Wissenschaftsfreieit und Universität (Salzburg 1976) 75 ff.

42 AaO (FN 11) 168 f.

tung kann aus einem anderen verfassungsrechtlichen Grund nicht erfolgen. Die Vertreter der Studenten sind keine verantwortlichen Organwalter im Sinne von Art 20 Abs 1 Satz 2 B-VG, nur sie dürfen zur Verwaltungsführung berufen werden.[43] Die für Organwalter, die die staatliche Verwaltung führen, erforderliche mittelbare demokratische Legitimation fehlt den Studentenvertretern. Entscheidend dabei ist, daß nicht irgendein demokratischer Wahlvorgang die Organwalter legitimiert, sondern nur Wahlen im Rahmen der demokratischen Staatswillensbildung (Nationsrats-, Landtags-, und Kommunalwahlen).

Den Verfassungsgerichtshof haben die wohlbegründeten Ausführungen von WENGER/WINKLER und anderer Kritiker des UOG nicht beeindruckt; im UOG-Erkenntnis[44] hat er ausgeführt, Art 17 Abs 1 StGG („Die Wissenschaft und ihre Lehre ist frei") habe keinerlei verfassungsrechtliche Bedeutung für die Ausgestaltung der unmittelbaren Wissenschaftsverwaltung in den Hochschulen. WINKLER ging nach Inkrafttreten des UOG im Jahre 1975 in die „innere Emigration", er beteiligte sich nicht mehr an hochschulrechtlichen und hochschulpolitischen Diskussionen.[45] Im Jahre 1988 eröffnete er mit einer umfassenden und grundsätzlichen Studie über die Rechtspersönlichkeit der Universitäten[46] erneut die rechtswissenschaftliche Erörterung über die verfassungsgemäße Ausgestaltung des österreichischen Universitätswesens.

IV.

Die Frage nach der Rechtsnatur der Universität beantwortet in der Bundesrepublik Deutschland § 58 Abs 1 des Hochschulrahmengesetzes („Die Hochschulen sind Körperschaften des öffentlichen Rechts und zugleich staatliche Einrichtungen. Sie haben das Recht der Selbstverwaltung im Rahmen der Gesetze."). Diese positivrechtliche Festschreibung der Rechtsnatur der Universität hat den früher heftig geführten Streit um die Körperschaftsstruktur der Universität beigelegt. Versuchte man in der Vergangenheit aus dem Nachweis der Körperschaftstruktur der Universität eine Vermutung für mehr Freiheit gegenüber dem Staat abzuleiten, so steht unter der Geltung des Art 5 Abs 3 Satz 1 GG die Frage im Mittelpunkt, welche organisationsrechtlichen Konsequenzen aus dem Grundrecht der Wissenschaftsfreiheit für die Universitäten zu ziehen sind. Das Bundesverfassungsgericht und die Verwaltungsgerichte aller Instanzen ha-

43 VwGH, Slg Nr 6227 A/1964.
44 VfSlg 8136/1977.
45 Vgl GÜNTHER WINKLER, Rechtspersönlichkeit (FN 5) IX (Vorwort).
46 Vgl die vorstehende Anmerkung.

ben in einer Reihe von wegweisenden Urteilen herausgearbeitet, welche Agenden in den Bereich grundrechtsgeprägter Selbstverwaltung fallen.

Mit seinem opus magnum – zweifellos die bedeutendste hochschulrechtliche Arbeit, die in Österreich je publiziert wurde – schaltet sich WINKLER erneut in die grundsätzliche Diskussion über die verfassungsgemäße Ausgestaltung der wissenschaftsnahen Selbstverwaltung ein. WINKLER entwickelt seine Gedanken zur Selbstverwaltung der Universitäten vom Besonderen zum Allgemeinen hin. Konkreter Ausgangspunkt der Studie ist einerseits die autonome universitäre Verwaltungseinheit der Wiener Internationalen Hochschulkurse (WIHK) und andererseits der zentrale Selbstverwaltungsbereich des autonomen Haushalts (Kanzleifonds) der Universität Wien. Nach einer kurzen Skizze der historischen Entwicklung der Rechtsgestalt der Universitäten in Österreich wird zunächst der besondere Bereich der WIHK und sodann der allgemeinere Bereich des Kanzleifonds dargestellt und jeweils an Hand der konkreten Praxis der Wiener Universität und des zuständigen Ministeriums als Aufsichtsbehörde veranschaulicht. Der rechtsgeschichtliche und die positivrechtliche Fundierung der Rechtsnatur der Universität erfolgen auf diese Weise vor dem Hintergrund und unter Veranschaulichung aus dem Konkreten von zwei Teilbereichen universitärer Selbstverwaltung. Die konkreten positivrechtlichen Untersuchungen bilden sodann den Hintergrund nicht nur für eine Analyse der Rechtsstellung und Praxis der Universität Wien, sondern auch für das rechtliche Wesen der juristischen Person des öffentlichen Rechts im allgemeinen, für das Verhältnis von öffentlich-rechtlicher Rechtspersönlichkeit zur Selbstverwaltung und zur Autonomie sowie für die Rechtssubjektivität und für die Rechtsfähigkeit in ihrer gegenseitigen Verflechtung und in ihrem konstruktiven Gegensatz zur staatlichen Verwaltung. WINKLER schließt sein Werk mit einer kritischen Darstellung von Lehre und Praxis der Universitätsselbstverwaltung sowie mit einigen abschließenden Wertungen und rechtspolitischen Vorschlägen zu diesem Komplex ab.

WINKLERS umfassende Untersuchung über das Verhältnis universitärer Selbstverwaltung zur Staatsverwaltung unter der Geltung des Art 17 Abs 1 StGG und der hochschulrechtlichen Kompetenznormen des Bundes-Verfassungsgesetzes ist in mehrfacher Hinsicht äußerst wertvoll. In Österreich hat das Werk eine neue Diskussion darüber ausgelöst, wie die Hochschulorganisation verfassungsgemäß gestaltet werden muß. Das UOG 1993[47] hat zwar in bestimmten Sachbereichen die Autonomie der Universitäten gestärkt, eine grundsätzliche – wissenschaftsadaquate – Verwaltungsreform entsprechend den von WINKLER erarbeiteten Grundsät-

47 BGBl 1993/805.

zen hat die Gesetzesnovellierung nicht bewirkt. Sieht man einmal von Besonderheiten bei der Interpretation von Kompetenznormen der österreichischen Bundesverfassung ab („Versteinerungstheorie"), so sind die von WINKLER erarbeiteten und stets sorgfältig begründeten Ergebnisse auch für das deutsche Verwaltungs- und Hochschulrecht richtungsweisend. Das Allgemeine Verwaltungsrecht hat WINKLER durch grundsätzliche Überlegungen zur juristischen Person des öffentlichen Rechts bereichert. Das vom Grundrecht der Wissenschaftsfreiheit geprägte „gemeindeutsche Hochschulrecht" ist durch WINKLERS opus magnum um eines der wenigen grundlegenden Werke vermehrt worden.

V.

Das Problem der Autonomie der Universität hat GÜNTHER WINKLER auch wiederholt in Vorträgen erörtert, eine schriftliche Fassung seiner Überlegungen hat er im Jahre 1991 publiziert.[48] In konzentrierter Form zeigt er anhand der positiven Rechtsordnung Österreichs die Grundfragen der Universitätsautonomie auf, wobei auch diese Ausführungen rechtshistorisch, rechtsethisch und erfahrungswissenschaftlich fundiert sind.

GÜNTHER WINKLER hat seine universitätsrechtlichen Studien aus Verantwortungsgefühl für das kostbare Instrument „Universität" geschrieben, Forschung und Lehre sowie die Sorge für seine Studenten und den wissenschaftlichen Nachwuchs sind sein Lebenselixier. Eindrucksvoll und bedenkenswert hat er seine Sorgen über den Zustand der Universitäten und ihrer Verwaltung geäußert: „Wissenschaftliche Lehre und Forschung sind teuer und nicht unmittelbar ertragsbringend; sie bedürfen der staatlichen Förderung. Darin liegt aber kein Rechtstitel für verwaltungsaufwendiges und unwirtschaftliches Verhalten universitärer und ministerieller Verwaltungsträger, sondern vielmehr eine qualifizierte Forderung nach wirtschaftlicher Verantwortung der administrativen Betreuung der wissenschaftlichen Lehre und Forschung."[49] Zur Regelungsflut führt WINKLER aus, „daß auch der demokratische Gesetzgeber, gleich dem absoluten Herrscher, den Stil detaillierter Reglementierungen liebt und sich in seiner Handhabung nur ungern Schranken auferlegt. Es gibt allerdings einen erheblichen Unterschied Der absolute Herrscher benutzte dazu

[48] Die Autonomie der Universität. Eine Problemanalyse am Beispiel Österreichs, in: GÜNTHER WINKLER, Studien zum Verfassungsrecht (FN 4) 377; der Studie liegt ein Vortrag zugrunde, den WINKLER an der Universität von Bologna gehalten hat.

[49] AaO (FN 5) 438.

Erlässe, Regulative udglm, der demokratische Gesetzgeber bedient sich hingegen der ihm vom Volk zur verfassungsmäßigen Handhabung anvertrauten Form kundgemachter Gesetze. Doch gleich dem absoluten Herrscher achtet auch er nicht auf die Grenzen, die ihm durch den verfassungsrechtlichen Kompetenzrahmen und durch die Grundrechte gezogen sind. Der von demokratischen Mehrheiten getragene Gesetzgeber versteht sich nicht minder einem unlimitierten Staatszweck verbunden als der absolute Herrscher; geradeso als würde die demokratische Legitimation durch Wahlen auch die Ermächtigung zur absoluten Beherrschung des Volkes in sich schließen!"[50]

Winkler erkennt zutreffend, daß „die Problematik der Universitäten keineswegs nur eine Angelegenheit der Gesetzgebung, sondern mindestens ebenso sehr auch der Vollziehung durch die Organe der Staatsaufsicht und vor allem der universitären Verwaltung [ist]. Für die Universitäten, die viel früher als der Staat als demokratische Körper eingerichtet waren, kommt aber auch der Mentalität aller Universitätsangehörigen die größte Bedeutung zu. Den Universitätsangehörigen mag die Verstärkung der Selbstverwaltung ausreichende Impulse zu einem entsprechenden Engagement geben. Sie haben sich um ihre eigenen Angelegenheiten selbst zu kümmern. Sind sie dazu überhaupt noch in der Lage und bereit? Sind die äußerst schwerfällig gewordenen Bürokratien des Wissenschaftsministeriums, des Finanzministeriums, des Wirtschaftsministeriums und des Bundeskanzleramts überhaupt noch in der Lage, eine konkrete Wende zur Selbstentpflichtung und zur Nichtintervention zu vollziehen? Hat der Gesetzgeber den Weitblick und den Mut zur Öffnung seiner Regelungen in Richtung auf Toleranz für eine größere Freiheit und Eigenverantwortung der Universitäten als Selbstverwaltungskörper und Träger ihrer qualifizierten und grundrechtlich besonders geschützten wissenschaftlichen Lehre und Forschung?

Daran schließen sich völlig offene Fragen um das Schicksal der Universitäten an: Was kann man hoffen, was ist zu erwarten, was muß man noch alles befürchten, was kann man und was will man tatsächlich tun? Hat die Universität, wie sie Rössner[51] in seinen Artikeln über ‚Akademisches Märchenerzählen' verstehen möchte, überhaupt noch eine reale Zukunftschance? Ist nicht zu befürchten, daß die uralte Aufgabe der Pflege von wissenschaftlicher Lehre und Forschung teils durch Überadministrierung, Reglementierung, Egalisierung, Formalisierung, teils durch Kollektivierung und Bevormundung seitens des Staates, teils aber durch Vermassung, Lethargie und Egoismus rettungslos ausgeliefert sind? Welche Be-

50 AaO (FN 5) 439.

51 Michael Rössner, Kurier vom 22. und 23. Jänner 1996, jeweils auf Seite 5.

reitschaft ist schließlich von den Universitäten selbst zu erwarten, Eigenständigkeit und Selbstverantwortung zu lebendigen Wirkungskräften im Universitätsgeschehen zu machen?"[52]

VI.

Günther Winklers Arbeiten zum Universitätsrecht sind mit Herzblut geschrieben, sie zeichnen sich durch alle Vorzüge aus, die die Werke Winklers kennzeichnen: Historische Fundierung, Einbeziehung der Rechtswirklichkeit, Engagement für die Sache, mutiges Aussprechen von Wahrheiten ohne Rücksicht auf denkbare Pressionen, klare und allgemeinverständliche Sprache, Einordnung des Speziellen in allgemeine Rechtszusammenhänge. Auf Günther Winkler trifft die Sentenz von Seneca zu: „Die geistige Haltung ist es, die reich macht".[53] Mit seinem Reichtum in diesem Sinne beschenkt zu werden, das wünschen sich Günther Winklers Freunde auch für die kommenden Jahrzehnte!

52 AaO (FN 5) 439 f.

53 Seneca, Ad Helviam 11, 5.

Karl Lengheimer

Grundprinzipien des österreichischen Verfassungsrechtes und ihre Entwicklung

I. Einleitung

Gesetzliche Normen – und unter diesen nicht gerade die schlechtesten – können selbst in unserer schnellebigen Zeit Jahrzehnte überdauern. Der gesellschaftliche Wandlungprozeß kommt freilich dazwischen nicht zum Stehen und schafft sich in einer oft völlig geänderten Vollzugspraxis Raum. Ein Beispiel hiefür ist das Pornographiegesetz[1], dessen Rechtsbegriffe infolge geänderter Auffassungen von Unsittlichkeit und Unzüchtigkeit einer ständigen Erneuerung im Gesetzesvollzug unterliegen. Ein obskurer, blasphemischer Vergleich mit der österreichischen Bundesverfassung? Vielleicht nicht, wenn man bedenkt, daß beide Normen in all ihrer Unterschiedlichkeit auch Parallelen aufweisen. Für beide gilt, daß Anpassungen an die gesellschaftliche Entwicklung an der mangelnden Einigung des Gesetzgebers scheitern, weil jede Änderung das Bekenntnis oder die Preisgabe eigener Wertvorstellungen voraussetzt. Vor allem aber hat sich der Gesetzgeber in beiden Fällen der heute üblichen legistischen Geschwätzigkeit enthalten und unnötige Kasuistik vermieden.

Man darf nicht darüber hinwegsehen: Auch der Vollzug der Bundesverfassung und sogar der ihrer Grundprinzipien bleibt nicht vom Zeitgeist und den geänderten Wertvorstellungen unberührt[2]. Dies in kurzen Strichen skizzenhaft anhand von fünf „klassischen" Grundprinzipien der österreichischen Bundesverfassung darzustellen, ist die Absicht dieses Beitrages. Methodisch kommt dieses Unterfangen einem virtuellen Seiltanz gleich. Mir steht das Postulat meines Lehrers GÜNTHER WINKLER vor Augen, „das Politische im eigentlichen Sinn aus der Rechtsdogmatik auszuschließen"[3]. Fühlt man sich wissenschaftlich rechtsdogmatisch dem positiven Gegenstand österreichischen Verfassungsrechts verpflichtet, muß man dennoch darlegen, wie sehr politische Betrachtungsweisen auf die-

---

1 BG vom 31. 3. 1950, BGBl 97.

2 Zum Verfassungswandel: G. WINKLER, Zeit und Recht, Forschungen aus Staat und Recht 100 (1995) 267 ff.

3 G. WINKLER, Wertbetrachtung im Recht und ihre Grenzen, Forschungen aus Staat und Recht 12 (1969) 13 ff.

sen Gegenstand stetig und nachhaltig Einfluß nehmen. Den Vorwurf der methodischen Unreinheit vorweg in Kauf nehmend, soll vor allem auf die Gefahren aufmerksam gemacht werden, die unserem Staat und damit dem Wohl seiner Bürger von einer diffusen, unkontrollierten Entwicklung seiner verfassungsrechtlichen Grundlagen drohen könnten.

II. Das demokratische Prinzip

Die Entwicklung des demokratischen Prinzips unserer Bundesverfassung ist von zwei Tendenzen geprägt. Die eine ist auf die Entwicklung direktdemokratischer Willensbildungen insbesondere in der Gesetzgebung, aber auch in der Verwaltung gerichtet, die andere hat den stärkeren Einfluß der Bürger bei der demokratischen Wahl der Staatsorgane zum Gegenstand. Bei letzterer ist wiederum zwischen der verstärkten Einflußnahme auf die Wahl des Parlaments und der Forderung nach einem Mitwirkungs- oder Alleinentscheidungsrecht der Rechtsunterworfenen bei jenen Organen zu unterscheiden, die bisher nicht einer direktdemokratischen Willensbildung unterlagen wie zB die Wahl des Landeshauptmannes oder des Bürgermeisters.[4]

Elemente der direkten Demokratie sind sowohl in der österreichischen Bundesverfassung als auch in den Ländern in den letzten Jahren entscheidend ausgebaut worden. So gut wie in allen Verfassungswerken ist das Volksbegehren als gesetzlich geregelte Bürgerinitiative zwecks Erlassung parlamentarischer Gesetzgebungsakte verankert, in manchen Landesverfassungen[5] und Gemeindeorganisationsrechten auch als Initiative zur Erlassung genereller Vollzugsakte. Die Bundesverfassung kennt die Institute der Volksabstimmung[6] und der Volksbefragung[7]. Diese Institute sind freilich in den Ländern bei weitem stärker ausgebildet. So sieht zB die Vorarlberger Landesverfassung die Abhaltung einer Volksabstimmung bei Vorliegen einer bestimmten Anzahl von Unterschriften über ein Volksbegehren mit der Konsequenz vor, daß bei positiv ausgegangener Volksabstimmung der Landtag verpflichtet ist, einen dem Volksbegehren inhaltlich entsprechenden Gestzesbeschluß zu fassen[8].

Manche Landesverfassungen sehen die obligatorische Volksabstimmung über einen Gesetzesbeschluß nicht nur aufgrund einer Willensbil-

---

4 Johannes Hawlik, „Die Bürgermeisterdirektwahl".

5 W. Brantner, Die Landesverfassungen (1995), Institut für Föderalismusforschung.

6 Artikel 43, 44 B-VG.

7 Artikel 49b B-VG.

8 Artikel 33.

dung der beschlußfassenden parlamentarischen Körperschaft oder aufgrund bestimmter verfassungsgesetzlicher Tatbestände[9] vor, sondern auch auf Antrag einer bestimmten Anzahl wahlberechtigter Bürger. Diese Mitwirkungsmöglichkeit räumt den Normunterworfenen unbeschadet einzelner gesetzlich festgelegter Ausnahmen, wie insbesondere über Steuergesetze, die Möglichkeit ein, jeden beliebigen parlamentarischen Gesetzgebungsakt einer politischen Kontrolle zu unterziehen.

Die Bedeutung der in Bund, Ländern und Gemeinden normierten direktdemokratischen Mitwirkungsrechte muß freilich kritisch hinterfragt werden. Anlaß hiefür bietet die Beobachtung der Ausübung dieser Mitwirkungsrechte. So ist zB festzuhalten, daß die Möglichkeit, über einen parlamentarischen Gesetzesbeschluß eine Volksabstimmung durch Bürgerantrag herbeizuführen, so gut wie nicht genutzt wird. Maßgeblich hiefür ist, daß die Fristen für die Geltendmachung eines solchen Entscheidungsrechts im Interesse der Rechtssicherheit äußerst knapp bemessen sind. Einen Gesetzesbeschluß aber, bei dem schon unmittelbar nach seiner Beschlußfassung derartige Bürgerproteste zu erwarten sind, daß mit seiner Aufhebung durch Bürgerentscheid zu rechnen ist, wird wohl kein Parlament beschließen wollen.

Auch Volksbegehren dienen oft eher der öffentlichen Darstellung politischer Problemfelder durch Parteien oder öffentliche Institutionen als dem Zweck, Bürgeranliegen zu einer parlamentarischen Behandlung zu verhelfen, die von den zum Initiativrecht befugten Parlamentsmitgliedern negiert werden. Bei der parlamentarischen Behandlung solcher Volksbegehren wird der in dem Begehren zum Ausdruck gekommene Bürgerwillen dann oft so verändert, wie er auch Inhalt einer parlamentarischen Initiative ohne Einschaltung des Bürgerverfahrens hätte sein können. Berücksichtigt man den Aufwand und die Kosten, die durch ein solches Volksbegehren entstehen, muß man zur Auffassung gelangen, daß die – vorherige – Säumigkeit der gewählten Abgeordneten gegenüber dem wohl schon länger vor dem Start eines Volksbegehrens bekannt gewesenen Bürgerwillen einer zivilrechtlichen Haftung würdig wäre.

Im Hinblick auf diese nicht gerade eindrucksvolle „Effizienz" der in den letzten Jahren in den österreichischen Verfassungen so zahlreich eingerichteten direktdemokratischen Institute hat sich das Bürgerbegehren auf andere handfestere und für den einzelnen in seiner persönlichen Betroffenheit spürbarere Partizipationsmöglichkeiten an der staatlichen Willensbildung verlegt. So entstand die spezifische Form der Verwaltungskontrolle durch „Anwälte". Beispielgebend und in der Bundesverfassung

---

[9] Artikel 44 B-VG.

verankert war zunächst die Institution der Volksanwaltschaft[10]. Man mag es drehen und wenden, wie man will: Die Einrichtung der Volksanwaltschaft ist das durch den Verfassungsgesetzgeber bestätigte Mißtrauen gegenüber der Kontrollfunktion der Parlamente. Es ist gewiß richtig, daß die immer komplizierter und umfangreicher werdende Rechtsordnung, deren zunehmende Unkenntnis seitens der Rechtsunterworfenen, die traditionelle Ausrichtung des Rechtschutzsystems der Verfassung auf die Prüfung rein hoheitlicher Akte und das dadurch entstandene Rechtschutzdefizit bei dieser verfassungsrechtlichen Institution Pate gestanden sind[11]. Die Tatsache, daß die Volksanwaltschaft über Beschwerden wegen behauptender Mißstände in der Verwaltung zu befinden hat, bei denen ein Rechtsmittel nicht oder nicht mehr zur Verfügung steht, macht deutlich, daß es sich um ein Mittel der Kontrolle handelt, welches nach dem traditionellen demokratischen Verfassungsaufbau grundsätzlich dem Parlament zukommt. Folgerichtig ist die Volksanwaltschaft auch als Instrumentarium des Parlaments ausgebildet[12]. Im Hinblick auf die erwähnte Konkurrenz beim Aufspüren von Mißständen in der Verwaltung zwischen der gesetzgebenden Körperschaft und der Volksanwaltschaft gestaltet sich das Verhältnis der beiden Verfassungsorgane nicht immer friktionsfrei. Dies kommt darin zum Ausdruck, daß die jeweiligen Landesgesetzgeber, die von der Ermächtigung des Artikel 148i B-VG Gebrauch gemacht haben, die Volksanwaltschaft auch für den Bereich der Verwaltung des betreffenden Landes für zuständig zu erklären, dieser keinesfalls auch die gleichen Mitwirkungsrechte im parlamentarischen Verfahren einräumen.[13]

Die Materiengesetzgeber haben insbesondere in den Ländern darüber hinausgehende weitere Anwaltschaften eingerichtet, die letztlich alle die Kontrolle der Verwaltung auf Anregung einzelner und somit den Ausbau direktdemokratischer Elemente zum Ziel haben. Solche Anwaltschaften sind entweder auf einen bestimmten Personenkreis bezogen (zB Patientenanwaltschaft, Gleichbehandlungsbeauftragte) oder nach Sachmaterien orientiert (zB Umwelt- oder Naturschutzanwälte). In den meisten Fällen sind diese Organe durch Verfassungsgesetz im Interesse der unbeeinflußten Ausübung ihrer Kontrollrechte weisungsfrei gestellt. Die Einrichtung solcher weisungsfreier Organe sowohl durch Bundes- als auch durch Lan-

[10] Artikel 148a ff B-VG.

[11] WALTER/MAYER, Grundriß des österreichischen Bundesverfassungsrechtes (1992) 439.

[12] Artikel 148d B-VG.

[13] Das Anhörungs- und Rederecht der Volksanwaltschaft in Ausschüssen oder im Plenum der jeweiligen gesetzgebenden Körperschaft ist teils gesetzlich geregelt, teils der parlamentarischen Praxis überlassen.

desverfassungsrecht ist im Hinblick auf Artikel 20 Abs 1 B-VG zulässig.[14] Es muß allerdings dahingestellt bleiben, ob es sich bei der Tätigkeit verfassungsgesetzlich eingerichteter weisungsfreier Organe, deren einzige Aufgabe in der Kontrolle der Verwaltung aus eigenem oder auf Antrag betroffener norm- unterworfener Bürger besteht, überhaupt um ein „Führen der Verwaltung" im Sinne des Artikel 20 handelt. Man hat diese an Zahl und Kompetenzen wachsenden Organen wohl eher als verfassungsrechtliche Institutionen zu betrachten, die die Schöpfer der österreichischen Bundesverfassung nicht vorausgesehen haben.[15] Es stellt sich daher die Frage, ob für solche Kontrollaufgaben der Verwaltung mit direktdemokratischen Elementen bundesverfassungsgesetzliche Mindeststandards geschaffen werden müßten, um die Spreu nur formal unabhängiger Verwaltungsorgane vom Weizen materiengesetzlicher Kontrollorgane mit verfassungsgesetzlicher Unabhängigkeit zu trennen.[16] Beschwerdetelefone oder Anwaltschaften, die zwar formal verfassungsgesetzlich unabhängig sind, jedoch durch mangelnde Ausstattung kurzfristige Funktionsperioden und das Fehlen jeglicher Parteienstellung keine effiziente Kontrolle ermöglichen, verdienen eher die Bezeichnung „Innenrevision" als „Kontrollorgane der Verwaltung".

Zusammenfassend läßt sich sagen, daß der Wunsch nach Kontrolleinrichtungen in der Verwaltung den nach Initiativ- und Mitwirkungsrechten an der parlamentarischen Gesetzgebung deutlich übersteigt. Die Gesetzgeber tragen diesen Bedürfnissen recht oft auf Grund politischer Anlaßfälle Rechnung, was zu einem verfassungspolitisch nicht gerade erfreulichen Wildwuchs an Kontrolleinrichtungen führt. Dies ist umso bedenklicher als derartige Kontrolleinrichtungen wie auch die Volksanwaltschaft keine dem Verwaltungsgerichtshof vergleichbare Einrichtungen der Rechtskontrolle sind, deren Ausbau – wie noch unten zu zeigen sein wird – eher vernachlässigt ist.

Die wichtigste Entwicklungstendenz unseres demokratischen Prinzips ist im Wahlrecht zu erkennen. Elemente des Persönlichkeitswahlrechtes galten lange Zeit als Luxus einer kleinen Gruppe verfassungspolitisch Gebildeter. Dort wo die Wahlrechtsordnungen die Möglichkeit des Reihens und Streichens vorsahen, blieb diese vom Wähler weitgehend ungenutzt. Erst in den 80er Jahren setzte allgemein das Bestreben des Wählervolkes nach Mitwirkung bei der Erstellung der Kandidatenlisten der Parteien ein. Die Wahlparteien suchten diesem Trend einerseits durch die

---

14 VfSlg Nr 8833.

15 Die Idee eines Anwaltes des öffentlichen Rechtes geht freilich auf Kelsen zurück, Walter/Mayer (FN 11) 439.

16 Die Grenzen sind bisweilen fließend.

Organisation von Vorwahlen bei der Kandidatennominierung Rechnung zu tragen, andererseits wurden die Wahlordnungen des Bundes und der Länder nach und nach in Richtung mehr Einfluß des Wählers auf die Kandidatenliste der von ihm gewünschten Partei geändert.[17]

Bei den Verhandlungen über solche neue Formen der Mitwirkung des Wählers an der Kandidatenerstellung trat deutlich das Problem zutage, den Wunsch der politischen Parteien nach weitgehender Autonomie bei der Erstellung ihrer Kandidatenlisten mit dem Bedürfnis einer – allerdings qualifizierten – Minderheit der Wähler nach freier Bestimmung der Kandidaten der von ihnen bevorzugten Parteiliste zu vereinen. In den Wahlrechtsgesetzen wurden Kompromisse geschlossen, die in der politischen Praxis kaum zu einer Änderung der von der Wahlpartei eingereichten Wählerliste führen. Verantwortlich hiefür sind neben den hohen Voraussetzungen für ein Vorrücken auf der Liste die nach wie vor geringe Beteiligung an der Persönlichkeitswahl, vor allem aber die Einwirkung der wahlwerbenden politischen Gruppen auf die Wähler, das Instrumentarium der Persönlichkeitswahl in ein Votum über den jeweiligen Spitzenkandidaten umzumünzen.

Das Bedürfnis, anläßlich der Wahl eines allgemeinen Vertretungskörpers auch ein Votum über den Spitzenkandidaten abzugeben, namentlich über jenen, der bei Erreichen eines Wahlerfolges zu Regierungsämtern ausersehen ist, ließ schließlich die Forderung nach der Wahl der Regierungschefs laut werden. Einige Länder führten zunächst auf rein landesgesetzlicher Basis die Direktwahl des Bürgermeisters ein. Der Verfassungsgerichtshof hat sich im Jahr 1993 anhand der Tiroler Gemeinde-Wahlordnung 1991 mit der bundesverfassungsgesetzlichen Zulässigkeit der Direktwahl des Bürgermeisters befaßt und diese verneint[18]. Die Bundesverfassung weise dem Gemeinderat organisatorisch und funktionell die zentrale Stellung in der Gemeindeselbstverwaltung zu und lege im Artikel 118 Abs 5 B-VG für alle anderen Gemeindeorgane eine Verantwortlichkeit gegenüber dem Gemeinderat fest. Die Bestellung des Bürgermeisters unter Ausschaltung des Gemeinderates verletze das damit konstituierte demokratisch-parlamentarische System der Gemeindeselbstverwaltung. Ein solcher Systemwechsel sei ohne ausdrückliche bundesverfassungsrechtliche Ermächtigung unzulässig. Diese Rechtsauffassung des Höchstgerichtes wurde sehr schnell im Interesse der politischen Meinungsbildungen über die Bürgermeisterwahl in den betroffenen Ländern egalisiert. Artikel 117 Abs 6 B-VG erlaubt nunmehr den Landesverfas-

---

17 W. C. Müller, Neuere Entwicklungen der Persönlichkeitswahl in Österreich, Österreichisches Jahrbuch für Politik 1988, 671-692.

18 VfSlg Nr 13500.

sungen ausdrücklich, die Wahl des Bürgermeisters durch die zum Gemeinderat Wahlberechtigten vorzusehen.[19] Der Konflikt ist damit freilich nur scheinbar beseitigt. Verletzte nämlich die direktdemokratische Bestellung eines obersten, dem jeweiligen allgemeinen Vertretungskörper verantwortlichen Verwaltungsorgans das wohl nicht nur den Artikeln 115 bis 120 B-VG innewohnende demokratisch-parlamentarische System, dann stellte die zitierte Verfassungsnovelle mit dem neuen Artikel 117 Abs 6 unter Umständen eine Gesamtänderung der Verfassung dar, die gemäß Artikel 44 Abs 3 B-VG einer Abstimmung des gesamten Bundesvolkes zu unterziehen gewesen wäre. Verneint man dies hingegen, so bleibt die Frage im Raum stehen, ob die vom Verfassungsgerichtshof dargereichte Begründung für die Aufhebung der Bürgermeister-Direktwahl deren Verfassungswidrigkeit ausreichend darzutun vermag.

Wie auch immer! Im Hinblick auf die anhaltende verfassungspolitische Diskussion über die Direktwahl der Landeshauptleute wird die Diskussion über oberste Verwaltungsorgane im parlamentarisch-demokratischem System, die einerseits dem Parlament verantwortlich sind und anderseits direkt vom Wählervolk in ihr Amt berufen werden, nicht so schnell enden. Ergänzt wird diese Diskussion neuerdings in politischen Aussagen auch durch den in einzelnen Ländern laut werdenden Wunsch, bei der Bestellung der Mitglieder der Landesregierung das Verhältnis durch ein Mehrheitswahlsystem zu ersetzen. Die relativ weiten Grenzen, die dem Landesverfassungsgesetzgeber bei der Wahl der Landesregierung durch den Artikel 101 B-VG gesteckt sind, hat der Verfassungsgerichtshof in mehreren Erkenntnissen, wie etwa anläßlich der Anfechtung der Wahl der Kärntner Landesregierung vom 30. 5. 1989 betont[20]. Diese weiten Grenzen scheinen es dem Landesverfassungsgesetzgeber aber auch zu erlauben, dem Landtag zwar die Wahl des Landeshauptmannes vorzubehalten, ihn bei dieser Wahl aber an einen Vorschlag des Landesvolks zu binden, den dieses in einem eigenen Wahlgang erstattet hat. Leugnet man dies, so kommt man zu dem eigenartigen Ergebnis, daß der Landtag bei der ihm durch Artikel 101 B-VG eingeräumten Wahl der Mitglieder der Landesregierung an Vorschläge der im Landtag vertretenen Parteien gebunden sein kann, nicht aber an einen Vorschlag des Wählervolkes.

Resümierend ist festzustellen, daß die Fragen des Mehrheitsprinzips bei der Wahl der Regierung, direktdemokratische Mitwirkungsrechte bei der Wahl des Regierungschefs und das Persönlichkeitswahlrecht in en-

---

19 B-VG-Novelle 1994, BGBl 504.

20 VfSlg Nr 12229, ähnlich zu Oberösterreich, VfSlg Nr 13076.

gem Zusammenhang stehen.[21] Nur ein stark ausgeprägtes und wesentlich gegenüber den derzeitigen Modellen im Bund und in den Ländern ausgebautes Persönlichkeitswahlrecht läßt die beim Majorzsystem demokratiepolitisch notwendige Chance auf einen Wechsel in der Regierungsverantwortung intakt und schafft überdies einen Ausgleich gegenüber einem Regierungschef, der sich auf eine Volkswahl berufen kann.[22]

III. Das republikanische Prinzip

Das republikanische Prinzip bedingt nach allgemeiner Auffassung, daß das Staatsoberhaupt auf eine zeitlich begrenzte Funktionsperiode bestellt wird und einer rechtlichen und politischen Verantwortung gegenüber anderen Staatsorganen bzw gegenüber dem Volk unterliegt.[23] Das republikanische Prinzip ist zweifellos jenes Baugesetz, welches die geringste Wandlung erfahren hat. Dessenungeachtet haben sich aber in der verfassungspolitischen Diskussion einige Akzente ergeben, die eine Fortentwicklung zumindest möglich erscheinen lassen. Diese Tendenzen zielen einerseits darauf ab, die Rolle des Bundespräsidenten in der staatlichen Willensbildung zu stärken, und andererseits aber die Funktion des Bundespräsidenten überhaupt in Frage zu stellen.[24]

Regelmäßig anläßlich einer Wahl des Staatsoberhauptes entsteht eine politische Diskussion darüber, ob von einem Kandidaten eher die Rolle eines „aktiven Bundespräsidenten" erwartet werden soll, worunter man gemeinhin nicht eine besonders fleißige Amtsausübung im Bereich der Repräsentationsfunktionen versteht, sondern vielmehr die verstärkte Stellung- und Einflußnahme in den tagespolitischen Geschäften des Nationalrates und der Bundesregierung. Die Gegner einer solchen aktiven Präsidentenrolle führen ins Treffen, nur ein Bundespräsident, der sich aus dem politischen Streit der Tagespolitik völlig heraushalte, sei in der Lage, die ihm nach der Verfassung zukommenden Aufgaben mit der nötigen Autorität und Akzeptanz zu erfüllen. Aus dem positiven Verfassungsrecht läßt sich für die Beantwortung dieser Frage nicht allzuviel gewinnen. Es kann nur festgehalten werden, daß dem Bundespräsidenten im Artikel 65 B-VG Kompetenzen zugeordnet sind, die zumindest zum Teil nur aus

21 Zum Ausgleich der Gewalten H. Mayer, Merkl zu den Baugesetzen des B-VG, in: Walter (Hrsg), Adolf Merkl, Werk und Wirksamkeit 152 ff.

22 Wie ein solcher Ausgleich verfassungsrechtlich hergestellt werden kann, zeigt die Bundesverfassung selbst im Verfahren zur Absetzung des Bundespräsidenten gemäß Artikel 60 Abs 6 B-VG.

23 ZB Mayer, Das österreichische Bundesverfassungsrecht (1994) 3.

24 M. Welan, Das österreichische Staatsoberhaupt (1986).

den historischen Rechten eines Staatsoberhauptes und nicht aus Sacherfordernissen der modernen parlamentarischen Demokratie begründet werden können.[25] Daraus kann bei einer eher statischen Betrachtungsweise die Aufgabe des Bundespräsidenten abgeleitet werden, jedenfalls insoweit im rechtsfreien Raum auf die politische Tätigkeit der übrigen Verfassungsorgane Einfluß zu nehmen, als dies den Erfordernissen der freiheitlichen, parlamentarischen Demokratie zuträglich ist.

Andere Meinungen die in der tagespolitischen Diskussion zum republikanischen Prinzip und zum Amtsverständnis des Bundespräsidenten zum Ausdruck kommen, zielen nach einer Änderung der Regierungsfunktion in Richtung Präsidentschaftsdemokratie.[26] In der öffentlichen Diskussion werden solche Tendenzen mit der Einsparung eines der obersten Staatsorgane begründet.

Gelegentlich wird auch die Abschaffung des Staatsoberhauptes gefordert. Die verfassungsgemäßen Aufgaben des Bundespräsidenten sollten nach dieser Auffassung durch ein Kollegium, zB die Präsidenten des Nationalrates, wahrgenommen werden.

Im großen und ganzen scheinen die rechtspolitischen Diskussionen über das republikanische Prinzip zumindest in absehbarer Zeit nicht zu konkreten Aktivitäten des Verfassungsgesetzgebers Anlaß zu geben. In dem Maß, in dem sich ein gewisses Unbehagen der Bevölkerung mit der Parteiendemokratie manifestiert, steigt offensichtlich auch das Bedürfnis, an der Spitze des Staates ein Organ zu wissen, welches in der durch die Volkswahl stimulierten relativen Unabhängigkeit von den staatstragenden Parteien unter Einhaltung seiner verfassungsmäßigen Kompetenzen behutsam kommentierend in die Regierungsgeschäfte eingreift. Das Wahlverhalten der Bundesbürger und das Verhalten der politischen Parteien bei der Aufstellung ihrer Kandidaten für das „höchste Amt im Staate" scheinen dies zu bestätigen. Einem amtierenden Bundespräsidenten, dem es gelungen ist, sich aus dem Parteienstreit herauszuhalten, werden, wenn er sich zur Wiederkandidatur entschließt, kaum ernsthafte Bewerber entgegengestellt. Andererseits hat die Bundespräsidentenwahl 1992 erwiesen, daß ein Kandidat, der zu der Partei, die ihn aufgestellt hat, eher Distanz zu halten weiß, ein weit über diese Wählergruppe hinausgehendes Stimmenpotential gewinnen kann.

Die feste Verankerung des republikanischen Prinzips in der österreichischen Verfassungspolitik mag auch darin erkannt werden, daß eine regierende politische Partei bei einer bedeutenden Wahl wie der der Mitglieder des Europäischen Parlaments ohne krisenhafte politische Ausein-

---

25 ZB Artikel 65 Abs 2 lit d – Ehelich-Erklärung.

26 ADAMOVICH/FUNK, Österreichisches Verfassungsrecht (1985) 118.

andersetzungen das Mitglied eines ehemals in Österreich regierenden Hauses an wählbarer Stelle zu kandidieren vermag.[27]

IV. Das bundesstaatliche Prinzip

Das bundesstaatliche Prinzip gehört zu jenen Baugesetzen, die in der Bundesverfassung ausdrücklich festgelegt sind.[28] Dennoch ist das bundesstaatliche Prinzip in der österreichischen Bundesverfassung relativ schwach ausgebildet. Die Kompetenzverteilung, ein Herzstück jeder bundesstaatlichen Verfassung läßt von vornherein ein deutliches Übergewicht zugunsten des Bundes erkennen.[29] An der Gerichtsbarkeit haben die Länder keinen Anteil. Hinzu treten jedoch einige Spezifika der verfassungspolitischen Entwicklung, die in durchaus absehbarer Zeit dazu führen könnten, daß sich das österreichische Bundesstaatsmodell auf eine bloße Repräsentanz der Länder als regionale eigenständige Träger privatwirtschaftlicher Aufgaben mit einigen hoheitlichen Kompetenzen minimiert, sozusagen beliehene Unternehmungen mit bundesweit flächendeckender Repräsentanz. Die Länder selbst setzen dieser Entwicklung nicht nur wenig Widerstand entgegen, sondern leisten ihr – wie noch zu zeigen sein wird – mitunter auch Vorschub.

Was sind diese spezifischen Entwicklungen gegen die Idee des Bundesstaates? Als äußere Ursachen können etwa die Fortschritte der Europäischen Integration und die moderne technische Entwicklung festgemacht werden. Die Europäische Integration ist zweifellos eine Chance für den Föderalismus[30], aber alle Bemühungen zur Stärkung der Regionen im Vereinten Europa können zunächst nichts daran ändern, daß es zum Wesen der Europäischen Integration gehört, Souveränitätsrechte an supranationale Organe abzugeben. Es ist eine allgemeine Lebensweisheit, daß ein Verlust die Armen mehr trifft als die Reichen. Dieser aus der Sozial- und Steuergesetzgebung bestens bekannte Grundsatz gilt auch für die staatliche Kompetenzverteilung. Dazu kommt, daß für das übernationale Recht gerade die bedeutsamsten Gesetzgebungskompetenzen der Länder relevant sind wie zB das Baurecht.

---

27 Kandidatur von Karl Habsburg an zweiter Stelle der ÖVP-Liste bei der Wahl zum Europäischen Parlament im Jahre 1996.

28 H. Schambeck, Zum Werden und zu den Aufgaben des österreichischen Föderalismus in Parlamentarismus in Österreich (1992).

29 E. Wiederin, Bundesrecht und Landesrecht, Strukturprobleme der Kompetenzverteilung, Forschungen aus Staat und Recht Bd 111 (1995).

30 H. Schambeck, Europäische Integration und Föderalismus, ÖJZ 1996,.521.

Der technische Fortschritt ist ein weiterer sachlich gewiß leicht zu rechtfertigender Grund, auf länderweise unterschiedliche Regelungen einer Materie zu verzichten. Wo Baustoffirmen österreich- bzw europaweit ihre genormten Produkte anbieten, besteht naturgemäß wenig Verständnis für unterschiedliche bautechnische Vorschriften. Die rasant gestiegene Mobilität, die es Jugendlichen gestattet, größere Distanzen zum Besuch einer Vergnügungsstätte zurückzulegen, läßt sogar länderweise unterschiedliche Jugendschutzbestimmungen fragwürdig erscheinen.

Als endogene Krise ist vor allem das mangelnde Verständnis für Sinn und Bedeutung des Bundesstaates zu erwähnen. Der in den österreichischen Bundesländern zweifellos vorhandene Heimatstolz manifestiert sich eher in folkloristischen Ausdrucksformen als in dem Wunsch nach einer eigenen Staatsgewalt. Wenn das Begehren nach einer strengen gesetzlichen Regelung eines Sachverhaltes laut wird, ertönt meist sofort der Ruf nach einheitlichen zentralistischen Lösungen, wie jüngst die Forderung nach einem bundeseinheitlichen Tierschutzgesetz. Der sachliche Einwand, die Notwendigkeit eines zentralen Tierschutzrechtes müsse Zug um Zug die Übertragung einer Angelegenheit zur Folge haben, die besser dezentral bei den Ländern aufgehoben ist, verhallt ungehört. Es gibt wohl kaum mehr gesetzliche Regelungserfordernisse, und seien sie noch so unbedeutend oder auf eine noch so geringe Zahl von Normunterworfenen ausgerichtet, daß sich dagegen der Ruf nach Aufrechterhaltung des dezentralen Gesetzgebungsstaates behaupten könnte.

Landespolitiker sind oft selbst daran interessiert, Gesetzgebungskompetenzen der Länder dem Bund zu überlassen. Ein Schulbeispiel hiefür sind die Bezüge der öffentlichen Funktionsträger in Bund und Ländern. Eine bundeseinheitlich, verfassungsgesetzlich abgesicherte Regelung erspart es den Ländern, eigenverantwortliche Entscheidungen zu treffen und diese ihren Wählern gegenüber zu rechtfertigen.

Letztlich spielen natürlich auch finanzielle Überlegungen eine Rolle. Der hinhaltende Widerstand der Länder gegen eine Landesverwaltungsgerichtsbarkeit zur Entlastung des Höchstgerichtes und zur Verbesserung des Rechtschutzes ist vor allem darauf zurückzuführen. Die Länder haben aufgrund der angegebenen Entwicklungen in den letzten Jahren nach und nach vor allem in jenen Bereichen Kompetenzen eingebüßt, wo unter öffentlichem Druck neue Regulierungen erforderlich waren wie zB beim Umweltschutz, ohne daß diesen Verlusten gewichtige Machtzuwächse in anderen Bereichen gegenüber gestanden wären.

Ein weiteres Merkmal des Bundesstaates, die Vertretung der Länder in der Bundesgesetzgebung bedarf ebenfalls, und dies schon seit Jahren, einer umfassenden Neuregelung. Zwar wurden in einigen Verfassungsgesetznovellen die Aufgabenbereiche des Bundesrates erweitert[31], doch handelt es sich dabei eher um prozessuale Bereiche. Entscheidend für eine verbesserte Rechtsstellung des Bundesrates ist jedoch das Verfahren zur Berufung seiner Mitglieder. Weniger gesetzliche als praktisch politische Reformen vielmehr. Solange der Bundesrat von politischen Parteien zumindest teilweise als „Reservearmee" betrachtet wird, müssen alle Bemühungen um ein stärkeres politisches Gewicht der Länder bei der Bundesgesetzgebung scheitern.[32] Manche sehen in einer Volkswahl der Bundesratsmitglieder eine Abhilfe.[33]

Will man das bundesstaatliche Prinzip nicht dem Verfall preisgeben, wird der Bundesverfassungsgesetzgeber um energische Schritte nicht herumkommen. Die bereits im Zuge der Beitrittsbemühungen Österreichs zur Europäischen Union geschlossene Vereinbarung zwischen dem Bund und den Ländern zur Neuordnung des Bundesstaates[34], die ursprünglich am 1. Jänner 1995 in Kraft treten sollte, muß wieder ernsthaft in Behandlung gezogen werden. Die bundesstaatliche Kompetenzverteilung wäre neuzuordnen, wobei die weiterhin zu erwartende Verlagerung der Gesetzgebungskompetenz zum Bund durch mehr Vollzugskompetenzen der Länder ausgeglichen werden müßte. Zum Ausgleich wäre überdies die ins Hintertreffen geratene Stellung der Landesparlamente zu stärken. Diesbezüglich steht den Ländern im Hinblick auf die relativ knapp bemessenen Aussagen der Bundesverfassung über die Landtage ein ausreichender Spielraum zur Verfügung.[35] Solche Aufgaben können in einer stärkeren Kontrolle der Landesverwaltung, in Form von Mitwirkungsrechten sowie in politischen Vertretungsrechten der Landesbürger normiert werden.

All diese Bestrebungen werden jedoch die Tendenz zum Zentralismus nicht aufhalten können, solange der dem Bundesstaat essentielle Schutz vor einseitiger Verkürzung der Staatsmacht der Länder durch den Bund fehlt.[36] Einzelne derartige Schutzbestimmungen wie Artikel 44 Abs 2 B-VG, wonach bundesverfassungsgesetzliche Einschränkungen der Länderkompetenzen einer qualifizierten Zustimmung des Bundesrates be-

---

31 B-VG-Novelle 490/1984, 341/1988.

32 Die Verstärkung des Persönlichkeitswahlrechtes und die für wahlwerbende Parteien daraus resultierende Gefahr, Kandidaten auf der Liste an wählbarer Stelle nicht „unterzubringen" verstärkt diese Tendenz.

33 Wolfgang C. Müller, Direktwahl und Parteiensystem, ÖJP '83, 83.

34 Perchtoldsdorfer Paktum.

35 Koja, Das Verfassungsrecht der Bundesländer, 2. Auflage (1988) 23 ff; R. Novak, Die relative Verfassungsautonomie der Länder, in: Landesverfassungsreform, Studien zur Politik und Verwaltung Bd 3 (1982).

36 Koja, Allgemeine Staatslehre (1993) 354 zur „Drei-Kreise-Theorie" Kelsens.

dürfen, vermögen diesen Schutz in der Verfassungswirklichkeit mit Parteibindung und Klubzwang nicht zu gewährleisten. Eher wäre der Schutz des bundesstaatlichen Prinzips, wenn schon nicht durch ein „Überorgan" im Sinne KELSENS, so doch durch das Erfordernis gemeinsamer Gesetzgebungsakte von Bund und Ländern bei Eingriffen in den bundesstaatlichen Staatsaufbau sicherzustellen.

V. Das rechtstaatliche Prinzip

Das rechtstaatliche Prinzip sei hier in dem eingeschränkten Begriffsumfang des Gesetzmäßigkeitsgebotes der Verwaltung, wie es im Artikel 18 B-VG zum Ausdruck kommt, und der nachprüfenden (richterlichen) Kontrolle verstanden. Der historische Ursprung des Rechtstaates als Gegensatz zum Polizeistaat mit der Garantie, daß behördliches Handeln nicht aufgrund Willkür von Verwaltungsorganen, sondern nur aufgrund der Gesetze ergeht, darf als unbestritten vorausgesetzt werden. Welche Entwicklung hat dieses Rechtstaatsprinzip genommen?

Die Normunterworfenen klagen zunehmend über zu viele, zu umständliche und zu unübersichtliche Gesetzesvorschriften. „Deregulierung" ist zum bekanntesten Schlagwort des Rechtslebens geworden. Freilich hat die Forderung nach Deregulierung unterschiedliche Motive[37]. Deregulierung kann, muß aber nicht dem Rechtstaatsprinzip dienen. Die Einschränkung von Parteienrechten im behördlichen Bau- oder Betriebsanlagenverfahren ist aus der ökonomischen Sicht des Betreibers zweifellos zu begrüßen, kann aber genauso gut einen Verlust an Rechtstaatlichkeit bedeuten, weil das Verwaltungshandeln nicht mehr durch die Rücksichtnahme auf Anrainerrechte determiniert ist. Rechtsstaatlichkeit gebietet Maßhalten bei Gesetzungsgebungsakten bei ausreichender Determinierung des Verwaltungshandelns und damit Schutz der Normunterworfenen vor Behördenwillkür. Bußjäger spricht hinsichtlich des Rückzugs der Gesetzgebung auch von einer „unaufrichtigen Gesetzgebung".[38] Als Phänome dieser unaufrichtigen Gesetzgebung nennt er die Scheingesetzgebung, die Beschwichtigungsgesetzgebung, die Verhinderungsgesetzgebung und die Verschleierungsgesetzgebung. Tatsächlich muß die Frage gestellt werden, ob der moderne Gesetzgeber in erster Linie die Determinierung behördlichen Verwaltungshandelns im Auge hat, wenn er Gesetze erläßt. Natürlich war und ist die Erlassung von Rechts- und insbesondere Ge-

37 B. C. FUNK, Deregulierung und Entbürokratisierung am Beispiel von Niederösterreich, Schriftenreihe der Bundeswirtschaftskammer Nr 63.

38 T. BUSSJÄGER, Der Rückzug des Rechts aus dem Gesetzesstaat (1996).

setzesnormen das wichtigste Mittel zur Anwendung staatlicher Macht. Dementsprechend werden Gesetze erlassen, um menschliche Verhaltensweisen einer staatlichen Kontrolle zu unterwerfen.

Eine andere Triebfeder für das In-Gang-Setzen der Gesetzesmaschinerie sind schlichtweg politische Handlungsdefizite. Frei nach Goethe könnte man sagen: „Wo einem die Ideen fehlen, stellt ein Gesetz zur rechten Zeit sich ein." Unter diesem Gesichtswinkel wurden zahlreiche Normen des Umweltrechtes, des Minderheitenschutzes, der Gleichbehandlung der Geschlechter usw erlassen, die sich in der Folge als wenig geeignet erwiesen, den angestrebten Erfolg zu erreichen.

Weit verbreitet ist auch die Sicherheitsgesetzgebung. Menschliche Verhaltensweisen können verschiedene vorhersehbare und unvorhersehbare Gefahren erzeugen. Man kann diesen Gefahren durch Information begegnen, durch die Propagierung sicherer Produkte oder Mittel zur Gefahrenabwehr, oder eben durch Gesetze. Obwohl man in allen Fällen nicht ausschließen kann, daß doch etwas passiert, kann man sich im letzteren darauf berufen, daß das Unglück ohne Gesetzesverletzung vielleicht nicht eingetreten wäre. In diese Kategorie der Sicherheitsgesetzgebung gehören Regeln über Freizeitverhalten, Normierungen von Spiel- und Sportgeräten ebenso wie Dienstnehmerschutzbestimmungen oder detaillierte Regelungen über das Verhalten an öffentlichen Orten.

Schließlich und endlich darf die Bedeutung des Gesetzes als Statussymbol nicht übersehen werden. Wenn es keine Tanzschulgesetze gäbe, könnten sich Tanzschulinhaber bei Ausübung ihres Gewerbes nicht auf eine behördliche Konzession berufen; wenn in Oberösterreich die Vorschriften über Kleingärten in einem Gesetz geregelt sind, wollen auch die niederösterreichischen Gartenfreunde ein eigenes Gesetz haben und die Regeln nicht nur in der Bau- und Raumordnung untergebracht wissen; wenn die Jäger in einer öffentlich-rechtlichen Körperschaft organisiert sind, wollen ihnen auch die Fischer nicht nachstehen.

Was hat das mit dem Verfassungsgrundprinzip der Rechtstaatlichkeit zu tun? Rechtstaatlichkeit bezogen auf Gesetze muß in der modernen Demokratie mehr und anderes bedeuten als die Verhinderung polizeistaatlicher Übergriffe durch Gesetzesnormen. Koja spricht von der Schutz-, Herrschafts-, Verteilungs- und Integrationsfunktion des Gesetzes.[39] Im Rahmen der Schutzfunktion gewähre das Gesetz aufgrund seiner generell abstrakten Natur Rechtssicherheit und Gleichheit. Die Gesetzesflut hat diese Schutzfunktion allerdings schon lange in Frage gestellt. Im Zuge des Sparsamkeitsgebotes der öffentlichen Verwaltung vollziehen immer weniger Organwalter immer mehr Gesetze nur mehr dort, wo es für die

39 Koja, Allgemeine Staatslehre (FN 36) 130 f.

Behörde am leichtesten und einträglichsten ist. Als treffendes Beispiel sei hiefür der Vollzug der Straßenverkehrsordnung genannt. Übertretungen von Halte- und Parkverboten, die leicht und mit hoher Erfolgsquote zu ahnden sind, werden intensiver vollzogen als die aus der Sicht der Gemeinschaft wesentlich gefährlicheren und schädlicheren Übertretungen der Überholverbote und Verstöße gegen die Fahrordnung.

Als Herrschaftsfunktion bezeichnet KOJA die Tatsache, daß das Gesetz zum Unterschied von der ebenfalls generellen Norm Verordnung, weil vom gewählten Vertreter des Souveräns erzeugt, ein Mittel der Volksherrschaft sei. Die überbordenden Gesetzesregelungen gefährden diese Herrschaftsfunktion des Gesetzes. Normen, die, sei es aus Mangel an Vollzugsorganen, sei es wegen praktischer Uneinhaltbarkeit, nicht wirksam werden, führen über den konkreten Anlaßfall hinaus ganz allgemein zu einer mangelnden Achtung der Rechtsunterworfenen vor den Gesetzen. Wenn – um nochmals die Straßenverkehrsordnung zu bemühen – der Gesetzgeber weiß, daß das Verbot des Haltens in zweiter Spur gelegentlich praktisch uneinhaltbar ist, und dennoch daran festhält, muß er in Kauf nehmen, daß sämtliche Normen des Straßenverkehrsrechts nur mehr als Empfehlung angesehen werden. Wenn der Gesetzgeber für behördliche Betriebsanlagen einen Verfahrensgang vorschreibt, der aufgrund seiner langen Dauer aus ökonomischen Gründen nicht eingehalten werden kann, und wenn er dies in Kauf nimmt, anstatt die Verfahrensvorschriften zu ändern, darf es nicht verwundern, wenn auch andere im allgemeinen öffentlichen Interesse wichtige gewerbebehördliche Vorschreibungen unbeachtet bleiben. Das Gesetz kann seine Herrschaftsfunktion nur erfüllen, wenn die Normunterworfenen den Eindruck gewinnen, es sei von den Normsetzern wirklich ernst gemeint ist.

Als Verteilungsfunktion bezeichnet KOJA die im modernen Wirtschafts- und Gesellschaftsstaat übliche Bereitstellung von Leistungen, die aufgrund gesetzlicher Vorschriften nach dem Prinzip der Gleichheit erfolgt. Die Leistungs- und Versorgungsfunktion des Staates wird heute überwiegend in den Formen der Privatwirtschaftsverwaltung ausgeübt. Lediglich dort, wo er Dritte zu Leistungen verpflichten will (zB Gemeinden, Sozialversicherungsträger), greift der Staat zu Formen hoheitlichen Verwaltens. Im Hinblick auf die weitgehende Verneinung der Bindung der Privatwirtschaftsverwaltung an das Legalitätsprinzip[40] kommt dem Gesetz ansonsten keine tragende Rolle zu. Die in der privaten Wirtschaftsverwaltung tätigen Rechtssetzungsautoritäten Bund und Länder organisieren Förderungen je nach politischen Erfordernissen einmal als selbständige Verwal-

40 Besondere Betrachtungsweise: G. WINKLER, Gesetzgebung und Verwaltung im Wirtschaftsrecht (1970).

tungsakte der privaten Wirtschaftsverwaltung, manchmal auch in Form sogenannter Selbstbindungsgesetze.[41]

Die Förderungsmaßnahmen im nichtgesetzlichen Bereich sowie die ausdrücklichen Hinweise in den Selbstbindungsgesetzen, daß ein gesetzlicher Anspruch auf Förderung nicht bestehe, führen zu beachtlicher Rechtsunsicherheit. Im Bereich der Gemeindeverwaltung werden immer wieder Fälle bekannt, wo generell in Aussicht gestellte Förderungsmaßnahmen in Einzelfällen oft nur wegen eines Streits des Gemeindebürgers mit der Gemeindeobrigkeit verweigert werden.

Bleibt schließlich die Integrationsfunktion des Gesetzes. Das Gesetz – so Koja – sei der gemeinsame Nenner, auf den man sich einigt und an dem man festhält, bis auf demokratischem Wege eine Revision erfolgt. Auch diese Funktion ist nicht immer verwirklicht. Die Verweigerung der Anwendung von Gesetzen wird bisweilen als politisches Gestaltungselement zum Einsatz gebracht. Beispiele hiefür sind der Salzburger Ladenschlußstreit über den 8. Dezember, die nach Ansicht vieler Gemeinden ökonomisch undurchführbaren Bestimmungen des Wasserrechtsgesetzes über die Abwasserentsorgung, politische Manifestationen von Abgeordneten gegen die allgemeine Wehrpflicht und ähnliches mehr.

Der Verfassungsgerichtshof hat in einer umfangreichen Judikatur versucht, lenkend in die Widersprüchlichkeiten zwischen Rechtstaatlichkeit und Gesetzesflut einzugreifen. Insbesondere die mangelnde Übersichtlichkeit der Rechtsnormen und die daraus resultierende Rechtsunsicherheit sowie die mangelnde Verständlichkeit einer Norm wurden als mit den rechtstaatlichen Erfordernissen unvereinbar klassifiziert. Anordnungen, die „nur mit subtiler Sachkenntnis, außerordentlichen methodischen Fähigkeiten und einer gewissen Lust zum Lösen von Denksportaufgaben verstanden werden können, verstoßen gegen das Rechtstaatsgebot[42]. In die gleiche Richtung geht ein Erkenntnis, welches die rechtliche Sicherung der Möglichkeit, Informationen über Entscheidungen des Obersten Gerichtshofes zu erlangen, als essentiell für die Rechtstaatlichkeit bezeichnet[43]. Die Effizienz verwaltungsbehördlicher Überprüfungsentscheidungen ist ebenfalls Gegenstand mehrerer Erkenntnisse[44], die besagen, daß gesetzliche Regelungen, wonach ein behördliches Fehlverhalten vorläufig in Kauf genommen werden muß, nicht zu einer endgültigen Belastung führen dürfen.

---

41 Zum Verbot der gesetzlichen Bindung der Gemeinden an privatwirtschaftliches Handeln, Stephan Schwarzer, Gemeindewirtschaft und Gemeindeverfassung, Reihe Rechtswissenschaft Nr 11.

42 VfSlg Nr 12420.

43 VfSlg Nr 12409.

44 VfSlg Nr 12683 und 11196.

Im Zusammenhang mit dem zuletzt erwähnten Erkenntnis darf man erwarten, daß das Höchstgericht den Mangel einer Rechtskontrolle durch den Verwaltungsgerichtshof in einer für den Beschwerdeführer zumutbaren Frist ebenfalls als Verletzung der Rechtstaatlichkeit ansieht. Wenn auch der Weg zu einem Normenkontrollverfahren in diesem Fall schwer zu finden sein mag, bleibt doch die Tatsache bestehen, daß die aus der Überlastung des Höchstgerichtes resultierende de-facto-Verweigerung einer zeitgerechten Kontrolle von Verwaltungsakten heute zu den empfindlichsten Anfechtungen des Verfassungsgrundsatzes der Rechtstaatlichkeit gehört.

Der Verwaltungsgerichtshof hat in mehrfachen Enuntiationen und in der letzten Zeit immer eindringlicher auf seine Überlastung hingewiesen[45]. Die – vorgeschlagene – Einführung von Landesverwaltungsgerichten, die in der Verwaltungskontrolle des Landes die Verwaltungsgerichtsbarkeit erster Instanz übernehmen könnten, scheitert bisher an einer Übereinkunft zwischen dem Bund und den Ländern. Die Länder befürchten eine zusätzliche finanzielle Belastung mit Aufgaben, die aufgrund der derzeitigen Kompetenzverteilung zwischen dem Bund und den Ländern ausschließlich dem Bund zukommen. Umso mehr als die Länder der Auffassung sind, durch die Einführung der Unabhängigen Verwaltungssenate vor einigen Jahren[46] bereits eine Vorleistung in Richtung Verwaltungskontrolle durch unabhängige richterliche Organe erbracht zu haben. Die Unabhängigen Verwaltungssenate in den Ländern drohen zu einem typisch österreichischem Dauerprovisorium zu werden, welches die bereits seit langem anerkannte Notwendigkeit der Schaffung von Verwaltungsgerichten in den Ländern[47] eher hindert als beschleunigt. Die bundesverfassungsgesetzlichen Vorgaben und die Ausführungsgesetze der Länder[48] reichen nicht aus, den Unabhängigen Verwaltungssenat zu einem auf Landesebene angesiedelten Untergericht des Verwaltungsgerichtshofes werden zu lassen. Entscheidend hiefür scheint mir die lediglich auf eine Mindestzeit von sechs Jahren befristete Bestellung, der Bestellungsmodus durch die Landesregierung, der in manchen Ländern keine obligatorische Befassung der Vollversammlung[49] vorsieht, vor allem aber die nach wie vor, abgesehen vom Verwaltungsstrafrecht, sehr eingeschränkte Aufgaben-

45 C. Jabloner, Die Entwicklung der Verwaltungsgerichtsbarkeit in Österreich, ÖJZ 1994, 329 ff.

46 BGBl Nr 685/1988.

47 W. Barfuss, Maßnahmen zur Entlastung der Gerichtshöfe des öffentlichen Rechtes, ÖJZ 1985, 393 ff.

48 Ua Mayer/Stöberl, Die Unabhängigen Verwaltungssenate im Rechtschutzsystem, ÖJZ 1991, 263.

49 ZB § 4 Abs 2 Wiener LGBl 52, 53/1990.

zuteilung durch den Materiengesetzgeber. Ein Verwaltungskontrollorgan ohne generelle Prüfungskompetenz, dessen Aufgaben nach Gutdünken vom Materiengesetzgeber zugeteilt werden, vermag die verwaltungsgerichtliche Kontrolle nicht ausreichend zu ersetzen und trägt daher in der Praxis auch nicht genügend zur Entlastung des Höchstgerichtes bei.

Daß das Rechtstaatsgebot mehr ist und sein muß als die im Artikel 18 B-VG festgeschriebene Bindung des Verwaltungshandelns an das Gesetz, wird in den Entwicklungstendenzen der Verwaltungsnormen allzu deutlich. Ein Gesetzgeber, der in falsch verstandener Befolgung des Gesetzmäßigkeitsgebotes immer zahlreichere und immer unübersichtlichere Normen produziert, verletzt die Rechtstaatlichkeit ebenso wie jener, der der Verwaltung dermaßen umfangreiche Vollzugsaufgaben aufbürdet, daß sie diese nur noch teilweise zu bewältigen imstande ist. Solche Vollzugsdefizite setzen nicht nur die Glaubwürdigkeit der Rechtsnormen herab, sie führen auch zu einer faktischen Ungleichbehandlung der Normunterworfenen. Es ist zu hoffen, daß der Verfassungsgerichtshof seine Prüfung gesetzlicher Regelungen am Rechtstaatsprinzip aufgrund der beschriebenen Tendenzen verstärkt; auch wenn ihm gelegentlich zum Vorwurf gemacht wird, die Prüfung am Rechtstaatsprinzip nicht nur konkret aus Artikel 18 B-VG oder anderen positiv-rechtlichen Verfassungsnormen abzuleiten. Allein der ebenfalls für das Rechtstaatsprinzip essentielle Katalog der Grund- und Freiheitsrechte scheint hinreichende Anhaltspunkte zu liefern, den normunterworfenen Bürger vor den verfassungwidrigen Folgen einer maßlos gewordenen Gesetzesmaschinerie zu schützen.[50]

Da sich die Verwaltung in immer größerem Umfang und in für den Bürger immer existenzielleren Fragen der Privatwirtschaftsverwaltung bedient, stellt sich auch die Problematik der sogenannten „Drittwirkung" der Grundrechte in neuem Licht. Es führt zu einer bedenklichen Ungleichheit der Bürger vor dem Gesetz, wenn einerseits der einfache Gesetzgeber Gleichbehandlungsgebote statuiert und deren Übertretung mit Rechtsfolgen sanktioniert[51], die Bürger aber andererseits durch öffentliche Organe im Rahmen der Privatwirtschaftsverwaltung ungleich behandeln läßt, ohne daß ihnen eine rechtliche Gegenwehr ermöglicht wird. Dies gilt insbesondere dort, wo eine Gebietskörperschaft bei der Regelung privatwirtschaftlicher Angelegenheiten auf die Erlassung eines sogenannten Selbstbindungsgesetzes verzichtet, sodaß die Grundlagen ihres Handelns sogar der verfassungsgerichtlichen Kontrolle auf Gleichheit der

---

50 Gleichheitsgrundsatz, Schutz der persönlichen Freiheit, Recht auf den gesetzlichen Richter usw.

51 ZB Gleichbehandlungsgesetze betreffend das Verbot der Diskriminierung des Geschlechtes am Arbeitsplatz.

Staatsbürger vor dem Gesetz entzogen sind. Solche Fälle sind etwa in der Vergabe von Förderungen, von öffentlichen Aufträgen, der Zuteilung von Heimplätzen, der Aufnahme in nicht gesetzlich geregelte öffentliche Arbeitsverhältnisse usw anzutreffen. Unbeschadet der Geltung des Gleichheitsgebotes für solche privatwirtschaftliche Tätigkeiten[52] wäre ein Grundrecht gegen jede Art exzessiver, willkürlicher Diskriminierung durch den Staat wünschenswert.

Der sowohl bei den Höchstgerichten wie auch teilweise in der Zivilgerichtsbarkeit festzustellende Zeitverzug, stellt einen ebenso gefährlichen Eingriff in das Rechtstaatlichkeitsprinzip dar. Diesem könnte mit einer Ausdehnung des verfassungsgesetzlich gewährleisteten Rechtes auf den gesetzlichen Richter dergestalt begegnet werden, daß dieses Verfassungsgrundrecht die Erledigung einer Rechtssache innerhalb einer für die Betroffenen angemessenen und zumutbaren Zeit beinhaltet.

Nicht zuletzt stellt es einen Verstoß gegen das Rechtsstaatsprinzip dar, wenn der Verfassungsgesetzgeber höchstgerichtliche Entscheidungen über die Verletzung verfassungsgesetzlich gewährleisteter Rechte durch Verfassungsgesetz für die Zukunft zunichte macht[53] oder neuerdings bereits einer möglichen Feststellung solcher Grundrechtsverletzungen durch Verfassungsgesetz zuvorzukommen versucht.

VI. Gewaltentrennendes Prinzip

Das gewaltentrennende Prinzip ist in der österreichischen Bundesverfassung insbesondere in den Artikeln 24 und 94 verankert. Während die Trennung der Justiz von der Verwaltung in allen Instanzen ein Organisationsprinzip der Vollziehung darstellt[54], ist die Abgrenzung der Staatsfunktion Gesetzgebung als Aufgabenzuteilung formuliert.

Das österreichische System der Staatsfunktionen ist auf formellen Grundlagen aufgebaut und läßt vom Geist MONTESQUIEU's wenig spüren.[55] Es herrschen im „Parteienstaat" die politischen Parteien, welche die Gewaltenteilung „überlagern"[56]. Tatsächlich kann von einer Trennung der Gesetzgebung von der Verwaltung nur im formellen Sinn die Rede

---

52 WALTER/MAYER (FN 11) 467.

53 ZB Bewirtschaftung von Taxikonzessionen, VfSlg Nr 9950/1984 sowie Politikerpensionerkenntnis vom 18. 3. 1987, G 225/86.

54 VfSlg Nr 12929.

55 F. ERMACORA, Österreichische Verfassungslehre, Bd 1 (1970) 157.

56 P. PERNTHALER, Allgemeine Staatslehre und Verfassungslehre (1986); H. SCHÄFFER, Parteienstaatlichkeit – Krisensymptome des demokratischen Verfassungsstaates, in: VVdStRL 44 (1986).

sein. Dabei liegen die Probleme der mangelnden Abgrenzung der genannten Staatsfunktionen im materiellen Bereich nicht so sehr in einer Verletzung des Artikel 24. Die Erlassung genereller Normen wird eher zu oft als zuwenig den gesetzgebenden Organen überlassen. Es ist vielmehr die Überlagerung durch die politischen Parteien, die die Gewaltenteilung im österreichischen Verfassungssystem ihres eigentlichen Sinnes beraubt. Dieser Umstand ist auf die Allmacht der Parteien bei der Besetzung der Organe der Gesetzgebung und der obersten Organe der Verwaltung zurückzuführen. Wer in der Regierung den Ton angibt, hat auch im Parlament das Sagen. Politiker nehmen sich da bisweilen kein Blatt vor den Mund und bemühen sich nicht, wenigstens den äußeren Anschein der Gewaltenteilung zu wahren. Da kann es schon vorkommen, daß ein Regierungs- oder Finanzchef „die Einigung der Koalitionspartner über ein Gesetz“ verkündet. Extrem verkürzte Begutachtungsfristen bei Erstellung von Regierungsvorlagen, die Festlegung unabdingbarer, knapp bemessener Inkrafttretenstermine in denselben und die Vorbereitung von Vollziehungsakten vor Befassung des Gesetzgebers weisen der Legislative eine bescheidene Stellung bei der Ausübung der Staatsgewalt zu.

Diese ist freilich nicht nur auf die Macht der politischen Parteien zurückzuführen. Die durch moderne Technologien und europaweite Integration immer kompliziertere Gesetzesmaschinerie verlangt nach arbeitsteiligen Entstehungsprozessen, die geeignet sind, die Legislative gegenüber der mit den weitaus größeren Ressourcen ausgestatteten Exekutive noch weiter in den Hintergrund zu drängen. Da darf es dann nicht verwundern, wenn ein Expertengremium, welches zur Feststellung der Politikergehälter die Arbeitsleistung und die Verantwortlichkeit einzelner staatlicher Funktionäre zu prüfen hat, den Mitgliedern der Parlamente nur die dritte Führungsebene aus dem Wirtschaftsleben zuweist.[57]

Neuerdings scheint jedoch eine gegenläufige Entwicklungstendenz einzutreten, welche der legislativen Gewalt trotz Parteienmacht neue Chancen zur Unabhängigkeit gegenüber der Regierung eröffnet. Kriterien hiefür sind die Tendenzen zur Verstärkung des Persönlichkeitswahlrechtes, die dem Abgeordneten eine relative Unabhängigkeit von seiner Partei verleiht, die Aufweichung des Klubzwanges, die Entscheidungen außerhalb der festgefügten Blöcke von Regierung und Opposition zuläßt, und nicht zuletzt die Forcierung des Initiativrechtes in der Gesetzgebung, welches freilich gelegentlich nicht in einer stärkeren Selbständigkeit der

57 Bericht der Kommission zur Erstattung eines Vorschlages für die Erstellung einer Einkommenspyramide für Politiker in Bund, Ländern, Gemeinden und Selbstverwaltungskörpern gemäß der Entschließung des Nationalrates vom 9. Juli 1996 (E15NR/XX. GP), herausgegeben vom Rechnungshof im Dezember 1996.

Abgeordneten begründet ist, sondern schlichtweg dem Umstand Rechnung trägt, daß die Geschwindigkeit der Gesetzgebungsmaschinerie nicht einmal mehr für das üblich Verfahren zur Erstellung einer Regierungsvorlage Zeit läßt.

Dem Staatswohl dienlich und auch der Vermeidung allzu schneller Gesetzesbeschlüsse, die sich schon oft bald nachher als unvollziehbar oder in sich widersprüchlich herausstellen, wäre eine saubere Trennung legislativer und exekutiver Politiker innerhalb der Parteien. Muß ein Parteichef mit dem Amt des Regierungschefs verknüpft sein, oder wäre es auch denkbar, daß er das Amt des Vorsitzenden der parlamentarischen Körperschaft innehat? Muß die politische Karriere vertikal von der Gesetzgebung zur Vollziehung hin verlaufen, oder könnten politische Karrieren auch horizontal parallel zueinander in Gesetzgebung und Verwaltung gemacht werden, je nach Neigung und Fähigkeit des Betreffenden?

Eine staatspolitisch gefährliche Tendenz gegen das Gewaltentrennungsprinzip zeigt sich zwischen Gerichtsbarkeit und Gesetzgebung, oder auch aus dem verfassungsdogmatischem Begriffsbild in die Sprache der politischen Realität übersetzt, zwischen Richtern und Politikern. Anlaß hiefür ist die gelegentlich bereits zum Machtkampf gewordene Auseinandersetzung zwischen Legislative und Verfassungsgerichtshof. Während dieser sich mehr und mehr aus der formalen Entscheidungsfindung in eine „sachpolitische Prüfung" im Rahmen der ihm zugeordneten Kompetenzen wagt,[58] scheut der Gesetzgeber nicht davor zurück, den „negativen Richter" zu spielen, der dem Rechtsuchenden ein für alle mal den Gerichtszugang durch die Schranke des Verfassungsrechtes verwehrt.[59] Der Gesetzgeber erweist sich dabei als gelehriger Schüler eines formalen Verfassungsverständnisses. Der Kritik, daß man die Wirkung verfassungsgerichtlicher Erkenntnisse nicht durch Verfassungsgesetze egalisieren dürfe, trägt er dadurch Rechnung, daß er möglicherweise verfassungswidrige Gesetze gleich in den Verfassungsrang hebt.[60]

Die Notwendigkeit des Gewaltentrennungsprinzips mag manchen nur soweit staatspolitisch erforderlich scheinen, damit nicht weisungsgebundene Verwaltungsorgane Urteile fällen. Die geschilderten Entwicklungstendenzen, die von den nach schnellen und effizienten politischen Entscheidungen hungernden Bürger sogar noch als „Macherqualität" begrüßt werden, könnten aber dem liberalen demokratischen Staat ernsten Schaden zufügen.

58 R. Novak, Verhältnismäßigkeitsgebot und Grundrechtsschutz, in: B. Raschauer (Hrsg), Beiträge zum Verfassungs- und Wirtschaftsrecht, FS G. Winkler (1989) 39 ff.

59 ZB Politikerpensionserkenntnis vom 18. 3. 1987, VfSlg Nr 11308, 11309, und das dazu ergangene Bundesverfassungsgesetz, BGBl 281/1987.

60 BGBl 201/1996.

VII. Gesamtänderung der Verfassung

Nach Artikel 44 B-VG ist jede Gesamtänderung der Bundesverfassung nach Beendigung des Gesetzgebungsverfahrens gemäß Artikel 42, jedoch vor der Beurkundung durch den Bundespräsidenten einer Abstimmung des gesamten Bundesvolkes zu unterziehen. Eine solche Gesamtänderung liegt vor, wenn eines der Grundprinzipien beseitigt, ein neues Prinzip geschaffen oder die bestehenden Prinzipien in ihren strukturellen Verhältnissen zueinander verändert werden.[61]

Die Begriffsabgrenzung der Gesamtänderung war schon in der ersten Republik ein schwieriges Unterfangen. KELSEN selbst hat die Frage einer Gesamtänderung der Verfassung anläßlich des Regierungsentwurfs zur Verfassungsreform von 1929 gestellt.[62] Jedenfalls war auch damals nach überwiegend herrschender Lehre klar, daß der Begriff der Gesamtänderung in der Bundesverfassung 1920 nicht im formalen, sondern im materiellen Sinn verstanden werden muß, und daß daher auch die Änderung einzelner grundlegender Bestimmungen schon als Gesamtänderung der Verfassung anzusehen ist.[63] Der Verfassungsgerichtshof hat in zahlreichen Erkenntnissen zur Frage des Begriffsinhaltes der Gesamtänderung der Verfassung Stellung genommen. Besonders interessant scheint das Erkenntnis zu § 103 Abs 2 KFG[64]. Ausgangspunkt war wie schon zuvor einige Male die Aufhebung einer bundesgesetzlichen Regelung wegen Verfassungswidrigkeit, welche der Bundesgesetzgeber durch Erlassung einer verfassungsgesetzlichen Regelung gleichen Inhaltes „sanierte".[65] Der Verfassungsgerichtshof hält in diesem Erkenntnis ausdrücklich fest, daß Eingriffe in die Grundprinzipien der Bundesverfassung, wozu auch eine Einschränkung der Gesetzesprüfungskompetenz des Verfassungsgerichtshofs oder eine Durchbrechung der Grundrechtsordnung gehören, eine Gesamtänderung der Verfassung darstellen, meint aber desweiteren, daß die Erlassung dieser Verfassungsbestimmung „noch keineswegs zu einer (baugesetzwidrigen) Häufung von den die leitenden Grundsätze des Bundesverfassungsrechts berührenden Maßnahmen führe".

Aufgrund dieses – beispielhaft zitierten – Erkenntnisses ergibt sich folgendes:

Eine Gesamtänderung der Bundesverfassung besteht nicht nur in der Aufhebung oder wesentlichen Änderung der einzelnen Grundprinzipien der Bundesverfassung, sondern auch darin, daß essentielle Auswirkungen

---

61 WALTER/MAYER (FN 11) 61 f.

62 KELSEN, Verfassungsreform, Juristische Blätter 1929, 457.

63 STRELE, Der Begriff der Gesamtänderung der Verfassung, JBl 1935, 465 ff.

64 VfSlg Nr 11829.

65 § 103 Abs 2 KVG idF der 10. Novelle BGBl 106/1986.

dieser Verfassungsprinzipien wie etwa die Gesetzesprüfungskompetenz des Verfassungsgerichtshofes eingeschränkt werden. Es ist weiters festzuhalten, daß der Verfassungsgerichtshof ein gewisses Maß an verfassungsgesetzlicher „Regulierung" der Grundprinzipien gestattet (arg: „Vielmehr können auch bloß partiell wirkende Maßnahmen – gehäuft vorgenommen – im Effekt zu einer Gesamtänderung der Bundesverfassung führen"). Der Gesetzgeber, der – wenn auch in Einzelfällen aber immer wieder – die Prüfung einer materiellrechtlichen Gesetzesbestimmung durch deren Erhöhung in den Verfassungsrang unterbindet, kann eine Gesamtänderung der Bundesverfassung herbeiführen.

Konsequenterweise stellt sich die Frage, wann das Maß voll ist. Wieviele Fälle wie Taxikonzession, Kraftfahrrecht, Politikerbezüge darf sich ein und derselbe Gesetzgeber erlauben? Warum stellt gerade die letzte in einer Reihe solcher Verfassungsbestimmungen dann als einzige eine Gesamtänderung der Verfassung dar, die ohne Volksentscheid nicht verfassungsgemäß als Gesetz zustande kommen kann? Spielen neben der Zahl auch die Anwendungsfälle der inkriminierten Vorgangsweise eine Rolle?

Ein entscheidendes Kriterium für die Bewertung einer zur Eliminierung des verfassungsgerichtlichen Rechtschutzes in den Verfassungsrang gehobenen materiellen Rechtsvorschrift im Hinblick auf Gesamtänderung könnte auch die Motivation sein, die den Gesetzgeber zu dieser Vorgangsweise bewogen hat. Dies sei am Beispiel des Strukturanpassungsgesetzes 1996 dargestellt.[66] Dieses Gesetz beinhaltet in 98 Artikeln die Änderung zahlloser Rechtsvorschriften zwecks Erzielung des von der Bundesregierung in ihrem Budgetkonzept angestrebten Konsolidierungsprozesses des Staatshaushaltes. Unter anderem werden im Artikel 39 dieses Gesetzes, welcher eine Änderung des Einkommensteuergesetzes 1988 beinhaltet, steuerliche Begünstigungen rückwirkend eliminiert. Die bezughabenden Bestimmungen sind als Verfassungsbestimmungen beschlossen worden. Der Motivenbericht[67] führt dazu aus: *„Die im Verfassungsrang vorgeschlagenen Bestimmungen über ein teilweises Rückwirken steuerrechtlicher Neuregelungen erklären sich aus der besonderen Situation, vor die der Gesetzgeber durch das vorzeitige Ende der letzten Legislaturperiode gestellt ist. Bei sorgfältiger Abwägung der Zielsetzung eines sparsamen Einsetzens verfassungsrechtlicher Bestimmungen einerseits und der Erreichung der im Interesse des Staatsganzen unbedingt notwendigen Budgetkonsolidierung andererseits, sollte der zweiten Zielsetzung Vorrang eingeräumt werden."*

Zunächst ist in diesem Teil des Motivenberichtes eine – absichtlich oder unabsichtlich – mißbräuchliche Verwendung des Begriffs der „Ziel-

66 BGBl 201/1996.

67 GP XX RV 72.

setzung eines sparsamen Einsetzens verfassungsrechtlicher Bestimmungen" zu rügen. Eine solche Zielsetzung, Verfassungsrecht nur sparsam zu schaffen, ist nämlich weder vom Grundsatz her durch ein Grundprinzip der Verfassung indiziert, noch rechtspolitisch gefordert. Gemeint ist offensichtlich etwas ganz anderes, nämlich das Gebot, mit Verfassungsbestimmungen sparsam umzugehen, die den Verfassungsrechtschutz eliminieren, wie dies der Verfassungsgerichtshof in seinem zitierten Erkenntnis, VfSlg Nr 11829, verlangt hat. Angesichts dieses vom Verfassungsgerichtshof unter der Drohung der Feststellung einer Gesamtänderung der Verfassung aufgestellten Gebotes kommt der Gesetzgeber „bei sorgfältiger Abwägung" zu dem Ergebnis, daß die Budgetkonsolidierung im Interesse des Staatsganzen wichtiger sei als die Einhaltung der verfassungsrechtlichen Grundprinzipien. Mit anderen Worten: Der budgetpolitische Zweck heiligt die grundgesetzwidrigen Mittel. Eine derart klare Darstellung der Motivation zum materiellen Verfassungsbruch aufgrund höherwertiger politischer Ziele der Staatsgemeinschaft ist wohl noch selten gegeben worden. Sie postuliert einen Wertekatalog des Gesetzgebers, in dem die Einhaltung der Grundprinzipien der Verfassung anderen grundlegenden politischen Zielsetzungen hintanzureihen ist. In Anlehnung an Wilhelm Busch[68] muß befürchtet werden, daß der Gesetzgeber noch öfters eine derartige „sorgfältige Abwägung" zwischen der Einhaltung der Verfassungsgrundprinzipien und anderen politischen Zielsetzungen treffen wird, wobei ihm zugute kommt, daß ein Teil der öffentlichen Meinung den anderen wichtigen politischen Zielsetzungen gegenüber Rechtsprinzipien ebenfalls den Vorrang einräumt. Zu Recht haben die Universitätsprofessoren des Faches „Finanzrecht" in einem offenen Brief zu den Verfassungsbestimmungen des Strukturanpassungsgesetzes die Befürchtung geäußert, daß eine entsprechende Entscheidung des Verfassungsgerichtshofes in Richtung Gesamtänderung der Verfassung eine tiefgehende innenpolitische Krise auslösen würde, die durch eine zurückhaltendere Vorgangsweise von Regierung und Parlament leicht vermieden werden könnte[69].

Unabsehbar ist darüber hinaus die Auswirkung dieser Vorgangsweise auf die Gesetzesmoral der Normunterworfenen. Was ist, wenn sich der Autofahrer nach „sorgfältiger Abwägung" zwischen der Einhaltung der Straßenverkehrsordnung und seinen beruflichen Terminen im Interesse seiner Existenz fürs Falschparken und Schnellfahren entscheidet? Wenn der Geschäftsmann nach „sorgfältiger Abwägung" zwischen der wirtschaftlichen Lage seines Betriebes und der Steuerpflicht für die Steuerhinter-

68 „Ist der Ruf einmal ruiniert, lebt man gänzlich ungeniert".

69 SWK-Heft 10, 1 April 1996, 108.

ziehung votiert? Wenn der Häuslbauer nach „sorgfältiger Abwägung“ zwischen Sorgepflichten für die Familie und Gesetzestreue ersterer Pflicht den Vorzug gibt und Pfuscher beschäftigt?

Auch in anderen Bereichen kann es zu einer langsamen und oft erst im Nachhinein merklichen, entscheidenden Schwächung der Grundprinzipien kommen. Die mangelnde Reform des Bundesstaates bei gleichzeitiger tagespolitisch motivierter Kompetenzverlagerung in Richtung Bund ist auf lange Sicht geeignet, die Geltung des bundesstaatlichen Prinzips in dem vom Verfassungsgesetzgeber ursprünglich vorgesehenen Ausmaß in Frage zu stellen.

Noch schwieriger ist die schleichende Aufweichung des Grundprinzips der Rechtstaatlichkeit auszumachen. Eine schrankenlose Gesetzesflut, willkürlich gehandhabte Vollzugsdefizite und das faktische Versagen der formalrechtlich vorgesehenen rechtlichen und politischen Kontrollinstanzen vermögen das rechtstaatliche Prinzip von der Allgemeinheit weitgehend unbemerkt, für den einzelnen Normunterworfenen aber umso bitterer spürbar, entscheidend zu schwächen.

Es ist zu hoffen, daß der Verfassungsgerichtshof als legitimierter Hüter der Verfassung in Hinkunft noch konkreter die Grenzen deutlich macht, die auch der Verfassungsgesetzgeber ohne die Einholung einer Willenserklärung des Souveräns Bundesvolk nicht überschreiten darf. Es darf erwartet und gehofft werden, daß es der Verfassungsgesetzgeber auch in Hinkunft nicht wagt, sich an den Zuständigkeiten des Höchstgerichtes zu vergreifen. Das im Artikel 44 B-VG normierte Gesetzeserzeugungsverfahren unter Einschaltung des Bundesvolkes steht ja ohnedies offen. Eine verfassungsrechtliche Kausuistik aufgrund jeweiligen Bürgerentscheids könnte freilich sehr bald das festgefügte Gebäude der österreichischen Bundesverfassung unterminieren.

VIII. Nachsatz

Die Grundprinzipien der österreichischen Bundesverfassung sind dazu ausersehen, das gesellschaftliche Leben des Staates grundlegend zu ordnen. Wie dieses sind sie in einem dynamischen Prozeß eingegliedert. Wie die gesellschaftlichen Wandlungen bedarf auch die Verfassung zum Schutz ihrer Entwicklung eines gelegentlichen Innehaltens, einer bedächtigen Standortbestimmung und einer mahnenden Besinnung. Die hiefür notwendige Autorität können Höchstrichter, Wissenschaftler oder besonnene Politiker vermitteln. Ihr Erfolg wird davon abhängen, ob ihre Bemühungen von der Gemeinschaft der Bürger getragen werden.

Peter Lerche

„Verwaltungsprivatrecht" und „Privatwirtschaftsverwaltung"

I. Vorbemerkungen

Die Dogmatik des deutschen öffentlichen Rechts in Sachen „Verwaltungsprivatrecht" ist tief zerklüftet. Das hat, sieht man richtig, vor allem zwei Gründe. Den Hintergrund bildet die Tatsache, daß sich die überkommene Begriffssprache in Deutschland in diesem Sektor nur mühsam auf dasjenige einrichtet, was man als inhaltliche Rechtsbetrachtung bezeichnet; also auf dasjenige, das in den Arbeiten des Jubilars nicht nur programmatische Anrufung,[1] sondern auch feinfühlige Förderung in unterschiedlichsten Bereichen erfahren hat. Zum andern weichen die inhaltlichen Ziele selbst, so wie diese von den einzelnen Autoren für richtig gehalten werden, erheblich voneinander ab. Dabei sind rechtspolitische[2] Antriebskräfte unverkennbar.

Dazu kommt, daß die Aktualität der Fragestellung in Deutschland in letzter Zeit zugenommen hat; und zwar vor allem angesichts der großen Privatisierungsschübe,[3] die einzelne massenwirksame Einrichtungen, vor

---

1 Siehe nur etwa schon G. Winkler, Wertbetrachtung im Recht und ihre Grenzen (Wien 1969) 11; zum Thema des Verhältnisses „Gegenstand" und „Methode", ein Thema, das den Jubilar nie losgelassen hat, vgl im übrigen *dens,* Rechtstheorie und Erkenntnislehre (Wien 1990) 147 ff, 194 ff sowie bes etwa *ders,* Zeit und Recht (Wien 1995) 517 ff.

2 Zur Verwaltungsrechtspolitik siehe G. Winkler, Die Wissenschaft vom Verwaltungsrecht, in: ders, Theorie und Methode in der Rechtswissenschaft (Wien 1989) 1, 32.

3 Die deutschsprachige Literatur zur „Privatisierung" ist unübersehbar geworden; herausgegriffen seien zur allgemeineren Fragestellung aus letzter Zeit nur etwa die Beiträge zum Thema „Privatisierung von Verwaltungsaufgaben" in VVDStRL 54 (1995) 165 (J. Hengstschläger); 204 (L. Osterloh); 243 (H. Bauer); 287 (T. Jaag); die Sammelbände von St. Biernat/R. Hendler/F. Schoch/W. Andrzej (Hrsg), Grundfragen des Verwaltungsrechts und der Privatisierung (1994), sowie von J. Ipsen (Hrsg), Privatisierung öffentlicher Aufgaben (Köln 1994); ferner etwa H. P. Bull, Privatisierung öffentlicher Aufgaben, Verw Arch 1995, 621; W. Hoffmann-Riem, Verfahrensprivatisierung als Modernisierung, DVBl 1996, 225; H. Lecheler, Privatisierung von Verwaltungsaufgaben, BayVBl 1994, 555; R. Schmidt, Privatisierung und Gemeinschaftsrecht, Die Verwaltung 1995, 281; F. Schoch, Privatisierung und Verwaltungsaufgaben, DVBl 1994, 962; G. F. Schuppert, Die Privatisierungsdiskussion in der deutschen Staatsrechtslehre, Staatswissenschaften und Staatspraxis 1994, 541.

allem Post[4] und Bahn,[5] wie auch andere Bereiche erfaßt haben. Daraus sind manche Einzelfragen des Verwaltungsprivatrechts[6] entstanden, die der Lösung harren. Derartige Fragen können sich sogar dann stellen, wenn die Privatisierung zu einem prinzipiell vollständigen Einrücken der jeweiligen Materie in die Privatwirtschaftlichkeit führt, also zu dem, was man unter „materieller" Privatisierung versteht. Denn auch in diesen Fällen ist vorstellbar und teilweise verfassungsrechtlich garantiert, daß der Staat seine Hand in dem jeweiligen Sachbereich behält; etwa als (vorläufiger oder dauernder) Aktieneigner bei den privatisierten Nachfolgegesellschaften der ehemaligen Staatsunternehmen. Bleibt der Staat irgendwie im Spiel, öffnet sich das Terrain der Frage nach dem Verwaltungsprivatrecht. So etwa werden gemäß Art 87e Abs 3 Satz 1 GG die Eisenbahnen des Bundes als Wirtschaftsunternehmen in privatrechtlicher Form geführt, wobei aber gemäß Sätze 2 – 4 dieses Absatzes der Bund in Teilbereichen die Anteilsmehrheit halten und behalten muß. Auch im Postbereich agieren privatwirtschaftliche Unternehmen (Art 87f Abs 2 Satz 1 GG). Dabei ist der Bund zunächst Aktieninhaber der aus den ehedem öffentlichen Unternehmen (Deutsche Bundespost) entsprossenen Nachfolgegesellschaften geworden.[7] Die Kapitalmehrheit am Nachfolgeunternehmen Deutsche Post AG[8] muß der Bund zumindest fünf Jahre behalten (vgl Art 143b Abs 2 Sätze 2, 3 GG).

Überall dort, wo der Staat in irgendeiner Potenz, sei es beherrschend oder nicht, seine Hand in diesen privatisierten Gefilden stecken hat, drängt sich die Frage nach Konsequenzen für Begriffsbildung und inhaltliche Erfassung von „Verwaltungsprivatrecht" auf. Beides sollte in strukturellem Einklang miteinander stehen. Es liegt nahe zu überlegen, ob nicht aus dem Erfahrungsschatz der *österreichischen* Lehre zur sogen

4 Repräsentativ R. Scholz/J. Aulehner, „Postreform II" und Verfassung, Archiv PT 1993, 221.

5 Repräsentativ E. Schmidt-Assmann/Chr. Röhl, Grundpositionen des neuen Eisenbahnverfassungsrechts (Art 87 e GG), DÖV 1994, 577; U. Steiner, Recht der Verkehrswirtschaft, in: R. Schmidt (Hrsg), Öffentliches Wirtschaftsrecht, bes Teil 2 (Berlin 1996) 127, 179 ff.

6 Grundsätzlich zu Fragen privatrechtsförmigen Verhaltens des Staates siehe nur etwa (aus der deutschen Literatur) D. Ehlers, Verwaltung in Privatrechtsform (Berlin 1984); F. Schnapp, Öffentliche Verwaltung und privatrechtliche Handlungsformen, DÖV 1990, 826 (überzeugend gegen B. Kempen); G. F. Schuppert, Die Erfüllung öffentlicher Aufgaben durch verselbständigte Verwaltungseinheiten (Göttingen 1981); R. Stober, Die privatrechtlich organisierte öffentliche Verwaltung, NJW 1984, 449; siehe zuletzt auch die Beiträge in W. Hoffmann-Riem/E. Schmidt-Assmann (Hrsg), Öffentliches Recht und Privatrecht als wechselseitige Auffangordnung (Baden-Baden 1996).

7 Vgl § 3 Abs 1 PostUmwG.

8 Nachfolgeunternehmen des öffentlichen Unternehmens (Teilsondervermögen) Deutsche Bundespost POSTDIENST; vgl § 2 Abs 1 Satz 1 in Verb mit § 1 Abs 2 PostUmwG.

Privatwirtschaftsverwaltung Anregungen auch für das deutsche Recht zu gewinnen sind.

II. Entwicklungsstand und Kritik

1. Zur österreichischen Begriffsbildung

Der in der österreichischen Rechtswissenschaft und Judikatur eingebürgerte Begriff der *„Privatwirtschaftsverwaltung"* wurde in jüngster Zeit durch K. Korinek/M. Holoubek[9] dahin präzisiert, daß der gesamte Bereich der nicht hoheitlichen staatlichen Verwaltung erfaßt sei; mithin, entgegen dem die wirtschaftliche Komponente betonenden Terminus, nicht etwa nur die erwerbswirtschaftlichen oder strukturell vergleichbaren Tätigkeiten des Staates.[10] Folgt man dieser Präzisierung, die eine ausgedehnte und nicht ganz einheitliche Entwicklung[11] auf einen klaren Begriff bringt, wird ein von Haus aus denkbar weit zu verstehender Bereich zugrundegelegt. Bei ihm ist es auch nicht entscheidend, daß Privatrecht angewendet wird; vielmehr ist die Anwendung des Privatrechts nur „Folge des Umstands, daß es sich bei dieser Art öffentlicher Verwaltung um nicht hoheitliche Verwaltung handelt".[12]

2. Zu deutschen Begriffsbildungen im allgemeinen

In der gegenwärtigen deutschen Literatur öffnet sich eine beachtliche Spannweite der Bemühungen, Verwaltungsprivatrecht definitorisch zu

9 K. Korinek/M. Holoubek, Grundlagen staatlicher Privatwirtschaftsverwaltung (Graz 1973) 9 ff. Siehe im übrigen zum Begriff aus dem österreichischen Rechtskreis etwa B. Binder, Der Staat als Träger von Privatrechten (Wien 1980) bes 46 f, der zugleich auf die Kritik an dem weiten Begriffsverständnis mwA hinweist.

Zum *Legalitätsprinzip* in der Privatwirtschaftsverwaltung siehe K. Korinek/M. Holoubek, aaO 59 ff; vgl auch etwa die Angaben bei G. Wilhelm, Die Vertretung der Gebietskörperschaften im Privatrecht (Wien 1981) 117, FN 260; siehe insbes G. Winkler, Gesetzgebung und Verwaltung im Wirtschaftsrecht, in: ders, Theorie und Methode in der Rechtswissenschaft (Wien 1989) 75, 132 ff.

Kritisch zur *rechtsschutz*mäßigen Behandlung der Privatwirtschaftsverwaltung P. Oberndorfer, Handlungsformen der Verwaltung und Rechtsschutz (aus österreichischer Sicht), in: G. Ress (Gesamtredaktion), Entwicklungstendenzen im Verwaltungsverfahrensrecht und in der Verwaltungsgerichtsbarkeit (Wien 1990) 39, 48 f.

Zu öffentlichen Rechtsträgern mit einem *ausschließlich* privatwirtschaftlichen Aufgabenbereich etwa H. Stolzlechner, Öffentliche Fonds (Wien 1982) 49 ff, 56 ff.

10 Typologische Einordnung der erwerbswirtschaftlichen Tätigkeit des Staates, verstanden als Teil der Fiskalverwaltung, bei K. Korinek/M. Holoubek, aaO (FN 9) 44 ff.

11 AaO 28 ff. Zum Verhältnis zum „Verwaltungsprivatrecht" siehe aaO, 26 ff. Speziell zur Geschichte der Erfassung der öffentlichen Wirtschaftstätigkeit K. Wenger, Die öffentliche Unternehmung (Wien 1969) 26 ff.

12 AaO 10.

erfassen. Dabei erscheint die Definition entweder eher als sozusagen abfallende Frucht gleichzeitiger materiellrechtlich-methodischer Bemühungen um die Sache selbst; oder sie wirkt eher als vorausgesetzte These, aus der dann oft sehr weitreichende substantielle Konsequenzen deduziert werden. Das sind freilich nur Pole der Methodik, die in Reinheit kaum je Gestalt gewinnen.

3. Schattenseiten eines zu engen Verständnisses des Verwaltungsprivatrechts

Eine stärker begriffssubsumierende, also der zweitgenannten Methode zuneigende Betrachtungsweise wird verwendet, rückt man ohne weiteres eine enge Definition des Verwaltungsprivatrechts an die Spitze und zwar im Einklang mit der überkommenen, sozusagen klassischen Begriffsbildung.[13] Diese entstammt dem begriffskonturierenden Genie H. J. WOLFFS.[14] Eben diese ihre Klassizität erspart dann oft weitere spezielle Argumentationen. Eine solche Heuristik kann gewiß nicht schlechthin als Begriffspositivismus in einem negativen Sinn abgestempelt werden; andernfalls wäre ein Operieren mit eingefahrenen Begriffen durchwegs unzulässig. Indessen ist es sehr die Frage, ob der so eingespeicherte Begriff des Verwaltungsprivatrechts, der sich in den beruhigenden Mantel der Tradition hüllt, den heutigen Anforderungen voll gerecht wird. Er bezieht sich nur auf solche Tätigkeiten des Staates in Privatrechtsform, die unmittelbar öffentlichen Verwaltungszwecken, namentlich der Daseinsvorsorge, dienen; erwerbswirtschaftliche und verwandte Verhaltensweisen sind damit ausgeklammert und erscheinen geradezu als Gegenbegriff. Mit dieser überkommenen Verengung wird aber jenem materiellen Umstand nicht zureichend genügt, der ähnlich das erwähnte weite Begriffsverständnis in der österreichischen Lehre und Praxis legitimiert; dh dem Umstand, daß für *jedes* privatrechtsförmige Agieren des Staates spezifische Bindungen des öffentlichen Rechts Geltung beanspruchen – sei es in dieser oder jener, uU abgestuften Form; Bindungen, die für den Bürger (und

---

[13] Repräsentativ zB H. MAURER, Allgemeines Verwaltungsrecht, 9. Aufl (München 1994) § 3, Rn 9; M. RONELLENFITSCH, Wirtschaftliche Betätigung des Staates, in: J. Isensee/P. Kirchhof (Hrsg), Handbuch des Staatsrechts der Bundesrepublik Deutschland, Bd III (Heidelberg 1988) 1171, 1198 ff; H. J. WOLFF/O. BACHOF/R. STOBER, Verwaltungsrecht I, 10. Aufl (München 1994) 238.

[14] H. J. WOLFF, Verwaltungsrecht I (vgl aaO FN 13), 1. Aufl (München 1956); auf die Entstehung weisen etwa hin K. KORINEK/M. HOLOUBEK, aaO FN 9, 26; K. STERN, Das Staatsrecht der Bundesrepublik Deutschland, Bd III/1 (München 1988) 1396. Von grundsätzlichem Einfluß war schon zuvor W. SIEBERT, Privatrecht im Bereich öffentlicher Verwaltung, in: Rechts- und Staatswissenschaftliche Fakultät zu Göttingen (Hrsg), FS H. Niedermeyer (Göttingen 1953) 215.

gleichstehende Zivilpersonen) schon kraft Verfassung nicht oder nur in besonderen Situationen gelten können. Das trifft nicht nur, aber in besonders handgreiflicher Form für das Willkürverbot zu; ebenso für das weit eher praktisch werdende, wiewohl etwas vage Postulat fairen Umgangs mit den Konkurrenten. Dem Staate zuzurechnendes Verhalten läßt sich an keiner Stelle dem Zugriff dieser Postulate entziehen; auch nicht bei erwerbswirtschaftlichen Agenden. Zivilpersonen können zwar in spezifischer Weise, etwa in gesellschaftsrechtlichen Zusammenhängen, den Konsequenzen von Konkretisierungen der genannten Postulate unterworfen gedacht werden (mit welcher näheren Konstruktion auch immer);[15] doch steht ihrer breiteren oder gar generellen Beanspruchung die ursprüngliche und spontane private Freiheit, als Ausgangsschicht ihrerseits grundrechtlich gesichert, entgegen.

Derartige auch für das erwerbswirtschaftliche Operieren des Staates (iwS) geltende Sätze des öffentlichen Rechts sind wie auch sonst „Sonderrecht“; dh sie sind spezifisch öffentlichen Zwecken gewidmetes, nicht für jedermann geltendes Recht, welches das auch hier primär anwendbare allgemeine (= hier: zivile) Recht überlagert.[16] Die Existenz dieses Sonderrechts auch im erwerbswirtschaftlichen Sektor kann nicht schlicht übergangen werden.[17] Eben dies geschieht, wenn der beschriebene enge Begriff des Verwaltungsprivatrechts fortgeführt wird. Daran ändert nichts, daß es sehr wohl sachgemäß, ja im Sinne materieller Rechtsbetrachtung sacherzwungen sein kann, speziell für erwerbswirtschaftliche und verwandte Bereiche Modifikationen des genannten Sonderrechts anzunehmen; darauf ist zurückzukommen.

15 Zum differenzierend zu sehenden Geltungsanspruch des Willkürverbots im Privatrecht siehe schon G. Hueck, Der Grundsatz der gleichmäßigen Behandlung im Privatrecht (München 1958) bes 65 ff, 173 ff.

16 Diese Betrachtungsweise erwächst der im deutschen öffentlichen Recht überwiegend akzeptierten „Sonderrechtslehre“. In der Folge heißt dies: Trotz gegenteiliger Stimmen (zu ihnen referierend K. Korinek/M. Holoubek, aaO [FN 9] 26 f) erscheint das so gewonnene Rechtsgefüge nicht einfach als Ausschnitt aus dem Privatrecht, sondern als Ergebnis der Anwendung öffentlichrechtlicher (= Sonder-)Rechtssätze bei der – hierdurch gerade modifizierten – Handhabung des zivilen (= allgemeinen) Rechts. Dieses Rechtsgefüge ist von den (noch zu berührenden) Modifikationen verwandter Art *innerhalb* des zivilen Rechts zu unterscheiden, die auf besondere Situationen (etwa Monopol-Konstellationen) reagieren. Derartige Tatbestände können bei jedermann aktuell werden, bleiben daher allgemeines Recht (Zivilrecht), während das nur für den Staat geltende Verwaltungsprivatrecht, richtig verstanden, erst dann einsetzt, wenn derartige zivilrechtliche Modifikationen nicht ausreichen, den Besonderheiten des Staates Rechnung zu tragen.

17 Zutreffend insoweit etwa D. Ehlers, aaO (FN 6) 246; *ders* in H.-U. Erichsen (Hrsg), Allgemeines Verwaltungsrecht, 10. Aufl (Berlin 1995) § 2, Rn 76 (vgl aber auch unten sub III, 1).

4. Insbesondere zur Deutung M. Bullingers

Diese Betrachtungsweise gilt auch gegenüber den gewichtigen Bedenken, die M. BULLINGER in einer jungen, grundsätzlichen Arbeit formuliert hat.[18] Dieser Autor löst sich zwar von der zunächst registrierten Begriffsbildung, die den klassisch engen Begriff des Verwaltungsprivatrechts schlicht fortführt. In der Sache selbst aber werden die Bindungen des öffentlichen Rechts in den erwerbswirtschaftlichen und verwandten Bereichen denn doch grundsätzlich in Frage gestellt. In Anknüpfung an L. RAISER[19] werden die Leitgedanken von öffentlichem Recht und Privatrecht funktionell als zwei „allgemeine Teile" des Rechts verstanden, die „gewissermaßen als seine beiden Pole wirken".[20] Von hier aus wendet sich BULLINGER dagegen, die Beweglichkeit der Verwaltung zu sehr einzuschränken, wenn sie sich der Organisations- und Handlungsformen des Privatrechts bedient, um Leistungen wie ein Wirtschaftsunternehmen zu erbringen, dh ohne sich einem einseitig vom Gemeinwohl bestimmten Leistungsprogramm oder Alleinstellungen oder Vorrechten gegenüberzusehen.[21] In Fällen dieser Art habe es „keinen Sinn, das Privatrecht für anwendbar zu erklären, im gleichen Augenblick aber der Sache nach wieder ganz oder weitgehend auszuschließen".[22] Daher sei zu bezweifeln, daß „eine Schutzbedürftigkeit der Bürger es allgemein rechtfertigt, *Grundrechte* auch gegen solches staatliches Handeln wirken zu lassen, das sich voll den allgemeinen Grundsätzen des Privatrechts unterordnet".[23] Dasselbe gelte für *bürgerschützende* allgemeine Grundsätze des öffentlichen Verwaltungsrechts.[24]

Diese Argumente gegen eine Fesselung des erwerbswirtschaftlichen Agierens des Staates an Sätze des öffentlichen Rechts wiegen gewiß schwer, zumal im europäischen und sonstigen übernationalen Wettbewerbsraum. Dennoch dürften sie nur insoweit überzeugen, als durch jene Fesselung eine *übertriebene* Rückbindung des privatrechtlich (und zugleich privatwirtschaftlich) handelnden Staates erzeugt werden würde; sie versagen dagegen angesichts der erwähnten zwar schmalen, aber durchgehenden Bindungen, die für jegliches staatliches Agieren gelten (und die wohl auch

---

18 M. BULLINGER, Die funktionelle Unterscheidung von öffentlichem Recht und Privatrecht als Beitrag zur Beweglichkeit von Verwaltung und Wirtschaft in Europa, in: W. Hoffmann-Riem/E. Schmidt-Aßmann (Hrsg), Öffentliches Recht und Privatrecht als wechselseitige Auffangordnungen (Baden-Baden 1996) 239.

19 L. RAISER, Die Zukunft des Privatrechts (Berlin 1971) 22 f.

20 M. BULLINGER, aaO (FN 18) 249.

21 AaO (FN 18) 248, 255 ff.

22 AaO (FN 18) 256.

23 AaO (FN 18) 257, 248.

24 AaO (FN 18) 257.

Bullinger selbst nicht völlig abschütteln will). Daß eine übertriebene Rückbindung an öffentlichrechtliche Zwänge nicht Sinn der Sache sein kann, dem wird gewiß beigepflichtet werden können. Dadurch entsteht aber für den Staat an keiner Stelle genau dieselbe Position einer autonomen, keiner externen Legitimation bedürftigen Freiheit, wie sie den Privaten auszeichnet.[25]

Allerdings hat es in der gegenwärtigen Situation in Deutschland einen guten Grund daran zu erinnern, daß man sich nicht selbst um die Früchte der grundsätzlichen Entlassung wichtiger Materien in die Privatwirtschaftlichkeit bringen sollte (zumal diese Öffnung überaus mühsam zustandekam). Ohnehin sieht sich im Bereich von Post und Telekommunikation die prinzipielle Privatwirtschaftlichkeit schon von Haus aus erheblich begrenzt; und zwar dadurch, daß stattliche infrastrukturelle Sicherungen verfassungsrechtlich vorgegeben sind (vgl Art 87f Abs 1 GG). Auch im Terrain der Eisenbahnen finden sich hierzu – noch vager formulierte – Entsprechungen (vgl Art 87e Abs 4 GG). Es wäre nicht sachgemäß, diese vorgegebenen infrastrukturellen Einbindungen derart rigide zu handhaben, daß der Grundgedanke der Öffnung zur Privatwirtschaftlichkeit konterkariert werden würde;[26] dh daß durch Aufblähung der infrastruk-

---

25 Maßgeblich, aber nicht ausschließlich aktualisiert sich diese Freiheit hier in der privaten Wirtschaftsfreiheit. Zur letzteren aus dem österreichischen Schrifttum etwa K. Wenger, Wirtschaftsrecht – eine juristische Disziplin im Spannungsfeld von Sein und Sollen, in: B. Raschauer (Hrsg), Beiträge zum Verfassungs- und Wirtschaftsrecht, FS G. Winkler (Wien 1989) 121, 139 ff mwA. Die Privatautonomie im Spiegel Kelsens beleuchtet neuerdings N. Irti, Privatautonomie und Staatsform, in: A. Carrino/G. Winkler (Gesamtredaktion), Rechtserfahrung und Reine Rechtslehre (Wien 1995) 3.

In besonderer Weise kann der Autonomiegedanke bei öffentlichrechtlichen Rechtspersonen mit prinzipieller Staatsfreiheit lebendig werden; dazu G. Winkler, Die Rechtspersönlichkeit der Universitäten (Wien 1988) bes 160 ff, 333 ff. Zur Frage Autonomie und Satzungsrecht siehe auch *dens*, Die Institutionen personaler Selbstverwaltungskörper in der Ordnung des Rechts, in: ders, Studien zum Verfassungsrecht (Wien 1991) 281, 301 ff. Zum autonomen Satzungsrecht ferner etwa G. Stillfried, Berufliche Selbstverwaltung und autonomes Satzungsrecht (Wien 1994).

Aus der deutschen Literatur siehe grundlegend allgemein zur Privatautonomie jüngst W. Zöllner, Regelungsspielräume im Schuldvertragsrecht, AcP 196 (1996) 1. Auf die Bedeutung der Unterscheidung staatlichen und privatautonomen Handelns im vorliegenden Bereich weist etwa D. Ehlers, aaO (FN 17) (in Allg Verwaltungsrecht) § 2, Rn 77 hin.

26 Etwa dadurch, daß die gesetzlichen Konkretisierungen der verfassungsrechtlich vorgezeichneten infrastrukturellen Gewährleistungen das Maß wirtschaftlicher Zumutbarkeit (hierzu für die Auferlegung öffentlicher Lasten allgemein aus dem österreichischen Rechtskreis B. Raschauer, Wirtschaftliche Zumutbarkeit, in: ders [Hrsg], Beiträge zum Verfassungs- und Wirtschaftsrecht, FS G. Winkler [Wien 1989] 149) sprengten. Zu grundrechtlichen Schranken direkter Wirtschaftslenkung siehe aus dem österreichischen Schrifttum ferner jüngst etwa E. Schulev-Steindl, Wirtschaftslenkung und Verfassung (Wien 1996) 95 ff; früher etwa K. Korinek, Das Grundrecht der Freiheit der Erwerbsbetätigung als Schranke für die Wirtschaftslenkung, in: ders (Hrsg), Beiträge zum Wirtschaftsrecht, FS K. Wenger (Wien 1983) 243.

turellen Gewährleistungen letztlich fast dieselben Schranken der primär leistungsstaatlichen Orientierung erzeugt werden würden, wie sie vor den Verfassungsänderungen bestanden hatten.[27]

5. Zur Konstruktion H. Chr. Röhls

Von wieder anderer Ausrichtung ist ein weiterer scharfsinniger und grundsätzlicher Versuch aus dem jungen deutschen Schrifttum, „Verwaltungsprivatrecht" neu zu deuten: RÖHL[28] konstruiert vom staatlichen Subjekt aus, für dessen Handeln die Grundrechtsbindung umfassend gelte[29] – insofern im Einklang mit dem auch hier für richtig Gehaltenen. Dabei aber sei zwischen (in diesem Sinn stets öffentlichrechtlichem) Handeln und der durch dieses Handeln hervorgerufenen Rechtsgestaltung zu trennen. Eine derartige Rechtsgestaltung könne sich durch Rechtsfolgen des Privatrechts charakterisieren.[30] Dann sei zB beim Vertrag des Staates mit dem privatrechtlichen Vertragspartner ihrerseits eine „Sonderbindung" zu konstatieren; nämlich die Sonderbindung des zu beachtenden Privatrechts. *Diese* Sonderbindung überlagere die allgemeinen öffentlichrechtlichen Bindungen (die der Staat mitbringe).[31] Die auf diese Weise konstruierte Sonderbindung ist also gewissermaßen eine umgekehrte im Vergleich zur bisher geläufigen Annahme; der Annahme, daß kraft modifizierender Überlagerung des ‚allgemeinen" (= zivilen) Rechts durch die für den Staat geltenden öffentlichrechtlichen (= sonderrechtlichen) Rechtsbindungen ein spezifisches Rechtsgefüge, eben „Verwaltungsprivatrecht", geschaffen werde.

Diese Umkehrung der Sonderrechtsvorstellung in der Betrachtungsweise RÖHLS stößt aber ebenfalls auf einige Bedenken. Es dürfte zu einer Verkürzung der Perspektive führen, wenn der privatrechtliche Bereich des Handelns im wesentlichen nur als eingetretene Privatrechtsgestaltung, dh als Ergebnis des Handelns, vor Augen tritt. Eine solche Reduzierung wird der Vielgestalt der Variationen, in denen sich der Staat privatrechtlicher

---

27 Zur bisherigen Verfassungssituation der Leistungsstaatlichkeit siehe nur etwa P. BADURA, Verwaltungskompetenz und Organisationsrecht des Bundes (Art. 87 Abs. 1 GG) im Hinblick auf eine Beteiligung an Unternehmen in einer Rechtsform des privaten Rechts, betrachtet am Beispiel der Postreform von 1989, in: B. Pfister/M. R. Will (Hrsg), FS W. Lorenz (Tübingen 1991) 3 ff.; P. LERCHE in: Th. Maunz/G. Dürig, Grundgesetz (München Stand 1992) Art 87, bes Rn 86 ff, 108, 117.

28 H. CHR. RÖHL, Verwaltung und Privatrecht – Verwaltungsprivatrecht? Verw Arch 1995, 531.

29 AaO (FN 28) 535.

30 AaO (FN 28) 534 ff.

31 AaO (FN 28) 537 ff, 540 ff.

Organisations- oder Handlungsformen bedienen kann und bedient, kaum gerecht. Privatrechtseinwirkung der RÖHL vor allem vorschwebenden Art ist unter ihnen nur eine bestimmte, wiewohl praktisch wichtige Modalität, genauer: ein Instrument im Konzert der privatrechtlich relevanten Äußerungsformen. Wenn sich zB der Staat als Innehaber (Kapitalmehrheit) von Aktiengesellschaften auf den Wettbewerbsmärkten von Post oder Telekommunikation usw. tummelt, dann setzt er ua auch dieses Instrument ein, indem er privatrechtliche Verträge abschließt. Die primäre Tatsache der Schaffung der Organisationsform als Aktiengesellschaft als solche sollte dadurch aber nicht an den Rand treten. Mit dem Hineinschlüpfen in diese Organisationsform sind zahlreiche weitere privatrechtsrelevante Wirkungen verbunden. Die daraus erwachsenden „Handlungs“-Ermächtigungen und ihre Begrenzungen insbesondere können nicht sämtlich (sondern nur teilweise) dem öffentlichen Recht zugeschlagen werden, auch wenn der Staat handelt. Die ganz grundlegende Entscheidung für die Privatwirtschaftlichkeit gerade und vor allem in den Bereichen Post (mit Telekommunikation) und Bahn verflüchtigte sich zu sehr, wollte man nur jenes privatrechtsgestaltende Instrumentarium vor sich sehen. Auch sollte nicht der Eindruck entstehen, daß bei privatrechtlichem Operieren des Staates lediglich *zusätzliche* Bindungen, nämlich die Respektierung auch der privatrechtlichen Normen, hinzutreten. Immerhin weichen zahlreiche, wiewohl nicht sämtliche öffentlichrechtliche Bindungen zurück. Das gilt in den Fällen von Bahn und Post im Blick auf die bisherige Beherrschtheit durch die Prinzipien der leistungsstaatlichen Daseinsvorsorge. Es ist, wie schon in früherem Zusammenhang bemerkt, gerade Sinn der Verfassungsreform, bisherige Einschnürungen dieser Art – auch im Interesse größerer internationaler Beweglichkeit – abzustreifen.

Zudem: In den Augen RÖHLS erscheint der Geltungsanspruch der zivilrechtlichen Normen, wenn der Staat sich des privatrechtlichen Vertrags bedient, als „privatrechtliche Sonderbindung der Verwaltung“,[32] also als eine Art *Sonderrecht.* Die grundsätzliche Unterordnung sämtlicher Rechtssubjekte, auch des Staates, unter die privatrechtlichen Normen, wenn deren Tatbestände erfüllt sind, ist aber Ausfluß der *allgemeinen* Rechtsordnung. Es bleibt in sich stimmig, das demgemäß allgemein geltende Privatrecht als „allgemeines“ Recht zu erfassen, auch wenn es bei Beteiligung des Staates vielfältig überlagert und daher im Ergebnis modifiziert oder teilweise verdrängt wird.

32 AaO (FN 28) 533.

III. Verwaltungsprivatrecht im engeren und im weiteren Sinn

Bemüht man sich aufgrund dieser Erwägungen um eine begriffliche Klarstellung, dürfte es sich empfehlen, zwischen Verwaltungsprivatrecht im weiteren und im engeren Sinn zu unterscheiden. Das setzt allerdings zunächst voraus, daß man den Ausdruck „Verwaltungsprivatrecht" beibehält, wiewohl er, wie ähnlich oft bemerkt, nicht sonderlich präzise ist: Der Ausdruck deutet auf einen bloßen Ausschnitt aus dem Privatrecht als allgemeinem Recht, während es sich um ein spezifisch geltendes Rechtsgefüge handelt.[33] Trotz dieser gewissen Irreführung mag der Terminus im Ganzen aber wohl bewahrt werden, ähnlich wie auch die österreichische Lehre an dem mehrfach nicht ganz präzisen Ausdruck der Privatwirtschaftsverwaltung festhält.[34] Als in Deutschland eingebürgerter Terminus sollte „Verwaltungsprivatrecht" nicht ohne wirkliche Not durch ein Neugebilde ersetzt werden. Die Art seiner Verwendung muß aber den Forderungen inhaltlicher Rechtsbetrachtung genügen.

1. Engeres Begriffsverständnis

Als „Verwaltungsprivatrecht im engeren Sinn" kann der eingangs erwähnte für Deutschland klassische Begriffsinhalt festgehalten werden; also die in Privatrechtsform erfolgende staatliche Tätigkeit, die unmittelbar den Aufgaben öffentlicher Verwaltung gewidmet ist. Dies fällt rechtsinhaltlich gesehen weitgehend zusammen mit den leistungsstaatlichen bzw wirtschaftslenkenden Agenden.

Angesichts der strukturellen Unterschiedlichkeiten zwischen Leistungsstaatlichkeit einerseits, erwerbswirtschaftlich und vergleichbar ausgerichteten staatlichen Tätigkeiten andererseits, ist es ratsam, sich insoweit an den überkommenen Begriffskonturen zu orientieren. So gesehen wirkt es bedenklich, die Besonderheiten der Leistungsstaatlichkeit allzu sehr abzuhobeln; wie dies etwa dann geschieht, wenn D. Ehlers[35] sagt, die Verwaltung könne sich des Privatrechts stets „nur als eines technischen Normenkomplexes bedienen". Die teilweise sehr starken Lockerungen und Modifizierungen im erwerbswirtschaftlichen Felde haben unverkennbares Eigengewicht. Daran ändert nichts, daß sich in der Praxis leistungs-

33 Siehe oben FN 16. Nikolaus Müller, Rechtsformenwahl bei der Erfüllung öffentlicher Aufgaben (Institutional choice) (Köln 1993) 197 spricht (mit vielen ähnlichen Stimmen) von einem „dritten Rechtskreis" zwischen reinem Privatrecht und strengem öffentlichen Recht.

34 Vgl oben sub II 1.

35 AaO FN 17 (in Allg Verwaltungsrecht), § 2, Rn 77.

staatliche und (kommerziell) privatwirtschaftliche Komponenten häufig zusammenfinden;[36] etwa in der Weise, daß durch Auferlegung von Betriebspflichten oder ähnlicher infrastrukturell orientierter Lasten ein prinzipiell privatwirtschaftlicher Tätigkeitsbereich leistungsstaatlich (sektoral) eingebunden werden kann. Der schon berührte Art 87f Abs 1 GG ist dafür ein Beispiel (das sich freilich nicht nur auf Unternehmen beschränkt, die unter staatlichem Einfluß stehen). Eben hier treten die Konturen der – verbliebenen, reduzierten – Leistungsstaatlichkeit deutlich hervor: Verwaltungsprivatrecht im engeren Sinn als Hypothek auf erwerbswirtschaftlicher Freiheit.

2. Weiteres Begriffsverständnis

Davon läßt sich der Begriff des Verwaltungsprivatrechts im weiteren Sinn abheben. Der so gebildete Begriff umfaßt neben den leistungsstaatlichen Agenden des Staates auch alle seine sonstigen in Privatrechtsform erfolgenden Tätigkeiten in der Verwaltungssphäre. Damit korrespondiert er im Effekt mit jenem oben (II 1) berichteten weiten österreichischen Begriff der Privatwirtschaftsverwaltung. Da der gesamte erfaßte Tätigkeitsbereich, wie bemerkt, durchgehenden, zugleich aber (jedenfalls in dieser Form) allein auf den Staat (iwS) bezogenen Rechtsnormen unterworfen ist, besteht ein materielles Bedürfnis nach einer derartigen zusammenfassenden Begriffsbildung. Die Trennung zwischen einem weiteren und einem engeren Begriffsinhalt des Verwaltungsprivatrechts fiele allerdings in sich zusammen, wenn zu jenen durchgehenden Rechtsbindungen auch die Gemeinwohlbindung in einem engeren Sinn gerechnet werden wollte. Dieser These muß aber widerstanden werden. Zwar ist richtig, daß jegliche staatliche Verhaltensweise dem Gemeinwohl zu dienen hat.[37] Das aber kann in dieser Allgemeinheit nur in einem sehr weiten Verständnis genommen werden. Der grundsätzlichen Entlassung bisher leistungsstaatlicher Agenden des Staates in die Privatwirtschaftlichkeit liegt gerade das Motiv zugrunde, daß *letztlich* so und nur so dem Allgemeinwohl, insbesondere auch den sozialstaatlichen Bedürfnissen, besser entsprochen werden kann als durch Aufrechterhaltung der leistungsstaatlichen Einschnürungen (die ohnehin durch gewisse begrenzte Kommerzialisierungen schon gelockert waren). Das gilt dann aber für den privatwirtschaftlich handelnden Staat und die sonstigen Unternehmen weithin

---

36 Siehe auch zur nur typologischen Trennbarkeit K. Korinek/M. Holoubek, aaO (FN 9) 40 ff.

37 Allgemein zur Verpflichtung des auch fiskalisch handelnden Staates auf das Gemeinwohl etwa K. Stern, aaO (FN 14) 1412.

gleichermaßen. Namentlich soll auch deren Tätigkeit den verbliebenen infrastrukturellen Zwecken dienen.

Auf der anderen Seite wird durch die Überwölbung mit einem weiteren Begriff des Verwaltungsprivatrechts auch nicht etwa eine unangemessene Rigidität erzeugt:

Werden erwerbswirtschaftliche Betätigungen des Staates auf diese Weise trotz ihrer Eigenheiten dennoch als verwaltungsprivatrechtlich (iwS) erfaßt, wird damit zwar ua zum Ausdruck gebracht, daß die durchgehende Grundrechtsbindung des Staates auch hier nicht abgeschüttelt werden kann.[38] Wie aber schon angedeutet, kann bei der konkreten Bemessung der Folgen dieser Grundrechtsbindung hinreichend auf die Eigenarten reagiert werden, die die privatwirtschaftliche (kommerzielle) Tätigkeit bietet. Da diese Eigenarten „Sach"strukturen kennzeichnen, werden sie insbesondere bei der Handhabung des Gleichheitssatzes zu Buche kommen. Grenzen sind freilich auch hier gegeben; andernfalls lösten sich die Bindungen, die das Verwaltungsprivatrecht iwS formuliert und die die Existenz eines solchen Begriffs erst legitimieren, in nichts auf.

Durch die Einsammlung der erwerbswirtschaftlichen, dem Staate zuzurechnenden Betätigungen unter einen weiteren Begriff des Verwaltungsprivatrechts werden also keine unsachgemäßen Einschnürungen erzeugt. Das kann auch noch aus entgegengesetzter Perspektive beobachtet werden. Das Privatrecht selbst, dessen man sich im gesamten Bereich des Verwaltungsprivatrechts bedient, wird nur dann und nur insoweit durch das öffentliche Recht, etwa die spezifisch staatliche Grundrechtsbindung, als Sonderrecht überformt, wenn und soweit dies erforderlich ist; dh soweit nicht schon das Privatrecht *von sich aus* als allgemeines Recht hinreichende Mechanismen bereithält, um auf besondere Situationen, etwa monopolartige Konstellationen, angemessen reagieren zu können. Bevor der Rückgriff auf verwaltungsprivatrechtliche Korrekturen geboten sein kann, sind daher zunächst einmal die eigenen Mechanismen des Zivilrechts zu aktivieren.[39] Dies steht im Einklang mit der allgemeineren Beobachtung,

---

38 Zur sehr umstrittenen Frage der Grundrechtsbindung der Privatwirtschaftsverwaltung bzw der Fiskalverwaltung siehe (außer etwa M. Bullinger, aaO FN 18; D. Ehlers, aaO FN 17) bes K. Hesse, Grundzüge des Verfassungsrechts der Bundesrepublik Deutschland, 20. Aufl (Heidelberg 1995) Rn 347; K. Korinek/M. Holoubek, aaO (FN 9) 117 ff, 146 ff; K. Stern, aaO (FN 14) 1418 ff. W. Siebert, aaO (FN 14) 240, ließ die Bindung der erwerbswirtschaftlichen Tätigkeit des Staates an die Grundrechte dahingestellt (und bejahte sie im übrigen).

39 Siehe nur etwa H. P. Bull, Allgemeines Verwaltungsrecht, 4. Aufl (Heidelberg 1993) Rn 390; zuletzt vgl H.-K. Trute, Wechselseitige Verzahnungen zwischen Privatrecht und öffentlichem Recht, in: W. Hoffmann-Riem/E. Schmidt-Aßmann (Hrsg), Öffentliches Recht und Privatrecht als wechselseitige Auffangordnungen (Baden-Baden 1996) 167, 179. Zur entsprechenden Relevanz der allgemeinen Regeln des Wettbewerbsrechts etwa BVerwG E v 21. 3. 1995, DVBl 1996, 152 (153) mwA.

daß die Grundrechtsinhalte, soweit sie auch im Verhältnis der Privatrechtspersonen untereinander gelten, dem Privatrecht im allgemeinen nicht von außen eingepflanzt sind (mit Ausnahmen); sie selbst bringen weitgehend allgemeines Recht, gesehen in spezifischen Beziehungen, zum Ausdruck.[40]

IV. Anknüpfungspunkte des Verwaltungsprivatrechts iwS

Gewisse Unsicherheiten innerhalb der Lehre vom Verwaltungsprivatrecht sind dadurch entstanden, daß in bestimmter grundsätzlicher Richtung vielfach nicht hinreichend sachgerecht unterschieden wird. In den Vordergrund pflegt man die Unterscheidung von staatlich dominierten Unternehmen des Privatrechts und solchen zu rücken, bei denen der Staat mit geringerer Kraft beteiligt ist, den sogen. gemischt-wirtschaftlichen Unternehmen. Das ist zwar gewiß eine praktisch wichtige Differenzierung. Beispielsweise haben sich erhebliche Kontroversen über die Frage gebildet, ob bzw wieweit sich gemischt-wirtschaftliche Unternehmen auf Grundrechte berufen können.[41]

Damit wird aber der eigentliche Ansatzpunkt des Verwaltungsprivatrechts (iwS) eher verdeckt. Diesen bildet nicht die Tatsache, daß ein Unternehmen auftritt und daß hierbei der Staat über eine größere oder eine geringere Einflußkraft gebieten kann; entscheidend ist vielmehr zunächst, *daß* der *Staat* in welcher Weise auch immer bei der jeweiligen privatrechtlichen Organisationsform beteiligt ist. Soweit nach dem Gesagten der Staat in allen seinen Organisations- und Tätigkeitsformen gewissen allgemeineren Rechtsbindungen, zB solchen grundrechtlicher Art, unterworfen ist, also im Bereich des Verwaltungsprivatrechts im weiteren Sinn, ist es zunächst gleichgültig, ob er als in der jeweiligen Gesellschaft dominierender Faktor auftritt oder ob er nur über eine schwächere Potenz verfügt; denn in beiden Fällen ist er, soweit er selbst handelt, etwa seine Anteilsrechte ausübt, an jene übergreifenden Sätze des Verwaltungsprivatrechts gebunden.

Davon abzuheben ist, daß in derartigen Fällen eben jene durchgehenden Sätze des Verwaltungsprivatrechts iwS ihrerseits durch die besonde-

40 Zum Grundsätzlichen näher P. Lerche, Grundrechtswirkungen im Privatrecht, Einheit der Rechtsordnung und materielle Verfassung, in: R. Böttcher ua (Hrsg), FS W. Odersky (Berlin 1996) 215. Siehe zur Grundtendenz der Bewahrung hinreichender und notwendiger Eigenständigkeit des zivilrechtlichen Instituts der Vertragsfreiheit zuletzt W. Zöllner, aaO (FN 25) 1 ff.

41 Dazu E. Schmidt-Assmann, Der Grundrechtsschutz gemischt-wirtschaftlicher Unternehmen nach Art. 19 Abs. 3 GG, Betriebs-Berater 1990, Beilage 34 zu Heft 27.

ren privatrechtsgesellschaftlichen Gegebenheiten modifiziert werden können. Je nach Beteiligungskraft des Staates vermag er schon aus gesellschaftsrechtlichen Gründen uU seine staatsspezifischen Zielrichtungen nicht oder nur begrenzt durchzusetzen.[42] Auch können die staatsspezifischen Einbindungen nicht von der Beachtung der gesellschaftsrechtlich zwingend vorgegebenen Bindungen (etwa im Hinblick auf die privaten Anteilseigner) befreien.[43]

Eine Loslösung von der – hier besonders umstrittenen[44] – *Grundrechtsbindung* des Staates kann aber auch dadurch nicht gerechtfertigt werden. Das zeigt sich etwa darin, daß bei staatlicher Wettbewerbsteilnahme die Grundrechte konkurrierender Privater seitens des Staates beachtet werden müssen. Das ist jedenfalls im Ergebnis weithin anerkannt.[45] Dabei steht zwar zunächst nur die staatliche Respektierung fremder Grundrechte, soweit sie im Wettbewerb Relevanz gewinnen können, in Rede. Aber auch dies setzt die Grundrechtsunterworfenheit des Staates in diesem Bereich voraus. Wer demgegenüber das erwerbswirtschaftliche Verhalten des Staates von Haus aus grundrechtsfrei stellen möchte – etwa auf der Basis jenes enggefaßten Begriffs vom Verwaltungsprivatrecht –, gleichzeitig aber jene Wettbewerbsbindung anzuerkennen gezwungen ist, sieht sich zu inkonsequenter Argumentation gezwungen oder zur Etablierung von Ausnahmen.[46]

Ist also auch in diesen Fällen von der Grundrechtsunterworfenheit des Staates auszugehen, kann dennoch – in Konsequenz des Gesagten – bei der *näheren Abmessung* der Grundrechtsbindung den Besonderheiten derartiger staatlicher Aktivitäten Rechnung getragen werden. Ohnehin darf zB die Bindung an den Gleichheitssatz (auch) in dieser Richtung nicht strapaziert werden;[47] auch sie führt nicht zu jener primären Bindung an Leistungsstaatlichkeit zurück, die gerade aufgebrochen werden

42 Nach K. Stern, aaO (FN 14) 1422 könne man den Staat (als gesellschaftsrechtlich Beteiligter) von der Grundrechtsbindung insoweit nicht freizeichnen, als er in der Lage ist, bei Grundrechtsverletzungen moderierend einzuwirken. ME besteht die Grundrechtsbindung für das staatliche Agieren umfassend, was sich aber im Agieren der Unternehmen als solche uU nur begrenzt niederschlagen kann.

43 Viel Kritik hat die Kammerentscheidung des BVerfG v 16. 5. 1989, JZ 1990, 335 (mit Anm G. Kühne, aaO 335) erfahren, die bei der Frage des Grundrechts*schutzes* gemischt-wirtschaftlicher Unternehmen die privaten Anteilseigner etwas stiefmütterlich bedenkt.

44 Vgl oben FN 38.

45 Vgl zuletzt etwa BVerwG E v 21. 3. 1995, DVBl 1996, 152 (153, mwA); R. Schmidt, Öffentliches Wirtschaftsrecht, Allg Teil (Berlin 1990) 523 ff.

46 So M. Ronellenfitsch, aaO (FN 13) 1200.

47 Zur Relevanz des Gleichheitssatzes etwa K. Hesse, aaO (FN 38) Rn 347; K. Korinek/M. Holoubek aaO (FN 9) bes 155 f.

sollte. Außerdem wird erneut von Bedeutung, daß die relevanten Rechtssätze, die sich im Verhältnis zum Staat als Grundrechtsbindung äußern, inhaltlich schon weithin in der Privatrechtsordnung selbst heimisch sind.

Jedenfalls ist bei dieser Gesamtfrage schärfer, als es regelmäßig geschieht, zu unterscheiden zwischen den für das staatliche Agieren *in* den privatisierten Unternehmen geltenden Normen und jenen Normen, die für die Betätigung der Unternehmen *selbst* gelten. Daher bleibt die Beanspruchung des Begriffs des Verwaltungsprivatrechts iwS für den erstgenannten Tätigkeitskreis auch dann sinnvoll, wenn der Staat in der jeweiligen Gesellschaft keine beherrschende Position innehat. Die seismographische Apparatur der Dogmatik sollte sich auch in diesem Raum nicht sozusagen in Einzelkörper verselbständigen.

Gerhard Luf

Kant und die Menschenrechte

Überlegungen zur aktuellen Diskussion über die Begründung von Menschenrechten

„Der zeitgenössische Liberalismus ist das variantenreiche Werk einer Kantischen Erbengemeinschaft."[1] Mit diesen Worten kennzeichnet W. KERSTING prägnant die zentrale Bedeutung, die der Theorie KANTS in den Diskussionen um die Grundlegung und Ausgestaltung der gegenwärtigen politischen Philosophie des Liberalismus zukommt. In der Tat berufen sich die zeitgenössischen Theoretiker liberalen Staats- und Gesellschaftsdenkens immer wieder auf KANT. Sie suchen, wie etwa J. RAWLS, die eigene Theorie in kantischer Perspektive zu entfalten oder, wie die verschiedenen diskurstheoretischen Ansätze, KANTS systematischen Anspruch aufzugreifen und diesen, in kritischer Auseinandersetzung mit ihm und ihn gleichwohl überschreitend, unter gesellschaftlich-politischen Gegenwartsbedingungen und gegenwärtigen Herausforderungen zu reformulieren. Damit kommen aber auch die neueren liberalismuskritischen Theorien des Kommunitarismus, die sich in wiederum höchst unterschiedlicher Weise an ARISTOTELES, HEGEL oder an Positionen der Hermeneutik orientieren, nicht umhin, sich ihrerseits mit KANTS politischer Philosophie auseinanderzusetzen. Im Rahmen dieser Diskussionen kommt einem Thema besondere Bedeutung zu: der Frage nach dem Beitrag KANTS für die philosophische Begründung der Menschenrechte. Dabei besteht bei aller Unterschiedlichkeit der Standpunkte zunächst wohl Einigkeit darüber, daß KANT selbst keine Theorie der Menschenrechte explizit entwickelt, sondern allenfalls – und darüber handelt die durchaus kontroverse Diskussion – die philosophischen Grundlagen gelegt hat, von denen ausgehend es möglich sein sollte, durch systematisches Weiterdenken zu einer tragfähigen Philosophie der Menschenrechte zu gelangen.

Den Ansatzpunkt dieser Diskussion bildet KANTS Sicht der transzendentalen Freiheit als Fundament des Rechts, wie dies in der bekannten Definition ausgedrückt wird, Recht sei „der Inbegriff der Bedingungen,

---

1 W. KERSTING, Wohlgeordnete Freiheit. Immanuel Kants Rechts- und Staatsphilosophie. Einleitung zur Taschenbuchausgabe (Frankfurt/M 1993) 19.

unter denen die Willkür des einen mit der Willkür des andern nach einem allgemeinen Gesetze der Freiheit zusammen vereinigt werden kann."[2] Dieser Freiheitsbezug des Rechts kommt nicht nur in dem zitierten objektiven Rechtsprinzip zur Darstellung, sondern auch in seiner Konzeption des Rechts im subjektiven Sinne. Seine Begriffsbestimmung der Freiheit als subjektives Recht ist nichts anderes als die in die Form des subjektiven Rechts gewendete Formel des objektiven Rechtsprinzips. KANTS Begriffsbestimmung lautet: „Freiheit (Unabhängigkeit von eines anderen nötigender Willkür), sofern sie mit jedes anderen Freiheit nach einem allgemeinen Gesetz zusammen bestehen kann, ist dieses einzige, ursprüngliche, jedem Menschen, kraft seiner Menschheit, zustehende Recht."[3] Darin drückt sich der fundamentale Anspruch aus, auch in den Sphären des vom Recht erfaßbaren „äußeren" Freiheitshandelns jeden Menschen als Subjekt verantworteter Freiheit anzuerkennen und solcherart in seiner Würde als Person zu respektieren. In struktureller Analogie zum kategorischen Imperativ ist es die Aufgabe des auf intersubjektive Freiheitskonkordanz nach einem allgemeinen Gesetz bezogenen Rechts, den Menschen durch institutionelle Gewährleistungs- und Schutzvorkehrungen als „Zweck an sich selbst" zu achten, dh zu verhindern, daß der Mensch im öffentlichen wie im privaten Raum seines Handelns durch einwirkende Gewaltmechanismen zur Sache degradiert, also zum bloßen Mittel für irgendwelche Zwecke gemacht und ihm solcherart jeglicher Raum zu freiheitlicher Selbstbestimmung entzogen wird.

Nun spricht KANT von der grundlegenden rechtlichen Freiheit eines jeden Menschen hier nur im Singular und betont explizit, dieses angeborene Recht sei „nur ein einziges"[4]. Es stellt sich daher die Frage nach der Zulässigkeit bzw Möglichkeit, aus diesem Freiheitsprinzip im Wege der Konkretisierung geschichtliche, inhaltlich näher determinierte Freiheitsverbürgungen, also konkrete menschenrechtliche „Freiheiten" abzuleiten. Im Hinblick auf eine solche Ableitung ist allerdings vorweg eine Vorgangsweise als unzulässig, weil mit KANTS System nicht vereinbar, auszuschließen: Der Versuch nämlich, vom Freiheitsbegriff als dem obersten normativen Prinzip ausgehend, auf deduktivem Weg einen Katalog materialer Rechtswerte gewinnen zu wollen, in die individuelle bzw gesellschaftliche Grundgüter integriert und zu einem hierarchisierten Ensemble von fundamentalen Rechten transformiert würden. Dies stünde im Widerspruch zur notwendigen Formalität des Kantischen Freiheitsbegrif-

[2] Metaphysik der Sitten, Rechtslehre, VIII, 337 (zitiert nach der zwölfbändigen Ausgabe des Suhrkamp-Verlages [Frankfurt/M 1977]).

[3] VIII, 345.

[4] Ebd.

fes, dessen Unbedingtheit sich gerade darin zeigt, daß er mit seinem Anspruch auf allgemeine Gesetzlichkeit alle materialen Gehalte, wie etwa anthropologische Konstanten oder Gesetzmäßigkeiten geschichtlich-gesellschaftlicher Erfahrung, notwendigerweise überschreitet. Wenngleich eine solche „materiale" Deduktion unzulässig wäre, muß es aber andererseits doch möglich sein, die transzendentale Freiheit auf geschichtliche Handlungskonstellationen zu beziehen und sie damit anwendbar zu machen. Andernfalls wäre Freiheit nicht formal, sondern schlicht inhaltsleer und ohne Bedeutung für die Wirklichkeit menschlicher Praxis, also auch für die praktische Verwirklichung von Recht. Der Frage, wie diese geschichtliche Applikation von Freiheit im Recht, speziell im Bereich der Menschenrechte vollzogen werden kann, möchte ich nun in Auseinandersetzung mit Positionen nachgehen, die sich in der neueren KANT-Literatur finden und dabei spezielles Augenmerk auf die Interpretationen W. KERSTINGS richten.

KERSTING nimmt in diesem Zusammenhang einen gewissermaßen „puristischen" Standpunkt ein. Er insistiert darauf, daß „das in der Rechtsidee begründete angeborene Recht ... nur ein einziges sein und nur die Bestimmungen enthalten (kann), die im Konzept der rechtsgesetzlich definierten äußeren Freiheit enthalten sind"[5]. Im Hinblick auf die Diversifizierbarkeit dieser Freiheit zu einer Vielzahl an Freiheiten folgert er sodann: „Eine Vielzahl von natürlichen Rechten, der eine Vielzahl von Freiheiten und Ansprüchen entspräche, läßt sich aus dem kantischen Rechtsgesetz nicht gewinnen, und zwar aus genau dem Grund nicht, aus dem sich aus dem kategorischen Imperativ kein inhaltlicher Pflichtenkatalog herausspinnen läßt. Die Allgemeinheit eines normativen Prinzips ist nur um den Preis seiner Formalität und Negativität zu bekommen. Jede Vermehrung des angeborenen Rechts auf Freiheit, die über eine Herausstellung seiner analytischen Bestandteile der Gleichheit und Selbständigkeit hinausginge, müßte sich auf materiale Elemente, auf Bedürfnisse, Interessen, Zwecke etc. berufen, und damit die reine praktische Vernunft als Fundament des Menschheitsrechts zerstören."[6] KERSTING verweist in diesem Zusammenhang auf CH. WOLFF, der im Rahmen seiner Vollkommenheitsethik zu einer unabschließbaren Fülle natürlicher Rechte gelangt sei. Dies habe eine inflationäre Deduktion unkonturiert-beliebiger Rech-

5 W. KERSTING, Wohlgeordnete Freiheit. Immanuel Kants Rechts- und Staatsphilosophie (Frankfurt/M 1993) 208.

6 W. KERSTING (FN 5) 208 f; in seiner Einleitung zur Taschenbuchausgabe 1993 bekräftigt er diese Position, wenn er schreibt: „Allen inhaltlichen Momenten des menschlichen Handelns gegenüber gleichgültig, weder an Bedürfnislagen, Handlungszwecken noch Gesinnungen interessiert, konzentriert er sich allein auf die Fragen der formalen Verträglichkeit der äußeren Freiheit des einen mit der äußeren Freiheit des anderen." (26)

te zur Folge; eine Tendenz, die er auch an der gegenwärtigen Entwicklung des Menschenrechtsgedankens konstatiert.[7] Das fundamentale Menschenrecht KANTS dagegen formuliere bloß „die grundlegende Rechtsposition, die Menschen als Freie und Gleiche, als im Raum miteinander lebende Vernunftwesen im Verhältnis zueinander einnehmen, und (konzentriere) in sich die Vernunftbedingungen einer von Naturbestimmungen losgelösten Welt“[8]. Dabei nehme KANT „weder die allgemeinen Bedingungen der Verwirklichung menschenrechtlicher Freiheit in das Konzept der Menschenrechte auf, noch (reagiere) er auf besondere, geschichtlich erfahrene Freiheitsgefährdungen“[9].

KERSTING sieht also in KANTS Konzept des „Menschheitsrechtes“ weder geschichtliche Realisierungsbedingungen von Freiheit angesprochen, noch wird dieses Konzept seiner Ansicht nach durch exemplarische Unrechtserfahrungen, deren zentrale Bedeutung für die geschichtliche Genese der Menschenrechte in den aktuellen Diskussionen besonders hervorgehoben wird, zu rechtlichen Konkretisierungen stimuliert. Aus all dem ergibt sich für KERSTING als Konsequenz: „Eine den begründungstheoretischen Prämissen kantischen Philosophierens folgende Menschenrechtskonzeption muß sich auf die Darstellung der den Menschen als vernünftigen Wesen zukommenden rechtlichen Stellung und die Explikation der Grundelemente reiner Rechtssubjektivität beschränken und die konkretisierende Ausfaltung des Menschenrechtsgedankens in zwischen Vernunftrecht und positives Recht tretende Grundrechte der geschichtlichen Verfassungsbewegung und der sie tragenden juristischen und politischen Diskussion überantworten.“[10]

Nach dieser Interpretation kann die kantische Konzeption des „einzigen“ angeborenen Freiheitsrechtes für die Begründung der Menschenrechte eigentlich kaum Anhaltspunkte bieten. Denn es bleibt offen, auf welche Weise dieses Freiheitsrecht für die zweifellos notwendige juristisch-politische Positivierung konkreter Menschenrechte in der Geschichte als legitimierendes bzw kritisches Prinzip dieser Konkretisierung zu fungieren vermag. KERSTINGS abstrakter Verweis auf die Aufgabenstellung konkreter Verfassungsgebung vermittelt jedenfalls den Eindruck, als ob innerhalb eines hochabstrakten, von jeder geschichtlichen Realität abgehobenen vernunftrechtlichen Rahmens nichts anderes als ein bloßer Grundrechtspositivismus freigesetzt würde, dem die Rückbindung an ein praxisleitendes Prinzip der Vermittlung letztlich fehlt.

---

7 W. KERSTING (FN 5) 210, FN 213.

8 W. KERSTING (FN 5) 211.

9 Ebd.

10 W. KERSTING (FN 5) 211f.

Dieser Eindruck wird im weiteren im Rahmen einer kontrastierenden Gegenüberstellung nur verstärkt. Diese unternimmt KERSTING zwischen KANTS drei Prinzipien des „status civilis" (Freiheit, Gleichheit, Selbständigkeit[11]) und der liberalen Idee einer Begrenzung staatlicher Macht durch staatsgerichtete Abwehrrechte, die als die klassischen Menschenrechte vorgestellt werden. Obgleich KANT in seiner Gegnerschaft gegenüber dem paternalistischen Obrigkeitsstaat absolutistischer Provenienz zweifellos liberal-rechtsstaatlichen Vorstellungen anhänge, stünde, so KERSTING, sein vernunftrechtliches Staatskonzept doch in deutlichem Kontrast zu einer auf Begrenzung tendenziell mißbräuchlicher Staatsmacht ausgerichteten liberalen Grundrechtstheorie. Denn: „Einer vernunftrechtlichen Staatstheorie, die den Staat als in den apriorischen Prinzipien der Freiheit und Gleichheit gegründeten Zustand bestimmt ..., muß der sich nur auf den Staat der Erscheinungssphäre beziehbare Gedanke des Grundrechts als eines subjektiv öffentlichen Rechts, als einer staatsgerichteten, die Individualfreiheit damit gleichsam unter die Kategorie des Eigentums subsumierenden Ausschlußbefugnis fremd sein."[12] KANT gehe es „nicht primär um die Zähmung des Leviathans, sondern um die grundsätzliche Frage der freiheitsgesetzlichen oder vernunftrechtlichen Bedingungen einer Staatseinrichtung. Der für die Grundrechtstheorie prägende Erfahrungshintergrund eines freiheitsbedrohenden Staates wird in der auf vernunftrechtliche Begründung des Staatsrechts zielenden reinen Rechtsphilosophie ausgeklammert."[13] Freiheit im Verständnis des kantischen Staatskonzepts sei nicht auf Ausgrenzung von Freiheitssphären bedacht, sondern verwirkliche sich in dem Anspruch politischer Autonomie, keinem Gesetz zu gehorchen, dem man nicht zugestimmt haben könnte, ziele also auf politische Partizipation. In diesem Sinne betont KERSTING, Freiheit besitze als „Recht auf Mitbestimmung des gesetzgeberischen Willens ... keinen liberalen, sondern einen demokratischen Charakter"[14]. In diesem Rechtszustand herrsche Freiheit, „weil die Gesetze durch den vereinigten Volkswillen gegeben werden, und nicht aufgrund staatlicher Grundrechtsgewährleistung"[15]. Resumierend betont KERSTING daher: „Der Staat der Vernunft ist ein demokratischer Gesetzgebungsstaat. Die Grundrechte liegen nicht dem staatlichen Zustand voraus, sie bilden keinen materiell-rechtlichen Schutzwall der Individuen gegen staatliche Eingriffe in die individuelle Freiheitssphäre, sondern sie

---

11 Vgl VIII, 432.

12 W. KERSTING (FN 5) 370.

13 W. KERSTING (FN 5) 371.

14 Ebd.

15 W. KERSTING (FN 5) 372.

gehen als Konstitutionsbedingungen eines freiheitsgesetzlichen Rechtserzeugungsprozesses in diesen ein und in ihm auf."[16]

Wenn für KERSTING schon liberale Grundrechte in KANTS Staatsphilosophie keinen Platz finden, so gilt dies umso mehr für etwaige soziale Grundrechte, die darauf gerichtet wären, soziale Gleichheitsbedingungen als Voraussetzung realer Freiheitschancen auf grundrechtlichem Wege zu schaffen. Nach KERSTINGS Interpretation besitzt KANTS Freiheits- und Gleichheitsverständnis keinerlei soziale Implikationen: „Ist es angesichts der gesellschaftlichen Bedingtheit der Wahrnehmungschance des Freiheitsrechts nicht mehr die rechtliche, sondern die wirkliche Freiheit, an der sich das Gleichheitsprinzip und seine staatliche Realisierung auszurichten haben, dann ist der Boden der kantischen Rechtsphilosophie verlassen."[17] Andernfalls „müßte die Vernunft einen allgemeingültigen Glücksbegriff besitzen, der den Gesetzgeber in die Lage versetzt, sein ihm abverlangtes Zuteilungsgeschäft von Glückschancen gerecht durchzuführen."[18] Da die Glücksvorstellungen der Individuen nicht auf eine dem Prinzip der Freiheit adäquate Weise verallgemeinerbar wären, bleibe es dabei: „Der vernunftrechtliche Ordnungsentwurf muß daher von jeder individuellen Gestalt des äußeren Freiheitsgebrauches absehen und sich auf die rein formalen Bedingungen der Übereinstimmung der inhaltlich unbestimmt gelassenen individuellen Freiheitssphären konzentrieren. Das hohe Ziel eines allgemeinverbindlichen Gesetzes verlangt diesen Preis."[19]

Die von KERSTING vorgenommene Interpretation ist mE unter drei Gesichtspunkten diskussionsbedürftig: Erstens im Hinblick auf die These, das fundamentale Freiheitsrecht, das die „reine Welt des Rechts"[20] konstituiere, sei gegenüber allen materialen Momenten wie Bedürfnissen,

16 Ebd, in die gleiche Richtung gehen auch HABERMAS' Überlegungen zu dem an ROUSSEAU orientierten vernunftrechtlichen Postulat KANTS, die gesetzgebende Gewalt könne „nur dem vereinigten Willen des Volkes zukommen" (VIII, 432). HABERMAS betrachtet es als die „Pointe dieser Überlegung", daß in ihr „die Vereinigung von praktischer Vernunft und souveränem Willen, von Menschenrechten und Demokratie" zur Geltung komme. Im Unterschied zu LOCKES Konzept naturständlicher Rechte werde bei KANT „der Autonomie der Gesetzgebungspraxis selbst eine vernünftige Struktur eingeschrieben." Es sei so „(d)er vereinigte Wille der Staatsbürger ..., da er sich nur in der Form allgemeiner und abstrakter Gesetze äußern kann, per se zu einer Operation genötigt, die alle nichtverallgemeinerungsfähigen Interessen ausschließt und nur solche Regelungen zuläßt, die allen gleiche Freiheit garantieren. Die Ausübung der Volkssouveränität sichert zugleich die Menschenrechte."(Volkssouveränität als Verfahren, in: Faktizität und Geltung. Beiträge zur Diskurstheorie des Rechts und des demokratischen Rechtsstaats, [Frankfurt/M 1992] 611.)

17 W. KERSTING (FN 5) 380.

18 Ebd.

19 W. KERSTING (FN 5) 381.

20 W. KERSTING (FN 5) 27, Einleitung (1993).

Interessen, Zwecksetzungen und Gesinnungen gleichgültig, weil ausschließlich auf die Gewährleistung reziproker bzw symmetrischer Konkordanz äußerer Handlungssphären bezogen. Zweitens im Hinblick auf die Weise, wie in dieser Interpretation die vernunftrechtlichen Prinzipien der kantischen Staatskonzeption einerseits und die liberalen, aus den Unrechtserfahrungen gegenüber dem Gewalt- und Mißbrauchspotential moderner Staatlichkeit erwachsenen Menschen- und Bürgerrechte andererseits einander entgegengesetzt werden. Und, drittens die Frage, inwieweit KANTS Rechtsverständnis systematisch gegenüber jenen Erwägungen offen ist, die im Hinblick auf sozio-ökonomisch bedingte Ungleichheiten von Freiheitschancen eine vernunftrechtliche Berücksichtigung sozialer Voraussetzungen von Freiheit und deren grundrechtliche Sicherung einfordern.

1.) KERSTINGS Sicht des kantischen Vernunftrechts, dessen „reine" Form er gegenüber „materialen" Faktoren wie anthropologischen Konstanten, Interessen, Bedürfnissen, Zwecksetzungen etc, also allesamt Elemente einer „empirischen" Betrachtungsweise, pointiert abhebt, führt zur wichtigen Frage, auf welche Weise transzendentale Freiheit geschichtlich vermittelt werden kann. Dabei ist zu bedenken, daß die bei KERSTING anklingende Vorstellung, ein an der Konkordanz äußerlicher Freiheitssphären orientiertes Rechtskonzept könne gegenüber diesen Faktoren indifferent bleiben, dazu tendiert, an den fundamentalen Institutionalisierungs- und Anwendungsbedingungen juristischer Normativität vorbeizuzielen. Denn es ist dem Recht, auf welcher Abstraktionsebene auch immer, wesentlich, daß es sich auf Personen bezieht, deren Handeln nicht allein durch reines Wollen, sondern unhintergehbar auch durch spezifische Bedürfnis- und Interessenlagen bestimmt ist. Dies gilt nicht bloß, was ja selbstverständlich ist, für die Bestimmung individueller Willkür, sondern notwendigerweise auch für die nach Reziprozitätsgesichtspunkten vorzunehmende rechtliche Abgrenzung der Willkürsphären selbst. Denn auch im Rahmen dieser Abgrenzung der Handlungssphären zum Zwecke der Ermöglichung menschlicher Freiheit werden Rechtssubjekte als sinnlich-bedürftige Wesen angesprochen, deren abstrakte juristische Rollenzuweisung immer auch je spezifische Interessen-, Bedürfnis- und Zweckkonstellationen mitumfaßt.[21] Daher kommt ein an gleicher Frei-

21 Vgl CH. STADLER, Transzendentale Deduktion zwischen Theorie und Praxis. Vorüberlegungen zu einer Staatstheorie nach Kant (Cuxhaven/Dartford 1994) 135, der dieses Problem überzeugend charakterisiert: „Das Recht mit seiner Zwangsbefugnis läßt sich ... nicht auf diesem oder jenem materiellen Bedürfnis begründen, denn eine Transzendentale Deduktion besteht im Ausweis von apriorischen Prinzipien für empirische Erscheinungen. Andererseits liegt es aber im Begriff des Rechts selbst begründet, daß es auf die Bedürftigkeit überhaupt des Menschen abstellt, wenn auch nicht auf einzelne Bedürfnisse,

heit orientiertes Rechtsverständnis nicht umhin, sich auf diese „materialen“ Komponenten rechtlichen Handelns einzulassen, und zwar kritisch einzulassen, will es sich geschichtliche Wirklichkeit verschaffen. Denn diese materialen Komponenten der menschlichen Bedürfnis- und Interessennatur haben eine ambivalente instrumentelle Struktur. Sie können einerseits taugliche bzw notwendige Mittel sein, um der Verwirklichung von Freiheit im Kontext rechtlicher Anerkennungsverhältnisse zu dienen. Insofern fungieren sie als unabdingbare Voraussetzungen einer jeden gelingenden geschichtlichen Freiheitsrealisierung. Sie können aber andererseits zum Ansatzpunkt schwerwiegender Bedrohung von Humanität werden, die es im Hinblick auf das Freiheitsgebot rechtlich zu verhindern gilt. Notwendig ist jedenfalls ihre kritische Prüfung im Lichte des apriorischen Freiheitsprinzips, die nur möglich ist, wenn „Formalität“ und „Materialität“ nicht bloß nebeneinandergestellt, sondern in ihrem notwendigen Bezug gesehen werden.

Was folgt daraus für die Frage der Ausdifferenzierung von Menschenrechten? Die von KERSTING reklamierte Bedachtnahme auf Formalität und Negativität des einen Menschheitsrechts der Freiheit verbietet in der Tat, unter Bezugnahme auf materiale Faktoren ein naturrechtliches System ausdifferenzierter Freiheitsrechte formulieren zu wollen, welches jedweder rechtlichen Positivierung vorausliegt und Freiheit in übergeschichtlicher Weise einzulösen verspricht. „Formalität“ bedeutet so gesehen, wie KERSTING zu Recht hervorhebt, daß keine geschichtliche Freiheitsrealisierung diesen unbedingten Anspruch des transzendentalen Freiheitsprinzips auf vollendete Weise einzulösen vermag. Und „Negativität“ spricht genau dieses Scheitern geschichtlicher Freiheitsrealisierung an, die es als spezifische Form der Bedrohung von Freiheit im Lichte des apriorischen Anspruchs zu kritisieren gilt. Andererseits sollten aber Form und Materie nicht derart isoliert werden, wie es bei KERSTING geschieht. Denn es sollte bedacht werden, daß, wie BIELEFELDT bemerkt, „die apriorische Rechtsidee nur in der geschichtlichen Auseinandersetzung inhaltliche Bestimmtheit und positiv-rechtliche Wirklichkeit erlangen kann“[22]. In diesem Sinne ist die Ausdifferenzierung der apriorischen Freiheit in konkrete Freiheitsrechte eine, wiewohl von KANT selbst nicht explizit reflektierte, aber systematisch gleichwohl notwendige Vorgangsweise, um der Freiheit rechtliche Wirklichkeit zu verschaffen. Diese einzelnen Freiheitsrechte, die in der Tat nicht in einen endgültigen Katalog übergeleitet werden

auf seine Sinnlichkeit überhaupt, selbst wenn nicht einzelne zufällige sinnliche Motive relevant sind. Das Recht, das vom Menschen Gehorsam in äußerem Verhalten erwartet, sieht ihn als jenes vernünftige Sinnenwesen an, das er ist.“

22 H. BIELEFELDT, Neuzeitliches Freiheitsrecht und politische Gerechtigkeit. Perspektiven der Gesellschaftsvertragstheorien (Würzburg 1990) 115.

dürfen, erfassen immer nur Perspektiven der Freiheit und suchen in ihrer inhaltlichen Gestalt und unter Einbeziehung „materialer" Komponenten jene Güter zu schützen bzw Bedrohungen von ihnen abzuwehren, die für die rechtliche Garantie autonomer Lebensgestaltung als von essentieller Bedeutung qualifiziert werden. Die kritische Rückbindung dieser Freiheitsrechte an die Freiheitsidee als tragender Grund und kritisches Prinzip[23] dieser Konkretisierung verhindert, daß die notwendige gesetzliche Positivierung dieser Rechte zu einem kriterienlosen Grundrechtspositivismus verkommt. Dies geschieht aber nicht nur, wenn, wie im Rechtspositivismus, die Geltung überpositiver Rechtsprinzipien aus wissenschaftstheoretischen Gründen ausgeschlossen wird, sondern auch dann, wenn der vernunftrechtliche Rahmen im Lichte einer strikten Dichotomie von Materie und Form derart gegenüber den geschichtlichen Realitäten abgehoben wird, daß eine Vermittlung von Idee und Geschichte nicht mehr vollzogen werden kann.

2.) KERSTING sieht, wie dargestellt wurde, einen essentiellen Unterschied zwischen der Menschenrechtstradition und KANT auch darin, daß dieser mit den apriorischen Prinzipien der Freiheit und Gleichheit vernunftrechtliche Grundlagen der Staatsbegründung liefern, aber nicht subjektive Abwehrrechte gegenüber staatlichem Machtmißbrauch begründen wollte. Die in dieser Gegenüberstellung sich manifestierende Identifikation der Menschenrechte mit liberalen Abwehrrechten ist zwar in der Menschenrechtsliteratur weit verbreitet, entspricht aber nicht der geschichtlichen Entwicklung der Menschenrechte und ihrem Verständnis. Denn die Menschenrechte wurden, jedenfalls in der kontinentaleuropäischen, von der Rechteerklärung der Französischen Revolution geprägten Tradition, nicht bzw nicht primär als staatsgerichtete Abwehrrechte konzipiert, sondern zunächst als jene leitenden Prinzipien angesehen, denen gemäß der überkommene Staat und seine Rechtsordnung, welcher durch feudale Privilegienstrukturen und obrigkeitliche Willkür geprägt war, nach Gesichtspunkten der Freiheit und Gleichheit reformiert werden sollte. Die Rechteerklärungen sind, so charakterisiert STOURZH diese Konstellation, „Leitsätze für gesetzgeberische Aktivitäten eher denn Grenzsteine für die Begrenzung des Gesetzgebers gewesen"[24]. Berücksichtigt man dies,

---

23 So H. BIELEFELDT (FN 22) 110.

24 G. STOURZH, Zur Konstitutionalisierung der Individualrechte in der Amerikanischen und Französischen Revolution, in: Wege der Grundrechtsdemokratie. Studien zur Begriffs- und Institutionengeschichte des liberalen Verfassungsstaates (Wien/Köln 1989) 173; im selben Sinne betont auch D. GRIMM, die Grundrechte erfüllten gegenüber der gesetzgeberischen Gewalt nicht primär die Funktion, ein Abstinenzgebot gegenüber dem Staat zu statuieren. Sie „fungierten ... vielmehr als die obersten Leitprinzipien der Sozialordnung, die der langwierigen und komplizierten Rechtsreform Halt und Dauer geben sollten. Sie wiesen den Staat also zunächst nicht in Schranken, sondern richteten sich mit einem

so steht KANT in seinem Bemühen um eine Staatsbegründung auf der Basis von Freiheit und Gleichheit keineswegs in Distanz zu einer solchen liberal-aufklärerischen Grundrechtstradition, sondern formuliert gerade im Gegenteil auf philosophischer Ebene eines ihrer Grundanliegen und nimmt in seinem Konzept der Republik als eines gewaltenteilenden, durch allgemeine Gesetze geordneten Rechtsstaates wesentliche Aspekte dieser Grundrechtsprogrammatik in seine politische Theorie auf.

Allerdings hat KANT der Bedeutung institutionalisierter Schutzrechte gegenüber staatlichem Machtmißbrauch als Realisierungsbedingung gleicher Freiheit in der Tat nur geringes Augenmerk geschenkt, und zwar offensichtlich in der Überzeugung, das vom gemeinsamen Willen aller getragene allgemeine Gesetz sei unabhängig von zusätzlichen verfassungsstaatlich institutionalisierten Garantien, also von selbst in der Lage, Freiheit und Gleichheit unter rechtsstaatlichen Bedingungen ermöglichen zu können. Den kontrastierenden Erfahrungshintergrund dieser Vorstellung bildet dabei der auf vielfältigen Ungleichheiten beruhende, paternalistische Wohlfahrtsstaat des aufgeklärten Absolutismus. Auch mit dieser Vorstellung von der Prävalenz des allgemeinen Gesetzes steht KANT nicht im Gegensatz zu der von der Französischen Revolution geprägten Grundrechtstradition, sondern befindet sich in weitgehendem Einklang mit ihr. Denn auch diese sah vorzüglich im allgemeinen, für alle gleichen Gesetz jenen Garanten, gleiche Freiheit durch Beseitigung der Partikularismen und Privilegienstrukturen des Ancien Regime erreichen und auch garantieren zu können. Der Grund dafür kann in dem Umstand gesehen werden, daß es, im Unterschied etwa zu Amerika, auf Grund mangelnder Erfahrungen mit „legislativer Despotie“[25] an entsprechender Skepsis gegenüber dem parlamentarischen Gesetzgeber gefehlt habe. Es hätte, wie STOURZH betont, solcherart „die Idee moralischer Sanktionen gegen Verfassungsverletzungen schwerer (gewogen), als die Vorstellung institutioneller Sanktionsverfahren“[26].

KERSTINGS Interpretation geht aber noch weiter. Er konstatiert ja nicht allein die Dominanz des allgemeinen Gesetzes bei KANT, sondern reduziert unter Bezugnahme auf KANTS Prinzip politischer Autonomie, keinem Gesetz zu gehorchen, dem man nicht zugestimmt haben könnte, die juristische Ausfaltung des Freiheitsprinzips auf ein einziges Recht: das Recht auf Mitbestimmung des gesetzgeberischen Willens. Eine solche

Handlungsauftrag an ihn. Ihrer Bestimmung nach waren sie Zielvorgaben für den Gesetzgeber zur grundrechtskonformen Umgestaltung des einfachen Rechts.“ (D. GRIMM, Rückkehr zum liberalen Grundrechtsverständnis? in: ders, Die Zukunft der Verfassung (Frankfurt/M 1991) 225 f.

25 G. STOURZH (FN 24) 170 f.

26 G. STOURZH (FN 24) 173.

Reduktion führt aber, wie KÖNIG zu Recht feststellt, „letztlich zu einer Auflösung der Menschenrechte“[27], denn es wird dann das individuelle Recht im allgemeinen Gesetz letztlich aufgehoben, weil ihm allein freiheitsverbürgende Kraft zugemessen wäre, während dem Aspekt der individuellen Rechtsdurchsetzung nur untergeordnete Bedeutung zugesprochen werden könnte.[28] Nun ist diese Reduktion der Grundrechte auf die „Konstitutionsbedingungen eines freiheitsgesetzlichen Rechtserzeugungsprozesses“[29] nach dem Kriterium des vereinigten Volkswillens eine fragwürdige Interpretation KANTS, weil sie dieses Kriterium einseitig auf eine demokratische Funktion und damit Autonomie auf eine bloße Partizipationsbefugnis verengt. KANT spricht dem allgemeinen Volkswillen ja nicht unmittelbar den Charakter einer realen demokratischen Prozedur, sondern den einer apriorischen Vernunftidee zu. Es sei, so KANT, „eine bloße Idee der Vernunft, die aber ihre unbezweifelt (praktische) Realität hat: nämlich jeden Gesetzgeber zu verbinden, daß er seine Gesetze so gebe, als sie aus dem vereinigten Willen eines ganzen Volks haben entspringen können, und jeden Untertan, so fern er Bürger sein will, so anzusehen, als ob er zu einem solchen Willen mit zusammen gestimmet habe. Denn das ist der Probierstein der Rechtmäßigkeit eines jeden öffentlichen Gesetzes.“[30]

Dieses Kriterium allseitiger Zustimmungsfähigkeit als Gehalt der regulativen Vernunftidee eines „ursprünglichen Kontrakts“ drückt ganz allgemein den Anspruch aus, im Gegensatz zu einem nach Maßstäben der Glückseligkeit konstituierten, paternalistischen Wohlfahrtsstaatskonzept ein Staats- und Rechtssystem zu konstituieren, in dem die gleiche Freiheit aller Bürger gewährleistet ist. Was aus diesem regulativen Prinzip konkret-institutionell folgt, kann von der Wahrung der Unbedingtheit des regulativen Vernunftprinzips nicht endgültig abgeleitet werden. Es muß wegen der Wahrung seiner notwendigen Formalität offen bleiben für die Wahrnehmung und den Kampf gegen spezifische Weisen der Bedrohung von Freiheit, die sich geschichtlich zeigen. Dieser Vorbehalt geschichtlicher Offenheit gilt natürlich auch gegenüber KANTS eigenen rechtlich-institutionellen Exempeln, weil ja auch er eine nur perspektivisch-kontingente Sicht der Probleme haben konnte, die im Horizont der spezifischen Unrechtserfahrungen seiner Zeit artikuliert wurde. Es ist eben ganz in

27 S. KÖNIG, Zur Begründung der Menschenrechte (Freiburg/München 1994) 269.

28 S. KÖNIG (FN 25) 269 f, betont in diesem Sinne: „Bei einer solchen Interpretation würde der Einzelmensch als Bezugspunkt des Menschenrechts aufgegeben, sein subjektiver Freiheitsanspruch ginge in der objektiven Gesetzesordnung auf, der Einzelmensch als Besonderes wäre gleichsam im Gemeinwillen als dem Allgemeinen aufgehoben. Grund- und Menschenrechte könnten gegenüber einem Staat nicht mehr eingeklagt werden.“

29 Vgl FN 16.

30 KANT, Über den Gemeinspruch, XI, 153.

seinem Sinne systematisch geboten, diese Vermittlung von Idee und Geschichte immer aufs neue zu vollziehen, wobei die rechtlichen Konsequenzen, die er selbst zog, zwar einen essentiellen Anhaltspunkt für die Methodik der juristischen Transformierung und Konkretisierung von Freiheit zu bieten vermögen, aber eben doch nur in geschichtlicher Perspektivität, die aus systematischen Gründen notwendig mit- und weitergedacht werden muß.

Selbstverständlich bleibt es auch unter solchen systematischen Erwägungen nicht ausgeschlossen, KANTS Idee des vereinigten Volkswillens, der ja, wie dargestellt, das Kriterium der allseitigen Zustimmungsfähigkeit von Gesetzen enthält, im Sinne eines Grundrechts auf demokratische Partizipation zu interpretieren. Da KANT dieses Prinzip aber vorrangig als regulatives Vernunftprinzip und nicht unmittelbar als demokratisches Partizipationsprinzip formuliert hat, stellt eine solche Interpretation keineswegs – wie allerdings gegenüber „unkantischen" Deutungen prätendiert wird – eine Rekonstruktion des „originalen" KANT dar, sondern nimmt vielmehr selbst eine demokratietheoretisch inspirierte Prozeduralisierung der kantischen Grundlagen vor. Eine solche Prozeduralisierung KANTS ist zwar systematisch durchaus plausibel und notwendig, bleibt aber in Ihrer Exklusivität einseitig, weil sie über die notwendige Wechselseitigkeitsstruktur von Demokratie und Menschenrechten hinwegsieht, nach der es grundrechtlicher Garantien bedarf, damit der demokratische Prozeß der potentiellen Gefahr entgeht, etwa durch schrankenlose Verwendung des Mehrheitsprinzips freiheitsbedrohend zu wirken[31]. Sofern die Idee des vereinigten Willens den fundamentalen Anspruch artikuliert, den Staat und seine Gesetzgebung nach dem Kriterium gleicher Freiheit zu konstituieren und zu gestalten, spricht mE kein systematisches Argument dagegen, die Grundrechte als unerläßliche Garanten dieser gleichen Freiheit zu begreifen und sie juristisch zu transformieren.

Es gibt zudem auch bei KANT – wenngleich verstreute – Hinweise auf Menschenrechte bzw angeborene Rechte[32], und insbesondere seine Ausführungen zum Begriff der Publizität, zu Meinungs-, Gewissens- und Religionsfreiheit treffen die grundrechtlichen Anliegen, der demokratischen Gesetzgebung zum Zwecke der Ermöglichung und Gewährleistung gleicher Freiheit als Schranke zu dienen, im Kern. Damit die Grundrechte diesen ihren freiheitsfunktionalen Gehalt erhalten bzw bewahren, bedarf es einer Gesetzgebung, die die gesetzliche Konkretisierung von Grund-

---

31 Zur „demokratiefunktionalen Legitimation der Freiheitsrechte", wie insbesondere von Meinungs-, Versammlungs- und Pressefreiheit vgl O. HÖFFE, Die Menschenrechte als Legitimation und kritischer Maßstab der Demokratie, in: J. Schwartländer (Hrsg), Menschenrechte und Demokratie (Kehl/Straßburg 1981) 257.

32 Belege bei S. KÖNIG (FN 25) 270, FN 139.

rechten weder als nähere Determination von naturrechtlich Vorgegebenem noch als kriterienlose Positivierung begreift, sondern politisch-praktische Urteilskraft aktualisiert, indem sie den – nie auszulotenden – Rückbezug auf das kategoriale Freiheitsgebot durch die kritische Instrumentierung des Prinzips gesetzlicher Allgemeinheit wachhält, wie sie in der Idee des vereinigten Volkswillens und anderen analogen Formeln ausgedrückt ist.

3.) Mit diesen methodischen Erwägungen sind bereits systematische Grundlagen für die Behandlung des dritten Problemkreises, der Frage nach der sozialen Dimension von KANTS Rechtsbegriff und dessen Konsequenzen für die Formulierung sozialer Grundrechte angesprochen. Dabei geht es, das sei vorweg betont, nicht um die sozialeudämonistisch inspirierte Optimierung individueller Glückschancen, sondern darum, jenen sozialen bzw ökonomischen Faktoren rechtlich-institutionell entgegenzuwirken, welche die geschichtliche Verwirklichung gleicher Freiheit in Frage stellen.[33] Im Hinblick auf diese Frage bleibt KERSTINGS Position auch in seiner 1993 verfaßten Einleitung zur Taschenbuchausgabe seltsam ambivalent. Ganz im Sinne des bereits Dargestellten betont er zunächst, KANTS Gleichheitsverständnis sei „bar aller sozialstaatlichen Konnotationen"[34]. Aus der Idee der Gleichheit, die sich im gleichen Unterworfensein unter die Gesetze manifestiere, könne keine „Option für ein sozialstaatliches Gleichheitsverständnis" und damit aus dem Rechtsbegriff der reinen praktischen Vernunft „kein Prinzip sozialer Gerechtigkeit und sozialer Gleichheit"[35] gewonnen werden.

KERSTING hält aber doch eine Argumentation für denkbar, „die eine umwegige Sozialstaatsbegründung aus dem Geist der vernunftrechtlichen Freiheit"[36] vornimmt. Das Sozialstaatsprinzip dürfe allerdings nicht als „gleichrangiges vernunftrechtliches Prinzip", sondern als ein anwendungsbezogenes „vernunftrechtliches Sekundärprinzip" verstanden werden, welches, „erfahrungsbelehrt, den freiheitsfeindlichen Auswirkungen sozialer und ökonomischer Ungleichheiten entgegenwirkt"[37]. Und KERSTING folgert daraus höchst eindrucksvoll: „Wenn das Sozialstaatsprinzip sich so versteht, daß es anstelle der entmündigenden Entlastung von den Lebens-

33 O. HÖFFE (FN 31) 254, schreibt dazu: „Wenn es einer politisch-sozialen Ordnung mit den aus dem Menschenrecht begründeten Freiheitsrechten wirklich ernst ist, dann muß sich die Ordnung auch um jene generell gültigen Realbedingungen kümmern, mit deren Hilfe man seine Freiheitsrechte überhaupt oder aber wesentlich leichter realisiert, bzw um jene Bedingungen, die die Realisierung unmöglich machen, verhindern oder erschweren." Darin bestünde die Aufgabe eines „freiheitsfunktionalen Sozialstaates" (255).

34 W. KERSTING (FN 5) 63.

35 Ebd.

36 W. KERSTING (FN 5) 64.

37 Ebd.

risiken die kompensatorische Ermöglichung eines eigenbestimmten Daseins für die soziale und ökonomische Ungleichheit schicksalhaft Benachteiligter zu seiner Aufgabe macht, dann ist es nicht nur mit der Rechtsphilosophie KANTS vereinbar, dann müßte diese im Interesse der menschenrechtlichen Freiheit geradezu nach ihm verlangen, wenn sie die Gefahren bedenkt, die auf dem sozial unbeaufsichtigten Markt auf die Freiheit und die rechtliche Würde warten."[38] KERSTING unterstellt somit die gesetzgeberische Sozialgestaltung zum Zwecke der Gewährleistung gleicher Freiheitschancen explizit einem vernunftrechtlichen Anspruch, der, wie er betont, mit KANTS Rechtsphilosophie nicht nur vereinbar, sondern aus ihr systematisch zu folgern sei. Es stellt sich dann aber die Frage, an welchen Kriterien rechtlich-politischer Urteilskraft sich die gesetzgeberische Konkretisierung orientieren soll, wenn KERSTING, wie oben dargestellt, doch andererseits meint, aus dem Rechtsbegriff der reinen praktischen Vernunft ließe sich kein Prinzip sozialer Gleichheit gewinnen.

KERSTING sucht dieses Problem zu lösen, indem er die Kriteriologie der gesetzlichen Konkretisierung nicht an einem Prinzip inhaltlicher Rechtsgestaltung, sondern ausschließlich an einem prozeduralen Prinzip festmacht. KANTS Gerechtigkeitsbegriff sei, so betont er, bloß „prozeduraler Natur", er sei, wie schon die These vom Aufgehen der Grundrechte in die „Konstitutionsbedingungen eines freiheitsgesetzlichen Rechtserzeugungsprozesses"[39] anspricht, allein auf das Kriterium der „demokratischen Genese" bezogen[40], in welcher sich die kritische Funktion der kontraktualistischen Idee erschöpfe. Demgemäß würde vernunftrechtlichen Prinzipien, wie dem Begriff eines „a priori vereinigten Willens", dem eines „ursprünglichen Kontrakts" bzw, speziell auf die Eigentumstheorie bezogen, der Idee eines „ursprünglichen Gesamtbesitzes" keine „gerechtigkeitstheoretische Konkretion" zuwachsen, „die über den demokratischen Prozeduralismus hinausginge"[41]. Es würde daher „die positivrechtliche Ausgestaltung der Eigentumsordnung dem Gerechtigkeitsprinzip des Vernunftrechts genügen, wenn die Gesetzgebung diese Einigungs- und Entscheidungsprozedur befolgt"[42]. Die Forderung nach Gewährleistung gleicher Freiheitschancen bleibt in vernunftrechtlicher Perspektive somit allein auf die Einrichtung demokratischer Prozeduren beschränkt, wobei die solcherart installierte Gesetzgebung bei ihrer Tätigkeit dann konsequenterweise allein nach dem eigenen Dafürhalten vorgehen könnte und

38 Ebd.

39 Vgl FN 16.

40 W. KERSTING (FN 5) 66.

41 Ebd.

42 W. KERSTING (FN 5) 67.

dabei keinerlei weiteren vernunftrechtlichen Ansprüchen unterstellt bliebe, die über den Schutz abstrakt gleicher Rechtssubjektivität hinausgingen. Das in den verschiedenen Prinzipien bei KANT angesprochene Kriterium der Verallgemeinerung besäße somit keine über die prozeduralen Kriterien demokratischer Zustimmung hinausreichende kritisch-legitimierende Kraft.

Eine solche Reduktion der Kantischen vernunftrechtlichen Prämissen auf demokratische Prozeduralität prätendiert zwar, den „originalen" KANT zu rekonstruieren, stellt aber mE bereits eine uneingestandene systematische Weiterführung der Kantischen Grundlagen dar, die die Probleme realer Freiheitsverbürgung innerhalb konkret-geschichtlicher Bedingungen auf Partizipationsfragen verengt und gegenüber allen weiteren Fragen gelingender Freiheitsrealisierung, darunter auch solchen der institutionellen Bedingungen gelingender demokratischer Prozeduren indifferent bleiben muß. Die vernunftrechtlichen Prämissen werden solcherart zu hochabstrakten Rahmengarantien degradiert, welche für die Aktivierung rechtlich-politischer Urteilskraft im gesetzgeberische Positivierungsprozeß nur untergeordnete kriteriologische Bedeutung zu entfalten vermögen – eine Konstellation, die trotz aller aufgewendeten philologischen Akribie zu höchst unbefriedigenden, die demokratiefunktionale Bedeutung der Freiheitsrechte vernachlässigenden Ergebnissen führt und auch systematisch nicht jene Stringenz besitzt, die sie beansprucht. Mir erscheinen jedenfalls jene Interpretationen überzeugender, die versuchen, KANTS Autonomieprinzip so zu interpretieren, daß in der Frage nach dem Begriff der Autonomie der Bezug zu den geschichtlichen Realisierungsbedingungen rechtlicher Freiheit und damit die Spannung von Idee und Geschichte wachgehalten wird. Dies wird zB in Interpretationen von SCHWARTLÄNDER[43], SCHILD[44] und BIELEFELDT[45] versucht. Die Autoren verfolgen die Intention, an Hand von KANTS Prinzipien der Freiheit, der Gleichheit und insbesondere der Selbständigkeit konkretisierende Bezüge zur aktuellen Begründungsdiskussion um die Menschenrechte zu gewinnen. SCHILD qualifiziert das Prinzip der Selbständigkeit als jenes Element der Freiheit, welches die Anforderung enthält, mittels rechtlicher Garantien jene Bedingungen zu schaffen, die dem Menschen eine „mündige" Existenz ermöglichen. Um diesen Anspruch für unsere Zeit fruchtbar zu machen,

---

43 J. SCHWARTLÄNDER, Staatsbürgerliche und sittlich-institutionelle Menschenrechte. Aspekte zur Begründung und Bestimmung der Menschenrechte, in: ders (Hrsg), Menschenrechte. Aspekte ihrer Begründung und Verwirklichung (Tübingen 1978) 77 ff.

44 W. SCHILD, Freiheit – Gleichheit – „Selbständigkeit" (Kant): Strukturmomente der Freiheit, in: J. Schwartländer (Hrsg), Menschenrechte und Demokratie (Kehl/Straßburg 1981) 135 ff.

45 Vgl FN 22.

ist, so SCHILD, eine systematische Interpretation KANTS vorzunehmen, „die die Motive Kants ernst- und (daher) aufnimmt und für unsere Zeit ausformuliert"[46]. Zwar sei der Staat bei KANT „bloß als formaler Rechtsstaat konzipiert"[47], doch sei es eben im Sinne systematischen Weiterdenkens möglich, ja notwendig, das Prinzip der Selbständigkeit – um der Ermöglichung konkreter Freiheit willen – auf den sozialen Rechtsstaat und auf die sozialen Menschen- bzw Grundrechte zu applizieren. Auf eine solche Vernunft und Faktizität vermittelnde Weise sei es, so auch SCHWARTLÄNDER, möglich, einen sinnvollen Bezug zu einer „pragmatischen Anthropologie" herzustellen, dabei aber gegenüber der im Freiheitsprinzip fundierten praktischen Vernunft apriori gleichwohl offen zu bleiben.[48]

Es ist hier nicht der Ort, näher auf die umfangreichen und kontroversen Diskussionen um KANTS Prinzip der Selbständigkeit einzugehen. Jedenfalls beinhalten die angesprochenen Interpretationen bemerkens- und bedenkenswerte systematische Ansatzpunkte, um die Brücke zwischen Transzendentalität und Geschichte zu schlagen und gerade die Menschenrechte als wesentliche Momente eines solchen Vermittlungsprozesses zu begreifen. In ihrer Genese stellen sich die Menschenrechte als geschichtliche Antworten auf exemplarische Unrechtserfahrungen dar, in denen sich die Bedrohung menschlicher Freiheit auf je unterschiedliche Weise zeigt und zum Ausgangspunkt menschenrechtlicher Verbürgungen wird. Dieser Antwortcharakter der Menschenrechte in ihrer jeweiligen geschichtlich-institutionellen Gestalt wurde von KANT selbst – insoweit ist der Kritik KERSTINGS durchaus beizupflichten – nicht in den Blick gebracht, zumindest nicht explizit. Insofern wäre es verfehlt, sich im Hinblick auf diese konkret-geschichtliche Genese der Menschenrechte unmittelbar auf KANT zu berufen. Aber KANTS Freiheitsprinzip vermag dafür doch die normative Grundlage zu bieten, insofern es die praktische Funktion erfüllt, die in die juristisch-institutionelle Gestalt der Menschenrechte einfließenden anthropologischen Elemente, fundamentalen Interessenstrukturen, Bewertungen der Bedeutung gesellschaftlicher Grundgüter uam einer kritischen Bewertung im Hinblick auf ihre Tauglichkeit zu unterziehen, der Verwirklichung fundamentaler Freiheitsansprüche zu dienen. Damit wird vermieden, diesen empirisch-anthropologischen Faktoren unmittelbar einen unbedingten normativen Stellenwert zu verleihen. Sie bleiben eben bloße Mittel zum Zwecke der Freiheitsrealisierung. Sie fungieren aber doch als jene notwendigen Voraussetzungen, die die geschicht-

---

46 W. SCHILD (FN 44) 144.

47 W. SCHILD (FN 44) 153.

48 Vgl J. SCHWARTLÄNDER (FN 43) 93.

liche Applikation des Freiheitsprinzips allererst möglich machen. Dieses erweist sich gerade in einer solchen Konstellation praktischer Applikation als der tragende Grund der Menschenrechte, indem es verhindert, daß grundrechtliche Garantien zu juristischen Allerweltsverbürgungen degenerieren. Diesen Freiheitsanspruch wachzuhalten stellt auch heute eine der entscheidenden Herausforderungen einer gelingenden Menschenrechtspolitik dar, die im Rekurs auf KANT zwar keine kompakten Antworten, aber doch bleibende und notwendige Herausforderungen zu gewinnen vermag.

Hartmut Maurer

Der Bundesrat im Verfassungsgefüge der Bundesrepublik Deutschland

I. Einleitung

Die Staatsform des Bundesstaates ist in besonderer Weise geeignet, politische Einheit und regionale Verschiedenheiten miteinander zu verbinden und in Ausgleich zu bringen. Daher findet diese Staatsform in der modernen Staatenwelt zunehmend Anerkennung und Aufnahme. So unterschiedlich die einzelnen Bundesstaaten nach Tradition, ethnischer Bevölkerung, Größe, Wirtschaftskraft, Eigenart der Gliedstaaten und verfassungsrechtlicher Ausgestaltung auch sind, so läßt sich doch als gemeinsames Kennzeichen feststellen, daß der Bund und die Glieder Staatscharakter besitzen und daß die Gliedstaaten an der politischen Willensbildung des Gesamtstaates beteiligt sind. Dementsprechend gibt es in allen Bundesstaaten neben dem Bundesparlament, das vom Gesamtvolk nach den Grundsätzen der allgemeinen und gleichen Wahl gewählt wird, ein föderatives Organ, etwa in den USA neben dem Repräsentantenhaus der Senat, in Österreich neben dem Nationalrat der Bundesrat, in der Schweiz neben dem Nationalrat der Ständerat und in Belgien neben der Abgeordnetenkammer der Senat, um nur einige naheliegende Beispiele zu erwähnen.[1] Die Unterschiede der einzelnen Bundesstaaten spiegeln sich auch im föderativen Organ wider. In aller Regel werden jedoch deren Mitglieder entweder unmittelbar vom Volk der Gliedstaaten oder mittelbar von den Parlamenten der Gliedstaaten gewählt und besitzen – wie die Abgeordneten des Parlaments – ein freies Mandat.[2] Von dieser Regel weicht

1 Vgl dazu die rechtsvergleichenden Hinweise bei D. Blumenwitz, Bonner Kommentar, Art 50 (Zweitbearbeitung 1987) 43 ff; ferner T. Jaag, Die Zweite Kammer im Bundesstaat. Funktion und Stellung des schweizerischen Ständerates, des deutschen Bundesrates und des amerikanischen Senats (1976); K. v. Beyme, Die Funktionen des Bundesrates. Ein Vergleich mit Zweikammersystemen im Ausland, in: Der Bundesrat (FN 4) 365 ff; M. Heger, Deutscher Bundesrat und Schweizer Ständerat (1990); S. Schüttemeyer/R. Sturm, Wozu Zweite Kammern? Zur Repräsentation und Funktionalität Zweiter Kammern in westlichen Demokratien, ZParl 1992, 517 (524 ff); A. Kimmel, Die Verfassungen der EG-Mitgliedstaaten, dtv-Ausgabe, 3. Aufl (1993) Einführung, XXVIII f.

2 Verschiedentlich werden sogar die Vertretung des Gesamtvolkes und die Vertretung der Gliedstaaten trotz ihrer organisatorischen Selbständigkeit zusammengefaßt, so in den USA (Kongreß) und in der Schweiz (Bundesversammlung).

die Bundesrepublik Deutschland ab. Der Bundesrat besteht nicht aus unmittelbar oder mittelbar gewählten Volksvertretern, sondern aus Mitgliedern der Landesregierungen genau genommen sogar aus den Landesregierungen selbst, die über die von ihnen bestellten Ministerpräsidenten und Minister ihrer Länder repräsentieren.[3] Daraus ergeben sich eine Reihe von Eigenarten und Folgerungen, die dem Bundesrat ein weltweit einmaliges Gepräge verleihen.[4]

II. Die Struktur des Bundesrates

Das Grundgesetz widmet dem Bundesrat in Art 50 – 53 nur wenige Regelungen, die lediglich durch verschiedene Zuständigkeitsvorschriften in den übrigen Teilen des Grundgesetzes ergänzt werden. Sie bestimmen zudem weniger die Strukturelemente des Bundesrates als die daraus gezogenen Konsequenzen, so daß von diesen auf die grundsätzliche Stellung des Bundesrates zurückgeschlossen werden muß.

---

[3] In den Stadtstaaten Berlin, Bremen und Hamburg nehmen die Senate mit dem (Regierenden oder Ersten) Bürgermeister und den Senatoren die Funktionen der Landesregierung wahr. Der Einfachheit halber ist aber im folgenden nur von den Landesregierungen, Landesministerpräsidenten und Landesministern die Rede.

[4] Vgl allgemein zum Bundesrat K. Stern, Das Staatsrecht der Bundesrepublik Deutschland, Bd I, 2. Aufl (1984) 726 ff; Bd II (1980) 109 ff; K. Hesse, Grundzüge des Verfassungsrechts der Bundesrepublik Deutschland, 20. Aufl (1995) Rn 609 ff; R. Herzog, Der Bundesrat (Stellung, Aufgaben, Zusammensetzung und Verfahren), in: Isensee/Kirchhof (Hrsg), Handbuch des Staatsrechts, Bd II (1987) 467 ff; D. Posser, Der Bundesrat und seine Bedeutung, in: Benda/Maihofer/Vogel (Hrsg), Handbuch des Verfassungsrechts der Bundesrepublik Deutschland, 2. Aufl (1994) 1145 ff; W.-R. Schenke, Gesetzgebung zwischen Parlamentarismus und Föderalismus, in: H.-P. Schneider/Zeh (Hrsg), Parlamentsrecht und Parlamentspraxis (1989) 1485 ff; K. Reuter, Der Bundesrat als Parlament der Länderregierungen in: ebenda, 1523 ff; *ders,* Praxishandbuch Bundesrat (1991) (die Zitate der folgenden FN beziehen sich auf dieses Werk); Der Bundesrat (Hrsg), Der Bundesrat als Verfassungsorgan und politische Kraft (1974) mit Beiträgen verschiedener Autoren (im folgenden zitiert: Der Bundesrat); Der Bundesrat (Hrsg), Vierzig Jahre Bundesrat. Tagungsband eines wissenschaftlichen Symposion (1989) (im folgenden zitiert: Vierzig Jahre Bundesrat); H. Schäfer, Der Bundesrat (1955); K. Neunreither, Der Bundesrat zwischen Politik und Verwaltung (1959); H. Pollmann, Repräsentation und Organschaft. Eine Untersuchung zur verfassungsrechtlichen Stellung des Bundesrates der Bundesrepublik Deutschland (1969); F. K. Fromme, Gesetzgebung im Widerstreit. Wer beherrscht den Bundesrat? 2. Aufl (1979); K. Lange, Die Legitimationskrise des Bundesrates, FS E. Stein (1983) 181 ff; H. H. Klein, Der Bundesrat der Bundesrepublik Deutschland – die „Zweite Kammer", AÖR Bd 108 (1983) 329 ff; R. Scholz, Landesparlamente und Bundesrat, FS Carstens (1984) 831 ff; D. Wyduckel, Der Bundesrat als Zweite Kammer, DÖV 1989, 181 ff G. Ziller/G.-B. Oschatz, Der Bundesrat, 9. Aufl (1993); H.-J. Blanke, Der Bundesrat im Verfassungsgefüge des Grundgesetzes, Jura 1995, 57 ff; ferner ist noch auf die Erläuterungen der Art 50 ff GG in den bekannten Kommentaren zum Grundgesetz zu verweisen.

1. Die Mitglieder des Bundesrates

Die Frage, wer nun eigentlich die Mitglieder des Bundesrates sind, ist umstritten.[5] Nach Art 50 GG wirken durch den Bundesrat „die Länder" im Bundesbereich mit; nach Art 51 I GG besteht der Bundesrat aus „Mitgliedern der Regierungen der Länder", also aus Landesministerpräsidenten und Landesministern; in Art 51 II GG ist dagegen wieder von den „Stimmen der Länder" die Rede; Art 51 III GG schließlich unterscheidet zwischen den Stimmen eines Landes und den Mitgliedern eines Landes. Wenn der Wortlaut dieser Regelungen auch nicht ganz eindeutig ist, so spricht er doch insgesamt dafür, daß die Länder – vertreten durch ihre Landesregierungen – Mitglieder des Bundesrates sind. Art 51 I GG bestimmt und personalisiert die Vertretung im Einzelfall.[6]

Dieser Befund wird bestätigt, wenn man die dahinter stehende Konzeption betrachtet. Im demokratischen Bundesstaat ist die Zusammensetzung des föderativen Organs problematisch. Einerseits muß es demokratisch legitimiert sein, da das Demokratieprinzip die Rückführbarkeit der gesamten Staatsgewalt auf das Volk fordert. Andererseits muß es sich aber auch von dem nach egalitär-demokratischen Grundsätzen gewählten Bundesparlament unterscheiden, weil sonst zwei spiegelgleiche Organe bestünden, was kaum sinnvoll wäre. Die Wahl durch das Landesvolk oder durch das volksgewählte Landesparlament kann zwar im Blick auf die unterschiedliche Größe der Wahlkreise und die kleinere Zahl von zu wählenden Abgeordneten zu gewissen Verschiebungen führen; sie bleiben aber in der Praxis meist gering und unbedeutend.[7] Das gilt vor allem im Parteienstaat, in dem alle Wahlen des Volkes oder des parteipolitisch gegliederten Parlaments durch die Parteien geprägt werden. Hinzu kommt, daß der unmittelbar oder mittelbar gewählte Volksvertreter mit freiem Mandat die spezifischen gliedstaatlichen Probleme und Vorstellungen wohl nur beschränkt zur Geltung bringen wird.

---

5 Vgl Reuter (FN 4) 103 ff; Herzog (FN 4) 469, 506.

6 Dementsprechend sind gelegentlich auch die einzelnen, dem Bundesrat angehörenden Personen gemeint, so etwa in Art 43 II GG, der den „Mitgliedern des Bundesrates" ein Zutritts- und Rederecht im Bundestag einräumt. Das ändert aber nichts an der institutionellen Mitgliedschaft der Länder im Bundesrat, die durch ihre Landesregierungen und diese wiederum durch einige ihrer Mitglieder vertreten werden.

7 Vgl dazu Jaag (FN 1) 90 ff; ferner Th. Öhlinger, Verfassungsrecht, 2. Aufl (1995) 111, der im Blick auf Österreich feststellt, daß sich der (österreichische) Bundesrat in parteipolitisch ähnlicher Weise wie der Nationalrat zusammensetze und daß tatsächlich das Abstimmungsverhältnis im Bundesrat ganz überwiegend nach der Zugehörigkeit zu Fraktionen – und nicht etwa zu Ländern – bestimmt werde. Ähnlich H. Schambeck, Der Bundesrat der Republik Österreich, JÖR Bd 26 (1977) 215 (223, 231); F. Ermacora, Österreichische Verfassungsentwicklung von 1978 – 1990, JÖR Bd 40 (1991/92) 537, 553 f, der bemerkt, der Bundesrat sei „durch und durch p..teipolisch organisiert".

Als Alternative bietet sich an, die Gliedstaaten selbst im föderativen Organ zusammenzufassen. Diese Alternative wählt das Grundgesetz. Die eigentlichen Mitglieder des Bundesrates sind die Länder, die dort – entsprechend dem grundgesetzlich moderierten Prinzip der Proportionalität – unterschiedliches Stimmengewicht haben.[8] Da die Länder als Körperschaften nicht selbst agieren können, werden sie durch die Landesregierungen vertreten, die entsprechend dem Stimmengewicht ihres Landes eine bestimmte Anzahl von Landesminister in den Bundesrat entsenden. Die Vertretung der Länder im Außenverhältnis, insbesondere im bundesstaatlichen Geflecht, obliegt auch sonst den Landesregierungen,[9] so daß sich die Vertretung im Bundesrat durchaus konsequent in das deutsche Bundesstaatsrecht einfügt. In dieser Sicht es auch verständlich, ja sogar zwingend, daß die Stimmen eines Landes nur einheitlich abgegeben werden können (Art 51 III GG). Das ist jedoch nur möglich, wenn *vorher* abgesprochen und festgelegt wird, wie im konkreten Fall abgestimmt werden soll. Die Entscheidung darüber liegt, das ist heute unbestritten, auch wenn es im Grundgesetz nicht ausdrücklich gesagt wird, bei der Landesregierung.[10] Ihre Beschlüsse sind zu beachten und durch eine entsprechende Stimmabgabe umzusetzen. In der Praxis werden die Stimmen eines Landes in der Regel sogar nur von *einem* Mitglied der Landesvertretung, dem sog Stimmführer, abgegeben.[11] Die allgemeine Auffassung, daß die Bundesratsmitglieder – im Gegensatz zu den Bundestagsabgeordneten – kein freies, sondern ein imperatives Mandat haben, ist, wenn man auf die im Bundesrat agierenden Personen abstellt, richtig, geht aber am

8 Das Stimmengewicht beträgt gem Art 51 II GG je nach Größe des Landes – 3 bis 6 Stimmen. Demnach haben Bremen, Hamburg, Mecklenburg-Vorpommern und Saarland je 3 Stimmen, Brandenburg, Berlin, Hessen, Rheinland-Pfalz, Sachsen, Sachsen-Anhalt, Schleswig-Holstein und Thüringen je 4 Stimmen und Baden-Württemberg, Bayern, Niedersachsen und Nordrhein-Westfalen je 6 Stimmen.

9 So etwa die Vertretung im verfassungsgerichtlichen Verfahren (vgl § 68 und § 71 BVerfGG).

10 Offen ist in bundesrechtlicher Sicht nur noch die regierungsinterne Zuständigkeit (Regierungskollegium oder Ministerpräsident kraft seiner Richtlinienkompetenz?). In allen Landesverfassungen ist inzwischen diese Frage zugunsten des Kollegiums entschieden, vgl zB Art 49 II Bad-Württ Landesverfassung.

11 Hält sich der Stimmführer nicht an den Beschluß seiner Landesregierung, dann ist die Stimmabgabe zwar intern rechtswidrig, aber extern rechtswirksam, da es für die Stimmabgabe nur auf die rechtliche Vertretung nach außen, nicht auf die interne Willensbildung ankommt. – Sollten die Stimmen nicht einheitlich abgegeben werden, was in der Praxis freilich kaum vorkommen dürfte, dann sind sie insgesamt ungültig, so die hL, vgl Jarass/Pieroth, Grundgesetz, 3. Aufl (1995) Art 52 Rn 6. Nach anderer Auffassung soll dann die Stimme des Ministerpräsidenten als Stimmführer maßgebend sein (so Stern, Staatsrecht II, 137) oder die Abstimmung wiederholt werden (vgl von Mangoldt/Klein, Grundgesetz, 2. Aufl [1964] Art 51 Anm III 4 b), was dann sinnvoll ist, wenn es sich um ein Mißverständnis handelt, aber nicht weiterführt, wenn ein offener und nicht überbrückbarer Dissens besteht.

entscheidenden Punkt vorbei. Die Landesregierungen, die ihre Länder im Bundesrat vertreten, können nach ihren Vorstellungen und damit „frei" entscheiden. Sie können weder durch Weisungen des Landesparlaments noch gar durch einen Volksentscheid des Landesvolkes gebunden werden. In Betracht kommt allenfalls, daß sie wegen ihres Verhaltens im Bundesrat vom Landtag im Wege der parlamentarischen Kontrolle zur Rechenschaft gezogen und, was freilich kaum aktuell werden dürfte, sogar abgewählt werden. Im übrigen wäre es verfehlt, wenn man die in den Bundesrat entsandten Landesminister lediglich als Boten oder Befehlsempfänger ihrer Regierungen ansehen würde. Seit 1949 gehören durchweg die Ministerpräsidenten und wohl auch die tonangebenden Landesminister dem Bundesrat an. Zwischen der Landesregierung und der Vertretung im Bundesrat besteht sonach kein Abhängigkeitsverhältnis, vielmehr sind sie eher als Einheit zu betrachten.

2. Der Bundesrat als ständiges Organ

Da die Länder und die sie repräsentierenden Landesregierungen ständige Einrichtungen sind, ist auch der Bundesrat ein permanentes Organ. Das gilt selbst dann, wenn man auf die einzelnen Landesminister als Bundesratsmitglieder abstellt. Sie werden nicht für eine bestimmte Amtszeit bestellt, sondern bleiben solange im Bundesrat, bis sie abberufen werden oder aus ihrer Landesregierung ausscheiden. Insofern ist ein ständiger Wechsel der dem Bundesrat angehörenden Personen möglich, der Bundesrat selbst ist aber ein ständiges Organ ohne bestimmte Amts- oder Wahlperioden. Der parlamentarische Grundsatz der Diskontinuität gilt für den Bundesrat nicht. Lediglich aus arbeitstechnischen Gründen wird nach „Geschäftsjahren" unterschieden, die vom 1. 11. bis zum 31. 10. des folgenden Jahres dauern.[12] An ihnen orientiert sich auch die – nach Art 53 I GG nur einjährige – Amtszeit des Präsidenten des Bundesrates.[13]

Ist der Bundesrat auch ein ständiges Organ, so tagt er im Plenum doch relativ selten, jeweils nur freitags in Abständen von etwa vier Wochen.

12 Vgl § 3 Geschäftsordnung des Bundesrates (GeschOBR).

13 Bereits 1950 haben die Ministerpräsidenten im sog Königsteiner Abkommen vereinbart, daß die Ministerpräsidenten in einem bestimmten Turnus – nämlich der Größe der Länder folgend – zum Bundesratspräsidenten gewählt werden sollen. Diese nur informelle Absprache ist bislang durchweg eingehalten worden. Scheidet ein Ministerpräsident aus dem Bundesrat aus, wird sein Nachfolger für den Rest der Amtszeit gewählt. Das mag zwar im Blick auf Art 53 I GG (ein Jahr!) zweifelhaft sein, entspricht aber der hier vertretenen These, daß die Länder vertreten durch die Landesregierungen Mitglieder des Bundesrats sind und somit auch das Amt des Bundesratspräsidenten nicht personengebunden, sondern regierungsgebunden ist.

Die Ministerpräsidenten und die Minister der Länder üben ihre Bundesratstätigkeit nur „im Nebenamt" aus. Neben ihrem Hauptamt, zu dem häufig noch Funktionen in ihrer Partei, eventuell sogar der Parteivorsitz, kommen, bleibt für den Bundesrat nur noch wenig Zeit. Die Folge ist, daß sich die Erledigung der anstehenden Aufgaben auf die Ausschüsse des Bundesrats verlagern, in denen sich die Landesminister durch Ministerialbeamte vertreten lassen können und auch tatsächlich vertreten lassen.[14] Auf diese Weise erhält das im Bundesrat ohnehin angelegte bürokratische Element eine weitere Verstärkung. Darauf ist noch zurückzukommen.

III. Die Aufgaben und Zuständigkeiten des Bundesrates

Art 50 GG umschreibt die Aufgaben des Bundesrates (Mitwirkung bei der Gesetzgebung und Verwaltung des Bundes und in Angelegenheiten der Europäischen Union), gibt aber noch keinen Rechtstitel für bestimmte Tätigkeiten. Der Bundesrat ist vielmehr nur dann zuständig, wenn sich das aus anderen Vorschriften des Grundgesetzes ergibt. Bemerkenswert ist, daß der Bundesrat – im Gegensatz zum Bundestag (Gesetzgebung), zur Bundesregierung (Regierungstätigkeit), zum Bundespräsidenten (Repräsentation) und zum Bundesverfassungsgericht (Verfassungsrechtsprechung) – keinen spezifischen Aufgabenbereich besitzt, sondern nur Mitwirkungsrechte bei der Wahrnehmung von Aufgaben anderer Organe hat, dies aber in fast allen Bereichen. Die Mitwirkungsrechte des Bundesrates bestehen vor allem in Zustimmungs-, Einspruchs- und Informationsrechten, selten in Initiativrechten. Seine Zuständigkeit ist mehr auf Kontrolle, Korrektur und Mäßigung als auf aktive Gestaltung angelegt. Freilich gibt auch die Kontrolle Gestaltungsmöglichkeiten, wenn und weil das Placet von bestimmten Zusicherungen und Vorgaben abhängig gemacht wird. Insgesamt kann aber festgestellt werden, daß der Bundesrat als zwar multifunktionelles, aber vorwiegend nur reagierendes Verfassungsorgan kontrollierend und moderierend in der zweiten Reihe steht.

Im folgenden kann nur ein knapper Überblick über die Zuständigkeiten des Bundesrates gegeben werden.[15]

---

14 Auch die Bundestagsarbeit findet weitgehend in den Ausschüssen statt. Dort verhandeln aber die Mitglieder des Bundestages selbst. Die Vertreter der Bundesregierung werden lediglich zur Information und Beratung herangezogen.

15 Vgl näher dazu Stern, Staatsrecht II, 142 ff; R. Herzog (FN 4) 489 ff; Posser (FN 4) 1151 ff; Blumenwitz (FN 1) Rn 17 ff; Reuter (FN 4) 186 ff.

1. Mitwirkung im Bereich der Gesetzgebung

Der Schwerpunkt der Tätigkeit des Bundesrates liegt im Bereich der Gesetzgebung. Die vom Bundestag beschlossenen Gesetze unterliegen teilweise einem Einspruchsvorbehalt und teilweise einem Zustimmungsvorbehalt des Bundesrates. Dementsprechend wird zwischen Einspruchs- und Zustimmungsgesetzen unterschieden. Während der Einspruch vom Bundestag – wenn auch nur mit qualifizierter Mehrheit – zurückgewiesen werden kann und damit nur aufschiebende Wirkung hat, kommt das Gesetz bei fehlender Zustimmung nicht zustande. Nach der Systematik des Grundgesetzes ist die Zustimmung nur erforderlich, wenn dies bestimmt ist, was meistens dann der Fall ist, wenn das Gesetz Länderinteressen, insbesondere die Landesverwaltung oder das Finanzwesen, berührt. Sie erstreckt sich dann aber auf das gesamte Gesetz, auch wenn sie nur durch einzelne oder sogar nur durch eine Vorschrift dieses Gesetzes veranlaßt worden ist.[16] Waren die Zustimmungsgesetze ursprünglich wohl eher als Ausnahme gedacht, so haben sie doch im Laufe der Zeit ständig zugenommen. Ihre Zahl beträgt heute etwa 60 % der von Bundestag verabschiedeten Gesetze.[17] Die Zunahme liegt einmal an der extensiven Auslegung der die Zuständigkeitsbedürftigkeit begründenden Regelungen des Grundgesetzes. Zum anderen ist sie darauf zurückzuführen, daß eine Reihe von Grundgesetzänderungen, die die Gesetzgebungskompetenz des Bundes zu Lasten der Länder erweiterten, zugleich die Zustimmungsbedürftigkeit der auf dieser Grundlage erlassenen Gesetze bestimmten, um die Kompetenzeinbuße der Länder einigermaßen auszugleichen. Der Kompetenzverlust der Länder und damit der gesetzgebenden Landesparlamente führte also zur Stärkung des Bundesrates und der hinter ihm stehenden Landesexekutive.

Die Mitwirkungsrechte des Bundesrates im Bereich der Gesetzgebung setzen indessen nicht erst nach der Beschlußfassung des Bundestages, sondern verschiedentlich schon vorher ein. Der Bundesrat hat – neben der Bundesregierung und den Abgeordneten des Bundestages – das Recht zur Gesetzesinitiative und kann damit ein Gesetzgebungsverfahren in Gang bringen.[18] Ferner sind alle Gesetzentwürfe der Bundesregierung –

---

16 Vgl dazu und zu den sich daraus ergebenden Problemen insbesondere BVerfGE 37, 379 ff.

17 Vgl dazu die Angaben im Handbuch des Bundesrates 1995/96, 294: 1949 bis 1953: 41,8 %; 1990 bis 1994: 57,2 %; 1994 bis Mitte 1995: 61,1 %.

18 Die meisten Gesetzentwürfe kamen bislang (1949 bis Mitte 1995) von der Bundesregierung (4397) und aus der Mitte des Bundestages (2644); immerhin hat der Bundesrat in dieser Zeit 535 Gesetzesvorlagen beschlossen und weitergeleitet, von denen allerdings letztlich nur 169 zum Erfolg führten und als Gesetz verkündet wurden, vgl die Angaben im Handbuch des Bundesrates 1995/96, 292 f.

und das sind die meisten und vor allem die gewichtigsten[19] – zunächst dem Bundesrat zur Stellungnahme zuzuleiten und erst dann mit der Stellungnahme des Bundesrates und der Gegenäußerung der Bundesregierung dem Bundestag zur Beratung und Beschlußfassung vorzulegen. Wenn auch die Stellungnahme des Bundesrates nicht verbindlich ist, so gibt sie doch dessen Vorstellungen wieder und dürfte daher die folgenden Beratungen im Bundestag und seiner Ausschüsse nicht unerheblich beeinflussen, zumal dann, wenn das Gesetz anschließend noch der Zustimmung des Bundesrates bedarf.

2. Mitwirkung im Bereich der Exekutive

Die Mitwirkungsrechte im Bereich der Exekutive sind vielleicht in der Sache nicht so gewichtig, greifen jedoch noch weiter aus. Art 50 GG spricht zwar nur von der „Verwaltung", in Wirklichkeit ist aber der gesamte Exekutivbereich betroffen, auch und vor allem der Regierungsbereich. Dem Status des Bundesrates entsprechend geht es überhaupt nicht um Einwirkungen auf die Verwaltungsbehörden und die Verwaltungstätigkeit im einzelnen, sondern um die Leitung und Aufsicht der Verwaltung. Partner und Gegenspieler des Bundesrates in diesem Bereich ist die Bundesregierung. Die meisten Rechtsverordnungen, die die Bundesregierung oder ein Bundesminister zu erlassen beabsichtigt, bedürfen der Zustimmung des Bundesrates.[20] Dasselbe gilt für Verwaltungsvorschriften der Bundesregierung, die den Vollzug der Bundesgesetze durch die Landesbehörden regeln und lenken sollen.[21] Neuerdings hat der Bundesrat sogar das Recht, die Bundesregierung unter bestimmten Voraussetzungen zum Erlaß einer Rechtsverordnung aufzufordern (Rechtsverordnungsinitiative).[22]

Über die Gesetzgebung erlangt der Bundesrat auch Einfluß auf die Außenpolitik und das Haushaltswesen des Bundes, die zwar zu den Domänen der Exekutive gehören, aber verschiedentlich der Zustimmung des Gesetzgebers unterliegen, zu dem eben auch der Bundesrat gehört. Die Mitwirkung des Bundesrates im Bereich der auswärtigen Angelegenheiten war lange und ist auch heute teilweise noch umstritten.[23] Sicher

19 Vgl die Hinweise in FN 18.

20 Vgl Art 80 II GG.

21 Vgl für den Vollzug der Bundesgesetze als eigene Angelegenheit der Länder Art 84 II GG, für den Vollzug der Bundesgesetze als Auftragsangelegenheit Art 85 II 1 GG, für die Finanzverwaltung Art 108 VII GG und für das vorkonstitutionelle Recht Art 129 I GG.

22 Vgl Art 80 III GG idF vom 27. 10. 1994 (BGBl I 3146).

23 Vgl dazu Th. Oppermann, Bundesrat und auswärtige Gewalt, in: Der Bundesrat (FN 4) 299 ff; Stern, Staatsrecht II, 131 ff; Reuter (FN 4) 172 ff; U. Fastenrath, Kompetenzverteilung im Bereich der auswärtigen Gewalt (1986) 247 ff.

ist jedenfalls, daß der Bundesrat beim Abschluß völkerrechtlicher Verträge, die die politischen Beziehungen des Bundes regeln oder sich auf Gegenstände der Bundesgesetzgebung beziehen und die deshalb gem Art 59 II GG der bundesgesetzlichen Zustimmung bedürfen, beteiligt ist. Die Art der Mitwirkung (Einspruch oder Zustimmung zum Vertragsgesetz und damit zum Vertrag) richtet sich danach, ob Regelungen vorliegen, die – wie auch sonst bei Gesetzen – ein Zustimmungsrecht auslösen oder nur dem Einspruch unterliegen.[24] Entsprechendes gilt für den Haushaltsplan des Bundes, der gem Art 110 II 1 GG durch Gesetz festzustellen ist, und für Kreditaufnahmen des Bundes, die gem Art 115 I 1 GG der Ermächtigung durch Bundesgesetz bedürfen. In beiden Fällen werden die Gesetze als Einspruchsgesetze behandelt.[25]

Schließlich hat der Bundesrat noch in einer ganzen Reihe sehr unterschiedlicher Fälle ein verfassungsrechtlich festgelegtes Zustimmungsrecht im Bereich der Regierung, so etwa im Rahmen des Bundeszwangs (Art 37 GG), der Bundesaufsicht beim Vollzug von Bundesgesetzen (Art 84 GG), der Errichtung von bundeseigenen Mittel- und Unterbehörden (Art 87 III GG), der Katastrophenhilfe und des inneren Notstands (Art 35 III, Art 91 II GG) und des Verteidigungsfalls (Art 115a ff, Art 53a GG). Sie werden durch einfach-gesetzliche Regelungen erweitert,[26] die freilich hin und wieder die Frage aufwerfen, ob sie im Blick auf die verfassungsrechtliche Kompetenzordnung überhaupt zulässig sind.

3. Mitwirkung im Bereich der Judikative

Da die Gerichte unabhängig sind, scheidet eine unmittelbare Einwirkung auf die Rechtsprechung von vornherein aus. Aber im Vorfeld hat der Bundesrat durchaus Kompetenzen. So hat er die Hälfte der Richter des Bundesverfassungsgerichts zu wählen.[27] Ferner kann er, wenn auch nur im begrenzten Umfang, einen Antrag beim Bundesverfassungsgericht stellen und damit eine verfassungsgerichtliche Entscheidung herbeifüh-

---

24 Vgl zur Praxis die Nachweise bei Posser (FN 4) 1161 f.

25 Der Bundesrat hat, soweit ersichtlich, gegen das Haushaltsgesetz und damit gegen den Haushaltsplan bislang nur einmal, und das auch schon vor längerer Zeit, Einspruch eingelegt.

26 Vgl dazu Stern, Staatsrecht II, 150 f.

27 Vgl Art 94 I GG. Bei der Bestellung der übrigen Bundesrichter wirken nicht der Bundesrat, sondern die Bundesländer mit. Sie werden nämlich von einem Richterwahlausschuß gewählt, der aus dem Bundesjustizminister, den jeweils zuständigen Ministern der 16 Bundesländer und 16 Bundestagsabgeordneten besteht, vgl Richterwahlgesetz vom 25. 8. 1950 (BGBl 368) mit späteren Änderungen. Dagegen bedarf der Vorschlag des Bundesjustizministers für die Ernennung des Generalbundesanwalts und der Bundesanwälte wiederum der Zustimmung des Bundesrates (§ 149 GVG).

ren.[28] Im übrigen kann die Rechtsprechung mittelbar durch die Gesetzgebung und damit auch durch den an der Gesetzgebung beteiligten Bundesrat beeinflußt werden. Das gilt selbst für die Rechtsprechung des Bundesverfassungsgerichts. Wird nämlich eine rechtliche Regelung mit verfassungsändernder Mehrheit in das Grundgesetz aufgenommen oder eine einfach-gesetzliche Regelung durch eine entsprechende Grundgesetzänderung „abgesichert", dann ist das Bundesverfassungsgericht auf die Prüfung des Art 79 III GG (Gewährleistung grundlegender Verfassungsprinzipien) beschränkt.[29]

4. Die Mitwirkung in Angelegenheiten der Europäischen Union

Die Übertragung von Hoheitsrechten auf die Europäischen Gemeinschaften führten zu Kompetenzverlusten des Bundes und damit – konsequenterweise – zu Kompetenzverlusten der Bundesorgane, ferner zu Kompetenzverlusten der Länder und der Landesorgane. Da die ausgleichende Beteiligung der Bundesrepublik in den Europäischen Gemeinschaften, insbesondere im dominierenden Ministerrat, der Bundesregierung zusteht, geraten der Bundestag und der Bundesrat ins Hintertreffen. Das soll durch den 1992 in das Grundgesetz eingefügten Europa-Artikel innerstaatlich möglichst ausgeglichen werden.[30] Danach muß die Bundesregierung den Bundesrat umfassend informieren, in bestimmten, die Länder besonders betreffenden Angelegenheiten seine Auffassung „berücksichtigen" oder sogar „maßgeblich berücksichtigen" und schließlich, wenn schwerpunktmäßig ausschließliche Gesetzgebungsbefugnisse der Länder betroffen sind, die Wahrnehmung der der Bundesrepublik als Mitgliedsstaat der Europäischen Union zustehenden Rechte einem vom Bundesrat benannten Vertreter der Länder übertragen. Die internen Probleme, die sich aus der Zugehörigkeit eines bundesstaatlich strukturierten Mitgliedsstaates zur Europäischen Union ergeben, die selbst nur die Mitgliedsstaaten als solche kennt, sollen über und mit dem Bundesrat aufgefangen werden.[31]

---

28 Vgl Art 93 I Nr 1 GG (Organstreitverfahren), Art 93 I Nr 2a GG (abstrakte Normenkontrolle), Art 61 GG (Präsidentenanklage), Art 21 II GG, § 43 I BVerfGG (Parteiverbotsverfahren); ferner mit weiteren Nachweisen Posser (FN 4) 1167 f.

29 Vgl dazu die Asylrechtsregelung des Art 16a GG und dazu BVerfG DVBl 1996, 753.

30 Art 23 GG idF vom 21. 12. 1992 (BGBl I 2086); Gesetz über die Zusammenarbeit von Bund und Ländern in Angelegenheiten der Europäischen Union vom 12. 3. 1993 (BGBl I 313).

31 Vgl zu den vielfältigen, damit zusammenhängenden Problemen etwa R. Scholz, Europäische Union und deutscher Bundesstaat, NVwZ 1993, 817 ff; R. Breuer, Die Sackgasse des neuen Europaartikels (Art 23 GG), NVwZ 1994, 417 ff; U. Di Fabio, Der

III. Historische Grundlagen

Die Entscheidung des Grundgesetzes für die Bundesratslösung (Vertretung der Länder durch ihre Regierungen) anstelle der Senatslösung (Vertretung durch länderspezifisch gewählte Abgeordnete) hat in Deutschland eine lange historische Tradition.[32] Sie geht bis zum Reichstag des alten Deutschen Reichs zurück, der sich als Vertretung der Reichsstände (weltliche und geistliche Fürsten, später auch Reichsstädte) neben dem Kaiser als zweites Reichsorgan herausbildete. Erschienen anfangs die Fürsten zu den nach Bedarf einberufenen Tagungen überwiegend persönlich, so ließen sie sich später zunehmend vertreten. Seit 1663 tagte der Reichstag als ständige Einrichtung in Regensburg (sog Immerwährender Reichstag). Er wurde ein Gesandtenkongreß, auf dem die Bevollmächtigten der Fürsten und Reichsstädte zusammenkamen und entsprechend der ihnen erteilten Instruktionen verhandelten. Mit dem Ende des alten Deutschen Reichs 1806 löste sich auch der Reichstag auf.[33] Er fand jedoch in der Bundesversammlung des Deutschen Bundes, der nach dem Sieg über Napoleon 1815 als Staatenbund innerhalb der Grenzen des früheren Deutschen Reiches gegründet wurde, in gewisser Weise seine Fortsetzung. Die in Frankfurt tagende Bundesversammlung, auch Bundestag genannt, war das einzige ständige Organ des Deutschen Bundes. Sie bestand aus weisungsgebundenen Bevollmächtigten der im Deutschen Bund zusammengeschlossenen Fürsten und freien Städte und hatte über die Bundesangelegenheiten zu beraten und zu beschließen.

An diese Konzeption knüpften wiederum die Verfassungen des Norddeutschen Bundes von 1867 und des Deutschen Reichs von 1871 an. Der Bundesrat war das Organ der nunmehr bundesstaatlich zusammen-

neue Art 23 des Grundgesetzes, Der Staat Bd 32 (1993) 191 ff; R. Streinz, in: Sachs, Grundgesetz, 1996, Art 23 Rn 90 ff.

32 Diese Traditionslinie ist häufig beschrieben worden. Vgl bereits aus der Sicht jeweils ihrer Zeit P. Laband, Das Staatsrecht des Deutschen Reiches, Bd 1, 5. Aufl (1911) 233 ff; G. Anschütz, Die Verfassung des Deutschen Reichs, 13. Aufl (1933) 335 f; vgl ferner aus unserer Zeit, insbesondere zum Bundesrat von 1871 und zum Reichsrat 1919 etwa E.-U. Erichsen, Verfassungsrechtsgeschichtliche Prolegomena zur Bestimmung von Standort und Funktion des Bundesrates, in: Der Bundesrat (FN 4) 9 ff; Th. Eschenburg, Bundesrat – Reichsrat – Bundesrat. Verfassungsvorstellungen und Verfassungswirklichkeit, ebenda, 35 ff; E. R. Huber, Deutsche Verfassungsgeschichte, Bd III, 2. Aufl (1963) 848 ff; Bd VI (1981) 373 ff; U. Scholl, Der Bundesrat in der deutschen Verfassungsentwicklung. Reichsverfassung von 1871 und Grundgesetz (1982); Reuter (FN 4) 51 ff.

33 Immerhin hielt man es 1803 noch für erforderlich, den Reichsdeputationshauptschluß über die Säkularisierung und die Mediatisierung dem Reichstag zur Zustimmung vorzulegen. Sein Beschluß war zugleich sein Schwanengesang, da das den Reichsdeputationshauptschluß bestätigende Reichsgesetz nicht nur zu erheblichen territorialen Veränderungen führte, sondern auch die staatsrechtlichen Verhältnisse grundlegend umgestaltete.

geschlossenen Fürsten und freien Städte, die sich dort von ihren weisungsgebundenen Bevollmächtigten vertreten ließen.[34] Die Fürsten, die nach den Vorstellungen des konstitutionellen Staatsrechts des 19. Jahrhunderts Inhaber der Staatsgewalt in ihren Territorien waren, sollten diese zwar an den Bund (weitgehend) abtreten, dort aber gemeinsam im Bundesrat ausüben. In dieser Sicht ist es durchaus konsequent, wenn der Bundesrat als Träger der Reichsgewalt angesehen wurde. Während der Bundesrat das monarchische Prinzip verkörperte, kam im volksgewählten Reichstag das demokratische Prinzip zum Ausdruck. Er hatte – wie die Landesparlamente des 19. Jahrhunderts – Mitwirkungsrechte bei der Gesetzgebung und konnte die monarchische Regierung zur Rechenschaft ziehen, allerdings nicht abwählen. Die Parallele zwischen dem Verfassungsrecht der Länder und des Reiches zeigt sich besonders sinnfällig bei der Gesetzgebung: In den Ländern wurden die Gesetze durch übereinstimmende Beschlüsse des Fürsten und des Landtags, im Reich durch übereinstimmende Beschlüsse des Bundesrats und des Reichstags erlassen. Diese, dem konstitutionellen Staatsrecht entsprechende Verfassungskonstruktion, die das monarchische Prinzip und das demokratische Prinzip miteinander verbinden sollte, vermochte indessen die Exekutivspitze, den Kaiser und den von ihm ernannten Reichskanzler, nicht zu integrieren. Daran scheiterte sie auch, ganz abgesehen davon, daß die Zeit des Konstitutionalismus zu Ende ging. Jedenfalls verlor der Bundesrat gegenüber der Reichsregierung und dem Reichstag zunehmend an Bedeutung.

Nach dem Wegfall der Monarchie im November 1918, der den Weg für die demokratisch-parlamentarische Neuordnung freimachte, bestand an sich kein Anlaß, die traditionelle Einrichtung des Bundesrates weiterzuführen. Tatsächlich wurde sie in den ersten Verfassungsentwürfen, die zudem auf eine Reduzierung der föderalistischen Komponente abzielten, nicht vorgesehen. Indessen forderten gerade die Länder, insbesondere die Landesregierungen, mit Erfolg ihre Beibehaltung. Die Weimarer Reichsverfassung bestimmte, daß zur Vertretung der deutschen Länder bei der Gesetzgebung und Verwaltung des Reiches ein Reichsrat gebildet werde (Art 60) und daß die Länder im Reichsrat durch Mitglieder ihrer Regierungen vertreten werden (Art 63).[35] Wenn es auch nicht ausdrücklich ge-

34 Die strukturelle Übereinstimmung reicht bis zur Verteilung der Stimmen im Bundesrat, die mit der der Frankfurter Bundesversammlung übereinstimmte. Preußen erhielt neben seinen eigenen Stimmen die der von ihm 1866 annektierten Länder und kam damit auf 17 Stimmen. Im übrigen blieb es bei der bisherigen Verteilung. Lediglich Bayern erhielt zwei Stimmen mehr, um ihm den Eintritt in das Deutsche Reich zu erleichtern.

35 Vgl im einzelnen Art 60 ff. WRV; ferner aus der Literatur neben den Kommentaren zur Weimarer Reichsverfassung C. Bilfinger, Der Reichsrat. Bedeutung und Zusammensetzung, in: Anschütz/Thoma, Handbuch des deutschen Staatsrechts, Bd 1 (1930) 545 ff;

regelt war, so war doch in der Praxis durchweg und in der Literatur ganz überwiegend anerkannt, daß die Mitglieder des Reichsrats (intern) weisungsgebunden waren und daß die Stimmen eines Landes einheitlich abgegeben werden mußten. Die Kompetenzen des Reichsrates waren gegenüber denen des Bundesrates geringer, aber immer noch bedeutsam. Im Gesetzgebungsverfahren hatte er zwar kein Zustimmungsrecht, aber doch ein Einspruchsrecht, wobei zu beachten ist, daß der Einspruch vom Reichstag nur mit 2/3-Mehrheit zurückgewiesen werden konnte.[36] Tatsächlich ist es auch immer wieder zu einem Einspruch gekommen und auf diese Weise das Zustandekommen eines Gesetzes gescheitert.[37]

Mit dem Ende der Weimarer Republik verlor der Reichsrat seine politische Grundlage. Nach der Zerschlagung der Länder wurde er durch Gesetz der Reichsregierung vom 14. 2. 1934 auch förmlich „aufgehoben".[38]

Aber schon in der Nachkriegszeit – noch vor der Gründung der Bundesrepublik – wurden in der amerikanischen Besatzungszone und sodann im Vereinigten Wirtschaftsgebiet der englischen und der amerikanischen Zone (der sog Bizone) bundesratsähnliche Gebilde geschaffen. Der Länderrat der Bizone bestand aus je zwei Vertretern der Landesregierungen, unter ihnen meistens der Ministerpräsident, und hatte ua das Recht, gegen die Beschlüsse des Wirtschaftsrats, dem von den Landtagen gewählten parlamentarischen Gremium, Einspruch einzulegen.[39]

Der Grundgesetzgeber schloß sich nicht einfach der bisherigen Entwicklung an. Im Parlamentarischen Rat wie schon im vorbereitenden Herrenchiemseer Verfassungskonvent war zwar unbestritten, daß neben dem vom Volk gewählten Bundestag ein föderatives Organ gebildet werden soll. Umstritten war aber, ob dies ein von den Landesregierungen bestellter Bundesrat oder ein von den Landtagen gewählter Senat oder eine Zwischenlösung sein soll. Erst nach langen und heftigen Diskussionen,

F. Poetzsch, Vom Staatsleben unter der Weimarer Verfassung, JÖR Bd 13 (1925) 1, 195 ff; Bd 17 (1929) 1, 108 ff; Bd 21 (1933/34) 1, 178 ff; E. R. Huber (FN 31), Bd VI (1981) 373 ff; Eschenburg (FN 31) 42 ff.

36 Das wird in der Literatur oft übersehen, vor allem beim Vergleich mit dem heute geltenden Verfassungsrecht. Würde die Weimarer Regelung heute gelten, dann könnte die Oppositionspartei im Bundestag jedenfalls dann, wenn sie im Bundesrat die Mehrheit besitzt, jedes Gesetz (nicht nur die Zustimmungsgesetze) verhindern.

37 Vgl zur Praxis Poetzsch, JÖR Bd 13 (1925) 220 f; Bd 17 (1929) 128 ff; Bd 21 (1933/34) 194 ff.

38 Vgl RGBl I 89. Schon vorher erfolgten die „Gleichschaltung der Länder mit dem Reich" durch Reichsgesetz vom 7. 4. 1933 (RGBl I 173) und sodann die Auflösung der Länder durch Reichsgesetz vom 30. 1. 1934 (RGBl I 75), so daß mit dem oben genannten Gesetz nur noch ein bedeutungsloser Schlußstrich gezogen wurde.

39 Vgl Eschenburg (FN 32) 51 f; Reuter (FN 4) 74 ff.

die hier nicht weiter nachgezeichnet werden können,[40] fiel dann die Entscheidung für die Bundesratslösung. Der Bundesrat des Grundgesetzes entspricht nach seiner Struktur und seinen Zuständigkeiten weitgehend dem früheren Bundesrat und dem Reichsrat, was aber nicht darüber hinwegtäuschen darf, daß er – zumindest was den Bundesrat der Reichsverfassung von 1871 betrifft – in einem anderen verfassungsrechtlichen Umfeld steht. Zudem besteht ein wesentlicher Unterschied in der Besetzung. Während die früheren Gremien aus Bevollmächtigten der Landesregierungen (Diplomaten und Ministerialbeamte) bestanden, müssen nunmehr dem Bundesrat Mitglieder der Landesregierungen (Ministerpräsidenten und Minister) angehören, die sich zwar vertreten lassen können, aber wiederum nur durch Angehörige der Landesregierung.[41] Der (derzeitige) Bundesrat ist kein Gesandtenkongreß, sondern ein Regierungskongreß. Besonderes Gewicht erhält er noch dadurch, daß ihm von Anfang an alle Ministerpräsidenten angehörten und diese auch im Turnus den Vorsitz inne haben. Damit knüpfen sie übrigens an die hervorgehobene Stellung der Ministerpräsidenten in der Nachkriegszeit an, die damals als „Männer der ersten Stunde" und Ansprechpartner der alliierten Besatzungsmächte auch gesamtdeutsche Verantwortung trugen.

IV. Der Bundesrat im Bund-Länder-Verhältnis

1. Der Bundesrat als föderatives Bundesorgan

Der Bundesrat ist ein Verfassungsorgan des Bundes, keine Einrichtung der Länder. Er steht, wie sich bereits aus dem Aufbau des Grundgesetzes ergibt, neben den anderen ständigen Verfassungsorganen des Bundes, nämlich dem Bundestag, der Bundesregierung, dem Bundespräsidenten und dem Bundesverfassungsgericht. Als Bundesorgan nimmt er an der politischen Willensbildung des Bundes teil. Seine Besonderheit gegenüber den anderen Verfassungsorganen des Bundes besteht aber ge-

[40] Vgl dazu den Bericht in JÖR Bd 1 (1951) 379 ff; R. Morsey, Die Entstehung des Bundesrates im Parlamentarischen Rat, in: Der Bundesrat (aaO FN 1) 63 ff; K. Stern, Staatsrecht II, 116 ff; K. Lange, Die Legitimationskrise des Bundesrates, FS E. Stein, (1983) 181 ff.

[41] Vgl Art 51 I GG. Auch Art 63 I WRV bestimmte, daß die Länder im Reichsrat „durch Mitglieder ihrer Regierungen vertreten" werden. Aber die Regierungsmitglieder konnten sich nach der damaligen Rechtslage von Ministerialbeamten vertreten lassen und ließen sich tatsächlich auch in der Regel durch die ständigen Bevollmächtigten ihres Landes in Berlin vertreten. Dort auch näher zur sog clausula antiborussica, wonach die 26 Vertreter Preußens nur zur Hälfte von der Landesregierung bestellt wurden, die andere Hälfte aber von den Provinzialverwaltungen (Provinzialausschüssen) gewählt wurden und als gewählte Abgeordnete ein freies Mandat hatten.

rade darin, daß er – das Bundesstaatsprinzip zur Geltung bringend – die Länder an der Willensbildung des Bundes beteiligt. Die Beschränkungen, die die Länder durch die Einordnung in den Bundesstaat hinnehmen müssen, werden dadurch teilweise ausgeglichen, daß sie auf der Bundesebene über den Bundesrat Mitwirkungsrechte erhalten, – freilich nur teilweise, weil der Bundesrat nicht nur auf die *Mit*wirkung im Bundesbereich beschränkt ist, sondern auch nach dem Mehrheitsprinzip entscheidet. Die Behauptung, der Bundesrat dürfe als Landesvertretung nur Landesinteressen verfolgen und müsse sich daher in eindeutig bundespolitischen, insbesondere außenpolitischen Angelegenheiten zurückhalten, ist ebensowenig haltbar wie die gegenteilige Auffassung, der Bundesrat bzw die einzelnen Landesvertretungen im Bundesrat dürften, weil der Bundesrat ein Bundesorgan sei, keine spezifischen Landesinteressen vertreten.[42] Da der Bund und die Länder eine Einheit bilden und bilden sollen, lassen sich Bundesinteressen und Landesinteressen nicht einfach auseinanderdividieren. Vielmehr hat der Bund auch die Interessen der Länder, die Teil des Bundes sind, zu berücksichtigen, wie umgekehrt die Landesinteressen im Rahmen der Belange des Bundes zu sehen sind. Die Aufgabe des Bundesrats besteht gerade darin, die Landesinteressen in die Willensbildung des Bundes zu integrieren. Abgesehen davon geht es im Bundesrat nicht nur um die Geltendmachung und Durchsetzung von Interessen, sondern auch und vor allem um die Einbringung der besonderen Einsichten, Erfahrungen und Vorstellungen der Länder in den Willensbildungsprozeß des Bundes.

2. Die Rückwirkungen auf die Länder

Die Einrichtung des Bundesrates hat in doppelter Hinsicht Konsequenzen für den Landesbereich. Zum einen vermittelt sie den Landesregierungen, die das Land im Bundesrat vertreten, zusätzliche Kompetenzen und verstärkt damit ihr Gewicht im Landesbereich. Die Landesparlamente können, wie bereits dargelegt wurde, den Landesregierungen keine Weisungen im Blick auf ihr Verhalten im Bundesrat geben. Aber auch eine Weisungsbefugnis würde nicht viel ändern, da sie nur in wesentlichen Angelegenheiten in Betracht käme, in diesen Fällen aber die Landesregierung mit der Unterstützung der sie tragenden Landtagsmehrheit rechnen könnte. Die Opposition käme also auch bei einem Weisungsrecht nicht zum Zuge. Andererseits kann sie schon nach geltendem Recht im Landtag und damit vor dem Forum der Öffentlichkeit eine Debatte über das Verhalten der Landesregierung im Bundesrat auslösen.

42 Diese Thesen werden vor allem in den politischen Auseinandersetzungen wechselweise geltend gemacht. Zur parteipolitischen Ausrichtung des Bundesrates vgl unten VI 2.

Zum anderen hat die Einrichtung des Bundesrates Rückwirkungen auf die Landtagswahlen, weil mit ihnen nicht nur der Landtag und damit mittelbar die Landesregierung, sondern mit der Landesregierung auch die Vertretung im Bundesrat gewählt werden.[43] Die verbreitete These, Landtagswahlen seien Bundesratswahlen, ist freilich übertrieben. Eher könnte man sagen, die Landtagswahlen seien Testwahlen für die Bundespolitik insgesamt, insbesondere für die Regierungspolitik. Aber selbst das ist nur bedingt richtig.[44] Schon die Tatsache, daß offensichtlich die Persönlichkeit des Ministerpräsidenten eine maßgebliche Rolle spielt, mahnt zur Vorsicht. Richtig ist allenfalls, daß die Bundespolitiker dazu neigen, die Landtagswahlen zu Testwahlen zu erklären, vor allem dann, wenn die Prognosen für ihre Partei günstig stehen. Das hat wiederum Rückwirkungen auf den Bundesbereich. Die Bundespolitiker unterziehen sich auf diese Weise einem – angesichts der größeren Zahl von Landtagswahlen – fortlaufenden „Plebiszit", das auf verschiedene Bedenken stößt. Es ist sicher zulässig, die Landtagswahlen daraufhin zu überprüfen, ob sich neue Entwicklungen anbahnen oder gar schon durchgesetzt haben. Es ist aber nicht mehr zulässig, die Landtagswahlen zu Bundeswahlen umzufunktionieren, dem Wähler zu unterstellen, er habe nicht unter landespolitischen, sondern unter bundespolitischen Gesichtspunkten votiert, das in den Landtagswahlen aufgerufene „Teilvolk" mit dem Bundesvolk zu identifizieren und die Arbeit des Bundestages, die nach Art 39 I GG auf vier Jahre festgelegt ist, durch die Scheinplebiszite der Landtagswahlen ständig unter Druck zu setzen. Die Rückwirkungen auf die Landtagswahlen sind im wesentlichen ein hausgemachtes Problem der Bundespolitiker.

3. Das administrative Element des Bundesrates

Nach der Kompetenzordnung des Grundgesetzes und der darauf beruhenden Praxis liegt die Gesetzgebung überwiegend beim Bund und die Verwaltung, insbesondere der Gesetzesvollzug, überwiegend bei den Bundesländern. Diese vertikale Gewaltenteilung ist auch sinnvoll; sie zeigt übrigens, daß die traditionelle Gewaltenteilung zwischen Legislative und Exekutive, wenn auch in anderer Form, durchaus noch existiert. Sie hat aber auch Schwächen. Die Gesetzgebung kann nicht abstrakt erfolgen, sondern erfordert ausreichende Kenntnisse der Verwaltungspraxis. Daran fehlt es aber den am Gesetzgebungsverfahren beteiligten Bundesministerien, da sie in der Regel keinen eigenen Verwaltungsunterbau besitzen. Entsprechendes gilt für den Erlaß von Rechtsverordnungen und Verwal-

---

43 Vgl dazu zB Schenke (FN 4) 509 f.

44 Noch abwegiger ist es, wenn auch die Kommunalwahlen bundespolitisch gedeutet werden.

tungsvorschriften. Dagegen ist der Bundesrat geeignet, diese Schwächen aufzufangen. Die Ministerpräsidenten und Minister, die die Landesregierungen im Bundesrat vertreten, sind nicht nur Spitzenpolitiker ihres Landes, sondern auch Chefs der Landesverwaltungen. Hinter ihnen steht die Ministerialbürokratie des Landes, die ihrerseits Kontakte zu den unteren Verwaltungsbehörden hat. Die Mitglieder des Bundesrates sind daher in der Lage, die Kenntnisse, die Erfahrungen und den Sachverstand der Landesverwaltungen in die Gesetzgebung und in die Exekutive des Bundes einzubringen. Sie sind auch daran interessiert, weil die Mängel der Gesetze vor allem die vollziehende Landesverwaltung betreffen und belasten. Das administrative Element des Bundesrates wird dadurch noch verstärkt, daß in den Bundesratsausschüssen vor allem Vertreter der Ministerialbürokratie zusammenkommen, dort auch aufgrund ihrer gemeinsamen fachlichen Ausrichtung und Interessen in der Regel gut zusammenarbeiten und sodann ihre Minister entsprechend informieren. Zu Recht wird gerade diese administrative Kompetenz und Bedeutung des Bundesrates immer wieder hervorgehoben.[45]

V. Die Stellung des Bundesrates auf der Bundesebene

1. Der Bundesrat als Element der Gewaltenteilung

Der Bundesrat ist nicht nur ein Bindeglied im vertikalen Bund-Länder-Verhältnis, sondern bildet auch ein gewaltenteilendes Element auf der horizontalen Ebene des Bundes.[46] Das Grundgesetz knüpft zwar in Art 20 II GG an das klassische, auf Montesquieu zurückgehende Gewaltenteilungsschema an, entwickelt es aber – den politisch-sozialen Gegebenheiten und Möglichkeiten der Gegenwart entsprechend – moderierend und ergänzend weiter. Im grundgesetzlichen System der checks und balances kommt dem Bundesrat eine wichtige Rolle zu. Er stellt vor allem ein Gegengewicht zum Bundestag und der aus ihr hervorgegangenen Bundesregierung dar. Insofern rückt er – wenn auch unter anderen Vorgaben – bis zu einem gewissen Grad in die Nähe der Opposition. Überblickt man die Zuständigkeiten des Bundesrates, dann zeigt sich aber bald, daß sie zwar weit reichen, aber im wesentlichen doch auf Kontrolle und Korrektur angelegt sind.[47] Die politische Initiative und Gestaltung

45 Vgl etwa K. Hesse, Der unitarische Bundesstaat (1962) 27 f; *ders* (FN 4) Rn 102, 261; Herzog (FN 4) 476 f, 485 f; Reuter (FN 4) 197.

46 Vgl Hesse (FN 45); Stern, Staatsrecht I, 735 ff; Herzog (FN 4) 484 f; Klein (FN 4) 347; Schenke (FN 4) 1498 ff.

47 Vgl dazu bereits oben III.

ist vornehmlich Sache des Bundestages und vor allem der Bundesregierung. Der Bundesrat kann zwar auf die Regierungspolitik einwirken, er kann kontrollieren, mäßigen und bremsen, auch im Detail Alternativen anbieten und sogar durchsetzen, aber die Regierungspolitik nicht ersetzen. Er kann keine Führungsrolle übernehmen. Dafür fehlen ihm nicht nur die rechtlichen Kompetenzen, sondern auch die faktisch-politischen Möglichkeiten. Die Struktur des Bundesrates schließt es auch aus, daß sich innerhalb des Bundesrates Kräfte oder Gruppierungen bilden, die insoweit eine Vorreiterrolle übernehmen. Der Präsident des Bundesrates ist dazu schon deshalb nicht imstande, weil er jährlich wechselt.[48] Dem Bundesrat bleibt nur die Möglichkeit, der Regierungsmehrheit entgegenzutreten und sie damit in eine andere Richtung zu lenken. Aber das hängt wiederum davon ab, ob diese einen Richtungswechsel vornehmen kann und will. Jedenfalls kann der Bundesrat dabei leicht in ein Dilemma geraten. Das zeigt ein Vergleich mit der parlamentarischen Opposition. Sie kann ein politisches Vorhaben der Bundesregierung und der sie tragenden Bundestagsmehrheit ablehnen, aber nicht verhindern; sie kann somit auf die (tatsächlichen oder vermeintlichen) Schwachpunkte hinweisen, ohne die Verantwortung für das Scheitern übernehmen zu müssen. Anders liegt es beim Bundesrat. Wenn er ablehnt, indem er die erforderliche Zustimmung verweigert, ist das Vorhaben gescheitert. Er steht daher vor der Frage, ob er trotz seiner Einwände zustimmen soll, weil er das Scheitern nicht verantworten kann, oder ob er wegen seiner Einwände ablehnen soll, dann aber auch die Verantwortung übernehmen muß.[49]

Daraus folgt, daß sich die Opposition *des* Bundesrates nach Wirkung und Bedeutung wesentlich von der Opposition *im* Bundestag unterscheidet. Während die parlamentarische Opposition die Gegensätze herausstellen und Alternativen entwickeln soll und muß, hat der Bundesrat darüberhinaus die Gemeinsamekeiten zu suchen und zu fördern. Eine reine Opposition oder gar Blockade ist zwar partiell und zeitweilig möglich, aber auf die Dauer nicht durchzuhalten. Die Regierungsmehrheit und der Bundesrat sind bei Meinungsverschiedenheiten zur Zusammen-

---

48 Die Befristung sollte ua auch die Entstehung einer Machtposition verhindern, so Herzog (FN 4) 511.

49 Das hat der SPD-Vorsitzende und Kanzlerkandidat Lafontaine 1990 durchaus richtig erkannt, als er empfahl, die SPD solle den Währungsvertrag im Bundestag ablehnen, aber im Bundesrat akzeptieren. Das erschien zwar widersprüchlich, entsprach aber durchaus der politischen Logik. Dieselbe Doppelstrategie hat übrigens – wenngleich nicht so ausdrücklich – 1975 die CDU/CSU verfolgt, als es um die Zustimmung zum deutsch-polnischen Vertrag über die Renten- und Unfallversicherung ging, vgl dazu J. Krause, Außenpolitische Opposition im und über den Bundesrat. Eine Fallstudie am Beispiel der Auseinandersetzungen um die Ratifizierung der deutsch-polnischen Vereinbarungen vom Oktober 1975, ZParl 1980, 423 ff.

arbeit und zum Kompromiß gezwungen. Diesen Weg weist auch das Grundgesetz mit dem Vermittlungsausschuß, der – aus je 16 Mitgliedern des Bundestages und des Bundesrates bestehend – im Gesetzgebungsverfahren angerufen werden kann und einen Einigungsvorschlag ausarbeiten soll.[50] Weitere institutionelle Vorkehrungen zur Konfliktbewältigung sieht das Grundgesetz nicht vor. Während schwerwiegende Konflikte zwischen dem Bundestag und der Bundesregierung dadurch gelöst werden können, daß der Bundeskanzler und damit die Bundesregierung abgewählt werden (Art 67 GG) oder der Bundestag aufgelöst wird (Art 68 GG), bestehen im Verhältnis zwischen dem Bundestag und der Bundesregierung einerseits und dem Bundesrat andererseits keine entsprechenden Lösungsmöglichkeiten.[51] Die Bundesregierung kann sogar, wenn sich das Parlament verweigert, unter den engen Voraussetzungen des Art 81 GG allein mit dem Bundesrat ein Gesetz erlassen, hat aber im Falle der Verweigerung des Bundesrates keine verfassungsrechtliche Handhabe. Das Grundgesetz rechnet offenbar mit der Möglichkeit des Versagens des Parlamentarismus, nicht aber des Föderalismus.

2. Der Bundesrat im Parteienstaat

Eine vieldiskutierte Frage ist, ob und inwieweit der Bundesrat parteipoltisch geprägt ist und geprägt sein darf.[52] Daß die Parteipolitik am Bundesrat nicht vorbeigeht, ist evident und verständlich. Die Ministerpräsidenten und Minister, die die Landesregierungen im Bundesrat vertreten, sind Politiker und damit Parteipolitiker; sie werden von den Landtagen entsprechend den jeweiligen Mehrheitsverhältnissen unter parteipolitischen Gesichtspunkten gewählt; sie haben im Bundesrat über politische Fragen zu entscheiden, die häufig parteipolitisch relevant sind. Da-

50 Vgl Art 77 II GG und die vom Bundestag und Bundesrat beschlossene Gemeinsame Geschäftsordnung für den Vermittlungsausschuß vom 19. 4. 1951 idF vom 26. 4. 1995 (BGBl I 742). Die 16 Bundestagsabgeordneten werden entsprechend der Stärke der Fraktionen bestimmt; die 16 Mitglieder des Bundesrates werden jeweils von den einzelnen Landesvertretungen bestimmt. Auch der Vermittlungsausschuß wirft Probleme auf, vgl dazu etwa BVerfGE 72, 175, 187 ff.

51 Vgl dazu G. Lehmbruch, Parteienwettbewerb im Bundestaat (1976) 138 f; Schenke (FN 4) 1495 f, 1505.

52 Diese Frage beschäftigt die Staatsrechtslehre und die Politikwissenschaft in gleicher Weise; vgl in staatsrechtlicher Sicht etwa H. H. Klein, Parteipolitik im Bundesrat?, DÖV 1971, 325 ff; G. Leibholz/D. Hesselberger, Die Stellung des Bundesrates und das demokratische Parteiensysdtem der Bundesrepublik Deutschland, in: Der Bundesrat (FN 4) 99 ff; W.-R. Bandorf, Der Bundesrat als Instrument der Parteienpolitik (Diss Mannheim 1978) 31 ff; Herzog (FN 4) 474 f; Reuter (FN 4) 117 ff. mit zahlreichen weiteren Nachweisen 119 FN 13; in politikwissenschaftlicher Sicht zB Lehmbruch (FN 51) 125 ff; Fromme (FN 4) passim; K.-L. Sommer, Der Bundesrat als politische Kontrollinstanz in den Anfangsjahren der Bundesrepublik, ZParl 1982, 537 ff.

durch ergeben sich auch Querverbindungen zu den anderen Verfassungsorganen, insbesondere zum Bundestag, und zu den Bundesvorständen der politischen Parteien. Die parteipolitische Ausrichtung des Bundesrates wird vor allem dann aktuell und diskutiert, wenn unterschiedliche Mehrheitsverhätnisse im Bundestag und im Bundesrat bestehen, so 1969 bis 1982 (sozialliberale Regierungskoalition und CDU/CSU-Mehrheit im Bundesrat) und nunmehr wiederum mit umgekehrten Vorzeichen seit 1992 (CDU/CSU/FDP-Regierungskoalition und SPD-Mehrheit im Bundesrat). Problematisch sind aber nicht nur, was meist übersehen wird, die unterschiedlichen, sondern auch die sich entsprechenden Mehrheitsverhältnisse in beiden Organen, weil sie die gewaltenteilende Funktion des Bundesrates relativieren und in Frage stellen.

Die Forderung, der Bundesrat müsse parteipolitisch neutral sein,[53] ist nicht nur wirklichkeitsfremd, sondern geht auch an der Verfassung vorbei. Durch Art 21 GG wird die Parteienstaatlichkeit mit ihren Folgerungen grundsätzlich anerkannt. Sicher deckt diese Grundentscheidung nicht alles, was unter diesem Titel erscheint, sondern nur das, was sich in die grundgesetzliche Ordnung einfügen läßt. Mit den Regelungen über die Zusammensetzung und die Besetzung des Bundesrates werden auch die sich daraus ergebenden parteipolitischen Implikationen übernommen. Hätte das Grundgesetz sie ausschließen wollen, dann hätte es eine andere Besetzungsregelung vornehmen müssen, wobei die Frage, ob überhaupt eine parteipolitisch neutrale Alternative besteht, hier dahingestellt bleiben kann. Der Hinweis, daß der Bundesrat die Interessen und Einsichten der Länder in den Willensbildungsprozeß des Bundes einbeziehen soll, ist richtig, rechtfertigt aber keine Motivforschung,[54] ganz abgesehen davon, daß zur Eigenart der Länder auch ihre (jeweilige) parteipolitische Struktur gehört.

Andererseits verhindert die grundgesetzliche Bundesratslösung die weitgehende oder sogar ausschließliche parteipolitische Ausrichtung des förderativen Organs, wie dies in den Staaten, die sich für die Senatslösung und damit für die unmittelbare oder mittelbare Volkswahl entschieden haben, offenbar der Fall ist.[55] Sie wird vielmehr durch eine Reihe von Umständen gelockert, durchbrochen und relativiert.[56] So wird die Landesregierung, die über die Stimmabgabe im Bundesrat zu entscheiden hat, stets auch die Interessen und Bedürfnisse des Landes im Auge haben, schon weil sie mit den Problemen des Landes leben muß und die

[53] In diese Richtung vor allem Th. Maunz, Rechtsstellung der Mandatsträger im Bundesrat, in: Der Bundesrat (FN 4) 193, 209 f; *ders,* in: Maunz/Dürig, Grundgesetz, Art 50 (1982) Rn 25.

[54] So zutreffend Leibholz/Hesselberger (FN 52) 111.

[55] Vgl die Nachweise oben FN 7.

[56] Vgl dazu Herzog (FN 4) 474 f; Reuter (FN 4) 124 ff.

positive Lösung dieser Probleme auf ihrem Erfolgskonto erscheint, was wiederum für die nächste Wahl von Bedeutung ist. Ferner wird sie als Spitze der Exekutive die besonderen Erfordernisse der Verwaltungspraxis mit ihren Sachgesetzlichkeiten, die sie aus eigener Anschauung oder durch Vermittlung ihrer Ministerialbürokratie kennt, in den Entscheidungsprozeß einbeziehen. Dadurch können sich „Sachkoalitionen" mit anderen Ländervertretungen ergeben, die quer zur parteipolitischen Ausrichtung verlaufen. Des weiteren muß bei Koalitionsregierungen auf den Koalitionspartner Rücksicht genommen werden, zumal dann, wenn dessen Partei auf der Bundesebene im anderen Lager steht.[57] Zudem würde man das Selbstbewußtsein der Ministerpräsidenten und auch der Landesminister erheblich unterschätzen, wenn man annehmen würde, sie ließen sich ohne weiteres von der Zentrale in Bonn an die Leine legen. Ein „Fraktionszwang", was immer man darunter versteht, greift insoweit ohnehin nicht. Schließlich ist noch die doppelte Mediatisierung der Landesvertretung im Bundesrat (Volk, Landtag, Landesregierung) zu beachten, die der Gefahr begegnet, daß sich die parteipolischen Zusammensetzungen des föderativen Organs und des unitarischen Organs im wesentlichen entsprechen und somit nur zu einer Verdoppelung führen.

Die Geschichte der Bundesrepublik zeigt, daß im Bundesrat die sachlichen Gesichtspunkte im Vordergrund standen. Das gilt vor allem für die Alltagsarbeit, die überwiegend durch administrative Fragen und Regelungen bestimmt wird. Die parteipolitische Orientierung tritt meistens nur bei politisch wichtigen oder politisch wichtig erscheinenden Entscheidungen auf. Aber auch hier werden immer wieder die rechtlichen und tatsächlichen Grenzen sichtbar. Es ist bemerkenswert, daß die grundlegenden außen- und deutschlandpolitischen Vertragswerke der jeweiligen Bundesregierung und der sie tragenden Bundestagsmehrheit bei der Opposition im Bundestag auf erheblichen Widerstand stießen, die mit ihr parteipolitisch verbundene Bundesratsmehrheit aber die Verträge passieren ließen. Das gilt für die Westverträge ADENAUERS 1952/53,[58] die

57 In den Koalitionsvereinbarungen wird üblicherweise festgelegt, daß sich das Land im Bundesrat der Stimme enthält, wenn in der Landesregierung zwischen den Koalitionspartnern keine Einigung zu erzielen ist. Ein solcher genereller und abstrakter Entscheidungsverzicht ist verfassungsrechtlich nicht haltbar, auch wenn die Koalitionsvereinbarung keine rechtliche, sondern nur eine politische Bindung erzeugt. Dagegen läßt sich auch nicht einwenden, daß die Absprache nur dann aktuell wird, wenn sich die Koalitionspartner im *konkreten* Fall nicht einigen, weil eben für diesen konkreten Fall der generelle Entscheidungsverzicht ausgesprochen wird. Im übrigen handelt es sich auch nicht um eine echte Enthaltung, weil der Bundesrat mit der Mehrheit seiner Stimmen entscheidet (Art 52 III 1 GG) und daher die Enthaltungen als Nein-Stimmen zählen.

58 A. BARING, Außenpolitik in Adenauers Kanzlerdemokratie (1969) 261 ff; R. MAIER, Erinnerungen (1966) 444 ff; K.-J. MATZ, Reinhold Maier. Eine politische Biographie, (1989) 398 ff. Eine Schlüsselrolle nahm damals die Landesregierung von Baden-Würt-

Ostverträge der Regierung BRANDT/SCHEEL[59] und bis zu einem gewissen Grad auch für den Währungsvertrag im Zuge der Wiedervereinigung.[60]

3. Die demokratische Legitimation des Bundesrates

Abschließend ist noch kurz auf die Diskussion über die demokratische Legitimation des Bundesrates einzugehen.[61] Sie ist sicherlich schwächer als die des unmittelbar vom Volk gewählten Bundestags, aber sie ist zweifellos auch vorhanden. Die demokratische Legitimation kann auch durch Zwischenglieder hergestellt werden. Erforderlich ist nur, wie das Bundesverfassungsgericht feststellt, „eine ununterbrochene Legimationskette vom Volk über die von diesem gewählte Vertretung zu den mit staatlichen Aufgaben betrauten Organen und Amtswaltern".[62] Eine solche Legitimationskette ist beim Bundesrat gegeben, da seine einzelnen Mitglieder ihr Amt über die Landesregierungen und die Landtage auf das Volk zurückführen können. Auch die erforderliche demokratische Rückkoppelung, die die zeitliche Begrenzung des Mandats verlangt, ist gegeben, weil die Amtszeit der Landesregierungen auf die Wahlperiode der Landtage beschränkt ist und damit der ständigen Erneuerung bedarf. Eine Konsequenz dieses für den Bundesrat typischen Auswahlverfahrens ist freilich, daß die Opposition in den Landtagen bei der Vertretung im Bundesrat nicht zum Zuge kommt. Die Landesregierung und damit die sie tragende Regierungsmehrheit im Landtag verfügt über *alle* Stimmen im Bundesrat. Diese Verengung trifft aber auf alle Funktionen der Regierung zu. Sie ergibt sich aus dem Mehrheitsprinzip und kann daher nicht grundsätzlich in Frage gestellt werden. Sollten gleichwohl noch „demokratische Defizite" festgestellt werden, so ist zu beachten, daß der Bundesrat als föderatives Organ im Bundesstaatsprinzip einen spezifischen Legitimationsstrang hat, der auch eine spezifische Organisation und Aus-

temberg ein, die aus der SPD, der DVP (heute FDP) und dem BHE unter Ministerpräsident REINHOLD MAIER (DVP) bestand. Obwohl die SPD strikt und auch der Ministerpräsident der Sache nach gegen das Vertragswerk waren, stimmte der Letztere schließlich zu, was prompt zu landesinternen Auseinandersetzungen führte, aber zugleich zeigte, daß der Ministerpräsident die politischen Möglichkeiten des Bundesrates richtig einschätzte.

59 A. BARING, Machtwechsel (1982) 427 ff; vgl KRAUSE, ZParl 1980, 423 ff.

60 Vgl dazu bereits oben FN 49; ferner etwa die Diskussionen in den Sitzungen des Bundesrates vom 22. 5. 1990 und vom 22. 6. 1990, BR-Prot 1990, 253 ff und 324 ff.

61 Vgl dazu STERN, Staatsrecht I 737 ff; REUTER (FN 4) 106 ff; H. H. KLEIN, Die Legitimation des Bundesrates und sein Verhältnis zu Landesparlamenten und Landesregierunge, in: Vierzig Jahre Bundesrat (FN 4) 95, 102 ff.

62 BVerfGE 83, 60, 73; ferner schon BVerfGE 47, 253, 273; 77, 1, 40; VerfGH Nordrhein-Westfalen, NVwZ 1987, 211; E.-W. BÖCKENFÖRDE, Demokratie als Verfassungsprinzip, in: Isensee/Kirchhof, Handbuch des Staatsrechts, Bd I (1987) 887, 894 ff; R. HERZOG, in: Maunz/Dürig, Grundgesetz, Art 20 II (1978) Rn 46 ff.

gestaltung rechtfertigt.[63] Jedenfalls kann in der politischen Auseinandersetzung der Gesichtspunkt der (schwächeren) demokratischen Legitimation nicht gegen den Bundesrat ausgespielt werden, wenn er von seinen verfassungsrechtlich festgelegten Kompetenzen Gebrauch macht und damit seine verfassungsrechtlich festgelegten Rechte und Pflichten ausübt. Demokratische Legitimation wird auch über die demokratische Bundesverfassung begründet.

63 Selbst die unmittelbare Wahl der Mitglieder des US-Senats und des schweizerischen Ständerates entspricht nicht voll den egalitär-demokratischen Grundsätzen, da nur zwei Personen pro Gliedstaat zu wählen sind und damit das Volk in den Gliedstaaten nicht proportional gleichmäßig vertreten ist, vgl dazu JAAG (FN 1) 90 ff.

Theo Mayer-Maly

Kann Mehrheit alles?

Vor allem durch die schlimmen Erfahrungen mit den Totalitarismen unseres Jahrhunderts ist man sich heute sehr weitgehend darüber einig geworden, daß Demokratie eine an sich gute Sache sei. Daran konnte nicht einmal der Umstand etwas ändern, daß das Wort in vielfacher Weise entfremdet oder mißbraucht wurde und bisweilen sogar als Etikette für politische Systeme verwendet wurde, in denen der Einfluß der Bevölkerung auf die politischen Entscheidungen besonders gering war.

Über dieser positiven Konnotation der Demokratie in der Gegenwart darf jedoch nicht vergessen werden, daß die Wertschätzung für Demokratie längst nicht immer so groß war. Als die europäischen Totalitarismen im zweiten Viertel des 20. Jahrhunderts aufkamen, hatte besonders in Mittel- und Südeuropa eine skeptische bis verächtliche Einstellung der Demokratie gegenüber längst um sich gegriffen.

In der Mitte des 19. Jahrhunderts stellte das Wort „Demokrat" für viele ein Synonym für „Kommunist" dar. Für SCHELLING[1] war es ein schlimmer Verdacht, Demokrat, Aufklärer oder Illuminat zu sein. In den klassischen Traditionen der Staatslehre findet man beträchtliche Vorbehalte gegenüber der Demokratie. Das gilt namentlich für ARISTOTELES[2]. MONTESQUIEU[3] empfiehlt, die Elemente der Republik und der zu ihr gehörigen Demokratie mit Elementen anderer Staatsformen zu verbinden. Dagegen war THOMAS VON AQUIN viel demokratischer gesonnen, als man gemeiniglich annimmt. In der quaestio 57 (art 2) der Secunda Secundae stellt er den Volksbeschluß als Quelle des Rechts neben die Fürstenentscheidung – beide allerdings nur in dem vom Naturrecht belassenen Gestaltungsraum. Unverkennbar hat THOMAS die Verhältnisse in den italienischen Stadtstaaten seiner Zeit vor Augen.

In unserer Zeit wird Demokratie von den entwickelten Industriestaaten prinzipiell und praktisch bejaht. Ein Blick auf Afrika lehrt, daß die praktische Anerkennung demokratischer und rechtsstaatlicher Grundsätze mit dem Entwicklungsstand abnimmt. Nicht nur deshalb empfiehlt es

---

1 Vgl J. HOFFMEISTER, Briefe von und an Hegel, Bd 1 (1952) 35.

2 Politik 1279 b 6, dazu E. J. SCHÄCHER, Die Demokratie bei Aristoteles (1967).

3 Zu ihm sehr beachtenswert CHAIMOWICZ, Freiheit und Gleichgewicht im Denken Montesquieus und Burkes (1985) bes 17 ff.

sich, über Grundlagen und Grenzen der Demokratie immer wieder neu nachzudenken. Dazu können einige einfache Gedankenexperimente helfen:

Mit gutem Grund hat ein beträchtlicher Teil der europäischen Staaten die Todesstrafe abgeschafft. Durch Volksabstimmungen ist das nicht geschehen. Es muß als ziemlich zweifelhaft angesehen werden, wie Volksabstimmungen über eine Wiedereinführung der Todesstrafe ausfallen würden. Vor allem nach spektakulären Verbrechen wäre ein die Wiedereinführung bejahendes Votum höchst wahrscheinlich.

Dieses Exempel zeigt übrigens, daß direkte Demokratie viel riskanter ist als repräsentative. Es gibt Themen, die sich für Volksabstimmungen nicht eignen. Dazu gehört nicht nur die Steuerpolitik. Ob die Besetzung politischer Spitzenpositionen durch Direktwahl empfehlenswert ist, erscheint mehr als fraglich. Israels jüngster Wahlgang hat gezeigt, daß ein Staat unregierbar werden kann, wenn man zwar die Gallionsfigur direkt wählt, das Parlament aber nach einem Verhältniswahlrecht zusammengesetzt ist. Zur französischen cohabitation ist nicht jedes Volk talentiert. Jener Präsidentschaftswahlkampf, aus dem WALDHEIM als Sieger hervorgegangen ist, hat auch für österreichische Verhältnisse deutlich gemacht, welches Risikopotential in direkter Demokratie steckt.

Neben die Möglichkeit einer Mehrheitsentscheidung für die Wiedereinführung der Todesstrafe sei nun ein zweites Exempel gestellt: Hitlers Rassengesetze. Diese Visitenkarte des Nationalsozialismus, die jedermann rechtzeitig über seine Inhumanität hätte ins Bild setzen können, ist in einer quasli-legalen Prozedur entstanden und im deutschen Reichsgesetzblatt korrekt veröffentlicht worden.[4] Es ist zu fürchten, daß sich eine starke Mehrheit für diese Gesetze ergeben hätte, falls man sie damals einer Volksabstimmung unterzogen hätte.

Sogar bei der Tötung von Mißgeburten, Behinderten und unheilbar Kranken waren die Nationalsozialisten um ein gewisses Maß an Legalität bemüht.[5] Auf diesem Sektor ergibt sich eine fatale Parallele zur Gegenwart. Bei unheilbarer Krankheit ist man neuerlich bereit, Abstriche vom Lebensschutz zu machen. Die niederländische Euthanasiegesetzgebung[6] ist demokratisch zustande gekommen. In manchem mittel- oder westeuropäischen Parlament hätte eine Vorlage, die auf Zulassung von „Sterbehilfe" zielt, beträchtliche Chancen. Die Abstimmung der Gesunden über das Schicksal der unheilbar Kranken hat allerdings einen schlechten Beigeschmack. Durch schwere Krankheit verändert sich die Welt für den

4 RGBl 1935 I 1146 f.

5 Dazu OTT, FS Walter (1991) 519 ff.

6 Vgl Statsblad 1993, 688; dazu JOCHEMSEN, Journal of Medical Ethics 1994, 212 ff.

Kranken gründlich. Daher ist von „Patiententestamenten" aus einer Zeit der Gesundheit nichts zu halten.

Die Zentralfrage, ob eine Parlamentsmehrheit oder ein erfolgreiches Plebiszit genügt, um aus einem ethisch fragwürdigen Postulat geltendes Recht zu machen, stellt sich auch zur Abtreibung[7] und zur Embryonentötung im Rahmen der sogenannten Fortpflanzungsmedizin.[8] Bei der in Europa heute weitgehend durchgesetzten Abtreibungsmöglichkeit – erfreuliche Ausnahmen stellen ua Irland, die Schweiz und Ungarn dar – fällt auf, daß an ihr die Verfassungsgerichtsbarkeit zumindest ebenso stark beteiligt ist wie die parlamentarische Gesetzgebung. In Österreich war es das kläglich begründete Erkenntnis VfGH Slg 7400[9], in Deutschland das Erkenntnis BVerfGE 88, 203[10] und in Italien die kuriose Entscheidung des Corte costituzionale[11] vom 18. 2. 1975. Zugrunde lag ein Zweifel des Mailänder Tribunals an der Verfassungsmäßigkeit von Art 546 des Codice penale, der jede Abtreibung für strafbar erklärte. Begründet wurde dieser Zweifel mit den Artikeln 31 und 32 der Verfassung von 1947, die den Schutz von Mutter und Kind durch die Republik sowie den Schutz der Gesundheit als ein Grundrecht proklamieren. Im Mailänder Anlaßfall ging es aber gar nicht um medizinische Indikation, um eine Gefährdung der Gesundheit der Mutter durch die Fortsetzung einer Schwangerschaft. Die Schwangere hatte vielmehr vorgetragen, daß sie an extremer Kurzsichtigkeit (mit 22 Dioptrien) leide und vermeiden wolle, daß sie ein Kind gebäre, das ebenso kurzsichtig sein könnte. Der Fall gehört zum Themenfeld eines Anspruchs auf Schutz vor „wrongful life" und hat mit der Abtreibungsproblematik nur mittelbar zu tun.

Die Annahme, durch die verfassungsgerichtliche Judikatur würde die Frage, wo die Grenzen für Parlamentsmehrheiten liegen, entschärft, wäre trügerisch. Der allzu starke Einfluß politischer Kräfte auf die personelle Zusammensetzung der Verfassungsgerichtshöfe hat zur Folge, daß die Verfassungsgerichte allenthalben – manchmal etwas phasenverschoben – die jeweiligen Mehrheitsverhältnisse widerspiegeln. Gerade deshalb müssen auch sie sich die Frage nach den Grenzen der Mehrheit gefallen lassen.

Eine an die Demokratie gerichtete Legitimationsfrage ergibt zunächst einmal, daß die Entscheidung für Demokratie sehr unterschiedlich be-

---

7 Zu ihr die vorzügliche, viele Rechtsordnungen ansprechende Arbeit von Reis, Das Lebensrecht des ungeborenen Kindes als Verfassungsproblem (1984).

8 Dazu Bydlinski/Mayer-Maly (Hrsg), Fortpflanzungsmedizin und Lebensschutz (1993).

9 Kritisch dazu Waldstein, Das Menschenrecht zum Leben (1982) 26 ff.

10 Kritisch dazu Hermes/Walther, NJW 1993, 2337.

11 Veröffentlicht ua in der Rivista italiana di diritto e procedura penale 1975, 566 ff.

gründet werden kann. Plattheiten wie „Demokratie ist Diskussion" können dabei vorab ausgeschieden werden. Einer der relevanten Begründungsansätze geht davon aus, daß es auf das Votum einer Mehrheit ankommen müsse, weil objektive Werte nicht existierten oder zumindest nicht beweisbar seien. So gesehen, wäre Demokratie das staatsrechtliche Korrelat von Agnostizismus und Wertrelativismus. Funktional erschöpfte sie sich in der Einigung auf Spielregeln. Inhaltliche Anforderungen an einen vorausgesetzten Grundkonsens würden nicht gestellt.

Es kann nicht überraschen, daß gewichtige Stimmen aus der katholischen Kirche einem solchen Demokratieverständnis entgegengetreten sind. Kardinal JOSEPH RATZINGER hat sich in eingehender Argumentation dagegen gewandt, im Relativismus eine Voraussetzung der Demokratie zu sehen.[12] Dabei gelangt RATZINGER zu einer massiven Kritik an KELSEN, die in der Hauptsache POSSENTI[13] folgt. RATZINGER[14] postuliert einen „nichtrelativistischen Kern" der Demokratie, der „um die Menschenrechte herumgebaut" sein müsse. Den Darlegungen von RATZINGER entsprechen die der Demokratie gewidmeten Passagen der Enzyklika Evangelium Vitae[15] (Punkt 70) zu einem guten Teil, doch geht JOHANNES PAUL II noch einen Schritt weiter. Wie RATZINGER lehnt auch die Enzyklika es ab, ethischen Relativismus als wesentliche Voraussetzung von Demokratie anzusehen. Demokratie darf nach der Enzyklika nicht zu einem Idol erhoben werden, das Moral substituiert. Ihr moralischer Wert ist kein automatischer, sondern hängt von den mit ihr verfolgten Zielen ab. Aus der Sicht des Papstes relativiert also nicht die Demokratie die Werte. Es sind vielmehr die Werte, welche die Demokratie relativieren.

Wie die Enzyklika Evangelium Vitae (Punkt 70 f) treffend und sehr realistisch beobachtet, sind Demokratien sehr zerbrechlich. Das hat sich besonders deutlich in der Zwischenkriegszeit gezeigt, als zunächst die italienische, dann die deutsche und bald darauf die österreichische Demokratie zusammenbrach, jedesmal unverkennbar als Folge des Zerfalls von gesellschaftlichem Grundkonsens.

Die Bestandfähigkeit einer Demokratie hängt nicht allein von der Bereitschaft zur Einhaltung ihrer Spielregeln, also von dem ab, was HABERMAS[16] das Prozedurale nennt. Viel wichtiger ist der Rang der Werte, die

---

12 RATZINGER, Wahrheit, Werte, Macht (1993) 65 ff (Kapitelüberschrift: „Relativismus als Voraussetzung der Demokratie?").

13 Le società liberali al bivio. Lineamenti di filosofia della società (1991) 298 ff, bes 345 f.

14 AaO 68.

15 Der Text der Enzyklika wird nach der 1995 erschienenen deutschsprachigen Ausgabe der Libreria Editrice Vaticana zitiert.

16 In: Taylor, Multikulturalismus und die Politik der Anerkennung (1995) 163.

eine Demokratie anerkennt. Die Enzyklika Evangelium Vitae sagt dazu in Punkt 70: „Grundlage dieser Werte können nicht vorläufige und wechselnde Meinungsmehrheiten sein, sondern nur die Anerkennung eines objektiven Sittengesetzes." Zur Erkenntnis dieses Sittengesetzes bedarf es nicht einer religiösen Entscheidung, sondern nur des redlichen Vernunftgebrauchs.

Es ist bemerkenswert, wie stark die von ROBERT TAYLOR[17] propagierte „Politik der Anerkennung" im Multikulturalismus auf die vernunftrechtliche Prämisse der vorpositiven Rechtssubjektivität aller Menschen zurückgreift. Während Pluralismus die Koexistenz von Wertungen innerhalb einer Kulturtradition (zB der französischen) meint, geht es beim Multikulturalismus um das Nebeneinander von Angehörigen verschiedener Kulturen (zB von Türken und von Deutschen in Berlin). Wenn TAYLOR[18] dazu von einer Politik der allgemeinen Menschenwürde spricht, die auf der Idee beruhe, daß alle Menschen gleichermaßen geachtet werden sollen, so wiederholt er damit nur – natürlich unbewußt – das Konzept des § 16 ABGB.

Die Grenzen der Demokratie bestehen aber nicht nur in den Grund- und Menschenrechten. Zu ihnen gehören alle Wesenselemente des Grundkonsenses einer Rechtsgemeinschaft, insbesonders die „fundamentalen Rechtsgrundsätze" im Sinne von FRANZ BYDLINSKI[19]. Ihre Konkretisierung, nicht aber ihre Veränderung ist der jeweiligen Mehrheit überantwortet.

---

17 Multikulturalismus und die Politik der Anerkennung (1995).

18 AaO 31.

19 BYDLINSKI, Fundamentale Rechtsgrundsätze (1989).

Siegbert Morscher

Absolute Nichtigkeit von Staatsakten[1]

I. Zum Werk des Jubilars

Im „Geleit“ zu Band 85 der von ihm herausgegebenen Reihe „Forschungen aus Staat und Recht“ mit dem Titel „Theorie und Methode in der Rechtswissenschaft“ schrieb GÜNTHER WINKLER: „Meine rechtswissenschaftliche Arbeit vollbrachte ich jedoch auf den Gebieten der Rechtsdogmatik. Der Rechtstheorie und der Methode galten nie mein selbständiges Interesse. ...“[2]

Mir scheint, daß die grundlegenden Studien des Jubilars zur absoluten Nichtigkeit, und zwar zunächst speziell von Bescheiden[3] und dann allgemein von Verwaltungsakten[4], deren Bedeutung sowohl für die Rechtstheorie als auch für die Rechtsdogmatik besonders anschaulich machen. Der folgende Beitrag versucht, dieses Thema – über die Verwaltung hinausgehend – aufzugreifen und den Einfluß nachzuzeichnen, den WINKLERS Überlegungen auszuüben vermochten.

II. Zum Staatsakt

Unter Staatsakten werden Willensäußerungen des handelnden Staates verstanden.[5] Der Staat bedarf – wie jede andere juristische Person auch – für ein Tätigwerden des Einschreitens seiner Organe (und Organwalter). Staatsakte sind durch Staatsorgane – also spezifisch qualifizierte Menschen – gesetzte Akte. WINKLER[6] versteht unter Staatsakten rechtserhebliche

---

1 Für Unterstützung bei der Ausarbeitung dieses Beitrages habe ich Herrn Univ.-Ass. Mag. SIGMUND ROSENKRANZ zu danken.

2 G. WINKLER, Theorie und Methode in der Rechtswissenschaft (Wien/New York 1989) V.

3 G. WINKLER, Der Bescheid (Wien 1956).

4 G. WINKLER, Die absolute Nichtigkeit von Verwaltungsakten, Recht und Staat, Heft 223 (Tübingen 1960), abgedruckt auch in: G. Winkler, Orientierungen im öffentlichen Recht (Wien/New York 1979) 25 ff.

5 Vgl H. KELSEN, Über Staatsunrecht, GrünhutsZ 40 (1914) 1 ff. Zum Begriff „Willen“ des Staates vgl H. KELSEN, Allgemeine Staatslehre (Wien 1925) 52 ff (53).

6 G. WINKLER (FN 3) 28 f.

Handlungen und Willensäußerungen, die ihrer Herkunft nach dem Staat zuzurechnen sind. Voraussetzung dafür, daß ein Akt dem Staat zugerechnet werden kann, ist eine Rechtsvorschrift, die zur Erlassung dieses Aktes ermächtigt und seine Zurechnung zum Staat erlaubt.

Um ganz allgemein von einem tatsächlich gesetzten menschlichen Verhalten sagen zu können, daß es sich um einen Rechtsakt handelt, bedarf es einer Rechtsnorm als Deutungsschema.[7] Bei Staatsakten, die – jedenfalls im demokratischen Rechtsstaat heutiger Prägung – voraussetzungsgemäß Rechtsakte sind, bedarf es nicht nur dieser Norm, sondern darüber hinaus der Zurechnungsvorschrift zum Staat.

Zu den Staatsakten zählt auch jenes – normativ zu deutende – Verhalten, welches die für den Staat handelnden Organe im Rahmen der sog privatwirtschaftlichen Tätigkeit des Staates[8] für diesen setzen. Wenn ich allerdings richtig sehe, werden in einem Reduktionsvorgang unter Staatsakten häufig nur solche *hoheitlicher* Art verstanden. Offenbar wird dabei auf das „typisch Staatliche" abgestellt, nämlich auf die Möglichkeit, verbindliche Anordnungen zu treffen und diese ggf auch gegen den Willen der Betroffenen durchzusetzen (Sanktion: Strafe und/oder Exekution). Eine solche Einschränkung ist zwar nicht unzweckmäßig. In ihr spiegelt sich allerdings jene verbreitete, wenn auch häufig mit rechtsschutzfeindlichen Wirkungen verbundene Auffassung wieder, im nichthoheitlichen Bereich agiere der Staat „wie ein Privater".[9] Festzuhalten ist aber, daß sich auch bezüglich des damit ausgeklammerten Bereiches – wenn auch spezifisch zu beantwortende – Fragen ob einer allfälligen absoluten Nichtigkeit ergeben.

Neben den dem Staat zuzurechnenden Rechtsakten bestehen „Nicht-Staatsakte", nämlich Handlungen und Willensäußerungen von Privaten, die dem Staat nicht – jedenfalls nicht unmittelbar[10] – zurechenbar sind. Einem Staat ebensowenig zurechenbar sind Akte Internationaler Organisationen und anderer Völkerrechtssubjekte; ggf sind diese Akte (wie insbes völkerrechtliche Verträge) allerdings jeweils zwei oder mehr Völkerrechtssubjekten zuzurechnen.

Jeweils zu prüfen ist, ob ein in Bezug auf einen bestimmten Rechtssatztypus als „nichtig" erkannter Staatsakt allenfalls eine andere Art von Staatsakt geworden ist; ferner ist zu prüfen, ob ggf in jede Richtung als

---

7 H. KELSEN, Reine Rechtslehre² (Wien 1960) 3.

8 In Österreich bekanntermaßen idR als „Privatwirtschaftsverwaltung" bezeichnet.

9 Vgl dagegen insbes zahlreiche Schriften H. R. KLECATSKYS, von der „Köpenickiade" (JBl 1957, 333 ff) bis zu Die Volksanwaltschaft (Wien 1989 – in Zusammenarbeit mit V. Pickl) 48 ff.

10 S zur Zurechnung von Verträgen K. ADOMEIT, Gestaltungsrechte, Rechtsgeschäfte, Ansprüche (Berlin 1969); kritisch dazu R. WELSER, Buchbesprechung, JBl 1972, 279 f.

nichtig qualifizierte Staatsakte (ganz oder teilweise) als Akte privater Personen zu deuten sind bzw gedeutet werden könn(t)en.

III. Zur „absoluten Nichtigkeit“

1. Ich bin in Fremdsprachen zu wenig versiert, um eine allgemeine Aussage zu wagen; für die deutsche Sprache kann ich aber formulieren, daß sie in nur unzureichender Weise Instrumentarien zur Verfügung hält, um Nicht-Existierendes zu beschreiben:

Schon der Terminus „absolut nichtiger Rechtsakt“ ist in sich widersprüchlich. Denn unter Rechtsakt versteht man etwas rechtlich Existentes und mit absolut nichtig soll gleichzeitig zum Ausdruck gebracht werden, daß es sich um das Gegenteil davon, nämlich um ein rechtliches Nichts handelt. Und obwohl es sich um etwas rechtlich überhaupt nicht Existentes[11] handelt, kann man nicht einmal sagen, daß dieses Nicht-Existente rechtlich in jedem Fall absolut unbeachtlich sei. Denn der Umstand, daß trotz rechtlicher Gebotenheit ein bestimmter Rechtsakt nicht zustande kommt, kann zu Schadenersatzansprüchen oder anderen zivilrechtlichen Konsequenzen, zu strafrechtlichen oder gar staatsrechtlichen Sanktionen iSd Art 142 B-VG führen. Und genau so wie das Entstehen eines Rechtsaktes in der speziellen Ausprägung eines Staatsaktes kann dessen Nichtentstehen Anlaß für ein Mißtrauensvotum gegenüber dem politisch verantwortlichen Organ sein.[12]

Aber es fällt nicht nur schwer bzw es ist nicht nur geradezu unmöglich, den Satzgegenstand in befriedigender Weise zu umschreiben. Ins gleiche Dilemma führt der Versuch, eine passende Satzaussage zu finden. Geben kann es absolut nichtige Rechtsakte nämlich eigentlich nicht. Auch danach zu fragen, was absolut nichtige Rechtsakte sind, ist an sich töricht.[13] Aber auch der Versuch, sich über den Begriff des Phänomens an die Sache heranzutasten, dürfte nicht zu einer Erkenntnis-Vermehrung führen. Bleibt wohl nur übrig, danach zu fragen, was man unter absolut nichtigen Rechts(bzw Staats)akten zu *verstehen* pflegt. Dann ist aber weiter zu fragen, ob die Antwort voraussetzungsgemäß nur über einen rechtsphänomenologischen bzw hermeneutischen Weg gefunden werden kann[14] oder auch anders. Ersteres ist hier nicht beabsichtigt. Beabsichtigt ist al-

---

11 Hier wertneutral verstanden, nicht iS von „Mangel an Sein“ nach THOMAS VON AQUIN, s dazu A. VERDROSS, Abendländische Rechtsphilosophie² (Wien 1963) 82.

12 S Art 74 B-VG und die diesbezüglichen Best der L-VG.

13 Was mich eingestandenermaßen noch nie daran gehindert hat, im Rahmen universitärer Prüfungen in bezug auf Staatsakte solches zu erfragen … .

14 Vgl etwa K. ENGISCH, Einführung in das juristische Denken⁸ (Stuttgart 1983) 218 ff.

lerdings, deutlich zu machen, daß dem Autor das mögliche Verdikt, syntaktischen Unsinn[15] nicht nur zu produzieren, sondern sogar in diesem Festschriftenbeitrag zu publizieren, durchaus bewußt ist, daß dieser Vorwurf aber nicht ihn, sondern die deutsche Sprache[16] trifft.[17]

Allerdings hat der Jubilar immer wieder ins Bewußtsein gehoben, daß die Rechtswissenschaft in gewisser Weise auch eine empirische Wissenschaft ist.[18] Die grundsätzliche Richtigkeit dieser Auffassung ist wohl am einfachsten mit dem faktisch jeder juristischen Arbeit immanenten Subsumtionsvorgang zu belegen, in welchem bestimmte Ausschnitte aus dem Seins- mit solchen aus dem Sollensbereich in eine bestimmte Beziehung, ggf „zur Deckung" gebracht werden. Nimmt man diese Seins-Komponente mit in den Blick, erweist sich, daß es bei „absolut nichtigen Rechtsakten" durchaus um Existentes[19] geht, das allerdings als Rechtsnorm unbeachtlich ist.[20]

2. Unter dem beschriebenen Vorbehalt sprachlicher Unzulänglichkeit sind absolut nichtige Rechtsakte sowohl im staatlichen wie im privaten Bereich bekannt.[21] In beiden gibt es geradezu unzählige Handlungen, aber auch Willensäußerungen, die rechtlich betrachtet als absolut nichtig anzusehen sind, ohne daß man auf die Idee käme, sie als solche zu bezeichnen. Dies ganz einfach deshalb, weil die an diesen Vorgängen Beteiligten weder rechtserhebliche Handlungen bzw Unterlassungen und Willensäußerungen setzen wollen noch bei vernünftiger Deutung ihres Verhaltens auch gesetzt haben. Vielmehr stellt sich die Frage, ob etwas als rechtlich absolut nichtig zu deuten ist, vernünftiger Weise immer erst

15 Vgl J. M. Bochenski, Die zeitgenössischen Denkmethoden³ (Bern/München 1965) 54.

16 Mit dem Abstellen auf die Sprachgewohnheiten der deutschen Sprache und die [Noch-]Nicht-Kenntnis anderer Sprachen glaubt sich der Autor auch (zumindest vorläufig) dagegen zu immunisieren, in Sachen Wissenschaftstheorie nicht up to date zu sein: Ob es sich letztlich (bloß) um Sprach-Schwierigkeiten oder um einen allfälligen Denkfehler handelt, bleibt ja offen.

17 Vgl im übrigen K. Lambert, StW Existenzannahmenfreie Logik, in: J. Speck (Hrsg), Handbuch wissenschaftstheoretischer Begriffe (Göttingen 1980) 207 f.

18 S G. Winkler, Gesetzgebung und Verwaltung im Wirtschaftsrecht (Wien 1970), abgedruckt auch in G. Winkler (FN 2) 75 ff; *ders* (FN 2) VI; *ders*, Rechtstheorie und Erkenntnislehre (Wien/New York 1990) VII.

19 Jedenfalls physikalisch betrachtet.

20 Das bestätigt, daß mit der rechtswissenschaftlichen Betrachtungsweise (gleiches gilt allerdings für faktisch alle anderen Wissenschaften auch) nur ein sehr bescheidener Ausschnitt „aus dem Leben" (Sein und Sollen umgreifend) erfaßt wird und erfaßt werden kann. S dazu auch L. Adamovich, Der Jurist als Mensch, in: A. Mock (Hrsg), Verantwortung in unserer Zeit, FS R. Kirchschläger (Wien 1990) 11 ff.

21 Erinnert sei daran, daß die Abgrenzung beider Bereiche danach möglich ist, ob der Rechtsakt (ausschließlich oder auch) vom Staat ausgeht oder nicht bzw danach, ob es sich um einen hoheitlichen oder nichthoheitlichen Rechtsakt handelt.

dann und nur dann, wenn – bewußt unpräzise formuliert – von einem Teil der „Betroffenen" die Existenz eines Rechtsaktes behauptet oder bestritten wird. Dies hat idR zur Voraussetzung, daß etwas in die Außenwelt getreten ist, das alle oder zumindest einige Merkmale eines bestimmten Rechtsaktes (Rechtssatztypus im weitesten Sinne) aufweist.[22] Um bei einem Staatsakt (im engeren Sinn) zum Problem der absoluten Nichtigkeit zu gelangen, muß das ihn erlassende Organ von seiner Existenz ausgehen bzw er muß nach außen hin in Erscheinung getreten sein und jedenfalls dem äußeren Schein nach eine Entscheidung sozusagen von hoher Hand darstellen können oder von den Betroffenen oder einem Teil derselben als solche aufgefaßt werden (können). Nicht alles, was kein Staatsakt ist, wird deshalb als absolut nichtiger bezeichnet, sondern nur das, was sozusagen mit hoheitlichem Anspruch auftritt oder von allen, vielen, einem Teil oder auch nur einem einzigen der Betroffenen – zu denen im weitesten Sinne die ganze große offene Gesellschaft der Rechtsinterpreten zählt – als solcher gedeutet wird, ohne es wirklich zu sein.

3. Kehren wir an dieser Stelle noch ein (letztes) Mal kurz zu den Staatsakten im weiteren Sinne zurück, und zwar soweit es nicht um den hoheitlichen Teil (= Staatsakte im engeren Sinne) geht, sondern die Teilnahme des Staates in all seinen Gliederungen[23] am „privaten Rechtsverkehr" betrifft. Hier gelten grundsätzlich die Regeln des Zivilrechtes, namentlich § 879 ABGB. Rechtsprechung und Lehre unterscheiden dabei als Varianten der Nichtigkeit ua die absolute und relative.[24] Wenn auch zur Entscheidung diesbezüglicher Rechtsstreitigkeiten zwar letztlich der OGH berufen ist, fallen solche Fragen auch bei beiden Gerichtshöfen des öffentlichen Rechts – wenn auch nicht zur verbindlichen Entscheidung des

22 Oder anders ausgedrückt: Alle oder doch einige der von der Rechtsordnung vorgesehenen typischen Bedingungen des Zustandekommens eines Zwangsaktes erfüllt.

23 Auch dieser Terminus ist bewußt gewählt, weil „Ausgliederungen" wohl nicht erfaßt sind; auf die von Verfassungs wegen gezogenen Grenzen (insbes Grundrechte, Verbot des Formenmißbrauches, „genuine Staatsaufgaben") sei nachdrücklich verwiesen, dazu ua S. Morscher, Grenzen der Privatwirtschaftsverwaltung, in: L. Adamovich/P. Pernthaler (Hrsg), Auf dem Weg zur Menschenwürde und Gerechtigkeit, FS H. R. Klecatsky (Wien 1980) 641 ff (645); *ders* – Chr. Smekal, Kommunale Unternehmungen zwischen Eigenwirtschaftlichkeit und öffentlichem Auftrag (Wien 1982) 9 ff (39 ff); K. Korinek/M. Holoubek, Bundesverfassungsrechtliche Probleme privatrechtsförmiger Subventionsverwaltung, ÖZW 1995, 1 ff; aus der Rsp des VfGH einerseits etwa VfSlg 13.323/1992, andererseits 9. 3. 1995, G 28/93 (JBl 1995, 579 ff), 14. 3. 1996, B 2113/94 ua Zlen (JBl 1996, 574 ff), ferner vom selben Tage B 2511/94 und 1154/95.

24 S B. Binder, Der Staat als Träger von Privatrechten (Wien/New York 1980) 246 ff, 325 ff; P. Apathy, in: M. Schwimann (Hrsg), Praxiskommentar zum Allgemeinen Bürgerlichen Gesetzbuch Bd IV/1 (Wien 1988) 57 ff; H. Krejci, in: P. Rummel, Kommentar zum ABGB^2, I. Bd (Wien 1990) 1169 ff; F. Gschnitzer/Chr. Faistenberger/H. Barta ua, Allgemeiner Teil des bürgerlichen Rechts^2 (Wien/New York 1992) 550.

zivilen Streites – an.[25] Zu diesen „allgemeinen Regelungen" kommen aber Sonderregelungen zivilrechtlicher Art sowie spezifische Regelungen öffentlich-rechtlicher Natur dazu, insbes etwa über die interne Willensbildung uä. Die damit auftretenden praktischen Probleme, namentlich maßgebliche Einbrüche in den Schutz des Vertrauens hat insbes WILHELM nicht nur aufgezeigt, sondern er hat hiezu auch Lösungsvorschläge erstattet.[26]

IV. Absolute Nichtigkeit von Staatsakten[27]

Der Begriff „absolute Nichtigkeit"[28] dient der Unterscheidung von „bloß" fehlerhaften (und damit ggf vernichtbaren) Staatsakten von solchen „Akten", für welche eine Zurechnung zum Staat nicht in Frage kommt, weil sie so fehlerhaft sind, daß ein solcher Akt nicht entstanden ist.[29] Mit dieser Wortwahl erfolgt aber auch eine Abgrenzung zu dem vom Gesetzgeber verwendeten Begriff der „Nichtigkeit"[30], womit Vernichtbarkeit gemeint ist. Zur Unterscheidung des fehlerhaften vom absolut nichtigen Staatsakt ist es zweckmäßig, zunächst auf Erkenntnisse der Rechtstheorie zurückzugreifen, namentlich auf die Lehre vom Stufenbau der Rechtsordnung nach der rechtlichen Bedingtheit.[31] Danach wird die Rechts-

25 Naturgemäß iZm der gerichtlichen Überprüfung der Vorfragenbeurteilung gem § 38 AVG durch die belangten Behörden. Vgl zB für den VfGH die – nicht beanstandete – Wertung von Umgehungsgeschäften iS des Grundverkehrsrechts als nichtig, beginnend mit VfSlg 12.821/1991, 13.308/1993, 13.380/1993, VfGH 22. 3. 1993, B 1006/92, 14. 6. 1993, B 1888/92, 15. 6. 1993, B 2048/92 ua. Vgl zur Nichtigkeit im Zusammenhang mit nationalsozialistischer Wiederbetätigung VfSlg 10.705/1985 (Einbringung eines Wahlvorschlags bei den ÖH-Wahlen) sowie VfSlg 11.258/1987 (Hinterlegung der Satzung einer politischen Partei beim BMI).

26 S insbes G. WILHELM, Die Vertretung von Gebietskörperschaften im Privatrecht (Wien/New York 1981), ferner zahlreiche seither erschienene Arbeiten desselben Autors.

27 Zur Verdeutlichung: im engeren (üblichen) Sinne.

28 Vgl G. WINKLER (FN 4) (1960) 7 ff; H. HALLER, Die Prüfung von Gesetzen (Wien 1979) 119 ff.

29 Vgl zu den oben erörterten sprachlichen Schwierigkeiten etwa auch G. WINKLER (FN 4) (1960) 23 f; P. PERNTHALER/S. MORSCHER, Interpellation und Amtsverschwiegenheit, JBl 1973, 505 ff (518).

30 Vgl insbes § 68 Abs 4 AVG BGBl 1991/51.

31 Vgl A. J. MERKL, Das doppelte Rechtsantlitz, JBl 1918, 425 ff, 444 ff, 463 ff, wiedergegeben auch und hier zit nach H. R. KLECATSKY/R. MARCIC/H. SCHAMBECK (Hrsg), Die Wiener rechtstheoretische Schule (Wien 1968) 1091 ff; *ders*, Allgemeines Verwaltungsrecht (Wien/Berlin 1927) 157 ff; *ders*, Prolegomena einer Theorie des rechtlichen Stufenbaus, in: FS H. Kelsen (Wien 1931), wiedergegeben auch und hier zit nach H. R. KLECATSKY/R. MARCIC/H. SCHAMBECK (Hrsg), Die Wiener rechtstheoretische Schule (Wien 1968) 1311 ff. S auch R. WALTER, Der Stufenbau nach der derogatorischen Kraft, ÖJZ 1965, 169 ff; *ders*, Der Aufbau der Rechtsordnung[2] (Wien 1974) 53 ff.

ordnung als System zusammenhängender Rechtsnormen bzw Rechtsvorschriften gesehen[32], wobei bildhaft, ähnlich einem Stufenbau, Rechtsvorschriften höherer und niederer Stufe, unterschieden werden können. Zur Darstellung der Über- und Unterordnung ist auf die Beziehung zwischen der die Erzeugung einer Norm regelnden und der bestimmungsgemäß erzeugten Norm abzustellen.[33] Das Verhältnis der rechtlichen Bedingtheit der Erzeugung einer Rechtsvorschrift erlaubt es dann, die Rechtsvorschriften in erzeugende oder bedingende und erzeugte oder bedingte Rechtsvorschriften einzuteilen.[34] Da es hier auf das Verhältnis der Bedingtheit ankommt, kann die bedingende Rechtsvorschrift als die höhere, die bedingte hingegen als die niedrigere angesehen werden.[35] Aus der Sicht des Stufenbaus nach der rechtlichen Bedingtheit ist es möglich, Fehler in Bezug auf einen intendierten Staatsakt zu erkennen. Solche Fehler liegen vor, wenn die für den Staatsakt vorgesehenen Erzeugungsbedingungen verletzt sind.[36]

Die Frage ist nun, wozu eine Fehlerhaftigkeit führt. Schon Kelsen und Merkl[37] teilten die Mängel (beim Versuch der Erzeugung) eines Aktes danach ein, ob der Mangel [absolute] Nichtigkeit oder Anfechtbarkeit bewirkt. Danach sind zu unterscheiden absolut nichtige Staatsakte[38], die keines die absolute Nichtigkeit feststellenden staatlichen Verfahrens bedürfen[39], da die „rechtslogische" Frage nach der absoluten Nichtigkeit eines Staatsakts „vom Verstande jedes urteilenden Individuums, nicht aber autoritär vom Staate entschieden"[40] werde, und solche, deren Mangelhaftigkeit einer Feststellung durch einen staatlichen Akt zugänglich ist.

32 A. J. Merkl (FN 31) (1968) 1311. In der neueren Terminologie wird mit Rechtsnorm das bezeichnet, was A. J. Merkl, aber auch H. Kelsen unter Rechtssatz verstanden. Vgl H. Kelsen (FN 7) 73 ff; R. Walter (FN 31) (1974) 53.

33 Vgl auch H. Kelsen (FN 7) 228.

34 Vgl R. Walter (FN 31) (1965).

35 Vgl R. Walter (FN 31) (1974) 61.

36 Nach R. Walter (FN 31) (1974) 61 f, kann die rechtliche Bedingtheit graduell verschieden sein.

37 Die Einteilung der Mängel erfolgt danach nicht nach ihrem Inhalt, sondern nach ihren Wirkungen; vgl zur Einteilung der Mängel H. Kelsen (FN 5) (1914) 47 ff; Als „formale Fehlertheorie" bezeichnet von R. Novak, Die Fehlerhaftigkeit von Gesetzen und Verordnungen (Wien 1967) 5 ff.

38 Ein Staatsakt, der „rechtslogisch Nicht-Staatsakt" „ist". Vgl H. Kelsen (FN 5) (1914) 54. S auch H. Schambeck, Möglichkeiten und Grenzen der Rechtslehre Hans Kelsens, JBl 1984, 126 ff (130).

39 In einem solchen Verfahren würde förmlich über etwas abgesprochen, was rechtlich nie existent gewesen ist; ein nicht existent gewordener „Akt" ist unbeachtlich. Vgl E. Loebenstein, Die Verwaltungsgerichtsbarkeit im Spannungsfeld zwischen Verwaltung und Gerichtsbarkeit, JBl 1978, 225 ff (229).

40 H. Kelsen (FN 5) (1914) 55, s auch 87.

Inzwischen ist abgeklärt, daß die „Rechtslogik“ allein diese Fragen nicht beantworten kann, vielmehr auf die jeweilige konkrete – von der Rechtstheorie mehr oder (leider zumeist!) minder geprägte – Rechtsordnung abzustellen ist. Diese Rechtsordnung kann also vorsehen – und eine moderne tut dies regelmäßig auch (meist implizit) –, daß bestimmte Mängel dem Entstehen eines Staatsaktes nicht entgegenstehen. Dies wird aus dem Rechtsschutzsystem, namentlich aus den Anfechtungsgründen abgeleitet; solche können nur im positiven Recht, dem es allein vorbehalten ist, an die Mangelhaftigkeit des Aktes von der absoluten Nichtigkeit verschiedene Wirkungen zu knüpfen, vorgesehen werden.[41]

Das moderne positive Recht pflegt also anzuordnen, daß bestimmte Mängel nur zur Anfechtbarkeit und Vernichtbarkeit der mangelhaften Akte führen oder überhaupt irrelevant sind. Im Anschluß an MERKL pflegt man jene positivrechtlichen Bestimmungen, nach denen einzelne Mängel das Entstehen eines Aktes als solchen nicht ausschließen, als Fehlerkalkül zu bezeichnen.[42] Jeder Mangel, der nicht vom Fehlerkalkül erfaßt ist, zieht die absolute Nichtigkeit nach sich. Schwierigkeiten ergeben sich vor allem daraus, daß der Fehlerkalkül im positiven Recht idR nicht ausdrücklich normiert ist und erst erschlossen werden muß.

V. Zur Lehre Winklers

Der Jubilar machte insbes deutlich, daß absolute Nichtigkeit von Bescheiden durch das AVG nicht ausgeschlossen wird und durch positive Rechtsvorschriften letztlich gar *nicht völlig* ausgeschlossen werden kann. Bis zu seinen Arbeiten[43] gingen Lehre und Rechtsprechung überwiegend davon aus, im Anwendungsbereich des AVG habe die Frage nach der absoluten Nichtigkeit keinen Platz.[44] WINKLER unterscheidet zwischen rechtserheblichen und rechtsunerheblichen (absolut nichtigen) Akten. Zu den rechtserheblichen Akten zählt sowohl fehlerhaftes als auch fehlerfreies Staatshandeln[45]. Aus den Bedingungen für die Rechtserheblichkeit ergibt sich implizit die absolute Nichtigkeit, die keiner ausdrücklichen Regelung bedarf[46], jedenfalls einer abschließenden Regelung gar nicht zugänglich ist. Ein bestimmter Akt könne zwar so mangelhaft sein, daß er

41 H. KELSEN (FN 5) (1914) 88.

42 A. J. MERKL, Die Lehre von der Rechtskraft (Leipzig/Wien 1923) 293 ff (293).

43 Vgl Anm 3 und 4.

44 Vgl die bei R. NOVAK (FN 37) 11, angeführte Literatur und Judikatur der Gerichtshöfe öffentlichen Rechts.

45 G. WINKLER (FN 4) (1960) 9.

46 G. WINKLER (FN 4) (1960) 14, 19.

als eben dieser Akt absolut nichtig ist, daß er aber als Akt anderer Art rechtserheblich sein könne. Alle Mängel, die das Gesetz als Aufhebungsgründe festlegt, könnten niemals Gründe absoluter Nichtigkeit sein.[47]

Jedenfalls für den Bereich der Verwaltung hält er die Kriterien der *Gravität und der Evidenz des Fehlers* für die Abgrenzung der absolut nichtigen von den anfechtbaren oder vernichtbaren Akten beachtlich, wobei auch auf den Inhalt eines Aktes Bedacht zu nehmen ist.[48] Da der Gesetzgeber in den ausdrücklichen Regelungen der Aufhebungsgründe auf die Schwere des Fehlers abstelle, sieht WINKLER in der Gravität einen „abgeleiteten korrektiven Rechtssatz". Wenn der Gesetzgeber als Fehlerfolge eines Mangels die Aufhebbarkeit vorsehe, sei daraus zu schließen, daß ein gravierenderer Mangel als jener zur absoluten Nichtigkeit führt.[49] Da das Abstellen auf die Gravität allein praktischen Erfordernissen, insbes jenen des Rechtsschutzes, nicht genügt, hält WINKLER daneben die Evidenz des Fehlers als zweites Korrektiv für beachtlich.[50]

Es wurde moniert[51], daß damit zwar das allgemeine Prinzip treffend umschrieben sei, eine genaue Abgrenzung aber dennoch nicht gelingen könne, weil sich die Gravität eines Fehlers nur am Gesetz als Maßstab beurteilen lasse; das bringe genauso Interpretationsprobleme mit sich wie die Bestimmung des Fehlerkalküls. Der Einwand ist ohne Zweifel beachtlich, zumal ja auch WINKLER die Beurteilung von Gravität und Evidenz nicht meta-positivrechtlichen Maßstäben, sondern allein dem positiven Recht entnimmt. Doch können damit zusätzliche Kriterien zur Abgrenzung dem positiven Recht entnommen werden: Denn einerseits nähert man sich über die Kategorien Gravität und Evidenz – bildhaft gesprochen – sozusagen von der dem Fehlerkalkül „gegenüberliegenden Seite" dem Abgrenzungsproblem. Ferner kann man dank diesen, die einzelnen Rechtstypen bzw Rechtsakte überschreitenden Kategorien Einsichten gewinnen, die bei Beschränkung auf den Fehlerkalkül beim einzelnen Rechtsakt verborgen blieben. Daß man über den einen Weg wie über den anderen wie auch in ihrer Kombination nicht mehr aus einer konkreten Rechtsordnung herausholen kann und darf, als in ihr mehr oder weniger „verborgen" liegt, ist ohnehin klar.

---

47 G. WINKLER (FN 4) (1960) 29 f.

48 G. WINKLER (FN 4) (1960) 28; s auch ST. GRILLER, Verfassungsfragen der österreichischen EU-Mitgliedschaft, ZfVR 1995, 89 ff (92). Vgl demgegenüber H. KELSEN in FN 37.

49 Vgl speziell für den Bescheid H. MAYER, Grundfragen des allgemeinen österreichischen Verwaltungsverfahrensrechts, DÖV 1981, 160 ff (166).

50 G. WINKLER (FN 4) (1960) 31.

51 S etwa R. WALTER/H. MAYER, Grundriß des österreichischen Verwaltungsverfahrensrechts[6] (Wien 1995) 178 (RZ 437); W. ANTONIOLLI/F. KOJA, Allgemeines Verwaltungsrecht[3] (Wien 1996) 569.

Zu Recht meint WINKLER, daß die Kategorie der absoluten Nichtigkeit in einem Rechtsstaat unserer Prägung dazu dient, ein „letztes Bollwerk des Einzelnen gegen das Staatsunrecht" zu sein[52], die in einem Rechtsschutzstaat nur besonders krassem Fehlverhalten des Staates entgegenzusetzen ist, da idR ja die durch den Staat gewährten Rechtsschutzmechanismen greifen.[53]

Die Frage, ob ein Akt, der mit der Intention auftritt, Staatakt bestimmter Art zu sein, sein Ziel erreicht, ist danach zu beantworten, ob der betreffende Akt den Erzeugungsbedingungen entspricht, die das positive Recht für diesen Typus Staatsakt festgelegt hat. Fehlerfrei ist der Akt dann, wenn er den „Meisterfordernissen", dh *allen* Erzeugungsbedingungen, entspricht. Ist er fehlerhaft und entspricht somit nicht allen Erzeugungsbedingungen, kann er im Rahmen des „Fehlerkalküls", dh der vom positiven Recht gesteckten Fehlergrenzen, rechtserheblich sein. Die Untergrenze des Fehlerkalküls, also des als fehlerhaft tolerierten Bereichs, stellen die „Mindesterfordernisse" dar. Wenn ein Akt diese Mindesterfordernisse nicht erfüllt, ist er absolut nichtig. Im einzelnen sind die Fehlergrenzen der einzelnen Typen vornehmlich anhand jener Vorschriften zu ermitteln, die die Überprüfung des betreffenden Aktes regeln.[54]

VI. Übernahme der wissenschaftlichen Ergebnisse Winklers in anderen Bereichen

Dies soll hier gegliedert nach den drei klassischen Staatsgewalten(funktionen) dargestellt werden. Mit der jeweiligen Zuordnung soll keine verfassungsdogmatische Wertung derart verbunden sein, daß damit eine gewisse Prävalenz für eine „klassische" oder [mehr oder weniger] „demokratische" (iS von Parlamentsvorrang) Betrachtungsweise zum Ausdruck gebracht wird. Vielmehr ist davon auszugehen, daß die österr Bundesverfassung schon ab ovo diesbezüglich nicht von besonderer Systematik geprägt war, inzwischen wesentliche Veränderungen erfolgten, ohne daß aber die Systematik diesen Veränderungen entsprechend angepaßt wurde. Allein pragmatische Gesichtspunkte sind deshalb für die jeweilige Zuordnung maßgeblich. Hervorgehoben sei aber, daß das zur Gesetzgebung Ausgeführte sinngemäß jedenfalls auch für alle anderen Rechtssatztypen

52 G. WINKLER (FN 4) (1960) 35.

53 Zur Funktion der absoluten Nichtigkeit als Widerstandsrecht gegen einen Staat vgl auch P. PERNTHALER, Raumordnung und Verfassung III (Wien 1990) 384.

54 Beispielsweise Regeln über die Aufhebung, die Feststellung der Rechtswidrigkeit, die Staatshaftung.

gilt, soferne sie auf der Stufe eines Gesetzes, ggf Verfassungsgesetzes stehen (sollen).[55]

1. Gesetzgebung

a) Gesetz

aa. Die Überlegungen WINKLERS übertrug NOVAK in genuiner Weise auf das Gesetz (und die Verordnung) und kam zum Ergebnis, daß auch hier absolute Nichtigkeit nicht ausgeschlossen sei.[56] Absolut nichtige Gesetze (und Verordnungen) lägen außerhalb des Anwendungsbereichs von Art (139 und) 140 B-VG, die keinen die absolute Nichtigkeit ausschließenden Fehlerkalkül darstellten, da sie als Tatbestandsmerkmal gültige, wenn auch rechtswidrige Normen voraussetzten. Als Abgrenzungskriterium zwischen absoluter Nichtigkeit und Aufhebbarkeit fungierten auch hier Gravität und Evidenz des Fehlers. Es sei an die rechtlichen Voraussetzungen eines fehlerfreien Staatsaktes anzuknüpfen und anhand teleologischer Interpretation seien wesentliche von unwesentlichen Voraussetzungen zu unterscheiden.[57]

bb. Ein lange Zeit besonders umstrittenes und ebenso breit wie heiß diskutiertes Problem war, zu welcher Folge der Fehler einer mangelhaften Kundmachung eines Gesetzes führt.[58] Art 89 Abs 1 B-VG legt jedenfalls – ungeachtet des Art 140 B-VG – die absolute Nichtigkeit als Fehlerfolge zumindest für einen Teilbereich der generellen Normerzeugung fest. Diese Verfassungsvorschrift wird dahin verstanden[59], daß in ihr zwei Anordnungen enthalten sind. Einerseits wird den Gerichten durch diese Norm verboten, gehörig kundgemachte Gesetze auf ihre Gültigkeit zu prüfen, andererseits sind – kraft Umkehrschlusses – die Gerichte berechtigt, ja

55 Staatsverträge und Vereinbarungen nach Art 15a B-VG.

56 R. NOVAK (FN 37) 32 f.

57 R. NOVAK (FN 37) 40 ff. Vgl zur inhaltlichen Betrachtungsweise ST. GRILLER (FN 48) 92.

58 Vgl zu den unterschiedlichen Standpunkten auf Grund der früheren Rechtslage R. WALTER, Zur Auslegung des Art. 89 (1) B-VG., JBl 1961, 340 ff; *ders*, Österreichisches Bundesverfassungsrecht (Wien 1972) 733; K. GOTTLICH, Zur gerichtlichen Prüfung der Kundmachung von Bundesgesetzen, JBl 1962, 25 ff; R. NOVAK (FN 37) 44 ff; J. HENGSTSCHLÄGER, Kundmachungsmangel und absolute Nichtigkeit von Gesetzen, in: M. Fischer ua (Hrsg), Dimensionen des Rechts, GS R. Marcic 2. Bd (Berlin 1974) 759 ff (765 ff).

59 So bereits zur Rechtslage vor der Neufassung des Art 89 B-VG durch das BVG BGBl 1975/302, wodurch die Anordnung des Abs 1 um die Wortfolge „Verordnungen und Staatsverträge, soweit in diesem Artikel nicht anderes bestimmt wird" erweitert wurde: H. KELSEN/G. FROEHLICH/A. J. MERKL, Die Bundesverfassung vom 1. Oktober 1920 (Wien und Leipzig 1922) 181; L. ADAMOVICH, Die Prüfung der Gesetze und Verordnungen durch den österreichischen Verfassungsgerichtshof (Wien 1923) 104 ff.

verpflichtet[60], die gehörige Kundmachung eines Gesetzes zu prüfen.[61] Kommt ein Gericht zum Ergebnis, daß ein Gesetz nicht „gehörig kundgemacht"[62] wurde, hat es das Gesetz unbeachtet zu lassen.

Anderes galt nach seiner Rsp für den VfGH, der meinte[63], wenn er selbst an der gehörigen Kundmachung eines Gesetzes Bedenken hege, habe er dieses Gesetz nicht als absolut nichtigen Akt zu betrachten, sondern den Kundmachungsmangel aus Gründen der Rechtssicherheit in einem Gesetzesprüfungsverfahren nach Art 140 B-VG von Amts wegen aufzugreifen, zu prüfen und bei Begründetheit seiner Bedenken aufzuheben. Er habe ein Gesetz dann als absolut nichtig und daher unbeachtlich zu betrachten, wenn überhaupt keine Kundmachung vorliege.[64]

Zur nunmehr geltenden Rechtslage aufgrund der B-VGN BGBl 1975/302 nimmt die Lehre[65] an, daß nicht gehörig kundgemachte Gesetze[66] von den Gerichten – einschließlich des VwGH, allerdings mit Ausnahme des VfGH – als absolut nichtige Akte unbeachtet zu lassen sind. Daraus ergibt sich, daß eine gerichtliche Anfechtung dieser Akte beim VfGH unzulässig ist.[67,68] Der VfGH hat bei Bedenken im Hinblick auf Kundmachungsmängel eines Gesetzes[66] von Amts wegen[69] zu prüfen und bei Begründetheit seiner Bedenken aufzuheben. Diese Befugnis ergibt sich aus Art 140 Abs 3 B-VG[70], wobei die Aufhebungskompetenz des VfGH

---

60 Vgl J. Hengstschläger (FN 58) 761; S. Morscher, Gerichte ohne Richter, RZ 1977, 68 ff (69 ff); *ders*, Nochmals: Arbeitsgerichte und Normanfechtung vor dem Verfassungsgerichtshof, RZ 1979, 136 ff (138). Eine solche Verpflichtung bejahend auch VfSlg 1692/1948, 2187/1951, 5176/1965, 5310/1966; jüngst wieder OGH 17. 3. 1993, 9 ObA 317/92 (JBl 1994, 57 ff) sowie 21. 12. 1995, 8 ObA 253/95.

61 Hiebei handelt es sich also um eine *inzidente* Prüfung.

62 Zu allfälligen aus der unterschiedlichen Formulierung in Art 89 („gehörig kundgemacht") und Art 140 Abs 3 B-VG („in verfassungswidriger Weise kundgemacht") sich ergebenden Implikationen vgl die Hinweise in einigen folgenden FN.

63 VfSlg 2750/1954.

64 Vgl VfSlg 5996/1969.

65 ZB S. Morscher, Urteilsbesprechung VwGH, JBl 1977, 661 ff (663); T. Öhlinger, Die Verfassungsentwicklung in Österreich seit 1974, ZaöRV 1977, 399 ff (446); H. Haller (FN 28) 125 ff.

66 Dasselbe gilt nach der Bestimmung des Art 89 Abs 1 B-VG auch für Verordnungen und Staatsverträge.

67 Der Prüfungsantrag eines Gerichts wäre vom VfGH zurückzuweisen. S. Morscher (FN 65) 663.

68 In diesem Sinne – allerdings auf V bezogen – jüngst VfGH 6. 3. 1996, G 160/94 ua Zlen, in Übereinstimmung mit der stRsp des VwGH, s VwSlgNF 9283 A/1977 uva, zuletzt etwa VwSlgNF 13.954 A/1993; beachte allerdings auch VfSlg 8228/1977, 13.584/ 1993.

69 Aber auch auf Antrag Anfechtungsberechtigter, nicht aber der Gerichte: T. Öhlinger (FN 65) 446.

70 R. Walter, Die Neuregelung der Verordnungs- und Gesetzesprüfung, in: H. Mayer ua, Neuerungen im Verfassungsrecht (Wien 1976) 80 ff (84, 96); A. Weilinger/Ch. Grabenwarter, Kundmachungsmängel im Börsegesetz 1989, RdW 1989, 382 f.

durch die B-VGN BGBl 1975/302 dahin erweitert wurde, daß er unter bestimmten Voraussetzungen über die präjudiziellen Bestimmungen hinaus das ganze Gesetz als verfassungswidrig aufzuheben hat. Erwähnt sei, daß der VfGH teilweise als Kundmachungsmängel auch Mängel wertet, die das Zustandekommen einer generellen Rechtsvorschrift im weiteren Sinn betreffen und folglich auch als Mangel anderer Art angesehen werden könnten.[71] Wenn auch etwa jüngst in Prüfungsbeschlüssen[72] das – wegen nicht erfolgter Zustimmung durch die Bundesregierung zu der vom Landtagsbeschluß vorgesehenen Mitwirkung von Bundesorganen an der Vollziehung des Landesgesetzes – Weglassen jener Regelungen im kundgemachten Text, die diese Mitwirkung vorgesehen hatten, abgekürzt als „Kundmachungsmangel" bezeichnet wurde, betraf dies nicht die gehörige Kundmachung iSd Art 89 Abs 1 B-VG, sondern einen Verstoß gegen eine verfassungsgesetzliche Erzeugungsbedingung, für ein Landesgesetz.[73]

Zur Frage, wie sich Verwaltungsbehörden im Hinblick auf Kundmachungsmängel zu verhalten haben, enthält Art 89 Abs 1 B-VG auch idF der B-VGN BGBl 1975/302 keine ausdrückliche Anordnung. Nach herrschender Ansicht[74] wird durch Art 89 Abs 1 B-VG eine Befugnis zur Prüfung der „Gehörigkeit" der Kundmachung von Gesetzen durch Verwaltungsbehörden nicht begründet, da diese dort nicht genannt werden. Aus der Verpflichtung der Verwaltungsbehörden gem Art 18 Abs 1 B-VG, die Verwaltung nur auf Grund der Gesetze auszuüben, ist wohl abzuleiten, daß sie zu prüfen haben, ob ein absolut nichtiger Akt vorliegt. Dabei wird auf die Kriterien der Gravität und Evidenz zur Abgrenzung absolut nichtiger Akte von gültigen Gesetzen abzustellen sein.[75]

Abweichendes gilt allerdings für die unabhängigen Verwaltungssenate, obwohl sie zwar als Tribunale iSd Art 6 MRK[76], nicht jedoch als Gerichte, sondern als Verwaltungsorgane iS des Systems des B-VG[77] konzi-

71 S – bezogen auf Verordnungen – die Hinweise in FN 68.

72 S die Beschlüsse des VfGH 4. 12. 1995, B 266/94-15, 28. 6. 1996, B 1522/95-7 und 27. 6. 1996, B 1952/95-11.

73 S VfGH 28. 9. 1996, G 50/96 ua Zlen (JBl 1997, im Druck), 28. 11. 1996, G 195/96 ua Zlen, 10. 12. 1996, G 84/96 ua Zlen (JBl 1997, im Druck).

74 R. Novak (FN 37) 51 ff; H. Haller (FN 28) 129 ff.

75 Vgl dazu im einzelnen R. Novak (FN 37) 59 ff; s auch H. Haller (FN 28) 129 f.

76 Vgl VfSlg 13.137/1992, 13.381/1993, 13.987/1994, VfGH 29. 11. 1995, G 115/93 ua Zlen. Vgl auch A. Grof, Der oö Verwaltungssenat als MRK-konforme Rechtsschutzinstitution?, ÖJZ 1995, 281 ff.

77 S VfGH 19. 6. 1995, G 183/94, G 212/94 (JBl 1996, 99 ff). Vgl auch R. Thienel, Verfassungsrechtliche Probleme der derzeitigen Ausgestaltung der Unabhängigen Verwaltungssenate, in: P. Pernthaler (Hrsg), Unabhängige Verwaltungssenate und Verwaltungsgerichtsbarkeit (Wien 1993) 5 ff (25).

piert sind, da insoferne Art 129a Abs 3 B-VG Abweichendes anordnet. Deren allfällige Gesetzesprüfungsanträge, die sich gegen nicht gehörig kundgemachte Gesetze richten bzw in denen (auch) die verfassungswidrige Kundmachung eines Gesetzes geltend gemacht wird, wären deshalb aus diesem Grunde zurückzuweisen und nicht einer Behandlung in der Sache zuzuführen[78] und ggf aufzuheben.

cc. Abgesehen von der Kundmachungsproblematik besteht kaum Anlaß, praktisch der Frage nach der absoluten Nichtigkeit eines Aktes nachzugehen, der Anspruch darauf erhebt, ein „Gesetz" zu sein. Der Sache nach stellte sich die Frage in jenem Fall, der dem Erk des VfGH VfSlg 5996/1969 zugrundelag. Damals hegte der VfGH das – sich letztlich als zutreffend erweisende – Bedenken, daß der präjudizielle § 3 Abs 3 des – in der Folge im übrigen wiederverlautbarten[79] – Salzburger Festspielschutzgesetzes[80] „nicht als Gesetz zustandegekommen ist, weil sie [die Gesetzesstelle] niemals vom Salzburger Landtag als Gesetz beschlossen worden sei. Schon die Stammfassung sei im Jahre 1936 im Landesgesetzblatt kundgemacht worden, ohne daß § 3 Abs 3 Gegenstand eines Gesetzesbeschlusses des Salzburger Landtages ... war." In der Begründung des Erk[81] meint der VfGH, die „naheliegende allgemeine Frage, ob es nicht doch nichtige Gesetze gibt [Hinweis auf R. Novak], braucht hier nicht beantwortet zu werden". Der dem Gesetz anhaftende Mangel sei nicht geeignet, mehr als eine Verfassungswidrigkeit der Gesetzesstelle zu bewirken. Der äußeren Erscheinung nach handle es sich um ein Gesetz, von außen her sei „kein Mangel erkennbar, der dem Text den Charakter als Gesetz nehmen würde". Es liege ein im LGBl kundgemachtes Gesetz iS der Verfassung 1934 vor, das vom VfGH geprüft werden könne. Ausdrücklich offen gelassen wurde, ob „ein als Gesetz beurkundeter (gegengezeichneter) und im Gesetzblatt kundgemachter Text dann ein nichtiger Akt ist, wenn offenkundig ist, daß das zuständige Parlament einen diesbezüglichen Gesetzesbeschluß niemals gefaßt hat". Hier sei aber § 3 Abs 3 leg cit im Jahre 1936 – wenn auch verfassungswidrigerweise – Bestandteil der Rechtsordnung geworden.

Wenn es damit der VfGH auch ganz bewußt offen gelassen hat, hat er in der Sache doch die allgemein vom Jubilar und spezifisch zu Gesetzen von R. Novak als relevant erkannten Kriterien Gravität und Evidenz zur Grenzziehung zwischen verfassungswidrigen, also der Rechtsordnung angehörenden und absolut nichtigen Gesetzen bzw Gesetzesbestimmun-

78 Bislang gibt es noch keine solche Entscheidung des VfGH.

79 LGBl für das Land Salzburg 1952/54.

80 LGBl für das Land Salzburg 1936/51.

81 Wiederverlautbarung unbedenklich, Aufhebung der präjudiziellen Gesetzesstelle.

gen praktisch angewendet. Die Schwere des Fehlers ist hier unbestrittenermaßen gegeben: Welch schwereren Fehler könnte es geben, als etwas als Gesetzesbestimmung auszugeben, was das zuständige Parlament gar nicht beschlossen hat? Gefehlt hat die „Evidenz“ dieses schweren Fehlers, weil – wie der VfGH schreibt – „von außen her kein Mangel erkennbar ist.“ Die vom VfGH offen gelassene Frage dürfte klar zu beantworten sein, „wenn offenkundig ist, daß das zuständige Parlament einen diesbezüglichen Gesetzesbeschluß niemals gefaßt hat“, läge iS der Lehre auch „Evidenz“ des schweren Fehlers und deshalb absolute Nichtigkeit vor. Allerdings: Wie soll in einem auch nur halbwegs geordneten Rechtswesen ein solcher Fehler offenkundig sein können, ohne daß das zuständige Parlament einschritte?

Gegenstand weiterer Erwägungen hat Art IV Z 1 und 2 des FinanzmarktanpassungsG 1993[82] zu bilden, mit dem Art 102 Abs 2 B-VG ergänzt bzw Art 151 Abs 5 B-VG geschaffen hätten werden sollen. „Hätten sollen“ deshalb, weil Art IV des FinanzmarktanpassungsG 1993 nicht als Verfassungsbestimmung in einem einfachen BG beschlossen und kundgemacht worden ist. Aus den parlamentarischen Materialien ergibt sich zwar, daß die Anwesenheits- und Beschlußerfordernisse betreffend Schaffung von Bundesverfassungsrecht im NR und BR erfüllt worden sind.[83] Setzt man voraus – was unter den gegebenen Umständen anscheinend gar nicht mehr selbstverständlich und deshalb anzuführen ist –, daß das B-VG nur durch im Rang von Bundesverfassungsrecht stehende Rechtsakte recte geändert werden kann, stellt sich die Frage[84], ob dieser „Rechtssetzungsakt“ wegen Gravität und Evidenz des Fehlers nichtig oder aber ggf vom VfGH überprüf- und ggf auch aufhebbar war[84a].

---

82 BGBl 1993/532.

83 StProt über die 127. Sitzung des NR am 7. 7. 1993, 18. GP, 14.521 ff (14.606) sowie StProt über die 573. Sitzung des BR am 14. 7. 1993, 27.857 ff (27.882).

84 Deren allfällige Beantwortung schon zwecks Vermeidung auch nur eines Anscheines von Befangenheit ich dem VfGH nicht vorwegnehmen möchte.

84a Nunmehr bestimmt Art I Z 3 des BVG BGBl I 1997/2, daß in Art 102 Abs 2 B-VG die Wortfolge eingefügt wird. Laut Art I Z 5 dieses BVG wird in Art 151 B-VG ein Abs 7 eingefügt, wonach Art 102 Abs 2 B-VG idF des genannten BVG mit 1. 1. 1994 in Kraft und Art 102 Abs 2 B-VG idF des FinanzmarktanpassungsG 1993 zugleich außer Kraft tritt. Art 151 Abs 5 B-VG idF des FinanzmarktanpassungsG 1993 entfällt gem Art I Z 4 BVG BGBl I 1997/2.

b) „Schlichte Parlamentsbeschlüsse", insbes autonome parlamentarische Geschäftsordnungen[85,86]

Für die autonomen parlamentarischen Geschäftsordnungen und mithin grundsätzlich[87] für „schlichte Parlamentsbeschlüsse"[88] hat namentlich Koja darauf hingewiesen, daß sie weder Verordnungen iSd Art 139 B-VG noch Gesetze iSd Art 140 B-VG sind und die Bundesverfassung auch sonst keine Überprüfungsmöglichkeit vorsieht. Er zog daraus den Schluß, daß bei Widerspruch von solchen Bestimmungen zur Bundesverfassung in jedem Fall absolute Nichtigkeit der intendierten Regelung (nicht jedoch Vernichtbarkeit) anzunehmen ist. Dieser Auffassung sind im Grunde sowohl die Lehre[89] als auch die Rechtsprechung des VfGH[90] gefolgt. Dieser meinte, es liege in der Bundesverfassung auch die Anordnung, daß nicht gesetzesförmige Landtagsbeschlüsse, die *generelle Anordnungen*[91] enthalten, soweit absolut nichtig sind, als sie durch die umschriebenen Ermächtigungen der Bundesverfassung nicht gedeckt sind. In dem durch die Bundesverfassung vorgegebenen Rahmen dürften aber wohl die L-VG Anforderungen an die GO der Landtage stellen. Mangels

---

85 Vgl hier F. Koja, Das Verfassungsrecht der österreichischen Bundesländer (Wien/New York 1967) 127 ff, 2. Aufl (Wien 1988) 157 ff; H. Lora, Die absolute Nichtigkeit und die Vernichtbarkeit von Bestimmungen der Geschäftsordnungen der Landtage, JBl 1971, 509 ff; P. Pernthaler/S. Morscher (FN 29) 517 ff; S. Morscher, Die parlamentarische Interpellation (Berlin 1973) 36 ff, 79 ff, 126 ff, 351 ff; *ders*, Die politischen Kontrollbefugnisse des Vorarlberger Landtages (Wien 1979) 37 ff (38); K. Weber, Das Einspruchsrecht der Bundesregierung nach Art 89 Abs 2 B-VG, JBl 1980, 174 ff; S. Morscher/B. Ohms, Das Verfassungsrecht der österreichischen Bundesländer/Tirol (Wien 1991) 70 f; vgl ferner die Hinweise im folgenden Punkt c).

86 In der in der vorangehenden FN zitierten Ausgabe von S. Morscher/B. Ohms, 70 in der FN 4 (zur GO des Tiroler Landtages) sind vor der in Parenthese gesetzten Wortfolge „bei ‚*Gravität und Evidenz*'" die Worte „*nicht nur*" irrtümlich entfallen, sodaß die dortige Formulierung in sich unverständlich bzw widersprüchlich geblieben ist. Insoferne wurden den vom Jubilar in den rechtswissenschaftlichen Diskurs eingeführten Kriterien von „Gravität und Evidenz" unbewußt auch dort noch Bedeutung beigemessen, wo ihnen offenbar gerade keine besondere zukommt – S. Freud hätte daran gewiß seine Freude! Doppelt wäre wohl dessen Freude unter Berücksichtigung der Folgerungen, die ich am Schluß des Beitrages ziehe – unter diesem Aspekt stimmt die genannte Aussage!

87 Für jeden einzelnen Rechtssatztypus hat eine gesonderte Prüfung zu erfolgen, ob in der positiven Rechtsordnung ein Fehlerkalkül – der ja vom normerlassenden Organ bekanntermaßen nicht als solcher gesehen, geschweige als solcher gekennzeichnet wird – vorgesehen ist.

88 Vgl zu dieser, aus der Bundesrepublik Deutschland übernommenen Begriffsbildung die in den in FN 85 zitierten Arbeiten enthaltenen Hinweise, insbes etwa K.-A. Sellmann, Der schlichte Parlamentsbeschluß (Berlin 1966).

89 Vgl weiters die Hinweise in FN 85.

90 VfSlg 6277/1970, vgl auch VfSlg 7607/1975.

91 Gemeint jedenfalls: über den Kreis der jeweiligen Parlamentsabgeordneten hinausgehend; denn die autonomen GO sind an die Abgeordneten bzw an die „Organe des Parlaments" gerichtete generelle Anordnungen.

Fehlerkalküls würde deren Nichtbeachtung nach dieser Auffassung ebenfalls absolute Nichtigkeit der jeweils intendierten Regelung bedeuten können.

Zu fragen ist allerdings, ob nicht aus der gesamten Verfassungsordnung abzuleiten ist[92], daß der „absoluten Nichtigkeit“ möglichst wenig Raum bleiben soll. Vor allem aber könnte in den Funktionen des Parlamentsvorsitzenden ein entsprechender Fehlerkalkül erblickt werden.[93]

Bemerkt sei noch, daß auf Bundesebene das Problem in Bezug auf autonome parlamentarische Geschäftsordnungen durch deren „verfassungsrechtliche Beseitigung“ nicht mehr besteht: Die für den NR aus der Monarchie übernommene Zweiteilung in Geschäftsordnungsgesetz und autonomer Geschäftsordnung[94] wurde 1961 zulasten der letzteren und zugunsten des ersteren aufgegeben.[95] Und für die Geschäftsordnung des Bundesrates ist seit der B-VGN BGBl 1984/490 in Art 37 Abs 2 B-VG vorgesehen, daß ihr die Wirkung eines Bundesgesetzes zukommt. Daraus ergibt sich, daß am Zustandekommen der GO des BR zwar dem NR keine Mitwirkungsbefugnis zukommt, daß sie sich ihrem Inhalt nach auf eine „Geschäftsordnung“ zu beschränken und darüber hinaus nur „das Nötige“ vorsehen darf[96] und daß sie auch als BG iSd Art 140 B-VG anzusehen ist.[97]

c) Akte politisch-parlamentarischer Kontrolle

aa) Parlamentarische Interpellation

Für die parlamentarische Interpellation im NR habe ich – im Ansatz sowohl auf andere parlamentarische Körperschaften als auch auf andere Instrumente der politischen Kontrolle übertragbar – darzutun versucht[98], daß ein „spezieller“[99] Fehlerkalkül ggf in den Kompetenzen des Präsi-

92 S dazu VII.

93 Vgl dazu sogleich im Folgenden.

94 Vgl dazu etwa S. Morscher (FN 85) (1973) 61 ff, 79 ff, 133 ff.

95 BVG BGBl 1961/155.

96 In der GO des BR können laut ausdrücklicher Anordnung des Art 37 Abs 2 B-VG idF BGBl 1984/490 auch über den inneren Bereich des Bundesrates hinauswirkende Bestimmungen getroffen werden, sofern dies für die Regelung der Geschäftsbehandlung im Bundesrat erforderlich ist. In Zusammenhalt mit der „BG-Wirkung“ führt dies zur Möglichkeit, verbindliche Anordnungen über den Kreis der Mitglieder des BR hinaus zu erlassen; s auch StProt über die 66. Sitzung des NR am 27. 11. 1984, 16. GP, 5628 ff (5634).

97 S dazu R. Novak, Dogmatisches und Verfassungspolitisches zur Geschäftsordnung des Bundesrates, in: J. Hengstschläger ua (Hrsg), Für Staat und Recht, FS H. Schambeck (1995) 549 ff.

98 S. Morscher (FN 85) (1973) 441 ff und (1979) 38.

99 S dazu unten VII.

denten des NR bei Handhabung des BG über die GO[100], jedenfalls aber in der Möglichkeit der begründeten Nichtbeantwortung einer Interpellation zu erblicken ist. In extremis habe ich aber auch hier Gravität und Evidenz als maßgebliches Unterscheidungskriterium zwischen fehlerhaften und absolut nichtigen Interpellationen angesehen.[101]

bb) Parlamentarische Untersuchungsausschüsse

ME gilt das zu den Interpellationen Ausgeführte hinsichtlich des Fehlerkalküls und der daraus resultierenden Konsequenz sinngemäß auch für Untersuchungsausschüsse, und zwar hinsichtlich der Einsetzung im Hinblick auf die Kompetenzen des Präsidenten des NR, in Bezug auf die Akte des Untersuchungsausschusses selbst wegen der Befugnisse des Vorsitzenden.[102] Demgegenüber wird bei letzteren allerdings in der Lehre absolute Nichtigkeit fehlerhafter Akte mangels Fehlerkalküls angenommen.[103] Fehlerhafte Akte eines parlamentarischen Untersuchungsausschusses sind danach absolut nichtig und somit für den einzelnen[104] und andere Behörden, Ämter, Gerichte[105] unbeachtlich.

2. Gerichtsbarkeit

a) Zivil- und Strafgerichtsbarkeit

Auch in der Gerichtsbarkeit führen besonders schwerwiegende und offenkundige Fehler zu absoluter Nichtigkeit eines „Urteils"; die Lehre

---

100 Heute meine ich – schon im Hinblick auf die unter VII. versuchte Gesamtwürdigung –, die Befugnisse des Parlamentspräsidenten zu vorsichtig beurteilt zu haben. Als abrufbares und damit verantwortliches, den NR nach außen vertretendes Organ können seine Befugnisse auch und gerade gegenüber der BReg und ihren Mitgliedern als maßgeblicher Fehlerkalkül im Hinblick auf aus dem Parlament entstehende Akte (!) angesehen werden.

101 S. Morscher (FN 85) (1973) 445 f.

102 Vgl zur Ausübung der Sitzungspolizei durch den Vorsitzenden eines Untersuchungsausschusses des Tir Landtags VfSlg 13.450/1993 und VfSlg 13.577/1993.

103 Vgl zur absoluten Nichtigkeit von Akten der Untersuchungsausschüsse H. R. Laurer, Der parlamentarische Untersuchungsausschuß (Wien 1984) 131 ff; H. Mayer/W. Platzgummer/W. Brandstätter, Untersuchungsausschüsse und Rechtsstaat (Wien 1989) 21; G. Holzer, Aktuelle Probleme des Verfahrens parlamentarischer Untersuchungsausschüsse, ecolex 1990, 321 ff (322); H. Widder, Parlamentarische Untersuchungsausschüsse aus der Sicht des Bundes, in: H. Schäffer (Hrsg), Untersuchungsausschüsse (Wien 1995) 27 ff (64 ff). Vgl ferner die ergänzenden Literaturhinweise in der Buchbesprechung von S. Morscher, ZfV 1986, 43 f.

104 Vgl G. Holzer (FN 103) 321 ff (322).

105 Vgl H. Widder (FN 103) 66. Vgl OGH 8. 11. 1990, 12 Os 81/90 (JBl 1991, 734 ff [738] [dazu J. Hengstschläger, JBl 1991, 738 ff], ÖJZ 1991, 241 ff [244 f]), 8. 3. 1991, 16 Os 46/90 (ÖJZ 1991, 571 f).

spricht in so einem Fall von „Nichturteil“.[106] Als Nichturteile werden etwa jene „Entscheidungen“ angesehen, die von „Nichtgerichten“[107] oder von „Nichtrichtern“[108] gefällt wurden. Nach Auffassung von FASCHING bewirkt jede Abweichung von der gesetzlich vorgesehenen Mitgliederzahl – gleichgültig in welche Richtung – ein Nichturteil; dem ist der OGH jedoch (zumindest für den Bereich der Arbeits- und Sozialgerichte) nicht gefolgt.[109] In den Fällen, in denen eine Entscheidung von einem zwar zahlenmäßig richtig besetzten Senat gefällt wird, dem jedoch ein (oder mehrere) „Nichtrichter“ im oben dargestellten Sinn angehört (bzw angehören), kommt jedoch – auch nach Meinung des OGH – kein gültiges Urteil zustande.[110] Anders als für die Zivil- wird für die Strafgerichtsbarkeit angenommen, daß es zu einer Kollegialentscheidung reiche, wenn nur ein Kollegiumsmitglied zur Ausübung der Strafgerichtsbarkeit befugt ist.[111]

Nichturteile werden auch in jenen Entscheidungen erblickt, die zwar mündlich verkündet wurden, deren Inhalt sich jedoch nicht mehr feststellen läßt[112], ferner in unter vis absoluta ergangenen Urteilen[113], wenn in der Strafgerichtsbarkeit die Verkündung des Urteils nicht durch den Einzelrichter bzw den Vorsitzenden des Richterkollegiums erfolgt oder

106 Vgl für die Zivilgerichtsbarkeit W. KRALIK, Die Vorfrage im Verfahrensrecht (Wien 1953) 139 ff; *ders*, Urteilsbesprechung OGH, JBl 1975, 326 ff; H. W. FASCHING, Lehrbuch des österreichischen Zivilprozeßrechts[2] (Wien 1990) 796 ff; W. H. RECHBERGER, in: W. H. Rechberger (Hrsg), Kommentar zur ZPO (Wien/New York 1994) 862 f; zur Strafgerichtsbarkeit H. ROEDER, Gibt es „absolut nichtige“ Strafurteile?, ÖJZ 1968, 141 ff (144); *ders*, Lehrbuch des österreichischen Strafverfahrensrechtes[2] (Wien 1976) 278.

107 Also bei fehlender Gerichtsgewalt iSd Art 82 ff B-VG; s für die Zivilgerichtsbarkeit H. W. FASCHING (FN 106) 796 (RZ 1577); W. H. RECHBERGER (FN 106) 862 f (RZ 37), für die Strafgerichtsbarkeit H. ROEDER (FN 106) (1968) 141 ff (144), der beispielsweise ein Revolutionstribunal nennt.

108 Das sind Personen, die weder ernannte Berufsrichter noch fachmännische oder -kundige Laienrichter sind, s H. W. FASCHING (FN 106) 796 ff (RZ 1578); W. H. RECHBERGER (FN 106) 862 f (RZ 37), bzw CHR. BERTEL, Grundriß des österreichischen Strafprozeßrechts[4] (Wien 1994) 51 (RZ 239).

109 S H. W. FASCHING, Die Zivilverfahrensnovelle 1981, JBl 1982, 68 ff (73 f); *ders* (FN 106) 100 (RZ 173), 796 ff (RZ 1578). Vgl demgegenüber (unter Bezugnahme auf § 37 ASGG) Arb 10.713; dazu H. FINK, Urteilsbesprechung OGH, DRdA 1989, 304 ff.

110 OGH 13. 11. 1974, 5 Ob 268/74 (RZ 1975/19), 21. 11. 1974, 6 Ob 220/74 (JBl 1975, 325 f), dazu W. KRALIK (FN 106) (1975) 326 ff, der aber in diesem Fall das Vorliegen eines Nichturteils verneint; für die Annahme eines Nichturteils H. W. FASCHING (FN 106) 796 ff (RZ 1578).

111 Vgl H. ROEDER (FN 106) (1968) 141 ff (144); H. FINK (FN 109) 304.

112 S § 1 Abs 2 der KaisV RGBl 1915/372; s H. W. FASCHING (FN 106) 798 f (RZ 1580); W. H. RECHBERGER (FN 106) 862 f (RZ 57).

113 Für den Zivilprozeß H. W. FASCHING (FN 106) 798 (RZ 1579); W. H. RECHBERGER (FN 106) 862 f (RZ 37), für den Strafprozeß H. ROEDER (FN 106) (1968) 141 ff (145).

eine dem österr Strafrecht fremde Strafe verhängt wird[114] bzw wenn gegen die Sperrwirkung[115] verstoßen wird. Rechtsmittel gegen Nichturteile werden als unzulässig zurückgewiesen.[116]

b) Höchstgerichte

Wird der Fehlerkalkül hauptsächlich in jenen Rechtsvorschriften erblickt, die die Möglichkeit der Überprüfung fehlerhafter Rechtsakte vorsehen und betritt man die damit eröffneten Rechtswege, gelangt man – früher oder später – zu jenen Organen, deren Akte wegen ihrer Stellung als „höchste" oder Grenzorgane „traditioneller Weise" keiner Überprüfung mehr unterliegen. Es liegt auf der Hand, daß in einer Rechts- und Verfassungsordnung mit einem ausgereiften Rechtsschutz- und Kontrollsystem – wie es etwa die österr Rechtsordnung darstellt – auch bei solchen Grenzorganen nicht jede Fehlerhaftigkeit eines Rechtsaktes dessen Nichtigkeit bewirkt. Denn der Fehlerkalkül in einem „endlichen System" schlägt zwingend auch auf Akte der Grenzorgane durch. Andernfalls würde das Kontrollsystem weithin und vor allem im Kern seinen Sinn und Zweck verfehlen und sich absolut erübrigen. Darüber hinaus bilden die Regelungen über die Wiederaufnahme des Verfahrens bzw über die Wiedereinsetzung in den vorigen Stand einen weiteren (positivrechtlichen) Fehlerkalkül. Nach heutigem Stand der Rechtsentwicklung ist aber vor allem zu berücksichtigen, daß mit den Kompetenzen der Straßburger Organe nach der MRK sowie des EuGH auch ein Fehlerkalkül hinsichtlich der traditionellen drei österr Höchstgerichte[117] eingeführt wurde, da deren Entscheidungen an Hand der dort jeweils beachtlichen Rechtsmaßstäbe überprüfbar sind; dabei muß jedenfalls beurteilt werden, ob ggf ein Nichtakt vorliegt.

Exkurs: Akte zwischenstaatlicher/supranationaler Art

Hier ist auf das Problem „absoluter Nichtigkeit" von Akten auf Grundlage des primären europäischen Gemeinschaftsrechts aufmerksam zu ma-

---

114 H. Roeder (FN 106) (1968) 141 ff (144), nennt beispielsweise die Verurteilung zum Tode.

115 H. Roeder (FN 106) (1968) 141 ff (147); Chr. Bertel (FN 108) 51.

116 Vgl OGH SZ 44/79 und die in FN 110 erwähnten Urteile.

117 Vgl zum Verhältnis der drei österr Höchstgerichte H. Kelsen/G. Froehlich/A. J. Merkl (FN 59) 249: „Neben dem Obersten Gerichtshof und dem Verwaltungsgerichtshof steht der Verfassungsgerichtshof als drittes oberstes Gericht im System der österreichischen Gerichtsbarkeit. Doch besteht keine Parität dieser höchsten Gerichte. In gewissen Belangen genießt der Verfassungsgerichtshof gegenüber allen Gerichten, so auch gegenüber den beiden anderen höchsten Gerichten eine gewisse Prärogative."

chen.[118] Trotz umfangreichen Fehlerkatalogs wird die Möglichkeit absolut nichtiger Akte bejaht, wobei zur Abgrenzung von vernichtbaren Akten auf die Gravität und die Evidenz des Fehlers abgestellt wird.[119] Besondere Bedeutung kommt der Frage im Zusammenhang mit Grundrechten und mit einer allfälligen weiteren Gesamtänderung der Bundesverfassung zu. So wird in der Lehre angenommen, daß Akte des sekundären Gemeinschaftsrechts absolut nichtig sein können, wenn sie die sog „Integrationsschranken" verletzen.[120] Dies folge aus dem Anwendungsvorrang des Gemeinschaftsrechts und der prinzipiellen Alleinzuständigkeit des EuGH zur Prüfung von sekundären Gemeinschaftsrechtsakten sowie der mangelnden Befugnis des VfGH, diese Akte an der Bundesverfassung zu messen.[121,122]

Als Integrationsschranken werden auch die Grundprinzipien der Bundesverfassung genannt.[123] Gemeinschaftsrechtsakte, die in gravierender und offensichtlicher Weise diese Prinzipien verletzen, wären als absolut

118 Vgl etwa St. Griller, Rechtsangleichung und Normenkontrolle, in: K. Korinek/H. P. Rill (Hrsg), Österreichisches Wirtschaftsrecht und das Recht der EG (1990) 113 ff (131 f); *ders*, Wer kontrolliert die Europäische Union?, ecolex 1993, 789 ff (794); *ders* (FN 48) 98 ff; H. Krück, in: H. v. d. Groeben/J. Thiesing/C.-D. Ehlermann, Kommentar zum EWG-Vertrag[4] Bd 3 (Baden-Baden 1991) 4536 ff (4543); K.-D. Borchardt, in: C. O. Lenz (Hrsg), EG-Vertrag Kommentar (Köln 1994) 1123 ff (1127 f); C. Annacker, Die Inexistenz als Angriffs- und Verteidigungsmittel vor dem EuGH und dem EuG, EuZW 1995, 755 ff; T. Öhlinger, Unmittelbare Geltung und Vorrang des Gemeinschaftsrechts und die Auswirkungen auf das verfassungsrechtliche Rechtsschutzsystem, in: St. Griller ua (Hrsg), Grundfragen und aktuelle Probleme des öffentlichen Rechts, FS H. P. Rill (Wien 1995) 359 ff (370).

119 C. Annacker (FN 118) 756 ff, nennt als Fehler, die zur absoluten Nichtigkeit führen, sofern sie schwer und offenkundig sind, Begründungsfehler, Kompetenzverletzungen, materielle Rechtswidrigkeit.

120 S St. Griller (FN 118) (1990) 129 ff, insbes 131 f; *ders* (FN 48) 94 ff; H. Stolzlechner, Die Auswirkungen einer Mitgliedschaft Österreichs in der Europäischen Union auf die österreichische Verfassungsordnung, in: W. Hummer (Hrsg), Die Europäische Union und Österreich (Wien 1994) 163 ff (176); T. Öhlinger (FN 118) 368 ff; *ders*, Ein Verfassungsstaat an der Schwelle zur Europäischen Union, in: O. Due ua (Hrsg), FS U. Everling Bd 2 (Baden-Baden 1995) 1017 ff (1020).

Ein zweites – ebenfalls sub titulo „Integrationsschranken" erörtertes – Problem betrifft die Schranken bei einer Änderung des Vertrages gem Art N EUV – s St. Griller (FN 48) 95 ff.

121 Vgl die in FN 120 genannten Arbeiten sowie W.-D. Grussmann, Auswirkungen eines EG-Beitrittes auf die österreichische Verfassungsgerichtsbarkeit, ZfV 1990, 427 ff (429 ff, 438 ff); H. R. Klecatsky/S. Morscher, Die österreichische Bundesverfassung[7] (Wien 1995) 187, Anm 2 zur Überschrift vor Art 137 B-VG.

122 Vgl demgegenüber zur Prüfung sekundären Gemeinschaftsrechts an den Grundrechten des GG durch das BVerfG die als „Solange I" (BVerfGE 37, 271 ff = EuGRZ 1974, 5 ff) und „Solange II" (BVerfGE 73, 339 ff = EuGRZ 1987, 10 ff) bekannten Entscheidungen sowie das Maastricht-Urteil BVerfGE 89, 155 ff (EuGRZ 1993, 429 ff).

123 Vgl H. Stolzlechner (FN 120) 175; T. Öhlinger (FN 118) 366; *ders* (FN 120) 1020.

nichtig anzusehen. Auch die Änderung der Grundprinzipien durch sekundärrechtliche Akte, die kompetenzwidrig, weil nicht von den vertraglich vereinbarten Befugnissen gedeckt ergangen sind, ist danach absolut nichtig.[124] Solche „ultra-vires-Akte"[125] hält auch GRILLER für absolut nichtig. Er erblickt die Integrationsschranke nach dem BVG über den Beitritt Österreichs zur Europäischen Union[126] in den Rechtsetzungsschranken des EU-Beitrittsvertrages.[127] Ohne entsprechende Ermächtigung im Vertrag dürfe keine tiefgreifende Änderung der vor dem Beitritt geltenden Grundprinzipien erfolgen. Prinzipiell seien Kompetenzüberschreitungen vom EuGH zu prüfen, jedoch sei „in Extremfällen" „auch die absolute Nichtigkeit solcher Akte für den Bereich der österreichischen Rechtsordnung möglich".[128]

3. Verwaltung

a) Bescheid

Die diesbezüglichen, schon in ganz jungen Jahren vorgelegten[129], später[130] allgemein auf Verwaltungsakte übertragenen Forschungsergebnisse des Jubilars wurden grundsätzlich von Lehre und Rechtsprechung übernommen; so wurde insbes die Auffassung, daß im AVG kein Raum für absolute Nichtigkeit sei, aufgegeben.[131] Kritisiert wurde, daß inhaltliche

---

124 So auch die E zur RV 1546 BlgNR 18. GP, 7.

125 Vgl zu den ultra-vires-Akten im Gemeinschaftsrecht C. ANNACKER (FN 118) 757. S auch zu dem in FN 122 erwähnten Maastricht-Urteil des BVerfG (EuGRZ 1993, 429 ff [438 f]) CH. TOMUSCHAT, Die Europäische Union unter der Aufsicht des Bundesverfassungsgerichts, EuGRZ 1993, 489 ff (494); W. SCHRÖDER, Alles unter Karlsruher Kontrolle?, ZfVR 1994, 143 ff (154); die in A. RANDELZHOFER ua (Hrsg), Gedächtnisschrift für E. Grabitz (München 1995) enthaltenen Beiträge von U. EVERLING, Bundesverfassungsgericht und Gerichtshof der Europäischen Gemeinschaften nach dem Maastricht-Urteil, 58 ff; E. KLEIN, Grundrechtsdogmatische und verfassungsprozessuale Überlegungen zur Maastricht-Entscheidung des Bundesverfassungsgerichts, 271 ff (280 ff) und I. PERNICE, Einheit und Kooperation: das Gemeinschaftsrecht im Lichte der Rechtsprechung von EuGH und nationalen Gerichten, 523 ff (533 ff); A. WEBER, Zur Kontrolle grundrechts- bzw kompetenzwidriger Rechtsakte der EG durch nationale Verfassungsgerichte, in: O. Due ua (Hrsg), FS U. Everling Bd 2 (Baden-Baden 1995) 1625 ff; G. C. RODRÍGUEZ IGLESIAS, Zur „Verfassung" der Europäischen Gemeinschaft, EuGRZ 1996, 125 ff (127 f).

126 BGBl 1994/744.

127 BGBl 1995/45.

128 ST. GRILLER (FN 48) 100.

129 G. WINKLER (FN 3).

130 G. WINKLER (FN 4) (1960).

131 J. HENGSTSCHLÄGER, Materielle Rechtskraft bzw Bestandskraft im deutschen und im österreichischen Verwaltungsverfahren, Die Verwaltung 1979, 337 ff (361), mit Nachweisen zu älteren, dort abweichenden Auffassungen. Zur Unterscheidung Vernichtbarkeit

Mängel nicht zur Annahme absoluter Nichtigkeit führten, vielmehr in der absoluten Nichtigkeit ein besonders schwerwiegender Formmangel erblickt werde.[132] Diese „formale Betrachtungsweise"[133] wurde in der Folge durch Berücksichtigung „inhaltlicher" Gesichtspunkte ergänzt.[134,135]

Im Detail erörtert wurden die Folgen einer allfälligen absoluten Nichtigkeit eines Aktes bei der Vorfragenbeurteilung[136] ebenso wie jene mangelnder Prozeßfähigkeit einer Partei, deren gesetzlicher Vertreter nicht beigezogen wurde[137] wie auch durch technische Neuerungen entstandene Probleme, wobei es dabei um Fehler ging, die auf die computergerechte Schreibweise von Eigennamen zurückzuführen waren[138], wie insgesamt um den „Computer-Bescheid".[139] Auch wurde ein einem Entmündigten zugestellter oder mündlich verkündeter „Bescheid" als absolut nichtig an-

gem § 68 Abs 4 AVG und absolute Nichtigkeit vgl auch K. Ringhofer, Die österreichischen Verwaltungsverfahrensgesetze I. Bd (Wien 1989) 665 ff.

132 Vgl K. Wahle, Buchbesprechung Winkler, ÖJZ 1960, 447 f.

133 Dies dürfte damit zusammenhängend sein, daß [auch] Winkler ursprünglich nach eigenem Bekunden von der Reinen Rechtslehre beeindruckt war (vgl etwa G. Winkler [FN 18] [1990] IX); vom inzwischen eingenommenen kritischen Standpunkt zeugen ua einige in der Reihe „Forschungen aus Staat und Recht" erschienene Bücher des Jubilars.

134 Vgl B.-Chr. Funk/E. Berchtold-Ostermann, Der individuelle Verwaltungsakt, in: F. Ermacora ua (Hrsg), Allgemeines Verwaltungsrecht, FS W. Antoniolli (Wien 1979) 189 ff (199 f).

135 H. B. Zierl, Zur Frage der Nichtigkeit bei materieller Rechtswidrigkeit von Bescheiden, ÖVA 1981, 61 ff; B.-Chr. Funk, Der Einfluß der „Wiener Schule des Rechtspositivismus" auf die österreichische Verwaltungsrechtswissenschaft, in: E. V. Heyen (Hrsg), Wissenschaft und Recht der Verwaltung seit dem Ancien Régime (Frankfurt 1984) 105 ff (124 f).

136 Vgl E. Loebenstein (FN 39); zuvor H. W. Fasching, Zivilgerichte und Verwaltungsbehörden, Vorfragenbeurteilung und Bindung, JBl 1963, 173 ff; s auch FN 25. Zur – in seinen Augen verfehlten – Rsp des OGH R. Walter, Die Bindung der Zivilgerichte an rechtskräftige präjudizielle Bescheide nach AVG im Rahmen der Zivilprozeßordnung im Vorfragenbereich, ÖJZ 1996, 601 ff.

137 H. B. Zierl, Die Prozeßfähigkeit in Verwaltungsverfahren, die straßenverkehrsrechtliche Angelegenheiten betreffen, ZVR 1981, 33 ff (40 f); H. Mayer (FN 49) 166.

138 J. Menner, Computergerechte Schreibweise von Eigennamen und EDV-unterstützte Verwaltung, ZfV 1981, 341 ff. S auch H. B. Zierl, Zur Rechts- und Parteifähigkeit im allgemeinen Verwaltungsverfahren, ÖJZ 1984, 113 ff (119).

139 Zum absolut nichtigen „Computer-Bescheid" P. Oberndorfer, Die österreichische Verwaltungsgerichtsbarkeit (Linz 1983) 161; *ders*, Handlungsformen der Verwaltung und Rechtsschutz (aus österreichischer Sicht), in: G. Ress (GesRed), Entwicklungstendenzen im Verwaltungsverfahrensrecht und in der Verwaltungsgerichtsbarkeit (Wien/New York 1990) 39 ff (41 f); R. Novak, Allgemeines österreichisches Verwaltungsrecht, Tradition und Erneuerung, ZfV 1988, 113 ff (120 f); G. Holzinger, Der „Computerbescheid" in der Judikatur der Gerichtshöfe des öffentlichen Rechts, in: R. Machacek ua (Hrsg), Dimensionen und Perspektiven des Rechts, FS W. Rosenzweig (Wien 1988) 193 ff. Vgl auch VfSlg 11.590/1987; VwSlgNF 12.333 A/1986, 12.710 A/1988, VwGH 6. 12. 1985, 85/18/0029.

gesehen.[140] Abweichend vom VwGH[141] wurde der von einem nicht approbationsbefugten Bediensteten unterschriebene Verwaltungsakt nicht als absolut nichtig gewertet.[142, 143] Auch in der höchstgerichtlichen Rechtsprechung finden sich zahlreiche Entscheidungen, in welchen „Bescheide“ als absolut nichtig beurteilt wurden.[144]

b) Weisung

Zur Weisung insgesamt und damit auch zum Fragenkreis der absoluten Nichtigkeit hat BARFUSS eine grundlegende Studie vorgelegt.[145] Es wird angenommen, daß Art 20 Abs 1 Satz 3 B-VG[146] Nichtigkeitstatbestände festlegt, sodaß das nachgeordnete Organ[147] die Befolgung einer Weisung bei Vorliegen der dort genannten Voraussetzungen abzulehnen hat. Neben diesen beiden ausdrücklich im B-VG geregelten Fällen werden noch andere schwere und offenkundige Fehler als zur absoluten Nichtigkeit führend angesehen[148], wobei auch hier die Rechtssicherheit ein maßgebliches Argumentationselement bildet.[149] In der Rechtswissenschaft wurden vor allem die strafgesetzwidrige Weisung[150] und die Gehorsamspflicht der Verwaltungsorgane erörtert.[151, 152]

---

140 H. B. ZIERL, Die Auswirkungen einer Entmündigung auf das Verwaltungsrecht, ÖJZ 1982, 533 ff (540). Zum Problem der Zustellung eines Bescheides an einen nichtparteifähigen Adressaten, H. B. ZIERL (FN 138) 117.

141 VwSlgNF 12.734 A/1988, VwGH 29. 1. 1988, 87/17/0245, 0246, 19. 1. 1990, 89/18/0079 ua.

142 Vgl R. MORITZ, Approbationsbefugnis, äußerer Tatbestand und Bescheidcharakter, ÖJZ 1991, 329 ff.

143 Vgl in Zusammenhang mit Baubewilligungsverfahren, wenn dem „Bauwerber“ oder den Einwendungen oder Berufung erhebenden „Nachbarschaften“ keine Rechtspersönlichkeit zukommt – etwa die Buchbesprechung der 2. Aufl von W. R. J. HAUER, Der Nachbar im Baurecht (Eisenstadt 1980) von S. MORSCHER, ZfV 1988, 130 ff (130 f).

144 Vgl dazu die in R. WALTER/H. MAYER (FN 51) 179 ff angeführte Judikatur; jüngst VwGH 28. 2. 1996, 92/17/0267 zu „Bescheiden“ des (für die Parlamentsdirektion handelnden) Parlamentsdirektors; ferner VfGH 12. 12. 1996, B 2903/95 ua Zlen, 13. 12. 1996, A 10/96, B 718/96.

145 W. BARFUSS, Die Weisung (Wien 1967).

146 S H. R. KLECATSKY/S. MORSCHER, Das österreichische Bundesverfassungsrecht[3] (Wien 1982) 287, Anm 11 zu Art 20 B-VG.

147 Zum Begriff „nachgeordnetes Organ“ vgl K. LENGHEIMER, Die Weisung, in: F. Ermacora ua (Hrsg), Allgemeines Verwaltungsrecht, FS W. Antoniolli (Wien 1979) 213 ff (223 f).

148 Vgl W. BARFUSS (FN 145) 58 f, auch 98; K. LENGHEIMER (FN 147) 226 f.

149 W. BARFUSS (FN 145) 58 f.

150 K. RINGHOFER, Die strafgesetzwidrige Weisung, in: M. Imboden ua (Hrsg), FS A. J. Merkl (München/Salzburg 1970) 319 ff; G. KUCSKO-STADLMAYER, Legalitätsprinzip und Weisungsgebundenheit des Beamten, in: R. Walter/C. Jabloner (Hrsg), Strukturprobleme

c) Akte unmittelbarer behördlicher Befehls- und Zwangsgewalt

Zur Abgrenzung bloß fehlerhafter Akte unmittelbarer behördlicher Befehls- und Zwangsgewalt von absolut nichtigen hat insbes FUNK seinen Beitrag geleistet.[153] Er setzt die Fehlergrenze dieser Akte mit der Grenze zwischen staatlicher und nichtstaatlicher Tätigkeit gleich.[154] Absolut nichtig ist alles, hinsichtlich dessen wegen Mangelhaftigkeit eine Zurechnung als Staatsakt nicht mehr möglich ist, wobei vor allem auf den normerzeugenden Organwillen abgestellt wird.[155] Eine gewisse Erweiterung der von WINKLER entwickelten Auffassungen[156] erfolgte insofern, als bei diesen Akten zur Lösung des Fehlerproblems nicht allein formale Erwägungen, vielmehr auch teleologische Aspekte berücksichtigt werden.[157] Der Maßstab wird in den durch das Amtshaftungsrecht gezogenen „Grenzen" erblickt.[158] Abgestellt wird hiebei insbes auf die behördliche Kompetenz des Verwaltungsorgans; fehlt diese, wird ein absolut nichtiger Akt angenommen.[159]

d) Verordnungen

Wie zu Gesetzen hat auch zu Verordnungen NOVAK die absolute Nichtigkeit als mögliche Fehlerfolge untersucht.[160] Art 89 Abs 1 B-VG wurde allerdings zwischenzeitlich[161] geändert, indem dort nunmehr auch Verordnungen ausdrücklich genannt werden. Es gilt deshalb sinngemäß das bereits oben zu den Gesetzen Gesagte mit der Maßgabe, daß sich der Feh-

des öffentlichen Rechts, GS K. Ringhofer (Wien 1995) 77 ff; *dies*, Das Disziplinarrecht der Beamten² (Wien/New York 1996) 157 ff.

151 R. RACK, Die Gehorsamsthese, ÖJZ 1971, 89 ff; F. WAGNER, Zur Gehorsamspflicht in der staatlichen Verwaltung, ZfV 1987, 116 ff; G. KUCSKO-STADLMAYER (FN 150) (1996) 147 ff.

152 Vgl im übrigen W. BARFUSS (FN 145) 83; R. WALTER (FN 58) (1972) 429; F. WAGNER (FN 151) 116 ff (116); G. KUCSKO-STADLMAYER (FN 150) (1996) 157 ff.

153 Vgl B.-CHR. FUNK, Der verfahrensfreie Verwaltungsakt (Wien 1975).

154 B.-CHR. FUNK (FN 153) 170 ff.

155 H. MAYER, Die „Normativität" faktischer Amtshandlungen, in: H. Mayer (Hrsg), Staatsrecht in Theorie und Praxis, FS R. Walter (Wien 1991) 463 ff (470 f).

156 Sozusagen aus seiner „positivismusfreundlichen Phase" – s dazu oben.

157 B.-CHR. FUNK, Von der „faktischen Amtshandlung" zum „verfahrensfreien Verwaltungsakt", ZfV 1987, 620 ff (625).

158 Vgl B.-CHR. FUNK (FN 153) 170.

159 Vgl B.-CHR. FUNK (FN 153) 173; *ders* (FN 157) 626.

160 R. NOVAK (FN 37). Vgl zu früheren gegenteiligen Auffassungen zB E. MELICHAR, Zur juristischen Bedeutung des Unterschiedes zwischen Rechts- und Verwaltungsverordnungen im österreichischen Recht, JBl 1955, 53 ff, 83 ff (83) sowie VfSlg 2530/1953, 2873/1955.

161 Durch Art I Z 3 der B-VGN 1975 BGBl 302 (in Kraft getreten mit 1. 7. 1976).

lerkalkül für den VfGH aus Art 139 Abs 3 B-VG idF der B-VGN 1975[162] ergibt.

Verwaltungsbehörden haben, da in Art 89 Abs 1 B-VG zu deren Prüfungsbefugnis bei nicht gehöriger Kundmachung nichts ausdrücklich angeordnet ist, insgesamt auf die Kriterien der Gravität und Evidenz abzustellen.[163] Eine intendierte, an einem solchen Mangel leidende Rechtsverordnung ist nicht entstanden und als solche sowohl für Verwaltungsbehörden als auch Gerichte unverbindlich. Sie kann aber als Verwaltungsverordnung[164] für Verwaltungsbehörden verbindlich sein. Für den Fall des Nichtzustandekommens einer an die Allgemeinheit gerichteten Rechtsverordnung ist zu prüfen, ob an ihrer Stelle eine nur inneramtlich verbindliche Verwaltungsverordnung erzeugt wurde. Eine solche Deutung kommt wegen mangelnder Formvorschriften für die Kundmachung von Verwaltungsverordnungen namentlich bei Kundmachungsmängeln in Betracht.[165]

e) Staatsverträge

Bis zur B-VGN BGBl 1964/59, mit welcher dem B-VG Art 140a eingefügt wurde, bestand für den VfGH keine Kompetenz zur Feststellung der Gesetz- oder Verfassungswidrigkeit von Staatsverträgen. Ob mangels Fehlerkalküls – retrospektiv – jede Fehlerhaftigkeit eines intendierten Staatsvertrages zu dessen absoluter Nichtigkeit führte[166], muß hier auf sich beruhen.[167] Zu der aufgrund der genannten B-VGN geschaffenen Verfassungsrechtslage meint ÖHLINGER, daß die zuvor umstrittene Frage[168], ob der Mangel der Genehmigung eines politischen, gesetzändernden oder gesetzesergänzenden Staatsvertrages durch den Nationalrat die absolute Nichtigkeit des intendierten Vertrages bewirke, nunmehr derart eine Klärung erfahren habe[169], daß dem VfGH gem Art 140a B-VG eine Prüfungskompetenz zukomme und damit allfällige Vernichtbarkeit vorliege. Allerdings gilt dies einerseits grundsätzlich nicht nur für die genannten Mängel, sondern für alle nur denkbaren, andererseits führen

---

162 BGBl 1975/302.

163 Vgl R. NOVAK (FN 37) 78.

164 Vgl J. W. AICHLREITER, Österreichisches Verordnungsrecht Bd 1 (Wien/New York 1988) 200 ff, allgemein zur Unterscheidung beider Rechtssatztypen.

165 R. NOVAK (FN 37) 80.

166 So H. MAYER, Das Abkommen von Stresa – ein Nichtakt, ecolex 1995, 139 ff.

167 Vgl dazu aber VII.

168 Vgl dazu die bei T. ÖHLINGER, Der völkerrechtliche Vertrag im staatlichen Recht (Wien/New York 1973) 271 (FN 140) genannte Literatur.

169 T. ÖHLINGER (FN 168) 271 f.

schwere und evidente Fehler trotz dieses Fehlerkalküls zur absoluten Nichtigkeit.

Wie zu den Verordnungen ordnete in der Folge die B-VGN 1975 BGBl 302 ausdrücklich an, daß die Gerichte die gehörige Kundmachung[170] aller Staatsverträge zu prüfen haben.[171] Insoweit gilt bei nicht gehöriger Kundmachung von Staatsverträgen – je nach ihrem innerstaatlichen Rang – das zu den Gesetzen bzw zu den Verordnungen Ausgeführte sinngemäß.

Zu bedenken ist, daß absolute Nichtigkeit einerseits schon aus Sicht des Völkerrechts vorliegen kann. Andererseits dürften evidente und besonders schwere Fehler aus Sicht des österr Verfassungsrechtes[172] beim Zustandekommen eines Staatsvertrages, insbes im Zuge seiner Transformation ins innerstaatliche Recht jeweils zu absoluter Nichtigkeit führen.

Dazu sind die Vorgänge rund um die „Implementierung" des 8. ZP zur MRK in die österr Rechtsordnung zu erwähnen. Dieses ZP strebt(e) die Verbesserung und Beschleunigung des Verfahrens vor der EKM und dem EGM durch Neufassung zahlreicher Artikel der MRK an. Die MRK steht bekanntlich – wenn auch erst nach den bekannten Geburtswehen, an deren wissenschaftlicher Bearbeitung auch der Jubilar regen Anteil genommen hat[173] – im Verfassungsrang und eine entsprechende Änderung ist auch wiederum nur durch eine im Verfassungsrang stehende Rechtsvorschrift möglich. Das 8. ZP zur MRK wurde aber im BGBl nicht als verfassungsändernd kundgemacht.[174] Die Frage lautet, ob absolute Nichtigkeit für den innerstaatlichen Bereich in Österreich anzunehmen ist. Ihre Beantwortung soll hier nicht versucht werden, weil einerseits eine Druckfehlerberichtigung[175] eine „Sanierung"[176] vornahm, andererseits eine kursorische Überprüfung der parlamentarischen Materialien[177] ergab, daß die Anwesenheits- und Beschlußerfordernisse für Bundesverfassungsakte eingehalten worden sein dürften und darüber hinaus ein neuer

---

170 Zu den verschiedenen Kundmachungsregeln T. Öhlinger (FN 168) 308 ff.

171 T. Öhlinger (FN 65) 447.

172 Im Hinblick auf die Vertragsschlußkomponenten der Länder ist ggf auch auf das Landesverfassungsrecht Bedacht zu nehmen.

173 Vgl insbes G. Winkler, Die rechtliche Bedeutung der Europäischen Konvention zum Schutz der Menschenrechte und Grundfreiheiten für Österreich, JBl 1959, 71 ff und ÖJZ 1959, 39 ff; *ders*, Der Verfassungsrang von Staatsverträgen, ÖZÖR 10 (1959/60) 514 ff; *ders*, Zur Frage der unmittelbaren Anwendbarkeit von Staatsverträgen, JBl 1961, 8 ff – die beiden letztgenannten Arbeiten sind auch abgedruckt in G. Winkler (FN 4) (1979) 51 ff und 83 ff.

174 BGBl 1990/64.

175 BGBl 1990/558.

176 Ob sie gelungen ist, bedürfte einer näheren Untersuchung.

177 StProt über die 132. Sitzung des NR am 6. 3. 1986, 16. GP, 11.677 ff (11.780 f).

Fall vorliegt, an Hand dessen die „Innenseite“ des Problems sozusagen aktuell – weil keinesfalls gelöst – kurz exponiert werden kann.[178]

f) Gliedstaatsverträge

Die Bundesverfassung sah ursprünglich – in Art 107 – nur die (kaum genutzte) Möglichkeit des Abschlusses von Gliedstaatsverträgen zwischen den Ländern vor. Zu diesen ist namentlich auf die Arbeit von Rill hinzuweisen, der auf Grund diffiziler Erwägungen an Hand einzelner Fehlergruppen zum Ergebnis kam, nicht der Variante der Annahme absoluter Nichtigkeit, sondern jener der „schwebenden Unwirksamkeit“ sei der Vorzug zu geben; dafür spreche vor allem eine Abwägung zwischen Verkehrssicherheit und Sicherung der Verfassungsmäßigkeit staatlichen Handelns.[179]

Die Gliedstaatsverträge, nunmehr unter Einschluß „horizontaler Konkordate“, erhielten durch die B-VGN BGBl 1974/444 mit Art 15a eine neue verfassungsrechtliche Grundlage.[180] Nach einer Auffassung[181] ist zwar Art 46 WVK[182] über die Ungültigkeit eines Vertrages auch auf die Verträge im Bundesstaat anwendbar[183], wobei die Kriterien der Gravität und Evidenz zur Fehlerbewertung heranzuziehen seien; Ungültigkeit im Sinn der WVK bedeute aber nicht absolute Nichtigkeit. Aus dem Wortlaut des Art 138a Abs 1 B-VG, wonach der Verfassungsgerichtshof feststellt, ob eine Vereinbarung iSd Art 15a Abs 1 B-VG vorliegt, ergebe sich, daß hiebei auf die Gültigkeit abgestellt werde.[184] Absolute Nichtigkeit komme nur bei jenen Vereinbarungen iSd Art 15a Abs 2 in Frage, bei denen eine Kompetenz des Verfassungsgerichtshofes nach Art 138a Abs 2 B-VG nicht geschaffen worden sei und auch die Vereinbarung selbst keine ähnliche gerichtliche Kompetenz vorsehe.[185]

Nach anderer Ansicht[186] führt jeder Fehler mangels Fehlerkalküls zur absoluten Nichtigkeit der Vereinbarung, da unter der Feststellung des

178 S VI.1.cc).

179 H. P. Rill, Gliedstaatsverträge (Wien 1972) 372 ff (377).

180 Vgl dazu H. P. Rill, Abschluß, Transformation und Durchsetzung von Verträgen gemäß Art 15a B-VG, in: H. Mayer ua (Hrsg), Neuerungen im Verfassungsrecht (Wien 1976) 27 ff.

181 T. Öhlinger, Die Anwendung des Völkerrechts auf Verträge im Bundesstaat (Wien 1982) 42.

182 Wiener Übereinkommen über das Recht der Verträge BGBl 1980/40.

183 Diese Anwendbarkeit wird aus Art 15a Abs 3 B-VG geschlossen und soll nur subsidiär gelten; T. Öhlinger (FN 181) 15 f.

184 Vgl T. Öhlinger (FN 181) 44; *ders*, Verfassungsrecht² (Wien 1995) 359.

185 T. Öhlinger (FN 181) 44 f.

186 R. Walter/H. Mayer, Grundriß des österreichischen Bundesverfassungsrechts⁸ (Wien 1996) 406 (RZ 1101).

Vorliegens einer Vereinbarung nicht die Feststellung ihrer Verfassungs- oder Gesetzmäßigkeit zu verstehen sei. Nur wenn kein Fehler vorliege, habe der Verfassungsgerichtshof das Vorliegen einer Vereinbarung festzustellen.

Ich sehe in Art 138a Abs 1 B-VG bzw im Fall der Nutzung gem Abs 2 dieser Bestimmung einen[187] Fehlerkalkül, weil die Feststellungskompetenz des VfGH offenbar gerade den Sinn hat, zur Nichtigkeit führende (schwere) Fehler von „tolerablen" zu scheiden. Die Reichweite dieses Fehlerkalküls hängt allerdings davon ab, welche Wirkungen eine Vereinbarung zeitigt. Geht man davon aus, daß Vereinbarungen iSd Art 15a B-VG auch generell transformiert und damit Rechte und/oder Pflichten der Rechtsunterworfenen begründet, verändert oder beseitigt werden können[188], müßte man wohl differenzieren. Geht man aber mit dem VfGH[189] davon aus, daß die Bundesverfassung nur eine spezielle Transformation zuläßt, ist für eine Differenzierung von vorneherein kein Raum.

Es bleibt zu prüfen, welche Fehlerfolgen eintreten, wenn in einem horizontalen Konkordat von der Ermächtigung des Art 138a Abs 2 B-VG nicht Gebrauch gemacht und – sofern von der Bundesverfassung nicht inhibiert – auch kein anderes Streiterledigungsverfahren vorgesehen wurde. Diesfalls ist wohl auf jene Varianten zurückzugreifen, die seinerzeit von Rill aufgezeigt wurden.[190]

g) Wiederverlautbarung

Die Ermächtigung zur Wiederverlautbarung von Bundesgesetzen ist in Art 49a B-VG[191], die Ermächtigung von Organen der Länder zur Wiederverlautbarung von Landesgesetzen im Landesverfassungsrecht enthalten. Nach Art 139a B-VG erkennt der VfGH über die Frage, ob bei der Wiederverlautbarung einer Rechtsvorschrift die Grenzen der erteilten Ermächtigung überschritten wurden. In einem solchen Verfahren hat der VfGH demzufolge nicht über die – eingeschränkte – Frage zu erkennen, ob diese Grenzen *durch*, sondern – über die wesentlich umfassendere –,

187 Ob ausschließlich oder nicht hängt mit jener Frage zusammen, die im folgenden zum Abs 2 des Art 138a B-VG erörtert wird.

188 So etwa S. Morscher, Rechtliche Probleme bei der Schaffung innerstaatlicher grenzüberschreitender Einrichtungen und Organe durch die österreichischen Bundesländer (Wien 1978) 107; *ders*, Zur Transformation von Gliedstaatsverträgen, JBl 1985, 19 ff; T. Öhlinger, Verträge im Bundesstaat (Wien 1978) 39 ff.

189 VfSlg 9581/1982, 9886/1983, 13.780/1994, VfGH 16. 6. 1995, B 1583/93.

190 H. P. Rill (FN 179).

191 IdF des BVG BGBl 1981/350. Vgl dazu F. Ermacora, Verfassungsnovelle 1981 und Staatsgrundgesetznovelle 1982, JBl 1982, 577 ff.

ob sie *bei* der Wiederverlautbarung einer Rechtsvorschrift überschritten wurden.[192]

Gem Art 139a letzter Satz B-VG sind Art 89 Abs 2, 3 und 5 B-VG sowie Art 139 Abs 2 bis 6 B-VG sinngemäß anzuwenden. Somit ist Art 89 Abs 1 B-VG auf Wiederverlautbarungen nicht anzuwenden; eine Prüfung der Gerichte ob der Ordnungsgemäßheit der Kundmachung der von ihnen anzuwendenden Wiederverlautbarungen ist also ausgeschlossen. Hegt ein Gericht Bedenken ob der ordnungsgemäßen Kundmachung einer solchen Wiederverlautbarung, hat es einen Normprüfungsantrag nach Art 139a B-VG an den VfGH zu stellen. Bis zur Aufhebung durch den VfGH hat eine fehlerhafte Kundmachung den Charakter einer gesetzwidrigen Verordnung.[193]

Die einschlägigen Regelungen übertragen zwar dem VfGH eine sehr detailliert umschriebene Prüfungskompetenz. Dieser Fehlerkalkül schließt dennoch nicht aus, daß so schwerwiegende und offenkundige Fehler gemacht wurden, daß eine intendierte, aber an solchen Fehlern leidende Wiederverlautbarung nicht entstanden ist und als solche keine Verbindlichkeit beanspruchen kann. Allerdings sind bisher keine Fälle dieser Art bekannt geworden.

h) Weitere Bereiche

aa) Einseitige völkerrechtliche Akte

Einseitige völkerrechtliche Akte können auf einen Staatsvertrag bezogene oder selbständige einseitige Rechtsgeschäfte sein.[194]

Zu ersteren zählen beispielsweise Vorbehalt, Kündigung eines Vertrages oder Unterwerfungserklärung.[195] Stellt die Rechtmäßigkeit dieser einseitigen Rechtsgeschäfte eine Vorfrage für die Rechtmäßigkeit des Staatsvertrags dar, kann die Fehlerhaftigkeit dieser Rechtsgeschäfte in einem Verfahren nach Art 140a B-VG aufgegriffen werden.[196] Vorbehalte erwei-

192 VfSlg 10.739/1985.

193 R. Walter/H. Mayer (FN 186) 51 f (RZ 121).

194 Vgl dazu A. Verdross/St. Verosta/K. Zemanek, Völkerrecht^5 (Wien 1964) 155 ff; T. Öhlinger (FN 168) 366 ff; A. Verdross/B. Simma, Universelles Völkerrecht^3 (Berlin 1984) 425 ff; H. Miehsler, Die einseitigen Rechtsgeschäfte, in: H. Neuhold/W. Hummer/Th. Schreuer (Hrsg), Österreichisches Handbuch des Völkerrechts^2 Bd 1 (Wien 1991) 100 ff; I. Seidl-Hohenveldern, Völkerrecht^8 (Köln/Berlin/Bonn/München 1994) 52 ff.

195 Auch die Unterzeichnung, Ratifikation, Annahme, Genehmigung und Beitritt können als selbständige Rechtsgeschäfte angesehen werden, so sie vom Vertrag losgelöste Handlungen darstellen. Vgl A. Verdross/St. Verosta/K. Zemanek (FN 194) 157; A. Verdross/B. Simma (FN 194) 426 f; H. Miehsler (FN 194) 102.

196 H. Miehsler (FN 194) 105.

tern nach Öhlinger den verfassungsrechtlichen Begriff des Staatsvertrages gegenüber dem völkerrechtlichen und sind den Staatsverträgen iSd Art 50 B-VG zuzuzählen.[197, 198] Das Erfordernis der parlamentarischen Genehmigung sei auch hier gegeben.[199] Somit unterliege auch ein solcher Vorbehalt der Kontrolle durch den VfGH gem Art 140a B-VG.[200] Insoferne gilt das dort Ausgeführte.[201]

Als selbständige einseitige Rechtsgeschäfte gelten beispielsweise die Anerkennung, der Protest, das Versprechen oder der Verzicht.[202] Es wurde die Meinung vertreten[203], daß die Fehlerhaftigkeit solcher einseitiger völkerrechtlicher Akte nach Art 140a B-VG durch den VfGH geprüft werden könne, und zwar jene generellen Inhalts gem Art 139 B-VG, jene mit individuellem Inhalt gem Art 144 B-VG. Eine abschließende Beurteilung ist hier nicht möglich, doch ist zu berücksichtigen, daß das Völkerrecht insgesamt auf dem Grundsatz der bona fides („pacta sunt servanda", „clausula rebus sic stantibus") und auf Gegenseitigkeit und Souveränität[204] aufbaut, sodaß insoferne die Grenzen absoluter Nichtigkeit von vorneherein sehr weit hinausgeschoben scheinen; dort aber kommen wohl auch Gravität und Evidenz zum Tragen.

bb) Beurkundungen

Nach hA bestätigen Beurkundungen nicht bestrittene Rechtsverhältnisse oder Tatsachen;[205] sie wirken nicht rechtsgestaltend und werden als

197 T. Öhlinger (FN 168) 366 ff. S dazu auch J. Hock, Hat der österreichische Vorbehalt zu Art 5 MRK Verfassungsrang?, ÖJZ 1984, 176 ff (178).

198 Erinnert sei an den österr Vorbehalt zu Art 5 MRK und dessen Schicksal: Der EGM hat ihn wegen seiner ausdrücklichen und alleinigen Bezugnahme auf die in den Verwaltungsverfahrensgesetzen vorgesehenen Maßnahmen des Freiheitsentzuges als auf andere G [im vorliegenden Fall: materielle Bestimmungen der StVO 1960] nicht anwendbar erachtet (vgl EGM 23. 10. 1995, Gradinger, ÖJZ 1995, 954 ff), der VfGH geht von seinem aufrechten Bestand aus.

199 T. Öhlinger (FN 168) 369 f.

200 Vgl J. Hock (FN 197) 178.

201 S VI.3.e).

202 A. Verdross/St. Verosta/K. Zemanek (FN 194) 156; A. Verdross/B. Simma (FN 194) 427 ff; I. Seidl-Hohenveldern (FN 194) 53 ff. H. Miehsler (FN 194) 103 f, zählt auch noch die Kriegserklärung, die Kapitulation, die Neutralitätserklärung ua zu den selbständigen einseitigen Rechtsgeschäften.

203 H. Miehsler (FN 194) 105.

204 A. Verdross, Die bona fides als Grundlage des Völkerrechts, JBl 1951, 559 ff; H. Kelsen, StW Souveränität, in: K. Strupp/H.-J. Schlochauer (Hrsg), Wörterbuch des Völkerrechts (Berlin 1962) 278 ff; A. Verdross/St. Verosta/K. Zemanek (FN 194) 6 ff, 131 ff; A. Verdross/B. Simma (FN 194) 25 ff, 46 ff, 365; I. Seidl-Hohenveldern (FN 194) 2 ff, 5 ff.

205 G. Winkler (FN 3) 50; B.-Chr. Funk, Der Verwaltungsakt im österreichischen Rechtssystem (Wien 1978) 63; *ders*, Verwaltungshandeln und Verwaltungsakt, in: F. Er-

nicht der (formellen und materiellen) Rechtskraft fähig angesehen. Somit könnte im Fall der Fehlerhaftigkeit die Behörde die Beurkundung jederzeit wieder zurückziehen oder als unrichtig erklären.[206] Ungeachtet dessen kann strittig sein, ob eine Beurkundung vorliegt oder nicht. Zur Lösung der Frage scheinen auch hier Gravität und Evidenz des Fehlers geeignete Kriterien darzustellen.

Bei bestimmten Beurkundungsakten nahm der VwGH an, daß der Beurkundung die rechtliche Bedeutung eines Bescheids unter der Voraussetzung zukomme, daß sie als Ergebnis eines vorangegangenen Ermittlungsverfahrens nach dem AVG ausgestellt und daneben kein diesbezüglicher Bescheid erlassen wird.[207] Geht man[208] vom Bescheidcharakter dieser Akte aus, gilt das zur absoluten Nichtigkeit bei Bescheiden Gesagte.

cc) Anklagen gem Art 142 und 143 B-VG

Der VfGH hatte im Zusammenhang mit der Ausübung der „Staatsgerichtsbarkeit" zweimal über Eingaben zu entscheiden, die unter derart schweren Fehlern litten, daß sie nicht als Anklagen iSd Art 142 (bzw 143) B-VG anzusehen waren. Dem Beschluß VfSlg 10.314/1984 lag eine Eingabe der BReg betreffend die Geltendmachung der verfassungsmäßigen Verantwortlichkeit eines LH gem Art 142 B-VG zugrunde. Der VfGH meinte, die Eingabe mache nicht hinreichend deutlich, ob ein Staatsorgan unter staatsrechtliche Anklage gestellt werden solle oder nicht; sie lasse auch ein ausreichend bestimmtes Begehren iSd § 15 Abs 2 VfGG 1953 nicht klar erkennen. Im Hinblick auf die staatsrechtliche Bedeutung eines derartigen Aktes könne ein Schriftsatz nur dann als Anklage iSd Art 142 B-VG angesehen werden, wenn er diese Qualifikation mit voller Deutlichkeit erkennen lasse. Der VfGH wies die Eingabe in sinngemäßer Anwendung des § 19 Abs 3 Z 2 lit c VfGG 1953 zurück. In VfSlg 12.512/1990 wurde diese Rechtsauffassung bestätigt und hervorgehoben, daß ein Schriftsatz den in § 207 Abs 2 bis 4 StPO für eine An-

---

macora ua (Hrsg), Allgemeines Verwaltungsrecht, FS W. Antoniolli (Wien 1979) 157 ff (168); W. Antoniolli/F. Koja (FN 51) 501; L. Adamovich/B.-Chr. Funk, Allgemeines Verwaltungsrecht³ (Wien/New York 1987) 285; R. Walter/H. Mayer (FN 51) 160.

206 Vgl VwSlgNF 6547 A/1965, 6978 A/1966. Vgl auch L. Adamovich/B.-Chr. Funk (FN 205) 285.

207 Vgl zum Führerschein VwSlgNF 7900 A/1970, zum Gewerbeschein bei Anmeldungsgewerben [nach alter Rechtslage] VwSlgNF 5361 A/1960 und 7707 A/1970, zum Waffenschein VwSlgNF 6806 A/1965. § 340 Abs 4 GewO 1994 sieht ausdrücklich vor, daß der Gewerbeschein bei Anmeldungsgewerben als Bescheid gilt.

Vgl E. Mannlicher/H. Quell, Das Verwaltungsverfahren⁸, 1. Halbband (Wien 1975) 294 f, 846 ff.

208 S B.-Chr. Funk (FN 205) (1978) 64; K. Ringhofer, Was ist und woran erkennt man einen Bescheid?, ZfV 1987, 109 ff.

klageschrift verlangten Voraussetzungen entsprechen müsse. Wenn eine Anklage auch gem Art 143 B-VG erhoben werde, seien in der Anklageschrift die dem Beschuldigten zur Last gelegten strafbaren Handlungen nach allen ihren gesetzlichen, die Anwendung eines bestimmten Strafsatzes bedingenden Merkmalen, ihre gesetzliche Benennung und die Stellen des Strafgesetzes, deren Anwendung beantragt werde, anzuführen. Hier führen also schon „leichtere" Fehler der Anklage zu deren Zurückweisung, worin eine Beurteilung eines „Staatsaktes" als nichtig erblickt werden kann.

dd) Weitere Staatsakte

Die Liste von Staatsakten könnte – unter dem Aspekt der Nichtigkeit – fast beliebig fortgesetzt werden: Beschlüsse der Bundesregierung, der Landesregierungen für sich allein und als Teilakte sind ebenso zu erwähnen wie besondere Erledigungsformen außerhalb des verfassungsgesetzlich vorgegebenen Rechtsschutzsystems[209], Prüfungen, strafrechtliche Anklagen uä.

VII. Résumé in der Sache

Der Jubilar hat mit dem ihm eigenen Scharfsinn – für den Bereich der Verwaltung – aufgezeigt, daß auch dann, wenn die positive Rechtsordnung einen Fehlerkalkül derart enthält, daß fehlerhafte Staatsakte idR nicht als nichtig, sondern als fehlerhaft anzusehen sind und ggf aufgehoben[210] werden können, jedenfalls „in extremis" an der Frage nach deren absoluter Nichtigkeit nicht vorbeigegangen werden kann. Diese Auffassung wurde von der Lehre in verschiedenster Weise in andere Bereiche ebenso übernommen wie jedenfalls der Sache nach auch in der Praxis, namentlich in der höchstgerichtlichen Rechtsprechung. In der Lehre wurde deutlich, daß die als „rechtslogisch" (zwingend) bezeichnete Einsicht – die in der Frühzeit ihrer Etablierung im Hinblick auf den damaligen Stand der Entwicklung der Rechtsordnungen durchaus Sinn, gerade auch im Hinblick auf den Rechtsschutzgedanken, machte und zu einer Weiterentwicklung der Rechtsordnung iS des Rechtsschutzes und erhöhter Rationalität beitrug –, bei Fehlen eines Fehlerkalküls führe jeder Fehler zur Nichtigkeit des intendierten Rechtsaktes, Schritt für Schritt hinter positivrechtliche Erwägungen zurückzutreten hatte.

In einer Gesamtbeurteilung der österr Verfassungsordnung, namentlich deren Rechtsschutzsystems, aber auch deren gesamthaften Regelungs-

209 Vgl zB VfSlg 13.223/1992 und 13.238/1992.

210 Oder abgeändert oder als fehlerhaft erklärt werden können.

dichte glaube ich folgende These formulieren zu dürfen: Der Wille des Bundes- im Zusammenwirken mit den Landesverfassungsgesetzgebers/n läßt insgesamt erkennen, daß bei *allen* Staatsakten ohne Ausnahme, also auch bei jenen, bei denen mit keiner Interpretationsmethode ein spezifischer Fehlerkalkül ausgemacht werden kann, nicht jeder Fehler zu absoluter Nichtigkeit führt, vielmehr eine solche nur bei Gravität und Evidenz des Fehlers anzunehmen ist. Eine Differenzierung ist dabei im Hinblick auf das verfassungsgesetzlich ausgebaute Rechtsschutzsystem danach geboten, ob sich Staatsakte unmittelbar an die Rechtsunterworfenen richten oder nicht.

VIII. Zum Jubilar

Im Vorwort zu Band 90 von „Forschungen aus Staat und Recht" mit dem Titel „Rechtstheorie und Erkenntnislehre" hat der Jubilar über sich notiert, er sei „durch Zufall in die Wissenschaft geraten" und habe sich „nie eigentlich schlechthin als Wissenschaftler verstanden. ... Überdies war ich bis vor kurzem in höherem Maß ein Manager der Wissenschaft als ein maßgerechter Theoretiker".[211]

Ich darf diese Selbst-Aussagen so kommentieren:

Welch glückliche Zufälle gibt es Gott sei Dank auch[212]! Ich möchte die Managerqualitäten des Jubilars – deren „Gravität und Evidenz" ja unbestreitbar sind[213] – nicht geringschätzen, seine Bedeutung für die „Theorie" (gemeint hier wohl: Rechtstheorie *und* -dogmatik) aber noch viel weniger. Ich hoffe, durch diesen Beitrag einen weiteren Beleg für letzteres erbracht zu haben.

---

211 G. WINKLER (FN 18) (1990) VII.

212 Vielleicht aber auch ein Indiz dafür, daß auch die früheren „Auslesemechanismen" in puncto Universität nicht völlig ungeeignet gewesen sein können ... .

213 Ich hebe nur beispielhaft so Divergentes hervor wie die Herausgabe von „Forschungen aus Staat und Recht" mit nunmehr weit über 100 Bänden, von denen in diesem Beitrag wegen ihres wissenschaftlichen Gewichtes zahlreiche zu zitieren waren; Baubeauftragter der Wiener Juristenfakultät, in dessen Aktivität das Juridicum realisiert wurde. Vgl darüber hinaus im einzelnen G. WINKLER, Die Rechtspersönlichkeit der Universität (Wien/New York 1988) VIII f.

Hans Neuhofer

Privatwirtschaftliche Handlungsformen in der Gemeindeverwaltung

I. Aufgabenbesorgung durch die Gemeinde

Die Aufgabenbesorgung der Gemeinde ergibt sich aus den Bedürfnissen der örtlichen Gemeinschaft nach dem Subsidiaritätsprinzip[1]. Der eigene Wirkungsbereich der Gemeinde umfaßt die Angelegenheiten aus der Privatwirtschaftsverwaltung nach Art 116 (2) B-VG und im weiteren nach Art 118 (2) B-VG „alle Angelegenheiten, die im ausschließlichen oder überwiegenden Interesse der in der Gemeinde verkörperten örtlichen Gemeinschaft gelegen und geeignet sind, durch die Gemeinschaft innerhalb ihrer örtlichen Grenzen besorgt zu werden". Die Besorgung der Angelegenheiten aus der Privatwirtschaftsverwaltung erfolgt – auch ohne ausdrückliche Bezeichnung durch den zuständigen Gesetzgeber – im eigenen Wirkungsbereich der Gemeinde[2]; Angelegenheiten aus der Hoheitsverwaltung darf die Gemeinde im eigenen Wirkungsbereich nur dann besorgen, wenn der zuständige Gesetzgeber die Bezeichnung als Angelegenheit des eigenen Wirkungsbereiches der Gemeinde vorgenommen hat[3].

Grundsätzlich kann sich die Gemeinde – so wie der Staat[4] – zur Erfüllung ihrer Aufgaben sowohl der Formen der Hoheitsverwaltung als auch der Privatwirtschaftsverwaltung bedienen, wenngleich gewisse Schranken zu beachten sind. Ob die Gemeinde eine Angelegenheit im Rahmen der Hoheitsverwaltung oder im Rahmen der Privatwirtschaftsverwaltung zu besorgen hat, ergibt sich aus den gesetzlichen Regelungen der betreffenden Angelegenheit. Fehlt eine gesetzliche Anordnung zum Vollzug mit den Mitteln der Hoheitsverwaltung, hat die Gemeinde die betreffende Angelegenheit im Rahmen der Privatwirtschaftsverwaltung zu besorgen.

---

1 H. Neuhofer, Handbuch des Gemeinderechts (Wien 1972) 69, 187, unter Berufung auf die Regierungsvorlage zur Gemeindeverfassungsnovelle 1962, 639 der Beilagen zu den Stenografischen Protokollen des Nationalrates, IX. GP.

2 VfGHSlg 6549/1971, 9885/1983, 12189/1989 ua.

3 VfGHSlg 5409/1996, 9722/1983 ua – Zur Bezeichnungspflicht vgl im Näheren H. Neuhofer, Handbuch (FN 1) 23, 223.

4 W. Antoniolli/F. Koja, Allgemeines Verwaltungsrecht[2] (Wien 1986) 20.

Mit den Mitteln der Hoheitsverwaltung (durch Bescheid, unmittelbaren Zwang oder Verordnung) darf die Gemeinde eine Angelegenheit nur dann besorgen, wenn sie der Gesetzgeber ermächtigt, behördliche Zwangsakte zu setzen.

II. Zulässigkeit der privatwirtschaftlichen Aufgabenbesorgung

Die Zulässigkeit der privatwirtschaftlichen Aufgabenbesorgung durch Bund und Länder und Gemeinden ergibt sich zunächst aus Art 17 B-VG[5]; überdies gewährt Art 116 (2) B-VG den Gemeinden die Erfüllung ihrer Aufgaben mit den Mitteln des Privatrechts: Die Gemeinde hat als selbständiger Wirtschaftskörper „das Recht, innerhalb der Schranken der allgemeinen Bundes- und Landesgesetze Vermögen aller Art zu besitzen, zu erwerben und darüber zu verfügen, wirtschaftliche Unternehmungen zu betreiben und ...“. Mit dieser Verfassungsbestimmung ist den Gemeinden in gleicher Weise wie den privaten Rechtsträgern die Teilnahme am allgemeinen Wirtschaftsverkehr und die Aufgabenbesorgung mit den Mitteln des Privatrechts gewährleistet; damit ist eine Diskriminierung der Gemeinde gegenüber privaten Rechtsträgern als Teilnehmer am allgemeinen Rechts- und Wirtschaftsverkehr verboten[6]. Eine Beschränkung der privatwirtschaftlichen Aufgabenbesorgung ist nur durch Verfassungsgesetz zulässig.

Eine Beschränkung der privatwirtschaftlichen Betätigung der Gemeinde ergibt sich zunächst aus Art 116 (2) B-VG durch „allgemeine Bundes- und Landesgesetze“; gemeindespezifische Beschränkungen sind damit verfassungsgesetzlich ausgeschlossen. Eine verfassungsgesetzlich zulässige Beschränkung durch ein allgemeines Bundesgesetz enthält ua § 879 ABGB: „(1) Ein Vertrag, der gegen ein gesetzliches Verbot oder gegen die guten Sitten verstößt, ist nichtig“. Nach der Aufzählung einiger Beispiele in Abs 2 regelt Abs 3 dieser Gesetzesbestimmung im Näheren die Nichtigkeit von Vertragsbestimmungen in „Allgemeinen Geschäftsbedingungen oder Vertragsformularen“, wenn sie einen Teil grob benachteiligen. Nicht

---

5 R. Novak, Die Problematik der Abgrenzung der Hoheitsverwaltung von der sogenannten Privatwirtschaftsverwaltung, in: F. Ermacora/G. Winkler (Hrsg), Allgemeines Verwaltungsrecht, FS Antoniolli (Wien 1979) 61; E. Puck, Nichthoheitliche Verwaltung, in: F. Ermacora/G. Winkler (Hrsg), Allgemeines Verwaltungsrecht, FS Antoniolli (Wien 1979) 275 (279); H. Schäffer, Die sogenannten Privatwirtschaftsverwaltung, in: F. Ermacora/G. Winkler (Hrsg), Allgemeines Verwaltungsrecht, FS Antoniolli (Wien 1979) 253.

6 Regierungsvorlage zur Gemeindeverfassungsnovelle 1962, 639 der Beilagen zu den Stenografischen Protokollen des Nationalrates, IX. GP.

jeder Gesetzesverstoß führt zur Nichtigkeit des Vertrages oder einzelner Vertragsbestimmungen; nur die Verletzung des Schutzzweckes des gesetzlichen Verbotes macht den Vertrag nichtig[7].

Beschränkungen der privatwirtschaftlichen Aufgabenbesorgung durch die Gemeinde können sich nach KORINEK[8] auch aus dem Gebot der Sparsamkeit, Wirtschaftlichkeit und Zweckmäßigkeit der Gemeindegebarung nach Art 119a (2) B-VG ergeben. Hiezu ist darauf hinzuweisen, daß sich das Gebot nicht unmittelbar an die Gemeinde richtet, sondern eine Ermächtigung und Richtschnur für die Prüfung der Gemeindegebarung durch das Land ist. Der Landesgesetzgeber kann nach Art 119a (3) B-VG die Grundsätze der Sparsamkeit, Wirtschaftlichkeit und Zweckmäßigkeit für Zwecke der Gebarungsprüfung näher regeln, doch ist mE Art 119a (2) B-VG keine verfassungsgesetzliche Ermächtigung zur näheren Regelung oder Beschränkung der privatwirtschaftlichen Aufgabenbesorgung durch die Gemeinde. Das Aufsichtsmittel der Gebarungsprüfung nach Art 119a (2) B-VG kann nicht zu einer Beschränkung der freien wirtschaftlichen Tätigkeit der Gemeinde nach Art 116 (2) B-VG führen. Im Gegensatz zu KORINEK[9] ist mE Art 119a (2) B-VG keine verfassungsgesetzliche Grundlage für den Landesgesetzgeber, eine unwirtschaftliche Auftragsvergabe, eine Liegenschaftsbevorratung oder Subventionsvergabe zu verbieten. KORINEK ist sich der Problematik einer Beschränkung der privatwirtschaftlichen Aufgabenbesorgung durch die Gemeinde nach den „Effizienzkriterien" der Sparsamkeit, Wirtschaftlichkeit und Zweckmäßigkeit nach Art 119a (2) B-VG bewußt, wenn er Folgendes ausführt: „Nur wenn es gänzlich unvertretbar ist, eine Maßnahme als wirtschaftlich, sparsam und zweckmäßig zu bewerten, wird diese Maßnahme als ineffizient und dementsprechend als rechtswidrig qualifiziert werden können"[10].

Die Beschränkung der kommunalen Privatwirtschaftsverwaltung auf die „Besorgung öffentlicher Aufgaben"[11] läßt sich rechtsdogmatisch, auch

---

7 Vgl hiezu im Näheren H. KOZIOL/R. WELSER, Grundriß des Bürgerlichen Rechts[9] Allgemeiner Teil (Wien 1992) 142 u H. KREJCI, in: P. Rummel, ABGB (Kommentar)[2] (Wien 1990) 1104 mit zahlreichen Entscheidungen des OGH, insbesondere auch zur Sittenwidrigkeit.

8 K. KORINEK, Zusammenspiel hoheitlicher und privatrechtlicher Gestaltungsakte in der kommunalen Wirtschaftsverwaltung, in: H. Krejci/G. Ruppe, Rechtsfragen der kommunalen Wirtschaftsverwaltung (Wien/Graz 1992) 27 (42).

9 K. KORINEK (FN 8) 42.

10 K. KORINEK (FN 8) 43.

11 K. KORINEK (FN 8) 4, unter Hinweis auf K. WENGER, Die öffentliche Unternehmung (Wien 1969); G. PLÖCHL, Der Staat als Wirtschaftssubjekt, 5. ÖJT (1973) I/3/A, 21.

nicht aus den allgemeinen Grundsätzen ua aus dem demokratischen Prinzip und der Sparsamkeit, Wirtschaftlichkeit und Zweckmäßigkeit ableiten. Der Art 116 (2) B-VG mit dem Recht der Gemeinde zur selbständigen Wirtschaftsführung „innerhalb der Schranken der allgemeinen Gesetze", steht einer Beschränkung der Gemeinde auf die Besorgung öffentlicher Aufgaben eindeutig entgegen.

III. Bindung der kommunalen Privatwirtschaftsverwaltung an die Grundrechte

Die Grundrechte, die im B-VG (Art 144 Abs 1) als „verfassungsgesetzlich gewährleistete Rechte" bezeichnet werden, schützen den Einzelnen gegen unzulässige Eingriffe des Staates in seine Rechtssphäre. Die Grundrechte binden den einfachen Gesetzgeber, den Verordnungsgeber und die Verwaltungsbehörden und damit auch die Gemeinden[12]. Nach Art 144 (1) B-VG erkennt der Verfassungsgerichtshof über Beschwerden gegen Bescheide der Verwaltungsbehörden einschließlich der Unabhängigen Verwaltungssenate, soweit der Beschwerdeführer behauptet, durch den Bescheid in einem verfassungsgesetzlich gewährleisteten Recht oder wegen Anwendung einer gesetzwidrigen Verordnung, eines verfassungswidrigen Gesetzes oder eines rechtswidrigen Staatsvertrages verletzt zu sein und die Rechtsverletzung möglich ist.

Eine gleichartige Regelung zum Schutz der Grundrechte gegenüber Verwaltungsakten im Rahmen der Privatwirtschaftsverwaltung findet sich im B-VG nicht. Nach Walter/Mayer[13] ist eine „Fiskalgeltung der Grundrechte" im Rahmen der Privatwirtschaftsverwaltung rechtsdogmatisch nicht begründbar. Dennoch hat sich im Laufe der Jahre die Lehre[14] durchgesetzt, daß die öffentliche Hand (Bund, Länder und Gemeinden) auch im Rahmen der Privatwirtschaftsverwaltung an die Grundrechte, insbesondere an den Gleichheitsgrundsatz gebunden ist. Der Oberste Gerichtshof[15] hat in mehreren Entscheidungen ausgesprochen, daß die Grundrechte für die öffentliche Hand auch dann verpflichtend sind, wenn sie in den Formen des Privatrechts tätig wird.

12 R. Walter/H. Mayer, Grundriß des österreichischen Bundesverfassungsrechts[8] (1996) RZ 1329; Th. Öhlinger, Verfassungsrecht[2] (Wien 1995) 244, 251 u 257.

13 R. Walter R./H. Mayer (FN 12) RZ 1333.

14 K. Korinek (FN 8) 43; T. Pernthaler/M. Purtscheller, Die Gemeinde im Spannungsfeld von privatrechtlicher Vertragsbindung und öffentlich-rechtlicher Aufgabenerfüllung, JBl 1979, 28.

15 OGH v 23. 2. 1995, 2 Ob 511/95 u v 6. 2. 1996, 10 Ob 519/94, ua.

IV. Verpflichtung zu hoheitlichem Handeln unter Ausschluß privatrechtlicher Handlungsformen

Nach Art 118 (4) B-VG hat die Gemeinde „die Angelegenheiten des eigenen Wirkungsbereiches im Rahmen der Gesetze und Verordnungen des Bundes und des Landes in eigener Verantwortung ..." zu besorgen; ordnet ein Gesetz oder eine Verordnung des Bundes oder des Landes an, daß eine Gemeinde eine bestimmte Angelegenheit mit den Mitteln der Hoheitsverwaltung zu besorgen hat, wird damit eine Aufgabenbesorgung mit den Mitteln des Privatrechts ausgeschlossen.

Für die Pflicht der Gemeindeorgane eine Aufgabe mit den Mitteln der Hoheitsverwaltung zu besorgen, genügt es nicht, daß eine Angelegenheit nach Art 118 (3) B-VG zur „behördlichen Besorgung dem eigenen Wirkungsbereich der Gemeinde zugeordnet ist[16]. Wenn zB nach Art 118 (3) Zi 9 B-VG die behördlichen Aufgaben der örtlichen Raumordnung dem eigenen Wirkungsbereich der Gemeinde zugeordnet sind, ergibt sich daraus noch nicht die Verpflichtung der Gemeinde, die Aufgaben der örtlichen Raumordnung mit den Mitteln der Hoheitsverwaltung zu besorgen. Die Verpflichtung zur hoheitlichen Aufgabenbesorgung ergibt sich erst aus der einfachgesetzlichen Regelung in den Raumordnungsgesetzen. Aus Art 118 (3) Zi 9 B-VG ergibt sich auch nicht die Pflicht des Landesgesetzgebers, alle Aufgaben der örtlichen Raumplanung der behördlichen Aufgabenbesorgung zuzuweisen. Welche Aufgaben, zB nach den Raumordnungsgesetzen mit Mitteln der Hoheitsverwaltung (durch Verordnung oder Bescheid) zu besorgen sind, ergibt sich aus der einfachgesetzlichen Regelung; letztlich ist die Aufgabenbesorgung mit Mitteln der Hoheitsverwaltung oder Privatwirtschaftsverwaltung eine Frage der Auslegung aus den einschlägigen einfachen Gesetzen.

Es ist denkbar und auch verfassungsgesetzlich zulässig, daß eine „Angelegenheit" des eigenen Wirkungsbereiches, zB die „örtliche Raumplanung" entsprechend der gesetzlichen Regelung zum Teil mit Mitteln der Hoheitsverwaltung und zum Teil mit Mitteln der Privatwirtschaftsverwaltung zu besorgen ist[17]. Die Raumordnungsgesetz, zB das Oö Raum-

---

16 AM Kalss, Vereinbarungen über die Widmung von Grundflächen, ZfV 1993/6, 551 (554): „Gemäß Art 118 (3) Z 9 B-VG wird die örtliche Raumordnung der Gemeinde als behördliche, dh hoheitliche Aufgabe zur Besorgung im eigenen Wirkungsbereich übertragen und schließt damit insoweit die Aufgaben der Gemeinde, die sie als selbständiger Wirtschaftskörper zu besorgen hat, aus". – Die Berufung auf Antoniolli/Koja (FN 4) 30, scheint nicht zutreffend.

17 G. Winkler, Gesetzgebung und Verwaltung im Wirtschaftsrecht (Wien 1970) 19 und B. Raschauer, Grenzen der Wahlfreiheit zwischen den Handlungsformen der Verwaltung im Wirtschaftsrecht, ÖZW 1977/1, 1 (3), meinen, daß unter bestimmten Voraussetzungen der Gesetzgeber bei der Wahl der Handlungsformen nicht völlig frei ist, son-

ordnungsgesetz 1994, LGBl 114/1993, und das Salzburger Raumordnungsgesetz 1992, LGBl 98/1992, sehen dies ausdrücklich vor; so verpflichtet das Salzburger Raumordnungsgesetz 1992 die Gemeinden einerseits, mit privatwirtschaftlichen Maßnahmen (ua durch Vereinbarungen mit den Grundeigentümern) die angestrebten Entwicklungsziele im räumlichen Entwicklungskonzept zu verwirklichen (§ 14)[18] und andererseits mit Mitteln der Hoheitsverwaltung (durch Verordnung) den Flächenwidmungsplan aufzustellen (§ 15).

Enthält das einfache Gesetz keine Regelung darüber, ob die Gemeinde eine bestimmte Aufgabe hoheitlich oder privatwirtschaftlich im eigenen Wirkungsbereich zu besorgen hat, kann die Gemeinde nach Art 116 (2) B-VG den betreffenden Sachverhalt im Wege der privatrechtlichen Vereinbarung einer Regelung unterziehen. Wird hoheitliches Handeln nicht ausdrücklich eingeräumt, können nur Akte der Privatwirtschaftsverwaltung gesetzt werden (VfGHSlg 12049); im Zweifel sind Verwaltungsakte der privatwirtschaftlichen Handlungsform zuzuordnen (VfGHSlg 10357 und VwGH v 22. 6. 1987, Zl 86/15/0008).

V. Ermächtigung zu hoheitlichem Handeln ohne Ausschluß privatrechtlicher Handlungsformen

Die Gemeinden werden gelegentlich vom Gesetzgeber zu hoheitlichem Handeln ermächtigt, ohne daß ihnen dies zur Pflicht gemacht wird.

Das Finanzausgleichsgesetz 1997, BGBl 201/1996, ermächtigt zB – so wie auch die vorausgegangenen Finanzausgleichsgesetze – die Gemeinden „Gebühren für die Benützung von Gemeindeeinrichtungen und -anlagen, die für Zwecke der öffentlichen Verwaltung betrieben werden" auszuschreiben (§ 15 Abs 3 Zi 5). Die Formulierung dieser Finanzausgleichsbestimmung läßt deutlich erkennen, daß die Gemeinde von der Ermächtigung zur hoheitlichen Gebühreneinhebung Gebrauch machen kann, aber hiezu nicht verpflichtet ist. Daraus ergibt sich, daß es der Gemeinde freisteht, anstelle der hoheitlichen Gebührenvorschreibung ei-

dern unter Beachtung einer bestimmtne Grundstruktur einzelner Kompetenztatbestände den Gesetzgeber verpflichten, bestimmte Fälle hoheitlich und andere Fälle privatwirtschaftlich zu regeln. – Nach L. ADAMOVICH/CH. FUNK, Allgemeines Verwaltungsrecht[3] (Wien 1987) 146, ist der Gesetzgeber „im Bereich der beschränkenden (eingreifenden) Verwaltung" an die Form der Hoheitsverwaltung gebunden, ansonsten „in seiner Entscheidung über die Vollzugsmodalitäten grundsätzlich frei". – Vgl hiezu auch NOVAK, Problematik (FN 5) 61 (70).

18 H. STOLZLECHNER, Privatwirtschaftliche Maßnahmen zur Verwirklichung der Entwicklungsziele nach Salzburger Raumordnungsgesetz 1992, ÖGZ 1995/2, 2 und 1995/3, 24.

ne privatrechtliche Form der Entgeltregelung für die Inanspruchnahme von Gemeindeeinrichtungen (zB für die Inanspruchnahme der gemeindeeigenen Wasserversorgungsanlage oder Kanalanlage) zu wählen. Dieses Wahlrecht der Gemeinde zwischen der hoheitlichen Gebührenvorschreibung oder pivatrechtlichen Entgeltvereinbarung findet in der Judikatur[19] des Verfassungsgerichtshofes und des Verwaltungsgerichtshofes sowie in der Lehre[20] Zustimmung; es besteht auch kein verfassungsrechtlicher Einwand dagegen, daß die Leistungsbeziehungen (zB durch Anschlußpflicht) öffentlich-rechtlich geregelt werden und die Gegenleistung für die Benützung der Gemeindeeinrichtung durch ein privatrechtliches Entgelt vereinbart wird (VfGHSlg 3556/1959, 5156/1965 ua sowie VwGH v 21. 9. 184, Zl 82/17/0018).

Was am Beispiel der Benützungsgebühren nach § 15 (3) Zi 5 FAG 1997 dargestellt wurde, gilt auch für andere Rechtsgebiete. Treffend führen Fröhler/Oberndorfer[21] aus: „Eine Verpflichtung der Verwaltungsbehörde zur hoheitlichen Gestion kann dem Gesetz wohl dann nicht entnommen werden, wenn es sich mit einer bloßen Ermächtigung zur hoheitlichen Verwaltungsführung begnügt".

Schwierigkeiten kann die Auslegung eines Gesetzes bereiten, ob eine bloße Ermächtigung oder Verpflichtung zu hoheitlichem Handeln vorliegt. Im Sinne der Rechtsprechung des Verfassungsgerichtshofes[22] und des Verwaltungsgerichtshofes[23] über die Abgrenzung der Hoheitsverwaltung von der Privatwirtschaftsverwaltung kann man davon ausgehen, daß im Zweifel der Gesetzgeber eine bloße Ermächtigung zu hoheitlichem Handeln geben wollte und es dem Verwaltungsorgan freisteht, von der Ermächtigung zu hoheitlichem Handeln Gebrauch zu machen oder sich privatrechtlicher Handlungsformen zu bedienen. Unter Bezugnahme auf die Rechtsprechung des Verfassungsgerichtshofes und des Verwaltungsgerichteshofes führt Ruppe[24] aus: „Im Zweifel, daß heißt, wenn die Entgeltseite nicht eindeutig öffentlich-rechtlich geregelt ist, ist sogar ein privatrechtliches Entgelt anzunehmen".

19 VfGHSlg 3550/1959, 5156/1965 ua u VwGH v 21. 9. 1984, Zl 82/17/0018.

20 L. Fröhler/P. Oberndorfer, Recht und Organisation der Kommunalwirtschaft (Linz 1974) 79; H. G. Ruppe, Finanzierungsalternativen kommunaler Wirtschaftsverwaltung, in: H. Krejci/H. G. Ruppe (Hrsg), Rechtsfragen der kommunalen Wirtschaftsverwaltung (Wien 1992) 82.

21 L. Fröhler/P. Oberndorfer, Kommunalwirtschaft (FN 20) 80.

22 VfGHSlg 3183/1957, 5355/1966, 5395/1966, ua.

23 VwGHSlg 7065/A/1967, ua.

24 Ruppe (FN 20) 82.

VI. Erfordernis einer gesetzlichen Ermächtigung zu privatrechtlichem Handeln?

Art 17 B-VG bestimmt, daß „die Stellung des Bundes und der Länder als Träger von Privatrechten in keiner Weise" durch die Kompetenzartikel 10 bis 15 B-VG berührt wird. Die Judikatur und die herrschende Lehre leiten daraus ab, daß der Bund und die Länder wie sonstige private Rechtsunterworfene tätig werden dürfen und damit für ihr Handeln in privatrechtlichen Formen keiner besonderen Ermächtigung bedürfen[25], es sei denn, daß der Gesetzgeber eine öffentlich-rechtliche Handlungsform zwingend vorschreibt[26].

Für das hoheitliche Handeln ist nach Art 18 (1) B-VG eine ausreichende konkrete gesetzliche Ermächtigung notwendig; für Akte der Privatwirtschaftsverwaltung gilt nach herrschender Lehre[27] das Legalitätsprinzip des Art 18 (1) B-VG nicht oder in einem verminderten Umfang. Den Gemeinden wird durch Art 116 (2) B-VG die Aufgabenbesorgung in den Formen des Privatrechts garantiert. Die neuere Judikatur des Obersten Gerichtshofes[28], daß eine Gebietskörperschaft (Bund, Länder und Gemeinden) im Rahmen der Privatwirtschaftsverwaltung „nur im öffentlichen Interesse handeln dürfen", findet im Verfassungstext keine Stütze.

Soweit für die Besorgung einer bestimmten Aufgabe gesetzlich kein hoheitliches Handeln vorgeschrieben ist, bedarf es für die Aufgabenbesorgung mit Mitteln des Privatrechts keiner gesetzlichen Ermächtigung. Der Verwaltungsgerichtshof hat mit dem Erkenntnis vom 28. 4. 1992, Zl 91/05/0204, ausgesprochen[29], daß bei einer hoheitlichen Regelung der Flächenwidmung durch das Raumordnungsgesetz ergänzende vertragliche Regelungen (zur Verhinderung der Bodenspekulation) ohne entsprechende gesetzliche Ermächtigung unzulässig sind. Dieser Auffassung, die auch vom Obersten Gerichtshof[30] übernommen wurde, läßt sich entgegenhalten, daß das Verbot einer (ergänzenden) vertraglichen Regelung nur dann gelten kann, wenn die ergänzenden vertraglichen Regelungen Le-

---

25 VfGHSlg 7717/1975, 7716/1975 ua – L. Adamovich/Ch. Funk (FN 17) 111; Antoniolli/Koja, Allgemeines Verwaltungsrecht (FN 4) 20; Novak, Die Problematik (FN 5) 61; Schäffer, Die sogenannte Privatwirtschaftsverwaltung und das Gesetz, in: (FN 5) 253.

26 Wie FN 25 und weiters: VwGHSlg 5523/F sowie OGH v 23. 2. 1995, 2 Ob 511/95 u v 6. 2. 1996, 10 Ob 519/94.

27 Adamovich/Funk, Allgemeines Verwaltungsrecht (FN 17) 111 mwN.

28 OGH v 18. 12. 1992, 6 Ob 536/92.

29 Eine kritische Würdigung dieses Verwaltungsgerichtshof-Erkenntnisses erfolgte durch Kalss (FN 16).

30 OGH v 23. 2. 1995, 2 Ob 511/95.

benssachverhalte erfaßt, die bereits hoheitlich geregelt sind und die vertragliche Regelung mit der gesetzlichen hoheitlichen Regelung in Widerspruch kommt.

VII. Wahlfreiheit zwischen hoheitlichem und privatrechtlichem Handeln – Formenmißbrauch

Nach den obigen Ausführungen haben die Verwaltungsorgane (Art 17 und 18 B-VG) und im besonderen die Gemeindeorgane (Art 116 Abs 2 B-VG) grundsätzlich die freie Wahl, ihre Aufgaben mit Mitteln der Hoheitsverwaltung oder mit Mitteln des Privatrechts zu besorgen, es sei denn, daß ein Gesetz die Aufgabenerfüllung mit den Mitteln der Hoheitsverwaltung (durch Verordnung oder Bescheid) zur Pflicht macht[31]. Die herrschende Lehre[32] hält daran fest, daß grundsätzlich für die Verwaltungsorgane die Wahlfreiheit zwischen den Formen der Hoheitsverwaltung und der privatrechtlichen Verwaltung gegeben ist, schränkt jedoch diese Wahlfreiheit mit unterschiedlicher Intensität ein.

Raschauer[33] schränkt die Wahlfreiheit der Verwaltungsorgane sehr weitgehend aus Gründen des Rechtsschutzes, der hoheitlichen Vorherbestimmung in den Kompetenzbestimmungen, des Grundrechtschutzes, des Legalitätsprinzips, des Organisationsrechts und der demokratischen Legitimität ein.

Korinek[34] schließt unter Berufung auf Raschauer[35] und Oberndorfer[36] den Einsatz der Rechtsinstrumente der Privatwirtschaftsverwaltung aus, wenn diese eingesetzt werden sollen, „um materiell gegebenen öffentlich-rechtlichen Bindungen zu entgehen, ...“. Überdies sei nach Korinek die privatrechtliche Handlungsfähigkeit der Gemeinde beschränkt, auf die „Besorgung öffentlicher Aufgaben“ (41), durch die „Bindung an die verfassungsrechtlichen Effizienzkriterien“ der Wirtschaftlichkeit, Zweckmäßigkeit und Sparsamkeit (42) und durch die Grundrechte (43 ff).

---

31 Puck, Nichthoheitliche Verwaltung (FN 5) 275 (298).

32 Adamovich/Funk, Allgemeines Verwaltungsrecht (FN 17) 147; Antoniolli/Koja, Allgemeines Verwaltungsrecht² (FN 4) 28; H. Krejci, in: P. Rummel, ABGB (Kommentar)² (Wien 1990) zu § 867, RZ 6; Kalss, Vereinbarungen (FN 16) 551; Raschauer, Grenzen der Wahlfreiheit, (FN 17), 1; Korinek, Das Zusammenspiel, (FN 8), 27.

33 Raschauer, Grenzen der Wahlfreiheit (FN 17).

34 Korinek, Das Zusammenspiel (FN 8) 33.

35 Raschauer, Grenzen der Wahlfreiheit (FN 17).

36 P. Oberndorfer, Zur Leistungspflicht des daseinsvorsorgenden Staates, in: Floßmann (Hrsg), FS Eichler, 433.

KALSS[37] kommt unter Berufung auf RILL[38] und nach einer kritischen Würdigung des Verwaltungsgerichtshof-Erkenntnisses vom 28. 4. 1992, Zl 91/05/0204), und der einschlägigen Literatur zu dem Ergebnis, daß „die Gemeinde in einem bestimmten Rahmen befugt ist, sich zur Verwirklichung von Raumordnungszielen der Mittel des Privatrechts zu bedienen" (553), soweit durch Gesetz nicht der „Einsatz hoheitlichen Imperiums zwingend vorgeschrieben" ist (553) und die Grundrechte, insbesondere „der Freiheit des Eigentums, des Liegenschaftsverkehrs, der Wahrung der Privatautonomie und des Gleichheitsgrundsatzes" entgegenstehen (558).

Es ist hier nicht möglich und auch nicht notwendig, im Detail auf die genannten Untersuchungen einzugehen. Eines kann man aber zu den ideenreichen Grundsatzüberlegungen allerdings ganz allgemein sagen: Die aufgezeigten Verbote und Beschränkungen der Privatwirtschaftsverwaltung der Gemeinde sind im geltenden Bundesrecht nicht vorgeschrieben und sind mE – mit einigen Ausnahmen – mit der weitgehenden Freiheit der Privatwirtschaftsverwaltung der Gemeinde nach Art 116 (2) B-VG nicht in Einklang zu bringen. Ich erkenne bei einer Betrachtung der Verfassungsbestimmungen – wie oben bereits näher ausgeführt – für die Wahl der Mittel des Privatrechts zur Besorgung der Gemeindeaufgaben im eigenen Wirkungsbereich nur zwei Grenzen, nämlich

- die gesetzliche Verpflichtung der Gemeinde zur Hoheitsverwaltung und
- die Beschränkung durch bestimmte Grundrechte, insbesondere durch den Gleichheitsgrundsatz nach Art 7 B-VG, der das Gebot der Sachlichkeit und den Verhältnismäßigkeitsgrundsatz einschließt.

VIII. Handlungsformen der Privatwirtschaftsverwaltung

Die Wahl der privatwirtschaftlichen Handlungsformen durch die Gemeindeorgane ist kein Formenmißbrauch, wenn die aufgezeigten Schranken der gesetzlichen Verpflichtung zur Hoheitsverwaltung und bestimmter Grundrechte beachtet werden.

Ist die Aufgabenbesorgung mit Instrumenten des Privatrechts zulässig, können von den Gemeindeorganen alle Institutionen des Privatrechts in Anspruch nehmen, wobei auf die Einhaltung der Grundrechte, insbesondere des Gleichheitsgrundsatzes Bedacht zu nehmen ist. Als Hauptty-

---

37 KALSS, Vereinbarungen (FN 16).

38 H. P. RILL, Die Stellung der Gemeinden gegenüber Bund und Ländern im Raumordnungsrecht (Wien 1974) 36.

pen der Privatwirtschaftsverwaltung, die auch als nichthoheitliche Verwaltung bezeichnet wird, kommen in Betracht[39]: öffentliche Auftragsvergabe, Errichtung und Betrieb von wirtschaftlichen Unternehmungen, die Gewährung von Subventionen, der Abschluß von Verträgen, die Festlegung allgemeiner Geschäftsbedingungen, Auslobung, Ausgliederung von Unternehmungen[40], ua.

IX. Rechtspolitische Schlußbemerkung

Die rechtspolitischen und verwaltungspolitischen Forderungen nach Deregulierung, Entbürokratisierung, mehr Flexibiltät und mehr Effizienz der Verwaltung kann man nicht dadurch erreichen, daß man den Verwaltungsorganen und insbesondere auch den Gemeindeorganen stets vermehrte Rechtsregeln und Auslegungen, die noch kaum überschaubar sind, zur Beachtung vorgibt.

39 Puck, Nichthoheitliche Verwaltung (FN 5) 277 ff.

40 L. Fröhler/P. Oberndorfer, Kommunalwirtschaft (FN 20).

Richard Novak

Der Bescheid – Verfassungsrechtliche Perspektiven

I. Einleitung

In seiner Habilitationsschrift von 1956 hat GÜNTHER WINKLER die zentrale Handlungs- und Ausdrucksform der hoheitlichen Verwaltung, den Bescheid, einer richtungweisenden Analyse unterzogen. Das Hauptinteresse der Studie war bei Begriff und Rechtserheblichkeit der genannten Erscheinung gelegen; es sollten die Voraussetzungen geprüft werden, „unter denen ein Phänomen als Verwaltungsakt rechtlich beachtlich, rechtlich existent wird". Das in dieser Beziehung entworfene Konzept der „Mindest-" und „Meisterfordernisse" der Rechtserzeugung zählt bis heute zum unentbehrlichen Rüstzeug jeder ernsthaften Auseinandersetzung mit der Thematik. Erst dadurch wurde letztlich die Fehlerhaftigkeit des Verwaltungsaktes einer sachgerechten und differenzierten Sicht zugänglich gemacht.[1]

Ihrem Selbstverständnis nach ist die Arbeit WINKLERS eine verwaltungsrechtsdogmatische Untersuchung. Anderes und mehr konnte zur Zeit ihrer Entstehung in der Tat schwerlich geleistet werden. Zwar hatte das Institut des Bescheides seit 1925 seinen angestammten Platz auch im Rahmen der Bundesverfassung. Der Bescheidbegriff war durch die Verwaltungsverfahrensgesetze, namentlich durch das AVG BGBl 1925/274 (§ 56), als gemeinsame Bezeichnung für die zuvor als „Entscheidungen" und „Verfügungen" klassifizierten Verwaltungsakte eingeführt und entsprechend mit der (1.) B-VGN 1925 BGBl 268 in die Regelungen über die Verwaltungs- und die Verfassungsgerichtsbarkeit (Art 129, 144) übernommen worden. Dennoch mußte die Annahme eines mehr oder minder stark verfassungsrechtlich vorgeprägten Begriffsbildes als verfehlt, wenigstens als gewagt und unrealistisch erscheinen.[2]

Insoferne haben sich freilich die Dinge mittlerweile gründlich geändert. Die Grenze des Verfassungsrechtes zum Verwaltungsrecht – im übrigen nicht allein zu diesem – ist sozusagen durchlässig geworden. Was

1 G. WINKLER, Der Bescheid (Wien 1956) insb Vorwort, 26 ff, 38 ff (42 f), 128 ff. Im gegebenen Zusammenhang ferner *ders,* Die absolute Nichtigkeit von Verwaltungsakten, Recht und Staat 223 (Tübingen 1960, Neuabdruck in: Orientierungen im öffentlichen Recht, Forschungen aus Staat und Recht 46 [Wien 1979] 25).

2 Vgl die skeptische Haltung WINKLERS, Bescheid (FN 1) 16, FN 8 und 128, FN 12, zu L. WERNER, Verfassungsrechtliches vom Bescheidbegriff, JBl 1955, 298.

für Deutschland schon früh konstatiert wurde, gilt nunmehr unzweifelhaft auch für Österreich: Verwaltungsrecht ist „konkretisiertes Verfassungsrecht".[3]

Daß die Einsicht in die enge Verwobenheit der beiden Rechtskreise erst reifen mußte, erklärt sich aus dem Alter der Bundesverfassung und der Traditionsgebundenheit der Rechtsprechung. Die Aussage des VfGH, das „richtige Verständnis des verfassungsrechtlichen Bescheidbegriffs" habe darauf abzustellen, daß er „rechtsstaatliche Funktionen zu erfüllen, insbesondere Rechtsschutz gegenüber der Verwaltung zu gewährleisten" habe, stammt aus 1987.[4] Es hat also, wie das Zitat belegt, eines tiefer greifenden Bewußtseinswandels bedurft; der Besinnung nämlich auf den Ordnungswert des Rechtsstaates und der Entfaltung der ihm immanenten Anforderungen. In diese wieder sind tragende Elemente des Aufbaues und der Wirkungsweise der Verwaltung, nicht zuletzt ist in sie der Verwaltungsakt eingebettet.

II. Grundfunktion Rechtsschutz

1. Allgemeines

„Im Gegensatz zur vorausgehenden Entwicklungsstufe hat unser Rechtsstaat nicht bloß die flutende Masse der Verwaltungstätigkeit eingedämmt durch das Gesetz, sondern er läßt auch noch mitten drin fort und fort feste Punkte auftauchen, welche dem Einzelnen Halt gewähren und ihn darüber sicherstellen, wohin es geht. Die Rechtseinrichtung, die das bewirkt, ist der Verwaltungsakt, ein der Verwaltung zugehöriger obrigkeitlicher Ausspruch, der dem Untertanen im Einzelfall bestimmt, was für ihn Rechtens sein soll".

Unverkennbar ist es das Postulat der Rechtssicherheit, das bei der Umschreibung, ja Schöpfung des Begriffes des Verwaltungsakts durch O. Mayer Pate gestanden ist.[5] Der Verwaltungsakt bildet gleichsam den ruhenden Pol in der Erscheinung Flucht der Verwaltung. Er dient, wie es die moderne Lehre ausdrückt, der „Konkretisierung, Klarstellung und Stabilisierung" von Rechten und Pflichten in der Staat-Bürger-Beziehung.[6]

---

3 F. Werner, Verwaltungsrecht als konkretisiertes Verfassungsrecht, DVBl 1959, 527, in Antithese zu O. Mayers berühmt gewordener Behauptung: „Verfassungsrecht vergeht, Verwaltungsrecht besteht" (Deutsches Verwaltungsrecht I[3] [1924] Vorwort).

4 Slg 11.590; näher unten, Pkt II/3.

5 Deutsches Verwaltungsrecht I[3] (München/Leipzig 1924) 92 f. Die Definition selbst schon in der 1. Aufl (1895) 95.

6 H.-U. Erichsen in: Erichsen/Martens (Hrsg), Allgemeines Verwaltungsrecht[8] (Berlin 1988) 174.

Damit ist die Brücke zur Rechtsschutzerwartung bereits geschlagen. Gewiß kann der Gedanke mit dem der Rechtssicherheit nicht einfach gleichgesetzt werden. Aus dem Blickwinkel der staatlichen Gemeinwohlverwirklichung zielt der Verwaltungsakt, die Schaffung „klarer Verhältnisse", auf Effizienz der Verwaltung.[7] Umgekehrt aber sind die Bekämpfbarkeit des Aktes im administrativen Instanzenzug und im verwaltungsgerichtlichen Verfahren sowie seine endgültige Bestandskraft unverzichtbar für die subjektive Rechtswahrung der Partei.

Zumal in Österreich ist das letztere Moment stets mit Nachdruck unterstrichen worden. Der Verwaltungsakt wurde und wird geradezu als „Zweckkonstruktion im Dienste des Rechtsschutzes", als „im Rechtsschutzinteresse geschaffener (Zweck-)Begriff" qualifiziert.[8] Eine Akzentuierung, die ihrerseits Folge der Rechtsentwicklung ist, die verschiedene Richtungen genommen hat.

Nach der (echten) Generalklausel des § 40 Abs 1 der dt VwGO von 1960 ist der Verwaltungsrechtsweg „in allen öffentlich-rechtlichen Streitigkeiten nichtverfassungsrechtlicher Art gegeben". Seither hat der Begriff des Verwaltungsaktes zwar „klageart-bestimmende", nicht mehr jedoch „rechtsschutzbegründende" Bedeutung; er ist maßgebend für das „Wie", nicht für das „Ob des verwaltungsgerichtlichen Rechtsschutzes".[9] Oder, mit den Worten des BVerwG: „Es ist nach dem geltenden Verwaltungsprozeßrecht eine Frage der Zulässigkeit der Anfechtungsklage und betrifft nicht die Zulässigkeit des Verwaltungsrechtswegs, ob die angefochtene behördliche Maßnahme die Merkmale des Verwaltungsakts erfüllt. Damit ist die frühere Bindung der Zulässigkeit des Verwaltungsrechtswegs an bestimmte Klagearten entfallen".[10]

Anders in Österreich. Hier gilt nach wie vor das Motto: „Wo kein Verwaltungsakt, da kein Rechtsschutz".[11] Die Bescheidbeschwerde beim VwGH gem Art 130 Abs 1 lit a (131) und beim VfGH gem Art 144 B-VG setzt den erlassenen, die verwaltungsgerichtliche Säumnisbeschwerde nach

---

7 Vgl H. MAURER, Allgemeines Verwaltungsrecht[9] (München 1994) 192 f; F. MAYER/F. KOPP, Allgemeines Verwaltungsrecht[5] (Stuttgart 1985) 174 f.

8 L. K. ADAMOVICH/B.-CHR. FUNK, Allgemeines Verwaltungsrecht[3] (Wien 1987) 254; FUNK, Der Verwaltungsakt im österreichischen Rechtssystem (Wien 1978) 12. Zustimmend P. OBERNDORFER, Handlungsformen der Verwaltung und Rechtsschutz (aus österreichischer Sicht), in: Ress (Hrsg), Entwicklungstendenzen im Verwaltungsverfahrensrecht und in der Verwaltungsgerichtsbarkeit (Wien 1990) 39 (50).

9 MAURER (FN 7) 190, bzw G. RESS, Handlungsformen der Verwaltung und Rechtsschutz in der Bundesrepublik Deutschland, in: Entwicklungstendenzen (FN 8) 7 (9).

10 Urt 13. 1. 1983, 5 C 73.80 (= DVBl 1983, 1248). Für die Übergangszeit zB BVerwGE 14, 323 (327 f); 23, 223 (224); 60, 144 (145, 148 f).

11 O. BACHOF, Die Dogmatik des Verwaltungsrechts vor den Gegenwartsaufgaben der Verwaltung, VVDStRL 30 (Berlin 1972) 193 (231).

Art 130 Abs 1 lit b (132) den rechtswidrig unterlassenen Bescheid voraus. Die sog Maßnahmenbeschwerde bei den unabhängigen Verwaltungssenaten (UVS) ist gem Art 129a Abs 1 Z 2 B-VG an die „Ausübung unmittelbarer verwaltungsbehördlicher Befehls- und Zwangsgewalt" geknüpft. In den angeführten „Klage-" oder Beschwerdearten erschöpft sich – dem überkommen „aktionenrechtlichen" Zuschnitt folgend – das öffentlichrechtliche Rechtsschutzsystem. Seine Reichweite wird durch das Ausmaß bestimmt, in dem das Vorhandensein eines Verwaltungsaktes oder der Anspruch auf die Setzung eines solchen angenommen werden kann. Auf den vorliegend zu erörternden Typus gemünzt und im klassischen Gewande: „Nach Bescheid drängt, am Bescheid hängt doch alles".[12]

2. Ältere Ansätze

a) Neben den vergleichenden können auch historische Bezüge dazu beitragen, den Hintergrund der Fragestellung aufzuhellen. Zwar wurde einleitend gesagt, daß die verfassungsgeprägt-rechtsstaatliche Dimension des Bescheides eine späte Entdeckung gewesen ist. Damit ist aber nur ein ungefährer Rahmen gesteckt, der Lösungen nicht abschneiden soll, die im Vorfeld des eigentlichen Wandels gewonnen worden sind.

In Erinnerung gerufen sei zunächst die oben genannte Maßnahme der „Befehls- und Zwangsgewalt". Sie ist in ihrer ursprünglichen Ausgestaltung ein Geschöpf der verfassungsgerichtlichen Judikatur und gleichzeitig Jahrzehnte hindurch Paradebeispiel einer Rechtsprechungsdivergenz zwischen den Gerichtshöfen des öffentlichen Rechts gewesen. Nach Art 144 Abs 1 B-VG[13] war die sonderverwaltungsgerichtliche Beschwerdezuständigkeit des VfGH auf „Bescheide (Entscheidungen oder Verfügungen) der Verwaltungsbehörden" festgelegt. Trotzdem hat der VfGH bekanntlich – sehr zum Unterschied vom VwGH – seit jeher auch Beschwerden gegen den unmittelbar- zwangsweisen Zugriff der Hoheitsverwaltung zugelassen; und zwar unter dem Titel der „faktischen Amtshandlung". Der Standpunkt war erklärtermaßen durch Rechtsschutzerwägungen motiviert. Die Anrufung des VfGH müsse „der Bevölkerung als das letzte Mittel, ihre verfassungsmäßigen Rechte geltend zu machen", gewahrt bleiben; die faktische Amtshandlung „im Interesse der Sicherung der Rechtsstaatlichkeit" dem Bescheid gleichgestellt werden.[14]

12 R. Novak, Grenzen und Möglichkeiten des Legalitätsprinzips, ÖVA 1970, 1 (10).

13 Fassung ab der B-VGN BGBl 1925/268; vgl dann BGBl 1929/392 (2. B-VGN) und 1930/1 (Wvltb).

14 Slg 1524/1946, 1542/1947, 8888/1980; 4430/1963. Dagegen zB VwSlg 716 A/1949, 4146 A/1956.

Die Rechtslage ist längst – und mehrfach – überholt. Vorerst wurde mit der Verwaltungs- und Verfassungsgerichtsbarkeits-Novelle BGBl 1975/302 die Befugnis des VfGH zur Kontrolle von verwaltungsbehördlichem „Befehl und Zwang" bekräftigt, jene des VwGH neu begründet. Durch die B-VGN 1988 BGBl 685 ist sodann, wie erwähnt, die analoge Kompetenz ab 1. 1. 1991 auf die UVS verschoben worden.[15] Dessen ungeachtet markiert das Stichwort „faktische Amtshandlung" mehr als eine Episode; eine Epoche nämlich, in der sich die Gerichtspraxis vom strikten Verfassungstext und von den entstehungsgeschichtlichen Zusammenhängen der Verwaltungsverfahrensgesetze und der Bundesverfassungsnovelle 1925 emanzipiert und Bedürfnisse des Rechtsschutzes mittels eines weit gespannten Bescheidbegriffes aufgefangen hat.

b) Ein zweites und jüngeres Beispiel liefert VfSlg 9226/1981 zum (subordinationsrechtlichen) verwaltungsrechtlichen Vertrag. Der VwGH hatte die Vorschrift eines Landes-Abgabengesetzes angefochten, nach der die Abgabenbehörde mit den Steuerpflichtigen in gewissem Umfang „Vereinbarungen über die zu entrichtende Steuer" (Pauschalierung) treffen konnte. Er meinte, daß – von Einzelbedenken aus dem Legalitätsgrundsatz abgesehen – die gerichtliche Verwaltungskontrolle am einseitig erlassenen Hoheitsakt ausgerichtet und daher „ein Kontrahieren der Behörde mit der Partei nach dem ganzen System des Rechtsschutzes ausgeschlossen" sei. Der VfGH hat dem Antrag keine Folge gegeben. Es müsse wohl der Prämisse zugestimmt werden, daß die verwaltungsgerichtliche Kontrollbefugnis auf den Bescheid hin angelegt sei. Nicht aber könne die daraus abgeleitete Schlußfolgerung eines Widerspruches der beanstandeten Regelung zum „Prinzip der Rechtsstaatlichkeit" geteilt werden. Denn die steuerliche Vereinbarung ersetze nicht den Bescheid, sondern gehe ihm voran; im Streitfall habe sie in einen – bekämpfbaren – Verwaltungsakt auszumünden. Die Wahrnehmung der Gesetzmäßigkeit des Abgabenbescheides gestatte also dem VwGH auch die Prüfung, „ob sich die abgeschlossene Vereinbarung an die ihr vom Gesetz gezogenen Grenzen hält".

Daß damit sämtliche Schwierigkeiten aus der Welt geschafft wären, wird man kaum behaupten können.[16] Doch wie immer; der Bescheid kennzeichnet jedenfalls von neuem die Nahtstelle des verfassungsrechtlich gebotenen Rechtsschutzes. Er überdeckt und verdrängt sozusagen den rechtsstaatlich notleidenden Verwaltungsvertrag.

---

15 Näher zur Entwicklung B.-Chr. Funk, Von der „faktischen Amtshandlung" zum „verfahrensfreien Verwaltungsakt", ZfV 1987, 620.

16 Vgl etwa VwGH 19. 4. 1982, 17/2568/80 (und VwSlg 13.082 A/1989). Ferner G. Wielinger, Was bringt der verwaltungsrechtliche Vertrag?, ZfV 1983, 14; Oberndorfer (FN 8) 46 ff.

Nur ergänzend sei bemerkt, daß sich auf der Ebene genereller Rechtssetzung eine Parallele feststellen läßt. In Slg 9886/1983 hat der VfGH dem Gliedstaatsvertrag iSd Art 15a (Abs 2) B-VG die Eignung unmittelbarer Anwendbarkeit abgesprochen; dies in Anbetracht der eingeschränkten Überprüfungsmöglichkeit nach Art 138a (Abs 2). Die Entscheidung bekennt sich explizit zur These der (relativen) Geschlossenheit des Rechtsquellen- oder, so der VfGH unumwunden: der „Geschlossenheit des Rechtsschutzsystems".[17]

3. Der „Computerbescheid"

a) Wer sucht, wird stets Vorläufer, vorweggenommene Denk- und Deutungsmuster finden. Wirklich zum Verfassungsthema geworden ist der Bescheid indessen erst im Zuge der Judikatur, die dem rechtsstaatlichen Prinzip der Bundesverfassung insgesamt eine neue Qualität verliehen hat.

Den Auftakt bildet Slg 11.196/1986 zur Verfassungswidrigkeit des undifferenzierten Ausschlusses der aufschiebenden Wirkung der Berufung im Abgabenverfahren der BAO. Die Rechtsstaats-Formel – „daß alle Akte staatlicher Organe im Gesetz und mittelbar letzten Endes in der Verfassung begründet sein müssen und ein System von Rechtsschutzeinrichtungen die Gewähr dafür bietet, daß nur solche Akte in ihrer rechtlichen Existenz als dauernd gesichert erscheinen, die in Übereinstimmung mit den sie bedingenden Akten höherer Stufe erlassen wurden" –, an sich schon aus Slg 2455/1952 (Landesbürgerschaft) geläufig, dort freilich reines obiter dictum, wird untermauert und ausgebaut. Rechtsschutzvorsorgen in abstracto genügen nicht; sie müssen „ein bestimmtes Mindestmaß an faktischer Effizienz" aufweisen. Dazu gehöre auch die Rechtzeitigkeit der Abhilfe. Es gehe nicht an, das Rechtsschutzrisiko, die „Folgen einer potentiell rechtswidrigen behördlichen Entscheidung" vorbehaltlos dem Bürger aufzulasten.[18]

b) Bereits im Jahr nach diesem Durchbruch ist die rechtsstaatliche Komponente des Bescheides voll ins Blickfeld gerückt worden. Zur Diskussion standen § 18 Abs 4 (letzter Satz) AVG und § 47 Abs 2 (Satz 2) VStG in der damaligen Fassung; dh die Ausfertigung von Bescheiden bzw von Strafverfügungen im Wege „automationsunterstützter Datenver-

---

17 Vgl auch Slg 13.780/1994 und R. Novak, Dogmatisches und Verfassungspolitisches zur Geschäftsordnung des Bundesrates, in: Hengstschläger/ua (Hrsg), Für Staat und Recht, FS Schambeck (Berlin 1994) 549 (554 f).

18 Ganz auf der angegebenen Linie ferner Slg 12.683/1991 (ASGG), 13.003 und 13.305/1992 (ASVG), 13.493/1993 (BAO II); zuletzt VfGH 1. 12. 1995, G 1306/95 (FrG).

arbeitung“ und ohne Unterschrift (Namensnennung) des Genehmigenden (Beglaubigung der Kanzlei).[19] Die genannten Regelungen wurden in Slg 11.590/1987 von Amts wegen geprüft und nicht als verfassungswidrig befunden.

Die Argumentation des VfGH setzt bei der – durch die verwaltungsgerichtliche Rechtsprechung aktualisierten[20] – Überlegung an, ob der „Bescheidbegriff der Bundesverfassung“ zwingend bestimmte Formmerkmale bedingt, die die „Verbindung des Verwaltungsaktes mit einem der betreffenden Behörde zugehörenden Organwalter“ erkennen ließen; speziell ob er etwa eine vom Genehmigenden unterfertigte Urschrift oder die Beifügung seines Namens auf der Ausfertigung verlangt. Die Frage wird verneint. Ausschlaggebend für das „richtige Verständnis des verfassungsrechtlichen Bescheidbegriffs“ sei vielmehr, daß er „rechtsstaatliche Funktionen zu erfüllen, insbesondere Rechtsschutz gegenüber der Verwaltung zu gewährleisten“ habe. Der Bescheid müsse daher der erlassenden Behörde ausreichend deutlich zurechenbar; und diese müsse auch tatsächlich imstande sein, auf den automationsunterstützt ablaufenden Ausfertigungsvorgang Einfluß zu nehmen. Hingegen werde der „mit der verfassungsrechtlichen Grundlegung des Bescheidbegriffs intendierte Rechtsschutzstandard“ durch den gesetzlichen Verzicht auf die Benennung oder Unterschrift des genehmigenden Organwalters nicht gefährdet.[21]

Die wiedergegebenen Passagen der Begründung sprechen für sich. Gemeinsamer Tenor ist die Standortbestimmung des Bescheides im rechtsstaatlichen Gefüge der Bundesverfassung.

III. Die Bescheidungs-Pflicht

1. Keine „Suspendierung“ des Rechtsschutzes

a) Notwendige Kehrseite des eben Dargelegten muß es sein, den hoheitlichen Abspruch der Verwaltung in die Bescheidform zu kleiden. Mehr noch; Slg 11.590/1987 betont ausdrücklich, es sei dem Gesetzgeber verfassungsrechtlich verwehrt, „Erledigungen einer Verwaltungsbehörde, welche die Rechtssphäre individuell bezeichneter Personen gestalten oder feststellen, sohin eine Verwaltungsangelegenheit rechtsverbindlich

19 BGBl 1982/199 bzw 1983/176. In weiterer Folge vgl dann BGBl 1990/357, 1991/51 (Wvltb) und 1995/471 bzw BGBl 1990/358 und 1991/52 (Wvltb).

20 VwGH 6. 12. 1985, 85/18/0029, und Slg 12.333 A/1986.

21 Näherhin R. Novak, Allgemeines österreichisches Verwaltungsrecht – Tradition und Erneuerung, ZfV 1988, 113 (120 f); G. Holzinger, Der „Computerbescheid“ in der Judikatur der Gerichtshöfe des öffentlichen Rechts, in: Machacek/ua (Hrsg), Dimensionen und Perspektiven des Rechts, FS Rosenzweig (Wien 1988) 193.

entscheiden, die Bescheidqualität vorzuenthalten". Das sollte selbstverständlich sein. Nichtsdestoweniger war der VfGH gelegentlich genötigt, mit diesem Gebot Ernst zu machen.

Am einfachsten und krassesten lagen die Dinge in Slg 13.223/1992. Das Maß- und EichG aus dem Jahr 1950 (BGBl 152) hatte in einer besonderen, vom AVG abweichenden Verfahrensvorschrift bestimmt, daß nicht bloß über die Eichung eines Meßgerätes, sondern auch über dessen „Zurückweisung" ein Bescheid nicht zu ergehen habe. Der letztere Bestandteil der Normierung wurde als verfassungswidrig aufgehoben. Es sei, wie der VfGH ausführt, von Verfassungs wegen verpönt, staatliche Entscheidungen der Rechtskontrolle dadurch zu entziehen, „daß die Erlassung der verfassungsgesetzlich vorgesehenen Rechtssatzform des Bescheides ausgeschlossen wird". Derart werde das bindend garantierte „Rechtsschutzsystem suspendiert und der Rechtsunterworfene seiner Rechtsschutzmöglichkeiten beraubt".[22]

Eine ähnliche Problemlage in anderem Sachzusammenhang veranschaulicht Slg 13.699/1994. Das GleichbehandlungsG BGBl 1979/108 war 1985 durch Novelle dahin ergänzt worden, daß gemäß den Subventions-Richtlinien des Bundes nur Unternehmen in den Genuß von Förderungen gelangen sollten, die das Gesetz beachten „und den Aufträgen der Gleichbehandlungskommission nachkommen".[23] Diese „Aufträge" hatten und haben allerdings keinen Bescheidcharakter.

Wiederum wurde auf Verfassungswidrigkeit erkannt. Die zitierte Regelung verletze das Rechtsstaatsprinzip, dem die Forderung innewohne, „die behördliche Festlegung von Rechtsfolgen an eine Form zu knüpfen", die den „verfassungsgesetzlich vorgesehenen Rechtsschutz ermöglicht". Verwaltungsakte mit erheblichen Rechtswirkungen, die unbekämpfbar wären, würden „das verfassungsgesetzlich gewährleistete Rechtsschutzsystem ... leerlaufen" lassen.[24]

b) Der Vollständigkeit halber sei schließlich die Variante erwähnt, daß der Gesetzgeber dem Adressaten des Verwaltungshandelns einen Bescheid zwar nicht schlechthin verweigert, die Modalitäten seiner Erlassung aber rechtlich unzureichend ausgestaltet. Das war der Fall im (wvltb) ZollG 1988, wonach die „zollamtliche Bestätigung" (Abgabenbescheid) mit der Zustellung (Ausfolgung) an den Anmelder zugleich als dem benannten (Waren-) Empfänger zugestellt galt. In Slg 13.027/1992 wurde

---

22 Vgl bereits B. Davy, Rechtsfragen im Eichwesen, ZfV 1982, 139 (145 ff). Ferner jetzt die Änderung in BGBl 1994/636.

23 § 2b idF BGBl 1985/290.

24 Vgl H. Mayer, Gleichbehandlungsgesetz und Rechtsschutzstaat, ZAS 1992, 37 (39); weiters VfSlg 13.952/1994.

diese „Zustellfiktion" für verfassungswidrig erklärt: Werde eine Person in der zollamtlichen Bestätigung (Anmeldung) fälschlich als Empfänger deklariert, erlange sie somit davon nicht zeitgerecht Kenntnis, mangle ihr „im Effekt jeglicher Rechtsschutz".[25]

Im übrigen kann, wie schon einmal, an dieser Stelle auf eine Analogie im Rahmen der Typen genereller Rechtserzeugung verwiesen werden. Es war selbstredend verfassungswidrig, wenn eine StVO-Novelle Bodenmarkierungen zu „straßenbaulichen Einrichtungen" umetikettiert hat. Auch der allgemeinverbindlichen Anordnung der Verwaltung darf die Verordnungsqualität nicht entzogen, der „Rechtsschutzauftrag des VfGH nach Art 139 BVG" nicht aus den Angeln gehoben werden.[26]

2. Eine „janusköpfige" Konstruktion

a) Nach dem AnerkennungsG von 1874 (RGBl 68) steht die gesetzliche Anerkennung der Anhänger eines Religionsbekenntnisses als Religionsgesellschaft unter einer Reihe von Bedingungen. Sind diese Voraussetzungen erfüllt, „so wird die Anerkennung von dem Cultusminister ausgesprochen" (§ 2 Abs 1). Der Anerkennungsakt seinerseits war – und ist – nach gefestigter Rechtsprechung des VwGH eine Verordnung; die Ablehnung der Anerkennung lediglich eine – nicht beschwerdefähige – Erklärung der Behörde, keine Verordnung erlassen zu wollen.[27] Der VfGH ist dieser Deutung vorerst – und scheinbar – gefolgt; ja er hat in Slg 11.624/1988 die gegenteilige Vorgangsweise des zuständigen Bundesministers, eine Anerkennung durch Bescheid, als „Rechtsformenmißbrauch" bzw als mißlungenen Versuch eines solchen gebrandmarkt.

Daß die genannte Wertung einigermaßen übertrieben war, hat sich noch im selben Jahr herausgestellt. In Slg 11.931/1988, auf dem Umweg über die angefochtene Versagung einer steuerlichen Begünstigung, wurde die Anerkennungsfrage neuerlich aufgerollt. Der VfGH vertrat die Auffassung, daß bei Vorliegen der gesetzlichen Erfordernisse ein Rechtsanspruch auf Anerkennung bestehe. Werde sie sogleich durch Verordnung vorgenommen, erübrige sich die Erlassung eines Bescheides gegenüber dem Antragsteller. Solle sie jedoch verweigert werden, habe die Behörde „über den Antrag bescheidmäßig (negativ) abzusprechen". Damit werde – entgegen der verwaltungsgerichtlichen Judikatur – bei Nichterledigung die Säumnisbeschwerde ermöglicht. Dieses Verständnis sei verfassungs-

25 Entsprechend die Änderung in BGBl 1992/463. Vgl jüngst VfGH 4. 10. 1995, G 246/94, zum WohnungsgemeinnützigkeitsG.

26 Slg 12.157/1989.

27 VwSlg 2965 A/1953, 10.833 A/1982.

konform geboten; eine andere Interpretation würde „das aus Art 18 B-VG fließende Prinzip verletzen, daß ein vom Gesetz eingeräumter Anspruch ... auch rechtlich durchsetzbar sein muß".

b) In der Folge hat die dargestellte revidierte Betrachtungsweise eine geradezu dramatische Wendung herbeigeführt. In VfSlg 13.134/1992 wurde seitens der Proponenten eines ihrer Selbsteinschätzung nach nicht anerkannten Bekenntnisses (Zeugen Jehovas) die Probe aufs Exempel gemacht. Sie fochten die früher zitierte Bestimmung des AnerkennungsG durch Individualantrag an; und zwar im Hinblick auf den nach der bisherigen Rechtsprechung des VwGH fehlenden anderweitigen Rechts- und Säumnisschutz. Der VfGH hat, unter Bekräftigung seines Vorerkenntnisses von 1988 und mit ergänzendem Bezug auf Art 13 MRK, zurückweisend entschieden. Ein unmittelbarer Rechtseingriff durch das Gesetz sei nicht gegeben; die Antragsteller hätten Anspruch auf eine individuelle Erledigung.

Die Erwartung indessen, daß auch der VwGH seine Praxis überdenken könnte, hat sich nicht bewahrheitet. VwSlg 13.797 A/1993 brachte – in derselben Sache und bei ausdrücklicher Distanzierung von der Rechtsmeinung des VfGH – abermals die Zurückweisung einer Säumnisbeschwerde. Gleichwohl wurde in VfSlg 13.721/1994 auch der wiederholte Individualantrag zurückgewiesen. Der VfGH nahm res judicata an – und bemerkte zusätzlich, daß den Anerkennungswerbern noch die Möglichkeit einer (unzulässigen) Säumnisbeschwerde bei ihm und dann eines Antrages auf Entscheidung des verneinenden Kopetenzkonfliktes zwischen den Gerichtshöfen des öffentliches Rechts gem Art 138 Abs 1 B-VG offen stünde. Das Ende vom Lied waren demnach die Zurückweisung der Säumnisbeschwerde wegen Unzuständigkeit in Slg 13.801/1994 und das Kompetenzkonflikts-Erk 4.10.1995, K I-9/94, mit dem, unter Berufung auf das „Rechtsschutzanliegen" der Bundesverfassung, die entsprechende Säumnis-Zuständigkeit des VwGH festgestellt wurde.[28]

Eine Judikatur-Divergenz in derartiger Zuspitzung ist selten. Davon abgesehen und über die jeweils fallbezogenen Details hinweg, beruhen die beiden erörterten Ausprägungen der Bescheid-Pflichtigkeit ersichtlich auf dem gleichen Grundgedanken. Der Unterschied ist eher ein „prüfungstechnischer". Der unmißverständliche Ausschluß der Bescheiderlassung für die verwaltungsbehördliche Rechtsverfügung macht das Gesetz verfassungswidrig. Ist dagegen die Regelung, wie – altersbedingt – im AnerkennungsG, weniger eindeutig, hilft sich der VfGH mit der Hinzukonstruktion eines Bescheides bzw Bescheidanspruches im Weg verfassungskonformer Auslegung.

28 Analog auch VfGH 4. 12. 1995, K I-11/94 (Bahá'i).

IV. Weitere Konsequenzen

1. „Klarstellung"

Schon einleitend wurde betont, daß mit dem Verwaltungsakt neben dem Hauptziel des Rechtsschutzes andere Aufgaben verbunden sind; er dient auch der „Klarstellung und Stabilisierung".[29] Nun ist es gewiß so, daß die erwähnten Funktionen in einem allgemeineren Sinn wieder Rechtsschutzeffekte haben oder haben können. Doch ist der dahinter stehende Richtwert der Rechtssicherheit mehrschichtig. Er schlägt, sollen etwa dem Bürger Verpflichtungen auferlegt werden, zugunsten der Effizienz des Staatshandelns aus. Zweck des Verwaltungsaktes ist eben primär nicht seine Bekämpfbarkeit, sondern Sozialgestaltung und Ordnungsstiftung.

Klarheit wird der Bescheid allerdings nur dann bringen können, wenn er sich selbst über seine Motive erklärt. Es ist die Begründung, die den Rechts- vom Machtspruch trennt.

Von neuem möchte man darin eine Banalität erblicken. Bereits das AVG läßt an Deutlichkeit kaum zu wünschen übrig. Bescheide sind stets zu begründen, wenn „dem Standpunkt der Partei nicht vollinhaltlich Rechnung getragen" oder wenn „über Einwendungen oder Anträge von Beteiligten abgesprochen wird"; für Berufungsbescheide gilt dies ausnahmslos (§§ 58 Abs 2 und 67). Die Judikatur zählt zudem die Begründungspflicht zu jenen „allgemeinen Rechtsgrundsätzen", die auch außerhalb des Anwendungsbereiches der Verwaltungsverfahrensgesetze zum Tragen kommen; der schwere Begründungsmangel kann Willkür und Gleichheitswidrigkeit des Bescheides zur Folge haben.[30]

All das hat freilich den Gesetzgeber nicht davon abgehalten, die Regel mitunter zu durchbrechen. So konnte nach dem DevisenG aus 1946 (BGBl 162) die Ermächtigung zum Devisenhandel von der Österreichischen Nationalbank „ohne Angabe von Gründen jederzeit entzogen werden" (§ 2 Abs 1 Satz 2). Die Bestimmung wurde mit Slg 12.184/1989 als verfassungswidrig aufgehoben. Sie widerspreche dem Rechtsstaatsprinzip, dessen Konzeption „grundlegend gestört" sei, wenn „die Erlassung begründungsloser belastender Bescheide ... für zulässig erklärt" werde.[31]

29 Erichsen (FN 6).

30 ZB VfSlg 7017/1973, 13.377 und 13.420/1993; 13.287/1992.

31 Der zitierte Passus im Einleitungsbeschl. Die zusätzlich angenommene Verletzung des Gleichheitssatzes kann beiseite bleiben. Vgl auch die Novelle BGBl 1990/464.

2. „Stabilisierung"

Die sog „Stabilisierungsfunktion des Verwaltungsakts" verleiht dem Moment der Rechtssicherheit oder, wenn man will, dem „vertrauensschützenden" Charakterzug des Verwaltungsverfahrens am direktesten Ausdruck.[32] Auch ist relativ früh versucht worden, in dieser Richtung Konturen eines Bescheidbegriffes der Bundesverfassung auszumachen. Daß sie blaß und wenig greifbar geblieben sind, sei hinzugefügt. Die Bemühungen haben ferner nicht der ausgewogenen Lösung des Rechtskraft-Problems in § 68 AVG gegolten, sondern dem Verfahren in Abgabenangelegenheiten. Dort sollte gerade das AVG das Muster bilden, an dem sich ein verfassungsrechtliches Vorverständnis der Bestandskraft von Bescheiden hätte orientieren können.

Eine erste Stellungnahme des VfGH stammt aus Slg 4273/1962 und betrifft die alte ReichsabgabenO von 1931.[33] Der Gerichtshof entgegnete dem Beschwerdevorbringen, es sei verfassungswidrig, wenn durch aufsichtsbehördliche Verfügungen rechtskräftige Abgabenbescheide aufgehoben würden, daß die Bundesverfassung „weder ausdrücklich Rechtssätze über den Umfang der Rechtskraft von Bescheiden" enthalte noch „aus ihr Rechtssätze solchen Inhaltes abgeleitet werden" könnten. Der Gesetzgeber sei „durch keine verfassungsrechtlichen Schranken beengt, die Rechtswirkungen zu bestimmen, die sich aus einem abgeschlossenen Verwaltungsverfahren ergeben"; es wäre seine Sache, zu entscheiden, „welchem Postulat, dem nach Rechtssicherheit oder dem nach Gesetzmäßigkeit, das größere Gewicht zugemessen werden soll".

In Kenntnis dieser Position hat der VwGH dann in VfSlg 4986/1965 einen nochmaligen Vorstoß unternommen und die Aufsichts-Regelung des § 299 BAO angefochten. Geltend gemacht wurde namentlich eine „Verfälschung des verfassungsrechtlichen, in den Art 130, 131 und 144 B-VG normierten Bescheidbegriffes". – Ohne Erfolg, der VfGH hat abgewiesen. Zwar war er durch den Antrag des VwGH genötigt, Erwägungen darüber anzustellen, in welchem Ausmaß das vom AVG 1925 geformte Institut des Bescheides in die Bundesverfassung Eingang gefunden haben mochte. Er rang sich auch die Konzession ab, daß eine Vorschrift, die – was hier nicht der Fall sei – „die materielle Rechtskraft zur Gänze aufhöbe", als „dem Rechtsstaatsprinzip widersprechend verfassungswidrig" sein könnte. Im wesentlichen blieb er jedoch bei der Annahme,

---

32 Vgl Maurer (FN 7) 193; W. Berka, Vertrauensschutz im Verwaltungsvollzug, in: Funk/ua (Hrsg), Staatsrecht und Staatswissenschaften in Zeiten des Wandels, FS Adamovich (Wien 1992) 22.

33 GBlLÖ 1938/565.

daß „die Rechtskraft und deren Durchbrechung" für den einfachen Gesetzgeber weitgehend verfügbar wären.

Damit schienen die Akten zur Frage der Rechtsbeständigkeit, zur „stabilisierenden" Wirkung des Bescheides geschlossen; und in der Tat ist die skizzierte Auffassung bis heute unwiderrufen. Dies allerdings nur für das eigentliche, administrative Verfahren der Steuererhebung. Anderes gilt auf dem Gebiet des Abgabenstrafrechtes. In Slg 11.865/1988 ist nämlich die Bestimmung des FinanzstrafG, die bezüglich der oberbehördlichen Aufsichtsbefugnisse auf die BAO verwiesen hatte (§ 170 Abs 2), als gleichheitswidrig aufgehoben worden. Wie immer der Konflikt zwischen der „materiellen Richtigkeit" und der „Rechtssicherheit" generell zu beurteilen sei, werde jedenfalls, so der VfGH, „die österreichische Strafrechtsordnung ... vom Grundprinzip beherrscht, daß ein Wiederaufrollen rechtskräftig beendeter Strafverfahren zum Nachteil des Beschuldigten nur bei Vorliegen gesetzlich streng umrissener Wiederaufnahmsgründe im Tatsachenbereich" zulässig ist und „die bloße Rechtswidrigkeit (also die nicht besonders qualifizierte Rechtswidrigkeit) der die Strafsache abschließenden Erledigung" hiefür nicht ausreicht. Abweichungen davon bedürften „einer (besonderen) sachlichen Rechtfertigung".[34]

3. Grenzbegradigung zur Privatwirtschaftsverwaltung

Es ist im gegebenen Rahmen begreiflicherweise unmöglich, den Verwaltungsakt in seinen vielfältigen Facetten inhaltlicher und formeller Natur zu beleuchten. Geschweige denn daß die Fülle der Probleme ausgebreitet werden könnte, die sich um die berühmt-berüchtigte Privatwirtschaftsverwaltung ranken. Darum kann es nicht gehen.[35] Der springende Punkt muß erneut der Bescheid und seine Zuordnungs- und Rechtsschutzfunktion sein.

In Slg 12.574 und 12.584/1990 hatte der VfGH mit einem, dem Bundeskanzler(amt) zugerechneten Schreiben des Generaldirektors des Österreichischen Staatsarchivs zu tun, durch das dem Beschwerdeführer die Verwendung bestimmter Dokumente verweigert worden war; und zwar gestützt auf „Richtlinien" für die Behandlung derartiger Ansuchen. Der VfGH wertete die angefochtene Erledigung „inhaltlich als Bescheid" (Slg 12.584), die Benützungsrichtlinien als Verordnung. Letztere wurde mangels gesetzlicher Grundlage und wegen fehlender Kundmachung im BGBl, der Bescheid wegen Verletzung des Rechts auf den gesetzlichen

34 Vgl die Änderung in BGBl 1989/375.

35 Umfassend zum Thema K. Korinek/M. Holoubek, Grundlagen staatlicher Privatwirtschaftsverwaltung (Graz 1993).

Richter – Inanspruchnahme einer nicht existierenden Ermächtigung zu hoheitlicher Entscheidung – aufgehoben.

Soweit mag der geschilderte Sachverhalt unverfänglich klingen. Das Ergebnis war jedoch keineswegs mühelos zu haben. Noch 1972 wurde in einem Vergleichsfall die Beschwerde mit dem Bemerken zurückgewiesen, es bestehe „keine gesetzliche Regelung, die die Benützung von Beständen des Österreichischen Staatsarchivs hoheitsrechtlich gestalten würde".[36] Daß nun aber für diese geänderte Qualifikation bloß Nebenaspekte maßgebend gewesen wären wie die „imperative Form der Benützungsrichtlinien", auf die sich Slg 12.574/1990 beruft, ist schwer nachzuvollziehen. Wenn überhaupt etwas, dann war es der „Rechtsschutzauftrag des VfGH", der die Kontrollzuständigkeit plausibel machte.

Damit sind die tieferen Ursachen des Meinungsumschwunges bereits angedeutet. Der ältere, zurückweisende Beschluß im Archivalien-Streit paßt in das Bild der traditionellen Anschauung, daß „im Zweifel die Vermutung für die Privatwirtschaftsverwaltung spricht".[37] Demgegenüber erweckt die jüngere Judikatur, bei allen Vorbehalten, den Eindruck, daß der VfGH die hergebrachte und prekäre Maxime hat fallen lassen; ja daß er dazu neigt, sie, wenn irgend angängig, umzukehren: „Im Zweifel" für den Bescheid, für die Hoheitsverwaltung – und für die Rechtsschutzverbürgung.[38]

V. Ausblick

Die Sichtung der Rechtsprechungspraxis und ihrer Entwicklung ist nicht Selbstzweck der Analyse. Sie sollte grundsätzlichere Zusammenhänge verdeutlichen und beispielhaft konkretisieren. Dabei hat sich der Befund, auf einen Gesamtnenner gebracht, als ambivalent erwiesen. Zum einen ist die Rechtsform unverzichtbar. Sie begrenzt und mildert die staatliche Machtentfaltung; bändigt sie prozessual und zergliedert sie in einzelne Zuständigkeiten. Nur der Unkundige wird hierin „Formalismus" sehen. O. Mayer hat den Rechtsstaat als den „Staat des wohlgeordneten Verwaltungsrechts" bezeichnet.[39] Das Wort kann variiert werden: Er ist auch Staat der wohlgeordneten Rechtsformen des Verwaltungshandelns.

---

36 Beschl 30. 11. 1972, B 166/72 (nicht publiziert).

37 ZB Slg 3183/1957, 10.357/1985; in Anlehnung an L. Adamovich, Handbuch des österreichischen Verwaltungsrechts I^5 (Wien 1954) 11.

38 Vgl etwa auch Slg 10.270/1984, 12.279/1990. In der Lehre Oberndorfer (FN 8) 48 f.

39 Deutsches Verwaltungsrecht I^3 (FN 5) 58.

Auf der anderen Seite wäre es freilich fatal, würde die Form zum Nonplusultra der Idee des Rechtsstaates erhoben. Die Folgen haben sich nicht zuletzt im positiven österreichischen Recht gezeigt; in der „aktionenrechtlichen" Ausrichtung der Verwaltungskontrolle nämlich, die den umfassenden Rechtsschutz-Anspruch zu kurz kommen läßt. Mag die Formbindung auch als solche mäßigend und absichernd wirken; sie ist und bleibt doch bloß Dienerin des Rechtsinhalts, ist der Schale, nicht dem Kern des Freiheitsgedankens zugewendet.

Das Gesagte führt endlich ganz auf den Anlaß des Beitrages zurück. Die Unausweichlichkeit einer inhaltlichen, an rechtsimmanenten Wertsetzungen orientierten Dogmatik hat GÜNTHER WINKLER beharrlich herausgefordert. Früh schon und programmatisch gleichsam als „Wertbetrachtung" entworfen,[40] ist sein wissenschaftliches Werk insgesamt dieser Erkenntnis verschrieben.

40 G. WINKLER, Wertbetrachtung im Recht und ihre Grenzen (Wien 1969).

Peter Oberndorfer

Der Rechtsstaat auf der Probe oder der Versuch der Legalisierung von Unrecht

I. Der Rechtsstaat als verfassungspolitisches Programm und Argumentationstopos der verfassungsgerichtlichen Judikatur

1. Die Offenheit und scheinbare Beliebigkeit rechtsstaatlicher Ideale

Der Rechtsstaat ist für viele zum Modebegriff geworden. Wer allgemein wünschenswerte, mit Anspruch auf Gerechtigkeit auftretende rechtspolitische Anliegen vortragen und gleichzeitig verfassungspolitische Verantwortung zeigen will, spricht vom Rechtsstaat. Der Rechtsstaat genießt eine Aura des Feierlichen, des stets Bewahrenswürdigen und als Ideal Erstrebenswerten. Erst recht gilt für den Juristen: Wer sich verfassungsrechtlichem Denken verpflichtet fühlt, tritt auch für den Rechtsstaat ein.

Zweifelsohne ist ein derartiger Begriff offen für rechts- und verfassungspolitische Anliegen, die sich angesichts neuer gesellschaftlicher, wirtschaftlicher, heute insbesondere auch ökologischer Anforderungen und Problemlagen stellen. Damit ist aber zwangsläufig auch die Gefahr der Leerformel verknüpft, so zwar, daß recht unterschiedliche, in keinem zwingenden Zusammenhang stehende rechtspolitische Anliegen aus dem Postulat des Rechtsstaates abgeleitet werden. Der Rechtsstaat läuft Gefahr, sich in ein Programm scheinbarer Beliebigkeit aufzulösen, in dem formelle und materielle Gesichtspunkte und Institutionen Platz finden: Herrschaft des formellen Gesetzes, Beseitigung von Ermessensspielräumen der Exekutive, Gewährleistung subjektiver öffentlicher Rechte, Rechtsschutz durch grundsätzliche Anfechtbarkeit aller staatlichen rechtsbeeinträchtigenden Akte, Gewaltenteilung, Effizienz der Rechtsdurchsetzung und damit des Rechtsschutzes, unabhängige Gerichtsbarkeit, Verwaltungsgerichtsbarkeit, Verfassungsgerichtsbarkeit, Amtshaftung, Staatsabwehr, insbesondere durch Grundrechte, Publikationsgebot für generelle Normen, Verbot der Rückwirkung von bürgerbenachteiligenden (insbes Straf- und Steuer-)Gesetzen, Vertrauensschutz, Rechtssicherheit, klare und unmißverständliche gesetzliche Grenzziehung zwischen der Freiheit des Einzelnen und dem Bereich des Unerlaubten.

Niemand, der sich rechtlichem Denken verhaftet weiß, wird der kursorischen Aufzählung widersprechen. Das ändert nichts daran, daß die Reichweite und der verfassungsrechtliche Schutzgehalt der einzelnen rechtsstaatlichen Institutionen durchwegs von großer Unbestimmtheit ist: Die Diskussion um die „Kontrolldichte" verwaltungsgerichtlicher Entscheidungspraxis zeigt dies ebenso wie etwa die komplizierte, zur Rückwirkung von Gesetzen, insbesondere Steuergesetzen, in der verfassungsgerichtlichen Judikatur entwickelte Dogmatik; die Grenzziehung zwischen dem inhaltlich noch ausreichend bestimmten, weil einer Vollziehung im Wortsinn zugänglichen Gesetz und einer bloßen formalgesetzlichen Delegation erweist dies in gleicher Weise.

Angesichts dieser Situation ist die Frage nicht unberechtigt, ob es sinnvoll, notwendig und letztlich auch verfassungsrechtlich geboten ist, über den politischen Schlagwortcharakter des Rechtsstaates hinaus auch mit dem Rechtsstaatsprinzip rechtsdogmatisch zu arbeiten, also Rechtsprobleme zu lösen, die ohne Geltung eines rechtsstaatlichen Rechtsgrundsatzes nicht oder zumindest anders zu beantworten wären. Bei der Antwort auf diese Frage darf nicht unberücksichtigt bleiben, daß die Rechtsstaatsidee historisch von prägender Kraft war und daß sie die Verfassungsentwicklung im 19. Jahrhundert, auch im alten Österreich, wesentlich beeinflußte.

Im ausgehenden 18. Jahrhundert war es die Rechtstheorie IMMANUEL KANTS[1], die für die Grundlegung des Rechtsstaates von besonderem Einfluß wurde. Zwar ging es KANT um die Ausdehnung der der Herrschaft des Gesetzes zugrundeliegenden Idee auf das moralische Verhalten. Im berühmten kategorischen Imperativ[2] wird das Kriterium ethisch-moralischen Handelns genannt, dem dieses ebenso wie die Herrschaft des Gesetzes genügen muß, um gerecht zu sein. Die bekannteste Formulierung des Rechtsstaatsbegriffes entwickelte WILHELM VON HUMBOLDT mit seinem Versuch, „die Grenzen der Wirksamkeit des Staates zu bestimmen", indem er nicht nur alle Zwangsmaßnahmen des Staates auf den Vollzug vorher kundgemachter allgemeiner Gesetze beschränkte, sondern in dieser Durchsetzung des Gesetzes die einzige legitime Funktion des Staates sah. ROBERT VON MOHL formulierte das Ideal des Rechtsstaates dahin, daß darin „der Staatsbürger nicht durch willkürliche Befehle einer höheren, menschlichen oder übersinnlichen Macht, sondern nur durch allge-

---

[1] Über den Gemeinspruch: „Das mag in der Theorie richtig sein, taugt aber nicht für die Praxis" (1793) und Metaphysik der Sitten, 1. Teil, Metaphysische Anfangsgründe der Rechtslehre (1797) §§ 45 ff.

[2] „Handle nur nach derjenigen Maxime, durch die du zugleich wollen kannst, daß sie ein allgemeines Gesetz werde".

meine, für alle gleichmäßig gültige Gesetze Änderungen und Bestimmungen seines Rechtsverhältnisses erfahren darf"[3]. Und F. J. STAHL[4] schreibt:

„Der Staat soll Rechtsstaat sein, das ist die Losung und ist auch in Wahrheit der Entwicklungstrieb der neueren Zeit. Er soll die Bahnen und Grenzen seiner Wirksamkeit wie die freie Sphäre seiner Bürger in der Weise des Rechts genau bestimmen und unverbrüchlich sichern und soll die sittlichen Ideen von Staats wegen, also direkt, nicht weiter verwirklichen (erzwingen), als es der Rechtssphäre angehört, di nur bis zur notwendigsten Umzäunung. Dies ist der Begriff des Rechtsstaates, nicht etwa daß der Staat bloß die Rechtsordnung handhabe ohne administrative Zwecke, oder vollends bloß die Rechte der Einzelnen schützt, er bedeutet überhaupt nicht Ziel und Inhalt des Staates, sondern nur Art und Charakter, dieselben zu verwirklichen".

Die zuletzt von STAHL angesprochene Formalisierung des Rechtsstaatsbegriffs war für die weitere Institutionengeschichte von wesentlicher Bedeutung. Der „formelle Rechtsstaatsbegriff"[5] wurde geradezu zum „juristischen Rechtsstaatsbegriff", bei dem nicht auf den Inhalt (das „Was") der staatlichen Tätigkeit, sondern lediglich auf deren „Wie" abgestellt wird, also darauf, daß die staatliche Rechtsordnung inhaltlich möglichst bestimmt ist, und daß der Staat über entsprechende Einrichtungen und Vorkehrungen zur Sicherung der Einhaltung seiner Rechtsvorschriften verfügt. Die Rechte und Pflichten des Einzelnen müssen so genau wie möglich festgelegt und hinsichtlich ihrer Durchsetzung gewährleistet sein. Dem Rechtsadressaten muß das Recht soweit verständlich sein, daß er sich ihm gemäß verhalten und das darauf gestützte Handeln staatlicher Organe vorhersehen kann.

2. Das Rechtsstaatsprinzip in der verfassungsgerichtlichen Judikatur

Der Sprung von der historisch belegbaren Verwendung des Rechtsstaatsbegriffs als Kampfbegriff des politischen Liberalismus zur motivierenden Idee für die konkrete Ausgestaltung der Verfassungsentwürfe des 19. Jahrhunderts bis zum B-VG 1920 ist literarisch kaum nachzuvollziehen. FROEHLICH nennt es in seiner kurzen Darstellung[6] des österreichischen Bundesverfassungsrechts immerhin „eine geradezu hervorstechende Eigenschaft der österreichischen Bundesverfassung", „daß sie in der Richtung des Rechtsstaatssystems besonders weitgehende Garantien enthält, wie sie in dieser Häufung und einschneidenden Auswirkung kaum eine andere Verfassung aufweist". Vielleicht unter dem Eindruck des vorangegangenen nationalsozialistischen Unrechtsstaates „entdeckte" ADAMOVICH sen erst in der 1947 erschienenen 4. Auflage seines für das öster-

3 Staatsrecht des Königreiches Württemberg (Tübingen 1929/31) Band I, 182.

4 Die Philosophie des Rechts, 5. Aufl (1926) 125.

5 ANTONIOLLI/KOJA, Allgemeines Verwaltungsrecht (1996) 126.

6 Die Bundesverfassung der Republik Österreich (1930) 27.

reichische Verfassungsverständnis maßgeblichen Werkes „Grundriß des Österreichischen Verfassungsrechts“[7] das Rechtsstaatsprinzip und stellte es neben dem demokratischen und dem bundesstaatlichen Prinzip im Kapitel über die „Leitenden Grundsätze der Verfassung“ dar.

Daß eine wesentliche Veränderung oder gar Abschaffung des rechtsstaatlichen Prinzips ebenso wie der Eingriff in das demokratische oder das bundesstaatliche Prinzip als „Gesamtänderung der Bundesverfassung“ einer Volksabstimmung bedarf, wird sodann vom Verfassungsgerichtshof in VfSlg 2455/1952[8] ausgesprochen und gleichzeitig eine an ADAMOVICH sen angelehnte Definition des rechtsstaatlichen Prinzips versucht:

„Dem rechtsstaatlichen Prinzip entspricht es, daß alle Akte staatlicher Organe im Gesetz und mittelbar letzten Endes in der Verfassung begründet sein müssen, und daß für die Sicherung dieses Postulates wirksame Rechtsschutzeinrichtungen bestehen“.

In VfSlg 2929/1955[9] wird – ausdrücklich unter Berufung auf ADAMOVICH sen – festgehalten, daß der Rechtsstaatsbegriff „darin gipfelt“, – ohne sich mithin darin zu erschöpfen –,

„daß alle Akte staatlicher Organe im Gesetz und mittelbar letzten Endes in der Verfassung begründet sein müssen und ein System von Rechtsschutzeinrichtungen die Gewähr dafür bietet, daß nur solche Akte in ihrer rechtlichen Existenz dauernd gesichert erscheinen, die in Übereinstimmung mit den sie bedingenden Akten höherer Stufe erlassen wurden“.

Zweifelsohne sind diese verfassungsgerichtlichen Aussagen zum normativen Inhalt des Rechtsstaatsprinzips vom Stufenbaumodell MERKLS[10] geprägt, mag dieses auch (nur) ein theoretisches Strukturmodell zur Veranschaulichung der Dynamik der Rechtsordnung sein.

Im übrigen hat der Verfassungsgerichtshof in seiner Judikatur das Rechtsstaatsprinzip im großen und ganzen herangezogen, um den Sinngehalt (verfassungs-)rechtlicher Institutionen, wie des Legalitätsprinzips, der Rechtsschutzgewährleistung durch die Gerichtshöfe des öffentlichen Recht, des Kundmachungsgebotes für generelle Normen oder des Gebotes der faktischen Effizienz des Rechtsschutzes speziell gegenüber der Verwaltung, näher zu präzisieren. Er verwendete es aber auch, wichtige Phänomene des öffentlichen Rechts, – zu nennen sind insbesondere das subjektive öffentliche Recht, die Unterscheidung von Hoheits- und Privatwirtschaftsverwaltung und der Bescheidbegriff –, klarzustellen, zu erläutern und in ihrer verfassungsrechtlichen Bedeutung zu analysieren.

Aus der Fülle der Judikatur sei auf folgende paradigmatische Aussagen des VfGH verwiesen: So wird für die Interpretation einer Gesetzes-

---

7 71.

8 575.

9 Vgl auch VfSlg 8279/1978, 11.196/1986 und 12.409/1990.

10 Allgemeines Verwaltungsrecht (1927) 172 ff.

norm von den, „dem Rechtsstaatsprinzip der Bundesverfassung innewohnenden Postulaten der Rechtsklarheit und der Rechtssicherheit" ausgegangen[11]. Als eine Bedrohung des „Rechtsstaat(es) als solchen in seinen Grundfesten" wird die Vermutung bezeichnet, es könnte die Durchsetzung eines bestimmten rechtlichen Anspruchs eine Störung der öffentlichen Ordnung und damit ein Verbot auslösen[12]. Unzulässig ist es, im Zuge der Anfechtung von Verwaltungsakten die Rechtmäßigkeit der Konstituierung des Verwaltungsträgers, dem der Verwaltungsakt zugerechnet wird, in Frage zu stellen, weil sonst „eine dem rechtsstaatlichen Prinzip abträgliche Rechtsunsicherheit" entstünde[13].

Besonders häufig werden in der Judikatur des VfGH formelle, verfahrensrechtliche Konsequenzen[14] aus dem Rechtsstaatsprinzip abgeleitet: So muß ein Anspruch nach dem Anerkennungsgesetz durchsetzbar sein, „soll das Gesetz nicht in Widerspruch zu dem sich aus Art 18 B-VG ergebenden Rechtsstaatsgebot stehen"[15]. Gleichzeitig lehnt allerdings der Verfassungsgerichtshof in ständiger Judikatur die Meinung ab, „das rechtsstaatliche Prinzip verlange eine bestimmte Ausgestaltung der Parteirechte in einem Verwaltungsverfahren in der Weise, daß dem Gesetzgeber eine nähere Festlegung dieser Rechte überhaupt verboten"[16] ist, sodaß der Gerichtshof weiter die – problematische – Meinung vertritt, daß „keine Verfassungsnorm besteht, die Parteirechte in einem Verfahren überhaupt oder in einem bestimmten Umfang garantiert"[17]. Daß auch diese Aussage nicht so apodiktisch verstanden werden darf, wie sie formuliert wurde, beweist die in anderem Zusammenhang getroffene Aussage, daß „der zur Leistung einer Abgabe herangezogene ... im Abgabenverfahren Parteistellung haben muß" und daß diese „Einräumung der Parteistellung" dem Betroffenen die „vom rechtsstaatlichen Prinzip geforderte Möglichkeit eröffnen" muß, eine ihm günstige Entscheidung zu erwirken[18]. Ähnlich schwankt der Gerichtshof beim Recht auf Parteiengehör, das er zwar nicht als verfassungsgesetzlich gewährleistet ansieht[19], wiewohl er gleichzeitig die Wahrung des Parteiengehörs als „eine kardinale Voraussetzung eines gesetzmäßigen Verwaltungsverfahrens" bezeichnet und „offenbar eine der

---

11 VfSlg 12.184/1989.

12 VfSlg 2701/1954.

13 VfSlg 12.871/1991.

14 Vgl dazu auch HOLZINGER, Rechtsstaat und Verwaltungsverfahren, FS Walter (1991) 274 ff.

15 VfGH 4. 10. 1995, K I-9/94 unter Hinweis auf VfSlg 11.931/1988.

16 VfSlg 8279/1978.

17 VfSlg 6808/1972.

18 VfSlg 13.646/1993.

19 VfSlg 2536/1953, 4394/1963.

wichtigsten Sicherungen des rechtsstaatlichen Prinzips"[20]. Für das Disziplinarverfahren geht er davon aus[21], daß die Disziplinarbehörde „den elementarsten, jedem rechtsstaatlichen Verfahren immanenten Grundsätzen, also auch dem Grundsatz des rechtlichen Gehörs, voll Rechnung tragen" muß.

Das Rechtsstaatsprinzip setzt nach Meinung des Verfassungsgerichtshofs das Gebot voraus, „die behördliche Festlegung von Rechtsfolgen an eine Form zu knüpfen, die einen verfassungsgesetzlich vorgesehenen Rechtsschutz ermöglicht"[22]. Es muß sich dabei zwar nicht stets um die Bescheidform handeln, gleichwohl zielt die normale Erledigung eines Verwaltungsverfahrens auf die Erlassung eines Bescheides, sodaß das Fehlen bescheidmäßiger Erledigungen als „rechtsstaatlich bedenkliche Praxis" angesehen wird: auch dort, wo gesetzlich (etwa bei Vergabe eines Güterbeförderungskontingentes) ein vereinfachtes Verfahrens vorgesehen wird, entspricht nur die bescheidmäßige Erledigung „den Anforderungen an einen rechtsstaatlichen Mindeststandard, zu denen es jedenfalls gehört, daß zumindest eine im Ergebnis negative Entscheidung – in durch die Gerichtshöfe des öffentlichen Rechts überprüfbarer Weise – in Bescheidform ergeht"[23]. Was die Form des Bescheides anlangt, ist der Verfassungsgerichtshof hingegen aus verfassungsrechtlicher Sicht großzügig: In Zusammenhang mit dem Computerbescheid hat der Verfassungsgerichtshof erkannt, „daß das B-VG ... den Bescheidbegriff durchwegs dazu verwendet, rechtsstaatliche Funktionen zu erfüllen". Nach Meinung des Gerichtshofes werden diese rechtsstaatlichen Funktionen des Bescheides weder beeinträchtigt noch wird der verfassungsrechtlich gewährleistete Rechtsschutzstandard dadurch verringert, „daß ein (Computer-)Bescheid kraft Gesetzes eines bestimmten genehmigenden Organwalters oder dessen Benennung bzw Unterschrift entbehrt, solange die Zurechnung des Bescheides zu einer bestimmten Behörde dadurch nicht gefährdet wird"[24].

Besondere Bedeutung kommt auch der unter dem Aspekt des rechtsstaatlichen Prinzips mehrfach[25] getroffenen Aussage zu, daß Rechtsmittel ein Mindestmaß an faktischer Effizienz aufweisen müssen, sodaß es nicht angeht, den Rechtsschutzsuchenden generell einseitig mit allen Folgen einer potentiell rechtswidrigen behördlichen Entscheidung solange zu belasten, bis sein Rechtsschutzgesuch endgültig erledigt ist; woraus abzu-

---

20 VfSlg 1804/1949.

21 VfSlg 10.549/1985.

22 VfSlg 13.699/1994.

23 VfGH 30. 11. 1994, G 91/93, V 46/93, unter Hinweis auf VfSlg 13.223/1992.

24 VfSlg 11.590/1987.

25 VfSlg 11.196/1986, 12.683/91, 13.031 und 13.182/92, 13.305/92; vgl auch VfSlg 13.493/1993.

leiten ist, daß bei Rechtsmitteln zumindest die Möglichkeit der Zuerkennung der aufschiebenden Wirkung auf Grund einer Interessenabwägung gewahrt sein muß.

Daß die Rechtsschutzgewährleistung durch die Verfassung in der umfassenden Kontrolle staatlicher Akte durch die Gerichtshöfe des öffentlichen Rechts kulminiert, wird vom Verfassungsgerichtshof ebenfalls aus dem Rechtsstaatsprinzip abgeleitet. Besonders kennzeichnend dafür erscheint beispielsweise die Aussage in VfSlg 12.184/1989:

„Es besteht in Lehre und Rechtsprechung kein Streit darüber, daß neben dem Legalitätsprinzip auch das Prinzip umfassenden individuellen Rechtsschutzes und der Garantie der Rechtmäßigkeit durch eine umfassende Kontrolle durch die Gerichtshöfe des öffentlichen Rechts Elemente des verfassungsrechtlichen Rechtsschutzkonzepts sind. Dieses Rechtsstaatskonzept dürfte aber grundlegend gestört werden, wenn der Gesetzgeber die Erlassung begründungsloser belastender Bescheide schlechthin für zulässig erklärt, da der Normunterworfene diesfalls gar nicht in Kenntnis der eine Entscheidung tragenden Erwägungen gelangen kann, ohne eine solche Kenntnis aber der verfassungsgerichtliche und verwaltungsgerichtliche Rechtsschutz gegenüber dem belastenden Akt entscheidend beeinträchtigt" ist.

Ausdrücklich wird sodann eine gesetzliche Bestimmung, „soweit sie die Behörde zur Erlassung eines begründungslosen belastenden Bescheides ermächtigt, als dem Rechtsstaatsprinzip wider(sprechend)" angesehen.

Daher gilt auch eine verfahrensrechtliche Gestaltung durch den einfachen Gesetzgeber für verfassungs-, weil rechtsstaatswidrig, die es einer administrativen Berufungsbehörde sowie daran schließend dem Verwaltungsgerichtshof verwehrt, bestimmte Verfahrensfehler, die im Zuge einer Entscheidung unterlaufen sind, aufzugreifen: „Die Einschaltung einer Berufungsinstanz, die auf die Überprüfung ‚offenkundiger' Mängel beschränkt wird, (führt) zu einer mit dem rechtsstaatlichen Prinzip unvereinbaren Beseitigung der Überprüfbarkeit des Verwaltungshandelns in einem Teilbereich"[26].

II. Der Rechtsstaatsgedanke als Bestandteil der verfassungsrechtlichen Grundordnung

1. Die Kritik am verfassungsgerichtlichen Rechtsstaatskonzept

Die Verwendung des rechtsstaatlichen Prinzips, Konzepts oder wie immer sich auch der Verfassungsgerichtshof bei seiner Nutzung des Rechtsstaatsbegriffes als eines normativen, aus dem österreichischen Verfassungsrecht abgeleiteten Begriffs ausdrückt, ist in der Lehre mehrfach auf Kritik und Zweifel gestoßen. Zum ersten wurde bezweifelt, daß das rechtsstaat-

26 VfSlg 13.834/1994.

liche Prinzip in einer dem demokratisch-republikanischen und dem bundesstaatlichen Prinzip, (die beide ausdrücklich in den Art 1 und 2 B-VG prinzipien- und programmhaft formuliert als Staatsstrukturbestimmungen aufscheinen,) vergleichbaren Weise zu dem im Stufenbau der österreichischen Rechtsordnung zuhöchst angesiedelten Bereich der Staatsfundamentalnormen zählt, die nur im Wege einer Gesamtänderung der Bundesverfassung durch Volksabstimmung gemäß Art 44 Abs 3 B-VG abbedungen oder zumindest in ihrem wesentlichen Kern geändert werden können[27].

Zum zweiten wird verneint, daß das rechtsstaatliche Prinzip für den VfGH unmittelbarer Prüfungsmaßstab für einfache Gesetze sein kann, handle es sich doch um „Normen hoher Allgemeinheit, die sich an den Verfassungsgesetzgeber richten und näherer Konkretisierung durch ‚einfaches' Verfassungsrecht bedürfen"[28].

Schließlich wird drittens gerügt, daß der vom Verfassungsgerichtshof behauptete Inhalt dieses Prinzips nicht deutlich aus dem positiven Recht abgeleitet wird und daß somit „die unmittelbare Anwendung derart allgemeinster Prinzipien durch den VfGH ... die Inanspruchnahme eines erheblich vergrößerten Entscheidungsspielraumes und eine Verstärkung des rechtsschöpfenden Charakters der Judikatur (bedeutet)"[29].

Dieser Kritik wurde entgegengehalten[30], es sei zu fragen, „ob sich der VfGH nicht bloß mißverständlich ausgedrückt und letztlich ohnedies eine Prüfung anhand der in der Verfassung (einfach-verfassungsgesetzlich) verankerten Instrumente des Rechtsstaatsprinzips vorgenommen hat". Zweifelsfrei ist jedenfalls davon auszugehen, daß nicht *jede* vom Verfassungsgerichtshof mit dem Rechtsstaatsprinzip in Zusammenhang gebrachte normative Vorstellung, die von ihm dazu benutzt wurde, einfach-gesetzliche Regelungen als verfassungswidrig aufzuheben, bereits als Bestandteil der verfassungsrechtlichen Grundordnung angesehen werden darf, die nur im Wege der Gesamtänderung der Bundesverfassung mittels Volksabstimmung durchbrochen oder beseitigt werden kann[31].

---

27 Öhlinger, Verfassungsrechtliche Aspekte eines Beitritts Österreichs zu den EG (1988) 24; ähnlich *ders*, Verfassungsgesetzgebung und Verfassungsgerichtsbarkeit, ÖJZ 1990, 3; *ders*, Verfassungsrecht, 2. Aufl (1995) 49, sieht allerdings nunmehr die „rechtsstaatliche Demokratie" in Art 1 B-VG verankert.

28 So Thienel, Der mehrstufige Verwaltungsakt (1996) 43, unter Berufung auf Wiederin, Aufenthaltsbeendende Maßnahmen im Fremdenpolizeirecht (1993) 64 ff; Schäffer, ZfV 1988, 371, und Jabloner, Das Denksporterkenntnis des Verfassungsgerichtshofes, FS Adamovich (1992) 193, ua.

29 Mayer, B-VG (1994) 103, unter Berufung auf Jabloner, FS Adamovich (1992) 193; ähnlich auch Thienel, Verwaltungsakt 44.

30 Von Adamovich/Huppmann, Die Judikatur des Verfassungsgerichtshofes 1975 bis 1995, in: 75 Jahre Bundesverfassung (1995) 517.

31 Ähnlich Spielbüchler, Recht als Instrument und Zügel der Politik, in: Österreichs Rechtstheorie und Rechtspraxis um die Jahrtausendwende (1994) 33 f.

2. Der rechtsstaatliche Gehalt der verfassungsrechtlichen Grundordnung

GÜNTHER WINKLER[32] hat es die österreichische Staatsrechtslehre zu verdanken, in mustergültiger wissenschaftsgeschichtlicher Ableitung die Zweistufigkeit des Verfassungsrechtes, also die Unterscheidung von „einfachem" und „qualifiziertem" Verfassungsrecht in ihrer Bedeutung näher herausgearbeitet zu haben. Unter Hinweis auf die Entstehungsgeschichte des B-VG zeigt WINKLER, daß es trotz der äußerlichen Einheit im B-VG einen qualifizierten Kernbestand an Verfassungsrecht gibt, „in welchem die Souveränität des Volkes durch die Konstitutionalität zur Legitimität verknüpft sind: die politischen Grundentscheidungen über Staatsform und Organisationsform". Vor diesem historischen Hintergrund gilt es die Bedeutung des Begriffs der „Gesamtänderung der Bundesverfassung" im heutigen Art 44 Abs 3 B-VG zu ermitteln. Hier ist die Staatsfundamentalnorm verankert. „Sie ist durch das obligatorische Referendum letztlich der Entscheidungsmacht des Volkes anvertraut".

Im Hinblick auf die zahlreichen Verfassungsänderungen durch Bundesverfassungsgesetze und Verfassungsbestimmungen in Bundesgesetzen weist WINKLER in bedeutungsvoller Weise darauf hin, daß der Staat „nicht in einem formalisiert gedachten und daher tagespolitisch instrumental manipulierbaren Verfassungsrecht seine Auflösung finden" dürfe! „Der Staat ist eine historisch gewordene und politisch objektivierte Zweckschöpfung der Staatsgründer. Deren objektivierte politische Grundentscheidung ist in ihrer Wertträchtigkeit begrifflicher Inhalt des qualifizierten Verfassungsrechts, das ebenso interpretationsbedürftig wie interpretationsfähig ist". „Diese Feststellung" richtet sich nach WINKLER „vor allem an den Verfassungsgerichtshof als Oberstes Staatsorgan, das nicht nur zur Verfassungskenntnis, sondern auch zur Gewährleistung der Verfassung gleichermaßen verpflichtet ist". Und abschließend vermerkt WINKLER:[33]

> „Mehr als alles andere Recht bedarf das qualifizierte Verfassungsrecht einer ihm adäquaten Interpretation. Diese ist aus einer Synthese von systematisch angelegtem Wissen, von verfassungsrechtlichem Vorverständnis, von praktischer Erfahrung aus staatlichem und staatspolitischem Organhandeln in Verfassungsunmittelbarkeit sowie vom Wissen der Repräsentanten des Staates um die Verantwortung gegenüber der sozial-kulturellen Wirklichkeit unseres staatlichen Gemeinwesens geboten."

Ausgehend von diesem Ansatzpunkt der Verfassungsinterpretation kann es für die verfassungsrechtliche Grundordnung, die in den Jahren 1918 bis 1920 entstanden ist, mit dem Programmsätzen der Art 1 und 2 B-VG nicht sein Bewenden haben. Die verfassungsrechtliche Grundord-

---

32 Studien zum Verfassungsrecht (1991) 28 ff.

33 AaO 34.

nung ist vielmehr von Anfang an, wie es unserem Verfassungsdenken auch historisch entspricht, mit rechtsstaatlichem Geist aufgeladen. Schon die Gliederung und der Aufbau des B-VG lassen die „Herrschaft des Gesetzes“ als des verbindlich gewordenen Volkswillens erkennen, den Gerichtsbarkeit und Verwaltung zu vollziehen haben. Den Gerichtshöfen des öffentlichen Rechts ist letztlich aufgetragen, durch Gewährleistung des Rechtsschutzes die Übereinstimmung der Vollzugsakte mit dem Gesetz, aber auch die Widerspruchsfreiheit der Gesetze gegenüber der höherrangigen Verfassung zu gewährleisten. Diese verfassungsrechtliche Grundordnung, die aus den historischen Konstitutionsprinzipien der Republik Österreich ersichtlich wird und mit dem Jahr 1918 beginnt, hat in einem ursprünglichen Akt der Verfassungsgebung – vor dem Inkrafttreten des B-VG 1920 – mit der revolutionären Gründung der neuen Republik (Deutsch-)Österreich Geltung erlangt; diese verfassungsrechtliche Grundordnung besitzt eine demokratische, eine republikanische, eine bundesstaatliche, eine rechtsstaatliche, eine liberale und eine gewaltenteilende Komponente[34].

Die konkrete Gestalt, die alle diese Komponenten der verfassungsrechtlichen Grundordnung im Jahre 1920 im B-VG angenommen und erlangt haben, kann im Wege der „einfachen“ Verfassungsgesetzgebung geändert, vor allem fortentwickelt werden. So ist es etwa denkbar, die Systementscheidung für die repräsentative Demokratie mit direkt-demokratischen Elementen verfassungsrechtlich „anzureichern“, ohne die verfassungsgesetzliche Grundordnung zu berühren (vgl etwa Art 117 Abs 6 B-VG idF BGBl 504/1994). In gleicher Weise ist die Gerichtsbarkeit des öffentlichen Rechts zum Bestandteil der verfassungsrechtlichen Grundordnung zu rechnen, ohne daß eine Erweiterung ihrer Kompetenzen oder aber deren Veränderung eine Gesamtänderung der Bundesverfassung bildet. Als Beispiel möge die rechtsstaatliche Kontrolle der Maßnahmen unmittelbarer behördlicher Befehls- und Zwangsgewalt dienen, die im Zuge der Rechtsentwicklung auf Grund unterschiedlicher verfassungsrechtlicher Anordnungen von verschiedenen Organen auf ihre Rechtmäßigkeit zu kontrollieren waren und sind, ohne daß dabei an eine Gesamtänderung der Bundesverfassung zu denken war.

---

34 Walter/Mayer, Grundriß des österreichischen Bundesverfassungsrechts, 8. Aufl (1996) RZ 146 ff; Mayer, B-VG 156, demzufolge der verfassungsrechtlichen Grundordnung die Systementscheidungen für mittelbare Demokratie, Bundesstaat, Republik, liberaler Rechtsstaat und Gewaltentrennung zugrundeliegen. Thienel, Verwaltungsakt 40, FN 127, führt aus, daß die verschiedenen Baugesetze nicht beziehungslos nebeneinander stehen, sondern miteinander in vielfältiger Weise verwoben sind, sodaß sich die – unter dem besonderen Schutz des Art 44 Abs 3 B-VG stehende – verfassungsrechtliche Grundordnung nur aus dem systematischen Zusammenhang aller dieser Prinzipien ergibt. Dem ist zuzustimmen.

Zu fragen gilt es noch, ob sich die rechtsstaatlichen Grundgedanken unseres Bundesverfassungsrechts in einer – wenn, dann wohl taxativen – Mehrzahl einzelner, aus konkreten verfassungsrechtlichen Bestimmungen abzuleitender Garantien erschöpfen, oder ob sich der Rechtsstaatsgedanke, das Rechtsstaatsprinzip als gesamthaftes Gebilde verstehen läßt, das in seiner normativen Bedeutung mehr ist als die Summe der Einzelgewährleistungen.

In der deutschen Literatur ist KUNIG[35] dieser Frage nachgegangen. Er kommt zum Ergebnis, alle rechtsstaatlichen Fragestellungen durch problemnähere Normen beantworten zu können, sodaß sich ihm zufolge der Rückgriff auf ein dahinterstehendes Prinzip des Rechtsstaates erübrigt[36]. Dagegen sind jedoch Bedenken anzumelden. Denn die Bezugnahme auf das Rechtsstaatsprinzip, wie sie auch vom Verfassungsgerichtshof wie oben gezeigt gepflogen wird, ist nicht immer lediglich „abbreviierendes Kürzel“[37], das es in einer ausführlicheren, verfassungsnormbezogenen Analyse erst aufzuschlüsseln gilt.

Zwar ist der Ansatzpunkt konkreter verfassungsrechtlicher Normen in der Argumentation stets vorrangig zu berücksichtigen. Aber erst mit dem Rechtsstaatsgedanken gelangt der Systembezug in die juristisch-dogmatische Argumentation. So gestattet etwa erst der rechtsstaatliche Sinngehalt der Kontrolle der anderen Staatsfunktionen durch die Gerichtshöfe des öffentlichen Rechts das Abstellen auf die rechtsstaatlich gebotene Effizienz der Rechtsbehelfe vor jenen Gerichtshöfen. Legislative Akte, die diese Effizienz mindern, sind unter rechtsstaatlichen Aspekten prinzipiell fragwürdig und aus überwiegenden öffentlichen Interessen begründungsbedürftig. Der mit dem Rechtsstaatsprinzip unabdingbar verbundene Gedanke der Rechtssicherheit und Rechtsklarheit vermag für die Annahme einer verfassungsrechtlichen Pflicht zur Publikation von Normen – auch soweit diese wie bei Verordnungen verfassungsrechtlich nicht ausdrücklich festgeschrieben ist – Wesentliches zu leisten.

Zwar ist sohin nicht auszuschließen, daß vom VfGH in manchem Argumentationszusammenhang der Rechtsstaatsgedanke lediglich als „abbreviierendes Kürzel“, sohin anstelle des Rekurses auf spezielle verfassungsrechtliche Aussagen und Gewährleistungen verwendet wird. Gleichzeitig würde ohne Bezug auf den Rechtsstaat bei vielen verfassungsrechtlichen Ableitungen das wesentliche Argument dann und insoweit verloren gehen, als erst der Bezug zum Allgemeinen und Systematischen die entspre-

---

35 Das Rechtsstaatsprinzip (1986).

36 Vgl 89 ff, 457 ff.

37 So THIENEL, Verwaltungsakt 44.

chende verfassungsrechtliche Ableitung gestattet:[38] ohne rechtsstaatlichen Systemgedanken fiele es schwer, die faktische Effizienz eines Rechtsmittels als Maßstab bei der Beurteilung der Verfassungsmäßigkeit seiner legistischen Ausgestaltung im Zusammenhang mit der Frage der aufschiebenden Wirkung des Rechtsmittels zu verwenden; und aus dem Wortlaut des Art 18 B-VG allein wäre kaum erschließbar, daß der Sinn einer gesetzlichen Norm in der Einräumung von Rechten und Verhaltenspflichten der Bürger in einer von diesen voraussehbaren Gestalt liegen muß und die Einrichtung der Gerichtshöfe des öffentlichen Rechts dazu geschaffen ist, diese Recht und Pflichten durchzusetzen. Gesetzliche Akte, die dem widersprechen, sind rechtsstaatswidrig, mag es auch schwer fallen, einen Widerspruch zu konkreten verfassungsrechtlichen Normen herauszustellen. Dafür wird die anschließend[39] zu beschreibende, versuchte Legalisierung von Unrecht durch gesetzliche Sanierung rechtswidrigen Verhaltens in der Vergangenheit ein gutes Beispiel sein.

Hier sei zusammenfassend festgehalten, daß der rechtsstaatliche Strukturgedanke ebenso wie der demokratische oder der bundesstaatliche das österreichische Verfassungsrecht durchzieht, daß er aber ebenso wie das demokratische oder das bundesstaatliche Prinzip nur im grundsätzlichen zum Bestandteil der verfassungsrechtlichen Grundordnung wurde, deren Beseitigung oder wesentliche Abänderung als Gesamtänderung der Bundesverfassung einer Volksabstimmung vorbehalten ist. Im übrigen handelt es sich beim Rechtsstaatsgedanken sehr wohl um ein heuristisches Prinzip, das als Strukturgedanke der Bundesverfassung Maßstab für die verfassungsrechtliche Beurteilung einfacher Gesetze ist.

III. Die versuchte Legalisierung von Schwarzbauten

1. Die landesgesetzlichen Regelungen Burgenlands, Niederösterreichs, der Steiermark und Tirols

Es bildet ein bekanntes Phänomen, um nicht zu sagen Skandalon, daß in manchen Bundesländern in größerem Umfang nach der jeweiligen Bauordnung bewilligungspflichtige Bauwerke ohne Baubewilligung errichtet wurden und benützt werden, ohne daß dagegen von hoher Hand eingeschritten wird. Zumeist handelt es sich um Bauwerke, die auf Grund der jeweiligen Flächenwidmung auch nicht bewilligungsfähig sind und für die daher von Rechts wegen letztlich ein behördlicher Abbruch-

38 Ähnlich Schmidt-Assmann, Der Rechtsstaat, in: Isensee/Kirchhof, Handbuch des Staats-Rechts, Band I (1989) 992.

39 Vgl unten III. und IV.

auftrag zu ergehen hat. Ein derartiges Abbruchsverfahren wurde und wird jedoch von der Baubehörde, di zumeist der Bürgermeister, aus noch zu erörternden Gründen häufig nicht eingeleitet. Die Reaktion des Gesetzgebers auf diese Rechtsverweigerung bestand in den in der Überschrift genannten Bundesländern darin, die bestehenden Schwarzbauten mit durchaus unterschiedlicher zeitlicher Begrenzung im nachhinein zu legalisieren, ohne gleichzeitig das entgegenstehende, aus einer Grünflächen- oder Freilandwidmung abzuleitende Bauverbot für Bürger, die sich rechtstreu verhielten, zu beseitigen oder zu lockern. Im Gegenteil: In einzelnen Bundesländern (Tirol und Burgenland) wurde die Bebaubarkeit von Grünflächen bzw Freiland mit dem zeitlichen Ende der Schwarzbautensanierung noch erheblich erschwert[40].

Wenn auch die Absicht des Gesetzgebers und der Effekt der einzelnen landesgesetzlichen Regelungen jeweils gleichartig sind, gingen die Landesgesetzgeber Burgenlands, Niederösterreichs, der Steiermark und Tirols doch rechtstechnisch unterschiedliche Wege der nachträglichen Legalisierung ihrer Schwarzbauten. Diese sollen im folgenden kurz geschildert werden.

a. Im Burgenland wurde durch Art II des Gesetzes vom 10. November 1993, mit dem das Burgenländische Raumplanungsgesetz geändert wird, LGBl 12/1994, angeordnet, daß „Bauten in Grünflächen, die vor dem 1. März 1991 errichtet wurden und für die bis zum 31. Dezember 1995 um die erforderlichen behördlichen Bewilligungen angesucht wird, ... als nicht im Widerspruch zum Flächenwidmungsplan stehend (gelten).“ Damit wird für die bezeichneten Bauten die Rechtsvorschrift des Burgenländischen Raumplanungsgesetzes außer Kraft gesetzt, wonach Bewilligungen nur im Einklang mit den für eine Grundfläche geltenden Widmungen erteilt werden dürfen, für Grünflächen sohin nur dann, wenn die Bauwerke landwirtschaftlichen Zwecken oder den speziellen, im Zuge der Grünflächenwidmung ausgewiesenen Sondernutzungen dienen. Wie in den Erläuterungen zur Regierungsvorlage[41] zu Art II des Gesetzes ausdrücklich vermerkt wird, ist auf Grund dieser Bestimmung „selbst in jenen Fällen, in denen die baubehördliche oder naturschutzbehördliche Bewilligung einer Baumaßnahme im Grünland wegen Widerspruchs zum Flächenwidmungsplan rechtskräftig versagt worden ist, ... eine neuerliche Behandlung der ‚entschiedenen Sache‘ möglich“. Dies

40 So in Tirol durch das Tiroler Raumordnungsgesetz 1994, LGBl 81/1993; und in Burgenland durch das am 1. 3. 1991 in Kraft getretene Burgenländische Naturschutz- und Landschaftspflegegesetz, LGBl 27/1991.

41 380 der Beilagen zu den stenographischen Protokollen des Burgenländischen Landtages, XVI. GP.

freilich nur unter der Voraussetzung, daß im Widerspruch zur versagten Bewilligung tatsächlich und rechtswidrig gebaut wurde!

b. In Niederösterreich änderte der Landesgesetzgeber die NÖ Bauordnung 1976, LGBl 8200 mit der 11. Novelle LGBl 8200/13. § 113 Abs 2 Z 3 lit a leg cit zufolge hat an sich die Baubehörde den Abbruch eines Bauwerks anzuordnen, wenn für das Bauwerk keine baubehördliche Bewilligung vorliegt und die fehlende Bewilligung nicht erteilt werden darf, weil das Bauvorhaben nicht zulässig ist. Gemäß § 113 Abs 2a leg cit hat nunmehr die Anordnung des Abbruchs eines wegen Widerspruchs zum Flächenwidmungsplan nicht genehmigungsfähigen Gebäudes zu entfallen, wenn das Gebäude vor dem 29. Juni 1995 soweit fertiggestellt war, daß der Grundriß und der beabsichtigte Verwendungszweck erkennbar waren, das Gebäude längstens innerhalb eines Jahres fertiggestellt und bis zum 31. Dezember 1999 ein Antrag auf Erlassung eines Feststellungsbescheides gemäß § 113 Abs 2b leg cit gestellt wird, mit dem von der Baubehörde das Zutreffen der im Abs 2a genannten Voraussetzungen festgestellt wird. Dieser Feststellungsbescheid ist offenbar auch noch nach Erlassung eines Abbruchauftrages zulässig, weil er gemäß § 113 Abs 2c leg cit nur dann nicht mehr gestellt werden kann, „wenn von der Baubehörde bereits um die Vollstreckung eines Abbruchbescheides angesucht wurde".

Die niederösterreichische Regelung zeichnet sich sohin dadurch aus, daß vom Gesetzgeber in schöner Offenheit auf die baubehördliche Bewilligung eines ansich bewilligungspflichtigen Bauwerkes, das im Widerspruch zum Flächenwidmungsplan errichtet wurde, überhaupt verzichtet wird und die bescheidmäßige Feststellung der rechtswidrigen Bauführung gemäß § 113 Abs 2b vorletzter Satz zwar „zur Benützung des Gebäudes" „berechtigt", gleichwohl aber „nicht als baubehördliche Bewilligung" „gilt". Im wesentlichen zusammengefaßt besagt sohin die niederösterreichische Regelung, daß ein im Widerspruch zum Flächenwidmungsplan und daher bewilligungslos (sei es, daß die Bewilligung verweigert wurde, sei es, daß sie kraft besserer Einsicht des Bauherrn von vornherein nicht beantragt wurde) errichtetes Bauwerk auch ohne baubehördliche Bewilligung rechtmäßig benützt werden darf, wenn die Baubehörde die rechtswidrige Bauführung (neben anderen, insbesondere die bautechnische Durchführung betreffenden Voraussetzungen) bescheidmäßig über Antrag festgestellt hat.

c. Seine Absicht der Legalisierung von Schwarzbauten eher verschleiernd erklärte der Steiermärkische Landesgesetzgeber in § 40 Abs 1 des Steiermärkischen Baugesetzes, LGBl 59/1995, bestehende bauliche Anlagen, für die eine Baubewilligung zum Zeitpunkt ihrer Errichtung erforderlich gewesen ist und diese nicht nachgewiesen werden kann, „als rechtmäßig, wenn sie vor dem 1. Jänner 1969 errichtet wurden".[42] Mit der Anordnung des § 40 Abs 1 Steiermärkisches Baugesetz knüpft der Gesetzgeber an die vom Verwaltungsgerichtshof in seiner Judikatur über den konsentierten Altbestand entwickelte Auffassung vom vermuteten Konsens an. Bemerkenswert an dieser Regelung ist zweierlei: Sie verzichtet erstens für die Legalisierung von Schwarzbauten auf die Erlassung eines baubehördlichen Bescheides, sei es eines Bewilligungs-, sei es eines Feststellungsbescheides, von vornherein. Zum zweiten wird die Vermutung der Rechtmäßigkeit der Errichtung und Benützung einer baulichen Anlage ausschließlich davon abhängig gemacht, daß sie vor dem 1. Jänner 1969 errichtet wurde. Ob die bauliche Anlage etwaigen, zum Zeitpunkt ihrer Errichtung bestehenden verbindlichen Planungsakten entsprach oder ob sonstige Bauvorschriften bei der Errichtung der Anlage verletzt wurden, erscheint belanglos.[43]

Gleichwohl erscheint es denkbar, in Anbetracht der noch zu konkretisierenden verfassungsrechtlichen, insbesondere rechtsstaatlichen Bedenken gegen die Legalisierung von Schwarzbauten[44], § 40 Abs 1 Steiermärkisches Baugesetz verfassungskonform dahin zu interpretieren, daß bauliche Anlagen, die vor dem 1. Jänner 1969 errichtet wurden, lediglich dann als rechtmäßig gelten, wenn sie entweder zum Zeitpunkt ihrer Errichtung oder zum Zeitpunkt der Überprüfung als bewilligungsfähig angesehen werden können. Eine derartige – den Zweck der Legalisierung von Schwarzbauten freilich beseitigende – restriktive Interpretation des § 40 Abs 1 leg cit wird vom Gesetz umso mehr nahegelegt, als dieses darauf abstellt, daß die erforderliche Baubewilligung lediglich „nicht nachgewiesen werden kann", der Gesetzgeber sohin von der Vorstellung einer bewilligten und daher wohl auch bewilligungsfähigen baulichen Anlage ausgegangen ist. Das laut den erläuternden Bemerkungen zur Regierungsvorlage[45] mit der Regelung des § 40 Abs 1 verfolgte Ziel der „Rechtssicherheit" wird freilich bei einer derartigen verfassungskonform-restriktiven Interpretation dieser Gesetzesbestimmung nicht erreicht, weil dann die Rechtmäßigkeit einer vor dem 1. Jänner 1969 errichteten baulichen Anlage jederzeit inzidenter geprüft werden kann.

42 Eine nicht zu beanstandende Sonderregelung trifft § 40 Abs 2 Steiermärkisches Baugesetz für bewilligungslos zwischen dem 1. Jänner 1969 und dem 31. Dezember 1984 errichtete bauliche Anlagen, die zum Zeitpunkt ihrer Errichtung bewilligungsfähig gewesen wären. Dies läßt der Gesetzgeber über Antrag des Bauwerbers oder von Amts wegen anhand der zum Zeitpunkt der Errichtung des Baues maßgeblichen Rechtslage bescheidmäßig dergestalt feststellen, daß der Feststellungsbescheid als Bau- und Benützungsbewilligung gilt.

43 So auch Hauer/Trippl, Steiermärkisches Baurecht, 3. Aufl (1995) 297, FN 2.

44 Vgl unten IV.

45 Vgl diese bei Hauer/Trippl, Baurecht 297.

d. Gemäß § 3 Abs 1 und 3 in Verbindung mit § 3 des Tiroler Gesetzes vom 25. November 1993 über die ausnahmsweise Zulässigkeit von Gebäuden im Freiland, LGBl 11/1994 idF LGBl 82/1994, (kurz: Freilandbautengesetz) entfällt für bestehende, vor dem 2. Jänner 1984 fertiggestellte oder errichtete oder konsenswidrig verwendete Gebäude (mit Aufenthaltsräumen) im Freiland, für die eine Baubewilligung nicht vorliegt oder die ohne Bewilligung zu einem anderen als dem bewilligten Verwendungszweck verwendet werden, „im Bauverfahren das Erfordernis der entsprechenden Flächenwidmung als Bewilligungsvoraussetzung". Die durch das konsenslos errichtete Gebäude überbaute Grundfläche gilt gemäß § 3 Abs 2 Freilandbautengesetz in Tirol „als Bauplatz". Ein Abtragungsauftrag darf bis zum rechtskräftigen Abschluß eines Baubewilligungsverfahrens nach § 3 Abs 1 Freilandbautengesetz nicht erlassen und ein allenfalls bereits erlassener Auftrag darf gemäß § 5 Freilandbautengesetz nicht vollstreckt werden. Dazu kommt, daß die durch das Gebäude überbaute Freilandfläche gemäß § 3 Abs 2 erster Satz Freilandbautengesetz als Bauplatz gilt, auf dem gemäß § 3 Abs 9 Tiroler Bauordnung, LGBl 33/1989 „die Errichtung eines Gebäudes nach diesem Gesetz zulässig ist", sodaß (auch in Verbindung mit § 42 Abs 3 Tiroler Raumordnungsgesetz 1994) im Fall des Abbruchs oder der sonstigen Zerstörung des im Freiland errichteten Gebäudes statt dessen ein Neubau mit demselben Verwendungszweck errichtet werden darf. Nicht nur die nachträgliche Bewilligung eines widmungswidrig und daher rechtswidrig errichteten Bauwerkes gestattet sohin das Tiroler Freilandbautengesetz, sondern es erklärt mit seinem § 3 Abs 2 erster Satz darüber hinaus auch für die Zukunft entsprechende Bauführungen im – weiterhin als Freiland gewidmeten – Gebiet rechtlich für zulässig, sofern nur in der Vergangenheit rechtswidrig gebaut wurde. Das Paradoxon ist kaum mehr zu überbieten: Der gesetzestreue Bürger, der auf Grund der Freilandwidmung seines Grundstücks auf eine Bauführung verzichtet, darf auch in Zukunft kein Bauwerk errichten; der dem Gesetz Zuwiderhandelnde setzt mit seinem rechtswidrigen Verhalten gleichsam die ansich rechtsverbindliche Freilandwidmung außer Kraft und erwirbt auch für die Zukunft den Anspruch auf Erteilung von Baubewilligungen.[46]

2. Die Motive der Landesgesetzgeber

Ein wesentliches Argument der Landesgesetzgeber bildet die Vielzahl von Schwarzbauten. Es wird daher als zweckmäßig angesehen, eine „Ge-

---

46 Vgl auch die Bedenken dagegen bei SCHWAIGHOFER, Das Tiroler „Schwarzbautengesetz" (1994) 33 f.

samtbereinigung der Grünlandbautenproblematik" durch eine Generalsanierung bereits (zum Teil seit langem) bestehender, aber im Widerspruch zum Flächenwidmungsplan stehender Bauten im Grünland vorzunehmen.[47] Auch in Tirol wird die große Zahl an Schwarzbauten als wesentliches Argument herangezogen. In Tirol durch Zählungen erhärtete Schätzungen gehen von 8.000, im Burgenland von 3.000 und in Niederösterreich von 3.300 Schwarzbauten aus[48]. Es wird als praktisch unmöglich angesehen, tausende Abbruch- und womöglich auch Vollstrekkungsverfahren von der Verwaltung durchführen zu lassen.

Ein ganz anderer, in Wahrheit gerade gegenteiliger Begründungsweg für die gesetzliche Schwarzbautensanierung geht dahin, daß die konsequente Anwendung der derzeitigen gesetzlichen Regelungen „zweifellos zu Härten führen würde und in einzelnen Fällen sogar zur Existenzfrage werden könnte"[49]. Anliegen des Gesetzgebers war es demzufolge, „Härtefälle (zB Abbruchbescheide für Wohnhäuser)" zu vermeiden.

Bereits genannt wurde schließlich das „Interesse der Rechtssicherheit", das der Steiermärkische Landesgesetzgeber als Argument für die von ihm angestellte Vermutung des rechtmäßigen Bestandes baulicher Anlagen, die vor dem 1. Jänner 1969 errichtet wurden, heranzieht.

Die Entstehungsgeschichte des Tiroler Schwarzbautengesetzes[50] läßt schließlich noch ein weiteres Motiv erkennen: Es häuften sich einerseits die Fälle, in denen Bürgermeister wegen Amtsmißbrauchs strafgerichtlich verurteilt wurden, weil sie die Errichtung von Schwarzbauten oder zumindest deren Bestand geduldet hatten, wiewohl sie baurechtlich als Baubehörden amtlich verpflichtet gewesen wären, dagegen – etwa im Wege von Abbruchverfahren – einzuschreiten. Andererseits wurde befürchtet, daß Bürgermeister, die gegen Schwarzbauten in ihrer Gemeinde einschreiten, dies politisch nicht durchstehen würden, weil die Bevölkerung ihrem Vorgehen kein Verständnis entgegenbringen könnte. So wurde das Schwarzbautengesetz auch vereinzelt als „Schwarzbautenamnestie"[51] gesehen, mit dem ein unhaltbarer Zustand bereinigt werden sollte. Dem entspricht eine rechtspolitische Bewertung des Tiroler Freilandbautengesetzes[52], wonach zwar die Erlassung eines derartigen Gesetzes sehr deutlich zeige, daß die Baubehörden bisher ihrer Amtspflicht, für die Einhaltung der baurechtlichen Bestimmungen zu sorgen, nicht ausreichend

47 So die Erläuterungen zur Regierungsvorlage zum Burgenländischen Gesetz, aaO.

48 KANONIER, Legalisierung von Schwarzbauten, ÖGZ 1996, 12 FN 2.

49 So wiederum die Erläuterungen zum Burgenländischen Gesetz, aaO.

50 Wiedergegeben bei SCHWAIGHOFER, aaO 11 ff.

51 SCHWAIGHOFER, aaO 12.

52 Vgl HAUER, Tiroler Baurecht (1994) 546, FN 1.

nachgekommen sind; daß aber gleichwohl durch die nachträglich gesetzliche Sanierung „für Ordnung gesorgt werden soll"[53].

3. Die Prüfungsbeschlüsse des Verfassungsgerichtshofs vom 22. Juni 1996, B 208/95 ua, und vom 25. September 1996, B 2310/95

Mit den genannten Beschlüssen hat der Verfassungsgerichtshof den § 3 des Tiroler Freilandbautengesetzes sowie den Art II des Burgenländischen Gesetzes, mit dem das Burgenländische Raumplanungsgesetz geändert wird, LGBl 12/1994, in Prüfung gezogen[54]. Die vom Verfassungsgerichtshof in diesen Beschlüssen aufgeworfenen Bedenken ob der Verfassungsmäßigkeit jener Gesetzesbestimmungen werden ganz überwiegend aus dem Gleichheitssatz abgeleitet. Eher kurz, am Rande und gleichsam abschließend äußert der Verfassungsgerichtshof auch das Bedenken, daß die angeführten Tiroler und Burgenländischen Gesetzesbestimmungen „dem im rechtsstaatlichen Geist auszulegenden und zu verstehenden Art. 18 Abs. 1 B-VG wider(sprechen)".

Der Vollständigkeit halber sollen hier die Gleichheitsbedenken des Verfassungsgerichtshofs zusammenfassend referiert werden, wiewohl sich die vorliegende Untersuchung zum Ziel gesetzt hat, vorwiegend den rechtsstaatlichen Ungeist, von dem die Schwarzbautengesetze getragen sind, darzustellen.

Einen Verstoß gegen den Gleichheitssatz vermutet der Verfassungsgerichtshof in jenen Prüfungsbeschlüssen darin, daß Personen, die sich rechtswidrig verhielten, indem sie nicht nur ohne die gesetzlich erforderliche baurechtliche Bewilligung ein Bauwerk errichteten, sondern – jedenfalls im Regelfall – auch die flächenplanerische, also rechtsverbindliche Freiland- bzw Grünflächenwidmung mißachteten, vom Gesetzgeber bessergestellt werden als jene Personen, die in Übereinstimmung mit der Rechtsordnung auf eine konsenslose Bauführung im Freiland verzichteten. Der Verfassungsgerichtshof vermag keinen sachlichen Grund dafür zu finden, daß Personen, die auf Grund einer negativen Erledigung ihres seinerzeitigen Baubewilligungsverfahrens in Übereinstimmung mit der Rechtsordnung von einer Bauführung Abstand nahmen oder die bereits von vornherein infolge der aus rechtlicher Sicht gegebenen Aussichtslosigkeit einer positiven Erledigung eines Baubewilligungsverfahrens darauf

[53] Da das Gesetz befristet ist, ..., kann diese Art der Klarstellung des baubehördlich bewilligten Bestandes von Gebäuden im Freiland sowie die Möglichkeit einer Sanierung aus rechtsstaatlicher Sicht nach Meinung Hauers, aaO, sogar begrüßt werden!

[54] Mit E v 29. November 1996, G 189-193/96, G 277/96 hat der Verfassungsgerichtshof § 3 Tiroler Freilandbautengesetz als gleichheitswidrig aufgehoben, ohne auf die rechtsstaatlichen Bedenken einzugehen.

verzichteten, einen entsprechenden Antrag zu stellen, vergleichsweise schlechtergestellt sind als jene Personen, die im Widerspruch zur Rechtsordnung Schwarzbauten errichteten. Besonders bedenklich erscheint es dem Verfassungsgerichtshof, daß nach der Tiroler Regelung nicht nur die einmalige konsenslose Errichtung eines rechtlich unzulässigen Gebäudes in der Vergangenheit gesetzlich saniert wird, sondern daß darüber hinaus auch für die Zukunft entsprechende Bauführungen unter der Voraussetzung rechtlich zulässig sind, daß in dem als Freiland gewidmeten Gebiet rechtswidrig gebaut wurde.

Unter Hinweis auf seine Judikatur zur Gleichheitswidrigkeit von Planänderungen, die lediglich deshalb vorgenommen werden, um für ein, auf einem Grundstück im Widerspruch zu einem geltenden Raumplan errichtetes Bauwerk im nachhinein eine Rechtsgrundlage zu schaffen, vertritt der Gerichtshof die Meinung, daß diese Gleichheitswidrigkeit nicht nur die Änderung von Raumplänen, sondern erst recht gesetzliche Regelungen trifft, wenn es deren einziger Sinn und Zweck ist, flächenwidmungswidrige Bauführungen im nachhinein und im Widerspruch zu jenen Flächenwidmungen als konsensfähig zu erklären.

Bedenken unter dem Aspekt des Gleichheitssatzes werden vom Verfassungsgerichtshof ferner geäußert, weil die Bewilligungsfähigkeit konsenslos errichteter Gebäude lediglich solche mit Aufenthaltsräumen betrifft, ohne daß ein sachlicher Grund erkennbar ist, warum bewilligungslose Bauten ohne Aufenthaltsräume, wie etwa Garagen oder ausschließlich gewerblichen Zwecken dienende Bauwerke, wie Lagerhallen, von der Begünstigung des Tiroler Schwarzbautengesetzes ausgeschlossen sind.

Sachlich nicht einsichtig ist dem Verfassungsgerichtshof ferner, warum lediglich im Freiland oder auf einer Grünfläche konsenslos errichtete oder verwendete Gebäude der Sanierung teilhaftig werden, nicht hingegen Bauwerke, die im Bauland konsenslos (und etwa wegen Verletzung der Abstandsbestimmungen auch nicht konsensfähig) errichtet wurden, wiewohl die Folgen einer rechtlichen Sanierung rechtswidriger Bauführungen im Bauland möglicherweise viel geringer sind als im Freiland oder auf Grünflächen.

Bemängelt werden ferner die Fristenregelungen der in Prüfung gezogenen Gesetzesbestimmungen, weil vorläufig kein zureichender sachlicher Grund ersichtlich war, gerade widmungswidrig errichtete Bauten vor dem 1. Jänner 1984 (in Tirol) bzw vor dem 1. März 1991 (in Burgenland) des Rechtsvorteils der Sanierung teilhaftig werden zu lassen.

Aus rechtsstaatlicher Sicht meint der Verfassungsgerichtshof, daß die die gesetzliche Regelung des Freilandbautengesetz verteidigende Tiroler Landesregierung „das Wesen einer rechtsstaatlichen Ordnung verkannt“

hat, wenn sie die große Zahl konsensloser und konsenswidrig verwendeter Gebäude in Tirol ins Treffen führt, welche die rechtliche Sanierung durch den Gesetzgeber rechtfertigen soll. Im übrigen nimmt der Verfassungsgerichtshof vorläufig an, daß es dem aus rechtsstaatlicher Sicht zu verstehenden Grundsatz der Gesetzmäßigkeit der Verwaltung widersprechen dürfte, wenn der Gesetzgeber rechtswidrige Verhaltensweisen der Bürger im nachhinein endgültig für rechtmäßig erklärt und damit das Vertrauen in die Durchsetzung der vom Gesetzgeber nach Art 18 Abs 1 B-VG begründeten Rechte und Pflichten durch die Verwaltungsbehörde untergraben wird.

IV. Die Verstöße der gesetzlichen Schwarzbautenregelungen gegen verfassungsrechtlich mit dem Rechtsstaatsprinzip verbundene normative Vorstellungen

Näher besehen verletzen die gesetzlichen Schwarzbautenregelungen eine Mehrzahl verfassungsrechtlicher Regelungen und Institutionen, die wie oben gezeigt, im Lichte des Rechtsstaatsprinzips einen eigenständigen strukturellen Gehalt erlangt haben. Zwar ist davon auszugehen, daß angesichts des punktuellen Charakters der nachfolgend zu schildernden Durchbrechungen rechtsstaatlich zu interpretierender konkreter verfassungsrechtlicher Normen und Institutionen die Schwarzbautengesetze keinesfalls an die verfassungsrechtliche Grundordnung rühren. Wenn auch verfassungspolitisch höchst abträglich, wäre es so dem (Bundes-)verfassungsgesetzgeber wohl nicht verwehrt, auch eine Sanierung rechtswidriger Verhaltensweisen in der Art der Schwarzbautengesetze ohne Volksabstimmung zu beschließen. Der einfache Gesetzgeber verstößt aber gegen mehrfache verfassungsrechtliche Bindungen, will er Unrecht in der Art der landesgesetzlichen Schwarzbautenregelungen in Recht verwandeln.

1. Die Durchbrechung der Rechtskraft von Bescheiden

Der verfassungsrechtliche Bescheidbegriff[55] schließt ein gewisses Maß an Rechtsbeständigkeit der behördlichen Entscheidung ein, setzt sohin das Phänomen der Rechtskraft voraus. Im Hinblick auf die Rechtskraft wurde der Bescheid seinerzeit sogar von der Rechtsprechung definiert.[56]

55 Art 119a Abs 5, 129a Abs 1, 131, 132, 141 Abs 1 lit e, 144 B-VG.

56 Daß der Bescheid nicht nur als eine der Rechtskraft fähige, sondern in Wahrheit auf Rechtskraft zielende Erledigung einer Verwaltungsbehörde zu verstehen ist, hat schon Winkler, Der Bescheid (1956) 18, dargetan.

Mit jedem Bescheid ist sohin auch ein gewisses Maß an Schutz des Vertrauens des Bürgers auf den bescheidmäßig verfügten Zustand verbunden.

Die Schwarzbautenregelungen nehmen auf die Rechtskraft von Bescheiden, mit denen auf Grund der Flächenwidmung etwa Baubewilligungen verweigert wurden, teilweise auch bereits Abbruchaufträge ergingen, keine Rücksicht. Sie setzen sich vielmehr darüber hinweg. Sie schaffen keine neue Rechtslage, etwa eine geänderte Flächenwidmung, die eine neue rechtliche Beurteilung eines Baubegehrens gestatten würde. Sie zielen vielmehr darauf, nicht nur konsenslos, sondern gerade auch konsenswidrig errichtete Bauten im nachhinein als rechtmäßig bewerten zu lassen. Dies steht mit dem aus rechtsstaatlicher Sicht zu verstehenden Bescheidbegriff[57] nicht im Einklang.

2. Der Verstoß gegen subjektive öffentliche Nachbarrechte

Flächenwidmungsbestimmungen dienen, wie ein Blick in das Raumordnungs- und Baurecht zeigt, nicht nur der im öffentlichen Interesse gelegenen Aufteilung der durch die örtliche Raumplanung bewirkten Raumfunktionen[58], sie bezwecken vielmehr auch den Schutz der Nachbarn gegenüber einer widmungswidrigen Bauführung, bewirken sohin subjektive öffentliche Rechte auf Bewilligung widmungsgemäß errichteter und verwendeter Bauten. Nicht zu Unrecht wurde[59] dieses subjektives Recht als Kernelement der rechtsstaatlichen Garantien bezeichnet. Der Gesetzgeber besitzt zwar, wie die diesbezügliche verfassungsgerichtliche Judikatur[60] zeigt, einen beträchtlichen Gestaltungsspielraum bei der Zuerkennung von Parteirechten, also insbesondere bei der Gestaltung subjektiver öffentlicher Rechte von Nachbarn als Nebenparteien. Gleichwohl erscheint es als rechtsstaatswidriger Eingriff des Gesetzgebers in die für das verfassungsrechtlich vorgeprägte Verwaltungsrechtsschutzsystem maßgebliche Kategorie des subjektiven öffentlichen Rechtes, wenn er zwar prinzipiell das subjektive öffentliche Recht auf eine widmungsgemäße Bebauung bestehen läßt, für rechtswidrige Bebauungen in der Vergangenheit aber gerade entsprechende negatorische Ansprüche zunichte macht.

Dabei ist es nicht die (auch vom Verfassungsgerichtshof als Determinante der gesetzlichen Zuerkennung von Parteirechten anerkannte) Gleich-

---

57 Dazu Thienel, Verwaltungsakt 57 ff; Walter/Mayer, Grundriß des österreichischen Verwaltungsverfahrensrechts, 6. Aufl (1995) 152 ff mit zahlreichen weiteren Nachweisen.

58 Kanonier, aaO 14 f.

59 Etwa von Thienel, Verwaltungsakt 45 ff.

60 Siehe oben I.2.

heitswidrigkeit dieser Vorgangsweise, sondern der Eingriff in die rechtsstaatliche Struktur des subjektiven öffentlichen Rechts an sich: Der Nachbar bleibt zwar ein Träger subjektiver öffentlicher Rechte auf Durchsetzung jener Flächenwidmungen. Es wird ihm jedoch die Möglichkeit genommen, dieses subjektive öffentliche Recht für in der Vergangenheit rechtswidrig errichtete Bauten durchzusetzen. Das ist mit dem rechtsstaatlichen Konzept des subjektiven öffentlichen Rechts nicht vereinbar.

3. Der Verstoß gegen die Garantie verwaltungsgerichtlicher Kontrolle der öffentlichen Verwaltung

Schon entwicklungsgeschichtlich wird deutlich, daß ein Staat, der sich zur Rechtsstaatlichkeit bekennt, ohne eine Kontrolle der Rechtmäßigkeit individueller Verwaltungsakte durch eine unabhängige (Verwaltungs-)gerichtsbarkeit nicht auskommen kann[61]. Die rechtsstaatliche Struktur unsere Verfassung ist daher wesentlich von der Gerichtsbarkeit des öffentlichen Rechts geprägt, wobei dem Verwaltungsgerichtshof die entscheidende Funktion für den individuellen Rechtsschutz des Bürgers zukommt[62].

Diese Kontrolle der Rechtmäßigkeit von Bescheiden durch den Verwaltungsgerichtshof wird durch die Schwarzbautengesetze partiell ausgeschlossen. Sie wird insoweit beseitigt, als Bauten oder bauliche Anlagen im Widerspruch zur Flächenwidmung in der Vergangenheit errichtet wurden. Nicht die generelle Norm, die Flächenwidmung wird beseitigt, sondern dadurch, daß der Gesetzgeber für bereits rechtswidrig errichtete Bauten im Widerspruch zur Flächenwidmung Bewilligungen erteilen läßt, hindert der Gesetzgeber den Verwaltungsgerichtshof in verfassungswidriger Weise an seiner Aufgabe: Recht besehen wird mit den Schwarzbautengesetzen nicht ein rechtswidriges Verhalten des Bürgers, nämlich die konsenslose oder konsenswidrige Bauführung oder Verwendungsänderung von Bauten in rechtmäßiges Tun verwandelt. Die Bauführung bleibt ja rechtswidrig, könnte doch bei Fehlen eines rechtswidrig errichteten Baubestandes eine Baubewilligung rechtmäßigerweise gerade nicht erwirkt werden. Der Sinn der Legalisierung von Schwarzbauten, die in der Vergangenheit errichtet wurden, liegt vielmehr gerade darin, den Verwaltungsgerichtshof daran zu hindern, ein rechtswidriges Verhalten der Verwaltungsbehörden aufzugreifen. Diese Vorgangsweise widerspricht dem rechtsstaatlichen Konzept der verwaltungsgerichtlichen Kontrolle.

---

61 Oberndorfer, Die österreichische Verwaltungsgerichtsbarkeit (1983) 25 ff.

62 Winkler, Der gerichtliche Rechtsschutz des Einzelnen gegenüber der vollziehenden Gewalt in Österreich, wiederveröffentlicht in: Orientierungen im öffentlichen Recht (1979) 137 ff.

4. Grundsätzliches

Abgesehen von allen diesen Widersprüchen, in die sich der Gesetzgeber mit der Erlassung von Schwarzbautengesetzen in bezug auf einzelne rechtsstaatlich zu verstehende Institutionen und (Rechtsschutz-)konzeptionen gesetzt hat, begegnet die versuchte Legalisierung von Unrecht aber auch prinzipielleren rechtsstaatlichen Bedenken. Wenn Art 18 B-VG eine vorhersehbare und berechenbare gesetzliche Regelung für die Ausübung der staatlichen Verwaltung verlangt, ist es aus rechtsstaatlicher Sicht mit dieser zentralen Verfassungsnorm unvereinbar, eine gesetzliche Norm ausschließlich mit der Wirkung zu erlassen, daß ein rechtswidriges Verhalten im nachhinein schlichtweg für rechtmäßig erklärt wird. Dem rechtsstaatlich geprägten Anliegen der Rechtssicherheit und Rechtsklarheit widerspricht es, das rechtswidrige Verhalten in der Vergangenheit als folgenlos zu erklären, gleiches Verhalten in der Zukunft jedoch wiederum als unzulässig zu verbieten.

Zwar kann dem Gesetzgeber nicht verwehrt werden, von allgemeinen rechtlichen Regelungen Ausnahmen zuzulassen. Auch die Ausnahme darf sich aber aus rechtsstaatlicher Sicht nicht darauf beschränken, Rechtswidrigkeiten der Vergangenheit einfach zu „sanieren"! Allein der Umstand, daß in der Vergangenheit (noch dazu vielfach) vom Gesetz abgewichen wurde, vermag keinen Ausnahmetatbestand zu verwirklichen. Zwar rechnet auch der Rechtsstaat mit allgemeinen Verstößen gegen die Rechtsordnung: die Verfassung sieht daher durch Bundesgesetz zu erteilende Amnestien vor (vgl Art 93 B-VG). Diese bilden einen generellen Strafnachlaß, sie beseitigen oder verhindern nur den Strafvollzug oder sonstige Folgen strafgerichtlicher Verurteilung für einen generell umschriebenen Personenkreis. Die in der Vergangenheit bewirkte Rechtswidrigkeit eines Verhaltens wird dadurch nicht berührt.

Insgesamt erweisen sich so die Schwarzbautengesetze geradezu als eine – neue – Herausforderung des Rechtsstaates: Jeder in der juristischen Praxis Tätige weiß, daß auch der Rechtsvollzug Menschenwerk ist, daß Rechtsbrüche unterlaufen und daß so manche auch faktisch folgenlos bleiben. Aber noch kaum einmal hat der Gesetzgeber die Illegalität zum neuen Ordnungsprinzip erhoben und den rechtswidrig Handelnden geradezu belohnt. Ob ein Staat, der solches zuläßt, das Epitheton ornans „Recht" überhaupt verdient? Nach den eingangs wiedergegebenen, die Entwicklung prägenden Vorstellungen HUMBOLDTS, MOHLS und STAHLS, geschweige denn KANTS sicherlich nicht: hat doch der Staat mit der gesetzlichen Anerkennung von rechtswidrig errichteten Schwarzbauten gerade seine Aufgabe des Vollzugs und der Durchsetzung des allgemein geltenden Gesetzes preisgegeben.

Theo Öhlinger

Verfassungsrechtliche Möglichkeiten und Grenzen der Schulautonomie

I. Thematik

Ein zentrales Thema im Lebenswerk GÜNTHER WINKLERS bildet die *Autonomie der Universität.* Er hat für diese nicht nur praktisch in vielen Funktionen gekämpft, sondern auch die theoretischen Grundlagen aus der Perspektive des Rechtswissenschaftlers in zeitgemäßer Weise neu formuliert – und dies mit beachtlicher praktischer Wirkung: Seit der auf GÜNTHER WINKLERS Studien[1] gründenden Entscheidung des VfGH Slg 13.429/1993 hat die Autonomie der Universität in Österreich eine verfassungsrechtliche Dimension, die über das, was Lehre und Praxis der letzten Jahrzehnte anzunehmen geneigt waren, deutlich hinausreicht.

Die folgenden Ausführungen steigen in der Hierarchie der Bildungsstätten um einige Stufen tiefer. Ihr Thema ist die *Autonomie der Schulen unterhalb der Universitäten und Hochschulen.*

Während die Autonomie der Universitäten so alt ist wie ihre Geschichte und stets auch Gegenstand rechtswissenschaftlicher Analysen war, ist die Schulautonomie ein neues Thema. Gewiß mag es „autonome" Schulen in irgendeinem Sinn immer schon gegeben haben. Mit der Verstaatlichung der Schule, die in Österreich unter MARIA THERESIA einsetzte und mit dem StGG von 1867 und den in seinem Gefolge erlassenen Schulgesetzen[2] ihren Abschluß fand, ist aber die Schulautonomie kein Thema mehr gewesen. Erst in neuester Zeit wurde sie zu einem Schlagwort der österreichischen Schulpolitik und hat als solches allerdings in den letzten Jahren eine erhebliche Konjunktur erfahren.

---

1 Siehe insbes G. WINKLER, Die Rechtspersönlichkeit der Universitäten (1988); Die Autonomie der Universität, in: Winkler, Studien zum Verfassungsrecht (1991) 377 ff; Rechtspersönlichkeit und autonomes Satzungsrecht als Wesensmerkmale in der personalen Selbstverwaltung, ÖJZ 1991, 73.

2 Schule-Kirche-Gesetz RGBl 1868/48 und ReichsvolksschulG RGBl 1869/62.

II. Was ist „Schulautonomie"?

1. Der Stand der Gesetzgebung[3]

Erste Schritte zur Realisierung einer „Schulautonomie" – der Jurist muß diesen Begriff aus Gründen, auf die noch zurückzukommen ist, unter Anführungszeichen setzen – wurden mit der 14. SchOGNov BGBl 1993/323 und der begleitenden SchUGNov BGBl 1993/324 gesetzt. Danach hat der Bundesminister die einzelnen Schulen zu ermächtigen, in einem vorgegebenen Rahmen Lehrplanbestimmungen nach den örtlichen Erfordernissen zu erlassen.[4] Das Gesetz bezeichnet diese ausdrücklich als „schulautonome Lehrplanbestimmungen" und ergänzt diese Regelung durch die Ermächtigung zu einer „schulautonomen" Festlegung von Eröffnungszahlen (für fakultative Unterrichtsangebote) und Teilungszahlen (nach Maßgabe des zur Verfügung stehenden Lehrpersonals).[5]

Eine Ausweitung dieser vom Gesetz selbst so titulierten „Schulautonomie" erfolgte durch eine Novelle zum SchulzeitG BGBl 1995/467: Die Schulen selbst können zum Teil über die Einführung einer Fünf-Tage-Woche sowie über freie Schultage entscheiden.[6]

Diese gesetzlich begründete Schulautonomie ist noch durch verwaltungsinterne Maßnahmen, vor allem in budgetärer Hinsicht, erweitert worden.[7] Hier geht es jedoch nicht um eine vollständige Darstellung dessen, was nach heutigem Stand in Österreich an Schulautonomie vorhanden ist, sondern nur um die Illustration dieses Begriffes: „Schulautonomie" im Sinne der legistischen und administrativen Praxis der Neunzigerjahre bedeutet eine Verlagerung von Aufgaben der Schulverwaltung von den zentralen oder regionalen Schulbehörden (Bundesministerium, Landes- und Bezirksschulräte) auf die Schulen selbst.

Träger dieser „autonomen" Verwaltungsbefugnisse der einzelnen Schulen sind an den Volks- und Hauptschulen das Klassenforum und das Schulforum (§ 63a Abs 2 SchUG), an den Polytechnischen Lehrgängen,

---

3 Stand: August 1996.

4 § 6 Abs 1 SchOG.

5 § 8a Abs 2 2. Satz SchOG. Vgl dazu auch die EB zur RV der 14. SchOGNov 948 BlgNR 18. GP.

6 „Schulzeitautonomie" (§ 2 Abs 5 und 8 SchulzeitG); siehe dazu auch die EB zur RV 227 BlgNR 19. GP.

7 Vgl die EB zur RV der 14. SchOGNov (FN 5). Siehe auch die ausführliche Information über den aktuellen Stand in: Informationsblätter zum Schulrecht, Heft 4: Schulautonomie (1995). Zur Entwicklungsperspektive ferner K. Cortolezis-Schlager, Bewegung in die Schule – Was kann die Schulautonomie?, Verwaltung Heute, Beilage zur Wiener Zeitung 4/1996, 11 f.

Berufsschulen sowie mittleren und höheren Schulen der Schulgemeinschaftsausschuß (§ 64 Abs 2 SchUG) – also Gremien, denen neben Vertretern der Schule (Schulleiter, Lehrer) auch Vertreter der Erziehungsberechtigten sowie im Fall des Schulgemeinschaftsausschusses auch der Schüler angehören. Es handelt sich dabei um kollegiale Verwaltungsorgane, denen allerdings nicht nur Personen, die in einem Dienstverhältnis zum Rechtsträger der jeweiligen Schule stehen, sondern auch „Laien" angehören – einer der seltenen Fälle, in denen „auf Zeit gewählte Organe" im Sinne des Art 20 Abs 1 B-VG Aufgaben der staatlichen Verwaltung besorgen. Diese Beteiligung von Laien, die zugleich in hohem Maß „Betroffene" sind, gibt diesen Kollegien selbstverwaltungsähnliche Züge. Um echte Selbstverwaltung handelt es sich freilich nicht, weil diese Kollegialorgane trotz ihrer Zusammensetzung in die Weisungshierarchie der staatlichen Verwaltung eingegliedert bleiben. Dabei mag es aus praktischer Sicht weniger um individuell-konkrete Weisungen gehen, wohl aber um generell-abstrakte Weisungen („Erlässe"): Die Tätigkeit dieser Kollegialorgane ist nicht nur durch Gesetze und Rechtsverordnungen, sondern auch durch Erlässe (und allenfalls auch durch individuell-konkrete Weisungen) determinierbar und steuerbar.

2. Schulautonomie und Hochschulautonomie im Vergleich

Durch die Eingliederung ihrer organisatorischen Träger in die Hierarchie der staatlichen Verwaltung unterscheidet sich diese Schulautonomie ganz wesentlich von der Hochschulautonomie. Der autonome Wirkungsbereich der Universitäten und Kunsthochschulen ist gerade durch seine Weisungsfreiheit gegenüber staatlichen Behörden charakterisiert. Letztere sind in diesem Bereich auf eine Aufsicht beschränkt.

Weil allerdings auch die universitäre Verwaltung eine staatliche Verwaltung – zumindestens in einem weiteren Sinn – ist, bedarf es für diese Weisungsfreiheit im Hinblick auf Art 20 Abs 1 B-VG einer verfassungsrechtlichen Grundlage. Sie wird von der herrschenden Lehre in Art 17 StGG gesehen,[8] wo es freilich nur heißt, daß die *Wissenschaft und ihre Lehre* frei sei. Tatsächlich machen die wissenschaftliche Tätigkeit (Forschung) und ihre Lehre den Kern der universitären[9] Autonomie aus.[10] Soweit von den Universitäten auch Verwaltungsaufgaben im engeren Sinn[11]

8 Siehe Walter/Mayer, Grundriß des österreichischen Bundesverfassungsrechts[8] (1996) RZ 1449.

9 Auf die Kunsthochschulen wird hier nicht weiter eingegangen.

10 Dazu grundlegend Winkler, Autonomie (FN 1) 380.

11 In einem weiteren Sinn ist auch die Lehr- und Forschungstätigkeit an staatlichen Universitäten staatliche Verwaltung – siehe dazu FN 14.

weisungsfrei und damit in einem strikten Sinn autonom besorgt werden können, rechtfertigt sich diese Weisungsfreiheit verfassungsrechtlich durch den Nahebezug dieser Verwaltungsaufgaben zur wissenschaftlichen Forschung und Lehre.[12] Neben dieser weisungsfreien Besorgung von Verwaltungsaufgaben, die mit Lehre und Forschung in einem untrennbaren Zusammenhang stehen, gibt es an den österreichischen Universitäten aber traditionell auch eine (gegenüber der staatlichen Aufsichtsbehörde) weisungsgebundene Verwaltung („übertragener Wirkungsbereich").[13] Schließlich gibt es die durch ein zentrales staatliches Verwaltungsorgan, nämlich den für die Wissenschaft zuständigen Bundesminister, besorgte Verwaltung der Universitäten.

Die Verwaltung der Universitäten weist also vier Schichten auf. Den Kern bilden die von den Universitätsangehörigen besorgte Lehre und Forschung. Auch Lehre und Forschung an staatlichen Universitäten sind zwar „Verwaltung" in einem weiten staatsrechtlichen Sinn,[14] aber sie unterliegen keinerlei Weisungen von Organen außerhalb der Universitäten und auch innerhalb der Universitäten nur in sehr eingeschränktem Maß; darüber hinaus sind Lehre und Forschung des in einem öffentlichen Dienstverhältnis stehenden Universitätslehrers – als verfassungsgesetzlich gewährleistete Rechte – auch einer gesetzlichen Regelung weitgehend entzogen. Dieser Teil der universitären Tätigkeit ist also in einem sehr starken Sinn „autonom" und bildet den zentralen Bezugspunkt der gesamten Hochschulautonomie. Um Lehre und Forschung herum sind Verwaltungsaufgaben im eigentlichen Sinn gelagert, deren Weisungsfreiheit durch den engen Zusammenhang mit der Lehre und Forschung verfassungsrechtlich legitimiert ist. Die nächste Schicht bildet sodann jene von den Universitätsorganen selbst besorgte Verwaltung der Universität, bei der diese Organe gegenüber der staatlichen Aufsichtsbehörde weisungsgebunden sind. Die vom Kern der universitären Autonomie am weitesten entfernte Verwaltung der Universität ist schließlich jene, die von den staatlichen Aufsichtsorganen erledigt wird.

Vergleicht man damit das, was heute in der legistischen und administrativen Praxis als „Schulautonomie" bezeichnet wird, so ist diese ausschließlich mit der dritten Schicht des Modells der Hochschulautonomie

---

[12] Siehe auch P. PERNTHALER, Die Universitätsautonomie im Spannungsfeld von Wissenschaftsfreiheit, Bildungsanstalt und Forschungsunternehmen, in: Strasser (Hrsg), Organisations-, europa- und immaterialgüterrechtliche Probleme der Universitäten (1992) 1 (9 ff).

[13] Das UOG 1993 beseitigt allerdings – auf der Grundlage einer besonderen Verfassungsbestimmung (§ 2 Abs 2) – den übertragenen Wirkungsbereich und kennt nur mehr einen autonomen Wirkungsbereich.

[14] Weil „Verwaltung" jedes dem „Staat" zurechenbare Handeln ist, das nicht unter die Kategorien von Gesetzgebung und Gerichtsbarkeit fällt. Vgl dazu auch noch unten III.2.

vergleichbar, wohin sie aus der vierten Schicht transferiert wurde. Von der Hochschulautonomie ist also die gegenwärtige Schulautonomie so weit entfernt, daß schon die Verwendung des Terminus „Autonomie" aus juristischer Sicht höchst fragwürdig erscheint.[15] „Schulautonomie" im Sinne der aktuellen legistischen und administrativen Praxis ist nichts anderes als eine Verlagerung von auf die Schule bezogenen Verwaltungsaufgaben von zentralen und regionalen Behörden auf die Schulen selbst, die dabei aber in den hierarchischen Aufbau der staatlichen Verwaltung zur Gänze integriert, insbesondere also weisungsgebunden, bleiben. Von einem gesetzesfesten Kern einer solchen Autonomie kann umsoweniger die Rede sein. Es handelt sich in exakter juristischer Begrifflichkeit um nicht mehr als eine *Dekonzentration von staatlichen Verwaltungsagenden.*[16]

„Schulautonomie" ist in Wahrheit ein politischer Begriff ohne exakten rechtlichen Inhalt (weil eben jener Gehalt, der der bisherigen Gesetzgebung entnommen werden kann, in rechtlicher Sicht bestenfalls eine Vorform von Autonomie ist). Er ist zur Kurzformel jener Bestrebungen geworden, die sich zum einen gegen ein Übermaß an *Verrechtlichung der Schule* durch Gesetze und untergesetzliche Rechtsvorschriften (Verordnungen, „Erlässe") richten, zum anderen gegen die – sich damit überschneidende (Stichwort: Erlässe) – *Verbürokratisierung der Schule* durch ihre totale Eingliederung und Unterordnung unter die staatliche Schulverwaltung und die damit verbundene Übertragung behördlicher Strukturen auf die Schulorganisation selbst.

3. Das erziehungswissenschaftliche Konzept der Schulautonomie

Die Kritik an der Verrechtlichung und Bürokratisierung der Schule ist von Praktikern artikuliert und von Erziehungswissenschaftlern theoretisch untermauert worden. Auch das Gegenkonzept einer Autonomisierung der Schule ist von den Erziehungswissenschaften entwickelt worden.[17]

Sieht man dieses erziehungswissenschaftliche Konzept einer Schulautonomie näher an, so fällt auf Anhieb eine Parallelität zum universitären Autonomiemodell ins Auge. Kern dieses Modells ist, wie zuvor gezeigt, die Autonomie der Lehre und Forschung, sein Bezugspunkt somit der einzelne Lehrer und Forscher.

Auch im erziehungswissenschaftlichen Konzept der Schulautonomie geht es nicht primär um eine (wie immer verstandene) Autonomie der

15 Zum Begriff „Autonomie" auch PERNTHALER (FN 12) 1.

16 Zur Begrifflichkeit vgl ANTONIOLLI/KOJA, Allgemeines Verwaltungsrecht³ (1996) 372 f.

17 Siehe POSCH/ALTRICHTER, Schulautonomie in Österreich (1992).

Schul*verwaltung;* auch sein Bezugspunkt ist die primäre Aufgabe der Schule: das Unterrichten, von dem aus „Autonomie" im Sinne eines „Zwiebelschalenkonzepts"[18] entwickelt wird. Es geht der Erziehungswissenschaft primär um die Frage: „Welche Verantwortung sollte an der Schule, genauer: beim einzelnen Lehrer und Schüler, verankert werden, um eine möglichst hohe Qualität von Unterricht zu gewährleisten? Welche Entscheidungsspielräume sind dazu erforderlich und welche Grenzen müssen gesetzt werden, um Vergleichbarkeit und Schutz legitimer Interessen zu gewährleisten?" Einer Autonomie der Schulverwaltung im engeren Sinn ist daher die Frage vorgegeben: „Welche Handlungsspielräume brauchen LehrerInnen und SchülerInnen für qualitätsvollen Unterricht?"[19] Erst davon abgeleitet stellt sich der Erziehungswissenschaft die Frage: „Welche Autonomie braucht die Schule (und die in ihr Arbeitenden), um dem Auftrag zu Bildung und Autonomie von SchülerInnen angesichts spezifischer lokaler und sich schnell wandelnder gesellschaftlicher Bedingungen gerecht zu werden?"[20]

Mit anderen Worten: ganz ähnlich wie die Autonomie der Universität rechtfertigt sich auch die Schulautonomie nur durch eine auf diese Weise gesicherte und geförderte Qualität des Unterrichts, und hat daher der *Unterricht den Bezugspunkt einer solchen Autonomie zu bilden.* Ein bezeichnender Unterschied gegenüber der Universität, auf dessen Relevanz noch zurückzukommen ist, liegt allerdings darin, daß dieser Bezugspunkt nicht streng individualistisch, sondern als ein interaktiver Prozeß zwischen Lehrer und Schüler gesehen wird.

Aus dem Blickwinkel dieses erziehungswissenschaftlichen Konzepts einer Schulautonomie bildet das, was bisher als solche gesetzlich und administrativ bezeichnet wurde, nur erste Schritte in eine Richtung, die auch in juristischer Begrifflichkeit als Autonomie qualifizierbar wäre. Denn das skizzierte erziehungswissenschaftliche Konzept zielt durchaus auf eine echte Autonomie der Schule. Damit stellt sich freilich – wie schon für die Universität – auch für die staatliche Schule die Frage nach den verfassungsrechtlichen Grundlagen und Möglichkeiten einer solchen Autonomie. Schulautonomie wird so zu einem Verfassungsproblem.

III. Schule als Institution der staatlichen Verwaltung

Geht man vom herrschenden juristischen Verständnis der Schule aus, so wäre dieses Problem freilich rasch gelöst: Für eine echte Autonomie

18 Posch/Altrichter (FN 17) 15.
19 Posch/Altrichter (FN 17) 15.
20 Posch/Altrichter (FN 17) 15 f.

der Schule ist in diesem Verständnis kein Raum. Es gilt daher zunächst, dieses Konzept auszubreiten (III.) und sodann auf seine Gültigkeit zu hinterfragen (IV.).

1. Schule als staatliche Aufgabe

Schulunterricht ist nach in Österreich im wesentlichen unbestrittener Auffassung *eine öffentliche Aufgabe,* dh eine Aufgabe, die zumindestens subsidiär vom Staat zu besorgen ist. In der österreichischen Tradition liegt es auch, daß diese Aufgabe nicht nur subsidiär, sondern primär vom Staat selbst erfüllt wird – und dies nach herrschender Lehre durchaus in Erfüllung eines Verfassungsauftrags.[21] Verfassungsrechtlich verankert ist ferner – in einer Bestimmung, in der noch deutlich die zeitgenössischen Auseinandersetzungen zwischen Staat und Kirche bzw zwischen Liberalismus und Klerikalismus widerhallen –, daß „dem Staate ... rücksichtlich des gesamten Unterrichts- und Erziehungswesens das Recht der obersten Leitung und Aufsicht zu(steht)" (Art 17 Abs 5 StGG). Die gleiche Verfassungsregelung räumt freilich auch jedem Staatsbürger das Recht ein, Unterrichts- und Erziehungsanstalten zu gründen und an solchen Unterricht zu erteilen, sofern er „seine Befähigung hiezu in gesetzlicher Weise nachgewiesen hat".[22] Der häusliche Unterricht wird selbst von dieser „Beschränkung" freigestellt (Art 17 Abs 2 und 3 StGG).

„Staat" in diesem Sinne ist im Bundesstaat die nach der Kompetenzverteilung zuständige Gebietskörperschaft Bund oder Land, wobei diese Zuständigkeiten in bezug auf die Schulen bekanntlich in äußerst detaillierter und komplizierter Weise aufgeteilt sind (Art 14, 14a B-VG), dem Bund aber ein deutliches Übergewicht zukommt. Der Bund besitzt insbesondere auch im autonomen Vollzugsbereich des Landes ein Aufsichtsrecht (Art 14 Abs 8, 14a Abs 6 B-VG).[23]

---

21 Art 14 Abs 6 B-VG; vgl dazu K. Ringhofer, Die österreichische Bundesverfassung (1977) 58; H. Mayer, Schule und Verfassung, RdS 1985, 1 (2); kritisch allerdings W. Mantl, Erziehungsauftrag und Erziehungsmaßstab der Schule, VVDStRL 54 (1995) 83 f.

22 *Grundsatz der Unterrichtsfreiheit.* Diese umfaßt zwei Seiten: die Freiheit, private Schulen zu betreiben (Privatschulfreiheit) und die Freiheit, an solchen Unterricht zu erteilen (Unterrichtsfreiheit im engeren Sinn); richtig F. Ermacora, Grundriß der Menschenrechte in Österreich (1988) RZ 826, 828. Die rechtswissenschaftliche Literatur, aber auch die Judikatur zu diesem Grundrecht sind dürftig. Auch K. Spielbüchler, Das Grundrecht auf Bildung, in: Machacek/Pahr/Stadler (Hrsg), Grund- und Menschenrechte in Österreich, Bd II (1992) 149 ff – die wichtigste Studie zu diesem Thema aus neuerer Zeit – findet mit seinem (restriktiven) Ansatz einer Deutung als (bloße) „Privatschulfreiheit" praktisch nur einen Zugang zum ersten Teil dieses Grundrechts und geht auf die Tragweite der verfassungsrechtlichen Garantie, „Unterricht (an Privatschulen) zu erteilen", nicht näher ein. Siehe dazu noch unten IV.3.

23 Dazu auch J. Hengstschläger, Das Bildungswesen, in: Schambeck (Hrsg), Das österreichische Bundes-Verfassungsgesetz und seine Entwicklung (1980) 597 ff.

2. Schule als Verwaltung

Als eine vom Staat besorgte öffentliche Aufgabe ist die Schule selbst – und nicht nur die Schulverwaltung – Teil der staatlichen Verwaltung. Von diesem Ausgangspunkt her gesehen erscheint es daher nicht erforderlich, zwischen der eigentlichen Aufgabe der Schule: dem *Unterricht*, und einer die Erfüllung dieser Aufgabe ermöglichenden *Verwaltung der Schule im engeren Sinn* zu differenzieren. Verwaltung im Rechtssinn ist nicht nur die Tätigkeit von Schulbehörden und von Schulleitern, sondern auch *das Unterrichten* selbst, und daher der *Lehrer* in dieser seiner Funktion ein *Verwaltungsorgan.*[24]

Daraus ergeben sich folgende Konsequenzen.

a. Jeder an der Schule Tätige, auch ein Lehrer, unterliegt der vollen *Weisungsgebundenheit*, deren verfassungsrechtliche Grenzen lediglich in der Strafgesetzwidrigkeit einer Weisung oder der formalen Unzuständigkeit der die Weisung erteilenden Stelle liegen.[25] Es gibt jedoch *keine sachlichen oder fachlichen Grenzen der Weisungsgewalt jedes dem einzelnen Lehrer in der Verwaltungshierarchie übergeordneten Organs.*[26,27]

b. Schule ist aus dieser Sicht genauer noch *Teil der Hoheitsverwaltung.*[28] Damit gilt für sie uneingeschränkt das *Legalitätsprinzip* (Art 18 B-VG).[29] Es verbietet nicht nur jedem Verwaltungsorgan und damit auch jedem an der Schule Tätigen ein Handeln ohne explizite gesetzliche Ermächtigung, sondern verlangt zugleich von der Gesetzgebung, das Handeln der Verwaltungsorgane inhaltlich in ausreichendem Maße zu bestim-

24 Siehe F. Jonak, Probleme der Schulgesetzgebung, RdS 1979, 2: „Zur staatlichen Verwaltung zählt im Bereich des Schulwesens nicht nur die Tätigkeit der Schulbehörden des Bundes und der Länder, sondern auch die Tätigkeit der Lehrer und Leiter an den öffentlichen Schulen, sei sie nun behördlicher Natur oder Unterricht und Erziehung." Ähnlich H. Mayer, Rechtsstaatliche Aspekte des Schulwesens, RdS 1979, 5.

25 Art 20 Abs 1 B-VG. Dazu kommt das in § 44 Abs 3 BDG 1979 begründete Remonstrationsrecht gegen gesetzwidrige Weisungen. Vgl auch H. Böckle, Der weisungsfreie Raum des Lehrers, RdS 1984, 97.

26 Vgl W. Berka, Die pädagogische Freiheit des Lehrers als Rechtsproblem, JBl 1978, 571 (582 f).

27 Verfassungsrechtliche Grenzen gibt es allerdings für die Weisungsgewalt des Bundesministers gegenüber den Schulbehörden des Bundes (Art 81a Abs 4 B-VG). „Autonomie" kommt somit im gegebenen Schulsystem nur diesen Kollegialorganen zu, die auch selbstverwaltungsähnliche Strukturen aufweisen; siehe dazu P. Pernthaler, Die verfassungsrechtlichen Schranken der Selbstverwaltung in Österreich, Verhandlungen des 3. Österreichischen Juristentages Bd I/3 (1967) 98.

28 W. Jisa, Schule im Rechtsstaat, RdS 1984, 7: „... daß die Institution Schule und ihre Handlungsformen, näherhin die Wissensvermittlung und die Initiierung des Erziehungsprozesses im Rahmen der Hoheitsverwaltung agiert, möchte ich als gesichertes Ergebnis voranstellen"; Mayer, RdS 1979, 5: „Auch der Lehrer erfüllt eine hoheitliche Aufgabe der staatlichen Verwaltung ...".

29 Mayer, RdS 1979, 5.

men: Das Gesetz hat alle wesentlichen Elemente des Verwaltungshandelns vorwegzunehmen; das Verwaltungshandeln selbst darf nur „Gesetzesvollzug“ sein.

Von diesem Ansatz her ist daher auch die Tätigkeit des Lehrers nur und ausschließlich *Gesetzesvollzug*. Soweit dem Lehrer dabei Freiräume einer selbständigen und eigenverantwortlichen Gestaltung des Unterrichts zukommen, handelt es sich um „Ermessen“, das sich von behördlichem Ermessen nicht prinzipiell unterscheidet.[30] Auch dieses Ermessen ist daher „im Sinne des Gesetzes“ auszuüben[31] und bedarf deshalb einer zwar nicht totalen, aber doch sehr weitgehenden gesetzlichen Determinierung.

c. Die spezifische Eigenart des Unterrichtens wird in diesem staatsrechtlichen Konzept der Schule nicht berücksichtigt, und für eine *eigenverantwortliche pädagogische Gestaltungsfreiheit des Lehrers* bleibt nur ein sehr eingeschränkter Raum – eben nur jener, den die Verfassung dem verwaltungsbehördlichen Ermessen konzediert, das jedoch nicht so weit reichen darf, daß dadurch die Qualität der Verwaltung als „Vollziehung“ in Frage gestellt wäre.

Zwar verpflichtet § 17 Abs 1 SchUG den Lehrer zu einer „eigenständigen und verantwortlichen Unterrichts- und Erziehungsarbeit“ und überläßt ihm dabei eine weitgehende Freiheit in der Wahl der Methoden und Unterrichtsmittel. Will man allerdings „ein Ergebnis vermeiden, das § 17 Abs 1 SchUG als verfassungswidrig erweist, so wird man die rechtliche Bedeutung der in ihr dem Lehrer eingeräumten Eigenständigkeit verneinen müssen“, und sie ist eben und nur deshalb, weil sie nicht wirklich existiert, „kein rechtliches Problem“.[32]

IV. Verfassungsrechtliche Ansätze einer vertieften Autonomie der Schule

1. Die Antinomie zwischen Recht und Schule

Die Schule als Teil der Hoheitsverwaltung steht damit verfassungsrechtlich unter dem Gebot der Vergesetzlichung. Oder anders ausgedrückt: Vergesetzlichung der Schule ist aus verfassungsrechtlicher Sicht ein Fortschritt in der Realisierung des Rechtsstaates[33] und somit keines-

---

30 So explizit Mayer, RdS 1979, 5 f.

31 Art 130 Abs 2 B-VG.

32 Mayer, RdS 1985, 4. Vgl allerdings auch die differenzierte Analyse dieser Bestimmung von Berka, JBl 1978, 571 ff.

33 Vgl Jisa, RdS 1984, 7, sowie die Skizzierung des historischen Prozesses der Verrechtlichung der Schule von Berka, JBl 1978, 572 ff.

wegs eine bedauerliche Fehlentwicklung. Denn auch in bezug auf die Schule gilt, daß das „Gesetz und die Bindung des Staates an das Gesetz ... eine Errungenschaft des modernen freiheitlichen demokratischen Rechtsstaates ... (und) heute das wichtigste Mittel gerade auch zur Sicherung der Freiheit des Menschen in einer technisierten Welt (sind)".[34] Die uneingeschränkte Weisungsgebundenheit aller an der Schule Tätigen, einschließlich der Lehrer, dient der Durchsetzung dieser Vergesetzlichung.

Ganz anders sieht dies allerdings die Erziehungswissenschaft: „Die österreichische Schule leidet unter einer Hypertrophie des Prinzips der ‚Rechtsstaatlichkeit', bei der Legalität als totale Verrechtlichung, Zentralisierung und uniformierende Bürokratisierung verstanden wird und formale Regeln der allgemeinen Verwaltung auf innerschulische pädagogische Prozesse und Entscheidungsfelder übertragen werden."[35]

Aus der Sicht des zuvor skizzierten rechtswissenschaftlichen Konzepts der Schule handelt es sich freilich „um nichts anderes als um Ideologie ... bei all den Versuchen darzutun, daß dem Schulwesen die Freiheit vom Gesetz adäquat bzw sogar immanent sei. Bei Lichte besehen handelt es sich nicht einmal um ein besonders originelles Denkmuster, welches uns hier vorgeführt wurde. Begegnet uns doch hier – mit modernem Vokabular umnebelt – das bekannte Relikt polizeistaatlichen Denkens, das in den Lehrbüchern des Verwaltungsrechts als ‚besonderes Gewaltverhältnis' bezeichnet wird".[36]

Hier werden Gräben wechselseitigen Unverständnisses sichtbar. Sind diese Gräben aber wirklich unüberbrückbar? Zwingt die Verfassung wirklich dazu, fast wie ein Bulldozer über die „innerschulischen pädagogischen Prozesse und Entscheidungsfelder"[37] hinwegzufahren und jede Rücksichtnahme auf die „Sachgesetzlichkeiten des pädagogischen Prozesses und (die) rollenspezifischen und individuellen Gegebenheiten der Lehrerpersönlichkeit"[38] zu unterdrücken?

2. Ist Unterricht hoheitliche Verwaltung?

Art 17 Abs 2 StGG garantiert jedem Staatsbürger, sofern er dazu seine Befähigung in gesetzlicher Weise nachweisen kann, das Recht, Unter-

[34] So F. Kopp, Die pädagogische Freiheit des Lehrers, Grundlagen und Grenzen, DÖV 1979, 890 (891). Differenziert zu diesem Thema auch F. Ossenbühl, Schule im Rechtsstaat, DÖV 1977, 801 ff

[35] K. H. Gruber, Schulreform „von innen"?, in: Achs ua (Hrsg), Umbruch der Gesellschaft – Krise der Schule? (1988) 138 (141). Siehe dazu auch Posch/Altrichter (FN 17) 107.

[36] Mayer, RdS 1985, 3.

[37] Siehe zuvor FN 35.

[38] So Berka, JBl 1978, 571.

richts- und Erziehungsanstalten zu gründen *und an solchen Unterricht zu erteilen.* Das Erteilen von schulischem Unterricht ist somit keineswegs eine dem Staat vorbehaltene Tätigkeit, sondern kann auch – verfassungsrechtlich garantiert – im Rahmen privater Schulen erfolgen. Dabei unterscheiden sich das Unterrichten an staatlichen und das Unterrichten an privaten Schulen in formaler Hinsicht – und darauf kommt es hier an – in keiner Weise voneinander.

Damit gerät allerdings die Qualifikation des Unterrichtens als hoheitliche Verwaltung in einen auffallenden Gegensatz zur üblichen Definition der Hoheitsverwaltung. Die herrschende Lehre definiert Hoheitsverwaltung nicht nach dem Inhalt der Tätigkeit, sondern ausschließlich nach der rechtlichen Handlungsform: Hoheitsverwaltung liegt stets dann vor, wenn ein Verwaltungsorgan in bestimmten, rechtlich definierten und dem „Staat" (im funktionellen Sinn) vorbehaltenen Formen handelt, deren wesentliche die Verordnung und der Bescheid, daneben ua die öffentliche Urkunde, sind. Handelt ein Verwaltungsorgan dagegen in einer Form, die im Prinzip jedem „Rechtsunterworfenen" zur Verfügung steht, so liegt nichthoheitliche[39] oder privatrechtsförmige[40], in der üblichen Terminologie: „Privatwirtschaftsverwaltung"[41], vor, wobei dieser Bereich negativ definiert wird, dh alles umfaßt, was der Form nach nicht Hoheitsverwaltung ist.

Die Konsequenzen dieser Unterscheidung sind vielfältig; hier interessiert vor allem eine: Nach heute herrschender Lehre und Rechtsprechung gilt das Legalitätsprinzip des Art 18 Abs 1 B-VG nicht für die nichthoheitliche Verwaltung.[42]

Unterrichten erfolgt als solches in keiner Rechtsform, sondern ist reales Handeln. Die übliche Zuordnung des Unterrichtens an staatlichen Schulen zur Hoheitsverwaltung wird, wenn man von überkommenen Traditionen absieht, damit begründet, daß am Anfang und am Ende des Schulverhältnisses zumindestens potentiell Hoheitsakte stehen: Die Zulassung zur Schule, jedenfalls aber ihre Ablehnung, hat durch Bescheid zu erfolgen; gleiches gilt auch für Entscheidungen über eine Klassenwiederholung; und schließlich ist auch das Zeugnis als öffentliche Urkunde eine Form des hoheitlichen Verwaltungshandelns. Der Unterricht wird aus dieser Sicht gewissermaßen zu einem Annex dieser hoheitlichen Verwaltungsakte und eben als solcher auch zur Hoheitsverwaltung.

---

39 Adamovich/Funk, Allgemeines Verwaltungsrecht[3] (1987) 143 ff.

40 Korinek/Holoubek, Bundesverfassungsrechtliche Probleme privatrechtsförmiger Subventionsverwaltung, ÖZW 1995, 1.

41 Siehe etwa Antoniolli/Koja (FN 16) 23 f; Walter/Mayer (FN 8) RZ 560; Korinek/Holoubek, Grundlagen staatlicher Privatwirtschaftsverwaltung (1993) 9 ff.

42 Dazu zuletzt Korinek/Holoubek (FN 41) 68 f, mwN.

Damit werden zwar die tatsächlichen Funktionen der Schule verkehrt, weil die primäre Funktion der Schule immer noch das Unterrichten und das Setzen von Hoheitsakten wohl nur eine sekundäre Aufgabe ist. In einer rein juristischen Sicht mag aber dieser Zusammenhang trotzdem ausreichen, um das Unterrichten an staatlichen Schulen als – wenngleich „schlichte" – Hoheitsverwaltung zu qualifizieren.[43,44]

Nur: Klassifikationen dieser Art haben keinen Selbstwert, sondern sind Abbreviaturen komplexer juristischer Schlußfolgerungen.[45] Eine Konsequenz, die die herrschende Lehre an die Klassifikation des Unterrichts an staatlichen Schulen als Hoheitsverwaltung knüpft, ist – wie zuvor gezeigt – die uneingeschränkte Geltung des Legalitätsprinzips.[46,47]

---

43 Vgl zu diesem Begriff allgemein ANTONIOLLI/KOJA (FN 16) 25 ff. Als „schlichte Hoheitsverwaltung" qualifiziert – in Anlehnung an WINKLER, Rechtspersönlichkeit (FN 1) 307 – PERNTHALER (FN 12) 36, die universitäre Lehre und Forschung.

44 Als der (Rechts-)Form nach privates Handeln scheint allerdings RINGHOFER (FN 21) den Betrieb staatlicher (öffentlicher) Schulen zu qualifizieren. Geht man von der Begriffsbildung aus, die KORINEK/HOLOUBEK (FN 41) 20 f entwickeln – entscheidend ist der „Einsatz hoheitlicher Vollzugsmittel" –, so spricht ebenfalls mehr für die Qualifikation des Unterrichtens als „Privatwirtschaftsverwaltung".

Diese Qualifikation würde nicht dadurch widerlegt, daß dem Lehrer bei der Gestaltung des Unterrichts tatsächlich gewisse Befehls- und Zwangsbefugnisse zukommen, zB die Aufforderung an den Schüler, einen bestimmten Platz einzunehmen (Beispiel bei MAYER, RdS 1979, 7). Denn diese Befugnisse eines Lehrers an einer staatlichen Schule unterscheiden sich qualitativ nicht von jenen eines Lehrers an einer privaten Schule, sodaß es falsch wäre, sie für sich als Ausfluß staatlichen „imperiums" (vgl ANTONIOLLI/KOJA [FN 16] 23; KORINEK/HOLOUBEK [FN 41] 9) und damit als Akte der Hoheitsverwaltung zu qualifizieren (so aber MAYER, aaO). Zu solchen Zwangsbefugnissen privatrechtlicher Art, die auch nicht zu einer hoheitlichen Befehls- und Zwangsgewalt mutieren, wenn sie von staatlichen Organen ausgeübt werden, siehe auch VfSlg 10.060/1984, 11.492/1987.

45 Siehe dazu auch die bemerkenswerten Ausführungen von WINKLER, Rechtspersönlichkeit (FN 1) 403 ff.

46 Siehe oben FN 29.

47 Eine andere Konsequenz ist die Anwendung des AmtshaftungsG. Sie wird mit der Qualifikation des Unterrichtens als schlichte Hoheitsverwaltung gerade nicht in Frage gestellt (siehe dazu VRBA/ZECHNER, Kommentar zum Amtshaftungsrecht [1983] 127 f). Zu berücksichtigen bleibt dabei aber, daß die Judikatur der ordentlichen Gerichte ihren den Anwendungsbereich des Amtshaftungsrechts begrenzenden Begriff der „Hoheitsverwaltung" schon immer extensiver faßte als die öffentlich-rechtliche Lehre ihren den Geltungsbereich des Legalitätsprinzips markierenden Begriff (dazu näher ÖHLINGER, Der Anwendungsbereich des Amtshaftungsgesetzes, in: Aicher [Hrsg], Die Haftung für staatliche Fehlleistungen im Wirtschaftsleben [1988] 121 ff; jüngst etwa OGH EvBl 1996/80). Diese Differenz ist kein Fehler, sondern durch die unterschiedliche Teleologie von Art 18 Abs 1 und Art 23 B-VG durchaus begründet (richtig E. PUCK, in: Rill [Hrsg], Allgemeines Verwaltungsrecht [1979] 294; B. BINDER, Der unlautere Wettbewerb der öffentlichen Hand, ÖZW 1990, 33 [35]). Die hier vertretene These einer eingeschränkten Geltung des Legalitätsprinzips für das Unterrichten im engeren Sinn steht daher der Auffassung, daß „alle Organverhaltensweisen, die mit der Erteilung des Unterrichts, der Beaufsichtigung der Schüler und der Aufsicht über das Unterrichtswesen zusammenhängen", der Hoheitsverwaltung *im Sinne des Amtshaftungsrechts* (Art 23 B-VG) zuzurechnen sind, soweit es sich

Wenn aber das Legalitätsprinzip für ein Handeln in Formen, die jedem (Staats-)Bürger zur Verfügung stehen, überhaupt nicht gilt, so ist es unschlüssig, für das Unterrichten seine „uneingeschränkte Geltung"[48] zu postulieren, obwohl sich Unterrichten an staatlichen und privaten Schulen seiner Form nach in keiner Weise unterscheiden läßt. Zumindestens eine *Differenzierung* zwischen dem Unterrichten und der Erlassung von Bescheiden, die mit dem Unterricht in Zusammenhang stehen, wäre – auch und gerade unter dem Aspekt des Legalitätsprinzips – angebracht.[49]

3. Der Gehalt des Art 17 Abs 2 StGG

Aus Art 17 Abs 2 StGG scheint aber noch mehr zu folgen. Diese Bestimmung garantiert jedem Staatsbürger nicht nur das Recht, Unterrichtsanstalten zu betreiben, sondern auch das Recht, an solchen Anstalten zu unterrichten.[50] Weil es sich dabei um ein *verfassungsgesetzlich* gewährleistetes Recht handelt, liegt darin auch eine Schranke des Gesetzgebers: Der Gesetzgeber darf diese Freiheit nicht in beliebiger Weise einschränken – jedenfalls nicht in einer Weise, die ihrer praktischen Aufhebung gleichkäme oder sie in unverhältnismäßiger Weise beschränkte. Eine gesetzliche Regelung des Unterrichtens an privaten Schulen, die dieses auf einen bloßen Gesetzesvollzug reduzieren würde, wäre mit Art 17 Abs 2 StGG zweifellos nicht vereinbar.[51]

---

um öffentliche Schulen oder Privatschulen mit Öffentlichkeitsrecht handelt (VRBA/ZECHNER aaO; siehe auch SCHRAGEL, Kommentar zum Amtshaftungsgesetz (AHG) [1985] 279), nicht entgegen. Vgl dazu auch LANGEDER, Die Rechtspersönlichkeit der Universitäten, in: Strasser (Hrsg), Grundfragen der Universitätsorganisation IV (1990) 54 (109).

48 MAYER, RdS 1979, 5.

49 Diese These knüpft an die von WINKLER begründete Lehre vom differenzierten Legalitätsprinzip an (siehe WINKLER, Gesetzgebung und Verwaltung im Wirtschaftsrecht [1970]). Folgt man dem Ansatz RINGHOFERS (siehe zuvor FN 44), so ließe sich die Geltung des Legalitätsprinzips für den pädagogischen Prozeß des Unterrichtens überhaupt verneinen (was nicht auch bedeutet, daß der Gesetzgeber diesen Prozeß nicht regeln *dürfte*!). Im Ergebnis gleich PERNTHALER (FN 12) 36, wenn er für das von ihm als schlichte Hoheitsverwaltung qualifizierte Lehren eine ähnlich „gelockerte" Gesetzesbindung annimmt wie für privatrechtsförmiges Handeln.

50 Siehe oben FN 22.

51 Das Recht, an (privaten) Schulen Unterricht zu erteilen – nur um diesen Teilausschnitt aus Art 17 Abs 2 StGG geht es hier –, ist seinem Wortlaut nach absolut, dh ohne Gesetzesvorbehalt, gewährleistet; lediglich der Nachweis der „Befähigung" zum Unterricht darf gesetzlich geregelt werden (dazu ADAMOVICH/FUNK, Österreichisches Verfassungsrecht[3] [1985] 418: die geforderte Befähigung darf neben der sachlichen Qualifikation auch ein einwandfreies sittliches und staatsbürgerliches Verhalten umfassen; im gleichen Sinn anscheinend auch SPIELBÜCHLER [FN 22] 165). Die Verfassungsjudikatur anerkennt aber auch bei vorbehaltlos gewährleisteten Grundrechten immanente, durch die Gesetzgebung ausgestaltbare Grundrechtsschranken (siehe etwa die Rechtsprechung zur Kunstfreiheit), so wie umgekehrt auch ein Gesetzesvorbehalt den Gesetzgeber nach dem heutigen Stand

Das gilt so freilich nur für *private Schulen.* Private Schulen haben aber gemäß Art 14 Abs 7 B-VG „nach Maßgabe der gesetzlichen Bestimmungen“ einen Anspruch auf Verleihung des *Öffentlichkeitsrechts* mit der Folge, daß ihre Zeugnisse ähnliche oder gleiche Rechtswirkungen haben wie die Zeugnisse öffentlicher Schulen. Der Gesetzgeber darf somit die Voraussetzungen regeln, die vorliegen müssen, damit eine Schule das Öffentlichkeitsrecht erhält. Nach heutigem Grundrechtsverständnis[52] erlaubt aber ein solcher Gesetzesvorbehalt nicht beliebige, sondern nur verhältnismäßige Eingriffe in ein verfassungsgesetzlich gewährleistetes Recht. Aus der Zusammenschau von Art 14 Abs 7 B-VG und Art 17 Abs 2 StGG ergibt sich vielmehr, daß durch Art 17 StGG ein „gesetzesfester“ Kern der Unterrichtsfreiheit auch den Privatschulen mit Öffentlichkeitsrecht verfassungsrechtlich garantiert ist, der nicht über den Umweg von Art 14 Abs 7 B-VG zur Gänze wieder aufgehoben werden darf.[53,54] Abwegig wäre auch der Gedanke, daß die verfassungsgesetzlich gewährleistete Unterrichtsfreiheit im Sinne des Art 17 Abs 2 StGG überhaupt ihre Grenzen am „Öffentlichkeitsrecht“ findet und sich daher auf eine private Schule mit Öffentlichkeitsrecht gar nicht mehr erstreckt.[55] Zum einen wäre damit das Grundrecht des Art 17 Abs 2 StGG praktisch bedeutungslos – ein Sinn, der einer Grundrechtsbestimmung nicht unterstellt werden darf; zum anderen ist Art 14 Abs 7 B-VG selbst eine Grundrechtsbestimmung,[56] sodaß der in ihr enthaltene Gesetzesvorbehalt im Sinne des Verhältnismäßigkeitsgrundsatzes einschränkend zu interpretieren ist.

Die Verfassung anerkennt damit einen – gesetzlicher Regelung entzogenen – Freiraum des Unterrichtens an privaten Schulen (einschließlich solchen mit Öffentlichkeitsrecht). Würde man mit RINGHOFER[57] das

des Grundrechtsverständnisses nicht mehr zu unbegrenzten Eingriffen ermächtigt. Insofern ist die Differenzierung zwischen vorbehaltlos gewährleisteten und unter Gesetzesvorbehalt stehenden Grundrechten nur eine relative. Dazu grundlegend M. STELZER, Das Wesensgehaltsargument und der Grundsatz der Verhältnismäßigkeit (1991).

52 Siehe dazu ÖHLINGER, Verfassungsrecht^3 (1997) 280 ff.

53 Die vom VfGH noch in Slg 5034/1965 anscheinend angenommene unbegrenzte Freiheit des Gesetzgebers in der Regelung der Bedingungen des Öffentlichkeitsrechts kann im Lichte der neueren Grundrechtsjudikatur nicht mehr angenommen werden.

54 Nur angedeutet, dem damaligen Stand der Grundrechtsjudikatur entsprechend aber nicht näher ausgeführt, wird dieser Gedanke bei G. LEBITSCH, Zur Unterrichtsfreiheit der Privatschule, RdS 1983, 33 (34).

55 Soweit solche Überlegungen eine Grundlage in VfSlg 5034/1965 zu finden scheinen, müßte ihnen die Entwicklung der neueren Grundrechtsjudikatur entgegengehalten werden.

56 Dh eine ein subjektives Recht im Verfassungsrang normierende Bestimmung. Dies hat der VfGH bereits in Slg 5034 klargestellt – ein Aspekt dieser Entscheidung, der im Lichte der neueren Grundrechtsjudikatur gerade nicht zu korrigieren wäre.

57 Siehe oben FN 44.

Unterrichten an staatlichen Schulen als privatrechtsförmiges Verwaltungshandeln qualifizieren und würde man überdies – im Einklang mit der Judikatur des VfGH – diesem privatrechtsförmigen Staatshandeln den prinzipiell gleichen Grundrechtsschutz zubilligen wie dem Handeln echter Privatpersonen, so wäre daraus der Schluß zu ziehen, daß dem Unterrichten auch an staatlichen Schulen ein gesetzesfester Freiraum (der im einzelnen noch genauer auszuloten wäre) verfassungsrechtlich gewährleistet ist. Ein solcher Schluß ist freilich mit mehr als einem Wenn und Aber belastet. Nicht nur spricht, wie schon gesagt, manches für die Qualifikation des Unterrichtens an staatlichen Schulen als „schlichte" Hoheitsverwaltung. Problematisch ist es vor allem, den Staat als Privatrechtssubjekt pauschal als Grundrechtsträger anzuerkennen, wie dies die Judikatur allerdings tut. Hier sind vielmehr Differenzierungen angebracht.[58]

Ohne auf dieses schwierige und in Österreich noch wenig bearbeitete Problem hier genauer eingehen zu können, läßt sich freilich so viel sagen: die Ähnlichkeit des Unterrichtens an privaten Schulen mit dem an staatlichen Schulen ist groß genug, um zumindestens eine Bestätigung des zuvor gewonnenen Ergebnisses zu erhalten: Wenn privaten Schulen einschließlich solcher mit Öffentlichkeitsrecht von Verfassungs wegen ein Freiraum gegenüber gesetzlichen Regelungen des Unterrichtens garantiert ist, so wäre es widersinnig, für das Unterrichten an staatlichen Schulen die totale Vergesetzlichung als verfassungsrechtlich geboten anzunehmen. Der verfassungsgesetzlich garantierte Freiraum des Unterrichtens an privaten Schulen – der aus erziehungswissenschaftlicher Sicht durchaus als pädagogischer Freiraum erscheint – ist ein verfassungsrechtlich positivierter Wert, der wohl auch auf staatliche Schulen ausstrahlt und zumindestens die Schlußfolgerung begründet: Unterricht auch an staatlichen Schulen ist – verfassungsrechtlich anerkannt – nicht einfach nur „Gesetzesvollzug".

4. Zwischenergebnis: die eingeschränkte Geltung des Legalitätsprinzips

Eine „uneingeschränkte Geltung" des Legalitätsprinzips[59] ist daher in bezug auf die Schule nur dort anzunehmen, wo als „Bescheide" zu qualifizierende Entscheidungen über die Aufnahme in eine oder den Ausschluß von einer Schule getroffen werden. Einen Grenzfall bildet die Benotung, speziell dort, wo von ihr der Aufstieg in eine höhere Klasse oder der Schulabschluß abhängt: Hier ist ein Rechtsschutz und damit eine

58 Siehe dazu Öhlinger (FN 52) 280.

59 Siehe zuvor FN 29.

Überprüfungsmöglichkeit im Sinne von „Legalität durch Verfahren“ geboten.[60] *Die Verfassung verlangt jedoch nicht, auch den eigentlichen pädagogischen Prozeß des Unterrichtens mit gleicher Dichte und Intensität rechtlich zu regeln.*

Eine Deregulierung des auf diesem Gebiet – etwa durch (als gesetzeskonkretisierende Rechtsverordnungen zu qualifizierende) Lehrpläne – bereits Normierten und eine dadurch bewirkte Rückgewinnung an pädagogischer Freiheit des einzelnen Lehrers oder der Schule insgesamt wäre also verfassungsrechtlich durchaus zulässig. Selbstverständlich soll das aber nicht heißen, daß sich die Gesetzgebung auf diesem Gebiet völlig zurückzuziehen hätte. Ihre Aufgabe wäre es, einen Rahmen zu setzen, der das unverzichtbare Mindestmaß an Einheitlichkeit und gleichmäßiger Qualität zu gewährleisten hätte.

5. Entbürokratisierung der Schule

Schulautonomie als schulpolitisches Programm zielt aber nicht nur auf Deregulierung im Sinne von Entgesetzlichung, so wichtig diese Facette ist, sondern auch und aktuell sogar primär auf Entbürokratisierung im Sinne von mehr Autonomie gegenüber der staatlichen Schulverwaltung. Dieses Anliegen ist zweischichtig.

a. Zum einen geht es um *Freiräume der Schule als Anstalt.* Auf dieser Ebene liegen denn auch die bisherigen Maßnahmen einer Autonomisierung der Schule, die freilich insofern begrenzt blieben und zu keiner echten Autonomie führten, als sie die Schule nicht aus dem Weisungszusammenhang der staatlichen Verwaltungshierarchie herauslösten.

Eine Weisungsfreiheit der Schule könnte durch eine Weiterentwicklung der bereits vorhandenen selbstverwaltungsähnlichen Elemente der Schulorganisation[61] zu einer echten *Selbstverwaltung* hergestellt werden. Nach der Rechtsprechung des VfGH liegt eine solche Organisationsform öffentlicher Einrichtungen prinzipiell „im Rahmen des Organisationsplanes der Bundesverfassung“.[62] Inwieweit dieser „Organisationsplan“ auch die Umwandlung der Schulen in Selbstverwaltungskörper trägt, bedürfte freilich noch einer genaueren Analyse. Die für eine allenfalls als notwendig erkannte Verfassungsänderung erforderliche parlamentarische Mehrheit wäre aber im Hinblick auf Art 14 Abs 10, 14a Abs 8 B-VG ohnehin schon für jede einschlägige Rechtsänderung unvermeidbar. Für eine so

60 Siehe dazu auch B.-Ch. Funk, Die Leistungsbeurteilung des Schülers aus rechtlicher Sicht, RdS 1980, 65 ff.

61 Siehe zuvor II.1.

62 VfSlg 8215/1977.

weitreichende Änderung der Schulorganisation auch eine verfassungsrechtlich einwandfreie Grundlage zu schaffen, könnte dann kein zusätzliches politisches Problem mehr darstellen.

Mit dem Hinweis auf die „im Rahmen des Organisationsplanes der Bundesverfassung" gelegene Selbstverwaltung soll hier nur die Richtung aufgezeigt werden, in die weitere Schritte gesetzt werden müßten, wenn man die Schule als Anstalt aus dem Weisungszusammenhang der staatlichen Verwaltung herauslösen und ihr dadurch echte „Autonomie" gewähren möchte. Daß dies auch in abgestufter Weise (Stichwort: Teilrechtsfähigkeit) geschehen könnte – und in absehbarer Zeit wohl nur als ein abgestuftes Programm in Betracht käme –, kann das Beispiel der Universität zeigen.

b. In einer noch tieferen Schicht zielt die Autonomisierung der Schule auf den konkreten Unterricht: auf die (bereits angesprochene) *pädagogische Freiheit des einzelnen Lehrers* – um zugleich das Stichwort aufzugreifen, unter dem dieses Problem in den Siebziger- und Achtzigerjahren vor allem in Deutschland[63] sehr intensiv diskutiert wurde.[64]

Freiheit des Lehrers (als Staatsbediensteter) würde aus juristischer Sicht heißen: Weisungsfreiheit. Als solche verfehlt sie aber bereits das eigentliche Anliegen der pädagogischen Freiheit. Pädagogische Freiheit – darin stimmen sachbezogen argumentierende Juristen durchaus mit Erziehungswissenschaftlern überein – meint nicht eine einseitige Freiheit des Lehrers, sondern betrifft den zwischen Lehrer und Schüler stattfindenden interaktiven Prozeß der Erziehung: „Die pädagogische Freiheit ist dem Lehrer nicht um seiner selbst willen, sondern um der Jugend willen gegeben, deren Erziehung ihm anvertraut ist", sie hat „nicht ihren Endzweck in der Freistellung des Lehrers um seiner Persönlichkeitsentfaltung willen. Die pädagogische Freiheit bezweckt die bestmögliche Erziehung der dem Lehrer im Unterricht anvertrauten Schüler".[65]

Schlichte Weisungsfreiheit des Lehrers würde dafür wenig bringen und manches gefährden. Verfehlt sind daher die Versuche, die pädagogische Freiheit als „kleine Wissenschaftsfreiheit" aus der verfassungsgesetzlich gewährleisteten Wissenschaftsfreiheit (Art 17 Abs 1 StGG) abzulei-

---

63 Siehe etwa U. Evers, Verwaltung und Schule, VVDStRL 23 (1966) 147 (177 ff); Ch. Starck, Staatliche Schulhoheit, pädagogische Freiheit und Elternrecht, DÖV 1979, 269 ff; Kopp, DÖV 1979, 890 ff; H. U. Gallwas, Verfassungsrechtliche Aspekte der pädagogischen Freiheit auf der Grundlage des Bonner Grundgesetzes, RdS 1984, 1; zuletzt M. Bothe, Erziehungsauftrag und Erziehungsmaßstab der Schule im freiheitlichen Verfassungsstaat, VVDStRL 54 (1995) 25 ff; A. Dittmann, ebendort, 65 ff.

64 Siehe auch Berka, JBl 1978, 571 ff.

65 Starck, DÖV 1979, 273; zur erziehungswissenschaftlichen Perspektive Posch/Altrichter (oben bei FN 18 – 20).

ten oder gar als einen Fall der Meinungsfreiheit (Art 13 StGG) zu begründen.[66] Beide Freiheiten sind individuelle Freiheiten und gehen daher am interaktiven Prozeß des Erziehens vorbei. (In diesem Punkt unterscheiden sich, wie schon gesagt,[67] Schule und Universität funktionell voneinander.) Der Sache näher kommen schon die Versuche, die pädagogische Freiheit aus dem Recht des Kindes auf Selbstentfaltung zu begründen und sie dem Lehrer nur als Reflex dieses Rechts zuzuerkennen.[68] Aber abgesehen von der Einseitigkeit auch dieses Ansatzes würde er im österreichischen Verfassungsrecht keine positivrechtliche Grundlage finden.

In Wahrheit ist die für einen qualitätsvollen Unterricht notwendige pädagogische Freiheit auch weniger durch individuelle Weisungen gefährdet als durch jene generell-abstrakten Weisungen, die in Form von Erlässen auf die Schulen niederprasseln und den Unterricht bis ins kleinste Detail regulieren. Dieses tatsächlich gegebene Problem führt daher zurück zur Weisungsgebundenheit der Schule als Anstalt.[69] Durch eine Lockerung oder vielleicht sogar allmähliche Beseitigung *dieser* Weisungsgebundenheit (ersetzt durch eine staatliche Schulaufsicht) würde – in Verbindung mit einer adäquaten demokratischen Binnenstruktur der einzelnen Schule[70] – jener institutionelle Rahmen geschaffen, der wohl auch die Achtung der pädagogischen Freiheit des einzelnen Lehrers in hinreichendem Ausmaß garantierte – dies ist im übrigen auch ein Beispiel für das nur scheinbare Paradoxon, daß durch eine gesetzliche Regelung (denn ihrer bedürfte es zur Herstellung dieses institutionellen Rahmens) „dereguliert" und Freiraum hergestellt wird.[71] Auf eine Weisungsgebundenheit des Lehrers könnte aber auch und gerade die Leitung einer in diesem Sinn wirklich autonomen Schule nicht verzichten. Sie ist notwendig, um Fehlleistungen des einzelnen Lehrers korrigieren zu können.[72]

---

66 Siehe die Hinweise bei Berka, JBl 1978, 585 ff.

67 Siehe oben II.3.

68 Vgl E. Stein, Das Recht des Kindes auf Selbstentfaltung in der Schule (1967) 50 ff.

69 Siehe zuvor IV.5.a.

70 Demokratische Binnenstrukturen sind ein essentielles Element des „im Organisationsplan der Bundesverfassung" liegenden Konzepts der Selbstverwaltung (siehe VfSlg 8215 [oben FN 62]; 8644/1979). Sie bedürfen freilich in der Schule einer anderen Gestalt als in den traditionellen Formen der territorialen und beruflichen Selbstverwaltung.

71 Dazu auch Bothe (FN 63) 26 „Die Vergesetzlichung stellt eine gewisse Sicherung der pädagogischen Freiheit gegenüber der Kultusbürokratie dar."

72 Dabei wird nicht verkannt, daß diese Weisungsbefugnis selbst in Gefahr bleibt, diese Aufgabe zu verfehlen – wie dies in so eindrucksvoller Weise Peter Weirs Film „Der Club der toten Dichter" illustriert hat. Rechtsmittel an eine Aufsichtsbehörde und darüber hinaus an ein Gericht könnten diese Gefahr reduzieren, aber – weil selbst Höchstgerichte gelegentlich Fehlurteile fällen – nicht absolut beseitigen. Es ist dies eine dem Recht als Menschenwerk immanente Grenze der Perfektion, die deshalb nicht den Verzicht auf das Instrument des Rechts schlechthin rechtfertigt.

V. Resümee

Schulautonomie ist vorerst mehr ein politisches Programm denn rechtliche Realität. Der Ausweitung ihrer – zumindestens in rechtlicher Perspektive – bescheidenen Ansätze steht das Beharrungsvermögen von Strukturen entgegen, die in mehr als einem Jahrhundert gewachsen sind und sich in vieler Hinsicht durchaus bewährt haben. Daß freilich diese Strukturen nicht auch verfassungsrechtlich verfestigt und versteinert sind, sollte dieser Beitrag zeigen. Die Bundesverfassung ist gegenüber einer vertieften Autonomisierung der Schule durchaus offen.

Stanley L. Paulson

Erkennen als Anerkennen*

Die neukantianische Urteilslehre Heinrich Rickerts

> „Die Erkenntnistheorie [...] darf etwas niemals deshalb, weil es für die Einzelwissenschaften selbstverständlich ist, unbeachtet lassen."
> RICKERT, Der Gegenstand der Erkenntnis, 6. Aufl (1928) 138.

Einleitung

Der erkenntnistheoretisch „naive" Mensch betrachtet die Dinge der „Außenwelt" als Gegenstände der Erkenntnis. Von den Dingen machen wir uns Vorstellungen, und wer mit den Dingen übereinstimmende oder sie abbildende Vorstellungen besitzt, der hat das Wirkliche erkannt.[1] HEINRICH RICKERT (1863-1936), Schüler WILHELM WINDELBANDS, Lehrer EMIL LASKS und nach Windelbands Tode im Jahre 1915 der unumstrittene Kopf der Südwestdeutschen, Badener, oder Heidelberger Schule[2] des Neukantianismus,[3] gibt sich nicht damit zufrieden, auf diese von

* Der Jubilar ist nicht nur Staats- und Verwaltungsrechtler, sondern auch ein Rechtstheoretiker, der sich mehrfach mit erkenntnistheoretischen Fragen befaßt hat. Im besonderen denke ich an seine Werke Rechtstheorie und Erkenntnislehre (Wien/New York 1990), Rechtswissenschaft und Rechtserfahrung (Wien/New York 1994) sowie Zeit und Recht (Wien/New York 1995). Um den Jubilar auch diesbezüglich zu ehren, habe ich mich dazu entschlossen, ein erkenntnistheoretisches Thema aufzunehmen. Bei meinen Freunden LUKAS H. MEYER (Bremen) und ALEXANDER SOMEK (Wien) bedanke ich mich sehr für wertvollen Rat, der sowohl sachlich als auch sprachlich zu vielen Verbesserungen geführt hat.

1 HEINRICH RICKERT, Der Gegenstand der Erkenntnis [unten als „GE" abgekürzt], 6. Aufl (Tübingen 1928) 1, vgl auch die 2. Auflage dieses Werkes (Tübingen/Leipzig 1904) 1. Ich habe vor allem die 6. Auflage verwendet, die mit 452 Seiten und wesentlich größerem Format fast drei Mal so ausführlich ist wie die 2. Auflage (auf deren parallel laufende Passagen ich zwischen Klammern öfters hingewiesen habe). Beim Zitieren habe ich die Rechtschreibung RICKERTS sub silentio modernisiert.

2 Ich ziehe die Bezeichnung „Heidelberger Schule" den Bezeichnungen „Südwestdeutsche" und „Badener" Schule vor, auch wenn letztere gebräuchlicher sind.

3 Eine in der letzten Zeit zu beobachtende, recht beeindruckende „Mini-Renaissance" der Marburger Schule (HERMANN COHEN, PAUL NATORP und der frühere ERNST CASSIRER), was die wissenschaftliche Beschäftigung mit ihr betrifft, läßt sich mit Blick auf die Heidelberger Schule nicht ausmachen trotz des lebhaften Interesses an EMIL LASK. Den-

der herkömmlichen Philosophie bekannte *Abbildtheorie* als Gegenstand seiner Kritik zu verweisen. Vielmehr fügt er die Lehre KANTS hinzu, wonach das „erkennende ‚Bewußtsein' einer *jenseits* des Bewußtseins liegenden oder ‚transzendenten' Realität gegenüberstehe, deren ‚Erscheinung' es in sich aufzunehmen habe, um zur Erkenntnis des Wirklichen zu gelangen."[4] Der Gegensatz zwischen Objekt und Subjekt der Erkenntnis bleibe also auch in der kantisch geläuterten Anfassung unangetastet.[5]

Aus dieser von RICKERT vorgenommenen – auf das Verhältnis von Subjekt und Objekt abhebenden – Gleichstellung der naiven Meinung und ihres kantischen Gegenstücks läßt sich seine breit angelegte erkenntnistheoretische Fragestellung entnehmen, deren programmatisches Anliegen RICKERT in seinem Hauptwerk „Der Gegenstand der Erkenntnis"[6] folgendermaßen formuliert: „Läßt eine Erkenntnistheorie, die auf dem Gegensatz von nicht bewußtem wirklichem Sein und vorstellendem Bewußtsein aufgebaut ist, sich durchführen"? Darf maW „der Gegenstand der Erkenntnis nicht als eine bewußtseinsjenseitige, transzendente Realität und das Erkennen dementsprechend nicht als ihr abbildendes Vorstellen angesehen werden?"[7] Aus dieser Fragestellung, in der das „Grundproblem der Erkenntnistheorie" stecke, läßt sich verständlich machen, auf welche Art RICKERT sein erkenntnistheoretisches Grundproblem lösen wollte, ohne sich an irgendeine Variante der Abbildtheorie anschließen zu müssen.

Bei einem Versuch, RICKERTS Ansatz zu verstehen, muß man sich natürlich auf bestimmte Aspekte seiner weitreichenden Argumentation beschränken. Ich werde drei Schwerpunkte herausgreifen:[8] In einem er-

---

noch kann man auf beachtliche moderne Darstellungen verweisen, zB, HERBERT SCHNÄDELBACH, Philosophie in Deutschland 1831-1933 (Frankfurt aM 1983); PETER-ULRICH MERZ, Max Weber und Heinrich Rickert. Die erkenntniskritischen Grundlagen der verstehenden Soziologie (Würzburg 1990); FRIEDRICH VOLLHARDT, Hermann Brochs geschichtliche Stellung (Tübingen 1986) 41-160 (Kap II: „Entwürfe zu einer formalen Wert- und Geschichtsphilosophie").

4 GE, 6. Aufl, 1-2 (Hervorhebung von RICKERT) (vgl 2. Aufl, 2).

5 Vgl GE, 6. Aufl, 2 (2. Aufl, 2).

6 Präziser gesagt, das „Hauptwerk" RICKERTS neben dem von allen seinen Schriften bekanntesten Werk: Die Grenzen der naturwissenschaftlichen Begriffsbildung, 1. Aufl (Tübingen/Leipzig 1902), 5. Aufl (Tübingen 1929).

7 GE, 6. Aufl, 2 (vgl 2. Aufl, 2).

8 Noch eine Beschränkung: Ich befasse mich mit dem im Werk „Der Gegenstand der Erkenntnis" dargestellten „subjektiven Weg", nicht aber mit dem „objektiven Weg". Zum letzteren vgl GE, 6. Aufl, 2-7 und auch Kap IV (232-350); dieses Material hat RICKERT zT übernommen aus seiner Abhandlung: Zwei Wege der Erkenntnistheorie, in: Kantstudien, 14 (1909) 169-228. Zum objektiven Weg vgl auch RICKERT, System der Philosophie I (Tübingen 1921) 50-63 et passim sowie – und vor allem – EMIL LASK, Gesammelte Werke, hrsg v E. Herrigel (Tübingen 1923). Zu LASK allgemein vgl AGOSTINO CARRINO, L'irrazionale nel concetto. Comunità e diritto in Emil Lask (Neapel 1983);

sten Abschnitt wende ich mich RICKERTs Kritik an der herkömmlichen Erkenntnistheorie zu, deren Varianten sich anhand mehrerer Subjekt-Objekt-Oppositionen verdeutlichen lassen. Der zweite Abschnitt handelt von der traditionellen und „modernen" Lehre vom Urteil;[9] daß RICKERT einige Aspekte der Auffassungen von SIGWART und LOTZE aufnimmt, obwohl er anderswo eine scharfe Kritik an diesen beiden übt, ist nicht nur im Hinblick auf RICKERTs Erkenntnistheorie aufschlußreich, sondern auch für die Lehre vom Urteil selbst von Bedeutung. Deshalb ist auf einige vor allem mit LOTZE verbundene Problemstellungen ein wenig ausführlicher einzugehen. Im dritten und letzten Abschnitt steht die Pointe von RICKERTs Erkenntnistheorie zur Debatte: „Erkennen als Anerkennen" – ein Programm, das RICKERT durchführt, indem er sich auf das „theoretische Sollen" beruft. Obwohl ich beabsichtige, diese auf die Lehre vom Urteil aufgebaute Erkenntnistheorie immanent zu untersuchen, werden die Schwächen dieser Theorie zu Tage treten.

I. Erwiderung auf die Tradition: Drei Subjekt-Objekt-Gegensätze

Zuerst wendet sich RICKERT der Frage zu, ob von einer vom Bewußtsein unabhängigen oder transzendenten Wirklichkeit als Gegenstand der Erkenntnis gesprochen werden könne.[10] Bei RICKERTs Befassung mit dieser Frage handelt es sich nicht um die Einführung eines neuen Erkenntnisbegriffes, sondern um die Zerstörung des alten. Allerdings ist die Aufgabe keineswegs entbehrlich, da RICKERT der in der Philosophie althergebrachten Praxis folgt, das eigene begriffliche Instrumentarium anhand kritischer Untersuchungen zu entwickeln.

Der dreifache Gegensatz des Subjekts zum Objekt. Im Ausgang von einer recht verwirrenden erkenntnistheoretischen Konstellation von Begriffen – Bewußtsein, Subjekt und Objekt, Außenwelt, Immanenz, Tranzendenz usw – rekonstruiert RICKERT drei Gegensätze zwischen Subjekt und Objekt, die sich aus der elementaren Subjekt-Objekt-Opposition und den damit verbundenen anderen traditionellen erkenntnistheoretischen Begriffen ergeben. Diese gleichsam begriffsbildende Übung erfolgt in der Absicht, feststellen zu können, wie es um das Schicksal dieser Gegensätze und der damit assoziierten herkömmlichen Theorien bestellt ist,

---

ALEXANDER SOMEK, The Concept of Value and the Transformation of Legal Philosophy into Legal Theory: Lask's Silent Revolution, in: *Diritto e cultura*, 2 (1992) 161-192.

9 Vgl allgemein dazu GÜNTHER WINKLER, Zeit und Recht (Wien/New York 1995) 464-485 mit weitreichenden Hinweisen auf die philosophische Literatur.

10 GE, 6. Aufl, 15 (vgl 2. Aufl, 10).

nämlich (1) des „Materialismus“, (2) des die Abbildtheorie vertretenden „Empirismus“ bzw der „reinen Immanenzlehre“ und (3) des „absoluten Idealismus“.[11]

(1) Beim ersten Gegensatz wird davon ausgegangen, daß der Begriff der „Außenwelt“ in seiner ursprünglichen Bedeutung den Gedanken an eine *räumliche* Beziehung enthalte; das, wozu dann eine Außenwelt in Gegensatz gebracht werde, sei „mein Körper nebst meiner Seele, die *in* dem Körper gedacht werden“ müsse. Daraus ergebe sich die Gegenüberstellung von dem beseelten Körper, den diese Außenwelt umgebe („das *psychophysische Subjekt*“) und dem Objekt, unter dem dann „nichts anderes als die das körperliche Ich räumlich umgebende Wirklichkeit“ zu verstehen sei.[12]

(2) Sowohl das Subjekt als auch das Objekt sind also beim ersten Gegensatz als ein Körper gefaßt. Man könnte dagegen einwenden, daß sich der Leib gerade als Körper zum Objekt rechnen lasse. Davon ausgehend wird man zu einem zweiten Gegensatz geführt, demzufolge mein Bewußtsein und sein Inhalt als Subjekt zu betrachten seien, während alles andere, das „außerhalb“ meines Bewußtseins falle, zum Objekt gehöre. Das letztere könne man das *transzendente* Objekt nennen, dem das Subjekt, nämlich die „gesamte Bewüßtseinswelt“ als *immanente* Welt, gegenübertrete.[13]

(3) Schließlich beruht der dritte Gegensatz auf einer weiteren Unterscheidung dessen, was im zweiten Gegensatz das Subjekt ausmacht. Denn man kann „auch die Vorstellungen oder genauer das Vorgestellte in Gegensatz bringen zu dem Subjekt, das vorstellt, und dann das Vorgestellte ebenfalls Objekt nennen.“[14] Das zweite Subjekt lasse sich abermals in Objekt und Subjekt zerlegen, und daraus entstehe der neue, dritte Objektbegriff. „Objekte sind jetzt meine Vorstellungen, Wahrnehmungen, Gefühle und Willensäußerungen, und ihnen steht das Subjekt gegenüber, von dem man glaubt, daß es die Vorstellungen vorstellt, die Wahrnehmungen wahrnimmt, die Gefühle fühlt und den Willen will.“[15] Der aus meinen Vorstellungen, Wahrnehmungen usw bestehende Bewußtseinsinhalt wird zum Objekt, allerdings keinem transzendenten, sondern ei-

---

11 GE, 6. Aufl, 15-22, 145 f (vgl 2. Aufl, 11-17). Man wird von RICKERTS schlagwortartigen Bezeichnungen an die Darstellung eines Lehrbuchs erinnert, doch die Bedeutung seiner Übung, herkömmliche Theorien zu rekonstruieren und zu kritisieren, liegt in seiner Argumentation.

12 GE, 6. Aufl, 16 (Hervorhebung von RICKERT) (vgl 2. Aufl, 11 f).

13 GE, 6. Aufl, 17 (vgl 2. Aufl, 10).

14 GE, 6. Aufl, 18.

15 AaO.

nem immanenten, während das Bewußtsein ohne Inhalt dessen Subjekt darstellt.

Bei jedem der drei Gegensätze ist also die Bezeichnung der Subjekt-Objekt-Opposition anders, was sich anhand eines schematischen Vergleiches darstellen läßt:[16]

Subjekt	*Objekt*
(1) Mein Ich, bestehend aus Körper und der darin befindlichen „Seele".	(1) Die räumliche Außenwelt außerhalb meines beseelten Leibes *(die räumliche Außenwelt).*
(2) Mein Bewußtsein mit seinem gesamten Inhalt.	(2) Die gesamte „an sich" existierende Wirklichkeit *(das transzendente Objekt).*
(3) Mein Bewußtsein ohne seinen Inhalt.	(3) Der Bewußtseinsinhalt *(die immanenten Objekte des Bewußtseins).*[17]

Was hat es mit diesen drei Gegensätzen auf sich? Wie niemanden überraschen kann, mißt RICKERT sie bzw ihre jeweiligen Objekte an den Desiderata seines projizierten „Gegenstandes der Erkenntnis",[18] der zum einen sich als nicht bezweifelbar erweisen und zum anderen unabhängig vom Subjekt bestehen muß.

Das erste Desideratum: Objekt nicht bezweifelbar. Der Methode des von DESCARTES bekannten „Zweifel-Experiments" folgend[19] legt sich RICKERT die Frage vor, ob sich die drei oben aufgestellten *Objekte* bezweifeln lassen. Für das dritte sei das gewiß nicht der Fall. Denn das Bewußtseinssubjekt und das als Bewußtseinsinhalt anzusehende immanente Objekt gehören notwendigerweise zusammen,[20] was sich gerade unter Berufung auf den „cogito ergo sum"-Beweis als dénouement des Vollzugs des kartesianischen Zweifel-Experiments bewahrheitet. Ein Skeptiker wird dem Objekt dieses dritten Gegensatzes die Existenz nicht absprechen können.

Ebensowenig läßt sich die Existenz des Objekts des ersten Gegensatzes bezweifeln, das aus der Opposition des körperlichem Ich zur räumlichen Außenwelt hervorgeht. Denn die räumliche Außenwelt existiert

16 Vgl GE, 6. Aufl, 18-19 (2. Aufl, 13).
17 Vgl GE, 6. Aufl, 15-22 (2. Aufl, 11-17).
18 Vgl GE, 6. Aufl, 19-22.
19 Vgl GE, 2. Aufl, 5-6.
20 Vgl GE, 2. Aufl, 14.

„nicht mehr und nicht weniger gewiß als mein körperliches Ich und die angeblich darin befindliche Seele".[21] Zumal Subjekt und Objekt Teil der Außenwelt sind, denn beide sind physischer Natur, könne man nicht nach der Existenz des Objekts fragen, ohne gleichzeitig die Existenz des ontologisch gleichartigen Subjekts voraussetzen zu müssen.

Anders als beim ersten und dritten Gegensatz wird beim zweiten ein bezweifelbares Objekt präsentiert. Es handelt sich dabei um die Welt außerhalb meines Bewußtseins oder die transzendente Welt. Es ist ja die Strategie des kartesianischen Experiments, sich auf einen radikalen Zweifel über die transzendente Welt einzulassen, um ergründen zu können, ob es jenseits dieser transzendenten Welt doch noch etwas gebe, und zwar etwas, was sich nicht bezweifeln lasse. Rickert setzt die bekannte Argumentation an dieser Stelle fort. Wegen des fehlenden Zugangs zur transzendenten Welt, spricht man davon, sie werde abgebildet. Wenn man indes davon ausginge, daß es einen Sinn habe, „vom Abbilden der wahrgenommenen Dinge durch ‚Vorstellungen'" zu sprechen, dürften die abbildenden Vorstellungen für sich genommen noch nicht als Erkenntnis gelten. Dann müßte ein Subjekt hinzutreten, das „die Übereinstimmung von Original und Abbild als faktisch vorhanden konstatiert". Doch „*diese* Erkenntnis könnte nicht wieder nur eine abbildende Vorstellung sein, weil dann von einem neuen Subjekt eine neue Übereinstimmung von Original und Abbild zu erkennen wäre".[22] Dieser Rekurs würde sich *ad infinitum* wiederholen.[23]

Die Ergebnisse seiner Bewertung der drei Gegensätze für das erste Desideratum, nämlich: daß das Objekt nicht bezweifelbar sein dürfe, integriert Rickert nun in seiner Bewertung des zweiten Desideratums. Auf diese Weise deckt er ein Dilemma auf, das alle drei Gegensätze umfaßt.

Das zweite Desideratum: Objekt unabhängig vom Subjekt. Im ersten und dritten Gegensatz läßt sich die Existenz der jeweiligen Objekte nicht bezweifeln. Der Grund dafür ist allerdings darin gelegen, daß beide sich als nicht vom Subjekt unabhängige Objekte erweisen. Im ersten Gegensatz sind sowohl Subjekt als auch Objekt Teil der Außenwelt, im dritten gehören beide zum Bewußtsein. Beim zweiten Gegensatz verhält es sich umgekehrt: Das Objekt erweist sich zwar als vom Subjekt unabhängig, in dieser Eigenschaft enthüllt es sich aber als Teil einer „transzendenten Welt", was wiederum bedeutet, daß seine Existenz sehr wohl bezweifelt

21 GE, 6. Aufl, 20 (vgl 2. Aufl, 15).
22 GE, 6. Aufl, 135 (Hervorhebung von Rickert).
23 Vgl aaO.

werden kann. Darüberhinaus lassen sich abbildende Vorstellungen dieser „transzendenten Welt", wie gezeigt, nicht nachprüfen.

Um dem Dilemma zu entkommen, braucht man einen radikal neuen Ausgangspunkt. RICKERT nimmt diese Herausforderung an, indem er sich der Lehre vom Urteil zuwendet. Auf dem Gebiet der Erkenntnistheorie hat das Urteil bzw Urteilen in der Tat eine lange Tradition. „Es war bereits ARISTOTELES bekannt, daß Wahrheit in *Urteilen* enthalten ist. Daher hätten wir von vorneherein sagen können, daß es Urteile sein müssen, in denen wir Erkenntnis besitzen, und daß das Grundproblem der Erkenntnistheorie in der Frage nach dem Maßstab oder dem *Gegenstand des Urteilens* besteht."[24]

II. Traditionelle und „moderne" Lehre vom Urteil

Die kantische und nachkantische Philosophie kennt in der Urteilslehre einen gemeinsamen Gegner: den Empirismus, wie er beispielsweise von JOHN LOCKE vertreten worden ist: „Men often stay not warily to examine the agreement or disagreement of two ideas, which they are desirous or concerned to know; but, either incapable of such attention as is requisite in a long train of gradations, or impatient of delay, lightly cast their eyes on, or wholly pass by the proofs; and so, without making out the demonstration, determine of the agreement or disagreement of two ideas, as it were by a view of them as they are at a distance, and take it to be the one or the other, as seems most likely to them upon such a loose survey. This faculty of the mind, when it is exercised immediately about things, is called *judgment.*"[25]

Wie überall in dem Essay LOCKEs, fällt auch hier das atomistische Verständnis der einzelnen Ideen auf. Aus der Perspektive der späteren kantischen bzw nachkantischen Philosophen ist dies der schwache Punkt des Empirismus. Die zu verknüpfenden Begriffe bzw Ideen bestehen völlig unabhängig von der erst im Urteil zustandekommenden Beziehung. Genau diese vermeintliche Unabhängigkeit wird von KANT unterminiert. Seine Unterscheidung zwischen allgemeiner und transzendentaler Logik manifestiert sich nicht zuletzt in einer entsprechenden Unterscheidung zweier Arten des Urteilens,[26] nämlich zwischen dem Urteilen, dessen zu

24 GE, 6. Aufl, 147 f (Hervorhebung von RICKERT) (vgl 2. Aufl, 84).

25 JOHN LOCKE, An Essay Concerning Human Understanding, Buch IV, Kap xiv, § 3 (Hervorhebung von LOCKE). (LOCKEs Essay wurde zuerst im Dezember 1689 veröffentlicht.)

26 Vgl allgemein dazu FELIX GRAYEFF, Deutung und Darstellung der theoretischen Philosophie Kants (Hamburg 1951) 10-13, 83-87, bes 85-87; selbst wenn ich die Termi-

verknüpfende Begriffe – wie bei LOCKE – unabhängig von diesem bestehen, und dem Urteilen, aus dem sich die verknüpften Begriffe erst ergeben. Für letzteres, aus dem sich die „moderne" Lehre vom Urteil entwikkelt hat, steht die von KANT entdeckte transzendentale Logik.[27] Sie markiert einen Wendepunkt in der Philosophiegeschichte. Bekanntlich nahm bis KANT die Erkenntnislehre die „Gegenstände" als unabhängig vom Denken „gegeben" an.[28] KANT stellte mit seinem Hinweis auf KOPERNIKUS diese Ansicht auf den Kopf: Die Gegenstände des Denkens seien gerade als dessen Erzeugnisse zu begreifen. Unter „transzendental" versteht KANT nicht die aus dem Mittelalter bekannten Grundbestimmungen des Seienden („Transzendentalien"), sondern eine Erkenntnisart, „die sich" – nach dem berühmten Zitat – „nicht sowohl mit Gegenständen, *sondern mit unserer Erkenntnisart von Gegenständen, insofern diese a priori möglich sein soll,* überhaupt beschäftigt".[29] Folglich ist eine transzendentale Logik eine „Wissenschaft, welche den Ursprung, den Umfang und die objektive Gültigkeit solcher Erkenntnisse" bestimme.[30]

Freilich ist KANTS Vergleich von allgemeiner und transzendentaler Logik irreführend, weil letztere keine Logik im gewöhnlichen Sinne darstellt. Vielmehr ist „transzendentale Logik" ein Kürzel für seine in der „Kritik der reinen Vernunft" dargelegte Erkenntnistheorie (wenn man von der transzendentalen Aesthetik absieht). So verstanden läßt sich die transzendentale Logik sowohl positiv charakterisieren, also im Hinblick auf die transzendentale Analytik der Begriffe sowie die Grundsätze, als auch negativ, und zwar bezüglich der transzendentalen Dialektik und deren Lektionen über die Widersprüche, die sich aus den spekulativen Versuchen ergeben, die Grundsätze der Analytik anzuwenden, ohne sich um ihre durch die Erfahrung bestimmten Grenzen zu kümmern.

nologie GRAYEFFS nicht übernommen habe, bin ich seiner Darstellung nichtsdestoweniger verpflichtet.

27 Interessanterweise findet sich bei KANT eine Stelle zur „modernen" Lehre vom Urteil in einer Schrift, die zwanzig Jahre vor KANTS Kritik der reinen Vernunft veröffentlicht wurde: „Ich sage demnach *erstlich,* daß ein *deutlicher* Begriff nur durch ein *Urtheil,* ein *vollständiger* aber nicht anders als durch einen *Vernunftschluß* möglich sei. Es wird nämlich zu einem deutlichen Begriff erfordert, daß ich etwas als ein Merkmal eines Dinges klar erkenne, dieses aber ist ein Urtheil.[...] Hieraus erhellt auch ein wesentlicher Fehler der Logik, so wie sie gemeiniglich abgehandelt wird, daß von den deutlichen und vollständigen Begriffen eher gehandelt wird, wie von Urtheilen und Vernunftschlüssen, obgleich jene nur durch diese möglich sind." KANT, Die falsche Spitzfindigkeit der vier syllogistischen Figuren (zuerst im Jahre 1762 veröffentlicht), in: Werke (Akademie-Ausgabe), Bd II, 45-61 (58 f) (Hervorhebung von KANT).

28 WILHELM WINDELBAND, Lehrbuch der Geschichte der Philosophie, 4. Aufl (Tübingen 1907), § 38 (454).

29 KANT, Kritik der reinen Vernunft, B 25 (Hervorhebung von KANT).

30 AaO, B 81-82.

Die weitere Entwicklung der transzendentalen Logik verlief nicht einförmig, sondern resultierte in höchst unterschiedlichen Entwürfen. Einerseits denkt man sowohl an FICHTES „Radikalisierung des transzendentalen Ansatzes und dessen Ausbildung zum System in seiner Wissenschaftslehre"[31] als auch an HEGELS gegen KANT gerichteten Vorwurf des Subjektivismus, wonach die transzendentale Logik die Denkbestimmungen „nach dem Gegensatz von Subjektivität und Objektivität überhaupt" betrachte, wobei dieser Gegensatz dem Bewußtsein angehöre.[32] Andererseits findet man als Reaktion darauf die Position etwa von BERNARD BOLZANO, der sich mit Nachdruck von der transzendentalen Logik, vor allem der Wissenschaftslehre Fichtes, distanzierte.[33] Doch bleibt der aus der transzendentalen Logik KANTS stammende und im Laufe der Zeit in die allgemeine Logik eingebaute Lehrsatz erhalten, wonach das Urteilen gegenüber den Begriffen den Vorrang habe, da jenes die Begriffe erst produziere.[34]

---

31 HERMANN KRINGS, Logik, transzendentale, in: Historisches Wörterbuch der Philosophie, Bd V, Sp 462-482 (472). Vgl JOHANN GOTTLIEB FICHTE, Ueber das Verhältniß der Logik zur Philosophie oder Transscendentale Logik (1812-13), in: Fichte, Nachgelassene Werke, hrsg v I. H. Fichte (Leipzig 1834-35) 103-300, und – als moderne Ausgabe – in dem gleichnamigen, von Reinhard Lauth und Peter K. Schneider herausgegebenen Band (Hamburg 1982). Vgl allgemein dazu PETER K. SCHNEIDER, Die wissenschaftsbegründende Funktion der Transzendentalphilosophie (Freiburg 1965) 105-133.

32 GEORG WILHELM FRIEDRICH HEGEL, Enzyklopädie der philosophischen Wissenschaften im Grundrisse (1830). Erster Teil: Die Wissenschaft der Logik. Mit den mündlichen Zusätzen, in: Werke, hrsg v Eva Moldenhauer und Karl Markus Michel (Frankfurt aM 1969-72), Bd VIII, § 41 und Zusätze 1.-2., 113-116 (113), und vgl allgemein §§ 40-60, 112-147.

33 Die Wissenschaft, welche FICHTE „unter dem Namen der *Wissenschaftslehre* verstand, sollte sich zu derjenigen, welche er Logik, besonders *philosophische* oder *transcendentale* Logik, nannte, ohngefähr wie ein Ganzes zu seinem Theile verhalten. [...] Den von *Fichte* hier angegebenen Unterschied zwischen seiner Wissenschaftslehre und der Logik kann ich sonach keineswegs gelten lassen. Bei dieser Gelegenheit aber will ich auch noch ein anderes Geständniß ablegen, dieß nämlich, daß auch ich zur Zahl derjenigen gehöre, denen der eigene *ganz neue Sinn*, den *Fichte* zum Verständnisse seiner Wissenschaftslehre verlangt, bis jetzt nicht aufgegangen [ist], obgleich ich mir einige Mühe gegeben [habe], alles, was *Fichte* zu diesem Zwecke von seinen Lesern verlangte, zu thun." BERNARD BOLZANO, Wissenschaftslehre (Sulzbach 1837) 32-33, nachgedruckt in: Bolzano, Gesamtausgabe, Reihe I: Schriften, Bd XI: Wissenschaftslehre §§ 1-45, hrsg v Jan Berg (Stuttgart-Bad Connstatt 1985), § 7: Anmerkung, 62 f (Hervorhebung von BOLZANO).

34 Mit musterhafter Klarheit äußert sich der ohne Zweifel prominenteste Vertreter der „modernen" Lehre vom Urteil überhaupt, GOTTLOB FREGE, zu dem Vorrang des Urteilens: „Ich glaube nun nicht, daß das Bilden der Begriffe dem Urteilen vorausgehen könne, weil das ein selbständiges Bestehen des Begriffes voraussetzte, sondern ich denke den Begriff entstanden durch Zerfallen eines beurteilbaren Inhaltes. Ich glaube nicht, daß es für jeden beurteilbaren Inhalt nur eine Weise gebe, wie er zerfallen könne, oder daß eine der möglichen Weisen immer einen sachlichen Vorrang beanspruchen dürfe." GOTTLOB FREGE, Brief vom 29. 8. 1872 an ANTON MARTY, in: Wissenschaftlicher Briefwechsel,

Dieser Entwicklungen ist sich RICKERT natürlich bewußt. Gleichwohl tritt er in seine eigene Erörterung des Urteilens recht bescheiden ein, und zwar mit der Frage, ob das Urteilen bloß ein vorstellungsmäßiger Vorgang sei, oder ob es vielmehr ‚einen prinzipiell andern Faktor" enthalte.[35] Das ist natürlich rhetorisch gemeint. RICKERT steht auf dem Boden der kantschen Kritik am Empirismus. Allerdings ist er auch bereit, seine eigene Lehre angelegentlich einer kritischen Beurteilung der Lehren einiger seiner Vorgänger zu exponieren. Dabei handelt es sich vor allem um die Auffassungen von CHRISTOPH SIGWART, HERMANN LOTZE und – von RICKERT durchaus positiv bewertet – JULIUS BERGMANN. RICKERTS allgemeine These ist die, daß der *Akt* des Urteilens als „Leistungsbegriff" sich nicht auf Vorstellungen bzw einen vorstellungsmäßigen Vorgang reduzieren lasse. Es lohnt sich, die Entwicklung dieser These anhand seiner Kritik der Auffassungen seiner Vorgänger zu verfolgen.

Zu SIGWART: *die Lehre vom negativen Urteil.* Das oft traktierte Problem des negativen Urteils ist auf die Auffassung zu beziehen, daß sich ein „verneinendes Prädikat" und die ihm entsprechende negative Bestimmtheit aus dem negativen Urteil ergeben. SIGWART versucht zu zeigen, daß es sich hierbei um ein Scheinproblem handelt. Subjekt und Prädikat werden nach SIGWART im verneinenden Urteil ganz in derselben Weise gedacht wie im positiven.[36] In seinen Worten richtet sich die Verneinung „immer *gegen den Versuch einer Synthesis*, und setzt also eine irgendwie von außen herangekommene oder innerlich entstandene *Zumutung, Subjekt und Prädicat zu verknüpfen*, voraus."[37]

Dieser Gleichstellung des positiven und negativen Urteils pflichtet RICKERT durchaus bei. Der einzige Haken bei der Lehre SIGWARTS sei der, daß das negative Urteil ein zusätzliches Element aufweise. In jedem positiven Urteil können „*drei* Elemente unterschieden werden, Subjekt, Prädikat und der Gedanke ihrer Einheit (in dem bestimmten Sinn der durch die Kategorien bedingten Synthese)".[38] Beim negativen Urteil fügt SIGWART jedoch ein viertes Element hinzu, nämlich das der Negation, welche „dem Versuche wehrt, jene Synthese als eine gültige zu vollziehen, dem ganzen Satze *A* ist *B* ihr Nein! entgegenhält."[39] SIGWART betont, daß

hrsg v Gottfried Gabriel ua (Hamburg 1976) 163-165 (164). Vgl allgemein zur FREGEschen Urteilslehre CHRISTIAN THIEL, Sinn und Bedeutung in der Logik GOTTLOB FREGES (Meisenheim am Glan 1965), Kap I.

35 GE, 6. Aufl, 165 (vgl 2. Aufl, 84 f).

36 Vgl SIGWART, Logik, 4. Aufl (Tübingen 1911), Bd. I, §§ 20-25 (158-214); GE, 6. Aufl, 169 (vgl 2. Aufl, 91).

37 SIGWART (FN 36), § 20 (158) (Hervorhebung von SIGWART).

38 AaO, § 20 (162) (Hervorhebung von SIGWART).

39 AaO, zitiert in: GE, 6. Aufl, 169; 2. Aufl, 91.

dieses Element auf das negative Urteil beschränkt sei, worauf RICKERT erwidert, daß die Lehre vom Urteil, die eine umfassende Parallelität der beiden Urteilsarten aufrechterhalten will, doch von dieser Asymmetrie untergraben werde. „Insofern kann Sigwart nicht eigentlich als Vertreter der hier behandelten Ansicht gelten, aber es ist zweifellos, daß seine Untersuchungen über das negative Urteil sehr wichtige *Vorarbeiten* für die Urteilstheorie enthalten, die für uns in Frage kommt."[40] LOTZE sei da einen Schritt weiter gegangen als SIGWART.[41]

Rätsel bei der Auslegung der Lehre LOTZE*s*. In Auseinandersetzung mit der aus KANTS „Kritik der reinen Vernunft" bekannten Tafel von Urteilen, befaßt sich LOTZE im ersten Buch seiner „Logik" unter anderem mit positiven und negativen Qualitätsaussagen. Solange sie „die logische Eigenschaft haben sollen, einander entgegengesetzt zu sein", müßten die beiden Sätze „*S* ist *P*" und „*S* ist nicht *P*" notwendig „genau dieselbe Verbindung von *S* und *P* meinen".[42] Der Unterschied zwischen den beiden Sätzen liege bloß darin, daß „die Geltung derselben von dem einen bejaht, von dem anderen verneint" werde.

Dieser Unterscheidung LOTZES ist durchaus beizupflichten. Wollte man davon ausgehen, daß sich der zweite Satz („*S* ist nicht *P*") von dem ersten dadurch unterscheide, daß jener die bloße Abwesenheit der *P* bedeutenden Bestimmtheit prädiziere, erhalte man „negative Bestimmtheiten".[43] Nach JULIUS BERGMANN, dessen Arbeit RICKERT als bahnbrechend auf diesem Gebiete ansieht, gelte aber, daß sich „die Annahme von negativen Bestimmtheiten, Bestimmtheiten, die in dem Nicht-Besitze einer anderen beständen," widerspreche.[44]

RICKERT ist bereit, LOTZE an dieser Stelle zuzustimmen. Daß das bejahende und verneinende Urteil notwendigerweise auf genau dieselbe Verbindung von *S* und *P*, von Subjekt und Prädikat, abstellten, sei nicht zu bestreiten. LOTZE schlägt vor, daß sich die logisch gleichgestellte Verbindung von *S* und *P* in den beiden Sätzen isolieren lasse, indem man entgegengesetzte „Nebenurteile" bilde. Für den Satz „*S* ist *P*" gebe es das affirmative Nebenurteil „das Prädikat der Gültigkeit oder der Wirklichkeit", das ihm von korrespondierendem negativem Nebenurteil verweigert werde. Dieser Unterschied – so faßt LOTZE seine Position zusammen – lasse aber nicht auf einen Wesensunterschied zwischen den Arten des

40 GE, 6. Aufl, 169 f (Hervorhebung von RICKERT).

41 GE, 6. Aufl, 170 (vgl 2. Aufl, 91).

42 HERMANN LOTZE, Logik, 2. Aufl (Leipzig 1880) 61.

43 Vgl JULIUS BERGMANN, Die Grundprobleme der Logik (Berlin 1895), § 15.1 (75) und § 12.7 (64-66). Zu BERGMANN vgl auch den Text zu FN 62-67 unten.

44 AaO, § 15 (75).

Urteils schließen. „Gültigkeit oder Ungültigkeit sind vielmehr in bezug auf die Frage, die uns hier beschäftigt, als sachliche Prädikate zu betrachten, die von dem ganzen Urteilsinhalte als ihrem Subjekte gelten."[45]

Anfangs verteidigt RICKERT LOTZES Sicht. Er tut dies in einer Sprache, die bereits sein eigenes Anliegen verrät, nämlich, das Urteil loszulösen von der Ansicht LOTZES, nach welcher Subjekt und Prädikat eines Urteils als vorgestellte aufzufassen sind. Durch Einführung der Nebenurteile, so setzt RICKERT seine Argumentation fort, werde „auch für das *positive* Urteil das Vorhandensein eines Elementes behauptet, das zu der bloßen Vorstellungsbeziehung noch hinzukommt, und das nicht nur vorstellungsmäßiger Natur sein kann, weil, wenn das Nebenurteil wiederum nur eine vorgestellte Beziehung enthalten würde, ein neues Nebenurteil nötig wäre, um seine Gültigkeit auszusagen, und dadurch eine endlose Reihe von Nebenurteilen entstehen müßte."[46] Was folgt, ist allerdings auf den ersten Blick verwunderlich. Denn ungeachtet der Tatsache, daß RICKERT der Argumentation LOTZES durchaus zustimmt, weist er dann im weiteren die LOTZEsche Auffassung schroff zurück: „Allerdings sieht Lotze in der *rein vorstellungsmäßigen Beziehung* zwischen Subjekt und Prädikat noch den wesentlichen Bestandteil des Urteils, und insofern kann auch er noch nicht als Vertreter der hier in Frage kommenden Urteilstheorie betrachtet werden. Seine Darlegungen sind ebenso wie die von Sigwart mehr vorbereitender Art."[47]

RICKERTS Zurückweisung wird man vielleicht nicht ohne Bedenken lesen. Denn LOTZE wurde – und wird bis heute – als Befürworter einer nachkantischen, dh „modernen" Lehre vom Urteil angesehen. Demnach vertritt er die Auffassung, daß die in einem Urteil verknüpften Begriffe nicht unabhängig bestehen, sondern erst kraft dieses Urteils zustandekommen. RICKERTS Kritik kann jedoch nur dann als treffend bezeichnet werden, wenn sich bei LOTZE ein Element der traditionellen Lehre vom Urteil findet. Der Unterschied zwischen der traditionellen und der modernen Lehre läßt sich hier folgendermaßen verdeutlichen. Falls der Philosoph die traditionelle Lehre vom Urteil vertritt und außerdem behauptet, daß die zu verknüpfenden Begriffe vorstellungsmäßiger Art seien, und falls er darüber hinaus auf keiner scharfen Abgrenzungslinie zwischen diesen Begriffen und der im Urteil zustandekommenden Beziehung besteht, wird er aufgrund dieser Annahmen möglicherweise schließen wollen, daß auch die im Urteil zustandekommende Beziehung vorstellungsmäßiger Natur sei. Diese Schlußfolgerung ist zwar nicht zwingend, aller-

45 LOTZE (FN 42).

46 GE, 6. Aufl, 170 (Hervorhebung von RICKERT) (vgl 2. Aufl, 92).

47 GE, 6. Aufl, 170 (Hervorhebung von mir) (vgl 2. Aufl, 92).

dings könnte sie aufgenommen und vertreten werden. Falls aber unser Philosoph die moderne Lehre vom Urteil vertritt und gleich hinzufügt, daß die im Urteil zustandekommende Beziehung *nicht* vorstellungsmäßiger Art ist – was uns von den kantischen und nachkantischen Philosophen als Einwand gegen den Empirismus gut bekannt ist –, dann hat er gar keinen Anlaß, aus den Begriffen qua Vorstellungen zu schließen, die im Urteil zustandekommende Beziehung sei vorstellungsmäßiger Art. Die so verstandene moderne Lehre vom Urteil enthält also zweierlei: Die im Urteilen zustandekommende Beziehung ist ex hypothesi nicht vorstellungsmäßiger Art; und weil das Urteilen den Vorrang hat, läßt sich sowieso nichts aus den Begriffen entnehmen, was den Charakter des Urteilens betrifft.

Wenn LOTZE tatsächlich als Vertreter der modernen Lehre anzusehen ist, dann erweckt RICKERTS Zurückweisung der Position LOTZES wegen ihrer „rein vorstellungsmäßigen Beziehung zwischen Subjekt und Prädikat"[48] einen merkwürdigen Eindruck, zumal wenn man sich an LOTZES kritische Haltung gegenüber dem Psychologismus erinnert.

In einer 1918 veröffentlichten Studie zu der Philosophie LOTZES,[49] betont BRUNO BAUCH genau diesen Aspekt. „[D]er moderne Kampf der Logik gegen die Unlogik des Psychologismus [ist] ohne Lotze überhaupt nicht zu verstehen. Wer freilich die Aufgabe der Logik in einer bloßen Psychologismenjägerei sehen wollte, fände gerade bei Lotze wenig Rückhalt."[50] In der Tat führt LOTZE in der Einleitung seiner „Logik" einen Begriff des Denkens ein, der dieses nicht als Receptaculum, nicht im Sinne von LOCKES bei der Geburt unbeschriebenem Blatt,[51] sondern als *Tätigkeit* faßt: „Der denkende Geist begnügt sich nicht, die Vorstellungen in denjenigen Verbindungen hinzunehmen und sich gefallen zu lassen, in welche sie der Zufall ihrer gleichzeitigen Entstehung gebracht und in der die Erinnerung sie wiederkehren läßt; sichtend vielmehr hebt er das Zusammensein der Vorstellungen auf, die nur auf diesem Wege zusammengeraten sind; diejenigen aber, die nach den Beziehungen ihrer Inhalte zusammengehören, läßt er nicht nur beisammen, sondern vollzieht ihre Verknüpfung noch einmal, jetzt aber in einer Form, die zu der tatsächlichen Wiederherstellung der Verbindung ein Bewußtsein über den Grund der Zusammengehörigkeit der neu verbundenen hinzufügt."[52]

48 Vgl Text zu FN 47.

49 BRUNO BAUCH, Lotzes Logik und ihre Bedeutung im deutschen Idealismus, in: Beiträge zur Philosophie des Deutschen Idealismus, 1 (1918-19) 45-58. Zur Lehre vom Urteil vgl allgemein BAUCH, Wahrheit, Wert und Wirklichkeit (Leipzig 1923) 136-212.

50 BAUCH, Lotzes Logik und ihre Bedeutung im deutschen Idealismus (FN 49) 45.

51 Sprich: LOCKES „white paper devoid of all characters", vgl LOCKE, Essay (FN 25), Buch II, Kap i, § 2.

52 LOTZE (FN 42), Einleitung, 5.

LOTZE erarbeitet seine Lesart des entschieden kantisch zu verstehenden „Denken qua Tätigkeit", indem er fragt, woran es liege, daß dem Menschen im Gegensatz zum Tier das Vermögen des Denkens vorbehalten sei. In seiner Antwort beruft er sich auf das Phänomen der *Nebengedanken*, „welche zu der Wiederherstellung oder Trennung einer Vorstellungsverknüpfung den Rechtsgrund der Zusammengehörigkeit oder Nichtzusammengehörigkeit hinzufügen. [...] Hier also, in der Erzeugung jener rechtfertigenden Nebengedanken, welche die Form unseres Auffassens bedingen [...], liegt die Eigentümlichkeit des Denkens."[53]

Wie MICHAEL DUMMETT argumentiert, ähneln diese „Nebengedanken" funktionell den Kategorien KANTS.[54] Eine solche, vorgeblich kantische Interpretation der „Logik" LOTZES bestätigt die antipsychologistische Anlage seines Werkes, die auch noch im dritten Buch durchgehalten wird, in welchem er der Frage nachgeht, ob die empirische Aufsuchung von Gesetzen der Wirklichkeit ganz aus eignen Mitteln gelingen könne, etwa mit Hilfe des Identitätsprinzips. Seine Antwort lautet: „Daß sie es *nicht* könne, war die Lehre Kants", und wir kommen „zu gleicher Behauptung".[55]

Wie ist also im Lichte von LOTZES Kantianismus[56] und dem damit konsequent verbundenen Antipsychologismus RICKERTS schroffer Psychologismus-Vorwurf zu verstehen?

RICKERTS Kritik ist mE berechtigt. Er konzentriert sich auf das erste Buch der „Logik", in dem LOTZE sich auf eine durchaus traditionelle Art und Weise mit der Lehre vom Begriff sowie der vom Urteil befaßt. Dabei geht es um folgendes. Erstens geht LOTZE in dieser Untersuchung davon aus, daß die Reihenfolge der traditionellen Logik die richtige ist; demnach bewege man sich von der Untersuchung des Begriffs zur Lehre vom Urteil. Die Begriffe lassen sich also unabhängig von den Urteilen, in denen sie verknüpft werden, untersuchen. Zweitens zerlegt LOTZES Analyse den Begriff auf eine psychologische Art und Weise: zum einen sei es das

53 AaO, § VII (8).

54 Vgl MICHAEL DUMMETT, Frege's „Kernsätze zur Logik", in: Inquiry, 24 (1981) 439-448, bes 440-442, nachgedruckt in: DUMMETT, Frege and Other Philosophers (Oxford 1991) 65-78, bes 66-70.

55 LOTZE (FN 42), 3. Buch, § 350 (581) (Hervorhebung von LOTZE).

56 Allerdings stimmt LOTZE KANT nicht uneingeschränkt zu, denn LOTZE ist nicht so sehr kantisch wie *nach*kantisch geprägt. Genau die jenseits des Bewußtseins liegende oder „transzendente" Außenwelt, auf die RICKERT nachdrücklich skeptisch reagiert, deutet auch LOTZE durchaus skeptisch an: „Mag es immerhin sein, daß jemand eine unmittelbare Gewißheit über Sein oder Nichtsein jener Außenwelt zu besitzen glaubt: was und wie sie sei, wird er doch immer nur durch Rückschlüsse von den Erscheinungen aus enträthseln können." AaO, § 328 (536). Dies ändert aber nichts an der Position LOTZES für den Zweck meiner Untersuchung.

Erinnerungsvermögen, welches „zeitlich getrennte Eindrücke zu möglicher Wechselwirkung zusammenbringt"; zum anderen würden alle psychischen Akte von der „Einheit unserer Seele" begleitet.[57] Drittens bietet LOTZE keine aus antipsychologischer Sicht befriedigende Analyse des Urteils, sondern bezieht sich auf das Urteil des öftern, als sei es ein Element der psychologischen Analyse des Begriffs, wenn er beispielsweise die Frage aufwirft, ob Urteile „selbst denn, so lange sie wirklich Urteile sein sollen, bestehen können, wenn nicht aus Verknüpfungen von Vorstellungen"?[58] Auf den Charakter dieser „Verknüpfungen" geht er nicht näher ein.[59] Es entsteht vielmehr den Eindruck, daß auch die Verknüpfungen selbst aus Vorstellungen bestehen und bloß deren assoziative Kraft darstellen.

Selbst freundlich eingestellte Interpreten der LOTZEschen Philosophie – unter ihnen nicht nur BRUNO BAUCH, sondern auch WILHELM WUNDT – teilen diese Lesart. BAUCH fragt sich, ob LOTZES „Stellung von Begriff und Urteil in ihrem Verhältnis zueinander richtig bestimmt" sei und meint damit, LOTZE hätte im ersten Buch der „Logik" bei der Einordnung der transzendentalen Logik bleiben müssen.[60] WUNDT ist der Meinung, daß sowohl SIGWARTS als auch LOTZES Untersuchungen über den Begriff in den Gleisen des Psychologismus steckengeblieben seien; und erst JOHANN FRIEDRICH HERBART habe sich in gewißer Weise von diesem Psychologismus frei machen können.[61]

Anders als LOTZE hat JULIUS BERGMANN eine moderne Lehre des Urteils konsequent entwickelt.[62] Jedenfalls war RICKERT der Auffassung, daß wir BERGMANNS Idee eines auf Vorstellungen gerichteten „kritischen Verhaltens" den Durchbruch zu einer solchen Lehre verdanken.[63]

57 Vgl aaO, 1. Buch, § 20 (36). Vgl auch WILHELM WUNDT, Erlebtes und Erkanntes (Stuttgart 1920) 265; zur Lehre vom Urteil vgl allgemein WUNDT, Logik, Bd I: Erkenntnislehre, 2. Aufl (Stuttgart 1893) 154-302.

58 LOTZE (FN 42), 1. Buch, § 8 (23).

59 Vgl aaO, § 52 (74), § 56 (78).

60 BAUCH, Lotzes Logik und ihre Bedeutung im deutschen Idealismus (FN 49) 47.

61 WUNDT, Erlebtes und Erkanntes (FN 57) 265.

62 Dabei geht es vor allem um das Bergmannsche Werk Reine Logik (Berlin 1879). (Das Buch ist der erste Teil seiner Allgemeinen Logik.) Vgl auch BERGMANN, Grundzüge der Lehre vom Urtheil (Marburg 1875); BERGMANN, Die Grundprobleme der Logik (FN 43).

63 GE, 6. Aufl, 170 (vgl 2. Aufl, 92). Auch von großer Bedeutung an dieser Stelle ist der Beitrag WILHELM WINDELBANDS, den RICKERT andeutet. Unmittelbar nach dessen Einführung der Auffassung, die er mit BERGMANN verknüpft, schreibt er: „Die umfassendste Gestalt ist sodann dieser Auffassung des Urteils von Windelband gegeben worden." GE, 6. Aufl, 170 (vgl 2. Aufl, 92). In der Anmerkung weist RICKERT ua auf WINDELBANDS Präludien, 5. Aufl (Tübingen 1915), Bd I, 29-54, sowie auf dessen Beiträge zur Lehre vom negativen Urtheil, in: Straßburger Abhandlungen zur Philosophie, 167-195

Zur Lehre Julius Bergmanns*: das „kritische" Verhalten.* Wir haben bereits gesehen, daß Bergmann sich des Problems des negativen Urteils völlig bewußt war. Mit seiner Lösung dieses Problems hat er nicht nur die traditionelle Lehre vom Urteil überwunden, sondern – für Rickert der entscheidende Schritt – auch eine am „Wert" orientierte Lehre vorweggenommen. Es handle sich demnach bei der Bejahung und Verneinung nicht um die von Lotze bekannten „Nebenurteile", sondern um „ein kritisches Verhalten",[64] aufgrund dessen erst ein Urteil möglich werde.[65] Rickert schreibt, Bergmann habe aus dieser Einsicht die zutreffende Konsequenz gezogen, daß das Urteil nicht lediglich als ein „theoretisches Verhalten" anzusehen sei, sondern als eine geistige Äußerung, an welcher, in Bergmanns Worten, „ihre *praktische* Natur, das *Begehrungsvermögen*, beteiligt" sei.[66] Bergmann setzt seine Argumentation im Zusammenhang mit der „Attributiv-Vorstellung" fort, welche von einer anderen Vorstellung die Gültigkeit oder Ungültigkeit prädiziert: „So lange wir uns gegen eine Vorstellung noch nicht kritisch verhalten haben, existiert der Gegensatz von Gültigkeit und Ungültigkeit gar nicht für uns, er wird erst durch das kritische Verhalten, das Entscheiden, erzeugt, und dieses kann also nicht ein Bemerken des an einer Vorstellung haftenden Merkmals Gültig oder Ungültig sein, vielmehr bildet es die Voraussetzung für ein solches Bemerken."[67] „Damit", schreibt Rickert, „war der entscheidende Schritt getan."[68]

Unter Berufung auf diese Einsicht Bergmanns kann Rickert die erste von zwei ausstehenden Fragen beantworten. Die erste Frage lautet: Was ist das Urteilen im Verhältnis zu und abgesehen von den Vorstellungen?[69] Seine Antwort: „Jede Erkenntnis beginnt mit Urteilen, schreitet in Urteilen fort und kann nur in Urteilen enden. Sie besteht also als ‚aktuelle' Erkenntnis allein aus Urteilsakten. Damit erweist sich das Erkennen als ein Vorgang, der niemals nur Vorstellen ist, sondern zu dessen logischem Wesen ein Bejahen oder Verneinen notwendig gehört."[70] Also das von Bergmann als „kritisches Verhalten" verstandene Bejahen oder Verneinen ist nach Rickert der nicht auf Vorstellungen reduzierbare Bestandteil des Urteils.

(1884, Nachdruck: Tübingen 1921); vgl auch Winkler, Zeit und Recht (FN 9) 465, 471, 482.

64 Bergmann, Reine Logik (FN 62) 46.

65 AaO, vgl auch GE, 6. Aufl, 170.

66 Bergmann, Reine Logik (FN 62) 46 (Hervorhebung von Bergmann), zitiert in: GE, 6. Aufl, 170.

67 Bergmann, Reine Logik (FN 62) 46.

68 GE, 6. Aufl, 170.

69 GE, 6. Aufl, 150.

70 GE, 6. Aufl, 184 (vgl 2. Aufl, 102 f).

Die zweite Frage RICKERTs lautet: Worauf richtet sich das nicht-vorstellungsmäßige Moment des Urteilenden, also des Erkennenden, wissenden Subjekts?[71] Oder, knapp formuliert: Was ist der Gegenstand der Erkenntnis?[72] Der Beantwortung dieser Frage wollen wir uns – in der Sprache der RICKERTschen am Wert orientierten Erkenntnistheorie – im folgenden zuwenden.

III. Das „theoretische Sollen"

Das Argument per analogiam. Um seine zentrale These einzuführen, wonach das Urteilen ein Stellungnehmen zu einem „Wert" mit sich führt, greift RICKERT zu einer Analogie. Man betrachte das Wollen: Wenn man wolle, dann begehre man entweder etwas oder man verabscheue es, wenn man fühle, so fühle man entweder Lust, die eben angenehm, oder Schmerz, der eben unangenehm sei.[73] Es handle sich also sowohl beim Wollen als auch beim Fühlen stets um ein entweder-oder, um ein „Stellungnehmen zu einem *Werte*, das nicht vorhanden ist," wenn man nur vorstelle.[74] Genau dieses entweder-oder liege auch beim Urteilen vor, „welches sich im ausdrücklichen Bejahen oder Verneinen voll entwickelt" habe. Ein solches Urteil gehe nicht in einem teilnahmslosen Betrachten auf, sondern es komme in diesem Bejahen oder Verneinen „ein Billigen oder Mißbilligen, ein Stellungnehmen zu einem Werte zum Ausdruck."[75] RICKERT verteidigt diese Analogie mit dem Argument, daß das alternative (also „entweder-oder") Verhalten des Billigens oder Mißbilligens – sei es beim Wollen oder Fühlen, sei es beim Urteilen – erst im Verhältnis zum Wert einen Sinn ergebe. „Was ich anerkennend bejahe, *kann* ich nur um seines Wertes willen bejahen, was ich verwerfend verneine, *muß* ich um seines Unwertes willen verneinen, genau ebenso, wie ich etwas nur um seines Wertes willen begehre oder es nur um seines Unwertes willen verabscheue. Die Worte Bejahen und Verneinen, mit denen wir die rein *theoretischen* Erkenntnisakte bezeichnen, haben keine angebbare Bedeutung mehr, wenn sie nicht ein Werten bedeuten."[76]

RICKERT weiß, daß diese Auffassung nicht durch unser Alltagsverständnis gedeckt ist. Gemäß letzterem fasse man „im Denken und Er-

71 Vgl GE, 6. Aufl, 150, 192.

72 Vgl GE, 6. Aufl, 150, 192, 213 (2. Aufl, 110).

73 GE, 2. Aufl, 105; das Argument per analogiam und einige damit verknüpfte Einzelheiten kommen ausführlicher in der 2. als in der 6. Auflage zum Ausdruck (vgl diese auf 185).

74 GE, 2. Aufl, 105 (Hervorhebung von RICKERT) (vgl 6. Aufl, 185).

75 GE, 2. Aufl, 105.

76 GE, 6. Aufl, 186 (Hervorhebung von RICKERT) (vgl 2. Aufl, 106).

kennen das Vorstellen und Urteilen als ‚kontemplatives' Verhalten in eine Gruppe" zusammen und setze es „dem ‚aktiven' Wollen" entgegen. Bei RICKERT ist es umgekehrt. Das Vorstellen bringe man „in die eine Klasse und das bejahende oder verneinende Urteilen mit dem Wollen als zusammengehörig in die andere Klasse",[77] was bedeutet, daß „es sich auch *beim rein theoretischen Erkennen um ein Stellungnehmen zu einem Werte handelt.*"[78] Die altehrwürdige Trennung zwischen dem theoretischen und praktischen Bereich müsse daher von Grund auf anders verstanden werden. Denn „im Urteilsakt, und zwar als das für den Ausdruck seines immanenten logischen oder theoretischen Sinnes Wesentliche," steckt, „um mit Bergmann zu reden, in der Tat ein ‚praktisches' Verhalten, das im wahren Bejahen einen Wert billigt oder anerkennt und im wahren Verneinen einen Unwert mißbilligt oder verwirft."[79]

Gewißheit und das Problem, in das sich RICKERT *manövriert.* Wie kommt man dazu, zu einem Wert Stellung zu beziehen? Dabei kommt, wie RICKERT in der 2. Auflage seines Werkes über den Gegenstand der Erkenntnis bemerkt, „Lustgefühl" ins Spiel. In diesem kommt „der Trieb nach Erkenntnis zur Ruhe", und „wir nennen dies Gefühl *Gewißheit.*"[80] In der 6. Auflage sieht es auf den ersten Blick aus, als wäre RICKERT vorsichtiger geworden: Ob ein „Gefühl" die Hauptrolle spiele, sei nicht entscheidend.[81] „Wir beschränken uns darauf, zu konstatieren, daß wir nur dann bejahen werden, wenn der seelische Zustand vorliegt, den man *Gewißheit* nennt."[82] Der Unterschied zwischen den beiden Auflagen ist also nicht groß. Nach wie vor steht er vor dem Problem, weshalb ein faktisches Kriterium über das auf dem theoretischen Wert beruhende Urteilen den Ausschlag geben kann, ohne das Vorliegen des theoretischen Werts mit dem Zutreffen des faktischen Kriteriums de facto gleichzusetzen. Denn das würde das Aus für den vermeintlich nicht reduzierbaren Wert bedeuten.

Wie ist dieses Problem zu verstehen? Zunächst handelt es sich nicht um eine *begriffliche* Gleichsetzung. In verschiedensten Fällen – zB Kopfschmerzen und das faktisch vorhandene Kriterium dafür, etwa daß sich das in Betracht kommende Individuum darüber beklagt – unterscheiden wir das „theoretische Objekt" vom Kriterium, obwohl wir jenes nur an-

---

77 GE, 6. Aufl, 185 (vgl 2. Aufl, 106).

78 GE, 2. Aufl, 106 (Hervorhebung von RICKERT) (vgl 6. Aufl, 185).

79 GE, 6. Aufl, 185 f (vgl 2. Aufl, 106).

80 GE, 2. Aufl, 111.

81 Vgl GE, 6. Aufl, 167 sowie die ausführliche Anmerkung auf derselben Seite, wo RICKERT versucht, auf einige seiner Kritiker, die zu diesem Problem Stellung genommen haben, zu antworten.

82 GE, 6. Aufl, 197.

hand dieses intersubjektiv identifizieren können.[83] Vielmehr liegt das Problem der de facto Gleichsetzung darin, daß das faktisch vorhandene Kriterium unzuverlässig sein kann. Denn in einigen Fällen mag das vorhandene Gefühl gar kein Zeichen des damit verknüpften theoretischen Wertes sein. Allerdings verfügt man über kein von dem faktisch vorhandenen Kriterium unabhängiges Mittel, den theoretischen Wert zu identifizieren.

Das Problem besteht also darin, daß der theoretische Wert mit dem Zutreffen des faktischen Kriteriums de facto gleichgesetzt wird. RICKERT will es lösen, indem er eine dem Urteilen eigentümliche Art von Notwendigkeit einführt, die von der philosophisch bekannten „Denknotwendigkeit" scharf zu unterscheiden ist. Ohne vorschlagen zu wollen, daß es RICKERT tatsächlich gelingt, das angedeutete Problem vermöge einer auf „Urteilsnotwendigkeit" – wie er sie nennt – beruhenden Begriffsbildung zu lösen, ist es aufschlußreich, seine Argumentation zu verfolgen.

Das „theoretische Sollen". Den Schlüssel zur Lösung des Problems meint RICKERT beim Begriff des theoretischen Wertes bzw Sollens zu finden. „Der in jedem wahren Urteil anerkannte Wert ist, weil zeitlos in seiner Geltung, auch *unabhängig* von jedem individuellen realen Bewußtseinsinhalt, der als zeitliches Gebilde immer einen Anfang und ein Ende hat."[84] RICKERT erhöht den Einsatz, wenn er darüber hinaus behauptet, daß man nicht nur dem Wert, dem im Urteil zugestimmt werde, eine von uns unabhängige Bedeutung beilege, sondern man erkenne ihn auch als etwas an, wovon man „beim Bejahen theoretisch *abhängig*" sei.[85] RICKERT veranschaulicht diese „Abhängigkeit" mit einem Beispiel. Wenn jemand Töne höre und urteilen wolle, so sei er „unbedingt *genötigt*, zu bejahen", daß er Töne höre. „Der Zustand der Gewißheit also, genauer der Wert, von dem er mir Kunde gibt, verleiht, wenn ich ihn bejahe, meinem Urteilen den Charakter der unbedingten *Notwendigkeit*."[86]

Freilich ist diese Notwendigkeit nicht mit dem der Logik und Erkenntnistheorie geläufigen Begriff der „Denknotwendigkeit" gleichzusetzen. Denn RICKERT spricht von der „Anerkennung der Notwendigkeit, so und nicht anders urteilen *zu sollen*"[87]. Jene Notwendigkeit entspreche dem realen Sein, während diese, die Urteilsnotwendigkeit, als Richtschnur oder Maßstab des Urteils uns binde. Man könne sie „als eine

83 Vgl allgemein zu diesem Thema ALEXANDER SOMEK, Der Gegenstand der Rechtserkenntnis (Baden-Baden 1996); ARDA DENKEL, Object and Property (Cambridge 1996).

84 GE, 6. Aufl, 198 (Hervorhebung von RICKERT) (vgl 2. Aufl, 112).

85 GE, 6. Aufl, 198-199 (Hervorhebung von RICKERT).

86 GE, 6. Aufl, 199 (Hervorhebung von RICKERT) (vgl 2. Aufl, 113).

87 GE, 2. Aufl, 113 (Hervorhebung von mir) (vgl 6. Aufl, 199 f).

Notwendigkeit des *Sollens* bezeichnen."[88] Dieses Sollen, zuerst als Verb – zB im vorletzten Zitat – und dann immer wieder in diesem Werk als Substantiv verwendet, ist RICKERT zufolge der deutlichste Hinweis „auf den Wertcharakter des vom Urteil bejahten oder anerkannten Momentes".[89] Die erkenntnistheoretische Bedeutung der Urteilsnotwendigkeit fordere dem Subjekt Anerkennung ab. ‚Sie tritt dem Urteilenden gegenüber als ein *Imperativ*, den wir beim Bejahen dann gewissermaßen in unsern Willen aufnehmen".[90] RICKERT rekurriert abermals auf das „Töne"-Beispiel. „Wenn ich Töne höre oder vorstelle, so bin ich *genötigt*, zu *urteilen*, daß ich Töne höre oder vorstelle", und dies weil „mir mit den Tönen oder ihren Vorstellungen ein *Sollen* gegeben ist, das von einem eventuellen Urteil über die Töne Anerkennung fordert und Anerkennung erhält."[91]

In dieser Umkehrung, und nicht in der kantschen, will RICKERT seinen eigenen „kopernikanischen" Standpunkt erblicken: „[N]icht um die *Realität* ‚dreht sich' das erkennende Ich-Subjekt, damit es dadurch theoretisch *wertvoll* werde, sondern um den theoretischen *Wert* hat es sich zu ‚drehen', wenn es die *Realität* erkennen will."[92]

Antwort auf die zweite ausstehende Frage. Jetzt ist RICKERT in der Lage, seine zweite Frage ausführlich zu erörtern. Was ist denn der Gegenstand der Erkenntnis, den wir suchen? Darauf gibt er uns folgende Antwort: „Wird als ‚Gegenstand' nur das bezeichnet, was dem Subjekt in dem Sinn *entgegen* steht, daß es sich danach zu *richten* hat, um zu erkennen, dann ist allein im *Sollen*, welches das Urteilen anerkennt, das Moment zu finden, das dem Erkennen Objektivität verleiht, also darf nur im Sollen und nicht im real Seienden der ‚Gegenstand' der Erkenntnis gesucht werden".[93]

Die Gründe dafür liegen nach RICKERT auf der Hand. Erstens könne es, begrifflich gesehen, keinen anderen Gegenstand geben, weil sich ein anderer Grund nicht aufdecken lasse. Die transzendente Realität habe sich ja als undenkbar erwiesen. Zweitens müsse es auch keinen anderen Gegenstand geben. Denn das richtig verstandene Erkennen bedürfe dieses anderen Gegenstandes nicht. Für das bejahende Anerkennen genüge „ein Sollen als *Maßstab*"[94]. Drittens sei ein anderer Gegenstand sowieso bedeutungslos. Ein anderer Maßstab als das Sollen habe für das Erken-

88 GE, 6. Aufl, 201 (Hervorhebung von RICKERT).
89 Ebd.
90 Ebd (Hervorhebung von RICKERT).
91 GE, 6. Aufl, 202 (Hervorhebung von RICKERT) (vgl 2. Aufl, 116).
92 GE, 6. Aufl, 205 (Hervorhebung von RICKERT).
93 GE, 6. Aufl, 213 (Hervorhebung von RICKERT) (vgl 2. Aufl, 122).
94 Ebd (Hervorhebung von RICKERT).

nen, das Anerkennen sei, keine Bedeutung, da nur eine Forderung, nicht ein Wirkliches, anerkannt werden könne.[95]

IV. Schlußbemerkung

Rickert geht davon aus, daß der Bankrott einer Abbildtheorie, die Subjekt und Objekt gegenüberstellt, unabweisbar ist. Falls sich das Objekt als nicht vom Subjekt unabhängig erweisen sollte, dann gehören beide – Subjekt wie Objekt – zum Bewußtsein oder beide sind Teil der Außenwelt. In jedem Fall bricht aber die Abbildtheorie in sich zusammen. Wäre das Objekt dennoch vom Subjekt unabhängig, dann befände es sich in einer „transzendenten Welt", zu der das Subjekt überhaupt keinen Zugang habe. Die Abbildtheorie führt also – so die Argumentation Rickerts – in eine Sackgasse, der nur zu entkommen sei, wenn man einen radikal anderen Ausgangspunkt schaffen könne. Genau dies tut Rikkert, indem er sich der Lehre vom Urteil zuwendet. Im Gegensatz etwa zu Locke, der eine nachgerade atomistische Lehre vom Urteil vertritt, wonach die zu verknüpfenden Begriffe bzw ideas völlig unabhängig von der erst im Urteil zustandekommenden Beziehung bestehen, ist Rickert ein Verfechter der kantischen oder „modernen" Lehre vom Urteil, derzufolge die im Urteil verknüpften Begriffe sich erst aus diesem Urteil ergeben. Seine Aufmerksamkeit ist aber vor allem auf einen anderen Aspekt der Urteilslehre gerichtet, nämlich darauf, daß das Urteilen ein bloß vorstellungsmäßiger Vorgang sei. Dagegen wendet sich Rickert mit einer am „Wert" orientierten Lehre, derzufolge das als „kritisches Verhalten" verstandene Bejahen oder Verneinen der nicht auf Vorstellungen reduzierbare Bestandteil des Urteils ist. Worauf richtet sich dieses „kritische Verhalten"? Rickert antwortet darauf, daß das Urteilen ein Stellungnehmen zu einem „Wert" mit sich führt, denn das alternative – also „entweder-oder" – Verhalten der Bejahung oder Verneinung (bzw des Billigens oder Mißbilligens) macht erst im Verhältnis zum Wert einen Sinn. Der Begriff des „Wertes" läßt sich wiederum anhand des „theoretischen Sollens" explizieren. Wenn beispielsweise jemand Töne hört, dann ist er, was ein Urteil darüber betrifft, genötigt zu bejahen und nicht zu verneinen, daß er Töne hört. Die in Betracht kommende Notwendigkeit – so Rickert – ist keine „Denknotwendigkeit", sondern die Notwendigkeit des Sollens, gerade so, als wolle Rickert den Hörer darüber belehren, er habe gefälligst beim Urteilen sein Tönehören zu bejahen – im Sinne des Imperativs: Du sollst![96]

95 GE, 6. Aufl, 213 f (vgl 2. Aufl, 122 f).

96 Vgl den Text zu FN 90 oben.

Eines der Probleme, das die Urteilslehre Rickerts aufwirft, ist schon im dritten Abschnitt meines Textes angedeutet worden: Das Gefühl von dieser als ein Sollen zu verstehenden Notwendigkeit muß dem Sollen selbst nicht immer entsprechen. Und dieses Problem ist nur die Spitze des Eisbergs.

Doch möchte ich mit einer Beobachtung anderer Art schließen. Die Rickertsche Urteilslehre ist, meines Erachtens, als Manifestation eines uns aus der Philosophiegeschichte gut bekannten Phänomens anzusehen. Der Philosoph bewertet diesen oder jenen Aspekt der herrschenden Theorie und stößt auf verschiedene, tief in den Wurzeln dieser Theorie liegende Probleme. Doch bei seinem eigenen Versuch, eine Theorie zu entwickeln, die diese Probleme vermeidet, geht er soweit in die andere Richtung, daß sich daraus Probleme ergeben, die mindestens so schwer wiegen wie jene der herrschenden Theorie. Ein ausgezeichnetes Beispiel für dieses Phänomen stellt Rickerts Lehre vom Urteil dar.

Peter Pernthaler

Die neue Doppelverfassung Österreichs*

I. Allgemeine Voraussetzungen

Am 12. 6. 1994 hat das österreichische Volk über ein besonderes Bundesverfassungsgesetz[1] abgestimmt, das den Nationalrat, den Bundesrat, die Bundesregierung und den Bundespräsidenten ermächtigte, den EU-Beitrittsvertrag[2] abzuschließen. Damit war eine *„Gesamtänderung der Bundesverfassung"* (Art 44 Abs 3 B-VG) verbunden, die durch den Beitritt Österreichs zur EU vollzogen wurde. Das Thema dieser Volksabstimmung war also nicht nur die politische Entscheidung über den Beitritt zur EU, sondern auch die Verfassungsfrage „Will das österreichische Volk die *Gesamtänderung der Bundesverfassung*, die sich aus den Auswirkungen des EU-Beitrittes ergibt?"

Dieser Vorgang löst zwei Vorfragen aus:
1. Was ist eine *„Gesamtänderung der Bundesverfassung"*? und
2. Worin besteht eigentlich die *„Gesamtänderung der Bundesverfassung"*, die mit dem Beitritt bewirkt wird?

Zur ersten Frage enthält die Bundesverfassung selbst keine eindeutige Antwort. Die neuere Lehre[3] und Rechtsprechung des Verfassungsgerichts-

* Eine Kurzfassung dieses Beitrages wurde in der österreichischen Akademie der Wissenschaften, Sitzung der phil hist Klasse vom 17. Jänner 1996 vorgetragen. An der Ausarbeitung der Fußnoten hat Dr. MARTIN ATTLMAYR mitgewirkt.

1 BVG über den Beitritt Österreichs zur Europäischen Union, BGBl 1994/744; VfSlg 13.839/1994.

2 EU-Beitrittsvertrag, BGBl 1995/45.

3 R. WALTER/H. MAYER, Grundriß des österreichischen Bundesverfassungsrechts[8] (Wien 1996) RZ 146; T. ÖHLINGER, Verfassungsrecht[2] (Wien 1995) 45 ff; L. K. ADAMOVICH/B.-C. FUNK, Österreichisches Verfassungsrecht[3] (Wien/New York 1985) 98 ff; B.-C. FUNK, Einführung in das österreichische Verfassungsrecht[9] (Graz 1996) 4 f, 67 ff; E. LOEBENSTEIN, Das verfassungswidrige Verfassungsgesetz, in: H. Mayer et al (Hrsg), Staatsrecht in Theorie und Praxis, FS Walter (Wien 1991) 437 ff (442); S. GRILLER, Völkerrechtliche und verfassungsrechtliche Aspekte einer EG-Annäherung Österreichs, in: U. Runggaldier (Hrsg), Österreichisches Arbeitsrecht und das Recht der EG (Wien 1990) 4 ff (20); F. KOJA, Parlament gegen Verfassungsgerichtshof? Sind Verfassungsgesetze zur Ausschaltung von Gesetzesaufhebungen durch den VfGH zulässig? ZÖRNF XLIV (1992/93) 55 ff (57); H. P. RILL, Möglichkeiten der Teilnahme Österreichs am Gemeinsamen Markt und ihre Konsequenzen für die Harmonisierung des österreichischen Wirtschaftsrechts mit dem der EG, in: K. Korinek et al (Hrsg), Österreichisches Wirtschaftsrecht

hofes[4] sind sich jedoch darüber einig, daß darunter nicht nur – wie es die Schweizer Lehre versteht[5] – eine formelle Änderung der gesamten Bundesverfassung *(„Totalrevision")* gemeint ist[6], sondern auch eine wesentliche Beeinträchtigung eines der sogenannten *„Baugesetze"* der Verfassung.[7] Als solche *„Baugesetze"* oder *verfassungsrechtliche Grundprinzipien* nennen die neuere Lehre und Rechtsprechung des Verfassungsgerichtshofes insbesondere folgende:

- das demokratische Prinzip (Art 1 B-VG),
- das rechtsstaatliche Prinzip (Art 18 B-VG),
- das bundesstaatliche Prinzip (Art 2 B-VG),
- die Gewaltenteilung (Art 94 B-VG) und
- die Entscheidungsbefugnisse des Verfassungsgerichtshofes (Art 137 – 144 B-VG).

Die Lehre hat neben diesen einhellig anerkannten noch eine Reihe weiterer verfassungsrechtlicher Grundprinzipien entwickelt,[8] die aber im konkreten Zusammenhang nicht weiter zu behandeln sind, weil die entscheidenden Probleme schon bei den drei grundlegenden Baugesetzen (Demokratie, Rechtsstaat und Bundesstaat) auftauchen.

Bis zum Jahre 1994 hat noch keine ausdrückliche *„Gesamtänderung der Bundesverfassung"* stattgefunden;[9] es gab aber dazu bereits eine ausge-

und das Recht der EG (Wien 1990) 9 ff (16); unentschieden noch H. Kelsen/G. Froehlich/A. J. Merkl, Die Bundesverfassung vom 1. Oktober 1920 (Wien/Leipzig 1922) 124.

4 VfSlg 2455/1952; 11.829/1988; 11.927/1988.

5 Art 118 BV; L. Wildhaber, in: J.-F. Aubert et al (Hrsg), Kommentar zur Bundesverfassung der Schweizerischen Eidgenossenschaft vom 29. Mai 1874 (Basel/Zürich/Bern 1996) Art 118, RZ 1 ff; U. Häflin/W. Haller, Schweizerisches Bundesstaatsrecht[2] (Zürich 1988) RZ 935.

6 Für Österreich vertritt diese Auffassung nur F. Esterbauer, Demokratisches Prinzip und völkerrechtliche Neutralität bei einem EG-Beitritt Österreichs, in: S. Morscher et al (Hrsg), Recht als Aufgabe und Verantwortung, FS Klecatsky (Wien 1990) 31 ff.

7 Zum ersten Mal vertraten diese Auffassung ansatzweise schon H. Kelsen, Die Verfassungsreform, JBl 1929, 445 ff (457); H. Spanner, Das Recht zur Erlassung von Verordnungen nach der Verfassung 1934, ÖVBl 1935, 153 ff (155); insbesondere L. Adamovich, Grundriß des österreichischen Verfassungsrechts[4] (Wien 1947) 63 ff; H. Spanner, Landesbürgerschaft und Bundesbürgerschaft, ÖJZ 1952, 449 ff (453); aufgegriffen durch VfSlg 2455/1952.

8 Walter/Mayer (FN 3) 61 ff; Adamovich/Funk (FN 3) 101 f; F. Ermacora, Österreichische Verfassungslehre I (Wien 1970) 58; *ders*, Österreichische Verfassungslehre II (Wien 1989) 12; E. C. Hellbing, Die Änderungen der österreichischen Bundesverfassung im Licht des Verfassungsbruches, in: F. Koja et al (Hrsg), Bundesstaat auf der Waage (Salzburg/München 1969) 33 ff (37 f) man spricht von einer „Inflation" von Verfassungsprinzipien, H. Schäffer, Verfassungsinterpretation in Österreich (Wien/New York 1971) 75 ff; T. Öhlinger, Verfassungsrechtliche Aspekte eines Beitritts Österreichs zu den EG (Wien 1988) 30 ff.

9 Zweifelhaft könnte sein, ob die Zweite B-VG-Novelle 1929 eine Gesamtänderung bedeutete; die Frage ist aber wegen des neuerlichen Inkrafttretens durch die Verfassungs-

prägte Judikatur und eine ständige Diskussion der Verfassungslehre. Im Rahmen dieser Diskussion war es schließlich nicht mehr zweifelhaft, daß der Beitritt Österreichs zur EU eine solche Gesamtänderung der Bundesverfassung bedeutet[10] und daher gemäß Art 44 Abs 3 B-VG zwingend einer Volksabstimmung unterzogen werden müsse.[11]

Schwierig ist die zweite Frage zu beantworten, worin nun eigentlich die Gesamtänderung der Bundesverfassung liege, die durch den EU-Beitritt bewirkt wird.

Das *Beitritts-B-VG* (BGBl 1994/744) gibt darüber keinerlei Auskunft. Dieses sehr kurze Bundesverfassungsgesetz ist sozusagen nur ein *Ermächtigungsgesetz* für die zuständigen Verfassungsorgane, die Gesamtänderung herbeizuführen und gleicht insofern – vor allem in seiner lakonischen Kürze und Formalität – den klassischen Vorbildern aller Ermächtigungsgesetze.[12] Aber auch aus dem in diesem Ermächtigungsgesetz erwähnten *„Staatsvertrag über den Beitritt Österreichs zur Europäischen Union" (Beitrittsvertrag),* BGBl 1995/45, ergibt sich für die Frage der Gesamtänderung der Bundesverfassung nichts. Im Gegenteil. Aus diesem Vertrag wird nicht einmal deutlich, ob er selbst in allen Einzelheiten verfassungsän-

---

überleitung 1945 obsolet geworden. Von einer *schleichenden Gesamtänderung* im Hinblick auf das bundesstaatliche Prinzip sprechen ERMACORA (1970) (FN 8) 322; ADAMOVICH/FUNK (FN 3) 100.

10 ÖHLINGER (FN 8) 70; *ders*, Verfassungsfragen zwischen Brüssel und Wien, Revue Européenne de Droit Public 1993, 143 ff (145 ff); H. P. RILL (FN 3) 15 ff; G. HOLZINGER, Gravierende verfassungsrechtliche Änderungen im Zusammenhang mit einem österreichischen EG-Beitritt, JBl 1993, 2 ff (12); H. SCHÄFFER, Europa und die österreichische Bundesstaatlichkeit, DÖV 1994, 181 ff (186); vgl auch die EB zur RV 1546 Blg StenProt NR XVIII. GP, 1 ff und die jetzige einhellige Lehre: WALTER/MAYER (FN 3) 104 f; ÖHLINGER (FN 3) 72 f; FUNK (FN 3) 84 ff.

11 Umstritten war schließlich noch die Frage, ob Art 44 Abs 3 B-VG auch auf *Staatsverträge* anzuwenden sei, da Art 50 Abs 3 B-VG dies nicht ausdrücklich vorsieht; vgl dazu ablehnend KELSEN/FROEHLICH/MERKL (FN 3) 137; R. A. MÉTALL, Die gerichtliche Prüfung von Staatsverträgen nach der österreichischen Rechtsordnung, ZÖR VII (1928) 106 ff (111); F. ERMACORA, Der Staatsvertrag und die österreichische Bundesverfassung, JBl 1955, 317 ff (321); WALTER/MAYER (FN 3) RZ 230; bejahend T. ÖHLINGER, Der völkerrechtliche Vertrag im staatlichen Recht (Wien/New York 1973) 211 ff; *ders* (FN 8) 49; *ders* (FN 10) 145 f; B. WIESER, Bedarf eine Gesamtänderung der Bundesverfassung durch Staatsvertrag einer Volksabstimmung?, RZ 1989, 74 ff (75); N. WIMMER/W. MEDERER, EG-Recht in Österreich (Wien 1990) 111 f; F.-S. MEISSEL, Gesamtänderung der Bundesverfassung durch Staatsvertrag und der Stufenbau des Verfassungsrechts, ÖJZ 1990, 436 ff (439); C. GRABENWARTER, Die Verteilung völkerrechtsbezogener Zuständigkeiten nach der österreichischen Bundesverfassung, ZÖRNF XLVIII (1995) 79 ff (113) ua.

12 Vgl für Österreich das *„kriegswirtschaftliche Ermächtigungsgesetz"* RGBl 1917/307, ausdrücklich in die Bundesverfassung übergeleitet durch § 7 Abs 2 ÜG 1920, aufgehoben durch BVG BGBl 1946/143; für Deutschland das *„Gesetz zur Behebung der Not von Volk und Reich"*, RGBl 1933 I Nr 33.

dernden Charakter trägt.[13] Im übrigen enthält dieser Vertrag nur die politisch wesentlichen *Sonderregelungen* für Österreich und die übrigen Beitrittswerber des Jahres 1994, nicht aber die grundlegenden Bestimmungen über die Organisation, die Kompetenzen und die Rechtsstellung der EU im Verhältnis zur österreichischen Bundesverfassung.

Gleichwohl hat dieser Beitrittsvertrag die Gesamtänderung der Bundesverfassung dadurch herbeigeführt, daß er mit dem Beitritt *das gesamte bisherige EU-Recht für Österreich verbindlich erklärt.*[14] Damit ist nämlich nicht nur die gesamte *„Verfassung der EU"* (dh ihr Organisationsrecht), sondern auch alle früheren völkerrechtlichen Verträge, die auf ihrer Grundlage ergangenen Rechtsvorschriften der EU-Organe (das sogenannte *„Sekundärrecht"*) und die dazu bestehende Rechtsprechung für Österreich verbindlich geworden.[15]

In diesem umfangreichen rechtlichen Gesamtkomplex müssen nun jene Bestimmungen ausfindig gemacht werden, welche die österreichische Bundesverfassung in ihrem Kern so verändert haben, daß man von einer Gesamtänderung der Bundesverfassung sprechen kann. Um diese schwierige rechtliche Erkenntnisaufgabe zu lösen, muß man also zuerst die österreichischen Baugesetze der Verfassung in allen ihren Konsequenzen kennen und sie dann mit der *„EU-Verfassung"* in ihrer derzeit geltenden Form – vor allem auf Grund der Judikatur und der EU-Praxis – konfrontieren, um die Veränderungen der österreichischen Verfassungsordnung im einzelnen feststellen zu können.[16]

13 Vgl dazu die verfahrensmäßige Sonderbestimmung des Art II des Beitritts-BVG und dazu die EB 1546 Blg Sten Prot NR XVIII. GP, 16, wonach „im Hinblick auf den besonderen Charakter des EU-Rechts" von einer Qualifikation des Beitrittsvertrages oder einzelner darin enthaltener Bestimmungen ausdrücklich als „verfassungsändernd" abgesehen wird.

14 Art 2 BeitrittsV: „Ab dem Beitritt sind die ursprünglichen Verträge und die vor dem Beitritt erlassenen Rechtsakte der Organe für die neuen Mitgliedsstaaten verbindlich und gelten in diesen Staaten nach Maßgabe der genannten Verträge und dieser Akte".

15 Sog *„Acquis communautaire"*, vgl C. Vedder, in: E. Grabitz/M. Hilf, Kommentar zur Europäischen Union (München 1995) Art 237 Rdnr 26; W. Meng, in: H. v. d. Groeben/J. Miesing/C.-D. Ehlermann, Kommentar zum EWG-Vertrag[4] (Baden-Baden 1991) Art 237 Rdnr 98 ff; B. Beutler/R. Bieber/J. Pipkorn/J. Streil, Die Europäische Union[4] (Baden-Baden 1993) 48; M. Schweitzer/W. Hummer, Europarecht[4] (Neuwied/Kriftel/Berlin 1993) 151.

16 Eine systematisch-abschließende Beurteilung der durch den EU-Beitritt bewirkten Verfassungsänderungen ist weder in dieser Untersuchung geplant, noch praktisch überhaupt durchführbar, weil sie von der Auslegung und Anwendung des EU-Rechtes und der dazu ergangenen Judikatur abhängig ist. Neben Grundsatzaussagen kann es hier nur fallbezogene Einzeluntersuchungen zu besonderen Verfassungsproblemen geben.

II. Veränderungen des demokratischen Prinzips

1.

Das demokratische Prinzip bedeutet im Sinne der allgemeinen Staatslehre zunächst, daß *das österreichische Volk der Träger der Staatsgewalt ist (Prinzip der Volkssouveränität).*[17] In der österreichischen Bundesverfassung hat dieser Grundsatz eine untrennbare Verknüpfung mit dem rechtsstaatlichen und dem bundesstaatlichen Prinzip erfahren. Dies drückt schon Art 1 B-VG dadurch aus, daß er formuliert: *„Ihr Recht geht vom Volk aus".*[18] Damit ist gemeint, daß das demokratische Prinzip in Österreich in den Einrichtungen und Formen des *Rechtsstaates* Wirklichkeit geworden ist: Das *Gesetz* – und damit das *Parlament* – ist gleichzeitig die wichtigste Institution des *Rechtsstaates* und – vermittelt durch die Wahl – der in Österreich vorherrschenden *repräsentativen Demokratie.*[19]

Durch die Einrichtung der „*Verfassungsautonomie* der Länder" (Art 99 B-VG)[20] ist anerkannt, daß es neben dem *Bundesvolk* auch eine verfassungsgebende Gewalt der *Landesvölker* gibt, daß also die Souveränität in Österreich bereits an der Quelle, nämlich beim Volk, gemeinsam von Bund und Ländern ausgeübt wird.[21] Verhältnismäßig schwach ausgebildet sind *die plebiszitären Rechte* (Volksbegehren, Volksabstimmung, Volksbefragung) im Bundesbereich;[22] dagegen relativ stark in einzelnen Bundesländern, vor allem in Vorarlberg, Salzburg und in der Steiermark.[23]

---

17 F. Ermacora, Allgemeine Staatslehre (Berlin 1970) 432 ff; P. Pernthaler, Allgemeine Staatslehre und Verfassungslehre² (Wien/New York 1996) 174; T. Fleiner-Gerster, Allgemeine Staatslehre² (Berlin/Heidelberg/New York/Tokyo 1995) 298 ff.

18 Die Formulierung ist eine originelle Leistung der Reinen Rechtslehre, vgl dazu Kelsen/Froehlich/Merkl (FN 3) 64 ff und den Formulierungsvorschlag von H. R. Klecatsky, Geht das Recht der Republik Österreich vom Volk aus?, JBl 1976, 512 ff (515).

19 Pernthaler (FN 17) 174; vgl auch H. R. Klecatsky, Was verlangt der Rechtsstaat heute?, in: ders, Der Rechtsstaat zwischen heute und morgen (Wien/Freiburg/Basel 1967) 13 ff (29); *ders* (FN 18) 513; R. Marcic, Rechtsphilosophie (Freiburg 1969) 261; *ders*, Recht-Staat-Verfassung I (Wien 1970) 228.

20 F. Koja, Das Verfassungsrecht der österreichischen Bundesländer² (Wien/New York 1988) 23 ff; P. Pernthaler, Die Verfassungsautonomie der österreichischen Bundesländer, JBl 1986, 477 ff (478 f); *ders*, Entwicklungen der Landesverfassungen, in: E. Weinzierl et al (Hrsg), Justiz und Zeitgeschichte II (Wien 1996) 789 ff.

21 P. Pernthaler/K. Weber, Bundesverfassung und Föderalismus, Der Staat XXI (1982) 576 ff (582); P. Pernthaler, Die Staatsgründungsakte der österreichischen Bundesländer (Wien 1979) 16 ff.

22 Art 41 Abs 2 B-VG (Volksbegehren); Art 43 B-VG (Volksabstimmung); Art 49b B-VG (Volksbefragung); vgl dazu R. Walter, Österreichisches Bundesverfassungsrecht (Wien 1972) 300 ff u 311 ff mN der älteren Literatur; H. Schambeck, Das Volksbegehren, Recht und Staat, H 400/401 (Tübingen 1971); E. C. Hellbing, Die plebiszitäre Demokratie, insbesondere nach dem B-VG, in: L. K. Adamovich/P. Pernthaler (Hrsg), Auf dem Weg zur Menschenwürde und Gerechtigkeit, FS Klecatsky (Wien 1980) 313 ff (324);

In der *Verwaltung* äußert sich das demokratische Prinzip wiederum in Bund und Ländern unterschiedlich: Im Bundesbereich durch die *Wahl des Bundespräsidenten* und die doppelte Verantwortlichkeit der *Bundesregierung* gegenüber dem volksgewählten Bundespräsidenten und dem volksgewählten Nationalrat;[24] im Landesbereich durch die *Wahl der Landesregierung* und ihre Verantwortlichkeit gegenüber den Landtagen;[25] in der Gemeinde schließlich durch die *Wahl des Gemeinderates*, die Verantwortlichkeit des Gemeindevorstandes und – wo dies vorgesehen ist – durch die *Wahl der Bürgermeister*.[26] Die *nachgeordneten Organe der Verwaltung* sind demokratisch legitimiert durch die Weisungs- und Aufsichtsrechte der Regierungen und ihrer Mitglieder und durch die Bindung an das demokratisch erzeugte Gesetz.[27] Daneben gibt es als besondere demokratische Organisationsform der Verwaltung die *Selbstverwaltung*, die in Österreich eine große praktische Bedeutung hat.[28] Dazu gehören ne-

R. Rack, Weiterentwicklung direktdemokratischer Mitwirkungsmöglichkeiten in Österreich, Die Verwaltung XVII (1984) 208 ff; S. Morscher, Parlament und direkte Demokratie, in: H. Schambeck (Hrsg), Österreichischer Parlamentarismus (Berlin 1986) 775 ff (798 ff); J. Marko, Direkte Demokratie im Vergleich: Schweiz-Österreich-BRD, in: J. Marko/A. Stolz (Hrsg), Demokratie und Wirtschaft (Wien/Köln/Graz 1987) 11 ff; F. Merli, Rechtsprobleme des Volksbegehrens in Bundes- und Landesgesetzgebung, JBl 1988, 85 ff; Koja (FN 20) 203; P. Pernthaler, Raumordnung und Verfassung III (Wien 1990) 342 ff; H. Mayer, Verfassungsfragen der direkten Demokratie; in: J. Hengstschläger et al (Hrsg), Für Staat und Recht, FS Schambeck (Berlin 1994) 511 ff; T. Öhlinger, (FN 3) 165 ff; H. Mayer, Plebiszitäre Instrumente in der staatlichen Willensbildung, in: Österr Parlamentarische Gesellschaft (Hrsg), 75 Jahre Bundesverfassung, FS B-VG (Wien 1995) 341 ff (348 ff; 351 ff; 354 ff).

23 P. Pernthaler/G. Lukasser, Das Verfassungsrecht der Österreichischen Bundesländer. Vorarlberg (Wien 1995) 140 ff, 273 ff; Merli (FN 22) 87 ff; Pernthaler (FN 22) 346 ff; Mayer (FN 22) 352, 354, 357 ff.

24 Art 60 Abs 1; Art 70 Abs 1 iVm Art 74 B-VG; Adamovich/Funk (FN 3) 261 ff; Walter/Mayer (FN 3) RZ 659 ff; Kelsen/Froehlich/Merkl (FN 3) 169 ua.

25 Koja (FN 20) 219 ff; Adamovich/Funk (FN 3) 220; S. Morscher, Die politischen Kontrollbefugnisse des Vorarlberger Landtages (Wien 1979) 24 ff.

26 Vgl dazu die Auseinandersetzungen um die Volkswahl des Bürgermeisters; VfSlg 13.500/1993 = JBl 1994, 244 ff m Anm P. Pernthaler (248 ff); B-VG-Novelle BGBl 1994/504; vgl dazu K. Ponhold, Direktwahl der Bürgermeister – ein demokratischer Fortschritt?, ÖGZ 1993 H 12, 11; M. Welan, Parlamentarische Präsidialrepublik?, JRP 1994, 185 ff; W.-D. Grussmann, Zur Direktwahl des Bürgermeisters in Salzburg, JRP 1995, 263 ff (266 ff); G. Muzak, Verfassungsrechtliche Probleme der Direktwahl der Bürgermeister, ÖGZ 1996 H 5, 2 ff ua.

27 Kelsen/Merkl'sches Demokratiemodell; vgl dazu H. Kelsen, Demokratisierung der Verwaltung, ZfVerw 1921, 5 ff; *ders*, Allgemeine Staatslehre (Wien 1925) 367; A. J. Merkl, Die Verfassung der Republik Deutschösterreich (Wien/Leipzig 1919) 35; *ders*, Demokratie und Verwaltung (Wien/Leipzig 1923) 76; *ders*, Allgemeines Verwaltungsrecht (Wien 1927) 335.

28 M. Welan/B. Gutknecht, Selbstverwaltung, in: F. Ermacora et al (Hrsg), Allgemeines Verwaltungsrecht, FS Antoniolli (Wien 1979) 389 ff; P. Pernthaler, Die verfassungsrechtlichen Schranken der Selbstverwaltung in Österreich, Gutachten zum 3. ÖJT

ben den schon erwähnten Gemeinden auch die beruflichen Vertretungen (Kammern), die Sozialversicherung, öffentlichrechtliche Körperschaften, Genossenschaften und Verbände.

Als eine moderne Form der Demokratie gilt auch die *unmittelbare Bürgerbeteiligung (Partizipation)*, die vor allem in der Verwaltung – etwa im Bereich der Planung und des Umweltrechtes – eine immer größere Rolle spielt.[29] Auch die *Sozialautonomie*, dh die autonome Regelung der Arbeitsbedingungen im Betrieb und auf überbetrieblicher Ebene (Kollektivverträge) gilt als eine Form besonderer demokratischer Selbstbestimmung.[30]

2.

Worin liegen nun die Neuerungen, die dieses, nur in Umrissen gezeichnete, demokratisch-rechtsstaatliche System durch den EU-Beitritt erfahren hat? Es sind im wesentlichen zwei Wesensmerkmale des EU-Rechtes, die damit unvereinbar sind und ein völlig neues Verfassungssystem begründen:

1. *Das Recht der EU ist in Österreich unmittelbar wirksam.* Es geht nach herrschender Lehre und Judikatur der EU-Organe sogar allem nationalen Recht vor und verdrängt dieses in seinem Anwendungsbereich.[31]

I/3 (Wien 1967) 35 ff; *ders*, Raumordnung und Verfassung II (Wien/New York 1978) 148 ff; W. Antoniolli/F. Koja, Allgemeines Verwaltungsrecht³ (Wien 1996) 380 ff; H. Mayer, Entwicklungstendenzen in der Rechtsprechung des Verfassungsgerichtshofes, ÖJZ 1980, 341 ff; H. Stolzlechner, Der Gedanke der Selbstverwaltung in der Bundesverfassung, in: Österr Parlamentarische Gesellschaft (Hrsg), 75 Jahre Bundesverfassung, FS B-VG (Wien 1995) 363 ff; VfSlg 8215/1977; 8644/1979; 8771/1980.

29 Pernthaler (FN 22) 468 ff; vgl auch das Bürgerbeteiligungsverfahren in §§ 30 ff UVP-G; M. Ritter, Umweltverträglichkeitsprüfung (Wien/New York 1995) 25 ff u 56 ff sowie schon S. Schwarzer, Probleme des Verfahrens bei der Genehmigung umweltbelastender Anlagen, ZfV 1987, 397 ff (398 ff).

30 Zur verfassungsrechtlichen Begründung der Sozialautonomie vgl P. Pernthaler, Die arbeitsrechtlichen Rechtsetzungsbefugnisse im Lichte des Verfassungsrechts, in: W. Schwarz et al (Hrsg), Möglichkeiten und Grenzen der Rechtsordnung, FS Strasser (Wien 1983) 3 ff (15 ff).

31 Sog *„Anwendungsvorrang"* des EU-Rechts; vgl dazu EuGH Slg 1964, 1270 Fall Costa/E.N.E.L.; Beutler/Bieber/Pipkorn/Streil (FN 15) 96 ff; C. Thun-Hohenstein/F. Cede, Europarecht (Wien 1995) 87 f; C. Thun-Hohenstein, Das Verhältnis zwischen österreichischem Recht und dem Recht der Europäischen Union, SWA-Studienarbeit Nr 107 (Wien 1995) 28 ff; T. Öhlinger, Unmittelbare Geltung und Vorrang des Gemeinschaftsrechts und die Auswirkungen auf das verfassungsrechtliche Rechtsschutzsystem, in: S. Griller et al (Hrsg), Grundfragen und aktuelle Probleme des öffentlichen Rechts, FS Rill (Wien 1995), 359 ff (364 ff); *ders*, Ein Verfassungsstaat an der Schwelle zur Europäischen Union, in: O. Due et al (Hrsg), FS Ulrich Everling (Baden-Baden 1995) 1017 ff (1019); W. Obwexer/H. Niedermühlbichler, Das EU-Recht in der österreichischen Rechtsordnung, ecolex 1995, 145 ff (148); Kucsko-Stadlmayer, Der Vorrang des EU-

Gleichzeitig ist dieses Recht der EU aber nicht vom *österreichischen Volk* legitimiert; es ist rechtlich und staatstheoretisch nicht auf die österreichische Volkssouveränität rückführbar. Im Sinne des Art 1 B-VG gibt es also nunmehr in Österreich jedenfalls zwei Rechtssysteme: Das Recht der Republik Österreich, das vom (Bundes- oder Landes-) Volk ausgeht, und das EU-Recht, das nicht vom Volk ausgeht, sondern von Europäischen Organen *autokratisch* gesetzt wird.[32]

2. EU-Organe der Rechtssetzung und Verwaltung sind vom österreichischen Volk nicht *demokratisch legitimiert* wie die österreichischen obersten Organe der Gesetzgebung und Vollziehung und sie sind auch nicht *demokratisch verantwortlich* im Sinne der Bundesverfassung.[33]

   Zwar gibt es im Rahmen der EU selbst eine rudimentäre demokratische Organisation durch das volksgewählte *Europäische Parlament*.[34] Aber dieses ist kein politisches Kreations- oder Gesetzgebungsorgan und die Regierung bzw die Verwaltung der EU ist diesem Parlament gegenüber nicht politisch verantwortlich.[35]

   Selbst wenn das parlamentarische System der EU verstärkt würde, wäre dies ein Widerspruch zum demokratischen Prinzip im Sinne der

---

Rechts vor österreichischem Recht, ecolex 1995, 338 ff; U. Everling, Zum Vorrang des EG-Rechts vor nationalem Recht, DVBl 1985, 1201 ff. Vgl aber auch die These von der *Derogation* von österreichischem Recht durch Gemeinschaftsrecht bei: M. Hecht, Derogation von österreichischem Recht durch Gemeinschaftsrecht? ecolex 1996, 494 ff.

32 Funk (FN 3) 13 u 86 spricht von einer „zweiten rechtlichen Grundordnung"; zum Gegensatz zwischen *demokratischem* und *autokratischem* Prinzip vgl P. Pernthaler, Allgemeine Staatslehre und Verfassungslehre[1] (Wien/New York 1986) 197 ff.

33 Vgl Art 68 Abs 1 iVm Art 142 B-VG (rechtliche Verantwortlichkeit des BPräs), Art 60 Abs 6 B-VG (politische Verantwortlichkeit des BPräs), Art 76 Abs 1 iVm Art 142 B-VG (rechtliche Verantwortlichkeit der BReg), Art 74 Abs 1 B-VG (politische Verantwortlichkeit der BReg), Art 105 B-VG (rechtliche Verantwortlichkeit des LH gegenüber der BRerg im Rahmen der mittelbaren Bundesverwaltung – Abs 1; rechtliche Verantwortlichkeit der LReg gegenüber dem LTag – Abs 2) einerseits und diesen entsprechenden Bestimmungen der Landesverfassungen andererseits (zwingende bundesstaatliche Homogenität; vgl Koja (FN 20) 32 f).

34 Art 137 ff EGV; vgl S. Griller Zur demokratischen Legitimation der Rechtssetzung in der Europäischen Union, JRP 1995, 164 ff (174 ff); F. Ossenbühl, Maastricht und Grundgesetz – eine verfassungsrechtliche Wende?, DVBl 1993, 629 ff (633 ff); P. Häberle, Verfassungsrechtliche Fragen im Prozeß der europäischen Einigung, EuGRZ 1992, 429 ff (432); H. Steinberger, Der Verfassungsstaat als Glied einer europäischen Gemeinschaft, VVDStRL 50 (1991) 9 ff (39 f); S. Oeter, Souveränität und Demokratie als Problem der „Verfassungsentwicklung" der EU, ZaöRV 1995, 659 ff (661 ff); S. Griller/B. Müller, Demokratie-, Institutionen- und Grundrechtsreform in der EU, in: BKA (Hrsg), Europa 1996 (Wien 1995) 23 ff (35 ff).

35 Zu den Funktionen des Europäischen Parlaments vgl Beutler/Bieber/Pipkorn/Streil (FN 15) 115 ff. Zur Zeit ist es wohl eher ein *„deliberatives"* Organ mit hauptsächlich politischen Funktionen. Noch schwächer sind die *„Ausschüsse"* (Beratender Ausschuß der EGKS, Wirtschafts- und Sozialausschuß, Ausschuß der Regionen), in denen manche einen Ansatz für eine zweite Kammer des Europäischen Parlaments sehen.

Bundesverfassung, weil sich diese neue *„europäische Demokratie“* auf ein *europäisches Volk*[36] und nicht auf das österreichische Volk beziehen würde. Da sich daher zwischen beiden Arten der Demokratie notwendigerweise Spannungsverhältnisse ergeben,[37] ist auch der weitere Ausbau der *„europäischen Demokratie“* heute in den meisten Mitgliedstaaten überaus umstritten[38] und kaum für die nächste Zukunft zu erwarten.

3. Schließlich sind auch die oben erwähnten unmittelbaren *Volksrechte in Bund und Ländern* gegenüber den Organen und der Rechtssetzung der EU unwirksam, was insbesondere die Schweiz von einem Beitritt zur EU bisher abgehalten hat. Zwar treten maßgebliche EU-Organe und ihre Rechtsnormen selbst für eine *„bürgernahe EU“* ein;[39] daraus lassen sich aber keine unmittelbaren Mitbestimmungsrechte ableiten und die Überlagerung der unmittelbaren Demokratie auf nationaler Ebene bleibt davon unberührt.
4. Im Lichte des derzeitigen Ausbaues der EU-Verfassung ergeben sich also vor allem *drei wesentliche Neuerungen im demokratisch-rechtsstaatlichen System Österreichs* durch den EU-Beitritt:
   a) Es gilt Abschied von der Vorstellung zu nehmen, daß das Recht in Österreich *vom Volk ausgeht*, dh demokratisch legitimiert ist. Dies erscheint nur uns eine schockierende Neuerung; durch die Jahrhunderte gab es immer „Recht“, das unabhängig vom politischen

36 Zur Problematik eines gegenwärtig noch nicht bestehenden *„Europäischen Volkes“* siehe D. Grimm, Der Mangel an europäischer Demokratie, in: Spiegel Nr 43/1992, 57 ff; P. Huber, Die Rolle des Demokratieprinzips im europäischen Integrationsprozeß, Staatswissenschaften und Staatspraxis 3 (1992) 349 ff; W. v. Simson, Was heißt in einer europäischen Verfassung „Das Volk“?, EuR 26 (1991) 1 ff; D. Murswiek, Maastricht und der pouvoir constituant, Der Staat 32 (1993) 161 ff (176 f); U. Di Fabio, Der neue Art 23 des GG, Der Staat XXXII (1993) 191 ff (202); Oeter (FN 34) 662.

37 Insbesondere in der Bindung des Ministerrates durch nationale oder supranationale Organe, vgl dazu Art 23d u 23e B-VG bzw die entsprechenden Bestimmungen der Landesverfassungen und Art 15a-Vereinbarungen einerseits und Art 189b u 189c EGV andererseits; vgl zur Einbindung des Europäischen Parlamentes in die Rechtssetzung der EU H. Schäffer, Österreichs Beteiligung an der Willensbildung in der Europäischen Union, insbesondere an der europäischen Rechtssetzung, ZÖRNF L (1996) 3 ff (12 f).

38 Ossenbühl (FN 34) 59; R. Breuer, Die Sackgasse des neuen Europaartikels (Art 23 GG), NVwZ 1994, 417 ff (424 f); Oeter (FN 34) 661; Griller/Müller (FN 34) 43 ff; Öhlinger (FN 10) 142 f.

39 Dies soll insbesondere durch eine *„open door policy“* erreicht werden. Im Zuge dieser Politik soll ua der Zugang zu den Dokumenten erleichtert werden (vgl dazu KOM [93] 191 vom 5. 5. 1993) sowie größere Transparenz in der Gemeinschaft verwirklicht werden (vgl dazu KOM [93] 258 endg sowie ABl C 63 vom 5. 3. 1993/8); siehe auch W. Hummer, in: Grabitz/Hilf (FN 15) Art 213 Rdnr 33 ff mwN. Zur Einrichtung des Bürgerbeauftragten sowie zum Petitionsrecht an das Europäische Parlament W. Obwexer, Petitions- und Beschwerderecht in der EU, ecolex 1995, 772 ff.

System erzeugt wurde.[40] Zu erinnern ist nur an die Rezeption des römischen Rechtes, das Vernunfts- oder Naturrecht, die tradierten Volksrechte, das Richterrecht, das Gewohnheitsrecht uva.

b) Abschiednehmen muß man aber auch von dem seit der französischen Revolution unbestrittenen Grundsatz, daß man ohne *Gewaltenteilung* nicht von einer Verfassung sprechen könne[41] und daß der in Form des parlamentarischen Gesetzes erzeugte Volkswille allen anderen Äußerungen der Staatsgewalt vorausgehe *(„Gesetzesvorbehalt")*.[42] Auch diese Vorstellungen sind im wesentlichen Merkmale des *„bürgerlichen Konstitutionalismus"* und vor dem 18./19. Jahrhundert unbekannt gewesen.

c) Schließlich darf man auch nicht länger das Phänomen der *„Regierungsgesetzgebung"* mit der Diktatur gleichsetzen, wie dies vor allem die autoritären Regime nahegelegt haben.[43] Für die EU trifft das Gegenteil zu: Die „Gesetzgebung" durch den *Ministerrat der EU* gewährleistet sogar einen letzten Rest demokratischer Legitimation im Sinne des Art 1 B-VG, weil im Rat immerhin ein dem österreichischen Volk verantwortlicher Vertreter des Bundes (Minister) oder ausnahmsweise auch der Länder (Mitglied der Landesregierung) mitwirken.[44] Das bedeutet: Wer die Regierungsgesetzgebung in der EU beschränkt, baut damit auch die demokratische Legitimation der EU-Rechtssetzung gegenüber den *Völkern der Mitgliedstaaten* ab. Ob die Konstituierung eines *Europäischen Vol-*

40 Vgl dazu L. Gumplowicz, Allgemeines Staatsrecht[3] (Innsbruck 1907) 356 ff; G. Jellinek, Allgemeine Staatslehre[3] (Berlin 1929) 364 ff; treffend E. Bernatzik, Über den Begriff der juristischen Person (Wien/New York 1996) (Nachdruck) 56; Kelsen (FN 27) 232 f; *ders*, Wer soll Hüter der Verfassung sein? (Berlin/Grunewald 1931) 15; *ders*, Reine Rechtslehre[2] (Wien 1992) (Nachdruck) 54 f, 239 ff; O. Weinberger, Norm und Institution (Wien 1988) 41; Marcic (FN 19) 223 f; M. Hauriou, Précis de droit constitutionnel (Paris 1923) 252 ff; G. Gurvitch, Grundzüge der Soziologie des Rechts (Neuwied 1960) 57 ff unter Hinweis auf entsprechende Aussagen bei Leibniz und Grotius sowie insbesondere 114 zu den Lehren Haurious; vgl auch P. Pernthaler, Der Schutz der ethnischen Gemeinschaften durch individuelle Rechte (Wien/Stuttgart 1964) 45 mwN.

41 Vgl die in der Französischen Revolution entwickelte Grunddoktrin: *„Eine Verfassung ohne Grundrechte und Gewaltenteilung ist keine Verfassung"*; dazu Pernthaler (FN 17) 174.

42 L. v. Stein, Lehrbuch der Verwaltungslehre (Stuttgart 1870) 16; R. Gneist, Der Rechtsstaat (Berlin 1872) 163; G. Jellinek, Gesetz und Verordnung (Freiburg 1887) 256; *ders* (FN 40) 617; Pernthaler (FN 17) 92.

43 Siehe dazu die in FN 12 zitierten „Ermächtigungsgesetze" und die Vorgänge um die „Selbstausschaltung des NR" (1933) und die Einführung der Verfassung 1934 in Österreich. Ähnlich die Aushöhlung der Weimarer Reichsverfassung durch die Notverordnungen des Reichspräsidenten und die Regierungsgesetzgebung des NS-Regimes.

44 Art 146 Satz 1 EGV, Art 23d Abs 3 B-VG und die in FN 37 zitierten parlamentarischen und föderalistischen Mitwirkungsrechte bzw Bindungen, deren Effizienz allerdings problematisch ist, weil dadurch der Verhandlungsspielraum der Vertreter Österreichs eingeschränkt wird; vgl dazu Schäffer (FN 37) 70 ff.

kes dazu eine demokratische Alternative sein kann, muß – jedenfalls zum gegenwärtigen Zeitpunkt – ernsthaft bezweifelt werden.[45]

III. Auswirkungen auf das bundesstaatliche Prinzip

1.

Nach herrschender Lehre und Rechtsprechung des Verfassungsgerichtshofes enthält das *bundesstaatliche Prinzip* der Bundesverfassung jedenfalls zwei wesentliche Elemente: die bundesstaatliche Kompetenzverteilung und die Mitwirkung der Länder an der Rechtssetzung und Verwaltung des Bundes.[46] Daneben wurden noch eine Reihe weiterer wichtiger Elemente des Bundesstaates wie Verfassungsautonomie, Finanzhoheit, mittelbare Bundesverwaltung ua entwickelt,[47] auf die aber im konkreten Zusammenhang nicht näher einzugehen ist.

2.

Der EU-Beitritt hat allein schon in den beiden zuerst genannten Bereichen so wesentliche Auswirkungen, daß man nach überwiegender Auffassung auch von einer Beeinträchtigung des bundesstaatlichen Baugesetzes der Bundesverfassung ausgehen kann.[48]

In der *Kompetenzverteilung* verlieren die Länder von ihren bescheidenen Zuständigkeiten weitere Kompetenzen im Bereich der Gesetzgebung

---

45 Verbunden damit ist die „*Souveränitätsfrage*" in der EU, für die es nach dem gegenwärtigen Stand der Rechtsentwicklung wohl noch keine Alternative gibt; vgl dagegen OETER (FN 34) 681.

46 ADAMOVICH/FUNK (FN 3) 125 ff; WALTER/MAYER (FN 3) RZ 160; ÖHLINGER (FN 3) 48 f; A. J. MERKL, Die Baugesetze der österreichischen Bundesverfassung, in: H. R. Klecatsky (Hrsg), Die Republik Österreich (Wien 1968) 77 ff (102 ff); B.-C. FUNK, Das System der bundesstaatlichen Kompetenzverteilung im Lichte der Verfassungsrechtsprechung (Wien 1980) 88 ff; VfSlg 2455/1952.

47 KOJA (FN 20) 23 ff; P. PERNTHALER, Der österreichische Bundesstaat im Spannungsfeld von Föderalismus und formalem Rechtspositivismus, ZÖRNF XIX (1969) 361 ff (375); *ders* (FN 20) 478 ff; *ders*, Österreichische Finanzverfassung (Wien 1984) 126 ff; K. WEBER, Die mittelbare Bundesverwaltung (Wien 1987) 270; VfSlg 11.403/1987.

48 Vgl 1546 Blg Sten Prot NR XVIII. GP, 4; HOLZINGER (FN 10) 7 ff; P. PERNTHALER, Auswirkungen einer EU-Mitgliedschaft auf die österreichischen Bundesländer, in: W. Hummer (Hrsg), Die Europäische Union und Österreich (Wien 1994) 187 ff; H. P. RILL, Die Bundesländer und die europäische Integration, in: H. Schäffer/H. Stolzlechner (Hrsg), Reformbestrebungen im österreichischen Bundesstaatssystem (Wien 1993) 53 ff; als eine „Chance des Bundesstaates" beurteilt dagegen ÖHLINGER (FN 8) 78; *ders* (FN 10) 159 f; *ders*, Ein Bundesstaat auf dem Weg in die Europäische Gemeinschaft, in: K. Letzgus et al (Hrsg), Für Recht und Staat, FS Helmrich (München 1994) 379 ff (389 ff) den Beitritt zur EU.

und der Verwaltung; darüber hinaus wird vor allem auch ihre bisher unbeschränkte „*Privatwirtschaftsverwaltung*“ (Art 17 B-VG) durch EU-Kompetenzen wesentlich eingeschränkt.[49]

Die entscheidende Beeinträchtigung des bundesstaatlichen Prinzips liegt aber darin, daß die Länder nicht – wie an der Bundesstaatsgewalt[50] – *unmittelbar an der EU-Willensbildung mitwirken* können.[51] Der Grund dafür liegt darin, daß der Bund als Völkerrechtssubjekt regelmäßig für Bund und Länder in den EU-Organen tätig wird und grundsätzlich auch die Verantwortung gegenüber der EU für die Gesetzgebung und Vollziehung der Länder zu übernehmen hat.[52] Lediglich für die innerstaatliche Umsetzung und Durchführung des EU-Rechtes spielt die Kompetenzverteilung eine Rolle.[53] Die EU selbst ist weitgehend „*bundesstaatsblind*“.[54]

3.

Die Länder haben diese Gefährdung des bundesstaatlichen Prinzips – aus den Erfahrungen der Bundesrepublik Deutschland schöpfend[55] –

---

49 Betroffen sind vor allem die Bereiche der regionalen Wirtschaftsförderung (Subventionsverbot; Beihilfenaufsicht) sowie des öffentlichen Auftragswesens; vgl dazu die eingehenden Analysen von W. Burtscher, EG-Beitritt und Föderalismus (Wien 1990) 67 ff.

50 Die Mitwirkung der Länder an der Gesetzgebung des Bundes war der entscheidende Kompromiß für die Entstehung des Bundesstaates in den USA und gilt noch heute in der Judikatur des Supreme Court als ausschlaggebendes Kriterium des Föderalismus; vgl das Erkenntnis Garcia v. San Antonio Metropolitan Transit Authority (105 S.Ct. 1005 [1985]), dazu P. Pernthaler, Föderalismus und Verantwortung nach der österreichischen Bundesverfassung, in: W. Haller et al (Hrsg), FS Ulrich Häflin (Zürich 1989) 351 ff (364); für Österreich gilt nach der Judikatur des VfGH (VfSlg 2455/1952) dasselbe.

51 Dies gilt wenigstens als reguläre Grundstruktur; die (kaum wirksamen) Ansätze einer Mitwirkung der Länder werden unten (III.4.) behandelt.

52 Schäffer (FN 10) 189; *ders* (FN 37) 49 ff; C. Grabenwarter, Änderungen der österreichischen Bundesverfassung aus Anlaß des Beitritts zur Europäischen Union, ZaöRV 1995, 166 ff (171); *ders* (FN 11) 88; Thun-Hohenstein/Cede (FN 31) 233; Öhlinger (FN 3) 84.

53 Dies wurde jetzt auch durch Art 23d B-VG klargestellt; vgl zur Entstehung dieser Bestimmung P. Pernthaler, Das Länderbeteiligungsverfahren an der europäischen Integration (Wien 1992) 11 ff.

54 Vgl dazu H. P. Ipsen, Als Bundesstaat in der Gemeinschaft, in: E. Caemmerer et al (Hrsg), Probleme des Europarechts, FS Hallstein (Frankfurt/Mainz 1966) 248 ff (256); *ders*, Europäisches Gemeinschaftsrecht (Tübingen 1972) 183 f; W. Hallstein, Der unvollendete Bundesstaat (Düsseldorf/Wien 1969) 228 f; H.-J. Blanke, Föderalismus und Integrationsgewalt (Berlin 1991) 392; zu den Ursachen dieser Länderblindheit: R. Rack/B. Renner-Loquenz, Europa der Regionen, Vom politischen Schlagwort zur gelebten Praxis, in: K. Ginter et al (Hrsg), Recht und Politik in einem größeren Europa (Graz 1996) 33 ff (35); in diesem Sinne auch H. Laufer/T. Fischer, Föderalismus als Strukturbegriff für die Europäische Union (Gütersloh 1996) 12 ff u 108.

55 Burtscher (FN 49) 95 ff; M. Borchmann, Bundesstaat und europäische Integration, AÖR 1987, 586 ff (588 ff); E. Haas, Die Mitwirkung der Länder bei EG-Vor-

sehr früh erkannt und sich trotzdem massiv für den EU-Beitritt eingesetzt.[56] Sie haben dafür aber Bedingungen gestellt, welche die Beeinträchtigung des bundesstaatlichen Systems durch den Beitritt abfangen sollten. Im wesentlichen waren es drei Strategien, welche diese Wirkung herbeiführen sollten.[57]

1. Die Länder wollten schon an den *Beitrittsverhandlungen* selbst wirksam beteiligt werden, sodaß sie frühzeitig ihre besonderen Wünsche zur Sicherung der Landeskompetenzen und Landesinteressen einbringen könnten. Diese Forderung hat der Bund im wesentlichen durch die Einrichtung gemischter Beratungsorgane und Verhandlungsdelegationen vollständig erfüllt.[58]

---

haben, DÖV 1988, 613 ff (616 ff); R. W. STROHMEIER, Möglichkeiten der Einflußnahme auf dem Entscheidungsprozeß der Europäischen Gemeinschaften durch die deutschen Bundesländer nach Einrichtung von Länderbüros in Brüssel, DÖV 1988, 633 ff; K. ZUMSCHLINGE, Die Informationsbüros der Bundesländer in Brüssel, Die Verwaltung 1989, 217 ff (219 ff); G.-B. OSCHATZ, EG-Rechtsetzung und deutscher Föderalismus, in: D. Merten (Hrsg), Föderalismus und Europäische Gemeinschaften (Berlin 1990) 63 ff (69 ff); BLANKE (FN 54) 262 ff; D. FUHRMANN-MITTLMEIER, Die deutschen Länder im Prozeß der Europäischen Einigung (Berlin 1991) 273 ff; T. OPPERMANN, Das Bund-Länder-Verhältnis im europäischen Einigungsprozeß (Bonn 1992) 7 ff.

56 Vgl dazu die zahlreichen seit 1987 ergangenen Anregungen, Deklarationen und Beschlüsse der *Landeshauptmännerkonferenz* ua: Die Anregung der Teilnahme am Gemeinsamen Markt vom 13. 11. 1987; den Beschluß vom 28. 11. 1988 betreffend die Europäische Integration (IFÖ [Hrsg], 13. Bericht über die Lage des Föderalismus in Österreich [Wien 1989] 157); den Beschluß vom 29. 6. 1989 betreffend die „volle und umfassende Teilnahme Österreichs am Binnenmarkt der EG," sowie den Beschluß vom 9. 11. 1989 betreffend die Wahrung der Länderinteressen gegenüber den EG (IFÖ, 14. Bericht [1990] 26 ff); den Beschluß vom 23. 11. 1990 betreffend die Wahrnehmung der gemeinsamen Länderinteressen durch die LH-Konferenz (IFÖ, 15. Bericht [1991] 51); den Beschluß über den B-VG-Novellenentwurf betreffend die Mitwirkungsrechte der Länder in Angelegenheiten der EU (IFÖ, 16. Bericht [1991], 54); den Beschluß vom 19. 6. 1992 über die Länderstandpunkte für den EG-Beitrittsvertrag (IFÖ, 17. Bericht [1993] 217 ff); den Beschluß vom 24. 11. 1993 betreffend den aktuellen Stand der Beitrittsverhandlungen (IFÖ, 18. Bericht [1994] 57 f) sowie die Deklaration vom 4. 6. 1994 zur EU-Volksabstimmung mit der Aufforderung, an der Volksabstimmung teilzunehmen und mit ja zu stimmen (IFÖ, 19. Bericht [1995] 153 f). Vgl im übrigen die Deklaration der österreichischen Bundesländer „Österreich und die Europäische Gemeinschaft", beschlossen auf der Integrationskonferenz der Länder am 21. 6. 1993 in Linz (IFÖ, 18. Bericht [1994], 238 ff).

57 Vgl zum Folgenden: PERNTHALER (FN 53) 11 ff; M. MORASS, Regionale Interessen auf dem Weg in die Europäische Union (Wien 1994) 291 ff; P. PERNTHALER/G. SCHERNTHANNER, Bundesstaatsreform 1994, ÖJP 1994, 559 f (575 f); W. PRESSIEN, Föderalistische Strukturverschiebungen. Zur stillen Aufwertung der Länder im Kontext des österreichischen EU-Beitritts (Wien [IHS] 1996) H 28; K. WEBER, Der Föderalismus, in: E. Tálos/G. Falkner (Hrsg), EU-Mitglied Österreich. Gegenwart und Perspektiven: Eine Zwischenbilanz (Wien 1996) 50 ff (53 ff).

58 So insbesondere den Rat für Fragen der europäischen Integrationspolitik (BGBl 1989/368) und die Arbeitsgruppe für Integrationsfragen (BGBl 1989/574); vgl dazu P. PERNTHALER, Föderalistische Verfassungsreform: Ihre Voraussetzungen und Wirkungsbedingungen in Österreich, ÖZP 1992, 365 ff (370).

2. Die Länder wollten im Rahmen einer *„kleinen Föderalismusreform"* der Bundesverfassung zunächst ein wirksames *„Länderbeteiligungsverfahren"* an EU-Vorhaben und die *Geltung der Kompetenzverteilung* für die innerstaatliche Durchführung von EU-Rechtsakten verfassungsrechtlich gesichert wissen.[59] Daneben meldeten vor allem die westlichen Bundesländer den Wunsch an, den *Grundverkehr mit Baugrundstücken* in ihre Zuständigkeit zu bekommen, um die Überfremdung und die Überhöhung der Grundstückspreise zu verhindern.[60] Auch diese Wünsche hat der Bund im wesentlichen noch vor dem EU-Beitritt erfüllt;[61] die praktische Realisierung dieser Länderwünsche im EU-Alltag wirft allerdings eine Reihe schwerwiegender rechtlicher und technischer Probleme auf, die bis heute kaum gelöst sind.[62]
3. Die Hauptforderung der Länder im Zusammenhang mit dem EU-Beitritt betraf aber eine *„große Föderalismusreform"*: In einem politischen *„Paktum"* vom 8. 10. 1992[63] verpflichtete sich der Bundeskanzler für die Bundesregierung gegenüber dem Vorsitzenden der LH-Konferenz, noch vor dem EU-Beitritt eine beschlußreife Regierungsvorlage über eine, in wesentlichen Punkten festgelegte, *„Neuordnung des Bundesstaates"*, insbesondere eine *„Strukturreform der Kompetenzverteilung"* vorzulegen.[64] Dies war auch nach zähen Verhandlungen

---

59 Pernthaler (FN 53) 11 ff; H. P. Rill, Die Bundesländer und die europäische Integration (EWR und EG), in: H. Schäffer/H. Stolzlechner (Hrsg), Reformbestrebungen im österreichischen Bundesstaatssystem (Wien 1993) 51 ff (62 ff); K. Weber, Österreichischer Föderalismus am Weg in die europäische Integration, in: J. Hengstschläger et al (Hrsg), Für Staat und Recht, FS Schambeck (Berlin 1994) 1041 ff (1052 ff); H. Schäffer, Länder-Mitwirkung in Angelegenheiten der Europäischen Integration, in: J. Hengstschläger et al (Hrsg), Für Staat und Recht, FS Schambeck (Berlin 1994) 1004 ff (1011 ff); *ders* (FN 10) 8 ff; Grabenwarter (FN 11) 89 ff; zu den organisatorischen Strukturen der Ländermitbeteiligung vgl M. Morass, Von den Ländern nach Brüssel?, ÖJP 1991, 379 ff (385 ff).

60 P. Pernthaler (FN 58) 371.

61 Vgl Art II der B-VG Novelle BGBl 1992/276, sowie die Vereinbarung gemäß Art 15a B-VG über zivilrechtliche Bestimmungen betreffend den Verkehr mit Baugrundstücken, BGBl 1993/260.

62 Vgl IFÖ (Hrsg), 19. Bericht über die Lage des Föderalismus in Österreich (1994) (Wien 1995) 50; H. Schreiner, Das Länderbeteiligungsverfahren in Österreich, JRP 1996, 207 ff; Weber (FN 57).

63 Sog *„Perchtoldsdorfer Abkommen"*, abgedruckt bei P. Pernthaler, Der differenzierte Bundesstaat (Wien 1992) 111 (Anhang I); siehe dazu auch die Konkretisierung der Landeshauptmännerkonferenz, abgedruckt ebendort (118) Anhang II.

64 Der Ausdruck *„Strukturreform des Bundesstaates"* stammt aus den Arbeiten der vom BKA eingesetzten „Strukturreformkommission"; vgl dazu BKA (Hrsg), Neuordnung der Kompetenzverteilung in Österreich – Grundlagen und Ergebnisse der Arbeitsgruppe für Fragen der Neuordnung der Kompetenzverteilung (Strukturreformkommission) (Wien 1991).

ansatzweise gelungen;[65] vor allem sollten die bisherige weisungsgebundene *„mittelbare Bundesverwaltung“* und die *„Grundsatzgesetzgebung“* des Bundes zum größten Teil beseitigt werden und in selbständige Landesvollziehung und Landesgesetzgebung umgewandelt werden.[66]

Zur verfassungsrechtlichen Umsetzung dieser Regierungsvorlage einer großen Bundesstaatsreform ist es aber nicht mehr gekommen, weil die große Koalition nach der Nationalratswahl die verfassungsändernde Mehrheit verlor und die Länder einem, im neuen Nationalrat parlamentarisch ausgehandelten, Kompromißvorschlag nicht mehr zustimmten.[67] Damit ist das Kernproblem eines Ausgleiches der Beeinträchtigung des bundesstaatlichen Prinzips durch den EU-Beitritt bis heute verfassungsrechtlich ungelöst geblieben. Entgegen ursprünglichen Hoffnungen einer Stärkung und Erneuerung des Bundesstaates durch den EU-Beitritt[68] ist es sogar zu einer weiten Verschärfung des Zentralisationsdruckes[69] und zu einer Aushöhlung des Länderbeteiligungsverfahrens in der Praxis der EU-Politik des Bundes gekommen.[70]

4.

So wie es Ansätze eines *„neuartigen europäischen Demokratiesystemes“* in der EU – vor allem durch das europäische Parlament – gibt,[71] finden

65 Siehe dazu die RV über die Bundesstaatsreform (1706 Blg Sten Prot NR, XVIII. GP; unverändert wieder eingebracht als RV 14 Blg Sten Prot NR, XIX. GP und als RV 14 Blg Sten Prot NR, XX. GP) sowie die RV betreffend die Änderung des B-VG (Art 98 B-VG) und des F-VG 1948 (15 Blg Sten Prot NR, XIX. GP und 15 Blg Sten Prot NR, XX. GP).

66 Neue Art 11, 11a, 12, 15, 102 und 103 B-VG; vgl dazu P. Pernthaler, Die Neuordnung der Bundesaufsicht im Zusammenhang mit der Abschaffung der mittelbaren Bundesverwaltung, in: J. Hengstschläger et al (Hrsg), Für Staat und Recht, FS Schambeck (Berlin 1994) 561 ff (575 ff).

67 Pernthaler/Schernthanner (FN 57) 562; T. Öhlinger, Das Scheitern der Bundesstaatsreform, ÖJP 1994, 543 ff (556); P. Bussjäger, Ist der Bundesstaat noch reformierbar?, JRP 1996, 8 ff; W. Brandtner, Die Bundesstaatsreform aus der Sicht der Länder, in: Pernthaler (Hrsg), Die Bundesstaatsreform als Instrument der Verwaltungsreform und des europäischen Föderalismus (in Druck).

68 Pernthaler (FN 48) 186 f in Übereinstimmung mit der Analyse von Öhlinger (FN 48).

69 Vgl etwa den Entwurf eines Bauproduktegesetzes – eine Umsetzung einer Richtlinie der EG-, welches weitgehend in die Landeskompetenz „Bauwesen“ eingreifen soll. Dazu T. Öhlinger, Mißverständnis in Wien läßt Ende des Bundesstaates befürchten, Die Presse Rechtspanorama vom 4. 9. 1995; *ders*, Bundesstaatsreform und europäische Integration, in: Pernthaler (Hrsg), Die Bundesstaatsreform als Instrument der Verwaltungsreform und des europäischen Föderalismus (in Druck); vgl auch die EU-bedingte Zentralisierung im Bereich der Regelung des Saat- und Pflanzengutes in Art 10 Abs 1 Z 12 letzter Halbsatz B-VG, eingefügt durch Art I Z 2 des BVG BGBl 1990/445.

70 Siehe die Hinweise in FN 62.

71 Vgl dazu Oeter (FN 34) 681 ff.

sich auch erste Anzeichen eines neuen *europäischen Föderalismus* im Rahmen der EU.[72] Dazu gehört vor allem das neue Organ *„Ausschuß der Regionen"*[73], die Möglichkeit der *Mitwirkung von Organen der Landesregierung* im Rahmen des „Rates" der EU[74] und ganz allgemein die Gewährleistung des *Subsidiaritätsprinzips* für die Ausübung der Zuständigkeiten der EU-Organe.[75] Auch praktisch gibt es eine rege Zusammenarbeit zwischen der EU und den Regionen,[76] die allerdings häufig den Weg über zentrale Staatsorgane nehmen muß.

Die Schwäche dieses „europäischen Föderalismus" liegt vor allem darin, daß die meisten Mitgliedstaaten der EU *Einheitsstaaten* sind und daher nur *„Regionen"* – in ganz unterschiedlichen Strukturen und Zuständigkeiten – kennen, nicht aber *„Länder"*, dh *Gliedstaaten* eines bundes-

72 Vgl zum *„europäischen Föderalismus"* H. SCHAMBECK, Das Europa der Regionen als Muster für einen Bundesstaat?, in: E. Busek et al (Hrsg), Politik für das dritte Jahrtausend, FS Mock (Graz 1994) 337 ff (310 ff); H. SCHÄFFER, Europäische Integration und Föderalismus, Zeitschrift für Schweizerisches Recht NF 113 (1994) 155 ff (174 ff); B. GUTKNECHT, Das Subsidiaritätsprinzip als Grundsatz des Europarechts, in: J. Hengstschläger et al (Hrsg), Für Staat und Recht, FS Schambeck (Berlin 1994) 921 ff (938 ff); vgl insbesondere auch LAUFER/FISCHER (FN 54) 17 ff.

73 Art 198a EGV; vgl dazu GUTKNECHT (FN 72) 942; R. HRBEK/S. WEYAND, betrifft: Das Europa der Regionen (München 1994) 125 ff; F.-L. KNEMEYER/H. HEBERLEIN, Der Ausschuß der Regionen – Ein Ansatz zur Einbindung der Regionen und lokalen Gebietskörperschaften in eine entstehende Europäische Union, in: F.-L. Knemeyer (Hrsg), Europa der Regionen – Europa der Kommunen (Baden-Baden 1993) 89 ff; LAUFER/FISCHER (FN 54) 115; G. LIENBACHER, Bundesstaatlichkeit und Föderalismus, in: W. Schuhmacher (Hrsg), Perspektiven des europäischen Rechts (Wien 1994) 211 ff; MORASS (FN 57) 156 ff.

74 Art 146 EGV, Art 23d Abs 3 B-VG; nicht aber beim *„Europäischen Rat"* gem Art D EUV; vgl SCHÄFFER (FN 37) 51; GRABENWARTER (FN 11) 92; BEUTLER/BIEBER/PIPKORN/STREIL (FN 15) 132.

75 Art 3b EGV; Art B EUV; vgl allgemein zum Subsidiaritätsprinzip: C. MILLON-DELSOL, L ètat subsidiaire (Paris 1992); Europarat, Definition and Limits of the Principle of Subsidiarity, Draft Study (Straßburg 1994); sowie zum Subsidiaritätsprinzip nach Art 3b EGV: BEUTLER/BIBER/PIPKORN/STREIL (FN 15) 84 ff; F. STAUDIGL, Zur Rolle der österreichischen Länder im europäischen Integrationsprozeß, ZÖRNF XLVI (1993) 41 ff (59 ff); LIENBACHER (FN 73) 224 ff; LAUFER/FISCHER (FN 54) 84 ff; GUTKNECHT (FN 72) 928 ff; T. STEIN, Das Subsidiaritätsprinzip als Strukturmerkmal der Europäischen Union, in: W. Hummer (Hrsg), Die Europäische Union und Österreich (Wien 1994) 47 ff (51 ff); P. HÄBERLE, Das Prinzip der Subsidiarität, AÖR 1994, 170 ff (179); SCHÄFFER (FN 72) 174; M. GROSSE HÜTTMANN, Das Subsidiaritätsprinzip in der EU – eine Dokumentation (Tübingen 1996) ua.

76 *„Prinzip der Partnerschaft"*, vgl dazu RACK/RENNER-LOQUENZ (FN 54) 49; W. HUMMER, Das neue „Prinzip der Partnerschaft" als Sonderform gemeinschaftlicher Subsidiarität, in: F. Matscher et al (Hrsg), Europa im Aufbruch, FS Schwind (Wien 1993) 269 ff (275 ff); P. PERNTHALER/B. PRANTL, Raumordnung in der europäischen Integration (Wien 1994) 84, 118 ff; Art 4 Abs 1 der VO (EWG) 2052/88 des Rates, ABl 1988 L 185/9; ferner die Förderung der *„Grenzregionen"* und ihrer Zusammenarbeit, dazu: PERNTHALER/PRANTL, aaO 85 ff.

staatlichen Systems.[77] Im allgemeinen werden diese europäischen Regionen auch mit den *Lokalverwaltungen* zu gemeinsamen Organen zusammengefaßt,[78] was dem Wesen der Länder als Gliedstaaten widerspricht. So hat der *„europäische Regionalismus“* zwar eine gewisse Zukunftschance der Entwicklung – vor allem von unten her[79] – gegenwärtig ist er aber kaum als eine *„Verfassungsstruktur“* der EU anzusprechen.

IV. Beeinträchtigung des rechtsstaatlichen Prinzips

1.

Das rechtsstaatliche Prinzip wird in Österreich unter dem Einfluß der *„Reinen Rechtslehre“* besonders streng ausgelegt. Das *„Legalitätsprinzip“* im Sinne des Art 18 B-VG wird so verstanden, daß alle staatlichen Akte in einem (verfassungskonformen) Gesetz *inhaltlich grundgelegt* sein müssen.[80] Auch die *Rechtsprechung* wird als *„Vollziehung der Gesetze“* aufgefaßt und nicht als Rechtsfortbildung und Erzeugung inhaltlich neuen Rechtes.[81] Die *Verordnungsgebung* durch die Verwaltung ist sehr eingeschränkt:

---

77 Zum Unterschied siehe P. PERNTHALER, Föderalismus und Regionalismus: Ein Ansatz zur Überwindung ihrer Gegensätze, in: S. Huber/P. Pernthaler (Hrsg), Föderalismus und Regionalismus in europäischer Perspektive (Wien 1988) 13 ff; *ders* (FN 17) 313; W. HUMMER/S. BOHR, Die Rolle der Regionen im Europa der Zukunft, in: P. Eisenmann/B. Rill (Hrsg), Das Europa der Zukunft. Subsidiarität, Föderalismus, Regionalismus (Regensburg 1992) 65 ff (83 f).

78 Siehe dazu die Zusammensetzung des *„Ausschusses der Regionen“* (vgl NW in FN 73) und der österreichischen Vertreter zu diesem Organ (Art 23c Abs 4 B-VG).

79 Voraussetzung der weiteren Entwicklung des europäischen Regionalismus ist die Entstehung einer einigermaßen homogenen *„europäischen Region“* in allen Mitgliedsstaaten, vgl dazu PERNTHALER (FN 17) 314 f, sowie die Bestrebungen des Europarates, eine rechtliche Basis der regionalen grenzüberschreitenden Zusammenarbeit und eine Charta der Regionen zu schaffen.

80 H. KELSEN, Österreichisches Staatsrecht (Tübingen 1923) 177; KELSEN/FROEHLICH/MERKL (FN 3) 85; KLECATSKY (FN 19) 21; W. ANTONIOLLI, Probleme um das Legalitätsprinzip (St. Pölten 1971); L. K. ADAMOVICH, Hoheitsverwaltung und Gesetz, in: F. Ermacora et al (Hrsg), Allgemeines Verwaltungsrecht, FS Antoniolli (Wien 1979) 77 ff; F. ERMACORA, Gedanken zur Wandlung des Gesetzmäßigkeitsgrundsatzes, in: K. Korinek (Hrsg), Beiträge zum Wirtschaftsrecht, FS Wenger (Wien 1983) 101 ff (103); ADAMOVICH/FUNK (FN 3) 240 ff; J. W. AICHLREITER, Österreichisches Verordnungsrecht II (Wien/New York 1988) 985 ff; G. WIELINGER, Was darf der Gesetzgeber?, in: H. Mayer et al (Hrsg), Staatsrecht in Theorie und Praxis, FS Walter (Wien 1991) 755 ff (757); WALTER/MAYER (FN 3) RZ 569 ff; ÖHLINGER (FN 3) 202 ff; vgl auch die Judikaturnachweise bei H. R. KLECATSKY/S. MORSCHER, Bundesverfassungsrecht[3] (Wien 1982) 241 ff; VfSlg 9897/1983; 10.037/1984; 11.499/1987; 13.133/1992; 13.460/1993 ua.

81 Zumindest von der (herrschenden) öffentlich-rechtlichen Schule, die Art 18 B-VG sinngemäß anwendet, vgl KELSEN/FROEHLICH/MERKL (FN 3) 85; R. WALTER, Verfassung und Gerichtsbarkeit (Wien 1960) 121; *ders* (FN 22) 396 mwN; WALTER/MAYER (FN 3)

Ohne besondere verfassungsrechtliche Ermächtigungen sind nur sogenannte *„Durchführungsverordnungen"* erlaubt;[82] auch die *Notverordnungen* des Bundespräsidenten (Art 18 Abs 3 – 5 B-VG) und der Landeshauptmänner (Art 97 Abs 3 und 4 B-VG) sind an die parlamentarische Zustimmung gebunden und zeitlich streng begrenzt.[83]

2.

In dieser Auslegung des rechtsstaatlichen Baugesetzes liegt der schärfste Gegensatz zur EU-Verfassung und der von ihr gesteuerten Rechtssetzung: Sie ist im wesentlichen eine in Österreich bis jetzt verfassungsrechtlich seit der Aufhebung des *„kriegswirtschaftlichen Ermächtigungsgesetzes"* (1917)[84] streng verpönte *„Regierungsgesetzgebung"* durch den Rat und die Kommission. Das europäische Parlament hat in diesem Zusammenhang nur Begutachtungsrechte.[85]

Dazu kommt die sehr wesentliche Funktion der *richterlichen Rechtsfortbildung* des EuGH, die der Verfassungsgerichtshof schon im Rahmen der viel weniger weitgehenden Judikatur zur Menschenrechtskonvention als mögliche Gesamtänderung der Bundesverfassung qualifiziert hat.[86]

RZ 572; aM G. Winkler, Gesetzgebung und Verwaltung im Wirtschaftsrecht (Wien 1970) 78; anders teilweise die Zivilrechtsdogmatik und F. Ermacora, Verfassungsrecht durch Richterspruch (Karlsruhe 1960).

82 Art 18 Abs 2 B-VG; dazu Winkler (FN 81) 48 f; *ders*, Die Institutionen personaler Selbstverwaltungskörper in der Ordnung des Rechts, in: ders, Studien zum Verfassungsrecht (Wien/New York 1991) 281 ff (305); H. Mayer, Die Verordnung (Wien 1977) 33 ff; Klecatsky/Morscher (FN 80) 271; Aichlreiter (FN 80) 893 ff; H. Mayer, Das österreichische Bundes-Verfassungsrecht (Wien 1994) 107; Walter/Mayer (FN 3) RZ 592; VfSlg 4375/1963; 11.653/1991; 12.780/1991; 12.932/1991; 13.140/1992; 13.464/1993; 13.578/1993; 13.690/1994; 13.740/1994 ua; eine besondere Ausnahme enthält zB die Verfassungsbestimmung des § 7 UOG 1993.

83 F. Koja, der Staatsnotstand als Rechtsbegriff (Salzburg 1979) 48 ff; vgl auch A. J. Merkl, Der rechtliche Gehalt der österreichischen Verfassungsreform vom 7. Dezember 1929, ZÖR X (1931) 159 ff (185 ff); Walter/Mayer (FN 3) RZ 639.

84 Dieses wurde durch § 7 Abs 2 ÜG 1920 aufrechterhalten, diente 1933/34 als formale Ermächtigung zur Einführung der autoritären Verfassung und wurde erst durch das BVG BGBl 1946/143 (!) aufgehoben.

85 Zur europäischen Rechtssetzung vgl Beutler/Bieber/Pipkorn/Streil (FN 15) 185 ff und bezüglich der Mitwirkungsrechte des Europäischen Parlaments vgl L.-J. Constantinesco, Das Recht der Europäischen Gemeinschaften I (Baden-Baden 1977) 460 ff; Beutler/Bieber/Pipkorn/Streil (FN 15); 116 f; T. Läufer, in: Grabitz/Hilf (FN 15) Art 137 Rdnr 6 ff.

86 Vgl das sog *„Kernbereichserkenntnis"* VfSlg 11.591/1987 sowie ansatzweise schon in VfSlg 11.500/1987 (Fall „Miltner"); vgl dazu H. P. Rill, Die Artikel 5 und 6 der Europäischen Menschenrechtskonvention, die Praxis der Straßburger Organe und des Verfassungsgerichtshofes und das österreichische Verfassungssystem, in: B. Raschauer (Hrsg), Beiträge zum Verfassungs- und Wirtschaftsrecht, FS Winkler (Wien/New York 1989) 13 ff (30 f); Pernthaler (FN 22) 430 mwN; I. Rath-Kathrein, Neuere Entwicklungen

Auf diesem *„Richterrecht"* beruhen nicht nur die grundlegende Verfassungsstruktur der unmittelbaren Geltung und des Vorranges der EU-Normen gegenüber dem nationalen Recht,[87] sondern auch wesentliche Kompetenzerweiterungen und Fortbildungen des Gemeinschaftsrechtes, zB im Bereich der Grundrechte[88] uva. Mit dem traditionellen österreichischen Verständnis des *Auslegungsspielraumes* (Interpretation) der Rechtsanwendung – insbesondere auch des Verfassungsgerichtshofes[89] – ist dieses „europäische Richterrecht" ganz unvergleichbar.[90]

Aus den Prinzipien des *Vorranges* und der *unmittelbaren Anwendbarkeit* des EU-Rechtes[91] ergeben sich weitere Beeinträchtigungen des rechtsstaatlichen Prinzips: Österreichische Organe sind zur innerstaatlichen Durchführung, nicht aber zu irgendwelcher Veränderung oder Präzisierung der europäischen Rechtsnormen im Sinne des Art 18 B-VG berufen. Das bedeutet, daß nunmehr in Österreich Bundes- und Landesgesetze dem strengen *inhaltlichen Konkretisierungsgebot* des Art 18 B-VG

---

zum civil rights Begriff, in: P. Pernthaler (Hrsg), Unabhängige Verwaltungssenate und Verwaltungsgerichtsbarkeit (Wien 1993) 45 ff (64 ff).

87 Öhlinger (FN 3) 76 f; *ders* (FN 31) 362; Walter/Mayer (FN 3) RZ 246/8 ff; Thun-Hohenstein (FN 31) 18; vgl auch schon Everling (FN 31) 1203 f; zur Akzeptanz dieser Rechtsprechung des EuGH vgl Beutler/Biber/Pipkorn/Streil (FN 15) 98 ff; Schweitzer/Hummer (FN 15) 216 ff.

88 Nach der Judikatur des EuGH wurden einzelne Grundrechte als Bestandteil der allgemeinen Rechtsgrundsätze angesehen; vgl dazu B. Beutler, Grundrechtsschutz, in: Groeben/Thiesing/Ehlermann (FN 15) IV, Anhang C, Rdnr 14 ff, 26; J. Pernice, in: Grabitz/Hilf (FN 15) Art 164 Rdnr 42 ff; diese Formel wurde aus Art 215 Abs 2 EGV abgeleitet (Rdnr 46); vgl auch Art F Abs 2 EUV; zur Judikatur des EuGH Schweitzer/Hummer (FN 15) 198 ff; vgl auch M. Zuleeg, Der Schutz der Menschenrechte im Gemeinschaftsrecht, DÖV 1992, 937 ff (940 ff); S.Griller, Rechtsetzung unter besonderer Bedachtnahme auf den demokratischen und rechtsstaatlichen Aspekt, GA 12. ÖJT I/2 (Wien 1995) 45 ff; M. Holoubek, OGH, EMRK und Gemeinschaftsrecht, ZfV 1996, 28 ff (29 ff); G. Baumgartner, EMRK und Gemeinschaftsrecht, ZfV 1996, 319 ff (312 ff); T. Jürgensen/I. Schlünder, EG-Grundrechtsschutz gegenüber Maßnahmen der Mitgliedstaaten, AÖR 1996, 200 ff (221 ff); vgl auch den Solange II-Beschluß des BVerfG vom 22. 10. 1986 E 73, 339 (387); ein Beitritt zur EMRK ist gegenwärtig nur im Wege einer Vertragsänderung möglich, vgl das Gutachten des EuGH 2/94 vom 28. 3. 1996, EuGRZ 1996, 197 ff (206).

89 Vgl dazu R. Walter, Grundrechtsverständnis und Normenkontrolle in Österreich, in: K. Vogel (Hrsg), Grundrechtsverständnis und Normenkontrolle (Wien/New York 1979) 1 ff (3 ff); heute teilweise anders: K. Korinek, Entwicklungstendenzen in der Grundrechtsjudikatur des Verfassungsgerichtshofes (Wien 1991); R. Novak, Verhältnismäßigkeitsgebot und Grundrechtsschutz, in: B. Raschauer (Hrsg), Beiträge zum Verfassungs- und Wirtschaftsrecht, FS Winkler (Wien/New York 1989) 39 ff (66 ff); T. Öhlinger (FN 3) 234 ff mwN.

90 Verfehlt daher H. Mayer, Die österreichische Grundrechtsordnung nach dem EU-Beitritt, AnwBl 1996, 152 ff (158 f), der zusammenfassend meint, es habe sich im Prinzip nichts geändert.

91 Öhlinger (FN 3) 76 ff; Walter/Mayer (FN 3) RZ 246/8 ff; vgl im übrigen die Nachweise in FN 31.

unterliegen, daneben aber europäische Normen gelten, die höchst unbestimmt und auslegungs- bzw ausfüllungsbedürftig sind,[92] wie es in Österreich sonst verfassungsrechtlich keinesfalls zulässig wäre. Dies stellt vor allem auch an die Vollzugsorgane völlig neuartige Anforderungen der Rechtsanwendung und Rechtskonkretisierung, für die sie im nationalen Rechtsbereich keinerlei Vorbildung erfahren haben.[93]

Die europäischen Rechtsnormen und ihre Anwendung unterliegen auch nicht dem nationalen Rechtsschutzsystem durch die ordentliche Gerichtsbarkeit oder die Verfassungs- und Verwaltungsgerichtsbarkeit, sondern ausschließlich der *europäischen Rechtskontrolle.*[94] Zwar haben österreichische Gerichte europäisches Recht anzuwenden und nationales Recht damit soweit als möglich interpretativ zu harmonisieren.[95] Bei Zweifeln und Unstimmigkeiten zwischen österreichischem und europäischem Recht gibt es ein eigenes Verfahren (sogenannte *„Vorabentscheidung"),*[96] das von jedem letztinstanzlichen österreichischen „Gericht" in Gang gesetzt werden muß, wenn nicht *„völlige Klarheit"* in der Anwendung des europäischen Rechts herrscht.[97]

---

92 Zu beachten ist in diesem Zusammenhang insbesondere auch die mögliche *unmittelbare Geltung* von (an sich umsetzungsbedürftigen) Richtlinien, die regelmäßig noch unbestimmter sind als Verordnungen. Nach Auffassung des EuGH ist es mit der den Richtlinien in Art 187 EGV zuerkannten verbindlichen Wirkung unvereinbar, grundsätzlich auszuschließen, daß sich die betroffenen Personen auf die den Mitgliedstaaten auferlegte Verpflichtung berufen können. Rechtsgrund für eine „unmittelbare Wirkung" von nicht umgesetzten Richtlinien ist eine spezifische Ausprägung des Grundsatzes von Treu und Glauben. Vgl dazu Beutler/Bieber/Pipkorn/Streil (FN 15) 210 mwN; Schweitzer/Hummer (FN 15) 82; vgl auch die st Rsp des EuGH: Rs 41/74, (Van Duyn/Home Office) Slg 1974, 1337 ff (1348); Rs 222/84 (Johnston), Slg 1986, 1651 ff (1691) ua.

93 Siehe dazu das Beispiel bei T. Öhlinger, Legalitätsprinzip und Europäische Integration. Zur Gesetzesbindung des Verwaltungshandelns aus der Sicht des EU-Beitritts, in: Österr. Parlamentarische Gesellschaft (Hrsg), 75 Jahre Bundesverfassung, FS B-VG (Wien 1995) 635 ff (648) wonach es mitunter verboten ist, EG-Verordnungen genauer zu determinieren, da es bei diesen primär um ihre möglichst ungehinderte Anwendung geht, als um Kriterien, die diese Anwendung einschränken könnten.

94 Ipsen (FN 54) 311; Öhlinger (FN 31) 368 ff; Thun-Hohenstein (FN 31) 57 ff; Walter/Mayer (FN 3) RZ 246/21 f.

95 Siehe dazu die beiden ersten grundsätzlichen Erkenntnisse des VfGH 11. 12. 1995, B 2300/95 (Bundesvergabeamt) und 12. 12. 1995, V 136/94 (Mineralwasserverordnung).

96 Art 177 EGV (Art 150 EAGV; Art 41 EGKSV); vgl dazu Schweitzer/Hummer (FN 15) 121 ff; Beutler/Biber/Pipkorn/Streil (FN 15) 251 ff; Thun-Hohenstein/Cede (FN 15) 206 ff; J. Wohlfahrt, in: Grabitz/Hilf (FN 15) Art 177 Rdnr 15 ff; P. Pescatore, Das Vorabentscheidungsverfahren nach Art 177 EG-Vertrag und die Zusammenarbeit zwischen dem Gerichtshof und den nationalen Gerichten, BayVwBl 1987, 33 ff (36 ff); Holoubek (FN 88) 28; W. Hakenberg, Das Vorabentscheidungsverfahren vor dem Europäischen Gerichtshof: Hinweise für die Praxis in Österreich, JRP 1995, 195 ff.

97 Sogenannte *„acte clair-Doktrin"* vgl dazu Schweitzer/Hummer (FN 15) 126; Constantinesco (FN 85) 831; EuGH 6.10. 1982; Rs 281/81 (C.I.L.F.I.T.) Slg 1982, 3415 ff.

So wie die gesamte österreichische Verfassung gilt auch deren *Grundrechtskatalog* grundsätzlich nur mehr für das nationale Recht,[98] während das europäische Recht einem eigenen europäischen Grundrechtskatalog unterliegt, der bis heute im wesentlichen aus einem sehr detaillierten Fallrecht des EuGH besteht.[99]

3.

Es wird also künftig *zwei „Hälften" der Rechtsordnung* geben, die vollkommen unterschiedlich strukturiert sind: Das *EU-Recht*, das schon jetzt ca 70 bis 80 % des gesamten Bundes- und Landesrechtes erfaßt,[100] und das *nationale Recht*, das von österreichischen Rechtssetzungsorganen erzeugt wird. Die eine „Hälfte" der Rechtsordnung ist streng positivistisch und legalistisch ausgerichtet; die andere ist außerordentlich großzügig im Hinblick auf die Rechtserzeugung und Rechtsanwendung, dabei aber im einzelnen oft ungeheuer kompliziert und detailliert.[101]

Die Hauptschwierigkeit in der Anwendung dieser neuen Doppelstruktur der Rechtsordnung liegt darin, daß Verwaltung, Gerichte und Bürger *unmittelbar* – und sogar vorrangig – an das EU-Recht gebunden sind, dieses aber weitaus schwieriger aufzufinden, zu erkennen und auszulegen ist als das nationale österreichische Recht. Auch die Regeln der Koordinierung und Harmonisierung beider „Hälften" der Rechtsordnung sind überaus komplex und müssen vielfach erst an Hand konkreter Anwendungsfälle entwickelt werden. Dabei spielen europäische Judikatur und ausländische wissenschaftliche Literatur eine größere Rolle als die traditionelle österreichische Rechtsdogmatik.[102]

---

98 Allerdings haben österreichische Grundrechte auch durch das EU-Recht und die Kompetenzen der EU-Organe in ihrer Verknüpfung mit dem nationalen Recht einen erweiterten Anwendungsbereich gewonnen; so ist etwa *„Gericht"* im Sinne des Art 83 Abs 2 B-VG auch der EuGH im Rahmen des *„Vorabentscheidungsverfahrens"*; vgl dazu VfGH 11. 12. 1995, B 2300/95 mwN.

99 Beutler (FN 88) Rdnr 22; Pernice (FN 88) Art 164 Rdnr 63 ff; Baumgartner (FN 88) 319 ff (327 ff); vgl auch das Gutachten des EuGH (FN 88) 197 ff.

100 Die Auswirkungen des EU-Rechtes auf die „betroffenen" österreichischen Rechtsgebiete sind dabei wiederum höchst unterschiedlich und komplex; sie reichen von der *„Zurückdrängung" (Anwendungsvorrang!)* oder *Derogation* (vgl Hecht [FN 31] 495 ff) durch unmittelbar anwendbare Rechtsnormen über die Ausführungspflicht bis zur „europarechtskonformen Auslegung" nationaler Rechtsvorschriften im Lichte der Judikatur des EuGH und der jeweils maßgeblichen europäischen Rechtsnormen.

101 Vgl dazu als besonders eindrucksvolles Beispiel die „VO über Schutzmaßnahmen betreffend Rasenmäher", BGBl 1996/239, in Umsetzung entsprechender Richtlinien des Rates.

102 Dies zeigt sich etwa deutlich an den Parteienvorbringen und den Begründungen der beiden in FN 95 angeführten Entscheidungen des VfGH.

V. Offene Verfassungsfragen

1.

Die im Gegensatz zum deutschen Grundgesetz[103] legistisch nicht glückliche[104] Durchführung des Beitrittes zur EU und der dadurch bewirkten Gesamtänderung der Bundesverfassung wirft eine Reihe offener Verfassungsfragen auf, deren Lösung erst die Zukunft endgültig klären wird.

Zunächst ist eindeutig, daß die *geltende Baugesetze der Bundesverfassung* als solche nicht beseitigt wurden, sondern nur – nach dem Stand des EU-Rechtes zum Beitrittsdatum – modifiziert weiter gelten.[105] Es ist aber nicht klar, in welchem Verhältnis sie zur Rechtsentwicklung nach dem Beitritt stehen. Wurde durch die „EU-Verfassung" in ihrer derzeit geltenden Form ein *neues „Baugesetz"* oder ein ganzes *„Verfassungssystem"* zusätzlich zu den geltenden Systemprinzipien der Bundesverfassung eingeführt? Nach beiden Erklärungsmustern ist die gegenwärtig geltende *„Modifikation"* der klassischen Grundprinzipien der Bundesverfassung normativ deshalb so schwer zu fassen, weil die das österreichische Verfassungsrecht modifizierende *„europäische Verfassung"* keine Verfassung im traditionellen Sinne einer Staatsverfassung ist, sondern ein höchst heterogenes Bündel von Organisationsvorschriften, materiellem Recht und judikativen Standards des EuGH.[106]

---

103 Art 23 Abs 1 GG enthält einen Vorbehalt, wonach die BRD bei einer Entwicklung der EU mitwirkt, die demokratischen, rechtsstaatlichen, sozialen und föderativen Grundsätzen und dem Grundsatz der Subsidiarität verpflichtet ist und einem dem GG im wesentlichen vergleichbaren Grundrechtsschutz gewährleistetet; vgl dazu U. Everling, Überlegungen zur Struktur der Europäischen Union und zum neuen Europa-Artikel des Grundgesetzes, DVBl 1993, 936 ff (943); vgl auch das „Maastricht-Urteil", BVerfGE 89, 155; dazu U. Everling, Bundesverfassungsgericht und Gerichtshof der Europäischen Gemeinschaften nach dem Maastricht-Urteil, in: A. Randelzhofer et al (Hrsg), Gedächtnisschrift für Eberhard Grabitz (München 1995) 57 ff (70 ff).

104 Die Lehre kritisiert am Beitritts-BVG insbesondere, daß es weder Aufschluß über die dadurch bewirkten Änderungen an den Grundprinzipien der Bundesverfassung gibt, noch irgendwelche Schranken für die Weiterentwicklung der EU-Verfassung im Lichte dieser Grundprinzipien der österreichischen Verfassung deutlich macht; vgl dazu G. Strejcek, Gibt Österreich seine Verfassung preis?, Der Standard, Kommentar, 5. 4. 1994; T. Öhlinger, EU-Beitritt: Die bedeutendste Verfassungsänderung der Republik, Die Presse Rechtspanorma, 18. 4. 1994; K. Retter, der Beitritt Österreichs zur Europäischen Union im Lichte der Bundesverfassung, JAP 1994/95, 80 ff (86 ff).

105 So ganz klar die RV des Beitritts-BVG 1546 Blg StenProtNR XVIII. GP, 11 ff; s auch Funk (FN 3) 86.

106 Pernthaler (FN 17) 16; Oeter (FN 34) 681; P. Häberle, Verfassungsrechtliche Fragen im Prozeß der europäischen Einigung, in: ders, Europäische Rechtskultur (Baden-Baden 1994) 75 ff (80); vgl auch P. Saladin, Wozu noch Staaten? (Bern/München/Wien 1995) 73 ff.

2.

Auf dieser unsicheren normativen Grundlage ist insbesondere nicht klar, *wie weit die Integration gehen darf, bis es zu einer neuen „Gesamtänderung der Bundesverfassung"* kommt.[107] In Deutschland hat man dafür zB die Grenze der Entstehung eines echten *„europäischen Bundesstaates"* gezogen;[108] es könnten dafür aber auch weniger grundlegende Neuerungen der Europäischen Union, wie sie zB in den derzeit laufenden Regierungskonferenzen erörtert werden oder der grundsätzliche Ausbau der *„Gemeinsamen Außen- und Sicherheitspolitik"*, aber auch die Einführung direkter europäischer Steuern, einer echten Gesetzgebungsbefugnis durch das europäische Parlament uä gelten.[109]

Zwar hat Österreich im Unterschied zu Deutschland keine ausdrücklichen Vorbehalte der Bundesstaatlichkeit, der Grundrechte und der Demokratie gegenüber der Entwicklung der EU geltend gemacht; dennoch ist es übereinstimmende Auffassung, daß es solche Schranken auch nach der merkwürdigen Rechtstechnik des österreichischen EU-Beitrittes als Tatbestand einer neuen *„Gesamtänderung der Bundesverfassung"* gibt.[110] Sie zu präzisieren, ist aber wegen der kontinuierlichen Rechts- und Verfassungsentwicklung der EU außerordentlich schwierig und abstrakt kaum lösbar.[111]

---

107 Vgl dazu die eher kryptischen Erklärungen der RV 1546 BlgStenProt NR XVIII. GP, 11.

108 Vgl dazu die Auseinandersetzung um die Vereinbarkeit des Maastricht-Vertrages mit den Grundstrukturen der deutschen Verfassungsordnung, insb K. A. Schachtschneider/A. Emmerich-Fritsche/T. C. W. Beyer, Der Vertrag über die Europäische Union und das Grundgesetz, JZ 1993, 751 ff; C. Kirchner/J. Haas, Rechtliche Grenzen für Kompetenzübertragungen auf die Europäische Gemeinschaft, JZ 1993, 760 ff; J. Wolf, Die Revision des Grundgesetzes durch Maastricht, JZ 1993, 594 ff; vgl auch J. Pernice, Maastricht, Staat und Demokratie, Die Verwaltung XXIX. (1993) 449 ff; Oeter (FN 34) 660; BVerfGE 89, 155.

109 Vgl dazu die Ausführungen von Oeter (FN 34) 693, die sich gegen die Ansicht richten, wonach eine Demokratisierung der Union nicht möglich sei, sondern nur auf Nationalstaatenebene durchführbar sei. Zu Recht weist Oeter (692) auf die diesbezügliche Parallele in der Argumentation der deutschen Staatsrechtlehrer während des 1. Weltkrieges hin, die sich gegen eine weitere Parlamentarisierung des Deutschen Reichs richtete.

110 Siehe die Hinweise in FN 104 und 105; Walter/Mayer (FN 3) 107; Öhlinger (FN 3) 79.

111 Dies auch deshalb, weil es schon für den Begriff *„Gesamtänderung"* kaum eine abschließende Definition geben kann; vgl Öhlinger (FN 8) 19 ff; P. Pernthaler/I. Rath-Kathrein, Bindung von Mitgliedern des Bundesrates an Aufträge der sie entsendenden Landtage, in: FS Rill (FN 8) 197 ff (199); vgl auch K. Strele, Der Begriff der Gesamtänderung der Verfassung, JBl 1935, 465 ff mwN.

VI. Schluß

Im Beitritt Österreichs zur EU liegt eine wirkliche *„Gesamtänderung der Bundesverfassung"*, deren Dimensionen jetzt noch gar nicht absehbar sein dürften: Es entstanden dadurch nicht nur zwei Rechtssysteme, sondern zwei ganz unterschiedliche *Verfassungsordnungen*, die nationale und die europäische, die wenig verbunden nebeneinander bestehen und sich wechselseitig beeinflussen.

Meines Erachtens bedeutet diese „Gesamtänderung" gleichzeitig auch einen Abschied vom bisherigen *nationalstaatlichen Verfassungssystem* überhaupt: Österreichs öffentliche Ordnung bildet nicht länger einen geschlossenen nationalen Verfassungszusammenhang *(„Staat")*, sondern ist Teil eines europäischen *„Gemeinwesens"*,[112] das bereits deutliche Züge einer überstaatlichen *„rule of law"* sowie eines multinational-föderalen *europäisch-demokratischen Systemes* zeigt.

Der Abschied von der nationalstaatlichen Demokratie und dem nationalen Rechtsstaat sollte deshalb leichter fallen, weil das neue *„Gemeinwesen"* eine Integration ausschließlich rechtsstaatlicher Demokratien mit zum Teil weit älterer Verfassungstradition als die österreichische bedeutet. Außerdem ist zu beobachten, daß die europäischen Völker zwar grundsätzlich nach wie vor die europäische Integration bejahen, aber neuerdings viel wachsamer ihren Souveränitätsabbau beobachten.

Die weitere Entwicklung der Europäischen Union im Verhältnis zur nationalen Verfassungsordnung dürfte daher viel vorsichtiger und *regional differenzierter* vor sich gehen als bisher.[113] Im Ergebnis hat zwar die Europäische Union auf absehbare Zeit keine staatliche Souveränität zu erwarten; freilich ist auch die nationalstaatliche Souveränität im klassischen Sinne in ihrem Rahmen nicht mehr denkbar.

112 PERNTHALER (FN 17) 42 f.

113 Modell des *„Europas der verschiedenen Geschwindigkeiten"*, das dem Typus des *„differenzierten Föderalismus"* entspricht; vgl dazu W. HUMMER, Der Reformbedarf für die Regierungskonferenz 1996, in: BKA (Hrsg), Europa 1996. Mitbestimmen, Menschenrechte und mehr Demokratie (Wien 1995) 125 ff (151).

Winfried Platzgummer

Gesetzliche Beweisverbote im österreichischen Strafverfahren

Die Festschrift will, wie ihr Untertitel sagt, zur *Theorie* der inhaltlichen Rechtsbetrachtung beitragen, die heute untrennbar mit dem Namen GÜNTHER WINKLER verbunden ist. Diesem gehobenen Anspruch wird die Erörterung der gesetzlichen Beweisverbote natürlich nicht gerecht. Sie läßt sich aber hoffentlich doch noch als Anwendungsfall einer solchen Betrachtung rechtfertigen. Zumindest im Strafrechtsbereich wären sonst auch kaum brauchbare Ergebnisse zu erwarten.

Das gewählte Thema geht im Kern auf BELING zurück, der sich vor mehr als neunzig Jahren als erster mit den Beweisverboten befaßt hat[1]. Er verstand darunter Verfahrensvorschriften, die die Strafverfolgungsorgane bei der Beweisbeschaffung und bei der Beweisaufnahme einschränken und die man heute meist als *Beweiserhebungsverbote* bezeichnet. Sie verbieten teils jede Beweisaufnahme über eine bestimmte Tatsache (Beweis*themen*verbote), teils die Verwendung bestimmter Beweismittel, wobei es den Verfolgungsorganen aber unbenommen bleibt, die betreffende Tatsache durch andere Beweismittel ans Licht zu bringen (Beweis*mittel*verbote)[2]. Eine dritte Gruppe, die BELING aber noch nicht besonders herausgestellt hat, untersagt nur einen bestimmten Gebrauch eines an sich zulässigen Beweismittels (Beweis*methoden*verbote)[3].

Diesen Erhebungsverboten werden in der neueren Literatur[4] besondere *Beweisverwertungsverbote* gegenübergestellt, die es dem erkennenden

---

1 E. BELING, Die Beweisverbote als Grenzen der Wahrheitserforschung im Strafprozeß. Strafrechtliche Abhandlungen, Heft 46 (1903).

2 BELING (FN 1) 3.

3 Auf den Umstand, daß die Begriffsbildung möglicherweise in die Irre führen könnte, möchte ich nur hinweisen, nicht näher eingehen. Man darf heute wohl nicht mehr von einem grundsätzlich freien Beweiserhebungsrecht der Strafverfolgungsbehörden ausgehen, das eben nur durch einige Beweisverbote eingeschränkt werde, richtigerweise geht es um die Grenzen der zulässigen Beweisaufnahme. Der Sprachgebrauch hat sich aber fest eingebürgert, er weist auf diese Grenzen in plakativer Weise hin und soll deshalb auch hier zugrunde gelegt werden.

4 In Österreich: CHR. BERTEL, Das Zeugnisentschlagungsrecht nach § 152 Abs 1 Z 1 StPO, JBl 1995, 236; W. BRANDSTETTER, Aktuelle Probleme des Strafprozeßrechts, ÖJZ 1994, 583; *ders*, Parlamentarische Untersuchungsausschüsse und die Rechtsstellung von Zeugen, FS Platzgummer, 309; H. FUCHS, Zur Verwertung polizeilicher Ermittlungen im

Richter verbieten, ein verbotswidrig erlangtes Beweismaterial bei der Urteilsfällung zu verwerten. Für BELING war das noch kein Problem, er ist mit Selbstverständlichkeit davon ausgegangen, daß der Verstoß gegen ein Beweiserhebungsverbot immer auch ein Verwertungsverbot einschließe[5]. Heute ist zurecht anerkannt, daß hier zumindest kein zwingender Zusammenhang besteht. Wie der Mündlichkeitsgrundsatz (§ 258 Abs 1)[6] zeigt, gibt es auch „selbständige" Beweisverwertungsverbote, denen von vornherein kein Erhebungsverbot entspricht, und umgekehrt sind natürlich auch Beweiserhebungsverbote denkbar, die nicht mit einem Verwertungsverbot einhergehen[7].

Soweit heute noch die Meinung vertreten wird, die Beweiserhebungsverbote seien stets mit Verwertungsverboten gekoppelt, wird das also schon besonders begründet. Hier wird etwa angeführt, man müsse den Ermittlungsbehörden jeden Anreiz zu gesetzwidrigen Ermittlungsakten nehmen, oder man macht geltend, der Rechtsstaat verliere seinen moralischen Anspruch, wenn er aus dem rechtswidrigen Handeln seiner Organe Nutzen ziehe; besonders bei der Verletzung von Grundrechten sei es unerläßlich, sich klar und deutlich vom verbotenen Ermittlungsakt zu distanzieren.

Strafprozeß, FS Pallin, 81; J. HOCK, Die Verlesung von Polizei- und Gendarmerieprotokollen in der Hauptverhandlung im Licht der MRK, ÖJZ 1985, 366; FR. HÖPFEL, Zur Bedeutung des Zeugnisverweigerungsrechtes nach § 152 Abs. 1 Z. 1 StPO, FS Platzgummer, 253; G. KODEK, Verwertung der Ergebnisse des Vorverfahrens in der Hauptverhandlung, RZ 1990, 186; TH. ÖHLINGER, Das Verbot des Zwanges zur Selbstbezichtigung: ein neues Grundrecht in der Rechtsprechung des VfGH, FS Klecatsky (1990) 193; H. ROEDER, Die Beweisverbote im österreichischen und deutschen Strafverfahren, ÖJZ 1974, 309, 343; K. SCHMOLLER, Unverwertbares Beweismaterial im Strafprozeß, Schriftenreihe des BMfJ 45; *ders*, Erzwungene selbstbelastende Aussagen im Strafprozeß, JBl 1992, 69; *ders*, Neu geregelte Beweisverwertungsverbote im StPÄG 1993, Bestandsaufnahme und kritische Anmerkungen, FS Platzgummer, 283; KL. SCHWAIGHOFER, Der Unmittelbarkeitsgrundsatz beim Zeugenbeweis und seine Ausnahmen, ÖJZ 1996, 124; R. SEILER, Die Beweisverbote im Strafprozeß, JBl 1974, 57, 71; *ders*, Beweismethodenverbote im österreichischen Strafprozeß, FS Peters, 447; E. STEININGER, Ausgewählte Probleme des Strafprozeßänderungsgesetzes (StPÄG) 1993 aus praktischer Sicht, AnwBl 1994, 77; R. THIENEL, Anklageprinzip und Zeugnisentschlagungsrecht (1991); *ders*, Anklageprinzip und Verwertung erzwungener selbstbelastender Aussagen im Strafprozeß, JBl 1992, 484.

[5] BELING (FN 1) 30 f.

[6] Paragraphenangaben ohne Beifügung beziehen sich stets auf die StPO.

[7] Die Überlegungen, die den Gesetzgeber veranlassen, bestimmte Wege der gerichtlichen Wahrheitsforschung auszuschließen, werden zwar oft auf die Beweisverwertung durchschlagen, aber das muß nicht so sein, weil sie hier möglicherweise durch andere Überlegungen durchkreuzt werden. Vgl SCHMOLLER, Beweismaterial (FN 4) 118 ff, 130 ff; SEILER, JBl 1974, 59; E. FOREGGER/G. KODEK, Die österr. Strafprozeßordnung, Kurzkommentar[6] (1994) § 150 Erl VI; auch THIENEL, JBl 1992, 490. Zum deutschen Recht CL. ROXIN, Strafverfahrensrecht[22] 150 ff; H. KORIATH, Über Beweisverbote im Strafprozeß (1994), Bd 15 der Schriften zum Strafrecht und Strafprozeßrecht 20 f, 30 ff.

Alle diese Erwägungen haben viel für sich, doch lassen sich ihnen sofort andere entgegenstellen, die ebenso berechtigt sind: Übergriffe der Polizei müssen nicht gerade durch den Freispruch einwandfrei Schuldiger bekämpft werden, disziplinäre und allenfalls auch strafrechtliche Sanktionen liegen da sicherlich näher. Auch bei Verstößen gegen Grundrechte kann es genügen, daß der Staat seine Beamten zur Rechenschaft zieht, er muß dazu nicht unbedingt auf die Verwertung vorhandener Beweise verzichten. Daß das Recht und vielleicht sogar Grundrechte verletzt wurden, ist zwar eine Peinlichkeit, aber sie ist nun einmal geschehen und läßt sich so oder so nicht mehr aus der Welt schaffen. Man kann sich aber fragen, ob es für die Rechtskultur wirklich förderlich ist, wenn der Staat nun auch noch bei der Verwirklichung des materiellen Strafrechts versagen soll[8].

Bei alledem handelt es sich aber nur um rechtspolitische Erwägungen, die der Gesetzgeber keineswegs teilen muß. Er kann auf Gesetzesverletzungen der Staatsorgane auch von Fall zu Fall unterschiedlich antworten und es wäre sogar erstaunlich, hätte er im Lauf einer mehr als hundertzwanzigjährigen Geschichte immer so entschieden, wie das einer gerade modernen Doktrin entspricht.

In Österreich sind manche Beweiserhebungsverbote durch eine ausdrückliche Nichtigkeitsdrohung abgesichert. Für solche Fälle ist dann durch § 281 Abs 1 Z 2 und 3 klargestellt, daß der fehlerhaft gewonnene Beweis bei der Urteilsfällung nicht berücksichtigt werden darf[9]. Ein darauf gegründetes Urteil wäre aufzuheben[10]. Bei anderen Beweiserhebungsverboten hat das Gesetz auf eine solche Klarstellung verzichtet. Dann läßt sich die Rechtsfolge der Unverwertbarkeit bei Verstößen gegen ein Beweis*thema*verbot aus dem materiellen Nichtigkeitsgrund des § 281 Abs 1 Z 9 lit a oder b erschließen, bei Verstößen gegen ein Beweis*mittel*- oder Beweis*methoden*verbot allenfalls noch aus dem prozessualen Nichtigkeitsgrund des § 281 Abs 1 Z 4; diesen müssen die Parteien freilich durch entsprechende Anträge in der Hauptverhandlung vorbereiten. Daß das Urteil nur aus den Nichtigkeitsgründen des § 281 Abs 1 Z 5 oder 5a angefochten werden kann, ist hingegen noch kein hinreichendes Argument für die Annahme eines Verwertungsverbots[11].

---

8 Zum rechtspolitischen Für und Wider SCHMOLLER, Beweismaterial (FN 4) 121 ff, 131 ff; KORIATH (FN 7) 42 ff.

9 Die Anfechtungsgründe werden hier nur für das schöffengerichtliche Verfahren erörtert. Beim Geschworenengericht, beim Einzelrichter und beim Bezirksrichter ergeben sich aber nur geringfügige Abweichungen (§§ 345, 489, 468).

10 Näher dazu § 281 Abs 3.

11 AA SCHMOLLER, Beweismaterial (FN 4) 212, 217 f, aber wohl zu Unrecht, denn daß eine Tatsachenfeststellung „offenbar unzureichend begründet" ist oder daß sich dage-

Noch in einem anderen Punkt weiche ich von BELING ab. Er hat den Begriff der Beweisverbote ganz bewußt auf jene Fälle eingeschränkt, in denen die Wahrheitsforschung zugunsten anderer, vom Gesetz höher eingeschätzter Werte zurückweicht, und wollte sie damit von den „negativen Beweisregeln" abgrenzen, die nur dazu dienten, die Wahrheitsfindung zu fördern, etwa durch die Ausscheidung untauglicher Beweismittel oder Beweismethoden oder durch die Erzwingung der Unmittelbarkeit[12]. Die Unterscheidung ist sicherlich sinnvoll und klärend, sie läßt sich aber nicht sauber durchführen, weil die beiden Zielsetzungen einander oft überschneiden.

Auf das Verbot der Folter, das BELING nicht zu den Beweisverboten zählt[13], trifft etwa beides zu: Das erzwungene Geständnis ist um den Preis der Achtung vor der Menschenwürde und damit zu teuer erkauft, außerdem ist es aber auch wertlos, weil es ebensogut richtig wie falsch sein kann. Mit solchen Zweideutigkeiten ist auch in anderen Fällen – etwa bei § 152 Abs 1 Z 1 oder Z 2 – zu rechnen. Deshalb soll der Begriff des Beweisverbots hier in einem weiteren Sinn gebraucht werden.

I. Kein Zwang zur Selbstbezichtigung

Zum anerkannten Bestand dieser Beweisverbote gehört heute der Grundsatz, daß niemand verpflichtet ist, sich selbst einer Straftat zu bezichtigen. Das gilt für den Beschuldigten, es gilt aber auch für den Zeugen.

1. Bezüglich des Angeklagten ist das Verbot der Erzwingung einer Aussage verfassungsrechtlich abgesichert. Man kann es aus dem Fairneßgebot des Art 6 MRK ableiten, aber auch aus Art 90 Abs 2 B-VG, wonach im Strafverfahren der Anklageprozeß gilt. Denn dieser ist hier wohl im Sinn der älteren Lehre als Inbegriff eines Verfahrens zu verstehen, das dem Beschuldigten Parteirechte einräumt, darunter auch das Recht zu entscheiden, ob er sich bei der gerichtlichen Wahrheitsfindung als Beweismittel zur Verfügung stellen will oder nicht[14].

Dieses Recht ist in Österreich seit 1873 gesetzlich anerkannt. Der Beschuldigte darf nie zur Aussage gezwungen werden, er hat das Recht zu

gen aus den Akten „erhebliche Bedenken" ergeben, kann auch zutreffen, wenn das verwertete Beweismaterial rechtmäßig verwertet wurde. So übrigens wohl auch SCHMOLLER, aaO 116 f, 211 ff.

12 BELING (FN 1) 3 ff. Dem bin ich in meinen Grundzügen des österreichischen Strafverfahrens[6] 19, noch gefolgt.

13 BELING (FN 1).

14 Vgl ÖHLINGER (FN 4) 193 ff, THIENEL, Anklageprinzip (FN 4) 21 ff, und JBl 1992, 484 f; in diesem Sinn auch der OGH in EvBl 1993/175.

schweigen (§ 203)[15]. Macht er davon Gebrauch, so ist er lediglich darauf hinzuweisen, daß sein Verhalten das Verfahren nicht hemmen und daß er sich dadurch seiner Verteidigungsgründe berauben könne (§ 203). Sein Schweigen darf aber nicht zu seinem Nachteil verwertet werden[16].

Ob der Beschuldigte über sein Recht auch zu belehren ist, ist freilich fraglich. Ursprünglich hat die StPO überhaupt keine solche Verpflichtung vorgesehen. Seit dem StPÄG 1993 muß der Beschuldigte zumindest im Fall seiner Verhaftung darüber belehrt werden, daß er nicht zur Aussage verpflichtet ist und daß seine Aussage als Beweis für und wider ihn dienen könne (§§ 178, 179 Abs 1), und zwar schon vor der ersten Einvernahme durch die Sicherheitsbehörde und ebenso wieder durch den Untersuchungsrichter[17]. Für den nicht verhafteten Beschuldigten kann kaum etwas anderes gelten (§ 3)[18].

Die Verletzung der Belehrungspflicht ist freilich nicht ausdrücklich mit Nichtigkeit bedroht, doch hat es der Beschuldigte in der Hand, die Verlesung einer so erzielten Aussage in der Hauptverhandlung durch seinen Antrag zu verhindern oder sich jedenfalls den Nichtigkeitsgrund des § 281 Abs 1 Z 4 zu sichern. De lege ferenda wäre hier aber wohl eine ausdrückliche Nichtigkeitssanktion vorzusehen, zumal da sie an einen klar definierbaren Tatbestand anknüpfen könnte[19].

Diese Regelung wird durch *Beweismethodenverbote* ergänzt, die ebenfalls noch zum Urbestand der StPO gehören: Die an den Beschuldigten gerichteten Fragen dürfen nicht unbestimmt, dunkel, mehrdeutig oder verfänglich sein, Fangfragen sind verboten, Suggestivfragen müssen jedenfalls wörtlich protokolliert werden (§ 200). Es dürfen weder Versprechungen oder Vorspiegelungen noch Drohungen oder Zwangsmittel angewendet werden, um den Beschuldigten zu einem Geständnis oder zu anderen Angaben zu bewegen (§ 202)[20].

---

15 Der Beschuldigte darf auch nicht durch Beugestrafen zur Herausgabe von Gegenständen genötigt werden (§ 143 Abs 2 StPO). Direkter Zwang durch Hausdurchsuchung, Personsdurchsuchung und Beschlagnahme, Durchsuchung und Beschlagnahme von Papieren, Beschlagnahme von Briefen und Überwachung eines Fernmeldeverkehrs sind aber zulässig.

16 So richtig Ch. Bertel, Grundriß des österreichischen Strafprozeßrechts[4] (1994) RZ 374; Roeder (FN 3) 311; Seiler, JBl 1974, 129.

17 In der Hauptverhandlung ist der Angeklagte, der sich nicht schuldig bekennt, umgekehrt darüber zu belehren, daß er das Recht hat, der Anklage seine Erklärung des Sachverhalts entgegenzustellen (§ 245 Abs 1).

18 So mit Recht Höpfel (FN 4) 258.

19 Seiler, JBl 1974, 129, und Beweismethodenverbote (FN 4) 453. Die Nichtigkeitssanktion wäre hier wichtiger als bei der Belehrung des rechtskundigen Rechtsanwalts über sein Entschlagungsrecht (vgl § 152 Abs 5).

20 Alles das gilt, wie Fuchs (FN 4) 91 f zeigt, per analogiam auch schon für die Vernehmung vor der Polizei.

Diese Vorschriften verbieten nach durchaus herrschender Ansicht auch alle anderen Untersuchungsmethoden, die den freien Willen des Beschuldigten ausschalten oder umgehen, wie etwa die Verwendung eines Lügendetektors, die Anwendung von Hypnose oder der Narkoanalyse. Sie dürfen selbst dann nicht angewendet werden, wenn der Beschuldigte zustimmt oder sogar ausdrücklich danach verlangt.

Schließlich ist es den Sicherheitsbehörden und allen öffentlichen Beamten und Vertragsbediensteten bei strengster Ahndung untersagt, auf die Gewinnung von Verdachtsgründen oder auf die Überführung eines Verdächtigen dadurch hinzuwirken, daß er zu einer strafbaren Handlung verleitet oder durch insgeheim bestellte Personen zu Geständnissen verlockt wird, die dann dem Gericht hinterbracht werden sollen (§ 25).

Keines dieser Verbote ist jedoch mit einer Nichtigkeitsdrohung ausgestattet. Außer im Fall der erwiesenen Folter, für die eine Sonderregelung gilt (unten II), ist es also grundsätzlich zulässig, das Protokoll über die verbotswidrig erlangte Aussage des Angeklagten in der Hauptverhandlung zu verlesen und bei der Urteilsfindung zu verwerten[21], ebenso den Spitzel über den Erfolg seines verbotenen Auftrags zu vernehmen. Es bleibt dann der freien Beweiswürdigung des Gerichtes überlassen, den Wert abzuschätzen, den es solchen Beweisen zuerkennen will.

Ob diese Lösung auch rechtspolitisch befriedigt, darüber kann man streiten. Sicher wird es nicht angehen, wie das anscheinend von manchen gefordert wird[22], jedes Beweismethodenverbot sofort durch ein Verwertungsverbot abzusichern, dazu haben die Verstöße im Einzelfall zu unterschiedliches Gewicht. Von der Suggestivfrage oder von geringfügigen, wenn auch unzulässigen Versprechungen bis hin zu massiven Drohungen und zur Folter führt ein weiter Weg, es wäre wenig sinnvoll, immer schon die strengste prozessuale Sanktion anzuwenden.

Solange es nicht gelingt, innerhalb dieser Verstöße gegen die zulässigen Beweismethoden eine überzeugende Unterscheidung zu treffen, kann man mit dem Nichtigkeitsgrund des § 281 Abs 1 Z 4 wohl das Auslangen finden. Er bietet dem Beschuldigten immerhin die Möglichkeit, den Richter zu veranlassen, einen behaupteten Verstoß nicht vorschnell als bloße Schutzbehauptung abzutun, sondern sich ernstlich damit auseinanderzusetzen, und das ist letztlich entscheidend. Auch ein ausdrückliches Verwertungsverbot käme ja nur zum Zug, wenn es gelingt, das Gericht von dem Verfahrensverstoß, an den es geknüpft ist, zu überzeugen.

---

21 Bertel (FN 16) RZ 368; Platzgummer (FN 12) 100; Seiler, JBl 1974, 128 f; unklar Roeder (FN 4) 345; aM Thienel, Anklageprinzip (FN 4) 21 ff und JBl 1992, 489 ff.

22 Für Verwertungsverbote Seiler, Beweismethodenverbote (FN 4) 450 ff, und Schmoller, Beweismaterial (FN 4) 180.

An der freien Beweiswürdigung führt so oder so kein Weg vorbei[23]. Der Zugang des Beschuldigten zur Rechtsmittelinstanz ist immerhin dazu angetan, das Gericht zu besonderer Sorgfalt zu motivieren. Anderseits ist die § 281 Abs 1 Z 4 aber wieder flexibel genug, um Verfahrensverstöße auszusondern, die sich auf die Urteilsfindung nicht auswirken konnten.

Unterläßt der Angeklagte eine entsprechende Antragstellung, so stehen ihm heute nur noch die Nichtigkeitsgründe des § 281 Abs 1 Z 5 und 5a offen[24].

2) Der VfGH bezieht das grundrechtliche Verbot des Zwanges zur Selbstbezichtigung auch auf den Zeugen[25]. Die Ableitung aus dem Anklageprozeß ist hier freilich etwas kühn, auch das Fairnessgebot des Art 6 MRK ist wohl nicht gerade auf Zeugen gemünzt[26], doch besteht in der Tat ein gedanklicher Zusammenhang, der die Ausdehnung des Rechtsschutzes nahe legt[27]. Die verfassungsrechtliche Frage kann hier aber auf sich beruhen: Seit dem StPÄG 1993 ist der Zeuge jedenfalls im Wege des einfachen Gesetzes umfassend davor geschützt, unter Strafandrohung gegen sich selbst aussagen zu müssen.

§ 152 Abs 1 Z 1 räumt ihm nun ein Entschlagungsrecht ein, wenn er sich durch seine Aussage der Gefahr strafgerichtlicher Verfolgung aussetzen würde, aber auch wenn er dadurch im Zusammenhang mit einem eigenen Strafverfahren Gefahr liefe, sich selbst zu belasten. Der Richter hat ihn darüber vor der Vernehmung oder sobald der Grund für die Zeugnisbefreiung bekannt wird, zu belehren. Die Aussage ist nichtig, wenn der Zeuge nicht ausdrücklich auf sein Entschlagungsrecht verzichtet hat (§ 152 Abs 5)[28].

Im ersten Anwendungsfall reicht es nicht hin, daß sich der Zeuge nur allgemein auf den Entschlagungsgrund beruft, er muß dem Gericht die Gefahr der drohenden Selbstbezichtigung glaubhaft machen[29]. Das wird

---

23 So zurecht Bertel (FN 16) RZ 368.

24 Sie kommen in Betracht, wenn die Aussage des Angeklagten auf eine Weise erzielt wurde, die ihr von vornherein jeden objektivierbaren Beweiswert nimmt; vgl Schmoller, Beweismaterial (FN 4) 180.

25 Öhlinger (FN 4) 196 ff; Thienel, Anklageprinzip (FN 4) 21 ff, und JBl 1992, 486 ff.

26 Vgl Newsletter 1993 K.4.

27 Vgl Höpfel (FN 4) 255 mit Anm 4; Brandstetter, Parlamentarische Untersuchungsausschüsse (FN 4) 318 ff.

28 Rechtspolitische Bedenken dagegen hat Schmoller, Neu geregelte Beweisverwertungsverbote (FN 4) 288.

29 Die Straftat, deren er sich bezichtigen müßte, muß keineswegs in der Beteiligung an der Tat des Angeklagten oder in einem Anschlußdelikt bestehen, es genügt jede gerichtlich strafbare Handlung, wohl auch ein Aussagedelikt. Insofern aM EvBl 1994/138 und Höpfel (FN 4) 259, so wie hier Bertel (FN 3) 238.

ihn meistens in ein Dilemma versetzen, denn je deutlicher er den Entschlagungsgrund offenbart, desto größer ist die Gefahr, daß er sich schon dadurch der Strafverfolgung ausliefert. Anderseits muß das Gericht doch die Möglichkeit haben zu überprüfen, ob die Aussage wirklich berechtigt verweigert wird. Es bleibt seinem Ermessen überlassen, hier einen vernünftigen Mittelweg zu finden. Falls sich der Zeuge verschweigt, kann seine Aussage verwertet werden. Eine strafrechtliche Verfolgung wegen falscher Zeugenaussage wird dann freilich in aller Regel wegen Beweisnotstandes ausscheiden (§ 290 StGB).

Läuft gegen den Zeugen schon ein Strafverfahren, das mit der Strafsache zusammenhängt, in der er als Zeuge geladen ist[30], so scheidet diese Schwierigkeit aus. Der Zeuge hat bis zum rechtskräftigen Abschluß seines Verfahrens stets ein klar definiertes Entschlagungsrecht. Das Gericht darf entgegen der Meinung des OGH[31] nicht weiter prüfen, ob sich der Zeuge durch seine Aussage selbst belasten würde, denn das trifft auf jeden Fall zu. Selbst wenn er als Beschuldigter ein volles und umfassendes Geständnis abgelegt hat, würde er durch seine Zeugenaussage auf ein Geständnis festgenagelt, das er in seiner Rolle als Beschuldigter noch jederzeit widerrufen kann[32].

Dies gilt freilich nur, solange sein eigenes Verfahren noch nicht abgeschlossen ist. § 152 Abs 1 Z 1 dehnt den zweiten Anwendungsfall aber auf alle Zeugen aus, die bereits rechtskräftig verurteilt worden sind. Dafür bestand wohl kein besonderes Bedürfnis, weil der Zeuge in der Regel schon durch die Rechtskraft des Urteils hinreichend vor weiterer Verfolgung geschützt wird. Das Entschlagungsrecht des rechtskräftig verurteilten Zeugen käme meist tatsächlich nur noch seinen Komplizen zugute, und das liegt sicher nicht im Sinn des Gesetzes. Insofern wird man der einschränkenden Auslegung des OGH also beipflichten können: Hat der Zeuge in seinem rechtskräftig abgeschlossenen Strafverfahren ein volles Geständnis abgelegt, so wird er sich durch die Zeugenaussage in der Regel nicht weiter belastet, das Entschlagungsrecht ist ihm also zu versa-

---

30 Nur in diesem Fall ist ein solcher Konnex erforderlich. Die Regelung der 2. Alternative des § 152 Abs 1 Z 1 wird künftig verhindern, daß das Verfahren gegen einzelne Mitbeschuldigte nur zu dem Zweck ausgeschieden wird, um sie im Verfahren gegen die anderen als Zeugen unter Wahrheitszwang vernehmen zu können. Vgl BRANDSTETTER, Aktuelle Probleme (FN 4) 587.

31 EvBl 1994/138.

32 So zurecht BERTEL (FN 4) 237; HÖPFEL (FN 4) 259; BRANDSTETTER, Parlamentarische Untersuchungsausschüsse (FN 4) 321; SCHWAIGHOFER, Der Unmittelbarkeitsgrundsatz (FN 4) 130. Auch SCHMOLLER, Neu geregelte Beweisverwertungsverbote (FN 4) 287, glaubt, daß die Entscheidung „äußerst problematische und kaum verallgemeinerungsfähige" Wege beschreitet.

gen[33]. Allerdings ist es auch hier noch denkbar, daß sich der Zeuge ausnahmsweise doch belasten müßte – etwa wenn das Geständnis falsch war und einen anderen verleumdet hat. Bei einem solchen Verdacht ist dem Zeugen das Recht zur Zeugnisverweigerung zuzubilligen[34].

Der Zeuge kann sein Entschlagungsrecht jederzeit in Anspruch nehmen. Gebraucht er es erst in der Hauptverhandlung, so darf eine frühere Aussage bei sonstiger Nichtigkeit nur verlesen und verwertet werden, wenn die Parteien dem zustimmen oder wenn sie Gelegenheit hatten, sich an einer vorausgegangenen gerichtlichen Vernehmung zu beteiligen (§ 252 Abs 1 Z 4, 3).

Die Vernehmung der Verhörsbeamten über den Inhalt der Aussage wäre nach § 252 Abs 4 mit Nichtigkeit bedroht. Die Einvernahme eines Spitzels, der dem Zeugen Angaben entlockt hat, ist zwar nicht ausdrücklich als nichtig erklärt[35], sie wäre aber als offenkundige Umgehung (nicht des § 252 Abs 1, aber) des Entschlagungsrechtes nach § 152 Abs 1 Z 1 und wegen Verstoßes gegen § 25 aus § 281 Abs 1 Z 4 bekämpfbar. Zulässig ist freilich die Vernehmung von Personen, denen sich der Zeuge aus freien Stücken anvertraut hat, ebenso die Auswertung seines Wissens, das er sonst ohne Wahrheitsdruck preisgegeben hat (dazu unten VIII 1).

3) Schließlich kann der Zeuge die Aussage oder die Beantwortung einzelner Fragen auch schon verweigern, wenn sie für ihn oder einen seiner Angehörigen Schande oder die Gefahr eines unmittelbaren und bedeutenden Vermögensnachteiles mit sich brächte. Das Gericht hat ihn darüber zu belehren, sobald sich dafür Anhaltspunkte ergeben (§ 153 Abs 1 und 3 StPO). Der Zeuge hat hier allerdings kein unbedingtes Entschlagungsrecht, sondern kann zum Zeugnis verhalten werden, wenn das wegen der besonderen Bedeutung seiner Aussage unerläßlich ist.

Nach der neueren Rechtsprechung trifft das zu, wenn die Aussage, gemessen an der jeweiligen Beweislage, wirklich notwendig ist[36] – also nicht,

---

33 So EvBl 1995/42, 1994/138. Die Bestimmung schlechthin als offenkundiges Redaktionsversehen abzutun – so BERTEL (FN 4) 237 – , geht aber wohl zu weit, weil sich ein Zeuge, der als Beschuldigter seine Schuld geleugnet hat, durch die Zeugenaussage immerhin den Weg zu einer Wiederaufnahme verbauen oder zumindest erschweren könnte. So mit Recht auch HÖPFEL (FN 4) 259 f. Daß dem Zeugen nur „Schande" droht, kann höchstens die Anwendung des § 153 rechtfertigen.

34 BRANDSTETTER, Parlamentarische Untersuchungsausschüsse (FN 4) 322; SCHWAIGHOFER, Der Unmittelbarkeitsgrundsatz (FN 4) 130.

35 Die Nichtigkeitsdrohung des § 152 Abs 3 StPO ist ausdrücklich auf die Umgehung eines Entschlagungsrechts nach § 152 Abs 1 Z 4 und 5 StPO beschränkt.

36 JBl 1991, 599. Weigert sich der Zeuge auszusagen, so kann das Protokoll seiner früheren Aussage verlesen werden. Ob das freilich zielführend ist, ist nach der Praxis der Straßburger Instanzen fraglich, weil dem Angeklagten in diesem Fall sein Fragerecht verloren geht. Vgl BERTEL (FN 4) 239.

wenn der Angeklagte etwa ohnedies schon ein Geständnis abgelegt hat –, und wenn überdies das Aufklärungsinteresse der Allgemeinheit das Verweigerungsinteresse des Zeugen überwiegt. Dabei sind das Gewicht der Strafsache und die Nachteile, die dem Angeklagten aus der Zeugnisverweigerung erwachsen können, gegen die Nachteile abzuwägen, die dem Zeugen oder seinem Angehörigen aus der Aussage drohen[37]. Hat das Gericht auf der Aussage beharrt, so können die Parteien das nicht anfechten. Im entgegengesetzten Fall kommen aber wohl die Nichtigkeitsgründe des § 281 Abs 1 Z 4, allenfalls auch Z 5 und 5a, in Betracht[38], weil der Beweiswert der erzwungenen Aussage immerhin sehr fragwürdig sein kann.

II. Schutz gegen Folter

Die Beweismethodenverbote zugunsten des Angeklagten werden durch das internationale Folterübereinkommen ergänzt, das der Nationalrat im Jahr 1987 genehmigt hat[39]. Es ächtet die Folter (Art 1) und jede andere grausame, unmenschliche oder erniedrigende Behandlung einer Person (Art 16) durch einem Angehörigen des öffentlichen Dienstes oder eine andere in amtlicher Eigenschaft handelnde Person, ebenso jede Anwendung solcher Methoden, die auf ihre Veranlassung hin oder mit ihrem wenn auch nur stillschweigenden Einverständnis geschieht.

Der Zweck, den die staatlichen Funktionäre dabei verfolgen, ist gleichgültig. Er kann insbesondere auch darin bestehen, von der Person, gegen die sich die Methoden richten, oder von einem Dritten in einem Strafverfahren ein Geständnis oder eine Aussage zu erlangen. Das schließt außer dem Beschuldigten auch Zeugen und Sachverständige ein. Bei diesen hat die StPO bisher wohl zurecht keinen besonderen Bedarf für ein solches Verbot gesehen[40].

Unter einer „Folter" versteht Art 1 des Übereinkommens „jede Handlung, durch die einer Person vorsätzlich große körperliche oder seelische Schmerzen oder Leiden zugefügt werden". Diese anscheinend klare Definition wird problematisch, wenn man bedenkt, daß es nach Art 16 des Übereinkommens andere Fälle einer grausamen, unmenschlichen oder erniedrigenden Behandlung gibt, die aber offenbar nicht unter den Begriff

[37] Verhält das Gericht den Zeugen zu Unrecht zur Aussage, kommt Aussagenotstand in Betracht (§290 StGB).

[38] EvBl 1992/188.

[39] BGBl 1987 Nr 492.

[40] Die StPO sieht beim Zeugen nur ein – eingeschränktes – Verbot von Suggestivfragen vor (§ 167)

der Folter fallen. Die höchstrichterliche Rechtsprechung hatte bisher erfreulicherweise noch keinen Anlaß, sich zu der Abgrenzung zu äußern.

Für den Fall, daß eine Aussage nachweislich durch Folter herbeigeführt wurde, sieht Art 15 ausdrücklich ein Verwertungsverbot vor. Nach der österreichischen Erklärung zum Abkommen wird dieser Artikel als gesetzliche Grundlage für das Verwertungsverbot betrachtet, daher sind die Nichtigkeitsgründe der Z 2 und 3 des § 281 Abs 1 zumindest analog anwendbar.

Das gilt freilich nur, wenn die Folter von den Verfolgungsbehörden oder zumindest mit ihrem Einverständnis angewendet wurde. Hat ein Privatmann dem Beschuldigten oder Zeugen aus eigenem Antrieb durch solche Methoden ein Geständnis oder eine Aussage erpreßt, so hat er sich dadurch zwar strafbar gemacht, es ist aber nicht ausgeschlossen, ihn als Zeugen darüber zu vernehmen. Den fragwürdigen Wert des erzwungenen Geständnisses und die Glaubwürdigkeit des Übermittlers abzuschätzen bleibt dem Gericht überlassen[41].

Das Verwertungsverbot betrifft auch nur die Aussage als solche, nicht andere Beweise, die vielleicht erst auf Grund der erzwungenen Aussage zugänglich wurden. Nach herrschender Lehre wäre es nicht gerechtfertigt, solche Beweise im Sinne der amerikanischen „fruits of the poisonous tree doctrine" in das Verwertungsverbot mit einzubeziehen, weil damit die Wahrheitsfindung ohne hinreichenden Grund zu nachhaltig beeinträchtigt werden könnte[42]. Diese Auslegung kann auch vor der Rechtsprechung des Straßburger Menschenrechtsgerichtshofs bestehen. Er hat schon mehrmals angedeutet, daß unverwertbare Aussagen immerhin als Informationsquelle benützt werden dürfen und daß es den Sicherheitsbehörden unbenommen ist, im Vorfeld des eigentlichen Strafverfahrens darauf zurückzugreifen, mögen sie auch nicht als „Beweis für die Wahrheit" dienen können[43].

Was freilich die Aussage selbst anlangt, gilt das Verwertungsverbot auch dann, wenn sie etwa ein sicheres Faktenwissen des Beschuldigten

---

41 Vgl Seiler, Beweisverbote (FN 4) 58, 128, und Beweismethodenverbote (FN 4) 450. In Deutschland wird für den Fall „extremer Menschenrechtswidrigkeit" gelegentlich auch die gegenteilige Auffassung vertreten. Vgl Roxin (FN 7) 157, und die dort genannten Autoren.

42 Gegen Fernwirkungen des Verwertungsverbots Thienel, JBl 1992, 490, 496, unter Berufung auf den Grundsatz der Verhältnismäßigkeit; Foregger, In welche Richtung soll die Reform der StPO weitergeführt werden?, Verh 9. ÖJT I/3 (1985) 32 f; Roeder (FN 4) 345 ff; vermittelnd Seiler, JBl 1974, 130 f, und Schmoller, Beweismaterial (FN 4) 207 ff. In Deutschland wird oft eine Fernwirkung angenommen, um eine Umgehung der Verwertungsverbots wirksam zu verhindern. Vgl Roxin (FN 7) 156 f mwN.

43 Vgl MRK 1988/1 und die bei Thienel, JBl 1992, 496, zitierten Erkenntnisse. Vgl auch Fabrizy (FN 4) 138.

belegt und so einen unzweifelhaften Beweiswert besitzt[44]. Insoferne läßt Art 15 des Folterübereinkommens keinen Spielraum.

III. Schutz anerkannter Geheimnisse

Eine Reihe von Beweisverboten schützt Geheimnisbereiche, denen das Gesetz wegen ihrer Bedeutung für Staat und Gesellschaft den Vorrang vor der gerichtlichen Wahrheitsfindung einräumt. Sie sind keine Beweisthemen-, sondern Beweismittelverbote. Sollte das Geheimnis ein Wissen um die Straftat einschließen, so ist es dem Gericht jedenfalls nicht verwehrt, die Tat durch andere Beweismittel auszuforschen, ja sogar durch die Vernehmung der Geheimnisträger selbst, soweit sie dazu auch private Wahrnehmungen gemacht haben. Das Geheimnis als solches ist aber unabhängig von seinem Inhalt geschützt, manchmal in der Weise, daß die Geheimnisträger als zeugnisunfähig erklärt werden – dann können sie nicht gültig aussagen, auch wenn sie es vielleicht wollten –, manchmal durch die Einräumung eines Entschlagungsrechtes, auf das sie auch verzichten können. In solchen Fällen hat das Gericht dann nicht weiter zu prüfen, ob die Zeugen durch die Aussage allenfalls gegen eine berufliche Verschwiegenheitspflicht verstoßen.

1) Noch zum Urbestand der StPO gehören die Bestimmungen über die Zeugnisunfähigkeit. Sie spiegeln die damalige Nähe von Thron und Altar wider, sind aber auch heute noch durchaus sinnvoll, wenngleich man darüber streiten kann, ob die Auferlegung einer absoluten Schweigepflicht wirklich immer zu rechtfertigen ist.

Nach § 151 Z 1 dürfen Geistliche über das, was ihnen in der Beichte oder sonst unter dem Siegel geistlicher Amtsverschwiegenheit anvertraut wurde, nicht vernommen werden. Was unter diesen Geheimnisbereich fällt, hat nur der Geistliche selbst zu beurteilen. Eine Entbindung von der Pflicht zur Wahrung des Geheimnisses ist nicht möglich, weder durch kirchliche Instanzen[45] noch durch denjenigen, der sich dem Geistlichen anvertraut hat[46].

---

44 Insofern aA SCHMOLLER, Beweismaterial (FN 4) 185, der in den Fällen erwiesener Folter allerdings ein Strafverfolgungshindernis annehmen will; vgl JBl 1992, 90 f.

45 An. 1388 CIC § 1388 § 1; Katechismus der Katholischen Kirche, Oldenburg Benno, Paulusverlag Veritas, 1467, 2490.

46 Für eine Umwandlung des § 151 Z 1 in ein Entschlagungsrecht und die Einräumung der Möglichkeit der Entbindung von der Verschwiegensheitspflicht durch den Geheimnisgeber ROEDER (FN 3) 314. SEILER, JBl 1974, 64, will wenigstens in Notstandsfällen Ausnahmen von der absoluten Wirkung des Beweismittelverbots zulassen.

Ebenso dürfen auch Staatsbeamte nicht als Zeugen[47] vernommen werden, wenn sie durch ihr Zeugnis das Amtsgeheimnis verletzen würden. Sie können jedoch durch ihre Vorgesetzten ganz oder teilweise von der Verschwiegenheitspflicht entbunden werden und dann gültig aussagen (§ 151 Z 2). Ob ein Amtsgeheimnis vorliegt, hat grundsätzlich die Dienstbehörde des Zeugen zu entscheiden. Das Gericht darf aber prüfen, ob ein Amtsgeheimnis in Frage kommt, das auch dem Strafgericht gegenüber zu wahren ist[48]. Auf die Wahrnehmungen, die ein Angehöriger der Sicherheitsexekutive im Dienst der Strafrechtspflege gemacht hat und die ein Offizialdelikt betreffen, trifft das jedenfalls nicht zu, weil insofern alle öffentlichen Behörden und Ämter zur Anzeige verpflichtet sind[49].

Die Aussage des Geistlichen und des Beamten, den sein Vorgesetzter nicht vom Geheimnis entbunden hat, ist ausdrücklich mit Nichtigkeit bedroht, die verbotswidrig erlangte Aussage darf also nicht verwertet werden (§ 281 Abs 1 Z 2 und 3). Der Sinn dieser Regelung, die ebenfalls noch auf das Jahr 1873 zurückgeht, kann nur darin liegen, die Unverbrüchlichkeit des Geheimnisses einzuschärfen, denn mit der verbotswidrigen Aussage ist das Geheimnis in Wahrheit aber schon preisgegeben.

Die beiden Vernehmungsverbote sind nicht eigens gegen eine Umgehung abgesichert, doch ist allgemein anerkannt, daß es nicht zulässig wäre, das Geheimnis durch andere Ermittlungsakte, etwa durch die Beschlagnahme von Aufzeichnungen des Geistlichen oder von Amtsakten oder durch den Einsatz von Spitzeln, auszuforschen. Wenn das Geheimnis dem Gesetzgeber schon so wichtig erscheint, daß er dem Geheimnisträger ein für allemal jede Aussage darüber verbietet, so kann ihm nichts daran liegen, dieses Geheimnis durch schlechtere Beweissurrogate aufdecken zu lassen, zumal da sich der unmittelbare Geheimnisträger gegen unrichtige Behauptungen nicht einmal zur Wehr setzen könnte[50].

---

47 Ist der Beamte Beschuldigter, so ist § 151 Z 2 StPO nicht anwendbar.

48 Vgl dazu auch § 26 Abs 2 StPO.

49 § 84 Abs 2 sieht insofern seit 1993 einige Ausnahmen vor, die die Anzeigepflicht der Sicherheitsbehörden aber nicht berühren (vgl § 84 Abs 3). Wohl aber ist die Sicherheitsbehörde nicht verpflichtet, den Namen einer Vertrauensperson, der sie Vertraulichkeit zugesichert hat, preiszugeben, solange diese selbst keines Offizialdeliktes verdächtig ist (JBl 1986, 532; vgl auch SSt 55/60. Problematisch EvBl 1988/139).

50 Seiler, JBl 1974, 60 ff, 63 ff; Roeder (FN 4) 310 f. Beide Autoren berufen sich darauf, daß es sich letztlich um Beweisthemenverbote handle (anders Seiler bezüglich des Beichtgeheimnisses: aaO 63 ff) und daß deshalb die Aufhellung des Geheimnisses durch andere Beweismittel untersagt sei. Dabei gehen sie offenbar nicht von der Beling'schen Begriffsbildung aus und sie ist ja auch nicht verpflichtend. In der Sache ist es sicher so, daß der Inhalt eines anerkannten Geheimnisses nicht zum Thema der Beweisführung gemacht werden darf. So richtig Schmoller, Beweismaterial (FN 4) 144 ff. Für ein Beschlagnahmeverbot auch der OGH, JBl 1966, 628.

Aus diesem Grund ist es wohl auch ausgeschlossen, einen Außenseiter, der durch Zufall oder durch eine Indiskretion des Geheimnisträgers vom Geheimnis erfahren hat, als Zeugen darüber zu vernehmen. Solche Informationen können zwar einen Anhaltspunkt für weitere Nachforschungen bieten, sie dürfen bei der Urteilsfällung aber nicht als Ersatz für die unzulässige Vernehmung verwertet werden, weil das auf eine Umgehung des § 151 Z 1 und 2 hinausliefe[51]. In solchen Fällen kommt freilich dann mangels einer ausdrücklichen Nichtigkeitsdrohung nur noch der Nichtigkeitsgrund des § 281 Abs 1 Z 4 in Betracht.

2) Außer diesen Fällen hat die StPO ursprünglich nur noch dem Verteidiger einen Geheimnisbereich zuerkannt, indem es ihm das Recht einräumte, die Aussage darüber zu verweigern, was ihm in dieser Eigenschaft vom Beschuldigten anvertraut wurde (§ 152 Abs 1 Z 2 aF). Dieses Entschlagungsrecht wurde seitdem auf eine Reihe weiterer Berufe erstreckt und es wurde inhaltlich so ausgedehnt, daß es sich nun mit deren jeweiligem Berufsgeheimnis deckt.

Seit dem Gesetz BGBl 1972/143 zählen zu den begünstigten Zeugen außer den Verteidigern auch die Rechtsanwälte, Notare und Wirtschaftstreuhänder (heute § 152 Abs 1 Z 4), seit dem StPÄG 1993 überdies auch die Psychiater[52], Psychotherapeuten und Psychologen, die Bewährungshelfer und die Mitarbeiter anerkannter Einrichtungen zur psychosozialen Beratung und Betreuung (§ 152 Abs 1 Z 5). Ihnen gleichgestellt sind ihre Hilfskräfte und alle Personen, die zur Ausbildung an ihrer berufsmäßigen Tätigkeit teilnehmen (§ 152 Abs 2).

Inhaltlich bezieht sich das Entschlagungsrecht nun im Unterschied zur früheren Regelung nicht nur auf die Informationen, die die Zeugen von ihren Auftraggebern oder Schützlingen erhalten haben, sondern auf alles, was ihnen in ihrer beruflichen Eigenschaft bekannt geworden ist. Dazu gehören auch die Ergebnisse eigener Ermittlungen, die sie infolge ihres Auftrags durchgeführt haben. Alle diese Entschlagungsrechte sind seit dem StPÄG 1993 durch eine ausdrückliche Nichtigkeitsdrohung abgesichert (§ 152 Abs 5).

Die Person, die die Dienste des begünstigten Zeugen in Anspruch genommen hat, ist nur im Falle des Verteidigers immer mit dem Beschuldigten identisch, in den anderen Fällen kommen auch Dritte wie etwa das Tatopfer in Betracht. Bei einer Mehrheit von Beschuldigten kann sich der Verteidiger hinsichtlich derjenigen, die nicht seine Mandanten sind,

---

[51] Nicht überzeugend ist die Unterscheidung, die SCHMOLLER, Beweismaterial (FN 4) 147 f hinsichtlich der Wahrnehmungen von Privaten über solche Geheimnisbereiche treffen will, weil sie den Grundgedanken preisgibt.

[52] Nicht auch andere Ärzte, trotz § 121 StGB und § 26 ÄrzteG 1984, BGBl 373.

nur dann entschlagen, wenn eine Sonderung der Aussagen, die sie betreffen, nicht möglich ist (§ 152 Abs 4). Bei anderen Trägern von Berufsgeheimnissen ist das Entschlagungsrecht von vornherein unteilbar.

Die begünstigten Zeugen sind merkwürdigerweise auch dann, wenn sie wie die Verteidiger oder Rechtsanwälte rechtskundig sind und eben wegen dieser Rechtskunde beigezogen wurden, über ihr Entschlagungsrecht zu belehren. Haben sie auf ihr Entschlagungsrecht nicht ausdrücklich verzichtet, so ist ihre Aussage nichtig (§ 152 Abs 5).

Das Beweisverbot ist umfassend abgesichert[53], jede Umgehung des § 152 Abs 1 Z 4 und 5 und des § 152 Abs 2 ist nach Abs 3 selbst wieder mit Nichtigkeit bedroht, sodaß etwa auch eine „informative Befragung" des Zeugen, eine Hausdurchsuchung, die Beschlagnahme von Schriftstükken oder Bild-, Ton- oder Datenträgern und die Auskundschaftung durch behördliche Spitzel aus § 281 Abs 1 Z 2 oder 3 angefochten werden kann[54].

Angesichts dieser Regelung hätte es der Ausweitung des Entschlagungsrechtes auf die Hilfskräfte und die zur Ausbildung zugeteilten Personen (§ 152 Abs 2) gar nicht bedurft, weil sie immer auf eine Umgehung des Entschlagungsrechtes des Firmenchefs hinausläuft. Sie ist sogar irreführend, weil sie den Anschein erwecken könnte, diese Personen dürften aussagen, auch wenn ihr Chef von seinem Entschlagungsrecht Gebrauch gemacht hat; denn auf ein Schweigerecht kann eben auch verzichtet werden. Das hat der Gesetzgeber ganz offensichtlich nicht bedacht; die Umgehung des Entschlagungsrechtes des Rechtsanwalts usw. zu ermöglichen lag sicher nicht seiner Absicht.

Die Zeugen haben die Möglichkeit der Entschlagung bei jeder neuen Vernehmung. Machen sie von ihrem Recht Gebrauch, so dürfen daraus keinerlei Rückschlüsse auf den möglichen Inhalt der verweigerten Aussage gezogen werden. Die Verlesung einer früheren gerichtlichen Aussage, bei der sie auf ihr Entschlagungsrecht ausdrücklich verzichtet haben[55], ist abgesehen von dem Fall, das beide Prozeßparteien mit ihr einverstanden sind, nur zulässig, wenn die Parteien Gelegenheit hatten, an der Vernehmung mitzuwirken (§ 252 Abs 1 Z 3), ansonsten aber ebenso mit Nichtigkeit bedroht wie jede Umgehung des Verlesungsverbots (§ 252 Abs 4).

---

53 Vgl auch § 143 Abs 2 und § 149a Abs 1 Z 1 lit b. Zum Problem solcher „Umgehungsverbote" SCHMOLLER, Neu geregelte Beweisverwertungsverbote (FN 4) 300 ff.

54 Besteht freilich Verdacht, daß der begünstigte Zeuge nicht nur Informationen gesammelt, sondern belastendes Material oder Originalurkunden in seine Obhut genommen hat, um es so dem Zugriff der Strafbehörden zu entziehen, so bleiben Hausdurchsuchung und Beschlagnahme möglich (EvBl 1992/175), sie müssen dann aber wohl mit der Einleitung eines Strafverfahrens gegen den Zeugen einhergehen.

55 Sonst kommt der Nichtigkeitsgrund des § 281 Abs 1 Z 2 zum Zug.

3) Zugunsten der Presse hat schon das Pressegesetz 1922 ein Entschlagungsrecht vorgesehen[56], das heute in erweiterter Form in § 31 Abs 1 MedienG verankert ist. Danach haben Medieninhaber, Herausgeber und Medienmitarbeiter, ebenso alle Arbeitnehmer eines Medienunternehmens oder Mediendienstes das Recht, die Beantwortung von Fragen zu verweigern, welche die Person des Verfassers, Einsenders oder Gewährsmanns von Beiträgen und Unterlagen betreffen oder auch Mitteilungen, die ihnen im Hinblick auf ihre Tätigkeit gemacht wurden.

Das Verweigerungsrecht ist wieder ausdrücklich gegen eine Umgehung abgesichert, insbesondere durch das Verbot, die Herausgabe einschlägiger Unterlagen zu erzwingen oder diese zu beschlagnahmen (§ 31 Abs 2 MedienG). Auch die Überwachung des Fernmeldeverkehrs eines Medienunternehmens zu dem Zweck, die Kontaktperson der Presse auszuforschen, ist nur bei schwersten Delikten zulässig (§ 149a Abs 2)[57]. Die Verwertung von Beweismaterial, das durch Verstöße gegen diese Verbote gewonnen wurde, kann aus § 281 Abs 1 Z 4 bekämpft werden.

Eine besondere Belehrung über das Entschlagungsrecht ist hier aber nicht vorgesehen. Der Gesetzgeber ist offenbar davon ausgegangen, daß die Presse ihr eifersüchtig bewachtes Recht auch so zu wahren wisse. Sollte der Zeuge auf die Fragen antworten, ohne daß er ausdrücklich auf sein Recht verzichtet hat, so kann die Aussage verwertet werden[58].

IV. Schutz der Familie

Dem Schutz der Familie dient das Entschlagungsrecht des § 152 Abs 1 Z 2. Noch zum Urbestand der StPO gehört das Recht des Zeugen, sich im Verfahren gegen einen Angehörigen der Aussage zu entschlagen (§ 152 Abs 1 Z 2, 1. Fall). Der Kreis der Angehörigen wurde schon 1974[59] erheblich erweitert. Als Angehörige gelten heute auch der Vater oder die

56 BGBl 1922/218, § 45.

57 Roeder (FN 4) 313, will hier wieder ein Beweisthemaverbot annehmen, Seiler, JBl 1974, 60, spricht sich dagegen aus. Der Streit geht um des Kaisers Bart: Aus der begrifflichen Einordnung ergeben sich dogmatische Konsequenzen höchstens im Rahmen des Systems des jeweiligen Verfassers. Was rechtens ist, muß sich immer aus dem Gesetz ableiten lassen. Daß das Gesetz auch jede Umgehung des Redaktionsgeheimnisses verbieten will, wird aus § 31 Abs 2 MedienG hinreichend klar.

58 Macht der Zeuge von seinem Recht erst in der Hauptverhandlung Gebrauch, so darf seine frühere Aussage wohl nur verlesen werden, wenn die Voraussetzungen des § 252 Abs 1 Z 2a zutreffen. Zur analogen Anwendung auch der Nichtigkeitsdrohung besteht freilich keine Veranlassung, da sie schon bei einem direkten Verstoß gegen § 31 Abs 1 MedienG nicht vorgesehen ist.

59 BGBl Nr. 423/1974, Art I Z 44, in Verbindung mit § 72 StGB.

Mutter eines unehelichen Kindes, ein andersgeschlechtlicher Lebensgefährte und dessen Kinder und Enkel[60]; außerdem bleibt die durch eine Ehe begründete Eigenschaft einer Person als Angehöriger aufrecht, auch wenn die Ehe nicht mehr besteht[61].

Der Zeuge ist über sein Entschlagungsrecht zu belehren, sobald sein Verhältnis zum Beschuldigten bekannt wird, also in der Regel nach der Einvernahme zu seinen Personalien. Steht der Zeuge nur zu einem von mehreren Beschuldigten im Angehörigenverhältnis, so kann er sich hinsichtlich der übrigen nur dann entschlagen, wenn eine Sonderung der Aussagen nicht möglich ist (§ 152 Abs 4). Hat er auf sein Recht nicht ausdrücklich verzichtet, so ist seine Aussage nichtig. Die Tatsache der Entschlagung darf nicht zum Nachteil des Beschuldigten ausgewertet werden[62].

Durch das StPÄG 1993 wurde das Entschlagungsrecht auf alle Fälle ausgeweitet, in denen die Aussage des Zeugen die Gefahr strafgerichtlicher Verfolgung eines Angehörigen mit sich brächte (§ 152 Abs 1 Z 2, 2. Fall). Dabei ist an Aussagen gedacht, die der Zeuge in einem Verfahren macht, das nicht gegen den Angehörigen, sondern gegen andere Beschuldigte geführt wird. Anders als im eben erörterten Fall muß der Zeuge hier jedoch den Grund seiner Zeugnisverweigerung offenlegen. Tut er das nicht, so ist die Aussage trotz § 152 Abs 5 verwertbar, obwohl er dann auch nicht ausdrücklich auf sein Entschlagungsrecht verzichten wird. Die Befürchtung des Zeugen, er könne seinen Angehörigen schon dadurch gefährden, daß er das Entschlagungsrecht beansprucht, kann aber allenfalls einen Aussagenotstand begründen, wenn er deshalb falsch aussagt (§ 290 StGB).

Die Umgehung des Entschlagungsrechtes ist hier nicht ausdrücklich mit Nichtigkeit bedroht[63], sodaß sie nur aus § 281 Abs 1 Z 4 angefochten werden könnte. Eine solche Umgehung liegt aber nicht schon vor, wenn das Wissen des Zeugen anders als durch eine förmliche Vernehmung ermittelt wird: § 152 Abs 1 Z 2 schützt nicht einen rechtlich anerkannten Geheimnisbereich, sondern will den Zeugen nur vor dem seelischen Konflikt bewahren, entweder falsch auszusagen oder zur Verurteilung des Angehörigen beizutragen[64]. Daher ist es erlaubt, bei ihm eine Hausdurchsuchung durchzuführen und seine Aufzeichnungen zu beschlagnahmen, auch einen Briefwechsel mit dem Beschuldigten. Hat er

60 Diese allerdings nur, solange die Lebensgemeinschaft aufrecht ist (EvBl 1976/221).

61 § 152 Abs 1 Z 2 StPO am Ende.

62 RZ 1976/7.

63 Kritisch dazu SCHMOLLER, Neu geregelte Beweisverwertungsverbote (FN 4) 303.

64 SCHMOLLER, Beweismaterial (FN 4) 155.

sich einem Dritten anvertraut, so darf dieser als Zeuge darüber vernommen werden[65]. Hingegen wäre es unzulässig, den Zeugen, der durch seine wahrheitsgemäße Aussage einen Angehörigen belasten könnte, im Rahmen einer „informativen Befragung", einer Befundaufnahme oder durch Spitzel – also mit einem Wort zwar auf Umwegen, aber doch „amtlicherseits" – zur Preisgabe seines Wissens zu verleiten.[66].

Macht der begünstigte Zeuge von seinem Recht erst in der Hauptverhandlung Gebrauch, so darf das Protokoll über seine frühere Zeugenaussage nur verlesen werden, wenn beide Parteien damit einverstanden sind (§ 252 Abs 1 Z 4) oder wenn die Aussage vor Gericht abgelegt wurde und die Parteien Gelegenheit hatten, sich daran zu beteiligen (§ 252 Abs 1 Z 3). Das Verlesungsverbot würde umgangen, wenn der Inhalt des Protokolls durch die Einvernahme der Verhörspersonen oder durch die Abhörung von Tonaufnahmen ermittelt würde[67]. Eine solche Umgehung ist ihrerseits audrücklich mit Nichtigkeit bedroht (§ 252 Abs 4)[68].

V. Rücksicht auf das Tatopfer

Zwei neuere Beweisverbote zielen darauf ab, den Tatopfern die Erfüllung der Zeugenpflicht, die für sie oft mit schwerer seelischer Belastung oder doch mit Peinlichkeiten verbunden ist, zu erleichtern oder tunlichst überhaupt zu ersparen.

1) Die Z 3 des § 152 Abs 1, die erst durch das StPÄG 1993 eingefügt wurde, räumt den durch die Straftat verletzten Personen, die zur Zeit ihrer Vernehmung noch unmündig sind, ein Entschlagungsrecht ein, das allerdings nur zum Zug kommt, wenn die Parteien Gelegenheit hatten, sich an einer vorausgegangenen gerichtlichen Vernehmung zu beteiligen. Der Zeuge hat das Entschlagungsrecht also nicht schon bei seiner ersten, sondern erst bei einer wiederholten Vernehmung und auch hier nur dann, wenn der Angeklagte an den Zeugen bei einer früheren gerichtlichen Vernehmung Fragen stellen konnte (Art 6 Abs 3 lit d MRK).

---

65 Brandstetter (FN 6) 586; Schmoller, Beweismaterial (FN 4); Seiler, JBl 1974, 65 ff; E. Steininger, AnwBl 1994, 85. Vgl auch SSt 31/58, NRs 1982/8.

66 Seiler, JBl 1974, 65 ff. Ausdrücklich verboten ist die Erzwingung der Herausgabe von Beweismaterial durch Beugestrafen (§ 143 Abs 2).

67 Das Problem der Vernehmung „privater" Dritter, denen der entschlagungsberechtigte Zeuge Mitteilungen gemacht hat, gehört entgegen E. Steininger (FN 4) 85 in Wahrheit nicht hierher, denn diese Dritten können nur über das Wissen des Zeugen etwas aussagen, nicht über seine Aussage, bei der sie auch gar nicht dabei waren. Ihre Vernehmung könnte also höchstens das Entschlagungsrecht umgehen, doch ist auch das zu verneinen, wo das Entschlagungsrecht keinen anerkannten Geheimnisbereich schützt.

68 Dazu unten VII.

Die Möglichkeit der kontradiktorischen Vernehmung besteht nicht erst in der Hauptverhandlung, sondern ausnahmsweise auch schon im Vorverfahren. Das unmündige Tatopfer kann seit dem StPÄG 1993 darauf bestehen, daß bei seiner Vernehmung vor dem Untersuchungsrichter die Parteien und ihre Vertreter beigezogen werden, und es kann dabei wieder verlangen, daß sie seine Vernehmung nur unter Verwendung technischer Einrichtungen zur Wort- oder Bildübertragung mitverfolgen und auch nur so ihr Fragerecht ausüben dürfen.

Das Tatopfer ist darüber zu belehren, daß in der Hauptverhandlung das Protokoll verlesen und die Ton- oder Bildaufzeichnung vorgeführt werden können, wenn es sich im weiteren Verfahren der Aussage entschlagen sollte (§ 162 a)[69].

Hat der Zeuge bei der in der Hauptverhandlung wiederholten Vernehmung auf sein Entschlagungsrecht, über das er wieder zu belehren ist, nicht ausdrücklich verzichtet, so ist seine Aussage nichtig (§ 152 Abs 5). Der Sinn dieser Bestimmung ist problematisch: Wurde das unmündige Tatopfer entgegen § 152 StPO in der Hauptverhandlung vernommen, so ist der Schaden, den das Gesetz verhüten will, bereits eingetreten. Die Aufhebung des Urteils nur zu dem Zweck, daß die Hauptverhandlung nun unter Verlesung der früheren Aussage wiederholt wird, hilft niemandem mehr. Offenbar dient das Verwertungsverbot nur dazu, den Richter an die Einhaltung des neuen Beweisverbotes zu gewöhnen.

2) Nur ein bedingtes Entschlagungsrecht haben Personen, die durch die strafbare Handlung, die den Gegenstand des Verfahrens bildet, in ihrer Geschlechtssphäre verletzt wurden. Sie können zwar nicht die Aussage, aber die Beantwortung einzelner Fragen verweigern, wenn sie Umstände ihres höchstpersönlichen Lebensbereichs oder Einzelheiten der Straftat betreffen, deren Schilderung sie für unzumutbar halten. Das Gesetz stellt hier ausdrücklich auf ihr eigenes Gutdünken ab. Das Gericht kann jedoch auf dem Zeugnis bestehen, wenn das wegen der besonderen Bedeutung ihrer Aussage unerläßlich ist (§ 153 Abs 2 und 3). Das ist der Fall, wenn die Aussage, gemessen an der jeweiligen Beweislage, wirklich notwendig ist (also nicht, wenn der Angeklagte etwa ohnedies ein Geständnis abgelegt hat) und wenn überdies das Aufklärungsinteresse der Allgemeinheit das Verweigerungsinteresse des Zeugen überwiegt. Auch hier sind die Zeugen über die Möglichkeit der Zeugnisverweigerung zu belehren (§ 152 Abs 3).

---

69 § 162 a gilt auch für Zeugen, die Angehörige des Beschuldigten sind und ein Entschlagungsrecht nach § 152 Abs 1 Z 2 haben. Bei unmündigen Tatopfern kann der UR unabhängig davon, ob die Z 2 oder die Z 3 des § 152 anzuwenden ist, mit der Befragung und Belehrung auch einem Sachverständigen beauftragen (§ 162a Abs 2 und 4).

VI. Ausschaltung unverläßlicher Beweismittel

Schon einige der bisher erörterten Beweisverbote dienen ersichtlich nicht nur dem Schutz höherer Interessen, sondern auch dem Zweck, die Wahrheitsfindung selbst vor Gefahren zu schützen. Das gilt besonders für das Folterverbot, aber auch für die Begünstigung von Zeugen, die sich in einer besonderen Zwangslage befinden. Bei manchen Beweisverboten steht dieser Zweck schon völlig im Vordergrund. Es handelt sich dann in Wahrheit um verkappte Beweisregeln.

1) Das trifft vor allem auf den Fall der Zeugnisunfähigkeit zu, der in § 151 Z 3 vorgesehen ist. Nach dieser Bestimmung dürfen Personen, die zur Zeit, in der sie das Zeugnis ablegen sollen, wegen ihrer Leibes- oder Gemütsbeschaffenheit außerstande sind, die Wahrheit anzugeben, bei sonstiger Nichtigkeit ihrer Aussage nicht als Zeugen vernommen werden.

In Betracht kommen insbesondere sehr junge und sehr alte Menschen, aber auch Personen, die wegen Trunkenheit, Drogeneinwirkung oder wegen eines geistigen Defektes unfähig sind, verläßliche Wahrnehmungen zu machen und sie dem Gericht mitzuteilen. Die Nichtigkeitsdrohung erweckt den Eindruck, als ob sich das im Einzelfall zwingend erweisen ließe. Davon ist natürlich keine Rede. Selbst wenn eine psychiatrische oder psychologische Untersuchung durchgeführt wird, die im Gesetz aber nicht vorgesehen ist und jedenfalls der Zustimmung des Zeugen oder seines gesetzlichen Vertreters bedürfte, ist das Gericht nach der Rechtsprechung an ein solches Gutachten nicht gebunden. Die Beurteilung der Tauglichkeit des Zeugen ist Sache der freien Beweiswürdigung, die ausschließlich dem Gericht zusteht[70]; § 151 Z 3 gibt dem Gericht höchstens eine Leitlinie vor.

So bleibt von diesem Beweisverbot wenig an Gehalt übrig. Die Nichtigkeitsdrohung wird das Gericht aber vielleicht doch dazu veranlassen, die Frage der Zeugnisfähigkeit in Grenzfällen besonders gewissenhaft zu prüfen.

2) In diesen Zusammenhang gehören auch die in § 170 vorgesehenen Eideshindernisse, die teils in jedem Strafverfahren zu beachten sind (§ 170 Z 2-5), teils nur im konkreten Prozeß (§ 170 Z 1,6,7). Die StPO geht davon aus, daß die Beeidigung des Zeugen allenfalls dazu helfen kann, von ihm die volle Wahrheit zu erfahren (vgl §§ 169, 247 Abs 2). Die Ausgestaltung der Eideshindernisse zeigt freilich, daß das Gesetz von einer solchen Nagelprobe nicht allzuviel hält. Es will den Eid in Wahrheit nur zulassen, wenn gegen die Aussage des Zeugen ohnedies keine besonderen Bedenken bestehen.

---

70 EvBl 1975/120, 1972/69.

Der Verstoß gegen ein Beeidigungsverbot macht zwar den Eid, aber nicht die Aussage als solche nichtig[71]. Damit bleiben für eine erfolgreiche Anfechtung nur die wenigen Fälle übrig, in denen die Urteilsgründe zeigen, daß das Gericht dem nichtigen Eid bei der Würdigung der Aussage besonderes Gewicht beigemessen hat (vgl § 281 Abs 3). Im gerichtlichen Alltag spielt das Beweisverbot keine besondere Rolle.

VII. Sicherung der Unmittelbarkeit

Für die Praxis von größter Bedeutung sind die Beweisverbote, die sicherstellen sollen, daß sich das erkennende Gericht bei seiner Beweisaufnahme nicht mit Beweissurrogaten zufriedengibt, sondern tunlichst auf die Quellen zurückgeht. Dieser „Grundsatz der Unmittelbarkeit", eine der wichtigsten Errungenschaften der StPO vom Jahr 1873, verbürgt in der Regel eine bessere Aussicht auf Wahrheitsfindung, er soll den Parteien aber auch die Möglichkeit bieten, sich wirksam an dieser Aufgabe zu beteiligen. So ist es kein Zufall, daß sich die jüngere Auseinandersetzung um den Grundsatz gerade am Fairnessgebot des Art 6 Abs 1 und Abs 3 lit d MRK entzündet hat[72].

1) Was die Aussage des Angeklagten betrifft, war die Wahrung der Unmittelbarkeit freilich nie ein besonderes Problem. Der Angeklagte ist seit 1873 nicht nur Beweismittel, sondern auch Prozeßpartei und als solche stets zur Hauptverhandlung zu laden. Dabei muß er vernommen werden und Gelegenheit erhalten, sich zu allen Vorwürfen und Beweisen zu äußern (§§ 245 Abs 1, 252 Abs 3)[73].

Die Protokolle über seine früheren – gerichtlichen oder polizeilichen[74] – Aussagen dürfen nur ausnahmsweise verlesen werden, nämlich wenn er in der Hauptverhandlung die Aussage verweigert oder von seiner bisherigen Verantwortung abweicht (§ 245 Abs 1). Das gleiche gilt bei einer Verhandlung in seiner Abwesenheit. Eine solche ist jedoch bei sonstiger Nichtigkeit nur zulässig, wenn ihm die Vorladung noch persönlich zugestellt wurde (§ 427). In allen diesen Fällen ist die Verlesung notwendig, um einen drohenden Beweisverlust zu verhindern. Sie verstößt auch nicht gegen Art 6 MRK, weil der Angeklagte die früheren Aussagen, die nun

71 § 170; aA Bertel (FN 16) 89 Rn 399.

72 Auf diesen grundrechtlichen Aspekt haben besonders Hock (FN 4) 366 ff und Fuchs (FN 4) 81 f hingewiesen.

73 Näher Kl. Schwaighofer, Recht und Pflicht des Angeklagten zur Anwesenheit in der Hauptverhandlung, FS Platzgummer, 265.

74 Dazu in historischer Hinsicht aufschlußreich Fabrizy (FN 4) 134 f.

im Wege der Verlesung verwertet werden, in Kenntnis der Anschuldigung und freiwillig abgelegt hat[75]

Ein Konflikt mit den Parteirechten des Angeklagten kann sich aber ergeben, wenn er mit eigenen belastenden Aussagen konfrontiert wird, die er nicht in seiner Rolle als Beschuldigter gemacht hat, sondern etwa als Zeuge im Strafverfahren gegen einen Komplizen oder in einem zivilgerichtlichen Verfahren, also unter dem Druck der Strafdrohung gegen eine falsche Zeugenaussage. Sie dürfen nur verlesen werden, wenn er damals nach entsprechender Belehrung auf sein Recht verzichtet hat, die Aussage wegen der drohenden Selbstbelastung zu verweigern[76], wobei das Gesetz für das spätere Strafverfahren gegen den Zeugen freilich keine Nichtigkeitsdrohung vorsieht[77]. Aus dem selben Grund wäre es unzulässig, ein Verfolgungsorgan, das ihm unter Umgehung einer förmlichen Vernehmung in einem „aufgelockerten Gespräch" oder durch den Einsatz eines Spitzels Aussagen entlockt hat, als Zeugen darüber zu vernehmen (§ 281 Abs 1 Z 4)[78].

Äußerungen des Beschuldigten gegenüber Privatpersonen dürfen hingegen durch deren zeugenschaftliche Vernehmung ermittelt und auch verwertet werden, denn sein Wissen ist keineswegs ein rechtlich anerkanntes Geheimnis, ebenso durch Abhören eines Tonbands, mag die Aufnahme auch gegen § 120 StGB verstoßen haben[79]. Zulässig ist auch die Verwertung von Tagebüchern oder anderen Schriftstücken des Angeklagten, die im Wege einer Hausdurchsuchung oder durch andere Maßnahmen unmittelbaren Zwanges erlangt wurden, ebenso die Verwertung von Aufzeichnungen über die Überwachung eines Fernmeldeverkehrs (§ 149c Abs 3)[80].

2) Auch Zeugen und Sachverständige sind grundsätzlich in der Hauptverhandlung unmittelbar zu vernehmen (§ 247), die Verlesung von Vernehmungsprotokollen und von Sachverständigengutachten ist nur ausnahmsweise gestattet (§ 252 Abs 1)[81]. Dabei macht es entgegen der langjährigen Praxis der Gerichte grundsätzlich keinen Unterschied, ob die frü-

75 Anders bei Aussagen, die durch unzulässige Methoden erwirkt wurden. Zum Fall der erwiesenen Folter s oben II.

76 Vgl § 52 Abs 3, doch muß es wohl auch genügen, daß er die Aussage im Zivilprozeß nicht gemäß § 321 Abs 1 Z 1 ZPO verweigert hat.

77 Darauf weist Schmoller, Neu geregelte Beweisverwertungsverbote (FN 4) 286 f hin.

78 Seiler, JBl 1974, 132.

79 Seiler, JBl 1974, 133.

80 Aufschlußreich Höpfel (FN 4) 261 f, Schwaighofer, Der Unmittelbarkeitsgrundsatz (FN 4) 134 und Schmoller, Neu geregelte Beweisverwertungsverbote (FN 4) 295 ff.

81 Das gleiche gilt von der Vorführung technischer Aufzeichnungen über eine Zeugenaussage (§ 252 1. Satz; vgl § 250 Abs 3).

heren Zeugenaussagen in förmlichen Protokollen oder in anderer Weise festgehalten sind. Jedes amtliche Schriftstück, das Angaben über die Aussage eines Zeugen enthält, unterliegt insoferne den Verlesungsbeschränkungen des § 252. Das hat das StPÄG 1993 nun in dankenswerter Weise außer Streit gestellt. Es hat den Ausnahmecharakter der Verlesung überdies für alle diese Fälle durch eine ausdrückliche Nichtigkeitsdrohung besonders unterstrichen.

Die Ausnahmebestimmungen des § 252 Abs 1[82] zielen überwiegend darauf ab, einen drohenden Beweisverlust zu verhindern. Das gilt vor allem für die Z 1, 2 und 3, die noch zum Urbestand der StPO gehören. Nach Z 1 dürfen Aussagen und Gutachten verlesen werden, wenn die Vernommenen in der Zwischenzeit gestorben sind, wenn ihr Aufenthalt unbekannt ist oder wenn ihr persönliches Erscheinen wegen ihres Alters, Krankheit oder Gebrechlichkeit, wegen entfernten Aufenthaltes oder aus anderen erheblichen Gründen nicht möglich ist oder einen unverhältnismäßigem Aufwand erfordern würde. Z 2 erlaubt die Verlesung, wenn die Vernommenen in der Hauptverhandlung in wesentlichen Punkten von ihren früheren Angaben abweichen. Nach Z 3 dürfen Zeugenaussagen schließlich auch verlesen werden, wenn die Zeugen, ohne dazu berechtigt zu sein, in der Hauptverhandlung die Aussage verweigern[83].

In allen diesen Fällen ist die Verlesung auch zulässig, wenn die Parteien keine Gelegenheit hatten, den Zeugen zu befragen und seine Glaubwürdigkeit in Zweifel zu ziehen. Bei den Sicherheitsbehörden ist die Beteiligung der Parteien an der Vernehmung von vornherein nicht vorgesehen. Der Untersuchungsrichter ist seit dem StPÄG 1993 zwar verpflichtet, die Parteien beizuziehen, wenn zu besorgen ist, daß ein Zeuge in der Hauptverhandlung aus tatsächlichen oder rechtlichen Gründen nicht mehr zur Verfügung stehen wird (§ 162a); die Regelung wird aber oft nicht verhindern können, daß es doch zur Verlesung von Protokollen kommt, die ohne Zutun der Parteien zustandegekommen sind.

Dann ergibt sich freilich sofort ein Spannungsverhältnis zum Fairneßgebot des Art 6 MRK, das dem Angeklagten ausdrücklich das Recht einräumt, an die Belastungszeugen Fragen zu stellen (Art 6 Abs 3 lit d MRK)[84]. Nach der Auslegung der Straßburger Instanzen muß der Angeklagte zwar nicht notwendig in der Hauptverhandlung, aber doch irgend-

82 S dazu die eingehende Darstellung bei SCHWAIGHOFER, Der Unmittelbarkeitsgrundsatz (FN 4) 126 ff.

83 Die „Mitbeschuldigten", von denen im Eingang zu § 152 und in der Z 3 außerdem noch die Rede ist, sind entweder Beschuldigte, auf die § 245 Abs 1 anzuwenden ist, oder Zeugen, die nach § 152 Abs 1 Z 1 entschlagungsberechtigt sind und für die deshalb Z 2a gilt. So richtig BERTEL (FN 16) 155 Rn 673.

84 Auf diesen Zusammenhang hat vor allem schon FUCHS (FN 4) 87, hingewiesen.

wann während des Strafverfahrens wirklich Gelegenheit erhalten, den Zeugen zu befragen. Andernfalls dürfen die Protokolle zwar verwendet werden, es würde jedoch den Verteidigungsrechten widerstreiten, wollte man eine Verurteilung ausschließlich oder doch in der Hauptsache auf eine Zeugenaussage gründen, bei der das nicht der Fall war[85].

Legt man diese Auffassung zugrunde, so erweist sich die nach Z 1 und 3 verlesene Aussage als nur bedingt verwertbar[86]. Ist abzusehen, daß der Aussage entscheidende Bedeutung zukommen wird, so kann sich der Angeklagte zur Wahrung seiner Verteidigungsrechte gegen ihre Verlesung aussprechen[87]. Ein Schuldspruch, der ausschließlich oder doch hauptsächlich auf ein solches Protokoll gestützt ist, läßt sich wegen unzureichender Begründung aus § 281 Abs 1 Z 5 bekämpfen. Im Fall einer Verlesung nach § 252 Abs 1 Z 2 stellt sich das Problem nicht, weil der Zeuge in der Hauptverhandlung unmittelbar befragt werden kann.

Das StPÄG 1993 hat diesen Ausnahmen noch eine weitere hinzugefügt, die wieder einen Beweisverlust verhüten soll. Nach der neuen Z 2a darf eine Zeugenaussage auch verlesen werden, wenn der Zeuge die Aussage berechtigt verweigert, dies allerdings nur unter der Voraussetzung, daß die Parteien Gelegenheit hatten, sich an einer gerichtlichen Vernehmung zu beteiligen[88]. Die Ausnahme bezieht sich also nur auf Aussagen, gegen deren Verwertung von vornherein keine grundrechtlichen Bedenken bestehen, weil der Angeklagte die Belastungszeugen zwar vielleicht weniger wirksam als in der Hauptverhandlung[89], aber doch immerhin befragen konnte[90]. Die Verlesung früherer – etwa polizeilicher – Aussage-

---

85 ÖJZ-MRK 1995/4, 1994/12, 1993/41, 1992/39, 41, 1991/2, 8, 12, 98, 1990/13, 1988/1, EuGRZ 1987, 147. Der OGH reduziert das zu Unrecht auf das Recht des Angeklagten, als Ersatz für die unmöglich gewordene Ausübung des Fragerechtes alle sinnvollen Ermittlungen zu beantragen, die die Überzeugungskraft des indirekten Beweises abschwächen könnten; vgl RZ 1995/16, EvBl 1993/30, JBl 1988, 596, EvBl 1988/15. In diesem Sinn auch Kodek (FN 4) 138; dagegen aber Fuchs (FN 4) 82, 88.

86 Darauf hat Schwaighofer, Der Unmittelbarkeitsgrundsatz (FN 4) 126 f, 128 mit Nachdruck hingewiesen.

87 Hock (FN 4) 369. Der Nichtigkeitsgrund des § 281 Abs 1 Z 4 ist nun seit dem StPÄG 1993 auch ganz ausdrücklich anwendbar, wenn die Entscheidung des Gerichts über einen Parteienantrag gegen Grundrechtsvorschriften der MRK verstößt. Das trifft zwar noch nicht auf die Verlesung der Aussage zu, uU aber auf ihre Verwertung. Ist das absehbar, kann man daraus im Sinne von Schmoller, Beweismaterial (FN 4) 136, wohl schon ein Verlesungsverbot ableiten.

88 Vorausgesetzt ist natürlich, daß der Zeuge bei der früheren gerichtlichen Vernehmung ausdrücklich auf sein Entschlagungsrecht verzichtet hat; sonst scheitert die Verlesung wieder an § 281 Abs 1 Z 2.

89 Vgl Schmoller, Neu geregelte Beweisverwertungsverbote (FN 4) 291 ff; Schwaighofer, Der Unmittelbarkeitsgrundsatz (FN 4) 130.

90 Die Bestimmung entspricht insoferne dem neuen Entschlagungsgrund zugunsten der unmündigen Tatopfer, der durch dieselbe Novelle eingeführt wurde.

protokolle kommt hier jedenfalls nur in Frage, wenn die Parteien bei der kontradiktorischen Einvernahme darum wußten[91].

Die Ausdehnung der Verlesungsmöglichkeit auf jene Fälle, in denen der Zeuge erst in der Hauptverhandlung von einem Entschlagungsrecht Gebrauch macht, entspricht sicherlich einem praktischen Bedürfnis[92]. Die besondere Art der Regelung hängt aber wohl mit dem Bestreben des Gesetzgebers zusammen, einen neuerlichen Konflikt mit den Straßburger Instanzen zu vermeiden, denn in den meisten Verfahren, in denen Österreich wegen Verletzung des Art 6 Abs 3 lit d MRK verurteilt wurde, ist es gerade um entschlagungsberechtigte Zeugen gegangen. Die Berücksichtigung der Verteidigungsrechte des Angeklagten liegt in solchen Fällen freilich auch besonders nahe: Die Einvernahme des Zeugen scheitert ja nur daran, daß das Gesetz zugunsten von Interessen, die es höher einschätzt als die Wahrheitsfindung, herwärts auf sie verzichtet. Es wäre daher ein krasser Verstoß gegen das Fairnessgebot, wollte es die Kosten dieser Großzügigkeit auf den Angeklagten abwälzen. Immerhin kann man sich aber wohl fragen, warum das StPÄG 1993 in den anderen Verlesungsfällen, bei denen die menschenrechtliche Problematik vergleichbar ist[93], weil der Angeklagten den Belastungszeugen nicht befragen konnte, nicht eine ähnliche Lösung vorgesehen hat.

Nach § 252 Abs 1 Z 4 ist die Verlesung schließlich auch erlaubt, wenn die Parteien darüber einverstanden sind. Das begünstigt ein zügiges Verhandeln, aber wohl auch die Bequemlichkeit. Die Zustimmung kann nach der Rechtsprechung[94] auch stillschweigend erteilt werden, doch spricht dafür jedenfalls keinerlei Vermutung.

Daß es der Angeklagte unterlassen hat, die Anklage, in der die Verlesung beantragt wurde, zu beeinspruchen oder einen Antrag auf Vorladung des Zeugen zu stellen, ist schon deshalb nicht als Zustimmung zu werten, weil er in der Hauptverhandlung jederzeit berechtigt ist, neue Beweisanträge einzubringen[95].

---

91 Schwaighofer, Der Unmittelbarkeitsgrundsatz (FN 4) 130; für Beschränkung auf gerichtliche Protokolle Schmoller, Neu geregelte Beweisverwertungsverbote (FN 4) 290 f.

92 Vgl Roeder (FN 4) 347 ff; H. Bröll, Grundsätze und Einzelfragen der Strafprozeßreform, RZ 1967, 135, 137 f; Kodek (FN 4) 188. – Fuchs (FN 4) 85, hat freilich gezeigt, daß dieses kriminal-politische Bedürfnis keineswegs in allen Fällen schon gleiche Berücksichtigung verdient.

93 Das trifft auf die Ziffern 1 und 3 des § 252 Abs 1 zu. Weicht ein Zeuge von seinen früheren Aussagen ab (Z 2), so kann ihn der Angeklagte in der Hauptverhandlung dazu befragen, hat sich der Angeklagte mit der Verlesung einverstanden erklärt (Z 4), so hat er sich selbst der Möglichkeit begeben, sein Fragerecht auszuüben.

94 Zuletzt RZ 1995/33.

95 EvBl 1956/360.

Auch die Unterlassung des Widerspruchs gegen eine vom Richter angeordnete Verlesung darf nicht als Zustimmung ausgelegt werden[96]. Die Parteien haben das Recht, der Verlesung zuzustimmen und so das Verfahren zu vereinfachen, aber sie sind nicht verpflichtet, ihr ausdrücklich zu widersprechen. Die gegenteilige Auffassung würde § 281 Abs 1 Z 3 in einen rügepflichtigen Nichtigkeitsgrund ummünzen, was eindeutig dem Gesetz widerspräche[97]. Insoferne hat die neue Nichtigkeitsdrohung eine neue Lage geschaffen[98].

Seit dem StPÄG 1993 sind alle Bestimmungen des § 252 Abs 1 durch eine ausdrückliche Nichtigkeitsdrohung gegen jede Umgehung abgesichert (§ 252 Abs 4). Die Einvernahme der „Verhörspersonen" über den Inhalt der unverwertbaren Niederschrift oder Aufzeichnung wäre nun also aus § 281 Abs 1 Z 3 anfechtbar. Sie dürfen aber über das Aussehen, die Verletzungen oder die Kleidung des Zeugen vernommen werden, weil es hier nicht um den Inhalt der Aussage geht, sondern um ihre eigenen, vom Aussageinhalt losgelösten Wahrnehmungen[99]. Die Vernehmung anderer Personen über Mitteilungen, die ihnen der Zeuge außerhalb des Strafverfahrens gemacht hat, ist von vornherein keine Umgehung des § 252 Abs 1 und sie ist auch unter dem Gesichtspunkt der Umgehung von Entschlagungsrechten nach § 152 Z 1 und 2 unbedenklich[100].

Die Zulässigkeit der Vernehmung solcher „Zeugen vom Hörensagen" ist in der StPO freilich nicht ausdrücklich geregelt, es gibt allerdings auch keine „hearsay-rule" im Sinn des amerikanischen Rechts, die sie ein für allemal verbieten würde – wobei auch in Amerika eine Reihe von Ausnahmen anerkannt sind. Die Frage wird heute vor allem im Bereich der „verdeckten Fahndung" bedeutsam, bei der die Polizei daran interessiert ist, ihre Mitarbeiter auch künftig noch einsetzen zu können[101], aber auch in

---

96 So aber wieder 15 Os 89/94-12.

97 Vgl R. Schlothauer, Entscheidungsanmerkung, StV 1983, 320 f. In 15 Os 89/94-12 merkt der OGH an, er wolle damit keine Widerspruchspflicht im Sinne des § 281 Abs 1 Z 4 statuieren, erforderlich sei aber eine „eindeutige, die Annahme stillschweigender Zustimmung hindernde Prozeßerklärung". Doch worauf sollte diese hinauslaufen, wenn nicht auf den Widerspruch zur angeordneten Verlesung?

98 Das übersieht der OGH in RZ 1995/33 und 15 Os 89/94-12.

99 Brandstetter (FN 4) 586. Die in RZ 1995/13 für zulässig erachtete Einvernahme der Verhörspersonen „über spontane Äußerungen und Mitteilungen, die nicht als Aussage zu werten sind", ist aber eine Umgehung des Entschlagungsrechts, wenn auch nicht des Verlesungsverbots.

100 Zum Umgehungsverbot nach § 252 Abs 4 im besonderen Brandstetter (FN 4) 586.

101 Vgl EvBl 1988/139. Die verdeckte Fahndung verstößt zwar gegen § 25, sie ist im Bereich der Suchtgiftkriminalität und überhaupt des organisierten Verbrechens aber offenbar nicht zu entbehren. Ist das so, so wäre es wohl an der Zeit, sie insoweit aus der derzeitigen Illegalität herauszulösen.

den nicht seltenen Fällen, in denen den originalen Zeugen die Wahrung ihrer Anonymität zugesichert wird, um sie überhaupt zum Reden zu bringen[102].

Richtigerweise ist in solchen Fällen § 252 Abs 1 analog anzuwenden. Die Vernehmung des Zeugen vom Hörensagen ist also nur bei sonstigem Beweisverlust oder mit Einverständnis beider Parteien zulässig (SSt 41/7; bedenklich 12 Os 95/90-5). Dabei ist allerdings wieder zu bedenken. daß der Angeklagte keine Gelegenheit hat, die Glaubwürdigkeit des Originalzeugen, auf den sich das Zeugnis letztlich stützt, und die Beweiskraft seiner Angaben zu überprüfen und in Zweifel zu ziehen. Daher sind der Verwertung des Zeugnisses dieselben Grenzen gesetzt wie der belastenden Aussage eines Zeugen, den der Angeklagte nicht befragen kann. Auch nach der Rechtsprechung der Straßburger Instanzen kann die Aussage des Zeugen vom Hörensagen für sich allein noch keinen Schuldspruch tragen[103].

102 Ein solcher Fall liegt dem Erkenntnis ÖJZ-MRK 1991/2 zugrunde. Ob es den durch das StPÄG 1993 eingeführten Vorschriften zum Schutz gefährdeter Zeugen (§§ 166a und 250/3) gelingt, den Zeugen die Angst vor einer gerichtlichen Aussage zu nehmen, bleibt abzuwarten.

103 ÖJZ-MRK 1991/2. Vgl Schwaighofer, Der Unmittelbarkeitsgrundsatz (FN 4) 127.

Helmut Quaritsch

Otto Brunner – Werk und Wirkungen

I.

Mit dem Namen „Otto Brunner“ ist eine „Wende“ verbunden. Es war eine Wende in der Sprache, genauer: der Begriffe, mit denen die Historiker die Vergangenheit beschreiben, besonders ihre rechtliche Verfassung. Den Anstoß gab sein Buch „Land und Herrschaft“. Es erschien im Herbst 1939, bei Ausbruch des Zweiten Weltkrieges, ein Zeitpunkt, denkbar ungünstig für eine wissenschaftliche Diskussion. Gleichwohl erregte das Werk im deutschsprachigen Raum ungewöhnliches Aufsehen: 1942 erschien eine zweite, erweiterte Auflage, 1943 eine dritte. In jeder Auflage setzte sich Brunner, seit April 1942 zum zweiten Mal in seinem Leben Soldat, mit seinen Kritikern auseinander. Der literarische Erfolg war erstaunlich, denn „Land und Herrschaft“ war kein brillanter Essay, den man am Wochenende liest, sondern ein Wälzer von über 500 Druckseiten, dazu „nicht leicht zu lesen“, wie ein bedeutender Kritiker in jenen Tagen monierte. Nach dem Kriege, vor allem in den fünfziger und sechziger Jahren, las das Buch jeder anspruchsvolle Student der Geschichtswissenschaft. Die vierte Auflage, gründlich neu bearbeitet, erschien 1959, die unveränderte fünfte Auflage von 1965 wurde bis 1990 fünfmal nachgedruckt[1]. „Land und Herrschaft“ war ein Klassiker geworden.

Der literarische Erfolg von „Land und Herrschaft“ war auch deshalb ungewöhnlich, weil Gegenstand des Buches nicht die große Geschichte war, die nationale deutsche Geschichte oder die Verfassungsgeschichte des Alten Reiches. Das Buch präsentierte „Landesgeschichte“ (Regionalgeschichte). Otto Brunner untersuchte und schilderte einige Institutionen aus der Zeit des 13.-16. Jh in Niederösterreich, mit einigen Streifzügen nach Bayern, Salzburg und Osttirol. Aber diese vergleichende Regionalgeschichte hatte den Vorzug, stets von zeitgenössischen Urkunden und anderen Primärquellen auszugehen, also die Vergangenheit mit ihren Texten und ihren individuellen Handlungen unmittelbar zu uns sprechen

1 Die ersten fünf Auflagen bei Rohrer, Wien, die Nachdrucke in der Wissenschaftlichen Buchgesellschaft Darmstadt. Seit der 4. Aufl 1959 ist dem Buch ein höchst informativer „Anhang“ über „Die Länder in der Österreichischen Monarchie“ beigefügt (441-463), der ua den Vergleich zum bundesstaatlichen Gefüge des Deutschen Reiches von 1871 bis zur Gegenwart durchzieht.

zu lassen. Der Österreicher OTTO BRUNNER, geboren 1898, kannte sich hier aus[2]. Er war am Österreichischen Institut für Geschichtsforschung ausgebildet worden, das für seine Urkundeneditionen berühmt ist. Dann arbeitete er als Volontär und Archivar („Unterstaatsarchivrat") am Wiener Haus-, Hof- und Staatsarchiv, in Europa eine erste Adresse. 1929 hatte er sich habilitiert mit einer Arbeit über „Die Finanzen der Stadt Wien von den Anfängen bis ins 16. Jahrhundert"[3]. In dieses Thema konnte er frühe Interessen einbringen. Bereits als Student hatte er auch Volkswirtschaft und Rechtsgeschichte studiert, sich also mit den Sichtweisen der benachbarten Fakultäten vertraut gemacht. Diese „Multidisziplinarität" ist sowohl in „Land und Herrschaft" wie in seinen späteren Schriften zur europäischen Sozialgeschichte wirksam geworden. BRUNNER hatte auch nach seiner Ernennung zum außerordentlichen Professor der Universität Wien 1931 in der Regionalgeschichte weitergearbeitet; an dem von seinem Lehrer HANS HIRSCH geleiteten österreichischen Institut für Geschichtsforschung oblagen ihm die Vorlesungen und Übungen zur österreichischen Verfassungs- und Verwaltungsgeschichte, Quellenkunde, Chronologie, Genealogie, Heraldik und Sphragistik[4]. Auch seine Publikationen blieben regelmäßig im regionalen Rahmen, etwa über die mittelalterliche Goldgewinnung und Goldschmelze in Osttirol[5]. Um so überraschender dann sein plötzlicher Aufstieg in die erste Reihe der deutschen Historiker seit 1939.

„Land und Herrschaft" erörterte zwar regionales Geschehen und regionale Einrichtungen, aber nicht um ihrer selbst willen, sondern als Mittel zum Zweck eines neuen, besseren Verständnisses der Vergangenheit überhaupt. Er wollte also nicht Politik im Mittelalter darstellen, sondern „nach den konkreten Voraussetzungen mittelalterlicher Politik

---

2 Einzelheiten über die Anfänge OTTO BRUNNERS im Nachruf von ADAM WANDRUSZKA, Almanach für das Jahr 1982 der österreichischen Akademie der Wissenschaften (Wien 1983) 387 ff, sowie bei ROBERT JÜTTE, Zwischen Ständestaat und Austrofaschismus, in: Jahrbuch des Instituts für deutsche Geschichte, Bd XIII (Tel Aviv 1984) 237-262.

3 Die Finanzen der Stadt Wien von den Anfängen bis ins 16. Jahrhundert. Studien aus dem Archiv der Stadt Wien, Bd 1/2 (Wien 1929) XX, 463 Seiten.

4 Das wechselvolle Schicksal dieses 1854 gegründeten Instituts ist mehrfach beschrieben worden, s den neueren Bericht von THEODOR MAYER, Probleme der österreichischen Geschichtswissenschaft, in: Alteuropa und die moderne Gesellschaft. FS Otto Brunner (Göttingen 1963) 346-363 m Nachw.

5 Vgl das „Verzeichnis der Schriften Professor Otto Brunner 1923-1966" von GÜNTHER WOLGAST (Hamburg 1966) 4-8 eine Ausnahme bildete nicht einmal sein Vortrag auf dem Erfurter Historikertag über „Politik und Wirtschaft in den deutschen Territorien des Mittelalters", in: Vergangenheit und Gegenwart 27 (1937) 404-422. In jener Zeit erörterte BRUNNER nur einmal die „große" Politik: „Österreich, das Reich und der Osten im späten Mittelalter", in: Nadler/Srbik (Hrsg), Österreich. Erbe und Sendung im deutschen Raum (Salzburg 1936) 61-86, mit bereits charakteristischen „begrifflichen" Fragestellungen.

fragen"[6]. Der Untertitel seines Buches lautete deshalb auch: „Grundfragen der territorialen Verfassungsgeschichte Südostdeutschlands im Mittelalter"; die zunächst pauschal vermutete Gültigkeit vieler seiner Ergebnisse modifizierte er 1959[7].

Worum ging es ihm? „Land und Herrschaft" richtete sich gegen das juristische Vokabular der Rechtshistoriker, übernommen von den Historikern für die Beschreibung des Mittelalters. Denn diese Begriffe waren solche des Verfassungsrechts und der Staatslehre des 19. und 20. Jh. Die juristischen und staatstheoretischen Begriffe reflektierten zugleich die Anschauungen, Werte und Ideale des liberalen Konstitutionalismus und des modernen Denkens über Staat und Gesellschaft im 19. Jh[8]. Die deutsche Staatsrechtswissenschaft hatte seit der Mitte des 19. Jh den konstitutionellen Staat gedeutet und erklärt mit HEGELS Begriffspaar „Staat und Gesellschaft", mit dem Staat als juristische Person und Anstalt, in der Fürst und Parlament als Staatsorgane mit verfassungsmäßig umschriebenen Kompetenzen ihres Amtes walteten. Sauber trennte der juristische Positivismus das Recht von Moral, Sitte und Religion. Das alles entsprach dem vorherrschenden Geist des Konstitutionalismus und Liberalismus. Rechtshistoriker und Historiker verkannten die verfassungsrechtlichen und politischen Denkgrundlagen, aus denen diese Begriffe gewachsen waren, sie hielten sie vielmehr für „allgemeingültig", für zeitlose Wahrheit und Theorie. Um die Vergangenheit begreifbar zu machen und ihre Verworrenheit rechtlich zu ordnen, subsumierten sie auch die Vergangenheit diesen Begriffen. Da sich die Realitäten besonders des Mittelalters dieser modernen Begrifflichkeit nicht ohne weiteres fügten, entstand der große „Streit um den deutschen Staat des Mittelalters", an dem sich bedeutende Wissenschaftler eifrig und leidenschaftlich beteiligten[9]. Es ging den Beteiligten nicht darum, ob es im Mittelalter überhaupt eine Verbandsverfassung gab, die mit dem modernen Wort „Staat" angemessen beschrieben werden konnte; das erschien ihnen selbstverständlich. Der Streit entzündete sich vielmehr darum, ob der mittelalterliche Staat bereits „souverän" gewesen sei, was zB GEORG JELLINEK verneinte, ob der Staat erst in den Städten aus genossenschaftlicher Einung hervorgegangen sei, wie OTTO VON GIERKE behauptete, oder ob alle Staatsgewalt vom fränkischen und deutschen König des Mittelalters herzuleiten sei, wie GEORG VON

6 OTTO BRUNNER, Vorwort zur 2. Aufl (1942) XI.

7 Vgl das Vorwort, VII f der Auflagen seit 1959, die auch den Untertitel änderten: „Grundfragen der territorialen Verfassungsgeschichte Österreichs im Mittelalter".

8 Später gründlich herausgearbeitet von ERNST-WOLFGANG BÖCKENFÖRDE, Die deutsche verfassungsgeschichtliche Forschung im 19. Jahrhundert. Fragestellungen und Leitbilder (1961) 2. Aufl (Berlin 1995).

9 Nachweise H. QUARITSCH, Staat und Souveränität, Bd 1 (Frankfurt 1970) 26 ff.

Below mit großem Aufwand glaubte nachweisen zu können. Welcher Auffassung sich die Juristen und Historiker auch anschlossen: Auf jeden Fall beschrieben sie die mittelalterliche Herrschaft mit Begriffen wie Staatsgebiet, Staatsvolk und Staatsgewalt, die doch ihrerseits Bestandteile des modernen Staatsbegriffs sind. Sie schilderten die Herrschaftsbeteiligten des späten Mittelalters, nämlich Landesherr und Stände, so, wie sich im deutschen Konstitutionalismus des 19. Jh Fürst und Ständeversammlungen gegenüberstanden und um Kompetenzen rangen. Das mittelalterliche Lehnrecht wurde staatsrechtlich und verwaltungsrechtlich gedeutet als ein System der Delegation von Hoheitsgewalt: Der König besaß die Fülle einer als unbegrenzt gedachten öffentlichen Gewalt, „Hoheitsgewalt", die er an Vasallen delegiert, die ihre so gewonnenen, also im Wege der Delegation erhaltenen Kompetenzen als hoheitliche Befugnisse für ihn und den Staat ausübten – das Benefizium war in diesem Verständnis ein Amtsgehalt in Naturalien. Mit diesem Vorverständnis schrieb Heinrich Mitteis das gelehrte Werk „Lehnrecht und Staatsgewalt" (1933), das schon in seinem Titel Arbeitshypothese und Ergebnis formulierte. Deshalb erschien es logisch, bereits den fränkischen Vasallen ein „Staatsorgan" zu nennen[10]. Freilich gab es mächtige Stammesherzöge, meliores et maiores terrae. Sehr oft war die „Verleihung" ihres Herrschaftsrechts, also die Delegation, nicht nachzuweisen (sog autochthone Herrschaft). Auch die Herrschaft über Land und Leute wurde vererbt, die königliche Bestätigung war oft genug ein Formalakt oder ohnehin nur zum Beweise und zur Anerkennung der eigenen Herrschaft begehrt und vorgenommen, also deklaratorisch, nicht konstitutiv. Die ausgebreiteten und häufigen Immunitäten wurden als Dismembration bedauert, die vielen Fälle autochthoner Herrschaft als „Usurpation" und „Privatisierung von Hoheitsgewalt" beklagt.

Besonderes Mißfallen erregte die Fehde. Das Monopol physischer Gewaltsamkeit zur Wahrung des inneren Friedens gehört zu den wichtigsten Merkmalen und Errungenschaften des modernen Staates, Selbsthilfe ist auf die seltenen Fälle der Notwehr und ähnliche Ausnahmen beschränkt. Seit dem 13. Jh vereinbarten die deutschen Könige mit den Großen des Reiches die „Reichslandfrieden". Auch regional hatten Städte und Ritterschaften „Landfrieden" beschworen, und 1495 schließlich wur-

10 H. Krawinkel, Untersuchungen zum fränkischen Beneficialrecht (Weimar 1937). Krawinkel nutzte in seiner Habilschrift allerdings nur den herkömmlichen Begriffsrahmen: Gegenstand seiner brillanten Quellenstudien waren die Überprüfung und Widerlegung der Theorien über die Ursachen des Benefizialwesens bei Merowingern und Karolingern. Seine grundsätzliche Kritik an der „ganzen modernen Terminologie", nämlich an der von H. Mitteis in das Frühmittelalter projizierten Unterscheidung von Völkerrecht und Staatsrecht, brachte er vorsichtshalber nur in einer Anmerkung unter (62 FN 1).

de für das ganze Reich ein absolutes Fehdeverbot verkündet. In moderner Sicht war die sog Landfriedensbewegung der „Fortschritt", an dessen Ende der innerstaatliche Frieden des modernen Staates stand. Die Fehde wurde daher als „rohes Faustrecht" verstanden, in der die „Willkür des Stärkeren" herrschte, die Ritter als Raubritter, die mit Brand und Mord das Land terrorisierten.

Näher betrachtet gingen die Landfrieden aber von der Zulässigkeit des Fehderechts aus, sie suchten seine Anwendung lediglich einzugrenzen, räumlich und zeitlich. In der Sicht des modernen Rechtshistorikers war diese Zurückhaltung nur das betrübliche Zeichen staatlicher Schwäche allgemein und des Landesherrn insbesondere.

An der Bewertung der Fehde setzte BRUNNER den methodischen Hebel an, an einer Erscheinung also, die dem Betrachter des 20. Jh fremd, wenn nicht verabscheuungswürdig erscheinen muß. Anhand einiger typischer Fehden des 15. und 16. Jh auch gegen den Landesherrn, selbst wenn dieser zugleich König und Kaiser war, erläuterte BRUNNER, wie die Fehde „im Bewußtsein der Zeit" bewertet wurde. „Bewußtsein der Zeit" ist sein Schlüsselbegriff. Dieses zeitgenössische Bewußtsein manifestiert sich in der Sprache, weshalb er die schriftlichen Zeugnisse des von ihm untersuchten Zeitraums auf die verwendeten Wörter analysierte, um zu einer „quellenverbundenen Begriffssprache" zu gelangen. Nach diesen Texten greifen adelige Herren wider ihren Landesfürsten und Lehnsherrn zu den Waffen, verbinden sich mit auswärtigen Mächten, schließen Frieden in den strengen Formen des Rechtes, Tatbestände, die heute als Hochverrat oder unbefugte Einmischung in die Angelegenheiten eines fremden Staates bezeichnet werden müßten. Herrscher und Untertanen verhandeln miteinander, als seien sie im modernen Sinne „Völkerrechtssubjekte", aber eben nicht, weil sie viel Macht haben und der Herrscher zu wenig Macht, sondern stets im Bewußtsein ihres guten Rechts.

Die Fehde war noch um die Mitte des 15. Jh ein anerkanntes Rechtsinstitut, ein legitimes Mittel, das verletzte Recht wiederherzustellen und der Zwangsvollstreckung. Die Verteidigung der eigenen Rechte war zugleich das Mittel, sie vor dem Untergang zu bewahren, vor dem Übergang auf andere. Fehde war auch notwendig, um sich vor den eigenen Gläubigern zu rechtfertigen: Man hat nichts unversucht gelassen, die eigenen Forderungen gegen andere Schuldner einzutreiben.

Die Ausübung des Fehderechts war an strenge Formen gebunden. Auch sind der Fehdeführung Grenzen gezogen, die nicht überschritten werden dürfen: die Sonderfriedensbezirke Stadt, Dorf, Burg, das Haus, ebenso auch des Gegners Erbe und Eigen, sein liegendes Gut, dessen anerkannter Besitzer er ist („rechte gewere"). Dem Fehdegegner darf man schaden an Land und Leuten, Untertanen und Dienern und ihrem Gut. Der Fehdegegner darf aber nicht vernichtet werden, er ist kein „absoluter Feind". Die Verletzung der Formen und der Schranken der Schadenszufügung hätte die Fehde zur „unrechten Fehde" werden lassen, zu Raub und Tyrannis, sie wird dann – aber nur dann – zum Landfriedensbruch, auf dem schwere Strafen liegen. Selbst wenn, so sei hinzugefügt, der historische MICHAEL KOHLHAAS (HANS KOHLHASE, der Fall ereignete sich 1532-1540) fehdeberechtigt gewesen wäre – er war es als Lebensmittelkrämer nicht –, hätte seine landesweite Mordbrennerei auch vor Verkündung des Ewigen Landfriedens 1495 so gesühnt werden müssen wie in Realität und Dichtung[10a].

Aus dem Studium der Sprache seiner Quellen zog BRUNNER eine weitere Folgerung: Zwischen Fehde und Krieg gab es rechtlich keinen Unterschied. Krieg war die große Fehde, die größere militärische Aktion auch innerhalb des Reiches oder Landes. Suchte der deutsche König mit dem französischen König die bewaffnete Auseinandersetzung, dann begann er sie durch „Absage" wie eine Fehde zwischen zwei kleinen Adeligen. Der Unterschied zwischen innerer und äußerer Fehde lag in der Pflicht zur Heeresfolge für die Vasallen und der Kostenpflicht der Stände, weshalb sie auch Mitsprache bei dem Entschluß zur großen Fehde, zur „Heerfahrt" oder zum „Heereszug" gegen einen Feind jenseits der Grenzen des Landes oder Reiches beanspruchten[11]. Wir wissen, in wie hohem Maße diese Pflichten und Rechte der Vasallen und Stände die Verfassung Frankreichs, Englands und Deutschlands veränderten. Heerfolge und Kostenpflicht aber waren verfassungsrechtliche Interna von Land und Reich. „Krieg" war kein Begriff des Völkerrechts, sondern allenfalls ein militärisches Wort, das über die Größe des Heereszuges Auskunft gab. Die Fehde konnte auch „der tägliche Krieg" genannt werden. Ist aber die bewaffnete Auseinandersetzung im Innern zulässig, dürfen die Fehdeführenden außerhalb der Landes- und Reichsgrenzen Verbündete suchen, dann kann zwischen Völkerrecht und Staatsrecht noch nicht unterschieden werden, und der Begriff der „Grenze" hatte einen anderen Sinn.

Die Fehde ist für BRUNNER der Schlüssel, um die Eigenart dessen aufzuschließen, was wir „Verfassung" nennen. Es war üblich gewesen, die spätmittelalterliche Verfassung aus der Perspektive der Entwicklung zum modernen Staat zu betrachten, also Staat und Territorium, Landesfürst und Landstände als Meßlatte zu benutzen. Das war die Sichtweise des

10a Den historischen Hintergrund der Novelle KLEISTS analysieren H. BOOCKMANN, Kleist-Jahrbuch 1985, hrsg v H. Kreutzer (Berlin 1985) 84-108; M. DIESSELHORST, ebd, Jg 1988/89 (Berlin 1988) 334-356.

11 BRUNNER, 1. Aufl, 53; 4. Aufl, 40.

19. Jh, speziell der Verfassungssituation in den deutschen Einzelstaaten, in denen sich Fürst und Landstände als Gegenüber sahen. Der Fürst leitete sein Herrschaftsrecht aus der Dynastie ab, die Landstände aus der Repräsentation der Bevölkerung. BRUNNER vermeidet dieses moderne Verständnis, er fragt, wer rechte Fehde führen darf, und gewinnt so ein Bild der sozialen Gliederung und zugleich der politischen Verfassung: Fehdeberechtigt sind der Fürst als der größte Herr im Lande, die Reichsstände und der landständische Adel, Bürgergemeinden und geistliche Grundherren – die Geistlichkeit ist passiv fehdeberechtigt, für sie soll ihr Schutzherr Fehde führen –, der einzelne Bürger, wenn er auf dem Land „Grundholden" hat, also landgebundene Untertanen. Landbesitz und Grundholden vermitteln das Fehderecht, wodurch „Land" und „Herrschaft" über Grundholden zu einem zentralen Verfassungskriterium werden. Bürger und Bauern sind – „Totschlagsfehde" ausgenommen – nicht fehdeberechtigt; wer dennoch „absagt", wird „friedlos" erklärt und gehängt[12]. Ein Fehdeberechtigter, der ohne Fehdegrund Fehde führt, endet bei Mißerfolg auf dem Hochgericht. Bei Erfolg werden Streit und Kampf mit feierlichen Verträgen beendet. „Verfassungsgeschichte" geht also hervor aus Institutionen-Geschichte.

In der zweiten Hälfte des 16. Jh, über 50 Jahre nach Verkündung des absoluten Fehdeverbots durch den Wormser Landfrieden von 1495, verliert die Fehde, auch die Totschlagsfehde, ihren Charakter als anerkanntes Rechtsinstitut. Erst jetzt wird die formgerechte Selbsthilfe zu Unrecht. Dieser Wandel beruhte gewiß nicht auf Pazifismus. Die hohe Gewaltbereitschaft der Menschen dieser Zeit zeigte sich in den religiösen Bürgerkriegen des 16. und 17. Jh überall in Europa. Formen wurden dabei ebensowenig beachtet, wie Sonderfriedensbezirke respektiert. Das Ende der Fehde als Rechtsinstitut bewirkten in Deutschland das Funktionieren des Reichskammergerichts und der neuen Kreisordnungen, das heißt der Ausbau der öffentlichen Gerichtsbarkeit, die Verstärkung des Strafrechts und die Ausweitung der Blutgerichtsbarkeit. Die Verwirklichung des Rechts durch Selbsthilfe wurde überflüssig, nachdem Rechtsfeststellung, Streitentscheidung und Exekution des Richterspruchs auf öffentliche Einrichtungen wirksam übergegangen waren. Ursachen dieser Neuverfassung durch Aufbau der Gerichtsbarkeiten waren die steigende Bevölkerungszahl und die dichtere Besiedlung des Landes im 16. Jh sowie die Notwendigkeit sicherer Verkehrswege. Die Schäden durch Fehden waren auch zu groß geworden, weil nicht mehr der Grundherr mit ein paar Knechten ins Gefecht zog. Wer Geld hatte, warb jetzt stellungslose Landsknechte an, auch hatte sich eine breite Schicht „schädlicher

12 1. Aufl, 80 ff; 4. Aufl, 64 ff.

Leute" gebildet, Landfremde und Deklassierte, aus denen mit der Aussicht auf Beute jederzeit ein kleines Heer angeworben werden konnte. Die Verdrängung des ritterlichen Aufgebots durch bezahlte Berufskrieger, die bei Bedarf eingestellt und wieder entlassen werden konnten – eine Folge der Erfindung und Anwendung der Feuerwaffen –, veränderte auch die faktischen Bedingungen der Fehde. Die Intensivierung ihrer Ausübung und die größeren Zerstörungen vertrug die Situation des 15. und 16. Jh nicht mehr; die Fehde wurde sozial dysfunktional. BRUNNER hat, das sei zur Vermeidung von Mißverständnissen hervorgehoben, die Fehde nicht idealisiert. Ausführlich zitiert er die Quellen, in denen über die Folgen einzelner Fehden geklagt wird, wie über Pest und Feuersbrunst[13]. – In Frankreich hatte LUDWIG XI. (1461-1483) das absolute Fehdeverbot durchsetzen können, also 100 Jahre vorher. Die zahlreichen Fehdeverbote, von den französischen Königen seit der Mitte des 13. Jh erlassen, waren vorher niemals befolgt worden, es mangelte ihnen also die tatsächliche Geltung[14].

Den Begriff „Land" analysiert BRUNNER unter den zwei Gesichtspunkten „Grundherrschaft" und „Landesherrschaft". Der rechtmäßige Besitz von „Land und Leuten" mit dem Zentrum des „Hauses" (Herrenhauses, oikos) hat „Grundherrschaft" zur Folge: Der Grundherr darf Dienste verlangen, Abgaben erheben, übt die niedere Gerichtsbarkeit aus. Gegen „Rat und Hilfe" ist er seinen Grundholden zu „Schutz und Schirm" verpflichtet. Grundherren, die ihre Grundholden vor Gericht oder bei Fehden schutzlos ließen, durften von ihren Grundholden verlassen werden und einen anderen Herrn um Schutz bitten. Das Verhältnis von Herr und Untertan war von Gegenseitigkeit geprägt, wir könnten auch mit THOMAS HOBBES sagen: *protection and obedience.* Gehorsam kann nur verlangen, wer auch Schutz gewährt – so jedenfalls das idealtypische Muster.

Die Grundherrschaft kann nicht nach öffentlichen und privaten Rechtsbeziehungen getrennt und aufgeteilt werden. Die in den Lehrbüchern des 19. und 20. Jh anzutreffende Unterscheidung zwischen privatem Grundeigentum und öffentlich-rechtlichen Kompetenzen läßt sich nicht durchhalten, sie war vor allem dem zeitgenössischen Bewußtsein völlig fremd. Das eine bedingt das andere, Land und Leute gibt es nicht ohne niedere Gerichtsbarkeit, gegenseitige Rechte und Pflichten von Grundherren und Grundholden.

---

13 1. Aufl, 122 ff, 128 ff; 4. Aufl, 80 ff, 106 f.

14 Die Verhältnisse in Frankreich werden informativ dargestellt durch das insofern von BRUNNER beeinflußte Buch von PETER HAGGENMACHER, Grotius et la doctrine de la guerre juste (Paris 1983) 139 ff.

Die „Landesherrschaft" hatten Historiker und Rechtshistoriker aus der Perspektive der modernen „Gebietshoheit" beschrieben: Der Landesfürst herrscht über ein Territorium. Dahinter stand unausgesprochen das Bild eines von Grenzpfählen markierten Staatsgebiets. Aber die „superioritas territorialis" der Landesfürsten führte erst der Westfälische Frieden in das deutsche Verfassungsrecht ein (Art VIII § 1 IPO, Art V § 30 IPO, Art V 43 IPO). Übersetzt als „Landeshoheit" bedeutete „superioritas territorialis" bis zum Ende des Reiches 1806 nicht mehr als ein Bündel der dem größten Herren im Lande tatsächlich zustehenden Einzelrechte. Erst im 18. Jh, besonders in der zweiten Hälfte, versuchten die größeren deutschen Landesherren ihre „Landeshoheit" in „Souveränität" zu verwandeln. Das gelang aber nur in Brandenburg-Preußen. Überall sonst in Deutschland gibt es rechtlich die umfassende öffentliche Gewalt, die moderne Staatsgewalt, erst seit den Verträgen, die NAPOLEON den deutschen Landesherren 1805 und 1806 aufdrängte, indem er darauf bestand, daß die Fürsten Württembergs, Bayerns etc. *exerceront tous les droits de souveraineté*[15]. Das sollte natürlich vor allem die Unabhängigkeit gegenüber dem deutschen Kaiser bewirken, also das alte Reich sprengen. Die meisten Fürsten haben aber die ihnen erstmals zugebilligte *plenitude de la souveraineté et de tous les droits qui en dérivent* sofort nach innen, besonders gegen die Landstände gerichtet und ein spätabsolutistisches Regime errichtet, mit dem auch außerhalb Preußens Staatsgewalt im modernen Sinne des Wortes begründet und ausgeübt wurde. Erst jetzt entstand in diesen Gebieten das „geschlossene Territorium", unterworfen einer einheitlichen und für alle geltenden Staatsgewalt.

Das hohe und späte Mittelalter, so zeigte BRUNNER, verstand unter „Land" *(terra, provincia)* nicht das umgrenzte Territorium allein. „Land" wurde nicht durch Boden und Grenzen allein konstituiert, sondern vor allem durch das Recht, nach dem die Menschen leben und das sie verbindet: Die Sachsen, die Schwaben, Franken und Bayern verbindet ihr besonderes Recht („Stammesrecht"), eine Rechts- und Friedensgemeinschaft, begründet durch besonderes Recht von Grundherren und Landherren. „Das Wesensmerkmal des Landes ist nicht das Vorhandensein eines Landesherrn *(princeps terrae)* ... dessen der modernen Souveränität analog gedachte Staatsgewalt ein Staatsvolk schafft und ein Staatsgebiet, das Land konstituiert, sondern eine Landesgemeinde, die nach Landrecht lebt[16]." Die lehnrechtliche Verbindung einzelner Herren des Landes zum König nahm sie nicht aus dem Stammesrecht heraus, sie blieben der

15 Im einzelnen H. QUARITSCH, Souveränität. Entstehung und Entwicklung des Begriffs in Frankreich und Deutschland vom 13. Jh bis 1806 (Berlin 1986) 108 ff.

16 BRUNNER, 4. Aufl, 194.

Hochgerichtsbarkeit des Herzogs und Landesherrn unterworfen, waren dem Herzog im Verteidigungsfall zur Heerfolge verpflichtet. Der Landesherr ist nicht der einzige Inhaber der Hochgerichtsbarkeit, Grafen und Bischöfe besitzen ebenfalls den „Blutbann". Aus „Schutz und Schirm" des Herzogs über alle Stammesangehörigen fließen auch Sonderrechte gegenüber Juden, Pilgern und Kaufleuten, die sich in diesem Rechtskreis befinden, ihm aber nicht angehören. Hier sind territoriale Anknüpfungen und Ansätze zu beobachten Gebiet („terre") ist tatsächliche Voraussetzung, es waren seßhafte Leute, keine Nomaden, aber „Gebiet" ist nicht konstitutiver Bestandteil des Begriffs „Land". Land und Landesverfassung setzten sich also aus komplexen Herrschaftsbeziehungen zusammen, die ihrerseits aus dem je verschiedenen Recht von Personen fließen. „Land" ist ein Verband von Grundherren, die Land besitzen und bebauen oder bebauen lassen. Die große Herrschaft, Herrschaft oberhalb der Grundherrschaft, ist primär nicht orientiert an Gebiet und öffentlicher Gewalt, ausgeübt allein durch Amtsträger des Königs oder Landesherrn, sondern an Rechtsverhältnissen, innerhalb derer auf sehr unterschiedliche Weise und auf verschiedenen Stufen Herrschaft ausgeübt und Ansprüche geltend gemacht werden können. „Flächenherrschaft" ist ein Charakteristikum des modernen Staates, mittelalterliche Herrschaft ist durch den „Personenverband" gekennzeichnet.

Diese komplexen Rechtsverhältnisse wurzeln in einem Recht, das „im Bewußtsein der Zeit" nicht die Summe positiv geltender Gesetze darstellt, von zuständigen Instanzen geschaffen und verkündet. Das Recht soll mit Gerechtigkeit und göttlicher Ordnung identisch sein. Zwischen gesetztem, schriftlich fixiertem Recht und Gewohnheitsrecht wird nicht und kann nicht unterschieden werden, weil auch das schriftliche und „gesetzte" Recht, wo es denn überhaupt anzutreffen ist, als Aufzeichnung oder Wiederherstellung alter Gewohnheit, dh alten Rechts, ausgegeben und verstanden wird. Zur Wahrung und zur Verwirklichung des Rechts darf und muß „rechte Gewalt" eingesetzt werden, also die Fehde.

Ich möchte hier den ohnehin lückenhaften Bericht über ein gelehrtes und umfangreiches Werk abbrechen. Brunners Ziel ist verdeutlicht: Die Vergangenheit aus dem, wie er formuliert, „Bewußtsein der Zeit", also der Vergangenheit, zu vergegenwärtigen. Die bis dahin herrschenden Methoden der Mediävisten und Rechtshistoriker sollten das zwar auch, aber sie hatten die Vergangenheit mit den Begriffen der Gegenwart beschrieben. Diese modernen Begriffe waren Denkkunstwerke des 19. Jh, in Deutschland dazu bestimmt, die existentiellen Gegensätze zwischen Fürst und Volksvertretung zu entschärfen, gleichsam juristisch zu neutralisieren: durch den Staat als juristische Person und Anstalt, durch die

Vorstellung von Fürst und Parlament als Staatsorgane. Natürlich nahm der juristische Positivismus auch Partei, zB für das Parlament, wenn „Recht" eben nur das gesetzte, daher zur Disposition des Parlaments stehende Recht ist, das die „Gewohnheit", auch wenn es Verfassungsgewohnheitsrecht sein sollte, mühelos überwinden kann.

Die modernen Begriffe transportierten aber auch Wertungen, mit denen die Vergangenheit bewußt oder unbewußt gerichtet wurde: der Historiker als Richter. Was auf die Zukunft deutete, war Fortschritt, weil es zum modernen Staat führte, also zu unserer politischen Lebensform – als seien wir und unser politisches Denken das Ziel der Geschichte. Das führt dazu, die Vergangenheit vor allem auf „Fortschritt" zu untersuchen, auf jene Elemente, die zur Ausbildung des modernen Staates gehörten und zu ihm führten. Es ist gewiß ein legitimes Ziel geschichtlicher Forschung, Entwicklungslinien nachzuzeichnen; sie führen immer wieder zurück in das hohe und späte Mittelalter. Aber bei der Akzentuierung der modernen Elemente der Vergangenheit fällt durchs Sieb und gerät außer Sicht, was nicht zur Moderne führt, für die Menschen damals aber genauso wichtig war, vielleicht wichtiger, als das keimhaft Neue und von uns als zukunftsträchtig Erkannte. Gilt die Aufmerksamkeit vorrangig der Modernität, wird die Vergangenheit notwendig verzeichnet. Zur Beschreibung von Vergangenheit als Vergangenheit gehört, das herrschende Bewußtsein der Zeit herauszuarbeiten und mit ihm das Handeln der Akteure zu erklären und richtig zu würdigen.

Das methodische Mittel ist nach Brunner die „quellenverbundene Begriffssprache". Aber Brunner hat zugleich nachdrücklich betont, wir müssten die in den Quellen verwendeten Begriffe mit unserer Sprache, also auch mit unseren Begriffen erklären, damit wir sie verstehen. Ich zitiere einen Satz, der häufig übersehen wurde: „Nichts aber wäre falscher, als zu glauben, daß historische Arbeit die modernen Begriffe entbehren könnte. Nur müssen sie selbst in ihrer geschichtlichen Bedingtheit erkannt werden[17]." Moderne Begriffe sind auch „Grundherrschaft" und „Landesherrschaft", deren Inhalt zu bestimmen, Brunner viele Seiten benötigt. Fernerhin: Dieselben Wörter bedeuteten damals etwas anderes als heute. Die Quellen sprechen unterschiedslos von „Raub" und „Brandstiftung", Wörter, mit denen heute jedermann, Juristen wie Nichtjuristen, ausschließlich kriminelle Handlungen verbindet. Damals aber hatten sie einen doppelten Sinn, denn „Raub" und „Brand" waren die wichtigsten Mittel der rechten Fehde, also legale Handlungen, weshalb geprüft werden muß, ob in rechter oder unrechter Fehde verübt[18].

17 Brunner, 1. Aufl, 193; 4. Aufl, 163.

18 Brunner, 1. Aufl, 95 ff, 4. Aufl, 77 ff.

Ist es schon schwierig, die abweichenden und uns fremden Erscheinungen der Vergangenheit zu beschreiben und verstehbar zu machen, noch schwieriger wird es, sie aus ihrer Vereinzelung zu lösen und als Gesamtheit zu erfassen. Dazu ist es nötig, Allgemeinbegriffe zu bilden. An diesem Punkte ist BRUNNER Jahrzehnte später kritisiert worden. War vor ihm das Vorverständnis der Historiker und Rechtshistoriker durch den modernen Staat geprägt, so wollte er als das Allgemeine die „Verfassung“ setzen, und zwar so, wie von CARL SCHMITT 1928 definiert, nämlich als „konkreter Gesamtzustand politischer Einheit und Ordnung“[19]. Mit dem Verfassungsbegriff SCHMITTS, so wird BRUNNER heute vorgeworfen, habe er nur ein anderes modernes Vorverständnis an das Mittelalter herangetragen, nämlich das von „Einheit und Ordnung“. BRUNNERS Begriffe wie „Frieden und Fehde“, „Land und Landrecht“ und „Haus und Herrschaft“ hätten die mittelalterlichen Zustände zu sehr harmonisiert, SCHMITTS „Einheit und Ordnung“ sei im Mittelalter ein Phantom gewesen[20].

Diese Kritik beruht auf einem Mißverständnis. SCHMITTS Verfassungsbegriff ist zweistufig. Auf der ersten Stufe wird der normative, auf den Text der Verfassungsurkunden beschränkte alte Verfassungsbegriff verworfen und ersetzt durch die maßgeblichen und bestimmenden Kräfte und Faktoren, die wirkliche („konkrete“) politische „Ordnung“. Auf der zweiten Stufe meint Verfassung das Ergebnis der „Entscheidung über Art und Form der politischen Einheit eines Volkes“ als Resultat des Aktes der verfassunggebenden Gewalt. Das sind zwei ganz verschiedene Sinngebungen. Nur der Verfassungsbegriff der zweiten Stufe setzt das politisch selbstbewußte Volk („Nation“) voraus, das erst seit der amerikanischen und französischen Revolution die weltgeschichtlichte Bühne betreten hat. BRUNNER bezog sich nur auf die erste Stufe der SCHMITTschen Begriffsbildung, und diese läßt sich sehr wohl auf die hoch- und spätmittelalterlichen Gemeinwesen beziehen; sie hätten ohne ein Minimum bewußter Einheit und Ordnung gewiß nicht existieren können, sei es als Stadt, sei es als „Land“.

Die Kritik zeigt aber die Schwierigkeit, mit geläufigen Allgemeinbegriffen und verständlichen Abbreviaturen aus der heutigen Sprache Vergangenheit zu beschreiben, ohne sie zu verzerren. BRUNNER reagierte, indem er später statt von „Verfassung“ von „politischer Bauform“ und „Struktur“ sprach[21]. Die neuere Kritik setzt aber „Land und Herrschaft“ als Wendemarke und Wegweisung der Rechts- und Verfassungsgeschichts-

19 CARL SCHMITT, Verfassungslehre (1928) 8. unveränd Aufl (Berlin 1993) 3.
20 WILLOWEIT, Deutsche Verfassungsgeschichte, 2. Aufl (München 1992) 7.
21 4. Aufl, 164.

schreibung voraus; man will die Eigenart der Vergangenheit heute nur genauer und besser erfassen und ist dabei weit über BRUNNER hinausgegangen.

Es gehört in der Tat zu den erstaunlichen Ereignissen der deutschen Wissenschaftsgeschichte, wie schnell sich BRUNNERS neue Einsichten durchsetzten. Ein bedeutender Vertreter der bisherigen etatistischen Deutung der mittelalterlichen Verfassungsgeschichte, HEINRICH MITTEIS, berichtete 1941 über das Buch BRUNNERS in einer ungewöhnlich ausführlichen Abhandlung von 44 Druckseiten in der „Historischen Zeitschrift", der führenden Zeitschrift der Historiker[22]. 1940, also fast gleichzeitig mit OTTO BRUNNERS „Land und Herrschaft", hatte MITTEIS sein zweites großes Werk: „Der Staat des hohen Mittelalters"[23] veröffentlicht, in dem das mittelalterliche Lehnrecht das „Verwaltungsrecht" des mittelalterlichen Staates genannt worden war. Jetzt lautete sein abschließendes Urteil, BRUNNERS Buch bedeute „den Durchbruch einer neuen, fruchtbaren und sachgemäßen Methode"[24]. Die Folgen zeigten sich auch in den Nachbarwissenschaften, schließlich in der Gründung einer neuen Disziplin, der Begriffsgeschichte.

Diese Denkrevolution wäre ohne vorangegangene Aufbereitung der geistigen Atmosphäre wohl nicht möglich gewesen. Das herkömmliche „staatliche" Verfassungsbild des Mittelalters war durch Einzeluntersuchungen in der Sache bereits erheblich korrigiert worden. Die etatistischen Modelle der führenden Lehrbücher der Rechts- und Verfassungsgeschichte blieben davon jedoch unberührt. Auch die gelegentlichen, durchaus heftigen Angriffe von Historikern auf die traditionelle, vornehmlich von Juristen gepflegte Methodik der rechts- und verfassungsgeschichtlichen Forschung blieben erfolglos. Was BRUNNERS Werk auszeichnete und den

22 „Land und Herrschaft", in: HZ 163 (1941) 255-281, 471-487, erneut abgedruckt in: H. Kaempf (Hrsg), Herrschaft und Staat im Mittelalter (Darmstadt 1956, 2. Aufl 1960) 21-65.

23 8. Aufl (Weimar 1968). Mit der zentralen These von MITTEIS setzte sich BRUNNER in seiner berühmten Abhandlung „Feudalismus" (1958) auseinander, wiederabgedr in: O. BRUNNER, Neue Wege der Verfassungs- und Sozialgeschichte, 2. Aufl (Göttingen 1968) 128, 152 ff.

24 HZ 163, 488 = Herrschaft und Staat im Mittelalter (FN 22) 64; ähnlich *ders* in der Rezension der 3. Aufl von „Land und Herrschaft" in: ZRG GA 64 (1944) 410 ff = *ders*, Die Rechtsidee in der Geschichte. Gesammelte Abhandlungen und Vorträge (Weimar 1957) 480, mit dem ahnungsvollen Zusatz: „Welche Wirkungen von diesem Buche noch ausgehen werden, ist heute noch nicht abzusehen; erst die künftige Wissenschaftsgeschichte wird ihm seinen Platz anweisen. Aller Wahrscheinlichkeit nach wird es ein hervorragender sein und wird das Buch als symptomatisch gelten für den großen Wandlungsprozeß, den die Verfassungsgeschichte in der gegenwärtigen Zeit durchmacht." Dieses Zitat auch bei OTTO GERHARD OEXLE, Sozialgeschichte – Begriffsgeschichte – Wissenschaftsgeschichte. Anmerkungen zum Werk Otto Brunners, in: Vierteljahresschrift für Sozial- und Wirtschaftsgeschichte 17 (1984) 321.

Durchbruch bewirkte, war die regionalgeschichtlich genaue Aufnahme der einzelnen Sachverhalte, der handelnden Akteure, der Urkunden, mit dem ständigen Wechsel von der historischen Einzelheit zur theoretischen Reflexion. Ich zitiere „Land und Herrschaft“: „Gut bekannt ist die Fehde, die ein tirolischer Bauer, Peter Passler, Bischöflicher Fischer zu Antholz, im Jahre 1524 mit der Stadt Bruneck im Pustertal begann ...“[25]. Brunner verband aber diese regionalgeschichtlichen Subtilitäten mit einer methodischen Generalabrechnung unter dem Titel „Staat, Recht und Verfassung“ (132-194). Eine verkürzte, zugespitzte und verschärfte Fassung publizierte er ebenfalls 1939 in einer Festschrift für seinen Lehrer Hans Hirsch, und eben dieser doppelte Frontalangriff des Wiener Extraordinarius mußte das literarisch-wissenschaftliche Establishment endgültig aufrütteln. Erklärte er doch mit aller Deutlichkeit: „Alle großen Streitfragen, die in den letzten Generationen ... abgehandelt wurden, [waren] nichts als die Folge der Verwendung eines gänzlich unzulänglichen Begriffsapparates ... Die Fragestellungen selbst enthüllen sich als Scheinprobleme[26].“ Es bleibt freilich immer ein Ruhmesblatt der Wissenschaft von der deutschen Rechtsgeschichte, daß einer ihrer prominentesten Vertreter, Heinrich Mitteis, höchste Anerkennung zollte. Seinem noblen Beispiel sind in der Geschichtswissenschaft die meisten Kollegen stillschweigend oder ausdrücklich gefolgt[27]. Dazu trugen bei die fast gleichzeitig erschienenen und unabhängig von Brunner erarbeiteten Studien von Walter Schlesinger und Heinrich Dannenbauer[28].

Brunner hatte den allgemeinen Begriff der Verfassung von Carl Schmitt nicht isoliert aus dessen „Verfassungslehre“ übernommen, er hatte von Schmitt die Relativität der Begriffe, der Begriffsgeltung und der Begriffsinhalte gelernt, die Schmitt 1928 am Beispiel des konstitutionellen Verfassungsbegriffs des 19. Jh und dem demokratischen Verfas-

25 1. Aufl, 86 ff; 4. Aufl, 69 ff.

26 Moderner Verfassungsbegriff und mittelalterliche Verfassungsgeschichte, FS Hans Hirsch, Mitteilungen des Österreichischen Instituts für Geschichtsforschung, Ergänzungsband XIV (Wien 1939) 513 ff, 524 = Herrschaft und Staat im Mittelalter (FN 22) 6.

27 Eine Ausnahme bildete Otto Stolz, Das Wesen des Staates im deutschen Mittelalter: ZRG GA 61 (1941) 234-249; *ders*, Land und Landesfürst in Bayern und Tirol, Z f bayer Landesgeschichte 13 (1942) 161-252; Stolz wollte dem mittelalterlichen Landesherrn „Staat“, „wirkliche Staatsgewalt“ und „Souveränität“ erhalten. Brunners Auseinandersetzung mit Stolz erhellt auch seine eigenen Positionen (Vorwort zur 2. Aufl 1942, XII-XXIII).

28 W. Schlesinger, Die Entstehung der Landesherrschaft, Bd 1 (Dresden 1941); Heinrich Dannenbauer, Adel, Burg und Herrschaft bei den Germanen. Grundlagen der deutschen Verfassungsentwicklung, in: Hist Jahrb 61 (1941) 1-50 = Herrschaft und Staat im Mittelalter (FN 22) 66-134 (erg Fassung mit einem lesenswerten Bericht über die mehrfache Ablehnung seines Beitrages durch die Redaktionen der damaligen Fachzeitschriften).

sungsbegriff der Weimarer Zeit exemplifiziert hatte[29]. BRUNNER scheute sich auch nicht, sich auf die Formeln des neuen Verfassungsrechts zu beziehen, in denen von Volk, Volksordnung und Volksgemeinschaft die Rede war und von „Familie, Eigentum und Arbeitsverhältnis" als den „Kernstellungen des völkischen Lebens"[30]. BRUNNER wollte mit diesen und ähnlichen Bezugnahmen nicht das Mittelalter nationalsozialistisch interpretieren – davon kann keine Rede sein. Mit solchen allgemeinen Wendungen pflegten im NS-Staat wissenschaftliche Autoren mit Karriere-Erwartungen (und auch ohne solche) „politischen" Einwendungen zuvorzukommen. BRUNNER konnte in den Neuauflagen nach 1945 solche verbalen Absicherungen stillschweigend streichen; seine eigentlichen Aussagen wurden dadurch überhaupt nicht berührt. Unverdächtige Kritiker und Zeitgenossen wie KARL SIEGFRIED BADER, die sich nach 1945 mit den vor 1945 gedruckten Texten BRUNNERS und anderer Autoren ausführlich auseinandersetzten, haben nicht umsonst die für jene Zeit typischen Bezugnahmen übergangen[31]. Es blieb den Nachgeborenen vorbehalten, aus dem Vergleich der vor und nach 1945 publizierten Texte Schlüsse zu ziehen, die den Unterschied von Substanz und Dekor mißachteten[32]. Ein Blick in die wissenschaftliche Literatur der DDR und anderer Ostblockstaaten hätte darüber belehrt, wie auch dort ernstzunehmende Autoren nicht auf die gleichermaßen dekorativen Anrufungen von MARX und anderen Säulenheiligen verzichteten. Der „Fall Brunner" ist insofern eigentlich ein Fall des Mißverständnisses wissenschaftlicher Arbeit unter den Bedingungen politischer Zensur. Historikern und Politikwissenschaftlern dürfte dergleichen eigentlich nicht passieren[33].

---

29 Verfassungslehre (FN 19) IX f. Kritisch gegenüber SCHMITTS Beschreibung des „Ständestaats" (Verfassungslehre, 44) jedoch 1. Aufl, 134 ff.

30 BRUNNER, 517 f unter Hinweis auf E. R. HUBER, Die Rechtsstellung des Volksgenossen: Zeitschrift für die gesamte Staatswissenschaft (ZgS) 96 (1936) 438 ff; *ders*, Verfassung (Hamburg 1937).

31 Vgl KARL SIEGFRIED BADER, Herrschaft und Staat im deutschen Mittelalter, in: Hist Jahrb, 62.-69. Jg (1949) 618-646 (zugleich die Werke von W. SCHLESINGER und H. MITTEIS, Der Staat des hohen Mittelalters, besprechend), vgl dort 627 ff.

32 ZB CHRISTOF DIPPER, Otto Brunner aus der Sicht der frühen neuzeitlichen Historiographie, in: Otto Brunner-Tagung, Annali del'Istituto Storico Italo-Germanico in Trento, Bd 13 (Bologna 1987) 73 ff. Weniger, aber immer noch verzeichnend, HANS BOLDT, Otto Brunner. Zur Theorie der Verfassungsgeschichte, ebd, 39 ff. Auf die berserkerartigen Attacken von H. DERKS, Die Faszination des „Ganzen Hauses", in: Geschichte und Gesellschaft 22 (1996) 220-242, sei wenigstens verwiesen.

33 Gelegentlich geraten die Untersuchungsrichter selbst ins wissenschaftliche Zwielicht. So etwa JÜTTE, der BRUNNERS in der Tat „gutes Verhältnis" zu HANS HIRSCH betont, Leiter des berühmten Instituts für Geschichtsforschung. Das „deutet darauf hin, daß Brunner so die Bekanntschaft mit der universalistischen Staatslehre Othmar Spanns machte ...". Denn „Hirsch war Mitglied einer katholisch-nationalen Gruppe", der auch SPANN angehörte, was unserem Autor die Gelegenheit zu einer vollen Druckseite über SPANNS

Die Flankendeckung durch HEINRICH MITTEIS wie durch CARL SCHMITT und seine Schüler und die vieldeutigen Formeln der NS-Zeit mochten die „Wende" unterstützt und abgesichert haben. Die „Wende" ist aber nach 1945 nicht rückgängig gemacht worden, weil sie wissenschaftstheoretisch lange vorbereitet nunmehr auch in der Geschichtsschreibung fällig war. Die Beschreibung geschichtlicher Tatbestände ist zugleich ein Problem sprachlicher Interpretation. 1927 hatte MARTIN HEIDEGGER in „Sein und Zeit" die „hermeneutische Situation" bewußt gemacht, das Vorverständnis, mit dem unsere Sprache und unser Wissen an ihren Gegenstand herantritt, und die Unterscheidung des Gegenstandes von „der Grunderfahrung des zu erschließenden Gegenstandes"[34], was zu dem seither bekannten „hermeneutischen Zirkel" führt. Auch sonst war BRUNNER vorgearbeitet und der Boden bereitet worden: von dem Historiker OTTO HINTZE, auf den sich BRUNNER bereits 1939 berief[35], von dem Soziologen MAX WEBER, dessen Begriff „Herrschaft" er übernahm[36], und dem Philosophen ERNST TROELTSCH. Besonders mit TROELTSCH, vermittelt durch OTTO HINTZE, hatte er die Historisierung des eigenen Standorts gemein, ein historischer Perspektivismus, den TROELTSCH 1922 als „grundsätzliche Historisierung unseres Wissens und Denkens" beschrieb[37]. In Frankreich hatte die Zeitschrift „Annales" bereits 1930 die Rubrik „Sachen und Wörter" eingerichtet. Für LUCIEN

„wahren Staat" und dessen Verbindungen und Affinitäten zum Nationalsozialismus gibt (FN 2, 244 f). Daß auch BRUNNER Mitglied dieser Gruppe war, wird weder behauptet, noch werden irgendwelche gleichartigen oder sonstigen Verbindungen belegt. Dasselbe gilt für die Behauptung, nicht CARL SCHMITT, dessen Vorstellungen über das Mittelalter BRUNNER scharf kritisiert habe, sondern „Rudolf Höhn" [gemeint ist vermutlich REINHARD HÖHN] und ALFRED BÄUMLER hätten „Brunners Konzept von ‚Land und Herrschaft'" beeinflußt (ebd, 258). BRUNNER bezog sich in der Fassung von 1939 seines Beitrag zur FS H. Hirsch zwar auf HÖHN und BÄUMLER, aber nicht, um einen allgemeingültigen, sondern den 1939 „modernen" Begriff des Volkes zu belegen (FN 26, 517). Sein Beitrag war nicht umsonst überschrieben: „Moderner Verfassungsbegriff und mittelalterliche Verfassungsgeschichte". Das Zitat genügt JÜTTE aber für die Behauptung: „Ganz zweifellos [!] ist Brunners Konzept von Land und Herrschaft von der damals herrschenden nationalsozialistischen Staatslehre beeinflußt worden" (ebd, 258). Ein Student dürfte sich solche Unterstellungen im Proseminar nicht leisten.

34 MARTIN HEIDEGGER, Sein und Zeit, 8. Aufl (Tübingen 1957) § 45; Hinweis WILLOWEIT (FN 20) 4 f.

35 1. Aufl, 189 m Anm 114.

36 4. Aufl, 113.

37 Der Historismus und seine Probleme (Tübingen 1922); OTTO HINTZE, Troeltsch und die Probleme des Historismus (1927), in: Ges Abhandlungen, Bd 2, 323 ff, 370 ff. Dieser Historismus ist von dem von FRIEDRICH MEINECKE geprägten und populären Begriff des Historismus unterschieden. Das Thema läßt sich an den späteren Arbeiten BRUNNERS zur europäischen Sozialgeschichte besser erörtern, vgl die grundlegende Abhandlung von OEXLE (FN 24) 305 ff, bes 323 ff.

Febvre und Marc Bloch gehörte die Sprachanlayse zum integralen Bestandteil ihrer sozialhistorischen Forschung[38].

Das Buch von 1939 über „Land und Herrschaft" wirkte über die Grenzen der Geschichtswissenschaft und der Rechtsgeschichte des Mittelalters hinaus. Carl Schmitt nahm Brunners Methode und Resultate sofort auf und zog daraus Konsequenzen für die Staatstheorie. Das war, im Hinblick auf Brunners Inspiration durch Schmitts „Verfassungslehre" von 1928, Wissenschaft im Doppelpaß, wenn dieser Ausdruck gestattet ist. Schmitts Vortrag auf dem Deutschen Historikertag am 8. Februar 1941 über „Staatliche Souveränität und freies Meer" hatte zum Gegenstand die unterschiedlichen Entwicklungen der Verfassungen von Landmächten und Seemächten. „La mer contre la terre" war 1940/41 ein aktueller politischer Gegensatz, Deutschland stand in der napoleonischen Situation. Schmitt nahm sie zum Anlaß einer ganz unkriegerischen, auch ganz unpolemischen Darstellung der verschiedenen Weltbilder und ihren unterschiedlichen rechtlichen Konsequenzen für Staatsrecht und Völkerrecht, die sich vom 16. bis 18. Jh aus der insularen Raumvorstellung einer Seemacht für Britannien und dem Raumbegriff einer großen Landmacht, wie Frankreich, entwickelten. Das Völkerrecht des Meeres – das Meer bleibt frei, dh staatsfrei –, und das Völkerrecht des Landes hätten vor allem im Kriegsvölkerrecht zu unterschiedlichen Regeln geführt. Ob diese Unterscheidungen überspitzt waren, steht hier nicht in Frage. Im ersten Teil dieses Vortrages entwickelte Schmitt einen Begriff des modernen Staates, den er im Anschluß an Brunner den „konkreten", nämlich „an eine geschichtliche Epoche gebundenen Begriff" nennt. Diesen Teil seines Vortrages, etwa acht Druckseiten, publizierte er 1958 erneut in der Sammlung seiner „Verfassungsrechtlichen Aufsätze"[39]. In dieser Fassung und mit neu hinzugefügten Hinweisen auf den Streit um den „Staat des Mittelalters" und die Bedeutung Otto Brunners machte Schmitt das Buch „Land und Herrschaft" über den Kreis der Mediävisten und Rechtshistoriker hinaus bekannt[40]. Hatte Brunner die Eigenart der mittelalterlichen Verbandsverfassung herauszuarbeiten versucht, so umriß Schmitt den modernen Staat als Gegenbild mit knappen, aber deutlichen, vielleicht überscharfen Strichen. In der Vorstellung wie in der

---

38 Hinweis Reinhart Koselleck, in: Wolfgang Schieder u Volker Sellin (Hrsg), Sozialgeschichte in Deutschland, Bd I: Die Sozialgeschichte innerhalb der Geschichtswissenschaft (Göttingen 1986) 91.

39 Staat als ein konkreter, an eine geschichtliche Epoche gebundener Begriff, in: Verfassungsrechtliche Aufsätze (1958), 2. unveränderte Aufl (Berlin 1985) 375-383.

40 Dazu wird die weithin beachtete Monographie von E.-W. Böckenförde (FN 8) beigetragen haben; der Autor berief sich für seine Fragestellung vornehmlich auf O. Brunner und C. Schmitt (18-21).

Realität habe der Staat in der zweiten Hälfte des 16. Jh mit JEAN BODIN und HEINRICH IV. seinen Anfang genommen. „Der französische Staat findet die ersten, auch begrifflich klaren Ansätze zu der inneren Form, die ihn für lange Zeit zur führenden Macht des europäischen Kontinents gemacht haben. Er wird für lange Zeit *der* Staat schlechthin. Die Formeln seiner Staatlichkeit werden Rechtsbegriffe in diesem Bereich menschlichen Bewußtseins; seine Sprache wird die Sprache des diplomatischen und völkerrechtlichen Verkehrs der europäischen Völker[41]." Inhaltlich wird dieser Staat unter Rückgriff auf MAX WEBER und OTTO HINTZE durch die spezifischen Organisationsmittel der einheitlichen Staatsgewalt beschrieben: staatliche Armee, staatliche Finanzverwaltung und staatliche Polizei. Vor allem aber: „Das Recht verwandelt sich immer mehr in ein staatliches, von der staatlichen Justiz gehandhabtes *Gesetz* und findet seine sachgemäße Erscheinungsform in staatlichen Gesetzeskodifikationen." SCHMITT wußte, die neue Form trat auch in Frankreich nicht plötzlich und vollendet auf den Plan. Den Begriff der Staatsgrenze sah er erst seit der Französischen Revolution deutlich erfaßt. Das war wohl nicht falsch gesehen. Der Unterschied zwischen Grenzen, gegeben durch das Land der zu einem Rechtsverband gehörenden Grundherren, und den „Staatsgrenzen" liegt auch in der geographischen Präzision. So wurden im Pyrenäenfrieden von 1659 die „Berge der Pyrenäen" (le monts Pyrénées) als natürliche Grenze zwischen Frankreich und Spanien bestimmt, doch erst der Vertrag vom 14. Juli 1795 wurde genau: Die Grenze sollte auf dem Kamm der Berge verlaufen, welche die Wasserscheide zwischen Frankreich und Spanien bilden[42].

Bei den eigentlich angesprochenen Rechtshistorikern hatte es BRUNNER trotz MITTEIS' Fürsprache schwerer. Sie reagierten auf die Thesen des Außenseiters so, wie es von einer (von ULRICH STUTZ) in strenger Meinungsdisziplin gehaltenen kleinen Professorengruppe charakteristisch sein dürfte. Der eine widersprach in Einzelheiten[43], der andere nicht im Prinzip, verbat sich aber den „schulmeisterlichen Ton" und sprach von den „eingerannten offenen Türen"[44], der dritte schließlich ignorierte das Thema überhaupt und veröffentlichte noch Jahre später ein großes zwei-

41 Verfassungsrechtliche Aufsätze (FN 39) 380/81.

42 WILHELM GREWE, Epochen der Völkerrechtsgeschichte, 2. Aufl (Baden-Baden 1988) 374 ff, 379 mit weit Nachw. Ferner: WILFRIED FIEDLER, Die Grenze als Rechtsproblem, in: W. Haubrichs/R. Schneider (Hrsg) Grenzen und Grenzregionen (Saarbrücken 1994) 23 ff, 29.

43 CLAUDIUS Frhr v SCHWERIN, Rechts-, Verfassungs- und Verwaltungsgeschichte. Zu Otto Brunners „Land und Herrschaft", in: Jahrb f Nationalökonomie und Statistik 156 (1942) 158-167. Die Rez-Abhandlung ging aber wie selbstverständlich von der großen Bedeutung des Werkes aus.

44 KARL SIEGFRIED BADER (FN 31) 628 FN 8.

bändiges Lehrbuch, das BRUNNERS Namen nicht einmal erwähnte, nach Methode und Struktur so auch 1890 und 1920 hätte erscheinen können und daher seltsam anachronistisch anmutete[45].

Erst in den siebziger und achtziger Jahren, also nach einer vollen Generation, setzte die wissenschaftliche Neuorientierung der deutschen Rechtsgeschichte ein. Seither herrscht durchweg eine hohe Sensibilität gegenüber den Begriffen. Entweder es wird für die Vormoderne, also bis 1600 etwa, das Wort „Staat" ganz vermieden (für das „Reich" ohnehin) und durch „Gemeinwesen" ersetzt, ein in der Tat farbloser, fast inhaltloser, aber deshalb brauchbarer Begriff[46], oder es wird zwar das Wort „Staat" noch verwendet, die Eigenart dieses mittelalterlichen Staates von den etatistischen Modellen der alten Lehrbücher deutlich abgesetzt. Die Inhaltsverzeichnisse der Lehrbücher zur deutschen Rechtsgeschichte sind nicht mehr, wie seit der zweiten Hälfte des 19. Jh üblich, am Aufbau der Lehrbücher zum geltenden Recht orientiert. Heute ist die Rede von „Haus, Familie und Verwandtschaft", von „Dorf und Grundherrschaft", von „Lehnrecht", von „Stadt und Zunft"; die Verfassungsgeschichte ist kaum noch zu unterscheiden von der Geschichte der Institutionen[47]. Auch einige Begriffe BRUNNERS fielen dieser Neuorientierung zum Opfer. Selbst der Begriff „Herrschaft" wurde aufgegeben oder doch wenigstens problematisiert. Die Lage ist für den Nichtfachmann extrem unübersichtlich geworden – bis hin zu der Frage, ob für die ersten Jahrhunderte des Mittelalters überhaupt von einem normativen Begriff des Rechts ausgegangen werden kann[48]. So oft BRUNNER in den letzten Jahren auch kritisiert worden ist – Einigkeit besteht darüber, daß die neue, überaus differenzierte Sicht des Mittelalters in Deutschland mit „Land und Herrschaft" den großen Durchbruch erlebte. Es war aber eben nicht nur die Mediävistik oder die Rechtsgeschichte im engeren Sinne, die von diesem Durchbruch profitierte. Die neue Sichtweise schärfte auch in anderen

---

45 HERMANN CONRAD, Deutsche Rechtsgeschichte, 2 Bde (Karlsruhe 1954-1966), Bd 1 in 2. Aufl; seinen 1968 erstmals veröffentlichten „Grundriß der Verfassungsgeschichte" nannte CONRAD unverdrossen: „Der deutsche Staat. Epochen seiner Verfassungsentwicklung (843-1945)". Die Konstanz der herrschenden etatistischen Auffassung ist auch durch die vielen Auflagen von HEINRICH MITTEIS' „Der Staat des hohen Mittelalters" gekennzeichnet, das große Werk erschien 1968 in 8. Aufl. Meine Anfang der 60er Jahre geschriebene Auseinandersetzung mit beiden Autoren rannte jedenfalls immer noch keine offenen Türen ein (QUARITSCH, Staat und Souveränität [FN 9] 26-36).

46 WILLOWEIT (FN 20) 4 ff.

47 Vgl ROLF SPRANDEL, Verfassung und Gesellschaft im Mittelalter, 4. Aufl (München 1991); KARL KROESCHELL, Deutsche Rechtsgeschichte, 3 Bde (Reinbek bei Hamburg 1972-1989).

48 Vgl die Referate von REINHART KOSELLECK, ROLF SPRANDEL und KARL KROESCHELL auf der Tagung der Vereinigung für Verfassungsgeschichte 1981, in: Gegenstand und Begriffe der Verfassungsgeschichtsschreibung, Beiheft 6 zu „Der Staat" (Berlin 1983).

Disziplinen den Blick für die Eigenart des Gegenstandes: In der Staatslehre wurde die Eigenart des modernen Staates genauer erkannt und beschrieben[49], in der Altertumswissenschaft wurden Einzelheiten, die man eigentlich längst kannte, in ihrer Bedeutung für die antiken Gemeinwesen deutlicher bewußt[50].

II.

In einem Beitrag zu Ehren eines Wiener Kollegen, der so lange und so erfolgreich auf einer Lehrkanzel der Universität Wien wirkte, ist der unfreiwilligen Unterbrechung der Wiener Lehr- und Forschungstätigkeit BRUNNERS zu gedenken. Aufgrund seiner eigenen Erklärungen vom 12. Mai 1945 über seine Mitgliedschaft in der NSDAP wurde er auf Verfügung der Verwaltungsstelle der wissenschaftlichen Hochschulen vom 5. 11. 1945 gemäß Erlaß des Staatssekretärs für Volksaufklärung, Unterricht und Erziehung und für Kultusangelegenheiten vom 8. August 1945 vom Dienst suspendiert[51]. BRUNNER wurde „als Registrierungspflichtiger, minderbelastet" 1945 gem § 7 Beamten-Überleitungsgesetz vom 22. 8. 1945 (StGBl, 134) nicht mehr in den Dienststand der Universität übernommen. Das Dekret des Bundesministeriums für Unterricht vom 26. August 1948 versetzte ihn gem § 8 II Beamten-Überleitungsgesetz in den Ruhestand, und zwar zurückgestuft als außerordentlicher Professor[52]. BRUNNER war lediglich wegen seiner NSDAP-Mitgliedschaft vom Dienst enthoben worden, und es wurde bald amtlich erklärt, gegen eine neuerliche Verwendung an einer österreichischen Hochschule bestünden keiner-

---

49 Vgl Darstellung und Nachweise bei H. QUARITSCH, Standort und Aufgaben der Staatslehre heute, in: Verfassung und Verwaltung, FS Kurt G. A. Jeserich (Köln 1994) 355, 361 ff.

50 Vgl zB WOLFGANG SCHULLER, Die Polis als Staat, in: Mogens Herman Hansen (Hrsg), The Ancient Greek-City-State (Kopenhagen 1993) 106-128, der unter Hinweis auf BRUNNER die Polis Athen als Personenverband mit hochkomplexer, aber durchsichtiger und durchrationalisierter Organisation beschreibt, die als Typ selbständig und gleichrangig neben dem modernen Staat stehe; CHRISTIAN MEIER, Cäsar (Berlin 1982) 245 ff; *ders*, Athen (Berlin 1993) 54, 58, 344 u durchgehend, der das Wort „Staat" für seinen Gegenstand generell vermeidet, eine Betrachtungsweise, die er von C. SCHMITT unmittelbar, damit mittelbar von BRUNNER übernahm, vgl CHR. MEIER, in: H. Quaritsch (Hrsg), Complexio Oppositorum – Über Carl Schmitt (Berlin 1988) 606.

51 Diese und die nachfolgenden Einzelheiten nach den Akten der Philosophischen Fakultät des Archivs der Universität Wien, Personalblätter, Schuber 46, 247, mir freundlicherweise übermittelt durch Herrn Univ.-Doz. Dr. CHRISTIAN NESCHWARA vom Institut für österreichische und deutsche Rechtsgeschichte; ich bin Herrn Kollegen NESCHWARA herzlich zu Dank verpflichtet.

52 Von den 130 Professoren der Universität Wien wurden lediglich 41 als unbelastet eingestuft, vgl R. JÜTTE (FN 2) 248.

lei Bedenken[53]. Später wurde festgestellt, BRUNNERS Entlassung sei auch im Hinblick auf die in der Regel wesentlich mildere Vorgangsweise in vergleichbaren Fällen bei Vertretern anderer Fächer eine „sehr harte Maßnahme" gewesen. BRUNNER hatte sein Lehramt stets als eine rein wissenschaftliche Aufgabe angesehen und daher auch Mitarbeiter herangezogen, die dem Nationalsozialismus fern standen[54]. Schon die äußeren Daten verraten, daß in der Tat seine Beziehung zur NSDAP nur formaler Natur gewesen sein kann. Seit dem 1. August 1938, fünf Monate nach dem „Anschluß", war er „Anwärter", Mitglied erst seit 1943 mit der Mitgliedsnummer 9.140.316 in der Ortsgruppe Speising in Wien[55]. Vermutlich war ihm – wie seit 1933 im „Altreich" üblich – die Abhängigkeit einer Karriere von der Zugehörigkeit zur NSDAP (wahlweise SA oder SS) bedeutet worden. Vom Privatdozenten aufwärts ging jeder Ernennung ein parteiamtliches Prüfungsverfahren voraus. BRUNNER war 1938 bereits 40 Jahre alt und immer noch Extraordinarius – erst 1941 war er in Wien ordentlicher Professor der mittelalterlichen und neueren Geschichte geworden. Gewiß hatte er den „Anschluß" gewünscht und begrüßt, aber mit dieser Einstellung dürfte er an der Wiener Universität weder eine Ausnahme noch in der Minderheit gewesen sein. Seine einzige einschlägige Publikation war vorwiegend historisch orientiert und erschien an wenig prominenter Stelle[56].

Viele wissenschaftliche Lebensläufe der ersten Hälfte des 20. Jh kennen den Amtsverlust als persönliche Folge der politischen Umbrüche 1933, 1938 und 1945. Wie bei anderen Schicksalsgenossen stimulierte die unfreiwillige Unterbrechung BRUNNERS wissenschaftliche Produktivität – als gäbe es etwas zu beweisen oder zu übertreffen. Das gilt für Zahl und Umfang seiner Publikationen seit 1946 wie für die Vertiefung seiner Arbeitsweise, nämlich aus dem Besonderen das Allgemeine zu gewin-

53 A. WANDRUSZKA (FN 2) 393.

54 ERICH ZÖLLNER, Nachruf, in: Mitteilungen des Instituts für österreichische Geschichtsforschung, XC. Bd (1982) 519, 521; seine langjährige, auch auf den Lehrbetrieb wirkende Freundschaft mit Kollegen, die nach dem „Anschluß" emigrieren mußten, schildert F. ENGEL-JANOSI, ... aber ein stolzer Bettler (Graz 1974) 136, 142. Ein Beispiel für das unideologische Qualitätsbewußtsein Brunners bot das beständig gute Verhältnis zu seinem Doktoranden FRIEDRICH HEER, vgl jetzt EVELYN ADUNKA, Friedrich Heer (1916-1983) (Innsbruck 1995) 46, 430. Das umfängliche Werk leidet freilich unter der verzerrenden Gleichsetzung von „großdeutsch" und „nationalsozialistisch".

55 Personalakte, vgl FN 51. Ein ausländischer Rezensent machte aus ihm beleglos einen „Sänger und sogar Würdenträger der Nazipartei" („chantre et même dignitaire du parti nazi"), ROBERT FOSSIER, in: Cahiers de civilisation medievale – X-XII Siecles. Université de Poitiers No 4 (Oct/Dec 1993) 395-396.

56 Österreichs Weg zum Großdeutschen Reich, in: Deutsches Archiv für Landes- und Volksforschung 2 (1938) 519-528.

nen[57]. Mehr als je zuvor arbeitete er in den Archiven. Er schrieb, zugespitzt formuliert, Verfassungsgeschichte aufgrund von Familiengeschichten der Angehörigen von Bürger-, Ritter- und Herrenstand[58]. Die (wechselnden) geistigen Welten des Adels zwischen dem 15. und 18. Jh erschloß er aus den österreichischen Adelsbibliotheken[59]. Die eigentliche Frucht dieser harten Jahre[60] war sein drittes großes Werk, vier Jahre nach seiner Entlassung erschienen: „Adeliges Landleben und europäischer Geist"[61]. Ausgehend von „Leben und Werk des Wolf Helmhard von Hohberg 1612-1688" – so der Untertitel des Buches –, ein barocker Epiker und erfolgreicher Sachbuchautor für Haus- und Landwirtschaft, ließ BRUNNER die alte Adelswelt am Beispiel eines niederösterreichen Landedelmanns lebendig werden. BRUNNER wäre nicht BRUNNER gewesen, hätte er es mit einer sorgfältigen Biographie bewenden lassen. Für seine Feder wäre HOHBERG auch nicht bedeutend genug gewesen. Der Staatsdienst war dem Lutheraner HOHBERG verschlossen, er durfte nur in der kaiserlichen Armee des 30jährigen Krieges unauffällig zehn Jahre als Offizier dienen. Allenfalls durch Umfang und Erfolg seiner Schriftstellerei wich er vom Muster seiner Standesgenossen ab. In seiner „Georgica" aber spiegelte sich die Lebenspraxis des kleinen Grundherrn jener Zeit wider, der, wie HOHBERG, Land und Leute selbst bewirtschaften, administrieren und richten muß, frei von staatlichem Eingriff[62]. HOHBERG verkörperte

---

57 Vgl „Verzeichnis der Schriften" (FN 5) 10-14, in dem 32 Beiträge für die Zeit zwischen 1946 und 1953 aufgeführt werden. Bevorzugter Publikationsort war der „Anzeiger" der Österreichischen Akademie der Wissenschaften, der er seit 1939 als korrespondierendes, seit 1944 als ordentliches Mitglied unverändert angehörte.

58 Faszinierend in dem Aufsatz „Bürgertum und Adel in Nieder- und Oberösterreich", in: Anzeiger der Österreichischen Akademie der Wissenschaften, phil-hist Kl 86 (1949) = BRUNNER, Neue Wege (FN 23) 266-280.

59 „Österreichische Adelsbibliotheken des 15. und 18. Jh als geistesgeschichtliche Quelle", Anzeiger der Österreichischen Akademie der Wissenschaften, phil-hist 86 (1949) = BRUNNER, Neue Wege (FN 23) 281-293.

60 JÜTTE (FN 2) 248 sieht in der Archivarbeit des entlassenen und degradierten Hochschullehrers und Institutsdirektors in den Jahren 1945 ff einen „Rückzug in die Idylle", eine Charakterisierung, die näher zu kommentieren, ich mir ersparen möchte.

61 Salzburg 1949, 376 Seiten. Angekündigt hatte er dieses Buch bereits drei Jahre zuvor, nämlich als Anmerkung zum Druck seines Akademie-Vortrages am 4. 12. 1946: „Wolf Helmhart von Hohberg 1612-1688 – Ein protestantischer Landedelmann aus Niederösterreich", in: Jahrbuch der Gesellschaft für die Geschichte des Protestantismus in Österreich 65/66 (1944/45) 5-20. WOLGAST (FN 5) 10, ordnete den Text irrtümlich dem Jahr 1944 zu.

62 „‚Georgica Curiosa' das ist: umständlicher Bericht und klarer Unterricht von dem Adelichen Land- und Feldleben auf alle in Teutschland übliche Land- und Forstwirtschaften gerichtet, hin und wieder mit vielen untermengten raren Erfindungen und Experimenten versehen ...", 2 Bde, zuerst Regensburg 1682, zuletzt 1749. Eine gelungene Auswahl erschien 1985 in 199 Exemplaren als Privatdruck des Wiener Karolinger Verlages mit einer trefflichen Einleitung von HEINRICH WEHMÜLLER (Quart, 263 Seiten)

noch einmal den Typ des staatsfreien Grundherrn, der gleichsam unterhalb und neben der staatlichen Ebene viele Jahrhunderte die Welt außerhalb der Städte bestimmte; BRUNNER zog die Linie mit einer Fülle von Beispielen weit in die Vergangenheit zurück. Das Robotpatent LEOPOLD I. für Böhmen (1680), die Maria-Theresianischen Reformen und die endgültige Aufhebung der Patrimonialgerichtsbarkeit 1848 markieren Anfang und Ende des Verstaatlichungsprozesses öffentlicher Aufgaben, der die Grundherrschaft in den nach kapitalistischen Prinzipien betriebenen Großgrundbesitz verwandelte und dem Adel seine Funktionen entzog. BRUNNER hat die Gründe und Notwendigkeiten dieses wahrhaft epochalen Wandels im Schlußkapitel seines Buches deutlich erklärt.

Sein Werk verfolgte erneut ein methodisches Programm. Galt „Land und Herrschaft" dem 15. und 16. Jh, vorzugsweise den rechtlichen Institutionen und dem etatistisch-modernen Begriffsinstrumentarium der Juristen, so richtete sich sein drittes Buch ausdrücklich gegen die „üblichen, meist allzu primitiven, von einer nahen Vergangenheit abgeleiteten Kategorien einer historischen Soziologie" und der „Kultursoziologie". Im 17. Jh war in Österreich der grundherrliche Adelsstatus noch intakt. HOHBERGS Leben und Werk lieferten eine kräftig sprudelnde Quelle von ökonomischen Bedingtheiten, geistigen Vorstellungen und sozialen Zuordnungen. Die soziologischen Kategorien, schrieb BRUNNER, „müssen in der historischen Arbeit erst selbst erschlossen werden. Daher ist es notwendig, eine möglichst weite und umfassende Sicht mit einer bis in die letzten Einzelheiten vordringenden Tiefenbohrung am konkreten Gegenstande zu verbinden und in steter Wechselwirkung zwischen beiden Sehweisen zu theoretisch geklärten und quellenmäßig fundierten Begriffen vorzudringen[63]." Diese Vorgehensweise, und damit seinen eigenen Standort in der Wissenschaft, ordnete er nunmehr der „Sozialgeschichte" zu, deren Betrachtungsweise „der innere Bau, die Struktur der menschlichen Verbände" sei, „während die politische Geschichte das politische Handeln, die Selbstbehauptung zum Gegenstand hat[64]." Das „politische Handeln", so fügte er später hinzu, „kann nicht verstanden werden ohne Kenntnis des inneren Gefüges, der sozialen Strukturen und der geistigen Haltungen"[65]. Nun hatten allerdings „innere Bauform" und „Struktur"

63 Vorwort zu „Adeliges Landleben und europäischer Geist", 10.

64 So die Definitionen in dem richtungweisenden Vortrag auf der 22. Versammlung deutscher Historiker im September 1953 in Bremen: „Das Problem einer europäischen Sozialgeschichte", in: Historische Zeitschrift, Bd 177 (1954) 469, 471 = Neue Wege (FN 23) 82.

65 Hamburger Rektoratsrede „Das Fach ‚Geschichte' und die historischen Wissenschaften" (Hamburg 1959) 24 = Neue Wege (FN 23) 19, unter Hinweis auf die Begriffsprägung von WERNER CONZE, Die Strukturgeschichte des technisch-industriellen Zeitalters als Aufgabe für Forschung und Unterricht (Köln 1957).

der Verbände bereits in „Land und Herrschaft" den Gegenstand seiner Untersuchungen abgegeben und waren damals als „Verfassung" und ihre Beschreibung als Verfassungsgeschichte bezeichnet worden. Unzweifelhaft sind Grundherrschaft und Adelsherrschaft konstituierende Bestandteile der „Verfassung" gewesen, so daß in dieser Sicht Verfassungsgeschichte und Sozialgeschichte wenigstens kongruent sind. BRUNNER hat später von verschiedenen „Brennpunkten" der Betrachtungsweise gesprochen[66]. Ich interpretiere ihn wohl richtig, wenn Sozialgeschichte die tatsächlichen inneren Bedingungen und den Wandel der Institutionen untersucht, während der Verfassungshistoriker – einen weiten und modernen Begriff von Verfassung vorausgesetzt – die rechtliche Eigenart und die rechtlichen Folgen von Institutionen in den Blick nimmt, ohne die sozialen Voraussetzungen und den sozialen Wandel aus den Augen zu verlieren.

Obgleich „Adeliges Landleben und europäischer Geist" wissenschaftlich den gleichen Rang wie „Land und Herrschaft" beanspruchen kann, blieb der verlegerische Erfolg weit hinter dem Werk von 1939 zurück. Vermutlich erschien es dem breiteren Lesepublikum zu personenorientiert oder auch „zu österreichisch". Es fehlte diesem Buch vor allem der breit vorgetragene methodische Generalangriff auf das herrschende Grundverständnis, der „Land und Herrschaft" so berühmt gemacht hatte. Gleichwohl sind die in diesem Buch entwickelten Kategorien, wie zB „das ganze Haus" als Gegensatz zum modernen arbeitsteiligen Betrieb und die von J. BURCKHARDT übernommene Bezeichnung „Alteuropa" als Stichwort für ein Jahrtausend Adelsherrschaft auf der Ebene von Land und Leuten, seither im Denken und im Sprachgebrauch der Historiker fest verwurzelt. Dazu mögen auch die späteren Abhandlungen beigetragen haben, die auf einem allgemeineren Niveau die zunächst 1949 erarbeiteten Begriffe den Fachgenossen eher zugänglich werden ließen[67].

So nachdrücklich BRUNNER 1949 mit dem „Adeligen Landleben" seinen wissenschaftlichen Rang wie seine Konzentration auf die Geschichte Niederösterreichs unterstrichen und obgleich der Unterrichtsminister dem Ruheständler zum 50. Geburtstag immerhin ein persönliches Glück-

66 Vorwort zu „Neue Wege der Verfassungs- und Sozialgeschichte" (FN 23) 7.

67 Zu nennen sind hier, neben dem bereits erwähnten „Problem einer europäischen Sozialgeschichte", die Abhandlungen „Das ‚ganze Haus' und die alteuropäische ‚Ökonomik'" (1958), in: Zeitschrift für Nationalökonomie, Bd 13 (1958) = Neue Wege (FN 23) 103 ff, sowie „Feudalismus", Abhandlungen der Akademie der Wissenschaften und der Literatur, geistes- u sozialwiss Kl 10 (Wiesbaden 1958) = Neue Wege (FN 23) 128 ff. Übrigens war der Feudalismus-Beitrag der erste, der 1967 in englischer Übersetzung erschien. Zu der wenigstens auf Mißverständnissen beruhenden Kritik am Idealtypus des „ganzen Hauses" H.-CHR. KRAUS, Ernst Ludwig von Gerlach, Teil 1 (Göttingen 1994) 195 f m FN 81.

wunschschreiben gesandt hatte, blieben ihm Österreichs Universitäten verschlossen. Für einen Lehrstuhl geben bekanntlich nicht nur Leistungen in Forschung und Lehre den Ausschlag, sondern die Zufälle freier Stellen und allerlei Fortune bei den Kollegen. Das Wiener Unterrichtsministerium wollte schließlich für ihn ein Ordinariat für Wirtschaftsgeschichte an der Wiener Hochschule für Welthandel (Wirtschaftsuniversität Wien) errichten, doch dauerte es, bis diese Lehrkanzel tatsächlich realisiert werden konnte[68] – zu lange, um BRUNNER in Österreich halten zu können. In seinem Fall bewährte sich die grenzüberwindende Wissenschaftsgemeinschaft des deutschen Sprachraums. Auch besaßen die wenig später viel gescholtenen alten Fakultäten Überblick und Sinn für Qualität; dem scheinbaren Spezialisten fremder Landesgeschichte wurde ein allgemein orientierter Lehrstuhl angeboten. Nach einer Gastprofessur an der Universität Köln 1952 berief ihn 1954 die Universität Hamburg als Nachfolger des angesehenen Mediävisten HERMANN AUBIN auf den Lehrstuhl für mittlere und neuere Geschichte. BRUNNER muß die Kollegen der großen Philosophischen Fakultät als Persönlichkeit beeindruckt haben; sie wählten ihn bereits 1957 zum Dekan – damals nicht nur mit Arbeit verbunden, sondern auch mit Ehre – und 1959/60 zum Rektor der Universität. Das war, fünf Jahre nach Dienstantritt in Hamburg, eine außergewöhnliche Anerkennung. Seine Rektoratsrede am 11. November 1959 vor vollem Haus blieb mir unvergessen[69]. Eine besondere Genugtuung wird ihm, der neun Jahre von der Universität ausgesperrt war, die Gelegenheit bedeutet haben, am 9. Dezember 1959 im Großen Festsaal des Rathauses den Festvortrag zum 100jährigen Bestehen der Hamburger Bürgerschaft, ein Landesparlament, zu halten. Wie schnell er schließlich in Hamburg Wurzeln geschlagen hatte, zeigt seine Präsidentschaft der gelehrten, sehr hamburgischen Joachim-Jungius-Gesellschaft 1958-1960. Deshalb brauchte er seine Arbeitsweise, das Allgemeine aus dem Besonderen zu entwickeln, nicht zu ändern. Nunmehr bewies er die Fruchtbarkeit seiner Methode anhand Hamburgischer Geschichte[70], oder er verglich die Verschränkung von Verfassung und Sozialentwicklung am Beispiel und im Vergleich von Hamburg und Wien[71]. In Seminaren und

68 ZÖLLNER (FN 54) 521.

69 „Das Fach ‚Geschichte‘ und die historischen Wissenschaften“, Hamburger Universitätsreden (1960) = Neue Wege (FN 23) 9 ff.

70 Souveränitätsproblem und soziale Struktur in den deutschen Reichsstädten der frühen Neuzeit, in: Vierteljahresschrift für Sozial- und Wirtschaftsgeschichte, Bd 50 (1963) 329-360 = Neue Wege (FN 23) 294 ff; „Die Patriotische Gesellschaft in Hamburg im Wandel von Staat und Gesellschaft“, Vortrag, gehalten bei der 200-Jahr-Feier der Patriotischen Gesellschaft im Jahre 1965 (Hamburg 1965) = Neue Wege (FN 23) 335 ff.

71 „Hamburg und Wien“, Festgabe für Hermann Aubin (Wiesbaden 1965) 479-494, und „Zum Begriff des Bürgertums“, in: Untersuchungen zur gesellschaftlichen Struktur

Übungen wie in den vielen von ihm betreuten Staatsexamensarbeiten und Dissertationen dominierte die Landesgeschichte des europäischen Nordwestens[72].

In die Zeit seiner Hamburger Lehr- und Forschungstätigkeit fällt auch seine Mitwirkung an der Gründung des neuen Arbeitsgebiets „Begriffsgeschichte". Gegenstand und Reichweite dieser (hier nicht näher zu beschreibenden) Disziplin waren im weiteren Sinne Konsequenzen von „Land und Herrschaft", sie wurden nunmehr von vielen Historikern und Rechtshistorikern getragen[73].

III.

In den fünziger und sechziger Jahren entfaltete sich BRUNNERS dauerhafter Einfluß in Deutschland und einigen europäischen Staaten. Die zuerst 1956, dann vermehrt und mit erweitertem Titel 1968 publizierten „Neuen Wege der Sozialgeschichte" wurden zur meistzitierten Aufsatzsammlung eines Historikers; sie wurden ins Italienische, Spanische und Japanische übersetzt. Die fachübergreifenden Wirkungen dokumentierten die Ehrendoktorate der Sozialwissenschaftlichen Fakultät der Universität Münster (1963) und der Juristischen Fakultät der Universität Heidelberg (1970).

Aus der englischen und französischen Sozialgeschichtswissenschaft hergebrachten Musters wurden gegen seine Methode charakteristische Einwände erhoben. So warf ihm der bekannte französische Sozialhistoriker FERNAND BRAUDEL vor, seine Art der Sozialgeschichte sei „konservativ", nicht „liberal", D. M. NICHOLAS sah BRUNNER auf den „old paths of historical romanticism" wandeln[74]. „Konservativ" und „liberal" gehören als Stichworte, politische Richtungen und Leitsterne der Geschichtsschreibung ins 19. Jh. Wer der „liberalen" Deutung das Wort redet, will

der mittelalterlichen Städte in Europa, Vorträge und Forschungen 11 (Konstanz 1966) 13-23 = Neue Wege (FN 23) 322 ff.

72 Vgl G. WOLGAST, in: Zum Gedenken an Otto Brunner, Hamburger Universitätsreden 40 (1983) 34; die von BRUNNER bis 1966 betreuten Examensarbeiten und Dissertationen führt G. WOLGAST (FN 5) 52-61 auf.

73 S besonders OTTO BRUNNER, WERNER CONZE, REINHART KOSELLECK (Hrsg), Geschichtliche Grundbegriffe, Historisches Lexikon zur politisch-sozialen Sprache in Deutschland, 7 Bde (Stuttgart 1972-1992); ähnlich angelegt das „Historische Wörterbuch der Philosophie", hrsg von Joachim Ritter, Karlfried Gründer, bisher 9 Bde (Basel 1971-1996).

74 F. BRAUDEL, Sur une conception de l'histoire social, in: Annales E.S.C. 14 (1959) 308 ff: wiederabgedr in: BRAUDEL, Écrits sur l'histoire social (Paris 1969) 175 ff; D. M. NICHOLAS, New Paths of Social History and old Paths of Historical Romanticism. An Essay Review on the Work and Thought of Otto Brunner, in: Journal of Social History 3 (1969/70) 277 ff.

das Richtschwert über Zustände nicht aus der Hand legen, in denen solche Denkmuster unbekannt waren. BRUNNER suchte und beschrieb nicht nur die Fakten, sondern auch das „Bewußtsein der Zeit", nicht Material, um es zu wiederholen, für die „üblichen, meist allzu primitiven, von einer nahen Vergangenheit abgeleiteten Kategorien einer historischen Soziologie" und der „Kultursoziologie"[75]. Im übrigen hatte sich BRUNNER nicht nur gegen die Verteufelung des Mittelalters und der frühen Neuzeit ausgesprochen, sondern expressis verbis gegen deren romantische Verklärung[76]. Gelegentlich spielen wohl auch andere als wissenschaftliche Erwägungen gegenüber einem deutschen Autor mit, dessen bekanntestes Werk im Jahre 1939 erschien. So jedenfalls, wenn (ungewöhnlich ahnungslos) der Erfolg von „Land und Herrschaft" in Deutschland mit den damals herrschenden Begriffen von Lebensraum, Rassereinheit und der Einheit von Volk und Land erklärt wird[77]. – In den Vereinigten Staaten erschien 1992 eine vorzügliche, mit einem reichhaltigen wissenschaftlichen Apparat versehene Übersetzung von „Land und Herrschaft", die einen kundigen Rezensenten mit Recht zu einer ausführlichen Würdigung der großen Leistung OTTO BRUNNERS veranlaßte[78].

In der deutschsprachigen geschichtswissenschaftlichen Forschung der siebziger und achtziger Jahre behielt BRUNNER zwar seinen Referenzstatus; bei lautstarken und einflußreichen Autoren nicht notwendig positiv besetzt. Die Ursachen sind, soweit ich sehe und beurteilen kann, nicht nur fachspezifischer Natur gewesen. Mit den Universitätsunruhen Ende der 60er Jahre breitete sich epidemisch bei vielen Studenten ein „neomarxistisches" Bewußtsein aus, das zurückfiel in die Einteilung der Weltgeschichte als gesetzmäßige Abfolge von Sklavenwirtschaft (Antike), Feudalismus (Mittelalter) und Kapitalismus (Neuzeit). Was in Schulen und Universitäten der DDR als „wissenschaftliche Erkenntnis" von MARX

75 Vgl FN 63.

76 Die einschlägigen Formulierungen im Vorwort zu „Adeliges Landleben und europäischer Geist" sind ein wörtliches Zitat wert: „Das Schlagwort vom feudalen ‚Unterdrükkungs- und Ausbeutungssystem', das die Beamten des absoluten Staates aufbrachten und Wissenschaft und Publizistik des 19. Jahrhunderts weitertrugen, will uns ebenso wenig genügen wie ein romantisiertes ‚Mittelalter', das von seinen Lobrednern in seinem wirklichen Wesen gar nicht erkannt wurde" (FN 63) 10. Vgl dazu im übrigen die überzeugenden Darlegungen in der grundlegenden Abhandlung von OEXLE (FN 24) 305, bes 322 ff.

77 R. FOSSIER (FN 55) 396, weshalb dieser „Vorkriegs-Klassiker", so lange schon „überholt", mit Reserve und gebotener Zurückhaltung zu lesen sei.

78 THOMAS A. BRADY jr, Whose Land? Whose Lordship? The new Translation of Otto Brunner, in: Central European History (1996) 227-233; OTTO BRUNNER, Land and Lordship. Structures of Governance in Medieval Austria, Transl by Howard Kaminsky and James van Horn Melton (Philadelphia 1992). Daß der Ursprung seines „historischen Denkens" im antiliberalen Denken der „pre-Nazi Weimar intellectuals" (SCHMITT, FREYER und „vielleicht" O. SPANN und G. IPSEN) lag, wird freilich auch hier behauptet (xli).

und ENGELS allen Schülern und Studenten eingehämmert wurde, erschien den gegen die bürgerliche Ordnung revoltierenden Studenten als ein die Welt und ihre Geschichte deutender Passepartout. BRUNNER hatte sich explizit gegen die „meist allzu primitiven, von einer nahen Vergangenheit abgeleiteten Kategorien einer historischen Soziologie" gewendet[79] und in seinem Beitrag „Feudalismus" nicht nur die polemischen Wurzeln des MARXschen Feudalismusbegriffs im Absolutismus aufgedeckt, sondern auch die Unvergleichbarkeit der europäischen und russischen „Feudalherrschaft" behauptet[80]. Diese Verdikte und Folgerungen verziehen ihm die linken Vertreter der Historischen Soziologie nie.

Gleichzeitig fand auf den geschichtswissenschaftlichen Lehrstühlen der Bundesrepublik ein Generationenwechsel statt. Die jüngere Generation sah sich häufig nicht in der geistigen Tradition der Lehrer, verwarf vielmehr die bisherigen Einstellungen als „idealistisch", „national", „staatsgläubig" und „historistisch", und damit überholt, weil an vergangene Zeiten gebunden. Für sich selbst reklamierten einige Autoren die Adjektive „kritisch", „modern" und „emanzipatorisch" – das galt als originell –, die Geschichtswissenschaft sollte historische Sozialwissenschaft sein und in ihrer Begriffsbildung von der historischen Soziologie lernen[81]. Natürlich waren die Vertreter dieser neuen Richtung – sie beanspruchten, Träger eines „Paradigmenwechsels" zu sein – weit entfernt von den marxistischen Primitivismen der die Universitäten beherrschenden linksextremen Gruppen. Ihr „kritisches" Vokabular kam aber der linken Grundstimmung wenigstens entgegen und war kongruent mit der Sozialphilosophie Frankfurter Provenienz sowie den „kritischen" Strömungen in anderen Disziplinen[82]. Inhaltlich unterschied sich die neue Sozialgeschichte von der durch BRUNNER vertretenen und inspirierten Forschungsrichtung prinzipiell: „Die Erforschung der sozialen Ungleichheit markiert unverändert den Königsweg der modernen Sozialgeschichte, auch einer historisch interessierten Soziologie[83]."

---

79 Adeliges Landleben (FN 63) 10.

80 Neue Wege (FN 23) 128, 157 ff.

81 ZB WOLFGANG J. MOMMSEN, Die Geschichtswissenschaft jenseits des Historismus (1971), 2. Aufl (Düsseldorf 1972); HANS MOMMSEN, Betrachtungen zur Entwicklung der neuzeitlichen Historiographie in der Bundesrepublik, in: Alföldy ua (Hrsg), Probleme der Geschichtswissenschaft (Düsseldorf 1973) 124-155, bes HANS-ULRICH WEHLER, Historische Sozialwissenschaft und Geschichtsschreibung (Göttingen 1980).

82 In der schon durch die Namen der 32 Autoren aufschlußreichen Textsammlung, die JÜRGEN HABERMAS 1979 unter dem Titel „Stichworte zur geistigen Situation der Zeit" (4. Aufl, Frankfurt 1982) herausgab, sind die Historiker durch WEHLER sowie WOLFGANG und HANS MOMMSEN vertreten, im Abschnitt „F. d. G. O." [!] die Juristen durch JÜRGEN SEIFERT und ULRICH K. PREUSS.

83 H.-U. WEHLER, Bibliographie zur neueren deutschen Sozialgeschichte, 2. Aufl (München 1993) Vorwort, 11.

Unzweifelhaft sind in den letzten Jahren aus Erforschung und Darstellung sozialer Ungleichheit wichtige Werke hervorgegangen. Untersuchungen sozialer Ungleichheit als solcher verlieren aber nolens volens den Kontakt zur Verfassungsgeschichte, den BRUNNER stets zu halten suchte. Wo soziale Ungleichheit unmittelbar Teil der politischen Verfassung gewesen ist, wie im Falle des Dreiklassenwahlrechts, ist sie seit jeher Gegenstand der von Juristen betriebenen Verfassungsgeschichte. Ebenso sind Ursachen und Folgen sozialer Ungleichheit unverzichtbar im Rahmen der Militär- und Kriegsgeschichte, etwa des Absolutismus[84], aber auch des 19. Jh.

Jener „Königsweg" geht aus von einer Fragestellung der Gegenwart. Die Beseitigung sozialer Ungleichheit ist längst kein sozialistisches Postulat mehr, die Realisierung von Chancengleichheit variiert zwischen den Parteien und Gruppen allenfalls nach Tempo und Gegenstand. Die wissenschaftliche Erforschung von Ungleichheit wird deshalb von einer mächtigen Grundströmung nach Egalität getragen. Das Feld einer so verstandenen Sozialgeschichte ist grenzenlos: arm und reich, selbständig und unselbständig, Stadt und Dorf, weiblich und männlich, ehelich und unehelich usw. Die Zahl sozialer Ungleichheiten tendiert zu unendlich. Die Erforschung sozialer Ungleichheit kann daher auf Wohlwollen und Unterstützung rechnen, aber auch mit Inanspruchnahme und Vereinnahmung. Weil die gegenwärtige Bewußtseinsverfassung in die Beurteilung der Vergangenheit einfließt, argumentativ die vergangenen Zustände der gegenwärtigen Politik dienstbar gemacht werden, kommen auch alle rhetorischen Mittel der Politik zum Zuge. Die verdeckte oder offene Verbindung mit den politischen Forderungen der Gegenwart, ihren „Leitbildern", verschafft der Sprache solcher Untersuchungen den gereizten Ton, gewürzt durch Lob und Tadel, Hohn und Häme.

Nun ist solche „Sozialgeschichte" nicht deckungsgleich mit der spätmittelalterlichen und frühneuzeitlichen Geschichts- und Verfassungsgeschichtsschreibung. Hier sind BRUNNERS Arbeiten aus dem Erkenntnisstand des 20. Jh nicht wegzudenken. Niemand kann und wird auf die etatistischen Kategorien zurückfallen, von denen BRUNNER die Geschichtsschreibung über jene Zeiten befreite. Seine Bestimmungen von „Land und Herrschaft" bleiben „as topical today as they were in 1939"[85]; sie werden in Fortentwicklung und Widerspruch dem Mahlwerk der Wissenschaft unterworfen sein. BRUNNER wäre vermutlich der letzte, den dieser Prozeß überraschen könnte.

---

84 Vgl etwa JOHANNES KUNISCH, Feldmarschall Loudon oder das Soldatenglück (1981), in: ders, Fürst – Gesellschaft – Krieg (Köln 1992) 107-129 u öfter.

85 So 1992 KAMINSKY/VAN HORN MELTON (FN 78) xliv.

Reinhard Rack, Iris Eisenberger,
Gerda Hammerer, Martina Rattinger,
Peter Riedler, Judith Schwarzbauer,
Wolfgang Urbantschitsch

Demokratische Rechtserzeugung im gemeinsamen Europa

I. Einleitung

Rechtsfragen der internationalen und zwischenstaatlichen Rechtserzeugung haben die österreichische Staatslehre schon immer beschäftigt. Auch der Jubilar hat sich ausführlich mit Fragen der Rechtstellung von Völkerrecht bzw zwischenstaatlichem Recht und Staatsrecht beschäftigt. Von ihm sind auch entscheidende Impulse für eine teilweise Neugestaltung der diesbezüglich einschlägigen Verfassungsrechtslage ausgegangen. Es darf deshalb gehofft werden, daß die nachstehenden Ausführungen sein Interesse finden.

Bei der Auseinandersetzung mit den Rechtsfragen der transnationalen Rechtserzeugung und ihrer Beziehungen zum innerstaatlichen Recht standen zu verschiedenen Zeiten unterschiedliche Themenschwerpunkte im Vordergrund der einschlägigen Überlegungen.

Ein erstes Mal wurde das Thema von den „Großmeistern der Wiener Schule" – Kelsen, Merkl und Verdross – bereits in den Zwanzigerjahren unseres Jahrhunderts aufgegriffen.[1] Dabei ging es in erster Linie, wenn nicht ausschließlich, um eine Grundsatzfrage – den historischen Theorienstreit zwischen Monismus und Dualismus.

---

1 Vgl Kelsen, Das Problem der Souveränität und die Theorie des Völkerrechts (1920); *ders,* Österreichisches Staatsrecht (1923); *ders,* Allgemeine Staatslehre (1925); *ders,* Les rapports de système entre le droit interne et le droit international public, Receuil de Cours 1926 IV 227; Merkl, Das Recht im Lichte seiner Anwendung, DRZ 1917, H 7/8, abgedruckt in: Die Wiener Rechtstheoretische Schule I; *ders,* Der staatsrechtliche Werdegang des Staatsvertrages von St. Germain, Zbl 1920; Verdross, Zur Konstruktion des Völkerrechts, ZV 1914, 329; *ders,* Das Verhältnis der verfassungsmäßigen Staatsverträge zum österreichischen Gesetzesrecht, insbesondere zum Strafrecht, JBl 1917, 537; *ders,* Reichsrecht und internationales Recht, DJZ 1919, 291; *ders,* Staatliches Recht und Völkerrecht, SJZ 1920/21; Völkerrecht und einheitliches Rechtssystem, ZV 1923, 405; *ders,* Welche Bedeutung haben zwischenstaatliche Veträge für die innerstaatliche Gesetzgebung. Zweiter Deutscher Juristentag in der Tschechoslowakei (1925) 232; *ders,* Die Verfassung der Völkerrechtsgemeinschaft (1926).

Bei dieser vorwiegend rechtstheoretischen Auseinandersetzung über die Stellung des Völkerrechts im staatlichen Recht bewegen sich die verschiedenen Ansätze zwischen den extremen Positionen der prinzipiellen Verschiedenheit (Dualismus) oder aber der Wesensgleichheit der beiden Rechtsbereiche (Monismus). Wobei die verschiedensten Kombinationsvarianten und Zwischenlösungen im Spektrum der wissenschaftlichen Betrachtungs- und Anschauungsmöglichkeiten vertreten werden. Weder die eine noch die andere extreme Sichtweise läßt sich – obwohl die einschlägigen Regelungen des B-VG in ihrer Formulierung von der monistischen Theorie der Wiener Schule (KELSEN, VERDROSS) geprägt sind – durch das vorhandene nationale österreichische Rechtsmaterial eindeutig benoch eindeutig widerlegen.[2]

Als abstrakte Diskussion ist dieser Theorienstreit allerdings unfruchtbar. So kann der Aussage über die normative Irrelevanz des Theorienstreits, der auch schon als „unreal, artificial and strictly beside the point"[3] abgewertet wurde, heute im großen und ganzen zugestimmt werden.[4]

Der theoretischen Auseinandersetzung mit dem Verhältnis zwischen Staats- und Völkerrecht kommt aber insoweit Bedeutung zu, als sie zur Beschreibung konkreter rechtlicher Phänomene und Entwicklungen fruchtbar gemacht werden kann. Daher wurde das Thema der zwischenstaatlichen Rechtserzeugung bzw des Völker- und Staatsrechts in der nächsten Phase der wissenschaftlichen Auseinandersetzung bereits anwendungsorientiert aufgegriffen und behandelt.

Vor allem veranlaßt durch die Probleme, die der Verfassungsgerichtshof anfangs mit dem Beitritt Österreichs zur Europäischen Menschenrechtskonvention im Jahr 1958 und deren Inkorporierung in die österreichische Verfassung als unmittelbar anwendbares Bundesverfassungsrecht hatte,[5] beschäftigten sich WINKLER,[6] RILL,[7] ÖHLINGER[8] und RACK[9] ab

---

2 Vgl RACK, Das Völkerrecht im staatlichen Recht (1979) 45; konkret zur österreichischen Rechtslage vgl WALTER, Österreichisches Bundesverfassungsrecht (1972) 166.

3 FITZMAURICE, The General Principles of International Law, Receuil de Cours (1957) II 71.

4 Vgl WALTER, Österreichisches Bundesverfassungsrecht (1972) 166; stark relativiert WINKLER, Der Verfassungsstaat im Geflecht der internationalen Beziehungen, Länderbericht für Österreich, VVDStRL 36, 126.

5 Der VfGH bestritt zunächst den Verfassungsrang der EMRK (siehe VfSlg 4049/1961), sodaß dieser 1964 durch den Bundesgesetzgeber authentisch klargestellt werden mußte (Art II der B-VG Novelle 1964/59); vgl ERMACORA/NOWAK/TRETTER, Die Europäische Menschenrechtskonvention in der Rechtsprechung der österreichischen Höchstgerichte (1983) 47 ff.

6 Vgl WINKLER, Der Verfassungsrang von Staatsverträgen, ÖZöR 1959/60; *ders,* Zur Frage der unmittelbaren Anwendbarkeit von Staatsverträgen, JBl 1961; *ders,* Der Verfassungsstaat im Geflecht internationaler Beziehungen, Länderbericht für Österreich, VVDStRL 36.

dem Beginn der sechziger Jahre in zahlreichen wissenschaftlichen Aufsätzen und dann auch in ausführlichen Monographien mit dem Problemkreis Transformation und Adoption von Völkerrecht, mit Fragen des Verfassungsrangs von Staatsverträgen sowie der Stellung der allgemein anerkannten Regeln des Völkerrechts im staatlichen Recht.

Jetzt nach dem Beitritt Österreichs zur Europäischen Union – der selbst natürlich auch ein gewisses, allerdings nicht sehr ausführliches wissenschaftliches Schriftgut produziert hat[10] – stehen wieder neue Fragen ins Haus. Sie spiegeln gewissermaßen im Zeitraffer die gesamte bisherige Diskussion zu Fragen transnationaler Rechtserzeugung in Österreich wider.

Zum einen stellt sich – im neuen Kleid und unter neuen Rahmenbedingung – die grundsätzliche Frage nach den Beziehungen des Gemeinschaftsrechts zur österreichischen Rechtsordnung. Diese Frage ist mit der Behandlung des Beitrittsvertrages als Gesamtänderung der Bundesverfassung wohl in Teilen beantwortet worden. Viele neue Fragen harren in diesem Zusammenhang noch der wissenschaftlichen Aufarbeitung. Zum anderen handelt es sich um die klassische „alte" Frage im neuen Kontext. Hierher gehören die tatsächliche und korrekte Befolgung der Rechtsvorschriften des Gemeinschaftsrechts im innerstaatlichen Rechtsraum in zahlreichen Einzelfällen. Schlagworte zu politischen, aber auch juristischen Problemfällen, wie Brennermaut, öffentliche Auftragsvergabe und Regierungsviertel St. Pölten, Anonymität der Sparbücher, die Problematik der Ennsnahen Trasse – Naturschutz versus Straßenbau oder Haftung für legislatives Unrecht bei der Nicht-Umsetzung von Richtlinien zeigen nur zu deutlich, daß die alten Fragen der zwischenstaatlichen Rechtserzeugung und des Verhältnisses zwischen Staatsrecht und transnationalem

---

7 Vgl Rill, Der Rang der allgemein anerkannten Regeln des Völkerrechts, ÖZöR 1959/60, 439 ff.

8 Vgl Öhlinger, JBl 1968; Der völkerrechtliche Vertrag im staatlichen Recht (1973).

9 Vgl Rack, Die Rechtsüberleitung von Staatsverträgen (1976); *ders*, Das Völkerrecht im staatlichen Recht – Transformation und Adoption (1979); *ders*, Die Wiener Vertragsrechtskonvention – Rückblick und Vorschau, ÖJZ 1979; in: Reformen 1979.

10 Vgl nur auszugs- und beispielsweise Rack, Rechtsfragen aus der Sicht der österreichischen Bundesländer, Economy 10/11, 1991; *ders*, Grundverkehr im EWR und in der EG, Economy 3 (1992); *ders*, Fragen zur EWR- bzw EG-Rechtsreform aus der Sicht der österreichischen Länder, EuZW 12/1992; *ders*, Die Beitrittsverhandlungen Österreichs mit der EU, in: Europa – Vom Binnenmarkt zur Europäischen Union (1994); *ders*, Neutralität – Politik der gespaltenen Zunge? in: Haller/Schachner-Blazizek (Hrsg), Europa – wohin? (1994); *ders*, Der Beitritt zur Europäischen Union – ein einschneidendes Ereignis in der Geschichte Österreichs, in: WISO 1/95; Griller, Verfassungsfragen der österreichischen EU-Mitgliedschaft, Zeitschrift für Rechtsvergleichung 1995, 89 ff; *ders*, Neutralität, Grundprinzipien der Bundesverfassung und Europäische Integration, in: Diendorfer/Ratzenböck (Hrsg), EG-Europa. Fakten, Hintergründe, Zusammenhänge. Informationen zur politischen Bildung Nr 4/92, 73 ff; Holzinger, Die Auswirkung der österreichischen EU-Mitgliedsschaft auf das österreichische Verfassungsrecht, JRP 1996,160.

Recht nichts an ihrer Spannung und ihrem wissenschaftlichen Interesse verloren haben. Vielmehr noch, sie sind aktueller denn je.

Die allgemeinen und grundlegenden Fragen, die hinter diesen Problemkreisen stehen, sind die dem Gemeinschaftsrecht als Recht einer supranationalen Organisation immanenten Strukturmerkmale – autonome Geltung, Vorrang sowie unmittelbare Anwendung und Durchgriff des Gemeinschaftsrechts.

Die „erste Säule" der Europäischen Union besitzt als bezeichnenstes Merkmal in diesem Zusammenhang supranationalen Charakter. Die Kriterien der Supranationalität sind die Möglichkeit von Mehrheitsbeschlüssen mit bindender Wirkung auch gegenüber überstimmten Mitgliedstaaten, die Selbständigkeit und Unabhängigkeit der einzelnen Organe sowie die spezifischen Strukturmerkmale des Gemeinschaftsrechts – autonome Geltung, Vorrang und unmittelbare Anwendbarkeit.

Für das Verhältnis von zwischenstaatlichem Recht und damit einhergehender Rechtsetzung zum nationalen Recht ist vor allem die autonome Geltung des Gemeinschaftsrechts von Bedeutung. Nach der Rechtsprechung des EuGH[11] gilt das Gemeinschaftsrecht in den Mitgliedstaaten, ohne daß es einer Transformation in innerstaatliches Recht bedarf. Der EuGH vertritt die Auffassung der autonomen Geltung des Gemeinschaftsrechts kraft dessen Eigenständigkeit und verfolgt damit das Ziel, Vorrang und einheitliche Geltung des Gemeinschaftsrechts zu sichern.

Ferner hat das gesamte, primäre wie sekundäre, Gemeinschaftsrecht nach der Rechtsprechung des EuGH Vorrang vor dem gesamten staatlichen Recht. Grundlegend für die Bestimmung des Verhältnisses von Gemeinschaftsrecht und nationalem Recht sowie die Festlegung des Vorrangs von Gemeinschaftsrecht ist die schon zitierte Entscheidung des EuGH im Rechtstreit Costa/ENEL. In der Begründung zu diesem Urteil leitet der EuGH den Vorrang des Gemeinschaftsrechts aus seiner unmittelbaren Geltung und Anwendbarkeit bzw seinem Geltungsgrund – dem Abschluß der Gemeinschaftsverträge – ab.[12] Der Vorrang des Gemein-

11 Grundlegend dafür ist das Urteil im Fall Costa/ENEL (Rs 6/64 – Slg 1964, 1225 ff), in dessen Begründung der EuGH zur autonomen Geltung des Gemeinschaftsrechts ausführt: „Zum Unterschied von gewöhnlichen internationalen Verträgen hat der EWG-Vertrag eine eigene Rechtsordnung geschaffen, die bei seinem Inkrafttreten in die Rechtsordnungen der Mitgliedstaaten aufgenommen worden und von ihren Gerichten anzuwenden ist." Das gesamte Gemeinschaftsrecht „gilt" also in den Mitgliedstaaten ohne weitere Transformation in nationales Recht. Die These vom Vorrang des Gemeinschaftsrechts hat der EuGH in ständiger Rechtsprechung wiederholt und weiterentwickelt, vgl dazu Rs 106/77 Staatliche Finanzverwaltung/SpA Simmenthal, Slg 1978, 629; Rs 249/85 ALBAKO/BALM, Slg 1987, 2345; Rs C-213/89 The Queen/Secretary of State, ex parte Factortame, Slg 1990, 2433.

12 Rs 4/64 Costa/ENEL, Slg 1964, 1225: „Die Aufnahme der Bestimmungen des Gemeinschaftsrechts in das Recht der einzelnen Mitgliedstaaten und, allgemeiner, Wort-

schaftsrechts wurde vom EuGH noch näher als Anwendungsvorrang präzisiert.[13]

Von der autonomen oder unmittelbaren Geltung des Gemeinschaftsrechts und dessen Vorrangwirkung ist als dessen letztes spezifisches Merkmal die unmittelbare Anwendbarkeit bzw Wirksamkeit zu unterscheiden. Nach ständiger Rechtsprechung des EuGH[14] sind alle Normen des Gemeinschaftsrechts, die „rechtlich vollkommen", dh ohne jede weitere Konkretisierung anwendbar und unbedingt sind, die in einer Handlungs- oder Unterlassungspflicht für die Mitgliedstaaten bestehen, die keine weiteren Vollzugsmaßnahmen erfordern und die den Mitgliedstaaten keinen Ermessensspielraum lassen, für ihre Adressaten unmittelbar wirksam. Das Gemeinschaftsrecht erkennt ausdrücklich den Verordnungen unmittelbare Anwendbarkeit zu.[15] Nach der Judikatur des EuGH sind aber auch zahlreiche Regelungen des Primärrechts und unter bestimmten Voraussetzungen auch Richtlinien unmittelbar anwendbar.

Im berühmten Francovich-Urteil hat der EuGH[16] diese Rechtsprechungslinie weiter ausgebaut, indem er eine Haftung der Mitgliedstaaten gegenüber den Bürgern für nicht umgesetzte Richtlinien, dh für legislatives Unrecht, statuiert hat. Der EuGH hat damit einen allgemeinen Grundsatz des Gemeinschaftsrechts entwickelt, daß die Mitgliedstaaten zum Ersatz der Schäden verpflichtet sind, die den einzelnen durch Verstöße gegen das Gemeinschaftsrecht – hier die nicht fristgerechte Umsetzung einer Richtlinie – entstehen. Durch die noch weiterreichende Entscheidung im Fall Brasserie du pêcheur[17] hat der EuGH auch eine Staatshaftung für Verletzungen des primären Gemeinschaftsrechts seitens der Mitgliedstaaten ausjudiziert. Gerade diese Entscheidungen des EuGH und damit Vorgaben des Gemeinschaftsrechts zeigen wohl sehr deutlich, wie stark zwischenstaatlich erzeugtes Recht auf nationales Recht einwirkt. Durch die autonome Geltung und den Vorrang des Gemeinschaftsrechts

laut und Geist des Vertrages haben zur Folge, daß es den Staaten unmöglich ist, gegen eine von ihnen auf der Grundlage der Gegenseitigkeit angenommene Rechtsordnung nachträglich einseitige Maßnahmen ins Feld zu führen. Solche Maßnahmen stehen der Anwendbarkeit der Gemeinschaftsordnung daher nicht entgegen. Aus alledem folgt, daß dem vom Vertrag geschaffenen, somit aus einer autonomen Rechtsquelle fließenden Recht wegen dieser seiner Eigenständigkeit keine wie immer gearteten innerstaatlichen Rechtsvorschriften vorgehen können."

13 Dem Gemeinschaftsrecht widersprechendes nationales Recht wird nicht aufgehoben und tritt nicht automatisch außer Kraft, es darf aber im Konfliktfall nicht angewendet werden (Anwendungsvorrang).

14 Seit Rs 26/62 van Gend & Loos, Slg 1963, 1 ff.

15 Art 189 Abs 2 EGV, Art 161 Abs 2 EAGV.

16 Rs C-6/90 und C-9/90 Frankovich ua/Italien, Slg 1991 I 5357.

17 Rs C-46/93 und C-48/93 Brasserie du pêcheur/BRD und The Queen/Secretary of State for Transport ex parte: Factortame Ltd ua, Slg 1996 I 1029.

finden wir nun im österreichischen Recht ein diesem weithin fremdes Rechtsinstitut, nämlich Amtshaftung für legislatives Unrecht.

In allen Phasen der Befassung der österreichischen Staatsrechtslehre mit dem Thema der zwischenstaatlichen Rechtserzeugung gab und gibt es ein zusätzliches und immer wieder auftauchendes Problem – das sog Demokratiedefizit. Dieses Defizit entsteht ganz allgemein dadurch, daß transnational erzeugtes Recht nationale Souveränität einschränkt, ohne daß in diesem Zusammenhang ein demokratisch legitimiertes Parlament in die Rechtsetzung eingebunden ist bzw diese vornimmt. Einen Teilaspekt dieser Rechtsfrage hat die österreichische Staatsrechtslehre in den Siebzigerjahren unter dem Schlagwort Demokratisierung der Außenpolitik an- aber nicht ausdiskutiert. In diesem Zusammenhang stellen sich die entsprechenden Fragen sehr global unter den Stichworten Intergouvernementalismus und Regierungsgesetzgebung. Der folgende Beitrag soll einem besonderen Teilaspekt dieser Problematik gewidmet sein. Es geht um die Mitwirkung der Parlamente im europäischen Rechtserzeugungsprozeß. Ausgehend von einer Analyse des status quo auf national österreichischer und europäischer Ebene sollen einige kritische Überlegungen zu notwendigen Reformen angestellt werden.

Den höchst aktuellen Anlaß dafür bildet die Regierungskonferenz 1996. Dabei sind die Bemühungen groß, bis zum Gipfel der Staats- und Regierungschefs in Amsterdam im Juni des Jahres 1997 zu einem Ergebnis zu kommen. Aufgrund des Zeitdrucks zeichnet sich aber insbesondere für die schon bisher vernachlässigte Reform der Institutionen ab, daß vermutlich wieder – wie schon seinerzeit beim Vertrag von Maastricht – die Ergebnisse eher enttäuschend ausfallen und sich in Grenzen halten werden. Es bleibt zu hoffen, daß man sich die Latte nicht zu hoch gelegt hat und nun Gefahr läuft, unten durchzulaufen. Sollte die Reform des institutionellen Teils aber tatsächlich nicht gelingen, dann könnte ein neuer Intergouvernementalismus, dominiert von den „großen" Mitgliedstaaten, dh der deutsch – französischen Achse, drohen. In einzelnen konkreten Vorschlägen, noch mehr aber im globalen Denkansatz des sog Kohl – Chirac Briefes, wird diese Gefahr sehr deutlich manifestiert.

II. Die Mitwirkung des Europäischen Parlaments an der Europäischen Rechtsetzung

1. Mitgestaltungsmöglichkeiten auf primärrechtlicher Ebene

Die Möglichkeiten am Rechtserzeugungsprozeß auf primärrechtlicher Ebene mitzuwirken, sind für das Europäische Parlament sehr eingeschränkt. Im Rahmen des sog Zustimmungsverfahrens wurden dem EP zwar Befugnisse eingeräumt, um am Rechtserzeugungsprozeß auf primärrechtlicher Ebene mitwirken zu können, jedoch findet dieses Verfahren nur auf vereinzelte Fälle Anwendung.[18]

Dem Umstand der unzureichenden Mitwirkungsmöglichkeit des EP am Rechtsetzungsprozeß sollte durch Art N EUV Abhilfe geschafft werden. Jedoch sind die primärrechtlichen Gestaltungsmöglichkeiten immer noch bescheiden.[19] Dies zeigt nicht zuletzt die Vorgeschichte und der aktuelle Stand der Beteiligung des Europäischen Parlaments an der laufenden Regierungskonferenz. Bis kurz vor der Eröffnung der Regierungskonferenz im März 1996 in Turin war die Möglichkeit der Teilnahme des Europäischen Parlaments an dieser umstritten. Schließlich mußte aufgrund von Unstimmigkeiten innerhalb des Rates eine Kompromißformel[20] gefunden werden. Dieser Interessenausgleich sieht regelmäßige Konsultationen der Minister mit dem Präsidenten und der Vertreter des Europäischen Parlaments bzw monatliche Treffen der Beauftragten der Minister mit den Parlamentsvertretern vor.

Trotz dieses Kompromisses ist durch den Europäischen Rat in Turin der rein zwischenstaatliche Charakter der Regierungskonferenz bestätigt worden. Die Erfolge des EP, die nun tatsächlich im Rahmen der Regierungskonferenz erzielt werden, werden allerdings den Maßstab für die Einbindung des EP bei künftigen Vertragsrevisionen bilden.

2. Mitgestaltungsmöglichkeiten auf sekundärrechtlicher Ebene

Die Einbindung des Europäischen Parlaments in den legislativen Prozeß der EU ist auf sekundärrechtlicher Ebene schon wesentlich stärker ausgeprägt. Vor allem in der ersten Säule, den Europäischen Gemeinschaften, gibt es eine Reihe unterschiedlicher Formen der Mitwirkung. Hier finden sich das Instrument der Anhörung,[21] das durch die Einheitliche Europäische Akte eingeführte Verfahren der Zusammenarbeit[22] so-

---

18 So bedürfen beispielsweise der Beitritt neuer Mitgliedstaaten zur Europäischen Union gem Art O Abs 1 Satz 2 EUV, Assoziationsverträge mit Drittstaaten und Organisationen gem Art 238 EGV sowie sonstige Abkommen gem Art 228 Abs 2 und 3 EGV, die einen besonderen institutionellen Rahmen schaffen oder erhebliche Auswirkungen auf den Haushalt der Gemeinschaft haben, der Zustimmung des Parlaments.

19 Laut Vertrag besteht die Einbindung des Parlaments lediglich in einer Anhörung vor der Stellungnahme des Rates in der Frage des Zusammentritts einer Regierungskonferenz.

20 Schlußfolgerungen des Vorsitzes-Turin, 29.3.1996.

21 Anhörung im Konzertierungsverfahren bzw die obligatorische Anhörung.

22 Art 189c EGV.

wie das im Zuge des Maastricht Vertrages neu geschaffene Mitentscheidungsverfahren.[23]

Das Mitentscheidungsverfahren besteht aus einem Rechtsetzungstrilog zwischen Rat, Europäischem Parlament und Kommission[24] und unterteilt sich in zwei Phasen der Vermittlung: Im Anschluß an die erste Lesung im Europäischen Parlament wird vom Rat ein Gemeinsamer Standpunkt zu einem Vorschlag der Kommission gefaßt. Will das EP diesem nicht zustimmen, kann es diesen in zweiter Lesung ablehnen. In diesem Fall kann der Rat einen sog Vermittlungsausschuß, bestehend aus Mitgliedern des Rates und des EP, einsetzen, der nochmals über den gemeinsamen Standpunkt unter aktiver Beteiligung der Europäischen Kommission diskutiert. Das eigentliche Vermittlungsverfahren wird erst dann eingeleitet, wenn die Änderungsvorschläge der zweiten Lesung des Parlaments vom Rat nicht angenommen werden.

Die Aufgabe des Vermittlungsauschusses ist vor allem die Herbeiführung einer einvernehmlichen Lösung zwischen Rat und Parlament. Wird eine Einigung erzielt, bedarf es einer nochmaligen Zustimmung des Rates und des EP.[25] Einigt sich der Vermittlungsausschuß nicht auf einen gemeinsamen Text, gilt der vorgeschlagene Entwurf als abgelehnt, sofern nicht der Rat seinen gemeinsamen Standpunkt, den er vor Eröffnung des Vermittlungsverfahrens gebilligt hatte, mit qualifizierter Mehrheit bestätigt. Die endgültige Erlassung des Rechtsaktes kann durch das Europäische Parlament jedoch dadurch verhindert werden, daß es mit der absoluten Mehrheit seiner Mitglieder ein Veto einlegt und gegen den Vorschlag stimmt. Das Mitentscheidungsverfahren bietet dem EP erstmals ein taugliches Mittel, tatsächlich die Erlassung eines Rechtsaktes zu unterbinden.[26]

Eine weitere Mitwirkungsmöglichkeit des EP am Legislativprozeß – allerdings in abgeschwächter Form – bietet das Verfahren der Zusammenarbeit. Die Letztentscheidung liegt bei diesem Verfahren jedoch beim Ministerrat, und damit – abhängig von der Möglichkeit zur Einflußnahme des NR auf die Minister- bei den Parlamenten der Mitgliedstaaten.

Anders als im Mitentscheidungsverfahren kann der Rat hier einen vom Parlament in zweiter Lesung abgelehnten Vorschlag dennoch annehmen, vorausgesetzt es liegt Einstimmigkeit vor. Ändert das EP den

23 Rt 189b EGV.

24 Thun-Hohenstein/Cede, Europarecht (1995) 184.

25 Das Europäische Parlament muß mit absoluter Mehrheit und der Rat mit qualifizierter Mehrheit zustimmen.

26 Art 189c EGV.

Vorschlag mit absoluter Mehrheit, liegt der Spielball bei der Kommission. Übernimmt sie die Änderungsvorschläge des Parlaments, kann der Rat den neuen Vorschlag mit qualifizierter Mehrheit annehmen und den betreffenden Akt erlassen. Übernimmt die Europäische Kommission die Änderungsvorschläge des Parlaments jedoch nicht, bedarf es zur Annahme des Vorschlages durch den Rat wieder der Einstimmigkeit. Dieses Verfahren hat sich, wohl nicht zuletzt wegen der in Art 189c EGV vorgenommenen Fristsetzung, als sehr effektiv erwiesen.[27]

Ein weiteres Mitgestaltungsinstrument des EP stellt das Anhörungsverfahren dar. Dieses sieht einen Vorschlag der Kommission und einen Beschluß des Rates mit der in der Ermächtigungsnorm festgelegten Mehrheit und nach Anhörung des Europäischen Parlaments vor. Der Rat ist hier nicht an die Stellungnahme des Parlaments gebunden, jedoch führt die unterbliebene obligatorische Anhörung als wesentlicher Verfahrensmangel zur Nichtigkeit.[28]

1975 wurde durch eine Gemeinsame Erklärung von Rat, Kommission und Parlament das Konzertierungsverfahren[29] für Fälle eingeführt, in denen der Rat beabsichtigt, von einer Stellungnahme des Parlaments abzuweichen. Dieses Verfahren ist auf Rechtsakte anwendbar, die von allgemeiner Tragweite sind und ins Gewicht fallende finanzielle Auswirkungen haben. Das Konzertierungsverfahren ist allerdings durch Art 189b und Art 189c EGV in den Hintergrund getreten.

Ein wesentlicher Punkt der Mitsprache des Europäischen Parlaments ist die Beschlußfassung über den Haushaltsplan. Sie erfolgt gemäß Art 203 EGV und ist im einzelnen in der Haushaltsordnung[30] und in interinstitutionellen Vereinbarungen[31] geregelt. Im Haushalt der Europäischen Union wird zwischen obligatorischen und nicht-obligatorischen Ausgaben unterschieden. Bei den nicht-obligatorischen Ausgaben besitzt das Parlament die letzte Abänderungskompetenz.

3. Komitologie

Ein gutes oder doch wohl eher ein schlechtes Beispiel für das Problem der fehlenden Mitwirkung des Parlaments bietet, im Bereich der exekutiven Gesetzgebung der Europäischen Kommission, das Komitologieverfahren. Obwohl der Rat nach dem EGV und dem EAGV noch immer

---

27 STREINZ, Europarecht^{2}, RN 450.

28 Vgl EuGH, Rs 138/79 – Roquette Frères/Rat Slg 1980, 3333.

29 ABlEG 1975 C 89/1.

30 ABlEG 1977 L 356/1.

31 ABlEG 1993 C 331/1.

eindeutig das Hauptrechtsetzungsorgan für sekundäres Gemeinschaftsrecht ist, sieht Art 145 EGV neben der Beteiligung des EP zur Durchführung der Gemeinschaftsverträge vor, der Europäischen Kommission in vom Rat angenommenen Rechtsakten Durchführungsbefugnisse zu übertragen. Auf diese Weise wird die Kommission in relativ großem Umfang in die Rechtsetzungskompetenz von Verordnungen und Richtlinien des Rates eingebunden und gelangt zu nicht zu unterschätzender Rechtsetzungskompetenz.

Die in Art 145 EGV vorgesehene Möglichkeit der Festlegung der Verfahren ist im Beschluß des Rates vom 13. 7. 1987, dem sog „Komitologie-Beschluß"[32], erfolgt. Dadurch wurden die bereits früher existierenden Einrichtungen des „beratenden Ausschusses", des „Verwaltungsausschusses" und des „Regelungsausschusses" auf eine rechtlich verbindliche Grundlage gestellt. Im Verfahren des beratenden Ausschusses hingegen ist die Kommission nicht an seine Stellungnahme gebunden. Im Verwaltungsausschußverfahren verliert die Kommission bei Hinwegsetzen über die Stellungnahme ihre Rechtsetzungskompetenz an den Rat. Ebensolches gilt für den Verwaltungsausschuß.[33]

Das Europäische Parlament ist umstrittenermaßen vom Ausschußverfahren ausgeschlossen.[34] Aktualität gewann diese Tatsache durch Ereignisse wie die – durch den parlamentarischen Untersuchungsausschuß aufgezeigten – Mißstände im Bereich der Veterinärgesetzgebung, die zum Großteil in den Vollzugsbereich der Europäischen Kommission gehört.

4. Bewertung und Kritik

Die Rolle des Europäischen Parlaments im Rechtsetzungsprozeß hat seit den Römer Verträgen, deren 40-jähriges Jubiläum wir heuer feiern, in verschiedenen Etappen mehr Gewicht erlangt. Hatte in den ursprünglichen Verträgen die „Versammlung"[35], im Gesetzgebungsverfahren nur eine beratende Funktion, so wurden seither durch Vertragsänderungen und interinstitutionelle Vereinbarungen schrittweise die Kompetenzen erweitert. Trotz der Reformen vor allem in den letzten zehn Jahren blieb

---

32 87/373//EWG vom 13. 7. 1987.

33 Zum Ausgleich dafür, daß die Kommission ihre Entscheidungskompetenz verliert, enthalten die Regelungsausschußverfahren eine Bestimmung für die Auffangkompetenz der Kommission für den Fall, daß sich der Rat auf keine eigene Lösung einigen kann.

34 Eine Klage des Parlaments gegen den Komitologiebeschluß wurde in den Achtzigerjahren vom EuGH wegen Unzulässigkeit abgewiesen, Rs 302/87 Europäisches Parlament/Rat, Rspr 1988, 5615 ff.

Der Maßstab der demokratischen Legitimität muß jedoch zumindest die Beteiligung des Europäischen Parlaments an der zugrundeliegenden Verordnung sein.

35 Art 137 ff EWGV.

das Europäische Parlament nur in einem unbefriedigenden Maße an der Rechtsetzung beteiligt.

Heute stellt sich vor allem die Frage, inwieweit die Rechtsetzung auf Gemeinschaftsebene – auf der in absehbarer Zeit bis zu 80 % der wirtschaftlichen und sozialen Entscheidungen getroffen werden sollen – zum Großteil dem Rat als einem aus Regierungsvertretern zusammengesetzten Organ und der Kommission als Exekutivorgan überlassen werden kann. Es stellt sich die Frage, ob in einer Integrationsgemeinschaft die Akzeptanz durch den Bürger – ohne verstärktes Mitwirken eines demokratisch gewählten Gesetzgebungsorgans – überhaupt herbeizuführen ist.

Diese Frage beantwortet sich in einer demokratisch verfaßten Gemeinschaft eigentlich von selbst: Es darf in einer Europäischen Union Gesetzgebung ohne ein gewähltes Parlament nicht – oder jedenfalls nicht in nennenswertem Ausmaß – geben. Weitaus schwieriger werden die Antworten, wenn es darum geht zu klären, in welchen Bereichen das derzeitige Recht reformiert werden muß.

Immer wieder war und ist eine mögliche Reform der Verfahren Gegenstand von Diskussionen. Ein zumeist beanstandeter Punkt ist die Vielzahl der Verfahren, die einer Reduzierung unterzogen werden sollte. Die oben erfolgte Beschreibung der Verfahren gibt nur einen kurzen Überblick über die grundlegenden Mitwirkungsinstrumente, von denen es – in vielen vereinzelten Sonderregelungen – unterschiedliche Spielarten gibt. Die Übersicht über die bunte Vielfalt ist selbst für Experten schwer zu bewahren. Dazu kommt, daß die Zuordnung der Verfahren zu den einzelnen Bereichen unsystematisch und undurchsichtig ist. Bei der Mitwirkung des Europäischen Parlaments entsteht der Eindruck, daß die Beteiligung des EP an der Rechtsetzung, insbesondere durch das Verfahren der Mitentscheidung möglichst publikumswirksam, aber auch möglichst wenig störend gestaltet werden sollte.[36]

Im Mittelpunkt der Reformvorschläge für die Regierungskonferenz 1996 steht daher der künftige Anwendungsbereich des Mitentscheidungsverfahrens. Lediglich ein Viertel der Legislativakte wird nach dem Verfahren der Mitentscheidung erlassen. Der Versuch der Erweiterung des Mitentscheidungsverfahrens auf alle Bereiche der Gemeinschaftsgesetzgebung ist eine der Prioritäten des Europäischen Parlaments.[37]

---

36 So unterliegt die wichtige Kompetenznorm des Art 43 EGV (Gemeinsame Agrarpolitik) nach wie vor dem Anhörungsverfahren.

37 Eine erste Kraftprobe im Tauziehen um die Bereitschaft, das Mitentscheidungsverfahren auf weitere Anwendungsbereiche auszuweiten, hat das Parlament allerdings bereits verloren. Der Vorschlag der Kommission, das Mitentscheidungsverfahren in Fällen anzuwenden, die auch auf eine Rechtsgrundlage gestützt werden könnte, welche keine Mitbestimmung des Parlaments vorsieht, wurde vom Rat abgelehnt. Der konkrete Anlaßfall

Die Erfahrungen mit der Mitentscheidung sind durchwegs gut. Ursprüngliche Befürchtungen, das Verfahren könnte sich als zu kompliziert und langwierig erweisen, haben sich als unbegründet erwiesen. Seit Inkrafttreten des EUV sind etwa 60 Rechtsakte nach diesem Verfahren erlassen worden. Im Durchschnitt dauerten die Verfahren zwischen 18 und 24 Monaten und in den meisten Fällen war es nicht notwendig den Vermittlungsausschuß anzurufen.[38] Obwohl die Funktionsfähigkeit des Mitentscheidungsverfahrens eindeutig bestätigt wurde, ist eine der Prioritäten der Regierungskonferenz die Vereinfachung und Beschleunigung dieses Verfahrens.[39]

III. Reformvorschläge auf europäischer Ebene

Im Zuge der Regierungskonferenz und bereits in deren Vorfeld sind von unterschiedlichen Seiten Reformvorschläge unterbreitet worden. Für die österreichische Diskussion haben in dankenswerter Weise die Vertretung der Europäischen Kommission in Österreich mit der Herausgabe des Sammelbandes „Regierungskonferenz 1996 – Wohin steuert die EU?“ und die JULIUS-RAAB-Stiftung mit einigen ihrer Forschungsberichte unter Federführung von GRILLER wichtige Markierungen gesetzt. Im folgenden soll ein Überblick der wichtigsten Reformvorschläge bezüglich des Legislativprozesses gegeben werden.

1. Entschließung vom 17. Mai 1995, basierend auf dem Bericht Bourlanges/Martin

Am 17. Mai 1995 verabschiedete das Europäische Parlament eine erste Entschließung zur Regierungskonferenz.[40] Diese stellt eine Antwort auf das Ersuchen des Europäischen Rates auf Korfu an alle Europäischen

war der Vorschlag, die Verordnung für ein einheitliches System zur Kennzeichnung und Registrierung von Rindern auf der Rechtsgrundlage des Art 100a EGV und damit unter Anwendung des Mitentscheidungsverfahrens zu erlassen. Dieser Vorschlag fand allerdings nicht die Zustimmung des Rates. Die Verordnung wurde letztendlich doch nach Art 43 EGV- Anhörungsverfahren – erlassen.

38 Nur in zwei Fällen konnte keine Einigung erzielt werden: Das Parlament stimmte am 1. März 1995 gegen den Vorschlag für eine Richtlinie über den rechtlichen Schutz biotechnologischer Erfindungen und damit eine im Vermittlungsausschuß erzielte Einigung nicht bestätigt. Der Vorschlag für eine Richtlinie zur Einführung des offenen Netzzuganges beim Sprachtelefondienst wurde vom Europäischen Parlament am 21. Juli 1994 abgelehnt.

39 Vgl dazu die Reformvorschläge zur Regierungskonferenz 1996.

40 Entschließung A4-0102/95 vom 17.Mai 1995, basierend auf dem Bericht Bourlanges/Martin.

Organe, einen Bericht über die Funktionsweise des EU-Vertrages zu erstellen, dar. In dem umfangreichen Dokument nimmt das Europäische Parlament zu sämtlichen Fragen einer Vertragsrevision Stellung.

Die Diskussion einer Institutionenreform und Reform des Gesetzgebungsprozesses innerhalb der Union nimmt naturgemäß einen großen Raum in den Vorschlägen des Europäischen Parlaments für die Vertragsrevision ein. Die Verträge sollen im Geiste der Demokratie und Offenheit verbessert werden.[41] Will man aber dem demokratischen Defizit der EU abhelfen, ist es notwendig, das Europaparlament an allen wichtigen Entscheidungen zu beteiligen. Das muß besonders für so umfassende Entscheidungen, wie die Vertragsrevision des EUV, gelten. Die bloße Ratifizierung durch die nationalen Parlamente der Mitgliedstaaten kann aus einem einfachen Grund nicht Legitimation genug sein: Der Vertrag kann nur als ganzes angenommen oder abgelehnt werden. An den Verhandlungen selbst sind aber keine volksgewählten Vertreter der Mitgliedstaaten beteiligt.

Eine der ersten und wichtigsten Forderungen des Europäischen Parlaments[42] war deshalb die Änderung des Artikel N EUV. Sie soll dem Parlament – gleich wie der Kommission – ermöglichen, Änderungsvorschläge einbringen zu können. Weiters wird ein Zustimmungsrecht des Europäischen Parlaments zu den Ergebnissen der Regierungskonferenz gefordert.

Das Parlament verlangt darüberhinaus für alle Bereiche, in denen die EU Gesetzgebungs- oder Haushaltskompetenzen besitzt, den gleichen Status wie der Rat. Die Kontrollrechte des Europäischen Parlaments sollten in allen Bereichen, in denen eine demokratisch legitimierte Kontrolle besonders unzureichend ist, verstärkt werden. Das ist beispielsweise im Rahmen der WWU oder der GASP der Fall. Das Europäische Parlament fordert eine verbindliche Anhörung vor Annahme eines gemeinsamen Standpunktes durch den Rat. Schließlich sollen Inhalt und Anwendung der Entscheidungsverfahren modifiziert werden.

Die Kommission sollte in bezug auf das Initiativrecht verpflichtet werden, auf Initiativen zu antworten, die das Parlament gemäß Artikel 138b Abs 2 EGV ergreift.

Die demokratische Kontrolle innerhalb der Union könnte der Entschließung zufolge am besten durch eine Partnerschaft zwischen dem Europäischen Parlament und den nationalen Parlamenten erreicht werden.

---

41 Schlußfolgerungen des Vorsitzes – Korfu, Juni 1994.

42 Entschließung A4-0102/95 vom 17. Mai 1995, basierend auf dem Bericht Bourlanges/Martin.

Die Gesetzgebungsverfahren der EU müssen übersichtlicher und transparenter werden. Deswegen schlagen BOURLANGES/MARTIN vor, die Zahl der verschiedenen Gesetzgebungsverfahren auf drei zu reduzieren: das Verfahren der Mitentscheidung, der Zustimmung und der Konsultation. Das bestehende Verfahren der Zusammenarbeit sollte innerhalb der ersten Säule abgeschafft werden. Das Verfahren der Zustimmung sollte auf die Änderung des Vertrags, internationale Übereinkünfte, die Erweiterung und Anpassungen bei den Eigenmitteln und alle Entscheidungen konstitutiver Art[43] angewandt werden. Das Verfahren der Konsultation sollte sich auf Beschlüsse im Bereich der gemeinsamen Außenpolitik und der Sicherheit beschränken. In allen anderen Bereichen sollte das Verfahren der Mitentscheidung Anwendung finden.

Für das Verfahren der Mitentscheidung, welches das grundsätzliche Legislativverfahren bilden soll, muß der Entscheidungsprozeß einfacher, schneller und transparenter werden. So soll das Verfahren beendet werden, wenn im Stadium der ersten Lesung eine Einigung zwischen dem Rat und dem Europäischen Parlament erzielt werden kann. Die Phase der Erklärung der beabsichtigten Ablehnung sollte überhaupt abgeschafft werden. Weiters fordert das Europäische Parlament verschiedene Vereinfachungen des Vermittlungsverfahrens, Harmonisierung der erforderlichen Mehrheiten und vor allem die Abschaffung der Möglichkeit eines einseitigen Vorgehens des Rates (durch erneute Bestätigung seines gemeinsamen Standpunktes) im Falle des Scheiterns eines Vermittlungsverfahrens.

Um den Umfang der dem Rat und dem Europäischen Parlament vorgelegten Gesetzesentwürfe einzuschränken, schlägt das Europäische Parlament die Einführung einer Normenhierarchie vor. Dh der Kommission soll im Bereich ihrer Zuständigkeit unter Kontrolle des Europäischen Parlaments eine neue Kategorie von Durchführungsakten übertragen werden. Gleichzeitig soll das existierende Wirrwarr der Komitologieverfahren durch die allgemeine Verantwortung der Kommission in diesem Bereich vereinfacht und die Zahl der die Kommission unterstützenden Ausschüsse verringert werden. Für Rat und Europäisches Parlament sollte aber jederzeit die Möglichkeit bestehen, die Entscheidung der Kommission abzulehnen, eine neue Durchführungsmaßnahme oder die Einleitung eines vollständigen Legislativverfahrens zu fordern.

Im Bereich der Mitwirkung wünscht sich das Europäische Parlament eine Klärung der Aufgaben des Rates und der Kommission und eine Vereinheitlichung aller Artikel des EU-Vertrages, die sich mit internationa-

---

43 Entschließung B4-0266/97des Parlaments zur Regierungskonferenz vom 12. März 1997.

len Abkommen beschäftigen. Außerdem fordert das Europäische Parlament eine verstärkte Beteiligung bei den Verhandlungen im Sinne seines demokratischen Auftrages und ohne in die Befugnisse der nationalen Parlamente einzugreifen sowie das Erfordernis seiner Zustimmung zu allen von der Gemeinschaft abgeschlossenen internationalen Abkommen.

2. Entschließung vom 13. März 1996, basierend auf dem Bericht Dury/Maij-Weggen

Diese sehr ausführliche Entschließung[44] war eine Reaktion des Europäischen Parlaments auf den Bericht der Reflexionsgruppe zur Regierungskonferenz. Das Europäische Parlament setzt zunächst die Prioritäten für die Zukunft Europas fest und verlangt eine positive Antwort auf die Forderung der Bürger nach mehr Offenheit und Transparenz. Das soll durch die Verringerung der Zahl der EU-Entscheidungsverfahren geschehen. Ein demokratischeres und effizienteres Europa könnte durch ein vereinfachtes Mitentscheidungsverfahren als allgemeines Verfahren für legislative Angelegenheiten sowie durch eine Stärkung des Parlaments geschaffen werden.

Neu in der Entschließung ist der Vorschlag der Ausdehnung des Mitentscheidungsverfahrens zur Verfahrensvereinfachung auf Abkommen basierend auf Art 113 EGV (gemeinsame Handelspolitik). Neu ist auch die Ausweitung des Verfahrens der Zustimmung auf alle internationalen Abkommen sowie Maßnahmen in bezug auf Wirtschaftssanktionen (Art 228a EGV) und die Forderung einer parlamentarischen Kontrolle über die GASP durch das EP. Die Zustimmung des Parlaments soll auch bei Verfahren des Art 235 EGV und Beschlüssen über Eigenmittel notwendig sein. Zum ersten Mal wird in dieser Entschließung deutlich, daß es das Parlament für notwendig erachtet, Rechtsquellen durch eine Rangordnung der Rechtsvorschriften zu verdeutlichen.

3. Entschließung vom 16. Jänner 1997, vorgeschlagen von Moran Lopez

Dieses Dokument gibt eine Antwort auf den Vertragsentwurf der irischen Präsidentschaft, Dublin II. Es bringt hauptsächlich die Enttäuschung des Parlaments zum Ausdruck, wie wenig bisher erreicht wurde. Das Parlament hätte gern formelle Vertragstexte gesehen und stellt mit Bedauern fest, daß der Rahmenentwurf für die zentralen institutionellen

---

44 Entschließung A4-0068/96 vom 13. März 1996, basierend auf Bericht Dury/Maij-Weggen.

Probleme nicht einmal Lösungsvorschläge anbietet. Ohne diese würde die Regierungskonferenz an ihrer Hauptaufgabe, die EU demokratischer und effizienter zu gestalten, völlig scheitern. Der Prozeß der künftigen Erweiterung sei gefährdet.

4. Entschließung vom 12. März 1997 des Europäischen Parlaments zur Regierungskonferenz

Diese ist die jüngste Entschließung[45] und wurde aus Anlaß des 40-Jahr-Jubiläums der Römer Verträge und der in Rom zusammentretenden Konklave der niederländischen Präsidentschaft angenommen. Das EP folgt im wesentlichen dem Tenor der Entschließung vom Jänner 1997 und bezeichnet die Vorschläge der niederländischen im Vergleich zum Vorschlag der irischen Präsidentschaft in einigen Bereichen sogar als Rückschritt.[46]

In dieser Entschließung werden die Forderungen nach einer Ausdehnung des Mitentscheidungsverfahrens auf den gesamten Bereich der normalen Gesetzgebung und die Anwendung des Verfahrens der Zustimmung auf alle Entscheidungen konstitutiver Art sowie auf internationale Verträge wiederholt. Das Parlament lehnt vor allem eine Infragestellung des Art 228 Abs 3 EGV ab. Dieser sieht die Zustimmung des Parlaments zu allen Abkommen vor, die einen konkreten institutionellen Rahmen mit Anwendung von Verfahren der Zusammenarbeit festlegen oder erhebliche Auswirkungen auf den Haushalt der Gemeinschaft haben. Die Zustimmung des Europäischen Parlaments ist auch für Verträge notwendig, die die Änderung eines nach Art 189b EGV angenommenen Aktes beinhalten. Insgesamt ist in Art 228 Abs 3 EGV eine unerläßliche Gewährleistung der Demokratie zu sehen. Die bislang in der Konferenz hiezu diskutierten Konzepte entsprechen nach Ansicht des Verfassers der Entschließung, De Giovanni, nicht zur Genüge. Im Gegenteil sie bergen in einzelnen Punkten sogar die Gefahr einer Schwächung der demokratischen Legitimation und Kontrolle durch das Parlament.

5. Position der Kommission

Die Kommission stimmt in ihrer Stellungnahme zur Regierungungskonferenz 1996 großteils mit den Vorschlägen des Europäischen Parlaments überein.[47] Dies betrifft etwa die Ausweitung der Mitentscheidung

45 Entschließung B4-0266/97vom 12. März 1997 des Europäischen Parlaments zur Regierungskonferenz

46 Ebenda Punkt 8.

47 Stellungnahme der Kommission zur IGC vom Februar 1996.

als wichtigen Vorstoß in Richtung Herausbildung einer wirklichen legislativen Befugnis des Europäischen Parlaments, aber auch die Abschaffung des Verfahrens der Zusammenarbeit. Zusätzlich fordert die Kommission die Abschaffung der dritten Lesung und eine Setzung von Fristen für die erste Lesung im Mitentscheidungsverfahren.

In ihrer Stellungnahme zur Anwendung der Mitentscheidung[48] tritt jedoch besonders gut hervor, wo der Knackpunkt bei der Ausdehnung der Anwendung des Verfahrens der Mitentscheidung liegt. Es herrscht weitgehende Übereinstimmung unter allen Beteiligten, daß diese Ausweitung nicht aufgrund von Einzelfallentscheidungen geschehen soll. Das Europäische Parlament und die Kommission fordern eine Ausdehnung des Mitentscheidungsverfahrens auf sämtliche Legislativakte im Unterschied zu den rein exekutiven Entscheidungen, die hauptsächlich im Bereich der Kommission verbleiben sollen. Die Schwierigkeit ist nun die Abgrenzung anhand objektiver Kriterien. Während das Parlament dazu tendiert, eine Art Normenhierarchie aufzustellen, schlägt die Kommission eine Differenzierung anhand objektiver Kriterien vor. Das sind im einzelnen folgende Merkmale: Die Rechtsakte beruhen direkt auf dem Vertrag, sind zwingend, legen die Grundzüge der Gemeinschaftsaktion in einem bestimmten Bereich fest und sind von allgemeiner Tragweite.

6. Positionen der Mitgliedstaaten

Es würde an dieser Stelle zu weit führen, auf die einzelnen Positionen jedes Mitgliedstaates und seine Entwicklung im Verlaufe der Regierungskonferenz im Detail einzugehen. Daher sollen hier nur die Ergebnisse des Europäischen Rates in Dublin und der von der irischen Präsidentschaft vorgelegte erste Entwurf eines revidierten Vertrages sowie die allgemeine Haltung der Mitgliedstaaten dazu festgehalten werden.

Im Dubliner Entwurf zur Revision des EU-Vertrages wurde vor allem die Ausweitung und die Vereinfachung des Mitentscheidungsverfahrens und eine Neufassung des Art 189b EGV behandelt. Im wesentlichen werden die Vorschläge des Europäischen Parlaments aufgegriffen. Keine Mehrheit findet sich jedoch unter den Mitgliedstaaten für eine Abkürzung des Verfahrens nach der ersten Lesung oder für die Abschaffung der dritten Lesung. Einvernehmen herrscht lediglich im Bereich der Streichung der Phase der Erklärung der beabsichtigten Ablehnung eines Legislativvorschlages.

48 Bericht der Kommission gemäß Art 189b Abs 8 EGV über den Anwendungsbereich der Mitentscheidung, 3. 7. 1996.

Nicht behandelt werden die Vorschläge im Bereich der Konsultation, welche die Mitgliedstaaten einstimmig befürworten, daß dem Europäischen Parlament Zeitlimits für eine Entscheidung gesetzt werden sollen.

Zum Anwendungsbereich des Verfahrens der Zustimmung wird im Vorschlag lediglich angemerkt, daß es auf Beitrittsverträge und Assoziationsabkommen beschränkt werden soll. Eine Mehrzahl der Mitgliedstaaten steht immer noch auf dem Standpunkt, es beim status quo zu belassen. Einige können sich eine Ausdehnung auf Artikel 235 EGV vorstellen oder auch seine Anwendung bei internationalen Abkommen nach Art 228 EGV. Fünf Mitgliedstaaten wären mit einer Anwendung des Zustimmungsverfahrens bei Vertragsrevisionen einverstanden.

Ebenfalls keine Stellungnahme enthält der irische Vorschlag im Bereich der Ausweitung des Mitentscheidungsverfahrens. Der Grund dafür war die mangelnde Einigung über die Kriterien. Unter den Mitgliedstaaten konnte dennoch ein genereller Trend für eine Ausweitung der Anwendung dieses Verfahrens festgestellt werden.

Gänzliche Übereinstimmung unter den Mitgliedstaaten herrscht über den Vorschlag, die Anzahl der verschiedenen Rechtsetzungsverfahren auf drei zu beschränken. Der Vertragsentwurf sieht jedoch vor, daß das Verfahren der Zusammenarbeit für den Bereich der WWU erhalten bleiben soll.

IV. Mitwirkung der nationalen Parlamente am europäischen Rechtsetzungsprozeß

1. Ein Europa der nationalen Parlamente der Mitgliedstaaten ?

Die demokratische Legitimation des europäischen Rechtsgeschehens wird – wie im vorangegangenen Abschnitt schon erwähnt – einerseits durch das Europäische Parlament, anderseits aber auch – nicht in unbeutendem Ausmaße – von den nationalen Parlamenten der Mitgliedstaaten verwirklicht.

Bis zur Einheitlichen Europäischen Akte (EEA) spielten die nationlen Parlamente im europäischen Rechtsetzungsprozeß nur eine bescheidene Rolle: Die Befugnisse der nationalen Parlamente beschränkten sich lediglich auf Zustimmungsrechte im Rahmen des Ratifikationsverfahrens bei Vertragsänderungen und auf die Umsetzung der Gemeinschaftsrechts-RL in einzelstaatlichen Rechtsvorschriften.

Mit der Ratifizierung des Unionsvertrages kam es zu einer Richtungsänderung: Art N EUV nimmt nun ausdrücklich auf die verfassungsrechtlichen Vorschriften der Mitgliedstaaten bezug, die für die Ratifikation von Vertragsänderungen gelten.

Je nach Verfassungstradition entwickelten sich unterschiedliche Mitgestaltungsverfahren der Parlamente: In Deutschland konnten der Bundesrat und der Bundestag sowie die Länder schon sehr bald Einfluß über ein Konsultationsverfahren auf die Bundesregierung ausüben.[49]

In Frankreich wiederum genoß die Regierung einen, um ein Vielfaches, weiteren Handlungsspielraum. Eine Vorreiterrolle bei der Beteiligung nationaler Parlamente spielte Dänemark, wo bereits 1973 im Folketing (Parlament) ein Ausschuß für Europaangelegenheiten[50] eingerichtet wurde. Dieser hat die Aufgabe, der Regierung ein Verhandlungsmandat für den Ministerrat zu erteilen.[51] Ein ähnliches System hat sich in Großbritannien etabliert.[52]

Durch die Ratifizierung der EEA und durch die stärkere Betonung des Mehrheitsprinzips bei Abstimmungen im Rat wurde auch in den übrigen Mitgliedstaaten die Einflußmöglichkeit der Parlamente an europäischen Vorhaben gestärkt. Jedoch zeigen sich nach wie vor große Unterschiede in den einzelstaatlichen Verfahren.

Gemeinsam ist den nationalen Systemen jedoch die Verpflichtung der Regierungen, ihre nationalen Parlamente über europäische Vorhaben zu informieren. Die Erklärung Nr 13 zum EUV zur Rolle der einzelstaatlichen Parlamente in der Europäischen Union sieht ausdrücklich vor, daß die Regierungen der Mitgliedstaaten dafür Sorge tragen, *„daß die einzelstaatlichen Parlamente zu ihrer Unterrichtung und gegebenenfalls zur Prüfung rechtzeitig über Vorschläge für Rechtsakte der Kommission verfügen"*. Die Informationsverpflichtung ist in den meisten Staaten so konzipiert, daß sie weit über den Kreis der Kommissionsvorschläge hinausgeht.[53]

Dänemark,[54] Großbritannien,[55] Deutschland[56] und – wie im folgenden dargestellt werden soll – Österreich sind jene Mitgliedstaaten, deren

---

49 Vgl Art 23 Abs 2 bis 5 und Abs 7 Bonner Grundgesetz.

50 Generaldirektion Ausschüsse und Delegationen (Europäisches Parlament), Europäisches Parlament und Parlamente der Mitgliedstaaten (1994) 18.

51 Seit dem Beitritt Dänemarks existiert ein parlamentarischer Ausschuß, der sog „Marktausschuß", der mit der Prüfung von Gemeinschaftsangelegenheiten beauftragt war. 1994 erhielt dieser die Bezeichnung „Ausschuß für europäische Angelegenheiten".

52 GD Ausschüsse und Delegationen, Europäisches Parlament und Parlamente der Mitgliedstaaten (1994) 32.

53 Siehe unten.

54 GD Ausschüsse und Delegationen, Die für Europaangelegenheiten zuständigen Sonderausschüsse der Parlamente der Mitgliedstaaten 10.

55 GD Ausschüsse und Delegationen, Europäisches Parlament der Mitgliedstaaten 66.

56 Ebenda 17.

nationale Parlamente stark in den europäischen Entscheidungsprozeß eingebunden sind. Sie verfügen über stärkere Mitgestaltungsrechte, die es ihnen ermöglichen, die Regierungen an ihre Standpunkte zu binden.

2. Das österreichische Mitwirkungsverfahren

In Österreich hat der Verfassungsgesetzgeber dem Parlament mit dem EU-Beitritt neue Informations- und Mitwirkungsrechte eingeräumt. Dem National- und dem Bundesrat stehen nach Art 23e und Art 23f B-VG umfangreiche Informationsrechte über sämtliche Vorhaben im Rahmen der Europäischen Union und das Recht zur Stellungnahme zu. Der österreichische Vertreter im Ministerrat ist an die Stellungnahme des Nationalrats gebunden, wenn das EU-Vorhaben durch Bundesgesetz umzusetzen oder auf die Erlassung eines unmittelbaren Rechtsaktes gerichtet ist, der Angelegenheiten betrifft, die bundesgesetzlich zu regeln wären. Das Mitglied der Bundesregierung kann nach einer neuerlichen Befassung des Nationalrates nur aus *„zwingenden außen- und integrationspolitischen Gründen“* von einer Stellungnahme abgehen.[57] Ausgenommen davon sind Vorhaben, die eine Änderung des geltenden Bundesverfassungsrechts bedeuten würden. Dieses Verfahren gilt auch für Beschlüsse im Rahmen der gemeinsamen Außen- und Sicherheitspolitik sowie für den Bereich Justiz und Inneres. Der Bundesrat kann nach Art 23e Abs 6 B-VG den österreichischen Vertreter im Ministerrat durch eine Stellungnahme binden, die ein Vorhaben betrifft, das zwingend durch Bundesverfassungsgesetz umzusetzen ist und nach Art 44 Abs 2 B-VG der Zustimmung des Rates bedarf.

Bei der Schaffung des Verfahrens der parlamentarischen Beteiligung an Vorhaben im Rahmen der Europäischen Union galt es, zwei wesentliche Interessen zu verfolgen:[58] Einerseits sollte die demokratische Legitimation der Rechtsetzung in der Europäischen Union durch eine enge Bindung der Mitglieder der Bundesregierung an den Nationalrat gestärkt werden. Die bloße politische Verantwortlichkeit nach Art 74 B-VG schien den neuen Funktionen der Mitglieder der Bundesregierung (Rechtsetzungstätigkeiten die ursprünglich in der Kompetenz des Nationalrates und Bundesrates lagen) nicht mehr gerecht zu werden. Anderseits mußte darauf geachtet werden, daß dennoch die Funktionsfähigkeit des EG-Ministerrates gewahrt bleibt und nicht durch eine zu starke und unflexible Beteiligung des nationalen Parlaments beeinträchtigt wird.

57 Vgl Art 23 d Abs 2 B-VG.

58 Vgl Sten Prot 11. Sitzung NR 19 GP 15. 12. 1994.

In Art 23e B-VG wurde schließlich ein Verfahren verankert, das dem Parlament eine im europäischen Vergleich sehr starke Mitwirkungsmöglichkeit eröffnet.

Die Informationspflicht des jeweils „federführenden" Mitgliedes der Bundesregierung ist umfassend und erstreckt sich auf Vorhaben im Rahmen des EUV: somit nicht nur auf den Bereich der Gemeinschaftsverträge („ersten Säule"), sondern auch auf Vorhaben im Rahmen der Gemeinsamen Außen- und Sicherheitspolitik („zweite Säule") und auf Vorhaben im Rahmen der Zusammenarbeit in den Gebieten Justiz und Inneres („dritte Säule").

Der Bericht des Verfassungsausschusses zum Begleit-B-VG[59] weist auf die Vereinbarung zwischen dem Bund und den Ländern gemäß Art 15a B-VG über die Mitwirkungsrechte der Länder und Gemeinden in Angelegenheiten der europäischen Integration hin.[60] Die Informationsverpflichtung beschränkt sich nicht nur auf Vorschläge der Kommission, sondern auch auf Dokumente, Berichte, Mitteilungen von Organen und anderen Einrichtungen, aber auch auf informelle Ministertreffen sowie Dokumente. Ebenso sind von der Informationspflicht des Bundes Informationen über Verfahren vor dem EuGH betroffen. In diesem Zusammenhang werden dem Nationalrat regelmäßig Unmengen von Dokumenten übermittelt. Allein im Jahr 1995 wurden ca 15.000 derartige Dokumente vorgelegt. Erwähnenswert ist in diesem Zusammenhang sicherlich auch der Umstand, daß Dokumente oft mehrfach – durch verschiedene Ministerien – übermittelt werden. Darüber hinaus ist zuweilen die technische Qualität (Mehrfachkopien von Faxtransmissionen) sowie die Übersetzung (Übermittlung bloßer Arbeitsübersetzungen) zu mangelhaft.

Die von den Oppositionsparteien geforderte uneingeschränkte Informationspflicht der Bundesregierung erschwert die Arbeit des Parlaments. Aus der Fülle des Materials ist es kaum möglich, jene Vorhaben herauszufiltern, die von vorrangiger Bedeutung und Interesse für den Nationalrat sein könnten.

In Großbritannien beispielsweise ist die Regierung verpflichtet, nachdem der Kommissionsvorschlag dem House of Commons übermittelt wurde, diesem auch ein sog Explanatory-Memorandum vorzulegen.[61] In diesem Dokument wird das Rechtsvorhaben kurz vorgestellt und vor al-

---

59 58 Blg NR 19. GP 4.

60 Vereinbarung zwischen dem Bund und den Ländern gemäß Art 15a B-VG über die Mitwirkungsrechte der Länder und Gemeinden in Angelegenheiten der europäischen Integration, BGBl 775/1992.

61 GD Ausschüsse und Delegationen, Abteilung „Beziehungen zu den Parlamenten der Mitgliedstaaten" (EP), Die für Europaangelegenheiten zuständigen Sonderausschüsse der Parlamente der Mitgliedstaaten (1995) 66.

lem auf seine rechtlichen, wirtschaftlichen und politischen Auswirkungen auf Großbritannien hingewiesen. Den Abschluß bildet der Standpunkt der Regierung. Ähnliches gilt auch für Dänemark.[62]

In Österreich sind die EU-Vorlagen lediglich mit Deckblättern versehen, die jedoch keine Beschreibung des Vorhabens beinhalten. Eine Arbeitserleichterung und vor allem eine Reduzierung des Papierberges könnte nur durch eine elektronische Datenübermittlung erreicht werden.

Nach Art 23e Abs 5 B-VG steht die Wahrnehmung der Zuständigkeiten des Nationalrates grundsätzlich dem Hauptausschuß zu. Die Geschäftsordnung des Nationalrates wurde 1996 angepaßt und sieht in den §§ 31 bis 31e GOGNR detaillierte Regelungen zum Mitwirkungsverfahren vor. Der Hauptausschuß kann Stellungnahmen im Sinne von Art 23e Abs 2 und 3 B-VG abgeben und das Mitglied der Bundesregierung somit im Rat binden. Ein Vorhaben der Europäischen Union ist dann auf die Tagesordnung des Ausschusses zu setzen, wenn das zuständige Mitglied der Bundesregierung, ein Viertel der Mitglieder des Nationalrates oder ein Mitglied des Hauptausschusses – jeweils nur ein Abgeordneter desselben Clubs – es verlangen; letzterer jedoch nur, wenn das Vorhaben bei der nächsten Sitzung des Rates voraussichtlich auf der Tagesordnung steht (§ 31c Abs 2 GOGNR). Die Verhandlungen des Hauptausschusses über Vorhaben der Europäischen Union sind öffentlich. Ein ständiger Unterausschuß, der vom Hauptausschuß übertragene Kompetenzen übernimmt, wurde bis dato noch nicht eingerichtet.

Nach Art 23e Abs 1 B-VG hat das zuständige Mitglied der Bundesregierung *„den Nationalrat und den Bundesrat über alle Vorhaben im Rahmen der Europäischen Union zu unterrichten und ihnen Gelegenheit zur Stellungnahme zu geben“*. Dem Nationalrat steht somit ein „uneingeschränktes Stellungnahmerecht“ zu, dh daß sich der Nationalrat zu sämtlichen Vorhaben im Rahmen der Europäischen Union äußern kann. Solche Stellungnahmen haben lediglich empfehlenden Charakter. Bei einem Vorhaben der Europäischen Union, das durch Bundesgesetz umzusetzen ist, oder das auf die Erlassung eines unmittelbar anwendbaren Rechtsaktes gerichtet ist – der Angelegenheiten betrifft, die bundesgesetzlich zu regeln wären – ist der Bundesminister jedenfalls an die Stellungnahme des Nationalrates gebunden. Jedoch kann der Bundesminister nur im Falle von *„zwingenden außen- und integrationspolitischen Gründen“* laut Art 23e Abs 2 B-VG von der bindenden Stellungnahme des Nationalrates abweichen.

Findet das Abweichen des Mitgliedes der Bundesregierung von der Stellungnahme beim Nationalrat keine Akzeptanz, so ist der Minister in

62 Ebenda 10.

jedem Fall an die Stellungnahme des Nationalrates laut Art 23e Abs 2 iVm Art 23e Abs 3 B-VG gebunden.

Darüber hinaus besteht für das zuständige Mitglied der Bundesregierung nach Art 23e Abs 3 B-VG in Fällen, in denen der Nationalrat eine bindende Stellungnahme abgegeben hat, die Verpflichtung, nach stattgefundener Abstimmung im Rat an den Nationalrat Bericht zu erstatten.

In der ersten bindenden Stellungnahme des Hauptausschusses war der österreichische Bundesminister für Land- und Forstwirtschaft zu eng gebunden und verfügte über keinen Verhandlungsspielraum.[63] Es erfolgte während der Ratssitzung eine Aussprache mit dem Nationalratspräsidenten, die aber letztendlich nichts daran änderte, daß der Bundesminister nach wie vor an die Stellungnahme des Hauptausschusses gebunden war und im Rat sein Veto einlegen mußte.

Aufgrund dieser ersten Erfahrungen wurden die Stellungnahmen seitens des Nationalrates weiter gefaßt und der Hauptausschuß wählte Formulierungen wie „*... der/die zuständige Bundesminister/in möge hinsichtlich des Entwurfes einer Richtlinie des Rates betreffend ... darlegen bzw darauf hinwirken ...*". In Österreich ist bislang noch kein Bundesminister vom Art 23e Abs 2 B-VG abgewichen.

3. Die Beteiligung nationaler Parlamente an europäischen Vorhaben – ein taugliches Instrument?

Zweifelsohne ist es begrüßenswert, die nationalen Parlamente in die europäische Entscheidungsfindung einzubinden. Allerdings kann durch die Stärkung der Rolle der nationalen Parlamente nur ein marginaler Zugewinn an demokratischer Legitimation der Europäischen Union erreicht werden. Im übrigen sind die Minister im Rat lediglich ihren eigenen nationalen Parlamenten verantwortlich. Im Falle von Mehrheitsabstimmungen im Rat kann bei Überstimmung eines Mitgliedstaates die Mitwirkung des nationalen Parlaments ins Leere treffen.

Anderseits besteht bei einer zu starken Einbindung der nationalen Parlamente die Gefahr einer Lähmung der Entscheidungsfindung im Rat. Der Verhandlungsspielraum der Minister darf von seiten des Nationalrates keinesfalls so weit eingeschränkt werden, daß die Entscheidungsfindung auf europäischer Ebene erstarrt.

Die Rolle der nationalen Parlamente sollte die einer begleitenden Rolle der Gesetzgebung im Ministerrat sein. Der Nationalrat darf ledig-

---

63 Griller, Zur demokratischen Legitimation der Rechtsetzung in der EU, JRP 1995, 164 (171).

lich in sensiblen Bereichen und bei Bedarf eingreifen, dh den Minister binden.

V. Schlußbemerkungen und Ausblick

Die Europäische Union sieht sich, wie ihre bisherigen Entwicklungsstufen EGKS, EWG, EAG und EG als eine Rechtsgemeinschaft und sie sieht in dieser Selbstbeschreibung mehr als nur eine funktionelle Qualifikation. Wie schon seinerzeit das Begriffspaar formeller und materieller Rechtsstaatsbegriff zurecht mit sehr unterschiedlichen Inhalten verknüpft wurde, hat auch die Charakterisierung als Rechtsgemeinschaft für die Union den selbstverständlichen Bedeutungsgehalt eines an bestimmten Werten orientierten Gefüges. Spätestens seit dem Vertrag von Maastricht steht es wenigstens in Ansätzen im Recht der Gemeinschaft auch ausdrücklich geschrieben, daß Rechtsstaat, Demokratie und Menschenrechte für die Union tragende Elemente des eigenen Selbstverständnisses sind. Und schon bisher hat die Bereitschaft und die Eignung all jener Staaten, die Mitglieder der Union werden wollen, sich zu Demokratie, Rechtsstaat sowie Menschenrechten zu bekennen und diese Werte auch im gelebten Alltag zu verwirklichen, zu den ungeschriebenen Beitrittsbedingungen der Union bzw Gemeinschaft gezählt. Unter diesen Vorzeichen muß die EU dafür Sorge tragen, daß auch sie selbst als Organisation – unbeschadet der Frage, inwieweit in Hinkunft die Union eigene Rechtspersönlichkeit haben soll – derartigen Wertmaßstäben entspricht bzw sie in ihren Handlungen berücksichtigt.

Demokratie ohne demokratische Legitimation der eigenen Rechtsetzung durch ein gewähltes Parlament ist jedenfalls auf Dauer ein Widerspruch in sich selbst. Als Zielvorstellung ist die parlamentarisch demokratisch getragene Legitimierung des gesamten Rechtsetzungsprozesses zumindest als Zielvorstellung unverzichtbar. Unter diesen Vorzeichen werden auf der Amsterdamer Regierungskonferenz des Sommers 1997 und auf jeder weiteren Fortentwicklung des strukturellen Gefüges der Union Fragen der Aufwertung der Rechte des Europäischen Parlaments ein hoher Stellenwert zukommen müssen. Und alles, was diesmal verabsäumt wird, wird beim nächsten Mal umso dringender sein und bis zur nächsten Reform als ein Makel auf dem status quo lasten. Wie will die Union es rechtfertigen, von zukünftigen Beitrittskandidaten aus dem Bereich der ehemaligen kommunistischen Diktaturen gefestigte demokratisch – rechtsstaatliche Staatlichkeit zu verlangen, wenn sie sich selbst als Rechtsgemeinschaft von vergleichbaren Strukturerfordernissen exkulpiert?

Aus diesem Grund ist von den Regierungen der Mitgliedstaaten, die derzeit ihre Stellung als Herren der Verträge noch allzu deutlich in den Vordergrund der bisherigen Verhandlungen gestellt haben, zu erwarten, daß sie auf dem Weg zum weiteren Ausbau des Projektes Europa den institutionellen Fragen und dabei im besonderen den Abbau des sog Demokratiedefizits hohe Priorität beimessen. Dabei sind durchaus Spielräume vorhanden und niemand kann und soll verlangen, daß nur der Weg über die umfassende gleichberechtigte Einbindung des Europäischen Parlaments der einzig wahre ist. Man kann auch – vertritt man die Auffassung, daß dieses Parlament vielen seiner derzeitigen Aufgaben nicht voll und ganz gerecht wird – das Parlament selbst reformieren. Man darf nur eines nicht – ungestraft – tun: Das europäische Vertragswerk weiterentwickeln ohne den Fragen der demokratischen Legitimation des Europäischen Einigungswerkes genügend Aufmerksamkeit zu widmen. Zu den vielen Postulaten, die es zur Zukunft der Union gibt – die Union müsse sozialer, grüner, sicherer usw werden – gehört zwingend die Forderung nach einer Verbesserung der demokratischen Qualität des europäischen Entscheidungsprozesses.

Bei der Durchführung und in der Anwendung des Erreichten gibt es für die Rechtswissenschaft und ihre Vertreter viele Aufgaben. Es entspricht dem Selbstverständnis des Jubilars, in die Arbeit mit diesem Material auch rechtspolitisches Engagement miteinzubringen. Dazu sei ihm und dem Projekt Europa gleichermaßen gewünscht: Ad multos annos!

Bernhard Raschauer

„Ermessen" als abwägungsgebundene Rechtsanwendung

I. Ermessen als vermeintliche „Freiheit"

Überlegungen zur Gesetzesgebundenheit der Verwaltung sind üblicherweise von einem bestimmten Verständnis eines „normalen", gleichsam schematischen Gesetzesvollzugs getragen, in dessen Rahmen das Herantragen des Sachverhaltes nach Art eines Algorithmus die eine richtige rechtliche Beurteilung ermöglicht. Bei diesem Modell der Rechtsanwendung ist dementspechend von „gebundenen Entscheidungen" die Rede. Sie werden den gewissermaßen als rechtsstaatlich defizitäre Irregularität gesehenen „Ermessensentscheidungen" und vergleichbaren Phänomenen gegenübergestellt.

So wird Ermessen zB bezeichnet als Fall der „Einräumung einer Wahlmöglichkeit zwischen zwei oder mehreren Lösungen, die von vorneherein vom Gesetzgeber als rechtlich gleichwertig und dem Gesetz entsprechend befunden worden sind" (VwSlg 3738 A/1955)[1]. ADAMOVICH/FUNK[2] meinen, daß der Verwaltung „ein Freiraum für alternatives Verhalten nach eigenen Wertentscheidungen eingeräumt wird". KOJA[3] spricht von einem „Freiraum", der „rechtlich gleichwertige Lösungen freistellt" und dessen „Ausfüllung" der Verwaltungsbehörde überlassen ist, BERNÁRD[4] von der „Freiheit der Behörde". Für WALTER/MAYER[5] bedeutet Ermessen „nicht völlige Willkür, sondern einen gewissen Spielraum innerhalb des Gesetzes", RILL[6] spricht von einem „Entscheidungsspielraum". Solche Formulierungen, die der gesetzlichen Bindung der Verwaltung

---

1 Vgl schon ADAMOVICH, Handbuch des österreichischen Verwaltungsrechts I (^{5}1954) 15 ff sowie neuerdings HAUER/LEUKAUF, Handbuch des österreichischen Verwaltungsverfahrens (^{5}1996) 390: „Das Verwaltungsorgan hat die Wahl zwischen mindestens zwei gesetzmäßigen Entscheidungsvarianten".

2 ADAMOVICH/FUNK, Allgemeines Verwaltungsrecht (^{3}1987) 119, 121.

3 ANTONIOLLI/KOJA, Allgemeines Verwaltungsrecht (^{3}1996) 251, 254, 264.

4 BERNÁRD, in: FS Antonioli (1979) 89, 98.

5 WALTER/MAYER, Grundriß des österreichischen Bundesverfassungsrechts (^{7}1996) RZ 574.

6 RILL, in: Ress (Hrsg), Entwicklungstendenzen im Verwaltungsverfahrensrecht und in der Verwaltungsgerichtsbarkeit (1990) 115, 125.

„Freiräume" und „Spielräume" zur Seite stellen, müssen in einem Rechtsstaat verwundern; sie werfen vor allem die Frage auf, worin die positivrechtliche Grundlage für die Annahme solcher Frei- und Spielräume zu sehen ist.

Daß die Ermächtigung der Verwaltung zu „nicht-gebundenen" Entscheidungen ungeachtet des Grundsatzes der Gesetzmäßigkeit der Verwaltung verfassungsrechtlich zulässig ist, ergibt sich unabweislich aus Art 130 Abs 2 B-VG: Diese Bestimmung regelt den Fall, daß „die Gesetzgebung von einer bindenden Regelung des Verhaltens der Verwaltungsbehörde absieht und die Bestimmung dieses Verhaltens der Behörde selbst überläßt". Einer der Fälle, in denen die maßgebliche Regelung gesetzessprachlich vergleichsweise weniger bestimmt ist, ist in Art 130 Abs 2 B-VG als „Ermessen" namentlich genannt.

Die Ermessenslehre ist dadurch belastet, daß bis in die jüngste Zeit teils historische Begrifflichkeiten, teils theoretische Modellvorstellungen übernommen und fortgeschrieben werden, die beide mit dem geltenden Recht längst nicht mehr vereinbar sind. In der Monarchie[7] galt der „Ermessensbereich" als der besondere Kernbereich der Verwaltung. Er war dementsprechend der gerichtlichen Kontrolle entzogen, der VwGH war also zur Überprüfung von administrativen Ermessensentscheidungen „unzuständig"[8]. Eine „Erinnerung" an diese vor-konstitutionelle Zeit ist noch darin zu sehen, daß sich der Satz des B-VG, in dem vom „(freien) Ermessen" die Rede ist, nämlich Art 130 Abs 2 B-VG, in jener Bestimmung findet, die die „Zuständigkeit" des VwGH regelt; sie statuiert, inhaltlich betrachtet, allerdings schon seit dem Jahr 1920 nicht mehr die „Unzuständigkeit" des VwGH in Ermessenssachen, sondern stellt – ganz im Gegenteil – die Zuständigkeit des VwGH zur Prüfung von Ermessensentscheidungen ganz unzweideutig außer Streit. Dennoch schwebt die Vorstellung, daß es sich beim Ermessen um einen besonderen „Reservatbereich" der Verwaltung handle, noch immer im Raum.

In rechtstheoretischer Hinsicht war es vor allem eine Fehldeutung des von Merkl[9] konzipierten allgemeinen Modells der Rechtsvollziehung, das zur Verwirrung beigetragen hat. Merkl hatte darauf hingewiesen, daß bei jeder Rechtskonkretisierung in dem von ihm entwickelten Modell eines Stufenbaus der Rechtsordnung „heteronome" und „autonome" Komponenten zusammenwirken. Unter der heteronomen Determinante

7 Vgl zur Entwicklung des Ermessensbegriffs Hofer-Zeni, Das Ermessen im Spannungsfeld von Rechtsanwendung und Kontrolle (1981) 9 ff. Jüngst Grabenwarter, Verfahrensgarantien in der Verwaltungsgerichtsbarkeit (1997), im Druck.

8 § 3 lit e VwGG RGBl 36/1875.

9 Merkl, Allgemeines Verwaltungsrecht (1927) 142 ff.

versteht er „das präformierte objektive Recht", wie es als Fremdbestimmung des Rechtsanwenders durch die anzuwendenden Rechtsvorschriften in Erscheinung tritt. Als autonome Determinante sieht er die im individuell-konkreten Rechtsvollziehungsvorgang einfließenden Gesichtspunkte. Wie er richtig betont, können generell-abstrakte Normen die individuell-konkreten Vollziehungsakte nie zur Gänze determinieren. „Die Scheidung der Akte in solche des freien Ermessens und solche der rechtlichen Bindung ist demnach keine absolute, sondern ein relative ... Es gibt mithin unendlich viele Grade der rechtlichen Bindung und des Ermessens". – In einigen Deutungen wurde allerdings aus MERKLS heteronomer Determinante die „Gebundenheit" und aus seiner autonomen Determinante das „Ermessen".

II. Arten von Ermessensermächtigungen

In welchen Formen sieht der Gesetzgeber von einer bindenden Regelung des Verhaltens der Verwaltung durch Einräumung von Ermessen ab?

Einen zentralen Bereich des so gesehenen Ermessens stellt der Fall dar, daß sich aus dem Gesetzestext nicht detailliert ergibt, ob die Verwaltung überhaupt handeln muß. Wird der Vollziehung eingeräumt, daß sie ein bestimmtes Verhalten setzen „kann" (aber nicht „muß"), dann kann man mit WALTER[10] von *Handlungsermessen* (Rechtsfolgeermessen) sprechen.

Die typische Form, mit der der Gesetzgeber die Einräumung von Ermessen explizit zum Ausdruck bringt, ist die Verwendung der Worte „kann" oder „darf": Wenn A (Tatbestand), dann *„kann"* B (Entscheidung, Rechtsfolge, Vorgangsweise). Demgegenüber wären die Worte „hat zu"[11] oder „ist" oder „muß" Indizien dafür, daß die Erfüllung der Tatbestandsvoraussetzungen mit rechtlicher Notwendigkeit die gesetzlich vorgesehenen Konsequenzen nach sich ziehen soll. Plastische Beispiele finden sich in § 10 StaatsbürgerschaftsG (die Staatsbürgerschaft „kann" verliehen werden), in den §§ 7 ff FremdenG (der Sichtvermerk „kann" erteilt werden), weiters zB in § 19 Abs 1 WRG, in den §§ 14 Abs 2 und 88 Abs 1 GewO, in § 28 Abs 1 kntn NSchG, aber auch in verfahrensrechtlichen Bestimmungen, wie zB in § 66 Abs 2 und 3 und in § 68 Abs 2 und 3 AVG.

Ermessen kann auch auf andere Weise als durch das Wort „kann" zum Ausdruck kommen, beispielsweise dadurch, daß eine Behörde unter

10 WALTER, Österreichisches Bundesverfassungsrecht (1972) 395.

11 Vgl zB die Gegenüberstellungen in § 17 Abs 2 und 3 WaffenG oder in den §§ 10 und 12 StbG.

bestimmten – auf eine Rechtsgüterabwägung hinauslaufenden – Voraussetzungen von einer gesetzlich vorgesehenen Vorgangsweise „Abstand nehmen" darf oder soll; im Bereich des Polizeirechts spricht man vom Opportunitätsprinzip (vgl § 23 SPG): bei Überwiegen bestimmter anderer öffentlicher Interessen kann ein „eigentlich" gebotenes polizeiliches Einschreiten zurückgestellt oder unterlassen werden. Ähnliche Überlegungen, die auf Gesichtspunkte der Schwere, der Dringlichkeit und der Verhältnismäßigkeit abstellen, können auch bei manchen verwaltungspolizeilichen Untersagungs- und Anordnungsbefugnissen (zB § 122 Abs 1 WRG) maßgeblich sein.

In einem weiteren Sinn kann man es auch als Ermessen bezeichnen, wenn der Verwaltung alternative Vorgangsweisen anheimgestellt werden: Wird ein Haus erheblich baufällig, dann kommt nach den Bestimmungen der BauO entweder die Erlassung eines Instandsetzungsauftrages *oder* die Erlassung eines Abbruchauftrages in Betracht. Hat der A ohne Bewilligung eine (grundwassergefährdende) Abfallablagerung vorgenommen und setzt in der Folge sein Rechtsnachfolger B die Ablagerung fort, dann kann die Behörde den Entfernungsauftrag nach § 31 Abs 3 WRG entweder dem A *oder* dem B erteilen. In solchen Fällen kann man mit Walter[12] von *Auswahlermessen* sprechen.

Geht man davon aus, daß es im Wesen der Planung liegt, daß sie einer gesetzlichen Vorherbestimmung kaum zugänglich ist, da es dabei um Auswahl, Zielbestimmung und Abwägung geht, dann ist es verständlich, daß insb im Bereich der Flächenwidmung auch der Begriff des Planungsermessens[13] Eingang in die Rechtssprache gefunden hat. Dieses „Planungsermessen" geht im allgemeinen einher mit einer gesetzestextlich primär zielorientierten, also nicht konditionalen, sondern „finalen Determinierung" des Verwaltungshandelns[14]. Eine derartige Zielorientierung ist freilich kein Spezifikum des Planungsrechts[15], da sich anzustrebende „Ziele" in allen Bereichen des Verwaltungsrechts finden. Es liegt vielmehr im Wesen verwaltungsrechtlicher Vorschriften, daß bestimmte Ziele (zB der Schutz der Nachbarn durch geeignete Auflagen) erreicht werden sollen.

Darüber hinaus geht die herrschende Lehre davon aus, daß Ermächtigungen zu „Ermessen" auch in anderen Zusammenhängen und durch an-

12 Walter, Bundesverfassungsrecht 395.

13 Vgl zB VfSlg 12169/1989 mwN, VfGH V 122/94 v 1. 12. 1995 sowie Jann/Oberndorfer, Die Normenkontrolle des Verfassungsgerichtshofes im Bereich der Raumplanung (1995) 62 f, die freilich zugleich auf den Unterschied zum Rechtsfolgeermessen, wie es für Bescheide in Art 130 Abs 2 B-VG bedacht ist, hinweisen.

14 Vgl insb Adamovich/Funk, Verwaltungsrecht 126 ff.

15 Krit schon Raschauer, ZfV 1980, 93, 96 ff. – Vgl im Hinblick auf das Devisenrecht etwa auch Potacs, Devisenbewirtschaftung (1991) 157 f.

dere Regelungstechniken zum Ausdruck kommen können[16], insb durch Strafrahmen und durch sog „unbestimmte Gesetzesbegriffe"; interessanterweise wurde schon früh Übereinstimmung darüber erzielt, daß es sich bei der „freien Beweiswürdigung" (§ 45 Abs 2 AVG) nicht um eine Ermessensübung handle. Rill, Koja und Potacs[17] wollen – unabhängig von dieser Kategorisierung – den bloß vagheitsbedingten Mangel an gesetzessprachlicher Determinierung der gesetzlich „intendierten Ermächtigung zur Selbstbestimmung" der Verwaltung gegenüberstellen; Kriterium für das Vorliegen von Ermessen wäre bei dieser Sicht die aus den Umständen erkennbare Absicht des Gesetzgebers.

III. Besonderheiten der Ermessensübung?

Allen vorgenannten Formen von „Ermessen" ist gemeinsam, daß das Handeln der Behörde gesetzestextlich nicht im Detail vorherbestimmt ist. Freilich ist damit keine Besonderheit von Ermessensermächtigungen ausgemacht, da auch Ermächtigungen zu „gebundenen Entscheidungen" selten so genau vorherbestimmt sind, wie sich dies der Rechtsanwender wünschen würde. Nun ist der Begriff „Ermessen" allerdings ein Rechtsbegriff des positiven Rechts, wie ua Art 130 Abs 2 B-VG, § 20 BAO, § 11 StbG oder § 20 Abs 2 Schieß- und SprengmittelG beweisen. Es ist daher zu prüfen, worin die Besonderheiten jener Entscheidungen, die als Ermessensentscheidungen zu qualifizieren sind, von Rechts wegen zu sehen sind. Solche Besonderheiten könnten a) in verfahrensrechtlicher Hinsicht, b) in materiell-rechtlicher Hinsicht oder c) hinsichtlich der nachprüfenden Rechtmäßigkeitskontrolle bestehen.

Der erste Punkt ist rasch abgehandelt. Hinsichtlich der verfahrensrechtlichen Behandlung ist in Ermessensfällen eine aus dem positiven Recht begründbare Sonderstellung nicht nachzuweisen[18]. Insb ist auch bei Ermessensentscheidungen der Sachverhalt in allen beurteilungserheb-

16 Daß die Übergänge fließend sind, zeigt sich etwa daran, daß die Verwendung des Wortes „angemessen" (zB VwGH 92/07/0067 v 19. 5. 1994) oder auch das Fehlen von besonderen Determinierungen (vgl zu § 5 DMSG zB VwSlg 13842 A/1993) als Ermessensermächtigungen gesehen werden. Die ältere Lehre und Judikatur (zuletzt VfSlg 4660/1964) nahmen ua noch an, daß es im Wesen einer „Konzession" (im Unterschied zu einer „Bewilligung") liege, daß ihre Erteilung im Ermessen der Konzessionsbehörde steht. Vgl zu „verleihen" auch VfSlg 6141/1970.

17 Rill, in Ress (Hrsg), Entwicklungstendenzen 123; Antoniolli/Koja, Verwaltungsrecht 266 f; Potacs, Devisenbewirtschaftung 155 f. Vgl auch Oberndorfer, Verwaltungsgerichtsbarkeit (1981) 130.

18 Vgl schon Antoniolli/Koja, Verwaltungsrecht 267 f; Hauer/Leukauf, Handbuch 390.

lichen Punkten zu klären[19] und ist Parteiengehör uneingeschränkt zu den Ergebnissen des Ermittlungsverfahrens – und zwar zu allen entscheidungserheblichen, und damit auch zu allen ermessensrelevanten Umständen – zu gewähren.

Eine wichtige Brücke von der gesetzestextlich weniger detailliert gestalteten Regelung zu den rechtsstaatlichen Erfordernissen rechtlicher Nachprüfbarkeit stellt die – insb verfahrensrechtlich konstituierte – Begründungspflicht dar. Gerade dann, wenn es in erhöhtem Maße auf seine eigene Interpretationsleistung ankommt, darf sich der Bescheidurheber nicht auf den Hinweis, daß Ermessen eingeräumt ist, zurückziehen; vielmehr ist in der Begründung[20] in schlüssiger und nachvollziehbarer Weise darzulegen, warum seines Erachtens diese – und keine andere – Ermessensübung rechtlich geboten, weil dem Sinn des Gesetzes entsprechend, war.

Aber auch in den Fällen, in denen die Verwaltung nicht bescheidförmig entscheidet, muß eine ihr eröffnete Ermessensübung (nachträglich) begründbar sein. In einem UVS-Beschwerdeverfahren (§ 88 SPG) müßte die Sicherheitspolizei imstande sein anzugeben, warum sie in einem konkreten Fall eingeschritten bzw nicht eingeschritten ist. In anderen Fällen müßte die Ermessensübung in einem Verordnungsprüfungsverfahren oder zB in einem Disziplinar- oder in einem Amtshaftungsverfahren begründbar sein[21].

Tatsächlich wurden die eingangs referierten Thesen über die vermeintlichen „Freiräume" bzw „Spielräume" der Verwaltung in Ermessenssachen auch nicht im Hinblick auf das Verfahrensrecht, sondern im Hinblick auf das materielle Recht entwickelt. Unklar bleibt bei allen Positionen, die von einer „rechtlichen Gleichwertigkeit" mehrerer Lösungen sprechen, ob damit zum Ausdruck kommen soll, daß die Verwaltung etwa „würfeln" darf. Eine solche Sicht wäre nicht nur in einem Rechtsstaat unerträglich, sie wäre auch mit dem Text der Bundesverfassung unvereinbar. Bereits Ringhofer[22] und Winkler[23] haben mit Nachdruck dar-

---

19 Vgl die Nachweise bei Ringhofer, Die österreichischen Verwaltungsverfahrensgesetze I (1987) 333 f.

20 §§ 58 Abs 2 und 60 AVG. Vgl die Nachweise bei Ringhofer, Verwaltungsverfahrensgesetze 539 ff, Hauer/Leukauf, Handbuch 416, 440 f und Stoll, BAO (1994) 210 ff.

21 Vgl schon Raschauer, VVDStRL 40, 240, 255 f.

22 Vgl Ringhofer, Der Verwaltungsgerichtshof (1955) 118 ff; anhand von § 10 StaatsbürgerschaftsG sodann Ringhofer, Strukturprobleme des Rechts (1966) 21 ff; vgl auch Ringhofer, ÖVA 1964, 105, 155, 156 f. – Vgl zu ihm Thienel, in: GedS Ringhofer (1995) 165, 166 ff. In die gleiche Richtung geht auch Mayer, Staatsmonopole (1976) 310 ff.

23 Winkler, JBl 1957, 96, 98; Winkler, in: Mosler (Hrsg), Gerichtsschutz gegen die Exekutive, Bd 2 (1969) 836 = Winkler, Orientierungen im öffentlichen Recht (1979) 137, 176.

auf hingewiesen, daß nach Art 130 Abs 2 B-VG in Fällen, in denen die Gesetzgebung von einer bindenden Regelung durch Einräumung von Ermessen absieht, Rechtswidrigkeit (nur) dann nicht vorliegt, wenn von diesem (freien[24]) Ermessen *„im Sinn des Gesetzes"* Gebrauch gemacht wird. Es sind daher auch Ermessensentscheidungen nicht „frei", die – nachprüfender Rechtskontrolle unterliegende – Bindung an den „Sinn des Gesetzes" führt im positiven Recht zur Überwindung der Unterscheidung von gebundenen Entscheidungen und Ermessensentscheidungen[25]. Was bleibt, sind – mit Merkl – Grade unterschiedlich dichter gesetzestextlicher Bindung. Der intellektuelle Vorgang des Interpreten und Rechtsanwenders ist bei sog Ermessensentscheidungen prinzipiell kein anderer als bei sog gebundenen Entscheidungen.

Beispielsweise kann die Behörde nach § 71 Wr BauO Bauten, die vorübergehenden Zwecken dienen oder nicht dauernd bestehen bleiben können, sei es wegen des bestimmungsgemäßen Zweckes der Grundfläche, sei es, weil in begründeten Ausnahmefällen die Baulichkeit den Bestimmungen dieses Gesetzes aus sachlichen Gegebenheiten nicht voll entspricht, auf eine bestimmte Zeit oder auf Widerruf bewilligen. – Will nun jemand einen Gebrauchtwagenplatz auf einer für öffentliche Zwecke gewidmeten Grundfläche, die allerdings derzeit noch nicht benötigt wird, errichten, dann ist als Sinn des Gesetzes leicht zu erkennen, daß eine zwischenzeitliche bauliche Nutzung durch Objekte, die jederzeit rasch und leicht entfernt werden können, zulässig sein soll[26]. Die Verweigerung der Bewilligung ist in solchen Fällen keine „rechtlich gleichwertige" Lösung. Aber auch die Frage „befristet" oder „auf Widerruf" bildet nur scheinbar eine Alternative: Ist zB die Verwirklichung des öffentlichen Zwecks terminlich vorgegeben, dann entspricht eine darauf bezogene Befristung dem Sinn des Gesetzes, ansonst ist die Bewilligung auf Widerruf zu erteilen. Im Vergleich zu solchen alltäglichen Ermessensentscheidungen werfen sog gebundene Entscheidung oft ungleich komplexere Auslegungsfragen auf.

Der vorstehend genannte § 71 der Wr BauO wurde nur auszugsweise zitiert, er enthält nämlich noch weitere tatbestandsmäßige Voraussetzungen. Es ist allgemein zu beobachten, daß es nur sehr selten „reine" Er-

---

[24] Der Begriff „freies" Ermessen hat hier nur Erinnerungswert; er findet sich zum Teil noch in älteren und in aus der reichsdeutschen Zeit übernommenen Rechtsvorschriften. Wie die folgenden Überlegungen verdeutlichen, kann es in einem Rechtsstaat nur rechtlich „gebundenes" Ermessen geben; vgl auch Antoniolli/Koja, Verwaltungsrecht 253.

[25] Ringhofer, Strukturprobleme 35. Vgl schon Kelsen/Fröhlich/Merkl, B-VG-Kommentar (1922) 243: „Die Fälle, in denen man herkömmlicherweise von freiem Ermessen spricht, unterscheiden sich daher von den Fällen gesetzlicher Gebundenheit nur durch das größere Ausmaß des freien Ermessens".

[26] VwGH 81/05/0143 v 26. 3. 1985 = BauSlg 415.

messensbestimmungen gibt, in aller Regel umfassen Ermessensermächtigungen auch konkrete Tatbestandselemente und weisen somit *„Elemente der Gebundenheit“* (RINGHOFER) auf. Wenn wir zum Fall des baufälligen Hauses zurückkehren, dann zeigt sich sogleich, daß von einem „Auswahlermessen“ eigentlich gar keine Rede sein kann. Die Bestimmungsgründe, wann ein Abbruchauftrag und wann ein Instandsetzungsauftrag zu erteilen ist, sind in den BauO so detailliert umschrieben, daß von einem „Wahlrecht“ der Verwaltung gar keine Rede sein kann.

Bisweilen ist von sog *„Koppelungstatbeständen“* die Rede: In § 10 StbG wird etwa die tatbestandsmäßig detailliert gegliederte Aufzählung von Voraussetzungen für die Verleihung der Staatsbürgerschaft mit einem „kann“ verknüpft, dh „gekoppelt“. In § 7 in Verbindung mit § 10 FremdenG wird hinsichtlich der Erteilung des Sichtvermerks eine ebenso ausführliche Aufzählung von (negativen) Tatbestandselementen mit einem „kann“ verknüpft. Soweit Ermessen eingeräumt ist, muß daher der jeweiligen spezifischen Verknüpfung von Gebundenheit und Ermessen Rechnung getragen werden: Ermessen darf in den Fällen des § 10 StbG zB nur geübt werden, wenn alle angegebenen Voraussetzungen erfüllt sind; sind alle angegebenen Voraussetzungen erfüllt, dann muß erst noch Ermessen geübt werden. In den Fällen der §§ 7 ff FrG darf Ermessen nur geübt werden, wenn ermittelt ist, daß keiner der in § 10 FrG genannten Negativtatbestände erfüllt ist.

Was bedeutet es nun, wenn in solchen Fällen von einer „Ermessensübung“ die Rede ist? Gemeint ist, daß „im Sinn des Gesetzes“ zu entscheiden ist. Wie ermittelt man den „Sinn des Gesetzes“? Gefragt sind damit im Grundsatz Vorgänge normaler Gesetzesauslegung, also die in historischer Interpretation ermittelbaren Zwecksetzungen und vor allem die in systematischer Interpretation erschließbaren, im Gesetz zum Ausdruck kommenden Wertungen[27]. Diese Wertungen kommen ua gerade auch in den speziellen Genehmigungsvoraussetzungen zum Ausdruck. Bei einer Einbürgerungsentscheidung[28] sind etwa

- positiv (dh zugunsten des Antragstellers) zu veranschlagen:
  * die Herstellung von Familieneinheit
  * die Beseitigung des Status der Staatenlosigkeit
  * bestehende Beziehungen zu Österreich (Sprache, Wohnsitzdauer, gesellschaftliche Integration)

---

27 Vgl insb WINKLER, Wertbetrachtung im Recht und ihre Grenzen (1970). Zum Ermessen als „Werterkenntnis“ im Sinn von Wertableitung auch SCHÄFFER, 5. ÖJT I/1, 23.

28 Vgl im Hinblick auf §§ 10, 11 StbG zB die Ableitung von „Prinzipien“ des Staatsbürgerschaftsrechts aus den konkreten Einzelbestimmungen dieses Gesetzes durch THIENEL, Österreichische Staatsbürgerschaft II (1990) 123 ff; rekapitulierend THIENEL, in: GedS Ringhofer (1995) 165, 171 ff.

  * öffentliche Interessen an der Einbürgerung;
- negativ (dh zulasten des Antragstellers) zu veranschlagen:
  * bestehende Verurteilungen
  * anhängige Strafverfahren
  * sonstige „Gefährlichkeit“ (bestehendes Aufenthaltsverbot, nachteilige Beziehungen zu anderen Staaten)
  * Aufrechterhaltung der Loyalitätsbande zum bisherigen Heimatstaat
  * unsichere finanzielle Verhältnisse
  * entgegenstehende öffentliche Interessen.

Ermessensübung bedeutet also einen *Abwägungsvorgang,* wobei die Abwägung nicht „frei“, sondern anhand der als „Sinn des Gesetzes“ ermittelbaren Kriterien durchgeführt werden soll. Der Abwägungsvorgang ist strukturell kein anderer als der etwa in § 17 ForstG („Abwägung“[29] der für und gegen eine Rodungsbewilligung sprechenden öffentlichen Interessen) oder der in § 21 Abs 1 WRG („Abwägung“ bei der Bestimmung der Frist für ein Wasserbenutzungsrecht) vorgesehene. Überwiegen die für einen Antrag sprechenden rechtlich erheblichen Kriterien, ist stattgebend, sonst abweisend zu entscheiden.

Nicht zu unterschätzen sind auch in Ermessensfällen die sich aus dem konkret zur Beurteilung stehenden *Sachverhalt* ergebenden Determinanten: „Denn was in seiner Allgemeinheit vieldeutig ist, wird im Hinblick auf eine konkrete Wirklichkeit zumeist eindeutig“[30]. Bei ANTONIOLLI/KOJA[31] findet sich folgendes anschauliches Beispiel: „So ist etwa nach § 9 Bäderhygienegesetz die Behörde zu einer regelmäßigen, in bestimmten Zeitabständen zu wiederholenden (‚ordentlichen‘) Überprüfung gewisser Einrichtungen verpflichtet; darüber hinaus *kann* sie aber auch zwischendurch (‚außerordentliche‘) Überprüfungen vornehmen. Entsteht nun aber durch Bekanntwerden bestimmter Umstände der Verdacht, daß die Einrichtung, die der behördlichen Überwachung unterliegt, nicht mehr dem Gesetz entspricht, so ist die Behörde verpflichtet, eine außerordentliche Überprüfung vorzunehmen“.

Schließlich findet sich der Hinweis, daß auch – und gerade – bei Ermessensentscheidungen alle sonstigen Determinanten des Verwaltungshandelns, insb der verfassungsrechtliche *Gleichheitssatz,* zu berücksichti-

29 Vgl ausdrücklich § 17 Abs 4 ForstG. Nach Auffassung des VwGH (zB VwSlg 9574 A/1978) liegt keine Ermessensermächtigung vor. – Vgl auch den als „Abwägung“ bezeichneten Vorgang in Anwendung von § 5 DMSG (VwSlg 13842 A/1993). Weiters die „Abwägung“ bei der Untersagung einer Versammlung (VfSlg 12155/1989 mwN; vgl auch BERKA, in: FS Rill [1995] 3).

30 WINKLER, Gesetzgebung und Verwaltung im Wirtschaftsrecht (1970) 89 f.

31 ANTONIOLLI/KOJA, Verwaltungsrecht 270.

gen sind[32]. Entsprechend dem KANT'schen Verallgemeinerungsprinzip soll der Interpret die Auslegung einer gesetzestextlich weniger konkret bestimmten Regelung nicht allein für den Einzelfall schöpfen, sondern so konzipieren, daß in gleichen Fällen in gleicher Weise entschieden werden kann. Er soll also *„plangemäß"* vorgehen[33]. Dementsprechend finden sich in der Praxis fallweise „Ermessensrichtlinien" in der Form von Verwaltungsverordnungen[34].

„Diese Verpflichtung zu gleichmäßiger Behandlung hat aber zur Folge, daß gleichgültig, ob förmliche Richtlinien aufgestellt sind oder nicht, jede Begründung auf eine gewisse Konstanz ausgerichtet ist und somit faktisch immer irgendwelche Richtlinien für das Verhalten der Behörde vorliegen. Will die Behörde die Auswahl der Bewerber dem Sinn des Gesetzes entsprechend vornehmen, muß sie sich an förmlich oder gedanklich festgelegte Richtlinien halten. Eine Freiheit ist hier nicht ersichtlich"[35].

OBERNDORFER[36] hebt hervor, daß es unter Mitberücksichtigung des Gleichheitssatzes zu einer *Selbstbindung* der Verwaltung im Lichte ständiger Verwaltungsübung bzw durch Verwaltungsrichtlinien kommen kann. Allerdings ist in diesem Zusammenhang Differenzierung geboten: Die aus dem Gleichheitssatz erwachsende Bindung der Verwaltung stellt sich nur als – vor allem die Konsistenz des Verwaltungshandelns und insb die Richtigkeit der Begründung von Entscheidungen betreffende – *sekundäre* Bindung dar, sie vermittelt aber im allgemeinen kein subjektives Recht auf eine positive Sachentscheidung, ja nicht einmal eine Amtspflicht zu einer positiven Sachentscheidung. Hat die zuständige Behörde einer politischen Partei die Absperrung eines öffentlichen Platzes zum Zweck der Abhaltung einer Veranstaltung bewilligt, so wird ein Bescheid, mit dem einer anderen politischen Partei die gleiche Bewilligung unter den gleichen Voraussetzungen verweigert wird, bei Fehlen einer schlüssigen sachlichen Begründung aufzuheben sein – im allgemeinen allerdings wegen Verfahrensmangels, dh wegen Verletzung der Auseinandersetzungspflicht, und nicht wegen inhaltlicher Rechtswidrigkeit. Hat sich im Zuge des ersten Falles ergeben, daß es zu nicht vertretbaren Beeinträchtigungen öf-

---

32 Vgl VwSlg 9224 A/1977: „Zum Sinn des Gesetzes ... gehört auch dessen vom Gleichheitssatz ableitbare gleichmäßige Anwendung auf gleichgelagerte und zum gleichen Zeitpunkt vor denselben Behörden anhängige Rechtsfälle". Vgl auch VfSlg 4480/1963. – Auf weitere allgemein maßgebliche Determinanten weist jüngst GRABENWARTER, Verfahrensgarantien (im Druck) hin.

33 Vgl „nach einem einheitlichen Plan" in § 44 Abs 3 ForstG.

34 Vgl insb VfSlg 10040/1984 mwN (Verleihung knapper Konzessionen) sowie zB schon VfSlg 6818/1972 (dienstrechtliche Beförderungsrichtlinien).

35 HOFER-ZENI, Ermessen 162.

36 OBERNDORFER, Verwaltungsgerichtsbarkeit 169 mwN.

fentlicher Interessen kommt, – und ändert die Behörde ihre Entscheidungspraxis dementsprechend –, so kann die anderslautende Sachentscheidung im zweiten Fall rechtmäßig sein. Der Gleichheitssatz vermittelt also weder eine Amtspflicht zur Wiederholung einer als rechtswidrig erkannten Entscheidung noch auch ein subjektives Recht auf eine (neuerliche) rechtswidrige Entscheidung.

Abschließend soll noch näher auf ein berühmtes Beispiel einer Anhäufung von „Ermessensregeln" eingegangen werden, nämlich auf § 66 AVG: Ist bei einer Behörde ein Berufungsverfahren anhängig, so hat sie nach Abs 1 „notwendige Ergänzungen des Ermittlungsverfahrens ... durch die Behörde erster Instanz durchführungen zu lassen oder selbst vorzunehmen" (Auswahlermessen?). „Ist der der Berufungsbehörde vorliegende Sachverhalt so mangelhaft, daß die Durchführung oder Wiederholung einer mündlichen Verhandlung unvermeidlich erscheint, so kann die Berufungsbehörde den angefochtenen Bescheid beheben und die Angelegenheit zur neuerlichen Verhandlung und Erlassung eines neuen Bescheides an die Behörde erster Instanz verweisen" (Abs 2; Handlungsermessen?). „Die Berufungsbehörde kann jedoch die mündliche Verhandlung und unmittelbare Beweisaufnahme auch selbst durchführen, wenn hiermit ein Ersparnis an Zeit und Kosten verbunden ist" (Abs 3; Handlungsermessen?). Außer dem in Abs 2 erwähnten Fall hat die Behörde immer in der Sache selbst zu entscheiden (Abs 4).

Auf den ersten Blick könnte man den Eindruck gewinnen, daß eigentlich jegliche Vorgangsweise der Berufungsbehörde gesetzlich „gedeckt" ist. Tatsächlich ergibt aber schon die logisch-grammatikalische Interpretation eine Reihung der gebotenen Prüfschritte und gibt § 39 Abs 2 („möglichste Zweckmäßigkeit, Raschheit, Einfachheit und Kostenersparnis") eine allgemeine und grundsätzliche Determinante vor[37]:

- Der „speziellste" Tatbestand ist der in Abs 2 geregelte Fall, daß sich die Durchführung einer mündlichen Verhandlung als notwendig erweist; in diesem Fall soll die Behörde nicht in der Sache entscheiden. Angesichts des Verhältnisses von Abs 2 und 3 soll sie in solchen Fällen grundsätzlich beheben und zurückverweisen – es sei denn, daß die Durchführung der Verhandlung durch die Berufungsbehörde selbst eine Ersparnis bedeutet; in diesem Fall soll die Berufungsbehörde die Verhandlung selbst durchführen (was ihr in weiterer Folge auch eine Entscheidung in der Sache ermöglicht). Da sich die Kriterien unmittelbar aus dem Gesetz ergeben, handelt es sich bei der Entscheidung

[37] Vgl näherhin Walter/Mayer, Grundriß des österreichischen Verwaltungsverfahrensrechts ([6]1995) RZ 537 ff, die in diesen Zusammenhängen zu Recht nicht von „Ermessen" sprechen.

darüber, wer die fehlende Verhandlung durchführen soll, letztlich um eine gebundene Entscheidung.

- Von den sonst „notwendigen Ergänzungen des Ermittlungsverfahrens" hebt Abs 3 die „unmittelbare Beweisaufnahme" besonders hervor. Daher gilt auch in dieser Hinsicht, daß mit der Durchführung einer fehlenden unmittelbaren Beweisaufnahme grundsätzlich die Behörde erster Instanz beauftragt werden soll – es sei denn, die Durchführung durch die Berufungsbehörde selbst bedeutet eine Ersparnis. Eine Behebung und Zurückverweisung ist in diesem Zusammenhang nicht vorgesehen. Letztlich stellt auch diese Entscheidung eine gebundene Entscheidung dar.
- Somit verbleiben alle anderen „notwendigen Ergänzungen des Ermittlungsverfahrens" (zB die nachträgliche Einholung eines fehlenden Gutachtens). Dieser Fall ist allein nach der Regel des Abs 1 zu beurteilen, sodaß man in der Tat von einer Ermessensentscheidung sprechen kann. Freilich wird der bloß graduelle Unterschied zu den vorgenannten Beurteilungen deutlich, wenn man als „Sinn des Gesetzes" den in § 39 Abs 2 AVG niedergelegten Grundsatz veranschlagt: ist es zweckmäßiger, rascher, einfacher und kostenersparender, wenn die Berufungsbehörde das fehlende Gutachten selbst einholt, dann hat sie so vorzugehen.
- Sind Ergänzungen des Ermittlungsverfahrens nicht erforderlich, dann hat die Behörde sogleich in der Sache zu entscheiden.

Dieses Beispiel verdeutlicht, daß es immer wieder Regelungszusammenhänge gibt, die den Anschein von „Ermessen" hervorrufen, bei denen sich aber schon auf der Ebene „normaler" Interpretation ein erhebliches Maß an Bindung ergibt. Was in Ermessensfällen anders ist, ist also allein der Umstand, daß der Entscheidungsbefugte oft „mehr", nämlich weiter ausholend, denken muß; er muß nämlich den „Sinn des Gesetzes" rekonstruieren – also auch teleologisch interpretieren – und abwägen, welche der sich allenfalls bietenden Alternativen dem Sinn des Gesetzes besser entspricht. Geht er dabei fehl, dann ist seine Entscheidung ebenso „rechtswidrig", als wäre sie mit dem (vermeintlich) „klaren" Gesetzestext unvereinbar.

Zusammenfassend ist daher festzuhalten, daß sich auch in materieller Hinsicht keine von „normalen" Rechtsanwendungsvorgängen abweichende Besonderheiten von Ermessensentscheidungen feststellen lassen. *Ermessensentscheidungen sind durch – an den „Sinn des Gesetzes" gebundene – Abwägungsvorgänge gekennzeichnet,* wie sie sich auch in den Bereichen „gebundener" Verwaltung finden.

IV. Besonderheiten der Ermessenskontrolle?

Was schließlich die Frage der nachprüfenden Rechtskontrolle in Ermessensfällen betrifft, so ist folgendes festzuhalten: Soweit eine im Instanzenzug übergeordnete Behörde zu einer Sachentscheidung berufen ist, steht es ihr – kraft besserer Einsicht, die wiederum eingehend zu begründen ist – uneingeschränkt offen, den Bescheid nach jeder Richtung abzuändern (§ 66 Abs 4 AVG)[38]; für sog Ermessensentscheidungen gilt insoweit nichts Besonderes.

Somit verbleibt als einzige positivrechtliche Besonderheit die mehrfach zitierte Bestimmung des Art 130 Abs 2 B-VG betreffend die verwaltungsgerichtliche Kontrolle von Ermessensbescheiden[39]. Obwohl, wie gezeigt, aus der Sicht der Rechtsvollziehung keine Besonderheiten von sog „Ermessensentscheidungen“ festgestellt werden konnten, könnte Art 130 Abs 2 B-VG dahin verstanden werden, daß der VwGH Ermessensentscheidungen auf irgendeine Weise „eingeschränkt“ prüfen soll. Beispielsweise wird allenthalben betont, der VwGH solle Ermessensentscheidungen nicht wegen Unzweckmäßigkeit der Ermessensübung aufheben[40]. Damit ist freilich keine Besonderheit von Ermessensentscheidungen angegeben: Angefochtene Bescheide sollen vom VwGH in keinem Fall wegen Unzweckmäßigkeit der Entscheidung, sondern ausnahmslos nur wegen Rechtswidrigkeit aufgehoben werden.

Der Annahme einer irgendwie eingeschränkten Prüfungsbefugnis des VwGH in Ermessensfällen steht der Wortlaut des Art 130 Abs 2 B-VG entgegen: „Rechtswidrigkeit liegt nicht vor, soweit ... die Behörde von diesem freien Ermessen im Sinne des Gesetzes Gebrauch gemacht hat“. Im Umkehrschluß: (Eine auch vom VwGH zu relevierende) Rechtswidrigkeit liegt vor, wenn die Behörde von einer Ermessensermächtigung nicht im Sinn des Gesetzes Gebrauch gemacht hat. Eine Form von Rechtswidrigkeit – wegen Verletzung einer sie bindenden Norm, wegen Nicht-Beachtung des Sinns des Gesetzes oder wegen Verstoßes gegen einen maßgeblichen Rechtsgrundsatz –, die der VwGH nicht aufgreifen könnte

[38] VwSlg 5570 A/1961 ua. Dies gilt selbstverständlich auch für den UVS als Berufungsbehörde: VfGH G 183/94 v 19. 6. 1995. – Dagegen hat die nur zu kassatorischen Entscheidungen befugte Vorstellungsbehörde nicht selbst Ermessen zu üben, sondern seine Ausübung zu kontrollieren: VwSlg 9834 A/1979 ua.

[39] Bei nicht bescheidförmig zu fällenden Ermessensentscheidungen – insb bei der verfassungsgerichtlichen Verordnungsprüfung oder bei der AuvBZ-Kontrolle durch UVS – besteht nicht einmal diese Besonderheit. – Ob in Amtshaftungssachen ein besonderer „Rechtswidrigkeitsmaßstab“ (Vertretbarkeitskontrolle) anzunehmen ist, sei hier dahingestellt; jedenfalls besteht auch in dieser Hinsicht keine Besonderheit von Ermessensentscheidungen.

[40] Vgl zB nur Adamovich/Funk, Verwaltungsrecht 125.

und gegebenenfalls aufgreifen müßte, ist noch nicht dargetan worden und auch tatsächlich nicht gegeben. In einem bemerkenswerten Erk hat der VwGH selbst betont: „Gerade der Umstand, daß gemäß Art 130 Abs 2 B-VG Ermessensentscheidungen nicht schlechthin von der Kontrolle durch den Verwaltungsgerichtshof ausgenommen, sondern in der Richtung auf ihre Verträglichkeit mit dem Sinne des Gesetzes seiner Überprüfung zugänglich sind, zeigt daß der normativ auf höchster Stufe stehende Verfassungsgesetzgeber hinsichtlich der Anforderungen, die vom Standpunkt des Rechtsstaates an jede verwaltungsbehördliche Entscheidung zu stellen sind, Ermessensentscheidungen keineswegs grundsätzlich anders gewertet wissen will als gebundene Entscheidungen“[41].

Dementsprechend stellt sich die klassische „Ermessensfehlerlehre“[42], die – abgehoben von der administrativen Wirklichkeit und ohne Bezug zum heutigen Stand der Rechtsprechung – unreflektiert von einem Lehrbuch zum anderen tradiert wird, als ein Anachronismus dar: Die als formelle Ermessensfehler qualifizierten Mängel, wie die unzureichende Sachverhaltsermittlung oder Begründungsdefizite, unterscheiden sich in nichts von formellen Mängeln im allgemeinen. Und die als Besonderheiten bezeichneten inhaltlichen Ermessensfehler (Ermessensunter- bzw -überschreitung, Ermessensfehlgebrauch) bilden bei näherer Betrachtung „normale“ Fälle inhaltlicher Rechtswidrigkeit, vergleichbar zB dem Unterlassen einer gesetzlich gebotenen Abwägung in Fällen gebundener Entscheidung.

Der intellektuelle Vorgang der nachprüfenden Kontrolle mag bei Ermessensentscheidungen – wie bei allen Abwägungsvorgängen – graduell ein etwas anderer sein als in Fällen bloßer Begriffssubsumtion, da auch der der kontrollierten Entscheidung zugrundeliegende intellektuelle Vorgang ein etwas anderer ist, geht es doch um den anspruchsvolleren Vorgang der Abwägung und der Veranschlagung des „Sinns des Gesetzes“. Daher findet sich in der Judikatur nicht von ungefähr immer wieder die Formulierung „Es kann der Behörde nicht entgegengetreten werden, wenn sie ...“. Es kommt damit zum Ausdruck, daß der VwGH die in der Begründung entwickelten Überlegungen der belangten Behörde als eine schlüssige und nachvollziehbare Ableitung aus dem „Sinn des Gesetzes“ befunden hat: Rechtswidrigkeit ist daher nicht gegeben.

Winkler[43] hat als Grenze der Kontrolle von Ermessensentscheidungen die Grenze rechtlicher Vorherbestimmung hervorgehoben: „Nur

---

41 VwSlg 7022 A/1966.

42 Vgl zB Antoniolli/Koja, Verwaltungsrecht 272 f, Oberndorfer, Verwaltungsgerichtsbarkeit, 131 f, zuletzt Grabenwarter, Verfahrensgarantien (im Druck) mwN.

43 Winkler, Orientierungen 176.

wenn diese Frage nicht mehr aufgeworfen werden kann, also im innersten Bereich der Wahl zwischen rechtlich nicht mehr differenzierbaren Lösungen, endet die Prüfungsbefugnis". Wenn es also auch unter Berücksichtigung des Sinns des Gesetzes (und der weiteren Entscheidungsdeterminanten) nicht mehr möglich ist, eine Entscheidung als rechtswidrig zu beurteilen, dann soll der VwGH „schweigen", dh der Behörde „nicht entgegentreten". Diese Einsicht ist ebenso richtig wie „ermessensvernichtend", gilt doch bei sog „gebundenen Entscheidungen" nichts anderes: Wenn es bei der „normalen" Vorschreibung von Auflagen in Anlagenbewilligungsverfahren – ein Bereich, der herkömmlich nicht zur Ermessensübung gezählt wird – nicht möglich ist, sie wegen Verstoßes gegen den Gesetzeswortlaut, wegen Mißachtung des Verhältnismäßigkeitsprinzips usw als rechtswidrig zu qualifizieren, dann ist die Vorschreibung eben nicht rechtswidrig, mag auch eine andere Auflage ebenso in Betracht kommen.

„Man mag nun vielleicht statistisch zum Ergebnis kommen, daß Schwierigkeiten bei der Lösung dieser Frage in gehäuftem Maße bei sogenannten ‚Ermessensnormen' auftreten, in diesem Bereich die Überprüfungsbefugnis also tatsächlich eingeschränkter erscheint. Was hier aber angesprochen ist, sind nicht etwa besondere Grenzen der Verwaltungsgerichtsbarkeit, sondern Grenzen juristischer Argumentation überhaupt. Die Prüfungs*befugnis* steht zwar grundsätzlich zu, eingeengt ist die Überprüfungs*möglichkeit*. Diese reicht nämlich nur so weit, als eine juristische Beweisführung gedanklich nachvollzogen, auf ihre Schlüssigkeit überprüft und allenfalls durch eine bessere juristische Begründung widerlegt werden kann. Da der Maßstab für den VwGH – wie beschrieben – allein das positive Recht ist, darf er die Entscheidung eben nur dann verwerfen, wenn er ‚bessere' *rechtliche* Argumente zur Lösung des Falles anzubieten vermag"[44].

---

44 Eberhard, in: FS Antoniolli 609.

Georg Ress

Menschenrechte, europäisches Gemeinschaftsrecht und nationales Verfassungsrecht

I. Vorbemerkung

Die Spannung zwischen der Wahrung der staatlichen Eigenständigkeit – und das bedeutet vor allem: Wahrung der Letztentscheidungsbefugnis über die Strukturelemente des nationalen Verfassungsrechts – und dem Prozeß europäischer Gemeinschaftsbildung – damit sind nicht nur die Europäische Union[1] und die drei Europäischen Gemeinschaften, sondern auch die immer intensivere völkerrechtliche Ordnungsfunktion der Europäischen Menschenrechtskonvention[2] angesprochen – hat GÜNTHER

Abkürzungen: AJIL American Journal of International Law; BVerfGE Entscheidungen des Bundesverfassungsgerichtes; Dèc Entscheidung der Kommission für Menschenrechte; DR Decisions and Reports: amtl Slg der Kommission seit 1975; EGMR Europäischer Gerichtshof für Menschenrechte; EJIL European Journal of International Law; EKMR Europäische Kommission für Menschenrechte; EMRK Europäische Konvention zum Schutze der Menschenrechte und Grundfreiheiten; EU Europäische Union; EuGRZ Europäische Grundrechte – Zeitschrift; EuR Europarecht; EWS Europäisches Wirtschafts- und Steuerrecht; FS Festschrift; JBl Juristische Blätter (Österreich); JZ Juristische Zeitung; mwN mit weiteren Nachweisen; NJW Neue Juristische Wochenschrift; Sér A Serie A; ZaöRV Zeitschrift für ausländisches öffentliches Recht und Völkerrecht; ZG Zeitschrift für Gesetzgebung; ZRP Zeitschrift für Rechtspolitik.

1 Die These von der Selbständigkeit der Europäischen Union (als juristische Person) neben den drei Europäischen Gemeinschaften gewinnt in der Literatur immer mehr Resonanz. Vgl dazu G. RESS, Ist die Europäische Union eine juristische Person?, in: Die Organe der Europäischen Union im Spannungsfeld zwischen Gemeinschaftsrecht und Zusammenarbeit, FS zum 70. Geburtstag von H.-J. Glaesner, EuR Beiheft 2/1995, 27-40. Siehe auch O. DÖRR, Noch einmal: Die Europäische Union und die Europäischen Gemeinschaften, in: NJW 1995; 3162 ff; W. SCHRÖDER, Die Rechtsnatur der Europäischen Union und verwandte Probleme, in: M. Schweitzer/W. Hummer, Österreich und das Recht der EU (1996) 3 ff.

2 Auch zur Rechtsstruktur der EMRK und des „Menschenrechtsschutzsystems" sind in jüngster Zeit verstärkt Überlegungen vorgetragen worden, die nicht nur für einen höheren Rang in der innerstaatlichen Normenhierarchie sprechen – wenn die wichtigsten Garantien derEMRK nicht ohnedies, wie in Österreich, in Verfassungsrang erhoben wurden –, sondern die dem „System" aus Kommission und Gerichtshof, die nicht Organe des Europarats sind, eine juristische Eigenständigkeit zuweisen. Vgl dazu G. RESS, Verfassungsrechtliche Auswirkungen der Fortentwicklung völkerrechtlicher Verträge, in: FS Wolfang Zeidler (1987) 1775 ff und A. BLECKMANN, Bundesverfassungsgericht versus Europäische Gerichtshof für Menschenrechte, EuGRZ 1995, 387 ff, 389 f; *ders*, Verfassungsrang der Europäischen Menschenrechtskonvention?, EuGRZ 1994, 149 ff.

WINKLER in hellsichtiger, künftige Konflikte vorwegnehmender Weise in seiner Ansprache zur Eröffnung des zweiten internationalen Kolloquiums über die EMRK im Jahr 1965 hervorgehoben.[3] Er hat auf die ordnungspolitische Problematik aufmerksam gemacht, die mit dem Eintritt der europäischen Staaten in eine größere Kultur- und Lebensgemeinschaft einhergeht. Sie hat seither an Schärfe nichts verloren, sondern sowohl gegenüber der EU als auch der EMRK an kritischer Resonanz eher noch hinzugewonnen.[4] Für die EU sind die Auseinandersetzungen im Anschluß an das Maastricht-Urteil des BVerfG vom 12. Oktober 1993[5] symptomatisch, insbesondere zur These, daß Rechtsakte der europäischen Einrichtungen oder Organe, die von dem Unionsvertrag, „wie er dem deutschen Zustimmungsgesetz zugrunde liegt, nicht mehr gedeckt [sind], im deutschen Hoheitsbereich nicht verbindlich" sind. Danach wären die deutschen Staatsorgane „aus verfassungsrechtlichen Gründen gehindert, diese Rechtsakte in Deutschland anzuwenden". Zur Frage, ob derartige europäische Rechtsakte „sich in den Grenzen der ihnen eingeräumten Hoheitsrechte halten oder aus ihnen ausbrechen", nimmt das Bundesverfassungsgericht die Prüfungsbefugnis in Anspruch.[6]

Zur EMRK sind britische Demarchen vom 28. Februar 1996 im Anschluß an das McCann-Urteil[7] des Europäischen Gerichtshofes für Menschenrechte (EGMR) aufschlußreich.[8] Die britische Regierung betont, daß sie „has been concerned about some recent judgements of the Court,

3 GÜNTHER WINKLER, Ansprache des Dekans der Rechts- und Wirtschaftswissenschaftlichen Fakultät der Universität Wien, in: Menschenrechte im Staatsrecht und im Völkerrecht (1967) 8 ff.

4 Vor allem im Anschluß an das Maastricht-Urteil des BVerfG (vom 12. Oktober 1993, BVerfGE 89, 155 ff). Vgl dazu STEINDORFF, Maastricht-Urteil und Europäische Integration, EWS 1993, 344 ff; CHR. TOMUSCHAT, Die Europäische Union unter der Aufsicht des Bundesverfassungsgerichts, JZ 1993, 1083 ff; H. P. IPSEN, Zehn Glossen zum Maastricht-Urteil, in: EuR 1994, 1 ff; K. MEESEN, Maastricht nach Karlsruhe, NJW 1994, 549 ff; M. SCHRÖDER, Das Bundesverfassungsgericht als Hüter des Staates im Prozeß der europäischen Integration, DVBl 1994, 316 ff; J. WIELAND, Germany in the European Union, EJIL 1994, 259; J. A. FROWEIN, Das Maastricht-Urteil und die Grenzen der Verfassungsgerichtsbarkeit, ZaöRV 1994, 1 ff; A. BLECKMANN/S. U. PIEPER, Maastricht, die grundgesetzliche Ordnung und die „Superrevisionsinstanz". Die Maastricht-Entscheidung des Bundesverfassungsgerichts, EuGRZ 1993, 970 ff; G. RESS, Germany – Treaty on European Union – approval by FRG Constitutional Court – reservation of right in national court to hold actions of organs of the European Communities ultra vires, Case-note on the Decision Concerning the Maastricht Treaty of October 12 (1993), in: AJIL 88 (1994) 539-549.

5 BVerfGE 89, 155.

6 Unter Anknüpfung an BVerfGE 58, 1 (30 f); 75, 223 (235, 242).

7 EGMR vom 27. September 1995, Sér A-324.

8 Vgl dazu H. CHR. KRÜGER, Procédure de sélection des juges de la nouvelle Cour européenne des droits de l'homme, in: Revue universelle des Droits de l'Homme, Vol 8 (1996) 113.

and would like to see certain changes to promote fairness and to ensure that the Strasbourg institutions take all factors into account." Die Vorschläge beziehen sich ua auf die „wider and more consistant application of the ‚margin of appreciation'", wobei vorgeschlagen wird, daß von den Straßburger Konventionsorganen

„(a) account should be taken of the fact that democratic institutions and tribunals in Member states are best placed to determine moral and social issues in accordance with regional and national perceptions;
(b) full regard should be paid to decisions by democratic legislatures and to differing legal traditions;
(c) long-standing laws and practices should be respected, except when they are manifestly contrary to the Convention".

GÜNTHER WINKLER hatte seinerzeit unter Hinweis auf die Gefährdungen tragender Grundprinzipien der staatlichen Ordnung – wie Gewaltentrennung, Grundrechtsschutz und demokratisches Prinzip durch unabweisbare Rechtsunsicherheit, fremde Rechtsterminologie und unübersehbare Derogationen, ausgelöst durch „Grenzüberschreitung auf internationaler Ebene" – die Spannungslage mit Worten beschrieben, die an die Ausführungen des deutschen Bundesverfassungsgerichts im Urteil zum Maastrichter Unionsvertrag[9] erinnern. Für GÜNTHER WINKLER wäre es nämlich „wider jede Erfahrung und völlig unrichtig anzunehmen, die Staaten Europas könnten schlechthin in eine größere Gemeinschaft eintreten und müßten dabei zwangsläufig ihre Eigenständigkeit aufgeben oder verlieren." Das völlige Aufgehen der kleineren (staatlichen) Gemeinschaften in einer größeren führe „zum Substanzverlust" und vermöge die Dauerhaftigkeit der größeren Gemeinschaft, selbst mit Hilfe des Zwangs, nicht zu garantieren[10]. GÜNTHER WINKLER geht es um das rechte Maß. Denn keine Gemeinschaft, weder die kleinere noch die größere, schließe die andere aus: „Eine setzt die andere voraus, eine läßt der anderen Raum. Sie alle aber haben ihre Legitimation in Bestand und Funktion deshalb, weil sie nach dem vitalen Prinzip der Subsidiarität als Lebens- und Rechtsgemeinschaften gewachsen sind, nach uralter Gesetzlichkeit menschlicher Gemeinschaftsbildung."[11]

Seitdem das Subsidiaritätsprinzip als allgemeine Kompetenzausübungsschranke im europäischen Gemeinschaftsrecht ausdrücklich Aufnahme gefunden hat[12] und die sog „Subsidiarität"[13] des Rechtsschutzes durch

---

9 Eine der Hauptthesen des BVerfG ist, daß „dem Deutschen Bundestag ... Aufgaben und Befugnisse von substantiellem Gewicht verbleiben" müssen. BVerfG 89, 155 (184).

10 Winkler, aaO (FN 3) 9.

11 Winkler, aaO (FN 3) 9.

12 Art B Abs 2 EUV und Art 3b EGV; zu den verschiedenen Bedeutungen dieses Prinzips, siehe CHR. CALLIESS, Subsidiaritäts- und Solidaritätsprinzip in der Europäischen Union (1996).

die Straßburger Konventionsorgane anerkannt ist[14], ist die Frage erlaubt, ob die von GÜNTHER WINKLER 1965 angestrebte Balance zwischen den kleineren und der größeren Gemeinschaft erreicht oder durch „Grenzüberschreitungen" gefährdet worden ist. Kann angesichts des fortschreitenden europäischen Integrationsprozesses, in den sich Österreich eingegliedert hat,[15] und der wachsenden Rolle des Straßburger Gerichtshofs für Menschenrechte[16] als eine Art europäisches Verfassungsgericht[17] noch davon ausgegangen werden, daß die „Ordnung der größeren Gemeinschaft (...) nur Rahmen und Grundsatz" ist, die der Individualität der einzelnen (staatlichen) Gemeinschaften und in ihnen des einzelnen voll Rechnung tragen? Pflegen die staatlichen Verfassungen nach wie vor „eine starke Zurückhaltung in ihrer Öffnung gegenüber dem Völkerrecht" und ist nur „die mittelbare Anwendbarkeit von Staatsverträgen, die im staatlichen Bereich Geltung beanspruchen, für die Staaten der tragbare Weg", sich zu größeren rechtlichen Einheiten zusammenzuschließen?[18]

13 S dazu O. JACOT-GUILLARMOD, Règles, méthodes et principes d'interpretation dans la jurisprudence de la Cour européenne des droits de l'homme, in: L.-E. Pettiti/E. Decaux/P.-H. Imbert, La Convention européenne des Droits de l'Homme (1995) 41, 53 f.

14 Vgl die Urteile des EGMR im Belgischen Sprachenfall vom 23. Juli 1968, Sér A-6; X gegen Vereinigtes Königreich vom 5. November 1981, Sér A-46; ECKLE gegen Deutschland vom 15. Juli 1982, Sér A-51 und ASHINGDANE gegen Vereinigtes Königreich vom 28. Mai 1985, Sér A-93. Aber der Gerichtshof versteht den „subsidiären" Charakter seiner Kontrolle so, daß er zwar die Einhaltung der Konvention überprüft, den Staaten aber die Freiheit bleibt, die Maßnahmen zu wählen, mit welchen sie ihren Verpflichtungen genügen wollen. Der Gerichtshof hat nicht die Befugnis „pour substituer à les autorités nationales une autre appréciation de ce que pourrait être la meilleur politique en la matière" (ASHINGDANE, aaO 57, Rdn 25).

15 Beitritt zum 1. Januar 1995 durch das Bundesverfassungsgesetz zum Beitritt Österreichs zur Europäischen Union vom 9. September 1994 (öBGBl 744/1994). Zu den Folgen für die österreichische Rechtsordnung siehe S. GRILLER, Verfassungsfragen der österreichischen EU-Mitgliedschaft, Zeitschrift für Rechtsvergleichung und Europarecht 1995, 89 ff; H. SCHÄFFER, Landesparlamente und Europapolitik: Das österreichische Beispiel; DÖV 1996, 396 ff; G. HOLZINGER, Gravierende verfassungsrechtliche Änderungen im Zusammenhang mit einem österreichischen EG-Beitritt; JBl 1003, 2 ff; CHR. GRABENWARTER, Änderungen der österreichischen Bundesverfassung aus Anlaß des Beitritts zur Europäischen Union, ZaöRV 55 (1995) 166 ff, T. ÖHLINGER, Die Mitwirkung des Bundesparlamentes sowie der Länder in Österreich an der Entstehung von Europäischem Recht, ZG 1996, 57 ff; vgl G. RESS und S. GRILLER, Referate bei den Verhandlungen des Zwölften Österreichischen Juristentages (Wien 1995) Band I/2, Verfassungsrecht – Rechtsetzung unter besonderer Bedachtnahme auf den demokratischen und rechtsstaatlichen Aspekt (Wien 1995).

16 Dem der neue Gerichtshof nach dem 11. ZP nicht nachstehen wird. Mit seiner Errichtung wird 1998 gerechnet, wenn die Ratifikationen durch Italien, Polen, Portugal und die Türkei vorliegen. Zum 11. ZP vgl SCHLETTE, Das neue Rechtsschutzsystem der Europäischen Menschenrechtskonvention – Zur Reform des Kontrollmechanismus durch das 11. Zusatzprotokoll, ZaöRV 56 (1996) 904 ff mwN.

17 Zu dieser Qualifikation siehe J. A. FROWEIN/W. PEUKERT, Europäische Menschenrechtskonvention, 2. Aufl (1996) XL, 12.

18 In diesem Sinne WINKLER aaO (oben FN 4) 9.

Die rechtliche Entwicklung hat in den letzten dreißig Jahren einen anderen Weg genommen. Die Zurückhaltung gegenüber der unmittelbaren Einwirkung des Völkerrechts in den innerstaatlichen Rechtsraum ist weitgehend aufgegeben und das Recht der EU ist mit Vorrang und unmittelbarer Anwendbarkeit ausgestattet worden[19]. Die Entwicklung geht zur „offenen Staatlichkeit" in Europa[20]. Sie führt zur Anerkennung eines „gemeineuropäischen" Verfassungsrechts sowohl im Rahmen des europäischen Gemeinschaftsrechts (vgl Art F Abs 2 EUV), insbesondere in der Rechtsprechung des EuGH zu den allgemeinen Rechtsgrundsätzen, als auch als Folge der Anforderungen des europäischen Menschenrechtsschutzes zur gegenseitigen rechtlichen Durchdringung staatlicher und zwischenstaatlicher Ordnungen[21], wie dies keinem der bisher in der Staatengeschichte geläufigen Modelle entspricht. In diesem Modell ist die Antwort auf die Souveränitätsfrage „in der Schwebe"[22], eine Rechtslage, die an sich für föderale Gebilde typisch ist, in denen Unionsebene und Gliedstaatsebene um die Vormacht (Letztentscheidungsbefugnis) ringen. Ob es angebracht ist, in dem erreichten Zwischenzustand von geteilter Souveränität zu sprechen[23], hängt vom Umfang der von den Staaten übertragenen Kompetenzen (zur Letztentscheidung) und von deren „Anerkennung" und Einschätzung durch Drittstaaten ab. Jost Delbrück[24] hält die Verwirklichung einer europäischen Währungsunion mit gemeinsamer einheitlicher Währung wegen der damit einhergehenden Übertragung „zentraler Aufgaben" auf die EG für so entscheidend, daß damit ein Stadium erreicht wäre, „in dem die Frage, ob die Grenze zu einem den Fortbestand des souveränen Nationalstaates ausschließenden Souveranitätsverlust bereits überschritten ist, nicht nur „diskutabel" wird, sondern in dem die Antwort auf diese Frage bereits gegen die Erhal-

---

19 Ständige Rechtsprechung des EuGH seit Rs 26/62, van Gend & Loos, Urteil vom 5. Februar 1963, Slg 1963, 1 ff (unmittelbare Anwendbarkeit) und Rs 6/64, Costa/ENEL, Urteil vom 15. Juli 1964, Slg 1964, 1251 ff.

20 Vgl dazu jüngst K. Vogel, Wortbruch im Verfassungsrecht, JZ 1997, 161 ff.

21 Vgl C. Langenfeld/A. Zimmermann, Interpendenzen zwischen nationalem Verfassungsrecht, EMRK und EG-Recht, in: ZaöRV 1992, 259 ff.

22 H. Steinberger, Aspekte der Rechtsprechung des Bundesverfassungsgerichtes zum Verhältnis zwischen Europäischem Gemeinschaftsrecht und deutschem Recht, in: FS K. Doehring (1989) 951 ff, 968.

23 Zum rechtlichen régime des Zwischenzustandes und der Souveränitätsfrage siehe G. Ress, Souveränitätsverständnis in den Europäischen Gemeinschaften als Rechtsproblem, in: Schriftenreihe des Arbeitskreises Europäische Integration eV Bd 9 (1980) 11 ff, 16 ff; vgl *ders,* Stichwort „Souveränität", in: Monar ua, Wörterbuch der Europäischen Union (1993) 306 ff.

24 Regionale Zusammenschlüsse und ihre Auswirkungen auf die Souveränität der Staaten, in: Frieden und Völkerrecht, hrsg von G. Picht u C. Eisenbank (1973) 484.

tung der Souveränität der Mitgliedstaaten der Gemeinschaften gefallen ist.[25]

Angesichts einer fehlenden Theorie für derartige Zwischenzustände mit ihrer Gemengelage von Staats- und Völkerrecht ist entweder die Verwendung des Begriffs „Souveränität" überhaupt problematisch oder es bedarf der Differenzierungen, um dem Sachverhalt gerecht zu werden. Man sollte – trotz denkbarer Aufteilung der Souveränität – nicht vorschnell die Vermutung[26] aufgeben, daß primäre Staatlichkeit und Souveränität solange fortbestehen[27], bis der rechtliche und tatsächliche Befund der Entwicklung – insbesondere auch das rechtlich relevante Verhalten von Drittstaaten – das Gegenteil erweist. Die Probleme dieser Entwicklung sollen an einigen ordnungspolitisch brisanten Schnittstellen zwischen EMRK, Gemeinschaftsrecht und nationalem Verfassungsrecht beleuchtet werden.

II. Grenzen der Staatsgewalt und der Gemeinschaftsgewalt

Eine erste ordnungspolitische Grundfrage richtet sich nach „den Grenzen der europäischen Gemeinschaftsgewalt." Die inhaltliche Begrenzung der Staatsgewalt auf bestimmte Aufgaben und Handlungsinhalte steht mit der Sicherung der Freiheitssphäre des Staatsbürgers durch Grundrechte in untrennbarem Zusammenhang.[28] Denn wenn der Staat nur innerhalb verfassungsrechtlicher Ermächtigungen überhaupt handeln darf, mit anderen Worten eine Allkompetenz des modernen Verfassungsstaates auszuschließen wäre, wird schon über die Begrenzung des Staatlichen ein erheblicher Schutz des Bürgers erreicht. Die beiden Staatsbegrenzungsfunktionen, die klassische auf Grund einer Staatsaufgaben-, Staatsziel- und Staatszwecklehre des 17. und 18. Jahrhunderts und die moderne auf

25 Auch K. DOEHRING, Staat und Verfassung in einem zusammenwachsenden Europa, in: ZRP 1993, 98 ff, 102 hält den Souveränitätsverlust aufgrund des Maastrichter Vertrages qualitativ und quantitativ für so gewichtig, „daß man im Sinne des Völkerrechts jedenfalls von souveränen Staaten im überkommenen Sinne wohl nicht mehr sprechen kann".

26 Näheres für eine derartige Rechtsvermutung bei G. RESS, Souveränitätsverständnis, aaO (FN 24) 18.

27 Mit diesem Ergebnis hat auch das BVerfGE 89, 155 (190) die Rechtslage eingeschätzt, ohne sie freilich zu problematisieren. „Deutschland wahrt damit (gemeint ist mit der Position als einer der „Herren der Verträge") die Qualität eines souveränen Staats aus eigenem Recht ..." Verbunden ist damit die Vorstellung, „diese Zugehörigkeit ... letztlich durch einen gegenläufigen Akt auch wieder aufheben ..." zu können. Da kein Kündigungsrecht vorgesehen ist, kann dieser actus contrarius (Vertragsaufhebung) aber nur von allen Mitgliedstaaten gemeinsam getroffen werden.

28 Vgl K. STERN, Staatsziele und Staatsaufgaben in verfassungsrechtlicher Sicht, in: Bitburger Gespräche 1984, 5 ff.

Grund der Freiheitsrechte des Bürgers des ausgehenden 19. und des 20. Jahrhunderts, treten ergänzend und im Wechselspiel zueinander.[29]

Während sich für das deutsche Verfassungsrecht die Sicht, die den Staat über Kompetenzbestimmungen hinaus auf die Verwirklichung bestimmter Staatsziele und Staatszwecke zurückdrängt[30], nicht klar durchgesetzt hat (überwiegend wird von einer „virtuellen“ Allkompetenz ausgegangen)[31], zeigt sich die *aktuelle* Bedeutung der beiden Staatsbegrenzungsfunktionen im Recht der Europäischen Union (EU). Denn die EU und die drei Gemeinschaften dürfen nur im Rahmen der begrenzten Einzelermächtigungen *(compétences d'attribution)* handeln[32]. Nur innerhalb der Grenzen der ihnen nach dem jeweiligen Vertrag „zugewiesenen Befugnisse und gesetzten Ziele“ dürfen sie tätig werden[33]. Ihr Handeln ist

---

29 Vgl dazu G. Ress, Staatszwecke im Verfassungsstaat – nach 40 Jahren Grundgesetz, VVDStRL Bd 48 (1990) 70 ff.

30 Das Bundesverfassungsgericht ging allerdings in BVerfGE 42, 312 (332) davon aus, daß das Grundgesetz um der Würde und Freiheit des Menschen willen nicht eine „virtuell umfassende Staatsgewalt verfaßt (hat), sondern den Zweck des Staates materialiter auf die Wahrung des Gemeinwohls beschränkt, in dessen Mitte Freiheit und soziale Gerechtigkeit stehen“.

31 Vgl J. Isensee, Gemeinwohl und Staatsaufgaben im Verfassungsstaat, in: J. Isensee/ P. Kirchhof, Handbuch des Staatsrechts, Bd III (1988) 3 /4 57, Rdn 158 ff. Weitere Nachweise zu dieser namentlich von H. Krüger (Allgemeine Staatslehre, 2. Aufl [1966] 196 ff, 760, 830 f) vertretenen „Allkompetenz des Staates“ bei G. Ress, Staatszwecke im Verfassungsstaat – nach 40 Jahren Grundgesetz, VVDStRL Bd 48 (1990) 70 ff, FN63.

32 Vgl Art B Abs 1 Vertrag über die Europäische Union (EUV) und Art 3b Abs1 Vertrag über die Gründung der Europäischen Gemeinschaft (EGV); siehe auch EuGH Rs 7/56 und 3/57 Algera, Slg 1957, 83; Rs 8/55, Fédération Charbonnière de Belgique, Slg 1956, 197 ff; Rs 26/62, van Gend & Loos, Slg 1963, 1; Rs 281, 283-285 und 287/85, Bundesrepublik Deutschland/Kommission, Slg 1987, 3203 etc.

33 In der französischen Fassung lautet Art 3b EGV:

„La Communauté agit dans les limites des compétences qui lui sont conférées et des objectifs qui lui sont assignés par le présent traité.

Dans les domaines qui ne relèvent pas de sa compétence exclusive, la Communauté n'intervient, conformement au principe de subsidiarité, que si et dans la mesure où les objetifs de l'action envisagée ne peuvent pas être réalisés da manière suffisante par les États membres et peuvent donc, en raison des dimensions ou des effets de l'action envisagée, être mieux réalisés au niveau communautaire.

L'action de la Communauté n'excède pas ce qui est nécessaire pour atteindre les objectifs du présent traité“; und in der englischen Fassung:

„The Community shall act within the limits of the powers conferred upon it by this Treaty and of the objectives assigned to it therin.

In the areas which do not fall within ist exclusive jurisdiction, the Community shall take action, in accordande with the principle of subsidiarity, only if and insofar as the objectives of the proposed action cannot be sufficiently achieved by the Member States and can therefore by reason of the scale of effects of proposed action, be better achieved by the Community.

An action by the Community shall not go beyond what is necessary to achieve the objectives of this Treaty.“ Vgl zum Grundsatz der beschränkten Einzelermächtigung nach Art 3b Abs 1 EGV v Bogdandy/Nettesheim in: Grabitz/Hilf Kommentar zur Europäizusätzlich durch ungeschriebene allgemeine Rechtsgrundsätze, die den Charakter von Freiheitsrechten der Bürger bzw der Einwohner der Mitgliedsstaaten haben, begrenzt. Die europäischen Gemeinschaften sind daher durch beide Strategien der Begrenzung der öffentlichen Gewalt – Beschränkung von vorneherein auf bestimmte Aufgaben, Befugnisse und Ziele und Einschränkung von deren Ausübung durch Grundrechte – begrenzt. Obwohl die Begriffe „Befugnisse" und „Ziele" in Art 3b EGV – zu denen noch der Begriff „Aufgaben" (Art 2 EGV) tritt – nicht völlig eindeutig sind[34], dienen sie der Umschreibung der Grenzen der Handlungsermächtigung. Für den Begriff Befugnis steht im Französischen der Begriff Kompetenz. Dabei ist zwischen Gemeinschaftsaufgaben und Ermächtigungen einzelner Organe (Verbandskompetenz einerseits, Organkompetenz andererseits) zu unterscheiden. Es ist auch zutreffend, daß aus der Verbandsaufgabe nicht schon eine Organkompetenz folgt. Oder anders formuliert, der Schluß von der Aufgabe auf die Befugnis nicht zulässig ist.[35] Andererseits ist – im Gegensatz zum BVerfG[36] – nicht sicher, daß die in Art 3b EGV erwähnten Ziele nicht auch zur näheren Umschreibung – dh ggfs auch Erweiterung – der Befugnisse dienen können.[37] Ob sie auch die Grenzen der Rechtsfähigkeit der Gemeinschaften festlegen, die wie bei jeder internationalen Organisation funktional beschränkt ist[38], hängt davon ab, ob Überschreitungen der durch Art 3b Abs 1 EGV abgesteckten Grenzen gar nicht mehr in den Bereich des Organhandelns fallen. Wann liegt eine derartige Überschreitung vor? Da nach Art 173 Abs 2 EGV Akte der Kommission oder des Rates, für die er nicht zustän-

schen Union, Stand: Mai 1996, Art 3b Rdn 1 ff, insb Rdn 4 und 4; Chr. Calliess, Subsidiaritäts- und Solidaritätsprinzip in der Europäischen Union (1996) 63 ff; H.-P. Kraußer, Das Prinzip begrenzter Einzelermächtigung im Gemeinschaftsrecht als Strukturprinzip des EWG-Vertrages (1991).

34 Diese Begriffe werden im Kontext des EGV wenig stringent verwendet. Art 2 EGV beschreibt in abstrakter, aber konkretisierungsbedürftiger Form die Aufgaben der Gemeinschaft. Vgl v Bogandy/Nettesheim in: Grabitz/Hilf, Kommentar zur Europäischen Union, Stand: Mai 1996, Art 3b, Rdn 5 f; P.-C. Müller-Graff, Verfassungsziele der EG/EU, in: M. Dauses (Hrsg), Handbuch des europäischen Wirtschaftsrechts, 4. EL (1997) Rdn 77 ff.

35 BVerfGE 89, 155 ,192.

36 BVerfGE 89, 155, 209.

37 Unter den Zielen der Gemeinschaft nach Art 3b EGV können die in Art 2 EGV beschriebene Aufgaben verstanden werden (Urteil des EuGH in der Rs 126/86 – Giménez Zaera, Slg 1987, 3697, 3715 ff), die dann in verschiedener Stelle des EGV konkretisiert werden. Es handelt sich um bindende, die Tätigkeit der Gemeinschaft programmierende und damit limitierende Vorschriften. Unter den Begriff „Befugnisse" ist die Rechtsmacht zu einseitigem Handeln der Gemeinschaftsorgane zu verstehen, wobei es auch hier den Formulierungen des EGV an Konsequenz fehlt.

38 Vgl I. Seidl-Hohenveldern/G. Loibl, Recht der internationalen Organisationen, 6. Aufl (1996) 215, Rdn 1507.

dig ist oder die wesentliche Formvorschriften oder einfach den EG-Vertrag verletzen, der Anfechtung unterliegen, maW zunächst gültig sind[39], handelt es sich um rechtswidrige, aber durch das Fehlerkalkül des Art 173 Abs 2 EGV abgedeckte und daher der EG zurechenbare gültige Rechtsakte. Auch diese Fähigkeit, rechtswidrig, aber dennoch gültig, dh für die Organisation rechtserheblich zu handeln, gehört zur Rechtsfähigkeit der EG, selbst wenn der an sich zulässige Handlungsrahmen überschritten wird.

Zählt man Art 173 Abs 2 EGV zu den Vorschriften, die Handlungsbefugnisse umschreiben, deckt sich der Rahmen der Einzelermächtigungen nach Art 3b Abs 1 EGV mit dem Umfang der Rechtsfähigkeit. Denkbar wäre es aber auch, daß deren Umfang (wegen Vorschriften wie Art 173 Abs 2 und Art 174 EGV) weiter ist als der Umfang der Ermächtigungen zu (rechtmäßigem) Handeln nach Art 3b EGV. Auf keinen Fall darf jedoch der Umfang der durch das Fehlerkalkül von Art 173 Abs 2 EGV mit umfaßten Rechtsfähigkeit der EG verkannt und davon ausgegangen werden, daß der EGV die EG nur zu rechtmäßigem Handeln befähigt. Dagegen wäre es durchaus konsequent, anzunehmen, daß Art 3b Abs 1 EGV nur zu rechtmäßigem Handeln ermächtigt. Auch wenn der Umfang der Rechtsfähigkeit daher weiter ist als der der Handlungsermächtigung, ist sie gleichwohl funktional begrenzt. Es gibt Rechtsfehler, die den Rahmen der Aufgaben, Befugnisse und Ziele[40] so kraß, dh *in schwerwiegender und offensichtlicher Weise* überschreiten, daß das damit behaftete Handeln nicht mehr der EG zurechenbar und damit nichtig – *ultra vires* – ist[41]. Günther Winkler hat diese Kategorie der *absoluten Nichtigkeit* im innerstaatlichen Kontext – aber als allgemeines Problem völlig parallel – verdeutlicht[42]. Er hat auch gezeigt, daß die Mängel, die in einem Regelungswerk (wie Art 173 Abs 2 EGV) zu Gründen der Aufhebung ge-

---

39 Vgl Art 174 EGV und Wenig in: Grabitz/Hilf, Kommentar zur Europäischen Union, Stand: Mai 1996, Art 174 Rdn 1; Stotz in: Dauses, Handbuch des EG-Wirtschaftsrechts, Stand: November 1995, PI, Rdn 168; Krück in: Groeben/Thiesing/Ehlermann, Kommentar zum EWG-Vertrag, 4. Aufl (1991) Bd 3, Art 174, Rdn 2.

40 Das BVerfG hat sich, wie schon erwähnt, im Maastricht-Urteil gegen eine Anknüpfung an Ziele zur Determinierung der Ermächtigung gewandt, jedoch, wie man dem Text von Art 3b Abs 1 EGV entnehmen kann, zu Unrecht. Das BVerfG führte aus: „Der Unionsvertrag und insbesondere der EG-Vertrag folgen dem Prinzip der begrenzten Einzelermächtigung [...]. Nach diesem Grundsatz kann zwar eine einzelne Bestimmung, die Aufgaben und Befugnisse zuweist, mit Blick auf die Vertragsziele selbst ausgelegt werden; das Vertragsziel selbst genügt jedoch nicht, um Aufgaben und Befugnisse zu begründen oder zu erweitern (H. P. Ipsen, Europäisches Gemeinschaftsrecht [1972] 559)." BVerfGE 89, 155, 209.

41 G. Ress, VVDStRL 50 (1990) 170 ff (172 f).

42 G. Winkler, Die absolute Nichtigkeit von Verwaltungsakten, Recht und Staat, Bd 223 (1960).

macht werden, eine Verminderung jener Bedingungen bedeuten, die erfüllt sein müssen, damit ein Rechtsakt überhaupt zustande kommt. „Sie sind daher niemals Gründe absoluter Nichtigkeit. Sie verhindern nicht das rechtswirksame Zustandekommen eines Verwaltungsaktes, sie ermöglichen nur seine Aufhebung.“[43]

Für internationale Organisationen, die keine von den Mitgliedstaaten vorgesehene eigene Gerichtsbarkeit kennen, bei denen also Handlungsermächtigung und Rechtsfähigkeit von vorneherein zusammenfallen, müßte auf der Grundlage einer rein formalen Rechtsbetrachtung[44] jeder rechtswidrige Akt *ultra vires* und mit Nichtigkeit behaftet sein. Aber auch hier hat sich parallel zum innerstaatlichen Recht[45] die Anknüpfung an die Evidenz und Gravität des Fehlers als zusätzliches Erfordernis durchgesetzt, auch wenn sich schwierige Fragen des Verfahrens und der Geltendmachung dieser Nichtigkeit stellen[46]. Für die EG verschiebt sich diese Rechtslage durch das Fehlerkalkül des Art 173 Abs 2 EGV; aber auch dieses hat seine Grenzen. Außerdem dient das Anfechtungsverfahren nach Art 173 EGV gerade dem Zweck, die Gemeinschaft in die Grenzen ihrer Handlungsermächtigungen zurückzuführen.

Für den modernen Staat hat sich dadurch, daß der Staatsbegriff wegen seiner völkerrechtlichen Funktion nach allseitiger Verwendbarkeit ruft, eine erhebliche inhaltliche Entleerung ergeben, auch wenn sich eine Reihe völkerrechtlicher Mindestanforderungen an einen staatlichen Kernbereich feststellen lassen.[47] Diese Entleerung hat ihre Entsprechung in der „virtuellen Allkompetenz“. Damit verlagert sich die Sicherung der Freiheit von der inhaltlichen Zweckbindung der Staatsgewalt und deren Begrenzung auf bestimmte Aufgaben nahezu völlig in den Bereich der

---

43 Ibidem 29.

44 So die Position von H. Kelsen, Über Staatsunrecht – Zugleich ein Beitrag zur Frage der Deliktsfähigkeit juristischer Personen und zur Lehre vom fehlerhaften Staatsakt, in: Grünhuts Zeitschrift für das Privat- und Öffentliche Recht der Gegenwart (1914) Bd 40, 1 ff.

45 Nachweise bei G. Winkler, aaO (oben FN 42).

46 Siehe dazu H. Schermers, International Institutional Law, 2. Aufl (1980) 678 ff, §§ 1233 ff; E. Lauterpacht, The Legal Effects of Illegal Acts of International Organizations, in: Cambridge Essays in International Law (in Honour of Lord MacNair) (1965) 92 ff. Der IGH führt im Fall *Certain Expenses of the United Nations* (ICJ Rep [1962] 151 ff) eine Vermutung zugunsten der Rechtmäßigkeit ein: „When the organization takes action which warrants the assertion that it was appropriate for the fulfilment of one of the stated purposes of the United Nations, the *presumption* is that such action is not *ultra vires* the organization“ (168).

47 Nachweise bei J. A. Frowein, Das Staatsgemeinschaftsinteresse – Probleme bei der Formulierung und Durchsetzung, in: Staat und Völkerrechtsordnung, FS Karl Doehring (1989) 219 ff; G. Ress, Staatszwecke im Verfassungsstaat – nach 40 Jahren Grundgesetz, VVDStRL Bd 48 (1990) 70 ff.

Grundrechte. Deren Interpretation – vor allem der Grundrechtsschranken – wird zum Angelpunkt der Freiheitssicherung, wobei die Staatszweckbetrachtung in vielfältiger Weise zB über das Menschen- und Staatsbild und die am Staatszweck ausgerichtete Gemeinwohlabstufung bei der Grundrechtsinterpretation – wie durch die Hintertür – wiederkehrt. Damit ist zwar unter dem Grundgesetz keine juristische Entlastung der Interpretation der Grundrechte von den Problemen der Suche nach einer „richtigen" Grundrechtstheorie verbunden[48], wohl aber eine *Orientierungswirkung*. Es wird deutlich, daß der wahre Sitz der Probleme in den inhaltlichen Grenzen der Staatsgewalt liegt, die sich aus den verschiedenen inhaltlichen Zweckbindungen, maW aus dem funktionalen Verständnis von Staat und Gesellschaft ergeben. Bei der Interpretation der Grundrechtsschranken wird dieses Verständnis nur indirekt zum Ausdruck gebracht. Es gehört zu den interessanten Fragen, ob in der Europäischen Union die europäischen Freiheitsrechte und deren theoretische Erfassung „von manchen Funktionen entlastet werden", weil die Europäische Union auf bestimmte Ziele, Aufgaben und Befugnisse beschränkt ist.

Zwar hat es auch über die Grenzen der Unionsgewalt an kritischen Auseinandersetzungen nicht gefehlt. Das Innehaben einer *Kompetenz-Kompetenz* ist vom Bundesverfassungsgericht als unvereinbar mit einer inhaltlich bestimmten und begrenzten Integrationsgewalt der EU angesehen worden. Hätte Art F (3), wonach sich die Union mit dem Mittel ausstattet, die zum Erreichen ihrer Ziele und zur Durchführung ihrer Politiken erforderlich sind, im Sinne einer Kompetenz-Kompetenz der EU gedeutet werden müssen, dann käme diese Eingliederung der Mitgliedsstaaten einer Unterwerfung unter eine theoretisch schrankenlose Unions-(Gemeinschafts-)gewalt, eine rechtliche Konstellation, wie sie in dieser Konsequenz nicht einmal im Bundesstaat Deutschland verwirklicht ist. Ob damit die verfassungsrechtlichen Grenzen der durch Art 79 Abs 3 GG eingeschränkten Übertragungskompetenz überschritten und eine Einordnung in eine Art „bundesstaatliche Ordnung"[49] erreicht wären, hat das BVerfG nicht ausdrücklich angesprochen. Gleichwohl sind Bedenken gegen solche Schlüsse angebracht. Denn die Kompetenz-Kompetenz hätte sich im Rahmen der Europäischen Union nur durch einstimmige Be-

48 Diese Hoffnung hat P. Häberle, Verfassungsrechtliche Staatsaufgabenlehre, AöR 111 (1986) 608 mit den Worten ausgedrückt, daß er von einer Staatsaufgabenlehre inhaltlich und prozessual erwarte, daß „die Grundrechte bzw. die Grundrechtsdogmatik und ‚Grundrechtspolitik' von manchen Funktionen entlastet werden (könne), die sie wegen des Fehlens einer verfassungsrechtlichen Staatsaufgabenlehre im Rahmen des GG seit Jahrzehnten mit übernommen hat."

49 D. Chr. Dicke sprach schon 1991 vom „real existierenden westeuropäischen Bundesstaat", in: Das Verhältnis der Schweiz zum real existierenden Westeuropäischen Bundesstaat (1991) insb 55 ff.

schlüsse des Europäischen Rates, also niemals gegen den Willen eines der Mitgliedstaaten aktualisieren lassen. Ebenso ließe sich behaupten, daß die Staaten eine Allkompetenz auf der zwischenstaatlichen völkerrechtlichen Ebene besitzen, da sie unter- und miteinander völkerrechtliche Verträge über jedweden Gegenstand abschließen können. Die Erörterung über eine derartige potentielle Gesamtreichweite völkerrechtlicher Handlungen ist eher geeignet, von den eigentlichen Problemen abzulenken, als sie zu lösen.

III. Die verschiedenen Subsidiaritätsverständnisse

Das Subsidiaritätsprinzip, das GÜNTHER WINKLER als Schlüsselbegriff zur Abgrenzung von staatlicher und überstaatlicher Gemeinschaft heranzieht[50], hat seine Bewährungsprobe im Rahmen des Gemeinschaftsrechts noch nicht völlig bestanden[51]. Eine Reihe von Problemen stellen sich.

Die Begrenzung seines Anwendungsbereichs auf die Bereiche der nicht ausschließlichen Zuständigkeit (Art 3 b Abs 2 EGV) hat zur Folge, daß die Frage, wann eine ausschließliche Zuständigkeit vorliegt, zu einer ganz entscheidenden Vorfrage wird. Die in diesem Zusammenhang vertretene These, daß die Gemeinschaft mit der Inanspruchnahme von Harmonisierungskompetenzen eine ausschließliche Zuständigkeit aktualisiere[52], kann nicht überzeugen, weil die entsprechenden Vorschriften über Harmonisierungs- (oder Koordinierungs-) kompetenzen (Art 57 Abs 2, 100, 100a etc EGV) eine entsprechende und fortdauernde Kompetenz der Mitgliedstaaten voraussetzen. Die nationale Regelungskompetenz wird sachlich und zeitlich nur insoweit verdrängt, wie der Anwendungsbereich der EG-Richtlinien oder EG-Verordnungen reicht. Sie kann, falls die EG-Maßnahmen aufgehoben werden, wieder voll in Anspruch genommen werden[53]. Die bisherige Rechtsprechung des EuGH[54] zur Bedeutung

---

50 AaO (FN 3) 9.

51 Vgl die Bedenken G. RESS, Die neue Kulturkompetenz der EG, DÖV 1992, 944, 948; *ders,* Die richtlinienkonforme „Interpretation" innerstaatlichen Rechts, DÖV 1994, 489.

52 R. BIEBER, Zur Rolle der Mitgliedstaaten bei der Ausfüllung von Lücken im EG-Recht, in: Bieber/Ress, Die Dynamik des Europäischen Gemeinschaftsrechts (1987) 283, ST. WEATHERILL, Beyond Preemption? Shared Competence and Constitutional Change in the European Community, in: O'Keefe/Twomey, Legal Issues of the Maastricht Treaty (1994) 13; TOTH, The Principle of Subsidiarity in the Maastricht Treaty, CMLR 1992, 1079; *ders,* A Legal Analysis of Subsidiarity in the Maastricht Treaty, in: O'Keefe/Twomey, Legal Issues of the Maastricht Treaty (1994) 37.

53 Siehe dazu CHR. CALLIESS, Der Schlüsselbegriff der „ausschließlichen Zuständigkeit" im Subsidiaritätsprinzip des Art 3b II EGV, EuZW 1995, 693 (697 ff); *ders,* Subsi-

von Art 3b EGV ist nicht besonders aufschlußreich. Er hat Art 118a EGV, der eine Kompetenz zum Erlaß von *Mindestvorschriften* einführt, zutreffend als „nicht ausschließliche" Kompetenz behandelt, aber weitere Vertiefungen vermieden[55].

Insbesondere die Frage, ob der Staat, der die Verletzung des Subsidiaritätsprinzips vor dem EuGH geltend macht, selbst gegen den Rechtsakt oder doch zumindest nicht für ihn gestimmt haben muß[56] bedarf der Vertiefung. Auch wenn das allgemeine Prozeßrecht – das Verbot des *venire contra factum proprium* als Ausprägung des Grundsatzes von Treu und Glauben – dafür sprechen könnte, daß die Klagebefugnis verloren geht, muß die Möglichkeit einer gerichtlichen Überprüfung der Einhaltung des Subsidiaritätsprinzips – und damit der Kompetenznormen – bei der Auslegung von Art 173 EGV im Vordergrund stehen. Der Zweck von Art 173 Abs 1 EGV ist ua die Einhaltung der Kompetenzordnung[57], was auch durch die Kategorie der objektiv Klageberechtigten zum Ausdruck kommt. Das spricht für eine ungeschmälerte Klagebefugnis der Mitgliedstaaten selbst im Falle der Zustimmung.

Da das Subsidiaritätsprinzip in Deutschland auch zur verfassungsrechtlichen Voraussetzung für die Europäische Union geworden ist (Art 23 Abs 1 GG[58]), läßt sich aus der Sicht des Verfassungsrechts eine völlig andere Konstruktion des Subsidiaritätsprinzips als in der EU – nämlich bezogen auf sämtliche Kompetenzen der EU im Verhältnis zum nationalen Recht – denken. Bei solchem Verständnis ist bei jeder vertraglichen Erweiterung der Kompetenzen der EU und erst recht der EG, unabhän-

diaritäts- und Solidaritätsprinzip in der Europäischen Union (1996) 84 ff mit weiteren Nachweisen.

54 EuGH Urteil vom 12. November 1996 in der Rs C-84/94 – Vereinigtes Königreich/ Rat (Arbeitszeitrichtlinie nach Art 118a EGV) –, abgedruckt in EuZW 1996, 751 mit Anm v Chr. Calliess, 757 f.

55 Ob das noch anhängige Verfahren in der Rs C-233/94 – Deutschland / Rat – weiteren Aufschluß bringen wird, ist fraglich.

56 Nach einer früheren Entscheidung des EuGH vom 12. Juli 1979 in der Rs 166/78 – Italien / Rat –, Slg 1979, 2575, 2596, allerdings nicht zum Subsidiaritätsprinzip ergangen, verliert in einem solchen Fall der Staat nicht seine Klagebefugnis. Es kann auch nicht von einem stillschweigenden Verzicht auf die Klagebefugnis ausgegangen werden; dazu ausführlich Chr. Calliess, Subsidiaritäts- und Solidaritätsprinzip in der Europäischen Union (1996) 304 ff.

57 Die Rechtmäßigkeitskontrolle des EuGH erstreckt sich auch auf die Einhaltung der sonstigen verfahrens- und materiell-rechtlichen (zB Grundrechtskonformität) Rechtmäßigkeitsvoraussetzungen.

58 Art 23 Abs 1 Satz 1 GG lautet: „Zur Verwirklichung eines vereinten Europas wirkt die Bundesrepublik Deutschland bei der Entwicklung der Europäischen Union mit, die demokratischen, rechtsstaatlichen, sozialen und förderativen Grundsätzen und dem Grundsatz der Subsidiarität verpflichtet ist und einen diesem Grundgesetz im wesentlichen vergleichbaren Grundrechtsschutz gewährleistet."

gig davon, ob es sich um ausschließliche oder nicht ausschließliche Kompetenzen handelt, zu prüfen, ob das nationale Subsidiaritätsprinzip gewahrt ist. Diese Frage stellt sich völlig unabhängig vom europarechtlichen Subsidiaritätsprinzip und der gerichtlichen Kontrolle seiner Einhaltung. Die Kontrollbefugnis hinsichtlich des europarechtlichen Subsidiaritätsprinzips steht dem EuGH zu, der nach Art 164 EGV „die Wahrung des Rechts bei der Auslegung und Anwendung diese Vertrages" sichert. Diese Befugnis umschließt bereits nach dem klaren Wortlaut die Kontrolle der Einhaltung der Schranken der vom EGV eingeräumten Kompetenzen, zu denen auch das europarechtliche Subsidiaritätsprinzip gehört. Nach Art 164 EGV kommt allein dem EuGH die Aufgabe der richterlichen Kontrolle des Vertrages und damit des Subsidiaritätsprinzips zu.

Eine weitere nachprüfende Kontrolle durch nationale Organe (ua Gerichte) auf ein *ultra vires* – Handeln ist theoretisch denkbar[59], aber gerade bei der europarechtlichen Subsidiarität kaum begründbar. Angenommen, der EuGH verneint das Vorliegen der Voraussetzungen der Subsidiarität nach Art 3b EGV für einen Rechtsakt, der in der Regel mit qualifizierter Mehrheit der Mitgliedstaaten zustande gekommen ist, dann hat sich zur Überzeugung des EuGH belegen lassen, daß „die Ziele der Maßnahme auf der Ebene der Mitgliedstaaten nicht ausreichend erreicht werden können" und daß sie daher, „wegen ihres Umfangs oder ihrer Wirkung besser auf Gemeinschaftsebene erreicht werden können". Dagegen zu argumentieren, daß eine solche von der qualifizierten Mehrheit der Mitgliedstaaten geteilte Qualifikation in evidenter und schwerwiegender Weise den sachlichen Rahmen verläßt (aus ihm „ausbricht"), ist nahezu ausgeschlossen, weil diese Qualifikation durch Mitgliedstaaten und EuGH in die Nähe einer authentischen Interpretation rückt. Das gilt um so mehr, wenn *alle* Mitgliedstaaten dem Rechtsakt zugestimmt haben[60]. Demgegenüber ist das verfassungsrechtliche Subsidiaritätsprinzip des Art 23 Abs 1 GG umfassender als das europarechtliche – man kann auch sagen: auf die *gesamte* Struktur der EU (und EG) bezogen. Man könnte sich denken, daß es innerhalb der EG zu zahlreichen Inanspruchnahmen nicht ausschließlicher Kompetenzen kommt, die weder von den Mitgliedstaaten im Verfahren nach Art 173 Abs 2 EGV noch auf Vorlage eines nationalen Gerichts gerügt worden sind. Eine solche Akkumulation von Kompetenzausübungen (Inanspruchnahmen) wird auch vom nationalen Subsidiaritätsprinzip erfaßt. Da das BVerfG aber selbst vorlageverpflichtetes Gericht nach Art 177 Abs 3 EGV ist, hätte es die Frage – näm-

[59] Vgl G. Ress, Case Note, AJIL 88 (1994) 539 (546 f).

[60] Vgl dazu R. Bieber/G. Ress, Die Dynamik des Europäischen Gemeinschaftsrechts (1987) 11 des Vorwortes.

lich, ob bestimmte Rechtsakte gegen Art 3b EGV verstoßen, sofern es darauf zur Entscheidung der verfassungsrechtlichen Frage ankommt – dem EuGH vorzulegen, so daß auch diese Problemstellung *in praxi* in eine Letztentscheidung des EuGH mündet.

Das europarechtliche Subsidiaritätsprinzip ist als Kompetenzausübungsschranke demnach geeignet, zu der von GÜNTHER WINKLER angestrebten Balance beizutragen, denn den EG-Organen – Rat und Kommission – obliegt die Darlegungs- und Beweislast für die tatsächlichen Voraussetzungen sowie die Argumentationslast für die rechtliche Qualifikation nach Art 3b Abs 2 EGV („nicht ausreichend" bzw „besser"). Damit haben die Mitgliedstaaten von vorneherein im Verfahren eine sachlich stärkere Stellung, die an sich nicht durch allgemeine Vermutungen zugunsten der Gemeinschaft überspielt werden dürfen. Auf dieser Linie liegt aber die Argumentation des Bundesverfassungsgerichts im Urteil zur Fernsehrichtlinie[61], welche die Existenz einer übernationalen gerichtlichen Kontrolle (durch den EuGH) zur Sicherung der einheitlichen Auslegung und Anwendung als Argument für die Inanspruchnahme einer Regelungskompetenz genügen ließ. Mit dieser Argumentation ließe sich auch das Subsidiaritätsprinzip stets ausspielen, zumal der EuGH selbst dem Prinzip in diesem Sinne nicht unterworfen ist, soll er doch dessen Einhaltung nach Art 3b EGV kontrollieren.

Das Subsidiaritätsprinzip im Rahmen der EMRK, so wie es vom EGMR verstanden wird, hat in erster Linie eine Kontrollbeschränkung des Gerichtshofs zum Gegenstand. Die Kontrolle soll sich nicht auf Fragen der politischen Zweckmäßigkeit erstrecken.[62] In diesem Sinne könnte man es auch für den EuGH als maßgeblich ansehen.[63] Die Subsidiarität im Sinne von Art 3b EGV ist dagegen eine echte Kompetenzausübungsschranke und soll den eigenen Kompetenzbereich der Mitgliedstaaten sichern. Sie ist vergleichbar, aber nicht identisch mit der von der Rechtsprechung des EGMR entwickelten „margin of appreciation", ein interpretatorischer Ausfluß des Begriffs „notwendig" in den Schrankenklauseln der Absätze 2 der Art 8, 9, 10 und 11[64], aber auch Ausdruck des

---

61 BVerfGE 92, 203 (242). Es ging um die Frage, ob eine Richtlinie nach Art 57 Abs 2, 66 EGV „erforderlich" sei. Ein Europaratsabkommen könne eine Richtlinie schon darum nicht ersetzen, „weil für den Europarat eine dem Gerichtshof der Europäischen Gemeinschaften vergleichbare Institution fehlt, die ihre Durchsetzung sichert."

62 S oben FN 14.

63 PERNICE in: Grabitz/Hilf, Kommentar zur Europäischen Union, Art 164, Rdn 38 ff.

64 Näher dazu J. A. FROWEIN/W. PEUKERT, aaO (oben FN 17) 329 ff, vgl auch Laskey et al/Vereinigtes Königreich, Urteil des EGMR vom 19. Februar 1997 para 61: „[...] the notion of necessity implies that the interference corresponds to a pressing social need and, in particular, that it is proportionate to the legitimate aim pursued."

Auswahlermessens, das den Vertragsstaaten bei der Erfüllung der positiven Verpflichtungen (Schutzpflichten) und bei der Abwägung verschiedener Freiheiten[65] zusteht. Während die Auslegung des Begriffs „notwendig" in den Schrankenklauseln der Art 8 bis 11 EMRK in eine „scharfe Verhältnismäßigkeitskontrolle"[66] mündet, steht im EU-Recht die Verhältnismäßigkeit (Art 3b Abs 3 EGV) als selbständige Ausübungsschranke neben dem Subsidiaritätsprinzip (Art 3b Abs 2 EGV). Die Kriterien der Subsidiarität (ausreichend/besser) sind mit denen des Verhältnismäßigkeitsprinzips (Geeignetheit, Erforderlichkeit, Übermaßverbot) nicht identisch, obwohl sich zT sachliche Überschneidungen ergeben. Die Kompetenzausübungsgrenzen für die EU sind demnach prinzipiell weiter als für die Straßburger Konventionsorgane. Die eingangs erwähnte Demarche der britischen Regierung zugunsten nationaler Traditionen und bewährter Rechtsinstitute kommt demgegenüber dem Verständnis einer echten Subsidiarität nahe, wie sie auch GÜNTHER WINKLER vorschwebt. Ansatz dafür könnte in der neuesten Rechtsprechung des EGMR die Auffassung sein, daß der Umfang dieses den Staaten zustehenden Einschätzungsspielraums nicht in jedem Fall identisch ist, sondern vom Kontext abhängt. Zu den relevanten Faktoren, von denen der Umfang abhängt, gehören a) die Natur des betreffenden Konventionsrechts, b) dessen Bedeutung für den einzelnen und c) dessen Bedeutung für die Art der in Frage stehenden Handlungen.[67] Diese Faktoren sind aber andere, als sie für das Subsidiaritätsprinzip maßgeblich, und auch andere, als sie von der britischen Regierung vorgetragen worden sind. Der EGMR hat selbst in Fällen, in denen der Staat seine Zuständigkeit „vernünftig, sorgfältig und gutgläubig" ausgeübt hat[68], Maßnahmen als nicht notwendig angesehen. Selbst wenn es auch hier um die „proper balance", das „juste équilibre" – wie es der EGMR[69] formuliert – geht, sind die Kriterien für diese Balance andere und enger als beim echten Subsidiaritätsprinzip, auch wenn sich die Erwägungen überschneiden können.

---

65 Vgl dazu eine neuere Kommissionsentscheidung *Grupo Interpres S.A./Spanien*, No 32849/96, in der festgestellt wird: „La requérante réclamait un droit générale d'accès aux archives des greffes des tribunaux et non pas un droit d'accès à des decisions concrètes. La Commission rappelle que les Etats contractants jouissent d'une certaine marge d'appreciation en la matière et doivent ménager l'équilibre entre la défense de la liberté (de recevoir des informations) et la protection du droit à la vie privée des individus mis en cause par les décisions et les informations contenues dans les archives des greffes que la requérante reclame."

66 Barthold/Deutschland, Sér A-90 Rdn 55 ff. Weitere Nachweise in FROWEIN/PEUKERT, aaO (FN 17) 335 f; Olsson/Schweden, Sér A-130, Rdn 67.

67 Buckley/Vereinigtes Königreich, Urteil vom 25. September 1996, para 74.

68 Sunday Times/Vereinigtes Königreich, Sér A-30, para 56.

69 Moustaquim/Belgien, Sér A-193, para 46.

IV. Das Problem des gewohnheitsrechtlichen Grundrechtsschutzes in der EU

Für die Europäischen Gemeinschaften hat sich trotz der nicht verstummenden Forderungen nach einem geschriebenen Grundrechtskatalog[70] die Auffassung verbreitet, daß „auch ohne einen verbrieften Grundrechtskatalog der Grundrechtsschutz in der Gemeinschaft durch die Rechtsprechung des Gerichtshofs einen beachtlichen Standard erreicht hat."[71] Diskussionen über die inhaltliche Reichweite der durch die Rechtsprechung ermittelten allgemeinen Rechtsgrundsätze sind häufig anzutreffen[72], weniger dagegen fundierte Ausführungen über die theoretischen Grundlagen, das Verhältnis zu völkerrechtlichen Verträgen[73], insbesondere zur Europäischen Konvention über den Schutz der Menschenrechte und Grundfreiheiten (EMRK) und zur Frage des Verhältnisses der Straßburger Entscheidungsorgane zum EuGH. Überlegungen zu einer europäischen Theorie der Grundrechte fehlen nahezu völlig[74]. An dieser Si-

---

70 Vgl Erklärung der Grundrechte und Grundfreiheiten des Europäischen Parlaments vom 12. April 1989 (Abl C 120/51 vom 16. 5. 1989); vgl auch B. BEUTLER, Die Erklärung des Europäischen Parlaments über Grundrechte und Grundfreiheiten vom 12. April 1989, EuGRZ 1989, 185 f.

71 BVerfGE 73, 339 ff. Zusammenfassende Angaben bei H.-W. RENGELING, Grundrechtsschutz in der Europäischen Gemeinschaft (1993) 232 ff.

72 Grundlegende Diskussion bei I. PERNICE, Grundrechtsgehalt im Europäischen Gemeinschaftsrecht (1979) passim; *ders*, Gemeinschaftsverfassungs- und Grundrechtsschutz – Grundlagen, Bestand und Perspektiven, NJW 1990, 2049 ff; vgl ansonsten nur beispielhaft die Diskussion über den Umfang des Eigentumsschutzes anläßlich des Hauer-Falles (EuGH Rs44/79, Hauer/Land Rheinland-Pfalz, Slg 1979, 3727 [3726]) bei I. PERNICE, Grundrechtsgehalt im Europäischen Gemeinschaftsrecht (1979) 179 ff und bei R. STREINZ, Bundesverfassungsgerichtlicher Grundrechtsschutz und Europäisches Gemeinschaftsrecht (1989) 409 ff oder über die Reichweite des Schutzes der Wohnung (Geschäftsräume) anläßlich des Hoechst-Falles bei G. RESS/J. UKROW, Neue Aspekte des Grundrechtsschutzes in der Europäischen Gemeinschaft, EuZW 1990, 499 ff.

73 Siehe aber neuerdings die fundierten Länderberichte in P. M. EISEMAN (éd), L'intégration du droit international et communautaire dans l'ordre juridique national, étude de la pratique en Europe (Kluwer Law 1986) mit dem deutschen Länderbericht von J. A. FROWEIN/K. OELLERS-FRAHM (69 ff) und dem Generalbericht über die Anwendung völkerrechtlicher Verträge (ua auch EMRK) in der innerstaatlichen Rechtsordnung (11 ff).

74 Ausnahmen sind zB die erwähnten Studien von I. PERNICE, Grundrechtsgehalt im Europäischen Gemeinschaftsrecht (1979) passim; *ders*, Gemeinschaftsverfassungs- und Grundrechtsschutz – Grundlagen, Bestand und Perspektiven, NJW 1990, 2049 ff und R. STREINZ, Bundesverfassungsgerichtlicher Grundrechtsschutz und Europäisches Gemeinschaftsrecht (1989). Die von H. W. RENGELING vorglegte Untersuchung – Grundrechtsschutz in der Europäischen Gemeinschaft (1993) – belegt eher den Mangel an einer theoretischen Fundierung als deren Existenz. Auch die sehr verdienstvollen Arbeiten von O. ALEXY, „Theorie der Grundrechte" (1985) und von E.-W. BÖCKENFÖRDE, Grundrechtstheorie und Grundrechtsinterpretation, NJW 1974, 1529 ff; *ders*, Zur Lage der Grundrechtsdogmatik nach 40 Jahren Grundgesetz (1990) nehmen auf die europäische Dimension nicht näher Bezug. Da die grundlegenden Probleme – Grundrechte als subjektive

tuation hat auch der neue Artikel F Abs 2 des Vertrages über die Europäische Union vom 7. Februar 1992

„Die Union achtet die Grundrechte, wie sie in der am 4. November 1950 in Rom unterzeichneten Europäischen Konvention zum Schutze der Menschenrechte und Grundfreiheiten gewährleistet sind und wie sie sich aus den gemeinsamen Verfassungsüberlieferungen der Mitgliedsstaaten als allgemeine Grundsätze des Gemeinschaftsrechts ergeben."

nichts geändert, sondern eher zusätzliche Probleme aufgeworfen, da sich die Gerichtsbarkeit des EuGH laut Art L auf Art F Abs 2 nicht erstreckt. Die jüngsten in der Sache divergierenden Entscheidungen des Europäischen Gerichtshofs für Menschenrechte zur Vereinbarkeit des österreichischen Rundfunkmonopols und des EuGH zum griechischen Fernsehmonopol[75] haben die Frage neu belebt, ob es sinnvoll sei, daß die EG der Europäischen Menschenrechtskonvention beitritt. Auf seiner Tagung am 28./30. November 1993 beschloß der Rat (Justiz und Inneres), ein Gutachten des EuGH zu den Auswirkungen eines möglichen Beitritts der Gemeinschaft zu Europäischen Menschenrechtskonvention einzuholen[76]. In seinem Gutachten 2/94 vom 28. März 1996 kam der EuGH zu den Schluß, daß der Antrag des Rates zulässig sei, das Gemeinschaftsrecht gegenwärtig aber keine Kompetenz für die EG – auch nicht aus Art 235 EGV – vorsehe, der EMRK beizutreten[77].

Damit bleibt es bei der „indirekten" Anwendung der EMRK über die Rechtsquelle der allgemeinen Rechtsgrundsätze des Gemeinschaftsrechts, wie sie sich in der Rechtsprechung des EuGH seit den Fällen *Internationale Handelsgesellschaft*[78], NOLD[79] und HAUER[80] entwickelt hat. Obwohl

Freiheitsrechte und als objektive Grundsatznormen und ihr Verhältnis zueinander sowie die Beziehungen zu Staatszwecken und Staatsaufgaben (siehe E.-W. BÖCKENFÖRDE, Zur Lage der Grundrechtsdogmatik nach 40 Jahren Grundgesetz, aaO, 57 ff) – vergleichbar sind, lassen sich die Fragestellungen auf die europäsiche Grundrechtsdogmatik übertragen.

75 Informationsverein Lentia (Urteil des Europäischen Gerichtshofs für Menschenrechte [EGMR] vom 24. 11. 1993, Sér A-276 = EuGRZ 1994, 549) und Entscheidung des EuGH zum griechischen Fernsehmonopol (EuGH Rs C-260/89, ERT, Slg 1991, I-2925, Rdn 41). Siehe zu dem unterschiedlichen Freiheitsverständnis G. RESS, Die Rundfunkfreiheit als Problem der europäischen Integration, ZfRV 6 (1992) 434, 426 ff.

76 Vorausgegangen war das Memorandum der EG-Kommission, Bulletin EG (1979) Beilage 2. Zu den Problemen siehe auch J. A. FROWEIN in: Die Grundrechte in der Europäischen Gemeinschaft (1978) 47 ff; C. D. EHLERMANN/E. NOËL, Der Beitritt der Europäischen Gemeinschaft zur Europäischen Menschenrechtskonvention. Schwierigkeiten und Rechtfertigung, in: Gedächtnisschrift für Christoph Sasse (1981) Bd II, 685 ff; E. KLEIN, Der Verfassungsstaat als Glied einer europäischen Gemeinschaft, in: VVDStRL Bd 50 (1990) 56 (86).

77 Gutachten 2/94 des Gerichtshofs vom 28. März 1996 „Beitritt der Gemeinschaft zur Konvention zum Schutze der Menschenrechte und Grundfreiheiten" Slg 1996, I-1759 = EuGRZ 1996, 197 ff.

78 Rs 11/70 Internationale Handelsgesellschaft / Einfuhr und Vorratsstelle, Slg 1970, 1125 (1135).

79 EuGH Rs 4/73, Nold, Slg1974, 491 (507).

die EMRK nach der Aussage des EuGH „Hinweise“ gibt, die im Rahmen des Gemeinschaftsrechts zu berücksichtigen sind und der Schutz der Grundrechte zu den Aufgaben des EuGH gehört, hat der EuGH in dieser Zielsetzung und Aufgabe keine Grundlage gesehen, um über Art 235 EGV eine Beitrittskompetenz herzuleiten[81]. Die dafür gegebene Begründung vermag nur einen Teil der wirklichen Gründe widerzuspiegeln. Sicher ist der Schluß von der „Aufgabe“ der EG, die Grundrechte zu schützen und diese am Inhalt der EMRK auszurichten, auf eine Kompetenz zum Beitritt zur EMRK nicht zwingend, da der Beitritt zur Erreichung des Ziels nicht unerläßlich ist. Er ist nur eine Möglichkeit, die Kohärenz des Grund- und Menschenrechtsschutzes zu sichern. Weitaus gewichtiger sind die unausgesprochenen Gründe. Während die praktischen Probleme eines Beitritts (zB: was bedeutet Rechtswegerschöpfung im Gemeinschaftsrecht? Wie ist die Frage des zusätzlichen europäischen Richters zu lösen? etc) sicher überwindbar sind, stellt die *formelle* Einordnung des EuGH unter die Gerichtsbarkeit der Straßburger Konventionsorgane sicher das entscheidende Problem dar.[82] Diese formelle Unterstellung würde mögliche – und aktuelle – Divergenzen in der Interpretation der EMRK zwischen EuGH[83] und dem EGMR[84] zwar beheben[85], aber auch zu einer einheitlichen Ausrichtung der Wertung führen. Dabei sind Sachbereiche der EG-Kompetenzen von dem Gesamtbereich der mit-

---

80 EuGH Rs44/79, Hauer, Slg 1979, 3727 (3726).

81 Der wahre Grund war ein anderer: „34. Zwar ist die Wahrung der Menschenrechte eine Voraussetzung für die Rechtmäßigkeit der Handlungen der Gemeinschaft, doch hätte der Beitritt zur Konvention eine wesentliche Änderung des gegenwärtigen Gemeinschaftssystems des Schutzes der Menschenrechte zur Folge, da er die Einbindung der Gemeinschaft in ein völkerrechtliches, andersartiges institutionelles System und die Übernahme sämtlicher Bestimmungen der Konvention in die Gemeinschaftsrechtsordnung mit sich brächte.

35. Eine solche Änderung des Systems des Schutzes der Menschenrechte in der Gemeinschaft, die grundlegende institutionelle Auswirkungen sowohl auf die Gemeinschaft als auch auf die Mitgliedsstaaten hätte, wäre von verfassungsrechtlicher Dimension und ginge daher ihrem Wesen nach über die Grenzen des Artikels 235 hinaus. Sie kann nur im Wege einer Vertragsänderung vorgenommen werden“ (Slg 1996, I-1759).

Demgegenüber hatte die Bundesrepublik Deutschland in ihrer Stellungnahme für den Gerichtshof eine Kompetenz der Gemeinschaft bejaht, Frankreich dagegen hatte sie verneint (vgl zu den nationalen Stellungnahmen Slg 1996, I-1759, Abschnitt V).

82 Editorial Comments on „Fundamental Rights and Common European Values“, in: Common Market Law Review (CMLR), 33 (1996) 215 ff, 217 ff.

83 ZB verb Rs 46/87 und 277/88, Hoechst, Slg 1989, 2859 (der in Art 8 EMRK geschützte Wohnraum umfaßt nicht Geschäftsräume); Rs 347/87, Orkem, Slg 1989, 3289 (Art 6 EMRK gewährt kein Recht, nicht gegen sich selbst als Zeuge aussagen zu müssen).

84 ZB EGMR Niemetz v Germany, Urteil vom 16. 12. 1992, Sér A 251-B; Funke, Cremieux and Miailke v France, Urteil vom 25. 2. 1993, Sér A-256.

85 Siehe dazu G. Ress/J. Ukrow, Neue Aspekte des Grundrechtsschutzes in der Europäischen Gemeinschaft, EuZW 1990, 499 ff.

gliedstaatlichen Kompetenzen klar zu trennen. Der EuGH hat für die Einhaltung der Grundrechte nur auf dem Gebiet des Gemeinschaftsrechts zu sorgen. Er kann nach eigener Auffassung

„[...] nicht prüfen, ob ein nationales Gesetz, das [...] zu einem Bereich gehört, der in das Ermessen des nationalen Gesetzgebers fällt, mit der EMRK vereinbar ist.“[86]

Auf diese Weise läßt sich auch die „Nichtprüfung“ der Vereinbarkeit des griechischen Rundfunkmonopols mit Art 10 EMRK allenfalls rechtfertigen[87], ebenso wie im Fall des irischen Abtreibungsverbots[88] die „Nichtprüfung“ des Art 10 EMRK gegenüber dem nationalen Verbot. Gegenüber der durch den Beitritt zur EMRK bewirkten einheitlichen Ausrichtung der Wertungen geben die Herausgeber des *Common Market Law Review* allerdings zu bedenken:

„The Luxembourg Court which has the responsibility for the functioning of the EC system when imposing compliance with fundamental rights takes account of Community integration. As for the Strasbourg Court, it is not the supreme court of an operational system; this may effect the way it determines standards of implementation when it has to adjudicate on principles enshrined in the European Convention.“[89]

Der EGMR hat sich bei der Auslegung der EMRK nicht die Frage zu stellen, wie das spezifische Menschenrecht in die Ziele, Aufgaben und Strukturen der EG als einer Integrationsorganisation einzufügen ist – eine Frage, die sich für den EuGH bei jeder Bildung und inhaltlichen Ausprägung eines allgemeinen Rechtsgrundsatzes stellt.[90] Damit wird die komplexe Frage der *Wertadjustierung* zwischen verschiedenen Ordnungssystemen angesprochen, die bisher befriedigend weder im Verhältnis zwischen dem nationalen Verfassungsrecht und dem Europäischen Gemeinschaftsrecht[91] noch im Verhältnis zwischen dem Europäischen Gemein-

86 Rs 60 und 61/84, Cinéthèque, Slg 1985, 2605.

87 EuGH Rs C-260/89, ERT, Slg 1991, I-2925, Rdn 41.

88 Rs C-159/90, Society for the Protection of Unborn Children Ireland, Slg 1991, I-4685. Der EuGH bejahte den Dienstleistungscharakter des ärztlichen Schwangerschaftsabbruchs, verneinte jedoch den Anspruch auf unbehinderte Verteilung von Informationen über solche Dienstleistungen. Dagegen bejahte der EGMR in einem parallelen Fall eine Verletzung des Art 10 EMRK durch derartige Verbote, vgl EGMR, Urteil vom 29. 10. 1992, Open Door Counseling Ltd and Dublin Well Woman Centre Ltd, Sér A-246.

89 Editorial Comments on „Fundamental Rights and Common European Values“, in: Common Market Law Review (CMLR), 33 (1996) 215 ff, 219.

90 Vgl zu diesem methodischen Vorgehen G. Ress, Die Bedeutung der Rechtsvergleichung für das Recht internationaler Organisationen, ZaöRV Bd 36 (1976) 227 ff, 232.

91 Vgl einerseits den Solange-Vorbehalt des BVerfG, der eine nicht nur theoretische Vorrangsposition des nationalen Verfassungsrechts – selbst nach dem Wechsel von Solange I (BVerfGE 37, 271) zu Solange II (BVerfGE 73, 339 [387]) – ausdrückt, andererseits Hirsch, Europäischer Gerichtshof und Bundesverfassungsgericht – Kooperation oder Konfrontation?, in: NJW 1996, 2457-2466.

schaftsrecht und dem Recht der EMRK[92] gelöst worden ist. Häufig wird das Problem, um es nicht mit der Frage des „Vorrangs", der einen Rechtsebene gegenüber der anderen zu belasten[93], mit der Pflicht zur notwendigen „Kooperation" umschrieben[94]. Der Begriff „Kooperation" verschleiert die Probleme der Wertadjustierung aber eher, als sie deutlich zu machen.

V. Wachsende Distanz des EuGH zur EMRK?

Aufgrund der bisherigen Betrachtungen läßt sich ein paradoxes Ergebnis formulieren: Die Staaten sind im Grundrechtsbereich trotz der „margin of appreciation" im Rahmen der EMRK einer relativ intensiven Kontrolle unterworfen, während andererseits zu beobachten ist, daß sich die EG einer vergleichbar intensiven Kontrolle zu entziehen trachtet. In allen bisherigen Interpretationsdivergenzen hat der EuGH zu ungunsten einer weiten Interpretation der Freiheitsrechte entschieden. Auch im Kompetenzbereich genießen die Staaten gegenüber der EG durch das Subsidiaritätsprinzip mehr Gestaltungsraum als ihnen im Rahmen der EMRK (interpretiert man die „margin of appreciation" auch kompetenziell) zugestanden wird.

Zeichen für eine gewisse Distanz des EuGH zur wachsenden Bedeutung der europäischen Menschenrechte lassen sich demnach ausmachen. Zunächst die schon erwähnte Absage an eine Kompetenz der EG, der EMRK beizutreten[95], wobei befremdlich ist, daß die Verneinung der Kompetenz weniger damit begründet wird, daß die Menschenrechte nicht

---

92 C. Melchers & Co KG/Deutschland, Entscheidung der EKMR vom 9. Februar 1990, DR 64, 138; auch abgedruckt in: Hummer/Simma/Vedder/Emmert, Europarecht in Fällen, 2. Aufl (1994) 362 f. Der entscheidende Vorbehalt gegen die Übertragung von Hoheitsrechten auf internationale Organisationen – wie die EG – lautet: „Die Übertragung von Hoheitsrechten auf internationale Organisationen ist daher nur dann mit den Garantien der Konvention vereinbar, wenn sichergestellt ist, daß im Rahmen jener Organisation ein vergleichbares Maß (‚une protection équivalente') an Schutz der Grundrechte gewährleistet ist". Siehe dazu Th. Giegerich, Luxemburg, Karlsruhe, Straßburg – Dreistufiger Grundrechtsschutz in Europa?, in: ZaöRV 1990, 836 ff.

93 Einen Vorrang des EG-Rechts, von dem der EuGH in ständiger Rechtsprechung seit Rs 6/64 (Costa/ENEL, Slg 1964, 1251) ausgeht, hat das BVerfG in BVerfGE 37, 271 (Solange I) zurückgewiesen. Vgl dazu G. Ress, Wechselwirkungen zwischen Völkerrecht und Verfassung bei der Auslegung völkerrechtlicher Verträge, Berichte der Deutschen Gesellschaft für Völkerrecht, Heft 23 (1982) 18 f.

94 BVerfGE 89, 155 (175, 178). Das Gericht spricht von „gegenseitiger Ergänzung". Vgl auch R. Bernhardt, Probleme eines Beitrittes der EG zur EMRK, in: FS U. Everling, 103, 104 f.

95 EuGH v 28. 3. 1996, Gutachten 2/94, Slg 1996, I-1759.

zu einem Ziel der EG gehören[96], sondern vor allem damit, daß das Beitrittsabkommen erhebliche Strukturveränderungen für die EG („un changement substantiel du régime communautaire actuel de la protection des droits de l'homme") mit sich bringen würde[97]. Befremdlich deshalb, weil der Umfang jener institutionellen und strukturellen Veränderung erst Gegenstand eines Abkommens sein sollte, dessen genauer Inhalt nicht bekannt war und allenfalls erahnt werden konnte. Da nach der Rechtsprechung des EuGH die Beachtung der Grund- und Menschenrechte im Rahmen der Struktur der EG seit langem anerkannt[98] und über ihre Ausformung im Rahmen der allgemeinen Rechtsgrundsätze gesichert ist, mußte die Schlußfolgerung, daß die Menschenrechte nicht zu den Zielvorstellungen im Rahmen von Art 235 EG gehören, überraschen. Dies um so mehr, als der oben zitierte Art F Abs 2 des Unionsvertrages die Beachtung der EMRK der gesamten EU und damit auch der EG zur rechtlichen Verpflichtung macht.[99] Geht man von dieser rechtlich anerkannten Prämisse aus, so konnte es sich im Rahmen von Art 235 allenfalls um das Problem handeln, ob der Beitritt zur EMRK die *erforderliche* Maßnahme war, um das Ziel zu erreichen[100] und wenn ja, im Rahmen welcher vertraglichen Ausgestaltung. Unter diesen Voraussetzungen hätte eine Antwort weitaus näher gelegen, die eine konkrete Beurteilung vom Vorliegen eines Vertragsentwurfs abhängig gemacht hätte. Erst dann wäre auch ein genauer Vergleich zwischen dem jetzigen Zustand einer mittelbaren Berücksichtigung der EMRK als Rechtserkenntnisquelle für allgemeine Rechtsgrundsätze und deren unmittelbarer Anwendung als Rechts-

---

96 EuGH Gutachten 2/94 aaO, 1788.

97 EuGH Gutachten 2/94 aaO, 1789.

98 Vgl EuGH Nold, Slg 1974, 491; EuGH Rutili, Slg 1975, 1219; EuGH Hauer, Slg 1979, 3727 ; EuGH Johnston, Slg 1986, 1651, EuGH Hoechst, Slg 1989, 2859; vgl auch aus der zahlreichen Literatur dazu: Cassese/Clapham/Weiler (Hrsg), European Union – The human rights challenge, Vol II und III (1991); J. Kokott, Menschenrechtsschutz im Rahmen der Rechtsordnung der Europäischen Gemeinschaften, in: ‚The modern world of Human Rights' Essays in honour of Thomas Buergenthal (San José 1996) 135; C.-O. Lenz, Der europäische Grundrechtsstandard in der Rechtsprechung des EuGH, EuGRZ 1993, 585 ff; Mertens de Wilmars, Le role de la Cour de justice dans l'évolution du droit europeén, in: Journal des Tribunaux 1982, 115; Mosler/Bernhardt/Hilf (Hrsg) Grundrechtsschutz in Europa (1977); Pernice in: Grabitz/Hilf, Kommentar zur Europäischen Union, Art 164 EGV, Rdn 42 ff; Pescatore, La protection des droits fondamentaux par le pouvoir judiciaire, in: L'Individu et le droit européen, II/2, FIDE VII (1975); U. Rengeling, Grundrechtsschutz in der Europäischen Gemeinschaft (1993).

99 Vgl Hilf in: Grabitz/Hilf, Kommentar zur Europäischen Union, Art F EUV, Rdn 20.

100 R. Bernhardt, Probleme eines Beitrittes der EG zur EMRK, in: FS U. Everling, 103, 104 f; Hilf in: Iliopoulos-Strangas (Hrsg), Grundrechtsschutz im europäischen Raum (1993) 320; Persaud, Where do we go from here? Fundamental Rights in the Post-Maastricht Legal Order, in: Ress/Stein, Vorträge, Reden u Berichte aus dem Europa-Institut Saarbrücken (1994) Nr 322.

quelle im Rahmen des Gemeinschaftsrechts möglich gewesen. Der EuGH hat damit ohne rechtlich überzeugende Begründung und Notwendigkeit eine Tür zugeschlagen, die sich vermutlich auch im Rahmen der Reform des Unionsvertrages nicht öffnen wird, weil es voraussichtlich nicht zur – wünschenswerten – Einfügung einer ausdrücklichen Kompetenz zum Beitritt der EU zur EMRK kommen wird.[101]

Die Haltung des EuGH, die begründet ist durch jene „substantiellen Veränderungen" des Gemeinschaftsrechts durch den formellen Beitritt der EG zur EMRK[102], reflektiert das politische Unbehagen gegenüber einer Unterordnung der Rechtsordnung der EG unter die Rechtsordnung der EMRK und insbesondere unter die Jurisdiktionsgewalt von Europäischer Kommission und Gerichtshof für Menschenrechte. Schon im Gutachten zum EWR hatte dieses Unbehagen in der Betonung der Autonomie der Gemeinschaftsrechtsordnung in folgender Festlegung Ausdruck gefunden:

„Das Ziel des [EWR-]Abkommens, mit dem die Homogenität im gesamten Europäischen Wirtschaftsraum sichergestellt werden soll, [bestimmt] nicht nur die Auslegung der Regeln des Abkommens, sondern auch die der entsprechenden Regeln des Gemeinschaftsrechts. Daraus folgt, daß der in den Abkommen vorgesehene gerichtliche Mechanismus dadurch, daß er *Festlegungen für die künftige Auslegung des Gemeinschaftsrechts* trifft, Art. 164 EWG-Vertrag und allgemeiner, die Grundlage der Gemeinschaften selbst beeinträchtigt. Die Gefahr, die das Gerichtssystem des Abkommens für die Autonomie der Rechtsordnung der Gemeinschaft darstellt, wird [durch einzelne Bestimmungen] noch verschärft."[103]

Allerdings läßt sich die Rechtslage des Verhältnisses zwischen EWR und EG nicht mit dem Verhältnis zwischen EMRK und EG (bzw EU) vergleichen. Daher ist auch die Übertragung dieses Arguments nicht ohne weiteres möglich. Die Mitgliedstaaten der EMRK sind zur Einhaltung ihrer Verpflichtungen aus der EMRK auch in jenen Sachbereichen (Kompetenzbereichen) verpflichtet, die sie nach und nach auf die drei Europäischen Gemeinschaften bzw die EU übertragen haben.[104] Zwar hat die Europäische Kommission für Menschenrechte festgestellt, daß die EMRK

---

101 Chr. Vedder, Die „verfassungsrechtliche Dimension" – die bisher unbekannte Grenze für Gemeinschaftshandeln? – Anm zum Gutachten 2/94 – EMRK – des EuGH, EuR 1996, 309, 318, sieht allerdings in Art 234 EGV eine völker- und gemeinschaftsrechtliche Verpflichtung der Mitgliedstaaten, der EG eine völkerrechtliche Bindung an die EMRK zu ermöglichen.

102 Der EuGH qualifiziert sie – im Anschluß an die anerkannte Unterscheidung zwischen Vertragsauslegung und -änderung im Maastricht-Urteil des BVerfG – als „modification du traité" und als „envergure constitutionelle".

103 EuGH v 14. 12. 1991, Gutachten 1/91, Slg 1991, I-6079 (6105), §§ 45-48 [Hervorhebungen durch den Verfasser]; vgl auch das 2. positive Gutachten: EuGH 1/92, Slg 1992, I-2821.

104 R. Bernhardt, aaO (FN 76) 105 f; Vedder, aaO, 317; Weiler/Lockhart, „Taking rights seriously": The European Court and its Fundamental Rights Jurisprudence, CMLR 1995, 51.

einer Übertragung von Hoheitsrechten auf zwischenstaatliche Einrichtungen prinzipiell nicht entgegensteht. Sie hat daran jedoch die Bedingung geknüpft, daß eine derartige Übertragung nur soweit und solange zulässig ist, wie im Rahmen der Rechtsordnung der EG die Menschenrechte entsprechend der EMRK anerkannt sind und ein gleichwertiger Rechtsschutz gewährt wird.[105] Die Ausübung der Jurisdiktionsgewalt des EuGH und damit die „Autonomie" der Rechtsordnung der EG stehen demnach unter zwei rechtlichen Bedingungen bzw zwei „Solange"-Vorbehalten, einmal dem Solange-Vorbehalt des BVerfG[106], gegen dessen Zulässigkeit immer wieder erhebliche Zweifel[107], selbst nach der Modifikation im Jahr 1986[108], geäußert wurden, und dem Solange-Vorbehalt der Europäischen Kommission für Menschenrechte, an dessen Zulässigkeit angesichts der völkervertraglichen Bindungen der Mitgliedstaaten aus der EMRK kein Zweifel bestehen kann. Allenfalls ließe sich aus der Tatsache, daß Frankreich die EMRK erst nach dem Inkrafttreten des EWG-Vertrages ratifiziert hat, für diesen Staat ein völkervertragsrechtlicher „Vorrang" des Gemeinschaftsrechts herleiten.[109] Damit bleiben die Mitgliedstaaten für die Einhaltung des Rechtsschutzniveaus anhand der EMRK prinzipiell auch insoweit verantwortlich, als Hoheitsrechte auf zwischenstaatliche Einrichtungen übertragen werden. Im Rahmen dieser prinzipiellen Verantwortlichkeit der Mitgliedstaaten für die Einhaltung des Schutzstandards der EMRK kann auch kein Unterschied zwischen Rechtsakten bestehen, durch die Organe der EG direkt in mögliche Rechtspositionen eines einzelnen eingreifen, und jenen Akten, die noch der Umsetzung durch Maßnahmen der Mitgliedstaaten bedürfen.[110] Sollte der EuGH in einem solchen Fall in prinzipieller Weise die durch die EMRK gewährten Rechte

---

105 EKMR, Melchers-Fall (s o FN 92), DR 64, 138 (145).

106 BVerfGE 37, 271 (Solange I) und BVerfGE 73, 339 (Solange II).

107 Zu Solange I siehe Hilf, Sekundäres Gemeinschaftsrecht und deutsche Grundrechte. Zum Beschluß des BVerfG vom 29. 5. 1974, ZaöRV 1975, 51; Ipsen, BVerfG versus EuGH re „Grundrechte", EuR 1975, 1; Meier, NJW 1974, 1705; Scheuner, Der Grundrechtsschutz in der Europäischen Gemeinschaft und die Verfassungsrechtsprechung, AöR 1975, 30.

108 Zu Solange II siehe M. Hilf, Solange II: Wie lange noch Solange?, in: EuGRZ 1987, 1 ff.

109 Frankreich ratifizierte die EMRK erst am 3. 5. 1974 (siehe Ratifikationstabelle in EuGRZ 1994, 350. Auch Frankreich ist aber an die EMRK gebunden und kann sich dieser Bindung vor den Konventionsorganen nicht mit dem Hinweis auf früher eingegangene Verbindungen aus den EG-Verträgen entziehen. Für die anderen Mitgliedstaaten gibt Art 234 EGV die Antwort. Der EGV berührt die Bindungen aus früher abgeschlossenen Verträgen, also der EMRK, nicht. Im Falle der Unvereinbarkeit „wenden die Mitgliedstaaten alle geeigneten Mittel an, um die festgestellten Unvereinbarkeiten zu beheben." Von einem Vorrang des EG-Rechts kann man im Anwendungsbereich von früheren Verträgen nicht ausgehen – im Gegenteil, es gibt einen zeitlich befristeten „Anwendungsvorrang der Altverträge", siehe Vedder, in: Grabitz/Hilf, Kommentar zur Europäischen Union, Art 234, Rdn 5.

110 Vgl R. Bernhardt, aaO (vgl FN 76) 105 ff.

und Freiheiten verkennen, so müßte eine Beschwerde eines einzelnen gegen jenen Mitgliedstaat, auf dessen Territorium sich der Rechtsakt der EG zu Lasten des einzelnen auswirkt, zulässig sein. Es gibt keine Unzulässigkeit *ratione materiae* für solche Beschwerden.[111] Über dem EuGH bleibt damit das Damokles-Schwert der *Pflicht zur Beachtung der EMRK* – und zwar in jener Interpretation, wie sie von Kommission und Gerichtshof für Menschenrechte in Straßburg vertreten wird – als eine Art rechtliche Drohung hängen. Da die Mitgliedstaaten an die EMRK in der jeweiligen Ausprägung durch die Rechtsprechung der Straßburger Konventionsorgane „gebunden" sind[112], gilt die gleiche inhaltliche Bindung mittelbar auch für die Organe der EG.[113] Von einer „unmittelbaren" Bindung, wie sie die *Kremzow*-Vorlage des OGH Wien[114] zum Gegenstand hat, kann dagegen keine Rede sein.[115] Sie läßt sich auch nicht durch ein Parallelargument zur Staatennachfolge – Nachfolge der EG in die Ver-

111 Von der – unrichtigen – Auffassung, daß der Rechtsschutz zu den Konventionsorganen *ratione materiae* dann ausgeschlossen (unzulässig) sei, wenn und soweit die EG gleichwertigen Individualrechtsschutz gewährt (so die Schlußfolgerung der EKMR im Melchers-Fall (aaO, FN 92)), ist die Kommission in einem neueren Parallelfall (R. Waite et al/Deutschland, Zulässigkeitsentscheidung vom 24. Februar 1997, Application No. 26083/94), der die Gleichwertigkeit des Rechtsschutzes durch die European Space Agency (ESA) betraf, abgerückt. Die Kommission hat das Beschwerdevorbringen („the principal issue [...] is the applicant's complaint that they were refused access to court with regard to their action against the ESA") für zulässig erklärt.

112 A. Bleckmann, Die Bindung der Europäischen Gemeinschaft an die Europäische Menschenrechtskonvention (1984) 79 ff; für die Verpflichtung zur Beachtung der EMRK im Art K 2(1) EUV siehe ebenfalls in diesem Sinne M. Schieffer, Die Zusammenarbeit der Mitgliedstaaten der Europäischen Union in den Bereichen Asyl und Einwanderung (1997) 79.

113 Siehe dazu Bahlmann, Der Grundrechtsschutz in der Europäischen Gemeinschaft – Wege der Verwirklichung, EuR 1982, 1 ff; Bellini, La tutela dei diritti – fondamentali nell' ordinamenter communitario Secondo la sentenza Hauer, RDJ 1981, 318; Cohen/Jonathan, La Cour des Communautés européennes et les droit de l'homme, RMC 1978, 74 ff; Folz, Zur Anwendbarkeit grundrechtlicher Gewährleistungen der Menschenrechtskonvention im Europäischen Gemeinschaftsrecht, in: FS L. Fröhler (1980) 127; J. A. Frowein, Die Europäische Menschenrechtskonvention und das Europäische Gemeinschaftsrecht – Die Grundrechte in der EG (1978) 47 ff; Ghandi, Interaction between the protection of fundamental rights in the European Economic Community and under the European Convention on Human Rights, LIEI 1981, No 2.1. ff; siehe auch Jacqué, L'Adhésion de la Communauté Européenne à la Convention Européenne des Droits de l'Homme – Aspects juridiques et techniques, in: Iliopoulos-Strangas (Hrsg), aaO (FN 100) 302.

114 Vorabentscheidungsersuchen des OGH an den EuGH vom 29. 8. 1995, EuGRZ 1995, 570 ff mit der ersten Frage: „Sind alle oder zumindest die materiellrechtlichen Bestimmungen der EMRK Bestandteil des Gemeinschaftsrechts (Art. 164 EGV), so daß der Gerichtshof der EG gemäß Art. 177 Abs. 1 EGV über deren Auslegung im Wege der Vorabentscheidung entscheidet?"

115 So aber A. Bleckmann, Die Bindung der Europäischen Gemeinschaft an die Europäische Menschenrechtskonvention (1986) 79 ff, der diese Bindung aus der EMRK selbst abzuleiten versucht.

pflichtungen der Mitgliedstaaten aus der EMRK – begründen, da es bei internationalen Organisationen eine solche Nachfolge nicht gibt.[116] Dagegen spricht positivrechtlich auch die Existenz des Art 234 EGV (Nichtberührungsklausel, Pflicht der Mitgliedstaaten zur Behebung von Unvereinbarkeiten). Der EuGH hat diese Möglichkeit einer schon bestehenden direkten Bindung der EG an die EMRK in dem Gutachten vom 14. Dezember 1991 nicht einmal erwähnt. Die Frage des OGH geht daher ins Leere und ist in ihrer Abstraktheit eine Gutachtenfrage und keine konkrete Auslegungsfrage.[117] Sie wäre europarechtlich sinnvoll gewesen, wenn sie sich auf die Relevanz allgemeiner Rechtsgrundsätze, die sich aus der EMRK (zB Art 5, 6 und 53 EMRK) ergeben könnten, im Hinblick auf den konkreten Fall beschränkt hätte.

Die Autonomie der Rechtsordnung der EU (bzw EG) besteht also nur mit dieser sehr erheblichen Einschränkung. Daher können sich die Organe der EG, insbesondere der EuGH, auch in Zukunft der mittelbaren Unterordnung unter die Rechtsprechung der Straßburger Konventionsorgane nicht entziehen, wollen sie nicht riskieren, daß der rechtliche Zusammenhalt zwischen den beiden Systemen zusammenbricht und sich die unmittelbare Verantwortlichkeit der Mitgliedstaaten für Rechtsakte der EG unter der EMRK in Verfahren vor der Kommission und dem Gerichtshof in Straßburg aktualisiert.[118] Diese mittelbare Unterordnung

---

116 AA P. Pescatore, La Cour de Justice des Communautés Européennes et la protection des droits de l'homme, in: Matscher/Petzold (Hrsg), Protecting Human Rights: The European Dimension, Studies in Honour of Gérard Wiarda (1988) 441 ff (450 f); zustimmend Chr. Tomuschat, Aller guten Dinge sind III?, in: EuR 1990, 340 ff, 357. Keine Zustimmung hat diese These von der „staatensukzessionsähnlichen Substitutionswirkung" bei J. C. Rodriguez Iglesias (Zur Stellung der EMRK im europäischen Gemeinschaftsrecht, in: Frowein/Steinberger/Wolfrum [Hrsg], Recht zwischen Umbruch und Bewahrung, FS R. Bernhardt [Berlin 1995] 1269 ff, 1273) gefunden.

117 Es ist daher vorauszusehen, daß der EuGH sie für unzulässig halten wird. Zur Praxis des EuGH, derartige Fragen als unzulässig zu behandeln, siehe G. Ress, Die Entscheidungserheblichkeit im Vorlageverfahren nach Art 177 EWG-Vertrag im Vergleich zum Vorlageverfahren nach Art 100 Abs 1 GG, in: FS G. Jahr (1994) 339 ff (346 f).

118 Solche Problemfelder könnten sein: a) die Stellung des Generalanwalts, auf dessen Schlußanträge die Parteien des Verfahrens vor dem EuGH keine Möglichkeit haben, sich zu äußern (vgl dazu L. Weitzel, A propos des arrêts Vermeulen et Lobo Machado, Bulletin des Droits de l'Homme, N° 6 [1996] 140 ff). Der EGMR hatte in diesen Urteilen festgestellt, das Recht aus Art 6 Abs 1 EMRK auf ein kontradiktorisches Verfahren „implique en principe la faculté pour les parties à un procès, pénal ou civil, de prendre connaissance de toute pièce ou observation présentée ou juge, même par un magistrat indépendant, en vue d'influencer sa décision, et de la discuter"; b) die Länge der Vorlageverfahren nach Art 177 EGV vor dem EuGH, sofern es sich um Vorlagen aus Straf- oder Zivilverfahren handelt (zB ist die oben erwähnte Vorlage des OGH Wien als Revisionsgericht in Strafsachen vom 28. 8. 1995 bisher unbeantwortet geblieben); c) der Zugang zum Gericht iS von Art 6 Abs 1 EMRK, falls der EuGH die Klagebefugnis nach Art 173 Abs 4 für die einzelnen zu eng auslegt; d) denkbar ist auch, daß Verfahren, die zu Vorla-

der Organe der EG und insbesondere des EuGH besteht demnach schon nach der derzeitigen Rechtslage, unabhängig von der Antwort, die der EuGH in seinem Gutachten zur EG-Kompetenz gefunden hat. Sie besteht, soweit die Mitgliedstaaten selbst an die EMRK und die Praxis der Straßburger Konventionsorgane gebunden sind, dh auch soweit sich das Straßburger Menschenrechtsschutzsystem durch Beitritt weiterer osteuropäischer Staaten, insbesondere auch Rußlands, weiterentwickelt und ggf sogar eine Interpretationspraxis entfaltet, in der dem in diesen Staaten vorherrschenden Rechtsverständnis größeres Gewicht eingeräumt wird.[119] Eine derartige – sich bisher allerdings nicht abzeichnende – Entwicklung läßt sich nicht klar prognostizieren. Aber die EG könnte sich der Befolgung derartiger Interpretationen der EMRK für ihren eigenen Rechtsraum schwerlich mit dem Argument entziehen, daß für die EG nur die Verfassungstraditionen der Mitgliedstaaten maßgeblich sein können.

Zwar muß der EuGH bei der Entwicklung der allgemeinen Rechtsgrundsätze von der Struktur, dem Ziel und Gegenstand des Gemeinschaftsrechts ausgehen und sich davon leiten lassen. Andererseits darf sich daraus keine so erhebliche Veränderung oder gar Verzerrung des aktuellen Gehalts der EMRK ergeben, daß von einem *gleichwertigen* Schutz der Grund- und Menschenrechte nicht mehr gesprochen werden kann. Sonst könnten

„the guarantees of the Convention wantonly be limited or excluded and thus be deprived of their preemptory character".[120]

Eine direkte Kontrolle, ob die Vertragsstaaten die EMRK in den Beitrittsabkommen zur EG eingehalten haben, kommt auch in dem Beschwerdeverfahren eines Einwohners Gibraltars zum Ausdruck, mit dem das durch Art 3 des 1. Zusatzprotokolls zur EMRK garantierte Wahlrecht geltend gemacht wird.[121] Die EKMR hat die Beschwerde für zulässig erklärt, womit nunmehr die Frage zu entscheiden ist, ob das Europäische Parlament nach Einführung des Mitentscheidungsverfahrens (Art 189b EGV) als „legislature/corps législative" qualifiziert werden kann. Sollte

gefragen an den EuGH geführt haben, weitere EMRK-relevante Fragen aufwerfen, und zu Beschwerden an die Konventionsorgane führen (vgl Fall Procola/Luxembourg, Application No 14570/89, Bericht der Kommission v 6. 7. 1994). Die EKMR hat Beschwerden gegen die EG selbst und ihre Organe als unzulässig *ratione personae* zurückgewiesen (CFDT/Communautés européennes, Appl No 8030/77, Déc 10. 7. 1978, DR 13, 231; Dufay/Communautés européennes, subsidiairement la collectivité de leurs Etats membres et les Etats membres pris individuellement, Déc 19. 1. 1989. Ebenso hat sie Beschwerden gegen die Vertragsstaaten, die Mitgliedstaaten der EG sind, zurückgewiesen, falls diese den Rechtsweg zum EuGH nicht ordnungsgemäß erschöpft hatten (vgl Dufay, aaO).

119 Zur Bedeutung der Prinzipien, die bei der Auslegung der EMRK eine Rolle spielen, siehe die eindrucksvolle Darstellung von O. Jacot-Guillarmod, aaO (FN 13) 53 ff.

120 Vgl EKMR, Déc No 21090/92 vom 10. 1. 1994, K. E. Heinz, DR 76-B, 124 ff.

121 D. Matthews/United Kingdom, Application No 24833/94, Zulässigkeitsentscheidung vom 16. 4. 1996.

diese Prüfung positiv ausfallen und vom EGMR bestätigt werden, könnten sich die Mitgliedstaaten der EU genötigt sehen, das Gemeinschaftsrecht entsprechend anzupassen.[122]

Über die Erweiterung des Kreises der Vertragsstaaten der EMRK hat für die EG die „Ost-Erweiterung" rechtlich in einem besonders sensiblen Bereich, nämlich dem Verhältnis zwischen der Rechtsstellung des Individuums und der Gemeinschaftsgewalt, schon begonnen. Angesichts dieses rechtlichen Befundes erweckt das Gutachten des EuGH zur fehlenden Kompetenz der EG, der EMRK beizutreten, noch mehr den Eindruck eines nicht völlig realistischen Rückzugsgefechts. Ob es politisch sinnvoll ist, daß die EG von dieser Beitrittsmöglichkeit und unter welchen Voraussetzungen Gebrauch macht, ist demgegenüber eine völlig andere, unter Umständen sehr kritisch zu beurteilende Frage. Denn der Beitritt würde den Rechtsschutz noch einmal um weitere Instanzen vom EuGH zur Kommission und des Gerichtshofs in Straßburg verlängern und mit ziemlicher Sicherheit die Funktionsfähigkeit des Straßburger Menschenrechtsschutzsystems, so wie es derzeit verfaßt ist, völlig in Frage stellen.[123] Daher ist es rechtspolitisch, wie Frowein festgestellt hat, äußerst zweifelhaft, ob ein Rechtszug vom EuGH über die Europäische Menschenrechtskommission zum Europäischen Gerichtshof für Menschenrechte eingerichtet werden sollte. In der Tat „dürfte eine Lösung vorzuziehen sein, bei der eine praktische Koordinierung zwischen der Rechtsprechung des EuGH und dem Europäischen Gerichtshof für Menschenrechte erfolgt."[124] Es ist auch an ein Vorlageverfahren zu denken.[125]

VI. Konsequenzen der Distanz des EuGH gegenüber der EMRK für die menschenrechtsfreundliche Interpretation von Verträgen der EG

Andererseits hat der EuGH im Rahmen seiner Kontrolle der auswärtigen Beziehungen der EG die Kompetenz der Gemeinschaft bekräftigt,

122 Es geht um Anhang II des Aktes über die Einführung der Direktwahl von 1976.

123 Vgl Giegerich, Luxemburg, Karlsruhe, Straßburg – Dreistufiger Grundrechtsschutz in Europa?, 836 (860 ff); Persaud, aaO, 15 ff; Schmidt-Assmann, Empfiehlt es sich, das System des Rechtsschutzes und der Gerichtsbarkeit in der Europäischen Gemeinschaft weiterzuentwickeln?, in: JZ 1994, 832 (839 f).

124 J. A. Frowein, in: Frowein/Peukert, aaO (FN 17) 10.

125 Auch von seiten der Höchstgerichte der Vertragsstaaten der EMRK, vgl den Vorschlag bei E. Klein, in: Mosler/Bernhardt/Hilf, Grundrechtsschutz in Europa (1977) 147 ff (169 ff) und G. Ress, Die Wirkungen der Urteile des Europäischen Gerichtshofes für Menschenrechte im innerstaatlichen Recht und vor innerstaatlichen Gerichten, in: I. Maier (Hrsg), Europäischer Menschenrechtsschutz (1982) 227 ff.

Kooperationsabkommen mit Drittländern über die Entwicklungszusammenarbeit abzuschließen, in denen ausdrücklich die

„Achtung der Menschenrechte und der demokratischen Grundsätze [...] die Grundlage der Zusammenarbeit zwischen den Vertragsparteien sowie wesentlicher Bestandteil des Abkommens"

ist.[126] Diese ua auf Art 130y EGV[127] gestützte Abschlußbefugnis des Rates mit qualifizierter Mehrheit nach Anhörung des Europäischen Parlaments ist von einer Reihe von Regierungen mit der Behauptung bestritten worden, daß eine derartige Verpflichtung über den Rahmen von Art 130u Abs 2 EGV hinausgehe[128] und deshalb das Abkommen nach Art 235 EGV unter Beteiligung von allen Mitgliedstaaten, dh einstimmig hätte gebilligt werden müssen. Die Qualifizierung der Achtung der Menschenrechte als wesentlicher Bestandteil der Zusammenarbeit setze auch – so hatte die portugiesische Regierung vorgetragen – bestimmte Aktionsmittel voraus, die von Art 130u Abs 2 EGV nicht mehr gedeckt seien.[129]

In dieser Entscheidung vom 3. Dezember 1996 standen drei für die Achtung der Menschenrechte durch die EG wichtige Fragen zur Entscheidung. Erstens die Frage, wieweit Art 130u Abs 2 EGV, wonach „die Politik der Gemeinschaft dazu beiträgt, das allgemeine Ziel einer Fortentwicklung und Festigung der Demokratie und des Rechtsstaats sowie das Ziel der Wahrung der Menschenrechte und Grundfreiheiten zu verfolgen", reicht.[130] Zweitens die Frage, ob die Achtung der Menschenrechte und der demokratischen Grundsätze zu einem besonderen Bereich der Zusammenarbeit mit Drittstaaten gemacht werden dürfte und welche rechtlichen Handlungsbefugnisse sich daraus ergäben. Schließlich drittens die Frage, ob ein derartiges Abkommen, falls die Kompetenz nach Art 130u Abs 2 EGV nicht ausreicht, auf Art 235 EGV gestützt werden könnte. Der EuGH hat Art 130u Abs 2 weit interpretiert und zunächst festgestellt, daß beim Erlaß von Maßnahmen im Bereich der Entwicklungszusammenarbeit das Ziel der Achtung der Menschenrechte berücksichtigt werden *muß*.[131] Damit ist es der Gemeinschaft verwehrt, Abkommen abzuschließen, in denen eine derartige Menschenrechtsklausel nicht enthalten ist.[132] Andererseits hat der EuGH die These, daß die Qualifi-

126 EuGH v 3. Dezember 1996, Rs C-268/94 (noch nicht in der amtl Slg); vgl dazu auch: NAPOLI, The European Union's Foreign Policy and Human Rights, in: Neuwahl, Rosas (Hrsg), The European Union and Human Rights (1995) 297 (306 f).

127 Vgl EuGH, Rs C-268/94.

128 Vgl das Vorbringen Portugals und Griechenlands, EuGH, Rs C-268/94, aaO [14 ff].

129 EuGH, Rs C-268/94,aaO [17].

130 EuGH, Rs C-268/94, aaO [14].

131 EuGH, Rs C-268/94, aaO [24].

132 C. O. LENZ, Kommentar zu dem Vertrag zur Gründung der EG, 1. Aufl (1994) Art 130u EGV, Rdn 7.

zierung der Achtung der Menschenrechte als wesentlicher Bestandteil der Zusammenarbeit bestimmte Aktionsmittel zur Durchsetzung voraussetze, im Grunde zurückgewiesen. Er hat zwar festgestellt, daß die Anpassung der Kooperationspolitik an die Wahrung der Menschenrechte notwendigerweise die Schaffung eines gewissen Unterordnungsverhältnisses zwischen beiden erforderlich macht, daß also die Menschenrechte bei der konkreten Ausgestaltung der Kooperationspolitik eine übergeordnete Leitlinie darstellen und damit auch maßgebliche Interpretationsmaßstäbe für die Auslegung der einzelnen Maßnahmen der Kooperationspolitik; andererseits hat er aber auf die Notwendigkeit konkreter Aktionsmittel nicht abgehoben. Derartige konkrete Aktionsmittel hätten auch – wie sich aus den folgenden Ausführungen des EuGH ergibt – auf andere Kompetenzgrundlagen gestützt werden müssen.[133]

Zweitens stellt der EuGH fest, daß Art 1 des Abkommens mit der Überschrift „Grundlagen und Ziele“ sowie der Wortlaut von Abs 1 dieses Artikels bestätigen, daß das Abkommen die Frage der Achtung der Menschenrechte und der demokratischen Grundsätze nicht als einen besonderen Bereich der Zusammenarbeit vorsieht.[134] Damit wird mittelbar bekräftigt, daß die Menschenrechte und demokratischen Grundsätze zwar im Rahmen der Entwicklungspolitik mitverfolgt werden können und müssen. Es wird jedoch gleichzeitig dadurch abgelehnt, daß sie ein separater und spezieller Gegenstand – ein besonderer Bereich – der Zusammenarbeit sein können. Jedenfalls wäre eine derartige Regelung nicht mehr von Art 130 Abs 2 gedeckt. Damit wiederum nimmt das Ziel der Wahrung der Menschenrechte einen relativ untergeordneten, jedenfalls nicht selbständigen Platz neben der wirtschaftlichen Entwicklungskooperation ein.

Diese zurückhaltende Linie führt zur dritten Frage, ob ein derartiger selbständiger Gegenstand eines Kooperationsabkommens auf Art 235 EGV hätte gestützt werden können. Diese Frage wiederum wird im Lichte des Gutachtens des EuGH zur Frage der Kompetenz zum EMRK-Beitritt zu verneinen sein. Denn wenn sich ein allgemeines Ziel zur Achtung und Wahrung der Menschenrechte im Rahmen des EG-Rechts nicht feststellen läßt, das anknüpfend an Art 235 als Kompetenzgrundlage hätte herangezogen werden können[135], dann gilt dies auch für Art 130u EGV. Das Ziel der Wahrung der Menschenrechte darf und kann dann eben nur im Rahmen der engen Umschreibung innerhalb Art 130u Abs 2 EGV im Zuge von Kooperationsabkommen nach Art 130y EGV verfolgt werden. Es kann nicht durch eine zusätzliche Anknüpfung nach Art 235

133 EuGH, Rs C-268/94, aaO [26 f].
134 EuGH, Rs C-268/94, aaO [27 f].
135 EuGH, Gutachten 2/94 aaO, 1788.

eine Ausweitung erfahren. Die Behauptung der portugiesischen Regierung in diesem Zusammenhang, daß das Abkommen auch auf Art 235 EGV hätte gestützt und alle Mitgliedstaaten an seinem Abschluß hätten beteiligt werden müssen, erweist sich demnach insofern als nicht stichhaltig. Allgemeine Abkommen zur Achtung und Wahrung der Menschenrechte darf die EG mit Drittstaaten auch über Art 235 EGV nicht abschließen. Insofern ist die einschränkende Interpretation des Abkommens der EG mit der Republik Indien über Entwicklungszusammenarbeit – einschränkende Interpretation jener auf die Achtung der Menschenrechte und demokratischen Grundsätze ausgerichteten Teile – nur ein für den EuGH wahrscheinlich willkommener Ausweg gewesen, um sich nicht noch einmal negativ zur Kompetenzfrage nach Art 235 äußern zu müssen.

Das Gutachten des EuGH zur (fehlenden) Kompetenz der EG, der EMRK beizutreten, liest sich teilweise wie ein Nachhall der Maastricht-Entscheidung des BVerfG.[136] Denn in diesem Urteil hatte das BVerfG[137] die Inanspruchnahme des Art 235 EGV unter Anknüpfung an reine Zielsetzungen des EGV – unter Hinweis auf eine Kommentierung durch Zuleeg[138] – scharf kritisiert, ein Zitat, von dem wenig später Zuleeg behauptete, daß es aus dem Zusammenhang gerissen sei und nicht die Aussage enthalte, die das BVerfG ihm unterstellte.[139] Es scheint nun so, als wolle der EuGH mit dem Gutachten zur EMRK-Beitrittskompetenz den Bedenken des BVerfG und dessen Hinweis auf die Abgrenzung von Vertragsauslegung und Vertragsänderung Rechnung tragen, wobei er freilich über das Ziel hinausschießt. Denn wenn der EuGH die Kompetenz hat, aus den Verfassungsüberlieferungen und der EMRK allgemeine Rechtsgrundsätze des Europäischen Gemeinschaftsrechts zu entwickeln, dann ist wenig einsichtig, daß er unter Anknüpfung an diese Kompetenz in Verbindung mit Art 235 daraus nicht auf eine Befugnis zum Beitritt zur EMRK schließen könnte. Diese Schlußfolgerung liegt zumindest nahe, auch wenn die Frage bleibt, ob der Beitritt zur Sicherung eines der EMRK entsprechenden Grundrechtsschutzes unerläßlich ist. Aber das Gutachten zeigt, daß der EuGH im Anschluß an das Maastricht-Urteil des BVerfG vorsichtiger geworden ist und von den Mitgliedstaaten in Zukunft die Einräumung klarer, dh ausdrücklicher Kompetenzgrundlagen verlangt. Das verlagert die Entscheidungsprärogative wieder mehr zu den Mitgliedstaaten und reaktiviert deren politische Verantwortlichkeit für die Wei-

136 BVerfGE v 12. 10. 1993, 89, 155 ff.

137 BVerfGE, aaO, 210.

138 Zuleeg, in: G/T/E, Kommentar zum EWG-Vertrag, 4. Aufl, Bd I, Komm zu Art 2 EGV, Rdn 3.

139 Vgl M. Zuleeg, Die Rolle der rechtsprechenden Gewalt in der europäischen Integration, in: JZ 1994, 1 ff (4).

terentwicklung des Europäischen Gemeinschaftsrechts – ganz im Sinne der von GÜNTHER WINKLER angestrebten Balance –, auch wenn dieser Weiterentwicklung von manchen Mitgliedstaaten aus innenpolitischen Gründen nunmehr erhebliche Steine in den Weg gelegt werden können.

VII. Schlußbetrachtung

Das Drei-Ebenen-Konzept – Verfassungsrecht/EG-Recht/EMRK – birgt eine Reihe von inhärenten Problemen. Zunächst ist unübersehbar, daß sich eine Wechselwirkung in der Interpretation und sogar in der Übernahme von Rechtsinstituten zwischen allen drei Ebenen vollzieht. Die Entwicklung des Verhältnismäßigkeitsgrundsatzes im Rahmen des Europäischen Gemeinschaftsrechts und der EMRK ist dafür ein gutes Beispiel[140], denn dieser Grundsatz, entnommen aus dem Verfassungs- und Verwaltungsrecht einiger Mitgliedstaaten, insbesondere Deutschlands,[141] hat sich als feststehendes Prinzip im Rahmen des Gemeinschaftsrechts[142] entwickelt. Aus dem europäischen Gemeinschaftsrecht wanderte der Verhältnismäßigkeitsgrundsatz – als Bestandteil des Europarechts und mit Anwendungsvorgang im nationalen Rechtsraum zu beachten – in das Recht Großbritanniens, wo es im Rahmen der *Sunday Trading Cases*[143] erhebliche Verwirrung stiftete. ECKART KLEIN hat diese Wechselwirkung[144] genau beschrieben. Derartige Wechselwirkungen bestehen auch zwischen nationalem Verfassungsrecht und der Auslegung des Rechts der EMRK. Schließlich läßt sich wiederum eine Wechselwirkung zwi-

140 M. A. EISSEN, Le principe de proportionalité dans la jurisprudence de la Cour européenne des droits de l'homme, in: Pettiti/Decaux/Imbert (Hrsg), La Convention des Droits de l'homme (1996) 65 ff.

141 Siehe dazu RESS/KUTSCHER/TEITGEN/ERMACORA/UBERTAZZI, Der Grundsatz der Verhältnismäßigkeit in Europäischen Rechtsordnungen (1985), insbesondere zur deutschen Rechtsordnung dort 5 ff.; zum österreichischem Recht siehe R. NOVAK, Verhältnismäßigkeitsgebot und Grundrechtsschutz, in: B. Raschauer, Beiträge zum Verfassungs- und Wirtschaftsrecht, FS Günther Winkler (1989) 39 ff.

142 Rechtsprechung zum Verhältnismäßigkeitsprinzip: Cassis de Dijon, Slg 1979, Rdn 8 Vgl schon die ersten Entscheidungen des EuGH zum EGKS-Vertrag, Slg 1955, 297; Im Rahmen des europäischen Grundrechtsschutzes der Fall Internationale Handelsgesellschaft, Slg 1970, 1125, und neuerdings zur Bananenmarktordnung, Slg 1994, I-4972, 5066, vgl weitere Nachweise bei PERNICE in: Grabitz/Hilf, Art 164, Rdn 62c.

143 Siehe exemplarisch den Leitfall Torfaen Borough Council gg B & Q plc, CMLR 1990, 337; weiterhin ST. WEATHERILL/P. BEAUMONT, EC LAW (1995) 532-535 mit weiteren Verweisen.

144 E. KLEIN, Der Einfluß des Europäischen Gemeinschaftsrechts auf das Verwaltungsrecht der Mitgliedstaaten, Der Staat (1994) 39-57; vgl auch G. RESS, Wechselwirkungen zwischen Völkerrecht und Verfassung bei der Auslegung völkerrechtlicher Verträge. Berichte der Deutschen Gesellschaft für Völkerrecht, Heft 23 (1982) 7 ff.

schen dem Europäischen Gemeinschaftsrecht und dem Recht der EMRK feststellen, was in der Interpretation der Reichweite einzelner Grundrechte – auch in divergierender Weise – zum Ausdruck kommt. Unabhängig von diesen Wechselwirkungen ist zweitens die ebenenspezifische Einheitsauslegung, die sich am eigenen Ordnungsrahmen orientiert, ein Element der autonomen Auslegung und Anwendung. So besteht nicht nur die Gefahr, sondern ist es im Grunde eine konsequente Folge dieses Autonomiegedankens, daß die EMRK, die in Österreich dem Range nach Verfassungsbestandteil ist, als Teil der österreichischen Verfassung im Rahmen der verfassungsrechtlichen Einheit gegebenenfalls anders auszulegen ist als losgelöst davon als völkerrechtlicher Vertrag. Dieses Problem hat den österreichischen Verfassungsgerichtshof intensiv beschäftigt.[145] Das Harmonisierungsproblem ist auf einer gleichrangigen Rechtsebene anders, unter Umständen schwerer zu lösen, als auf einer verschiedenrangigen. Denn wenn die EMRK als einfaches Gesetz in einer bestimmten, durch die Rechtsprechung des EGMR nahegelegten Auslegung mit nationalem Verfassungsrecht unvereinbar ist, wäre in dieser Konstellation die Lösung im Wege der Derogation, der Verfassungsänderung oder der EMRK-konformen Interpretation zu finden.

Schließlich bleibt die Frage zu klären, ob es trotz der oben beschriebenen Wechselwirkung letztlich eine gewisse Über- und Unterordnung im Sinne einer Letztentscheidungsbefugnis[146] gibt, für die der Begriff *Kooperation* nicht mehr adäquat ist. In diesem Zusammenhang sind verschiedene Sichtweisen denkbar. Wenn der Staat und die Verfassungsautonomie Grundlage der Rechtspyramide sind, auf der aufbauend internationale Ordnungsvorstellungen sich entwickeln – eine Blickweise, wie sie GÜNTHER WINKLER in seinen eingangs zitierten Ausführungen hat anklingen lassen – dann wird trotz aller punktuellen Offenheit für das Völker- und Europarecht im Zweifel eine Vermutung für den autonomen Bestand des Verfassungsrechts und der staatlichen Ordnung bestehen[147]. Angesichts der unmittelbaren Anwendbarkeit und des Vorrangs des Gemein-

---

145 Das betrifft insbesondere das Verhältnis und die Reichweite des Begriffs civil rights (Angelegenheiten des Kernbereichs der civil rights und solche, die civil rights nur in ihren Auswirkungen betreffen). Vgl dazu VfGH, Slg 11500/1987, EuGRZ 1988, 166 ff, 167; siehe dazu P. JANN, Verfassungsrechtlicher und internationaler Schutz der Menschenrechte: Konkurrenz oder Ergänzung? Landesbericht Österreich, in: EuGRZ 1994, 1 ff; H. P. RILL, Die Art 5 und 6 der Europäischen Menschenrechtskonvention, die Praxis der Straßburger Organe und des Verfassungsgerichtshofes und das österreichische Verfassungssystem, in: Raschauer (Hrsg), aaO (FN 141) 13 ff.

146 Siehe dazu G. HIRSCH, Europäischer Gerichtshof und Bundesverfassungsgericht – Kooperation oder Konfrontation?, in: NJW 1996, 2457-2466.

147 Vgl die früher auch von K. VOGEL dazu vertretenen Thesen, die er in seinem Aufsatz ‚Wortbruch im Verfassungsrecht' in der JZ 1997, 161 ff, referiert.

schaftsrechts[148] liegt es demgegenüber nahe und läßt sich angesichts der klaren Regelung im EGV nicht bestreiten, daß das Europäische Gemeinschaftsrecht für die Rechtsebene dieser Rechtsordnung von einer Letztentscheidungsbefugnis des EuGH ausgeht. Damit wird gleichzeitig auch eine Letztentscheidungsbefugnis für die Reichweite gegenüber nationalem Recht (insbesondere nationalem Verfassungsrecht) in Anspruch genommen. Diese vom BVerfG nicht akzeptierte Lösung ist aber unausweichliche Rechtsfolge eines von den Mitgliedstaaten konsentierten Vorrangs.

Eine Extremausnahme für *ultra vires* Akte und eine Prüfungsbefugnis gegenüber Entscheidungen des EuGH läßt sich aber theoretisch nicht ausschließen und ist eine logische Folge der nur begrenzten Übertragung von Hoheitsbefugnissen. Sie bleibt aber eine eher virtuelle Reserve[149]. Die *ultra vires*-Lehre ist die Konsequenz der begrenzten Einzelermächtigung. Sie stellt sich nicht und kann sich nicht stellen bei Staaten, denen im Rahmen der völkerrechtlichen Ordnung eine Allkompetenz zugestanden wird. Sie stellt sich bei allen in dem Aufgabenbereich und damit auch in der Rechtsfähigkeit begrenzten internationalen Rechtskörpern und eröffnet den Mitgliedstaaten eine allerletzte Kontrollmöglichkeit. Im Verhältnis der Mitgliedstaaten zum Europäischen Gemeinschaftsrecht ist diese Kontrollmöglichkeit nur nach Entscheidung des EuGH gegeben. Sie steht nicht – und sollte nicht – der Verwaltung offenstehen, da diese den EuGH nicht anrufen kann.[150]

Die von Günther Winkler hervorgehobene Verfassungsautonomie gegenüber völkerrechtlich begründeten Verbänden und deren Ordnungskonzeptionen ist daher in dieser Position im Rahmen der *ultra vires*-Lehre nach wie vor relevant und berechtigt[151]. Im Prinzip kann es eine der-

148 Zur Interpretation des Vorrangs und der unmittelbaren Anwendbarkeit aus dem Vertrag (Parteiwillen) heraus oder als konsentierte spätere Praxis der Mitgliedstaaten siehe G. Ress, Das Verhältnis zwischen Gemeinschaftsrecht und nationalem Recht der Mitgliedstaaten, in: Korinek/Rill, Österreichisches Wirtschaftsrecht und das Recht der EG (1990) 55 ff (60).

149 Zur ultra vires-Lehre und der Kritik daran, s Chr. Tomuschat, Die Europäische Union unter Aufsicht des Bundesverfassungsgerichts, in EuGRZ 1993, 489 ff; Ress, Case-Note, aaO (FN 4) 546 ff; H. P. Rill stellt diese Frage angesichts der evolutiven Rechtsprechung auch für Urteile des EGMR (aaO, 27 f): „Es stellt sich die Frage, ob Urteile im Rahmen der dem Gericht nicht zukommenden Rechtsfortbildung noch Entscheidungen des EGMR sind, die im Sinne der Art. 50 und 53 EMRK Bindungswirkung entfalten, auch wenn man vielleicht heute noch nicht geneigt sein mag, eine die Nichtigkeit von Urteilen bedingende Ermächtigungsüberschreitung anzunehmen."

150 Ebenso bestehen grundlegende Bedenken gegenüber einer Verwerfungsbefugnis der Verwaltung gegenüber nationalem Recht am Maßstab des EG-Rechts. Siehe dazu G. Ress/ J. Ukrow, Die deutsche Verwaltung in der Europäischen Union, in: König/Siedentopf (Hrsg), Öffentliche Verwaltung in Deutschland (1996/97) 731 ff (734 f); anders EuGH Rs 103/88, Costanzo, Slg 1989, 1861 (1870 f).

151 In diesem Sinne auch K. Doehring, Staat und Verfassung in einem zusammenwachsenden Europa, in Zeitschrift für Rechtspolitik (1993) 98 ff (98 f).

artige Vorbehaltsposition auch gegenüber Entscheidungen der Europäischen Menschenrechtskommission und des Europäischen Gerichtshofs für Menschenrechte geben. Wie immer diese Entscheidungsträger rechtlich eingestuft werden – als Organe des Europarats oder als Staatengemeinschafts-„Organe“ oder als Organe einer eigenen, nicht näher benannten internationalen Organisation „Europäisches Menschenrechtssystem“[152] –, theoretisch ist es nicht ausgeschlossen, daß auch bei der Auslegung der EMRK der durch die EMRK abgesteckte Rahmen in evidenter Weise und in einem gewichtigen Sachzusammenhang überschritten wird. Die Äußerungen einiger Mitgliedstaaten zu jüngsten Entscheidungen des Europäischen Gerichtshofs für Menschenrechte, insbesondere Großbritanniens im Anschluß an die *McCann*-Entscheidung – auch in der Bundesrepublik gab es kritische Stimmen im Anschluß an das *Vogt*-Urteil[153] – lassen derartiges vermuten.[154] Die vielfach kritisierte autonome und evolutive Vertragsauslegung ist eine anerkannte und von den Vertragsstaaten akzeptierte Auslegungsmethode. Sie hat jedoch die Grenzen des in den Mitgliedstaaten allgemein geübten Verständnisses der in den nationalen Rechtsordnungen verwendeten Begriffe zu wahren[155] und muß sich innerhalb der durch die Staatenpraxis (insbesondere dem Abschluß anderer völkerrechtlicher Verträge über die Sachfrage) abgedeckten Entwicklungen halten. Jedoch sind die Staaten in ihrer Urteilskritik nie so weit gegangen, die Beachtung der Urteile in Frage zu stellen.[156] Das gleiche gilt auch für die sich lange hinziehende Erfüllung des Urteils im Fall *Stran Greek Refineries*.[157]

Im Verhältnis zwischen EMRK und Europäischem Gemeinschaftsrecht ist die Situation möglicherweise noch subtiler. Es ist schon darauf hingewiesen worden, daß der EuGH die EMRK mittelbar im Rahmen der Erkenntnis von allgemeinen Rechtsgrundsätzen heranzieht, wobei der EuGH Inhalt und Schranken des allgemeinen Grundrechtes (Rechtsgrundsatzes) im Rahmen von Zielen, Aufgaben und Funktionen der EG zu entwickeln hat. Geprägt durch diese Zielrichtung, mag der Inhalt einer in der EMRK festgeschriebenen formellen oder materiellen Garantie und ihrer Schranken sich im Rahmen der Zielsetzung des Gemeinschafts-

---

152 Siehe dazu G. Ress, Verfassungsrechtliche Auswirkungen der Fortentwicklung völkerrechtlicher Verträge, in: FS Wolfgang Zeidler (1987) 1775.

153 McCann vs UK, Serie Nr A 324; Vogt vs G, Serie A Nr 323, vgl auch R. Bernhardt, Die Europäische Menschenrechtskonvention und die deutsche Rechtsordnung in EuGRZ 1996, 339 ff.

154 Siehe auch die oben (FN 149) zitierte, von Rill erwogene Nichtigkeit der Urteile des EGMR zB im Fall Ringeisen.

155 G. Ress, Wechselwirkungen, aaO (FN 93) 21, 54 f, sowie Rill, aaO (FN 145) 25.

156 Vgl G. Ress, Wirkung und Beachtung der Urteile und Entscheidungen der Straßburger Konventionsorgane, in: EuGRZ 1996, 350 ff.

157 Stran Greek Refineries and Stratis Andreadis vs GR, Serie A Nr 301-BO.

rechts in veränderter Weise darstellen – ähnlich wie sie Inhalt und Auswirkung einer EMRK-Vorschrift als Bestandteil des österreichischen Verfassungsrechts in veränderter Weise präsentieren kann. Es bleibt die Frage, ob die EG gegenüber der EMRK eine Art „Verfassungsautonomie" wahren und durchsetzen kann oder ob sich aus Rechtsgründen immer die Interpretation der EMRK durch Kommission und Gerichtshof letztlich als entscheidungserheblich entfalten müßte. Wie oben schon dargelegt, lassen sich demgegenüber eher Gründe für eine Art *Verfassungsautonomie* der EMRK und ihrer Anwendung durch Kommission und Gerichtshof finden, die sich aus der gängigen (zeitlich vorausgehenden) Bindung aller Mitgliedstaaten an die EMRK ergibt. Der Zeitfaktor spielt hier eine entscheidende Rolle.

Diese Abhängigkeiten werden durchbrochen, sollte sich die EG zu einem eigenständigen souveränen Gebilde entwickeln. Der jetzige „Zwischenzustand" kann durchaus ein Dauerzustand sein, bei dem die Frage der Souveränität zwischen Mitgliedstaaten und Gemeinschaft offenbleibt[158], aber aufgrund des Dependenzverhältnisses letztlich noch den Mitgliedstaaten zuzuordnen ist. Da die EMRK die Bildung internationaler Organisationen nicht ausschließt und den Vertragsstaaten diese Möglichkeit nicht nimmt, ist zwar die Gründung derartiger Integrationsorganisationen zulässig. Die Mitgliedstaaten bleiben jedoch an die Beachtung der EMRK gebunden. Darüber hinausgehend verbietet die EMRK als völkerrechtlicher Vertrag nicht, daß sich Staaten zu einem, wenn auch sehr losen, Bundesstaat vereinen. Eine solche Lösung würde im Wege der Sukzession die Bindung des Bundesstaates an die EMRK zur Folge haben, dh auch dann nicht die EG als Bundesstaat von der Beachtung der EMRK und damit Befolgung der Entscheidungen der Kommission und des Straßburger Gerichtshofs in eine Art Privilegierung freistellen. Die Konstellation würde sich demnach auch durch „Souveränitätswechsel" oder Aufteilung von Souveränitäten nicht verändern.

Die von Günther Winkler vertretene Auffassung hat demnach in der Verfassungsreserve gegenüber *ultra vires*-Akten der EG bzw gegenüber Entscheidungen der Kommission und des Gerichtshofs für Menschenrechte ihre, wenn auch durch die Entwicklung abgeschwächte Berechtigung behalten. Sie läßt sich ebenso und in gleicher Abschwächung im Verhältnis zwischen den Straßburger Konventionsorganen und ihrer Interpretation der EMRK gegenüber der EG nachweisen.

---

158 Siehe H. Steinberger, VVDStRL 50 (1990) 9, 17; *ders*, aaO (FN 22) 968. Nach Auffassung von Steinberger hält dieser Schwebezustand „die Verpflichtung lebendig, nach einer Konkordanz der rechtlichen Grundauffassung zwischen der Gemeinschaft und ihren Gliedern zu suchen."

Heinz Schäffer

Europäische und nationale Wirtschaftsverfassung

Die europäische Währungsunion als ein Schritt in wirtschaftsverfassungsrechtliches Neuland

I. Haushaltdisziplin – bisher offene Flanke des demokratischen Verfassungsstaates, nunmehr Gegenstand der nationalen und europäischen Wirtschaftsverfassung

Der Begriff der Wirtschaftsverfassung als ein die wirtschaftspolitischen Handlungsformen und Handlungsmöglichkeiten des Staates verfassungsrechtlich ermächtigender und begrenzender Normenkomplex hat schon immer auch die Normen des öffentlichen Haushaltsrechts mitumfaßt. Deren Inhalt freilich hat allmählich nicht unbedeutende Wandlungen und Fortschritte durchgemacht.

Die mit dem EU-Beitritt Österreichs erfolgte Überlagerung der nationalen Rechtsordnung, auch des Verfassungsrechts, gibt der funktionell verstandenen Wirtschaftsverfassung neue Konturen und Inhalte. Denn die Entwicklung der EG/EU führt von einem supranationalen Zweckverband zu einer echten „Union" – das ist ein Gebilde, welches zwar noch nicht Staat ist, aber bereits die Mitgliedsstaaten in ihrer Verfassungsautonomie auf gewisse Homogenitätsziele hin verbindlich beschränkt. Im vorliegenden Zusammenhang gilt besonderes Augenmerk den Schranken für die nationalen „öffentlichen Hände" hinsichtlich der Ausübung ihrer Budgethoheit, was zugleich im Dienste des Aufbaus einer supranationalen Wirtschafts- und Währungspolitik im Sinne einer „Stabilitätsgemeinschaft" steht.

1. Öffentliche Budgets als Instrumente wirtschaftlicher Globalsteuerung und nationales Verfassungsrecht

a) Ansätze im Haushalts(verfassungs)recht

Der Gedanke, öffentliche Nachfrage zur Steuerung der Wirtschaft zu benutzen, war der Staatspraxis seit langem vertraut und wurde auch vielfach – wenngleich unsystematisch – angewendet. Er ist durch John Maynard Keynes in das theoretische Lehrgebäude der Nationalökonomie eingeführt, und erst in der Zeit nach dem 2. Weltkrieg in verschiedenen Spielarten des sog Neo-Keynesianismus zur wirtschaftspolitschen Handlungsmaxime erhoben worden und hat so auch zu verschiedenen Nuancierungen grundsätzlich marktwirtschaftlicher Systeme geführt. Die Grundidee war dabei stets, prinzipiell nicht in die einzelwirtschaftlichen Dispositionen einzugreifen, sondern über einige als wesentlich erkannte Eckwerte solche Rahmenbedingungen und Orientierungen für die Wirtschaft zu schaffen, die zugleich als Indikatoren einer als gedeihlich und sozial verträglich eingestuften gesamtwirtschaftlichen Entwicklung beurteilt werden können. Das Konzept der Globalsteuerung orientiert sich daher an einigen gesamtwirtschaftlichen Zielsetzungen, von denen wegen ihrer Interdependenz keine vollständig oder uneingeschränkt verfolgt und erreicht werden kann. Angesichts dieses durch mehrere derartige Ziele konstituierten „magischen Vieleckes" besteht für die staatlichen Organe bei einer die Ziele beeinflussenden globalen Wirtschaftspolitik ein impliziter oder gelegentlich expliziter Abwägungs- und Optimierungsauftrag. Tatsächlich hat die breite wissenschaftlich begleitete rechtspolitische Diskussion um Haushaltsrechtsreformen ab der zweiten Hälfte der 60er Jahre in Deutschland, der Schweiz und Österreich die konjunktursteuernde bzw konjunkturbeeinflussende Bedeutung der öffentlichen Haushalte (infolge ihrer Größe und ihrer Nachfragemacht) voll erkannt und letztlich entsprechende Instrumente entwickelt. Die Einsicht, daß die traditionelle einjährige Budgetierung zu kurzfristig, eine langfristige Planung praktisch unmöglich und eine mehrjährige Bindung zu starr ist, führte zu der Forderung nach einer über die jährliche Budgetierung hinausreichenden, ungefähr 3 – 5 Jahre umfassenden mittelfristigen Finanzplanung unter Berücksichtigung allgemeiner Gleichgewichtsziele. Zur Verbesserung der Planung und insb der Abschätzung der Folgen der verschiedenen finanzwirksamen Aktivitäten des Staates sowie zum Zwecke besserer Verwirklichung globalwirtschaftlicher Ziele entwickelte man einige typische Instrumente, wie zB

* die genaue Aufzeichnung und Limitierung des Eingehens von Vorbelastungen künftiger Haushalte,
* die Kalkulationspflicht für neue Rechtsvorschriften, sowie
* die Aufstellung von Investitionsprogrammen,
* eine transparentere Darstellung der Verschuldung öffentlicher Haushalte, uam.

Entsprechende Haushaltsrechtsreformen sind, begleitet von einigen grundlegenden Verfassungsvorschriften, in Deutschland und der Schweiz bereits Ende der 60er Jahre durchgeführt worden, in Österreich mangels entsprechender politischer Einigung erst mehrere Legislaturperioden später. Hinzuweisen ist insb auf die Neufassung der die Erstellung und Vollziehung des Bundeshaushalts betreffenden Verfassungsvorschriften durch die B-VG-Novelle BGBl 1986/212 und das in unmittelbarem zeitlichen Zusammenhang dazu beschlossene Bundeshaushaltsgesetz BGBl 1986/213 (inzwischen mehrfach novelliert). Gleichwohl verdient festgehalten zu werden, daß schon vor der Haushaltsrechtsreform auch und gerade in Österreich eine zumindest teilweise an derartigen Globalsteuerungsideen orientierte staatliche Wirtschafts- und Haushaltspolitik geführt wurde. Rechtlich fand dies seinen Niederschlag darin, daß ein entsprechendes konjunkturpolitisches Steuerungsinstrumentarium nach und nach in den jährlichen Bundesfinanzgesetzen durch allmählich genauer werdende Ermächtigungsnormen installiert wurde, die dem Bundesminister für Finanzen die Interventionsmöglichkeit im Sinne eines Konjunkturausgleichsvoranschlages einräumten. Die damit im Laufe der Zeit gemachten Erfahrungen und die schon früher realisierten ausländischen Vorbilder fanden schließlich eine gewisse Entsprechung und dauerhafte Verankerung in der bereits erwähnten Haushaltsrechtsreform des Jahres 1986. Sie wurden dadurch von einer gewissermaßen nur ad hoc wirkenden lex annua zu einer beständigen (formell und materiell) verfassungsrechtlichen Grundlage der staatlichen Haushalts- und Wirtschaftspolitik transformiert.

Obwohl natürlich auch in der zuvor erwähnten früheren Entwicklungsphase ein Haushaltsausgleich erwünscht war und bereits eine ökonomische Debatte über Grenzen der Verschuldungsfähigkeit der Gebietskörperschaften begann, gab es kein rechtliches und begreiflicherweise kaum ein politisches Mittel, die Gefahren einer Politik des deficit spending einzudämmen. Die in der Theorie geforderte antizyklische Ausgaben- und Investitionspolitik wurde in der konjunkturellen Aufschwungsphase niemals wirklich realisiert, das heißt: es wurden niemals Einnahmen oder Einnahmenüberschüsse inkameriert, um sie in der Abschwungsphase zur Verfügung zu haben. Eine mehr oder weniger expansive Verschuldungspolitik der öffentlichen Hand war zwangsläufig die Folge.

b) Haushaltsgleichgewicht – verfassungsrechtlich gesichert?

Wie in manchen anderen Belangen ist auch in dieser Beziehung die deutsche Verfassung moderner und deutlicher als die österreichische. So geht Art 109 GG[1] ausdrücklich davon aus, daß Bund und Länder ihre

[1] Art 109 GG idF des 15. ÄnderungsG dBGBl 1967 I, 581; Abs 3 neugef durch das 20. ÄndG BGBl 1969 I, 357; siehe dazu auch das Gesetz zur Förderung der Stabilität und des Wachstums der Wirtschaft vom 8. 6. 1967 BGBl I, 582 idgF (Sartorius Nr 720).

Haushaltswirtschaft selbständig und von einander getrennt führen. Zugleich verpflichtet diese Verfassungsnorm in Deutschland die beiden gebietskörperschaftlichen Ebenen dazu, dem gesamtwirtschaftlichen Gleichgewicht bei ihrer Haushaltsführung „Rechnung zu tragen".

aa) Getrennte Haushaltswirtschaften im Bundesstaat

Der Grundsatz der getrennten Haushaltswirtschaften gilt auch in Österreich, er kann jedoch im Vergleich zur deutschen Rechtslage nur im Wege systematischer Interpretation aus den getrennten und prinzipiell keine gegenseitige Einflußnahme gestattenden Regelungen über Bundes- und Landesbudgets sowie aus den Bestimmungen über die Abgabenertragshoheit in der Finanzverfassung hergeleitet werden. Für die Gemeinden ist dieser Grundsatz immerhin in Art 116 Abs 2 B-VG explizit gemacht. Hinsichtlich der Sicherstellung eines gesamtwirtschaftlichen Gleichgewichtes besagt der erst 1986 im Zuge der Haushaltsrechtsreform in das B-VG eingefügte Art 13 Abs 2, daß Bund, Länder und Gemeinden bei ihrer Haushaltsführung eben ein solches „anzustreben" haben. Dies ist zwar eine Staatsziel- oder Auftragsnorm, sie statuierte aber bis vor kurzem nicht mehr als einen Bemühungsauftrag und war im übrigen in keiner Weise operationalisiert, jedenfalls nicht, was das erforderliche Zusammenwirken und die inhaltliche Koordination der Gebietskörperschaften anbelangt.

bb) Haushaltsgleichgewicht und gesamtwirtschaftliches Gleichgewicht

Hinsichtlich des Haushaltsgleichgewichtes zeigt eine nähere Betrachtung, daß sie verfassungsrechtlich sehr wohl intendiert und angelegt ist, aber keineswegs effektiv ausgestaltet ist.

Bund: Das gesamte System der Erstellung und Vollziehung des Bundesbudgets ist implizit auf eine sowohl kurzfristig (nominell) wie langfristig (materiell) ausgeglichene Haushaltsführung ausgerichtet. Wenngleich die „einheitlichen Grundsätze", nach denen Bundesbudgets zu erstellen und zu vollziehen sind („Haushaltsführung"), dem einfachen Bundesgesetzgeber überlassen wurden (Art 51 Abs 6 B-VG), so ist doch zu beachten, daß die Sorge des B-VG auf eine ordnungsgemäße und (das bedeutet im traditionellen Verständnis: zumindest mittelfristig) ausgeglichene Haushaltsführung gerichtet ist. Dies manifestiert sich vor allem darin, daß sofort im Anschluß an die Ermächtigung des einfachen Bundesgesetzgebers zur Erlassung einschlägiger Ausführungsnormen (die ja auch tatsächlich unmittelbar zeitlich im Anschluß an die B-VG-Novelle 1986 in Form des Bundeshaushaltsgesetzes ergingen), im Art 51 Abs 6 2. Satz B-VG angeordnet ist, es müsse insb „die Vorgangsweise bei Eingehen und Umwandlung von Verbindlichkeiten aus Geldmittelbeschaffungen, die nicht innerhalb desselben Finanzjahres getilgt werden, oder aus langfristigen Finanzierungen (Finanzschulden), bei Begründung von Vorbelastungen, bei Bildung von Haushaltsrücklagen, bei Verfügungen über Bundesvermögen und bei Haftungsübernahmen des Bundes" einer Regelung unterzogen werden. Die Einbeziehung des Rechnungshofes in die Ordnung des Rechnungswesens am Ende dieser Bestimmung deutet auf die formale Ordnung, der übrige erwähnte Inhalt aber auf die gewünschte materielle Ordnung hin. Daneben kennt das B-VG seit der Haushaltsrechtsreform des Jahre 1986 die Ermächtigung zu einem auf die Konjunkturentwicklung reagierenden Haushaltsvollzug (Art 51a B-VG) durch Kreditfreigaben (im Sinne eines deficit spending) bzw im umgekehrten Falle durch Ausgabenbindungen, beides jeweils im Rahmen eines vorweg beschlossenen Konjunkturausgleichsvoranschlages.

Länder und Gemeinden: Hinsichtlich der Landesbudgets enthält das B-VG keinerlei Vorgaben, nicht einmal hinsichtlich der Rechtsform. In der Staatspraxis haben die Länder ihre vorkonstitutionelle Gewohnheit, die Budgets in Form schlichter Parlamentsbeschlüsse zu fassen, über die Jahrzehnte beibehalten, was seine innere Rechtfertigung formell in der Verfassungsautonomie der Länder und seine materielle Berechtigung darin findet, daß damit dem Bund eine Einflußnahme im Regelfall[2] verwehrt ist, weil sich das Einspruchsrecht der Bundesregierung nur auf Landesgesetze bezieht. Im Prinzip ist auch in den Ländern kraft traditionellen Verständnisses der Funktion des Landesbudgets nie das Erfordernis des zumindest mittelfristigen Ausgleichs bezweifelt worden.

Im übrigen ist das Haushaltsgleichgewicht als verfassungsrechtliches Ordnungskriterium und Zielvorstellung hinsichtlich der Länder und Gemeinden zwar nur implizit, aber doch erkennbar normiert. So sieht die Finanzverfassung unter anderem ausdrücklich vor, daß Finanzzuweisungen des Bundes an die Länder (bzw der Länder an die Gemeinden) zum Zweck der Aufrechterhaltung oder Wiederherstellung des Gleichgewichts im Haushalt gewährt werden können (§ 12 F-VG), sowie daß Bedarfszuweisungen und Zweckzuschüsse (§ 13 F-VG) an Bedingungen geknüpft werden können, die der Erhaltung bzw Herstellung des Gleichgewichts im Haushalt der empfangenden Gebietskörperschaft dienen; im letzteren Falle kann sich die gewährende Gebietskörperschaft eine Aufsicht über

---

2 Nur Salzburg faßt sein Landesbudget traditionell in die Form eines Landesgesetzes. In Wien ist das Budget infolge der doppelfunktionellen Stellung der Bundeshauptstadt als Stadt mit eigenem Statut und als Bundesland zunächst Gemeindebudget (sohin Gemeinderatsbeschluß mit Verordnungscharakter) und schließt als solches die Dotierung der Landesorgane mit ein, die ja primär (organisatorisch und funktionell) Gemeindeorgane und erst in zweiter Linie funktionell Landesorgane sind.

die Einhaltung dieser Bedingungen vorbehalten. Hinsichtlich der Gemeinden gilt prinzipiell dasselbe für Finanzzuweisungen sowie Bedarfs- und Zweckzuschüsse.

Außerdem kann die Landesgesetzgebung nach § 14 F-VG die Darlehensaufnahme (Anleihenbegebung) der Länder und Gemeinden (Gemeindeverbände) – allgemein oder im Einzelfall – regeln. Hinsichtlich der Länder bedeutete dies bei genereller Regelung eine Art Selbstbindung, dh Aufstellung von Kriterien und Grenzen der Verschuldung durch das Landesparlament, was allerdings in dieser Form bisher nicht vorgenommen worden ist. Hinsichtlich der Gemeinden ergibt sich hieraus eine Art Kreditaufsicht des Landes gegenüber seinen Gemeinden. Diese beiden gebietskörperschaftlichen Ebenen überwölbend gibt es ein Einspruchsrecht der Bundesregierung gegen derartige Gesetze, was eine Art gesamtstaatliche Kreditaufsicht gegenüber den nachgeordneten Gebietskörperschaften ermöglichen würde (wobei allerdings in der Finanzverfassung nicht klargestellt ist, ob diese im Sinne gesamtwirtschaftlicher Zielsetzungen auszuüben wäre oder nur zur Verhinderung unerwünschter, mit dem Bund konkurrierender Kreditnachfrage auf dem Kapitalmarkt).

Aus der Regelung des staatlichen Aufsichtsrechts über die Gemeinden ergibt sich wegen der Möglichkeit aufsichtsbehördlichen Einschreitens die Idee von der Gewährleistung eines Haushaltsgleichgewichtes, wenngleich dieses Ziel nur sehr undeutlich und indirekt erkennbar ist. Art 119 Abs 8 B-VG besagt nämlich ganz allgemein, daß Maßnahmen der Gemeinde im eigenen Wirkungsbereich, durch die auch überörtliche Interessen im besonderen Maße berücksichtigt werden, durch die Gemeindegesetzgebung des betreffenden Landes an eine Genehmigung der Aufsichtsbehörde (idR der Landesregierung) gebunden werden können (Genehmigungsvorbehalt) – dazu zählen insb auch Maßnahmen „von besonderer finanzieller Bdeutung". Dies ist immer so verstanden worden, daß dem Land eine besondere Garantenstellung für die (finanzielle) Lebensfähigkeit seiner Gemeinden zukommt, die es insb dahin wahrzunehmen hat, daß die Gemeindehaushalte mittelfristig ausgeglichen und nicht überschuldet sind.

Im Vergleich zu Deutschland fehlt in Österreich jedenfalls die verfassungsrechtliche Ermächtigung zu einem Haushaltsgrundsätzegesetz (siehe Art 109 Abs 3 und 4 GG). Die – im übrigen überaus grobe – formale Vereinheitlichung der Landes- und Gemeindehaushalte zum Zwecke der Vergleichbarkeit der Haushaltsansätze über die Ermächtigung des § 16 F-VG und die in seiner Ausführung ergangene Voranschlags- und Rechnungsabschlußverordnung[3] bedeutet nämlich kein Äquivalent zur Auf-

3 Siehe gegenwärtig VRV 1996 BGBl 787.

stellung von für Bund und Länder gemeinsam geltende (materielle) Grundsätze für die Haushaltswirtschaft bzw gar für die Möglichkeit, zwecks Abwehr von Störungen des gesamtwirtschaftlichen Gleichgewichts bundesgesetzlich zu intervenieren (zB Vorschreibung von Höchstbeträgen, Bedingungen und Zeitfolge von Kreditaufnahmen bzw Verpflichtung zur Haltung von Konjunkturausgleichsrücklagen). Für beides ist in Deutschland ein Bundesgesetz vorgesehen, das der Zustimmung des Bundesrates bedarf, wodurch zumindest die Ländermehrheit einen mitbestimmenden Einfluß auf derartige gesamtwirtschaftlich steuernde bundesgesetzliche Vorgaben haben kann. Immerhin ist damit in Deutschland das Problem der Grenzen der Verschuldung im Prinzip erkannt, während man in Österreich vergeblich nach einem entsprechenden Ansatz sucht. Nun mag es durchaus sein, daß das System der völlig getrennten Haushaltswirtschaften in Österreich das gleichzeitige Begehen gleichartiger konjunkturpolitischer Fehler durch Bund und Länder zumindest teilweise zu verhindern hilft, wenn der Bund entgegen den Regeln einer antizyklischen Konjunkturpolitik in der Aufschwungsphase eine geradezu prozyklische Ausgaben- und Verschuldungspolitik betreibt. Es fehlt eben aber auch die Möglichkeit, systematisch auf eine Koordination und Kooperation in dem Sinne hinzuwirken, daß schwerwiegende sich abzeichnende Fehler in den öffentlichen Haushaltswirtschaften parallel und damit im Effekt kumulierend begangen werden, wie dies bei der Tendenz zu übermäßiger Verschuldung der Fall ist.

2. Staatsverschuldung als Instrument mittel- und langfristiger Wirtschaftspolitik und deren (verfassungs)rechtliche Ermächtigung

a) Der Staatskredit als außergewöhnliche, besonderer Ermächtigung bedürftige Handlungsform

Während am Beginn des Konstitutionalismus das Ringen unter anderem darum ging, die Ausgabentätigkeit der Exekutive in rechtliche Bande zu legen, und dies insbesondere durch die Bindung an Parlamentsbeschlüsse bzw Parlamentsgesetze gelang, war eben dieser älteren Zeit die Unterscheidung in ordentliche (prinzipiell ausgeglichene) Haushalte und allenfalls durch staatliche Notwendigkeiten (wie Krieg, aber auch großzügige investive Ausgaben) bedingte außerordentliche Haushalte durchaus geläufig. Die Kreditfinanzierung außerordentlicher Ausgaben durch Staatsverschuldung ist nicht nur ein im Staatsleben seit altersher immer wieder zu beobachtendes Phänomen, sondern sie hat sich – entgegen ökonomischer Vernunft und schwachen rechtlichen Ansätzen – gelegentlich sogar zum Instrument normaler Haushaltsfinanzierung entwickelt. Welche rechtlichen Bändigungsversuche diesbezüglich in Angriff genommen wurden, soll im folgenden untersucht werden.

Auch moderne Verfassungen lassen die Staatsverschuldung grundsätzlich zu. Während sich vor allem theoretische Nationalökonomen bisher in aller Regel schwer taten, Verschuldungsgrenzen anzugeben[4], sind es vor allem Juristen, die im Staatskredit „eine Anomalie unter den staatlichen Handlungsformen" sehen und ihn zu Recht „in der Praxis als abnorm gefährlich" betrachten. Diese Position gründet in einer staatstheoretischen Gesamtsicht: „Der Staatskredit durchbricht die steuerstaatliche Regel, daß der Staat seinen Finanzbedarf grundsätzlich über die Steuer sättigt. Die Steuer bildet die rechtlich normale und die wirtschaftlich dominante Einnahmequelle. Sie bedeutet ein gegenleistungsfreies, unbedingtes, endgültiges Vermögensopfer des Privaten. Dieses verschafft dem Haushaltsgesetzgeber Dispositionsfreiheit. Soweit die Staatsausgaben durch Steuereinnahmen derselben Periode gedeckt werden, ergibt sich sich ein substanzieller Haushaltsausgleich. Bei steuerfinanzierter Staatstätigkeit kommen Kosten und Nutzen der zeitidentischen Gesellschaft zu. Diese Synchronisierung fällt aus bei der Kreditfinanzierung. Die Lasten verlagern sich auf spätere Generationen, die mit ihrem Steueraufkommen für Zins und Tilgung haften. Diese aber sind wehrlos. Sie können sich nicht politisch artikulieren, und sie werden nicht parlamentarisch repräsentiert."[5] Und daraus wird – durchaus zutreffend – der Schluß gezogen: „Das scheinbar nur haushaltstechnische Prinzip der Periodizität hat materiell-verfassungsrechtliche Bedeutung, ebenso wie die Periodizität und Diskontinuität der Volksvertretung: Ausdruck der Demokratie als „Macht auf Zeit". Das wurde vereinzelt schon früher im finanzwissenschaftlichen und finanzverfassungsrechtlichen Schrifttum erkannt[6]. Hingegen hat es in Deutschland die verfassungsgerichtliche Rechtssprechung

4 Eine Ausnahme bildete in Österreich allerdings der ehemalige Staatssekretär Prof. Seidel in der Ära Kreisky, der eine öffentliche Verschuldung im Ausmaß von ca 2,5% des Bruttonationalprodukts in einer wachsenden Wirtschaft für gerade vertretbar hielt – was aber als Grenze in der Staatspraxis ebenfalls nicht eingehalten wurde!

5 So die eindrücklichen Formulierungen von Josef Isensee, Schuldenbarriere für Legislative und Exekutive – Zu Reichweite und Inhalt der Kreditkautelen des Grundgesetzes –, in: FS Karl Heinrich Friauf (Heidelberg 1996) 705 ff. Vgl ferner zur Verschuldungsgrenze als Gebot des Verfassungsstaates Karl Heinrich Friauf, Staatskredit, in: Josef Isensee/Paul Kirchhof (Hrsg), Handbuch des Staatsrechts der Bundesrepublik Deutschland [HStR] IV (1990) § 91 RN 29ff; Paul Kirchhof, Grenzen der Staatsverschuldung in einem demokratischen Rechtsstaat in: Hans Herbert von Arnim/Konrad Littmann (Hrsg), Finanzpolitik im Umbruch: Zur Konsolidierung öffentlicher Haushalte (Berlin 1984) 281 ff; Wolfram Höfling, Staatsschuldenrecht (Heidelberg 1993) passim.

6 Paul Henseler, Verfassungsrechtliche Aspekte zukunftsbelastender Parlamentsentscheidungen, AÖR 108 (1983) 489ff.

abgelehnt, aus dem Demokratieprinzip allein eine Beschränkung der Kreditaufnahme herzuleiten.[7]

Immerhin gibt es in Deutschland eine grundsätzliche verfassungsrechtliche Begrenzung der „Kreditbeschaffung“, welche zufolge Art 115 GG nicht nur einer gesetzlichen Ermächtigung bedarf, sondern vor allem in ihrer Höhe nicht die im Haushaltsplan vorgesehenen investiven Ausgaben überschreiten darf. Ein solcher „Schuldendeckel“ steht im Dienste einer verantwortungsvollen Haushaltspraxis und somit in weiterer Folge im Dienste eines substantiellen Haushaltsausgleichs. Der verfassungspolitische Sinn der „steuerstaatlichen Regel“[8] liegt ganz offensichtlich im langfristigen Schutz „vor ungerechter, zumal vor sozial ungerechter intertemporaler Umverteilung. Sie sichert die innere wie die äußere Unabhängigkeit des demokratischen Staates gegenüber seinen Gläubigern ...“.[9] Gleichwohl wird anerkannt, daß normalerweise nur ein formeller Ausgleich verfassungsrechtlich gefordert ist und daß deshalb eine Kreditfinanzierung nicht von vornherein ausgeschlossen ist. Freilich hat sich das ursprüngliche Vertrauen in die demokratischen Institutionen, diese würden rationale und politisch vertretbare Grenzen der Besteuerung (nach dem Prinzip „no taxation without representation“) ebenso gewährleisten wie vernünftige Grenzen der Verschuldung, in der Realität keineswegs bewahrheitet. In der Realität der parteienstaatlichen parlamentarischen Demokratie führt die Gewaltenverbindung von Parlament und Regierung sowie die Periodizität der Wahlen zur Vernachlässigung und zum Verkennen der Langfristperspektive, unter Umständen sogar zu einer „après nous le deluge“-Politik. Das ist zwar kein ehernes Gesetz der politischen Soziologie, aber doch ein in der gesamten westlichen Staatenwelt deutlich wahrnehmbares Phänomen. „Die Kreditfinanzierung wirkt verführerisch, weil sie den Spielraum der Ausgaben erweitert und Konflikte vermeidet, kurzfristige Vorteile im Gefälligkeitswettbewerb verschafft, indes die Belastungsfolgen anfänglich nicht spürbar sind, sodaß der Widerstand ausbleibt, den eine Abgabenerhöhung oder eine Ausgabenkürzung hervorriefe. Die politischen Kräfte fassen nur schwer die demokratische Coura-

---

7 BVerfGE 79, 311 (343).

8 Dazu Josef Isensee, Steuerstaat als Staatsform, in: FS Hans Peter Ipsen (Tübingen 1977) 409 ff; Klaus Vogel, Der Finanz- und Steuerstaat, in HStR I (1987) § 27 RN 51 ff; Paul Kirchhof, Staatliche Einnahmen, in: HStR IV (1990) § 88 RN 6, 45 ff.

9 So Isensee, in: FS Friauf 707. – Man erinnere sich im übrigen nur an die Bedingungen und Konsequenzen, welche die Sanierung der österreichischen Staatsfinanzen durch die Völkerbundanleihen (Genfer Protokolle 1922, Lausanner Protokolle 1932) hatte: Verpfändung von Steuererträgen, Unterstellung des Haushaltsvollzuges unter die Aufsicht eines Völkerbundkommissärs, weitgehender Verlust der wirtschaftspolitischen und damit auch teilweise der außenpolitischen Handlungsfähigkeit. Näheres bei Karl Wenger, Grundriß des österreichischen Wirtschaftsrechts I (Wien 1989) RZ 59.

ge, die galoppierende Staatsverschuldung aufzuhalten und die Schuldenhinterlassenschaft der Vergangenheit abzutragen, auch wenn die Konjunktur es an sich nahelegt. Gegen Gemeinwohleinsicht streitet die Furcht, unpopuläre Sanierungsarbeit nütze letztlich der politischen Konkurrenz – fatale Grenzmoral der Parteiendemokratie."[10] Drastisch spricht in diesem Zusammenhang ISENSEE von der Staatsverschuldung als dem „Opium des Staatshaushalts". Für Deutschland prophetisch, für Staaten wie Österreich oder Belgien geradezu realistisch klingt daher seine Schlußfolgerung: „Der Fluch der Staatsschuldenpolitik liegt darin, daß sie fortzeugend neue Staatsschulden gebären muß und am Ende dazu führt, daß Neuverschuldung notwendig wird, um die Altschulden zu bedienen"[11].

Im Sinne einer korrekt durchgeführten antizyklischen Konjunkturpolitik könnte die öffentliche Schuldaufnahme durchaus wirtschaftspolitischen Sinn machen, indem sowohl den Wirtschaftsaufschwung begünstigende als auch für die Zukunft wertschöpfende Ausgaben über Kredite finanziert und damit die Last der Schuldenabtragung auch auf künftige nutznießende Generationen verteilt wird. Der sich als Leistungs- und Verteilungsstaat verstehende Staat der Gegenwart tendiert allerdings immer mehr dazu, auch konsumtive Ausgaben über Kredite zu finanzieren. Hinzu kommt, daß man schon seit längerem die traditionelle Unterscheidung von ordentlichem und außerordentlichem Haushalt fallen hat lassen, und zwar mit der Begründung, daß eine exakte Abgrenzung nicht möglich erschiene. Man hat sich damit gleichwohl eines wichtigen Ordnungskriteriums der Haushaltsdiziplin begeben. Es fragt sich daher, welche rechtlichen Ansätze zur *Begrenzung der Neuverschuldung* und somit zum Schutze dieser *offenen Flanke des demokratischen Verfassungsstaates* existieren bzw aktiviert werden können.

b) Verfassungsrechtliche Grenzen der Neuverschuldung?

Konfrontiert man die österreichische Verfassungsrechtslage mit der moderneren deutschen, so zeigt sich folgendes Bild. Art 115 Abs 1 Satz 2 GG macht die Neuverschuldung[12] von drei Voraussetzungen abhängig:

---

[10] ISENSEE, Schuldenbarierre, FS Friauf 707 f. Zum Problem auch DETLEF MERTEN, Verfassung und Zukunft, in: 6. Speyerer Sozialrechtsgespräch (Speyer 1996); ferner HEINZ SCHÄFFER, The Crisis of Welfare State – an inherent problem of democracy. The Austrian case und general remarks. Österreichischer Beitrag im (italienischen) Tagungsband „Regionalismo, federalismo, welfare state" 1996, hrsg vom CNR, Istituto di studi sulle regioni (Rom 1997).

[11] ISENSEE, in: FS Friauf 708.

[12] Erfaßt sind: „Aufnahme von Krediten sowie die Übernahme von Bürgschaften, Garantien oder sonstigen Gewährleistungen, die zu Ausgaben in künftigen Rechnungsjahren führen können", also kurz gesagt: alle Formen von Schuldnerpositionen, die in der Zukunft unbedingt oder bedingt „schlagend" werden können.

* Es bedarf einer der Höhe nach bestimmten oder bestimmbaren Ermächtigung durch Bundesgesetz.
* Die Einnahmen aus Krediten dürfen die Summe der im Haushaltsplan veranschlagten Investitionen nicht überschreiten[13].
* Ausnahmen sind (nur) zulässig zur Abwehr einer Störung des gesamtwirtschaftlichen Gleichgewichts.

aa) Formeller Gesetzesvorbehalt: Einen Gesetzesvorbehalt im Sinne eines Parlamentsvorbehaltes kennt auch das österreichische Verfassungsrecht, denn es fordert für Verfügungen über Bundesvermögen, vor allem aber für „die Übernahme oder Umwandlung einer Haftung des Bundes, das Eingehen oder die Umwandlung einer Finanzschuld des Bundes" ein formelles Bundesgesetz in dem Sinne, daß die Beschlußfassung hierüber allein dem Nationalrat ohne Mitwirkung des Bundesrates zusteht (Art 42 Abs 5 B-VG). Die Bindung an die Gesetzesform dient der Transparenz und der Ermöglichung von Kontrolle. Sie ist zugleich Ausdruck der parlamentarisch-demokratischen Legitimation und Verantwortung für die kreditpolitische Ermächtigung. Gleichwohl hat sich gerade diese Vorstellung als *Illusion* erwiesen. Die die Regierung mit ihrem Vertrauen tragende Parlamentsmehrheit wird im parlamentarischen Regierungssystem praktisch von dieser Regierung (– über Regierungsprogramme, Koalitionspakte und parlamentarische Fraktionsdisziplin –) in ihrem Verhalten und folglich auch in ihrer Einstellung hinsichtlich der finanzpolitischen und allgemein politischen Vertretbarkeit der Schuldenpolitik des Bundes gesteuert!

bb) Materielle Kautelen fehlen hingegen im österreichischen Recht. Der Grundgedanke der zweiten der obengenannten Voraussetzungen nach deutschem Verfassungsrecht besteht darin, daß die zukunftsbelastenden (aus Kreditaufnahme erfließenden) Einnahmen von zukunftsbegünstigenden Ausgaben abhängen sollen (sog „*Akzessorietät* der Nettokreditaufnahme *von investiven Ausgaben*"). So unklar diese Regel im einzelnen sein mag, so gibt sie doch eine ökonomisch grundsätzlich richtige Richtung an: Rein konsumtive Ausgaben sollen keinesfalls kreditfinanziert werden.[14] All dies läßt sich in Österreich – zumindest bisher – rechtlich an keiner Verfassungsvorschrift festmachen und könnte bestenfalls als finanzpolitische Vernunftregel gelten.

---

13 Hieraus wird übrigens in der deutschen Staatspraxis geschlossen, daß Erlöse aus Kreditoperationen nicht unbedingt investiven Zwecken zugeführt werden müssen!

14 Üblicherweise ist zur Abgrenzung auch zu sagen, daß Kredite zur Überbrückung eines kurzfristigen Liquiditätsmangels („Kassenverstärkungskredite") nicht unter den Finanzschuldenbegriff fallen (sollen). Daß sie zur Vermeidung von Umgehungsgeschäften einer besonderen haushaltsrechtlichen Disziplin unterliegen müssen, versteht sich von selbst.

Nach deutschem Verfassungsrecht wird die Überschreitung der Verschuldungsgrenze im Ausnahmefall überdies gestattet zur *Abwehr einer Störung des gesamtwirtschaftlichen Gleichgewichts.* Da dieser aus der Wirtschaftswissenschaft stammende und mit dem „magischen Vieleck" wirtschaftspolitischer Ziele zusammenhängende Begriff einen Abwägungs- und Optimierungsauftrag enthält, eröffnet er durchaus weitreichende Auslegungs- und Handlungsspielräume. Das bedeutet jedoch keineswegs, daß er keiner näheren Deutung zugänglich wäre. Im Gegenteil: Die Bindung der Überschreitungsermächtigung an dieses materielle Kriterium erzeugt einen besonderen Argumentations- und Rechtfertigungszwang für die öffentliche Hand als wirtschaftspolitischer Akteur. Eine vergleichbare allgemeine Ermächtigung in Rückbindung an die Erfordernisse des gesamtwirtschaftlichen Gleichgewichts fehlt in Österreich und kann auch keineswegs aus der Staatszielbestimmung des Art 13 Abs 2 B-VG hergeleitet werden. Vom Nationalrat ad hoc erteilte einfachgesetzliche Ermächtigungen vermögen den Orientierungswert und Rechtfertigungszwang, der von einer solchen Verfassungsnorm ausgeht, keineswegs zu ersetzen.

Im Gegensatz zu Deutschland bildet die Gesetzesbindung der Exekutive hinsichtlich des Eingehens von Finanzschulden und die gewissermaßen zur Domestizierung dieser Handlungsmöglichkeit eingerichtete begleitende Kontrolle des Haushaltsvollzuges in Österreich (vgl hiezu insbesondere die Ermächtigung in Art 51b und 51c Abs 2 B-VG) zumindest theoretisch kein schwerwiegendes Problem[15] in der Spannungslage zwischen einer auf eigenständige Politik bedachten Regierung und dem Parlament.

Das grundliegende Dilemma resultiert vielmehr, wie bereits oben gezeigt wurde, aus dem parlamentarischen Regierungssystem und aus dem *der parlamentarischen Demokratie inhärenten Problem der mangelnden Langfristorientierung und Verantwortung.* Ohne schwerwiegende Erfahrungen in der nationalen Geschichte, ohne echten politischen Willen bzw ohne Anstoß von außen sind hier keine Besserungen zu erwarten.

c) Europarechtlicher Druck zur Haushalts- und Kreditdisziplin

Die beschriebene offene Flanke des parlamentarisch-demokratischen Verfassungsstaates könnte in der Gegenwart und in naher Zukunft durch Normen des Europarechts geschlossen werden, die die nationale Wirtschaftsverfassung funktionell ergänzen und dieselbe als supranationale Normen infolge ihres Anwendungsvorranges sogar in die Pflicht neh-

15 Über Konfliktssituationen in der deutschen Staatspraxis siehe hingegen ISENSEE, in FS Friauf 721 ff.

men, wenn die Integrationsdynamik programmgemäß weiterläuft. Denn das europäische Gemeinschaftsrecht verpflichtet in seiner jüngsten Ausprägung seit „Maastricht" (EGV idF des EUV) die Mitgliedsstaaten zur Vermeidung übermäßiger öffentlicher Defizite und zur Wahrung von Haushaltsdisziplin, damit auf dem Wege über gesunde öffentliche Finanzen die für die Verwirklichung der europäischen Wirtschafts- und Währungsunion notwendige dauerhafte Konvergenz erreicht werden kann. Die *Einschränkung der nationalen Haushaltshoheit* durch die Konvergenzkriterien des Maastricht-Vertrages wird begleitet von einer *Überlagerung bzw Beseitigung der Kompetenzen der nationalen Notenbanken* und deren Einbindung in das Europäische System der Zentralbanken.

II. Die Europäische Wirtschafts- und Währungsunion als komplementäre Wirtschaftsverfassung der Mitgliedstaaten der Europäischen Union

1. Entstehung und Bestandssicherung der Europäischen Wirtschafts- und Währungsunion

a) Kompetenzen der EG und der Mitgliedstaaten

Der Europäische Unionsvertrag (EUV) von Maastricht 1992 hat ambitionierte wirtschaftspolitische und allgemein politische Ziele verankert. Es ist hier nicht der Ort, den mühsamen langen Weg zu einer tatsächlich immer engeren Zusammenarbeit der Mitgliedstaaten im einzelnen nachzuzeichnen.[16] Entscheidend ist im vorliegenden Zusammenhang einzig, daß anstelle der seit 1957 vorgesehenen bloßen „schrittweisen Annäherung der Wirtschaftspolitik der Mitgliedstaaten" (Art 2 EWGV) im neu gefaßten Art 2 EGV nunmehr das *Ziel der Errichtung einer Wirtschafts- und Währungsunion* normiert ist. Das Wesen einer Wirtschaftsunion wird darin erblickt, daß sie eine eigene Wirtschaftspolitik betreibt, so wie das Wesen einer Währungsunion in einer eigenen Währungs- und Geldpolitik besteht. Bei näherer Betrachtung muß man freilich konstatieren, daß die Ausführung hinter dem Begriff zurückbleibt[17] und daß der Vertrag von Maastricht (über die bestehende Agrar- und Außenhandelsunion

[16] Siehe dazu zB die Darstellungen bei GERT NICOLAYSEN, Europarecht II. Das Wirtschaftsrecht im Binnenmarkt (Baden-Baden 1996) § 36 III und § 38; MICHAEL SCHWEITZER/WALDEMAR HUMMER, Europarecht[5] (Neuwied usw 1996) RN 1450 ff. Zur Entwicklung der monetären Integration ausführlich HELGE KORTZ, Die Entscheidung über den Übergang in die Endstufe der Wirtschafts- und Währungsunion (Baden-Baden 1996) 26 ff.

[17] So ausdrücklich NICOLAYSEN, Europarecht II, 336 f.

hinausgehend) als echte Union genügend konkret nur eine Währungsunion vorsieht.

In Art 2 EGV ist unter dem Titel „Aufgabe der Gemeinschaft“ das Bündel der Ziele verankert, denen sich die EG verpflichtet fühlt. Neben den klassischen Zielen des nichtinflationären Wachstums und des hohen Beschäftigungsniveaus werden auch ein hoher Grad an Konvergenz der Wirtschaftsleistungen, sozialer Schutz, Hebung der Lebenshaltung und der Lebensqualität sowie der wirtschaftliche und soziale Zusammenhalt und die Solidarität zwischen den Mitgliedstaaten angeführt. Zur weiteren Operationalisierung der Ziele umschreibt der neue Grundsatzartikel 3a EGV die Tätigkeit der Gemeinschaft in der Wirtschafts- und Währungsunion. Die anvisierte Wirtschaftspolitik der Gemeinschaft soll aber doch wieder bloß „auf einer engen Koordinierung der Wirtschaftspolitik der Mitgliedstaaten“ beruhen sowie weiterhin – gleichrangig – auf dem Prinzip des Binnenmarkts und der Festlegung gemeinsamer Ziele, wobei alle Wirtschaftspolitik „dem Grundsatz einer offenen Marktwirtschaft mit freiem Wettbewerb verpflichtet ist“. Damit ist immerhin das *marktwirtschaftliche Prinzip* explizit in den „Verfassungstext“ der EG aufgenommen, was weitergeht als die nationalen Verfassungen und diese in gewisser Weise determiniert.

Die eigentliche Konkretisierung dessen, was der EGV als Wirtschaftsunion versteht, erfolgt dann später unter dem Titel VI. „Wirtschafts- und Währungspolitik“, und zwar dort im Kapitel 1 „Die Wirtschaftspolitik (Art 102a-104c), auf welches das Kapitel 2 „Die Währungspolitik“ (Art 105-109m) folgt. Es fällt auf, daß in diesen konkreten Anordnungen der Begriff der Wirtschaftsunion nicht mehr verwendet wird. Art 102a wiederholt im wesentlichen die bereits in Art 2 und 3a EGV genannten wirtschaftspolitischen Grundsätze. Daraus ist zu schließen, daß die Wirtschaftspolitik nicht zur Kompetenz der Gemeinschaft geworden ist, sondern daß die Mitgliedstaaten prinzipiell zur Führung einer eigenen Wirtschaftspolitik zuständig geblieben sind. Die nationale Wirtschaftspolitik ist allerdings so auszurichten, daß sie zur Verwirklichung der Gemeinschaftsziele beiträgt. Außerdem sind die vom Rat gemäß Art 103 Abs 2 EGV empfohlenen „wirtschaftspolitischen Grundzüge“ zu berücksichtigen. Insgesamt sind also Mitgliedstaaten und Gemeinschaft in ihrer Wirtschaftspolitik auf die schon beschriebenen ordo-liberalen und stabilitätspolitischen Grundsätze verpflichtet.

Der EGV kennt freilich nicht nur eine deutliche „verbale Verklammerung“ von Wirtschaftspolitik und Währungspolitik[18], sondern anerkennt doch auch die unausweichlichen sachlichen Zusammenhänge, indem

18 Charakterisierung bei NICOLAYSEN (vorige FN).

nämlich einerseits die Haushaltspolitik ein Element der gemeinschaftlichen Wirtschaftspolitik bildet (Art 104c EGV), die Vermeidung öffentlicher Defizite aber zugleich eines der Konvergenzkriterien bei der Errichtung der Währungsunion darstellt (Art 109j Abs 1 EGV). Andererseits dient die Koordinierung der Wirtschaftspolitik der Konvergenz der wirtschaftlichen Entwicklung sowie der Stabilität und somit der Vorbereitung und Bestandssicherung der Währungsunion.

b) Wirtschaftspolitische Koordinierung

Gemäß Art 103 Abs 1 EGV betrachten die Mitgliedstaaten ihre Wirtschaftspolitik als eine Angelegenheit von gemeinsamem Interesse. Daraus sowie aus der „Gemeinschaftstreue" (Art 5 EGV) wird die Verpflichtung zu gegenseitigem Wohlverhalten und abgestimmtem Handeln gefolgert. Insbesondere ist aber in Art 103 EGV für die Koordinierung der Wirtschaftspolitik ein eigenes Verfahren verankert worden, welches sowohl eine ex ante- als auch eine ex post-Koordinierung kennt[19]. Die erwähnten „Grundzüge" erlauben nach der oben genannten Kompetenzverteilung zwischen Mitgliedstaaten und Gemeinschaft keine detaillierte Festlegung, sondern bedeuten einen groben Raster und beziehen sich auf alle wirtschaftspolitischen Instrumente, die die gesamtwirtschaftlichen Entwicklungen beeinflussen und die Konvergenz fördern. Da die Finanzpolitik und die Haushaltslage der Mitgliedstaaten auch Gegenstand der gemeinschaftlichen Überwachung im Hinblick auf die öffentlichen Defizite ist, bedarf es einer Koordinierung auch der Haushaltspolitik nach Maßgabe der Empfehlungen des Rates. Insgesamt installiert der EGV in Art 103 Abs 3 und 4 ein Verfahren der „multilateralen Überwachung", bei welchem ausnahmsweise nicht die Kommission „Hüterin des Vertrages" ist, sondern der Rat die wirtschaftlichen Entwicklungen überwachen soll. Sein Augenmerk richtet sich dabei auf die Vereinbarkeit der nationalen Wirtschaftspolitik mit den „Grundzügen", er kann erforderliche Empfehlungen an den Mitgliedstaat richten und zur Verstärkung der (psychologischen) Wirkung die Empfehlungen allenfalls auch veröffentlichen.

c) Überwachung der staatlichen Haushaltspolitik

Nach Art 3a Abs 3 EGV setzt „diese Tätigkeit" (das ist die koordinierte Wirtschaftspolitik) der Mitgliedstaaten und der Gemeinschaft „die Einhaltung der folgenden richtungsweisenden Grundsätze voraus: stabile Preise, *gesunde öffentliche Finanzen* und monetäre Rahmenbedingungen

---

[19] Näheres und juristische Qualifizierung bei NICOLAYSEN, Euroaprecht II, 338 ff und SCHWEITZER/HUMMER, Europarecht[5] RN 1460 – 1467.

sowie eine dauerhaft finanzierbare Zahlungsbilanz". Mit einer speziellen Ausformung der mitgliedstaatlichen Verpflichtung zur Haushaltsdisziplin sollen die negativen gesamtwirtschaftlichen Auswirkungen übermäßiger Haushaltsdefizite unter Kontrolle gebracht werden. Die für den Eintritt in die WWU erforderliche wirtschaftliche Konvergenz soll insb durch eine multilaterale Überwachung der staatlichen Haushaltspolitik gem Art 104c EGV sichergestellt werden. Für die Entwicklung der Union hat der Vertrag einen *Stufenplan* vorgesehen, dessen erste Stufe mit der Liberalisierung des Kapitalverkehrs und dem Beitritt aller Länder zum EWS schon abgeschlossen ist. Die zweite Stufe (seit 1. 1. 1994; für Österreich: seit 1. 1. 1995) sah unter anderem das Einfrieren des ECU-Währungskorbes, die Errichtung des Europäischen Währungsinstitutes (EWI) als Vorläufer der EZB und zur Vorbereitung der Stufe 3 vor, sowie ferner die Überwachung der Haushaltslage durch die Kommission und den Rat. Bereits in der *zweiten Stufe* haben die Mitgliedstaaten gem Art 109e Abs 4 EGV übermäßige öffentliche Defizite zu vermeiden, jedoch ist dies in dieser Phase *nur eine „Bemühungsverpflichtung"*! Die Kriterien zur Identifizierung übermäßiger öffentlicher Defizite orientieren sich an zwei Referenzwerten, nämlich am Verhältnis des geplanten oder tatsächlichen öffentlichen Defizits zum Bruttoinlandsprodukt und am Verhältnis des öffentlichen Schuldenstandes zum Bruttoinlandsprodukt (Art 104c Abs 2; die Referenzwerte betragen gem Art 1 des Protokolls über das Verfahren bei einem übermäßigen Defizit 3% bzw 60%)[20]. Öffentlich ist das Defizit dann, wenn es dem Zentralstaat, den regionalen oder lokalen Gebietskörperschaften oder Sozialversicherungseinrichtungen zuzurechnen ist.[21] Die einzelnen Begriffe sind nach dem Europäischen System Volkswirtschaftlicher Gesamtrechnungen definiert.

Die Kommisson hat die Entwicklung der Haushaltslage und die Höhe des öffentlichen Schuldenstandes in den Mitgliedstaaten im Hinblick auf die Feststellung schwerwiegender Fehler zu überwachen. Werden die Kriterien nicht erfüllt oder erscheinen sie gefährdet, so erstellt die Kommission einen Bericht, in den neben der rechnerischen Grundlage auch eine Bewertung der sonstigen ökonomischen Zusammenhänge, also insgesamt der mittelfristigen Wirtschafts- und Haushaltslage des Mitgliedstaates Eingang findet (Abs 104c Abs 3 EGV). Ist die Kommission der Auffassung, daß in einem Mitgliedstaat ein übermäßiges Defizit besteht

20 Protokoll über das Verfahren bei einem übermäßigen Defizit, ABl 1991, Nr C 191, 84 f; näher ausgeführt in der Verordnung Nr 3605/93 des Rates über die Anwendung des dem EG-Vertrag beigefügten Protokolls über das Verfahren bei einem übermäßigen Defizit, ABl 1993, Nr L 332, 7 ff.

21 Dies hat in jüngster Zeit die Tendenz zur weiteren Ausgliederung öffentlicher Aufgaben gefördert!

oder sich ergeben könnte, so legt sie dem Rat eine Stellungnahme vor (Art 104c Abs 5 EGV). Sodann entscheidet der Rat auf Empfehlung der Kommission und nach Anhörung des Mitgliedstaates mit qualifizierter Mehrheit und richtet Empfehlungen an den Mitgliedstaat, über die mit 2/3-Mehrheit, jedoch ohne die Stimme des betroffenen Mitgliedstaates entschieden wird. Darin wird der Mitgliedstaat aufgefordert, „dieser Lage innerhalb einer bestimmten Frist abzuhelfen". Stellt der Rat fest, daß seine Empfehlungen innerhalb der gesetzten Frist keine wirksamen Maßnahmen ausgelöst haben, so kann er seine Empfehlungen veröffentlichen (Art 104c Abs 7, 8 und 13 EGV). Eine viel stärkere Motivation zur Einhaltung der Haushaltsdisziplin geht aber wohl davon aus, daß sie mit entscheidend ist für die Beteiligung an der Währungsunion (Art 109j und 109k EGV).

d) Die Währungsunion – Eintritt in die „dritte Stufe" und Dauerrecht

aa) Beginn

Die Endstufe der Währungsunion soll *spätestens am 1. 1. 1999* beginnen.[22] In Stufe 3 gilt das Verbot übermäßiger Haushaltsdefizite weiter, nunmehr aber einschließlich eines Sanktionensystems. Im übrigen beginnt die volle Funktion des ESZB, es kommt zur Festsetzung der Umrechnungskurse der nationalen Währungen und es beginnt die Europawährung.

bb) Die sog Konvergenzkriterien als Eintrittsvoraussetzung für die Mitgliedstaaten

Entscheidend für die Teilnahme an der gemeinschaftlichen Währung ist ein qualifizierter Mehrheitsbeschluß des Europäischen Rates darüber, welche Mitgliedstaaten einen hohen Grad dauerhafter wirtschaftlicher Konvergenz erreicht haben. Er hat dabei zu beachten, ob die Mitgliedstaaten die folgenden vier Konvergenzkriterien erfüllen:
- *Inflationskriterium*: ein hoher Grad an Preisstabilität, der sich in relativ zu den drei stabilsten Mitgliedsländern niedrigen Inflationsraten ausdrückt;
- *Wechselkurskriterium:* ein innerhalb der Bandbreite des EWS liegender Wechselkurs der jeweiligen Währung;
- *Zinskriterium*: ein in Relation zu den drei stabilsten Mitgliedsländern niedriges Zinsniveau der langfristigen Staatsanleihen; und vor allem

22 Trotz dieses scheinbar so klaren Termins ist dies kein Automatismus und es könnten sich Ausnahmen ergeben: Nämlich zB wenn der Rat über die Voraussetzungen nicht rechtzeitig entscheidet, oder wenn objektiv nicht einmal zwei Mitglieder die Kriterien erfüllten, kann eine Union nicht beginnen.

– Kriterium einer auf Dauer tragbaren *Finanzlage der öffentlichen Hand.*

Die vier Kriterien sowie die jeweils erforderliche Dauer ihrer Einhaltung sind in einem eigenen dem EGV beigefügten Protokoll (sog Konvergenz-Protokoll) näher festgelegt.[23]

Das zentrale Kriterium der tragbaren öffentlichen Finanzlage ist dann erfüllt, wenn zum Zeitpunkt der Prüfung keine Ratsentscheidung nach Art 104c Abs 6 EGV vorliegt, wonach in dem betreffenden Mitgliedstaat ein übermäßiges Defizit besteht. Diese konstitutive Entscheidung beruht auf den schon zuvor erwähnten beiden Kriterien (Referenzwerten) des Art 104c Abs 6 EGV:

* Das *Neuverschuldungskriterium* („öffentliches Defizit") legt die Begrenzung des tatsächlichen oder geplanten Finanzierungsdefizits des Staatssektors jedes einzelnen EU-Mitgliedstaates auf einen Wert unterhalb 3% seines jeweiligen Bruttoinlandsproduktes (BIP) fest.
* Das *Schuldenstandskriterium* („öffentlicher Schuldenstand") verlangt den Abbau oder die Begrenzung des Schuldenstandes des Staatssektors jedes einzelnen Mitgliedstaates auf Werte unterhalb von 60% des BIP.[24]

Die Referenzwerte sind, obwohl rechtlich verbindlich, offenbar doch nur als Richtwerte konzipiert, denn sie eröffnen nach dem Wortlaut des Vertrages schon in der Berichtsphase bestimmte Beurteilungsspielräume. So soll nach Art 104c Abs 2 EGV das Referenzkriterium der Neuverschuldung nicht verletzt sein, wenn zwar die Grenze von 3% überschritten wird, die Überschreitung sich aber als ausnahmsweise und vorübergehend darstellt und die erreichte Quote in der Nähe der 3%-Marke verbleibt; und überdies: wenn die 3%-Grenze zwar nicht unterschritten wird, die Quote aber erheblich und laufend zurückgegangen ist und einen Wert in der Nähe der 3%-Marke erreicht. In ähnlicher Weise soll das Kriterium des öffentlichen Schuldenstandes nicht verletzt sein, wenn die Quote aus Schuldenstand und BIP zwar oberhalb der Grenze liegt, die Quote aber hinreichend rückläufig ist und sich der Grenze rasch genug nähert.

cc) Vorbereitung der Währungsunion

Die Sicherung der Haushaltsdisziplin zur Vorbereitung der Währungsunion ist schon beschrieben worden.[25] Einem Mitgliedstaat, der ein

[23] Vgl das Protokoll über die Konvergenzkriterien nach Art 109j (Protokoll Nr 6 zum EUV), ABl 1992, Nr C 191,85. Zur Interpretation im einzelnen siehe insb Kortz (FN 16) 79 ff.

[24] Wobei die Bestimmung des BIP auf der Grundlage des „Europäischen Systems volkswirtschaftlicher Gesamtrechnungen (ESVG)" erfolgt.

[25] Zum Ablauf des Überwachungsverfahrens Nicolaysen, Europarecht II, 344 f; Uwe Hartmann, Öffentliche Finanzpolitik in der EU, EuZW 1996, 133 (135).

„übermäßiges Defizit aufweist, ist somit der Eintritt in die Endstufe grundsätzlich verwehrt. Die zweite Stufe dient ja ua dazu, die einzelnen Staatshaushalte auf die Teilnahme an der gemeinschaftlichen Währung vorzubereiten. Das Verfahren des Eintritts in die dritte Stufe gliedert sich gem Art 109j EGV in drei Phasen (Berichtsphase, Bewertungsphase, Entscheidungsphase).

Bereits 1993 haben sich die Mitgliedstaaten verpflichtet, bis Ende 1996 *Konvergenzprogramme* zu unterbreiten bzw ihre schon bestehenden Programme zu adaptieren. Mit der auf Empfehlung der Kommission erfolgten Entscheidung des ECOFIN-Rates gem Art 104c Abs 6 EGV über die Verletzung der budgetären Konvergenzkriterien durch 10 der damals 12 Mitgliedstaaten vom 19. 9. 1994 wurde erstmals das Verfahren bei übermäßigen öffentlichen Defiziten gem Art 104c angewendet. Schon am 10. 10. 1994 beschloß der Rat (auf Vorschlag der Kommission) Empfehlungen zum Abbau der Defizite.[26]

Österreich galt vor dem EU-Beitritt auf Grund seiner guten Wirtschaftsdaten gleichsam als „Fixstarter" für die Währungsunion. Nach den mißlungenen Budgetverhandlungen und der innenpolitischen Krise des Jahres 1995 mußte das für Oktober 1995 geplante österreichische Konvergenzprogramm abgesagt werden. Nach den Wirtschaftsdaten vom Dezember 1995 war Österreich bereits vom Musterschüler zum Nachzügler abgerutscht. Erst nach Neuwahlen und einem extremen Sparprogramm gelang die Erstellung eines neuen Bundesbudgets. In weiterer Folge verabschiedete die Bundesregierung ein Konvergenzprogramm (21. 5. 1996). Da das Defizit der öffentlichen Haushalte zwischen 1992 und 1995 von 1,9 auf 6,2% des BIP und die Verschuldungsquote von 58,3 auf 69,4% gestiegen war, erklärte die Bundesregierung die Budgetkonsolidierung zu einem Hauptanliegen der Legislaturperiode. Mit den Budgets für die Jahre 1996 und 1997 (die als „Doppelbudget" gemeinsam beschlossen wurden[27]) soll das Nettodefizit des Bundes von 5% (im Jahre 1995) auf WWU-konforme 2,7% des BIP abgesenkt werden. In den Folgejahren will die Bundesregierung nach den Aussagen ihres „Budgetprogramms" (1996 bis 2000) das Defizit bis 2001 auf runde 2% zurückführen.[28]

26 Der Inhalt der beiden Rechtsakte ist nicht im Amtsblatt veröffentlicht worden! Bekannt geworden ist er aber durch die Unterrichtung des (deutschen) Bundesrates durch den Bundesminister der Finanzen (BR-Drs 967/94 v 12. 10. 1994).

27 So anerkennenswert dieser Versuch zur raschen Budgetsanierung sein mag, erhebt sich doch die Frage, ob die praktische Mißachtung des Jährlichkeitsprinzips ein „Doppelbudget" nicht mit Verfassungswidrigkeit belastet – dies vor allem, wenn man eine solche Vorgangweise zum System erheben möchte, wie aus einigen politischen Ankündigungen zu vernehmen war.

28 Ein Bericht über das Budgetprogramm der Bundesregierung 1996-2000 (III-49 BlgNR 20. GP) erschien in Parlamentskorrespondenz vom 9. 10. 1996, Nr 570. Daß die

Mittlerweile hatte der ECOFIN-Rat die österreichische Situation geprüft, ein übermäßiges öffentliches Defizit festgestellt und am 8. 7. 1996 das österreichische Konvergenzprogramm zustimmend zur Kenntnis genommen, jedoch der österreichischen Regierung die dringende Empfehlung erteilt, das übermäßige Defizit so rasch wie möglich zu beenden und vor allem eine mittelfristige Budgetstrategie zum rascheren Defizitabbau einzuschlagen.[29]

dd) Die Sicherung der Haushaltsdisziplin in der Endstufe der Währungsunion

Mit der Herstellung der Währungsunion (in der dritten Stufe) wird die Verpflichtung, übermäßige öffentliche Defizite zu vermeiden, zur Rechtspflicht (Art 104c Abs 1 EGV), es ist sohin zumindest das Kriterium der Neuverschuldung verbindlich zu beachten. Wenngleich ein Vertragsverletzungsverfahren in dieser Beziehung ausdrücklich ausgeschlossen ist (Art 104c Abs 10 EGV), so steht dem ECOFIN-Rat ein *erweiterter und verschärfter Maßnahmenkatalog*[30] gegenüber jenen Teilnehmern der Endstufe zur Verfügung, die später ein übermäßiges Defizit entstehen lassen. (Für jene Mitgliedstaaten, die sich noch nicht für die dritte Stufe qualifizieren konnten, gelten die Grundsätze der zweiten Stufe weiter; Art 109k Abs 3 EGV). Das in Art 104c vorgezeichnete Verfahren macht deutlich, wie ernst das Anliegen der Haushaltsdisziplin genommen wird, denn es umfaßt eine *Stufenfolge von Druckmitteln,* die sich bis zu echten Sanktionen steigern können. So kann der Rat nach Veröffentlichung seiner *Empfehlungen* über Maßnahmen zum Abbau eines übermäßigen Defizits (mit der Mehrheit des Art 104c Abs 13 EGV) eine *verschärfte Mahnung* an den betroffenen Teilnahmestaat aussprechen, innerhalb einer bestimmten Frist Maßnahmen zum Abbau des übermäßigen Defizits zu treffen und den Teilnahmestaat so *„in Verzug setzen“.* Solange diese Vorgaben nicht befolgt werden, kann der Rat weiters folgende *Maßnahmen* setzen: er kann

– verlangen, daß der Teilnahmestaat vor der Emission von Staatsanleihen zusätzliche Angaben veröffentlicht (so daß die Kapitalmärkte gewarnt werden);

Konvergenzkriterien verfehlt wurden, kommt auch in dem vom Rechnungshof vorgelegten Bundesrechnungsabschluß 1995 zum Ausdruck (III-50 BlgNR 20. GP; siehe Parlamentskorrespondenz vom 8. 11. 1996).

29 Council Recommendation of „with a view to bringing an end to the situation of an excessive government deficit in Austria“, RAT 8998/96 UEM 35, datiert vom 24. 7. 1996 (dem österreichischen Nationalrat vorgelegt: 11489 EU XX. GP-NR).

30 Nicolaysen, Europarecht II, 346 bezeichnet dies als eine den politischen und wirtschaftlichen Besonderheiten entsprechende Alternative zum Vertragsverletzungsverfahren.

- die Europäische Investitionsbank ersuchen, ihre Darlehenspolitik gegenüber dem betroffenen Teilnahmestaat zu überprüfen;
- die Hinterlegung einer unverzinslichen Einlage bei der Gemeinschaft verlangen;
- Geldbußen verhängen.

An solchen Entscheidungen des Rates wirken nur die Vertreter der nicht von Sanktionen betroffenen Teilnahmestaaten mit (Art 104c Abs 13 EGV). Das Stimmrecht nicht teilnehmender Mitgliedstaaten ruht bis zu ihrem Beitritt zur Gemeinschaftswährung (Art 109k Abs 5 EGV).

In der politischen und wissenschaftlichen Debatte der jüngsten Zeit hat sich vor allem Sorge artikuliert, daß sowohl bei der Qualifizierung für den Eintritt in die dritte Stufe als auch innerhalb der einmal errichteten Währungsunion – infolge der Relativierungsmöglichkeiten bei den Referenzwerten als auch durch die politische Überlegungen erlaubenden Beurteilungsspielräume in den einzelnen Stadien des Verfahrens – die Stabilitätskriterien aufgeweicht werden könnten. Dem ist entgegengehalten worden, daß nach Art 6 des Konvergenz-Protokolls die Regelung von Einzelheiten der vertraglich festgelegten Konvergenzkriterien in Abweichung von den Definitionen des Protokolls einer *einstimmigen* Entscheidung des Rates vorbehalten werden. Das bedeutet, daß die in Art 109j Abs 1 EGV genannten Kriterien als solche nicht zur Disposition des Rates stehen, weil sich sonst das Konzept der Währungsunion als Stabilitätsgemeinschaft nicht verwirklichen lasse, welches eben nicht durch bloße Mehrheitsentscheidung unterlaufen werden dürfe.[31] Das hat anderseits Befürchtungen aufkommen lassen, politische Gründe könnten Anlaß dazu geben, vom Gebrauch von Strafmaßnahmen abzusehen.

31 Die Sorge, die Konvergenzkriterien könnten ohne maßgebliche Parlamentsbeteiligung aufgeweicht werden, hat in Deutschland zu einem in Resolutionsform ausgesprochenen Zustimmungsvorbehalt des Bundestags und des Bundesrates geführt, und das BVerfG ist – offenbar ebenfalls aus dieser Sorge – im Maastrichturteil in einem der Leitsätze zu der Aussage gelangt, die Bundesrepublik Deutschland unterwerfe sich mit der Ratifikation des EUV nicht einem unüberschaubaren, in seinem Selbstlauf nicht mehr steuerbaren Automatismus zu einer Währungsunion; der Vertrag eröffne den Weg zu einer stufenweisen weiteren Integration der europäischen Rechtsgemeinschaft, der in jedem weiteren Schritt entweder von gegenwärtig für das Parlament voraussehbaren Voraussetzungen oder aber von einer weiteren, parlamentarisch zu beeinflussenden Zustimmung der Bundesregierung abhänge. Ohne die Frage vertiefen zu können, ob der EUV bei Scheitern der Stabilitätsgemeinschaft als ultima ratio letztlich auch einen Rückzug aus derselben erlaube (so aber BVerfGE 89,155; 157 Ls 9c sowie 203 f), muß aus österreichischer Sicht festgehalten werden, daß man hier keiner theoretischen Konstruktion eines Parlamentsvorbehaltes bedarf. Das Stimmverhalten des österreichischen Vertreters im Rat bezüglich des Beginns der Währungsunion ist jedenfalls als „Vorhaben im Rahmen der Europäischen Union" zu qualifizieren, für welches die Informationspflichten und die Bindung an eine allfällige Stellungnahme des Nationalrates gem Art 23e B-VG gelten.

Aus den erwähnten Gesichtspunkten heraus ist es verständlich, daß auf der Suche nach ergänzenden effizienteren Kontrollmechanismen der Vorschlag für einen *„Stabilitätspakt für Europa"* unterbreitet wurde, damit nicht ein Teilnahmestaat nach Beginn der Währungsunion die Stabilitätsvorgaben wieder verläßt. Der deutsche Bundesminister der Finanzen, von dem die Initiative ausging, schlug in diesem Zusammenhang noch strenger gefaßte Haushaltskriterien, einen konkretisierten Sanktionsmechanismus und in institutioneller Hinsicht einen europäischen Stabilitätsrat vor.[32] Umstritten war dieses Anliegen nicht nur dem Grunde nach, sondern auch die Frage, wie eine solche Regelung rechtlich verankert werden könne.[33] Anerkannt wurde allgemein das Grundanliegen, die Stabilitätsorientierung auch nach Inkrafttreten der Währungsunion zu sichern. Nicht durchgesetzt hat sich jedoch die Idee eines Stabilitätsrates und die Idee eines Automatismus der Sanktionen. Strittig war insb die Definition der schweren Rezession, bei deren Vorliegen Ausnahmen von der Defizitregel (Neuverschuldung maximal 3% des BIP) gestattet wären. Basierend auf den deutschen Vorschlägen hat die Kommission am 16. 10. 1996 den Vorschlag für eine Verordnung des Rates über die Klärung und Beschleunigung des „Verfahrens bei einem übermäßigen Defizit" vorgelegt. Gedacht ist in präventiver Hinsicht an ein Frühwarnsystem und in repressiver Hinsicht an eine Konkretisierung der Sanktionen.

Zwecks Beschleunigung des Verfahrens sind Fristen vorgesehen, insbesondere soll die Feststellung über das Vorliegen eines Defizits und eine entsprechende Empfehlung spätestens im Mai des Folgejahres ausgesprochen werden und, sollte der Mitgliedstaat nicht wirkungsvoll reagieren, dann sollten die übrigen Verfahrensschritte und die Sanktionen bis spätestens Dezember desselben Jahres erfolgen. Grundsätzlich sollte das Verfahren insgesamt nicht länger als 10 Monate dauern (Ausnahmen für außergewöhnliche Ereignisse und schwere Wirtschaftsabschwünge). Hinsichtlich der Sanktionen nach Art 104c Abs 9 EGV solle regelmäßig eine unverzinsliche Zwangseinlage verlangt werden, die sich aus einer festen Komponente (0,2% des BIP) und einer variablen Komponente zusammensetzen sollte, wobei der jährliche Gesamtbetrag der Zwangseinlage aber 0,5% des BIP nicht überschreiten dürfte. Wenn danach das Defizit in zwei darauffolgenden Jahren nicht korrigiert wird, soll die ursprüngliche Zwangseinlage in eine Geldbuße verwandelt werden. Außerdem soll der Rat ergänzende Maßnahmen im Sinne des Art 104c Abs 9 beschlie-

32 Erstmals beim (inoffiziellen) ECOFIN-Treffen in Valencia 30. 9. 1995, später offiziell; vgl die Pressemeldung des Bundesministeriums der Finanzen vom 10. 11. 1995 „Stabilitätspakt für Europa – Finanzpolitik in der dritten Stufe der WWU".

33 Dazu zB Ulrich Häde, Ein Stabilitätspakt für Europa? EuZW 1996, 138 ff.

ßen können. Eine Aufhebung der Sanktionen soll schon erfolgen können, wenn der Mitgliedstaat erhebliche, wenn auch noch nicht ausreichende Fortschritte erzielt, verpflichtend sind die Sanktionen aufzuheben, wenn der Beschluß über das Vorliegen eines übermäßigen Defizits aufgehoben worden ist.[34] – Eine grundsätzliche Einigung über den Stabilitätspakt ist bei der Tagung des EU-Rates in Dublin (13./14. 12. 1996) gelungen.[35]

ee) Innerstaatliche Umsetzungsprobleme der Haushaltsdisziplin in föderalistischen Mitgliedstaaten der EU

Wie schon erwähnt, betreffen die Referenzkriterien die Neuverschuldung und den Schuldenstand des Staatssektors der Mitgliedstaaten. Gegenüber der Gemeinschaft ist der Mitgliedstaat als Gesamtstaat dafür verantwortlich, daß alle öffentlichen Teilhaushalte insgesamt den vorgesehenen Schuldenstand einhalten. Es ergibt sich somit die Notwendigkeit, die gesamtstaatlichen Vorgaben der Referenzkriterien auf die einzelnen Haushaltsträger zu verteilen. In Deutschland diskutiert man daher eine Ergänzung des Art 109 GG. Manche halten dies zum Zwecke einer verfassungsrechtliche Legitimation und als Kompetenzgrundlage für Eingriffsbefugnisse des Bundes (unter Beteiligung der Länderkammer) in kriterienuntreue Länderhaushalte für erforderlich.[36] Dem steht freilich gegenüber, daß der in dieser Verfassungsnorm verwendete Begriff des „gesamtwirtschaftlichen Gleichgewichts" auslegungsoffen und somit auch für eine Neuinterpretation ohne Änderung des Wortlautes zugänglich ist, sodaß diese Verfassungsnorm einer innerstaatlichen Umsetzung der Maastricht-Kriterien gar nicht entgegensteht. Man könnte diese Überlegung auch auf den Anwendungsvorrang des Europarechts gegenüber nationalem Verfassungsrecht stützen.[37] Ein typisch deutsches Argument, welches in Österreich nicht bemüht werden müßte, ist der Grundsatz der Bundestreue, der seine Fortsetzung im Grundsatz der Gemeinschaftstreue (Art 5 EGV) finde.

In Österreich kamen bereits bei den letzten Finanzausgleichsverhandlungen (am 22. 2. 1996) Bund, Länder und Gemeinden überein, die öf-

---

34 Einzelheiten bei Hans-Günter Henneke, Die Gewährleistungspflicht der EU-Mitgliedstaaten zur Einhaltung von Haushaltsdisziplin, Zeitschrift für Gesetzgebung 1996, 299 (305 f).

35 Vgl zum Inhalt zB Heinz Handler (Hrsg), Vom Schilling zum Euro. Wirtschaftspolitische Aspekte des Übergangs (Wien 1997) 18 f.

36 Uwe Hartmann, Europäische Union und Budgetautonomie der deutschen Länder – Haushaltsdisziplin im Rahmen der EWWU nach Art. 104c EGV und deren innerstaatliche Umsetzung im Geltungsbereich des Grundgesetzes (Baden-Baden 1994) 122, 209.

37 In diesem Sinne etwa Henneke , ZG 1996, 307. Dagegen Hartmann (vorige FN) 185.

fentlichen Haushalte so zu gestalten, daß im Jahre 1997 angesichts der feststehenden Konvergenzkriterien der Neuverschuldungsgrad zwischen dem Bund einerseits und den Ländern und den Gemeinden andererseits in der Weise verteilt wird, daß auf den Bund 2,7% der Neuverschuldung und auf Länder und Gemeinden 0,3% der Neuverschuldung (in Prozent des Bruttoinlandsprodukts) entfallen dürfen. Auf der Grundlage dieser Zielwerte wurde von der Bundesregierung ein mittelfristiges Konvergenzprogramm erstellt, welches in weiterer Folge dem Nationalrat und der Europäischen Kommission übermittelt worden ist.[38] Angesichts dieser nur für ein Finanzjahr getroffenen Absprache blieb das Problem einer dauerhaften Regelung zunächst offen. Die Länder stellten dem Bund gleichsam die „Rute ins Fenster" und verknüpften die Einhaltung der Konvergenzkriterien mit der Forderung nach einem „Konsultationsmechanismus". Vehement abgelehnt wurde von ihnen jedenfalls die Forderung des Finanzministers nach Eingriffsmöglichkeiten in die Länderhaushalte. Die Länder machten geltend, daß eine Stellung des BMF als eine Art „Oberfinanzminister" mit dem System der getrennten Haushaltswirtschaften und somit mit einer Grundstruktur der Bundesverfassung unvereinbar sei. Zugleich wurde geltend gemacht, daß es immer mehr zu Kostenabwälzungen durch die zuständige Gesetzgebung komme. Es bedürfe daher einer Regelung, daß keine Gebietskörperschaft mit neuen Regelungen (Gesetzen, Verordnungen) andere Gebietskörperschaften (einschließlich der Gemeinden) finanziell wesentlich belastet, ohne daß vorher das Einvernehmen darüber hergesetellt wurde bzw ein finanzieller Ausgleich erfolgt. In Umkehrung des bisherigen finanzverfassungsrechtlichen Prinzips, wonach die Vollziehungszuständigkeit für die Kostentragung maßgeblich ist (§ 2 F-VG), soll somit in Zukunft das Prinzip gelten „Wer anschafft, zahlt". Schließlich gelang der Abschluß eines politischen Paktes zwischen dem Bund, den Ländern und auch den Gemeinden (vertreten durch Städtebund und Gemeindebund), welcher als *Konsultationsmechanismus* bezeichnet wird. Er soll später als Vereinbarung gem Art 15a B-VG ratifiziert werden und in die erforderlichen Rechtsvorschriften (zum Teil wohl auch in Normen der Finanzverfassung) umgesetzt werden. Es bestand Übereinstimmung, daß die Vereinbarung schon vor ihrer rechtlichen Verankerung beachtet und angewendet werden soll, was freilich nur im Sinne es politischen Paktes (gentlemen agreement) denkbar ist. Die Schlußakte des ausgehandelten Vertragstextes enthält in einem allerdings sehr vage formulierten Schlußartikel auch eine Bemühungszu-

[38] Diese Daten wurden der Öffentlichkeit bekannt auf Grund einer Anfragebeantwortung des (damaligen) BMF Mag Klima, betreffend „Budgetdefizit und Konvergenzkriterien" (BMF GZ 110.502/191-Pr 4/96 vom 15. 7. 1996 = 623 AB zu 736/J, 20. GP-NR).

sage, (bis spätestens 31. 12. 1998) einen *innerösterreichischen Stabilitätspakt* zu schließen[39]. Diese Vereinbarung hat auch einvernehmlich die Schaffung einer bundesverfassungsgesetzlichen Regelung über die Aufteilung der Lasten auf Bund, Länder und Gemeinden zu enthalten, die aus allfälligen Sanktionen gegen Österreich im Sinne des Art 104c Abs 9-11 EGV resultieren könnten.[40]

2. Das Funktionieren der Währungsunion – das Europäische Zentralbanksystem

Im Gegensatz zur dezentralen Struktur der Wirtschaftspolitik wird die Währungspolitik die erste Politik der Gemeinschaft sein, die sachlogisch eine relativ zentralisierte Struktur erfordert und keine flankierenden nationalen Politiken zuläßt. Entsprechend ist die organisatorische und funktionelle Ausgestaltung. Die mit der Einführung der Währungsunion (dritte Stufe) einhergehenden Zentralbankaufgaben wird die Europäische Zentralbank (EZB) erfüllen, jedoch nicht allein, sondern im Zusammenwirken mit den im Rahmen des Europäischen Systems der Zentralbanken (ESZB) weiterbestehenden nationalen Notenbanken.[41]

a) Die „innere" Währungspolitik (Geldpolitik) der Gemeinschaft

Währungspolitik bedeutet jedoch (nach heutigem Verständnis, das explizit dem EGV zugrundeliegt) nicht nur Versorgung mit Geld, sondern auch und gerade die Vorsorge, daß die Geldmenge sich in einer solchen Relation zur Güterproduktion hält, daß eine annähernde Preisstabilität gewährleistet ist.

aa) Das *ESZB* ist in den Art 105 bis 108a und Art 109a EGV sowie näherhin im Protokoll über die Satzung des ESZB und der EZB[42] gere-

---

39 Sollte dieser nicht (rechtzeitig) zustandekommen, so hat der Bund – Pressemeldungen zufolge – mit einer Kündigung des Konsultationsmechanismus gedroht.

40 Der Text der „Vereinbarung zwischen dem Bund, den Ländern und den Gemeinden über einen Konsultationsmechanismus und einen künftigen Stabilitätspakt der Gebietskörperschaften" ist derzeit nur dokumentiert durch Abdruck in der Öterreichischen Gemeindezeitung 1997/1, 1-6. – Nachdem sich auf Grund neuerer Berechnungen eine Übererfüllung der Maastricht-Ziele seitens der Länder abgezeichnet hat, ist im übrigen der erste Entwurf des Finanzministeriums, welcher einen direkten Zugriff des BMF auf die Landesbudgets vorgesehen hatte, politisch vom Tisch (siehe Salzburger Nachrichten 22. 2. 1997: „Ein Budgetwunder durch erlaubte Tricks. Länder erfüllen 1997 die Euro-Kriterien").

41 ESZB und EZB werden gem Art 109l Abs 1 unmittelbar nach dem Beschluß über den Zeitpunkt für den Beginn der dritten Stufe (bzw unmittelbar nach dem 1. 7. 1998) errichtet. Sie nehmen ihre Befugnisse ab dem ersten Tag der dritten Stufe im vollen Umfang wahr.

42 Protokoll (Nr 3 zum EUV), ABl 1992, Nr C 191, 68 ff, im folgenden zitiert als Satzung.

gelt. Das System ist *zweistufig.* Es besteht gem Art 106 EGV aus der EZB und den nationalen Zentralbanken und wird von den Organen der EZB geleitet, welche somit völlig aus dem nationalen Rahmen gelöst und in das ESZB eingebaut sind. Ausdrücklich besagt die Satzung (Art 14.3.), daß die nationalen Zentralbanken „integraler Bestandteil" des ESZB sind und gemäß den Richtlinien und Weisungen der EZB zu handeln haben.[43] Die EZB ist plastisch ausgedrückt „Hüterin der Europawährung"[44], denn *„vorrangiges Ziel"* des ESZB ist nach Art 105 Abs 1 die Gewährleistung der *Preisstabilität.* Im einzelnen obliegen dem System folgende Aufgaben (Art 105 Abs 2 EGV, Art 3 Satzung):

* Festlegung und Ausführung der *Geldpolitik* der Gemeinschaft. Zu den einschlägigen Befugnissen zählen die Festlegung geldpolitischer Zwischenziele, die Entscheidung über Leitzinssätze und die Bereitstellung von Zentralbankgeld (Art 12 Satzung), ferner die Offenmarkt- und die Mindestreservepolitik (Art 18, 19 Satzung); der EZB-Rat kann (auf Grund der Ermächtigung in Art 20 Satzung) auch noch andere geldpolitische Instrumente einführen. Bei den Entscheidungen über den Einsatz des geldpolitischen Instrumentariums hat das ESZB die Preisstabilität als „vorrangiges Ziel" zu beachten, was als rechtliche Bindung zu verstehen ist.[45]
* Durchführung der Devisengeschäfte (Wechselkurspolitik),
* Halten und Verwalten der offiziellen *Währungsreserven* der Mitgliedsstaaten,
* Förderung des reibungslosen Funktionierens der Zahlungssysteme. (Art 105 Abs 2). Darüber hinaus trägt das ESZB zur
* Unterstützung mitgliedstaatlicher Maßnahmen der Bankenaufsicht bei (Art 105 Abs 5).

Die EZB wird unter anderem das Notenbankmonopol haben und weisungsfrei agieren.

Die Festlegung dieser Aufgaben, insbesondere die Festschreibung des Stabilitätsziels und der (unten noch näher zu erläuternden) Unabhängigkeitsgarantie geben dem ESZB im Gemeinschaftsrecht eine *besondere wirtschaftsverfassungsrechtliche Bestandskraft.* Waren Normen über die Unabhängigkeit der Notenbank bzw über die Zurückdrängung des Staatseinflusses auf ihre Gestion, soweit sie im nationalen Recht überhaupt existierten, bisher im Regelfall bloß einfachgesetzlich normiert und daher

43 Unter eigener Verantwortung können nationale Zentralbanken nur solche anderen Aufgaben besorgen, die sich nicht aus der ESZB-Satzung ergeben und die nicht vom EZB-Rat für unvereinbar erklärt wurden.

44 Hugo J. Hahn, Der Weg zur Europäischen Währungsunion, BayVBl 1996, 353 (356).

45 Nicolaysen, Europarecht II, 391.

auch gesetzlich abänderbar, so sind sie nunmehr Bestandteil des (primären) Gemeinschaftsrechts, genießen dessen Vorrang vor nationalem Recht (auch Verfassungsrecht!) und sind nur einstimmig von den Mitgliedsstaaten – das heißt aber: nur mit Zustimmung sämtlicher mitgliedstaatlicher Parlamente nach vorheriger Einigung der Regierungen – abänderbar (Art N Abs 1 EUV). Wenngleich dem ESZB im wesentlichen nur die innere Währungspolitik der EU zukommt, so resultiert aus dem beschriebenen Normenkomplex doch eine ganz andere wirtschaftsverfassungsrechtliche Struktur als sie im nationalen Rahmen bisher bekannt war. Insbesondere durch die Verankerung der Geldwertstabilität im primären Gemeinschaftsrecht erlangt die Stabilitätspolitik einen Stellenwert, der ihr im Wirtschaftsverfassungsrecht der Mitgliedstaaten zuvor nicht zukam.

Um die dezentralen Komponenten des skizzierten Systems auszugleichen, bestehen zwei die Mitgliedsstaaten bindende gemeinschaftsrechtliche Verpflichtungen, nämlich

* die Verpflichtung zu einem *hohen Grad an dauerhafter Konvergenz* (was oben schon näher beschrieben und analysiert wurde) und
* das *Verbot der monetären Finanzierung öffentlicher Haushalte* aus Notenbankkrediten (bzw durch Maßnahmen gleicher Wirkung). Der EGV selbst verbietet allen Zentralbanken (der EZB und den Nationalbanken) die Gewährung von Kreditfazilitäten an Gebietskörperschaften (Art 104)[46] genauso wie jeglichen privilegierten Zugang der Gebietskörperschaften zu Finanzinstituten (Art 104a)[47]. Damit ist eine weitere bisher nirgends verfassungsrechtlich normierte Kautel im vorrangigen Gemeinschaftsrecht verankert worden!

bb) Die *EZB* ist mit Rechtspersönlichkeit ausgestattet (Art 106 Abs 2) und besitzt in jedem Mitgliedsstaat die weitestgehende Rechts- und Geschäftsfähigkeit, die juristischen Personen nach dessen Rechtsvorschriften eingeräumt ist (Art 9. 1. Satzung). Ihr Sitz ist Frankfurt/M[48]. Hinsichtlich ihrer Organe ist folgendes festzuhalten:

* Der *EZB-Rat* besteht aus den Präsidenten der nationalen Zentralbanken und den Mitgliedern des Direktoriums der EZB (Art 109a Abs 1 EGV, Art 10 Satzung). In seiner Hand liegt die Geldpolitik der Währungsunion; er erläßt die notwendigen Leitlinien und trifft die Entscheidungen (Art 12.1. Satzung). Die rechtlichen Befugnisse der EZB umfassen das Recht, Verordnungen und Entscheidungen zu erlassen;

46 Zur Festlegung der Begriffsbestimmungen für die Anwendung der in Art 104 und 104b Abs 1 EGV vorgesehen Verbote wurde die Verordnung (EG) Nr 3603/1993 des Rates vom 13. 12. 1993 erlassen (ABl 1993, Nr L 332, 1 ff).

47 Dazu die Verordnung Nr 3604/93 (ABl 1993, Nr L 332, 4 ff).

48 Einvernehmlicher Beschluß des Europäischen Rates vom 29. 10. 1993, ABl 1993, Nr C 323, 1 f.

sie kann auch bloße Empfehlungen und Stellungnahmen abgeben und, um ihnen Nachdruck zu verleihen, deren Veröffentlichung beschließen (Art 108a EGV, Art 34 Satzung). Die EZB wird aber auch das Recht haben, Unternehmen bei Nichteinhaltung der Pflichten aus diesen Rechtsakten mit Geldbußen und Strafgeldern zu belegen.

* Das *Direktorium* besteht aus dem Präsidenten, dem Vizepräsidenten und vier weiteren Mitgliedern, die von den Regierungen der Mitgliedstaaten auf der Ebene der Staats- und Regierungschefs (auf Empfehlung des Rates) einvernehmlich ernannt werden. Sie werden aus dem Kreis der in Währungs- und Bankfragen anerkannten und erfahrenen Persönlichkeiten ausgewählt. Ihre Amtszeit beträgt 8 Jahre, eine Wiederbestellung ist nicht zulässig.
* Dem *Präsidenten* der EZB obliegt die Außenvertretung, womit ihm folglich auch die Geltendmachung der Mitwirkungsrechte seiner Institution gegenüber anderen EG-Organen zukommt. Die Präsidenten der nationalen Zentralbanken werden zwar national bestellt, ihr Status ist – wegen ihrer Funktion im ESZB – wesentlich vom Gemeinschaftsrecht determiniert.

Zu den *Aufgaben* der EZB zählen die folgenden:

* Jahresberichte über die Tätigkeit des ESZB und die Geld- und Währungspolitik (Art 109b Abs 3 EGV) an Parlament, Rat, Kommission und Europäischen Rat;
* Stellungnahmen im Bereich ihrer Eigenzuständigkeit gegenüber Gemeinschaftsorganen und nationalen Behörden (bei letzteren innerhalb der Grenzen und unter den Bedingungen, die der Rat einstimmig festlegt; Art 105 Abs 4 EGV), was nach wohl zutreffender funktioneller Betrachtungsweise[49] auch das Recht einschließt, währungsrechtlich und währungspolitisch relevantes Verhalten dieser Organe anzusprechen und unter Umständen Berichtigung zu verlangen;
* Erhebung statistischer Daten.
* Eine der wichtigsten Aufgaben der EZB ist es, die Ausgabe von *Banknoten* innerhalb der Gemeinschaft zu genehmigen, die die EZB und die nationalen Zentralbanken vornehmen. (Die Ausgabe von *Münzen* verbleibt in der Zuständigkeit der Mitgliedsstaaten, wenngleich der Umfang ihrer Ausgabe der Genehmigung durch die EZB bedarf)[50].
* Die EZB ist vor dem EuGH zur Wahrung ihrer Rechte klageberechtigt und kann selbst verklagt werden (Art 173 Abs 1, 3 EGV). Sie haftet nach den Regeln des Art 215 EGV (Art 35 Satzung).

---

49 Hahn, BayVBl 1996, 356.

50 Stückelung und technische Merkmale (Gewicht und Größe) der Münzen werden durch eine Verordnung des EG-Rates harmonisiert (Art 105a Abs 2 EGV).

cc) Besondere Hervorhebung verdient die im Primärrecht (Art 107 EGV, Art 7 Satzung) verankerte, spezifische *Unabhängigkeitsgarantie.* Bei der Wahrnehmung ihrer Aufgaben dürfen die EZB, die nationalen Zentralbanken und die Mitglieder ihrer Beschlußorgane keinerlei „Weisungen einholen oder entgegennehmen" (ähnlich formuliert wie für die Kommission in Art 157 Abs 2 EGV!), und zwar weder von Organen der EG noch von den Regierungen der Mitgliedstaaten noch von anderen Stellen. Ausdrücklich sind die Gemeinschaftsorgane und die Regierungen der Mitgliedstaaten verpflichtet, diesen Grundsatz zu achten und keine Einflußnahmen zu versuchen. Diese Garantie hat somit eine doppelte Ausrichtung:

Sie gewährleistet zum einen die Unabhängigkeit der EZB und ihrer Beschlußorgane im ESZB. Um dies sicherzustellen, sind die *Mitgliedsstaaten* nicht nur ausdrücklich dazu *verpflichtet,* ihre innerstaatlichen Rechtsvorschriften (dh Notenbankgesetz einschließlich der Satzung der Zentralbank) mit dem Gemeinschaftsrecht in Einklang zu bringen (Art 108 EGV) und *ihrer eigenen Zentralbank als Bestandteil des ESZB entsprechende Unabhängigkeit zu garantieren.*[51] Die Satzung des ESZB determiniert darüber hinaus das nationale Recht: So hat die Amtszeit des Präsidenten der jeweiligen nationalen Zentralbank mindestens fünf Jahre zu betragen, und eine Amtsenthebung darf nur erfolgen, wenn er die Voraussetzungen für die Ausübung seines Amtes nicht mehr erfüllt oder eine schwere Verfehlung begangen hat (Art 14. 2. Satzung). Gegen die Entlassung besteht individuelle Klagemöglichkeit vor dem EuGH. Das ist sinnvoll und notwendig, weil ja der EZB-Rat neben dem Direktorium aus den Präsidenten der mitgliedstaatlichen Zentralbanken besteht.

Zum anderen richtet sich die Unabhängigkeitsgarantie auch gegen potentielle Einflußnahmen von Seiten anderer Gemeinschaftsorgane (sc. solchen außerhalb des ESZB). Dies kann natürlich nicht den Ausschluß eines sachlichen Diskurses oder einer Stellungnahme bedeuten. Es sollen vielmehr nach richtiger Auffassung nur Einflußnahmen ausgeschaltet werden, „die außerhalb der maßgeblichen Verfahren in den weisungsfreien Bereich der Amtstätigkeit der EZB und ihrer Organe eingreifen würden, etwa wenn sie sich auf das Errichten oder Erhalten sog. ‚nationaler Erbhöfe' bei Postenbesetzung und innerbetrieblicher Funktionsverteilung

51 Für die meisten Mitgliedstaaten bedeutet das eine gravierende Veränderung und einen Bruch mit gewohnten Vorstellungen. So auch Michael Potacs, Nationale Zentralbanken in der Wirtschafts- und Währungsunion, EuR 1993, 23 (31). Auch Österreich muß eine Novellierung seines Nationalbankgesetzes vornehmen. Dies ist vor allem erforderlich, weil die derzeitige Verteilung der Entscheidungsbefugnisse auf Generalrat und Direktorium aufgehoben und die Unabsetzbarkeit der Organe verstärkt werden muß.

richteten."[52] Die verschiedenen, im Art 109b EGV angesprochenen Kontakte und Kooperationen des EZB-Rates mit dem Rat, der Kommission und dem Europäischen Parlament dienen dazu, die Geldpolitik mit der allgemeinen Politik der Gemeinschaft in Fühlung zu halten, und beeinträchtigen die Unabhängigkeit der EZB nicht. Gleiches gilt für die – rechtlich als grundsätzliche Bindung ausgestaltete – Verpflichtung des ESZB, die allgemeine Wirtschaftspolitik in der Gemeinschaft zu „unterstützen" (Art 105 Abs 1 EGV, Art 2 Satzung), was allerdings keine absolute Koordinationspflicht[53] bedeutet, sondern nur gilt, „soweit dies ohne Beeinträchtigung des Zieles der Preisstabilität möglich ist"[54].

b) Die „äußere" Währungspolitik (Wechselkurse)

Die EZB wird nur für die Geldpolitik innerhalb der Währungsunion zuständig sein. Die *Wechselkurse gegenüber dritten Ländern* und gegebenenfalls die Festsetzung der Außenparitäten des Euro bleiben dem *EG-Rat vorbehalten.* Sofern gegenüber dritten Ländern flexible Kurse bestehen, kann der EG-Rat „allgemeine Orientierungen" für die Politik gegenüber diesen Währungen aufstellen (Art 109 Abs 2 EGV); auch dabei ist vorrangiges Ziel die Preisstabilität in der Union. In einem System fester Paritäten werden die Euro-Leitkurse vom EG-Rat mit qualifizierter Mehrheit auf Empfehlung der EZB oder der Kommission nach Anhörung der EZB festgelegt und geändert. Der Abschluß von Vereinbarungen über ein solches Wechselkurssystem für den Euro gegenüber Drittlandswährungen obliegt dem EG-Rat nach Anhörung des Europäischen Parlaments (Art 109 Abs 1 EGV).

Zu Bedenken, daß die politischen Organe der EG ihre diesbezüglichen Entscheidungen nicht immer an ökonomischer Rationalität ausrichten könnten, ist aus rechtlicher Sicht auf die Vertragsziele hinzuweisen (Art 2 EGV: „nichtinflationäres Wachstum", Art 3 Abs 2 EGV: „vorrangiges" Ziel der Preisstabilität), die sowohl bei der Festlegung der Leitkurse als auch bei den allgemeinen Orientierungen des Rates zu beachten sind.[55]

---

52 Hahn, BayVBl 1996, 357.

53 Zu einer ähnlichen Situation zwischen BReg und OeNB nach bisherigem österreichischem Nationalbankrecht siehe Heinz Schäffer, Koordination in der öffentlichen Verwaltung (Wien 1971) 54 f.

54 Von einer bloß „nachrangigen" Folgepflicht spricht daher Nicolaysen, Europarecht II, 391.

55 Sowohl Nicolaysen, Europarecht II, 392 als auch P. Bofinger, Europäische Zentralbank versus Europäisches Währungssystem, Wirtschaftsdienst 1992, 457 f sehen in dieser Regelung „ausreichend Vorsorge".

c) Die Wirtschaftspolitik in der Währungsunion

Während die Koordinierung der Wirtschaftspolitik in der ersten und zweiten Stufe vorwiegend in der Perspektive der Vorbereitung der Währungsunion gesehen wurde, wird sie in der dritten Stufe (Vollendung) der Währungsunion gleichsam flankierende Politik zur Sicherung der Währungsstabilität. Sie behält gleichwohl auch ihre selbständige Bedeutung im Hinblick auf die weiteren gesamtwirtschaftlichen Ziele.

Wolfgang Schild

... weil nicht sein kann, was nicht sein darf

Sinn und Unsinn eines tiefsinnigen Gedichtes von Christian Morgenstern

Glanz meiner Studenten- und Assistentenzeit in Wien war und bleibt für die Erinnerung das Privatissimum, das GÜNTHER WINKLER in jedem Semester über die Reine Rechtslehre KELSENS hielt mit viel Scharfsinn und Gelehrsamkeit, Begeisterung und zunehmender Kritik. Zuweilen kam dann der Höhepunkt, wenn man den Meister mit verschmitztem Lächeln zitieren hörte: „Es war einmal ein Droschkengaul" oder den „Geburtsakt der Philosophie" mit dem erschrocken staunenden Blick von Schaf auf Mensch und wieder zurück oder andere Kostbarkeiten aus der Feder von CHRISTIAN MORGENSTERN. Darin zeigte sich bei aller ernsten Wissenschaftlichkeit eine humorvolle Lebenshaltung, die die strenge Gedankenführung auflockerte und eine menschenfreundliche Atmosphäre entstehen ließ. Jedenfalls war für mich sofort klar, daß ich in der Festschrift zu Ehren von GÜNTHER WINKLER nur über ein Thema im Zusammenhang mit dem Dichter MORGENSTERN schreiben konnte; und was lag da näher als das Gedicht von der „unmöglichen Tatsache" [1]:

PALMSTRÖM, etwas schon an Jahren,
wird an einer Straßenbeuge
und von einem Kraftfahrzeuge
überfahren.

„Wie war" (spricht er, sich erhebend
und entschlossen weiterlebend)
„möglich, wie dies Unglück, ja –:
daß es überhaupt geschah?

Ist die Staatskunst anzuklagen
in bezug auf Kraftfahrwagen?
Gab die Polizeivorschrift
hier dem Fahrer freie Trift?

---

[1] Hier zitiert nach: CH. MORGENSTERN, Ausgewählte Werke, hrsg K. Schuhmann, Bd I (1985) 133 f.

Oder war vielmehr verboten
hier Lebendige zu Toten
umzuwandeln – kurz und schlicht:
Durfte hier der Kutscher nicht –?"

Eingehüllt in feuchte Tücher,
prüft er die Gesetzesbücher
und ist alsobald im klaren:
Wagen durften dort nicht fahren!

Und er kommt zu dem Ergebnis:
„Nur ein Traum war das Erlebnis.
Weil", so schließt er messerscharf,
„nicht sein *kann*, was nicht sein *darf*".

Im folgenden soll der Versuch unternommen werden, dieses Gedicht auf einen möglichen Sinn hin zu interpretieren; was beim ersten Lesen bereits vor Probleme stellen muß, denn es meint offensichtlich Unsinniges; oder sollte darin Tiefsinniges verborgen sein? Jedenfalls wird nicht der Weg von Jo Pestum beschritten, der in diesen letzten Bemerkungen Palmströms eine Verdrängungsleistung sehen wollte: eigentlich sei der Verletzte in betrunkenem Zustand gegen einen Briefkasten gerannt[2]. Hier soll also dieses Verhältnis von Können und Dürfen ernstlich hinterfragt werden: in Verbundenheit als Ehrengabe für Günther Winkler, dem sicherlich das Morgenstern-Gedicht gefallen hat. Es wäre schön, wenn ihm auch das Folgende etwas Freude machen könnte.

I. Die Trennung von Sein und Sollen: Die Reine Rechtslehre Kelsens

Zunächst fällt das Unsinnige auf, zumal wenn man von der Erkenntnistheorie her die Schlußfolgerung Palmströms bedenkt: offensichtlich schließt der in feuchte Tücher Gewickelte vom Sein auf das Sollen (Dürfen), bzw umgekehrt: vom Sollen (Dürfen) auf das Sein; und dies ist erkenntnistheoretisch unmöglich.

1.

Denn – die Begründung fällt leicht – dieser Schluß wird einfach durch die Erfahrung widerlegt. Die Geschichte unseres verletzten bejahrten Fuß-

2 Vgl J. Pestum, Die endgültige Wahrheit über Palmströms Unfall, in: W. Kempowski (Hrsg), Ein Knie geht einsam durch die Welt (München 1989) 86 ff.

gängers PALMSTRÖM ist der eindeutige Beweis gegen diese Schlußfolgerung: denn obwohl der Unfall nicht sein durfte, geschah er. Will man den Schluß aufrechterhalten, muß man der Erfahrung entfliehen, ihrer Realitätsbegründung ausweichen; was ja PALMSTRÖM tut, wenn er den Unfall als Traumerlebnis qualifiziert[3]. Dann kann er diesen Schluß weiterhin als bloße (nicht mit Erfahrung konfrontierte) Theorie aufrechterhalten, freilich nur, bis eine neue ihn widerlegende Erfahrung gemacht wird.

Die Erfahrung begründet Realität: der Zusammenstoß von PALMSTRÖM mit dem Kraftfahrzeug erweist sich dem den Unfall Erleidenden, aber auch dem Zuschauer als Tatsache. Noch mehr: seit der Transzendentalphilosophie IMMANUEL KANTS wissen wir, daß die Erfahrung dieses tatsächliche Geschehen zugleich als ein in sich gesetzmäßiges auffaßt, also Ursachen und Wirkungen unterscheidet und zugleich aufeinander als Kausalgesetz bezieht. Der Grund dafür ist die Kategorie der Kausalität[4] als Begriff des Verstandes (als des Erkenntnisvermögens des Menschen), der die sinnliche Wahrnehmung(en) immer schon in dieser gesetzmäßigen Weise konstituiert und den Menschen so nicht nur einzelne Geschehnisse, sondern als einen in sich gesetzmäßigen Ablauf erfahren läßt, der durch die Zeitordnung als gesetzliche Abfolge schematisiert wird: die Butter schmilzt bei Wärmeeinwirkung (was daher etwa dann eintreten muß, wenn die Sonne auf sie scheint). Freilich kann diese Kategorie nur Geltung beanspruchen für die vom Subjekt durch Erfahrungen gewonnenen Vorstellungen des gegenständlichen Seins. Aber von einem jenseits der Erfahrung angesetzten „Sein" zu sprechen, ist insofern sinnlos, als dieses „Ding an sich" (oder müßte es nicht heißen: „die Dinge an sich"?) nicht erfahrbar und daher nicht bestimmbar sind. Wir Menschen können nur das erkennen, was uns erscheint: und auch die Erscheinungen nur so erkennen, wie wir kategorial überhaupt erfahren können. Auch das Kausalgesetz existiert nicht in den Erscheinungen, sondern nur in deren Bezug auf das Subjekt[5]: es ist ein die Wahrnehmungen erfassendes und konstituierendes Urteil.

2.

So haben wir mit dem tatsächlichen Geschehen als dem kausalgesetzlich erfahrbaren bzw urteilsmäßig erfahrenen Sein kein Problem, wenn

3 Im Rahmen der psychoanalytischen Modellsprache formuliert: das Realitätsprinzip des Ich weicht dem Traumerleben des Es.

4 Bei KANT genauer: die Kategorie der Kausalität und Dependenz (Ursache und Wirkung), als eine der Urteilsformen der Relation. Vgl dazu die höchst informative Studie von R. LUDWIG, Kant für Anfänger: Die Kritik der reinen Vernunft (München 1995) 73 ff.

5 Vgl LUDWIG (FN 4) 99.

wir es auf die Welt der dem Subjekt widerfahrenden Erscheinungen beziehen. Woher aber nehmen wir das Sollen und Dürfen?

Zunächst ist auch hier im Ansatz eindeutig: das Sollen ist keine Kategorie der Erfahrung. Will man es daher in einer parallelen Weise erfassen wie das kausalgesetzlich strukturierte Sein, muß man eine andere Quelle ansetzen, aus der es seine Begründung nehmen kann. Die Lösung KANTS wird uns gegen Ende dieser Ausführungen noch näher beschäftigen. Hier soll zunächst eine bedeutende rechtstheoretische Antwort dargestellt und gewürdigt werden, die sich von dem sogenannten Neukantianismus her verstehen wollte: die Reine Rechtslehre HANS KELSENS.

Diese Rechtstheorie setzte bekanntlich parallel zur Kategorie der Kausalität die Kategorie der „Zurechnung“ an: so wie erstere den Satz begründe „wenn a, muß b“, begründe letztere den Satz „wenn a, soll b“. Parallel könnten – so KELSEN weiter – deshalb ein Reich des Seins – verstanden nicht als gegenständlicher Bereich (sozusagen als: Ding an sich), sondern als vom erkennenden Subjekt ausgehenden System von Kausalsätzen (Urteilen) – und ein Reich des Sollens – verstanden als entsprechendes System von Zurechnungssätzen – nebeneinander gestellt werden. Da dieses gesollte „b“ für eine juristische Betrachtung den Zwangsakt meint, der als „Sanktion des Staates“ bezeichnet zu werden pflegt, wird es schließlich mit diesem „Staat“ gleichgesetzt: „wenn a,b,c,d, ..., soll Staat (sein)“, soll der jeweilige Zwangsakt dem Staat zugerechnet und damit als rechtliche Sanktion (und nicht als bloßer Zwang) aufgefaßt werden. Von daher erhält die Bezeichnung der Sollenskategorie als „Zurechnung“ seinen Sinn[6], ebenso wie die Gleichsetzung von Staat und Recht (als dem Gesamt aller Rechtssätze); darüber hinaus verändert das Sollen der Zurechnung seine sprachliche Bedeutung zugunsten des Hinweises auf die Kompetenz des Rechtsstaates: „wenn a,b,c,d, ..., kann rechtlich(er) Staat (sein)“.

Aber es soll hier nicht die Reine Rechtslehre interpretiert werden[7], sondern nur das Problem der Erfahrung und der Realität behandelt werden. Für den neukantianisch argumentierenden KELSEN waren Kausalität und Zurechung parallele und diesbezüglich gleichwertige Kategorien, mit denen das Bewußtsein (an sich) – also das erkennende Subjekt – jeweils methodisch den Gegenstand (als System von Sätzen) erzeugen kann:

---

6 Und es ergibt sich die Notwendigkeit der Unterscheidung dieser „Zurechnung“ zur „Zuschreibung“, was leider heute manchmal in fundamentaler Weise verkannt wird. Vgl dazu nur aus dem Bereich der Strafrechtswissenschaft die Nachweise bei W. SCHILD, Reine Rechtslehre und Strafrechtswissenschaft, in: A. Carrino/G. Winkler (Hrsg), Rechtserfahrung und Reine Rechtslehre (Wien/New York 1995) 59 ff FN 1.

7 Weshalb bezüglich meiner KELSEN-Auffassung auf die in FN 6 genannte Arbeit, die weitere Nachweise enthält, verwiesen werden kann und soll.

als Sein (dh: als satzmäßiger Seinszusammenhang, als Zusammenhang von Seinssätzen) oder als entsprechendes Sollen. Beide „Reiche" waren für KELSEN gleicherweise „Realität" (als methodisch erzeugter Satzzusammenhang)[8].

Doch rückte bald das Sein und die kausalgesetzliche Erfahrung in den Vordergrund. Die Erfahrung der tatsächlichen Realität wurde nun für KELSEN voraussetzungslos, unmittelbar sinnlich wahrnehmbar. Erkenntnisphilosophisch bedeutete dies sowohl den Bruch mit dem Neukantianismus als auch einen Rückfall hinter das Problemniveau der Transzendentalphilosophie KANTS. Denn nun wurde von der unmittelbaren Wahrnehmung einfach auf ein Sein – kantisch gesprochen: von den Erscheinungen auf das Ding an sich – kurz geschlossen[9]: dh ein erkenntnistheoretischer Positivismus vertreten. Damit mußte der Unterschied zum Sollen fundamental werden: denn dieses war nicht und nicht einmal in einer vergleichbaren Weise erfahrbar.

Die Lösung, die die Reine Rechtslehre für dieses aufgebrochene Problem anbot, ist bekannt. Zunächst wurde entsprechend dem gegenständlichen Reich des Seins ein entsprechend gegenständlich gedachtes „Reich des Sollens" angenommen, wodurch das „Sollen" nicht mehr nur ein System von Sollenssätzen meinte, sondern eine Summe von Sollensnormen. Dann wurde aber der Unterschied zugrunde gelegt: das Reich des Sollens ist kein Gegenstand einer Erkenntnis, sondern einer Anerkenntnis. Die Leugnung von Sollen überhaupt kann nicht widerlegt werden. Doch ist es möglich, ein Sollen als Gegenstand anzunehmen, wenn man die Grundnorm voraussetzt: in einem Akt des Willens zu Sollen überhaupt (und nicht zu bestimmten, etwa politisch erwünschten Sollensinhalten), in dem damit die Realität dieses von der Grundnorm begründeten Sollens anerkannt wird: nicht als tatsächliches und erfahrbares Sein, aber als geltendes Normensystem. Der Unterschied von Sein und Sollen ist damit fundamental. Das Sein ist die erfahrbare und kausalgesetzlich in Sätzen beschreibbare Realität der Tatsachen, wie sie unmittelbar wahrgenommen werden können; das Sollen ist eine bloß geltende Normenordnung, die nur gegenständlich beschrieben werden kann, wenn sie von der willentlich gesetzten Voraussetzung der Grundnorm erfaßt und begründet wird. Von daher ist die Unmöglichkeit, von irgendeinem Sein auf ein Sollen zu schließen, eindeutig und zwingend. Sein und Sollen sind wie „zwei getrennte Welten", „und insolange man sich in den Grenzen formal-logischer Betrachtung hält, führt kein Weg von dem einen zum anderen,

---

8 Vgl die Formulierungen KELSENS in W. SCHILD, Die Reinen Rechtslehren (Wien 1975) 10 f.

9 Vgl die Zitate in SCHILD (FN 8) 11 f.

stehen beide Welten durch eine unüberbrückbare Kluft getrennt einander gegenüber"[10].

3.

Ein Jemand, der diese rechtliche Grundnorm setzt, ist der MORGENSTERNsche PALMSTRÖM: denn er „prüft die Gesetzesbücher", um herauszufinden, ob der Kraftfahrer an der Unfallstelle überhaupt fahren durfte. Warum diese Bücher relevant sind, warum sie eine Antwort auf diese Frage enthalten können, wird ausdrücklich nicht begründet. Doch eines ist klar: sie selbst sind kein Dürfen (bzw Sollen), sondern lesbare Schriftzeichen auf Papier, also ein erfahrbares Sein[11], ein Stück Realität, das als solches – und ohne Rekurs auf ein Sollen oder Dürfen – verstanden werden kann. Darin kann PALMSTRÖM etwa lesen, daß ein bestimmtes Verkehrszeichen – das Bild eines schwarzen Kraftfahrzeuges in einem rotumrandeten Kreis – das „Verbot für Kraftwagen und sonstige mehrspurige Kraftfahrzeuge" bedeutet[12].

Das kann ein schönes Bild sein, kann in den Rahmen einer Geschichtserzählung eingebaut werden, es kann sich um einen Wunsch handeln oder um eine visionäre Utopie einer autofreien Welt. PALMSTRÖM freilich schaut in die Bücher, weil er in deren Text „Gesetze" sieht: also Regeln, die der Gesetzgeber für den Straßenverkehr aufstellt, Bestimmungen, die der Gesetzgeber „setzt", beschließt, verkündet, in schriftlicher Fassung verbreiten läßt, um die Menschen zu bestimmten Verhaltensweisen zu bringen. Dh: er liest den Willen des Gesetzgebers (oder des Gesetzes), daß dort, wo ein solches Schild aufgestellt ist, Kraftwagen und sonstige mehrspurige Kraftfahrzeuge nicht fahren dürfen.

Und trotzdem ist tatsächlich dieser Unfall geschehen! Messerscharf könnte, ja müßte PALMSTRÖM daher schließen, daß der Wille des Gesetzgebers (oder des Gesetzes) nicht wirksam geworden ist; und daß somit kein wirkliches (dh: tatsächlich wirkendes) Gesetz vorliegt; oder: daß dieses Gesetz eben kein Kausalgesetz ist. Es bleibt freilich die Möglichkeit, dieses unwirksame Gesetz als Produkt des gesetzgeberischen Willens (als gesetzte Norm) aufzufassen und den Inhalt als vom Gesetzgeber gemeinten Sollenssatz zur Bewertung des tatsächlichen Geschehens heranzuziehen; was nach der Auffassung der Reinen Rechtslehre eben der Setzung der Grundnorm bedarf. Gerade dies tut PALMSTRÖM, indem er diese Ge-

---

10 Vgl die Zitate in SCHILD (FN 8) 12.

11 Daß freilich dieser Erfahrung Grammatik und Logik vorausgesetzt sind, ist selbstverständlich; doch hat KELSEN dieses Problem – im Gegensatz etwa zu A. J. MERKL – nicht thematisiert.

12 Vgl § 41 II Nr 6 dStVO.

setzesbücher auf das rechtliche Dürfen/Sollen hin prüft: er setzt damit voraus, daß das Recht als „Reich des Sollens" (bzw Dürfens) in diesen Büchern zu finden ist. Damit ist auch das Ergebnis der Lektüre eindeutig: der Kraftfahrer durfte am Unfallsort nicht fahren, weshalb sein Verhalten – das zum Unfall geführt hat – rechtswidrig, nicht erlaubt, verboten war.

Das rechtliche Sollen erweist sich von dieser Vorgangsweise unseres Palmströms her nicht mehr als ein unverbindbar neben dem Reich des Seins stehendes Reich des Sollens. Es ist ein lesbarer und damit erfahrbarer Text, der es ermöglicht, tatsächliches Geschehen (in Realität oder Vorstellung) als rechtmäßig oder rechtswidrig zu bewerten; vorausgesetzt, man setzt diesen Text als relevant für diese Bewertungsfrage voraus, sieht in ihm also rechtliche Wertungen. Freilich hängen diese rechtliche Wertungen nicht einfach in der Luft oder in einem irrealen „Reich des Sollens", sondern sie sind Umformulierungen der Willensakte des Gesetzgebers. Man kann in dem Text immer auch den Ausdruck des Willens des Gesetzgebers annehmen, bestimmte Verhaltensweisen zu verhindern (zu verbieten) und andere Verhaltensweisen zuzulassen (zu erlauben). Die Voraussetzungsproblematik bleibt die gleiche: es ist dieser Text als etwas zu nehmen, was er nicht aus sich selbst heraus beweisen kann. Er muß den Grund für diese seine Bedeutung aus etwas außerhalb von ihm nehmen: eben von der Grundnorm, die auf die im großen und ganzen wirksame Ordnung und damit auf die Machtinstanz abstellt. Der Wille der Macht ist das Gesetz, das als ein Sollen dargestellt werden kann, da es nicht Kausalgesetz sein kann.

4.

Es fragt sich allerdings, warum Palmström diese Voraussetzung macht und bestimmte Texte als rechtlich relevante Gesetzesbücher durchliest. Denn das in dem letztlich gezogenen Schluß zum Ausdruck Gebrachte ist gerade dieser offensichtliche Unsinn: an der Tatsächlichkeit des geschehenen Unfalls ändert diese Lektüre und auch die Bewertung als „rechtlich nicht erlaubt" überhaupt nichts. Auch wenn es nicht sein durfte, konnte es geschehen, ja mußte es sogar kausalgesetzlich geschehen. Warum also diese Durchsicht der Gesetzesbücher? vor allem, wenn man das oben Festgestellte mitbedenkt: daß nämlich dieses Gesetz offensichtlich unwirksam war?

An dieser Feststellung ändert im übrigen auch nichts die rechtliche Möglichkeit eines Schadenersatzes für Palmström. Die Unwirksamkeit des Gesetzes kann nicht rückgängig gemacht werden. Es zeigt in einem solchen erfolgreichen Prozeß nur der Staat als die Machtinstanz, daß sein Prozeßgesetz wirksam(er) ist und daß er die Verletzung seines materiellen Gesetzes mit Sanktionen ahnden kann, daß er also ein im großen und ganzen wirksamer Machtkörper ist. Von daher kann die Voraussetzung der Grundnorm, auf die Gesetze dieser Macht abzustellen, verständlich(er) und für die anderen nachvollziehbar werden. Aber das Gesetz konnte mit all seinem Dürfen und Nicht-Dürfen den Unfall nicht verhindern. Wäre es da nicht erfolgversprechender (gewesen), nicht auf das Sollen und Dürfen des Gesetzes zu achten, sondern auf die im Tatsächlichen geschehenden Kausalverläufe aufzupassen, also das Kausalgesetz ernst zu nehmen, wodurch der Unfall vielleicht hätte vermieden werden können?

Kelsen gesteht diese Möglichkeit durchaus zu: „Von diesem Standpunkt aus ‚gibt' es überhaupt keine ‚Normen', hat die Behauptung: dieses oder jenes ‚soll', keinen, auch keinen ... spezifisch positiv-rechtlichen Sinn ... Von diesem Standpunkt kommt lediglich das natürliche, in einem Kausalnexus stehende Geschehen, ... kommt nicht der spezifische Sinngehalt in Betracht, mit dem [die Rechtsakte] auftreten"[13]. Ein solcher Standpunkt – so Kelsen weiter – könne mit zwingenden Argumenten nicht widerlegt werden, aber: „sicher ist jedenfalls, daß dabei der spezifische Sinn des Rechts völlig verloren geht. Spricht man der ‚Norm' oder dem ‚Sollen' jeden Sinn ab, dann hat es keinen Sinn zu behaupten: dies sei rechtlich erlaubt, jenes rechtlich verboten ... Kurz, all die Tausende von Aussagen, in denen das Rechtsleben sich täglich äußert, haben ihre Bedeutung verloren"; „aber die Reine Rechtslehre glaubt ... nicht die Konsequenz ziehen zu müssen, auf die Kategorie des Sollens überhaupt und damit auf eine normative Theorie des Rechts ... zu verzichten ... Die Möglichkeit und Erforderlichkeit solcher Theorie ist schon durch das jahrtausendalte Faktum der Rechtswissenschaft erwiesen, die – solange es ein Recht gibt – als dogmatische Jurisprudenz den intellektuellen Bedürfnissen der mit dem Recht Befaßten dient. Es liegt kein Grund vor, diese durchaus legitimen Bedürfnisse unbefriedigt zu lassen und auf solche Rechtswissenschaft zu verzichten"[14]. Und deshalb sei es durchaus sinnvoll, die Grundnorm vorauszusetzen und ein rechtliches Sollen als Gegenstand anzuerkennen; wie es ja auch Palmström getan hat.

Freilich hätte Kelsen diese seine eigene Konzeption absichernde, ja vielleicht sogar begründende These ernster nehmen müssen, als er es getan hat. Offensichtlich stellt er seine Reine Rechtslehre mit der jahrtausendalten Rechtswissenschaft auf dieselbe Stufe: aber war dies nicht die

---

13 H. Kelsen, Reine Rechtslehre, 1. Aufl (Leipzig/Wien 1934) 34.

14 Kelsen (FN 13) 35-37.

christliche Natur- und dann die Vernunftrechtslehre, die er doch beide als unwissenschaftlich ablehnte? und was soll dieser Hinweis auf „legitime" Bedürfnisse von Menschen, die sich mit „dem Recht" befassen wollen, was wohl bedeuten soll: mit einem Recht, das sie nicht nur mit einer Grundnorm voraussetzen wollen, sondern das sie für wesentlich und wichtig halten?

Mit anderen Worten behaupte ich – ohne dies hier näher begründen zu können –, daß die eigentliche Frage nach dem Sinn der Voraussetzung der Grundnorm von der Reinen Rechtslehre nicht wirklich beantwortet wird. Der Versuch von ROBERT WALTER, in Anknüpfung an L. Pitamic auf bloße Zweckmäßigkeit (Denkökonomie) abzustellen[15], vertieft dieses Ausweichen vor der eigentlichen Sinnfrage und verdeutlicht das Begründungsdefizit KELSENS. Aber in diesem Rahmen soll keine Diskussion mit den Reinen Rechtslehren geführt werden, sondern auf eine Theorie übergegangen werden, die diese Sinnfrage in konkreterer Weise aufgegriffen und zu beantworten versucht hat: auf die Rechtslehre GUSTAV RADBRUCHS.

II. Die Beziehung von Realität und Wert: Die Kulturtheorie Radbruchs

Dabei soll auch hier der Bezug zu dem Gedicht MORGENSTERNS gewahrt bleiben, also keine Interpretation des Lebenswerkes von GUSTAV RADBRUCH gegeben werden. Im folgenden werden zwei wichtige Bücher aus seiner Feder – „Grundzüge der Rechtsphilosophie"[16], „Rechtsphilosophie"[17] – berücksichtigt und auch als Beispiel einer kulturtheoretischen Rechtsauffassung dargestellt.

1.

Zunächst gibt RADBRUCH die Antwort auf die oben gestellte Frage nach dem Sinn, das Recht als „Sollen" voraus-zu-setzen, indem er zwischen Rechtsphilosophie und Rechtswissenschaft unterscheidet. Ersterer – wie der Philosophie überhaupt – „gibt es ... zu ihrem Gegenstand nicht das Seiende, sondern das Seinsollende"; und RADBRUCH fährt fort: „nicht die Wirklichkeit, sondern den Wert, nicht die Ursachen, sondern den

[15] Vgl dazu SCHILD (FN 8) 33 ff.

[16] G. RADBRUCH, Grundzüge der Rechtsphilosophie, 1914; nunmehr auch abgedruckt in der von Arthur Kaufmann betreuten Gesamtausgabe Bd 2 (Heidelberg 1993).

[17] G. RADBRUCH, Rechtsphilosophie, 3. Aufl, 1932; auch dieses Buch ist erneut abgedruckt in der von Arthur Kaufmann betreuten Gesamtausgabe Bd 3 (Heidelberg 1993).

Zweck, nicht das Sein, sondern den Sinn aller Dinge. Und die Rechtsphilosophie insbesondere handelt nicht von dem Rechte, das gilt, sondern von demjenigen, welches gelten sollte, nicht vom positivem, sondern vom richtigen Rechte, nicht vom Recht, sondern vom Wert, vom Sinn, vom Zweck des Rechts – von der Gerechtigkeit"[18]. Näher schließt RADBRUCH sich der Lehre RUDOLF STAMMLERS vom richtigen Recht an, indem er diese Frage nach der Gerechtigkeit (als der Rechtsrichtigkeit) als allgemeingültig zugrundelegt: jeder Mensch müsse sich diesem Problem stellen. Doch könne die jeweilige inhaltliche Antwort nicht mehr allgemeingültig auftreten: sie sei praktisches Bekenntnis des betreffenden Individuums und nicht theoretische Erkenntnis. Oder anders gesagt: „Nur die Kategorie des richtigen, gerechten Rechtes ist allgemein gültig, aber keine ihrer Anwendungen"[19]. Vor allem lehnt RADBRUCH – hierin KELSEN folgend – den Schluß vom Sein auf das Sollen ab, was er als Standpunkt des „Methodendualismus" bezeichnet[20]. Deshalb bleibe nur der „Relativismus", der das Sollen (als Wertbereich) anerkennt, aber nur als Kategorie und Form, und daher jeden bestimmten Inhalt nur hypothetisch ansetzen und wissenschaftlich etwa auf Widerspruchslosigkeit oder auf notwendige Voraussetzungen oder auf Vollständigkeit hin weiterdenken kann[21].

Also kennt auch RADBRUCH das Sollen als eine „Kategorie": freilich nicht mehr als eine parallel zur Kausalität zu denkende Form eines Satzes „wenn a, soll b" (also als Zurechnungszusammenhang), sondern als eine Kategorie, die die Existenz eines Wertes – der Gerechtigkeit, Rechtsrichtigkeit – begründet. Dieses Sollen ist daher „wirklich" gesollt, weil im Zusammenhang mit einem Wert gedacht. Einen Wert aber kann man nur denken, wenn man die Kategorie des Sollens mitdenkt. Sie begründet die Existenz – also die Gültigkeit – des Wertes; aber nur dieser Existenzform nach (nicht auch bezüglich des Inhaltes). Die Existenz der Form nach wird aber als allgemeingültig aufgefaßt: dh es geht offensichtlich nach RADBRUCH nicht an, ein Sollen überhaupt zu leugnen (wie es KELSEN als unwiderlegbare Möglichkeit eingeräumt hat). Insofern ist das Sollen eine Kategorie wie die Kausalität auch: allgemeingültig und vorgegeben; weshalb sich für RADBRUCH das Problem einer Grundnorm nicht stellen kann. Das Problem (vor allem in dem Verhältnis zur Kategorie der Kausalität) wird uns noch beschäftigen.

---

18 RADBRUCH (FN 16) 2. Ähnlich *ders* (FN 17) 6 ff.

19 RADBRUCH (FN 16) 4. – Auf Seite 24 spricht RADBRUCH von der „leeren Form der Rechtsrichtigkeit".

20 Vgl RADBRUCH (FN 16) 2.

21 Vgl RADBRUCH (FN 16) 25 f.

Deutlich wird in dem bisher Gesagten zugleich die Gegenüberstellung von „Recht" und seiner Bewertung als gerecht/richtig. Ersteres müsse ein Gegenstand der Erfahrung und damit für die Erkenntnis ein Stück Sein darstellen; aber durch Erfahrung allein könne der Begriff des Rechts nicht begründet werden. Für RADBRUCH ist der Rechtsbegriff der Erfahrung bereits vorausgesetzt und ermöglicht als „formender" Begriff auf diese Weise die Erfahrung bestimmter Rechtsphänomene. Dabei gibt RADBRUCH dasselbe Beispiel wie KELSEN, nämlich: das „impressionistische Stimmungsgebilde der Parlamentsverhandlung" werde zu dem rechtlich relevanten Gesetzgebungsverfahren, indem es „unter dem Gesichtspunkt des Rechtsbegriffs" (als der formenden Kategorie der Erfahrung) betrachtet werde[22]. Es bedarf also – wie hier zunächst nur festzuhalten ist – einer weiteren Kategorie: nämlich des Rechtsbegriffes selbst[23]. Auch sein Verhältnis zur Kategorie des richtigen Rechtes wird uns noch beschäftigen (müssen).

Wie kommt man aber zu diesem apriorisch-kategorialen Rechtsbegriff? Dafür entwirft RADBRUCH eine „Topik alles apriorisch Denkbaren" und unterscheidet vier Welten oder Reiche alles Denkbaren, die vier unterschiedlichen Betrachtungsweisen entsprechen: der Wertblindheit entspreche das Reich der Natur, der Bewertung das Reich der Werte, der Wertüberwindung das Reich des Religiösen und schließlich der wertbeziehenden Betrachtungsweise das Reich der Kultur. „Kulturerscheinung ist ... ein Seinsgebilde, insoferne es zum Gegenstande einer Beurteilung gemacht werden kann, insofern es mögliches Substrat eines Wertes oder Unwertes ist". Und in diesem vierten Reich lokalisiert RADBRUCH das Recht: es ist „das Seinsgebilde, welches dem Rechtswerte ... zum Substrate und Schauplatz dient"[24].

So stehen sich Recht als Kulturphänomen im Bereiche des Seins und die Rechtsrichtigkeit/Gerechtigkeit[25] als formale Kategorie des Werthaften im Bereiche des Sollens gegenüber. RADBRUCH vergleicht dieses Verhältnis mit dem Gegenüber von Wissenschaft und Wahrheitswert, Kunstwerk und Schönheitswert und Moralnorm und Sittlichkeitswert: Wissenschaft soll wahr, Kunst soll schön sein, die Moralnorm soll die Sittlich-

22 RADBRUCH (FN 16) 32 f. Vgl parallel dazu KELSEN (FN 13) 2 ff.

23 Wie ja auch die Grundnorm des Rechtswissenschaftlerns bei KELSEN nicht nur das Sollen überhaupt, sondern das rechtliche Sollen konstituieren muß, weshalb es noch der Begründung einer Abgrenzung der Rechts-Sollenswissenschaft von der Moral, der Theologie, der Logik, der Grammatik usw bedarf; vgl dazu SCHILD (FN 8) 20.

24 RADBRUCH (FN 16) 38 f; vgl auch *ders* (FN 17) 1 ff.

25 RADBRUCH verwendet dafür auch den Begriff der „Rechtsidee" (zB in [FN 16] 39). Es wird sich zeigen, daß in der 1932 veröffentlichten „Rechtsphilosophie" selbst diese Terminologie in den Vordergrund treten wird.

keit erfassen. Doch auch Irrtümer gehören zur Wissenschaftlichkeit; es gibt auch häßliche Kunstwerke; es gibt unsittliche Moralnormen. Und entsprechend folgert RADBRUCH für das Recht als „Kulturtatsache“: es gebe gerechtes/richtiges und ungerechtes/unrichtiges Recht[26].

2.

Die weitere Konkretisierung des Rechtswertes bleibt konsequent. Zwar gab es für den frühen RADBRUCH (der „Grundzüge“ 1914) nur drei ursprüngliche, höchste, letzte Werte – Sittlichkeit, Schönheit, Wahrheit als ethischen, ästhetischen und logischen Wert –, wozu somit die Gerechtigkeit nicht zählt. Doch würden sich der ethische Wert nur auf die menschliche Persönlichkeit und die ästhetischen und logischen Werte nur auf menschliche Werke beziehen: die übrige Welt ordnete RADBRUCH den sogenannten „abgeleiteten Werten“ zu. So erhielt er den abgeleiteten Wert der Gerechtigkeit (Wert des Rechts, die Rechtsidee) als den „spezifischen Wert der Gestaltung, der Regelung des Gemeinschaftslebens“[27]. Doch bereits 1924 sieht RADBRUCH in dieser Geringschätzung der Gerechtigkeit einen Fehler und anerkennt die Gerechtigkeit – mit derselben Inhaltsbestimmung – als absoluten Wert und damit auf derselben Dimension stehend wie das Sittliche (Gute), Schöne und Wahre[28]. Jedenfalls kann das Gegenüber von Recht und Rechtswert umschrieben werden als: wirkliche (gesetzte, positive) Gemeinschaftsregelung[29] und gesollte (richtige) Gemeinschaftsregelung[30]. Oder – wie RADBRUCH an anderer Stelle schreibt –: „Das positive Recht ... gehört dem Reiche der Kultur an: es ist das Seinsgebilde, an dem sich der Gerechtigkeitswert verwirklichen soll, zum Unterschied vom Gerechtigkeitswert selbst also eine Realität, aus grobem, irdischem, empirischem Stoffe gemacht, aus wirklichen Willensäußerungen wirklicher Menschen – aus Imperativen“[31].

Die Konkretisierung wird weiter durchdacht. Als Kulturtatsache ist das Recht positiv, dh menschliche Handlung, weshalb die Frage der Gerechtigkeit/Richtigkeit zugleich den Wert der Sittlichkeit für den Willen der Menschen (vor allem der Mächtigen in einem staatlichen Gemeinwe-

26 Vgl RADBRUCH (FN 16) 39.

27 Vgl RADBRUCH (FN 16) 39 ff.

28 Vgl G. RADBRUCH, Die Problematik der Rechtsidee (1924), in: Gesamtausgabe (hrsg Arthur Kaufmann) Bd 2 (Heidelberg 1993) 461; entsprechend formuliert auch die Rechtsphilosophie 1932.

29 Vgl die Formulierung in Rechtsphilosophie (FN 17) 32: „Inbegriff der generellen Anordnungen für das menschliche Zusammenleben“; darauf wird noch zurückzukommen sein.

30 Vgl RADBRUCH (FN 16) 41.

31 RADBRUCH (FN 16) 61.

sen) betrifft, was RADBRUCH mit dem Problem des „Zwecks des Rechts" – verstanden als „absoluten Zweck", dh Wert, Sinn, Idee des Rechts – verbindet[32]. Es geht um eine Ergänzung der bisherigen Wertbetrachtung: die Gerechtigkeit bestimme nur die Form des Rechtes; „um den Inhalt des Rechts zu gewinnen, muß ein zweiter Gedanke hinzutreten: die Zweckmäßigkeit"[33]. RADBRUCH konstruiert nun „sämtliche mögliche Zweckbestimmungen des Rechts", indem er die bereits oben erwähnten dreierlei Arten von anzustrebenden (ursprünglichen und abgeleiteten) Werten in unterschiedliche Konfigurationen bringt, nämlich die Persönlichkeitswerte (oder Individualwerte) der Sittlichkeit – im folgenden abgekürzt als „P" –, die Werkwerte der Wahrheit und Schönheit – abgekürzt: „W" – und die Gemeinschaftswerte (oder Kollektivwerte) der Gerechtigkeit – abgekürzt: „G" –. Je nach Zuordnung ergeben sich für RADBRUCH drei unterschiedliche Staatsauffassungen (und politische Programme), die er nicht immer einheitlich benennt. Stehe P über W und G, dann begründe dies die „individualistische" oder „personale" Auffassung; stehe G über P und W, liege die „überindividualistische" (oder auch: „transpersonale" oder „autoritäre") Auffassung vor; stehe W über P und G, sei die Auffassung „transpersonal"[34]. In faszinierender Weise stellt RADBRUCH sodann diese drei[35] unterschiedlichen Konzepte in ihren Zusammenhängen und Konsequenzen als „rechtsphilosophische Parteienlehre" dar, auf die in diesem Rahmen aber nicht näher eingegangen werden kann[36]. Hier soll nur der folgerichtige Standpunkt des Relativismus festgehalten werden: RADBRUCH meint, daß diese drei Konfigurationen eine vollständige Ordnung ergeben würden und daß es rational (also durch Erkennen) nicht möglich sei, sie zu bewerten. Alle drei Programme seien wissenschaftlich bzw philosophisch gleichwertig.

3.

Halten wir einen Augenblick inne und erinnern uns an den Ausgangspunkt der Überlegungen, an den Schluß des durch einen Unfall verletzten PALMSTRÖMS, daß „nicht sein kann, was nicht sein darf". Irgendein Unterschied zu KELSEN fällt nicht ins Auge. Zwar kann man den Unfall

32 Vgl RADBRUCH (FN 16) 81 ff.

33 RADBRUCH (FN 17) 49.

34 Vgl RADBRUCH (FN 16) 101 ff; *ders* (FN 17) 51 ff.

35 Bzw in der „Rechtsphilosophie" nur mehr die ersten beiden Programme.

36 Nur eine Bemerkung sei angefügt: selbstverständlich ist eine Erweiterung dieser Konfigurationentafel möglich, vielleicht sogar erforderlich. Man braucht nur die drei Werte auch untereinander vollständig zu kombinieren: also nicht nur z.B. P über G und W anordnen, sondern eine Reihung von P – G – W und eine von P – W – G unterscheiden, usw.

mit dem Kraftfahrzeug als Kulturphänomen auffassen und damit die Möglichkeit einer Bewertung begründen. Aber an der Unsinnigkeit des Schlusses vom Sollen/Dürfen auf das Können (oder Müssen, dh das Sein) ändert sich nichts. RADBRUCH ist wie KELSEN Vertreter des bereits genannten „Methodendualismus" (also der Trennung von Sein und Sollen).

Dennoch ergibt sich eine Differenz der RADBRUCHschen Kulturtheorie zur Reinen Rechtslehre KELSENS. Die „Gesetzesbücher", die der in feuchte Tüchter gehüllte PALMSTRÖM prüft, werden hier eindeutig nur als Tatsache, also als gegenständliches Sein, charakterisiert: sie sind „Realität, aus grobem, irdischem, empirischem Stoffe gemacht, aus wirklichen Willensäußerungen wirklicher Menschen – aus Imperativen"[37], eben die sprachliche Formulierung des Willens des Gesetzgebers. Der Fahrer des Kraftfahrzeuges durfte dort nicht fahren! weil der Gesetzgeber es nicht wollte und daher verbot. Das Reich des Sollens – begründet in der Kategorie des richtigen Rechts (des Rechtswertes, des wirklichen werthaften Sollens) – wird mit dieser Feststellung aber in keiner Weise erreicht. Dazu bedürfte es der wertenden Beurteilung dieser gesetzgeberischen Vorschrift daraufhin, ob sie auch richtig, gerecht, dem Rechtswert angemessen sei. PALMSTRÖM stellt diese Frage aber überhaupt nicht. Er ist offensichtlich kein Rechtsphilosoph im Sinne RADBRUCHS, sondern eher ein Rechtswissenschaftler, der sich mit dem Willen des Gesetzgebers beschäftigt.

Bei RADBRUCH ist also das Recht selbst – als Kulturtatsache – Bestandteil des Seins; und nicht wie bei KELSEN ein Sollen. Die Rechtswissenschaft, die sich mit diesem Recht als mit „faktischen Rechtsimperativen" beschäftigt, ist deshalb eine „Tatsachenwissenschaft"[38], die sich mit den Befehlen der staatlichen Macht befaßt. Staat und Recht sind zwei Seiten derselben Medaille. „Juristische Betrachtungsweise wird ... immer dabei stehen bleiben müssen, Staat und Recht als die beiden Modi einer einzigen Substanz, als ordnende und geordnete Ordnung zu betrachten, als einander gegenseitig bedingend, zusammen aber unbedingt – als einen freischwebend in sich selbst ruhenden Kosmos, nur durch sich selbst gesetzt, ursprünglich, souverän und absolut. Die Entstehung und das Dasein von Staat und Recht ist selbst rechtlich unkonstruierbar, metajuristisch ... Für den Juristen, der geschaffenes Recht auslegt und anwendet, gilt immer noch das alte ‚Fiat justitia – pereat mundus'. Für ihn ... ist der absolute Geltungsanspruch der fertigen Rechtsordnung als positiv-rechtliche Wahrheit maßgebend"[39]. Für ihn gilt das Recht „nur, weil

37 So RADBRUCH (FN 16) 61.

38 So ausdrücklich RADBRUCH (FN 16) 160.

39 RADBRUCH (FN 16) 159.

hinter ihm die Macht steht"; es gilt deshalb auch nur, insoweit diese Macht nicht versagt, weshalb das letzte Wort die Weltgeschichte hat[40]. Dabei nennt RADBRUCH ausdrücklich den Berufstand, der bei seinem beruflichen Handeln den Willen der Macht „unbedingt zu respektieren" habe: den Richterstand; selbst die Konsequenz, daß er damit unter Umständen aufhören könnte, „Diener der Gerechtigkeit" zu sein, wird von ihm akzeptiert, ja gefordert[41].

Es stellt sich deshalb die Frage, warum RADBRUCH dieses tatsächliche Sein des Rechts als „Geltung" bezeichnet. Bei KELSEN ist damit die spezifische Existenzweise des Sollens gemeint[42], wie sie letztlich durch die und in der Grundnorm vorausgesetzt werden muß. Eine solche Bedeutung kann der „Geltung" im System RADBRUCHs eindeutig nicht zukommen. Was damit eigentlich ausgedrückt ist, ergibt sich aus der näheren Charakterisierung der Rechtswissenschaft: sie ist nämlich dem Gegenstand nach zwar eine Tatsachenwissenschaft, aber der Methode nach eine Normwissenschaft. Denn sie stellt den Inhalt der faktischen Machtbefehle (Imperative) des staatlichen Gesetzgebers als Sollen (oder Dürfen) dar, dh sie behandelt den Sinn (die Bedeutung) dieser Imperative als Sollen[43]. Noch mehr: methodisch abstrahiert sie von aller Faktizität und konzentriert sich nur auf den „von aller Faktizität abgelösten Sinn", der deshalb reines (unvermischtes) Sollen ist; RADBRUCH verweist auf die systematische Auslegung, die notwendige Konsequenzen des Gesetzessinns erarbeitet, die in dem empirischen Bewußtsein der Gesetzesverfasser in keiner Weise zu entdecken sind[44]. Von diesem Sinn des Sollens erklärt sich die Terminologie der „Geltung" des Rechts.

Doch ist es dann erforderlich, zwischen zwei fundamental unterschiedenen (Be-)Reichen des Sollens zu unterscheiden. Das rechtliche Sollen (als der Sollenssinn der staatlichen Imperative) ist nur die Kehrseite des Willens der Macht – auch wenn es durch methodische Interpretation verselbständigt und systematisiert wird –: es kann unrichtig und ungerecht sein, also für diese Macht selbst nicht (sittlich) gesollt sein. Dieses rechtliche Sollen gehört deshalb auch nicht zur Dimension der Werte, ist deshalb kein eigentliches (wirkliches) Sollen. Es wird daher auch nicht durch die Kategorie des Sollens – die doch die Kategorie des richtigen Rechtes (des Rechtswertes) ist – begründet, sondern nur durch die Eigenschaft als

40 Vgl RADBRUCH (FN 16) 162 f.

41 RADBRUCH (FN 16) 181 f; zum Verhältnis Gerechtigkeit – Rechtssicherheit siehe unten.

42 Vgl KELSEN (FN 13) 7.

43 So RADBRUCH (FN 16) 160, 183 ff.

44 Vgl RADBRUCH (FN 16) 185.

Kulturtatsache, nämlich Setzung der staatlichen Macht zu sein. Nur als Beziehung zum Reich der Werte hat das Sollen einen Sinn: dieses staatlich gesetzte Recht soll gerecht sein. Was zugleich bedeutet: Nur die Frage nach der Richtigkeit/der Gerechtigkeit/dem Rechtswert bringt das eigentliche (und kategorial konstituierte) Sollen in Sicht, wobei inhaltlich nach Radbruch jede Erkenntnis aufhört und die Aussage zum irrational-persönlichen Bekenntnis wird. Zwischen diesen beiden Welten des Sollens besteht eine strenge Trennung: wie die zwischen Wissenschaft und Philosophie; zugleich besteht aber auch eine Beziehung: das die Kehrseite des Willens der Macht ausmachende Sollen soll auch gerecht/richtig/rechtswerthaft sein, dh soll wirklich ein Sollen sein (soll ein wirkliches Sollen sein und nicht nur der Sinn des Willens der Macht).

An unseren verletzten Palmström wäre von daher die Frage zu richten, welches Dürfen er in seiner Schlußfolgerung gemeint hat: das rechtliche Sollen als Kehrseite des Staatswillens oder das gerechte Sollen. Offensichtlich zeigt der Hinweis auf die „Gesetzesbücher", daß er nach ersterem gesucht hat. Sein Schluß lautet also: daß „nicht sein kann, was der Gesetzgeber willentlich verbietet". Die Unsinnigkeit verstärkt sich dadurch: denn der Gesetzgeber verbietet ja gerade ein Verhalten deshalb, weil es sein kann, ja vielleicht sogar, weil es naheliegt, daß es eintritt. Auch die Gestalt als Befehl zeigt doch, daß er mit der Möglichkeit einer Zuwiderhandlung rechnet, daß der Gesetzgeber seinen Willen nicht als Kausalgesetz auffaßt (ansonsten der Sinn des Imperativ ein „Müssen" und nicht ein „Sollen" sein müßte).

4.

Betrachten wir diese Beziehung von Kulturtatsache „Recht" und Rechtswert „Gerechtigkeit" (Rechtsrichtigkeit, Rechtsidee) etwas näher! Vielleicht finden wir doch noch einen Sinn für unseren armen Palmström. Dabei ist freilich klar: wenn das Sollen (oder Dürfen) auf der Dimension des Wertes nur die reine inhaltlose Form bedeuten kann (wie es der Radbruchsche Relativismus behauptet), dann erweist sich das weitere Bemühen als Sackgasse. Zu fragen ist deshalb, ob denn der Relativismus wirklich das letzte Wort Radbruchs ist.

Oben wurde die rechtsphilosophische Parteienlehre skizziert in ihren drei unterschiedlichen Konfigurationen von P – G – W, auch die These Radbruchs genannt, daß diese drei Programme rational nicht unterscheidbar und daher gleichwertig seien. Nähere Überlegung zeigt die Unhaltbarkeit dieser Behauptung, gerade wenn man den Relativismus als das letzte Wort ernst nimmt.

Zunächst macht schon die Terminologie stutzig: es dominiert das „individualistische" bzw „personale", also auch dort, wo das Individuum/die Person gerade untergeordnet wird: denn es wird als „überindividualistisch" oder „transpersonal" bezeichnet. Offensichtlich sind für Radbruchs Sprache diese Inhalte wichtig. Wichtiger ist aber die für einen Relativisten doch notwendige Gretchenfrage an diese Konfigurationen: wie hältst du es mit dem Relativismus? Ich meine, daß selbstverständlich der Relativist das Programm vorziehen muß, in dem sein relativer Standpunkt am besten gesichert und gefördert ist. Dies muß der individualistischen Staats- und Rechtsauffassung den eindeutigen Vorrang geben (wie er ja auch in der Sprache zum Ausdruck kommt).

In der Tat finden sich diesbezügliche Bemerkungen bei Radbruch. Von diesem Problem ausgehend – daß es unmöglich ist, zwischen den einzelnen Programmen erkenntnismäßig zu werten – meint er: „Der Relativismus, bisher nur die Methode unserer Betrachtungen, geht an dieser Stelle selbst als Bauglied in unser System ein". Doch anstatt damit nun die vorrangige Anerkennung des individualistischen Programms zu begründen, zieht Radbruch die Folgerung, daß deshalb eine überindividuelle Instanz, nämlich „der Wille und die Macht", „festsetzen [muß], was rechtens sein soll"[45]. Offensichtlich gibt es für diese willentliche Festsetzung durch die Macht keinerlei Kriterien.

Aber das Problem kann sich verschärfen, wenn wir fragen: was sagt der Relativist zu einem Programm, in dem das Individuum/die Person überhaupt nicht mehr vorkommt, also nicht einmal mehr an untergeordneter Stelle? Hinzuweisen ist auf den späten Radbruch des Jahres 1937, der in einem Aufsatz ausdrücklich diese Frage dahingehend beantwortete: „daß eine Ordnung, die ausschließlich dem Gemeinwohl dienen will und dem Einzelinteresse jede Berechtigung versagt, sich auch dem Gemeinwohl gegenüber zu behaupten, jedenfalls auf den Namen Recht keinen Anspruch machen [kann]"[46]. Die hier primär interpretierten Werke aus 1914 und 1932 sagen dazu aber nichts.

Daher zurück zum frühen Radbruch! Eine zweite Frage drängt sich auf: Radbruch geht doch von einer Dreiheit von P – G – W aus. Wenn ein Programm nur mehr P – also den Persönlichkeitswert – und W – also den Werkwert – berücksichtigt und nicht mehr den Gemeinschaftswert: kann es dann überhaupt noch ein „Rechts"-Programm sein, wo doch das Recht als Gemeinschaftsregelung definiert wird (und dieser Gemeinschaftswert mit der Gerechtigkeit in einen engen Zusammenhang ge-

---

45 Radbruch (FN 16) 170.

46 G. Radbruch, Der Zweck des Rechts (1937), in: Gesamtausgabe (hrsg Arthur Kaufmann) Bd 3 (Heidelberg 1990) 40.

bracht ist)? Das Problem läßt sich verallgemeinern. Oben wurden einige unterschiedliche Kulturtatsachen aufgezählt und in Beziehung zu den dazupassenden Werten gebracht: Wissenschaft zur Wahrheit und Kunstwerk zur Schönheit. Wegen der Trennung zwischen Tatsache und Wert mußte die Konsequenz sein: es gibt auch unwahre Wissenschaft und häßliche Kunst. Aber offensichtlich gibt es auch Unwahrheiten, die keine Wissenschaft darstellen können (etwa Ehrbeleidigungen, politische Statements, Geplapper), und Häßliches, das kein Kunstwerk sein kann (etwa Eiterbeulen, Geschmiere in einem Schulheft). Wie soll man diese Unterscheidung innerhalb der Unwahrheiten begründen?

Radbruch verweist auf diese wertbeziehende Betrachtungsweise: diese sei „nicht wertblind: sie liest aus der Gegebenheit nur diejenigen Bestandteile aus, welche zu Werten in irgendeiner Beziehung stehen", die „zum Gegenstande einer Beurteilung gemacht werden [können]"[47]. Dies heißt wohl: die oben genannten Beispiele (Geplapper, Eiterbeulen usw.) werden von dieser Betrachtung von vornherein nicht auf den Wert der Wahrheit oder der Schönheit bezogen.

Für das Recht in seinem Bezug zu Gerechtigkeit/Richtigkeit/Rechtswert hat dies die Konsequenz: „Recht ist alles, was zum Gegenstande eines Gerechtigkeitsurteils ... gemacht werden kann"[48]; „Recht ist das, was richtiges Recht sein kann"[49]. Und da als gerecht oder richtig – wie oben gezeigt – nur die Regelung des Gemeinschaftslebens beurteilt werden kann[50], kann eine Regelung, die auf die Gemeinschaft überhaupt keinen Bezug nimmt, sondern nur Individuum und Werk berücksichtigt, kein Recht sein. Noch mehr: nimmt man die Begriffsbestimmung aus 1932 ernst – „Inbegriff der generellen Anordnungen für das menschliche Zusammenleben"[51] –, dann wäre auch eine Regelung, die nicht in dieser Weise generell wäre (sondern ein individueller Machtbefehl), kein Recht.

Dieses Ergebnis muß selbstverständlich (und vor allem) dort gelten, wo eine Instanz den Anspruch erhebt, ihr individualisierter Machtspruch sei Recht: dieser Anspruch muß zurückgewiesen werden und klargestellt werden, daß hier überhaupt kein Recht gegeben ist. Es kann ein solcher Machtspruch niemals Recht sein, weil er nicht als gerecht (dh als wirklich gesollt) bewertet werden kann.

---

47 Radbruch (FN 16) 37 f.

48 Radbruch (FN 16) 39.

49 Radbruch (FN 16) 76.

50 Zu dieser sowohl dem positivem als auch dem richtigen Recht zugrundeliegenden „Urgestalt" vgl Radbruch (FN 16) 72 f.

51 So Radbruch (FN 17) 32.

5.

Haben wir damit einen Sinn für den Schluß des PALMSTRÖMS gefunden, daß nicht sein kann, was nicht sein darf? Recht kann doch nach dem Gesagten nur das sein, was auch gerecht sein darf. Doch so lautet das Ergebnis ja gar nicht, sondern: Recht kann nur das sein, was auch gerecht sein kann. Offensichtlich befinden wir uns dabei auf einer linearen, nämlich auf der begrifflichen Ebene: als „Recht" kann man nur das bezeichnen (begreifen), was auch als „gerecht" bewertet werden kann. Geht es damit aber wirklich nur um Bezeichnungen, um Sprachspiele? oder um mehr?

Jedenfalls können wir jetzt das oben angesprochene Verhältnis des kategorialen Rechtsbegriffes zur (eigentlichen) Kategorie des Sollens (dh des richtigen Rechtes, der Gerechtigkeit, des Rechtswertes) verstehen. Beide hängen notwendig (dh begrifflich) zusammen: denn das Recht als Kulturtatsache soll doch gerecht sein, weshalb es immer schon diesen Bezug auf die Gerechtigkeit aufweisen muß, auch wenn es nicht mit der Gerechtigkeit selbst gleichgesetzt werden kann. Es ist ein Verhältnis von Kulturtatsache und Wert zugrunde zu legen, der eine Trennung in Sein und Sollen nicht zulassen kann; was der Sinn des wertbeziehenden Denkens ist. Dieses Verhältnis benötigt aber – damit die Trennung nicht eintritt – eine Identität, die beide in der Spannung halten kann. RADBRUCH spricht von der „Urgestalt sowohl des positiven wie des richtigen Rechts", nämlich die Form des Maßstabes[52].

Diese Darstellung des Verhältnisses von Recht als Kulturtatsache und Rechtswert hilft aber unserem PALMSTRÖM in seinem offensichtlich unsinnigen Schließen nicht weiter. Ihm wäre nur zu helfen, wenn wir wirklich einen Zusammenhang zwischen diesem „Recht sein können" und dem „Dürfen" herzustellen vermöchten. Zu fragen wäre in diesem Sinne also etwa: darf der Machthaber diesen oben genannten Anspruch, sein Spruch sei Recht, denn überhaupt erheben? darf er das, was er nicht kann? oder darf er das nicht, was er nicht kann?

Gehen wir zur Beantwortung dieser Frage wieder zurück zu der obigen Charakterisierung der wertbeziehenden Betrachtungsweise: sie sei nicht wertblind, sondern suche die Bestandteile heraus, die zu den Werten in irgendeiner Beziehung stehen (was sicherlich bedeutet: stehen können). Dies bedeutet doch jedenfalls, daß als Recht nur die Kulturtatsache betrachtet werden kann, die einen Bezug zur Gerechtigkeit aufweist, was zumindest erfordert: die den Anspruch erhebt, Gerechtigkeit zu verwirklichen; oder – was RADBRUCH in der „Rechtsphilosophie" von 1932 eindeutig in den Vordergrund stellt – die den Anspruch erhebt, die „Rechts-

[52] RADBRUCH (FN 16) 72 f.

idee" zu verwirklichen. Für diesen späteren Radbruch gilt dieser Bezug allgemein und selbstverständlich: „Recht ist Menschenwerk und kann wie jegliches Menschenwerk nur aus seiner Idee begriffen werden", wobei das Beispiel des Herstellens eines Tisches gebracht wird; dann heißt es weiter: „Recht ist Kulturerscheinung, dh wertbezogene Tatsache, ... die Gegebenheit, die den Sinn hat, die Rechtsidee zu verwirklichen ... [Es] ist Recht nur, weil es den Sinn hat, gerecht zu sein. – Die Rechtsidee [ist] das konstitutive Prinzip und zugleich der Wertmaßstab für die Rechtswirklichkeit". „Recht ist die Wirklichkeit, die den Sinn hat, dem Rechtswerte, der Rechtsidee [di: der Gerechtigkeit] zu dienen"[53].

Die Kehrseite dieser These erweitert das obige Ergebnis: die Willensäußerung der Macht kann nicht Recht sein, wenn sie nicht den Sinn hat, die Rechtsidee zu verwirklichen, selbst wenn der Machthaber diesen Anspruch erhebt. Dort, wo überhaupt keine gerechte Gemeinschaftsregelung angestrebt wird, kann auch kein Recht vorliegen; wie etwa in einem Machtspruch, der keine generelle Regelung sein will. In dem schon genannten Aufsatz aus 1924 führt führt Radbruch dieses Erfordernis des generellen Charakters der rechtlichen Imperative auf die Gerechtigkeit zurück[54]: sie sei zu bestimmen als „Gleichheit, gleiche Behandlung gleicher, entsprechend ungleiche Behandlung verschiedener Menschen und Verhältnisse"[55], konkret etwa als „Gleichheit vor dem Gesetze, die Gleichheit der Gesetze ohne Rücksicht auf Geschlecht, Geburt und Stand, das Verbot der Ausnahmegerichte"[56]. Dort also, wo eine solche Gleichheit nicht einmal angestrebt wird, kann kein Recht sein, in den Worten Radbruchs 1924: „Eine Anordnung, welcher nicht einmal der Wille innewohnt, Gleiche gleich und Ungleiche ungleich zu behandeln, etwa eine Ausnahmeverordnung gegen individuell bestimmte Personen oder Personengruppe, kann positiv gelten, kann zweckmäßig, ja notwendig und deshalb auch absolut gültig sein – aber den Namen Recht sollte man ihr verweigern"[57].

6.

Zu fragen ist freilich, was unter einer solchen doch wichtigen, ja für die Rechtswirklichkeit konstitutiven „Rechtsidee" eigentlich zu verstehen ist. Interessanterweise enthalten die Register zu unseren zwei Werken Radbruchs kein diesbezügliches Stichwort. Doch gibt es einige Aufsätze

53 Radbruch (FN 17) 3, 28.

54 Vgl Radbruch (FN 28) 462.

55 Radbruch (FN 17) 30 ff, 69.

56 Radbruch (FN 28) 465; ähnlich auch *ders* (FN 17) 74.

57 Radbruch (FN 28) 462.

Radbruchs, in der er näher auf diese Rechtsidee eingeht. Auch wurde bereits der Hinweis auf das Herstellen des Tisches gebracht: der Handwerker brauche zunächst die Idee des Tisches, um aus Holz einen Gegenstand herstellen zu können, der dann als „Tisch" bezeichnet und verwendet werden könne (nach Radbruch: weil er eine Vorrichtung sei, um für daran Sitzende etwas darauf zu setzen)[58]. An anderer Stelle nennt Radbruch die künstlerische Idee, die sich in Marmor oder Bronce gegenständlich gestaltet, indem sie auch auf ihren Stoff (das Material für das Kunstwerk) eingeht: „Die Idee erhebt den Anspruch, über den Stoff zu herrschen. Das heißt aber: sie gilt für einen bestimmten Stoff, ist auf diesen Stoff hingeordnet – ist also von dem Stoff, den sie beherrschen will, wiederum mitbestimmt", was für die Rechtsidee als Gemeinschaftsregelung bedeuten müsse: ihr Stoff sei die „mittels sozialer Begriffe vorgeformte Gegebenheit" (und nicht bloße natürliche Kausalbeziehungen)[59]. Die Konsequenz muß also sein: die Rechtsidee ist die Idee, die der Machthaber zur Regelung der sozialen Verhältnisse heranziehen muß.

„Idee" ist somit jedenfalls zunächst ein Gedanke: als Rechtsidee bezogen auf die an Gleichheit orientierte Regelung des sozialen Lebens. Dieser Gedanke geht sicherlich der dann erlassenen Rechtsregelung voraus. Aber bedeutet dies damit die systematische Lokalisierung der Idee in der „Logik, die sich mit der Struktur der Denkgegenstände selber befaßt, [der] *transzendentalen Logik*", wie Radbruch behauptet, der weiters die Konsequenz zieht, daß das Verhältnis von Idee und Stoff „geheimnisvoll" bleiben müsse: zwar könne diese Logik nachweisen, daß in einem Kausalurteil sich die Form der Kausalität mit dem Stoff einer konkreten Ereignisfolge zusammengefunden habe, sie könne dies aber nur analytisch festhalten, nicht selbst dieses Kausalurteil aus Kausalform und Begebenheit produzieren („paaren"); Gleiches betreffe das Verhältnis von Form der Rechtsidee und Stoff: beide müßten zusammengedacht werden, ohne daß der Weg von einem zum anderen erfaßt werden könnte; es bleibe nur der transzendentallogische Hinweis auf ein „ununterbrochenes Hin und Her zwischen Form und Stoff"[60].

Ein kurzer Blick auf die Transzendentalphilosophie von Kant zeigt zwar, daß der Hinweis auf die Kategorie der Kausalität korrekt ist, die die Bedingung der Möglichkeit ist, daß wir überhaupt kausalgesetzliche Zusammenhänge erfahren können (und nicht nur ein Nach- und Nebeneinander einzelner Gegebenheiten in Zeit und Raum wahrnehmen). Aber

---

58 Vgl Radbruch (FN 17) 3.

59 G. Radbruch, Rechtsidee und Rechtsstoff (1923/24), in: Gesamtausgabe (hrsg Arthur Kaufmann) Bd 2 (Heidelberg 1993) 453, 458.

60 Radbruch (FN 59) 453 f; die Heraushebung stammt von Radbruch selbst.

KANT spricht in diesem Zusammenhang der Philosophie der Erfahrung und der theoretischen Vernunft von „Idee" in einer ganz anderen Bedeutung. Denn transzendentale „Idee" wird von KANT bestimmt als ein „notwendiger Vernunftbegriff, dem kein kongruierender Gegenstand in den Sinnen gegeben werden kann", weshalb diese Idee nicht erkannt (und daher auch nicht erfahren), sondern nur gedacht werden kann, genauer: gedacht werden muß. Diese Ideen „sind nicht willkürlich erdichtet, sondern durch die Natur der Vernunft selbst aufgegeben, und sie beziehen sich daher notwendiger Weise auf den ganzen Verstandesgebrauch. Sie sind ... transzendent und übersteigen die Grenzen aller Erfahrung"; insofern sind sie „nur" Ideen (Gedanken), stehen für Probleme, die nicht theoretisch aufgelöst werden können. Aber zugleich sind sie unverzichtbare Problemstellungen, die nicht einfach zur Seite geschoben werden können. Sie bleiben stets aufgegeben und müssen stets erneut handelnd bewältigt werden, ohne je endgültig gelöst werden zu können. „Die Idee der praktischen Vernunft ... ist die unentbehrliche Bedingung jedes praktischen Gebrauchs der Vernunft"[61].

Bei KANT fallen deshalb die Ideen aus dem Bereich der theoretischen Vernunft heraus: sie gehören zur praktischen Vernunft, dh zum Praktischwerden der Vernunft des Menschen, wie sie sich (zunächst) in seinem freien Handeln zeigt (und zuletzt in dem, was KANT als Antwort auf die Frage „Was darf ich [vernünftigerweise] hoffen?" ableitet). KANT kennt drei Ideen: die Freiheit, die Unsterblichkeit der Seele und Gott (als Unbedingtes und Grund der Einheit alles Denkens und Gedachtens). Die „Kritik der reinen theoretischen Vernunft" hat die Grenzen des Wissens aufgezeigt: der Inhalt dieser drei Ideen kann nicht gewußt werden; es ist aber auch nicht möglich, mit theoretischen Argumenten die Unmöglichkeit aufzuzeigen, diese Ideen zu denken (dh als notwendig zu postulieren). Möglich ist nur, falsche Vorstellungen oder Überlegungen zu entlarven, soferne sie nämlich diesen Ideen ein gegenständliches Dasein zuerkennen wollen. Eine solche „Verdinglichung" der Ideen erzeugt – wie KANT es nennt – „dialektischen Schein" und „Antinomien". Die unsterbliche Seele und Gott, aber auch die Freiheit können nicht in einer gegenständlichen (und daher prinzipiell erfahrbaren) Weise gedacht werden; sie können aber als Idee weiterhin gedacht werden; und es läßt sich – so die Behauptung KANTS – die Notwendigkeit zeigen, daß die Vernunft des Menschen über die theoretische Grenzen hinaus zu diesen Denkinhalten vorwärts schreiten muß.

Für die Idee der Freiheit ist für KANT nun das maßgebend, was uns hier beschäftigt: nämlich das Sollen. Zunächst kommt dieses Sollen als

61 Vgl dazu die überzeugende Darstellung bei LUDWIG (FN 4) 116 ff.

eine Tatsache unserer eigenen Erfahrung in Betracht: nämlich als das, was man als „Stimme des Gewissens" zu bezeichnen pflegt. Es tritt als ein Imperativ auf, der „eine Art von Notwendigkeit und Verknüpfung mit Gründen aus[drückt], die in der ganzen Natur sonst nicht vorkommt. Der Verstand kann von dieser nur erkennen, *was da ist*, oder gewesen ist, oder sein wird. Es ist unmöglich, daß etwas darin anders *sein soll*, als es in allen diesen Zeitverhältnissen in der Tat ist ... Dieses Sollen nun drückt eine mögliche Handlung aus, davon der Grund nicht anders, als ein bloßer Begriff ist; da hingegen von einer bloßen Naturhandlung der Grund jederzeit eine Erscheinung sein muß. Nun muß die Handlung allerdings unter Naturbedingungen möglich sein, wenn sie auf das Sollen gerichtet ist; aber diese Naturbedingungen betreffen nicht die Bestimmung der Willkür selbst, sondern nur die Wirkung und den Erfolg derselben in der Erscheinung. Es mögen noch so viele Naturgründe sein, die mich zum *Wollen* antreiben, noch so viele sinnliche Anreize, so können sie nicht das Sollen hervorbringen"[62]. Es bedarf der Freiheit des Menschen, dieses Sollen hervorzubringen und durchzusetzen. Aber dies kann theoretisch (durch Erfahrung) niemals bewiesen werden, nicht einmal der Blick auf eine tatsächliche Handlung kann einen Grund in möglicher Freiheit beweisen. Aber es kann auch nicht bewiesen werden, daß Freiheit und Sollen nicht als Idee gedacht werden können; und dann in einem sich selbst bestimmenden Handeln gewollt und angestrebt (in „regulativem Gebrauch") werden können. Jedenfalls kann das Sollen – auch als rechtliches Sollen (als Recht) – nur im Zusammenhang mit Freiheit und im Rahmen der praktischen Philosophie thematisiert werden[63].

Eigentlich müßte dies doch auch RADBRUCH plausibel sein, wenn man nur seine Beispiele vom Herstellen des Tisches oder vom Schaffen des Kunstwerkes hernimmt: hier geht es um menschliches Handeln, um Aktivität, die nicht nur einen Gedanken denkt, sondern ihn praktisch umsetzt und verwirklicht. Auch die Rechtsidee muß auf menschliches Handeln bezogen werden: „Recht ist eben menschliches Werk"[64]; und dies bedeutet: Handeln, praktische Verwirklichung des Rechtsgedankens (als der Rechtsidee). Deshalb kann es nicht bei einer transzendentalen Logik bleiben; auch nicht bei einer Art „Wesenslogik", die RADBRUCH offensichtlich anspricht, wenn er von „Wesenszügen" der Idee schreibt, die sich dem Begriff des Rechts einprägen würden[65], und eine „wesens-

---

62 Vgl LUDWIG (FN 4) 139 f.

63 Vgl LUDWIG (FN 4) 160 f. Zur praktischen Philosophie KANTS vgl auch vom selben Autor: Kant für Anfänger: Der kategorische Imperativ (München 1995).

64 RADBRUCH (FN 16) 35.

65 Vgl RADBRUCH (FN 46) 45.

bestimmende Anforderung" der Gerechtigkeit kennt[66]; sondern die Rechtsidee verlangt nach ihrer Verwirklichung im menschlichen Handeln und ihrer Umsetzung in Regelungen für das Gemeinschaftsleben, sie verlangt nach Positivierung: aber nicht von Willkür- und bloßen Machtsprüchen, sondern eben: von sich selbst als der Idee der Gerechtigkeit/Richtigkeit, des Werthaften, eben: des Sollens. Die Differenz von Sein und Sollen ist bei KANT Ausdruck der Differenz von theoretischer und praktischer Vernunft, von kausaler Determination und freiheitlicher Selbstbestimmung, von Müssen und Aufgerufensein zu richtigem (vernünftigem) Handeln.

Deshalb ist der Ansatz bei RADBRUCH – der in identischer Weise auch der KELSENS ist – bereits unhaltbar: die Rechtsphilosophie sei „eine Funktion der theoretischen Vernunft"[67], also nur Denken und logisches Systematisieren – wie es der Relativismus zum Ausdruck brachte –; aber eben von einem rechtlichen „Wert", der deshalb als „Sollen" zu qualifizieren war. Gerade diese Kennzeichnung des Gegenstandes der Rechtsphilosophie als eines Wertes zeigt die grundlegende Problematik. Einerseits wird mit diesem Sollen anerkannt, daß es nicht nur die theoretische (kausalgesetzliche) Erfahrung und Wissenschaft vom Sein gibt. Andererseits wird dieses Sollen aber nicht auf freies Handeln in vernünftiger Selbstbestimmung bezogen, sondern wieder theoretisch eingefangen und so eingesargt in einen Wert-Begriff, der ein Sollen zum Ausdruck bringt, das nicht wirklich gesollt ist, sondern nur relativ in Konsequenzen und Zusammenhängen beschrieben werden kann: wie ein Stück gegenständlichen Seins, das aber das Sein eines Sollens ist. Der Mut, den KANT mit der Idee der Freiheit als Postulat der praktischen Vernunft aufgebracht und in seiner „Metaphysik der Sitten" verwirklicht hat, wagt nur einen schnellen Blick über das Reich des Seins hinaus, um dann das erkannte Sollen sofort herabzuziehen in einen theoretischen Begriff des Wertes[68].

Im übrigen zeigt sich dieses Dilemma des Ansatzes bei der theoretischen Vernunft in der schlußendlichen Bestimmung des Inhalts der Rechtsidee (der Gerechtigkeit/Rechtsrichtigkeit) überdeutlich, was hier nur angedeutet werden kann. Ausgang ist die oben genannte These, daß der Relativismus als Bauglied in das System selbst eingehen müsse, nämlich: da „Vernunft und Wissenschaft" die Aufgabe der Werterkenntnis nicht erfüllen könnten, müßten „der Wille und die Macht" festsetzen, was rechtens sein solle. Darin sieht RADBRUCH aber mehr, als nur willkürli-

66 Vgl G. RADBRUCH, Gesetzliches Unrecht und übergesetzliches Recht (1946), in: Gesamtausgabe (hrsg Arthur Kaufmann) Bd 3 (Heidelberg 1990) 89.

67 RADBRUCH (FN 16) 27; zur Reinen Rechtslehre vgl KELSEN (FN 13), Vorwort.

68 Zur Kritik an diesen Wertphilosophien vgl nur G. LUF, Zur Problematik des Wertbegriffes in der Rechtsphilosophie, in: Ius Humanitas – FS A. Verdross (Berlin 1980) 127 ff.

che Machtausübung: Zweck sei die Herstellung von „Rechtssicherheit", da so der Streit durch eine authentische Entscheidung praktisch erledigt werde, weshalb auf diese Weise eine Gemeinschaftsregelung gesetzt werde und damit Recht. „Die Positivität des Rechts wird damit in höchst merkwürdiger Weise selbst zur Voraussetzung seiner Richtigkeit: es gehört ebensosehr zum Begriff des richtigen Rechts positiv zu sein, wie es Aufgabe des positiven Rechts ist, inhaltlich richtig zu sein"[69]. Daraus leitet RADBRUCH plötzlich die These ab, daß deshalb die Rechtssicherheit selbst ein Wert sei[70], unabhängig vom Rechtswert „Gerechtigkeit". Noch mehr: er stellt nun Gerechtigkeit und Rechtssicherheit als zwei Werte gegenüber, die einander widersprechen (können); es sei nicht zulässig, nur eine von ihnen als Wert anzuerkennen, beide müßten zusammengedacht und damit als ein Verhältnis gedacht werden[71]. Zugrundeliegen müsse diesem Verhältnis aber auch eine Einheit: und diese nennt RADBRUCH nun das „umfassendere Gerechtigkeitsideal" oder „Gerechtigkeit im weiteren Sinne"[72]. In späteren Arbeiten tritt die „Zweckmäßigkeit" als dritter Wert in dieses Verhältnis der umfassenden Gerechtigkeit ein, die nun auch zunehmend als „Rechtsidee" bezeichnet wird[73]. RADBRUCH spricht von drei „Seiten" oder „Bestandteilen" der Rechtsidee, die – bei Vorrang der Rechtssicherheit – ein unaufhebbares Spannungsverhältnis darstellen. Alle drei Seiten müßten als Rechtsidee das Recht (als Kulturtatsache) „beherrschen", obgleich sie zueinander in scharfem Widerspruch treten könnten; RADBRUCH gibt diesem Kapitel die Überschrift „Antinomien der Rechtsidee"[74]. Und er sieht in dieser nicht auflösbaren Widersprüchlichkeit keinerlei Mangel seines Systems: Philosophie solle das Leben nicht leicht machen, sondern gerade problematisch; und das Leben sei eben widersprüchlich[75]. Dies mag ja zutreffend sein! aber für die Philosophie der Rechtsidee zeigt nach meinem Dafürhalten diese Antinomie das Ungenügen des Ansatzes beim Wertbegriff auf. Denn eigentlich zeigt RADBRUCH, daß das Recht nur als positives Recht (und damit nur im Zusammenhang mit staatlicher Macht und Gesetz) und damit nur als menschlicher Wille und Handlung unter dem Anspruch des rechtlichen Sollens gedacht werden kann. Er zerreißt durch die theoretische Gegenüberstellung von bloßer Kulturtatsache und reinem Rechtswert diesen Ansatz und muß durch

---

69 RADBRUCH (FN 16) 170 f.

70 Von daher gewinnt auch die oben genannte These RADBRUCHS, der Richterstand sei nur dem Gesetz verpflichtet, eine gewisse Verständlichkeit.

71 RADBRUCH (FN 16) 175 f.

72 RADBRUCH (FN 16) 177.

73 Vgl RADBRUCH (FN 28) 464 f; *ders* (FN 17) 69 ff.

74 RADBRUCH (FN 17) 69.

75 Vgl RADBRUCH (FN 17) 74.

diese Antinomien versuchen, wieder zu einer praktischen Rechtsidee zurückzufinden, von der aus der Begriff des positiven Rechts zu denken ist. Als Begründung kann dieses Hin und Her nicht genügen[76].

Jedenfalls erweist es sich als erforderlich, auch RADBRUCH zu verlassen. Er eröffnet zwar mit seinem Hinweis auf die wirklichkeitskonstitutive Bedeutung der Rechtsidee einen möglichen Weg zu einem tieferen Verständnis von Sein und Sollen; aber mit seiner Wertlehre und der Fixierung an theoretischer Vernunft bleibt er leider lange vor dem Ziel stehen. Freilich möchte ich anfügen: es gilt, den RADBRUCH, wie er bisher dargestellt wurde, zu verlassen. Vielleicht gibt es bei intensiverer und umfassenderer Beschäftigung mit seinem Lebenswerk noch einen anderen RADBRUCH. Nur als ein Hinweis sei eine Bemerkung zitiert, die ohne Begründung die „Dritte Minute" seiner bekannten „Fünf Minuten Rechtsphilosophie" (1945) einleitet: „Recht ist Wille zur Gerechtigkeit"[77]. Welches System der praktischen Vernunft wäre hieraus zu entwickeln möglich gewesen?!

III. Die Spannung zwischen Rechtsidee und staatlichem Gesetz: die Theorie des positiven Rechts

Aber zum Abschluß der Überlegungen zu Sinn und Unsinn des PALMSTRÖMschen Schlusses vom Nicht-Dürfen auf das Nicht-Können soll in einigen Gedanken kurz auf eine Rechtsphilosophie eingegangen werden, die die Rechtsidee auf das freiheitliche Handeln des Menschen bezieht und in ihrer Verwirklichung als staatliches Gesetz auch die Wirklichkeit des Rechts (das wirkliche Recht) begreift. Vertreter dieser Auffassung sind die unter dem Namen „Deutscher Idealismus" bekannten Philosophen KANT, FICHTE und HEGEL; aber selbstverständlich kann nicht eine Interpretation dieser Systeme erwartet werden.

1.

Ausgang einer solchen Auffassung ist die Rechtsidee als zunächst ein Gedanke, der verwirklicht werden soll, weil er vernünftig, richtig, angemessen ist, genauer: als die Idee der Freiheit, wie sie oben im Anschluß

[76] Im übrigen fällt dieser Begründungsmangel auch auf die Argumentation in RADBRUCHS berühmten Aufsatz „Gesetzliches Unrecht und übergesetzliches Recht" aus 1946 zurück (FN 66), was hier freilich nur behauptet werden kann.

[77] G. RADBRUCH, Fünf Minuten Rechtsphilosophie (1945), in: Gesamtausgabe (hrsg Arthur Kaufmann) Bd 3 (Heidelberg 1990) 78; vgl auch die Konsequenz 79: „Wenn Gesetze den Willen zur Gerechtigkeit bewußt verleugnen, ... dann fehlt diesen Gesetzen die Geltung, ... dann müssen auch Juristen den Mut finden, ihnen den Rechtscharakter abzusprechen".

an KANT und im Zusammenhang mit dem Sollen charakterisiert wurde; diese Idee der Freiheit wird zur Rechtsidee, wenn sie auf die Verwirklichung der Freiheit in der Welt und – vor allem – im Verhältnis der Menschen zueinander weitergedacht wird: als der Begriff des Rechts, wie er das Wesentliche des Rechts gedanklich zusammenfaßt. Dabei hat vom „Recht" als Sollen zu sprechen nur Sinn, wenn man die Menschen als frei voraussetzt; was man nicht beweisen kann, wie oben zu KANT festgehalten wurde, was man aber auch nicht widerlegen kann, wenn man Recht verwirklichen will in Handlungen der Freiheit: was jeder soll.

Deshalb sind es zunächst die Handlungen selbst, auf die die Rechtsidee als Sollen zu beziehen ist: damit auf die Handlung eines jeden einzelnen im Verhältnis zu dem jeweiligen anderen. Gesollt ist die Handlung, die dem anderen in seiner Freiheit gerecht wird: indem sie ihn anerkennt als sich selbstbestimmende Freiheit. So entfaltet sich das Verhältnis zu ihm als Abgrenzung einer wechselseitigen Freiheitssphäre – herkömmlich als „Eigentum"ssphäre bezeichnet – , so erweist sich als Mittel der wechselseitigen Abgrenzung dieser Sphären der gemeinschaftlich gesetzte Vertrag; schließlich ergibt sich bei Verletzungen dieser Freiheitssphären oder des Vertrages die Vergeltung als die Wiederherstellung des Verhältnisses auch gegen den Willen des Verletzers. Um neue Verletzung durch Privatjustiz des Verletzten zu verhindern, bringt der weitergedachte (und zum allgemeinen Gesetz ausgedachte) Vertrag die Konzeption einer staatlich verfaßten Gesellschaft hervor, in dem ein unabhängiges Gericht aufgrund veröffentlichter Gesetze diese Wiederherstellung des gesellschaftlichen Verhältnisses aller bei Verstoß gegen diese Gesetze vornimmt. Diese Gesetze nehmen die ursprünglichen Rechtsverhältnisse – Eigentum, Vertrag, Vergeltung – auf und bringen sie in eine allgemeine und fest(gesetzt)e Form, weshalb sie nicht willkürliche Sprüche der Macht darstellen, sondern inhaltlich rückbezogen sind auf diese rechtlichen Handlungen bzw Rechtsverhältnisse. Genauer sind die Handlungen, in denen solche Gesetze bestimmt und beschlossen werden, selbst vom Sollen dieser Rechtsidee angesprochen: in den Gesetzen muß das von Freiheit her und auf Freiheit hin gedachte Recht bestimmt, gesetzt, „positiviert" werden. Deshalb hat RADBRUCH im Ergebnis völlig recht: die Rechtsidee meint nicht einen Rechtswert, sondern die Notwendigkeit der Positivierung: freilich von sich selbst, nämlich von freiheitlichem Recht. Es geht immer nur – gerade von der Rechtsidee (der Idee der Freiheit) her – um positives Recht: und damit um Gesetze in der unaufhebbaren Spannung zwischen Sollen und Positivierung (Sein).

Man kann daher auch sagen: in den Gesetzen, die sich von daher nicht als willkürliche Machtsprüche, sondern als positives Recht darstellen, ist die Rechtsidee verwirklicht. Deshalb sind die Gesetze auch Realität, erfahrbar, lesbar, sinnlich wahrnehm- und verstehbar. Man kann auch sagen: In diesem Sein als lesbarem und erfahrbarem Text erscheint die Rechtsidee unserer sinnlichen Wahrnehmung und Erfahrung: wie auch in jedem rechtlichen Handeln (sonst). In genau diesem Sinne spricht im übrigen auch RADBRUCH von „Rechtserscheinungen", die dies deshalb seien, „weil der Begriff des Rechts sie umfaßt"[78]. HEGEL hat in diesem Zusammenhang von der „Vernünftigkeit des Wirklichen" gesprochen, was nur zu verstehen ist, wenn man dieses Verhältnis von Idee und Positivität zugrundelegt: nämlich als Erscheinung, die die Qualität des Positiven (dh der sinnlich wahrnehmbaren und erfahrbaren Realität) als Wirklichkeit – hier also: als wirkliches Recht – begründet. Ein Gesetz kann nur dann wirkliches positives Recht sein, wenn es als Umsetzung des Sollens der Rechtsidee aufgefaßt werden kann. Daß dies einen Spielraum für politische Gestaltung im einzelnen eröffnet, liegt auf der Hand; es bedarf sicherlich auch politischer Kompromisse auf allen Seiten der gesellschaftlichen Gruppierungen und Kräfte (daher auch eines rechtlichen Verfahrens). Trotzdem gibt es eine Grenze für die politische Macht, die zugleich Bindung und Bestimmung bedeutet: die Bereitschaft und den Willen, die Rechtsidee als Sollen umzusetzen und damit eine Regelung zu treffen, die freiheitliche Verhältnisse der Menschen ermöglicht, sichert und fördert. Wo diese Grenze überschritten wird, wo Menschen zu bloßen Objekten degradiert werden, wo ohne jeden Willen zur Anerkennung von Personalität willkürlich Unterschiede bestimmt werden[79], dann kann die Macht noch so sehr beanspruchen, Recht zu setzen. Dieser Anspruch muß als Schein zurückgewiesen werden und die Wahrheit dieses Machtspruches offenbart werden: nämlich Mißachtung der Rechtsidee und Verletzung des Rechtes der Menschen zu sein; eben: gesetzliches Unrecht. Dieser Machtspruch ist nicht vernünftig, nicht gesollt, nicht rechtlich, nicht Erscheinung der Rechtsidee, sondern bloßer Rechtsschein ohne Wirklichkeit. Er ist zwar Realität: einmal als Machtspruch, sodann auch Schein (weil Behauptung, Recht zu sein); aber ihm kommt keine Wirklichkeit als Recht zu, er ist kein wirkliches Recht (gerade auch im Sinne des oben gebrachten HEGEL-Zitates: weil er nicht vernünftig [dh: gesollt] ist). Deshalb darf er auch nicht Bestand haben, darf nicht „wirken" im

78 RADBRUCH (FN 16) 32.

79 Im einzelnen sind die Beispiele, die RADBRUCH in seinem Aufsatz über „Gesetzliches Unrecht" (1946) gibt, durchaus vernünftig. Bezeichnend ist auch die von ihm verwendete Terminologie: dort sei die Grenze überschritten, wo „der Widerspruch des positiven Gesetzes zur Gerechtigkeit ein ... unerträgliches Maß erreicht" (FN 66, 89): mit diesem „unerträglich" kann nur eine Grenze der praktischen (nicht der theoretischen) Vernunft gemeint sein.

Leben der Menschen. Das Sollen der Rechtsidee, das alles Handeln der Menschen betrifft, verpflichtet sie zum Entlarven des bloßen Scheins und damit auch zum Aufheben seiner Realität. Er kann in diesem Sinne nicht bestehen; nicht einmal als realer Schein.

Somit kann die politische Macht nicht Recht setzen dort, wo sie es nicht darf, dort, wo das Sollen der Rechtsidee mißachtet wird. Ihre Willkür ist nur Schein-Recht, eine Realität, die einen Anspruch auf Sollen erhebt, der von der Rechtsidee her nicht begründet wird und daher nicht wirklich sein kann. Ganz im Gegenteil: nimmt man diesen Anspruch des Machtspruches nur ernst und konfrontiert man ihn mit dem Sollen der Rechtsidee, muß er in seinem bloßen Schein entlarvt und als das erkannt werden, was er eigentlich und wirklich ist: Nicht-Recht. Damit verliert er auch vor dem rechtlichen Willen der Menschen sogar seine Realität als Scheinrecht: es ist Unrecht, das rechtlich zu beseitigen ist.

2.

Es kann nicht dort Recht positiviert werden, wo es die staatliche Macht nicht darf: ist also der Schluß unseres Gedichtsheldens PALMSTRÖM nicht so unsinnig, wie es auf den ersten Blick erschienen ist? Soll damit die „Vernünftigkeit des Wirklichen" angesprochen sein, wie sie in der Philosophie HEGELS ihren schärfsten Ausdruck gefunden hat?

Die Antwort muß leider negativ ausfallen. Das genannte Zitat HEGELS ist nur sinnvoll, wenn die Differenz von (bloßer) Realität und Wirklichkeit gemacht wird, so wie es oben angedeutet ist. Doch PALMSTRÖM kennt diese Unterscheidung überhaupt nicht: ihn interessiert offensichtlich nur die Realität: sowohl seines vergangenen Unfalls als auch der geltenden Gesetzeslage. Die Frage, ob die Straßenverkehrsvorschrift wirklich Recht und damit positives Recht ist, stellt sich ihm gar nicht. Man kann auch sagen: PALMSTRÖM ist nur an der Erfahrung des Verstandes interessiert, an der Theorie und nicht an der praktischen Vernunft im Sinne KANTS.

Der Dichter CHRISTIAN MORGENSTERN hat dies offensichtlich auch zum Ausdruck bringen wollen. Er spricht von dem Denken des PALMSTRÖMS als von einem „messerscharfen Schließen". Dieser Hinweis auf das scharfe Messer erinnert an die Methode der Erfahrungswissenschaften, an die Analyse, mit der Erfahrungen und ihre Vorstellungen zerlegt und gesetzlich zusammengesetzt werden zu Formeln, mit denen man die Welt berechnen kann. Analytisch ist auch die Unterscheidung von Sein und Sollen; und KELSEN (und auch RADBRUCH) haben völlig recht, wenn es heißt: „Niemand kann leugnen, daß die Aussage: etwas ist ... wesentlich verschieden ist von der Aussage: daß etwas sein soll ...; und daß daraus, daß etwas ist, nicht folgen kann, daß etwas sein soll, so wie daraus, daß etwas sein soll, nicht folgen kann, daß etwas ist"[80]. Auch KANT – und ihm folgend: FICHTE und HEGEL – haben selbstverständlich die Wahrheit dieses Satzes niemals bestritten, sondern ihn – wie oben gezeigt – ausdrücklich zugrundegelegt. Aber was dieser Unterschied der Aussagen substantiell bedeutet, ist mit der logischen Schlußunmöglichkeit nicht gesagt. Hier scheiden sich die Geister, wie in den vorherigen Ausführungen dargelegt ist.

PALMSTRÖM ist kein Philosoph, ihn interessieren weder die Logik des Schließens noch die Folgerungen für das Verhältnis von Sein und Sollen. Er „spricht, sich erhebend und entschlossen weiterlebend"; orientiert also an der alltäglichen Lebenspraxis und an einem Grundvertrauen an die Rechtlichkeit der Welt. Daß „nicht sein kann, was nicht sein darf", soll kein philosophischer Satz sein, sondern dem Verletzten helfen, mit dem Unfall fertig zu werden. Es war nämlich – so die Konsequenz – gar kein realer Unfall, es gab so einen Unfall tatsächlich nicht; „nur ein Traum war das Erlebnis". Verlieren daher auch die Schmerzen ihre Tatsächlichkeit, werden auch sie nur zu Träumen?

Der Unsinn liegt nicht in diesem (möglichen) Ergebnis. Vielleicht brauchen die Menschen Methoden, wie sie mit peinlichen Erlebnissen und Widerfahrnissen fertig werden; vielleicht setzt Leben – um mit RADBRUCH zu sprechen – Widersprüchlichkeit voraus. Theorie ist nicht gleich der Praxis; Handeln läßt sich nicht theoretisch begründen, seine Wahrheit niemals theoretisch beweisen. Leben ist stets mehr als Wissen, ein Wagnis, getragen vom Mut zur Freiheit. Leben ist damit aber auch mehr als messerscharfe Logik und Schließen des Verstandes.

Der Unsinn liegt somit gerade in der Kennzeichnung dieser praktischen Lebensbewältigung als eines messerscharfen Schließens, also als der höchsten Form der Theorie des Verstandes. PALMSTRÖM begründet sein Ergebnis – den Unfall nicht als Realität, sondern nur als Traum aufzufassen und so die Realität unfallfrei sein zu lassen – mit einem Schluß, der die Form überzeugender Logik hat: „weil nicht sein kann, was nicht sein darf". Auf diese Logik verläßt er sich; und entläßt die Vergangenheit in die Welt des Träumens.

Der Schluß PALMSTRÖMS ist und bleibt also wirklich Unsinn: als unmögliches und unzulässiges Schließen vom Sollen (Dürfen) zum Können (Sein). Das Gedicht MORGENSTERNS freilich, das diesen Schluß als messerscharfe Analyse und Logik kennzeichnet, entlarvt ihn und stellt ihn als diesen Unsinn bloß: zur Erheiterung des Lesers. Ob darin nicht ein tiefergehender Sinn des Dichters seinen Ausdruck finden sollte?

---

80 So KELSEN bei SCHILD (FN 8) 10.

Eberhard Schmidt-Aßmann

Das Allgemeine Verwaltungsrecht vor den Herausforderungen neuer europäischer Verwaltungsstrukturen

I. Die „Wissenschaft vom Verwaltungsrecht" als Aufgabe der Systembildung

Rechtswissenschaft ist einem Worte HANS JULIUS WOLFFS entsprechend *systematisch* oder sie ist nicht[1]. Die Wiedergabe des positiven Rechts und das Nachzeichnen richterlicher Entscheidungen stellen gewiß wichtige Beschäftigungen dar. Die Rechtswissenschaft verfehlt jedoch ihre Hauptaufgabe, wenn sie darüber hinaus nicht größere Zusammenhänge herausarbeitet, Grundlagen freilegt und Entwicklungsperspektiven aufzeigt. Gerade die Verwaltungsrechtswissenschaft, die es mit einer kaum überschaubaren Vielfalt von Rechtsetzungsakten nationaler und supranationaler Organe zu tun hat und fortlaufend mit einem schnellen Wandel des Rechts konfrontiert ist, muß diese systembildende Aufgabe ernst nehmen, wenn sie ihren Anspruch auf Wissenschaftlichkeit wahren will.

Von solchen Überlegungen liest man freilich in den meisten Lehrdarstellungen zum Verwaltungsrecht wenig. Klar erkannt ist die zentrale Aufgabe der Verwaltungsrechtswissenschaft dagegen von Günther WINKLER: „Die Wissenschaft vom Verwaltungsrecht", das Kapitel, mit dem er das 1979 WALTER ANTONIOLLI gewidmete Gemeinschaftswerk *Allgemeines Verwaltungsrecht* einleitet, ist ein engagiertes Plädoyer, die Vielfalt des verwaltungsrechtlichen Rechtsstoffes durch die Kraft wissenschaftlichen Denkens zu ordnen und der Rechtsentwicklung so Orientierung zu bieten. „Verwaltungsrechtswissenschaftliches Denken ist zugleich eine geistige Durchdringung und eine gedankliche Überhöhung des Gegenstandes ‚Verwaltungsrecht'. Sie dient dem Verständnis, der Darstellung und der Erklärung"[2].

---

1 H. J. WOLFF, Typen im Recht und in der Rechtswissenschaft, Studium Generale, Bd 5 (1952) 195 (205).

2 G. WINKLER, Die Wissenschaft vom Verwaltungsrecht, in: Ermacora/Winkler/Koja/Rill/Funk (Hrsg), Allgemeines Verwaltungsrecht (Wien 1979) 3.

1. Grundlagen

Von diesem Ausgangspunkt entfaltet WINKLER das Konzept einer Verwaltungsrechtswissenschaft, das durch die Entschiedenheit seiner Grundannahmen und durch die Behutsamkeit im Umgang mit den wichtigsten Einflußfaktoren verwaltungsrechtlicher Systembildung besticht. Nichts wird hier überzeichnet: Normativität und Realität des Verwaltungshandelns, Statik und Dynamik, konkrete und abstrakte Betrachtungsweise kommen so zu ihrem Recht. Es entsteht der Entwurf einer normativen, gleichwohl aber wirklichkeitswissenschaftlich rückgebundenen Dogmatik, die wir hier, auf Hauptaussagen konzentriert, folgendermaßen nachzeichnen dürfen[3]: Die Verwaltungsrechtswissenschaft beschäftigt sich mit dem Recht der Verwaltung, nicht mit der Verwaltung schlechthin (5). Sie nutzt die Erkenntnisse anderer Wissenschaften, ohne jedoch in deren Problemstellung aufzugehen (20 ff.). Es geht ihr zentral um die Frage, wie die Verwaltung nach dem Recht zu verstehen und durchzuführen ist (5). Das Verwaltungsrecht als der Beschäftigungsgegenstand der Verwaltungsrechtswissenschaft wird als jener Bereich des geltenden Rechts definiert, der die Verwaltung – als Aufgabe, als Organisation und als Verfahren – regelt (9). Die unterschiedlichen Steuerungsansätze des Verwaltungsrechts und die notwendig unterschiedlichen Regelungstechniken seiner Rechtssätze sind trotz ihrer Unterschiedlichkeit zutreffend in einem einheitlichen Begriff zusammengeführt.

Zugleich wird eine typische Zwischenstellung des Verwaltungsrechts deutlich. „Der Begriff des Verwaltungsrechts konstituiert sich offenbar aus dem Rechtsbegriff und dem Verwaltungsbegriffe", hatte MERKL, auf dessen Leistungen WINKLER in seinem Beitrag hinweist, 1927 formuliert[4]. Neben den Rechtsquellen sind der allgemeine Rechtsbegriff und der Verwaltungsbegriff die „Orientierungsfaktoren" der Verwaltungsrechtswissenschaft (9). Über beide wird der Gegenstand der Verwaltungsrechtswissenschaft weiter erschlossen. Dabei griffe es zu kurz, ersteren für die Normativität und letzteren für die Realität in Beschlag zu nehmen. *Beide* Begriffe haben von *beidem* etwas aufgenommen; denn wie das Recht den durch die Norm erfaßten Lebenssachverhalt verstehen muß, so ist die Verwaltung durch das Recht konstituiert und kann folglich nicht allein aus ihren Rechtshandlungen verstanden werden. Die Überlegungen münden folglich nicht in einen strikten Dualismus der Erkenntnisgegenstände Recht und Verwaltung, sondern in eine klare Aussage zum Doppelauftrag verwaltungsrechtlichen Denkens[5]: „Rechtswissen-

---

[3] Vgl im einzelnen WINKLER (FN 2) 3 ff.

[4] A. MERKL, Allgemeines Verwaltungsrecht (Wien/Berlin 1927) 77.

[5] G. WINKLER (FN 2) 12 f.

schaftliches Denken ist also aus verschiedenen Gründen, sowohl wegen seiner Bindung an das geltende Recht als auch wegen seiner Allgemeinheit und Regelhaftigkeit, dogmatisches Denken". Und ebenso gilt: „Die Verwaltungsrechtswissenschaft (Rechtswissenschaft) zählt aber auch zu den empirischen Sozialwissenschaften. Das kommt daher, daß sie, obgleich an die Normativität des Gegenstandes gebunden, auch seine Seinsperspektiven in die Betrachtung mit einzubeziehen hat. Das Recht besteht nämlich nicht bloß aus einem gedanklichen Gefüge von Normen an sich, sondern aus wirklich gesetzten, erzeugten, geltenden Vorschriften; aus Phänomenen der sozialen Wirklichkeit. Wer das Recht verstehen will, muß es daher auch als ein soziales Faktum sehen". Wesentlich ist schließlich die Verhältnisbestimmung beider Ansätze; dazu heißt es: „Insofern ist die juristische oder normative Methode mit der soziologischen oder explikativen Methode unlösbar verbunden. Entscheidend ist jedoch, daß die juristische Methode im Bereich der Rechtsdogmatik den Vorrang hat, weil sie das Auswahlprinzip verkörpert, das den Gegenstand kennzeichnet".

Klar herausgearbeitet sind sodann die Aufgabe und die unterschiedlichen Arten der Dogmatik in der Verwaltungsrechtswissenschaft (11): „Dogmatik ist erfahrungsgemäß jene Art von Rechtswissenschaft, die den Gegenstand ‚Recht' nach inneren Sinnbezügen durchforscht und die daraus gewonnene Gegenstandsauffassung nach Ordnungsgesichtspunkten systematisch und lehrsatzmäßig darstellt." Winkler fürchtet nicht die negative Charakteristik einer erstarrten Lehrmeinung, die dem Begriff der Dogmatik zuweilen fälschlich beigelegt wird. Dogmatik ist für ihn vielmehr ein Schlüsselbegriff, und sie darf es sein, insofern bei ihr unbeschadet ihrer größeren Allgemeingültigkeit eine „fortwährende Überprüfung und Orientierung am Gegenstand" mitgedacht wird (12). Heute erscheinen gerade die allgemeinen Aussagen der Dogmatik als die notwendige Gegenposition zu fortlaufenden Änderungen des positiven Verwaltungsrechts; erst sie machen den Wandel als Wandel überhaupt wahrnehmbar und bewertbar. Im einzelnen unterscheidet Winkler dann zwischen einem konkret-dogmatischen Denken, das seine Rolle vor allem im juristischen Alltag spielt, und dem stärker theoretisch ausgerichteten abstrakt-dogmatischen Denken. Für beide Arten wird zutreffend immer wieder ihre systematische Ausrichtung hervorgehoben. Gerade das Allgemeine Verwaltungsrecht hat sich, wie das Konzept Winklers zeigt, als Ordnungsidee und System zu bewähren[6].

[6] Dazu E. Schmidt-Assmann, Das Allgemeine Verwaltungsrecht als Ordnungsidee und System (Heidelberg 1982); jüngst v. Danwitz, Verwaltungsrechtliches System und Europäische Integration (Tübingen 1996) 27.

2. Aufgaben verwaltungsrechtlicher Systematik

Ohne Unterschiede in den Sachaussagen möchten wir für das, was Winkler als Leistung der Dogmatik beschreibt, eher den Begriff der Systematik nutzen und von vier Aufgaben sprechen, die die Systematik im Verwaltungsrecht zu erfüllen hat[7]: eine rechtspraktische (a), eine rechtsdogmatische (b), eine rechtspolitische (c) Funktion; dazu ist in jüngster Zeit – viertens – eine rezeptionsleitende Funktion getreten (d).

a) Rechtspraktische Funktion

Der rechtspraktischen Funktion geht es darum, die administrative und die gerichtliche Entscheidungspraxis zu entlasten. Das Allgemeine Verwaltungsrecht wirkt als Speicher: Es hält für die Vielzahl der im Verwaltungs- und Gerichtsalltag immer wieder ähnlich auftretenden Fragen Aussagen in abstrakter Form bereit. Die Verwaltung der Massenverkehrsvorgänge des Steuerrechts oder des Rentenrechts ist ohne Rückgriffe auf das System nicht zu bewältigen. Aber auch singuläre, neue Vorgänge erhalten rechtsstaatliche Konturen erst, indem sie in die Systematik eingeordnet werden. Eine zentrale Rolle spielt dabei das System der Rechtsformen des Verwaltungshandelns. Seine Speicherleistungen erschließen sich, indem bestimmte Verwaltungsvorgänge zu den Schlüsselbegriffen des Systems in Beziehung gesetzt werden: Gelingt das klassifikatorisch exakt, ist eine Maßnahme zB als Verwaltungsakt einzustufen, so sind die Fragen ihrer verfahrensmäßigen oder prozeßrechtlichen Behandlung direkt aus dem System heraus zu beantworten. Gelingt es nicht, so bietet das System in der Regel gleichwohl eine Hilfe, indem sich nach Maßgabe der Vergleichbarkeit mit benachbarten Rechtsinstituten („interpolierend") eine Antwort finden läßt. Auch der Gesetzgeber hat sich auf diese rechtspraktische Funktion verwaltungsrechtlicher Systematik eingestellt und nutzt ihre Entlastungswirkungen.

b) Dogmatische Funktion

Der dogmatischen Funktion geht es darum, mit den Mitteln der juristischen Methodenlehre die Bauelemente des Systems zu formen: Rechtsvorschriften der einzelnen Verwaltungsgesetze werden mit Hilfe vertrauter Rechtsbegriffe und Rechtsinstitute des Allgemeinen Verwaltungsrechts ausgelegt. Umgekehrt werden die Begriffe und Institute an dem sich fortlaufend ändernden Bestand der Fachgesetze immer wieder überprüft.

---

7 Dazu E. Schmidt-Assmann, Zur Funktion des Allgemeinen Verwaltungsrechts, Die Verwaltung, Bd 27 (1994) 137 (139 ff). Ähnlich die Unterscheidung bei v. Danwitz (FN 6) 34: Stabilisierungs-, Rationalisierungs- und Vermittlungsfunktion.

Die dogmatische Funktion hat daher Doppelcharakter: Sie ist „Systemnutzung" und „Systembildung" zugleich. In seiner dogmatischen Funktion ist das Allgemeine Verwaltungsrecht der „Transformator"[8] des Verfassungsrechts in die administrative Handlungspraxis. Ihre verfassungsrechtliche Durchdringung – die immer wieder zitierte „Verfassungskonkretisierung" als der wichtigste Zug der Verwaltungsentwicklung unter dem Grundgesetz – wäre nicht so konsequent durchzusetzen gewesen, hätte nicht das Allgemeine Verwaltungsrecht als Medium der Rezeption und der Weitergabe gewirkt. Umgekehrt wirkt aber auch das Allgemeine Verwaltungsrecht auf das Verfassungsrecht ein, indem es verfassungsrechtliche Anforderungen, die zB zu einzelnen Grundrechten entwickelt worden sind, zu überprüfen veranlaßt, inwieweit sie wirklich allgemeine Geltung beanspruchen können. Das Allgemeine Verwaltungsrecht ist hier Träger und Ausdruck der wichtigen allgemeinen rechtsstaatlichen Interessen der Rechtssicherheit und Vorhersehbarkeit.

Hier liegen die wichtigen Beiträge der Gerichte und der Verwaltungsrechtswissenschaft, über den einzelnen Anwendungsfall hinaus Rechtsfortbildung zu betreiben. Von unterschiedlichen Ansätzen aus nehmen beide ihre systembildenden Aufgaben arbeitsteilig wahr: Die Justiz benutzt systematische Überlegungen zunächst als Hilfsmittel bei der Auslegung eines einzelnen fachgesetzlichen Tatbestandes und entwickelt von diesem Ansatz bereichsspezifische Problemstrukturen, die sich später zu einem allgemeinen Lehrsatz formen lassen. Die Verwaltungsrechtswissenschaft entfaltet die dogmatische Funktion durch Theorievorschläge eher von allgemeinen Ansatzpunkten her. Erkenntnisquellen sind hier die aus dem Vergleich von Rechtsnormen und Rechtsinstituten gewonnenen allgemeinen Rechtsregeln und das Verfassungsrecht. In jüngerer Zeit tritt mehr und mehr der internationale Rechtsvergleich hinzu.

c) Rechtspolitische Funktion

Das Allgemeine Verwaltungsrecht ist – drittens – ein Instrument der Rechtspolitik: Der Vergleich der Rechtsregeln und Rechtsinstitute miteinander und die Analyse der bestehenden Lösungen in parallelen Gebieten verdeutlichen Wertungswidersprüche und Entwicklungsrückstände innerhalb und zwischen einzelnen Rechtsgebieten. Sie geben Anstöße für eine sinnvolle Fortentwicklung des Rechts. Das System zielt auf Stimmigkeit: Neue Regelungsansätze werden vor dem Hintergrund allgemeiner Lehren und beobachtbarer allgemeiner Entwicklungstendenzen be-

[8] So R. Wahl, Die Aufgabenabhängigkeit von Verwaltung und Verwaltungsrecht, in: Hoffmann-Riem/Schmidt-Aßmann/Schuppert (Hrsg), Reform des Allgemeinen Verwaltungsrechts – Grundfragen (Baden-Baden 1993) 177 (212 ff.).

trachtet und so gewählt, daß sie sich nicht gegenseitig neutralisieren. Hier liegt mE zur Zeit die wichtigste Aufgabe der verwaltungsrechtlichen Systematik. Dabei wirkt sie mehr als Forum denn als fester Rahmen. Systematisches Rechtsdenken ist keineswegs notwendig auf starre Einteilungen, abstrakte Vorgaben und absolute Geltungsansprüche festgelegt, wie das zuweilen behauptet wird. Es ist vielmehr das notwendige Widerlager zu allen Einzelentwicklungen in Rechtsprechung und Fachgesetzgebung, das sich in stetiger Auseinandersetzung mit diesen zentrifugalen Kräften bildet und umbildet. Allgemeines Verwaltungsrecht als systematische Disziplin ist vor allem *Auftrag*.

d) Rezeptionsleitende Funktion

Die sich abzeichnende *Europäisierung* des Verwaltungsrechts führt zu einer vierten Aufgabe. Sie soll hier als rezeptionsleitende Funktion des Allgemeinen Verwaltungsrechts bezeichnet werden und umfaßt zwei Teilaspekte: Zum einen geht es darum, die rechtlichen Vorgaben des EG-Rechts in das Verwaltungsrecht der Mitgliedstaaten umzusetzen. Das EG-Recht ist heute im nationalen Verwaltungsrecht eine allgegenwärtige Größe. Verordnungen und vor allem Richtlinien fordern Anpassungen in zahlreichen Gebieten des Besonderen Verwaltungsrechts, aber auch im Allgemeinen Verwaltungsrecht[9]. Diese große Aufgabe eines sich ausbildenden Gemeinschaftsverwaltungsrechts kann ohne systematisches Denken nicht geleistet werden.

Die Europäisierung des Verwaltungsrecht vollzieht sich jedoch nicht nur auf der Ebene der Normen, sondern auch der Verwaltungsvorgänge. Die „Verwaltung des Gemeinschaftsraumes" durch ein vorherrschend dezentrales Vollzugskonzept, in dem die Hauptlast für die Anwendung des EG-Rechts nach wie vor bei den mitgliedstaatlichen Verwaltungen liegt, verlangt eine intensive Kooperation zwischen ihnen. Der sich ausbildende Kooperationsbereich schafft seine eigenen Rechtsprobleme und verlangt nach eigenen Rechtsformen, die ebenfalls systematisch entwickelt werden müssen. Die folgenden Überlegungen beschäftigen sich mit den Herausforderungen, die diese neuen Verwaltungsstrukturen an das Verwaltungsrecht stellen.

---

[9] Dazu jüngst die Landesberichte in: J. Schwarze (Hrsg), Das Verwaltungsrecht unter europäischem Einfluß (Baden-Baden 1996).

II. Die Intensivierung der Verwaltungszusammenarbeit in der EG

Administrative Kooperation ist vorrangig ein Geflecht von Realvorgängen, von eingespielten Verhaltensweisen und dem Einsatz praktischer Mittel. Doch spielt auch das Recht zum Aufbau und zur Stabilisierung der Verwaltungszusammenarbeit eine erhebliche Rolle. Dabei stehen für die EG-Kommission der Bestand und gegebenenfalls die Erweiterung von Rechtsvorschriften des EG-Rechts, die den Mitgliedstaaten spezifische Verfahren der Kooperation zur Pflicht machen, im Vordergrund des Interesses. Solche Vorschriften bilden sicher den Kern eines *Verwaltungskooperationsrechts* in der Gemeinschaft. Wir möchten den Begriff des Verwaltungskooperationsrechts jedoch noch weiter fassen: Recht ist im Kooperationsbereich nicht nur in *Rechtsvorschriften*, sondern auch in *Rechtshandlungen* der kooperierenden Verwaltungen präsent. Indem auch diese Seite hervorgehoben wird, wird Recht genutzt, um den Gesamtbereich nicht nur zu steuern, sondern auch zu strukturieren. Es geht also um die rechtliche Durchdringung jener Verwaltungsvorgänge, die die Realität der Kooperation ausmachen.

1. Die Rolle des Rechts

Wie die Kooperation sich aus den Handlungen zweier oder mehrerer Kooperationspartner bildet, so ist auch das Kooperationsrecht nicht nur EG-Recht, sondern ein mixtum compositum unterschiedlicher Rechtsschichten. Das wird deutlich, wenn zwischen vertikaler und horizontaler Kooperation unterschieden wird:

– Die *vertikale* Kooperation zwischen Mitgliedstaaten und EG-Verwaltungsstellen hat ihre normativen Grundlagen im EG-Recht, das von einer zweiseitigen Pflichtenbindung ausgeht. Die konkreten Kooperationshandlungen der beteiligten Verwaltungen können auf unterschiedlichen Rechtsgrundlagen beruhen und besitzen unterschiedliche Rechtsqualität. Die EG-Verwaltungsstellen handeln auf Grund des Eigenverwaltungsrechts der EG[10]. Die Handlungen nationaler Stellen können auf direkt anwendbarem EG-Recht, auf vergemeinschaftetem nationalen Recht, aber auch auf freiem nationalen Recht beruhen. Sie sind in ihrer Rechts-

[10] Zu diesem Begriff und den folgenden Begriffen des Gemeinschaftsverwaltungs- und des Konventionsverwaltungsrechts E. SCHMIDT-ASSMANN, Deutsches und Europäisches Verwaltungsrecht, DVBl 1993, 924 (925 f). Das Phänomen der Verwaltungskooperation und seine rechtlichen Implikationen und Konsequenzen analysiert scharfsinnig C. FRANCHINI, La Commissione delle Communità Europee e le amministrazione nazionali: dalla ausiliaretà alla coamministrazione, in: RIDPC 1993, 669 ff.

qualität, die wiederum die Folgeprobleme zB des Rechtsschutzes und der Haftung determiniert, Rechtsakte nationalen Rechts.

– Die *horizontale* Kooperation zwischen den mitgliedstaatlichen Verwaltungen hat ihre allgemeinen normativen Grundlagen ebenfalls im EG-Recht. Die einzelnen Kooperationshandlungen können sich auf direkt anwendbares Gemeinschaftsverwaltungsrecht oder auf gemeinschaftsrechtlich vereinheitlichtes oder sonstiges nationales Recht stützen. Daneben sind Grundlagen eines bilateral geschaffenen Konventionsverwaltungsrechts denkbar[11]. Die einzelnen Kooperationsbeiträge der beteiligten mitgliedstaatlichen Verwaltungen bleiben unbeschadet ihrer Rechtsgrundlagen solche nationalen Rechts. Sie sind auch dann, wenn sie sich auf EG-Recht stützen und auf Rechtsverhältnisse in anderen Mitgliedstaaten auswirken, keine supranationalen Rechtsakte.

Neben den beiden Grundformen, der vertikalen und der horizontalen Kooperation, existieren unterschiedliche Arten von *Verschränkungen.* Häufig sind EG-Verwaltungsstellen zur Erleichterung der multilateralen horizontalen Kooperation, insbesondere zur zentralen Sammlung und Weitergabe von Informationen eingeschaltet. Eine besondere Art von Verschränkung bilden die für die meisten Sektoren vorgesehenen Konsultations- und Abstimmungsgremien, in denen Verwaltungskooperation, insbesondere nach Maßgabe des Komitologie-Beschlusses des Rates von 1987, eine institutionelle Verfestigung gefunden hat[12].

Verwaltungskooperation bildet neben dem direkten und indirekten Vollzug von Gemeinschaftsrecht keine neue Form administrativer Tätigkeit. Folglich ist auch das Kooperationsrecht keine neue Rechtsmasse neben den bekannten Schichten des Europäischen Verwaltungsrechts. Entscheidend ist vielmehr das Zusammenspiel der Rechtsregime, die das Handeln der Kooperationspartner bestimmen[13]. Mit dem Kooperationsrecht wird innerhalb der Diskussionen um das Europäische Verwaltungsrecht folglich eine andere als die übliche Perspektive gewählt: Stehen bisher die Einwirkungen des EG-Rechts auf das nationale Verwaltungsrecht im Zentrum[14], so geht es im Kooperationsrecht darum, die neuen, auf praktische Zusammenarbeit angelegten *Verwaltungsstrukturen* im EG-Be-

---

11 Die Kommission verweist die Mitgliedstaaten zB für den Banken- und Versicherungssektor auf solche bilateralen Abstimmungen. Inwieweit sie Rechtsqualität haben, bedarf im Einzelfall gesonderter Untersuchung.

12 Dazu Th. Oppermann, Europarecht (München 1991) § 5 Rn 305 ff und 319 ff; R. Streinz, Europarecht, 2. Aufl (Heidelberg 1995) Rn 453 ff; H. v. Sydow, in: Groeben/Thiesing/Ehlermann (Hrsg), Kommentar zum EWG-Vertrag, 4. Aufl (Baden-Baden 1991) Art 155 Rn 60 ff.

13 Vgl dazu A. v. Bogdandy, in: Grabitz/Hilf, Kommentar zur Europäischen Union, Loseblattsammlung, 3. Aufl (München Oktober 1995) Art 5 EGV, Rn 43 ff.

14 Dazu Nachweise oben FN 9.

reich zu beleuchten. Gerade an den Schnittstellen, an denen die Handlungen der beteiligten mitgliedstaatlichen Verwaltungen und der EG-Verwaltungsstellen zusammenstoßen, entwickeln sich spezifische Rechtsinstitute und Rechtsprobleme, weil im Kooperationsrahmen die einzelnen Beiträge niemals vollständig isoliert betrachtet werden dürfen. Dieser *integrative Charakter* der Kooperation setzt sich in spezifischen Rechtsproblemen fort, auf die das Kooperationsrecht aufmerksam machen soll. Nicht nur die rechtliche Ordnung der einzelnen Beiträge, sondern auch die Strukturierung ihrer Abstimmung sowie die Beachtung ihrer Vor- und Nachwirkungen im gemeinsamen Handlungsrahmen sind Gegenstand des Verwaltungskooperationsrechts. Dieses ist durch seinen stark prozeduralen Charakter bestimmt; insofern kann in ihm ein Teil eines sich ausbildenden Europäischen Verfahrensrechts gesehen werden.

Verwaltungskooperation im EG-Rahmen ist wie gesagt kein neues Phänomen. Neu ist freilich die Intensität, mit der die EG-Kommission das Thema der Verwaltungszusammenarbeit in jüngster Zeit zum Gegenstand öffentlicher Aufmerksamkeit macht. Folglich bestehen schon heute Regelungen, die etwas über Pflichten zur Kooperation und über Kooperationsverfahren aussagen. Wie die meisten Normen des EG-Rechts beziehen sich jedoch auch diese Vorschriften in der Regel nur auf einzelne Sektoren und greifen selbst für diese meistens nur spezielle Gesichtspunkte, einzelne Verfahrensabschnitte oder Konsequenzen von Kooperationsvorgängen heraus. Wenn aber die Verwaltungszusammenarbeit künftig stärker *systematisch* erfaßt werden soll, dann erscheint es geboten, auch ihre Rechtsregeln systematisch zu betrachten[15].

2. Einzelne Erscheinungsformen

Jede Systematisierung setzt eine umfassende Bestandsaufnahme voraus. Für eine weiterführende Typisierung, die hier nicht geleistet werden kann, bieten sich folgende Unterscheidungen an:
- horizontale und vertikale Kooperationsvorgänge,
- bi-, tri- oder multilateral angelegte Kooperationen,
- punktuelle und dauerhafte Kooperationen,

---

15 Dazu D. Scheuing, Europarechtliche Impulse für innovative Ansätze im deutschen Verwaltungsrecht, in: Hoffmann-Riem/Schmidt-Aßmann (Hrsg), Innovation und Flexibilität des Verwaltungshandelns (Baden-Baden 1994) 289 (331 ff); für Amtshilferegelungen schon G. Meier, Europäische Amtshilfe – Ein Stützpfeiler des Europäischen Binnenmarktes, EuR 1989, 237 (245 f); ferner R. Priebe, Inspektionen auf Gemeinschaftsebene – Geltende Regelungen der Agrargesetzgebung, ZLR 1990, 266 (280 ff). Zu den Bauformen des transnationalen Verwaltungsakts und der Verwaltungskommunikation V. Nessler, Europäisches Richtlinienrecht wandelt deutsches Verwaltungsrecht (Diss Heidelberg 1994) 5 ff und 54 ff.

- Kooperation bei schlichten und bei qualifizierten Verwaltungshandlungen,
- Kooperation mit und ohne supranationale Durchgriffswirkung,
- Kooperation zur Schaffung einfacher und komplexer Entscheidungszusammenhänge.

Kaum zu überschauen ist das große Feld der Mitteilungs-, Melde- und Berichtspflichten, die das EG-Recht den mitgliedstaatlichen Verwaltungen auferlegt, ohne daß sie Ausdruck einer intensiven Zusammenarbeit sein sollen. Sie dienen der Information über Einzelvorgänge, zB über die beabsichtigte Zulassung eines Großprojekts mit grenzüberschreitenden Umweltauswirkungen oder über Daten, die in einer zentralen Erfassungsstelle nach und nach einen festen Kenntnisstand zB als Statistiken entstehen lassen sollen. Die Informationsstränge verlaufen meistens vertikal, zuweilen mit einer sternförmigen Weiterverteilung, zB von der Kommission an die anderen Mitgliedstaaten. Sie können aber auch horizontal zwischen mitgliedstaatlichen Behörden geknüpft sein.

Neben diesen schlichten Vorgängen gibt es qualifizierte Formen der Verwaltungszusammenarbeit, bei denen es um die Mitwirkung an verbindlichen Entscheidungen geht. Dominierte zunächst die punktuelle Kooperation, zB im EG-Beitreibungs- oder im EG-Kartellrecht, so haben sich in jüngerer Zeit die Gebiete dauerhafter Entscheidungskooperation vermehrt. Nach Ansätzen im Amtshilferecht und im Sozialrecht sind es heute vor allem das Produktsicherheitsrecht und überhaupt das Zulassungs- und das Umweltrecht, die zu intensiver und dauerhafter Verwaltungskooperation vertikaler und horizontaler Art führen. Ein besonders interessantes Gebiet ist das Arzneimittelrecht, in dem sich neben dezentralen Kooperationsentscheidungen der einzelnen Mitgliedstaaten auch zentralisierte Zulassungsentscheidungen durch die EG-Kommission finden. Standen bisher die normativen Rechtsakte der Verordnungen und Richtlinien im Zentrum des Verwaltungsrechts, so wird die Systembildung künftig auch die Einzelentscheidungen, die im nationalen Recht als Verwaltungsakt oder Bescheid dogmatisch genau erfaßt sind[16], als ein wichtiges Bauelement eines Verwaltungskooperationsrechts zu erfassen haben.

3. Bauformen eines Kooperationsrechts

Schon ein erster Blick auf die ausgewählten Verwaltungsaufgabenbereiche belegt die Vielfalt administrativer Kooperation in der Gemein-

16 Dazu G. Winkler, Der Bescheid (Wien 1956); W. Antoniolli/F. Koja, Allgemeines Verwaltungsrecht, 2. Aufl (Wien 1986) 457 ff und 470 ff; L. Adamovich/B.-Ch. Funk, Allgemeines Verwaltungsrecht, 3. Aufl (Wien 1987) 253 ff und 266 ff.

schaft. Hier wächst ein neuer Typ gemeinsamer Europäischer Verwaltung heran, der etwas anderes ist als die Summe der beteiligten nationalen und supranationalen Verwaltungsstellen und der folglich seine eigenen Strukturen und eigenen Rechtsregeln besitzen wird. Wer Bauformen des Verwaltungsrechts entwickeln will, muß sich an den Elementen und Strukturen der Verwaltungsvorgänge orientieren.

a) Informationen und Informationsaustausch

Eine herausragende Rolle für die administrative Zusammenarbeit spielt der Informationsaustausch. Er ist die Basis jeder Verwaltungskooperation. Kooperationsrecht ist in seiner Grundlage folglich Informationsverwaltungsrecht. Die eigenständige Bedeutung der Information als einer Steuerungsressource ist hier klarer als im nationalen Verwaltungsrecht erkennbar, weil die Kommunikationszusammenhänge im EG-Rahmen nicht vorgefunden werden, sondern sich erst nach und nach ausgebildet haben und dieses auch künftig weiter tun müssen.

Wenn Informationen die Grundelemente administrativer Kooperation sind, dann ist bei ihren unterschiedlichen Erscheinungsformen anzusetzen. Informationen können über Realsachverhalte, über Steuerungsabsichten und über getroffene Entscheidungen gegeben werden. Sie können sich auf abstrakte Rechtslagen oder bestehende Verwaltungsorganisationen, aber auch auf konkrete Verwaltungsvorgänge beziehen.

– Deutlich differenziert sind die Regelungsanforderungen nach der *Dichte der Informationsbeziehungen.* Auf die unterschiedlichen Typen punktueller oder dauerhafter Kooperationsbeziehungen ist bereits oben (vgl unter II 2.) hingewiesen worden. Eine weitere Analyse hat zwischen Kooperationen, die sich auf Einzelvorgänge beziehen und hierzu durchaus von Dauer sein können, und solchen Formen des Informationsaustausches zu unterscheiden, die ein ganzes Fachgebiet betreffen und regelmäßig Ausdruck einer schon bestehenden oder sich ausbildenden Gesamtverantwortung der Kooperationspartner für das betreffende Aufgabenfeld sind.

– Unterschiedliche Formen des Informationsaustausches ergeben sich je nach den beteiligten *Verwaltungsstellen* und der Art ihrer vorgesehenen Verbindung. Die Informationsbeziehungen können – vertikal und horizontal – direkt bestehen. Es kann aber auch eine Kombination von direkter und indirekter Information vorgesehen sein. Davon ist dort zu sprechen, wo die Mitgliedstaaten ihre Informationen an eine EG-Stelle geben, die diese an andere Mitgliedstaaten, sei es in ursprünglicher Form, sei es bearbeitet oder um eine eigene Stellungnahme ergänzt, weiterleitet. Diese Weitergabe kann einseitig, mehrseitig oder als sternförmiger Vorgang ausgestaltet sein. Besondere Aufmerksamkeit bei den direkten horizontalen Informationsbeziehungen verdienen die Regelungen über den innerhalb der mitgliedstaatlichen Verwaltungen einzuhaltenden Instanzenzug. Hier finden sich neben Formen, die nur einen Verkehr zwischen Instanzen der jeweiligen höchsten Ebene gestatten, zunehmend auch direkte Informationsbeziehungen zwischen den beteiligten Fachverwaltungen ohne Rücksicht auf ihre Stellung innerhalb des staatlichen Entscheidungsgefüges.

b) Entscheidungszusammenhänge

Einen qualifizierten Fall administrativer Kooperation stellen Entscheidungszusammenhänge dar. Mit diesem Begriff sollen Strukturen bezeichnet werden, in denen es den Kooperationspartnern nicht nur um eine gegenseitige Unterrichtung, sondern um ein Zusammenwirken geht, in dem von allen Beteiligten rechtsverbindliche Entscheidungen getroffen werden. Der Verbindlichkeitsanspruch der intendierten Entscheidungen verlangt besondere rechtliche Vorkehrungen für die Kooperation. Drei Typen solcher Entscheidungszusammenhänge sollen hier vorgestellt werden:

aa) Vorentscheidungen

Entscheidungszusammenhänge lassen sich zum einen dort beobachten, wo die (Haupt-)Entscheidung eines Kooperationspartners eine voraufgehende Stellungnahme, Begutachtung oder Antragstellung eines anderen Verwaltungsträgers voraussetzt. Oft ist es in diesen Fällen nicht leicht, die Funktion (bloße Anregung oder Wirksamkeitsvoraussetzung) und den eigenständigen Regelungsgehalt der Vorentscheidung zu bestimmen. Die daraus folgenden Probleme eines wirksamen Rechtsschutzes sind zB in der Rechtssache ‚Borelli' deutlich geworden[17].

bb) Vollzugsvorgänge

Die Kooperation wird hier verlangt, um eine (Haupt-)Entscheidung durch eine andere Verwaltungsstelle rechtlich vollziehen zu lassen. Die dabei auftretenden Rechtsprobleme für die horizontale Zusammenarbeit werden am Beispiel des EG-Beitreibungsrechts deutlich. Für die vertikale Kooperation sei auf das Wettbewerbsrecht oder auf Probleme des Beihilferechts, zB das Rückforderungsverlangen der Kommission in Fällen gemeinschaftswidriger nationaler Subventionen, verwiesen. Ganz allgemein geht es in diesen Fällen der Entscheidungszusammenhänge darum, die

17 EuGHE 1992 I, 6313 ff.

Verantwortung der kooperierenden Verwaltungsstellen gemäß dem Charakter der Haupt- und der Folgeentscheidung richtig zu verteilen und ein darauf abgestimmtes Haftungs- und Rechtsschutzkonzept zu entwickeln.

cc) Einheitlich wirkende Entscheidungen

Hier steht die gemeinsame Verantwortung der beteiligten Verwaltungsstellen für die im Kooperationsbereich liegende Aufgabe im Vordergrund. Sie kann – negativ – bestimmt sein als Pflicht zum Abbau und zur Vermeidung von Handelshemmnissen. Sie kann aber auch – positiv – geprägt sein als Gewährleistung zB eines verläßlichen Verbraucher- oder Umweltschutzes. In beiden Varianten soll eine möglichst weitreichende Einheitlichkeit des administrativen Entscheidungsverhaltens erreicht werden. Zwei Grundformen zur Herstellung einheitlich wirkender Entscheidungen lassen sich ausmachen:

– *Dezentralisierte Entscheidungen*: Hier existieren unterschiedliche Arten transnationaler Wirkungen. Teilweise wird der Entscheidung *eines* Mitgliedstaates durch das EG-Recht selbst Geltung für den Gesamtbereich der Gemeinschaft zuerkannt[18]. Teilweise bedarf es förmlicher Anerkennung durch besondere Rechtsakte der anderen Mitgliedstaaten, der uU nur eine reduzierte Prüfung der materiellen Voraussetzungen vorausgehen darf.

– *Zentralisierte Entscheidungen*: Hier übernimmt die EG-Verwaltung den entscheidenden Part. Die Mitgliedstaaten sind in die Entscheidungsvorbereitung eingebunden und oft über eine institutionelle Kooperation im Ausschußverfahren auch an der Entscheidungsfindung beteiligt.

III. Bestandskraft und Bindungswirkung von Entscheidungen im Kooperationsgefüge

Komplexe Verwaltungsaufgaben verlangen nach Verwaltungsentscheidungen, die einerseits feste Stabilitätsgarantien und andererseits überschaubare Flexibilitätsreserven besitzen. Alle Mitgliedstaaten besitzen dazu, soweit es um ihre eigene Verwaltung geht, seit langem eine ausdifferenzierte Dogmatik: Wirksamkeit, Nichtigkeit, Vernichtbarkeit, Abänderbarkeit und Widerruflichkeit von administrativen Entscheidungen, insbesondere von Einzelentscheidungen in der Form des Verwaltungs-

[18] So zB Art 2 Abs 3 der VO (EWG) Nr 3911/92 vom 9. 12. 1992 über die Ausfuhr von Kulturgütern, ABl Nr L 395, 1: „Die Ausfuhrgenehmigung gilt für die gesamte Gemeinschaft".

akts, sind Schlüsselthemen des Allgemeinen Verwaltungsrechts[19]. Auch für das Eigenverwaltungsrecht der EG hat der Europäische Gerichtshof eine Reihe von Regeln entwickelt, die die Anforderungen von Rechtssicherheit, Rechtmäßigkeit und Flexibilität zum Ausgleich bringen sollen[20]. Die beiden wichtigsten Interessenkonstellationen dieser Lehre sind durch die Frage der Anfechtbarkeit seitens des Belasteten und durch die Frage der Aufhebbarkeit seitens der erlassenden Behörde angesprochen. Der Zustand der Unanfechtbarkeit kann dann als Bestandskraft im *formellen* Sinne und der Zustand der Unaufhebbarkeit als Bestandskraft im *materiellen* Sinne bezeichnet werden[21]. Die damit umrissenen Lehren sind auch für das Recht der administrativen Zusammenarbeit von zentraler Bedeutung.

1. Probleme einer gemeinschaftsweiten Bindungswirkung

Das dezentrale Vollzugskonzept, nach dem sich die Verwaltung eines aus 15 Nationalstaaten bestehenden Gemeinschaftsraumes vollziehen soll, läßt aber noch eine weitere Perspektive des Stabilitäts- und Flexibilitätsthemas hervortreten: Die Frage der Verbindlichkeit einer Entscheidung für *andere* Verwaltungsträger. Auch diese Problematik ist im nationalen Verwaltungsrecht nicht ohne Vorbild. Das deutsche Recht behandelt sie unter den Begriffen der Tatbestands- und der Feststellungswirkung von Verwaltungsakten[22]. Für das Verwaltungskooperationsrecht erlangt sie besonderes Gewicht; denn während diese Wirkungen nach bisherigem Verständnis regelmäßig Verwaltungen treffen, die eher punktuell Akte anderer Behörden zu beachten haben, geht es im Kooperationsrahmen um die Bindung vor allem solcher Behörden, die mit demselben Aufgabenkreis befaßt sind und für die die Verwaltungsentscheidung entweder zentral von der EG mit supranationaler Wirkung oder dezentral von der

19 Dazu WINKLER, Der Bescheid (FN 16) 128 ff; *ders*, Die absolute Nichtigkeit von Verwaltungsakten (Tübingen 1960); für das Europarecht J. SCHWARZE, Europäisches Verwaltungsrecht (Baden-Baden 1988) Bd 2, 849 ff.

20 H.-P. IPSEN, Europäisches Gemeinschaftsrecht (Tübingen 1972) 524 ff; SCHWARZE, Europäisches Verwaltungsrecht (FN 19) Bd 2, 911 ff.

21 Die Terminologie ist – auch innerhalb der einzelnen Rechtsordnungen – keineswegs einheitlich. Wir folgen hier SCHWARZE, Europäisches Verwaltungsrecht (FN 19) Bd 2, 1001.

22 Vgl dazu H.-U. ERICHSEN, Das Verwaltungshandeln, in: Erichsen (Hrsg), Allgemeines Verwaltungsrecht, 10. Aufl (Berlin 1995) § 13 Rn. 4.Das österreichische Recht unterscheidet hier in ähnlicher Weise unter dem Oberbegriff der Verbindlichkeit die Gestaltungs- und Feststellungswirkung sowie die Bindungswirkung eines Bescheids, vgl ANTONIOLLI/KOJA (FN 16) 531 f; ADAMOVICH/FUNK (FN 16) 278; B.-CH. FUNK/E. BERCHTOLD-OSTERMANN, Der individuelle Verwaltungsakt, in: Ermacora/Winkler/Koja/Rill/Funk (Hrsg), (FN 2) 189 (201 f).

Verwaltung eines anderen Mitgliedstaates mit transnationaler Wirkung – in gewissem Sinne ‚in Stellvertretung' – getroffen worden ist. Dieser engere fachliche Kooperationsrahmen läßt die Spannungen zwischen der eigenen Verantwortung und einer Bindung an eine fremde Entscheidung sehr viel stärker hervortreten, als das innerhalb des nationalstaatlichen Verwaltungsrechts bisher berücksichtigt werden mußte. Das gilt umso mehr, als sich das nationalstaatliche Verwaltungsrecht zu einem wesentlichen Teil an konkret raumbezogenen Entscheidungen orientiert, während im EG-Verwaltungsrecht wirtschaftsbezogene Vorgänge dominieren: Entscheidungen zur Produktsicherheit, Zolltarifauskünfte oder Exportgenehmigungen können, ohne daß das vorhersehbar oder steuerbar ist, an jeder Stelle des Gemeinschaftsraumes virulent werden. Neue Erkenntnisse und vor Ort gesammelte Erfahrungen gewinnen hier ein ganz anderes Gewicht und verlangen in anderer Weise nach Berücksichtigung, als das für die meisten Entscheidungen gilt, die staatliche Verwaltungen für ihren Hoheitsbereich treffen.

2. Entscheidungen mit supranationaler Wirkung

Als solche Entscheidungen werden hier Entscheidungen angesprochen, die von EG-Organen getroffen werden. Sie ergehen aufgrund des Gemeinschaftsrechts und leiten ihren Bindungsanspruch aus Art 189 Abs 4 EGV her. Formelle Bestandskraft erlangen sie nach Ablauf der Frist des Art 173 Abs 5 EGV. Ihre materielle Bestandskraft folgt, soweit keine besonderen Vorschriften bestehen, aus richterrechtlich entwickelten Regeln[23]. Wenn für ihr Zustandekommen ein aufwendiges Beteiligungsverfahren vorgeschrieben ist, muß dieses nach dem actus-contrarius-Gedanken auch für die Aufhebung beachtet werden. Weitere Relativierungen der materiellen Bestandskraft folgen aus Befristungen. Teilweise sind auch besondere Kontroll- und Änderungsverfahren während der Gültigkeitsdauer vorgesehen[24]. Die Besonderheiten kooperativen Verwaltens können zu weiteren Einschränkungen der materiellen Bestandskraft führen. Interessant ist in diesem Zusammenhang der ‚Gefahrenvorbehalt', den zB Art 18 Abs 4 der Verordnung (EWG) Nr. 2309/93 im zentralisierten arzneimittelrechtlichen Verfahren einräumt. Jeder Mitgliedstaat hat danach das Recht, in seinem Hoheitsgebiet die Verwendung eines von der EG genehmigten Arzneimittels auszusetzen, wenn dieses zum Schutz der Gesundheit von Mensch oder Tier oder zum Schutz der

[23] Vgl oben bei FN 20.

[24] ZB Art 15 ff. Verordnung (EWG) Nr 2309/93 vom 22. 7. 1993 und die entsprechenden Durchführungsverordnung Nr 542/95 vom 10. 3. 1995, ABl Nr L 55, 15 ff; die zentralisierte Arzneimittelzulassung betreffend.

Umwelt dringend erforderlich ist. Er hat die Kommission und die anderen Mitgliedstaaten sofort über die Gründe der Maßnahme zu unterrichten. Das Recht der Letztentscheidung bleibt bei der Kommission. Solange eine solche Entscheidung jedoch nicht ergangen ist, können die nationalen Aussetzungsmaßnahmen in Kraft bleiben. Schon an dieser Stelle zeichnet sich die Notwendigkeit ab, die Bestandskraftslehre für Entscheidungen nach Art 189 Abs 4 EGV für das Verwaltungskooperationsrecht systematisch fortzuentwickeln.

3. Entscheidungen mit transnationalen Wirkungen

Diese Notwendigkeit zeigt sich noch deutlicher bei Entscheidungen, die von einem einzelnen Mitgliedstaat mit gemeinschaftsweiter Wirkung getroffen werden. Auf die zunehmende Bedeutung solcher „transnationalen Verwaltungsakte" ist in jüngerer Zeit wiederholt hingewiesen worden[25]. Die Grundlage ihrer gemeinschaftsweiten Wirkung liegt im EG-Recht, zB im Anerkennungsprinzip und in seinen sekundärrechtlichen Ausformungen. Die Akte selbst bleiben jedoch unbeschadet ihrer transnationalen Wirkung solche des jeweiligen nationalen Verwaltungsrechts. Die Entwicklung eines konsistenten Rechtsregimes für transnationale Akte steht erst in den Anfängen.

– Rechtsdogmatisch genauer erfaßt werden müssen zunächst die unterschiedlichen *Anerkennungstechniken.* Hier lassen sich im Sekundärrecht unterschiedliche Modelle finden: Die gemeinschaftsweite Wirkung kann einer mitgliedstaatlichen Entscheidung durch Rechtsakt der EG ex lege zuerkannt werden (echte Transnationalität). Sie kann aber auch von einer ausdrücklichen Bestätigung durch die anderen Mitgliedstaaten abhängig sein (vermittelte Transnationalität). Dazwischen sind Lösungen denkbar, die die mitgliedstaatlichen Verwaltungen dazu anhalten, den transnationalen Akt als eigenen zugrundezulegen und nur gewisse zusätzliche Prüfungsfragen durch eigene Entscheidung zu beantworten (Transnationalität unter Prüfungsvorbehalt). Die Fragen des Rechtsschutzes, der Haftung und auch der Bestandskraft variieren in der Beantwortung nicht unerheblich, je nachdem, welches Anerkennungsmodell zugrundeliegt.

– Besonders schwierige Probleme ergeben sich für die erforderliche Flexibilität in den Fällen der echten transnationalen Akte. Nach den Grundregeln materieller Bestandskraft ist es primär die Aufgabe und die

---

25 Schmidt-Assmann (FN 10) DVBl 1993, 924 (935 f); Nessler (FN 15) 5 ff und 76 ff; Th. Gross, Die administrative Föderalisierung der EG, JZ 1994, 596 (599); jüngst Schwarze, Verwaltungsrecht unter europäischem Einfluß (FN 9) 135 ff und 150 f; M. Burgi, Verwaltungsprozeß und Europarecht (München 1996) 55 f.

alleinige Kompetenz der erlassenden Behörde, ihre Entscheidung zu korrigieren oder aufzuheben, während die anderen Mitgliedstaaten die „europäische Tatbestandswirkung" grundsätzlich zu respektieren haben[26]. Im sekundärrechtlichen Produktsicherheits- und Zulassungsrecht gibt es allerdings zahlreiche Regelungsansätze, die den anderen Mitgliedstaaten einen gewissen Einfluß auf die Bestandskraft einräumen. Auch hier findet sich das Institut des ‚Gefahrenvorbehalts'[27]. Ein weiteres Institut ist das Eilverfahren nach der Produktsicherheitsrichtlinie; horizontale Kooperation wird hier durch eine zentralisierte Entscheidung entlastet. Insgesamt ist gerade die Bestandskraft transnationaler Akte ein wichtiges Gebiet, auf dem die Leistungsfähigkeit praktischer Verwaltungszusammenarbeit und eine zu entwickelnde Dogmatik des Verwaltungskooperationsrechts noch zusammenfinden müssen.

---

26 Nessler (FN 15) 120 ff.

27 Dazu Nessler (FN 15) 33 f.

Rupert Scholz

Bundesstaaten in der Europäischen Union – Deutschland und Österreich im Vergleich

I. Europäische Integration und bundesstaatliche Strukturfrage

Nationale Bundesstaaten stehen allgemein vor einem sehr grundsätzlichen, ebenso staatspolitischen wie staatsorganisatorischen und damit verfassungsrechtlichen Grundproblem, wenn es um die innerstaatliche Umsetzung eines Systems supranationaler Integration wie dem der Europäischen Union geht.[1] Selbst wenn die Europäische Union heute noch nicht über die Grundelemente einer supranational eigenstaatlichen Formation verfügt,[2] wenn sie vielmehr und grundsätzlich noch – in der Sprache des Art 24 I GG – in der Formation einer „zwischenstaatlichen Einrichtung" verharrt,[3] so ist der Prozeß der europäischen Integration – zuletzt über den Vertrag von Maastricht (EUV) – doch entschieden vorangeschritten, ist aus dem ursprünglichen *„wirtschaftspolitischen Zweckverband"* EG (H. P. IPSEN)[4] eine sich zunehmend weiter verfestigende Politische Union erwachsen,[5] die folgerichtig der ebenso verfassungskonformen wie politisch organischen Umsetzung auch im innerstaatlichen Bereich der Mitgliedstaaten bedarf. Solche Umsetzungsmaßnahmen sind für Einheitsstaaten naturgemäß sehr viel einfacher als für Bundesstaaten. Der supranationale Integrationsprozeß der Europäischen Union hat zwar noch längst nicht die Struktur einer supranationalen Bundesstaatlichkeit angenommen, er hat andererseits aber die Dimension des bloßen (völkerrecht-

---

1 Vgl dazu nur die Referate auf der Jahrestagung 1993 der Vereinigung der Deutschen Staatsrechtslehrer von HILF, STEIN, SCHWEITZER und SCHINDLER (VVDStRL 53,8 ff, 27 ff, 48 ff, 70 ff); siehe weiterhin vergleichend ua PERNICE, DVBl 93, 909 ff.

2 Vgl näher ua Gemeinsame Verfassungskommission von Bundestag und Bundesrat, Bericht. BT-Drucks 12/6000, 20; R. SCHOLZ, NJW 92, 2593 f; *ders,* NVwZ 93, 817 ff; siehe auch DI FABIO, Staat 1993, 191 (194 ff).

3 Vgl näher ua RANDELZHOFER, in: Maunz/Dürig, GG, Art 24 Rdnr 23 ff, 173 ff; R. SCHOLZ, in: Maunz/Dürig, GG, Art 23 (nF) Rdnr 14.

4 Vgl Europäisches Gemeinschaftsrecht (1992) 197 ff, 254, 1055.

5 Siehe näher sowie mit umfangreichen Nachw R. SCHOLZ, in: Maunz/Dürig, GG, Art 23 Rdnr 12 ff, 32 ff.

lichen) Staatenbundes in verschiedener Hinsicht überschritten.[6] Durchaus zutreffend, zumindest aber recht plastisch hat das BVerfG in seiner Maastricht-Entscheidung – im Anschluß an P. KIRCHHOF[7] – vom *„Staatenverbund"* Europäische Union gesprochen.[8] Dieser Staatenverbund realisiert sich heute auf buchstäblich schon breitester Front als Gestaltungs-, Ordnungs- und Exekutivsystem von spezifisch-europäischer Innenpolitik, weshalb auch und namentlich Bundesstaaten gezwungen sind, sich in ihren nationalen Verfassungsstrukturen hierauf einzurichten bzw die innerstaatlichen Kompetenzunterschiede zwischen Bund und Gliedstaaten (Länder) auf diese supranationalen Systeme und Einflüsse einzustellen. Konkret betrifft dies vor allem die Bundesrepublik Deutschland und die Republik Österreich. Beide Länder haben demgemäß Verfassungsänderungen durchgeführt, die zum einen eine nahtlose Umsetzung des europäischen Integrationsprozesses gewährleisten sollen und die zum anderen für ein ausgewogenes und *systemkonformes Miteinander von Bund und Ländern* im Rahmen des weiteren Integrationsprozesses sorgen sollen.[9] In beiden Ländern ist man dabei von wesentlich identischen Grundvoraussetzungen und wesentlich vergleichbaren politischen Grundeinschätzungen ausgegangen. In beiden Ländern stellt sich seit längerem die Frage, auf welche Weise man zum einen allzu zentralistischen Entwicklungszügen, die gerade aus den supranational unitarisierenden Regelungssystemen der Europäischen Union auch mit innerstaatlicher Wirkung erfließen, begegnen kann bzw in welcher Weise man den außen- und europapolitischen Kompetenzprimat des Bundes innerstaatlich soweit an Mitwirkungsbefugnisse der Länder binden kann, daß deren innerstaatliche Position im Verhältnis zum Bund nicht allzu sehr geschwächt wird, und daß es namentlich möglich wird, dort, wo den Ländern über die Schiene des europäischen Gemeinschaftsrechts innerstaatlich Kompetenzverluste drohen, in kompensatorischer Weise die Länder an der europäischen Integrationspolitik bzw an der diese präformierenden innerstaatlichen Willens- und Entscheidungsbildung des Bundes beteiligt werden können.[10]

6 Vgl R. SCHOLZ, in: Maunz/Dürig, GG, Art 23 Rdnr 32 ff.

7 Vgl in: ISENSEE/P. KIRCHHOF (Hrsg), Handbuch des Staatsrechts der Bundesrepublik Deutschland, Bd VII (1992) 855 (873, 879 ff).

8 BVerfGE 89,155 (181 ff).

9 Siehe in Deutschland bes Art 23 GG idF vom 21. 12. 92 (BGBl I 2086) und in Österreich bes Art 23a – 23f B-VG vom 21. 12. 94 (öst BGBl 1994/1013).

10 Vgl hierzu für Österreich ua sowie näher GRABENWARTER, ZaöRV 55, 166 ff; PERNTHALER, Das Länderbeteiligungsverfahren an der europäischen Integration (1992); SCHÄFFER, DÖV 94, 181 ff; *ders,* DÖV 96, 396 ff; ÖHLINGER, FS Helmrich (1994) 381 ff; *ders,* FS Everling, Bd 11 (1995) 1017 ff; BROCHMANN, EuZW 94, 116 ff; SCHWEITZER, FS Everling, Bd II (1995) 1379 ff; für Deutschland siehe näher sowie m w Nachw R. SCHOLZ, in: Maunz/Dürig, GG, Art 23 Rdnr 90 ff, 120 ff.

Zum anderen und insoweit über die bundesstaatliche Problematik hinausgreifend stellt sich das Problem, wie man bestimmte *demokratiestaatliche Defizite* im europäischen Integrationsprozeß auf nationaler Ebene kompensieren kann bzw wie man Vorsorge dagegen treffen kann, daß die im Grundsätzlichen nach wie vor dominant-exekutivische Entscheidungsstruktur der Europäischen Union wenigstens auf nationaler Ebene, also über die nationalen Parlamente (Bundestag und Nationalrat), ausbalanciert werden kann; oder in anderen Worten: Inwieweit sind die nationalen Parlamente, hier also Bundestag und Nationalrat, an den wesentlich exekutivischen, also bei den jeweiligen Regierungen liegenden Integrationszuständigkeiten bzw Integrationsentscheidungen zu beteiligen, wobei es nicht nur um innerstaatlich drohende Kompetenzverluste der Parlamente und ihrer demokratischen Legitimationen, sondern auch um die nach wie vor mangelnde Kompetenz wie Legitimation eines – gerade in demokratiestaatlicher Hinsicht ggf zur Kompensation berufenen und fähigen – Europäischen Parlaments geht.[11]

Deutschland wie Österreich haben zur Erreichung der vorgenannten Ziele Verfassungsänderungen im GG bzw im B-VG vorgenommen, die ihre vielfältige inhaltliche Vergleichbarkeit sogar, wenngleich naturgemäß zufällig bis in die Enumerierung der Verfassungsnovellen im GG bzw im B-VG widerspiegeln. In Deutschland wählte man die nach der Wiedervereinigung frei gewordene Verfassungsposition des Art 23 GG (an die Stelle des bisherigen „Artikels der deutschen Einheit" sollte jetzt der „Artikel der europäischen Einheit" treten),[12] in Österreich fügte man nach dem bestehenden Art 23 B-VG den neuen Abschnitt *„B. Europäische Union"* mit den Bestimmungen der Art 23a bis 23f B-VG ein. Daneben wurden eine Reihe weiterer Verfassungsänderungen in beiden Ländern realisiert, die im Verhältnis zu den vorgenannten Verfassungsänderungen jedoch nur von ergänzender oder mehr vollzugstechnischer Bedeutung sind. Auf Einzelheiten hierzu wird zurückzukommen sein.

Wesentlich ist zunächst aber die grundsätzliche politische Entscheidung zugunsten einer *europäisch geöffneten Bundesstaatlichkeit* bzw – in der Sprache des deutschen Verfassungsrechts – die Entscheidung für das Staatsziel der „Verwirklichung eines vereinten Europas" bzw „der Entwicklung der Europäischen Union" (Art 23 I 1 GG), die für beide Bundesstaaten im wesentlichen identisch ausgefallen ist, wenngleich Österreich auf die ausdrückliche Formulierung eines solchen Staatsziels verzichtet hat, ungeachtet dessen aber – im Grunde noch weitergehend – ei-

---

11 Siehe dazu m Nachw R. SCHOLZ, in: Maunz/Dürig, GG, Art 23 Rdnr 16 ff, 57 f, 99 ff.

12 Vgl R. SCHOLZ, in: Maunz/Dürig, GG, Art 23 Rdnr 1.

nen gesonderten Verfassungsabschnitt der vorbezeichneten Art geschaffen hat.[13] Denn dies bedeutet nichts anderes, als daß man auf österreichischer Seite die Europäische Union auch schon in institutionell abgesicherter Form anerkennt – ungeachtet ihrer weiteren Entwicklungsbedürftigkeit und -fähigkeit. In diesem Sinne anerkennt Österreich auch den Vorrang des europäischen Gemeinschaftsrechts vor dem innerstaatlichen Recht in ungleich stringenterer Form als Deutschland, worauf namentlich T. ÖHLINGER aufmerksam gemacht hat und was sich letztendlich aus dem KELSENschen Rechts- und Verfassungsverständnis ableitet, wie es österreichischem Rechts- und Verfassungsdenken unverändert und maßgebend immanent ist. Ganz zutreffend resümiert etwa T. ÖHLINGER, daß die Vorstellung einer nationalen Verfassungskontrolle von Gemeinschaftsrecht, wie sie nach der Rechtsprechung des BVerfG in bestimmten (Grenz-)Zonen unverändert fortbesteht und wie sie zu einem sog *„Kooperationsverhältnis"* zwischen BVerfG und EuGH führen soll,[14] für das österreichische Verfassungsrecht und sein Verfassungsgerichtssystem nicht (mehr) aktuell sein oder werden kann.[15] Wenn man so will, so kann man für Österreich konstatieren, daß es den europäischen Integrationsprozeß bzw die schon heute in der Europäischen Union realisierte supranationale „Rechtsgemeinschaft" im Grunde vollständig in das nationale Verfassungssystem und damit auch in das nationale System der Rechtsquellen inkorporiert hat, während Deutschland nach wie vor von einer grundsätzlichen Unterscheidung zwischen der supranationalen „Rechtsgemeinschaft" und der nationalen Rechtsordnung ausgeht, wenngleich auch hier die grundsätzlichen Vorrangwirkungen des europäischen Gemeinschaftsrechts nicht bestritten werden und der weitere Ausbau dieser supranationalen „Rechtsgemeinschaft" ausdrücklich verfolgt wird. In der Vorstellung einer supranational geöffneten Verfassungs- und Bundesstaatlichkeit treffen sich beide Länder, suchen sie auch in der Umsetzung vielfältig identische oder ähnliche Wege, deren Vergleich nicht nur aus Gründen einer systematischen Rechts- und Verfassungsvergleichung, sondern auch aus Gründen durchaus nationaler Regelungsinteressen lohnt. Denn – dies sei an hiesiger Stelle schon vorausgeschickt – beide Verfassungssysteme können namentlich dort voneinander lernen, wo sie unterschiedliche Wege beschritten haben. Zum anderen können sich beide Verfassungssysteme aufeinander berufen, wo sie identische Wege eingeschlagen haben, aber auch auf durchaus vergleichbare Kritik gestoßen sind. So zielt einer

[13] Siehe näher sowie m Nachw R. SCHOLZ, in: Maunz/Dürig, GG, Art 23 Rdnr 4, 36 ff.

[14] Vgl BVerfGE 89,175; siehe m w Nachw auch R. SCHOLZ, in: Maunz/Dürig, GG, Art 23 Rdnr 24 f.

[15] Vgl FS Everling, Bd II, 1017 (1019 f).

der kritischen Haupteinwände gegen die Neuregelung des Art 23 GG darauf, daß dieser Art 23 GG mit seinen Regelungen zum Bund-Länder-Verhältnis viel zu kompliziert ausgefallen sei, daß die Verfassung hier mit überkomplizierten Verfahrensregelungen, ja – politisch gesprochen – fast mit „Geschäftsordnungsfragen" im Verhältnis von Bundesregierung, Bundestag und Bundesrat überfrachtet worden sei; eine Kritik, die keinesfalls grundlos ist, die vielmehr und durchaus ernst zu nehmen ist. Denn der neue Art 23 GG und die zu seinem Vollzug auf einfach-gesetzlicher Basis getroffenen Regelungen bedürfen durchaus noch ihrer auch praktischen Bewährung.

Wenn solche Kritiker in Deutschland allerdings auf die Rechtslage in Österreich schauen sollten, und dies ist jedermann in Deutschland anzuraten, so wird sich bei dem einen oder anderen Kritiker des neuen Art 23 GG vielleicht sogar eine etwas geneigtere Haltung dieser Verfassungsnovelle gegenüber einstellen. Denn – zumindest auf den ersten Blick – erscheinen die österreichischen Regelungen noch komplizierter, noch differenzierter und noch verfeinerter zu sein, als dies in Deutschland der Fall ist.[16]

II. Europäische Integration und nationale Parlamentszuständigkeiten

a) Nach Art 23 II 1 GG wirkt der Deutsche Bundestag „in Angelegenheiten der Europäischen Union" – neben dem Bundesrat – „mit". Nach Art 23 II 2 GG „hat die Bundesregierung den Bundestag und den

[16] Siehe neben den Art 23a ff B-VG weiterhin und namentlich die Regelungssysteme der Vereinbarung zwischen dem Bund und den Ländern gemäß Art 15a B-VG über die Mitwirkungsrechte der Länder und Gemeinden in Angelegenheiten der europäischen Integration vom 12. 3. 1992 (öst BGBl 1992/775), der Vereinbarung zwischen den Ländern gemäß Art 15a B-VG über die gemeinsame Willensbildung der Ländern in Angelegenheiten der europäischen Integration (ua LGBl Wien 1992/291), des Gesetzes über die Errichtung eines (beim Bundeskanzleramt eingesetzten) Rates für Fragen der österreichischen Integrationspolitik vom 29. 6. 1989 (öst BGBl 1989/368) und der Verordnung des Bundeskanzler vom 27. 11. 1989 über die Einsetzung und die Geschäftsordnung der Arbeitsgruppe für Integrationsfragen (öst BGBl 1989/241). Alle diese Regelungen, die hier nicht im einzelnen diskutiert werden sollen, offenbaren vor allem die ausgeprägte und sinnbewußte Grundtendenz des österreichischen Rechts, alle innerstaatlichen Zuständigkeiten und Beteiligungen im Prozeß der europäischen Integration möglichst breit, möglichst formalisiert und möglichst komplett wie differenziert im einzelnen auszugestalten, wobei ein möglichst dichtes Netz von Kooperationselementen zwischen Bund, Ländern und Gemeinden gesponnen wird bzw wurde. Ob dies freilich auch alles einer effektiven und flexiblen Europapolitik Österreichs dient bzw schon gedient hat, erscheint nach hiesiger Auffassung zweifelhaft.

Bundesrat umfassend und zum frühestmöglichen Zeitpunkt zu unterrichten".[17] Dies ist die Generalnorm des GG, die – ebenso für den Bundestag wie für den Bundesrat – in den Bestimmungen des Art 23 III – VII GG ihre näheren Ausformungen erfährt. Für den Bundestag bedeutet dies nach Art 23 III GG, daß „die Bundesregierung dem Bundestag Gelegenheit zur Stellungnahme vor ihrer Mitwirkung an Rechtssetzungsakten der Europäischen Union gibt" (1). „Die Bundesregierung berücksichtigt die Stellungnahmen des Bundestages bei den Verhandlungen" (2). Nach Art 23 III 3 GG wird das Nähere durch ein Gesetz, nämlich durch das EUZBBG vom 12. 3. 1993 (BGBl I 311), geregelt. Dem Bundestag steht hiernach kein eigenständiges Entscheidungsrecht in Fragen der europäischen Integration zu. Die grundsätzlich exekutivische, weil völkerrechtlich qualifizierte Außenvertretungskompetenz der Bundesregierung für den Bund bleibt grundsätzlich unberührt.[18] Im Gegensatz zum Bundesrat verfügt der Bundestag über keine Befugnis, die Bundesregierung verbindlich an eigene Stellungnahmen in ihrer Integrationspolitik zu binden. Theoretisch wäre es zwar möglich, solche Verbindlichkeiten der Bundesregierung durch Gesetz zu schaffen – eine Befugnis des Bundestages, die der Verfassungsgesetzgeber bei der Schöpfung des neuen Art 23 GG naturgemäß nicht in Zweifel gezogen hat bzw auch nicht in Zweifel hätte ziehen dürfen (Art 20/79 III GG).[19] Andererseits geht es hierbei doch um eine wesentlich nur theoretische Fragestellung. Denn die Integrationspolitik, die sich in den Gremien der Europäischen Union unter Mitwirkung der Bundesregierung vollzieht, versteht sich durchaus prozeßhaft, sie ist auf vielfältige supranationale und internationale Kompromisse angelegt und verträgt demgemäß keine innerstaatlichen Vorabfestlegungen durch nationale Gesetzgebungen. Es kann in der Tat nur darum gehen, daß der Bundestag auf der Grundlage entsprechend früher Informationen durch die Bundesregierung seinerseits Stellungnahmen und Empfehlungen abgibt, um sich auf diesem Wege auch politisch im Prozeß der supranationalen Rechtssetzungen wiederfinden zu können. Um möglichst rasch und damit wirksam an der Integrationspolitik der Bundesregierung teilnehmen zu können, ist durch den neuen Art 45 GG der Bundestagsausschuß „für die Angelegenheiten der Europäischen Union" (sog *Unions-Ausschuß*) geschaffen worden, der zwar in der politischen Praxis nichts Neues bedeutet, der andererseits aber jetzt über eine institutionelle Gewährleistung verfügt und der gemäß Art 45 S 2 GG mittels Ermächtigung des Bundestages auch in die Position einer Art von „Hauptausschuß" eintreten

17 Vgl näher R. Scholz, in: Maunz/Dürig, GG, Art 23 Rdnr 93 ff, 112 ff.

18 Vgl näher dazu R. Scholz, in: Maunz/Dürig, GG, Art 23 Rdnr 95 ff.

19 Vgl näher dazu R. Scholz, in: Maunz/Dürig, GG, Art 23 Rdnr 117 f.

kann, indem ihm kraft Delegation des Bundestages dessen Rechte aus Art 23 GG übertragen werden.[20]

b) In Österreich hat man einen vergleichbaren Weg eingeschlagen – aber mit durchaus stärkeren Zuständigkeiten des Parlaments. Nach Art 23e I B-VG „hat das zuständige Mitglied der Bundesregierung den Nationalrat und den Bundesrat unverzüglich über alle Vorhaben im Rahmen der Europäischen Union zu unterrichten und ihnen Gelegenheit zur Stellungnahme zu geben". Insoweit entsprechen sich die Positionen von Nationalrat und Bundestag. Nach Art 23e II 1 B-VG heißt es aber weiter, daß eine Bindung der Bundesregierung an die Stellungnahme des Nationalrates „zu einem Vorhaben im Rahmen der Europäischen Union" dann verbindlich ist, wenn dieses Vorhaben „durch Bundesgesetz umzusetzen ist oder ... auf die Erlassung eines unmittelbar anwendbaren Rechtsaktes gerichtet ist, der Angelegenheiten betrifft, die bundesgesetzlich zu regeln wären". Mit dieser Regelung geht die österreichische Verfassung erheblich über das GG hinaus. Die Rolle des Parlaments, hier also des Nationalrats, in Angelegenheiten der Europäischen Union erweist sich als außerordentlich stark ausgebaut und zugleich wird deutlich gemacht, daß Rechtssetzungsakte der Europäischen Union in aller Regel in der Normwirkung und normativen Bedeutung auch im übrigen der innerstaatlichen Gesetzgebung gleichkommen (vom Vorrang des EG-Rechts im übrigen einmal abgesehen).[21] So erscheint es durchaus konsequent, wenn die Zurückdrängung des Nationalrats durch Zuständigkeiten der Europäischen Union in der Weise kompensiert wird, daß gleichsam quasi-legislatorische Entscheidungszuständigkeiten zugunsten des Nationalrats im Vorfeld der jeweiligen Rechtssetzung auf der Ebene der Europäischen Union begründet werden. Andererseits stellt sich freilich die Frage, ob ein solches, dem Prozeß der europäischen Rechtssetzung vorgeschaltetes nationales Verfahren einer präventiven Quasi-Legislative den praktischen Gegebenheiten wie Notwendigkeiten auf europäischer Ebene gerecht zu werden vermag. Die Dynamik, die vielfältigen Zeitgebundenheiten und die noch vielfältigeren Kompromißnotwendigkeiten auf europäischer Ebene setzen in aller Regel einen doch wesentlichen Entscheidungsspielraum der Regierung bzw ihrer Vertreter in den Gremien der Europäischen Union voraus; und ein solcher Entscheidungsspielraum wird von der vorbezeichneten Regelung in Österreich doch in entschiedener Weise ausgeschlossen, wenn nicht sogar in Abrede gestellt. Nach Art 23e II 2 B-VG darf die Bundesregierung zwar von der Stellungnahme des Nationalrates dann abweichen, wenn „zwingende außen- und integrationspolitische Gründe"

20 Vgl näher R. Scholz, in: Maunz/Dürig, GG, Art 45 Rdnr 1 ff, Art 23 Rdnr 113.

21 Siehe näher dazu ua Schäffer, DÖV 96, 396 ff; Grabenwarter, ZaöRV 55, 177 ff.

hierfür sprechen, wobei nach Art 23e III 1 B-VG die Bundesregierung verpflichtet ist, im Falle ihrer Absicht, von der Stellungnahme des Nationalrats abzuweichen, diesen „neuerlich zu befassen". Nach Art 23e IV 2 B-VG sind die Gründe für ein Abweichen „dem Nationalrat unverzüglich mitzuteilen". Die Formel von den „zwingenden außen- und integrationspolitischen Gründen" ähnelt der Formel von der „gesamtstaatlichen Verantwortung des Bundes", wie sie Art 23 V 2 und Art 23 VI 2 GG für das Verhältnis von Bund und Ländern in Deutschland statuiert hat; denn unter der „gesamtstaatlichen Verantwortung des Bundes" sind gerade und insbesondere solche Gründe der allgemeinen Außen-, Integrations- und auch Sicherheitspolitik zu verstehen.[22] In Deutschland gilt dies aber nur für das Verhältnis von Bund und Ländern, nicht dagegen für das Verhältnis von Bundesregierung und Bundestag. Die Außen-, Integrations- und Sicherheitspolitik gehört in Deutschland im Kern zu den Zuständigkeiten der Bundesregierung, also zur Exekutive – ausbalanciert über die allgemeine Gesetzgebungs- und Kontrollzuständigkeit des Bundestages in allen Bereichen exekutivischer Regierungsverantwortung.[23] In Österreich wird dieser Kernbereich exekutivischer Eigenverantwortung im Bereich der Außenpolitik deutlich verengt auf jene „zwingenden Gründe" der Außen- und Integrationspolitik, wobei ergänzend auf die Regelung des Art 23f B-VG hinzuweisen ist, derzufolge „Österreich an der Gemeinsamen Außen- und Sicherheitspolitik der Europäischen Union ... mitwirkt" (Abs 1 S 1) und derzufolge die vorbezeichneten Regelungen des Art 23e II – IV B-VG auch in diesem Feld (sowie auch in den Bereichen von Justiz und Inneres) entsprechend gelten sollen (Abs 2). Dies bedeutet wiederum, daß die hiesigen Integrationsbereiche, in denen unverändert das intergouvernementale Regelungsprinzip gilt, gleichfalls und verstärkt in die Vorabzuständigkeit des Nationalrats überwiesen werden und erneut der Bundesregierung nur ein äußerst begrenzter Spielraum zur Eigenentscheidung bzw zur Abweichung von Stellungnahmen des Nationalrats eröffnet wird.

Insgesamt betont das österreichische Verfassungsrecht damit die Rolle des Parlaments in ungleich stärkerer Weise als dies in Deutschland der Fall ist. Im Ergebnis kann für die österreichische Integrationspolitik von einem spezifischen *„Kondominium"* von Exekutive (Bundesregierung) und Legislative (Nationalrat) bzw von einem weitgehenden *Parlamentsvorbehalt* für die Integrationspolitik ausgegangen werden, wie dies sicherlich manchem im Deutschen Bundestag auch wünschenswert erschienen wäre, wie es von der Grundsystematik des grundgesetzlichen Verhältnisses

22 Vgl R. Scholz, in: Maunz/Dürig, GG, Art 23 Rdnr 129.

23 Vgl R. Scholz, in: Maunz/Dürig, GG, Art 23 Rdnr 98, 100 f.

von Bundestag und Bundesregierung aber nur schwer nachzuvollziehen oder umzusetzen gewesen wäre.[24] Politisch stellt sich im übrigen die Frage, ob die sehr viel zurückhaltendere Beteiligungsregelung im deutschen Recht aus der Sicht der Integrationspolitik nicht deshalb mehr Sinn macht als die österreichische Regelung, die – auch im Hinblick auf die erneute Wiedervorlagepflicht gemäß Art 22 III 1 B-VG – die österreichische Integrationspolitik an außerordentlich komplizierte innerstaatliche Verfahrenshürden bindet.

c) Andererseits übertrifft die österreichische Verfassungsnovelle das deutsche Verfassungsrecht an Einsicht in Erfordernisse der Praktikabilität und Reaktionsfähigkeit dort, wo es um die innerparlamentarische Umsetzung der Beteiligung des Nationalrats bzw des Bundestags geht. Wo Art 45 S 2 GG für den Unions-Ausschuß des Bundestages lediglich die (ermächtigungsmäßige) *Möglichkeit* der Rolle eines *„Hauptausschusses"* vorsieht (einer Ermächtigung im übrigen, der der Deutsche Bundestag bisher nicht gefolgt ist), dort geht Art 23e V B-VG für Österreich sehr viel weiter, indem er ausdrücklich verfügt, daß „die Wahrnehmung der Zuständigkeiten des Nationalrates gemäß den Absatz 1-4 grundsätzlich dessen Hauptausschuß obliegt" (Abs 1 in Verb m Art 55 B-VG). Art 23e V 2 – 4 B-VG gibt dem Gesetzgeber im übrigen das Recht, im Geschäftsordnungsgesetz abweichend einen eigenen „Europaausschuß" als ständigen Unterausschuß des Hauptausschusses einzusetzen oder – umgekehrt – die Wahrnehmung bestimmter Zuständigkeiten dem Plenum des Nationalrats selbst vorzubehalten. Letzteres läuft auf ein Verfahren selektiver Delegation hinaus, wie es auch für das Verhältnis von Bundestag und Unions-Ausschuß nach Art 45 S 2 GG in Betracht kommt. Der wesentliche Vorzug der österreichischen Regelung besteht nach hiesiger Auffassung aber darin, daß die Plenarzuständigkeiten des Nationalrats als grundsätzliche Ausnahme erscheinen, während in Deutschland die grundsätzlich umgekehrte Regel besteht. Für die österreichische Lösung sprechen eindeutig die Momente einer rascheren Reaktionsfähigkeit des Parlaments, einer höheren Flexibilität und damit insgesamt die von Effektivität und Praktikabilität. Der Deutsche Bundestag wird die Entwicklung in Österreich sehr genau zu beobachten haben, um ggf auf der Grundlage der österreichischen Erfahrungen von seiner Ermächtigung aus Art 45 S 2 GG auch definitiv Gebrauch zu machen, dem Unions-Ausschuß also doch die diesem bisher verweigerte Funktion eines europapolitischen „Hauptausschusses" einzuräumen.

---

24 Vgl näher R. Scholz, in: Maunz/Dürig, GG, Art 23 Rdnr 98, 100 f.

III. Europäische Integration und Bund-Länder-Verhältnis

a) Auch im Bund-Länder-Verhältnis findet sich vieles, was in Deutschland und Österreich identisch geregelt wird. Anderes unterscheidet sich dagegen ebenso im Grundsätzlichen wie im Detail. Insgesamt ist jedenfalls und vorab für das österreichische System festzustellen, daß dieses ungleich differenzierter und detaillierter als das deutsche System ist – ein Tatbestand, der zumindest denjenigen überraschen muß, der schon das deutsche System nach Maßgabe des neuen Art 23 GG als zu differenziert und detailliert empfunden oder kritisiert hat. Gerade insoweit wird man die tatsächliche Bewährungsprobe beider Systeme mit viel Aufmerksamkeit zu verfolgen haben.

Der Grundansatz beider Verfassungssysteme ist identisch, indem beide Verfassungen davon ausgehen, daß der Bund die Länder in Angelegenheiten der europäischen Integration zu beteiligen hat (Art 23 II, IV – VII GG, Art 23d und Art 23e B-VG). Ein maßgebender Unterschied liegt jedoch schon darin, daß die Beteiligung der Länder in Deutschland über das Bundesverfassungsorgan Bundesrat erfolgt,[25] während in Österreich von einer unmittelbaren und damit insoweit auch eigenständigen Länderzuständigkeit ausgegangen wird.[26] Nach Art 23d I 1 B-VG „hat der Bund die Länder unverzüglich über alle Vorhaben im Rahmen der Europäischen Union, die den selbständigen Wirkungsbereich der Länder berühren oder sonst für sie von Interesse sein könnten, zu unterrichten und ihnen Gelegenheit zur Stellungnahme zu geben". Insoweit besteht ein unmittelbares Verhältnis von Bund und Ländern bzw zwischen dem Bund und jedem einzelnen Land, wie es dem deutschen System unbekannt ist. Nach Art 23d I 3 B-VG werden des weiteren in gleicher Weise die Gemeinden einbezogen, deren „Vertretung" nach Art 23d I 4 B-VG dem Österreichischen Städtebund und dem Österreichischen Gemeindebund zusteht (vgl Art 115 III B-VG).[27] Ein eigenständiges europapolitisches Mandat der Gemeinden ist auch in der deutschen Verfassungsdiskussion gefordert worden.[28] Da ein solches eigenständiges europapoliti-

25 Vgl näher sowie m Nachw R. Scholz in: Maunz/Dürig, GG, Art 23 Rdnr 90, 92 ff, 102 ff, 120 ff.

26 Vgl Pernthaler, Das Länderbeteiligungsverfahren an der europäischen Integration, 32 ff; Schäffer, DÖV 96, 399 ff; *ders*, FS Schambeck (1994) 1003 ff; Grabenwarter, ZaöRV 55,171 ff; Borchmann, EuZW 94, 116 ff.

27 Vgl dazu näher z.B. Grabenwarter, ZaöRV 55, 173 ff.

28 So die schriftliche Forderung des Deutschen Städtetages vom 19. 6. 1992 an die Mitglieder der Gemeinsamen Verfassungskommission (Az 85.02.42); in diesem Sinne ferner auch der Deutsche Städte- und Gemeindebund in seinem Schreiben an die Vorsitzenden der Gemeinsamen Verfassungskommission vom 24. 6. 1992 (Az D I-010-00-SA sc/hö) und die dort in bezug genommenen Vorschläge zur Änderung des GG vom 22. 6.

sches Mandat der Gemeinden aber das Gesamtsystem des deutschen Staatsaufbaus im Gegensatz zu Art 28 GG in ein solches der Dreistufigkeit verwandelt hätte, ist diese Forderung der Gemeinden nicht akzeptiert bzw realisiert worden.[29] Die Gemeinden sind – i ü auch in Österreich (vgl Art 116 I 1 B-VG) – Teile der Länder, weshalb die europapolitischen Interessen der Gemeinden durch die Länder – vermittelt wiederum über den Bundesrat – wahrzunehmen sind. Vor allem von Länderseite ist bei dieser Debatte auch in politischer Hinsicht eine deutlich retardierende Haltung bezogen worden.[30] Um wenigstens im Zusammenhang mit im Ausschuß der Regionen gemäß Art 198a ff EGV eine gewisse Beteiligung der Gemeinden zu erreichen, mußte der Bund viel politische Energie aufwenden, um den Ländern wenigstens die Regelung der §§ 10, 14 EUZBLG vom 12. 3. 1993 (BGBl I 313) abzuringen, denen zufolge die gemeindlichen Interessen „bei Vorhaben der Europäischen Union" „zu wahren" und „zu schützen" sind (§ 10) sowie jedenfalls gewährleistet sein muß, daß im Ausschuß der Regionen „auf Vorschlag der kommunalen Spitzenverbände" drei gewählte Vertreter im Regionalausschuß vertreten sind (§ 14).

b) Hinsichtlich des Rechts der Länder bzw des Bundesrats zur Stellungnahme zu Vorhaben der Europäischen Union verfahren Deutschland wie Österreich in im wesentlichen gleicher Weise. Neben einem allgemeinen Recht zur Stellungnahme (vgl Art 23 III GG, Art 23d I B-VG) besteht, soweit innerstaatlich Zuständigkeitsbereiche der Länder durch solche Vorhaben der Europäischen Union betroffen sind, ein gesteigertes Recht zur Stellungnahme, das den Bund auch binden kann. Nach Art 23 V GG sind dies die Bereiche, wo „im Schwerpunkt Gesetzgebungsbefugnisse der Länder, die Einrichtung ihrer Behörden oder ihre Verwaltungsverfahren betroffen sind"; in Österreich heißt es, daß dieses bindende Recht der Länder zur Stellungnahme in Angelegenheiten gilt, „in denen die Gesetzgebung Landessache ist" (Art 23d II 1 B-VG). Nach Art 23d II 2 B-VG „darf der Bund" von solchen bindenden Stellungnahmen aber „aus zwingenden außen- und integrationspolitischen Gründen abweichen"; ein Recht, das dem Bund in Deutschland in dieser Form nicht zusteht. In Deutschland heißt es lediglich, daß bei alledem „die gesamtstaat-

---

1992 (Az D I sc/hö); vgl schließlich den Vorbericht des Deutschen Städte- und Gemeindebundes vom 9. 11. 1992 über die 74. Präsidialsitzung am 28./29. 9. 1992 in Gelsenkirchen (Az D I-010-00-SA – sc/a).

29 Vgl dazu auch R. Scholz, in: Maunz/Dürig, GG, Art 23 Rdnr 64 f.

30 Dies kommt insbesondere in dem Umstand zum Ausdruck, daß die Bundesländer die diesbezüglichen Vorschläge der kommunalen Spitzenverbände zu keinem Zeitpunkt aufgegriffen haben; vgl insoweit die Arbeitsunterlagen der Gemeinsamen Verfassungskommission Nr 2, 27, 63, 86 und 104; vgl ferner die Stenographischen Berichte der Kommissionssitzungen Nr 2, 3, 7 und 8 sowie schließlich den Bericht der Kommission Verfassungsreform des Bundesrates (Bonn 1992) Rdnr 3 ff.

liche Verantwortung des Bundes zu wahren ist" (Art 23 V 2 GG) – mit der weiteren Konsequenz, daß in solchen Fällen bei Meinungsverschiedenheiten zwischen Bundesregierung und Bundesrat ein kompliziertes Kollisionslösungsverfahren eingreift, das im Ergebnis – bei entsprechender Zwei-Drittel-Mehrheit im Bundesrat – diesem das Letztentscheidungsrecht auch hinsichtlich der „gesamtstaatlichen Verantwortung" vermittelt (vgl § 5 II EUZBLG).[31] Verfassungssystematisch läßt sich dieses Verfahren nur damit rechtfertigen, daß der Bundesrat als Bundesverfassungsorgan tätig wird, weshalb dem Bundesrat insoweit auch eine außen- und sicherheitspolitische Verantwortung eingeräumt werden kann. Ungeachtet dessen erscheint die österreichische Lösung aber kompetenzgerechter, weil sie den außenpolitischen Kompetenzprimat des Bundes sehr viel klarer wahrt. Grund hierfür ist vermutlich schon die Tatsache, daß man die europapolitische Beteiligung der Länder nicht über das Bundesverfassungsorgan Bundesrat, sondern über die Länder direkt gewährleistet – mit der Konsequenz, daß auch insoweit zwischen Bund und Ländern eine verfassungssystematisch klarere Kompetenzabgrenzung möglich bleibt. Auf der anderen Seite stellt sich bei einer europapolitischen Beteiligung der Länder das Problem, wie bei unterschiedlichen Auffassungen bzw unterschiedlichen Stellungnahmen der Länder zu verfahren ist. Um nicht entgegen dem für das GG maßgebenden zweigliedrigen Bundesstaatsbegriff eine dritte Ebene, nämlich die Gesamtheit der Länder, zu instituieren, hat man in Deutschland als zuständiges Organ (auch) für die Länderbeteiligung in europapolitischen Angelegenheiten den Bundesrat berufen, der mit entsprechender Mehrheit entscheidet. In Österreich geht es dagegen um „eine einheitliche Stellungnahme der Länder", worunter im Ergebnis nicht Einstimmigkeit, sondern „bloße Einhelligkeit bei Stimmenmehrheit" verstanden wird, dh mindestens fünf der neuen Länder müssen zustimmen, ohne daß ein Land dagegen stimmt (vgl Art 3 Ziff. 5 Vereinbarung zwischen den Ländern gemäß Art 15a B-VG über die gemeinsame Willensbildung der Länder in Angelegenheiten der europäischen Integration).[32] Diese sog „IKL-Vereinbarung" stellt im übrigen eine Institution dar, wie sie dem deutschen Verfassungsrecht völlig unbekannt ist. Denn in dieser Konferenz sind die Landeshauptmänner und die Präsidenten der Landtage vertreten; das Präsidium des Bundesrates ist nur zur Teilnahme berechtigt, im übrigen wird der Bundesrat in diesen Entscheidungsprozeß auf Länderebene generell nicht eingebunden. Jedes Land hat in dieser Konferenz eine Stimme, die vom Landeshauptmann abgegeben wird. Insgesamt handelt es sich also – aus deutscher Verfas-

31 Vgl dazu näher R. Scholz, in: Maunz/Dürig, GG, Art 23 Rdnr 105, 131, 139.

32 Vgl Grabenwarter, ZaöRV 55, 173 ff.

sungssicht – um eine tatsächliche Form eines eher dreigliedrig verstandenen Bundesstaates, der dem System der österreichischen Bundesstaatlichkeit aber auch im übrigen nicht fremd zu sein scheint oder zumindest nicht so fremd ist wie dem deutschen Verfassungssystem.[33] Bemerkenswert aus deutscher Sicht ist aber vor allem die Selbstverständlichkeit, mit der in Österreich von der entsprechenden Beteiligung auch der Länderparlamente ausgegangen wird. Ähnliche Bestrebungen gab es auch in Deutschland von Seiten der Landtage.[34] Diese wurden aber sämtlich verworfen. Die Beteiligung der Länder in Angelegenheiten der Europäischen Union wurde ausschließlich auf das exekutivische Bundesverfassungsorgan Bundesrat konzentriert – eine Konstruktion, die eine Beteiligung der Landtage von vornherein ausschloß. Da man in Österreich aber von einer originären Beteiligung der Länder an Vorhaben der Europäischen Union ausgeht, den Ländern insoweit eine originäre Mitwirkungszuständigkeit einräumt, war es nicht zuletzt aus der Sicht des demokratischen Prinzips ebenso selbstverständlich wie konsequent, nicht nur exekutivische, sondern auch parlamentarische Zuständigkeiten anzuerkennen.

c) Die Beteiligung des Bundesrates „zu einem Vorhaben im Rahmen der Europäischen Union" beschränkt sich nach Art 23e VI B-VG in Österreich auf ein solches Vorhaben „das zwingend durch ein Bundesverfassungsgesetz umzusetzen ist, das nach Art 44 Abs II (B-VG) der Zustimmung des Bundesrates bedürfte". In solchen Fällen ist die Bundesregierung bzw deren zuständiges Mitglied „bei Verhandlungen und Abstimmungen in der Europäische Union an diese Stellungnahme gebunden"; „es darf davon nur aus zwingenden außen- und integrationspolitischen Gründen abweichen" (Art 23e VI 1 – 2 B-VG). Dies bedeutet, daß der Bundesrat nur über eine äußerst begrenzte Beteiligungsrolle in Angelegenheiten der Europäischen Union verfügt – nämlich insoweit, wie es um Fragen von allgemein verfassungsändernder oder verfassungsgebender Qualität geht. Vergleichbar ist insoweit die Regelung des Art 23 I 3 GG, derzufolge „für die Begründung der Europäischen Union sowie für Änderungen ihrer vertraglichen Grundlagen und vergleichbare Regelungen, durch die dieses Grundgesetz seinem Inhalt nach geändert oder ergänzt wird oder solche Änderungen oder Ergänzung ermöglicht werden, Artikel 79 Abs 2 und 3 gilt", mit anderen Worten das allgemeine Verfas-

33 Zum hiesigen Kontext siehe R. SCHOLZ, in: Maunz/Dürig, GG, Art 23 Rdnr 103 f.

34 Siehe hierzu den Beschluß der Konferenz der Präsidentinnen und Präsidenten der deutschen Landesparlamente vom 24. 9. 1991 zur „Stärkung der Länder in Europa" (abged in: Stenographischer Bericht der 5. Sitzung der Gemeinsamen Verfassungskommission vom 7. 5. 1992) sowie die Anhörung der Präsidentinnen und Präsidenten der deutschen Länderparlamente vor der Gemeinsamen Verfassungskommission am 7. 5. 1992 (Stenographischer Bericht der 5. Sitzung vom 7. 5. 1992, 2 ff).

sungsänderungsverfahren mit den entsprechenden Zwei-Drittel-Mehrheitsgeboten für Bundestag und Bundesrat maßgebend ist.

d) Vergleichbare Regelungen finden sich wiederum im Bereich der *Außenvertretung* in den Organen der Europäischen Union. In Deutschland wie in Österreich ist insoweit eine ausdrückliche Beteiligung der Länder vorgesehen. Nach Art 23 VI GG „soll die Wahrnehmung der Rechte, die der Bundesrepublik Deutschland als Mitgliedstaat der Europäischen Union zustehen, vom Bund auf einen vom Bundesrat genannten Vertreter der Länder übertragen werden, wenn im Schwerpunkt ausschließliche Gesetzgebungsbefugnisse der Länder betroffen sind" (1). Die Wahrnehmung dieser Rechte hat „unter Beteiligung und in Abstimmung mit der Bundesregierung" zu erfolgen, wobei „die gesamtstaatliche Verantwortung des Bundes zu wahren ist" (2). Nach Art 23d III B-VG „kann die Bundesregierung einem von den Ländern namhaft gemachten Vertreter die Mitwirkung an der Willensbildung im Rat übertragen, soweit ein Vorhaben im Rahmen der Europäischen Union auch Angelegenheiten betrifft, in denen die Gesetzgebung Landessache" ist (1). Die Wahrnehmung dieser Befugnisse „erfolgt unter Beteiligung des zuständigen Mitgliedes der Bundesregierung und in Abstimmung mit diesem" (2). Beide Regelungen nehmen damit die Möglichkeiten des Art 146 EGV auf und vermitteln den Ländern so die Möglichkeit, in den hiesigen Kompetenzfeldern an der Außenvertretung des Bundes teilzunehmen. Während in Deutschland dieses aber als Regel vorgesehen ist („Soll"-Bestimmung),[35] hat man sich in Österreich auf eine bloße Ermächtigung („Kann"-Bestimmung) beschränkt. Nach wie vor ungeklärt ist in Deutschland dabei die Frage, wem ein solcher Ländervertreter innerstaatlich, namentlich parlamentarisch verantwortlich ist.[36] Der betreffende Ländervertreter wird zwar vom Bundesrat benannt. Da der Bundesrat aber kein Gremium einer gemeinsamen parlamentarischen Länderkontrolle darstellt, kann er über eine solche Zuständigkeit nicht verfügen. Die gesamtstaatliche Verantwortung liegt parlamentarisch beim Bundestag. Diesem kann der betreffende Ländervertreter aber aus allgemein-föderativen Gründen nur sehr schwer verantwortlich gemacht werden. Schließlich besteht keine parlamentarische Gesamtzuständigkeit aller Länderparlamente, und wenn man etwa auf eine parlamentarische Verantwortung gegenüber demjenigen Landtag abstellen wollte, der für dasjenige Bundesland zuständig ist, aus dem der betreffende Ländervertreter (Landesminister) kommt, würde man wiederum die Interessen aller anderen Länder sowie die des Bundes nicht hinlänglich berücksichtigen. Im Ergebnis

35 Siehe näher R. Scholz, in: Maunz/Dürig, GG, Art 23 Rdnr 134 ff.

36 Vgl dazu R. Scholz, in: Maunz/Dürig, GG, Art 23 Rdnr 137.

ist hier eine „Grauzone“ mangelnder parlamentarischer Verantwortlichkeit entstanden oder in Kauf genommen worden, der man letztendlich wohl nur über eine grundsätzliche Zuordnung der Verantwortung zum Bund, damit auch zum Bundestag, ggf vermittelt über die Möglichkeit eines Bund-Länder-Streites oder auch eines Organstreites vor dem BVerfG (Art 93 I Nr. 1 oder 3 GG) genügen kann, wobei sich korrespondierende Fragen hinsichtlich der „Abstimmungs“pflicht mit der Bundesregierung stellen. In Österreich ist diese Problematik ungleich klarer gesehen und gemäß Art 23d III 3 B-VG dahingehend geregelt worden, daß „der Vertreter der Länder ... in Angelegenheiten der Bundesgesetzgebung dem Nationalrat, in Angelegenheiten der Landesgesetzgebung den Landtagen gemäß Art 142 verantwortlich ist“. Damit ist zum einen sehr klar die parlamentarische Verantwortlichkeit gegenüber dem Bundesparlament, also dem Nationalrat, geregelt worden. Hinsichtlich der Verantwortlichkeit gegenüber den Ländern ist nunmehr das Verfahren einer Anklage beim Verfassungsgerichtshof geschaffen worden, der wegen schuldhafter Gesetzesverletzung durch Beschluß des Nationalrats bzw durch gleichlautende Beschlüsse aller Landtage angerufen werden kann – je nachdem, welche Gebietskörperschaften zur Gesetzgebung in der betreffenden Angelegenheit zuständig waren, innerhalb derer die entsprechende Rechtsverletzung erfolgt ist bzw erfolgt sein soll. Diese Regelung ist in sich zwar auch nicht ohne jede Komplikation, läßt andererseits aber keine „Grauzone“ zu, wie sie leider für die deutsche Rechtslage zu konstatieren ist. Insoweit erscheint die österreichische Regelung durchaus zweckgerecht und könnte im Zusammenhang mit einer eventuell späteren Verfassungsrevision in Deutschland als Regelungsvorbild dienen.

e) Art 23d V B-VG regelt schließlich für Österreich eine Frage, die auch in Deutschland aktuell werden kann, ohne daß jedoch eine vergleichbare Regelung geschaffen worden ist: nämlich die Frage, wie zu verfahren ist, wenn die Länder innerstaatlich Maßnahmen unterlassen, „die in ihrem selbständigen Wirkungsbereich zur Durchführung von Rechtsakten im Rahmen der europäischen Integration erforderlich werden“. Hierzu verfügt Art 23d V 1 B-VG, daß „die Zuständigkeit zu solchen Maßnahmen, insbesondere zur Erlassung der notwendigen Gesetze, auf den Bund übergeht“, wenn „ein Land dieser Verpflichtung nicht rechtzeitig nachkommt und dies von einem Gericht im Rahmen der Europäischen Union gegenüber Österreich festgestellt wird“. Des weiteren heißt es, daß „eine gemäß dieser Bestimmung vom Bund getroffene Maßnahme, insbesondere ein solcherart erlassenes Gesetz oder eine solcherart erlassene Verordnung, außer Kraft tritt, sobald das Land die erforderlichen Maßnahmen getroffen hat“ (Art 23d V 2 B-VG). Für eine solche Regelung sprechen mit Sicherheit Gründe einer möglichst geschlossenen und effektiven Umsetzung von Verpflichtungen, die den Gesamtstaat im Lichte der europäischen Integration bzw nach Maßgabe der Zuständigkeiten der Europäischen Union treffen. In Deutschland ist dennoch eine solche Regelung nicht diskutiert worden. Sie wäre wohl auch kaum politisch durchsetzbar gewesen. Denn abgesehen davon, daß solche konstitutiven Kompetenzwechsel möglicherweise an die Grenzen der „Ewigkeitsgarantie" für die Grundsätze der Bundesstaatlichkeit im Sinne des Art 20 I/Art 79 III GG gestoßen wären, wäre die im Zusammenhang mit der Ratifizierung des Vertragswerks von Maastricht erforderlich gewordene Änderung des GG in Gestalt des neuen Art 23 GG mit einer solchen Regelung zu Lasten der Länder politisch kaum durchsetzbar gewesen. Wenn sich innerhalb der Bundesrepublik Deutschland aber eines Tages wirkliche, substantielle Konflikte zwischen Bund und Ländern bei Fragen der Umsetzung verbindlichen Gemeinschaftsrechts ergeben sollten und sich die Möglichkeiten des Bundes zur Durchsetzung solcher Pflichten – namentlich auch im Rahmen von Bund-Länder-Streitigkeiten vor dem BVerfG – nicht hinlänglich gewährleisten lassen sollten, könnte auch eine Regelung nach dem Vorbild des Art 23d B-VG die Richtung aufweisen, in die dann auch in Deutschland gedacht werden sollte oder doch zumindest gedacht werden könnte – vorbehaltlich naturgemäß der Grenzen aus Art 20 I/79 III GG.

IV. Fazit

Jeder Versuch einer *zusammenfassenden Wertung* steht unter dem Vorbehalt der praktischen Bewährung der vorstehend einander gegenübergestellten Regelungen. Grundsätzlich bleibt als wesentliche Gemeinsamkeit beider Rechtsordnungen bzw beider Verfassungssysteme festzuhalten, daß sie die innerstaatlichen Zuständigkeiten zur europäischen Integration in bestimmte Verfahren der Kooperation und Beteiligung zwischen Bundesregierung und Bundesparlament (Bundestag sowie Nationalrat) einerseits sowie zwischen Bund und Ländern andererseits aufzuschlüsseln suchen. Beide Rechtsordnungen gehen schon auf verfassungsrechtlicher Ebene sehr weit mit ihren jeweiligen Detailregelungen, wobei freilich die österreichischen Regelungssysteme die deutschen an Differenzierung, Formalisierung und Stringenz noch deutlich übertreffen. Grundlegende Unterschiede zwischen beiden Verfassungssystemen ergeben sich vor allem dort, wo man in Österreich die Beteiligung des Bundesparlaments (Nationalrat) sehr viel stärker ausgestaltet als dies in Deutschland geschehen ist, und zum anderen hinsichtlich der Beteiligung der Länder. Während die Beteiligung der Länder in Deutschland über den Bundesrat, also über ein (exekutivisches) Bundesverfassungsorgan erfolgt, sucht Österreich den Weg zu einer direkten Beteiligung der Länder, die Landesparlamente eingeschlossen. Verfassungspolitisch mag man zugunsten dieser österreichischen Regelungen anführen, daß sie den Bundesstaatsgedanken im Prozeß der europäischen Integration vollständiger bzw konsequenter in Formen der innerstaatlichen Kooperation zwischen Bund und Ländern umsetzen als dies in Deutschland geschehen ist; darüberhinaus mag man – im Hinblick auf die gegebene Beteiligung der Landesparlamente – auch von einer stärkeren Berücksichtigung des Demokratieprinzips sprechen. Ob solche verfassungspolitischen Erwägungen auf der anderen Seite die Gefahr aufwiegen, die der österreichischen Europapolitik gerade wegen dieser so außerordentlich differenzierten und auch komplizierten Verfahren unter den Stichworten von Inflexibilität, möglicherweise sogar der institutionellen Überregulierung drohen, muß die politische Praxis der Zukunft beantworten.

Michael Schweitzer

Die Freizügigkeit türkischer Arbeitnehmer in Österreich

I. Fragestellung

Mit dem Beitritt Österreichs zur Europäischen Union sind eine Vielzahl von sogenannten „Vollzugsproblemen" entstanden, deren Bewältigung einige Zeit in Anspruch nehmen wird. Es geht dabei um Fragen, die nicht nur das Handeln der Staatsgewalten im gewohnten Rahmen betreffen (zB Umsetzung von Richtlinien durch Gesetz, Anwendung des unmittelbar geltenden EG-Rechts etc), sondern auch um solche, die ein grundsätzliches Umdenken voraussetzen (zB Verwerfungsrecht und Verwerfungspflicht österreichischer Behörden und Gerichte für österreichische Gesetze, die EG-Recht widersprechen). Auch in anderen Mitgliedstaaten der Europäischen Union zeigt sich, wie lange es dauert, bis die Staatsgewalten Grundregeln, wie zB den Vorrang des EG-Rechts, in ihre Rechtskultur integriert haben. Noch schwieriger wird es, wenn es sich um Fragen handelt, die politisch besonders sensibel sind. Wie die Diskussion in Österreich, insbesondere vor der ersten Direktwahl zum Europäischen Parlament am 13. Oktober 1996 gezeigt hat, gehört dazu ua die Frage nach der Freizügigkeit türkischer Arbeitnehmer in Österreich[1].

Auch der Verwaltungsgerichtshof hatte sich schon mit dem Problem zu befassen. In seinem Erkenntnis vom 22. Februar 1996[2] hat er grundsätzlich zum gemeinschaftsrechtlichen Aufenthaltsrecht von türkischen

---

Abkürzungen: ABl Amtsblatt der Europäischen Gemeinschaften; EuZW Europäische Zeitschrift für Wirtschaftsrecht; FrG Fremdengesetz; InfAuslR Informationsbriefe zum Ausländerrecht; JBl Juristische Blätter; JZ Juristenzeitung; NVwZ Neue Zeitschrift für Verwaltungsrecht; ÖJZ Österreichische Juristenzeitung; Slg Sammlung der Rechtsprechung des Gerichtshofes und des Gerichts erster Instanz der Europäischen Gemeinschaften; ZAR Zeitschrift für Ausländerrecht und Ausländerpolitik; ZfV Zeitschrift für Verwaltung; ZaöRV Zeitschrift für ausländisches öffentliches Recht und Völkerrecht.

1 Zum Assoziationsrecht allgemein vgl R. Feik, Das Aufenthaltsrecht türkischer Arbeitnehmer, ZfV 1995, 4 ff; R. Gutmann, Schranken des Aufenthaltsrechts nach dem Assoziationsratsbeschluß Nr 1/80, ZAR 1996, 70 ff; O. Mallmann, Zur aufenthaltsrechtlichen Bedeutung des Assoziationsratsbeschlusses EWG/Türkei, JZ 1995, 917 ff; G. Nolte, Freizügigkeit nach dem Assoziationsvertrag EWG-Türkei: Auslegungskompetenz, unmittelbare Anwendbarkeit und Familiennachzug, ZaöRV 1987, 755 ff.

2 Zl 95/19/0424; vgl auch Zl 95/19/1549 und Zl 95/19/1661.

Staatsangehörigen in Österreich Stellung genommen. Er leitete dabei ein Aufenthaltsrecht aus dem Beschluß Nr 1/80 des Assoziationsrates EWG-Türkei über die Entwicklung der Assoziation vom 19. September 1980[3] ab. Damit schließt sich der Verwaltungsgerichtshof der Rechtsprechung des EuGH an, der sich seit dem Jahr 1987 mehrfach zu dieser Frage geäußert hat[4].

Dem vom Verwaltungsgerichtshof zu entscheidenden Fall lag der folgende Sachverhalt zugrunde: Der Beschwerdeführer, ein türkischer Staatsangehöriger, hatte eine Aufenthaltsbewilligung beantragt. Mit einem im Instanzenzug ergangenen Bescheid des Bundesministers für Inneres war der Antrag mit der Begründung abgewiesen worden, daß der Aufenthalt des Beschwerdeführers im Bundesgebiet die öffentliche Ordnung, Ruhe und Sicherheit tatsächlich gefährde und somit ein Sichtvermerksversagungsgrund gemäß § 10 Abs 1 Z 4 FrG bestünde. Hintergrund war die rechtskräftige Verurteilung des Beschwerdeführers wegen mehrerer Paß- und Verkehrsdelikte (unter anderem Fahren mit einem in Österreich nicht gültigen türkischen Führerscheins) zu Geldstrafen zwischen öS 300 und öS 1000. Da der Beschwerdeführer über keine nennenswerten privaten oder familiären Beziehungen zu Österreich verfügte, hatte die Behörde bei einer Abwägung dem öffentlichen Interesse Priorität gegenüber den privaten Interessen des Beschwerdeführers eingeräumt und den Antrag des Beschwerdeführers auf Erteilung einer Aufenthaltsbewilligung per Bescheid abgewiesen.

Gegen diesen Bescheid ging der Beschwerdeführer vor, indem er sich unter anderem auf ein ihm aufgrund des Assoziationsratsbeschlusses Nr 1/80 zustehendes Aufenthaltsrecht berief.

Der Verwaltungsgerichtshof wies die Beschwerde ab. Zur Begründung führte er bezüglich der Berufung auf den Assoziationsratsbeschluß Nr 1/80 aus: Falls der Beschwerdeführer tatsächlich ein Aufenthaltsrecht aus dem Assoziationsratsbeschluß in Verbindung mit dem Assoziierungsabkommen herleiten könnte, wäre dieses nicht vom Anwendungsbereich des Aufenthaltsgesetzes erfaßt. Denn dann hätte er ein Aufenthaltsrecht bereits aufgrund unmittelbar anwendbarer Rechtsakte der Europäischen Union[5] und wäre somit von der Erteilung einer (konstitutiven) Bewilli-

---

[3] Auszugsweise veröffentlicht in Amtliche Nachrichten der Bundesanstalt für Arbeit Nr 1/1981, 2 ff; inoffizielle Fundstelle: InfAuslR 1982, 33 ff.

[4] Rs 12/86, *Demirel*, Slg 1987, 3719 ff; Rs C-192/89, *Sevince*, Slg 1990, I-3461 ff; Rs C-237/91, *Kus*, Slg 1992, I-6781 ff; Rs C-355/93, *Eroglu*, Slg 1994, I-5113 ff; Rs C-43/43, *Bozkurt*, Slg 1995, I-1475 ff.

[5] Gemeint ist wohl die Europäische Gemeinschaft, denn unmittelbar anwendbare Rechtsakte der EU sind – im Gegensatz zu Art 189 EGV – bislang vertraglich nicht vorgesehen.

gung nach dem Aufenthaltsgesetz ausgenommen. Die Erlassung eines Bewilligungsbescheids mit nur deklarativem Charakter sei aber im Aufenthaltsgesetz nicht vorgesehen und daher zu Recht versagt worden.

Ob diese sehr formalistisch anmutende Begründung, mit der dem Beschwerdeführer einerseits Recht gegeben wurde, andererseits seine Klage (kostenpflichtig!) abgewiesen wurde, an den Maßstäben des Gemeinschaftsrechts haltbar ist, erscheint zweifelhaft. Einer denkbaren Vorlage an den EuGH entzog sich der Verwaltungsgerichtshof durch seine im Konditional formulierten Erwägungen.

Gemeinschaftsrechtlich gesehen mutet das Ergebnis jedenfalls merkwürdig an. Nach Auffassung des Verwaltungsgerichtshofs hat ein türkischer Staatsangehöriger (bei Vorliegen der notwendigen Voraussetzungen) ein Aufenthaltsrecht, aber kein Recht auf eine entsprechende staatliche Bescheinigung. Kalamitäten mit den Behörden sind damit vorprogrammiert. Auch werden auf diese Weise türkische Staatsangehörige besser gestellt als Unionsbürger. Diese benötigen nämlich im Rahmen ihres Aufenthaltsrechts eine „Aufenthaltserlaubnis für Angehörige eines Mitgliedstaats der EWG“[6]. Sie haben zwar einen Rechtsanspruch darauf, müssen aber die bürokratische Prozedur durchlaufen und zudem alle fünf Jahre um eine Verlängerung einkommen. Überraschend ist darüberhinaus die Unsicherheit, mit der sich der Verwaltungsgerichtshof in der gemeinschaftsrechtlichen Terminologie bewegt[7].

Mit seinem Erkenntnis vom 25. Juni 1996[8] hat der Verwaltungsgerichtshof seine Rechtsprechung fortgeführt und präzisiert. Es ging diesmal um die Ehefrau eines türkischen Arbeitnehmers, welcher bereits seit mehr als zwanzig Jahren in Österreich lebte und arbeitete. Die Ehefrau selbst hielt sich seit mehr als fünf Jahren ständig in Österreich auf. Zwar hatte sie einen Arbeitgeber gefunden, der bereit gewesen wäre, sie zu beschäftigen. Eine Beschäftigungsbewilligung war ihr jedoch vom Arbeitsmarktservice Bregenz versagt worden.

Unter Berufung auf den Assoziationsratsbeschluß Nr 1/80 klagte nun die türkische Ehefrau auf Erteilung eines Befreiungsscheins. Offenbar

---

6 Art 4 Abs 2 S 1 der Richtlinie 68/360/EWG des Rates zur Aufhebung der Reise- und Aufenthaltsbeschränkungen für Arbeitnehmer der Mitgliedstaaten und ihre Familienangehörigen innerhalb der Gemeinschaft, samt Anlage vom 15. Oktober 1968, ABl 1968, Nr L 257, 13 ff (mit Änderungen) – In Österreich: Lichtbild-Ausweis für Fremde (EWR) gemäß § 30 iVm 64 FrG.

7 Mehrfach spricht der Verwaltungsgerichtshof statt von der Arbeitnehmerfreizügigkeit von „der Freizügigkeit im Rahmen der Dienstleistungsfreiheit (vgl Art 48 III lit c EG-Vertrag, sic!)“ – eine Formulierung, die der Verwaltungsgerichtshof offenbar textbausteinartig auch in späteren Erkenntnissen verwendete; vgl Zl 95/ 19/1549 und Zl 95/19/ 1661. S auch FN 4.

8 Zl 96/09/0098.

besser beraten als ihre Vorgänger vor dem Verwaltungsgerichtshof, klagte sie hilfsweise auf Feststellung, daß sie auch ohne Bewilligung in Österreich arbeiten dürfe. Diesem Feststellungsantrag gab der Verwaltungsgerichtshof statt. Er stellte damit endgültig fest, daß türkische Arbeitnehmer und ihre Familienangehörigen unter den Voraussetzungen des Assoziationsratsbeschlusses ein subjektives Recht auf Aufenthalt und Arbeit in Österreich haben. Einer Aufenthaltserlaubnis ist zur Ausübung dieser Rechte nicht erforderlich.

Nicht entschieden ist damit aber die weitergehende Frage, wie weit genau dieses Aufenthaltsrecht geht und was gilt, wenn ein türkischer Arbeitnehmer arbeitslos geworden ist. Dabei handelt es sich um eine Fragestellung, die in Zukunft den Verwaltungsgerichtshof öfters beschäftigen dürfte. Dies zeigt das Beispiel der Bundesrepublik, wo es in jüngster Zeit vermehrt zur Anrufung der Gerichte in dieser Angelegenheit kam. Mehrfach führte dies zu Vorlagen an den EuGH gemäß Art 177 EGV[9].

II. Rechtsgrundlagen

Rechtsgrundlagen für diese Fragestellung finden sich im primären Assoziationsrecht, also im Abkommen zur Gründung einer Assoziation zwischen der Europäischen Wirtschaftsgemeinschaft und der Türkei vom 29. Dezember 1963 samt Zusatzprotokoll vom 23. November 1970[10], sowie im sekundären Assoziationsrecht, das sich in Fragen der Arbeitnehmerfreizügigkeit bislang auf den erwähnten Beschluß Nr 1/80 beschränkt. Die einschlägigen Bestimmungen haben folgenden Wortlaut:

1) Art 12 des Assoziierungsabkommen:

„Die Vertragsparteien vereinbaren, sich von den Artikeln 48, 49 und 50 des Vertrages zur Gründung der Gemeinschaft leiten zu lassen, um untereinander die Freizügigkeit der Arbeitnehmer schrittweise herzustellen."

2) Art 36 des Zusatzprotokolls:

„Die Freizügigkeit der Arbeitnehmer zwischen den Mitgliedstaaten der Gemeinschaft und der Türkei wird nach den Grundsätzen des Art. 12 des Assoziierungsabkommens zwischen dem Ende des zwölften und dem Ende des zweiundzwanzigsten Jahres nach dem Inkrafttreten des genannten Abkommens schrittweise hergestellt. Der Assoziationsrat legt die hierfür erforderlichen Regeln fest."

3) Art 6 des Beschlusses Nr 1/80:

„(1) Vorbehaltlich der Bestimmungen in Artikel 7 über den freien Zugang der Familienangehörigen zur Beschäftigung hat der türkische Arbeitnehmer, der dem regulären Arbeitsmarkt eines Mitgliedstaats angehört, in diesem Mitgliedstaat

9 ZB Rs C-386/95; Rs C-285/95; vgl FN 39.

10 ABl 1964, 3687 ff bzw ABl 1972 Nr L 293, 4 ff.

- nach einem Jahr ordnungsgemäßer Beschäftigung Anspruch auf Erneuerung seiner Arbeitserlaubnis bei dem gleichen Arbeitgeber, wenn er über einen Arbeitsplatz verfügt;
- nach drei Jahren ordnungsgemäßer Beschäftigung – vorbehaltlich des den Arbeitnehmern aus den Mitgliedstaaten der Gemeinschaft einzuräumenden Vorrangs – das Recht, sich für den gleichen Beruf bei einem Arbeitgeber seiner Wahl auf ein unter normalen Bedingungen unterbreitetes und bei den Arbeitsämtern dieses Mitgliedstaates eingetragenes Stellenangebot zu bewerben;
- nach vier Jahren ordnungsgemäßer Beschäftigung freien Zugang zu jeder von ihm gewählten Beschäftigung im Lohn- oder Gehaltsverhältnis.

(2) [1]Der Jahresurlaub und die Abwesenheit wegen Mutterschaft, Arbeitsunfall oder kurzer Krankheit werden den Zeiten ordnungsgemäßer Beschäftigung gleichgestellt. [2]Die Zeiten unverschuldeter Arbeitslosigkeit, die von den zuständigen Behörden ordnungsgemäß festgestellt worden sind, sowie die Abwesenheit wegen langer Krankheit werden zwar nicht den Zeiten ordnungsgemäßer Beschäftigung gleichgestellt, berühren jedoch nicht die aufgrund der vorherigen Beschäftigungszeit erworbenen Ansprüche.

(3) Die Einzelheiten der Durchführung der Absätze 1 und 2 werden durch einzelstaatliche Vorschriften festgelegt."

III. Rechtsgrundlagen und subjektive Rechte

Bezüglich dieser Rechtsgrundlagen stellt sich zunächst die Frage, ob der einzelne daraus Rechte ableiten kann. Voraussetzung dafür ist ihre unmittelbare Geltung und Anwendbarkeit.

1. Unmittelbare Geltung

a) In der Europäischen Gemeinschaft

Fraglich ist zunächst, ob das Assoziationsrecht unmittelbar in der Europäischen Gemeinschaft gilt, dh ob es seine Geltung entfaltet, ohne daß es zuvor einer Transformation in Gemeinschaftsrecht bedarf.

Das Assoziierungsabkommen ist ein sogenanntes „gemischtes Abkommen", welches sowohl von der Gemeinschaft als auch von den Mitgliedstaaten abgeschlossen worden ist. Nach der Rechtsprechung des EuGH bildet ein von der Gemeinschaft nach Art 228 und 238 EGV abgeschlossener völkerrechtlicher Vertrag „einen integrierenden Bestandteil der Gemeinschaftsrechtsordnung"[11]. Dies gilt nach Auffassung des EuGH auch bei gemischten Abkommen, jedenfalls insoweit, als sie gemeinschaftsintern in die Regelungszuständigkeit der Gemeinschaft fallen[12]. Die hier in Frage stehenden Regelungen betreffen die Arbeitnehmerfreizügigkeit, die gemeinschaftsintern in den Art 48 ff EGV geregelt ist. Folglich ist Art 12 des Assoziierungsabkommens Teil des Gemeinschaftsrechts, genießt da-

---

11 EuGH, Rs 12/86, *Demirel*, Slg 1987, 3719 ff (3750); so schon EuGH, Rs 181/73, *Haegeman*, Slg 1974, 449 ff (460).

12 EuGH, Rs 12/86, *Demirel*, Slg 1987, 3719 (3751).

mit Anwendungsvorrang vor dem Recht der Mitgliedstaaten und fällt – als Handlung des Organ Rates (vgl Art 173 I und Art 177 I lit b EGV) – in die Auslegungskompetenz des EuGH. Art 228 VII EGV[13] schreibt zudem die Verbindlichkeit von nach Maßgabe von Art 228 EGV geschlossenen Abkommen sowohl für die Organe der Gemeinschaft als auch für die Mitgliedstaaten vor. Für die Mitgliedstaaten wird dieses Ergebnis lediglich bekräftigt durch Art 29 I des Assoziierungsabkommens (sog. Territorialitätsklausel), wonach das Abkommen für sie als Unterzeichnerstaaten gilt.

Dies gilt in gleicher Weise für das Zusatzprotokoll, was noch dadurch betont wird, daß das Zusatzprotokoll durch die Verordnung (EWG) Nr 2760/72 vom 19. Dezember 1972[14] – eine sogenannte „Abschlußverordnung" – gebilligt und bestätigt wurde und somit auch nach Art 189 II EGV und Art 3 II dieser Verordnung unmittelbar in jedem Mitgliedstaat gilt.

Schwieriger ist die Frage nach der unmittelbaren Geltung des Beschlusses Nr 1/80 zu beantworten. Der Rat der EG ging bis vor kurzem in der Tradition des Dualismus davon aus, daß die Beschlüsse von Organen, die im Rahmen von durch die Gemeinschaft geschlossenen völkerrechtlichen Abkommen errichtet worden waren, erst eines besonderen Rechtsaktes bedürfen, um in der Gemeinschaft überhaupt Wirkung zu entfalten[15]. So wurden beispielsweise die Beschlüsse der Gemischten Ausschüsse, welche in den Freihandelsabkommen mit den EFTA-Staaten vorgesehen waren, stets durch eine zusätzliche „Verordnung" des EG-Rates „als in der Gemeinschaft anwendbar" erklärt, wobei die von den Organen erlassenen Beschlüsse als Anhang der Verordnung beigefügt wurden[16].

Der Beschluß Nr 1/80 ist nicht auf diese Weise umgesetzt worden. Legt man die dualistische Sicht des Rates zugrunde, wäre der Assoziationsratsbeschluß nicht Teil des Gemeinschaftsrecht, da er offenbar bewußt nicht „als in der Gemeinschaft anwendbar" erklärt worden ist. Daß eine solche Sichtweise die Beurteilung der Assoziationsratsbeschlüsse prägt, belegt unter anderem die Tatsache, daß diese in keiner Weise bekannt gemacht worden sind[17]. Bezeichnend ist auch die anläßlich der

---

13 Früher Art 228 II EWGV.

14 ABl 1972 Nr 293, 1 f.

15 Dazu P. Gilsdorf, Die Rechtwirkungen der im Rahmen von Gemeinschaftsabkommen erlassenen Organbeschlüsse, EuZW 1991, 459 ff (460).

16 Vgl zB Verordnung (EWG) Nr 3176/85 zur Anwendung des Beschlusses Nr 1/85 des Gemischten Ausschusses EWG-Österreich, ABl 1985 Nr L 301, 1.

17 Zur rechtsstaatlichen Problematik dieser Praxis vgl D. Lienbacher, Die Kundmachung gesetzesrangiger europarechtlicher Vorschriften in Österreich, in: G. Jahnel (Hrsg), Zugang zu Recht und Wirtschaftsdaten der Europäischen Union (Wien 1994) 41 ff.

Verhandlung in der Rechtssache *Sevince* seitens der deutschen Bundesregierung vorgetragenen Auffassung, Assoziationsratsbeschlüsse seien keine Organakte der Gemeinschaft und daher einer Auslegung durch den EuGH nach Art 177 EGV von vornherein nicht zugänglich[18].

Der EuGH hat im Urteil *Sevince* dieser Auffassung eine dezidiert monistische Sichtweise entgegengesetzt. Er mißt dem Assoziationsratsbeschluß dieselbe Rechtsqualität zu wie dem Abkommen selbst und führt als Begründung den unmittelbaren Zusammenhang mit dem Assoziierungsabkommen an, zu dessen Durchführung er (gemäß Art 36 Abs 2 des Zusatzprotokolls) ergangen ist[19]. Auch der Beschluß Nr 1/80 stellt somit „einen integrierenden Bestandteil der Gemeinschaftsrechtsordnung" dar, der unmittelbare Geltung in der Gemeinschaft und damit auch in den Mitgliedstaaten entfaltet.

b) In Österreich

Angesichts der weitreichenden Konsequenzen, die sich aus dem Assoziationsrecht ergeben, wurde in jüngster Vergangenheit teilweise die Frage aufgeworfen, ob das Assoziierungsabkommen von 1963, das Zusatzprotokoll von 1970 und der Assoziationsratsbeschluß von 1980 auch für die Republik Österreich gelten, welche erst seit dem 1. Januar 1995 Mitgliedstaat der EG ist[20]. Die Gegner einer unmittelbaren Geltung verweisen dabei auf die Territorialitätsklausel in Art 29 des Assoziierungsabkommen, die auf die originären Mitgliedstaaten beschränkt und bislang nicht durch ein Ergänzungsprotokoll um die Republik Österreich erweitert worden ist.

Diese Auffassung wird jedoch bereits dadurch widerlegt, daß das Assoziationsrecht nach der geschilderten Auffassung „einen integrierenden Bestandteil der Gemeinschaftsrechtsordnung" und damit des sogenannten „acquis communautaire" bildet, welchen jeder neue Mitgliedstaat mit dem Tag seines Beitritts zu übernehmen hat[21].

Art 5 II 1 der Beitrittsakte legt darüber hinaus die Verpflichtung der neuen Mitgliedstaaten fest, den von den ursprünglichen Mitgliedstaaten zusammen mit einer der Gemeinschaften geschlossenen „gemischten Abkommen" beizutreten. In Titel III der Beitrittsakte, welcher Übergangsmaßnahmen für die Republik Österreich regelt, sieht Art 76 I vor, daß

---

18 EuGH, Rs C-192/89, *Sevince*, Slg 1990, I-3461 ff (I-3467).

19 EuGH, Rs C-192/89, *Sevince*, Slg 1990, I-3461 ff (I-3501).

20 Vgl die Anmerkung von M. HANDSTANGER/E. WALDHERR zur Rs C-355/93, *Eroglu*, ÖJZ 1995, 326 f (327). Angeblich bestritt auch ein Rechtsgutachten des Verfassungsdienstes des Bundeskanzleramtes die Geltung des Assoziierungsabkommens für Österreich.

21 Vgl Art 2 der Beitrittsakte, ABl 1994 Nr C 241, 21 ff.

Österreich ab dem 1. Januar 1995 die Bestimmungen der in Art 77 genannten Abkommen anzuwenden hat. Die mit der Türkei abgeschlossenen Abkommen werden in Art 77 Spiegelstrich 1 ausdrücklich genannt.

Zwar sind nach Art 76 II der Beitrittsakte etwaige Anpassungen solcher Abkommen in mit den übrigen Vertragsparteien zu schließenden Protokollen vorzunehmen. Dies bedeutet jedoch nicht, daß das Assoziationsrecht in Österreich keine Anwendung findet, solange eine solche Anpassung der Territorialitätsklausel des Art 29 des Assoziierungsabkommens noch nicht vorgenommen worden ist. Denn die Beitrittsakte und damit auch Art 76 I sind primäres Gemeinschaftsrecht. Primäres Gemeinschaftsrecht geht im Rang den von der Gemeinschaft geschlossenen völkerrechtlichen Verträgen vor. Dies ergibt sich aus Art 228 VI EGV, wonach ein dem EGV widersprechendes Abkommen nur nach einer Vertragsänderung (Art N EUV) in Kraft treten kann. Somit ist ab Beitritt die Territorialitätsklausel durch Art 76 I der Beitrittsakte modifiziert, so daß seit dem 1. Januar 1995 das Assoziationsrecht uneingeschränkt in Österreich gilt[22].

2. Unmittelbare Anwendbarkeit

Damit sich der einzelne auf das unmittelbar geltende Assoziationsrecht berufen kann, ist die Beantwortung der Frage erforderlich, ob die Bestimmungen des Assoziationsrechts unmittelbar anwendbar sind, um mit Günther Winkler zu sprechen, „ob neben dem Staat auch private Einzelpersonen aus einem völkerrechtlichen Vertrag unmittelbar berechtigt und verpflichtet werden“[23]. Da das Assoziationsrecht „integrierender Bestandteil des Gemeinschaftsrechts“ ist, gelten die vom EuGH entwickelten Grundsätze zur unmittelbaren Anwendbarkeit[24], so daß der einzelne Rechte aus dem Assoziationsrecht herleiten kann, wenn die maßgeblichen Vorschriften nach Wortlaut, Inhalt und Zweck das Individuum berechtigen, hinreichend klar und unbedingt sind und keines weiteren Umsetzungsaktes mehr bedürfen.

a) Assoziierungsabkommen und Zusatzprotokoll

Zwar enthält Art 12 des Assoziierungsabkommens eine Regelung über die Freizügigkeit und damit seinem Inhalt nach ein Recht des einzelnen.

---

22 So mittlerweile auch der Verwaltungsgerichtshof in seinem Erkenntnis vom 25. Juni 1996, Zl 96/09/0088.

23 G. Winkler, Zur Frage der unmittelbaren Anwendbarkeit von Staatsverträgen, JBl. 1961, 8 ff (8).

24 Vgl die ständige Rechtsprechung seit Rs 57/65, *Lütticke*, Slg 1966, 257 ff (265 f).

Jedoch scheitert die unmittelbare Anwendbarkeit an der hinreichenden Bestimmtheit und Unbedingtheit, da lediglich vorgesehen ist, die Freizügigkeit schrittweise und nach dem Vorbild der Art 48 ff EGV herzustellen. Nach Auffassung des EuGH hat die Vorschrift daher „im wesentlichen Programmcharakter“[25].

Auch das Zusatzprotokoll ändert an dieser Betrachtungsweise nichts. Zwar ist die Übergangszeit am 1. Dezember 1986 abgelaufen. Doch ist nach Art 36 S 2 des Zusatzprotokolls allein der Assoziationsrat für den Erlaß einzelner Regeln zuständig, soweit er diese nach Maßgabe politischer und wirtschaftlicher Überlegungen für erforderlich erachtet. Diese Vorschrift hat somit ebenfalls nur Programmcharakter und ist nicht unmittelbar anwendbar[26].

Aus Art 12 des Assoziierungsabkommens in Verbindung mit Art 36 des Zusatzprotokolls kann ein türkischer Arbeitnehmer daher keine Rechte herleiten.

b) Art 6 Beschluß Nr 1/80

Seinem Wortlaut nach regelt Art 6 Beschluß Nr 1/80 genau, unter welchen Voraussetzungen ein türkischer Arbeitnehmer bei Beschäftigung in einem Mitgliedstaat Anspruch auf Verlängerung seiner Arbeitserlaubnis oder das Recht hat, sich auf eine Stelle zu bewerben.

Die Bestimmung des Art 6 Beschluß Nr 1/80 ist auch insofern hinreichend klar und unbedingt, als eindeutig daraus hervorgeht, welche Voraussetzungen erfüllt sein müssen, um einen Anspruch auf Arbeitserlaubnisverlängerung zu erwerben.

Fraglich sein könnte aber, ob sich aus Art 6 III Beschluß Nr 1/80, wonach die Einzelheiten durch einzelstaatliche Vorschriften festgelegt werden, ergibt, daß die Rechte des einzelnen erst durch innerstaatliche Rechtsakte gewährleistet werden. Dies ist jedoch abzulehnen, da durch diese Bestimmung nur die (ohnehin nach Art 5 EGV bestehende) Verpflichtung der Mitgliedstaaten konkretisiert wird, diejenigen Verwaltungsmaßnahmen zu ergreifen, die zur Durchführung des Art 6 Beschluß Nr 1/80 erforderlich sind. Die Mitgliedstaaten sind nicht befugt, die Ausübung der genau bestimmten und an keine Bedingungen geknüpften Rechte der türkischen Arbeitnehmer an Bedingungen zu binden oder einzuschränken[27].

Art 6 Beschluß Nr 1/80 ist folglich in den Rechtsordnungen der Mitgliedstaaten unmittelbar anwendbares Recht, das sich aufgrund des An-

25 EuGH, Rs 12/86, *Demirel*, Slg 1987, 3719 ff (3753).
26 EuGH, Rs 12/86, *Demirel*, Slg 1987, 3719 ff (3753 f).
27 EuGH, Rs C-192/89, *Sevince*, Slg 1990, I-3461 ff (I-3504).

wendungsvorrangs des Gemeinschaftsrechts gegenüber anderslautendem nationalen Recht durchsetzt.

IV. Beschäftigungsrechtliche Stellung

Aus der unmittelbar geltenden und unmittelbar anwendbaren Vorschrift des Art 6 I Beschluß Nr 1/80 lassen sich bezüglich der beschäftigungsrechtlichen Stellung eines türkischen Arbeitnehmers folgende Rechte ableiten:

- *Nach einem Jahr* ordnungsgemäßer Beschäftigung hat er einen Anspruch auf Erneuerung seiner Arbeitserlaubnis beim selben Arbeitgeber.
- *Nach drei Jahren* ordnungsgemäßer Beschäftigung hat er das Recht, sich für den selben Beruf bei einem Arbeitgeber seiner Wahl zu bewerben.
- *Nach vier Jahren* ordnungsgemäßer Beschäftigung hat er einen Anspruch auf freien Zugang zu jeder von ihm gewählten unselbständigen Beschäftigung.

Die erforderliche Ordnungsgemäßheit der Beschäftigung setzt nach Auffassung des EuGH eine gesicherte und nicht nur vorläufige Position des Betroffenen auf dem Arbeitsmarkt voraus[28]. So werden die Rechte des Art 6 I Beschluß Nr 1/80 nicht ausgelöst, wenn sich ein türkischer Staatsangehöriger nur wegen der aufschiebenden Wirkung seines Widerspruchs oder seiner Klage oder aufgrund einer einstweiligen Anordnung auch weiterhin in dem betreffenden Mitgliedstaat aufhalten kann. Nur wenn seinem Widerspruch oder seiner Klage stattgegeben wird, ist er so zu behandeln, als habe er während der fraglichen Zeit nicht ein vorläufiges, sondern ein endgültiges Aufenthaltsrecht besessen[29] (Rückwirkungsgebot).

Ist ein türkischer Arbeitnehmer aber einmal ordnungsgemäß in einem Mitgliedstaat beschäftigt, so kann er die genannten Rechte geltend machen. Darüber hinaus enthält Art 37 des Zusatzprotokolls ein unmittelbar anwendbares Diskriminierungsverbot in bezug auf Arbeitsbedingungen und Entgelt für türkische Arbeitnehmer.

V. Aufenthaltsrechtliche Stellung

Damit ist aber noch nichts über ein Aufenthaltsrecht gesagt. Ein *originäres* Aufenthaltsrecht ist in Art 6 Beschluß Nr 1/80 jedenfalls nicht vorgesehen, da dieser nur die beschäftigungsrechtliche Stellung regelt.

---

28 Rs C-192/89, *Sevince*, Slg 1990, I-3461 ff (I-3505).

29 EuGH, Rs C-237/91, *Kus*, Slg 1992, I-6781 ff (I-6812).

Allerdings hat der EuGH auch in diesem Zusammenhang den *effet utile* der geschaffenen Regelungen betont. Nach seiner Auffassung sind die beschäftigungsrechtliche und die aufenthaltsrechtliche Stellung des türkischen Arbeitnehmers eng miteinander verknüpft[30]. So könnte ein türkischer Arbeitnehmer sein Recht auf Verlängerung der Arbeitserlaubnis nicht geltend machen, wenn nicht gleichzeitig seine Aufenthaltsgenehmigung verlängert würde. Ohne ein Aufenthaltsrecht würde Art 6 Beschluß Nr 1/80 damit seiner praktischen Wirksamkeit beraubt. Da die Mitgliedstaaten gegenüber der Gemeinschaft verpflichtet sind, für die Einhaltung der von der Gemeinschaft eingegangenen völkerrechtlichen Verpflichtungen zu sorgen[31], impliziert Art 6 Beschluß Nr 1/80 daher auch das Recht des türkischen Arbeitnehmers, neben der Verlängerung der Arbeitserlaubnis auch eine Verlängerung der Aufenthaltserlaubnis zu erhalten[32].

Ein Aufenthaltsrecht hat der EuGH bisher ausdrücklich bei Art 6 I Spiegelstrich 1[33] und Spiegelstrich 3 bejaht[34]. Gleiches muß konsequenterweise auch für Art 6 I Spiegelstrich 2 gelten[35].

Ein türkischer Arbeitnehmer, der die Voraussetzungen des Art 6 I Beschluß Nr 1/80 erfüllt, hat damit ein aus seiner beschäftigungsrechtlichen Situation abgeleitetes *(derivatives)* Aufenthaltsrecht in Österreich.

VI. Verbleiberecht

Es bleibt die Frage zu klären, ob dem türkische Arbeitnehmer aus Art 6 Beschluß Nr 1/80 auch ein Aufenthaltsrecht nach dem Ende seiner Beschäftigung (Verbleiberecht) zusteht, zB wenn er arbeitslos geworden ist.

Auf Art 6 I Beschluß Nr 1/80 läßt sich ein solches Verbleiberecht nicht stützen, da hierfür eine ordnungsgemäße Beschäftigung, also eine gesicherte und nicht nur vorläufige Position auf dem Arbeitsmarkt erforderlich ist. Eine solche besteht aber im Fall der Arbeitslosigkeit bzw Arbeitsunfähigkeit gerade nicht mehr.

Auch Art 6 II Beschluß Nr 1/80 kann nicht für ein Verbleiberecht herangezogen werden. Er stellt (wegen Urlaub, kurzer Krankheit, Mutterschaft) nur vorübergehend nicht arbeitende Arbeitnehmer den ordnungs-

30 EuGH, Rs C-192/89, *Sevince*, Slg 1990, I-3461 (I-3505).

31 EuGH, Rs 12/86, *Demirel*, Slg 1987, 3719 ff (3751).

32 EuGH, Rs C-237/91, *Kus*, Slg 1992, I-6781 ff (I-6815).

33 EuGH, Rs C-237/91, *Kus*, Slg 1992, I-6781 ff (I-6816).

34 EuGH, Rs C-192/89, *Sevince*, Slg 1990, I-3461 (I-3505).

35 So auch B. Huber, Das Kus-Urteil des EuGH: Weitere aufenthaltsrechtliche Sicherungen für türkische Arbeitnehmer, NVwZ 1993, 246 ff (247, FN 5).

gemäß Beschäftigten gleich und garantiert ihnen den Fortbestand ihres Anspruchs auf Beschäftigung. Zeiten unverschuldeter Arbeitslosigkeit werden nach Art 6 II Satz 2 Beschluß Nr 1/80 ausdrücklich nicht den Zeiten ordnungsgemäßer Beschäftigung gleichgestellt.

Gegen ein Verbleiberecht sprechen ferner folgende Argumente:

- In Art 6 Beschluß Nr 1/80 ist das Verbleiberecht ausdrücklich nicht geregelt; dies im Gegensatz zu Art 48 III lit d EGV und zur Verordnung (EWG) Nr 1251/70 der Kommission über das Recht der Arbeitnehmer, nach Beendigung einer Beschäftigung im Hoheitsgebiet eines Mitgliedstaates zu verbleiben, vom 29. Juni 1970[36].
- Das Aufenthaltsrecht ist an die beschäftigungsrechtliche Situation des Arbeitnehmers nur „angeseilt" und hat keinen selbständigen Charakter.

Für den Fall, daß ein türkischer Arbeitnehmer einen Arbeitsunfall erleidet und zu 80-100 % arbeitsunfähig wird, hat der EuGH daher folgerichtig ein Verbleiberecht verneint[37].

Für einen arbeitslos gewordenen türkischen Arbeitnehmer bedeutet dies, daß er, wie beim Aufenthaltsrecht, nur dann ein Verbleiberecht beanspruchen kann, wenn sich ein solches aus seiner beschäftigungsrechtlichen Situation ergibt:

- War er bereits *ein Jahr* ordnungsgemäß beschäftigt, hat er kein Verbleiberecht, da bereits sein Anspruch auf Erteilung einer Arbeitserlaubnis davon abhängt, daß er einen Arbeitsplatz hat (Art 6 I Spiegelstrich 1 Beschluß Nr 1/80).
- Bei einer Arbeitslosigkeit *nach drei Jahren* ordnungsgemäßer Beschäftigung kann er aus seinem Recht, sich um eine Stelle im selben Beruf zu bewerben (Art 6 I Spiegelstrich 2 Beschluß Nr 1/80), ein befristetes Verbleiberecht für den Zeitraum der Bewerbung herleiten. Die Fristbestimmung liegt im Ermessen der Behörden der Mitgliedstaaten[38], die dabei sowohl die allgemeine Arbeitsmarktsituation und die Situation in der betreffenden Branche als auch die vorrangig zu berücksichtigenden Unionsbürger in ihre Überlegungen einbeziehen können. Keine Rolle spielen müssen dabei etwaige Ansprüche auf Arbeitslosenunterstützung. Nach Art 6 II 2 Beschluß Nr 1 /80 werden diese Ansprüche zwar durch die Arbeitslosigkeit nicht berührt; es bleibt jedoch dabei, daß Zeiten der Arbeitslosigkeit keine ordnungsgemäße Beschäftigung im Sinne von Art 6 I Beschluß Nr 1/80 sind.

36 ABl 1970, Nr L 142, 24 ff; ABl 1975, Nr L 324, 31.

37 Rs C-434/93, *Bozkurt*, Slg 1995, I-1475 ff.

38 Nach Auffassung des VG Stuttgart, InfAuslR 1994, 175 ff (178) ist erforderlich, daß in absehbarer Zeit eine Wiedereingliederung in den Arbeitsmarkt möglich ist. Für eine Entscheidung nach Maßgabe der Umstände des Einzelfalls plädiert HAILBRONNER, K.; Ausländerrecht, Kommentar, D. 5.2, Rdnr 25, Heidelberg (Stand: Mai 1996).

- Wird ein türkischer Arbeitnehmer *nach vier Jahren* ordnungsgemäßer Beschäftigung arbeitslos, hat er ebenfalls ein befristetes Verbleiberecht, um sich für einen Beruf seiner Wahl bewerben zu können (vgl Art 6 I Spiegelstrich 3 Beschluß Nr 1/80). Bei der Fristberechnung können die Behörden der Mitgliedstaaten folglich nur die allgemeine Arbeitsmarktssituation berücksichtigen, nicht jedoch die Situation der Branche, in der der Arbeitnehmer zuvor beschäftigt war.

Nach der neuesten Rechtsprechung des EuGH gilt dies sogar im Falle eines *verschuldet* arbeitslos gewordenen türkischen Arbeitnehmers. In der Rechtssache *Recep Tetik*[39] hatte ein türkischer Arbeitnehmer in Deutschland freiwillig seine Arbeit aufgegeben und wollte einen neuen Arbeitsplatz suchen. Die Ausländerbehörde des Landes Berlin versagte ihm aber schon wenige Tage nach seiner Kündigung eine Aufenthaltserlaubnis. Der EuGH war demgegenüber der Meinung, daß für einen „angemessenen Zeitraum" ein Aufenthaltsrecht bestehe. Allerdings sei es Sache des betreffenden Mitgliedstaates, diesen Zeitraum festzulegen, der jedoch lang genug sein müsse, um die tatsächlichen Chancen des Betroffenen, eine neue Beschäftigung zu finden, nicht zu beeinträchtigen[40].

VII. Schlußbetrachtung

Die „assoziationsfreundliche" Rechtsprechung des EuGH hat zu einer beachtlichen Aufwertung der Rechtsstellung türkischer Arbeitnehmer in den Mitgliedstaaten der Gemeinschaft geführt, die teilweise mit den Freizügigkeitsrechten von EG-Arbeitnehmern vergleichbar ist. Das Assoziationsrecht setzt diesen Rechten jedoch auch Grenzen:

- So sieht Art 14 I Beschluß Nr 1/80, ähnlich wie Art 48 III EGV, die Möglichkeit vor, aus Gründen der öffentlichen Ordnung, Sicherheit und Gesundheit die durch den Beschluß verliehenen Rechte zu beschränken. Die Ausweisungsbeschränkungen, die sich aus Art 48 III EGV für EG-Arbeitnehmer ergeben, sind demnach auch bei aufenthaltsbeendenden Maßnahmen türkischer Arbeitnehmer in vollem Umfang zu beachten.
- Ferner enthält Art 60 des Zusatzprotokolls Schutzklauseln, aufgrund derer bei ernsten Störungen einzelner Wirtschaftsbereiche Schutzmaßnahmen ergriffen werden können.

---

39 Rs C-171/95, *Recep Tetik,* Urteil vom 23. Januar 1997, noch nicht in der amtlichen Sammlung veröffentlicht.

40 Im konkreten Fall ging es um Art 6 I Spiegelstrich 3 Beschluß Nr 1/80. Der Sache nach gilt das Ergebnis aber auch für Spiegelstrich 2.

- Schließlich ist nicht zu verkennen, daß durch Art 6 Beschluß Nr 1/80 nicht das Recht der Mitgliedstaaten berührt wird, über Einreise und erstmalige Beschäftigung türkischer Staatsangehöriger auch weiterhin autonom zu entscheiden[41]. Art 6 I Beschluß Nr 1/80 gewährt – im Gegensatz zu den in der türkischen Presse nach dem *Kus*-Urteil geäußerten Erwartungen[42] – kein Recht auf Einreise.

Insgesamt verleiht das Assoziationsrecht dem einzelnen aber zweifelsohne weitgehende Rechte, was belegt, daß es sich bei der Assoziierung der Türkei um eine dynamische Assoziierung handelt, die unter dem Aspekt der Vorbereitung des Beitritts erfolgt ist. Schon Art 28 des Assoziierungsabkommens spricht davon, daß die Türkei langfristig wirtschaftlich so weit an die Gemeinschaft herangeführt werden soll, „daß die Vertragsparteien die Möglichkeit eines Beitritts der Türkei zur Gemeinschaft prüfen können". Ähnlich heißt es im 4. Erwägungsgrund der Präambel des Assoziierungsabkommens: „Daß die Hilfe, welche die Europäische Wirtschaftsgemeinschaft dem türkischen Volk zuteil werden läßt, später den Beitritt der Türkei zur Gemeinschaft erleichtern wird."

Wenn man bedenkt, daß die politische Entwicklung der letzten Jahre, insbesondere der Umbruch in Mittel- und Osteuropa, zu einer ganzen Reihe von neuen Assoziierungs- und Kooperationsabkommen geführt hat[43] und die Assoziierung derzeit im Rahmen von Modellen einer „abgestuften Integration" als realistisches Mittel diskutiert wird, um weitere Staaten an die Gemeinschaft politisch und wirtschaftlich heranzuführen, ist anzunehmen, daß die nationalen Gerichte Assoziierungsabkommen und sekundärem Assoziationsrecht in Zukunft vermehrt Beachtung schenken werden müssen. Für das im Rahmen der Assoziierung mit der Türkei bestehende Assoziationsrecht gilt dies insbesondere auch für Österreich, wo 1996 118.600 türkische Staatsangehörige lebten, wovon ca die Hälfte Arbeitnehmer sind.

---

41 EuGH, Rs C-237/91, *Kus*, Slg 1992, I-6781 ff (I-6814).

42 Vgl dazu Der Spiegel v. 28. 12. 1992; auch Huber (FN 35) 297.

43 Vgl zB den EWR-Vertrag sowie die Europa-Abkommen mit mehreren mittel- und osteuropäischen Staaten.

Ignaz Seidl-Hohenveldern

Schräge Blicke auf das öffentliche Recht

Jeder Wissenschaftler liebt sein Fach und möchte ihm daher den Vorrang vor allen anderen einräumen, – selbst wenn es die assyrische Rechtsgeschichte wäre. Es soll hier nicht der Streit um den Primat des Völkerrechts vor dem innerstaatlichen Recht aufgeräumt werden. Er ist müßig, denn der Standpunkt der Völkerrechtler ist durch die Wahl ihres Fachs ja vorherbestimmt (siehe oben) und überdies zählt sich der Verfasser dieses Beitrags zu den gemäßigten Monisten, fordert also im *innerstaatlichen* Recht keinen Vorrang für das Völkerrecht. Er möchte hier nur einige schräge Blicke in Nachbar's Garten, also auf das Gebiet des österreichischen öffentlichen Rechts werfen, in dem der Jubilar seit vier Jahrzehnten eine führende Stellung einnimmt. Hiebei hat er sich oft in Grenzbereichen zum Völkerrecht bewegt. Zwei davon seien hier herausgegriffen.

Ich kann mich noch gut des hellen Entsetzens erinnern, als ich erstmals von Zweifeln am Verfassungsrang von Bestimmungen grundlegender Verträge hörte. Waren diese denn nicht vom Nationalrat mit der erforderlichen Zweidrittelmehrheit angenommen worden? Hatte man denn den ausländischen Vertragspartnern nicht zumindest implicite zugesichert, daß zB die Minderheitenschutzbestimmungen des Art 7 des österreichischen Staatsvertrages von 1955 oder die EMRK Verfassungsrang haben sollten, der ja wohl notwendig ist, um ihre wirksame Anwendung im internen Recht zu gewährleisten?[1] Sollte das alles an der fehlenden ausdrücklichen Bezeichnung als „Verfassungsbestimmung" gemäß Art 44 Abs 1 B-VG scheitern? Dabei war die Horrorvision einiger Diplomaten unbegründet. Es war nicht beabsichtigt, bei der Kundmachung der Verträge im BGBl deren deutschen Text bzw dessen Übersetzung in die deutsche Sprache dadurch zu verfälschen, daß etwa nach Art 7 des Staatsvertrages von 1955 ein Klammerausdruck „(Verfassungsbestimmung)" eingefügt werden müßte, der im Original naturgemäß nicht vorhanden sein konnte. Der Vorkämpfer der Wahrung der Formvorschriften des B-VG hatte ja in seinem grundlegenden Aufsatz[2] lediglich gefordert, daß am Kopf oder am Ende der Promulgationsformel erwähnt werden müßte, welche Bestimmungen des Vertrages Verfassungsrang haben. Auch das

---

1 Vgl Art 57 EMRK.

2 Winkler, Der Verfassungsrang von Staatsverträgen, 10 ÖZÖR (1960) 526.

Erkenntnis des VfGH, das, WINKLER folgend, der EMRK diesen Rang verweigerte,[3] wäre bereit gewesen, sich mit einem solchen Hinweis außerhalb des Vertragstextes zu begnügen. Inzwischen hat sich die damalige Aufregung längst gelegt. Die betreffenden Verträge haben durch Teil II der Verfassungsnovelle vom 4. März 1964[4] rückwirkend den beabsichtigten und in Aussicht gestellten Verfassungsrang erhalten. Dies hat auch die Partner dieser Verträge beruhigt, soweit sie diese Debatte überhaupt wahrgenommen hatten. Die Aufnahme der Hinweise auf den Verfassungsrang in der Promulgationsformel späterer Verträge funktioniert reibungslos.

Somit wäre alles zum besten bestellt, wenn nicht Teil I der gleichen B-VG Novelle für das österreichische Recht die Möglichkeit geschaffen hätte, an Stelle der bisher in Österreich zur Umsetzung des Inhalts völkerrechtlicher Verträge in das innerstaatliche Recht angewendeten Methode der generellen Transformation in Einzelfällen deren spezielle Transformation vorzusehen. Der Nationalrat kann also anläßlich der Genehmigung eines Staatsvertrages beschließen, daß „dieser Staatsvertrag durch Erlassung von Gesetzen zu erfüllen ist". (Art 50 Abs 2 B-VG) Auch hier möchte ein Völkerrechtler Bedenken anmelden, allerdings mehr praktischer als rechtlicher Art. Soweit die betreffenden Staatsverträge nicht self-executing sind, wenn sie also zB wie Art 28 der Rotkreuzkonvention von 1929 vorsehen, „Die Regierungen der Vertragsparteien, deren Gesetzgebung zur Zeit nicht ausreichend sein sollte, werden die erforderlichen Maßnahmen treffen oder ihren gesetzgebenden Körperschaften vorschlagen, um jederzeit zu verhindern: a) den Gebrauch des Wahrzeichens ... „Rotes Kreuz" ... durch Privatpersonen" ...[5] – dann ist der Beschluß des Nationalrats überflüssig. Ohne die Erlassung eines Gesetzes bildete die Konvention keine Grundlage für das Verbot eines solchen Mißbrauches.[6]

Sinnvoll erscheint ein solcher Beschluß des Nationalrates dagegen, wenn der Vertrag an und für sich auch ohne innerstaatliche zusätzliche Akte anwendbar sein kann, also self-executing ist. Auch für diese Fälle glaubt KLECATSKY,[7] daß die Anordnung der speziellen Transformation die völkerrechtsfreundlichere Lösung sei. In einem gewissen Sinn hat er recht. Verpflichtungen aus völkerrechtlichen Verträgen werden nur in seltenen Fällen auf Besonderheiten der Rechtssprache eines Vertragspart-

---

[3] VfGH 14. 10. 1961, Slg 4049, 491.

[4] BGBl 1964/59.

[5] BGBl 1936/166.

[6] Kantonalgericht Den Haag 30. 6. 1934 Public Prosecutor v Managing Director of N. Y. Zwitsersche Waschinrichting, Ann Dig 7 (1933-1934) 507.

[7] KLECATSKY, Die Bundesverfassungsgesetznovelle vom 4. März 1964 über Staatsverträge, JBl 1964, 356.

ners Rücksicht nehmen können. Bei der speziellen Transformation ist es möglich, den neutralen Ausdruck, zB „Aufsichtsbehörde" durch die Bezeichnung der Behörde zu ersetzen, die im gegenständlichen Fall in Österreich für das vereinbarte Handeln zuständig ist, also zB „Gewerbeinspektorat". Eine solche „Übersetzung" erleichtert das Verständnis und damit auch die Einhaltung des Vertrages. Für dessen Anwendung erscheint die spezielle Transformation tatsächlich völkerrechtsfreundlich. Dennoch bringt die Notwendigkeit, den Nationalrat zweimal mit der gleichen Materie zu befassen, Gefahren mit sich. Wenn hinreichend lange Zeit zwischen den beiden Akten vergangen ist besteht die Gefahr, daß das Parlament seine Meinung geändert hat und die Erlassung des Ausführungsgesetzes verweigert. Ganz schlimm wird es, wenn der betreffende Vertrag vor seiner Umsetzung völkerrechtlich schon in Kraft getreten wäre. Österreich und seine Regierung befänden sich dann in der Zwangslage, daß der Nationalrat das Ausführungsgesetz ohne Wenn und Aber annehmen muß, soll Österreich nicht vertragsbrüchig werden. Das kann innenpolitisch zu erpresserischem Kuhhandel verleiten. Die Gefahr wird dadurch verringert, daß man den Austausch der Ratifikationsurkunden so lange hinauszögert, bis auch das Ausführungsgesetz angenommen ist.[8] Jedenfalls trägt die Notwendigkeit, für die Vertragsmaterie zweimal die parlamentarische Zustimmung zu erlangen, nicht zur Zügigkeit und Sicherheit des zwischenstaatlichen Verkehrs bei, erscheint also, so gesehen, nicht gerade besonders völkerrechtsfreundlich. In der Praxis wird von der Möglichkeit der speziellen Transformation nur wenig Gebrauch gemacht.

Ein schräger Blick in Nachbar's Garten wird manchmal aber auch der Suche nach Früchten gelten, die man gerne als Geschenk von dort bekommen hätte. So sei die schüchterne Frage an die Verfassungsrechtler gerichtet, ob man auch heute noch Art 18 Abs 2 B-VG so rigoros auslegen muß wie dies aus gutem Grund nach 1945 der Fall war. Der eklatante Mißbrauch des Kriegswirtschaftlichen Ermächtigungsgesetzes von 1917 war noch in übelster Erinnerung. Dennoch war meine rechtsvergleichende Untersuchung über die Delegierung der Gesetzgebungsgewalt in Theorie und Praxis verschiedener Länder[9] ein Beitrag zur Unterstützung der Auffassung, daß zu einer rascheren Bekämpfung der wirtschaftlichen Notstände in der Zeit nach dem Zweiten Weltkrieg eine Bindung der Verordnungsgewalt der Regierung an das Gesetz gelockert werden sollte. Wenn die Regierung Verordnungen nur auf Grund von Gesetzen erlassen konnte, die nicht nur zur Erlassung einer Regelung ermächtigten son-

---

8 ZB Versandverfahrensabkommen mit der EWG, BGBl 1973/599 und Versandverfahrensdurchführungsgesetz BGBl 1973/600.

9 Österr Juristen-Zeitung 2 (1946) 526-530.

dern auch das „Wie“ dieser Regelung in allen Einzelheiten festlegen müssen, war es sehr schwer, auf die rasch wechselnden und für den Gesetzgeber trotz ehrlichsten Bemühens oft nicht vorhersehbare Notstände rasch und angemessen zu reagieren. Der Hinweis, daß andere demokratische Staaten Verordnungsermächtigungen kennen, die weiter gehen als es die herrschende strenge Auslegung des Art 18 Abs 2 B-VG zuläßt, blieb angesichts der historischen Erinnerungen wirkungslos. Nun – irgendwie ist es doch gelungen die Probleme der Nachkriegszeit auch ohne eine Lokkerung des Art 18 Abs 2 B-VG zu bewältigen. Der VfGH hat ja ausdrücklich festgehalten, daß Art 10 Abs 1 Z 15 B-VG, der eine bundeseinheitliche Regelung des Elektrizitätswesens als eine „aus Anlaß eines Krieges oder im Gefolge eines solchen ... notwendig erscheinende Maßnahme“ zuläßt, nicht mehr anwendbar ist, da seit dem Inkrafttreten des Staatsvertrags von Wien BGBl Nr. 152/1955 am 27. Juli 1955 die Voraussetzungen für die Anwendung des Kompetenztatbestandes des Art 10 Abs 1 Z 15 B-VG zur Gänze weggefallen sind.[10]

Heute stellt sich das Problem in einem ganz anderen Zusammenhang, nämlich der Notwendigkeit, „Richtlinien“ der EG im österreichischen Recht rasch zu voller Wirksamkeit zu verhelfen. Ihrem Wesen nach bedarf die EG Richtlinie einer Ergänzung durch innerstaatliches Recht. Sie ist ja nur hinsichtlich des zu erreichenden Zieles verbindlich, überläßt jedoch den innerstaatlichen Stellen die Wahl der Form und der Mittel. (Art 189 EGV) Nun beklagt die EU immer wieder, daß Mitgliedstaaten, unter anderen auch Österreich, mit diesem Vollzug der Richtlinien arg im Rückstand sind. Der Grund dafür liegt in der Langwierigkeit des Gesetzgebungsverfahrens, insbesondere dann, wenn in Bundesstaaten auch noch die Landesgesetzgeber tätig werden müssen. Es wird daher immer wieder angeregt, die Umsetzung der Richtlinien durch eine ganz allgemein gehaltene Verordnungsermächtigung zu beschleunigen, die die Bundesregierung generell zur Erlassung von Verordnungen zum Vollzug von EG Richtlinien ermächtigen sollte. Inhalt, Zweck und Ausmaß der einzelnen hiefür notwendigen Verordnungen könnten in einer solchen Generalermächtigung naturgemäß nicht festgelegt werden. Dies widerspräche allerdings Art 80 Abs 1 GG und der Auslegung, die die herrschende österreichische Lehre Art 18 Abs 2 B-VG gibt, obwohl dessen Text dies nicht zwingend zu erfordern scheint. Wenn eine solche Generalermächtigung ihren Zweck vollauf erfüllen sollte, müßte sie überdies – horribile dictu – auch für Materien gelten, die in die Kompetenz der Landesgesetzgebung fallen.

---

10 VfGH 16. 10. 1963, Slg Nr 4570, anders noch VfGH 17. 3. 1952, Slg Nr 2264. Clunet 1957, 676.

Sowohl in Österreich als auch in Deutschland stößt diese Anregung auf keine Gegenliebe. Zu schlecht sind hier wie dort die Erfahrungen der Zwischenkriegszeit mit Ermächtigungsgesetzen und zu groß der Respekt vor den Ländern, die eifersüchtig über ihre Kompetenzen wachen. Eine solche Generalermächtigung zum Erlaß von Verordnungen zwecks Vollzugs von EG Richtlinien könnte in Österreich als durch das Beitrittsgesetz gedeckt erscheinen. Erachtet man eine solche Ermächtigung als notwendig für die gedeihliche Umsetzung des EG Rechtes in Österreich, dann würde diesen speziellen Verfassungsnormen der Vorrang vor dem in Art 18 Abs 2 B-VG enthaltenen Verbot von Verordnungsermächtigungen gebühren. Diese Generalermächtigung würde sich von den Ermächtigungsgesetzen der Zwischenkriegszeit unterscheiden. Sie würde zwar nicht selbst Zweck und Ausmaß der im Einzelfall erforderlichen Maßnahmen regeln, sie wäre dennoch keineswegs eine völlig uneingeschränkte Ermächtigung. Voraussetzung eines Rückgriffs auf sie wäre ja die Umsetzung des Zieles einer Richtlinie. Die Gestaltungsfreiheit des innerstaatlichen Verordnungsgebers würde durch den Inhalt der jeweils umzusetzenden Richtlinie nicht nur hinsichtlich des Zieles sondern auch hinsichtlich des Zwecks und Ausmaßes eingeschränkt, – wenn auch nicht immer[11] in dem gemäß Art 18 Abs 2 B-VG bzw Art 80 Abs 1 GG erforderlichen Ausmaß. Hiezu kommt, daß die Erlassung von Richtlinien einer seit Maastricht verstärkten Kontrolle durch das Europäische Parlament unterliegt und daß das Anhörungsrecht des Ausschusses der Regionen hiebei auch die Geltendmachung von Interessen der Bundesländer ermöglicht. Es mögen solche Überlegungen gewesen sein, die zu der Aufnahme der Ermächtigung in Art 3 des EWR-Bundesverfassungsgesetzes[12] führte. Diese geht zwar nicht so weit wie hier vorgeschlagen, sieht aber immerhin vor, daß unter gewissen Voraussetzungen „Richtlinien im Rahmen des EWR", also inhaltlich EG Richtlinien, durch Verordnungen umgesetzt werden können, „wenn sie inhaltlich hinreichend bestimmt sind". Eine ähnliche Ermächtigung fehlt im EG Begleitgesetz.[13]

Auch hier ist das Problem von größerer theoretischer als von praktischer Bedeutung. Die Richtlinien der EG neigen immer mehr dazu, den Inhalt der angestrebten Regelung bis ins letzte Detail zu regeln. Sie bedürfen also gar nicht mehr einer Ergänzung durch innerstaatliches Recht sondern lediglich ihrer Umsetzung in dieses Recht in Form eines Gesetzes oder einer innerstaatlichen Verordnung. Der EuGH hat nun aber in ständiger Rechtsprechung entschieden, daß derartig unmittelbar anwend-

11 Siehe aber unten Text bei FN 14.

12 BGBl 1993/115.

13 BGBl 1994/1013.

bare Teile von Richtlinien ohne ein Tätigwerden innerstaatlicher Stellen unmittelbar in der EU anwendbar sind.[14] Dem EuGH ist zwar vorgeworfen worden, daß er dadurch den Unterschied zwischen EG Verordnung und EG Richtlinie verwischt,[15] – aber nach Ansicht des EuGH bedarf es *insoweit* keiner Umsetzung der Richtlinie in innerstaatliches Recht. Insoweit wäre also ein Ermächtigungsgesetz zur Umsetzung von EG Richtlinien nicht notwendig. Sie wären in Österreich unmittelbar anwendbar. Österreich wäre dem Einzelnen gegenüber sogar ersatzpflichtig für die Schäden, die diesem aus der nicht rechtzeitigen Umsetzung einer solchen, ihn begünstigenden Richtlinie erwuchsen sind.[16] Vom Standpunkt der EG aus wäre ein solches österreichisches Ermächtigungsgesetz insoweit also nicht notwendig. Eine rechtzeitige Umsetzung von Richtlinien, die dank eines solchen Gesetzes möglich wäre, liegt aber in Österreichs Interesse. Österreich würde auf diese Weise nicht nur vermeiden, daß es dergestalt schadenersatzpflichtig würde. Es würde auch der Klarheit der österreichischen Rechtsordnung als Ganzes dienen, wenn der Umfang der sich aus dem EGV ergebenden Verpflichtungen Österreichs möglichst rasch in österreichisches innerstaatliches Recht umgesetzt würde.

Überdies hat der EuGH in letzter Zeit klargestellt, daß es auch seiner Ansicht nach zumindest noch Teile von Richtlinien gibt, die einer Umsetzung in innerstaatliches Recht bedürfen.[17] Hier besteht weiterhin eine direkte Verpflichtung Österreichs zur Umsetzung dieser Bestimmungen. Der schräge Blick des Völkerrechtlers in den Garten des öffentlichen Rechts richtet sich also zum Abschluß begehrlich auf den so wohl behüteten Art 18 Abs 2 B-VG. Er würde für dessen angedeutete Auflockerung dankbar sein.

---

14 LENZ (Hrsg), EG-Vertrag, Kommentar (1994) Art 189 RZ 13.

15 BFHE 143, 383. BVerfGE 75, 223 hält diesen Einwand für nicht stichhaltig. Kritisch dazu OPPERMANN, Europarecht (1991) 180 RZ 467.

16 EuGH 19. 11. 1991 RsC – 6/9O; FRANCOVICH, Slg 1991/5541; LENZ, RIW 1992, 243.

17 EuGH 23. 11. 1995, RsC – 10/95; ASOCARNE, RIW 1996, 339.

Alexander Somek

Verallgemeinerung und Abwägung
Zur institutionellen Dimension vernünftiger Gründe

I. Das normative Problem

Die Güterabwägung ist eine relativ neuartige Technik des Staatsrechts.[1] Nur selten wird ihre Struktur tiefenscharf erfaßt – wohl deshalb, weil metaphorische Konnotationen wie die des „Wägens" oder des „Ausgleichs" dazu verleiten, durchaus sinnreiche Bilder für die Sache selbst zu nehmen.[2] Zwar bedarf es kaum der Erwähnung, daß das Abwägen in der Form der dritten Komponente des Grundsatzes der Verhältnismäßigkeit – also der sogenannten „Angemessenheit", „Zumutbarkeit",[3] „Proportionalität" oder „Verhältnismäßigkeit im engeren Sinne"[4] – mittlerweile in der Rechtsprechung eine entscheidende Bedeutung angenommen hat

---

1 Für die Karriere des Abwägens in einer an Entscheidungsfolgen orientierten Jurisprudenz siehe T. ALEXANDER ALEINIKOFF, Constitutional Law in the Age of Balancing, in: Yale Law Journal 96 (1987) 943-1005. Siehe zur Ausweitung des Begriffs der Verhältnismäßigkeit staatlichen Handelns zur grundrechtlichen Güterabwägung seit den fünfziger Jahren dieses Jahrhunderts bei LOTHAR HIRSCHBERG, Der Grundsatz der Verhältnismäßigkeit (1981) 2-19; RAINER DECHSLING, Das Verhältnismäßigkeitsgebot. Eine Bestandsaufnahme der Literatur zur Verhältnismäßigkeit staatlichen Handelns, München 1989, 6.

2 Siehe zur Idee, die grundrechtliche Abwägung zwischen der Intensität bzw Schwere des Eingriffs und dem Gewicht der ihn rechtfertigenden Gründe (etwa VfSlg 11853/1988; 13471/1993) habe einen „möglichst schonenden Ausgleich der gegenteiligen Interessen" zu bewirken, bei MICHAEL HOLOUBEK, Die Interpretation der Grundrechte in der jüngeren Judikatur des VfGH, in: R. Machacek/W. Pahr/G. Stadler, Grund- und Menschenrechte in Österreich. Grundlagen, Entwicklungen und internationale Verbindungen (1991) 43-82, hier: 64.

3 Siehe zur „Zumutbarkeit" als einem gesonderten Maßstab, der angeblich vom BVerfG dazu herangezogen wird, um unter Abstraktion vom Gewicht des öffentlichen Interesses und der damit verbundenen Zweck-Mittel-Relation die normativen Grenzen der Belastbarkeit des Grundrechtsträgers aus dessen Perspektive zu beurteilen, vor allem bei FRITZ OSSENBÜHL, Zumutbarkeit als Verfassungsmaßstab, in: ders, Freiheit – Verantwortung – Kompetenz. Ausgewählte Abhandlungen (1984) 271-284, und RÜDIGER KONRADIN ALBRECHT, Zumutbarkeit als Verfassungsmaßstab. Der eigenständige Gehalt des Zumutbarkeitsgedankens in Abgrenzung zum Grundsatz der Verhältnismäßigkeit (1995) 122. Es mag hier dahinstehen, ob der solcherart von der Verhältnismäßigkeit differenzierte Standard der Zumutbarkeit sich nicht einem reichlich engen Verständnis der ersteren verdankt. Für eine Kritik an der Annahme eines eigenständigen Zumutbarkeitsmaßstabs siehe schon DECHSLING (FN 1) 10-12.

4 Siehe dazu bloß die Übersicht bei DECHSLING (FN 1) 7-50.

und von der Lehre gegenüber den anderen Komponenten analytisch isoliert worden ist;[5] gleichwohl dürfte bislang nicht hinreichend deutlich geworden sein, daß der operative Kern dessen, was für die Bestimmung des im engeren Sinne Verhältnismäßigen hinreicht, keine strukturelle Besonderheit der Grundrechtsdogmatik darstellt. Die Abwägung von Gütern, denen eine Funktion beikommt, die für den Schutz der Grundrechte Relevanz besitzt, läßt sich vielmehr generell als zentraler Problemgesichtspunkt der *Begründung von Handlungsnormen* rekonstruieren.[6] Diesen internen Zusammenhang zwischen dem Abwägen und der Argumentationsform, die mit dem Anspruch auf überzeugende Normenbegründung auftritt, nämlich der Verallgemeinerung, wollen die folgenden Ausführungen transparent machen. Dabei ist insbesondere ins Auge zu fassen, was die Qualität eines Grundes, der in die Abwägung eingeht, eigentlich ausmacht, wenn wir geneigt sind, ihn als einen „vernünftigen" Grund zu bezeichnen. Denn diese Vernünftigkeit wäre neben der Reflexion der institutionellen Kompetenz der weitere kritische Gesichtspunkt, der die Begründung von Normen durch ein Verfassungsgericht rechtfertigen könnte.[7] Wir werden dabei zu dem möglicherweise erstaunlich an-

---

5 Zu einer bemerkenswerten Auffassung ist bekanntlich SCHLINK gelangt, der meint, das verletzte und empörte Gerechtigkeitsgefühl könne sich, ohne zu Abwägungsoperationen greifen zu müssen, bereits in der Geeignetheits- und Notwendigkeitsprüfung zur Geltung bringen. Seines Erachtens reduziert sich also der Grundsatz der Verhältnismäßigkeit auf das Gebot der Verfolgung eines legitimen Zweckes, auf die Einhaltung der Maximen von Geeignetheit und Erforderlichkeit sowie auf den Schutz von absoluten Mindestpositionen. Siehe dazu BERNHARD SCHLINK, Abwägung im Verfassungsrecht (1976) 48-52, 80-81, 194-195; *ders*, Freiheit durch Eingriffsabwehr – Rekonstruktion der klassischen Grundrechtsfunktion, in: Europäische Grundrechtezeitschrift 11 (1984) 457-468, hier: 461. Für eine Kritik, die an der Unverzichtbarkeit des Abwägens festhält, siehe RUDOLF WENDT, Der Garantiegehalt der Grundrechte und das Übermaßverbot. Zur maßstabsetzenden Kraft der Grundrechte in der Übermaßprüfung, in: Archiv des öffentlichen Rechts 104 (1979) 414-474, hier: 453-455, und für eine Umkehrung der Schlinkschen Position, wonach die Verhältnismäßigkeit im engeren Sinne den eigentlichen Grundsatz darstelle, der durch die Geeignetheit und die Erforderlichkeit bloß konkretisiert werde, siehe bei HIRSCHBERG, Grundsatz (FN 1) 177-179.

6 Siehe zum internen Zusammenhang von Verallgemeinerung und Abwägung bei T. M. SCANLON, Contractualism and Utilitarianism, in: J. Rajchman/C. West (Hrsg), Postanalytic Philosophy (1985) 214-243, hier: 236. Siehe auch ALEXANDER SOMEK/NIKOLAUS FORGÓ, Nachpositivistisches Rechtsdenken. Inhalt und Form des positiven Rechts (1996) 362-372; ALEXANDER SOMEK, Rechte und Quoten. Eine Probe aufs Exempel von Fremden und Frauen, in: Archiv für Rechts- und Sozialphilosophie 1997 (im Erscheinen).

7 Die von Verfassungsgerichten verwendeten Prüfungsmaßstäbe spiegeln bekanntlich sowohl sachliche als auch funktionellrechtliche Erwägungen wider. Sie signalisieren daher einerseits das Maß richterlicher Zurückhaltung gegenüber der Rationalität gesetzlicher Zweckverfolgung und verweisen andererseits auf allgemeine Kriterien, die für die Beurteilung der Sachfrage relevant sind. Siehe dazu am Beispiel des Willkürverbots bei KONRAD HESSE, Der Gleichheitssatz in der neueren deutschen Verfassungsentwicklung, in: Archiv des öffentlichen Rechts 109 (1984) 174-198, hier: 186-187 und zum generellen

mutenden Ergebnis gelangen, daß die Beantwortung der Frage „Was ist in diesem Fall allgemein akzeptabel?" eine Stellungnahme zum Problem einschließt, in welchen sozialen Ordnungen wir leben oder leben sollen. An diesem Punkt bewahrheitet sich einmal mehr die von WINKLER hervorgehobene Verbindung von Sein und Sollen, die sich eben nur im Rahmen eines institutionellen Rechtsdenkens angemessen erfassen läßt.[8]

Im folgenden ist Schritt für Schritt zu entwickeln, wie man von der Erörterung des Problems der Normenbegründung zur Annahme grundrechtlicher Schutzgüter und daran anschließend zur Güterabwägung gelangt. Zu zeigen ist insbesondere, daß eine Theorie der Abwägung ohne eine Stellungnahme zur Bedeutung der Grundrechte sich nicht entwickeln läßt. Die Grundrechtsdogmatik läßt sich retroduktiv von ihrem letzten Schritt aus – der Abwägung – entfalten. Dabei wird sichtbar, wieviel Vernunft in ihr steckt. Die deduktive Strenge, mit der versucht wird, diesen Nachweis zu führen, möge daran erinnern, daß Problemen der Verfassungsdogmatik nicht zufällig ein ansprechendes theoretisches Format zukommt.

II. Die Asymmetrie personen-relativer Gründe

Für den hier verfolgten Zweck darf vorausgesetzt werden, daß zwischen Personen, die voneinander erwarten, mit gleichem Respekt behandelt zu werden, die Begründung einer Norm auf jene Gegenseitigkeitsstruktur[9] verwiesen ist, die mit dem Prinzip der Verallgemeinerung sowohl bezeichnet als auch entfaltet wird.[10] Dieses Prinzip läßt sich provi-

---

Modell des „rationality review" bei CASS R. SUNSTEIN, Naked Preferences and the Constitution, in: Columbia Law Review 84 (1984) 1689-1732. Für eine dezidiert an der Prämisse der „argumentativen Einlösbarkeit" der gesetzgeberischen Entscheidung orientierte Auffassung, wonach die inhaltliche Kontrollbefugnis des Verfassungsgerichts auf dem keineswegs undemokratischen Prinzip beruht, daß Grundrechtseingriffe über eine allgemein akzeptable Begründung verfügen müssen, siehe MANFRED STELZER, Das Wesensgehaltsargument und der Grundsatz der Verhältnismäßigkeit (1991) 307-312.

8 Siehe dazu GÜNTHER WINKLER, Studien zum Verfassungsrecht (1991) 439-442.

9 Dahinter steht die elementare Struktur gegenseitiger Anerkennung. Um die Sache nicht in ihrer gesamten Komplexität aufrollen zu müssen, wird dieser Zusammenhang im folgenden vernachlässigt.

10 Die Norm der Gegenseitigkeit ist einer näheren Bestimmung bedürftig. Siehe dazu bloß ALVIN W. GOULDNER, Die Norm der Reziprozität. Eine vorläufige Formulierung, dt in: ders, Reziprozität und Autonomie. Ausgewählte Aufsätze (1984) 79-117, hier: 93-98. Im folgenden wird zu zeigen versucht, daß sich diese Bestimmung durch die Anwendung des Prinzips der Verallgemeinerung auf unterschiedliche Problemlagen rekonstruieren läßt, die im Rahmen der Verallgemeinerung auftreten. Da jeder Versuch, auf der Suche nach den Gesichtspunkten, die einer Verallgemeinerung das Prädikat der Unparteilichkeit sichern, auch damit befaßt ist, den Begriff des vernünftigen Grundes zu bestimmen, steht in diesem Verfahren die praktische Vernunft selbst auf dem Spiel. Die Bestimmung eines Begriffs ist freilich, wie man seit HEGEL weiß, von dialektischen Spannungen nicht frei,

sorisch mit HARE, ohne daß man seine Spielart des Konsequentialismus teilen müßte, folgendermaßen paraphrasieren: „It follows from universalizability that if I now say that I ought to do a certain thing to a certain person, I am committed to the view that the very same thing ought to be done to me, were I in exactly his situation, including having the same personal characteristics and in particular the same motivational states.“[11] Die Bewertung von Handlungen oder Handlungsfolgen[12] hat demnach unabhängig davon zu erfolgen, ob man sich zufällig in der Position derjenigen Person befindet, die von ihrer Ausführung Vorteile oder Nachteile hat. Der problematisierte Akt hat vielmehr von jedem hypothetischen Standpunkt aus akzeptabel zu sein.[13] Die Spezifizität des getroffenen Urteils, die mit mehr oder weniger weitgehendem Einbezug besonderer Umstände variiert, beeinträchtigt den solcherart als universal erhobenen Geltungsanspruch nicht.[14] Das Urteil hat wenigstens einen von individuellen Personen unabhängigen Grund zu enthalten, der angibt, aufgrund welcher Situationsmerkmale es geboten oder erlaubt ist, einen Akt auszuführen oder zu unterlassen. Ein solcher Grund besteht somit aus einer allgemein akzeptablen *Handlungsregel.* Sie ist das Medium, den Universalitätsanspruch zu artikulieren. Als Gründe für moralisch akzeptables Verhalten können solche universelle Regeln selbst wiederum nur dann zureichend als begründet gelten,[15] wenn ihre allgemeine Befolgung aus der Position jeder beliebigen Person – also: „no matter who you were“[16] – akzeptabel erschiene.[17] Die Begründung von Regeln, die für alle densel-

zumal sie angelegentlich der Transformation von Unbestimmtem in Bestimmtes das Unbestimmte reproduziert und damit den Eindruck erweckt, in fataler Weise vor sich herzuschieben, was einer Auflösung möglicherweise hartnäckig entzogen bleibt.

11 R. M. HARE, Moral Thinking. Its Levels, Method, and Point (1981) 108.

12 Zum restriktiven Konsequentialismus einer an KANT orientierten Rechtsethik, die bloß auf unmittelbare („handlungsinterne“) Handlungsfolgen abstellt, siehe die Ausführungen bei OTFRIED HÖFFE, Kategorische Rechtsprinzipien. Ein Kontrapunkt der Moderne (1994) 200-202.

13 Siehe dazu REINER WIMMER, Universalisierung in der Ethik. Analyse, Kritik und Rekonstruktion ethischer Rationalitätsansprüche (Frankfurt/Main 1980) 264-265.

14 Siehe dazu HARE (FN 11) 41, 89; WIMMER (FN 13) 216, 228-230; LUTZ WINGERT, Gemeinsinn und Moral. Grundzüge einer intersubjektivistischen Moralkonzeption (1993) 219.

15 Für eine Deutung von Regeln als Handlungsgründe siehe die elementaren Ausführungen bei JOSEPH RAZ, Practical Reason and Norms ([2]1990) 36.

16 SCANLON (FN 5) 233.

17 Siehe dazu bloß ERNST TUGENDHAT, Vorlesungen über Ethik (1993) 83. Zur universellen Perspektivenübernahme als Grundcharakteristikum des (postkonventionellen) moralischen Urteils siehe die grundlegenden Ausführungen bei GEORGE H. MEAD, Mind, Self, & Society from the Standpoint of the Social Behaviorist (1934) 226-273, 379-389. Bei HARE liegt die Emphase auf der Betroffenheit. Siehe HARE (FN 11) 91 und WIMMER (FN 13) 267. Aus diesem Grund setzen wohl auch manche für die Ableitung der Universalisierung bei einem „Folgenprinzip“ an. Siehe MARCUS GEORGE SINGER, Verallgemeinerung in der Ethik. Zur Logik moralischen Argumentierens (1975) 63-66.

ben moralischen Grund abgeben, sich in bestimmten Situationen auf die in den Regeln bezeichnete Weise zu verhalten, müßte also von jener elementaren Gegenseitigkeit getragen sein, mit der wir von einander wechselseitig fordern, einer beliebigen anderen Person nur zumuten zu dürfen, was wir uns selbst zumuten würden, wenn wir uns in den Schuhen der anderen Person befänden.

Die Simplizität dieser Formulierung des moralischen Standpunkts[18] ist allerdings trügerisch, insinuiert sie doch, daß die in der Verallgemeinerung stets mitgedachte *Gegenseitigkeit zwischen individuellen Personen* für die Bestimmung von Unparteilichkeit hinreicht. Wegen der unaufhebbaren Asymmetrie von Handlungsgründen ist dies aber nicht der Fall. Mit dieser Asymmetrie ist deswegen zu rechnen, weil alle Gründe, also auch diejenigen, die wir für unparteilich zu halten geneigt sind, letztlich *Gründe für Personen* sind.[19] Wovon ich mich überzeugen lasse, hängt also wesentlich davon ab, ob ich es dulde, als eine Person bestimmter Art angesprochen zu werden. Folglich läßt sich zwar die Verallgemeinerung als eine notwendige Konsistenzbedingung des unparteilichen Urteils begreifen, nicht aber verhält es sich umgekehrt so.[20] Unparteilichkeit kann nur gewährleistet sein, wenn die Asymmetie von Gründen durch eine symmetrische Beziehung zwischen Personen neutralisiert wird.

Als Ausdruck der Gegenseitigkeit zwischen individuellen Personen hat jede Form der Verallgemeinerung die Asymmetrie von spezifisch *personen-relativen Gründen* zum Problem zu machen.[21] Die Überzeugungskraft solcher Gründe hängt von ihrer internen Beziehung zu den Überzeugungen ab, die eine bestimmte Person im Verhältnis zu ihren Wünschen, Eigenschaften oder Fähigkeiten unterhält.[22] Diese Relativität macht

---

18 Man kann den moralischen Standpunkt als ein übergreifendes Beurteilungsprinzip auffassen, das moralisch relevante Gesichtspunkte (wie die Eigenschaften von Personen oder die Berücksichtigung von Intentionen und Folgen) in einen Zusammenhang bringt, vermöge dessen sich unterschiedliche Situationen in unparteilicher Weise beurteilen lassen. Siehe dazu auch WINGERT (FN 14) 162.

19 Zur elementaren Personen-Relativität aller Gründe, die der Unterscheidung von personen-neutralen und personen-relativen Gründen noch vorausliegt, siehe DEREK PARFIT, Reasons and Persons ([3]1987) 143.

20 Siehe die Beobachtung bei THOMAS NAGEL, The Foundations of Impartiality, in: D. Seanor/N. Fotion (Hrsg), Hare and Critics (1988) 101-112, hier: 102-103. Siehe auch STEFAN GOSEPATH, Aufgeklärtes Eigeninteresse. Eine Theorie praktischer Rationalität (1992) 307, 341-342.

21 Es versteht sich daher von selbst, daß niemals „Interessen" als komplexe Signifikanten von personen-relativen Gründen einer Verallgemeinerung unterliegen, sondern vielmehr die Gründe, die mit „Interessen" implizit bezeichneten personen-relativen Gründe für alle gelten zu lassen.

22 Zur Unterscheidung zwischen personen-relativen und personen-neutralen Gründen siehe vorzugsweise bei THOMAS NAGEL, The View from Nowhere (1986) 152: „If a reason

solche Gründe nicht zu einem privaten Besitz. Sie sind auch nicht in dem schlechten Sinne „subjektiv", als für keine andere Person verständlich wäre, weshalb man sich von ihnen überzeugen läßt.[23] Personen-relative Gründe sind intersubjektiv überprüfbar, indes schließt ihre Plausibilität das ontologische „commitment"[24] ein, daß die Person, die von ihnen überzeugt ist, auch existiert.[25] Man kann sich sehr gut vorstellen, Grund zu haben, *y* zu tun, wenn man die Person *X* wäre, aber die *Gültigkeit* dieses Grundes als *Handlungs*grund hängt dennoch davon ab, daß man die Person *X* (und niemand anderer) ist.

Wenn man von individueller Bestimmtheit also nicht absähe, würde die Verallgemeinerung von dieser starken Asymmetrie personen-relativer Gründe beherrscht und als moralisches Problemlösungsverfahren blokkiert sein. Die Auflösung von Konflikten könnte dann bloß auf etwas beruhen, das man geneigt ist, als *Abwägung im denkbar schlechtesten Sinne* zu bezeichnen. So würde beispielsweise der aus der Eigenperspektive einer erwachsenen Person möglicherweise verständliche Wunsch, uneingeschränkt Sexualverkehr mit Unmündigen zu haben, dem Interesse der Unmündigen gegenüberstehen, jeglichen Sexualverkehr dieser Art abzuwehren. Man könnte nicht mehr tun, als eine der Alternativen als gut oder als schlecht zu bewerten, ohne über einen vermittelnden Grund zu verfügen, an dem sich zeigt, daß bei der Verallgemeinerung die personen-relativen Gründe auf eine gemeinsame Basis zurückgeführt werden, die es gestattet, auf die allgemeine Vorzugswürdigkeit der einen oder anderen Alternative zu schließen.[26] Letzteres deutet aber darauf hin, daß wir in

can be given a general form which does not include an essential reference to the person who has it, it is an *agent-neutral* reason. For example, if it is a reason for anyone to do or want to do something that would reduce the amount of wretchedness in the world, then that is a neutral reason. If on the other hand the general reason does include an essential reference to the person who has it, it is an *agent-relative* reason."

23 Nagel zieht den Kreis der personen-relativen Gründe sehr weit und bezieht nicht nur Gründe ein, etwas zu tun, weil es dem eigenen Vorteil dient, sondern auch Gründe, die aus persönlichen Bindungen und Loyalitäten erwachsen. Siehe Thomas Nagel, Eine Abhandlung über Gleichheit und Parteilichkeit (1994) 60, 122. Siehe auch Parfit (FN 19) 129-131.

24 Siehe zu dem Umstand, daß in theoretischen Aussagen Voraussetzungen über die Art der Gegenstände zu machen sind, die als existent gesetzt werden, bei W. V. O. Quine, Wort und Gegenstand (1980) 201-202.

25 Siehe Nagel (FN 22) 153-154: „An objective judgment that some kind of thing has agent-relative value commits us only to believing that someone has reason to want or to pursue it if it is related to him in the right way (being in his interest, for example). Someone who accepts this judgment is not even committed to wanting it to be the case that people in general are influenced by such reasons. The judgment commits him to wanting something only when its implications are drawn for the individual person he happens to be."

26 Siehe Scanlon (FN 5) 236.

der unparteilichen Verallgemeinerung nicht ausschließlich als individuelle Personen (also aus der Perspektive der ersten Person) teilnehmen. Die Gegenseitigkeit zwischen individuellen Personen ist keine hinreichende Bedingung der Unparteilichkeit.

Deswegen müssen sich Konstruktionen eines gemeinsamen Standpunktes, der es gestatten soll, die Gültigkeit tradierter Standards zu beurteilen, auf den Versuch einlassen, das Paradoxon aufzulösen, daß man in der unparteilichen Verallgemeinerung *als* die Person, die man *ist*, hypothetisch eine Person zu sein hat, die man *nicht ist*. Bedenkt man die Gestalt, in der dieses elementare Paradoxon der Gegenseitigkeit auftritt, dann drängen sich zwei Varianten auf, es zu entfalten, indem man das Unbeobachtbare beobachtbar stellt.[27] Einerseits bietet sich an, das Sein der Person, die man nicht ist, mit dem eigenen Sein zu vereinen, indem man sich selbst und die andere Person in etwas auflöst, von dem man annimmt, darin seien alle gleich. Der gemeinsame Standpunkt würde also erreicht, sobald man *generelle personen-relative Gründe* isolierte, die für jeden gelten. Andererseits ist ebenso denkbar, von der Bestimmtheit der Personen überhaupt abzusehen und uns folglich so zu behandeln, als ob wir niemand wären. Dieser Schritt wird mit dem Rekurs auf personenneutrale Gründe vollzogen.[28] Vorläufig soll uns bloß der Gegensatz zwischen diesen beiden Sorten von Gründen interessieren. Auf die Frage, welcher von ihnen der Vorzug gebührt, ist noch zurückzukommen.

Generelle personen-relative Gründe, mit denen darzulegen versucht wird, was jeder Mensch, wer auch immer er oder sie sein mag, zu tun Grund hat, enthalten einen reflexiven Bezug auf das Person-Sein, das durch ihren Gebrauch allen in gleicher Weise zugeschrieben wird. Deshalb leiden sie im Gegensatz zu neutralen Gründen, die an unbestimmte Personen ergehen, an einer fragwürdigen Bestimmtheit. Ich könnte einer anderen Person aufgrund der zwischen uns obwaltenden Gegenseitigkeit zumuten, was ich mir bei Achtung ihrer gegenwärtigen Dispositionen und Fähigkeiten unter der Bedingung zumuten würde, an ihrer Stelle zu sein, indem ich ihr einfach meine allgemeine Konzeption einer handlungsfähigen Person überstülpe. *Ich* würde beim Positionswechsel also nicht darauf achten, daß *wir* möglicherweise unterschiedliche normative Auffassungen über die Reichweite individueller Verantwortung, ein erträgliches Maß an Hilfsbereitschaft oder die menschliche Fähigkeit haben, Präferenzen an soziale Situationen anzupassen. Obwohl diesfalls Gegenseitigkeit zwischen uns als individuelle Personen (genauer: als Träger von Eigennamen) vorherrschte, zumal ich mir – ausgestattet mit den indivi-

---

27 Siehe NIKLAS LUHMANN, Die Wissenschaft der Gesellschaft (1990) 118-121.

28 Siehe dazu sogleich unten Seite 1061.

duellen Fähigkeiten und Wünschen einer anderen Person – die Befolgung einer Regel aus der Position eines anderen zumuten würde, wäre diese Zumutbarkeit von der Bedingung abhängig, daß die reflexiv verwendeten generellen personen-relativen Gründe (die angeben, was meines Erachtens jeder, unabhängig davon, welche individuelle Person er oder sie auch immer sei, zu tun Grund hat) auch aus der Perspektive dieser anderen Person akzeptabel sein können.[29] Wäre dies nicht der Fall, dann wäre das moralische Urteil mit dem Problem belastet, in einem *moralischen* Sinne „schlecht" verallgemeinert zu haben, weil sich in die herangezogenen generellen personen-relativen Gründe ein individueller personen-relativer Grund eingenistet hätte.[30]

An dieser Überlegung wird deutlich, daß die Verallgemeinerung erst dann „unparteilich" genannt werden kann, wenn sie mit Gründen zweiter Ordnung operiert, deren Funktion darin besteht, die Beachtlichkeit anderer Gründe ein- oder auszuschließen.[31] Diese Gründe zweiter Ordnung sind die Träger einer höheren Form der Gegenseitigkeit. Die Gegenseitigkeit zwischen individuellen Personen ist demgemäß zur *Gegenseitigkeit der Gründe für Personen* zu erweitern. Während die Gültigkeit individueller personen-relativer Gründe davon abhängt, ob die Person, die sie hat, existiert, setzt die allgemein akzeptable Gegenseitigkeit genereller personen-relativer Gründe voraus, daß es jedem zumutbar sein kann, eine Person bestimmter Art zu sein.

Dieser Ebenenwechsel bezeugt die Wiederkehr der Paradoxie, die wir bereits an der Gegenseitigkeit zwischen individuellen Personen zu studieren vermochten.[32] Denn wenn bei der Verallgemeinerung die zumutbare Art des Person-Seins mitzureflektieren ist, dann bedeutet dies, daß wir in der Begründung von Normen einzelne Personen gerade so zu überzeugen haben, als wären sie keine bestimmten Personen.

III. Die Symmetrierung von Gründen und das Verschwinden der Person

Einen bedeutenden Hinweis darauf, wie die Asymmetrie von generellen personen-relativen Gründen aufzulösen ist, enthält die berühmte

---

29 Für das analoge Problem des Einbezugs „externer Präferenzen" in die Verallgemeinerung siehe bei RONALD DWORKIN, Taking Rights Seriously (^{2}1978) 235.

30 Siehe zur Replikation des einen Pols eines Gegensatzes in seinem Gegenstück generell JACK BALKIN, Nested Oppositions, in: Yale Law Journal 99 (1990) 1669-1705, hier: 1676-1677, 1704.

31 Siehe dazu JOSEPH RAZ, The Authority of Law (1979) 17.

32 Siehe dazu oben Seite 1057.

Formulierung Scanlons, wonach eine Regel der Bedingung zu genügen hat, sich aus der Perspektive beliebiger betroffener Personen vernünftigerweise nicht ablehnen zu lassen, sofern die Personen einander gegenseitig unterstellen, ihr Verhalten gegenüber anderen rechtfertigen zu wollen.[33] Dieser Grundsatz wendet die Unterscheidung zwischen der Gegenseitigkeit und ihrem Mangel auf die Gründe selbst an. Dabei wird zunächst sichtbar, daß sich der asymmetrische Charakter von Gründen nicht schon dann auflöst, wenn jeder aus der Position eines anderen dasselbe will. Es ist nicht auszuschließen, daß sich aus allen Positionen zwar unterschiedliche, dafür aber für einen Konsens hinreichende personenrelative Gründe finden lassen, ohne daß diese in generalisierter Form verallgemeinert werden können. Die allgemeine Akzeptabilität ist kein Kriterium der Unparteilichkeit und damit a fortiori auch kein Signum der Vernunft. Denn es ist denkbar, daß eine Gruppe bereit wäre, vermeidbare Belastungen zu tragen, weil sich ihre Mitglieder durch besondere Opferbereitschaft auszeichnen. Für sie wäre es zwar – etwa aus religiösen Gründen – keineswegs irrational oder unakzeptabel, die betreffende Bürde auf sich zu nehmen, weil dies ihrer Vorstellung entspräche, ein guter Mensch zu sein; gleichwohl wäre das Verhältnis zwischen den potentiellen Nutznießern und den Angehörigen dieser Gruppe mit der Asymmetrie von generellen personen-relativen Gründen behaftet. Sobald man freilich die Gegenseitigkeit auf die Ebene der Gründe erweitert, erscheint es nicht unvernünftig, wenn letztere es angesichts der mangelnden Gegenseitigkeit ablehnten, ein Sonderopfer zu erbringen. Aufgrund dieser Gegenseitigkeit der Gründe gilt, daß ein Handlungsgrund sich nicht verallgemeinern läßt, wenn er von den Benachteiligten ein übergebührliches oder einseitiges Maß an Altruismus und Opferbereitschaft fordert.[34] Wenn ich Grund *y* habe, eine Regelung zu akzeptieren, Du aber nicht bereit bist, Grund *y* für Dein Verhalten gelten zu lassen, dann verfüge ich aufgrund der mangelnden Gegenseitigkeit über einen Grund zweiter Ordnung, die Regel zu verwerfen.[35]

Diese symmetrische Beziehung zwischen Gründen läßt sich durch bestimmte Negation herstellen. Ein kritisches Prinzip vermag die Verallgemeinerung daher unter der Voraussetzung in sich aufzunehmen, daß sie

---

33 Siehe Scanlon (FN 5) 224. An der Bedingung, daß die anderen den Wunsch haben müssen, ihr Verhalten ebenfalls vor anderen zu rechtfertigen, kommt die Gegenseitigkeit zwischen Personen zum Ausdruck. Siehe auch *ders*, The Significance of Choice, in: S. Darwall (Hrsg), Equal Freedom. Selected Tanner Lectures on Human Values (1995) 39-104, hier: 54-55.

34 Siehe bei John Rawls, Eine Theorie der Gerechtigkeit (1975) 204.

35 „Thus it is the reasonableness of rejecting a principle, rather than the reasonableness of accepting it, on which moral argument turns.“ So Scanlon (FN 5) 224.

zur *Überprüfung* von Regeln herangezogen wird, deren Gehalt ihr in wandelbaren geschichtlichen Konstellationen zugespielt wird.[36]

Aber davon abgesehen ist freilich noch nicht hinreichend klargestellt, unter welchen Umständen die mangelnde Gegenseitigkeit genereller Gründe einen *vernünftigen* Grund zweiter Ordnung darstellt, eine Regelung abzulehnen. Die gegenseitige Perspektivenübernahme dürfte dafür die Basis bieten. Denn sie fordert dazu auf, unser eigenes Verhältnis zu individuellen und generellen Handlungsgründen aus der Perspektive verschiedener Personen zu betrachten.

Eine Regel, die allgemeine Gültigkeit beanspruchen können soll, darf bekanntlich nicht deswegen verworfen werden, weil sie gegen die unreflektierten und egozentrischen Wünsche bestimmter Personen verstößt. Vielmehr ist zu fragen, ob den Personen der Nachteil zuzumuten ist, nachdem sie erwogen haben, welcher der betroffenen Relationen zwischen Personen und relativen Handlungsgründen der Vorrang gebührt. Das erfordert, die andere Person, in die man sich hineinversetzt, um die eigene Perspektive relativiert zu sehen, als eine Person zu betrachten, die sich gleichfalls in die Perspektive von anderen versetzt, um ebenfalls ohne Ansehen ihrer eigenen Person auf sich zurückzukommen. Andernfalls wäre es unerfindlich, weshalb man es anderen zumuten darf, Regelungen nicht allein deshalb scheitern zu lassen, weil sie ihnen zum Nachteil gereichen.

Damit die Gegenseitigkeit der Perspektivenübernahme sich nicht im iterativen Wechsel von Positionen erschöpft, sondern dazu fortschreitet, das Verhältnis zwischen Personen und Handlungsgründen aus einer Perspektive in den Blick zu bekommen, die selbst nicht an eine bestimmte Person gebunden ist,[37] ist, wie es scheint, eine unheimliche Abstraktion vorzunehmen. Das Verhältnis zwischen Handlungsgründen und Personen ist aus der Perspektive keiner bestimmten Person zu betrachten. Zumal, wie wir gesehen haben, Projektionen der Personalität ebenfalls einer Relativierung zu unterliegen haben, damit das moralische Urteil zur Vernunft kommt, muß in der wechselseitigen Perspektivenübernahme die Perspektive einer *unbestimmten Person* entstehen. Damit geraten aber zunächst die Vorteile und Nachteile einer Regel so in den Blick, als ließen sie sich gegenüber Personen als ihren kontingenten Trägern verselbständigen. Da dabei generelle personen-relative Handlungsgründe einer radikalen Virtualisierung unterliegen, tritt ein *Substrat* an Empfindsamkeit hervor, das sich bei der Beurteilung von Handlungsalternativen unter

---

36 Siehe dazu WILLIAM K. FRANKENA, Analytische Ethik. Eine Einführung (1972) 52, und im Anschluß daran ALBRECHT WELLMER, Ethik und Dialog. Elemente des moralischen Urteils bei Kant und in der Diskursethik (1986) 21-26, 39.

37 Auf diese Art hat sich MEAD wohl die gegenseitige Verschmelzung von Perspektiven vorgestellt. Siehe MEAD (FN 17) 274.

dem Vorzeichen der Erfüllung oder Frustration von Lust (oder Präferenzen) anvisieren läßt. Aber die gegenseitige Perspektivenübernahme ermöglicht nicht bloß, durch die Neutralisierung personen-relativer Gründe die Nachteile des einen mit den Vorteilen der anderen in Beziehung zu setzen und auf diese gemeinsame Basis zu beziehen; sie lädt aufgrund der ihr immanenten *Gegenseitigkeit* darüberhinaus dazu ein, *jede(n)* so zu betrachten, *als ob er oder sie eine solche unbestimmte Person wäre.* Indem solcherart von den Personen eine Schlacke an vergleichbarem „besser" oder „schlechter" verbleibt, gewinnt die Verallgemeinerung ein *originäres kritisches Prinzip,* über dessen Güte an dieser Stelle noch kein Urteil gefällt werden soll. Man kann es mit Scanlon insofern als „utilitaristisch" bezeichnen,[38] als es besagt, daß alle moralisch relevanten Tatsachen und Erwägungen letztlich in der Sorge um das *Wohlergehen* ihren Sinn und ihre Rechtfertigung finden.

In der Transzendenz der gegenseitigen Perspektivenübernahme eröffnet sich also der Zugang zu jenen Handlungsgründen, die man im Anschluß an NAGEL als *personen-neutral* bezeichnen kann. Sie beanspruchen Gültigkeit nicht nur (wie generelle personen-relative Gründe) unabhängig von der Bestimmtheit einzelner Personen, sondern geben für unbestimmte Personen an, was geschehen soll.[39] Mit Blick auf ein Substrat des Wünschenswerten gebieten sie, welchen Zustand jeder unabhängig von der Person, die er ist, hervorbringen sollte.[40] Die Emergenz dieser personen-neutralen Perspektive verdankt sich zwar der Gegenseitigkeit der Perspektiven, sie resultiert aber in einer als dialektisch zu bezeichnenden Umorientierung des unparteilichen Blicks, der, indem er andere und sich selbst aus der Perspektive jedes anderen ansieht, letztlich von nirgendwo keine bestimmte Person mehr wahrnimmt. Paradoxerweise verliert die Identität der Personen an Wichtigkeit im Verhältnis zur Erfahrung ihres Wohlergehens oder Leidens.[41]

Trotzdem verfügt die Verallgemeinerung aufgrund des nunmehr gewonnenen kritischen Gesichtspunkts über eine nicht zu unterschätzende problemlösende Kraft. Zumal sie, wie wir gesehen haben, mittels konkreter Negationen operiert, ist ihr nunmehr ein relevanter Maßstab gegeben, Regelungsalternativen daraufhin zu vergleichen,[42] ob sie dazu an-

38 Siehe SCANLON (FN 5) 220.

39 Siehe NAGEL (FN 22) 153-154; *ders* (FN 23) 122.

40 Siehe NAGEL (FN 22) 153: „That means anyone has reason to want it to happen – and this includes someone considering the world in detachment from the perspective of any particular person within it." Siehe auch *ders* (FN 23) 60, 77, 104, 122.

41 Siehe dazu vor allem die Überlegungen bei PARFIT (FN 19) 321-330.

42 Siehe dazu, daß auch eine kontraktualistische Moral „essentially comparative" sei, bei SCANLON (FN 5) 226.

getan sind, im Vergleich zur gegenwärtigen Lage das Wohl aller zu befördern oder zu verringern. Die Verallgemeinerung wird dazu tauglich, in einer historisch vorgegebenen Situation Regelungsalternativen an dem Maßstab zu messen, ob sie besser oder schlechter zur marginalen Verbesserung des Wohlergehens beitragen.[43] Wie von selbst scheint sich in diesem Zusammenhang aufzuklären, was es bedeutet, man habe einer Regelung „vernünftigerweise" die Zustimmung nicht zu versagen, nämlich dann, wenn sie in Anbetracht vorliegender Alternativen die geringsten Bürden oder die größten Vorteile verspricht. „[...] [I]t would be unreasonable, for example, to reject a principle because it imposed a burden on you when every alternative principle would impose much greater burdens on others."[44]

Doch die vorstehende Erläuterung der Forderung praktischer Vernunft ist zweideutig. In der Tat läßt sich auf dieser Stufe der Überlegung noch nicht angeben, ob die rationale Ablehnbarkeit einer Regel bloß daraus folgt, daß sie größere Lasten nach sich zieht als eine andere, oder auf dem Grundsatz beruht, daß jede vermeidbare ungleiche Verteilung von Vorteilen und Lasten die elementare Gegenseitigkeit zwischen Personen verletzt. Wäre letzteres die ausschlaggebende Erwägung, dann bildete nicht das Wohlergehen für sich betrachtet, sondern dessen *individuelle Gleichwertigkeit* den unmißverständlichen Bezugspunkt des moralischen Urteils.

IV. Die Unzumutbarkeit eines anonymen Maximums

Die elementare Paradoxie moralischer Gegenseitigkeit, als man selbst sein zu müssen, was man nicht ist, erfährt in der utilitaristischen Ethik ihre auffälligste Entfaltung, zumal in ihr die unparteiliche Sichtweise neutraler Handlungsgründe[45] von der begrifflichen Desintegration der Personen begleitet wird, auf deren gleichmäßiges Wohlergehen es dennoch ankommt.[46] Durch diesen paradoxen Zug der Unparteilichkeit wird der Utilitarismus allerdings nicht schon zu Fall gebracht;[47] unplausibel wird er erst durch den Versuch, der verwirrenden Basis personen-neutraler

43 Siehe ebd, 236.

44 Ebd, 223.

45 Siehe dazu NAGEL (FN 23) 111.

46 Siehe PARFIT (FN 19) 335, 343 und die kritischen Anmerkungen bei JULIAN NIDA-RÜMELIN, Kritik des Konsequentialismus (1993) 58-60.

47 Zunächst muß der Utilitarismus freilich dem Bemühen um eine Rationalisierung der Güterabwägung als attraktiver Kandidat erscheinen, weil er es gestattet, Vor- und Nachteile abstrakt gegenüberzustellen.

Gründe eine positive Fassung zu verleihen. Dies betrifft die Tilgung der in ihm zunächst noch enthaltenen Spuren der Gegenseitigkeit („each counts for one")[48] ebenso wie die Verwandlung der unbestimmten Person in das Makrosubjekt „Gesellschaft".

Vereinfacht gesagt beruhen positive utilitaristische Ethiken auf der Prämisse, das moralische Urteil habe darauf zu achten, jene Handlung oder Handlungsweise zu wählen, die geeignet ist, den Gesamtnutzen (oder den größten Durchschnittsnutzen) zu maximieren.[49] Es ist gewiß der Vorzug dieser Idee, daß diese Maximierung an vorhandene Verteilungen anschließen kann, ohne die elementare Gleichheitsbedingung zu verletzen, die fordert, dem Nutzen eines jeden das gleiche Gewicht zu verleihen und sich daher beim aktuellen Nutzenvergleich an dem marginalen Nutzen eines jeden zu orientieren. Wie auch immer die gegenwärtige Verteilung aussieht, zu achten ist auf den Nutzenzuwachs, den jede Person aus einer alternativen Verteilung erhalten würde. Die Maximierung des Gesamtnutzens erfordert demnach, Transfers bis zu jenem Punkt durchzuführen, an dem der marginale Zuwachs bei den Begünstigten den marginalen Verlusten bei den Verlierern gleichkommt.[50] Dieses Gleichheitskonzept gerät allerdings mit der Gegenseitigkeit der Gründe für Personen in Konflikt. Deshalb entstehen Zweifel, ob es zumutbar sein kann, aufgrund des Nutzenkalküls dazu verurteilt zu sein, im Vergleich zu anderen als Verlierer dazustehen.[51] Die Orientierung am Grenznutzen produziert nur dann keine auffälligen Ungleichheiten, wenn die Bedürfnisse der unbestimmten Personen koinzidieren oder weitestgehend homogen sind. Wäre dies nicht der Fall, dann würden der marginale Nutzen und der Gesamtnutzen in unterschiedliche Richtungen weisen. Für diese Konstellation zeichnen sich typische Verlierer ab.[52] Überzeugungskräftig kann

---

48 Siehe dazu bloß Otfried Höffe, Einleitung, in: ders (Hrsg), Einführung in die utilitaristische Ethik. Klassische und zeitgenössische Texte (21992) 7-51, hier: 16.

49 Siehe dazu bei Rawls (FN 34) 184-188.

50 Siehe dazu Armartya Sen, Equality of What?, in: Equal Freedom (FN 33) 307-330, hier: 309-310.

51 Diese Problematik wird im Utilitarismus latent gehalten, wenn die personen-neutrale Unparteilichkeit mit den Mitteln der Entscheidungstheorie so dargestellt wird, als handle es sich um die Gegenseitigkeit der generellen personen-relativen Gründe. Dieser Nachweis wurde von Scanlon (FN 5) 237-240 meisterhaft geführt.

52 Sen (FN 50) 313 hat dies zutreffend am Beispiel von Behinderten gezeigt, die möglicherweise aus der zusätzlichen Zuteilung von Gütern und Einkommen einen geringeren marginalen Nutzen hätten als andere Personen. Die Behinderten wären dann nicht ohnedies durch eine geringere Nutzenverwertung ausgezeichnet, an sie dürfte wegen ihrer geringeren Konvertierung von Gütern in Nutzen auch keine zusätzliche Verteilung stattfinden, weil dies die Gesamtnutzenbilanz belasten würde, Zum umgekehrten Fall eines „utility monster"(s), das aus den Nachteilen vieler anderer Menschen einen Vorteil zieht, der diese Nachteile übersteigt, siehe bekanntlich Robert Nozick, Anarchy, State, and Utopia (1974) 41.

der Utilitarismus daher immer nur unter der Voraussetzung erscheinen, daß die individuellen Nutzenfunktionen weitestgehend homogen sind.[53] Diese Unterstellung wird allerdings durch eine Annahme verdeckt, die zudem gegenüber ihrem Ausfall schützt. Sie besteht darin, die unbestimmte Person mit „der" Gesellschaft als Subjekt des Gesamtnutzens zu identifizieren.[54] Die gesellschaftliche Bilanz der Glückssumme (bzw der Befriedigung von Präferenzen) ist demnach vom Standpunkt eines „impartial spectator"[55] zu erstellen, der sich in die Präferenzen (oder Wünsche) der Menschen gerade so hineinversetzt, als wären sie seine eigenen. Aus der Makroperspektive der Kalkulation des gesellschaftlichen Gesamtnutzens lassen sich dann *inter*personelle Konflikte gerade so lösen, als handle es sich dabei um eine Spielart der *intra*personellen Optimierung von Präferenzen.[56] Allgemeine Handlungsregeln resultieren demgemäß aus der Einschätzung der Intensität der auf dem Spiel stehenden Interessen. Aber die Rekursion der Schwierigkeiten, die mit der utilitaristischen Version der unparteilichen Verallgemeinerung auftreten,[57] verweist auf das ungelöste Grundproblem. Obwohl der Utilitarismus in der Tat eine Konzeption der Unparteilichkeit artikuliert, da er nicht zur Bevorzugung von jemand Bestimmtem einlädt, wirft die Art, in der diese Artikulation vollzogen wird, das nicht unwesentliche Problem auf, die Perspektive einzelner Wesen zugunsten einer Optimierung der Glücksquanten zu eliminieren, die gegenüber Personen verselbständigt werden. Während also personen-relative Gründe nicht an die Schwelle heranreichen, an der die Perspektivenübernahme sich als unparteilich bezeichnen ließe, tendieren die personen-neutralen Gründe des Utilitarismus dazu, den Bereich zu transzendieren, in welchem es um die gleichmäßige Berücksichtigung der Interes-

53 Wir werden noch sehen, daß diese Homogenität durch den Begriff der Grundgüter einer normativen Bewertung zugänglich gemacht wird, die ihr in utilitaristischen Konzeptionen notorisch mangelt.

54 Rawls (FN 34) 45 umschreibt die Sozialisierung der Selbstliebe, auf welcher der positive Utilitarismus beruht, folgendermaßen: „Denn ganz wie es für einen Menschen vernünftig ist, die Erfüllung eines Systems der Bedürfnisse zu maximieren, so ist es für die Gesellschaft richtig, die Summe des Nutzens über alle ihre Mitglieder zu maximieren."

55 Die Genealogie des für den Utilitarismus so wesentlichen Standpunkts eines unparteilichen Beobachters, von dem aus die Nutzenbilanz zu erstellen wäre, findet sich bereits bei Adam Smith, The Theory of Moral Sentiments (1759), hrsg v D. D. Raphael/A. L. Macfie (1976) 82-91.

56 Siehe bloß Hare (FN 11) 110-111.

57 So bleibt notorisch unklar, ob die Bewertung der Präferenzen anderer aus dem Kalkül auszuschließen ist, damit die Funktionsweise der Perspektivenübernahme nicht unterlaufen wird. Siehe dazu Dworkin (FN 29) 235. Auch ist, was im Grunde auf denselben Sachverhalt hindeutet, die wertende Stellungnahme zu Wünschen darin nicht unterzubringen. Siehe zu „starken" Wertungen bei Charles Taylor, Was ist menschliches Handeln?, in: ders, Negative Freiheit? Zur Kritik des neuzeitlichen Individualismus (1988) 9-51, hier: 18-27.

sen von *Personen* geht. Die Träger von Präferenzen werden in kontingente Medien verwandelt, deren Erfüllung zu maximieren.[58] Den Präferenzen und Wünschen der Menschen widmet sich der Utilitarismus mit derart exzessiver Unparteilichkeit, daß er von dem Umstand abstrahiert, daß emotionale und volitive Zustände dieser Art nicht unabhängig von Personen existieren, die in Verhältnissen der Gegenseitigkeit stehen.[59] Der Ausschluß der Bevorzugung bestimmter Personen schlägt in die Indifferenz gegenüber solchen Relationen um. Deshalb vermag RAWLS' Differenzprinzip[60] gerade im Kontrast zum Nutzenprinzip zu überzeugen.[61] An ihm wird nämlich deutlich, weshalb die Unparteilichkeit neben einer negativen Seite – also dem Absehen von personen-relativen Gründen – auch eine positive Dimension besitzt, auf welche der Utilitarismus bei Strafe der Unplausibilität verzichtet. Das Nutzenprinzip würde gebieten, daß benachteiligte Personen zugunsten des vergleichsweise *größeren* Vorteils von bereits besser gestellten Personen dauerhaft auf eine Vermehrung ihres Anteils an Gütern verzichten müssen, wenn dadurch der Gesamtnutzen steigen würde.[62] Dadurch wird aber die Gegenseitigkeit von Gründen für Personen verletzt. Die Position des Gesamtnutzens ist eben die einer gänzlich unbestimmten Person. Da sie auf einem personen-neutralen Grund beruht, besteht für manche Personen ein vernünftiger Grund der Ablehnung.[63] Eliminiert man daher die hypothetische Position des Gesamtnutzens, dann wird die verbleibende, zwischen den Gründen bestehende personen-relative Asymmetrie sichtbar. Niemand würde in der Gewährung eines vergleichsweise größeren Vorteils an Menschen, mit denen er in Beziehungen sozialer Kooperation steht, einen plausiblen Grund erachten, eine Verringerung seiner Lebenschancen in Kauf zu nehmen, weil dadurch die elementare Gleichwertigkeit des menschlichen Strebens nach Glück verletzt würde.[64]

---

58 RAWLS (FN 34) 45, 201 hält in diesem Sinne fest, daß der Utilitarismus die Verschiedenheit der einzelnen Menschen nicht ernst nimmt, da bloß die Gesellschaft als Gesamtunternehmer ihr System der Bedürfnisse optimiert und dabei alle Menschen zu einer einzigen Person zusammengefaßt werden.

59 Siehe auch RAWLS (FN 34) 29 und demgemäß zum Problem der „overobjectification" bei NAGEL (FN 22) 155, 163, 166.

60 Es besagt unter anderem, daß bessere Aussichten der durch Ungleichheiten Begünstigten nur dann gerecht sind, wenn die Ungleichheiten zur Verbesserung der Aussichten der am wenigsten begünstigen Mitglieder der Gesellschaft beitragen. Siehe RAWLS (FN 34) 96.

61 Das gilt auch für das Prinzip des Durchschnittsnutzens. Siehe ebd, 192-201.

62 Siehe ebd, 204.

63 Siehe zum folgenden die glänzenden Erläuterungen bei NAGEL (FN 23) 133.

64 Daher folgt RAWLS' Differenzprinzip der (vom Ansatz her egalitären) Überlegung, daß es nicht unzumutbar wäre, zugunsten anderer auf größere Chancen zur Maximierung

V. Vor der Gesellschaft in der Gesellschaft

In einer Hinsicht trifft der Utilitarismus freilich das Richtige. Die gegenseitige Perspektivenübernahme vermag zur moralischen Problemlösung nur dann einen Beitrag zu leisten, wenn sie in der Konstruktion eines Standpunktes resultiert, auf dem sich die perspektivischen Brechungen individueller und genereller personen-relativer Gründe korrigieren lassen. Allerdings hat der Rekurs auf personen-neutrale Gründe sich dafür als ungeeignet erwiesen. Sie sind schlechte Gründe, weil sie an *keine* Person ergehen. Deswegen wird die unparteiliche Verallgemeinerung auf ein gültiges Personenkonzept nicht verzichten können.[65] Gleichwohl findet man sich durch den Utilitarismus darüber belehrt, daß sich die Asymmetrie genereller personen-relativer Gründe nur aufheben läßt, wenn man die aus der gegenseitigen Perspektivenübernahme hervorgehende Unbestimmtheit der Person nicht leichtfertig als Aberration der Unparteilichkeit abtut.[66] Einer Auflösung dieses augenscheinlichen Dilemmas ist damit bereits die Richtung gewiesen. Sie beruht auf der Wahl des gleichfalls paradox anmutenden Mittels, eine Position zu konstruieren, von der aus sich die Personen als füreinander *unbestimmt* bestimmen, um sich auf diese Art als *Individuen* anerkannt zu wissen. Das bedeutet aber, für die Beurteilung von Vorteilen und Nachteilen, die in einer konkreten Gesellschaft bestimmte Personen betreffen, so zu verfahren, als urteile man vom Standpunkt einer Person, die sich insofern in einem Zustand „vor" der Vergesellschaftung befindet, als ihr jene gesellschaftlich relevante Bestimmtheit abgeht, die unter dem Vorzeichen des *gleichwertigen* Glückstrebens aller Personen moralisch arbiträr erscheint.[67] Der Rekurs auf personen-relative Gründe wird damit nicht ausgeschlossen. Er unterliegt vielmehr selbst der Verallgemeinerung, weil bei dem Versuch, diese Gründe in eine symmetrische Beziehung zu bringen, die Hinsicht zu spezifizieren ist, in der sich Personen als füreinander unbestimmte Personen be-

---

seines Anteils an Grundgütern zu verzichten, wenn diejenigen, die davon profitierten, vergleichsweise besser gestellt wären als zuvor, dafür aber immer noch schlechter als man selbst. In der Zusammenfassung NAGELS, ebd, 113: „Es geht darum, daß wir geringere Lebenschancen *zugunsten* anderer hinzunehmen haben, nicht: zugunsten *erheblicher* Vorteile für andere." (Die Bedeutung dieses Satzes ist nur im amerikanischen Original wirklich verständlich. Er lautet: „That is accepting lower life prospects for the *advantage* of others, but not for the *greater* advantage of others." So THOMAS NAGEL, Equality and Partiality [1991] 79-80.)

65 Siehe dazu JOHN RAWLS, Political Liberalism (1993) 29-35.

66 HEGEL hat dies erkannt und die Struktur des Willens vor dem Hintergrund der Spannung von Unbestimmtheit und Bestimmtheit analysiert. Siehe G. W. F. HEGEL, Grundlinien der Philosophie des Rechts (1821), Werke in zwanzig Bänden, hrsg v E. Moldenhauer/K. M. Michel (1969-1971), Bd 7, § 5, 49-50.

67 Siehe RAWLS (FN 34) 93-94.

stimmen.[68] Man stößt solcherart zu einer dritten Ebene der Gegenseitigkeit vor, die in Aussicht stellt, die Kluft zwischen der Gegenseitigkeit der Personen und der Gegenseitigkeit der Gründe für Personen zu schließen.

Der von RAWLS zum Zweck der Deduktion von Grundsätzen der Gerechtigkeit eingeführte „Schleier des Nichtwissens", hinter dem die Personen unter anderem ihre Eigenschaften, Fähigkeiten, soziale Stellung und Lebenspläne nicht kennen,[69] läßt sich als ein konstruktives Verfahren deuten, die Gegenseitigkeit der Gründe für Personen mit der Gegenseitigkeit zwischen *individuellen* Personen zu versöhnen. Die dazu erforderliche Abstraktion von ihren besonderen Lebensumständen und Bestrebungen muß allen zumutbar sein, damit sie sich in der Sache von denselben generellen personen-relativen Gründen überzeugen lassen, welche sozialen Arrangements vernünftigerweise nicht abzulehnen sind.[70] Die damit gewonnene Position eines im Verhältnis zur gerechten Ordnung sozialer Verhältnisse „ursprünglichen"[71] Zustandes bildet das virtuelle Zentrum, zu dem sich alle Perspektiven, aus denen partikulare personen-relative Gründe sichtbar werden,[72] *in gleichwertiger Form* in Beziehung setzen lassen.[73] Auf diese Weise ist es möglich, die Qualität und Ausstattung sozialer Positionen im Lichte dieser Gleichwertigkeit zu beurteilen.

Nun könnte die ursprüngliche Position so konzipiert werden, daß mögliche Distributionen so in den Blick zu nehmen sind, als ob sie dazu angetan sein sollten, die Präferenzen jeder Person optimal zu befriedigen.[74] Folglich wäre jenem Arrangement der Vorzug zu geben, das angesichts vorhandener Alternativen am besten einem objektiven, für alle gleichen – direkt oder indirekt operierenden – Standard des Wohlergehens genügt.[75] Hinter dieser Konklusion verbirgt sich allerdings ein tieferliegendes Problem, das durch die Anknüpfung an Präferenzen selbst aufgeworfen wird. Denn wir muten einander durchaus zu, uns nicht als

68 Siehe OTFRIED HÖFFE, Sieben Thesen zur Anthropologie der Menschenrechte, in: ders (Hrsg), Der Mensch – Ein politisches Tier? (1992), 188-211, hier: 196-197.

69 Siehe RAWLS (FN 34) 159-166.

70 Siehe dazu RAWLS (FN 65) 24-25, 93-94.

71 Als „ursprünglich" ist er bloß deshalb zu bezeichnen, weil er die Prämissen enthält, aus denen sich die Begründung von Normen herleitet. Siehe RAWLS (FN 34) 34-37.

72 Das Netzwerk sozialer Perspektiven läuft somit in dieser Position ursprünglicher Anerkennung zusammen.

73 So ist für RAWLS keine Position innerhalb der Gesellschaft in einem moralischen Sinne „verdient". Das ist hier nicht näher auszuführen. Siehe dazu THOMAS W. POGGE, Realizing Rawls (1989) 83-85.

74 Siehe dazu etwa DWORKINS Idee einer ursprünglichen Ressourcen-Auktion. RONALD DWORKIN, What is Equality. Part 2: Equality of Resources, in: Philosophy and Public Affairs 10 (1981) 283-345, hier: 290-292.

75 Siehe dazu etwa die Diskussion bei SEN (FN 50) 316-317.

„passive carriers of desires"[76] zu betrachten. Vielmehr schreiben wir uns gegenseitig die Fähigkeit zu, Präferenzen und Ziele im Hinblick auf die legitimen Erwartungen anderer rational zu beurteilen und angesichts der gesellschaftlichen Möglichkeiten, sie zu realisieren, gebührend zu bestimmen. Das Zuschreiben dieser Fähigkeit ist die Kehrseite einer Forderung, die mit dem als unbestimmt bestimmten Person-Sein unmittelbar verbunden ist. Wir verlangen nämlich, als „self-authenticating source of valid claims"[77] respektiert zu werden. Dies bedeutet, daß Ansprüche auf einen fairen Anteil an den Erträgen der sozialen Zusammenarbeit nicht von dem Bedarf abhängig gemacht werden dürfen, der bei Personen entsteht, damit sie ihre Funktion in der gesellschaftlichen Arbeitsteilung wahrnehmen können. Vielmehr ist zu respektieren, daß jemand aus welchen Gründen auch immer anstrebt, was er oder sie anstrebt, weil er oder sie die Person ist, die er oder sie eben ist. Dies ist ein anderer Ausdruck dafür, daß personen-relative Gründe nur dann in eine verallgemeinerbare und mithin für Individuen symmetrische Beziehung gebracht werden können, wenn individuelle Personen einander als in wesentlichen Hinsichten unbestimmte Personen bestimmen.[78] Dieses elementare Unbestimmt-Sein der Person und ihres Wollens ist allerdings nur dann mit der fairen sozialen Zusammenarbeit zu vereinbaren, wenn diejenigen, die an ihr teilnehmen, von sich aus ihre Wünsche auf die Bedingungen der gesellschaftlichen Kooperation einstellen.[79] Wie wir gleich sehen werden, wird diese Bedingung bei der Verallgemeinerung durch die gegenseitige Identifikation und gesellschaftliche Allokation von Grundgütern eingelöst. Dafür ist allerdings vorauszusetzen, daß die als unbestimmt bestimmten Personen auf der grundlegendsten Basis der sozialen Teilung der Verantwortung („social division of responsibility") einander gegenseitig zumuten können, für ihre *konkreten* Präferenzen auch selbst die Verantwortung zu übernehmen.[80] Es ist unschwer zu erkennen, daß dieses Prinzip auf der Integration der Gegenseitigkeit zwischen individuellen Personen und der

---

76 Rawls (FN 65) 186.

77 Ebd, 32.

78 Siehe ebd, 79: „Features relating to social position, native endowment, and historical accident, as well as to the content of persons' determinate conceptions of the good, are irrelevant [...] and hence placed behind the veil of ignorance." Diese scharfe Abstraktion von konstitutiven Eigenschaften ist von kommunitaristischen Kritikern in einem ontologischen Sinne mißverstanden worden – gerade so als setzte die Theorie der Gerechtigkeit einen Universalienrealismus voraus, in dessen Rahmen von der Existenz eines derart unpersönlichen „Selbst" ausgegangen werde. Für diese Kritik siehe bekanntlich Michael Sandel, Liberalism and the Limits of Justice (1982) 92-97. Für die eine klärende Anti-Kritik siehe Pogge (FN 73) 86-94.

79 Siehe Rawls (FN 65) 22-24, 185.

80 Siehe ebd, 189.

Symmetrierung personen-relativer Gründe zur Gegenseitigkeit der Gründe für Personen beruht.[81] Denn als *Individuen* haben wir alle ein *gemeinsames* Interesse daran, unsere Präferenzen auf eigenständige Weise zu entwickeln und keine Wünsche auszubilden, die unter *gerechten* Verhältnissen nicht erfüllt werden können. Außerdem ist es aus der Perspektive eines *jeden* – und zwar in der ursprünglichen Position, die der Formierung von Präferenzen vorausliegt – unzumutbar, die Kosten für die Erfüllung von Präferenzen anderer Personen zu übernehmen, wenn diese die Kosten für die Erfüllung der eigenen Präferenzen übersteigen.[82]

Damit gelangt man zu einer bedeutsamen Schlußfolgerung. *Innerhalb* einer Gesellschaft *dürfen* individuelle Vor- und Nachteile *für* die Position *vor* der Gesellschaft nur derart *repräsentiert* werden,[83] daß dabei die elementarste Basis der gesellschaftlichen Teilung der Veranwortung nicht verletzt wird. Dies vermag aber nur dann zu gelingen, wenn ein objektiver Wohlfahrtsmaßstab angelegt wird,[84] welcher der Forderung genügt, zwischen gegenseitig füreinander als unbestimmt bestimmten Personen zu gelten, die bereit sind, Verantwortung für die Ausbildung ihrer Präferenzen zu übernehmen. Durch den Rekurs auf *Grundgüter* wird bestimmt, was als Bedürfnis der als unbestimmt bestimmten Personen Anerkennung finden kann, sofern diese voneinander erwarten, *irgendwelche* (unbestimmte) Lebenszwecke zu verfolgen, und dabei, was die Verfügung über Ressourcen angeht, von dem Bestreben geleitet sind, die Wahl ihrer „Lebensmittel"[85] vor anderen mit Gründen zu rechtfertigen, die niemand vernünftigerweise verwerfen würde.[86] Als die legitimen Bedürfnisse von Personen[87] lassen sich die Grundgüter als generelle personen-relative Gründe deuten, deren Verwendung deswegen *universalisierbar* ist, weil sie an in wesentlichen Hinsichten als unbestimmt bestimmte Personen ergehen. Bei diesen Gütern handelt es sich vor allem um ein Bündel po-

---

81 Siehe Scanlon (FN 33) 88.

82 Siehe dazu Sen (FN 50) 318, 321; Scanlon (FN 33) 88.

83 Siehe Rawls (FN 65) 75-76.

84 Scanlon (FN 33) 89 hat freilich zutreffend herausgestellt, daß das Argument für diesen objektiven Standard des Wohlergehens reichlich defensiv ist. Man gibt seinen hypothetischen Anspruch auf einen größeren Anteil an Ressourcen auf, um vor Manipulationen durch andere (oder durch den Staat) geschützt zu sein und nicht zur Erfüllung der übermäßig kostspieligen Wünsche anderer herangezogen zu werden.

85 Als Mittel zu erlaubten Zwecken repräsentieren die Grundgüter daher das, was irgendjemand jedenfalls will, was immer er oder sie selbst noch will. Insofern ergibt sich daraus eine „[...] partial similarity in the structure of citizen's permissible conceptions of the good" (Rawls [FN 65] 180), die durch die Annahme der Theorie des Guten, die Menschen verhalten sich rational, ermöglicht wird.

86 Siehe ebd, 188.

87 Siehe ebd, 179-180, 187-188.

litischer Freiheitsrechte, die nationale und internationale Bewegungsfreiheit, die Freiheit der Berufswahl, eine faire Chance auf die Erlangung einflußreicher beruflicher Positionen, die Verfügung über Einkommen und Vermögen sowie um die sozialen Grundlagen des Selbstrespekts.[88] Indem sie für jeden dieselben „all-purpose means"[89] darstellen, wird mit ihnen jene Gegenseitigkeit in der Perzeption von Vorteilen und Lasten hergestellt, zu der man weder auf der Ebene der (einfachen) Gegenseitigkeit zwischen Personen noch vermöge der personen-neutralen Gründe des Utilitarismus vordringen kann. Durch die in der Verallgemeinerung nunmehr integrierte Gegenseitigkeit zwischen Personen und Gründen für Personen erhält man den normativen Grundsatz, daß vom *Vorhandensein oder Mangel an Grundgütern jeder in gleicher Weise betroffen ist.*[90] Die Grundgüter vertreten somit die Gegenseitigkeit[91] des unbestimmten Daseins und Wollens von Personen. In der lapidaren Form von allgemein akzeptablen „Lebensmitteln" sind sie die „[...] zur *Allgemeinheit* zurückgeführte *Besonderheit*".[92] An sie kann die Theorie der Gerechtigkeit anknüpfen, um bloß noch die Verteilung zu problematisieren, zumal die Grundgüter als Medien fungieren, die gegenseitige Anerkennung der als unbestimmt bestimmten Personen bei der Erörterung von Verteilungsfragen *präsent* zu halten.[93]

---

88 Siehe etwa RAWLS (FN 65) 181. Zur bedeutenden Rolle der letzteren, die bei RAWLS selbst unterschätzt wird, siehe ALEXANDER SOMEK, Nationalstaat und Immigration. Rechtsphilosophische Vorüberlegungen zur Fremdenpolitik, in: Journal für Rechtspolitik 3 (1995) 115-137.

89 Siehe RAWLS (FN 65) 76. RAWLS' Charakterisierung aller Grundgüter als „Mittel" ist schwankend. Zuweilen unterscheidet er zwischen Grundfreiheiten einerseits und Einkommen und Vermögen andererseits, die er als „all-purpose means" bezeichnet (ebd, 180). Im folgenden wird diese Unterscheidung, sofern sie überhaupt von Bedeutung ist, vernachlässigt.

90 Die Verallgemeinerung kann auf diesem objektiven Wohlfahrtskriterium aufbauen, weil einzelnen Personen die Verantwortung für die Erfüllbarkeit oder Unerfüllbarkeit von Wünschen übertragen wird, die mit dem Gebrauch von Grundgütern verbunden ist. Daher genügt der Rekurs auf Grundgüter der Bedingung der „social division of responsibility". Aber deswegen eignet einem solchen Rekurs kein paternalistischer Zug, weil diese Güter für unbestimmte (und damit immer auch freie) Personen die gegenseitig eingeräumten Mittel darstellen, Freiheit zu ermöglichen. Siehe zu den Personen als „self-authenticating sources of valid claims" ebd, 32.

91 In das Konzept der Grundgüter ist eine aus Gegenseitigkeit folgende Einschränkung eingebaut, weil sie nur für jene Konzeptionen des Guten verfügbar sein dürfen, die sich mit dem politischen Selbstverständnis freier und gleicher Personen vereinbaren lassen. Siehe ebd, 188, 209: „[...] the priority of right means [in general] that the ideas of the good must be political ideas [...], so that we need not rely on comprehensive conceptions of the good but only on ideas tailored to fit the political conception." Siehe dazu WINFRIED HINSCH, Einleitung, in: John Rawls, Die Idee des politischen Liberalismus. Aufsätze 1978-1989, hrsg v W. Hinsch (1992) 9-44, hier: 41.

92 HEGEL (FN 66) § 7, 54.

93 Von ihnen geht die unparteiliche Forderung aus, die gesellschaftliche Zusammenarbeit habe zum Vorteil aller zu sein. So RAWLS (FN 65) 76.

Die Verallgemeinerung hat damit jene Voraussetzung eingeholt, mit der sich überhaupt erst zur Problematik der *Güterabwägung* vordringen läßt. Denn mit den Grundgütern erhält man einen normativen Maßstab, der angibt, was Menschen *legitimerweise* wollen, was immer sie sonst noch wollen.[94] Ohne den Bezug auf sie ließe sich der Verallgemeinerung kein Weg aus dem Labyrinth der Präferenzen weisen.

VI. Grundrechtliche Schutzgüter

Für die Theorie der Grundrechte läßt sich daraus folgende Schlußfolgerung ziehen. Wenn man an der Koordination der materiellen und der formellen Schutzfunktion der Grundrechte festhält und sie also derart konzipiert, daß gesetzliche Eingriffe in einen Schutzbereich dem Grundsatz der Verhältnismäßigkeit zu genügen haben,[95] wird man um die Abwägung zwischen dem Gewicht der legitimen Eingriffsziele einerseits und der Intensität des Eingriffs andererseits nicht herumkommen; da aber die Rechtfertigung der abwägenden Auferlegung von Vorteilen und Lasten dazu nötigt, eine Norm zu begründen, und die Begründung von Normen sich nur als Verallgemeinerung rational begreiflich machen läßt, dann ist es ein *Gebot praktischer Rationalität*, die Grundrechtsdogmatik in eine Theorie der grundrechtlichen Schutzgüter einzubetten.

Das bedeutet nicht, daß jedes grundrechtliche Schutzgut als verfassungsrechtlicher Exponent eines Grundgutes aufzufassen wäre.[96] Gleichwohl dürfen in grundrechtlichen Güterabwägungen die Gründe, die letztlich für die Annahme von Grundgütern sprechen, nicht leichtfertig ignoriert werden. Denn die vorstehenden Überlegungen haben gezeigt, daß eine als allgemein verbindlich auftretende Begründung einer Norm über *keine moralisch akzeptablen Bezugspunkte* verfügte, wenn sie nicht auf Güter als „all purpose means“ rekurrierte. Um aber bei der Identifikation von Gütern die Gegenseitigkeit wahren zu können, wie sie in der Struk-

---

94 Siehe RAWLS (FN 34) 83.

95 Mit der umgekehrten Konzeption eines „präformierten“ Schutzbereichs entfiele nicht nur die formelle Schutzfunktion, auch die materielle Schutzwirkung könnte sich nicht derart entfalten, wie dies durch die Anwendung der Teilkomponenten des Grundsatzes der Verhältnismäßigkeit vorgezeichnet wird. Nach einem „präformierten“ Verständnis des Schutzbereichs fällt dieser mit dem effektiven Garantiebereich zusammen. Siehe dazu GERTRUDE LÜBBE-WOLF, Die Grundrechte als Eingriffsabwehrrechte. Struktur und Reichweite der Eingriffsdogmatik im Bereich staatlicher Leistungen (1988) 18, 27, 30, 230.

96 Sowohl die Notwendigkeit, in bestimmten Hinsichten spezifizierte Güter in die Verallgemeinerung einzubeziehen, als auch die Differenz zwischen Grundgütern und grundrechtlichen Schutzgütern wird verkannt bei JÜRGEN HABERMAS, Die Einbeziehung des Anderen. Studien zur politischen Theorie (1996) 71-74.

tur der Verallgemeinerung selbst angelegt ist, haben solche Güter wenigstens unter dem Vorzeichen des *Problems* betrachtet zu werden, auf das der Begriff des Grundguts eine Antwort formuliert. Andernfalls würde bei der grundrechtlichen Güterabwägung die Gegenseitigkeitsstruktur der Verallgemeinerung verletzt. Die Theorie grundrechtlicher Schutzgüter läßt sich daher nur dann angemessen formulieren, wenn solche Güter in den Horizont der Problematik getaucht werden, in der die Annahme von Grundgütern unausweichlich ist. Eine Theorie der grundrechtlichen Schutzgüter ist nur als integraler Bestandteil einer Theorie der sozialen Gerechtigkeit möglich. *Grundrechtliche Schutzgüter* lassen sich demgemäß nur aus ihrer *Funktion* begreifen, die *gegenseitige Anerkennung der Menschen als Rechtspersonen im Kontext eines Verteilungssystems präsent zu halten.*[97]

Mit dieser Feststellung ist freilich noch kein Problem gelöst. Denn damit dem im Medium der Verallgemeinerung vollzogenen Abwägen zwischen den Vor- und Nachteilen einer jeweils mehr oder weniger weitgehenden Partizipation an Grundgütern eine solide Basis verschafft werden kann, müßte diese wohl vom anstehenden Abwägungsproblem verschieden sein.[98] Man wird daher mutmaßen, daß die Kriterien der Abwägung sich also unabhängig vom In-Relation-Stehen der Güter angeben lassen sollten.[99] Dadurch würde aber wiederum, wie SIECKMANN andeutet, das Abwägen überflüssig, weil es erledigt wäre, bevor man mit ihm begonnen hätte.[100] Tatsächlich trifft diese paradoxe Konstellation auf die beiden ersten Teilkomponenten des Grundsatzes der Verhältnismäßigkeit zu.[101] Denn sie lassen sich als Abwägungs*regeln* begreifen, aus denen, weil es sich um Regeln handelt, das Abwägen eben auch schon (mehr oder weniger) verschwunden ist. Allerdings geben sie an, unter welchen Bedingungen sich eine Verteilung von Vorteilen und Nachteilen nicht verallgemeinern läßt. Ein Grundrechtseingriff, der *ungeeignet* ist, ein öffentliches Interesse zu erreichen, ist unerlaubt. Niemand hat demnach eine

---

97 Siehe dazu näher ALEXANDER SOMEK, Unbestimmtheit und Anerkennung. Prolegomena zu einer Theorie der grundrechtlichen Schutzgüter, erscheint in: P. Koller (Hrsg), Akten des Wittgenstein-Symposions vom August 1996 (1997).

98 Siehe dazu die Überlegungen bei JAN-R. SIECKMANN, Zur Begründung von Abwägungsurteilen, in: Rechtstheorie 26 (1995) 45-69, hier: 50-52.

99 Siehe demgegenüber WENDT (FN 5) 460-462, der meint, unabhängig vom In-Relation-Stehen der Güter könne eine Abwägung schon deswegen nicht stattfinden, weil es nicht auf das Gewicht der Güter, sondern auf das jeweilige Ausmaß ihrer Beeinträchtigung ankomme.

100 Siehe SIECKMANN (FN 98) 68.

101 Siehe zu diesen bloß STELZER (FN 7) 220-221, ohne daß dessen Herleitung der drei Teilkomponenten hier gefolgt wird. Aber auf das Problem einer „Ableitung" des Grundsatzes der Verhältnismäßigkeit ist hier nicht einzugehen.

Einschränkung seiner Partizipation an grundrechtlichen Schutzgütern hinzunehmen, wenn diese Einschränkung nicht in einem plausiblen instrumentellen Zusammenhang mit der Realisierung eines öffentlichen Interesses steht. Strenger wirkt bekanntlich das Gebot der *Erforderlichkeit*, weil es im Sinne des paretoschen Kriteriums verlangt, daß durch den Grundrechtseingriff als Mittel im Verhältnis zur Zielerreichung jene Situation zu schaffen ist, in der niemandes Position verbessert werden kann, ohne gleichzeitig die Position eines anderen zu verschlechtern.[102] Für den betroffenen Grundrechtsträger bedeutet dies, daß jener Eingriff zu wählen ist, bei dem die vergleichsweise geringste Beeinträchtigung des grundrechtlichen Schutzgutes noch dazu hinreicht, das öffentliche Interesse zu realisieren. Niemand hat demnach eine Einschränkung seiner Partizipation an grundrechtlichen Schutzgütern hinzunehmen, wenn sich seine durch den Eingriff geschaffene Position verbessern ließe, ohne daß deswegen die Position der anderen – also auch die der ein öffentliches Interesse verfolgenden Gesetzgebung – verschlechtert würde. Versteht man die Verallgemeinerung als Prozedur, die vor dem Hintergrund von Alternativen eine Vorrangrelation etabliert,[103] lassen sich also die Teilkomponenten von Geeignetheit und Erforderlichkeit als *Regeln* der (vernünftigen) Abwägung zwischen der Partizipation am grundrechtlichen Schutzgut und der Verfolgung eines öffentlichen Interesses begreifen. Mit diesen Regeln werden vorliegende Alternativen daraufhin untersucht, ob sie sich universalisieren lassen. Das die beiden Teilkomponenten übergreifende Prinzip ist, was den klassischen eingriffsdogmatischen Schematismus[104] angeht, selbst das Resultat einer „Abwägung“, die zwar der Gesetzgebung die Kompetenz zuweist, die mit grundrechtlichen Schutzgütern bezeichneten Freiheitssphären zu begrenzen,[105] dafür aber im Gegenzug den grundrechtlichen Betätigungsinteressen prinzipielle Priorität vor den Schutzbedürfnissen einräumt.[106] Auch deshalb sind Grundrechte, was immer sie sonst noch sind, jedenfalls Erlaubnisse, das zu tun, woran man durch die sozialen Verhältnisse faktisch nicht gehindert wird.[107]

102 Siehe dazu SCHLINK (FN 5) 173-190; DECHSLING (FN 1) 51-52. Für eine differenzierte Stellungnahme im Hinblick auf die Modifikation der Pareto-Optimalität zur potentiellen Pareto-Optimalität durch KALDOR und HICKS siehe CHRISTOPH GRABENWARTER, Rechtliche und ökonomische Überlegungen zur Erwerbsfreiheit (1994) 139-141.

103 Siehe SCANLON (FN 5) 226.

104 Zum konstruktiven und selbstreflexiven Charakter juristischer Klassifikationen siehe SOMEK/FORGÓ (FN 6) 52-58.

105 Nur auf diese Weise läßt sich rechtfertigen, den Schutzbereich als zunächst nicht sozialverträgliche Freiheit anzusetzen. Siehe die präzisen Beobachtungen bei LÜBBE-WOLF (FN 95) 101-102.

106 Siehe dazu ebd, 100-101.

107 Siehe JUDITH JARVIS THOMSON, The Realm of Rights (1990) 50-52.

Aber Abwägungen, die auf Regeln der Abwägung beruhen, sind keine „echten" Abwägungen. Für letztere bietet nur die Verhältnismäßigkeit im engeren Sinne den Entfaltungsraum.[108] Gleichwohl wird jene solange den Vorwurf der Irrationalität auf sich ziehen, als sie sich keine Regel verschafft. Es sieht daher so aus, als hätten „echte" Abwägungen an der von LUHMANN diagnostizierten Paradoxie von Entscheidungen Anteil, über etwas prinzipiell Unentscheidbares ergehen zu müssen, weil andernfalls Entscheidungen schon entschieden wären.[109] Wer sich folglich gegen das Abwägen sträubt, mag sich zwar mit SCHLINK[110] auf die Erforderlichkeitsprüfung zurückziehen wollen; allerdings läßt sich auch bei der Anwendung dieser Abwägungsregel das Abwägen nicht vermeiden, weil alternative Beeinträchtigungen des betroffenen Schutzgutes im Verhältnis zum näher bestimmten Eingriffszweck gewichtet werden müssen.[111] Nicht zuletzt deshalb läßt sich für die Judikatur feststellen, daß die Übergänge zwischen den Teilkomponenten des Grundsatzes der Verhältnismäßigkeit fließend sind.[112] Außerdem läßt sich die Strenge der Erforderlichkeit lockern. Die richterliche Prüfung von Gesetzen kann, was die Bewertung des Zusammenhangs von Zielerreichung und gelindestem Eingriffsmittel angeht, im Lichte des jeweiligen Gewichts des öffentlichen Interesses gegenüber der Gesetzgebung mehr oder weniger weit zurücktreten.[113] Die Art, wie der Maßstab der Erforderlichkeit angewendet wird, ist dann selbst von einer vorausgehenden Güterabwägung bestimmt.

108 Siehe WENDT, Garantiegehalt (FN 5) 453-455.

109 Siehe NIKLAS LUHMANN, Das Recht der Gesellschaft (1993) 308: „Entscheidungen gibt es nur, wenn etwas prinzipiell Unentscheidbares (nicht nur: Unentschiedenes!) vorliegt. Denn andernfalls wäre die Entscheidung schon entschieden und müßte nur noch ‚erkannt' werden."

110 Siehe dazu oben FN 5.

111 Siehe dazu die zutreffenden Beobachtungen bei WENDT (FN 5) 457, 466-467. WALTER BERKA, Der Freiheitsbegriff des ‚materiellen Grundrechtsverständnisses', in: Für Staat und Recht (= FS Schambeck), hrsg v J. Hengstschläger/K. Korinek/K. Stern/A. Truyol y Serra (1994) 339-347, hier: 342-343, hält fest, daß bereits die Frage nach dem gelindesten, zur Zweckerreichung erforderlichen Mittel voraussetzt, die Schwere des Eingriffs mit Blick auf die betroffene Freiheit zu bewerten.

112 Siehe dazu RICHARD NOVAK, Verhältnismäßigkeitsgebot und Grundrechtsschutz, in: Beiträge zum Verfassungs- und Wirtschaftsrecht (= FS Winkler), hrsg v B. Raschauer (1989) 39-69, hier: 55. So wird die Prüfung der Geeignetheit mit der Verhältnismäßigkeit im engeren Sinne geradezu vermengt. Siehe etwa VfSlg 11853/1988 und die Kritik bei CHRISTOPH GRABENWARTER, Die Freiheit der Erwerbsbetätigung, in: R. Machacek/W. Pahr/G. Stadler (Hrsg.), Grund- und Menschenrechte in Österreich, Bd. 2 (1992), 553-615, hier: 602. Auch fällt, was der VfGH unter dem Gesichtspunkt der „Adäquatheit" des Mittels erörtert, nicht immer mit dem zusammen, was in der Lehre unter „Erforderlichkeit" verstanden wird. Siehe dazu bei STELZER (FN 7) 150-151, 161, 163, und EVA SCHULEV-STEINDL, Wirtschaftslenkung und Verfassung. Gesetzgebungskompetenz und Grundrechtsschranken direkter Wirtschaftslenkung (1996) 153-154, 158, 160.

113 Siehe für die Judikatur des VfGH bei SCHULEV-STEINDL (FN 112) 158.

Bei Versuchen, Kriterien der Abwägung unabhängig von der Immanenz des In-Relation-Stehens der Güter zu entwickeln, unterlaufen leicht zwei Fehler, die paradoxerweise zunächst diesen Versuchen den Anschein von Plausibilität verleihen. Der erste Fehler besteht darin, den wegen der materiellen Determination des Grundrechtseingriffs als abwägungsfähig konzipierten grundrechtlichen Schutzgütern eine Wertigkeit zuzuschreiben, die von der Abwägungsrelation unabhängig ist. Der zweite Fehler beruht zwar auf einer Korrektur des ersten, läuft aber darauf hinaus, bei der formalen Charakterisierung der Güter von der Abwägungsrelation zu abstrahieren und die nunmehr als prinzipiell gleichwertig verstandenen Güter als Optimierungsgebote zu deuten. Abwägungsprobleme mutieren damit aber zu Optimierungsproblemen.[114]

Zunächst mag sich die Idee freilich aufdrängen, die Theorie der sozialen Gerechtigkeit zu konsultieren, um gleichsam vor allen potentiellen Kollisionen abstrakte Vorrangverhältnisse zwischen den Gütern herstellen zu können.[115] Für jede beliebige Position in der Gesellschaft sollte sich solcherart die Wertigkeit angeben lassen, welche die Verfügung über Güter für deren Inhaber ausmacht. Die Höherwertigkeit eines Gutes würde die Verallgemeinerung ermöglichen, zumal in jeder relevanten Position das beeinträchtigte niederwertige Gut zurückweichen müßte. Aber derart läßt sich über die Ebene intuitiver Plausibilität nicht hinausgelangen (auf der wir zB alle wissen, daß das menschliche Leben nicht der Befriedigung sexueller Lust zu opfern ist), während von der Theorie sozialer Gerechtigkeit *abstrakte* Vorrangverhältnisse zwischen Grundgütern systematisch ausgeschlossen werden.[116] Als „all-purpose means" sind alle Güter, die am Problembezug distributiver Gerechtigkeit teilhaben, *gleich wichtig*. Beziehungen des Vorrangs ergeben sich einerseits nur für bestimmte Modalitäten, an diesen Gütern zu partizipieren, und andererseits vor dem Hintergrund der geschichtlich-institutionellen Bedingungen, unter denen die Güter insgesamt jedem in gleichwertiger Form zugänglich zu machen sind.[117] Erwägungen dieser Art können in bestimmten Situationen zu regulären Vorrangverhältnissen gerinnen, die auf der Ebene der politischen Theorie eine Unterscheidung zwischen grundrechtli-

114 Siehe dazu ROBERT ALEXY, Theorie der Grundrechte (1985) 75-76; SIECKMANN (FN 98) 47.

115 Es bedarf wohl keiner weiteren Hervorhebung, daß eine Theorie der sozialen Gerechtigkeit den Kreis der gegenseitig als nicht unvernünftig betrachteten Gründe im Vergleich zu Theorien rationaler Entscheidung erheblich einschränkt. Siehe dazu vorzugsweise BRIAN BARRY, Theories of Justice (1989) 139-142.

116 Siehe HÖFFE (FN 68) 206. Zu bedenken ist auch, daß Theorien solcher Art, wenn sie nur plausibel sein wollen, keinen weiteren Anwendungsbereich haben dürfen als den der Grundstruktur der Gesellschaft. Siehe RAWLS (FN 65) 54-58, 339.

117 Siehe dazu THOMAS W. POGGE, John Rawls (1994) 124.

chen Schutzgütern und sonstigen Grundgütern naheliegend erscheinen lassen mag.[118] Gleichwohl hat in einem distributiven Regime die gleichwertige Verfügung über alle Güter gewährleistet zu sein, weil andernfalls die Integrität von als unbestimmt bestimmten Personen sich institutionell nicht ver*mitteln* ließe.[119] Ob der politischen Freiheit ein höherer Wert beizumessen ist als der Erwerbsfreiheit, ist eine persönliche Sache. Das bewahrheitet sich selbst dann noch, wenn Verhältnisse des Vorrangs mit Blick auf die Realisierungsbedingungen des Gesamtpakets bestimmt werden. Denn auch wenn zweifelsfrei davon auszugehen ist, daß sozialen Gruppen politische Rechte nicht vorenthalten werden dürfen, um ökonomische Programme durchzusetzen, von denen zu erwarten ist, daß solche Programme auch ihnen langfristig zum Vorteil gereichen, so liegt dies nicht an einem abstrakten Vorrang der politischen Freiheitsrechte vor Ansprüchen auf Erwerbstätigkeit oder materielle Wohlfahrt, sondern daran, daß es der Gegenseitigkeit zuwider liefe, die Mitglieder von Gruppen so zu behandeln, als könnten sie über die Güte oder Fehlerhaftigkeit politischer Programme kein vernünftiges Urteil fällen.[120] Eine solche Versagung von staatsbürgerlichem Respekt wiegt deswegen schwerer als die Aussicht auf langfristige ökonomische Vorteile, weil die politischen Freiheiten, die zu genießen ein gleichwertiges Mitglied der Gemeinschaft ausmacht, selbst schon ein bedeutsames legitimes Mittel darstellen, im Rahmen des Gesamtpakets von Grundgütern auch die Produktion und Distribution des gesellschaftlichen Reichtums zu beeinflussen. Politische Rechte unter dem Deckmantel der Wohlfahrtsmaximierung vorzuenthalten, ist nicht aufgrund eines abstrakten Vorrangs der ersteren vor den letzteren, sondern deswegen abzulehnen, weil dies den *internen Zusammenhang* des Systems verletzte, mit dem versucht wird, das Gesamtpaket zu realisieren.[121] Dadurch ist nicht ausgeschlossen, daß sich zwischen den

---

118 Siehe Rawls, Political Liberalism (FN 65) 310-324.

119 In diesem Sinne wohl auch Rawls (FN 65) 309, wenngleich hier die Gemeinsamkeiten und Unterschiede zum Rawlsschen Standpunkt im einzelnen näher zu erörtern wären. Zur Welt der Institutionen als Welt der Freiheitsmittel siehe auch Odo Marquard, Hegel und das Sollen, in: ders, Schwierigkeiten mit der Geschichtsphilosophie. Aufsätze, (1973) 37-51, 153-166, hier: 43.

120 Siehe dazu Pogge (FN 117) 127.

121 Insofern trifft der von Schwabe ins Spiel gebrachte Gedanke, in der Verhältnismäßigkeitsprüfung sei stets mit der Idealkonkurrenz der einzelnen Grundrechte zu rechnen, den zutreffenden Umstand, daß die akzeptable Realisierung von Freiheitsrechten als Freiheitsmittel eben nur im Rahmen eines Gefüges von Rechten möglich ist. Siehe Jürgen Schwabe, Probleme der Grundrechtsdogmatik (1977) 360-365, 420. Die grundsätzliche Stärkegleichheit der Grundrechte auch im Überschneidungsbereich bedeute demnach funktionell auch die Identität des Schutzgehalts (ebd, 361-363). Bei jedem Grundrechtseingriff sei daher, unabhängig davon, an welches beeinträchtigte Grundrecht „nominell“ angeknüpft werde, das gesamte Ausmaß der Beeinträchtigung zu berücksichtigen, ohne

spezifischen Modalitäten, die Partizipation an grundrechtlichen Schutzgütern zu garantieren (zB: Privatautonomie für Konsumenten und Unternehmer), und den legitimen Interessen, aufgrund derer sie zum Zwekke der Distribution anderer Grundgüter eingeschränkt werden dürfen,[122] verhältnismäßig stabile Vorrangverhältnisse etablieren lassen. Letztere verdichten sich zu einem groben strukturellen Raster, an dem sich zeigt, wie das Gesamtpaket in unterschiedlichen *Ordnungsmodellen* realisiert werden kann.[123] Allerdings wäre es voreilig, von den Vorrangverhältnissen zwischen den spezifischen Modalitäten,[124] an diesem oder jenem Schutzgut zu partizipieren, auf deren höheren Rang oder Wert zu schließen. Dadurch würde die Indifferenz gegenüber Lebensformen und Lebensplänen verletzt, wie sie in der gegenseitigen Bestimmung der Personen als füreinander unbestimmt zum Ausdruck gelangt. Der Schutz der freien Meinungsbildung ist nicht wichtiger als die Verfolgung von kommerziellen Interessen, weil Akte der Redefreiheit einem höheren Gut zuzuordnen wären als der Abschluß von Leasingverträgen. Allerdings sind in der Regel *spezifische Modalitäten* der Redefreiheit für die Realisierung des Gesamtpakets von elementarerer Bedeutung als manche Modalitäten des Erwerbs, weil jene in einer demokratischen Gesellschaft für die Kontrolle der Distribution von Grundgütern eine wichtigere Rolle spielen *sollen* als diese. Aber dies zeigt sich eben nicht unabhängig von der *Relation*, in welche die Güter im Rahmen eines Ordnungsmodells gebracht werden,[125]

daß durch den Wirkungsverbund der Grundrechte die Schutzwirkung erhöht werde (ebd, 361-363, 365-367). Seine Schlußfolgerung, am Wirkungsverbund werde deutlich, daß sich im Grunde genommen mit einem einzigen Grundrecht auskommen lasse (ebd, 346, 445-446), sollte aber nicht so verstanden werden, daß die solcherart als „substanzlos" gesetzten Einzelgrundrechte überflüssig wären. Siehe dazu die Kritik bei Wendt (FN 5) 444-446 und die Gegenkritik bei Dechsling (FN 1) 42. Vielmehr schaffen die „nominell" betroffenen Grundrechtsbestimmungen verdeutlichende Strukturierungshilfen, an denen, wie hinzuzufügen ist, das Ordnungsmodell hervortritt, das für den Grundrechtsschutz immer schon vorauszusetzen ist.

122 Zur mit dem Wirkungsverbund einhergehenden Relativierung spezifischer Schrankenvorbehalte zum allgemeinen Vorbehalt des verhältnismäßigen Eingriffs siehe bei Schwabe (FN 121) 308, 310, 420.

123 Siehe bereits Schwabe, ebd, 369, wonach die Bedeutung der konkret von einem Eingriff betroffenen Freiheitsmodalität durch eine Sachanalyse des Freiheitsausschnitts zu ermitteln sei. Wendt, Garantiegehalt (FN 5) 446, hat dagegen eingewandt, daß dieses Vorgehen auf eine „Wesensschau" hinauslaufe.

124 Modalitäten der Partizipation können in konkreten Verhaltensweisen oder Zuständen aus den vom grundrechtlichen Normenbestandschutz umfaßten Rechtspositionen bestehen. Solche Modalitäten lassen sich durch Eingriffsabwehr oder positives Tun garantieren. Zu den mannigfaltigen Formen des grundrechtlichen Normenbestandschutzes siehe den Überblick bei Lübbe-Wolf (FN 95) 144-152.

125 Demgemäß läßt sich unter dem Gesichtspunkt der Erforderlichkeit die Eingriffsintensität und das Gewicht des öffentlichen Interesses nur unter der stillschweigenden Annahme eines Ordnungsmodells bestimmen. Ob Beschränkungen des Antritts einer Er-

das sich demgemäß als *Interpretation* der Aufgabe verstehen läßt, auf der Grundlage einer akzeptablen sozialen Teilung der Verantwortung die gleichwertige Partizipation aller zu gewährleisten. Von der Höherwertigkeit eines Gutes dürfte umgekehrt nur dann gesprochen werden, wenn man glaubte, die Partizipation an diesem Gut gestatte die Verfolgung vergleichsweise höherrangiger Interessen oder die Verwirklichung von wertvolleren menschlichen Anlagen. Aber diese Vorstellung, der anzuhängen RAWLS zuweilen gefährlich nahekommt,[126] läßt sich angesichts der Unbestimmtheitsbedingung nicht verteidigen.[127]

Unter dem Eindruck dieser Auskunft über die prinzipielle Gleichwertigkeit der grundrechtlichen Schutzgüter[128] mag man auf die Idee verfallen, bei jeder Kollision von Gütern[129] sei nichts anderes anzustreben, als deren „Erfüllungswert" zu optimieren. Der letztere läßt sich als das Produkt ihres relativen (oder „abstrakten") Gewichts und jeweils erzielten Erfüllungsgrades darstellen.[130] Daran anknüpfend können formale Kontrollmaßstäbe formuliert werden, die von konkreten Abwägungen nicht verletzt werden dürfen, etwa der folgende, wonach „[...] bei unterschiedlich abstraktem Gewicht [...] ein relativ hoher Erfüllungsgrad des geringer gewichteten Prinzips erforderlich [ist], um eine mittlere Beein-

werbstätigkeit generell das Grundrecht der Erwerbsfreiheit intensiver beeinträchtigen als Beschränkungen der Ausübung (zB VfSlg 11558/1987), hängt davon ab, wie in einem System die Lebens- und Erwerbschancen verteilt sind (und unter diesem Gesichtspunkt läßt sich diese Daumenregel der Eingriffsintensität eben auch kritisieren). Siehe dazu SCHULEV-STEINDL (FN 112) 131-132, und zur Entwicklung der „Stufentheorie" zu Art 12 Abs 1 GG durch das BVerfG nur bei BODO PIEROTH/BERNHARD SCHLINK, Grundrechte ([10]1994) RZ 318-320, 77, RZ 911, 232. Demgemäß nimmt sich auch die direkte Wirtschaftslenkung als der intensivere Eingriff in Art 6 StGG aus als eine indirekte Steuerung, weil erstere dem Ordnungsmodell der Marktwirtschaft sichtlich weniger fern steht als letztere. Siehe SCHULEV-STEINDL (FN 112) 15, 145, 162. Dieser implizite Zusammenhang mit einem Ordnungsmodell gilt auch für die Bestimmung des Gewichts des öffentlichen Interesses. Dieses Gewicht reicht zB in dem vom VfGH für den Ladenschluß veranschlagten Ordnungsmodell, wenngleich es den Schutz des Interesses der Arbeitnehmer an der Vorhersehbarkeit ihrer Arbeitszeit betrifft, nicht dazu hin, eine Einschränkung der Erwerbsfreiheit zu rechtfertigen (VfSlg 11588/1987).

126 Siehe RAWLS Finalisierung der Grundgüter auf den „full and informed exercise" der von ihm als zentral erachteten moralischen Vermögen (Gerechtigkeitssinn und Ausbildung bzw Verfolgung und Revision eines Plans des guten Lebens) zB in Political Liberalism (FN 65) 332. Für eine ausführliche Diskussion der damit verbundenen Probleme siehe POGGE (FN 73) 122-160.

127 Siehe demgemäß die zurecht erfolgende Ablehnung des Lebensideals des „classical" oder „civic republicanism" bei RAWLS (FN 65) 205-206.

128 Zur Widersinnigkeit von kardinalen oder ordinalen Skalierungen siehe schon ALEXY (FN 114) 138-142.

129 Dabei mag es sich um die Kollision zwischen grundrechtlichen Schutzgütern oder zwischen letzteren und öffentlichen Interessen handeln, die deswegen legitim sind, weil mit ihnen die faire Distribution von Grundgütern verfolgt wird.

130 Siehe SIECKMANN (FN 98) 54, 58.

trächtigung des gewichtigeren Prinzips zu rechtfertigen."[131] Aber ein solches Vorgehen fällt hinter dem mit der Emphase auf grundrechtliche Schutzgüter bereits gewonnenen Niveau der Problemsicht zurück. Sein Fokus liegt auf der optimalen Realisierung kollidierender Güter innerhalb der rechtlichen und tatsächlichen Möglichkeiten.[132] Dies lädt dazu ein, die bei Abwägungen ins Spiel gebrachten Gründe an die personenneutrale Perspektive der Wohlfahrtsökonomie zu assimilieren.[133] In diesem Zusammenhang ist weniger problematisch, daß weitestgehend offengelassen wird, was die abwägende Verallgemeinerung vernünftig zu machen vermag,[134] als daß Schutzgüter und Eingriffsinteressen mehr oder minder grundlos auf die Erzielung eines Optimums finalisiert werden.[135] Als Optimierungsgebote werden sie nämlich aus dem Bezugsrahmen der Verallgemeinerung gelöst und daran anschließend zu Entitäten mit Gewicht verdinglicht.[136] Beides macht keinen Sinn. Von der optimalen Realisierung eines *isolierten* grundrechtlichen Schutzgutes kann deswegen nicht die Rede sein, weil seine gleichmäßige Zuteilung ohnedies nur im Rahmen eines Gesamtpakets in Betracht kommt. Das wird offenkundig, wenn man mit dem „Optimierungsgebot" begrifflich ernst macht. Die Redefreiheit wäre nicht schon dann optimal realisiert, wenn jeder alles sagen dürfte. Es sollten wohl auch alle jederzeit Gelegenheit haben, sich expressiv zu betätigen und über die Garantie verfügen, jeden anderen zu erreichen und zu beeinflussen. Deswegen ist der Gedanke einer isolierten Optimierung dazu genötigt, die *systematische* Verteilung der mit einer *Mehrzahl* von grundrechtlichen Schutzgütern verbundenen Freiheitsmittel ins Auge zu fassen.[137] Aus diesem Grund ist aber auch die Partizipa-

131 Ebd, 62.

132 Siehe Alexy (FN 114) 100; ihm folgend Stelzer (FN 7) 212-217.

133 Deutlich bei Sieckmann (FN 98) 48.

134 Siehe allerdings Sieckmann, ebd, 58-60, der versucht das von der Abwägung unabhängige abstrakte Gewicht von Gütern („Prinzipien") unter Rekurs auf die Stärke der sie begründenden Interessen, die Stützung durch andere Güter und deren Vernetzung mit dem Gewicht zu gewinnen, das die Güter in anders gelagerten Abwägungen angenommen haben. Gleichwohl wird Sieckmann entgegenzuhalten sein, daß der Rekurs auf die „Stärke" des ein Prinzip begründenden Interesses den Kreis (genereller) personen-relativer Gründe nicht verläßt. Die Intensität eines Interesses ist im Horizont distributiver Gerechtigkeit auf die „social division of responsibility" zu beziehen. Es darf also nicht einfach auf die Stärke des Interesses ankommen, sondern vielmehr ist darauf abzustellen, daß Menschen über ihre Freiheitsmittel unter den Bedingungen verfügen müssen, welche die grundsätzliche Indifferenz gegenüber kontingenten Lebensumständen nicht verletzen.

135 Siehe dazu auch die kritischen Überlegungen bei Klaus Günther, Der Sinn für Angemessenheit. Anwendungsdiskurse in Moral und Recht (1988) 272-276.

136 Siehe dazu schon Alexander Somek, Rechtssystem und Republik. Über die politische Funktion des systematischen Rechtsdenkens (1992) 206-215.

137 Siehe die Beobachtung bei Dechsling (FN 1) 39, der festhält, daß die Problematik des grundrechtlichen Wirkungsverbundes in Alexys Theorie der Grundrechte an keiner

tion an anderen grundrechtlichen Schutzgütern eine wesentliche Voraussetzung der Optimierung eines einzelnen Schutzgutes.[138] Das Gegenteil wird freilich vom Modell nahegelegt, weil es die Unterschreitung des jeweiligen Optimums als Realisierungsbedingung des Gesamtsystems ansetzt. Doch ironischerweise greift die Idee der Optimierung dafür ohnedies zu kurz. Grundrechtliche Schutzgüter sind im wesentlichen Freiheitsmittel. Wenn die Optimierung den relevanten Problemgesichtspunkt bildete, dann wäre die maximale Freiheit zum individuellen So-Sein oder Handeln-Können das zu erreichende Ziel. Das Optimum wäre solcherart als die dauerhafte Verfügung über eine maximale Anzahl von (wenigstens rechtlichen) Handlungsalternativen und Abwehrmöglichkeiten gegenüber Hindernissen bestimmt.[139] Allerdings ist ein solches Optimum auch aus der Perspektive des Grundrechtsträgers kaum wünschenswert (wenn man einmal davon absieht, daß sich das *Ausüben* von Freiheit nicht in einem quantitativen Sinne „maximieren" läßt – gerade so, als ob ich deswegen freier wäre, wenn ich täglich meinen herkömmlichen Lebensstil frei wählte, was ich – das versteht sich von selbst – ohnedies tue).[140] Der Beitrag, den Freiheiten zur „optimalen" Partizipation an grundrechtlichen Schutzgütern leisten, hängt nicht davon ab, über wieviele Wahlmöglichkeiten man gleichzeitig verfügt, sondern von dem *Wert,* den sie für die gelungene Lebensführung einer als unbestimmt bestimmten Person haben.[141] Es gibt durchaus wertlose Freiheiten, über die wir, selbst wenn sie „sozialverträglich" wären, nicht verfügen wollen (etwa die Freiheit, das Risiko auf uns zu nehmen, über keine Kranken- oder Pensionsversicherung zu verfügen). Um den angemessenen Grad der Partizipation an Schutzgütern zu bestimmen, läßt sich eben nicht, wie das Optimierungsmodell nahelegt, von der in ihnen mitrepräsentierten Gegenseitigkeit abstrahieren. Sie verweist auf jene soziale Teilung der Verantwortung zurück, auf deren Grundlage der zu realisierende Grad erst Konturen annehmen kann. Im Vergleich dazu ist die Ponderologie des Optimierungs-Modells die Nacht, in der alle Güter schwarz sind. In ihm wird konsistent von der Bedeutung grundrechtlicher Schutzgüter abstrahiert, die darin besteht, die ge-

Stelle erwähnt wird. Das hat freilich einen systematischen Grund, weil andernfalls die Deutung der Grundrechte als Optimierungsgebote sich nicht hätte aufrecht erhalten lassen.

138 Mit der Aufweichung des traditionellen Eingriffsbegriffs (siehe dazu für Deutschland bei Lübbe-Wolf [FN 95] 69-72 und für Österreich Schulev-Steindl [FN 112] 134-135) und der Annahme eines prinzipiellen Wirkungsverbundes nimmt die Abgrenzung von Eingriff und Nicht-Eingriff ebenfalls den Charakter einer „Abwägung" an, für die aus der Perspektive von Ordnungsmodellen die Geringfügigkeit der Beeinträchtigung eine entscheidende Rolle spielt. Siehe Schulev-Steindl, aaO, 142-143.

139 Siehe bei Alexy (FN 114) 198-199.

140 Zu einer ähnlichen Überlegung siehe Rawls (FN 65) 332-333.

141 Siehe dazu Scanlon (FN 33) 70-72; Rawls (FN 65) 333.

genseitige Anerkennung der Menschen als Rechtspersonen im Kontext von Verteilungssystemen präsent zu halten.

VII. Ordnungsmodelle

Diese kursorische Kritik am Optimierungs-Modell gibt bereits die Richtung an, in die sich jede weitere Verständigung über das Abwägungsproblem zu bewegen hat. Denn das Optimierungsmodell krankt an der doppelten Unzulänglichkeit, sowohl für den systematischen Charakter der Zuteilung von grundrechtlichen Schutzgütern[142] als auch für die in diesen mitrepräsentierte soziale Teilung der Verantwortung blind zu sein. Das positive Ergebnis erhält man demgemäß durch die Aufhebung beider Abstraktionen. Eine zum Zweck der Verallgemeinerung einer Norm stattfindende Güterabwägung ist nur unter der Voraussetzung von *Ordnungsmodellen* möglich, in denen die *soziale Teilung der Verantwortung für die allseitige und gleichwertige Partizipation an grundrechtlichen Schutzgütern* eine geschichtliche Konkretisierung erfährt. Nur aufgrund solcher Modelle läßt sich insbesondere die Zumutbarkeit von Verzichten beurteilen. Der Rekurs auf sie ist unumgänglich,[143] weil sich nur in ihnen die soziale Teilung der Verantwortung auf eine Weise ausbuchstabieren läßt, die über die bloße Formierung von Präferenzen hinausgeht.[144]

Diese These mag den Eindruck erwecken, dem Hegelschen Standpunkt in der Moralphilosophie zuzuneigen. Die Verallgemeinerung könne eben nur auf der Basis des „lebendigen Guten" konkreter Sitten und Gebräuche gelingen, denen die Personen zu vertrauen haben, um ihre

142 Davon zu abstrahieren, „ererbt" das Optimierungsmodell freilich von der Idee, es lasse sich eine abstrakte Rangordnung der Güter erstellen.

143 Diese Unumgänglichkeit wird an typisch eingriffsrechtlichen Erwägungen manifest, wenn bei der Bestimmung des adäquaten Verhältnisses zwischen der Eingriffsintensität und dem Gewicht des öffentlichen Interesses auf eine den grundrechtlichen Schutzbereich auszeichnende „Sachlichkeit" oder „Sachgerechtigkeit" rekurriert wird. Siehe dazu die aufschlußreichen Überlegungen bei Wendt (FN 5) 468-472.

144 Das institutionelle Grundrechtsverständnis muß sich freilich den Einwand gefallen lassen, die von Hegel vorgezeichnete Konfligierung von Faktizität und Normativität mit diffusen Kategorien nachvollzogen zu haben. Sie birgt die Gefahr, daß Freiheiten als historische Privilegien gedeutet werden und der individuelle Grundrechtsträger eine Subordination unter bestehende institutionellen Formen erfährt. Siehe dazu die berechtigte Kritik bei Dieter Suhr, Freiheit durch Geselligkeit, in: Europäische Grundrechtezeitschrift 11 (1984) 529-546, hier: 536-537; Ernst-Wolfgang Böckenförde, Grundrechtstheorie und Grundrechtsinterpretation, in: ders, Staat – Gesellschaft – Freiheit. Studien zur Staatstheorie und zum Verfassungsrecht (1976) 221-252, hier: 231-232. Zum „unterstrukturierten Argumentationsfeld" des institutionellen Grundrechtsverständnisses siehe Schlink (FN 5) 463.

Freiheitssphären gegeneinander abgegrenzt zu sehen.[145] Doch dieser Eindruck wird sich im folgenden zerstreuen lassen. Die Betrachtung der Funktion von Ordnungsmodellen wird es sogar gestatten, den geheimnisvollen Schleier zu lüften, den HEGEL vor die Substanz der allgemeinen Freiheit gezogen hat.

Abwägungen betreffen spezifische Modalitäten, an grundrechtlichen Schutzgütern zu partizipieren. Daher ist nicht das Schutzgut selbst der Abwägung unterworfen, sondern die rechtliche Form, über dieses in einem besonderen Kontext zu verfügen.[146] Ihre eigentliche Pointe findet die Abwägungsdogmatik daher darin, Einschränkungen von spezifischen Modalitäten der Partizipation darauf hin zu untersuchen,[147] ob sie das Prinzip der gleichwertigen Teilhabe der als unbestimmt bestimmten Personen verletzen. Sie kann dabei nicht vermeiden, zuweilen Gesichtspunkte vergleichen zu müssen, „[...] die wegen ihrer Verschiedenartigkeit im Grunde genommen gar nicht vergleichbar sind."[148] An dieser Schwierigkeit wird deutlich, welcher funktionelle Beitrag von Ordnungsmodellen zu erbringen ist. Sie haben Gegenseitigkeit in bloße Komplementarität zu transformieren und gleichzeitig diese Transformation als Ausdruck einer höheren Art von Gegenseitigkeit faßbar zu machen.

Mit der mangelnden direkten Vergleichbarkeit von Vor- und Nachteilen ist die grundrechtliche Güterabwägung deswegen belastet, weil sie Rechtsverhältnisse zu beurteilen hat, die sich nicht als direkte Manifestation von Gegenseitigkeit fassen lassen. Rechte und Pflichten werden oftmals an Subjekte verteilt, ohne daß die Gegenseitigkeit zwischen ihnen eine Rolle spielt. Gemäß der diesfalls zwischen den Personen vorherrschenden Komplementarität normativen Erwartens ist eine Verhaltenspflicht von beiden Seiten als gültig zu erachten, ohne daß die Verhaltenspflicht der einen Person durch eine korrespondierende Pflicht der anderen Person ausgeglichen wird.[149] Aus der Beziehung selbst läßt sich

145 Siehe HEGEL (FN 66) § 147, 295-296.

146 Etwa, um an vielbemühte Beispiele zu erinnern, über die Kunstfreiheit durch das Malen auf einer belebten Straßenkreuzung oder über die freie Entfaltung der Persönlichkeit durch das Reiten im Wald.

147 Durch die prinzipielle Einschränkbarkeit wird den Grundrechten als Rechten kein Abbruch getan. Siehe zur Einschränkbarkeit aller Rechte, die freilich mit der „Stringenz" des Anspruches variiert, nur THOMSON (FN 107) 122.

148 DECHSLING (FN 1) 13.

149 Das gilt auch für Rechtsverhältnisse, die an sich auf Gegenseitigkeit beruhen, aber aus Bündelungen unterschiedlicher Rechte und Pflichten zusammengesetzt sind. So läßt sich die Direktionsbefugnis des Arbeitsgebers nicht einfach aus der elementaren Gegenseitigkeit des Arbeitsverhältnisses rechtfertigen, die sich daran manifestiert, daß der Arbeitnehmer seinen Lohn erhält, der die Gegenleistung für die Erfüllung seiner Hauptleistungspflicht darstellt. Für eine Rechtfertigung der Direktionsbefugnis ist vielmehr, wie wir gleich sehen werden, auf den Typus des Verhältnisses (das „Ordnungsmodell") zu re-

somit keine auf dem Prinzip der Gegenseitigkeit beruhende Antwort auf die Frage finden, weshalb die verpflichtete Person sich erwartungsgemäß verhalten soll.[150] Durch den einem Verpflichteten damit mitunter abgedrungenen Verzicht auf den unmittelbaren Leistungsausgleich im einzelnen Rechtsverhältnis steigt zwar der Spielraum des rechtlich Gestaltbaren, weil asymmetrische Verhältnisse zeitlich oder sachlich zu unterschiedlichen Instituten kombiniert werden können,[151] allerdings wären komplementäre Rechtsbeziehungen nicht allgemein akzeptabel, wenn sich die Gegenseitigkeit zwischen Personen nicht auf andere Art als durch das direkte Verhältnis zwischen den Personen selbst wiederherstellen ließe.[152] Ordnungsmodelle können als Versuch betrachtet werden, dieses Problem zu lösen. Sie beanspruchen, die Gegenseitigkeit der Gründe für Personen vermöge der allgemeinen Akzeptierbarkeit eines komplexen Gefüges von Rechten und Pflichten zu realisieren. Zumal Ordnungsmodelle Verhältnisse der Komplementarität aus der Perspektive eines höheren Dritten übergreifen, stellen sie in Aussicht, partikulare Standpunkte in einer Art ursprünglichem Zustand zusammenlaufen zu lassen. Da aber nun nicht mehr die Selektion von Gütern, sondern die Modalität der Partizipation das Problem bildet, ist die soziale Teilung der Verantwortung einer näheren Bestimmung zuzuführen. Daher ist anzugeben, welche konkreten Verkürzungen in der Partizipation an grundrechtlichen Schutzgütern unter der Annahme des Vorliegens von denkbaren alternativen Partizipationsmöglichkeiten zumutbar ist.[153] Ordnungsmodelle gewinnen dabei ihren Gehalt aus der Anwendung von wenigstens drei formalen Kriterien. Eine Beurteilung der Zumutbarkeit von bestimmten Verkürzungen schließt zunächst eine Einschätzung der individuellen und kollektiven *Leistungsfähigkeit* ein. Sie beruht auf einer fragilen Gemengelage von kognitiven

kurrieren. Das Prinzip der „formalen" Vertragsfreiheit war lange Zeit als ein solches Modell in Gebrauch, aufgrund dessen von der internen Gegenseitigkeit der vertraglich geregelten Beziehungen abstrahiert werden konnte. Es stellte in Aussicht, die Gegenseitigkeit auf einer „höheren Ebene" zu realisieren, indem es die gleiche rechtlich festgelegte Willensfreiheit als allgemein akzeptables Prinzip ausgab.

150 Siehe dazu GOULDNER (FN 10) 91-93; NIKLAS LUHMANN, Zur Funktion der ‚subjektiven Rechte', in: ders, Ausdifferenzierung des Rechts. Beiträge zur Rechtssoziologie und Rechtstheorie (1981) 360-373, hier: 362. Wie LUHMANN festgestellt hat, sind subjektive Rechte ein wichtiges Mittel, diese Komplementarität ohne Gegenseitigkeit auf der Ebene von Rechtsverhältnissen zu realisieren. Siehe ebd, 365: „Zugespitzt können wir formulieren: Das subjektive Recht ist das ungerechte Recht, das Recht, das in sich selbst keinen Ausgleich hat."

151 Siehe dazu NIKLAS LUHMANN, Subjektive Rechte: Zum Umbau des Rechtsbewußtseins für die moderne Gesellschaft, in: ders, Gesellschaftsstruktur und Semantik. Studien zur Wissenssoziologie der modernen Gesellschaft, Bd 2 (1981) 45-104, hier: 69.

152 Siehe LUHMANN (FN 150) 371.

153 Die Einschränkung des Malens auf der belebten Straßenkreuzung schließt nicht aus, daß diese Freiheit in anderer Form realisiert wird.

und normativen Erwartungen, mit der wir uns gegenseitig bedenken, wenn es gilt, bestimmte soziale Tugenden (wie Fleiß, Verläßlichkeit oder Duldsamkeit) auszubilden. Darüberhinaus sind entstehende Bürden im Lichte der *sozialen Handlungsmacht* zu bewerten, über die der Grundrechtsträger zu verfügen hat, um sich durch ein alternatives Verhalten unter den Bedingungen, die durch den Eingriff erschwert werden, in die Teilhabe am grundrechtlichen Schutzgut versetzen zu können.[154] Wenn zudem aufgrund des Eingriffs eine bestimmte Modalität der Partizipation gänzlich ausgeschlossen wird, ist zu prüfen, ob im Sinne der *Reichweite der Unbestimmtheitsbedingung* ein solcher Verzicht zu rechtfertigen ist.[155]

Der funktionale Beitrag, den Ordnungsmodelle zur Verallgemeinerung erbringen, läßt sich an einem Beispiel verdeutlichen. Wenn aufgrund der sozialen Teilung der Verantwortung etwa subjektive Antrittsbeschränkungen als zulässige Eingriffe in die Erwerbsfreiheit erachtet werden,[156] dann erfolgt dies zunächst unter Bedingungen der Komplementarität von Rechten und Pflichten. Denn die Auferlegung von Pflichten geht nicht mit der Einräumung von Rechten gegenüber denjenigen einher, die von der Verpflichtung einen Vorteil haben. Wer also etwa einen Befähigungsnachweis für die Ausübung eines Gewerbes erbringen muß, erhält deswegen keinen Anspruch gegenüber anderen Gewerbetreibenden oder Konsumenten, von ihnen eine bestimmte Quote seiner Leistungen oder Produkte abgenommen zu bekommen.[157] Eine solche Regelung vermag

154 In beiden Fällen bildet also die Gleichwertigkeit der Partizipation den zentralen Gesichtspunkt. – Die Verallgemeinerung funktioniert in der von SCANLON (FN 5) 223 vorgeführten Form freilich nur unter der Voraussetzung der Homogenität der Nachteile. Natürlich wäre es unvernünftig, eine Regelung abzulehnen, die für eine Person einen Nachteil bringt, wenn eine alternative Regelung einen größeren Nachteil für andere nach sich zöge. Aber im Grundrechtsbereich sind die Vor- und Nachteile eben nicht homogen verteilt. Das Gewicht eines Vor- oder Nachteils ist im Lichte der sozialen Teilung der Verantwortung zu beurteilen – also vor dem Hintergrund der Frage, ob die Partizipation an Schutzgütern noch als gleichwertig zu erachten ist, wenn sie für manche nur unter vergleichsweise erschwerten Bedingungen möglich ist.

155 Jedenfalls stellt die Unbestimmtheit des individuellen So-Seins im Verhältnis zu Wahlmöglichkeiten die elementare grundrechtsdogmatische Kategorie dar, aus deren Perspektive konkrete Bestimmungen dieser drei formalen Kriterien problematisch erscheinen können. Denn wenn innerhalb der durch die Gerechtigkeit gezogenen Grenzen unbestimmt bleibt, was für eine Person man ist, darf man auch jederzeit eine Handlungsweise einer in diesem Sinne als unbestimmt bestimmten Person setzen, ohne daß das individuelle So-Sein eine Rolle spielt. Diese tiefgreifende Liberalität grundrechtlicher Schutzgüter, die vor allem in Aussicht stellt, sein zu dürfen, was man glaubt, sein zu müssen, wird durch die Grundrechte konstituiert wie verdeckt. Denn als Freiheitsrechte sind sie allgemein akzeptierte Mittel, ein bestimmtes So-Sein zu realisieren und damit prinzipiell auf Handlungsmöglichkeiten bezogen, hinter denen die Schutzpflichten zunächst zurücktreten.

156 Siehe etwa VfSlg 10386/1985.

157 Siehe allerdings JOHANN GOTTLIEB FICHTE, Der geschlossene Handelsstaat (1800), in: Werke, hrsg v I. H. Fichte (1845/46) Bd 3, 413.

also die Gegenseitigkeit genereller personen-relativer Gründe nicht im direkten Verhältnis zwischen Personen zu realisieren. Um den drohenden Kollaps der Verallgemeinerungsfähigkeit abzuwenden, ist daher auf ein Ordnungsmodell zu rekurrieren, das Beziehungen der Komplementarität als allgemein akzeptabel ausweisen soll. Die Einschränkung der Partizipation am grundrechtlichen Schutzgut der Erwerbsfreiheit wäre somit in eine Ordnung des Wirtschaftens einzubetten, die im Verhältnis zu anderen Ordnungsmodellen besser geeignet zu sein hätte, die Partizipation aller an Grundgütern zu gewährleisten als eine solche, die subjektive Antrittsbeschränkungen nicht vorsähe. Denjenigen, welche die Last einer solchen Beschränkung tragen, darf dies also aufgrund der sozialen Teilung der Verantwortung nicht unzumutbar sein. Im Vergleich zu anderen Modellen könnte das etwa der Fall sein, wenn die freie Wahl der Ausbildungsstätte gewährleistet wäre, für den Erwerb von Qualifikationen die faire Chancengleichheit gewahrt bliebe und schließlich der investierte Aufwand durch die berechtigte Aussicht auf spätere Erwerbschancen vergolten würde. Eine solche Beschränkung der Partizipation am grundrechtlichen Schutzgut würde die Beschränkung selbst auf der Grundlage von Wahlmöglichkeiten realisiert, durch welche die Person nicht in bestimmter Hinsicht festgelegt würde. Im Vergleich dazu sind objektive Antrittsvoraussetzungen problematischer, weil sie die Unbestimmtheit menschlichen So-Seins und Strebens auf eine Art und Weise einschränken, der sich der Grundrechtsträger durch eigenes Verhalten nicht entziehen kann, ohne durch die Vorgaben des Ordnungsmodells gegängelt zu werden. Eine solche Gängelung mag zu rechtfertigen sein, wenn sie erforderlich ist, um die allgemeine Partizipation an grundrechtlichen Schutzgütern und an anderen Grundgütern zu garantieren.[158] Aber das soll uns nicht weiter interessieren. Festzuhalten ist, daß die Typik von Ordnungsmodellen nur dann in den Blick gerät, wenn grundrechtliche Schutzgüter in Relationen gebracht werden, in welchen unterschiedliche Modalitäten der Partizipation hervortreten. An solchen Relationen werden zwei formale Kriterien faßbar, die durch Ordnungsmodelle zwar mit Substanz erfüllt werden, allerdings ohne von diesen absorbiert zu werden. Insofern verfügt die Verallgemeinerung auch in diesem Zusammenhang über ein kritisches Prinzip und fällt daher nicht mit der Applikation und Reaffirmation von vorgefundenen Sitten zusammen.

Die institutionell ausbuchstabierte soziale Teilung von Verantwortung, auf die zurückzugreifen die Abwägung nicht vermeiden kann, hat auszusprechen, unter welchen Voraussetzungen man über Bedingungen

158 Siehe dazu etwa VfSlg 12009/1989 und die Darstellung rechtfertigender öffentlicher Interessen bei SCHULEV-STEINDL (FN 112) 150-151.

verfügt, die für die gleichwertige Partizipation aller als ausreichend zu erachten sind, weil andernfalls die Freiheit für manche keinen Wert hätte.[159] Stets stehen die Realbedingungen der Freiheit auf dem Spiel.[160] Ordnungsmodelle verfügen daher über dieselbe *Form.*[161] Sie geben an, unter welchen Bedingungen eine Verkürzung in den Partizipationsbedingungen die elementare Unbestimmtheitsbedingung der grundrechtlichen Schutzgüter verletzt. Das ist dann der Fall, wenn Personen, was die Verfügung über die Bedingungen der Partizipation angeht, aufgrund ihrer mangelnden Leistungsfähigkeit, ihrer fehlenden sozialen Handlungsmacht oder aufgrund der Reichweite der Indifferenz grundrechtlicher Schutzgüter nicht *zuzumuten* ist, ein bestimmtes So-Sein anzunehmen, eine Form der Lebensführung einzuüben oder konkrete Lebensäußerungen zu unterlassen. Dieser *Grundsatz der Liberalität* wird durch den *Grundsatz der Egalität* ergänzt, der es verbietet, jemanden von der Partizipation an grundrechtlichen Schutzgütern auszuschließen, weil er oder sie eine bestimmte Position in der Gesellschaft einnimmt, in die er oder sie nicht aufgrund von Umständen geraten ist, die von der sozialen Teilung der Verantwortung gebilligt werden.[162] Diese beiden Grundsätze sind die Gestalt, welche die horizontale Gegenseitigkeit zwischen Personen im vertikalen Verhältnis von Staat und Individuum annimmt.[163]

Allerdings stellt sich damit auch ein Problem. Ordnungsmodelle sind eben bloße Modelle und verfügen über keine vollständig determinierte Struktur. Der Rekurs auf sie läßt sich zwar vernünftigerweise nicht ablehnen,[164] weil man andernfalls über kein Medium verfügte, Komplementa-

---

159 Siehe dazu auch Scanlon (FN 33) 74-75. Ein sozialstaatlich reformiertes Grundrechtsverständnis, das darum bemüht ist, die gleichwertige Partizipation aller zu gewährleisten, ist nicht bloß egalitärer als sein klassisch „liberales" Gegenstück, es ist auch liberaler, weil es den Wert der Verfügung über Grundgüter als Freiheitsmittel ins Kalkül zieht.

160 Die „rechtliche Freiheit" als bloße Kompetenz, einen Rechtsanspruch zu begründen, oder als Erlaubnis, eine Handlung auszuführen, entspringt daher bereits einer bestimmten *Deutung* der Bedingungen, unter denen die Gleichwertigkeit der Partizipation an Gütern als hinreichend angesehen wird. Siehe zur Zusammenfassung der Realisierungsbedingungen des Rechtssystems zu sogenannten „Rechtsparadigmen" als Auffassungen „[...] der Rechtsgemeinschaft hinsichtlich der Frage, wie das System der Rechte und die Prinzipien des Rechtsstaats im *wahrgenommenen* Kontext der jeweiligen Gesellschaft verwirklicht werden können" bei Jürgen Habermas, Faktizität und Geltung. Beiträge zur Diskurstheorie des Rechts und des demokratischen Rechtsstaats (1992) 238.

161 Das bedeutet, daß Ordnungsmodelle auf demselben kritischen Beurteilungsprinzip beruhen.

162 Siehe Scanlon (FN 33) 84.

163 Zu beachten ist, daß das Prinzip der Liberalität in der Grundrechtsdogmatik sowohl beim Gleichheitssatz als auch bei den Freiheitsrechten anzutreffen ist. Wegen des umfassenden Charakters dieses Grundsatzes bestehen auch mannigfaltige Verbindungen in der Rechtsprechung.

164 Siehe in diesem Sinne zu Konventionen bei Scanlon (FN 5) 224-225.

rität in Gegenseitigkeit umzurechnen, gleichwohl lassen sie sich, weil sie sozialen Sinn in hoch generalisierter Form verfügbar stellen müssen, auch nur schemenhaft verorten. Deswegen ist die Abwägung wohl auch versucht, die Rekonstruktion von Komplementarität im Horizont von Gegenseitigkeit zu vermeiden und stattdessen komplementäre Beziehungen auf eine „individualisierende" Weise zu beurteilen.[165] Dabei fällt sie aber auf ein personen-neutrales Kriterium zurück, das ihr gleichsam „by default" zuwächst: das individuelle Wohlergehen. Die Verallgemeinerung kehrt damit aber an den Punkt zurück, welcher der Selektion von Grundgütern systematisch vorangeht. Da aber im Rahmen der grundrechtlichen Güterabwägung sich die Gegenseitigkeit nur im Kontext von Ordnungsmodellen herstellen läßt, führt die Abstraktion von diesen auch zur Ausklammerung der Gegenseitigkeit. Das Kriterium der Verallgemeinerung oszilliert dann in einem unentschiedenen Zustand. Es bleibt unaufgeklärt, ob Regelungen deswegen zu verwerfen sind, weil sie das erreichbare Maß an Wohlsein unterschreiten oder weil die ungleiche Beeinträchtigung des Wohlergehens ein Zeichen für mangelnde Gegenseitigkeit ist.

Das Motiv für diesen Rückzug in die Unentschiedenheit liegt durchaus auf der Hand. Es ist verhältnismäßig einfach, die Verletzung der Gegenseitigkeit zum Kriterium zu erheben, wenn die Frage zu beurteilen ist, ob jemand langfristig auf eigene Vorteile zugunsten erheblicher Vorteile anderer zu verzichten hat. Dieser bequeme Weg läßt sich aber im Kontext der Partizipation an grundrechtlichen Schutzgütern nicht beschreiten. Denn der aufgrund der Komplementarität der problematisierten Beziehung erfolgende Rekurs auf Ordnungsmodelle zwingt dazu, den Kontext des Einzelfalls zu überschreiten und mit einem relativ unbestimmten Schema so zu operieren, als handelte es sich dabei um Bestimmtes. Im Vergleich dazu mag die Einschätzung einer individuellen Bürde nicht zuletzt deswegen intuitiv plausibel erscheinen, weil Kontexte der Komplementarität *von sich aus* dazu einladen, von der Gegenseitigkeit zu abstrahieren. Damit wächst aber auch die Gefahr, daß die kontextspezifische Güterabwägung auf das Niveau der Abwägung im schlechtesten Sinne zurückfällt.

Die Abwägung ist wohl deshalb die schillerndste Errungenschaft des modernen Staatsrechts, weil sie in zwei verwirrenden Gestalten auftritt. Entweder operiert sie aufgrund eines kritischen Moralprinzips *in statu nascendi*, was dann der Fall ist, wenn sie nur auf die individuelle Bürde im Verhältnis zu öffentlichen Interessen achtet und vom Problem der

165 Siehe dazu bloß Walter Berka, Das ‚eingriffsnahe Gesetz' und die grundrechtliche Interessenabwägung, in: Staatsrecht in Theorie und Praxis (= FS Walter), hrsg v H. Mayer (1991) 37-61, hier: 57-58.

Gegenseitigkeit mehr oder weniger absieht; oder aber sie läßt sich auf das Problem der gegenseitigen Ordnung komplementärer Rechte und Pflichten ein und avanciert auf diese Weise zum *Prototyp der politischen Philosophie.* An beiden Gestalten manifestiert sich die Unbestimmtheit sozialer Integration. Denn als Medium der sozialen Integration wird die Verallgemeinerung entweder durch ein unbestimmtes kritisches Prinzip oder durch die Unbestimmtheit des Gehalts von Ordnungsmodellen vermittelt. Bei dem grundrechtsdogmatischen Problem, das durch letztere aufgeworfen wird, ist im weiteren zu verweilen.

Bei der Anwendung des Ordnungsmodells als eines formalen Prinzips verfährt die Abwägung, gerade weil sie kontextspezifisch operiert, holistisch. Ordnungsmodelle fungieren als Kontexte, mit denen dem *Wert* von Freiheiten ein normatives Profil verliehen werden kann, wenngleich sie selbst in ihrer Funktion als konstituierender Rahmen ins Konturenlose ausfließen.[166] Kontexte sind eine *semantische* Ressource mit unbestimmtem Umfang – auch wenn sie insofern über Grenzen verfügen, als sie sich nicht beliebig substituieren lassen. Jedenfalls sind sie *pragmatisch* für die Transformation von Unbestimmtem in Bestimmtes durchaus geeignet: „Kontextuelle Steuerung ist flexibel oder gerade wegen mangelnder Trennschärfe bei begrifflichen Extensionen dazu disponiert, unter Zeitdruck das richtige Verständnis/die richtige Entscheidung zu stiften. Einen *Kontext* aufrufen heißt: *Eindeutigkeit aus unbestimmter Bestimmtheit* zu schöpfen. [...] ‚Kontext' hat genaugenommen keinen Umfang, einen trennscharf zu bestimmenden schon gar nicht. Propositionalisierbarkeit ist daher letztendlich ausgeschlossen. Einen Kontext aufrufen bedeutet daher, einen wie auch immer vorläufig temporal oder sachlich unterschiedenen Verweisungszusammenhang von teils sprachlichen, teils außersprachlichen Bedeutungen zu instituieren, der sich nur in Teilen prädikativ identifizieren läßt."[167] Einen solchen Einbruch des gesellschaftlich „Imaginären"[168] findet man durchaus an den prominenten Stellen der grundrechtsdogmatischen Argumentation, auch wenn sein Auftreten zunächst Verwirrung stiften mag.[169] So war nach der endgültigen Etablierung des Grundsatzes der Verhältnismäßigkeit in Österreich zur Kenntnis zu nehmen,

---

166 Man begegnet der von GAMM identifizierten Struktur unbestimmter Bestimmtheit. Siehe dazu GERHARD GAMM, Flucht aus der Kategorie. Die Positivierung des Unbestimmten als Ausgang der Moderne (1994) 16-18.

167 Ebd, 153.

168 Siehe CORNELIUS CASTORIADIS, Gesellschaft als imaginäre Institution. Entwurf einer politischen Philosophie (1984) 217-246.

169 Siehe generell zum Umschlag des eingriffsrechtlichen Schutzes ins institutionelle Grundrechtsverständnis bei KARL-HEINZ LADEUR, Postmoderne Rechtstheorie. Selbstreferenz – Selbstorganisation – Prozeduralisierung (²1995) 177-178.

daß individuelle Freiheiten im Wechselbad der Güterabwägung mitunter ein merkwürdiges institutionelles Format annehmen.[170] Die Freiheit der Erwerbsausübung verwandelt sich in die Garantie der marktwirtschaftlichen Konkurrenz[171] – gerade so, als würde der Grundrechtsträger es auf die Erschwerung der eigenen Wirtschaftsführung anlegen. Die dabei unterstellte *sachliche* Indifferenz zwischen der garantierten individuellen Freiheitssphäre einerseits und ihrer geschichtlichen Ausformung in sozial institutionalisierten Verhaltensweisen[172] andererseits wird *operational* daran manifest, daß die juristische Analyse sich über den kategorialen Rahmen der Eingriffs- und Schrankendogmatik hinausbewegt, indem sie der Nötigung folgt, im Moment der Applikation ihr Gegenteil – also die Makroperspektive des institutionellen Rechtsdenkens[173] – in sich aufzunehmen.[174] Gerade in einem Bereich, in welchem man vom *status negativus*[175] einen besonders rauhen Negativismus erwarten sollte, gerinnt das Abwehrrecht zum holistischen Ordnungskonzept.[176] Bereits in VfSlg 11483/1987, einer Entscheidung, die nicht bloß eine Anwendung des damals noch rezent ausgeprägten Grundsatzes der Verhältnismäßigkeit enthält, hat das Gericht sich, um den Schutzbereich von Art 6 StGG abzirkeln zu können, zu einer Äußerung hinreißen lassen, die im Gegenzug unklar wer-

170 Dies ist freilich schon ein Charakteristikum der frühen Rechtsprechung zum Wesensgehalt. Siehe zur Institutsgarantie des Eigentums bei STELZER (FN 7) 13, 108-109.

171 Siehe zur „[...] (grundrechtswidrigen) Abschirmung von Konkurrenz" etwa VfSlg 11276/1987. NOVAK (FN 112) 68 hat in diesem Zusammenhang zurecht darauf hingewiesen, daß die verfassungsgerichtliche Gesetzesprüfung in ihrer Konsequenz nicht unpolitisch sein kann.

172 Siehe dazu die aufschlußreichen Bemerkungen bei BERKA (FN 172), auf die im Verlauf der Überlegungen noch zurückzukommen sein wird.

173 Siehe zu dieser der Grundrechtsdogmatik immanenten Bewegung schon SUHR (FN 144) 535-536.

174 Siehe generell zu diesem Markenzeichen von „Dekonstruktion" ALEXANDER SOMEK, Haben Sie heute schon dekonstruiert? Zur Bedeutung der Dekonstruktion in der neueren amerikanischen Rechtstheorie, Rechtstheorie 26 (1995) 201-222.

175 Zum Problem siehe ALEXY (FN 114) 234.

176 BERKA (FN 172) 345 stellt daher zurecht einen Zusammenhang zwischen dem Grundsatz der Verhältnismäßigkeit und der Herausbildung von Ordnungsmodellen her, in deren Rahmen die grundrechtlich geschützten Freiheiten entfaltet werden dürfen. Die damit verbundene Festschreibung des einfachgesetzlich regulierten und sozial eingeübten status quo dürfte BERKA nicht weiter problematisch erscheinen, zumal er (ebd, 346) festhält: „Den verfassungsgesetzlich gewährleisteten Rechten liegen damit bestimmte durch das Grundrecht verbürgte freiheitliche Ordnungen zugrunde. Es sind bestimmte, sachlich strukturierte Lebensbereiche und Zustände, die in der Rechtskonkretisierung zum Tragen kommen." Vorsichtiger argumentiert demgegenüber KARL KORINEK, Entwicklungstendenzen in der Grundrechtsjudikatur des Verfassungsgerichtshofs (1992) 23, der in Anlehnung an den VfGH bloß festhält, die Erwerbsfreiheit „impliziere" die Wettbewerbswirtschaft. Anders als BERKA vermeidet er damit, die institutionelle Ordnung direkt zum grundrechtlichen Schutzgut zu erklären. Es wird sich sogleich zeigen, daß der VfGH hier weniger klar formulierte.

den ließ, *was* denn das Schutzgut des freien Erwerbs sei, entweder die Freiheit, auf jede beliebige Art und Weise Vermögen zu erwerben,[177] oder das volkswirtschaftliche System, das aus dieser Freiheit nicht bloß hervorgeht, sondern von ihr mitunter auch de facto seine systemimmanenten Opfer fordert:[178] „Die Freiheit der Erwerbsausübung, wie sie verfassungsgesetzlich verbürgt ist, hat grundsätzlich einen freien Wettbewerb und damit einen Konkurrenzkampf zur Folge; er ist vom Verfassungsgesetzgeber also mitgedacht und darf sohin von Gesetzes wegen nur aus besonderen Gründen, etwa weil überwiegende volkswirtschaftliche Erwägungen dafür sprechen, unterbunden werden. [...] Das System des freien Wettbewerbes setzt aber voraus, daß schlechter wirtschaftende Betriebe zugunsten der besser wirtschaftenden weichen müssen."[179]

Der Rekurs auf das Ordnungsmodell ermöglicht die Abwägung, weil es ein institutionelles ausgeformtes Schema zur Bewertung von Vor- und Nachteilen zu enthalten verspricht, das in der hypothetischen dyadischen Konstellation von „natürlicher Freiheit" und „öffentlichem Interesse" fehlt. Ein System des freien Wettbewerbs ist, wenn es grundrechtlich verankert ist, mit dem Anspruch verbunden, freies wirtschaftliches Handeln im Rahmen einer bestimmten Ordnung wahrzunehmen, die durch die einfache Gesetzgebung zum Schutz des Grundrechts zwar auszugestalten, dabei aber in seinen Grundzügen auch zu achten ist.[180] Das Ordnungsmodell übergreift damit die Unterscheidung von Eingriffsabwehr und positiven Ansprüchen gegen den Staat (hier in der Form von Schutzpflichten). Es weist über diese Unterscheidung gleichwohl auf eine Art und Weise hinaus, die mit der elementarsten Prämisse der Eingriffsdogmatik vom Ansatz her noch kompatibel ist. Denn die operative Plausibilität des Eingriffsmodells beruht auf der Idee, daß bei einem verfassungswidrigen positiven Tun des Staates stets ein definitives verfassungsmäßiges Gegenteil existiert, nämlich das Unterlassen dieses Tuns.[181] Freilich ist, was als positives oder negatives Verhalten des Staates gilt, davon abhängig, was als die *Normalebene* der grundrechtlichen Gewährleistung zu betrachten ist. Denn in der Tat ließe sich auch die Nichtgewährung von Leistungen „[...] als positives, weil von der definitiven verfassungsrechtlichen Anfor-

177 Siehe zu dieser Umschreibung des Schutzbereichs nur GRABENWARTER (FN 112) 555.

178 Siehe dazu auch LÜBBE-WOLF (FN 95) 234-235.

179 VfSlg 11483/1987. Zur Bedeutung dieser Rechtsprechung siehe nunmehr SCHULEV-STEINDL (FN 112) 21-22. Die ältere Rechtsprechung gab sich in dieser Frage eher gelassen. Die Verfassung gewährleiste nicht die freie Marktwirtschaft. Siehe VfSlg 5831/1968, 5966/1969.

180 Siehe LÜBBE-WOLF (FN 95) 295.

181 Siehe ebd, 226; DIETER GRIMM, Rückkehr zum liberalen Grundrechtsverständnis?, in: ders, Die Zukunft der Verfassung (1991) 221-240, hier: 235-237.

derung abweichendes Verhalten auffassen."[182] Würde die Gesetzgebung nicht dafür Sorge tragen, durch Regulierungen einen freien Wettbewerb zu ermöglichen, würde sie in das Grundrecht auf Erwerbsfreiheit durch ein Unterlassen eingreifen, das sich allerdings mit Blick auf das Ordnungsmodell als Tun darstellt, wenn es von der definitiven verfassungsrechtlichen Anforderung abweicht. Klarerweise wirft diese grundsätzliche Kompatibilität eines Rekurses auf Ordnungsmodelle mit der elementarsten eingriffsdogmatischen Prämisse das Problem auf, der Verfassung ein Übermaß an Bestimmtheit vindizieren zu müssen.[183] Der Rückgriff auf Ordnungsmodelle ließe sich in den eingriffsdogmatischen Kontext nur einfügen, wenn außer Streit stünde, was als die vom Grundrecht geforderte Normalebene der Gewährleistung zu betrachten sei. Bei der Beantwortung dieser Frage würde die grundrechtsdogmatische Güterabwägung aber zum Prototyp politischer Philosophie, weil sie eine Version der sozialen Teilung der Verantwortung zu entwickeln hätte, durch welche die konkrete Ausgestaltung des Ordnungsmodells sich als allgemein akzeptabel darstellen ließe. Angesichts der dabei aufbrechenden Kontingenz würde es jedenfalls nicht ausreichen, einen durch die „baselines"[184] des klassischen Zivilrechts bestimmten Rahmen der Freiheitsrealisierung dem garantierten Schutzbereich nachträglich einzubilden.[185]

An der Problematik wird jedenfalls manifest, daß sich der effektive abwehrrechtliche Schutz nur einer „objektiv-rechtlichen" Funktion der Grundrechte verdanken kann.[186] Was die Grundrechte nach dem Grund-

182 Lübbe-Wolf (FN 95) 227.

183 Siehe generell zu diesem Problem Ernst-Wolfgang Böckenförde, Grundrechte als Grundsatznormen. Zur gegenwärtigen Lage der Grundrechtsdogmatik, in: ders, Staat, Verfassung, Demokratie (1991) 159-199, hier: 196-197.

184 Das Problem, ob sich traditionelle „baselines" wie die Rechtsinstitute des Common Law den grundrechtlichen Schutzbereichen einfach unterschieben lassen, wird in der amerikanischen Verfassungsrechtslehre eingehend diskutiert. Siehe hier nur Cass R. Sunstein, The Partial Constitution (1993) 65 und ausführlich Richard E. Levy, Escaping Lochner's Shadow: Toward a Coherent Jurisprudence of Economic Rights, in: North Carolina Law Review 73 (1995) 329-442, hier: 390-413.

185 Siehe zur Unterscheidung zwischen notwendigen und fakultativen Gesetzesvorbehalten, die vor dem Hintergrund der virtuellen Rechtsgeprägtheit jedes Schutzbereiches wohl näher zu präzisieren wäre, bei Karl Korinek, Gedanken zur Lehre vom Gesetzesvorbehalt bei Grundrechten, in: FS Merkl, hrsg v M. Imboden/F. Koja/R. Marcic/K. Ringhofer/R. Walter (1970) 171-186, hier: 174.

186 Zu deren vielfältigen Formen und Funktionen siehe nur Dieter Grimm, Human Rights and Judicial Review in Germany, in: D. Beatty (ed), Human Rights and Judicial Review. A Comparative Perspective (1994) 267-295, hier: 277-282; Robert Alexy, Grundrechte als subjektive Rechte und als objektive Normen, in: ders, Recht, Vernunft, Diskurs (1994) 262-287, hier: 264-276; Hans D. Jarras, Grundrechte als Wertentscheidungen bzw objektive Prinzipien in der Rechtsprechung des Bundesverfassungsgerichts, in: Archiv des öffentlichen Rechts 110 (1985) 363-397.

satz der Wechselwirkung zwischen Grundrecht und grundrechtseinschränkendem Gesetz[187] der zweckrationalen Verfolgung des öffentlichen Interesses an normativer Resistenz effektiv entgegenzubringen vermögen, läßt sich nur unter Rückgriff auf einen objektiven Grundrechtsgehalt bestimmen, wie er unter anderem in unbestimmten Ordnungsintentionen zum Ausdruck gelangt.[188] Sie zu enthalten, ist der Verfassung zu unterstellen, weil andernfalls die eingriffsorientierte Abwägung über keine Kriterien verfügte, die zumutbare Bestimmtheit des So-Seins und erlaubten Verhaltens von Personen zu bestimmen.[189] Durch den Gebrauch von holistischen Ordnungsmodellen kommen die Umrisse jener stets „rechtsgeprägten"[190] grundrechtskonformen Normallage in den Blick, vor deren Hintergrund sich die zumutbare Belastung von der übermäßigen Einschränkung abscheidet. Wie Berka zutreffend festhält: „Den verfassungsgesetzlich gewährleisteten Rechten liegen damit bestimmte durch das jeweilige Grundrecht verbürgte freiheitliche Ordnungen zugrunde. Es sind bestimmte, sachlich strukturierte Lebensbereiche, die in der Rechtskonkretisierung zum Tragen kommen", also: „je für sich bestehende, durch sachliche Gehalte geprägte Verbürgungen freiheitlicher Ordnungen."[191]

Deswegen trägt die Eingriffsdogmatik auch den Keim der Auflösung ihres Ausschließlichkeitsanspruches in sich, sobald sie die Möglichkeit materiell zulässiger Grundrechtseingriffe konzediert.[192] Aufgrund des Holismus von Ordnungsmodellen kommt bei der Beurteilung des Einzelfalls der grundrechtskonforme Gesamtzustand schemenhaft in den Blick.

---

187 Siehe BVerfGE 7, 198, 205; 6, 32, 41.

188 Siehe Lübbe Wolf (FN 95) 281. Eine ähnliche Einsicht formuliert für das amerikanische Verfassungsrecht Robert C. Post, Constitutional Domains. Democracy, Community, Management (1995) 17.

189 Siehe in diesem Sinne für die aus der Rechtsprechung zu Art 7 B-VG, Art 5 und Art 6 StGG systematisch-induktiv gewonnene Hypothese, die österreichische Bundesverfassung etabliere ein System marktwirtschaftlicher Ordnung, das eine Vielzahl von Unternehmern vorsehe, „[...] denen in Form einer Wettbewerbswirtschaft die Freiheit zur eigenen wirtschaftlichen Disposition zuzukommen hat", bei Karl Korinek, Wirtschaftsordnung und Staatsverfassung. Die ordnungspolitische Bedeutung der verfassungsrechtlichen Grundrechtsjudikatur, in: Die soziale Funktion des Marktes (=FS Klose), hrsg v G. Merk/H. Schambeck/W. Schmitz (1988) 53-63, hier: 61. Siehe auch *ders*, Zur Interpretation von Verfassungsrecht, in: Staatsrecht in Theorie und Praxis (= FS Walter), hrsg v H. Mayer (1991) 363-385, hier: 376. Siehe weiters Schulev-Steindl (FN 112) 23-26.

190 Siehe dazu Peter Lerche, Grundrechtlicher Schutzbereich, Grundrechtsprägung und Grundrechtseingriff, in: J. Isensee/P. Kirchhof (Hrsg), Handbuch des Staatsrechts der Bundesrepublik Deutschland, Bd 2 (1992) 739-773, hier: 745-746 (RZ 10).

191 Berka (FN 172) 341.

192 Siehe Lübbe-Wolf (FN 95) 292-294 FN 232. Für eine ähnliche Beobachtung siehe bereits Suhr (FN 144) 530-531.

Laut BERKA könne die Rechtsprechung daher über eine rationale Grundlage nur verfügen, wenn die verbürgte Freiheit im Kontext konkreter Lebensordnungen inhaltlich gedeutet und bewertet werde.[193] Gegen diese Beobachtung läßt sich kein Einwand erheben. Allerdings wäre nicht unerheblich zu wissen, welches Quantum an institutioneller Konkretheit ein Grundrechtsverständnis in sich aufnehmen dürfte, wenn es sich der „Ineinssetzung von Faktizität und Normativität"[194] verschriebe, ohne dabei Gefahr laufen zu wollen, die unterverfassungsrechtliche Rechtslage im Namen der Verfassung einzufrieren.[195] Denn in letzter Konsequenz wäre nicht nur der demokratischen Gesetzgebung der Gestaltungsspielraum erheblich eingeengt,[196] auch die grundrechtlich geschützte Freiheit selbst wäre in die Schranken der vorhandenen Rechtsinstitute und der auf ihrer Grundlage entfalteten sozialen Praxis gewiesen.[197] Eine solche Fixierung würde dem Sinn der *verfassungsgesetzlich* gewährleisteten Rechte indes nur kaum gerecht.

VIII. Ein Dilemma und drei Auswege

Das traditionelle Eingriffsdenken steht damit *immer schon* vor einem Dilemma.[198] Auf der einen Seite sieht es so aus, als könne die Entscheidungsfindung, um über hinreichend bestimmte Ordnungsmodelle zu verfügen, gar nicht vermeiden, an die unterverfassungsgesetzliche Rechtslage und die aus ihr hervorgehenden sozialen Verhältnisse anzuknüpfen. Man mag daher mit SCHLINK darauf hinweisen, daß die Grundrechte zunächst einmal die bestehenden gesellschaftlichen Verhältnisse schützen. Nicht deren Bestand, sondern deren Veränderung sei der Rechtfertigung bedürftig.[199] Unsere Überlegungen haben gezeigt, daß aufgrund des strukturellen Zusammenhangs von Verallgemeinerung und Abwägung über den einfachen Normenbestandsschutz hinaus ganze Ordnungsmodelle der

193 Siehe BERKA (FN 172) 343-344. Ähnlich schon WENDT (FN 5) 458.

194 SUHR (FN 144) 536.

195 In eben diese Richtung weisen aber wohl die Überlegungen bei KARL WENGER, Grundriß des österreichischen Wirtschaftsrechts, Bd 1 (1989) 117-118, der die Gesetzgebung an das von ihr „vorgefundene" Zivilrecht gebunden wissen will.

196 Siehe demgegenüber KORINEK (FN 189) 62, der meint, daß die lenkende und fördernde Staatsintervention durch das Ordnungsmodell der freien Marktwirtschaft nicht ausgeschlossen werde.

197 Siehe demgemäß zum konservativen Charakter des institutionellen Grundrechtsverständnisses bei SUHR (FN 144) 537.

198 Es handelt sich somit um ein Dilemma, ohne das sich die Eingriffsdogmatik nicht denken ließe. Man ist geneigt, von einem „transzendentalen Dilemma" zu sprechen.

199 Siehe SCHLINK (FN 5) 463.

Verfestigung unterliegen müßten,[200] wenn man sie nur als implizit von der Verfassung vorausgesetzt erachten dürfte.

Vor voreiligen Schlußfolgerungen sollte man sich freilich in Acht nehmen. Der Rekurs auf Ordnungsmodelle entspringt der Notwendigkeit, Abwägungen eine rationale Grundlage zu verschaffen. Von der operativen Unumgänglichkeit eines solchen Rekurses läßt sich nicht umstandslos auf die verfassungsrechtliche Gültigkeit von bestimmten Exemplaren schließen, die sich unter gegenwärtigen Bedingungen gleichsam als „vorgegeben“ aufdrängen mögen.[201] Außerdem verfügen Ordnungsmodelle über einen holistischen Zuschnitt. Als unbestimmtes Ganzes sind sie mehr als ihre relativ bestimmten Teile. Es läßt sich also nicht mit Bestimmtheit angeben, ob ein Element dem Ordnungsmodell notwendig zugehört, weil deren leitende Grundsätze unterschiedlichen Interpretationen zugänglich gemacht werden können, je nachdem, welchem Element man die Rolle eines paradigmatischen Falls zuschreibt.[202] Würde dies ignoriert, liefe man Gefahr, einem „institutionellen Fetischismus“ zu erliegen, der die Variabilität von historischen Manifestationen unterschätzt.[203] Mit dem Rekurs auf Ordnungsmodelle ist also deren geschichtliche Offenheit zur Kenntnis zu nehmen. William Lazonik hat dies am Beispiel „der“ kapitalistischen Wirtschaftsform eindrucksvoll demonstriert.[204]

Damit ist die zweite Seite des Dilemmas verbunden. Um die Höherrangigkeit der Grundrechte im Verhältnis zur unterverfassungsgesetzlichen Rechtslage und der auf ihrer Grundlage sich entfaltenden sozialen Beziehungen zu wahren, dürfte sich keine andere Option bieten, als die Zumutbarkeit von Verzichten und Einschränkungen kontextspezifisch zu bewerten und also nicht vom Ordnungsmodell auf die zumutbare Einschränkung, sondern von der Zumutbarkeit der Beschränkung auf die Ausgewogenheit des Ordnungsmodells zu schließen.[205] Damit würde die

---

200 In diesem Sinne wurden die Institutsgarantien von der Staatsrechtslehre der Weimarer Republik gedeutet. Das Eigentum, das Erbrecht und die Ehe wurden als Grundpfeiler der bürgerlichen Rechts- und Wirtschaftsordnung betrachtet. Siehe dazu die Nachweise bei Lübbe-Wolf (FN 95) 131.

201 Überdies würde der Grundrechtsschutz durch ein Prinzip der Kohärenz verdrängt werden.

202 Siehe dazu vorzugsweise Roberto Mangabeira Unger, The Critical Legal Studies Movement (1986) 56-74.

203 Siehe dazu Roberto Mangabeira Unger, Social Theory: Its Situation and Its Task (1987) 202-202.

204 Siehe William Lazonik, Business Organization and the Myth of the Market Economy (1991).

205 Die Rechtsprechung des VfGH zum Gleichheitssatz dürfte zuweilen genau diesem Muster folgen, wenn sie in spezifischer Weise auf den Grundsatz der Verhältnismäßigkeit rekurriert. Siehe beispielsweise VfSlg 13877/1994.

Güterabwägung aber erst recht zum Prototyp der politischen Philosophie, weil sie dazu aufgerufen wäre, die Form des Ordnungsmodells *konstruktiv* mit (wandelbarem) Inhalt zu erfüllen. Durch dieses konstruktive Moment ist zwar der Weg bezeichnet, auf dem wir soziale Praktiken letztlich voreinander recht-*fertigen*, indem wir nämlich dem Modus, wie in Ordnungsentwürfen die Verantwortung zwischen Gesellschaft und Einzelnem geteilt wird, *vertrauen* und uns, indem wir einander immer schon im voraus verziehen haben,[206] auf historische Experimente einlassen.[207] Dank ihrer institutionellen Dimension kann sich die Verallgemeinerung zuletzt der problemlösenden Kraft der menschlichen *Praxis* überlassen, die Unbestimmtheit sozialer Integration abarbeiten zu können. Allerdings läßt sich damit über die prätendierte Maßgeblichkeit von Ordnungsmodellen, denen Bestimmtheit freilich nur im Prozeß des Abwägens abzugewinnen ist, eine verfassungsrechtlich zufriedenstellende Antwort nicht geben. Und da es zweifelsfrei unjuristisch wäre, eine Abhandlung mit einer Aporie zu beschließen, sei zuletzt an drei Möglichkeiten erinnert, dem skizzierten Dilemma zu entgehen.

Erstens mag man, wie erwähnt, das Ordnungsmodell als von der Verfassung vorausgesetzt ausgeben.[208] Wie Dworkin wiederholt gezeigt hat, stößt man dabei nicht nur auf methodische Schwierigkeiten, das Vorgehen ist auch mit einer gravierenden Inkonsistenz belastet.[209] Mit der Anwendung des Grundsatzes der Verhältnismäßigkeit haben sich Verfassungsgerichte auf ein „moral reading" der Verfassung eingelassen. Sie behandeln die Grundrechte nicht als Merksätze, mit denen der Verfassungsgesetzgeber sein spezifisches Verständnis politischer Forderungen notierte, sondern als Prinzipien, durch deren Gehalt dem Gestaltungsspielraum der einfachen Gesetzgebung Grenzen gezogen werden.[210] Die Annahme eines durch „die" Intention der verfassungsgebenden Versammlung präformierten Grundrechtsschutzes wird damit fallengelassen. Der eingriffsresistente Bereich läßt sich eben erst durch die *bestmögliche moralische Be-*

206 Siehe zu diesem die Moralität transzendierenden Schritt bei G. W. F. Hegel, Phänomenologie des Geistes (1807), hrsg v H.-F. Wessels/H. Clairmont (1988) 441-442.

207 Damit stoßen wir auch auf den elementarsten Zirkel der kritischen Moral. Ordnungsmodelle werden fragwürdig aufgrund des *Leides*, das mit ihnen über die Menschen verhängt wird. Da sie aber der Verallgemeinerung letztlich die Gegenseitigkeit verschaffen, sind legitime Beziehungen nur auf der Basis alternativer Ordnungsmodelle möglich, mit denen ebenfalls zu versuchen ist, die gleichwertige Partizipation an Grundgütern zu sichern.

208 Siehe Wenger (FN 195) 116-119.

209 Siehe bloß Ronald Dworkin, A Matter of Principle (1985) 38-57.

210 Siehe jüngst Ronald Dworkin, The Moral Reading of the Constitution, in: The New York Review of Books, March 21st 1996, 46-50, hier: 47; *ders*, Freedom's Law. The Moral Reading of the American Constitution (1996) 7-8.

gründung im Einzelfall bestimmen.[211] Das Abstellen auf vorgeblich historische Verständnisse würde die – historisch intendierte – Relevanz moralisch guter Gründe aber verfehlen und damit am historischen Sinn der Grundrechte vorbeigehen: „That is a crucial distinction. We are governed by what our lawmakers said – by the principles they laid down – not by any information we might have about how they themselves would have interpreted those principles or applied them in concrete cases."[212]

Zweitens könnte man versucht sein, sich an einer radikal politischen Lesart eines gleichwohl historischen Verständnisses von Ordnungsmodellen zu orientieren.[213] Demnach lassen sich selbst für ein und dasselbe Verfassungsdokument unterschiedliche Verfassungsverständnisse identifizieren, weil der politische Prozeß der (gesamtändernden) Verfassungsgebung auch bei formeller Kontinuität der historisch ersten Verfassung abläuft. Festzumachen sind Akte eines originären „higher lawmaking" im Ergebnis nicht nur an der Verschiebung im Gefüge der Gewalten, sondern auch an der Disruption und Metamorphose von Ordnungsmodellen. Für Ackerman repräsentieren demgemäß nicht nur die Reconstruction Amendments, sondern auch das mit dem New Deal gekommene Ende der Lochner-Ära ein „constitutional moment", in welchem das amerikanische Volk die Bedeutung des „higher law" und damit den Gehalt der in ihm vorgezeichneten Ordnungsmodelle grundlegend veränderte.[214] Die Schwierigkeit,[215] die dieser Vorschlag zur Verfassungsdeutung aufwirft, besteht freilich darin, daß nicht ganz klar ist, wie solche „constitutional moments" adäquat zu beschreiben sind und wie die normative Maßgeblichkeit der politischen Prozesse zu rechtfertigen ist, auf denen sie angeblich beruhen. Allerdings soll damit über die Plausibilität dieses Zugangs zur Verfassungsinterpretation noch kein negatives Urteil gefällt sein.

Drittens könnte man zu einer Möglichkeit greifen, die sich wohl nicht bloß aus Verlegenheit anbietet und künftig einer weiteren Analyse zu unterziehen wäre. Warum sollte die verfassungsgerichtliche Verallgemeinerung sich nicht an dem orientieren, woran jeder Staat sich gebunden hat? Weshalb sollte also ein veranschlagtes Ordnungsmodell nicht daran gemessen werden, ob es den durch die internationalen Menschenrechtserklärungen vorgegebenen Standards genügt? Die verfassungsgerichtliche Güterabwägung könnte sich demgemäß als Beitrag zum internationalen

211 Siehe Dworkin (FN 209) 142-143.

212 Dworkin, Moral Reading (FN 210) 48.

213 Siehe Bruce Ackerman, We The People, vol 1: Foundations (1991) 131-162, 266-294.

214 Siehe Ackerman, ebd, 58-67.

215 Für eine Kritik siehe vorzugsweise Terrance Sandalow, Abstract Democracy: A Review of Ackerman's *We The People*, in: Constitutional Commentary 9 (1992) 309-337.

Menschenrechtsschutz verstehen. Jede Empfehlung, diese Vorgangsweise zu wählen, müßte freilich Vorsicht walten lassen. Denn möglicherweise ist sie deswegen noch nicht in Erwägung gezogen worden, weil Verfassungsgerichte wegen des Gehalts der international geltenden Menschenrechte die Macht hätten, vorfindliche Ordnungsmodelle gravierenden Korrekturen zu unterwerfen oder durch neue zu ersetzen. Wenn man angesichts der notorischen „counter-majoritarian difficulty" meint,[216] die demokratisch legitimierte Gesetzgebung würde damit endgültig durch ein aristokratisches Richterkollegium verdrängt, hätte man wenigstens auf diesem Umweg einen plausiblen Grund dafür gefunden, weshalb Verfassungsgerichte bei der Güterabwägung mit äußerster Zurückhaltung vorgehen sollten.

216 Siehe ALEXANDER BICKEL, The Least Dangerous Branch (1962) 16-26.

Christian Starck

Wahlen im demokratischen Verfassungsstaat

I. Zweck der Wahlen

Wahlen sind eine unverzichtbare Grundbedingung für demokratische Verfassungsstaaten. Die Wahlsysteme, die wir in den einzelnen Demokratien beobachten können, zeigen eine breite Vielfalt mit vielen technischen Details. Wahlrecht ist in hohem Maße technisches Recht. Technik ist, wie auch sonst im Recht, immer nur Mittel zum Zweck. Um den Einsatz von Wahlrecht als Technik und als Instrument steuern und beurteilen zu können, muß man sich zunächst mit dem Zweck von Wahlen vertraut machen. Wahlsysteme sollen die Idee der Demokratie in die Realität umsetzen. Wahlsysteme sind Methoden, Wählerstimmen in Parlamentssitze zu verwandeln.[1] Welches sind die leitenden Gedanken dieses Prozesses? Zweck der Wahlen im demokratischen Verfassungsstaat ist, das Volk zu repräsentieren und zu integrieren sowie die Staatsgewalt zu legitimieren und zu kontrollieren. Welche Mittel eingesetzt werden, um die genannten Zwecke zu erreichen, ist keine ein für alle Male lösbare rechtswissenschaftliche oder politikwissenschaftliche Aufgabe. Denn es kommt entscheidend auf die gesellschaftlichen Verhältnisse an, die obwalten, besonders auf das Ausmaß der sozialen und kulturellen Homogenität der Bevölkerung und auf deren historische Erfahrungen sowie auf deren Mentalitätsstrukturen.

Hinter den verschiedenen Wahlsystemen, die in der Praxis vorkommen, stehen zunächst *Repräsentationsvorstellungen,* die uns hier nur insoweit interessieren, als sie auf der Allgemeinheit und Gleichheit der Wahl basieren, als in den Wahlen mithin eine egalitäre Repräsentation des gesamten Volkes stattfinden kann. Damit entfallen die ständische und jede an irgendeinen Zensus gebundene Repräsentation,[2] die hier außer Betracht bleiben, da sie nicht zum demokratischen Verfassungsstaat passen, um den es hier allein geht.

Demokratie bedarf der Repräsentation. Diese ist die natürliche Form verbandlicher Organisation in einem einwohnerstarken Flächenstaat mit

---

1 VERNON BOGDANOR, in: Bogdanor/Butler (Hrsg), Democracy and Elections (1983) 1.

2 Vgl PETER BADURA, Bonner Kommentar, Zweitbearbeitung des Art. 38 (1966) Rdnr 2-12.

universeller Aufgabenstellung.[3] Was repräsentiert wird, ist das empirische Volk, in dem stets ein Pluralismus von Interessen und von Vorstellungen über die gerechte Ordnung herrscht.[4] Repräsentative Demokratie verlangt daher Mehrheitsentscheidungen.

Wahlen sind Gesamtakte der Repräsentation, die im Rahmen des natürlichen und empirisch stets existierenden Pluralismus ein Mindestmaß an *integrierender Wirkung* entfalten müssen.[5] Diese Integration hat mehrere Stufen. Die Ausdehnung des Wahlrechts auf alle Schichten der Bevölkerung im 19. Jahrhundert und auf die Frauen in der ersten Hälfte des 20. Jahrhunderts hat der Integrationswirkung der politischen Systeme in den einzelnen Staaten gedient. Heute geht es um die Integrationsleistung der Wahlsysteme, die in einem komplexen Zusammenhang verschiedener rechtlicher und tatsächlicher Faktoren wirken, die von Land zu Land verschieden sind. Die in jeder Demokratie wichtige politische Frage lautet[6]: Inwieweit fördert oder hemmt das Wahlsystem die Integration der Wählerschaft und die Bildung eines politisch aktionsfähigen Gemeinwillens in Parlament und Regierung?

RUDOLF SMEND[7] hat 1928 die Wahlen unter dem Gesichtspunkt der Integration wie folgt gekennzeichnet: Es komme darauf an, daß das Wahlrecht zunächst parteibildend und dann mehrheitsbildend wirke und nicht nur vereinzelte Abgeordnete liefere. Die parlamentarische Dialektik müsse eine bestimmte politische Gesamthaltung herbeiführen. Wahlen und Kabinettsbildungen seien politische Synthesen, in denen das Staatsvolk immer wieder von neuem als staatliche Wirklichkeit existent werde. SMEND weist zu Recht darauf hin, daß das Wahlverfahren nicht der einzige Integrationsfaktor sei, vielmehr andere Integrationsfaktoren voraussetze, daß dieses Verfahren aber die abschließende Bedingung darstelle, von der die jeweilige politische Individualität des Volkes bestimmt werde.

Repräsentation und Integration im eben beschriebenen Sinne sind Voraussetzungen für die legitimierende Wirkung von Wahlen. Auf die *Legitimation* der Staatsgewalt durch Wahlen kommt es im demokratischen Verfassungsstaat, in dem alle Staatsgewalt vom Volke ausgeht (zB Art 20 Abs 2 Satz 1 GG), entscheidend an.[8] Die Staatsgewalt wird vom Volke abgelei-

---

3 HANS MEYER, Wahlsystem und Verfassungsordnung (1973) 200.

4 CHRISTIAN STARCK, Der demokratische Verfassungsstaat (1995) 163 f.

5 KARL LÖWENSTEIN, Verfassungslehre, 3. Aufl (1975) 277 ff.

6 DIETER NOHLEN, Wahlrecht und Parteiensystem (1989) 45 f.

7 Verfassung und Verfassungsrecht (1928), in: Smend, Staatsrechtliche Abhandlungen, 2. Aufl (1968) 154 f.

8 KLAUS STERN, Das Staatsrecht der Bundesrepublik Deutschland, Bd I, 2. Aufl (1984) 293 f.

tet und zugleich konkret vermittelt, indem das Volk durch die Wahl die Grundlage für die Konstituierung der obersten politischen Staatsorgane schafft.[9] Die Wahl legitimiert nur, wenn sie als Rechtfertigungsprinzip für die Ausübung von staatlicher Herrschaft von den der Herrschaft Unterworfenen anerkannt wird.[10] Dafür kommt es nicht unwesentlich auf die Ausgestaltung des Wahlrechts an.

Neben der Allgemeinheit und Gleichheit der Wahl, die als Voraussetzungen für Repräsentation und Integration genannt worden sind, bedarf es eines pluralistischen Parteiensystems und entsprechender Kandidaturen, damit der einzelne Wähler eine echte Auswahl hat. Außerdem muß der einzelne Wahlakt geheim stattfinden, damit sich niemand, sei es von privater, sei es von staatlicher Seite, unter Druck gesetzt und in seiner Entscheidungsfreiheit beeinträchtigt fühlt. Die Wahlen als Grundakte der demokratischen Legitimation verlangen schließlich, daß die Regierung, die durch ihre politische Tätigkeit während ihrer Amtsperiode ohnehin, und zwar legitimerweise, starke Wirkungen auf die Meinungs- und Willensbildung der Wähler entfaltet, während des Wahlkampfes nicht noch weitere Vorteile, zB staatliche Mittel zum Zwecke des Wahlkampfes, für sich in Anspruch nimmt.[11] Nur unter diesen Voraussetzungen können Wahlen bezüglich der aus den Wahlen hervorgehenden Mehrheiten legitimierende Funktion haben.[12]

Die Legitimation durch Wahlen muß periodisch erneuert werden, damit sie sich im Laufe der Zeit nicht verflüchtigt. In der periodisch zu erneuernden Legitimation liegt zugleich die *Kontrollfunktion* von Wahlen. James Madison hat das im Federalist (Nr 51) klassisch so beschrieben: „A dependence on the people is no doubt the primary controul on the government." Legitimation also findet durch periodische Kontrolle statt. Damit erweisen sich die periodischen Wahlen zugleich als ein Element der Gewaltenteilung, die nach Madison durch weitere Vorkehrungen ergänzt werden muß: „Experience has taught mankind the necessity of auxiliary precautions".[13] Das ist vor allem die geregelte Verteilung der Macht auf voneinander unabhängige Organe. Der Ausspruch von Madison zeigt deutlich, daß demokratische Wahl nicht die einzige Legitimation der Staatsgewalt ist, sondern daß der Freiheitsschutz hinzukommt, der durch Gewaltenteilung bewerkstelligt wird.

---

9 Starck (FN 4) 165, 177.

10 Gerhard Leibholz, Strukturprobleme der modernen Demokratie, 3. Aufl (1967) 10; Meyer (FN 3) 14.

11 Dazu grundlegend BVerfGE 44, 125, 141.

12 Vgl dazu Löwenstein (FN 5) 274 f.

13 Dazu Alexander Hamilton, The Federalist Nr 9.

Die hier entwickelten verfassungsstaatlichen Zwecke der Wahl – Repräsentation, Integration, Legitimation und Kontrolle – sollen also durch das Wahlsystem verwirklicht werden, das im jeweiligen Staat gilt. Die Wahlsysteme in ihrer Vielzahl stellen zumeist nur Variationen oder Kombinationen von zwei oder drei Grundsystemen dar. Zwei Grundsysteme erkennen wir im Verhältniswahlsystem und im Mehrheitswahlsystem. Da sich dieses danach unterscheiden läßt, ob die relative Mehrheit der Stimmen ausreicht (plurality system) oder die absolute Mehrheit der Stimmen erforderlich ist (majority system), kommt man auf insgesamt drei Grundsysteme.[14] In den beiden folgenden Abschnitten geht es um Konstruktion und Wirkung dieser Grundsysteme.

II. Mehrheitswahlrecht

Beim Mehrheitswahlrecht in seiner reinen Form ist das gesamte Staatsgebiet in annähernd gleich große Wahlkreise eingeteilt, in denen derjenige Kandidat gewählt ist, der die meisten Stimmen erhält. Je nach der Zahl der Kandidaten und je nach dem Ausmaß der Stimmenzersplitterung kann auch schon ein Kandidat die relative Mehrheit erreichen, wenn er etwa 35 % der Stimmen bekommt. Auf die Dauer führt solch ein System jedoch zu einem Zweiparteiensystem; weitere Parteien können sich nur auf der Basis starker regionaler Verankerung halten.

Wird die relative Mehrheit als unzureichend für die Repräsentation angesehen, wird die absolute Mehrheit verlangt. Diese kann für jeden Wahlkreis dadurch sichergestellt werden, daß der Wähler mit einer zweiten Stimme einen Kandidaten weiterer Präferenz für den Fall wählt, daß sich aus allen abgegebenen Erststimmen keine absolute Mehrheit für seinen Kandidaten ergibt (alternative vote system). Oder es findet ein zweiter Wahlgang statt, in dem nur noch die beiden Kandidaten antreten dürfen, die beim ersten Wahlgang die meisten Stimmen erhalten haben.[15] Dieses Wahlsystem führt zumindest im 2. Wahlgang zur Bildung zweier Blöcke. Der Reiz zur Blockbildung besteht aber auch, wenn im zweiten Wahlgang mehr als nur zwei Kandidaten antreten können und die relative Mehrheit genügt.[16] Denn der Verzicht einzelner Kandidaten, im zwei-

---

14 So auch BOGDANOR (FN 1) 1.

15 So § 12 Wahlgesetz für den Reichstag des Deutschen Reiches von 1871; vgl dazu ERNST RUDOLF HUBER, Deutsche Verfassungsgeschichte, Bd 3 (1963) 868 ff.

16 Vgl zB Art 126, 162 Code électoral (Frankreich), danach kann im zweiten Wahlgang jeder Kandidat antreten, der im ersten Wahlgang mindestens 12,5 % der Stimmen erhalten hat; vgl THIERRY S. RENOUX/MICHEL DE VILLIERS, Code Constitutionnel (1994) 758 f.

ten Wahlgang anzutreten, verbunden mit der Empfehlung, einen anderen Kandidaten zu wählen, erhöht dessen Chance durchzudringen.

Im Mehrheitswahlsystem in all seinen Ausgestaltungen wird eine örtliche Repräsentation geschaffen. Im Wahlkampf geht es um die Vorbereitung eines Aktes örtlicher Willensbildung. Dieses Wahlsystem stellt ausschließlich auf die örtliche Mehrheitsbildung ab und kennt keinerlei Ausgleich auf regionaler oder nationaler Ebene. Naturgemäß entsteht eine starke Bindung des Kandidaten an seinen Wahlkreis, der ihm im Konfliktfall wichtiger sein wird als seine Partei. Die streng und ausschließlich örtlich radizierte Repräsentation bewirkt eine große Nähe zu den konkreten Wählern. Aus der Mehrheitswahl gehen nur Parlamentsabgeordnete hervor, für die örtliche Mehrheiten gestimmt haben. Im Mehrheitswahlsystem sind also stets nur (relative) Mehrheiten repräsentationswürdig. Das Mehrheitswahlsystem will das Ganze in jedem einzelnen Wahlkreis repräsentiert sehen. WILLIAM EWART GLADSTONE (1809-1898) hat dazu gesagt: „The principle of parliamentary representation is that we shall recognize each constituency as being in itself an *integer* – as being itself a community – and what we want in this House is to have the prevailing sense of community. We do not want to have represented in miniature particular shades of opinion that at the moment prevail in it, but the sense of the majority, which represents the whole community, because the community is, in the spirit and sense of the constitution, recognized as being in itself an integral quantity.“[17]

Denkt man Demokratie vom Wahlkreis aus, von den in ihm zusammengeschlossenen konkreten Wählern, so ist die Mehrheitswahl geeignet zur Repräsentation und Integration der Bevölkerung und zur Legitimation der Staatsgewalt.[18] Im Deutschen Reich galt seit 1871 das Mehrheitswahlrecht in Wahlkreisen von durchschnittlich je 100.000 Einwohnern, die mit absoluter Mehrheit (evtl erst in einem zweiten Wahlgang) einen Abgeordneten wählten.[19] In Großbritannien wurden 1885 durch Wahlreform die Einerwahlkreise eingeführt, in denen ein Abgeordneter mit relativer Mehrheit gewählt wurde.[20] Dieses Wahlsystem gilt dort noch heute. Es verhindert die Wahl von Extremisten ins Parlament; allenfalls regionale Probleme, wie sie seit langem in Nordirland bestehen, können zum Einzug von Extremisten führen, wenn einzelne Wahlkreise einen Extremisten wählen. Eine landesweite Repräsentation von Extremisten im

---

17 Zitiert nach GEORGE HORWILL, Proportional Representation its Dangers and Defects (1925) 113.

18 BOGDANOR (FN 1) 3.

19 PAUL LABAND, Das Staatsrecht des Deutschen Reiches, I. Bd (1876) 545 f.

20 JULIUS HATSCHEK, Englisches Staatsrecht, Bd I (1905) 294 ff.

Parlament ist durch die ausschließlich örtliche Mehrheitsfindung so gut wie ausgeschlossen. Aber auch Parteien mit sektoralen politischen Interessen und neu gegründete Richtungsparteien haben keine Chance, Abgeordnetenmandate zu erringen.

Die Frage ist, wie sich dieses Wahlsystem auf die Integration der Bevölkerung und auf die Legitimation der Staatsgewalt auswirkt. In einem Staat, in dem die Mehrheitswahl traditionell etabliert ist, wirkt sie auf die Mentalität der Bevölkerung, die mehrheitlich kein Interesse an der parlamentarischen Repräsentation kleiner oder neu aufkommender politischer Gruppierungen hat. Höchstwahrscheinlich wird solchen Gruppen überhaupt die Fähigkeit abgesprochen, die Allgemeinheit zu repräsentieren. Das Parlament soll nicht Spiegelbild aller in der Bevölkerung vorhandenen Differenzierungen sein, sondern in der Lage sein, aus der Uneinheitlichkeit Einigkeit zu schaffen.[21] Das Mehrheitswahlsystem setzt ein hohes Maß an Konsens in der Gesellschaft voraus und hilft, diesen Konsens immer wieder zu bestärken. Soweit das Fehlen von Minderheitsrepräsentation als Mangel betrachtet wird, wird dieser kompensiert durch den Vorteil, daß nach den Wahlen normalerweise keine Koalitionsverhandlungen erforderlich sind, sondern in aller Regel die Mehrheit für die Regierung feststeht. Das Wahlverfahren, auf das sich jedermann einstellen kann, ergibt unmittelbar eine Mehrheit, die während der Wahlperiode die notwendigen staatlichen Entscheidungen treffen kann.

Gegen die auf die einzelnen Wahlkreise bezogene Repräsentation wird mit der umfassenden und zentralen Aufgabenstellung der Staatsgewalt im Flächenstaat argumentiert, die ein entsprechendes landesweites Repräsentationsverfahren fordere. Dieses liefe auf Verhältniswahl hinaus. Ferdinand Hermens hat demgegenüber zutreffend darauf aufmerksam gemacht, daß das auf den Wahlkreis konzentrierte Mehrheitswahlsystem durch die zentralstaatliche Organisation der Parteien ein die ganze Nation umspannendes Plebiszit ermögliche.[22] So wird die örtliche Repräsentation nicht mehr ohne Rücksicht auf die Programme und Aktivitäten der Parteien verwirklicht, für die die Wahlkreiskandidaten in aller Regel auftreten. Unter diesem neuen Gesichtspunkt entsteht freilich die Frage, ob in der Wählerschaft die Zustimmung zur Wahlkreisrepräsentation erhalten bleibt oder ob der zentralstaatliche Gesichtspunkt der Repräsentation überwiegt. Sollte die Entwicklung in diese Richtung gehen,[23] dürfte das

21 So die Formulierung von Ferdinand A. Hermens, Demokratie oder Anarchie?, Untersuchung über die Verhältniswahl, 2. Aufl (1968) 4.

22 Hermens (FN 21) 70.

23 Vgl den Entwurf „The Constitution of the United Kingdom", veröffentlicht durch das Institute for Public Policy Research, London 1991; dazu Christian Starck, Eine Verfassung für das Vereinigte Königreich?, in: AöR 119 (1994) 625, 635.

Mehrheitswahlrecht seine Eigenschaft verlieren, die staatliche Herrschaft zu legitimieren. Es müßte geändert werden, was nicht unbedingt zur Einführung des Verhältniswahlrechts führen müßte. Darauf ist unter IV zurückzukommen.

III. Verhältniswahlrecht

1. Reine Form des Verhältniswahlrechts

Das Verhältniswahlrecht in seiner reinen Form verlangt die Aufstellung von Wahlvorschlägen (Listen) durch die Parteien, für die die Wähler stimmen. Die Parlamentssitze werden dann proportional auf die Listen verteilt. Das Parlament ist ein verkleinertes Spiegelbild der in der Wahl zum Ausdruck gebrachten Mehrheitsverhältnisse. Eine Partei ist im Parlament vertreten, sobald sie so viele Stimmen erlangt, wie für ein Mandat erforderlich sind. Das ist der Quotient aus der Zahl der abgegebenen gültigen Stimmen und der Parlamentssitze. Wird die Verteilung der Mandate nicht landesweit, sondern innerhalb von Regionen oder von großen Wahlkreisen vorgenommen, so verschlechtert dieses Verteilungssystem die Chancen von Splitterparteien, Mandate zu erringen. Denn sie müssen im einzelnen Wahlkreis mindestens so viele Stimmen bekommen, wie für einen Sitz ausreichen; es sei denn, daß ein Ausgleich zwischen den Wahlkreisen vorgesehen ist. So war das Deutsche Reich[24] nach dem Wahlgesetz von 1920[25] in 35 Wahlkreise eingeteilt. Jedem Wahlkreisvorschlag (Liste) wurden so viele Abgeordnetensitze zugeteilt, daß je einer auf 60.000 für ihn abgegebene Stimmen kam. Reststimmen wurden dann allerdings in Wahlkreisverbänden und, was dann noch übrigblieb, auf Reichsebene verrechnet. Das Ergebnis war der reine Reichsproporz.

Das reine Verhältniswahlsystem führt zu einer starken Parteienzersplitterung und erschwert die Mehrheitsbildung im Parlament. Gleichwohl wird es von manchen Autoren als das demokratische Wahlsystem par excellence angesehen, weil es die politischen Vorstellungen in der Bevölkerung getreulich spiegele. John Stuart Mill nannte das Verhältniswahlsystem einen der allergrößten Fortschritte, die in der Theorie und Praxis des Staates je gemacht worden seien.[26] Die Anhänger des reinen Verhältniswahlsystems betrachten die Wahlen nicht von ihrem Ziel her, ein funktionsfähiges Parlament hervorzubringen, sondern aus der indivi-

---

24 Art 22 Abs 1 Satz I WRV schrieb die Grundsätze der Verhältniswahl für den Reichstag vor; entsprechend Art 17 Abs 1 WRV für die Landtage.

25 §§ 7, 30 ff Reichswahlgesetz v 27. 4. 1920, RGBl 627.

26 Zitiert nach Carl J. Friedrich, Der Verfassungsstaat der Neuzeit (1953) 320.

dualistischen Perspektive einer möglichst genauen Repräsentation der verschiedenen politischen Strömungen, die durch den Wahlakt rechnerisch offengelegt werden. Der Wahlakt selbst integriert also noch nicht, sondern stellt die verschiedenen Strömungen und Gegensätze bis ins kleinste dar. Die Integrationsleistung muß erst in der parlamentarischen Beratung erbracht werden, und zwar vor allem durch Koalitionsbildung.

Das Verhältniswahlrecht hat einen großen Einfluß auf die Parteienstruktur. Die Parteien werden gestärkt.[27] Die Verlagerung der Willensbildung aus dem örtlichen Wahlkreis auf die zentrale Ebene entmachtet die örtliche Wählerschaft, die über die örtliche Integration nicht mehr selbst entscheiden kann. Das Verhältniswahlsystem begünstigt darüber hinaus negative Wirkungen von Splitterparteien und extremistischen Parteien, die überhaupt erst durch das Verhältniswahlsystem in Genuß von Mandaten kommen; diese versprechen sich keine Vorteile, wenn sie sich positiv an der Gewinnung von Entscheidungen beteiligen, also integrierend wirken. Das Verhältniswahlrecht erstreckt also seine Integrationsschwäche auf das parlamentarische Leben. FERDINAND HERMENS hat in umfangreichen Studien eindringlich nachgewiesen,[28] daß das reine Verhältniswahlrecht in den 20er Jahren dieses Jahrhunderts die Parteien radikalisiert und die Demokratie unterhöhlt habe. In Italien habe die Verhältniswahl zum Sieg des Faschismus geführt. In Deutschland habe das Verhältniswahlsystem zunächst den Kommunisten den Weg freigegeben und die demokratischen Parteien in ihrem Wesen verändert, dh bürokratisiert und entvitalisiert sowie deren doktrinäre Erstarrung gefördert. Ohne diese Voraussetzungen hätte die HITLER-Partei niemals Erfolge erzielen können. Man muß freilich in Betracht ziehen, daß das Verhältniswahlsystem nur eine von mehreren Voraussetzungen war, die den Aufstieg der nationalsozialistischen Partei begünstigten.

2. Bundesrepublik Deutschland

Aus dieser Lehre der Geschichte sind in Westdeutschland nach dem 2. Weltkrieg Folgerungen gezogen worden. Das Verhältniswahlsystem ist in Deutschland in zwei wesentlichen Punkten geändert worden.[29]

Ohne daß in der Regel das Ergebnis der Verhältniswahl, dh die parteipolitische Zusammensetzung des Bundestages verändert wird, ist jene mit einer *„vorgeschalteten" Mehrheitswahl* verknüpft. Dies wird dadurch

---

27 SMEND (FN 7) 62, 65; FRIEDRICH (FN 26) 341.

28 HERMENS (FN 21) 13 ff, 120 ff, 161 ff.

29 Zur Entwicklung des Bundestagswahlrechts von 1949 bis 1956 vgl STERN (FN 8) 302.

bewerkstelligt, daß jeder Wähler zwei Stimmen hat. Nach dem Bundeswahlgesetz[30] wird die Hälfte der Bundestagsabgeordneten in den 328 Wahlkreisen, in die die Bundesrepublik eingeteilt ist, mit der ersten Stimme nach Grundsätzen der Mehrheitswahl direkt gewählt. Danach ist im Wahlkreis gewählt, wer die meisten Stimmen erhält; eine absolute Mehrheit der Stimmen ist nicht erforderlich. Die andere Hälfte der Bundestagsabgeordneten wird wie folgt ermittelt: Das Ergebnis der Zweitstimmen für die von den Parteien aufgestellten Landeslisten bestimmt die Gesamtzahl der Abgeordneten, die auf die jeweilige Liste entfällt. Von der für jede Landesliste so ermittelten Abgeordnetenzahl wird die Zahl der von der Partei in den Wahlkreisen errungenen Sitze abgezogen. Die verbleibenden Sitze erhalten die auf der Landesliste placierten Kandidaten in der Reihenfolge ihrer Placierung. Der Proporz der Parteien im Bundestag ergibt sich aus ihrem Anteil an Zweitstimmen, damit werden die direkt gewählten Kandidaten der jeweiligen Partei verrechnet. Es liegt also im Ergebnis ein reines Verhältniswahlrecht vor, in das ein relatives Mehrheitswahlrecht verfahrensmäßig so eingebaut ist, daß die Hälfte der Abgeordneten in Wahlkreisen direkt gewählt wird. Dieses System bewirkt eine gewisse Anbindung der direkt gewählten Abgeordneten an den Wahlkreis. Soweit eine Partei mehr direkt gewählte Mandate erhält, als ihr nach dem Ergebnis der Zweitstimmen zustehen, behält sie diese Mandate, was zu sog Überhangmandaten führt, durch die das Verhältniswahlsystem im Ergebnis geringfügig zugunsten des Prinzips der Mehrheitswahl eingeschränkt wird.[31]

Parteien, die weniger als 5 % der Zweitstimmen erhalten oder nicht mindestens drei Direktmandate erreichen, werden an der Mandatsvergabe nicht beteiligt.[32] Dadurch erhöht sich anteilig die Zahl der Mandate derjenigen Parteien, die im Bundestag vertreten sind. – Die *sog 5 %-Klausel* hat wesentlich zur Stabilisierung des Regierungssystems der Bundesrepublik beigetragen. Das Bundesverfassungsgericht hat die 5 %-Klausel, die die Gleichheit des Erfolgswertes der einzelnen Stimme einschränkt, für vereinbar mit dem Grundsatz der Gleichheit der Wahl (Art 38 Abs 1 Satz 1 GG) erklärt; denn sie begünstige die Entstehung gesicherter Mehrheitsverhältnisse im Parlament und die Bildung einer aktionsfähigen Regierung.[33] Das Gericht argumentierte auf Grund der Repräsentationsidee

30 Vgl §§ 4-7 BWahlG.

31 Vgl dazu mit weiteren Hinweisen Hans-Jürgen Papier, Überhangmandate und Verfassungsrecht, in: Juristenzeitung 1996, 265 ff; Christian Starck, Die Vergrößerung der Mehrheit durch Überhangmandate, in: Frankfurter Allgemeine Zeitung v 15. 11. 1994/Nr 266, 15.

32 § 6 Abs 6 BWahlG.

33 BVerfGE 6, 84, 89 ff; 51, 222, 234 ff.

wie folgt:[34] Die Wahl habe nicht nur das Ziel, den politischen Willen der Wähler als Einzelner zur Geltung zu bringen, also eine Volksrepräsentation zu schaffen, die ein Spiegelbild der im Volk vorhandenen Meinungen darstelle, sondern solle auch ein Parlament als funktionsfähiges Staatsorgan hervorbringen.

Das in das Verhältniswahlsystem eingebaute Mehrheitswahlrecht und die 5 %-Klausel entfalten Wirkungen, die denen des Mehrheitswahlrechts nahekommen: Wahlkreisrepräsentation und Ausschluß von Splitterparteien. Festzuhalten bleibt jedoch, daß auch typische Wirkungen des Verhältniswahlrechts erhalten bleiben, vor allem die Notwendigkeit von Koalitionsbildungen und die Stärkung der Parteienherrschaft. Da es Landeslisten gibt, auf denen Direktkandidaten abgesichert werden können, haben die Parteien großen Einfluß auf die personelle Zusammensetzung des Parlaments.

3. Österreich

Nach Art 26 Abs 1 Österr B-VG wird der Nationalrat „nach den Grundsätzen der Verhältniswahl gewählt". Diese Klausel ist in Österreich immer so verstanden worden, daß verfassungsrechtlich kein reines Verhältniswahlsystem gefordert wird.[35] Das österreichische Bundesgebiet wird in 9 Landeswahlkreise eingeteilt, die mit den 9 Bundesländern identisch sind.[36] Die 183 Mandate des österreichischen Nationalrates (§ 1 Abs 1 NRWO) werden auf der Grundlage der Zahl der Bundesbürger (nicht der Wahlberechtigten!) nach dem Hare'schen Verhältnissystem (§ 4 Abs 3, 4 NRWO) auf die Landeswahlkreise verteilt, die wiederum in Regionalwahlkreise aufgeteilt sind.

Jeder Wähler hat eine Stimme: Er kreuzt entweder eine Parteiliste an (§ 78 NRWO) und wählt damit die Liste in der von der Partei festgelegten Reihenfolge, oder er kann zusätzlich den Namen eines Bewerbers der von ihm gewählten Parteiliste eintragen (§ 79 NRWO). Die von jeder Partei gewonnenen Sitze werden in einem dreistufigen Verfahren ermittelt:

Regionalebene: Jede Parteiliste erhält im Regionalwahlkreis so viele Mandate, wie der Quotient aus der Zahl der insgesamt abgegebenen Stim-

34 BVerfGE 6, 84, 92.

35 Vgl Günther Winkler, Stellungnahme zur geplanten Novellierung der burgenländischen Landtagswahlordnung, in: Peter Oberndorfer/Peter Pernthaler/Günther Winkler, Verhältniswahlrecht als Verfassungsgrundsatz (1976) 103 (114 ff); Robert Walter/Heinz Mayer, Grundriß des österreichischen Bundesverfassungsrechts, 8. Aufl (1996) RZ 312; Theo Öhlinger, Verfassungsrecht, 2. Aufl (1995) 141 ff, auch zum folgenden.

36 § 2 Nationalrats-Wahlordnung (NRWO).

men und der Zahl der zu vergebenden Mandate (= Wahlzahl) in der Summe der für sie abgegebenen Stimmen enthalten ist (§ 96 Abs 2, § 97 NRWO). Damit ist der größte Teil der Mandate vergeben.

Landesebene: Bei der Teilung der für eine Parteiliste abgegebenen Stimmen durch die Wahlzahl bleiben Stimmen übrig. An der Verteilung dieser Reststimmen auf Landesebene nehmen nur diejenigen Parteien teil, die zumindest in einem Regionalwahlkreis ein Mandat oder im gesamten Bundesgebiet 4 % der abgegebenen gültigen Stimmen erzielt haben. Jede Partei erhält so viele Mandate von den im Landeswahlkreis zu vergebenden, wie die Wahlzahl in der Zahl der für sie abgegebenen Stimmen enthalten ist; davon abgezogen werden die ihr auf Regionalebene bereits zugeteilten Mandate (§ 101 NRWO).

Auf *Bundesebene* findet schließlich ein Proportionalausgleich statt, an dem diejenigen Parteien teilnehmen, die einen Bundeswahlvorschlag eingereicht haben und die beim Landesausgleich nicht ausgeschlossen waren.

Diese österreichische Ausgestaltung des Verhältniswahlsystems führt im Ergebnis ebenso wie die deutsche zu einer Verdrängung von Splitterparteien. Dafür sind die Grundmandatsklausel auf der Ebene der 43 Regionalwahlkreise und die 4 %-Klausel auf Bundesebene ausschlaggebend.

IV. Reform des Wahlrechts

Das in einem Staat geltende Wahlrecht verbindet auf je besondere Weise das Staatsvolk mit dem Parlament. Nach deutschem und österreichischem Verfassungsrecht übt das souveräne Volk im Wahlakt Staatsgewalt aus, durch die in der Regel alle vier Jahre der Bundestag bzw der Nationalrat konstituiert wird. Die oben dargestellten vierfachen Zwecke der Wahl, die im Bewußtsein der Bevölkerung verwurzelt sein müssen und an die sie glauben muß, verlangen Kontinuität des Wahlrechts und verbieten eine leichtfertige Änderung des Wahlsystems.

Jedoch, Wahlrechtsreformen hat es immer wieder gegeben und werden immer wieder erörtert. Dabei ist ein gewisser Hang zum Verhältniswahlsystem zu beobachten, worin sich individualistische Tendenzen in der Gesellschaft spiegeln. Das Wahlrecht wird häufig dann geändert, wenn das Regierungssystem in eine Krise gerät oder wenn die ganze Staatsordnung umgewälzt wird.

In Deutschland waren Änderungen des Wahlsystems immer mit Umbruch und Neubeginn verknüpft. Das Deutsche Reich begann 1871 und dessen Vorläufer, der Norddeutsche Bund, 1867 mit dem damals modernsten Wahlrecht auf der Grundlage des Mehrheitswahlsystems.[37] Beim Übergang zur Demokratie 1919 wurden in Deutschland ebenso wie in Österreich das reine Verhältniswahlsystem, das als besonders demokratisch galt, zusammen mit dem Frauenwahlrecht eingeführt;[38] das Verhältniswahlrecht wurde gerühmt, weil das Verfahren ehrlich und das Ergebnis gerecht sei und weil es die „Überzeugungswahl" begünstige.[39] 1949 wurde das geschilderte doppelt modifizierte Verhältniswahlrecht eingeführt, was Splitterparteien verdrängte oder gar nicht aufkommen ließ und bis heute stabile Regierungsmehrheiten ermöglichte. Wahlrechtsänderungen, die zu einem Zweiparteiensystem hätten führen können, wurden in Deutschland in den 60er Jahren erörtert, aber nicht realisiert. Es ging vor allem um das sog. Dreierwahlkreissystem, in dem in einem Wahlkreis drei Kandidaten nach dem System D'HONDT ermittelt werden. Das Grundgesetz ist nicht auf das Verhältniswahlrecht festgelegt; es könnte auch eine Form des Mehrheitswahlrechts eingeführt werden.[40] Gleichwohl gibt es verfassungs*politische* Argumente gegen die Einführung des Mehrheitswahlrechts. Die kleineren Parteien, die FDP und die Grünen, würden nicht mehr im Bundestag vertreten sein. Die Deutschen sind an Koalitionen gewöhnt und schätzen sie; sie sehen darin eine Art parteipolitischer Gewaltenteilung auf Regierungsebene. Integration soll also nur in geringem Maße im Wahlkreis oder überhaupt bei der Wahl, sondern hauptsächlich bei Koalitionsverhandlungen und bei den einzelnen Parlaments- bzw Regierungsentscheidungen stattfinden.[41] Diese abgestufte Integration scheint in Deutschland ein entscheidender Gesichtspunkt der demokratischen Legitimation der Staatsgewalt zu sein.

In Großbritannien werden seit 1884 in Einerwahlkreisen die Abgeordneten mit relativer Mehrheit gewählt. Dieses Wahlsystem, das Parteien, die ein Viertel der Stimmen erlangen, auf knapp 4 % der Mandate beschränkt,[42] scheint in Großbritannien in weiten Kreisen der Bevölkerung

---

37 Diesen Standard erreichte die österreichische Hälfte der österr-ungarischen Monarchie erst durch die BECK'sche Wahlrechtsreform von 1907.

38 Nach Art 22 Abs 1 WRV wurden „die Abgeordneten nach Grundsätzen der Verhältniswahl gewählt". Entsprechendes galt für die Volksvertretungen in den Ländern (Art 17 Abs 1 Satz 2 WRV).

39 Vgl ERNST-RUDOLF HUBER, Deutsche Verfassungsgeschichte, Bd 7 (1990) 352.

40 HERMANN V. MANGOLDT, Das Bonner Grundgesetz (1953) 232; so herrschende Meinung, vgl STERN (FN 8) 299 f; aA MEYER (FN 3) 221 im Hinblick auf das Gebot der Gleichheit der Wahl.

41 Ähnliche Argumente bei GÜNTER DÜRIG, Sondervotum, in: Zur Neugestaltung des Bundestagswahlrechts, Bericht des vom Bundesminister des Innern eingesetzten Beirats für Fragen der Wahlrechtsreform (1968) 57 ff.

42 Die Allianzparteien, Liberale und SDP, erhielten 1983 zusammen 25,4 % der Stimmen und 3,5 % der Mandate und 1987 22,4 % bzw 3,4 %, zitiert nach NOHLEN (FN 6) 160.

unangefochten zu sein und für legitim gehalten zu werden. Das ist nur verständlich, wenn die Wähler vom Wahlkreis aus denken, wo die relativen Mehrheiten zustande kommen, denen dann zusammengenommen die Repräsentation der Bevölkerung im Parlament zusteht. Reforminitiativen scheiterten bisher.

Die *Hansard Society for Parliamentary Government* hat in ihrem Bericht vom Juni 1976 ein Wahlsystem vorgeschlagen, nach dem neben den Wahlkreisabgeordneten zusätzliche Mitglieder des Parlaments nach dem Verhältnissystem gewählt werden.[43] Im Zusammenhang mit dem Vorschlag des *Institute for Public Policy Research,* eine geschriebene Verfassung nach kontinentalem Vorbild einzuführen, ist in jüngster Zeit auch wieder die Änderung des Wahlsystems vorgeschlagen worden.[44] Man fragt sich: ohne jede Aussicht auf Erfolg? Die Konservativen sind gegen die Abschaffung des Mehrheitswahlsystems, das sie begünstigt. Von Labour hat man nichts Gegenteiliges gehört.[45]

Sollte jedoch in naher Zukunft einmal das Ergebnis der Unterhauswahl darauf hinauslaufen, daß weder die Konservativen noch Labour die Mehrheit der Mandate haben, so stünde das Ergebnis der Wahl im Gegensatz zum britischen Demokratieverständnis, das von dem Prinzip der majority rule getragen ist. Wenn das Wahlsystem keine Mehrheit einer Partei mehr hervorbringt, ist der Zeitpunkt für eine Reform gegeben. Das mag theoretisch klingen. Da nach solch einem Wahlausgang aber die Allianzparteien, die Liberalen und die SDP, das Zünglein an der Waage bilden werden, so wird dieses Zünglein, das eine erhebliche Stimmenzahl im Rücken hat, die Änderung des Wahlsystems zur Koalitionsbedingung machen. Die Briten werden dann entscheiden müssen, in welcher Weise sie das Wahlsystem ändern. Aber auch wenn Labour bei einer Wahl die Mehrheit erringt, könnte das Interesse aufkommen, das Wahlrecht zu ändern, sollte sich Labour auf Dauer der Allianzparteien als Koalitionspartner sicher sein und damit eine größere Chance gewinnen, für längere Zeit an die Regierung zu kommen.

Der Verfassungsentwurf des *Institute for Public Policy Research* von 1991 sieht für die Wahl beider Häuser des Parlaments Formen proportionaler Repräsentation vor: Nur noch die Hälfte der Mitglieder des House of Commons wird in vergrößerten Wahlkreisen nach dem relativen Mehrheitswahlrecht gewählt (Schedule 3 Part 1 Art 1). Die andere Hälfte der Sitze wird den Parteien im Verhältnis der Stimmen zugeteilt, die sie in-

---

43 Vgl Bogdanor (FN 1) 13.

44 Vgl oben den in FN 20 zitierten Entwurf.

45 Vgl jedoch den in der Labour Party selbst umstrittenen Plant Report (1993); dazu neuerdings die Artikel in: representation, vol 33, no 2 (1995).

nerhalb jeder Nation oder Region erhalten haben, soweit sie die 5 %-Hürde überschritten haben (Schedule 3 Part 2 Art 1). Bei den Verfassern des Entwurfs besteht eine gewisse Abneigung gegen Listen.[46] Es wird vorgeschlagen, daß die nicht erfolgreichen Wahlkreiskandidaten mit klarer Parteibindung in der Reihenfolge der Anzahl der Stimmen, die auf sie entfallen sind, die den einzelnen Parteien zustehende zweite Hälfte der Parlamentssitze zugeteilt bekommen.

Dieses Wahlsystem verbindet Mehrheits- und Verhältniswahl je zur Hälfte, es bevorzugt Wahlkreiskandidaten auch für die proportionale Besetzung der zweiten Hälfte der Parlamentssitze. Ein vollständiger Bruch mit dem derzeitigen britischen Wahlsystem würde vermieden. Die Repräsentation der britischen Wählerschaft würde ohne Zweifel differenzierter. Die Integrationskraft des Wahlaktes selbst bliebe hinter derjenigen des derzeitigen Wahlsystems zurück und müßte zT in Parteikoalitionen nachgeholt werden. Die Kontrollfunktion der Wahl wäre schwächer, weil es nicht mehr so einfach wäre, die regierende Partei durch die Oppositionspartei zu ersetzen. Denn bei Koalitionsverhandlungen nach der Wahl könnten sich Konstellationen ergeben, die die „geschlagene“ Partei wieder an die Regierung brächten. Je nachdem, wie die britische Bevölkerung die veränderte Integrationsfunktion und Kontrollfunktion des Wahlsystems – etwa im Blick auf das Wahlrecht in den meisten Staaten der Europäischen Union – beurteilt, wirkt sich das auf die legitimierende Kraft eines reformierten Wahlsystems aus.

Eine andere Möglichkeit der Wahlrechtsreform wäre, die Zahl der Wahlkreise auf ein Drittel oder ein Viertel zu reduzieren, sie damit entsprechend zu vergrößern und in jedem Wahlkreis drei bzw vier Abgeordnete zu wählen (multi-member constituencies). Das wäre eine Form des Mehrheitswahlrechts, die noch die Örtlichkeit der Entscheidung zugrundelegt, aber in gewissem Ausmaß auch einen Proporz einführte und damit eine Minderheitsrepräsentation ermöglichte,[47] die aber schwächer wäre als in dem zuvor behandelten Reformvorschlag.

Die Vorschläge müssen unter dem Gesichtspunkt der Zwecke von Wahlen beurteilt werden, wobei die britische Wahlrechtstradition zu beachten ist.[48] Denkt der britische Wähler weiter vom Wahlkreis aus, der im Unterhaus zu repräsentieren ist, so fragt sich, ob der Wahlkreis in Zukunft nicht besser pluralistisch repräsentiert werden sollte. Solch eine Repräsentation könnte dergestalt bewirkt werden, daß jeder Wahlkreis nach Proporzgesichtspunkten drei Abgeordnete ins Unterhaus entsendet.

---

46 Vgl Entwurf (FN 23) 60, 61.

47 Vgl Bogdanor (FN 1) 7.

48 Vgl Bogdanor (FN 1) 7.

Ein Proporz könnte dadurch bewirkt werden, daß die drei Kandidaten gewählt sind, die die meisten Stimmen erhalten haben. Ein Proporz nach dem Verhältniswahlsystem würde allerdings Listen mit mindestens zwei Kandidaten voraussetzen; denn es ist nicht auszuschließen, daß die stärkste Partei nach Proporzgesichtspunkten Anrecht auf zwei Abgeordnete hat. Der Gedanke der pluralistischen Repräsentation jedes Wahlkreises müßte etwas Verlockendes an sich haben. Denn die Entscheidung liegt allein im Wahlkreis; es bedarf keiner langen unübersichtlichen Listen, die von der Partei für Regionen bzw Nationen aufgestellt werden.

Beide Vorschläge treffen sich insofern, als der Vorschlag des Instituts die den Listen zustehenden Sitze mit Wahlkreiskandidaten besetzen will, die nicht direkt gewählt worden sind. Wie man sieht, gibt es Reformvorschläge, die das britische Wahlsystem, das auf den Wahlkreis bezogen ist, respektieren, zugleich aber eine fairere Repräsentation ermöglichen. Es ist allein eine Frage der Legitimitätsvorstellungen der britischen Bevölkerung, ob und gegebenenfalls wie das britische Wahlsystem reformiert wird. Selbstverständlich beeinflußt das Verhalten der politischen Parteien die Auffassungen in der Bevölkerung.

Eric Stein [1]

Thinking about multiple transformations and new constitutional order

I. The priorities

It has become a cliché in the literature on contemporary Central-Eastern Europe to expatiate upon the uniqueness of the simultaneous transformations at the societal, political and economic levels. In fact, no precedent or theory exist for a transition from a Communist regime to a free market democracy. One scholar saw as the closest parallel natural or man-made disasters: floods, earthquakes, famines, or wars.[2] In contrast with unitary states such as Poland and Hungary, the political transformation in the Czech-Slovak federation was greatly complicated by still another „transformation" directed at the form of coexistence between the two peoples and ultimately by the painful process of dividing the state into two independent entities.

The necessary interaction between the political and economic transformation processes raised questions of priorities in the allocation of resources. Some writers thought that in Eastern Europe political democracy and constitution writing should precede, and provide conditions for, the establishment of the free market. Others argued that a certain level of economic stability was an indispensable precondition for democ-

1 HESSEL E. YNTEMA Professor of Law Emeritus, University of Michigan Law School, J.D., JUDr., Dr. hc mult Copyright © 1997 ERIC STEIN. This essay is based on my book entitled Czecho/Slovakia : Ethnic Conflict, Constitutional Fissure, Negotiated Breakup, University of Michigan Press, Ann Arbor (Michigan 1997).

2 MICHAEL MANDELBAUM, „Introduction" in Shafigul Islam/Michael Mandelbaum (eds), Making Markets – Economic Transformation in Eastern Europe and Post-Soviet States 1 (Council on Foreign Relations, New York 1993). See generally JAMES E. BROWN, Hopes and Shadows – Eastern Europe After Communism (Duke University Press, Durham 1994); GEORG BRUNNER, Politischer Systemwandel und Verfassungsreformen in Osteuropa (Verlag Josef Eul, Bergisch Gladbach/Köln 1990); CHRISTOPHER G. A. BRYANT/ EDMUND MOKRZYCKI (eds), The New Great Transformation? Change and Continuity in East-Central Europe (Routledge, London/New York, 1994); ROBERT A. DAHL, Democracy and Its Critics (Yale Univ Press, New Haven/London 1989) sees two historical transformations toward democracy: the birth of democratic city states in ancient Greece and of Rome and the emergence of large scale representative democracies in the 18th century multiplied in the 19th century and 20th century. He asks whether the present marks the third democratic transformation.

racy and that the „priority for Eastern Europe" should be economic rather than political.[3] The sociologist Jon Elster perceived a possible parallel with Latin American states but wisely warned that vital distinctions among the various countries could not be ignored in this context.[4] VÁCLAV HAVEL, at the time President of the Czecho-Slovak federation, „did not agree with the view that the constitution is not the principal matter and that it can wait." „I felt on the contrary" – he wrote – „that we could not solve successfully any of the great problems with which our society was struggling, from the political to the economic to the social, without responding first to the question in what kind of a state do we want to live."[5] In the Czech-Slovak case, at any rate, the Slovaks saw to it that the fundamental constitutional issue defining the relation between the two peoples had to be tackled along with, if not before, economics.[6]

The transformation of the economy's basic structure with the consequent serious hardships of a transition posed an unprecedented challenge to the political process generally and, of course, to the constitution makers. They were faced with the task of writing a basic document for a society greatly different from the extant societal conditions and to do so at a time when the new society was at best only dimly discernible. Already at an early stage, the negotiations for a new constitution, difficult as they turned out to be owing largely to real or perceived asymmetries of interests, became complicated by disagreements over the economic reform process. In this respect the task of the Czechs and Slovaks proved more demanding than that undertaken by the Founding Fathers of the United States. „During the twelve years rule of National Socialism, although private property was deprived of its all-economic functions, the property order as such and its related institutions remained preserved."[7] Even Germany and Japan after World War II or the post-authoritarian regimes in Latin America did not have „to reinvent capitalism ... from scratch."[8]

---

3 RICHARD A. POSNER, „Review of the Future of Liberal Revolution by Bruce Ackerman" (Yale University Press 1992) in 1 E Eur Const Rev 35, 37 (fall 1992).

4 JON ELSTER, „The Necessity and Impossibility of Simultaneous Economic and Political Reform" in Douglas Greenberg/Stanley N. Katz/Melanie Beth Oliviero/Steven C. Wheatley (eds), Constitutionalism and Democracy 267, 268 (Oxford University Press, New York/Oxford 1993).

5 VÁCLAV HAVEL, „Projev ve Federálním shromáždění, Praha, 3. 12. 1991" [Address in the Federal Assembly, Prague, December 3, 1991] in Vážení občané – Projevy, červenec 1990 – červenec 1992 [Esteemed Citizens – Addresses, July 1990 – July 1992] 123 (Lidové noviny, Praha 1992).

6 ILJA ŠETLÍK in Lidové noviny, Sept 3, 1993, p 5.

7 ERNST-JOACHIM MESTMÄCKER, „Die Wiederkehr der bürgerlichen Gesellschaft und ihres Rechts," Max Planck-Gesellschaft Jahrbuch 1991, 24, 30 (Max-Planck-Ges München, Verlag Vandenhoeck & Ruprecht, Göttingen 1992).

8 ROBERT KUTTNER, „The Dustbin of Economics", The New Republic, Feb 25, 1991, 24.

II. On free societies

A societal transformation from the atomized, passive, to an active, civil society, postulates a certain constitutional and legal framework, but it cannot do without a change in individual behavior. As RALF DAHRENDORF told a Prague audience, the new civil society envisages „a broad scale of associations, organizations, and institutions independent of the government (at least of the central government) and fulfilling the real lives of real people."[9] Some disagreement exists on what civil society includes and excludes. „It is enough to say that the civil society incorporates many of the associations and identities we value outside of, prior to, or in the shadow of state and citizenship."[10]

Two American sociologists distinguish civil society from both the political society of parties, political organizations and political publics (in particular parliaments) and an economic society composed of organizations of production and distribution (firms, cooperatives, etc); political and economic societies generally arise from civil society.[11]

1. The civil society

„There is an enormous difference," wrote ERNEST GELLNER, „between longing for civil society ... and being able to take it for granted" which was the condition at the time of the American Revolution. „The collapse of [the Marxist] system has left a moral vacuum. ... The American Revolution by contrast, ... was not a collapse of a moral order. The moral order remained intact and the revolution was its expression, not its violation."[12] And VÁCLAV HAVEL, returning from his first voyage to the United States as President of the newly independent Republic, waxed enthusiastically over „the tremendously developed American civil society" with „millions of nonprofit organizations." HAVEL complained that „at home" people confused the concept of civil society „with direct democracy" or „a chaotic rule of thousands of associations and civic initiatives." In America, the citizens voluntarily take over uncounted social, ecological, health, cultural and education functions that can be better performed by them than by the state, in what can be described as „ci-

9 RALF DAHRENDORF in his lecture in Prague, Lidové noviny, March 15, 1994, p 1.

10 MICHAEL WALZER (ed), Toward a Global Society 1 (Berghahn Books, Providence, Oxford 1995).

11 JEAN L. COHEN/ANDREW ARATO, Civil Society and Political Theory viii, ix (The MIT Press, Cambridge, Mass, London 1992).

12 ERNEST GELLNER, „Innocents Abroad – The Future of Liberal Revolution by Bruce Ackerman", The New Republic, Nov 30, 1992, 38, 39.

tizens' self-care" with millions of non-profit organizations. It is a part of human self-realization because man is a social creature.[13] Clearly, at times a comparison enlightens by bringing into view not the similarities but the differences between the compared phenomena. Some American writers, however, take a less sanguine view of the current state of the civil society in the United States.[14]

The Czechs have been known as inveterate joiners – a tradition revived with a vengeance after 1989. Over 50,000 associations functioned in the First Republic but only 1,400 were counted in 1990–1991, a testimony of the impact of the Communist regime. By 1994, in the Czech Republic alone there were more than 20,000 associations and clubs, about 3,000 foundations, 1,500 church organizations, 171 professional „chambers," and over 50 interest groups. The „economic society" counted some 55,000 companies.[15] A major part of the working population moved from the public to the private sector. Thousands became property owners through restitution of property confiscated by the Communists, and some six million became shareholders through privatization, a development toward a revival of the historically strong Czech middle class.

Unlike the Czechs, the Slovaks typically do not feel the need for association with others of the same persuasion except for religious organizations. Moreover, joining was risky under the old regime and the distaste for it continues along with a fear of change and of relapse to poverty, suspicion of authority and a respect for power.[16] While the Communist regime wreaked unmitigated havoc on the Czech developed economy, a major phase of Slovak economic modernization occurred during the Communist rule with the result that the predominant attitude toward the „socialist heritage" has been less negative in Slovakia than among the Czechs. Privatization in Slovakia has been slower and was at times suspended. One Slovak view attributed the substantially higher unemploy-

---

13 Lidové noviny, Oct 10, 1994, p. 16.

14 JEAN BETHKE ELSHTAIN, Democracy on Trial (Basic Books, New York 1995). In the United States participation in traditional voluntary associations declined between 25 to 30 percent, because, it is said, of television. Other data indicate, however, that the voluntary activity in other areas has risen substantially. ANTHONY LEWIS, „An Atomized America", New York Times, Dec 18, 1995, p A11, and FRANK RIESMAN, *ibid,* Dec 21, 1995, p 28.

15 Sociologist LUBOMÍR BROKL, quoted in Přítomnost, 4/1992, p 2. Lidové noviny, Aug 1, 1994, p 3. See generally, MICHAEL WALZER, „Political Actors and Political Roles in East-Central Europe" in Michael Waller/Martin Myant (eds), Parties, Trade Unions and Society in East-Central Europe 21-35 (Frank Cass, Illford, Essex, England, Porland, OR, 1994).

16 PETR PŘÍHODA in Lidové noviny, June 5, 1992, p 8; conversations with M. LEŠKO, Slovak editor-in-chief, Pravda.

ment in Slovakia in part to the inflexibility of the working force and a lack of entrepreneurial spirit among the people. Current statistics show a disproportionately smaller number of individual entrepreneurs in Slovakia. Thus, at the end of 1992, there were more than a million small private entrepreneurs in the Czech Republic to only 279,000 in Slovakia. Roughly twice as many people live in the Czech Republic than in Slovakia.[17]

For an outside observer, the state of the civil society in both Republics is a matter of a glass half full or half empty. The degree of progress toward a civil society, or lack of it, has had an impact on the economic transformation process but it was also reflected in the postures of the elites conducting the constitutional negotiations, in the tone of the public discourse and the political culture generally, and in the attitudes and votes of the people at large.

2. The political society

As for the „political society," it was the political „movements" (the initially ruling Civil Forum – CF – in the Czech Republic and its ally, the Public Against Violence – PAV – in Slovakia) and parties that played a central role in the regime change generally and in the constitutional negotiations in particular.[18] The broad, loose movements of widely dif-

17 Number of enterprises with up to 100 employees in 1991:
Cz Sl Fed Rep 12,975, employing 130,640
Czech Rep 9,936, employing 99,181
Slovak Rep 3,039, employing 31,459

Of these in the private sector:
Cz Sl Fed Rep 9,318, employing 62, 014
Czech Rep 7,390, employing 47,677
Slovak Rep 1,928, employing 14,337

Number of small private entrepreneurs:

	March 31, 1991	Dec 31, 1992
Cz Sl Fed Rep	655,023	1,338,353
Czech Rep	495,670	1,058,504
Slovak Rep	159,353	279,849

Statistická ročenka [Annual of Statistics] Czech and Slovak Fed Rep P 537 (SEVT, Praha, 1992).

18 For a detailed account of the Czech-Slovak negotiations, *see* my book cited above. *See generally,* Michael Waller/Martin Myant (eds), Parties, Trade Unions and Society in East Central Europe (Frank Cass, Illford, Essex, England, Portland, OR, 1994). Sten Berglund/Jan Åke Dellenbrant (eds), The New Democracies in Eastern Europe: Party Systems and Political Clevages (2nd ed, Edward Elgar Publishing Ltd, Aldershot, England, Vermont 1994); Hans-Ulrich Derlien/George J. Szablowski (eds), Regime Transition, Elites, and Bureaucracies in Eastern Europe, 6 Governance-Special Issue (no 3, July 1993).

fering interests, philosophies and personalities fragmented rapidly into a variety of competing parties and groups. In some measure the constitutional negotiations made more difficult the process of a differentiation of the parties along the traditional left-right spectrum. The rapid pace of regrouping and the lack of clarity of their programs impaired the role of the parties as instruments of integration of the political will of the people. They served as a natural vehicle for advancing not only party interests but individual ambitions as well.

As a result of the political fragmentation the Slovak representation in the negotations was not in a position to evolve a common strategy; it offered always a continuum of postures ranging from „mildly" federalist to extreme separatist. Only the „federal Slovaks," such as the federal Prime Minister Marián Čalfa, and whatever remained of the original Public Against Violence stood for a strong federation, and in the end they had little influence. The negotiations were complicated by the significant role played by the Christian Democratic Movement which for a time was the strongest party in the Slovak National Council, and its founder-leader Dr. Ján Čarnogurský. Dr. Čarnogurský had in mind – and he said so at the outset – the independence of Slovakia not at once, but in a number of years when both Republics would enter the European Union as separate members. In the negotiations he and his colleagues supported any move that would loosen the federation, so that at the time of accession to the European Union the separation would be a logical step since the structure of the common state, or what was left of it, would be too weak to ensure conformity with the European Union rules and discipline: Thus the two Republics would form a block of two votes in the Union councils. This stance was consistent with Dr. Čarnogurský's vision of a growing role of „regions" within the integrating Europe, but it appeared thoroughly disruptive to the Czech side.[19] To the Czechs it meant, according to a popular slogan, „Slovak independence with a Czech insurance policy."

The Slovak party of the Democratic Left, although supporting a strong role for the Republics in line with nationalist aspirations did not aim at the destruction of the federation, but it was hampered by its Communist heritage. At times reluctant to take a clear stand, it sought to avoid a collision with the Prime Minister Mečiar's strongest populist

---

19 If this were a society amenable to pragmatic solutions – which it is not – one might take a charitable view that over the years preceding the admission to the European Union, contrary to general expectation, the federation would prove useful, if not indispensable. On the personality of Ján Čarnogurský, see Petr Nováček in MfD, May 27, 1992, p 7. See also Čarnogurský's lecture at Oxford in Piatok, Jan 3, 1992, p 12.

Movement for a Democratic Slovakia, which played the nationalist card for a confederation or „union".

On the Czech side, the breakup of the original majority Civic Forum and the emerging new factions and parties created divisions within the negotiating group which, however, were gradually overcome by the ascending influence of the new „right wing" parties and their leaders, insisting on a „functional federation or nothing".

III. The time dimension

In his remarkable treatise „Zeit und Recht," GÜNTHER WINKLER has challenged the sacred canon that „At the beginning was the Word:" Neither the Word, nor FAUST's existentialist „action," but Time was at the beginning of all things.[20] The importance of the time dimension for human affairs was brought out amply by the Czech-Slovak case. T. G. MASARYK, President of the First Republic said in the late 1920's:

„I think we need some twenty, thirty more years for safeguarding the Republic. Afterwards, I am not afraid for it anymore. At that time a new generation will be there, born in freedom. Surely, that generation won't let anyone take the freedom away."[21]

E. M. CARR, on the other hand, with the easy benefit of hindsight, disputed the viability of the First Republic from its very birth.[22] Yet despite the controversial minority policy of the Czech-Slovak state and the Czech indifference toward Slovakia, economic, cultural and professional interactions between the two people intensified over the years and their mutual relations, although conflicting in some respects, were certainly closer than with any other country or community.[23] An assimilation process was underway. Whether or not an integration of the two people was feasible, it proved impossible within the time accorded to them and in the context of the turbulent history of Central Europe.

In a less hypothetical context, time restraints haunted the constitutional negotiations of the 1990's from the outset. President HAVEL is blamed for the decision to limit the term of the first freely elected Federal Assembly (and of his Presidency) to a mere two years, a period too short to allow for a consensus to be reached on a new federal constitu-

20 GÜNTHER WINKLER, Zeit und Recht, Springer Verlag (Wien/New York 1995) 569-570.

21 KAREL ČAPEK, Čtení o TGM [Reading About TGM] 18 (Melantrich, Praha 1969).

22 E. H. CARR paraphrased by ERNEST GELLNER, „Nationalism Reconsidered and E. H. Carr", 18 Rev of Int'l Stud (Great Britain) 285, 288 (1992).

23 ZDENĚK STRMISKA, „Quelques remarques sur ‚Le divorce tchéco-slovaque'", 26 Rev d'Études comparatives Est Ouest 183, 193 (no 2, 1995).

tion.[24] There is some force in this argument, since the second elections in June 1992 marked the death knell of the state. Yet even before the expiration of the first two years' term, with the swift disintegration of the ruling pro-federalist movements, the leadership in charge of the negotiations was losing its legitimacy and new elections confirming the realignment of political power appeared appropriate. Behind the decision on the shortened first term was no doubt the idea that the post-revolutionary euphoria offered the magic moment for achieving a constitutional consensus.

The succession of arbitrary deadlines for completing the constitution making, both reflected and fed the growing impatience on both sides, with the media contributing to an atmosphere of irritation and peevishness. In the end, the fatal, short deadline for the dissolution of the state was set by the chafing Czech side with the grudging acquiescence of the Slovaks. This last time limit was employed to compel the opposition in both Republics, under the threat of an impending chaos, to abandon any delaying moves (such as proposals for a confederate scheme and for a referendum) and to support the termination of the state.

Finally, in the broadest sense, the length of the time required for the realization of the transformations in Central-Eastern Europe has imposed a severe test of patience on the people suffering an abrupt deterioration of living standards against an uncertain promise of a better life in the future. It took the West generations, perhaps two centuries, to achieve a working model of democracy with a free market, an objective which the countries of Central-East Europe have hoped to reach in one decade.

---

24 Havel strongly supported that decision in a speech of Feb 25, 1990. Václav Havel, Projevy [Addresses] 68 (Vyšehrad, Praha 1990).

Giuliana Stella

Die utopische „Uchronie" der Menschenrechte*

Es gibt ein fundamentales, wenngleich wenig auffälliges Motiv, das uns bewegen muß, unser Verständnis des Themas im Hinblick auf die Zeitlichkeit des Rechts zu vertiefen. Es handelt sich darum, daß diese Analyse – die letzte von zahlreichen anderen klassischen rechtsphilosophischen Themen, die heute obsolet geworden sind – es uns noch gestattet, eine Untersuchung über den ‚Wert' durchzuführen. Wenn wir hier das Wagnis auf uns nehmen, einen neuen Weg zum Thema „Wert des Rechts" oder „Wert im Recht" einzuschlagen, tun wir das freilich nicht, ohne uns die Erinnerung an die zahlreichen Stimmen jener zu bewahren, die *per definitionem* die Theoretiker der „Wertphilosophie" sind, insbesondere aber an WILHELM WINDELBANDS[1]. Sofern also die vorliegende Arbeit den Anspruch erhebt, zum Thema etwas Neues zu sagen und eine Brükke in die Zukunft zu schlagen, so widerstreitet bereits der Anfang dem Ziel, indem er sich der Bürgschaft einer reichen Vergangenheit versichert.

Die Rede vom ‚Wert' des Rechts soll, in gewissem Sinn ganz naiv, eine dem Naturrechtsdenken eigene Problematik ins Gedächtnis zurückrufen, allerdings in einem neuen Geist: so machen wir uns zwar jenen allgemeinen Anspruch zu eigen, das positive Recht über sich selbst hinaus zu projizieren, greifen jedoch nicht die klassischen Themen der naturrechtlichen Tradition auf, die dem sophistizierten und zugleich simplifikatorischen Denken der heutigen Zeit sich entziehen. Wir wollen also nicht das sogenannte Begründungsproblem aufwerfen. Und dennoch ist natürlich richtig, daß eine philosophische Betrachtung der Zeit gerade in der Suche nach dem ontologischen Fundament besteht: die philosophi-

---

* Übersetzung aus dem Italienischen: CLAUDIUS MESSNER.

1 „Den wissenschaftlichen Charakter einer allgemeingültigen Erkenntnis gewinnt also die historische Forschung im Unterschiede von der Naturwissenschaft nur dadurch, daß wir die Geschichte als die fortschreitende Verwirklichung der Vernunftwerte, daß wir sie als den Prozeß der Kultur betrachten, worin sich aus dem Gewirre menschlicher Interessen und Leidenschaften der Allgemeingültige Wertinhalt des geistigen Lebens zum Bewußtsein und zur Verwirklichung emporringt. In diesem Sinne verlangt das Verständnis der historischen Wissenschaft, das der heutigen Philosophie durch die allgemeine wissenschaftliche Lage zur Aufgabe gemacht wird, eine kritische Theorie der Kulturwerte": W. WINDELBAND, Über die gegenwärtige Lage und Aufgabe der Philosophie (1907), in: ders, Präludien. Aufsätze und Reden zur Philosophie und ihrer Geschichte, 2. Band, Mohr (Siebeck) (Tübingen 1924⁹) 1-23, hier 20/21.

sche Reflexion sucht das Recht mit der Zeitlichkeit zu verbinden in dem schwierigen Vorhaben der Überwindung jedes, auch des historischen Relativismus.

Damit können wir nicht übereinstimmen. Der Wert des Rechts kann nicht absehen von der Kontingenz, und er kann nicht als absolut aufgefaßt werden. Das Wortpaar Zeit-Recht ist dessenungeachtet von erheblichem Interesse auch für eine „säkularisierte"[2] Analyse des Zwecks von Rechtsordnungen: für unser Vorhaben dient es geradezu als theoretischer Ausgangspunkt, um die Analyse des positiven Rechts um eine Reihe von Perspektiven zu erweitern, die zu Klärung und Systematisierung beitragen.

Sagen wir zunächst, daß das Skandieren der Zeit in Vergangenheit, Gegenwart und Zukunft für das gültigen Recht interpretative Valenz besitzt als „Vergangenheit des Willens" und als gewisse „Zukunft" – seiner Applikation –, die keimhaft schon in der Vergangenheit existiert. Dies jedoch ist eine naive Konzeption von Zeit, Recht und rechtlicher Zeit. Denn in einer kulturellen Welt kann „vergangene Zeit" nur einen Namen haben: Geschichte. Die Raum-Zeit, das heißt die meßbare Zeit, ist nicht hinreichend, um die unermeßliche Abfolge jener in Normen sedimentierten legislativen Wahlen zu beschreiben, die die Zivilisation einer Gemeinschaft ausmachen. Eine Betrachtung des Rechts, die stehen bleibt bei seiner Deutung am Leitfaden der gewohnten zeitlichen Dreidimensionalität, kommt nicht über eine substantielle Einebnung auf nur eine der zeitlichen Formen, jene der Vergangenheit, hinaus. Die Eigentümlichkeit der „rechtlichen" Zeit wird darin völlig in Univozität aufgelöst, ohne daß noch diese Vergangenheit im strengen Sinn *Geschichte* genannt werden könnte, da es ihr dazu sowohl am Entwurfscharakter als auch an der ‚Verunreinigung' durch die Dinge der Welt ermangelt.

Kurz, die vom Gesetzgeber gewollte Norm besitzt weder eine hinreichende Autonomie in der Gegenwart noch eine wirkliche Perspektive in der Zukunft, die aus dem Recht eine gelebte Dimension der Existenz machen könnten. Dieses ist übrigens, aus sich, nicht Geschichte, vielmehr zusammen mit Politik, Wirtschaft, Moral, Brauch. Die Fragestellung macht es darum unumgänglich, die üblichen Schemata zu verlassen und die eingespielte Sicht von einem zeitlich banalisierten Recht zu „suspendieren". Auf diesem Weg begegnet uns die „abstrakte" Zeit als die

---

[2] Vgl Hans Kelsen, Gott und Staat, in: Hans Klecatsky, René Marcic, Herbert Schambeck (Hrsg), Die Wiener Rechtstheoretische Schule, Europa (Wien/Frankfurt/Zürich 1968) (zuerst in: Logos, XI [1922/23] 261/84).

dem Recht eigentümliche Dimension und mit ihr die Möglichkeit des Entwurfs, des Werts.

Der einzige Autor, der in einem positiven Sinn von der Abstraktheit der Zeit gesprochen hat, ist der Phänomenologe GERHART HUSSERL. „Das Recht hat eine *abstrakte* Zeit. Es ist durch dieses sein Zeitsein aus der vom Heute ins Gestern und in ein Morgen fließenden Weltwirklichkeit herausgestellt. Das Dasein des Rechts hat zeitliche Grenzen. Kein Recht gilt ewig. Blicken wir aber auf das Zeitsein, auf die temporale Wesensstruktur des daseienden Rechts, so erkennen wir: Das Recht ist nicht auf ein Ende hin. Seine Geltung ist Geltung ein für allemal. Das Recht ist selbst ein Ende. Es hat keine Zukunft, in die es sich entwickelnd hineinlebte. Es will nichts wissen vom Vielleichtsein der Welt, dem seine Normen diktatorischen Widerspruch entgegensetzen“[3]. So eben verhält es sich: das Recht ist selbst ein Ende oder, wie der Autor an anderer Stelle, mit dem Verweis auf den Willen zu Recht den Projektcharakter des Rechtsphänomens unterstreichend, präzisiert: „Es ist nicht auf ein Ende hin, will vielmehr selbst ein Ende (finis, τἐλος) sein“.[4] Dem Recht, folglich der Rechtsordnungen, der Normierung, dem Urteilen, ist die axiologische Komponente eigentümlich das ist es, was wir als vornehmstes Ergebnis dieser Analyse der Zeitlichkeit des Rechts geltend machen oder vielmehr, das ist es, von dem wir erwarten, daß es gerade durch den Gebrauch dieses Begriffs der abstrakten Zeit klarer hervortreten wird, obwohl er als das genaue Gegenteil von Geschichte, Entwurf, Wert erscheint. Das ist möglich in dem Sinn, wir haben es soeben bei HUSSERL gelesen, in dem ‚kein Recht ewig gilt‘, sondern „seine Geltung [...] ein für allemal“ und die rechtliche Zeit daher eine „vom Vielleichtsein der Welt“ abgehobene, „abstrakte Zeit“ ist.

Abstraktheit ist nicht Entfernung vom Sein. Die Kraft der phänomenologischen Philosophie[5] liegt gerade im Durchlaufen eines Erkenntnis-

3 G. HUSSERL, Recht und Welt, in: ders, Recht und Welt. Rechtphilosophische Abhandlungen, Vittorio Klostermann (Frankfurt a M 1964) 67-114, hier 79 (zuerst in: FS Edmund Husserl, Max Niemeyer [Halle a d S 1929]).

4 G. HUSSERL, Die Frage nach dem Geltungsgrund des Rechts. Zugleich eine Auseinandersetzung mit Larenz, Das Problem der Rechtsgeltung, in: Zeitschrift für Rechtsphilosophie, V (1930/31) 153-184, hier 157.

5 Natürlich ist die Phänomenologie EDMUND HUSSERLS gemeint, des Vaters von GERHART, der als deren durchaus treuer Anhänger betrachtet werden kann. Das Werk G. HUSSERLS ist freilich auch durch andere Autoren und Strömungen inspiriert: durch HEIDEGGER, den Neukantianismus, die Freirechtsbewegung. So wird schon in den ersten Schriften eine Terminologie gebraucht, die offenkundig Themen und Verfahrensweisen der Philosophie HEIDEGGERS anklingen läßt: Pflicht ist hier der Hinweis auf Sein und Zeit, das 1927, gerade zwei Jahre vor Recht und Welt erschien, und von dem ein Echo noch im Titel des viel späteren, bekannten Werks von G. HUSSERL, Recht und Zeit, bleibt. Vgl M. HEIDEGGER, Sein und Zeit, Max Niemeyer (Tübingen 1979); G. HUSSERL, Recht

weges, der durch Anreicherung, nicht durch Verarmung, derart an das Wesen heranreicht, daß die „Sachen selbst" sich in den εἴδη versammeln, die die ganze Wirklichkeit darstellen ohne in ihrer Allgemeinheit das empirische Signum des Seins zugunsten eines leeren Formalismus zu verlieren.[6] Das gilt gerade für das Recht in besonderem Maße, einen Gegenstand, auf den die phänomenologische Analyse von verschiedenen Autoren[7] angewandt wurde, die zu Ergebnissen gelangt sind, die weit entfernt sind vom leisesten Anschein fehlender Konkretheit. Im Gegenteil, es ist zu erinnern, daß einer der Typen des Rechtsformalismus, der KELSENsche, während er seine anfängliche Inspiration (auch) der Phänomenologie EDMUND HUSSERLs verdankt – Suche nach Reinheit, Befreiung von Psychologismen und Soziologismen, Suggestionen der Logik –, das phänomenologische, wesentlich antiformalistische Vorhaben der Reinigung der Erkenntnis mißverstanden hat und gerade darum in Wider-

und Zeit. Fünf rechtsphilosophische Essays, Vittorio Klostermann (Frankfurt a M 1955). Im Hinblick auf die Werke des Vaters scheint mir fundamental der Verweis auf E. HUSSERL, Ideen zu einer reinen Phänomenologie und phänomenologischen Philosophie. I. Buch: Allgemeine Einführung in die reine Phänomenologie, hrsg v Karl Schuhmann, Nijhoff (Den Haag 1976).

6 HUSSERL schreibt: „Aus guten Gründen drängten sich öfters bei den Beschreibungen Ausdrücke wie ‚Wesensnotwendigkeit', ‚wesensmäßig' auf, worin ein bestimmter, erst von der Phänomenologie geklärter und umgrenzter Begriff des Apriori zum Ausdruck kommt". Und dann: „Greifen wir irgendeinen Typus intentionaler Erlebnisse, der Wahrnehmung, der Retention, Wiedererinnerung, des Aussagens, des An-etwas-Gefallen-Habens, Danach-Strebens und dgl. heraus [...]. Ausgehend vom Exempel dieser Tischwahrnehmung variieren wir den Wahrnehmungsgegenstand [...]. Mit anderen Worten, wir verwandeln das Faktum dieser Wahrnehmung unter Enthaltung von ihrer Seinsgeltung in eine reine Möglichkeit und unter anderen ganz beliebigen reinen Möglichkeiten – aber reinen Möglichkeiten von Wahrnehmungen. Wir versetzen gleichsam die wirkliche Wahrnehmung in das Reich der Unwirklichkeiten, des Als-ob, das uns die reinen Möglichkeiten liefert, rein von allem, was an das Faktum und jedes Faktum überhaupt bindet. [...] Der so gewonnene allgemeine Typus Wahrnehmung schwebt sozusagen in der Luft – in der Luft absolut reiner Erdenklichkeiten. So aller Faktizität enthoben, ist er zum ‚Eidos' Wahrnehmung geworden, dessen ‚idealen' Umfang alle idealiter möglichen Wahrnehmungen als reine Erdenklichkeiten ausmachen. Die Wahrnehmungsanalysen sind dann ‚Wesensanalysen' [...] sofern jedes Faktum als bloßes Exempel einer reinen Möglichkeit zu denken ist. [...] Das ‚Eidos' [...] liegt vor allen ‚Begriffen' im Sinne von Wortbedeutungen, die vielmehr als reine Begriffe ihm angepaßt zu bilden sind". Und weiter: „Die eidetische Phänomenologie erforscht also das universale Apriori, ohne das ich und ein transzendentales Ich überhaupt nicht ‚erdenklich' ist, oder, da jede Wesensallgemeinheit den Wert einer unzerbrechlichen Gesetzmäßigkeit hat, sie erforscht die universale Wesensgesetzlichkeit, die jeder Tatsachenaussage über Transzendentales ihren möglichen Sinn (mit dem Gegensatz Widersinn) vorzeichnet": E. HUSSERL, Cartesianische Meditationen und Pariser Vorträge, hrsg v Stephan Strasser, Nijhoff (Den Haag 1953, 1973²) IV. Med, § 34, hier 103-106.

7 Es handelt sich um ADOLF REINACH, FELIX KAUFMANN, GERHART HUSSERL. Vgl dazu G. STELLA, I giuristi di Husserl. L'interpretazione fenomenologica del diritto, Giuffrè (Milano 1990).

sprüche verfallen ist, die (zu Kelsens eigenem Bedauern) geeignet sind aus dem erwünschten Formalismus einen Realismus[8] und aus jedem Realismus einen Formalismus zu machen.

Und wir dürfen nicht vergessen, daß Husserls und Kelsens „Essenzialismen" nach Kelsens eigener Kritik an Husserls logisch-normativer Konzeption miteinander nicht vereinbar sind. Der Grund dieser Differenz liegt in der ganz verschiedenen Bedeutung, die jeweils der gnoseologischen Komponente der Lehre zugeschrieben wird. Anliegen der Phänomenologie ist zuerst und zunächst die Beschreibung des erkennenden Subjekts, und diese Priorität besagt vor allem, die Bedeutung des Wegs der Anreicherung erfassen zu können, den das Ich durchläuft, bevor es zum Wesen gelangt. Die phänomenologische ἐποχή, wird sie nicht banal gedeutet, bezeichnet bekanntlich die Aufgabe einer Einklammerung der Empirie, die die erste Einwirkung charakterisiert, die die Objekte (also auch das Objekt/Subjekt) auf das Subjekt üben, denn nur, wenn es die eigenen Erfahrungen durch den Filter des Zweifels kritisch prüft, reift das Subjekt und eignet sie sich an. Das Wesen, auf das der höchste Grad der Einsicht zielt, ist daher überhaupt nicht formal, sondern repräsentiert jene höchste Stufe des Erkennens der Wirklichkeit, deren Allgemeinheit des Reichtums der vorher durchlaufenen Ebenen der Erfahrung nicht beraubt ist.

---

8 Symbolisch ist in diesem Zusammenhang die – bekannte – Konfusion zwischen den Begriffen der Geltung und der Wirksamkeit, die der Kelsensche Formalismus früh erzeugt. Bedeutsam dafür sind die Stellen, wo Kelsen vergeblich versucht der Existenz des Rechts, die nicht anderes als seine Geltung ist, ein gewisses Maß Realismus beizulegen, indem er den Begriff der Wirksamkeit auf die bloße „quantitative" Entsprechung zu den Fakten festlegt, die die Wirklichkeit des Rechts sicherlich nicht erschöpft: „Eine Rechtsordnung wird als gültig angesehen, wenn ihre Normen *im großen und ganzen* wirksam sind, das heißt tatsächlich befolgt und angewendet werden" und: „Eine Verfassung ist wirksam, wenn die ihr gemäß gesetzten Normen im großen und ganzen angewendet und befolgt werden" (H. Kelsen, Reine Rechtslehre, Franz Deuticke [Wien 1960] 219 u 214). Umgekehrt, die letzten folgerungen aus den methodologischen Voraussetzungen der Reinen Rechtslehre werden jene geradezu irrationalen der postumen Allgemeinen Theorie der Normen sein. Günther Winkler stellt im Zusammenhang der zeitlichen Gegenwart des Rechts zu Recht fest, daß die Zeit im Rechtsformalismus, und in demjenigen Kelsens zumal, keinen Platz hat und prinzipiell nicht haben kann (vgl G. Winkler, Zeit und Recht. Kritische Anmerkungen zur Zeitgebundenheit des Rechts und des Rechtsdenkens, Springer [Wien/New York 1995] 527 ff). Winklers Kritik an Kelsen richtet sich übrigens insbesondere auch gegen die Unfähigkeit der Reinen Rechtslehre von der Wirklichkeit Rechenschaft zu geben und stellt im Spektrum der Kelsen-Studien eine ebenso genaue wie rare Analyse dar. Sie macht von einer sehr interessanten Rekonstruktion der kulturellen Umwelt, in der sich Kelsen bewegt Gebrauch, und kann so alle möglichen Verwandschaftsbeziehungen seiner Lehre rekonstruieren. Vgl dazu *ders,* Rechtstheorie und Erkenntnislehre. Kritische Anmerkungen zum Dilemma von Sein un Sollen in der Reinen Rechtslehre aus geistesgeschichtlicher und erkenntnistheoretischer Sicht, Springer (Wien/New York 1990).

Das in seinem Wesen erfaßte Recht kann demnach die doppelte Qualität beanspruchen, daß es zugleich höchste Allgemeinheit und die ganze Fülle seines *Bodens* besitzt. Seine intrinsische Zeitlichkeit ist nicht allein konventionell, aber auch nicht bloß (als Verlauf) empirisch. Nur auf diese Weise findet jene vermeintliche *contradictio in adiecto* eine Erklärung, nach der die Konkretheit des Rechts und sein Zusammenhang mit dem Wert in dem sibyllinischen Begriff der abstrakten Zeit liegen sollen (G. HUSSERL spricht glücklicher auch von ‚objektiver Zeit'), die als spezifisch der Juridizität zugehörig verstanden wird. Ein Verständnis des Problems kann sich vor allem aus einem Bewußtsein der Endlichkeit des Rechts ergeben, dem es gelingt, das Recht als eine der wenigen existentiellen Dimensionen zu erweisen, die *per definitionem* strukturell „begrenzt" sind: klassisches Beispiel wäre die juristische Figur des Vertrags, dem ein Anfang und ein Ende „wesentlich" sind. Solche Bestimmtheit des Rechts aber, so ist hinzuzufügen, scheint ihm auch seine äußere Seite zu geben, wenn wir so sagen dürfen: eine gewisse Ferne vom Verlauf, vom zufälligen Geschehen und, in Begriffen der Geschichte der Freiheit, vom freien Willen. Ihm eigen ist eine objektive Zeit, die für sich steht, und die in diesem und nur in diesem Sinn, nämlich allein in der Perspektive der Untersuchung und Beschreibung einer besonderen Zeitlichkeit, eine abstrakte Zeit ist.

Darüber hinaus verweist die Abstraktheit der Zeit des Rechts auf die konkrete Fülle des Seins, die jene philosophische Sicht auszeichnet, der die Realität (die also, könnte man sagen, in sich verschiedene Grade des ‚Realismus' trägt), eben die Realität, mit der wir es alltäglich in mehr oder weniger unbeschwerter Weise zu tun haben, als real nur gilt, wenn sie die Idee als ein Bollwerk hinter sich hat. Das aber impliziert nicht notwendig einen Rückzug auf eine Metaphysik platonischen Typs, die diese ganze Untersuchung an der Schwelle zum 21. Jahrhundert unhaltbar werden ließe, denn die offensichtliche HUSSERLsche Inspiration dieses theoretischen Überganges trägt jene typische Erbschaft des 19. Jahrhunderts mit sich, die in der phänomenologischen Philosophie für den bewahrt bleibt, der an einer gewissen spekulativen Adäquatheit seiner theoretischen Fragen und Antworten sich orientiert, ein Erbe, das in dem Erwerb der Übersetzung metaphysischer Probleme in erkenntnistheoretische Fragen besteht. Und wir wissen nur allzu gut, daß der Impetus und die Anstrengung der Philosophie EDMUND HUSSERLS in der Begründung der Wissenschaften besteht: deshalb kann es, unter den Kautelen der neueren Transformation metaphysischer in epistemologische Probleme, erlaubt sein, von Wesen zu sprechen ohne zum zweifellos faszinierenden Mythos von der Höhle zurückzukehren.

In der so verstandenen spekulativen Ausrichtung können wir nun den Blick wenden und die phänomenologische Untersuchung des Rechts durch GERHART HUSSERL akzeptieren, der, wenn er von der abstrakten Zeit spricht, immer und allein an die Möglichkeit des Subjekts denkt, die verschiedenen Stufen des Erkennens zu durchlaufen und, im Ausgang von der ganz banalen empirischen Nähe zum Objekt, zu jener höchsten Stufe der Erkenntnis zu gelangen, die sich, während sie durch eine anscheinende Verarmung hindurchgeht – die phänomenologische ἐποχή klammert alle unmittelbare (und reiche) Erfahrung ein –, in der allein echten Fülle des Ich verwirklicht. Denn nur nachdem es sich in der Alltäglichkeit seines blinden Glaubens an die Realität in Zweifel gesetzt hat, erreicht das Subjekt den Vollbesitz seiner selbst und eignet sich bewußt die ganze, zuvor hintangesetzte Erfahrung an. Den beiden (Haupt-) Ebenen des Erkennens entsprechen verschiedene Gegenstände. So ist es – haben wir den Weg des Selbstverständlichen, der sich damit begnügt, uns eine räumliche Sicht der juridischen Zeit zu eröffnen und uns in trostloser Weise deren Kontingenz vor Augen führt, erst einmal zurückgelegt – auch beim Verständnis des Rechts und der ihm eigenen Zeitlichkeit möglich, deren Wesensgehalt zu erfassen. Auch G. HUSSERL spricht von zwei Ebenen des Erkennens. „Das Welthaben umfaßt offenbar ein Rechthaben. Dem Menschen sind mit seiner Welt Dinge des Rechts der Gemeinschaft, der er angehört, gegeben. [...] Die Gegenstände der Welt sind für den Menschen daseiende auf Grund verschiedener Gegebenheitsmodi. [...] Die Grundeinstellung, in der Weltdinge zur anschauenden Gegebenheit gelangen, ist die des naiv erfahrenden Menschen. [...] Wie nun wird das *Recht* erfahren? [...] Naive Erfahrung ist [...] überhaupt nicht imstande, dem Menschen Rechtliches zu originärer Selbstgegebenheit zu bringen. Kein ‚natürliches' Verhalten reicht grundsätzlich hin, Gegenstände der Region des Rechts so ins menschliche Dasein hineintreten zu lassen, daß sie wahrhaft da sind".[9]

Wenn wir zum ersten anerkannten Vertreter der phänomenologischen Rechtsphilosophie, ADOLF REINACH, zurückgehen, dessen Theorie von der Rechtsphilosophie dieses Jahrhunderts unbedacht übergangen worden ist, so finden wir den richtigen Schlüssel, um in die Problematik unterschiedlicher Ebenen des Erkennens einzutreten, eine Frage, die wir unter einem anderen Namen ausgearbeitet, wesentlich aber identisch, in der Theorie der Rechtszeit G. HUSSERLS wiederfinden. Die von REINACH vorgeschlagene Lösung für die Beschreibung des Rechtsphänomens ist nichts anderes als die theoretische Konsequenz, zu der E. HUSSERL auf dem langen Weg seiner phänomenologischen Untersuchungen gelangt

---

9 G. HUSSERL (FN 3) 67-68.

war. Denn schon dieser postuliert eine Realität, der das transzendentale Subjekt Sinn verleiht[10] im Ausgang von einer Suspendierung des Urteils, die wohl die naturalistischen Vorurteile ausschaltet, aber dem Gegenstand die Würde der Existenz nicht abspricht; und zwar gerade kraft jenes unauflöslichen Zusammenhangs der Intentionalität, die Subjekt und Objekt verbindet. HUSSERLS philosophisches Vorhaben hat als erste Errungenschaft die Anerkennung der Welt, die sich so: nicht mehr durch eine szientifisch-technische Sicht verdunkelt, die dazu neigt, ihren universalen Zusammenhang mit dem Subjekt zu verdecken, in ihren elementarsten und gleichzeitig wahrsten Strukturen erweisen kann.

So ist der ‚Platonismus' der zwei Welten, jener der Erfahrung und jener der Wesen, nur eine Art des Verweises auf die unterschiedlichen *Modi* des Erkennens, des bloß *psychologischen* Subjekts, das noch im naturalistischen Empfinden befangen ist und nicht zur perfekten Syntonie mit der gegenständlichen Welt gelangen kann, auf der einen Seite, des *transzendentalen* Subjekts[11] auf der anderen, das die tiefen Strukturen dieser Welt und ihrer *Regionen* aufdeckt und die an sich notwendigen Bedeutungen, die zuletzt jene sind, die es selbst den Dingen und der Welt verleiht.

Dieser Konzeption entsprechend kann REINACH feststellen: „Die sog. spezifisch rechtlichen Grundbegriffe haben ein außerpositiv-rechtliches Sein, genauso wie die Zahlen ein Sein unabhängig von der mathematischen Wissenschaft besitzen. Das positive Recht mag sie ausgestalten und umgestalten, wie es will: sie selbst werden von ihm vorgefunden, nicht erzeugt. Und ferner: Es gelten von diesen rechtlichen Gebilden ewige Gesetze, welche unabhängig sind von unserem Erfassen, genauso wie die Gesetze der Mathematik. Das positive Recht kann sie in seine Sphäre

---

[10] Vgl E. HUSSERL (FN 5) § 55: Schluß. Alle Realität seiend durch „Sinngebung". Kein „subjektiver Idealismus", § 124: Die noetisch-noematische Schicht des „Logos". Bedeuten und Bedeutung, und § 129: „Inhalt" und „Gegenstand"; der Inhalt als „Sinn". Allgemeiner dazu natürlich auch *ders,* Logische Untersuchungen. Untersuchungen zur Phänomenologie und Theorie der Erkenntnis, Zweiter Band, hrsg v Ursula Panzer, Nijhoff (Den Haag 1984) (insbes I. Teil, I.: Ausdruck und Bedeutung, und IV.: Der Unterschied der selbständigen und unselbständigen Bedeutungen und die Idee der reinen Grammatik; auch II. Teil, VI.: Elemente einer phänomenologischen Aufklärung der Erkenntnis).

[11] In HUSSERLS Schriften wird dieser Begriff unabhängig und neu bestimmt. Vgl E. HUSSERL (FN 5) § 33: Vordeutung auf das „reine" oder „transzendentale Bewußtsein" als das phänomenologische Residuum; *ders* (FN 6) I. Med, § 11: Das psychologische und das transzendentale Ich. Die Transzendenz der Welt; II. Med, § 12: Idee einer transzendentalen Erkenntnisbegründung, § 15: Natürliche und transzendentale Reflexion, V. Med: Enthüllung der transzendentalen Seinssphäre als monadologische Intersubjektivität; *ders,* Erste Philosophie (1923-24) I. Teil: Kritische Ideengeschichte, hrsg v Rudolf Boehm, Nijhoff (Den Haag 1956) 208-287, 350-408. Zur Literatur vgl vor allem H. KRINGS, Transzendentale Logik, Kösel (München 1964) insbes 32-36, und R. T. MURPHY, The trascendental ‚a priori' in Husserl and Kant, in: Analecta Husserliana, 3 (1974) 66-79.

übernehmen, es kann auch von ihnen abweichen. Aber selbst wo es sie in ihr Gegenteil verkehrt, vermag es ihren Eigenbestand nicht zu berühren“.[12]

Diese Lehre, vom Autor als „Ontologie oder apriorische Gegenstandslehre“[13] bezeichnet, ist paradigmatisch für den phänomenologischen Zugang zum Recht, dessen Kraftpunkt bei der Analyse des positiven Rechts durch eine Perspektive gebildet wird, die zugleich gnoseologisch und ontologisch ist. Gnoseologisch, weil die Diversität der Gegenstandsweisen durch die Diversität der Modi des Erkennens „konstituiert“ wird, ontologisch, weil objektiv, ohne das εἶδος ‚Recht‘, die Gesetze, die Urteile, alle die als Rechtsakte betrachteten Handlungen, ohne jede Spezifität wären. Diese Eigentümlichkeit zu sichern gibt es nur einen Weg: den der Überwindung einer bloß empirischen Bestimmung in Hinsicht auf das Universale. Das ist es, was die sogenannte phänomenologische Schule – auch die rechtsphilosophische – auszeichnet und sie im Panorama der Philosophie unseres Jahrhunderts einzigartig macht.

Nun wird man sicherlich auch sagen können, von einer Definition der Rechtsphilosophie wie der REINACHschen ‚Ontologie oder apriorischen Gegenstandslehre‘ aus sei es leicht, zu einer apriorischen Interpretation der Wesenslehre zu gelangen, indem man sie als eine einfache Weiterentwicklung der neukantianischen Wertlehre in einem epistemologischen Sinn begreift – was in sich abwegig, aber reich an Möglichkeiten spekulativen Entwicklung ist –, scheinen doch beide Theorien jene Eigentümlichkeit der Verdoppelung in Sein und Sollen zu teilen, die, bevor sie in die *Vulgata* KELSENS Eingang fand, aus der klassischen Debatte um Aufgaben, Methode und Gegenstand der verschiedenen Wissenschaften hervorging. Von der Bezugnahme auf das Begriffspaar Sein/Sollen ist natürlich auch der Wortlaut der HUSSERLschen Lehre geprägt und auch eine aus ihr sich ergebende phänomenologische Interpretation des Rechts, welche, wo sie es nicht ausdrücklich anders sagt, weit entfernt davon ist, die Welt der Wesen mit dem Sollen zu identifizieren. Dennoch ist solche Bezugnahme nicht zufällig, weil man – im Bereich des Rechts – die deontologische Komponente des phänomenologischen Apriori nicht verschweigen kann und umgekehrt, weil das „reine“ Recht KELSENS ein Sollen ist, dem die HUSSERLsche, aprioristische Verwandtschaft keineswegs äußerlich ist.

Wenn nämlich einerseits REINACH mit Recht behauptet, „[j]ede Bestimmung werde sich *zunächst* nach dem wesensgesetzlich Seienden rich-

---

12 A. REINACH, Die apriorischen Grundlagen des bürgerlichen Rechtes (1913), in: ders, Sämtliche Werke. Textkritische Ausgabe in 2 Bänden hrsg v K. Schuhmann u B. Smith, Bd 1, Philosophia (München/Hamden/Wien 1989) 141-278, hier 145.

13 REINACH (FN 12) 145.

ten, insofern dies Seiende, an und für sich betrachtet, stets auch das Seinsollende ist"[14] und damit die fundamentale Annahme impliziert, nach der in der Fülle des dem εἶδος entsprechenden Seins immer auch das Sollen eingeschlossen ist, so ist andererseits KELSENS „Reinheit", wie er selbst in seinen ersten Werken hervorhebt, durch HUSSERLS phänomenologische Kritik des Psychologismus inspiriert. Im übrigen tritt die axiologische Komponente der phänomenologischen Rechtslehre explizit in der spezifischen Lesart hervor, die FRITZ SCHREIER, „der originellste Fortsetzer der Reinen Rechtslehre"[15] von der essentialistischen Auffassung des Rechts gibt. Er definiert das Wesen im Recht in Begriffen der „Möglichkeit" und hebt so das dialektische Verhältnis zwischen apriorischem Recht und positivem Recht oder, wie wir auch sagen können: zwischen idealem und realem Recht hervor.

Es sei erlaubt, den folgenden bemerkenswerten Passus zu zitieren: „Mir scheint jene Fassung des Möglichkeitsbegriffes fruchtbarer, die Leibniz gewählt hat, indem *er unsere wirkliche Welt nur als einen Spezialfall der möglichen Welten ansah.* Diesen Begriff der Möglichkeit hat Husserl restituiert: *Das Wirkliche ist* etwas, das auch anders sein könnte, es ist *das Zufällige*; immer können wir gedanklich eine bestimmte Raum- und Zeitstelle auch anders ausfüllen. Aber *in allem Wechsel bleiben Bestimmungen erhalten,* die den Gegenstand erst zu einem so bestimmten machen; sie setzen jedem Versuch, sie anders zu denken, unüberwindlichen Widerstand entgegen. *Diese Bestimmungen machen das Wesen des Gegenstandes aus, sie sind seine notwendigen Bestimmungen.* Alles aber, was mit diesen Bestimmungen übereinstimmt, ist ein möglicher Gegenstand dieser bestimmten Art. So ist das Notwendige zugleich das Mögliche; *die dem Gegenstande notwendig zukommenden Bestimmungen sind zugleich die Grenzen seiner Möglichkeit*; *die Wirklichkeit realisiert nur eine der Möglichkeiten,* woraus sich ergibt, daß die Erkenntnis der Möglichkeiten der der Wirklichkeiten vorangeht. Zugespitzt könnte man also formulieren: für Kant ist das Wirkliche, für Husserl das Notwendige das Mögliche".[16]

SCHREIERS mögliches Recht ist das apriorische REINACHS, und es ist auch GERHART HUSSERLS Recht der abstrakten Zeit. Muß man diesen unterschiedlichen Begriffsfeldern etwa den Gattungsnamen des idealen

[14] REINACH (FN 12) 261.

[15] OTA WEINBERGER, Fritz Schreiers Theorie des möglichen Rechts als phänomenologische Fortführung der Reinen Rechtslehre, in: O. Weinberger/W. Krawietz (GesRed), Reine Rechtslehre im Spiegel ihrer Fortsetzer und Kritiker, Springer (Wien/New York 1988) 117-126, hier 117.

[16] F. SCHREIER, Über die Lehre vom ‚möglichen Recht'. Zugleich eine Besprechung von Kelsens ‚Allgemeiner Staatslehre', in: Logos, XV (1926) 364-370, hier 365/66 (meine Hervorhebung!).

oder geradezu, damit die Gegenüberstellung zum sogenannten positiven Recht bezeichnend, des Naturrechts beilegen? Wir glauben das nicht. Vom Wesen des Rechts zu sprechen – und sowohl hinter dem Begriff der Abstraktion/Objektivität als auch hinter dem Begriff des möglichen oder apriorischen Rechts steht eine essentialistische Interpretation des Rechts – bedeutet nicht notwendig einen Verzicht auf den Boden der Realität und das Feld der Geschichte, bedeutet nicht die Aufgabe des Versuchs, es mit dem wirklich gegebenen Recht – und mit dem Leben, in das es eingelassen ist – aufzunehmen, um phantastischen dogmatischen Modellen nachzuhängen. Das Bedürfnis, das die Theorieentwürfe des modernen Naturrechts antrieb, zählt zur Ideengeschichte und strukturiert unsere Zivilisation, ohne daß wir uns seiner noch erinnerten. Gewiß ist es nicht jenes historisch bestimmte Bedürfnis, das eine Erneuerung der Rechtsphilosophie an der Schwelle des dritten Jahrtausends anregen kann, angesichts einer Welt, die sich endlich des globalen Ausmaßes ihrer ökonomisch-politischen Probleme bewußt wird, einer Globalität, die einen theoretisch-philosophischen Ansatz, der in einem wesentlich eurozentrischen Rahmen an die Thematik der bürgerlichen Emanzipation gebunden bleibt, heute bei weitem überschreitet. Und andererseits wäre die Infragestellung der Idealität des Rechts den aktuellen Problemen nur dann angemessen, wenn man diese Idealität in einem authentisch Husserlschen Sinn begreifen würde, nämlich als Titel für die Fülle des Seins, jener Fülle, in der, wenn der Ausdruck erlaubt ist, ‚alles drin‘ ist, nicht aber in dem banaleren (und auch gefährlicheren) Sinn eines (relativen) Wertes, der das Handeln lenkt.

Das „mögliche“ Recht Schreiers, das „apriorische“ Reinachs und nicht zuletzt das durch eine „objektive“ oder „abstrakte“ Zeitlichkeit charakterisierte Recht G. Husserls: sie sind, wir haben darauf hingedeutet, alle in derselben Weise Begriffe, die in der einzigen großen Kategorie der Idee aufgehen.

Damit können wir uns nun der Explikation des theoretischen Projekts zuwenden, auf das zu Anfang der problematische Rekurs auf den Begriff der abstrakten Zeit hinlenkte. Man kann in der Tat mit G. Husserl behaupten, das Recht wolle „selbst ein Ende (finis, τέλος) sein“, gerade weil die Idee existiert: nur sofern man die philosophische Vorstellung des εἶδος akzeptiert, ist die Meinung begründet, hinter der Kontingenz sei im Wert die Idee verkörpert. Und auch, wer die Ambiguität der mißbrauchten und relativistischen Vokabel ‚Wert‘ einräumt, muß anerkennen, daß es gerade im Ausgang von einem philosophischen Ansatz wie dem phänomenologischen – der im Realismus den Bezug auf die Idee bewahrt – möglich ist, einen Begründungsdiskurs neu aufzunehmen, in neuer Gestalt und mit neuer Strenge wieder vom „Wert", von der „Idee" des Rechts zu sprechen: Wert oder Idee des Rechts übrigens, die sich, da es sich um den Menschen und seine Geschichte handelt, nur als eine Utopie manifestieren können.

Warum das so ist, ist klar. Hätten wir das traditionelle Ziel einer gewissen Rechtsphilosophie in Aussicht genommen, eine sozusagen „universale" Definition des Rechts zu geben, und wollten in einem solchen, partikularen Sinn die ‚Idee' oder das ‚Wesen' des Rechts selbst erfassen, so würden wir sicherlich mit einer Entstellung unseres Gegenstands enden und ihm gerade seine Eigentümlichkeit nehmen, die darin besteht, zu einem Bild der menschlichen Gesellschaft zu werden; wir würden ihn in der Nicht-Geschichte fixieren. Das εἴδος des Rechts hingegen, das als solches alle die Möglichkeiten umfaßt, die einsichtig sind, weil es emblematisches Bild aller möglichen Kontingenz ist, und das sich darin als unendliche Aufgabe, als Utopie eben, erweist, ist in die lebendige Geschichte verwoben und muß mit ihr rechnen. Genau diesen tieferen und neuen Sinn wird eine zeitgemäße und aufmerksame Rekonstruktion des Rechts, insbesondere wenn sie vom phänomenologischen Ansatz ausgeht, aufnehmen müssen, sollen die Lehren vom Apriori, vom Wesen, des Formalismus an sich schon von Interesse aufgrund ihrer Fähigkeit, jenes logische Fachwerk im Recht, das seine Vollständigkeit und sein Funktionieren garantiert,[17] zu beschreiben auf sophistizierterem Niveau es erlauben, die Rolle dieses „möglichen" Rechts in der Wirklichkeit zu begreifen.

Das εἴδος des Rechts ist demnach utopisch. Das historische Recht, das vom Menschen und von den Menschen gemachte Recht, *soll* einen utopischen Entwurf besitzen: dies ist die einzig mögliche und bis auf den Grund kohärente Antwort auf die vielleicht mißbrauchte und obsolete, aber noch immer bestehende, da unwidersprochene, These vom Ende des Rechts. Hinter dem kontingenten Recht kann nur die Utopie der Utopie stehen. Dann und nur dann wird jedes mögliches Modell zu Recht Bürgerschaft im theoretischen Panorama beanspruchen dürfen, und es wird nicht erlaubt sein, daß ein einziges Modell juridischer Zivilisation gegenüber den anderen privilegiert wird und sich so in seinen eigenen unvermeidlichen Widersprüchen verwickelt. Es bleibt aber natürlich noch zu verstehen, welches tatsächlich die konkrete Phänomenologie der Utopie des Rechts wäre, wie auch, welche Rolle sie in unserer Sicht des Rechts spielt, kurz, wie man zu der Ansicht gelangen kann, die dem Recht inhärente ‚Möglichkeit' enthalte die veränderlichen Erscheinungen

---

17 Beispielhaft dafür REINACHS Theorie des rechtlichen Versprechens, in: ders (FN 12).

des Projekts und insbesondere jenes absichtsvollen Entwurfs, das sich als Utopie darstellt.

Beginnen wir mit der letzteren Frage. Wenn es uns gelingt, mit E. HUSSERL zu verstehen, „daß Menschsein ein Teleologischsein und Sein-Sollen ist"[18], dann werden wir auch verstehen, daß „*[ü]berall* wahres Sein ein ideales Ziel" ist, eine Aufgabe der Episteme, der ‚Vernunft', gegenübergesetzt dem in der Doxa fraglos ‚selbstverständlichen', bloß vermeintlichen Sein"[19]: denn in der Tat, „[b]loße Tatsachenwissenschaften machen bloße Tatsachenmenschen"[20]. Willkommen also eine allgemeine Sicht des Rechts, die projiziert ist auf den Schirm des Wertes des Projekts selber, entworfen auf der zweckhaften und utopischen Dimension seiner intrinsischen Struktur! Die Utopie einer realisierbaren Zukunft – für das Recht, wie wir sehen werden, die Utopie der Menschenrechte – ist das einzige Mittel, das die Möglichkeit des Handelns und gar des Überlebens des Individuums bezeugt.

Als ROBINSON CRUSOE auf der berühmten Insel des Schiffbruchs zum ersten Mal die menschliche Spur sieht, die sich später in der Gestalt FREITAGS verkörpern wird, kann sein Leben wieder jenen Lauf nehmen, der durch Einsamkeit und drohende Verzweifelung unterbrochen war. Von da an erfüllt die Utopie sein Leben, und er denkt lange, fast programmatisch, über den Augenblick nach, wenn FREITAG erscheinen, in ihm Hilfe finden und auch ihm für die Zukunft Hilfe sein wird. Worauf es ankommt, ist nicht die Anwesenheit des Anderen als solchen, vielmehr, daß dieser „Andere" – den ROBINSON als FREITAG imaginiert und dann erfährt – das Hauptelement eines Projekts darstellt, jenes bestimmten Projekts, auf das ROBINSON in seinem Überlebenskampf zurückgreift.[21] In DEFOES Roman erscheint FREITAG tatsächlich, in der Wirklichkeit aber ist diese Ankunft völlig unwesentlich: es ist absolut nicht vorgesehen oder vorhersehbar, daß der Entwurf realisiert, daß die Utopie am Ende, sich selbst negierend, Wirklichkeit wird. Die Utopie übt auf das Subjekt nicht einfach eine befreiende Wirkung aus, sie beschränkt sich nicht auf eine kathartische Übung; indem sie existentielle Aufgaben der Menschen aufnimmt, hat sie nicht nur idealen, theoretischen Gehalt, sondern besitzt eine eminent projekthafte Bedeutung und gehört damit schließlich der innersten Struktur der Existenz selbst an. Denn „[w]as anderes als die

18 E. HUSSERL, Die Krisis der europäischen Wissenschaften und die transzendentale Phänomenologie. Eine Einleitung in die Phänomenologische Philosophie, hrsg v Walter Biemel, 2. Auflage, Martinus Nijhoff (Den Haag 1976) 73, 275.

19 E. HUSSERL (FN 18) 5, 11.

20 E. HUSSERL (FN 18) 2, 4.

21 Vgl KARL HEINZ BOHRER, Der Lauf des Freitag. Die lädierte Utopie und die Dichter. Eine Analyse, Carl Hanser (München 1973).

konkrete, immerwährende Gegenwart des Schmerzes, des Unbehagens und der Angst vor Hunger haben Robinsons Verhalten bestimmt"?[22]

Es ist das Recht der Menschenrechte, das auf dem weiten begrifflichen Nährboden der Utopie Aufstellung findet und das Handeln der Praktiker des Rechts in Richtung auf Bewußtheit und Projekthaftigkeit lenkt. Die Unmöglichkeit, den tatsächlichen Umfang der Rechte zu bestimmen, ist es gerade, die es gestattet, diesen begrifflichen Referenten zum Modell einer Praxis des Rechts zu erheben, die sich, wie gesagt, notwendig auch einem projekthaften Bezugspunkt angleichen muß: exzessive Bestimmung nämlich nähme dem Projekt selbst den Atem und verwandelte es in gebundene Zweckhaftigkeit. Das Thema der Menschenrechte aber ist *per se* in problematischer Weise dehnbar und ohne Grenzen: neben einem originären „historischen" Kern – auch er an sich variabel – bestehen vielfältige Konzeptionen, die je nach historischer, politischer, rechtlicher Vision ihrer Vertreter eher eng oder eher weit sein können. Die Unbestimmtheit des Umfangs der Menschenrechte ist zugleich die wichtigste Konnotation der *Utopie* ihrer Verwirklichung folglich, aus unserer Sicht, ihrer Fähigkeit, als *Ende* des Rechts zu fungieren und der geschichtlichen Konkretisierung ihres Inhalts. Wer hingegen das bloß ‚bürgerliche' Modell der Menschenrechte für definitiv hält, wer ohne Probleme dessen Ausweitung zu einem Modell, das auch die ‚politischen' Rechte einschließt, anerkennt, wer die ursprüngliche Konsistenz der Menschenrechte einer kühnen und risikoreichen Parzellierung aussetzt und, neben den ‚sozialen' Rechten, auch die weitere Differenzierung in Rechte ‚der Individuen' und ‚der Gruppen', Rechte der Einzelnen und ‚der Umwelt' usw. in immer sophistizierteren Analysen akzeptiert für den verdunkelt die Vielfalt der Modelle nicht die originäre Einheit des Themas und nicht seine perspektivische Wertigkeit.

Es gibt nur eine realistische Möglichkeit, wenn das Recht auch in der Gegenwart und in der nahen Zukunft noch eine wichtige Rolle soll spielen können: in einer Welt, in der die verschiedenen Systeme auf problematische Weise ineinander verflochten sind, die gegen jeden etwa noch verbliebenen Zweifel die Unmöglichkeit einer rein technischen, den sozialen Kontexten äußerlichen Applikation des Rechts demonstriert, hat das Recht eine wichtige Chance: es kann das Ziel bilden, zu dem die Menschen und die Völker, kantianisch, immer schon streben. Es ist (dann) nicht mehr nur das vergangene Recht, das wir zu einer gewissen Zeit und an einem Ort einmal gekannt haben, dieses heutige Recht, das uns direkt oder indirekt konditioniert, jenes zukünftige, das da wer weiß wann und wo, kommen mag. Das Recht, dessen abstrakt-zeitliche Struk-

---

22 Bohrer (FN 21) 130.

tur wir nicht umsonst geltend gemacht haben, ist da ideale Recht, und seine Idealität dekliniert sich in den Zeiten und Modi der Menschenrechte nach einer utopischen „Uchronie"[23], an die das Projekt aller möglichen Rechtlichkeit gebunden ist.

NORBERTO BOBBIO, der den Menschenrechten zahlreiche luzide Überlegungen gewidmet hat, schreibt: „Die Allgemeine Erklärung der Menschenrechte enthält im Keim die Synthese aus einer dialektischen Bewegung, die mit der abstrakten Universalität des Naturrechts beginnt, durch die konkrete Partikularität der positiven nationalen Rechte hindurchgeht und mit der nicht mehr abstrakten, sondern selbst konkreten Universalität der allgemeinen positiven Rechte endet. Wenn ich sage ‚enthält im Keim', möchte ich die Aufmerksamkeit darauf lenken, daß die Allgemeine Erklärung nur den Anfang eines langen Prozesses darstellt, dessen schließliche Verwirklichung wir noch nicht absehen können. [...] Im Hinblick auf die Inhalte, d.h. die Quantität und Qualität der genannten Rechte, kann die Erklärung keinerlei Anspruch auf Vollständigkeit erheben. Auch die Rechte des Menschen sind historische Rechte, die allmählich aus den Kämpfen hervorgeht, in denen der Mensch für seine eigene Emanzipation eintritt, und aus den Veränderungen seiner Lebensbedingungen, die durch diese Kämpfe erzeugt werden. Der Ausdruck ‚Rechte des Menschen', ein sicherlich emphatischer Ausdruck, wenn auch zu Recht emphatisch, kann zu einer Täuschung führen, weil er an die Existenz von Rechten denken läßt, die einem abstrakten und als solchen dem Fluß der Geschichte entzogenen Menschen denken läßt, an einen essentiellen und ewigen Menschen, aus dessen Betrachtung wir die unfehlbare Erkenntnis seiner Rechte und Pflichten gewinnen. Heute wissen wir, daß auch die sogenannten Menschenrechte eine Hervorbringung nicht der Natur, sondern der menschlichen Zivilisation sind; als historische Rechte sind sie veränderlich, das heißt der Umgestaltung und Erweiterung fähig".[24]

---

[23] Ich übernehme den Ausdruck aus dem Titel des Romans von CHARLES RENOUVIER, Uchronie, l'utopie dans l'histoire (1876), in dem der Autor unternimmt, „die apokryphe Geschichte des Entwicklung der europäischen Zivilisation" zu rekonstruieren, wie sie „hätte sein können und nicht gewesen ist".

[24] N. BOBBIO, L'età dei diritti, Einaudi (Torino 1990) 24, 26.

Klaus Stern

Deutschlands Verfassung nach der Wiedervereinigung

I. Das wiedervereinigte Deutschland im Zeichen aktueller Herausforderungen an Staat und Verfassung

1. Von Zeit zu Zeit ist es angebracht, darüber nachzudenken, in welcher Verfassung sich ein Staat und seine normative Verfassung befinden. Das gilt im besonderen Maße für Deutschland, das nach fast 50jähriger Teilung in einem friedlichen und völker- wie staatsrechtlich hochinteressanten Prozeß seine staatliche Einheit wiedererlangt hat.[1] Im Mai 1989 erinnerten nur wenige beim 40jährigen Jubiläum des Grundgesetzes daran, daß das große Staatsziel, die „Einheit und Freiheit Deutschlands zu vollenden" (Präambel Satz 3), noch nicht verwirklicht war.[2] 1 1/2 Jahre später war dieses Ziel erreicht. Bereits während des Einigungsprozesses gab es lebhafte und kontroverse Diskussionen darüber, ob mit der Einheit die Schaffung einer neuen Verfassung oder doch wenigstens eine Totalrevision des Grundgesetzes verbunden sein sollte.[3] Bekanntlich wurde diese Frage mit der zwitterhaften Entscheidung gelöst, zwar keine neue Verfassung nach Art 146 GG zu erarbeiten, diesen Artikel aber auch nicht abzuschaffen, sondern in Art 5 des Einigungsvertrages „den gesetzgebenden Körperschaften des vereinten Deutschlands" zu „empfehlen", sich mit der „Änderung oder Ergänzung des Grundgesetzes zu befassen". Diese

---

1 Vgl K. Stern/B. Schmidt-Bleibtreu, Verträge und Rechtsakte zur Deutschen Einheit, 3 Bde (1990-1991).

2 Vgl K. Stern, Das Grundgesetz im fünften Jahrzehnt seiner Geltung – Erfüllte und unerfüllte Verfassungserwartungen, NWVBl 1990, 1 ff; *ders* (Hrsg), Kölner Internationales Symposion: 40 Jahre Grundgesetz – Entstehung, Bewährung und internationale Ausstrahlung, 1990; *ders*, Das Grundgesetz – eine grundsätzliche Bewertung aus deutscher Sicht; in: Kirchhof/Kommers (Hrsg), Deutschland und sein Grundgesetz (1993) 15 ff, jew mwN.

3 Vgl hierzu Stern/Schmidt-Bleibtreu, aaO, Band 1: Staatsvertrag (1990) 26 ff, 40 ff; ferner die Berichte auf der Sondertagung der Vereinigung der Deutschen Staatsrechtslehrer am 27. April 1990 in Berlin zum Thema: Deutschlands aktuelle Verfassungslage (VVDStRL [Heft 49]) von J. A. Frowein, 7 (14), J. Isensee, 39 (48 ff), Chr. Tomuschat, 70 ff, und A. Randelzhofer, 101 (105 ff); weiterhin Chr. Starck, Deutschland auf dem Weg zur staatlichen Einheit, JZ 1990, 349 (352 ff); E. Klein, An der Schwelle zur Wiedervereinigung Deutschlands, NJW 1990, 1065 (1070); P. Häberle, Verfassungspolitik für die Freiheit und Einheit Deutschlands, JZ 1990, 358 ff; D. Rauschning, Deutschlands aktuelle Verfassungslage, DVBl 1990, 393 (401).

Vorschrift galt als Kompromiß gegensätzlicher Standpunkte zwischen Festhalten am Grundgesetz und Schaffung einer neuen Verfassung, über den hart gerungen wurde.[4] Dabei blieb allerdings auf der Strecke, sich über die grundlegende Bedeutung der Verfassung für den wiedervereinigten Staat, der nicht nur größer, sondern auch an internationalem Gewicht zunahm, klar zu werden.

Die auf der Grundlage des „großen" Kompromisses eingesetzte Gemeinsame Verfassungskommission aus Vertretern des Bundestages und des Bundesrates versuchte diese Aufgabe ebenfalls nicht nachzuholen. Kompromisse setzten sich in ihr vielmehr fort. Über Deutschland und seine Verfassung im Grundsätzlichen nachzudenken, unterblieb. Auch über die Grundprobleme der Parteienstaatlichkeit sprach man nicht. Die drängenden Probleme der Finanzverfassung blieben sogar gänzlich ausgeklammert.[5] Im Vordergrund standen Fragen des föderativen Verhältnisses, in das auch der neue Europa-Artikel (Art 23) eingebettet wurde, und Postulate, die in vielen Fällen mehr dem Zeitgeist verhaftet waren, als einer auf das Wesentliche konzentrierten Verfassung gut tut. Was die Verfassung für einen Staat leisten *kann*, was sie bieten *muß*,[6] hat man nicht diskutiert.

2. Seit sechs Jahren ist die Bundesrepublik Deutschland, ja ganz Europa und damit auch Österreich, nicht mehr das, was sie 40 Jahre lang gewesen sind. Gewaltige Veränderungen sind eingetreten. Der kommunistische, unter der Herrschaft der UdSSR stehende Staatenblock, militärisch im Warschauer Pakt und wirtschaftlich im Comecon gebündelt, ist zusammengebrochen. Die alten Nationalstaaten sind wieder auf den Plan getreten, von Reval bis Bukarest, die Sowjetunion hat sich in eine Vielzahl heterogener Gebilde aufgelöst, von denen etliche sofort in politische, soziale, ethnische und wirtschaftliche Krisen stürzten. Auch ihr größter Staat, die Russische Föderation, ist trotz einer in Sprache und Inhalt durchaus respektablen Verfassung vom 12. Dezember 1993[7] krisengeschüttelt, nicht nur, was die ökonomische Entwicklung betrifft. Jugosla-

---

4 V. BUSSE, Das vertragliche Werk zur deutschen Einheit, DÖV 1991, 345 (352).

5 Zur Notwendigkeit einer Reform der Finanzverfassung vgl G. MENDE, Überlegungen zu einer Neuregelung der Finanzverfassung, in: E. Klein (Hrsg), Verfassungsentwicklung in Deutschland nach der Wiedervereinigung (1994) 83 ff; vgl auch die Diskussionsbeiträge von P. SELMER (14), R. SCHOLZ (14 f) und R. WENDT (25) in: K. Stern (Hrsg), Deutsche Wiedervereinigung, Bd IV (1993); ROHN/SANNWALD, Die Ergebnisse der Gemeinsamen Verfassungskommission, ZRP 1994, 65 (66).

6 Dazu eingehend J.-F. AUBERT/K. EICHENBERGER, Sinn und Bedeutung einer Verfassung, Referate zum 125. Schweizerischen Juristentag (1991); M. SACHS, in: ders (Hrsg), Grundgesetz-Kommentar (1996), Einf Rdnrn 1 ff jeweils mwN.

7 Deutsche Übersetzungen von D. FRANZKE, Osteuropa Recht, 3/94, 292 ff, und von TH. OERTNER, EuGRZ 1994, 519 ff; siehe auch die Anmerkung VON THEODOR SCHWEISSFURTH, Die Verfassung Rußlands vom 12. Dezember 1993, EuGRZ 1994, 473 ff.

wien ist zerfallen; auf seinem Gebiet ist nach einem grausamen Bürgerkrieg die Neuordnung noch nicht abgeschlossen. Noch im November 1990 hielten ganz Europa und die Vereinigten Staaten von Amerika in einer Gemeinsamen Erklärung und einer Charta von Paris ein neues Zeitalter für angebrochen und formulierten ein „unerschütterliches Bekenntnis zu einer auf Menschenrechten und Grundfreiheiten beruhenden Demokratie, Wohlstand durch wirtschaftliche Freiheit und soziale Gerechtigkeit und gleiche Sicherheit für alle unsere Länder".[8] Ist das eingetreten? Die Frage ist zu verneinen.

Die Folgen dieses Befundes sind für die Bundesrepublik Deutschland nicht unmittelbar belastend, aber sie sind in das Kalkül der Gesamtlage einzubeziehen. Es steht außer Zweifel, daß dieser Staat in der Mitte Europas von allem, was auf diesem Kontinent und in seiner Nähe geschieht, berührt wird. Nicht zuletzt hatte er den Zusammenbruch des kommunistischen Blocks in seinen fünf neuen Bundesländern hautnah erlebt und aufzufangen. Im 7. Jahr nach der weltpolitischen – nicht nur deutschen – „Wende"[9] kann der deutsche Staat nicht mehr das sein, was er 40 Jahre lang war, eine im Windschatten der „großen Pötte" dahinsegelnde schmuck herausgeputzte Yacht, die abdrehen wollte und durfte, wenn es in die rauhen Gewässer der offenen See ging, beladen lediglich mit der unerfüllten Einheit, die zu vielen schon gleichgültig geworden war. Die Bundesrepublik Deutschland ist verändert worden, ebenso wie seiner Zeit das „alte" Preußen, als es im Deutschen Reich aufging.

Der Wandel ist politisch, landsmannschaftlich, vor allem aber in der Gefühlslage sichtbar, auch wenn NATO-Mitgliedschaft und EU-Zugehörigkeit unverändert blieben und lediglich eine territoriale Erweiterung eintrat. Das „Traumland" der begrenzten Souveränität, in dem es sich viele bequem eingerichtet hatten, ist dahin. Neue und größere Herausforderungen sind auf den Plan getreten. Sollen die europäisch-nordatlantischen Gemeinschaften eine ordnungspolitische Machtstellung gewinnen, was dringend geboten ist, so genügt rhetorischer Interventionismus nicht mehr. Taten sind auf vielen Feldern erforderlich. Die Suche nach der neuen Politik- und Sicherheitskonzeption nach dem Ende der bipolaren Welt ist noch nicht abgeschlossen. Das Bundesverfassungsgericht hat für die verfassungsgebundene Politik auf diesem Felde wichtige Vorfragen geklärt, als es den Einsatz deutscher Streitkräfte außerhalb des NATO-Gebiets im Rahmen der UN-Charta verfassungsrechtlich erlaubt hat.[10]

---

8 Abgedruckt bei Stern/Schmidt-Bleibtreu, aaO, Bd 3: Zwei-plus-Vier-Vertrag (1991) 319.

9 Das Bundesverfassungsgericht spricht vom „weltpolitischen Umbruch der Jahre 1989 bis 1991", BVerfGE 90, 286 (298, 365).

10 Vgl BVerfGE 90, 286 ff.

II. Das Grundgesetz – die Verfassung des vereinigten Deutschland

1. Mit dem soeben Ausgeführten sind einige Bereiche aufgezeigt, die dem deutschen Staat sechs Jahre nach der Wiedervereinigung strategische Entscheidungen abfordern. Sie sind von so erheblicher Tragweite, daß sie nicht mit tagespolititschen und insbesondere wahltaktischen Kompromissen im Wege eines so gern praktizierten „muddle through" bewältigt werden können. Im folgenden geht es darum zu fragen, ob und inwieweit die Verfassung hierbei Hilfe bieten kann. Die Beantwortung dieser Frage verlangt zunächst einige Grundeinsichten über das Verhältnis des Staates zur Verfassung und über die Problemlösungskapazität einer Verfassung, ehe auf die jüngsten Verfassungsänderungen eingegangen werden kann, die dem Grundgesetz hoffentlich längere Festigkeit verliehen haben.

2. Die Bundesrepublik Deutschland ist seit 1949 in prononcierter Weise Verfassungsstaat geworden. Das Grundgesetz ist im Vergleich zu früheren Verfassungen Ausdruck geglückter Verfassunggebung für den deutschen Staat. Die Leistung der Männer und Frauen des Parlamentarischen Rates, die in schwerer Zeit das Verfassungswerk geschaffen haben, kann nicht hoch genug veranschlagt werden. Die zahlreichen Abbildungen grundgesetzlicher Lösungen im Ausland zeugen von dem Respekt, den man dieser Verfassung entgegenbringt. Aber wir müssen klar erkennen, daß die Verfassung nicht der Staat ist; sie kann ihn nicht ersetzen und sie ist vor allem kein Ersatz für notwendige politische Entscheidungen. Der so gern beschworene „Verfassungspatriotismus" läuft daher Gefahr, die Verfassung zu überschätzen und die Staatlichkeit zu unterschätzen.[11] Die ursprüngliche Fassung des Grundgesetzes hatte schon recht, wenn sie das Hauptziel der Verfassung in der Präambel damit umschrieb, „dem staatlichen Leben ... eine neue Ordnung zu geben" (Satz 1). Kein neuer deutscher Staat sollte durch das Grundgesetz gegründet werden, sondern das fortbestehende Deutsche Reich reorganisiert, neu konstituiert werden nach einem verfassungsstaatlichen Ideal, das in Jahrhunderten unter Beteiligung bedeutender Köpfe aus fast allen Teilen der alten und der neuen Welt geformt wurde. In der normativen Ordnungsfunktion der Verfassung ist vor allem die Legitimation der auf ihrer Grundlage berufenen obersten Staatsorgane begründet. In diesem Sinne ist die Verfassung „archimedischer Punkt" der gesamten Rechtsordnung. Aber die Verfassung ersetzt nicht staatliche Macht, sie steuert sie nur. Ein schö-

---

[11] Vgl D. Merten, Verfassungspatriotismus und Verfassungsschwärmerei, VerwArch. Bd 83 (1992) 283 ff; *ders*, in: Kontinuität und Diskontinuität in der deutschen Verfassungsgeschichte, Seminar zum 80. Geburtstag von K. A. Bettermann (1994) 28 ff.

ner Testfall ist in diesem Lichte die Wiederherstellung der Deutschen Einheit.

a) Die deutsche Wiedervereinigung mußte politisch, dh sowohl zwischen den beiden Staaten in Deutschland als auch gegenüber den vier Hauptsiegermächten errungen werden. Die Verfassung des westlichen deutschen Staates stellte hierfür zwei Wege parat, die Beitrittslösung anderer Teile Deutschland zur Bundesrepublik Deutschland nach Art 23 GG aF und einen in mehrfacher Weise offenen Verfassungsschöpfungsprozeß in Art 146 GG aF. Die DDR-Verfassung hatte sich 1968 von der deutschen Einheit verabschiedet; sie schuf auch im Verfassungsgrundsätzegesetz vom 17. Juni 1990 für die Einheit keine Vorschriften, wohl aber im (völkerrechtlichen) Vertrag über die Einrichtung einer Währung-, Wirtschafts- und Sozialunion vom 18. Mai 1990, in der die Verfassungspartner ihre Entschlossenheit bekundeten, „in Freiheit die Einheit Deutschlands in einer europäischen Friedensordnung alsbald zu vollenden" (Präambel). Hätte man sich zur Einheit über Art 146 GG entschlossen, so bedarf es heute keiner Darlegungen mehr, welche Risiken damit verbunden gewesen wären. Im Zweifel wäre das Einigungswerk gescheitert. Gegenteiligen Behauptungen zum Trotz muß immer wieder hervorgehoben werden, daß entsprechend Art 23 GG und der Präambel im Grundgesetz von Anfang an sehr wohl auch die Wiedervereinigung durch Ausdehnung seiner Geltungskraft über die westlichen Länder hinaus angelegt war.[12]

b) Was den Beitritt der DDR nach Art 23 GG betrifft, so ist der Beschluß der Volkskammer, diesen am 23. August 1990 „zum Geltungsbereich des Grundgesetzes" zu erklären, an sich nicht korrekt, weil man nur einem Staatsverband beitreten kann, wie es richtigerweise 1956 der Saarländische Landtag tat.[13] Im Wege teleologischer Interpretation läßt sich der Beschluß indes vertreten; er dokumentiert im übrigen die Hochschätzung des Grundgesetzes in der dortigen Bevölkerung.[14] Das sollten vor allem diejenigen bedenken, die so oft von den nicht berücksichtigten „Errungenschaften" aus der DDR-Zeit sprechen.

---

12 Nachweise der Entstehungsgeschichte und der Literatur der 50er Jahre bei W. Knies, Verfassunggebung oder Verfassungsänderung?, in: E. Klein (Hrsg), Verfassungsentwicklung in Deutschland nach der Wiedervereinigung (1994) 13 (16 f); s auch H. Weis, Verfassungsrechtliche Fragen im Zusammenhang mit der Herstellung der staatlichen Einheit Deutschlands, AöR Bd 116 (1991) 1 ff.

13 Der Beschluß vom 13. 12. 1956 lautet: „Der Landtag des Saarlandes erklärt in Vollziehung des durch den Volksbescheid vom 23. Oktober 1955 bekundeten Willens der Bevölkerung und nach Kenntnisnahme des am 27. Oktober 1956 unterzeichneten Vertrages zwischen der Bundesrepublik und der französischen Republik zur Regelung der Saarfrage den Beitritt des Saarlandes gemäß Art. 23 Satz 2 des Grundgesetzes für die Bundesrepublik Deutschland" (ABl Saarl 1956, 1645).

14 Siehe hierzu E. Klein, An der Schwelle zur Wiedervereinigung Deutschlands, NJW 1990, 1065 (1070); W. Knies, aaO 23 mwN.

c) Die staatsrechtlichen Konsequenzen und Modalitäten des Beitritts ergaben sich aus Art 23 Satz 2 GG aF und Art 3 Einigungsvertrag dahingehend, daß das Grundgesetz in den beigetretenen Teilen Deutschlands, den wiederhergestellten fünf neuen Ländern (Art 1 EV), in Kraft zu setzen ist. Hergestellt war dadurch also die Verfassungseinheit in Deutschland, soweit dieser Staat nach der völkerrechtlichen Rechtslage Bestand haben durfte. Die Verfassungseinheit des wiedervereinigten Staates war jedoch mit einigen sog beitrittsbedingten Änderungen des Grundgesetzes in Art 4 EV verknüpft, die stärker Kompromiß des westdeutschen Parteienlagers als wirklich beitrittsbedingt geboten waren. Diese bereiteten, jedenfalls was Art 143 und Art 146 GG betrifft, auch fürderhin Kopfzerbrechen. Eigentliche Hypothek der verfassungsrechtlichen Situation war indessen der schon erwähnte Art 5 EV mit dem Verfassungsüberprüfungsauftrag an die gesetzgebenden Körperschaften. Es lag auf der Hand, daß sich dieser Auftrag nicht auf die vier Themenkreise beschränken ließ, die Art 5 ausdrücklich aufzählt, nämlich Fragen des bundesstaatlichen Verhältnisses, Neugliederung in Berlin/Brandenburg, Staatszielbestimmungen, Art 146 GG und die Frage von Volksabstimmungen. Dies verhinderte schon Art 5 EV selbst, weil er diese Materien nur beispielhaft („insbesondere") nennt. Im übrigen pflegen Verfassungskommissionen, wenn sie aus Politikern zusammengesetzt sind, eine Eigendynamik zu entwickeln, die nicht vorhersehbar ist.

3. a) Als man in den 70er Jahren vor der Frage einer Überprüfung des Grundgesetzes stand, beauftragte der Deutsche Bundestag eine „Enquête-Kommission Verfassungsreform", die sich aus der gleichen Zahl von Bundestagsabgeordneten, Vertretern der Länder und unabhängigen Sachverständigen zusammensetzte, zu prüfen, „ob und inwieweit es erforderlich ist, das Grundgesetz den gegenwärtigen und voraussehbaren zukünftigen Erfordernissen – unter Wahrung seiner Grundprinzipien – anzupassen."[15] Der Auftrag war klar und führte 1976 zu systemimmanenten Vorschlägen, die größtenteils freilich nicht umgesetzt wurden, weil man sich nicht die Muße nahm, vertieft darüber nachzudenken. Manch späterer Verfassungsstreit wäre vermieden worden. Entscheidend war jedoch: Weder Verfassungsideologen noch Verfassungsromantiker hatten damals eine Chance.

b) 1990 war der Anlaß zur Überprüfung ein anderer. Die Wiederherstellung der Deutschen Einheit schien zur Stunde der Verfassungsreformer zu werden.[16] Kaum eine verfassungspolitische Wünschbarkeit, sei es

15 BT- Sten Ber VI/70, 3893 ff (3896); BT-Drucks. VI/653 = Schlußbericht der Enquête-Kommission Verfassungsreform, Zur Sache 3/76, 11.

16 Vgl Chr. Degenhart, Rechtseinheit und föderale Vielfalt im Verfassungsstaat, ZfA 1993, 409 ff.

ein in 40 Jahren gescheiterter alt-bundesrepublikanischer Traum oder eine sog sozialistische Errungenschaft, fehlte in diesen Forderungskatalogen.[17] Die Realisierung der „Empfehlung" des Art 5 EV führte indessen in der Praxis zur Aufgabe der Idee einer neuen Verfassung, wie sie „Runde Tische" entworfen hatten, die stark unter dem Einfluß jener überwiegend westdeutschen Teilnehmer standen, deren Gedankengut in der „alten" Bundesrepublik chancenlos geblieben war.[18] Durchgesetzt hat sich die Erkenntnis, daß das Grundgesetz prinzipiell auch für das wiedervereinigte Deutschland die richtige Verfassung ist. Allerdings sollte eben dieses Grundgesetz überprüft werden, aber in den Grenzen des Art 79 GG,[19] also auch unter Wahrung seiner Unantastbarkeiten. Diese Auslegung, die ich sehr frühzeitig in den Erläuterungen zu den Verträgen und Rechtsakten zur Deutschen Einheit, namentlich auf der Grundlage der Entstehungsgeschichte des Art 5 EV vertreten habe, hat sich gegenüber jenen Positionen behauptet, die glaubten, über Art 146 GG nF doch noch den pouvoir constituant des Volkes aktivieren zu können.[20] Die Gemeinsame Verfassungskommission von Bundestag und Bundesrat hat klar im Rahmen des Art 79 GG gedacht, diskutiert und empfohlen. Es war ihr wohl weisester Entschluß, Vorschläge überhaupt nur dann Bundestag und Bundesrat zu unterbreiten, wenn sie in der Kommission eine Zwei-Drittel-Mehrheit gefunden hatten.[21] Daß in der parlamentarischen Diskussion in Bundestag und Bundesrat zum Abschluß der Legislaturperiode dann doch noch etliche zusätzliche Vorschläge auf den Tisch kamen, liegt in der Na-

17 Vgl dazu H. ROGGEMANN, Zur Reformverfassung einer gesamtdeutschen Bundesrepublik, NJ 1990, 182; H. SIMON, Markierungen auf dem Weg zu einer neuen gesamtdeutschen Verfassung, NJ 1990, 516; K.-H. SCHÖNEBURG, Der deutsche Staat braucht eine neue Verfassung, NJ 1992, 334 ff; Vom Grundgesetz zur deutschen Verfassung, Denkschrift und Verfassungsentwurf, vorgelegt vom Kuratorium für einen demokratisch verfaßten Bund deutscher Länder, 1991, abgedruckt in: Eine Verfassung für Deutschland, hrsg von B. Guggenberger ua, 1991, 99 ff.

18 Was man sich darunter vorzustellen hat, drückt sehr gut der Verfassungsentwurf des „Zentralen Runden Tisches der DDR" aus, der am 4. 4. 1990 vorgelegt wurde (abgedruckt im JöR nF Bd 39 [1990] 350 ff). Auch der vom „Kuratorium für einen demokratisch verfaßten Bund Deutscher Länder" am 18. Mai 1991 vorgelegte Verfassungsentwurf atmet in Teilen den Geist des DDR-Gedankenguts. Zum Ganzen ferner K. M. ROGNER, Der Verfassungsentwurf des Zentralen Runden Tisches der DDR, 1993; Die Verfassungsdiskussion im Jahr der deutschen Einheit – Analysen – Hintergründe – Materialien, hrsg von B. Guggenberger und T. Stein (1991); CHR. DEGENHART, aaO. Über Einflüsse auf Landesverfassungen der neuen Länder vgl K. STERN, Staatsrecht, Bd III/2 (1994) § 93.

19 Über dessen Bedeutung und allgemein zuletzt H. DREIER, Grenzen demokratischer Freiheit im Verfassungsstaat, JZ 1994, 741 ff; für die Grundrechte K. STERN, Staatsrecht, Bd III/2 (1994) § 89; J. LÜCKE, in: M. Sachs, aaO, Art 79 Rdnrn 20 ff.

20 Näher K. STERN, in: Stern/Schmidt-Bleibtreu, Verträge und Rechtsakte zur Deutschen Einheit, Bd 2: Einigungsvertrag (1990) 46 ff.

21 Vgl den Bericht der Gemeinsamen Verfassungskommission, BT-Drucks 12/6000, 9.

tur des Parlamentsbetriebs und sollte nicht dramatisiert werden. Wesentlich ist, was die Verfassungsänderungen in der Sache gebracht haben.[22]

III. Die wichtigsten Änderungen des Grundgesetzes zu Grundrechten und Staatszielen

1. „Im modernen demokratischen Staat gehört ... die normative Beständigkeit der Verfassung, ihre Dauer über den wechselnden Mehrheiten zu den grundlegenden politischen Werten", bemerkte U. Scheuner sinnigerweise in einem der wenigen Beiträge zu dem Wiedervereinigungs-Artikel 146 GG aF.[23] Es ist diese Stabilisierungsfunktion der Verfassung, die seit Plato rechtlichen Grundordnungen im Vergleich zu einfachen Gesetzen zugeschrieben wird, die Verfassungen der Idee nach Dauer verleihen soll, weil sie den Grundkonsens des Volkes in den fundamentalen Fragen der politischen und gesellschaftlichen Einheit wiedergeben wollen. Diese Stabilität war dem Grundgesetz trotz 35 Änderungen eigen, die es bis 1990 erfahren hat, weil sie allesamt nicht seine Substanz erfaßten, selbst nicht die größeren, wie die Einfügung der Wehr- (1954 und 1956) und Notstandsverfassung (1968), die Nachzeichnungen von Verfassungslükken waren. Auch die Einfügung der globalen Wirtschaftssteuerung 1967 und die große Finanzreform 1969 ließen die Grundstruktur unangetastet.

Demgegenüber sind die vielen Änderungen seit der Wiederherstellung der Einheit differenzierter zu beurteilen.[24] Schon erwähnt wurden die als einigungsbedingt deklarierten Änderungen, von denen Art 143 und 146 zumindest problembehaftet sind und die Vermehrung der Bundesratsstimmen für die vier „großen" Länder vor Eintritt der neuen Län-

22 Zur Arbeit der Kommission vgl R. Rubel, Das neue Grundgesetz, JA 1992, 265 ff, JA 1993, 12 ff, 296 ff; R. Scholz und H. Voscherau, in: K. Stern (Hrsg), Deutsche Wiedervereinigung, Bd IV, Zur Reform des Grundgesetzes (1993) 5 ff, 29 ff; R. Scholz, Die Gemeinsame Verfassungskommission von Bundestag und Bundesrat. Auftrag, Verfahrensgang und Ergebnisse, ZG 1994, 1 ff; F.-A. Jahn, Empfehlungen der Gemeinsamen Verfassungskommission zur Änderung und Ergänzung des Grundgesetzes, DVBl 1994, 177 ff; Rohn/Sannwald, Die Ergebnisse der Gemeinsamen Verfassungskommission, ZRP 1994, 65 ff; H.-J. Vogel, Die Reform des Grundgesetzes nach der deutschen Einheit. – Eine Zwischenbilanz, DVBl 1994, 497 ff. Die ausführliche und mit umfangreichen Nachweisen versehene Untersuchung von U. Berlitt, Die Reform des Grundgesetzes nach der staatlichen Einigung Deutschlands, JöR Bd 44 (1996) 17 ff. konnte nicht mehr berücksichtigt werden.

23 Art 146 GG und das Problem der verfassunggebenden Gewalt, DÖV 1953, 581 (584).

24 Es sind dies das 37. ÄndG des GG vom 14. 7. 1992 (BGBl I 1254); das 38. ÄndG des GG vom 21. 12. 1992 (BGBl I 2086); das 39. ÄndG des GG vom 28. 6. 1993 (BGBl I 1002); das 40. ÄndG des GG vom 20. 12. 1993 (BGBl I 2089); das 41. ÄndG des GG vom 30. 8. 1994 (BGBl I 2245); das 42. ÄndG des GG vom 27. 10. 1994 (BGBl I 3146); das 43. ÄndG des GG vom 3. 11. 1995 (BGBl I 1492).

der jedenfalls egoistisch war. Die Ersetzung des zu schlanken Asylartikels 16 Abs 2 Satz 2 durch Art 16a GG war zwar in der Sache geboten, aber wie sie ausgefallen ist, darf sie sicher nicht als geglückte Verfassunggebung im Grundrechtsbereich angesehen werden. Die Privatisierung von Bahn und Post, also Art 87e und Art 87f mit Art 143a und Art 143b GG, sind ebenfalls zu begrüßen, wenngleich die verfassungsrechtliche Formulierung langatmig, aber auch nicht schädlich ist. Auch die Änderungen aufgrund des Föderalen Konsolidierungsprogramms sind nicht substantieller Natur. Bleiben zwei große Komplexe: die mit dem Vertrag von Maastricht zusammenhängenden Einfügungen zur Europäischen Union von 1992 und die nunmehr im Oktober 1994 vorgenommenen Änderungen nach den Vorschlägen der Gemeinsamen Verfassungskommission, unter denen drei Bereiche herausragen, nämlich diejenigen zum Staatsziel Schutz der natürlichen Lebensgrundlagen, zu Art 3 GG und zum Bund-Länder-Verhältnis. Viele weitere Vorschläge sind teils in der Kommission selbst, teils in den gesetzgebenden Körperschaften auf der Strecke geblieben, darunter Vorschläge

- zur Aufnahme des Datenschutzes in den Grundrechtskatalog,
- zur Ausdehnung des Art 6 GG auf andere als eheliche Lebensgemeinschaften,
- zur Aufnahme von Kinderrechten und
- zuletzt noch zur Mitmenschlichkeit und zu Gemeinsinn.

Auch die meisten vorgeschlagenen Staatszielbestimmungen fanden ebenso wenig notwendige Mehrheiten, wie andere auf den Organisationsteil bezogene Vorschläge, darunter ein mit qualifizierter Mehrheit zu beschließendes Selbstauflösungsrecht des Bundestages und der Ausschluß der Wiederwahl des Bundespräsidenten sowie die Einsetzung einer über die Abgeordnetendiäten und die staatliche Parteienfinanzierung entscheidenden Kommission.

2. In der Diskussion um die Ratifizierung des Maastrichter Vertrages kam es zur Kontroverse, ob die durch diesen Vertrag geschaffene Europäische Union, vor allem in Form der Währungsunion, aber auch die durch den Vertrag geschaffene Gemeinsame Außen- und Sicherheitspolitik und die Zusammenarbeit in den Bereichen Justiz und Inneres sowie die Einräumung des Kommunalwahlrechts an EU-Bürger, noch durch die Übertragungskompetenz des Art 24 Abs 1 GG gedeckt sei oder ob es einer Verfassungsänderung bedürfe. Die Gemeinsame Kommission hat hierzu eine Anhörung am 22. Mai 1992 in Berlin abgehalten.[25] Allerdings

---

25 Gemeinsame Verfassungskommission, Sten Ber, 1. Öffentliche Anhörung „Grundgesetz und Europa"; siehe auch den Bericht der Gemeinsamen Verfassungskommission, BT-Drucks. 12/6000, 19 ff.

stand zu diesem Zeitpunkt praktisch bereits fest, daß man sich einig war, einen neuen Art 23 GG zu schaffen, also den ehemaligen Wiedervereinigungs-Artikel in einen Europa-Artikel umzuetikettieren, und andere Vorschriften einzufügen, darunter namentlich Art 28 GG zum Ausländerwahlrecht von Unionsbürgern und Art 88 GG, die Bestimmung über die Deutsche Bundesbank. Der neue Europa-Artikel beruhte vor allem auf den Intentionen der Länder, mit stärkeren Kompetenzen in den intensivierten Integrationsprozeß einbezogen zu werden, weil die Europäische Union in der Zukunft mehr als nur eine Wirtschaftsgemeinschaft ist. Zugleich sollte eine „Struktursicherungsklausel" für das zukünftige Europa in Richtung auf Verstärkung der Demokratie, des Subsidiaritätsprinzips, überhaupt föderativer Grundsätze geschaffen werden. Das Ergebnis war ein vertrakter Art 23 GG, der noch durch ein Gesetz über die Zusammenarbeit von Bundesregierung und Deutschem Bundestag in Angelegenheiten der Europäischen Union vom 22. 3. 1993 (BGBl I 311) und ein Gesetz über die Zusammenarbeit von Bund und Ländern in Angelegenheiten der Europäischen Union vom gleichen Tag (BGBl I 313) sowie eine Vereinbarung vom 29. 10. 1993 zwischen Bundesregierung und den Regierungen der Länder über die Zusammenarbeit in Angelegenheiten der Europäischen Union (BAnz 1993, 10425) ergänzt wird. Auch die Verfassungsänderungen konnten indessen nicht verhindern, daß der Vertrag von Maastricht in die verfassungsgerichtliche Feuertaufe geriet. Er bestand sie. Das Gericht verkündete in seinem Urteil vom 12. 10. 1993 die Verfassungsmäßigkeit des Vertrages, aber es zeigte auch Grenzen für die weitere Supranationalisierung auf, vor allem was die Währungsunion betrifft. Das Gericht hat die Union als „Staatenverbund" bezeichnet, der abgegrenzt ist von einer europäischen Staatlichkeit oder bundesstaatlich konstruierten Vereinigten Staaten von Europa, ohne freilich die Endgestalt der Union zu präjudizieren.[26] Nichts ist in dieser Richtung verbaut, auch wenn die Eigenstaatlichkeit der Nationen über Art 79 Abs 3 GG, der jetzt in Art 23 Abs 1 Satz 3 GG ausdrücklich aufgenommen ist, unantastbar erscheint. Noch aber fehlt der große europäische verfassungspolitische Entwurf für die Einheit Europas, den Art 23 GG allein nicht impulsieren kann. Die seit März 1996 arbeitende Folgekonferenz (Art N EUV) muß den institutionellen Reformen Vorrang geben.

3. Lange Zeit schien es, daß im Bereich der Grundrechte und vor allem der Staatsziele eine größere Umgestaltung zu erwarten sei. Eine Vielzahl von Postulaten stand in der Diskussion, so die schon erwähnten Erweiterungen im Grundrechtskatalog und die Aufnahme von Staatszielen, wie etwa

---

26 BVerfGE 89, 155 (188 ff).

- Erhalt und Schaffung von Arbeitsplätzen sowie Sicherung eines hohen Beschäftigungsstandes,
- Anerkennung der Tarifautonomie, der paritätischen Mitbestimmung und des Streikrechts sowie das Verbot der Aussperrung,
- Förderung ausreichender Versorgung mit Wohnraum,
- Schutz des Mieters durch Kündigungsschutzregelungen,
- Schutz und Förderung von Bildung und Kultur,
- Schaffung eines Systems sozialer Sicherheit, Tierschutz und
- Schutz ethnischer, kultureller und sprachlicher Minderheiten.

Geblieben ist die weitgehend außerhalb der Kommission behandelte Änderung des Asylgrundrechts (Art 16a GG), eine Ergänzung des Grundrechts der Gleichberechtigung (Art 3 Abs 2 GG) und eine Ergänzung der besonderen Diskriminierungsverbote des Art 3 Abs 3 GG um ein Benachteiligungsverbot wegen Behinderung. Bei der Aufnahme von Staatszielen hat lediglich der Schutz der „natürlichen Lebensgrundlagen" „auch in Verantwortung für die künftigen Generationen" Gnade gefunden (Art 20a GG). Kaum substantiell zu werten ist die Ergänzung der kommunalen Selbstverwaltungsgarantie um „die Grundlage der finanziellen Eigenverantwortung", weil dies nichts anderes als ein Nachzeichnen einer gefestigten Rechtsprechung der Verfassungsgerichte bedeutet.[27]

a) Der neue Art 16a GG ist im Dezember 1992 nach langwierigen kontroversen Verhandlungen der großen politischen Parteien als sog Asylkompromiß zustandegekommen; er war notwendig geworden aufgrund drastischen Anstiegs der Asylbegehren, ganz überwiegend nicht wegen politischer Verfolgung, sondern aus Gründen wirtschaftlicher Not. Schon in der Anhörung wurde diese erste nachhaltige Änderung im Grundrechtskatalog des Grundgesetzes wegen ihres „monströsen Wortlauts" als „gravierender verfassungssystematischer Stilbruch" charakterisiert.[28] Es steht außer Zweifel, daß der „alte" Art 16 Abs 2 Satz 2 GG wegen der „Generosität" (C. Schmid) der Vorschrift Deutschland zum Asylland par excellence in Europa gemacht und überfordert hat. Ursache hierfür war vor allem der fehlende Gesetzesvorbehalt, der ursprünglich durch den Hinweis „im Rahmen des allgemeinen Völkerrechts" erfolgen sollte, wie es H. v. Mangoldt vorsah, aber unterblieb, weil C. Schmid meinte, daß

27 Vgl BVerfGE 6, 116; 22, 180 (207); 23, 252 (365, 372); 26, 172 (180, 184); 26, 228 (244); 52, 95 (117); 71, 25 (36); VerfGH NW, OVGE 11, 149 (150); 19, 297 (306); BayVerfGH, VGH nF Bd 12, 48 (55); VerfGH Rh.-Pf, DVBl 1978, 802 ff; NVwZ 1982, 615. Die weitergehenden Vorstellungen des Deutschen Städtetages finden sich in: Der Städtetag (1994) 420 (421).

28 A. Vosskuhle, „Grundrechtspolitik" und Asylkompromiß – Zur Verfassungsänderung als Instrument politischer Konfliktbewältigung am Beispiel des Art. 16a GG, DÖV 1994, 54 mit Nachw aus der Anhörung der Gemeinsamen Verfassungskommission

die allgemeinen Regeln des Völkerrechts bereits durch eine andere Bestimmung zum Bestandteil des Bundesrechts erklärt worden seien.[29] Damit war einer weitgefaßten Auslegung durch die Rechtsprechung des Bundesverfassungsgerichts und der Verwaltungsgerichte das Tor geöffnet.[30] Um Abhilfe zu schaffen, war eine verfassungsgesetzliche Restriktion unabweisbar. Auf einen dezidierten Gesetzesvorbehalt ließ sich die Opposition nicht ein. Sie wollte das „einfache" Asylrecht durch die Verfassung determinieren. So kam es zu der grundrechtsuntypischen Regelungsdiktion. Sie hat das Grundrecht eingeschränkt (Art 16a Abs 2-4),[31] ohne jedoch „Grundrechtsverhinderungsvorschrift" zu sein,[32] aber trotz gewisser Mängel in der Praxis offenbar gegriffen.[33] Was das eigentlich Störende an der Vorschrift ist, ist der in ihr zu Tage tretende mit Details überfrachtete Verfassungsnormierungsstil, der die zurückhaltende Methode des Parlamentarischen Rates verlassen hat.[34] Im Bereich der Grundrechte ist dies der erste Sündenfall. Konzentration auf das Wesentliche wäre besser gewesen, gerade in einem Fall, in dem es keineswegs gewiß ist, daß das Reformziel auf Dauer erreicht wird und Änderungsbedarf deshalb nicht auszuschließen ist. Zur Zeit wird die Vorschrift beim Bundesverfassungsgericht überprüft.

b) Seit den 80er Jahren gehört die Frage der Aufnahme von sog Staatszielen zum Diskussionsthema von Verfassungsreformen. Neben ausdrücklich erteilten Gesetzgebungsaufträgen der Verfassung will diese Regelungsform Staatsaufgaben umschreiben, die prononciert und fortdauernd als

---

29 JöR nF Bd 1 (1950/51) 165 f.

30 Vgl BVerfGE 54, 341 (356, 358); 76, 143 (169); 80, 68 (73); 80, 182 (187); 80, 315 (333 ff, 335 f); 86, 280 (285); BVerfG, NVwZ 1985, 260; vgl auch zur Rechtsprechung des Bundesverfassungsgerichts Th. Roeser, Stattgebende Kammerentscheidungen des Bundesverfassungsgerichts zum Grundrecht auf Asyl, EuGRZ 1994, 85 ff; BVerwGE 65, 244; 70, 232; 74, 41 (43); 79, 79; BVerwG, NVwZ 1990, 80 (81); BVerwG, Buchholz 402.25 § 1 AsylVfG Nr 43.

31 Einzelheiten über die Einschränkungen bei H. J. Bonk, in: M. Sachs, aaO, Art 16a Rdnrn 6 ff.

32 So aber der Präsident des Bundesverwaltungsgerichts E. Franssen, Der neue Art. 16a GG als „ Grundrechtsverhinderungsvorschrift", DVBl 1993, 300 f.

33 BVerfGE 89, 101; vgl auch die Nachweise bei Th. Roeser, Stattgebende Kammerentscheidungen des Bundesverfassungsgerichts zum Grundrecht auf Asyl, EuGRZ 1994, 85 (99 f); *ders*, EuGRZ 1996, 125 ff. Die Asylbewerberzahlen sind dokumentiert in NVwZ 1996, 255 f.

34 A. Vosskuhle stellt zu Recht die Frage, ob der in Art 16a GG zu Tage getretene „Bruch mit dem ursprünglichen Neuerungsstil" Gefahren für die Funktion der Verfassung mit sich bringt (AöR Bd 119 [1994] 35 [36 f] mwN). Die „handwerkliche Qualität" des Art 16a GG ist in der Expertenanhörung vor der Gemeinsamen Verfassungskommission vom 11. 3. 1993 einhellig bemängelt worden. Vgl dazu Lotz, Sten Prot I, 37, 249; H. J. Papier, ebda 55; Steinberg, ebda 67; B. Schlink, ebenda 73, 425; E. Schmidt-Jortzig, ebda 82; K. Hailbronner, ebda 282, 285.

objektiv-rechtliche Verfassungsnormen von allen Staatsgewalten beachtet werden müssen, zuvörderst dem Gesetzgeber verbindlich Direktiven für sein Handeln geben, ohne den Begünstigten subjektive Rechte einzuräumen.[35] Vor allem die vorgrundgesetzlichen Landesverfassungen haben vielfach mit diesen Normkonstruktionen gearbeitet,[36] nach Verfassungsänderungen auch die Verfassungen der anderen Länder, besonders die der neuen Länder.[37] Das Grundgesetz war hingegen mit dieser Normierungsform sehr zurückhaltend: Wiedervereinigungsauftrag, Sozialstaatsklausel, Europäische Integration, Friedenswahrung und gesamtwirtschaftliches Gleichgewicht galten als sehr abstrakt gehaltene Ziele. Konkretisierungen überließ man dem Gesetzgeber oder dem politischen Gestaltungsspielraum. Diese Zurückhaltung wurde für die Reform nach der Wiedervereinigung aufgegeben. Schon Spiegelstrich 3 des Art 5 EV erteilte insoweit einen Prüfungsauftrag. In der politischen Diskussion wurden denn auch zahlreiche schon genannte Ziele zur Aufnahme vorgeschlagen. Endgültig aufgenommen wurden jedoch nur drei Ziele, davon zwei im Grundrechtsabschnitt, eines, der Umweltschutz, in einem neuen Art 20a GG.

aa) Der Schutz der „natürlichen Lebensgrundlagen" in Art 20a GG war als solcher unbestritten und mehr als ein Jahrzehnt in unterschiedlichsten Formulierungen beraten worden.[38] Die Gesetz gewordene Fas-

---

35 So die hM im Anschluß an den Bericht der Sachverständigenkommission „Staatszielbestimmungen/Gesetzgebungsaufräge" (1983) 19 f; vgl bes K. Stern, Staatsrecht, Bd III/2 (1994) 1486 f; J. Isensee, in: Isensee/Kirchhof (Hrsg), HdbStR III (1988) § 57 Rdnrn 115 ff.

36 Verf Bayern: Art 106 Abs 1 – Recht auf Wohnung, Art 128 Abs 1 – Recht auf Ausbildung, Art 141 Abs 3 – Genuß der Naturschönheiten, Art 166 Abs 2 – Recht auf Arbeit, Art 174 – Recht auf Erholung, Art 171 – Recht auf Schutz gegen die Wechselfälle des Lebens; Verf. Bremen: Art 8 – Recht auf Arbeit, Art 14 – Recht auf Wohnung, Art 27 – Recht auf Bildung; Verf Hessen: Art 28 – Recht auf Arbeit; Verf Rheinland-Pfalz: Art 53 – Recht auf Arbeit.

37 Vgl hierzu die Darstellung der Staatszielbestimmungen in den Verfassungen der neuen Bundesländer bei J. Dietlein, Die Grundrechte in den Verfassungen der neuen Bundesländer (1993) 121 ff; siehe auch M. Sachs, in: K. Stern (Hrsg), Deutsche Wiedervereinigung, Bd II/2 (1992) 3 (8), zur Lage in Brandenburg; D. Franke, ebda, Bd III, 1 (13 ff) – Brandenburg; K. Wedemeyer, ebda 37 (40 ff) – Mecklenburg-Vorpommern; A. Franke, ebda 55 (83) – Sachsen; H. v. Bose, ebda 79 (83 f) – Sachsen-Anhalt; M. Schmid, ebda 105 (107) – Thüringen; E. Dahnke, ebda 119 (136) – übergreifend; S. Magiera, ebda 141 (155) – aus Sicht des Bundes; vgl auch Chr. Degenhart, Rechtseinheit und föderale Vielfalt im Verfassungsstaat, ZfA 1993, 409 (412 ff); zur Frage, was Regelungsgegenstand einer Verfassung sein sollte, vgl D. Merten, Verfassungspatriotismus und Verfassungsschwärmerei, VerwArch Bd 83 (1992) 283 ff.

38 Vgl K. Stern, Zur Aufnahme eines Umweltschutzzieles in das Grundgesetz, NWVBl 1988, 1 ff mwN; A. Uhle, Das Staatsziel „Umweltschutz" im System der grundgesetzlichen Ordnung, DÖV 1993, 947 ff mwN; Meyer-Teschendorf, Staatsziel Umweltschutz, in: Aus Politik und Zeitgeschehen (1993) 23 ff; *ders*, Verfassungsrechtlicher Schutz der natürlichen Lebensgrundlage, ZRP 1994, 73 ff.

sung beruht im wesentlichen auf einem Vorschlag von R. Scholz, dessen Kern ist, den Schutz durch die Gesetzgebung an die „verfassungsmäßige Ordnung“ zu binden. Damit soll sichergestellt werden, daß das Schutzgut „natürliche Lebensgrundlagen“ nicht als verfassungsrechtlicher „Überwert“ in die gesetzlichen Dispositionen eingestellt werden darf, sondern mit anderen Verfassungsrechtsgütern abgewogen werden muß. Als solche werden sich insbesondere die wirtschaftliche Entfaltungsfreiheit und die Verpflichtung auf das gesamtwirtschaftliche Gleichgewicht einschließlich des Haushaltsausgleichs erweisen. Die letztverbindliche Entscheidung über den Ausgang der Abwägung ist allerdings hier wie bei allen Staatszielbestimmungen der Verfassung nunmehr dem Parlament entzogen und Sache der Verfassungsgerichte. Ob hier Überraschungen zu erwarten sind, ist schwer prognostizierbar.[39] Bekanntlich ist man auf hoher See und vor Gericht nur in Gottes Hand.

bb) Obwohl im Grundrechtsabschnitt festgelegt, bestand Einigkeit darüber, daß die Ergänzung des Art 3 Abs 2 GG um die „Förderung“ der „tatsächlichen Durchsetzung der Gleichberechtigung von Frauen und Männern“ und das „Hinwirken auf die Beseitigung bestehender Nachteile“ durch den „Staat“ als Staatsziel zu bewerten ist.[40] Die gefundene Formulierung vermeidet den Begriff „Gleichstellung“, der in Richtung auf Erfolgsgleichheit gedeutet werden könnte, die mit Art 3 Abs 3 GG und im öffentlichen Dienst mit Art 33 Abs 2 GG nicht vereinbar wäre. Sie erkennt zugleich an, daß „tatsächliche Gleichheitsdefizite zum Nachteil der Frauen“ bestehen. Sie läßt aber in der Schwebe, welche Rechtsfolgen für die Zulässigkeit von Frauenförderungsmaßnahmen gezogen werden dürfen. Wurden sog „starre“ Quoten, bei denen ein bestimmter Prozentsatz der zu besetzenden offenen Stellen für Frauen reserviert werden sollte, noch allseits abgelehnt, weil hiermit eine ergebnisorientierte und deshalb mit dem Gleichberechtigungssatz und Art 33 Abs 2 GG nicht zu vereinbarende Förderung verbunden wäre,[41] so war man über die Beur-

---

39 Sehr weitgehend in den Auswirkungen etwa D. Murswiek, in: M. Sachs, aaO, Art 20a Rdnrn 64 ff; *ders*, Staatsziel Umweltschutz (Art 20a GG), NVwZ 1996, 222 ff.

40 Bericht der Gemeinsamen Verfassungskommission, BT-Drucks. 12/6000, 50; W. Schmitt Glaeser, Gleichberechtigung oder Gleichstellung, Der Arbeitgeber (1993) 416 ff; F.-A. Jahn, Empfehlungen der Gemeinsamen Verfassungskommission zur Änderung und Ergänzung des Grundgesetzes, DVBl 1994, 177 (183); Rohn/Sannwald, Die Ergebnisse der Gemeinsamen Verfassungskommission, ZRP 1994, 65 (71); H.-J. Vogel, Die Reform des Grundgesetzes nach der deutschen Einheit. – Eine Zwischenbilanz, DVBl 1994, 497 (500). Sehr großzügig für Personalratswahlen Hess StGH, NVwZ 1994, 1197.

41 Bericht der Gemeinsamen Verfassungskommission, BT-Drucks 12/6000, 51; R. Scholz, Die Gemeinsame Verfassungskommission von Bundestag und Bundesrat. Auftrag, Verfahrensgang und Ergebnisse, ZfG 1994, 1 (23); M. Schlachter, Berufliche Gleichberechtigung, JA 1994, 72 (73); W. Brohm, Soziale Grundrechte und Staatszielbe-

teilung sogenannter „weicher" Quoten, die bei gleicher Qualifikation eine Bevorzugung der weiblichen Bewerber zulassen, uneins. Ob sie verfassungsrechtlich zulässig sind, bleibt also zumindest entstehungsgeschichtlich angesichts der Einigung lediglich auf einen „Formelkompromiß" zweifelhaft. Das Differenzierungsverbot des Art 3 Abs 3 GG darf jedenfalls von der Ergänzung nicht überspielt werden.[42] Art 3 Abs 2 Satz 2 GG scheint also mehr Fragen offen zu lassen als zu klären. Er ist wohl primär ein Formelkompromiß,[43] der nunmehr im Lichte der Rechtsprechung des Europäischen Gerichtshofs interpretiert werden muß, wonach eine obligatorische Bevorzugung von Frauen im öffentlichen Dienst im Falle einer Unterrepräsentation bei gleicher Qualifikation mit der EG-Gleichbehandlungsrichtlinie 76/207 EWG vom 9. 2. 1976 unvereinbar ist.[44]

Kein vernünftiger Mann verkennt, daß die rechtliche Gleichberechtigung, die nicht nur Art 3 Abs 2 Satz 1 GG, sondern auch mehrere ratifizierte und transformierte Internationale Abkommen verbürgen,[45] noch nicht die faktische Gleichstellung von Mann und Frau gebracht haben. Aber schien es nicht, daß das Bundesverfassungsgericht vor allem seit seiner Nachtarbeitsentscheidung auf dem Weg war, den rechtlichen Gleichberechtigungssatz in Richtung auf die Ziele zu deuten, die die Ergänzung des Artikels erreichen will. „Der Satz ‚Männer und Frauen sind gleichberechtigt'" führte das Gericht aus, „will nicht nur Rechtsnormen beseitigen, die Vor- oder Nachteile an Geschlechtsmerkmale anknüpfen, sondern für die Zukunft die Gleichberechtigung der Geschlechter durchsetzen ... . Er zielt auf die Angleichung der Lebensverhältnisse. So müssen Frauen die gleichen Erwerbschancen haben wie Männer ... . Überkommene Rollenverteilungen, die zu einer höheren Belastung oder sonstigen Nachteilen für Frauen führen, dürfen durch staatliche Maßnahmen nicht verfestigt werden ... . Faktische Nachteile, die typischerweise Frauen tref-

stimmungen in der Verfassung. Zu den gegenwärtig diskutierten Änderungen des Grundgesetzes, JZ 1994, 219; M. Sachs, HdbStR V, 1988, § 126 Rdnr 125.

42 Vgl M. Schlachter, aaO 74 m.w.N. Ob Frauenquoten für parteiinterne Wahlen zulässig sind, ist nicht zweifelsfrei. Im Rahmen der Wahlvorbereitung stehen sie jedenfalls unter dem Gesetz des Art 38 Abs 1 GG (vgl Hbg VerfGH, NVwZ 1993, 1083). Bei *rein* parteiinternen Wahlen könnte Art 21 Abs 1 Satz 3 GG gewisse Quotierungsregeln zulassen (v. Nieding, Politische Wahlen und Frauenquote, NVwZ 1994, 1171 [1176]).

43 Vgl J. Isensee, Mit blauem Auge davongekommen – Das Grundgesetz. Zu Arbeit und Resultaten der Gemeinsamen Verfassungskommission, NJW 1993, 2583 (2585); R. Sannwald, Die Reform des Grundgesetzes, NJW 1994, 3313 (3314).

44 EuGH, EuGRZ 1995, 546 ff. Danach sind mehrere Gesetze der deutschen Länder zur Gleichstellung von Männern und Frauen europa-rechtswidrig. Ausführlich H.-W. Laubinger, Die „Frauenquote" im öffentlichen Dienst, VerwArch Bd 87 (1996) 305 ff.

45 Vgl I. Ebsen, Gleichberechtigung von Männern und Frauen, in: Benda/Maihofer/Vogel (Hrsg), HdbVerfR, 2. Aufl (1994) 263 (268 f).

fen, dürfen wegen des Gleichberechtigungsgebots des Art 3 Abs 2 GG durch begünstigende Regelungen ausgeglichen werden ... ."[46] Bringt die neue Vorschrift mehr und anderes? Kaum![47] Keinesfalls verbürgt sie überzogene Postulate der Frauenemanzipation wie „Machtgleichgewicht zwischen Mann und Frau".[48] Sie sollte aber auch nicht nur eine „Good-will-Erklärung" für Frauen sein.[49]

cc) Ergänzt wurden auch die Diskriminierungsverbote des Art 3 Abs 3 GG um den Satz „Niemand darf wegen seiner Behinderung benachteiligt werden". Wer möchte bestreiten, daß in dieser Hinsicht in der gesellschaftlichen Akzeptanz vieles im Argen liegt. Aber hilft hier ein verfassungsrechtliches Gebot weiter, das unvermeidlich Forderungen anderer Gruppen nach sich ziehen dürfte? Es steht zu befürchten, daß die Behinderten enttäuscht werden, daß ihnen dieses Staatsziel nicht mehr bringt als schon das allgemeine Gleichbehandlungsgebot in Verbindung mit dem Sozialstaatsgebot enthielt. Wichtiger wäre eine Schutz- und Förderpflicht gewesen, die sich freilich in der Gesetzgebung und in der Alltagspraxis niederschlagen müßte.

c) Betrachtet man die soeben aufgezeigten Änderungen und Ergänzungen des Grundgesetzes unter verfassungstheoretischen und verfassungsfunktionellen Gesichtspunkten, so fällt es schwer, enthusiastisch zu reagieren. So sehr respektiert werden muß, daß sich die Reformer von der Inflationierung von Staatszielen und Verheißungen, die die Verfassungen einiger neuer Länder zieren, ferngehalten haben, so deutlich ist doch anzumerken, daß die Lösung drängender Fragen der Gegenwart und der voraussehbaren Zukunft selten eine Aufgabe der Verfassung ist, es sei denn man wolle die Verfassung als Antwort auf alle denkbaren Situationen eines Staates verstehen, was sie zwangsläufig überfordern und überlasten muß. Diese Feststellung war 1977 mein Resümee zur Arbeit der Enquête-Kommission Verfassungsreform.[50] Sie gilt bis heute.

Die Gefahren bei verfassungsnormierten Staatszielen liegt darin, daß sie die strikte Normativität und Justiziablität des Grundgesetzes auf eine harte Probe stellen. Niemand weiß, was die Gerichte, die zu Rechtsnor-

---

46 BVerfGE 85, 191 (207).

47 So wohl auch L. Osterloh, in: M. Sachs, aaO, Art 3 Rdnrn 262 ff.

48 V. Slupik, Die Entscheidung des Grundgesetzes für Parität im Geschlechterverhältnis. Zur Bedeutung von Art. 3 II und III in Recht und Wirklichkeit (1988) 92.

49 So E. Denninger, Menschenrechte und Grundgesetz (1994) 7.

50 K. Stern, Schlußbericht der Enquête-Kommission Verfassungsreform des Bundestages, ZRP 1977, 12 (13). Jüngst geißelte D. Merten die „‚Sucht nach Verfassungserwähnung' als eine ‚Flucht in die Verfassung', die mit Menschheitsträumen und Verbandszielen, Zukunftshaftungen und Vergangenheitsdistanzierungen befrachtet wird" (Die Staatszieldebatte, in: E. Klein [Hrsg], Verfassungsentwicklung in Deutschland nach der Wiedervereinigung [1994] 65 [75]).

men das letzte Wort haben, daraus machen. Der verfassungsrechtliche „Volkskatechismus“ FRIEDRICH NAUMANNS aus der Weimarer Nationalversammlung, dem der Parlamentarische Rat aus gutem Grund widerstand, kehrt offenbar verspätet wieder. Warum hat die Kommission, so läßt sich fragen, wenn schon „weiche“ Staatsziele aufgenommen werden, die „harten“ Staatsziele gescheut, wie etwa

- innere Sicherheit,
- Ein- und Zuwanderung,
- Besteuerung nach der Leistungsfähigkeit,
- Begrenzung der Staats- und der Verschuldungsquote,
- Sicherung der Sozialen Marktwirtschaft?

IV. Die Grundgesetzänderungen zum Bund-Länder-Verhältnis

1. Es ist richtig, daß die Länder im Laufe der Zeit beachtliche Kompetenzeinbußen zu Gunsten des Bundes und vor allem Europas hinnehmen mußten. Freilich waren sie auch bereit, Aufgaben freiwillig aufzugeben, wenn sie Geld kosteten. Kompetenzverluste trafen vor allem die Landesparlamente. Gewinne gingen meist nur zu Gunsten der Landesregierungen, in der Regel als Verbundgewinne durch Mitwirkungskompetenzen im Bundesrat. Das wird besonders deutlich in den Änderungen des Art 23 GG, die ausschließlich Bundesratspositionen stärken. Der Schritt zum „Regierungsföderalismus“ hat sich mithin verfestigt, wie schon früher im kooperativen Föderalismus. Föderative Besinnung, vielfach angemahnt,[51] tut also auch jetzt wieder not; denn die positiven Eigenschaften dieser Staatsform überwiegen noch immer ihre Nachteile, ganz abgesehen davon, daß für Deutschland nach Geschichte und verfassungsrechtlicher Unantastbarkeit gemäß Art 79 Abs 3 GG daran nicht zu rütteln ist. Was ist aber der richtige Weg aus der gegenwärtigen föderativen Malaise, die vor allem finanzstrukturelle Divergenzen größten Ausmaßes zwischen den Ländern aufweist? Haben die Grundgesetzänderungen im Bereich der Art 72 ff. wirkliche Verbesserungen gebracht?

a) Wo immer dem Bund eine konkurrierende Gesetzgebungskompetenz eingeräumt wurde, hat das an sich als Bremse für die Bundestätigkeit gedachte „Bedürfnis“ des Art 72 Abs 2 GG seine Funktion nicht erfüllt. Dies hing einerseits damit zusammen, daß dieses „Bedürfnis“ vom Bundesverfassungsgericht weitgehend als nicht justiziabel angesehen wur-

---

51 Vgl K. STERN, Föderative Besinnung, in: H. Siekmann (Hrsg), Der Staat des Grundgesetzes (1992) 98 ff mwN.

de.[52] Andererseits hat die in Nr 3 genannte „Einheitlichkeit der Lebensverhältnisse" geradezu als Motor für Bundesgesetze gewirkt.[53] Die Gewichte sind durch die Neufassung des Art 72 Abs 2 mE nur geringfügig zu Gunsten der Länder verschoben worden: Die Wahrung der Rechts- und Wirtschaftseinheit muß „im gesamtstaatlichen Interesse" liegen; demgegenüber genügt schon statt „Einheitlichkeit" die „Herstellung gleicher Lebensverhältnisse". Der eigentliche Gewinn für die Länder liegt wohl in der Einfügung des Art 93 Abs 1 Nr 2a GG, nach dem Meinungsverschiedenheiten über die Voraussetzungen des Art 72 Abs 2 auf Antrag von Bundesrat, einer Landesregierung oder auch eines Landesparlaments an das Bundesverfassungsgericht herangetragen werden können. Bislang konnten nur Landesregierungen Normenkontrollen anhängig machen. Wichtiger dürfte nicht die Vermehrung der Antragsteller sein, sondern der Appell an das Bundesverfassungsgericht, von seiner früheren Rechtsprechung abzugehen und im Rahmen des Art 72 Abs 2 seine Überprüfungskompetenz wahrzunehmen. Ob das Gericht darauf eingehen wird, ist nicht sicher. Gewiß ist die „Bedürfnisklausel" durch eine „Erforderlichkeitsklausel" ersetzt und Art 72 Abs 2 stärker durch unbestimmte Verfassungsrechtsbegriffe determiniert worden. Beides verpflichtet den Bund jedenfalls zu intensiverer Begründung der Inanspruchnahme seiner Kompetenz. Aber wie das Gericht die Begriffe interpretieren wird, läßt sich noch nicht ausmachen.[54]

b) Die Änderungen in den Kompetenzgegenständen sind vernünftig und weitgehend unproblematisch.[55] Erfreulich ist aus der Sicht eines leid-

---

52 Vgl BVerfGE 2, 213 (224); 10, 234 (245); 13, 230 (233 f): 26, 338 (382 f); 33, 224 (229); 65, 1 (63); 65 283 (289); kritisch hierzu auch H.-W. Rengeling, in: Isensee/Kirchhof (Hrsg), HdbStR Bd IV, § 100 Rdnr 123; Chr. Degenhart, Rechtseinheit und föderale Vielfalt im Verfassungsstaat, ZfA 1993, 409 (416).

53 K. Stern, Staatsrecht, Bd I, 2. Aufl (1984) § 19 IV 1b, 750; H. Lecheler, in: Isensee/Kirchhof (Hrsg), HdbStR III (1988) § 72 Rdnr 48; J. Isensee, ebda, Bd IV (1989) § 98 Rdnr 251; *ders,* Der Föderalismus und der Verfassungsstaat der Gegenwart, AöR Bd 115 (1990) 248 (255 f); P. Selmer, Einheit der Rechtsordnung und Einheitlichkeit der Lebensverhältnisse nach Wiederherstellung der deutschen Einheit, in: Vielfalt des Rechts – Einheit der Rechtsordnung, Hamburger Ringvorlesung (1994) 199 (200).

54 Zur Grundfrage der Verfassungsgerichtsbarkeit im Verhältnis zu der politischen Gewalt jetzt H. H. Klein, Verfassungsgerichtsbarkeit und Verfassungsstruktur. Vom Rechtsstaat zum Verfassungsstaat, in: FS Franz Klein (1994) 511 ff; K. Hesse, Die verfassungsgerichtliche Kontrolle der Wahrnehmung grundrechtlicher Schutzpflichten des Gesetzgebers, in: FS E. Mahrenholz (1994) 541 ff.

55 S. Chr. Degenhart, Rechtseinheit und föderale Vielfalt im Verfassungsstaat, ZfA 1993, 409 (415 ff); F.-A. Jahn, Empfehlungen der Gemeinsamen Verfassungskommission zur Änderung und Ergänzung des Grundgesetzes, DVBl 1994, 177 (180 f); R. Sannwald, Die Reform des Grundgesetzes, NJW 1994, 3313 (3315 f); *ders,* Die Reform der Gesetzgebungskompetenzen und des Gesetzgebungsverfahrens nach den Beschlüssen der Gemeinsamen Verfassungskommission von Bundestag und Bundesrat, ZG 1994, 134 (140 f).

gewohnten und leidgeprüften Hochschullehrers, daß an der Rahmenkompetenz des Art 75 Nr 1a GG nicht gerüttelt wurde. Erreicht haben die Länder in Art 75 Abs 2 GG, daß „Rahmenvorschriften nur in Ausnahmefällen in Einzelheiten gehende oder unmittelbar geltende Regelungen enthalten dürfen", was bisher freilich weitgehend auch schon die Rechtsprechung annahm.[56] Umgekehrt wurde unmißverständlich die verfassungsrechtliche Pflicht der Länder zur Umsetzung von Rahmenvorschriften in gesetzlich festgelegter Frist normiert (Art 75 Abs 3 GG).

c) Die Änderungen im Bereich des Gesetzgebungsverfahrens (Art 76 Abs 2 und 3, Art 77 Abs 2a GG) sind technisch-prozeduraler Art. Gleiches gilt für die Ergänzung des Art 80 GG um die Absätze 3 und 4, die dem Bundesrat ein Verordnungsinitiativrecht bescheren und den Landesparlamenten die Möglichkeit eröffnen, an Stelle von Rechtsverordnungen auch förmliche Gesetze zu erlassen.

d) Zweifellos am erfolgreichsten waren die Länder hinsichtlich ihrer Mitwirkung bei zukünftigen EU-Rechtsakten und Vorhaben. Sie haben in Art 23 GG und dem bereits erwähnten EUZBLG ein gestuftes Beteiligungsverfahren erreicht – Informationspflicht der Bundesregierung, Stellungnahme des Bundesrates, maßgebliche Berücksichtigung bei besonders länderrelevanten Vorhaben, Hinzuziehung von Ländervertretern im EU-Entscheidungsprozeß –. Außerdem ist die zukünftige Übertragung von Hoheitsrechten, wie schon die Enquête-Kommission Verfassungsreform empfahl, an die Zustimmung des Bundesrates gebunden.

Auf der europäischen Ebene selbst haben die Länder durch die Verankerung des Subsidiaritätsprinzips in Art 3 b Abs 2 EGV und die Einrichtung des Regionalausschusses (Art 198a ff EGV) an Boden gewonnen. Positiv ist innerföderal zu bewerten, daß durch das „Abkommen über die Entsendung der Mitglieder und Stellvertreter in den Ausschuß der Regionen der EG vom 27. 5. 1993" hierbei auch die Kommunen, wenn auch nur mit drei Vertretern, berücksichtigt werden. Das deutsche föderative Potential, in Zukunft verstärkt durch Österreich, hat zumindest neue Chancen gewonnen.

V. Resumée

Versucht man die knapp vierjährige Überprüfungsperiode und die Ergebnisse der Kommission aus der Sicht der Bürger zu würdigen, so läßt sich schwerlich behaupten, daß der Verfassungsänderungsprozeß im Volk

56 Vgl BVerfGE 4, 115 (127 ff); 7, 29 (41 f); 7, 155 (161); 8, 186 (193); 25, 142 (151 f); 38, 1 (10); 51, 43 (54, 56); 66, 270 (285); 66, 291 (307); 67, 382 (387); 80, 137 (157).

auf rege Anteilnahme gestoßen ist. Daran ändern auch die von der Kommission registrierten etwa 800.000 Zuschriften nichts, die sehr einseitig lediglich auf populäre Themen zielten. Im Bewußtsein der Bürger erscheint die Verfassung nach den Änderungen und Einfügungen nicht gestärkt, aber auch nicht geschwächt worden zu sein, weil man das Geregelte weder als unerläßlich geboten noch als sonderlich wichtig ansah. Die föderativen Änderungen hält man ohnehin nur für eine Angelegenheit der Spezialisten. Was man erlebte, war ein mühsamer Prozeß der Konsensfindung unter den politischen Parteien, an dessen Ende zumindest ein nicht gerade eleganter Kompromiß stand. Für einen „großen Wurf" hielt das Ganze niemand. Durfte man ihn erwarten? Kaum, betrachtet man Zusammensetzung und Arbeitsstil der Kommission. Vielleicht ist aber gerade das Ausbleiben einer Totalrevision, um den Schweizer Begriff aufzugreifen, positiv zu beurteilen, weil auf diese Weise das Grundgesetz in seiner vorteilhaften Balance zwischen grundsätzlicher Normativität und zurückhaltender Programmatik gehalten worden ist. Das Grundgesetz ist davor bewahrt worden, zu einer, wie es M. Kloepfer ausgedrückt hat, „kursumsteuernden Variante der Verfassunggebung" geworden zu sein.[57] Alles in allem genommen, ist der Kurs grundsätzlicher Normativität, der Stabilität verbürgt, der Konzentration auf das Wesentliche und der Förderung der Einheitsstiftung im wesentlichen gewahrt worden. Das vielfach der Kommission attestierte Versagen[58] erscheint darum ungerecht. Dennoch wäre es unangebracht, eitel Lob zu verteilen.

Auch Österreich denkt nach dem 75jährigen Jubiläum seines Bundesverfassungsgesetzes im vergangenen Jahr über eine Reform seiner Verfassung nach – gewiß aus anderen Gründen als Deutschland.[59] Verfassungsvergleichende Betrachtungen können daher für diese Revisionsarbeit wichtig werden. Günther Winkler, dessen 68. Geburtstag dieser Beitrag gewidmet ist, gehört zu denjenigen österreichischen Staatsrechtslehrern, die der Staatsverfassung stets größte Aufmerksamkeit gezollt und über die Grenzen ihres Heimatlandes hinausgedacht haben.[60] Er wird mit mei-

---

57 M. Kloepfer, in: Kontinuität und Diskontinuität in der deutschen Verfassungsgeschichte (1994) 37.

58 Etwa Kloepfer, aaO 66; auch J. Isensee, Mit blauem Auge davongekommen – Das Grundgesetz. Zu Arbeit und Resultaten der Gemeinsamen Verfassungskommission, NJW 1993, 2583; kritisch auch H. P. Schneider, Das Grundgesetz auf Grund gesetzt?, NJW 1994, 558 ff. Wie im Text namentlich U. Berlitt, aaO 88 f; H.-J. Papier, in: Kontinuität und Diskontinuität in der deutschen Verfassungsgeschichte (1994) 85 ff mwN.

59 Vgl 75 Jahre Bundesverfassung, Festschrift aus Anlaß des 75. Jahrestages der Beschlußfassung über das Bundesverfassungsgesetz, hrsg von der Österreichischen Parlamentarischen Gesellschaft, 1995; dazu *meine* Besprechung in: ZöR 1997.

60 Vgl besonders G. Winkler, Studien zum Verfassungsrecht (1991) 1 ff; dazu *meine* Besprechung in: JBl 1993, 815 f.

nem Resumée: Verfassungen müssen davor bewahrt werden, Instrumente der Tagespolitik, des Zeitgeistes und der Schwärmerei zu werden, konform gehen, so wie ich seine Einschätzung der Werte des Verfassungsrechts als „vielleicht blasse Widerspiegelungen des ewigen Menschheitstraumes vom Wahren, vom Guten, vom Schönen und von der Gerechtigkeit“ teile.[61]

---

61 AaO 91.

Harald Stolzlechner

Möglichkeiten und Grenzen der Bindung oberster Verwaltungsorgane bei der Verordnungserlassung

I. Oberste VwOrgane – Wesensmerkmale und besondere Rechtsstellung

Beschäftigt man sich mit Fragen oberster VwOrgane, so stellt man erstaunt fest, wie schwierig eine klare Umschreibung dieses Verfassungsbegriffes ist und wie vielfältig die Auffassungen in der Literatur über die Wesensmerkmale oberster VwOrgane sind. Im vorliegenden Zusammenhang ist eine Begriffsklärung in zweifacher Hinsicht notwendig: Einerseits sind die *bundesverfassungsrechtlichen Wesensmerkmale* oberster VwOrgane offenzulegen, um den Kreis jener Verfassungsorgane bestimmen zu können, die als oberste VwOrgane zu qualifizieren sind. Andererseits geht es darum, festzustellen, welche *besondere organisatorische Stellung* und welche *besonderen Befugnisse* die solcherart als oberste VwOrgane qualifizierten Verfassungsorgane haben.

1. Wesensmerkmale oberster VwOrgane

a) Nach RASCHAUER[1] bieten sich für die Begriffsumschreibung mehrere Möglichkeiten an: Man könne auf den Kreis „parlamentsabhängiger Organe" abstellen; ferner könne der Kreis jener Organe ermittelt werden, gegen deren Verwaltungsakte *kein weiterer Instanzenzug* offenstehe; schließlich könnten diejenigen Organe festgestellt werden, die nicht der *„Leitungsgewalt"* eines anderen Organs unterliegen. Da RASCHAUER diese Kriterien *alternativ* verwendet, kommt er zu unterschiedlichen Begriffsinhalten, weshalb er es letztlich für „zweckmäßig und vertretbar" erachtet, einen „wissenschaftlichen Begriff" zu bilden und im Anschluß an ANTONIOLLI als oberste Organe des Bundes den BPräs, die BReg und die BM zu qualifizieren[2]. Hinsichtlich der Landesverwaltung unterscheidet er drei

---

1 B. RASCHAUER, Die obersten Organe der Bundesverwaltung, in: H. P. Rill (Red), Allgemeines Verwaltungsrecht (1979) 363 f.

2 RASCHAUER (FN 1) 364 scheidet die Staatssekretäre (wegen ihrer Weisungsunterworfenheit gegenüber dem BM) sowie den Präsidenten des RH wegen seiner „Nähe zum Parlament" aus dem Kreis oberster VwOrgane aus.

Arten von obersten VwOrganen, nämlich die LReg als Kollegialorgan sowie LH und Landesräte als monokratische Organe.[3]

Nach WALTER sind als oberste VwOrgane des Bundes – neben dem BPräs – durch Art 69 B-VG die *einzelnen BM, eine Mehrheit von BM sowie ihre Gesamtheit, die BReg,* berufen.[4] Hinsichtlich der obersten VwOrgane der Länder nennt er die LReg, den LH (bezüglich der ihm verfassungsrechtlich übertragenen Aufgaben, zB einvernehmliche Bestellung des Sicherheitsdirektors, Art 78b Abs 2 B-VG) sowie (bei landesverfassungsrechtlicher Einführung des Ressortsprinzips) die einzelnen Mitglieder der LReg.[5] Zutreffend wird darauf verwiesen, daß *weisungsfreie Verwaltungsbehörden* zwar nicht der Leitung eines obersten Organs durch das Mittel der Weisung unterstehen, sie jedoch deshalb nicht die gleiche Stellung wie oberste Organe haben, „weil sie ressortmäßig dem Aufsichtsrecht des kompetenten obersten Organs zugeordnet sind"[6].

Unter Bezugnahme auf das Kriterium der weisungsmäßigen Über- und Unterordnung qualifiziert ÖHLINGER[7] (lediglich) den BPräs, die BReg, die BM sowie die LReg als oberste VwOrgane. Mit ähnlicher Argumentation hält MAYER Art 19 B-VG für unvollständig, nämlich teils zu eng und teils zu weit: „zu eng, weil die BReg und die LReg als solche nicht genannt sind, zu weit, weil die Staatssekretäre gem Art 78 Abs 3 B-VG dem jeweiligen BM unterstellt und sohin kein oberstes Organ sind".[8] Ähnlich geht auch KOJA vor, wenn er oberste Organe zunächst dadurch charakterisiert, daß diese nur mehr weisungsberechtigt, nicht aber weisungsgebunden sind, ferner dadurch, daß der administrative Instanzenzug grundsätzlich bei ihnen endet. Zu den derart charakterisierten *„obersten Organen im weiteren Sinn"* zählt KOJA nicht nur die herkömmlichen obersten

---

3 B. RASCHAUER, Die obersten Organe der Landesverwaltung, in: H. P. Rill (Red), Allgemeines Verwaltungsrecht (1979) 375 ff (378).

4 R. Walter, Österreichisches Bundesverfassungsrecht (1972) 472; in der Aufzählung bei R. WALTER/H. MAYER, Grundriß des österreichischen Bundesverfassungsrechts[8] (1996) RZ 654 fehlt das Organ „Mehrheit von BM".

5 WALTER (FN 4) insb 584; WALTER/MAYER, Grundriß (FN 4) RZ 823 ff.

6 WALTER (FN 4) 498. Nicht gesagt wird jedoch, welche Aufsichtsmittel in Betracht kommen. In aller Regel ist die Aufhebung oder Abänderung von Bescheiden weisungsfreier Verwaltungsbehörden (vgl § 68 AVG) durch oberste VwOrgane ausgeschlossen (vgl etwa Art 133 Z 4 B-VG). Auch Übergang der Entscheidungspflicht (§ 73 AVG) kann üblicherweise nicht geltend gemacht werden (vgl VfSlg 3506/1959). – Im übrigen muß hinsichtlich der Beurteilung verfassungsgesetzlich vorgesehener weisungsfreier Rechtsmittelbehörden insofern ein Widerspruch festgestellt werden, als WALTER (FN 4) 472, Art 133 Z 4 B-VG als eine Verfassungsbestimmung qualifiziert, die die einfache Gesetzgebung zur „Einrichtung oberster Organe (Kollegialorgane bestimmter Art)" ermächtigt.

7 TH. ÖHLINGER, Verfassungsrecht[2] (1995) 185.

8 H. MAYER, Das österreichische Bundes-Verfassungsrecht. Kurzkommentar (1994) Art 19 B-VG I.1.

VwOrgane, sondern auch weisungsfreie Verwaltungsbehörden (zB nach Art 133 Z 4 B-VG). Da mit diesem weiten Begriff der Bundesverfassung nicht entsprochen werden könne, postuliert KOJA zusätzliche Kriterien, nämlich die unmittelbare oder mittelbare Bestellung durch das Volk sowie die Verantwortlichkeit gegenüber dem Volk oder volksgewählten Organen, und bildet so einen *„Begriff der obersten Organe im engeren Sinn"* (BPräs, BReg, BM, LReg).[9] Diese Begriffsbildung ist didaktisch sinnvoll, sie hilft jedoch für den vorliegenden *Zweck der Interpretation eines Verfassungsbegriffes* nicht weiter, weil die Bundesverfassung nur *einen Begriff* der obersten VwOrgane kennt.

b) Da die Bundesverfassung die Wesensmerkmale oberster VwOrgane nicht ausdrücklich regelt, müssen diese im Interpretationsweg aus einschlägigen Verfassungsbestimmungen abgeleitet werden. Gem Art 20 B-VG führen „unter der Leitung der obersten Organe des Bundes und der Länder" alle übrigen (untergeordneten) VwOrgane die Verwaltungsgeschäfte. Oberste VwOrgane sind danach die *hierarchische Spitze* der ihnen zugeordneten VwOrgane. Sie unterstehen keinem wie immer gearteten Leitungs- und Aufsichtsrecht eines anderen Staatsorgans. Andererseits kommt obersten VwOrganen gegenüber den ihnen ressortmäßig zugeordneten VwOrganen ein *umfassendes Leitungsrecht* (Weisungs- und Aufsichtsrecht)[10] zu. Dem Wesensmerkmal der *Leitungs- und Weisungsfreistellung* oberster VwOrgane korresponiert ein *funktionelles Kriterium:* Nach Art 69 B-VG sind die obersten VwOrgane des Bundes mit der Erledigung der *„obersten Verwaltungsgeschäfte"* des Bundes betraut. In ähnlicher Weise ist Art 101 B-VG zu verstehen, wonach eine vom LT zu wählende LReg „die Vollziehung jedes Landes" ausübt. Diese Bestimmung bedeutet, daß die LReg „als *oberstes VwOrgan* jedes Landes mit den *obersten Verwaltungsgeschäften* im selbständigen Wirkungsbereich des Landes betraut ist"[11].

Schließlich können aus der Aufzählung des Art 19 B-VG iVm einschlägigen Organisationsbestimmungen der Bundesverfassung (vgl insb Art 60, 68, 70, 74, 101, 142 B-VG sowie hinsichtlich oberster Landes-VwOrgane vgl die einschlägigen Bestimmungen der Landesverfassungen)

---

9 F. KOJA, Das Verfassungsrecht der österreichischen Bundesländer[2] (1988) 269 ff. Ähnlich, aber noch nicht so klar differenzierend W. ANTONIOLLI/F. KOJA, Allgemeines Verwaltungsrecht[3] (1996) 420 f sowie L. ADAMOVICH/B.-CH. FUNK, Österreichisches Verfassungsrecht[3] (1985) 272.

10 Dazu vgl MAYER (FN 8) Art 20 B-VG I.2.; sowie VfSlg 4117/1961, wonach der Begriff „Leitung" das Recht zur Weisungserteilung und zur Aufsichtsführung umfaßt, „denn eine Leitung ohne Aufsichtsbefugnis ist nicht denkbar".

11 So zutreffend WALTER (FN 4) 583; vgl ferner WALTER/MAYER, Grundriß (FN 4) RZ 823, jeweils mit weiteren Hinweisen.

weitere, typische Organisationskriterien abgeleitet werden. Alle im Art 19 B-VG genannten Organe werden unmittelbar *durch das Volk gewählt* (zB BPräs) oder mittelbar durch *volksgewählte Organe bestellt* (zB Bestellung der BReg durch den BPräs). Ferner sind die im Art 19 B-VG erwähnten Organe dem Volk direkt bzw volksgewählten Parlamenten (allenfalls in Gemeinschaft mit dem VfGH) für ihr Handeln *rechtlich und politisch verantwortlich.* Unmittelbare oder mittelbare Wahl durch das Volk sowie unmittelbare oder mittelbare Verantwortlichkeit gegenüber dem Volk sind somit weitere Organisationskriterien oberster VwOrgane[12]. Zusammenfassend können folgende *Wesensmerkmale* für den bundesverfassungsrechtlichen Begriff „oberste VwOrgane" festgehalten werden:

- *umfassende Leitungsbefugnis* (Aufsichts- und Weisungsrecht) gegenüber allen einem obersten VwOrgan zugeordneten VwOrganen;
- *weisungsfreie und unbeeinflußte Erledigung* der übertragenen Verwaltungsaufgaben;
- Erledigung aller Verwaltungsaufgaben in Form *„oberster Verwaltungsgeschäfte"*, was hinsichtlich der Bescheidagenden eine *oberstinstanzliche Entscheidungsbefugnis* bedeutet;
- *unmittelbar* oder *mittelbar demokratische Bestellung;*
- *rechtliche* und/oder *politische Verantwortlichkeit* gegenüber dem *Volk* bzw gegenüber *volksgewählten Organen.*

Oberste VwOrgane sind jene Organe, bei denen diese Organisations- und Funktionskriterien *kumulativ* vorliegen. Fehlt auch nur eines dieser Wesensmerkmale, kann ein Organ nicht als oberstes VwOrgan im Sinne der Bundesverfassung qualifiziert werden.[13]

Oberste *VwOrgane* in diesem Sinne sind daher: der BPräs, die BReg, die BM (einzelne BM/Mehrheit von BM), die LReg, der LH (bezüglich der ihm bundes- oder landesverfassungsrechtlich übertragenen Aufgaben als Einzelorgan) sowie die Mitglieder der LReg, sofern sie auf Grund des § 3 BVG Ämter der LReg BGBl 1925/289 durch Landesverfassungsgesetz und die Geschäftsordnung der LReg zur *„selbständigen Führung"* der Verwaltungsgeschäfte berufen sind *(Ressortsystem auf Landesebene)*[14]. Weiters zählen dazu (in bezug auf den bundesverfassungsrechtlich umschriebenen Aufgabenbereich): der Präsident des NR (Art 30 Abs 6 B-VG); der Vorsitzende der Volksanwaltschaft (Art 148h Abs 1 B-VG) sowie der Präsident

12 In diesem Sinne vor allem auch Koja (FN 9) 270 f.

13 Die Qualifikation einer Art 133 Z 4-Behörde (hier: Stmk Grundverkehrs-Landeskommission) als „oberstes VwOrgan" ist daher verfehlt (so aber VfSlg 3506/1959).

14 Dazu grundsätzlich Koja (FN 9) 322 ff sowie Walter (FN 4) 583 und Walter/Mayer, Grundriß (FN 4) RZ 823 ff, jeweils mit weiteren Hinweisen.

des RH hinsichtlich seiner personalpolitischen Aufgaben nach Art 125 B-VG[15].

Keine obersten VwOrgane sind daher: Staatssekretäre (Art 78 B-VG), weil sie dem jeweiligen BM weisungsmäßig unterstellt sind, sowie *verfassungsrechtlich vorgesehene weisungsfreie Verwaltungs(Rechtsmittel)behörden*[16], wie etwa die UVS (Art 129b B-VG), der Umweltsenat (Art 11 Abs 7 B-VG), der Oberste Agrarsenat (Art 12 Abs 2 B-VG), die besonderen Landesbehörden in Wien (Art 111 B-VG), ferner alle nach Art 133 Z 4 B-VG eingerichteten Kollegialbehörden mit richterlichem Einschlag sowie schließlich sonstige durch ausdrückliche Verfassungsvorschrift weisungsfrei gestellten VwOrgane (vgl Art 20 Abs 1 B-VG)[17]. Letztere haben vielfach die Befugnis zur weisungsfreien und letztinstanzlichen Erledigung der ihnen übertragenen Verwaltungsagenden; sie unterstehen jedoch in aller Regel der Aufsicht oberster VwOrgane, vor allem aber sind sie weder unmittelbar oder mittelbar demokratisch legitimiert noch dem Parlament gegenüber für ihre Handlungen verantwortlich[18].

2. Die besondere Rechtsstellung oberster VwOrgane

a) Aus den skizzierten Wesensmerkmalen läßt sich eine *besondere, bundesverfassungsrechtlich grundgelegte Rechtsstellung* oberster VwOrgane ableiten, deren wichtigste Aspekte sind:[19]

---

15 Im Unterschied zum NR-Präsidenten (Art 30 Abs 6 B-VG) und zum Vorsitzenden der Volksanwaltschaft (Art 148h Abs 1 B-VG) wird der RH-Präsident hinsichtlich der Ausübung der Verwaltungsfunktionen nach Art 125 B-VG nicht ausdrücklich als „oberstes VwOrgan" bezeichnet. Dies verschlägt nichts, weil auf den RH-Präsidenten bei Ausübung dieser Funktionen die erwähnten 5 Kriterien oberster VwOrgane zutreffen.

16 Mangels einer bundesverfassungsrechtlichen Ausnahme müssen gem Art 20 B-VG alle Verwaltungsbehörden, die keine obersten VwOrgane sind, der Leitung und Weisung der zuständigen obersten Organe unterstellt sein (VfSlg 4648/1964; 6885/1972).

17 In diesem Sinne differenziert auch Art 148c B-VG, wonach die Volksanwaltschaft den „mit den obersten Verwaltungsgeschäften des Bundes betrauten Organen" Empfehlungen aus Anlaß eines bestimmten Falles erteilen kann. In Angelegenheiten der Verwaltung durch weisungsfreie Behörden kann die Volksanwaltschaft hingegen der jeweiligen „weisungsfreien Behörde" Empfehlungen erteilen; derartige Empfehlungen sind auch dem obersten VwOrgan des Bundes zur Kenntnis zu bringen.

18 Grundsätzlich gilt daher: Weisungsfreien Verwaltungsbehörden kommen die für oberste VwOrgane typischen Wesensmerkmale (zB leitungsfreie Verwaltungsführung; letztinstanzliche Entscheidungsbefugnis) nur dann zu, wenn sie ihnen bundesverfassungsrechtlich ausdrücklich eingeräumt sind (zB Umweltsenat gem Art 11 Abs 7 B-VG: Entscheidung nach Erschöpfung des Instanzenzuges – also letztinstanzliche Entscheidungsbefugnis; Weisungsfreiheit; Entscheidungen unterliegen nicht der Aufhebung oder Abänderung im Verwaltungsweg).

19 Zum Folgenden vgl auch MAYER, B-VG (FN 8) Art 19 B-VG I.1.

- Oberste Organe dürfen keinem anderen Organ (auch keinem anderen obersten Organ) *weisungsmäßig unterstellt* werden (VfSlg 9536/1982).
- Gegen Bescheide oberster VwOrgane darf *kein weiterer Instanzenzug* vorgesehen sein (VfSlg 3506/1959; 8917/1980; 13.627/1993).
- Gegenüber obersten VwOrganen gibt es *keine sachlich in Betracht kommende Oberbehörde* (VfSlg 3506/1959; 4259/1962).
- Die *Kontrolle der Rechtmäßigkeit* des Handelns oberster VwOrgane darf auch sonst keiner anderen Verwaltungsbehörde übertragen werden (VfSlg 13.627/1993: hier Datenschutzkommission).
- Sofern nicht ausdrücklich anderes bestimmt ist, geht der *Instanzenzug* jeweils bis zum obersten VwOrgan (so hinsichtlich der unmittelbaren Bundesverwaltung: VwSlg 12.482 A/1987).
- Obersten VwOrganen kommt eine *freie, unbeschränkte und (grundsätzlich) unbeschränkbare Entscheidungsbefugnis* („Entscheidungsfreiheit") hinsichtlich aller ihnen übertragenen Aufgaben (Erlassung von Bescheiden, VO, Akten der Privatwirtschaftsverwaltung etc) zu. Sie dürfen daher *nicht an Willenserklärungen anderer Stellen* (zB Zustimmung, Vorschläge, Einvernehmen) *gebunden* werden (vgl etwa VfSlg 6495/1971; 6885/1972; 6913/1972; 12.183/1989).

Im Hinblick auf die Ableitung der besonderen Rechtsstellung oberster VwOrgane aus einschlägigen Verfassungsbestimmungen (vgl insb Art 20, 30 Abs 6, 69, 101, 148h Abs 1 B-VG) sind *Einschränkungen* dieser Rechtsstellung grundsätzlich nur dann zulässig, wenn sie *bundesverfassungsrechtlich grundgelegt* sind, also wenn sie entweder *ausdrücklich in der Bundesverfassung verankert* sind[20] oder aus ihr *abgeleitet* werden können.

b) Aus der Bundesverfassung abgeleitet werden kann etwa die Zulässigkeit der Bindung in der Form, daß *mehrere oberste VwOrgane desselben Vollzugsbereiches*[21] – mehrere BM oder mehrere Mitglieder einer LReg – zu einem *einvernehmlichen Vorgehen* durch *einfaches Gesetz* verpflichtet werden. Die Zulässigkeit dieser Bindung ergibt sich aus Art 69 B-VG[22].

---

20 Eine solche Ausnahme normieren etwa die Verfassungsbestimmungen über die gerichtliche und gerichtsähnliche Kontrolle der Bescheide und VO auch von obersten VwOrganen durch VfGH, VwGH und UVS (Art 129 ff, 139, 144 B-VG) sowie Art 67 B-VG (Antragsbindung des BPräs).

21 J. W. Aichlreiter, Österreichisches Verordnungsrecht, Band I (1988) 718 vertritt die These, daß lediglich oberste Organe „desselben Organtyps" zu einem einvernehmlichen Vorgehen ermächtigt werden dürfen. Diese Ansicht erscheint im Hinblick auf Art 30 Abs 6 und Art 148h Abs 1 B-VG (ausdrückliches „Verbot" der Einvernehmensherstellung) unzutreffend. Überdies handelt es sich bei den von ihm angeführten Beispielen (oberster Agrarsenat, Landesagrarsenat) um keine obersten VwOrgane iS von Art 19 B-VG.

22 Für die Landesverwaltung ist dieser Grundsatz aus Art 101 B-VG bzw aus dem BVG über die Einrichtung der Ämter der Landesregierungen BGBl 1925/289 abzuleiten.

Diese Bestimmung sieht vor, daß mit den obersten Verwaltungsgeschäften des Bundes (soweit dieser nicht dem BPräs übertragen sind) der BK, der Vizekanzler und die übrigen BM betraut sind. Sie schließt daher nicht aus, daß einzelne Geschäfte der obersten Bundesverwaltung *einvernehmlich* durch mehrere BM erledigt werden[23].

Von Interesse ist in dem Zusammenhang, daß bei zwei obersten Vw-Organen auch die Bindung in Form der Einvernehmensherstellung *bundesverfassungsrechtlich untersagt* ist. Art 30 Abs 6 und Art 148h Abs 1 B-VG erklären den NR-Präsidenten und den Vorsitzenden der Volksanwaltschaft in bezug auf die ihnen übertragenen Verwaltungsaufgaben zu „obersten VwOrganen"; ferner wird normiert, daß diese Organe ihre Befugnisse *„alleine ausüben"*. Da einem obersten VwOrgan bereits auf Grund seiner Rechtsstellung Entscheidungsfreiheit zukommt, kann die ausdrückliche Anordnung der *alleinigen Ausübung* übertragener Verwaltungsbefugnisse nur bedeuten, daß es dem einfachen Gesetzgeber untersagt ist, den NR-Präsidenten und den Vorsitzenden der Volksanwaltschaft[24] an das Einvernehmen mit anderen obersten VwOrganen des Bundes (zB BK, BMF) zu binden[25].

c) Gegenstand der weiteren Untersuchung werden die Möglichkeiten und Grenzen der Bindung oberster VwOrgane bei *VO-Erlassung* sein. Dabei kommt dem Aspekt der Entscheidungsfreiheit wesentliche Bedeutung zu. Auf diesen Aspekt werden sich die weiteren Überlegungen konzentrieren. Dabei soll zunächst die einschlägige VfGH-Judikatur dargestellt werden (II.), um anschließend den Versuch einer bundesverfassungsrechtlichen Rechtfertigung für Möglichkeiten der Bindung oberster VwOrgane bei VO-Erlassung zu unternehmen (III.).

---

23 Vgl insb Walter (FN 4) 471 sowie Walter/Mayer (FN 4) RZ 656 sowie Adamovich/Funk (FN 9) 269; vgl VfSlg 2378/1952, 4395/1963, 4648/1964.

24 Im Art 125 B-VG fehlt die Formulierung, daß der RH-Präsident die dort festgelegten Verwaltungsagenden „alleine ausübt". Er kann daher an das Einvernehmen mit anderen obersten VwOrganen (zB BK) gebunden werden.

25 Dieses Ergebnis wird durch einen Blick in die parlamentarischen Materialien bestätigt. Im Bericht des Verfassungsausschusses zur Bestimmung des Art 30 Abs 3 (jetzt: Abs 6) B-VG heißt es: „Zweck der Bestimmungen des Art 30 Abs 3 Bundes-Verfassungsgesetz in der Fassung von 1929 ist die Sicherung der vollen Unabhängigkeit der Parlamentsbediensteten von den obersten Organen der Vollziehung des Bundes (Art 19 Abs 1 B-VG) und deren Hilfsorganen" (1361 BlgNR 11. GP); ähnlich im Bericht des Verfassungsausschusses zur B-VGNov BGBl 1977/323, 540 BlgNR 14. GP sowie in der RV zum BGBl 1977/121 (Volksanwaltschaft) – 95 BlgNR 14. GP, wo gleichfalls jeweils der Gedanke der Sicherung der Unabhängigkeit der Parlamentsverwaltung gegenüber den obersten Organen des Bundes hervorgehoben wird.

II. Die Entscheidungsfreiheit oberster VwOrgane bei Verordnungserlassung in der Judikatur des VfGH

Die Judikatur des VfGH zur Entscheidungsfreiheit oberster VwOrgane bei Erlassung von VO hat Ende der 80iger Jahre eine wichtige Änderung erfahren, weshalb es angezeigt erscheint, zwischen einer *älteren* und *einer jüngeren Judikaturentwicklung* zu unterscheiden.

In einer jahrzehntelang gleichbleibenden Judikatur hat der VfGH aus der Stellung oberster VwOrgane Schranken für den einfachen Gesetzgeber bei der Normierung von bindenden Mitwirkungsbefugnissen[26] abgeleitet. In diesem Sinne sprach der VfGH aus, daß die *Bindung oberster VwOrgane* an Willenserklärungen anderer Stellen und Behörden in jedweder Form (Vorschlag, Zustimmung, Gutachten, Einvernehmensherstellung, Antrag etc)[27] mit der Stellung als oberstes VwOrgan unvereinbar sei, und hob daher einfachgesetzlich grundgelegte Mitwirkungsbefugnisse als verfassungswidrig auf[28]. Dabei werden zwei Argumentationslinien erkennbar: Einmal qualifiziert der VfGH bindende Mitentscheidungsbefugnisse anderer, außerhalb des jeweiligen Verwaltungsapparates stehender Stellen als Verletzung der *alleinigen Entscheidungsbefugnis* und damit des Art 19 iVm Art 69 und Art 101 B-VG, andererseits hat er die weisungsfreie Mitwirkung untergeordneter Dienststellen regelmäßig als unzulässige Ausnahme vom Weisungsprinzip des Art 20 B-VG qualifiziert[29]. Diese Spruchpraxis fand in der Literatur einhellige Zustimmung[30].

Beginnend mit VfSlg 12.183/1989 vollzog der VfGH hinsichtlich der verfassungsrechtlichen Beurteilung der Bindung oberster VwOrgane

26 Zur Normierung nicht-bindender Mitwirkungsbefugnisse (zB Anhörungsrechte) ist der Gesetzgeber auch ohne bundesverfassungsrechtliche Ermächtigung ohne weiteres befugt; grundsätzlich zur Unterscheidung bindende und nicht-bindende Mitwirkung AICHLREITER (FN 21) 668.

27 Zu den Erscheinungsformen der Mitwirkung eingehend AICHLREITER (FN 21) 669 ff.

28 Vgl etwa VfSlg 2072/1950, 2323/1952, 2332/1952, 6495/1971, 6885/1972, 6913/1972, 7402/1974.

29 Darauf hat erstmals KOJA, Entscheidungsfreiheit der obersten Verwaltungsorgane, in: Der Staatsbürger 1978, Folge 20, 77 hingewiesen; vgl jüngst auch R. THIENEL, Der mehrstufige Verwaltungsakt (1996) 190 ff.

Die Notwendigkeit dieser doppelten Begründungsstrategie erscheint fraglich, zumal auch dann, wenn ein oberstes VwOrgan an Willenserklärungen eines untergeordneten Organs gebunden wird, eine Beschränkung der Entscheidungsfreiheit gegeben ist. Damit aber liegt eine Verletzung von Art 19 iVm Art 69 oder Art 101 B-VG vor.

30 Vgl etwa L. ADAMOVICH/B.-CH. FUNK, Allgemeines Verwaltungsrecht^3 (1987) 305; AICHLREITER (FN 21) 718 ff; KOJA (FN 29) 77 f; ANTONIOLLI/KOJA (FN 9) 422 f; MAYER (FN 8) Art 19 B-VG I.2; OBERNDORFER, Partizipation an Verwaltungsentscheidungen in Österreich, DÖV 1972, 535; ÖHLINGER (FN 7) 185; THIENEL (FN 24) 188 ff; WALTER (FN 4) 471; WALTER/MAYER (FN 4) RZ 657.

(bei Verordungserlassung) an *Anträge* anderer Stellen eine Wende, indem er die Möglichkeit der Bindung oberster VwOrgane dem Grunde nach erstmals bejahte[31]. Ausgangspunkt seiner Überlegungen war § 15 Abs 9 Stmk AbfallbeseitigungsG LGBl 1974/118 idF 1987/68. Zufolge dieser Bestimmung konnte die LReg über *Antrag* von mindestens zwei Dritteln der Gemeinden eines politischen Bezirks den Einzugsbereich einer Müllbeseitigungsanlage begrenzen bzw die Menge/Art der zu entsorgenden Abfälle mittels VO eingrenzen. Der VfGH hat diese Bestimmung so ausgelegt, daß der Antrag der Gemeinden eine unabdingbare Voraussetzung für die Erlassung der VO bildet. Nach bisheriger Spruchpraxis hätte diese Regelung allein zur Aufhebung führen müssen. Unter Abgehen von dieser Judikatur und ohne weitere Begründung stellte der VfGH jedoch die Möglichkeit einer *verfassungskonformen Ausgestaltung der Antragsbindung* mit folgenden Worten fest:

„Zwar darf eine Antragsbefugnis Dritter auf Erlassung eines Verwaltungsaktes keineswegs immer oder schlechthin als Eingriff in die Entscheidungsbefugnis des mit der Erlassung des Verwaltungsaktes gesetzlich betrauten VwOrgans verstanden werden. Eine Antragsbefugnis bildet nämlich dann keinen derartigen Eingriff, wenn sie zur Durchsetzung von Interessen dient, die wahrzunehmen der Antragsteller berufen ist"[32].

Im konkreten Fall wurde die Antragsbefugnis der Gemeinden als verfassungswidrig qualifiziert, „weil dadurch eine – von den gesetzlichen Voraussetzungen her betrachtet – über die Interessen der Gemeinden hinausreichende VO der LReg an die Initiative einer qualifizierten Mehrheit jener Verwaltungsträger gebunden wird" (VfSlg 12.183/1989).

In VfSlg 12.472/1990 ging es um Rechtsfragen des Umlegungsverfahrens nach §§ 36 ff Vlbg RaumplanungsG LGBl 1973/15. Nach § 36 dieses Gesetzes kann das Gebiet einer Gemeinde, dessen Grundstücke infolge unzweckmäßiger Größe oder Lage für die Bebauung ungeeignet sind, so neu gestaltet werden, daß für die Bebauung zweckmäßige Grundstücke entstehen („Umlegung"). Ein solches Umlegungsverfahren wird durch VO der LReg eingeleitet. Die LReg hat eine das Umleitungsverfahren einleitende VO zu erlassen, wenn ein darauf abzielender Antrag

---

31 Soweit ersichtlich, hat darauf erstmals R. Novak, Lebendiges Verfassungsrecht (1990), JBl 1994, 301 ff (309) aufmerksam gemacht.

32 Auffallend an dieser Feststellung ist die das Problem (Bindung oberster VwOrgane an Anträge anderer Stellen bei VO-Erlassung) *verallgemeinernde Terminologie* („Erlassung eines Verwaltungsaktes"; „gesetzlich betrautes VwOrgan"). Diese eigenartige Terminologie enthält offenbar den Ansatz einer Begründung der Judikaturwende, zumal ein allgemeiner Gedanke der Mitwirkung von Personen bei Erlassung von Verwaltungsakten (Zulässigkeit der Antragsbefugnis für Personen mit rechtlichem Interesse) auf das spezielle Problem der Erlassung von VO durch oberste VwOrgane sinngemäß angewendet wird.

- von den Eigentümern mindestens der Hälfte der umzulegenden Grundfläche oder
- von der Gemeinde mit Zustimmung der Eigentümer von mindestens einem Drittel der umzulegenden Grundfläche gestellt wird (§ 37 Vlbg RaumplanungsG).

Diese Antragsbefugnis bewirkt eine doppelte Pflicht für die LReg: Ohne Antrag darf ein Umlegungsverfahren nicht eingeleitet werden. Bei Antragstellung „hat“ (also Pflicht!) die LReg eine EinleitungsVO zu erlassen. Diese bindende Antragsbefugnis der Grundeigentümer bzw der Gemeinde im Zusammenwirken mit den Grundeigentümern rechtfertigend stellte der VfGH fest: „Zur Antragsbefugnis nach § 37 leg cit ist festzuhalten, daß sie der Durchsetzung von Interessen dient, welche wahrzunehmen die Antragsteller berufen sind, sodaß die Bindung der LReg an die Antragstellung verfassungsrechtlich *nicht bedenklich* ist“ (VfSlg 12.472/1990).

In VfSlg 12.506/1990 hatte sich der VfGH mit der Bindung des BMSV (jetzt: BMAS) an gemeinsame Anträge kollektivvertragsfähiger Körperschaften (vgl dazu § 4 ArbVG BGBl 1974/22) bei der Festsetzung von Kontingenten für die Beschäftigung ausländischer Arbeitnehmer zu beschäftigen. § 11 Abs 1 AuslBG BGBl 1975/218 sah vor, daß der BMSV solche KontingentVO nur in Entsprechung eines gemeinsamen Antrags kollektivvertragsfähiger Körperschaften festlegen durfte. Abs 2 dieser Bestimmung normierte, daß der BMSV, „so lange kein Antrag nach Abs 1 vorliegt“, Beschäftigungskontingente durch VO festsetzen und festgesetzte Kontingente ändern konnte. Diese Rechtslage hatte zur Folge, daß die Initiative für eine Neuordnung der Kontingentierung beim BM uneingeschränkt nur so lange lag, als kein gemeinsamer Antrag vorlag. Dies bewirkte nach Ansicht des VfGH eine *verfassungswidrige Einschränkung der Entscheidungsfreiheit* des BM[33]:

„Denn die Bedeutung einer Festsetzung (Änderung) von Kontingenten, insb die daraus folgende Erschwerung des Bewilligungsverfahrens und der Möglichkeit des Abschlusses von Arbeitsverträgen, geht über den Rahmen jener Interessen hinaus, die wahrzunehmen die kollektivvertragsfähigen Körperschaften in der Weise berufen wären, daß dies eine Bindung des BM rechtfertigen würde. Hat doch der Gesetzgeber in Abs 2 selbst anerkannt, daß die Angelegenheit über diese gemeinsamen Interessen hinausgeht. Darum greift die Bindung des Ministers in dessen einschlägige Aufgabe als oberstes Organ des Bundes unzulässig ein“ (VfSlg 12.506/1990).

Zuletzt hatte sich der VfGH mit dem Problem der Antragsbindung im Zusammenhang mit dem Tir AufenthaltsabgabeG LGBl 1976/23 aus-

33 Der VfGH stellte einen Verstoß gegen Art 20 B-VG fest, was jedoch die unzutreffende Verfassungsbestimmung ist, zumal kollektivvertragsfähige Körperschaften als außerhalb des Verwaltungsapparates stehende Körperschaften weder der Leitungs- noch der Weisungsbefugnis des BMSV unterstehen.

einanderzusetzen (VfSlg 12.843/1991). § 5 dieses Gesetzes ermächtigte die LReg, auf Antrag eines Fremdenverkehrsverbandes (einer Kurkommission) die *Aufenthaltsabgabe* mit einem das gesetzliche Ausmaß überschreitenden Betrag festzusetzen. Unbeschadet des Umstands, daß die Aufenthaltsabgabe letztlich dem jeweiligen Fremdenverkehrsverband zugute kommt, handelt es sich dabei entsprechend dem System des FAG um eine *ausschließliche Landesabgabe*. Diese Qualifikation war für den VfGH ausschlaggebend, das Interesse des antragsbefugten Fremdenverkehrsverbandes an der Erhöhung der Abgabe zu verneinen. Die Qualifikation als ausschließliche Landesabgabe schließe es nämlich aus, „daß andere Rechtsträger als das Land selbst die diesbezüglichen Interessen an deren Erhöhung (gegebenenfalls auch Herabsetzung) wahrzunehmen haben" (VfSlg 12.843/1991). Und weiter:

„Angesichts der in dieser Hinsicht klaren und zwingenden verfassungsrechtlichen Anordnung, daß nämlich über die Abgaben hoheitlich verfügt wird, müssen allfällige *wirtschaftliche Interessen* der Fremdenverkehrsverbände, denen das Aufkommen aus den Aufenthaltsabgaben letztlich zugute kommt, zurücktreten; diese Interessen sind keine solchen, die eine Bindung der Landesregierung an Anträge Dritter verfassungsrechtlich zulässig erscheinen lassen" (VfSlg 12.843/1991).

Zur skizzierten Judikaturentwicklung kann zusammenfassend Folgendes gesagt werden: Der VfGH vertritt die Ansicht, daß obersten VwOrganen kraft Bundesverfassungsrecht (Art 19 iVm 69 und 101 B-VG) *Entscheidungsfreiheit* bei Erlassung der ihnen übertragenen Verwaltungsakte zukommt. Sie dürfen daher – außer im Fall einer bundesverfassungsrechtlichen Ermächtigung – grundsätzlich nicht an Willenserklärungen anderer Stellen gebunden werden. Die jüngere Judikatur macht hievon aber eine *wichtige Ausnahme*: Oberste VwOrgane dürfen durch den einfachen Gesetzgeber bei Erlassung von VO an *Anträge* von Dienststellen und (juristischen) Personen (Gemeinden, Grundeigentümer etc) gebunden werden.[34] Diese Entscheidungspraxis erscheint rechtspolitisch sinnvoll, sie leidet jedoch an dem wesentlichen Mangel, daß der VfGH *keine verfassungsrechtliche Begründung* für diese Ausnahme gegeben hat.

Andere Formen der Bindung (zB Gutachten, Einvernehmen, Zustimmung) sind von dieser Judikatur nicht erfaßt. In diesen Fällen bleibt die Notwendigkeit einer bundesverfassungsrechtlichen Grundlage bestehen.

---

34 In diesem Sinne bereits H. P. Rill, Grundfragen des österreichischen Preisrechts III, ÖZW 1975, 97 ff (insb 107) sowie H. Mayer, Die Verordnung (1977) 20, beide jeweils mit unterschiedlicher Begründung.

III. Versuch einer verfassungsdogmatischen Begründung der Bindung oberster VwOrgane an Anträge anderer Stellen bei VO-Erlassung

a) Aus entscheidungstheoretischer Sicht ist bei Erlassung einer VO vom zuständigen Organ grundsätzlich eine *doppelte Entscheidung* zu treffen: einmal die Entscheidung, ob überhaupt eine VO erlassen wird *(Erlaßentscheidung)*[35], zum anderen die Entscheidung darüber, wie die VO inhaltlich gestaltet werden soll *(Gestaltungsentscheidung)*. Üblicherweise, nämlich dann, wenn im Gesetz keine Mitwirkungsbefugnisse vorgesehen sind, hat die zuständige Verwaltungsbehörde, namentlich auch ein oberstes VwOrgan, die beiden Entscheidungen aus eigenem Antrieb zu treffen. Mit Hilfe von Mitwirkungsbefugnissen kann anderen Stellen die Möglichkeit der Einflußnahme auf diese Entscheidungen gegeben werden. Dabei kommt den verschiedenen Mitwirkungsinstrumenten eine unterschiedliche Bindungswirkung zu. Drei Arten von Bindungswirkungen der Mitwirkungsinstrumente können unterschieden werden:

– *Bindung hinsichtlich der Gestaltungsentscheidung, Entscheidungsfreiheit hinsichtlich der Erlaßentscheidung:* Ist eine Behörde gesetzlich etwa an Gutachten oder Vorschläge anderer Stellen gebunden, so kann sie zwar alleine die Entscheidung darüber treffen, ob eine VO erlassen wird. Hat sich die Behörde für die Erlassung entschieden, ist sie bei der *Inhaltsgestaltung* an Vorschläge/Gutachten der mitwirkungsbefugten Stelle gebunden.
– *Bindung sowohl hinsichtlich der Erlaß- als auch hinsichtlich der Gestaltungsentscheidung:*
  Ist eine Verordnung im Wege einer *Einvernehmensregelung* (Zustimmung) zu erlassen, kann die mitwirkungsberechtigte Stelle auf beide Entscheidungsebenen Einfluß nehmen. Sie kann das Einvernehmen verweigern, wenn sie mit der Erlassung einer VO grundsätzlich nicht einverstanden ist. Sie kann ihre Zustimmung aber auch versagen, wenn sie der Erlassung einer bestimmten VO zwar grundsätzlich, jedoch nicht dem konkret vorgeschlagenen Inhalt der VO zustimmt.
– *Bindung lediglich hinsichtlich der Erlaßentscheidung, nicht aber bei der Gestaltungsentscheidung:* Bei einer *antragsbedürftigen VO* erfolgt eine Bindung lediglich hinsichtlich der Erlaßentscheidung, wobei jedoch *unterschiedlich intensive Formen der Bindung* vorgesehen sein können: *„doppelte Bindung"* in dem Sinne, daß eine VO nur bei Vorliegen ei-

[35] Ist die Erlassung einer VO *gesetzlich verpflichtend* vorgeschrieben, so wird dadurch der Behörde die Erlaßentscheidung abgenommen. In solchen Fällen kommt ihr lediglich Gestaltungsentscheidung zu.

nes Antrags erlassen werden darf und die Behörde zur VO-Erlassung verpflichtet ist (zB VO zur Einleitung eines Umlegungsverfahrens nach § 36 Vlbg RaumplanungsG); *„einfache Bindung“* in dem Sinne, daß eine VO nur bei Vorliegen eines Antrags erlassen werden darf, eine Pflicht der Behörde zur VO-Erlassung jedoch nicht besteht; denkbar ist etwa auch, daß eine VO von der Behörde aus eigenem Antrieb, aber auch auf Antrag erlassen werden kann.

Die Mitwirkung in der Form der *Antragstellung* begegnet besonders häufig beim *individuellen Verwaltungsakt* (Bescheid) in der Form des antragsbedürftigen Verwaltungsaktes. Solche Bescheide dürfen grundsätzlich erst auf Antrag erlassen werden. Die Behörde ist bei Vorliegen eines Antrags grundsätzlich zur Entscheidung verpflichtet, wobei eine inhaltliche Bindung der Behörde an den Antrag in aller Regel nicht besteht.

b) Die bundesverfassungsrechtlich grundgelegte Entscheidungsfreiheit oberster VwOrgane bezieht sich mangels differenzierender Regelung in den einschlägigen Verfassungsbestimmungen grundsätzlich auf beide VO-relevanten Entscheidungsebenen. Oberste VwOrgane müssen daher sowohl bei der Erlaß-, als auch bei der Gestaltungsentscheidung freie Hand haben. Eine bindende Mitwirkung anderer Stellen auf einer der beiden Ebenen muß bundesverfassungsrechtlich grundgelegt sein. Es scheint nun so zu sein, daß die Mitwirkung anderer Stellen bei der Erlaßentscheidung in Form der Antragstellung *bundesverfassungsrechtlich zulässig* ist. Dafür sprechen ein *verfassungssystematisches* und ein *historisches Argument.*

Es ist in Staatspraxis und Verfassungsrechtslehre unbestritten, daß oberste VwOrgane in ihrer Entscheidungsfreiheit derart eingeschränkt werden können, daß sie bei Erlassung von *individuellen Verwaltungsakten* (Bescheiden) an *Anträge* von verfahrensbeteiligten Personen gebunden werden dürfen, sei es, daß oberste VwOrgane antragsgemäß zur Erlassung eines Bescheides erster und letzter Instanz berufen sind, sei es, daß sie im Berufungswege antragsgemäß über den Bescheid einer Unterinstanz abzusprechen haben. In beiden Fällen wird die Entscheidungsfreiheit oberster VwOrgane (in Form der Erlaßfreiheit) insofern eingeschränkt, als *ohne Antrag* einer Verfahrenspartei oberste VwOrgane in der betreffenden Verwaltungssache keine Entscheidung treffen dürfen. Eine Bindung bei der *inhaltlichen Gestaltung* des Bescheides resultiert aus einem solchen Antragsrecht freilich nicht.[36] Antragsberechtigt sind und können nur Verfahrensparteien sein, also Personen mit einem *rechtlichen Interesse* an der betreffenden Verwaltungssache (§ 8 AVG).

---

36 Auf diesen Aspekt weist zutreffend auch AICHLREITER (FN 21) 727 hin, ohne jedoch erkennbar rechtliche Schlußfolgerungen daraus abzuleiten.

Es ist nun kein Grund ersichtlich, weshalb die Bindung oberster VwOrgane in Form der *Antragsbedürftigkeit* zwar beim individuellen Verwaltungsakt (Bescheid), nicht aber beim generellen Verwaltungsakt (VO) zulässig sein sollte. Vielmehr liegt umgekehrt der *verfassungssystematische Gedanke* nahe, daß ebenso wie bei Erlassung individueller Verwaltungsakte auch bei Erzeugung genereller Verwaltungsakte eine Antragsbindung *bundesverfassungsrechtlich erlaubt* ist.[37]

Dieses Ergebnis wird durch *historische Überlegungen* bestätigt. AICHLREITER[38] verweist zutreffend darauf, daß es bereits um den Zeitpunkt der Erlassung des B-VG (1. 10. 1920) einfachgesetzliche Formen der Antragsbindung oberster VwOrgane bei Verordnungserlassung gegeben hat, ohne daß diese als bundesverfassungsrechtlich bedenklich qualifiziert worden wären. So schreibt etwa ADAMOVICH[39], daß nicht nur VO untergeordneter Behörden, sondern auch Verordnungen der BReg und einzelner BM in bestimmten Fällen nur „auf Antrag anderer Organe" erlassen werden dürfen. Er führt dazu zwei Beispiele an, nämlich

- §§ 14 und 17 AbbauG BGBl 1921/716, wonach der Multiplikator zur Berechnung des Sollbetrages der Belastung durch Kinderzuschüsse auf Vorschlag einer *paritätischen Kommission* durch den BM im Verordnungswege erhöht oder ermäßigt werden konnte;
- § 1 Abs 2 BG vom 10. 3. 1922, BGBl 154, wonach Angestellte der Länder, Gemeinden mit eigenem Statut, Kammern für Handel, Gewerbe und Industrie und der Arbeiterkammer auf *Antrag des Dienstgebers* in die Krankenversicherung der Bundesangestellten einbezogen werden konnten[40].

ADAMOVICH äußert hinsichtlich der Antragsbindung oberster VwOrgane nicht das geringste bundesverfassungsrechtliche Bedenken. Er zitiert auch keine sonstige kritische Stimme aus der staatsrechtlichen Literatur.

---

37 Den Gedanken der Gleichartigkeit von individuellen und generellen Verwaltungsakten und die Forderung nach bundesverfassungsrechtlicher Gleichbehandlung brachte bereits RILL (FN 34) 107 zum Ausdruck, indem er folgendes sagt: „Ist die Position des Antragstellers im Verfahren zur Erlassung einer V jedoch mit der eines Antragstellers im Bescheiderlassungsverfahren gleichartig, dann bestehen mE keine verfassungsrechtlichen Bedenken". Nicht ganz klar ist hingegen die Auffassung RILLS, daß antragsbedürftige VO dann unzulässig sind, „wenn das Antragsrecht den Antragsteller zum echten Mitentscheidenden, zum Partner der staatlichen Behörde macht" (ÖZW 1975, 107). RILL folgend auch AICHLREITER (FN 21) 725 ff.

38 AICHLREITER (FN 21) 728.

39 L. ADAMOVICH (sen), Die Prüfung der Gesetze und Verordnungen durch den österreichischen Verfassungsgerichtshof (1923) 188 ff.

40 Im Gegensatz dazu wurde bereits damals die (inhaltliche) Bindung der Entscheidungsfreiheit oberster VwOrgane durch einvernehmliches Vorgehen mit Hilfe *bundesverfassungsrechtlicher Ermächtigungsnormen* vorgeschrieben, vgl auch dazu die Beispiele bei ADAMOVICH (FN 39) 190 ff.

Dies legt den Schluß nahe, daß einfachgesetzliche Antragsbindungen nicht als (verfassungsrechtlich bedenkliche) Beschränkungen der Entscheidungsfreiheit oberster VwOrgane qualifiziert wurden.

c) Zusammenfassend kann festgehalten werden:

aa) Die bundesverfassungsrechtlich grundgelegte Entscheidungsfreiheit oberster VwOrgane ist *umfassend*. Sie bezieht sich sowohl auf die Entscheidung über die Erlassung als auch auf die Entscheidung über den Inhalt eines Verwaltungsaktes, namentlich einer VO.

bb) Der einfache Gesetzgeber ist befugt, oberste VwOrgane bei Erlassung von VO an Anträge anderer Stellen und Personen zu binden.

cc) Mit Rücksicht auf die *Gleichartigkeit* mit der Bindung oberster VwOrgane bei *Erlassung individueller Verwaltungsakte* ist die Bindung oberster VwOrgane bei Erlassung von VO in *beiden Formen* zulässig, nämlich zunächst derart, daß der Antrag zwar eine wesentliche Voraussetzung der Verordnungserlassung bildet, ohne daß eine Pflicht zur Rechtserzeugung entsteht, aber auch in der Form, daß der Antrag die wesentliche Voraussetzung für die Verordnungserlassung bildet und überdies das oberste VwOrgan zur Verordnungserzeugung *verpflichtet* ist.[41]

dd) Solche Anträge sind bundesverfassungsrechtlich nur zulässig, soweit sie lediglich eine Bindung betreffend die Entscheidung darüber bewirken, ob überhaupt eine VO erlassen werden darf. Eine Bindung oberster VwOrgane bei der *inhaltlichen Gestaltung* ist dem einfachen Gesetzgeber jedoch untersagt.[42]

IV. Bundesverfassungsrechtliche Überlegungen zur Abgrenzung des Kreises antragsbefugter Stellen und Personen

Geht man von der Zulässigkeit der Antragsbindung oberster VwOrgane bei VO-Erlassung aus, so erhebt sich die Frage, welchen Dienststellen, Rechtsträgern und Personen ein solches Antragsrecht eingeräumt werden darf. Insb ist zu fragen, ob die Bestimmung der antragsbefugten Stellen im *politischen Ermessen des Gesetzgebers* liegt oder ob der Gesetzge-

41 Mayer (FN 34) 20 hält lediglich die Bindung in der ersteren Form für zulässig, weil in diesem Fall das durch Art 18 Abs 2 B-VG eingeräumte „Verordnungsermessen“ gewahrt bleibe, hingegen im zweiten Fall verfassungswidrig eingeschränkt werde. Eine Differenzierung zwischen der „Erlaßentscheidung“ und der „Gestaltungsentscheidung“ nimmt Mayer nicht vor; ebensowenig zieht er Art 19 B-VG zur Argumentation heran.

42 Eine solche Bindung (zB in Form des Zustimmungsrechts einer anderen Stelle) ist auch bei *individuellen Verwaltungsakten* bundesverfassungsrechtlich untersagt, vgl dazu Thienel (FN 29) 189.

ber bei Normierung von Antragsbefugnissen *bundesverfassungsrechtliche Schranken* zu beachten hat.

1. Antragsbefugnis als Instrument der Interessenwahrnehmung; rechtliches Interesse als Schranke für die Anordnung einer Antragsbefugnis

Jedwede Antragsbefugnis ist ihrer inneren Zielsetzung nach ein *Instrument der Interessenwahrnehmung.* Mit ihrer Hilfe sollen Rechtsträger/Personen in die Lage versetzt werden, Behörden, namentlich auch oberste VwOrgane, zur Erlassung von (individuellen/generellen) Verwaltungsakten zu bewegen bzw zu verpflichten. Diesen grundsätzlichen Zusammenhang zwischen Antragsbefugnis und Interessenwahrnehmung hat auch der VfGH verdeutlicht, indem er ausführte: „Eine Antragsbefugnis bildet dann keinen derartigen Eingriff (in die Entscheidungsfreiheit), wenn sie zur Durchsetzung von Interessen dient, die wahrzunehmen der Antragsteller berufen ist" (VfSlg 12.183/1989).

So zutreffend diese Aussage dem Grunde nach ist, verbleibt sie doch zu sehr im Allgemeinen. Deutlicher wird die Funktion der Interessenwahrnehmung als *Schranke für die Normierung von Antragsrechten* wiederum bei einem *Vergleich mit dem individuellen Verwaltungsakt:* Genauso wie die Antragsbefugnis beim individuellen Verwaltungsakt nur (einzelnen) Verfahrensparteien (zB dem Betreiber einer gewerblichen Betriebsanlage) eingeräumt ist, also Personen, denen an der Erledigung einer Verwaltungssache ein *rechtliches Interesse* (§ 8 AVG) zukommt, genauso ist das Antragsrecht bei VO-Erlassung mit dem Kreis jener Personen zu beschränken, die ein *rechtlich grundgelegtes Interesse* an der VO-Erlassung haben. Unerheblich ist dabei, ob die Antragsbefugnis dem von einer zu erlassenden VO betroffenen *Personenkreis selbst* (zB Antragsbefugnis der Grundeigentümer zur Einleitung eines Umlegungsverfahrens nach Vlbg RaumplanungsG), einer *gesetzlichen Interessenvertretung* oder einer *sonstigen zur Interessenwahrnehmung befugten juristischen Person* eingeräumt wird. Im ersten Fall liegt Interessenwahrnehmung unmittelbar durch die potentiellen Normadressaten einer VO selbst vor, in den weiteren Fällen mittelbare Interessenwahrnehmung durch die zur Vertretung der Interessen der potentiellen Normadressaten berufenen Körperschaften.

Nun berührt etwa ein Flächenwidmungs- oder Bebauungsplan rechtliche Interessen *jedes Grundeigentümers* in einer Gemeinde. Aus dieser Interessenberührtheit kann aber noch nicht legitimerweise die Forderung nach einem *Antragsrecht sämtlicher Grundeigentümer* einer Gemeinde abgeleitet werden. Für die Einräumung einer Antragsbefugnis erforderlich ist vielmehr eine *„spezifische Interessenbetroffenheit“*[43] jenes Personenkreises, dem die Antragsbefugnis für die Erlassung einer bestimmten VO eingeräumt werden soll. Nicht jedwedes rechtliches Interesse (an der Erlassung einer VO), sondern nur eine *rechtlich grundgelegte, spezifische Interessenbetroffenheit* vermag daher ein Antragsrecht zu rechtfertigen. Dem kommt entgegen, daß VO einen unterschiedlichen Adressatenkreis haben können: Sie können entweder an die *Allgemeinheit* oder an einen *nach Gattungsmerkmalen gekennzeichneten Personenkreis* (zB Angehörige eines Berufsstandes) gerichtet sein. Eine rechtlich grundgelegte, spezifische Interessenbetroffenheit der Normadressaten kommt namentlich bei VO mit einem nach Gattungsmerkmalen gekennzeichneten Adressatenkreis zum Ausdruck. Bei diesem VO-Typ kann daher bundesverfassungskonform ein (auch oberste VwOrgane bindendes) Antragsrecht vorgesehen werden.

Zusammenfassend kann festgehalten werden: Eine *Antragsbefugnis* zur Erlassung einer VO durch ein oberstes VwOrgan ist *bundesverfassungsrechtlich* nur insoweit *zulässig*, als sie der Durchsetzung von *rechtlich grundgelegten*, durch eine *spezifische Interessenbetroffenheit gekennzeichneten Interessen* der zur Antragstellung berufenen Stellen bzw Personen dient und auch *sonst sachlich gerechtfertigt* ist. Über den *gesetzlichen Interessenbereich hinausgehende Interessen* vermögen ein Antragsrecht ebensowenig zur rechtfertigen wie rein *faktische/wirtschaftliche Interessen* einer Personengruppe.

2. Beispielsfälle

In diesem letzten Kapitel geht es darum, zur Verdeutlichung der herausgearbeiteten Verfassungskriterien Beispielsfälle einfachgesetzlicher Antragsbindung zu erörtern und dabei zu prüfen, ob die Antragsbindung im konkreten Einzelfall den verfassungsrechtlichen Kriterien entspricht.

a) Beispiele für eine rechtlich grundgelegte, spezielle Interessenbetroffenheit

Nach dem BG über die Sozialversicherung freiberuflich selbständig Erwerbestätiger BGBl 1978/624 (FSVG) können bestimmte Gruppen von Freiberuflern (zB Rechtsanwälte, Ärzte, Ingenieure) in der Kranken-, Unfall- und Pensionsversicherung der Gewerblichen Wirtschaft pflichtversichert werden. Die Pflichtversicherung einer bestimmten Freiberuf-

---

[43] Mit diesem Begriff hat der VfGH jüngst den Kreis der nach § 94f StVO anhörungsberechtigten Interessenvertretungen eingeschränkt; vgl etwa VfGH 3. 3. 1995, V 24/93 sowie 6. 3. 1996, V 165/95.

lergruppe wird durch VO des BMSV begründet, „sofern die wirtschaftlichen Bedürfnisse der Angehörigen dieser Personengruppen die Einführung eines Versicherungsschutzes rechtfertigen und für die Personengruppe nicht bereits Versicherungsschutz in den in Betracht kommenden Zweigen der gesetzlichen Sozialversicherung besteht" (§ 2 Abs 2 FSVG). Das Verfahren zur Erlassung einer solchen VO wird „auf Antrag der für das Bundesgebiet jeweils in Betracht kommenden gesetzlichen beruflichen Vertretung" eingeleitet. Die *Bindung* des obersten VwOrgans liegt hier darin, daß ohne Initiative der jeweiligen Berufsvertretung das Verfahren zur Erlassung einer die Pflichtversicherung begründenden VO nicht eingeleitet werden darf. Andererseits wird der BMSV durch einen entsprechenden Antrag hinsichtlich der inhaltlichen Gestaltung der VO nicht gebunden. Im Rahmen des VO-Verfahrens hat er selbständig zu prüfen, ob die gesetzlichen Voraussetzungen für die Erklärung der Pflichtversicherung nach § 2 Abs 2 FVSG vorliegen.

Die Frage, ob die Mitglieder einer Freiberuflergruppe pflichtversichert sind, begründet zweifellos eine spezielle Interessenbetroffenheit dieser Berufsgruppe. Das Antragsrecht dient zur Durchsetzung dieser Interessen, die wahrzunehmen die jeweilige gesetzliche Interessenvertretung (zB österreichischer Rechtsanwaltskammertag) berufen ist.[44]

Nach § 22 Sbg NaturschutzG LGBl 1993/1 können Gebiete, die etwa für die Erholung der Bevölkerung oder für die Vermittlung von Wissen über die Natur besonders geeignet sind, durch VO der LReg zum *„Naturpark"* erklärt werden. Voraussetzung für eine solche Erklärung ist ua ferner, daß „ein entsprechender Antrag seitens der in Betracht kommenden Grundeigentümer vorliegt" (§ 22 Abs 2 lit c Sbg NaturschutzG).[45] Eine solche NaturparkeVO berührt zweifellos die Interessen der

44 In VfSlg 12.506/1990 wurde das Antragsrecht kollektivvertragsfähiger Körperschaften bei Erlassung von VO für die *Festsetzung von Kontingenten für die Beschäftigung von Ausländern* zurecht als über den Rahmen jener Interessen hinausgehend qualifiziert, „die wahrzunehmen die kollektivertragsfähigen Körperschaften in der Weise berufen wären, daß dies eine Bindung des BM rechtfertigen würde". Die Festsetzung derartiger Beschäftigungskontingente berührte zwar auch die Interessen österr Arbeitgeber und Arbeitnehmer, wesentlich stärker allerdings noch die Interessen arbeitswilliger (in der Mehrzahl noch nicht in den Arbeitsprozeß integrierter) Ausländer, deren Interessen die kollektivvertragsfähigen Körperschaften nicht zu vertreten haben.

Weniger einsichtig ist die Qualifikation des Antragsrecht von Gemeinden nach § 15 Abs 9 Stmk AbfallwirtschaftsG als verfassungswidrig (VfSlg 12.183/1989). VO nach dieser Gesetzesstelle dienen der Abwehr von Gefahren in den betreffenden Gemeinden. Das Antragsrecht hatte daher den Zweck, die Gemeinden zur Wahrnehmung von Interessen zu ermächtigen, zu deren Durchsetzung sie berufen sind.

45 Worin die sachliche Rechtfertigung (Art 7 B-VG) dafür liegt, daß lediglich das Verfahren zur Erlassung einer NaturparkeVO vom Antrag der Grundeigentümer abhängig gemacht wird, während im Verfahren zur Erlassung von Landschaftsschutzgebiets- und Na-

Grundeigentümer in einer speziellen Form. Das Antragsrecht dient der Durchsetzung von Eigentümerinteressen, die wahrzunehmen die Grundeigentümer selbst zweifellos berufen sind.[46]

b) Zur Problematik der Abgrenzung rechtlicher/faktischer Interessen

In VfSlg 12.843/1991 erklärte der VfGH das Recht eines Tourismusverbandes (vgl Tir TourismusG 1991 LGBl 24), eine (mit VO der LReg durchzuführende) *Erhöhung der Aufenthaltsabgabe* (vgl § 5 Abs 2 Tir AufenthaltsabgabeG LGBl 1976/23) über das gesetzliche Ausmaß hinaus zu beantragen, für verfassungswidrig. Dabei ging der Gerichtshof von der Qualifikation der Aufenthaltsabgabe als einer *ausschließlichen Landesabgabe* aus; die daraus resultierende ausschließliche Verfügungsbefugnis des Landes schließe es aus, daß ein anderer Rechtsträger als das Land die Interessen an der Erhöhung wahrzunehmen habe. *„Allfällige wirtschaftliche Interessen"* der Tourismusverbände müßten zurückstehen.

Diese Qualifikation überzeugt nicht. Obzwar ausschließliche Landesabgabe, wird die Aufenthaltsabgabe vom jeweiligen Tourismusverband eingehoben und mit der Meldung der eingehobenen Abgabenmittel an die LReg erfolgt ex lege die „Zuweisung" an den jeweiligen Tourismusverband (§ 8 Tir AufenthaltsabgabeG).[47] Das Verfügungsrecht des Landes ist danach rechtlich ausgeschlossen. Die Einnahmen aus der Aufenthaltsabgabe kommen kraft ausdrücklicher gesetzlicher Bestimmung ausschließlich und ohne weitere Veranlassung durch das Land dem jeweiligen Tourismusverband zu. Das Interesse des Tourismusverbandes an einer Abgabenerhöhung ist daher nicht nur faktischer, sondern auch *rechtlicher Natur*, sodaß das Antragsrecht der Durchsetzung von Interessen dient, die wahrzunehmen der jeweilige Tourismusverband berufen ist.[48]

---

turschutzgebietsVO die Grundeigentümer lediglich ein *Anhörungsrecht* haben, ist schwer auszumachen. Sie wird darin liegen, daß das öffentliche Interesse an der Errichtung von Landschaftsschutz- und Naturschutzgebieten überwiegt, sodaß die Erlassung solcher VO nicht vom Willen der jeweiligen Grundeigentümer abhängig gemacht wird.

46 Anders zu beurteilen ist die Mitwirkungsbefugnis nach § 6 Sbg NationalparkG LGBl 1983/106. Zufolge dieser Bestimmung kann die LReg durch VO *Sonderschutzgebiete* im Nationalpark erklären, dies jedoch nur „mit ausdrücklicher Zustimmung der in Betracht kommenden Grundeigentümer und in ihren Rechten beeinträchtigten Nutzungsberechtigten". Hier liegt kein Antrags-, sondern ein *Zustimmungsrecht* vor, das eine Einflußnahme sowohl auf die Erlaßentscheidung als auch auf die inhaltliche Gestaltung der VO ermöglicht. Eine solche Bindung der LReg übersteigt das zulässige Ausmaß und ist daher im Grunde des Art 19 iVm 101 B-VG verfassungswidrig.

47 Vgl nunmehr auch §§ 7, 8 Tir AufenthaltsabgabeG 1991 LGBl 35 mit ganz ähnlichen Regelungen.

48 Gem § 5 Abs 3 Tir AufenthaltsabgabeG 1991 kommt den Tourismusverbänden nur mehr ein Anregungs- bzw Anhörungsrecht bei der Festsetzung der Aufenthaltsabgabe zu.

c) Zur Problematik der sonstigen sachlichen Rechtfertigung eines Antragsrechts

In aller Regel werden durch die Erlassung einer VO die Interessen betroffener Normadressaten nicht nur positiv, sondern auch *negativ* berührt.[49] In einem solchen Fall können zukünftige Normadressaten entweder die positiven Folgen höher einschätzen und daher die Gebrauchnahme der Antragsbefugnis befürworten oder aber die negativen Folgen höher bewerten und eine Gebrauchnahme der Antragsbefugnis ablehnen. Soll auch in einem solchen Fall ein Antragsrecht der Wahrnehmung der Interessen der betroffenen Normadressaten dienen, so bedarf es der Feststellung der Interessenlage der *Mehrheit der zukünftigen Normadressaten.* Ein Antragsrecht erscheint in einem solchen Fall nur dann *sachlich gerechtfertigt* (Art 7 B-VG), wenn sichergestellt ist, daß von ihm nur Gebrauch gemacht werden kann, wenn die *Mehrheit der potentiellen Normadressaten* dem zustimmt.

Unter diesem Gesichtspunkt erheben sich Bedenken gegen die Regelungen des Vlbg RaumplanungsG LGBl 1973/15 betreffend die Einleitung eines Umlegungsverfahrens.[50] Nach § 37 dieses Gesetzes ist ein Antrag auf Durchführung eines (durch VO der LReg einzuleitenden) Umlegungsverfahrens zulässig, wenn dieser Antrag

- „von den Eigentümern mindestens der Hälfte der umzulegenden Grundfläche oder
- von der Gemeinde mit Zustimmung der Eigentümer von mindestens einem Drittel der umzulegenden Grundfläche gestellt wird".

Obwohl die Antragsbefugnis der Grundeigentümer dem Grunde nach (weil in ihrem Interesse gelegen) zulässig ist, muß die konkrete Ausgestaltung jedoch als gleichheitswidrig qualifiziert werden, weil für die Antragstellung *nicht die Zustimmung der Mehrheit,* sondern lediglich der Hälfte der Eigentümer der umzulegenden Grundfläche erforderlich ist. Auch die teilweise Substituierung der Eigentümerzustimmung durch Antrag der Gemeinde erscheint bedenklich. Zwar hat die Gemeinde als für Bauangelegenheiten zuständige Gebietskörperschaft an leicht bebaubaren Grundstücken ein allgemeines politisches Interesse, ein dem Eigentümerinteres-

---

49 Begründung eines Tourismusverbandes durch Antrag der in der Tourismuswirtschaft tätigen Wirtschaftstreibenden: Förderung des Fremdenverkehrs durch den zu begründenden Tourismusverband – positives Interesse; Pflicht zur Abgabenentrichtung an den Tourismusverband – negatives Interesse.

50 Dem VfGH genügte es in VfSlg 12.472/1990, daß durch die Regelung über die Antragstellung der Grundeigentümer gem § 37 Vlbg RaumplanungsG verhindert werde, „daß bereits eine verschwindende Minderheit von Grundeigentümern die Neuordnung eines Gebietes bewirken kann".

se gleichzuhaltendes, rechtlich grundgelegtes Interesse der Gemeinde liegt jedoch nicht vor.[51]

Ein schönes Beispiel für eine sachgerechte Antragsregelung enthält § 4 Sbg FremdenverkehrsG LGBl 1985/94. Nach dieser Vorschrift ist ein Fremdenverkehrsverband durch VO der LReg einzurichten. Eine solche VO „ist“ (also Pflicht der LReg!) zu erlassen, „wenn sich ... die Mehrheit der Unternehmer, die als Pflichtmitglieder in Betracht kommen, hiefür ausspricht“. Diese Mehrheit wird mit Hilfe einer *Abstimmung* ermittelt (vgl § 4 Abs 2 bis 8 Sbg FremdenverkehrsG)[52]. Diese Regelung stellt sicher, daß ein auf Gründung eines Fremdenverkehrsverbandes gerichteter Antrag nur gestellt werden kann, wenn die Mehrheit der zukünftigen Pflichtmitglieder zustimmt. Es handelt sich daher um ein sachgerecht formuliertes Antragsrecht.[53]

V. Zusammenfassung

Mit seiner mit VfSlg 12.183/1989 beginnenden Spruchpraxis zur beschränkten Zulässigkeit der einfachgesetzlichen Bindung oberster VwOrgane an Anträge anderer Stellen oder Personen hat der VfGH eine schmale, aber verwaltungspraktisch wichtige Bresche in die bislang rigide Handhabung der Entscheidungsfreiheit oberster VwOrgane geschlagen. Diese Judikatur kommt einem häufigen Bedürfnis der Praxis entgegen, die von einer zu erlassenden VO betroffenen Normadressaten bei der *Entscheidung über die Einleitung eines VO-Verfahrens* in bindender Form mitwirken zu lassen. Insofern steht diese Judikatur auch im Dienste einer besseren Verwirklichung des *Demokratieprinzips* (Art 1 B-VG).

---

51 Daran ändert der Umstand nichts, daß Gemeinden auch zur Erstellung eines Umlegungsplanes ermächtigt sind. Dabei handelt es sich lediglich um eine *technische Hilfestellung* für die Grundeigentümer.

52 Nach § 22 Abs 2 Sbg NaturschutzG LGBl 1993/1 ist ein Gebiet durch VO der LReg zu einem *Naturpark* zu erklären, wenn ua ein „entsprechender Antrag seitens der in Betracht kommenden Grundeigentümer vorliegt“. Ein solcher Antrag muß also von *allen Eigentümern* der im zukünftigen Naturpark gelegenen Grundflächen unterstützt werden.

53 Die in meiner Arbeit „Entwicklungstendenzen im Tourismusrecht der Länder“, ÖZW 1992, 1 ff (4) vertretene gegenteilige Auffassung möchte ich daher aufgeben.

Robert S. Summers [1]

The Formal Character of Law – Statutory Rules

I. Introduction

My general thesis is that law is formal in character. Here I will develop this thesis (merely suggestively) as applied to legal rules, which comprise one of the basic, essential, and ubiquitous types of legal construct in all legal systems. I am pleased to contribute this essay to a Festschrift honoring Prof. Dr. GÜNTHER WINKLER, whom I have been priviledged to know for many years.[2] I single out rules for treatment here because of their special importance. First, they are instruments both of problem-specific policy and of formal values. Second, they are also used to shape and define virtually all other basic types of legal constructs. Thus, rules are used to shape and define legislatures, elections, courts, criteria of validity, methodologies of interpretation, the practice of stare decisis, official agencies, corporate bodies, other recognized legal entities, and so on.

Legal rules have a number of important characteristics (including enforcement and other implementive devices, normativity, and more). In the long history of legal theory, the formality of rules, a vital characteristic, has not received its due. This essay is a modest contribution to that end.

II. How might the Formal Attributes of Statutory Rules be analyzed?

The formal attributes of rules include completeness, definiteness, generality, and simplicity. These are all formal attributes because (1) they

---

1 McRoberts Research Professor of Law, Cornell Law School; Visiting Professor of Law and Hubert C. Hurst Eminent Scholar, University of Florida College of Law, Spring Semester 1995. See SUMMERS, „The Formal Character of Law," 51 Cambridge Law J. 242 (1992); SUMMERS, „Der formale Charakter des Rechts II," 80 Archiv fur Rechts und Sozialphilosophie 60 (1994); SUMMERS, „The Formal Character of Law III," 25 Rechtstheorie 1 (1994).

2 It is also fitting that I dedicate this essay to Prof. Dr. WINKLER because I first lectured on this topic in his presence at the University of Vienna, on December 14, 1994.

pertain to the shape or configuration of rules rather than their content as such, (2) they neither prescribe nor proscribe content as such, and may accommodate highly variable content. Also, these formal attributes may be isolated and analyzed and evaluated on their own apart from the problem-specific policy content of the rules.

I will now offer somewhat more detailed analyses of several formal attributes of rules. I will begin with completeness as a formal attribute of rules.

1. Completeness as a Distinct Formal Attribute of Rules

a) The Nature of Completeness in Rules

The OED defines „complete“ as follows: „Having all its parts or elements; entire; full.“ Thus, in the case of law, we might think of a complete rule at inception as one in which all of its appropriate „spaces“ are filled so that it can always generate (under an appropriate methodology of interpretation or application) full fledged reasons for action on the part of its addressees, assuming it is also sufficiently definite (on which, more later). Rules are of different basic types, and thus have different spaces to fill. For example, a basic rule of the criminal law requires the filling of spaces which differ from the nature and number of spaces within a basic rule of contract law. Thus, the crime of burglary requires that spaces be appropriately filled in respect of scope, addressees, conduct proscribed, mental element, and so on, but a basic rule of contract law conferring the power to enter valid contracts would have fewer spaces. It follows that completeness is relative, and varies at least with the type of rule involved (and that a comprehensive typology of laws would, at the least, be required for a complete analysis of completeness).

b) The Distinctness of Completeness

If we so conceptualize completeness, the next question is: How is completeness distinct from the content of the rule and thus identifiable as a separate attribute of the rule apart from the overall content of the rule as such? Completeness is not wholly distinct from that content, but it is not identical with that content either. It is not wholly distinct because completeness must manifest itself in complementary content of the rule. A complete legal rule just is a rule having content that fills all „spaces“ in the rule. But completeness is not identical with this content. Two rules can be complete in the same degree yet have very different content. In any given rule, completeness can be isolated and analyzed separately from the nature of the rule's overall content as such. We may analyze a rule for the degree of its completeness. And we may analyze a rule for its content.

c) How Completeness is Formal

Completeness is formal. First, the shape or configuration of a rule pertains to its form. The nature and number of spaces to be filled for a given type of rule is a matter of the shape or configuration of the rule, not its content as such. When a rule is complete, all its spaces are occupied by content, no more, no less. When incomplete, one or more such spaces is not so occupied, no more, no less.

Second, the nature and number of „spaces" that must be filled for a rule to be complete is a formal matter in another way. The attribute of completeness does not, as such prescribe (or proscribe) any particular content, and may accommodate highly varied content. On the other hand, problem-specific policy goals do prescribe or proscribe particular content. Thus, two rules could both be formally complete (all appropriate „spaces" filled) yet have quite different content resolving the same problem differently.

Third, the difference between a formally complete rule at inception and an incomplete version of this same rule at inception is not merely that one has a greater quantum of content, but also that this greater quantum signifies that the rule is formally complete.

Fourth, a law that is complete at inception does not require an infusion of further substantive content at point of application, but an incomplete law at inception does. An incomplete law is thus open to infusion of further content, ie, is open-ended, and cannot, at inception, always generate full fledged formal reasons for action, whereas a complete law at inception can (in combination with an interpretative or applicational methodology).

Completeness, then, is a formal attribute. Is it merely an attribute of the occasional rule, or are rules typically more or less complete, and thus in this regard generally formal? Having seen what completeness is, we can now acknowledge at once that most legal rules are more or less complete.

Again, it is not difficult to explain why most legal rules are more or less complete and thus why legal rules are in this regard formal in character. Incomplete rules simply can not perform their functions very well. Among other things, they may not, at inception, generate full fledged reasons for action.

d) How Completeness As a Formal Attribute Is a Disderatum – A Means To Ends

Completeness, like all formal attributes of rules, is not merely a descriptive attribute to be isolated and analyzed. It is also a normative desideratum. Completeness is a desideratum because it serves problem-specific policy goals. An incomplete law is ill suited to serve its policy goals. But completeness is a desideratum also because it serves formal values such as certainty, predictability, citizen selfdirection, dispute avoidance, equality before the law, and freedom from official arbitrariness. Without completeness, a rule will not adequately generate from inception formal reasons for its addressees to act on. Also, it is difficult for legislators and other creators of law to evaluate and vote on an incomplete rule. Completeness thus serves the formal value of deliberative rationality.

It follows that completeness in any particular rule can be isolated and subjected not only to analysis but also to evaluation as means to ends. A given rule may display the attribute of completeness, yet this very same rule may lack other formal attributes in significant measure, and thus be deficient in these respects. Or completeness may be significantly absent and the other formal attributes appropriately present.

Similarly, a rule may be good in that it is complete, yet the very substantive content of this entirely complete rule may itself be unjust or otherwise bad. Or the rule may be bad in that it is incomplete, yet good in substantive content so far as it goes. These truths also demonstrate the distinctness of the formal attribute of completeness.

e) The Relations Between the Formal Attribute of Completeness and the Content of a Rule

Completeness as a desideratum influences the quantum of content in a rule. When the desideratum is realized, this necessarily manifests itself in content. Completeness as a desideratum contingently influences the quality of the content of a rule, too. A proposed complete rule can be more satisfactorily evaluated by law creators. It will also not escape them that, other things equal, a complete rule is desirable because it can always generate full fledged reasons for addressees to act on from point of inception, and so is likely to be more efficacious as a means to problem-specific policy goals and to various formal values. Good form tends to beget good content, and bad form, bad content.

2. Definiteness as a Distinct Formal Attribute of Rules

a) The Nature of Definiteness in Rules

Definiteness may be defined as that degree of specificity and detail in spaces occupied by content required for the rule to be sufficiently determinate. Indefiniteness is a lack of sufficient determinateness in what is an otherwise „occupied“, ie, „complete“, space in a rule. Thus, for example, spaces in a rule can be complete, as with a rule incorporating a broad grant of discretion in conditions in which more determinate content is feasible. Yet, such a rule, though complete, lacks definiteness – lacks the specificity and detail in legal content required for determinateness. For example, the rule that „the park Superintendent may reasonably exclude objects from the park“ may be relevantly complete but lacks definiteness.

b) The Distinctness of Definiteness

How is definiteness distinct from the content of the rule and thus identifiable as a separate attribute of the rule apart from the content of the rule and apart from other formal attributes of the rule? Definiteness is not wholly distinct from the content of the rule. Definiteness must manifest itself in complementary content of the rule. But the attribute of definiteness in a rule is not to be equated with the content of the rule. The attribute of definiteness can be isolated and analyzed not only apart from other formal attributes manifest in the content of the rule, but also apart from the overall content of the rule. Two rules can be similarly definite yet have very different content. The degree of specificity and detail in a rule – its degree of definiteness – can be isolated and analyzed on its own terms apart from the character of the subject matter content of the rule.

c) How Definiteness is Formal

Definiteness, then, is a distinct, isolatable, attribute of a legal rule. How is it formal? First, the shape or configuration of a rule pertains to its form and not to its subject matter content as such. The definiteness of a rule – its specificity and detail – is a matter of the shape and configuration of the rule, and therefore formal.

Second, the specificity and detail required for the definiteness of a rule do not prescribe or proscribe particular content, and may apply to and accommodate varied content. Again, two rules could be definite to the same degree yet have quite different content resolving the same problem in different ways.

Third, the difference between a formally definite rule at inception and an indefinite version of this same rule at inception is not merely that the definite version has a greater quantum of content, ie, more specificity and detail in that content, but also that the rule is formally more definite.

Definiteness, then is a second basic formal attribute. Is it only occasionally an attribute of a rule, here and there? Or are rules typically more or less definite? Many rules are definite to a considerable degree. Of course, some rules are less definite than others. Others are not definite. But even rules that confer broad discretion will commonly be definite in some important respects, e.g., specification of the party on whom discretion is conferred. The commonly definite character of legal rules is not difficult to explain. If rules are to fulfill their function in social life, they must be more or less determinate.

d) How Definiteness As a Formal Attribute Is a Desideratum – A Means to Ends

Definiteness is not merely a descriptive formal attribute to be isolated and analyzed on its own terms, as above. It, too, is a normative desideratum. This is so because definiteness serves problem-specific policy goals and serves formal values such as certainty, predictability, citizen-choice and self direction, dispute avoidance, equality before the law, and restriction of official arbitrariness. Without definiteness, a rule cannot itself generate reasons for action that are sufficiently determinative. Also, it is hard for legislators to vote on an indefinite law. Thus definiteness, too, implicates the formal value of deliberative rationality.

It follows that definiteness can be isolated and subjected not only to analysis but also to evaluation. Thus a rule may be evaluated as appropriately definite, yet this very same rule may lack sufficient degrees of other formal attributes such as generality. Or definiteness may be absent and other formal attributes present.

Similarly, a rule may be evaluated as good in terms of its definiteness, yet the very same rule may be bad in overall content. For example, we might imagine a health care regulation providing that „All certified lawyers shall be entitled to advance to the head of the eligibility queue for kidney dialysis“. Or a rule could even be bad in terms of its lack of definiteness yet be otherwise good in terms of content.

e) The Relations Between The Formal Attribute of Definiteness and the Content of a Rule

Definiteness as a desideratum influences the extent of specifity and detail in the content of a rule. The realization of this desideratum necessarily manifests itself in the content of the rule. Definiteness, as a desideratum, may influence the quality of the content of the rule, too. A proposed rule that is specific and detailed is more likely to be fully thought out. It can also be more satisfactorily evaluated and amended by the law creator than a rule that is abstract or imprecise. Further, a definite rule generates more determinate reasons for action at inception, and so is more likely to be effective as a means to ends.

3. Generality as a Distinct Formal Attribute of Rules

a) The Nature of Generality

Generality is another attribute of rules. By generality, I mean the extent to which a law at inception applies by its terms to more than one instance within any of its dimensions. Thus, generality requires „class" terms or other similar language. Our illustrative statute: „Park users may not take vehicles into the park" is highly general. It applies not just to one park guest and not merely to automobiles. Indeed it applies to all park guests and to all vehicles. There are numerous possible dimensions in which a law might be general or might be particular, including: (1) addressees, (2) acts, relations, things, objects, (3) mental states of the actors, (4) places, circumstances, (5) times, occasions, and (6) effects and consequences. A rule might be general in some dimensions and particular in others. Thus the above statute might say that a named park user may not bring vehicles into the park. In this specific context, such a rule with only one addressee would, without more, be odd. Most often, laws are relatively general.

Generality differs from completeness. A law could be highly complete, yet not general. Consider, for example, a rule that prohibits a named circus company from ever using a given park again within a particular city. Or, a rule could be incomplete in some respects yet highly general. For example, the rule could fail to specify a mental state of the actor and thus be incomplete, yet still be highly general such as: „No vehicles in the park".

Generality differs from definiteness, too. A law could be highly definite and entirely lack generality: „George may not bring his black 1989 Rover sedan license, 072-681, into the park". Or a law could be highly general and lack definiteness. Consider a statute conferring wide discretion on all park superintendents and their deputies „to preserve peace and quiet in the park in any reasonable manner."

b) The Distinctness of Generality

How is the generality of a rule distinct from its content and thus identifiable as a separate attribute of the rule? Generality is not wholly distinct from the substantive content of a rule. Generality must manifest itself in complementary content of the rule. In the example, „Park users may not take vehicles into the park," the two elements of generality, „park users" and „vehicles," are class terms expressing generality. Were they extracted from the rule, and singular terms substituted, this would dramatically alter content. On the other hand, generality is not to be equated with the substantive content of a rule. Any given rule can be analyzed for the degree of its generality. That is, generality can be isolated and analysed as such, apart from other formal attributes, and also apart from the content of the rule as such. Two rules dealing with the same problem can be similarly general yet have quite different contents.

c) How Generality is Formal

In what sense is generality formal? First, the configuration or shape of a rule pertains to its form rather than its content as such. The generality of a rule is a matter of shape or configuration, and therefore formal.

Second, generality does not itself prescribe or proscribe subject-matter content. It also applies to and accommodates highly varied content. The degree of generality of a rule can be held constant while differing versions of its content are successively incorporated.

Third, while the degree of generality of a particular rule or other precept is always manifest in specific complementary content, this same degree of generality may be manifest in other rules of very different content. Rules can be usefully characterised and classified according to their levels of generality as well as according to their subject matter content.

d) How Generality As a Formal Attribute Is a Desideratum – A Means To Ends

Generality can be isolated and evaluated not merely as a descriptive attribute but as a desideratum as well. Generality is desirable because it serves problem specific policy goals. Generality also serves formal values. Thus, without appropriate generality, like treatment of like cases is not possible. And more.

It follows that generality can be isolated and subjected not only to analysis but also evaluation as well. Thus a rule may be evaluated as appropriately general, yet it may lack other formal attributes. Or generality may be absent and other formal attributes present.

Similarly a rule may be judged good in its generality but bad in some aspect of its content or vice versa. (These truths also further demonstrate the formalness of generality.)

e) The Relation Between the Formal Attribute of Generality and the Content of the Rule

Generality as a desideratum influences the extent to which a law at inception applies to more than one instance within any of its dimensions – addressees, their actions, the circumstances of actions, etc. Generality necessarily manifests itself in the problem-specific policy content of the rule. Generality as a desideratum contingently influences the quality of that content of a rule, as well. The intellectual discipline that the formal desideratum of appropriate generality imposes on law creators to justify including types of instances within, and also to justify excluding types of instances from, the scope of the rule exerts special pressure for rational distinctions in the content of the rule. Among other things, such „generality-driven" discipline requires the law creator to think through goals and available means, to bring standards of consistency to bear in light of actual and hypothetical cases of inclusion and exclusion, and to deploy reductio ad absurdum argumentation as appropriate.

Furthermore, although a particular rather than a more general rule may itself generate from inception a full fledged reason for the addressee to act in the circumstances, such a „rule" might be more in the nature of an order rather than a rule. If the problem specific policy goal to be implemented is one that requires action (or inaction) by more than one similarly situated addressee in a range of circumstances, as is usually the case, generality of rule makes the law a more efficacious means to such a goal. Appropriate generality may also be more likely to induce voluntary self-application, for an addressee will see that the law applies to parties similarly situated, and not merely to that addressee. Appropriate generality also saves administrative costs because a general rule can be applied by addressees on their own without the need for official intervention in the form of issuance of official orders.

Again, good form – appropriate generality – tends to beget good content and bad form – no or inappropriate generality – tends to beget bad content. Indeed, form may affect content sweepingly, as where a court has a choice of adopting one of two approaches when creating a law and adopts the second as susceptible of formulation in a rule displaying completeness, definiteness, and generality. Even though the first approach might be substantively preferable in terms of policy implementation, the court may conclude that it is best to have a more formal rule and not risk, for example, leaving the law on a slippery slope, as would the first approach.

4. Simplicity as a Distinct Formal Attribute of Rules

a) The Nature of Simplicity in Rules

Simplicity is another attribute of rules. It is to be contrasted with complexity. Indeed, simplicity may be defined as the absence of complication. It may also be defined in terms of non-reducibility into further elements. The law includes many simple rules as well as many complex ones. A given rule may be simple in one respect and complex in another. Or it may be simple in all respects or complex in all respects.

b) The Distinctness of Simplicity

How is simplicity distinct from the content of a rule and thus identifiable as a separate attribute of the rule apart from the content of the rule and apart from other formal attributes of the rule? Simplicity is not wholly distinct from the content of a rule in which it inheres. Simplicity must manifest itself in complementary content of the rule. But the attribute of simplicity is not to be equated with the overall content of the rule. The attribute of simplicity can be isolated and analyzed not only apart from other formal attributes manifest in the content of rule, but apart also apart from the nature of the substantive content of the rule as such. The uncomplicated and non-reducible character of a rule – its degree of simplicity – can be isolated and analyzed on its own terms apart from the character of the subject matter content of the rule.

c) How Simplicity is Formal

Simplicity, then, is a distinct, isolatable, attribute of a legal rule. How is it formal? First, the shape, configuration and internal structure of a rule are matters of its form rather than its subject matter content. The uncomplicated and non-reducible character of a rule – its simplicity – pertains to its shape, configuration, and internal structure, and is therefore formal.

Second, the uncomplicated and non-reducible character of a rule, ie, its simplicity, neither prescribes nor proscribes particular content but may apply to and accommodate varied content. Thus, two rules could display the same degree of simplicity yet have quite different content resolving the same problem differently.

d) How Simplicity As a Formal Attribute Is a Desideratum – A Mean to Ends

Simplicity is not merely a descriptive formal attribute of rules to be isolated and analyzed on its own terms, as above. It, too is a normative desideratum. This is so because simplicity serves problem-specific policy goals. For example, a simple law can be readily learned and voluntarily self applied by its addressees, thereby furthering the relevant problem specific goals of policy. But simplicity also serves formal values. Because it is less difficult and costly to learn, it facilitates citizen self direction. It reduces mistakes in legal analysis, and it serves ease of administration. It serves dispute avoidance. Also, legislators and other law makers can evaluate proposed simple laws more effectively. This, in turn, serves the end of rational legislative deliberation. And more.

It follows that simplicity can be isolated and subjected not only to analysis but also to evaluation as a means to ends. Thus a rule may be evaluated as appropriately simple, yet this rule may lack sufficient degrees of one or more other formal attributes. Or simplicity may be lacking while other attributes are present. Indeed, a rule can be highly complete, highly definite, highly general, and yet lack simplicity. Similarly, a rule may be evaluated as good in terms of its simplicity, yet the very same rule be bad in its subject matter content.

e) The Relations Between the Formal Attribute of Simplicity and the Content of a Rule

Simplicity as a desideratum influences the extent to which the rule is free of complication. Among other things, this means the rule when first proposed can be readily subjected to evaluation by legislators, administrators, and citizens. If it survives such processes of evaluation it is more likely to emerge duly amended and improved.

5. Other Formal Attributes of Rules

Completeness, definiteness, generality, are not the only formal attributes of legal rules. Simplicity is another important formal attribute. Justified fiat is another formal attribute, although it may be subsumed under definiteness. The „encapsulatory" form of rules, ie, whether embodied in statute, common law, etc. is another such attribute. And there are still others. All formal attributes can be analyzed in the fashion I have presented here. Moreover, important questions arise about the appropriate relation between the formal attributes within a given rule, and about the appropriate relation between that part of the content of the rule informed by such attributes and formal values and that part of the content of the rule informed by problem specific policy. The optimal formality of a specific rule is also an important question, and may involve trade-offs between formal values and problem-specific policy.

But my basic thesis is a more wide-ranging one in a still more fundamental way. My thesis, is not just that legal rules but that all other basic legal constructs within a legal order have important formal attributes or features susceptible to and worthy of systematic study of the kind I have so far suggested in regard to legal rules. I will develop this thesis in further writings.

Michel Troper

Le monopole de la contrainte légitime

Légitimité et légalité dans l'État moderne

Le lexique de la théorie du droit n'emprunte que partiellement au droit lui-même. La science juridique et la théorie du droit emploient certes des mots, qui ont d'abord servi à énoncer des normes juridiques, comme „contrat", „famille", „propriété". On trouve ces termes dans les codes et la théorie qui porte sur les contrats, la famille ou la propriété a normalement recours au même vocabulaire. Cependant, il arrive fréquemment que la science du droit doive créer ses propres concepts et les mots qui les désignent. L'exemple le plus fameux est celui de l'expression „autonomie de la volonté", par laquelle les civilistes du XIXè siècle rendent compte du droit des contrats et qu'on serait bien en peine de trouver dans le code civil. De la même manière, il serait difficile de donner une description générale du droit public si l'on ne disposait pas du concept d'„organe", qui pourtant ne figure pas dans les constitutions positives.

Il n'y a donc pas lieu de s'étonner de ce que l'expression „monopole de la violence légitime", qui n'appartient pas au langage juridique, puisse appartenir au métalangage de la théorie du droit, de la théorie de l'État ou de la sociologie juridique. On rencontre ainsi chez KELSEN le terme „le monopole de la contrainte", qu'il emprunte évidemment à MAX WEBER et qui remplit une fonction semblable: elle est un *definiens* de l'État.

Les deux auteurs s'expriment dans des termes presque identiques. Ainsi WEBER écrit:

„Nous entendons par État une „entreprise politique de caractère institutionnel" *[politischer Anstaltsbetrieb]* lorsque et en tant que sa direction administrative revendique avec succès dans l'application des règlements le monopole de la contrainte physique légitime" [1]

De même, pour KELSEN, c'est la contrainte qui différencie l'ordre juridique des autres ordres normatifs et c'est le monopole de la contrainte qui parmi les ordres juridiques permet de caractériser l'État moderne

„Si l'on considère l'évolution que le droit a parcourue depuis ses origines primitives jusqu'au stade que représente l'État moderne, on peut constater, relativement à la valeur de droit à réaliser une certaine tendance commune aux ordres juridiques qui ont atteint les

[1] WEBER (1971) 57.

degrés les plus élevés de l'évolution. C'est la tendance à interdire l'exercice de la contrainte physique, l'usage de la force entre individus, dans une mesure qui va croissant avec le cours de l'évolution ... l'ordre juridique détermine d'une façon exhaustive les conditions auxquelles la contrainte physique sera exercée et les individus qui l'exerceront ... [de sorte que] l'exécution des actes de contrainte par ces individus peut être attribuée à cette collectivité. Alors, on peut dire en ce sens, que l'exercice de la contrainte est érigé en monopole de la collectivité juridique"[2].

Au premier abord, les deux définitions présentent une différence sensible: pour WEBER, l'État a le monopole de la contrainte *légitime*, tandis que pour KELSEN, il s'agit du monopole de la contrainte tout court. Il ne faudrait cependant pas en conclure que, par une curieuse inversion des rôles, la définition donnée par le sociologue serait normative, tandis que celle qui est présentée par le juriste serait factuelle. En réalité, elles doivent être considérées comme identiques. Dans l'expression „monopole de la contrainte légitime", le mot „légitime" ne désigne pas autre chose que le monopole, qui lui-même s'identifie à la légalité, de sorte que la thèse de KELSEN – et au fond l'ensemble de la sa théorie du droit – ne doit être vue ni comme une thèse contraire à celle de WEBER, ni comme une correction, mais comme une simple traduction juridique de sa définition. L'idée de légitimité étant déjà contenue dans celle de monopole de la contrainte, qui correspond au principe de légalité, elle n'est nullement nécessaire pour définir l'État.

En revanche, les théories de la légitimité qui se trouvent au fondement de l'État moderne sont un produit de la forme juridique, dans laquelle s'exerce son pouvoir, c'est-à-dire de la légalité, de sorte qu'on peut affirmer que si la légitimité ne définit pas l'État, c'est l'État qui définit la légitimité.

I. La légitimité comme légalité

La définition de WEBER, comme celle de KELSEN, se présente comme une définition réelle. On peut donc rechercher si elle est vraie ou plutôt dans quel sens de l'expression „monopole de la contrainte légitime" elle devra être considérée comme vraie. Il faut pour cela examiner chacun des termes qui la composent.

1. Contrainte

Celui de contrainte ne présente pas de difficulté particulière. Bien que WEBER emploie le mot de „violence" *(Gewaltsamkeit)* et KELSEN ce-

2 KELSEN (1962) 50-51.

lui de „contrainte“ *(Zwang)*, on peut admettre que les deux termes sont équivalents. La violence dont parle WEBER n'est ni aveugle, ni illégitime, mais devient légitime précisément lorsqu'elle est organisée. Autrement dit, elle peut alors être appelée „contrainte“. D'autre part, chez KELSEN, la contrainte exercée par l'État moderne est principalement une contrainte physique.

Si l'on examine cependant l'action de l'État, on doit constater que la contrainte qu'il exerce présente certaines particularités, qui tiennent principalement au fait qu'il n'est pas un être réel et ne peut accomplir lui-même aucun acte de contrainte, physique ou autre, parce qu'il ne peut réellement agir lui-même d'aucune manière. L'affirmation que l'État agit par la contrainte est donc une simple façon de parler qui correspond en réalité à plusieurs situations différentes.

Tout d'abord elle reflète et prolonge la fiction, par laquelle certains actes de contrainte physique accomplis par des hommes sont réputés accomplis par l'État. C'est cette fiction que le droit appelle „imputation“. L'État exerce ainsi la contrainte par le moyen de ces hommes, qui sont considérés comme des „organes de l'État“. Mais d'autre part on observe aussi des actes de contrainte accomplis par des individus, qui n'ont pas la qualité d'organes de l'État. Ces actes, qui ne seront pas imputés à l'État, mais aux individus eux-mêmes, sont néanmoins autorisés ou même prescrits par l'État. Dans le cas de la légitime défense, par exemple, les individus sont habilités à accomplir des actes de violence physique, dans certaines situations, à certaines conditions et dans une mesure déterminées par le droit. Enfin, il existe des actes de l'État très nombreux qui ne sont pas des actes de contrainte physique, mais qui prescrivent ou autorisent l'emploi de la force. Ces actes peuvent être particuliers, comme la formule exécutoire par laquelle un tribunal ordonne à tous huissiers ou agents de la force publique d'exécuter le jugement ou encore le commandement adressé par un ministre à l'armée ou à la police. Ils peuvent aussi être généraux. Ainsi, l'autorisation donnée à toute personne attaquée physiquement de se défendre physiquement. Mais en tout état de cause, ces prescriptions et autorisations ne peuvent émaner que des organes de l'État, qu'elles soient adressées à d'autres organes (par exemple par le juge aux agents de la force publique), ou à des individus qui n'ont pas la qualité d'organes de l'État.

L'assertion que l'État exerce la contrainte physique est donc une simple métaphore pour exprimer l'idée que les organes de l'État ont le pouvoir de prescrire ou d'autoriser des actes de contrainte. C'est ce pouvoir de prescrire qu'on appelle en définitive „pouvoir de contrainte“, bien qu'il ne soit lui-même en rien un acte de contrainte physique.

2. Légitime

On peut appeler „légitime“ une décision ou une action conformes à une valeur ou à une norme et qui, en raison de cette conformité, doivent être exécutées. S'agissant de la légitimité des actions imputées à l'État, on peut distinguer deux types de légitimité: la légitimité interne au système juridique et la légitimité externe. Une action peut être dite légitime du point de vue interne, si elle a été accomplie conformément à une norme du système. Une arrestation est ainsi légitime si elle a été accomplie en exécution d'une décision judiciaire, elle-même légitime si elle a été prise conformément à la loi. La légitimité en ce sens se confond donc purement et simplement avec la légalité. Il faut souligner que la norme supérieure peut parfaiement se borner à habiliter une autorité à prendre une décision, sans lui prescrire le contenu à lui donner. Cette décision devra alors être considérée comme légitime, quel que soit son contenu, même si celui-ci apparaît contraire à des valeurs extra-systémiques, par exemple à la morale. Mais il est également possible que la norme supérieure prescrive à l'autorité habilitée de prendre une décision ayant un certain contenu, par exemple que les voleurs soient condamnés à une peine fixe de cinq années d'emprisonnement. Dans ce cas, pour être légitime, la sentence devra non seulement être prise par l'autorité compétente, mais aussi avoir un contenu conforme au contenu prescrit. La légitimité interne ne se confond donc pas avec la légitimité formelle. Toutefois, comme dans le cas précédent, la conformité à des normes ou des valeurs extra-systémiques est tout-à-fait indifférente.

La légitimité externe, au contraire, est la conformité à des normes ou des valeurs extra-systémiques. Mais, il faut introduire ici une autre distinction: on peut parler d'une légitimité externe au sens fort ou au sens faible.

Au sens faible, elle est une qualité du système envisagé globalement. Est légitime un gouvernement juste, c'est-à-dire conforme à une norme de justice, soit parce qu'il a été institué par un procédé juste (il est alors *formellement* juste), soit parce que le contenu de son action est globalement juste (il est *matériellement* juste).

Au sens fort, elle est une qualité des décisions considérées *ut singuli*. Est légitime une décision conforme à une norme de justice, illégitime une décision non conforme, même si par ailleurs elle a été adoptée par une autorité habilitée, si son contenu est conforme à celui de la norme supérieure et si le système auquel elle appartient est globalement juste au sens faible.

Or, quand WEBER assure que l'État a le monopole de la contrainte légitime, c'est seulement de légitimité interne qu'il s'agit. Cela tient à plusieurs raisons. Tout d'abord, s'il s'agissait pour lui comme pour Saint-Augustin d'ériger la légitimité externe en critère de classification des formes de pouvoir, pour être en mesure d'affirmer qu'un pouvoir disposant du monopole de la contrainte légitime est un État, tandis que celui qui exerce une contrainte illégitime n'en est pas un, il lui faudrait énoncer une théorie de la justice, ce qui serait évidemment incompatible avec le relativisme éthique qu'il professe par ailleurs. D'autre part, une définition de l'État comme pouvoir légitime serait alors autocontradictoire: si l'État a le monopole de la contrainte et si le monopole signifie la possibilité de définir la contrainte légitime, il ne peut exister aucune légitimité externe à l'État. En troisième lieu, comme WEBER ne construit pas une doctrine du bon gouvernement, mais une théorie descriptive de l'organisation et du fonctionnement du pouvoir, il doit distinguer les formes de pouvoir selon les mécanismes qu'elles mettent en oeuvre pour obtenir l'obéissance. C'est la raison pour laquelle il précise qu'il entend par „légitime“ ce qui est considéré comme légitime[3]. Si en effet l'État était le gouvernement „réellement“ doté d'une légitimité externe, „réellement“ juste, aucun pouvoir ne pourrait être appelé „État“.

Mais cette croyance dans la légitimité de la contrainte n'est pas et ne peut pas être une croyance dans sa légitimité externe. S'il s'agissait de la croyance que les décisions ou le système pris globalement sont légitimes par rapport à une morale positive ou une conception de la justice, il faudrait, avant d'affirmer qu'une entité politique est un État, établir que la croyance dans sa légitimité externe existe bien chez les sujets, c'est-à-dire se prononcer sur la réalité d'un état mental. Du reste, à supposer qu'il soit possible d'arriver à une conclusion, celle-ci conduirait à refuser d'appeler „État“ tous les systèmes politiques dans lesquelles cette croyance n'existe pas en fait.

En revanche, la définition devient tout-à-fait opératoire si l'on comprend que l'État est un système dans lequel la domination est possible grâce à la croyance que chaque décision est légitime dès lors qu'elle a été prise sur le fondement d'une norme. Cette définition s'accorde alors parfaitement aussi bien avec la méthode des types idéaux qu'avec la conception de la légitimité rationnelle. Il n'est pas nécessaire, pour reconnaitre qu'une entité est un État, de se livrer à une enquête psychologique sur les croyances des sujets. Il suffit de constater que l'exercice du pouvoir repose sur ce présupposé: les sujets devront accepter comme légitime toute décision conforme à une norme supérieure. La légitimité se con-

3 „Der Staat ist ein, ebenso wie die ihm geschichtlich vorausgehenden politischen Verbände, ein auf das Mittel der legitimen (das heißt: als legitim angesehenen) Gewaltsamkeit gestütztes Herrschaftsverhältnis von Menschen über Menschen“ (WEBER [1966] 28).

fond donc entièrement avec la légalité et, comme l'écrit HABERMAS, „le droit moderne devient le moyen d'organiser la domination politique, i.e. la „domination légale"[4].

L'identité de la légitimité et de la légalité présente une signification importante: si le pouvoir de contrainte est seulement le pouvoir de prescrire des actes de contrainte conformément à une habilitation conférée par une norme supérieure, alors la contrainte exercée est toujours et nécessairement légitime.

3. Monopole

Comme le souligne KELSEN, le terme de „monopole" doit être pris ici dans son sens juridique et non économique. Il ne peut pas signifier que tous les actes de contrainte accomplis dans la société le sont par l'État. Ce serait d'ailleurs logiquement impossible: les actes de contrainte prescrits par des normes juridiques le sont fréquemment à titre de sanction contre des actes de violence accomplis par des individus; ce sont des sanctions[5]. S'il n'y avait pas ces actes de violence, il n'y aurait pas de sanction. La violence de l'État suppose qu'il y ait une violence privée et donc pas de monopole de la violence effective De plus, comme l'État ne peut réaliser lui-même aucun acte de contrainte, ses agents n'agissent, comme les particuliers, que parce que des actes de contraintes ont été prescrits.

Le monopole signifie donc non pas exercice exclusif de la violence, mais droit exclusif de prescrire ou de permettre et par conséquent de prohiber la violence. Du reste, l'efficacité de telles normes, prescrivant des sanctions se mesure au fait que la conduite interdite a eu lieu et que la sanction (la contrainte) est bien infligée ou bien que la conduite interdite n'a pas eu lieu et que la sanction n'est pas infligée. Ici, le monopole de la contrainte est le droit de prescrire des actes de contrainte qui n'auront jamais lieu. La fonction idéale du monopole de la violence est l'absence de toute violence effective.

Bien entendu, l'autorisation d'exercer la contrainte peut être tacite, conformément au principe „tout ce qui n'est pas interdit est permis ...", qui assure la clôture de tout système juridique. Il y a ainsi dans tout État

[4] HABERMAS (1987) vol 1, 272.

[5] Mais il serait inexact d'affirmer que ces actes de contrainte sont prescrits exclusivement à titre de sanction contre des actes de violence. La contrainte légitime n'est pas légitime parce qu'elle serait seulement une contre-violence. Elle peut s'exercer, même s'il n'y a pas de comportements violents prohibés. Ainsi, en droit français, l'administration dispose dans certains cas du pouvoir d'exécution d'office, y compris par force, de décisions qui n'ont pas le caractère de sanction.

des actes de violence, comme ceux qu'on accomplit dans la pratique de certains sports ou encore comme une fessée administrée à un enfant, qui doivent être considérées comme implicitement autorisés du seul fait qu'ils ne sont pas constitutifs d'infractions pénalement sanctionnées. L'interdiction de la violence privée n'est d'ailleurs qu'un cas particulier de la prescription, puisqu'elle est réalisée au moyen de la prescription d'un acte de contrainte, à titre de sanction contre ceux qui auraient accompli certains actes de violence. Un acte interdit n'est donc pas autre chose que la condition fixée par le droit pour autoriser un acte de contrainte à titre de sanction. Le monopole est le droit exclusif de définir et de distinguer au moyen de prescriptions et d'autorisations la contrainte légitime et la contrainte illégitime.

Il en résulte plusieurs conséquences: tout d'abord, la thèse que l'État a le monopole de la contrainte n'est en définitive, comme KELSEN ne manque pas de le souligner, qu'un avatar de la vieille idée que l'État est souverain. Ensuite, puisque le monopole de la contrainte n'est pas un monopole de fait, mais se définit comme un droit exclusif de définir la contrainte légitime, il paraît superfétatoire de parler de monopole de la contrainte „légitime“, de sorte que la définition de MAX WEBER ainsi corrigée se confond purement et simplement avec celle de KELSEN: l'État est cette forme de domination qui consiste dans le monopole de la contrainte[6].

Pourtant, si la légitimité n'est pas nécessaire à la définition de l'État, l'État, lui, est à l'origine des théories modernes de la légitimité.

II. La légalité comme légitimité

Il reste qu'en réduisant ainsi la légitimité à la légalité, KELSEN et WEBER doivent renoncer à fonder la légitimité du système lui-même, celle du droit ou celle de l'État. Telle est en substance la critique de HABERMAS, qui souligne à plusieurs reprises que

> „la croyance en la légalité d'une procédure ne peut pas par elle-même, i. e. par la forme d'une loi positive, produire la légitimité“[7].

La raison en est que, si chacune des décisions prises au sein d'un système juridique peut apparaître légitime parce que légale, rien ne vient ga-

[6] A vrai dire, c'est l'ensemble de la Théorie Pure du droit de KELSEN, qui apparaît comme un développement de la thèse de la domination légale ou rationnelle de WEBER, cf. BOBBIO (1992).

[7] HABERMAS (1987) vol 1, 276. HABERMAS reprend une formule semblable un peu plus loin la croyance en la légalité (ne) pourrait remplacer la croyance en la légitimité du système juridique en son entier“ (279).

rantir la légitimité du système lui-même, dès lors qu'on n'admet pas l'existence d'un droit au dessus du droit. C'est pourquoi HABERMAS impute au positivisme juridique de WEBER ce qu'il estime être une faiblesse[8].

La critique repose toutefois sur une équivoque. Le positivisme, que HABERMAS reproche à WEBER et qu'il appelle d'ailleurs parfois „décisionnisme"[9], consiste en effet dans la définition de la norme juridique comme le produit d'une décision. Le seul droit est le droit posé. D'où il résulte en effet qu'un droit non posé n'est pas du droit et qu'il n'y a pas de droit naturel, ni de fondement juridique possible au droit positif.

Mais le positivisme juridique n'est pas seulement une théorie du droit positif. C'est aussi une théorie positiviste du droit, c'est-à dire une théorie qui se caractérise par la volonté de construire une science positive du droit sur le modèle des sciences de la nature. Comme une telle science ne peut être que descriptive, qu'elle est caractérisée par l'idéal de la *Wertfreiheit,* il est évidemment absurde de lui reprocher de ne pas comporter une théorie du fondement, qui soit une légitimation du droit.

Le véritable problème doit donc être formulé autrement. Puisque par hypothèse une science positive du droit et de l'État se désintéresse de la question du fondement du droit si cette question est posée d'un point de vue prescriptif ou axiologique, la question peut-elle .être posée d'un point de vue proprement descriptif?

De ce point de vue, l'idée que l'État se définit par le monopole de la contrainte légitime peut signifier non pas que le pouvoir qui exerce une contrainte non légitime n'est pas un État, ni même que toute contrainte exercée par l'État est nécessairement doté d'une légitimité externe du seul fait qu'elle est légale[10], mais que les théories qui fondent la légitimité de l'État sont un produit de la forme étatique elle-même.

---

8 Ibid 275: „le concept positiviste de droit met Weber dans l'embarras quant à la question de savoir comment une domination légale peut être légitimée ... comment peut en général être légitimée une domination légale, dont la légalité repose sur un droit purement décisionniste?" Si WEBER répond par le respect des règles de procédure dans l'énonciation, l'application et l'édiction du droit, la légimité repose alors „sur la croyance en la légalité des ordres légaux ... de ceux qu'elle habilite à exercer la domination'. Ce qui demeure obscur, c'est d'où la croyance en la légalité doit tirer la force de légitimation, si la légalité signifie simplement l'accord avec un ordre de droit existant factuellement. – et si, celle-ci en tant que droit posé arbitrairement, est à son tour inaccessible à une justification morale-pratique". ...

9 Ibid 275. Il rattache ainsi explicitement à la même école WEBER, SCHMITT et LUHMAN.

10 Malgré les apparences, la thèse que tout ce qui est légal est légitime, que l'on énonce parfois au moyen de la formule „Gesetz ist Gesetz", n'est pas positiviste, mais jusnaturaliste, parce qu'elle exprime une norme morale prescrivant d'obéir à toutes les décisions, pourvu qu'elle soient légales, cf Ross (1961).

Pour préciser cette hypothèse, il faut spécifier ce qu'il convient d'entendre par „forme étatique". Lorsqu'on dit que l'État a le monopole de la contrainte, on affirme que les seuls actes de contrainte légitime sont ceux qui sont prescrits ou autorisés par l'État. Mais cet État capable de prescrire ou d'autoriser des actes de contrainte ne peut évidemment, sous peine de circularité, être lui-même défini par le monopole de la contrainte, si le monopole de la contrainte est défini seulement comme une prérogative de l'État.

En tout état de cause la définition de WEBER apparaît très supérieure à celle de KELSEN. Selon ce dernier, l'ordre juridique, qui se confond pour lui avec l'État, se distingue des autres espèces du même genre, les ordres normatifs, en ce qu'il a le monopole de la contrainte[11]. Par conséquent, si le monopole de la contrainte n'est que le fait d'agir dans la forme juridique, l'ordre juridique se distingue des autres ordres normatifs en ce qu'il est juridique. Au contraire, chez WEBER, l'etat est réellement défini par sa différence spécifique avec les autres espèces du genre „unions politiques" et cette différence est qu'il a le monopole de la contrainte, c'est-à-dire qu'il autorise des actes de contrainte par le moyen de prescriptions. En d'autres termes, l'État est cette forme politique qui agit dans la forme juridique.

Mais ni dans un cas, ni dans l'autre, on ne peut éviter, si l'on veut sortir de la circularité, de définir la forme juridique. La définition de WEBER doit être complétée par l'indication des caractères qui différencient l'État des autres formes d'union politique, celle KELSEN, par un critère de distinction entre l'ordre juridique et les autres ordres normatifs[12]. Comme l'ordre juridique n'est pas le seul ordre de contrainte, ni même le seul ordre immanent de contrainte et que la définition de l'ordre juridique par le monopole de fait de la contrainte échoue, on aurait pu supposer que KELSEN rechercherait la spécifité du droit dans ses propriétés formelles, c'est-à-dire par le type de relations entre les normes qu'il contient.

---

11 Cf KELSEN (1928), KELSEN (1962) 376 s, TROPER (1994) 141 s.

12 Le défaut de la conception kelsenienne du droit comme ordre de contrainte „efficace en gros et d'une manière générale" n'est pas, comme on l'écrit trop souvent, qu'il fait dépendre la validité de l'effectivité, donc le „sollen" du „sein" . En effet ce qu'il appelle ici „ validité" ne relève pas véritablement du „sollen" car il n'y a aucune obligation de se conformer au droit pris globalement – et il s'agit simplement d'indiquer par ce mot que l'ordre juridique considéré appartient à l'objet de la science du droit. Le véritable défaut est simplement qu'il n'est pas possible de définir le monopole de contrainte autrement qu'en affirmant qu'il s'agit du droit exclusif de prescrire ou d'autoriser des actes de contrainte, conformément à des normes, de telle manière que l'ordre juridique qui est le monopole de la contrainte n'est en définitive rien d'autre qu'un ordre juridique.

On peut seulement tenter d'imaginer les raisons pour lesquelles il n'a pas procédé ainsi: définir le droit par des propriétés formelles conduirait à appeler droit tout système de normes possédant ces propriétés, même si elles sont totalement dépourvues d'effectivité, ce qui contredirait son ambition de décrire un *Sollen objectif.* Il présente donc ses affirmations sur la forme de l'ordre juridique non pas comme un critère de classification, mais comme une proposition de la théorie générale du droit, obtenue par généralisation à partir de l'observation de plusieurs ordres positifs. L'inconvénient de cette démarche est évidemment que les propositions auxquelles il aboutit doivent être vraies pour tous les systèmes qu'il a définis comme ordres juridiques, c'est-à-dire les ordres normatifs de contrainte efficaces en gros et d'une manière générale. Or, elles ne le sont pas.

On n'envisagera ici que l'une de ces propositions, celle qui est relative au caractère dynamique de l'ordre juridique. Tous les ordres normatifs sont hiérarchisés, écrit-il, mais on peut distinguer deux types de structure des ordres normatifs, la hiérarchie statique et la hiérarchie dynamique. Dans une hiérarchie statique la validité d'une norme, c'est-à-dire la qualité de norme d'une prescription, dépend de la conformité de son contenu à celui d'une norme plus générale. Dans une hiérarchie dynamique, cette validité dépend exclusivement des conditions d'émission de la norme et notamment du point de savoir si elle a été émise par une autorité habilitée, conformément à la procédure prescrite. Si cette condition est satisfaite la norme est valide, quel que soit son contenu et même si celui-ci paraît contraire à celui d'une norme supérieure. KELSEN affirme que si la morale est un ordre statique, l'ordre juridique, lui est un ordre dynamique[13].

Cette thèse est tout-à-fait inacceptable. Le principal argument de KELSEN repose en effet sur sa critique du concept de *nullité* des normes. Pour la doctrine classique une norme nulle est une norme en vigueur mais dépourvue de validité et à laquelle par conséquent il ne faut pas obéir. Cette idée est tout-à-fait incompatible avec la définition que donne KELSEN de la norme juridique: c'est la signification qui résulte pour un acte humain quelconque de sa conformité à une norme supérieure. Dans ces conditions un acte accompli conformément à une norme supérieure présente la signification d'une norme valide. Un acte qui n'a pas été accompli conformément à une norme supérieure ne présente pas cette signification. Toute norme est donc nécessairement valide ou elle n'est pas. Selon la formule de KELSEN, la validité est le mode d'existence des normes et l'idée d'une norme nulle est une *contradictio in adjecto.* De plus, l'affir-

13 GIANFORMAGGIO (1991).

mation qu'il existe une contradiction entre un acte et une norme supérieure est elle-même un acte qui ne peut être accompli que par une autorité habilitée à cet effet. En d'autres termes, il n'y a pas de norme nulle, mais seulement des normes annulables et tant qu'une norme n'a pas été annulée, elle est en vigueur et elle est valide, quel que soit son contenu. Pour savoir qu'une norme est valide, il suffit donc, sans examiner son contenu, de savoir qu'elle est en vigueur pour avoir été posée par une autorité habilitée.

Cependant, si la distinction entre *nullité* et *annulabilité* est toutà-fait pertinente et si elle permet de rendre compte de la manière dont les normes entrent en vigueur et du fait qu'elles sont applicables tant qu'elle ne sont pas annulées, elle ne conduit nullement à la conclusion que le droit est un système exclusivement dynamique. Pour qu'on soit autorisé à en tirer une telle conclusion, il faudrait qu'un tribunal compétent saisi d'une demande d'annulation se limite à rechercher si la norme a été posée par l'autorité habilitée selon la procédure prescrite et s'abstienne d'examiner si le contenu de la conforme est conforme ou contraire à une norme supérieure. Ce n'est évidemment pas le cas et les tribunaux annulent non seulement les normes posées par des autorités non habilitées, mais aussi des normes dont le contenu est contraire à celui d'une norme supérieure. Ainsi, le principe dynamique n'est qu'un critère de la validité *prima facie,* et le système juridique confère aux actes juridiques la signification de norme à la fois en raison de leur forme et de leur contenu. Il présente un caractère non seulement dynamique, mais aussi statique.

Cette dernière proposition n'est d'ailleurs pas vraie de tous les ordres de contrainte efficaces en gros et d'une manière générale. Elle ne l'est pas pas par exemple du système juridique féodal, ni des sociétés primitives. En revanche, on peut parfaitement l'ériger en critère de distinction entre l'ordre juridique et les autres ordres normatifs, puisque il est le seul dans lequel les décisions relatives à la validité des normes sont justifiées à l'aide d'arguments tirés aussi bien de la manière dont elles ont été posées que de leur contenu. Cette définition du droit présente d'ailleurs d'autres avantages . Tout d'abord, elle permet de sauver la thèse kelsenienne de l'identité de l'État et du droit. Il est difficile de soutenir que État et droit ne sont qu'une seule et même chose si l'on prétend en même temps que tous les systèmes juridiques présentent une hiérarchie principalement dynamique, car il faudrait appeler États tous les systèmes de délégation. On ne pourrait alors rendre compte de la création de l'État moderne. Au contraire, la définition du droit comme système à la fois statique et dynamique permet de caractériser le droit comme une technique d'exercice du pouvoir, un mode de gouvernement, dans lequel une autorité supérieure délègue des compétence à des autorités subordonnées tout en leur donnant des directives relatives au contenu des décisions qu'elles doivent prendre. On est donc conduit à appeler droit ou État le système normatif qui se met en place en Europe à partir du XVIIè siècle. D'autre part, cette définition correspond bien à la forme spécifique du raisonnement des juristes modernes, la dogmatique juridique. Enfin, elle fournit un éclairage utile aux théories de la légitimité externe du droit et cela à plusieurs points de vue différents:

a) En premier lieu, la théorie de la souveraineté n'est pas autre chose que l'affirmation de la hiérarchie dynamique et statique. Dynamique, parce que chacune des autorités compétente pour poser des normes tient ce pouvoir d'une habilitation conférée par une norme supérieure et qu'il faut bien que l'autorité capable de poser la norme la plus élevée, qui n'est elle-même par hypothèse habilitée par aucune norme supérieure, puisqu'il n'en existe pas, apparaisse dotée d'une qualité spéciale. Mais aussi statique parce que c'est seulement lorsque les normes inférieures sont déduites immédiatement du contenu des normes positives supérieures et non plus du droit naturel qu'il faut justifier le pouvoir de poser les normes les plus élevées, celles qui ne sont déduites d'aucune autre norme positive. C'est en effet au moment où se forme un ordre juridique qu'apparaissent aussi les théories de la souveraineté liées à la naissance de la loi moderne. C'est d'ailleurs ce qui explique que ces théories soient aussi profondément différentes des théories dites de la souveraineté du Moyen-Age[14]. Tant que le système est seulement dynamique, il suffit d'une doctrine affirmant la suprématie d'une autorité et justifiant sa place au sommet de la hiérarchie par l'idée qu'il possède quelque qualité surnaturelle, mais il n'y a nul besoin de justifier un pouvoir de tout faire qui n'existe pas.

La forme du système juridique permet aussi de comprendre certains développements ultérieurs de la théorie de la souveraineté. Cette théorie, à vrai dire, ne justifie rien: elle est simplement l'affirmation qu'il existe une autorité possédant cette double qualité d'être au sommet de la hiérarchie – et donc la source de toutes les délégations – et de pouvoir produire les normes les plus élevées, ce qui équivaut au pouvoir de tout faire. La doctrine allemande du XIXè siècle distinguait d'ailleurs cette double qualité, comme deux concepts de souveraineté, désignés l'un par le terme de *Herrschaft*, l'autre par celui de *Staatsgewalt*. Mais pourquoi tel homme plutôt que tel autre est-il investi de cette double qualité? La théorie de la souveraineté ne le dit pas. C'est la raison pour laquelle les auteurs sont contraints ou bien de recourir au droit naturel ou bien d'énoncer la théo-

14 Beaud (1994).

rie de la souveraineté sous une forme simplement descriptive et d'affirmer comme Austin et plus tard Carré de Malberg[15] que dans tout gouvernement existe nécessairement un souverain.

Le jusnaturalisme permet ainsi de prolonger vers le haut les hiérarchies dynamique et statique de l'ordre juridique positif. Dynamique parce que celui qui occupe le sommet de la hiérarchie apparaît ainsi lui aussi comme doté de compétences qui ne lui appartiennent pas *sui juris,* mais qui lui ont été conférées par une habilitation venue d'en haut, voire comme exerçant par délégation un pouvoir dont il n'est pas le titulaire. Le roi n'est plus divin, mais de droit divin et il devient même possible de le distinguer de l'État, dont il devient un simple organe.

Mais le jusnaturalisme prolonge aussi la hiérarchie statique parce que le contenu des normes les plus élevées peuvent être présentées comme déduites des règles du droit naturel, ainsi qu'il ressort par exemple des travaux préparatoires du code civil. Bien entendu, les doctrines jusnaturalistes ne peuvent remplir cette fonction, qu'au prix d'une profonde mutation et il leur faut se représenter le droit naturel non plus comme une qualité spéciale de l'être, mais comme un ensemble de règles[16].

Aujourd'hui, la structure de l'ordre juridique produit une théorie de la légitimité à travers l'idéologie de l'État de droit[17]. Dans la mesure où elle affirme le principe d'une subordination de l'État à certains principes métapositifs, elle est un avatar des doctrines jusnaturalistes. Mais à travers elle l'ordre juridique produit sa propre légitimation d'une autre manière. L'État de droit est présenté comme un système dans lequel les hommes ne sont pas soumis à d'autres hommes mais seulement aux lois. La soumission exclusive des hommes aux lois signifie que chaque décision particulière n'est jamais que le produit d'une déduction d'une loi générale. Autrement dit, l'État de droit n'est pas autre chose qu'un ordre juridique statique, ce qui veut dire, selon la formule de Kelsen, que tout État est un État de droit. Selon cette idéologie de l'État de droit ces décisions doivent être considérées comme légitimes non pas seulement dans le sens où la légitimité serait assimilée à la légalité, mais comme légitimes au sens fort, comme justes. A travers cette idéologie, le système statique fournit en réalité une double légitimité: l'État de droit est juste parce qu'il traite les sujets également; il est juste parce qu'il les rend libres. Il les traite également parce que les décisions particulières ne sont que des déductions opérées à partir de lois qui, parce qu'elles sont les normes les plus élevées, sont aussi les plus générales, ce qui veut dire qu'elles ont

---

15 Beaud (1994).

16 Villey (1957)

17 Troper (1993).

pour destinataires non des individus mais des classes et que ceux qui appartiennent à ces classes seront nécessairement traités également. Mais l'État de droit rend aussi les hommes libres, si l'on veut bien admettre que la liberté est non le droit de faire ce que l'on veut, mais la possibilité de connaître les conséquences de ses actes. Par conséquent si chaque décision n'est qu'une application particulière d'une loi antérieure, celui qui obéit, n'est en définitive soumis qu'à la loi, qu'il pouvait connaître avant d'agir et la liberté n'est rien d'autre que la soumission aux lois.

Habermas a évidemment raison: „la croyance en la légalité d'une procédure ne peut pas par elle-même, i.e. par la forme d'une loi positive, produire la légitimité". Mais cette critique est profondément naïve. A part les doctrinaires de l'obéissance aveugle à l'État, personne n'a jamais prétendu que toute décision légale était *réellement* égitime. Weber affirme seulement et à juste titre que la forme de la contrainte étatique organise et utilise des croyances dans la légitimité. La formule que l'État se caractérise par le monopole de la violence légitime est profondément vraie si elle signifie non pas que la violence exercée par l'État serait partout et toujours conforme à des normes ou des valeurs transcendantes, mais qu'elle est la source de nombreuses techniques de légitimation.

Elle exprime d'abord simplement le principe de légalité, c'est-à-dire l'affirmation que chacune des décisions est légitime par rapport à une autre décision. Mais elle traduit aussi l'idée que l'organisation même de la violence ou, si l'on prefère, la légalité, produit des théories qui la font apparaître légitime et sont alors constitutives de l'État lui-même. L'État est une organisation politique dont la forme secrète sa propre légitimité.

Bibliographie

Aron Raymond, Les étapes de la pensée sociologique, Gallimard (Paris 1967).

Beaud Olivier, La puissance de l'État, PUF (Paris 1994).
- La souveraineté dans la „Contribution à la théorie générale de l'État" de Carré de Malberg, ds RDP, pp 1 251 s (1994).

Bobbio Norberto, Diritto e Potere. Saggi su Kelsen, Edizioni Scientifiche Italiane (Naples 1992).

Carrino Agostino (sous la dir), Kelsen e il problema della sovranità, Edizioni Scientifiche Italiane (Napoli 1990).
- L'ordine delle norme. Stato e diritto in Hans Kelsen, Edizioni Scientifiche Italiane, 3è édit (Napoli 1992).

Correas Oscar, El otro Kelsen, Universidad Naclonal Autonoma de Mexico (Mexico 1989).
- Kelsen y los Marxistas, Ed Coyoacan (Mexico 1994).

Dreier Horst, Rechtslehre. Staatssoziologie und Demokratietheorie bei Hans Kelsen, Nomos, 2è édit (Baden-Baden 1990).

Gianformaggio L. (sous la dir), Sistemi normativi statici e dinamici. Hans Kelsen's Legal Theory. Analisi di una tipologia kelseniana, Analisi e Diritto, n°7, Giappichelli (Torino 1991).

Goyard-Fabre Simone (sous la dir), „La pensée politique de Hans Kelsen". numéro spécial des Cahiers de Philosophie politique et juridique, n° 17, Centre de publications de l'Université de Caen (1990).

Habermas J., Théorie de l'agir communicationnel trad fse, Fayard, 2 vol (Paris 1987).

Kelsen Hans, Das Problem der Souveränität und die Theorie des Völkerrechts (Tübingen 1920, 2è édit 1928 sans changt).
- Allgemeine Staatslehre, Springer (Berlin 1925).
- Der soziologische und der juristische Staatsbegriff; Kritische Untersuchungen des Verhältnisses von Staat und Recht, 2è édit (Tübingen 1928).
- General Theory of Law and State, Russell & Russell (New York 1945, réédit 1961).
- Théorie pure du droit, Dalloz trad fse de la 2è édit allde par Ch. Eisenmann (Paris 1962).
- La démocratie, sa nature, sa valeur. Trad par Ch. Eisenmann de la 2è édit allde de (Paris 1929, Sirey 1932); 2è édit fse, Présentation de M. Troper, Economica (Paris 1988).
- Sociologia della democrazia (a cura di A. Carrino), Edizioni Scientifiche Italiane (Napoli 1991).

Krawietz Werner/Topisch Ernst/Koller Peter (sous la dir), Ideologiekritik und Demokratietheorie bei Hans Kelsen. Numéro spécial de „Rechtstheorie", Beiheft 4, Duncker & Humblot (Berlin 1982).

Lübbe Weyma, Legimität kraft Legalität. Sinnverstehen und Institutionenanalyse bei Max Weber und seinen Kritikern, JCB Mohr (Tübingen 1991).
- Wie ist Legimität durch Legalität möglich? Rekonstruktion der Antwort Max Weber, ds. ARSP vol 79, Heft 1 (1993) 80.

Raynaud Philippe, Max Weber et les dilemmes de la raison, PUF (Paris 1987).
-, article „Weber", F. Chatelet/O. Duhamel/E. Pisier (sous la dir), Dictionnaire des oeuvres politiques, PUF 2è édit (Paris 1989).

Ross Alf, Validity and the Conflict between Legal Positivism and Natural Law, ds. Revista Juridica de Buenos-Aires (1961) IV.

Troper Michel, Le concept d'Etat de droit, ds Michel Troper (sous la dir), L' Etat de droit, Cahiers de philosophie politique et juridique. n°24. Presses Universitaires de Caen (1993) pp.
Pour une théorie juridique de l'Etat, PUF (Paris 1994).

Villey Michel, Leçons d'Histoire de la Philosophie du droit, Dalloz (Paris 1957).

Weber Max, Staatssoziologie 2è édit, Duncker & Humblot (Berlin 1966).
-, Economie et Société, Plon (Paris 1971).
-, Sociologie du droit, PUF (Paris 1986).

Winkler Günther, Rechtstheorie und Erkenntnislehre, Kritische Anmerkungen zum Dilemma von Sein und Sollen in der Reinen Rechtslehre aus geistesgeschichtlicher und erkenntnistheoretischer Sicht, Springer (Wien/New York 1990).

Ota Weinberger

Der Neo-Institutionalismus als Basis der inhaltlichen Rechtsbetrachtung

Ich denke dankbar an die Zeit zurück, als ich 1968-69 mit GÜNTHER WINKLER zusammenarbeiten durfte. WINKLERS rechtsphilosophisches Hauptanliegen ist eine kritische Stellungnahme zur KELSENschen Lehre und die Durchsetzung eines – wie er es nennt – erkenntniskritischen Realismus in den Rechtswissenschaften. Auch ich habe versucht, KELSEN in kritischem Licht zu sehen, allerdings in anderer Perspektive als WINKLER: WINKLER geht es darum, den Normativismus KELSENscher Prägung anzugreifen sowie die Orientierung der Reinen Rechtslehre auf die Strukturtheorie des Rechts zu kritisieren. Mir ging es immer darum, die rechtslogischen Strukturen der klassischen Reinen Rechtslehre sowie der KELSENschen Spätlehre kritisch zu beleuchten und andere Wege der Rechtslogik einzuschlagen. Durch die Ausarbeitung der neo-institutionalistischen Zutrittsweise zur Rechtstheorie habe ich das Reinheitspostulat KELSENS abgelehnt und eine breitere Aufgabenstellung der juristischen Analyse gefordert, als durch das Reinheitspostulat bestimmt wurde. Zum Unterschied von WINKLER spreche ich der Rechtslogik und der Strukturtheorie des Rechts große Bedeutung zu; aber gerade diese Betrachtungen führen mich zur Überzeugung, daß diese Studien allein nicht das Wesen der juristischen Analysen ausmachen können. Die funktionale Betrachtungsweise des Rechts und der gesellschaftlichen Institutionen halte ich für eine wesentliche Bereicherung der Rechtswissenschaft, die hierdurch auch Problemen der Rechtspolitik ihre kritische Aufmerksamkeit schenkt. Die nachfolgenden Überlegungen, die ich GÜNTHER WINKLER aus Anlaß der Beendigung seines Wirkens an der Universität Wien widme, sollen zeigen, wie die neo-institutionalistische Konzeption der Rechtstheorie Struktur- und Argumentationstheorie mit der Forderung nach inhaltlicher und sozialkritischer Rechtsbetrachtung verbindet.

I. Strukturtheorie und inhaltliche Rechtsbetrachtung

Die strukturtheoretische Entwicklung in der Rechtstheorie steht einerseits unter dem Einfluß von HUME und KANT und andererseits entspricht sie dem allgemeinen Trend der modernen Philosophie, die man als linguistische Wende bezeichnet hat. KANT und HUME verdankt die zeitgenössische Rechtsphilosophie die semantische Unterscheidung von Sein und Sollen, oder besser: kognitiv-beschreibender und praktischer Gedankeninhalte, und die Erkenntnis der logisch-methodologischen Verschiedenheit des Beweisens und Begründens im praktischen (dh handlungsbezogenen) Denken gegenüber dem Operieren im Bereich der Erkenntnis. Die strukturtheoretisch orientierte Jurisprudenz entspricht dem Trend der Philosophie, den Einfluß der Sprache und der Kommunikation als konstitutives Element jeder Theorie zu betrachten. Diese Einstellung hat verschiedene Formen angenommen: die Form der analytischen Philosophie, die unter dem Einfluß der modernen Logik zum rationalen Rekonstruktivismus wurde, oder die Form der Wittgensteinschen Sprachphilosophie, die einerseits als Theorie der Sprachspiele in Erscheinung tritt und andererseits zum Credo der Ordinary Language Philosophy wurde, die den normalen Sprachgebrauch als Maßstab des Richtigen ansieht und durch das Schlagwort „zurück zur natürlichen Sprache" die Verhexung des Geistes durch die Sprache zu überwinden sucht, ja sogar die Existenz echter philosophischer Probleme leugnet, indem diese nur als mißbräuchliche Verwendung der Sprache gedeutet werden. Die hermeneutische Philosophie, die Sprechakttheorie und die Diskursphilosophie weisen diesen Charakterzug des Abhängigmachens der philosophischen Analyse von sprachlichen und Kommunikationsgesichtpunkten auf, welche durch den Terminus „linguistische Wende in der Philosophie" angedeutet wird. Ich erwähne diese Zusammenhänge hauptsächlich deswegen, weil diese Konzeptionen auch in die Rechtsphilosophie Eingang gefunden haben.

Was verstehe ich unter strukturtheoretischer Rechtsbetrachtung? Keineswegs das, was WINKLER an der Konzeption der Reinen Rechtslehre kritisiert, nämlich die Meinung, Rechtstheorie sei vor allem Formanalyse und nicht sozialwissenschaftliche Erkenntnis sozio-kultureller Tatsachen.

Für den Neo-Institutionalismus ist es essentiell, daß das Recht – und daher auch die Rechtstheorie – handlungs- und institutionentheoretisch betrachtet werden muß. Der handlungtheoretische Approach setzt eine dichotome Semantik voraus, denn die handlungsbestimmenden informationsverarbeitenden Prozesse können nur im Rahmen einer Sprache dargestellt werden, die beschreibende und stellungnehmende Informationen heranzieht und kategorial unterscheidet.[1]

---

1 O. WEINBERGER, Alternative Handlungstheorie. Gleichzeitig eine Auseinandersetzung mit Georg Henrik von Wrights praktischer Philosophie, Böhlau Verlag (Wien/Köln/Weimar 1996) 51 ff.

Die Strukturtheorie des Rechts stellt sich die Aufgabe, die Form darzustellen, in der Rechtsinhalte rational ausgedrückt werden können, und sie bestimmt den logischen Aufbau der Rechtsordnung sowie die logischen Operationen, die den rechtlichen Vorgängen zugrunde liegen. Diese Form- und Operationserkenntnisse bilden einerseits die Basis für die logisierte Deskription faktisch existierender normativer Ordnungen, andererseits sind sie die Grundlage der Theorie der juristischen Argumentation. Hierbei ist zu beachten, daß das juristische Argumentieren zwar einen grundlegenden Kern logischer Operationen enthält, aber daneben in breitem Ausmaß auch Plausibilitätsargumentation ist.

Es besteht ein unmittelbarer Zusammenhang zwischen der Rechtsdogmatik und der Strukturtheorie des Rechts: die Strukturtheorie gibt Auskunft darüber, was die Interpretation des Rechts feststellen muß (Subsumtionsbedingungen und die zugeordneten Rechtsfolgen), und bietet eine Typologie der Strukturen der Rechtsregeln (Verhaltensnormen, Rechtsgrundsätze, teleologische Normen, Rechtsprinzipien, Ermächtigungsnormen, ...) an – zusammen mit den rationalen Regeln ihrer Anwendung bei der Entscheidungsfindung und -begründung. Aus der Strukturtheorie des Rechts resultieren Prinzipien für den Aufbau der Rechtsordnung, vor allem für eine solche Ordnung der Kompetenzen, daß Kompetenzkonflikte vermieden und Rechtsstaatlichkeit sowie adäquate Kontrolle optimiert werden können.

Gerade die logisch-kritische Betrachtung der juristischen Strukturen zeigt, daß die juristische Erkenntnis nicht auf Strukturtheorie beschränkt sein kann. Der linguistisch-logische Rahmen der Strukturtheorie erfordert, um aktuelle Rechtserkenntnis der sozialen Realität des Rechts zu sein, die Aufnahme empirischer Erkenntnisse über die betrachteten Rechtssysteme. Diese empirische Erkenntnis ist einerseits verstehendes Erfassen von normativen Rechtsinhalten, andererseits die Erkenntnis beobachtbarer Rechtstatsachen (institutionalisierter Tatsachen).

Wenn man Rechtslogik richtig konzipiert, wird ganz klar, daß rechtslogische Erkenntnis und das Studium der Rechtsstrukturen allein nicht das Wissen über das Recht ausmachen können. Inhaltliche Analysen und eine Theorie der inhaltlichen Argumentationsmethoden sind erforderlich.

II. Das Feld der inhaltlichen Rechtsbetrachtungen

Was inhaltliche Rechtsbetrachtungen sind, kann verschieden konzipiert werden. Man kann darunter nur juristische Hermeneutik und die

Darlegung des Rechts in systematischer Form, die von der Rechtsdogmatik geleistet wird, eventuell unter Einschluß der historischen Entwicklung der Rechtsordnung und der Rechtsvergleichung, die verschiedene Rechtssysteme konfrontiert, verstehen oder man faßt die inhaltliche Rechtserkenntnis wesentlich breiter auf, wie dies zB der Neo-Institutionalismus tut.

Nach institutionalistischer Auffassung ist das Recht nicht nur ein Komplex von Verhaltens- und Kompetenznormen, sondern ein System, das auf Leitideen der Institutionen beruht und durch ideelle Beziehungen verknüpft ist. Zum Erfassen der rechtlichen Realität gehört daher auch das Verstehen der den einzelnen Bestimmungen zugrundeliegenden Leitideen und Rechtsprinzipien, sowie das Verstehen der funktionalen Rolle der normativen Bestimmungen als Instrumenten zur Realisation der Leitideen. Das Recht muß in funktionalen Beziehungen untersucht werden. Dies führt nicht nur zu Fragestellungen vom Typus „Wozu dient diese oder jene Rechtskonzeption?", sondern auch zu Fragen der Wirkungsweise des Rechts als Motiv für das Handeln der Adressaten und zur rechtspolitischen Beurteilung der Rechtsinstitute.

Wenn man die Institutionen als normative Maßnahmen zur Erfüllung von Aufgaben – ausgedrückt in den Leitideen – ansieht, dann kann man die Frage erörtern, ob die normativen Regelungen und deren Durchführung die Leitideen in effektiver Weise realisieren. Die rechtspolitische Beurteilung von Institutionen wird zur legitimen Aufgabe der Jurisprudenz. Der Neo-Institutionalismus konzipiert die juristischen Fragestellungen breiter als die traditionelle Jurisprudenz. Diese zusätzlich geforderte juristische Betrachtung umfaßt Rechtstatsachenforschung (diese wird teilweise auch von der traditionellen Jurisprudenz gefordert) und funktionale Analysen der Institutionen.

Nach dieser Auffassung genügt es nicht, Rechtserfahrung in dem Sinne zu fordern, daß die bestehenden normativen Regelungen dogmatisch erfaßt werden, sondern es müssen darüberhinaus Probleme der motivierenden Auswirkungen und sozialen Effekte der Normierungen analysiert werden.

III. Funktionale und rechtspolitische Analysen als Aufgaben der Jurisprudenz

Der Neo-Institutionalismus ist zwar eine normativistische Theorie und genauso wie die Reine Rechtslehre an der Strukturtheorie des Rechts interessiert, doch lehnt er das Reinheitspostulat und die mit ihm verknüpfte

Einschränkung der juristischen Untersuchungen ab. Das Reinheitspostulat ist mE auch im Rahmen der Strukturtheorie unhaltbar, denn Rechtsgeltung und Rechtsdynamik sind Fragen, die ohne Einbeziehung von gesellschaftlichen Tatsachen nicht lösbar sind.[2] Der aus dem Reinheitspostulat resultierende Ausschluß aller Fragen des faktischen Wirkens des Rechts aus der juristischen Betrachtung bedeutet eine unerträgliche Verarmung der Jurisprudenz.

Um mögliche Mißverständnisse zu vermeiden, muß jedoch erklärt werden, daß die neo-institutionalistische Konzeption durchaus nicht den Unterschied zwischen Rechtserkenntnis und Rechtserzeugung, den die Reine Rechtsslehre immer wieder unterstreicht, leugnet oder praktisch mißachtet. Der Rechtstheoretiker maßt sich nicht an, Recht zu erzeugen; wir meinen jedoch, daß die Rechtserkenntnis die Untersuchung der funktionalen Beziehungen einschließt, und daß die Frage, wie das Recht seine, durch die Leitideen bestimmte, Aufgabe erfüllt und welche soziale Auswirkungen Rechtsinstitutionen haben, legitime Erkenntnisaufgaben der Jurisprudenz sind. Daß solche Erkenntnisse indirekt praktischen Einfluß auf die Rechtserzeugung haben können, da sie eine Orientierungshilfe für gesetzgebende Entscheidungen liefert, kann kein Einwand sein, sondern muß als gesellschaftlich erwünschte Leistung der funktionalistischen Analysen gewertet werden.

Der Zusammenhang der juristisch-dogmatischen Betrachtung mit rechtspolitischen Analysen wird auch von anderen rechtsphilosophischen Konzeptionen vertreten, aber in anderer Weise als vom Neo-Institutionalismus. Zur Klärung der Situation möche ich zwei solche Theorien mit meiner Konzeption konfrontieren: die Naturrechtslehren und die marxistische Einstellung zur Rechtsphilosophie.

Die Naturrechtslehren fordern, daß positiv gesetzte Normen, damit sie als Recht gültig sein können, gewisse inhaltliche Minimalforderungen erfüllen müssen; außerdem wird eine sozusagen subsidiäre Geltung gesellschaflicher Moral als Ergänzung des Rechts vorausgesetzt. Solche Erwägungen sind dem Neo-Institutionlismus fremd. Er will nicht eine Kritik des Rechts und der Institutionen vom Standpunkt einer gewissen Naturrechts- oder Moralüberzeugung sein, sondern beurteilt die Adäquatheit und Effektivität der Institutionen vom Standpunkt der positiv gegebenen (oder wenigstens vermuteten) Leitideen und Aufgaben der Institutionen.

2 Geltung ist auch gemäß der Konzeption der Reinen Rechtslehre abhängig von der Effektivität der Ordnung (nicht nur von der Grundnormannahme) und die Feststellung der Effektivität ist zweifellos eine soziologische Tatsachenerkenntnis. Die Rechtsdynamik ist ebenfalls zweifellos von dem Eintreten subsumierbarer Tatsachen oder von der tatsächlichen Realisation von Rechtserzeugungsakten abhängig.

Zwei Thesen des Marxismus sind für die Konzeption der marxistischen Rechtstheorie entscheidend: die Überbautheorie und die Lehre vom Klassenkampf. [Die metaphysisch begründete Lehre vom Absterben des Staates, die wohl kaum von jemandem ernst genommen wurde, kann dagegen außer Acht gelassen werden.]

Die Überbautheorie ist mE falsch. Es nicht so, daß geistigen Phänomene letztlich durch die Produktionsbeziehungen bestimmt sind und im Grunde aus ihnen erklärt werden können. Die tatsächlichen Beziehungen zwischen geistigen, ideologischen und kulturellen Phänomen auf der einen Seite und wirtschaftlichen sowie Produktionsbeziehungen auf der anderen sind wesentlich anders strukturiert, und können nicht durch den einseitigen Explikationswege vom Materiellen zum Ideellen erklärt werden. Ideologische Strukturen bilden sich heraus unter dem Einfluß verschiedener Momente, sicher nicht nur unter dem Einfluß ökonomischer Bedingungen, wenn es auch zweifellos so ist, daß ökonomische Momente und ökonomisch relevante Machtstrukturen dabei eine wesentliche Rolle spielen, aber neben anderen Determinanten. Es gelten zweifellos wesentliche Abhängigkeiten der Produktionsmöglichkeiten und Produktionsformen von ideellen Einstellungen und ideologischen Vorstellungen. Die Überbautheorie ist ein verzerrtes Bild der Wirklichkeit, und hat auch pragmatisch ungünstige Konsequenzen: sie suggeriert die falsche Vorstellung, daß nur durch Änderung der Produktionsbeziehungen wesentliche ökonomische und kulturelle Reformen erreichbar sind. Auch die verheerenden Folgen ideologischen Wahns, zB der Hexenverfolgungen oder die Idee des Heiligen Krieges, können auf der Grundlage der Überbautheorie nicht erklärt und nicht bekämpft werden.

Die Klassenkampftheorie knüpft an einen realen Zug der modernen Gesellschaftsstruktur an. Es gibt so etwas wie eine Klassendifferenzierung: Menschen und Menschgruppen, die in unterschiedlichen Positionen zu gesellschaftlichen und wirtschaftlichen Prozessen stehen. Es ist auch richtig, daß manche dieser Differenzen wesentliche Determinanten der gesellschaftlichen Möglichkeiten des einzelnen Menschen sind. Problematisch sind aber zwei mit der Klassenkampftheorie verbundene Thesen: Die Meinung, daß nur die Unterscheidung von Besitzern von Produktionsmitteln und Mittellosen für die Gesellschaftsstruktur entscheidend ist. Ferner die These, daß das gesamte gesellschaftliche Geschehen ein Kampf dieser Klassen ist, sodaß Staat und Recht als bloße Instrumente dieses Kampfes anzusehen sind.

Die gesellschaftlich relevante Stratifikation der Mitglieder der modernen Gesellschaft ist wesentlich komplexer und von verschiedenen Kriterien abhängig. Die Existenz des Staates und des Rechts kann im einzelnen nicht aus der Klassenkampfrelation erklärt werden. Wie in den meisten gesellschaftlichen Bereichen ist eine monokausale – beim Marxismus eine ökonomische – Explikation der gesellschaftlichen Phänomene nicht adäquat.

Der Neo-Institutionalismus lehnt zwar die marxistische Betrachtungsweise von Staat und Recht ab, weil die marxistische Erklärung monokausal-simplifizierend ist, doch scheint die analytische Fragestellung gegenüber rechtlichen Institutionen und normativen Lösungen „Cui prodest?" in sehr vielen Fällen berechtigt. Die marxistischen Antworten halte ich für unangemessen; aber die Fragen nach Interessenstrukturen und Interesseneinfluß bei der Rechtsgestaltung müssen von einer soziologisch realistischen Rechtstheorie beachtet werden.

Dieser Hinweis führt zu wichtigen demokratietheoretischen Implikationen. Sind demokratische Strukturen und Rechtsstaatlichkeit durch bloße formale Regeln effektiv erreichbar, oder müssen zur Sicherstellung einer demokratischen Lebensform auch inhaltliche Postulate herangezogen werden? Ich bin der Meinung, daß es keinen hinreichenden und effektiven Schutz der demokratischen Lebensform gibt, wenn nicht der gesellschaftliche Wille besteht, demokratische Grundsätze einzuhalten.[3]

Wenn Verfassungsgrundsätze als Prinzipien des demokratischen Lebens gelten, kann die faktische Verletzung dieser Grundsätze bei einer entsprechenden Mehrheitskonstellation des Parlaments dadurch sanktioniert werden, daß man die Gesetze, welche diese Grundsätze verletzen, als Verfassungsgesetze beschließt. Dies geschieht nicht, weil man erkannt hat, daß der Grundsatz eine wohlbegründete Ausnahme von dem Prinzip rechtfertige, sondern nur um die Anfechtbarkeit vor dem Verfassungsgerichthof wegen Verfassungswidrigkeit auszuschließen.

Die Autoren der österreichischen Bundesverfassung legten Wert auf die Unterschiedung von Verfassungsänderung und Gesamtänderung der Verfassung. Wenn auch die begriffliche Bestimmung, was als Gesamtänderung zu gelten habe, in machen Fällen problematisch sein kann, so versuchten sie doch mit Recht, die Verfassung als Ausdruck der grundlegenden politischen Staatsform durch sehr strenge und klar bestimmte Änderungsbedingungen zu schützen. Sie waren davon überzeugt, daß der unabhängige Verfassungsgerichthof ein sicherer Garant der Grundstruktur der Staats- und Rechtform sei.[4] Diese Erwartung hat sich nicht erfüllt. Es ist wohl unstrittig, daß der Beitrittsvertrag zur EU eine Gesamtände-

---

3 Vgl O. Weinberger, Zwei Hauptproblem der modernen Demokratie, JRP1995, 1-9.

4 Vgl M. Troper, Kelsen und die Kontrolle der Verfassungsmäßigkeit, in: A. Carrino/G. Winkler, Rechtserfahrung und Reine Rechtslehre (Wien/New York 1995) 15-39.

rung der Bundesverfassung mit sich gebracht hat. Die formale Schutzbestimmung gegenüber einer Gesamtänderung der Verfassung, nämlich, daß nach Art 44 Abs 3 B-VG eine Volksabstimmung nach Beendigung des Gesetzgebungsverfahrens, jedoch vor Beurkundung des Gesetzes durch den Bundespräsidenten durchgeführt werden muß, hat sich de facto als unwirksam erwiesen, denn der Verfassungsgerichtshof hat entschieden, daß für die Rechtmäßigkeit des Abstimmungsverfahrens über das Bundesverfassungsgesetz über den Beitritt Österreichs zur Europäischen Union, nicht darauf einzugehen sei, ob es sich bei dem Vertrag um eine Gesamtänderung der Bundesverfassung handle. Daß der Beitritt zur EU eine solche Gesamtänderung der Verfassung zur Folge hat, ist allerdings evident und dies war wohl auch der Grund, warum eine Volksabstimmung durchgeführt wurde. Art 44 Abs 3 B-VG sollte gerade sicherstellen, daß der Bürger die Gesamtänderung, die er durch die Abstimmung akzeptiert, in ausformulierter Form vor sich haben sollte. Bei dieser Volksabstimmung war dies nicht der Fall.[5]

Diese Beispiele stehen in der gleichen Reihe mit der bekannten Tatsache, daß Menschenrechte, vor allem Minderheitenrechte, auf formal-demokratischen Wege aufgehoben werden können.

Die Soziologie – und auf sie gestützt – die politische Theorie arbeiten mit gesellschaftlichen Stratifikationen nach verschiedenen Kriterien, die der jeweiligen Fragestellung angepaßt sind. Die Stratifikation je nach der Beziehung zu den Produktionsmitteln ist nur eine der möglichen Gesichtspunkte, aber nicht der einzig relevante Ausgangspunkt der Betrachtungen der sozialen Realität. Auch unter dem Klassengesichtspunkt, dh der Beziehung zu den Produktionsmitteln, geht es nicht nur um die marxistische Distinktion „Kapital und Arbeit“, sondern zB um Interessenkämpfe zwischen Klein- und Großkapital, die heute eine wesentliche Rolle spielen. Die Verdrängung der Klein- und Mittelbetriebe aus vielen Bereichen des Wirtschaftslebens ist heute ein aktuelles soziales Problem.

IV. Versuch einer Systematik der inhaltlichen Rechtsbetrachtungen und der Standpunkt des Neo-Institutionalismus zu ihnen

Die nachfolgenden Bemerkungen geben keine Systematik im strengen Sinne; ich möchte nur versuchen, die Vielseitigkeit inhaltlicher Rechts-

[5] Nicht einmal die Frage der „immerwährenden Neutralität“ war geklärt. Vgl auch: O. Weinberger, Maastricht-Vertrag und die Theorie der Aufgabennormen, JRP, Jg 2/H 3 (1995) 223-237.

betrachtungen anzudeuten, um zu zeigen, daß diese Analysen an vielen Stellen interdisziplinären Charakter annehmen. Zu den einzelnen Punkten möchte ich auch anführen, in welcher Weise die neo-institutionalistische Rechtstheorie zur Lösung der Probleme beiträgt.

In einer ersten groben Einteilung der inhaltlichen Rechtsbetrachtungen kann die juristische Hermeneutik und systematische Darlegung der Rechtsordnung funktionalistischen und politologischen Analysen des Rechts gegenüberstellt werden.

1. Juristische Hermeneutik und Systematisierung des Rechts

Das Recht tritt uns in der Regel in Form von Texten, also in sprachlicher Formulierung, entgegen. Texte sind selbsterklärend, dh für den Nachrichtenempfänger schon auf Grund seiner Sprachkompetenz verstehbar. Dieses prima facie Verständnis ist aber bei weitem keine genügende Basis für das juristische Erfassen des Rechts. Interpretation ist unerläßlich. Die Deutung der Rechtsregeln ist ein methodologisch gelenkter Prozeß, der als ein Zusammenspiel rationaler juristischer Argumentationen mit Deutungsprozessen in der Anwendungspraxis des Rechts verstanden werden kann. Die deutende und systematisierende Doktrin und die Anwendungspraxis sind gesellschaftliche Prozesse, die an der Bedeutungsbestimmung des Rechts beteiligt sind.

Dem Begriff nach ist Interpretation eine rein feststellende und unschöpferische Tätigkeit, die den Sinn normativer Texte aufzudecken sucht.

Sätze, welche die Bedeutung rechtlicher Bestimmungen angeben, sind nach Meinung mancher Theoretiker wahre oder falsche Aussagen, je nachdem, ob sie den Sinn der entsprechenden Textstelle richtig oder unrichtig wiedergeben. Da der interpretierende Satz genau so wie der zu interpretierende eine sprachliche Äußerung ist, beruht diese Wahrheit auf der Konstatierung einer Bedeutungsgleichheit zweier sprachlicher Äußerungen. Die Wahrheitsbedingungen einer Interpretationsaussage sind also vom Verstehen beider Äußerungen abhängig, und daher nur dann feststellbar, wenn man beide Bedetungen kennt. Die Interpretationsaussage drückt also das Ergebnis der Deutung aus, sie bestimmt aber nicht die Methode des juristischen Deutens. Durch eine Interpretationsaussage wird also nur dann etwas gewonnen, wenn der als Deutung herangezogen Satz terminologisch verständlicher oder/und expliziter ist als der gedeutete.

In der juristischen Praxis geht es bei der Interpretation meist nicht nur um sprachliche Erklärungen mittels leichter verständlicher Ausdrükke, sondern um die Analyse der Anwendungsbedingungen der Norm und um die Bestimmung der Rechtsfolgen subsumierbarer Sachverhalte. Die mit der Deutung verbundene Systematisierung des Inhalts des Rechts führt zur Erörterung von Fragen, welche die bloße Bedeutungsfeststellung überschreiten. Interpretation wird de facto zur Entfaltung des Rechts und pflegt mit der Beurteilung von (auftretenden oder nur gedachten) hard cases eine konstruktive Erweiterung oder Determination des Rechts mit sich zu bringen. Sie ist dann nicht mehr rein feststellend. Die Deutung, welche der Anwendung des Rechts durch die Staatsorgane zugrunde liegt, ist einerseits ein Beleg dafür, wie die Rechtsquellen in der Gesellschaft verstanden werden, andererseits immer auch ein Faktor der gesellschaftlichen Weiterentwicklung des Rechts. Dies gilt auch für Rechtsordnungen, die prinzipiell als Gesetzesrecht konzipiert sind.

Die Deutung und Systematisierung des Rechts führt auch zur Klärung der Zusammenhänge und Prinzipien, welche in den Normen oft nur implizit enthalten sind.

Die analytische Aufgabe der Deutung betrifft zweierlei: (a) die Bestimmung des gesollten und/oder zulässigen Verhaltens, und (b) die rechtlichen Kompetenzen sowie deren Relationen (hierdurch wird der hierarchische Aufbau der Rechtsordnung klargestellt).

2. Der neo-institutionalistische Beitrag zu den Problemen der Rechtsgeltung, der juristischen Interpretation und der Rechtsdogmatik

Wenn man über Rechtsgeltung spricht, befaßt man sich mit einer institutionellen Tatsache; das impliziert, daß die Behauptung, eine Norm sei geltes Recht, zwei Komponenten hat, sie ist einerseits eine Feststellung einer sozialen Tatsache und andererseits Erkenntnis des gesellschaftlichen Daseins einer verstehbaren kulturellen Idealentität.

Die Geltungsfrage tritt in zwei Gestalten auf: als Frage nach der Geltung eines vorschwebenden Rechtssystems oder als Frage nach der Geltung einer Norm als Bestandteil eines als geltend erkannten oder als geltend vorausgesetzten Systems. Die erste Frage wird im Sinne der neo-institutionalistischen Grundkonzeption beantwortet: Eine Normenordnung gilt genau dann, wenn sie als ordnende Basis einer staatlichen Gesellschaft fungiert. (Die Kriterien für diese Feststellung sind allerdings komplex, und sie führen nicht immer zu einer eindeutigen Antwort. Immer eine eindeutige Antwort auf die Geltungsfrage vorauszusetzen, wäre im Konflikt mit den Tatsachen, denn es gibt in der politischen Wirklichkeit Situationen – zB Krieg oder Bürgerkrieg –, wo keine eindeutige Ordnung besteht.) Die zweite Frage ist in modernen Rechtssystemen durch Stammbaumbeziehungen bestimmt; sie wird von der Rechtstheorie als ermächtigte Normerzeugung verstanden, wobei die Feststellung der formalen Geltungstatsache – wenigstens in den Systemen des jus scriptum – durch offizielle Promulgationsmittel eindeutig gemacht wird. Es bleibt dann allerdings noch die Tatsache, daß die Frage, was gilt, von der Interpretation abhängig ist, denn es gilt eigentlich der normative Sinn des Textes, der als Ergebnis der Interpretation auftritt.

Interpretation ist als bedeutungsbestimmender Prozeß anzusehen, der in gewisser Weise mit jedem sprachlichen Kommunikationsprozeß verbunden ist. Hermeneutische Analysen sind eine kultivierte Form dieser immer vorhandenen Komponente der sprachlichen Verstehensprozesse, die im Falle der juristischen Hermeneutik zu einem wissenschaftlichen Argumentationsprozeß ausgeweitet sind. Für diesen Prozeß sind zwei institutionelle Charakteristiken wesentlich: (a) die Tatsache, daß diese verstehende und deutende Tätigkeit mit Rechtsprozessen qua gesellschaftlichen Geschehen verbunden sind, wie sie sich in der Judikatur (im weiten Sinne des Wortes) äußern, und (b) die Existenz und Funktion der Rechtsdogmatik als einer dem Recht und der juristischen Arbeit dienende Institution.

Zwischen dogmatischer Arbeit und der Deutung des Rechts bestehen wesentliche Zusammenhänge. Die Dogmatik strebt Systematisierung der Rechtsinhalte an und ist mit juristischer Hermeneutik wesenhaft verbunden. Die Bestimmung der Bedeutung ist systemabhängig: das gedankliche Netzwerk des Systems trägt zur Deutung bei. Und die Bausteine des dogmatischen Systems sind die gedeuteten Normenkomplexe.

Die Strukturtheorien des Rechts pflegen eine Tendenz zur atomaren Betrachtung der Rechtssätze zu haben. Dagegen bemüht sich der Neo-Institutionalismus zwar die Rechtsatzstrukturen zu analysieren und die Logik ihrer Anwendungen zu klären, aber er unterstreicht auch, daß das Verstehen des Rechts ein Erfassen einer institutionellen Realität ist, und daß daher normative Bestimmungen in ihrem funktionalen Zusammenhang verstanden werden müssen. Sinnvolles ist immer geistige Textur, also nur verstehbar in Zusammenhängen; Recht muß als sinnvoll erkannt werden. Nach neo-institutionalistischer Auffassung ist dieses Sinnerfassen nicht nur geistiges Verstehen, sondern auch funktionale Erkenntnis, dh ein Verstehen, das als Erkenntnis der sozialen Realität konzipiert ist.

3. Theorie des Rechtssatzes. Neo-institutionalistische Sicht

Die moderne Konzeption des Rechtssatzes hat erkannt, daß es nicht eine einzige Form der Struktur gibt, in der normative Bestimmungen darzustellen sind. Neben Verhaltensregeln sind Rechtsgrundsätze – also abstraktere normative Regeln als Verhaltensnormen – für die Bestimmung der Entscheidungen relevant (R. DWORKIN, der auch gezeigt hat, daß die Anwendung von Grundsätzen als Argumenten der Rechtsentscheidung einer anderen Logik folgt als die Anwendung von Verhaltensnormen). Der Neo-Institutionalismus hat die formale Verschiedenheit der Ermächtigungsnormen gegenüber den Verhaltensnormen aufgezeigt.

Aus der Tatsache, daß Rechtsordnungen Sanktionssysteme sind, darf nicht geschlossen werden, daß das Recht nur durch Androhung von Sanktionen Pflichten setzen kann, wie KELSEN meint. Nicht jede Rechtsnorm ist eine Sanktionsnorm, und eine gültig erzeugte Norm verliert nicht ihren Rechtscharakter, wenn sie nicht in Sanktionsform auftritt.[6]

Mit der Problematik der Struktur der Rechtsinhalte ist auch die Frage der Einheit der Rechtsordnung verbunden. Der einheitliche Aufbau der Rechtsordnung durch entsprechende Kompetenzbestimmungen ist ein Postulat der analytischen Jurisprudenz, dem jedoch die Realität nicht immer entspricht. Deswegen betrachtet der Neo-Institutionalismus die Einheit der Rechtsordnung als Forderung, die nicht immer durch ein hierarchisches Ermächtigungssystem erreicht wird, sondern manchmal eher als Ergebnis einer dogmatisch ordnenden rationalen Rekonstruktion zustande gebracht wird.[7]

4. Theorie und Praxis der juristischen Argumentation

Im Rechtsleben und in der zeitgenössischen Rechtsphilosophie hat das Problem der juristischen Argumentation eine zentrale Stellung. Zwei fundamentale Unterscheidungen sind zu beachten: (i) die Argumentation de lege lata und jene de lege ferenda; (ii) die logisch-deduktive Begründung und die Plausibilitätsargumentation.

Man kann das Rechtssystem in zweierlei Perspektive betrachten: als gegebenes Normensystem, das Ausgangspunkt und Maßstab jeder recht-

---

[6] Auf die mit der Sanktionstheorie der Rechtsnorm verbundenen Schwierigkeiten möchte ich hier nicht näher eingehen, da ich diese Problematik schon öfters behandelt habe.

[7] Nach institutionalistischer Auffassung ist es prinzipiell möglich, daß Recht spontan entsteht, ohne vorhergehende explizite Ermächtigung, wie es die KELSENsche Lehre von der Normenhierarchie fordert.

Die hierarchische Ermächtigungsbeziehung zwischen Europarecht und dem Recht der Mitgliedsstaaten läßt sich kaum im Geiste der KELSENschen Theorie deuten. (Wo sollte die Grundnorm stehen? Das Recht der einzelnen Mitgliedsstaaten könnte kaum adäquat als vom Europarecht ermächtigte Teilordnung betrachtet werden. Vgl N. MACCORMICK, Sovereignity, Democracy, Subsidiarity, in: Rechtstheorie 25 [1994] 281-290; *ders*, The Maastricht-Urteil: Sovereignity Now, in: European Law Journal, Vol 1, No 3 [1995] 250-266.)

lichen Beurteilung ist – der Gesichtspunkt de lege lata; oder man stellt sich die Frage, was in der untersuchten Ordnung sein sollte, dh man plädiert für Rechtsregel und rechtliche Institutionen, die man als adäquat oder nichtadäquat wertet. Diese Wertung kann vom Standpunkt der eigenen Zwecke und Werte des Systems ausgehen oder aber eine Wertung vom Standpunkt eines anderen Wertesystems sein.

Die Unterscheidung von de lege lata und de lege ferenda Betrachtungen ist für die juristische Methodologie fundamental, weil in den beiden Fällen ganz andere Begründungsstrukturen relevant sind.[8] Dieser Unterschied der Argumentationsweise steht aber der Tatsache nicht im Wege, daß bei der Begründung von Rechtsentscheidungen, dh bei Überlegungen, die ALF ROSS als de sententia ferenda bezeichnet hat, beide Argumentationsweisen oft in gewisser Weise ineinandergreifen.

Nicht ganz einfach ist die Beziehung der logisch-deduktiven und der Plausibilitätsargumetation: den Kern und das Grundgerüst des juristischen Argumentierens bilden logische Beziehungen und deduktive Begründungen. Es sind dies hauptsächlich normenlogische Subsumtionsschlüße, durch die aus normativen Verhaltensregeln oder Sanktionsregeln Normen, die den Einzelfall betreffen, abgeleitet werden. Sowohl in der Rechtstheorie als auch in der Logik wird darüber gestritten, wie diese logische Bindung und das normenlogische Folgern konzipiert werden sollen.[9]

Von der kaum haltbaren Konzeption des normenlogischen Skeptizismus[10] über die Meinung, daß die deontische Logik, die angemessene Theorie des normenlogischen Folgerns sei, bis zur Meinung, daß eine spezifische, die echte, Normenlogik zur Anwendung kommen muß, reicht das Meinungsspektrum in dieser Frage.[11]

Mit Recht wird unterstrichen, daß im juristischen Denken an vielen Stellen Begründen im Sinne von plausibel machen stattfindet. Die Argumentationstheorie hat sich daher eingehend mit den Methoden des sogenannten rationalen rhetorischen Argumentierens befaßt. Charakteristisch für die hier herrschenden Lehren ist bei aller Verschiedenheit der Theori-

---

8 Die Konsequenzen, welche die Reine Rechtslehre aus dieser Unterscheidung zieht, nämlich alle de lege ferenda (dh rechtspolitischen) Betrachtungen als außerjuristisch anzusehen und aus der Rechtswissenschaft zu verbannen, ist aber nicht begründet.

9 Wichtig ist klarzumachen, daß durch das logische Folgern keine neuen Normen erzeugt werden, doch wird aus subsumierbaren Tatsachen und der Rechtsregel, die für den Einzelfall geltende Norm, die durch die Regel und die entsprechende Tatsachenfeststellung schon bestimmt ist, „herausgelesen".

10 S O. WEINBERGER, Der normenlogische Skeptizismus, in: Rechtstheorie 17 (1986) 13-81.

11 Dieser Fragenkomplex wird ausführlich erörtert in: O. WEINBERGER, Alternative Handlungstheorie, aaO.

en, daß sie im wesentlichen als Prozeß zwischen einem argumentierenden Redner und einem Auditorium aufgefaßt werden, also ganz im Bereich der Sprachpragmatik abgehandelt werden. Ich habe dagegen dafür plädiert, die Plausibilitätsargumentation nicht nur als pragmatischen Prozeß zu betrachten, bei dem Überzeugung des Gesprächspartners geschaffen wird, sondern auch die Frage der objektiven Gültigkeit der Argumente zu erörtern. Nur in dieser Sicht kann die sachliche Kraft der Argumente von ihrer pragmatischen Auswirkung unterschieden werden, und es kann eine sachliche Optimierung der Plausibilitätsargumentation angestrebt werden. Außerdem kann man dann zwischen zwei verschiedenen Argumentationsweisen, dem nach Objektivität strebenden, suchenden Diskurs und der advokatischen Argumentation unterscheiden.[12] Für eine kritische Argumentationstheorie ist es wichtig, sachlich gute Gründe von der Überzeugung schaffenden Wirkung der Argumente zu unterscheiden.

Die Argumentation hängt mit dem gesellschaftlichen Diskurs eng zusammen. Sowohl im Rechtsleben als auch in der praktischen Politik kommt es zu einem gesellschaftlichen Diskurs, der für das demokratische Leben wesentlich ist. ME ist die Existenz dieses Diskurses und ein erreichter Konsens zwar kein Beweis für die Richtigkeit des Ergebnisses, aber ein wichtiges Element einer demokratischen Gesellschaft, deren Funktionieren an die Existenz offener Diskurse gebunden ist.[13] Der gesellschaftliche Fortschritt ist abhängig vom Streben nach Konsens, von kritischer Analyse und der gesellschaftlichen Zulässigkeit von Dissens. Das Funktionieren des demokratischen Systems ist an die Idee einer offenen Gesellschaft im Sinne von K. R. Popper gebunden.

5. Probleme der funktionalen Analyse

Wenn man im Sinne der Institutionentheorien voraussetzt, daß Rechtsinstitute und gesellschaftliche Einrichtungen Leitideen dienen, dann kann man auch die Frage stellen, ob die Institutionen die Leitideen adäquat erfüllen, dh man kann ihre funktionale Effektivität prüfen. Die funktionale Prüfung hat verschiedene Seiten: Sie ist eine Untersuchung der Wirkungsweise der Institutionen in der sozialen Realität, wobei die vorausgesetzten Leitideen gleichsam als Maßstab dienen. Diese Beurteilung ist naturgemäß von der Feststellung gesellschaftlicher Tatsachen abhängig. Es

---

12 O. Weinberger, Zur Theorie der politischen Argumentation, in: Rechtstheorie Bd 26 (1995) H 2, 163-182; *ders,* Überzeugen als Aufgabe, in: ARSP Vol 81 (1995) H 3, 305-320.

13 O. Weinberger, Habermas on Democracy and Justice. Limits of a Sound Conception, in: Ratio Juris 1994, 239-253. Vgl auch N. Rescher, Pluralism. Against the Demand of Consensus (Oxford 1993).

muß ferner gefragt werden, wie die rechtlichen Bestimmungen und die Institutionen als Motive auf die beteiligten Personen wirken. Diese Frage wird nicht einfach durch Beobachtung zu beantworten sein, sondern man wird sich auf Grund allgemeiner Erfahrungen über das menschliche Handeln hypothetische Vorstellungen bilden, wie sich Normen oder Maßnahmen motivatorisch auswirken werden. Der Gesichtpunkt der vermutliche motivierenden Wirkung ist für pragmatische und rechtspolitische Überlegungen von entscheidender Bedeutung, denn davon hängt die effektive Gestaltung der Institutionen und Maßnahmen ab.

Die funktionale und rechtspolitische Analyse kann aber nicht vollkommen im Rahmen der vorschwebenden Leitideen bleiben. Es werden nämlich nicht nur Effekte der Maßnahmen in jenen Bereichen erzielt, die durch die Normierung und/oder Maßnahmen reguliert werden sollten, sondern es treten immer – wie bei jeder Handlung – auch Nebenwirkungen auf, dh Auswirkungen, die nicht geplant und eventuell auch nicht vorhersehbar waren. Auch soche Prüfungen der Auswirkungen gehören zur funktionalen Analyse. Die funktionale Prüfung sollte daher von anderen Instanzen durchgeführt werden als den planenden und durchführenden Subjekten.

Die funktionale Beurteilung muß in verschiedenen zeitlichen Perspektiven erfolgen, denn die Zweckmäßigkeit ist je nach Zeithorizont verschieden. [Es gibt keine logische Regel, welche zeitliche Perspektive entscheidend sein sollte. Die Wahl der verschiedenen Zeithorizonte für das Werten und Entscheiden ist Sache besonderer Überlegungen.]

Ohne funktionale Analyse scheint mir das juristische Werten unvollständig; und es ergibt kein adäquates Bild der rechtspolitischen Realität. Allerdings sind funktionale Untersuchungen mit großer Umsicht zu machen, denn angesichts der Pluralität der funktionalen Beziehungen besteht bei funktionalen Erklärungen die Gefahr einer einseitig verkürzenden Sicht. Die funktionalen Analysen sind weitgehend hypothetische Explikationen. Täuschungen und Mißdeutungen sind gar nicht selten. Die politische Propaganda nützt die Möglichkeit, partiale Charakteristiken als entscheidend hinzustellen, in täuschender Weise und oft auch in täuschener Absicht aus. Was mit einer Normierung erreicht werden soll, wird aus politisch-taktischen Gründen in den Begründungen nicht immer realistisch dargestellt. Im Feld der rechtspolitischen Argumentationen – und funktionale Analysen fallen wenigstens teilweise in diesen Bereich – sind unsaubere Argumentationen sehr häufig. Man argumentiert mittels Schlagworten, die gerade en vogue sind, und man stützt sich auf Feststellungen mittels statistischer Indikatoren, ohne zu beachten, daß diese nicht immer jene Maßstäbe darstellen, die für die behandelte Problematik relevant sind. [Man mißt zB den Wohlstand der Gesellschaft mittels des BIP, ohne wesentlich differentierende Momente zu beachten, vor allem die Frage der Verteilung und soziale Momente, wie Arbeitszeit, soziale Sicherstellung, usw.] Trotz aller Schwierigkeiten, objektiv gültige Ergebnisse der funktonalen Analysen zu erlangen, kann man mE nicht darauf verzichten, solche Betrachtungen anzustellen.

6. Juristische Gerechtigkeitsbetrachtungen

Jedes Rechtssystem stellt sich selbst als gerechtes System dar. Es drückt sozusagen eine Gerechtigkeitskonzeption aus. Dennoch ist es sinnvoll und in vielen Situationen des Entscheidens und des Aufbaus der Rechtsdogmatik wichtig, Gerechtigkeitsfragen zu erörtern. Die philosophische Frage „Was ist gerecht?" ist ein zentrales Problem der Jurisprudenz, die sich keinesfalls mit der These zufrieden geben kann, daß das positive Recht definiert, was im Sinne dieses Systems als gerecht gilt. Es ist immer sinnvoll, das positive Recht vom Standpunkt gewisser Gerechtigkeitspostulate zu prüfen.

Es bestehen sehr divergierende Meinungen darüber, was gerecht ist, ebenso wie über die Aufgabe der Gerechtigkeitstheorie. John Rawls, einer der einflußreichsten modernen Gerechtigkeitstheoretiker, meint, daß es die Aufgabe dieser Theorie sei, die Gesellschaft zu definieren, in der Verteilungsgerechtigkeit herrscht. Ich bin dagegen der Meinung, daß die Gerechtigkeitstheorie nicht die Aufgabe hat, die gerechte Gesellschaft im Sinne eines politischen Programms zu definieren, denn ich meine, je nach Weltanschauung und Tradition können verschiedene Gesellschaftsformen und daher verschiedene gesellschaftspolitische Programme vorgeschlagen werden. Meiner Auffassung nach ist es nicht die Aufgabe der Gerechtigkeitstheorie, ein politisches Programm zu erstellen, sondern es geht ihr vor allem um eine kritische Untersuchung, welche zwar nicht fähig ist, allgemein klarzustellen, was gerecht ist, aber sehr wohl Ungerechtigkeiten aufweisen kann.

Die Idee der Gleichheit spielt in der Gerechtigkeitstheorie eine zentrale Rolle. Im Geiste Aristoteles' wird oft versucht, die Gerechtigkeitsproblematik auf Gleichheitsrelationen zu reduzieren. Ich glaube jedoch, daß der Begriff der Gleichheit in der Gerechtigkeitstheorie zwar eine wichtige Rolle spielt, daß aber das Problem der Gerechtigkeit nicht auf Gleichheitspostulate reduziert werden kann.

Klar ist das Kriterium der formalen Gerechtigkeit: Unter gleichen relevanten Bedingungen, müssen gleiche Rechtsfolgen gesetzt werden. Dieses Prinzip ist ein Anwendungsgrundsatz für jedes Rechtssystem: Gerechtigkeit kann nur dann herrschen, wenn formale Gleichheit eingehalten wird, dh wenn nach generellen Regeln judiziert wird. Ob die Regeln des positiven Systems inhaltlich gerecht sind, kann in dieser Betrachtung nicht beurteilt werden.[14]

Ganz anderer Art sind die inhaltlichen Gleichheitsforderungen. Materiale Gleichheit ist keine Realität des sozialen Lebens; es besteht nicht einmal die Möglichkeit, universelle Gleichheit zwischen den Menschen zu schaffen. Ob man Egalität im materiellem Sinne als Ideal ansieht oder nicht, ist eigentlich irrelevant, denn wir haben nicht die Möglichkeit, für alle Menschen ein gleiches oder gleichwertiges Schicksal zu schaffen. Wenn man im Rahmen von Gerechtigkeitsüberlegungen über materielle Gleichheit nachdenkt, kann es um zweierlei gehen: (a) um die Bestrebung, einen sozialen Ausgleich zu schaffen, oder (b) um die Bestimmung der Bedingungen, unter denen von der vorausgesetzten allgemeinen Gleichheit der Menschen gerechterweise abgewichen werden kann.

Es gibt verschiedene gute Gründe, warum ein gewisser sozialer Ausgleich angestrebt werden soll. Krasse soziale Unterschiede behindern die freie Gestaltung des Lebens, besonders dann, wenn auf der einen Seite Not und aussichtslose Mittellosigkeit vorliegt und auf der anderen extremer Luxus. Entscheidend ist nicht nur Besitz- und Einkommensverteilung, sondern auch die Frage der sozialen Mobilität sowie die Chancen der Minderbemittelten zur Besserung ihrer Lage und zu sozialem Aufstieg.

Die ökonomische Position bestimmt Macht und Ohnmacht der Menschen, allerdings im Rahmen rechtlicher Regeln. Nivellierung ist nicht zweckmäßig, aber ein gewisser Ausgleich sowie der rechtliche Schutz des ökonomisch Schwachen ist ein Desiderat, das als gerecht anzusehen ist, denn es ist eine Kompensation der Machtvorteile des ökonomisch Übermächtigen.

Die Rawls'sche Theorie der Gerechtigkeit, welche davon ausgeht, daß prinzipiell Gleichheit herrschen sollte, legt folgende Bedingungen für die Zulässigkeit der Ungleichheit fest: Nach dem Grundsatz der größtmöglichen Freiheit muß jedermann das gleiche Recht auf das umfangreichste Sytem gleicher Grundfreiheiten gewährt werden, das mit dem gleichen System von Freiheiten für alle anderen verträglich ist. Soziale und wirtschaftliche Ungleichheiten sind so zugestalten, daß sie a) zu jedermanns Vorteil dienen und daß sie b) mit Positionen und Ämtern verbunden sind, die jedem offen stehen.

---

14 O. Weinberger, Gleichheitspostulate. Eine strukturtheoretische und rechtspolitische Betrachtung, in: ÖZÖR 25 (1974) 23-38.

Nivellierende Gleichheit ist weder ein realistisches noch ein zu wirtschaftlichen Effizienz führendes Ziel. Ob die RAWLS'schen Bedingungen die Kriterien für eine gerechte Gesellschaft adäquat bestimmen, ist eine komplexe Frage, die hier nicht diskutiert werden kann.[15] Ich zweifle unter anderem deswegen daran, weil ich – wie schon oben erwähnt – die Aufgaben der Gerechtigkeitstheorie anders sehe als RAWLS. ME kommt man mit Gleichheitsüberlegungen nicht aus, sondern muß die Frage „Was ist gerecht?" in mehreren Dimensionen betrachten und Gerechtigkeitsprobleme als kritische Analysen, nicht als politisches Programm der Güterverteilung konzipieren.

Ich möchte hier auf drei Dimensionen der Gerechtigkeitsproblematik hinweisen.

Postulate der gerechten Anwendung des Rechts: Grundlegend ist das *Postulat der formalen Gleichheit,* welches mit der Forderung gleichwertig ist, daß nach generellen Regeln vorzugehen ist, die sachliche Bedingungen für die Rechtsfolgen festlegen. Wenn gerecht geurteilt werden soll, dann muß die Anwendung universeller Regeln an wahre Tatsachenfeststellungen anknüpfen *(Postulat der wahren Sachverhaltsfeststellung).* Dieses Postulat ist eine banale Selbstverständlichkeit, aber in der Rechtspraxis ein schwieriges Problem. Da Gerechtigkeit nicht nur in der richtigen Wertung besteht, gilt auch *das Postulat der Realisation*: Die durch die Rechtsregel und die Sachverhaltsfeststellung bestimmten Rechtsfolgen sind in die Tat umzusetzen. Es ist ein rechtspolitisches Desiderat der Gerechtigkeit solche Methoden des Rechtsverfahrens einzusetzen, welche die Wahrscheinlichkeit gerechter Entscheidungen maximieren *(Postulat der Verfahrensgerechtigkeit).*

Das ausgewogene Rollenspiel: Durch gesellschaftliche Institutionen werden Rollenspiele konstituiert, dh es werden Aufgaben, Rechte, Pflichten und Kompetenzen der beteiligten Personen festgesetzt. Das Rollenspiel ist ein Komplex aus Sollen, Dürfen und Können, aus Ansprüchen und Erwartungen, aus Tätigkeiten und Verhaltensanpassungen. Es gehört zur menschlichen Lebenssituation, daß die Ausgewogenheit des Rollenspiels in der Institution immer ein Gerechtigkeitsproblem aufwirft. [Es wird zB als ungerecht erscheinen, wenn der eine den gesamten Gewinn erhält, der andere aber allein das Risiko trägt.]

Gerechtigkeitsideen: Da die Idee der Gleichheit zur Konstitution einer Gerechtigkeitskonzeption nicht hinreicht, muß die Gerechtigkeitstheorie über Kriterien nachsinnen, welche die Gerechtigkeitskonzeption bestim-

15 J. RAWLS, Eine Theorie der Gerechtigkeit (Frankfurt/M 1975); O. WEINBERGER, Begründung oder Illusion. Erkenntniskritische Gedanken zu John Rawls' Theorie der Gerechtigkeit, in: ders, Logische Analysen in der Jurisprudenz (Berlin 1979) 195-216.

men. Soweit man bei dem Problem der Verteilungsgerechtigkeit bleibt, sind Zuteilungsgründe zu diskutieren. Es ist kaum überzeugend, ein einziges Kriterium der Zuteilung (Leistung, Mühe, Bedarf, Qualifikation, ...) allein als entscheidend zu nehmen. Und es fragt sich auch, ob diese Zuteilung der Güter in den Verteilungsprozessen überhaupt primär durch wertende Argumentation bestimmt sind und nicht eher durch Marktprozesse, Machtrelationen und institutionelle Strukturen. Ich teile zwar nicht die Meinung von HAYEKS, daß von sozialer Gerechtigkeit überhaupt nicht gesprochen werden sollte, da gerechte Verteilung und gerechter Lohn weitgehend rational unbestimmar sind, doch können Analysen, durch die soziale Gerechtigkeit angestrebt werden, nicht rational konstruktiv, sondern nur als korrektive Bestrebungen realisiert werden.

Gerechtigkeitstheoretische Untersuchungen stoßen mE vor allem auf folgende Probleme, die gerade in der heutigen Zeit aktuell sind.

Es geht darum, den Menschen freie Lebensgestaltung und freie wirtschaftliche Aktivität sicherzustellen. Es ist aber offensichtlich, daß die wirtschaftliche Freiheit selbst, nicht immer eine Optimierung der gesellschaftliche Prozesse mit sich bringt. Die ADAM SMITHsche unsichtbare Hand, welche rein gewinnstrebige Aktivitäten des einzelnen Unternehmers zum gesamtgesellschaftlichen Nutzen werden läßt, darf nicht als allgemeines Prinzip gedeutet werden, daß die Unternehmungsfreiheit immer zu einer gesellschaftlichen Optimierung führe. Die BSE-Seuche und die ungeheuren Probleme, die mit ihr verbunden sind, beweisen, daß der nur gewinnstrebige Prozeß nicht zu nützlichen und moralisch vertretbaren Wirtschaftsformen führt. Im Gegenteil inhumane Tierhaltung statt artgerechter, allgemein bedrohliche Schäden und sehr ernste Umweltprobleme können aus der reinen gewinnorientierten Wirtschaftsform resultieren.

Die Wirtschaftsfreiheit als Grundsatz der gerechten (guten) Gesellschaft gerät in Konflikt mit der Solidaritätsidee, die nach weitverbreiteter und mE berechtigter Meinung ein Motiv der Gerechtigkeitstrebens ist. Die Wirtschatsform, welche zur Zweidrittel-Gesellschaft hinstrebt, dh ihrer Struktur nach – nicht nur als augenblickliche Krise – zur Massenarbeitslosigkeit führt, kann nicht als System der Gerechtigkeit gelten.

Wenn wir Gerechtigkeitsprobleme im Geiste eines demokratischen Weltbildes betrachten, dann erscheinen uns die Leitideen der Demokratie (gesellschaftliche Willensbildung, Menschenrechte, Minderheitenschutz, ...) als Bestandteile der Gerechtigkeitstheorie.[16]

---

16 Vgl O. WEINBERGER, Leitideen der Demokratie, in: ders, Moral und Vernunft. Beiträge zu Ethik, Gerechtigkeitstheorie und Normenlogik (Wien/Köln/Weimar 1992) 261-273.

Gerechtigkeit ist im Prinzip konservativ: sie strebt nach Rechtssicherheit sowie Rechtsfrieden und tritt für den Schutz wohl erworbener Rechte ein. Gleichzeitig suchen wir ein Entwicklung der Institutionen zu mehr Gerechtigkeit und eine Vertiefung der Gerechtigkeitsideale. Die konservative und reformatorische Gerechtigkeit stehen zueinander in einem Spannungsverhältnis, in dem relative Wertentscheidungen erforderlich werden.

Unsere Gerechtigkeitsvorstellungen werden beherrscht vom Prinzip der gerechten Belohnung und Strafe, deren Begründung rückschauend ist; Kriterien sind Verdienst oder Schuld; die vorherrschende Wirkungsweise ist Vergeltung und Repression. Ich plädiere jedoch für eine eher prospektive Gerechtigkeit. Es geht darum, tragfähige Institutionen zu schaffen für ein zukünftiges Zusammenspiel der menschlichen Aktivitäten. Insbesondere in völkerrechtlichen Relationen sind historische Gesichtpunkte und Reminiszenzen oft Hindernisse für die Gestaltung friedlicher Kooperation.

Die gesellschaftliche Moral ist im Wesentlichen auf die Zwecke und Interessen der Gemeinschaft orientiert (wie diese auch immer definiert sein mag). Traditionell gilt die gemeinschaftliche Zweckorientierung der Gerechtigkeitsanalyse. Die Tatsache, daß in der modernen Welt der Einzelne in der Regel mehreren Gemeinschaften angehört, und die Tatsache des Nebeneinbestehens verschiedener Gemeinschaften führen dazu, daß heute das vorrangige Ziel gilt, zwischengemeinschaftliche Beziehungen zu konstituieren. Die Gerechtigkeitsideale unserer Zeit sind in den Dienst der Kommunikation zwischen Gemeinschaften, zwischen Kulturen und zwischen politischen Systemen zu stellen.

Aus den vorgelegten Überlegungen geht hervor, daß der Neo-Institutionalismus, obwohl er eine logizistische Strukturtheorie des Rechts ist, ein breiteres Feld inhaltlicher und wertender Rechtsbetrachtungen ins Auge faßt als die traditionelle Jurisprudenz.

Ewald Wiederin

Anmerkungen zur Versteinerungstheorie*

Zu den Eigentümlichkeiten der Pflege des österreichischen Verfassungsrechts zählt die sogenannte Versteinerungstheorie. Wie andere erfolgreiche Theorien auch, wurde sie zunächst in der Rechtsprechung des VfGH entwickelt[1] und der Öffentlichkeit gegenüber[2] von Ermacora[3] mit einem einprägsamen Namen versehen. Dieser wurde von allem Anfang an als wenig glücklich empfunden[4]. Angesichts seiner Entstehung ist das nicht weiter überraschend, geht er doch auf ein *argumentum ad absurdum* zurück. Die Vorarlberger Landesregierung hatte im Verfahren G 2/52 gegen den Antrag der Bundesregierung[5] ins Treffen geführt, daß bei der Ermittlung des Inhalts von Kompetenztatbeständen nur ganz ausnahmsweise Zuflucht zur Umschreibung nach dem Stande der einfachen Gesetzgebung im Zeitpunkt seiner Schaffung zu nehmen sei, „weil eine gegenteilige Auffassung zu einer im allgemeinen unerwünschten ‚Versteinerung' der Verfassungsbegriffe führen müßte". Der VfGH vermochte diesen Darlegungen nicht zu folgen und hielt im Erkenntnis fest, daß ihm

> „eine eindeutige und endgültige Festlegung eines Kompetenztatbestandes, also (um mit den Worten der Vorarlberger Landesregierung zu sprechen) dessen ‚Versteinerung' nicht nur nicht unerwünscht, sondern geradezu geboten erscheint."[6]

Trotz ihrer mißverständlichen Bezeichnung hat die Versteinerungstheorie eine beachtliche Karriere durchlaufen: In der Auslegung der Kom-

---

* Schriftliche, um einen Abschnitt (V) erweiterte Fassung meines am 31. Jänner 1995 an der Rechtswissenschaftlichen Fakultät der Universität Wien gehaltenen Habilitationsvortrages.

1 Vgl VfSlg 1327/1930.

2 Der Legende nach geht die Bezeichnung auf Verfassungsrichter Dostal zurück, der auch als Pate der Herzog-Mantel-Theorie verbürgt ist.

3 F. Ermacora, Der Verfassungsgerichtshof (1956) 148; ebendort wird auch die Überschattungstheorie aus der Taufe gehoben (151). Zeitgleich macht auch H. Spanner, Die Prüfung von Gesetzen und Verordnungen durch den Verfassungsgerichtshof in den Jahren 1953 und 1954, ÖZöR 12 (1956) 160 (176), auf die Rolle der „Versteinerung" in der Rechtsprechung aufmerksam.

4 Vgl L. Werner, Die Kompetenzartikel der Bundesverfassung in der Rechtsprechung des Verfassungsgerichtshofes, JBl 1960, 161 (163 FN 24).

5 Die BReg hatte Bestimmungen des Vorarlberger Landesgesetzes über Stiftungen und Fonds, LGBl 1947/10, wegen Kompetenzwidrigkeit beim VfGH angefochten.

6 VfSlg 2319/1952, 164 f.

petenztatbestände seit den 50er-Jahren fest etabliert, ist sie in den 60er- und 70er-Jahren im Staatsorganisationsrecht aufgegriffen worden und beginnt sie seit Mitte der 80er-Jahre, wenn ich es recht sehe, vermehrt auch in der Grundrechtsdogmatik Fuß zu fassen.

Mit anderen Worten: Die Versteinerungstheorie hat alle wichtigen Stationen des Verfassungsrechts passiert und gilt der Dogmatik des österreichischen öffentlichen Rechts mittlerweile als die zentrale Methode zur Ermittlung des Sinns von Verfassungsvorschriften[7]. Sie besagt, daß Ausdrücke, die der Verfassungsgesetzgeber verwendet, ohne sie zu definieren, in jener Bedeutung verstanden werden müssen, die ihnen im Zeitpunkt des Inkrafttretens der sie enthaltenden Verfassungsbestimmungen nach dem Stand und der Systematik der Rechtsordnung – und damit sind die Rechtsvorschriften *unterhalb* der Verfassungsrechtsebene gemeint – zugekommen ist.

Die große Wertschätzung, der sich diese Theorie erfreut, ist jedoch durchaus auf Österreich beschränkt. Bei meinen Versuchen, sie ausländischen Kolleginnen und Kollegen zu erklären, haben sich die Reaktionen zwischen Erstaunen, Befremden und Fassungslosigkeit bewegt[8].

Dieser nachdenklich stimmende Kontrast sei zum Anlaß genommen, die Versteinerungstheorie kritisch zu hinterfragen. Das möchte ich in vier Schritten tun. Einleitend werde ich erörtern, in welchem Verhältnis die Versteinerungstheorie zu den klassischen Auslegungsmethoden steht (I). Daran anschließend werde ich die grundlegenden Annahmen dieser Theorie auf ihre Plausibilität untersuchen (II) und auf hermeneutische Probleme aufmerksam machen, die die konkret-dogmatische Arbeit mit ihr erschweren (III). Abschließend seien einige Gefahren aufgezeigt, die mit einer unreflektierten „Anwendung" dieser Theorie verbunden sind (IV), und an einem Beispiel verdeutlicht (V).

Im Zuge der Untersuchung werde ich mich auf jenen Aspekt beschränken, der die Versteinerungstheorie im Kern ausmacht: auf die Ermittlung des Sinns von *Verfassungsvorschriften* durch *Rekurs auf die unter-*

---

7 Vgl VfSlg 3472/1958; K. Korinek, Zur Interpretation von Verfassungsrecht, in: Mayer ua (Hrsg), Staatsrecht in Theorie und Praxis. FS Walter (1991) 363 (380); G. Kucsko-Stadlmayer, Geschworenengerichtsbarkeit und politisches Delikt, ÖJZ 1993, 220 (221); H. Mayer, Entwicklungstendenzen in der Rechtsprechung des Verfassungsgerichtshofes, ÖJZ 1980, 337 (338); H. Stolzlechner, Öffentliche Fonds (1982) 11 FN 31; R. Walter/H. Mayer, Grundriß des österreichischen Bundesverfassungsrechts ([8]1996) RZ 133.

8 Wenn etwa in der bundesdeutschen Diskussion zur Auslegung der Verfassung von deren „Versteinerung" die Rede ist, dann stets mit negativem Vorzeichen: zuletzt H.-P. Schneider, Der Wille des Verfassungsgebers. Zur Bedeutung genetischer und historischer Argumente für die Verfassungsinterpretation, in: Burmeister ua (Hrsg), Verfassungsstaatlichkeit. FS Stern (1997) 903 (912 f mN).

verfassungsgesetzliche Rechtslage. Allein dieser Figur gilt das Interesse. Daß es sich mittlerweile zunehmend eingebürgert hat, jede Art von entstehungszeitlicher Interpretation der Verfassung als „Versteinerung" zu bezeichnen[9], steht auf einem anderen Blatt und soll hier beiseite gelassen werden.

I. Versteinerungstheorie und die Canones der Auslegung

Die Frage, wie sich Auslegung nach der Versteinerungstheorie zu den klassischen Methoden der Interpretation verhält, kann auch heute noch nicht als geklärt gelten. Bei der Einordnung in die vier SAVIGNYschen Canones werden so gut wie alle vorstellbaren Standpunkte vertreten:

- Nach einer Auffassung handelt es sich um Verbalinterpretation mit systematischen Aspekten[10], oder, wie es POTACS unlängst genannt hat, um die Anwendung des Grundsatzes der „Einheit der Rechtssprache"[11].
- Eine zweite, verwandte Auffassung sieht in der Versteinerungstheorie eine historisierende Verbalinterpretation[12].
- Andere Autoren betrachten die Versteinerungsmethode hingegen im Anschluß an die Gerichtshöfe des öffentlichen Rechts[13] als historische Auslegung[14] und verweisen mitunter auf einen starken systemati-

9 Vgl statt vieler B.-C. FUNK, Einführung in das österreichische Verfassungsrecht (⁹1996) RZ 034.

10 Vgl R. WALTER, Österreichisches Bundesverfassungsrecht. System (1972) 93; H. NEISSER/G. SCHANTL/M. WELAN, Betrachtungen zur Verfassungsgerichtsbarkeit (Slg 1971), ÖJZ 1974, 365 (370 f; anders ibid 369); R. THIENEL, Öffentlicher Dienst und Kompetenzverteilung (1990) 12; M. SCHMIDT, Beiträge zur staatsrechtlichen Stellung der Staatsanwaltschaft, JBl 1991, 88 (98); M. POTACS, Devisenbewirtschaftung (1991) 36; WALTER/MAYER, Bundesverfassungsrecht (FN 7) RZ 133.

11 M. POTACS, Auslegung im öffentlichen Recht (1994) 85, 91.

12 H. SCHAMBECK, Möglichkeiten und Grenzen der Verfassungsinterpretation in Österreich, JBl 1980, 225 (230); J. AZIZI, Wirtschaftssteuerung durch Gewerberecht? Kompetenzrechtliche Erwägungen am Beispiel der Energiepolitik, ÖZW 1984, 3 (4); H.-P. RILL, Juristische Methodenlehre und Rechtsbegriff, ZfV 1985, 461, 577 (468 FN 20, 589): Interpretation nach dem entstehungszeitlichen Sprachgebrauch.

13 Vgl VfSlg 4680/1964, 5521/1967, 12996/1992, VfGH 29. 9. 1995, G 50/95; VwGH 6. 5. 1996, 91/10/0129.

14 L. K. ADAMOVICH/B.-C. FUNK, Österreichisches Verfassungsrecht (³1987) 39, 44; L. ADAMOVICH/H. SPANNER/L.K. ADAMOVICH, Handbuch des österreichischen Verfassungsrechts (⁶1971) 155 f; W. ANTIONIOLLI, Probleme der Gesetzesprüfung, JBl 1967, 226 (227); W. ANTIONIOLLI/F. KOJA, Allgemeines Verwaltungsrecht (³1996) 105; L. FRÖHLER/P. OBERNDORFER, Das Wirtschaftsrecht als Instrument der Wirtschaftspolitik (1969) 183; B.-C. FUNK, Das System der bundesstaatlichen Kompetenzverteilung im Lichte der Verfassungsrechtsprechung (1980) 70; G. KAFKA, Niedergang des Förderalismus in Österreich?, in: Lentze/Putzer (Hrsg), FS Hellbling (1971) 281 (299); H. KLECATSKY, Die Bundesverfassungsnovelle über die Straßenpolizei, ZVR 1960, 193 (196); KORINEK, FS Wal-

schen Einschlag[15], auf Verbindungen zur Wortinterpretation[16] oder auf eine teleologische Komponente[17].

– Einer weiteren, alle eben skizzierten Standpunkte integrierenden Ansicht zufolge handelt es sich bei ihr um ein gutes Beispiel für den konzertierten Einsatz aller zulässigen Interpretationsmethoden[18].

Ich möchte den Akzent ein wenig verschieben und nicht nur überprüfen, was Versteinerungstheorie de facto *ist*, sondern auch die Frage aufwerfen, was sie denn zulässigerweise *sein darf*.

1. Versteinerung und Verbalinterpretation

Gewiß fragt die Versteinerungstheorie nach der Bedeutung des Wortes[19]. Das hat sie jedoch mit Auslegung schlechthin gemeinsam. Auslegung bezieht sich immer auf ein Objekt. Bei jeder Interpretation *geschriebenen* Rechts geht es daher stets um die Frage, was mit einem sprachlichen Ausdruck gemeint ist. Das gilt zumal dann, wenn wie bei manchen Kompetenzartikeln die gesamte Regelung aus einem einzigen Wort besteht. Wörtliche Auslegung untersucht die Bedeutung von Begriffen in der Sprache[20]. Sie führt des öfteren – und einmal mehr wird dies bei den Kompetenzartikeln besonders deutlich – zu keinen brauchbaren Ergeb-

ter (FN 7) 380; T. MAYER-MALY, Sozialversicherungsrecht und Bundesverfassung, 1. ÖJT II/4 (1961) 26 (28); T. ÖHLINGER, Verfassungsrecht (²1995) 29; P. PERNTHALER/K. WEBER, Versteinerung von Landeskompetenzen? in: Schäffer (Hrsg), Im Dienst an Staat und Recht. FS Melichar (1983) 149 (150); H.-P. RILL, Grundfragen des österreichischen Preisrechts I, ÖZW 1974, 97 (99); H. SCHÄFFER, Verfassungsinterpretation in Österreich (1971) 64 f; H. WEILER, Kompetenzprobleme des Schilaufs, ZVR 1966, 85 (87); K. WENGER, Grundriß des österreichischen Wirtschaftsrechts I (1989) RZ 149.

15 F. BYDLINSKI, Juristische Methodenlehre und Rechtsbegriff (1982) 448, 596; B.-C. FUNK, Die grundlegenden Ordnungsprobleme im System der bundesstaatlichen Kompetenzverteilung, JBl 1976, 449 (452 FN 16); C. GRABENWARTER, Ladenschlußrecht (1992) 151; C. KOPETZKI, Organgewinnung zu Zwecken der Transplantation (1988) 62; P. PERNTHALER, Kompetenzverteilung in der Krise (1989) 79.

16 T. ÖHLINGER, Auslegung des öffentlichen Rechts, JBl 1971, 284 (291 f) – Verbindung von Wort- und historischer Interpretation bei gleichzeitiger Zurückdrängung teleologischer Erwägungen.

17 Vgl F. ERMACORA, Österreichischer Föderalismus (1976) 122, und O. LADISLAV, Die Kompetenzbestimmungen der Bundesverfassung und das Sozialversicherungsrecht, 1. ÖJT I/4 (1961) 7 (11).

18 C. JABLONER, Die Gesetzesmaterialien als Mittel der historischen Auslegung, in: Hengstschläger ua (Hrsg), Für Staat und Recht. FS Schambeck (1994) 441 (444 FN 13). Ähnlich H. MAYER, Staatsmonopole (1976) 377 FN 124: historisch-verbaler Systemregreß.

19 WALTER, System (FN 10) 93.

20 Dabei setze ich mit BYDLINSKI, Methodenlehre (FN 15) 450, voraus, daß die Freilegung einer im aktuellen Sprachgebrauch nicht mehr präsenten entstehungszeitlichen Begriffsverwendung zur historischen Auslegung zählt. Anders zuletzt H. SCHÄFFER, Kriterien juristischer Auslegung, in: Griller/Korinek/Potacs (Hrsg), Grundfragen und aktuelle Probleme des öffentlichen Rechts, FS Rill (1995) 595 (614).

nissen: Es gibt weder einen allgemeinen Sprachgebrauch noch festgefügte fachsprachliche Konventionen, die die erforderlichen Abgrenzungen leisten könnten[21]. Dieses Versagen ist gleichsam der Ausgangspunkt, an dem die Versteinerungstheorie ansetzt: Eben darum, weil der Text der Verfassung zu wenig aussagt, ist es erforderlich, über ihn hinauszugehen und andere *Rechtstexte* unterverfassungsgesetzlicher Provenienz für die Auslegung nutzbar zu machen.

2. Versteinerung und systematische Auslegung

Ebensowenig läßt sich Versteinerungstheorie als *systematische* Auslegung halten. Verfassung und unterverfassungsrechtliche Rechtsvorschriften bilden kein homogenes Ganzes, das nur aus dem Gesamtkontext heraus verstanden werden könnte. Es handelt sich vielmehr um differenzierte Normschichten, deren unterschiedlicher Rang der Annahme einer „Einheit der Rechtssprache" Grenzen setzt. Für die systematische Auslegung führt dies zu einer Art Einbahnregelung. Es ist wohl möglich und geboten, sich bei der Auslegung einfacher Gesetze und Verordnungen den verfassungsrechtlichen Kontext präsent zu halten. Der umgekehrte Vorgang – ein Verständnis von Verfassungsvorschriften nach Maßgabe einfacher Gesetze – ist hingegen als unzulässige gesetzeskonforme Auslegung der Verfassung methodisch verpönt.

Eben dies geschieht jedoch im Rahmen von Auslegung nach dem Versteinerungsprinzip: Die Verfassung wird anhand der einfachgesetzlichen Rechtslage interpretiert[22]. Damit ist über die darin gelegene Umkehr der Konformitätsregel[23] zwar noch nicht der Stab gebrochen. Doch wie immer sie zu bewerten sein mag: Als systematische Auslegung kann sie nicht außer Streit gestellt werden.

3. Versteinerung und historische Auslegung

Als *historische* Auslegung ist die Versteinerungstheorie hingegen grundsätzlich plausibel, weil sie an die geschichtlich vorgegebene und vorgefundene Ausprägung eines Begriffs anknüpft[24]. Was sonst, so die hinter

21 WENGER, Wirtschaftsrecht (FN 14) RZ 149.

22 Auf das Ungewöhnliche dieses Vorgangs wird schon hingewiesen bei ANTIONIOLLI, JBl 1967, 227.

23 So treffend SCHÄFFER, Verfassungsinterpretation (FN 14) 65; vgl auch FUNK, JBl 1976, 459, *dens*, System (FN 14) 72, und N. WIMMER, Materiales Verfassungsverständnis (1971) 33.

24 Vgl G. WINKLER, Der Apotheker und sein Verkaufsrecht (1971) 11: „Der Verfassungsgesetzgeber des Jahres 1920, der die Verfassung schuf, und des Jahres 1925, der das Programm von 1920 effektuierte, hatten keinen gesetzlosen Raum vorgefunden, als sie die

ihr stehende Prämisse, konnte dem Verfassungsgesetzgeber denn vor Augen gestanden sein, wenn nicht jenes Verständnis eines Begriffs bzw eines Kompetenztatbestandes, wie es in seinen Konkretisierungen durch den Gesetzgeber zum Ausdruck kam? Wenn die Verfassung einen Begriff verwendet, dann nicht selten als Abbreviatur für einen überlieferten Bestand der Rechtsordnung[25].

Allgemeiner gefaßt: Der historische Verfassungsgesetzgeber hat sich in einer Welt bewegt, in der manches selbstverständlich war, was uns heute fremd und unklar erscheint. Um seine Absichten zu rekonstruieren, ist es daher erforderlich, sich die Traditionen in Erinnerung zu rufen, auf die er aufgebaut hat[26]. In diesem Rückgriff liegt der legitime Kern der Theorie[27]. Man muß sich allerdings bewußt halten, daß es sich um eine Hilfskonstruktion, ja im Grunde um eine Unterstellung handelt: Der Wille des Verfassungsgesetzgebers wird nicht empirisch erforscht. Er wird hypothetisch ermittelt, um nicht zu sagen: fingiert.

II. Intrasystematische Schwächen

Damit habe ich die Weichen für eine intrasystematische Kritik der Versteinerungstheorie auch schon gestellt: Es ist zu prüfen, ob diese Methode wirklich dazu taugt, den mutmaßlichen Willen des Verfassungsgesetzgebers zu rekonstruieren. Um das Ergebnis vorwegzunehmen: Bei drei grundlegenden Annahmen scheinen Zweifel angebracht, ob sich mit ihnen überzeugende Ergebnisse erzielen lassen.

1. Der Versteinerungszeitpunkt

Der erste Punkt betrifft das für die Versteinerung maßgebliche Datum. Die ganz herrschende Auffassung stellt auf den Zeitpunkt des Inkrafttretens der betreffenden Verfassungsvorschrift ab[28] und gelangt auf

Verfassung gestalteten. [...] Für den Verfassungsgesetzgeber bedeutete daher die Kompetenzregelung zwischen Bund und Ländern nur eine allgemeinbegriffliche Erfassung ganzer, an sich bereits vorhandener Rechtsgebiete."

25 C. Kopetzki, Unterbringungsrecht (1995) 130; B.-C. Funk, Leistungsmängel der bestehenden Kompetenzverteilung, in BKA-VD (Hrsg), Neuordnung der Kompetenzverteilung in Österreich (oJ [1991]) 47 (112).

26 Was nicht ausschließt, daß das Wissen um Überlieferungen zur Rekonstruktion des Willens des Verfassungsgesetzgebers auch dort beitragen kann, wo er mit ihnen gebrochen hat.

27 Daß sich insoweit Probleme des Ranges gar nicht stellen, ist schon herausgearbeitet bei Schäffer, Verfassungsinterpretation (FN 14) 106.

28 Vgl VfSlg 2721/1954, 2977/1956, 3109/1956, 5019/1965, 9543/1982, 9642/1983, 10831/1986, 12996/1992, 13299/1992, VfGH 29. 9. 1995, G 50/95; VwGH 16. 10.

diese Weise für die meisten Kompetenzartikel zur Maßgeblichkeit des 1. Oktober 1925.

Mit vereinzelten frühen Erkenntnissen des VfGH[29] und mit BRANDE[30] bin ich der Auffassung, daß nicht das Inkrafttreten der Kompetenzartikel maßgeblich ist, sondern jenes Datum, in dem sie vom Verfassungsgesetzgeber beschlossen worden sind[31]. Den Schöpfern der Verfassung zuzusinnen, sie hätten sich an den im Zeitpunkt der *Beschlußfassung* geläufigen Ausprägungen der von ihnen gebrauchten Begriffe orientiert, geht an. Ihnen darüber hinaus zu unterstellen, Ausdrücke in jener Bedeutung zu verwenden, die der einfache Gesetzgeber in der Zukunft mit ihnen verbinden werde, ohne ihm freilich eine über den Zeitpunkt des Inkrafttretens hinaus andauernde Definitionsmacht zu übertragen, entbehrt jeder Plausibilität[32]. Diese Annahme implizierte letztlich, daß die Parlamentarier weder wußten, was sie beschlossen, noch, was sie wollten.

Die Differenz zwischen den beiden Zeitpunkten mag in aller Regel keine große Rolle spielen. Dort, wo sie sich praktisch auswirkt – und sie wirkt sich nicht selten aus[33] –, zeigt sich freilich am besten, daß es auf das Inkrafttreten nicht entscheidend ankommen kann. Andernfalls entstünde nämlich ein (in aller Regel an die Adresse des Bundesgesetzgebers

---

1990, 89/05/0023, 15. 11. 1993, 92/10/0437; ADAMOVICH/FUNK, Verfassungsrecht (FN 14) 190; FUNK, System (FN 14) 70 FN 142; KLECATSKY, ZVR 1960, 196; H. MAYER, Die Kompetenzen des Bundes zur Regelung des Eisenbahnwesens, ÖJZ 1996, 292 (292); R. THIENEL, Österreichische Staatsbürgerschaft II (1989) 15; G. THURNER, Der Bundesstaat in der neueren Rechtsprechung des Verfassungsgerichtshofes unter besonderer Berücksichtigung der Kompetenzverteilung (1994) 26; WALTER/MAYER, Bundesverfassungsrecht (FN 7) RZ 296.

29 VfSlg 2005/1950, 2217/1951.

30 F. BRANDE, Wirtschaftslenkung und Kompetenzverteilung (1978) 1c-7.

31 Übereinstimmend POTACS, Devisenbewirtschaftung (FN 10) 38. Leichte Präferenzen in diese Richtung läßt auch M. SCHADEN, Außerstreitverfahren und Kompetenzverteilung, in: Ballon ua, Vorschläge zur Reform des Außerstreitverfahrens (1987) 7 (44 FN 33), erkennen. Vgl ferner G. WINKLER, Grundlagen und aktuelle Probleme der Versammlungsfreiheit, in: *ders*, Studien zum Verfassungsrecht (1991) 185 (186 FN 2), und K. KORINEK, Verfassungsrechtliche Grenzen der Wirtschaftslenkung im B-VG, in: ders/Rill (Hrsg), Grundfragen des Wirtschaftslenkungsrechts (1982) 83 (89).

32 Vgl E. WIEDERIN, Bundesrecht und Landesrecht (1995) 188 f. – Die vom VfGH in VfSlg 2721/1954 für die Maßgeblichkeit des 1. 10. 1925 gegebene Begründung – daß die Kompetenzartikel vor besagtem Termin mangels Geltung eine rechtliche Wirksamkeit nicht äußern konnten – ergibt denn auch nur unter der Prämisse Sinn, daß es sich bei versteinernder Auslegung um systematische Interpretation handelt.

33 Vgl statt vieler den Denkmalschutz, das Telegraphenwesen, das Starkstromwegerecht und die Bundesstraßen. Schon F. ERMACORA/H. KLECATSKY/K. RINGHOFER, Die Rechtsprechung des Verfassungsgerichtshofes im Jahr 1954. Eine kritische Würdigung, ÖJZ 1956, 617 (620 FN 6), halten deshalb fest, daß es „angezeigt war, die wechselnde Ausdrucksweise des VfGH. auf die Goldwaage zu legen."

gerichteter) Freibrief zum beliebigen Auffüllen neu geschaffener Kompetenztatbestände während einer Legisvakanz[34].

Trotz Sympathie für diese teleologische Gedankenführung hat MORSCHER in seiner Auseinandersetzung mit BRANDE für ein Festhalten am 1. 10. 1925 plädiert und hiefür ins Treffen geführt, daß der parlamentarische Gesetzesbeschluß das Essentiale bilde[35]. So sehr diesem Argument zuzustimmen ist, so wenig vermag es mE die Maßgeblichkeit des Inkrafttretensdatums zu stützen. Der Kompetenzkatalog wurde als Teil des B-VG am 1. 10. 1920 beschlossen. Gleichwohl auf das Jahr 1925 abzustellen, ließe sich allenfalls auf den Umstand stützen, daß das Inkrafttreten der Kompetenzverteilung durch das ÜG 1920 aufgeschoben war und daß es folglich eines Verfassungsgesetzes bedurfte, um diese Suspension zu lösen[36]. Doch auch auf diesem Weg gelangt man nicht zu dem von der hM als relevant erachteten Datum: Die Übergangsnovelle 1925[37] wurde vom Nationalrat bereits am 30. Juli 1925 beschlossen. Zudem läßt sich die entscheidende Prämisse, daß der die Inkraftsetzung verfügende Verfassungsgesetzgeber die Kompetenztatbestände inhaltlich verändern bzw die zwischen 1920 und 1925 erlassenen Bundesgesetze kompetenzrechtlich absichern wollte, in dieser Allgemeinheit nicht erhärten. Sowohl die im Jahre 1925 gewählte Technik der vorzeitigen Inkraftsetzung als auch die Materialien zeigen vielmehr, daß die bereits 1920 geprägten Tatbestände grundsätzlich in jener Bedeutung in Kraft gesetzt werden sollten, die ihnen nach der Urfassung des B-VG zukam[38].

Für die bereits in der Urfassung des B-VG enthaltenen Kompetenzen ist daher der 1. Oktober 1920 und nicht der 1. Oktober 1925 entscheidend. Die durch die B-VG-Novelle 1925[39] eingefügten neuen Tatbestände sind im Lichte der am 30. Juli 1925 geltenden Rechtslage zu lesen.

---

34 BRANDE, Wirtschaftslenkung (FN 30) 2.

35 S. MORSCHER, Die Gewerbekompetenz des Bundes (1987) 43.

36 So offenbar WENGER, Wirtschaftslenkung (FN 14) RZ 149 FN 86.

37 BGBl 1925/269.

38 MwN BRANDE, Wirtschaftslenkung (FN 30) 5-7; WIEDERIN, Bundesrecht (FN 32) 189. Soweit hingegen Materialien oder Technik auf eine abweichende Absicht schließen lassen, sind für einzelne Kompetenztatbestände abweichende Ergebnisse nicht ausgeschlossen (vgl zB WIEDERIN, Bundesrecht [FN 32] 97, zur Verwaltungsverfahrenskompetenz). Allein aus der Tatsache, daß ein Kompetenztatbestand nicht angetastet wurde, auf eine Billigung aller auf ihn gestützten Bundesgesetze durch den Verfassungsgesetzgeber zu schließen (so VfSlg 2721/1954), geht jedoch entschieden zu weit.

39 BGBl 1925/268.

2. Materielle Verfassungskontinuität

Die zweite Frage ist, ob es wirklich damit getan ist, bis zum Inkrafttreten oder bis zur Schaffung der Kompetenzartikel der republikanischen Verfassung zurückzugehen[40].

Mit guten Gründen wird es allgemein abgelehnt, das Wiederinkrafttreten des B-VG im Jahre 1945 zur maßgeblichen Zäsur zu machen[41]: Trotz formeller Diskontinuität ist die Kompetenzrechtslage *materiell* dieselbe geblieben, weil das Verfassungs-Überleitungsgesetz[42] das B-VG in der Fassung von 1929 mit exakt jenem Inhalt rezipiert hat, der ihm am 5. März 1933 zukam.

Fast schon absurd wäre es schließlich, den Versteinerungszeitpunkt noch weiter in die Gegenwart zu verlegen und trotz unveränderten Wortlauts eines Kompetenztatbestands – beispielsweise dann, wenn eine Ziffer innerhalb des Kompetenzkatalogs unverändert neu beschlossen[43] oder lediglich umnumeriert wird, aber auch dann, wenn eine Angelegenheit in einen anderen Artikel überwiesen wird – darauf abzustellen, aus welcher Novelle er konkret herrührt[44].

Wenn und weil diese Prämissen zutreffen, kann es aber auch nicht überzeugend sein, bei der „Versteinerung" erst im Jahre 1920 oder 1925 anzusetzen und die Entwicklung der Kompetenztatbestände in der Monarchie aus den Überlegungen rundweg auszublenden. Wenn im Jahr 1920 ein bereits in der Dezemberverfassung 1867 enthaltener Kompetenztatbestand in das B-VG unverändert *übernommen* wurde, so spricht die Wahrscheinlichkeit mE eher dafür, daß an das tradierte Verständnis der konkreten Gesetzgebungsbefugnis angeknüpft werden sollte[45] und nicht an das, was der Gesetzgeber verfassungswidrigerweise aus dieser Befugnis gemacht hat. In der Lehre der Zwischenkriegszeit ist man jedenfalls noch

---

40 Diese Problematik wird, soweit ich sehe, erstmals von Schmidt, JBl 1991, 99, in voller Deutlichkeit exponiert.

41 Kritisch einzig ErmacoraKlecatsky/Ringhofer, ÖJZ 1956, 620, die freilich weniger das Ergebnis ablehnen als vielmehr die ihrer Auffassung nach fehlende Begründung einfordern. Eine solche hat der VfGH in VfSlg 3227/1957 nachgereicht.

42 StGBl 1945/4, Art I.

43 Nach Richtlinie 122 der Legistischen Richtlinien 1990 dürfen grundsätzlich nur vollständige Gliederungseinheiten novelliert werden. Diese Vorgabe zwingt dazu, bei jeder Änderung innerhalb einer Ziffer auch die von der Änderung nicht berührten Begriffe neu zu beschließen. Vgl zB Z 1 der B-VG-Nov BGBl 1993/508 (Neuerlassung des zuvor durch Art I Z 1 der B-VG-Nov BGBl 1992/276 zur Gänze neu erlassenen Art 10 Abs 1 Z 6 B-VG).

44 Vgl VfSlg 4349/1963, und Klecatsky, ZVR 1960, 197, zur Straßenpolizei; ferner VfSlg 13023/1992.

45 ME daher überzogen die Kritik von B. Raschauer, Monopolunternehmen, ZfV 1987, 1 (2), an VfSlg 7567/1975.

mit größter Selbstverständlichkeit von dieser Einschätzung ausgegangen[46]. Am deutlichsten kommt dies bei MERKL[47] zum Ausdruck, wenn er beiläufig festhält:

„Aus dem Unrecht der ehemaligen Landtagsmehrheit folgt selbstverständlich kein Recht der heutigen."

Durchaus anders liegen die Dinge, wenn ein Kompetenztatbestand auf eine Materie zugeschnitten wurde, die der Reichsgesetzgeber der Monarchie *praeter* oder *contra constitutionem* entwickelt hatte[48]. In solchen Konstellationen spricht in der Tat alles dafür, daß das vom *einfachen Gesetzgeber* geprägte Begriffsbild den Orientierungsrahmen abgab.

Allgemeiner formuliert: Über die Plausibilität der Versteinerung entscheidet ein Inhaltsvergleich mit der Vorgängerverfassung. Besteht inhaltliche Kontinuität[49], dann scheidet eine Versteinerung – immer verstanden als Sinnermittlung unter Rückgriff auf die 1920 oder 1925 vorgefundene Rechtslage – in aller Regel aus. Denn in dieser Konstellation ist es plausibler, davon auszugehen, daß das B-VG die Karten nicht neu zwischen Bund und Länder gemischt hat, sondern sie lediglich ein zweites Mal so austeilen wollte, wie sie ihnen im Jahr 1867 zugefallen sind.

Aus den gleichen Gründen ist auch bei Änderungen innerhalb des Systems des B-VG Vorsicht geboten. Sowohl Rechtsprechung als auch Lehre operieren mitunter vorschnell mit dem Versteinerungsprinzip[50]. Es sollte zu denken geben, daß von als sinnvoll erachteten Neufassungen ei-

46 Vgl L. ADAMOVICH, Die Reform der österreichischen Bundesverfassung, ZöR 5 (1926) 228, der auf die vielfältigen Kompetenzüberschreitungen durch den Reichs- und den Bundesgesetzgeber hinweist (231, 236) und seine Auffassung, daß es „seit dem 1. Oktober 1925 in Ansehung der Kompetenzverteilung keinerlei verfassungswidrige ältere Gesetze mehr gibt", ausschließlich damit begründet, daß sie zu diesem Zeitpunkt aufgrund der erschöpfenden Überleitungsbestimmungen zum Recht jener Gebietskörperschaft wurden, die nach der Kompetenzverteilung zu ihrer Erlassung befugt wäre (238).

47 A. J. MERKL, Kompetenzwidrige Landesgesetzgebung, ZfV 1921, 154 (155).

48 Die Beispiele sind Legion: vgl nur das Sozialversicherungsrecht (dazu VfSlg 327/1924) und das Wasserrecht.

49 Eine Überstimmung im sprachlichen Ausdruck ist hiefür weder notwendig noch hinreichend: Aus der Systematik der Kompetenzkataloge kann sich ergeben, daß ein und derselbe Begriff im jeweiligen Kontext einen anderen Inhalt hat.

50 Um zwei Beispiele herauszugreifen: Die Sicherheitspolizeikompetenz des Bundes (Art 10 Abs 1 Z 7 B-VG) anhand des SPG zu versteinern (so KOPETZKI, Unterbringungsrecht [FN 25] 139), halte ich für unzutreffend, weil anno 1991 lediglich die kompetenzrechtliche Absicherung der ersten allgemeinen Hilfeleistung beabsichtigt war, der Kompetenztatbestand im übrigen jedoch weder erweitert noch verengt werden sollte (vgl AB 241 BlgNR 18. GP 2). Ebenfalls zu kurz greift es, bei der Auslegung der in Art 12 Abs 1 Z 6 B-VG verwendeten Begriffe Arbeiter- und Angestelltenschutz auf den Stand der Rechtsordnung per 1. 1. 1975 abzustellen: gegen VfSlg 7932/1976 zu Recht T. ÖHLINGER, Das Arbeitsrecht in der bundesstaatlichen Kompetenzverteilung, in: Schwarz ua (Hrsg), Möglichkeiten und Grenzen der Rechtsordnung. FS Strasser (1983) 21 (29).

nes Kompetenztatbestandes mit der Begründung abgeraten wird, daß „dadurch der Versteinerungszeitpunkt neu bestimmt würde“[51], und daß im Zuge der Bemühungen um eine Kodifikation des österreichischen Bundesverfassungsrechts prominente Gutachter gar eine mit Verfassungsrang ausgestattete ausdrückliche Klarstellung für erforderlich erachten, die die Anwendung der Versteinerungstheorie ausschließen soll[52].

3. Untergesetzliches und verfassungswidriges Recht

Im Anschluß an die (ältere) Judikatur des VfGH[53] steht ein wohl immer noch als herrschend zu bezeichnender Teil der Lehre auf dem Standpunkt, daß nicht auf den gesamten Stand der Rechtsordnung, sondern ausschließlich auf Gesetze abgestellt werden dürfe[54], und will von diesem Grundsatz lediglich für vorkonstitutionelles Recht eine Ausnahme machen[55].

Wenn und weil die Versteinerungsmethode nur als Versuch einer näherungsweisen Rekonstruktion des Begriffsverständnisses des Verfassungsgesetzgebers legitimiert werden kann, vermag eine solche schematische Abgrenzung nicht zu befriedigen[56]. Maßgeblich ist nicht die Form eines Rechtssatzes, sondern ausschließlich die Tatsache, daß er in materieller

---

51 So Morscher, Gewerbekompetenz (FN 35) 34 FN 89.

52 Vgl R. Novak/B. Wieser, Zur Neukodifikation des österreichischen Bundesverfassungsrechts (1994) 226.

53 Vgl VfSlg 1477/1932, 2500/1953, 2670/1954, 2721/1954 (Übergehen der V BGBl 1924/333), 3227/1957, 3393/1958, 3640/1959, 3685/1960, 5019/1965, 6137/1970, 9543/1982, 10831/1986. Die Rechtsprechung hat jedoch zu keinem Zeitpunkt eine klare Linie verfolgt (vgl insb VfSlg 3670/1960) und hat in jüngerer Zeit auch Verordnungen herangezogen (vgl VfSlg 13237/1992, 13299/1992).

54 Vgl Schäffer, Verfassungsinterpretation (FN 14) 105 f, Kopetzki, Organgewinnung (FN 15) 62 f; B. Raschauer, Namensrecht (1978) 46, Morscher, Gewerbekompetenz (FN 35) 43-45; Thurner, Bundesstaat (FN 28) 26 f; P. Pernthaler/G. Lukasser, Abgrenzung der Bundeskompetenz „Angelegenheiten des Gewerbes und der Industrie“ von der Landeskompetenz „Veranstaltungswesen“ und einige damit zusammenhängende Probleme, in: Pernthaler/Lukasser/Rath-Kathrein, Gewerbe – Landwirtschaft – Veranstaltungswesen (1996) 45 (54).

55 So die in FN 54 genannten Autoren mit Ausnahme von Morscher, Gewerbekompetenz (FN 35) 43, der eine Interpretation „aus den unergründlichen Tiefen der monarchischen Verwaltungspraxis“ ablehnt; skeptisch auch Pernthaler/Lukasser, Abgrenzung (FN 54) 54.

56 Wie hier bereits Ermacora/Klecatsky/Ringhofer, ÖJZ 1956, 620; O. Kammerhofer, Eine Abkehr von der Versteinerungstheorie?, ZVR 1970, 141 (141); H. Schreiner, Zum Problem der Inhaltsermittlung der Kompetenzbegriffe des B-VG, ÖZöR 26 (1975) 165 (171 FN 21); A. Bammer, Verfassungs- und verwaltungsrechtliche Probleme des Bundestheatersicherheitsgesetzes, ZfV 1989, 450 (462 FN 98); H.-P. Rill/V. Madner, Bergwesen, Angelegenheiten des Gewerbes und der Industrie und die Raumplanungskompetenz der Länder, ZfV 1996, 209 (210).

Hinsicht als protoypischer Sinnträger für einen vom Verfassungsgesetzgeber verwendeten Begriff zu betrachten ist[57]: Eine gesetzlos erlassene oder nachträglich gesetzwidrig gewordene Verordnung kann genauso eine Verkörperung des vom Verfassungsgesetzgeber vorausgesetzten Sinnverständnisses bilden wie ein Vorarlberger Landesgesetz, dessen Existenz den Parlamentariern in aller Regel weniger geläufig sein dürfte. Das Argument, die exklusive Orientierung am einfachen Gesetz sei deswegen indiziert, weil dies „die äußerste Konzession an die damit zwingend verknüpfte Umkehr des Stufenbaus der Rechtsordnung" darstellen könne[58], mißversteht demgegenüber die Struktur versteinernder Auslegung: Hätte sie eine Inversion der Konformitätsregel zur Folge, so vermöchte auch eine Begrenzung ihrer offensichtlich verfassungswidrigen Folgen die Theorie als solche nicht außer Streit zu stellen.

Aus vergleichbaren Gründen spielt auch die Verfassungsmäßigkeit der vor-bildlichen Rechtsvorschrift keine entscheidende Rolle[59]: Dem Verfassungsgesetzgeber steht es frei, entweder durch eine Teiländerung oder im Wege einer Gesamtänderung der Verfassung die gegen jedwede Rechtsvorschrift bestehenden verfassungsrechtlichen Bedenken auszuräumen. Ob ein begriffskonkretisierendes Gesetz oder eine einschlägige Verordnung mit der Verfassung bzw dem Gesetz im Einklang steht, bleibt sich folglich gleich[60]: Denn entscheidend ist ausschließlich, daß sich der Verfassungsgesetzgeber an einem *bestimmten* – und sei es auch im konkreten Zusammenhang verfassungsrechtlich bedenklichen – Begriffbild orientiert hat. Mit dessen Adoption sind in aller Regel auch die verfassungsrechtlichen Bedenken hinfällig geworden. Doch selbst wenn es später – anderweitiger Bedenken wegen – zu einer verfassungsgerichtlichen Kassation kommen sollte, bleibt der Rückgriff auf die aufgehobene Vorschrift legitim.

Anders mögen die Dinge liegen, wenn im maßgeblichen Zeitpunkt der von der Verfassung verwendete Begriff auf unterverfassungsrechtlicher Ebene in *mehreren Ausprägungen* vorliegt, die sich voneinander signifikant unterscheiden. Enthalten zB Gesetz und gesetzwidrige Verordnung

---

57 Aus nämlichem Grund ist auch die Außenwirksamkeit einer Norm nicht entscheidend. Zutreffend VfSlg 3670/1960, 7, zu einer internen Geschäftseinteilung: „Auch Vorschriften dieser Art sind geeignet darzutun, welche Vorstellungen mit dem Begriffe der Sozialversicherung gemeiniglich verbunden sind und waren."

58 Morscher, Gewerbekompetenz (FN 35) 43.

59 Gegenteilig J. W. Aichlreiter, Miete und Ausländergrundverkehr, Stb 1979, 57, 62 (63), Morscher, Gewerbekompetenz (FN 35) 22 f, und H. Böhm, Ausländergrundverkehr und Miete – unter besonderer Berücksichtigung der Unternehmensveräußerung, JBl 1990, 222 (229 FN 70).

60 Übereinstimmend Kopetzki, Unterbringungsrecht (FN 25) 155 FN 1057.

abweichende Definitionen ein und desselben Begriffs, dürfte man selten fehl gehen, dem gesetzlichen Begriff den Vorzug zu geben[61]. Doch selbst derartige Konstellationen lassen sich nicht über einen Kamm scheren. Historische und systematische Indizien können im Einzelfall durchaus eine (die Rechtswidrigkeit übersehende oder über sie hinwegsehende) Identifikation des Verfassungsgesetzgebers mit der Verordnung näher legen.

In Fortführung dieser Gedanken sehe ich auch keinen überzeugenden Grund, die Normativität eines Akts zum Kriterium zu machen und auf Grund dieser Festlegung zwischen Rechtsvorschriften einerseits und Entwürfen andererseits eine scharfe Zäsur zu ziehen[62] oder aber auf den generellen Charakter der Rechtsnorm abzustellen[63]. Unterverfassungsgesetzliche Rechtsvorschriften beziehen ihre Relevanz für die Verfassungsauslegung lediglich aus der Vermutung, daß – um es blumig auszudrükken – der Blick des Verfassungsgesetzgebers auf sie gefallen sein mußte. Diese Vermutung ist weder unwiderlegbar[64], noch schließt sie eine Orientierung an nicht-normativen Texten oder Einzelfallentscheidungen aus. Wenn sich eine vergleichbare Vorbildfunktion *in concreto* auch für einen Gesetzesentwurf plausibel machen läßt, dann steht mE nichts im Wege, das dort exponierte Sinnverständnis auch im Rahmen der Verfassungsinterpretation in Anschlag zu bringen[65].

Ins allgemeine gewendet: Nicht nur Rechtsvorschriften, nicht nur Entscheidungen des kk VwGH, nicht nur Entwürfe – auch der Amtskalen-

---

61 Das gilt im Verhältnis zwischen Gesetz und Gesetzesvollziehung allgemein. Im Ergebnis, nicht jedoch in der Begründung zutreffend VfSlg 2670/1954, wo der VfGH die einem Ministerialerlaß folgende gesetzwidrige Praxis der Gewerbebehörden für unbeachtlich erklärt.

62 In diese Richtung B.-C. Funk, Die Zuständigkeit des Bundes zur Abwehr von gefährlichen Umweltbelastungen, ZfV 1986, 525 (527): Ein Entwurf könne „nur zur Illustration und als Orientierungshilfe, nicht jedoch als versteinerungsmethodische maßgebende Grundlage herangezogen werden."

63 So VfSlg 2670/1954.

64 Ungeachtet ihrer Geltung haben zB die im Burgenland geltenden *ungarischen Vorschriften* außer Betracht zu bleiben, weil sich der Verfassungsgetzgeber von ihnen mit Sicherheit nicht hat leiten lassen: zutreffend VfSlg 4883/1964.

65 Hätte nicht schon der IA 719/A (II-13341 BlgNR 18. GP) diesbezügliche Klarstellungen enthalten, hielte ich es zB für das adäquate Verständnis des „Wohnsitzes" in Art 6 Abs 2 B-VG idF BGBl 1994/504 für primär maßgeblich, wie eine versandete, aber dem schlußendlich erfolgreichen Initiativantrag zum Vorbild dienende RV diesen Ausdruck erläutert hatte (vgl 1333 BlgNR 18. GP 4), in zweiter Linie für beachtenswert, daß er im gleichzeitig beschlossenen, im Beschlußzeitpunkt noch keinen Teil der geltenden Rechtsordnung bildenden Hauptwohnsitzgesetz übereinstimmend definiert wurde (vgl § 1 Abs 6 MeldeG idF BGBl 1994/505), und für unerheblich, daß im Zeitpunkt der Schaffung dieses Verfassungsbegriffs mit § 66 Abs 1 JN (RGBl 1895/110 idF BGBl 1993/458) eine davon abweichende Definition in Geltung stand.

der, ja die Welt schlechthin kann als „Versteinerungsmaterial" herangezogen werden. Mitunter scheitert ein Verständnis der Regelungen der Verfassung simpel daran, daß wir um die ihren Autoren geläufigen *Fakten* nicht mehr wissen, und des öfteren will mir scheinen, als stelle der Rekurs auf die unterverfassungsgesetzlichen Rechtsvorschriften einen *Umweg* dar, den wir deshalb zu gehen gezwungen sind, weil anders die Vergangenheit für uns Juristen hier und heute nicht mehr rekonstruierbar ist.

III. Hermeneutische Probleme

Ich komme zum nächsten Problemfeld und möchte auf einige Schwierigkeiten hinweisen, die die Arbeit mit der Versteinerungstheorie auch dort erschweren, wo ihre Grundannahmen stimmig sind.

1. Die Bildung der Materien

Das erste Problem liegt in der Zuordnung des Versteinerungsmaterials zu einem bestimmten Kompetenztatbestand. Es ist eine Folge des Umstands, daß die Gesetze keine kompetenzrechtlichen Etiketten tragen. Allen österreichischen Verfassungen war und ist ein kompetenzrechtliches Zitiergebot fremd[66]. Sie enthalten auch keinen Zwang, in ein und demselben Gesetz nur Bestimmungen zu vereinigen, die sich auf ein und denselben Kompetenztatbestand gründen[67].

Damit mündet aber jeder Versuch einer Versteinerung in folgenden Zirkel: Einerseits will man erst dem vorgefundenen einfachgesetzlichen Material entnehmen, was Inhalt eines Kompetenztatbestandes ist. Andererseits muß man, um diese Methode der Sinnermittlung überhaupt einsetzen zu können, dem betreffenden Kompetenztatbestand Material zuordnen, und dazu muß wiederum bereits im Detail bekannt sein, was dieser Kompetenztatbestand eigentlich umfaßt[68]. Nur auf diese Weise können fugitive Normen aus dem vorhandenen Vorschriftenbestand ausgeschieden und Querschnittsnormen aspektweise entflochten werden. Für diese ganz entscheidende Weichenstellung ist die einfach- und un-

[66] Zu erwähnen ist freilich die durch die B-VG-Novelle BGBl 1984/490 eingeführte Bezeichnungspflicht für Grundsatzgesetze und -bestimmungen (Art 12 Abs 4 B-VG), die eine dem fehlenden Zitiergebot vergleichbare Funktion erfüllt.

[67] Vgl dazu VfSlg 8013/1977 und T. Öhlinger, Zur Kompetenzlage auf dem Gebiet des Straßenverkehrs, ZVR 1978, 321 (331).

[68] Darauf ist schon hingewiesen in der zu Unrecht in Vergessenheit geratenen Arbeit von Schreiner, ÖZöR 26 (1975) 169: „[D]as, was zu beweisen wäre, wird sohin schon (implizit als bewiesen) vorausgesetzt."

tergesetzliche Rechtsordnung im Grunde komplett unergiebig: Was immer man an Material in den auszulegenden Kompetenztatbestand oben hineinkippt, kommt unten als Gesetzgebungsbefugnis wieder heraus.

Im Grundsätzlichen ist dieses Dilemma unlösbar[69]. Ich räume jedoch ein, daß es in der praktisch-dogmatischen Arbeit nicht dermaßen unüberwindlich ist, wie es hier dargestellt wird. Wenn der Verfassungsgesetzgeber einen Kompetenztatbestand begrifflich auf ein 1920 bereits vorhandenes Materiengesetz zugeschnitten hatte, dann liegt man mit der Einschätzung, daß er sich in erster Linie an diesem Gesetz orientiert haben dürfte, gewiß selten falsch[70]. Doch selbst in einer derartigen Konstellation ist es nicht gänzlich ausgeschlossen, daß er einzelne darin enthaltene Fremdkörper in ihrer kompetenzrechtlichen Zuordnung unverändert lassen oder neue Fremdkörper erzeugen wollte[71].

Als erheblich vertrackter stellt sich hingegen die Problematik dar, wenn einem neu geschaffenen Kompetenztatbestand kein Pendant auf unterverfassungsgesetzlicher Ebene entspricht. Daraus muß zwar noch nicht der – außerhalb der Kompetenzinterpretation naheliegende – Schluß gezogen werden, daß die Versteinerungstheorie mangels Konkretisierung des verfassungsrechtlichen Begriffs in der vorgefundenen Rechtsordnung gar nicht anwendbar ist[72]. Die Annahme, der Verfassungsgesetzgeber habe bei der Prägung eines neuen Kompetenzbegriffs die vorhandenen verstreuten Regelungen der betreffenen Angelegenheit vor Augen gehabt, kann freilich nicht im selben Maße Plausibilität beanspruchen[73, 74]. Ebensowenig wird man ihm ohne Vorliegen konkreter Anhaltspunkte die Absicht unterstellen können, daß er dem betrauten Gesetzgeber das Pouvoir vorenthalten wollte, über die den vorgefundenen Bestimmungen geläufigen Regelungsinstrumentarien hinauszugehen. In aller Regel liegt die ge-

---

69 Anders FUNK, JBl 1976, 459, der darin lediglich eine technische Schwierigkeit ortet.

70 Vgl zB VfSlg 12470/1990 zur Abgrenzung zwischen Zivilrecht und Heil- und Pflegeanstalten.

71 Vgl VfSlg 5019/1965 zu Bauten auf Eisenbahngrundstücken.

72 So FUNK, ZfV 1986, 527; P. KUBANEK, Perspektiven der Abfallwirtschaft (1991) 7; F. MERLI, Zum Verhältnis von Bundes- und Landesrecht bei abfallwirtschaftsrechtlichen Anlagengenehmigungen, ÖZW 1991, 102 (103); dagegen V. MADNER, Die Standortregelung im Abfallwirtschaftsgesetz, ZfV 1992, 523 (524).

73 Vgl VfSlg 1642/1948, wo der VfGH auf die „tatsächlichen Verhältnisse" abzustellen vorgibt, aber dennoch am Kundmachungspatent zur GewO 1859 anknüpft und damit letztlich wohl nur die hier angesprochene Differenzierung zum Ausdruck bringen dürfte.

74 Zudem darf nicht aus der Betrachtung ausgeblendet bleiben, daß nicht jede Vorschrift des Versteinerungsmaterial exakt *einem* Kompetenztatbestand zugeordnet werden kann. Auch damals existierten Regelungen, die auf einer Kombination *mehrerer* Kompetenztatbestände gründeten, sowie „Querschnittsvorschriften", die unter dem Kompetenzverteilungsregime des B-VG *weder* vom Bund *noch* von den Ländern hätten erlassen werden dürfen.

genteilige Annahme näher[75]. Denn in der Aufnahme eines Kompetenztatbestandes in die Verfassung, für welchen man ein Gegenstück in Form eines Gesetzes oder einer Verordnung vergeblich sucht, liegt nicht selten auch die Anerkennung und Aufwertung einer bislang vernachlässigten Staatsaufgabe[76].

Wie immer *in concreto* die Antwort auch ausfällt: Rationalität kann eine Kompetenzinterpretation nach der Versteinerungsmethode nur dann beanspruchen, wenn der Interpret sich dem Dilemma der Materienbildung offen stellt[77]. Bleibt die entscheidende Zuordnung von Material zu einem Tatbestand unhinterfragt, so sind zwar die Schlüsse methodisch zwingend, die mit ihnen erzielten Ergebnisse hingegen allenfalls zufällig richtig.

2. Kompetenzfeld und Kompetenzgrenze

Mit diesem Dilemma verwandt ist eine bekannte, meist unter dem Stichwort „intrasystematischen Fortentwicklungsmöglichkeiten" erörterte Schwierigkeit: Dem Versteinerungsmaterial selbst läßt sich nicht ablesen, wo die Schranken eines Kompetenztatbestandes beginnen und in welchem Feld wir es mit einem bloßen Verzicht auf die Ausübung einer Gesetzgebungsbefugnis zu tun haben. Die Judikatur tendiert mitunter zu einer recht mechanistischen Anwendung der Theorie, indem sie die Grenzen des Materials mit den Grenzen des Tatbestandes gleichsetzt[78].

---

[75] Bei aktuellen Ergänzungen des verfassungsrechtlichen Kompetenzkataloges wird aus diesem Grund eine Versteinerung des öfteren mit Recht abgelehnt: vgl statt aller B.-C. Funk, Die neuen Umweltschutzkompetenzen des Bundes, in: Walter (Hrsg), Verfassungsänderungen 1988 (1989) 63 (72, 75), zur Luftreinhaltung und zur Abfallwirtschaft.

[76] Den damit angesprochenen Zusammenhang zwischen Kompetenzzuweisungen und Staatsaufgaben hat der Jubilar stets betont (und bisweilen auch ein wenig überdehnt): vgl Winkler, Apotheker (FN 24) 9-13, sowie *dens*, Die Rechtspersönlichkeit der Universitäten (1988) 206 f.

[77] Vorbildlich VfSlg 11141/1986, sowie Kopetzki, Organgewinnung (FN 15) 76-84, und *ders*, Unterbringungsrecht (FN 25) 132-134.

[78] Vgl neben den im Text erörterten Beispielen jüngst wieder VfGH 29. 9. 1995, G 50/95: Die teilweise Aufhebung der mit BGBl 1990/473 bewirkten Erweiterung einer Aufzählung in § 8 DMSG, BGBl 1923/533, um Kioske, Tankstellen und andere störende Bauten bedeutet im Ergebnis die Petrifizierung der in der Stammfassung enthaltenen Regelung. Schon die einfachgesetzliche Prämisse des VfGH, daß § 8 DMSG in seiner Stammfassung bauliche Anlagen nicht erfaßte, erscheint fraglich. Abgesehen davon, daß Schaukästen bei entsprechender Dimension und Konstruktion durchaus als bauliche Anlagen zu qualifizieren sein können: Hätte die Stammfassung keine demonstrative Aufzählung enthalten, hätte wohl kein Zweifel bestanden, daß sie störende bauliche Anlagen – etwa die optische Wahrnehmbarkeit des Denkmals verhindernde, es dadurch um seinen Wert bringende Mauern – miteinschließt. Umso weniger haltbar erscheint die Folgerung des VfGH, es fehle an fortentwicklungsfähigen denkmalschutzrechtlichen Ansatzpunkten. Wenn die explizite Ermächtigung, zur Abwehr von Gefährdungen unbeweglicher Denk-

Die Unterstellung der im Kundmachungspatent 1859 aus dem Anwendungsbereich ausgenommenen land- und forstwirtschaftlichen Verarbeitungsnebengewerbe unter das Betriebsanlagenrecht der GewO[79] sei als Beispiel erwähnt. Im diese Regelung aufhebenden Erkenntnis[80] hat der VfGH die Frage, ob die Ausnahme für land- und forstwirtschaftliche Nebengewerbe – wie der Begriff „Nebengewerbe" nahelegt – eine Regelung darstellt, die innerhalb der Kompetenz des Bundesgesetzgebers liegt und daher von ihm gegeben und wieder genommen werden kann[81], gar nicht gestellt. Eine historische Analyse bestätigt jedoch das von ihm erzielte Ergebnis, weil sie zeigt, daß die Land- und Forstwirtschaft samt ihren Verarbeitungsnebengewerben *ab ovo* als ein dem Gewerberecht überhaupt entzogener Bereich betrachtet wurde[82].

Mitunter kann jedoch ein Blick auf die Entwicklungsgeschichte zeigen, daß ein Rechtsgebiet weiter ist, als es in den geltenden Gesetzen zum Ausdruck kommt. Als Beispiel sei auf das Wasserrecht hingewiesen: Im Jahr 1911 brachte die Regierung in allen Landtagen eine Vorlage ein, die von manchen Landtagen zum Beschluß erhoben wurde, mangels kaiserlicher Sanktion aber in keinem Land Gesetz wurde[83]. Die in ihr enthaltenen Regelungen schlechterdings aus der Betrachtung auszuscheiden[84], halte ich für falsch. Denn als der Verfassungsgesetzgeber dem Bund die Kompetenz zur Regelung des Wasserrechts übertrug, wollte er ihm wohl auch die Befugnis einräumen, die seit langem anstehenden, infolge des Krieges jedoch nicht mehr realisierten Reformen auf diesem Gebiet zu Ende zu führen.

male auch „Veränderungen in ihrer Umgebung" zu verbieten, keinen solchen Ansatzpunkt vermittelt, dann ist eine intrasystematische Fortentwicklung schlechterdings nicht mehr vorstellbar, die Stammfassung nach Regelungsgegenstand, -zweck und -mittel versteinert. – Gegen solche Verengungen schon G. WINKLER, Diskussionsbeitrag, 1. ÖJT II/4 (1961) 35 (37 f), und VfSlg 4883/1964.

79 Vgl § 2 Abs 4a GewO 1973 idF BGBl 1992/29, wiederverlautbart als § 2 Abs 5 GewO 1994, BGBl 194.

80 VfGH 28. 6. 1995, G 89/94.

81 So A. JUNGWIRTH/R. SEDLAK, Land- und forstwirtschaftliche Nebengewerbe: Kompetenz?, ecolex 1994, 651 (651 f).

82 Vgl die eingehende Darstellung bei P. PERNTHALER/I. RATH-KATHREIN, Die Zuständigkeit des Bundes nach Art 10 (1) Z 8 B-VG zur Regelung von Betriebsanlagen zur Ausübung von Nebengewerben der Land- und Forstwirtschaft (§ 2 Abs 4a Gewerberechtsnovelle 1992), in: Pernthaler/Lukasser/Rath-Kathrein, Gewerbe (FN 54) 3 (17-20, 34-38). – Zu ähnlichen Problemen vgl H. SCHAMBECK, Die verfassungsrechtliche Problematik der Kompetenz zur gesetzlichen Regelung der Privatzimmervermietung, JBl 1966, 451 (453 f, mit Kritik an VfSlg 3227/1957), und D. PAUGER/R. RACK, Rechtsfragen des Buschenschankes, ZfV 1981, 433 (435-437).

83 Der Text ist abgedruckt bei O. MAYR, Der österreichische Regierungsentwurf neuer Landes-Wasserrechtsgesetze (1913) 667-734.

84 So VwGH 6. 5. 1996, 91/10/0129.

Auch aus den Tücken intrasystematischer Fortentwicklungen führt mithin nur eine Einbettung der Versteinerungsmethode in eine herkömmliche historische Auslegung heraus, die an den Schleusen zur bundesstaatlichen Verfassung 1920 nicht Halt macht. Einmal mehr ist es also nötig, die Entwicklungen zur Zeit der Monarchie angemessen zu berücksichtigen[85].

3. Versteinerung und Verfassungsentwicklung

Andererseits gibt ein Versteinerungsbefund per 1920 oder 1925 noch keine Sicherheit, daß ein Kompetenztatbestand, der in seinem Wortlaut keine Veränderungen erfahren hat, auch inhaltlich derselbe geblieben ist. Wenn der Verfassungsgesetzgeber für den Bund einen neuen Kompetenztatbestand schafft, muß er nämlich nicht notwendig den Ländern etwas wegnehmen wollen. Ebensogut ist denkbar, daß er wenigstens teilweise Umschichtungen innerhalb der Bundeskompetenzen vorgenommen hat[86]. Darum ist es notwendig, nicht nur den fraglichen Kompetenztatbestand zu versteinern, sondern auch alle nach ihm geschaffenen Gesetzgebungsbefugnisse zu untersuchen, soweit sie thematisch in Frage kommen[87]. Denn nur auf diese Weise kann verläßlich beurteilt werden, ob der ältere Kompetenztatbestand keine Einschränkung erfahren hat.

IV. Praktische Gefahren

Schließlich und endlich birgt eine Verabsolutierung des versteinernden Ansatzes auch eine Reihe von Gefahren. Ich möchte zwei davon herausgreifen.

1. Überdeckung des Primats systematischer und historischer Interpretation der Verfassung

Eine erste Gefahr sehe ich in der Überdeckung des Primats systematischer und herkömmlicher historischer Auslegung. An sich ist dieser Primat, so würde man meinen, eine Banalität: Wenn – was bei Kompetenztatbeständen selten genug vorkommt[88] – die Verfassungsbegriffe in ih-

85 So geschehen in VfSlg 2217/1951 (Volkswohnungswesen und Mittelwohnungen).

86 Die Abfallwirtschaft sei als Beispiel erwähnt.

87 Vgl Schäffer, Verfassungsinterpretation (FN 14) 104; Grabenwarter, Ladenschlußrecht (FN 15) 160 f.

88 Vgl zB VfSlg 2670/1954 (Angelegenheiten der künstlerischen Einrichtungen); ferner VfSlg 1477/1932, wo der VfGH aus der Systematik des Kompetenzkatalogs und sei-

rem Kontext eine Antwort auf die gestellte Frage erlauben, kann ein davon abweichender Versteinerungsbefund daran nichts ändern[89]. Ebensowenig dürfen Ergebnisse traditioneller historischer Interpretation überspielt oder versteinernd relativiert werden. Wird in den Materialien erläutert, von welchem Inhalt eines auf semantischer Ebene mehrdeutigen Begriffs der Verfassungsgesetzgeber bei Schaffung eines Kompetenztatbestandes ausgegangen ist, so haben diesbezügliche Klarstellungen selbstverständlich Vorrang vor allen „versteinerungstheoretischen" Überlegungen: Wo der Wille des Verfassungsgesetzgeber explizit gemacht ist, erübrigen sich Spekulationen.

Um nicht mißverstanden zu werden: Soweit ich sehe, werden diese Restriktionen in der verfassungsgerichtlichen Judikatur seit jeher beachtet[90]. In der Lehre ist dies jedoch nicht gleichermaßen der Fall. Nicht nur, daß der Rekurs auf die unterverfassungsgesetzliche Rechtslage im Versteinerungszeitpunkt in neuerer Zeit unterschwellig zu einem Habitus geworden ist, mit dem man die Auslegungsarbeit *beginnt:* Es finden sich auch schon Stellungnahmen, die die Ergebnisse herkömmlicher historischer Auslegung gegenüber „versteinerungstheoretischen" Befunden als unbeachtlich abtun[91, 92].

---

ner weitgehenden Übereinstimmung mit den in Art V des Kundmachungspatents zur GewO 1859 genannten Tatbeständen schließt, daß der Begriff „Gewerbe" in Art 10 Abs 1 Z 8 B-VG in einem engen, die aus dem Geltungsbereich der GewO 1859 ausgenommenen Tätigkeiten nicht umfassenden Sinn zu verstehen ist.

89 Mit guten systematischen (und historischen) Argumenten gegen eine (zB von R. Rack, Landesgesetzgebung und Gemeinderecht, ÖJZ 1981, 337 [339] progagierte) Versteinerung des eigenen Wirkungsbereiches der Gemeinden P. Oberndorfer, Gemeinderecht und Gemeindewirklichkeit (1971) 214-226.

90 Vgl zB VfSlg 11777/1988, wo der versteinernden Argumentation der Tiroler LReg unter Berufung auf Materialien und Entstehungsgeschichte eine Absage erteilt wird.

91 Explizit A. Bammer, Bundestheater und Verfassung (1992) 115: „Will der Verfassungsgesetzgeber einem Verfassungsbegriff einen von der sonstigen Rechtsordnung abweichenden Inhalt zumessen, hat er dies ausdrücklich, dh durch VG zu tun. Als *grundsätzlich unzureichend zur Manifestierung eines derartigen gegenläufigen Willens müssen ‚Erläuternde Bemerkungen' angesehen werden,* da sich der Wille des Gesetzgebers ganz allgemein in G und nicht in Mat zu äußern hat" (Hervorhebungen im Original). Ebenso im Ergebnis Aichlreiter, Stb 1979, 63, und P. Bussjäger, Was bedeutet „Luftreinhaltung, unbeschadet der Zuständigkeit der Länder für Heizungsanlagen"?, ZfV 1996, 521 (522-524), der trotz anderslautenden Materialienbefundes (vgl RV 607 BlgNR 17. GP 8) für die Versteinerung der Luftreinhaltungskompetenz plädiert. – Ebenfalls einen Vorrang von Versteinerungsbefunden annehmend, ihn aber relativierend Potacs, Devisenbewirtschaftung (FN 10) 37 f.

92 An diesem Punkt zeigt sich, daß die Einordnung der Versteinerungstheorie in die klassischen Auslegungsmethoden nicht ohne praktische Konsequenzen bleibt. Wer das Versteinerungsprinzip der Wortauslegung zuordnet und der letzteren einen absoluten Vorrang vor historischer Interpretation einräumt, muß zwingend zum Ergebnis gelangen, daß der in den Materialien zum Ausdruck gebrachte Wille des Verfassungsgesetzgebers im Falle gegenläufiger Versteinerungsbefunde unbeachtlich ist.

Es ist darum nicht mehr müßig zu betonen, daß Versteinerung im Interpretationsvorgang nicht das erste Argument sein darf. Diese Theorie hat – *faute de mieux* – erst dann ihre Berechtigung, nachdem alle anderen Methoden der Sinnermittlung ausgereizt sind.

2. Extrapolation der Theorie auf das Organisationsrecht und auf die Grundrechte

Eine zweite Gefahr liegt in der Ausdehnung der Theorie auf das Staatsorganisationsrecht und mehr noch auf die Grundrechte.

Im Staatsorganisationsrecht geht es dabei weniger um die Ermittlung des *Sinns* von Verfassungsvorschriften. Die Stoßrichtung des Rückgriffs auf die einfachgesetzliche Rechtslage liegt hier primär darin, vom Verfassungsgesetzgeber vorgefundene Organisationsstrukturen und Rechtsinstitute verfassungsrechtlich außer Streit zu stellen[93] . Beim Einsatz dieses wohlfeilen Begründungsmusters – und das ist auch ein Vorwurf an die eigene Adresse[94] – ist Vorsicht am Platze. Zum einen bedeutet die ihm immanente Zufluchtzunahme zu Palmströmscher Logik stets auch das Eingeständnis, daß bessere Argumente nicht zur Hand sind. Zum anderen hat der Verfassungsgesetzgeber nicht alles, was er angetroffen hat, billigend in Kauf genommen[95]. Es mag noch angehen, die Selbstverwaltung als vom B-VG akzeptiert zu betrachten[96]. Spätestens bei der Außerstreit-

---

[93] Vgl nur VfSlg 3685/1960, 8215/1977, 8524/1979, VfGH 14. 3. 1996, B 2113/94 ua; K. Korinek, Wirtschaftliche Selbstverwaltung (1970) 35-41; H. Mayer, Genehmigungskonkurrenz und Verfahrenskonzentration (1985) 35 f; E. Melichar, Von der Gewaltentrennung im formellen und materiellen Sinn unter Berücksichtigung der Abgrenzung von Gerichtsbarkeit und Verwaltung, insbesondere auf dem Gebiet des Strafrechts, 4. ÖJT I/1 (1970) 91; G. Muzak, Die Aufenthaltsberechtigung im österreichischen Fremdenrecht (1995) 106; M. Potacs, Die Rechtsstellung der Oesterreichischen Nationalbank als Devisenbehörde, ZfV 1989, 109 (114); H. Schäffer, Rechtsquellen und Rechtsanwendung, 5. ÖJT I/1B (1973) 39 f; Thienel, Staatsbürgerschaft II (FN 28) 88-94; *ders*, Verweisungen auf ÖNORMEN (1990) 72 f; mit anderer Stoßrichtung auch M. Schmidt, Verfassungswidrigkeiten im Strafrechtsänderungsgesetz 1987, JBl 1989, 137 (143), und G. Winkler, Rechtspersönlichkeit und autonomes Satzungsrecht als Wesensmerkmale in der personalen Selbstverwaltung, ÖJZ 1991, 73 (77-79).

[94] Vgl E. Wiederin, Nationalsozialistische Wiederbetätigung, Wahlrecht und Grenzen verfassungskonformer Auslegung, EuGRZ 1987, 137 (143).

[95] Vgl VfSlg 11667/1988, 13273/1992.

[96] Unter dieser Prämisse halte ich es jedoch mit VfSlg 8215/1977 für konsequent, aus dem historischen Befund auf eine *allgemeine* Zulässigkeit der Einrichtung von Selbstverwaltungskörpern zu schließen; kann doch, wie es T. Öhlinger, Verfassungsrechtliche Bemerkungen zu den Gesamtverträgen im Urheberrecht, ÖBl 1976, 89 (90), in anderem Zusammenhang einmal formuliert hat, „nicht ausschließlich maßgebend sein, was der Gesetzgeber vor dem 1. Oktober 1920 gerade noch rechtzeitig, und ohne sich dieser ‚Fallfrist' bewußt zu sein, unter Dach und Fach bringen konnte, bevor seine Gestaltungsfreiheit ‚versteinerte'."

stellung formalgesetzlicher Delegationen oder jedweder dynamischer Verweisung täte man hingegen dem historischen Verfassungsgesetzgeber Gewalt an[97]. Wenn er sich für eine neue Verfassung entscheidet, dann niemals deswegen, weil er alles beim Alten belassen will.

Besonders augenfällig werden die Versteinerungsrisken aber im Bereich der Grundrechte. Hier begegnen versteinernde Argumentationen sowohl in der Dogmatik der Schranken-Schranken – Stichwort: Versteinerung öffentlicher Interessen – als auch in der Schutzbereichsdogmatik. Die ersterwähnte Variante, der schon in sich selbst nicht konsistente Versuch einer historisierenden Zügelung der Verhältnismäßigkeitsprüfung, dürfte nach der nahezu einhelligen literarischen Kritik an der Entscheidung des VfGH zum Postmonopol[98] mittlerweile wohl schon der Vergangenheit angehören. Beim Abstecken des Schutzbereichs von Grundrechten mehren sich hingegen in letzter Zeit die Stimmen, die dafür plädieren, für die erforderlichen Abgrenzungen die Versteinerungstheorie nutzbar zu machen[99].

Dieser Ansatz erscheint mir fragwürdig. Es geht mir aber im Unterschied zur bisher vorgebrachten Fundamentalkritik an der Versteinerungs-

---

97 In der Sache treffend G. Kucsko-Stadlmayer, Sukzessive Zuständigkeiten im Beamtendienstrecht, ZfV 1984, 13 (19 f): „Gewiß kann nicht grundsätzlich davon ausgegangen werden, daß der Verfassungsgesetzgeber immer schon dann, wenn er nichts ausdrücklich Gegenteiliges normiert, die einfachgesetzliche Rechtslage übernommen wissen will. Dies würde zu einer Art umfassenden ‚Versteinerungstheorie' führen, die jede Derogation und die Invalidation einfacher Gesetze durch Verfassungsnormen ausschließen und den normativen Charakter des Verfassungsrechts beseitigen würde. Vielmehr müssen aus jeder Verfassungsvorschrift besondere – wenn auch nur indirekte – Anhaltspunkte dafür gewonnen werden, daß eine ihr widersprechende einfachgesetzliche Vorschrift, die schon vorher bestanden hat, trotzdem verfassungsmäßig ist."

98 VfSlg 11494/1987; dagegen B. Binder, Der materielle Gesetzesvorbehalt der Erwerbsfreiheit (Art 6 StGG) – Überlegungen zur neuen Judikatur des VfGH, ÖZW 1988, 1 (5); R. Novak, Verhältnismäßigkeitsgebot und Grundrechtsschutz, in: Raschauer (Hrsg), Beiträge zum Verfassungs- und Wirtschaftsrecht. FS Winkler (1989) 39 (49 FN 28); B. Raschauer, Abgabenbegriff und Rechtsformenmißbrauch, in: Doralt ua (Hrsg), Steuern im Rechtsstaat. FS Stoll (1990) 213 (223); C. Grabenwarter, Die Freiheit der Erwerbsbetätigung, in: Machacek ua (Hrsg), Grund- und Menschenrechte in Österreich II (1992) 553 (572 FN 84). Dem VfGH zustimmend hingegen K. Zeleny, Eisenbahnplanungs- und -baurecht (1994) 45 f (konsequente Anwendung der Versteinerungstheorie).

99 Vgl T. Mayer-Maly, Das Kreuz in österreichischen Schulzimmern, JRP 1995, 219 (221): „Wie alle Grundrechte, wie alles Verfassungsrecht ist die Religionsfreiheit in ihrer historisch geprägten Gestalt zu verstehen"; ferner K. Korinek, Verfassungsrechtlicher Eigentumsschutz und Raumplanung (1977) 20 f; M. Gimpel-Hinteregger, Notstand und Existenzgefährdung" – Die Rechtsprechung des OGH zum Kündigungsgrund des dringenden Eigenbedarfes nach § 30 Abs 2 Z 8 und 9 MRG, JBl 1988, 16 (25); H.-P. Rill, Eigentum, Sozialbindung und Enteignung bei der Nutzung von Boden und Umwelt, VVDStRL 51 (1991) 177 (179 f). – Für eine Versteinerung der in Art 91 Abs 2 B-VG enthaltenen Garantie der Geschworenengerichtsbarkeit bei politischen Delikten Kucsko-Stadlmayer, ÖJZ 1993, 221, sowie Schmidt, JBl 1989, 150 f.

theorie[100] weniger darum, ob das Abstellen auf den Willen des historischen Gesetzgebers den hier und heute aktuellen Schutzbedürfnissen und Bedrohungssituationen gerecht wird. Auch Grundrechte soll und darf man historisch interpretieren.

Ihre Versteinerung geht jedoch nicht selten an den wirklichen Absichten der Autoren der Verfassung vorbei. Die Grundrechte sind als Reaktion auf bestehende, als ungerecht empfundene staatliche Zwänge entstanden. Diese Beschränkungen bei ihrer Interpretation in Anschlag zu bringen, hieße den mit dem Grundrecht verfolgten Zweck auf dem Altar einer ihm nicht adäquaten Theorie zu opfern[101].

Doch selbst dort, wo keine vorgefundenen Begrenzungen in ihrem verfassungskonformen Bestand außer Streit gestellt werden sollen[102], stellt sich die Frage, ob wir nicht unsere eigenen Sehnsüchte nach Sicherheit und klaren Abgrenzungen durchaus zu Unrecht als Absichten der Urheber der Verfassung ausgeben. Wieso trauen wir dem historischen Verfassungsgesetzgeber lediglich Kurzsichtigkeit zu und unterstellen ihm im Grunde, er habe nicht über den Tag hinausgedacht? Historische Forschungen[103] zeigen das Gegenteil, und die Parlamentarier der 15. Gesetzgebungsperiode würden es mit Sicherheit entrüstet von sich weisen, wenn man sie mit der Feststellung konfrontierte, daß sie mit der Verankerung der Freiheit der Kunst im Jahre 1982[104] nur Tätigkeiten schützen wollten, die in steuerrechtlichen Erlässen als künstlerische anerkannt waren oder die – großzügig weiter gefaßt – damals nach allgemeiner Einschätzung als Kunst gegolten hatten[105]. Die Schöpfer des Staatsgrundgesetzes 1867 und die Autoren des B-VG 1920 haben soviel Weitblick bewiesen, daß wir heute noch mit den von ihnen geschaffenen Grundrech-

---

100 FRÖHLER/OBERNDORFER, Wirtschaftsrecht (FN 14) 184-186; WIMMER, Verfassungsverständnis (FN 23) 33 f; ferner T. MAYER-MALY, Auslegen und Verstehen, JBl 1969, 413 (414).

101 Plastisch H. MAYER, Das Schulkreuz und die Grundrechte, JRP 1995, 222 (226): „Wollte man die Bestimmungen des StGG im Lichte der zur Zeit ihrer Schaffung bestehenden Rechtslage deuten, wären die damals bestehenden Beschränkungen weiterhin für die Grundrechtsinterpretation maßgeblich; dies würde den heroischen Akt, den der Gesetzgeber des Jahres 1867 mit dem StGG schaffen wollte, weithin um seine Wirkungen bringen.“ Ebenso M. HOLOUBEK, Grundrechtliche Gewährleistungspflichten (1997) 109 FN 151.

102 *Causa prima* ist die Frage, ob auch öffentlich-rechtliche Ansprüche dem Schutz der Eigentumsgarantie unterfallen können. Vgl einerseits RILL, VVDStRL 51 (1991) 185 f, andererseits T. ÖHLINGER, Eigentum und Gesetzgebung, in: Grundrechte II (FN 98) 643 (657 f), jeweils mwN des Diskussionsstands.

103 Vgl – wenngleich primär anderen Fragestellungen nachspürend – F. LEHNE, Grundrechte achten und schützen? 1862 und 1867, JBl 1986, 341, 424; HOLOUBEK, Gewährleistungspflichten (FN 101) 129 f, 313.

104 Art 17a StGG idF BGBl 1982/262.

105 Gegen eine „versteinernde“ Begriffsbildung statt aller M. MANDLER, Probleme der Kunstfreiheitsgarantie des Art 17a StGG, JBl 1986, 21 (25).

ten leben können. Wir sollten sie daher mit vergleichbaren Einschätzungen verschonen.

Es ist daher zu begrüßen, daß der VfGH von seiner historisch legitimierten Zuspitzung des Schutzbereichs mancher Grundrechte abzurükken beginnt. Er hat jüngst seine bisherige ständige Rechtsprechung, nach der das Grundrecht auf Freiheit des Liegenschaftsverkehrs lediglich Schutz gegen jene historisch gegebenen Beschränkungen vermittelte, die ehemals zugunsten bestimmter bevorrechteter Klassen bestanden[106], über Bord geworfen und festgehalten, daß auch flächendeckende Grundverkehrsregelungen als Eingriffe in Art 6 StGG zu qualifizieren sind[107]. Es wäre mit einem historischen Interpretationsansatz durchaus vereinbar, die Rechtsprechung zur Eigentumsgarantie einer ähnlichen Revision zu unterziehen[108].

V. Ein Exempel: Der ordentliche Wohnsitz

Die bisherigen Überlegungen sind nicht mehr als Thesen, für die ich eingehendere Begründungen schuldig geblieben bin. Daß sie gleichwohl ihre Berechtigung haben und daß die von mir beschworenen Gefahren der Versteinerungstheorie nicht aus der Luft gegriffen sind, sei nunmehr an einem prominenten Beispiel zu zeigen versucht.

Gleichsam an der Wiege der Versteinerungstheorie steht der ordentliche Wohnsitz. An diesem Begriff ist die Versteinerungstheorie vom VfGH entwickelt worden, und er gilt bis in die Gegenwart als Prototyp einer gelungenen, überzeugenden Interpretationsleistung. Danach deckt sich sein Inhalt mit der in § 66 der Jurisdiktionsnorm 1895[109] enthaltenen Legaldefinition des Wohnsitzes. Dem „ordentlichen Wohnsitz" eine andere Bedeutung zuzumessen oder dem einfachen Gesetzgeber eine begrenzte Definitionsmacht über diesen Begriff einzuräumen, wie dies vereinzelt vorgeschlagen wurde[110], ist nach herrschender Auffassung verfehlt[111].

106 Vgl VfSlg 21/1919, 1682/1948, 2404/1952, 2546/1953, 6157/1970, 7468/1974, 9682/1983, 10744/1986, 11411/1987, 12984/1992, 13593/1993 uam.

107 Vgl VfGH 10. 12. 1996, G 84/96 ua.

108 So schon K. Korinek, Zur Lage des Eigentumsschutzes in Österreich, WiPolBl 1982/1, 125 (128).

109 RGBl 1895/111.

110 R. Häussl, Ist der Landesgesetzgeber zuständig, den Begriff „ordentlicher Wohnsitz" selbständig zu regeln?, ÖJZ 1985, 750-753; vgl auch M. Nowak, Politische Grundrechte (1988) 343-347, und VfSlg 5879/1968.

111 Vgl R. Thienel, Darf der Landesgesetzgeber den Begriff „ordentlicher Wohnsitz" selbständig regeln?, ÖJZ 1986, 357 (358-360); R. Schick, in: Neisser/Handstanger/Schick,

Über diesen Begriff nachzudenken, ist infolge der mit 1. Jänner 1996 abgeschlossenen schrittweisen Elimination aus der gesamten österreichischen Rechtsordnung[112] zwar nur mehr von akademischem Interesse. Für die Zwecke dieser Untersuchung liegt darin jedoch nicht unbedingt ein Nachteil. Die damit verbundene Entlastung von Folgenverantwortung erleichtert es, die Dinge *wissenschaftlich* – und das heißt zuallererst: *sine ira et studio* – zu betrachten.

1. Die Begründungen für die Maßgeblichkeit des § 66 JN

a) Die Rechtsprechung des VfGH

In seinem ersten Erkenntnis zum „ordentlichen Wohnsitz" hatte der VfGH unter anderem die Verfassungsmäßigkeit von Bestimmungen zu beurteilen, in denen festgelegt war, daß ein lediglich durch die Heranziehung zu Militär- und Kriegsleistungsdienst oder durch die Unterbringung in einer Armenversorgungsanstalt bedingter Aufenthalt einen „ordentlichen Wohnsitz" nicht begründe[113]. Er hob diese einen Ausschluß politischer Rechte auf Gemeindeebene bewirkenden Bestimmungen als verfassungswidrig auf und hielt in seiner Begründung unter anderem folgendes fest:

> „Zu einer selbständigen gesetzlichen Bestimmung des Begriffes des ordentlichen Wohnsitzes ist die Landesgesetzgebung überhaupt nicht zuständig. Sofern sie in Ausübung der ihr durch die Bundesverfassung erteilten Ermächtigung zur Erlassung einer Gemeindewahlordnung sich des Begriffes des ‚ordentlichen Wohnsitzes' bedient, hat sie dabei nur zu wiederholen, was die Bundesverfassung unter dem Begriff des ‚ordentlichen Wohnsitzes' versteht. Es ist dies der in Übereinstimmung mit Theorie und Praxis durch § 66 J.N. bestimmte Begriff, so wie er durchaus zutreffend im Absatz 1 § 2 G.W.O. umschrieben wird. § 66 J.N. wird überdies von der auf Grund der Bundesverfassung erlassenen Wahlordnung für den Nationalrat (§ 30, Absatz 1, des Bundesgesetzes vom 11. Juli 1923, B.G.Bl. Nr. 367) zur Bestimmung des Begriffes ‚ordentlicher Wohnsitz' ausdrücklich rezipiert."[114]

Damit war die Brücke zwischen dem im B-VG 1920 an mehreren Stellen[115] verwendeten Begriff „ordentlicher Wohnsitz" und der Legaldefinition in der JN geschlagen.

Das Bundeswahlrecht (^{2}1994) 163; C. F. SCHNEIDER, Handbuch des österreichischen Grundverkehrsrechts (1996) 220.

112 Vgl den einfache Bundesgesetze erfassenden Art VIII Z 1 des HauptwohnsitzG, BGBl 1944/505, sowie Art 151 Abs 9 idF B-VG-Nov BGBl 1994/504, der diesen Begriff per 1. Jänner 1996 generell – und somit auch im Bundesverfassungsrecht und im Landes(verfassungs)recht – ersetzt hat.

113 Vgl § 2 Abs 3 und 4 NÖ GWO, LGBl 1919/85.

114 VfSlg 299/1924, 51.

115 Vgl Art 26 Abs 2, 95 Abs 1, 119 Abs 2 und 3 B-VG 1920; ferner § 34 Abs 3 ÜG 1920.

Die Begründung dieser Verbindung läßt so manchen Punkt offen. Das zweite der beiden vom Gerichtshof ins Treffen geführten Argumente – die ausdrückliche Anknüpfung an § 66 JN durch die NRWO 1923 – kann das vom VfGH erzielte Ergebnis schon deswegen nicht tragen, weil dem einfachen Bundesgesetzgeber eine verbindliche Festlegung dessen, was unter einem ordentlichen Wohnsitz zu verstehen ist, unter den zutreffenden einleitenden Prämissen des Gerichtshofs genauso verwehrt sein muß wie der Landesgesetzgebung. Was an substantieller Begründung übrig bleibt, ist lediglich eine Berufung auf Übereinstimmung in Theorie und Praxis, die durch keine Belege untermauert wird.

Im Erkenntnis VfSlg 1327/1930 baute der Gerichtshof diesen Ansatz entscheidend aus und legte den Grundstein zur Versteinerungstheorie, indem er den Rückgriff auf die gesamte Rechtsordnung zu einem allgemeinen Prinzip erhob. Die einschlägigen Passagen verdienen eine wörtliche Wiedergabe:

„Nach den im Bundes-Verfassungsgesetz enthaltenen Grundsätzen für das Wahlrecht bildet der ordentliche ‚Wohnsitz' (Artikel 26, Absatz 2, Artikel 95, Absatz 1, Artikel 119, Absatz 2) eine der Voraussetzungen für das aktive Wahlrecht. Eine Definition dieses Begriffes enthält das Bundes-Verfassungsgesetz nicht; er muß daher – wie überhaupt in den zahlreichen Fällen vorzugehen ist, in denen juristische Bezeichnungen in der Verfassung gebraucht werden, ohne daß eine Definition derselben gegeben würde – in jener Bedeutung verstanden werden, die in der österreichischen Rechtsordnung zur Zeit der Schaffung des Bundes-Verfassungsgesetzes allgemein mit diesem rechtstechnischen Ausdruck verbunden wurde. Daß aber die Terminologie der österreichischen Gesetzgebung seit Jahrzehnten den Ausdruck ‚Wohnsitz' stets in dem Sinn verstanden wissen will, den § 66, Absatz 1, der Jurisdiktionsnorm vom 1. August 1895, R.G.Bl. Nr. 111, hiefür festsetzt, ist eine zweifellose Tatsache."[116]

Mit dieser Behauptung ist der VfGH zweifellos im Recht: Der Wohnsitzbegriff wurde in der Tat regelmäßig in jener Bedeutung verwendet, die ihm § 66 Abs 1 JN zumißt. Seine Argumentation leidet jedoch darunter, daß in der Verfassung eben nicht der *terminus technicus* „Wohnsitz", sondern der Begriff „ordentlicher Wohnsitz" gebraucht wird. Vor allen anderen Überlegungen wäre daher zu prüfen gewesen, ob diese beiden Begriffe über dieselbe Intension verfügen. In den entscheidenden Punkten ist die Ableitung des Gerichtshofs darum ein *non sequitur*.

Daß seine Begründung mit der Prämisse steht und fällt, daß das Adjektiv „ordentlich" keine *differentia specifica* anzeigt, sondern als nicht beigesetzt zu betrachten ist, war dem Gerichtshof ohne jeden Zweifel bewußt. Statt sich dieser Problematik offen zu stellen, hat er es jedoch vorgezogen, sie durch eine suggestive Zitierung des Verfassungswortlauts – einleitend wird der ordentliche „Wohnsitz" als verfassungsrechtliche Wahlrechtsvoraussetzung erwähnt – zu überspielen.

[116] VfSlg 1327/1930, 43.

Nach der Folgerung, daß eine Person nach § 66 JN auch mehrere Wohnsitze haben könne und folglich auch die Verfassung die Möglichkeit mehrerer ordentlicher Wohnsitze einräume, griff der VfGH wie schon in VfSlg 299/1924 auf § 30 NRWO 1923 zurück. Er attestierte dieser Bestimmung, daß sie den verfassungsrechtlichen Anforderungen vollauf Rechnung trage, indem sie unter dem ordentlichen Wohnsitz jenen Begriff verstehe,

„den § 66 der Jurisdiktionsnorm definiert: § 30 der Nationalratswahlordnung bezieht sich nämlich im Absatz 1 [...] auf den § 66 der Jurisdiktionsnorm und bestimmt dann in den Absätzen 2 und 3, wo ein Wahlberechtigter, der am Stichtag ‚mehrere Wohnsitze' hat – diese Möglichkeit wird also ausdrücklich anerkannt – in das Wählerverzeichnis einzutragen ist."[117]

Nun kann man § 30 NRWO[118] in der Tat so lesen, als mache er zwischen ordentlichem Wohnsitz – dieser Begriff wird in Abs 1 durch einen Klammerausdruck definiert, der auf § 66 JN verweist – und einfachem Wohnsitz keinen Unterschied. Aber abgesehen davon, daß die Verwendung von Begriffen durch den einfachen Bundesgesetzgeber im Jahre 1923 zur Klärung des Inhalts der Bundesverfassung wenig beitragen kann, bleibt doch erstaunlich, weswegen in § 30 NRWO bald von ordentlichem Wohnsitz, bald von Wohnsitz die Rede ist. Der Ursprung dieser auch als Antinomie deutbaren Uneinheitlichkeit wäre leicht aufzuklären gewesen. Ein Blick in die Materialien hätte genügt, um festzustellen, daß der in Abs 1 enthaltene, in Klammern gesetzte Hinweis auf § 66 JN erst im *Ausschuß* eingefügt wurde[119]. Die Regierungsvorlage hatte die Gleichsetzung von ordentlichem Wohnsitz und Wohnsitz der JN noch nicht enthalten[120]. Das deutet darauf hin, daß sie zwischen diesen beiden Begriffen noch einen Unterschied gemacht hat.

b) Die Stellungnahmen in der Literatur

Auch der Literatur gelang es in der Folge nicht, die ganz offensichtliche, gleichwohl aber – soweit ersichtlich – erst im Jahre 1988 von

117 VfSlg 1327/1930, 44.

118 Diese Bestimmung lautet:
§ 30. (1) In das Verzeichnis sind alle Wahlberechtigten aufzunehmen, die am 1. Jänner in der Gemeinde ihren ordentlichen Wohnsitz hatten. (§ 66 Jur.N.)
(2) Hat der Wahlberechtigte an diesem Tag mehrere Wohnsitze oder Wohnungen, so ist für seine Eintragung in das Wählerverzeichnis jene Wohnung maßgebend, in dem er am 1. Jänner tatsächlich gewohnt hat.
(3) Kann eine Entscheidung nach dieser Bestimmung nicht getroffen werden, so steht dem Wahlberechtigten frei, innerhalb acht Tagen zu erklären, in welches Wählerverzeichnis er eingetragen werden will. Unterläßt er die fristgerechte Erklärung, so entscheiden die zur Anlage zuständigen Behörden einvernehmlich.

119 Vgl AB 1610 BlgNR 1. GP.

120 Vgl RV 1420 BlgNR 1. GP (§ 30).

NOWAK[121] aufgezeigte Lücke in der Argumentationskette des VfGH befriedigend zu schließen. THIENEL, der dem ordentlichen Wohnsitz eine eigene Untersuchung gewidmet hat[122], bringt wie der VfGH die beiden Begriffe mit Selbstverständlichkeit zur Deckung: In seiner Replik auf HÄUSSL hält er fest, daß sich zur Zeit der Erlassung des B-VG eine gesetzliche Definition des „Wohnsitzes" nur in § 66 JN fand, und zieht daraus die Folgerung, „mangels näherer Regelung und mangels jeder Äußerung in den Materialien" müsse zur Ermittlung dessen, was das B-VG mit „ordentlichem Wohnsitz" meine, darauf abgestellt werden, „was im Jahre 1920 unter dem Ausdruck Wohnsitz iS des § 66 JN verstanden wurde"[123]. SCHICK, der sehr wohl darauf aufmerksam macht, daß § 66 JN lediglich einen einfachen „Wohnsitz" kennt[124], führt ins Treffen, daß nach den Ausführungen THIENELS nicht bezweifelt werden könne, daß § 66 JN für das Begriffsverständnis des Verfassungsgesetzgebers ausschlaggebend gewesen sei[125]; KURNIK führt begründend an, daß das Volkszählungsgesetz 1869 keinen Begriff „Wohnsitz" kannte[126]. Die Frage, weshalb der Verfassungsgesetzgeber just von einem „ordentlichen" Wohnsitz spricht, statt es beim eingeführten, in seinen Konturen fest umrissenen Wort „Wohnsitz" bewenden zu lassen, bleibt auch bei diesen Autoren unerörtert. Es hat den Anschein, als sei das Schweigen der Materialien zur Bundesverfassung schon Rechtfertigung genug, zwei auf semantischer Ebene unterschiedliche Begriffe miteinander kurzzuschließen.

2. Der ordentliche Wohnsitz in der Gesetzgebung der Monarchie

Nun gibt es allerdings in der Tat Gründe, die es im konkreten Fall plausibel machen, das Begriffsbild des § 66 Abs 1 JN für maßgeblich zu halten. Der dort geregelte allgemeine Gerichtsstand des Wohnsitzes hat

121 NOWAK, Grundrechte (FN 110) 346 f, unter Hinweis auf HÄUSSL, ÖJZ 1985, 752, der freilich lediglich auf eine Divergenz zwischen § 66 JN und den Definitionen des ordentlichen Wohnsitzes im Wahlrecht des Bundes aufmerksam gemacht und unter anderem daraus eine korrespondierende Abweichungsermächtigung an die Adresse des Landesgesetzgebers gefolgert hatte. Zudem stützt auch NOWAK sein Ergebnis, eine Person könne nicht zu mehreren Landtagen wahlberechtigt sein, primär auf den Gleichheitssatz und Art 1 3. ZP zur EMRK iVm Art 14 EMRK, ohne anzugeben, worin und weshalb sich der ordentliche Wohnsitz im Sinn des B-VG vom Wohnsitz des § 66 JN unterscheidet.

122 THIENEL, ÖJZ 1986, 357-362.

123 THIENEL, ÖJZ 1986, 359. Daß er die Deckungsgleichheit der Begriffe nicht problematisiert, sondern voraussetzt, liegt aber nicht zuletzt daran, daß HÄUSSL in seiner Kritik an THIENEL insoweit keine Bedeutungsunterschiede behauptet hatte.

124 SCHICK (FN 111) 162.

125 SCHICK (FN 111) 163.

126 P. KURNIK, Die Bedeutung des Begriffes „Wohnsitz" und „ordentlicher Wohnsitz", ÖGZ 1990/10, 12 (12).

nämlich einen Vorläufer im Gesetz über den Wirkungskreis und die Zuständigkeit der Gerichte in bürgerlichen Rechtssachen[127] aus dem Jahr 1852. Dessen § 16 – und damit scheint das *missing link* auch schon gefunden zu sein – enthält eine Definition des „ordentlichen Wohnsitzes". Sie stimmt nahezu wortwörtlich mit § 66 Abs 1 JN überein[128]. Hinzu kommt, daß dieses Gesetz es in weiterer Folge mitunter beim Wort Wohnsitz bewenden läßt, obschon offenkundig der ordentliche Wohnsitz gemeint ist[129]. Auch in der Praxis wurden diese beiden Begriffe als Synonyma gebraucht[130]. Das Heimatgesetz 1863 sprach beispielsweise vom Wohnsitz[131], ohne damit einen anderen als den in § 16 JN 1852 definierten Begriffsinhalt zu verbinden[132].

Im Zuge der Reform der Zivilprozeßgesetze wollte der Gesetzgeber durch Übernahme der tradierten Definition zwar nicht dem schwerfälligen Namen, wohl aber der bewährten Sache nach alles beim alten lassen. In den Materialien zur JN 1895 wird von der Regierung[133] die Absicht betont, „dem geltenden Rechte entsprechend eine Bestimmung des Wohnsitzbegriffes" aufzunehmen, um

„dem Rechtsleben die Anlehnung an die bisherige Praxis zu ermöglichen und nicht diesen, zu einem ziemlich sicheren Besitzthume der Rechtsprechung gewordenen Begriff zwecklosen Zweifeln auszusetzen."[134]

Wie alle neuen Begriffe, so benötigte in der Folge auch der „Wohnsitz" der JN 1895 eine gewisse Zeit, um sich durchzusetzen. In der Badenischen Wahlrechtreform schienen etwa noch die alte Worte auf[135]. Weil

127 RGBl 1852/251.

128 „§. 16. Der Ort, wo sich Jemand in der erweislichen, oder aus den Umständen deutlich hervorgehenden Absicht niedergelassen hat, daselbst seinen bleibenden Aufenthalt zu nehmen, ist sein ordentlicher Wohnsitz."

129 Vgl zB § 22, der den Wohnsitz des Dienstgebers auch als Wohnsitz der mit ihm in gemeinschaftlicher Haushaltung lebenden Dienstleute ausweist.

130 Im Wahlrecht war die Verwendung des korrekten Begriffs „ordentlichen Wohnsitz" üblich: vgl die Zusammenstellung der entsprechenden Bestimmungen der Landtagswahlordnungen bei E. Mayrhofer/A. Pace, Handbuch für den politischen Verwaltungsdienst II ([5]1896) 342-348.

131 Vgl § 4 RGBl 1863/105. Diese Bestimmung war trotz Änderungen im AH in der von der Regierung vorgeschlagenen Fassung kundgemacht worden.

132 Vgl VwGH 4. 4. 1889, Z 1291, Budw 4612; ferner VwGH 20. 2. 1889, Z 716, Budw 4519.

133 Sie hatte eine Fassung vorgeschlagen, die sich von § 16 JN 1852 lediglich durch den Entfall des Adjektivs „ordentlich" unterschied. Im Zuge des Gesetzgebungsverfahren wurde überdies das Wort „deutlich" gestrichen. Vgl die Textgegenüberstellung in: kk JM (Hrsg), Materialien zu den neuen österreichischen Civilproceßgesetzen (1897) II 602.

134 Materialien (FN 133) I 70.

135 Vgl § 17 Abs 4 RRWO idF RGBl 1896/168. Das Festhalten am alten Begriff dürfte nicht zuletzt darauf zurückzuführen gewesen sein, daß die RRWO ihn schon bisher enthalten hatte: vgl § 17 Abs 4 RRWO idF RGBl 1884/142.

sich die alte von der neuen Definition lediglich in einer Nuance unterschied, wurde sie gleichwohl im Sinne des § 66 Abs 1 JN 1895 interpretiert.

Es gibt jedoch auch Indizien, die sich weniger nahtlos in dieses Bild einfügen. Gerade im Wahlrecht hatte der Gesetzgeber den ordentlichen Wohnsitz vor 1900 durchwegs und – soweit ersichtlich – ausschließlich als Stichentscheidskriterium für jene Konstellationen verwendet, in denen eine nur einmal wahlberechtigte Person mehreren Gemeinden als wahlberechtigtes Mitglied angehörte[136]. Dabei war wohl auf den Fall Bezug genommen, daß jemand in *keiner* der für die Ausübung des Wahlrechts in Frage kommenden Gemeinden seinen ordentlichen Wohnsitz hatte[137]. Was hingegen bei *mehrfachen* ordentlichen Wohnsitz in eben diesen Gemeinden zu geschehen hatte, ließen die Wahlordnungen offen. Sie hatten diesen Fall entweder übersehen, oder sie waren davon ausgegangen, daß insoweit kein Regelungsbedürfnis bestand, weil eine Person nur über einen ordentlichen Wohnsitz verfügen kann[138].

Gleichwohl hat es den Eindruck, als habe sich der „ordentliche Wohnsitz" des Jahres 1852 auch seinem überkommenen Namen nach zu einem dermaßen fest etablierten Standard der österreichischen Jurisprudenz entwickelt, daß selbst der Verfassungsgesetzgeber des Jahres 1920 irrtümlicherweise noch diesen Begriff verwendet hat, obwohl er an seinen Nachfolger anknüpfen wollte.

3. Die Entstehungsgeschichte des B-VG

Eine Sichtung der Quellen der Entstehung des B-VG 1920 gibt jedoch zu Zweifeln an dieser Deutung Anlaß.

a) Die Beratungen im Unterausschuß

Im Unterschied zur Entwurfsphase, in welcher Wohnsitz, Bürgerzahl, Wahlkörpern und Seßhaftigkeitserfordernissen wenig Beachtung geschenkt worden war, bildeten diese Themen ab der 9. Sitzung häufige Diskus-

136 Vgl § 17 Abs 4 RRWO idF RGBl 1896/168, § 17 Abs 4 RRWO idF RGBl 1884/142 sowie die analogen Bestimmungen der LTWO (vgl FN 130). Vgl ferner § 9a RRWO idF RGBl 1896/168, womit in der allgemeinen Wählerklasse jedem über 24 Jahre alten, vom Wahlrecht nicht ausgeschlossenen männlichen Staatsbürger die Wahlberechtigung „in jener Gemeinde" zuerkannt wird, „in welcher er am Tage der Ausschreibung der Wahl seit wenigstens sechs Monaten seßhaft ist."

137 Diesfalls war der Ort der höchsten Steuerleistung maßgebend.

138 Vgl M. Kulisch, Beiträge zum österreichischen Parlamentsrecht (1900) 112, der Wohnsitz, ordentlichen Wohnsitz und Seßhaftigkeit gleichsetzt und darunter den Mittelpunkt des bürgerlichen Lebens versteht.

sionspunkte des Unterausschusses. Dabei fällt auf, daß bei der Umsetzung des Grundsatzes, daß nur *Einwohner* zu den Wahlen zugelassen werden sollten, unterschiedliche Formulierungen vorgeschlagen wurden. Die in der 12. Sitzung beschlossenen Fassungen eines Art 97e und eines Übergangsartikels X koppelten das Wahlrecht an einen *ordentlichen Wohnsitz* im Bereich der zu wählenden Gemeinde- und Bezirksvertretungen[139]. Die von sozialistischer Seite betriebene, nach mehreren gescheiterten Vorstößen[140] in der 14. Sitzung als Art 19 Abs 2 angenommene erste Fassung des Bürgerzahlprinzips stellte demgegenüber auf den bloßen *Wohnsitz* ab[141]. Die in den Folgesitzungen beschlossenen beiden Parallelbestimmungen für die Landtagswahlen bedienten sich desselben Begriffs[142].

Es dürfte KELSEN gewesen sein, dem diese Divergenz auffiel. Jedenfalls wurde auf seinen Antrag dem damaligen Art 19 Abs 2 in der 18. Sitzung jene Fassung[143] gegeben, die als Art 26 Abs 2 in die Stammfassung des B-VG Eingang fand. Sie unterschied sich von ihrer Vorläuferformulierung lediglich in zwei Punkten. Erstens enthielt sie eine Legaldefinition des Bürgerzahlprinzips, die eine wortwörtliche Wiederholung dieses Verteilungsschlüssels in Art 95 Abs 3 und Art 119 Abs 2 B-VG überflüssig machen sollte[144]. Zweitens stellte sie – und dies ist die einzige Änderung inhaltlicher Natur – statt auf den einfachen nunmehr auf den *ordentlichen* Wohnsitz ab.

Es ist folglich wenig wahrscheinlich, daß sich der Unterausschuß lediglich im Ausdruck vergriffen und die Worte „ordentlicher Wohnsitz" verwendet hat, obwohl er den einfachen Wohnsitz in der Verfassung verankern wollte. Er hat vielmehr eine Auswahlentscheidung zwischen zwei Begriffen getroffen, die nach damaligem Stand der Beratungen beide im Verfassungswortlaut verankert waren.

---

139 F. ERMACORA, Quellen zum Österreichischen Verfassungsrecht (1967) 377, 378 f; ebenso in der Folge der Art X ersetzende Entwurf eines § 29 ÜG, ibid 463 f.

140 Vgl ERMACORA, Quellen (FN 139) 341 f (Antrag DANNEBERGS, die Mandate auf die Länder entsprechend der Zahl der dort wohnhaften Bundesbürger nach jeder Volkszählung neu aufzuteilen), 376 (Antrag BAUERS auf obligatorische Gliederung der Wählerschaft in geschlossene territoriale Wahlkörper unter Verteilung der Mandate im Verhältnis der darin wohnenden Bundesbürger).

141 Vgl ERMACORA, Quellen (FN 139) 428.

142 Vgl ERMACORA, Quellen (FN 139) 437 (Verteilung der Mandate auf die Wahlkreise der Landtagswahlen), 448 (Verteilung der Mandate auf die Kurien Stadt und Land des Niederösterreichischen Landtags).

143 ERMACORA, Quellen (FN 139) 479.

144 In derselben Sitzung wurde der spätere Art 95 Abs 3 in einer entsprechend vereinfachten neuen Formulierung angenommen: vgl ERMACORA, Quellen (FN 139) 488. Gleichartige Änderung wurden aus diesem Anlaß in Art 34, Art 108 und Art 119 vorgenommen (vgl ibid 480, 490, 491 f).

Zwar bleibt immer noch denkbar, daß der Unterausschuß die beiden Begriffe für inhaltsgleich hielt und lediglich die Einheitlichkeit der in der Verfassung verwendeten Begrifflichkeit sicherstellen wollte. Gegen diese Annahme sprechen jedoch zwei starke Indizien: zum einen die Rechtslage in der Monarchie (b), zum anderen die Ausgestaltung jenes Wahlrechts, auf dessen Grundlage die Konstitutierende Nationalversammlung der jungen Republik gewählt worden war (c).

b) Die Becksche Wahlrechtsreform

Durch die Verfassungskämpfe im Russischen Reich und einen im Abgeordnetenhaus knapp gescheiterten Dringlichkeitsantrag sensiblisiert, unternahm die Regierung im Jahr 1906 einen Vorstoß zur Einführung des allgemeinen Männerwahlrechts[145]. Nach ihrem Vorschlag eines neuen § 7 Abs 1 des Staatsgrundgesetzes über die Reichsvertretung[146] sollten zur Wahl eines Abgeordneten alle mindestens 24 Jahre alten männlichen Staatsbürger berechtigt sein, die „in der Gemeinde (Gutsgebiet), in welcher das Wahlrecht auszuüben ist, am Tage der Ausschreibung der Wahl seit mindestens einem Jahre ihren Wohnsitz“ hatten[147].

In der über diese Seßhaftigkeitsklausel abgeführten Spezialdebatte des Wahlrechtsreformausschusses erinnerte der Abg Kaiser in der 35. Sitzung daran, daß der Ausdruck „Wohnsitz“ ungemein vieldeutig ist. Man könne leicht von jemandem, der ein halbes Jahr in der einen und ein halbes Jahr in der anderen Gemeinde wohnt, sagen, er habe in der ersten Gemeinde keinen einjährigen Wohnsitz gehabt, obschon er dort eine ständige Wohnung hielt. Gleiches gelte für Personen, die aus geschäftlichen oder anderen Gründen für ein Jahr verreisen mußten. Den Intentionen der Regierung stünden derartige Einschränkungen fern; wohl aber könnten die Wahlkommissionen den Ausdruck „Wohnsitz“ in verschiedener Weise interpretieren. Kaiser schlug dagegen folgende Abhilfe vor[148]:

> „Um allen Mißdeutungen aus dem Wege zu gehen, würde es sich vielleicht empfehlen, den Begriff ‚Wohnsitz‘ entsprechend dem § 66 der Jurisdiktionsnorm auszulegen, in welchem es heißt: ‚... [es folgt die wörtliche Wiedergabe von Abs 1 zweiter Satz]‘.
> Damit würde eine Sicherung gegen ungünstige Auslegung geschaffen, keineswegs aber die Regierungsvorlage ihrer Tendenz nach abgeändert.“

Der Minister des Innern Freiherr von Bienerth erhob gegen eine derartige Klarstellung keinen prinzipiellen Einwand, machte aber darauf

145 RV 2552 BlgAH 17. S.

146 RGBl 1867/141.

147 RV 2552 BlgAH 17. S.

148 2727 BlgAH 17. S, 434.

aufmerksam, daß sie besser in die Reichsratswahlordnung als in das Staatsgrundgesetz passen würde[149].

Diesem vermittelnden Vorschlag trat der Abg PERGELT entgegen. Eben deshalb, so sein Einwand, weil § 7 des Staatsgrundgesetzes dem „Wohnsitz" die Rolle einer Voraussetzung für das aktive Wahlrecht zuweise, müsse dieser Begriff dort und nicht erst in der Wahlordnung durch einen Hinweis auf § 66 JN spezifiziert werden[150]. Für KAISER gab dieses Argument den Ausschlag, seinen Antrag aufrechtzuerhalten, um den Wohnsitzbegriff „verfassungsfest" zu machen[151]. Der Ausschuß trat ihm bei und gab dem § 7 „[b]ehufs größerer Klarheit"[152] jene Fassung, in der er schließlich in Kraft treten sollte. In ihr wird der Begriff „Wohnsitz" durch den Klammerausdruck „(§ 66, Absatz 1, des Gesetzes vom 1. August 1895, R.G.Bl. Nr. 111)" definiert[153].

Nachdem eine Person über mehrere Wohnsitze verfügen kann, ihr aber gleichwohl ohne Ausnahme nur eine Stimme zukommen sollte[154], waren Bestimmungen darüber unabdingbar, welcher von mehreren Wohnsitzen den Ausschlag geben sollte.

Die Regierung hatte insoweit vorgeschlagen, den Wohnsitz des öffentlichen Amtes, der Berufstätigkeit oder, „wenn auch dieses Kriterium nicht anwendbar ist", die *Hauptniederlassung im Inlande* für maßgeblich zu erklären[155]. Dem Wahlrechtsreformausschuß erschien diese Regelung wiederum nicht präzise genug[156]. Der Abg VOGLER wandte ein, daß die von der Regierung vorgeschlagene Fassung Privatiers mit Mehrfachwohn-

---

149 2727 BlgAH 17. S, 435.

150 2727 BlgAH 17. S, 440.

151 2727 BlgAH 17. S, 440. Nach der Rede des Innenministers hatte er bei sich schon beschlossen gehabt, sein Anliegen bis zur Erörterung der Bestimmungen der Wahlordnung zurückzustellen.

152 So die Erläuterung im zusammenfassenden AB, 2727 BlgAH 17. S, 6.

153 § 7 Abs 1 lautet idF RGBl 1907/15 wörtlich:
„Wahlberechtigt zur Wahl eines Abgeordneten ist jede Person männlichen Geschlechtes, welche das 24. Lebensjahr zurückgelegt hat, die österreichische Staatsbürgerschaft besitzt, nach den Bestimmungen der Reichsratswahlordnung vom Wahlrechte nicht ausgenommen oder ausgeschlossen ist und innerhalb der im Reichsrate vertretenen Königreiche und Länder in der Gemeinde (Gutsgebiet), in welcher das Wahlrecht auszuüben ist, am Tage der Ausschreibung der Wahl seit mindestens einem Jahre ihren Wohnsitz (§ 66, Absatz 1, des Gesetzes vom 1. August 1895, R.G.Bl. Nr. 111) hat."

154 Vgl § 5 RRWO 1907. Ob der Grundsatz der Gleichheit des Wahlrechts bereits aus § 7 StGG RV hervorging, wurde unterschiedlich beurteilt: für Verfassungsrang die Abg ADLER (2727 BlgAH 17. S, 436), LECHER (ibid 573) und SCHRAFFL (ibid 598); dagegen wohl zu Recht die Abg TROLLINGER (ibid 430) und KAISER (ibid 602). In der Abstimmung wurde ein Pluralwahlrecht nur mit knapper Mehrheit (26:20 Stimmen) abgelehnt (ibid 610).

155 Vgl § 6 Abs 3 idF RV 2552 BlgAH 17. S.

156 Zu den folgenden Debattenbeiträgen vgl AB, 2727 BlgAH 17. S, 474-477.

sitz nicht erfasse und im übrigen auch denkbar unzweckmäßig sei, soweit sie dem Wohnsitz der Berufstätigkeit den Vorrang einräume. Er stellte deshalb den Antrag, an jenen Wohnsitz anzuknüpfen, in welchem der Wahlberechtigte „im Laufe des Jahres am längsten gewohnt hat". KAISER machte eine Verfassungswidrigkeit der Regelung geltend[157] und hielt sie insgesamt für entbehrlich. Minister VON BIENERTH verteidigte die Vorlage unter Hinweis darauf, daß der Begriff „Hauptniederlassung" nicht „ausschließlich auf gewerbliche oder industrielle Verhältnisse zu beziehen" sei, sondern gleichermaßen auch Private treffe. Im übrigen habe auch der Vorschlag VOGLERS unbillige Härten zur Folge: Gutsbesitzer würden etwa im Winter zu einer Rückreise in den ländlichen Wahlbezirk gezwungen. All diese Eventualitäten könne man gerade im Hinblick auf die Maßgeblichkeit der Jurisdiktionsnorm getrost der Judikatur überlassen.

Mit dieser Ansicht drang er jedoch im Ausschuß nicht durch. Der Abg VON GRABMAYR gab Fälle zu bedenken, in welchen keines der drei angeführten Kriterien zutreffe, und schlug die Einfügung eines weiteren Absatzes vor, nach dem subsidiär dem Wahlberechtigten die Entscheidung überlassen bleibe, wo er von seinem Recht Gebrauch machen wolle. Abg ADLER verwahrte sich zwar grundsätzlich dagegen, jedes Wort der Regierungsvorlage auf die Goldwaage zu legen. Im konkreten Fall erschienen ihm jedoch die Bedenken VOGLERS für berechtigt. Statt wie jener auf den längsten Aufenthalt abzustellen, was ADLER für praktisch undurchführbar hielt, stellte er – vom Abg GESSMANN unterstützt – den Antrag, den Begriff „Hauptniederlassung" durch den Ausdruck „Hauptwohnsitz" zu ersetzen.

In der Abstimmung wurde der Antrag VOGLER verworfen, die Anträge ADLER und GRABMAYR angenommen[158]. In dieser Fassung fanden die § 6 Abs 3 und 4 in die Reichsratswahlordnung 1907[159] Eingang. Sie lauteten folgendermaßen:

„Wenn der Wahlberechtigte am Tage der Ausschreibung der Wahl seit wenigstens einem Jahre mehrere Wohnsitze innehat, so ist für die Ausübung der Wahl derjenige Wohnsitz maßgebend, an dem derselbe zur Zeit der Ausschreibung der Wahl ein öffentliches Amt bekleidet, oder, falls diese Voraussetzung nicht zutrifft, den Sitz seiner Berufstätigkeit hat,

157 Seiner Auffassung nach konnten im Hinblick auf die durch § 7 StGG geforderte einjährige Seßhaftigkeit in der Gemeinde nur mehrere Wohnsitze in der Gemeinde für einen Stichentscheid in Frage kommen; dagegen zu Recht BIENERTH und GRABMAYR.

158 Im Endbericht (AB 2727 BlgAH 17. S, 8 f) ist hiezu zu lesen, daß die Fassung der Regierungsvorlage „nicht als erschöpfend angesehen werden kann und daß es auch kaum möglich gewesen wäre, alle Fälle mehrfachen Wohnsitzes durch eine kurze präzise Bestimmung zu treffen. Durch den Zusatz zu § 6 soll daher dem Wahlberechtigten selbst die Wahl des Wahlortes anheim gestellt werden [...]"

159 Gesetz vom 26. Jänner 1907, betreffend die Wahl der Mitglieder des Abgeordnetenhauses des Reichsrates, RGBl 1907/17 (in der Folge: RRWO 1907).

oder, wenn auch dieses Kriterium nicht anwendbar ist, wo sich in der angegebenen Zeit sein Hauptwohnsitz im Inlande befindet.
Kann die Entscheidung gemäß den vorstehenden Bestimmungen nicht getroffen werden, steht dem Wahlberechtigten frei, in welcher Wohnsitzgemeinde er sein Wahlrecht ausüben will."

Nach dem im Jahr 1907 neu erlassenen § 7 des StGG über die Reichsvertretung war demzufolge der *Wohnsitz* in einer Gemeinde Voraussetzung des aktiven Wahlrechts. Das Wohnsitzerfordernis sollte, wie eben dort klargestellt war, anhand der in § 66 Abs 1 JN 1895 enthaltenen Kriterien zu beurteilen sein. Um gleichwohl die Gleichheit des Wahlrechts zu gewährleisten, traf die Reichsratswahlordnung 1907 dafür Vorsorge, daß ein nach der JN und somit auch nach § 7 StGG denkbarer mehrfacher Wohnsitz kein mehrfaches Wahlrecht zur Folge hatte. In diesem Fall sollten der Amts- oder Berufswohnsitz, in Ermangelung solcher Wohnsitze der *Hauptwohnsitz* und in letzter Konsequenz die *Bestimmung durch den Wahlberechtigten* maßgeblich sein.

Wir können mit an Sicherheit grenzender Wahrscheinlichkeit davon ausgehen, daß diese neue Rechtslage den Schöpfern unserer Bundesverfassung nicht unbekannt geblieben sind. Für KELSEN, auf dessen Antrag hin sich der Unterausschuß für den Ausdruck „ordentlicher Wohnsitz" entschieden hatte, läßt sich nachweisen, daß er selbst mit den eben geschilderten, im Jahre 1920 noch keine fünfzehn Jahre zurückliegenden Debatten im Wahlrechtsausschuß vertraut war[160]. Zu unterstellen, ihm als ausgewiesenen Dogmatiker des Wahlrechts sei nicht bewußt gewesen, daß eine Person auch über mehrere Wohnsitze im Sinne der JN 1895 verfügen kann, grenzt vor diesem Hintergrund fast schon ans Absurde. Jedenfalls ist es alles andere als widersinnig, hinter seinem auf die Verankerung eines „qualifizierten" Wohnsitzes zielenden Antrag die Absicht zu vermuten, die mit Mehrfachwohnsitzen verbundenen Schwierigkeiten zu vermeiden.

c) Das Wahlrecht der Republik Deutsch-Österreich

Die bisher zusammengetragenen Indizien reichen für einen solchen Schluß jedoch bei weitem nicht aus. Man mag die Annahme, es könne im Unterausschuß des Verfassungsausschusses am Problembewußtsein nicht gemangelt haben konnte, durchaus für plausibel halten: Sie allein erklärt mitnichten, weshalb der Verfassungsgesetzgeber sich eines Begriffs bedient hat, für welchen mit § 16 JN 1852 eine (wenn auch außer Kraft

160 Er widmet der Kommentierung des § 6 ganze vier Seiten, nimmt auf die Entstehungsgeschichte wiederholt Bezug und macht ebenso akribisch wie subtil auf die noch verbliebenen Schwächen der Regelung aufmerksam: vgl H. KELSEN, Kommentar zur österreichischen Reichsratswahlordnung (1907) 47-51.

getretene) Definition vorlag, die mit jener des § 66 Abs 1 JN 1895 so gut wie identisch war. Wieso sollte man in der Absicht, im Wahlrecht mit dem Wohnsitz des allgemeinen Gerichtsstandes zu brechen, ausgerechnet zu einem Synonym gegriffen haben?

Diese *prima facie* unbegreifliche Paradoxie vermag auch eine Beleuchtung des wahlrechtlichen Hintergrundes zwischen 1918 und 1920 nicht restlos auszuräumen. Eine Analyse der Wahlordnung für die konstituierende Nationalversammlung[161] macht eine solche Annahme jedoch plausibel. Dieses im Spätherbst 1918 in großer Eile beratene und beschlossene Gesetz bestimmt in seinem § 3 Abs 1, daß jeder Wähler sein Wahlrecht in der Ortsgemeinde ausübt, „in der er am Tage der Verlautbarung der Wahlausschreibung seinen ordentlichen Wohnsitz hat."

Weder die von Renner persönlich verfaßten Erläuterungen zur Staatsratsvorlage[162] noch der Bericht des Wahlgesetzausschusses[163] geben darüber Auskunft, weshalb im Unterschied zu § 7 StGG über die Reichsvertretung an einen „ordentlichen Wohnsitz" angeknüpft und was unter diesem Begriff verstanden wurde: Es gab in der Tat wichtigere Probleme zu behandeln[164]. Eine systematische Analyse der Wahlordnung zeigt jedoch, daß dieser Ausdruck mit dem Wohnsitzbegriff des § 66 Abs 1 JN nicht identisch sein konnte. Anderfalls hätte die Regelung nämlich die Verfassung verletzt.

Im Unterschied zur RRWO 1907 und anders als die NRWO 1923, in denen jeweils der Grundsatz verankert war, daß jeder Wähler nur über eine Stimme verfügen sollte, enthielt die Wahlordnung 1918 kein Verbot des Pluralwahlrechts: In ihren ganz am Ablauf der Wahl orientierten Regelungen wird vielmehr nach der Einteilung des Staatsgebiets in Wahlkreise und der Anordnung, daß die Wähler jedes Wahlkreises einen Wahlkörper bilden, welcher nach dem Verhältniswahlverfahren die dem Wahlkreis zugewiesene Abgeordnetenanzahl wählt, an den ordentlichen Wohnsitz das aktive Wahlrecht in der betreffenden Gemeinde geknüpft. Die Möglichkeit eines ordentlichen Wohnsitzes in mehreren Gemeinden hätte somit gemäß § 3 Abs 1 ein *mehrfaches* Wahlrecht zur Folge gehabt. Ein solches Pluralwahlrecht hätte indessen fraglos gegen § 9 zweiter Satz des Grundgesetzes über die Staats- und Regierungsform[165] verstoßen, in dem unter anderem die Gleichheit des Wahlrechts verbindlich vorgegeben war.

161 StGBl 1918/115.

162 62 BlgProvNV.

163 76 BlgProvNV.

164 Die Wahlordnung 1918 brachte das allgemeine Frauenwahlrecht, den Übergang vom Mehrheits- zum damals neuen Verhältniswahlrecht und eine gerechtere Verteilung der Mandate auf die Wahlkreise.

165 StGBl 1918/5.

Einerlei, ob dieser Unterschied im Ausdruck zwischen Wahlordnung und JN 1895 von Renner beabsichtigt gewesen sein mochte[166] oder ob er auf einem glücklichen Zufall beruht: Eine ebenfalls noch 1918 erlassene, die Durchführungsvorschriften enthaltende Vollzugsanweisung des Staatsrats[167] griff diese begriffliche Divergenz auf bzw machte sie sich zunutze. In ihrem § 2 wurde folgendes angeordnet:

„(1) Jeder Wähler übt sein Wahlrecht in der Ortsgemeinde aus, in der er am Tage der Verlautbarung der Wahlausschreibung seinen ordentlichen Wohnsitz hatte.
(2) Der Wohnsitz einer Person ist an dem Orte begründet, an dem sie sich in der erweislichen oder aus den Umständen hervorgehenden Absicht niedergelassen hat, daselbst ihren bleibenden Aufenthalt zu nehmen (§ 66 des Gesetzes vom 1. August 1895, R.G.Bl. Nr. 111).
(3) Werden in einer Ortsgemeinde mehrere Wahlorte oder Wahlsprengel gebildet, so übt der Wähler sein Wahlrecht in jenem Wahlorte (Wahlsprengel) aus, dem er nach seiner Wohnung angehört.
(4) Wenn der Wahlberechtigte am Tage der Verlautbarung der Wahlausschreibung mehrere Wohnsitze oder mehrere Wohnungen in verschiedenen Wahlorten oder Wahlsprengeln der Gemeinde seines Wohnsitzes innehat, so ist für seine Eintragung in das Wählerverzeichnis und die Ausübung der Wahl jene Wohnung maßgebend, in der er zur Zeit der Ausschreibung der Wahl tatsächlich gewohnt hat.
(5) Kann eine Entscheidung nach dieser Bestimmung nicht getroffen werden, so steht dem Wahlberechtigten frei, in welcher Wohnsitzgemeinde, beziehungsweise an welchem Wahlorte oder Wahlsprengel er die Wahl ausüben will.
(6) [...]"

Aus dieser Regelung wird deutlich, in welchem Verhältnis ordentlicher Wohnsitz und Wohnsitz zueinander stehen: Sie greift mit ihrer in Abs 2 enthaltenen Definition des Wohnsitzes das Vorbild des § 7 des StGG über die Reichsvertretung auf und sieht für den Fall einer Mehrzahl von Wohnsitzen ein Eliminationsverfahren vor, dessen Struktur aus § 6 Abs 3 RRWO 1907 geläufig ist. Wenn die hiefür vorgesehenen Kriterien nicht greifen, soll subsidiär für die Ausübung des Wahlrechts – und damit auch für den ordentlichen Wohnsitz – wie schon in § 6 Abs 4 RRWO 1907 die freie Bestimmung des Wahlberechtigten maßgeblich sein[168].

Vor diesem Hintergrund wird klar, daß die Wahlordnung 1918 die Gleichheit der Wahl über die Wahlrechtsvoraussetzung des ordentlichen Wohnsitz hergestellt hat: Eben deshalb, weil zwar eine Mehrzahl von

166 In der von ihm verfaßten Begründung der Staatsratsvorlage werden die mit der Erstellung der Wählerverzeichnisse verbundenen Schwierigkeiten eingehend diskutiert und eine diesbezügliche Vollzugsanweisung in Aussicht gestellt, die „diese Verzeichnisse im einzelnen zu regeln haben" werde. Weiters ist der Kontrolle der Verzeichnisse durch Öffentlichkeit und Parteibüros großes Gewicht beigemessen (vgl 62 BlgProvNV, 23).

167 Vollzugsanweisung des Deutschösterreichischen Staatsrates vom 21. Dezember 1918, betreffend die Verzeichnung der Wahlberechtigten zur Wahl der konstituierenden Nationalversammlung, StGBl 1918/128.

168 Um ein nach diesem Kriterium mögliches Doppelwahlrecht auszuschließen, enthielt die Vollzugsanweisung in § 1 Abs 3 den in der Wahlordnung nicht aufscheinenden Grundsatz, daß jeder Wahlberechtigte nur eine Stimme hat.

Wohnsitzen, aber nur ein einziger ordentlicher Wohnsitz möglich war, konnte auf ein Verbot mehrfacher Stimmführung verzichtet werden[169].

4. Die Funktion des ordentlichen Wohnsitzes im B-VG

Doch selbst wenn man die Geschichte der Entstehung der Bundesverfassung beiseite läßt und ausblendet, daß sich der Verfassungsgesetzgeber an der Wahlordnung 1918 orientiert und gegen die in § 7 des StGG über die Reichsvertretung verwendete Begrifflichkeit optiert hat: Allein die Konsequenzen einer Gleichsetzung von Wohnsitz gemäß § 66 JN und ordentlichem Wohnsitz im Sinne des B-VG hätten Anlaß geben müssen, an der Richtigkeit der herrschenden Auffassung zu zweifeln.

Im zivilgerichtlichen Verfahren schadet es nicht, daß eine Person über mehrere Wohnsitze verfügt. Diese Pluralität ist vielmehr die einzige sachgerechte Lösung jenes Problems, das der Verfahrensgesetzgeber mit der Festlegung eines allgemeinen Gerichtsstandes lösen will: die Bestimmung jenes Ort, an welchem geklagt werden kann. Wenn eine Person an mehreren Orten über starke Anknüpfungspunkte von Lebensbeziehungen verfügt, so ist es ihr eher zumutbar, an all diesen Orten Klagen zu gewärtigen, als es ihrem an einem dieser Orte ansässigen Gläubiger zumutbar wäre, seine Klage bei einem auswärtigen Gericht anbringen zu müssen. § 66 Abs 2 JN 1895 läßt darum dem Kläger die Wahl, auf irgendeinen allgemeinen Gerichtsstand zu greifen.

Im Wahlrecht (und auch in anderen Verfahrensrechtssystemen[170]) erfüllt das Wohnsitzerfordernis eine andere Funktion. Das B-VG 1920 ist vom Konzept getragen, die politischen Rechte an die Staats- bzw Bundesbürgerschaft zu koppeln und sie mit Hilfe einer rein territorialen Anknüpfung zu radizieren: Jede vom Wahlrecht nicht ausgeschlossene Per-

169 Schon den Landtagen waren diese subtilen Unterscheidungen oft nicht mehr geläufig: In den nachfolgenden Landtagswahlordnungen wurde in der Regel der ordentliche Wohnsitz der Wahlordnung 1918 ohne weitere Erläuterung übernommen. Die oö LTWO, LGBl 1919/24, und die tir LTWO, LGBl 1921/43, definierten hingegen diesen Begriff in § 3 durch einen Klammerverweis auf § 66 JN 1895, ohne freilich Vorkehrungen gegen ein mehrfaches Wahlrecht durch Mehrfachwohnsitze zu treffen (ähnlich auch § 2 Abs 1 nö GWO, LGBl 1919/85, deren § 1 Abs 3 jedoch ein Pluralwahlrecht ausdrücklich ausschloß). Nach Erlassung der NRWO 1923 wurde diese Gleichsetzung zur allgemeinen Übung.

170 Die örtliche Zuständigkeit im häufig von Amts wegen einzuleitenden Verwaltungsverfahren muß schon zur Vermeidung verfassungsrechtlich bedenklicher Zuständigkeitskonkurrenzen (vgl dazu VfSlg 13816/1994) eineindeutig festgelegt sein. – Immerhin bemerkenswert ist in diesem Zusammenhang, daß das AVG 1925, BGBl 274, in § 4 wohl regelt, wie zu verfahren ist, wenn „die im § 3 unter a und b angeführten Umstände die örtliche Zuständigkeit mehrerer Behörden" begründen, aber zum Fall schweigt, daß das in § 3 lit c genannte zuständigkeitsbegründende Kriterium des Wohnsitzes zu einer Zuständigkeitskonkurrenz führt.

son soll dort wählen und abstimmen dürfen, wo sie ihren ordentlichen Wohnsitz hat[171]. In einem solchen System gerät die Anerkennung einer Mehrzahl von ordentlichen Wohnsitzen zwangsläufig in ein Spannungsverhältnis mit dem Grundsatz der Gleichheit der Wahl, das befriedigend aufgelöst werden muß.

Um eine solche Erklärung ist man zunächst nicht verlegen. Eben deshalb, weil der Grundsatz der Gleichheit des Wahlrecht im B-VG auf allen Ebenen explizit verankert ist, unterliegt es keinem Zweifel, daß der Wahlrechtsgesetzgeber nicht nur die Möglichkeit, sondern auch die Pflicht hat, ein mehrfaches Wahlrecht zu ein und derselben gesetzgebenden Körperschaft auszuschließen. Soweit hingegen ein mehrfacher Wohnsitz dazu führt, daß eine Person zu *verschiedenen* Landtagen oder Gemeindevertretungen wahlberechtigt ist, ist die Gleichheit des Wahlrechts nicht in Frage gestellt[172].

Ein zweiter Blick auf die Wahlrechtskonzeption des B-VG zeigt jedoch, daß der ordentliche Wohnsitz noch eine weitere tragende Rolle innehatte: Er entschied darüber, welche Staatsbürger für Zwecke der Mandatsverteilung als Bürger eines bestimmten Wahlkeises zu zählen waren. Nach dem sog Bürgerzahlprinzip, das wiederum auf allen Ebenen verankert war, gelangen die Mandate auf die Wahlkreise im Verhältnis der Zahl der Bundesbürger zur Verteilung, die nach dem Ergebnis der letzten Volkszählung in den Wahlkreisen ihren ordentlichen Wohnsitz hatten.

Die Konsequenzen sind rasch gezogen. Eine Identifikation des ordentlichen Wohnsitzes mit dem Wohnsitz des § 66 Abs 1 JN 1895 hat zur Folge, daß Personen mit mehrfachem Wohnsitz bei der Verteilung der Nationalratsmandate auf die Wahlkreise mehrfach zu zählen sind[173].

Daß aber eine solche doppelte Repräsentation dem Sinn und Zweck des Bürgerzahlprinzips zuwiderläuft, ist mit Händen zu greifen. Dieser

171 Auf eine einfache, sowohl für die Gemeinde-, Bezirks- (vgl § 34 Abs 3 ÜG 1920), Landes- und (entgegen VfSlg 12023/1989 – überzeugend R. Schick, Ist der Ausschluß der Auslandsösterreicher vom Wahlrecht verfassungswidrig?, ÖGZ 1989/3, 2-14) auch für die Bundesebene gültige Formel gebracht: Wahlrecht = Bundesbürgerschaft + ordentlicher Wohnsitz.

172 So zutreffend bereits VfSlg 1327/1930. Und eben deshalb ist es auch nicht zielführend, auf den allgemeinen Gleichheitssatz auszuweichen (so aber Nowak, Grundrechte [FN 110] 345, der im Wahlrecht zu mehreren Landtagen oder Gemeinderäten ein verfassungswidriges Vorrecht des Vermögens sieht).

173 So im Ansatz schon Nowak, Grundrechte (FN 110) 347, der darin jedoch (lediglich) eine Gleichheitswidrigkeit erblickt, weil er mit der hM die Möglichkeit eines mehrfachen ordentlichen Wohnsitzes anerkennt. Diese Auffassung ist mE nicht haltbar: Wenn der Verfassungsgesetzgeber im Wahlrecht entscheidend auf den ordentlichen Wohnsitz abstellt und unter einem zu erkennen gibt, daß eine Person auch über mehrere derartige Bezugspunkte verfügen kann, dann sind allfällige „sachwidrige" Konsequenzen einer solchen Mehrfachanknüpfung eben in Kauf genommen, wenn nicht intendiert.

Zuweisungsmodus will eine gerechte proportionale Verteilung der Mandate auf die Wahlkreise durch einen generell-abstrakten Schlüssel sichern, der gegenüber Entwicklungen der Bevölkerungsstruktur offen ist und der gleichzeitig Manipulationen unmöglich macht. Als Bezugsgröße dient ihm hiebei die Zahl sämtlicher Staatsbürger, die im jeweiligen Gebiet ansässig ist: Jeder Wahlkreis soll so viele Mandate erhalten, wie es dem Verhältnis zwischen der Zahl seiner Bürger zur Zahl aller im Staatsgebiet ansässigen Staatsbürger entspricht. Mit diesen Zielsetzungen wäre unvereinbar, wenn bestimmte Staatsbürger nicht einfach, sondern mehrfach zu zählen und entsprechend stärker repräsentiert wären. Anders gewendet: Das Bürgerzahlprinzip des B-VG 1920 basiert als alle Ebenen verbindendes Rückgrat der verfassungsrechtlichen Wahlrechtskonzeption auf der Prämisse, daß die Summe der Bürger aller Gemeinden eines Landes die Bürgerzahl des Landes ergibt und daß die Summe der Bürgerzahlen der Bundesländer mit der Gesamtbürgerzahl identisch ist. Jeder im Inland ansässige Staatsbürger ist genau einmal zu zählen, und zwar dort, wo er seinen *ordentlichen* Wohnsitz hat.

Daß es dem Bürgerzahlprinzip um eine eineindeutige Zuordnung von Personen zu einem Gebiet zu tun war, dürfte als dermaßen einleuchtend und selbstverständlich erschienen sein, daß bis heute bei der Verteilung der Mandate auf die Wahlkreise wie auch im Volkszählungsrecht – dem Dogma mehrfacher ordentlicher Wohnsitze zum Trotz – alle Staatsbürger nur einmal gezählt werden.

Die NRWO 1923 wies den Bundeskanzler an, die Zahl der Bundesbürger, die nach der letzten ordentlichen Volkszählung ihren ordentlichen Wohnsitz im Gebiet der Republik hatten, durch die Zahl 165 zu teilen und jedem Wahlkreis so viele Mandate zuzuweisen, als die auf diese Weise ermittelten Verhältniszahl in der Bürgerzahl des Wahlkreises enthalten war[174]. Übrigbleibende Mandate waren nach Maßgabe der Größe der ermittelten Dezimalreste aufzuteilen. Dieser Modus setzt voraus, daß die Summe der Bürgerzahlen aller Wahlkreise mit der Zahl der Bundesbürger mit ordentlichem Wohnsitz im Inland identisch ist. Der Konstellation, daß auf diese Weise schon im ersten Schritt mehr Mandate zuzuweisen gewesen wären, als der Nationalrat Abgeordnete zählt, wird nämlich nicht gedacht, obwohl sie bei mehrfachem ordentlichen Wohnsitz durchaus hätte praktisch werden können.

174 Vgl § 5 Abs 2 und 3 iVm § 6 leg cit. Daß im übrigen auch das Bürgerzahlprinzip – darin dem Grundsatz der Verhältniswahl vergleichbar – dem einfachen Gesetzgeber einen Ausgestaltungsspielraum beläßt, zeigt die Divergenz zwischen der von der BReg vorgeschlagenen (vgl RV 1420 BlgNR 1. GP) und der über Antrag des Ausschusses (vgl AB 1610 BlgNR 1. GP) Gesetz gewordenen Fassung des § 5.

Sowohl die nachfolgenden Nationalratswahlordnungen[175] als auch die Landtagswahlordnungen[176] haben diesen Verteilungsmodus übernommen. Sie gingen daher sichtlich für die Zwecke der Mandatsaufteilung auf die Wahlkreise mit der NRWO von der Prämisse aus, daß eine Person im Inland nur genau einen ordentlichen Wohnsitz haben kann.

Dieses Verständnis geht auch aus den Rechtsvorschriften über das Volkszählungswesen hervor[177]. Das Volkszählungsgesetz 1980[178] verpflichtete jene Personen, die mehrere Wohnsitze im Sinn des § 66 JN innehatten, einen davon als den ordentlichen zu bezeichnen[179]. Und noch im Jahr 1990 stellte der Gesetzgeber für den Fall mehrerer Niederlassungen einer Person klar, daß der den ordentlichen Wohnsitz bildende Mittelpunkt ihrer Lebensbeziehungen an dem Ort gegeben ist, zu dem ein überwiegendes Naheverhältnis besteht[180].

Die Verfassungskonformität dieser Regelungen ist – soweit ersichtlich – nie in Zweifel gezogen worden. Der VfGH hat vielmehr in VfSlg 9598/1982 beiläufig eingeräumt, daß im Nationalratswahlrecht und im Volkszählungsrecht

> „von der Zielsetzung dieser Normen her für jede Person nur jeweils ein ordentlicher Wohnsitz maß- und ausschlaggebende Bedeutung zu erlangen vermag".[181]

Damit war zugestanden, daß es nur einen ordentlichen Wohnsitz iSd Art 26 Abs 2 B-VG geben konnte. Gleichwohl hielt der Gerichtshof in der Folge daran fest, daß ein und dieselbe Person iSd Art 95 Abs 1 und Art 117 Abs 1 mehrere ordentlichen Wohnsitz haben und folglich zu meh-

---

175 Vgl § 5 NRWO BGBl 1949/129, § 4 NRWO idF BGBl 1957/25, § 3 NRWO BGBl 1971/391, § 4 NRWO BGBl 1992/471.

176 Vgl statt vieler § 1 der Wahlordnung für den steiermärkischen Landtag, LGBl 1923/108, und § 2 der vorarlberger Landtagswahlordnung, LGBl 1923/59.

177 Schon das Gesetz über die Volkszählung, RGBl 1869/67, auf dessen Basis die erste Volkszählung in der republikanischen Ära durchgeführt wurde, schrieb in § 14 vor, Personen mit Heimatrecht in einer Gemeinde nicht am Ort ihres Aufenthalts als Anwesende, sondern in ihrer Heimatgemeinde als „abwesende Bevölkerung" zu zählen. Die Verordnung BGBl 1921/400 brach zwar – wie aus den ihr beigeschlossenen Formularen zu ersehen ist – mit dem Grundsatz, Abwesende getrennt zu führen, und stellte nur mehr auf den tatsächlichen Aufenthalt ab. Auch sie schärfte jedoch in der als Anlage beigeschlossenen „Belehrung für den Wohnungsinhaber" ein, „darauf zu achten, daß jede zu Mitternacht vom 30. November auf den 1. Dezember [1921] in Österreich anwesende Person gezählt und daß für sie nur ein Zählblatt ausgefüllt wird".

178 BGBl 1980/199, § 2 Abs 4 zweiter Satz.

179 Vgl dazu RV 74 BlgNR 15. GP, 5: „Jeder Staatsbürger kann selbstverständlich bei der Verteilung der Mandate auf die Wahlkreise *nur einmal* berücksichtigt werden" (Hervorhebung im Original).

180 Vgl § 2 Abs 4 dritter Satz Volkszählungsgesetz 1980 idF BGBl 1990/149.

181 VfSlg 9598/1982, 554.

reren Landtagen und Gemeindevertretungen wahlberechtigt sein kann[182]. Der VfGH hat somit ein und demselben Verfassungsbegriff einen je und je verschiedenen Inhalt zugemessen. Für diese Differenzierung fehlte im B-VG jede Grundlage. Sie führt denn auch zwangsläufig zu Sprüngen in der in sich geschlossenen Wahlrechtskonzeption des B-VG 1920, indem sie Wähler „erzeugt", die zwar zum Landtag und zur Gemeindevertretung wahlberechtigt sind, die aber im Rahmen der Verteilung der Mandate auf die Wahlkreise nicht zu zählen sind. Daß solches dem Sinn und Zweck der Verfassung gerecht wird, ist auszuschließen: Das B-VG 1920 hat für alle Gebietskörperschaften ein in seinen Grundzügen gleiches Wahlrecht vorgegeben. Das auf den ordentlichen Wohnsitz aufbauende Bürgerzahlprinzip ist eine tragende Säule dieser Konstruktion: Es durchzieht, stützt und verbindet alle Ebenen demokratischer Repräsentation.

5. Ergebnis

Was sich vor dem Hintergrund der Wahlordnungen der Jahre 1907 und 1918 bereits abgezeichnet hatte, verdichtet sich im Lichte der Systematik des B-VG 1920 zur Gewißheit: „Ordentlicher Wohnsitz" ist mehr und anderes als der einfache Wohnsitz des allgemeinen Gerichtsstandes. Bei der Ermittlung der Bedeutung dieses Begriffs hätte das *Highlander*-Thema als Leitmotiv fungieren müssen: *Es kann nur einen geben.*

Es stimmt tröstlich und nachdenklich zugleich, daß die Sachgesetzlichkeiten im Wahlrecht letztendlich doch stark genug waren, um die durch die vorschnelle „Versteinerung" eines Schlüsselbegriffs bewirkte falsche Weichenstellung zu korrigieren: Mit der B-VG-Novelle BGBl 1994/504 hat der Verfassungsgesetzgeber den Begriff „ordentlicher Wohnsitz" durch den schon in der RRWO 1907 verwendeten Terminus „Hauptwohnsitz" ersetzt und zugleich durch eine Definition unmißverständlich klargestellt, daß jede Person nur einen Hauptwohnsitz haben kann[183].

Eben dieser Verfassungsänderung wegen sind Überlegungen darüber, was den „ordentlichen Wohnsitz" ausmacht, in rechtsdogmatischer Hinsicht müßig geworden. Es ging hier auch weniger darum, diesen der Rechtsgeschichte angehörenden Begriff auszuloten. Gezeigt werden sollte vielmehr, daß beim Versuch, dogmatischen Problemen mit Patentrezepten beizukommen, die intendierte Rationalität nicht selten auf der Strekke bleibt: „Theorien" sind allemal wirksame Reflexionsbremsen.

182 VfSlg 10690/1985, 12733/1991.

183 Daß die Neuregelung von der mE verfassungspolitisch verfehlten Konzeption getragen ist, die politischen Rechte nach melderechtlichen Bedürfnissen auszurichten, und daß sie auch in dogmatischer Hinsicht mehr Probleme geschaffen als gelöst hat, steht auf einem anderen Blatt.

Die Versteinerungstheorie läuft gerade ihrer hohen Leistungsfähigkeit und ihrer großen suggestiven Kraft wegen Gefahr, zu einem Patentrezept zu verkümmern. Rückblickend wird man jedenfalls nicht umhin kommen, primär sie dafür verantwortlich zu machen, daß im Zuge einer mehr als siebzig Jahre währenden rechtswissenschaftlichen Diskussion um die Interpretation des Ausdrucks „ordentlicher Wohnsitz" die entscheidenden Fragen nicht einmal gestellt, geschweige denn beantwortet wurden.

VI. Resümee

Damit bin ich am Schluß meiner Überlegungen und gelange zu folgender Bilanz: Die Versteinerungstheorie ist und bleibt ein vor allem im Rahmen der Auslegung der Kompetenzverteilung wertvolles, ja unverzichtbares Werkzeug zur Ermittlung des mutmaßlichen Willens des Verfassungsgesetzgebers. Als „hilfreiche Faustregel"[184] hat sie somit fraglos ihre Berechtigung und steht sie im Grundsätzlichen außer Streit. Sie basiert jedoch auf Unterstellungen, die lediglich im großen und ganzen Plausibilität beanspruchen können und im Auslegungsvorgang am konkreten Fall auf ihre Berechtigung überprüft werden müssen, um verzerrte Ergebnisse zu vermeiden.

In einem Satz zusammenzufaßt: Die Versteinerungstheorie ist legitim, soweit sie sich als historische Interpretation rechtfertigen läßt; sie ist falsch, soweit sie historische Auslegung verhindert oder verstellt.

184 So R. Novak, Lebendiges Verfassungsrecht (1986), JBl 1990, 621 (625).

Hans F. Zacher

Die Internationalität der Forschung: ein Forschungsprogramm[1]

I. Die Internationalität der Forschung als Aufgabe

Forschung ist international. Das ist eine gängige Vorstellung. Und ihr entspricht eine unüberschaubar vielfältige Praxis. Sie bezieht ihre Eigenart nicht so sehr aus der Selbstverständlichkeit, daß Forschung international ist. Sie bezieht ihre Eigenart vielmehr daraus, daß Forschung ganz wesentlich auch national ist. Das ist der polemische Reiz, der in der Betonung der Internationalität der Forschung liegt. Und dieses Spannungsverhältnis zwischen Nationalität und Internationalität der Forschung ist es, was die Praxis der Internationalität zu einer Aufgabe macht.

Diese Aufgabe liegt in der *Frage: Ist die Wirklichkeit, in der sich heute Nationalität und Internationalität der Forschung zueinander verhalten, die bestmögliche? Sind die Ziele und die Techniken der Internationalität optimal?* Der Verdacht liegt nahe, daß vieles, was im Wechselspiel zwischen der Nationalität und der Internationalität der Forschung geschieht, aus begrenzten Initiativen hervorgegangen ist, ohne einem allgemeineren Anspruch gerecht zu werden. *Aber was sind die Ansprüche, denen die Internationalität der Forschung genügen soll?*

1 Günther Winkler hat viel für die internationale Zusammenarbeit der Wissenschaft und in internationaler Zusammenarbeit der Wissenschaft getan. Herausragende Aktivitäten fallen in seine Amtszeit als Rektor der Universität Wien. Andere hängen mit der verdienstvollen Rolle zusammen, die er für die Verbindung zwischen Taiwan und Österreich seit langer Zeit einnimmt. Ein Erfahrungsfeld besonderer Art ist gewiß auch die Vereinigung der Deutschen Staatsrechtslehrer, der Öffentlichkeitsrechtler aus Österreich, der Schweiz und Deutschland angehören, deren Mitglieder Günther Winkler und der Verfasser sind und der der Jubilar in den Jahren 1980 und 1981 vorstand. Der Verfasser war seinerseits nach Erfahrungen auf dem Gebiet der Rechtsvergleichung und der internationalen Sozialpolitik von 1990 bis 1996 Präsident der Max-Planck-Gesellschaft – eine Aufgabe, die ihn vielfältig mit der Internationalität der Forschung befaßte (zB Hans F. Zacher, Die Max-Planck-Gesellschaft in der Spannung zwischen Nationalität und Universalität, MPG-Spiegel 1995, Heft 2, 38 ff). Der Verfasser hielt es deshalb für gerechtfertigt, Günther Winkler diese forschungspolitische Skizze zu widmen.

II. Allgemeine Aspekte des Themas

1. Nationalität und Internationalität der Forschung – Dimensionen der Bedeutung

Forschung ist ein soziales Geschehen. Nur deshalb ist es möglich, von einer Nationalität und einer Internationalität der Forschung zu sprechen. Das reine Denken ist ebensowenig national oder international wie eine Erkenntnis an sich. Aber Forschung überschreitet schnell diese Grenzen reiner Geistigkeit und reiner Individualität. In der Regel geschieht sie im sozialen Kontext. Sie geschieht durch Menschen, welche die Wissenschaft von anderen Menschen gelernt haben. Sie geschieht auf der Grundlage von Wissen, das von anderen erworben und weitergegeben wurde. Sie geschieht in der Zusammenarbeit mit anderen und in der Diskussion mit anderen – sei es unter Gleichen oder unter Ungleichen. Wissenschaft ist kommunikativ. Und die Weitergabe einer Erkenntnis ist wiederum ein soziales Phänomen: sei es die Veröffentlichung; sei es die restriktive Weitergabe durch Patente und ähnliche Rechte; sei es zunächst auch die Verweigerung der Weitergabe, das Geheimnis. Die Kreise lassen sich auch weiter ziehen. Da ist der Zusammenhang der Forschung mit dem Studium und mit der Lehre in den Universitäten. Und da sind die Gemeinden der Forscher, die sich auf Konferenzen und vor allem in Organisationen bilden.

Aber Forschung weist *als soziales Phänomen über sich hinaus.* Forschung bedarf, weil sie ein soziales Phänomen ist, der spezifischen institutionellen *Strukturen,* in denen die Forscher wirken, in denen somit Forschung geschieht. Diese Strukturen können sich die Forscher nur in begrenztem Maße ganz von sich aus geben. Sie bedürfen gesellschaftlicher oder politischer Kräfte, die diese Strukturen einrichten. Letztlich ist der Staat unentbehrlich, weil diese Strukturen einer mehr oder minder intensiven rechtlichen Ordnung bedürfen. Weiter braucht die Forschung *Ressourcen.* Auch diese kann die Forschung nur in engen Grenzen – insgesamt wohl: nur ausnahmsweise – selbst bereitstellen. Auch dazu bedarf sie gesellschaftlicher oder politischer Kräfte. Und schließlich tritt die Forschung – weit über die Inanspruchnahme von Ressourcen hinaus – in *Konflikt mit den Interessen, Gütern und Werten anderer oder der Allgemeinheit.* So etwa, wenn Forschung die Umwelt gefährdet oder wenn sie in Gestalt von Tierversuchen Empfindungen verletzt. Konflikte dieser Art können in Grenzen durch das Einvernehmen der Betroffenen gelöst werden. Zumeist trägt aber auch hier der Staat die letzte Verantwortung – sei es durch allgemeine rechtliche Regelungen, sei es durch konkrete administrative oder gerichtliche Entscheidungen.

Betrachtet man diese Zusammenhänge von außen, von der Gesellschaft und vom Staat her, so *verhalten sich Gesellschaft, Staat und Recht zur Forschung* immer *auf dreierlei Weisen*: indem sie *Forschung ermöglichen, Forschung in Dienst nehmen oder Forschung begrenzen*, im äußersten Fall auch verhindern. Und sie bewirken dies, indem sie *Strukturen* der Forschung einrichten, der Forschung *Ressourcen* anvertrauen und im Konflikt der Freiheit der Forschung mit anderen Interessen, Gütern und Werten den *Freiraum* der Forschung bestimmen. Gesellschaft und Staat tun dies nicht ohne die Erwartung eines „Vorteils". Das können allgemeine kulturelle oder auch zivilisatorische Erwartungen sein – einschließlich der Erwartung, daß die Menschen, die forschen wollen und können, Spielräume ihrer Entfaltung haben. Das können aber auch ganz konkrete Erwartungen der Problemlösung sein: seien es wirtschaftliche, insbesondere industrielle, seien es gesellschaftlich-politische, seien es auch individuelle Probleme der Menschen. Dazwischen liegen die unterschiedlichsten Möglichkeiten der Begegnung zwischen dem Erkenntnisinteresse der Wissenschaft und den Interessen der Menschen, der Gesellschaft und des Staates, selbst mehr zu wissen und die Probleme, vor denen sie stehen, besser lösen zu können.

Damit sind die wichtigsten Dimensionen, in denen die Nationalität und die Internationalität der Forschung zusammenspielen, bereits angegeben. Gehen wir davon aus, daß die Methoden und Inhalte der Forschung keinen nationalen Charakter tragen – daß sie international sind. Gehen wir weiter davon aus, daß es für den Forscher auf seine Kompetenz und nicht seine Nationalität ankommt – daß Forschung auch insofern international ist. Gleichwohl stoßen wir vielfältig auf Elemente der Nationalität.

– Die nationalen Gemeinsamkeiten des Wissenschaftssystems, kulturelle und zivilisatorische Eigenarten eines Landes, die räumliche Nähe der Wissenschaft eines Landes, die gemeinsame Sprache oder ähnliche regionale Umstände können Gemeinsamkeiten stiften, die den nationalen Grenzen Bedeutung für die Wissenschaft geben. Der Staat kann die Kommunikation und die Wanderung der Forscher behindern. Daß totalitäre Staaten dies tun, ist bekannt. Aber es gibt auch „gute" Motive dafür: etwa Schutz des internationalen Friedens, und es gibt Hemmnisse, die aus ganz anderen Funktionen der Staaten entstehen, wie etwa die nationalen Unterschiede der sozialen Sicherheit, des Steuerrechts usw, welche die Mobilität der Forscher zwar nicht aufheben, aber unter den Vorbehalt beträchtlicher „Preise" stellen.
– Wo die Strukturen und die Ressourcen der Forschung von gesellschaftlichen Kräften (der Industrie, der Wissenschaft, aber auch Mäzenen)

bereitgestellt werden, können diese internationaler Natur sein. Sie können aber auch nationaler Natur sein. Und dann können auch sie zur nationalen Prägung der Forschung führen. Jedenfalls: wenn der Staat Strukturen und Ressourcen bereitstellt, ist der nationale Charakter evident. Wo es um den Freiraum der Forschung geht, steht der Staat – wegen der Bedeutung der staatlichen Hoheit für die Definition des Freiraumes – ohnedies im Vordergrund und damit auch die nationale Prägung.

– Besonders schwierig ist das Verhältnis zwischen dem nationalen/internationalen Charakter der Erwartungen, um derentwillen Gesellschaft und Gemeinwesen Forschung ermöglichen, und dem nationalen/internationalen Charakter des Nutzens, den die Erträge der Forschung haben können. Wo der Staat die Forschung ermöglicht, um die Problemlösungsmöglichkeiten seiner Bürger, seiner Gesellschaft oder auch seiner Politik zu verbessern, kann er enttäuscht werden, wenn die Erträge der Forschung außerhalb des Landes rascher genutzt werden. Das kann zu Nachteilen, insbesondere zu Wettbewerbsnachteilen, des eigenen Landes führen. Wir beobachten hier das sehr komplexe Phänomen zweier Kreisläufe: des Kreislaufs der Nationalität/Internationalität der Forschung; und des Kreislaufs der Nationalität/Internationalität ihrer realen Wirkungen. Das kann zu Versuchen der nationalen Einschließung der Forschungserträge führen.

So wenig Forschung als Streben nach neuer Erkenntnis internationalen Charakter hat – anders gewendet: so sehr Forschung an sich international ist –, so sehr tendiert Forschung als soziales Phänomen dazu, national zu sein. Aber auch als soziales Phänomen trägt Forschung internationale Züge. Und auch für die Forschung als soziales Phänomen gibt es Gründe, ihre Internationalität zu steigern, zu intensivieren, zu verbessern.

Alles in allem steht die Diskussion Internationalität der Forschung vor einer sehr vielschichtigen Aufgabe. *Die Frage nach der Internationalität umfaßt in Wahrheit:*

- *die Frage nach der Nationalität der Forschung – ihren Erscheinungsformen, ihren Gründen und den Maßstäben ihrer Bewertung;*
- *die Frage nach der Internationalität und der Internationalisierung der Forschung – ihren Erscheinungsformen, ihren Gründen und den Maßstäben ihrer Bewertung;*
- *und die Frage nach den Konflikten zwischen all diesen Sachverhalten und Zielen – nicht nur zwischen der Nationalität und der Internationalität, sondern auch zwischen verschiedenen Erscheinungsformen jeweils der Nationalität und der Internationalität.*

Diese Überlegungen zeigen unschwer, warum das Gespräch über die Internationalität der Forschung bisher so wenig ergiebig geführt wurde. Sie zeigen ebenso, daß jede weitere Erörterung nur bescheidene Fortschritte erzielen kann. Nicht weniger aber zeigen sie, wie notwendig es ist, die Diskussion weiterzuführen.

2. Die Ziele der Internationalität/Internationalisierung der Forschung

Alle Überlegungen zur Internationalität der Forschung haben davon auszugehen, daß es eine *„natürliche" Internationalität* gibt. Die *Wahrheit*, nach der sich die wissenschaftliche Forschung auf den Weg macht, kann nur eine international gemeinsame sein. Aber diese „natürliche" Internationalität ist eingebunden in nationale Voraussetzungen. Diese bestimmen wesentlich die konkrete Gestalt auch der „natürlichen Internationalität". Die Frage nach der Internationalität der Forschung kann daher nichts meinen, was die Nationalität der Forschung außer Betracht läßt. Sie muß immer das Verhältnis der Internationalität zur Nationalität einbeziehen. Und die Frage nach der *Internationalisierung der Forschung* kann nicht auf die Überwindung der Nationalität zugunsten der Internationalität der Forschung gerichtet sein. Sie *kann nur* die *Veränderung des Verhältnisses zwischen der Nationalität der Forschung und ihrer Internationalität im Sinn haben.*

a) Nichtwissenschaftliche Gründe der Internationalität/ Internationalisierung

Die Internationalität der Forschung wird nicht selten aus Gründen angestrebt, die nicht der Wissenschaft selbst dienen. Der allgemeinste Grund einer „Internationalisierungspolitik" ist der, den man nicht selten „Völkerverständigung" nennt. Dabei geht es um die Verbesserung der Beziehungen zwischen Völkern oder Regierungen. Zuweilen kann es auch um ganz spezifische Beziehungen – etwa wirtschaftliche Beziehungen, die Erschließung von Märkten usw – gehen. Eine Politik der Hilfe – wie etwa die Entwicklungshilfe – kann von Maßnahmen der Internationalisierung der Wissenschaft begleitet sein. Sehr oft werden politische Bündnisse durch die Intensivierung wissenschaftlicher Kooperation gestärkt. In den unterschiedlichsten Zusammenhängen dient die Internationalisierung der Wissenschaft auch dazu, Werten einer Gesellschaft oder eines politischen Systems Zugang zu einer anderen Gesellschaft oder einem anderen politischen System zu verschaffen. Mitunter werden auch nur Landes- oder Sprachkenntnisse erschlossen oder verbreitet. In einem allgemeinsten Sinne läßt sich die Internationalität der Wissenschaft auch als eine Verbreitung von Weltkenntnis und -verständnis – als ein Beitrag zur Konstitution der „einen Welt“ erklären.

Internationale wissenschaftliche Zusammenarbeit kann schließlich der *Integration eines Raumes* dienen: von der Nachbarschaft grenznaher Regionen verschiedener Länder bis zum Subkontinent, bis zum Kontinent oder gar bis zu einer Kontinente verklammernden Gemeinsamkeit. Eines der wichtigsten Beispiele dafür ist für viele Länder die Europäische Union. Deren politische und soziale „Kohäsion“ ist einer der vertraglich umschriebenen Zwecke ihrer Forschungsförderungspolitik (Artikel 130a, 130 f Abs 1 des Vertrags zur Gründung der Europäischen Gemeinschaft).

b) Wissenschaftsnahe Ziele

Die Wissenschaft kann auch von sich aus bestrebt sein, die besonderen Beziehungen zwischen Völkern und Staaten im Sinne wissenschaftlicher Zusammenarbeit zu nutzen oder zu intensivieren. Sie kann auch von sich aus bestrebt sein, den Wissenschaftlern, die in einem spezifischen politischen oder gesellschaftlichen System leben, den Zugang zum jeweils anderen System offen zu halten oder zu erschließen. Die Zusammenarbeit zwischen „westlichen“ und „sozialistischen“ Wissenschaftlern vor dem Zusammenbruch des Kommunismus liefert dafür genügend Beispiele. Die Wissenschaft kann von sich aus bemüht sein, Entwicklungs- und Wohlstandsgefälle dadurch auszugleichen, daß der bevorteilte Partner den benachteiligten Partnern Hilfen anbietet oder umgekehrt der benachteiligte beim bevorteiligten Partner erweiterte und verbesserte Forschungsmöglichkeiten sucht und findet. Wissenschaftler können schließlich ganz unabhängig von der Politik oder anderen Vorgaben vorfindliche Räume füllen und zu ihrer Integration beitragen. Kooperationen, Kongresse, vor allem entsprechend angelegte Fachverbände gehen in diese Richtung. All das kann immer wieder auch eine im engeren Sinne wissenschaftliche Bedeutung haben. Aber vielfach bedarf es dazu besonders günstiger Konstellationen.

c) Spezifisch wissenschaftliche Ziele

Hinzu treten die Motive, die sich aus der Forschung selbst ergeben: aus den Interessen der Forscher, ungehindert von nationalen Grenzen forschen zu können, durch internationale komparative Studien der Wahrheit näher zu kommen, international kommunizieren und kooperieren zu können, ausländische Forschungsstrukturen, Forschungsressourcen und Forschungsfreiräume erleben und nutzen zu können. Aber das können auch die Motive jener gesellschaftlichen und der politischen Kräfte sein, die Forschung ermöglichen oder in Dienst nehmen wollen und die sich von internationalen Strukturen, vor allem vom international gemeinsamen Einsatz von Ressourcen, möglicherweise auch von einer gemeinsamen Definition des Freiraums der Forschung, eine größere Wirksamkeit ihrer Anstrengungen oder auch eine geringere Anstrengung bei gleicher Wirksamkeit erwarten. *Alle diese Ziele aber gipfeln in dem Ziel der neuen Erkenntnis: zunächst dem Ziel, zu dem möglichen neuen Wissen und neuen Können zu gelangen; sodann dem Ziel, der neuen Erkenntnis „besser" – dh rascher und in größeren Schritten – näher zu kommen.*

d) Das Verhältnis zwischen den Zielen und der Gestaltung der Internationalität/Internationalisierung der Forschung

Diese Motive erklären zunächst, *warum* es zur Internationalität der Forschung kommt. Sie erklären das *Ob* der Internationalität. Schwieriger wird die Antwort, wenn wir nach der *Ausgestaltung* der Internationalität, nach dem *Wie*, fragen. Dabei geht es ganz besonders um folgendes: *Wie hängen die Ziele der Internationalität und die Qualität der Forschung zusammen?*

Dabei ist ein *Mindestmaß an Kompetenz* der beteiligten Forscher oder auch ein *Mindestmaß an Ausstattung* der einbezogenen Forschungseinrichtungen immer eine Voraussetzung auch dafür, daß die spezifischen Bemühungen um die Internationalität der Forschung sinnvoll sind. Auch eine Internationalisierung der Forschung, die wissenschaftsfremde Ziele verfolgt, wird dies nicht ohne Schaden außer acht lassen dürfen. Erst recht gilt dies, wenn wissenschaftsnahe oder wissenschaftsimmanente Ziele verfolgt werden.

Anderes aber muß dort gelten, wo es um die neue Erkenntnis selbst geht. Forschung ist immer dort *am fruchtbarsten*, wo die *besten Forscher* Zugang zu den *besten Forschungsfacilitäten* erlangen. Von wem und unter welchen Bedingungen die innovativsten Forschungsergebnisse zustande kommen, ist aber nur sehr begrenzt a priori evident. Die Konstellationen, unter denen die innovativsten Forschungen zustande kommen, sind das Ergebnis eines langen und nichtlinearen Selektionsprozesses. Die Breite der Basis, aus der die „Besseren" kommen, ist ebenso eine Voraussetzung des Erfolges wie die Güte des Verfahrens, aus dem die Besten hervorgehen, welche die größten Chancen haben. Eine Internationalität der Forschung, der es auf den reichsten Ertrag an neuer Erkenntnis ankommt, muß auf eben jenen Selektionsprozeß hin angelegt sein. Das bedeutet: *Die Internationalität dient einerseits dazu, den Zugang weit zu öffnen, um die potentiell Aussichtsreichsten aus möglichst vielen Ländern einzubeziehen, und andererseits dazu, daß der Wettbewerb die Besten ungehindert durch nationale Grenzen zu den Arbeitsbedingungen vordringen läßt, unter denen sie die innovativsten Erträge erzielen können.* Daß dies dann die Besten sind, hängt von der *Qualität des Wettbewerbs* ab. Er *entscheidet insofern über den wissenschaftlichen Wert der Internationalität.*

Offenheit und Selektivität werden daher zu der spezifischen Aufgabe, die sich der Internationalität der Forschung stellt, wenn es ihr darauf ankommt, die innovativsten Erträge zu erzielen.

e) Insbesondere: Die Bildung „kritischer Massen"

Damit kommen die Überlegungen an die spezifische Problematik der *Konstitution „kritischer Massen"* heran. Dabei sei hier zunächst nur von „kritischen Massen" der Forschung an sich die Rede. „Kritische Massen" spezifischer Forschungen stellen ähnliche, aber doch differenzierte Probleme dar.

„Kritische Massen" der Forschung werden durch folgende Elemente konstituiert: durch das *Forschungspotential,* das in sie einbezogen ist, durch die *Vielfalt* der Forschungen, zu denen dieses Potential genutzt wird, durch eine umfassende *Wahrnehmung und Kommunikation* dieses Potentials und dieser Forschungen und durch einen Wettbewerb, der kraft einer *maximal kompetenten und einer maximal harten Selektion* den Besten die besten Chancen gibt. Die wirksamste „kritische Masse" ist somit diejenige, in der die *größten Potentiale* der Forschung und die *größte Vielfalt* der Forschung durch die *vollkommenste Wahrnehmung und Kommunikation* und die *kompetenteste und härteste Selektion* miteinander verbunden werden.

Unter den „idealen Bedingungen" einer international unbeschränkten Offenheit und Zugänglichkeit der Potentiale, einer international uneingeschränkten Beobachtung und Kommunikation und eines international uneingeschränkten Wettbewerbs wäre freilich die Frage zu stellen, ob eine „kritische Masse" denn kleiner als die Forschung der ganzen Welt sein sollte, könnte oder dürfte, um am Ende nur noch für Forschungen interessant zu sein, deren Sinn sich auf einen Teil der Welt begrenzt. Die Unterstellung dieser „idealen" Bedingungen ist jedoch nicht realistisch. Die Konstitution einer „kritischen Masse" durch Kommunikation, Wettbewerb und Selektion bedarf einer gewissen Konzentration – der Einbindung in eine geographische, eine kulturelle oder eine gesellschaftliche Gemeinsamkeit. Damit entsteht die Frage, wie sich aus den *Erfordernissen von Potential, Vielfalt, Kommunikation und Selektion auf der einen Seite* und dem *Erfordernis einer kulturellen, zivilisatorischen, gesellschaftlichen, allenfalls geographischen Nähe und Dichte, wenn nicht Geschlossenheit,* ein *Optimum* ergeben kann.

Im 19. und frühen 20. Jahrhundert hat etwa der deutschsprachige Raum (des Deutschen Reichs, Österreichs und der deutschsprachigen Schweiz) eine „kritische Masse“ dieser Art gebildet. Entsprechendes galt schon früher und lange Zeit für Frankreich und die anschließenden frankophonen, vielleicht auch weiterer frankophoner Gebiete oder für Großbritannien, freilich hier unter wachsender Beteiligung der USA, auch der Dominions. Heute sind die USA *der* Raum einer solchen „kritischen Masse“ – vermutlich der einzig maßgebliche. Dabei bilden die Potentiale in den Vereinigten Staaten zwar den Kern dieser „kritischen Masse“, aber das US-amerikanische Wissenschaftssystem bezieht mit großer Offenheit auch Potentiale aus anderen Ländern ein. Das gilt insbesondere für die menschlichen Potentiale – natürlich nach Maßgabe der Eignung und der Leistungsbereitschaft. Auch wird über das Land hinaus eine große Vielfalt der Forschungen anderer Länder beobachtet und ausgewertet. Über die Selektion aber disponieren weitgehend die formellen und informellen Institutionen des Landes. Diese beherrschende Stellung Nordamerikas als Raum einer „kritischen Masse“ bewirkt, daß sich die Wissenschaft der übrigen Welt weitgehend auf ihn hin orientiert. Das Entstehen anderer optimaler Räume der Forschung wird dadurch mehr oder minder verhindert.

Das Europa der Europäischen Union hat zwar Ansätze einer gemeinsamen Forschungspolitik entwickelt. Eine entsprechende europäische „kritische Masse“ ist bis jetzt jedoch nicht entstanden und auch nicht in Sicht. Dazu fehlt in Europa die notwendige Offenheit für menschliche Potentiale von außen, eine hinreichend umfassende und dichte wechselseitige Wahrnehmung und Kommunikation innerhalb Europas (und unabhängig von den USA) und die Bereitschaft zu einem Wettbewerb, der die Forschung nach wissenschaftlichen Kriterien kompetent und hart selektiert – und so, daß die Maßstäbe, die dabei angewendet werden, über die ganze Europäische Gemeinschaft hin erkennbar sind, auch „anerkennbar“.

f) Die Unübersichtlichkeit von Zielen und Mitteln

Am ehesten scheint es also möglich zu sein, *dort etwas über das Verhältnis von Zielen und Mitteln zu sagen, wo Internationalität die erfolgreichste Forschung anstrebt.* Schwieriger wird es da, wo *andere Ziele – wissenschaftsfremder, wissenschaftsnaher oder auch wissenschaftsimmanenter Art* – verfolgt werden. Besonders schwierig ist es dort, *wo mehrere Ziele zugleich verfolgt werden.* Das aber ist die Regel, und vielfach erschiene die Trennung verschiedener Ziele der Internationalität der Forschung auch unverständlich oder unergiebig – als „doktrinär“. *Sowohl das Verhältnis der Ziele untereinander als auch das Verhältnis der Ziele zu den Mitteln ist daher ein wichtiges Thema der weiteren Diskussion.*

Die Unklarheit über das Verhältnis verschiedener Ziele zueinander und das Verhältnis zwischen den Zielen und den Mitteln ist wohl auch ein Grund dafür, daß es so schwer fällt, Internationalität abzuweisen, wenn sie suboptimal oder gar dysfunktional zu sein scheint. Überhaupt sind *Gründe, die gegen die Internationalität sprechen,* wenig diskutiert. Zumeist geht es darum, daß politische oder gesellschaftliche Systeme neue Erkenntnisse, die „ihre" Forschung erzielt, allein im nationalen Rahmen nutzen wollen. Klassisch besteht dieser Vorbehalt für kriegsrelevante Kenntnisse. Aber auch wirtschaftsprotektionistische Erwägungen können zu nationalen Eingrenzungen führen. Auch kann ein Interesse bestehen, die (Ab-) Wanderung menschlichen Potentials zu verhindern. Schließlich kann es angemessen sein, einem fremden politischen oder gesellschaftlichen System die Hilfe zu versagen, die es aus der internationalen Freizügigkeit der Forschung beziehen könnte. Weniger evident sind wissenschaftsimmanente Gründe gegen die Internationalität der Forschung. Sie sind auch noch weniger diskutiert.

III. Stichworte zu einzelnen Aspekten des Themas

Jeder Versuch, die Probleme der Internationalität der Forschung in eine systematische Ordnung zu bringen, scheitert an der komplexen Wechselbezüglichkeit aller einzelnen Aspekte. Das folgende ist deshalb nur als ein Versuch gedacht, das Ausmaß der Thematik anzudeuten.

1. Menschen

Die Internationalität der Forschung kann Menschen in sehr unterschiedlichen Stadien ihrer Entwicklung und in sehr unterschiedlichen beruflichen Aufgaben betreffen: als Studierende, als Doktoranden, als Postdoktoranden, als „fertige" Wissenschaftler in technischer oder in forschender Funktion, als leitende Wissenschaftler, als Angehörige des nichtwissenschaftlichen Personals.

Internationalisierung betrifft die Menschen unterschiedlich je nachdem, ob sie sich mit oder ohne Wanderung vollzieht. *Ohne Wanderung* kann sich Internationalisierung durch Kommunikation, Kooperation oder Partizipation vollziehen. Die Internationalisierung hat hier unter Umständen sprachliche, technische oder finanzielle Probleme zu lösen und entsprechende rechtliche oder administrative Hemmnisse des Verkehrs auszuräumen.

Wesentlich gravierender sind die Probleme der Internationalisierung, wenn sie sich *mit Wanderung* vollzieht. Es stellen sich sprachliche, soziale und rechtliche Probleme, die sehr unterschiedlich sind, je nachdem ob es sich um Personen in Ausbildung oder nach Abschluß ihrer Ausbildung handelt, ob die Personen in einem Dienstverhältnis stehen oder nicht und ob ihre Wanderung eine endgültige oder vorübergehende ist. Dabei werden die rechtlichen Hemmnisse in rechtlich integrierten Räumen (zB der Europäischen Union) geringer sein als dort, wo sich die Wanderung zwischen rechtlich nicht integrierten Ländern vollzieht. Internationalisierung bedeutet in diesem Zusammenhang sowohl die Minderung der Wanderungshemmnisse als auch die Gewährung von Wanderungsanreizen und -hilfen.

2. Funktionen und Institutionen

a) Forschung/Lehre/Studium/Ausbildung

Die Internationalität der Forschung hat eigene Perspektiven und eigene Schwierigkeiten, wenn die Forschung – wie grundsätzlich in den Universitäten – mit den Aufgaben der Lehre und der Organisation des Studiums einhergeht. Die Internationalisierung weist hier die zusätzlichen Möglichkeiten des Austausches von Professoren und Studenten, der Durchführung gemeinsamer Studienveranstaltungen usw auf. Vor allem eröffnet sich die Möglichkeit einer mehr oder weniger gemeinsamen Gestaltung des Studiums. Die Dialektik zwischen Wissenschaft und sozialem Umfeld nimmt hier die besondere Gestalt der möglichen Inkongruenz zwischen einem national/international gestalteten Studium und einem national/international geprägten Arbeitsmarkt an. Verwandte Probleme können sich ergeben, wenn nichtuniversitäre Forschungseinrichtungen Ausbildungsfunktionen übernehmen.

b) Forschung außerhalb der Universität

In einer wesentlich anderen Einbindung befindet sich die Forschung, wenn sie unmittelbar industriellen oder politisch-administrativen Zwekken dient. Die *Industrieforschung* ist in einer Marktwirtschaft für die Internationalisierung kraft des gesellschaftlichen Charakters des Trägers in besonderer Weise offen. Jedoch sind Umstände denkbar, daß gerade sie in besonderer Weise nationalen Charakter trägt. Die *Staatsforschung*, soweit sie in unmittelbarer politischer oder administrativer Verantwortung steht, ist dagegen a priori national gebunden. Jedoch sind auch hier Phänomene der Internationalität denkbar.

Forschungseinrichtungen, die weder in Universitäten noch in die Industrie noch in politische oder administrative Strukturen eingebunden sind, sind für die Internationalisierung in primär forschungsspezifischer Weise offen. Doch hängen beträchtliche Unterschiede der Nationalität/Internationalität dieser Forschungseinrichtungen davon ab, ob sie in der institutionellen und/oder finanziellen Verantwortung nationaler, supranationaler oder internationaler Stellen sind, in welchem Maße sie ihre Mittel von nationalen, supranationalen oder internationalen Systemen der Forschungsförderung einwerben oder ob sie Auftragsforschung betreiben und ihre Auftragsmärkte nationaler oder internationaler Natur sind.

Außeruniversitäre Forschungseinrichtungen, die nicht (wie die Industrieforschung und die Staatsforschung) einem spezifischen Zweckträger eingeordnet sind, werden in der Regel von übergreifenden Organisationen verwaltet (*Forschungsorganisationen.* In Deutschland: Max-Planck-Gesellschaft, Fraunhofer-Gesellschaft. In Österreich: insbesondere Akademie der Wissenschaften). Daneben stehen die Organisationen, die Forschungsmittel nach wissenschaftlichen Kriterien an die Forschungseinrichtungen (Universitäten, Forschungsinstitute) verteilen, ohne selbst Forschungseinrichtungen zu unterhalten (*Forschungsförderungsorganisationen.* In Deutschland: Deutsche Forschungsgemeinschaft. In Österreich: insbesondere Fonds zur Förderung der wissenschaftlichen Forschung). In vielen Ländern verbinden zentrale Organisationen die Aufgabe der Forschungsorganisationen mit den Aufgaben der Forschungsförderung (zB in den Niederlanden: die NWO).

Forschung wird auch mit dem Ziel organisiert, das Fachwissen zusammenzuführen, Interessen innerhalb der Wissenschaft zu klären und zu ordnen, wissenschaftsinterne soziale Probleme einer Entscheidung zuzuführen, Gesellschaft und Staat wissenschaftlich zu beraten, vor allem aber die Interessen der Wissenschaft gegenüber der Gesellschaft und der Politik wahrzunehmen. Organisationen dieser Art können sich fachspezifisch bilden (Fach*verbände*). Sie sind dann in der Regel gesellschaftlicher (privatrechtlicher) Natur. Sie können aber auch die Aufgabe haben, *übergreifend* zu Fragen der Wissenschaft Stellung zu nehmen. Sie sind dann zumeist in die staatlichen Strukturen eingebaut (öffentlich-rechtlicher Natur. In Deutschland: der Wissenschaftsrat).

Sehr stark schwankt das Bild der *Akademien.* Sie können die Aufgaben einer Forschungsorganisation und/oder einer Forschungsförderungsorganisation und/oder einer übergreifenden Repräsentation der Wissenschaft haben.

Für alle diese institutionellen Ausprägungen gibt es vielfältige Möglichkeiten der Internationalität.

3. Ressourcen/Strukturen/Freiräume

a) Ressourcen

Die Internationalisierung der Ressourcen geschieht, indem

- international (durch eine Staatenorganisation, durch eine entsprechende Organisation von Forschungsorganisationen oder Forschungsförderungsorganisationen oder durch eine entsprechende Organisation gesellschaftlicher Kräfte) oder
- supranational oder
- multi- oder bilateral (durch zwei oder mehr Staaten, durch entsprechend zusammenwirkende nationale Forschungsorganisationen oder Forschungsförderungsorganisationen oder durch entsprechende gesellschaftliche Kräfte)

entweder

- gemeinsame Programme der Forschungsförderung oder
- gemeinsame Forschungseinrichtungen

finanziert werden.

Die *gemeinsamen Forschungseinrichtungen* können auf den Bau und die Unterhaltung von *Großgeräten* konzentriert sein. Sie dienen also vor allem dazu, das Kosten-Nutzen-Verhältnis bei besonders aufwendigen Forschungsgeräten erträglich zu halten. Immer mehr wird das internationale Zusammenlegen von Ressourcen für Großgeräte zu einer wesentlichen Voraussetzung, um teure Forschung überhaupt noch zu ermöglichen. Dabei sind die Mechanismen, mittels derer die Beteiligten bei der Planung, bei der Aufbringung der Kosten, bei der Administration und bei der Nutzung zusammenwirken, ein höchst anspruchsvolles Kapitel der Internationalisierung. Nicht weniger gilt das für die Frage, welche Vor- und Nachteile damit verbunden sind, daß gemeinsame Einrichtungen bi- oder multilateral oder durch eine gemeinsame internationale Organisation administriert werden und daß dies durch Forschungseinrichtungen, Forschungsorganisationen oder Forschungsförderungsorganisationen verschiedener Nationalität oder unmittelbar durch Staaten oder völkerrechtliche Organisationen geschieht.

Zum Thema der Ressourcen gehört aber auch die internationale Verantwortung für den *freien Transfer von Geld und Geräten* von einem Land ins andere. Rechtliche Verbote und steuerliche Hemmnisse unterwerfen die Forschung hier immer wieder sachfremden Einschränkungen. Ein verwandtes Thema ist der *Zugang* ausländischer Nutzer *zu nationalen Forschungseinrichtungen.*

b) Strukturen

Die soziale Realität der Forschung vollzieht sich in einem *Zusammenwirken gesellschaftlicher und staatlicher Kräfte mit der Wissenschaft.* Und diese Kräfte verbinden sich in sehr *unterschiedlicher Selektion* und sehr *unterschiedlichen Mischungsverhältnissen* zu sehr unterschiedlichen Strukturen der Forschung, in denen Forschungsprogramme definiert, ausdifferenziert und administriert sowie die Mittel bereitgestellt werden. Dabei können im einzelnen der Staat und die gesellschaftlichen Kräfte einander ausschließen oder dominieren. Oder sie können mehr oder minder gleichgewichtig zusammenwirken. Auf seiten der *Wissenschaft* kann es um die Beteiligung derer gehen, die in der Forschung selbst tätig sind, aber auch um die Beteiligung von Organisationen der Wissenschaft, die wissenschaftliche Interessen und wissenschaftlichen Sachverstand organisieren (Fachverbände) oder selbst Forschung organisieren oder Forschungsförderung durchführen. Schließlich kann es auf seiten der Wissenschaft auch um die Beteiligung von Sachverständigen oder um besonders ausgewiesene Repräsentanten der Wissenschaft gehen. Und all dies kann mehr oder minder – fachlich, regional, gesellschaftlich oder politisch – begrenzt angelegt sein oder übergreifend (gesamthaft). Diese Strukturen sind grundsätzlich eingebettet in den nationalen Rahmen, und ihre außerordentliche Vielfalt gibt der sozialen Realität der Forschung von Land zu Land einen äußerst eigenständigen Charakter. Sie sind historisch gewachsen. Im jeweiligen nationalen Rahmen haben sie einen hohen Grad von Selbstverständlichkeit, dem ein extrem niedriger Grad rationaler Reflexion entspricht. Das erschwert es, sie komparativ zu interpretieren, zu verstehen und untereinander zur Entsprechung zu bringen. Selbst das Prinzip einer typischen Hierarchie aus

- obersten Entscheidungsebenen, in denen die Politik oder entsprechende gesellschaftliche Akteure budgetäre und eventuell wissenschaftsprogrammatische Grundsatzentscheidungen treffen,
- einer Schicht von Instanzen, in denen politische und gesellschaftliche Elemente mit wissenschaftlichen Elementen zusammenwirken, um den Rahmen konkretisierend auszufüllen,
- und der Schicht der wissenschaftlichen Einrichtungen, die von der Wissenschaft dominiert werden,

wird von der Wirklichkeit mit dem denkbar größten Reichtum an Varianten realisiert.

Typische Unterschiede bestehen vor allem zwischen der Forschung innerhalb der Universitäten, der autonomen oder teilautonomen außeruniversitären Forschung und der in andere Zweckzusammenhänge eingegliederten Forschung (Industrieforschung, Staatsforschung). Ein anderer wichtiger Unterschied besteht darin, daß das *zentrale System, in dem Forschung organisiert und gefördert* wird, entweder *nach fachlichen* (thematischen, gegenständlichen) Gesichtspunkten gegliedert sein kann (so etwa die British Research Councils) oder *nach funktionalen Gesichtspunkten* (so wie etwa in Deutschland die Zuständigkeit der Deutschen Forschungsgemeinschaft für die Forschungsförderung und die Zuständigkeit der Max-Planck-Gesellschaft und der Fraunhofer-Gesellschaft für die Organisation von Forschungseinrichtungen). Für die internationale Kooperation und Integration ergeben sich aus diesen nationalen Unterschieden immer wieder Schwierigkeiten.

Die Internationalisierung dieser Struktur kann dadurch geschehen, daß auf seiten der Politik internationale Organisationen, auf seiten der Gesellschaft transnationale Elemente einbezogen werden oder auch dominieren. Auf seiten der Wissenschaft kann die Internationalität dadurch verwirklicht werden, daß die Personalsubstanz der Forschung internationalisiert wird, daß internationale Fach- oder Forschungsorganisationen einbezogen werden oder auch Sachverständige und Repräsentanten der Wissenschaft international rekrutiert werden. Eine andere Dimension der Internationalisierung liegt in der Internationalisierung der Ressourcen und vor allem in der internationalen Öffnung der Aktivitäten.

Eine andere Qualität der Internationalität wird erreicht, wenn Organisationen der Forschung schlechthin aus dem nationalen Rahmen gelöst werden und hinsichtlich ihrer politischen, gesellschaftlichen und wissenschaftlichen Basis, hinsichtlich der Ressourcen und hinsichtlich ihrer Aktivitäten einen a priori internationalen Charakter haben (zB Academia Europaea). Dies kann von seiten der Staaten durch multilaterale Verträge geschehen (zB European Molecular Biological Organization [EMBO]). Es kann sich im supranationalen Rahmen vollziehen (Europäische Forschungsprogramme versus die Gemeinsame Forschungsstelle). Es kann durch ein entsprechendes Zusammenwirken von Forschungsorganisationen erreicht werden, die eine gemeinsame internationale Organisation schaffen (European Science Foundation). Und es kann etwa durch die Industrieforschung multinationaler Unternehmen und Unternehmensgruppen geschehen.

c) Freiräume

Forschung entfaltet nicht nur Werte, Güter und Interessen. Forschung tritt auch in Konflikt zu Werten, Gütern und Interessen. Die Forschung kann diese Konflikte vermeiden, indem sie sich selbst beschränkt. Doch ist dies nur ein begrenzt sinnvoller Weg. In der Regel bedarf der Konflikt der Entscheidung durch die Rechtsordnung. Sie definiert den Freiraum der Forschung.

Internationalität kann insofern darin bestehen, daß eine Selbstbeschränkung der Forscher internationalen Charakter annimmt. Das wohl bekannteste Beispiel ist die Erklärung der Asilomar-Konferenz von 1975 zur genetischen Forschung und Technologie.

Die andere Weise, die Freiraum-Problematik zu internationalisieren, liegt darin, daß die Rechtsordnung den nationalen Rahmen verläßt. Das kann durch internationale Abkommen geschehen. Der nachhaltigste Weg wird in Europa durch die supranationale Gesetzgebung der Europäischen Gemeinschaft beschritten. Diese Internationalisierung der Freiraum-Problematik kann sich gezielt auf den Konflikt zwischen Forschung und anderen Werten, Gütern und Interessen beziehen. Ein – freilich nicht auf die Forschung beschränktes – Beispiel ist die europäische Richtlinie zur Gentechnologie. Ein anderes – ebenfalls nicht auf die Forschung beschränktes – Beispiel wäre, wenn sie zustande käme, die Bioethik-Konvention des Europarates. Vielfach berührt internationales Recht die Forschung einfach dadurch, daß Regelungen geschaffen werden, die Freiheiten begrenzen, ohne für die Forschung Ausnahmen oder Differenzierungen vorzusehen. Internationales Recht kann den Freiraum der Forschung mittelbar auch dadurch beeinflussen, daß es die Verwertbarkeit neuer Erkenntnisse und den möglichen Schutz der Rechte an ihnen definiert. Die Diskussion um die Patentierbarkeit lebender Materie ist das aktuelle Beispiel dafür.

Vielfach wird der Freiraum der Forschung heute auch dadurch begrenzt, daß Ethik-Kommissionen und ähnliche Instanzen ethische Regeln ermitteln. Es entsteht so etwas wie ein Rechtsersatz. Damit entsteht aber auch ein eigener Pfad der Internationalisierung der Freiraumproblematik. Es liegt nahe, daß die so postulierten ethischen Regeln nicht an nationale Grenzen gebunden sind.

Eine besondere Ausprägung der Internationalisierung der Freiraum-Problematik durch Internationalisierung des Rechts könnte schließlich darin liegen, daß die Freiheit der Forschung schon zur internationalen Norm erhoben würde. Damit wäre zugunsten der Forschung ein Grundsatz geschaffen, der Einschränkungen des Freiraumes begrenzen würde, sie jedenfalls einer besonderen Rechtfertigungslast unterwerfen würde. Bis jetzt sind die Ansätze dazu jedoch zurückhaltend.

4. Internationalität der Wissenschaft

a) Personalität und Nationalität der Forschung

Jede Erkenntnis hängt ab von ihrem Gegenstand, von der Person, die die Erkenntnis gewinnt, und von der Situation, in der sie gewonnen wird.

Dieses „kleine erkenntnistheoretische Einmaleins" ist grundlegend auch für das Verhältnis der Nationalität zur Internationalität der Forschung. Auch wenn ein Gegenstand der Forschung weltweit nur ein einheitlicher sein kann, so hängt der Gang der Erkenntnis doch weitgehend von der nationalen Prägung der Personen, die forschen, und von der konkreten nationalen Situation, in der sie – im ganzen Leben vorher und schließlich im engeren Sinne der Forschung – der Erkenntnis entgegengehen, ab. Man könnte hier von der kulturellen und zivilisatorischen Einbindung der Forschung sprechen. Möglicherweise sind mit diesen national definierten Vorbedingungen der Forschung besondere Chancen – besonders günstige Paradigmen, besonders nachhaltige Energien usw – verbunden. Zugleich aber gehen damit immer Einengungen einher. Die Internationalität der Forschung bricht diese Einengungen auf. In diesem spezifischen Verhältnis zwischen Nationalität und Internationalität der Forschung liegt vielleicht die elementarste Bedeutung des Themas.

b) Gegenstände der Forschung – Disziplinen der Forschung

Eine andere Notwendigkeit für die Internationalität der Forschung besteht darin, daß die Gegenstände der Forschung nationale Orte haben (zB Objekte der Archäologie oder der Ethnologie), so daß die internationale Offenheit des Zugangs eine wesentliche Voraussetzung ist. Internationalität ist aber nicht nur dort wesentlich, wo es um eine in-situ-Beobachtung im direktesten Sinne geht. Wo immer Empirie eine Rolle spielt, ist die Weite des Raumes und die Vielfalt der Verhältnisse, auf die sie sich erstrecken kann, von wesentlicher Bedeutung. Vor allem im human- und sozialwissenschaftlichen Bereich gilt entsprechendes für die traditions- und erfahrungsgetragenen – in jedem Falle: umfeldbedingten – Konzepte des Fragens, des Interpretierens und des Verstehens. Aber auch für die Naturwissenschaften kann die Relevanz komplementärer Zugänge nicht ausgeschlossen werden.

Internationalität hat eine besondere Bedeutung auch dort, wo Forschung besonders *teuer* ist – insbesondere: wo Forschungsgeräte und -einrichtungen besonders teuer sind. Die Kosten für immer mehr Forschungsbereiche sind nur noch erträglich, ja überhaupt nur noch aufzubringen, wenn die teuren Forschungseinrichtungen international finanziert und international genutzt werden.

Schließlich ist die Bedeutung der Internationalität für *Disziplinen* zu bedenken, auf deren Feld nur relativ wenige Forscher tätig sind. Sind diese nicht national konzentriert, sondern über mehrere Länder oder auch die Welt hin verteilt, so ist die internationale Kommunikation und Kooperation eine entscheidende Voraussetzung für die Möglichkeit wechselseitiger Befruchtung und Kritik. Auch in diesem auf das Disziplinäre reduzierten Sinn ist das Problem der „kritischen Masse" anzusprechen. Eine Disziplin bedarf – je nach den Umständen – eines Mindestmaßes kommunizierender Forscherpersönlichkeiten und Forschungseinrichtungen, um relevante Wissenschaft betreiben zu können. Insbesondere die Dynamik der Entwicklung steht in einem Verhältnis zur Qualität und Quantität der an dieser Kommunikation beteiligten Forscher und Forschungseinrichtungen. Und diese kann – und wird in der Regel – von den internationalen Bedingungen der Arbeit abhängen.

Hinsichtlich der Bedeutung, die Internationalität für die verschiedenen Disziplinen hat, sei aber noch auf zwei besondere Schwierigkeiten aufmerksam gemacht. Die eine Schwierigkeit ist die der *Sprache*. Vor allem für die Disziplinen der Human- und Sozialwissenschaft, insbesondere auch für die Rechtswissenschaften, hat die Sprache eine besondere Bedeutung. Ihre Inhalte sind vielfach sprachabhängig. Aber auch für die Naturwissenschaften ist die Sprachenfrage nicht irrelevant. Das alles heißt nicht, daß die Disziplinen nach Maßgabe ihrer Sprachabhängigkeit auf einen rein nationalen Charakter verwiesen werden. Im Gegenteil: Gerade auch sprachabhängige Disziplinen bedürfen der vervollständigenden und korrigierenden Kommunikation. Gleichwohl ist diese Kommunikation nicht nur entsprechend komplizierter, sondern von einer anderen Qualität.

Die zweite Schwierigkeit betrifft den *Zuschnitt von Disziplinen* und die interdisziplinäre Kombinatorik von Disziplinen. Beides – die Definition einer Disziplin und die interdisziplinäre Offenheit und Erfahrung mehrerer Disziplinen – variiert nicht selten von Land zu Land. Internationalität ist ein Mittel, um Verengungen, die damit einhergehen, entgegenzuwirken. Auf der anderen Seite hat die internationale Kommunikation und Kooperation auch mit diesen Unterschieden zu rechnen, wenn es nicht zu vermeidbaren Defiziten kommen soll.

c) Grundlagenforschung – angewandte Forschung

Unterschiedliche Bedeutung hat Internationalität auch für die Differenzierung der Forschung, die sich in dem Gegensatzpaar „Grundlagenforschung" und „angewandte Forschung" ausdrückt. Die angewandte Forschung steht im Kontext gesellschaftlicher und politischer Problemlösungserwartungen. Das Verhältnis Nationalität/Internationalität der Forschung kann sich dabei von dem Verhältnis Nationalität/Internationalität der Problemlösungsnachfrage und des Problemlösungsnutzens unterscheiden. Das kann zu positiven Effekten führen, wenn etwa eine Einrichtung der angewandten Forschung Aufträge von einem internationalen Markt hereinnimmt. Das kann auch zu Spannungen führen, wenn national organisierte und finanzierte angewandte Forschung zuerst den Problemlösungen anderer Gesellschaften und Staaten nützt. Für die Grundlagenforschung treten diese Probleme eher zurück. Gleichwohl erbringt Grundlagenforschung selbst immer wieder unmittelbar anwendbare Ergebnisse. So kann auch sie in das Spannungsfeld der unterschiedlichen Nationalitäts-/Internationalitäts-Relationen der Forschung und ihrer Anwendung geraten.

d) Wissenschaft und Kommunikation

Seit jeher wird die Internationalität der Forschung durch die technischen Gegebenheiten sowie durch die Konventionen der Kommunikation bestimmt. Das gilt für jede Art der Kommunikation: also auch für individuelle, private Kommunikation, für Konferenzen usw. Das gilt vor allem aber für die allgemeine, öffentliche schriftliche Kommunikation. Von der Entwicklung der Buchdruckerkunst bis zu Internet haben die Entwicklungsstufen dieser schriftlichen Kommunikation immer wieder auch die Welt der Wissenschaft verändert. Internationalität der Forschung wird heute sowohl durch die Struktur der gedruckten Medien als auch durch die Struktur der elektronischen Medien konstituiert. Das gilt für die Art und Weise der Publikationen und des Zugangs. Und es gilt für die Felder der Ausbreitung und der Nichtausbreitung neuer Erkenntnisse.

Kommunikation hat immer schon auch mit Bewertung zu tun gehabt. Welches Buch verlegt wird, welcher Aufsatz gedruckt wird, wer zu einem Vortrag eingeladen wird – in alledem bringt das System der Kommunikation mehr oder minder deutlich auch Elemente der Bewertung zur Geltung. Im Laufe der Zeit haben sich jedoch sekundäre Systeme der Bewertung gebildet, die sich insbesondere an der – an Zitaten gemessenen – Beachtung von Publikationen orientiert. Diese Systeme stiften nicht nur eigene Hierarchien der Bewertung. Sie stiften – wo immer sie sprachliche oder regionale Ausgrenzungen oder Ausdünnungen implizieren – auch eigene Räume der Bewertung. Sie tragen so wesentlich auch zur Konstitution „kritischer Massen“ bei.

In einer dritten Ebene sind die bibliometrischen Studien zu sehen, die Aufschluß über die Dichte von Publikationen und Kooperationen geben können. Sie sind zu einem wichtigen Hilfsmittel der Empirie der internationalen Kommunikation geworden.

e) Staatliche Träger der Internationalität

Die Internationalität der Forschung ist zunächst, wie schon bemerkt, eine Sache der Forscher, der Forschungseinrichtungen, der Forschungsorganisationen usw. Die Internationalität der in die Industrie eingebundenen Forschung ist darüber hinaus eine Verantwortung der Unternehmen oder Unternehmensgruppen, welche die Forschung tragen. In vielem hängt die Internationalität der Forschung jedoch vom Staat ab. Dabei kommen die folgenden Ebenen in Betracht:

- Der Staat kann in sich mehrere Ebenen aufweisen. Das gilt vor allem für den Bundesstaat. Welche Rolle dem Zentralstaat, welche Rolle den Gliedstaaten zufällt, hängt ebenso von den verfassungsrechtlichen Zuständigkeiten wie von der konkreten Gestalt des Forschungssystems ab. Aber auch Einheiten der administrativen Gliederung und der Selbstverwaltung, die nicht die Dignität von Gliedstaaten haben, können für die Internationalität der Forschung bedeutsam sein – insbesondere wenn es um die Integration von Grenzregionen geht.
- Mehrere Staaten können im Rahmen des Völkerrechts zusammenwirken. Das kann durch bi- oder multilaterale Verträge geschehen. Es kann aber auch durch regionale, kontinentale (zB Europarat), transkontinentale (zB NATO) oder durch weltweite (zB OECD, UN) internationale Organisationen geschehen.
- Die Zeit nach dem Zweiten Weltkrieg hat dem schließlich noch das Phänomen der supranationalen Gemeinschaft hinzugefügt (zunächst Europäische Gemeinschaft für Kohle und Stahl und – für die Forschung besonders bedeutsam – die Europäische Atomgemeinschaft; dann Europäische Wirtschaftsgemeinschaft – heute Europäische Gemeinschaft/Europäische Union). Die supranationale Gemeinschaft hat weitgehend selbst den Charakter und die Wirkungsweisen eines Staates.

f) Räume

Schließlich entstehen geographische Räume in einer vielfältigen Wechselbeziehung zur Internationalität der Forschung. Der Kern dieser Dialektik ist: Zusammenarbeit auf dem Gebiet der Forschung trägt zur Integration von Räumen bei; andererseits begünstigen angemessen große Räume die Bildung von „kritischen Massen". Aber auch sonst können Räume günstige Voraussetzungen für die Kommunikation und die Kooperation der Forschung, für gemeinsame Einrichtungen der Forschung usw schaffen; und umgekehrt kann die Gemeinsamkeit eines Raumes Tendenzen auch für gemeinsame Praktiken und Politiken der Forschung nahelegen.

Mit „Räumen" ist im einzelnen jedoch sehr Verschiedenes gemeint:

- Geographisch zusammenhängende Räume: staatenübergreifende Nachbarschaften, insbesondere auch die Integration von Grenzregionen

(zB SaarLorLux), teilkontinentale Regionen (Europäische Union, Europäischer Wirtschaftsraum: Europarat), Kontinente, transkontinentale Räume (zB der Raum des transatlantischen Bündnisses, das pazifische Becken);
- Räume, die durch andere Gemeinsamkeiten gestiftet sind: wie etwa durch sprachliche Gemeinsamkeiten (Frankophonie, Anglophonie) oder durch eine gemeinsame Geschichte (zB das britische Commonwealth, dem freilich auch eine völkerrechtliche Verbindung entspricht);
- schließlich aber auch die weltweite Internationalität (Globalität).

Für die soziale Realität der Forschung in diesen Räumen und für ihre Bedeutung für diese Räume kommt es wesentlich auf folgendes an:
- auf die informellen Kräfte des Zusammenhalts des Raumes: Sprache, Geschichte, ethnische Gemeinsamkeiten, Kultur, Religion, Wirtschaft usw,
- darauf, welche formellen Institutionen vorhanden sind, um der Gemeinsamkeit Ausdruck zu geben: am intensivsten die supranationalen Institutionen der Europäischen Gemeinschaft; schwächer etwa die Institutionen des Europarates, der Westeuropäischen Union, der NATO usw; oder bloße Konsultationsmechanismen,
- ob die Gemeinsamkeit intensiven und umfassenden Charakter hat oder eher einen selektiven, und welche Rolle die Forschung in dem einen oder anderen Fall spielt.

IV. Schlußbemerkungen

Diese Stichworte, die jeder, der sie liest, als höchst unvollständig empfinden muß, beweisen, wie fern das Ziel noch ist, zu einer *systematischen und substantiellen Diagnose dessen zu gelangen, wie sich Nationalität und Internationalität der Forschung zueinander verhalten, und zu Strategien, die Internationalität der Forschung zu optimieren. Gerade deshalb aber ist es ein dringliches Anliegen, durch Erfahrungsaustausch und Forschung zu einer differenzierten Wahrnehmung, einem besseren Verständnis und auch einer rationaleren Definition der Ziele und der Mittel der Internationalität der Forschung zu gelangen.*

Verzeichnis der Schriften Günther Winklers

I. Monographien

1. Der Bescheid (Wien 1956)
2. Die absolute Nichtigkeit von Verwaltungsakten, Recht und Staat Bd 223 (Tübingen 1960)
3. Wertbetrachtung im Recht und ihre Grenzen, Forschungen aus Staat und Recht Bd 12 (Wien 1969)
4. Gesetzgebung und Verwaltung im Wirtschaftsrecht (Wien 1970)
5. Der Apotheker und sein Verkaufsrecht (Wien 1971)
6. Außerordentliche Professoren neuen Typs (Wien 1974) (gemeinsam mit J. Haider)
7. Die Freiheit der Wissenschaft und ihrer Lehre (Wien 1974) (gemeinsam mit K. Wenger)
8. Arzneimittelpraxis und Sozialversicherung (Wien 1983) (gemeinsam mit W. Barfuß und B. Raschauer)
9. Die Rechtspersönlichkeit der Universitäten. Rechtshistorische, rechtsdogmatische und rechtstheoretische Untersuchungen zur wissenschaftlichen Selbstverwaltung, Forschungen aus Staat und Recht Bd 80 (Wien 1988)
10. Glanz und Elend der Reinen Rechtslehre, Vorträge, Reden und Berichte aus dem Europa-Institut Bd 144 (Saarbrücken 1988)
11. Entschädigung für Verfahrenshilfe, Schriftenreihe des Österreichischen Rechtsanwaltskammertages Bd 6 (Wien 1988)
12. Rechtstheorie und Erkenntnislehre. Kritische Anmerkungen zum Dilemma von Sein und Sollen in der Reinen Rechtslehre aus geistesgeschichtlicher und erkenntnistheoretischer Sicht, Forschungen aus Staat und Recht Bd 90 (Wien 1990)
13. Wissenschaft in Staat und Gesellschaft, Wiener Universitätsreden, Neue Folge 3, Archiv der Universität Wien (Wien 1993)
14. Rechtswissenschaft und Rechtserfahrung. Methoden- und erkenntniskritische Gedanken über Hans Kelsens Lehre und das Verwaltungsrecht Bd 105 (Wien 1994)
15. Teoria del Diritto e dottrina della conoscenza. Per la critica della dottrina pura del diritto, Edizione Scientifiche Italiane (Napoli 1994) (Übersetzung Agostino Carrino)
16. Zeit und Recht. Kritische Anmerkungen zur Zeitgebundenheit des Rechts und des Rechtsdenkens, Forschungen aus Staat und Recht Bd 100 (Wien 1995)
17. Il valore nel diritto. Methodologie del diritto pubblico, Edizioni Scientifiche Italiane (Napoli 1996) (Übersetzung Agostino Carrino)

II. Sammelbände

1. Orientierungen im öffentlichen Recht. Ausgewählte Abhandlungen, Forschungen aus Staat und Recht Bd 46 (Wien 1979)
2. Theorie und Methode in der Rechtswissenschaft. Ausgewählte Abhandlungen, Forschungen aus Staat und Recht Bd 85 (Wien 1989)
3. Studien zum Verfassungsrecht. Das institutionelle Rechtsdenken in Rechtstheorie und Rechtsdogmatik, Forschungen aus Staat und Recht Bd 95 (Wien 1991)

III. Abhandlungen in Zeitschriften und Büchern

1. Überleitung und Rezeption des deutschen Elektrizitätsrechts, JBl 1956, 573 ff
2. Entwicklungstendenzen der österreichischen Verwaltungsgerichtsbarkeit (Vortragsbericht), JBl 1957, 96 ff
3. Zur Frage der Errichtung und des Betriebes von sogenannten Krankenkassenapotheken (Anstaltsapotheken) durch die Träger der Krankenversicherung nach der derzeit gegebenen Rechtslage (Wien 1957) (gemeinsam mit F. Gschnitzer)
4. Zur Frage der Rechtsgültigkeit des Erlasses des Bundesministeriums für soziale Verwaltung vom 15. Mai 1935 Zl. 6313 (sogenannter Neustädter-Stürmer-Erlaß) (Wien 1957) (gemeinsam mit F. Gschnitzer)
5. Der Christ und die Rechtsordnung, in: Der Katholik in Staat und Gesellschaft. 2. Arbeitstagung der Arbeitsgemeinschaft Katholischer Verbände (AKV) in Wien vom 17. bis 19. Oktober 1958
6. Zum Verwaltungsbegriff, ÖZÖR 9 (1958/59) 66 ff
7. Die rechtliche Bedeutung der Europäischen Konvention zum Schutz der Menschenrechte und Grundfreiheiten für Österreich (Vortragsbericht), ÖJZ 1959, 39 ff und JBl 1959, 71 ff
8. Der Verfassungsrang von Staatsverträgen, ÖZÖR 10 (1959/60) 514 ff
9. Österreich als Rechtsstaat (Vortragsbericht), Der Staatsbürger, 18. Oktober 1960, 1 f
10. Zur Frage der unmittelbaren Anwendbarkeit von Staatsverträgen, JBl 1961, 8 ff
11. Das Elektrizitätsrecht, in: Weber/Wenger/Winkler (Hrsg), Beiträge zum österreichischen Wirtschaftsverwaltungsrecht (Wien 1962) 70 ff
12. Artikel „Staatsangehörigkeit" in: Staatslexikon, 6. Aufl, Bd 7 (Freiburg 1962) 569 ff
13. Artikel „Wirtschaftsrat" in: Staatslexikon, 6. Aufl, Bd 8 (Freiburg 1962) 814 ff
14. Die Entscheidungsbefugnis des österreichischen Verwaltungsgerichtshofes im Lichte der Gewaltentrennung, in: Staatsbürger und Staatsgewalt Bd 1 (Karlsruhe 1963) 279 ff
15. Die Rechtsstellung des Bundespräsidenten nach der österreichischen Bundesverfassung, in: Die österreichischen Bundespräsidenten (Wien 1963) 7 ff

16. Das Hochgericht für Österreichs Richter? Die Presse, 15./16. Juni 1963
17. Fußtritte für den Rechtsstaat, Neues Forum 1963, 343 ff, 412 ff, 478 ff
18. Parteienstaat und Kammernstaat (Vortragsbericht), ÖJZ 1964, 267 f = Wahlen und Parteien in Österreich Bd 2 (Wien 1966) 886 ff
19. Über eine Frage der Gleichbehandlung im § 7 Gewerbesteuergesetz, ÖJZ 1965, 561 ff
20. Österreich als Rechtsstaat (Vortragsbericht), JBl 1965, S 80 ff = ÖJZ 1966, 654
21. Staat und Verbände, in: Veröffentlichungen der Vereinigung der Deutschen Staatsrechtslehrer, Heft 24 (Berlin 1966) 34 ff
22. Die Stellung des Apothekers im österreichischen Verfassungsrecht, Österreichische Apothekerzeitung 1966, 525 ff
23. Freiheit in der Ordnung, Österreichische Monatshefte 1967, Heft 4/5, 27 ff
24. Unterliegen Vitamine dem Apothekenvorbehalt?, Österreichische Apothekerzeitung 1967, 237 ff
25. Eingriff in das Verfahren Prinke?, Berichte und Informationen 1967, Heft 1065, 1 ff
26. Das österreichische Konzept der Gewaltentrennung in Recht und Wirklichkeit, Der Staat 6 (1967) 293 ff
27. Zur Frage unterschiedlicher einkommensteuerlicher Behandlung der Ärzte, Österreichische Ärztezeitung 22 (1967) 1473 ff
28. Walter Antoniolli – 60 Jahre, ÖJZ 1967, 645
29. Der freie Mensch in der Ordnung des Rechts, in: Aktion 20 – Symbiose von Politik und Wissenschaft (Wien 1967) 186 ff
30. Freedom in Modern Democracy, ÖZÖR 18 (1968) 426 ff
31. Zur Frage der einkommensteuerlichen Behandlung der Empfänger von Versorgungsrenten aus dem Versorgungsfonds der Bundeskammer der Tierärzte Österreichs, Sonderbeilage zur Österreichischen Tierärztezeitung, Oktober 1968
32. Der gerichtliche Rechtsschutz des Einzelnen gegenüber der vollziehenden Gewalt in Österreich, in: Gerichtsschutz gegen die Exekutive Bd 2 (Köln ua 1969) 836 ff
33. Delegation und Devolution gemeindlicher Angelegenheiten nach Art 118 Abs 7 B-VG, JBl 1973, 13 ff
34. Die Genehmigung der Zivilflugplatz-Benützungsbedingungen nach § 74 Luftfahrtgesetz, ÖJZ 1974, 561 f
35. Demokratie oder Demokratisierung, Österreichische Monatshefte 1974, Heft 5, 18 ff, Heft 6, 26 f (gemeinsam mit K. Wenger)
36. Wissenschaftstheoretische Orientierungen, in: Rechtstheorie und Rechtsinformatik (Wien 1975) 1 ff
37. Law – An Instrument of Peace? in: Police Science Quarterly (Taipeh 1975) 92 ff
38. Stellungnahme zur geplanten Novellierung der burgenländischen Landtagswahlordnung, in: Oberndorfer/Pernthaler/Winkler, Verhältniswahlrecht als Verfassungsgrundsatz (Eisenstadt 1976) 103 ff

39. Zur Frage der Verfassungsmäßigkeit des § 339 ASVG, Österreichische Ärztezeitung 32 (1977) 1009 ff
40. Recht – ein Instrument des Friedens?, in: FS Dordett (Wien 1977) 15 ff
41. Der Beruf des Tierarztes in rechtlicher und rechtsgeschichtlicher Sicht, Österreichische Tierärztezeitung, September 1978, 2 ff
42. Die Wissenschaft vom Verwaltungsrecht, in: Ermacora/Winkler/Koja/Rill/Funk (Hrsg), Allgemeines Verwaltungsrecht, Festgabe für W. Antoniolli (Wien 1979) 1 ff
43. Sein und Sollen, Rechtstheorie Bd 10 (1979) Heft 3, 257 ff
44. Sein und Sollen, Rechtstheorie, Beiheft 1 (1979) 177 ff
45. Ja zum Frieden und Nein zur Gewalt, in: Die Weltfriedensbotschaften Papst Pauls VI. (Berlin 1979) 202 ff
46. Die Rechtmäßigkeitskontrolle staatlichen Handelns durch den Rechnungshof (veranschaulicht an einem konkreten Beispiel), in: Korinek (Hrsg), Die Kontrolle wirtschaftlicher Unternehmungen durch den Rechnungshof (Wien 1986) 335 ff
47. Geleitwort, in: Tezner, Rechtslogik und Rechtswirklichkeit, Forschungen aus Staat und Recht Bd 75 (1986) V ff
48. Walter Antoniolli – der Altmeister des Österreichischen Verwaltungsrechtes – 80 Jahre, ZfV 1987, 605 ff
49. Walter Antoniolli – 80 Jahre, AöR 1987, 485 ff
50. Glanz und Elend der Reinen Rechtslehre, Hosei Kenkyu, Journal of Law and Politics, Vol 55 (March 1989) No 2-4 bzw 1-80, 195-274 bzw 521-600
51. Die Autonomie der Universität. Eine Problemanalyse am Beispiel Österreichs, Keio Law Review, Keio University (Tokyo/Japan 1990) No 6, 523-545
52. Staatsverträge. Ihre Erzeugung und Geltung in der Rechtsordnung Liechtensteins, LJZ (Liechtensteinische Juristen-Zeitung) 1990, 105 ff
53. L'Autonomia delle Università, in: L'Autonomia Universitaria, Bologna 25.-26. Novembre 1988, hrsg Associazione Italiana dei Constitutionalisti Universitaria di Bologna 1990, 259 ff
54. Geleitwort, in: Wurzel, Rechtswissenschaft als Sozialwissenschaft, Forschungen aus Staat und Recht Bd 92 (1991) V ff
55. Rechtspersönlichkeit und autonomes Satzungsrecht als Wesensmerkmale in der personalen Selbstverwaltung, ÖJZ 1991, 73 ff
56. Wissenschaftliche Lehre und Praxis im Rechtsdenken. Reflexionen zum Geburtstag von Walter Antoniolli, JBl 1993, 33 ff
57. Rechtsfragen der Haltung von Liquiditätsreserven und Mindestreserven im sektoralen Verbund der Raiffeisenbanken, JBl 1993, 137 ff
58. Grundrechtliche Perspektiven der Haltung von Liquiditätsreserven und Mindestreserven im Volksbankenverbund, Die Gewerbliche Genossenschaft (1993)
59. Rechtsfragen der Bildung eines Klubs im Nationalrat, JBl 1993, 279 ff
60. Auslegungsfragen zum Wiener Schienenverbundvertrag nach Art 15a B-VG, ZfV 4 (1993) 327 ff

61. Kelsen e il diritto amministrativo, in: Diritto e Cultura. Archivo di filosofia e sociologica, Experienza giuridica e dottrina pura del diritto I, IV (1994) 67 ff
62. Kelsen und das Verwaltungsrecht, in: Forschungen aus Staat und Recht 104 (1995) 157 ff
63. Parteienförderung mit Sanktionen?, in: Journal für Rechtspolitik 4 (1996) 89 ff
64. Die Zuständigkeit des Bundesministeriums für Landesverteidigung zur Verwaltung von Liegenschaften, in: JBl 1996, 613 ff
65. Time and Constitution, International Conference: The draft of the Polish Constitution and the tendencies of contemporary constitutionalism (Warschau 1996)
66. Die Reine Rechtslehre Kelsens als Dekonstruktionismus? Geistesgeschichtliche Notizen zu einer grundlegenden Kontroverse zwischen Kelsen und Voegelin, in: Diritto e cultura V/2 (1996) 39 ff
67. Geleitwort, in: Stoerk, Über die juristische Methode, Forschungen aus Staat und Recht Bd 116 (1996) V ff
68. Führerscheinentzug und gerichtliche Haftstrafe. Rechtsfragen der Einrechnung gerichtlicher Haftstrafen in die Dauer einer vorläufigen Entziehung von Fahrzeuglenkerberechtigungen nach § 73 und § 74 KFG 1967, JAP 3 (1996/97) 150 ff
69. Die Reine Rechtslehre Kelsens als Dekonstruktionismus? Geistesgeschichtliche Notizen zu einer grundlegenden Kontroverse zwischen Kelsen und Voegelin, in: Verfassungsstaatlichkeit, FS Klaus Stern zum 65. Geburtstag (1997) 115 ff
70. Geleitwort, in: Seidler, Theorie und Methode im Staatsrecht, Forschungen aus Staat und Recht Bd 118 (1997) V ff

IV. Übersetzungen

1. Park Chung Hee, Das Werden einer Nation (Salzburg 1971)
2. Park Chung Hee, Der Weg zur friedlichen Wiedervereinigung (Salzburg 1978)

V. Sonstiges

1. Mitarbeit an der 17. Auflage des „Großen Brockhaus“ (auf dem Gebiet des österreichischen Verfassungs- und Verwaltungsrechtes)
2. Mitarbeit an der amtlichen Sammlung der Entscheidungen des Verfassungsgerichtshofes von 1952 – 1960

Autorenverzeichnis

AICHLREITER JOSEF, Dr., Univ.-Doz.
Institut für Verfassungs- und Verwaltungsrecht, Universität Salzburg, Kapitelgasse 5-7, A-5020 Salzburg

BADURA PETER, Dr., o. Univ.-Prof.
Universität München, Professor-Huber-Platz 2, D-80539 München

BARFUSS WALTER, DDr., a.o. Univ.-Prof., Rechtsanwalt
Tuchlauben 13, A-1010 Wien

BERCHTOLD KLAUS, Dr., Univ.-Doz., MR
Bundeskanzleramt – Verfassungsdienst, Ballhausplatz 1, A-1014 Wien

BERKA WALTER, Dr., o. Univ.-Prof.
Institut für Verfassungs- und Verwaltungsrecht, Universität Salzburg, Kapitelgasse 5-7, A-5020 Salzburg

BERNARD PETER, Dr., HR
Verwaltungsgerichtshof, Judenplatz 11, A-1010 Wien

BRIC JOHANNES, Dr., Univ.-Ass.
Institut für Staats- und Verwaltungsrecht, Juridicum, Schottenbastei 10-16, A-1010 Wien

BULLINGER MARTIN, Dr. jur. Dr. h.c., o. Univ.-Prof.
Institut für öffentliches Recht, Albert-Ludwigs-Universität Freiburg i. Br., D-79085 Freiburg

BURMEISTER JOACHIM, Dr., o. Univ.-Prof.
Institut für Öffentliches Recht und Verwaltungslehre, Universität zu Köln, Albertus-Magnus-Platz 1, D-50932 Köln

CARRINO AGOSTINO, Dr. Univ.-Prof.
Universitá degli studi di Napoli Federico II, Dipartimento di rapporti civili e relazioni, Via porta di massa, 32, I-80133 Napoli

DOEHRING KARL, Dr. Dr h.c., o. Prof.
Juristisches Seminar der Universität Heidelberg, Friedrich-Ebert-Anlage 6-10, D-69117 Heidelberg

DREIER RALF, Dr., o. Univ.-Prof.
Juristisches Seminar der Georg-August-Universität, Lehrstuhl für Allgemeine Rechtstheorie, Platz der Göttinger Sieben 6, D-37073 Göttingen

FIEDLER WILFRIED, Dr., o. Univ.-Prof.
Lehrstuhl für Staatsrecht, Verwaltungsrecht und Völkerrecht, Universität des Saarlandes, Postfach 151 150, D-66041 Saarbrücken

FISCHER PETER, Dr., o. Univ.-Prof.
Institut für Europarecht an der Rechtswissenschaftlichen Fakultät der Universität Wien, Schottenbastei 10-16, A-1010 Wien

GRABENWARTER CHRISTOPH, DDr., Univ.-Doz.
Institut für Staats- und Verwaltungsrecht, Juridicum, Schottenbastei 10-16, A-1010 Wien

HALLER HERBERT, Dr., a.o. Univ.-Prof.
Wirtschaftsuniversität Wien, Althanstraße 39-45, A-1090 Wien

HOKE RUDOLF, DDr., o. Univ.-Prof.
Institut für Österreichische und Deutsche Rechtsgeschichte an der Rechtswissenschaftlichen Fakultät der Universität Wien, Schottenbastei 10-16, A-1010 Wien

HOLZHAMMER RICHARD, Dr., Univ.-Prof.
Institut für Zivilprozeßrecht, Johannes Kepler Universität, Altenbergerstraße 69, A-4040 Linz

HOLZINGER GERHART, Dr., Sektionschef
VfGH, Judenplatz 11, A-1010 Wien

ISENSEE JOSEF, Dr., o. Univ.-Prof.
Institut für Öffentliches Recht, Juridicum, Adenauerallee 24-42, D-53113 Bonn

KAISER JOSEPH H., Dr. Dr. h.c., o. Prof.
Universität Freiburg, D-79085 Freiburg

KLEIN HANS H., Dr., o. Prof., Bundesverfassungsrichter
Bundesverfassungsgericht, Schloßbezirk 3, D-76131 Karlsruhe

KLOEPFER MICHAEL, Dr., o. Prof.
Institut für Öffentliches Recht und Völkerrecht, Lehrstuhl für Staats- und Verwaltungsrecht, Europarecht, Umweltrecht, Finanzrecht und Wirtschaftsrecht, Humboldt-Universität zu Berlin, Ziegelstraße 13c, D-10099 Berlin

KNAPP VIKTOR, † Dr. jur., Dr. phil., Dr. h.c. mult., Univ.-Prof.
Ústav Státu a Práva, Akademie věd České republiky, 116 91 Praha 1 – Nové Město, Národní třída 18

KNECHTEL GERHARD, Dr., LL.M. (Cantab.)
Conseil National du Notariat Autrichien, 1, Rue Newton, B-1000 Brüssel

KOPETZKI CHRISTIAN, DDr., Univ.-Doz.
Institut für Staats- und Verwaltungsrecht, Juridicum, Schottenbastei 10-16, A-1010 Wien

KORINEK KARL, Dr., o. Univ.-Prof.
Institut für Staats- und Verwaltungsrecht, Juridicum, Schottenbastei 10-16, A-1010 Wien

KRAWIETZ WERNER, DDr. Dr. h.c. mult., o. Univ.-Prof.
Lehrstuhl für Rechtssoziologie, Rechts- und Sozialphilosophie, Rechtswissenschaftliche Fakultät der Universität Münster, Bispinghof 24/25, D-48143 Münster

KRÜGER HARTMUT, Dr., o. Univ.-Prof.
Institut für Deutsches und Europäisches Wirtschaftsrecht, Universität zu Köln, Albertus-Magnus-Platz, D-50923 Köln

LENGHEIMER KARL, Dr.
ÖVP-Klub, Niederösterreichische Landesregierung, Herrengasse 13, A-1010 Wien

LERCHE PETER, Dr., em. Univ.-Prof.
Junkersstraße 13, D-82131 Ganting bei München

LUF GERHARD, Dr., o. Univ.-Prof.
Institut für Rechtsphilosophie, Heßgasse 1, A-1010 Wien

MAURER HARTMUT, Dr., o. Prof.
Universität Konstanz, Juristische Fakultät, Postfach 55 60 D 118, D-78434 Konstanz

MAYER-MALY THEO, Dr., o. Univ.-Prof.
Institut für juristische Dogmengeschichte und Privatrechtsdogmatik, Residenz, A-5020 Salzburg

MORSCHER SIEGBERT, Dr., o. Univ.-Prof.
Institut für Verfassungs- und Verwaltungsrecht, Universität Innsbruck, Innrain 80, A-6020 Innsbruck

NEUHOFER HANS, Dr., o. Univ.-Prof.
Wagner-Jauregg-Straße 13, A-4600 Wels

NOVAK RICHARD, Dr., o. Univ.-Prof.
Institut für öffentliches Recht, Politikwissenschaft und Verwaltungslehre, Universität Graz, Universitätsstraße 15, A-8010 Graz

OBERNDORFER PETER, Dr., o. Univ.-Prof.
Institut für Verwaltungsrecht und Verwaltungslehre, Universität Linz, Altenberger Straße 69, A-4040 Linz/Auhof

ÖHLINGER THEO, Dr., o. Univ.-Prof.
Institut für Staats- und Verwaltungsrecht, Juridicum, Schottenbastei 10-16, A-1010 Wien

PAULSON STANLEY L., Dr., Prof.
Washington University, School of Law, Campus Box 1120, One Brookings Drive, St. Louis, Missouri 63130-4899, USA

PERNTHALER PETER, Dr., o. Univ.-Prof.
Institut für öffentliches Recht und Politikwissenschaft, Universität Innsbruck, Innrain 80, A-6020 Innsbruck

PLATZGUMMER WINFRIED, Dr., o. Univ.-Prof.
Institut für Strafrecht, Juridicum, Schottenbastei 10-16, A-1010 Wien

QUARITSCH HELMUT, Dr., o. Univ.-Prof., MinDir a.D.
Hochschule für Verwaltungswissenschaften Speyer, Lehrstuhl für Staatsrecht und Staatslehre, Postfach 1409, Freiherr-vom-Stein-Straße 2, D-67324 Speyer am Rhein

RACK REINHARD, Dr., a.o. Univ.-Prof.
Institut für Öffentliches Recht, Politikwissenschaft und Verwaltungslehre, Universitätsstraße 15, A-8010 Graz

RASCHAUER BERNHARD, Dr., o. Univ.-Prof.
Institut für Staats- und Verwaltungsrecht, Juridicum, Schottenbastei 10-16, A-1010 Wien

RESS GEORG, DDr., Dr. h.c. mult., o. Prof.
Universität des Saarlandes, Postfach 1150, D-66041 Saarbrücken

SCHÄFFER HEINZ, Dr., o. Univ.-Prof.
Institut für Verfassungs- und Verwaltungsrecht, Universität Salzburg, Kapitelgasse 5-7, A-5020 Salzburg

SCHILD WOLFGANG, Dr., Univ.-Prof.
Universität Bielefeld, Fakultät für Rechtswissenschaft, Postfach 100 131, D-33501 Bielefeld

SCHMIDT-ASSMANN EBERHARD, Dr., o. Univ.-Prof.
Institut für deutsches und europäisches Verwaltungsrecht, Ruprecht-Karls-Universität Heidelberg, Friedrich-Ebert-Anlage 6-10, D-69117 Heidelberg

SCHOLZ RUPERT, Dr., o. Univ.-Prof.
Institut für Politik und öffentliches Recht, Professor-Huber-Platz 2, D-80539 München

SCHWEITZER MICHAEL, Dr., Univ.-Prof.
Lehrstuhl für Staats- und Verwaltungsrecht, Völkerrecht und Europarecht, Universität Passau, D-94030 Passau

SEIDL-HOHENVELDERN IGNAZ, Dr. Dr. h.c., em. Univ.-Prof.
Schwertgasse 4, A-1010 Wien

SOMEK ALEXANDER, Dr., Univ.-Doz.
Institut für Rechtsphilosophie, Juridicum, Heßgasse 1, A-1010 Wien

STARCK CHRISTIAN, Dr., o. Prof.
Juristisches Seminar der Georg-August-Universität Göttingen, Platz der Göttinger Sieben 6, D-37073 Göttingen

STEIN ERIC, Hessel E. Yntema Professor of Law Emeritus, University of Michigan Law School
University of Michigan, Law School, Hutchins Hall, Ann Arbor, Michigan 48109-1215, USA

STELLA GIULIANA, Dr.
Via Antonio Bertoloni, 47, I-00197 Roma

STERN KLAUS, Dr., Dr. h.c. mult., o. Prof.
Institut für öffentliches Recht und Verwaltungslehre, Universität zu Köln, Albertus-Magnus-Platz, D-50923 Köln

STOLZLECHNER HARALD, Dr., o. Univ.-Prof.
Institut für Verfassungs- und Verwaltungsrecht, Universität Salzburg, Kapitelgasse 5-7, A-5020 Salzburg

SUMMERS ROBERT S., Dr., Prof.
University of Florida, College of Law, Offices of the Faculty, Gainesville, FL 32611-2038, USA

Troper Michel, Dr., Prof.
Université de Paris X - Nanterre, U.F.R. de Sciences Juridiques, Admistratives et Politiques, 200, avenue de la République, F-92001 Nanterre Cedex

Weinberger Ota, DDr. Dr. h.c., em. Univ.-Prof.
Waltendorfer Hauptstraße 103a, A-8010 Graz

Wiederin Ewald, Dr., Univ.-Doz.
Institut für Staats- und Verwaltungsrecht, Juridicum, Schottenbastei 10-16, A-1010 Wien

Zacher Hans, Dr. Dr. h.c., o. Prof.
Max-Planck-Institut für ausländisches und internationales Sozialrecht, Leopoldstraße 24, D-80802 München

Springer-Verlag und Umwelt

Als internationaler wissenschaftlicher Verlag sind wir uns unserer besonderen Verpflichtung der Umwelt gegenüber bewußt und beziehen umweltorientierte Grundsätze in Unternehmensentscheidungen mit ein.

Von unseren Geschäftspartnern (Druckereien, Papierfabriken, Verpackungsherstellern usw.) verlangen wir, daß sie sowohl beim Herstellungsprozeß selbst als auch beim Einsatz der zur Verwendung kommenden Materialien ökologische Gesichtspunkte berücksichtigen.

Das für dieses Buch verwendete Papier ist aus chlorfrei hergestelltem Zellstoff gefertigt und im pH-Wert neutral.